福建省姓氏源流研究會董氏委員會成立紀念

2014·5 —— 福建·福州

八闽董氏匯谱

主编

董正雄　董炎星

厦门大学出版社
XIAMEN UNIVERSITY PRESS

国家一级出版社
全国百佳图书出版单位

图书在版编目(CIP)数据

八闽董氏汇谱/董正雄,董炎星主编. —厦门:厦门大学出版社,2014.4
ISBN 978-7-5615-4984-1

Ⅰ.①八… Ⅱ.①董…②董… Ⅲ.①氏族谱系-福建省 Ⅳ.①K820.9

中国版本图书馆 CIP 数据核字(2014)第 067919 号

厦门大学出版社出版发行

(地址:厦门市软件园二期望海路 39 号 邮编:361008)

http://www.xmupress.com

xmup @ xmupress.com

厦门集大印刷厂印刷

2014 年 4 月第 1 版 2014 年 4 月第 1 次印刷

开本:889×1194 1/16 印张:54.25 插页:16

字数:1280 千字 印数:1～2 200 册

定价:300.00 元

本书如有印装质量问题请直接寄承印厂调换

八闽董氏汇谱

2014·5 —— 福建·福州

福建省姓氏源流研究会
董氏委员会

当前福建省董姓人口分布示意图

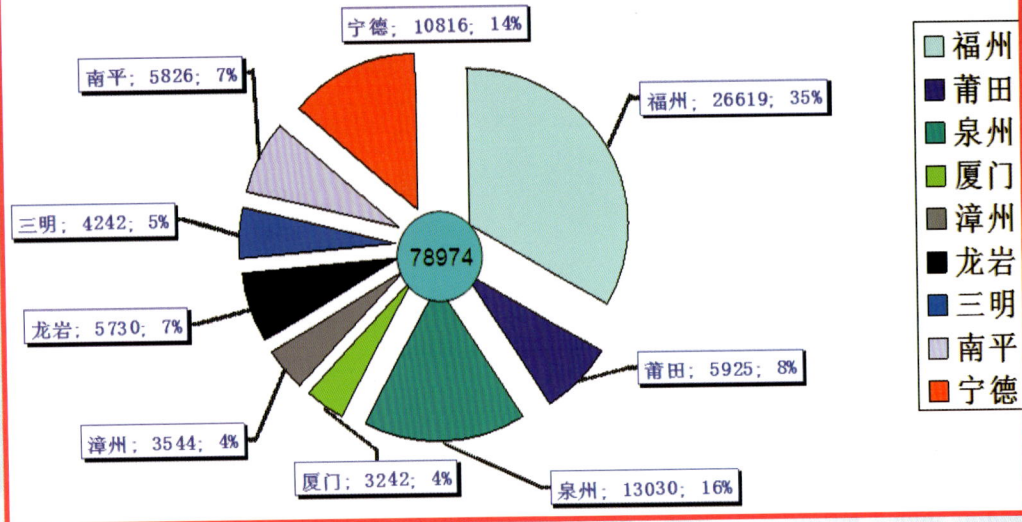

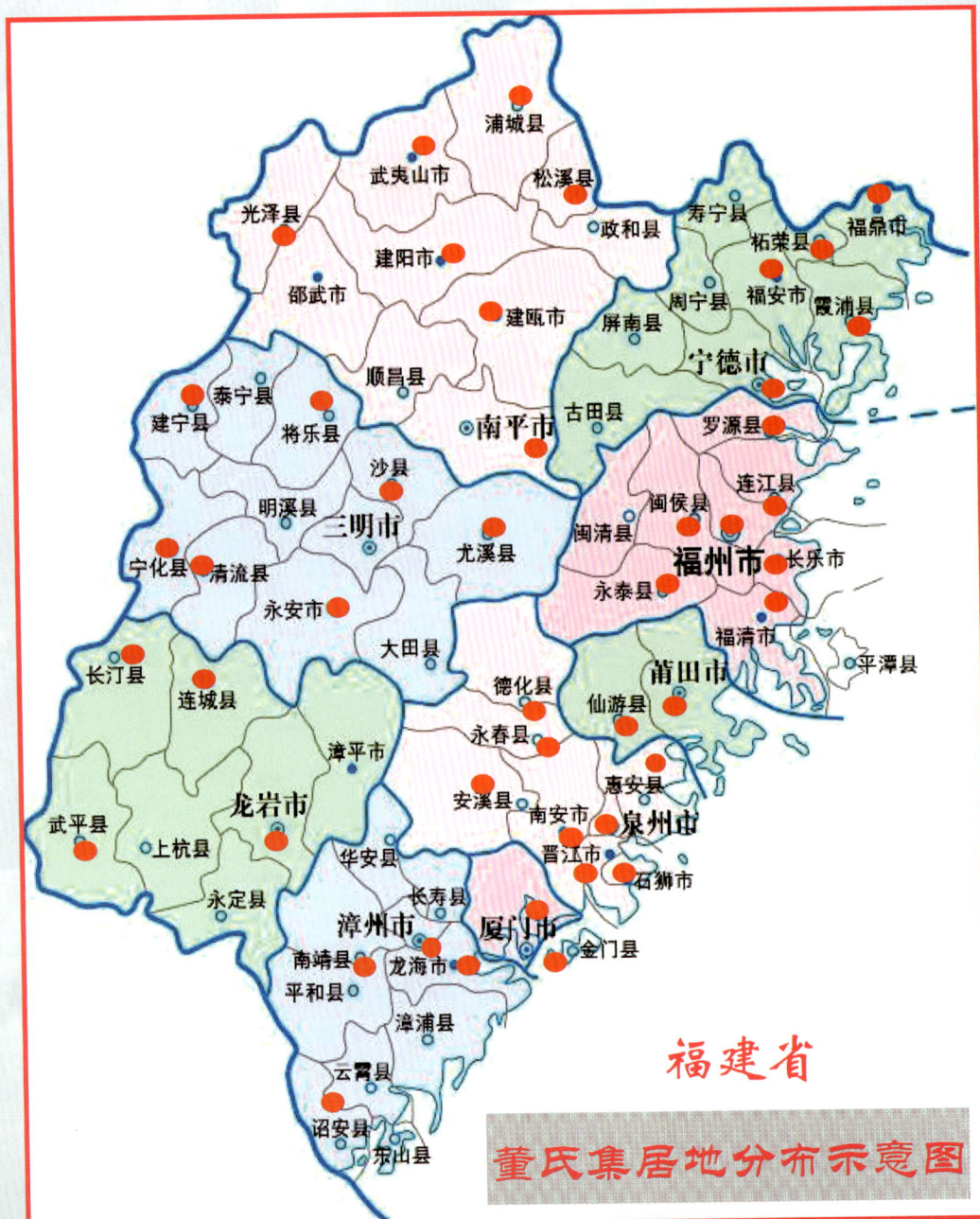

宁德：10816；14%
南平：5826；7%
福州：26619；35%
三明：4242；5%
龙岩：5730；7%
莆田：5925；8%
漳州：3544；4%
厦门：3242；4%
泉州：13030；16%

78974

- 福州
- 莆田
- 泉州
- 厦门
- 漳州
- 龙岩
- 三明
- 南平
- 宁德

浦城县
武夷山市
松溪县
光泽县
政和县
寿宁县
柘荣县
福鼎市
建阳市
邵武市
建瓯市
周宁县
福安市
霞浦县
顺昌县
屏南县
宁德市
泰宁县
将乐县
南平市
古田县
罗源县
建宁县
沙县
连江县
明溪县
三明市
闽侯县
尤溪县
闽清县
宁化县
清流县
福州市
永安市
永泰县
长乐市
大田县
福清市
平潭县
长汀县
连城县
德化县
莆田市
漳平市
仙游县
龙岩市
永春县
惠安县
武平县
安溪县
南安市
泉州市
上杭县
华安县
晋江市
永定县
长寿县
石狮市
漳州市
厦门市
金门县
南靖县
龙海市
平和县
漳浦县
云霄县
诏安县
东山县

福建省

董氏集居地分布示意图

福州市

仓山区湖边村、盖山镇后坂村杨村；城门镇狮山村、上董、下董；

晋安区远西村、远中村；

闽侯县江洋农场江洋村、彭湖村，荆溪镇埔前村、荆溪村、溪下村，竹岐乡火炬村，上街镇中美村；

马尾区下岐、君竹，琅岐镇东红村、东升村、东岐村、丰稔村、凤翔村、光辉村、光明村、红光村、红旗村、后水村、建光村、江滨村、劳丰村、劳光村、劳荣村、乐村、闽江村、农旗、董安村；

长乐古槐镇龙田村董厝，金峰镇金峰董朱；梅花镇梅东、梅西、梅南、梅北、梅新、梅城村；文岭镇文美、港咀、石壁村、前董村、后董村；

福清市音西镇林中、西楼村，渔溪镇苏田村荔枝兰、后兜厝；

连江县东岱镇东岱街、关头、龙山，琯头镇塘头、山兜、上坪、门边、下塘、阳岐、竹岐，苔菉镇北茭、后湾、上塘、苔菉村，筱埕镇官坞、筱埕，川石、壶江村、秦川村，江南乡魁岐、梅洋，浦口镇浦丰街、浦江街，黄岐镇长沙村；

罗源县凤山镇，起步镇潮格、兰田、起步村；

永泰县富泉乡芭蕉村、瑞应村，梧桐镇西林村。

莆田市

涵江区江口镇后郭村、园顶村溪东、萩芦镇梅洋村董基；

秀屿区东峤镇东兴村东蔡、岭口、山面、吴厝、前沁村大洋、后山、前沁、珠川村、山亭乡港里村；

荔城区北高镇北高村，黄石镇登沄村珂里、桥兜村林墩；

仙游县钟山镇东溪、湖亭村、朗桥村高明、好垅、后岭、朗桥、林头、上董、上美、塔兜、新厝、云峰、龙溪宫，钟山镇鸣和村下上尾、钟山村，榜头镇、大济镇、盖尾镇。

泉州市

洛江区前洋顶董、董厝、塘西杏内；

泉港区界山镇玉山村，丰泽区金屿、凤屿、盘光路；

石狮市永宁镇、永宁镇沙堤村；

德化县盖德乡有济村荇头洋；

永春县五里街埔头村；

惠安县黄塘镇省吟村许厝、接待村庵兜，洛阳镇群山村水磨后、屿头、万安、金边；

南安市水头镇文斗村新寨，金淘镇毓南村赤崎头、岭脚内角、尾宫、溪西、中角，美林李东村。

厦门市

翔安区吕塘村董水。

漳州市

港尾镇沙坛村后丰、沙坛、田墘、考后村后头；

浮宫镇海山村、霞郭村、霞威村；

南靖县梅林镇背岭、坎下、科岭、梅林、双溪、磜头村岭下、汕仔头、上马、下磜、庵仔角、福树山、背头坪；

安溪县白濑乡下镇村墘尾、洋中、乡寨坂，产贤村黄柏、上田村庵边、炉内、上产贤、下产贤、登贤村白灰楼、东埔村；

长泰县武安镇金里村董溪头；

云霄县马铺乡乌螺村；

漳浦县绥安镇；

诏安县南诏镇东门街、光良街、南关街、西门街、澹园街。

龙岩市

新罗区曹溪镇经杨村、岩山乡玉宝村、芹园村，铁山镇谢家邦村，雁石镇云山村、社尾村；

长汀县大同镇印黄、新庄、师福、罗坊、李岭、黄屋村，新桥镇岗头、湖口、江坊、石人、新桥村、叶屋、鸳鸯、樟树村，馆前镇汀东村；

连城县莲峰镇、揭乐乡揭乐村、北团镇孙台村、隔川乡竹叶山村；

武平县民主乡高横村董屋寨、高横村枧背，中赤乡；

上杭县旧县乡梅溪村、临江镇；

漳平县永福镇龙车村。

三明市

将乐大源乡崇善村，余坊乡周厝村；

宁化县翠江镇、城郊乡高堑村，石碧镇立新村，安远乡增坑村；

建宁县里心镇双溪村店前、里心村，黄坊乡将上村，客坊乡中畲村，溪口镇艾阳村董家、坳背、枫元村、溪枫村隔边、山下排、杨林村；

清流县东华乡拔里，龙津镇五里亭；

沙县高砂镇渔珠、龙江、冲厚、后底村，青州镇后洋、青州、涌溪村；

永安市小陶镇上湖口、下湖口、中坂村；

尤溪县联合乡东边村、三连村、下墩村。

南平市

延平区樟湖镇樟湖湖滨、上坂街、中和街、峡阳镇葛大村谢垱、翁坑村，阳镇江氾村江氾；

建瓯市川石乡后山、红新、营勺，芝山，玉山镇东山、汲溪、岭后、玉山，南雅、小桥，徐墩镇徐墩村横丘、佘厝自然村；

建阳市徐市镇大阐村、大田村、盖溪村、壕墩村、条岭村、溪尾村、徐市村，麻沙镇；

光泽县李坊乡长源村、石城村彭家边，鸾凤乡油溪村、十里铺村、中坊村大坪，司前乡司前村、西口村、岱坪村，止马镇亲睦村董家、亲上、亲下、水口村董家；

松溪县旧县乡官、旧县、游墩村；松源镇花桥乡村头、大浦、花桥，河东乡长巷、大布，渭田镇东边、董坑、渭田、项溪、竹贤村；溪东乡溪东、柯田下董、下洋；郑墩镇张屯、凤屯；祖墩乡登山、刘源、溪后、溪畔村；

武夷山市星村镇曹墩村、红星村、黄村、星村、兴田镇双西村；

浦城县永兴镇永平村。

宁德市

八都镇福口村、福口村下厝弄、飞鸾镇陈家洋村；

福鼎市管阳镇缙阳、茶阳、管阳、七蒲、乾头、天竹、西坑、西阳、溪头、章边村，贯岭镇溪底村，嵛山镇渔鸟、东角、芦竹、马祖、中灶村，白琳镇白琳街，点头镇大坪村七斗岗、玉瑶岗、点头村、观洋村董厝、坡兜、大湾里，店下镇东岐、店下、溪

岩村（文侯山）、箕笃、石牌、溪美、象山寺前磨石山、巽城、岚亭，叠石乡庙边古林、菱阳村，佳阳乡罗唇、蕉宕村，前岐镇武垟、西宅村、岐阳街，秦屿镇巨口、东埕村，沙埕镇大白鹭、后岙、黄岐、敏灶、南镇、川石、水岙、跳尾头，桐城资国岐腰、山前；

福安市社口镇龟龄村、溪尾镇溪尾，下白石镇章沃、秦坎村；

霞浦县溪南镇下砚村，柏洋乡董墩、坑口，海岛乡宫东村（霞浦西洋），三沙镇东沃、浮山、古镇、五沃、西沃、中心村，水门乡青沃、水门村，崇儒乡左岭村溪东，牙城镇后山村、罗伍村，盐田乡瓦窑头村、杨梅岭村董岭头；

柘荣县郊乡仙山村仙元里、双城镇。

* 金门

金门金城镇古岗。

福建省《八闽董氏汇谱》第四次编纂工作会议代表合影

领导关怀　激人奋进

毛泽东主席与董必武代主席亲切交谈

1994 年 10 月，胡锦涛同志看望董寅初同志

胡锦涛同志会见董建华

江泽民同志接见菲律宾华侨
领袖董尚真

习近平同志考察董其兴家乡
——连江东岱镇

追本溯源　缅怀先贤

　　黄帝，为《史记》中的五帝之首，陕西黄陵县黄帝陵，古称"桥陵"，号称"天下第一陵"。为中国历代帝王祭祀黄帝的场所。

　　董父是黄帝的孙子颛顼帝的后裔，其世系传承是：颛顼—称—老童（卷章）—吴回—陆终—惠连—叔安—董父。

　　董父，"甚好龙，能求其嗜欲，饮食之，龙多旧焉。乃扰蓄龙以服事帝舜。帝赐姓董氏，使豢龙，封诸鬷川"（鬷川就在闻喜县境内）。

　　董父被称为董姓之祖，其育龙的湖也被称为董泽湖，传说闻喜县阜底村就是董父的居住地。

闻喜西湖

董狐，春秋时晋国史官，一称史狐。前607年，赵盾族弟赵穿攻杀晋灵公于桃园，他认为赵盾身为正卿，"亡不出境，返不诛国乱"，罪责难逃，乃直书"赵盾弑其君"，以正视听。孔子以其"书法不隐"，赞为"古之良史"。

强项令董宣，字少平，东汉陈留郡国（今河南省杞县南）人。他学识渊博，刚正不阿，是东汉初年远近闻名的"强项令"。他为官廉洁，秉公执法不畏权势，不仅赢得了光武帝的信任，而且也受到当时人们称颂。他的事迹被写进《后汉书·酷吏列传》，流传至今。

董仲舒墓也叫下马陵，在西安南城墙东段小街道，叫"下马陵街"。传说上至达官显贵，下至平民百姓，骑马者、乘轿者，凡经过董仲舒的墓前，都要下来步行。

董仲舒（前179—前104）西汉哲学家，今文经学大师，广川人。专治《春秋公羊传》。曾任博士、江都相和胶西王相，把儒家的伦理思想概括为"三纲五常"，为武帝所采纳。其教育思想和"大一统"、"天人感应"理论，使儒学成为中国社会的正统思想，影响长达2000多年。他的著作汇集于《春秋繁露》一书。曾进呈"天人三策"有功于汉。

慎终追远　尊宗敬祖

长乐董奉草堂

董奉（220—？），字君异，侯官（今福建长乐）人。少时治医学，医术高明，与南阳张机、谯郡华佗齐名，并称"建安三神医"。董奉医德高尚，对所治愈病人只要求种植杏树，以示报答。重病者种五棵，轻病者种一棵，日久郁然成林，后世以"杏林春暖"、"誉满杏林"称誉医术高尚的医学家，唤中医为"杏林"。

福州救生堂

在福州长乐古槐镇有一座山就被称为董奉山，山麓有董奉草堂；福州的茶亭街河上村有一座明代的救生堂（现已迁移到白马河畔），均为纪念董奉而建。

董执谊（1863—1942），字藻翔，号藕根居士，祖籍长乐前董村，出身书香门第。清光绪二十三年（1897年）举人。出任盐官、咨议局议员。归辞，专心治学，喜藏书。在南后街开设过"味芸庐"书坊，主营地方文献和书籍。董执谊一生最重要的功绩是修订、刊行了《闽都别记》。

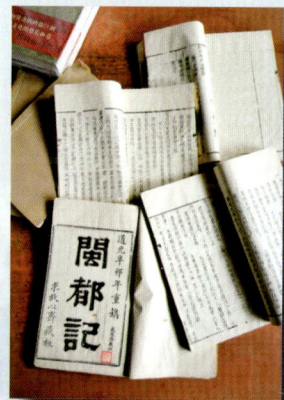

董执谊故居，别称为"贞吉居"，现位于福州南后街西侧 162 号。

福建省首届董氏祭祖恳亲大会于 2007 年 11 月 7 日在琅岐董氏宗祠隆重召开

明清琅岐董氏先祖古墓群共有 13 座古墓，其中有海门公董廷钦墓、十九世董文祉墓、二十世董宗哲墓、二十一世董伯建墓等，被福州市郊区人民政府公布为第三批文物保护单位。是典型的明代古墓葬群，也是福州市乃至福建省不可多得的古墓群文物古迹。

明朝崇祯帝钦赐董养河的"帝座纶音"巨匾，乃文物精品。董养河与黄道周唱和，作著名的《西曹秋思集》。

琅岐董氏宁房马尾上岐董氏宗祠

连江琯头龙塘董氏宗祠，宗祠堂号"三策堂"。砖木结构，周环紫红火墙，飞檐翘角，上盖琉璃碧瓦，画栋雕梁，前后厅堂三进。香案上红烛高烧，炉烟燎绕，气氛肃穆庄严。

董见龙祠堂（为纪念明代嘉靖年间工部侍郎董应举而建）在福建省有三座，分别是建在连江县琯头镇青芝山的董公祠、武夷山八曲涵翠洞的见龙祠、福州朱紫坊的董见龙先生祠。三个不同地域的百姓分别建祠供祀一个人，这在福建省历史上不多见。

三坊七巷朱紫坊中董见龙先生祠，其中一竖立的石匾，上书有"奉旨重修"

　　泉州旧馆董杨宗祠是全国唯一的董杨联宗祖祠。其先祖南宋世兴公由余杭入闽，本董姓。其子君选以杨入仕并以杨传嗣，宗祠始建于明天顺辛巳年（1461年）。至清同治，族人献其祖地集福州、泉州、漳州、台湾各地外房外支同姓捐资附主，发扬慎终追远，尊宗敬祖精神，重兴修筑，成为闽台董杨族人联宗发祥地。

　　石狮永宁沙堤董氏宗祠，此地临海、风光秀丽，人称"迷茫回顾青千顷，翡翠盈时碧一湾"。

　　祠堂天井左侧耸立一天然"石笋"，有"活笋"之称。故沙堤董氏素以"玉笋传芳"为荣。

石狮永宁董氏宗祠

　　金门古岗群山环抱，湖光山色，风景秀丽，位于金门岛西南隅。居民大多为董氏，与石狮永宁沙堤董氏同宗同祖，是郑成功原配夫人董酉姑的家乡。古岗保有众多古朴的闽南传统建筑，在各传统建筑中，又以华丽庄严的董氏家庙建筑，最引人注目。

泉州与金门、台湾一衣带水，两岸一家亲，图为金门董氏宗亲赴泉州董兴墓祭拜

金门古岗董氏家庙

长汀叶屋董氏宗祠

厦门翔安董水董氏宗祠

福鼎沙埕镇大白鹭董氏宗祠

龙海后丰后宅董氏宗祠

安溪县湖头镇产贤董氏祖祠

莆田东峤董氏宗祠

宁化石壁董氏宗祠

兴泰董氏尚书祠

宋工部尚书董公安义墓

九鲤湖是仙游"四大景"之一，以湖、洞、瀑、石四奇著称，与武夷山、玉华洞并称"福建三绝"，是兴泰董氏集居地。

董天工墓位于今"大王阁"后山幔亭峰下。碑文为："嘉庆十三年岁在戊辰大吕月吉旦皇清品授奉政大夫董公典斋一府墓。子敩、勷、勋，孙国求，珽、珠、珍、瑛、琅、瑄、璠、璋、琬同顿首百拜。曾玄孙繁衍不及备载。"

然而让董天工永世长存的，是他生前用心血与智慧垒建的另一座丰碑——《武夷山志》。董天工，仍然是活跃在武夷文化中的"山魂"。

武夷山星村镇曹墩纪念董天工的董公亭

武夷美景佳天下

长乐古槐董氏宗祠

长乐前董董氏宗祠

长乐金峰董朱文化中心

长乐后董震龙董氏宗祠

连江东岱董氏宗祠

福州远洋董氏支祠

龙岩雁石银坪董氏宗祠

龙硿洞，位于龙岩市新罗区雁石镇，洞内流水淙淙，景色秀丽。

　　下砚董氏宗祠有数百年历史，为砖木结构。内有古式戏台，走廊环绕，雕梁画栋，相当古典。宗祠大门前有一对旗杆石，为道光年间官方所赐立，以表彰董氏三杰。

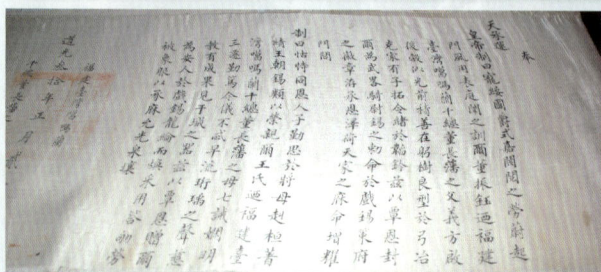

　　下砚董氏古宅之所以较有名望，是因为清道光二十二年（1844年）该村考举出了三个将军，分别为董长潘、董长洲、董长洪三兄弟。宅内墙上还有民族英雄林则徐亲笔题写的"福"字手迹，至今牌匾"同胞登科"以及四道圣旨同在。董宅大门口上牌匾刻有"花萼联辉"四字，字迹现已斑驳，但依稀可辨。

尤溪西滨镇三连村、下墩董氏祠堂

南平樟湖坂董氏宗祠

福建省三明市尤溪县联合乡，联合梯田景区规模
宏大、气势磅礴，梯田美景为全省之最。

搜集宗谱、家谱加以研究，可以知道人类社会发展的规律，也可以为人文地理、聚落地理提供宝贵资料。

毛泽东论述

中华民族由宗族的团结扩充到国家民族的大团结，这是中国人的良好传统观念，应妥加运用。

孙中山论述

炎黄子孙
情满华夏
江泽民

原中共中央总书记、国家军委主
席江泽民题词

同心同德
共建明天
董建华

全国政协副主席董建华题词

·23·

多方贺词　热情洋溢

八闽董氏汇谱贺题

源远流长

林开钦

全国政协港澳台侨委原副主任、福建省委
原副书记林开钦贺词

恭贺福建省董氏委员会成立暨《八闽董氏汇谱》出版志庆

正谊明道传祖德

子孙万代枝叶茂

全球董杨宗亲总会理事长　杨辉雄

敬贺

喜祝《八闽董氏汇谱》编竣出版

共筑中国梦
再创新辉煌

甲午年吉日董承耕敬

祝《八闽董氏汇谱》编竣出版

物本乎天，人本乎祖，敬天法祖。

甲午年丁卯月董水观贺

祝《八闽董氏汇谱》编竣出版

谱列家乘颂盛世
书圆族梦启后昆

甲午年丁卯月董正雄

贺

董正雄印

八闽董氏汇谱出版庆典

祖耀宗扬

中国国家书画院名誉院长、中国书画研究会副主席董天石题词

恭贺福建省八闽董氏汇谱编纂出版
癸巳清和上澣
王勇坚於闽都

福建省通俗文艺研究会书联书画专委会副主任王勇坚题词

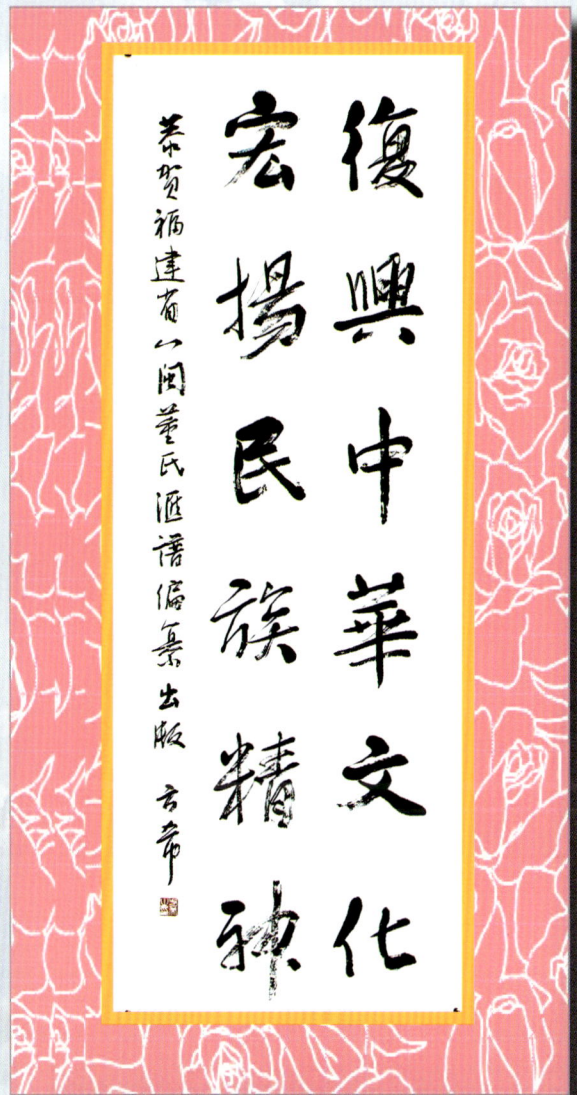

日月昭物彩
山河焕人文

贺八闽董氏谱牒盛功

中央美术学院教授、博士姚舜熙题词

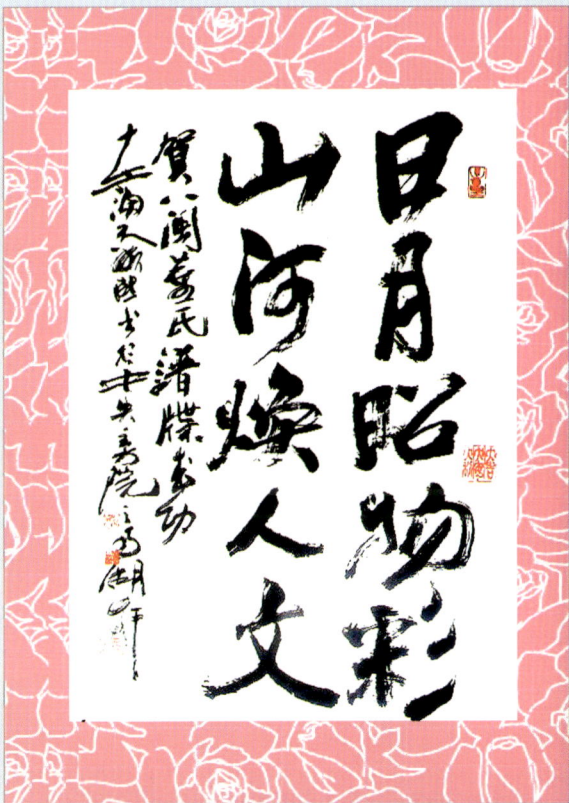

复兴中华文化
宏扬民族精神

恭贺福建省八闽董氏汇谱编纂出版
云希

中国书法家协会会员、福州书法家理事云希

董欣宪董事长事业有成　乐于行善

图为董欣宪董事长（中）与同仁亲切交谈

　　董欣宪董事长是我八闽董氏杰出企业家之一。董总自幼家境贫寒，在善良的严父慈母的培育下，兄弟三人励志奋斗，用他们的勤劳和才智，都发展为当地颇有影响的企业家。

　　董总为了报效祖国，近年来，响应厦门市委、市政府关于大力发展海洋经济，争当海西海洋经济龙头的号召，于2012年初引入巨资，在厦门合法注册成立了厦门海顺渔业有限公司。厦门海顺专业从事远洋渔业项目开发投资，以远洋捕捞为主体，以规模化经营、现代化管理、综合化服务为发展思路。实施以来，由于各方协调配合，产生了良好的经营业绩，国内获得了渔业资源，企业获取了经济效益。

　　董总事业有成，但仍谦虚谨慎、勤奋工作，生活节俭、尊敬长辈。他热衷于慈善事业，在慈母的协助下，与兄弟一道，多次为家乡修路、建立老人会，乐于捐资助学帮助贫困家庭。他关心八闽董氏公益事业，出资20万资助出版《八闽董氏汇谱》，八闽董氏族人衷心感谢他的义举。

《八闽董氏汇谱》编委会

一、荣誉职务

1. 顾问

董善亭（厦门宝龙集团有限公司高级顾问、原解放军总后少将）

董启清（福建省民政厅原厅长、福建省慈善总会原常务副会长）

董建辉（厦门大学人文学院人类学与民族学系教授、博导）

林贻瑞（福建省委党校文史教研部原主任、教授）

2. 名誉主任

董建洲（福建省人事厅原副厅长、现任中国海峡人才市场党组书记、董事长、总经理）

董志炎（中信银行福州分行行长）

董欣宪（厦门海顺渔业有限公司董事长）

董立耀（福建省正德集团有限公司董事长）

董伦胜（福建省华宇进出口有限公司董事长）

3. 名誉副主任

董达敏　董须旺　董桂官　董江水　董木亮　董高伙　董国惠　董雄　董齐光

董伦阔　董兆世（上述多为换届退任的各单位会长）

二、编委会

1. 主任

董承耕（福建社科院原副院长、研究员）

2. 副主任

（1）常务副主任

董承铨　董文瑞　董群默（以上3人为编纂《汇谱》发起人）

董正雄　董炎星　董水观

（2）副主任

董作钜　董存良　董文端　董国城　董金官　董学顺　董仲宝　董帝恭　董伦泰

董少发　董力业　董殿亭　董玉环　董其勇

以上为编纂《汇谱》发起单位现任会长和部分地区代表。

（3）常务委员（除编委会、编辑部的正副主任、正副秘书长均为常务委员外增加以下人员为常务委员）：

董国平　董泉官　董遵华　董志勇　董连金　董怀顺　董厦门　董发源

董国兴（金门）　董群华（金门）

（4）委员：由参加《汇谱》编纂工作的主要单位董氏宗祠（或老人会）负责人或代表组成。

福州地区：董心凯　董作好　董须能　董策勋　董一和　董正仁　董正院　董家彬
董至祥　董义新　董须鎏　董仕春　董学秋　董志诚　董宗全　董用德

莆田地区：董玉锁　董栋财　董国庆　董锦和　董国瑜　董天富

泉州地区：董群祝　董安然　董永鑫　董树木　董伦成　董欣志　董鹏举　董火船
董群团　董奄　董炳奎

厦门地区：董江场　董志强

漳州地区：董厦门　董潘生　董燕南　董波发

龙岩地区：董锦山　董景元　董维劳　董成蕴　董洪勋　董建福　董书声

三明地区：董元第　董广平　董天成　董书梨　董书沙　董礼和　董光增

南平地区：董光章　董松荣　董邦宝　董伍辉　董礼平　董志伟　董立和　董家棣
董家茂　董硕　董元寿　董水鑫

宁德地区：董养彬　董竹清　董祖安　董尧灯　董建炳　董帝宽　董孔铭　董俊瑞
董社清　董庆端　董晋齐　董阿吉　董文生

三、编辑部

1. 主任

董正雄　福州大学数计学院计算机基础教研室原副主任、副教授

董炎星　龙岩连城国税局副分局长

2. 副主任

董作钜　董家樵

四、秘书处

1. 秘书长

董家樵（兼）

2. 副秘书长

常务副秘书长：董解生

副秘书长：董庆文　董斌森　董为斌　董欣世　董玉铁　董建惠　董亚成　董子智
董成火　董立平

关于联合编纂《八闽董氏汇谱》的倡议书

各地董氏宗祠理事会暨全体宗亲：

木有本，水有源，人之本源在于祖宗。在中华民族大家庭中，董氏是一个古老的姓氏，迄今已有四千余年历史。董氏系黄帝的后裔。据史书记载："董氏出自姬姓。黄帝裔孙叔安，生董父，舜赐姓董氏"。又载："昔有叔安之裔子，曰董父，甚好龙，服事帝舜，帝赐姓曰董氏，曰豢龙，封诸'鬷川'。"故黄帝四世孙董父，为董氏肇姓始祖。

董氏经历数千年的蕃衍，支派繁多。董氏后裔屡迁于诸国之中，其先祖原居于北国，而后向南播迁，至东汉已成为南国之一大家族。历代枝荣叶茂，瓜瓞绵延，人丁兴旺，子孙遍布五湖四海，传及五州大地。

董氏入闽，据有关史书记载，始于东汉末叶，自三国迄今已有一千八百余载，中经唐宋元明清，而今其子孙遍布八闽大地，已成为大家族。然悠悠历史，董氏入闽年代已久远，其祖多无可考证，其后子孙蕃衍，树发万枝，水开千派，屡屡迁徙，其子孙世系不清者，亦不可胜数。此种上不知其先祖，下不识其裔孙之状况，岂不羞我族人？

为此，我辈谨向全省乃至全国各地及海外与福建有世系关联的董系宗亲紧急呼吁：立即行动，组织起来，共同携手搜集、整理、研究董氏家族的源流历史和文献资料，联合编纂《八闽董氏汇谱》及其先贤文集。藉以弘扬祖德，以慰先祖在天之灵，克尽裔孙之孝道，亦为弘扬中华民族优良传统文化和优秀伦理道德做出一份应有的贡献！

发 起 单 位

福建省董仲舒杨震学术研究会　　　　长乐市古槐董氏宗祠理事会

福州市琅岐董氏宗祠理事会　　　　　长乐市前董董氏宗祠理事会

石狮市永宁沙堤董氏宗祠理事会　　　长乐市后董董氏宗祠理事会

石狮市永宁董氏宗祠理事会　　　　　长乐市金峰董氏宗祠理事会

连江县塘头董氏宗祠理事会　　　　　连江县东岱董氏宗祠理事会

2002 年 12 月 22 日

《八闽董氏汇谱》编纂领导小组告全族宗亲书

尊敬的八闽董氏宗亲:

大家好!

人之有祖,正如水之有源、木之有本。树高万丈不离根,饮水思源、叶落归根。寻根访祖、承继发扬祖业,是我族裔孙之美德。"家之有谱,犹国之有史,史以记事实,谱以明昭穆。昭穆能明,则家派无得而混哉。"

我董氏自东汉入闽,便是八闽这片土地的拓荒者。千余年来以其顽强的毅力,立业安居、繁衍生息,在悠悠岁月中留下了生命轨迹和奋斗的历程,留下了他们的聪明才智和道德品格。

根据国家文化部关于协助编好《中国家谱总目》的通知说:"家谱是国家宝贵的文化遗产中有待发掘的一部分,它蕴藏着大量的人口学、社会学、民族学、民俗学、经济史、人物传记、宗教制度以及地方史的资料。它不仅对开展学术研究有重要价值,而且对当前某些工作也起着很大的作用。"在过去的六年中,我会曾致力于八闽董氏汇谱的编纂,但由于种种原因中断了正常的运行。

为抢救我八闽董氏家族宝贵史料,使族谱不致于断代失传;为认识祖先创业的艰辛,弘扬他们的奋斗精神;为海内外宗亲血脉追溯与认同提供依据;为继承祖德、弘扬中华民族优秀文化提供历史资料,我会会长办公会议研究决定重新组织《八闽董氏汇谱》编撰工作。并拟定于2009年4月召开全省编委工作会议,尽快启动编纂工作,加倍努力把失去时间夺回来。同时力求在史料翔实的基础上,溯本追源,缅怀祖先,将历代谨遵祖训的楷模及其事迹收集起来,编纂成永传后世的宝典。

盛世修族谱,其意义更为重大深远,是功在当代利在千秋的事业。在这部《八闽董氏汇谱》中,各派世系都将条列停妥,族人的来龙去脉可稽可勘,先人的嘉言懿行也都将汇编录入。使后代从中领略祖先之筚路蓝缕,创业维艰,为敦亲睦族,承传先贤风范德行,也为海外族亲认祖寻根,涵溉乡情乡谊提供途径。

八闽董氏宗亲,血浓于水,亲情无价。盛世修谱,责无旁贷。时不我待,携起手吧,让我们共同见证,共同创造八闽董氏有史以来的壮举和辉煌!

福建省董仲舒杨震学术研究会

《八闽董氏汇谱》编纂领导小组

2009年2月13日

前　言

　　国有史,地有志,族有谱,此乃中华民族独特的传统文化现象,更是华夏历史文明得以子承孙继、瓜绵椒衍、以薪传火、万世不绝的三大支柱之一。

　　董氏乃海内大姓,华夏望族。董氏一脉,自古多出鸿儒巨哲,闻人贤达更是俊才星驰,数不胜数。春秋时晋国董狐,古之良史也。汉代广川董仲舒,首倡罢黜百家,独尊儒术,为汉武帝所嘉纳,实为孔孟之道和儒学伦理的集大成者。我八闽有"杏林春暖""建安三神医"之一董奉,有唐都防御使董玠,有为五代闽(越王)国骁勇无比的大将军莆田人董思安,有宋真宗宝庆年间的银青光禄大夫、上柱国太尉董兴,有闽中七君子之一琅岐董养河,有连江龙塘名宦董应举……

　　逝者已矣,来者可追。而今正值国泰家给,物阜民殷盛世,大兴追宗念祖之风,也萌我八闽董氏纂修家谱的心愿。2002年12月22日,由福建省董仲舒杨震学术研究会、琅岐、连江县塘头、石狮市永宁、沙堤董氏、长乐古槐、前董、后董、金峰董氏发起编纂《八闽董氏汇谱》的倡议书。无奈一纸倡议,搁置多年。2009年4月经董杨研究会会长办公会议研究,决定重新组织《八闽董氏汇谱》编撰工作。由新《八闽董氏汇谱》(下称汇谱)编纂领导小组发出《关于编纂〈八闽董氏汇谱〉告全族宗亲书》,并召开全省编委工作会议,重新组织编辑班子、启动编纂工作,以加倍的努力把失去时间夺回来。

　　心系华夏,情连八闽,盛世修谱,义不容辞。董正雄与董炎星等受董杨学术研究会和八闽董氏宗亲重托开始编纂《汇谱》。我等自知才疏学浅,诚惶诚恐。然而世上无难事,只怕有心人,只要虚心求教,发挥个人专长和集体智慧,我们坚信有志者事竟成。

　　修谱是项系统工程,组织、经费、编辑和制作四方面的工作都必须做好。新组成的编辑部是个团结集体,在董承耕会长的领导下,在八闽各支系董氏宗亲的支持下迅速地投入工作。编辑部重点贯穿于寻根留本、清缘备查、增智育人、血肉联情、承前启后各个环节。

　　科学的方法是走向成功的前提,我们事先从福建省内近八万董氏人口信息的分析统计入手,列出董氏在各地县分布表,了解全省近200个董氏集居点,实现寻找各董氏集居地的准确定位;其次,利用现代网络和信息管理系统等先进的手段,从省、地、市图书馆和地方志资料库中查询各地董氏族谱信息,确定调研路线表及调研项目,搜集到150多份族谱及其相关资料。在认真阅读各支系族谱,整理普查资料的基础上,编写大纲,按照序跋篇、源流篇、迁徙篇、世系篇、礼训篇、名贤篇、艺文篇及附录编写《汇谱》。全文由董正雄和董炎星共同编纂,最后由董正雄统稿修辑成帙。

　　两年间,我们不畏寒暑,自垫旅费,跋山乡,下海岛,走村串寨,跑遍八闽大地的九个地区中的50多个区县,走进200多个董氏集居地开展宗亲访谈和族谱资料信息采集,不断印证推敲,取得了许多翔实的历史资料,但仍感力不从心。董正雄虽系高校退休教师,但教学任务仍

是繁重，董炎星乃是在职人员，公务繁忙。在此期间真有欲进不得，欲罢不能之感，然念我先祖之德，宗亲重托，情不容辞，考虑再三，咬牙坚持。又历经两年艰苦的努力，《汇谱》终于告竣。

手中有《汇谱》，便知八闽董。只要翻开《汇谱》的卷首，八闽董氏的基本信息就能一览无余。《汇谱》是福建历史上首部全面反映八闽大地董氏族人生息繁衍的谱册。该谱顺应时代，与时俱进，应用现代网络的树型拓扑结构展现世系，昭穆分明，脉络清晰。用图表显示八闽董氏集居分布，直观新颖，便于联疏远，别尊卑，寻根问祖与支系对接。用简洁语言让八闽董氏族人辨世系、明祖源、纠错漏，正本清源。使族人千百世后可得而核，春秋祭祀有所依，寻根问祖有所考。

《汇谱》收录名人和艺文，反映了变幻着的历史风云以及跌宕起伏的人世沧桑，激励后人敦亲睦族、扬善惩恶，发扬传统美德、促进社会和谐。同时对研究地方志、民俗学、历史学、考古学等学科也有重要价值。

《汇谱》还增加附录篇，帮助读者阅读族谱中，能对认知和解读基本术语。

几年的努力，终于完成了宗亲的重托。在阖族欣慰欢庆之际，我们谨对长辈、同辈及晚辈族人的支持、信任和厚爱表示诚挚的谢意。

因世远年湮，兵燹流离，留下的往往是残篇断简，更甚的是十年浩劫，不少珍贵族谱化为灰烬。考证八闽董氏史上有三十多支入闽、外迁，世系衔接，信息工程浩繁，不免错讹挂漏。但终可寿之枣梨，垂裕后昆；深望后之览是谱者，庶几笃亲亲之谊，知尊祖宗而睦族亲，千秋勿忘本源，思承祖德而振家声。

忆往昔，先祖荜路蓝缕创业艰，看今朝八闽董氏一家亲。在《汇谱》付梓之际，我等不敏，不敢言序，谨陈数语于简端，草成陋文，以记辛苦历程及对族人支持的谢意。祝愿八闽董氏支繁叶茂，更铸辉煌。

编者

2013 年 10 月　于福州

序　一

"参天之木,必有其根;怀山之水,必有其源。"人之所以灵于万物者,以能知其身之所出与其身之所终归也。盛世编志修谱,乃春秋以降,炎黄子孙之优良传统。《管子》曰:"仓廪实,知礼节;衣食足,知荣辱。"孔子曰:"既富且教,斯之谓也。"古圣先贤之意,皆谓富民为先,富而后教。

《元和姓纂》云,董姓乃华夏最古老的姓氏之一,出自黄帝己姓,迄今已四千五百多载矣。相传,颛顼之己姓后裔中有飂叔安者,史书又称廖叔安。飂叔安之子董父,善于养龙,帝舜任董父为豢龙氏。董父养龙有功,帝舜封诸鬷川(鬷川就在今日闻喜县境内),赐以董为姓。其子孙尊董父为董姓始祖。董氏乃三皇五帝之苗裔,养龙传奇之家族,根深苗壮。董仲舒独尊儒术,董奉独步杏林,人才辈出。

董氏入闽,始于汉代"建安三神医"之一董奉。晋永嘉之乱,董姓又是"衣冠南渡"士族一部分。唐乾元元年,董玠为闽防御使兼福州刺史,安抚闽海而波不扬,有德惠及于民。唐乾符元年,董禹为左补阙,其子孙迁长乐。光启元年,王审知开闽,董章父子随迁晋江。董方禄迁罗源,董期迁长溪,开拓兴邦。宋元明清,董氏渐成大族。历史长河川流不息,闽海之滨,董氏人杰地灵,可歌可泣,垂后无穷。今朝国运昌盛,乾坤朗朗,英才济济。

《八闽董氏汇谱》汇千百年董氏源脉,聚八闽各支脉流派,枝荣叶茂,源远流长。连谱续宗,血脉永旺,世代昌隆,气贯闽海之族林。彰贵胄之风于五洲,昭智慧之家在四海。

立人之道,莫大于爱亲;睦族之方,莫大于修谱。今夫汇谱,昭信纪实,重本笃亲,使世世子孙不忘所自。虽沧海桑田,人事变迁,代远年湮,坠绪茫茫,有谱可考,则宗族流脉,文献足征。倘若不书于谱,则将数世茫然,莫知祖考。子曰:"慎终追远,民德归厚矣。"慎终,兹世之所重;追远,后世之所思。《诗》云:"以嗣以续,续古之人",垂教深矣。夫族谱者,形一方之风,系一族之事,共续中华文化之传统也。若不怀偏见,则读之必有所裨益焉。

余阅《八闽董氏汇谱》,"良史箕裘千秋裕,大儒风范万世昌"。序家族昌国族,融洽海内外华族如一家,构建和谐世界,爰乐而为之序。

王一士

壬辰年桂月吉日良辰

注:作者系福建省政府原副省长、省人大原副主任。

序 二

宗谱系中华民族独特的传统文化。族之有谱,犹水之有源,源远者,其流必长,以至江汉浩淼,汹涌澎湃,奔腾不息。家谱之修,上以敬宗,下以收族。大宗小宗列其序,昭穆世次绘为图。由本支百世,上而溯之,同出一源,此《易经》所谓涣而受之以萃之义也,也是华夏历史文明得以子承孙继,永永不替之意也。

吾董氏乃海内大姓,华夏望族。始祖董父,据《通志·氏族略·以字为氏》记载:黄帝之裔孙为叔安,任飂国国君,生子董父。董父蓄龙有术,舜帝甚幸,赐其董姓,于是天下遂有董氏。

董氏一脉,自古鸿儒巨哲辈出,闻人贤达星驰。春秋时晋国太史董狐,学识宏富,性情刚介,不畏权势,不为尊者讳,唯重史实,秉笔直书,为历代史官之典范。至圣先师孔子曾赞叹曰:"董狐,古之良史也。"汉代广川董仲舒,以治《春秋》应贤良方正,首倡罢黜百家,独尊儒术,为汉武帝所嘉纳。实为孔孟之道和儒学伦理得以弘扬光大之集大成者。

八闽董氏,始于汉代"建安三神医"之一董奉。董奉,三国东吴侯官(今福州长乐)人,居长乐古槐福山,游医全国。后裔有迁湖南攸县的,绵绵瓜瓞,子孙遍天下。晋永嘉之乱,董姓又随"衣冠南渡"。唐乾元元年,董玠为闽防御使兼福州刺史,"安抚闽海而波不扬,有德惠及于民"。唐乾符元年,董禹为左补阙,其子珙、琳、玘迁入长乐。唐光启元年,王审知开闽,董章父子随迁晋江乌屿,董方禄迁罗源潮格,董期迁长溪魁洋(今霞浦)。宋初,董昶迁邵武府建宁绥安。宝庆年间,陇西郡董兴封银青光禄大夫、上柱国太尉,入闽落籍晋江。高宗时,朝议郎董世兴入闽为官,与泉州杨梦龄情同骨肉。因杨家无子,将其子入嗣杨家,其后承董杨双姓。建炎元年,董万一郎迁汀州。宋绍兴初年,董纯永迁至闽海琅山(今琅岐)成大族。明有户部侍郎、工部侍郎董应举青史留名,清有董长藩建功闽台。历史长河川流不息,闽海之滨人杰地灵,董氏英才辈出,可歌可泣,垂后无穷。千百余年间,人丁繁衍,瓜瓞绵绵,遍布八闽,分族海内外。

今正值国泰民殷之盛世,八闽董氏族人顺应历史潮流,创修董氏汇谱,振兴民族大业,复兴家族文化。此其时也。

应全体族人迫切要求,自2009年以来,有志诸君广泛咨访族老,多方询查于旁支。穷考细究,历经四个春秋,终于2013年编辑成帙。

《八闽董氏汇谱》汇千百年董氏源脉,聚入闽支派三十有余。其后裔枝荣叶茂,支脉广布,远播台湾、广东、浙江、香港、澳门以及海外菲律宾、马来西亚、印尼、新加坡等东南亚国家和地区。连谱续宗,血脉永旺,气贯闽海之族林。彰显风范于五洲,昭示智慧之家,传在四海。

董氏家族素有忠君爱国,爱族爱家,公而忘私的爱国主义精神;向怀"修身、齐家、治国、平天下"的人生理想,讲究耕读持家,勤劳俭朴,艰苦奋斗,自强不息,开拓进取。宗谱中的家训,要求董氏子孙后代勤俭持家、尊长爱幼、敦亲睦族、扬善惩恶,这可以促进社会安定团结、和谐

发展。宗谱传记先贤的好人好事传示后人，弘扬传统美德，促进社会的精神文明建设。这些都是人类社会道德关系的优秀遗产。在建设和谐社会的今天，我们要继承与发扬这种优良传统和美德，让我们的家族更加兴旺发达，把我们的家园建设得更加美好幸福。另外，汇谱也维系着我们董氏与台湾同胞、海外董氏家族的紧密联系，有利于海内外宗亲寻根谒祖，推动和促进祖国和平统一。

值此新谱即将付梓之际，众宗长嘱予为文以序。予不敏，赘数语，聊志鄙意。董氏汇谱既成，因世远年湮，工程浩繁，其中错讹挂漏，敬请识者教正。深望后昆诸君，捧读斯谱，知尊祖宗而睦族亲，勿忘本源；思承祖德而振家声，百世更铸辉煌。

承耕　谨识于榕城

2013 年桂月吉日

注：作者系福建省社科院原副院长，福建省董仲舒杨震学术研究会原会长

凡 例

一、新编《八闽董氏汇谱》(下称汇谱)坚持解放思想、实事求是、与时俱进的思想路线,摒弃封建落后观念,在继承的基础上创新,以"敬祖收族,弘扬祖德。正本清源,理顺脉络。教育后代,耀国荣族"为宗旨,运用辩证唯物主义和历史唯物主义观点,力求思想性、科学性、资料性相统一,全面反映八闽董氏风貌和各支派特色。

二、汇谱即"汇千万人于一家,统千百世于一人"。历来都是"名人留于史,平民见于谱",在国史中只写对社会有重大贡献的人物,一般平民百姓是不能见于经传的。但是家谱中,不分贵贱尊卑,总按排行列出与记载,对家族发展有贡献者,还要专门记载他的事迹。因此,我们应当"以谱为据,以史为证"。"汇"指的是汇总,有"支"才有"汇",只能由各分宗提供资料,才可能收录汇编。汇的另一含义是"全面",我们已不遗余力地深入到福建省近200个董氏集居地收集调研,取得了大量各分宗族谱材料。然而无论是史书记载还是家谱记叙,都因有遗漏或散佚而有大相径庭之处,因此编者提出"疑须存,佚必补"的观点。缺佚的一定要补,不补不成其为"汇谱"。各家所说不一致的,以求同存异与"补佚为先"相结合,记录"疑点",留待后人求证。任何一套家谱都难免有错误,不能因个别的错误否定全部;对待历史,不适用"少数服从多数"的原则。编撰汇谱,"史书为准"和"补佚为先"相结合的原则都必须坚持。

三、本谱取事,源于分宗支系提供,详今溯古,贯串古今,上限力求追溯至事物发端。本谱上限,原则上起始于东汉建安年间,下限截止于2013年4月30日,个别地方越限至搁笔之时。鉴于我族的历史灿烂,故有些内容可尽量上溯至其发端。

四、本谱在总体结构上力求继承前人谱牒文化传统,并富有时代新意,做到古今贯通,中外合璧,相互联接,按"篇、章、节、一、(一)、1、(1)"排列篇目结构。本谱分序跋篇、源流篇、迁徙篇、世系篇、礼训篇、名贤篇、艺文篇八个篇幅,力求全面、科学地反映八闽董氏历史风貌和现状,并为世界各地侨胞寻根谒祖、认祖归宗提供方便。

五、本谱采取记、志、传、图、照、表、录等形式,以世系图为主体,横排竖写,纵横结合。用电脑照排,世系图所用文字字体原则上遵循原各支系的提供资料字体,其余文档文本所用字体一律用规范简化字。

六、本谱中各分宗世系图采用网络拓扑结构图中的横排树型结构的形式,先大宗,次小宗,次支系,以是循序明宗。用"简明世系一览表",以竖列兄弟线直系为经,以横行父子线辈世为纬的行列表示。为体现男女平等,登录中的女性尾后加以(女)。同样,对于民间以往过继、入赘、承嗣、兼祧等加以标注,尽量反映各支人丁世系。但由于篇幅和人力有限,不能如家谱、分谱一样细致。

七、本谱以血缘关系为核心,以家(宗)谱为依据,结合史料记载,进行清理接续源流世系,按历史时空,分时段标明的方法编纂世系篇,从宏观上理顺和反映八闽董氏各分宗古往今来

1

迁徙繁衍的概况,也为促进海内外各地寻根谒祖或兴家创业提供方便。按入闽时期和源头列编各支系,各列编的分宗谱系按历史迁徙、世行昭穆、简明世系、历代英贤、文物遗辉等顺序简略介绍。

八、本谱在前所未有地对福建省董氏人口全面调研的基础上,对所获取的八闽董氏人口分布和分宗脉络所有信息,用图表方式直观展示福建省董氏分布和脉络。

九、本谱所收序跋、志铭、传记,均按成文年代序次编列,仕籍则按地域或支系分列。

十、本谱所推介的名人,以史料记载为依据,以其推动历史进程所起的社会影响为取舍标准,已故者设人物传,在世名人设简介、名录。分古代名人和近现代名人,分历代华夏董氏名人和八闽董氏名人,以列表形式罗列各时期各类型的职官、高级专业人才、劳模、侨领、"三胞"知名人士,宏扬八闽董氏对国家民族作出过重大贡献的名人,激励后人树立以爱国主义为核心的民族精神。

十一、本谱中除部分有作者署名和摘录说明的文章外,其余均为编辑人员整理。

十二、照片登载,在族谱机构人员及献资人员中,以贡献大小,责任重轻为先后。部分因版面安排需要调整的例外。

目 录

第三篇　迁徙篇

第五篇　礼训篇

第六篇　名贤篇

第七篇　艺文篇

附录

第一篇

序跋篇

第一章　明代八闽董氏肇修族谱序

序,又称序言、前言、叙、绪、弁言、引等,序言是作品或书籍的一种依附性文章,主要介绍作品的内容、主旨,或者作者的创作过程,或对作品加以评论。序一般位于作品之前,也可位于书后,位于篇末的序为"后序",通常称为跋或后记。由作者本人写的序为自序或前言,作者以外的他人所写的序为他序。谱序乃一部族谱的开卷篇,它承载着丰富的历史内涵,寄托着无限的敦睦之情,具有极高的史料价值,因而谱序是修纂家谱的重头戏。

通常族谱卷首都有一篇至数篇不等的序文,囊括旧序、重修序、续修序,本族人及外族人所写的序文、跋语等。谱序开篇直言修谱的重要意义,言简意赅、溯本求源,叙述了祖源及迁徙过程,历次修谱缘由。记述既准确又详尽,具有重要史料价值。

本篇收集八闽董氏多篇具有代表性的谱序,按朝代分别列出,供族人参阅。

第一节　泉州董氏重修族谱序

族之有谱,所以谱世系也,而非仅以谱世系也。人之生也,始于一本,由一本而有亲疏,而有聚散,而其间又不能无盛衰之变,故谱也者,不特以谱世系,又所以以联疏而使亲,合散而使聚,且使盛者可传,而衰者又不可于终泯也。

董氏之先,远不可考矣。其入闽也,自思安公始。公随王氏入闽,及王延政灭,公乃退隐泉州,是为吾泉之始祖。而太尉肖公以军功,加上柱国太尉,勋昭一时。子道公又以战功封平凉郡开国伯,孙宗嗣公辈四人,皆以先劳为郎,仕至二千石,而自宗嗣公至八世,皆袭封开国伯。且观民公子璇公复尚郡主,封江都侯,祖孙奕世,宣力王家,隐然与当时之折氏、冲氏争烈焉。追至五世,而有康民公,常公之子,而宗嗣公之孙也。登庆元间进士第,以文章名一时。子琛公以嘉定元年举进士,仕至参议郎,瑜公亦举进士,官漳郡司理。而从侄洪公、振公皆以嘉定、绍定间及第,文子文孙,簪缨罔替,名垂郡志,昭昭可考。固与前人武烈,共为邦国之光,而非仅为一家之盛已也。后数世,兵戎递越,子孙之仕于四方者,皆不归。在泉者,亦避隐远徙而散处于福兴漳潮以及安永深山之间。董氏始陵夷衰微,而谱亦从此失矣。自明以来,气运将兴,人文鹊起,惟时之以科名显者,曰重耳公、曰行庵公、曰定生公,且有天益公、瑞锺公,与夫应鹤公,文行公诸若人。而谦吉兄亦与余后先继起,幸博一第,乃胄弘、胄藻二又以武学登科第,兄弟济美,而族中诸子若侄,皆彬济相仍,笃信好学,天之复兴吾宗,其未有艾也。自前嘉靖间,沿海有倭夷之祸,民不安席敷纪,家家灰炉,故老遗亡,以及先世仪物,皆荡然无存,而世谱又复于此亡矣。

呜呼,吾族之盛也! 聚族而居,昭穆有序,冠昏丧祭有告,歌也同歌,哭也同哭,贤者既已

自尽其情，而不肖者亦将勉而企焉。虽或散处四方，而犹不至懿亲如陌路者，而谱之昭昭可考也。自乱离之后，继以倭寇之惨，其本支世系既已没于兵燹，化为冷灰，而遗老尽幼者，耳目茫然。则今之散处四方，于所视为路人者，皆吾祖之遗体，吾身之手足也。即虽甚疏速，亦吾身之爪指毛发也。夫弃先人之遗体，舍吾身之手足，不爱吾身之爪指毛发，丧心病狂甚矣，其得为人乎？则谱之所系诚大也，而谱之作犹可缓软。故上溯太尉，下迄今兹，着其信者，疑者阙之。后之子孙披而览焉，犹得历而指之曰：若者吾会，若者吾祖。吾会之兄弟亲者，吾父母之通体也。聚者为吾之手足，即散者亦吾手足之爪指，与吾身之于发也。吾谱之所及者非路人也，即吾谱之所未及者，亦非可以路人视之也。何也？一本故也，故曰：谱也者，所以联疏而使亲，合散而使聚。且使盛者可传，而衰者不至于终泯也。

崇祯丁丑年桂月　日十九世孙飏先顿首拜序
咸丰六年岁次丙辰仲冬葭月二十六世孙春蔼谨识

（摘自《开闽董氏沙堤分派宗谱》）

　　作者传略：董飏先，别号沙筑，温陵永宁沙堤人，生于明万历辛卯年，登崇祯丁丑进士。授广东按察司副使，雷廉兵备前礼部郎中，知通、泰、化三州事。公居官素凛廉隅，见大义，明鲁王赠"风高五柳"之匾。明亡后避居同安，坚持抗清活动。公卒于清顺治丙申年，享寿六十有六岁，葬于同安县。公长女董酉姑德配郑成功，称"国姓夫人"。董夫人以贤惠著称，治家有方，随郑成功征战江南，继而收复台湾。在郑成功病逝后，董夫人支撑大局，不谋私利，厚待百姓，深孚众望。董夫人病逝台湾安城，葬于台南县。

第二节　琅琦董氏谱序

一、新修族谱序

　　辛亥之冬，余归自北固①，块然②处嵩山之房。检先人遗篇，见节斋伯左辖③贵州时，贻书先人语曰："谢表谱叙当致之，愧不文耳。第吾宗之谱，向未有辑而举之者。余方驰驱王事，未暇为家图，吾弟得无有意乎？聿与子侄商之，事成，吾当弁其首，弗令先德弗耀也。"

　　阅毕，不觉沾沾泪下。慨吾祖自朝奉大夫④迄今，凡二十余世矣。观察公父子成进士，忠训公以武功雄一世。珠生公以素封⑤蜚声郡邑，徒家纪一乘，竟不能集而为之志。方伯公雅有志焉，乃未逮而卒。余父谕云梦，林归未几，亦溘朝露⑥。余弟孝廉宗成，今且已矣。是在余小子哉，藐然且陋也。族党遐逖，遗篇泛漫，孰可与之商厥事，以无负方伯公之遗言也者。

　　偶壬子春，征君侄煌、处士侄孙堚等，相率而展赠大中大夫之墓。余举觞酬而进之曰："今日赠君，固万伯公荣之矣。第方伯有未竟之志，吾侪当翼而成之。可以纪赠君之荣于不朽者，则吾族之谱，不可不亟为之固也。"众曰："唯唯。"

　　于是诹日戒事。而以余同年友，吴航林君克清统其事。随戒诸子侄曰：董自豢龙之后，世有

闻人,如良史、如醇儒、如强项。今其传遽诸,无可考矣。若吾祖宗本公微时,能于尘埃中识天子而敬附之,虽紫气黑龙之谯[7],而竟尊贵其子,谓之哲人,其伟非耶?九传而为万十一公,世家琅琦,族渐昌大。虽迁徙靡定,而名公武烈,骚卿墨士,代不乏人,俱能随地而阐幽光,称单宗于厥里。尔子孙能勉旆箕裘[8],期无忝于尔祖足矣。固不必速丐古先馥艳,以贻涂人之口掩也。

不数月,辑既成,携以相示。见其本者源,支者流,脉而络者分明。不援贵显,而发自吾宗者,不敢遗不羞微贱,而亢宗[9]者不敢蔽。其间名而字、生而娶、卒而葬,书姓、书地、书年,罔不精备,恍若群聚一堂,而口授目烛之也。则又奚必进续往祖,以万十一公之前不绩为讳哉!

昔武襄不附梁公[10],巽公不谱六一[11],士论韪之。苏眉山之谱,一世而上亦失其次,后世不闻有訾议之者。兹辑也,固不敢方轨[12]前修,而不讳不援,庶几其志族之遗意也。

弘治壬子年(1492年)秋菊月上浣之吉十九世孙宗道谨书

作者传略:宗道,字文英,号敬斋,教授秀公次子。成化七年辛卯,与弟宗成同科中举,铨选潮阳教谕,后升镇江府教授。弘治五年壬子,首辑宗谱。

注解:①北固:镇江北固山。 ②块然:单独地。 ③左辖:董和为贵州左布政使。 ④朝奉大夫:隋代有朝议大夫,为散官,以加文武官吏之有德行声望者,并不理事。 ⑤素封:不仕而富者。蕫同飞,郡邑指福州。 ⑥溘朝露:溘克合切,奄忽也。江淹赋"朝露溘至",后因谓人死曰溘逝。 ⑦紫气黑龙之谯:遵海谓宋太祖赵匡胤曰:每见城上有紫云如盖。又梦登高台,遇黑龙长百余尺,俄化龙飞腾东北去,雷电随之,是何祥瑞也。宋祖心知自己后日必贵。但以遵海常侮之,寄食其父宗本家,不敢明言,辞曰不知。及为帝,召之入京,海伏地请死。宋主曰:卿尚记昔日紫云黑龙之事乎?授之为通远军节度使。 ⑧箕裘:《礼记》"良弓之子学为箕,良冶之子学为裘",言子孙能继承先人之事业。 ⑨亢宗:能光大宗族者。 ⑩武襄不附梁公,狄青以力战,自兵卒升至将帅。人持狄仁杰图像来与之曰:"天下姓狄者无多,当为公先祖。"青答之曰:"先世寒微,不知所自,焉敢妄附梁公。"与之金,不受其图。 ⑪巽公不谱六一,欧阳修号六一居士。巽公不知何人? ⑫方轨,并驾齐驱也。

(摘自《琅琦董氏总谱》)

二、修谱后叙

予董氏,世家琅琦,文章仕进,代不乏人。旧有世谱,经兵火而佚之,肇迁之祖淹不可知,予甚悯焉。

幸所及纪者,犹有九世万十一公而下耳。历宋而元以迄于今,人易世疏,苟不辑而谱之,后将何稽。故世卿名阀之家,不忘水木之义,为之谱,联宗盟而示来兹者,意念深矣。则吾谱之修,庸可缓乎?

第斯举亦盛且巨耳,非余小子之所能独力成者。适郡博文英叔,宦成归里中,哀襄是举。旋以属之藩史林君克清,余与侄堚佐之。

检拾遗帙,严为考订。系之以宗固,列之以世次,生配必书,卒葬必录。贤而仕者纪之官,德而逸者志之传。虽上不能尽核其详,而下不至遗所可知。脉派胪列,昭若繁星。

事且竣矣,惟余小子获弛负担,且令后之子孙者,绳尊尊亲亲之绪,而兴敦本厚伦之思,其各斯谱乎!

弘治五年壬子季秋二十代孙煌谨书

作者传略:煌字宗哲,亭公第四子。与宗道始辑宗谱,并移大王庙自竹浦至今址。

(摘自《琅琦董氏总谱》)

三、重修族谱叙

族以谱名,以志不忘也。余董之谱,以弘治壬子而修,先考偕叔祖郡博公掇其余,断自九世而下,为肇宗、为分派。其笃之以天亲,奠之以世系,而不坠家声,赖有此耳。

嗣是,而吾宗子孙,其兴益繁昌也。苟不绩而维系之,将无越人视秦人肥瘠,而不加喜戚。甚若鲁人置亲疏于罔恤也,敦睦之谓何?故前哲之论曰:"自祖宗视之,均子孙也。"又曰:"子孙贤,族将大。"则夫均视子孙者,固所以成其贤,而族将大也。余兹念焉。

是用命我族属,参考增录,亲为勘详。系繁而使不紊,世易亦使不疏,庶几哉慰祖宗在天之灵,广尊敬之义。且文献之遗,不至当吾世而遏夫之也。自兹以往,其有趾美而贤,绍祖宗之簪缨者,还以续余之志,尤余修谱于悠久之深思也。是为叙。

嘉靖岁在癸丑夏四月下浣之吉二十一代孙彭谨书

作者传略:彭字伯章,号奇阳,煌公次子也,以子贵,赠奉直大夫。

(摘自《琅琦董氏总谱》)

四、重修家谱小叙

往小子钦署篆鳌溪,今少司寇扩庵公,以侍御①居里中。时以杯酒相劳,语其祖之所自始。且云从叔蓉山公丞建宁时,以事入省,寓简文坊,与余叔用夏公称兄弟行,相得甚欢。寻授余以《流坑新谱》一帙,蔼然有共本之念焉。盖谓其祖亦有官朝奉大夫者,而鳌溪之祖万一公,余之祖万十一公,行相似也。及考其题名录,第春官者逾三十人,而余宗成进士,如烨如璜如和,皆不与焉,岂地辽世远,扞格②不能相通耶!

已又思之,崇韬一拜,千古贻羞③。护儿儿作相,世男男作将。将相无种,富贵不常,则又安敢远附显荣,以取间人姗笑哉!第见其谱之所载,于木本水源,生配卒葬之外,益以凡例,详以议约,征以科名,绘以祠茔,规宜盛事,仙踪古迹,罔不款载而条叙之,彬彬然质有其文矣。诚家上乘而族良史也,窃津津向往久之。

丁亥春,便道抵家,取先大夫命汝范俭所修谱读之。其事核,其义严,亦井井然有条矣。

第较以流坑谱后所载详者,缺未有志,殊非所以彰盛美而诏来裔。比至粤西,驰书诸族属,谋而增修之,适郑君士皋授经池馆,聘而为之润色。夏仲,而余亦归自粤,聚首条议,四阅月而谱就绪。中间为图者三,为志者八,为传者二,为例者十有五。

赫赫祖烈,百世不迁,则大宗,世系圈也。三支两派,各称其属,则小宗,世表图也。邀君之宠,显亲之光,学掇巍科,声施宦绩,世有榖贻④,代多伟人,则纶音题名训言所由志也;庙貌森严,春秋享祀,礼不欲疏,率祖攸行,牺牲粢盛,有田斯举,则家庙祭田所由志也。玄谷韫玉,丹穴藏珠,以时洒麦⑤,松楸怆况,则坟茔又所由志也。《春秋》之法,与人以善,扬徽于宗,阔烈于闺,夫是作二传焉。商周彝鼎,惟是典谟,彪朗大业,篇章是附,夫是志艺文焉。源宗一派,代历三朝,徙易靡一,世数可征,夫是固历年焉。凡厥义例,悉准簧溪之制,虽弁冕⑥规模,不能仿佛其什一。然伦系定而千载不紊,礼法正而万祀不越,激劝昭而百世可兴。其所得于私淑者宏矣。

昔司马子长留滞周南⑦,仿左史图成先志,所以存之名山石室,布之通都大衢。则余斯谱,即不炳耀大方,然珍而存之,将与闽之川岳相悠久也。乃若修余之业,竟余之志所未尽,俾经文纬武之略,济美随州。正谊明道之学,嗣徽广川。若鳌溪之绳其祖武也,是在我后生哉!

万历辛丑岁久十有二月初生明二十二代孙廷钦顿首谨书

作者传略:廷钦,字仲恭,号海门,伯章季子。万历七年举人,授金溪教谕。历署三邑篆,擢南雍博士。二十年出为钦州府同知,升韶州司马,署肇庆等府事。

注解:①侍御:清代对御史之通称。　②扞格:互相抵触。　③崇韬一拜,千古贻羞:郭崇韬,为五代时后唐将领。一日,率军过汾阳王墓,命军士具礼品以祭。或叩其故,曰:"吾先祖也。"时人知其冒认,皆笑之。　④榖贻:榖善也,以善遗诸子孙。　⑤洒麦:寒慄貌。　⑥弁冕:冠也。　⑦司马子长留滞周南:司马迁字子长。周南,古地名。

(摘自《琅琦董氏总谱》)

五、董氏族谱序

吾郡多佳山水,往往泄灵于人,又往往聚气而成族,故夫地以族重也。族非能重地,人惟能重。族自重者也,琅琦之董是其杰。

董之先累累若若,其后韶州司马仲恭者,予友也,己卯之后握手而称兄弟。今岁,予未起家,仲恭归自粤西,欢然道旧,暇出其家谱,命予寄秽焉。

夫作谱者首推龙门①,而江左王谢以青箱②著,董氏文武世德寝昌,谱牒森然③重于璠玙。仲恭由贤科起家国子,刺名州,两丞大郡,流品官业无忝厥祖。乃拳拳④以修谱为事也,身董其役,而佐以郡从,其间曰图、曰志、曰传、曰例。图示宗派也,志示宗征及典也,传示宗贤也,义例示宗考也。曲而核,辨而有体,仲恭良于谱矣。乃其卓识深虑,有足多者。

仲恭向摄令金溪,今少司寇董公裕,当代名臣也。鳌溪之谱合于琅琦,什九相同,但不能无鱼豕之讹。仲恭谢不敏⑤曰:吾焉敢效崇韬之拜汾阳,奈何令狄将军高谊掩吾上,吾亦行吾祖之道也。曩者,叔祖宗道公一葺其谱矣,万十一公之前失其考,而断不他援。吾子孙克绳祖

武,不至戮辱其先,乌知吾之谱不以人重乎!

　　呜呼!以龙门之谱远引颛顼,旁及周秦,不免遥遥华胄之讥。王谢青箱岂不赫奕⑥,乌衣巷口之句,⑦声华陨矣,议者咎之乎贻谋不臧。仲恭郑重《葛藟》,苞丰自远⑧。仲恭之谱,自为重者也。董氏世不乏良史才,而强项习气,正谊明道学术,虽谓至今存可也。以志之。

万历壬寅孟夏之吉

赐进士及第翰林院国史修撰儒林郎洪江年眷第　翁正春顿首拜

　　作者传略:翁正春,洪塘人,父兴贤,以贡生为南平等地学官。万历七年中举,十七年任龙溪教谕。二十年擢进士第一,授翰林院修撰,时年已四十。廿三年充会试同考录官,三十一年迁春坊中允,主顺天乡试。三十五年晋庶子司经局。三十七年擢少詹事兼侍读学士,协理詹事府事。三十八年拜礼部左侍郎,大比天下士。四十一年升礼部尚书。天启四年,上疏请罢魏忠贤归私第。忤帝意,下诏切责。乃再疏乞归。帝以正春尝为皇祖讲官,特加太子少保,赐敕驰传归闽,乃异常之礼数也。逾二年卒,享寿七十有四。谥文简,葬洪塘怀安乡巴山山江畔。

　　注解:①龙门:司马迁生于山西龙门,故以为号。　②青箱:《南史》王彧之博闻多识,通晓朝仪,家世相传,并知江左旧事,缄之青箱,世谓之王氏青箱学。　③森然:森立有序。　④拳拳:形容恳切。　⑤不敏:自谦之词。　⑥赫奕:盛美也。　⑦乌衣巷口之句:晋代人重门第,分为九品,王谢居上之上,世代为相,如王导、谢安等。及衰败,门庭冷落,燕子亦飞往他家。唐代刘禹锡诗云:"朱雀桥边野草花,乌衣巷口夕阳斜。旧时王谢堂前燕,飞入寻常百姓家。"即言此事也。　⑧葛藟:《诗经》中篇章名,比喻世代之繁衍也。即后日之花苞必定丰满,子孙发达也。

(摘自《琅琦董氏总谱》)

第三节　连江东岱董氏谱序

一、重修董氏族谱序

　　董氏之谱,谱董氏之族也。董氏出自黄帝之后,及江都相舒公居广川,又由广川而滋蔓者不少。至唐末,祖曰某,始由光州固始县随王入闽,迁于连之永贵东岱而家焉。历世既久,又有星散而居者,为谱牒罹于兵燹,无可究诘焉耳。而图系独载秘书郎曰佺公者,为始祖云。自佺公而下,又有移之航邑,移之琅琊者。吾父宣义郎安公,字伯忠,恻然兴念,故作谱牒,以纪所自。惜与叔氏伯厚公,已分藉,独肩劳苦,为运粮迟滞,问戍因刑部牢而卒。吁可痛也欤!外方周,瘁鞠于母氏,迨长,忝不落寞,乃于偶暇搜家庙中所遗图稿,于族老讲究相符,故作是谱焉。嗟乎,吾谱为吾子孙作也,为吾子孙观是谱者则孝悌之心油然而生。但恐服尽情尽,喜不知庆,忧不知吊,甚至相视如途人,则今日作谱之意,得为善后之图哉?经曰:聿修阙德,毋忝尔祖。又曰:子子孙孙勿替。引之,余于子孙深有厚望焉!

时明永乐二十二年(1424年)岁次旃蒙大荒落仲冬朔日不肖外义方甫书

第二章　清代八闽董氏肇修族谱序

第一节　长乐董氏谱序

　　按董氏之族,出自黄帝,黄帝生昌意,昌意生颛顼,颛顼生卷章,卷章生吴回,吴回生陆终。终生六子,长曰樊为昆吾,次曰惠连为参胡,次曰钱为彭祖,次曰未人为会人,次曰安为曹姓,季曰季连为芊姓,六人各有后。其后各分为数姓,昆吾己姓,其后世孙曰父者,以善豢龙仕舜有功,赐姓董氏封为诸侯。历传夏商,至成周之世,晋太史董狐,其苗裔也。狐之后世居陇西,至秦分天下为三十六郡,故谓董为陇西郡,此其由也。厥后子姓繁衍,分散而居,或迁于洛阳。其后则有三老董公焉,或迁于广川,则有江都相董仲舒焉;或迁于陈留,其后则有强项令董宣焉;或迁于益洲,则有蜀汉之邑宰董和焉。及和十四世孙曰董玠者,唐上元元年为福州防御使,按新宁县即今十二都古县也,以其地卑潦,移今所,改名长乐。已而安抚全闽,海波不扬,有德惠及民,升职入京。民请留焉,公乃留其次子元礼居福唐城。礼之玄孙董禹,乾符元年为左补阙,以善谏名,上嘉其忠,赐金帛以旌之。禹生绍裘,裘生四子,一曰璘,周显德四十年为县令;次曰珙,三曰琳,四曰玘,皆潜德弗仕。至宋太平兴国二年,珙自福唐城卜迁于长乐之敦素里,是为古槐之祖。璘生二子,长思诚,次思谨,诚于宋端拱二年,亦迁于吾乡之黄崎沙里。则吾乡之有董,自思诚公始也。嗣是兵燹屡经,而旧牒悉归灰炉。予乃稽之残编,询之故老,断自所可知者,则以思诚为始祖云。

康熙十八年己未仲秋望日十八世裔孙宾与谨识

(摘自《长乐震龙董氏》)

第二节　泉州董氏谱序

一、虞乡游临川扩源源流考序

　　董氏之世,系出自唐德宗时累官金紫光禄大夫、上柱国升拜相,封陇西开国郡公讳晋、字混成之后裔也。生子四,长曰全道,为秘书省著作郎;次曰全溪,为秘书郎;三曰全素,为大理

评事。皆善士有学行。幼曰全澥,为太常寺太祝。全素生子二,长曰完,为谏议大夫;幼曰宥,为宏文馆学士。完生子三,长曰达,为卢龙节度使;次曰逊,为益州刺史;幼曰达,中书门下舍人。逊生子一曰戬,为左仆射。戬生子五,长曰俊,为司空;次曰淮,为安东都尉;三曰涣,门下侍郎同中书门下平章事;四曰溥,御史大夫;幼曰溟,为荆州刺史。淮生子四,长曰经,为荆州都督封鲁国公;次曰纬,黄门监司空加封魏国公;三曰丝,中书检括同平章事;幼曰纶,好仙术,累征不仕,隐居万安山。经生子二,长曰廷杰,平原太守;幼曰廷秀,兵部尚书、掌枢密院事。秀生子二,长曰春,御史大夫兼国子祭酒;幼曰梓,朔方节度使兵马元帅。春生子三,长曰旭,为太仆射;次曰旦,为太尉赠司空;幼曰晃,观军容宣尉处置使。晃生子五,长曰羽,为节度使兼盐铁使;次曰翦,户部侍郎;三曰翼,中书门下舍人;四曰翚,建州刺史;幼曰羿,苏州刺史。翦生子一谊,仍居霍源。翚生子二,长曰让,见唐国事日非,不受官爵,隐居抚州扩源;幼曰谦,为观察御史,按行江淮。因梁移唐祚,遂征兵讨乱。诸镇强横,各处不法,谦仰天叹曰,自我先人拜爵以来,世受国恩,欲与国同休,奈势力不能匡救,岂肯俯首而仕他人乎? 遂弃官潜至乐安流坑迁居焉。而生子三,长曰远,字承宗;次曰遂,字承祖;幼曰逮,字承嗣。其地之胜者,族大支繁,世不绝官。夫自始祖卜居于此,贵而不矜,富而不骄,贫而不滥,世为礼义之所尚。

　　呜呼! 泉之源深者流必长,木之根固者叶必茂,吾家一族宜其流长而叶茂也。顾吾窃思祖宗之所爱者子孙也,以吾叨积德于祖宗,得至大官,若独享富贵而不恤宗族,于吾祖宗何? 因而有志辑谱,必聚族而居,春秋时会,拜于墓,祭于祠,序长幼,别尊卑,得以合而观之,始可溯流而知源矣。今吾族属盛,有出仕者,有居别墅者,分适四方,一时莫能遍访,且工程浩大,约费金多。予曰否,从来修谱以序世系,益使人不忘其本。古者虽立宗,宗子法立,究有不知其来踪者;宗子法废,而人愈不知其来踪。不过百年之久,而骨肉无关,虽至亲恩义亦薄矣,如之何不谱? 至费,可无虑焉,予既志存,岂惜费哉? 族众闻而羡之曰善,由是各出支系以从事,而余亦废乎先大夫之遗产,以成全谱一帙,散诸各宗。区区此举,聊体祖心遗爱耳,况圣人设教,原以笃亲为重,可不亟讲欤? 故述此以俟后之达者,将有感于斯。

赐进士第、累官右丞相兼签书枢密院事、封许国公

文忠熹公八世孙槐谨撰

(摘自《开闽董氏沙堤分派宗谱》)

二、扩源源流考序

　　源之深者其流长,环观天下百川,未有不以海为归者。观于海则知谱之所由来矣。故人本乎祖,品祖赖以常存,非祠宇莫能大其规;祠必有谱,而谱得以不朽,非后人莫能继其绪。联宗族以序世系,集士谱以敦宗盟,亲亲仁民之典,垂万世于不废也。吾族之先,有董父豢龙,事虞有功,赐姓曰董。由夏商周,于春秋时之安于。汉之三老,公以致孝允强项令宣一。魏武间,迎驾于昭,蜀汉三杰允与焉。名贤辈出.济济多才,出类拔萃,斯称得人矣。后先相望,与散居陇西广川范阳等处,而源流皆出自董父公也。夫人本与同,支派不一,水流皆共,分别各殊,惟汉广川仲舒公之五世孙春公,领庐江太守。六世孙黯公以孝行名,更历数百载,世远年

湮,派难详述。迄两汉,及以至于复初公,生子三,长曰晋,字混成,世居河中,少以明经上策,历官显爵。至唐德宗贞元年间,乃拜相爵,升封陇西开国郡公。次曰申,字洛成,吏部侍郎,谥恭惠。幼曰三,从许旌阳真人,斩蛟有功,追封白马将军。至大宋,江边万里,崇祀庙享。先公有灵,能无拘痛乎,至今族人像祀。晋公生子四,长全道,次全溪,三全素,幼全瀗。申公生子三,长全福,次全桢,惟唐陇西晋公十世孙晃生子五,长曰羽,次曰翦,三曰翼,四曰翚,幼曰翆。越十一世,翦公户部侍郎定州刺史。翚生子二,长曰让,次曰谦。翦生子一谊,守旧。让公迁霍源,谦公为观察御史.解组至乐安之流坑。流为三派,曰谊,曰让,曰谦,三大祖庭焉。谊公生子二,长曰追,字承恩。幼曰达,字承惠。恩公生子一中,字清照。照公生万三,三公生尚四、尚五。五公生仲三公,讳金,娶彭氏,生子二,政一、政二。政一公生子四,长旭三,次旭四,三旭五,幼旭七;政二公生子五,长旭一,次旭二,三旭六,四旭八,五旭九。九支分派,奕叶流光,为修江之望族,不可尚也。

然而今之霍扩二源,乃河中虞乡万岁里,公讳晋,字混成之后裔也。自唐时,河中徙临川扩源后即倡征兵讨乱。诸镇强横,各处不法,金仰天叹曰:自我先人拜爵以来.国恩世授,不能匡救,岂肯俯首而仕他人乎? 曰:非。不受官爵,隐临川湖溪居焉。旭三公徙福建车化,旭四公迁云南恩乐三。旭五幼,旭七公生子四,长曰振,次曰招,三曰接,幼曰搽。振公徙福建,转归宗,复迁广东,同弟居焉。招公迁湖广江夏,接公迁广东。搽公娶李氏,生子四,长曰言,次曰文,三曰亨,幼曰亦。言公娶游氏,迁广东。文公娶赵氏,徙广东嘉应。亨公娶李氏,徙徽州休宁,旭一公徙湖广临湘,旭二公徙云南。旭六公徙广东,转徙江西南城,复又徙嘉应而居焉。旭八公徙四川城都,旭九公徙浙江杭州。已上十余支,因徙居竦速,不及详载,其余世系扩源,皆分处焉。

仲三公自虞乡万岁里晋公之后裔也。惟让公之子连,字承重。重之子申,字清然居士,黄山居焉。娶乐氏,生子万一、万二。万一公配邹氏,葬其父清然公于宜黄之黄山庵后,蜈蚣形。公生子三,尚一、尚二、尚三。其后万一公夫妇葬寺右,凤形。尚一公娶吴氏,生子仲一,仲二。尚二公生子仲三、仲四,四失考。尚三公生子仲五。仲一公名全,徙饶州德兴海口。仲二公名含,迁宜黄北源,转迁临川,复徙乐平徽州及上峰等处,皆公处焉。由是尚一公葬北源陈家坑,搏凤形,吴氏葬杨梅坑。仲五公名合,于五季开平,初徙流坑。谦公仍居流坑,生子三,长曰远,次曰遂,三曰述。速公生子三,长曰炳。炳公生了子三,长曰殉,娶吉氏,徙福建莆田。次曰瑛,居流坑。三曰埕,娶汪氏,徙徽州婺源。远公次子焕,焕生子四,长曰珂,娶宋氏,迁抚州。次曰琛,娶未氏,徙丰成。三曰珠,配徐氏,迁南昌董家窑。幼曰球,配潘氏。速公幼子名坦、坦生子二,长曰玫,娶王氏。次曰琢,居流坑。遂公生子四,长曰灿。灿公生子二,长曰落,居流坑;幼曰献,娶魏氏。遂公次子讳炯,炯生子四,长曰琏,娶吴氏;次曰踌,居流坑;三曰琦,徙德安。幼曰瓘。遂公三子烁,烁公生子二,长曰琥,娶艾氏迁西蜀成都。幼曰珀,娶沈氏,徙浙江温州。遂公四子讳炼,炼公生子三,长曰璞,娶曹氏,徙湖广。次曰琇。幼曰□□,徙山东。述公生子二,长曰炎,幼曰熹。炎公生子二,长曰墦,配陈氏徙九江;幼曰碘,娶熊氏,徙追鳖。已上十余支,因徙居竦速,不及详载。惟熹公贤良博学,为武宁宰,而生子五,长曰珪,随父在邑,遂家安乐乡泉溪里。次子璋,三子佩,幼子瑗,俱居流坑。四子琨,居洞里源。珪生子三,曰嵩,曰崇,曰旷,嵩公守旧,崇公徙尚漳,旷公徙修坡。三支流庆,簪笏传荣,为修江之望族,不可尚也。

然而今之流坑,乃扩源让公五世孙,司徒合公娶罗氏,生子二,桢与耽。合公葬流坑岭,斗牛形。罗氏葬窑坪上,黄蛇形。耽公官司空,葬富源山,金钗形。娶邓氏,封南阳夫人,自龙塘,飞鸪形。桢公生子四,长文广,次文笔,三文晃,幼文亨。广公为明法郎,肇公为屯甲邓,晃公为校书郎,亨公为道者。耽公生子二,长文明,为江夏令。次文源,伟敏早丧。文肇公生子四,曰滋、曰湘、曰渊、曰淳。文明公生子三,曰淇、曰洙、曰汀。七支分派,奕叶流光,渊派南强迁牛田。京德公迁水南,明敏公居象山,德源公迁土头,子京公迁瑞昌之黄沙,崇仁徙临江新淦县,又徙雷墩、石首、华容、渭川、应山、确山、信阳、桐柏、湖口等处而居者。滋派绍昌公徙升田土场头,嗣昌公徙丁源,叔坚公居白石岭,思贤公居打石坳,崇鼎公徙江田.湘派居崇仁柏树下。淇派大亨公徙车底,次牟公迁丰城兴仁乡。洙派德贤公居旸田,元季公徙白薬,仲达公徙曹墩。淳派广公徙麻油坑,璋公徙南雄州,明法如全引水。及黄谷公,其支下又分徙乐平之黄江浮梁景德镇,及余干、安仁、鄱阳、玉山与临川井巷及杭埠、云梦、蓝利之流沙里,及会稽、武追、及广东,其余世系,流坑皆分处焉。

司徒全公自扩源让公之后,惟珪公生子三,而支中虽不分徙者,如嵩派田埠坂泉溪。故土接壤,若徙之广济蒲坡村瑞昌之柘塘湖,湖广之临湘县,及海口湖奉新县,黄州府围公徙之,皆自田埠分也。江西之赣州,广济之栗木桥,自石山分也。巡司坑何家冲,上保宋家坪,董爱窝周师源,皆由泉溪迁居建昌,转自黄田分也。九江之关坡,自宋家坪分也。建昌之小坑,东塘之薬城,自泉四。汉中、汾阳、绩溪、旌德、太平、宁乡,扩源皆分处焉。今当谱牒告竣,并录之,俾后之览者,知支分派别之名有源本也云尔。

嘉庆九年甲于岁桂月吉旦,仲三公裔孙国学生春熏沐敬撰

（摘自《开闽董氏沙堤分派宗谱》）

三、泉州董氏族谱序

粤自豢龙赐姓,代有伟人,如晋国光垂良史笔,汉廷首列大儒林其最著也。递东汉而六朝而有唐而后五季而迄元明,其间或以忠孝见推,或以才名见著,或怀特立独行,或寄隐逸他方。其所表见皆不虚,具见诸史者可考,凡属所姓之人,类卓荦英俊。南产亦有北姓,爱叹帝舜锡这名义奥妙殊甚。

而闽之有董姓也,自我太尉公昉也。公讳兴,河南光州固始县人。宋庆历元年,以当道荐,特进银青光禄大夫、上柱国太尉,分镇闽,因籍泉卜居府城登贤里。生于至道乙未年,薨于熙宁戊申年,享寿七十四。暨配林氏封长寿郡君,御葬晋江三十二都茂趣山,于今翁仲石兽森然。子讳道公,封平凉君,开国伯。子四,曰宗嗣,曰宗传,曰宗傅,曰宗盛。宗传曾孙讳洪,嘉定十三年庚辰榜眼,仕朝散郎。洪子槿公,为广州司理。槿子孟勋公国就籍广州。宗辅公仕三班殿直,迁内殿承制,擢右清道府副。宗嗣公袭封,生常及偃,偃公大观进士,工部尚书,崇祀兴化乡贤。著有《静和轩文集》。常公生观民、康民,观民生璃、珪、玖、璇。璇公讳璇祖,有宋义开派屿头,今旧宅尚在,有戏慢者辄显圣也。传四世简滋公,生元福、元寿;简泽公生元亨,开派同安。康民生琛,父子进士。琛公生冠洪,领乡荐。宗盛公传四世讳振,绍定壬辰榜

眼,开派福州,递传人文,于今极盛。六世瑜公,生以鸣、以大。以大生凯子,凯子公生明保。明保公生纯道、纯仁。纯道公四子,曰重耳、重玄、重吉、重光,此为明各房开基始祖。以大公四子,讳惠子公生仲保,仲保公生四满,四满公生二孙、三孙。二孙公开派南安,一住十五都双溪口,一住英内下坪西清。重吉公开派兴化,人文代有踵起。重光公开派漳州,生子三,蕙、兰、芝。一再传子侄蕃衍,散处漳之十县,在南靖人丁甚多,在长泰人文甚盛。蕙公生胜佑,立籍龙岩。胜佑公六子,曰公养、林居、圣养、陈招、仙福、陈保。圣养公四子,曰埕渊、埕容、埕方。埕方公生秉成,秉大,仍归泉。秉成公立籍永春,秉大公立籍德化,于今殷厚醇朴,饶有古风。重玄公生端甫,据宗支图及族谱所载,端甫系以信公子。兹云重玄生端甫,但世远年湮,姑阙其疑。端甫公生四子,曰伯钰、仲珪、□□、季琼。伯钰公游历八府,至海府之清浦,爱其二十七社沙明屿回,采于山,美可茹;钓于水,鲜可食。爰邀叔季偕隐,卜居霞美内,今联天墩、厚丰、厚宅三社聚族而表表乡望。仲珪公讳瑢,宣德三年岁进士。广东庆州开建县学教谕。课士有方,晋阶肇庆府同知。其次子讳文宗,宏治三年岁进士,知名当时,时语至今犹传。文宗公生子升,为太学士,世居登贤里。至升公孙应登,始移居文锦之甲第。重耳公生端靖、端龄,号真寿。公第四子讳信,正统间岁进士,任处州府龙泉县主簿。超升本县正堂,有宦声遗海荡,祠宇在乌屿端靖公传四世讳灌,宏治壬戌进士,宦历户曹正郎,诗文清古,字迫晋。传六世子芳公,万历间岁进士,任连山训导。此为圣墓派。端亮公生善顺、善应,善应别号扬昆公,分居浯岛,传开六房,曰希贤、希圣、希文、希武、希元、希万。希公传至丕惠,开派湖头,孙讳保,万历间岁进士,任山东蓬莱教谕。孙讳士京为名医,仍归籍府城。希贤生邦怀,邦怀生士赞,士赞生孟金,孟金生元相。元相公开派延平,其长子国俭。国俭生文衡,文衡公万历乡荐第八名。文衡公从伯讳国需,领丁酉武隽,浯岛称无地不开花,董姓住居之地,尤为奇特。当明之季出两列妇育,一尾吉妻曰王氏英娘,一嘉遇妻曰陈氏八娘。卢先生为传其状,真堪不朽也。

今年冬祠宇重新,数银同望族者,古坑分一席焉。善顺号倚鹿公,分居永宁之沙堤,传开五房,曰长盛、东城、祥芝、中璜、西轩。祥芝房次桥公次子讳飚先,别号沙筑,登崇祯丁丑进士,任广东雷廉道,鲁王赠"风高五柳"之匾。沙筑公年五十六始登科,素凛廉隅,见大义。其胞侄女西姑配国姓,《遂士录》传其禁奸止杀,董氏与有力焉。又辛丑之变。踉跄逃难,人竞怀珍宝,董氏独包裹姑之神主以出。成功大加敬服,亦足征家训矣。西轩房曰惟哲公,崇祯丙子武举,勤王死难仙霞关,名垂青史。曰惟卿公,隆武丙戌钦赐武进士,不仕归隐。合彼长申东房复开房,聚大国族,既富且谷,尤泉南所称者。

谱叙至此,乃自宋仁宗庆历以来,终于明纪董姓之列科名登仕版者,其文学不与。至福兴漳诸外府所出文物,另为谱。本朝现在文物绳绳未艾,则俟后来重修云。历年百余,传世二十有五,代传湮远,变乱迁移。谱牒失轶,有别派未岁,相逢不相识,亦势所未如何?然而缘未推本寻流溯源,自祖宗视之,均为一脉,族谱无可纂修以联合之乎,独是纂修族谱,必齿德爵三者备,分卑贫也,学浅陋也奚堪?但居恒每念吾宗散处九闽,支夥派繁,尽属太尉公裔,非如他有谊媲谱。虽云亡宗支图凿凿可见,亟宜互参考订,勒成一谱,各房宝而藏之,俾他有志者挟是谱以游,何派何支何昭何穆,了然指掌,亲者从此不失其为亲,宁非一快事?恨力不从心,悬诸虚愿。今天诱其衷,适诸叔父商议及此,呼而命之曰:纂修吾宗族谱,汝有凤志,尔时值诵读,不预外事,盍且将泉州一派宗支据图条晰声明,或补所未及,或各仍其旧草创之、讨论之,候

（衡方）文武宦成，修饰而润色之，亦可有功家乘。义不容辞，忘其僭妄，缮稿呈之，阖宗云颇有可观。是举也，并太尉与公墓补入府志。这事居官者王事鞅掌，未遑及此；学道者进取念专，弗暇乎他业；农工贾者更不遑暇，筑舍道傍，正坐乎是。继自今，凡我一脉，绍先绪、明世系，共识水源木本，无分至于途人，惟凭斯谱。谱一样若干卷，各房有事于公，当燕笑欢洽时，为披按尊祖敬宗收族之念，有不油然而生耶。谨叙。

二十二代嗣登荣恭撰

咸丰六年岁次丙辰仲冬葭月二十六世嗣春蔼谨识

嘉庆八年腊月十二日午时兴工重修冷水井茂趣山

（摘自《开闽董氏沙堤分派宗谱》）

第三节　金门董氏谱序

一、上浣浯江房裔孙怡园作序

河出昆仑，不穷源则不知所发；木参于天，不寻根则不明所生；人本乎祖，不修谱，则莫稽所来自。是以仁人孝子必尊祖敬宗。修谱者，非以要誉也，以昭祖德也，以著族望也，以敦序谊也，以重彝伦也。且一人之身，有父子、有兄弟、有族党。至于相识如路人而不相恤，抑何故也？宗法不明，谱牒不修故也。故制为宗法以统之、以广仁也，大宗统百世，小宗统五世。凡受命于宗子者，有无相通，患难相恤，礼俗相交。虽千百人之身，犹一人之身。而民焉有不仁者乎？三代而后，宗子法废，天下无世家，朝廷无善冶，人心泮涣不相亲，逊矣。此谱法之修，所以合千百人之身而统于一人之身，以广仁人孝子之用心也。

董，自宋初开闽于泉巨宗，后因散乱，迁徙不一，源流莫考。惟思安公而下，派繁支分，众苟不及今纂修，则后之视今，亦犹今之视昔也。敢忘固陋，勉承先人之志，辑为谱牒，以昭后裔。则今之支分派别，固得其统，而吾家之文献，亦容有足征矣。昔之赘者，今则大一统矣。自兹而后，由支达本，自流穷源，凡此一人之身者，世世皆有合矣。惟我宗盟，尚其最诸。

乾隆四十五年戊子春正月上浣浯江房裔孙怡园恭撰

道光戊申二十八年秋菊月不孝子从腾

民国丁巳六年春二月浯江长穿竹脚柱裔孙怡昆重抄

二、清朝文华殿大学士董诰作序

源之深者其流长，环观天下百川，未有不以海为归者。观于海，则知谱之由来矣。故人本乎祖，而祖赖以常存。能初宇，莫能大其规。初必专谱，而谱赖以不朽，非后人莫能继其绪。

联宗族以序世系,集大谱以敦宗盟。亲亲仁民之典,垂万世于不废也。

吾族之先有父公豢龙,事虞有功,赐姓曰董。由夏商周迄于春秋时之安于公。汉之三老,公以致孝允强项令宣。魏武间迎驾于昭,蜀汉三杰允与焉。名贤辈出,济济多才,出类拔萃,斯称得人矣。闽之温陵,其地之胜者。族大支繁,世不绝官,自始祖思安公籍居于此。贵而不矜,富而不骄,贫而不滥,世为礼义之所尚。泉之源深,其流必长;木之根固,其叶必茂。吾家一族,宜自源长而叶茂也。顾窃思之,祖宗之所爱此子孙也。以吾叨积德是于祖宗,得至大官,若独享富贵,而不恤宗族,于吾祖宗何?因而有志辑谱。盖谱必聚族而居,春秋时会,存于墓,祭于祠,序长幼,别尊卑,得以合而观之,始可溯流而知源矣。

今吾族属之盛,有出仕者,有居别墅者,分适四方。时莫能遍访,精神浩大,约费金多。从来修谱,以序世系,以设昭穆,后人莫忘其本。古者虽立宗子法,人究有不知其来踪。宗子法废,其后世尚存谱牒,犹有遗风焉。谱牒若废,而代愈不知其来亲,不过百年之久,而骨肉无恫,虽至亲,恩义亦芜矣。若之何不谱?可无虑焉。族人闻而羡之曰善。由是各出支系以从事,勒成全谱,散诸各宗。区区此举,聊体亲心遗爱耳。况圣人设教,原以笃亲为重,可不亟讲欤!故述此以俟后之达者,特有感于斯。

文华殿大学士裔孙浩恭撰

清道光廿八年岁次戊申秋菊月　裔孙焕南修谱

第四节　连江东岱董氏谱序

一、重修董氏族谱族记

余时涉史,尝观一代之兴,必有一代之纪。但家国一理,国有史岂家无谱乎?故人著谱者,谱一家之干,列一家之枝,别昭穆、序长幼,存三重之道焉。禹有致孝,圣有尊亲,义取合族,使人知是谱而知其所自也。干之基、枝之蔓,派流川会,孝悌渤然而生矣。

吾族始祖玠公由广川光州固始随王入闽,迨佺公由航之震龙迁连之永贵东岱者,峦层峰耸,水绕龙居,拓基而室焉。阅吾十四世矣。基是谱弘治乙丑冬,乡进士文林郎知绩溪县讳鐏林公,次嘉靖丙申冬赐进士出身南京刑部科给事中讳士文李公,二老先生谱叙于其前矣。又吾第四世祖宣义郎伯忠公,恻然兴念作谱牒以志之。其子义方公体念父志述事以纪之。再于邦用公、靖夫诸公相联而修之。吾族上下次序条画昭彰,何待予赘言。谱哉,自清鼎以来是谱也。公而珍之庙,私而记之家,缘顺治丙申十三年桂月望后越有二日,寇烽围堡城陷,庐毁于未时,锋镝之悲,十去其九者,冤不胜诉矣。至于谱也,尚能长存而无遗也欤哉。追康熙已未冬,重建宗祠,鸠集族囊,捧遗图稿,讲究讨论重修是谱焉。然谱之修,唯冀吾身以后十五世递至千百世之子孙,动念吾身以前十三世,溯及第一世之德泽无涯也。则水木本源因而致孝,因而尊亲,因而孝悌,合族之道果尔渤然而生矣。故予今赘言是谱者附末以记,岂曰大其族也

哉。使吾族喜则同庆，忧则共襄，不为途人拱序道左，相视以目也。余则所深望焉。是为记末。

康熙庚午年(1690年)孟夏谷旦第十四世孙日吉顿首拜撰

二、重修董氏族谱序

尝思祖宗者，木之根干；子孙者，木之枝叶也。夫木之深根，巨干泡天德之华，获神灵之佑。祖宗丰功盛烈，赫赫一时，名昭史册。所贵贤子孙能承其休而继其志，培其根而达其枝焉耳。

吾族派衍陇西，由光州固始随王入闽，涓连邑永贵岱堡之南而肇疆焉。溯自鼻祖佺公，传至余一十六世矣。吾祖日吉公，康熙庚午岁即序于前。康熙壬戌岁，曾叔祖承易公复修于后。历今五十余载，其间少而壮、壮而老，殷齿频繁，诚不可以不志也。嗟、嗟！余族丙申秋遭寇锋镝，惨不胜诉。兹蒙祖荫，子孙森森，瓜瓞绵绵，幸获长享太平盛世。已酉岁，适因祠地建立营署，余先君菁斋公尽力泣告当事，俾祖地获保无虞，可谓孝矣！迨又重构祠宇，宏其基址，壮厥巨观，可谓贤矣。族人环聚而周处，无兵民之集扰者，不可谓无其功也。惜本族资积无多，仓卒聿新，尚俟诸异日。而尊尊亲亲，序长幼、辨昭穆，按图而辍之，从源而汇之，使为子孙者知世系之传，祖德之大，不可忘也。

盖昔人之道，养生致敬，追远必诚。苟能别尊卑之位，习礼义之仪，则孝悌之心世世相承，油然而生；代代谨守，沛然而行。是则余之所深望也。夫余承族众赘修是谱，因借序于其末云。

时清乾隆二十二年(1757年)岁次丁丑仲秋
十六世孙邑庠生钟凤敬撰

(摘自《连江东岱董氏族谱》)

第五节 《玉宝清同治五年族谱》摘要

盖闻开辟以来，国有史纪，家有谱谍，一定之理。万世不易，若史不纪，则君臣不知其治乱；谱不修，则子孙不识其根源。昭穆于何以序，支派于何以分，箕裘于何以绪，谟烈于何以承，慈孝于何以训，友恭于何以笃，甚至大而纪纲，小而细务，无所仪型而观法。则其流弊，必至宗绪败谋。箕裘将坠，恐为先人所窃笑。此其所系固不大哉！今陇西巨郡，是为刘累之后。虞舜命以董姓，有自来矣。

溯其太祖所自出，则有代代名贤，方策可考，从周以来而有董狐为古之良史，董安于为家臣守府而被令名。若汉有董永父亡贷钱以葬，天以织女赐为夫妇。此诚至孝可以格天，至今

不朽。董宣为名臣，董仲舒少治《春秋》下帷讲授，梦蛟龙入怀，坐对天人之策。董和为中郎将，清介自守，苞苴不污。家无担石之储，节蹈高羊之素。又有董允，性情清约，志虑中纯。济济多士，此同一世之盛者也。至魏董昭，素有才学，帝常引之坐而问策。兄弟五人才能敏达，号为五董。至晋董奉，尝隐卢山以种杏，所得易谷以赈贫民。董养，字重道，烛事至明，二鹅苍白，而知胡象、国象之别。唐有董晋，李泌荐其为相。宋董遵诲镇幽州，四夷臣服，帝解珍珠盘龙衣以赐。非忠足以事君，何有于是？迨至明以来，董兴为都督而讨逆贼，百姓安宁。董其昌声名犹在，传至大清。圣天子拥图御宇，四海治平。太祖散居各郡，支派甚繁，登仕籍者，难以悉载。今宪偕兄弟等现列宫墙，将上祖天宝惟兴公备有族谱一册细而参之，详而玩之，坟宅悉载。支派详明，世虽久远，朗然可处，何其幸欤？逆其开基始祖，董万一郎公起自延平府沙县石鼻头宁家营，移居漳州府龙岩县董邦，营建宅宇坟墓犹存。因透大路，兵寇蜂起，人民遭伤，白屋冷落，古路生茅。此时此境，无时休息，不得已又迁入易婆村而居焉。叨蒙祖德垂佑，分处异地，拆籍开图，散居横坑、坑源、谢家邦、漳平、宁洋、安溪、永安、大田、建宁，复居廷平沙县。其诸府、诸县俱有所居。此非太祖积德累仁，何能有此开支发业至于如斯，子孙之蛰蛰也。故其孙辈，因思族众散居各处，云山修阻，久未亲临祖祠致祭，则根源不识谅必所有，是以合族等齐集祖祠，效而修之。亦欲与先人同其志也。

自兹而往，其兄弟务宜和协，其坟墓务宜看顾。忤逆不作，侵夺不生。家室和平，永昭吉庆，理势之所必然也。然不独于此，修之则昭穆有以序，支派有以分。箕裘有以绪，谟烈有以承，慈孝有以训，友恭有以笃。举凡大而纪纲，小而细务，有以仪型而观法，则其子孙必有光于前，裕于后，高大门闾，文人蔚起，拭目可待。今此盛举，虽为子孙久远之谋，亦为太祖阐德之优也。谨撰俚言于首，以俟后世子孙充鉴云尔。

（摘自《玉宝清同治五年族谱》）

第三章　近代八闽董氏肇修族谱序

第一节　重修琅琦董氏总谱序

　　赫赫祖烈,百世传芳。吾族自昔为闽海文章世家,才人辈出。家世源流,南宋光叔,惟玉父子时,已有纂述。惜后遭匪乱,付之一炬。延至元代,希吕公有心寻源。惜隔数世,前事无征,亦无如之何矣!追方伯公仕贵阳,深以家乘为念,寄语其弟修之。然岁月荏苒,伯仲相继谢世,未竟其志。

　　及至弘治年间,教授宗道公于琅山族人赴会三山。展拜先茔之余,于席间出其伯手书以示煌公,乃共襄盛举,得以成集。其后伯章公及其子若孙,缵承先绪,征文考献,依次胪列,灿然明备矣。及吾家人发其祥,户逾千家人口,而编次实有难事,乃分房自行整理。

　　近年以来,世患多变,仓卒之间,前人之心血,悉化为云烟矣,实可痛心!其后于大队内收回劫后余灰,幸存的院前房谱一册,故其后该房得以先行续补。而福寿等房,欲考无从,徒唤奈何!幸其后福房发现谱图一册,先世各支之统系皆在其中,乃得依次纂修。

　　然前世之支分派别虽有所据,而文献诗词仅于院前房谱内存其断篇零简,深以为憾。数年前,予业贾榕城。余暇返里,须相侄来告云,陈智洪先生录有旧谱一帙,喜出望外。予两人催促他将笔记分类整理,不时供以纸笔,成三五集存之。

　　予一生惟以尊祖敬宗为念,为寻源追本,不惜耗费重金,购书满架,朝夕览观,冀有所获益。及受伯叔之托,案牍劳形,日夕处楼屋中,勉力从事,三年如一日。如今修祠、编谱皆已竣事,始得息肩。自揣菲材,得为宗族效其绵薄,平生之愿足矣!

　　此番盛举,端赖达敏侄处事谨慎,公而忘私,宽和以济,深孚众望。而智洪先生助文字之劳,竭虑以思,为吾家生色,族人共感之。所愿今后,父诏其子、兄勉其弟,上慰祖宗在天之灵、下绍箕裘于久远,吾董氏之兴宁有涯乎!是为序。

岁次 2000 年庚辰之秋,三十四世裔孙承铨敬撰

(摘自《琅琦董氏总谱》)

第二节　连江东岱董氏重修族谱序

中华民族出于炎黄祖先,原是一脉。人类历史汇集世系家族,同属一派。董氏溯自豢龙赐姓,溢居陇蜀。玠公从光州固始随王入闽,后珙公、璘公相继住长之南乡与北乡。宋末,佺公由北乡震龙入连,卜居岱江。代出贤能,丰功勋绩,累次修谱。序言行述,历历详志矣。吾辈有幸,时逢盛世,"祖训可遵,家修能立",为告慰宗祖,鞭策子孙,共同奋进,振兴中华。时值乙丑,腊梅花艳兆春来,好景思本源,咸议重修谱帙。族老立忠、训潮、训逑、遵国、遵禄、立棋等六人倡导在先,计划在后。长之震龙董氏族亲相继赞助,缪氏兄弟大力支持,本境各祠热烈庆贺,迁榕可铿公率子平、华及族亲遵祖嘱寻脉追根,从台回乡省亲之宝珠女士资助公益善举,族内贤能子孙努力奋进,首占周为雄、花坞胡尚炳两先生协力襄助,丁卯仲冬如期竣事。后之临见者,亦有感于斯文欤!则董氏识其源、怀祖德、知自策、光世泽、蕃衍鼎盛,永久祯祥焉。

理事会总理廿三世裔孙遵利敬撰

1987 丁卯年仲冬

(摘自《连江东岱董氏族谱》)

第三节　连城董氏族谱序

国有史,家有乘,是中华民族的优良传统。

董氏族谱的编纂,势在必行。宋代理学家张载指出,家谱是"管摄天下之心,收宗族,厚风俗,使人不忘本"。如果没有家谱,"人家不知来处,无百年之家,骨肉无统,虽至亲恩亦薄"。吕大防指出:"国无国之道,而后国乱也;家无家之道,而后家乱也。故礼乐纪纲者,国之道也;宗法谱牒者,家之道也。"

董氏起源,根据中国传统《百家姓》注说:董姓,陇西郡,系出有熊氏,黄帝孙飂叔安子董父①之后。舜帝赐董父为稷川侯,赐姓董。从此,子孙便依董姓。

东周晋国国史董狐,以良史著称古今;西汉大儒董仲舒以儒学传世,后人有称"汉代孔子",或称"董二圣"。御制百家姓,定董姓为陇西郡望族。在楚汉相争时,楚霸王封董狐的后裔为翟王于甘肃。我们董氏陇西郡,郡名大概由此而得。

连城董氏世系,远祖追溯西汉大儒董仲舒公②,近祖南宋五十郎公。五十郎公为河北省河间任丘籍,其孙德源以闽博士,在建阳考亭任教。后因元乱,以沈得卫于冠豸山灵芝峰西侧建造樵唱山房,当时的樵唱山房隶属于建阳考亭,而迁至连城的董屋山,尊五十郎公为连城董氏开山祖。

随后,五十郎公后裔陆续向外发展。如大的外迁有两次,一是在明朝天启元年后,以椿、模率子侄和其他房叔侄,往南沿途一路外迁;二是在清朝嘉庆年后,以琼率弟玑、珏、珩及子侄和其他房叔侄,往东沿途一路外迁。连城五十郎公后裔,传至现在二十三代。经过二次大的外迁和形势的发展变化,又有部分人在外求学、深造、工作、定居。目前,在连城五十郎公后裔只有120余户、600余人,且集中居住在莲峰、揭乐和北团三个乡镇。

由于董氏在连城历史悠久,部分人徙迁各地,并且长期失去联系,缺乏记录。纵使找到仅有的几本手抄家谱,但都因记载不详、断简残篇、断文误字,造成修谱难,修我族谱更难。我董氏热心族谱编纂的前辈和兄弟,为了给子孙留下一份珍贵遗产,本着"记录先世、弘扬家史、敦宗睦族、凝聚血亲"之目的,不辞劳累,千方百计寻找资料,核实情况。几经周折,终于完成了族谱的首次编纂。

连城董氏族谱首次编纂成功,是我族前辈和兄弟大力支持的结果,是宗祠理事和族谱编撰人员艰辛劳动的结果,是祖宗的福祉,是连城董氏家族文化升华的结晶。希望后世子孙知其本末源流,加强亲情间的团结和凝聚力,贤哲迭生,青出于蓝而胜于蓝。

连城董氏二十一代孙　炎星　永济

2003年8月8日

注:①董父:现山西省闻喜县人。　②董仲舒公:广川人也。少治《春秋》,孝景时博士。以天人三策上书对策,官至江都相封广川郡伯。

(摘自《连城董氏族谱》)

第四节　长汀新桥叶屋坊《董氏族谱》序

族之有谱,犹国之有史。夫史者,民族之精神,人群之龟鉴也。族谱也然,一族之兴替,俗之文野,物之盈虚,以至子孙的繁衍,莫不赖焉。

修谱固难,修我董氏族谱更难,就时间而言,上溯黄帝,迄今五千余年。早期也许无所谓族谱,即有也仅散见于史乘中,尚无完整之资料。中国幅员辽阔,族人散居全国各地,纵有族谱,或记载不详,或断简残篇,搜罗匪易。断文误字,疑信参半,则征文难。老成凋谢莫可咨询,巷议街谈,事多不实,则考献难。近百年来,天灾人祸,战乱频繁,许多宝贵资料和古籍被毁。我族前辈曾数度赴江西乐安流坑寻根,限于条件,所集族史资料甚少。去春,我撰《董氏索源考》一文,蒙族人重视,嗣获以有叔侄之助,由鑫等六人赴乐安流坑寻根谒祖,取回许多珍贵资料,但未能概括董氏历史的全貌。故今日修谱,历史跨度大,仲舒公前后之族史难于考索。然迄今为止,尚非绝难,若再过三五十年而图修之,则真更有难以为之者也,岂非吾辈之罪、我族之耻乎?

据流坑祖籍考,董氏昨土授氏,豢龙为董氏之始。又据《槀城董氏世谱序》谓:董父者以字为氏,出陆终之次子,参胡姓董,以姓为氏。然追本溯源,皆为黄帝之子孙。东周晋国国史董狐,以

良史著称。追西汉大儒仲舒公,少治《春秋》为博士,以天人三策上书,官至江都相,封广川郡伯。至今流坑董姓称广川董氏,我族宗祠门联曰:"理学新世第,良史旧家风。"从流坑现存的二十多部自南宋以来的历代族谱记载,我族世系远祖追溯汉代大儒仲舒公,近祖溯及唐宰相晋公。唐末战乱,晋公之孙清然公从安徽徙居江西扩源(宜黄)。五代时,清然公之曾孙合公始迁乐安流坑。尔后人丁之盛,科名之众,爵位之崇,名冠抚、吉。

新桥叶屋董氏始祖念一郎公,乃流坑合公十四世孙,属文晃公房淇派裔孙癸二郎公之子。元至正十六年,流坑惨遭夏普武装洗劫,谱称"丙申之难"。念一郎公于兵荒马乱中颠沛流离,一路漂泊至福建长汀新桥叶屋坊,与先期从流坑徙叶屋的董氏宗亲不期而遇。于是披荆斩棘,定居于斯。后人因所建的宗祠位置上、下,称谓"上董"。历经数百年,人文鼎盛,成为汀东望族。当今子孙遍布汀州城乡和福、厦等地,远及京、沪、粤、台,甚至远赴世界各地谋求发展。

自古以来,仁孝所由、敦亲义所自起者,孰如有谱之修也?诚以有谱,正如木之有本,水之有源,虽分千支万派,而究不离其宗,所谓一本而万殊,万殊而一本者矣。编谱之义,岂不大哉!编谱匪易,存谱欲珍,垂裕无穷,传之永久,庶后世子孙知其本末源流,更愿贤哲迭生,并兴仁孝之思,世修诗书礼义,无改于忠厚勤俭。利国利民,世代子孙和气致祥,敦序雍睦,光前裕后,再创我族辉煌。

承族中梓叔之嘱,赘数语。是为序。

第二十世孙义平(成熹)谨识
1999 年岁次己卯

(摘自《闽汀新桥叶屋董氏》)

第五节　德化有济董氏考序

德化有济董氏,在有济居住,现有人口 105 人(不包括去外姓双承与卖半出嗣的人口),其中 7 户 40 多人,在近十年间陆续在城区建房或买房居住。根据有关资料,在明朝嘉靖年间,董兴公第十五世孙埕方公从龙岩率子秉成、秉大仍归泉,秉成公立籍永春埔头后山洋、秉大公立籍德化有济林后,至现在睨孝辈已十八世,450 多年。

人之有祖,犹如水之有源,木之有本。国有史,县有志,族有谱,乃我中华民族几千年来未曾间断的文化传统。族谱是记叙一个姓氏上叙祖宗源流,下叙子孙繁衍维系的历史记载。德化有济董氏由于战乱和其他历史原因,未见族谱,或缺或失,无从查考。德化有济董氏源流具体时间和繁衍部分世系也无从查考。

据传,德化有济董氏是从泉州来的。民国初期,在清明节,光字辈还派代表参加祭扫泉州董兴公墓。2003 年,县姓氏志编纂办公室要求德化有济董氏提供有关资料,我们就借此传说到泉州石狮市永宁沙堤寻根问祖。在这一过程中,得到永宁沙堤董氏宗亲的热情接待和支持,获赠沙堤董氏宗谱一本和有关资料,对德化有济董氏宗亲的查考活动大有裨益。在此,德化有济董氏向沙堤董氏宗亲和宗长伦阔先生表示感谢!

　　回德化后,从历史传说、沙堤谱志、部分手抄家谱、古墓、古厝遗址和德化有济董氏在民国前管辖的田、山等多方面综合对照分析,得出以下几点结论。

　　一、据沙堤董氏宗谱和历史传记查考,兴公十一世孙重光公开派漳州,生子三,曰蕙蘭芝,一再传子侄蕃衍,散处漳之十县。在南靖人丁甚多,在长泰人文亦盛。长子蕙公因洪武年间迁移立籍龙岩建产,蕙公生胜祐,胜祐公生六子,曰公养、林居、聖养、陈招、仙福、陈保。聖养公生子四,曰埕渊、埕容、埕方。埕方公生子秉成和秉大,仍归泉郡,秉成立籍永春后山洋、秉大立籍德化有济林后。据传说,德化有济林后董氏和永春后山洋董氏的开基公是兄弟,其父埕方公墓葬在永春,其母(即埕方公之妻)墓葬在德化林后。实际上,两地宗亲历来都保持密切来往沟通,相互帮助。

　　德化董氏和永春董氏宗亲沿用的昭穆与泉州地区董氏相同,都是飏先公立的三十字:恭维道明德、曰旭焕春光、群伦欣帝贶、孙曹敦孝友、垂裕泽方长、奕世振家声。而且每年七月半祭祖日也与泉州地区同为七月十四日。

　　综上分析,德化有济董氏和永春后山洋董氏的开基公确是兄弟,而且是董兴公派裔,至贶字辈已十八世。

　　二、从德化有济林后董氏三房部分手抄家谱、董氏古厝遗址、管辖的田、山等方面考查,德化有济董氏在清朝乾隆、嘉庆年间,也就是焕、春字辈时期,人口约150～200人,其中长房和三房各80～100人,而二房10多人。人口分布在有济深闷坂、林后和荇头洋。有林后堂祖祠一座,宅居4座。有林后新田宫,供奉安第公,还有与有济吴氏合境的圣天宫,供奉吴公真仙。所管农田约300亩,山地上千亩,长房与三房还各有舞狮工具。与此相关,还流传有两则故事,一是林后董家十八好汉与李泰唐的故事,二是德化有济董氏林后堂宗祠与萧光都其人的传说。在此不详述。德化有济董氏在乾隆、嘉庆年代发展颇顺利,经济不错,生活殷实,还擅长武术。但文化较落后。有据可查的,在三房手抄家谱里,记述的太学生仅旭玑一人,在古墓碑中也只发现清朝时有一个吏员的记载,其他从未发现有文人的任何记载和传说。

　　清朝后期,就是从光字辈以后直至民国时代,德化有济董氏走向衰退,人口负增长,有的后继无人,有的出嗣,还有小孩被匪抓掳的事情,等等。所辖的田、山变卖,所剩无几。到新中国成立后土改时,仅存两座破烂不堪的民房,人口20人,生活困苦。笔者考查发现,德化有济董氏移居德化后,盛于清朝乾隆、嘉庆,衰退于清末、民国,在新中国成立后有可喜的恢复和发展。这也印证了族运与国运同行,国兴族兴、国衰族败的规律。

　　考查有关资料,德化有济董氏约于明朝嘉靖年间,秉大公立籍德化有济林后至今贶字辈已十八世,四百五十多年,未见族谱,未知是由于战乱遗失或未曾编写过,莫从查考。因此不但迁德具体年代、秉大公生、卒及祖妣姓名、生、卒都失考,而且二至十世也都失记失考。

　　谱也,上叙祖宗之源流,下叙子孙之蕃衍。此乃中华民族之传统。凡有姓者基本都有编修族谱,有的是30～50年修一次,而有济董氏连一次都没编写过。这使我有济董氏族人感到愧对祖宗。近几年来参加多次宗亲活动及沟通,并解放后族人各方面有所进步,因此对编写族谱必要性和信心更强烈,多次召集宗亲讨论和研究,决定编写德化有济董氏首次族谱,并成立编写组。编写组成员表示,尽管是首次编写族谱,部分材料失记失考,任务艰巨,加上经验不足,能力有限,还是要尽力而为。发动宗亲采集回忆,不辞辛劳,不计财力,把首次编写有济董氏族谱完成,以作后人典范。

　　笔者希望有济董氏族人,尤其是年轻一代多了解过去,以斯为鉴,同时多了解和体会祖宗

之德泽、先贤之美誉。在工作、学习和生活中,能积极参加各种有益于加强宗亲沟通、增进宗亲团结友谊的活动,重视教育,奋发努力,在实现家族振兴的同时,也为家乡、为社会多做贡献!

董伦成　撰

2007 年 12 月

（摘自《德化有济董氏族谱》）

第二篇

源流篇

第一章　董姓源流考

第一节　释"董"和董姓图腾

董姓是一个古老的姓氏,自帝舜赐姓,迄今已有 4000 多年的历史。世代相传,支派繁多,今有 800 万人,遍布全国各地。然而这样一个大姓,却起源于闻喜县东部一个叫董泽的小地方。闻喜县在山西省南部,春秋时为曲沃,秦改左邑。西汉元鼎六年(前 111 年),汉武帝刘彻巡幸缑氏(今属河南偃师)经此,闻南越破而喜,故名闻喜。闻喜县东部的凤凰原和峨嵋岭之间有一狭长湖泊,湖里盛产藕和蒲苇。《说文》云:"董,从草,童声。"杜林注:"藕根。"段注亦作董。古"董"、"蕫",董氏故里之道光年间"董泽书院"匾额通用。所以该湖泊因产藕根或蒲苇而得名,古称董泽,又因"蕫"为"董"之转音,故又称为水。水之畔,人称之为川。据《新唐书·宰相世系》云:"董氏出自姬姓,黄帝裔孙有叔安,生董父,舜赐姓董氏。"《左传》晋魏曰:"董泽之蒲,可胜既乎。"杜预注:"闻喜县东北有董池陂。"《闻喜县志》有"是川即董泽,舜所封董父之国也"。可见闻喜董泽为华夏董氏之发祥地,董父为华夏董氏之鼻祖。董父,虞时人。《左传》昭公二十九年:董父好龙,"乃拢畜龙,以服事帝舜。帝赐之姓曰董,氏曰豢龙,封诸鬷川"。董父在此豢龙,故董泽湖也叫"豢龙池"。

（诸城　董金荣/撰文）

一、释"董"

（一）"董"字音

董:[董、蕫,读音作 dǒng(ㄉㄨㄥˇ)]。

（二）"董"字体

1. 字形

"董"字之书写:

2. 构造

"董"为形声字,篆文从"艹",童声。隶变后楷书作"董",俗作"董",改为重声。非为说文部首,古书常归于"艹"部。现今归于"艹"部。

当"艹"作部首时,笔画数 15 画。

当"艹"作部首时,笔画数 12 画(或作 13 画)。

3. "董"与"董"

《说文》"董"作"董"。段玉裁注:"亦作董。古童、董通用。"《英雄记》:"(东汉董卓)时有谣言曰:'千里草,何青青。'"《后汉书》:"献帝践祚之初,京都童谣曰:'千里草,何青青。'……案,千里草为董。"可见自东汉始,"董"已经写作"董"。《元和姓纂》载:东汉有循吏童恢,字汉宗,琅琊姑幕(西汉置,治所在今山东诸城市西北)人。童恢实姓董,汉隶写"董"作"董","董"乃

28

"董"之古字也。备考:又作"蕫"。

二、释义

1. 本义

《释文》:"董,本或作蕫。""董"本义为"蘱董",多年生草本植物,又名长苞香蒲;一说为藕根。

(1)草名。即蘱董,蘱之别名。又名长苞香蒲。《说文·艹部》:"董,鼎董也。"又作"蘱董"。《尔雅·释草》:"蘱,鼎董。"郭璞注:"似蒲而细。"

(2)藕根。《说文解字》:"董,杜林曰藕根。"

后借为"督",香蒲与藕根皆中空,故凡从"董"取义的字皆与"通达"等义有关。

2. 演变

(1)督察,监督,管理。传:"董,督也。"

例句:

- 董之用威。——《书·大禹谟》
- 告之以文辞,董之以武师——《左传·昭公十年》
- 董逋逃。——《左传·文公六年》
- 惧宰官之不修,立监牧以董之。——《三国志·魏书·夏侯玄傅》
- 肃肃荆王,董我三军。——晋陆机《汉高祖功臣颂》
- 出则监察而董是非。——《后汉书·陈忠传》
- 虽董之以严刑,振之以威怒,终苟免而不仁,貌恭而心不服。——魏征《谏太宗十思疏》

又如:董正(监督纠正),董统鹰扬(为督察纲纪而大展雄才),董治(监督管理),董摄(监督治理),董其成,董理。

(2)正,持正。《尔雅·释诂》:"董,正也。"

- 随人使少师董成。——《左传·桓公六年》
- 而辱使董振择之。——《左传·昭公三年》
- 余将董道而不豫兮,固将重昏而终身。——《楚辞·屈原·涉江》
- 晊有高才,郭林宗、朱公叔等皆为友,李膺、王畅称其有干国器。虽在闾里,慨然有董正天下之志。——《后汉书·岑晊传》
- 整我皇纲,董此不虔(虔,敬)。——《后汉书·高彪传》

又如:董道(守正道),董役(正其事理),董齐(征伐之使归一统)。

(3)深藏,深固。裴骃集解引徐广曰:"董,谓深藏之。"

- 年六十已上,气当大董。——《史记·扁鹊仓公列传》

(4)主持,主管。如:董成(主持和谈)

(5)统率。如:董一(统一主持;一统),董率(董帅,统率、领导),董督(统率)

(6)古地名。春秋时晋地,在今山西省万荣县境。

- 阳处父至自温,改搜于董,易中军。——《左传·文公六年》

(7)古国名。一为豢龙氏董国,舜封董父于董国,灭于夏。在今山西闻喜东北礼龙镇。一

为昆吾氏董国,夏殷诸侯国,都定陶,灭于周。在今山东菏泽定陶东北。

- 董泽之蒲,可胜既乎？ ——《左传·宣公十三年》
- 闻喜有董池陂,古董泽。所言是此也。 ——《后汉书·郡国志》

(8)董事(某些企业、学校的资产所有者推举出来代表自己监督和主持业务的人)。

3. 组字

董,既可单用,也可作偏旁。香蒲与藕根皆中空,故凡从"董"取义的字皆与"通达"等义有关。

以"董"作声兼义符的字有"懂"。

4. 组词

【董成】主持和谈。

- 《左传·标公六年》:"楚武王侵随,使薳章求成焉。军于瑕以待之,随人使少师董成。"

【董督】督察。

- 《三国志·蜀书·刘备传》:"臣以具臣之才,荷上将之任,董督三军,奉辞于外。"
- 《吴书·孙皎传》:"二者尚不能知,安可董督在远,御寇济难乎?"

【董齐】征伐之使归一统。

- 《裴注三国志·魏书·王凌》:"仆久忝朝恩,历试无效,统御戎马,董齐东夏。"
- 《裴注三国志·蜀书·先主传》:"臣等辄依旧典,封备汉中王,拜大司马,董齐六军,纠合同盟,扫灭凶逆。"
- 《宋史·列传·高丽》:"今已董齐师旅,殄灭妖氛。"

【董摄】督察整顿。

- 《魏书·列传·李崇》:"使君受委一方,董摄万里,而经略大事,不与国士图之。"
- 《晋书·列传·陆机》:"直以机计虑浅近,不能董摄群帅,致果杀敌。进退之间,事有疑似,故令圣鉴未察其实耳。"

【董统】督察纲纪。

- 《清史稿·志》:"太祖肇基东土,国俗淳一,事简职专,置八旗总管大臣、佐管大臣董统军旅。"
- 《后汉书·袁绍》:"幕府董统鹰扬,埽夷凶逆。"
- 《晋书·列传·王羲之》:"当董统之任而败丧至此,恐阖朝群贤未有与人分其谤者。"

【董役】正其事理。

《宋史·志·河渠》:"朝廷遣光相视董役,非所以褒崇近职、待遇儒臣也。"

《宋史·志·地理》:"择良工于燕、蓟,董役二岁,郛郭、宫掖、楼阁、府库、市肆、廊庑,拟神都之制。"

【董正】监督纠正。

- 《尚书·周书·周官》:"六服群辟,罔不承德。归于宗周,董正治官。"
- 《晋书·列传·丁绍》:"绍自以为才足为物雄,当官苋政,每事克举,视天下之事若运于掌握,遂慨然有董正四海之志矣。"
- 《晋书·列传·刘伯正》:"乞以愿治之心而急董正治官之图,以勤政之思而严察计吏之法。"

三、董姓图腾

董,草名,是一种香蒲科的植物。这是一种能制作绳索的草,由是"董"也是原始图腾和氏族名。董人居住的地方就称为董地。董地近水系,河名和泽地也称为董水和董泽。

董姓图腾

图腾释义:董姓是炎帝第十世祝融八姓之一。董姓是风姓分支,祖先名飂叔安。其子继承太昊氏(风姓)驯养扬子鳄(古称龙)的本领,服侍于舜,赐姓董,为侯伯。因而可以在居邑设立天文仪器"重",有了祭天权。董由天文仪"重"和四游表构成。"重"为主表居中,四隅方置四游表。

第二节　董姓源流

在文化大发展大繁荣的时代背景下,姓氏文化建设具有积极的现实意义。胡锦涛在中共十七大的报告中指出:"弘扬中华文化,建设中华民族共有精神家园,中华文化是中华民族生生不息、团结奋进的不竭动力。要全面认识祖国传统文化,取其精华,去其糟粕,使之与当代社会相适应,与现代文明相协调,保持民族性,体现时代性。加强中华优秀文化传统教育,运用现代科技手段开发利用民族文化丰厚资源。加强对各民族文化的挖掘和保护,重视文物和非物质文化遗产保护,做好文化典籍整理工作。加强对外文化交流,吸收各国优秀文明成果,增强中华文化国际影响力。"

一、董姓总说

中华姓氏文化是中华民族大家庭传统的精神家园,我们必须对它研究,现对董氏得姓始祖进行探讨。

董姓是一个古老的姓,董姓的由来有以下几个渊源:

(一)源于己姓,出自帝舜赐予颛顼后裔飂之子的姓氏,属于帝王赐姓为氏

相传,颛顼帝的己姓后裔中有个人叫飂叔安,史书上亦称其为廖叔安。

飂叔安有一个儿子叫董父,他对龙(马)的习性很有研究,于是舜帝就任命董父为豢龙氏,让他专门养龙。

在董父的精心驯养下,许多龙学会了服役于人,甚至会表演各种舞蹈。舜帝很是喜欢,就封董父为鬷川侯(今山西闻喜),还赐他以董为姓氏。

董姓得姓始祖董父

左丘明在《春秋左氏传》中记载:"晋太史蔡墨曰:'昔叔安有裔子曰董父,甚好龙,能求其

嗜欲,饮食之,龙多归之。乃扰蓄龙以服事帝舜。帝赐姓董氏,使豢龙,封诸鬷川。'"

如今,在左邑桐乡还一直保留有当年董父养龙时挖掘的一个饮龙池,所在地古称"董池陂",也就是今山西省的运城市闻喜县东镇东官庄村旁的董泽湖。

董父的子孙从此就形成了最早的董氏,与豢龙氏所衍龙氏一族同宗同源,皆世代相传至今,是非常古老的姓氏之一,史称董氏、龙氏正宗。

己姓董氏族人大多尊奉己董父(豢龙氏)为得姓始祖。

(二)源于己姓,出自颛顼帝之孙吴回的后裔,属于以居邑名称为氏

据史籍《元和姓纂》记载,传说重黎是一位氏族首领,以谆耀敦大,光明四海。颛顼任命其为火正,专门管理火。

颛顼逝世后,其侄子高辛(玄嚣的孙子)继位,即帝喾(帝俊),帝喾任命重黎为"祝融"之官称。后来共工氏作乱,帝喾派遣重黎前去镇压,重黎虽然多次率兵征讨,却皆无功。帝喾大怒,将重黎召回论罪处斩了,然后以重黎的弟弟吴回接替重黎,继续为祝融之官。

吴回有个儿子名叫终,因为封在陆乡(今山东平原),所以就叫陆终。陆终有个儿子叫陆参胡,因居住在董邑(今山东濮城),其后裔子孙就以居邑名称为姓氏,称董氏。世代相传至今,也是非常古老的姓氏之一。

己姓董氏族人中大多尊奉陆参胡为得姓始祖者。

(三)源于姬姓,出自春秋时期周朝大夫辛有之后,属于以官职称谓为氏

春秋时期,周王朝有个大夫叫姬辛有,他的两个儿子都被派遣到晋国任太史,负责考察并收藏晋国的典籍史册,以官名称为董督。晋国的著名宫正大夫籍黡辅佐之。

董督,就是收藏、督察之意。其职责既典史策,又充任君主秘书,协助君主执行治国的法令条文。传宣王命、记功司过是他们的具体职责,兼有治史和治政的双重任务,实际就是具有褒贬臧否大权的文职大臣。

这在史籍《左传·昭公十五年》中有记载:"辛有,周人也。其二子适晋为大史,籍黡与之共董督晋典,因有董氏。"

这两个董督与籍黡的后代世袭晋国史官,一直担当晋国的太史、左史、右史、佐史等官职。其后裔子孙遂有以先祖的官称为姓氏者,称董氏,世代相传至今。

董氏家族在晋国是一个庞大的世家,历佐王政,在典籍《国语·晋语》中就有记载:"晋文公时,胥、籍、狐、箕、栾、郤、柏、先、羊舌、董、韩,实掌近官。"

该支董氏族人中有一个著名人物叫董狐,亦称史狐,东翼良狐村人(今山西临汾翼城),为晋灵公姬夷皋执政时期(前620—前607)的太史令兼室记,就是内宫史官。其为人正直,流传下"秉笔直书"的千载名典,孔子就称赞他说:"董狐,古之良史也,书法不隐。"其后代除了董氏,还传下了侯氏、翼氏、史氏、蒲氏等同宗姓氏分支。

姬姓董氏族人中有尊奉董狐为得姓始祖者。

(四)源于地名,出自汉朝时期董泽,属于以居邑名称为氏

董泽,是古代的一个大湖泊的名称。在史籍《后汉书·郡国志》中记载:"文喜邑有董池

陂,古董泽。"

古籍中所指的"文喜邑",就是汉朝时期的"河东闻喜",即今山西省运城地区,是"千古山西二雄"之一关羽的家乡。其时有一大片的湿地,因水中盛产"董蕖",因而称"董泽"。

董泽是古汾河、渭河的共同屯泽,即大湖沼。传说其曾"浩淼数百里",位置在今晋、陕、豫三省交界的冲击三角平原上,后被诸多原因所破坏,逐渐成为一个盐湖。再最后干涸,消失得无影无踪,今只留一个"运城市盐湖区"的行政名称。

在古代董泽周围生活的住民,很早就有以其居住地名为姓氏者,称董氏。世代相传至今,史称河东董氏,或文喜董氏。

（五）源于蒙古族,出自汉朝时期南匈奴屠各部奥矣·毛都氏部落,属于汉化改姓为氏

蒙古族呼勒都古德氏,源出汉朝时期南匈奴屠各部的奥矣·毛都氏部落。

其实,"奥矣·毛都"是古突厥语,即"Oai-Motou",满语为"Oaimodu",是女真民族的前身古肃慎民族的一个分支。在东胡被匈奴击溃之后,该部族由于受匈奴控制时日较久,曾一度被视为匈奴人,称奥矣氏、奥毛氏、奥胡氏。部族中的贵族远在东汉时期就曾冠汉姓为胡氏。

到了魏、晋、南北朝时期,奥矣·毛都氏部落逐渐北迁,定居于大青山原始林区(今蒙古肯特山区)。其在宋、元时期,与尼鲁温蒙古人种的布里亚特蒙古部族人一起被成吉思汗称为"林中之民",而辽国的契丹族人和后来西夏国的党项族人称其为"蒂奇斯族",金国时期的女真族人则称其为"呼勒都古德"(huldugud)。

与古突厥语"奥矣·毛都"的意思一样,古女真语"呼勒都古德"也是"林木、林中人、森林猎人"之义。后因以为部落名称为姓氏。

在成吉思汗孛儿只斤·铁木真统一蒙古高原的历史过程中,奥矣·毛都氏部落以及呼勒都古德氏部落皆成为蒙古兀良哈部的下属诸部,逐渐演进成为蒙古族。

明朝初期,蒙古族呼勒都古德氏即有取汉姓为董氏、胡氏者。至清朝中叶以后,大多数族人冠汉姓为董氏,少部分族人仍称胡氏。皆世代相传至今。

（六）源于满族,属于汉化改姓氏

据史籍《清朝通志·氏族略·满洲八旗姓》记载:

1. 满族董鄂氏,亦称栋鄂氏,满语为 Donggo Hala,世居董鄂(今辽宁桓仁、宽甸一带),是满族著姓之一。清朝中叶以后,多冠汉姓为董氏、栋氏等。

2. 满族栋佳氏,亦称董家氏、董佳氏,满语为 Donggiya Hala。祖先原为汉族,东汉末期被辽东鲜卑乌桓部掳携,融入鲜卑民族。后逐渐演化为辽东女真,世居董佳城(今辽宁新宾)、嘉木湖(今辽宁新宾)、嘉哈(今辽宁新宾夹河村)、哈达(今辽宁西丰小清河流域)等地。清朝中叶以后,多冠回汉姓为董氏、邓氏、陈氏等。

3. 满族珠格氏,源出金国时期女真术虎部,以部为氏,满语为 Juge Hala,世居乌喇(今吉林永吉)、宁古塔(今黑龙江宁安)、萨哈尔察(今黑龙江北岸俄罗斯境内布列亚河流域)等地,是满族最古老的姓氏之一。清朝中叶以后,多冠汉姓为董氏。

4. 满族珠赫呼氏,源出金国时期女真术虎部,满语为 Juhere Hala,汉义"冰冻",世居乌喇(今吉林永吉)。清朝中叶以后,多冠汉姓为董氏、术氏等。

5. 满族朱胡氏,源出元朝时期女真海通猛安朱胡氏族,满语为Juhu Hala,在明朝时期的汉姓即为董氏。

（七）源于朝鲜族,出自明朝时期董仲舒之后,属于汉姓夷化为氏

明世宗朱厚熜嘉靖十四年（李氏朝鲜明宗李峘二年,1535年）农历四月,明世宗派遣西汉大儒董仲舒的第六十二世孙董承宣、董印宣兄弟二人,以安慰之职出使朝鲜。后被李朝明宗挽留在朝鲜,定居于永川（故顺安,今朝鲜荣川）,被封为永川君,并将自己的故乡广川（今河北衡水）作为本贯,史称广川董氏。

到了明神宗朱翊钧万历二十一—二十六年（李朝宣祖李昖二十五—三十一年,日本文禄元年—庆长五年,1592—1598）,日本国军政大臣丰臣秀吉（1536—1598）乘李氏朝鲜王朝耽于党争内讧,朝纲紊乱（丁酉再乱）时,发动了侵略朝鲜的庆长之役,一度攻击到王俭城下（今朝鲜平壤）。当时董印宣的第八世孙董一元以明军将领的身份率军东渡朝鲜,参加了明世宗与李朝宣祖联合的抗倭战争（壬辰战争、明万历抗倭战争）。中朝两国人民奋勇作战七年,水陆两相大败倭寇,丰臣秀吉羞愤积郁而死。战争结束,明神宗在紫禁宫午门将平秀次等六十多名倭寇战犯斩首。

战后,董一元与其二子董大顺、董昌顺也定居于朝鲜。董一元父子落籍之后,未另立新的贯本,而是加入了朝鲜董氏的广川本贯。其后裔子孙世代相传,皆称董印宣为一世祖,以广川为本贯,形成了今天的朝鲜广川董氏,为朝鲜董氏主流。

据《韩国姓氏大百科·姓氏的故乡》的记载:广川董氏渊源于中国,是汉朝巨儒董仲舒的后裔。1985年,韩国经济企划院在进行国情调查统计时,广川董氏已有三千八百五十余人。到如今,韩国已有四千六百多董氏族人。今朝鲜与韩国董氏族裔均成立有"董仲舒族裔会"。

按:有一些朝鲜、韩国学者认为,董承宣应是董仲舒的第四十三代孙董胜先。后被王氏朝鲜挽留在朝鲜半岛,封为永川君（今朝鲜荣川,非今韩国庆尚北道永川）。而董印宣的第八世孙董一元后来落籍广川（今韩国忠清北道广川）,此后在朝鲜半岛生息繁衍。由此形成了两支朝鲜族董氏,即永川董氏和广川董氏,实为一本。

二、以官为氏的董氏考

中华姓氏普及和定型的阶段,应为周初。当时实行周朝贵族内部的层层分封制,共建立71个诸侯国,还分封了不少有功的异姓贵族,至春秋时发展为140个国家。这些诸侯多以封国为氏,封国以下层层递封,有更多的人以封邑为姓,以官职为姓,并以宗法制建立了一套完备的姓氏制度。

（一）辛氏来源

1. "夏王启"的来源

通过博客等形式进行"董姓始祖"大讨论,根据网友和宗亲提供的材料或记载,按历史阶段的发展和史料来归纳出"夏王启"的来源。

（1）黄帝轩辕氏第一代黄帝。黄帝,姓姬,又姓公孙。黄帝元妃西陵氏之女嫘祖,生子三

人,昌意、元器、龙苗。次妃方累氏,生子二,休、清。第三妃彤鱼氏,生子二,挥、夷鼓。第四妃嫫母,生子二,苍林、禹阳。凡妃之子九人,庶妾之子十六人,共二十五人。别姓者十二,祈、酉、滕、箴、任、荀、厘、佶、儇、依及青阳、夷彭为二纪也。其十三人皆姬姓。

(2)黄帝轩辕氏第二代昌意。昌意姬姓,娶蜀山氏之女昌濮(又名女枢、昌仆),生子三人,长曰干荒、次曰安、季曰悃。

(3)黄帝轩辕氏第三代干荒。干荒娶淖子氏(浊山氏)之女阿女,生帝颛顼。

(4)黄帝轩辕氏第四代颛顼。颛顼,元妃邹屠氏,生骆明、八凯;次妃滕贲氏(腾隍氏)之女女禄,生伯称、卷章(或作老童)、季禺。并无女修。

(5)黄帝轩辕氏第五代骆明。骆明生白马,白马是为鲧。

(6)黄帝轩辕氏第六代鲧。鲧字熙,熙就是龟,又是臣(龟)巳(修巳长蛇)。《山海经》称黄帝生骆明,骆明生白马。白马即鲧,封于西羌汶山石纽地区(今四川省广柔县境),姜姓,以后为陶唐氏。帝尧封崇伯,即嵩伯,居河南嵩山阳城(登封),受命治黄河洪水,以围堵之法九年未成,为摄天子有虞氏帝舜放逐于羽山,遣祝融处死。配有莘氏之女女嬉,一名女志、有志、士敬、修已、修纪,于砥山梦食薏苡而生子文命,帝舜赐姓姒。

(7)黄帝轩辕氏第七代禹。名文命,字密、高密,三月二十八日生于石纽山剜儿坪,配涂山氏之女攸女,一名女娲、女娇、女趫、嘎。受虞舜命继鲧治洪十三年,三过家不入。有功任司空,封夏(都阳翟,今河南省禹州市)伯,划定九州,征三苗。虞舜欲禅位,摄政十七年。后虞舜征三苗,病逝于苍梧(今湖南省宁远县),禹让辞王位,避舜子商均三次不就,隐居阳城(今河南省登封县告城镇)。三年丧满,仍为诸侯拥为共主,都安邑(今山西省夏县西北),号夏后氏。在位五年,会诸侯于涂山。八年,会诸侯于会稽,杀防风氏立威。十年,巡视东方。传公元前2116年秋八月,逝于会稽山(浙江省绍兴县境)。

(8)黄帝轩辕氏第八代启。启名建,一名余。《竹书纪年》载,夏后禹禅位伯益,三年丧满,启杀伯益夺位,于阳翟钧台(夏台)会诸侯,建立夏朝。甲申年,做《甘誓》,于甘邑破有扈氏,天下咸朝。登位九年,巡狩天下舞九韶。十一年,改封幼弟观君武至西河。十五年武观据西河乱,命彭伯寿征之。在位二十九年,约当公元前2115年——前2086年,传位太康。

2. 夏王启封庶子于莘

据《元和姓纂》、《广韵》等所载,夏王启封庶子于莘(故城在今陕西省合阳县东南),建立莘国。其后世子孙以地为氏,称莘姓。后由于莘与辛音近,遂去艹头为辛姓,称辛氏,便产生辛姓。

(二)辛甲之裔辛有

商周之交也是气候变化最大的时期,辛公甲(辛是如今"萨满"的快读音,28宿中角宿的形。甲是以十字纹代表日晷测日法及居内切与外切2个圆中的一个正方形的表示)。商纣王也与有辛联姻,同时周文王也与有辛联姻。商起源于内蒙古与后来的匈奴、女真、维吾儿同源。夏、商同为古羌族。商末周初有辛开始被称为嬴,也就是33个姓中的一个。秦、赵都姓嬴,嬴是鳄鱼捕食的象形,音表示多的意思。辛甲当时向商纣王提出以先进农业技术的传授来改善部落间的冲突。但纣王认为攘外必先安内,没有加以执行。周武王灭商前,请辛甲共商国是,辛甲系统地建立了国家的法律文字与农业生产等制度。武王将今天长治市长子西南

的谷地做为辛国,为甲公的生活生产和科研用地。同时采用井田制,以科学种田增加国家收入。使、是、史、事在甲骨文中是同一个字,太使就是大史。周是中国历史上比较重要的部分,当时周大史是没有任何报酬的,相反要自带盘缠去参加各种国是活动。其收入来源于自己的食邑部分。辛甲还是第一个完整地整理甲骨文,并建立国家教育机构。其职务世袭的,按周的封国裂土制度,辛为国氏,有长子及长孙继承。平民无氏,二儿子取父亲官位,三子或其他取祖名为氏。

商末"三仁人"辛甲(辛尹、辛公甲),殷之臣,事纣。盖七十五谏而不听,去至周。召公与语,贤之。告文王,文王亲自迎之,以为公卿,封于长子(今山西上党),是为西周开国之太史也。其后裔辛研,字文子,世称计然子,葵丘濮上(今河南兰考东)人,越国重臣。博学无所不通,尤精于计会,故称计然。尝南游于越,范蠡师事之。以之佐越王勾践十年生聚,卧薪尝胆,灭吴复国。范蠡既雪会稽之耻,乃喟然而叹曰:"计然之策七,越用其五而得意。既已施于国,吾欲用之家。"范蠡以其经营,累资巨万。

辛有,周大夫,辛甲之裔,周平王(前770—前720)东迁时人,继为周太史。《左传》云:"初,平王之东迁也,辛有适伊川。昔辛有适伊川,见被发而祭于野者,曰:'不及百年,此其戎乎?其礼先亡矣'。"

(三)辛有为史官,以史官为氏

在春秋时,周朝(前770—前720)有大夫辛有。辛有两儿子在晋国任太史,董督(考察并收藏之意)晋国的典籍史册。他的子孙世袭晋国史官,以官为氏,称董氏。

根据董氏宗亲记载,黄帝生昌意,昌意生颛顼,颛顼生鲧,鲧生禹,禹生启。夏王启封其庶子于莘(今陕西合阳东南),因氏焉。莘音转为辛,辛氏世为史官。

辛有派遣他的第二个儿子辛董去晋国任首届太史,辛董赴任后易辛为董,从此以后晋之董正式列入史书。据西汉史游《急就篇》及宋人邓名世《古今姓氏书辩证》记载,春秋时,周大夫辛有的两个儿子到晋国,与籍氏一起主管晋之典籍。因其职责是"董督晋史",所以也称为董氏。这一时期晋国的都城在绛(今山西翼城东南),故此支董氏出自今山西翼城。

(四)因有董氏,后有董狐

董狐(前651—前575),公元前651年,辛有六世裔孙董狐(史书偶称辛狐、史狐)在翼城良狐村诞生。董狐在世七十六年,在太史位凡五十年。孔子以其"书法不隐"而赞之为"古之良史"者也。

《春秋传》曰:晋灵公十四年(前607),晋卿赵盾为逃避灵公杀害而出走,未出境。盾昆弟将军赵穿袭杀灵公于桃园,而迎赵盾。赵盾素贵,得民和;灵公少,侈,民不附。故为弑易。晋太史董狐书曰"赵盾弑其君",以示于朝。盾曰:"弑者赵穿,我无罪。"太史曰:"子为正卿,而亡不出境,反不诛国乱,非子而谁?"孔子闻之,曰:"董狐,古之良史也,书法不隐。"以仲尼之善董狐,知为史必须直也。古者人君立史官,非但记事而已,盖所以为鉴诫也。动则左史书之,言则右史书之,彰善瘅恶,以树风声。故南史抗节,表崔杼之罪;董狐书法,明赵盾之愆。是知直笔于朝,其来久矣。世无董狐,书法必隐。董狐不亡,岂有所隐?

东周襄王(前651—前619)时期有周大夫辛有之裔狐在晋国任史官,自此以后,晋国有史

官之职。其封地在原董国故地,后裔遂以董为氏,他的子孙世袭晋国史官,成为晋国旧贵族11姓之一。

(五)董狐的后裔

董狐长子董明,初居绛,迁汾阴,受邀赴越,拜官。董狐的裔孙董翳,秦末被项羽封为翟王,都高奴(在今陕西延安延河东岸),子孙遂居陇西(郡治在今甘肃临洮)。西汉时的董仲舒为广川(今河北枣强东)人,其曾孙自广川徙陇西,裔孙徙河东(郡治在今山西夏县西北)。

董狐次子(名讳待考),此派狐五世孙董安于(?—前496),为赵简子鞅家臣,理晋阳宫,任石邑(石家庄)郡守(前517)、赵国太史(前497)。晋卿智伯惮其才智卓绝,设计构陷,安于为使赵氏免祸,乃自缢。

安于生景仲,至十二世有董士通,士通生董顺(仁),顺生董仲舒。仲舒,行二,字宽夫(汉胡母生赐字)。有八子:长曰賁,次曰符(起),三曰简,四曰蕈(彰),五曰苕,六曰藻,七曰萬(禹),八曰荌(安);一女曰簜(倩)盼。

仲舒初居广川(今景县董故庄),其曾孙自广川徙陇西(郡治在今甘肃临洮),裔孙徙河东(郡治在今山西夏县西北),遂蔚成望族焉。

此外,董姓在汉代还分布于今山东定陶、高青,广东广州,四川资阳、德阳,贵州黄平,浙江余姚,湖北襄阳、枝江,福建福州,河南禹州、伊川、南阳、开封、福县、信阳、灵宝等地。至隋唐时期,除上述地区外,今安徽、湖南、江苏、江西等省的一些地方,也都有董姓的居住地。

然则辛氏出于周,枝流于晋也,卒成晋之十一姓之显族焉。此董姓者,出于姒姓之禹王也。

三、少数民族之董姓考

我国董姓与其他姓氏一样,在历史的长河不断与各少数民族互相融合。汉、满、蒙、朝鲜、傣、苗、水、彝、赫哲,司昌、景颇、普水德昂、白、藏、土、土家、布依等多个民族有此姓。

早在先秦时期,董氏族人已经向西和向南迁移,散布于甘川滇黔等广大地区,与当地土著混居,逐渐融入土著民族之中,成为土著诸姓之一。据记载,自汉至唐,云贵地区的董姓发展成为大姓,逐渐将云贵地区的土著民族同化为西南地区的汉族。融入董姓族群的外族主要有:西汉初期的匈奴族、三国时期吴国的山越族、晋朝时的氐族、南北朝北魏时的羌族、唐朝吐蕃人董部落、五代后梁时的羌族、宋朝时的高句丽人等,清朝时满洲八旗等全体族人改汉姓董。

1. 满族董姓
清朝时满族姓氏所改。清代满族八旗董鄂氏、佟佳氏、董佳氏、珠赫勒氏等全体族人改为单字姓"董",致使东北地区多董姓。见刘庆华《满族姓氏录》。

2. 赫哲族董姓
赫哲族之氏改为董氏。"给温克"汉意为"铜",谐其音而为"董"。

3. 景颇族董姓
景颇族之董姓,则为勒托氏、米董氏所改。盖取耳尾音,谐"董"而为单字姓。

4. 普米族董姓

普米族之董氏,出自"巴落瓦支"姓。

5. 白族董姓

白族之董氏,出自"朵希薄",白族称巫师为"朵希薄",遂以职为姓。后改为单姓童、董,盖取"朵希薄"之首音,谐董而得姓。

6. 藏族董姓

藏族之董姓,源于远古氏族,以族命氏。传说有一只神猴与岩魔女结为夫妻,生下六只小猴。长成繁衍后代,进化成人,各作六个支系。此即远古藏族的六个氏族,其中有董氏。

7. 土族董姓

土族语有"恩多—孔"(恩多人),或称恩多司寅勒(恩多村),或以之为姓。"恩多"可能是地名,或将"恩多"译为"恩董",又取其尾音以董为姓。

8. 土家族董姓

土家族先民吐谷浑在很早便已有姓氏,如慕容氏等。后来因受汉文化的影响,逐渐采用了汉姓。到了元朝时期,上层贵族普遍受封改姓,并普及到平民百姓,由此土家姓氏明显增多。随着土族社会的发展、民族的融合,姓氏不断增多和嬗变,由原来的复姓变成了单姓,如"索胡"变"胡"、"朵娃"变"董"。

9. 朝鲜族董姓

朝鲜族等少数民族中有董姓。

史载明洪武年间,董仲舒62世孙董承宣以安慰使出使高丽(也有研究认为,董承宣、董印宣二兄弟同时以明朝抚慰使赴高丽未归),未返国而归化高丽,定居荣川,被封为荣川君,并将中国故乡广川作为本贯,史称广川董氏。董承宣的兄弟董印宣第8世孙董一元,丁酉再乱时,以明朝将领的身份东渡朝鲜,参加抗倭战争。战后,与其二子大顺、昌顺定居高丽。董一元及其后裔落籍后,未另立新的本贯,而加人了广川本贯。其后裔称董印宣为一世祖,以广川为本贯,形成朝鲜广川董氏。《韩国姓氏大百科·姓氏的故乡》也认为:广川董氏渊源于中国,是汉代巨儒董仲舒的后裔。1985年,韩国经济企划院的国情调查显示,广川董氏已有3850人。又称:广川董氏后裔多代任过左右都承指(正三品)。韩国现在有4600多个董氏族人。而朝鲜明川郡也有董氏族人居住。今朝鲜与韩国董氏族裔成立有董仲舒族裔会。中国吉林延边地区也有一些董氏朝鲜人居住。

据董明川讲,其父亲于20世纪30年代从朝鲜咸镜北道明川郡移民至中国吉林延边。

10. 回族董姓

董姓于明末由云南呈贡迁入威宁温家屯,至今已传十四世。威宁回族始祖董天成,到威宁后娶温氏,传二世一支、三世三支。董姓现有近千户,主要分布在威宁县的哈喇河乡、双龙乡的高山村、二塘镇梅花村和秀水乡、海拉乡、中水镇等地,在贵州水城县林青乡、安顺市轿子山镇、平坝县十字镇有少数居住。董姓于清雍正年间迁一部分到云南昭通,现多数居住在八仙营、洒雨河、水井湾一带。

11. 匈奴董姓

《功臣表》载,汉武帝功臣董金吾为匈奴人。又据《古今姓氏书辨证》载,西汉武帝时功臣有董金吾,原为匈奴人。

12. 屠各人董姓

《晋书》载:后秦的董成是屠各人。

13. 南蛮董姓

《新唐书·南蛮传》载:归义郡王董嘉庆为南蛮人。戎州管内有驯、骋、浪三州大鬼主董嘉庆,累世内附,以忠谨称,封归义郡王。

14. 白蛮董姓

战国以后,不断有汉人移居云南,他们和当地的土人长期杂居、通婚,相互影响,到隋唐时期就形成白蛮族。唐初,在洱海、滇池周围有数以百计的白蛮部落。白蛮的族源主要是汉族,因此在语言、文字、风俗等方面和汉族大体相同。他们的姓氏也基本沿用汉姓。当时,在洱海地区有赵、李、杨、董姓等大部落。

15. 大理史城董氏

喜洲《董氏族谱》称其始祖为董成。传至今日,已有四十余代。董成是南诏蒙世隆时期的清平官。据《新唐书·南诏传》记载:"初,酋龙遣清平官董成等十九人诣成都,节度使李福将廷见之。"董成到成都的时间为唐懿宗咸通元年(860年),因与节度使李福抗礼,被福囚禁。刘潼代李社节度西川,上任成都后,即释放董成一行,奏请遣还南诏。唐懿宗诏令董成等至京师,给以接见,赐与甚厚,慰劳之。据有关资料表明,董成原籍金陵,唐末流落至滇,仕南诏为布燮。后裔先后转徙剑川、景东、云龙、洱源、云县等地,是为大理史城董氏始祖。

董成是位忠诚于南诏蒙世隆的清平官,官居要职,声势显赫。董姓照壁上题书"南诏宰辅",说的是董姓始祖董成曾经为南诏清平官的事,借以显扬祖先董成的功绩。董成是南诏著名诗人。曾作《思乡》诗一直流传至今,其诗内容为:

> 泸北行人绝,云南信未还。
>
> 庭前花不扫,门外柳谁攀?
>
> 坐久销银烛,愁多减玉颜。
>
> 悲心秋夜月,万里照关山。

《旧唐书》卷二百九《南蛮西南蛮传》:贞元九年(793年)七月,哥邻国王董卧庭、弱水国王董辟和、清远国王苏唐磨、咄霸国王董貌蓬,各率其部落到剑南西川内附唐朝。同年,西山松州生羌等的粘信部落首领董梦葱、龙诺部落首领董辟忽也内附,皆授以试卫尉卿。在弱水西的悉董国王汤息赞也归附唐朝。

16. 董姓归流异族

《唐书》载:唐大历时,范阳董秦,少从军,肃宗时因战功显赫,赐姓名李忠臣。后封四平。郑樵又注云:范阳董秦,唐大历赐姓李氏。

据民国《昆明县乡土教材》记载:"民家族,据称其始祖系随明将沐英平滇,由大理、鹤(庆)丽(江)诸县迁至今所——滇池西岸大、小鼓浪,阳临谷(今杨林港)等处。"观音山杨林港、富善村的白族老人们认为,他们的"先祖姓张,第十三世祖还姓董,立过董氏宗祠"。《董氏家谱》中记有:"阳谷董氏,安徽凤阳之世族也。明洪武年间,先祖赐以医学,随黔宁王沐英到滇。"很显然,这些祖籍安徽凤阳军士随军在滇池沿岸屯军,并入赘土著的白族人家,其后代成为白族。其道理与大理一带自称是来自"南京应天府"的白族一样。明洪武年间,也有不少长江中下游一带的军士随军来到大理和云南其他地方屯军,许多人入赘土著白族和其他民族人家,其后

代成为云南白族和其他民族。

《八旗满洲氏族通谱》记载，世居抚顺（受铁岭管辖）著名人物二等轻车都尉董世仁，本系汉族，加入满籍。

（诸城　董金荣/撰文）

四、董杨联宗源流考

（一）引言

物有本末，水有源流，人之本源在于宗祖，敬祖尊宗，垂裕裔胄，实为国人固有之伦理道德。本篇为考述"董杨联宗之源流"，以促使董杨后裔对列祖列宗缅怀追思之意，进而敦亲睦族，克绍箕裘，黾勉互励，承先启后，使华夏优良传统文化弘扬于海内外。

考董杨血统关系之渊源，当上溯自黄帝。史载黄帝二十五子，其得姓者十四人，为十二姓，即姬、酉、祁、己、滕、箴、任、荀、僖、姞、儇、依是也。郑樵《通志》谓董杨均系出姬姓。盖稽考古籍所载，黄帝之裔孙飂叔安生子董父，豢龙事帝舜，赐姓曰董，遂以字为氏。又周宣王少子尚父，封于杨曰杨侯，因为以邑为氏焉。是则可见，吾董杨自始原属同姓而分氏。迨至唐宋，复因两族先人之交好，遂尔联宗，于今已历千年。后裔子孙分布海内外各地，人丁何止数十万。而董杨氏家族联谊会早于二十年前（指1936年），即已在祖籍泉州成立（总会所设于泉州中山中路宝发银楼）。参加者达数十乡，金门、同安、南安、安溪等各县亦先后加入，侨居南洋一带之漳、泉十余县董、杨两姓华侨亦纷起响应。在菲遂有"旅菲董杨宗亲总会"及其分会之组织，真可谓源远流长，枝叶茂盛，子孙繁昌。

（二）董杨二姓入闽之始末

董杨联宗，系发源于福建泉州府城晋江县。据历史记载，晋邑肇诸永嘉南渡，至唐开元中（718年）设县，地处海隅，青（清源）、紫（紫帽）、葵、罗（罗裳），四大名山环列左右。枕山漱水，复以晋水蜿蜒其间，山川秀丽，介山海之间。山菁菁而海澎湃，地卤壤狭而岁丰，蔚为闽省重镇。远自隋唐始，即为我国有名之早期对外交通口岸，文化发达，商业鼎盛。至宋室南迁，地位益形重要，泉州船舶货物税之收入，成为维持南宋朝廷重要之财源。历经千余年之垦拓治理，人才辈出，文风灿烂，古迹盎然。外地人士，远道慕名接踵而至。间有避黄巢之乱而入闽者，竟作避秦之世外桃源。董杨二姓之正支入闽，就历史观之，当在永嘉南渡之后，至唐宋始盛。由于年代久远，文献湮没不彰，二姓最早之入闽始祖于何时、何地迁入，虽难稽考，唯证诸史乘及泉州晋江二志之记载，唐杨廷式以明经举任录事参军，唐昭宗大顺元年（890年）杨赞禹、五代开平三年（909年）杨在尧"进士及第"。有宋一代，自太宗淳化三年（978年）杨令问进士。历来功名爵位代不乏人，由是可知杨氏发迹闽地当在唐代以前。周成王封弟叔虞为唐侯，姬姓字子于（泉州《杨氏宗谱》作唐叔虞为宣王少子尚父杨杼公）第十二代孙曲沃晋武公子伯侨，归周，天子封为杨侯，是为杨氏始祖。传至四十八世孙杨思孝，于宋太宗年间（约980年）授新县令，移入福建汀州府，未几迁邵武府定居。五十三代孙杨植之长子杨时，号龟山，宋哲宗元祐年间（1086年）举进士，后升龙图阁大学士。圣上赐衣绢白银不受，乞恩于闽省山无

税、地无租。御准永免,闽人至今,犹感其赐。杨时载道南归,讲学于滨海(泉州),开邹鲁之风,为闽南理学之鼻祖。故今泉州杨氏宗祠有对联书曰:"金畏四知东汉清风第一;雪深三尺,闽南学开先河。"

董姓入闽见诸《董氏家乘》及《泉州府志》者,唐末五代初有董章。章籍光州固始(今河南省),随王氏入闽,至董思安始落籍晋江,为董姓最早入闽之始祖。迄宋宝庆年间,因功特封太尉光禄大夫、银青上柱国董兴公起,代有显爵。自此一派相承,今日闽台董姓皆其后裔。

(三)泉州董杨二姓血统相关之传说

泉州董杨二姓之血缘关系,一向有二种说法,笔者在十余年前尝亲闻考古学家董作宾云:其一,始自董思安,传说谓当思安起兵赴建州勤王时,曾将其后裔附养杨家,后改杨姓。此说因无正式材料可资印证,姑置存疑。(笔者稽之《杨氏家谱》,知当时随王审知入闽者尚有杨明珠。杨与董思安同为光州固始县传庆乡人,而同事王审知,其交好之笃,可以想见。后董思安起兵勤王,将其子托孤于杨氏,亦属当然之事。故此说极有可能。)其二,系源自宋高宗时代(约在公元1157年间),距今八百余年,南宋朝议郎董世兴公,余杭人(今浙江省余杭县古称余杭郡,清为杭州府),仕于闽,与泉州杨梦龄公(宋高宗绍兴二十七年,1157年进士)友善。二人感情弥笃,有逾骨肉。后以子附养杨家,承杨姓。在我国,社会向以"不孝有三,无后为大"之观念下,而世兴公竟能以独子承继梦龄公杨姓一派,其舍己为人之义行,实不逊管鲍分金,羊左舍身,诚为泉州董杨联宗千古不朽之佳话。以上二说,证诸史实与情理,均属可信。惟为求信实起见,尚待作进一步之考证。

(四)历史文物之佐证

1.《明史》及《董氏家乘》所载:"上峰布政榜眼派,原董姓,祖籍余杭。因祖朝议郎仕于闽,与祖梦龄公情同骨肉之亲,以子附养杨家,承杨姓。传至七世祖贯斋公讳道会,登嘉靖甲子科举人,至隆庆戊辰科登进士,任布政。又万历丙子科,荆岩公讳道宾登举人,丙戌科及第榜眼,授东宫讲官、礼部左侍郎,赠礼部尚书。其男锡荫至刑部郎,题疏恳求恩准复董姓,奉神宗皇帝御批:'既承久代,不准复姓,钦赐董杨公,仍以杨姓传嗣。'"是以贯斋公(杨道会)、荆岩公(杨道宾)后世所设神主,题曰"董杨公",是亦不忘本之谓也。

2.《泉州府志·人物列传·元·循迹编》节《林登州集》载:"杨相孙,字敬在,其先本董姓,余杭人,至祖君选(董世兴子)为元从事郎、朝阳县尹。幼孤,从母鞠于杨,从杨姓,居泉,遂为晋江人。父伯渊为泉州蒙古字学正,相孙为泉直学,再补石井书院。能公出纳、斥贪鄙,以严正自持。升仙游教谕,复学田之侵牟者若干亩。摄县事,明邑民事争女、诬蔡甲弟殴嫂坠胎之妄。转长泰教谕,朔望讲淳乎身心之学;迁莆田学正,陈参政文龙死事,请旌于朝。留《后村文集》,俾传于世。及老,授建宁路。摄德化县,时邑有盗,躬造其巢,请降之。授漳州教授,属以老请退,不允,卒于官,年七十。相孙自童年已有文誉,及游邱蔡之门,尽去凡近,笃志理学,户

履常满。为文平实古雅,务以理胜,不事藻绘。天性孝谨,与人交久,无易初心。念祖(南宋朝议郎子君选)成立于杨而杨无后,愿加董以杨之上,俾二祀不绝。上自郡府于宪,每时祭祀必均焉。"

3. 重修泉州府旧馆杨氏宗祠记

泉州城内旧馆,于清光绪五年(1879年)重修旧馆杨氏宗祠记之碑文如下。

重修旧馆杨氏宗祠记

泉郡其先,南宋世兴公由余杭入闽,本姓董。至君选公,以杨姓入仕,遂为董杨氏。始建明天顺辛巳,慕闲公构成,三厅面拱照墙,大门路东西向。历年久,日就倾圮,派下裔孙炳荣追念其祖雨庵公,有志重兴。适捷南宫,旋殁于官,不果。道光庚戌,其伯父梅生公任司训,假归,复议举行,费浩再辍。炳荣思承先志,而派下力薄费难支,爰议同姓如愿袝主乐输捐资者听之。时则南乡□□□云详公喜倡先袝,而福、泉、漳、台各外房外支同姓亦踊跃义举,同附□□□作兴事。爰就旧祠,择吉重修,中改五厅,下向重筑五间,护厝一带购地扩之。始同治癸酉,迄光绪丁丑,凡五载竣。虽祖宗在天之灵默相其成,未始非派下炳荣之力云。

光绪五年屠维单阏季秋内阁侍读衔中书选用道曾坑杨浚谨识
赐进士出身,诰授奉直大夫,赏戴蓝翎翰林院编修、国史馆协修龚显曾谨书

4. 旧馆驿杨氏宗祠

二十年前(按:此指公元1936年)由福建金门、曾坑、永宁、沙堤、城区等处宗人联袂赴旧馆驿杨氏宗祠,睹祠内三堂神主,自宋迄清均书"董杨公"。辛亥以后则否,乃奉宋代始祖神主拂视之,书曰"南宋始祖朝议郎董杨公神主",其为四世祖书曰"仙游教谕相孙董杨公"。

本族杨人盛先生曾于十三年(按,指1949年)返国至泉州谒宗祠,亲见祠中悬有木刻明神宗皇帝御批:"历史既久,不准复姓,赐予董杨公,仍以杨氏传嗣。"可见,董杨公之称谓,又获大明皇帝钦赐。

综合以上由郡志、宗谱及宗祠勒石文字记载,是则董杨二姓源出于一派,当属事实无疑。再证诸史实,可谓源远流长,事迹昭彰。凡我二姓后裔,为发扬我列祖列宗所树忠孝节义之懿范,不分海内外,自更应互相奋发勉励,团结无间,光耀门庭,以慰祖先在天之灵,而辉国族之光。

(台湾　董渊源/撰文)

五、董童联宗渊源考

曾在一千七百多年前汉朝末叶的董、童二姓联宗关系,已经"唐山过台湾"确定了。

(一)成立董童宗亲会组织

台湾基隆市于1954年董、童姓加入联姓会,1957年正式登记成立董童宗亲会组织。董童姓宗亲会共祀"童灏将军",农历九月十三日为祭典日。童灏将军,即东汉董仲颖,为童姓之始祖。

（二）董、童联宗由来

1. 董仲颖后裔为避夷族之祸,董氏改童氏

据基隆市董、童宗亲会理事长童力先生表示:"吾族始祖即为后汉骠骑大将军董仲颖公也,缘为侍婢所害,惨遭灭门。后裔为避夷族之祸,乃弃'艹'易立,改董为童。距今已历1770余年,裔孙为敬祖尊宗,慎终追远,乃于祖庙正堂奉祀始祖董仲颖将军之塑像,以示不忘本。"

目前台北的板桥和基隆的万里一带,分支自董姓的童氏,为数不少。邻近板桥的土城,有一座"童氏祖庙",庙中香案上所供的始祖,便是汉末的董仲颖将军。

2. 残存《童氏族谱》发现二支董氏改童氏

台湾省台中县沙鹿镇竹林村,现时残存之《童氏族谱》所载:一世祖童颜胜,立籍于泉州同安,传二子,是为畴溪童氏之始祖。另据童氏族人传说,一谓其先世居浙江,后进闽连城;一谓其先世居漳州之廿五都蔗头社两平保佛仔溪头,至第八世祖童元生,约于嘉庆年间,始迁板桥;至第十世童攀怡,再迁万里乡。今基隆一带童氏,均其后裔。

3. 证实残存《童氏族谱》之一支董改童氏

由童氏证实:福建漳州廿五都蔗头社童氏迁台,是由董氏改童氏。

据基隆万里童氏家族的族老童涂伯先生表示,他们的渡台祖童元生,是于清仁宗的嘉庆年间(约两百年前),自福建漳州廿五都蔗头社的老家,来到板桥开基的。其后,童元生的孙子童攀怡再徙居万里,以迄于今。

基隆市童永出示的手抄谱牒载:"吾族本姓董,始祖汉董仲颖将军,九月十三日忌辰。当时因被侍婢所害,后裔不得使用婢女,以追忏先祖所害之覆辙者戒也。"

始祖汉董仲颖将军之后裔,因祸媾及年久源远,对流传嫡脉,无法详为稽考,其族谱谨谓:"本支族先世居漳州之廿五都蔗头社,至第八世祖童元生,于清仁宗嘉庆年间(1796年),始迁台湾板桥。至第十世童攀怡,再徙万里。"今基隆台北一带童氏,均其后裔。

入台童氏,沙鹿童氏,则谓其先世随郑延平来台。后于乾、嘉年间来台者尤众,先聚居沙鹿,嗣衍分南投县埔里镇、台北县板桥镇及基隆、嘉义等地。

台湾省童氏约计七百多户,台北、嘉义、台中三县各居一百数十户,基隆市分布近百户。其中台中县沙鹿镇竹林村,全村均为童氏,达七十余户。

（三）残存《童氏族谱》另一支董改童氏有待证实

1. 残存《童氏族谱》记载:"一谓其先世居浙江,后进闽连城。"

（1）连城童氏族谱称董仲颖为先二祖。

福建连城《雁门童氏族谱》记载童氏:"先一祖,董君雅,陕西临洮人,东汉后期由微官逐渐晋升为颍川纶氏(今河南登封)县尉。生三子,长子董擢,字孟高,早卒;次子董卓,字仲颖,东汉末郿侯、宰相、太师;三子董旻,字叔颖,东汉末鄠侯、左将军,领汉廷前将军事。先二祖,董擢,字孟高,早卒。董卓,字仲颖,东汉末郿侯、宰相、太师。董旻,字叔颖,东汉末鄠侯、左将军,领汉廷前将军事。"

（2）再一祖童十三郎为浙江嵊州童氏,其子万一郎入闽西汀州。

福建连城《雁门童氏族谱》记载童氏:"再一祖,童十三郎,两宋之际避金兵,从河南开封南

下,迁入浙江绍兴府嵊县避祸。始有浙江嵊州童氏一族,是为绍兴童氏始祖。再二祖,童万一郎,童十三郎之子,南宋建炎元年(1127 年),携四子迁入闽西汀州(今福建长汀)。"

(3)万一郎长曾孙由长汀迁连城。

福建连城《雁门童氏族谱》记载迁入连城童氏:"第一世,童得祥,童万一郎长曾孙,南宋宁宗赵扩开禧三年(公元 1207 年),由长汀县青泰里迁至连城县北郊下水竹洋村落居;童得庆,童万一郎次曾孙,随兄迁连城县,是为连城童姓始祖,史称客属童氏。"其后渐次分播至福建、广东、台湾、海南诸地,形成了一个庞大的童氏家族,人口已达数万。其特征是以皆雁门为郡望。

证实残存《童氏族谱》所载"一谓其先世居浙江,后进闽连城"。

2. 连城雁门童氏,稽往牒,则以为陶唐氏之裔。

清康熙丙午(1666 年)《连城县志》卷八《艺文志》中,大学士翁正春撰《童氏墓祠记》载:"连城雁门童氏,稽往牒,则以为陶唐氏之裔。"暗下伏笔,姓氏来源有待研究。

"陶唐氏之裔"与"雁门童氏"毫无关连可言,用意暗示在于陶唐氏的封地。帝尧姓伊祁,名放勋,号陶唐氏,尧是他的谥号。陶唐氏帝尧,立国称唐,在今河北唐县。以后迁徙数地,到达山东定陶县一带。另一支则转迁到今山西翼城县西二十里的唐城,一直延续到周初,才被周成王所并。

陶唐氏的封地与古老董姓的出自地相同。古老的董姓由来,有两种说法:其中一支起源很早,相传黄帝的己姓子孙中有个叫叔安的,被封于鬷(又作蓼,在今河南唐河县),称为鬷叔安。鬷叔安的儿子董父,为帝舜驯养龙,被舜赐姓为董,任为豢龙氏,封之于鬷川(今山东定陶县)。他的后代便以董为姓。董姓的另一支是在周朝时出现的,据西汉史游《急就篇》及宋人邓名世《古今姓氏书辩证》记载,春秋时,周大夫辛有的两个儿子到晋国,与籍氏一起主管晋之典籍。因其职责是"董督晋史",所以也称为董氏。这一时期晋国的都城在绛(今山西翼城东南),故此支董氏出自今山西翼城。可知"陶唐氏之裔"暗示是"董氏之裔"。

3. 董仲颖子嗣易姓。

董卓,字仲颖,有多个子嗣。按建安十三年(208 年)的王粲《英雄记》载:"卓侍妾怀抱中子皆封侯,弄以金紫。孙女名白,时尚未笄,封为渭阳君。"《后汉书》也载:"以弟旻为左将军,封鄠侯,兄子璜为侍中、中军校尉,皆典兵事。于是宗族内外,并居列位。其子孙虽在髫龀,男皆封侯,女为邑君。"不仅有子"怀抱中子皆封侯",而且他的孙女董白"封为渭阳君"。才有改姓隐居传后的二种说法。

(1)子嗣改姓隐居传后。按王粲《英雄记》载:"卓既死,当时日月清净,微风不起。旻、璜等及宗族老弱悉在郿,皆还,为其群下所斫射。"时有谣言曰:"千里草,何青青。十日卜,犹不生。"又作"董逃"之歌。但"董逃"何解?那"旻、璜等及宗族老弱悉在郿"被杀,如董白的父亲(董仲颖之子)的青壮年子嗣?

在董卓忠实部将军营中,李傕、郭汜等人起兵,才有抢董卓之尸,并收董氏族人尸体焚之为灰,合敛一棺,葬于郿地(今陕西宝鸡眉县)。子嗣改姓携棺而走。《后汉书》可证:"傕等葬董卓于郿,并收董氏所焚尸之灰,合敛一棺而葬之。葬日,大风雨,霆震卓墓,流水入藏,漂其棺木。"

(2)妾子改姓隐居传后。网络上有载:"童氏的来源之三:出于董姓,系汉董卓之后。董卓

当年被杀,其小妾貂蝉已有孕在身。因其身份特殊,左右逢源,在两兵相持中得以逃离。后生子改"董"(古董童通),去草头为"童"避之。今闽、台有后裔,且有家谱记之,当为确切史料。"我认为妾子可能,但不是貂蝉。因《英雄记》和《后汉书》未提及貂蝉,是文学小说《三国演义》作者罗贯中的文学塑造人物。

总之,董仲颖将军后裔为求改姓避害,实属常情。此与童氏谱谍所载相吻合。

（四）"董童"二氏原为一脉

童氏来源于董氏之一,出自东汉朝末期郿侯董卓(董仲颖),属于避难改姓为氏。但它又"源于同一古姓的联宗"。查《左传》昭公二十九年,《唐书》宰相世系表及凌迪知《万姓统谱》与郑樵《通志·姓纂》等史册之纪述,俱载黄帝裔孙飂叔安,有裔子曰董父,事舜有功,赐之姓曰"董"。"颛顼帝生老童,子孙以王父字为姓",或谓"颛帝曾孙陆终之子参胡姓董,周时为胡国,其后亦为董氏"。由史乘看,飂叔安系颛顼帝孙,而老童与陆终又是颛顼帝之子孙,则为董、童二氏之血统关系之始。

自颛顼之后,我们再看《吴越春秋》的一段史料记载"晋大夫董褐(注《国语》为童褐)",以此观之,春秋以前"董"亦可谓"童","童"亦可谓"董"。因两字读音有点相同,所以在两本史记上的记载为同一人而变成两个姓氏了。综上所据,固仅属为董仲颖将军之后裔一支族,实际上自颛顼之后"董童"二氏原为一脉。

按董童古通用,董篆作董,《说文句读》王熙曰,《汉书》董贤,字犹多作此,后汉董氏二洗款识亦然。至于董之为董,经典多作此,正字当作董。

自后汉迄今,已近两千年历史,"董童"二氏源远流长,宗支蕃衍。

纵观台湾基隆市董童宗亲会的成立和发展,从主流上来看,是有助于促进海峡两岸的文化交流,增强民族凝聚力。从姓氏上来看,有助于姓氏的进一步联宗,才有后来董杨童联宗。董、杨、童三姓绵延发展,为不忘姓氏传承历史,三姓于1994年由台湾杨氏传人组织成立了全球董杨童宗亲总会,约定全球三姓代表定期、不定期聚会,缅怀先人,共商发展。

六、"张董不分"之说

溯本求源,青龙满族正蓝旗董氏家族有三百多年历史,并有"张董不分"之说。张董姓氏因何不分,并无典籍可考。据悉,青龙少数民族除了张董不分外,还有"郭国不分","富付不分"、"徐铁不分"等。张董氏家族近代家谱记载由第八代世祖改为张姓。其先祖董宜道系辽宁铁岭董家铺人,随清世祖爱新觉罗福临(顺治)入关,为奠定大清基业立下了汗马功劳,朝廷恩赐跑马圈占。后辈子孙繁衍众多,徙居长城五口之外(青山口、河流口、徐流口、刘家口、桃林口),即今青龙满族自治县原三岔口乡的官场、南杖子、庄窠、梢枝峪、山城子、夹角石。娄子石乡的娄子石、绿马崖、其巨口,牛心坨乡的牛心坨、山啦嘎、老鸦窝、塌山、大岭,当障子乡的杨树底下、立兴店、草房、瓦房等处,均为满族张董姓后裔。因祖训不一,有的村仍然延续一辈子姓张,一辈子姓董。而有的村则一直姓张或姓董。不管姓张或姓董,其辈分脉络清晰。如祖宗董宜道始为第一世,其子世祯、世杰、世英为第二世,依次类推,三世、四世、五世、六世

……所以末门辈分较大,如牛心坨、老鸦窝等地辈分大。十世尚有人健在。而梢枝峪、山啦嘎、娄子石等处辈分较小,已延续到十八世。"文化大革命"前,官场村立有祖先祠堂,祠堂里供奉着先祖的塑像、血衣和大刀,供后人祭祀。"文化大革命"后已荡然无存。

七、李董彭联宗源流考

据上杭县李氏族谱《陇西堂史》记载,李董彭先祖同根于甘肃省陇西堂,李董彭三姓同出自黄帝嫡孙颛顼皇帝的后裔陆终公之嫡系。

现将李、董、彭三姓血缘同宗的历史渊源追溯如下。

(1)李姓:李氏出自颛顼皇帝的后裔陆终公长子樊公"昆吾"之嫡系。李氏家族源自一代英主李世民祖辈的发祥地陇西堂,李氏先祖仕魏有功,被皇帝封为"陇西公",故李氏为陇西望族。李的后裔系陇西源流,派衍分支,渊远流长。其后裔李火德、李伯瑶等分迁闽、粤、赣、台等各地,李氏后裔历代显贵,人才辈出,财丁昌盛,富贵绵长。唐末时期,李懿公七世孙李若翁,官居河南光州刺史。若翁之子李弘弼于唐乾符元年(874年)任寿州参将。唐光启元年(885年),李弘弼随闽王王审知入闽,李姓子孙遂迁居福建各地区。

(2)董姓:董氏之族出自颛顼皇帝的后裔陆终公次子惠连之嫡孙,名董父。董父才智过人,善能驯龙,获得舜帝的重用。因豢龙仕舜有功,被舜帝恩赐为"董姓",封为诸侯。因官有世功,官号"豢龙",后裔子孙世居陇西,成为陇西郡望。《姓氏考略》曰:"董氏望出陇西也",故董氏为陇西源流。后传至董仲舒,官封江都王相。至唐防御使董玠公入闽,董氏后裔播迁苏皖,江浙,闽赣与港、澳、台以及全国各地区,繁衍发展,日趋昌盛,兴旺发达。

(3)彭姓:彭氏出自颛顼皇帝的后裔陆终公第三子,名钱铿。因有功于朝廷,帝恩赐为"彭祖"。彭祖的曾孙因避王莽之乱,迁居陇西。因此,彭氏的后裔亦是陇西源流。

在人类跨进新世纪之期,有志之士考证宗史源流,追溯李、董、彭三姓同源一根的历史事实,并于1998年秋在长乐仙高村李氏宗祠召开"李董彭三姓宗亲联谊会",密切李、董、彭三姓之间的兄弟关系。这个举措,对促进李,董、彭宗亲之间的经济文化交流以及促进物质文明和精神文明的建设,对促进三姓之间的共同发展,具有深远的历史意义。

(摘自《长乐震龙董氏族谱》)

八、董薛联宗历史考略

1991年,文美薛氏曾三番五次派代表到震龙后董访祖认亲。因文美薛氏原谱遗失,查当时的"震龙宗谱",亦无记载。因此,薛姓认亲曾被拒绝。

因当时薛姓全村人访祖认亲的心情十分迫切,后文美薛姓代表经人引荐,直接向我房第二届理事反映,讲述薛家一世祖系震龙董万腾公的子孙,并提供原村址及古迹等证据。

现将历史渊源简述如下:

传说在明末时期,海盗由长乐阜山江上岸,路经薛家村(薛家村原址在下塘村对南),将薛姓全村人杀光、抢光、烧光。当时,全村幸存一个幼儿,死里逃生。此子见父母双亲惨死,全村

人惨遭血洗之灾,痛不欲生,冒死逃往后董外祖父万腾公家中。

地房始祖凰公,字汝彩,号万腾。时万腾公田园千顷,家资万贯,财丁兴旺,繁荣昌盛。且仗义疏财,积德行善,恩泽邻里,德惠贫民。家中孝子贤孙,四代同堂,事业亨通,万事皆兴。

万腾公即将此子收养家中。此子聪明伶俐,善解人意,礼貌待人,深得万腾公夫妇的百般疼爱,以及全家人的关心、爱护。此子因感激万腾公的养育之恩,深感"生之功劳莫算大,养之功劳大如山"的天理。因此,愿改姓为董,拜万腾公、万腾妈为祖公、祖妈。日子如梭,光阴似箭,此子在董家长大成人后,万腾公为其娶妻生子,并割给后董文美后海塘田以北大片田园,赠给钱财家产,命其返乡重建家园,传宗接代,发祥薛家香姻。

后来,薛家为报答万腾公的救命养育之恩,特刻碑留传后世,并教训薛氏后裔子孙世代尊称万腾公、万腾妈为祖公、祖妈。

当时,我房第二届理事根据薛家一世祖改姓为董,认同万腾公、万腾妈为祖公、祖妈的历史事实,曾数次向后董荣寿园第二届班子提议,提出正义主张,要求恢复董薛之间的族亲关系。后经多方取证落实,并经过数次据理辩论,才获得认可同意。

震龙董终于召开三十一人的族房代表扩大会议,正式承认董薛之间的族亲关系,并举办认亲酒席。自此以后,董、薛双方互有礼节往来。

董、薛联宗有利于密切双方的友好关系,对加强两村的精神文明建设、社会的安定团结,具有深远的意义。

(摘自《长乐震龙董氏族谱》)

第三节　首届董仲舒生平与董氏渊源研讨会资料

董孝忠是位抗美援朝老兵,对董氏历史有深入的研究,是个受人尊敬的董氏研究的专家。以下转摘董孝忠宗长在参加"首届董仲舒生平与董氏渊源"研讨会的撰文资料。

董氏宗族凡四千年历史,七百三十六万豢龙辛有后裔,自晋南古邑肇端,汾阴董国蕴育,到华夏大地群星灿烂……董氏家乘谱牒清晰记载着这一辉煌历程。但是,岁月沧桑,地荒天老,无情的天灾兵燹使家族脉络的断篇残简,难以复原历史。各房世系昭穆演绎失真,谱牒镜像映照错位……为还我董氏族裔真情实貌,还我董氏醇儒家风,使我董氏后代继发祖业光耀中华,怀着崇拜先祖的敬仰心情,撰写此篇"董仲舒族裔追溯补源"。本文引用资料尚存有许多待研讨之处,容后补苴罅漏,补偏救弊。

一、董族从河东走向世界

山西是中华民族的摇篮,纵览其四千多年的历史,可以清晰看到炎黄子孙的发生、发展进程。山西古称"晋",始于公元前 11 世纪,《史书·晋世家》记载:晋国是西周分封的姬姓诸侯国之一(周成王之弟"虞"的封国),建都于唐(翼城西)。史载,春秋时晋国曾五都五迁,最后落籍新田(侯马)。晋地(主要指晋南)草木茂密,气候温暖湿润,其自然环境是古老的华夏大地

任何一方难以比拟的。晋地不但是全国当时最富饶的宝地,而且是政治经济文化中心。当时晋之地,北不过介休,西可跨越黄河,东可达太行山以东。这个地区的郡国城邑有翼、沃、襄、稷、绛、夏、闻(喜)、万荣、运、临、蒲……这些郡国城邑,经济繁荣,人才辈出。这里的每一个角落都会为人们演绎一段段古老而深邃的历史故事和传说……董族就是在这个得天独厚的人文宝地发生发展,从这里走向祖国各地。

董仲舒先祖系晋赵重臣,世居晋之汾阴。其祖宗渊源可汇集如下:

1.(公元前 21 世纪)禹建立夏王朝,其子启继位后封世子于辛国(陕西合阳东南)。辛氏世代为史官,商末"三仁人"辛甲(辛尹、辛公甲),曾事纣王。谏言七十五,纣不听。闻周文王昌贤,乃归之。文王任为公卿,封于长子(山西上党)。成为周朝开国太史。其后裔辛鈃(计然)字文子,越国重臣,范蠡之师,曾协助越王勾践复国,打败吴国。辛甲裔孙辛有继任周朝太史,周平王东迁时在位。他派遣儿子辛董去晋国任首届太史,辛董到位后易辛为董,从此以后,晋之董正式列入史书[公元前 527 年周景王对晋国副史籍谈说:"叔氏你忘记了?叔氏先祖唐叔(虞),是成王的同母弟弟。他难道没有封赏吗?……以前你的高祖孙伯黡掌管晋国的典籍,参与国家大政,所以称为籍氏。直到辛有的二儿子董到了晋国,于是才有了姓董的史官。你是司典后代,为啥忘了这些呢?"见《左传·鲁昭公十五年》周景王诘晋不献彝鼎]。公元前 651 年,辛有六世裔孙董狐(史书偶称辛狐史狐)在翼城良狐村诞生。董狐在世七十六年,在太史位凡五十年,于公元前 575 年逝世。董狐就职时,官邸在新田,他的后裔分居于董氏两个封国和两个封村(秦代前,河东有两个董氏封国,一个是历史久远的董泽湖地区,名董泊)。它位于闻喜县方东镇与礼元乡之间的广阔湖泊地带,是董父豢养汾河鳄之地。《左传·昭公二十九年》魏献子问于蔡墨……对曰:昔有飂叔安,有裔子曰董父。实甚好龙……帝赐之姓曰董……是豢龙氏的家乡与根据地。《地理志》记载:董泽湖南有苍底村,存有董父庙遗址;湖西有营里村,原名豢龙村……这个封国周边有多大?有多少董氏后裔?实乃探讨研究的新课题。董氏另一个封国在汾阴(万荣)。《左传》说:晋襄公七年,晋搜于夷。因太傅阳处父干预而改于董。夷与董皆为河东地名,搜为军事演习,是赵宣子政变的一个前奏曲……文中提到的董,就是董封国,现在的荣河镇一带。万荣是董族族裔发源地,直到现在,万荣、临猗、运城、夏县、闻喜、曲沃……仍然生息着数以十万计的董族后裔。其中有许多族裔是经过几代人的努力,跋山涉水,千难万险重返万荣的。这里的深厚文化底蕴,培养董族子孙后代德隆望尊……董族采邑十分广泛。从陇西郡到河西河东,从燕之涿州到河间石邑,从古黄陵翟地到古辛国郃阳……古老的封邑均发生在与春秋战国时代的晋赵(国)相对应的历史背景下,印证着董氏一族忠于晋赵社稷的世袭传统……

2.董狐长子董明从父亲就职地新田(侯马)迁居汾阴。后受越国诚邀,赴越国任职,迁徙歙州、铜陵。董明生二子,长子董宜,次子董像。董像受嘱回迁函谷关,为弘农国史官。三世董像生董捷董持,董持受命徙洛阳履职。董狐六世孙董良徙越地清溪(现淳安)任史官,董良次子董京生七世董费徙圃山(镇江)。约公元前 275 年,董狐十世孙董圣生三子:董宁、董康、董泰。他们分别分徙长安、关中、开封履职为官……董狐次子谱系断代失传严重,从断谱残系中可理出如下概要:董狐五世孙董安于,又名阏于。为赵简子鞅家臣,管理晋阳宫。公元前 517 年任石邑(石家庄)郡守,公元前 497 年任赵国太史。晋定公十五年筑太原城。董安于之子董景仲为赵简子无恤臣,于公元前 457 年迁邯郸……

公元前 229 年,秦国兵分两路,开始了灭赵战争。赵幽缪王自毁长城,次年八月王翦攻陷邯郸,俘获赵王。公元前 222 年,秦军王贲进军代城,代王嘉降秦,赵国灭亡。无论是秦始皇还是刘邦,他们在取得政权之后,为了巩固已取得的胜利成果,毫无例外地颁发了一系列诏令。其中包括对旧贵族勋臣官僚的赏赐恩抚政策,并对旧六国强族豪杰多次进行迁徙。骄横者集中于关中管制,贤良者敕封郡国发展经济、稳定局势。

董氏一族被秦汉两代朝廷誉为"族富贵显,忠贞贤良,堪为绅士官吏"。董狐次子十世孙董昭,十一世孙董欣奉遣王翦(儿子王贲)灭赵,遣耕于阳城。后又履职宦游至广川。狐十二世孙董士通生董顺(仁),董顺生董仲舒。斯时广川聚集了董氏家族四代人口,仲舒为董狐十四世孙。

3. 董狐十代孙董圣三子(康泰宁)分徙长安关中开封时间,约在董狐后 250～300 年(25～30 年/代)。相当于前 575 年以后 300 年,即前 275 年。稍后些时候,有两个董狐后裔名人"董翳""董渫"。董翳原为秦将,降楚后被霸王项羽封为翟王(古黄陵县秦汉时为翟道县),都城在高奴(延安延河县)。董翳曾参与"三秦分割"、"楚汉战争",最后归降刘邦为将。其子孙后代除留居延河部分族裔外,全部迁徙陇西郡。与"辛有董氏"留居陇西者汇合,成为董氏望郡与繁衍基地。董翳卒于任上,其陵墓在今陕西省韩城市。"成敬侯董渫,初起以舍人,从击秦。为都尉入汉,定三秦出关,以将军定诸侯,比厌次侯。六年正月丙午封,七年薨。孝惠元年廪侯赤嗣,四十四年有罪,免。孝景中元五年,赤复封。八年薨。建元四年共侯罢军嗣,五年薨。元光三年侯朝嗣,元狩三年为济南太守,与成阳王女通。耐为鬼薪。元康四年,渫玄孙平陵公乘诩复家。"这是《史记·高祖功臣侯年表》中的记载。董渫,山东单县人,跟随吕雉兄弟吕泽参与楚汉战争。董渫先祖为董狐十世孙董儒,分徙到开封的子孙董泰的后裔。其中董赤曾为内史,掌管京畿地区军政大权。为前将军,军中高级将领,位仅次于大将军车骑将军,董渫封邑在其家乡泰山郡。西汉还有一个高昌侯董忠,据汉《建元以来诸侯年表》记载:"董忠,父故颍川阳翟人。以习书诣长安,忠有才力,能射骑,用短兵。给事期门。"《汉书·功臣表》记载:"高昌侯董忠,以期门受张章言霍禹谋反,告左曹杨恽。侯,再坐法,削户千一百,定七十九户。始封,地节四年,十九年薨。元初二年,炀侯董宏嗣。建平元年,坐佞邪免。二年,复封故国。三年薨。孙,元寿元年,侯武嗣。二年,坐父宏前佞邪免。曾孙,建武二年,侯永绍封。"这位董永先祖,宣帝时期的高昌侯董忠,乃董狐十世孙董圣的后裔(董圣也是董仲舒五世祖)。公元前 275 年祖系分流,董忠先祖迁徙至颍川阳翟(登封,禹州一带),董仲舒先祖迁徙至广川。他们的祖籍均为晋之河东地。(董仲舒后裔也有一个董忠,即西汉末大司马董忠,后叙。)

二、董仲舒后裔溯源

董仲舒先祖肇始,以东周辛有最为客观真实,以董狐昭穆计代最为可靠。然其后裔又多以汉世仲舒辈分为准绳,进行推衍。

公元前 199 年,董仲舒(按北京周桂钿氏文献)生于古广川,成长于广川。晚年徙长安,逝世后葬于咸阳茂陵策村。汉武帝死后,董仲舒后裔按汉代"建陵置邑移民"规定,抽部分族人随当地名望大户等六万户同徙茂陵。后裔立"三策堂"、"策村"等名号。董族忠于汉武帝,被

安置茂陵最近点拓建村址,与刘氏皇族合村,名"策村"。据史料及相关家谱记载:"仲舒死后,家徙于茂陵,其子孙皆为儒学至大官……"仲舒生前秩比 2500 石(含随汉武帝泰山封禅时秩比增 500 石),封地 2000 亩以上。子孙封官加爵不断,如武帝封禅时下诏"仲舒子孙官加一等"。(元封元年春,武帝封禅泰山。经丞相刘屈氂力奏,董仲舒古稀之年被任封禅使议事,随驾御舆左右……董仲舒伴驾有功,秩增五百石,子孙官加一等。)

董仲舒徙茂陵前官寓在古长安城东阁老门外一里之仲舒村(董家村)。在汉代,对致仕的卿大夫和国家重臣,掌管教化的官员通称"国老",也称"阁老"。阁老们均居住在距皇城未央宫最近的阁老门附近,便于皇帝随时咨询。仲舒病逝后,后裔全部迁徙至茂陵,从此董家村已经没有董姓居民(董家村已于 2003 年全部拆迁,现在为西安经济开发区)。

董仲舒,行二,字宽夫(胡母生语),共生育八子一女。据史料记载,仲舒女名曰董倩盼,被武帝誉为天下第一才女。董倩盼是当时女文学家卓文君得意门徒,与汉武帝公主乌梨雅并称汉宫双飞燕……董仲舒八子均在不同时期回徙河东、陇西,拜谒董祖肇端之邑。之后,"东飞伯劳西飞燕"再别故土,翱翔黄河上下,大江南北……

董仲舒长子董□据谱书《董氏统宗分迁派志》记载:"…与父仲舒迁徙河间,成为河间派之始祖。"说到河间,不能不提及汉代献王刘德,河间王刘德是汉景帝第二子,与废太子刘荣同为栗姬所生。刘德是汉武帝刘彻的哥哥(同父异母),公元前 155 年三月受封河间王,建都乐城(献县东北)。刘德是一位名垂青史的学者,他"修学好古,实事求是",雅好儒学,精通典籍,将对先秦故秘籍鉴别真伪后献给朝廷。又在自己王府设立《毛诗》、《左传》博士,当时名儒学者都喜欢与他交流。他对汉代古文经学繁荣起了重要作用,对中国文献保存和儒学发展作出贡献。他在位 26 年,共传位八代,直到王莽篡汉后才被贬为庶民。刘德为了邀仲舒来河间讲学,曾数次亲自去广川,浩浩荡荡的迎宾队伍,旌翻旗摇,烟尘滚滚,成为当地一桩盛事。每次讲学都历经月余,刘德钦羡得五体投地。在河间,仲舒又与《诗经》大师毛苌相识,探讨经文……后来,刘德为诚邀仲舒,在其故里广川和河间建立讲学堂。这就铸就了仲舒迁徙河间的时代背景,在仲舒成为博士(600 石)时代,他的长子董□也随从父亲迁徙至河间……由于刘德的崇儒遗风,河间曾出过四个皇帝,董□后人曾与刘氏,以及后来的高氏、陈氏,频频合婚结亲,成为皇祖成员,融入皇室血统。例如,东汉的孝仁太后,史书说,解犊亭侯刘淑,东汉顺帝阳嘉年间(132—135)以刘开庶子受封后,以孙贵被追尊为孝元皇帝。刘淑死后传位给儿子刘苌,刘苌传位给儿子刘宏,刘宏被拥立为皇帝,继承帝统,即汉灵帝。刘苌之妻就是历史上有名的孝仁皇后,她曾将其胞兄董宠引进皇宫承担要职,拜执金吾。董宠侄董重(卫尉,条侯)及其叔兄弟董跻等在宫廷掌握重兵,官至羽林中郎将假司马(摄事官)。这一支董氏以皇后董兰为代表,名列董族峰巅。虽然,他们在宫廷斗争中败北,散落各方,但这一支的后裔定会出现许多名人志士。

董仲舒二子董符起,祸起萧墙。董符起被父亲误认为不孝而逐出家门,投靠其父挚友王善有处(亦属于董氏庄园)。《枣强县志》说,王善有其人,仲舒挚友,孤独一人。生平无文字记载。董符起伺候老人一生,嗣后符起在王寿村生活了一辈子。现在的王寿村居住着二支董符起从河东迁徙回来的后代,根据家谱昭穆辈序规律"若干年代可重复使用先辈名次",从王寿村迁徙到山东高青县的董符起后裔,已经将符字辈重新记谱命名。据家谱记载"符"为十九世,距始迁祖已有 600 余年,他们的堂号是"广升堂",即广川升华之意。由清朝道光年间济南

府赐名,蒲台县令亲授,王寿村由河东迁徙回来的始迁祖董志先,生育八子。现分布在冀鲁(北)一线。鲁北之族裔沿胶济铁路两侧约有十万人之众。

董仲舒三子董简,董简生光国、光宗二子。光国生董英,其孙为东汉名人董宣,他搏击豪强,清廉耿直,被光武帝刘秀誉为"强项令"。(时为洛阳令,迁徙洛阳。董宣原为北海县令,被青州太守错判死刑……光武帝擢董宣为江夏太守,又调洛阳令。)史书有《董宣传》,本文不赘。董宣曾孙董承(仲舒九世孙),汉灵帝母董太后侄、献帝舅,车骑将军。董承又是献帝刘协的表叔,把女儿嫁给了刘协做了贵人,被后人誉为"继董卓最后遗志的人"。后因"倒曹计划"泄露,被曹操所杀。前已述及,董太后是河间人,她哥哥叫董宠,从家谱排辈上可以明显看出,"宠"字系于宝字盖头诸多同龄人,如董密、董宣、董宜、董实、董容等相对应。因此,可肯定地讲董宣与董宠是同一家族中不同分支的董仲舒后裔,董宣后裔连续数代为朝廷命官……光国十一世孙董奉(字君异)迁徙建康吴宁,原本为福州长乐人。他是三国时期名医,有神医之称,又称董仙。乐行善事,为人治病不取酬,但要求重病者栽杏五株,轻者一株。数年后得十万余株,郁然成林,每年货杏得谷,遂以之救贫病(有董奉传可参阅)。

董仲舒四子董彰,生二子。长子董恭生六子,长子儼然曾孙董元祯生董君雅(县尉)。君雅自陇西履职于颍川,生三子,长子董擢(伯颖)早年夭折,次子董卓(仲颖)东汉末国师,一代枭雄,历史对其褒贬不一。董卓只生二女,其弟董旻(叔颖)为左将军、鄠侯,子董璜。关于董卓,台湾基隆市有一个董童宗亲会组织,据他们介绍:吾族始祖即后汉骠骑大将军董仲颖公也。缘为侍婢所害,惨遭灭门。后裔为避夷族之祸,乃弃草易立,改董为童。裔孙为敬祖尊宗,慎终追远,乃于祖庙正堂举祀始祖董仲颖将军之塑像,以示不忘本也。目前,台北的板桥和基隆的万里一带,分支自董姓的童氏为数不少,临近板桥的土城,有一座童氏祖庙,庙中香案上所供的始祖,便是汉末的董仲颖将军……董彰八世孙董昭,字公仁,兖州济阴定陶人,官至司徒,乐平侯,谥曰定侯。献帝时代拜为议事郎。昭建议曹操迁献帝于许昌,为曹之谋士。陈寿评曰:董昭才策谋略,世之奇士,虽清治德业殊于荀攸,而策划所料是其伦也。他于192—232年任职。善养生,81岁卒,侯位由其子董胄继嗣……董彰次子董谦,其五世孙董壶生三子,延庆、延年、延寿(下略)。

董仲舒五子董苕,谱载:苕少聪颖,及长不仕,家居,亦有文学行于世。说明仲舒之五子一直居住在故里广川,到仲舒五世孙裕纶、裕和(次子)时始外迁。谱载:苕子董静坦生董育,董育生裕纶、裕和,裕纶宦游句章,遂家焉。裕纶作官或求官去了余姚慈溪,裕纶子董黯(仲舒六世孙)字叔达,事母极孝,比邻王寄之母以黯能孝讽寄,寄忌之,出辱其母。黯恨之,后母死,斩寄首以寄母自陈于官。事闻于上,汉和帝召释其罪,且旌异行。召拜郎中,不就,遂家居以终老焉。这是家谱上的记载。黯寿终后,汉永和三年(91年),汉和帝敕封董黯为孝子,并立祠祀之,旌其孝行。明洪武四年(1371年)明太祖朱元璋敕封董黯为"孝子之神",令有司立祠祀之……至三国时期,董黯曾孙(仲舒九世孙)董简、董节宦游襄阳。仲舒十二世孙董恒迁徙会稽(绍兴),其子十三世孙董佑迁徙番禺。十四世孙董和谱书记载:纯长子字幼宰,为汉中郎将,清介自守,廉洁不污,家无儋石之储,节蹈羔羊之素。据相关资料:董和本巴郡江州人,汉末率族东迁南郡枝江,曾任成都令、国都尉。后任益州太守。刘备命他为中郎将,与军师诸葛亮并署左将军大司马府事,深得诸葛亮赞许。董和为官二十年,死后家中无任何财产,诸葛亮教导下属学习董和的聪明才智和殷勤忠国精神。董和之子董允,字休昭,太子舍人。后任黄

门侍郎……诸葛亮在《出师表》中推荐董允……董允对上匡正刘禅,对下斥责黄皓,使两人不敢胡作非为。董允多次推辞了他应得到的爵位,封地和高官……被誉为诸葛亮的接班人……董允同宗董恢,字休旭,宣信中郎,巴郡太守。出使东吴,能巧妙回答孙权提出的难题,显示其见识卓越,深受诸葛亮信赖……董仲舒五子后人中还有一位奇人,仲舒41世孙全祯,谱书上说:唐天祐中为御史兼八寨将首,一日贼自浙东来,全祯兵寡不能战,乃自断其首。已而雷电晦冥,如有戈中甚盛,贼大惊。邑人以庙祀之,现在德兴华表存焉……董仲舒第四十八世孙董键迁徙槁城,董键子迁徙冀北。至仲舒五十七世孙董俊,谱书记载:董珂之子董俊,少力田,长涉书史,善骑射,金末归元,以功累官左副元帅。大小百战,无不克捷。后围困金主于归德,力战而死……董俊共生九子,文炳、蔚、用、直、毅、振、进、忠、义。其中文炳、文蔚、文用、文直、文忠史书有传。董俊九子后代足迹覆盖华北平原乃至全国各地,成为董族最大一支。董文忠长子董士珍累官太师太傅,卒谥清献。次子士良官至开州尹,遂家焉。三子士恭,累官御史中丞。董士珍谱系完整,居住在今江苏睢宁铜山之后裔已繁衍80余代,辈分清晰,昭穆分明。据修谱人后裔董守道讲,这一带董氏后人有十五万之众。果不其然,笔者乘车行走将近一小时路程,所过村庄董氏后裔比比皆是。更有甚者,向东延伸至赣榆,可与董雄后代相接,向东北山东与董文用族裔相接,向南可到宿迁与董俊其他族裔相接。

董仲舒六子董藻,谱书记载:藻,仲舒六子,有才智,膂力过人,为陈留郡守,遂家焉。说明董藻任陈留郡守时全家迁徙至开封,陈留这个地方不仅古老,也是一个历史要地。献帝老家就是陈留王府。董氏后裔在陈留有很多名人,如董宣、董祀等。当然,他们不一定就是董藻的后代,但是血缘关系的连续是不容置疑的。另外,开封是董狐十代孙董泰的封地。宋代,这里是首都,董氏做官的就更多了。这就构成了氏系代系错综复杂的局面。要想搞清他们的脉络,是着实需要下一番大工夫的。

董仲舒七子董禹。董禹生二子,长子董胜,次子董滕。董胜生董勖,为仲舒四世孙。董勖生四子驷、骀、骥、驿。三子董骥履职徙高邮,四子董驿履职徙尚陵。长子董驷生董敬,次子董骀生董敏,为仲舒六世孙。仲舒七世孙董陵生董忠,此董忠乃西汉末王莽时期的大司马。据《资治通鉴》记载,王莽时期,因大司马严尤拒抗匈奴被免职。擢降符伯董忠为大司马。后来,董忠协同王涉,刘歆欲劫王莽恢复汉帝。事发被王莽处死,用醯醢毒药白刃丛棘掺拌埋之,随之王莽下令搜捕忠族……虽然紧跟着王莽就倒台被杀,但是董忠族后裔还是纷纷奔走他乡……这里有一个奇妙的偶合:山西晋城市在20世纪末发现了一个全国独一无二的蝎形村——南市镇冶底村,此村为单一董姓家族聚居村。据古石碑记载,冶底村的董氏祖先是西汉旧臣,在西汉末年王莽篡汉时大杀功臣,董族为名相仲舒之后裔,难以逃脱被杀戮之劫。为了保护宗嗣,逃亡避难于此生息繁衍……西汉末年的王莽时代,最为惊人的国事之一就是大司马董忠被杀事件。如果事实不讹,我们可以明确提出,冶底村的董氏后裔是董仲舒的四子后代。如果从董忠为仲舒八代孙查起,可顺利的进行派衍昭穆排序。(当然,这只是一个推测。)又据家谱记载:元大德三年春月,时任御史中丞的董士选(仲舒后裔,元朝元帅董俊长子文柄的儿子),从平江北归,与隐居在富春的董宗本后裔避近,并为其家谱写谱序曰:"本系先广川人,始居太原(晋南之平阳府)。始祖大司马董忠,亦自建康。而本支董元为大司马董忠九世侄孙……"又,董宗本乃仲舒裔孙,其先祖从河东徙山东,后复返徙河东。后来又分支徙山东和真定涿州。历经东汉至五代漫长岁月。宗本为五代时隋州刺史(曾收容宋太祖赵匡胤

有功,宋代董氏为官者比比皆是,被认为是宋朝皇室对董族的感恩回报),夫人高氏,北齐皇帝后裔,大将军高怀德之妹(怀德夫人乃宋太祖之妹——燕长公主)。宗本第三子董遵海,参与潞州泽州战役,并镇守泽州、环州,授都尉侯,多次回归故里河东……下面试将董元谱系剖析:董仲舒八世孙董忠(长安—23年)—董忠十九世侄孙董元(金华—627年),董元五世孙董文亮(归田—802年)—七世孙董立相(继尚书—806年)—九世孙董荣(萧邑—887年)—五世孙董宗本(隋州—951年)—董宗本儿董遵海—遵海五世孙董千四(浦阳—1200年)—戳猷(富阳—1300年)……(此片断谱系非正式文本,仅供参考)。

三国时期,董仲舒十三世孙董勇任武将,徙驻瓜州(甘肃安西),二十世董立履职徙荆州……南北朝时期三十一世孙董信道之玄孙迁徙至蔡州。隋唐之交,仲舒三十五世孙董九思回归河东虞乡定居。嗣后,仲舒三十七世孙董仁琬从京城徙河中,唐中期出董晋(仲舒四十一世孙)。《唐书》有《董晋传》,请参阅,恕不赘。晋之后裔迁徙地大致有以下几地:河中、德兴、婺源、宜黄、乐安、富阳、泾县、池州、卢陵、晋江等地。隋以后,董宗本五个儿子分徙如下:遵训徙富阳,遵谦徙临安,遵海徙河东与环州,部分族裔返徙福州。遵谋徙天水,遵谟徙安吉……此支董氏后裔董训七世孙出宋朝宰相董槐(《宋史》有《董槐传》,不赘)。

董仲舒八子董安。《元和姓纂》有记载:董仲舒少子董安,其裔孙繇(子)昭,昭七代孙德林(北齐匡城令及居匡城)。匡城是河南的长垣县,时属魏国。查年表,北齐相当于550—577年。董德林曾孙叫董宝亮,任安西都护、陇州刺史,天水公,戎州刺史(戎州治在四川南溪县西)。宝亮生二子,元质、元珍。元质任右监门将军,生五子,憬、忱、慎、恆、恽。董憬任军器监,生三子,珣、琬、瑜。次子董琬度支郎中,晋陵太守,江南东道采访使(晋陵在江苏武进地区)。元质,三子,任右常侍。

三、广川—陇西迁徙录

迁徙和回归不仅仅是一种承诺,它反映着后人对祖先的崇拜。我董氏先祖董仲舒说:"天地人,万物之本也。天生之,地养之,人成之。天生之以孝悌,地养之以衣食,人成之以礼乐。三者相为手足,全以成体,不可一点也。"(《春秋繁露·立元神》)更进一步阐明了古代人对"天地人"敬仰之情。

对先祖的顶礼膜拜,是中国宗法社会表现出来的一个显著社会心态,意在光宗耀祖,扬名显亲。当然也反映着人们对祖先传统的发扬,增强向心力和凝聚力。孔子说慎终追远,明德归厚,就是这个意思。

查阅诸多史料,获悉我董氏族裔似乎毫无例外地在不同历史时期回归河东、陇西。这种归根认祖的行为,一直延续到近代。随着时光的流逝,时代的变迁,人类思维方式的进步,归根意识也逐渐淡薄,以至消失。今天的陇西由于自然环境的变迁,那里我董氏族裔已经很少了。纵览陇西、临洮、临夏、定西、天水一带,我董氏人口也不过万人。可是在古代的陇西,到处都聚集着一批又一批迁徙来这里的"董家人"。

回顾历史长河,在2000多年中,我祖先是如何回归故里的? 怀着对先祖的敬仰之情,我们踏上了寻觅"广川—陇西"的迁徙之路……经过几度周折,在太行山东麓,在晋之川道,在古丝绸之路的秦驰(直)道,我们清晰地窥视到先祖们的足履行踪。古广川和从古广川扩散到河

间、冀北、正定等地的董氏望郡,距离河东千余里。其间又有太行山横亘于黄土高原之始,先祖们必需沿着太行山八陉口的井陉—娘子关进入太原,或者沿滏口陉西去长平。因为这两个陉口都设有古驿道,井陉还是秦直道的一部分。进入河东,迁徙者们首先要进行广泛而深入的族裔交流,继而要瞻仰峨眉塬上古老的董国遗址。拜谒后土祠、董永墓、董狐新田故居……流连忘返于这片自己先祖繁衍生息的福地。初春,数百人的西行队伍来到吴王渡口,这里是黄河南行最窄的渡口之一,是魏国大本营与河西领地军事要道。羊皮筏子一趟又一趟地将人们渡过浑浊激荡着的黄河,进入郃阳洽川地区。经过宽广的十里芦荡沼泽,登上了董氏先祖辛有氏的封国辛塬。公元前 21 世纪夏启封支子于辛建立辛国,后周文王曾娶洽川女太一为妃,生周武王。相传,禹母尚汤妃和周文王母是辛国人,人们称四圣母……在辛塬,董氏迁徙者一行祭拜了辛氏先祖与宗亲。之后,沿着汉武帝祭祀后土的秦汉驰道西去长安,长长的行列日行宵宿,到达朝思暮想的长安城阁老门外的董氏官邸——董家村。这里,为迎接族裔西迁曾一度留有一部分熟知人文地理的同宗,指导礼乐,晓示路线,联谊亲友,咨询谱牒,补发川资。这些族人大部分是当地府衙致仕家族,具有一定的人文地理知识。小憩后,又沿着秦直道直奔茂陵皇族村—刘家庄(策村)。策村位于茂陵边缘,整个村庄被高大的围墙护卫,南门有石碑,上书"三策九计"。村里建有宏伟的董氏宗祠,世代供奉先祖董仲舒仙位,悬挂着巨大的董氏族谱牌位。策村东南半里有董仲舒墓(首位墓),沿着董子墓一字摆开有卫青墓,霍去病墓,霍光及金日磾等墓……先祖仲舒墓列诸侯之首,乃汉武帝的有意选择。董仲舒的"三策"方略对大汉王朝的振兴具有奠基定鼎之功。西行迁徙者的到来,使寂静的策村一下子沸腾了,来自策村、时下村、渭店村、段村、索村等仲舒后裔近万人,站在秦直道两旁,热烈迎接来自先祖故土的亲人,成为当时家喻户晓的百年盛事。迁徙者将在这里寄住到来年开春,嗣后再汇总策村等数村拟参与西行陇西的族人,共同踏上祀祖归宗之路。滞留在策村的广川族裔们,在策村族长们的带领下拜祀董氏宗祠,祭奠先祖董子墓,到周边董氏村落访贤阅谱。翌年春,已经扩大了的迁徙队伍在庄严隆重的礼乐声中,在欢快热烈的鞭炮声中,踏上了村前直通甘泉宫的直道,然后转向西北永寿,走上了丝绸之路第一站。由于秦驰道修筑在子午岭之巅,迁徙人群必须沿子午岭侧翼转上董志塬,再辗转良塬下平凉走甘谷。在这里,队伍分徙成两路,一路北上狄道(陇西),一支则南下临洮(岷县),完成他们第一次具有历史意义的迁徙活动。在以后漫长岁月里,所有董氏后裔忠诚于这段古邑驰道,缕缕行行地走在太行山—峨眉岭—辛塬—子午岭—董志塬—陇西,年复一年忠贞不渝地走了几千年。由于种种原因,在迁徙中有的族裔曾将自己的子孙后代撒在了这片世界上最大的黄土高原,生根开花结果成为那里一颗颗种子。今天当我们抚摸着这具有生命气息的古邑驰道时,怎能不感慨万千,怀念先祖们的丰功伟绩,和他们那种执着于祖宗承诺的自觉行为。

四、从长安蓝田到河东汾阴

陕西蓝田是董仲舒后裔聚居地之一。这一支后裔以古长安城阁老门外一里地的董家村(此村为西汉时期董仲舒官寓,仲舒死后家徙茂陵,从此董家村已无董姓族裔)为中心,分布于蓝田、茂陵,及其附近的诸多县邑。现在,西安古长安城址之董家村已经拆迁消失。茂陵周边尚有策村、留位村、陈杆村、时下村、段村、索村等。蓝田有董家岩、董家沟等仲舒后裔聚集点,

并遗存许多古迹传说。著名的三国时期女学者蔡文姬的坟墓就在蓝田。这是因为蓝田是其第三个丈夫董祀的故乡,受曹操之嘱落籍于斯。(董祀乃蓝田仲舒之后裔,非陈留人也。)受宗法伦理观念的影响,蓝田仲舒后裔也与其他族裔一样,留恋自己先祖肇端福址,他们曾在不同时代不同时期,分出部分本支系后裔回归河东老家。今日万荣皇甫乡的小淮村董氏家乘就记载着"蓝田回徙"的相关史实。与这一支系相关的族裔还分布在曲沃、闻喜及万荣其他几个乡镇。从蓝田和河东迁徙到外地的董仲舒后裔还有一支涉外世系者。朝鲜与韩国董氏族裔曾成立董仲舒族裔会,他们提供的有关资料如下:董仲舒五十一代孙董承宣,在韩国恭悠王五十七年(相当于明英宗二年,1438 年)以接慰使来高丽。后未返国,归化高丽,成为广川董氏始祖。另承宣之弟董印宣的曾孙董越,于明孝宗元年(1488 年)以皇帝登基诏使来韩。返国后,将其遍历韩国名胜古迹见闻载于《朝鲜赋》中刊行。其七世孙董一元,于丁酉两乱时,曾以提督参战,立下战功,凯旋而归。同时参战之二子大顺、昌顺归化定居朝鲜。其后子孙称董印宣为一世祖,以广川为本贯,形成朝鲜广川董氏。

我们的先祖在人类历史进程中所认识的人类发展史并不比现代人落后,他们深深知道自己是从那里来的。他们深明上古史的一般进程,深知董族的先祖在何方,深谙陇西河东,辛周禹姒姬的相互关系。因之他们毫不犹豫地在其子孙繁衍中自觉地履行着一种他们共同尊诺的行为—回归并保护着这种深邃的意念。当然认祖归宗除了先祖遗嘱外,尚有当时人们思维中的正统观念和孝忠祖源的传统理念。认为董族晋陇乃人文始祖开天辟地之吉祥圣地,是祖宗渊源所在。他们还认为,人间的源泉在西方,在炎黄崛起的地方。董族在五行中属火,应该在江河源头,海滨湖畔。

五、现代董氏族裔分布概说

海外董氏一族源于祖国大陆,但外徙口岸只有福建和广东两地。据台湾史载:台湾同胞祖根在 500 年前的福建,在 1000 年前的固始。福建曾有过四次人口大交流(西汉一次,西晋一次,唐朝两次),其中最为突出的是唐末黄巢起义时的王审知兄弟的势力东迁。他们经皖浙,最后在福建建立闽国。王审知称王,成为五代十国之一,统治(活动)闽地 50 余年。王审知从河南固始入闽时,曾带 27 姓大族从军随行,嗣后均落籍闽地成为开山祖。董姓始祖是王审知的母亲董氏,及其族裔董章一族军旅。董母深明大义,亲自指挥和支持自己三个儿子参与战事,甚至引起义军领袖王绪嫉恨,要杀掉这位巾帼英雄。后来王绪被部下杀死,王氏兄弟自立为王……董母逝世后葬于福建三明莲花峰,被朝廷授予"累赠鲁国内明夫人"。董章之子董思安,任晋江和漳州刺使,其家族随之壮大。进入宋代,有董思安后裔入金祖彭台落籍,据考证,董思安一族源于山东琅玡,是董仲舒后裔。王审知曾祖父任职固始县令时,董氏跟随迁徙至固始落籍。

又据福建"董杨研究会"资料,福建原有董氏族裔十支,现在有八支。大支为董思安后裔和董遵海后裔,其他如董应举、董玠、董世兴、董连和郑成功夫人董酉姑之父董飏先。他们的先祖皆来自江浙赣皖,其谱系均有昭穆记载(略)。董氏后裔去粤一族大致是沿着浙南和赣东,通过五岭隘口(如梅关)到达珠玑巷,再一路迁徙四方。如粤东潮汕地区的两万多董氏族裔,他们是从闽诏安和赣地迁入澄海。他们的族谱记载着:渊源出自弘农……宋室南迁时,董

氏后裔跟随皇室与数十万军民浮海南下,到南康越大庾岭,经珠玑下浈水沿江北进入珠江三角腹地,占据粤东沿海落籍。进入崖山的二十万军民,大战后损失惨重,余部匿入东莞、新会、番禺诸县。这也是广东沿海董族后裔迁徙的历史背景。

浙皖赣三省董族多与唐中期宰相董晋和宋朝将军董尊海相关,其中就包括名震中外的"流坑"。他们是董仲舒的后裔(当然也不排除董仲舒早期去陇西后裔的先驱者)。这部分董族后裔,史料清晰,谱牒完整,全国各大图书馆均有藏书供索。

北方晋冀鲁豫和黄本淮一带的董氏后裔,有一个较为显著的群居趋向。山西汾河流域居住着董仲舒的后裔,比较典型的村落是汾阳的董家庄,那里董族聚集着5000多人口。山东胶济铁路两侧聚集着二十余万董氏后裔。江苏睢宁一带有元朝董俊第八个儿子董文忠的后代,只一个柳园村就聚集着两万多单一董姓人口。赣榆(一个连云港边上的小县)有一位耄耋老人董自俊,花费八年时光完成董仲舒后裔董雄等一系列族源调研工作。查清了赣榆地区近七万董族渊源。河北是董仲舒的出生地,除了枣强、河间等地居住着仲舒原籍后代外,平原一带的涿州、真定、密云等地董氏后裔多数为董俊后代,还有董宗本的后代。他们经过千年沧桑事变,象一棵棵傲然巍峨的青松,吸取日月的精华,还大地一片生机。

注:此文完成时,惊闻《赣榆董氏家谱》撰写人董自俊宗亲仙逝,《定海董氏家谱》纂修人董国综宗亲仙逝,甚为悲痛。兹以此文激励后人,加速工作,将我董氏家族之史册文献,早日赋予桑梓父老,以奠先辈!又,"广川—陇西迁徙录"是笔者沿先祖迁徙路而进行的一次调研活动,只是文摘其概貌,全文待整理后另撰。

第二章　董姓郡望、堂号和祠堂

第一节　郡　望

一、郡望的由来

郡望之称,始于东汉末年,盛于魏晋隋唐时,至今仍在华人世界中沿用不变。

郡望即地望、郡姓。"郡望"一词,是"郡"与"望"的合称。"郡"是行政区划,"望"是名门望族,"郡望"连用,即表示某一地域范围内的名门大族。

所谓"郡望",有两层含义。其最初的含义,就是指一郡中的望族。这些宗族世代聚族而居,人才辈出,冠盖连绵,门第高贵,家世显赫,为郡人所敬重和仰望,亦名闻天下,为世所称。一个郡可以有一个或者多个望族,敦煌出土文献中就有多种"天下郡望氏族谱",即按州郡记录每郡的望族。宋代的地理学著作《太平寰宇记》中,也在每郡之下记录该郡的望族大姓。

后来,郡望又有了另一层的含义,就是指一个家族的根源和发源地。一个姓氏或家族的郡望,就是指这个姓氏或家族所发源的某个郡。因此,当郡作为一级行政区划已经消失的时候,郡望却能一直留在人们的记忆之中,成为各姓各族寻根的依据。

二、重要郡望介绍

各姓的郡望,其形成都有一个较长的过程。一般来说,在郡望的兴起阶段,也就是汉魏时期,一个姓氏大都只有很少几个郡望。

（一）陇西郡

战国时期秦昭襄王二十八年（前279年）置郡,因在陇山之西而得名,治所在狄道（今甘肃临洮）。其时辖地在今甘肃省东乡县以东的洮河中游、武山以西的渭河上游、礼县以北的西汉水上游及天山市东部,包括今甘肃省兰州市、临洮县、巩昌县、秦州市一带。西汉时辖地在今甘肃省东乡县东部的洮河中游、武山西部的渭河上游、礼县北部的西汉水上游及天山市的东部地区。三国时期,曹魏国移治至襄武（今甘肃陇西）。北魏时期,辖地在今甘肃省陇西县附近一带。

(二)济阴郡

汉景帝中元六年(丁酉,144 年)置济阴国,汉元帝初元元年癸酉(前 48 年,一说汉武帝建元三年)改为济阴郡,治所在定陶(今山东定陶)。其时辖地在今山东菏泽附近、南至定陶、北至濮城地区。汉元帝初元元年(癸酉,前 48 年)改为济阴郡,辖地在今山东省定陶县一带。

(三)江都郡

江都郡,即广陵郡。战国时原为楚国广陵邑。秦时置广陵县,在今江苏扬州西北一带。西汉元狩三年(辛酉,前 120 年)改江都国置广陵国,东汉建武中期改郡,治所在广陵(今江苏扬州)。当时辖境包括今江苏省扬州、仪征、高邮、宝应、金湖等地。唐朝时期移治到江都(今江苏江都),其时辖地在今江苏、安徽两省交界的洪泽湖和六合县以东,泗阳县、宝应县、灌南县以南、串场河以西、长江以北的广大地区。隋朝时期改为江阳,治所在今扬州。南唐时恢复为广陵原名。北宋熙宁五年(壬子,1072 年)并入江都。

(四)辽东郡

在中国历史上,"辽东"这个称谓有四重意思。

1. 郡、国名,战国时期燕国置郡,治所在襄平(今辽宁辽阳)。其时辖地在今辽宁省大凌河以东一带地区。西晋时期曾改称辽东国,十六国时期的后燕国末期,其地归入东海郡。北燕时期又复置辽东郡于今辽宁省西部一带地区,北齐时期废罢。到东汉安帝时,分辽东、辽西两郡地置辽东属国都尉,治所在昌黎(今义县)。其时辖地在今辽宁省西部大凌河中下游一带。三国时期的曹魏改为昌黎郡。

2. 都司,明洪武四年(辛亥,1371 年)置定辽都卫。明洪武八年(乙卯,1375 年)改为辽东都司,治所在定辽中卫(今辽宁辽阳),其时辖地为今辽宁省大部地区。自明正统后期因兀良哈诸族南移,渐失辽河套(今辽河中游两岸地)。从明天启元年—崇祯十五年(1621—1642 年),全境为后金(清)所并。

3. 军镇,明"九边"之一,相当于辽东都司的辖境,主要是镇守总兵官驻广宁(今辽宁北镇)。明隆庆元年(丁卯,1567 年)冬季,则移驻辽阳(今辽宁辽阳)。明末期废罢。

4. 军镇名,泛指辽河以东地区。

(五)范阳郡

三国魏黄初七年(22 年),改涿郡设置,治涿县(今河北省涿州市),领辖八县。西晋时改为范阳国,十六国、北朝时复为范阳郡。隋开皇三年(583)废除。唐幽州范阳郡,本涿郡,天宝元年(742 年)改置,治蓟县(今北京市城西南)。又为方镇名,本为幽州节度使,天宝元年亦改为范阳。宝应元年(762 年)改幽州节度使,并兼卢龙节度使。又幽州本有范阳县(原涿县,唐改)。大历四年(769 年),与固安等县从幽州析出,置涿州,以范阳县为治所。

(六)弘农郡

从唐大历四年(769 年)起,所谓"范阳"则仅限于涿州范阳县,为涿州治所。在今河北省

涿州市。广义上的范阳有时和幽州通用。

弘农是中国汉朝至唐朝的一个郡,其范围历代有所变化,以西汉为最大,包括今天河南省西部的三门峡市、南阳市西部,以及陕西省东南部的商洛市。由于地处长安、洛阳之间的黄河南岸,一直是历代军事政治要地。

西汉元鼎四年(前 113 年),汉武帝设立弘农郡,郡治设在秦国名关函谷关边,县名也是弘农。故址在今天河南省灵宝市东北,辖 11 县,118911 户,475954 人。东汉、三国沿置,但今商洛市范围划归当时京兆尹,只领有河南省西部范围。西晋时,郡南部析置上洛郡,其区域进一步缩小到黄河流域今三门峡市范围。南北朝时,为避讳曾改为恒农郡,隋朝恢复弘农,但郡治弘农向西南迁到了今灵宝市中心,且失去了黄河沿岸的辖地。

唐朝时,弘农郡分为陕州、虢州,从此失去郡名。虢州仍治弘农县(今灵宝市),而陕州境内因为天宝元年在函谷关遗迹发现宝符而更名为灵宝的桃林县,却不是今天的灵宝市所在地,而是汉晋时的弘农县所在地。到北宋时,弘农县先改为常农,后以州名改为虢略。从此弘农不再作为地名使用。

(七)河东郡

秦置,治安邑(今山西夏县北)。晋移治蒲坂(今山西永济县东南)。河东董姓来自陇西董氏,是西汉董仲舒的后裔。

陇西董氏在西汉时有一支迁徙至广川(今河北枣强东),董仲舒即是迁至广川的第四世孙。董仲舒的曾孙自广川迁回陇西,其后代有的迁到河东(郡治在今山西夏县西北)。

河东可以说是董姓的发祥地,其得姓始祖董父就活动在以闻喜为中心的山西东南一带。董狐也是山西闻喜人。这支董氏在此后的发展中犹如静水长流,繁衍不断。

(八)广川郡

南北朝刘宋孝武帝置广川郡,治武强县(在今山东省邹平县长山镇),属冀州。北齐天保七年(556 年),广川郡废入东平原郡。

三、董姓主要郡望

魏晋南北朝时期,许多姓氏的郡望都有所增加。隋唐时期的郡望有一个显著的特点,那就是在许多新的郡望兴起的同时,一些魏晋六朝时期的旧郡望渐渐被人抛弃不用。唐代的《元和姓纂》记载董氏有四个郡望:即陇西、弘农(今河南灵宝)、河东、范阳(今河北涿州)。此外还有济阴(今山东曹县)和广川。唐末,固始(今属河南)董氏又有随王潮、王审知入闽者。宋朝时期,郡望基本上都是迅速减少,其实董姓都在由许多分散的郡望逐渐统一到陇西郡这一个著名的郡望上来。因此,宋代以后,董姓郡望以陇西郡为主。此后近千年来,董姓的郡望情况,就基本没有多少变化。

总之,董姓郡望不论有多少,最终以陇西郡最旺。

第二节　堂　号

堂号，本意是厅堂、居室的名称。后成家族门户的代称，是家族文化重要的组成部分。因古代同姓族人多聚居，往往数世同堂，或同一姓氏的支派、分房集中居住于某一处或相近数处庭堂、宅院之中，堂号就成为某一族人的共同徽号。同姓族人祭祀时供奉共同的祖先，在其宗祠、家庙的匾额上题写堂名，因而堂号也含有祠堂名号之含义，是表明一个家族源流世系，区分族属、支派的标记。堂号不仅仅用在祠堂，还多用在族谱、店铺、书斋及厅堂、礼簿等处，也有用在生活器具上的，如在斗、口袋、钱袋、灯笼等上面大书堂号，以标明姓氏及族别。堂号是家族文化中用以弘扬祖德、敦宗睦族的符号标志，是寻根意识与祖先崇拜的体现。所以堂号和郡望一样，都属中国姓氏文化中特有的范畴，也是中国人寻根问祖时不可不先知的一个概念。

一、堂号意义

从功能上说，堂号的意义主要在于区别姓氏、区分宗派，劝善惩恶，教育族人。如果说，郡望是高一级别的宗族寻根标志，那么堂号就是比郡望堂低一级的宗族标志。郡望往往可以作为堂号，但堂号却大都不能用作郡望。一个姓的堂号要比郡望多得多，一姓的郡望有数个多至数十个，但堂号往往有数百甚至上千个。郡望在宋以后开始走向统一和固定，但堂号却随着宗族的发展，一直在不断地增加。

堂号是宗法社会的产物，在传统宗法社会中，它对于敦宗睦族，弘扬孝道，启迪后人，催人向上，维护家庭、宗族和整个社会的稳定，都具有重大的作用。中华人民共和国成立后，随着中国传统社会的终结，祠堂在中国大陆不是成了历史，就是成了文物。因此，新的堂号不再产生，但是旧有的堂号却仍然留在各姓各族人们的记忆中。它对于加强中华民族的向心力、凝聚力，对于中华民族的大团结，都必将产生巨大的促进作用。

二、堂号命名规律

（一）直接以先祖的祖籍地为堂号

宿迁地区古时候是沿海地区，除极少数原住民外，大多数先民都是从内地迁移过来的。这从家族堂号中就可以看出来，如唐姓叫"晋阳堂"就是一例。晋阳在今山西省太原市西南，是隋朝时太原郡治所在地。而李姓堂号叫"陇西堂"，"陇西"即现今甘肃省的临洮县。李姓以"陇西"为堂号，同样表示不忘祖籍。

（二）以先祖的名言为堂号

以先祖名言为堂号的姓氏不少，其中以杨姓"四知堂"最为扬名。东汉人杨震为官以廉洁

著称,他在调任东莱太守的途中路过昌邑县。一天夜里,该县县令王密拜见杨震,送上黄金为见面礼。杨震不无生气地说:"老朋友了解你,你却不了解老朋友,这是什么道理呢?"王密颇为尴尬地说:"半夜三更没人知道,收下也不要紧。"杨震斥责道:"天知、地知、我知、你知,怎能说没人知道?"王密羞愧得无地自容。杨姓后人感念先祖的清廉正直,遂以"四知"为堂号,激励后代发扬先祖的美德。

（三）以先祖的名著为堂号

周姓堂号"爱莲堂"取自周敦颐的《爱莲说》。周敦颐,北宋时的哲学家,宋营道楼田堡(今湖南道县)人。他写的作品很多,其中以《爱莲说》最为著名:"予独爱莲之出淤泥而不染,濯清涟而不妖,中通外直,不蔓不枝,香远益清,亭亭净植,可远观而不可亵玩焉。"在周敦颐的笔下,莲成了"花之君子者也"。周姓后人为表示对先祖人格的怀念,遂自命为"爱莲堂"。

（四）以先祖的传说为堂号

张姓是大姓,分支堂号较多,其中有一个叫"百忍堂"。唐朝山东郓城人张公艺,活到100多岁,长寿经验就是一个"忍"字。族人曾把张公艺一生中忍让的事迹记录下来,写成《张公艺百忍全书》。

三、堂号的类别和特色

堂号,有广义和狭义之分。广义的堂号与姓氏的地望相关,或以其姓氏的发祥祖地,或以其声名显赫的郡望所在,作为堂号,亦称"郡号"或总堂号。同一姓氏的发祥祖地和郡望不同,例如李姓郡(望)号有陇西、赵郡、顿丘、渤海、中山、江夏、范阳、汉中、代北、鸡田、柳城等30余个。

狭义的堂号也称自立堂号,在同一姓氏之间,除广义的郡望之外,往往以先世之德望、功业、科第、文字或祥瑞典故。自立堂号,其形式多种多样,五花八门,不胜枚举,若按每姓一个堂号来计算的话,全国至少有数千至一万个堂号。它是姓氏文化中有待开发、整理、研究的资料宝库。

中国人是世界上最有祖先崇拜传统的民族。在每个家族中,往往都有一个场所供奉去世祖先的神主牌位。每个家族都会有本家族的祠堂,并给它取一个堂号,目的是让子孙们每提起自家的堂号,就会知道本族来源,记起祖先的功德。

俗话说,树大分权。随着生命的传递、繁衍,家族不断扩大,其结果是一些家族从祖居地迁居他处,另开基业,形成新的分支和新的宗族。这些新形成的宗族和分支,往往又会建立新的祠堂,供奉最亲近的祖先。于是由一个祠堂又派生出许多新的祠堂来。因此,像族谱有总谱、支谱一样,祠堂也就有总祠、支祠和分祠,也就是民间所说的所谓大祠堂和小祠堂。

各姓氏堂号的来历、特色、可分为几大类型。

（1）血缘关系。中国的姓氏文化,首先表现出来的社会心态就是对血缘关系的高度重视,不仅同一姓氏使用相同的(一个或若干)堂号,而且有血缘关系的不同姓氏,也会使用同一堂号。

（2）地域观念。以地域观念命名的堂号,最为普遍,往往和各姓氏的郡望相关,也就是以

郡号或地名作为堂号。此外,如陈氏的"颍川堂"、古氏的"新安堂"、徐氏的"东海堂"、欧阳氏的"渤海堂"、林氏的"西河堂"等,都是以地望为堂号。

(3)嘉言懿行。中国人向有慎终追远的美德,往往对先世祖宗的嘉言懿行深感自豪,并以此命名堂号,千古留芳。杨氏后代子孙为尊崇和怀念拒腐蚀、不受贿的先祖杨震,便以"四知堂"、"清白堂"为堂号。

(4)功业勋绩。在中华民族五千年的历史长河中,各个姓氏在不同历史时期,都涌现出一批功勋卓著,名垂青史的人物。后人往往以祖上的功业勋绩作为堂号,如东汉名将马援,战功卓著,名闻遐迩,"马革裹尸"便是脍炙人口的历史典故。后因功封"伏波将军",马氏后人中有一支便以"伏波堂"为号。

(5)劝戒训勉。在封建宗法社会,各个家族常以传统的伦理道德规范为堂号,以劝戒训勉后代子孙。如唐代郓州寿张人张公艺,九世同居。麟德年间,唐高宗祭祀泰山,路过郓州,至其家,问何以能九世同居,安然相处。张公艺于纸上连书百余"忍"字,道出其中诀窍,全在于百事忍让。故堂号名为"百忍堂"。

(6)情操雅量。在封建社会中,有一批文人学士,才气横溢,品格清高,深为世人所推重。其后代引以为荣,以祖上情操雅量、高风亮节为堂号。如宋代著名理学家周敦颐,品格高雅,酷爱莲花出淤泥而不染的清高品格,以所居之处为"爱莲堂"。

(7)祥符瑞兆。古代人对祥符瑞兆十分重视,常认为是上天预示吉兆,往往以之为本族堂号。如宋代王祐曾手植三槐于庭院,言其子孙必有位居三公者(古代百官朝会,三公对槐树而立,故以三槐象征三公)。其子王旦果然位列宰相,当政十余年,深为朝廷器重。其后人便以"三槐堂"为堂号,成为中国王姓中的名门望族,与太原王氏、琅玡王氏并列为王氏三大支派。

(8)仰慕先世。为表示对同姓先世名人的仰慕之情,各姓中以其厅堂,别墅居处为堂号。如唐代大诗人白居易,晚年隐居洛阳香山,号香山居士,其后人便以"香山堂"为堂号。

(9)科举功名。在封建社会,一些名门望族人才辈出,科第连绵,为世人所称羡,遂以家族中科举功名为堂号。如唐代泉州人林披,有子九人,俱官居刺史(俗称州牧),门庭显赫,世人敬仰,这支林氏遂以"九牧堂"为其堂号。

还有以良好祝愿为家族堂号,以封爵、谥号或旌表褒奖为堂号,等等。

总之,堂号作为家族的徽号和别称,不仅有明显的地域特征和血缘内涵,而且带有浓厚的封建宗法色彩,既是对某一姓氏家族特色的高度概括,也是当时社会形态的反映。同样具有区分宗支族别,血缘亲疏的社会功能。它的产生发展,多与修族谱、建宗祠、祭祀祖先、宗亲联谊活动同时进行。

四、董氏的堂号

堂号,实际上是祠堂名号,是一个姓氏或家族的标志和代表,标志着血缘、历史和荣誉。堂号出现最多的是在祠堂,通常还伴有堂联。此外,还出现在家谱、神主或墓碑之上。

家族祠堂使用堂号由来已久矣,它起源于魏晋,盛行于明清,至今绵延不绝。它是每一个氏族自己的名称和徽号。

董氏的堂号有:

（1）正谊堂：汉儒董仲舒提出："正其谊不谋其利，明其道不计其功。"后人归纳成"正谊明道"这一"千古名言"，深为世人所推重。其后代引以为荣，以"正谊"为堂号。还有汉儒董仲舒天人三策"三策堂"。

（2）江都堂：以祖上的功业勋绩为堂号，它是记载董仲舒为江都相的业绩。

（3）"直笔堂"、"良史堂"：春秋时候，董狐是晋国的史官，写史求实存真，不怕权势。晋灵公被弑，董狐在史书上写道："赵盾弑其君。"孔子夸奖他是"良史"。

（4）卧虎堂：东汉时有洛阳令董宣，居官清廉，大胆打击京师的不法豪强，皇亲国戚都惧怕董宣，称他为"卧虎"。为颂扬先世豪杰，董氏人以"卧虎"为堂号，以"儒宗世泽、良史家声"为堂联。

（5）豢龙堂：董父，虞时人。因龙非甘泉不饮，董父广寻天下，终找到董泽。湖水甘洌，四面环丘，中间低凹，实为豢龙之佳地，便定居下来。董父在此豢龙，故董泽湖也叫"豢龙池"。后来，董氏家族便有了"豢龙"的堂号。

（6）玉笋堂：来自福建省石狮市永宁沙堤董氏宗祠。该宗祠中最令人称奇的是祠堂天井左侧耸立一天然"石笋"。这个天然石笋高约3.5米，最大直径约1.5米，形同春笋。这个石笋是天然生成的，连着地表有四五米高，据说由于石笋吸取了日月的精华，具有灵性，在永宁有着"永宁十八宝，不敌玉笋好"的说法。因此沙堤董氏也以"玉笋传芳"为荣。

还有敦本堂、霞蔚堂、修书堂、永思堂、敦睦堂。

还有以郡望立堂的江都堂也称广陵堂、江阳堂，济阴堂也称定陶堂、鸱夷子皮堂，陇西堂也称狄道堂、洮中堂、陇右堂，辽东堂也称扶余堂、襄平堂、辽阳堂、凌东堂等。

第三节　祠　堂

在中国封建社会里，家族观念相当深刻，往往一个村落就生活着一个姓地一个家族或者几个家族，各家族多建立自己的家庙祭祀祖先。这在日本，祠堂也经常出现。这种家庙一般称作"祠堂"，其中有宗祠、支祠和家祠之分。"祠堂"这个名称最早出现于汉代，当时祠堂均建于墓所，曰墓祠。南宋朱熹《家礼》立祠堂之制，从此称家庙为祠堂。当时修建祠堂有等级之限，民间不得立祠。到明代嘉靖"许民间皆联宗立庙"，后来倒是做过皇帝或封侯过的姓氏才可称"家庙"，其余称宗祠。

一、祠堂释义

家族祠堂，为旧时宗族制度的产物，在大小城镇，凡大家族都设祠堂，以供奉祖先和进行议事，由族长主持。祠堂建制并无明文规定，规模也有大有小，一般正厅为供奉和议事场所。讲究的祠堂多利用木雕、砖雕、石雕等作为建筑装饰。

祠堂一般采用轴线对称的布局。明《鲁班经》卷一记载："凡造祠宇为之家庙，前三门（山门），次东西走马廊，又次之大所。此之后明楼、茶亭，亭之后即寝堂。"浙江祠堂的院落空间均为三进或四进建筑构成，即大门、仪门、享堂、寝堂，有些祠堂还在后部设置庭园。不少祠堂中

附设戏台,标志着祠堂作为公共建筑的性质得到加强。享堂是祠堂的正厅,它又称祭堂,是举行祭祀仪式或宗族议事之所。因此一般在建筑群中是规模最大、用材最考究、装饰最华丽的建筑。寝堂为安放祖先神位或纪念对象之所,在建筑的后部均设有神龛。

祠堂,又称宗祠、祠室、家庙,记录着家族的辉煌与传统,是家族的圣殿、中国悠久历史的象征与标志。放眼中国,每一个角落都有它的身影。

二、祠堂来源

宗法制度是旧中国社会的基础,宗族观念在人们的头脑里根深蒂固。旧社会,人们具有浓厚的宗族观念,都要认本家,归属于某一宗族。同一宗族一般都有供奉祖先的宗祠,也叫祠堂。祠堂内供有祖先的牌位。宗祠还要定期集会和祭祖,祭祖一般在清明节举行,俗称办"清明会"。祭祖礼仪隆重庄严,并要办酒席。祭祀完毕后,族长还要当众处理族中的公共事务和救济事宜等,如有违犯族规的人,也在这时处罚。

族长是本姓家族的尊长,往往也是有声望有势力的人,权力极大,负责聚集家族,解决家族内的纠纷,举办家族内公共事宜和救济事业,施行家族法规等。祠堂一般有产业,由族长掌握,收入用于祭祖办会和救济等。

三、祠堂历史

中国古代是一个等级森严的社会,最能体现这种等级差距的是在对祖先的祭祀上。宗祠是宗家血脉所系,也是宗家盛衰的标志。历代帝王将相都将宗祠看作国家权力的象征,统治人民的支柱。所以建造宗祠是皇室的特权。祠堂的出现,与家庙、神庙有极大的联系。中国最大的家庙当属皇帝家的太庙,其次是各诸侯、王公的宗庙。按照《周礼》的规定,一级一级下来,到了士大夫,还有资格建家庙,普通庶民就没资格建家庙,只能路祭。民间的祠堂是从西汉开始出现并逐渐兴起的,汉代祠堂是建筑在墓前的祭祀场所,祠堂多为石质,又称石室。此后数代由于等级制度的禁锢,有资格建宗祠的人依然寥寥无几。中国允许民间建立宗祠始于1536年,明代嘉靖皇帝允许民间"联宗立庙"诏令的颁布,民间建立宗祠终于获得合法地位。从此,宗祠与家谱一起成为家族的重要象征。

四、祠堂文化

祠堂除了用来供奉和祭祀祖先,还具有多种用处。祠堂也是族长行使族权的地方,凡族人违反族规,则在这里被教育和处理,直至驱逐出宗祠。所以它也可以说是封建道德的法庭,也可以作为家族的社交场所;有的宗祠附设学校,族人子弟就在这里上学。正因为这样,祠堂建筑一般都比民宅规模大、质量好,越有权势和财势的家族,其祠堂往往越讲究,高大的厅堂、精致的雕饰、上等的用材,成为这个家族光宗耀祖的一种象征了。祠堂多数都有堂号,堂号由族人或外姓书法高手所书,制成金字匾高挂于正厅,旁边另挂有姓氏渊源、族人荣耀、妇女贞洁等匾额,讲究的还配有联对。如果是皇帝御封,可制"直笃牌匾"。祠堂内的匾额之规格和

数量都是族人显耀的资本。有的祠堂前置有旗杆石,表明族人得过功名。一般来说,祠堂一姓一祠,旧时族规甚严,别说是外姓,就是族内妇女或未成年儿童,平时也不许擅自入内。否则要受重罚。

常州著名文史专家、常州祠堂文化研究会副会长吴之光说,祠堂有五大功能:一是尊祖敬宗,纪念祖先的场所,发扬祖先的爱国主义,艰苦创业的精神;二是寻根问祖,接待来访,联络宗亲的场所,加强民族团结,发扬民族凝聚力的作用;三是道德教育的基地,通过祠堂文化内涵、匾额、楹联、碑记,以及族规家训,如爱国、孝悌、敬业、诚信、友善,勤劳、俭朴等道德风尚,形成男女平等,尊老爱幼,扶贫济困,礼让宽容等,发扬文明道德、和谐友好新风尚;四是陈列书画,阅读书报,增进知识,联络感情,增进宗亲邻里情谊,喝茶聊天休闲,发扬农村文化活动场所的作用;五是民俗文化、民间收藏的陈列馆,收藏陈列旧宗谱、旧碑记、旧石器、旧家具、旧农具,是新旧历史教育的重要场所。

五、董姓祠堂

(一)董仲舒祠堂遗址

"董仲舒祠堂遗址"位于枣强县王常乡后旧县村之西,始建于明代,对于我们研究和探讨董仲舒儒学文化和明代祠堂建筑风格提供重要依据。

明万历三十六年(1608年),韩安甫及妻姚氏施财重修祠宇,明三暗五。匾额"阐道醇儒",门两侧木雕对联"才贯天人共仰廷陈三策,文兼敦化永传学富五车",绿瓦盖顶,饰有脊兽,飞檐翼张,雕梁画栋。木雕阁内奉董仲舒石像。院落幽深,苍松参天,东西廊庑各二间,石碑一通。昂首怒目。歇山大门,门楣董子祠,门内一影壁,四周高墙围绕。祠前有一角亭,内立三策碑,左右一古井一池塘,正前方有长方平台,寓意属笔对策。后因历经风雨沧桑,天灾兵祸,民间无力修缮而倾圮。

现董仲舒祠堂遗址上,存有董仲舒保护室一间,省级文物保护单位——董仲舒石像置于内。保护室东西8米,南北6米,占地面积为48平方米。遗址,东西长151米,南北150米,占地面积为22600平方米。

(二)琅岐董氏宗祠

董氏宗祠于1995年4月被公布为福州市郊区第三批文物保护区,是琅岐岛规模最大,装饰最富丽堂皇的祠堂之一。

琅岐董氏宗祠为琅岐岛文化丰厚的古宗祠,位于琅岐岛下歧村牛屿山之麓,坐南朝北。祠堂面宽14.5米,纵深43米,建筑面积600平方米。宗祠始建于明嘉靖初叶(约1522年),重修于民国辛酉年。宗祠融合古今建筑为一体,气派雄伟壮观,建筑技术精湛。修后宗祠占地面积为1200平方米,其明埕四周围墙,用磨光大理石砌成,典雅大方。明埕前门亭楼由大理石构成,门前雄踞一对2.8米高的石狮。石狮西旁屹立一对用青石制成高九米的双斗旗杆,正面门墙朴素大方,中间"董氏宗祠"四字楷书,圆柱刻"帝世豢龙氏,江都旋马家",与相毗邻的怀贤楼互为衬托。

朱红大门内为一进门厅,插屏柱联句为明武英殿大学士黄道周撰写的"衣冠清节传三世,词赋声名著两都"。前天井中一只汉白玉石象,喻升平盛世。回廊有20副先祖官衔执事板,上五级石阶为二进中厅。厅面宽敞,中间有盘龙石柱。中厅上方藻井,木雕人物,花鸟栩栩如生。

西边壁上镶嵌用汉白玉雕刻的明代名宦翁正春、黄道周、陈亮等人的诗词歌赋八幅,令人赏心悦目。中天井两边回廊有钟鼓楼,双檐歇山顶。钟楼下方东正大门出去,是怀贤楼。廊亭内的石柱、石桌为休闲憩息之所,壁上镶嵌人物典故,及碑文碑刻。边缘还有一口井,是明嘉靖时伯章公挖掘的,后人命之为"董公泉"。饮水思源,表示对先祖的怀念与敬仰。

过中天井,登七级石阶为三进正厅,有二十二根木柱木扇组成,穿斗式抬梁。大厅两壁镶嵌十副青石影雕,描述董氏自始祖宗本公起历代为官者的光辉形象,工艺逼真。

厅中神龛为董氏列祖列宗之神位,神龛前上方悬挂崇祯帝钦赐董养河"帝座伦音"巨匾。过厢房后,即后天井,上五级石阶即第四进"妥遗堂",奉祀董氏历代远祖宗亲失修遗漏位。

董氏宗祠于2009年进行重修,整个祠堂气势恢宏,雄伟壮观,雕梁画栋,流金溢彩,建筑技术精湛。现已成为琅岐旅游的一个靓丽景观。

(三)连江龙塘董氏宗祠

龙塘董氏宗祠坐落在福建省连江县 104 国道琯头段塘头村。宗祠堂号"三策堂",占地面积 800 平方米,建筑面积 680 平方米。砖木结构,周环紫红火墙,飞檐翘角,上盖琉璃碧瓦,画栋雕梁,前后厅堂三进。门头石匾大书"董氏宗祠"四字。厅堂立 56 根红漆木柱,配上 20 副黑底镂金覆竹对联,尤显得古香古色。联语有"三友岩存记陪二相历侍郎芝巇长留胜迹,千秋祠立生惠群黎慭权宦扮御共挹高风"、"溯陇原分闽峤长流致远望族发祥孝弟遗风绳祖武,枕莲岳襟琯江巨浸扬清名峦耸翠贤能得气蔚人文"、"陇原受姓承宗泽,闽峤分支荫国恩"、"龙降于庭勤饲晨昏尊始祖,舜赐之姓远蕃胤胄发华宗"等佳句。正厅上高悬董公应举进士匾,神龛前一对漆金盘龙柱拱卫着列祖列宗神主,旁书一联:"过海漂洋裔分旅美鹭台远共思源馨德泽,沸江撼岳役溯平倭抗法纷曾赴难萃英灵"。香案上红烛高烧,炉烟缭绕,气氛肃穆而庄严。从祠堂楹联及大厅中"吏部侍郎"等七块执事牌,可知连江源自陇西一支董氏的发祥史。

(四)沙堤董氏宗祠

沙堤董氏宗祠,位于石狮市永宁镇沙堤村。此地临海,风光秀丽,人称"迷茫回顾青千顷,翡翠盈时碧一湾"。宗祠始建于明代,清嘉庆十年(1805 年)扩建,民国十九年(1930 年)重修,较完整地保留闽南宗祠的古建筑风格。董氏宗祠中最令人神往的是祠堂天井左侧耸立一天然"石笋"。无斧凿之痕迹,乃天然而生成。乡人传闻,此石笋摄日月之精华,沐雨露之膏泽。汲地泉以沾濡,禀土气以熏蒸。不与草木同枯,而与时序共荣,有"活笋"之称。故沙堤董氏素以"玉笋传芳"为荣。

在宗祠正厅前横梁高悬一块"玉笋宗祠"匾额,字迹遒劲,有颜鲁公神韵。下款清晰可辨,题为"金门董氏诸裔孙立"。据族人介绍,金门古坑乡(古时称"许坑乡")董氏与石狮沙堤乡董氏一脉相承,骨肉同胞。抗战胜利后,金门光

复,两地宗亲亲密往来。1947年,沙堤董氏宗祠修谱晋主,金门宗亲特地组团回沙堤谒祖归宗,敬献此匾纪念。

(五)董杨大宗祠

泉州旧馆董杨宗祠是全国唯一的董杨联宗祖祠,其先南宋世兴公由余杭入闽,本董姓。其子君选以杨姓入仕并以杨传嗣,其后裔慕闲始建于明天顺辛巳(1461年)。至清同治间商议,献其祖地,集福州、泉州、漳州、台湾各地外房外支同姓捐资附主,发扬慎终追远,尊宗敬祖精神,重兴修筑,建成泉郡旧馆杨氏宗祠,成为闽台董杨族人联宗发祥地。

1999年,全球董杨宗亲第五届恳亲会在泉州召开。宗人慷慨解囊,在"提高、扩大、前进"的原则下着手重建,"修旧复旧",保留明清时代的建筑风格,古朴典雅。2001年列入泉州第五批文物保护单位。

南宋世兴公本姓董,至君选公以杨姓步入仕途,要求皇上恩准恢复董姓,神宗皇帝的御批是:"既成久代,不准复姓,钦赐董杨公,仍以杨姓传嗣。"从此,遂为董杨氏。此后宗祠即以"董杨大宗祠"称。

第三篇

迁徙篇

第一章 八闽历史

第一节 八闽称谓缘由

福建的名字,是唐朝开元年间为设"经略使",取福州、建州地名首字拼起来的。但当时福建还不是省制,隶属江南东道。宋代置"福建路",元代置"福建海右道",仍然还不是省制。直到明代才置福建省,为福建"布政使司"。到清代又改福建省,省名至今未改。

"八闽"的称谓历经演变大致如下。

唐朝,武德初年设泉州、建州、丰州。景云二年设立闽州都督府,领有闽州、建州、泉州、漳州、潮州。开元十三年(725 年),闽州都督府改成福州都督府,为福州名称出现之始。开元二十一年,取福州、建州二地首字,名为"福建经略军使",与福州都督府并存。

北宋时期,置福建路,行政区划为福州、建州、泉州、漳州、汀州、南剑六州及邵武、兴化二军。

南宋时期,升建州为建宁府。福建路因此有"一府五州二军"。府、州、军实际是同一级行政机构,共计 8 个,故福建号称"八闽"。这时福建全省 42 个县,成为东南全盛之邦。

元至元十七年(1280 年),在福建境内同时设立福州、泉州 2 个行省。元代中叶,全国为 11 个行省,福建境内设 8 个路,统归江浙行中书省管辖。直到元末又恢复福建省。

明洪武元年(1368 年),福建全省八路改为福州、建宁、延平、邵武、兴化、泉州、漳州、汀州八府。

清,福建区划继承明制。省辖福州、兴化、泉州、漳州、延平、建宁、邵武、汀州八府。统一台湾后增设台湾府,由福建统辖。这样福建就有一段时间称"九闽"。但光绪十一年(1885 年),台湾府单独设省,与福建分治,于是福建又恢复"八闽"之称。

民国时期基本沿袭清制,到了民国 27 年(1938 年)全省行政区划为 7 个行政督察区和一个省辖市。基本保持原"八闽"的格局。

中华人民共和国即将成立的 1949 年 8 月,福建省人民政府成立,全省区划调整 2 个省辖市、8 个行政督查专区、67 个县。经过半个世纪的演变,行政区划按原"八闽"格局调整。所以福建仍称"八闽"。目前全省有福州、厦门、泉州、莆田、漳州、龙岩、三明、南平、宁德九个地市。

第二节　八闽建制沿革

一、民国以前

"闽"最早出现在周朝,西周时福建称闽越,《周礼·夏官》称七闽。秦始皇二十六年(前221年)设置闽中郡,治所在东冶(今福州)。福建为闽中郡辖区的一部分,从此福建作为一个行政区划出现在中国的版图上。汉高祖立无诸为闽越王,都东冶。西汉昭帝始元二年(前85年)立为冶县(后复名东冶),东汉改为东侯官。汉建安八年(203年),析东侯官置建安县。此时福建有侯官、建安、南平、汉兴和东冶5个县。三国吴永安三年(260年)设置建安郡,治所建安(今南安市丰州镇),辖建安、南平、将乐、建平、东平、昭武、吴兴7个县。西晋太康三年(282年)设置晋安郡,治原丰,属扬州。南朝梁天监年间,析晋安郡置南安郡,治南安;陈永定年间,析晋安郡置闽州,改晋安郡为丰州。隋代开皇元年(581年)废郡,改丰州为泉州。大业初年(605年),更名为闽州。大业三年,又废州改设为建安郡。唐武德元年(618年)改建安郡为建州,州治闽县(今福州)。武德五年设置丰州,州治南安。武德六年分置泉州,治闽县。贞观初年(627年),丰州并入泉州。垂拱二年(686年),析出泉州南部设置漳州,治漳浦(今云霄)。圣历二年(699年)泉州析地设置武荣州,治南安。景云二年(711年)武荣州更名为泉州,治晋江。后改泉州为闽州,治闽县(今福州);开元十三年(725年)闽州更名为福州。开元二十一年设置福建经略使,"福建"之称由此始。天宝元年(742年)改属江南东道,改福建经略使为长乐经略使。乾元元年(758年)以长乐郡为福州都督府,经略使改为都防御使。上元元年(760年)升格为节度使,大历六年(771年)置都团练观察处置使。乾宁三年(896年)置为威武军节度使,治福州。五代时后梁开平三年(909年)封王审知为闽王,贞明六年(920年)在福州设立大都督府。后唐长兴四年(933年)升福州为长乐府,后晋开运二年(945年)改长乐府为东都。宋代雍熙二年(985年)设立福建路,下辖福、泉、建、汀、漳、南剑六州和邵武、兴化二军,时全省已有42个县。元至元十四年(1277年)在泉州设立行宣慰司,第二年改为行中书省,后行省迁回福州。明代改设福建布政使司,治福州,辖八府一州60个县。清代继承明制,省辖府、县两级,省府之间设道。康熙二十三年(1684年),福建省增设台湾府。光绪十二年(1886年),台湾从福建析出设立台湾省。清末,全省行政区划为宁福、兴泉永、汀漳龙、延建邵四道,福州、福宁、兴化、泉州、汀州、漳州、延平、建宁、邵武九府,永春、龙岩二州,58个县、6个厅。

二、民国时期

福建行政区划废府、州、厅,实行省、道、县三级制。民国元年(1912年)全省划分为东路、南路、西路、北路四道。民国三年(1914年)以原辖区改为闽海道(闽东)、厦门道(闽南)、汀漳道(闽西)、建安道(闽北)四道。合并闽县、侯官为闽侯县,建安、瓯宁为建瓯县,改永春、龙岩

二州为永春、龙岩二县,同安县析厦门岛设置思明县,析浯州岛(金门岛)和大、小嶝岛置金门县,改永福县为永泰县,全省四道、61 个县。民国四年(1915 年),诏安县析铜山岛和漳浦县的古雷岛设置东山县。民国十四年(1925 年),废除道制,实行省、县两级制。民国 17 年(1928年),设置华安县。民国二十二年(1933 年),十九路军在福州发动"福建事变",成立中华共和国人民革命政府,定福州为首都,将福建划为闽海、延平、兴泉、龙汀 4 个省和福州、厦门两个特别市,辖 64 个县。民国二十三年(1934 年)人民革命政府解散,又成立福建省政府。7 月,实行行政督察专员公署制度,将全省划分为 10 个行政督察区公署,辖 64 个县。8 月,光泽县由江西省划归福建省管辖。民国二十四年(1935 年)设立厦门市,撤销思明县。民国二十七年(1938 年)福建省政府迁往永安,全省行政区划为 7 个行政督察区、1 个市、62 个县、7 个特区。民国二十九年(1940 年),建瓯析出部分行政区域设置水吉县,沙县、永安和明溪析出部分行政区域设置三元县。民国三十年(1941 年)福州沦陷,第一区专署迁往福安。民国三十二年(1943 年)全省行政区划调整为 8 个行政督察区、2 个市、64 县、2 个特区。民国三十三年(1944 年)闽侯县更名为林森县。民国三十四年(1945 年)9 月设置周宁县,10 月设置柘荣县,11 月省政府迁回福州。民国三十五年(1946 年),福州市正式成立,全省行政区划调整为 9 个行政督察区、2 个市、66 个县。民国三十六年(1947 年),全省行政区划调整为 7 个行政督察区、福州、厦门 2 个市、67 个县、10 个区、899 个乡(镇)。

三、中华人民共和国时期

1949 年 8 月 24 日,福建省人民政府成立。9 月,省人民政府公布全省行政区划通令,将全省行政区域分为福州、厦门 2 个市,8 个行政督察专区和 67 个县。1950 年 3 月,8 个专区依次更名为建瓯、南平、福安、闽侯、泉州、漳州、永安、龙岩专区。9 月,泉州专区更名为晋江专区,漳州专区更名为龙溪专区,建瓯专区更名为建阳专区;德化县由永安专区划归晋江专区,林森县复名为闽侯县。11 月,设立泉州市、漳州市(县级)。县以下的行政区划,仍维持旧政权的区划。1951 年,福州市设立鼓楼、大根、小桥、台江、仓山、水上、盖山、鼓山、洪山 9 个区。废除国民党政权的 901 个旧乡(镇)、10265 个保和 131978 个甲。1952 年,福州市设立新店区,厦门市设立开元、思明、鼓浪屿 3 个区。1954 年,厦门市设立禾山区。1955 年,撤销福州市盖山、鼓山、洪山、新店 4 个区。1956 年,撤销建阳专区,所辖各县划归南平地区;撤销闽侯专区,所辖闽侯县划归省直辖,长乐、连江、罗源三县划归福安专区,永泰、福清、平潭三县划归晋江专区;撤销永安专区,所辖三元、明溪二县划归南平专区,大田划归晋江专区,永安、清流、宁化、宁洋四县划归龙岩专区;撤销水吉县,其行政区域分别并入建阳、建瓯和浦城县;撤销宁洋县,其行政区域分别并入漳平、永安和龙岩县;撤销柘荣县,其行政区域并入福鼎县;福州市撤销大根、小桥、水上 3 个区,其行政区域分别并入鼓楼区、台江区和仓山区;三元、明溪 2 个县合并为三明县。析南平县城区,设立南平市(县级)。1957 年,全省辖 2 个地级市、5 个专区、3 个县级市、7 个市辖区、63 个县、337 个区、4223 个乡。

1958 年,我国基层政权改制为政社合一的人民公社,全省共建 656 个人民公社。撤销厦门市禾山区,闽侯县划归福州市,同安县由晋江专区划归厦门市。1959 年,恢复闽侯专区,辖原福州市的闽侯县,原南平市的闽清县,原福安专区的长乐、连江二县和原晋江专区的永泰、

福清、平潭 3 个县,专署驻闽侯县;原南平专区的松溪、政和二县划归福安专区。1960 年,设立三明市(地级),以三明县城区为三明市行政区域,南平专区的三明县归三明市管辖;清流、宁化二县合并设立清宁县,清宁县驻原宁化县政府驻地,原清流县部分行政区域分别并入永安、连城二县;松溪、政和二县合并设立松政县,松政县驻原松溪县政府驻地;龙溪、海澄二县合并设立龙海县,龙海县驻石码镇;撤销南平县并入南平市(县级)。福州市设立马尾区。1961 年,恢复柘荣县,撤销清宁县,恢复清流县、宁化县。1962 年,撤销松政县,恢复松溪县和政和县。连江县、罗源县分别从闽侯专区和福安专区划归福州市,龙岩专区的永安、清流、宁化三县划归三明市。1963 年,设立三明专区。三明市改为县级市,三明专区辖三明市和三明、永安、清流、宁化 4 个县;福州市撤销马尾区,福州市的连江、罗源二县和南平专区的古田、屏南二县划归闽侯专区,晋江专区的大田县划归三明专区。1964 年,以南平市、建瓯县、顺昌县的部分行政区域析出建西县。三明县更名为明溪县。1965 年,全省共辖 2 个地级市、7 个专区、6 个市辖区、4 个县级市、63 个县、1258 个人民公社。

1966 年,厦门市开元区更名为东风区,思明区更名为向阳区。1968 年,福州市鼓楼区更名为红卫区,台江区更名为赤卫区,仓山区更名为朝阳区。福州市、厦门市均设立郊区。1970 年,撤销建西县,其行政区域并入顺昌县;撤销柘荣县,其行政区域分别并入福安、福鼎二县;撤销松溪、政和二县,合并设立松政县。福州市撤销郊区,设立马江区和北峰区;福安专区的松政县划归南平专区,闽侯专区的古田、屏南、连江、罗源 4 个县划归福安专区,晋江专区的莆田、仙游 2 个县划归闽侯专区,厦门市的同安县划归晋江专区,南平专区的尤溪、沙县、将乐、泰宁、建宁 5 个县划归三明专区。南平专区驻地由南平市迁驻建阳县,福安专区驻地由福安县迁驻宁德县,闽侯专区驻地由闽侯县迁驻莆田县。1971 年,各专区更名为地区;南平地区更名为建阳地区。福安地区更名为宁德地区,闽侯地区更名为莆田地区。1973 年,莆田地区的闽侯县划归福州市,晋江地区的同安县划归厦门市。1974 年,恢复柘荣县,撤销松政县,恢复松溪县和政和县。1975 年,福州市撤销北峰区设立郊区。1976 年,全省共辖 2 个地级市、7 个专区、9 个市辖区、4 个县级市、62 个县、835 个人民公社、129 个镇(街人民公社)。

1978 年,厦门市设立杏林区,福州市设立环城区,撤销马江区;福州市红卫、赤卫、朝阳 3 个区分别更名为鼓楼、台江区、仓山区。1979 年,厦门市东风、向阳二区分别更名为开元区和思明区。1981 年,撤销龙岩县,设立龙岩市(县级)。1982 年,福州市设立马尾区,撤销环城区。1983 年,撤销三明地区,设立三明市(地级)。三明市设立梅列区和三元区。撤销莆田地区,所属闽清、永泰、长乐、福清、平潭 5 个县划归福州市管辖,莆田、仙游 2 个县划归晋江地区;撤销邵武县,设立邵武市(县级);设立莆田市(地级),莆田市设立城厢和涵江区,辖原晋江地区的莆田、仙游 2 个县;宁德地区的连江、罗源 2 个县划归福州市。1984 年,撤销人民公社,设立乡镇建制。撤销永安县,设立永安市(县级)。全省共辖 4 个地级市、5 个专区、14 个市辖区、6 个县级市、59 个县、189 个镇,1076 个乡,18 个民族乡。

1985 年,撤销晋江地区,设立泉州市(地级)。泉州市设立鲤城区。撤销龙溪地区,设立漳州市(地级),漳州市设立芗城区。1987 年,厦门市设立湖里区,郊区更名为集美区;晋江县析出石狮市。1988 年,建阳地区驻地从建阳县迁驻南平市,并更名为南平地区。撤销宁德县,设立宁德市(县级)。1989 年,撤销崇安县,设立武夷山市(县级)。撤销福安县,设立福安市(县级)。1990 年,撤销福清县,设立福清市(县级);撤销漳平县,设立漳平市(县级)。1992

年,撤销晋江县,设立晋江市(县级);撤销建瓯县,设立建瓯市(县级)。1993年,撤销南安县,设立南安市(县级);撤销龙海县,设立龙海市(县级)。1994年,撤销南平地区,设立南平市(地级),原县级南平市改设延平区;撤销长乐县,设立长乐市(县级);撤销建阳县,设立建阳市(县级)。1995年,福州市调整5个市辖区行政区域,同时将郊区更名为晋安区;撤销福鼎县,设立福鼎市(县级)。

　　1996年,撤销同安县,设立厦门市同安区;漳州市析出芗城区和龙海市部分行政区域,设立龙文区;撤销龙岩地区,设立龙岩市(地级),原县级龙岩市改设新罗区。1997年,泉州市析出鲤城区部分行政区域,设立丰泽区和洛江区。1999年,撤销宁德地区,设立宁德市(地级),原宁德市改设蕉城区。2000年,泉州市析出惠安县部分行政区域,设立泉港区。2002年,莆田市撤销莆田县,设立荔城区和秀屿区,同时调整城厢区和涵江区行政区域。2003年,厦门市撤销开元区、鼓浪屿区,其行政区域并入思明区,同安区析出东部五镇设立翔安区,杏林区划出一个街道办事处和一个镇归集美区管辖。杏林区政府驻地迁驻海沧镇,并更名为海沧区。2006年底,全省共辖9个设区市、26个市辖区、14个县级市、45个县、173个街道办事处、591个镇、322个乡、18个民族乡。

(摘自《2007福建年鉴》)

第二章 董氏迁徙和分布

第一节 中国大陆的董姓分布

董姓全国总人口达 736 万之多,约占全国汉族人口的 0.61%,是当今中国姓氏排行第 29 位的大姓。今日董姓分布很广,以河北、河南、山东、山西、云南、辽宁、浙江等省最为集中。冀、豫、晋三省,占董姓总人口的 31%,滇、鲁、辽、浙、川、鄂六省占 38%。其中,冀居住董姓总人口的 11%,占河北总人口的 1.2%,为当今董姓第一大省。在全国形成华北、云南两大块董姓高密度聚居区。河北、山西大部、山东北部、东北三省、云南南部等地区是董姓比较集中的区域,在占国土总面积 14.8% 的区域内,集居了约 297.4 万董氏族人,约占董姓总人口的 40.4%。青海湖以东、长江以北的其它地区,黔西、湘赣闽北部、浙江以及新疆西北等地区,也是董姓比较常见的地区。在占国土总面积 42.4% 的区域内,集居了约 395.4 万董氏族人,约占董姓总人口的 53.7%。

董姓人口单位面积密度最高的地区在华北、云南及东北,每平方公里为 1.6 人以上。其中,滇西南、晋冀交会的中部、辽东半岛、鲁东端、黑龙江中南部,每平方公里达 2.4 人以上。

董姓在人群中所占比例很不平衡,在云南、山西大部、河北西部、黑龙江齐齐哈尔地区,董姓占当地人口的比在 1.2% 以上,其中中心区在 2.4% 以上;在青海湖以东、长江以北的其它地区,江西东北和浙江等地区,约占 0.4%～1.2%。其它地区所占比例不足 0.4%。

从明朝至今 600 年间,董氏人群的迁移方向与宋元明时期有很大区别,主要有东部向华中、华北强劲回迁,同时向西部迁徙也很明显。在近 600 年间,全国总人口增长了 13 倍。而同期董姓人口由 42 万猛增至 736 万,增长 17 倍之多,远远高于全国人口的增长速度。可见,从宋朝到现在 1000 年间,董姓人口增长呈"V"形反转态势。

(诸城　董金荣/撰文)

第二节 董氏先人的播迁与分布

董姓为当今之巨姓之一,其人口 736 万,居全国第 29 位。董姓出于同一宗源,为高阳氏颛顼帝之后裔。据史料所载,董姓的发源地在山东定陶北部、山西运城、山东平原县三个地方。

　　在悠久的历史长河中,董氏先人从发祥地董国(今山西运城一带)向四方繁衍播迁,据有关史料记载:北京之尚义、魏县,山东之龙口、平邑,山西之太原,甘肃之酒泉,湖北之监利,广西之桂林,贵州之从江,云南之泸水河口、陇川,四川之合江等地均有董氏族人分布。实际上,在不同的历史时期,董氏族人在神州大地以及世界上分布不尽相同。诚如枣庄"江都堂"董族家谱所说,董氏一族"始于虞,显于汉,盛于蜀,而大于元"。

一、先秦时期

　　先秦时期,董氏族人主要活动地区包括山西、陕西、河南、甘肃南部等,春秋战国时期活跃于晋国的有董狐和董安于。并且已经向西和向南迁移,散布于甘、川、滇、黔等广大地区,与当地土著混居,逐渐融入土著民族之中,成为土著诸姓之一。此外,也有西南、北方等外族融入董姓。

二、秦汉时期

　　秦汉时,董姓已北及河北,东进山东、南逾岭南、东南抵江浙、西到四川,在今山西、甘肃、河北、河南较为集中。另外,陕西,山东定陶、高青,广东广州,四川资阳、德阳,浙江余姚、湖北襄阳、枝江,福建福州,河南禹州、伊川、南阳、开封、杞县、信阳、灵宝等地散居有董姓族人。在不断的繁衍过程中,甘肃、山东两地董姓发展成当地望族。董姓名人有秦都尉西汉翟王董翳,西汉成敬侯董渫(山东单县人),西汉哲学家、今文经学大师董仲舒,西汉宣帝时期的高昌侯董忠(为东汉孝子董永先祖),西汉末王莽时大司马董忠(为董仲舒八世孙),东汉洛阳令董宣、东汉太师董卓。

　　据记载,自汉至唐,云贵地区的董姓发展成为大姓,逐渐将云贵地区的土著民族同化为西南地区的汉族。东汉公孙述时,牂牁(治所在今贵州黄平县西北)大姓有董氏。

三、魏晋南北朝时期

　　魏晋南北朝时期,社会动荡,百姓流散,大举迁往南方,安徽、江西、江苏、湖北及长江中、下游地区均有董姓迁徙而来。甘肃、四川的董姓已经繁衍成大姓,同时向西南的云南、贵州迁移。这时,有人称蜀国"四相"之一的三国名臣董允、医学家董奉、南北朝外交家董琬。

四、隋唐五代时期

　　隋唐时期,是董姓一大繁衍时期,福建、广东、湖南、云南等地均有董姓迁居者。唐朝时董姓的人口重心开始在滇黔地区形成。唐代的《元和姓纂》列董氏郡望有四:陇西、弘农(今河南灵宝)、河东、范阳(今河北琢县)。此外还有济阴(今山东曹县)。董姓名人大量涌现出来,有琴师董庭兰、五代南唐的画家董源、唐朝宰相董晋。

　　大批移民于东南。唐末,固始(今属河南)人陈元光父子开漳入闽及王潮、王审知入闽时

都有董姓加入。固始董氏随王潮、王审知入闽者,即今石狮、金门始祖董思安。开运二年(945年),董思安忠于旧主,退隐泉州。元朝至元十一年(1274年)农历七月十四,董思安第十四世孙董善顺为避元兵骚扰从晋江青阳迁居石狮永宁沙堤村。其弟董善应则避居于金门古坑乡,故今金门、同安、厦门、漳州、晋江、石狮董姓均为同宗。其后裔有郑成功的岳父飏董先,坚决支持郑成功的抗清事业。其子董腾追随郑成功收复宝岛台湾,并长期率水师驻扎澎湖。唐末"南诏宰辅"董成,原籍金陵,流落至滇,仕南诏为布燮。其后裔先后转徙剑川、景东、云龙、洱源、云县等地,是为大理史城董氏始祖。

五、宋金元时期

迄于宋时,董姓大批迁居东南地区,同时向西南地区发展。宋元时期,金兵入主中原及蒙古军队的南下,再度迫使董姓南迁。元明时期董氏族裔宦游全国各地,近及于大理,远达漠北及岭北(包括今外蒙及俄罗斯一带)。其中董俊族裔簪缨世族,望重朝野,以"四世八公一翰林"著称,先后有上千族裔宦游于大江南北。董孝忠先生《董仲舒后裔渊源研究》一文指出:在沿济南至青岛的胶济线两侧、徐州至连云港的陇海线南北各省居住着众多董俊后裔。如宋代将领董宗本、董遵海父子,金戏曲作家董解元,蒙元时期藁城董俊、董文炳、董文用、董文忠父子,元时柏乡董朴。

明代以前,董氏已遍布江南各省,其中浙江东阳(古称吴宁)、肖(萧)山、富阳、浦江、临安、安吉、绍兴、杭州等地的董姓多是从唐贞观初迁入浙江的婺州判司董元的后裔。今江西宜黄、乐安、婺源、赣州、崇安、新干以及长汀、监利、华容、石首、泾县等地的董姓是唐末入赣的董连(唐宰相董晋之后)的后裔,许多董姓名人均出于此宗,如董淳、董敦逸、董德元、董全祯、董杰、董邦达、董诰。今江西省乐安县牛田乡流坑村(古属庐陵)有四千余董姓后裔聚居,被誉为"千古第一村"。

宋朝时期(960—1279)董氏族人达46万之多,居全国姓氏人口的第34位。主要分布于江西、河北、山东、河南四省,约占董姓总人口的64%;其次分布于湖南、甘肃、安徽三省,约占董姓总人口的22%。形成赣皖湘、陇西、冀鲁豫三大董族聚居地。其中江西为董姓第一大省,约占全国董姓总人口的22%。

六、明朝时期

明朝时期(1368—1644),董姓约有42万之众,约占全国总人口的0.45%,居当时全国姓氏人口的第55位。主要分布于浙江(25%)、山东(19%)两省,约占董姓总人口的44%;其次分布于山西(8.7%)、江苏(8.1%)、河北(6.8%)、江西(6.3%)、安徽(6.2%)五省,约占董姓总人口的36%。其中,浙江为明时董姓的第一大省,约占全国董姓总人口的25%。

明朝时,董氏族人曾以军屯、民屯的身份迁住西南边陲云南等省。据民国时期《昆明县乡土教材》记载:"据称其始祖系随明将沐英平滇由大理、鹤(庆)丽(江)诸县迁至今所——滇池西岸大、小鼓浪,阳临谷(今杨林港)等处。"观音山杨林港、富善村的白族老人们认为,他们的"先祖姓张,第十三世祖还姓董,立过董氏宗祠"。《董氏家谱》中记有:"阳谷董氏,安徽凤阳之

世族也。明洪武年间,先祖赐以医学,随黔宁王沐英到滇。"很显然,这些随军从安徽凤阳来的人们在滇池沿岸屯军并入赘土著的白族人家,其后代成了白族。其道理与大理一带自称是来自"南京应天府"的白族一样。明洪武年间,也有不少长江中下游一带的军士随军来到大理和云南其他地方屯军,许多人入赘土著白族和其他民族人家,其后代成了白族和云南其他民族的。云南省临沧市双江县档案馆保存的《董氏族谱》记载了双江拉祜族佤族布朗族傣自治县董氏的源流:1386年,明太祖朱元璋推行垦边政策,开发云南,从江西省南昌起程到云安,安置在楚雄府定居(包括楚雄、广通、定远、禄丰、大姚、封州、弥渡等地)。于1800年迁入双江县上改心清平后山,后继续迁入忙糯康太与拉牯族杂居。临沧地区临沧、云县、双江、耿马县《董氏族谱》:董氏一世祖,原籍河南开封府福禄街董家庄,明末清初赴滇整军。后落籍鹤庆,生六子,分居保山、大理、云县、景东、楚雄、鹤庆。该谱记述了董氏二世祖君正支系居云县后370年十四代六大支系世系分支、发展变迁状况。

据四川天府报报道,四川彭州市磁峰镇董益良30余年前翻修董家老宅时,发现了藏在梁上的《董氏家谱》,该谱撰于清代光绪十年。《董氏谱序》记载:明朝成化年间,董仲舒后裔董应辅从湖北押粮入川,后留在通化。其子董闲入籍理县,定居200多年。

董姓于明末由云南呈贡迁入威宁温家屯,至今已传十四世。威宁回族始祖董天成,到威宁后娶温氏,传二世一支、三世三支。董姓现有近千户,主要分布在威宁县的哈喇河乡、双龙乡的高山村、二塘镇梅花村和秀水乡、海拉乡、中水镇等地,在贵州水城县林青乡、安顺市轿子山镇、平坝县十字镇有少数居住。董姓于清雍正年间迁一部分到云南昭通,现多数居住在八仙营、洒雨河、水井湾一带。

明洪武年间(约1368年),董仲舒62世孙董承宣以接慰使出使高丽(也有研究认为董承宣、董印宣二兄弟同时以明朝抚慰使赴高丽未归),未返国而归化高丽,定居荣川,被封为荣川君,并将中国故乡广川作为本贯,史称广川董氏。董承宣的兄弟董印宣第八世孙董一元,丁酉再乱时,以明朝将领的身份东渡朝鲜,参加抗倭战争。战后与其二子大顺、昌顺定居高丽。董一元及其后裔落籍后,未另立新的本贯,而加入了广川本贯。其后裔称董印宣为一世祖,以广川为本贯,形成朝鲜广川董氏。《韩国姓氏大百科·姓氏的故乡》也认为:广川董氏渊源于中国,是汉代巨儒董仲舒的后裔。1985年,韩国经济企划院的国情调查显示,广川董氏已有3850人。韩国现在有4600多董氏族人。今朝鲜与韩国董氏族裔成立有董仲舒族裔会。

明朝以前,董姓主力一直集中在中原一带。宋元明时期由于北方战火连绵不断,董姓人群不可避免地遭受严重的打击,人口锐减。宋元明600年间,全国人口纯增率为20%,但董姓人口同期为负增长,净减4万之多。其间董姓的分布总格局变化较大,其迁移方向主要是由北方向东南,重新形成了鲁晋冀、江浙赣南北两大董姓人口聚居区。出现了明朝抗倭名将董邦政(明山东阳信人),董一元、董一奎兄弟(明宣府前卫人,今河北宣化),著名书画家政治家董其昌。

七、清朝时期

清朝是董姓在东北地区发展的最重要时期。从清康熙年间开始,董氏族人陆续移居台

湾。在康熙二十二年(1683年),有弁屯董、朱、柯、越、黄五姓,移住今屏东县恒春镇;乾隆初年(1736年),有董显谟筑大肚下堡玉田圳,引水开垦九弱黎庄,等等。此后,又徙居南洋群岛及欧美一些国家和地区。名人有清代文学家董说、画家董邦达。

(诸城　董金荣/撰文)

根据以上分析和历史资料记载,董姓的发源地在山东定陶北部、山西西南部、山东平原县一带三个地方。

秦汉时,董姓在今山西、甘肃、河北、河南较为集中。另外,陕西,山东定陶、高青,广东广州,四川资阳、德阳,浙江余姚、湖北襄阳、枝江、福建福州,河南禹州、伊川、南阳、开封、杞县、信阳、灵宝等地也散居有董姓族人。后在不断的繁衍过程中,甘肃、山东两地董姓发展成当地望族。

这一时期,据史书所载的董姓族人繁衍迁徙情况有:出自晋国太史一支的辛有后裔董狐裔孙董翳被封为翟王,都高奴(今陕西延安市城东延河东岸)。后其子孙又迁居陇西(今甘肃临洮)。西汉董仲舒为广川(今河北枣强东)人,其曾孙由广川迁至陇西,后人又迁往河东(今山西夏县西北)。

魏晋南北朝时期,社会动荡,百姓流散,大举迁往南方,安徽、江西、江苏、湖北及长江中、下游地区均有董姓迁徙而来者。

隋唐时期,是董姓一大繁衍时期,唐代的《元和姓纂》记载董氏有四个郡望:即陇西、弘农(今河南灵宝)、河东、范阳(今河北涿州)。此外还有济阴(今山东曹县)。唐末,固始(今属河南)董氏又有随王潮、王审知入闽者。福建、广东又有董姓迁居者。

又唐代固始(今属河南)人陈元光父子开漳入闽及王潮、王审知入闽时都有董姓加入。

宋元时期,金兵入主中原及蒙古军队的南下,再度迫使董姓南迁,浙江余杭一带出现董姓族人。

从清康熙年间开始,董氏族人陆续移居台湾。此后,有的又徙居南洋群岛及欧美一些国家和地区,董姓这一时期可谓遍布海内外了。

今日董姓以河北、山东、山西、云南、辽宁、浙江等省最为集中。

第三章　八闽董氏概述

第一节　八闽董氏各地市、县人口分布

　　《八闽董氏汇谱》编辑部为了对福建省内董氏人口分布作进一步了解,经过四年的努力,走遍省内九个地区,近200个居住地进行调研,收集150多份家谱、族谱以及相关董氏资料,并针对相关资料的分析,发现八闽董氏居住村落基本分布在海边、边远山区的村落。本章节将其统计信息采用表格和图表形式阐述,让读者能更直观地了解八闽董氏历史和现代状况。

一、八闽董氏各地市、县人口分布表

（一）福州市

地市区县	目前人数	董氏人口主要集居地	所属支系
福州	11246	福州市仓山区城门镇狮山村、上董、下董。	支系待考。
		福州市仓山区盖山镇后坂村杨村。	称先祖是由江都铁板桥迁来,具体待考。
		福州市仓山区湖边村。	湖山董氏以前迁居湖边村早十一世世行昭穆是:茂、义、瑞、道、宗、有、德、在、正、其、声。民国三十五年十一月十五日立十七世于列长、发、财、员、旺、锦、华、国、能、贤、盛、忠、孝、良、荣、蕐、利。
		晋安区远西村、远中村。	在福州东水凤洋浦尾新西境,即今鼓山镇远西村,由后董迁入。有东房董属长乐后董凤公地房后代、有十一头孝董、北社董、朝北里董,均属后董鸾公人房后代。

续表

地市区县	目前人数	董氏人口主要集居地	所属支系
福州	11246	马尾区琅岐镇东红村、东升村、东岐村、丰稔村、凤翔村、光辉村、光明村、红光村、红旗村、后水村、建光村、江滨村、劳丰村、劳光村、劳荣村、乐村、闽江村、农旗。	始祖宋太祖钦赐朝奉大夫董宗本（涿州范阳人）的九世孙董纯永，琅岐董氏世代支派蕃衍有：琅琦派和海屿派，而琅琦派又有琅山支、嵩山支，海屿派有海屿支和晋江支。迄今已繁衍为"福寿康宁"四大房。
		马尾区君竹乡。	源于琅山宁房，上岐属宁房（即院前房），并为二十一世祖伯嘉公派下。迁居君岐，近三百余载。发支传代者，是明朝十七世祖珠甡公。珠甡传十八世祖敬初公，敬初公传十九世祖文信、文祉、文泽、文燧四公（即福、寿、康、宁四房）。
		马尾区琅岐镇董安村。	连江龙塘董氏分支。明万历年间（1573—1619年），龙塘十一世孙董时用，字良桐，由珺头塘头村迁琅岐董安村。时用生文泰，文泰生四子：振纶、振纪、振綷、振级。衍分四房。今传15世，居村有30多户，120多人。
长乐	6882	古槐镇。	最早始于汉代。董奉的一支广川迁往陕西西安，经浙江宁波（董奉为交州刺史）到福建侯官（现福建长乐市），然后到江西庐山。历经二十五代。因做官董典迁河南开封（兴到湖北武昌），后代又经湖北秭归到湖南长沙。从董奉（庐山）起，第36代的子昌公又由长沙到攸县西乡石虎陂燕山下（时值宋理宗景定元年庚申），后为攸衡鼻祖。
		古槐镇龙田村董厝，金峰镇董朱，梅花镇梅东、梅西、梅南、梅北、梅新、梅城村，文岭镇文岭村文美、港咀、石壁村、前董村、后董村。	先祖董玠，唐肃宗（758—760）乾元元年赴闽任防御使，兼福州刺史。他于闽十二都古县（今长乐市古槐村），安抚闽海而波不扬，有德惠及于民。后升官入京，民请留之。他将次子元礼留下，居于闽省福唐城。古槐董、震龙董，震龙董又有东岱董、远洋董分支。古槐又分二十四都鳌峰之前董。其后又分支为金峰董，及福、禄、寿三房。迄今已历千载，繁衍四十余世，子孙计一万余人。

续表

地市区县	目前人数	董氏人口主要集居地	所属支系
福清	1534	音西西楼村。	福清音西镇洋埔西楼村有董氏人口300多人,根据西楼董氏宗亲反映,原先长辈都会说闽南话。但源于何处无从考证,只有留下董氏世次排行,乾隆壬丙本,祖厝亥己兼壬丙。读立表字:光侯蛮世考友承宗,绪经传清文义忠信。新摆表字:汉代贤良永昭祖训,明朝理学克裕孙谋。
		音西村林中。	现福清市音西林中村有人口1000多人,乾隆年间由垅西冉桥南迁龙江。 董氏字辈:乳名:天宗风庆　时启祯祥　明诚至性　维德可长　仁能行道　乃业焕章　娜尹夫仕　丕绍书香 表字:人学子昌　振起贤良　敬恭礼让　忠孝协全　修齐佐理　纪大纲强　孟仲叔季　赞承永扬 宗祠:道光辛巳年至宣统庚戌年(1821—1910年)由董家风辈兄弟起建。
		渔溪镇苏田村荔枝兰、渔溪镇后兜厝。	尚未获取详细信息。
连江	4062	东岱镇东岱街、关头村、龙山村。	宋末佺公为秘书郎。由吴航廿三都震龙迁连之永贵东岱里,距县廿里左右,现尊佺公为始祖。属长乐文岭后董震龙董分支。
		琯头镇塘头村、山兜村、上坪村、门边村、下塘村、阳岐村、竹岐村。 苔菉镇北芙村、后湾村、上塘村、苔菉村。 筱埕镇官坞村、筱埕村、川石、壶江村、秦川村。	元末明初入迁福建闽县(今福州市连江县),其先祖为唐太宗贞观二年(628年),任浙江金华府同知董宁后裔。其先祖为董念三公,四十公再派福州府,后至闽县龙塘堡(今福建省连江县管头镇塘头村)。迄今已有五百余载,其子孙共有1206户,约3000余人。清代,董章由塘头移迁川石。今传12世,居村有120多户,650多人。董章裔孙移迁筱埕官坞,今传10世,居村有30多户,150多人。现居秦川村董姓有56户,280多人,居琯头街董姓有20多户,120多人;居壶江村有20多户,130多人;居苔菉镇后湾村有100多户,510多人。
		江南乡魁岐村、梅洋村。 浦口镇浦丰街、浦江街。 黄岐镇长沙村。	支系待查。

续表

地市区县	目前人数	董氏人口主要集居地	所属支系
罗源	1068	罗源县凤山镇。	据福州地方志记载,同治年间,江田董其昌到凤山镇打棕绳,留下衍派。属董玠古槐董氏分支。另有一支世次记载为"元起家声永延世泽",现有34人世系渊源待考证。
		起步镇潮格村、兰田村、起步村。	始祖河南开封府左参坊右司边祖公立肇基业,祖公长方福、次方禄、三方祯。福公在河南祀祖;禄公开枝罗源潮溪,祯公开枝兴化府莆田县。其世次为:明、如、开、皇、登、尚、新、大、向、启、志、智、圣、贤。
闽侯	1040	闽侯县江洋农场江洋村、彭湖村。	由泉州府德化县土楼的董绰,迁徙侯邑五十三都秦洋(闽侯县江洋农场彭湖村秦洋自然村),居住至清同治四年已二十二世。
		荆溪镇埔前村、荆溪村、溪下村。	属琅琦董氏寿房分支。而二十四世朝槐公,德馨支派下的二十九世天明、天欝公,由闽邑嘉崇里琅琦地方,迁于福省西门外关源区浦前地方而居(今闽侯县荆溪镇关源浦前村)。
		竹岐乡火炬村。 上街镇中美村。	待考。
闽清	45		
平潭	18		
永泰	724	富泉乡芭蕉村、瑞应村,梧桐镇西林村。	仙游钟山兴泰董氏分支。

(二)莆田市

地市区县	目前人数	董氏人口主要集居地	所属支系
莆田	3451	涵江区江口镇后郭村、园顶村溪东、萩芦镇梅洋村董基。	有董氏88户,总人口398人男189人,女209人。世系正在整理中
		秀屿区东峤镇东兴村东蔡、岭口、山面、吴厝、前沁村大洋、后山、前沁、珠川村、山亭乡港里村,荔城区北高镇北高村,黄石镇登沄村珂里、桥兜村林墩。	先祖是泉州石狮市沙堤永宁董氏,其中第十六世董文吾初居东蔡村后同禄林公迁浔江村(现东峤镇前沁村),为东蔡董氏开基始祖。

续表

地市区县	目前人数	董氏人口主要集居地	所属支系
仙游	2474	钟山镇东溪村、湖亭村、朗桥村高明、好垅、后岭、朗桥、林头、上董、上美、塔兜、新厝、云峰、龙溪宫、钟山镇鸣和村下上尾、夜掘巷、钟山村，榜头镇、大济镇、盖尾镇。	始祖董麟登,始居湖广襄阳。其子董安保随明太祖征八闽,授怀远将军之后,奉君命调至仙游兴泰里,在朗桥葫芦由下定居。历代人丁兴旺,分布在仙游县钟山镇、大济镇和永泰县梧桐镇、富泉乡芭蕉村、瑞应村。兴泰董氏迄今已传二十三代,共有4000多人。

（三）泉州市

地市区县	目前人数	董氏人口主要集居地	所属支系
大田	39		江苏省射阳县通洋乡(现藕耕乡)双港村董长才,南下来福建的,现已四代。
德化	137	盖德乡有济村荇头洋。	泉州董氏分支。董兴公第十五世孙埕方公从龙岩率子秉成、秉大仍归泉,秉成公立籍永春埔头后山洋,秉大公立籍德化有济林后。至现在觊孝辈已十八世,450多年。
永春	259	五里街埔头村。	
惠安	850	黄塘镇省吟村许厝。	泉州董氏分支。黄塘镇省吟村许厝,董氏始祖董东山公。现有人口130人。
		黄塘镇接待村庵兜。洛阳镇群山村水磨后、屿头村金边、万安村。	泉州董氏分支。世系待查。
南安	559	水头镇文斗村新寮,金淘镇毓南村赤崎头、岭脚内角、尾宫、溪西、中角。美林李东村旧村。	泉州董氏分支,兴公传十世四满至二孙,自晋江屿头移居漳州府龙岩县洞源社。后万五郎公次子漳来,因乡时狭小,至嘉靖年间仍归泉府,择南安青山岭内菩提乡开族。现南安金淘毓南人口400多人。
泉州	4744	洛江区前洋顶董、董厝、莲村地、张厝、塘西杏内,泉港区界山镇玉山村羊角山,丰泽区金屿路、博东路、华北路、段湖路、凤屿路、宏昇路、盘光路。	泉州董氏分支。具体世系整理。

续表

地市区县	目前人数	董氏人口主要集居地	所属支系
石狮	3174	永宁、沙堤。	泉州董氏分支元至元十一年(1274年)农历七月十四董思安第十四世孙董善顺因避元兵骚扰,从晋江青阳迁居石狮永宁沙堤村。其弟董善应则避居于金门古坑乡,故今金门、同安、厦门、漳州、晋江、石狮董姓均为同宗。

(四)厦门市

地市区县	目前人数	董氏人口主要集居地	所属支系
厦门	3242	翔安区吕塘村董水。	泉州董氏分支。

(五)漳州市

地市区县	目前人数	董氏人口主要集居地	所属支系
安溪	2933	白濑乡下镇村墘尾、洋中、乡寨坂村中堀,产贤村黄柏、上田村庵边、炉内、上产贤、下产贤、登贤村白灰楼、东埔村。	泉州董氏分支。约于明洪武十三年(1380年),董思安十六世孙董伯义自晋江乌屿开派安溪,肇基来苏里产贤(湖头镇产贤村),为产贤董氏一世祖。繁衍生息,先后分支湖头山都村寨边,白濑乡下镇村墘美、坪中,寨坂村中堀,凤城镇上西门等地。
长泰	100	武安镇金里村董溪头。	始祖董继宣,宋代由仙游迁入长泰县人和里锦江社,即董溪头社,今属武安镇金里村。传衍至今。清代,有后裔迁居台湾。
东山	143		东山县董姓由河南迁来。
龙海	1028	港尾镇沙坛村后丰、沙坛、田墘、考后村后头,浮宫镇海山村、霞郭村、霞威村。	泉州董氏分支。于明代从泉州石狮市永宁沙堤董氏迁徙今港尾镇沙沄村,其肇世祖端甫公,姓何氏。生四子:伯钰(留鱼公)、仲珪分派广东、季琼(留霞公)。另一失详。留鱼公有二子开基霞美内(80多人)、田墘(300多人),留霞公有二子长文公开基后丰(300多人)、次煜公开基后宅(300多人),统称沙坛村青浦四社董。还有散居于颜厝、榜山、紫泥、海澄、白水、东园、浮宫等乡镇和双第华侨农场。已传八世。其中田墘二房有的迁居台湾漳化义水,后宅有迁往华丰居焉。

续表

地市区县	目前人数	董氏人口主要集居地	所属支系
南靖	935	梅林镇背岭村、坎下村、科岭村、梅林村、双溪村、磜头村岭下、汕仔头、上马、下磜□、庵仔角。	龙岩董氏三世胜荣移居龙岩岩山乡玉宝村。生有二子,长子成德,次子成惠迁居南靖默林镇寨头村,为南靖默林镇董氏始祖。
		漈头村下漈、石尾、庵下角、福树山、背头坪、岭下等社。	由华安县迁入金山镇河干村水头(水潮)。衍传漈头村下漈、石尾、庵下角、福树山、背头坪、岭下等社。
平和	40		自龙溪分支移居南靖的董吉祥后裔福聪,于明初从南靖县永丰里迁徙平和乌坭村。
云霄	406	马铺乡乌螺村顶。 云陵镇。	自龙溪分支移居南靖的董吉祥后裔福聪,于明初从南靖县永丰里迁徙平和乌坭村。福聪第三子董惟保,生男永华,于景泰元年(1450年),由平和乌坭村分支迁居云霄新安里(今平和县境的大溪镇、安厚镇与云霄县域的马铺乡、下河乡、火田镇、和平乡等均为新安里)、虞士岭(今下河乡外龙行政村的十二牌岭)、小坡村(下河乡外龙行政村的小坡自然村)。 董福聪之孙,董惟保之子董永华为云霄县小坡村董氏肇基祖。其第四世孙董达道择地设计,大兴土木,营建土圆楼一座房屋数十间和宗祠两座,宗祠堂号分别为"永锡堂"和"永思堂"。清雍正初,第九世长子董振携眷移居诏安县南诏镇;第九世次子董发分支泉州府城桐城里;第九世三子董达及其父董植杖居小坡村。乾隆六年(1741年),董达带领董姓族民移居云霄城内新兴社。时有部分董氏族人也从小坡村分别迁居顿坑村,(今下河乡车圩村的顿坑社)乌螺(今马铺乡乌螺社)、郊洋(今东厦镇郊洋社)。
漳浦	43	绥安镇	漳浦董姓聚居于县城西门外董厝围社,今社已废。20世纪50年代,县城尚存董姓后裔1人。现漳浦董姓,系新中国成立后从外地迁入。

续表

地市区县	目前人数	董氏人口主要集居地	所属支系
诏安	360	南诏镇东门街、光良街、南关街、西门街、澹园街。	诏安董姓先祖于唐初随陈政、陈元光父子戍闽开漳,后裔传衍潮汕。现诏安董姓明朝中期,从浙江省温州市迁居福建诏安县城南诏镇。现已十八代,总户数110户,440人,聚居县城南诏镇。其中桥东镇10户,44人;梅岭镇1户7人。四都镇3户12人。

(六)龙岩市

地市区县	目前人数	董氏人口主要集居地	所属支系
长汀	3272	大同镇印黄村、新庄村、师福村、罗坊村、李岭村、黄屋村,新桥镇岗头村、湖口村、江坊村、石人村、新桥村、叶屋村、鸳鸯村、樟树村、馆前镇汀东村。	南宋理宗年间,九成公原籍在江西抚州府乐安县流坑第十世,长男大郎公迁居福建汀州府长汀县左厢归阳里二图十甲。小地名叶屋坊开基。后裔叫叶屋下董人。 元至正十三年,由江西抚州乐安流坑第十三世癸二郎公之次子念一郎公,迁入闽汀州新桥叶屋。新桥叶屋始祖为念一郎公,后裔叫上董屋人。
连城	383	莲峰镇、揭乐乡揭乐村、北团镇孙台村、隔川乡竹叶山村。	南宋五十郎公为河北省河间任丘籍,其孙德源以闽博士,在建阳考亭任教。后迁至连城的董屋山,尊五十郎公为连城董氏开山祖。至今已发展至二十三代,现今人口370多人。
龙岩	1849	新罗区曹溪镇经杨村。 雁石镇云山村、社尾村。 岩山乡玉宝村、芹园村。 铁山镇谢家邦村。 南城溪南新村。	开基祖董万一郎公有子三,长子万二郎、次子万三郎、三子万四郎,后又续娶曾氏生一子万五郎。董万五郎公居住董邦村,生有三子,长子胜辉移居浙江(温州、台洲地区)、三子胜宗移居江苏南京。次子胜荣移居龙岩岩山乡玉宝村,生有二子;长子成德、次子成惠迁居南靖默林镇寨头村。长子董成德公(字俊甫),生有六子,长子祖聪居迁居雁石云坪、次子祖和居玉宝、三子祖善迁居岩山芹园、四子祖禄迁居浙江杭州苦竹、五子祖达居玉宝、六子祖寿迁居铁山谢家邦。
漳平	118	永福镇龙车村、菁城街道和平北路	

续表

地市区县	目前人数	董氏人口主要集居地	所属支系
上杭	34	旧县乡梅溪村、临江镇。	元至正十三年,由江西抚州乐安流坑第十三世癸二郎公之次子念一郎公,迁入闽汀州新桥叶屋。后迁入上杭。
武平	93	民主乡高横村董屋寨、高横村枧背,中赤乡。	武平董氏族人主要居住在民主乡高横村董家寨和中赤,其郡望为陇西郡。始祖董荣,抚州金溪县人,明初奉调驻所,以功封武略将军,是为军籍。现传今十八代,人口93人。文革期间谱牒被毁。第五世其美之子丞器前往地处武平县西南部中赤乡,后往广东潮州开基。

(七)三明市

地市区县	目前人数	董氏人口主要集居地	所属支系
泰宁	47		
将乐	373	大源乡崇善村,余坊乡周厝村。	将乐董氏郡望为陇西郡,董姓人口主要分布在将乐县的大源乡崇善村和余坊乡周厝村。先祖万宗公原籍福省洪塘人,经商上游,于明之永乐年间与昆季三人分散处,一在将乐城北,一在建宁。惟万宗公入赘张坑以张扬安公之女为室,后卜居崇善至今为崇善始祖。迄今已有二十五代,人口350余人。在1933年瘟疫,将乐县城关一支中有一人到余坊乡周厝村上张源去收租得以幸存,现在已有人口30余人。
明溪	144	胡坊镇柏亨村、夏阳乡后洋村、下洋村、雪锋镇民主路、十宝铺,瀚仙镇大集村、平地村	元至正十三年,由江西抚州乐安流坑第十三世癸二郎公之次子念一郎公,迁入闽汀州新桥叶屋。后迁入明溪。
宁化	188	翠江镇、城郊乡高堑村。石碧镇立新村。	元至正十三年,由江西抚州乐安流坑第十三世癸二郎公之次子念一郎公,迁入闽汀州新桥叶屋。后迁入宁化。远清公字廷才公,原籍江西省建昌府。后徙居闽省宁化县禾口乡老街开基创业(宁化县石碧镇立新村),建造香火堂店房,构置田园而聚居焉。自清朝乾隆壬申间以来迄今,屈指一百余载。

续表

地市区县	目前人数	董氏人口主要集居地	所属支系
建宁	636	安远乡增坑村。	郡望为陇西郡。南宋德祐年间,董关甫迁徙建宁。现后裔居溪口镇、濑溪镇、里心镇、黄埠乡和宁化县安远乡等。传至二十七代,有人口486人。
		里心镇双溪村店前、戴家村、里心村、黄坊乡将上村,客坊乡中畲村。	
		溪口镇艾阳村董家、坳背、枫元村、溪枫村隔边、山下排、杨林村。	郡望为广川郡。元末避北兵之乱,流寓南丰,即蓝田始祖董仕高。其子居安由江西南丰三十四都龙湖,迁入福建邵武府建宁县北乡蓝田堡排前。现居溪口镇溪枫村,传至二十三代,有人口125人。
清流	202	东华乡拔里村,龙津镇五里亭。	清流董氏郡望为陇西郡。董政茂从豫章入闽任职,在大宋庚子年(1240年)十一月二十八日迁入左龙坊枣树下鱼子塘。分为二支永嵩公子孙世居左龙坊,永寿公三世孙福仙迁居右龙坊。
沙县	704	高砂镇渔珠村、龙江村、冲厚村、后底村、青州镇后洋村、青州村、涌溪村。	沙县董氏郡望为陇西郡。明洪武三十年(1397年),董杨发三兄弟从江西牛栏角迁入,一是沙县虬江街道后底村,一是沙县高沙镇冲厚村、渔珠村。他们的家谱在"文化大革命"被烧毁,现世系整理。
永安	488	小陶镇上湖口村、下湖口村、中坂村。	龙岩董氏八世惟兴从云坪迁往永安小陶上、下湖口村居住,至今二十五代,人口约101人。
尤溪	851	联合乡东边村、三连村、下墩村。	尤溪董氏,始祖贵基公、讳待时、号普十一,世居浙江金华府金华县。明朝第九帝成化元年,贵基公父高祖名琼,在朝职为摄相议政。被奸臣所害,全家出避,始祖贵基迁居尤溪县十四都官台村。后来由六世祖克祯、克公迁居下墩村,六世祖克耀、克广、克允公三兄弟迁居三连村,普十公迁居南平樟湖阪。

（八）南平市

地市区县	目前人数	董氏人口主要集居地	所属支系
光泽	380	李坊乡长源村、石城村彭家边,鸾凤乡油溪村坳上、十里铺村、中坊村大坪,司前乡司前村、西口村、岱坪村。 止马镇亲睦村董家、亲上、亲下、水口村。	据《横南董氏宗谱》记载,荀公在明洪武已未年间盱水琴城(今抚州南丰县)徙闽光泽杭西之五都,后迁居四都之横南。八都的芳公第四代孙孟胜和孟程公贾于闽,游杭川之八都,见斯地四山环抱,平坦周密,遂有迁胜之意。于明之隆庆壬申,由抚州扩源迁居福建光邑八都董家源。八都的"芳公"和横南的"荀公"系两支。
建瓯	524	川石乡后山村垅上、红新、川石乡营勺村。 芝山。	芝山董氏主要由长汀迁来,川石董氏由松溪或武夷山迁入。族谱在文化大革命中烧毁。
		徐墩镇徐墩村横丘、佘厝自然村。	始祖其瑞公原居建阳城外董家岭岭下村,生四子,长暨保、次暨护、三暨庇、四暨佑。明永乐末年,瑞公与赖氏相继而亡。护、庇、佑兄弟移瓯邑,至今已延发20多代。
		玉山镇东山村、汲溪村、岭后村、玉山村。 南雅、小桥。	据传始祖在明朝年间兄弟三人为避难逃至福建建阳一带,为避免仇人追杀,免遭灭门之祸,兄弟三人在某年的正月初五在吃好粳米果切片煮汤后,议定改名换姓,老大保原姓董,老二姓李,老三彭,各奔东西。祖堂均为"陇西堂"不变,并且代代相传正月初五煮果汤以示纪念,至今已有四百余年。1930—1934年间,大量村民背井离乡外逃谋生。第十七世长凌公逃到玉山镇东山村,董长治公逃至玉山村,董长瑞公逃至小桥富井村,董长相公逃至小桥西培村。如今,峡头现有董姓10户63人,玉山9户31人,东山7户42人,小桥富井4户19人,上屯4户17人,甘元村3户11人。原籍是峡头的共有183人。还有南雅、小桥董氏,主要是由玉山迁出的。

续表

地市区县	目前人数	董氏人口主要集居地	所属支系
建阳	739	徐市镇大阐村、大田村、盖溪村、壕墩村、条岭村、溪尾村、徐市村。麻沙镇。	徐市镇盖溪村和条岭村,居住一支潭南翠岭堡群玉坊集森公支系的铜宝公世系,其先祖发源陇西太原府。世行昭穆,铜宝公后第十世起按行命名:大才洪起　国家日新　修其天爵　祥集福成
延平	1248	樟湖镇樟湖湖滨、上坂街、中和街、峡阳镇葛大村谢垱、翁坑村、阳镇江氾村江氾。	尤溪董氏,始祖贵基公、讳待时、号普十一。兄弟十一人,普十公迁居南平樟湖阪。
浦城	377	永兴镇永平村。	清初有廷槐公,由汀州迁徙浦邑之西乡永平。览山川灵秀,风物宜人,遂拓土于斯。迄今已传至十有五代。
邵武	438	城郊镇香铺村、拿口镇南溪村、水北镇大乾村、故县村,张厝乡张厝村、俞厝墩村。	明成化年间,从江西临川移居闽邵武(建阳近界首乌石窝)的江西抚州乐安流坑董梓兴公。
顺昌	175		
松溪	1519	旧县乡官村、旧县村、乡下塅村、游墩村,松源镇,花桥乡村头、大浦村、花桥村,河东乡长巷村、大布村,渭田镇东边村、董坑村、渭田村、项溪村、竹贤村,溪东乡溪东村、柯田下董、下洋,郑墩镇张屯村、夙屯村,祖墩乡登山村、刘源村、溪后村、溪畔村。	南宋绍兴壬午年,建州刺史董彦瑜号仁斋始居浙江温州府平阳县,迁入闽松溪。长子仲珠公住县城,次子仲机公住董坑,仲机公第七世孙良恭公,号爱甫,仍居董坑。良宽公,号城甫,迁居柯田。主要居住在东边、竹贤、溪东、董坑、祖墩、旧县、松源镇等。董氏宗祠坐落柯田村内董溪仔边上。现有董氏人口1500多人。
武夷山	426	星村镇曹墩村、红星村、黄村、星村、兴田镇双西村。	江西抚州乐安流坑十七代祖仲达公,迁入闽建宁府崇安平川俗名曹墩。为现武夷山曹墩董氏始祖。

（九）宁德市

地市区县	目前人数	董氏人口主要集居地	所属支系
福安	342	社口镇龟龄村、溪尾镇溪尾村、下白石镇章沃村、秦坎村。	福安社口董氏,系浙江省泰顺县罗阳平溪董氏贞房支系。

续表

地市 区县	目前 人数	董氏人口主要集居地	所属支系
福鼎	6307	管阳镇缙阳村、茶阳村、管阳村、广化村、七蒲村、乾头村、天竹村、西坑、西阳村、溪头村、徐陈村、章边村。	董万彤于元大德三年(1299年)从陕西省西安府华州辞官。时逢宋末元初天下扰攘,群盗并起,游秦川太姥佳山,往还道经西洋天竺,见其山环水绕,遂于元大德三年岁在己亥创迁安仁村。传至曾孙兰二兰四二公,于至正二年岁次壬午复迁缙阳架屋兴居,肇基闽福鼎安仁村,为缙阳支开基始祖。
		贯岭镇溪底村。	世行与浙江平阳望里六板桥、平阳腾蛟相同。
		硖山镇渔鸟村。	清乾隆年间苍南乌石岭→硖门通家洋→洋尾坪→硖山芒党肇基。 始祖经坡公迁基始祖应善公,世行昭穆与店下镇东岐村相同。
		硖山镇东角村、芦竹村、马祖村、中灶村。	其支系由苍南赤溪白湾顶董姓,始迁祖董其春,董其然(居下城后)、其弟董其思(居下顶董)、董其韬(居下董下进)、其干(乌岩大山)、其荣(下董前进)等兄弟均系董廷助之子。约于清初平阳县北港腾蛟田贡入迁五十三都赤溪白湾定居。后分居福鼎硖山、平阳同春、金华兰溪、杭州余杭等地。
		白琳镇白琳街。	罗阳镇董佳,有四子,分元、亨、利、贞四房。元房孙董仪孚居赤坑仔(今属罗阳镇)、董绍榜居泰顺县彭溪富烊、董全孚居寮下(今属罗阻镇)、董臣孚居三魁彭家堡、董严孚居泰顺雅阳埠下、董如世于明崇祯十四年(1641年)迁居白琳(今属福鼎),东西两房有50人。
		点头镇大坪村七斗岗。	德有公由福建南安县二十七都英内(今距南安市22公里的良山村)下坪西清迁入,世行昭穆与望里六板桥相同。

续表

地市区县	目前人数	董氏人口主要集居地	所属支系
福鼎	6307	点头镇大坪村玉瑶岗、点头镇点头村、点头镇观洋村董厝、坡兜、大湾里。	元代董纯五九公从浙江温州罗阳郡马基,迁入闽泉州府。其曾孙董真公于明洪武永乐年间迁清溪(现安溪)。董真之孙董德有公(号奕俊)为清溪县来苏里郭板始祖,第七世董绍使公(字峻品,号良观),康熙年间迁居福宁州廿一二都大坪玉瑶冈(鼎邑十四都大坪玉瑶冈)。第十世董维山公、维传公,移居鼎邑十五都点头街。
		店下镇东岐村。	经丰公由浙江苍南金乡大岙→藻溪繁枝→福鼎四斗→店下东岐村。世行是:明波士天应,朝世有东南。诚怀其邦良,奕思齐家昌。克明学圣道,孝敬治宗祥。
		店下镇店下村。	肇基始祖有后公秉彩公从福建南安→平阳腾蛟田贡→苍南金乡灵峰→莒溪上村→民国初期秉彩公福鼎店下街,世行昭穆与浙江平阳望里六板桥相同。
		店下镇溪岩村(文侯山)。	克让公于明永乐二年由福建建宁平溪迁入。
		笕筜村、石牌村、溪美村、象山南门街、象山寺前磨石山、巽城村、岚亭村。	
		叠石乡庙边村古林、荑阳村。	由泰顺罗阳迁入,世行昭穆与点头镇大坪村玉瑶岗董氏相同。
		佳阳乡罗唇村、蕉宕村。	始祖应所公由福建同安二十七都大兴迁入,世行昭穆与浙江平阳望里六板桥相同。
		前岐镇武垟村、西宅村、岐阳街。	始祖隆桂公由永嘉县衢溪迁入福鼎二都武洋后池四箩洋。
		秦屿镇巨口村、东埕村。	巨口村董氏始祖由浙江苍南县灵溪河口经福鼎长澳三丘田迁入秦屿巨口,其世行昭穆:三代尊敬孝,甲仰启文魁。君国元克大,鉴修应瑞开,荣华承崇庆。

续表

地市区县	目前人数	董氏人口主要集居地	所属支系
福鼎	6307	沙埕镇大白鹭村、后岙村、黄岐村、敏灶村、南镇村、川石村、水岙村、跳尾头。	泉州董氏分支。明朝年间,世居泉州永宁沙琨的铺顶公和尊顶从泉州晋江之永宁二十都沙堤乡迁福鼎大白鹭。迄今已二百多载,丁口蕃昌孙曾乐业无不各臻有成。董氏人口主要分布在沙埕镇川石村、沙埕镇大白鹭村、后岙村、黄岐村、敏灶村、南镇村、水岙村。
		福鼎桐城资国岐腰。	始祖赞卿公由南安县二十七都→平阳四十二都薛岙,永山公清康熙年间迁入福鼎资国岐腰。世行昭穆与薛岙相同。
		福鼎山前。	
宁德	700	八都镇福口村、飞鸾镇。	砚江董氏始祖孔昭公有子五人,分家后各家繁衍后代,形成五房支脉。再历数传,至十一世孝九公移居宁德八都福口,为福宁下砚肇基福口之宗祖。自公至兹已逾三百余载。
霞浦	2798	溪南镇下砚村、甘棠村、七星村、青山村、西安村。	砚江董氏始祖追溯到董期公偕携兄弟准公于唐末随王审知入闽,入长溪界,卜居州西北。再寻至魁洋,遂于溪边结屋居住,时五代梁乾化辛未年(911年)。居两年,移居董墩之地(今霞浦县柏洋乡董墩自然村)。董期公传至淳勉公,厥世丕显生机冥公。机冥公生子昂,淳祐三年甲辰徙居芦洋。四传而至孔昭公,于南宋淳祐甲辰年(1244年),率家人至砚石村(即今下砚村)开村拓土。至今已有760多年。孔昭公有子五人,分家后各家繁衍后代,形成五房支脉。目前在村董姓家族人口1000多人。
		柏洋乡董墩。	

续表

地市区县	目前人数	董氏人口主要集居地	所属支系
霞浦	2798	柏洋乡坑口村。	浙江省泰顺县雅阳溪里董氏竹房 25 世德水居麻园,生子三:中敏、中惠、中择。中惠公自泰顺雅阳官上坝迁福建霞浦县柏洋坑口。中惠公生清乾隆乙亥年(1755 年)。中惠公生三子:云国、国、育国。云国、育国分两房传后。坑口传今九世至"书"辈,谱 34 世,发展今人口 130 人。
		海岛乡宫东村(霞浦西洋)。	福州浪岐董氏 24 世德兴公支系 31 世君达公长子一尚公,四子子法公,清末迁霞浦西洋。德御支 24 世朝侍派下,29 世文育公次子章善,章善公长子兆芳公,谱载兆芳公次子子贵公,清末迁居霞浦西洋。共有 130 多人。
		三沙镇东沃村、浮山村、古镇村、五沃村、西沃村、中心村。水门乡青沃村、水门村。	
		崇儒乡左岭村溪东。	清咸丰五年(1855 年),缙阳董廿一世大椿公始迁霞浦溪东村为肇基祖。迄今传 8 世,宗支人口有 310 人。
		牙城镇后山村、罗伍村。	鹿栏下董氏始迁祖贵公于明正德年向由浙江泰顺南门平溪分迁崇儒,传至七世日崇、日华公,于清顺治十八年(1661 年)九月间避乱移居牙城饭溪。数年后,转迁鹿栏下定居,迄今传 12 世,有人口 70。
		盐田乡瓦窑头村、杨梅岭村董岭头。	入闽始祖兴公,立籍泉州,居登贤里。清康熙五十八年(1719 年),二十二世祖婆廖氏领其子珍养、珍佳及房内侄珍干,由泉州府德化县迁县境青福村宝福里(今属州洋乡)。几年后,廖氏及子珍养、珍佳移居盐田杨梅岭村董岭头,至今传 14 世,人口 200 人。珍干仍留居宝福里,至今传 15 世人口 160 人。

续表

地市区县	目前人数	董氏人口主要集居地	所属支系
柘荣	253	郊乡仙山村仙元里、双城镇。	仙源董氏先祖原居浙泰罗阳交洋口,安基乐业,时当元之初世犹纷纷。及顺帝时,帝运衰微,至明太祖洪武始治之日,肇基祖辅公入闽省长溪之仙源。自辅公于明洪武年间由罗阳肇迁仙源起,至今已六百余载。世行昭穆与缙阳董氏相近。

二、八闽董氏集居地分布示意图

为了能直观地展现八闽董氏集居地县、市,以下用平面图加标注形式体现。

董氏集居地分布示意图

三、八闽各地董氏人口分布数量

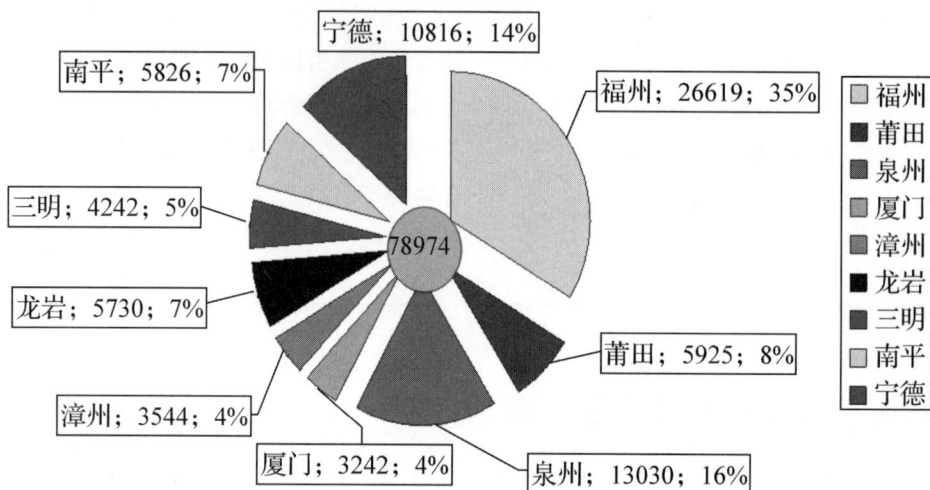

当前福建省董姓人口分布示意图

第二节　历代入闽董氏分宗概述

经过《八闽董氏汇谱》编辑部全体成员的努力,各支系董氏宗亲的大力支持,在收集大量族谱资料的基础上,通过分析和初步考证,汇总历代董氏入闽者描述如下。

一、长乐董氏

(一)最早始于东汉入闽的董奉

据载东汉建安时期,"建安三神医"之一董奉,又名董平,字君异(一说字君平,《大越史记全书》说字"昌"),号拔墎,住于侯官县董墎村(一说董厝,今福建省长乐市古槐镇青山村)。少年学医,信奉道教。年青时,曾任侯官县小吏。不久归隐,在其家村后山中,一边练功,一边行医。还出行在南方一带行医,晚年到豫章(今江西)庐山下隐居,继续行医。

董奉的一支自广川迁往陕西西安,经浙江宁波到福建侯官(现福建闽侯县),然后到江西庐山。经二十五代,因做官,董典迁河南开封(兴到湖北武昌),后代又经湖北秭归到湖南长沙。从董奉(庐山)起第36代的子昌公,又由长沙到攸县西乡石虎陂燕山下(时值宋理宗景定元年庚申),后为攸衡鼻祖。

(二)唐乾元元年入闽的董玠

唐肃宗(758—760)乾元元年入闽的董玠。董玠(蜀汉之邑宰董和十四世孙)赴闽任防御

使,兼福州刺史。他于闽十二都古县(今长乐市古槐村),安抚闽海,使地方太平而波不扬,有德惠及于民。后奉召入京,民请留之。他将次子元礼留下,居于闽省福唐城(即今福州市福清)。董元礼玄孙董禹,在乾符元年为左补阙,以善谏名,皇帝嘉奖他的忠诚,赐金帛以表彰。禹生绍裘,裘生四子:长子璘,在唐五代末周显德四年为县令;次子琪,三子琳,四子玘,至宋太平兴国二年,由福唐城迁入长乐的敦素里,这就是古槐董之祖。璘生二子:长子思诚、次子为思谨。思诚于宋端拱二年迁于黄崎沙里,则为震龙之始祖。古槐琪三传至舜俞,始由世居十七都蔡宅之旁,迁至二十四都鳌峰之东畔大启室宇为前董。其后又分支为金峰董,及福、禄、寿三房。迄今已历千载,繁衍四十余世,子孙计一万余人。

二、历代由河南入闽董氏

(一)唐初入闽的诏安董姓

据《漳州府志》记载:诏安董姓为唐朝(686年)陈元光率部进漳州平乱时的兵员,派系《太原衍派》,即祖籍来自山西省太原市。

约在宋元之间,董致政携子董西山从福建诏安县城移居潮州陇上西山(桑浦山后)安家。至明初,住地被朝廷官员指定为墓葬坟地,乡人遭迫迁。加之此地盗贼啸聚,打家劫舍,无法耕种和安居。董西山兄弟四人,各自分散逃生,一人流落到澄海创业,一人转徙至饶平安家,一人移居潮安仙都乡创村立寨。仙都董氏裔孙先后分衍潮州市古美、潮安古巷胶塘、庵埠葫芦市、汕头和国内各地及海外谋求发展。

(二)泉州董氏

1.董思安世系

唐末,江淮动乱,居民离散。安徽寿州人王绪在黄巢起义影响下,聚众万余人,攻陷光州。那时,固始东乡(今分水亭乡)人王潮与弟审邽、审知以才华横溢著称,人称"三龙"。王氏兄弟奉母董氏率5000余名义军(60余姓)入闽,揭开了固始移民南方的又一新篇章。

他们离开家乡固始向南进发,过寿州、庐州,抵达浔阳(江西九江)。浔阳是江西的门户,自晋代就是"七省通衢,来商纳贾"的重要城市。起义军越过浔阳,继续南行,溯赣江而上,过洪州(江西南昌)、吉州(江西吉安),最后到达虔州(江西赣州)。由虔州东进,折入漳水河谷,进入福建汀州(福建长汀)。由汀州向漳州(福建漳浦)、泉州发展。

当时十八部将董思安是董章之子,他们一族乃是随闽王王审知从河南固始迁徙而来。由于董章与王审知是舅甥关系,故而考察王审知先祖的踪迹就可找到董思安先祖的遗迹。

王审知与董章先人均为鲁琅玡人,祖籍乃滕州盖村。他们是随王氏前五世先人宦游河南固始的(盖村现尚存很气派的王氏宗祠)。追溯其渊源可知,他们来自山东鲁西南的鱼台县,其先人从山西太原府迁徙而来后又迁徙至盖村。董氏一族与鱼台毗邻,世代与王氏结亲。王审知母亲就是一位有名的巾帼英雄(被朝廷授予"鲁国内明夫人"谥号)。王审知当上闽王,董思安当上漳州刺使。董思安气节高尚,死后成为福建泉州董氏千家万户奉祀之"神"。

董思安部分后裔在祖辈对故土的留恋影响下,其后裔陆续向河南方向迁徙。

唐末董章,随王氏(王审知父)入闽六十七姓之一。其先为河南光州固始人,子董思安,为五代闽(越王)国莆田人,骁勇无比,官居闽国(景宗帝王曦)大将军,始落籍晋江登贤里(见《泉州府志·忠义篇》)。开运二年(945年),董思安忠于旧主,退隐泉州。元至元十一年(1274年)农历土七月十四,董思安第十四世孙董善顺因避元兵骚扰,从晋江青阳迁居石狮永宁沙堤村。其弟董善应则宣德年间,避居于金门古坑乡,故今金门、同安、厦门、漳州、晋江、石狮董姓均为同宗。

2. 董兴世系

宋真宗宝庆年间,历武魁、三班殿直。辅太祖,封银青光禄大夫(唐、宋以后用作散官文阶之号,光禄大夫为从二品,紫金光禄大夫为正三品,银青光禄大夫为从三品)、上柱国太尉董兴,入闽落籍晋江(今福建省石狮市)。二世祖董道,因战功奏补三班殿直,封平凉郡开国伯。三世祖董宗嗣,袭三班殿直,擢武经大夫,袭封平凉郡开国伯。四世祖董常,袭封平凉郡开国伯,掌三班殿直。其叔祖董偓为宋徽宗大观进士,历官工部尚书。五世祖董康民,宋宁宗庆元五年进士,历迪功郎、迁潮州府知,封中宪大夫。六世祖董瑜,为漳州司理;其叔祖董琛为宋进士,任濮州知府。七世祖董以大、八世祖董凯子、九世祖董明保、十世祖董纯道、十一世祖董重耳、十二世祖董端亮,居泉那。自董兴入闽算起,迄今已有一千余年。其后裔枝荣叶茂,子孙遍布泉、漳、厦、台、金门、龙岩、福鼎、广东、浙江苍南、平阳、玉林等地,以及海外香港、菲律宾、马来西亚、印尼、新加坡等东南亚国家和地区。

(三)罗源潮溪董氏

在唐朝昭宗年间原祖广川,随王审知入闽,始祖河南开封府左参坊右司边祖公立肇基业,祖公长曰方福,次曰方禄,三曰方祯。福公在河南祀祖,禄公开枝罗源潮溪,祯公开枝兴化府莆田县。现罗源潮溪有236多户,1033多人。

三、历代由河北入闽董氏

(一)范阳琅岐董氏

南宋绍兴初年,五代后汉随州刺史、宋太祖钦赐朝奉大夫董宗本(涿州范阳人)的九世孙董纯永,又称万十一公,迁至闽海琅山,即福建省福州市琅岐经济区琅岐镇。迄今已传四十一世,有"十代同堂"之美誉。

琅岐董氏世代支派蕃衍有:琅琦派和海屿派。而琅琦派又有琅山支、嵩山支,海屿派有海屿支和晋江支。迄今已繁衍为"福寿康宁"四大房。现有2000余户。其中居祖地1500户,往昔迁居闽侯(埔前)、马尾(上岐)、连江、福宁(三沙、西洋)等地近500余户,而侨居海外,主要在美国及港澳台近400人,总共有7000余人。

(二)连城董氏

南宋末,由直隶河间府任丘(今河北省沧州市任丘县)籍董五十郎迁入闽,其三世孙董德源以闽博士,在建阳考亭任教。后因元乱,至汀州府连城县居董屋山。连城董氏主要分布在

莲峰镇、隔川乡、北团镇、揭乐乡等地。至今已传二十三世,现仍在祖居地的有 383 人。

(三)台江董氏

明崇祯年间,原籍为直隶保定府雄县(今河北保定市雄县)人董趋,世业为酒库兼设水泉。因路过福城,遇阻而滞留居为始迁祖。

四、历代由江西入闽董氏

(一)建阳董氏

宋朝初年,董昶公从江西吉安府九都宁岐董家湾入闽,始迁于邵武府建宁绥安排前堡仁德坊而居。正德年间,传至廿三代董集森之六子铜宝公,迁居建宁府建阳县兴贤中里翠岭乡,为翠岭始祖。现分布徐市镇盖溪村岭下和条岭村岩前。已繁衍十六代,人口 191 人。

(二)清流董氏

南宋理宗嘉熙四年(1240 年),从豫章(江西)到福建任平章使事的董政茂,在巡视泉州任中殉职。其子永嵩永寿送棺木回河南,路过清流县龙津镇里拔村左龙坊枣树下鱼子塘就地安葬,其后裔在此繁衍。

(三)长汀董氏

南宋理宗时入闽汀州新桥叶屋,其始祖为大一郎公,后裔叫下董屋人,元末至正十三年,由江西抚州乐安流坑迁入闽汀州新桥叶屋。其始祖为念一郎公,后裔叫上董屋人。全县董姓人口主要分布在新桥镇的叶屋村、石人村、新桥村和大同镇的印黄村、馆前镇印黄村,总计有 3300 多人。历经数百年人文鼎盛,成为汀东望族。

(四)建宁董氏

1. 建宁(陇西郡)董氏

郡望为陇西郡。南宋德祐年间董关甫迁徙建宁。据《董氏统宗分迁派志》载:"建宁派,自董仲三之后裔分迁居焉。"而定从江西迁入。现后裔居溪口镇、濉溪镇、里心镇、黄埠乡和宁化县安远乡等。传至二十七代,有人口 486 人。

2. 建宁(广川郡)董氏

元末避北兵之乱,始祖董仕高流寓南丰,即蓝田。其子居安由江西南丰迁入福建邵武府建宁县北乡蓝田堡。现居溪口镇溪枫村有 125 人。

(五)武夷山曹墩董氏

元季江西抚州乐安流坑十七代祖仲达公,迁入闽建宁府崇安平川俗名曹墩。现武夷山市有 426 人,分布在星村镇曹墩村、红星村、朝阳村、黄村村和兴田镇双西村。

（六）武平董氏

武平县民主乡高横村,始祖董荣,抚州金溪县人,明初奉调驻所,以功封武略将军。传今十七代,现有人口 93 人。

（七）光泽董氏

明洪武己未年(1380 年),董荀从江西临川水琴城迁居光泽县杭川八都。

（八）沙县董氏

根据《三明姓氏考略》第五十七章:南宋末,江西一支董氏迁居沙县的高砂渔珠村。明洪武三十年(1397 年),董杨发从江西牛栏角迁居沙县的后底村。现传至二十七代,人口 311 人。

（九）邵武董氏

明成化年间,从江西临川移居闽邵武(建阳近界首乌石窝)的江西抚州乐安流坑董梓兴公。

（十）宁化立新董氏

乾隆壬申年,董廷才从江西建昌县入闽宁化县石碧镇立新村。已传八代,现有 11 人。

五、历代由浙江泰顺入闽董氏

（一）缙阳董氏

元大德三年(1299 年),浙江温州罗阳的董万彤(号赤阳),从陕西省西安府华州同知辞官,迁入闽福鼎安仁村。传至曾孙阄二、阄四,于至正四年岁次壬午迁缙阳架屋,现居住管阳镇管阳村、管阳镇缙阳村、管阳镇七蒲村、管阳镇西阳村,有人口 1352 人。

（二）福鼎玉瑶董氏

元代董纯五九从浙江温州罗阳郡马基,迁入闽泉州府,其曾孙董真于明洪武永乐年间迁清溪(现安溪)。董真之孙董德有(号奕俊)为清溪县来苏里郭板始祖,其后七世董绍使(字峻品,号良观)清康熙年间迁居福宁州廿一二都大坪玉瑶冈(福鼎十四都)。现有人口 399 人。

（三）福安社口董氏

福安社口董氏系泰顺平溪董氏贞房分支,其肇基始祖是泰顺平溪董氏第十二世良轼公长子一萃之子惟衡,娶包氏,生子二。顺治康熙年间,由泰邑城南平溪始迁福安东山,次迁东坑垱上,繁衍逐成一族,惟衡公当为水南肇基始祖。现今董氏人口主要分布在福安的社口镇龟

龄村、溪尾镇溪尾村、下白石镇章沃村、秦坎村。

（四）秦屿巨口董氏

秦屿镇巨口村董氏一族，系浙江苍南县灵溪河口董支系。据本族族谱记载，河口始祖在周威烈王时（前 425 年）官拜太子太保汉阁大学士，轩公夫人项氏，世居镇江府丹徒郡。轩公四十二世裔孙德显公任温州太守，三子京公安居温州新河巷。传到四十六世祖宜公，同先移迁平阳四十八都董家峇麻园径口（今即平阳水头镇）。传至七十三世祖尊公移迁灵溪河口（今即平阳水頭镇新建村）董氏居灵溪河口，相传拥有田园一万四千亩之多，出过文武状元、太史、太守、千总、县令等。有轩公七十五世孙轰公官拜太史，明宣德九年十一月廿五日承天门待诏敕封有黄绫绸玉玺印为证，还有双门棋杆毁于"文革"期间。相传九代朝内为官，现有上官堂、下官堂、渡龙仓库、东仓仓库为证。据传渡龙龙珠山龙须直伸至河口，董有起龙桥鲤鱼尾，半月沉江的天然风水，促使河口董地杰人灵，英雄辈出。

六、历代由浙江其他地区入闽董氏

（一）鳌西董杨氏

据董杨理事会资料：宋高宗时，朝议郎董世兴，系由浙江省余杭入闽作官，与泉州杨梦龄情同骨肉之亲。因杨家无子，将其子于杨家为嗣，其后承杨姓。传至七世孙杨道会，号贯斋；杨道宾，号荆岩。俱登进士。道宾为第二名榜眼，任布政，奏请复董姓。宋神宗御批："既承久代，不准复姓，钦赐董杨公。"仍以杨姓传嗣。今泉漳厦、台港与东南亚等地的杨姓，大部分均为其后裔，泉州有大宗祠奉祀南宋董杨公为证。

据杨氏宗谱资料：南宋末年，朝议郎董世兴，系由浙江省余杭入闽同安监盐税。据泉州旧馆驿杨氏宗谱记载："董世兴，浙江余杭人，姓董，授宋代朝议郎、同安关监税。卒于官，家眷贫，不得归回乡。友人晋江杨宣怜而收之，因以其姓托居焉，为泉郡董杨之始祖也。"洪武年初，至四世列孙公由泉郡之西门迁居晋江八都鳌西乡，为鳌西之始祖。其兄相孙公偕弟和孙公仍居泉郡之西门，迄今子孙称西门杨。后世者，或居泉城，或居鳌西，或居安平，或析居晋江之下吴，或析居诏安公子岭，或散居潮郡十县。

明代杨道宾，字惟颜，号荆岩，系董世兴第六世孙，道会从弟。万历丙子（1576 年）科举人，丙戌（1586 年）科进士第二名，官至礼部左侍郎。曾题疏恳求恩准复姓奉董，神宗皇帝御批"既承久代，不准复姓，钦赐董杨公，仍以杨姓传嗣"。故杨道会、杨道宾后世所设神主题曰"董杨公"。今泉漳厦、台港与东南亚等地的杨姓，大部分均为其后裔，泉州有大宗祠奉祀董杨公为证。而闽南董、杨两姓联宗，亲如手足，且相约两姓不联婚。自民国年间开始组织"董杨宗亲总会"，至今已成立《全球董杨童联谊会》，遍及世界各地，影响甚大。

（二）连江龙塘董氏

元末明初入迁福建闽县（今福州市连江县），其先祖为唐太宗贞观二年（628 年），任浙江

金华府同知董宁后裔。其先祖为董念三公,四十公再派福州府,后至闽县龙塘堡(今福建省连江县管头镇塘头村)。迄今已有五百余载,其子孙共有 1206 户,约 3000 余人。

明万历年间(1573—1619),龙塘十一世孙董时用,字良桐,由瑁头塘头村迁琅岐董安村。时用生文泰,文泰生四子:振纶、振纪、振绨、振级,衍分四房。今传 15 世,居村有 30 多户,120 多人。

清代,董章由塘头移迁川石。今传 12 世,居村有 120 多户,650 多人。董章裔孙移迁筱埕官坞,今传 10 世,居村有 30 多户,150 多人。现居秦川村董姓有 56 户,280 多人,居瑁头街董姓有 20 多户,120 多人;居壶江村有 20 多户,130 多人;居苔菉镇后湾村有 100 多户,510 多人。

(三)松溪董氏

宋绍兴壬午年,建州刺史董彦瑜号仁斋,始居浙江温州府平阳县,迁入闽松溪。长子仲珠住县城;次子仲机住董坑,其后裔良恭号爱甫仍居董坑,良宽号城甫迁居柯田。境内董姓人口 1500 多人,主要居住在东边、竹贤、溪东、董坑等村。

(四)连城董、童氏

连城童氏为董仲颖后裔,改姓童。年代已久,后入闽。

西周大夫辛有之后、春秋时期晋郭大夫董狐的庶支后裔有董君雅,东汉后期由微官逐渐晋为颖川纶氏县尉(今天河南登封)。生有三子:长子董擢,字孟高,早卒;次子董卓,字仲颖;三子董旻,字叔颖。

据台湾学者董渊源所撰写的《董童联宗历史渊源》中记载,有一支童氏是因汉朝末期的太师、郿侯董仲颖一众所周知的东汉末期一代枭雄董卓的后裔子孙改姓而来,其记载曰:"吾族本姓董,汉董仲颖将军,因女婢所害,后裔为避杀灭,弃'艸'易'立',而为童氏。董、童本同宗。"按其童氏族人的传说,皆谓其先居于浙江,后进闽地连城。

居于今福建省龙岩市连城县童氏一族,残谱载是董仲颖的后裔。当年改称童氏,避居于浙江绍兴一带。到了宋、元战乱时期,由其后裔童十三郎从河南开封南下,迁入浙江绍兴府嵊县避祸。至南宋末至建炎元年(1127 年),童十三郎之后童万一郎携四个儿子迁入闽西汀州(今福建长汀)。南宋宁宗赵扩开禧三年(1207 年),其后裔再由长汀青泰里迁至连城县北郊落居。世代繁衍,史称"客属童氏"。其后渐次分播至福建、广东、台湾、海南诸地,形成了一个庞大的童氏家族,人口已达数万。其特征是皆以雁门为郡望。

(五)尤溪董氏

明成化元年(1465 年),浙江省金华府金华县一支董氏移居江西省广州府广信县。明万历年间(1573—1620),贵基公父、高祖名琼,在朝职为摄相议政,被奸臣所害,全家出避,各奔而去。董贵基从江西省广信府迁居福建的尤溪县十四都官台村。董贵基之子董永迁居十三都下墩村(今尤溪西滨镇下墩村)。清咸丰十一年(1861 年),尤溪西滨镇下墩村董氏迁居尤溪联合东边村。后来由六世祖克祯、克公迁居下墩村,六世祖克耀、克广、克允公三兄弟迁居

三连村,普十公迁居南平樟湖阪。

（六）诏安董氏

明朝中期,从浙江省温州市迁居福建诏安县城南诏镇。现已十八代,总户数 110 户,440 人。聚居县城南诏镇,其中桥东镇 10 户 44 人,梅岭镇 1 户 7 人,四都镇 3 户 12 人。

七、其他入闽董氏

（一）下砚董氏

唐季乱中,董晋次子全溪(初试官于固始)元孙董期公自固始随王审知入闽,独入长溪,卜居魁洋。传至董昆,字希生,在宋淳祐甲辰移居砚江芦洋,为开山芦洋之祖。又传至五世孔昭公,移居砚石村(新中国成立后始更名为"下砚村"),定居下砚繁衍。至今已有 760 多年。有守台名将董长藩故居、三道圣旨、董氏宗祠及大门前的彪炳董氏三杰的旗杆石柱、大富豪董石生大厝等。传至九世,由天泽公,字民陛,号滋园,移居柏洋董墩。传承乾、元、宁、利、贞五房十四世。再历数传至十一世孝九公移居宁德八都福口,为福宁下砚肇基福口之宗祖。自公至兹,已逾三百余载。

（二）兴泰董氏

元末,董麟登始居湖广(今湖北省)襄阳。其子董安保为明太祖征八闽,授怀远将军之后,奉君命调至仙游兴泰里,在朗桥葫芦由下定居。历代人丁兴旺,分布在仙游县钟山镇、大济镇和永泰县梧桐镇、富泉乡。迄今已传二十三代,共有 4000 人。

（三）龙岩(新罗区)玉宝董氏

明洪武十年,董万一郎公从延平府沙县石鼻头宁家营迁入龙岩(新罗区)董邦村居住。其四子董万五之次子董胜荣(呈泉机公)迁居玉宝村为始祖。二世祖董成德公(字俊甫),生六子,长子祖聪迁居雁石横坑(今云坪),现已繁衍 25 代,人口约 955 人。次子祖和迁居玉宝村,现已繁衍 25 代,人口约 500 人。三子祖善迁居坑源(今岩山乡芹园村),现已繁衍约 50 多人。四子祖禄迁居浙江杭州苦竹。五子祖达,其长子国安后代居玉宝村人口几十人。次子国清迁居南靖县梅林镇寨头,至今人口 1350 人。六子祖寿迁居铁山谢家邦,至今繁衍约 136 多人。

（四）闽侯秦洋董氏

明代初年,由漳州府德化县土楼的董绰迁入闽侯县江洋农场彭湖村秦洋自然村。

（五）福清市音西林中村董氏

乾隆年间,由垅西冉桥南迁龙江。现福清市音林中村有人口 1000 多人。

第四篇

世系篇

在悠久的历史长河中，董氏先人从发祥地董国（今山西运城一带）向四方藩衍播迁。早在先秦时期，董氏族人主要的活动地区包括山西、陕西、河南、甘肃南部等。到秦汉时，董姓已北及河北、东进山东、南逾岭南、东南抵江浙、西到四川，在今山西、甘肃、河北、河南较为集中。另外，陕西，山东定陶、高青，广东广州，四川资阳、德阳，浙江余姚、湖北襄阳、枝江，福建福州，河南禹州、伊川、南阳、开封、杞县、信阳、灵宝等地也散居有董姓族人。魏晋南北朝时期，社会动荡，百姓四处流散，大举迁往南方，安徽、江西、江苏、湖北及长江中、下游地区均有董姓迁徙而来者。

最早董氏入闽者始于汉代。据载，东汉末"建安三神医"之一董奉，是三国时吴国侯官（今福建省福州市长乐）人，字君异，原住于长乐古槐福山，后到全国各地去行医。随后有唐肃宗（758—760）乾元元年董玠（蜀汉之邑宰董和十四世孙）赴闽任防御使，兼福州刺史、兼宁海军使，居于闽省福唐城。唐末董章，随王氏（王审知父）入闽六十七姓之一，其子董思安，为五代闽（越王）国莆田人，骁勇无比，官居闽国（景宗帝王曦）大将军，始落籍晋江登贤里。宋真宗宝庆年间，历武魁、三班殿直、辅太祖，封银青光禄大夫、上柱国太尉董兴，入闽落籍晋江（今福建省石狮市）。宋高宗时，朝议郎董世兴，系由浙江省余杭入闽作官，与泉州杨梦龄情同骨肉，留下董杨一家亲千年佳话。南宋年间，唐五代后汉随州刺史、宋太祖钦赐朝奉大夫董宗本（涿州范阳人）的九世孙董纯永，又称万十一公，迁至闽海琅山。大一郎公入闽汀州叶屋山，后裔叫下董屋人。由直隶河间府任丘（今河北省沧州市任丘县）籍董五十郎迁入闽，其三世孙董德源以闽博士，在建阳考亭任教，后因元乱至汀州府连城县居董屋山。董期公徙霞浦溪南镇下砚村；元末由江西抚州乐安流坑迁入闽汀州，其始祖为念一郎公，后裔叫上董屋人。明初入迁福建闽县（今福州市连江县），其先祖为唐太宗贞观二年（628年），任浙江金华府同知董宁后裔，其先祖为董念三公，四十公再派福州府，后至闽县龙塘堡（今福建省连江县琯头镇塘头村）。董安保公徙入闽仙游为始祖；明万历年间（1573—1620年），董贵基从江西省广信府迁居福建的尤溪县十四都官台村。董贵基之子董永迁居十三都下墩村（今尤溪西滨镇下墩村）。清咸丰十一年（1861年），尤溪西滨镇下墩村董氏迁居尤溪联合东边村。明崇祯年间，原籍为直隶保定府雄县（今河北保定市雄县）人董趋，世业为酒库兼设水泉，因路过福城遇阻而滞留居之为始迁祖。以及先后从江西、浙江和其它各地迁移闽省有三十支左右董氏支系。现今全省董姓有八万之众。

由于支系较多，入闽时间不同。为了全面了解八闽董氏信息，给寻宗问祖提供方便，本章节按迁徙源分类，采用历史迁徙、世行昭穆、简明世系、历代英贤、文物遗辉的顺序简明全面地介绍已提供族谱的各分宗世系。

因为历史悠久，各支系信息量较大，在简明世系表述上应用经纬形式，利用拓扑结构图中的树型结构来描述各支董氏世系，以达到层次分明清晰简洁的目的。

第一章　长乐董氏

第一节　最早始于东汉入闽的董奉

一、董奉世系

董奉(220—280),字君异,又名董平,字君异(一说字君平,《大越史记全书》说字"昌"),号拔墟,侯官董墘村(一说董厝,今福建省长乐市古槐镇青山村)。年青时,曾任侯官县小吏。不久归隐,在其家村后山中,一面练功,一面行医。少时治医学,信奉道教,后来与南阳的张仲景、谯郡华佗齐名,并称"建安三神医"。董奉医术高明,交州刺史吴士燮病危,延董奉诊治,以三丸药纳之口中,以水灌之,并使人捧、摇其头,经抢救而愈。董奉医德高尚,治病不取钱物,只要重病愈者在山中栽杏 5 株,轻病愈者栽杏 1 株。数年之后,有杏万株,郁然成林。春天杏子熟时,董奉便在树下建一草仓储杏。需要杏子的人,可用谷子自行交换。再将所得之谷赈济贫民,供给行旅。后世称颂医家"杏林春暖"、"誉满杏林"之语,盖源于此。据载,今江西九江董氏原行医处仍有杏林。

董奉塑像

董奉晚年到豫章(今江西)庐山下隐居,继续行医。《浔阳志·董奉太乙观》记载:"董奉居庐山大中祥符观。"《真仙通鉴》记载:"奉在人间百年,其颜色常如三十许人。"张景诗云:"桃花漫说武陵源,误杀刘郎不得仙。争似莲花峰下客,栽成红杏上青天。"说的是董奉在庐山成仙的传说故事。也可见董奉有一套养生之道。

传说,董奉年轻时就离开福建前往江西庐山学道,并为民除害。当时由于江西江河溪涧里出现巨蟒,常危害人畜,董奉设法杀之。据《庐山志》卷七记载:"浔阳城东门通大桥,常有蛟,为百姓害。董奉治之,少日,见一蛟死浮出。"

董奉死后，人们在庐山上建有董奉馆。在今长乐古槐镇龙田村境内有董奉山，就是后人为纪念董奉将原名福山更名董奉山。在福州的茶亭街河上村有一座明代的救生堂(今已搬迁至白马河傍)，均为纪念董奉所建。现在在董奉的老家，古槐镇龙田村与雁堂村交界处，建起了颇具规模的董奉草堂。草堂占地20亩，仿后汉三国时代风格而建，四周遍植杏树，使我们能感受"杏林春暖"千古佳话的意韵。

董奉草堂中的景观有中国长乐中医馆、"杏林望重"大屏风、清代名医陈修园专馆南雅堂、"百草园"以及各种石刻等景点。正厅内立董奉"悬壶济世"半身塑像。

(一)历史迁徙

董奉的一支广川迁往陕西西安，经浙江宁波到福建侯官(现福建长乐市)然后到江西庐山，经二十五代因做官董典迁河南开封(兴到湖北武昌)。后代又经湖北秭归到湖南长沙，从董奉(庐山)起第36代的子昌公又由长沙到攸县西乡石虎陂燕山下(时值宋理宗景定元年庚申)。

子昌，字兴文，宋理宗景定元年(1260年)迁居湖南攸县西乡石虎陂，为攸衡鼻祖。又三代至万一、万二、万三、万四。万一公裔代承云南军籍，万二分基攸县龙翔，万四留居石虎陂；万三，字望震，元至元间由石虎陂徙居衡山车头。至六代衍为富、贵、荣、华、长、寿、康、宁八房。明崇祯十一年(1638年)，万二、万三、万四三房合修首谱。清雍正十年(1732年)、乾隆三十八年(1773年)、道光三年(1823年)、道光二十六年(1846年)、光绪元年(1875年)万三房贵、荣、华、康、宁五支合修，宣统元年(1909年)荣、华及贵房西川公一支续修。1938年，华房淑彰支及淑显支惟正、惟直、惟忠四小支续修。至1948年，车头董氏共7000余人，分布于铜塘、官坪、石矶、大源塘、楞枷寺、霞沅冲等处。宗祠在车头篁竹园。

(二)世行昭穆

湖南省攸县石虎陂　董氏开基祖，称"石虎开世第"，堂号是陇西郡广川堂。宋理宗景定元年(1260年)，子昌公66岁，其子贵一44岁、贵二35岁，孙万一20岁、万二17岁、万三14岁、万四12岁，迁入攸邑西乡石虎陂燕山下，即现在湖南省攸县鸭塘铺乡西洋垅村和黄桑桥村石虎陂东燕窠。

原排行诗十句管四十世，即贵万德新，全才闻仲，永正朝廷，兴文最盛，学宏先绪，芳承汉晋，鸿儒董相，美济家声，云裔凤起，世接昌荣。

原车头老班：道德宗周孔，文章启人承。

车头、龙翔原班：人承明正训，儒泽绍心传，孝友垂家范，诗书庆国恩。

至嘉庆乙亥年1815年，桑桥、龙翔、车头合修通谱。自二十六世起共用新立排行新诗，即"人怀三策祖，弈世衍其传。孝友传家范，诗书庆国恩"。

攸县桑桥董氏族谱世系，从中州子昌公开始至1997年三十世。

一世子昌——二世贵一、贵二——三世万一、万二、万三、万四——四世德一、德二——五世新一、新二——六世全一、全二、全三、全四、全八、全九——七世显才、亮才、云才、能才、英才、雄才、茂才、正才。

八世起是显才公位下【闻】——九世【仲】——十世【永】——十一世【正】——十二世

【朝】——十三世【廷】——十四世【兴】——十五世【文】——十六世【——最】——十七世
【盛】——十八世【学】——十九世【宏】——二十世【先】——二十一世【绪】——二十二世
【芳】——二十三世【承】——二十四世【汉】——二十五世【晋】——二十六世【人】——二十七
世【怀】——二十八世【三】——二十九世【策】——三十世【祖】。后面的字辈是"奕世衍其传，孝友垂家范，诗书庆国恩"。

（三）简明世系

根据湖南省攸县石虎陂董氏宗族情况摘要来看，主要有庐山奉公世系、中州典公世系和湖南省攸县石虎陂世系，还有由湖南省攸县石虎陂外迁万四公在云南省昆明的后裔，德二公及其子新二公在外的后裔。在广西原罗城县，马平县的全一、全二公的后裔，仲期、仲源公在福建省的后裔，闻听在广西的后裔。以下主要功能反映是湖南省攸县石虎陂董氏宗族世系。

庐山奉公世系

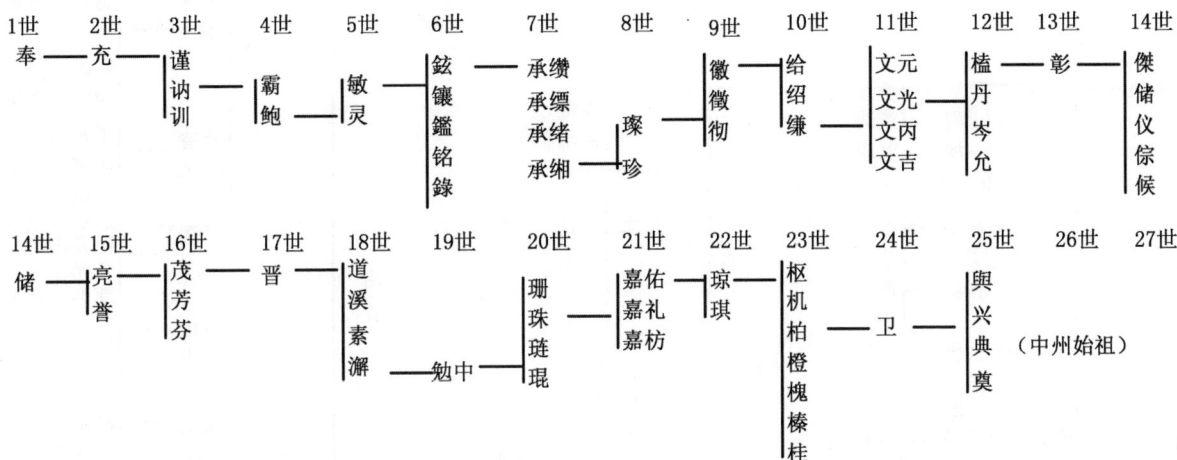

中州典公世系

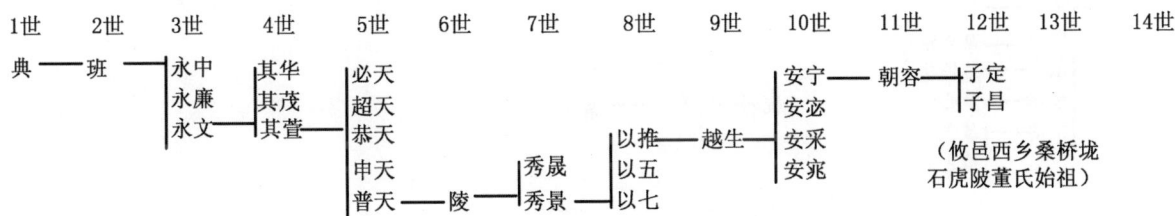

攸邑西乡桑桥垅石虎陂董氏始祖

第一段（1世—13世）

1世	2世	3世	4世	5世	6世	7世	8世	9世	10世	11世	12世	13世
子昌	贵一	万一	德一	新一	全一		闻谅	仲智	永俸	正乾	朝春	廷科
		万四	德二	新二	全二	显才	闻魁	仲纲	永仪	正坤	朝夏	廷税
	贵二	万二	大兴		全三	亮才	闻忠	仲聪		正銮	朝冬（西桥）	廷利
		万三	大维		全四	茂才		仲高		正辈	西桥	廷稳
			添筹		全八			仲纲		正冕	朝会	廷稼
			添笼		全九						含廷	廷辉

第二段（14世—24世）

14世	15世	16世	17世	18世	19世	20世	21世	22世	23世	24世
兴柄	文宠	最任（大臣）	盛宗	学芬	宏济	先冕	知绪（寿亭）	桔芳（德润）	承德（德龙）	仁元
兴遇（翠所）	文采		盛高（睿照）	学胜	宏义	先权（世衡）	勇绪（金亭）	栲芳（玉书）	承华（云龙）	禄元
	文音		盛辅	学魁	宏智		仁绪（蘭亭）		承缠（攀龙）	奎元
	文富		盛朝		宏信					常惕
										善英、桐英
									承春（春龙）	德元
										娇娥、文娥
										瑞娥、冬娥
									承缓（吟龙）	玉善
										明娥、庆娥
										菊娥、仁娥
										仁元出绍
										松元
										菊英、贤英
									承怡（怡龙）	福明
										乐明
										艳明
									承宗（宗禄）	春桃
								楮芳（章山）		祖元出绍
										元英、秀英
									承达（达生）	祖元
								丁芳（开仕）	承李	

第三段（24世—27世，左）

24世	25世	26世	27世
仁元	伯齐	建斌	董谢
		永梅	董洁
		玉梅	郭明
		国梅	胡郡
	仲林	福良	董涛
		文良	董春香
		春良	董淑香
			董玉仙
	明生	唐静	董智豪
	龙娇	平艳	董美琳
	运娇	玉艳	
禄元	伯辉	董震	韩董笑
	百兴	董骊	
	百明		
	百娅		
常惕	董坚	董鸿政	
	世新	董兆培	
	董东	董锦华	
	董飚	董心怡	
	董博	董之瑾	
		董之瑜	

第四段（24世—27世，右）

24世	25世	26世	27世
德元	蒲先	文胜	
		春雅	
		艳雅	
	章华	欢武	
		小容	
	国华	运芳	
		杉南	
		桂南	
	凤娇	爱南	
玉善	烈豪	悦琪	
	新豪	洪杰	
	奇志		
松元	建明	董魁	董易
		董君	董行
	建华	董清	董权
	建全	董荣	
	运莲		
福明	志军	董梁	
	晓珍		
	小凤		
乐明	洪佑	亦欣	
春桃	德明	爱云	嘉成
			酉琼
			家耀
	德成	争明	
	德招	跃明	董超
			玉琳
祖元	跃亮	归湘	
	元伟	燕归	
	元辉	娟娟	
	元娇	亚军	

二、重要历史遗迹和文物

（一）长乐董奉山风景区

董奉山，原名福山，在古槐镇，距市治南十公里。相传山上有神人裸身散发，人见之必有福因名。董奉山山峦绵延起伏十余里，气势雄伟。山上长满苍松古杏等原始森林，青葱郁绿，奇岩怪石，溪流清响，潮音风声，是个清幽胜地。主峰 581 米，巍然屹立，直耸云霄，有"一旗二鼓三董奉"之称。此山是福州一个屏障，遮住东南缺口。站在福州乌石山顶或万寿桥上，可望见董奉山在五虎山与鼓山之间，好像挽住二山连成一脉挡住海风，对气候的调节起很大作用。"董奉山"与"杏林"之说流传已久。山间有天龙井，又叫龙谷井，井深三尺，不溢不涸。山间石岩叠翠，葫芦洞深不见底，传与潮汐相往来，有三司塘、仙床、止潮石诸胜。里人黄荣庚标十景：竹林讲席、董拔丹炉、三台插汉、七星临乡、魁石凌云、建林飞瀑、鬼洞钟灵、仙人留迹、龙井通潮、豹岩俯海等。

董奉山国家森林公园素以"名山、秀水、茂林、古木、奇岩"等自然景观闻名，主要由董奉山、竹田岩和腊溪源三大景区组成。规划面积 1120.5 公顷，园内有青山贡果龙眼林、千年古榕、天龙井、葫芦洞等景点。山下的董厝出了名医董奉，故山也以此得名。

（二）董奉草堂

位于海拔 577.2 米的董奉山（原名福山）下的古槐镇龙田村与雁堂村交界处的董奉草堂，占地面积 20 亩。草堂依汉代风格而建，四周遍植杏树，使游人如入"杏林春暖"之境。

董奉出生于长乐古槐镇董厝村，与华佗、张仲景都是后汉三国时代的名医，史称"建安三神医"。董奉从小钻研很多古代有关医药方面的知识，采集各种树木花草加以研究实验，根据药物的颜色、气味和产生的季节、地方等，分别种类、性质，并参考古书记载和自己治病过程中所积累的经验，发现了很多古代所不知的病源、医理。董氏不但医术清湛，而且医德高尚，他给人看病不收诊费，病人医好后送他的礼物都被谢绝，对所治愈病人只要求在其住宅周围种植杏树，以示报答，重病者种五棵，轻病者种一棵。日久郁然成林，董氏每于杏熟时于树下作一草仓，如欲得杏者，可用谷子交换。然后又以所得之谷赈济穷苦人民，赈济地区并不限于本地或附近。一些地方的人民，为感谢这位善人，还建立了生祠，进行奉祀祭典。

董奉年轻时经常到处云游，行医施赈，特别是在浙江、江西、广东、广西和越南等处往来。所到地方除了治病赈济以外，他还遍访名山大川，采集野生植物制成丹药给人治病。董奉不求名利，乐善好施的高尚医德被人们传为佳话，千秋流传，后世以"杏林春暖"来称誉董奉。有诗赞曰："董医布德大临边，奉道行仁高际天。培杏扶贫株十万，易谷赈困斛三千。御颂太乙昭今古，圣敕元真绍后先。仰得草堂深胜慨，犹沿芳径拾遗篇。"

董奉草堂中的景观有中国长乐中医馆、"杏林望重"大屏风、清代名医陈修园专馆南雅堂、"百草园"以及各种石刻等景点。中国长乐中医馆占地面积 700 平方米，建筑风格以后汉三国时代为主，就连馆内悬挂的十多盏桶式红灯笼、东西两面镂空窗格也是根据后汉三国时代的风格进行包装，具有很深的韵味。中医馆大门上的"杏林春暖"金字匾额由中国书协副主席苗子题书。大屏风正面绘有杏花怒放，背面是展示董奉医术精湛、医德高尚等"杏林春暖"的工

艺漆画。正厅内立董奉"悬壶济世"半身玻璃钢贴金塑像,高约 1.6 米。厅堂右边为董奉一生成长的展示版,左边共绘有从商朝到清朝的 39 位我国医学界名人。馆内还陈列有从全国各地档案馆收集来的有关董奉的新旧书籍 300 多册。左边靠墙近 50 平方米设有"杏林医馆",酷似现代的中医药店,所陈列的中药柜、橱和药铺器具更是匠心独具。医馆罗列各种中药 350 多类和各种盛装中药用的竹罐、锡罐、陶罐,以及捣药的石臼、药碾等。"董奉草堂"、"南雅堂"分别由全国人大副委员长吴阶平和中国书协副主席刘艺题写。

草堂中的"百草园"占地面积 10 多亩,种植金银花、枸杞、月季、何首乌等 30 余种名贵中草药材和 1000 多株银杏、大小杏花等稀有药树。园内各种形状石头上还饶有兴趣地刻有"虎守杏林"、"玉兔捣药"以及中药联语和谜语等石刻。此外,长泰县有一名山叫董奉山。自古以来,它以迷人的景观与神奇的传说,吸引着无数游客。宋朝长泰县令韩常卿曾有诗句:"烟霞空锁樵人径,松桧重阴古寺楼。怪木化龙云雨夜,碧波涵月镜潭秋。"据史籍记载,三国时期的名医董奉曾在此炼丹,故"名以山长存"。董奉山南麓,铺展着绿野千畴。长泰县岩溪甘寨村的皇龙宫,是这绿野中独领风骚的一座古建筑。皇龙宫原名凤龙宫,因此,古代厅堂石柱上,刻有以"凤"、"龙"两字为首的镶字联,联曰:"凤发棠林晓日瞳眬似帝阙,龙蟠丹灶祥云隐现护皇坛。"联中的"棠林"指甘寨村古地名"甘棠","丹灶"指董奉在此炼丹的典故。而"帝阙"、"皇坛",应与皇龙宫供奉的"玉皇上帝"等神明有关。因有"帝阙"、"皇坛"之词,人们又称凤龙宫为皇龙宫。

(三)救生堂

明末,闽王王审知后裔、长乐王姓一支迁居福州(原台江区茶亭街西侧河上村)时,便将董奉老家太乙宫香火"分炉"到省城,建祠纪念董奉,取名"救生堂"(迄今 400 多年),奉董奉为仙师。而今,为纪念三国名医、"杏林始祖"董奉而建的救生堂迁址白马南路高家厝古建筑河上,已经开始原样易地重建落成。现今福州城内的"救生堂"是供奉董奉之所。

第二节　唐乾元元年入闽的董玠

一、长乐董氏

长乐市别称有长邑、长城、吴航,简称有长、航。三国时期,长乐全是山地,当时孙权在吴航头山边造船,吴航也因此得名。历史上长乐属晋安郡原丰县,晋安郡改为建安郡,长乐属闽县。唐武德六年(623 年)由闽县析立,取《诗经》"宅新邑,宁厥止"之义,县名为"新宁",县治设敦素里平川(今古槐),不久改称长乐县。上元元年(760 年),防御史董玠因敦素里地形卑湿,将县治移到吴航头。

长乐市位于福建省东部沿海,地处闽江南岸最下游的闽江口,与北岸福州马尾区隔江相望,南与福清市相连,西与闽侯县毗邻,东濒台湾海峡,人口近 70 万人,是个得天独厚的江海半岛。

（一）历史迁徙

唐肃宗乾元元年（758年），董玠（蜀汉邑宰董和十四世孙）赴福建任都防御使兼宁海军使和福州刺史。他驻在闽十二都古县（今长乐市古槐村），安抚闽海而波不扬，有德惠及于民。后升官入京，民请留之。他将次子元礼留下，居于闽省福唐城（"福唐"作为县名，曾经专指福清。唐圣历二年，即699年，割长乐县南地成立万安县。天宝元年，即742年，万安县更名福唐县，后梁开平二年，即908年，福唐县更名永昌县。后唐同光元年，即923年，永昌县复名福唐县。后唐长兴四年，即933年，改福唐县为福清县沿用至今。福清冠名福唐前后两次计176年。据族谱中"次子元礼留闽省福唐城繁衍延续至八世"的描述年代应该指的是如今的福清）。董元礼玄孙董禹，在乾符元年为左补阙。以善谏名，皇帝嘉奖他的忠诚，赐金帛表彰。禹生绍裘，裘生四子：长子璘，在五代末后周显德四年为县令；次子珙，三子琳，四子玘，至宋太平兴国二年，由福唐城迁入长乐的敦素里，这就是古槐董之祖。璘生二子：长子思诚、次子为思谨。诚于宋端拱二年迁于黄崎沙里，则为震龙之始祖。古槐珙三传至舜俞，始由世居十七都蔡宅之旁迁至二十四都鳌峰之东畔大启室宇，谓之前董。其后又分支为金峰董，及福、禄、寿三房，董玠的后裔主要分布在长乐市的古槐镇、文岭镇、金峰镇、梅花镇及江田镇，福州市鼓山镇远洋远西村、连江县东岱镇及罗源县凤山镇。

（二）世行昭穆

长乐董氏自玠公始，传至第二十世继公起有上下廿四世昭穆排行。长乐董氏昭穆世行前后廿四世表字：

上廿四世行第排列顺序：

　　　继汝宗彦，廷建有善。则尔永孝，述祖道谊。传家政美，德隆积庆。

下廿四世行第排列顺序：

　　　允崇文学，英俊齐彰；观光上国，奕代联芳；贻谋克绍，赐福孔长。

自玠公起迄今已历千载，繁衍四十余世，子孙计一万余人。

（三）前代世系

董玠因民请留，留次子元礼闽省福唐城繁衍延续至八世，有璘公、珙公、琳公、玘公，分别延伸震龙董氏、鳌峰董氏和古槐董氏，其世系如图所示：

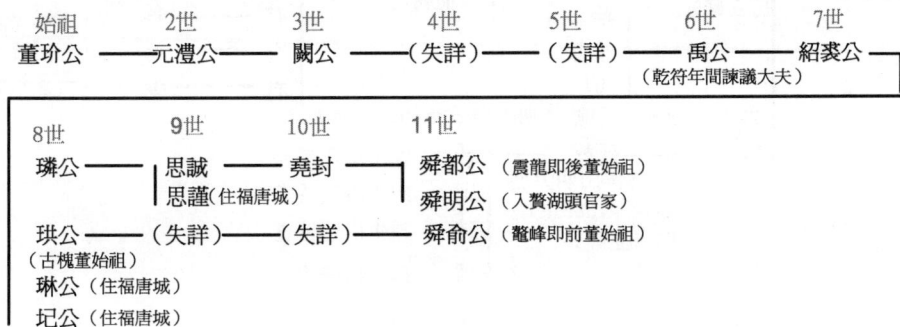

二、古槐董氏

古槐董厝村位于长乐市东南部，距长乐市区10公里。村庄背倚董奉山(原称福山，史记福州因山而得名)。而山又因史称汉建安三神医之一的“杏林始祖”董奉出生地及行医布道之处而得名。该山气势雄伟，绵延数十里。山中苍松翠柏、奇石怪岩，相叠成趣，董奉山现为国家森林公园。山麓建有董奉草堂，草堂占地近百亩。内有杏林始祖展厅、照壁、南雅堂、百草园等，风景优美。现为长乐一旅游景点。古槐董氏与之比邻。

(一)历史迁徙

古槐董氏入闽始祖为董玠，公可追溯至西汉名儒董仲舒后裔蜀汉邑宰董和之十四世孙。玠公于唐上元元年任福州都防御使，公因新宁县治闽十二都古县(长乐古槐)其地卑湿，于唐上元元年迁县治于六平吴航头(即今长乐市)。玠公安抚闽海无波，有德惠及于民，民请留之。玠公乃留次子元礼，居闽省福唐城。礼之玄孙董禹乾符元年为左补阙，以善谏名。上嘉其忠，赐金帛以旌之。禹生绍裘，裘生四子，曰璘，周显德四年县令，曰珙、曰琳、曰玘，皆潜德弗仕。宋太平兴国二年珙公自福唐城迁徙至长乐敦素里，是为古槐董氏始祖。至今已逾千载，繁衍至四十二世。现古槐董氏有95户，三百多人口。但大部外迁，遍及海内外，居村仅三分之一。

族中乡贤董子良系清末举人、进京典赐拔贡，曾任民国省参议院代议长、省高院大法官、法政学堂教授等。在省城吉庇巷置有“董公馆”，专供董家子弟赴省城学习考试及乡亲旅宿。因曾为“长乐莲花山十八村村民抗捐案”、“三溪硋窑鸦片案”、“长乐北乡水堤坝案”等案辩护与仲裁，在乡梓中声誉较高。

(二)简明世系

1. 古县董厝世系

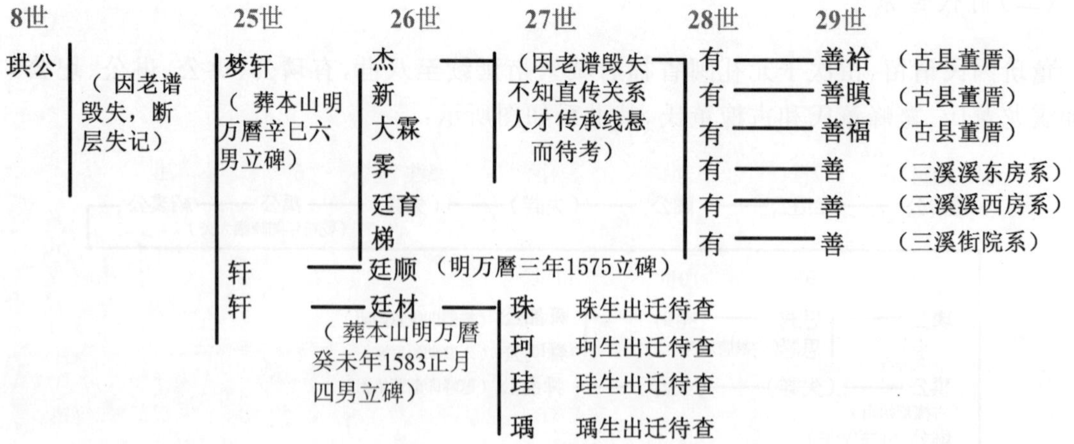
8世
25世
26世
27世
28世
29世
珙公
(因老谱毁失，断层失记)
梦轩
(葬本山明万曆辛巳六男立碑)
杰
新
大霖
霁
廷育
梯
(因老谱毁失不知直传关系人才传承线悬而待考)
有
有
有
有
有
有
善袷
善瞋
善福
善
善
善
(古县董厝)
(古县董厝)
(古县董厝)
(三溪溪东房系)
(三溪溪西房系)
(三溪街院系)
轩
轩
廷顺
(明万曆三年1575立碑)
廷材
(葬本山明万曆癸未年1583正月四男立碑)
珠
珂
珪
瑀
珠生出迁待查
珂生出迁待查
珪生出迁待查
瑀生出迁待查

28世 29世 30世 31世 32世 33世

有—善袷—則定—以—永霖—孝
孝
孝
永彩—孝芳
孝大
永龍—孝文
孝俊
孝

古县董厝世系

有—善瞋—則动（嗣子）—以功（嗣子）—永生（县令）—孝旺（嗣子）
則文—以功（出继）
以登—永吉—孝华（嗣子）
永加—孝华（出继）
孝旺（出继）
孝恒
則灿—以宽—永兰—孝治
永灼—孝兴
有—善福—則枝—以—永—孝日
則万—以轩—永（出迁）—孝友

33世 34世 35世 36世 37世

孝友—述潭—文在
英杰—道蔼—谊栋
谊勋
谊嘉
道易—谊根
道—谊寿
出继英高公—弥勒
弥勒妹
秉桃
秉桂
英高—道—谊振
澄云—道翔—谊溥讳秉浩
谊 讳秉祺
国儒—道焕—谊晶讳秉莹
妹棠（女）
奴妹（女）
清娇（女）
谊弼 出继
子良—秉森
道翔 出继—秉钧
秉坚
道赠—谊弼
依娇
道旭—谊豪讳秉杰
金娇
银娇
孝—述—祖—道—谊妹
谊咳
祖—道建—谊明
谊施
孝—述忠—祖祈—道岩—谊越

33世 34世 35世 36世 37世

孝—述—祖—道—谊柱
孝芳—述—祖—道浦—谊存
述—祖—道—谊团
谊梅
述—祖—道
猪屎—谊忠
八八、九九
谊猴、猴俤
孝大—述枝—祖岩—道有—谊申
谊财
述—祖—道—坎妹
祖祥—道—谊旗
肯乃弟号犬屎弟
孝文—述元—祖熙—道苞—谊焜
道力—谊通
道
道松—谊霖
道全—谊珍
道—谊平
述端
述魁—祖双—道康—谊番
谊玉
祖—道—谊佑
谊佐
谊雪
谊裕
谊幼
祖—道—谊尚
谊御
孝俊—述尧—祖谋—道旺—谊朝
谊开
谊就
依妹
细妹
道—谊摩
谊扬号羊拇
祖紫出迁待查
祖雅出迁待查
孝旺 嗣子—述箭—祖远—道围—谊丹
谊
道—谊均（来来）
祖贞—道好—谊泉
谊务
月英
谊和
谊美
述瑶—祖宾—道楼—谊锦（嗣子）
道禹—谊锦（兼祧）
孝华（嗣子）—述恭（嗣子）—祖杰—歇犬—谊
道仔—谊仕
祖时—道锵—谊恺
谊枝
祖竹—道—谊鑑
孝恒—述樽—祖燕—道蕊—谊鑑（嗣子）
述恭（出继）—祖灯
孝治—述郡—祖田—道施—谊余
孝—述—祖—道连—谊艮
道煌—谊吉

第一组

37世	38世	39世	40世
谊妹	庚庚	金禅	金娇、云玉
谊咳	歇歇	金仙	莲金、云华
	歇秋		云珍（女）
			天开
谊明	传伙	董东	炜棋
	蓝英（女）	董武	宇辉
谊施	作德	董强	炜怡
	宝英、兰英（女）		
谊越	作洲	闽铨	榕斌
		闽钦	
		闽钰	
	作海	董伟	楚楚
		董敏、董湘	
		董丽	
谊柱	依菊	家新	亮亮
	玉英（女）		小宝
谊存	传启	钿官	瑞华
	传峥	依土	瑞建
	传书	水官	瑞乐
			燕玉、燕妹
			赛玉、瑞琴
			兆荣
	传涛	云官	星水
	传施		新彬
			新娟
谊团	玉官（失记）		
谊忠	作贤	金春	钢钟
		千金	钢焰
		美英	红妞
		爱妹（女）	
谊申	作江	董飞	旭晨
	作基	秀娟、秀枝（女）	
	珠送、宝英（女）		
		可欣	
谊财	福寿	观金	柱铭
		巧铃、巧云、巧美、	
		巧雅（女）	
	福来	敏锋	薇科
		巧梅（女）	科伟
	福泉	董宇	科祺
		巧凤、巧芬	
		（女）	
	福建	亮亮	钦德
		晶晶	钦汉
	钦娇		爱金
	玉娇		丽钦（女）
谊旗	传法	木娇	
	狗屎佮	迁台湾	
谊焜	传城	依清	泽兴
			秀榕
			秀芳
			秀琴
			秀彬
		增强	忠勇
			忠存
			惠卿（女）
		依灼	董航
		雪金（女）	董程
		宝钗（女）	
谊霖	金官	依勤	光华
		凤娇（女）	光忠
		雪娇（女）	光辉
			珠玉、金玉
			爱玉（女）

第二组

37世	38世	39世	40世
谊珍	传蕊	依夏	雪玉赘秋官
	传坚	清官	兆茂
	（出继感恩曾家）		兆花
			兆伙
			月英
	传杰	依伙	丽斌
	作秋止	营金	丽金、丽芳
			丽华（女）
		观文	建锋
			建禹
			雪春（女）
		依汉	建敏
			建华
			建荣
		依义	董林
			建鑫
			丽芬（女）
	传喜	依建	丽洋
			莉莉（女）
		依华	丽婧（女）
		依爱	出继湖尾李家
		兰金、爱金、	
		艳金（女）	
		妹官、珠娇、玉娇（女）	
谊平	作和	浩生	东皋
	作铁		春馀
			烽馀
			德馀
		振生	基馀
			瑞馀、琼馀
			荣馀、沈馀
			（女）
谊	作宗	幕安	航生居香港
谊番	银官	观海	金华
		观鸾	桂英、瑞英
			秋英、碧英
			（女）
谊玉	作珠	依品	金标
			坤英
			秀英（女）
	作雄	钦祥	董殿
	娇英	好妹	凤珍
	月英（女）	艳芳（女）	
谊雪	传枝	玉珍	政城
			政冰
		兰珍、月珍、凤平（女）	
谊裕	依好	金隆	董林
	欢喜	清秀	贞婷（女）
		秀华（女）	
谊尚	生基	木生	亨鑫
		康森	锦凤（女）
		佮佮	
		明香（女）	
谊御	作霖	文勇	
谊就	作顺	建国	佳星
		建乐	佳俊
		建平	佳思
		建安	佳敏
		定居西班牙	政钗
		木金	政惠
		珠金	莺枝
谊朝	传灯	家好	木银（女）
	千金	海珠	
		木香（女）	

第三组

37世	38世	39世	40世
谊麿	传华	林兴	天资
谊又	依妹（女）	林辉	崇伟
名羊姆	炎妹		美容（女）依妹
谊丹	作桐	观栋	振华
	阿弟	大妹	振尧
	迁尤溪	玉英女	振光
			振兴
			振祥
			雅康
			雅珍（女）
谊均	作贤	永源	金旭
名来来			金玉
		永泉	金鸿
		秀美	金文
		秀芳	金瑜（女）
		秀娥	
谊泉	元官	家清	董震
	传华	家祥	镇冰
		家铨	伟辉
			建芬（女）
谊务	传盛	董城	
		千金（女）	
谊和	春松	宥真	
定居台湾		湘湘（女）	
	春发	冠有	
		丽珠	
		美华	
谊美	海云	培敏	
	鸿鸳（女）		
谊锦	作霖	董挺	语嫣
		董颖	
		董翔（女）	
	作贵	董楠	
		董瑜（女）	
		爱针	
	作宝	家锐	
	作建	家恒	
	作富	董捷（女）	
	作勇天		
	秀清		
谊恺	荣銮	光中	丽娜
嗣子		光星	佳文
	荣銮出继	光斌	妙莉
谊枝	荣良	光亮	心怡
	荣华	丽娟	
		董瑞（女）	
		董瑜	
	荣泉	董鹏	
		董烨	
	荣和	董蓉	
	荣杰	董立	
	碧英		
	碧云		
谊鑑	锦棋	林浩（女）	
	锦英		
	锦杨	静雯（女）	
	秋玉（女）		
谊余	作敬	观炎	董伟
	紫金		董敏
	锦杨	观唐	董锦
	月容		董磊
	爱华		
	月华		

2. 三溪董世系

31世	32世	33世	34世	35世	36世

三溪溪东系

尔 — 永 — 孝悌 — 待考

尔 — 永昭 — 孝威 — 述朝 — 祖钤 — 道清、依生、扒搭

三溪溪西系

祖斌 — 道清、道、二妹、道、三妹、衡衡、道樔

祖李 — 道敢、煮饭、道敏、依茶、道海

祖恒

永知 — 孝恩 — 述粹 — 嫩妹 — 道发
　　　　　　 — 祖尧 — 秋弟、文官
　　　　　 述 — 霄霄
　　　　　 述 — 祖 — 道秋
　　　　　 述 — 猎哥
　　　　　　 — 猎弟 — 迁文武砂

36世	37世	38世	39世	40世

道清 — 谊成(号猫仔) — 传兴 — 营官、营妹 — 政乐、政善、美云、美香

道 — 谊辉(瑜瑜) — 香香、依章(出继)
　　 — 瑜弟 — 礼敬、礼建
　　 — 榕榕 — 依超
　　 — 恭恭 — 礼基 — 智慧、智明
　　 — 郎郎 — 依章
　　 — 番婆、康康

道 — 谊辉、章灿 — 礼土 — 智明、智华、智平
　　 瑜、章棉(迁昆石) — 美来 — 智霖、智巧
　　 (迁福州)

衡衡 — 忠仁、依

道樔 — 章官、章金、章通 — 礼征、董锦
　　 — 章祥、章耕 — 礼强
　　 — 章松 — 董微

道敢 — 依佛 — 依华 — 董伟
煮饭 — 章彩 — 祥萍 — 董金

36世	37世	38世	39世

秋弟 — 国安 — 龙祥、龙杰
　　 — 国水
文官、道秋 — 依贵 — 锦朝、锦明
　　 — 融生

道敏 — 谊勇(珠官) — 依金、依清、雄飞、宝珠、宝月、宝明
　　 — 谊苏 — 春林、坤金、春祺、春宝 — 智守、智用、文珍、董婷、董钟

依茶 — 茶仔

道海 — 义钢、章钿 — 依才、才妹 — 智玮、董乐、董强、智兴
　　　　 — 依斌、依福 — 智洪、鉴杰

道发 — 国爭 — 福龙、福彬
　　 — 国栋 — 志张、莎莎
　　 — 国平 — 剑辉、剑东

3. 罗源城关董姓世系

清同治年间(1862—1874年),董其昌从长乐江田乡,以打棕绳为业,定居罗源县城关。其子孙在城关繁衍。其简明世系图如下。

29世	30世	31世	32世	33世

善暝 — 则动(嗣子) — 以功(嗣子) — 永生(县令)
　　 — 则文 — 以功(出继)、以登 — 永吉、永加 — 孝兴
　　 — 则灿 — 以宽 — 永兰、永灼 — 孝治、孝、孝(迁往他乡)

33世	34世	35世	36世	37世	38世	39世	40世

孝兴 — 述田 — 祖昂、祖慈 — 道武 — 谊忠 — 传明 — 家炜
　　　　　　 — 道鹏 — 金金、钗钗
　　　　 — 道奎 — 谊厚 — 传顺
　　　　　　 — 谊德 — 传文 — 佳颖
　　　　　　 — 谊胜 — 传根 — 家源 — 政华
　　　　　　 — 谊猷 — 传锴 — 家禄 — 政宜
　　　　　　　　 — 传仲 — 家丰 — 政婕

述御 — 祖恰、祖衍 — 道霖 — 谊允 — 传锋 — 文丹
　　　　　　 — 谊振 — 传波 — 文嘉
　　　　　　 — 谊钿 — 传嵘 — 家华、乐华
　　　　　　 — 玉铭、玉翠、玉平、玉惠 — 传钦、传振、传希 — 家腾

述咸(邦庆) — 祖陞 — 道祥 — 谊让、谊谋、玉玉
　　 — 祖源 — 道祯 — 谊璋 — 传枝 — 家斌 — 斯妤
　　　　 — 道提 — 渲慎、爱恩
　　　　 — 淑容 — 谊镇 — 传枫 — 子烁
　　 — 祖长(雍进士)、祖寿(徽仕郎) — 道祐(兼桃) — 谊贞 — 传安、传斌 — 家栩
　　　　　　 — 谊茂 — 传昌、传其
　　　　 — 妹蛋

述青 — 祖梁 — 道千(止)
　　 — 祖钊 — 玉钦、玉光、玉钗

孝兴支迁罗源凤山世系

33世	34世	35世	36世	37世

孝治 — 述郡 — 祖 — 道施 — 谊余
孝 — 述 — 祖 — 道连 — 谊艮
　　　　 — 道煌 — 谊吉

（三）历代英贤

董梦麟　宋大观三年（1109）进士。

董士岳　宋进士。

董应宣　宋进士。

董时贡　明举人。初为楚王洪武太子师，继为鲁王师。

旧谱有传，在查寻中。以下仅记述辈之后人物。

董浚明　号濠泉，清同治乙丑科分进士，文林郎拣选知县。为学以濂闽为宗，尤能开发后进。以黻黼皇献，俾修国史。其文章节义骨鲠，克绳祖武。

董述潭　皇封文林郎。少年家贫志不疏，曾传婚床八只脚。其妻蒋氏孺人持家有方，相夫教子，育有五子，曾梦"瓮口觅食"。后潭公往闽北经商至尤溪雍口（今尤溪西阳），见此山场广大，人口密集，遂开设"昌盛"商行，不期与梦相符（瓮与雍谐音）。因诚信经商，生意兴隆，购得山场方圆百里，为尤溪一方名绅。此后相继回乡盖屋、造坟、培养子孙。子孙中相继中式文武魁数人。因恐子孙恃财为恶，潭公弥留之际，嘱将所有山民典当契约公众焚化，"昌盛"商行撤回故里，一时传为佳话。

董子才（1868—1924）　子良胞兄，字道焕，号应奎。聪慧孝悌，清光绪年间举贡，江苏溧阳候补知县。忠心办学，与县知事吴鼎芬创办公立新宁单级初等小学学校，校址设在龙田郑氏宗祠。后改称长乐第三区公立第五国民学校。

董子良（1870—1941）　字仲纯，清光绪二十八年（1902年）副贡，福建师范优级理化选科毕业，新旧学俱优。民国初年任省参议会议员，曾代议长。从政多为乡梓尽力，诸如"长乐南乡莲花山十三乡十八村民抗捐案"、"三溪硵窑鸦片案"，皆出力辩护斡旋，使地方生灵免于涂炭。后任乌石山师范国文教授，与县知事吴鼎芬创办南区镇公立初等学校，后改称长乐第三区公立第四国民学校。工诗文，著有《弓同诗钞》。其中之一：

坞尾江楼观竞渡
董子良

流光匆匆近端午，三日竞渡此风古。

谓投角黍吊屈原，惊走江鱼须击鼓。

后人谁复知此意，胜负只以力为赌。

金鼓未衰甲胄兵，丁壮欢腾父老苦。

况我年来爱读骚，众醉莫醒宁忍睹。

主人风雅觅新题，置酒招我来兹土。

楼高百尺俛台江，群龙出没难悉数。

耳边又闻爆竹声，争鸭夺标舟三五。

曷不努力事耕田，负有何伤胜何补。

董谊和　法号释空相，台湾新北市报思禅寺住持。1920年出生，1939年被抓壮丁在海南岛从军。1949年随军去台湾。1954年退役成家当医院护士，开设家具商场。1960年皈依佛教，潜心研究禅学，在台湾教林禅寺报思寺主持佛事，在佛教界培育诸多讲学弟子。1976年首次返乡探亲。禅机精妙，著作颇丰。偈语："报志向上求佛法，思泽娑婆渡众生。禅定语法

画中留,寺门永为苍生开。"

董谊财(1917—2006)　又名康官。遗腹子,少小靠祖母抚育成人。为人慷慨豪爽,谦逊豁达,勤劳俭朴,远近闻名。曾任董厝族长,秉承祖训,弘扬家风,时刻关心家乡公益事业。20世纪80年代初发动族亲,联络筹款收回被占用的宗祠。20世纪90年代末,首倡重修宗祠。其第四子董福建率先捐资人民币10万元,从而带动宗亲献资修竣宗祠。族亲皆感念公的德范。公罹重病,仍挂念族谱未修,嘱族侄董作钜及早收集材料,一定要修好族谱传于后人。2012年公长子福寿再度主持修谱,终于圆了两代人之愿望。

董观栋(1927—1999)　教育家,曾任长乐实验小学教导主任,古槐中心校校长,古槐学区校长兼书记。一生光明磊落,志向坚定,严于律已秉正无私,聪明睿智,勤勉好学,棋艺精湛。侍母至孝,其父作桐公系长乐南乡名绅,曾仗义为"南乡十八村村民抗捐案"领头人监,深受乡民拥戴。公终生从事教育事业,培育一批乡梓人才。在教育管理中,循循善诱,因势利导,培养师资,选就名师。恪尽职导,胸怀坦荡。文化革命中受到冲击,忍辱负重。"文革"后,不计前嫌,对曾批斗他并由他培养的老师仍提拔重用。公高风亮节,淡泊明志,以微薄的薪金维持一家十口的生计和子女的教育费用。一家人粗饭淡菜,仅果腹而已。公伉俪情深,年方弱冠与妻石淑玉结离六十余载,夫妻举案齐眉,恩爱如初,传为佳话。夫人端庄贤淑,相夫教子,平易近人,邻里赞誉。退休后携家移民美国,仍关心家乡公益建设,无论建宗祠,修道路,盖敬老院,均倾资损献。育有五子二女,均事业有成。长子振华,大学毕业后曾在长乐三中任教,颇有盛名。幼子振祥,事业鼎盛,云蒸霞蔚。公有一名言:"做人要看得透想得开,拿得起放得下,立得正行得直。"

董作飞(1931—1981)　又名嫩嫩俤。幼年家贫,少小失学为人家牧牛。解放后参加工作,曾先后当过通讯员、乡政府工作人员等。后升任长乐县招待所所长,长乐县政府行政科科长,长乐县委办公室副主任,长乐侨联主席等。因积劳成疾,英年早逝。

世家者,指从事同一行业达相当年限(一般指三代百年左右)卓有成效的且具有某种亲缘关系的团体,称某某世家。古县董氏述潭公派系有一教育世家,述潭公第五子国儒,清同治廪生,设馆授业,课督弟子读经明史,训诫后学:"庸近之士,不能返其本,思其终。但以读书得科名,而吾名成矣,荣闾里,利身家,而吾事毕矣。"在其严苛教育下,诸子皆读经明史,格物致知,通达世用。长子,子才,字道焕,号应奎,光绪年间举贡,授江苏溧阳候补县。民国年间,与县知事吴鼎芬创办公立新宁单级初等小学。后改为长乐县第三区公立第五国民学校。次子,子良,字仲纯,光绪二十八年副贡,民国初年省参议会议员,乌石山师范国文教授,与县知事吴鼎芬创办南区镇公立初等学校。后改长乐县第三区公立第四国民学校。俩昆仲为所创办学校立校规:一、明大义:圣贤立教,不外纲常。二、端学则:严朔望之仪,谨晨昏之令。三、务实学:明礼达用,成己成物。四、崇经史:六经为学问根源。五、正文体:取法宜正,立言无陂。六、慎交友:洗心涤虑,毋蹈前害。在其严督下,六位子俤都接受高等教育。其中,子才两子秉莹、秉弼,解放初期曾在金峰、洋下等地执教。延至第四代曾孙作钜,师大数学系毕业,中学高级教师、省市教育研究会理事,原长乐七中校长兼书记。以从事教育事业为乐为荣。第五代玄孙媳高碧风,福建师大化学系本科毕业,福州华侨中学一级教师,从事高中部教学。一门五代延续从事教育事业,堪称"教育世家"。

姓名	最高学历、院校名称	专业	学历学位	入学或毕业年月	现工作单位,职称、职务
董秉钧	暨南大学毕业				省农科院研究员、退休干部
董秉弼	福建高专毕业				宁德教育科长、民国罗源县长
董秉莹	福建高等师范毕业				任镇长、小学校长
董秉祺	暨南大学毕业				省重工业厅高级工程师
董秉坚	福建教育学院毕业				连城县教育局局长
董秉森					民国任镇长
董作钜	福建师大毕业	数学	高级教师		长乐七中校长、书记
董丽珍	福建卫校毕业				长乐高级护工
董怡	龙岩卫校毕业				连城县医院主治医生
董观栋	福建师范毕业				古槐学区校长
董家瑞	福州大学毕业				东南造船厂工程师
董家祥	福州大学毕业				福州港务局工程师
董爱华	厦门大学毕业				教授
洪振	厦门大学毕业				教授研究生
董星水	福建师范大学		高级教师		长乐古槐屿头中学校长
董念	上海大学毕业留学香港		博士学位		
董晴	上海大学毕业留学澳洲		大学		
董锦	清华大学留美博士后				任职美国
陈乐	清华大学毕业留美博士		博士		任职美国洛杉矶
董光忠	福州大学		工学士		长乐漳港镇副镇长
董光敏	长春第二航空学院毕业				空军团级干部
董土悬	本科				武汉大学正教授
董传锴	本科				工程师福鼎市水产局副局长
董传枫	上海师范大学	生物	硕士		上海生命科学院
董奔	重庆交通大学	工民建	大学本科		福州城乡建副总工

三、鳌峰董氏世系

　　古槐董的另一支自珙公三传至舜俞,至宋中叶始由世居十七都蔡宅之旁,迁至二十四都鳌峰之东畔大启室宇之前董(今长乐文岭镇前董村)。福禄寿三房又分支文岭石壁,宋熙宁年间又分支为金墩(金峰)董朱。亦逾千载,人口逾万。

　　鳌峰董氏源远流长,文武世德,谱牒森然。无论箕表燕翼,簪祖蝉联,赫赫祖烈,英贤辈出,名宦通儒,功业彪炳,无不著于青史。绵绵世泽,子孙播迁八闽大地。鳌峰董氏宗祠,自舜俞公始徙居鳌峰遂肇建董氏宗祠。其坐落下店三进透后,至今历时千年之久,土木凋零,垣墙倾圮。后辈为尊祖敬宗,弘扬董氏文化遗产,于2000年筹资280多万重建祖祠,改建为前后两座,总面积逾千平米。历时二年,终于2002年10月竣工。修茸后的鳌峰宗祠重现圣光,美奂美奂、富丽堂皇,诚为拜谒之圣地,游览之佳境。

（一）前董董氏世系

11世　12世　13世　14世　15世　16世　17世　18世　19世　20世　21世　22世　23世

鳌峰董氏世系图

舜俞　縉
　　　紳　——平——威——宣
　　　　　　　　　　　通——必厚——豐——國瑞——崇慶——仕遠——伯薦
　　　縉　——康——（金峰董氏世系）　　　　　　　入紹

22世　應福　——汝達（福房）
　　　　　　　汝熙
　　　　　　　汝通（禄房）
　　　　　　　汝旋（寿房）
　　　應鳳　——東
　　　　　　　舒
　　　　　　　錧　（梅花應鳳董氏世系）
　　　應秋　——汝瑞

23世　24世　25世　26世　27世

汝達（福房）　宗伯——世潤——庭韶——建中
　　　　　　　　　　　　　　　　建和
　　　　　　　　　　　　庭俊——建本
　　　　　　　鑛公——世剛——庭謨——儒
　　　　　　　　　　　　　　　　方
　　　　　　　　　　　　　　　　建猛
　　　　　　　　　　　　庭策——建瞻
　　　　　　　　　　　　　　　　建初

27世　28世　29世　30世　31世

建猛——有功——善著
　　　　　　　善通——則吉
　　　有運——善樂——則悠
　　　　　　　善照
　　　　　　　善聖
　　　　　　　善燦
建瞻——有秋——善耀——則乾——爾弘
建初——有厚——善耕——則符——來
　　　　　　　善富
　　　有權——善讓——則豫
　　　　　　　　　　　舉承
　　　　　　　善成——舉皐
　　　　　　　善同——英植——元康
建和——有程——善將——則弼
　　　　　　　善履
　　　有辨——善簡——則位——爾達
　　　　　　　善性——則唯——爾昂
　　　　　　　　　　　則京
　　　　　　　　　　　則崇——子騲
　　　　　　　　　　　則真——子厚
　　　　　　　善粹——則謀——爾尊
　　　　　　　　　　　　　　起鸞
　　　　　　　　　　　　　　子驤
　　　有騰——善對——則寅——文美
　　　有察　　　紀
　　　　　　　統 出紹
　　　　　　　善謹——則贊——文光
　　　　　　　　　　　則遠　進光
　　　有載——善冠——則右
　　　　　　　　　　　入紹——爾貴
　　　有荷——善學——則仲——爾俊
　　　　　　　　　　　則右 出紹
　　　　　　　善翰——則毅
　　　　　　　善宣——則翼——爾萬
　　　　　　　善袞——則采——啓社
　　　　　　　　　　　則番——啓初
　　　　　　　　　　　　　　啓居
　　　有序——善大——則欽——啓左
　　　　　　　　　　　明子　啓芝
　　　　　　　善煥——則銘——啓最
　　　　　　　　　　　則擢
　　　　　　　　　　　則淑
　　　　　　　　　　　則悅——啓聰
　　　　　　　　　　　則濬——啓齊

前董福房世系圖（一）

27世　28世　29世　30世　31世

建中——有治——善經——則武——爾盛
　　　　　　　善易——則長出紹　爾豐
　　　有昭——善貽——則器——爾
　　　　　　　　　　　晉章
　　　有儀——善繼——則時——爾禮
　　　　　　　　　　　　　　爾爵
　　　　　　　　　　　　　　爾高
　　　　　　　　　　　　　　爾皐
　　　　　　　　　　　　　　爾事日
　　　　　　　則介——爾遷
　　　　　　　則度——爾生
　　　　　　　則任——爾功
　　　　　　　　　　　爾能
　　　　　　　　　　　爾
　　　善志——則亨——爾服
　　　　　　　則匡——爾賢
　　　　　　　則者——爾房
　　　　　　　　　　　爾澤
　　　　　　　則玉——爾濱
　　　善俊——則輝——爾咸
　　　　　　　　　　　爾志
　　　　　　　則圭——爾廷
　　　有翔——善舒——則長——爾泰
　　　有盤——善易——則興——啓齊
　　　　　　　　　　　　　　爾祝
建本——有溍——善績——則熙——爾相
　　　　　　　　　　　則豪——爾真
　　　　　　　善莊　　　　　　爾陸
　　　　　　　仰
　　　　　　　　　　　則章——爾德
　　　有裴——善禦　　用賓
　　　　　　　善祿

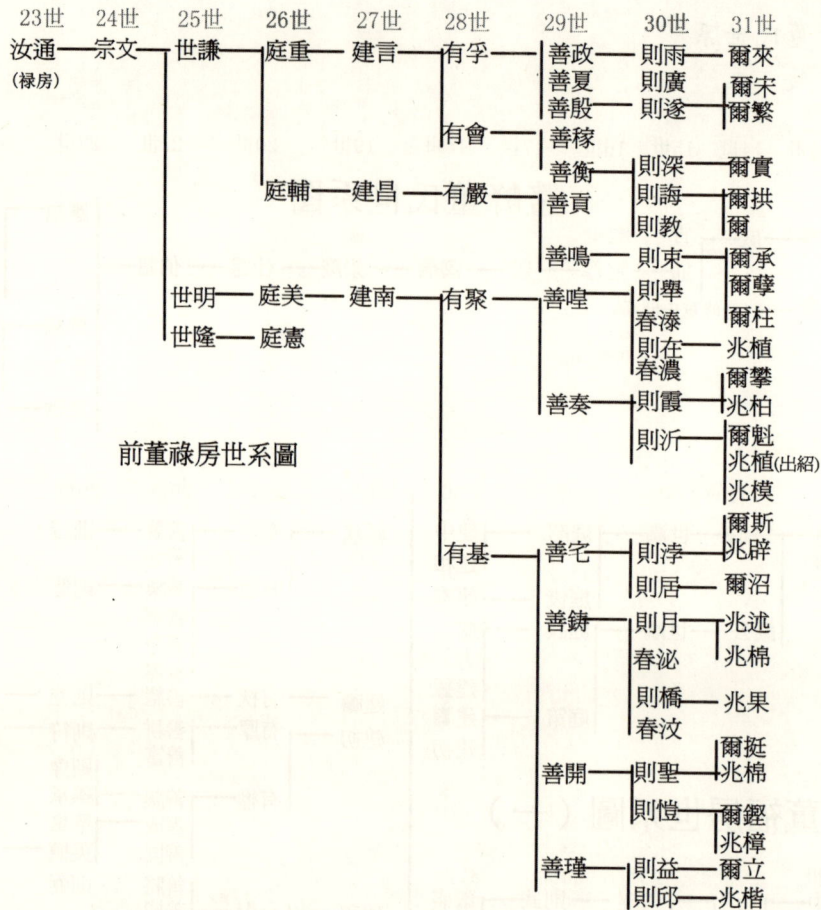

前董禄房世系圖

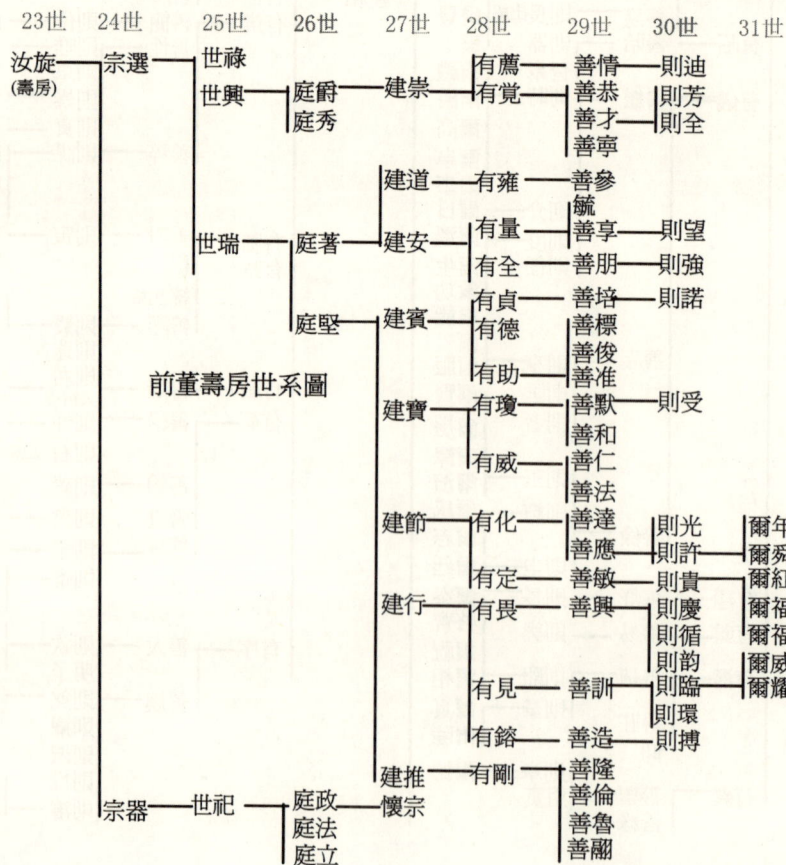

前董壽房世系圖

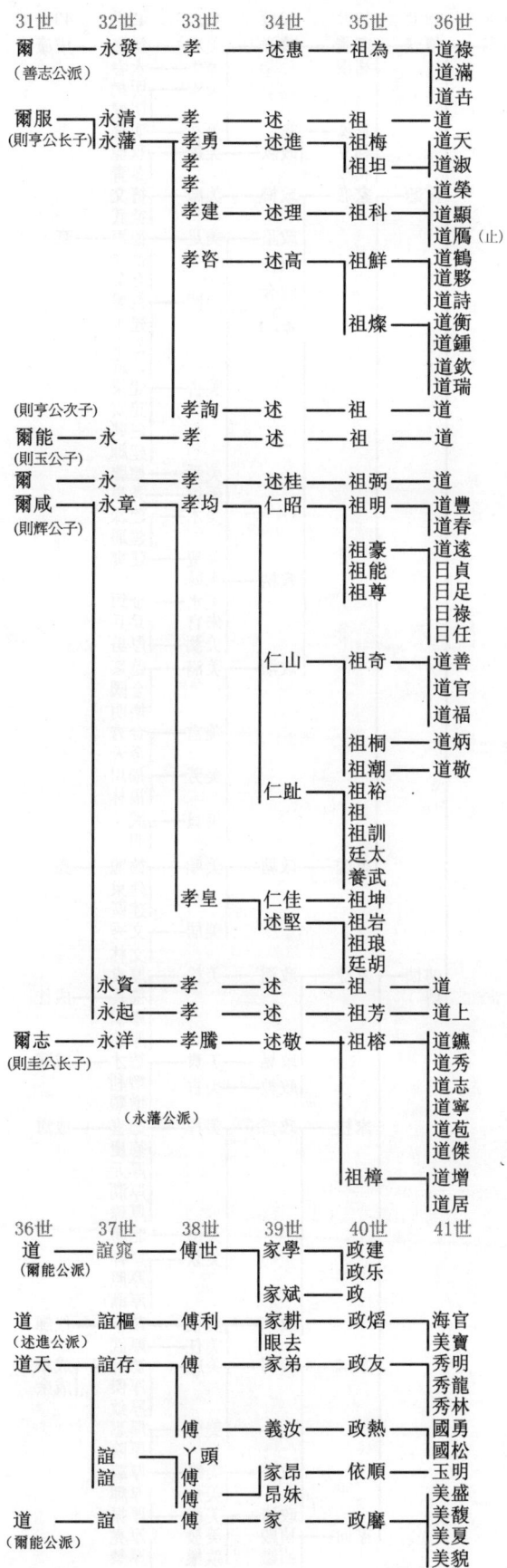

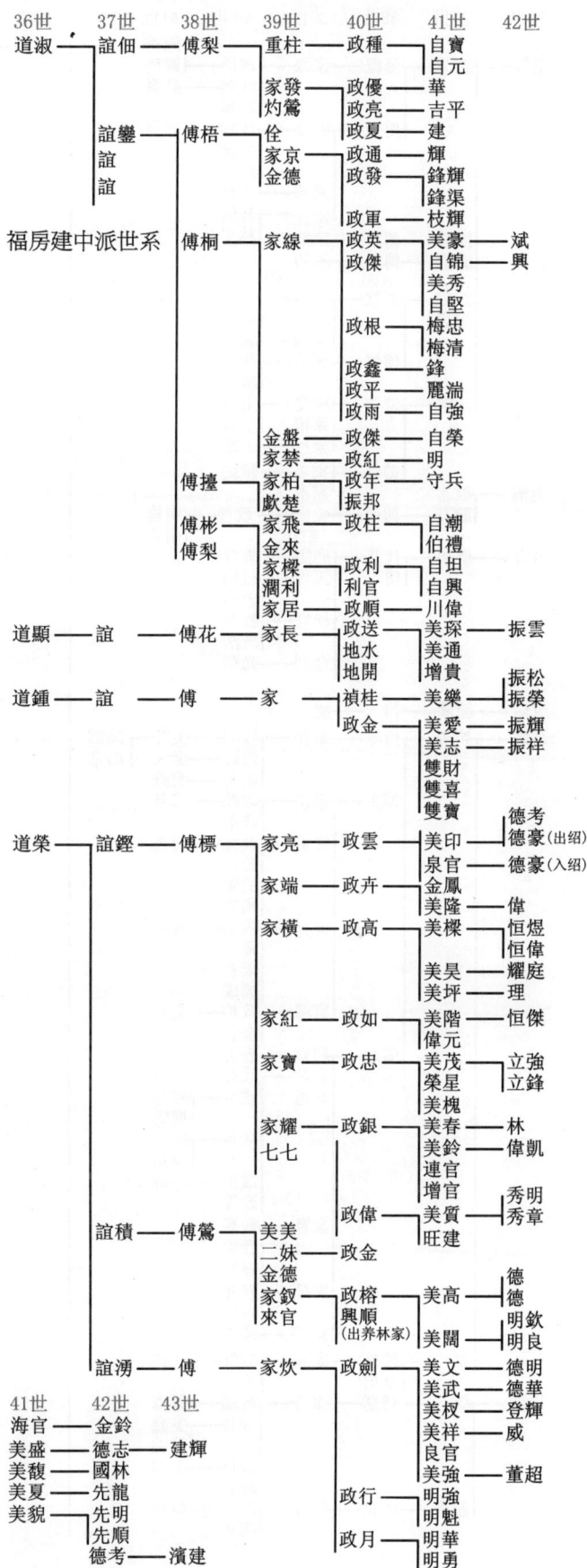

左上表

31世	32世	33世	34世	35世	36世
爾（善志公派）	永發	孝	述惠	祖為	道祿／道滿／道古
爾服（則亨公长子）	永清	孝	述	祖	道
	永藩	孝勇	述進	祖梅／祖坦	道天／道淑／道榮
		孝			
		孝建	述理	祖科	道顯／道鴈（止）
		孝咨	述高	祖鮮	道鶴／道夥／道詩／道衡／道鍾／道欽／道瑞
				祖燦	
（則亨公次子）	孝詢	述	祖	道	
爾能（則玉公子）	永	孝	述	祖	道
爾	永	孝	述桂	祖弼	道
爾咸（則輝公子）	永章	孝均	仁昭	祖明	道豐／道春／道遠
				祖豪	日貞／日足／日祿／日任
				祖能	
				祖尊	
			仁山	祖奇	道善／道官／道福
				祖桐	道炳
				祖潮	道敬
			仁趾	祖裕	
				祖	
				祖訓	
				廷太	
				養武	
		孝皇	仁佳	祖坤	
			述堅	祖岩	
				祖琅	
				廷胡	
	永資	孝	述	祖	道
	永起	孝	述	祖芳	道上
爾志（則圭公长子）	永洋	孝騰	述敬	祖榕	道鑯／道秀／道志／道寧／道苞／道傑
				祖樟	道增／道居

（永藩公派）

右上表　福房建中派世系

36世	37世	38世	39世	40世	41世	42世
道淑	誼佃	傅梨	重柱	政種	自寶／自元	
			家發	政優	華	
			灼鶩	政亮	吉平	
	誼鑾	傅梧	仔	政夏	建	
	誼		家京	政通	輝	
	誼		金德	政發	鋒輝／鋒渠／枝輝	
		傅桐	家線	政英	美豪	斌／興
				政傑	自錦／美秀／自堅	
				政根	梅忠／梅清	
				政鑫	鋒	
				政平	麗湍	
				政雨	自強	
			金盤	政傑	自榮	
			家禁	政紅	明	
		傅攔	家柏	政年	守兵	
			歐楚	振邦		
		傅彬	家飛	政柱	自潮／伯禮	
			金來		自坦／自興	
		傅梨	家樑	政利		
			潤官	利官		
			家居	政順	川偉	
道顯	誼	傅花	家長	政送	美琛	振雲
				地水	美通	
				地開	增貴	
道鍾	誼	傅	家	禎桂	美樂	振松／振榮
				政金	美愛	振輝
					美志	振祥
					雙財	
					雙喜	
					雙寶	
道榮	誼鏗	傅標	家亮	政雲	美印	德考／德豪（出紹）
				泉官	德豪（入紹）	
			家端	政卉	金鳳	
					美隆	偉
			家橫	政高	美樱	恒煜／恒偉
					美昊	耀庭
					美坪	理
			家紅	政如	美階	恒傑
					偉元	
			家寶	政忠	美茂	立強／立鋒
					榮星	
					美槐	
			家耀	政銀	美春	林
			七七		美鈴	偉凱
					連官	
					增官	
				政偉	美質	秀明／秀章
					旺建	
	誼積	傅篤	美美	政金		
			二妹			
			金德			
			家釵	政榕	美高	德／德
			來官	興順（出养林家）		明欽／明良
					美闊	
	誼湧	傅	家炊	政劍	美文	德明
					美武	德華
					美权	登輝
					美祥	威
					良官	
					美強	董超
				政行	明強／明魁	
				政月	明華／明勇	

左下表

36世	37世	38世	39世	40世	41世
道（爾能公派）	誼宪	傅世	家學	政建／政乐	
			家斌	政	
道（述進公派）	誼樞	傅利	家耕	政焰	海官／美寶
			眼去		
道天	誼存	傅	家弟	政友	秀明／秀龍／秀林／國勇／國松
		傅	義汝	政熱	玉明
	誼	丫頭	家昂	依順	美盛
	誼	傅	昂妹		美馥
		傅	家	政廉	美夏
道（爾能公派）	誼				美貌

底部表

41世	42世	43世
海官	金鈴	
美盛	德志	建輝
美馥	國林	
美夏	先龍	
美貌	先明	
	先順	
德考	濱建	

左

36世	37世	38世	39世	40世	41世
道祿	誼芽	傳報	家泉	政勇	錦秀／錦明
				政興	品輝
				政麗	
		傳余	家高	政祿	偉偉
				金壽	
				政義	
			家華	玉林	
			家珠	林榮／林平	
	誼棟	傳福	家航		
	誼應	傳和（兼桃）	家椿（随父兼绍）		
	誼宗	傳欽	家舊	春壽	
	誼思		家勝	春燕	
			家鐘	城	
		傳鋒	家清	琛／騰	
	誼笑	傳和	家夏	玉清	
			家椿	玉霖	
			家行	玉潮	
		傳綫	家美	曉民	
			家泰		
道滿	波客				
	誼花	傳研	家熠（兼桃）	政善	明楊／明杯
道古	聖如	代基／傳	尚宪	敦登	
			銀青	敦炳／敦灼	
			桂官	敦明／敦浩	
			金利	光輝	
道瑞	誼潘	傳	家		
道鶴	誼森	傳壘	家仲	政頻	美乾 — 鴻錦／鴻章
				政睦	金天
				政善	明鋒
		傳荊	家朝	政涇	仁華
				政渭	
			家美	政枝	明東
				政吉	
				國樂	
				國安	
			家昇	國水	敦明
				國仁	
				國利	
				國成	
			家澤	政柏	文平
				金雲	
		傳旺／梅仔（止）	利堂	春美	
			家荷	政溫	泳貴
			家遠	政良	慶林／慶雲
				政恭	煌／煌弟
				政俊	郭輝
				政讓	
			家賢	政麗	
				春美	
				春明	
			家榮	春光	
				春發	
			家卉	國譽	
	誼	傳爭／爭弟	家源	政堂	立鋒
				秀平	
道詩	誼	傳勝	家秀	政綫	恩標
				政炊	美鑫／美強
				政崑	美忠
				政崙	
	誼南	傳棋	家爛	政安	偉明
				國勇	

右

36世	37世	38世	39世	40世	41世	42世	43世
道衡	誼賜	傳誠	家騰／利淡	政祥	美雅	德隆	成康
					美生	永春	
					美安	明星／明建	
			家株／利立／利模	黨	美在	明建／明鋒	
				政款	美鐲	秋龍／冬青	
		傳貽	家瓶	政椰	美殿	德文／德武	
				政呈	美足	德垣	豪
				禎桂（出绍）		德洋／金菊	
				政金（出绍道鐘公派）	美開	德馨／建平／德宋／建鋒	
					美杏	建樂／建安／建興／建輝	
					美舜	德馨	
					美德	秀泉	
					美木	建琛／建通	
					美慶	建寶	
				政柄	水妹		
					美水	金銀	
					朱官	兵兵	
					美潤	厚勇	
				政湞	美滿	德臻／金國／增明	
					美宮	金秀／金天	
					美芳	福川／福林	
					美貝	武／明	
			家燦	政塘	美順	德麗／建東／建區	亮
					美居	文秀／文林	
		傳慷／傳	家捷	政滔	美松	厚貴／德長／厚桐／厚建	成佳
				政晃	美貴	德才	成勝
				政教	美吉	增利／增順	
			家枝	政書	美桿	德喜／德慶／厚元／厚璋	成海
					美壘	龍勝	
					美欽	厚祥／厚照／厚鼎	
				政李	美福	茂華	仁輝
					美任	厚武	
			家熾	政鐲	美輝	德錦／厚傑／厚欽	成章／成余
					美堅	厚惠／厚院	
				政香	美鋒	厚談／厚輝	
					美炊	厚振	
				政清	美壽	厚堯／厚禁	
			家向	禎殿	美發	厚堯	
				禎鐵	献樂	厚禁	
				政彩	美柄	厚純	
				政鳳	美樣	厚振	
					香霖	厚榮	

左半部

39世	40世	41世	42世	43世	44世
可命	政	美鐘	德平	畢強	
			德壽	隆棟	
		美雅	德勝	鋒	
			德處	明	
		美	德庚	陳號	
			志雄	詩喜（出绍）	
可萬	尚阜	美鏽	泉官	財壽	
	尚向		德熱	財金	
家宜	尚端		德烈	帆	
	政寶	美曜	德優	依亮	
			好俤	欽	
家基	政源	美竹	德熠	隆和	建峰 / 建清
				隆順	建武
				隆興	建曦
				隆旺	
			德江	隆飛	建光 / 建華 / 建斌
				隆城	
				畢端	
			德耀	隆快	建書 / 建明
				畢順	
		美禮	德長	隆慈	敏輝 / 建敏
				隆懿	晟
				隆懋	亮
			德力	隆煥	毅 / 耀
				隆騰	建慶
				喜增	
				喜佃	
			志國		
			德	清	
		美洗	德煊	隆勝	建舟
				隆鑫	
				畢金	
			德乾	祥盛 / 祥發	
				畢勝	
		立述	德		
		美楹	德好	學清 / 學情	
			德明	依嫩 / 用華	
			德輝	魁	
	政仕	立叨	振朝		
		美健	德智	欽 / 用	
			德應	偉	
			德林	群	
家著	政良	美物 美久（出绍叔父政善）	德風	畢春 / 畢秋	
			德久	畢惠 / 畢榮	
			德世	畢勇	
			德悌		
	政善	美久	德泉	畢鑫 / 畢輝	
			德威	傑	

右半部

39世	40世	41世	42世	43世	44世
家洪	政繁	美楓			
	政船	立湧			
		美梧	德琳	隆錦 / 浩 / 貴	
		美燕	鶯官	勇	
			德慶	勇俤	
	政祿	美成	德李	龍寶	
		兵妹	德柑	龍華	
	政楊	美位	德統	隆仁	誠彬 / 誠江
				隆康	誠文 / 誠武 / 誠耀 / 誠偉
				隆德	
	政財	鶯姆	德軒	雲平	
		美存	德功	畢鍾 / 畢鋒 / 畢昇	
			德閣	畢榕 / 畢清	
		美亮	德錦	容祥 / 容平	
			德繡	東	
			德前		
			德程		
	政康	美稻	德歌	畢波	
			仕林		
可書	政陶	丫頭			
	政盆	美流	德琛	金順 / 金明	
家味	尚安	牛仔			
	政	欺頭弟			
		美禧	德珮	畢惠	
			增仁		
			塘華		
	政武	美仕	德根	隆 / 依樂	
			德悅	依傑 / 依良 / 必用	
			德怡	明星	
			德定	劍文 / 劍武	
				榮合	
家賀	大大				
	政茂	美煌	德致		
		美長	德		
		美正	志鳳 / 志雲 / 志榕 / 志達 / 志訪		
		美雍			
	政勖	美榆	志祥		
		美槐			
家顯	政院	美傑	志姜 / 志星 / 志壽		
	政貴	美 / 仁朱 / 美			
	政年	美彩	天華 / 小俤		
		美星	健		
可地	政	美滿	德慶	春欽 / 春燕	

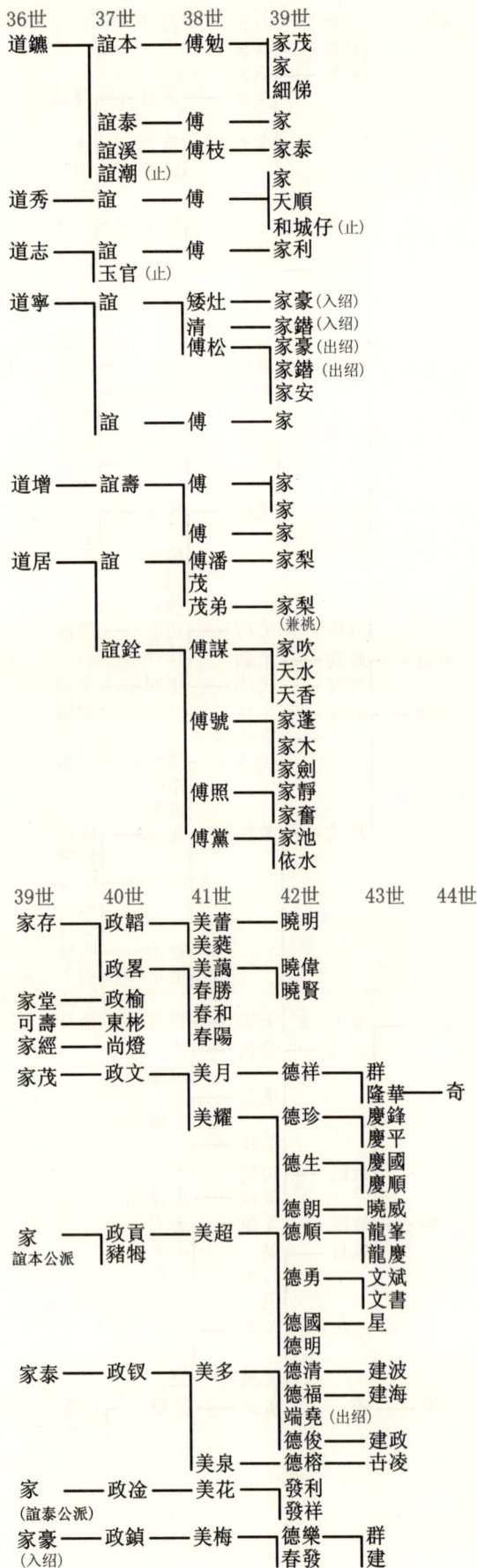

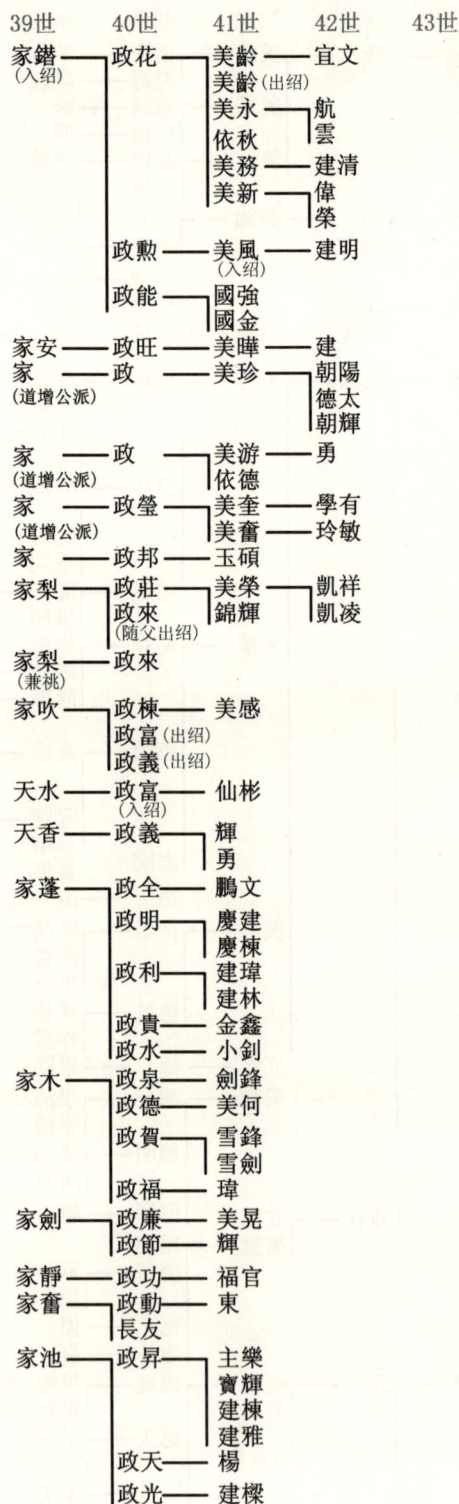

36世	37世	38世	39世
道鑛	誼本	傅勉	家茂 / 家 / 細俤
	誼泰	傅	家
	誼溪	傅枝	家泰
	誼潮(止)		家
道秀	誼	傅	天順 / 和城仔(止)
道志	誼	傅	家利
	玉官(止)		
道寧	誼	矮灶	家豪(入绍) / 家鐇(入绍)
		清	
		傅松	家豪(出绍) / 家鐇(出绍) / 家安
	誼	傅	家
道增	誼壽	傅	家
		傅	家
道居	誼	傅潘茂	家梨
		茂弟	家梨(兼挑)
	誼銓	傅謀	家吹 / 天水 / 天香
		傅號	家蓬 / 家木 / 家劍
		傅照	家靜 / 家奮
		傅黨	家池 / 依水

39世	40世	41世	42世	43世	44世
家存	政韜	美蕾 / 美蕊	曉明		
	政畧	美藹 / 春勝 / 春和 / 春陽	曉偉 / 曉賢		
家堂	政榆	東彬			
可壽					
家經	尚燈				
家茂	政文	美月	德祥	群 / 隆華	奇
		美耀	德珍	慶鋒 / 慶平	
			德生	慶國 / 慶順	
			德朗	曉威	
家	政貢	美超	德順	龍峯 / 龍慶	
誼本公派	豬牳		德勇	文斌 / 文書	
			德國	星	
			德明		
家泰	政鈘	美多	德清	建波	
			德福	建海	
			端堯(出绍)		
			德俊	建政	
		美泉	德榕	吉凌	
家	政淦	美花	發利 / 發祥		
誼泰公派					
家豪	政鎮	美梅	德樂 / 春發	群 / 建	
(入绍)					

39世	40世	41世	42世	43世
家鐇	政花	美齡	宜文	
(入绍)		美齡(出绍)		
		美永	航 / 雲	
		依秋		
		美務	建清	
		美新	偉 / 榮	
	政勳	美風	建明	
	(入绍)			
	政能	國強 / 國金		
家安	政旺	美曄	建	
家	政	美珍	朝陽 / 德太 / 朝輝	
(道增公派)				
家	政	美游	勇	
(道增公派)		依德		
家	政瑩	美奎	學有	
(道增公派)		美奮	玲敏	
家	政邦	玉碩		
家梨	政莊	美榮	凱祥 / 凱凌	
	政來	錦輝		
	(隨父出绍)			
家梨	政來			
(兼挑)				
家吹	政棟	美感		
	政富(出绍)			
	政義(出绍)			
天水	政富	仙彬		
	(入绍)			
天香	政義	輝 / 勇		
家蓬	政全	鵬文		
	政明	慶建 / 慶棟		
	政利	建瑋 / 建林		
	政貴	金鑫		
	政水	小釗		
家木	政泉	劍鋒		
	政德	美何		
	政賀	雪鋒 / 雪劍 / 瑋		
	政福			
家劍	政廉	美晃		
	政節	輝		
家靜	政功	福官		
家奮	政動	東		
	長友			
家池	政昇	主樂 / 賓輝 / 建棟 / 建雅 / 楊		
	政天			
	政光	建檁		

（上左）31世～36世

31世	32世	33世	34世	35世	36世
爾	永	孝巡	述幾	祖嘉	道溉
爾	永康	孝天	述琳	祖居	
		孝		祖壽	道凱
		孝		祖德	道珍
					道游
					道珠
				祖鳳	道鐕
					道勤
					道
		孝詔	述	祖某	道
		孝瓊	述姜	祖	道清
			述京	祖和	道煥
			述闕	祖煊	道蘭
					道疑

（上右）36世～42世

36世	37世	38世	39世	40世	41世	42世
道溉	誼為	傳耀	家昌	政春	美光	香仁 / 貴
					美龍	勤 / 航
	誼維	傳定	家拱	政名	美亮	德快 / 國應 / 國團
		錢錢	政存		美瑞	康明 / 康彬
					美達	強軍 / 國
					美霞	強国 / 江峰
					美毅	
				政桂	美官	德盛 / 德茂
	誼河	木木	家	政呈	美益	國欽
	誼雛 / 誼	傳	家啟	政實	美祥	德興
				政勇	美平 / 秋安	夏雨
	誼華	傳	家禧	政錦	美傑	建英 / 建同 / 建明
					美臣 / 平官	
				政本	燕龍 / 燕飛	
			家秋	政星	美氿 / 增官 / 增華	
				政林	美印	小林
	誼發	傳鳳	家祥	政旺	美毽	德建 / 春其 / 春貴
		傳驥	家	政舜	建新	

（中右）

36世	37世	38世	39世	40世	41世	42世
道	誼	傳	華盧			
道清	誼富	傳峰	家財			
道煥	誼遂	傳鈞	家潤 / 華木 / 家及 / 家山坦 / 家			
	單根					
		傳碢	家竹			
		傳	家是			
	誼通	傳在	家余 / 家碧			
	誼密	傳銀	家寔 / 家丁 / 家程			
	誼滂	傳滔	家武			
道蘭	誼啟	傳油	家棟 / 家爲			
	誼寧	傳	家信			

（下右）39世～43世

39世	40世	41世	42世	43世
家朝	政	美	林敏	
		美	依佐	
		美	啊斌	
家榜	政貴	美	德	天鍾
	政竹	美輝	勇強	
		美煦	勇新	
		美熙	勇武	
		美煌	勇輝	
		美烈		
家造	政	美品	禮和	
		美琴	禮龍	
		美雙	仁	
		美朋	金鈴	
	政	美崑	繼雲 / 繼釵	
		美崙	小容	
		美蓬	瑞	
		美萊	良斌 / 良輝	

（下左）36世～40世

36世	37世	38世	39世	40世
道凱	誼闕 / 誼開	傳振	家朝 / 細妹	
		傳葉	家榜 / 家造 / 家施	
道珍	誼炳	傳坡	家玉 / 家	
		傳奇	家秀	
	誼軒	傳京	家鳳 / 淡	
		傳	家	
	誼昭	傳勳	家樑	
		傳鈞	家節	
		傳及	家務 / 家寵 / 家南 / 松 / 楚 / 弟 / 家鑾	
		傳昌	家護	
道游	誼注	傳	家勇 / 家懋	
		傳	家郁 / 九婆	
	誼光	傳傑	挺 / 球 / 家	
	誼從	傳	家	
	誼騰			
道珠	誼贈	傳生	華豈 / 模頭	
		傳意	炭 / 家 / 杠 / 喜	
		傳興	家發 / 扁俤	
		傳湧	家煥	
道鐕	誼	歌貨	祥興	
	誼蘇	傳源	家潘 / 家品	
		傳夏	家燦 / 家美	
道勤	誼飛	傳衡	華書 / 家 / 家	
		傳漢	家 / 家攀	
		傳調	家壹 / 家盤 / 家樹	

39世	40世	41世	42世	43世
家施	政樂	詩登		
	政宝	詩豐 / 玉良		
家玉	政 妹仔俤	美	德欽	隆財 / 隆丁 / 隆騰 / 隆旺 / 明建
		美海 / 美尊(出绍)	德鑑	隆祥 / 隆添
	政標 連俤俤 奴 寶弟 寶弟	美桃	德發	隆輝 / 隆泉
		美焰	德順	建欽 / 建釵
			德彬	智勇
家	政	美	德	秀欽
	政	杰(入绍) 金城	德 / 德堂	
家秀	六頭	美崧(入绍)	德	立強
			德健	立同 / 立品
			德首	金華 / 金林 / 寶林
	政	美崧	德	阿平 / 民 / 寶
		美	德	金平
		美	德明 / 德清 / 德龍	
	政輝 國標	美	禮清 / 禮燦 / 禮明 / 禮开	
		美鑫	禮平 / 禮銀	
	政榕	美 / 美	振武 / 振華	
	政城	美 / 美伶	長慶 / 金海	
家鳳	政賢	美雲	光星 / 光林	
家	政	美尊	德水	隆欽 / 隆清
家樑	政 政	詩燦 / 美康	禮淦 / 禮平 / 禮欽	
		美光	禮朝 / 禮堯	
		美	琳	
家	政和	美設 / 詩烱	宇 / 召	辰陽
家節	政阜	美堯 / 詩伶	德新 / 德 / 德	長瑜 / 琅 / 長航
		美豪弟	北京	
	政殷	美	德穎 / 禮建 / 和	
		美亮 / 明弟 / 美 / 美		
	國炳	美(入绍)	春林	
家務	政鐏	美利	新建 / 新釵 / 嫩	長鵬
		美	金針	
家寵	政雄	美 / 美峯	秋龍 / 炳坤	

39世	40世	41世	42世	43世
家南	政漢	詩枝 / 美和 / 美琴 / 美書 / 詩文		
	國江	美和	杰	
	國浩	美琴	振	
家鎣	政鎮	美行 / 美煌 / 美衆 / 美富	建華 / 暉	
家護	政寿	建容 / 建雲		
	政添	昌		
家勇	政榮	美順 / 乘建		
家懋	政春	天真		
家郁	政惠	美發		
家	政結	美昇	歐馬	
家	金妹 政	文武 / 文學		
家發	政善	美圓	喜文 / 喜武	
家煥	政其 政青	美星 / 美暉	志影	
家潘	政	美 / 泉貴 / 依芳	斌	
	政焱	美 / 詩建		
	政安	玉弟		
家品	政开	美 / 炎龍 / 炎清		
	政祿	明光 / 明釵		
	政	思明		
	政圓	財龍 / 財雲		
	政	愛民		
家燦	政羅	榕 / 勇 / 濱		
	政 建明	振基		
	政棟	秋 / 清		
	政	敏 / 欽林		
	政繡	峯		
家美	政平 / 國新	天平 / 天啟		
華書	政好	美	鍾祺	
家	政好	美 / 美 / 美 / 天順 / 建華	忠建	
家	政閩	美用 / 美	泳 / 杰	
家攀	政欽	美楓 / 美鏗		
家壹	政惠	美	主明 / 明峰	
家盤	木發	依發		
家樹	政	美葉	天來 / 天俊	

130

左半

39世	40世	41世	42世	43世
家財	政權	美俊	德 / 德武	小軍 / 小明
家澗	國 / 政	美 / 美	昌錦 / 德秋	
家及	政源 / 政根	依主 ; 崇明 / 崇亮 / 崇華		
家山	政	美 / 安 / 寶	劍秋	
家坦	政宝	詩欽	吳巧	璟彬
	政安	詩惠		
	雙官(出绍)			
	紫官	詩鐘		
	玉官	詩清 / 詩銀 / 詩金		
	政			
家竹	國風 ; 政(入绍)	詩堅		
家是	政	美樂	建勳 / 建韜 / 建樂 / 建東	
	政品	美良 / 依貴 / 山明		
家余	政德	美新	雲平 / 雲枝 / 雲球	
		美 / 美 / 天生	容 / 惠	
家碧	政富	美心 / 建華 / 建榮		
	政祿	鎮平		
	政	主明 / 主彬		
	政富	明端		
家寔	政	福錦		
家程	政杰	梅松		
	政厚	瑞坤		
	政旺	智星		
家武	政祥	天和 / 天順		
	政	依遲		
	松宦			
家棟	政茂	美俊 / 美景	德利 / 財明	
	政木光	美煌	德康 / 雲斌 / 雲安 / 建文	
		美增	春官	
	政湧	美炳	學英 / 學清 / 學用	
	政盛(出绍)	美銳		
	木盛(出養)	美歌		
家爲	政連	依慈		
家信	政盛	美 / 美	周 / 雲傑	
(傳襌公長子)伙	依寶			
(傳襌公次子)伙弟	政道(入绍)			
(傳襌公三子)杰				
(傳襌公四子)家嬌	國瑞 / 政道(出绍)	美順 ; 詩亮 / 詩棟 / 詩瑜		

右半

39世	40世	41世	42世	43世
家積	政桂	美光	仲輝 / 仲華	
		美聚	仲文 / 仲武 / 仲傑 / 仲慧	
		美 / 美		
	政國楊(出绍)			
家軟	國水	开勇		
	政好	美德 / 詩欽 / 香兒		
	政法	樂峯 / 樂斌		
家	廉 ; 政科	美貴	德春	新 / 寶 / 榮 / 濱
			德養 / 德(出绍)	
		美	德	寶清 / 寶泉
		美富	德燦 / 德栓 / 德榕	
家定	政	美福	德貴	增源 / 長富 / 清欽 / 君
			德 / 金貴 / 金富	
		美印	敏芳 / 敏坤 / 敏傑	
		美利	依明 / 發水 / 發慶 / 發榮	
		美	敏榮 / 永平	
家	政	美	德 / 木華	
(傳權公長子)家寬	政收	建明 / 建文 / 建武		
	政	建英		
	政	曉帆		
	豐壽			
	政	建秋		
	政	建敏		
(傳權公三子)家	政	霖		
	政	建秋		
	政	建敏		
(傳權公四子)家順	豐麟 / 豐彪			
(傳權公五子)家	政	彬		
	豐強			
(精之子)家	政 / 政	浩		
(傳祥公長子)家象	政元	美貴	德和 / 德頻 / 少華	
	政旺	美雄	代惠 / 代平 / 輝	
		美		
		天金(出绍)		
		天德(出绍)		
(傳祥公次子)家卿	政	美琳	少勇 / 少鋒	
(傳祥公三子)家養	政			
(傳祥公四子)家梦	政			

35世	36世	37世	38世	39世

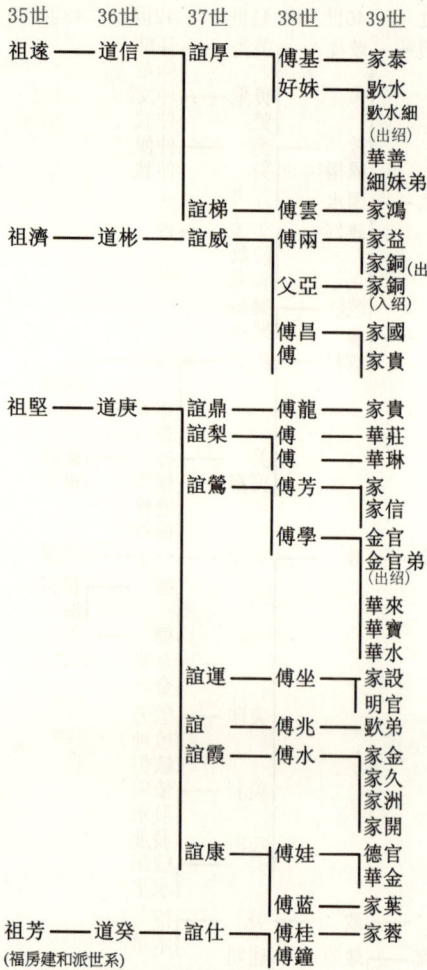

祖遼 —— 道信 —— 誼厚 —— 傅基 —— 家泰
好妹 —— 歆水
歆水細（出紹）
華善
細妹弟
誼梯 —— 傅雲 —— 家鴻
祖濟 —— 道彬 —— 誼威 —— 傅兩 —— 家益
家銅（出紹）
父亞 —— 家銅（入紹）
傅昌 —— 家國
傅 —— 家貴
祖堅 —— 道庚 —— 誼鼎 —— 傅龍 —— 家貴
誼梨 —— 傅 —— 華莊
傅 —— 華琳
誼鶯 —— 傅芳 —— 家
家信
傅學 —— 金官
金官弟（出紹）
華來
華寶
華水
誼運 —— 傅坐 —— 家設
明官
誼霞 —— 傅兆 —— 歆弟
誼霞 —— 傅水 —— 家金
家久
家洲
家開
誼康 —— 傅娃 —— 德官
華金
傅藍 —— 家葉
祖芳 —— 道癸 —— 誼仕 —— 傅桂 —— 家蓉
（福房建和派世系） 傅鐘

35世	36世	37世	38世	39世

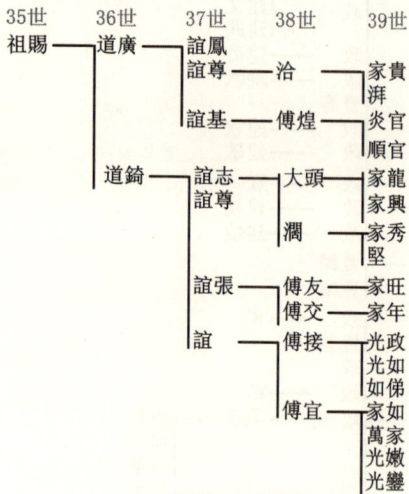

祖賜 —— 道廣 —— 誼鳳
誼尊 —— 洽 —— 家貴
湃
誼基 —— 傅煌 —— 炎官
順官
道鎬 —— 誼志 —— 大頭 —— 家龍
誼尊 家興
潤 —— 家秀
堅
誼張 —— 傅友 —— 家旺
傅交 —— 家年
誼 —— 傅接 —— 光政
光如
如俤
傅宜 —— 家如
萬家
光嫩
光鑾

39世	40世	41世	42世

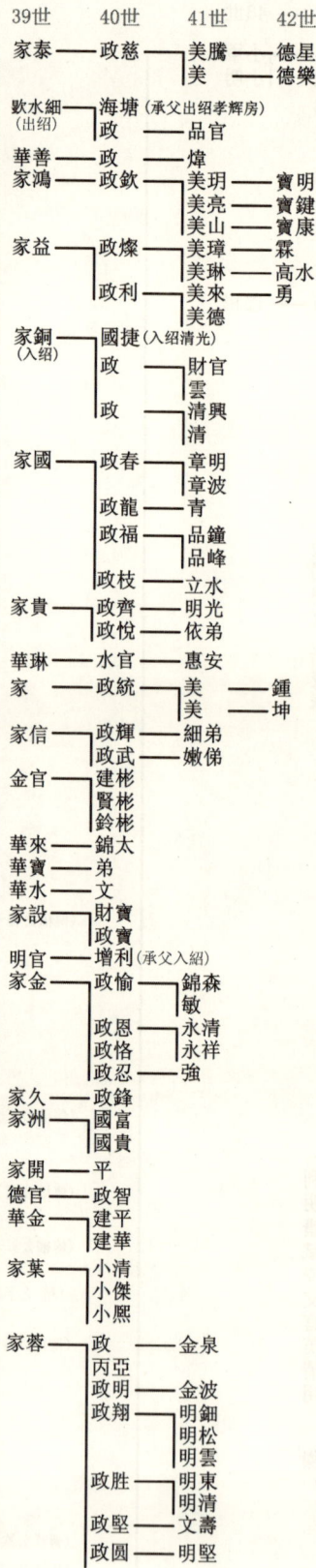

家泰 —— 政慈 —— 美騰 —— 德星
美 —— 德樂
歆水細（出紹）—— 海塘（承父出紹孝輝房）
政 —— 品官
華善 —— 政 —— 煒
家鴻 —— 政欽 —— 美玥 —— 寶明
美亮 —— 寶鍵
美山 —— 寶康
家益 —— 政燦 —— 美璋 —— 霖
美琳 —— 高水
政利 —— 美來 —— 勇
美德
家銅（入紹）—— 國捷（入紹清光）
政 —— 財官
雲
政 —— 清興
清
家國 —— 政春 —— 章明
章波
政龍 —— 青
政福 —— 品鐘
品峰
政枝 —— 立水
家貴 —— 政齊 —— 明光
政悅 —— 依弟
華琳 —— 水官 —— 惠安
家 —— 政統 —— 美 —— 鍾坤
美 —— 坤
家信 —— 政輝 —— 細弟
政武 —— 嫩俤
金官 —— 建彬
賢彬
鈴彬
華來 —— 錦太
華寶 —— 弟
華水 —— 文
家設 —— 財寶
政寶
明官 —— 增利（承父入紹）
家金 —— 政愉 —— 錦森
敏
政恩 —— 永清
政恰 —— 永祥
政忍 —— 強
家久 —— 政鋒
家洲 —— 國富
國貴
家開 —— 平
德官 —— 政智
華金 —— 建平
建華
家葉 —— 小清
小傑
小熙
家蓉 —— 政 —— 金泉
丙亞
政明 —— 金波
政翔 —— 明細
明松
明雲
政胜 —— 明東
明清
政堅 —— 文壽
政圓 —— 明堅

39世	40世	41世	42世	43世

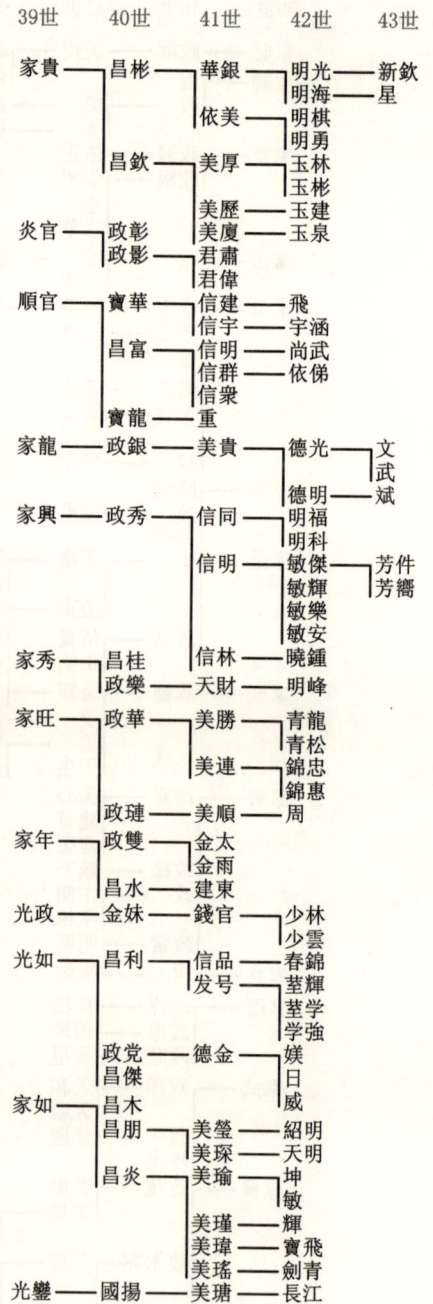

家貴 —— 昌彬 —— 華銀 —— 明光 —— 新欽
明海 星
依美 —— 明棋
明勇
昌欽 —— 美厚 —— 玉林
玉彬
美歷 —— 玉建
美廈 —— 玉泉
炎官 —— 政彰
政影 —— 君肅
君偉
順官 —— 寶華 —— 信建 —— 飛
信宇 —— 宇涵
昌富 —— 信明 —— 尚武
信群 —— 依俤
信衆
寶龍 —— 重
家龍 —— 政銀 —— 美貴 —— 德光 —— 文
武
斌
家興 —— 政秀 —— 信同 —— 德明
明福
明科
信明 —— 敏傑 —— 芳件
敏輝 芳镉
敏樂
敏安
家秀 —— 昌桂 —— 信林 —— 曉鍾
政樂 —— 天財 —— 明峰
家旺 —— 政華 —— 美勝 —— 青龍
青松
美連 —— 錦忠
錦惠
政璉 —— 美順 —— 周
家年 —— 政雙 —— 金太
金雨
昌水 —— 建東
光政 —— 金妹 —— 錢官 —— 少林
少雲
光如 —— 昌利 —— 信品 —— 春錦
发号 —— 莖輝
莖學
學強
政党 —— 德金 —— 媄
昌傑 日
家如 —— 昌木 威
昌朋 —— 美璗 —— 紹明
美琛 —— 天明
昌炎 —— 美瑜 —— 坤
敏
美瑾 —— 輝
美瑋 —— 寶飛
美瑤 —— 劍青
光鑾 —— 國揚 —— 美珊 —— 長江

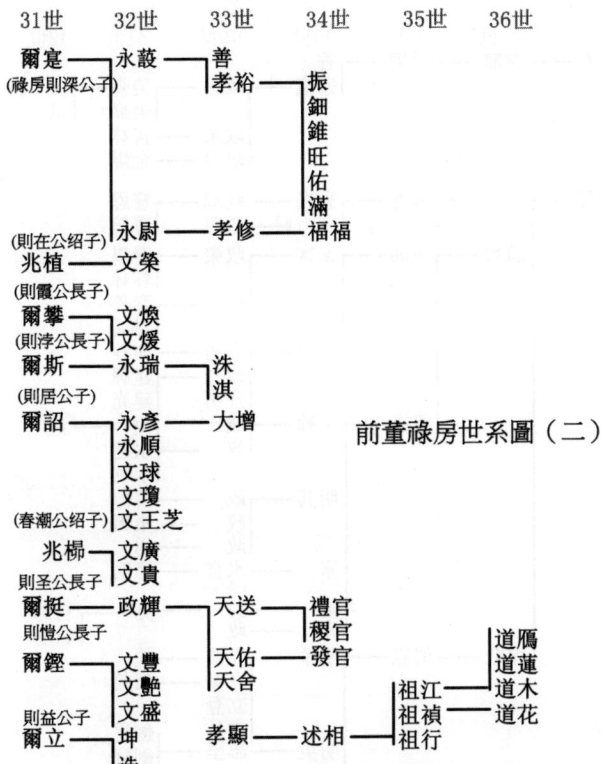

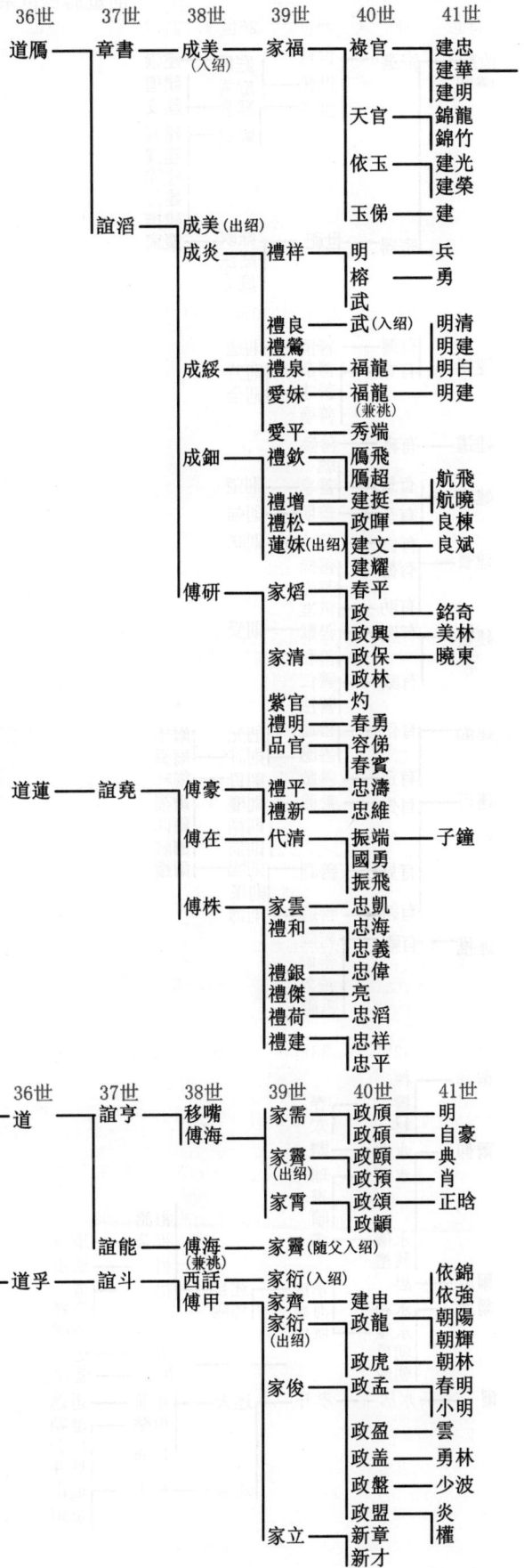

前董祿房世系圖（二）

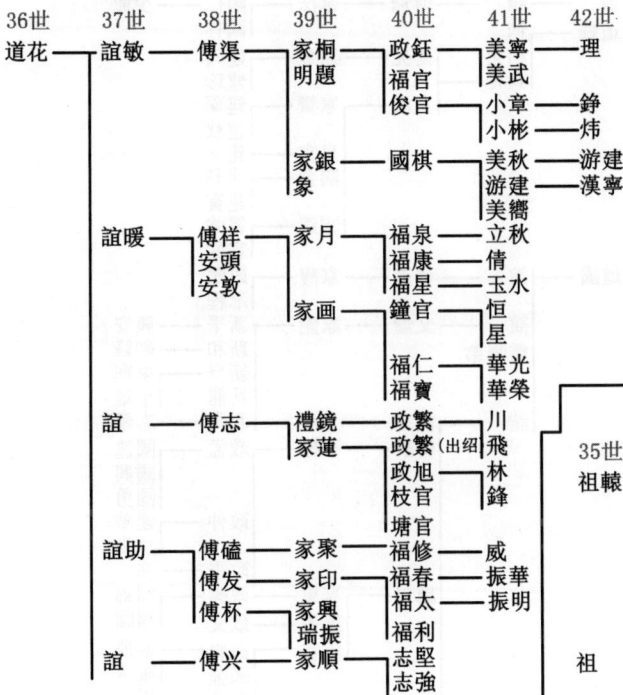

前董壽房世系圖（一）

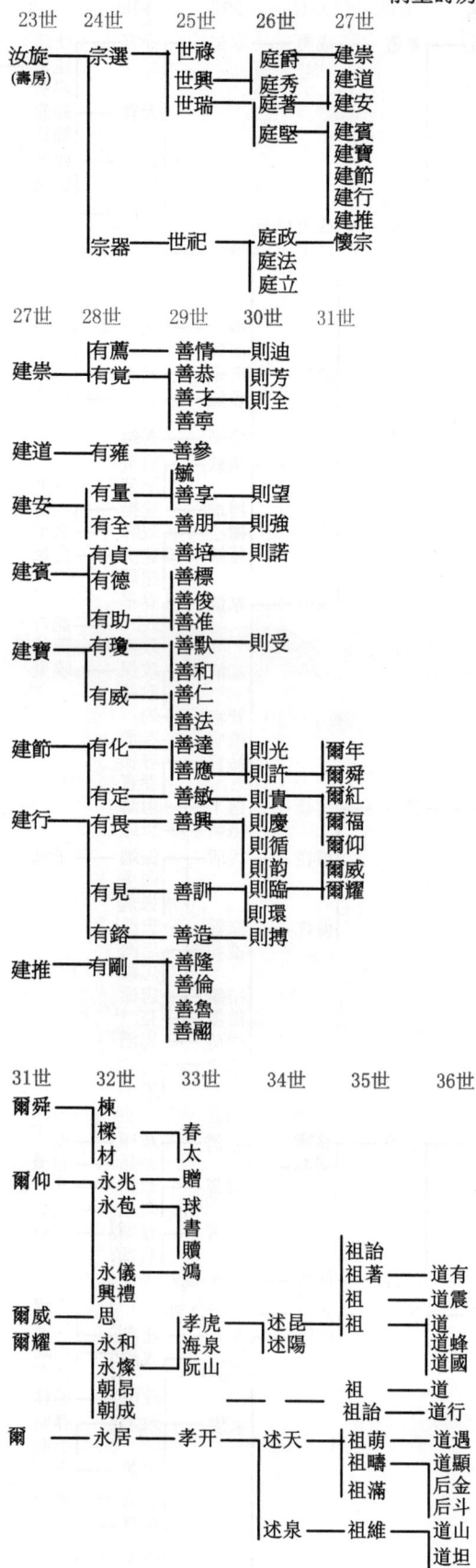

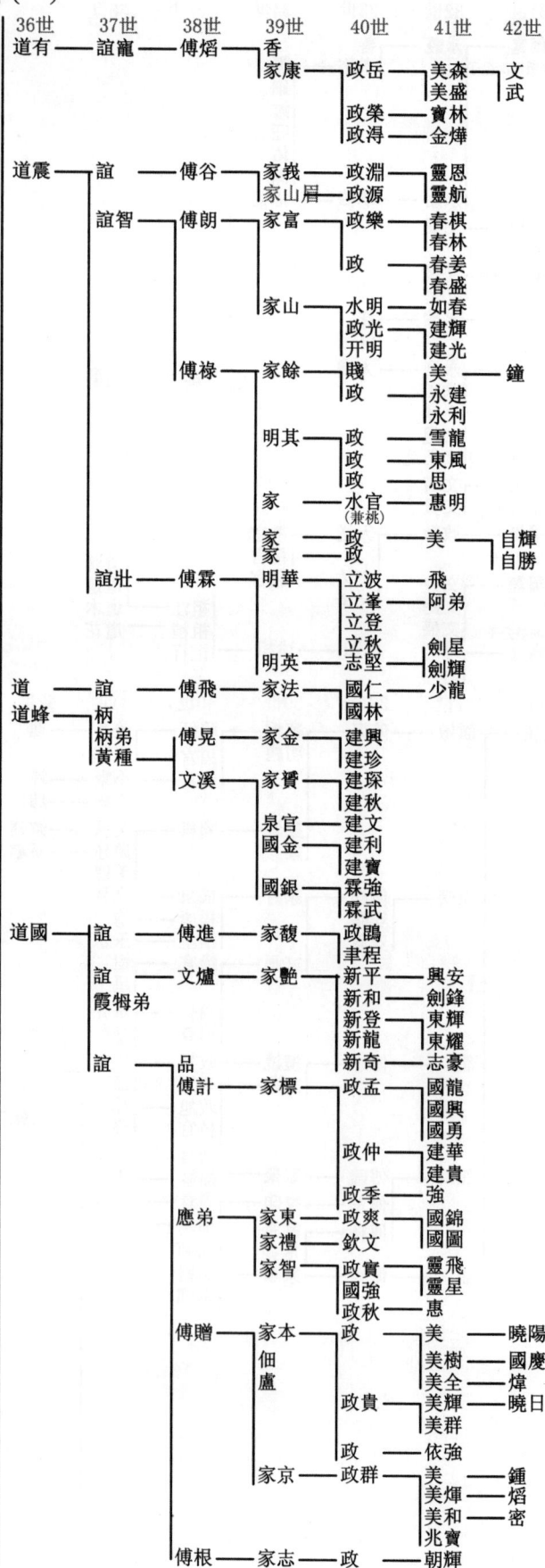

23世 24世 25世 26世 27世

- 汝旋(壽房)
  - 宗選
    - 世祿
    - 世興
    - 世瑞
      - 庭爵 — 建崇
      - 庭秀 — 建道
      - 庭著 — 建安
      - 庭堅
        - 建賓
        - 建寶
        - 建節
        - 建行
        - 建推
  - 宗器 — 世祀
    - 庭政 — 懷宗
    - 庭法
    - 庭立

27世 28世 29世 30世 31世

- 建崇
  - 有薦 — 善情 — 則迪
  - 有覚
    - 善恭 — 則芳
    - 善才 — 則全
    - 善寧
- 建道 — 有雍 — 善參
- 建安
  - 有量
    - 毓
    - 善享 — 則望
  - 有全 — 善朋 — 則強
- 建賓
  - 有貞 — 善培 — 則諾
  - 有德
    - 善標
    - 善俊
  - 有助 — 善准
- 建寶
  - 有瓊
    - 善默 — 則受
    - 善和
  - 有威
    - 善仁
    - 善法
- 建節
  - 有化
    - 善達 — 則光 — 爾年
    - 善應 — 則許 — 爾舜
  - 有定 — 善敏 — 則貴 — 爾紅
- 建行
  - 有畏 — 善興
    - 則慶 — 爾福
    - 則循 — 爾仰
    - 則韵 — 爾威
  - 有見 — 善訓
    - 則臨 — 爾耀
    - 則環
  - 有鎔 — 善造 — 則搏
- 建推 — 有剛
  - 善隆
  - 善倫
  - 善魯
  - 善爾

31世 32世 33世 34世 35世 36世

- 爾舜
  - 棟
  - 樑
    - 春
    - 太
  - 材
- 爾仰
  - 永兆 — 贈
  - 永苞
    - 球
    - 書
    - 贖
  - 永儀 — 鴻
  - 興禮
- 爾威 — 思
- 爾耀
  - 永和
  - 永燦
    - 孝虎
    - 海泉
    - 阮山
      - 述昆
      - 述陽
        - 祖詒
        - 祖著 — 道有
        - 祖 — 道震
        - 祖
          - 道
          - 道蜂
          - 道國
  - 朝昂
  - 朝成
- —— —— 祖 — 道
- 祖詒 — 道行
- 爾 — 永居 — 孝开
  - 述天
    - 祖萌 — 道遇
    - 祖疇
      - 道顯
      - 后金
      - 后斗
    - 祖滿
  - 述泉 — 祖維
    - 道山
    - 道坦

36世 37世 38世 39世 40世 41世 42世

- 道有 — 誼寵 — 傳熖
  - 香
  - 家康
    - 政岳
      - 美森
      - 美盛
        - 文
        - 武
    - 政栄 — 賓林
    - 政浔 — 金燁
- 道震
  - 誼 — 傳谷
    - 家莪 — 政淵 — 靈恩
    - 家山眉 — 政源 — 靈航
  - 誼智
    - 傳朗
      - 家富
        - 政樂
          - 春棋
          - 春林
        - 政
          - 春姜
          - 春盛
      - 家山
        - 水明 — 如春
        - 政光
          - 建輝
          - 建光
        - 开明
    - 傳祿
      - 家餘
        - 賤 — 美 — 鐘
        - 政
          - 永建
          - 永利
      - 明其
        - 政 — 雪龍
        - 政 — 東風
        - 政 — 思
      - 家 — 水官(兼桃) — 惠明
      - 家 — 政 — 美
        - 自輝
        - 自勝
      - 家 — 政
  - 誼壯 — 傳霖
    - 明華
      - 立波 — 飛
      - 立峯 — 阿弟
      - 立登
      - 立秋
    - 明英 — 志堅
      - 劍星
      - 劍輝
- 道 — 誼 — 傳飛 — 家法
  - 國仁 — 少龍
  - 國林
- 道蜂
  - 柄
  - 柄弟
  - 黃種
    - 傳晃 — 家金
      - 建興
      - 建珍
    - 文溪
      - 家賓
        - 建琛
        - 建秋
      - 泉官 — 建文
      - 國金
        - 建利
        - 建寶
      - 國銀
        - 霖強
        - 霖武
- 道國
  - 誼 — 傳進 — 家馥
    - 政鵾
    - 車程
  - 誼 — 文爐 — 家艷
    - 新平 — 興安
    - 新和 — 劍鋒
    - 新登 — 東輝
    - 新龍 — 東耀
    - 新奇 — 志豪
  - 霞犅弟
  - 誼
    - 品
    - 傳計 — 家標
      - 政孟
        - 國龍
        - 國興
        - 國勇
      - 政仲
        - 建華
        - 建貴
      - 政季 — 強
    - 應弟
      - 家東 — 政爽
        - 國錦
        - 國圖
      - 家禮 — 欽文
      - 家智
        - 政賓
          - 靈飛
          - 靈星
        - 國強
        - 政秋 — 惠
    - 傳贈
      - 家本
        - 政
          - 美 — 曉陽
          - 美樹 — 國慶
          - 美全 — 煒
        - 政貴
          - 美輝 — 曉日
          - 美群
        - 政 — 依強
      - 佃
      - 盧
      - 家京 — 政群
        - 美 — 鍾
        - 美燁 — 熠
        - 美和 — 密
        - 兆賓
    - 傳根 — 家志 — 政 — 朝輝

前董壽房世系圖（二）

```
31世   32世   33世   34世   35世   36世
爾 ——永居——孝开——述天——祖萌——道遇
                      祖疇——道顯
                      祖滿——后金
                            后斗
                 述泉——祖維——道山
                            道坦
```

```
36世     37世        38世     39世      40世      41世
道山——誼謀(兼祧)——傅任
                   傅岸——家雨
                        家鎮——政鍠——兆俊
                                    兆平
                             政銘——兆申
                             聿財   兆惠
                             寶平   兆文
                        家李——聿仁——兆香
                                    兆明
                             聿鏗——新乐
                             政秀——新秋
                                   新傑
                             政新——兆海
                        家志——聿鈿——兆斌
                             九弟

道遇——誼會——文龍
           傅池——明天——林
                明浩——香
                明波——閩
                      春
     誼群——傅溙——家煒——政爍
                家彬——政潤
           傅禮——明貴

道顯——誼贊——傅英——家忍——政燕——美棟——增輝
                  明連          依闊
                  明玉          三弟
                       政斌——兆源
                       政國
                  明菓——政好——兆榮
                              兆棟
                       政設——兆輝
                              兆霖
                       政強——兆樂
                              兆清
           傅渤——明福——聿秀
                明賢

道坦——誼謀(兼祧)——傅岸——家鎮——聿浩——兆樵
                                    兆華
                             利官——兆強
                                   兆武
                             聿品——兆勇
                             聿農
                             聿繡
```

```
36世   37世   38世   39世      40世   41世
道 ——誼和——傅發——家祺
                家禎——永豐
                      永東
                家祚——嚮
                家祝——苗苗
                家祉——明星
                家禧
道行——執誼——傅鈞——家鄂——瑻
                       坦——裕漢
                       宜    浩
                       蘇——昕
                       梅——春暉
                       匡——暘
                       比——旋
                 家遵——恒
                 家珉——振鏞
                 家騩——駿——茸
                       疇
     森仲——碧辰——瑜
                 琨
                 琦——子几
                 球
                 瑞
     紹仲——明光
     韜 ——德
```

（二）历代英贤

董则坚，男，廪生，清康熙己亥午拔贡，名春栋。

董尔咸，清康熙间监生，名文泓。

董道鏞，崇安县学训。

董礼平，山东济南学院毕业，福州协和医院主任医生。

董家遵，中山大学社会系主任、教授。

董滔，黄埔军校毕业。

董琨，硕士，中国社会科学院副教授。

董政秀，名聿田，长乐市纪委副书记。

董好官，军校毕业，三明劳教所政委（正处级）。

董君肃，法律硕士，福建省法制报编辑。

董美磊，名敦堡，福鼎县长。

董炊，名敦灼，华南工学院，留学日本。

（三）金峰董氏世系

金峰原名甘墩，别称炉峰。百年前曾有人在千年古刹"皇恩寺"上作"鸦池通玉井，镜石照金峰"的对联，后人遂以金峰取代甘墩、炉峰。金峰是闽东千年名镇，素以地理优越、物产富庶、商贸鼎盛、人文荟萃而饮誉八闽。历史上与涵江、石狮、石码并称福建四大名镇，有"小上海"之美誉，是"世纪老人"冰心的故乡。

金峰董朱村，古称"金墩董厝"，属二十三都。古时董朱村是个偏僻的小村，只有40多户人家，150多亩耕地，族人主要耕田务农。由于耕地复杂，水源缺，交通不便，每年的艰辛也只能养家糊口。董朱村在历史上还有"线面专业村"之称，其线面制作工艺精湛，质量上乘，名扬福州城。如今金峰董朱距长乐市城关东北向十三公里，离福州长乐国际机场八公里。村落居于金峰庐峰山下，以庐峰大道为主轴的城镇路网已经形成。全村位置在金峰市区振兴路与第三公路中心，南临金峰环岛（庐峰大道），交通便利、四通八达，高楼四起，是金峰镇政治、文化、经济与商贸中心。

董朱村有258户，938人口（包括海外35户）。始祖董玠公于唐上元元年为福州防御使，玠公留次子元礼公居福唐城。玠公之八世孙琪公于宋太平兴国二年（977年）迁居长乐十二都"敦素里"古槐，即"古县"。宋中叶大观戊子年（1108年），舜俞公迁于二十四都鳌峰（前董），由"鳌峰"舜俞公第三世康公迁于庐峰"金墩董厝"（即金峰董朱）。迄今八百三十多年已传三十二世。宋朝咸淳丙寅年（1266年），由董厝康公六世孙董国仁名晞盛出赘廿四都曹家，生四子，长子崇德回金墩董厝顾主，复董姓；次子崇庆回前董，复姓董；三子君礼、四子君辅承曹姓。从此董曹两家来往密切，亲如一家，长发其祥。

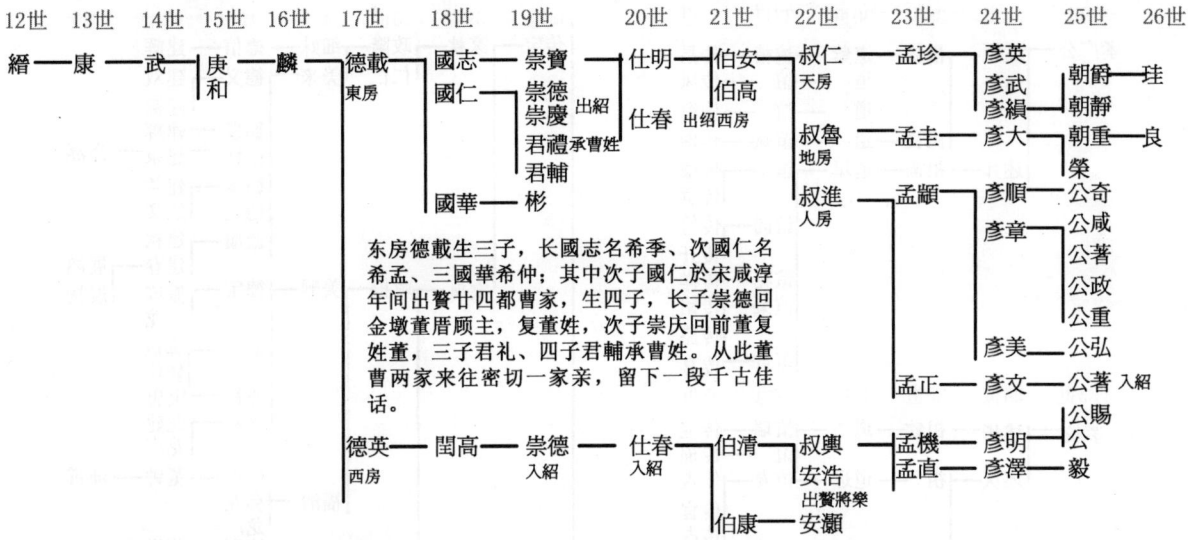

东房德载生三子，长国志名希季、次国仁名希孟、三国华希仲；其中次子国仁於宋咸淳年间出赘廿四都曹家，生四子，长子崇德回金墩董厝顾主，复董姓，次子崇庆回前董复姓董，三子君礼、四子君辅承曹姓。从此董曹两家来往密切一家亲，留下一段千古佳话。

27至32世世系失详

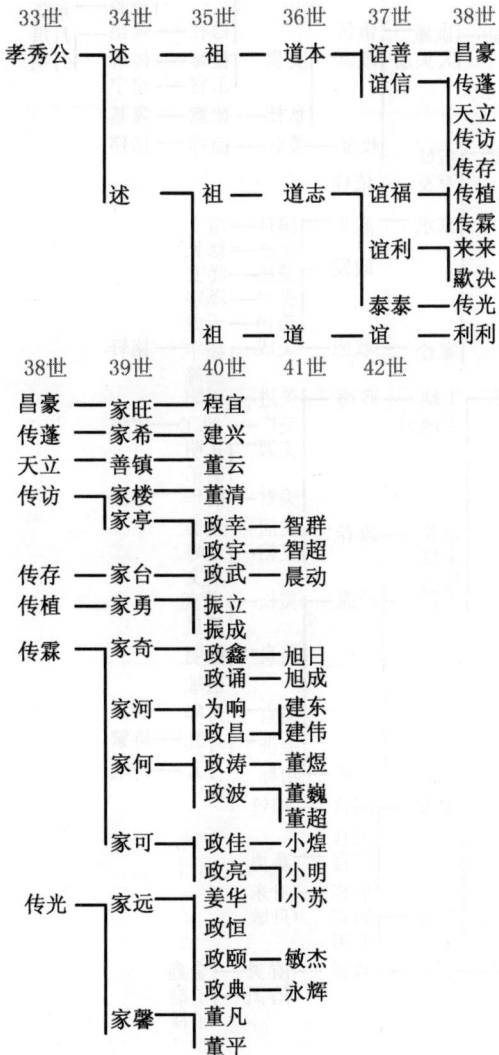

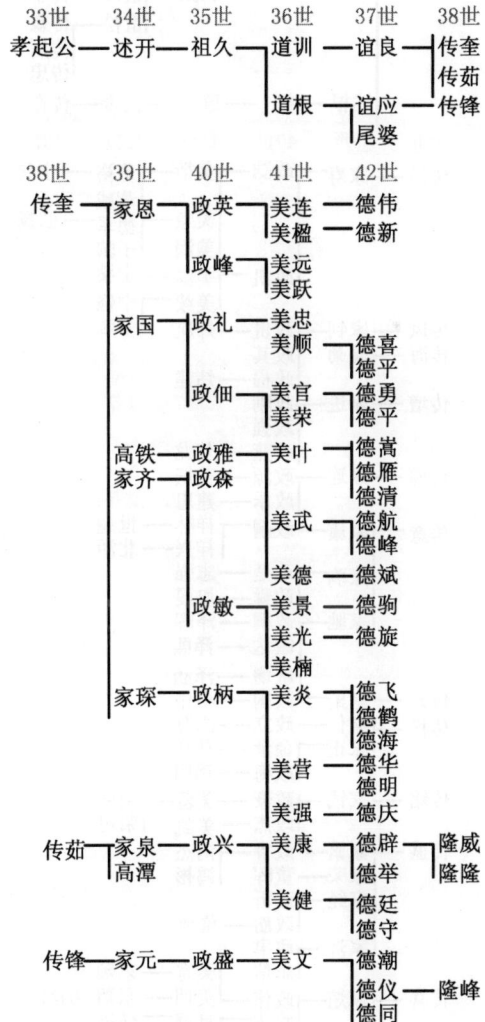

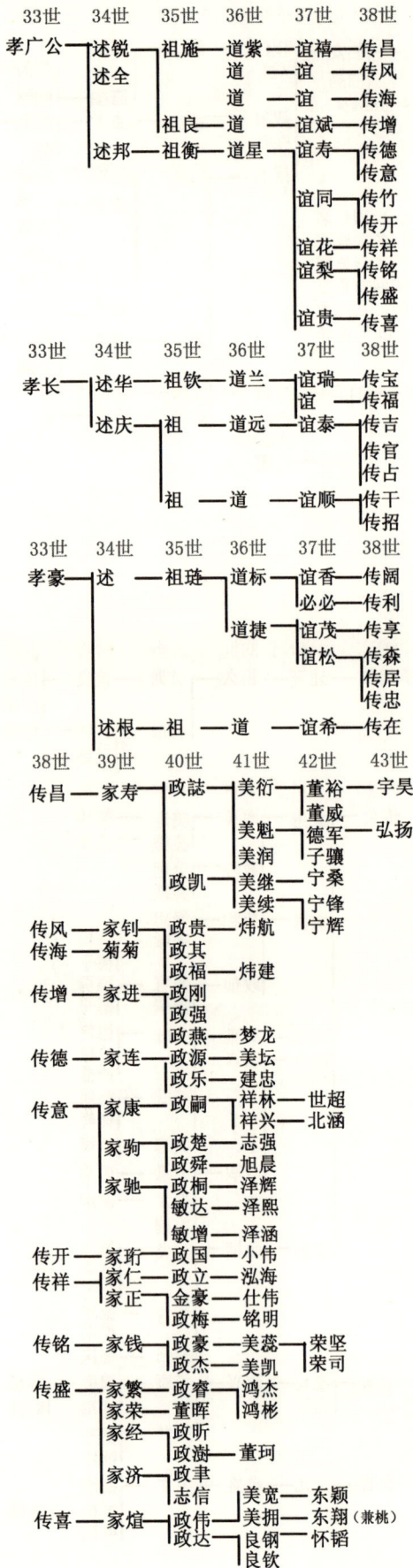

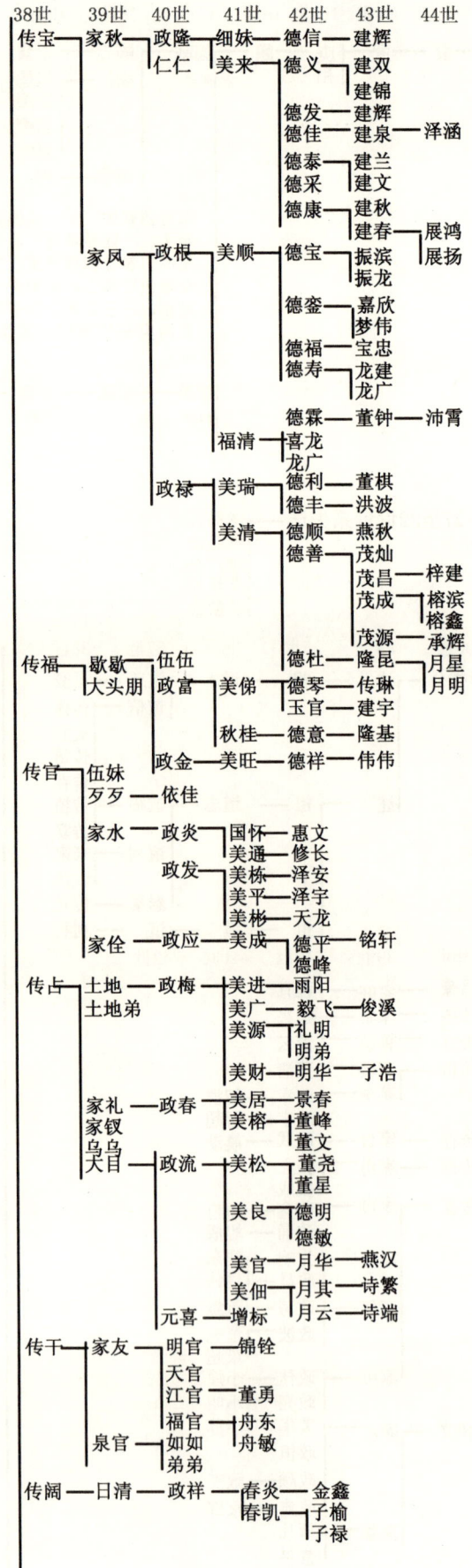

左上

33世	34世	35世	36世	37世	38世
孝广公	述锐	祖施	道紫	谊禧	传昌
	述全		道	谊	传风
			道	谊	传海
		祖良	道	谊斌	传增
	述邦	祖衡	道星	谊寿	传德
					传意
				谊同	传竹
					传开
				谊花	传祥
				谊梨	传铭
					传盛
				谊贵	传喜

33世	34世	35世	36世	37世	38世
孝长	述华	祖钦	道兰	谊瑞	传宝
				谊	传福
	述庆	祖	道远	谊泰	传吉
					传官
					传占
		祖	道	谊顺	传干
					传招

33世	34世	35世	36世	37世	38世
孝豪	述	祖珽	道标	谊香	传阔
				必必	传利
			道捷	谊茂	传享
				谊松	传森
					传居
					传忠
	述根	祖	道	谊希	传在

38世	39世	40世	41世	42世	43世	44世
传昌	家寿	政諆	美衍	董裕	宇昊	
				董威		
			美魁	德军	弘扬	
			美润	子骧		
		政凯	美继	宁桑		
			美续	宁锋		
				宁辉		
传风	家钊	政贵	炜航			
传海	菊菊	政其				
		政福	炜建			
传增	家进	政刚				
		政强				
		政燕	梦龙			
传德	家连	政源	美坛			
		政乐	建忠			
传意	家康	政嗣	祥林	世超		
			祥兴	北涵		
	家驹	政楚	志强			
	家驰	政舜	旭晨			
		政桐	泽辉			
		敏达	泽熙			
		敏增	泽涵			
传开	家珩	政国	小伟			
传祥	家仁	政立	泓海			
	家正	金豪	仕伟			
		政梅	铭明			
传铭	家钱	政豪	美蕊	荣坚		
		政杰	美凯	荣司		
传盛	家繁	政睿	鸿杰			
	家荣	董晖	鸿彬			
	家经	政昕	董珂			
	家济	政聿				
		志信	美宽	东颖		
传喜	家煌	政伟	美拥	东翔(兼桃)		
		政达	良钢	怀韬		
			良钦			

右侧

38世	39世	40世	41世	42世	43世	44世
传宝	家秋	政隆	细妹	德信	建辉	
		仁仁	美来	德义	建双	
					建锦	
				德发	建辉	
				德佳	建泉	泽涵
				德泰	建兰	
				德采	建文	
				德康	建秋	
					建春	展鸿
						展扬
	家凤	政根	美顺	德宝	振滨	
					振龙	
				德銮	嘉欣	
					梦伟	
				德福	宝忠	
				德寿	龙建	
					龙广	
			福清	德霖	董钟	沛霄
				喜龙		
				龙广		
		政禄	美瑞	德利	董棋	
				德丰	洪波	
			美清	德顺	燕秋	
				德善	茂灿	
					茂昌	梓建
					茂成	榕滨
						榕鑫
					茂源	承辉
				德杜	隆昆	月星
						月明
传福	歇歇	伍伍				
	大头朋	政富	美俤	德琴	传琳	
			玉官	建宇		
		秋桂	德意	隆基		
		政金	美旺	德祥	伟伟	
传官	伍妹					
	歹歹	依佳				
	家水	政炎	国怀	惠文		
			美通	修长		
		政发	美栋	泽安		
			美平	泽宇		
			美彬	天龙		
	家伫	政应	美成	德平	铭轩	
				德峰		
传占	土地	政梅	美进	雨阳		
	土地弟		美广	毅飞	俊溪	
			美源	礼明		
				明弟		
			美财	明华	子浩	
	家礼	政春	美居	景春		
	家钗		美榕	董峰		
	乌乌			董文		
	犬目	政流	美松	董尧		
				董星		
			美良	德明		
				德敏		
			美官	月华	燕汉	
			美佃	月其	诗繁	
		元喜	增标	月云	诗端	
传干	家友	明官	锦铨			
		天官				
		江官	董勇			
		福官	舟东			
	泉官	如如	舟敏			
		弟弟				
传阔	日清	政祥	春炎	金鑫		
			春凯	子榆		
				子禄		

138

左侧（38世　39世　40世　41世　42世　43世）：

- 传享—家後—政辉—云棋—维民／维钟／小路
- 　　　　　　　　　云剑—小路
- 　　　　政耀—美贵—董敏／董建
- 　　　　　　　美锋—董科
- 　　　　　　　美勋—董诏／董居
- 　　　　　　　美勇—董煜
- 传森—家厚—政钦—美柱—德云—茂洲
- 　　　　　　　美庚—鹏飞
- 　　　　政铭—美昇—董欢
- 　　　　政魁—美杰—伟华
- 　　　　　　　美庆—伟龙
- 　　　　政鑑—美春／春俤
- 　　　家孝—政宝—美成—董宇
- 　　　　　政云—美友—董昕／园园
- 　　　　　　　美良—董磊
- 　　　　　　　美尧
- 　　　　政风—美铿—雍辉／雍阳—梓桐
- 　　　　　　　美钟—启防
- 　　　　　　　美鐼—蔚起
- 　　　　政端—董兵—源杰
- 　　　　　　　董平—优香
- 　　　　　　　董松—维博
- 　　　　政湍—耀庭—维轩
- 　　　　　　　耀华—德发
- 　　　　政康—董宁—晨浩
- 　　　　政璋—董清—宇涵／书航
- 　　　　政程—董永—乐轩
- 　　　　　　　董榕
- 　　　家学—政勇—敏乐—轶轩
- 　　　　　政海—美统—嶙龚
- 　　　　　　　美宪—董恒
- 　　　　　　　敏织
- 传居—家喜—政淡—美任
- 传忠—家营—政达—秀闽
- 　　　　　政寿—秀航
- 传在—家良—光明—小泽

右侧（38世　39世　40世　41世　42世　43世　44世）：

- 传吉—家在—政如—美书—德雄—良宇
- 　　　　　　　　　董辉
- 　　　　政乐—美桢—镇胜
- 　　　　　　　美存—锦涛
- 　　　　　　　美利—建辉
- 　　　　　　　美发—巧宾
- 　　　　　　　美泉—德明／德钦
- 　　　　香香———天玉—远志／宇泽—吉祥
- 　　　　政宁—美安—开祥—为民
- 　　　　　　　美端—植锦—鹏文／鹏武
- 　　　　　　　　　　祥锦—鹏霖／鹏宇
- 　　　　　　　　　　瑞锦—鹏煜
- 　　　　　　　美有—突亳
- 　　　　　　　　　　实应—烨玲
- 　　　　政先—美东—清玉—志伟
- 　　　　　　　　　　华月
- 　　　　　　　美兰—德玉—志航
- 　　　　　　　　　　德良
- 　　　　政和—美存—桂清
- 　　　　　　　美良—桂敏
- 　　　　　　　美桃—桂明
- 　　　　　　　美安—品嗣
- 　　　　　　　　　　香香
- 　　　家增—政平—官镇—国伟—宇辰
- 　　　　　　　官水—国宝—智斌
- 　　　　　　　　　　国富—俊浩
- 　　　　　　　光松—国乐—恩妍
- 　　　　　　　美禄—国华—怀广
- 　　　　　　　　　　国秋—怀策—欣睿
- 　　　　　　　　　　　　　怀远—欣畅
- 　　　家榕—政利—美春—董浩—宇力
- 　　　　　　　美莺—建峰—宇轩
- 　　　　　　　　　　建乐
- 　　　　政建—美奇—玲灵
- 　　　　　　　美俊—周伟
- 　　　　　　　美荣—德发／德文
- 旦旦生生—政安—官章—依本
- 　　　　　　　官海—国辉—董杰
- 　　　　　　　法官—国新
- 　　　　　　　春官—董实

　　该世系图主要是由董政铭老先生整理提供,由于尚未收到相应信息,故未列出名人与事业有成者。

　　(四)梅花董氏世系

　　梅花镇是历史上著名的古镇,历代军事之要塞,有保存较为完整的明朝海防古城墙、蔡夫人庙、林位宫等,是省会门户、军事要地。古代梅花先后设巡检司、千户所。梅花城,围山而筑,山顶有石盈亩,巍然高出数丈,上镌"龙东石"。城北抵闽江,东临东海,西有"百流湖"水汇闽江。梅城历今六百多年,最后一次修整(1762年)距今二百多年。梅花镇是一个纯渔业镇,近海捕捞业发达,是福建省十大渔业强镇之一。

梅花董氏属董玠公后裔，历史上分别由前董和后董分支组成。

梅花应凤（前董）董氏世系图

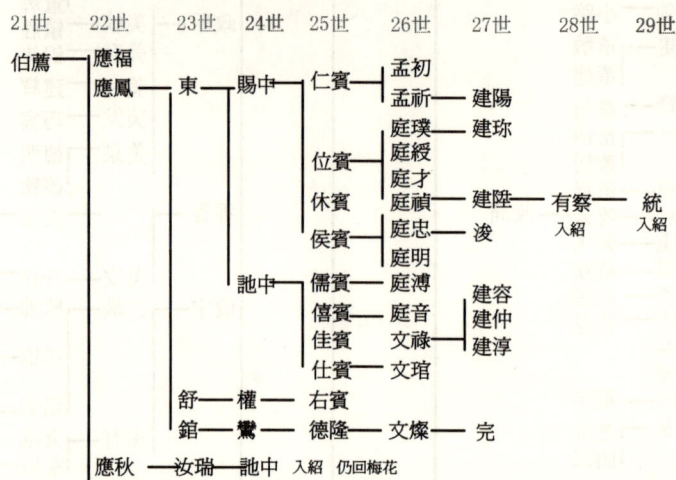

21世	22世	23世	24世	25世	26世	27世	28世	29世
伯薦	應福							
	應鳳	東	賜中	仁賓	孟初			
					孟祈	建陽		
				位賓	庭璞	建珎		
					庭綬			
					庭才			
				休賓	庭禎	建陞	有察 入紹	統 入紹
				侯賓	庭忠	浚		
					庭明			
			訑中	儒賓	庭溥	建容		
				僖賓	庭音	建仲		
				佳賓	文祿	建淳		
				仕賓	文琯			
		舒	權	右賓				
		錆	鸞	德隆	文燦	完		
	應秋	汝瑞	訑中 入紹 仍回梅花					

震龙地房岐山墓梅花爾薦公支系

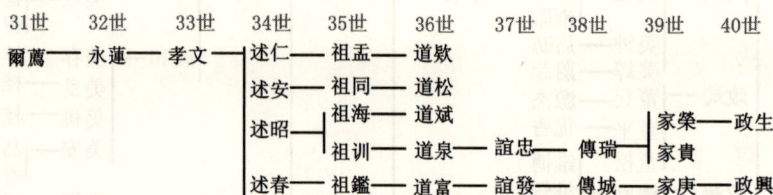

31世	32世	33世	34世	35世	36世	37世	38世	39世	40世
爾薦	永蓮	孝文	述仁	祖盂	道欸				
			述安	祖同	道松				
			述昭	祖海	道斌				
				祖訓	道泉	誼忠	傳瑞	家榮	政生
								家貴	
			述春	祖鑑	道富	誼發	傳城	家庚	政興

震龙地房岐山墓梅花西世董支系

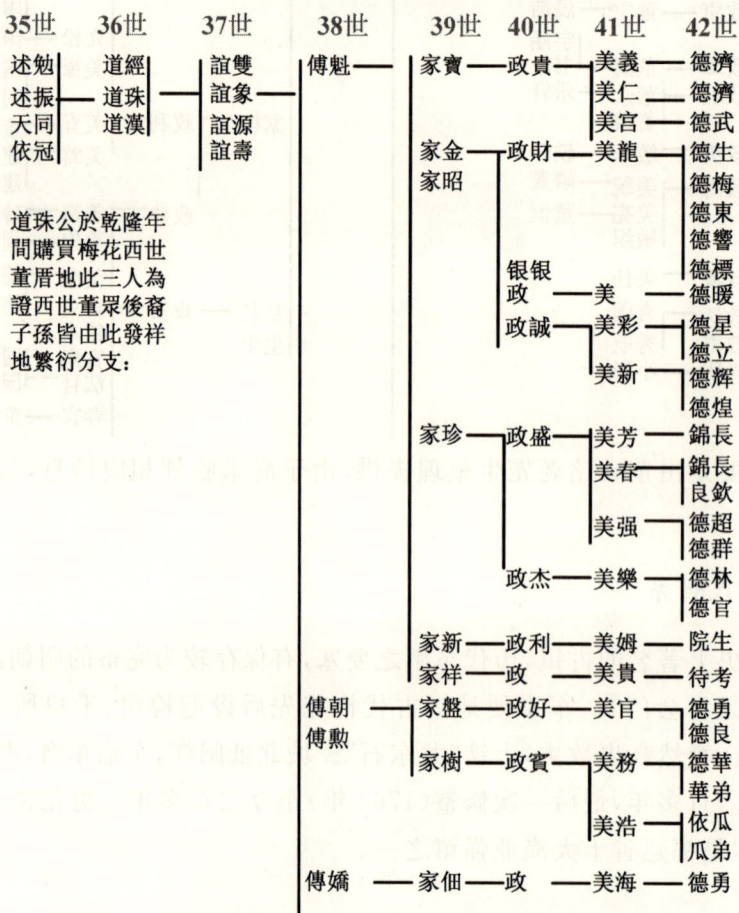

35世	36世	37世	38世	39世	40世	41世	42世
述勉	道經	誼雙	傳魁	家寶	政貴	美義	德濟
述振	道珠	誼象				美仁	德濟
天同	道漢	誼源				美宫	德武
依冠		誼壽		家金	政財	美龍	德生
				家昭			德梅
							德東
							德響
					銀銀政	美	德標
					政誠	美彩	德暖
							德星
						美新	德立
							德輝
							德煌
				家珍	政盛	美芳	錦長
						美春	錦長
							良欽
						美强	德超
							德群
					政杰	美樂	德林
							德官
				家新	政利	美姆	院生
				家祥	政	美貴	待考
			傳朝	家盤	政好	美官	德勇
			傳勳				德良
				家樹	政賓	美務	德華
							華弟
						美浩	依瓜
							瓜弟
			傳嬌	家佃	政	美海	德勇

道珠公於乾隆年間購買梅花西世董厝地此三人為證西世董眾後裔子孫皆由此發祥地繁衍分支：

四、震龙董氏世系

继宗公乃唐防御使董玠公二十世孙，伯宁公之子，思诚公第十二世孙。

987年，思诚公自福州迁来长乐。传至伯宁公，以上十一世均为单传，震龙董昌盛之基业，实由继宗公开始。故震龙董氏昭穆世行上廿四世行第排列以继字翠为一世，排至庆之辈。

继宗公生七子，枝叶繁荣，蕃衍派系。后裔子孙，勤奋上进，科甲联芳，英才辈出，富贵绵长。

继宗公之长子龙公，字汝厚，行一，生娶卒葬俱已失详。生二子，长宗韶，次宗韵。龙公乃天房世祖，别迁待考。

次子凤公，字汝彩，号万腾，行二。生二子，长讳智，次讳耿，乃地房世祖。其生娶卒年月俱失详，墓葬石井山，朝向坐寅申兼艮坤。公富豪一世，仗义疏财，赈贫恤患，仁德布世，惠抚乡郑。建"凤彩堂"房厅于震龙董氏宗祠左冀，其建造时间未详，房厅朝向坐甲庚兼卯酉三分。

三子熊公，字汝渭，行三，积产万金。生二女，长女适沙堤，办去嫁妆"脚带湖"；次女适山富（即沙头顶），办去嫁妆"后董洋"。故沙堤林家和山富黄家与震龙乃祖辈姻亲之关系。熊公未立后嗣，生娶卒俱失详。

四子熊公，字汝吉，行四。因逃拘捕，投奔睢阳车中（河南省睢阳县）。后任车中要职，其后裔繁衍河南一带。据说熊公于明朝时期，因打官司曾回震龙借族谱，后因年代久速，失去联络。

五子銮公，字汝翔，号万顷，行五。生前出大富，乃人房世祖也。

六子鲲公，字汝南，行六，未立后嗣。

七子鲐公，未立，夭殇。

继宗公生七子，长子龙公，四子熊公皆外迁。震龙董财丁之兴盛，实由凤公（地房）、銮公两世祖蕃衍分支，繁荣昌盛。

至于继宗公叔祖舜明公入赘湖头官家，思诚公的八世孙梁公之子董佺公别震龙，独木泛舟迁连江东岱，以及继宗公九世孙则对等别震龙迁福州远洋，分支流衍，嗣继传今。因此，连江东岱，福州远洋，湖头官家，与震龙董，均系血缘之亲。

（震龙即后董始祖）

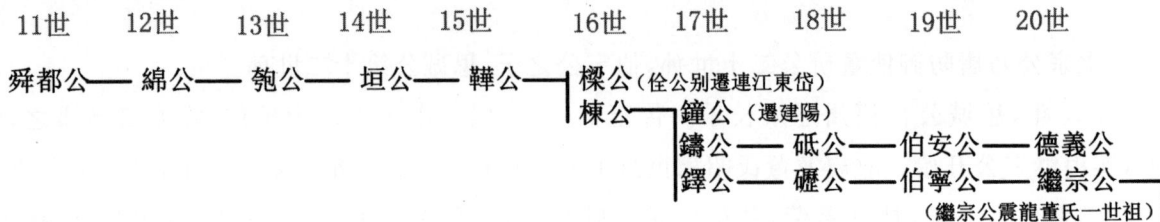

| 11世 | 12世 | 13世 | 14世 | 15世 | 16世 | 17世 | 18世 | 19世 | 20世 |

舜都公—— 綿公—— 匏公—— 垣公—— 韡公┐

樑公（佺公别遷連江東岱）

棟公──鐘公（遷建陽）

鑄公── 砥公── 伯安公── 德義公

鐸公── 礶公── 伯寧公── 繼宗公──┐

（繼宗公震龍董氏一世祖）

21世

龍公　字汝厚行一，乃天房世祖，别遷待考　　　（天房）

鳳公　生娶卒年月俱失詳　　　（地房）

熊公　字汝渭，行三熊公未立后嗣　　　（世房）

羆公　字汝吉，行四。其后裔繁衍河南一帶

鑾公　字汝翔，號萬頃，行五。生前出大富，乃人房世祖也（人房）

鯤公　字汝南，行六，未立后嗣

�公　未立，夭殤

（一）震龙董氏龙公世系

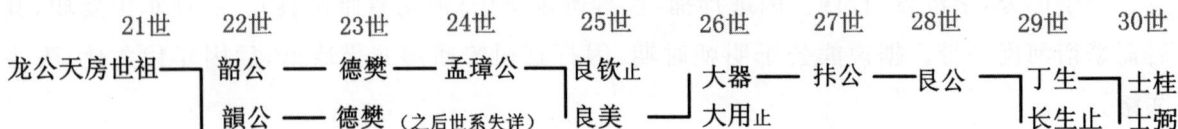

| 21世 | 22世 | 23世 | 24世 | 25世 | 26世 | 27世 | 28世 | 29世 | 30世 |

龙公天房世祖┐

韶公 — 德樊 — 孟璋公 ┬ 良钦止

韻公 — 德樊（之后世系失详）└ 良美 ┬ 大器 — 抃公 — 良公 ┬ 丁生 ─ 士桂

　　　　　　　　　　　　　　└ 大用止　　　　　　　　└ 长生止 ─ 士弼

（二）连江东岱董氏

思诚公裔孙梁公之子董佺公，官授秘书郎，进士出身。宋末，因世运变异，为避元患别震龙独自泛舟，入迁连江县出东门离城 10 公里永福乡永音贵里岱堡之南牛路下董厝角（现改名董厝路）。

1. 东岱董氏世系

（1）世行昭穆

因东岱董别迁震龙年代久远，音讯互失，以至世系表字另立行第。其自 20 世起行第世次表如下。

（20、21、22、23、24、25、26、27、28、29、30、31 世）

行→祖　训　可　遵　策　学　渊　源　丰　成　永　久

字→家　修　能　立　箕　裳　缵　述　丕　发　祯　祥

1990 年冬，东岱董聘请后董宗亲在连江会谱。双方核对行第世次排行，并载入宗谱，以密切震龙与东岱的亲缘。现将核对后的东岱董行第世次排列如下。

（注：第 24 世名行为"策"，字次为"箕"，今由简易书写及户口身份证，"箕"多写作"其"，特此说明。）

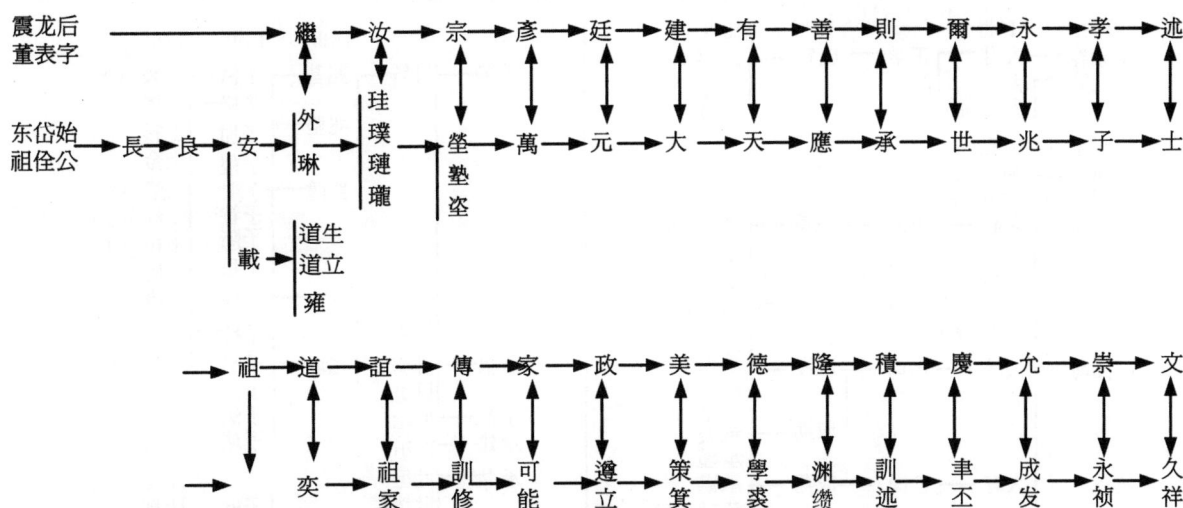

东岱董与邻乡之谬姓系兄弟联宗之亲,董谬兄弟之始祖合葬一穴,载入墓志。自古传今,成为董谬兄弟联宗之千古佳话。

自佺公为一世,迁居东岱至今已有七百四十余年。历史上东岱董自六世后分三房,分别是堃为长房新名元房,塾为次房又名亨房,坌为三房。

(2)三房世系

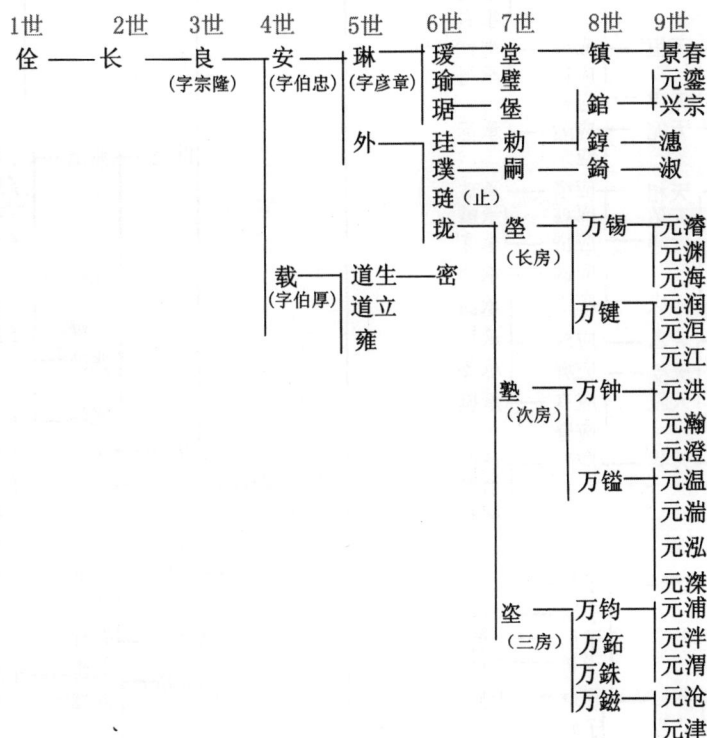

东岱佺公世系图（长房九至十七世）

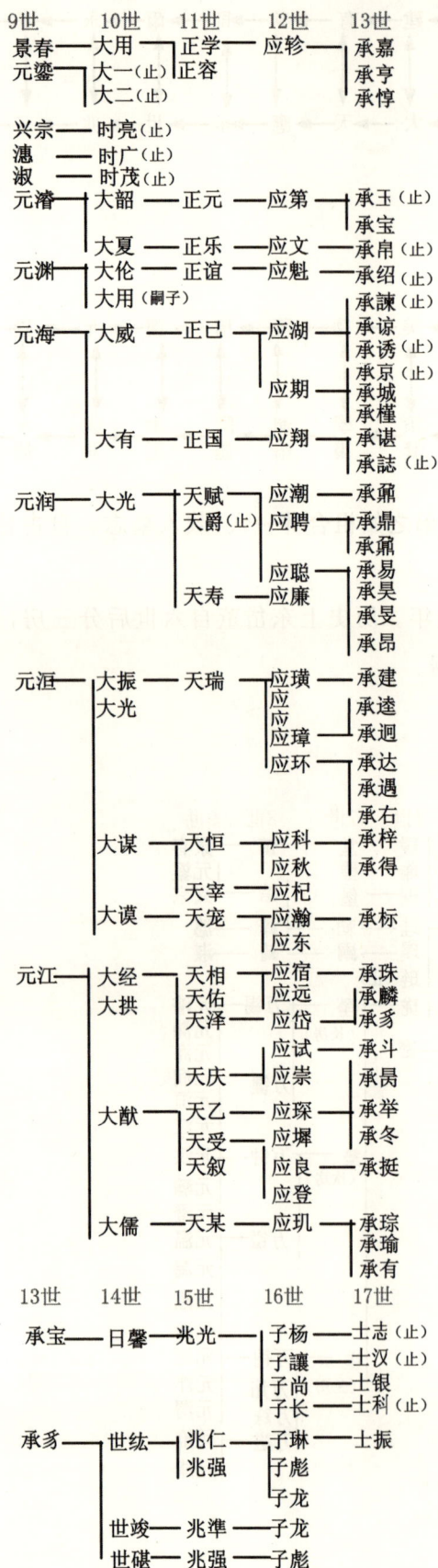

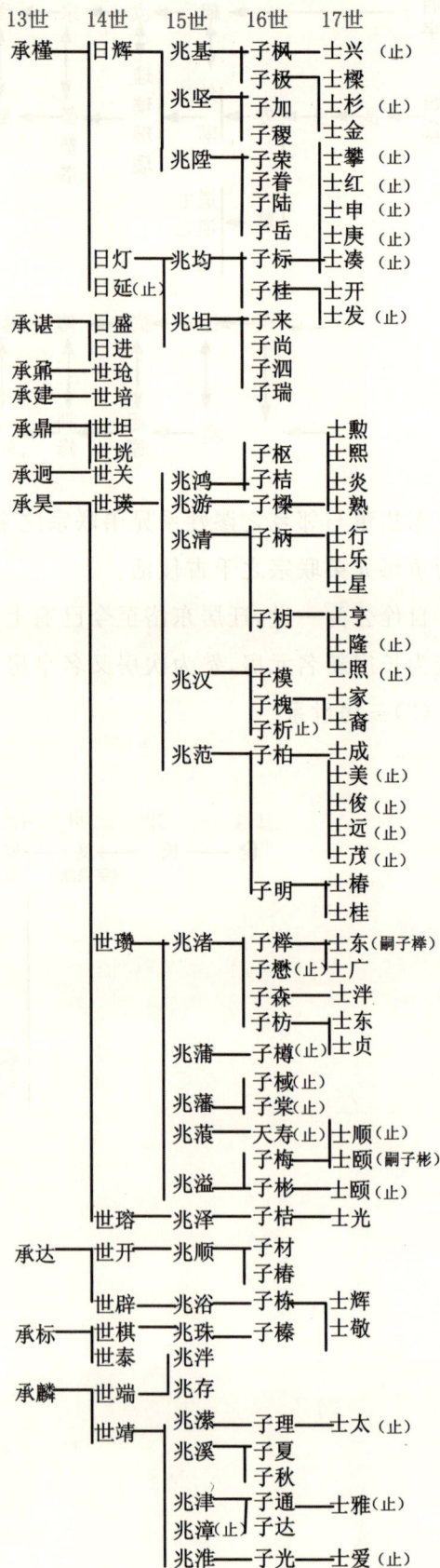

左区（9世—13世）

9世	10世	11世	12世	13世
景春	大用	正学	应轸	承嘉 / 承亨 / 承悖
		正容		
元鎏	大一（止） / 大二（止）			
	兴宗	时亮（止）		
漶		时广（止）		
淑		时茂（止）		
元濬	大韶	正元	应第	承玉（止） / 承宝
	大夏	正乐	应文	承帛（止）
元渊	大伦	正谊	应魁	承绍（止）
	大用（嗣子）			承諫（止）
元海	大威	正已	应湖	承谅 / 承诱（止）
			应期	承京（止） / 承城 / 承槿
	大有	正国	应翔	承谌 / 承誌（止）
元润	大光	天赋	应潮	承鼐
		天爵（止）	应聘	承鼎 / 承鼐
		天寿	应聪	承易
			应廉	承昊 / 承旻 / 承昂
元湄	大振	天瑞	应璜	承建
	大光		应 / 应璋	承递 / 承迥
			应环	承达 / 承遇 / 承右
	大谋	天恒	应科	承梓
			应秋	承得
		天宰	应杞	
	大谟	天宠	应瀚	承标
			应东	
元江	大经	天相	应宿	承珠
	大拱	天佑	应远	承麟
		天泽	应岱	承豸
			应试	承斗
		天庆	应崇	承昺
	大猷	天乙	应琛	承举
		天受	应墀	承冬
		天叙	应良	承挺
			应登	
	大儒	天某	应玑	承琮 / 承瑜 / 承有

右区（13世—17世）

13世	14世	15世	16世	17世
承槿	日辉	兆基	子枫	士兴（止）
		兆坚	子极	士樱
			子加	士杉（止）
			子稷	士金
		兆陞	子荣	士攀（止）
			子眷	士红（止）
			子陆	士申（止）
			子岳	士庚（止）
	日灯	兆均	子标	士凑（止）
	日延（止）		子桂	士开
		兆坦	子来	士发（止）
承谌	日盛 / 日进		子尚	
承鼐	世玳		子泗	
承建	世培		子瑞	
承鼎	世坦			士勳 / 士熙
	世垙		子枢	士炎
承迥	世关	兆鸿	子桔	士熟
承昊	世瑛	兆游	子樑	
		兆清	子柄	士行 / 士乐 / 士星
			子胡	士亨 / 士隆（止） / 士照（止）
		兆汉	子模	士家
			子槐	士裔
			子析（止）	
		兆范	子柏	士成 / 士美（止） / 士俊（止） / 士远（止） / 士茂（止）
			子明	士椿 / 士桂
	世瓒	兆渚	子桦	士东（嗣子桦）
			子懋（止）	士广
			子森	士洋
			子枋	士东 / 士贞
		兆蒲	子樽（止）	
		兆藩	子棫（止） / 子棠（止）	
		兆溇	天寿（止）	士顺（止）
			子梅	士颐（嗣子彬）
		兆溢	子彬	士颐
	世瑢	兆泽	子桔	士光
承达	世开	兆顺	子材 / 子椿	
	世辟	兆浴	子栋	士辉
			子榛	士敬
承标	世棋	兆珠		
	世泰	兆洋		
承麟	世端	兆存		
	世靖	兆潫	子理	士太（止）
		兆溪	子夏 / 子秋	
		兆津	子通	士雅（止）
		兆漳（止）	子达	
		兆淮	子光	士爱（止）

左下区（13世—17世）

13世	14世	15世	16世	17世
承宝	日馨	兆光	子杨	士志（止）
			子讓	士汉（止）
			子尚	士银
			子长	士科（止）
承豸	世纮	兆仁	子琳	士振
		兆强	子彪	
			子龙	
	世竣	兆準	子龙	
	世磋	兆强	子彪	

东岱佺公世系图（次房九至十七世）

左半部分（9世至13世）：

9世	10世	11世	12世	13世
元洪	时高	德增	尚进	承统
		德显	尚和	承纲
			尚宾	承繻（止）
				承纺（止）
	时亨	德辉	尚质	承组
	时方（止）			承绶（止）
				承缙（止）
			尚志	承绶
			尚吉	承缙
		德隣	尚谦	
			尚谨	承继
			尚平	
			尚友	
		德本	尚鸣	承络
			尚仕	
			尚俊	承綵
	时雍	德兴	尚策	承纲
			尚仁	承春
元澄	时宣	德华	尚泰	承震
	时言	德昌	尚耀	承柱
			尚清	承栋
			尚功	承材
			尚礼	
	时衷	德荣	尚羡	承雯
		德芳	尚英	
	时习	德春		
		德基		
元温	时章			
	时彦	懋德	尚贤	承宪
			尚诚	承沽
				承沛
				承源
				承灏
元泓	时庠	德奋（止）	尚实	宗侯
元溁	大荣	德贵		宗佐
	大道		尚贞	宗保

右半部分（13世至17世）：

13世	14世	15世	16世	17世
承统	日永（止）			
	日久（止）			
承组	日新	家驹	子超	士奇
			子起（止）	
承绥	日曾	家駉	子趣（止）	
	日中	家验	子加（止）	
	日寅	家騋	子仪	长成（止）
承继	日祖			
承春	日来	兆昌	子琪	圣清
承震	日旭		子瑛	圣杰
承沽	日正			圣倬
	日大			圣位
	日三		捷	圣传
			子玠	圣健
				圣佐（止）
			子城	圣伦（止）
				圣德（止）
			子璡	圣高（止）
			子琮	圣曾（止）
				圣尚（止）
			子珩	国保
			子玑	国位
				国仕
承源	日毅			国仲
宗佐	日欧	兆敏	子元	士显

东岱伦公世系图（三房九至十七世）

左上表（9世—13世）

9世	10世	11世	12世	13世
元浦	大典	一蕙	文昭	
			文献	承遂
		一葵	文焕	
			文炳	
元泮	大通	一桂	文治	承运
				承遴（止）
		一贯	文钦	
			文锦	
			文锋	
元渭	大器	一语	文明	承发
		一蘭	文卿	承忠
				承惠
				承懿
				承恕
			文香	承态
				承殷
				承念
元沧	大化	一杨	文进	承恩
				承慎
				承忍
				承祐
	大义	一全	文星	承祚
元津	时举	德恩	应	承禹

左下表（13世—17世）

13世	14世	15世	16世	17世
承遂	日德	兆權	子杯（止）	
承运	日宣（止）			士锦
承忠	日照	兆岳	子恭	士鈜
				士鋐
	日恁	兆崑	子藩	士铎
	日熹			士鑑
				士锐
			子基	士钦
			子玥	士纺
				士鎰
				士钟
				士镆
				士镕
			子珖	士錡
				士锴
			子珩	士钄
			子琰	士磁
			子珪	士钦（嗣子基）
		兆珉	子埕	士钺
		兆峰	子瑚	士銈
			子玫	士镗
				士镔
				士銅
				士典
			子珌	士镐
				士鉁
				士錤
				士錂
承祚	日琼	兆芝	子振	士白
		兆芳	子重	士庆
				士庚
	日珩	兆镜		
	日珪	兆镛	子大	
			子道	
	日玩	兆锴	子圣	
		兆锐	子基	
		兆锦	子雲	

右表（13世—17世）

13世	14世	15世	16世	17世
承惠	日橀	兆峥	子玙	士铿
			子裔	士雏
			子瑇	天送（止）
			子班	士鎧
				士有
			子瑝	士长（止）
			子洪	士宁（止）
			子琳	士河
				士功
				士登（止）
		兆岩	子珽	士镇
				士镜
				士馆
				士铭
			子珊	士钧（止）
				士烜
				士杉（止）
	日尚	兆徽	子瑀	得寿（止）
	日倩		子珀	佛保（止）
承懿	日顺	兆岗	子琛	士姚
				士銮
				士奎（嗣子曾）
				士进
				士财
				士宝
			子曾	士奎
		兆岑	子玢	士钊（止）
			子寿（止）	士銦（嗣子德）
				士姚（嗣子琛）
			子德	士銦
			子珅	士维（止）
		兆崔	子璲	士平（嗣子燧）
			子星	士平
				士安
				士享
				士通
		兆隆	子璿	士喜
				士连
				士合（止）
			子琦	士贵
			子璟	
承恕	日吉	兆峻	子珍	士豪
			子球	春浩
			子莹	春谓
			钟岳	春湧
		兆莪	钟麟	士京
				士馨
			钟凤	士京
				士贤
承态	日蒸（止）	兆荃	子琚	士雄
承恩	日富	兆芹	钟鸾	士潮（止）
				士海
				士熹（止）
		兆蘭	钟鹏	春烟（止）
承祐	日华	兆惠	子雷	
	日苌	兆联	子丰	
		兆英	子在	

左上世系（17世—21世）

17世	18世	19世	20世	21世
士银	登柳	懋政（止）		
	登桂	懋政（嗣登柳）		
士梁	登松	懋端		
	登竹	懋官	祖培	
士金	登述	懋兴	祖合	
士开	登云		祖璧	
	登衢		祖来	
士勖	登佳（止）		祖珠	
士炎	登森	懋近	祖知	训丙
士熙	登魁	懋秀	祖安（未详）	
	登榜	懋秀	祖安（未详）	
士熟	登第	懋銮（未详）		
士行	登益（失记）			
	登如	懋春	祖钦	训顺
				训骐
		懋细（止）		训谋
	登法	懋美（止）		训仲
	登明（止）			训彬
士乐	登和	懋材	祖铧（止）	
	登为（嗣士光）		祖镰	训仲
			祖铿（止）	
			祖沐（止）	
	登贵	懋铨	祖	
		祖利	训知（殇）	
士星	登明	懋祉	祖镕	训赃
士亨	登金（止）			禄佾
				训熙
				训废（夭）
士家	登裔	懋福	祖镰	训潮
		懋寿	祖（出养）	金善
		懋江（夭）	祖全（殇）	善官
		懋寿	祖炎（殇）	善育
				训书
				训用
士成	登进	懋康	祖名	训守
士敬	登科		祖（夭）	
士辉	登一		祖银	康官
	登二		祖钊	训禧
		懋发	祖银	训禧
			祖巡	训逶
				城官
		懋祯	祖荫	训霖
				训品（出养）
		懋祥	祖世	训仪
				训侗
				金木
				训清
				训兴
士东	登荣	懋香	祖操	训迪
		懋振（夭）	祖焕	求理
		懋洁（夭）		
		懋清	祖得	训辉
士广	登凤	懋旺	祖钢	训秋（夭）
				训昭
			祖（夭）	训珂
			祖成	
			祖乐（迁长乐）	
			祖育（未详）	
士泮	登攀	懋禧	祖年	训恭
	登林（止）			训宽
		懋禄		训信
		懋祚（止）		训敏
		懋礼（止）		增金
		懋禅（殇）		训惠
士贞	登华	懋镕	祖坚	训俊
		懋鋐	祖铃	
		懋钦	祖钗	
士光	登为	懋桂（止）	祖霖	训昌

右上世系（17世—21世）

17世	18世	19世	20世	21世
士振	登禄			
	登秋	懋炳	祖俤	金泰
				训锦
			祖金	华泰
				元泰
	登梁	懋灿	祖金	训品
		懋辉	祖金	训品
				训清

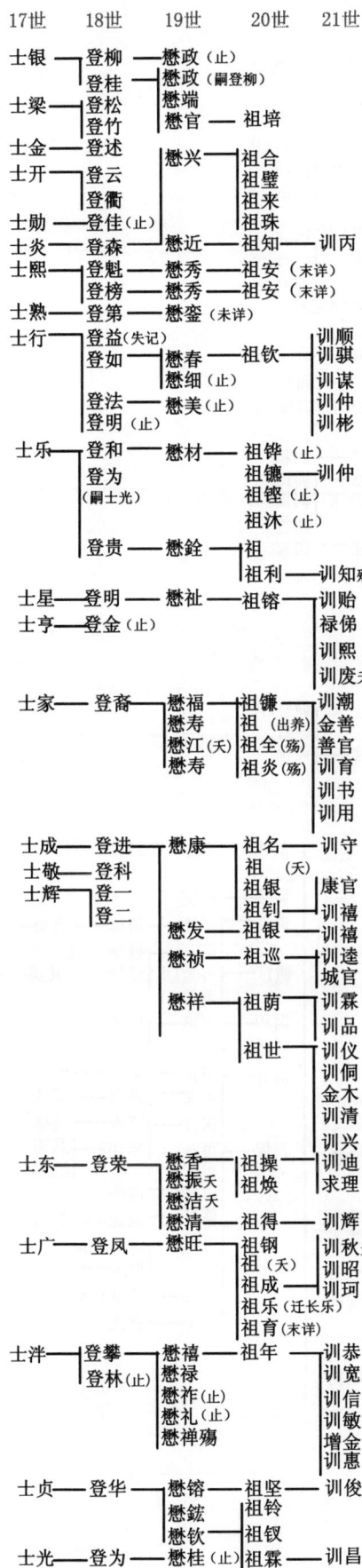

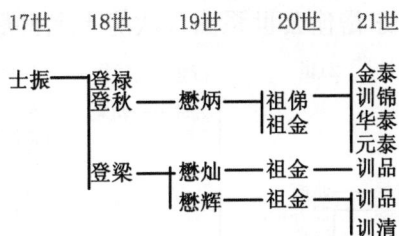

东岱佺公世系图（长房十七世后）

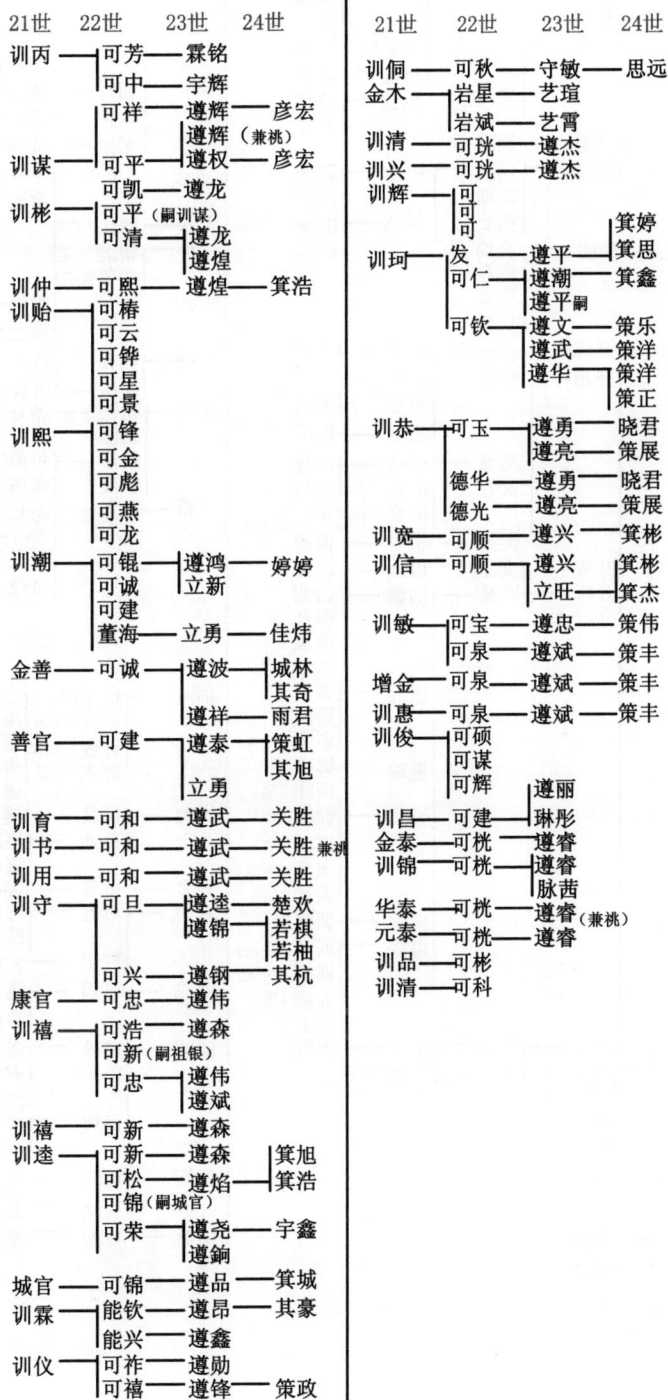

（21世—24世）左组

21世	22世	23世	24世
训丙	可芳	霖铭	
	可中	宇辉	
	可祥	遵辉	彦宏
		遵辉（兼祧）	
训谋	可平	遵权	彦宏
	可凯	遵龙	
训彬	可平（嗣训谋）		
	可清	遵龙	
		遵煌	
训仲	可熙	遵煌	箕浩
训赃	可椿		
	可云		
	可铧		
	可星		
	可景		
训熙	可锋		
	可金		
	可彪		
	可燕		
	可龙		
训潮	可锟	遵鸿	婷婷
	可诚	立新	
	可建		
	董海	立勇	佳炜
金善	可诚	遵波	城林
			其奇
		遵祥	雨君
善官	可建	遵泰	策虹
			其旭
		立勇	
训育	可和	遵武	关胜
训书	可和	遵武	关胜（兼祧）
训用	可和	遵武	关胜
训守	可旦	遵逶	楚欢
		遵锦	若棋
			若柚
			其杭
	可兴	遵钢	遵伟
康官	可忠	遵伟	
训禧	可浩	遵森	
	可新（嗣祖银）		
	可忠	遵伟	
		遵斌	
训禧	可新	遵森	
训逶	可新	遵森	箕旭
	可松	遵焰	箕浩
	可锦（嗣城官）		
	可荣	遵尧	宇鑫
		遵铜	
城官	可锦	遵品	箕城
训霖	能钦	遵昂	其豪
	能兴	遵鑫	
训仪	可祚	遵勋	
	可禧	遵锋	策政

（21世—24世）右组

21世	22世	23世	24世
训侗	可秋	守敏	思远
金木		岩星	艺瑄
		岩斌	艺霄
训清	可珖	遵杰	
训兴	可珖	遵杰	
训辉	可		
	可		
训珂	发	遵平	箕婷
		遵潮	箕思
	可仁	遵潮	箕鑫
		遵平（嗣）	
	可钦	遵文	策乐
		遵武	策洋
		遵华	策洋
			策正
训恭	可玉	遵勇	晓君
		遵亮	策展
	德华	遵勇	晓君
	德光	遵亮	策展
训宽	可顺	遵兴	箕彬
训信	可顺	遵兴	箕彬
		立旺	箕杰
训敏	可宝	遵忠	策伟
	可泉	遵斌	策丰
增金	可泉	遵斌	策丰
训惠	可泉	遵斌	策丰
训俊	可硕		
	可谋		
	可辉	遵丽	
		琳彤	
训昌	可建	琳彤	
金泰	可桃	遵睿	
训锦	可桃	遵睿	
		脉茜	
华泰	可桃	遵睿（兼祧）	
元泰	可桃	遵睿	
训品	可彬		
训清	可科		

东岱佺公世系图（次房十七世后）

第一栏（世代） 17世 18世 19世 20世 21世

- 士奇 — 守伦 — 进源（殇）／奴细／奕日（止）／奕紫／奕叶（失记）
  - 守美 — 奕繁
- 圣倬 — 开久 — 奕富（失记）
- 圣传 — 炯中 — 奕浦
  - 尊中（未详）
  - 光中（止）
  - 奕城
- 祖保 — 训衡
- 祖銮 — 训齐／训备／训省
- 祖铭 — 训梓／训馨／训吉
- 祖锦
- 祖鋐 — 训务
- 祖鑑 — 训祯
- 祖钰 — 训箕／训衮

- 国保 — 开爵 — 嵩麟
  - 开禄 — 奕院／奕朗／奕史
    - 祖全 — 训受／训水
    - 祖双 — 训康／训霖
- 国位 — 开盛 — 奕均／奕森／奕富／奕贵

- 国仕 — 开清 — 奕增
  - 开相 — 奕发
    - 犀官（殇）— 训晴／训河
    - 祖祚 — 训沂
    - 钳官（殇）
    - 祖如 — 训沂（殇）
  - 奕�油 — 祖亮 — 训彝
  - 奕江 — 祖荣 — 训哲
    - 祖睿（嗣奕振）
  - 奕振 — 祖睿 — 训涛
  - 奕华 — 祖灿 — 训奇
  - 奕波 — 祖馨 — 训荣／训良／训成／训希／训贯／训源／训谦／训臻
    - 祖秀
    - 祖瑞 — 训泽（殇）
    - 祖定 — 训新（殇）／训彬（殇）／训金（失记）／训榕
    - 祖濂 — 训型
    - 祖庆 — 训经（失记）／训赞（失记）／训鳞（殇）／训炎
    - 祖贤
- 开焕
- 开栋（未详）
- 开汉（失记）
- 开秋 — 奕安 — 祖添
  - 奕美（夭）— 祖廉（未详）／祖源（止）／祖浩／祖堂（殇）
- 士显 — 朝圭（止）／朝壁（失记）／朝璋（失记）／朝佑（失记）
- 国仲 — 开元（失记）
- 士锦 — 朝慕（失记）
- 士鋐 — 朝嫩（失记）／朝细（失记）

第二栏 17世 18世 19世 20世 21世

- 士铎 — 朝魁 — 希和 — 祖钿 — 训荣／训华（止）／训富（止）
  - 希厚（止）— 祖篆（止）
  - 希来（止）
  - 希有
  - 希标（止）— 祖进 — 训印／训泗
  - 希文
- 士鑑 — 朝扬 — 希恭 — 祖参（止）— 训元
  - 希岳（止）— 祖参 — 训亨（止）
    - 祖材 — 训利（止）
  - 希顺 — 祖陆（失记）
  - 希贤（出嗣）— 祖招（止）
  - 朝晖 — 希信 — 祖喜 — 训本（止）
  - 朝声 — 希贤 — 祖灼 — 训官
  - 朝宗 — 希润（止）— 祖煌（止）— 训宝（止）
    - 希好（止）
    - 希耻（止）— 祖光 — 训积
    - 祖意 — 训田／训禧（夭）／训德／训福
- 士钦 — 朝仕（止）
- 士钟 — 朝老（失记）／朝蓝（失记）
  - 希炎 — 祖建 — 训积／训田
  - 希仙（止）
- 士锐 — 朝桂 — 希本（止）
  - 朝栋 — 希善（止）
- 士钫 — 朝佐 — 希林（止）
  - 朝臣
  - 朝修 — 希彭（殇）
  - 朝俊 — 希佑（止）
- 士镕 — 朝清 — 希林（出嗣）
  - 希春 — 祖官 — 训登（夭）／训开／训保
  - 希夏（失记）
  - 希茂（失记）

第三栏 21世 22世 23世 24世

- 训晴 — 可怡（未详）— 遵甲／遵乙
  - 可营（未详）— 遵丙／遵丁
  - 可致（未详）— 遵戊
  - 可迅（未详）— 遵己
- 训彝 — 可昌
  - 可瑞 — 遵庚／遵辛
- 训哲 — 可雄 — 遵心
- 训涛 — 可健 — 遵颖／遵实
  - 可宁 — 其榕
- 训成 — 可煊 — 遵忠（董德）／遵勖
- 训臻 — 可铨 — 遵士（箕军）／遵宪（箕影）／遵风
  - 可铿 — 遵平（箕灵）／遵华（箕达）
- 训榕 — 可瑛 — 遵明
  - 可斌 — 遵勇
- 训贤 — 可松 — 遵钦 — 成榕

第四栏 21世 22世 23世 24世 26世

- 训荣 — 可笑
- 训元 — 可通 — 遵球 — 箕勇
  - 可旺 — 遵球（出嗣）
- 训官 — 可智（止）— 遵球 — 箕勇
  - 可信（止）
- 训积 — 可盛 — 遵洽（迁台湾）
- 训德 — 可才 — 立财 — 箕富
- 训开 — 可世 — 遵勇 — 箕胜
  - 可文 — 遵勇 — 箕胜
  - 可武 — 遵挺 — 凯熔
- 训保 — 可一 — 琴俤 — 凯翔／凯熔
  - 可二
  - 可梓 — 遵辉
  - 歆仔 — 遵煌 — 箕源
  - 可香 — 遵辉（出嗣）／遵源 — 箕源
  - 香俤 — 遵源（出嗣）
  - 可金 — 遵杰 — 展微

东岱佺公世系图（三房十七世后）

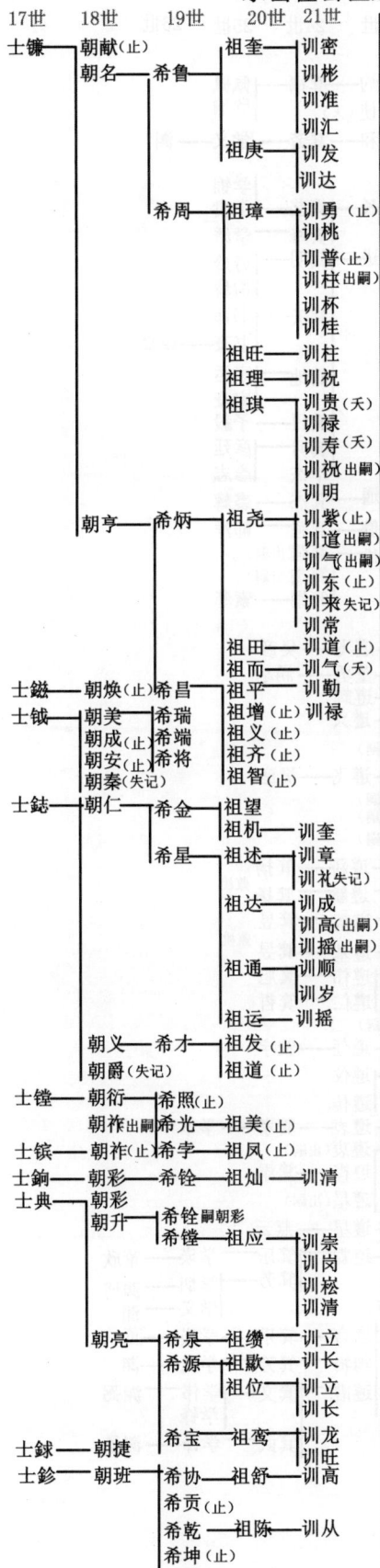

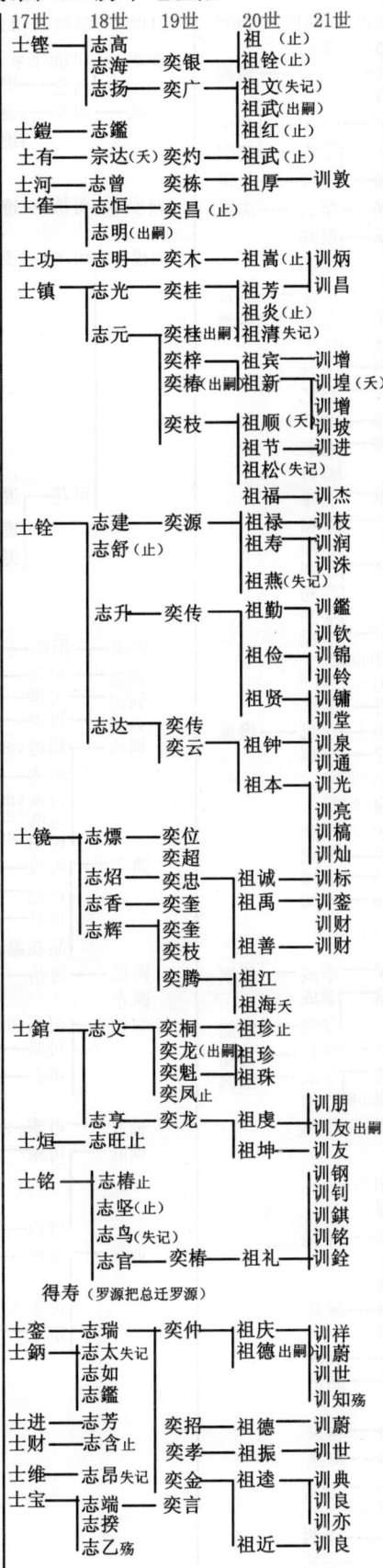

17世 18世 19世 20世 21世

士镰—朝献(止)
朝名—希鲁—祖奎—训密
训彬
训准
训汇
祖庚—训发
训达
希周—祖璋—训勇(止)
训桃
训普(止)
训柱(出嗣)
训杯
训桂
祖旺—训柱
祖理—训祝
祖琪—训贵(夭)
训禄
训寿(夭)
训祝(出嗣)
训明
朝亨—希炳—祖尧—训紫(止)
训道(出嗣)
训气(出嗣)
训东(止)
训来(失记)
训常
祖田—训道(止)
祖而—训气(夭)
士鎡—朝焕(止)希昌—祖平—训勤
祖增(止)训禄
祖义(止)
祖齐(止)
祖智(止)
士钱—朝美—希瑞
朝成(止)希端
朝安(止)希将
朝秦(失记)
士鈷—朝仁—希金—祖望
祖机—训奎
希星—祖述—训章
训礼(失记)
祖达—训成
训高(出嗣)
训摇(出嗣)
祖通—训顺
训岁
祖运—训摇
朝义—希才—祖发(止)
朝爵(失记)祖道(止)
士镫—朝衍—希照(止)
朝祚(出嗣)希光—祖美(止)
士镔—朝祚(止)希字—祖凤(止)
士鍮—朝彩—希铨—祖灿—训清
士典—朝彩
朝升—希铨(嗣朝彩)
希镫—祖应—训崇
训岗
训崧
训清
朝亮—希泉—祖缵—训立
希源—祖歇—训长
祖位—训立
训长
希宝—祖鸾—训龙
训旺
士録—朝捷
士鈔—朝班—希协—祖舒—训高
希贡(止)
希乾—祖陈—训从
希坤(止)

17世 18世 19世 20世 21世

士铿—志高—祖(止)
志海—奕银—祖铨(止)
志扬—奕广—祖文(失记)
祖武(出嗣)
祖红(止)
士鎧—志鑑
士有—宗达(夭)奕灼—祖武(止)
士河—志曾 奕栋—祖厚—训敦
士雀—志恒 奕昌(止)
志明(出嗣)
士功—志明—奕木—祖嵩(止)训炳
士镇—志光—奕桂—祖芳—训昌
祖炎(止)
志元—奕桂(出嗣)祖清(失记)
奕梓—祖宾—训增
奕椿(出嗣)祖新—训埕(夭)
训增
奕枝—祖顺(夭)训坡
祖节—训进
祖松(失记)
祖福—训杰
士铨—志建—奕源—祖禄—训枝
志舒(止)祖寿—训润
训洙
祖燕(失记)
志升—奕传—祖勤—训鑑
训钦
祖俭—训锦
训铃
祖贤—训镛
训堂
志达—奕传
奕云—祖钟—训泉
训通
祖本—训光
训亮
训槁
训灿
士镜—志標—奕位
奕超
志炤—奕忠—祖诚—训标
志香—奕奎 祖禹—训銮
训财
志辉—奕奎
奕枝 祖善—训财
奕腾—祖江
祖海夭
士錧—志文—奕桐—祖珍止
奕龙(出嗣)
奕魁—祖珍
祖珠
奕凤止
训朋
志亨—奕龙—祖虔—训友(出嗣)
士烜—志旺止 祖坤—训友
训钢
士铭—志椿止 训钊
志坚(止) 训鍈
志鸟(失记) 训铭
志官—奕椿—祖礼—训銓
得寿(罗源把总迁罗源)
士銮—志瑞—奕仲—祖庆—训祥
士鋴—志太失记 祖德出嗣 训蔚
志如 训世
志鑑 训知殇
士进—志芳 奕招—祖德—训蔚
士财—志含止 奕孝—祖振—训世
士维—志昂失记 奕金—祖逵—训典
士宝—志端—奕言 训良
志揆 训亦
志乙殇 祖近—训良

17世 18世 19世 20世 21世

士奎—志揆—奕粱—祖永止
祖清夭
士平—志兴
志庆
士通—志福
志禄
士喜—志超—奕衡—祖亭止
士连—志超(出嗣)
志成止
志德殇
志道止
士贤—朝泰
朝用止
朝科 祖裔止 训忠
朝翰—希旺—祖俊—训志
朝闲—希发止

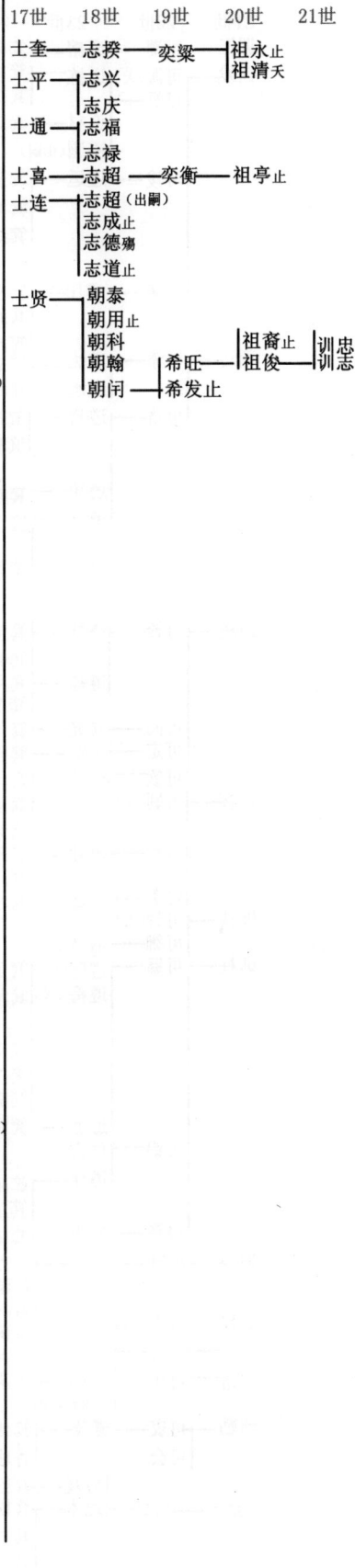

东岱佺公世系图（三房二十一世后）

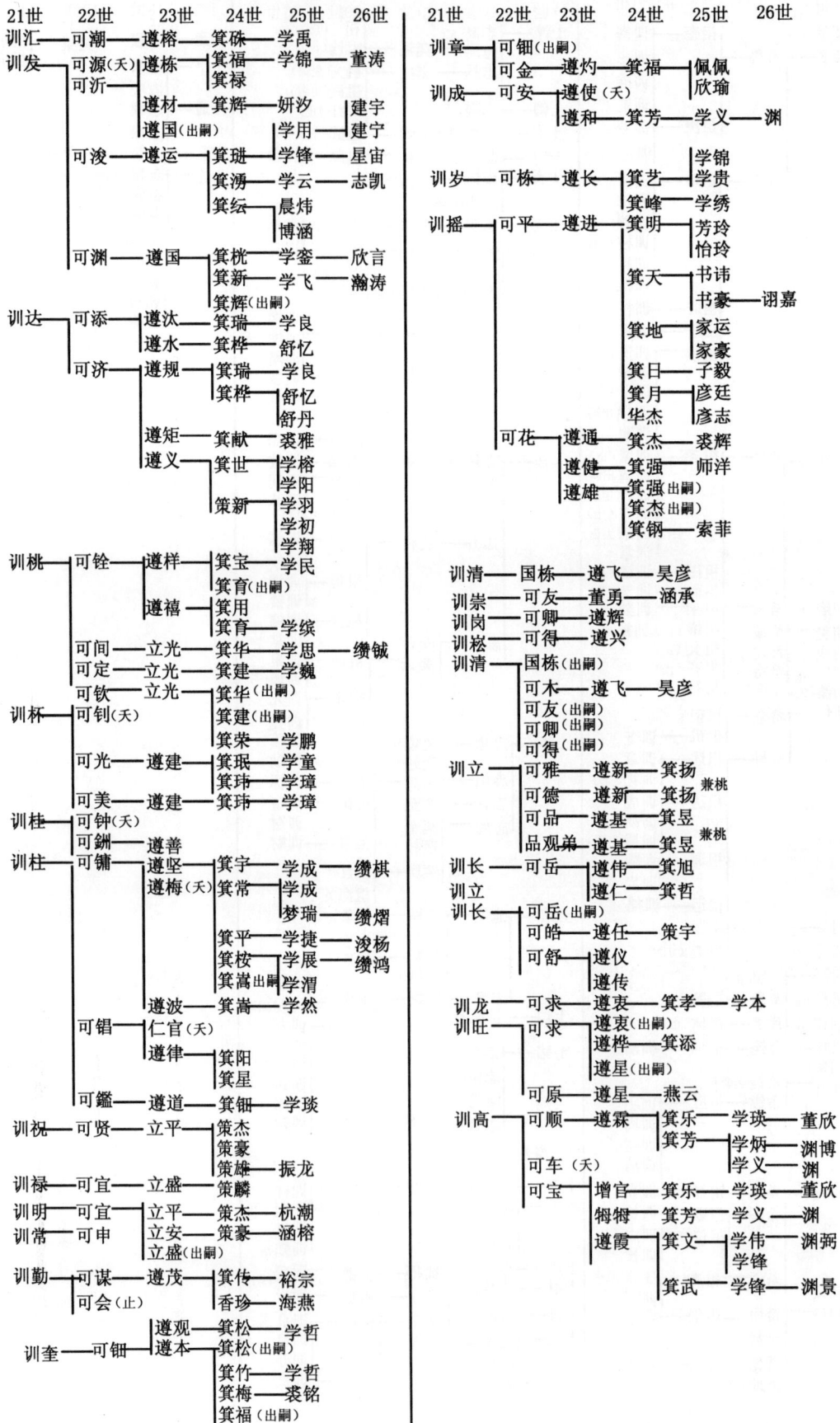

21世	22世	23世	24世	25世	26世

左半部

- 训汇 — 可潮 — 遵榕 — 箕硃 — 学禹
- 训发 — 可源（夭） — 遵栋 — 箕福 — 董涛
  - 箕禄
  - 可沂 — 遵材 — 箕辉 — 妍汐
    - 遵国（出嗣） — 学用 — 建宇 / 建宁
  - 可浚 — 遵运 — 箕珽 — 学锋 — 星宙
    - 箕湧 — 学云 — 志凯
    - 箕纮 — 晨炜 / 博涵
  - 可渊 — 遵国 — 箕桃 — 学銮 — 欣言
    - 箕新 — 学飞 — 瀚涛
    - 箕辉（出嗣）
- 训达 — 可添 — 遵汰 — 箕瑞 — 学良
  - 遵水 — 箕桦 — 舒忆
  - 可济 — 遵规 — 箕瑞 — 学良
    - 箕桦 — 舒忆 / 舒丹
    - 遵矩 — 箕献 — 裘雅
    - 遵义 — 箕世 — 学榕 / 学阳
      - 箕新 — 学羽 / 学初 / 学翔
- 训桃 — 可铨 — 遵样 — 箕宝 — 学民
  - 遵禧 — 箕育（出嗣）
    - 箕用
    - 箕育 — 学缤
  - 可间 — 立光 — 箕华 — 学思 — 缵铖
  - 可定 — 立光 — 箕建 — 学巍
  - 可钦 — 立光 — 箕华（出嗣）
    - 箕建（出嗣）
- 训杯 — 可钊（夭） — 箕荣 — 学鹏
  - 可光 — 遵建 — 箕珉 — 学童
    - 箕珲 — 学璋
  - 可美 — 遵建 — 箕珲 — 学璋
- 训柱 — 可钟（夭）
  - 可鉥 — 遵善
- 训柱 — 可铺 — 遵坚 — 箕宇 — 学成 — 缵棋
  - 遵梅（夭） — 箕常 — 学成
    - 梦瑞 — 缵熠
    - 箕平 — 学捷 — 浚杨
    - 箕校 — 学展 — 缵鸿
    - 箕嵩（出嗣） — 学渭
  - 遵波 — 箕嵩 — 学然
  - 可铝 — 仁官（夭）
    - 遵律 — 箕阳 / 箕星
  - 可鑑 — 遵道 — 箕钿 — 学琰
- 训祝 — 可贤 — 立平 — 箕杰
  - 箕豪
  - 箕雄 — 振龙
- 训禄 — 可宜 — 立盛 — 策麟
- 训明 — 可宜 — 立平 — 策杰 — 杭潮
- 训常 — 可申 — 立安 — 策豪 — 涵榕
  - 立盛（出嗣）
- 训勤 — 可谋 — 遵茂 — 箕传 — 裕宗
  - 可会（止） — 香珍 — 海燕
- 训奎 — 可钿 — 遵观 — 箕松 — 学哲
  - 遵本 — 箕松（出嗣）
    - 箕竹 — 学哲
    - 箕梅 — 裘铭
    - 箕福（出嗣）

右半部

- 训章 — 可钿（出嗣）
  - 可金 — 遵灼 — 箕福 — 佩佩 / 欣瑜
- 训成 — 可安 — 遵使（夭）
  - 遵和 — 箕芳 — 学义 — 渊
- 训岁 — 可栋 — 遵长 — 箕艺 — 学锦 / 学贵
  - 箕峰 — 学绣
- 训摇 — 可平 — 遵进 — 箕明 — 芳玲 / 怡玲
  - 箕天 — 书讳 / 书豪 — 诩嘉
  - 箕地 — 家运 / 家豪
  - 箕日 — 子毅
  - 箕月 — 彦廷
  - 华杰 — 彦志
  - 可花 — 遵通 — 箕杰 — 裘辉
    - 遵健 — 箕强 — 师洋
    - 遵雄 — 箕强（出嗣）
      - 箕杰（出嗣）
      - 箕钢 — 索菲
- 训清 — 国栋 — 遵飞 — 昊彦
- 训崇 — 可友 — 董勇 — 涵承
- 训岗 — 可卿 — 遵辉
- 训崧 — 可得 — 遵兴
- 训清 — 国栋（出嗣）
  - 可木 — 遵飞 — 昊彦
  - 可友（出嗣）
  - 可卿（出嗣）
  - 可得（出嗣）
- 训立 — 可雅 — 遵新 — 箕扬
  - 可德 — 遵新 — 箕扬 — 兼桃
  - 可品 — 遵基 — 箕昱
  - 品观弟 — 遵基 — 箕昱 — 兼桃
- 训长 — 可岳 — 遵伟 — 箕旭
- 训立 — 遵仁 — 箕哲
- 训长 — 可岳（出嗣）
  - 可皓 — 遵任 — 策宇
  - 可舒 — 遵仪 / 遵传
- 训龙 — 可求 — 遵衷 — 箕孝 — 学本
- 训旺 — 可求 — 遵衷（出嗣）
  - 遵桦 — 箕添
  - 遵星（出嗣）
  - 可原 — 遵星 — 燕云
- 训高 — 可顺 — 遵霖 — 箕乐 — 学瑛 — 董欣
  - 箕芳 — 学炳 — 渊博 / 学义 — 渊
  - 可车（夭）
  - 可宝 — 增官 — 箕乐 — 学瑛 — 董欣
    - 犇犇 — 箕芳 — 学义 — 渊
    - 遵霞 — 箕文 — 学伟 — 渊弼 / 学锋
      - 箕武 — 学锋 — 渊景

150

东岱佺公世系图（三房二十一世后）

左半：21世　22世　23世　24世　25世　26世

- 训敦 ┬ 振兴 — 遵谦 — 策鑫
  - 可明 ┬ 遵谦（出嗣）
  - 　　　├ 遵仁 ┬ 诗琪
  - 　　　　　　└ 诗铭
  - 可全 — 立勋
  - 可春 — 遵彦
- 训昌 ┬ 可仕（止）
  - 可兴（失记）
  - 可　（夭）

- 训增 ┬ 可仁 ┬ 遵初 — 箕达 — 学灵 ┬ 渊代
  - 　　　　　　　　　　　　　　　├ 渊丰
  - 　　　　　　　　　　　　　　　└ 渊岩
  - 　　　├ 遵礼 ┬ 箕达（出嗣）— 学灵（出嗣）
  - 　　　　　　└ 箕樵 ┬ 学敏 — 渊庚
  - 　　　　　　　　　└ 学荣 — 渊豪
  - 可义 ┬ 遵忠 ┬ 策勋 — 学言 — 渊恒
  - 　　　　　　├ 策明 — 学言 — 渊恒
  - 　　　└ 遵俊 ┬ 箕裕 — 学言（出嗣）
  - 　　　　　　　├ 学文 — 渊旭
  - 　　　　　　　├ 学武
  - 　　　　　　　├ 学斌
  - 　　　　　　　└ 俤俤
  - 　　　　　　箕细 — 学武 — 渊宇
  - 　　　　　　箕振 — 学斌 — 渊辉
- 训坡 — 可梁 — 遵惠 ┬ 策观 — 学镇 — 隆翔
  - 　　　　　　　　　├ 策献
  - 　　　　　　　　　├ 策用 — 学镇 ┬ 隆翔
  - 　　　　　　　　　　　　　　　　└ 隆威
  - 　　　　　　　　　├ 策济
  - 　　　　　　　　　└ 策栋 ┬ 学城 — 隆杰
  - 　　　　　　　　　　　　　└ 学钦 ┬ 隆镔
  - 　　　　　　　　　　　　　　　　└ 雅婷
- 训杰 — 可祯 ┬ 遵木（夭）
  - 遵兴 — 策谦 — 学友
  - 遵禄 ┬ 箕受 ┬ 学友
  - 　　　　　　└ 学强
  - 　　　└ 箕益 ┬ 学希（夭）
  - 　　　　　　├ 学财
  - 　　　　　　└ 学盛
- 训枝 — 可清 ┬ 遵财 — 箕法 ┬ 学鼎 — 董兴
  - 　　　　　　　　　　　　└ 学进
  - 遵祯 — 箕宋 ┬ 学振
  - 　　　　　　└ 学良
  - 遵贵 — 箕飞 — 学进
- 训鑑 — 可增 — 遵邻（失记） ┬ 箕法（出嗣）
  - 箕宋（出嗣）
  - 箕世（夭）
  - 箕开（止）
- 训钦 ┬ 可法 ┬ 遵清 — 策源 — 学富 — 缵豪
  - 　　　　　├ 遵修 ┬ 策源 — 学富 — 缵豪
  - 　　　　　　　　└ 策莹（出嗣）
  - 　　　　　├ 学贵 — 缵涛
  - 　　　　　└ 遵齐 — 策莹 — 学龙 — 缵泽
  - 可祥 ┬ 立章
  - 　　　└ 长康
- 训锦 — 可元 ┬ 遵彩 — 箕龙 — 学翔
  - 遵金 ┬ 箕龙
  - 　　　└ 箕全 — 学贤
- 训铃 ┬ 可亨 — 遵明 — 箕溪 ┬ 裘武 — 鋆豪
  - 　　　　　　　　　　　　└ 裘响 — 渊舜
  - 可利 ┬ 遵明（出嗣） — 裘钦（出嗣）
  - 　　　└ 遵守 — 箕溪 — 裘钦 — 渊垚

右半：21世　22世　23世　24世　25世　26世

- 训镛 ┬ 可福 ┬ 遵球 — 箕俊 — 学强 — 锦坤
  - 　　　　　├ 遵玉 — 箕鑑 ┬ 学革 — 渊赫
  - 　　　　　　　　　　　　├ 学忠 — 渊恺
  - 　　　　　　　　　　　　└ 学建 — 渊粲
  - 　　　　　├ 遵发（出嗣）
  - 　　　　　├ 箕清 — 学林
  - 　　　　　├ 遵谋 ┬ 箕尧 — 学平 — 逸浩
  - 　　　　　　　　├ 箕承 — 学金
  - 　　　　　　　　├ 箕旺 — 学平 — 逸浩
  - 　　　　　　　　├ 箕盛 — 学金
  - 　　　　　　　　├ 箕达 — 学宇
  - 　　　　　　　　└ 箕惠 — 学宇
  - 　　　　　└ 遵良 — 箕如 ┬ 学彬 — 伟杰
  - 　　　　　　　　　　　　└ 学榕 — 泓守
  - 可禄
  - 可寿 — 遵发 ┬ 箕坚 — 学锦 — 缵钢
  - 　　　　　　├ 箕阵 — 学海 — 山锡
  - 　　　　　　└ 箕富 ┬ 学锦 — 缵钢
  - 　　　　　　　　　└ 学海 — 山锡
  - 可喜 ┬ 遵元 — 箕康 — 学熠
  - 　　　├ 遵连 ┬ 箕康 — 学键 — 子麟
  - 　　　　　　├ 箕勇 ┬ 学响
  - 　　　　　　　　　└ 学权
  - 　　　　　　├ 箕珠 — 学演
  - 　　　　　　├ 箕飞
  - 　　　　　　└ 箕雄 — 学威
  - 　　　└ 遵岁 ┬ 箕皆
  - 　　　　　　└ 箕武
- 训堂 — 可禄 ┬ 遵雄 — 箕增 ┬ 学苒
  - 　　　　　　　　　　　　└ 学菁
  - 遵岩 ┬ 箕秋 ┬ 学明 — 缵亮
  - 　　　　　　└ 学光 — 缵旭
  - 　　　├ 箕忠 — 学政 — 昕婷
  - 　　　├ 箕生 — 学圣 — 缵达
  - 　　　├ 箕香 ┬ 学增 — 缵达
  - 　　　　　　└ 学圣（出嗣）— 缵豪
  - 　　　├ 箕顺 ┬ 学营 — 缵国
  - 　　　　　　└ 学华 — 美炜
  - 　　　└ 箕兴 — 学杰 ┬ 俊林
  - 　　　　　　　　　　└ 佳林
  - 遵泉 ┬ 箕敏 ┬ 学龙 — 渊凡
  - 　　　　　　└ 学虎
  - 　　　├ 箕斌 ┬ 学鸿 — 缵加
  - 　　　　　　└ 学鹏
  - 　　　└ 箕钦 ┬ 学健
  - 　　　　　　└ 学仪
  - 遵兴 ┬ 箕章 — 学强
  - 　　　├ 箕健 — 学静
  - 　　　├ 箕荣
  - 　　　└ 箕标 — 剑鸣
  - 遵旺 ┬ 箕东 — 学翔
  - 　　　└ 箕进 — 嘉杰
- 训泉 ┬ 可春
  - 可秋（止）
  - 可敬（止）
  - 可爱（失记）
  - 可堂（失记）
- 训通 — 可华（止）
- 训光 — 可基 — 遵浩 — 桂英
- 训亮 — 可梅（止）
- 训槁（失记）可亚（止）
- 训灿（止）
  - 遵书 ┬ 箕云
  - 　　　├ 箕秀 — 董汉 — 缵晞
  - 　　　└ 箕坦 — 董汉 — 缵晞
  - 遵香 — 策锋 — 学硕

东岱佺公世系图（三房二十一世后）

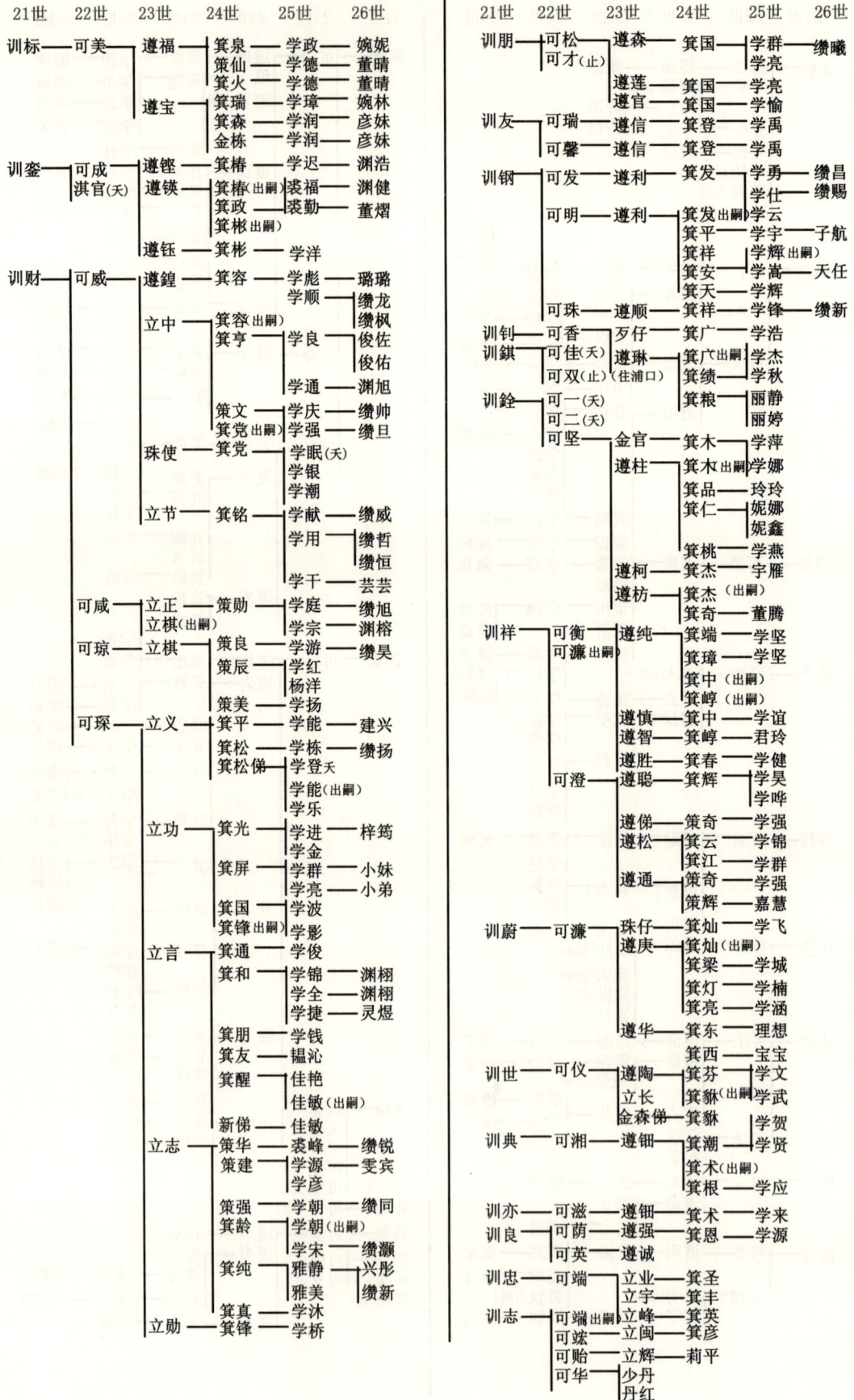

21世	22世	23世	24世	25世	26世

左半

```
21世   22世       23世      24世         25世      26世

训标 — 可美 ——— 遵福 ——— 箕泉 ——— 学政 ——— 婉妮
                          策仙 ——— 学德 ——— 董晴
                          箕火 ——— 学德 ——— 董晴
                 遵宝 ——— 箕瑞 ——— 学璋 ——— 婉林
                          箕森 ——— 学润 ——— 彦妹
                          金栋 ——— 学润 ——— 彦妹

训銮 — 可成 ——— 遵铿 ——— 箕椿 ——— 学迟 ——— 渊浩
       淇官(天)  遵镁 ——— 箕椿(出嗣)—裘福 ——— 渊健
                          箕政 ——— 裘勤 ——— 董熠
                          箕彬(出嗣)
                 遵钰 ——— 箕彬 ——— 学洋

训财 — 可威 ——— 遵鍠 ——— 箕容 ——— 学彪 ——— 璐璐
                                   学顺 ——— 缵龙
                 立中 ——— 箕容(出嗣)——————— 缵枫
                          箕亨 ——— 学良 ——— 俊佐
                                            俊佑
                                   学通 ——— 渊旭
                          策文 ——— 学庆 ——— 缵帅
                          箕党(出嗣)—学强 ——— 缵旦
                 珠使 ——— 箕党 ——— 学眠(天)
                                   学银
                                   学潮
                 立节 ——— 箕铭 ——— 学献 ——— 缵威
                                   学用 ——— 缵哲
                                            缵恒
                                   学干 ——— 芸芸
       可咸 ——— 立正 ——— 策勋 ——— 学庭 ——— 缵旭
                 立棋(出嗣)———————— 学宗 ——— 渊榕
       可琼 ——— 立棋 ——— 策良 ——— 学游 ——— 缵昊
                          策辰 ——— 学红
                                   杨洋
                          策美 ——— 学扬
       可琛 ——— 立义 ——— 箕平 ——— 学能 ——— 建兴
                          箕松 ——— 学栋 ——— 缵扬
                          箕松俤 — 学登夭
                                   学能(出嗣)
                                   学乐
                 立功 ——— 箕光 ——— 学进 ——— 梓笃
                                   学金
                          箕屏 ——— 学群 ——— 小妹
                                   学亮 ——— 小弟
                          箕国 ——— 学波
                          箕锋(出嗣)—学影
                 立言 ——— 箕通 ——— 学俊
                          箕和 ——— 学锦 ——— 渊栩
                                   学全 ——— 渊栩
                                   学捷 ——— 灵煜
                          箕朋 ——— 学钱
                          箕友 ——— 韫沁
                          箕醒 ——— 佳艳
                                   佳敏(出嗣)
                          新俤 ——— 佳敏
                 立志 ——— 策华 ——— 裘峰 ——— 缵锐
                          策建 ——— 学源 ——— 雯宾
                                   学彦
                          策强 ——— 学朝 ——— 缵同
                          箕龄 ——— 学朝(出嗣)
                                   学宋 ——— 缵灏
                          箕纯 ——— 雅静 ——— 兴彤
                                   雅美 ——— 缵新
                 立勋 ——— 箕真 ——— 学沐
                          箕锋 ——— 学桥
```

右半

```
21世   22世       23世      24世         25世      26世

训朋 — 可松 ——— 遵森 ——— 箕国 ——— 学群 ——— 缵曦
       可才(止)           学亮
                 遵莲 ——— 箕国 ——— 学亮
                 遵官 ——— 箕国 ——— 学愉
训友 — 可瑞 ——— 遵信 ——— 箕登 ——— 学禹
       可馨 ——— 遵信 ——— 箕登 ——— 学禹
训钢 — 可发 ——— 遵利 ——— 箕发 ——— 学勇 ——— 缵昌
                                   学仕 ——— 缵赐
       可明 ——— 遵利 ——— 箕发(出嗣)—学云
                          箕平 ——— 学宇 ——— 子航
                          箕祥 ——— 学辉(出嗣)
                          箕安 ——— 学嵩 ——— 天任
                          箕天 ——— 学辉
       可珠 ——— 遵顺 ——— 箕祥 ——— 学锋 ——— 缵新
训钊 — 可香 ——— 歹仔 ——— 箕广 ——— 学浩
训镇 — 可佳(天)— 遵琳 ——— 箕广(出嗣)—学杰
       可双(止)           箕绩 ——— 学秋
训铨 — 可一(天)           箕粮 ——— 丽静
       可二(天)                    丽婷
       可坚 ——— 金官 ——— 箕木 ——— 学萍
                 遵柱 ——— 箕木(出嗣)—学娜
                          箕品 ——— 玲玲
                          箕仁 ——— 妮娜
                                   妮鑫
                          箕桃 ——— 学燕
                 遵柯 ——— 箕杰 ——— 宇雁
                 遵枋 ——— 箕杰(出嗣)
                          箕奇 ——— 董腾
训祥 — 可衡 ——— 遵纯 ——— 箕端 ——— 学坚
       可濂(出嗣)         箕璋 ——— 学坚
                          箕中(出嗣)
                          箕峥(出嗣)
                 遵慎 ——— 箕中 ——— 学谊
                 遵智 ——— 箕峥 ——— 君玲
                 遵胜 ——— 箕春 ——— 学健
       可澄 ——— 遵聪 ——— 箕辉 ——— 学昊
                                   学晔
                 遵俤 ——— 策奇 ——— 学强
                 遵松 ——— 箕云 ——— 学锦
                          箕江 ——— 学群
                 遵通 ——— 策奇 ——— 学强
                          策辉 ——— 嘉慧
训蔚 — 可濂 ——— 珠仔 ——— 箕灿 ——— 学飞
                 遵庚 ——— 箕灿(出嗣)
                          箕梁 ——— 学城
                          箕灯 ——— 学楠
                          箕亮 ——— 学涵
                 遵华 ——— 箕东 ——— 理想
                          箕西 ——— 宝宝
训世 — 可仪 ——— 遵陶 ——— 箕芬 ——— 学文
                 立长 ——— 箕貅(出嗣)—学武
                 金森俤 — 箕貅
                                   学贺
训典 — 可湘 ——— 遵钿 ——— 箕潮 ——— 学贤
                          箕术(出嗣)
                          箕根 ——— 学应
训亦 — 可滋 ——— 遵钿 ——— 箕术 ——— 学来
训良 — 可荫 ——— 遵强 ——— 箕恩 ——— 学源
       可英 ——— 遵诚
训忠 — 可端 ——— 立业 ——— 箕圣
                 立宇 ——— 箕丰
训志 — 可端(出嗣)—立峰 ——— 箕英
       可竤 ——— 立闽 ——— 箕彦
       可贻 ——— 立辉 ——— 莉平
       可华 ——— 少丹
                 丹红
```

关东房世系

13世 14世 15世 16世 17世

- 承禹
  - 兴进(失记)
  - 兴达(失记)
  - 兴道 — 士天
    - 大华 — 汉秀
    - 大业(失记)
    - 志锜(失记)
    - 志铭(失记)
  - 兴远(失记)
  - 兴通(失记)

17世 18世 19世 20世 21世

- 汉秀
  - 世源 — 有 — 三三(失记)
  - 世朝 / 肇魁
    - 家祥 — 尚清
    - 家春 — 得寿、得好、得金、得贵、尚通、义兴
  - 世立 — 有 — 家福
  - 世搏 — 有根 — 家普 — 尚官、为泰、为劢
  - 世仁 — 软软 — 家魁 — 尚遗、尚连、尚道
  - 世家(失记) / 佬蛇(夭)

21世 22世 23世 24世 23世 24世

- 尚清 — 可运
  - 遵宝(止)
  - 遵寿 — 箕连 — 佳乐
- 得寿 — 可用
  - 遵焕 — 箕留(未详)
  - 箕慷 — 南玲
  - 遵忠
    - 箕慷(出嗣)
    - 箕泰 — 爱锋
    - 箕连(出嗣) — 学利
    - 箕营 — 学德
    - 箕团(出嗣)
  - 可才 — 遵忠 — 箕团 — 佳文
- 得好
  - 可惠(未详)
  - 可意(未详)
  - 可志(未详)
- 尚通 — 可灿
  - 箕去
  - 遵道 — 箕全 — 学用
  - 其俤 — 学榕
  - 遵亨 — 箕标 — 学善
  - 可登 — 遵闷 — 箕进 — 学美 / 学云
  - 可炎 — 遵禄
    - 箕章 — 学飞 — 旭杰
    - 箕锦(出嗣) — 学松
    - 箕鉏(出嗣)
  - 遵祐 — 箕铧 — 学锋 — 缵犎
  - 遵东 — 箕鉏 — 学智 — 缵专
- 尚官
  - 连发 — 遵择 — 箕汉 — 学键
  - 可修 — 喜禄(出嗣) — 箕殚 — 学键
  - 遵初
    - 箕忠 — 牧安
    - 箕孝 — 牧原
    - 箕仁 — 学洋
    - 箕义 — 昶皓
  - 可明 — 遵枋 — 箕挺 — 学攀 — 庚庆 / 学登 — 缵高
- 为泰
  - 可斌 — 遵权 — 箕生 — 学锦 — 缵磬 / 喜官
  - 可旺 — 福金 — 箕杰 — 学伟 — 欣妍 / 缵科
  - 可赠 — 福金(出嗣)
  - 遵枢 — 箕生(出嗣)
  - 福官(夭) — 箕杰(出嗣)
  - 箕霖 — 学仕 — 缵声
  - 箕诚 — 学强 — 缵荣
- 尚遗 — 可升 — 遵成 — 学盛 / 学财 — 渊鑫
  - 可 (外迁未详)
- 为劢 — 可官 — 喜禄 — 箕忠 — 学霖
- 尚连 — 可细 — 遵循 — 箕增 — 学良 / 学友

2. 各房户丁统计

其中三房又分有利房、贞房、忠房、孝房、仁房、义房、礼房、智房、信房、敏房,以及关东房又名惠房,繁衍子孙共有三四百户,计 1300 多人。详细数据如表。

<h2 style="text-align:center">东岱董氏各房户丁统计表</h2>

旧房名	新房名	男丁	女丁	增丁	小计	兼祧	红字
长房	元房	104	107	4	215	44	6
次房	亨房	23	13	1	37		15
三房一(一)	利房	98	97		195	19	13
三房一(二)	贞房	67	61		128	25	9
三房二(长)	忠房	7	10		17		8
三房二(一)	孝房	26	23		49	8	14
三房二(二)	仁房	115	89		204	17	55
三房二(三)	义房	97	90		187	4	33
三房二(四)	礼房	8	6		14	11	1
三房二(五)	智房	29	35		64		15
三房三	信房	53	44		97	3	1
三房四	敏房	12	13		25		2
关东房	惠房	58	55		113	3	9
累计		697	643	5	1345	134	181

3. 历代英贤

西陆胜山,铸就了董氏祖先的风骨;岱江圣水,哺育了董氏后裔的聪灵。自迁入东岱以来,董氏后裔以其勤劳精神、聪慧丽质,创建家园,承先启后。历史上东岱董氏先人,业绩昭彰、功德彪炳。据1988年《连江县志》编纂委员会点校整理的民国《连江县志》都有所记述。

第一世董佺公,"董佺:(南宋)嘉泰二年(1202年)壬戌傅行简榜。"特奏,赐同进士出身。

四世祖安公,明洪武初为宣义郎。六世祖密公,字则几,号东州,明永乐十八年庚子科吴观榜举人。任山东揭阳县训导,擢升县令。十五世兆莪公,字植夫,号菁斋,又名硕天。县学,清雍正九年贡。十六世捷公,字章玉。府学,乾隆二十三年贡,任南安训导。十六世董钟岳,字秀玉,乾隆甲子(1744年)副举人。十七世董得寿,清乾隆间任罗源把总,后擢升千总。依据旧族谱,尚有郡增生、邑庠生:六世祖珑公、七世祖塾公、垒公,十二世祖应潮公,十五世祖家驹公、兆荃公,十六世祖子球、钟麟、钟凤诸公。

清至民国,民国至当今,东岱董氏更是人文蔚起,各类人才层出不穷,硕士、博士、教授、高级工程师、高级讲师、主任医师等专家学者比比皆是。迁居东岱以来七百余年里,科第蝉联,簪缨雀起,人才辈出,形成望族。附表如下。

东岱陇西董氏历代英贤（宋至清代、民国）

世次	名	字号	生卒年	史志与族谱记载内容摘要
1	佺		约 1172 年	南宋孝宗朝秘书郎，后擢升礼部侍郎
4	安	伯忠	1327—1386	宣义郎，明洪武间运粮进京，卒于京
4	载	伯厚	约 1330 年	明洪武间军籍
5	外	义	1387—1457	纂谱作序使后世知所自出
6	珑	则明	1430—1500	邑庠生，吟石郭山诗一首传世
6	密	东州		字则几，1420 年吴观榜举人
7	坐	邦祯		乡宾
7	塾	邦用	1450—1519	邑庠生
7	姿	邦善		郡增生
9	元润	泽夫		举人。随姐夫李士文之任所，为官清廉
11	天赋	爱唐	1559—1637	时任族长，参与督造东岱堡铳城
12	应潮	廷仕	1590—1622	邑庠生
14	日吉	其旋	1639—1703	号惟一，岁贡生
15	家驹	君鼎	1624—1677	号里千，邑庠生
15	兆峻	于天	1659—?	邑庠生
15	兆莪	植夫	1671—1738	号菁斋，又字硕天，1731 年贡生，著名塾师
15	兆荃	全天	1674—?	号念一，邑庠生，著名塾师
15	兆岩	履天	1675—1739	乡宾，号梦山，邑侯高君匾之"宪嘉乃德"
15	兆峰	秀天	1674—1760	号芝山，乡宾
15	兆崑	璧天	1666—1742	号性精，乡宾
16	子球	大玉	1685—1714	邑庠生
16	钟岳	秀玉	166—1773	讳子瑂，号觐岩，副举人
16	钟麟		1700—1745	邑庠生
16	钟凤	和玉	1713—1792	号鸣岗，邑庠生
16	子埏	高玉	1698—1756	号仰山，邑侯叶公旌之"义协乡评"为乡饮宾
16	捷	章玉	1711—1789	乡贡元，南安训导
17	得寿	而容	约 1740—?	罗源把总，擢升千总
17	士宝	而珠	1770—1861	乡宾
18	登和	维介	1805—1877	乡宾
18	朝升	振澄	1799—1889	乡饮大宾
20	祖金		1922—2008	自 1987 年 11 月修族谱起至 2008 年重修建董祠，连续担任族长
20	祖灿		1862—1899	军功五品衔
20	祖秀		1867—?	邑庠生
20	祖定		1873—?	五品衔，赏戴花翎（奕波四子）
20	祖璋	家潘	1822—1904	乡饮大宾，获"年隆绛县"旌匾
20	祖新	家言	1810—1881	乡饮耆宾

续表

世次	名	字号	生卒年	史志与族谱记载内容摘要
19	奕波		1841—1903	五品衔,赏戴花翎
21	训宽	增财	1913—1990	抗美援朝战争中荣立三等功
21	训镛	修金	1858—1930	乡饮耆宾
21	训财	修贵	1866—1924	民国间省议会议员
23	立正		1915—1980	民国间任中共连江县委委员

东岱陇西董氏其他有成就人员(廿一世至廿六世)(录自采谱稿)

名	字号	毕业学校、任职单位及职务职称	名	字号	毕业学校、任职单位及职务职称
可健		福州协大、省农村银行企业处处长	学飞		福建日语学院硕士工程师
可铿		黄埔军校、北京人民大学省政协委员	陈捷		福建日语学院硕士
姜淑华		北京辅仁大学、英语高级教师	董钦		福建师范大学硕士
遵平	董平	中央电大法律系、鼓楼区教育局长	立勋		澳塔斯马里亚大学硕士
遵华	董华	大专、福州商储公司副科级干部	可斌		大学福州第三标准件厂厂长
可瑛		高航大学、福州轻工机械厂厂长	舒展		四川大学外语中学院留学德英硕士
董萍		福建省委党校仓山局长	箕国		福州大学任工程师
遵书		福建医学院外科副主任医师	箕平		南京大学地质系教授
林超白		海军职大、兵工附件厂厂长	陈岷军		南京大学地质系副教授
学忠		南京邮电学院、处级干部	震徽		浙江大学中科院助理研究员
学彬		福建电大、小学高级教师	学强		福州大学数计学院硕士研究生
学勇		北京师范大学、县教师进修校副校长	学言		北京工业学院高级工程师
箕孝	俊光	福建师范大学学士、县教育局副局长	杨淑文		北京工业学院高级工程师
阮碧玉		大专、台江区办副主任	郑英		加拿大皇后大学博士
学菁	董菁	福建师范大学、加拿大纽克大学双硕士	学进		福建化工学院副镇长
箕地	金兴	曾任三重市民进党党部主委,台湾团结联盟中央党部组织部副主任			

4. 文物遗辉

东岱山川秀丽,形胜要塞,地控敖江紧接东海,堡守县门,雄扼一方。明季筑堡设铳城,清初立巡检司。筑堡之际,董氏十世祖文秀公认定住居地前朝云居仙境,后对笔架神峰,左倚旗山,右襟敖江。聚胜地风光之秀,得海天鹰扬之气,有发达之象,兴盛可期。于是首倡建祠于堡南。明崇祯间,祠遭回禄文物尽失。嗣后,十二世慎思公发起重修,祠谱又毁于清顺治丙申堡难。清康熙己未(1679年),十三世承易公等尊宗敬祖,不畏艰辛,劫后重构,堡南复立董祠。雍正间,十五世菁斋公族长承标公等领导重修扩建。民国己巳年,族长祖应公带领训桂、可福、可咸等再度扩建后座。宗祠初具规模,形成格局。董氏亦成东岱之望族。

今之宗祠依然坐北朝南,三进三厅三天井两回廊,既有明清建筑风格,又有新时期新工艺韵味。其中修缮第一厅266.45平方米,重建第二厅215.48平方米,扩建第三厅183.82平方米。三厅主体建筑共665.75平方米。祠前两个半月形豢龙池,蕴含董氏赐姓封地之辉煌史实。大门口双狮守护威慑诸邪,旗杆碣系为宋秘书郎升任礼部侍郎董佺公而立,门墙花鸟人物浮雕栩栩如生,重檐式门楼眉上镶"董氏宗祠"青石匾。大门联书曰:"陇西家声远,岱江世泽长。"进门为屏风、回廊、天井、前厅、后厅、钟鼓楼。厅中悬匾,书曰三策堂。后座地势升高,辟为祀祖神龛,额曰敬爱堂。中供董氏列祖列宗神主,尊严肃穆、雄伟壮观。祠中殿堂雕梁画柱、金碧辉煌。三合龙柱,百幅彩绘,美轮美奂。侍郎匾、贡生匾、文魁匾、武魁匾、经魁匾、千总匾、硕士匾、学士匾和石刻红漆、金字覆竹楹联展示东岱董氏光辉历史。其中第二联"防御使八闽开派,秘书郎东岱分宗",阐明始祖董玠公和分宗一世开基董佺公的紧密的亲缘关系。盛世修祠,弘扬尊宗敬祖美德,合族团结创造和谐小康生活。

东岱陇西董氏宗祠对联集锦:

大门联:陇西家声远,岱江世泽长。

前屏:源远流长董姓本支衍万世,祖功宗德裔孙俎豆荐兆年。

后屏:竹报平安全祠福,花开富贵满堂春。

屏边:勉读书前程无量,创事业后起有人。

前天井:尊宗积德名留世,敬祖行仁孝为先。

第一厅:勇壮山河万里雄风扬我祖,忠悬日月千秋义气普儿孙。

继往开来同心同德兴骏业,承前启后和谐和睦展鸿图。

一岱粼粼护田抱村郭,三台巍巍排闳拥祖居。

岱宗通地脉神龙顾祖孕孝悌,江海聚风水彩凤呼儿育仁伦。

心存方寸土留给子孙耕,按熄胸中火挑起祖宗灯。

瑞启祥云福满贤良门第,光昭勋业德延吾族子孙。

崇祀值云山相对,荐馐历唐宋而馨。

中天井:存忠孝心能感动天地,行仁义事可益寿延年。

父慈子孝遵圣贤遗训,兄友弟恭本骨肉亲情。

第二厅:宗祖遗规行善自然获福,圣贤有教修身可以齐家。

春露秋霜正温藻流芳蘋蘩焕彩,左昭右穆喜宗支蕃衍灵爽凭依。

秉直笔举贤良八方仰懿德,佐闽王匡宋室千载耀家乘。

为孝子贤孙百代聆遵祖训,行春祀秋尝四时敬仰先型。

家族重四民士农工商各发富贵,诸房源一脉伯叔兄弟须念同胞。

建功树业男儿有志报家国,敬老扶幼行藏无愧于先贤。

祠堂起秀楼座座宝阁层层喜,祖宗换新居家家丰盈人人欢。

后天井:海作师正其谊不谋其利,潮为鉴明其道不计其功。

继祖功金炉不断千年火,续悌德玉盏常明万岁灯。

钟鼓楼:更上一层目天舒,高出八尺与云齐。

卧龙坐土生百福,存穴贵地纳千祥。

正殿:(1)祠对名山祥瑞腾万丈焰,前横古水彩练涌百川雄。

(2)祖训可遵千古礼义信,家修能立万代忠孝贤。

(3)岱水起青云,古堡生辉代有贤能彪史册;

旗山来紫气,新祠焕彩士多儒雅重诗书。

(4)三策仰前徽,世德相承无忝江都令绪;

千秋留直笔,家风俱在敢忘良史芳规。

(5)脉承闻喜派衍广川,豢龙氏溯本追根绳祖武;

系出陇西支分闽海,秘书郎拓疆安土贻孙谋。

(6)豢龙绵世德,溯广川发族,闽山敖海宗风丕振;

旋马显家声,自宋代登科,高士俊才先绪赞承。

(注:正殿六联乃凤城秦淮梦所撰。)

后门对联:①祠满春光春满祠,堂盈喜气喜盈堂。

②东日高照祠常辉,岱水长流堂永煌。

另有旧覆竹对联:①防御使八闽开派,秘书郎东岱分宗。

②豢龙赐姓陇右宏硕望,由豫迁闽岱江发祺祥。

名行字次联(由第20世起题联)

祖训可遵策学渊源聿成永久,家修能立箕裘缵述丕发祯祥。

(注:第24世名行为"策",字次为"箕"。今由简易书写及户口身份证,"箕"多写作"其",特此说明。)

古联:三策仰前徽,道阐纯儒学业渊源常念祖;

千秋留直笔,书传良史风规整肃永贻孙。

(注:此联由董箕伙先生回忆提供,原祠堂联之一。未曾制作覆竹,特予附录。)

另有传统对联:帝世豢龙氏,江都旋马家;

西汉贤良裔,南闽甲第家;

(三)震龙董氏人房世系

1. 汝翔鸾公人房世系

21世　22世　23世　24世　25世

汝翔 ─ 文漢公（宗廣）─ 孟实公（彦诚）─ 臻公（廷旋）─ 臣公（建官）、匡公（建方）、區公（建里）、匯公（建宗）、矩公（建平）、匱公（建周）

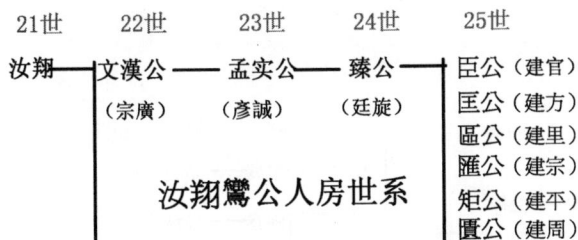

汝翔鸞公人房世系

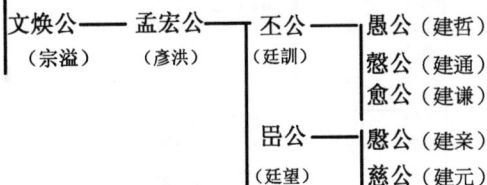

文焕公（宗溢）─ 孟宏公（彦洪）─ 丕公（廷训）─ 愚公（建哲）、愨公（建通）、愈公（建谦）
　　　　　　　　　　　　　　　邑公（廷望）─ 慇公（建亲）、慈公（建元）

25世　26世　27世　28世　29世

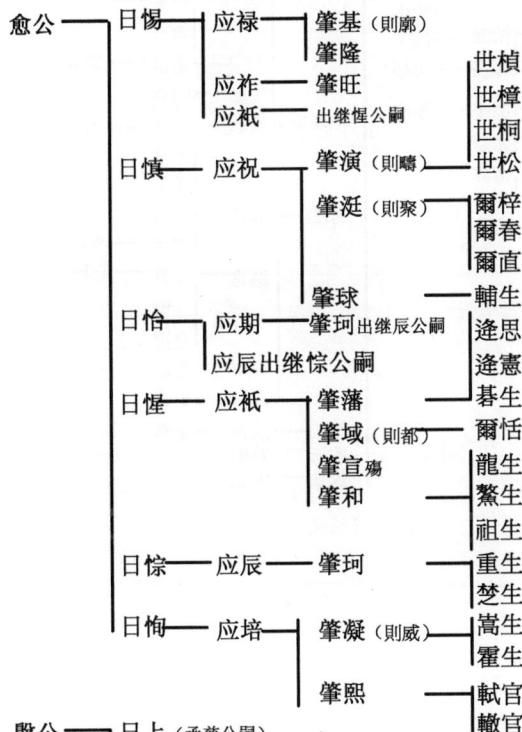

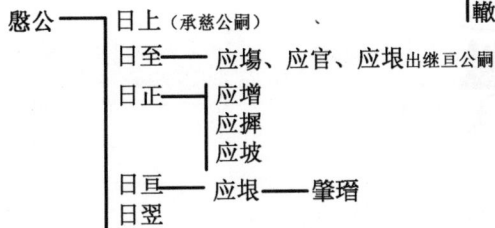

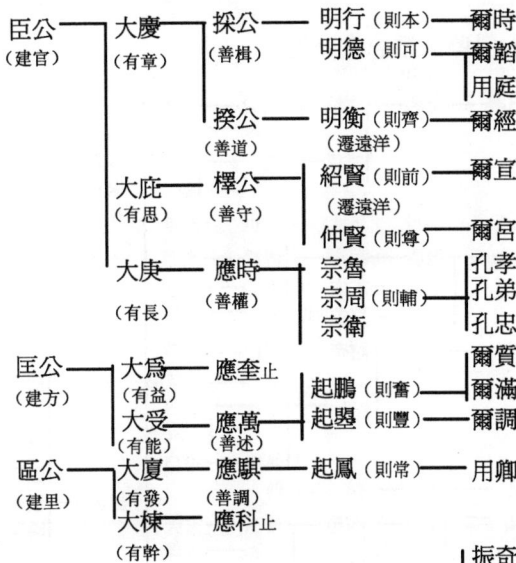

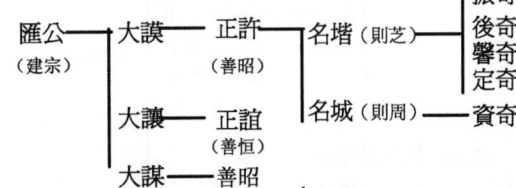

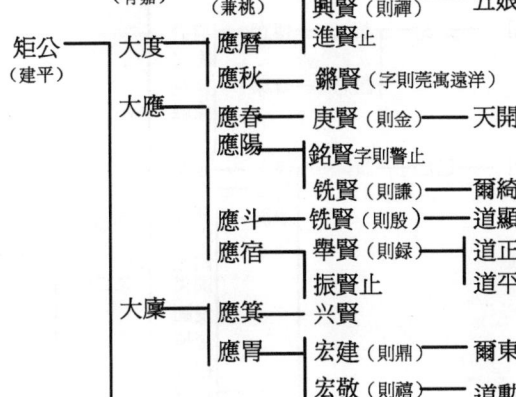

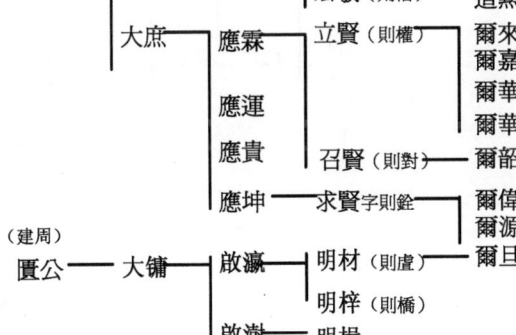

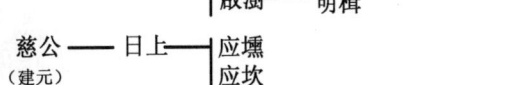

臣公（建官）
├ 大慶（有章）
│　├ 採公（善楫）─ 明行（則本）─ 爾時、爾韜、用庭
│　│　　　　　　　明德（則可）
│　└ 揆公（善道）─ 明衡（則齊）（遷遠洋）─ 爾經
├ 大庶（有思）─ 樺公（善守）─ 紹賢（則前）（遷遠洋）─ 爾宣
│　　　　　　　　　　　　　　仲賢（則尊）─ 爾宮
└ 大庚（有長）─ 應時（善權）─ 宗魯、宗周（則輔）、宗衛 ─ 孔孝、孔弟、孔忠

匡公（建方）
├ 大爲（有益）─ 應奎止
└ 大受（有能）─ 應萬（善述）─ 起鵬（則奮）─ 爾質、爾滿
　　　　　　　　　　　　　　　起塈（則豐）─ 爾調

區公（建里）
├ 大厦（有發）─ 應騏（善調）─ 起鳳（則常）─ 用卿
└ 大棟（有幹）─ 應科止

匯公（建宗）
├ 大謨（善昭）─ 正許 ─ 名堵（則芝）─ 振奇、後奇、馨奇、定奇
├ 大讓（善恒）─ 正誼 ─ 名城（則周）─ 資奇
└ 大謀（有嘉）（兼桃）─ 善昭

矩公（建平）
├ 大度 ─ 應曆 ─ 興賢（則禪）─ 五娘止
│　　　　　　　　進賢止
│　　　　應秋 ─ 鏘賢（字則莞寓遠洋）
├ 大應 ─ 應春 ─ 庚賢（則金）─ 天開止
│　　　　應陽 ─ 銘賢字則警止
│　　　　　　　銑賢（則謙）─ 爾綺
│　　　　應斗 ─ 銃賢（則殷）─ 道顯
│　　　　應宿 ─ 舉賢（則錄）─ 道正、道平
│　　　　　　　振賢止
├ 大廩 ─ 應箕 ─ 興賢
│　　　　應胃 ─ 宏建（則鼎）─ 爾東
│　　　　　　　宏敬（則禧）─ 道勳
└ 大庶 ─ 應霖 ─ 立賢（則權）─ 爾來、爾嘉、爾華、爾華
　　　　　應運
　　　　　應貴 ─ 召賢（則對）─ 爾韶
　　　　　應坤 ─ 求賢字則銓 ─ 爾偉、爾源、爾旦

（建周）匱公 ─ 大鋪 ─ 啟瀛 ─ 明材（則虞）、明梓（則橋）
　　　　　　　　　　　啟澍 ─ 明楫

慈公（建元）─ 日上 ─ 應壎、應坎

25世　26世　27世　28世　29世

愚公 ─ 日乾 ─ 挺 ─ 桂（則攀）─ 朝策
　　　日升出继
　　　　　　　　　茂魁止

愨公 ─ 日升 ─ 应軫 ─ 茂蒸（則生）─ 朝峰
　　　　　　　应輻 ─ 茂臻（則盛）─ 朝元
　　　　　　　应軾 ─ 茂舜

愈公 ─ 日惕 ─ 应禄 ─ 肇基（則廓）、肇隆
　　　　　　　应祚 ─ 肇旺
　　　　　　　应祇出继惺公嗣
　　　日慎 ─ 应祝 ─ 肇演（則疇）─ 世楨、世樟、世桐、世松
　　　　　　　　　　肇涎（則梁）─ 爾梓、爾春、爾直
　　　　　　　　　　肇球 ─ 輔生
　　　日怡 ─ 应期 ─ 肇珂出继辰公嗣 ─ 逢思、逢憲
　　　　　　　应辰出继惊公嗣 ─ 碁生
　　　日惺 ─ 应祇 ─ 肇藩 ─ 爾恬
　　　　　　　　　　肇域（則都）─ 龍生
　　　　　　　　　　肇宣殤 ─ 鰲生
　　　　　　　　　　肇和 ─ 祖生
　　　日惊 ─ 应辰 ─ 肇珂 ─ 重生、楚生
　　　日怕 ─ 应培 ─ 肇凝（則威）─ 嵩生、霍生
　　　　　　　　　　肇熙 ─ 軾官、轍官

愨公 ─ 日上（承慈公嗣）
　　　日至 ─ 应塲、应官、应垠出继亘公嗣
　　　日正 ─ 应增、应揮、应坡
　　　日亘 ─ 应垠 ─ 肇瑫
　　　日翌

2. 人房臻公派世系

人房臻公派思文公世

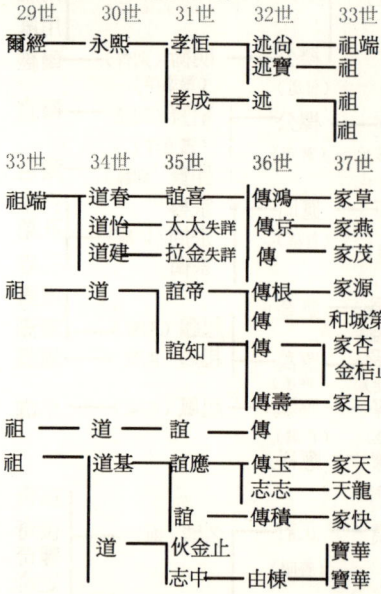

29世	30世	31世	32世	33世
爾經	永熙	孝恒	迸佁	祖端
			迸寶	祖
		孝成	述	祖
				祖

33世	34世	35世	36世	37世
祖端	道春	誼喜	傳鴻	家草
	道怡	太太失群	傳京	家燕
	道建	拉金失群	傳	家茂
祖	道	誼帝	傳根	家源
			傳	和城第
		誼知	傳	家杏 金桔止
			傳壽	家自
祖	道	誼	傳	
祖	道基	誼應	傳玉 志志	家天 天龍
		誼	傳積	家快
	道	伙金止		寶華
		志中	由棟	寶華

人房臻公派支系

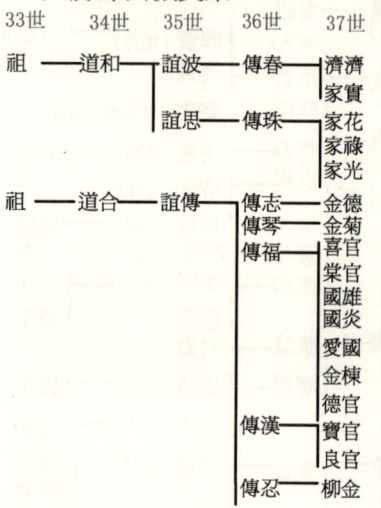

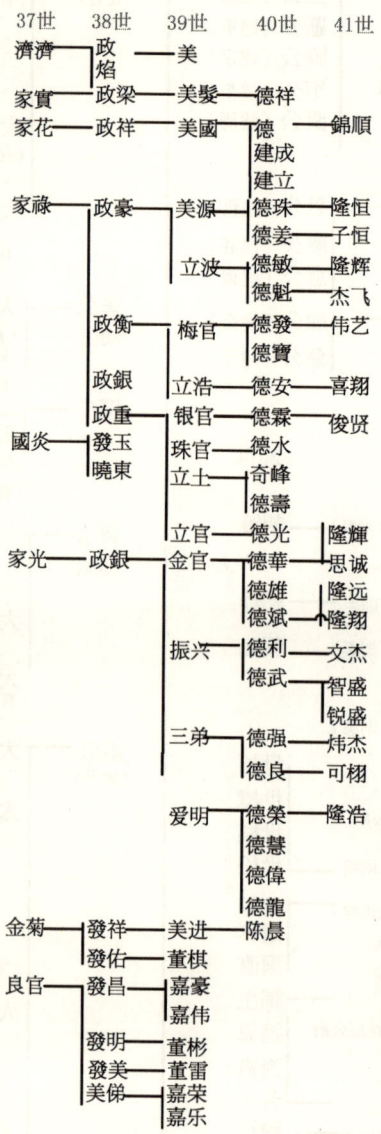

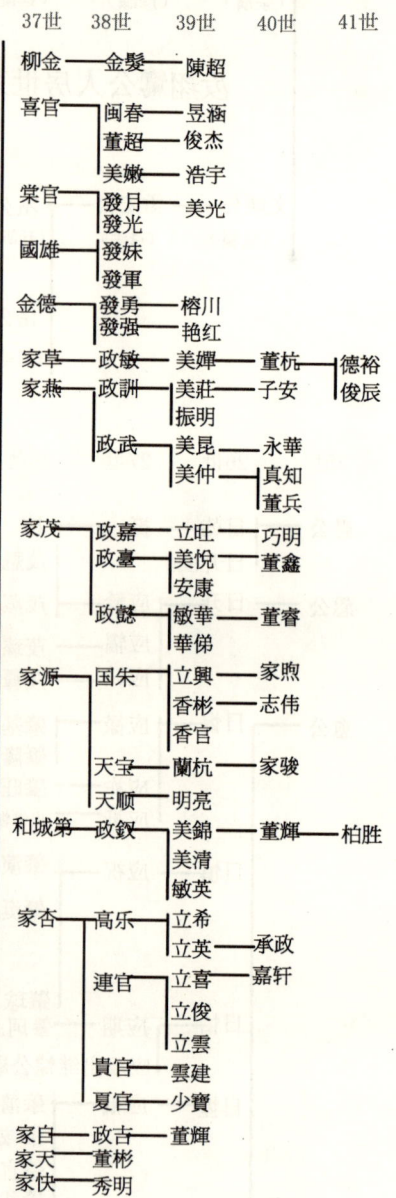

33世	34世	35世	36世	37世
祖	道和	誼波	傳春	濟濟 家寶
		誼思	傳珠	家花 家祿 家光
祖	道合	誼傳	傳志	金德
			傳琴	金菊
			喜官	喜官 棠官 國雄 國炎 愛國 金棟 德官
			傳福	
			傳漢	寶官 良官
			傳忍	柳金

37世	38世	39世	40世	41世
濟濟	政焰	美		
家寶	政梁	美髮	德祥	
家花	政祥	美國	德 建成 建立	錦順
家祿	政豪	美源	德珠 德姜	隆恒 子恒
		立波	德敏 德魁	隆輝 杰飞
	政衡	梅官	德發 德寶	伟艺
	政銀	立浩	德安	喜翔
	政重	銀官	德霖	俊贤
國炎	發玉 曉東	珠官 立士	德水 奇峰 德壽	
		立官	德光	隆輝
家光	政銀	金官	德華 德雄 德斌	思诚 隆远 隆翔
		振興	德利 德武	文杰 智盛 锐盛
		三弟	德強 德良	炜杰 可栩
		爱明	德榮 德慧 德偉 德龍	隆浩
			陳晨	
金菊	發祥	美进		
	發佑	董棋		
良官	發昌	嘉豪 嘉伟		
	發明	董彬		
	發美	董雷		
	美俤	嘉荣 嘉乐		

37世	38世	39世	40世	41世
柳金	金髮	陳超		
喜官	闽春	昱涵		
	董超	俊杰		
	美嫩	浩宇		
棠官	發月 發光	美光		
國雄	發妹 發軍			
金德	發勇 發强	榕川 艳红		
家草	政敏	美嬋	董杭	德裕 俊辰
家燕	政訓	美莊 振明	子安	
	政武	美昆 美仲	永華 真知 董兵	
家茂	政嘉	立旺	巧明	
	政臺	美悦 安康	董鑫	
	政懿	敏華 華俤	董睿	
家源	国朱	立興 香彬 香官	家煦 志伟	
	天宝	蘭杭	家駿	
	天順	明亮		
和城第	政�	美錦 美清 敏英	董輝	柏胜
家杏	高乐	立希 立英	承政	
	連官	立喜 立俊 立雲	嘉轩	
	貴官	雲建		
	夏官	少寶		
家自	政古	董輝		
家天	董彬			
家快	秀明			

3. 人房愈公派世系

28世	29世	30世	31世	32世	33世
则畴	尔	永普	孝德	迷莲	祖

人房愈公支系

28世	29世	30世	31世	32世	33世
则聚	尔梓	永连	孝珠止		
			孝仁		
		永生	孝伦		
			孝香		
			孝良		
			孝彩		

迷莲—祖、祖焉
迷焕—祖榜
迷亮—祖鎮
迷山—祖辉、祖耕
迷祚—祖美
迷坡—祖鳳、金梨、金習
玉棟出绍
玉聘、玉棟入绍
迷杰—祖釵
迷禎止

33世	34世	35世	36世	37世
祖辉	道喬	誼阜	傳貝	良釵、良平
			傳賜	金寶、天寶
		誼明	賢泉	良金
			賢斌、賢俊、賢豪、賢發、賢良	良晶
		誼宏	賢樞	董晨
			賢棋	董榮
			傳榕	董增
			賢松	董航
	道棠	誼釵	賽官	良登、良秋、良梅
		誼源	建華	
			建榮	福新
			建寧	福華
			建清	超群
			建新	董航

33世	34世	35世	36世	37世
祖耕	道階	信興止		
		誼壯止		
		誼增	賢仝	慶松、慶自
	道安	信玻止		
		誼增出绍		慶太、慶和、慶順
		誼惠	世德	文金
		信水止	木發	學勇
	道瓊	誼愛	木棟	君強
			木利	
	道盛	誼江	月明	嘉诚
			月亮	董軍
			月華	家辉
祖美	道枝	誼耀	傳明	朝陽、朝彬
		坤官		
		元官	永章	增濤
		細貨	寶明	中愛
	道鈺	海棠	天賜	靈辉
	道日	誼莊	大魁	
祖鳳	道亮	誼書	傳敬	良昌、良春
			傳嬌	董影、董光
			傳朗	董新
			傳東	嘉敏
			傳順	偉峰

33世	34世	35世	36世	37世	37世	38世	39世	40世
祖釵	道居	誼蓬	傳英	永樂、董霖	城城	福福	孟香	董赫
		誼書出绍	賢武	浩明		營官	董武、董魁	恩辉
		誼煌	傳雲	良東		天法	董凱	
	道壘	誼善	傳辉	展航		連官	丹伟	
	春焰止		傳江	展超	學義	愛華	程滨	

33世	34世	35世	36世	37世	37世	38世	39世
祖	道秋	友明	金弟	元旦	家普	秀峰	
			妹珍洙	城城	元旦	建辉	志勇
		友龍	花豹			建生	文坤、坤宏
			烏龍	學義		連生	岚欣

33世	34世	35世	36世	37世	37世	38世	39世	40世
祖焉	道雄	誼慶	傳泳	家善、家財、家偉、家歡、家耀	家英	政源、政木		
		誼祿	傳鈿	家英、家豪、良鐘、良標	家興	新怡		
			傳磴	家興、家祥、家歲、家良、良錦、良烁、良燊、家森	家發	新雯		
					良錦	星雨		
					良烁	星竹		
					家祥	新晨		
					良燊	星灿		
					家歲	政通	董晶	烨枫
					家森	政暖	國林	
						政辉	依明、明魁	
					家豪	承澄		
					良鐘	董理		
					良標	子涵		
					良昌	喆诚		

33世	34世	35世	36世	37世	37世	38世	39世
祖榜	道如	誼鏡	傳江	品欽、品鏗	品欽	董建、董斌、董勝、董利	
		誼泰			品鏗		
	道江	誼華	賢燈		欽官	水水	
		誼甲	賢澄出绍		明忠	偉達	
			賢慶	品貴	依笑	政閨	
	道兩	顕健	金仝	欽官	天富	發平	
			仝第出绍	明忠	天銀	董峰	
			金良出绍	欽官	天寶	董翔	
		健弟	仝第	依笑	天明	少平、多多	
	道益	誼草	傳寶	天富			
			蓮蓮	天銀	寶珍	政文	
			賢德	天寶、天兵、天高	家貴	少義	
			賢水	秀勇、秀謀	家榮	少武	
		誼豪	賢棟	天發	家仕	董東、小平	
		誼斗	賢忠	天明、天祥、明俤	家寶	小凱	
			賢福	寶珍	家俊	董楓	
			金利	家煥、家輝、家泉	家勇	政峰	
			海官	華欽、華青	良釵	永明、永捷	
祖鎖	道清	誼團	傳澄	家貴、金仁、金仕、金寶、华灿、华勇、家旺	良平	永泉	
					金寶	政榕	
					良金	昊轩	
					良晶	烨晟	
					良登	政佳	
					良秋	永成	
					良梅	涵森	
					家貴	董文	项辰
					金仁	小武	
					金仕	东东	
					金寶	董敏、小凱	
					华灿	董枫	
					华勇	政威、柠硕	

4. 人房丕公派世系

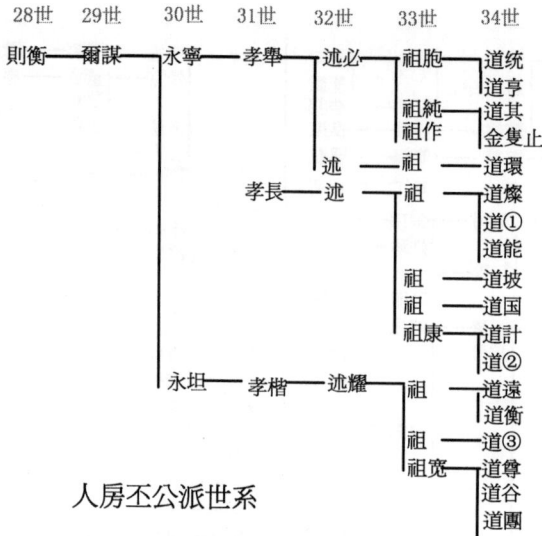

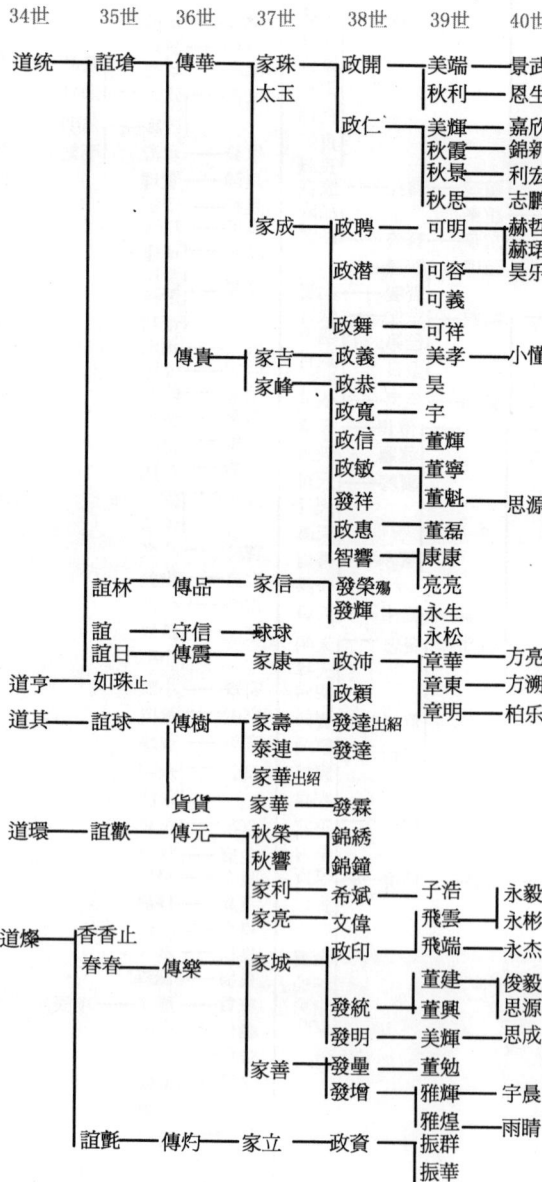

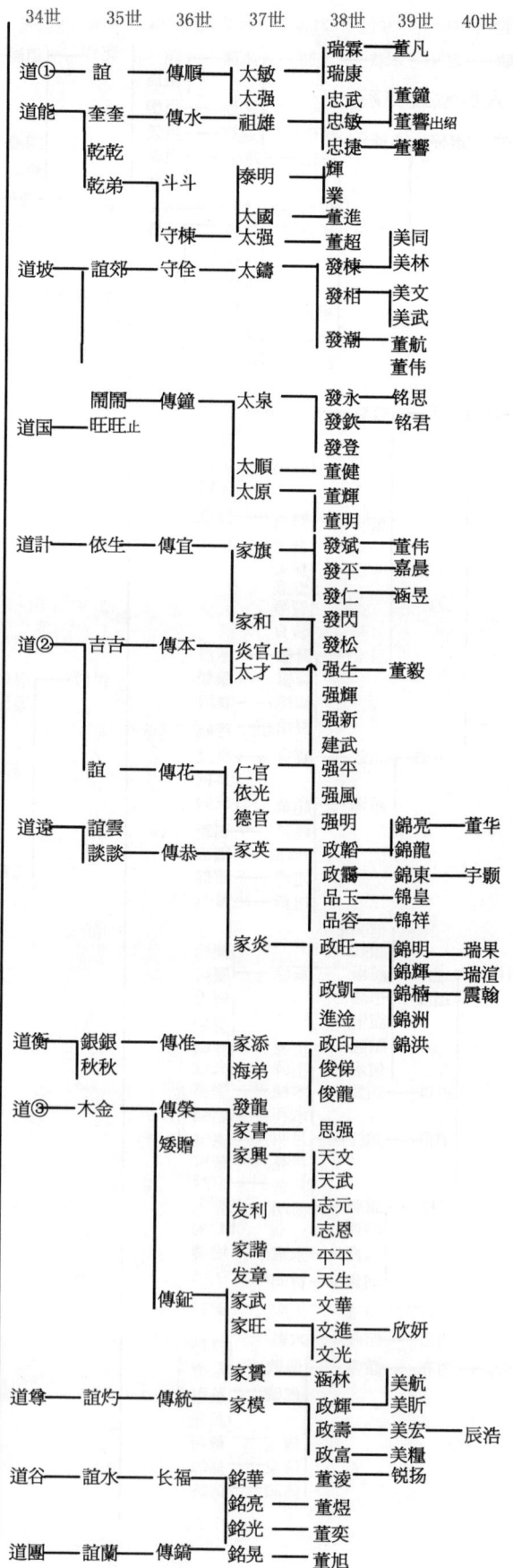

28世	29世	30世	31世	32世	33世	34世
則衡	彌謀	永寧	孝舉	述必	祖胞	道统
						道亨
				述	祖純	道其
					祖作	金隻止
			孝長		祖	道環
				述	祖	道①
						道能
					祖	道坡
					祖	道国
					祖康	道計
						道②
		永坦	孝楷	述耀	祖	道遠
						道衡
					祖	道③
					祖宽	道尊
						道谷
						道團

34世	35世	36世	37世	38世	39世	40世
道①	誼	傳順	太敏	瑞霖	董凡	
道能	奎奎	傳水	太強	瑞康		
	乾乾		祖雄	忠武	董鐘	
	乾弟	斗斗	泰明	忠敏	董響出绍	
				忠捷	董響	
				輝		
		守棟	太國	業		
			太強	董進		
道坡	誼郊	守佺	太鑄	董超	美同	
				發棟	美林	
				發柏	美文	
					美武	
				發潮	董航	
					董伟	
道国	闇闇	傳鐘	太泉	發永	铭思	
	旺旺止			發欽	铭君	
				發登		
			太順	董健		
			太原	董輝		
				董明		
道計	依生	傳宜	家旗	發斌	董伟	
				發平	嘉晨	
				發仁	涵昱	
			家和	發閃		
道②	吉吉	傳本	炎官止	發松		
			太才	強生	董毅	
				強輝		
				強新		
				建武		
	誼	傳花	仁官	強平		
			依光	強風		
			德官	強明	锦亮	董华
道遠	誼雲	傳恭	家英	政韜	锦龍	
	談談			政驕	锦東	宇颢
				品玉	锦皇	
				品容	锦祥	
			家炎	政旺	锦明	瑞果
					锦輝	瑞渲
				政凯	锦楷	震翰
				進淦	锦洲	
道衡	銀銀	傳准	家添	政印	锦洪	
	秋秋		海弟	俊俤		
				俊龍		
道③	木金	傳榮	發龍	思強		
		矮贈	家書	天文		
			家興	天武		
		发利	志元			
			志恩			
			家譜	平平		
		發章	天生			
		傳鉦	家武	文華		
			家旺	文進	欣妍	
				文光		
			家贊	涵林	美航	
道尊	誼灼	傳統	家模	政輝	美昕	
				政壽	美宏	辰浩
				政富	美糧	
道谷	誼水	長福	铭華	董凌	锐扬	
			铭亮	董煜		
			铭光	董奕		
道團	誼蘭	傳鏑	铭晃	董旭		

人房丕公派世系

34世	35世	36世	37世	38世	39世	40世
道统	誼瑄	傳華	家珠	政開	美端	景武
			太玉		秋利	恩生
				政仁	美輝	嘉欣
					秋霞	锦新
					秋景	利宏
					秋思	志鵬
			家成	政聘	可明	赫哲
						赫珺
				政潜	可容	昊乐
					可義	
				政舞	可祥	
		傳貴	家吉	政義	美孝	小憧
			家峰	政恭	昊	
				政寬	宇	
				政信	董輝	
				政敏	董寧	
				發祥	董魁	思源
				政惠	董磊	
				智響	康康	
	誼林	傳品	家信	發榮殇	亮亮	
				發輝	永生	
	誼	守信	球球		永松	
	誼日	傳震	家康	政沛	章華	方亮
道亨	如珠止			政穎	章東	方溯
道其	誼球	傳樹	家壽	發達出绍	章明	柏乐
			泰連	發達		
			家華出绍			
		貨貨	家華	發霖		
道環	誼歡	傳元	秋榮	锦綉		
			秋響	锦鐘		
			家利	希斌	子浩	永毅
			家亮	文偉	飛雲	永彬
道燦	香香止			政印	飛端	永杰
	春春	傳樂	家城		董建	俊毅
				發統	董興	思源
				發明	美輝	思成
			家善	發疊	董勉	
				發增	雅輝	宇晨
					雅煌	雨晴
	誼甄	傳灼	家立	政資	振群	
					振華	

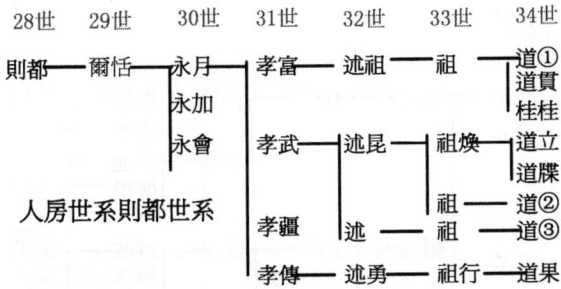

人房世系則都世系

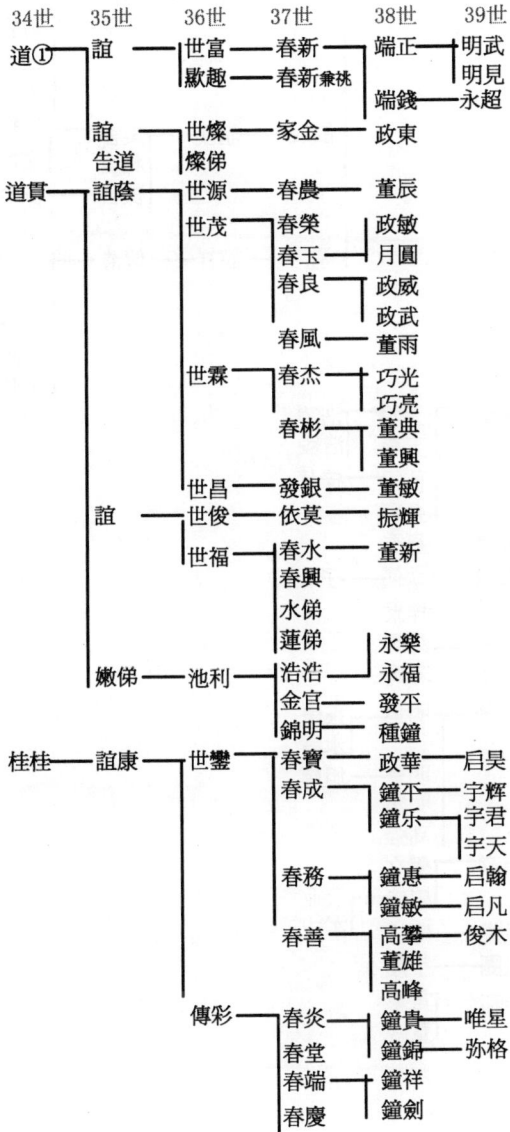

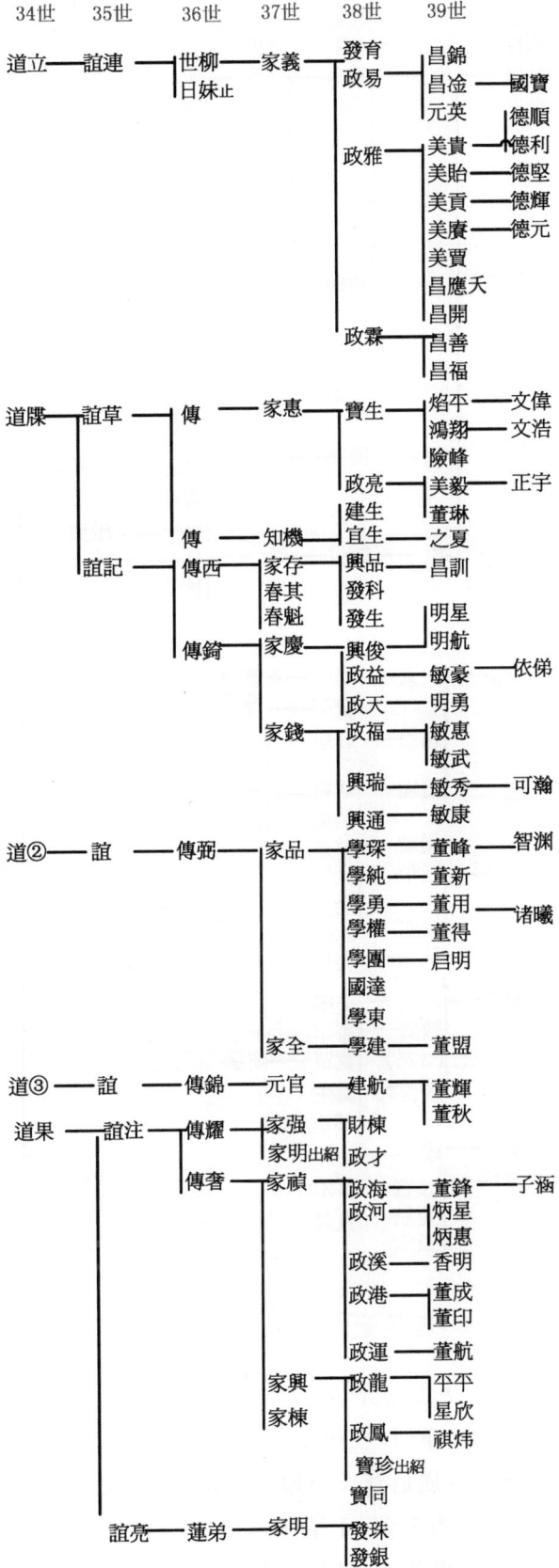

人房丕公世系

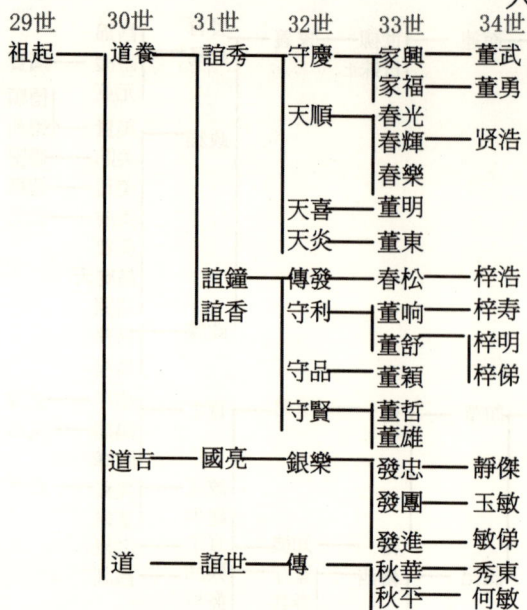

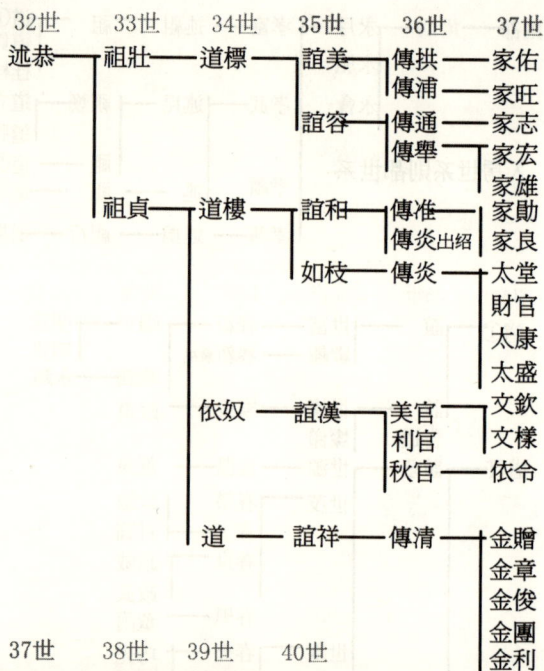

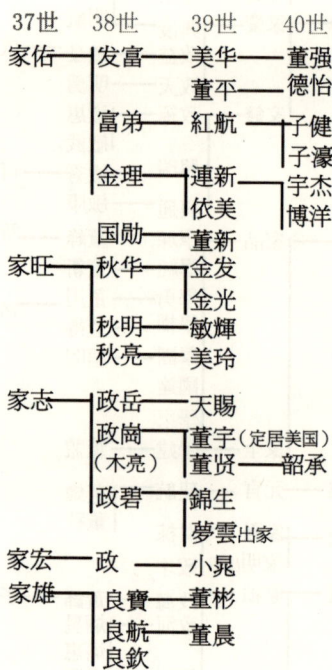

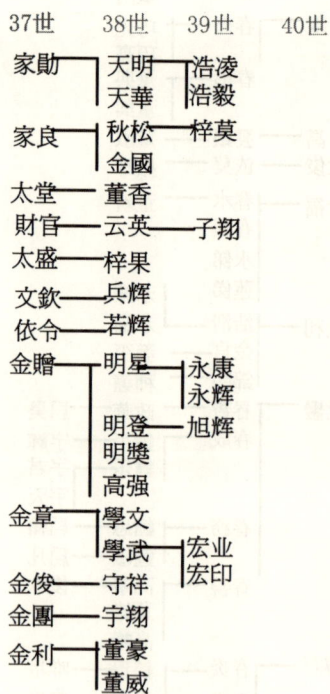

29世 30世 31世 32世 33世 34世

```
祖起 ── 道養 ── 誼秀 ── 守慶 ── 家興 ── 董武
                            家福 ── 董勇
                    天順 ── 春光
                            春輝 ── 贤浩
                            春樂
                    天喜 ── 董明
                    天炎 ── 董東
            誼鐘 ── 傳發 ── 春松 ── 梓浩
            誼香 ── 守利 ── 董响 ── 梓寿
                            董舒 ── 梓明
                    守品 ── 董穎 ── 梓俤
                    守賢 ── 董哲
                            董雄
      道吉 ── 國亮 ── 銀樂 ── 發忠 ── 静傑
                            發團 ── 玉敏
                            發進 ── 敏俤
      道 ─── 誼世 ── 傳 ─── 秋華 ── 秀東
                            秋平 ── 何敏
```

32世 33世 34世 35世 36世 37世

```
述恭 ── 祖壯 ── 道標 ── 誼美 ── 傳拱 ── 家佑
                            傳浦 ── 家旺
                    誼容 ── 傳通 ── 家志
                            傳擧 ── 家宏
                                    家雄
      祖貞 ── 道樓 ── 誼和 ── 傳准 ── 家勛
                            傳炎(出紹) ── 家良
                    如枝 ── 傳炎 ── 太堂
                                    財官
                                    太康
                                    太盛
             依奴 ── 誼漢 ── 美官 ── 文欽
                            利官 ── 文樣
                            秋官 ── 依令
      道 ─── 誼祥 ── 傳清 ── 金贈
                            金章
                            金俊
                            金團
                            金利
```

37世 38世 39世 40世

```
家佑 ── 发富 ── 美华 ── 董强
                    董丕 ── 德怡
            富弟 ── 紅航 ── 子健
                            子濠
            金理 ── 連新 ── 宇杰
                    依美 ── 博洋
            国勋 ── 董新
家旺 ── 秋华 ── 金发
                金光
       秋明 ── 敏輝
       秋亮 ── 美玲
家志 ── 政岳 ── 天賜
       政崗(木亮) ── 董宇(定居美国)
                     董贤 ── 韶承
       政碧 ── 錦生
                夢雲(出家)
家宏 ── 政 ─── 小晁
家雄 ── 良寶 ── 董彬
       良航 ── 董晨
       良欽
```

37世 38世 39世 40世

```
家勛 ── 天明 ── 浩凌
       天華 ── 浩毅
家良 ── 秋松 ── 梓莫
       金國
太堂 ── 董香
財官 ── 云英 ── 子翔
太盛 ── 梓果
文欽 ── 兵輝
依令 ── 若輝
金贈 ── 明星 ── 永康
                永輝
       明登 ── 旭輝
       明獎
       高强
金章 ── 學文
       學武 ── 宏业
                宏印
金俊 ── 守祥
金團 ── 宇翔
金利 ── 董豪
       董威
```

(四)远洋董氏

1. 历史简介

远洋董,即在福州东水凤洋浦尾新西境,今鼓山镇远西村。据族谱记载,俱由后董迁入。有东房董属后董凤公地房后代,十一头孝董、北社董、朝北里董,均属后董鸾公人房后代。其中,十一头孝董,于清康熙己亥年,即公元 1719 年迁入远洋,有较详细的记录谱系。而北社董、朝北里董、东房董的有关前代世系待考。

应霖公,字善勃,号祥云,行三,为八代,大庶公长子。生明万历癸卯年,日月失详,在顺治

戊戌年六月廿六日(1658年)被海寇掠俘,沙埋身死,尸骸无归。妣新池池氏,生卒失详,生二子,长立贤,字则权;次召贤,字则对。为远洋十一头孝董一世始祖。

　　据传,由后董则对公之妻(后称则对妈)带其孙永光八岁、永健六岁到村中杨姓家当下人养家糊口,大年除夕夜身无片文办年货,只有一碗芥菜煮猪血过大年卅。至今远洋董姓会聚必有这碗芥菜煮猪血为纪念菜。数历艰辛,两个孙子终于成人。长孙永光,生六子,孝发、孝通、孝藻、孝端、孝俞、孝惠;次孙永健,清乾隆戊子科进士,生五子,孝科、孝珽、孝中、孝雄、孝为。故称十一头孝。又发七十二孙(表字述),又称七十二合述。而今已蕃衍枝茂有十五世,逾千人之众。

　　2. 简明世系

世系表

1世	2世	3世	4世	5世
召賢公 字則對	道成公 字爾韶	士烺公 字永光	孝發(維搞)	述禦(朝乾)
				述芳(朝雙)
				述綱(朝全)
				述寶(朝喜)
				述受(朝爵)
				述乾(朝鍾)
				述文(朝傑)
			孝藻(維挶)	述英(朝燦)
				述昂(朝烘)
				述盛(朝熾)
				述理(朝槃)
			孝通(維推)	述堯(朝蒲)
				述容(朝莊)
			孝端(維拱)	述學(朝志)
				述施(朝恩)
				述鳳(朝誠)
				述超(朝波)
				述維(朝堂)
				述振(朝鐸)
				述興(朝騰)
				述攀(朝送)
			孝俞(維搏)	述圭(朝寶)
				述顯(朝榮)
			孝惠(維採)	述繆(朝陸)
				述淮(朝沂)
				述軍(朝營)
		士明公 字永健	孝科(維攉)	述在(朝浚)
			孝珽(維摺)	述開(朝泰)
				述揚(朝華)
				朝烽
				朝龍
				朝清
			孝中(維擇)	述波(朝柱)
			孝雄(維擅)	述嘉(朝祥)
				朝楨
			孝為(維撿)	述禮(朝儀)
				述遠(朝標)
				朝官
				朝祿
				述詩(朝言)

(5世—6世—7世)

5世	6世	7世
述禦	必杜殤	
	祖名	高湖殤
述芳	祖尊	道有
	祖泗	高榜
	祖吉	道持
		高南
		高田
述綱	祖褒	春海
	祖環	道彭
述寶	必鎮	道繡
		道開
	必篤	雲銓
		雲鼇
		雲登
	祖相	
	必槳	
	祖蘭	
述受	祖迎	雲開殤
述乾	祖述	高鋪
	祖璞	高壴
	祖行	高水
	祖臚	高阜殤
		高穎
述文	祖駒	道立
	祖祺	高樷
		高恭
述英	祖豪	高佳
	祖康	道年
	祖敬	
述盛	祖疆	道存
述理		道良
述堯	祖獻	道崇
	必瑾	高西
		道燦
		道雲
		高岑
述容	祖頌	道會
	祖瓊	道國
	必錦	道清
	必繡	道春
	必極	道樓
	祖益	道昌
		道傑
		高鏗
		高銘
述學	祖涵	道先
	祖執	道熾
	祖舟	道呼
		道謂

(5世—6世—7世)

5世	6世	7世
述施	祖舟	
	祖基	道捷
	祖范	高泉
	祖魁	道炳
		高灼
述鳳	必會	道蜀
述超	祖本	
	必康	
	祖行	
述振	必財	道璽
	必喜	道乾
	祖暖	道言
述興		道商
述攀	祖觀	
述圭	祖信	高源
		高淡
述顯	祖從	高麟
		高驤
	必大	高驥(嗣子)
	祖利	
述繆	祖厚	道龍
		道河
		道享
		道玉
		道雁
		道都
		道宗
述淮	祖枝	道搶
	祖厚	道朱
		蒼禎
		蒼蘭
		道鏡
		道秋
述軍	祖香	道印
		道莩
		道樟
	祖如	道浦
	祖時	
述在	祖真	道齊
	祖奮	道圓
	必濛	道晴
述揚	祖驌	道斯
	祖用	道勇
述嘉	祖琳	道品
	必淦	高瑞
		高書
述禮	祖美	道栢
	祖武	道潮
		道緇
	祖喜	高水
		高舉
朝官	祖貞	高翠
朝祿	祖財	高榮
述詩	必焴	

十一头孝世系

(永光公長房孝發公世系)

7世	8世	9世	10世	11世
道有	能繼			
	能蜜			
高榜	能仁		阿弟	成同
	能淦	嫩墭	家平	正豪
				正光
雲登	其松	寶雪	董鋒	健怡
		寶山	家巨	健瓊
			家偉	董豪
		寶基	家宇	健晖
				建凱
				董亨
			家武	雯頡
			家響	董杰
	其棟	寶貴	家坤	健毅
		塘弟	家亮	健力
		寶塘	家健	
	其鈿	寶鎮	家林	朋俤
			家棋(出嗣)	
			家彬	董宇
		寶鑾	家棋嗣	正堅
		寶灼	家建嗣	君金
雲鼇	其壽	寶城		
	依傻	細墭		
	其訓	連俤		
		寶連		
雲銓	其龍	寶珠		
	其政	寶鎮嗣		
雲露	其木	寶貴嗣		
雲錦	其名	寶鵬	家順	
雲楷	妹哥	寶斌		
		寶康	蘇邦	健偉
		寶鏗	金雄	
			金華	

11世	12世	13世
成同	董暢	德嗣
	董舒	緦志
正豪	董軍	德裔
正光	興旺	
健毅	和哲	
朋俤	堯穎	
董宇	董鑫	
	夢洁	
正堅	緔豪	

(永光公次房孝藻公世系)

7世	8世	9世	10世	11世
道年	登旺	玉屏	章華	日新
	登梔		章彩(出繼)	又新
				自新
				四妹(女)
				維新
				君新
			章品	清新
				甬新
				二妹(女)
				來菊(女)
			章文	鼎新(殤)
				仁新
				五妹(女)
			章銓	伯新(夭)
				甬新
				七妹(女)
				珠英(女)
		玉山		桂英(女)
			章鈿	海郡
			章漢(殤)	漢新(抱養)
			章新	漢新
				淑英(女)
			章金(承依欽嗣)	銘新
				增新
			章程	秋英(女)
				增新
			章鏡	良新
				連新
				建新
				雪珍(女)
		玉四	章棋	朝新
			章孟	六妹(女)
道存	登輝	玉臚	依妹(殤)	自新
	登金			牛新
	登煌	玉田	章彩(承嗣)	梓新

11世	12世	13世	14世	15世
日新	飛來	德東(夭)	隆魁	積磊
		德忠	隆芳(女)	
		德康(夭)		
		德銘	隆濱	
		德安	隆翔	
	飛機	德英(女)	隆鳳(女)	
	飛宏	德好	騰飛	
	來妹(女)	德美(女)	董鑫(女)	
	機妹(女)	德彬	隆濤	
	行妹(女)	德如(女)	董娟(女)	
又新	東川	德楚	靈潔(女)	
	福松	家良		
	招治(女)	家彬		
	桂馨(女)	家吉		
	水金(女)	孟姿(女)		
		孟冠(女)		
自新	飛雲	董巧	隆恩	
	飛標	董旭	翰文	
		董盛	晨曦	
			思睎	
	飛寶	德貴	董荔	
			董容	
			隆赫	
	飛劍	董超	隆鑫(女)	
			隆震	
		董敢	隆威	
	飛天	德操		
	飛坤	德全		
		德春		

11世	12世	13世	14世
維新	飛金	德峰	珺澈(女)
	梨俤(女)	晨耕	
	飛昌	德錦	隆炫
君新	飛賢	董威	隆凱
		德生	樂妍(女)
	飛雄	德勝	親妍(女)
	飛鷹		宸龙
清新	飛鋼	飛龍	
	飛龍	董輝	
	飛灼	德增	隆麒
	月英(女)	德鴻	隆麟
	月華(女)		
	月仙(女)		
甬新	飛強	德洋	
	飛鵬	德煊	隆錦
	美榕		
	巧玲		
海郡	興俊	董宇	
	興利	董冰(女)	
	月英(女)		
漢新	飛明		
	飛龍	其杰(女)	
	美英		
銘新	董澍	灵文	
	碧娟(女)		
	碧月(女)		
	董燕(女)		
	董雪(女)		
增新	翠峰	宇寰	
	翠薇		
良新	勇勝	子源	
	勇敏(女)	馨铃(女)	
連新	董奕(女)		
建新	董勇		
	董芝(女)		
朝新	飛俊	德強	邱霖(女)
	飛好	董耀	
	飛發	德斌	
	飛祥	董雯(女)	
	美玉		
	伯玉		
	美仙		
	美凤		
梓新	飛聖	德光	淑芳(女)

(永光公六房孝惠公世系)

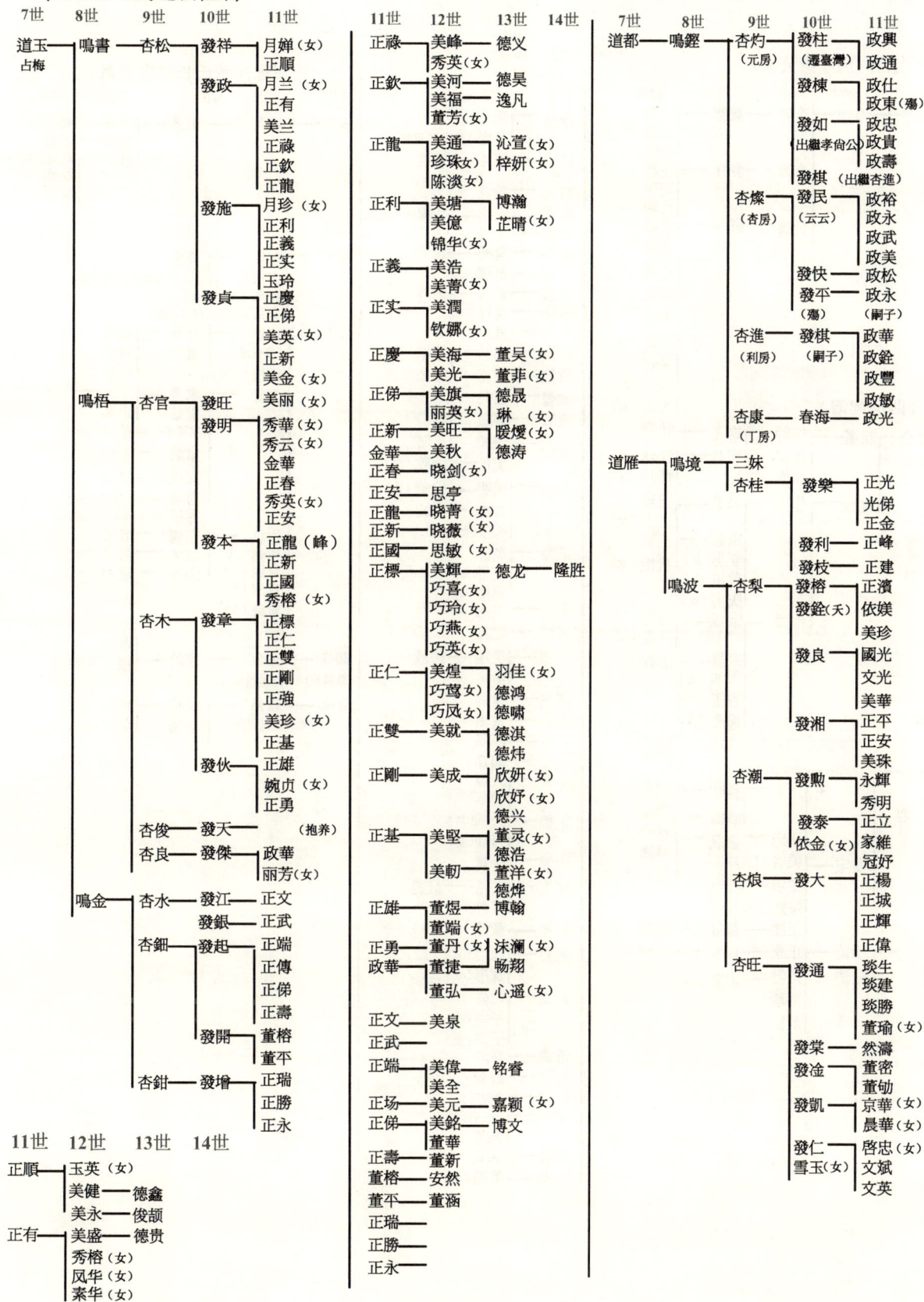

(永光公六房孝惠公世系)

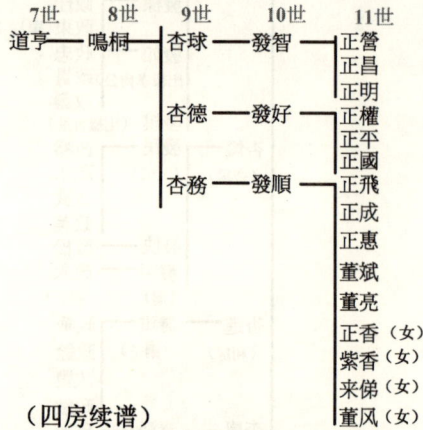

7世	8世	9世	10世	11世
道亨	鳴桐	杏球	發智	正營 正昌 正明
		杏德	發好	正權 正平 正國
		杏務	發順	正飛 正成 正惠 董斌 董亮 正香(女) 紫香(女) 来俤(女) 董凤(女)

(四房续谱)

7世	8世	9世	10世	11世
道全	能堪	作师	雄飞	怀锋
		作军	雄航	怀钰
		作旅		怀丹(女)
	能勲	作烈	宗群	正理 正惠(女)
			宗超	正钲 董艳(女)
			亚男(女)	
			秋男(女)	
			庆男(女)	
		作帅	宗威	正楠 正莹(女)
			宗震	正昕
			秀如	
			秀玉(女)	
			秀玲(女)	

9世	10世	11世	12世	13世
连官	发堤	君玲(女)		
		正龙	晨辉	腾渊
			晓露	紫凝
		正忠	林泽	
			董斌	林腾
		美容(女)		林飞
		兰珍(女)		
	发宝	玉珍(女)		
		正团	董舒	锦晨
杏元	松涛	正康	晓旭	一铭
	云涛	正健	宏艺(女)	
		锦珍(女)		
		董锦(女)		

11世	12世	13世	14世
政仕	美文		
	美霜(出繼政東房)		
政東(殤)	美霜	董哈	
政忠	美武		
政貴	美勇	品輝	思俊
政壽	美勝		
政裕	董樂	德智	
政武	董潔		
政義	董浩	董言	
政松	董霖		
政永	董康		
政華	美強	德楷	
政銓	美亮	益豪	
政豐	董堯		
政敏	夢霏	德偉	
正光	美順	董珊	
	美秋	雨欣(女)	
光俤	董明	欣蕾(女)	
	董勇	宇城	
	秀玉(女)		
正金	美镍		
	曉丹(女)		
	曉彬(女)		
正峰	美杰		
正建	美鑫		
正濱	美翔	德威	
	美秀(女)		
國光	董蘇		
文光	董然		
正平	晶鑫(女)		
正安	瑞霖		
永輝	大煒		
	春燕(女)		
正楊	美仙(女)		
	月仙(女)		
正偉	美寶		
琰生	董希	董奕	
	董林(女)		
琰建	董棟		
琰勝	姝均(女)		
	姝彤(女)		
然濤	柏佐		
	子垣(女)		
	子杰(女)		
董密	舒舒		
怀鋒	鑫涯		
怀鈺	美红(女)		
正平	美元		
	海潮		
正國	美栋		
正理	美瑞(女)		

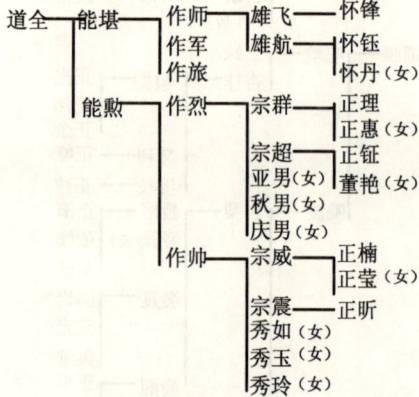

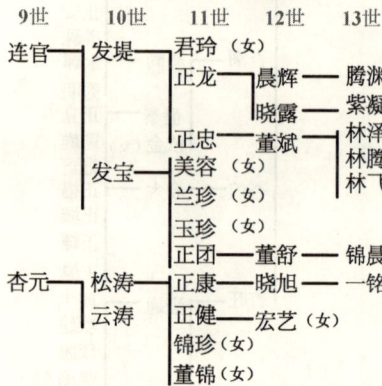

福州远洋董氏长福房世系

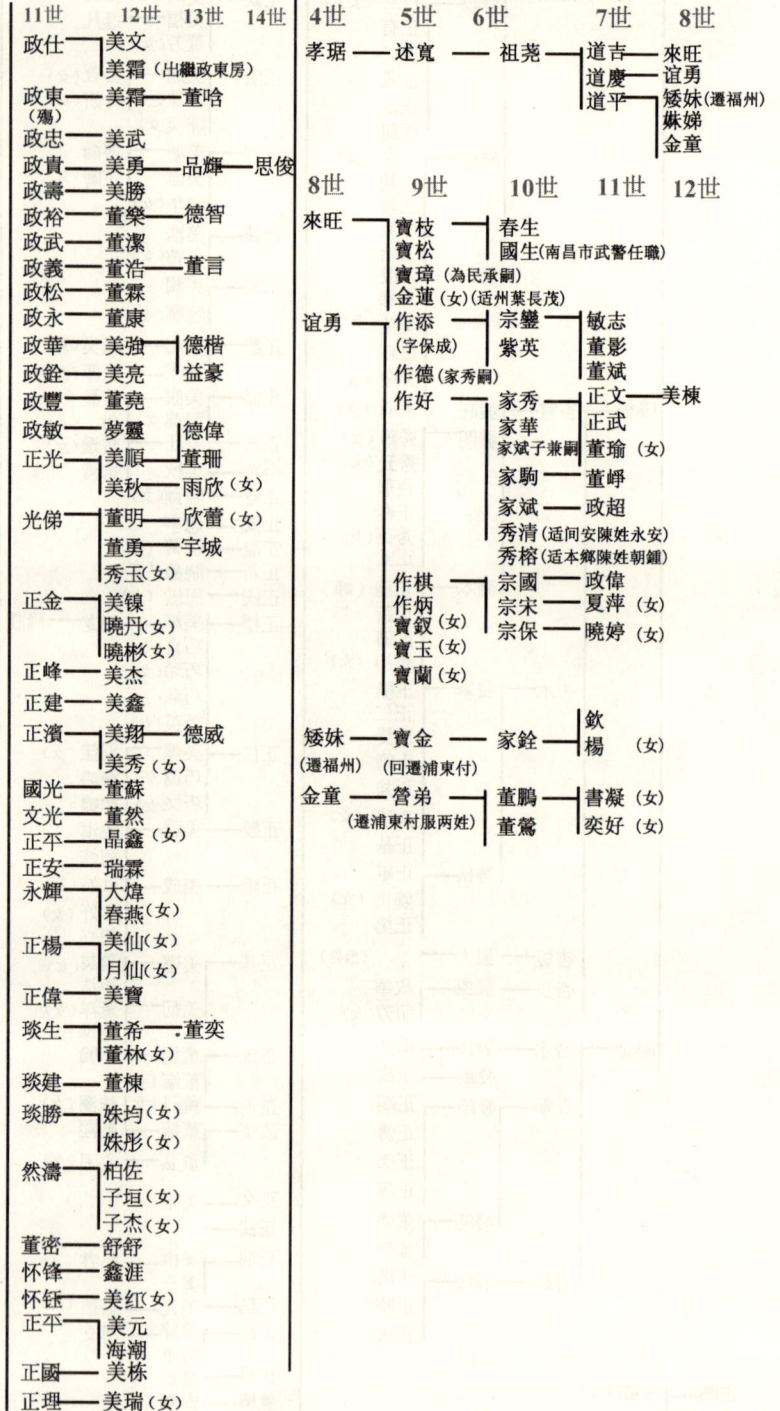

4世	5世	6世	7世	8世
孝琚	述寬	祖堯	道吉	來旺
			道慶	諠勇
			道平	矮妹(遷福州) 姝娣 金童

8世	9世	10世	11世	12世
來旺	寶枝	春生		
	寶松	國生(南昌市武警任職)		
	寶璋(為民承嗣)			
	金蓮(女)(适州葉長茂)			
諠勇	作添(字保成)	宗鑾	敏志	
		紫英	董影 董斌	
	作德(家秀嗣)			
	作好	家秀	正文	美棟
		家華	正武	
		家斌子兼嗣董瑜(女)		
		家駒	董嶼	
		家斌	政超	
		秀清(适间安陳姓永安)		
		秀榕(适本鄉陳姓朝鍾)		
	作棋	宗國	政偉	
	作炳	宗宋	夏萍(女)	
	寶叙(女)			
	寶玉(女)	宗保	曉婷(女)	
	寶蘭(女)			
矮妹(遷福州)	寶金(回遷浦東付)	家銓	欽 楊(女)	
金童(遷浦東村服两姓)	營弟	董鵬	書凝(女)	
		董鷥	奕好(女)	

(永健公孝科公世系)

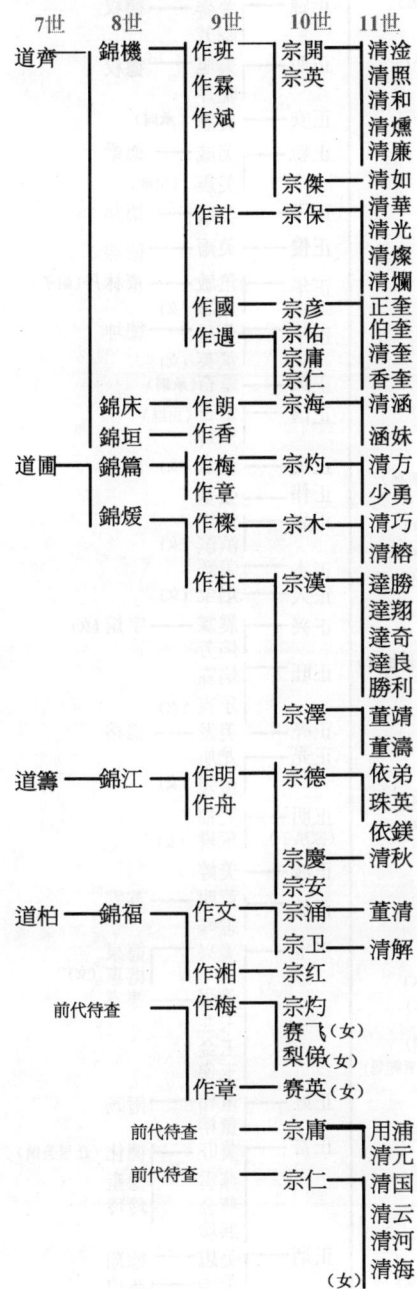

7世	8世	9世	10世	11世
道齐	錦機	作班	宗開	清淦
		作霖	宗英	清照
		作斌		清和
				清燨
				清廉
		作計	宗傑	清如
			宗保	清華
				清光
				清燦
				清爛
		作國	宗彦	正奎
		作遇	宗佑	伯奎
			宗庸	清奎
			宗仁	香奎
	錦床	作朗	宗海	清涵
	錦垣	作香		涵妹
道圃	錦篇	作梅	宗灼	清方
		作章		少勇
	錦嬡	作樑	宗木	清巧
				清榕
		作柱	宗漢	達勝
				達翔
				達奇
				達良
				勝利
			宗澤	董靖
				董濤
道籌	錦江	作明	宗德	依弟
		作舟		珠英
				依鎂
			宗慶	清秋
			宗安	
道柏	錦福	作文	宗涌	董清
			宗卫	清解
		作湘	宗红	
前代待查		作梅	宗灼	
			赛飞（女）	
			梨俤（女）	
		作章	赛英（女）	
前代待查			宗庸	用浦
				清元
前代待查			宗仁	清国
				清云
				清河
				清海
				（女）

11世	12世	13世
清淦	炳生	德元
		秀雁（女）
	金生	德菘
		德俊
		秀林（女）
	天生	秀瑜
		秀薛
		秀芳（女）
	光生	德明
	麗生	秀娟（女）
	麗玉	
清照	麗嬌	
清和	麗仙	
清燨	麗華（女）	
	麗珍（女）	
	麗平	董政
	麗容（女）	董明
清如	麗鳳（女）	董勇
	龍生	董潮
	建生	德新
	麗金（女）	
	麗雲（女）	
	麗琴（女）	
清光	美忠	
伯奎	學武	董浩
	學強	董錚
	碧蓝（女）	

(永健公伍房世系)

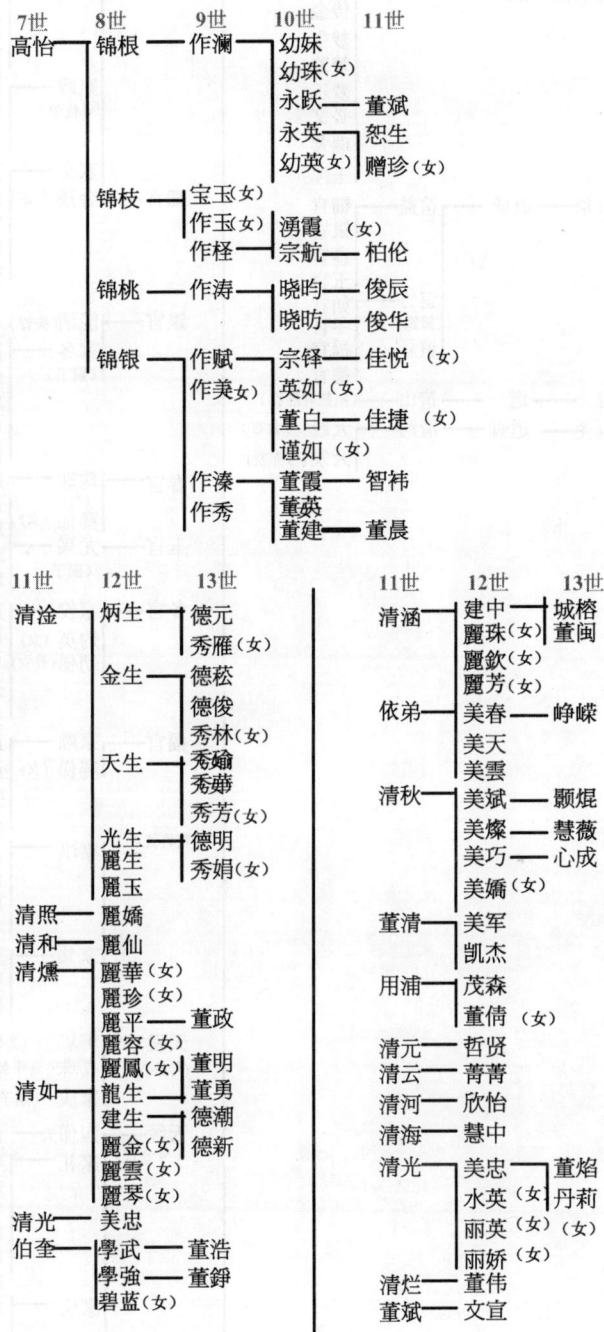

7世	8世	9世	10世	11世
高怡	錦根	作瀾	幼妹	
			幼珠（女）	
			永跃——董斌	
			永英——恕生	
			幼英（女）——贈珍（女）	
	锦枝	宝玉（女）		
		作玉（女）	湧霞（女）	
		作桎	宗航——柏伦	
	锦桃	作涛	晓昀——俊辰	
			晓昉——俊华	
	锦银	作赋	宗铎——佳悦（女）	
		作美（女）	英如（女）	
			董白——佳捷（女）	
			谨如（女）	
		作溱	董霞——智祎	
		作秀	董英	
			董建——董晨	

11世	12世	13世
清涵	建中	城榕
	麗珠（女）	董闽
	麗欽（女）	
	麗芳（女）	
依弟	美春	峥嵘
	美天	
	美雲	
清秋	美斌	颢焜
	美燦	慧薇
	美巧	心成
	美嬌（女）	
董清	美军	
	凯杰	
用浦	茂森	
	董倩（女）	
清元	哲贤	
清云	菁菁	
清河	欣怡	
清海	慧中	
清光	美忠	董焰
	水英（女）	丹莉（女）
	丽英（女）	
	丽娇（女）	
清烂	董伟	
董斌	文宣	

福州远洋董氏东房世系

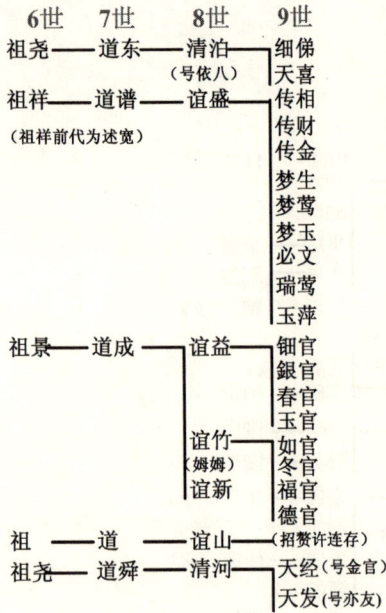

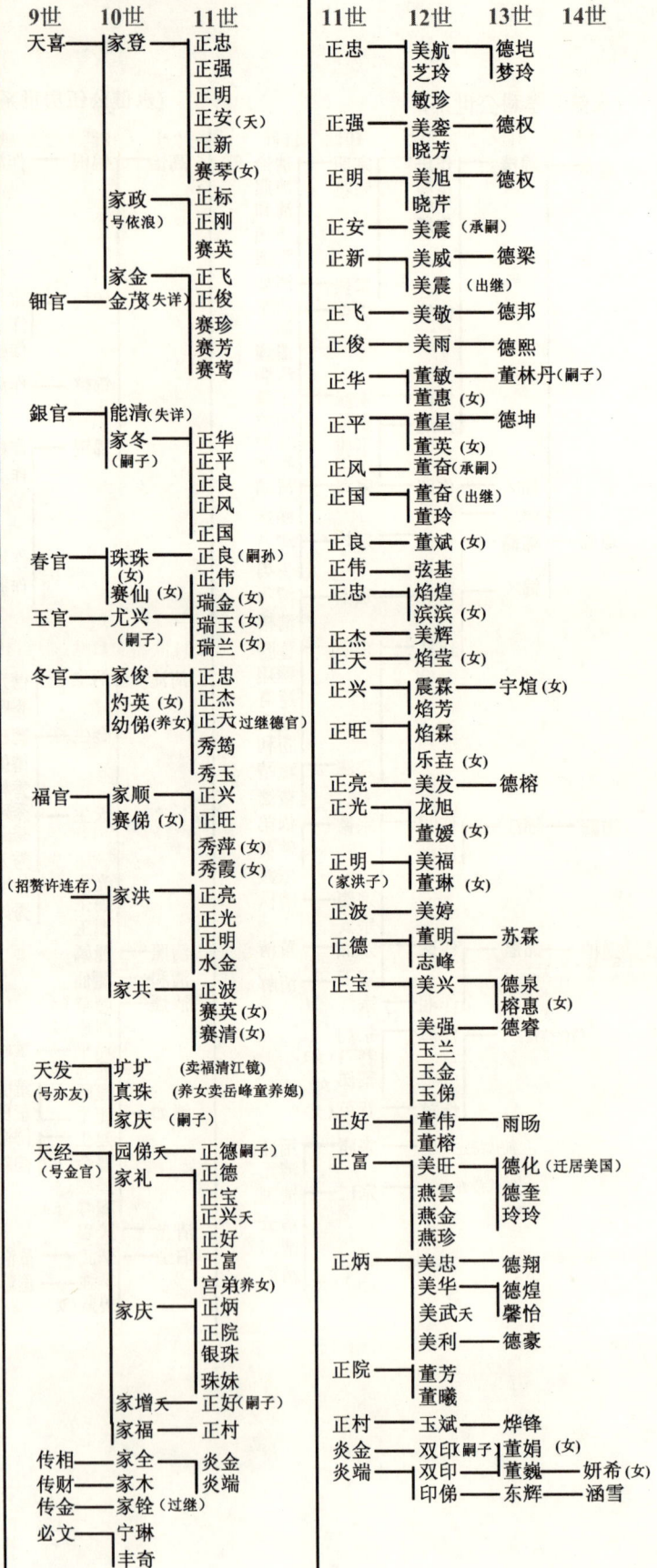

6世—9世

6世	7世	8世	9世
祖尧	道东	清泊(号依八)	细俤
祖祥	道谱	谊盛	天喜、传相、传财、传金、梦生、梦鸳、梦玉、必文、瑞鸳、玉萍
(祖祥前代为述宽)			
祖景	道成	谊益	细官、银官、春官、玉官、如官、冬官、福官、德官
		谊竹(姆姆)	
		谊新	
祖	道	谊山	(招赘许连存)
祖尧	道舜	清河	天经(号金官)、天发(号亦友)

9世—11世

- 天喜
  - 家登 —— 正忠、正强、正明、正安(天)、正新、赛琴(女)
  - 家政(号依浪) —— 正标、正刚、赛英
  - 家金
- 钿官
  - 金茂(失详) —— 正飞、正俊、赛珍、赛芳、赛鸳
- 银官
  - 能清(失详)
  - 家冬(嗣子) —— 正华、正平、正良、正风、正国
- 春官
  - 珠珠(女)
  - 赛仙(女)
- 玉官
  - 尤兴(嗣子) —— 正良(嗣孙)、正伟、瑞金(女)、瑞玉(女)、瑞兰(女)
- 冬官
  - 家俊 —— 正忠、正杰、正天(过继德官)、秀筠、秀玉
  - 灼英(女)
  - 幼俤(养女)
- 福官
  - 家顺 —— 正兴、正旺、秀萍(女)、秀霞(女)
  - 赛俤(女)
- (招赘许连存)
  - 家洪 —— 正亮、正光、正明、水金
  - 家共 —— 正波、赛英(女)、赛清(女)
- 天发(号亦友)
  - 圹圹(卖福清江镜)
  - 真珠(养女卖岳峰董养媳)
  - 家庆(嗣子)
- 天经(号金官)
  - 园俤天 —— 正德(嗣子)
  - 家礼 —— 正德、正宝、正兴天、正好、正富、宫弟(养女)
  - 家庆 —— 正炳、正院、银珠、珠妹
  - 家增天 —— 正好(嗣子)
  - 家福 —— 正村
- 传相 —— 家全 —— 炎金、炎端
- 传财 —— 家木
- 传金 —— 家铨(过继)
- 必文 —— 宁琳、丰奇

11世—14世

- 正忠
  - 美航、芝玲、敏珍
  - 美航 —— 德垲、梦玲
- 正强 —— 美銮、晓芳 —— 德权
- 正明 —— 美旭、晓芹 —— 德权
- 正安 —— 美震(承嗣)
- 正新 —— 美威 —— 德梁;美震(出继)
- 正飞 —— 美敬 —— 德邦
- 正俊 —— 美雨 —— 德熙
- 正华 —— 董敏、董惠(女) —— 董林丹(嗣子)
- 正平 —— 董星、董英(女) —— 德坤
- 正风 —— 董奋(承嗣)
- 正国 —— 董奋(出继)、董玲
- 正良 —— 董斌(女)
- 正伟 —— 弦基
- 正忠 —— 焰煌、滨滨(女)
- 正杰 —— 美辉
- 正天 —— 焰莹(女)
- 正兴 —— 震霖、焰芳、焰霖、乐壵(女) —— 宇煊(女)
- 正旺
- 正亮 —— 美发 —— 德榕
- 正光 —— 龙旭、董媛(女)
- 正明(家洪子) —— 美福、董琳(女)
- 正波 —— 美婷
- 正德 —— 董明、志峰 —— 苏霖
- 正宝 —— 美兴、美强、玉兰、玉金、玉俤 —— 德泉、榕惠(女)、德睿
- 正好 —— 董伟、董榕 —— 雨旸
- 正富 —— 美旺、燕雲、燕金、燕珍 —— 德化(迁居美国)、德奎、玲玲
- 正炳 —— 美忠、美华、美武天、美利 —— 德翔、德煌、馨怡、德豪
- 正院 —— 董芳、董曦
- 正村 —— 玉斌 —— 烨锋
- 炎金 —— 双印(嗣子) —— 董娟(女)
- 炎端 —— 双印 —— 董巍 —— 妍希(女)
  - 印俤 —— 东辉 —— 涵雪

以上远洋董氏世系,已经远洋董氏宗祠理事会组织人员校对。但还有很大部分族系未登入,仍待补充。

3. 文物遗辉

(1)远洋董支祠

至乾隆戊子科永建公读书进士,翌年建祠堂于闽江支流凤浦,坐北朝南,东倚鼓山,西邻于福州,北靠北岭。周围阡陌树木郁郁葱葱,占地1000平方米,建筑面积350平方米。土木结构,四面马鞍式风火高垣。前垣石刻董氏支祠,横匾两旁配入孝出悌,内部四扇三间,前厅回照插屏,天井绕回廊上。大厅两边壁装配二十四孝,浮雕楠木贴金,中间卷书式横案供桌,后殿公婆翕双层结飞檐翘角,滚斗塔井前

面浮雕龙柱。横匾三策堂,中间供奉历代董氏元祖神位。后耳坠房鎏金横匾联楹,雕梁画栋,人物绘画古朴典雅,殿庄严肃穆,气象堂皇,目不暇接。

2005年,时逢盛世,百业俱兴。国家崛起之秋,我族人乘农历乙酉午庆赏元宵佳节之期,倡议成立筹建组,于祠堂旧址重建远洋董氏支祠。全体宗亲纷纷响应,踊跃解囊捐资,同心同德,群策群力,自行设计,自己备料。三梯式结构前面回照双层楼,在大厅下面地室,按原貌装修。另增前垣彩雕龙凤呈祥,渔樵耕读四幅、青石影雕麒麟八宝,天井正面青石浮雕团龙,旁配刘海钓金蟾。两边青石扶栏,前廊青石扶拦,均是祥瑞八物花鸟彩雕,气象万千,富丽堂皇。

现在福州远洋董氏繁衍男女逾千人。新中国成立以来,人才如雨后春笋,茁壮成长,在文化领域有硕士、博士、教授、大学生九十多人,各种技术人员数不胜数。

(2)远洋董氏祖墓

远洋十一头孝董的两座祖墓平行坐落于马尾朏头鸡头山(俗称海军火药库)南半坡,坐东北朝西南。左墓始建于清雍正四年(1726年)仲冬吉旦,葬则对(丹策)公偕池孺人、子道成

（虞九）及周孺人、孙士烺（天三）及林孺人祖孙三代。右墓始建于嘉庆元年（1796年）孟冬吉旦，葬士明（干行）偕李孺人、子维擢（如高）及姜孺人、侧室陈孺人。经几度修理，至今仍完好。并有祭墓习俗，每年分春秋两祭，春祭为清明，秋祭为农历九月初八日。尤其是秋祭较为隆重，过去有公田由各房轮年开支，定有荤、菜礼等供品。土改后族人各房仍派人集资祭墓，沿袭供品中必须有麻饼、柿、青蛾（壳石海产），寓意芝麻开花节节高，柿中多核，为子孙人丁兴旺，壳石吃后丢在墓地不易分化，说明此墓有后代不能破坏。现有子孙后代男女千余人，足见此墓葬于风水宝地。

4. 历代英贤

远洋董氏族人人才辈出，簪缨雀起，硕士、博士、教授、高级工程师、高级讲师、主任医师等专家学者比比皆是。董氏望族，有目共睹。

永建公，乾隆戊子科，进士。

董作桂，男，国民革命军公英舰舰长。

董作棋，男，1913年出生，福州市林业机械厂车间书记，福州市劳动模范。

董增新，男，1938年10月24日出生，1964毕业于中国科学技术大学技术物理系本科，航天工业部七七一所处长，高级工程师。主要从事集成电路技术研究，首先在国内研制出新的电路元器件用于机器上，为完成156任务作出了自己贡献，被誉为科技战线上"铁人"。1966年十月被安排上天安门城楼，与毛主席和中央、国家领导人出席国庆十七周年庆典；1978年参加陕西省国防系统科学大会，获先进科学工作者称号，并在1984年荣立国防三项重点型号"三抓"任务二等功。为中国科学技术协会电子专业委员会会员兼陕西省电子学会半导体分会秘书。

董发开，男，1940年出生，毕业于中国地质大学水文工程地质专业。先后主持二十多项科研，有六项研究成果评为国内先进水平，获得省部级科技进步奖，其中《西安市地下水污染弥散数学模型》研究项目与山东大学合作完成，被评为达国际先进水平。1991年晋升研究员，1992年开始享受国务院特殊津贴，1996年引进福州大学，评为教授。

董正雄，男，1946年出生，1970年毕业于厦门大学海洋物理专业。工作于福州大学数学与计算机学院，副教授。1989年，成功研发《福建省普通高等院校招生辅助录取系统》、《OMR自动评券系统》，为福建省招生工作服务十二年之久。主编《八闽董氏汇谱》和教材《大学计算机应用基础》，由厦门大学出版。曾任《华东地区计算机基础教学研究会》常务理事、《福建省计算机基础教育研究会》常务理事，福建省普通高校计算机等级考试委员会副主任，考试中心副主任等职。

董煜，男，1973年出生，1996年毕业于福州大学计算机专业，硕士，福建省公安厅信息通讯处副处长，国家公安部第一位通过美国网络专家论证（CCIE）的网络专家。

姜蕴，女，（董煜之妻）1974年出生，1998毕业于福州大学英语专业，福建师范大学外国教育史博士；福建省教育学院外语教研室主任。

董美斌，男，毕业于福州大学化学专业，硕士，任福建省顺昌县副县长，德化陶瓷职业技术学院副院长等职。

董德峰，男，1970年出生，毕业于厦门大学，福建力格律师事务所主任。

董晨耕，女，1979年出生，毕业于厦门大学，西海岸建筑研究所副所长。

董家彬,男,1975年出生,台湾成功大学硕士。

董翠峰,男,1975年出生,硕士,毕业于西安电子科技大学。

董健力,男,1987年出生,澳大利亚悉尼霍姆斯大学毕业。

董杰,男,1987年出生,上海华东大学硕士。

(五)震龙董氏地房世系

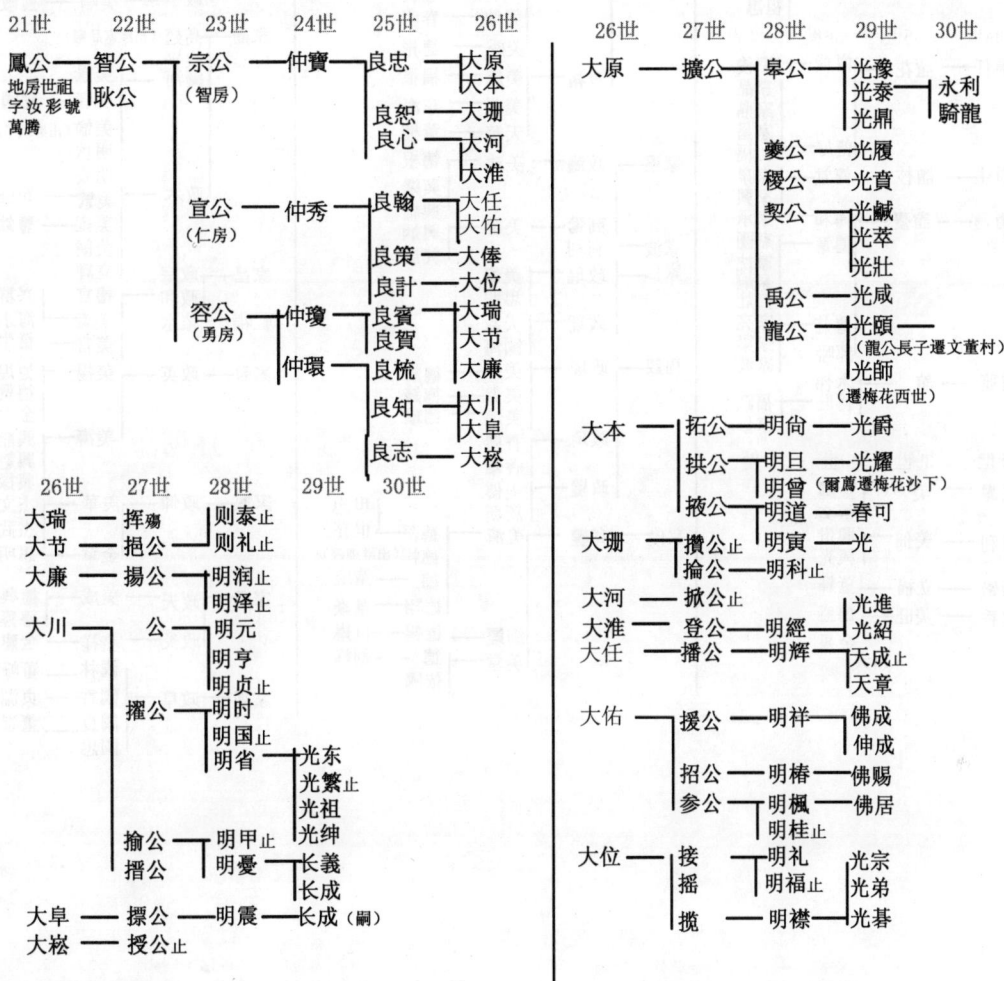

(六)震龙地房文董尔洪公支系

　　文董村坐落于长乐市文岭镇、闽江口南岸,属二十四都震龙董。村落坐北朝南,左有青赘山,右有全龟山,前朝签筒笔架峰。村前明堂广阔,玉水环堂,乃龟蛇交合之风水胜地。

　　震龙董地房万腾公裔孙昌美公于清嘉庆三年戊午年(1798年)由后董村迁来文董,居此山明水秀之地。时昌美公为防台风海潮,率领子孙垒沙坡植树造林,后人称为昌美沙坡。公娶林氏,生三子。相传至今已有九世,繁衍子孙计有46户,总人口167人,其中外迁福州二户,迁居金峰三户、定居台湾计二户。

　　星转斗移,紫气东来,改革开放,振兴中华。今逢盛世,全村经济繁荣,子孙兴旺发达,全体族亲发扬尊宗敬祖,奉先思孝的优良传统,于1999年春选出董全章、董良官、董天官、董玉

平等,与全体族亲同心协力,踊跃献资,领导筹建"文董聚寿园",已出嫁的姑姐妹也奉献一片爱心。雄伟壮观的文董聚寿园于 1999 年 12 月 18 日竣工,体现了文董村的经济繁荣和团结友爱的精神面貌。今后,要继续建设美好的家乡乐园,继续奋发固强,开拓前进。

震龍地房岐山墓文董爾洪公支系

29世 30世 31世 32世 33世

爾洪—永册—孝極—述—祖寶(失详)
(龍公长子) 　　　　　　　　祖能(失详)
　　　　　　　　　　　　　　祖惠

33世 34世 35世 36世 37世

祖惠—道仟—誼花—傳飛—家俊
　　　　　　　　　　　家品
　　　　　　　　　　　家鼎
　　　　　　　　　　　家昌
　　　　　　　　　　　仁福
　　　　　　傳好—傳堂—家泉
　　　　　　　　　　　家興
　　道生—誼枝　　　　家承
　　道為—誼臺—傳和—家團
　　　　　　　　　　　忱焗灶
　　　　　　傳章　　　仁福
　　　　　　傳莊—家亮
　　　　　　邦啞—家梁
祖—道蓮—誼　　　　　家波
　　　　　木佟—福釵
　　　　　傳旺—家仁

37世 38世 39世 40世 41世

家忱—政壽—美—董輝
　　　　　　董文
泉利—美佃—興貴
　　　　　　興光
嫩嫩—立福—董輝
家焗—政香—美旺—德盛
　　　　　　　　金泉

37世 38世 39世 40世 41世

家亮—政盛—美春—金旺
　　　　　　　　金良
　　　　　美仲—春明
　　　　　美季—德彬
　　政裕—美輝—福星
　　　　　美晃—東海
　　　　　天華—董楠
家梁—政濤—美建—德根
　　　　　　　　興鑑
　　　　　　　　興耀
　　　高鶯—美慶—興炳
家波—利利　　　　興康
家仁—政琨—美攀
　　　　　　忠明
　　政瑤—天新
　　　　　國海
福釵—政瑾—美媛—德輝
　　　　　美賀—德鋒
　　　　　美煥—德瑜
　　政琦—香興
　　　　　香華
　　政璧—美傅
　　　　　新新
家俊—高鸞—美清—世忠
　　　　　　　　世亮
　　　　　　　　德舒
　　　　　　　　德暢(出继細鏗)
　　　　　　　　德—董宏
　　　　　　　　德翔—董焱
　　　　　細鏗—德暢—世琳
　　　　　美堂—德—劍峰
　　　　　　　　依國

37世 38世 39世 40世 41世

家品—高翅—美景—欽林
　　　　　　　　欽華
　　政平—美喻—靈敏
家鼎—高翅(出继家品嗣)
　　政平
　　繩河—美景
　　　　　明春—愛國
　　　　　美愉(出继政平嗣)
　　　　　明秋
　　　　　明安
　　政木—美繁—豐強
　　　　　美雍—豐欽
　　　　　美朗
　　　　　立輝
家昌—政宇—德官—興群
　　政和　　　　海水
仁福—依水—美豪—奮生
　　　　　美官
家泉—政英—美揚—德煌
　　　　　　　　德梁
　　　　　　　　金溶
　　　　　美壽—興龍
　　　　　　　　興魁
　　　　　　　　興禄
家興—政仰—美華—杰文
　　　　　　　　杰武
　　　　　金章—思明
家承—政天—美成—德興—春魁
　　　　　　　　　　春懷
　　　　　　　　德善—春寶
　　政炎—美祥—金建—隆榕
　　　　　　　　董峰—隆勤
　　　國林
家團—政阜—國香—貞淵
　　　　　國良—董崇
　　　　　國忠

174

29世	30世	31世	32世	33世	34世
爾（名光泰）	永利	孝凤	三陽 述照	祖經 祖化	道魁 道臣 道祥 道美 道遠 道裕 道桂
		孝青 孝宣	述舉	祖秦	道登 道焰 道本 道元
			述恩	祖玉 祖	道震
	永（号骑公）	孝	述	祖来	

震龙地房永利公支系图

34世	35世	36世	37世
道魁 道臣	誼珍	傅新	家安 家通 家訓 家衡 家敏
	誼珠	傅新繼誼珍嗣 傅岩	家厚 家照 家和 家駒 家冕
道祥	誼珍（出绍） 誼玉	傅賢 傅瑞 傅規	
		傅彬 傅恒	世堂 家文
道焰	誼亨	傅衡	家瑋
道本	誼亨 誼奴	傅貝 傅買	妹仔 家在
道美	誼勇	傅鼎	家友 仁灼 家濤
	誼敢	傅鼎	仁灼
道遠	誼雲	傅揚	家基
道裕	誼良	傅山 傅奴 傅歹	家清 家黨 仁安 家妹
道桂	誼長	傅禮	家業 家主
道登	誼 誼亨	傅宙 傅泰	家香 家香 家馥 家球 家溺 家樹 家鈿 家鑑
		傅慶	家文 家瑋
	誼聚	傅衡	
道元	誼響	傅祥 傅亮	程珠 程沙 家啟 家連 家勤 香弟（遷國外）
	誼新	傅信 傅輝	家魁 家鈿 家鈫 家禮 家貴
道震	誼普 誼照 誼捷	傅繼 傅海 傅銀	秋金倂（殇） 家夏 家利
		傅坦	家旺（俟考）家旺（傳樣遷臺灣）
		傅連	家秋

37世	38世	39世
家溽	其清 金官 伯林	建興 錦華 錦山
家樹	政濟	美豪 立忠 立談
家鈿	政宏	董曦 董曉 董軒 董煜
	政秋 政洪	美黎 美耀
家鑑	政澄	美興 美劍 美和 美安 美樂 美勢
	政梨 政喜	
家瑋	政榮 政華 政盛	美球 美爽 美而

37世	38世	39世	40世	41世
家友	漢官 政月	美建 美良 美好	德善 德利 德飛	
仁灼	政月（兼桃）	美良	德利	
家濤	政月（兼桃）	美好	德飛	
家文	政華			
家基	政金	美瑞 美盛	錦春 錦斌 德杰 董偉	
家清 家黨	政國 政富	美春 美福 美祥	德玉 德祥	
家業 家主	政時 政好	美菊 國春	德清 德鳳	
家香	政乾	美樂	德臻	
家馥	政坡	美忠 文庚		
	政銘	燕魁 美凱 燕群	若都	
	政儀	美鐘 美隆 美享		
家球	政樓	美騰 立勇 立鏗	隆楠 董旭	
	政閣	美劍 立品	閩航 閩樂 董彬	
	政福	立勇	董林	
家厚	政寶	美連	德雲 德樹 德慶 德林	隆發 隆達 隆旺 隆茂 隆福
		美堂	德光 德清 德明 德雲	隆東 隆海 隆玉
家照	政誠	美壽	德亮 晓東	

37世	38世	39世	40世	41世	42世	43世	44世
家和	政財	美盛	德輝 德良 德文 德耀 德新 德权	隆翔 隆慶 隆斌 隆明			
	談谈		德良	隆强			
家駒	政釵 政鑾	美榮 立述	德挺 德華				
	政鑾	美榮 隆原	德穗 德挺（出绍）德華（出绍）德强 松昌				
家冕	政統	雨官 立應 邦雅 美團	學忠 學華 德明 德勇				
	政暖	美榕	德榮 德富				
	政誠	美德	晓明 晓平				
	政群	美翔 美知 美師	德泓 晓平 董碩				
	政建	美順 美康 美禄 美福 美峰 美宇	德貴 董航 董霖 董捷 董濱 董哈 宇靖				
	政鼎	美勝 美斌 美晨 美晶	小東 小峰 晓嘉 董濱				
家通	政禄	立花	德憲	木旺（旅居美国）香弟（旅居荷兰）木水 董荣			
			德朗 灶灶	隆銖	建川 建樂	文品 文昊	
			隆霖	建冰			
			隆好	建武 建軍			
	政益	美玉	德財 德鑄	隆偉 隆仁 隆杰 隆泉	堅雲 釵雲 雲端 登丰 蘭章	煜杰 俊翔	
		來印	德鑄	隆炎 隆燈	蘭平 康林		
	矮婆	來壽殤 美棟	巡官	隆仁	雲端		

左上分支

37世	38世	39世	40世	41世	42世	43世

- 家衡
  - 政泉
    - 美華
      - 德由
        - 隆峰 — 積文（庆静／庆浩）、秀勇
        - 隆琛 — 建新（庆晨／庆轩）
        - 隆朝（出绍）
        - 隆翔（继美華嗣）— 董武、董苗（庆祥／庆博）
    - 美箴
      - 德由
      - 德治
        - 其元 — 積富（庆航）
        - 董雷
  - 政珍
    - 美本
      - 德裕
        - 隆華 — 積康 — 庆文
        - 隆騰 — 積德 — 庆锦
      - 兴枝
    - 美樹
      - 德源
        - 隆璋 — 董文（庆鸿）、董錦（庆煌）
      - 德勝
        - 隆清 — 心武、新乐（庆锦）
        - 隆相 — 信权 — 宏祥
        - 隆天 — 新宇 — 宏烨
        - 隆平 — 家丰
        - 隆光 — 新祥
    - 美燕
      - 兴炎
        - 良孝 — 惠坤
        - 良友 — 惠铃
      - 德彬
        - 隆蘭 — 董勇（佳伟）、董杰（佳文）
    - 美闊
      - 德金
        - 隆文 — 錦秋／錦明／錦平
        - 隆魁
      - 德錢
        - 隆和 — 錦桐
      - 兴貴
        - 隆仁 — 丁辉
        - 良太 — 梦雪
        - 良豔 — 亦麟
    - 美鵲
      - 德福
        - 隆錦 — 迟仔 — 董鋆
        - 隆棟 — 锐明
        - 隆榮 — 董鑫

右上分支

37世	38世	39世	40世	41世	42世	43世	44世

- 家敏
  - 高阜 殤
  - 高林（高林次子立源承其嗣）
    - 美金
      - 文桃
        - 隆明 — 林洋（董晨）、林海（思凡）、林鋒（思勇）
        - 開忠 — 林真（董摇）、林芝（宜敏）
    - 立源
      - 德祥
        - 良春
        - 良枝
        - 良茂 — 明樂／颖莹
        - 良貴 — 董伟／梓欣
    - 美彬
      - 德康
        - 良魁
        - 良佴 — 董严
        - 良文 — 董波／翔飛
        - 良玉 — 礼辉（泽辉／玗希）、礼明、景秀
        - 良善 — 礼武
  - 高昌
    - 立勳
      - 德滿
      - 伏銀
  - 高松
    - 美光／立前
      - 德水 — 良安 — 艺凡／舒凡
      - 德建 — 良法 — 挺枫
- 家安
  - 習堂
  - 習覺
  - 習獅
  - 習毅
    - 美理／土土
      - 德杰
        - 隆文 — 積尊（庆胜—允荣）、積昌（文枫）、積厚（文博）
        - 隆章（出继兴穗嗣）
      - 兴霖 — 金明 — 建新 — 文峰
      - 兴穗 — 隆章 — 天荣、天寶（文辉）、天平（出继政福嗣）

震龙地房永利公支图

左下分支

37世	38世	39世	40世	41世	42世

- 程珠
  - 政雲
    - 美炎／灼弟殤
      - 德霖
        - 隆書
        - 其桐
        - 隆香 — 積春
    - 美陽
      - 德烽
        - 隆年 — 積辉
        - 隆斌 — 積安
        - 隆明 — 積浩
        - 隆高 — 積鑫
        - 隆晶 — 積骏
      - 德煌
        - 隆光 — 冬麟
        - 隆仁 — 冬杰
    - 美標
      - 金華
      - 金榕
- 家啟
  - 政篤
    - 美在 — 泉金 — 隆熹
    - 美健 — 德錦 — 隆昭
  - 政光
    - 美豪 — 遷臺灣
    - 美華 — 建國 — 依遲、德就、德立
- 家連
  - 政玉
    - 美順 — 德好 — 隆聚（启明）、隆斌
    - 美滿 — 德勇 — 榕辉（昊宸）、德亮（文杰）、德辉（董强）、德榕

中下分支

37世	38世	39世	40世	41世

- 家勤
  - 政鏡
    - 美行 — 承武
    - 美焰 — 興文
  - 政明
    - 美祥 — 興邦 — 筱舒／伟鹏
    - 美發 — 德恩
    - 美品 — 國力 — 喆一
- 家魁
  - 政潤 — 美慈 — 德洪 — 隆杰
- 家鈿
  - 政貴
    - 美糧 — 德新（智超）、德虹（智伟／智晖／嘉俊）
    - 美俊 — 德團
  - 財官弟（以侄美俊为嗣）
  - 政友 — 政霖
- 家釵
  - 政燕
    - 美章 — 德鮮
    - 美文 — 德俊 — 炎泽
    - 美强 — 德建（谨鸣）、德舜（谨辉）
  - 政利
    - 美響 — 德樹／德电
    - 美彩 — 德義
    - 美用
- 家禮
  - 城城殤（以侄美樂为嗣）
  - 政興
    - 美榮 — 騁懷
    - 美耀 — 騁骁
  - 政煒（名高伏）
    - 美師 — 德兴

右下分支

37世	38世	39世	40世	41世

- 家貴
  - 政康
    - 美財
      - 德和 — 隆旺
      - 德勝 — 隆辉
      - 德鑫
    - 美進
      - 德利 — 隆華／隆光
      - 德發
- 家夏
  - 政江（以侄美貴为嗣）
    - 德文 — 小波
  - 政芬
    - 美貴 — 德翔
    - 美帥 — 德飛
    - 美兵 — 德波
- 家利
  - 政務
  - 政豪
    - 美新 — 德寶
    - 美思
- 家秋
  - 政旺
    - 立鋒 — 董浩
    - 鋒弟
  - 政嚴 — 美偉
  - 政波 — 美友
  - 政顯 — 美雲、美琴 — 宇涵

道鑾公世系图

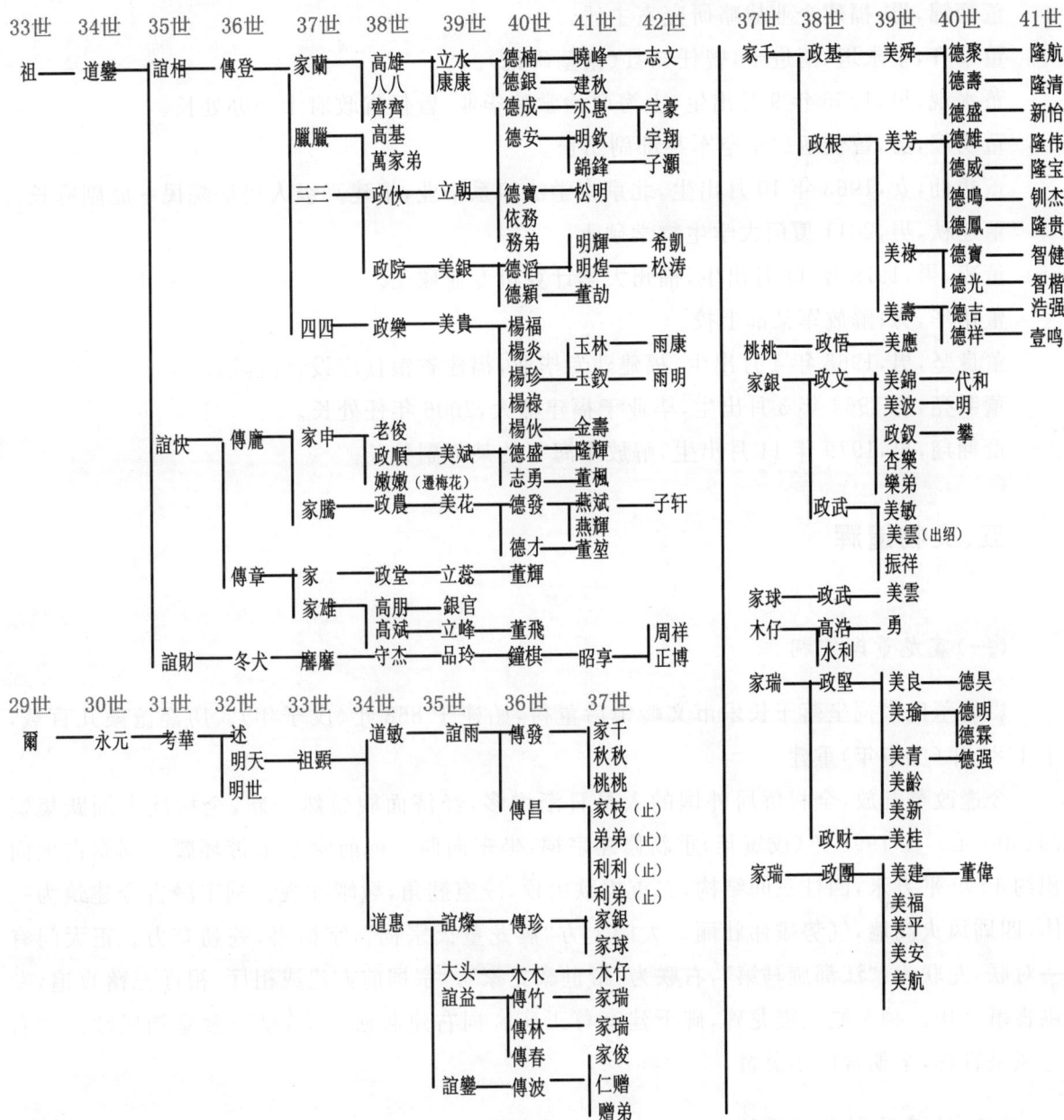

（世系图 上半部分，列为 33世 34世 35世 36世 37世 38世 39世 40世 41世 42世）

- 33世 祖 — 34世 道鑾 — 35世 誼相、誼快、誼財
- 誼相 — 36世 傳登
  - 37世 家蘭
    - 38世 高雄、八八、齊齊、高基、萬家弟
    - 39世 立水、康康
      - 40世 德楠 — 41世 曉峰 — 42世 志文
      - 40世 德銀 — 41世 建秋
      - 40世 德成 — 41世 亦惠 — 42世 宇豪
      - 40世 德安 — 41世 明欽 — 42世 宇翔
      - 41世 錦鋒 — 42世 子灝
  - 37世 三三 — 38世 政伏 — 39世 立朝 — 40世 德寶 — 41世 松明
    - 依務、務弟
  - 38世 政院 — 39世 美銀 — 40世 德滔 — 41世 明輝 — 42世 希凱
    - 41世 明煌 — 42世 松濤
    - 40世 德穎 — 41世 董劼
  - 37世 四四 — 38世 政樂 — 39世 美貴
    - 40世 楊福
    - 楊炎 — 41世 玉林 — 42世 雨康
    - 楊珍 — 41世 玉釵 — 42世 雨明
    - 楊祿
    - 楊伙 — 41世 金壽
- 誼快 — 36世 傳廉、傳章
  - 傳廉 — 37世 家申
    - 38世 老俊
    - 政順 — 39世 美斌 — 40世 德盛 — 41世 隆輝
    - 嫩嫩（遁梅花）— 40世 志勇 — 41世 董楓
  - 37世 家騰 — 38世 政農 — 39世 美花
    - 40世 德發 — 41世 燕斌、燕輝 — 42世 子軒
    - 40世 德才 — 41世 董堃
  - 傳章 — 37世 家 — 38世 政堂 — 39世 立蕊 — 40世 董輝
  - 37世 家雄
    - 38世 高朋 — 39世 銀官
    - 38世 高斌 — 39世 立峰 — 40世 董飛
- 誼財 — 36世 冬犬 — 37世 麿麿 — 38世 守杰 — 39世 品玲 — 40世 鐘棋 — 41世 昭享 — 42世 周祥、正博

（世系图 右半部分，列为 37世 38世 39世 40世 41世）

- 37世 家千
  - 38世 政基 — 39世 美舜
    - 40世 德聚 — 41世 隆航
    - 40世 德壽 — 41世 隆清
    - 40世 德盛 — 41世 新怡
  - 38世 政根 — 39世 美芳
    - 40世 德雄 — 41世 隆偉
    - 40世 德威 — 41世 隆寶
    - 40世 德鳴 — 41世 釗杰
    - 40世 德鳳 — 41世 隆貴
  - 39世 美祿
    - 40世 德寶 — 41世 智健
    - 40世 德光 — 41世 智楷
  - 39世 美壽
    - 40世 德吉 — 41世 浩強
    - 40世 德祥 — 41世 壹鳴
- 37世 桃桃 — 38世 政悟 — 39世 美應
- 37世 家銀
  - 38世 政文 — 39世 美錦 — 40世 代和
    - 美波 — 40世 一明
    - 政釵 — 40世 攀
    - 杏樂、樂弟
  - 38世 政武 — 39世 美敏
    - 美雲（出紹）
    - 振祥
- 37世 家球 — 38世 政武 — 39世 美雲
- 37世 木仔 — 38世 高浩 — 39世 勇、水利
- 37世 家瑞 — 38世 政堅
  - 39世 美良 — 40世 德昊
  - 39世 美瑜 — 40世 德明、德霖
  - 39世 美青 — 40世 德強
  - 美齡、美新
  - 38世 政財 — 39世 美桂
- 37世 家瑞 — 38世 政團 — 39世 美建 — 40世 董偉
  - 美福、美平、美安、美航

（世系图 下半部分，列为 29世 30世 31世 32世 33世 34世 35世 36世 37世）

- 29世 爾 — 30世 永元 — 31世 考華 — 32世 述、明天、明世 — 祖顯
  - 34世 道敏
    - 35世 誼雨 — 36世 傳發 — 37世 家千、秋秋、桃桃
    - 36世 傳昌 — 37世 家枝（止）、弟弟（止）、利利（止）、利弟（止）
  - 34世 道惠
    - 35世 誼燦 — 36世 傳珍 — 37世 家銀、家球
    - 大頭 誼益 — 36世 木木 — 37世 木仔、家瑞
      - 傳竹 — 37世 家瑞
      - 傳林 — 37世 家俊
      - 傳春
    - 誼鑾 — 36世 傳波 — 37世 仁贈、贈弟

（七）历代英贤

董月云，女，1981年出生，2004年毕业于哈尔滨工业大学。2007年在上海交通大学获得硕士学位。

董孔藩，男，1944年4月出生，1968年毕业于福州大学。曾任南平技工学校校长，福建省劳动厅技工学校校长、书记（处级）。

董孔明，男，长兴第一中学校长（副处级）。

董昊，男，1975.12.26出生，1997毕毕业于复旦大学。2001年在复旦大学获取硕士学位。

董章华，男，1975年7月出生，1999年获取厦门大学企管硕士学位。现任福建省邮政公

司信涵局办公室主住、高级经济师。

董德锦,男,福建企业战略研究室主任。

董泰齐,字永坦,清进士,曾任知县(据墓碑记)。

董水观,男,1956 年 9 月出生,上海政治学院毕业,曾任省政府十一办处长。

董明煌,男,曾任解放军空军某部副团长。

董碧仙,女,1963 年 10 月出生,北京大学法律系毕业,福建高级人民法院民一庭副庭长。

董建秋,男,2011 厦门大学生物学硕士。

董凌,男,1979 年 11 月出生,福州大学计算机专业硕士。

董铭华,男;解放军某部上校。

董良坚,男,1965 年 4 月出生,福建建专毕业,福建省粮食厅设计院院长。

董明亮,男 1964 年 3 月出生,毕业于福建师大,2006 年任处长。

董翱翔,男,1979 年 11 月出生,解放军海军的某部副处长。

五、文物遗辉

(一)震龙董氏宗祠

震龙董氏宗祠坐落于长乐市文岭镇后董村,始建于 868 年(戊子年)。历经沧桑几百载,于 1188 年(戊申年)重建。

今逢改革开放,全村侨居外国的人员日渐增多,经济面貌焕然一新,全村族人踊跃集资794000 元。在 1998 年(戊寅年)重新修建宗祠,坐东向西。祠前堂水玉带环腰。祠堂占地面积约 1199 平方米,四柱三间结构,二重担歇山顶,凌空翘角,巍峨壮观。祠宇融古今建筑为一体,四周风火高墙,气势雄伟壮丽。大门上方"震龙董氏宗祠",字楷书,苍劲有力。正大门有一对联,左联为:"江都旋马第",右联为"帝世豢龙家"。宗祠前方建成祖厅,祖厅三落直追,专供丧事之用。祠左屹立震龙碑,碑下建有尊王庙。祠右建起松鹤亭,亭下食堂挡风沙。左右龙凤呈吉祥,案朝常山出英贤。

(二)地房凤彩堂房厅记

震龙董地房世祖凤公,字汝彩,号万腾。公善察山川地势,慧悉地灵脉气,建凤彩堂房厅于震龙董氏宗祠左冀。建造年间不详,房厅坐甲庚兼卯酉三分。

凤彩堂房厅坐落于燕窝之侧。此穴脉乘群峰竞秀,山峰嶙峋峭奇,巍峨高耸的岐山主峰穿山过峡、透地入首脉之灵气。前有泰贤山玉峰作案,后面飞燕展翅为坐山,左边震龙碑回首作印,右边树挡顶峰峦护街。厅前日月二池,明堂朝水屯聚,形成日月拱照,华光映堂之势。外堂内河秀水,犹如玉带环腰,环抱堂前而过,真乃燕雁交翅,龙虎交会,山环水抱,荫发财丁之地。

凤彩堂坐此风水发祥地,新中国成立以来,后裔子孙英才辈出,专家教授、博士名人,华侨富绅,达官贵人,才子贤人,荣耀门庭。福泽流衍,富贵绵长。后裔子孙有诗赞曰:

观音山麓燕窝穴,艾石山下震龙碑。凤彩堂前日月池,地灵人杰出英贤。

(三)永利公世系港咀严德堂

"严德堂"地处长乐市文岭镇港咀青赘山下,坐东南朝西北,背靠桃剑峰,面朝莲花笔架山,左旗鼓,右蛇龟。南起填沙湖,东湖支流绕厅前入海,隔前有峡梅国道,高速公路穿越,并左距金峰商贸集镇4公里,右距梅花古老渔港1.5公里,交通便利。

"严德堂"建于1947年,厅堂结构五柱八榻七间,故得名"八搁七",又名"严德堂"。也是中共长乐县庐北区委会,文岭(梅花)支部开展革命活动的旧址。"严德堂"始祖董仁堂公字家冕。娶文岭郑珑郑氏细妹,生六男二女。家境清贫,与母同甘共苦,开创家业,率儿孙围海堤开垦塘园。又在石壁鸟咀围堤垦荒沙园(因公社化荒芜),种蛏养殖。并在青赘山、万宝山等处开荒种蕃茹和造林。打破千年旧俗,在正月初一日儿孙同心同德开工劳动、发展经济、默默探索进取。从后董搬出迁入港咀,繁衍生息。迄今蕃衍相传有五世,二十余户,百余人口。其后裔兴旺发达,人才辈出,有大中专毕业生十多位,分布各行各业,再创佳业。"严德堂"的严德二字乃祖训,不忘始祖创业,仁德为人,开拓进取,再展鸿图!

港咀严德堂始祖仁堂公四子董高德撰,

2000年12月26日

(四)白马尊王庙

震龙境白马尊王庙,建于936年丙申年通文元年,先后经过了清道光二十四年甲辰年,民国壬申年(1932年)和1982年三次重修。第四次由后董荣寿园配合全体村民捐资乐助人民币315000元,于1995年春开始兴工修建。并扩建大殿及后座,至1995年冬工程告竣。扩建后的白马尊王庙气派万千,肃穆壮观。白马尊王威灵显赫,有求必应。本乡及外境群众出外搞生意以及侨居外国的人士皆来此庙焚香,叩求祈祥赐福。特别每月初一、十五两日,本乡和外地的信男信女供香求神的人络绎不绝。凡得到白马尊王神庇护事业发达的村民,均于每年正月初九日至正月十五日请来戏班,在后董食堂公演戏剧,举行"谢神"庆功演出活动。村民每年于正月初九日在白马尊王庙内供礼摆暝敬神。灯光灿烂,通宵达旦。

(五)观音堂

在改革开放的盛世,后董村弘扬光大佛教文化。1999年,在山水清静的后董湖里井地方建起观音堂。建地面积数百平方米。堂中端座大慈大悲的观世音菩萨,庄严慈祥,佛光普照。左右有数尊金身塑像,形象生动,体现出观音菩萨普度众生,法力无边。

观世音为佛国众菩萨的首席菩萨,他在世俗中的知名度和影响力,不低于如来佛,特别在妇女信徒心目中的地位。佛国第一菩萨观世音简称"观音",象征着慈悲和善,神通广大,能使盲人复明、朽木开花,在社会上受到广泛信奉和崇拜。

观世音菩萨的道场在浙江普陀山,即浙江舟山群岛的梅岑岛。此处风景幽美,被誉为"海天佛国"。

中国佛教界将农历二月十九日定为观音诞辰日,六月十九日为观音成道日,九月十九日为观音出家日,统称"观音香会"。在观音香会之日,求福求子的信徒纷至沓来,人山人海。

（六）文昌宫

1999年，后董村民董良光发扬中国道教文化传统，在白马尊王庙右侧，原大王宫旧址建立一座文昌宫。殿内端坐文昌帝君与大王夫人塑像。宫内设左中右三殿，供村民焚香祈福。

（七）山川河流

后董村旧称震龙二十四都，本境有许多名山胜景，历史悠久。主要有棋山、马头山、后门山、东房山葫芦穴、六房山、科安山，观音碑、艾石碑、震龙碑。并有震龙摩崖石刻，震龙二字楷书，径四尺，载入《长乐县志》。相传"震龙石刻"系出自南宋理学家朱熹之手笔。

震龙后董主要的湖泊、池塘有：填沙湖，载入县志。还有日池、月池、八卦池、全球池、大池、米槌池、石井港。此港于乾隆二十年由董、薛、徐、陈等姓同造，载入《长乐县志》。村中有古井一口，年代已久，位置在艾石碑边。井塔石上刻载，系明万历年间建造。另有外头井和龙口井。

（八）庙观亭桥

厅堂方面的历史古迹，主要有震龙董氏祠堂、凤彩堂、后董食堂、港咀严德堂、后董祖厅、三落厅等。庙观方面主要有通天府白马尊王庙、大王宫、文昌宫、观音堂、棋山寺。棋山寺于唐咸通二年建，载入县志。

亭桥方面有后董骑街桥，骑街桥乃祖经公于清乾隆年间建造。新塘桥，此桥乃震龙董孝传于嘉庆丙辰年倡造，载入《长乐县志》。1995年2月，董家冕后裔集资二万元创建一座董堂桥。1999年，震龙宗祠右翼山坡上新建一座松鹤亭，供村民歇凉观景。

第二章　历代由河南入闽董氏

第一节　泉州董氏

　　泉州是福建省的一地级市,又称鲤城、刺桐城、温陵,是我国著名的侨乡和台胞祖籍地。地处福建东南部,与台湾隔海相望,是古代"海上丝绸之路"的起点。宋、元时期泉州港被誉为"东方第一大港",与埃及的亚历山大港齐名。同时泉州也是国务院第一批公布的 24 个历史文化名城之一,古有"海滨邹鲁"的美誉。

　　泉州历史文化悠久,构成其人口的主体为古老的中原河洛人,河洛语之一的闽南语为泉州主体语言。全市土地面积 11015 平方公里,常住人口 800 万人(不含金门县)。2010 年,从惠安县析出所辖四个乡镇,成立泉州市台商投资区。泉州市辖鲤城区、丰泽区、洛江区、石狮市、晋江市、南安市和惠安、安溪、永春、德化、金门(待统一)、泉港、清蒙、台商投资区共计四区三市五县和两个管委会。泉州有十八景,即涂门街、东湖公园、五里桥、蔡氏古民居、府文庙、开元寺、崇武古城、洛阳桥、牛姆林、清水岩、清源山、西湖公园、深沪湾、天后宫、黄金海岸、仙公山、岱仙瀑布、郑成功史迹。

　　泉州是福建著名侨乡。祖籍泉州的海外华侨有 600 多万人,港澳同胞有 60 多万人。在 2000 多万台湾同胞中,原籍泉州 800 多万人。20 世纪 90 年代以来,泉州工业迅猛发展,产值跃居全省第一,形成一批在全国有影响力的产业集群,晋江鞋业、晋江陶瓷、晋江服装、石狮服装、安溪乌龙茶、德化陶瓷、南安石材、南安水暖、惠安石雕、木偶头、老范志万应神曲、料丝花灯、清源茶饼、永春老醋、永春纸织画、泉港石化。地方区域品牌和企业品牌相映生辉,泉州市的中国驰名商标和中国名牌数量均居福建省第一,居全国城市前列,全国地级市第一。

一、泉州董氏概述

　　董氏宗亲分布于市区及周边县市。历史悠久,人口众多,聚集居住,派分于莆田、漳州、同安、晋江、石狮、南安、安溪、德化、惠安等周边县市。董氏初居泉州承天巷,其后居泉州的十三世孙端靖分支圣墓,端龄分支城东乌屿。以小姓分散杂居的有英林伍堡、陈埭四境、西滨、安海东大街、青阳董厝崎、桂山隘门头、深沪山头等处。

(一)历史迁徙

唐光启元年(885年),董思安之父董章由河南光州固始随王审知入闽(六十七姓之一),居莆田。董思安,为五代闽(越王)国莆田人,骁勇无比,官居闽国(景宗王曦)大将军,始落籍晋江登贤里(见《泉州府志·忠义篇》)。后晋天福七年(942年),朱文进弑王延曦自立,董思安与留从效、王忠顺同复王室。后晋开运二年(945年),南唐元宗李璟遣将攻打建州。唐先锋使王建封先攻城,在万分火急之时,董思安与王忠顺率兵救护。几战不利,有人劝他撤离,但他坚定不撤。部众感其忠诚,无一人反叛。建州城被攻克,王延政出降。王忠顺战死,董思安整众奔泉州,退隐泉州。南唐保大四年(946年),南唐主命董思安为漳州刺史,思安因父亲名"章"避讳而推辞,南唐主乃改漳州为南州。南唐保大七年(公元949年),留从效之弟南州副使留从愿用毒酒杀害董思安而代之,自领州事。

宋庆历年间,历武魁、三班殿直、辅太祖,封银青光禄大夫、上柱国太尉的董兴,入闽落籍泉州。至三世祖董道,因战功,奏补三班殿直,封平凉郡开国伯。四世祖董宗嗣,袭三班殿直,擢武经大夫,袭封平凉郡开国伯。五世祖董常,袭封平凉郡开国伯,掌三班殿直;其叔祖董偬为宋徽宗大观进士、官居工部尚书。六世祖董康民,宋宁宗庆元五年进士,历迪功郎、迁潮州府知,封中宪大夫。七世祖董瑜,为漳州司理;其叔祖董琛为宋进士,任濮州知府。八世祖董以大、九世祖董凯子、十世祖董明保、十一世祖董纯道、十二世祖董重耳、十三世祖董端亮,居泉郡。

自董思安、董兴入闽算起,迄今已有一千余年。其后裔枝荣叶茂,子孙遍布泉、漳、厦、台、金门、龙岩、福鼎、广东、浙江苍南、平阳、玉林、香港等地,以及海外菲律宾、马来西亚、印尼、新加坡等东南亚国家和地区。迄今已有千载,世泽绵延,子孙蕃衍达35世。

(二)世行昭穆

广川大昭穆:

日正升腾达,宗明嗣永芳。诗书绳祖志,爵禄显荣昌。

孝友传家训,文章报国恩。田畴思世德,科第见经源。

闽省董氏大昭穆:

恭惟道明德,日旭焕春光。群伦欣帝觇,孙曹敦孝友。垂裕泽丰长,奕世振家声。

永春县五里街埔头后山洋董氏字行自十八世起:

恭惟道明德,日旭焕春光。群伦欣帝觇,孙曹敦孝友。重裕泽丰长,奕世振家声。

永宁董氏讳行(第五世起):

恭惟道明德,日旭焕春光。群伦欣帝觇,孙曹敦孝友。垂裕泽丰长,奕世振家声。

《湖头产贤董氏族谱》历史上八次修纂。清康熙十九年(1680年)首修,乾隆五十三年(1788年)二修,由董肇翁、董寿翁主持作序。嘉庆二十二年(1817年)三修,由董宗艾、董宗义主持。道光二十八年(1848年)四修,由董宗岁主持。光绪四年(1878年)五修,由董光缔主持。光绪三十四年(1908年)六修,由董伦佑主持。民国28年(1939年)七修,由董植本、董昭藜主持并作序。2000年八修,由董昭衍主持并作序。

自六世起讳行：

恭惟道明德，日旭焕春光。群伦欣帝觊，孙曹敦孝友。垂裕泽丰长，奕世振家风。

自十六世起字行：

祖孙昭统绪，名正福自昌。诗礼扬声远，勋成品望彰。

湖头山都寨边、宗成庙巷，白濑下镇、寨坂等地董氏字辈排序与上同。

福鼎大白鹭董氏的名行：

应惟道明德，日旭焕春光。群伦欣帝觊，孙曹敦孝友。垂裕泽丰长，奕世振家声。

字行：

蜚声连祖曜，伟烈萃钟英。经作守仁义，立业树忠贞。

惠安市黄塘镇省吟村许厝董氏自二世起讳行：

恭惟道明德，日旭焕春光。群伦欣帝庆，孙曹敦孝友，奕世振家风。

（三）前代世系

（根据沙堤董氏族谱整理）

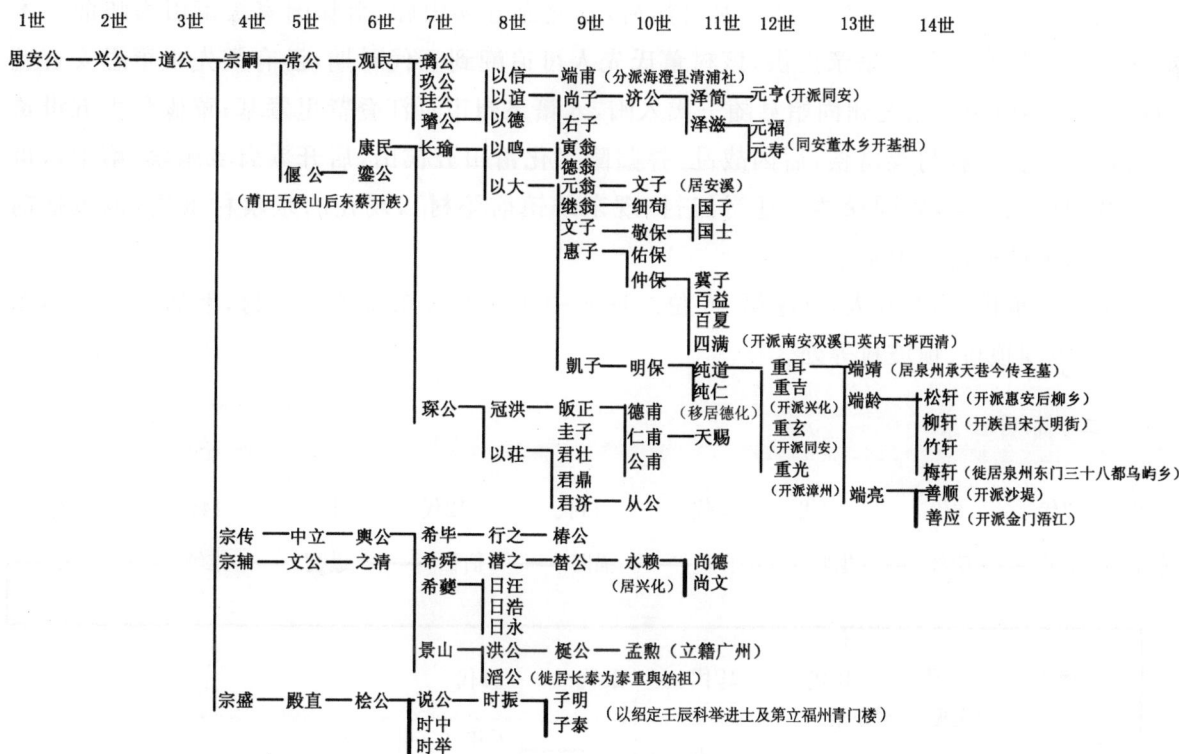

二、莆田东蔡董氏

莆田，史称"兴化"，位于福建省沿海中部。现辖荔城区、城厢区、涵江区、秀屿区和仙游县。人口 306.97 万人，陆域面积 4119 平方公里，海域面积 1.1 万平方公里，海岸线总长 534.5 公里。盛产鳗鱼、对虾、梭子蟹、丁昌鱼等海产品，龙眼、荔枝、枇杷、文旦柚"四大水果"驰名中外。文化底蕴深厚，古迹众多，有风景名胜和文物古迹 250 多处，留存了以妈祖、莆仙

戏、南少林、三清殿为代表的文化遗产,是福建省"历史文化名城"之一。有湄洲湾、兴化湾、平海湾三大海湾。湄洲湾港是"中国少有,世界不多"的天然深水港湾。

2002年2月1日,国务院批准撤销莆田县,设立莆田市荔城区和秀屿区,同时调整莆田市市辖区行政区划。

(一)历史迁徙

唐光启元年(885年),董思安之父董章由河南光州固始从王审知入闽,居莆田。明正统《兴化府志》有传。

明正统年间修《兴化县志》载:董氏,古陇西人。初自光州固始县辅王审知入闽,寻移于清源东里龙眉。今子孙迁于永福大樟,而龙眉有祠在焉。

宋大观中,兴化来苏里人董公偃(宋兴化县来苏里即今麦斜,是仙游钟山镇人口第一大村),工诗,善文学,品行高洁。福建转运使陈觉民表奏以"八行"举荐,大司成考核无误,呈朝廷欲授官。惜未赴行,病卒。董姓古代家族发祥地在陇西郡,福建堂号为"三策堂"、"正谊堂"。

莆田市秀屿区东峤镇东兴村东蔡自然村,其北靠五侯山脉,南临国家级莆田秀屿前沁木材加工区。据东蔡董氏宗亲提供,该村董氏先人可追溯到五代时期,已有闽先祖董思安官至镇国将军,当时由河南光州固始县随王氏入闽,入籍泉州市晋江登贤里肇基;董偃公生五世董鎏公,宋朝进士,敕封英济侯,后因战乱,择归隐兴化莆田五侯山,后开族启乡东蔡;第十六世董文吾初居东蔡村,后同禄林公迁浔江村(现东峤镇前沁村),现在的东蔡村董氏,也包括前沁、岭口、吴厝村近三千宗亲。

莆田市董氏约6000人,排序第46位。现集中在秀屿区东峤镇东兴村,散居涵江区涵东街、江口镇园顶村、顶坡村等处。

(二)简明世系

6代	7代	8代	9代	10代	11代	12代	13代	14代	15代
鎏公	宗元 —	明经 —	生耿 —	圣甫 —	福四 —	伯仁 —	逊初 —	维纯 —	敬由

16代	17代	18代	19代	20代	21代	
	文振(居东蔡)				天相(字仲　)	
松谷	文吾 —	禄林(迁浔江) —	拱北 —	智士	天柏(字仲　)	仲子万舜尧春光
				褆士	天梓(字仲　)	求贤仁义尊宗祖
					天栋(字仲　)	多读经书诏甲科
					天梁(字仲　)	
					天材(字仲　)	
					天桂(字仲　)	

(三)历代英贤

董公偃,宋大观三年(1109年)进士及第,为莆田董姓首登科第者。

董国太,省民间管理局投标处处长。

董国华,省水电局处长。

董松林,莆田市教育进修学院教授、市高招办主任。

董　丰,美国生物学博士。

董　争,美国硕士。

董春在,美国硕士。

三、龙海董氏

龙海市为福建漳州市下辖的一个县级市,位于福建省东南部。其西北南群山环抱,腹地平原广袤,东南濒临浩瀚的东海和南海。九龙江汇北溪、西溪、南溪之水,出海门水域,经厦门港注入台湾海峡。境内是九龙江下游肥沃的河谷地带,平衍开旷,适于耕耘。

南朝梁大同六年(540 年)置龙溪县,历属南安郡、建州、泉州、漳州、漳州路。明隆庆元年(1567)析龙溪、漳浦县置海澄县,与龙溪县同属漳州府。龙溪、海澄县分别于 1949 年 9 月 20 日和 21 日解放,属龙溪专区。1960 年 8 月,二县合并成龙海县,属龙溪专区(地区)。1993 年,撤县设省辖县级龙海市。

港尾镇,位于龙海市东南部、厦门湾南岸,是福建省海峡西岸经济区的核心地带和漳州市实现发展先行的前沿阵地。全镇辖 16 个村(居)。交通便捷,省道漳云线贯通港尾全境。与厦门隔海相望,从漳州港海达码头抵厦门,最快仅需 15 分钟。具备发展大型临港工业的优越条件,最深处可建造 30 万吨级泊位码头。海洋资源丰富,系全省"渔业十强镇"之一;旅游资源丰富,拥有名扬海内外的南太武山,以及明、清代建造的南炮台、天妃宫等古迹等旅游景点。

港尾镇沙沄村董氏,是明代从泉州石狮市永宁沙堤董氏迁徙来的,其肇世祖端甫公、妣何氏生四子:伯钰(留鱼公)、仲珪分派广东、季琼(留霞公),另一失详。留鱼公有二子,开基霞美内(80 多人)、田墘(300 多人);留霞公有二子,长文公开基后丰(300 多人);次煜公开基后宅(300 多人)。统称沙坛村青浦四社董。还有散居于颜厝、榜山、紫泥、海澄、白水、东园、浮宫等乡镇和双第华侨农场的。已传八世,其中田墘二房有的迁居台湾漳化义水,后宅有迁往华丰居住的。

由于种种原因,港尾镇沙沄村董氏族谱尚未完成。而今借《八闽董氏汇谱》编纂之机,族人齐心协力,编制如下简明世系。

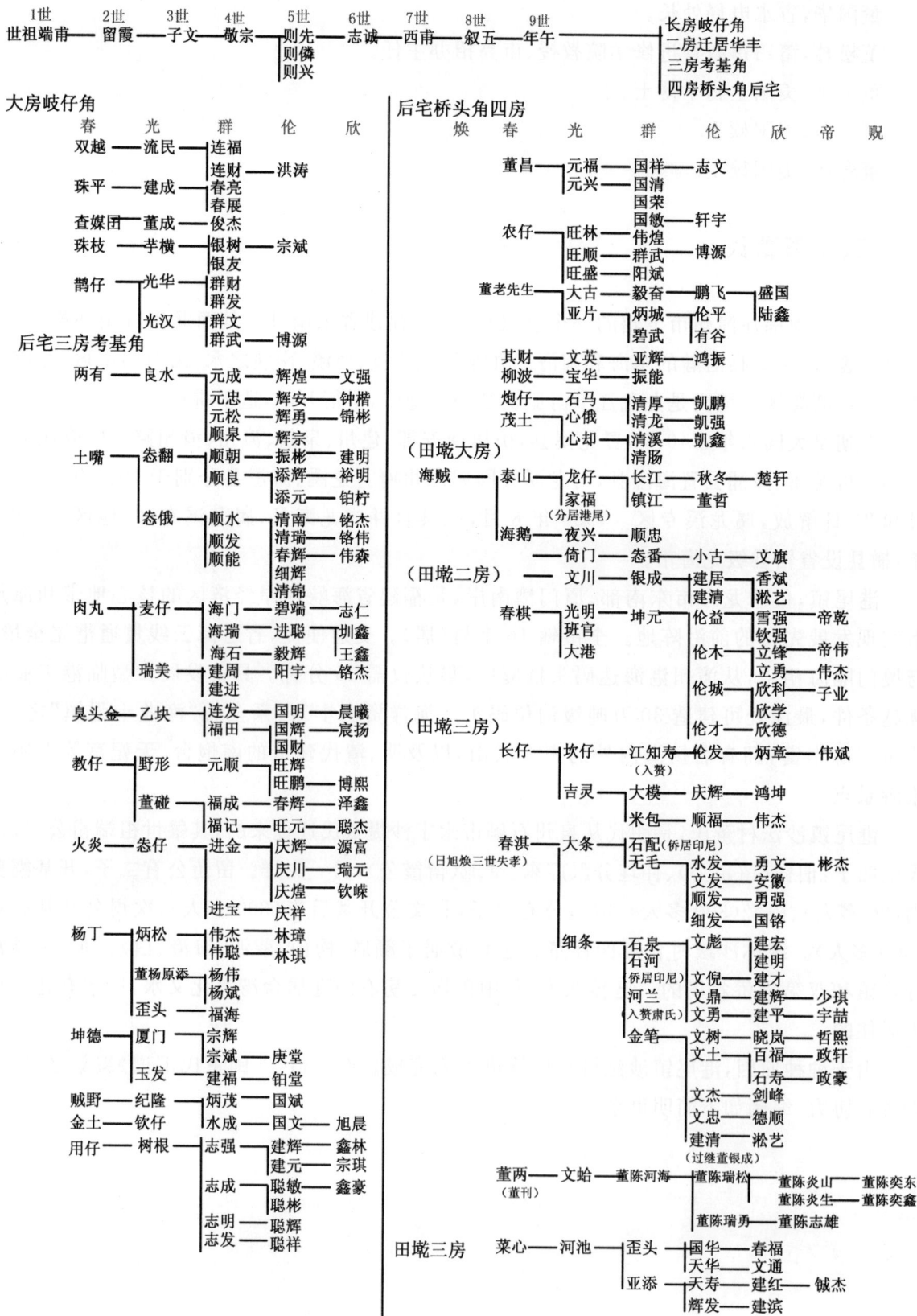

1世	2世	3世	4世	5世	6世	7世	8世	9世	
世祖端甫	留霞	子文	敬宗	则先 则偁 则兴	志诚	西甫	叙五	年午	长房岐仔角 二房迁居华丰 三房考基角 四房桥头角后宅

大房岐仔角

春　光　群　伦　欣

双越 — 流民 — 连福

珠平 — 建成 — 连财 — 洪涛
　　　　　　春亮
　　　　　　春展

查媒团 — 董成 — 俊杰

珠枝 — 芋横 — 银树 — 宗斌
　　　　　　银友

鹊仔 — 光华 — 群财
　　　　　　群发
　　光汉 — 群文
　　　　　　群武 — 博源

后宅三房考基角

两有 — 良水 — 元成 — 辉煌 — 文强
　　　　　元忠 — 辉安 — 钟楷
　　　　　元松 — 辉勇 — 锦彬
　　　　　顺泉 — 辉宗

土嘴 — 态翻 — 顺朝 — 振彬 — 建明
　　　　　顺良 — 添辉 — 裕明
　　　　　　　　添元 — 铂柠
　　态俄 — 顺水 — 清南 — 铭杰
　　　　　顺发 — 清瑞 — 铬伟
　　　　　顺能 — 春辉 — 伟森
　　　　　　　　细辉
　　　　　　　　清锦

肉丸 — 麦仔 — 海门 — 碧端 — 志仁
　　　　　海瑞 — 进聪 — 圳鑫
　　　　　海石 — 毅辉 — 王鑫
　　瑞美 — 建周 — 阳宇 — 铬杰
　　　　　建进

臭头金 — 乙块 — 连发 — 国明 — 晨曦
　　　　　福田 — 国辉 — 宸扬
　　　　　　　　国财

教仔 — 野形 — 元顺 — 旺辉
　　　　　　　　旺鹏 — 博熙
　　董碰 — 福成 — 春辉 — 泽鑫
　　　　　福记 — 旺元 — 聪杰

火炎 — 态仔 — 进金 — 庆辉 — 源富
　　　　　　　　庆川 — 瑞元
　　　　　　　　庆煌 — 钦嵘
　　　　　进宝 — 庆祥

杨丁 — 炳松 — 伟杰 — 林璋
　　　　　伟聪 — 林琪
　　董杨原添 — 杨伟
　　　　　　　杨斌
　　歪头 — 福海

坤德 — 厦门 — 宗辉
　　　　　宗斌 — 庚堂
　　玉发 — 建福 — 铂堂

贼野 — 纪隆 — 炳茂 — 国斌

金土 — 钦仔 — 水成 — 国文 — 旭晨

用仔 — 树根 — 志强 — 建辉 — 鑫林
　　　　　　　　建元 — 宗琪
　　　　　志成 — 聪敏 — 鑫豪
　　　　　　　　聪彬
　　　　　志明 — 聪辉
　　　　　志发 — 聪祥

后宅桥头角四房

焕　春　光　群　伦　欣　帝　觃

董昌 — 元福 — 国祥 — 志文
　　　元兴 — 国清
　　　　　　国荣
农仔 — 旺林 — 国敏 — 轩宇
　　　旺顺 — 伟煌 — 博源
　　　旺盛 — 群武
　　　　　　阳斌
董老先生 — 大古 — 毅奋 — 鹏飞 — 盛国
　　　　　亚片 — 炳城 — 伦平 — 陆鑫
　　　　　　　　碧武 — 有谷

其财 — 文英 — 亚辉 — 鸿振
柳波 — 宝华 — 振能
炮仔 — 石马 — 清厚 — 凯鹏
茂土 — 心俄 — 清龙 — 凯强
　　　心却 — 清溪 — 凯鑫
　　　　　　清肠

（田垱大房）

海贼 — 泰山 — 龙仔 — 长江 — 秋冬 — 楚轩
　　　家福 — 镇江 — 董哲
　　（分居港尾）
海鹅 — 夜兴 — 顺忠
　　倚门 — 态番 — 小古 — 文旗

（田垱二房）

　　文川 — 银成 — 建居 — 香斌
　　　　　　　　建清 — 淞艺
春棋 — 光明 — 坤元 — 伦益 — 雪强
　　班官　　　　　　　钦强 — 帝乾
　　大港
　　　　　　　伦木 — 立锋 — 帝伟
　　　　　　　　　　立勇 — 伟杰
　　　　　　　伦城 — 欣科 — 子业
　　　　　　　　　　欣学
　　　　　　　伦才 — 欣德

（田垱三房）

长仔 — 坎仔 — 江知寿 — 伦发 — 炳章 — 伟斌
　　　　　（入赘）
　　吉灵 — 大模 — 庆辉 — 鸿坤
　　　　　米包 — 顺福 — 伟杰

春淇 — 大条 — 石配（侨居印尼）
（日旭焕三世失孝）　无毛 — 水发 — 勇文 — 彬杰
　　　　　　　文发 — 安徽
　　　　　　　顺发 — 勇强
　　　　　　　细发 — 国铬
　　细条 — 石泉 — 文彪 — 建宏
　　　　　石河 — 　　　建明
　　　　（侨居印尼）文倪 — 建才
　　　　　河兰 — 文鼎 — 建辉 — 少琪
　　　　（入赘辜氏）文勇 — 建平 — 宇喆
　　　　　金笔 — 文树 — 晓岚 — 哲熙
　　　　　文土 — 百福 — 政轩
　　　　　　　　石寿 — 政豪
　　　　　文杰 — 剑峰
　　　　　文忠 — 德顺
　　　　　建清 — 淞艺
　　　　　（过继董银成）

董两 — 文蛤 — 董陈河海 — 董陈瑞松 — 董陈炎山 — 董陈奕东
　　（董刊）　　　　　　　　　董陈炎生 — 董陈奕鑫
　　　　　　　　　董陈瑞勇 — 董陈志雄

田垱三房

菜心 — 河池 — 歪头 — 国华 — 春福
　　　　　　　　天华 — 文通
　　　亚添 — 天寿 — 建红 — 铖杰
　　　　　　辉发 — 建滨

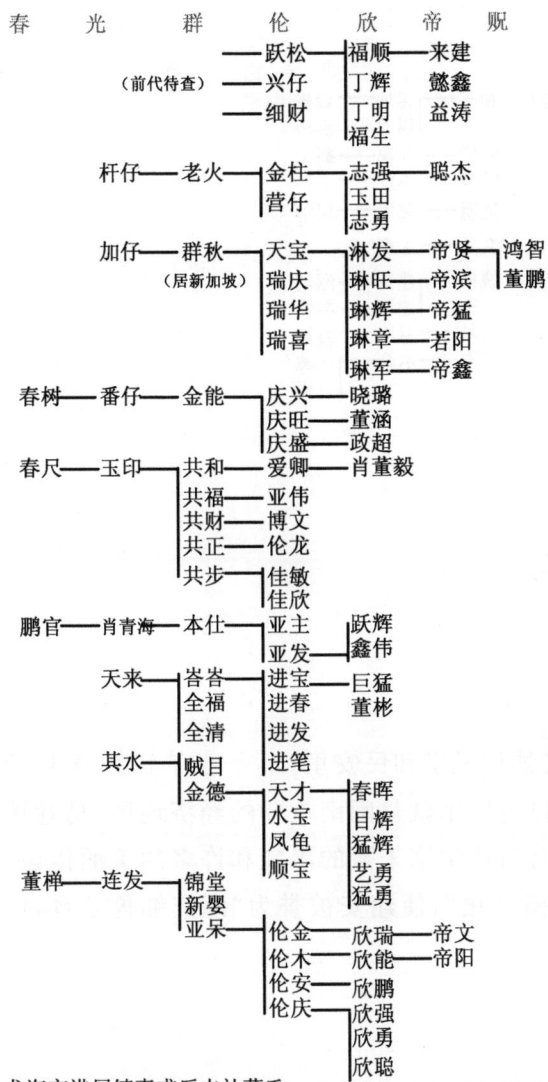

春　光　群　伦　欣　帝　昵

跃松—福顺—来建
（前代待查）—兴仔—丁辉—懿鑫
细财—丁明—益涛
　　　福生

杆仔—老火—金柱—志强—聪杰
　　　营仔—玉田
　　　　　志勇

加仔—群秋—天宝—淋发—帝贤—鸿智
（居新加坡）瑞庆—琳旺—帝滨　董鹏
　　　瑞华—琳辉—帝猛
　　　瑞喜—琳章—若阳
　　　　　琳军—帝鑫

春树—番仔—金能—庆兴—晓璐
　　　　　庆旺—董涵
　　　　　庆盛—政超

春尺—玉印—共和—爱卿—肖董毅
　　　共福—亚伟
　　　共财—博文
　　　共正—伦龙
　　　共步—佳敏
　　　　　佳欣

鹏官—肖青海—本仕—亚主—跃辉
　　　　　亚发—鑫伟

天来—岜岜—进宝—巨猛
　　　全福—进春—董彬
　　　全清—进发
其水—贼目—进笔
　　　金德—天才—春晖
　　　　　水宝—目辉
　　　　　凤龟—猛辉
　　　　　顺宝—艺勇
　　　　　　　猛勇

董榉—连发—锦堂
　　　新婴
　　　亚呆—伦金—欣瑞—帝文
　　　　　伦木—欣能—帝阳
　　　　　伦安—欣鹏
　　　　　伦庆—欣强
　　　　　　　欣勇
　　　　　　　欣聪

龙海市港尾镇青甫后丰社董氏

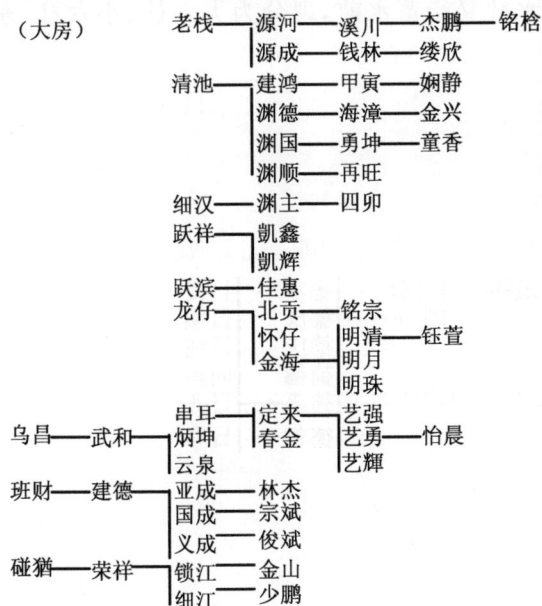

（大房）
老栈—源河—溪川—杰鹏—铭栓
　　　源成—钱林—缕欣
清池—建鸿—甲寅—娴静
　　　渊德—海漳—金兴
　　　渊国—勇坤—童香
　　　渊顺—再旺
细汉—渊主—四卯
跃祥—凯鑫
　　　凯辉
跃滨—佳惠
龙仔—北贡—铭宗
　　　怀仔—明清—钰萱
　　　金海—明月
　　　　　明珠
　　　　　艺强
串耳—定来—艺勇—怡晨
　　　春金—艺辉

乌昌—武和
炳坤
云泉
班财—建德—亚成—林杰
　　　国成—宗斌
　　　义成—俊斌
碰猫—荣祥—锁江—金山
　　　细江—少鹏

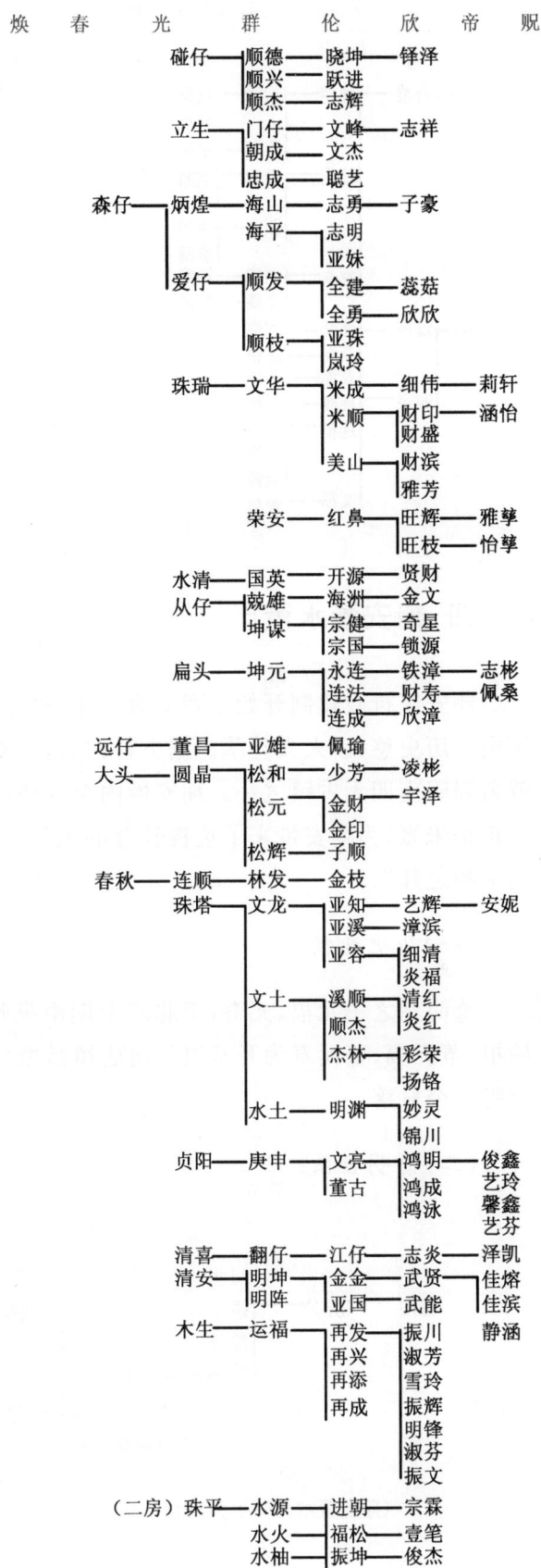

焕　春　光　群　伦　欣　帝　昵

碰仔—顺德—晓坤—铎泽
　　　顺兴—跃进
　　　顺杰—志辉
立生—门仔—文峰—志祥
　　　朝成—文杰
　　　忠成—聪艺
森仔—炳煌—海山—志勇—子豪
　　　海平—志明
　　　　　亚妹
爱仔—顺发—全建—蕊菇
　　　　　全勇—欣欣
　　　顺枝—亚珠
　　　　　岚玲
珠瑞—文华—米成—细伟—莉轩
　　　米顺—财印—涵怡
　　　　　财盛
　　　美山—财滨
　　　　　雅芳
荣安—红鼻—旺辉—雅孳
　　　　　旺枝—怡孳
水清—国英—开源—贤财
从仔—兢雄—海洲—金文
　　　坤谋—宗健—奇星
　　　　　宗国—锁源
扁头—坤元—永连—铁漳—志彬
　　　连法—财寿—佩桑
　　　连成—欣漳
远仔—董昌—亚雄—佩瑜
大头—圆晶—松和—少芳—凌彬
　　　松元—金财—宇泽
　　　　　金印
　　　松辉—子顺
春秋—连顺—林发—金枝
珠塔—文龙—亚知—艺辉—安妮
　　　亚溪—漳滨
　　　亚容—细清
文土—　　炎福
　　　溪顺—清红
　　　顺杰—炎红
　　　杰林—彩荣
　　　　　扬铭
水土—明渊—妙灵
　　　　　锦川
贞阳—庚申—文亮—鸿明—俊鑫
　　　董古—鸿成　艺玲
　　　　　鸿泳—馨鑫
　　　　　　　艺芬
清喜—翻仔—江仔—志炎—泽凯
清安—明坤—金金—武贤—佳熔
　　　明阵—亚国—武能—佳滨
木生—运福—再发—振川　静涵
　　　再兴—淑芳
　　　再添—雪玲
　　　再成—振辉
　　　　　明锋
　　　　　淑芬
　　　　　振文
（二房）珠平—水源—进朝—宗霖
　　　水火—福松—壹笔
　　　水柚—振坤—俊杰

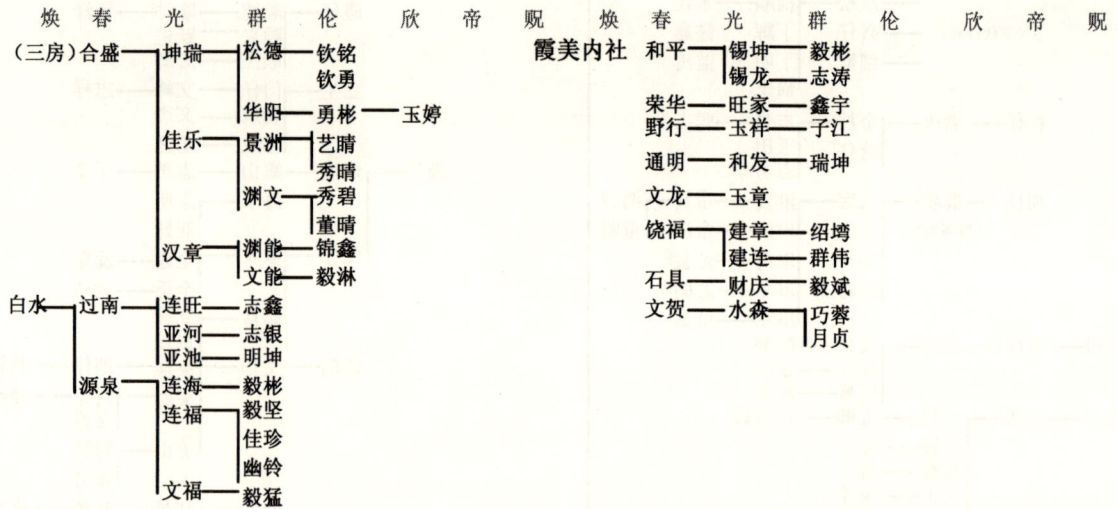

四、翔安董水董氏

翔安区行政建制开始于晋太康三年，属于同安县翔风里和民安里，至今已有1720多年的历史。历史悠久，人文荟萃。据史料记载，翔安区自古以来就是闽南重要的经济地区，马巷镇就名列闽南四大古镇之一。翔安境内至今还留有著名理学家朱熹的墨宝和许多的美丽传说，也正是朱熹，为翔安带来了重视教育的风气。"紫阳过化"，使翔安被誉为"海滨邹鲁之乡，声名文物之邦"。

（一）历史迁徙

董简慈之子元福、元寿，于北宋中期由泉州冷井迁居同安民安里十都董水社。董简慈为始祖，董元福、董元寿为开基祖。新店镇吕塘村董水社又衍董水前，现分为大六柱、小六柱、东树脚三个村落。

（二）简明世系

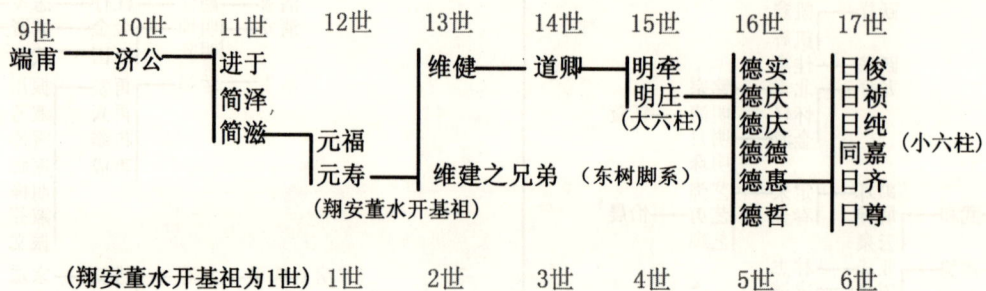

大六柱宗支

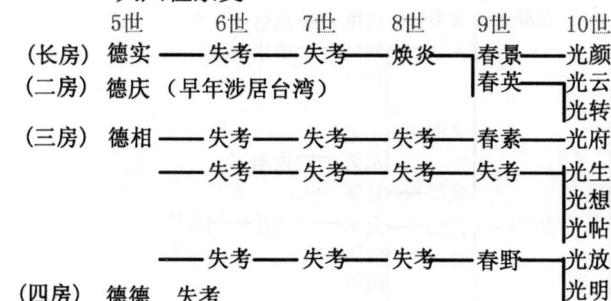

	5世	6世	7世	8世	9世	10世
（长房）	德实	失考	失考	焕炎	春景	光颜
					春英	光云 光转
（二房）	德庆（早年涉居台湾）					
（三房）	德相	失考	失考	失考	春素	光府
		失考	失考	失考	失考	光生 光想 光帖
		失考	失考	失考	春野	光放 光明
（四房）	德德	失考				
（五房）	德惠	日俊 日侦 日纯 日嘉 日齐 日尊				

繁衍分宗另立
房头称小六房

（六房）	德哲	失考	春水	光海 光爽 光棋 光宽	（失考）

（长房）

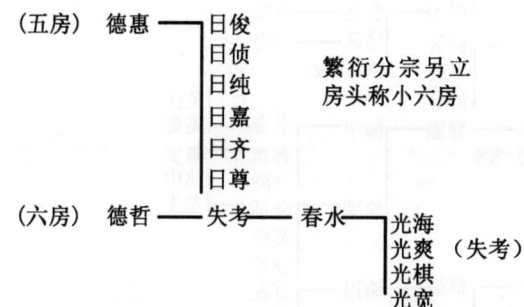

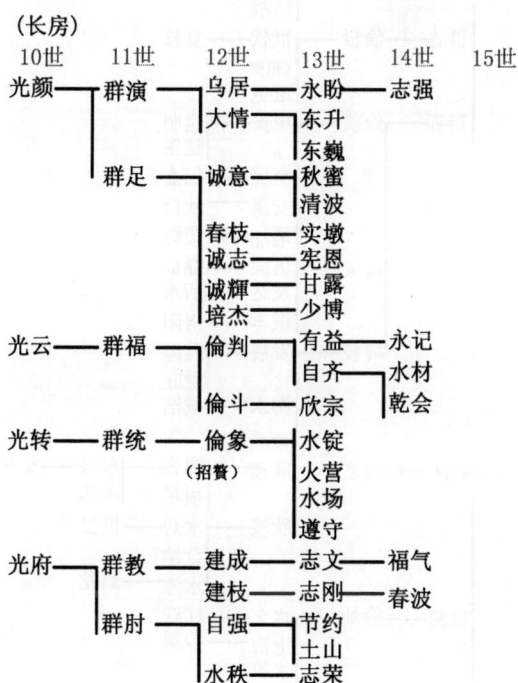

	10世	11世	12世	13世	14世	15世
	光颜	群演	乌居	永盼	志强	
			大情	东升 东巍		
		群足	诚意	秋蜜 清波		
			春枝	实墩		
			诚志	宪恩		
			诚辉	甘露		
			培杰	少博		
	光云	群福	偷判	有益 自齐	永记 水材 乾会
			偷斗	欣宗	
	光转	群统	偷象 （招赘）	水锭 火营 水场 遵守	
	光府	群教	建成	志文	福气
			建枝	志刚	春波
		群肘	自强	节约 土山	
			水秩	志荣	

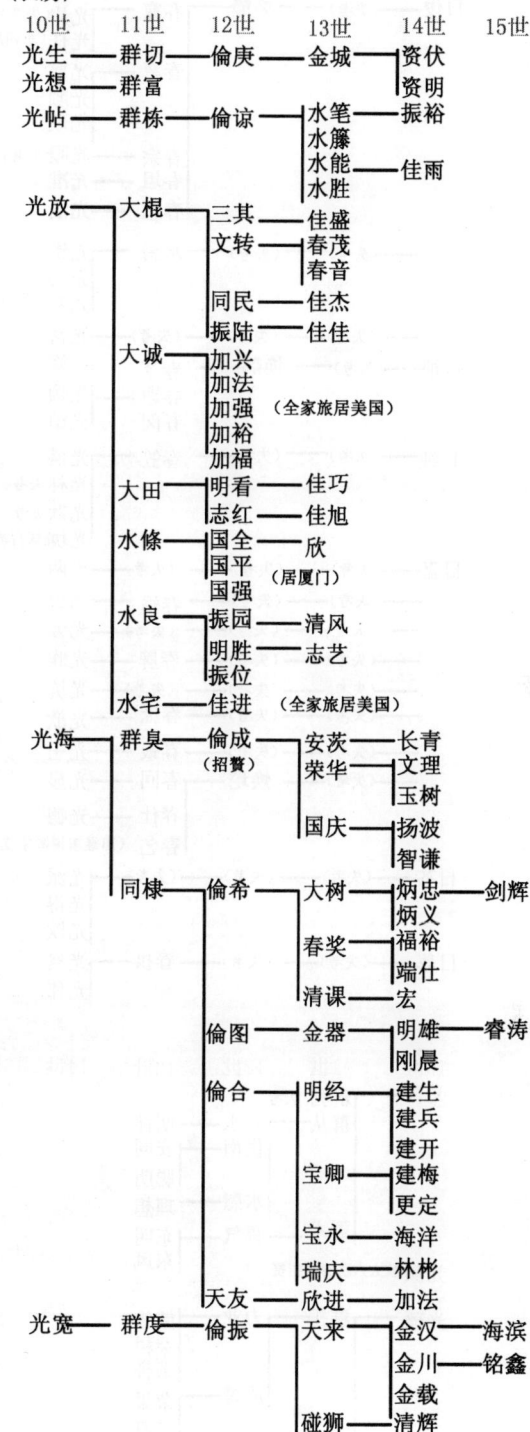

	10世	11世	12世	13世	14世	15世
	光生	群切	偷庚	金城	资伏 资明	
	光想	群富				
	光帖	群栋	偷谅	水笔 水篾 水能 水胜	振裕 佳雨	
	光放	大棍	三其 文转	佳盛 春茂 春音		
			同民 振陆	佳杰 佳佳		
		大诚	加兴 加法 加强 加裕 加福	（全家旅居美国）		
		大田	明看 志红	佳巧 佳旭		
		水條	国全 国平 国强	欣 （居厦门）		
		水良	振园 明胜 振位	清风 志艺		
		水宅	佳进	（全家旅居美国）		
	光海	群臭	偷成 （招赘）	安茨 荣华	长青 文理 玉树
				国庆	扬波 智谦
		同棣	偷希	大树	炳忠 炳义	剑辉
				春奖	福裕 端仕
				清课	宏
		偷图	金器	明雄 刚晨	睿涛
		偷合	明经	建生 建兵 建开	
			宝卿	建梅 更定	
			宝永	海洋	
			瑞庆	林彬	
		天友	欣进	加法	
	光宽	群度	偷振	天来	金汉 金川 金载	海滨 铭鑫
			碰狮	清辉		

小六柱宗支

6世	7世	8世	9世	10世

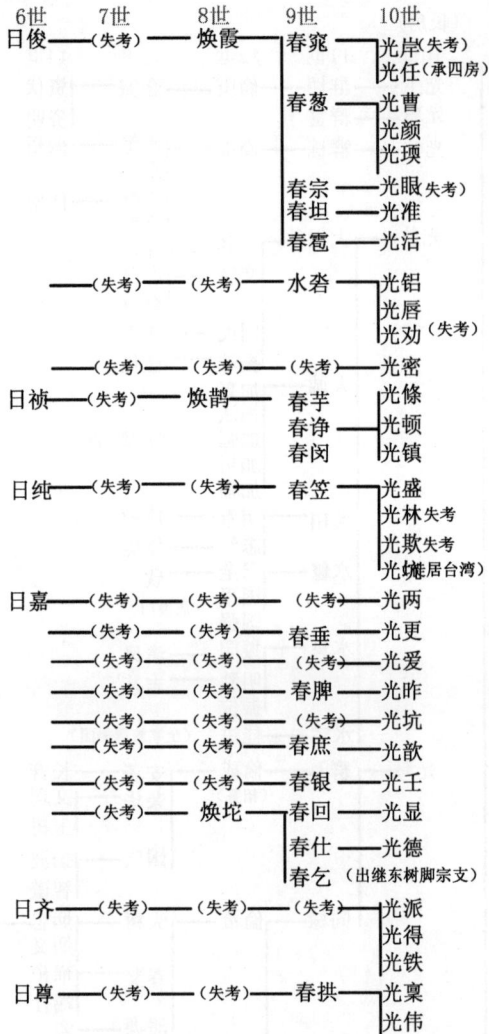

10世	11世	12世	13世	14世	15世

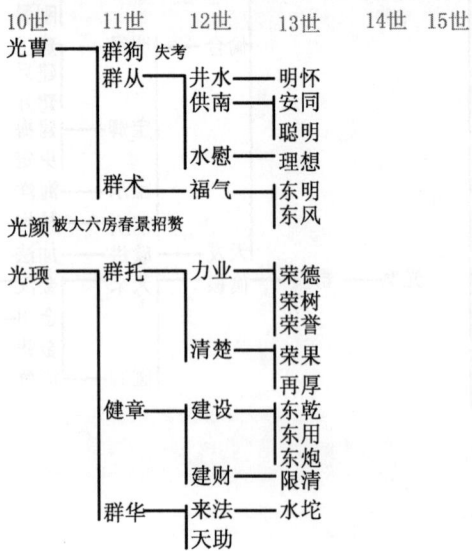

10世	11世	12世	13世	14世	15世

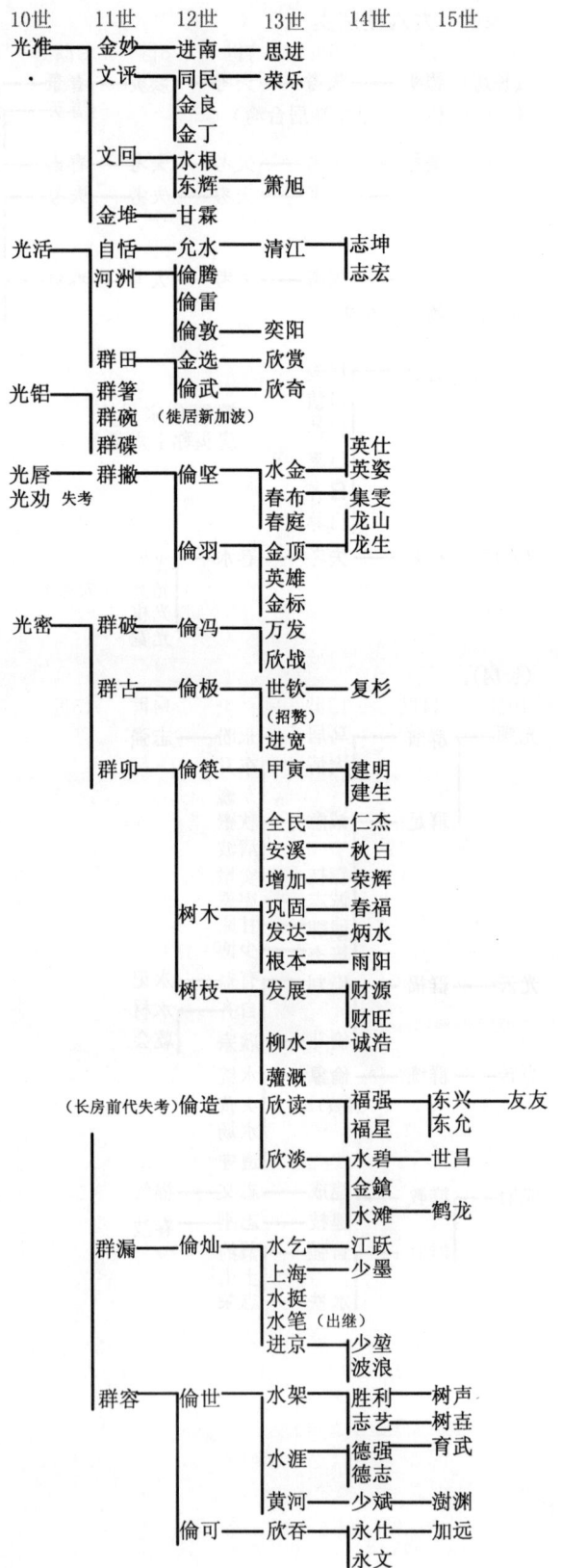

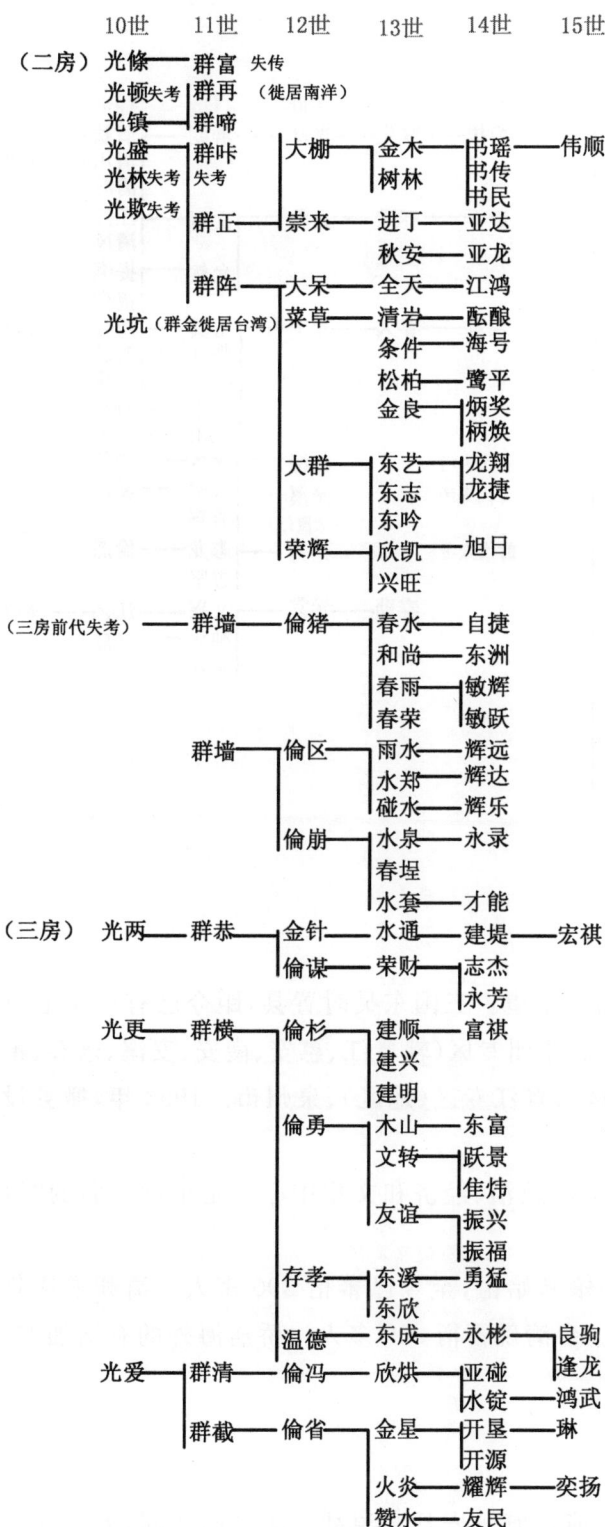

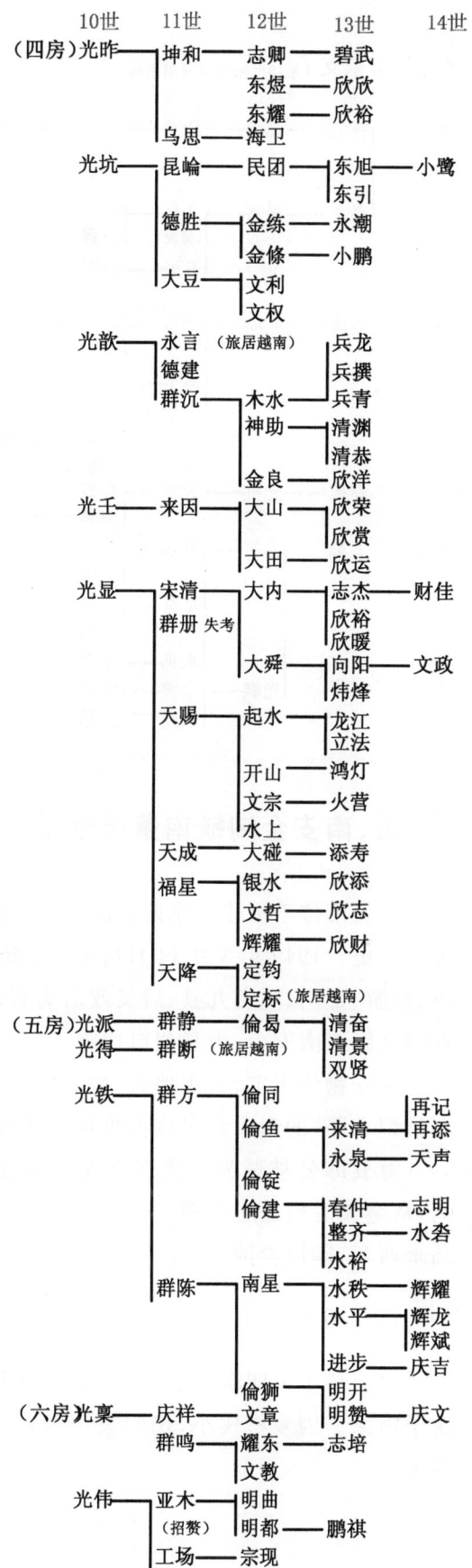

左侧（10世 11世 12世 13世 14世 15世）

（二房）光條——群富 失传
光顿失考——群再（徙居南洋）
光镇——群啼
光盛——群咔
光林失考——失考
光欺失考——群正——崇来——进丁——亚达
秋安——亚龙
群正——大棚——金木——书瑶——伟顺
树林——书传
书民
群阵——大呆——全天——江鸿
菜草——清岩——酝酿
条件——海号
松柏——鹭平
金良——炳奖
柄焕
群阵——大群——东艺——龙翔
东志——龙捷
东吟
荣辉——欣凯——旭日
兴旺
光坑（群金徙居台湾）

（三房前代失考）——群墙——伦猪——春水——自捷
和尚——东洲
春雨——敏辉
春荣——敏跃
群墙——伦区——雨水——辉远
水郑——辉达
碰水——辉乐
伦崩——水泉——永录
春垤
水套——才能

（三房）光两——群恭——金针——水通——建堤——宏祺
伦谋——荣财——志杰
永芳
光更——群横——伦杉——建顺——富祺
建兴
建明
伦勇——木山——东富
文转——跃景
佳炜
友谊——振兴
振福
存孝——东溪——勇猛
东欣
温德——东成——永彬——良驹
光爱——群清——伦冯——欣烘——亚碰——逢龙
水锭——鸿武
群截——伦省——金星——开垦——琳
开源
火炎——耀辉——奕扬
赞水——友民

右侧（10世 11世 12世 13世 14世）

（四房）光昨——坤和——志卿——碧武
东煜——欣欣
东耀——欣裕
乌思——海卫
光坑——昆嵛——民团——东旭——小鹭
东引
德胜——金练——永潮
金條——小鹏
大豆——文利
文权
光歆——永言（旅居越南）
德建
群沉——木水——兵龙
兵撰
兵青
神助——清渊
清恭
金良——欣洋
光壬——来因——大山——欣荣
欣赏
大田——欣运
光显——宋清——大内——志杰——财佳
群册 失考——欣裕
欣暖
大舜——向阳——文政
炜烽
天赐——起水——龙江
立法
开山——鸿灯
文宗——火营
水上
天成——大碰——添寿
福星——银水——欣添
文哲——欣志
辉耀——欣财
天降——定钧
定标（旅居越南）

（五房）光派——群静——伦曷——清奋
光得——群断（旅居越南）——清景
双贤
光铁——群方——伦同
伦鱼——来清——再记
再添
永泉——天声
伦锭
伦建——春仲——志明
整齐——水岙
水裕
群陈——南星——水秋——辉耀
水平——辉龙
辉斌
进步——庆吉
伦狮——明开
明赞——庆文
（六房）光禀——庆祥——文章
群鸣——耀东——志培
文教
光伟——亚木——明曲
（招赘）明都——鹏祺
工场——宗现

承东树脚宗支（系18世祖维健兄弟所传）

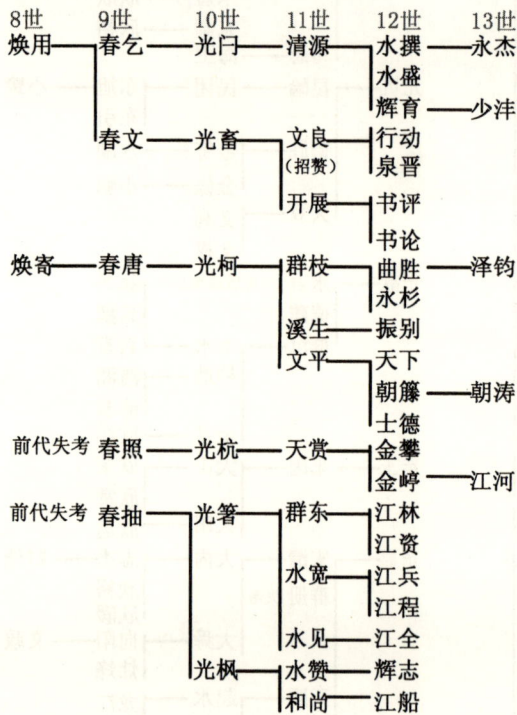

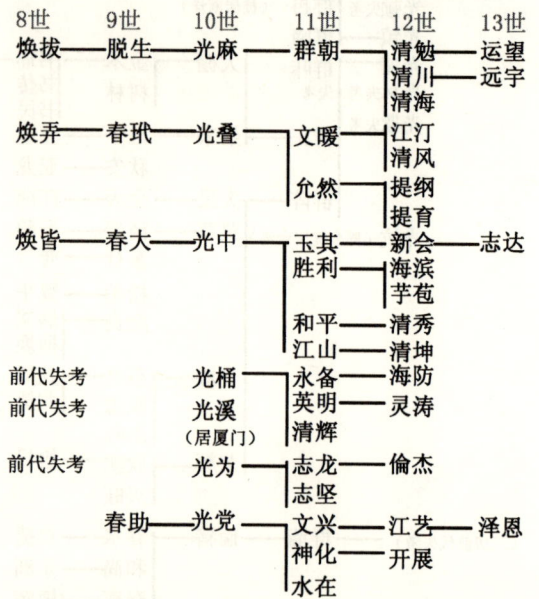

左侧世系图（8世—13世）：

- 焕用——春乞——光门——清源——水撰——永杰
  - 水盛
  - 辉育——少沣
- 春文——光畜——文良（招赘）——行动
  - 泉晋
  - 开展——书评
    - 书论
- 焕寄——春唐——光柯——群枝——曲胜——泽钧
  - 永杉
  - 溪生——振别
  - 文平——天下
    - 朝篱——朝涛
    - 士德
- 前代失考 春照——光杭——天赏——金攀
  - 金嵿——江河
- 前代失考 春抽——光箸——群东——江林
    - 江资
  - 水宽——江兵
    - 江程
  - 水见——江全
  - 光枫——水赞——辉志
    - 和尚——江船

右侧世系图（8世—13世）：

- 焕拔——脱生——光麻——群朝——清勉——运望
    - 清川——远宇
    - 清海
- 焕弄——春玳——光叠——文暖——江汀
    - 清风
  - 允然——提纲
    - 提育
- 焕皆——春大——光中——玉其——新会——志达
    - 胜利——海滨
      - 芋苞
    - 和平——清秀
    - 江山——清坤
      - 海防
- 前代失考
- 前代失考——光桶——永备——灵涛
  - 光溪（居厦门）——英明
    - 清辉
- 前代失考——光为——志龙——偷杰
    - 志坚
- 春助——光党——文兴——江艺——泽恩
    - 神化——开展
    - 水在

五、南安金淘毓南董氏世系

南安市位于福建省东南沿海，与台湾岛隔海相望。三国东吴时置县，距今已有一千七百多年历史。1949年8月14日解放，设南安县，属泉州专区（辖晋江、惠安、南安、安溪、永春、莆田、仙游、金门、同安九县，后又改名为晋江专区）、晋江专区（地区）、泉州市。1993年，撤县设省辖县级市南安市，由泉州市代管。

南安物华天宝、人杰地灵，曾一度是闽南地区政治、经济和文化中心。是举世闻名的"海上丝绸之路"的起点和民族英雄郑成功的故乡。

万五郎公被尊为董氏在南安金淘院口的肇基始祖，至今已蕃衍300多人。清朝嘉庆年间，从金淘院口迁居李西，至今蕃衍100多人。台湾现蕃衍800多人。侨居海外的有新加坡、马来西亚、印尼等国。

（一）历史迁徙

兴公传十世四满至二孙，自晋江屿头移居漳州府龙岩县洞源社。明嘉靖年间，万五郎公次子漳来。因乡村狭小，仍归泉府择南安青山岭内菩提乡开族。现南安金淘毓南人口400多人。

（二）简明世系

南安金淘院口万五郎公世系

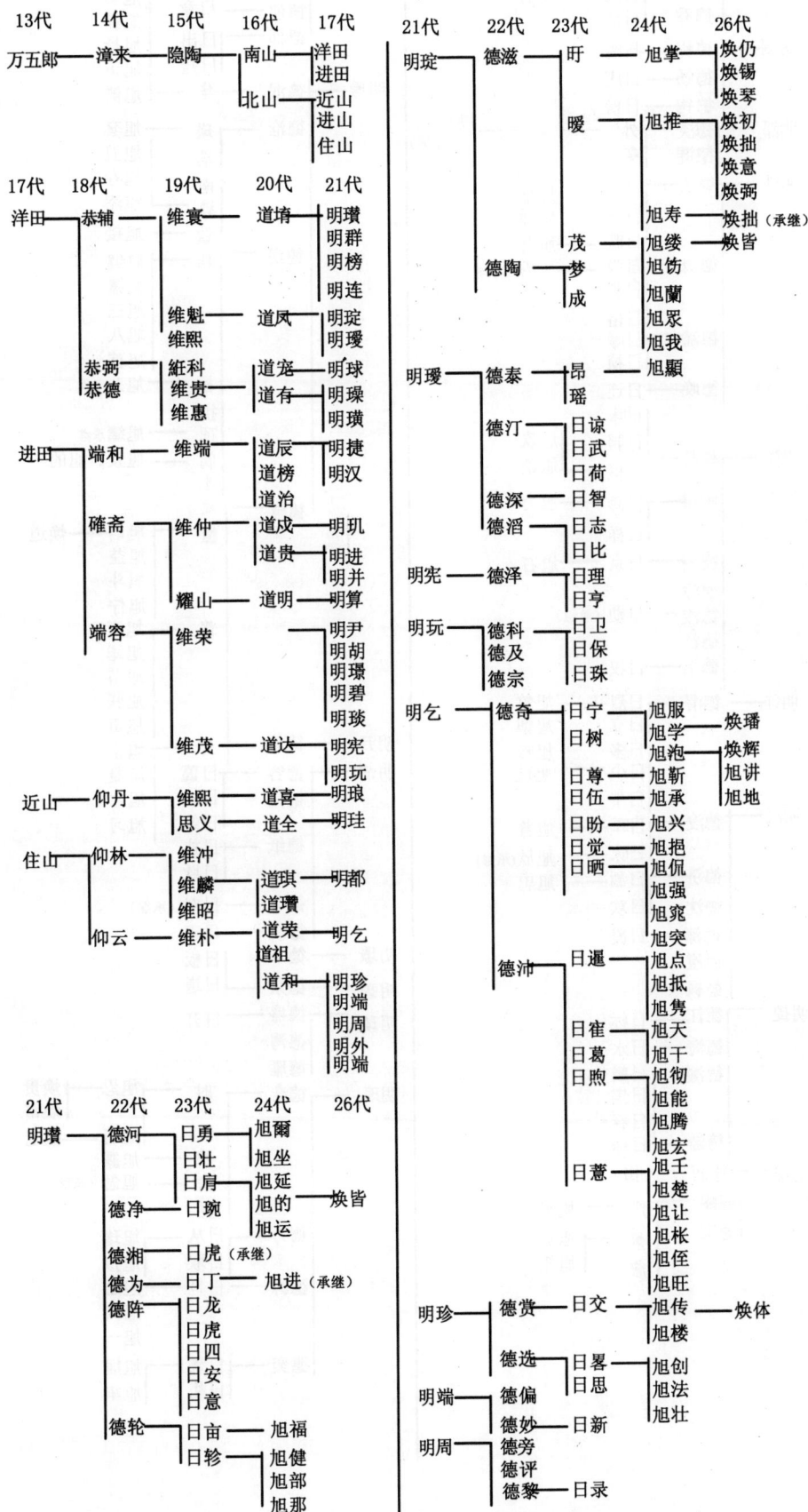

13代	14代	15代	16代	17代
万五郎	漳来	隐陶	南山	洋田 进田
			北山	近山 进山 住山

17代	18代	19代	20代	21代
洋田	恭辅	维寰	道埕	明瓒 明群 明榜 明连
		维魁 维熙	道凤	明琔 明瑷
	恭弼 恭德	紅科 维贵 维惠	道寇 道存	明球 明璪 明瑨
进田	端和	维端	道辰 道榜 道治	明捷 明汉
	碓斋	维仲	道成 道贵	明玑 明进 明并
		耀山	道明	明算
	端容	维荣		明尹 明胡 明璟 明碧 明琰
		维茂	道达	明宪 明玩
近山	仰丹	维熙 思义	道喜 道全	明琅 明珪
住山	仰林	维冲 维麟 维昭	道琪 道璜	明都
	仰云	维朴	道荣 道祖	明乞
			道和	明珍 明端 明周 明外 明端

21代	22代	23代	24代	26代
明琔	德滋	盯	旭掌	焕仍 焕锡 焕琴
		暖	旭推	焕初 焕拙 焕意 焕弼
		茂 梦 成	旭寿	焕拙（承继） 焕皆
	德陶		旭缕 旭饬 旭蘭 旭眔 旭我	
明瑷	德泰	昂 瑶	旭顯	
	德汀	日谅 日武 日荷		
	德深	日智		
	德滔	日志 日比		
明宪	德泽	日理 日亨		
明玩	德科 德及 德宗	日卫 日保 日珠		
明乞	德奇	日宁 日树	旭服 旭学 旭泡	焕璠 焕辉
		日尊 日伍	旭靳 旭承	旭讲 旭地
		日盼 日觉 日晒	旭兴 旭把 旭侃 旭强 旭窕 旭突	
	德沛	日遍	旭点 旭抵 旭隽	
		日崔 日葛 日煦	旭天 旭干 旭彻 旭能 旭腾 旭宏	
		日薏	旭壬 旭楚 旭让 旭枨 旭侹 旭旺	
明珍	德赏	日交	旭传 旭楼	焕体
	德选	日暑 日思	旭创 旭法 旭壮	
明端	德偏 德妙	日新		
明周	德旁 德评 德黎	日录		

21代	22代	23代	24代	26代
明瓒	德河	日勇 日壮 日肩	旭爾 旭坐 旭延	
	德净	日琬	旭的 旭运	焕皆
	德湘	日虎（承继）		
	德为	日丁	旭进（承继）	
	德阵	日龙 日虎 日四 日安 日意		
	德轮	日亩	旭福	
		日轸	旭健 旭部 旭那	

21代	22代	23代	24代	25代
明外	德渔	日群 日准		
	德密	日阔 日读	旭甘	
	德乔			
明端	德佛	日赐		
	德畅	日庆		
	德钩	日榜		
明都	德淡	外	—	焕护（孙承继）
	德遟	亨		
明进	德波	日宇 日盼 日昳	旭平 旭波 旭有	
	德偃	日眼 日芳	旭秀（承继）	
	德潘	日俗 日曝 日祯		
	德晚	日连 日昧		
明算	德溉	日聘 日枢	旭玖 旭论	
	德蒲	日渺 日祥	旭力	
	德浴	日京	旭石	
	德潭			
	德浚	日勋（承继）		
	德汪			
	德浩	日权		
明珪	德渭	日烈 日立 日多 日尘 日午	旭竹 旭博 旭吟 旭珧	
明汉	德浚	日晖 日昧	旭普 旭欣（承继）	
	德济	日洒	旭忠	
	德沈	日欢		
	德漈	日霞		
	德澄			
	德枫			
明捷	德江	日标		
	德海	日永		
	德溵	日麟 日焦 日春		
	德澁	日栋		
明球	德润	伟		
明璜	德赐	广	旭来	
	德宝	焕 詹	旭搔 旭托	

21代	22代	23代	24代	25代
明瑜	德越	日昶 日亚 日国 日章	旭彩 旭提 旭抒 旭正 旭侧	
	德便			
	德郡	日出 日盐		
明璨	德泯	华		
	德沧	瑛 浩 南 昇 钦	旭套 旭丑 旭春 旭添 旭接	
	德滉	梧	旭绸 旭繏 旭三 旭八 旭首	
		桓	旭八承继	
		拱 顶 偶 七 夏	旭繏承继 旭景、旭的	
	德泳	恺	旭诰 旭益 旭斗 旭佇	焕道
		普	旭斋 旭緫 旭节 旭朕 旭贡	
明尹	德萧	绰	旭止 旭拟 旭才 旭习	
明胡	德容	日蒿		
	德团	日水		
	德纸	日笔 日执 日欺		
	德寻	日对（承继）		
	德绕	日正		
明璟	德节	日板		
明碧	德京	日道		
明琇	德盛	日开		
	德湾			
	德雁			
明琅	德淮	时	旭忍 旭怎	焕贵 焕富 焕老
		映 会 夏	旭露 旭怎（承继）	
	德万	日从 日取	旭珧 旭拟	
	德源	日旦	旭黜 旭高 旭一	
	德奕	日赞 日礼	旭居 旭牢	

六、重光世系

重光生子蕙、兰、芝，一再传子侄蕃衍，散处漳州之十县。南靖人丁甚多，长泰人文也盛。长子蕙公，明洪武间迁移，立籍龙岩建产。董惠传四世秉成，秉大公仍归籍泉，秉成公住永春，秉大公住德化。其前代世系为（该支董氏奉董兴务一世祖）：

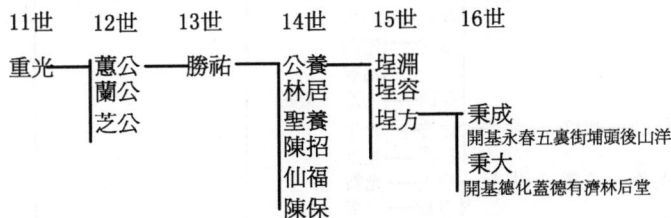

11世	12世	13世	14世	15世	16世
重光	蕙公 蘭公 芝公	勝祐	公養 林居 聖養 陳招 仙福 陳保	埕淵 埕容 埕方	秉成 開基永春五裏街埔頭後山洋 秉大 開基德化蓋德有濟林后堂

（一）永春廿五都曾林垵秉成公支世系

永春，古称"桃源"，地处福建省东南部。永春由来"四时多燠"（气候素有"万紫千红花不谢，冬暖夏凉四序春"美誉），故称永春。桃源以"众水会于桃溪一源"得名。

永春县，西周至春秋战国属七闽、闽越地，秦代属闽中郡。汉初属闽越国。汉元鼎五年废闽越，元封元年徙其部分民于江淮间，以其地属会稽郡。东汉建安初，属侯官县（驻地福州）。三国吴永安三年属东安县，梁天监（504—519）中至陈属南安郡。隋开皇九年（589）改南安郡为县，以其西北二乡置桃林场，属南安县。五代后唐长兴四年（933）闽国时升为桃源县，后晋天福三年（938）改为永春县。宋元明均隶属泉州，至清雍正十二年（1734）升为永春直隶州，辖德化、大田二县。民国二年（1913）废州，复改为县。

1. 历史迁徙

重光之子蕙公，因明洪武间迁移龙岩立籍建产，董蕙传四世秉成。约明嘉靖年间，秉成公居永春廿五都曾林垵。现永春县五里街埔头后山洋，共分五个房头已传至卅一代，人口256人。第四房迁入江西后至今不详。

2. 简明世系

永春廿五都曾林垵秉成公支世系如下：

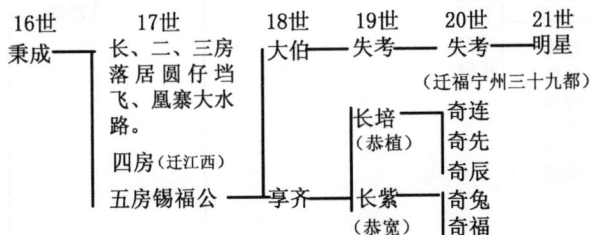

16世	17世	18世	19世	20世	21世
秉成	长、二、三房落居圆仔垱飞、凰寨大水路。 四房（迁江西） 五房锡福公	大伯 享齐	失考 长培 （恭植） 长紫 （恭宽）	失考 （迁福宁州三十九都） 奇连 奇先 奇辰 奇兔 奇福	明星

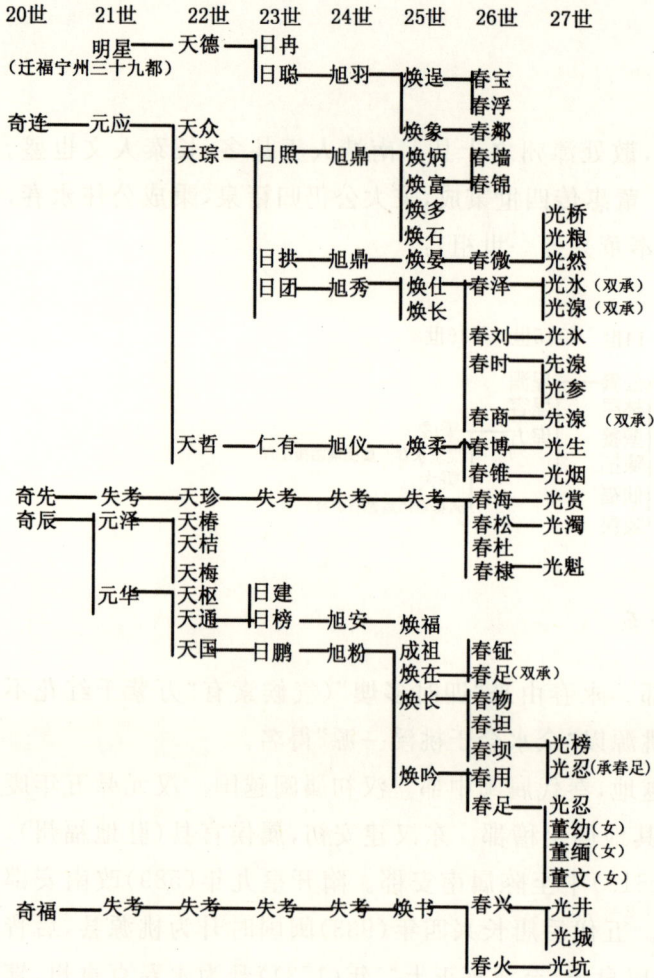

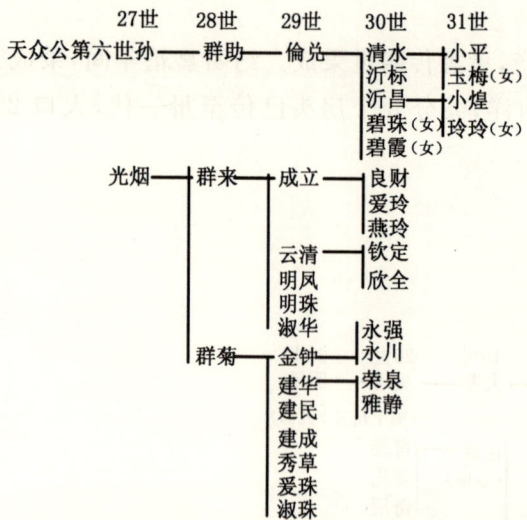

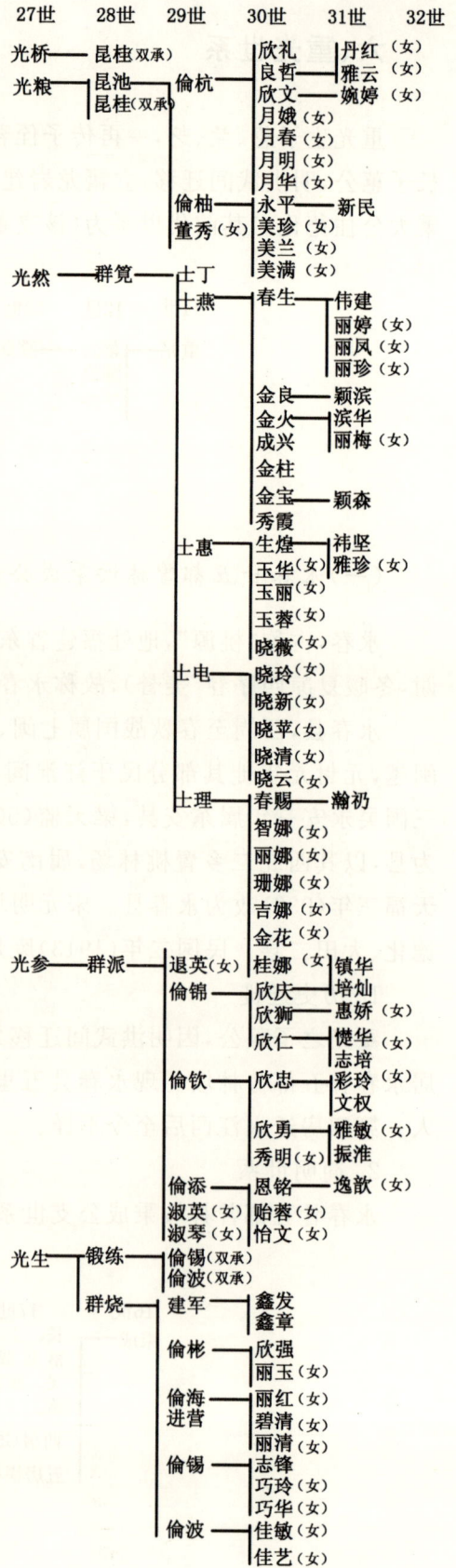

左侧世系表（27世—32世）：

27世	28世	29世	30世	31世	32世
光赏	成金 礼金 群坚 群垓	倫淦	得贵	煌章	丁山 彩华(女)
				煌发	桔琳 华英(女) 华莉(女)
				铄强	泽文 晓兰(女)
				煌猛 建生 月琴(女) 珠琴(女)	圣荣 晓玲(女)
光浊	群怀	倫墩	建源	国荣 艳华	梓晗
	群益	金表	鸿基 培材 秀财 秀娇		
		树林 锦銮 雪英 绢英 卵英	得福	清涛 鹏志 培扬 倩倩(女)	梓晗 佳妍
			得生		
	群尧	炳辉	金城	荣福 小玲(女)	
		炳昆	欣国	剑铭 碧丽(女)	
			欣震	美婷(女) 美虹(女)	
			欣镭	炜铭	
光魁	群深 群锹 群铙	金提	欣志	颖慧(女)	
		失名	欣源	浩宇	
		失名	成辉	圣杰 晓沁(女)	
		再添 素莲(女) 碧莲(女)			
光榜	群闪	倫锵	喜凤(女)		
		倫泽	增汉		
		清焱	海燕(女)		
		福建 金珠(女) 碧清(女)			

右侧世系表（27世—31世）：

27世	28世	29世	30世	31世
光忍	群泵	失考	清达	舒蓉
		扬镇	振强 振义	
		扬灶 云英 丽英(女) 丽琴(女) 丽明(女)	玉晖 玉婷(女)	
	清顺	国根	明堂 明慧(女)	
	群闪	国亮	志洪 彬彬(女) 巧玲(女) 银香(女)	
		国烘	金裕	
		国柱	剑文	
		国嫒	伟灿	
		珠华(女) 珠环(女) 珠萍(女) 碧珠(女)	欣铭	
	练成	倫源	彩华(女)	
	荣宗	倫泉	锶遥 尚秉	
	秀凤(女) 秀英(女) 秀銮(女)			
光井	再友　(居马来西)			
	群昌　(居马来西)			
	群相　(居马来西)			
	群狮　(居马来西)			
	群柏	锦俊	欣烨	
	群荣	锦龙	欣诗	
		贻彬(女)		
	群贤	倫福	欣灿	
	玉缎(女)	倫财	欣培	
		宝英(女) 宝华(女)		
光坑	群河			

永春县五里街镇埔头村后山洋董氏人才职称名单

姓名	出生年月	学历	工作单位	职称、职务
董土电	1937.1	本科	永春一中	中学高级教师
董鸿基	1947.1	大专	永春一中	中学高级教师
董国柱	1966.3	本科	永春二中	中学高级教师
董欣志	1971.7	本科	永春介福中学	中学高级教师
董秀云	1973.8	在读博士	福建省质量技术监督局	副调研员
董永强	1983.5	博士	福州大学,留学新加坡	

（二）德化县有济林后秉大公支世系

德化是千年古县、中国三大古瓷都和闽南"金三角"对外开放县之一，位于福建省泉州。也是全国最大的西洋工艺瓷生产和出口基地，以盛产陶瓷而名扬中外。境内风景优美，物产丰富，人文景观丰富多彩。

1. 历史迁徙

从历史传说、沙堤谱志和部分手抄家谱、古墓、古厝遗址和德化有济董氏在民国前管辖的田、山等多方面情况来看。

(1)沙堤董氏宗谱和历史传记

据沙堤董氏宗谱和历史传记，兴公十一世孙重光公开派漳州，生子三，曰蕙、兰、芝。一再传子侄，蕃衍散处漳之十县。在南靖人丁甚多，在长泰人文亦盛。长子蕙公于洪武年间迁移龙岩，立籍建产。蕙公生胜祐，胜祐公生六子，曰公养、林居、圣养、陈招、仙福、陈保。圣养公生子四，曰埕渊、埕容、埕方。埕方公生子秉成和秉大，仍归泉郡。秉成立籍永春后山洋，秉大立籍德化有济林后。有一个历史传说，德化有济林后董氏和永春后山洋董氏的开基公是兄弟，其父埕方公墓葬在永春，其母（即埕方公之妻）墓葬在德化林后。实际上，两地宗亲历代都保持密切来往，相互帮助。

德化董氏和永春董氏宗亲沿用的昭穆与泉州地区董氏相同，都是飂先公立的三十字：恭维道明德、曰旭焕春光、群伦欣帝觊、孙曹敦孝友、垂裕泽方长、奕世振家声。而且每年七月半祭祖日也与泉州地区同为七月十四日。

(2)手抄家谱，董氏古厝遗址，管辖的田、山等方面考证

从德化有济林后董氏三房部分手抄家谱，董氏古厝遗址，管辖的田、山等方面考查，德化有济董氏在清朝乾隆、嘉庆年代，也就是焕、春字辈时期，人口约150～200人，其中长房和三房各80～100人，而二房10多人。人口分布在有济深闷坂、林后和荇头洋。有林后堂祖祠一座，宅居14座；有林后新田宫，供奉安第公。还有与有济吴氏合境的圣天宫，供奉吴公真仙。所管农田约300亩，山地上千亩，长房与三房还各有舞狮工具一套。德化有济董氏在乾隆、嘉庆年代发展颇顺利，经济不错，生活殷实。还擅长武术。但文化较落后，有据可查的，在三房手抄家谱里，记述的太学生仅旭玑一人；在古墓碑中也只发现清朝时有一个吏员的记载。其他从未发现有文人的任何记载和传说。

清朝后期，就是从光字辈以后直至民国时代，德化有济董氏衰退，人口负增长，有的后继无人，有的出嗣，还有小孩被匪抓掳。所辖的田、山变卖得所剩无几。到新中国成立后土改时，仅存两座破烂不堪的民房，人口20人，生活困苦。总之，德化有济董氏移居德化后盛于清朝乾隆、嘉庆，衰退于清末、民国，在新中国成立后有可喜的恢复和发展。

从明嘉靖年间，埕方公立籍德化有济林后至今觊字辈已十八世，四百五十多年。人口105人（不包括去外姓双承与卖半出嗣的人口），其中7户40多人在近十年间陆续在城区建房或买房居住，人口分布在有济荇头洋。

2. 简明世系

德化董氏有济林后秦大公董氏支系图

第一部分（1世—12世）

1世	2世	—	—	7世	8世	9世	10世	11世	12世
埕方	秉大	长房	→	—	（前代失考）			焕其	春灿
								深闽房	
								（失考）—	春店
								（失考）—	春切
								（失考）—	春致
								（失考）—	春灶
								（失考）—	春洪
								（失考）—	（失考）
		二房	—	—	（前代失考）			焕两	春琛（与肯氏双承）
									春傑（半出嗣肯氏）
									春茶（半出嗣罗氏）
		三房（前代失考）	毓望	璧胜	茂文	旭璟	焕渍	春苞
									春葵
									春艾
									春薦
								焕津	春荇
									春荳
									春荔
								焕涉	春莛
						旭璽	焕淮	
							焕文	春将（出嗣）
							焕浄	春苑
						旭還	焕沛	春菊
							焕育	春针

第二部分（12世—14世）

12世	13世	14世
春灿	光尊	群濕
		群水（半承春灶为孙）
		群意
		群雙（7岁被土匪抓走）
		群达（出嗣）
		群南
		群返
	光插（与英山李氏双承）	群洪
	光盛	群溪（半承走失）
		群軟（承半）
	光協（去向南洋无音信）	
	光皆	群炎（7岁被土匪抓走）
		群軟（承半光盛）
		群回
春店（失考）		群利（出嗣）
春切（失考）		群才
春致	光银	群答
	成傳	金獅
春灶（失考）		群水（承半）
春洪（失考）		群軟（承半）
深闽房（失考）	天星	練義（抱养子）
春琛（与肯氏双承）	光俊	興恭
春傑（半出嗣肯氏）（抱养）	泮水	建清 / 義松 / 義茂
春茶（半出嗣罗氏）	光旺	桂林（承半）
	四库	桂林（出承半） / 桂枝 / 金文 / 桂楣（出嗣） / 金池
春葵	光长	
春艾	光坤	
春薦	光辉 / 光務 / 光志	群敬
春荇	光柑（承半春莛）	
	光場	群串（吴家来双承） / 德明
春荔	光捷	德椿（与吴家双承）
	光青	群堆（与卢家承半）
	光鑾	群淡（承半卢家）
春莛	光柑（承半）	

第三部分（14世—18世）

14世	15世	16世	17世	18世
群濕	倫成（承半）	瑞毓	吉泰	
	倫宜（承半）	永進	字臻	
群水	倫成（承群濕）	瑞毓	吉泰	
	倫宜（承群濕）	永進	字臻	
	倫倆	金輝（吴家来双承）	武忠	
		文彬（抱养）	鎮榴	
		福生	圳揚	
		文炳		
	倫像	瑞欽	錦潤	
		荣貴	錦坤	
群南	倫章	國強	俊豪	
		國武	岑枋	
	金将 文生	來興		
群返	倫恩	文重		
	倫縣			
群洪	倫稿	金滿	詩景 / 詩展	宇翔
		金佳	詩偉 / 詩煥	
		金德	詩耀	
	倫取	金印	連吉	
		金該		
群軟	倫兼	國偉	益佳	
		國楚	崇旭	
	昆楊	連燦		
	昆社	培民 / 振宗		
	添安	景隆		

第四部分（14世—18世）

14世	15世	16世	17世	18世
群回	进生	有福（出承半）		
	其皇	國華 / 景華		
	建勇	有福（承半）		
群才	福任	亚齐	李晨	
	金泉	榮焕		
	有枝	錦鸿		
群答	結義	桂梯 / 桂鐠		
	聚奎	全成		
	文隨			
	寶助	煌亮		
	玉闆			
	聚福			
練義	春吉 / 春安			
興恭	英碧	欣查		
	金水	文儀		
建清	奇瑞（出承半）			
義松	奇瑞（出承半）			
桂林	國取			
桂枝	國輝（承半）			
金池	國輝（承半）			
群敬	倫牆（承半）			
群串	倫哲	金東		
	倫遠			
德椿	素泊			
群堆	倫牆（承半）	欣元	聯雲	煒星
			聯居	佳志

七、端亮世系

唐末,固始(今属河南光州)董氏又有随王潮、王审知入闽者,即今福建石狮、金门。开闽始祖董思安[籍居泉城(今泉州)登贤里]之子兴公之裔孙有开派福州、南安、漳州、龙岩、永春。其十三世裔孙端亮公生二子:长子善顺、次子善应。善顺公开派沙堤,善顺公生三子,分五房,分别是长盛房、东城房、祥芝房、中璜房、西轩房。善应公开派金门县古岗村,生六子:长子希贤、次子希圣、三子希文、四子希武、五子希万、六子希元。裔孙孟全公生元相,开派延平县;希万公生丕惠公,开派银同湖头。以上端亮公派下,俱是玉笋(笋)堂衍派。

(一)善顺支世系

石狮是一座富有魅力的年轻城市,位于福建东南沿海,地处历史文化名城泉州与经济特区厦门之间,与台湾隔海相望。市域三面临海,海岸线长 67.7 公里,全市面积 160 平方公里。1988 年,经国务院批准建市,现辖 7 个镇 2 个街道办事处,常住人口 30 万,外来流动人口 40 万。其中永宁镇,为石狮市东南部的著名滨海侨乡,位于闽东南泉州湾与围头湾中部的深沪湾北畔,与台湾隔海相望。距石狮中心市区 8 公里,北与本市蚶江镇、锦尚镇接壤,南邻晋江市龙湖镇。东距台湾台中港 130 海里。陆地面积 28.6 平方公里,现有常住人口 4.6 万人,海外及台、港、澳永宁籍侨亲 5 万多人。下辖 21 个行政村(居)委会。

董氏宗亲分布于市区及周边自然村,且历史悠久,人口众多,聚集居住,主要分布于沙堤、永宁及福鼎大白鹭等地。

1. 前代世系

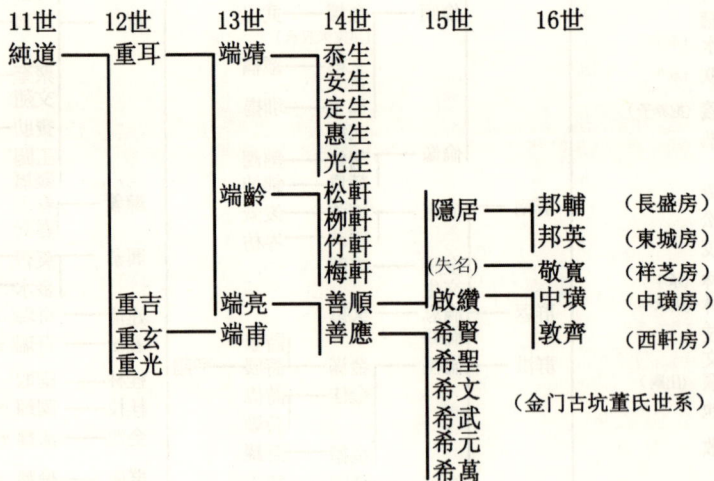

2. 沙堤董氏

元至元十一年(1274 年)农历七月十四日,董思安第十四世孙董善顺因避元兵骚扰从晋江青阳迁居石狮永宁沙堤村。其弟董善应则避居于金门古坑乡,故今金门、同安、厦门、漳州、晋江、石狮董姓均为同宗。

沙堤村是永宁镇一个自然村,位于永宁镇之东端,濒临大海,北与郭坑、西南与永宁毗邻。因地处沿海沙丘地带,长期经受潮水冲击,风卷沙扬,年久月深,终于积成一条天然白色堤岸

而得名。古时,村旁枫树成林,又称"枫边"。因闽南语"枫边"与"桑边"谐音,故俗称"桑边"或"霜边"。沙堤海边,有一座观音山,三面环海。立于山上,放眼长堤,犹如一巨鲸卧于水中,是又有"鲸江"之雅称。

北宋时期,即有蔡、李、黄、许等姓氏在此聚居。南宋嘉定年间,有龚氏从晋江荆山村迁入。元初,董氏从晋阳迁入,分别在两个角落进行开发,发展农业、渔业和海上运输。董姓居住区叫董厝,位于沙堤的东南角,东临海,南连黄金海岸,地理位置优越。龚、董二姓,在沙堤历经 800 多年蕃衍,至今蔚成大族。目前常住人口约 1600 多人。

元明时期,沙堤渔业发达,风光秀丽,且有名宦龚名安等居住于此,引来许多文人墨客。如马速忽、王翰、夏秦等名流,均在沙堤留下许多优美的诗篇。明万历年间,东阁大学士李廷机访沙堤时,曾赋诗:

> 鲸江美景赛天台,澳如洞庭石似阶。
>
> 百只鱼舟梁上燕,采捕朝出暮归来。

董氏"玉笋堂",为福建省石狮市永宁沙堤董氏宗祠。宗祠始建于明代,清嘉庆十年(1805年)扩建,民国十九年(1930年)重修。又于 1989 年,由沙堤董氏宗祠管委会筹办,旅菲侨领董尚真先生领头捐资重修。由于注重维持古建筑风貌,修葺工程取得良好效果,较完整地保留闽南宗祠的古建筑风格。董氏宗祠中最令人神往的是祠堂天井左侧耸立一天然"石笋",露出地面约 3.5 米,最大直径约 1.5 米,形同春笋。乡人传闻,此石笋摄日月之精华,沐雨露之膏泽。故沙堤董氏素以"玉笋传芳"为荣。

有关具体世系,永宁镇沙堤董氏各房代表(长盛房董志勇、东城房董伦耀、祥芝房董欣栋、中璜房董帝传、西轩房董文化)于 2013 年 11 月 12 日下午,在泉州石狮市永宁镇沙堤村董厝老年协会召开座谈会,并形成会议纪要。内容是"经永宁镇沙堤董氏各房代表协议定,鉴于目前情况,同意先按现有董氏公谱内容入版《八闽董氏汇谱》,待有条件时再自行续之"。

董伦泰会长因故未到会,会后专访,也表示同意纪要。

3. 永宁董氏

永宁是座具有 600 多年历史的古卫城。明洪武二十年(1387 年),为抵御倭寇,朝廷在此设立卫城,以作泉南屏障,称"永宁卫"。下辖福全、崇武、中左(厦门)、金门、高浦五所及祥芝、深沪、围头三个巡检司。鼎盛时期,与天津卫、威海卫齐名,为全国三大卫。永宁古称"水沃",唐时称"高亭",具有悠久的历史和深厚的文化底蕴。

永宁镇有姑嫂塔(亦称万寿塔或关锁塔)和城隍庙省级文物保护单位二处;虎岫寺摩崖石刻、永宁卫石刻(镇海石)、李子芳烈士故居、董云阁烈士故居,明代武进士陈有纲墓、慈航庙、"7·16 蒙难纪念碑"、岑兜古盐场等石狮市级文物保护单位八处。其他著名的历史古迹有古卫城遗址、朝天寺、玉皇阁、伊斯兰教圣墓、观日台、沙堤石笋,等等。

永宁镇是"福建省百强乡镇"、"福建省文明城镇"、"福建省科技示范镇"和"泉州市发展乡镇企业先进单位",初步形成以服装面料、体育用品、食品五金为龙头等新兴支柱产业,以黄金海岸度假村为支柱的旅游及第三产业,以涂滩养殖、海产品深加工、农业基地为主导的现代农渔业。各项经济指标逐年稳步增长,是石狮市最具发展潜力的乡镇之一。其中以生产羽毛球拍、网球拍为主的体育用品生产基地规模宏大,品质优良,形成了原料、生产、销售一条龙结构,在全国乃至世界均有较大影响。知名品牌有"凯胜"、"伟士"、"威尔夫"等,占地千余亩的

永宁工业区更成为全市最大的服装面料生产基地。

1274年初，董姓传至九世时，晋江首任府尹路过青阳（五店市）乘轿越过"下马碑"而行，前呼后拥鸣锣开道。董姓后裔不满异族入侵中原，且视此小县官卖国求荣行为，有小童群起投石而轰之。该知县匆忙逃走，奏报元朝皇帝说青阳董姓聚族造反，朝廷便下旨泉州府派兵于农历七月十五奉节先祖时抄家灭族。幸亏朝中好友暗中传讯，我全族于七月十二、十三、十四日祭祀祖先后，连夜分逃至福州、浙江、漳州、金门及沿海深山之中。还有部分隐名埋姓他乡，我祖明保公避难于德化县，至明朝初十二世祖董耳公高中进士，返回泉州奉职。至十四世祖善顺公，号倚鹿，迁居沙堤生有三子传五房，长盛房、东城房、祥芝房、中璜房、西轩房，各房各自繁衍，人丁十分兴旺。明朝崇贞丁丑科进士，祥芝房飚先公奉旨回乡省亲，倡立闽省董氏大昭穆。

永宁镇董氏源于永宁的沙堤村，是端亮公后裔，同样有长盛、东城、祥芝、中璜、西轩五房。至明朝嘉靖中叶，沙堤董氏移居永宁鳌城五房子孙，心怀宏志，开拓卫城，使卫城成为一姓之城。并在东西南北四门建筑三落大厝，周边各姓陆续居住一处，安居乐业。至清顺治四年，卫城沦陷，城内之大姓各自逃离。唯我董姓族人同心协力，清康熙年间建立董氏家庙，小宗、祖厝也陆续兴建，人丁兴旺。于清雍正八年庚戌科董蓣高中进士，有文魁、武魁、举人为永宁董氏增添光彩。如今永宁董氏族人更是人才辈出，为永宁镇的腾飞作出巨大贡献。目前永宁董氏常住人口有1850多人。

永宁董氏其简明世系如下。

（1）长盛房世系

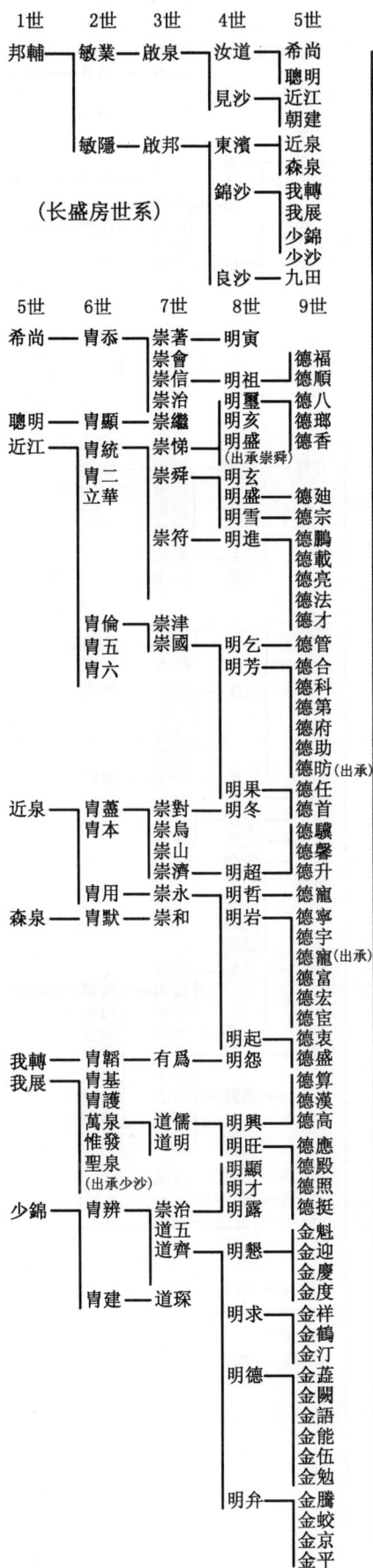

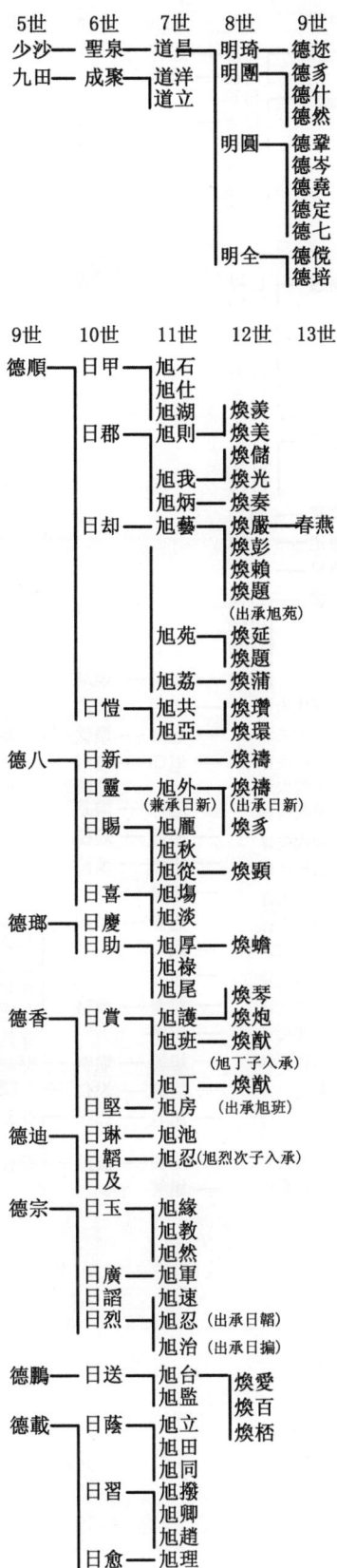

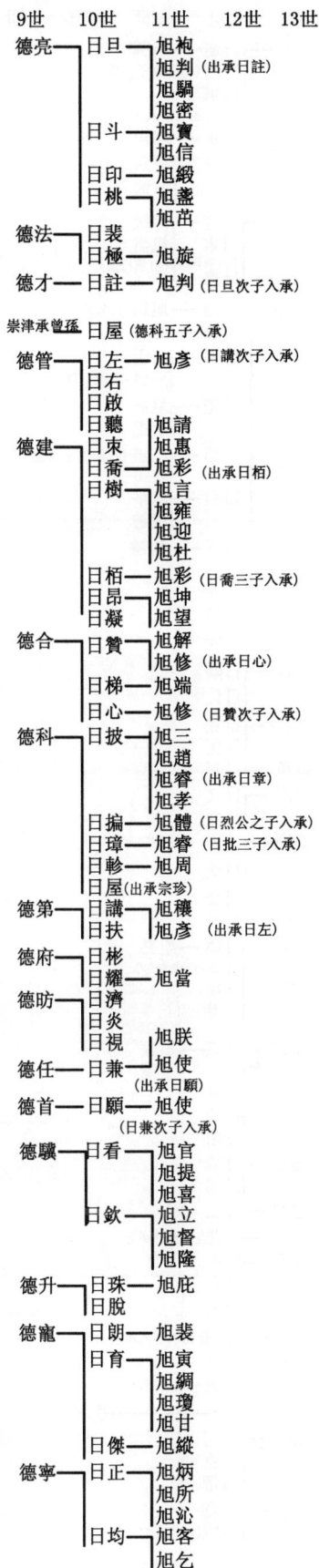

（长盛房世系）

1世	2世	3世	4世	5世
邦輔	敏業	啟泉	汝道	希尚
				聰明
				近江
			見沙	朝建
	敏隱	啟邦	東濱	近泉
				森泉
			錦沙	我轉
				我展
				少錦
				少沙
			良沙	九田

5世	6世	7世	8世	9世
少沙	聖泉	道昌	明琦	德迩
九田	成聚	道洋		明豺
		道立	明團	德什
				德然
			明圓	德鞏
				德岑
				德堯
				德定
				德七
			明全	德倪
				德培

9世	10世	11世	12世	13世
德亮	日旦	旭袍		
		旭判（出承日註）		
		旭騳		
		旭密		
	日斗	旭寶		
		旭信		
	日印	旭緞		
	日桃	旭盞		
		旭苗		
德法	日裴	旭旋		
	日極			
德才	日註	旭判（日旦次子入承）		

5世	6世	7世	8世	9世
希尚	胄忝	崇著	明寅	
		崇會		德福
		崇信	明祖	德順
聰明	胄顯	崇治	明墨	德八
近江		崇繼	明亥	德郇
	胄統	崇悌	明盛（出承崇舜）	德香
	胄二		明玄	
	立華	崇舜	明盛	德廸
			明雪	德宗
		崇符	明進	德鵬
				德載
				德亮
				德法
				德才
	胄倫	崇津	明乞	德管
	胄五	崇國	明芳	德合
	胄六			德科
				德第
				德府
				德助
				德昉（出承）
			明果	德任
近泉	胄蓋	崇對	明冬	德首
	胄本	崇烏		德馨
		崇山		德升
		崇濟	明超	德寵
	胄用	崇永	明哲	德寧
森泉	胄默	崇和	明岩	德宇
				德寵（出承）
				德富
				德宏
				德宦
				德夷
			明起	德盛
我轉	胄韜	有爲	明怨	
我展	胄基			德算
少錦	胄護			德漢
萬泉	道儒		明興	德高
惟發	道明		明旺	德應
聖泉（出承少沙）			明顯	德殿
			明才	德照
			明露	德挺
少錦	胄辨	崇治	明懇	金魁
	道五			金迎
	道齊			金慶
				金度
			明求	金祥
				金鶴
				金汀
			明德	金茳
				金闕
				金語
				金能
				金伍
				金勉
	胄建	道琛	明弁	金騰
				金蛟
				金京
				金平

9世	10世	11世	12世	13世
德順	日甲	旭石		
		旭仕		
		旭湖		
	日郡	旭則	煥羨	
			煥美	
			煥儲	
		旭我	煥光	
		旭炳	煥奏	
	日却	旭藝	煥嚴	春燕
			煥彭	
			煥賴	
			煥題（出承旭苑）	
		旭苑	煥延	
			煥題	
		旭荔	煥蒲	
	日愷	旭共	煥瓆	
		旭亞	煥環	
德八	日新	旭外（兼承日新）	煥禱（出承日新）	
	日靈			
	日賜	旭麗	煥豺	
		旭秋		
		旭從	煥顯	
德郇	日喜	旭塲		
	日慶	旭淡		
	日助	旭厚	煥蟾	
		旭祿		
		旭尾	煥琴	
			煥炮	
德香	日賞	旭護	煥獸	
		旭班	煥獸（旭丁子入承）	
		旭丁	煥獸（出承旭班）	
德迪	日琳	旭池		
	日韜	旭忍（旭烈次子入承）		
	日及			
德宗	日玉	旭緣		
		旭教		
		旭然		
	日廣	旭軍		
	日詔	旭速（出承日韜）		
	日烈	旭忍		
		旭治（出承日搞）		
德鵬	日送	旭監	煥愛	
			煥百	
			煥栖	
德載	日蒤	旭立		
		旭田		
		旭同		
	日習	旭撥		
		旭卿		
		旭趙		
	日愈	旭理		

崇津承曾孫

9世	10世	11世	12世	13世
德管	日屋（德科五子入承）			
	日左	旭彦（日講次子入承）		
	日右			
	日啟			
	日聽			
德建	日束	旭請		
		旭惠		
	日喬	旭彩（出承日栢）		
	日樹	旭言		
		旭雍		
		旭迎		
		旭杜		
	日栢	旭彩（日喬三子入承）		
	日昂	旭坤		
	日凝	旭望		
德合	日贊	旭解		
		旭修（出承日心）		
	日梯	旭端		
	日心	旭修（日贊次子入承）		
德科	日披	旭三		
		旭趙		
		旭睿（出承日章）		
		旭孝		
	日搞	旭體（日烈公之子入承）		
	日璋	旭睿（日批三子入承）		
	日軫	旭周		
	日屋（出承宗珍）			
德第	日講	旭穰		
	日扶	旭彦（出承日左）		
德府	日彬			
	日耀	旭當		
德昉	日濟			
	日炎			
	日視	旭朕		
德任	日兼	旭使（出承日顯）		
德首	日顯	旭使（日兼子入承）		
德驥	日看	旭官		
		旭提		
		旭喜		
	日欽	旭立		
		旭督		
		旭隆		
德升	日珠	旭庇		
	日脫			
德寵	日朗	旭裴		
	日育	旭寅		
		旭綱		
		旭瓊		
		旭甘		
	日傑	旭縱		
德寧	日正	旭炳		
		旭所		
		旭沁		
	日均	旭客		
		旭乞		

203

第一列（9世—13世）

9世	10世	11世	12世	13世
德宇	日遷	旭所		
	日兩（日正次子入承）			
	日絨			
	日雪（德宏之入承）			
德富	日是	旭俊		
	日答	旭素		
		旭壇		
德宏	日彪	旭級		
	日雪（出承德宇）	旭辨（出承日偲）		
	日愈			
德宦	日瑾	旭緝（日集次子入承）		
	日敦	旭有		
	日集	旭因		
		旭緝（出承日瑾）		
	日謙	旭蘇		
		旭攬		
	日偲	旭辨（日彪次子入承）		
		旭美		
	日衰	旭恪		
		旭納		
	日適	旭驗		
德衷	日邁			
	日宰			
	日保			
德盛	日嬌			
	日仁			
德算	日寬			
	日伍			
德漢	日書			
德高	日文			
	日西			
德應	日世			
	日煥			
德殿	日金			
德挺	日益			
金魁	日聽	旭嘉		
	日訓（出承金迎）			
	日叟			
	日海			
金迎	日訓（金魁次子入承）	旭辰		
		旭商		
金慶	日降			
	日改			
	日角			
金度	日昤			
	日部			
金祥	日開			
金汀	日熙（金蛟次子入承）			
金荔	日貴			
	日寬			
金闕	日穆			
金語	日綰（金能次子入承）			
金能	日歷			
	日綰（出承金語）			
金伍	日壬			煥瑞
金騰	日明			
	日克			
	日帶			
金蛟	日意			
	日照（出承金汀）			

第二列（9世—13世）

9世	10世	11世	12世	13世
金京	日好	旭房		
	日義	旭滿		
金平	日珍			
	日垂	旭洽	煥洞	
	日全		煥吟	
	日朝		煥彼	
	日接		煥祖	
	日雲		煥水	
		旭古	煥板	
			煥涵	
			煥浦	
德週	日祿純			
	日佛			
	日奕墀			
	日善			
德豸	日愛（德十次子入承）			
德十	日允愛			
	日愛思			
德堯	日助			
德定	日愿			
德培	日請			
德馨	日溪捷			
	日鶯			
	日璋	旭宗	煥埔	
前代失详		旭月	煥為	
前代失详		旭澤	煥铁	春螺
前代失详		旭印	煥戬	
			煥清	
前代失详		旭殊	煥楚	
前代失详		旭霜	煥捸	
前代失详		旭增	煥沁	
前代失详		旭輕		
前代失详		旭鬱	煥陕	春鍊
				春驕
前代失详		成山		春（出嗣沙堤）
前代失详		旭三		春泉
前代失详		旭潘	煥格	春標
前代失详		旭濟		春釣
前代失详		旭愿	煥帆	春緹
前代失详		旭歲	煥仁	春攪
前代失详		旭且	煥指	春振
				春守
前代失详		旭蔚	煥地	春柱
前代失详		旭笑		

第三列（13世—17世）

13世	14世	15世	16世	17世
旭官后裔		群壇		
		群作	倫其	欣正
				欣盾
			倫煌	欣堆
				欣潤
				欣長
春坤（前代失详）	光獅			
	光馬	群火	倫水	欣鑫
				欣榮
	光撻	群燦	倫拔	
		群球	倫清	欣海
		群贛		
	光墜	群扶		
		群益	倫育	欣榮
		群贛		
	光海	群成	倫灯	欣堅
			倫賜	欣良
				欣南
				欣長
			倫財	欣曉
			倫國	欣達
春鍊	光貴	群森	倫淵	
		群咸（出承金球姑家）		
		群助		
春泉	光丕	群燦	倫升	
	光約	群生		
	天賜（出承岑兆）			
春輕	光菜	群俀		
		群慈	倫圍	
		群澤	倫霖	
	光沐	群能	倫川	
		群坑		
		群霜		
		群坎		
	光寬	群皎	倫色	
春強	光朝			
春全	光贊	群從		
		群奢		
春兔	光南			
春盤	光樹（兼祧春松）			
春緘	光兔			
	光腰			
	光賜			
	光烟			
春綢	光振	群要		
		群洴	倫魖（兼承群要）	
		群柚	倫郁	
	光虎	群頂	倫殿（兼承群頂）	
春肥	光招	群眷	倫雕	
		群用	倫凱	
春樓	光賞	群忠	倫棟	
		群浪	倫鏾	
		群淑		

17世	18世	19世
欣盾	帝忠	
欣堆	帝達	
	帝發	覢鎮（兼承欣正）
	帝榜	
欣潤	帝育	
欣長	帝招	
欣榮	帝貴	
欣海	帝迪	

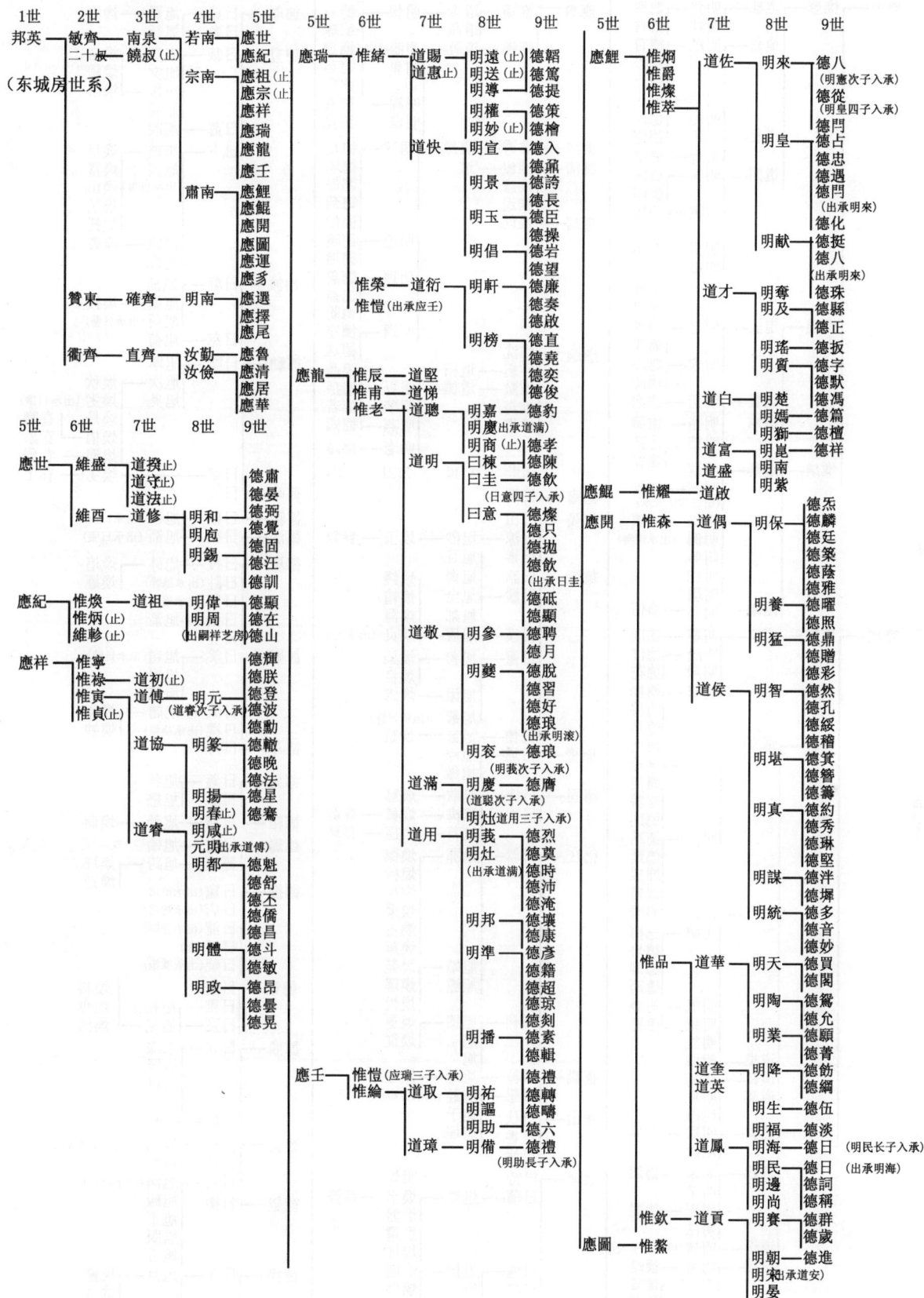

（2）东城房世系

1世	2世	3世	4世	5世	5世	6世	7世	8世	9世	5世	6世	7世	8世	9世

邦英 —— 敏齊 —— 南泉 —— 若南 —— 應世
　　　　二十叔 —— 饒叔(止) —— 宗南 —— 應紀
（东城房世系）　　　　　　　　　　應祖(止)
　　　　　　　　　　　　　　　　　應宗(止)
　　　　　　　　　　　　　　　　　應祥
　　　　　　　　　　　　　　　　　應瑞
　　　　　　　　　　　　　　　　　應龍
　　　　　　　　　　　　　　　　　應壬
　　　　　　　　　　　　蕭南 —— 應鯉
　　　　　　　　　　　　　　　　　應鯤
　　　　　　　　　　　　　　　　　應開
　　　　　　　　　　　　　　　　　應圖
　　　　　　　　　　　　　　　　　應運
　　　　　　　　　　　　　　　　　應豸
　　　　贊東 —— 確齊 —— 明南 —— 應選／應擇／應尾
　　　　衝齊 —— 直齊 —— 汝勤／汝俊 —— 應魯／應清／應居／應華

中部

應瑞 —— 惟緒 —— 道賜／道惠(止) —— 明遠(止)／明送(止)／明導／明權／明妙(止) —— 德韜／德篤／德提／德策／德檜
　　　　　　　　道快 —— 明宣 —— 德入／德鼎／德誇
　　　　　　　　　　　　明景 —— 德長
　　　　　　　　　　　　明玉 —— 德臣／德操
　　　　　　　　　　　　明倡 —— 德岩／德望
　　　　惟榮 —— 道衍 —— 明軒 —— 德廉／德奏／德啟
　　　　惟愷(出承应壬) —— 明榜 —— 德直／德堯／德奕／德俊

應龍 —— 惟辰 —— 道堅 —— 明嘉 —— 德豹
　　　　惟甫 —— 道悌 —— 明慶(出承道滿)
　　　　惟老 —— 道聰 —— 明商(止) —— 德孝／德陳
　　　　　　　　　　　　曰棟 —— 德飲
　　　　　　　　道明 —— 曰圭
　　　　　　　　　　　　曰意(日意四子入承) —— 德燦／德只／德拋／德飲(出承日圭)
　　　　　　　　　　　　　　　　　　　　　　德砥／德顯
　　　　　　　　道敬 —— 明參 —— 德聘／德月
　　　　　　　　　　　　明夔 —— 德脫／德習／德好／德琅(出承明滾)
　　　　　　　　　　　　明爻 —— 德琅(明裁次子入承)
　　　　　　　　道滿 —— 明慶(道聰次子入承) —— 德膚
　　　　　　　　　　　　明灶(道用三子入承)
　　　　　　　　道用 —— 明裁 —— 德烈／德莫
　　　　　　　　　　　　明灶(出承道滿) —— 德時／德沛／德淹
　　　　　　　　　　　　明邦 —— 德壤／德康
　　　　　　　　　　　　明準 —— 德彥／德籍／德超／德瓊／德刿
　　　　　　　　　　　　明播 —— 德素／德輯

應壬 —— 惟愷(应瑞三子入承)
　　　　惟綸 —— 道取 —— 明祐／明謳／明助 —— 德禮／德轉／德嘴／德六
　　　　　　　　道璋 —— 明備(明助长子入承) —— 德禮(明助长子入承)

右部

應鯉 —— 惟焢／惟爵／惟燦／惟萃 —— 道佐 —— 明來 —— 德八(明憲次子入承)／德從(明皇四子入承)
　　　　　　　　　　　　　　　　　明皇 —— 德門／德占／德忠／德遇／德門(出承明來)／德化
　　　　　　　　　　　　　　　　　明獻 —— 德挺／德八(出承明來)
　　　　　　　　　　　　　　　道才 —— 明奪 —— 德珠／德縣
　　　　　　　　　　　　　　　　　明及 —— 德正
　　　　　　　　　　　　　　　　　明瑤 —— 德扳
　　　　　　　　　　　　　　　　　明賈 —— 德字／德默
　　　　　　　　　　　　　　　道白 —— 明楚 —— 德馮
　　　　　　　　　　　　　　　　　明媽 —— 德篇
　　　　　　　　　　　　　　　　　明獅 —— 德檀
　　　　　　　　　　　　　　　道富 —— 明崑 —— 德祥
　　　　　　　　　　　　　　　道盛 —— 明南／明紫
應鯤 —— 惟耀 —— 道啟

應開 —— 惟森 —— 道偶 —— 明保 —— 德炁／德麟／德廷／德築／德蔭／德雅
　　　　　　　　　　　　明養 —— 德曜／德照
　　　　　　　　　　　　明猛 —— 德鼎／德贈／德彩
　　　　　　　　道侯 —— 明智 —— 德然／德孔／德綏／德稻／德箕
　　　　　　　　　　　　明堪 —— 德簪／德籌／德約／德秀／德琳／德堅
　　　　　　　　　　　　明真 —— 德洋／德墀／德多／德音
　　　　　　　　　　　　明謀 —— 德妙／德買／德閣
　　　　　　　　　　　　明統
　　　　惟品 —— 道華 —— 明天 —— 德鴛
　　　　　　　　　　　　明陶 —— 德允／德顯
　　　　　　　　　　　　明業 —— 德菁／德筋
　　　　　　　　道奎 —— 明降 —— 德綱
　　　　　　　　道英
　　　　　　　　道鳳 —— 明生 —— 德伍
　　　　　　　　　　　　明福 —— 德淡
　　　　　　　　　　　　明海 —— 德日(明民长子入承)
　　　　　　　　　　　　明民 —— 德日(出承明海)
　　　　　　　　　　　　明邊 —— 德詞
　　　　　　　　　　　　明尚 —— 德稱
　　　　惟欽 —— 道貢 —— 明賽 —— 德群／德歲
　　　　　　　　　　　　明朝 —— 德進
　　　　　　　　　　　　明宋(出承道安)
　　　　　　　　　　　　明晏
應圖 —— 惟鰲

左下部

5世	6世	7世	8世	9世

應世 —— 維盛 —— 道揆(止)／道守(止)／道法(止)
　　　　維西 —— 道修 —— 明和 —— 德蕭／德晏／德弼／德覺
　　　　　　　　　　　　明庖 —— 德固／德汪
　　　　　　　　　　　　明錫 —— 德訓

應紀 —— 惟煥 —— 道祖 —— 明偉 —— 德顯／德在／德山
　　　　惟炳(止)　　　　　明周(出嗣祥芝房)
　　　　維軫(止)

應祥 —— 惟寧 —— 道初(止)
　　　　惟祿 —— 道傅 —— 明元(道睿次子入承) —— 德輝／德朕／德登／德波／德勳
　　　　惟寅 —— 道協 —— 明篆 —— 德轍／德晚／德法／德星／德謇
　　　　惟貞(止) —— 道睿 —— 明揚
　　　　　　　　　　　　明春(止)
　　　　　　　　　　　　明咸(止)
　　　　　　　　　　　　元明(出承道傅)
　　　　　　　　　　　　明都 —— 德魁／德舒／德不僑／德昌
　　　　　　　　　　　　明體 —— 德斗／德敏
　　　　　　　　　　　　明政 —— 德昂／德曇／德晃

5世	6世		8世	9世

左部（5世·6世·8世·9世）

- 應運
  - 惟墅
    - 道桂 — 明代・明仲 — 德曹・德普
    - 道楚 — 明猷・明烈 — 德首・德拔・德三
    - 道良 — 明選・明淵・明珎・明琮 — 德廉・德深・德檀・德璧
    - 道闿 — 明岳 — 德賜・德印
      - 明爽 — 德唐・德愿
      - 明曳 — 德愿
      - 明廣 — 德賞・德慶・德量
  - 惟璣
    - 道安 — 明定 — 德營・德我
      - 明宋 — 德湊・德此
    - 道賢 — 明招 — 德泡
    - 道享 — 明裕 — 德節
      - 明樓 — 德轄・德春
  - 惟琇
    - 道秦 — 明遲
      - 明例 — 德旋（道堤次子入承）
    - 道堤 — 明仍 — 德鵬
      - 明例（出承道秦）
      - 明尊・明能・明驕
    - 道繼 — 明尊 — 德恒
- 應尾
  - 惟推
    - 道文 — 明鑾・明隨・明殿・明繫 — 德欣・德汀・德花・德柳・德穆・德共
  - 惟板
    - 道亨 — 明全 — 德良
      - 明茂 — 德珍・德儒・德貌・德則
      - 明志 — 德點・德廷・德援・德轉・德濟
    - 道吉 — 明扶 — 德梅
      - 明聰 — 德培・德卿・德衛
      - 明凱 — 德叠
      - 明續 — 德密
      - 明旅
    - 道果 — 明成
    - 道鎮 — 明初
    - 道滿 — 明寬・明淨
  - 惟平
    - 道贊 — 明順 — 德界
      - 明政
    - 道起 — 明來 — 德錦
      - 明千
      - 明理 — 德閣
      - 明法
    - 道逞 — 明懷（明春三子入承）
    - 道雄 — 明萬 — 德略
      - 明春 — 德景・德韜・德略（出承明万）・德試

5世	6世	7世	8世	9世

中部（5世·6世·7世·8世·9世）

- 應魯
  - 惟鏑 — 道燦・道蔭
  - 惟鐸 — 道乾 — 明報 — 德石・德球
    - 明盼・明晃 — 德讀・德英・德卯
    - 明謀 — 德喜
    - 明藏 — 德昆
- 應擇 — 惟秀 — 道豫 — 明達 — 德長・德順・德昂・德菊・德怡・德曉
- 應清 — 惟俊・惟彥・惟逞 — 道 — 明道 — 德璣・德義・德益・德盼
- 應居 — 惟朗 — 明運 — 德亨・德送
  - 明通
- 應選
  - 惟沈
  - 惟綎 — 道招
  - 惟敵 — 道標 — 明豆・明琰・明燕・明老 — 德鼎・德孫・德若・德國・德讓
  - 惟奇
  - 惟進

9世	10世	11世	12世	13世

中部下（9世～13世）

- 德蕭 — 日衢
- 德晏 — 日田
  - 日涼 — 旭砂 — 煥玉 — 春釵
  - 日審 — 旭且
- 德弼 — 日誥 — 旭齊
  - 日嚴 — 旭全 — 煥錢
    - 旭鄰 — 煥箱・煥籠
  - 日漢 — 旭硯 — 煥良（出承旭善）
  - 日儆 — 旭善 — 煥染・煥良
    - 旭湫 — 煥綁
    - 旭叢（出承日懷）
  - 日懷 — 旭叢 — 煥察
- 德覺 — 日通 — 旭浮・旭做
- 德固 — 日捷 — 旭欺 — 煥篡
  - 日次 — 旭梅 — 煥員 — 春盈
    - 旭莉 — 煥篷 — 春珠
- 德汪 — 日鬆 — 旭鄂 — 煥傑・煥橾・煥棟・煥渠・煥古・煥童
    - 旭靖 — 煥苑
    - 旭滋 — 煥瑾・煥悅
  - 日利 — 旭掇 — 煥專・煥從
    - 旭
- 德訓 — 日棹 — 旭銓 — 煥達
  - 日懇 — 旭銓（出承日棹）
- 德山 — 日伏 — 旭千・旭埕
  - 日香
  - 日岸
- 德輝 — 日特 — 明晏
  - 日蒲 — 旭婁 — 煥水・煥盤・煥還・煥坪 — 春答
  - 日清 — 旭桂 — 煥璉・煥瑞・煥育
  - 日嗟 — 旭呈

9世	10世	11世	12世	13世

右部（9世～13世）

- 德聯 — 日茹 — 旭買 — 煥因
  - 日勤
- 德登 — 日裁 — 旭顏・旭突・旭接・旭赫 — 煥奇・煥銀・煥桁
  - 日薦 — 旭腴
  - 日卜 — 旭琪・旭腴（出承日薦） — 煥早・煥富・煥山・煥禧・煥托
    - 旭胆・旭挽 — 煥贊
- 德波 — 日蘭 — 旭插・旭嚴 — 煥拔
    - 旭荷（出承日慈）
  - 日慈 — 旭荷
- 德勳 — 日陜 — 旭厚
    - 旭次・旭炎 — 煥秋（出承日纘）・煥劣（出承日纘）・煥丹・煥梢・煥泡
  - 日纘 — 煥劣 — 春贈・春添・春珊・春土
- 德晚 — 日註
- 德轍 — 日樸 — 旭砵（出承日投）
- 德法 — 日剡 — 旭箭（出承日張）
- 德星 — 日投 — 旭砵 — 煥追・煥纏
  - 日註（出承德晚）
  - 日剡（出承德法）
  - 日張 — 旭箭
  - 日亞
- 德篤 — 日笑 — 旭趙（出承日藏）・旭扇・旭緘
  - 日藏 — 旭趙 — 煥寬・煥妙
  - 日樸（出承德轍）
- 德斗 — 日丹
- 德晁 — 日義 — 旭秋
  - 日諒 — 旭戀
- 德韜 — 日溜 — 旭軯 — 煥苗
- 德篤 — 日寵 — 旭碲
  - 日店 — 旭跨 — 煥坪・煥把
- 德提 — 日寵（出承德篤）
  - 日店（出承德篤）
  - 日溜（出承德韜）
  - 日眉（止）
  - 日疑（出承德策）
- 德策 — 日慶 — 煥科・煥奪・煥榜
  - 日雅 — 旭札
  - 日疑 — 旭見
- 德甬 — 日穴 — 旭漲・旭賢・旭雛・旭合
  - 日鼓 — 旭葛
- 德長 — 日存 — 旭滿（日的長子入承）
  - 日花 — 旭料
  - 日的 — 旭滿（出承日存）
- 德望 — 日搬 — 旭飯・旭丁・旭服・旭五
- 德操 — 日念 — 旭且 — 煥量・煥寸
    - 旭經 — 煥寸（出承旭且）
  - 日想 — 旭圈

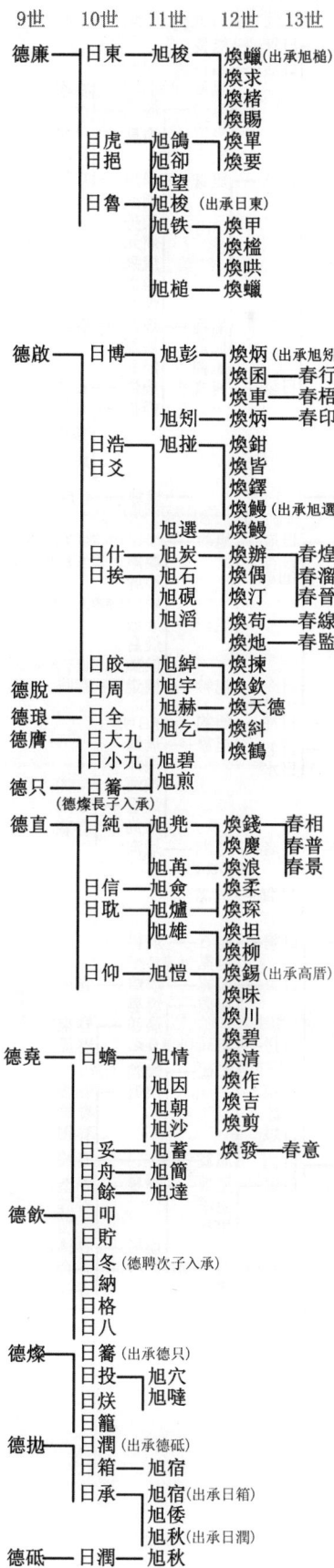

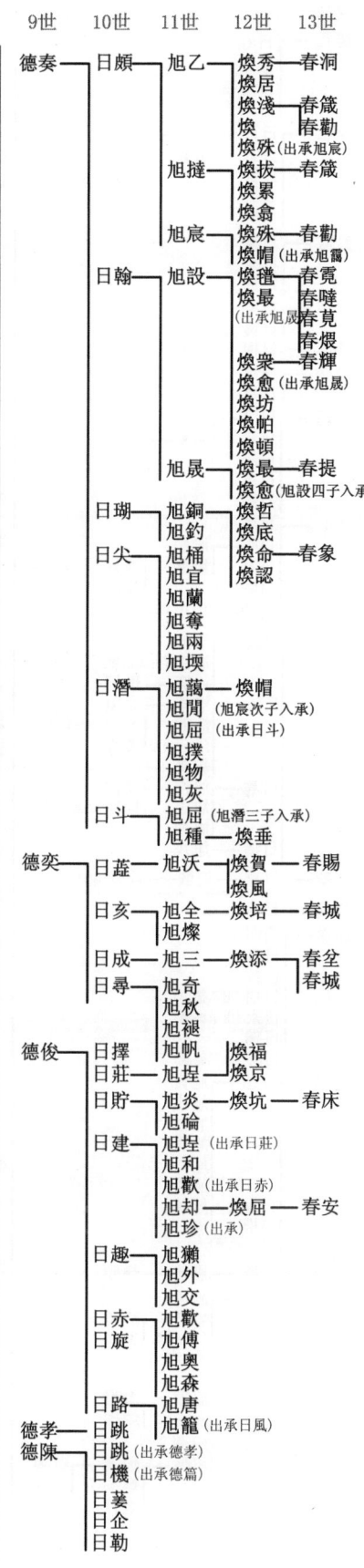

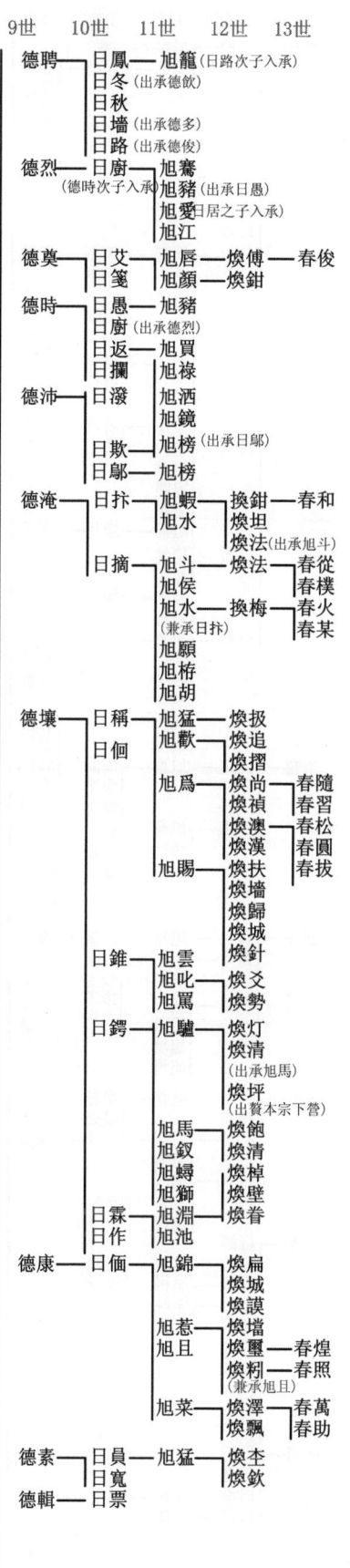

第一列

9世	10世	11世	12世	13世

- 德廉—日東—旭梭—煥蠟(出承旭槌)
  - 煥求
  - 煥楮
  - 煥賜
  - 日虎—旭鴿—煥單
  - 日挹—旭卻—煥要
    - 旭望
  - 日魯—旭梭(出承日東)
    - 旭鐵—煥甲
      - 煥檻
      - 煥哄
    - 旭槌—煥蠟
- 德啟—日博—旭彭—煥炳(出承旭矧)
  - 煥困—春行
  - 煥車—春梧
  - 旭矧—煥炳—春印
  - 日浩—旭挬—煥鉗
  - 日爻 煥皆
    - 煥鐸
    - 煥鰻(出承旭選)
    - 旭選—煥鰻
  - 日什—旭炭—煥辦—春煌
  - 日挨—旭石 煥偶—春溜
    - 旭硯 煥汀—春晉
    - 旭滔—煥苟—春線
      - 煥地—春監
  - 日皎—旭綽—煥揀
    - 旭宇—煥欽
    - 旭赫—煥天德
    - 旭乞—煥糾
- 德脫—日周 煥鶴
- 德琅—日全—旭碧
- 德膺—日大九 旭煎
  - 日小九
- 德只—日籥(德燦長子入承)
- 德直—日純—旭兆—煥錢—春相
  - 煥慶—春普
    - 春景
  - 旭苒—煥浪
  - 日信—旭僉—煥柔
  - 日耽—旭爐—煥琛
    - 旭雄—煥坦
      - 煥柳
  - 日仰—旭愷—煥錫(出承高厝)
    - 煥味
    - 煥川
    - 煥碧
    - 煥清
- 德堯—日蟾—旭情
  - 旭因
  - 旭朝
  - 旭沙
  - 日妥—旭蓄—煥發—春意
  - 日舟—旭簡
  - 日餘—旭達
- 德飲—日叩
  - 日貯
  - 日冬(德聘次子入承)
  - 日納
  - 日格
  - 日八
- 德燦—日籥(出承德只)
  - 日投—旭穴
  - 日炗—旭噠
  - 日籠
- 德拋—日潤(出承德砥)
  - 日箱—旭宿
  - 日承—旭宿(出承日箱)
    - 旭倭
    - 旭秋(出承日潤)
- 德砥—日潤—旭秋

第二列

9世	10世	11世	12世	13世

- 德奏—日頗—旭乙—煥秀—春洞
  - 煥居
  - 煥淺—春箴
  - 煥 春勸
  - 煥殊(出承旭宸)
  - 旭撻—煥拔—春箴
    - 煥累
    - 煥翕
  - 旭宸—煥殊—春勸
    - 煥帽(出承旭霭)
  - 日翰—旭設—煥璠—春霓
    - 煥最 春嚏
    - (出承旭晟) 春莧
      - 春煨
    - 煥眾—春輝
    - 煥愈(出承旭晟)
    - 煥坊
    - 煥帕
    - 煥頓
    - 旭晟—煥最—春提
      - 煥愈(旭設四子入承)
  - 日瑚—旭銅—煥哲
    - 旭釣—煥底
  - 日尖—旭桶 煥命—春象
    - 旭宜 煥認
    - 旭蘭
    - 旭奪
    - 旭兩
    - 旭埌
  - 日湎—旭藺—煥帽
    - 旭閏(旭宸次子入承)
    - 旭屈(出承日斗)
    - 旭撲
    - 旭物
    - 旭灰
  - 日斗—旭屈(旭湎三子入承)
    - 旭種—煥垂
- 德奕—日荵—旭沃—煥賀—春賜
  - 煥風
  - 日亥—旭全—煥培—春城
    - 旭燦
  - 日成—旭三—煥添—春坌
    - 春城
  - 日尋—旭奇
    - 旭秋
    - 旭褪
- 德俊—日擇—旭帆 煥福
  - 日莊—旭埕 煥京
  - 日貯—旭炎—煥坑—春床
    - 旭礴
  - 日建—旭埕(出承日莊)
    - 旭和
    - 旭歡(出承日赤)
    - 旭却—煥屈—春安
    - 旭珍(出承)
  - 日趣—旭獵
    - 旭外
    - 旭交
  - 日赤—旭歡
  - 日旋—旭傅
    - 旭奧
    - 旭森
  - 日路—旭唐
    - 旭籠(出承日風)
- 德孝—日跳
- 德陳—日跳(出承德孝)
  - 日機(出承德篇)
  - 日葜
  - 日企
  - 日勒

第三列

9世	10世	11世	12世	13世

- 德聘—日鳳—旭籠(日路次子入承)
  - 日冬(出承德飲)
  - 日秋
  - 日墙(出承德多)
  - 日路(出承德俊)
- 德烈—日廚—旭鴦
  - (德時次子入承) 旭豬(出承日愚)
    - 旭愛(日居之子入承)
    - 旭江
- 德奠—日艾—旭唇—煥傅—春俊
  - 日篸—旭顏—煥鉗
- 德時—日愚—旭豬
  - 日廚(出承德烈)
  - 日返—旭買
  - 日攔—旭祿
- 德沛—日潑—旭洒
  - 旭鏡
  - 日欺—旭榜(出承日郇)
  - 日郇—旭榜
- 德淹—日抃—旭蝦 煥鉗—春和
  - 旭水 煥坦
    - 煥法(出承旭斗)
  - 日摘—旭斗—煥法—春從
    - 旭侯 春樸
    - 旭水—換梅—春火
    - (兼承日抃) 春某
    - 旭顧
    - 旭栲
    - 旭胡
- 德壞—日稱—旭猛—煥扱
  - 日佪—旭歡—煥追
    - 煥摺
  - 旭舄—煥尚—春隨
    - 煥禎—春習
    - 煥澳—春松
    - 煥漢—春圓
  - 旭賜—煥扶—春拔
    - 煥墙
    - 煥歸城
    - 煥城
    - 煥針
  - 日錐—旭雲—煥爻
    - 旭叱—煥勢
    - 旭罵
  - 日鍔—旭驢—煥灯
    - 煥清(出承旭馬)
    - 煥坪(出贅本宗下營)
  - 旭馬—煥飽
  - 旭釵—煥清
  - 旭蟳—煥棹
  - 旭獅—煥壁
  - 日霖—旭淵—煥眷
  - 日作—旭池
- 德康—日價—旭錦—煥扁
  - 煥城
  - 煥謨
  - 旭惹—煥墙
  - 旭且—煥璽—春煌
    - 煥犁—春照
    - (兼承旭且)
  - 旭菜—煥澤—春萬
    - 煥飄—春助
- 德素—日員—旭猛—煥杢
  - 日寬 煥欽
- 德輯—日票

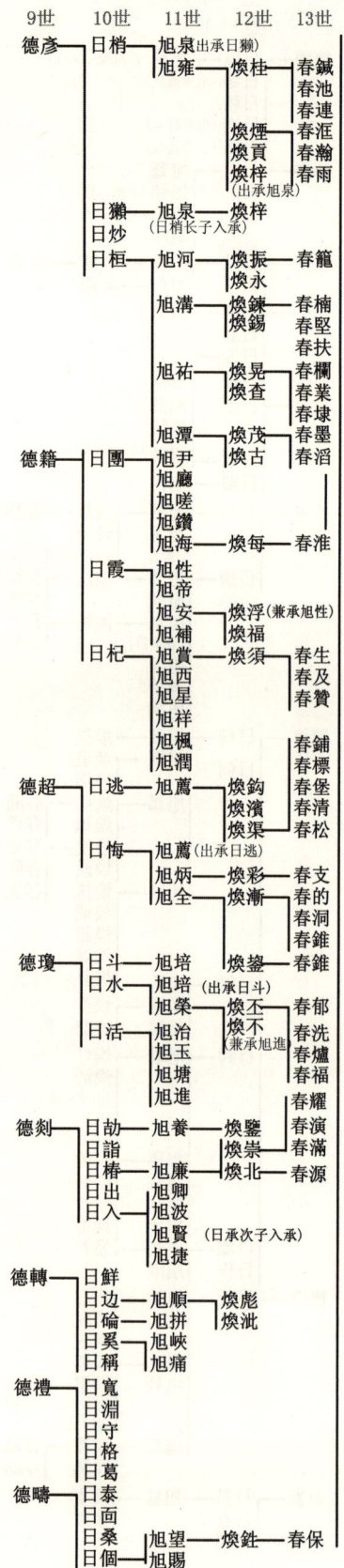

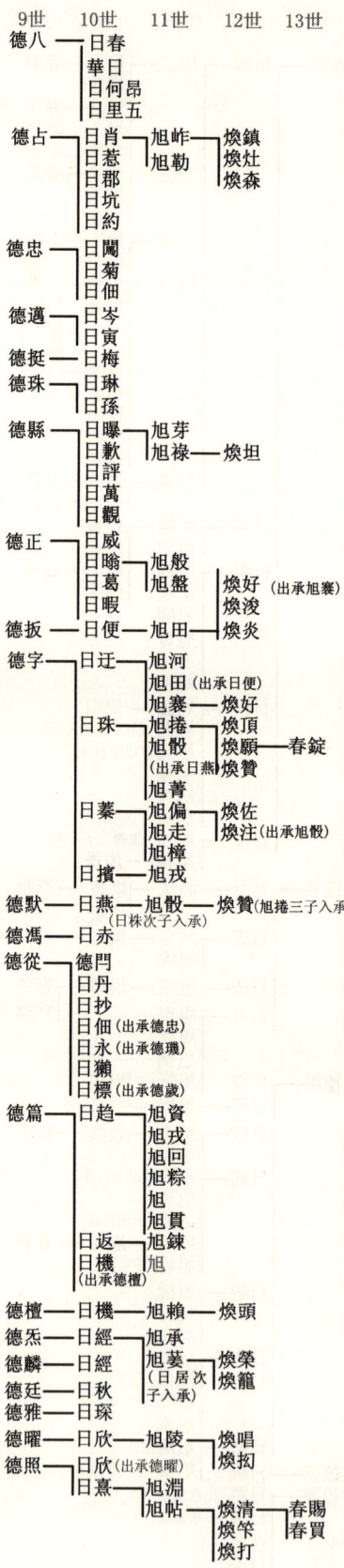

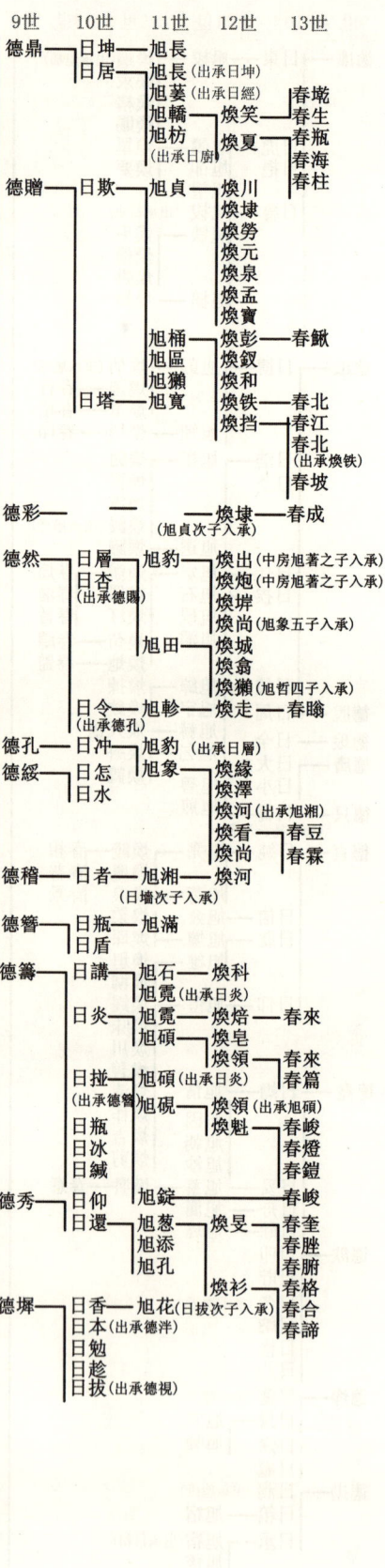

9世	10世	11世	12世	13世

- 德彦 — 日梢 — 旭泉(出承日獺)
  - 旭雍 — 煥桂 — 春鍼 春池 春連 春涯 春瀚 春雨
  - 煥煙 煥貢 煥梓(出承旭泉)
  - 日獺 — 旭泉 — 煥梓(日梢长子入承)
  - 日炒
  - 日桓 — 旭河 — 煥振 煥永 — 春籠
    - 旭溝 — 煥鍊 煥錫 — 春楠 春堅 春扶 春欄 春業 春埭 春墨 春滔
    - 旭祐 — 煥晃 煥查
    - 旭潭 — 煥茂 煥古
- 德籍 — 日團 — 旭尹 旭廳 旭嗟 旭鑽 旭海 — 煥每 — 春淮
  - 日霞 — 旭性 旭帝 旭安 — 煥浮(兼承旭性) 煥福 旭補
  - 日杞 — 旭賞 — 煥須 — 春生 春及 春贊
    - 旭西 旭星 旭祥 旭楓 旭潤
- 德超 — 日逃 — 旭薦 — 煥鈞 煥濱 煥渠 — 春鋪 春標 春堡 春清 春松
  - 日悔 — 旭薦(出承日逃) 旭炳 — 煥彩 — 春支 旭全 — 煥漸 — 春的 春洞 春錐
- 德瓊 — 日斗 — 旭培 — 煥鋆 — 春錐
  - 日水 — 旭培(出承日斗)
  - 日活 — 旭榮 — 煥丕 煥丕(兼承旭進) — 春郁 春洗 春爐 春福
    - 旭治 旭玉 旭塘 旭進 — 春耀 春演 春滿
- 德剡 — 日劫 — 旭養 — 煥鑒
  - 日詣 — 旭廉 — 煥崇 煥北 — 春源
  - 日出 — 旭卿
  - 日入 — 旭波 旭賢(日承次子入承) 旭捷
- 德轉 — 日鮮
  - 日边 — 旭順 — 煥彪 煥沘
  - 日碻 — 旭拼
  - 日奚 — 旭峽
  - 日稱 — 旭痛
- 德禮 — 日寬 日淵 日守 日格 日葛
- 德疇 — 日泰 日面 日桑 — 旭望 — 煥鉒 — 春保
  - 日個 — 旭賜

- 德八 — 日春 華日 何昂 里五
- 德占 — 日肖 — 旭岈 — 煥鎮
  - 日惹 — 旭勒 — 煥灶
  - 日郡 煥森 日坑 日約
- 德忠 — 日閭 日菊 日佃 日日
- 德邁 — 日岑 日寅
- 德挺 — 日梅
- 德珠 — 日琳 日孫
- 德縣 — 日曝 — 旭芽
  - 日歉 — 旭祿 — 煥坦
  - 日評 日萬 日觀
- 德正 — 日威
  - 日晞 — 旭殷
  - 日葛 — 旭盤 — 煥好(出承旭襄)
  - 日暇 — 煥浚
- 德扳 — 日便 — 旭田 — 煥炎
- 德字 — 日迁 — 旭河 旭田(出承日便) 旭襄 — 煥好
  - 日珠 — 旭捲 — 煥頂 旭骰 — 煥頑 — 春錠 (出承日燕) 煥贊 旭菁
  - 日秦 — 旭偏 — 煥佐 旭走 — 煥注(出承旭骰) 煥尚 煥樟
  - 日擴 — 旭戎
- 德默 — 日燕 — 旭骰 — 煥贊 (旭捲三子入承)(日株次子入承)
- 德馮 — 日赤
- 德從 — 德門 日丹 日抄 日佃(出承德忠) 日永(出承德璦) 日獺(出承德葳) 日標
- 德篇 — 日趋 — 旭資 旭戎 旭回 旭粽 旭貫 旭錬
  - 日返 — 旭
  - 日機(出承德檀)
- 德檀 — 日機 — 旭賴 — 煥頭
- 德忝 — 日經 — 旭承 煥榮
- 德麟 — 日經 — 旭姜(日居次子入承) 煥籠
- 德廷 — 日秋
- 德雅 — 日琛
- 德曜 — 日欣 — 旭陵 — 煥唱
- 德照 — 日欣(出承德曜) 煥抝
  - 日熹 — 旭淵 旭帖 — 煥清 煥竿 煥打 — 春賜 春買

- 德鼎 — 日坤 — 旭長
  - 日居 — 旭長(出承日坤) 旭菱(出承日經) 旭轎 — 煥笑 — 春塽 春生 旭枋 — 煥夏 — 春瓶 (出承日廟) 春海 春柱
- 德贈 — 日欺 — 旭貞 — 煥川 煥埭 煥勞 煥元 煥泉 煥孟 煥寶
  - 旭桶 — 煥彭 — 春鰍 旭區 — 煥釵 旭獺 — 煥和
  - 日塔 — 旭寬 — 煥鉄 — 春北 煥挡 — 春江 春北(出承煥鉄) 春坡
- 德彩 — 煥埭 — 春成 (旭貞次子入承)
- 德然 — 日層 — 旭豹 — 煥出(中房旭著之子入承)
  - 日杏 — 煥炮(中房旭著之子入承) 煥埗 煥尚(旭象五子入承) (出承德賜)
  - 旭田 — 煥城 煥翕 煥獺(旭哲四子入承)
  - 日令 — 旭輇 — 煥走 — 春瞵 (出承德孔)
- 德孔 — 日沖 — 旭豹(出承日層)
- 德綏 — 日怎 — 旭象 — 煥緣
  - 日水 — 煥澤 煥河(出承旭湘) 煥看 — 春豆 煥尚 — 春霖
- 德稽 — 日者 — 旭湘 — 煥河 (日墙次子入承)
- 德簪 — 日瓶 — 旭滿 日盾
- 德籌 — 日講 — 旭石 — 煥科 旭霓(出承日炎)
  - 日炎 — 旭霓 — 煥焙 — 春來 旭碩 — 煥皂 煥領 — 春來
  - 日拯 — 旭碩(出承日炎) 春篇 (出承德簪) 旭硯 — 煥領(出承旭碩)
  - 日瓶 — 煥魁 — 春峻 日冰 春燈 日緘 春鎧 旭錠 — 春峻
- 德秀 — 日仰
  - 日遷 — 旭葱 — 煥旻 — 春奎 旭添 春胜 旭孔 春腑 煥衫 — 春格 春合 春諦
- 德墀 — 日香 — 旭花(日拔次子入承) 日本(出承德洋) 日勉 日趁 日拔(出承德視)

【左栏】10世　11世　12世　13世

- 德約
  - 日聚
    - 旭懇
      - 煥昂（出承煥最）
      - 煥最 — 春勝／春服／春富／春服／春胎／春期
      - 煥昇 — 春胎／春瑋／春滕／春勝
      - 煥昆
      - 煥旻（出承旭蒽）— 春膛／春曠
      - 煥景（出承旭忍）
      - 煥晏 — 春平／春建
    - 旭恩
      - 煥全 — 春潤／春潞／春浙
      - 煥葉 — 春浙
    - 旭隱
      - 煥坦 — 春滿
      - 煥從 — 春泵
      - 煥曝 — 春扳／春湛／春釵／春煥／春益／春堆
    - 旭總
      - 煥殿／煥撥／煥拮
    - 旭忍
      - 煥景 — 春胚／春等／春湖
      - 煥從（旭隱次子入承）— 春秀／春鍾
      - 煥聰
  - 日還（出承德秀）
  - 日乞
    - 旭愈 — 煥父
    - 旭慰 — 煥父
    - 旭想 — 煥影（春甥）／煥釣（出承旭慈）
    - 旭慈 — 煥釣
    - 旭宪
    - 旭志
    - 旭态
    - 旭念 — 煥瑤 — 春鎖
    - 旭惠
- 德多
  - 日銅
    - 旭汲 — 煥拼 — 春樑／春丕
    - 旭淮 — 煥倫 — 春助
    - 旭沾 — 煥瑙 — 春福／春蚶
    - 旭涵（出承旭樹）
    - 旭漆 — 煥程 — 春洋
  - 日墙
    - 旭瀲（旭涵四子入承）
    - 旭湘（出承日者）
    - 旭漁（出承日柔）
    - 旭沐（出贅衛口）
- 德音
  - 日夏
    - 旭晟
    - 旭籃（出承日柔）
    - 旭跳
    - 旭漁
    - 旭佃
    - 旭籃
  - 日柔
    - 旭泔
      - 煥甌 — 春社／春達／春暖／春盆
      - 煥漢 — 春奢
      - 煥洲 — 春盆
      - 煥程（出承旭漆）
  - 日杯
- 德妙
  - 日樹
    - 旭涵
    - 旭再（出承日員）
  - 日員
    - 旭再
      - 煥均 — 春郊
      - 煥津 — 春鐙
      - 煥濟

【中栏】9世　10世　11世　12世　13世

- 德買 — 日澈
  - 旭禾（出承日泉）
  - 旭碖
  - 旭從（出承日丙）
  - 旭廳
- 德閣
  - 日澈（出承德買）
  - 日泉 — 旭禾（日澈長子入承）
  - 日丙 — 旭從（日澈三子入承）
- 德駕
  - 日巢
  - 日創 — 旭益
  - 日排 — 旭郡／旭撓（出承日抄）
  - 日抄 — 旭武
- 德飭
  - 日六 — 旭貴／旭再（出承日樹）／旭越
  - 日潤 — 旭濕
  - 日桶 — 旭賀（煥窓 出承旭目天）／旭眛（煥窓 旭賀之子入承）／旭濕（出承日潤）
  - 日搬 — 旭突
  - 日勉 — 旭蔭／旭雞／旭越（出承日六）
- 德伍
  - 日超 — 旭頂
  - 日鉤
- 德群 — 日屋 — 旭勢 — 煥抵
- 德歲
  - 日永
  - 日標
- 德進
  - 日遺 — 旭力
  - 日式 — 旭鏡／旭定（煥銳 出承煥詠；煥彬）
  - 日彼 — 旭詠（煥銳 旭定長子入承）
  - 日請 — 旭漬／旭暉（煥侯 — 春成祖）／旭周（煥堅 — 春旦）／旭王（煥青 — 春尚；煥碖）
- 德遭
  - 日護 — 旭根
  - 日君 — 旭根／旭綿／旭象／旭鎖
  - 日笏（出承明仲）
  - 日驥 — 旭場（煥舌／煥談）／旭間／旭綿（出承日君）
- 德普
  - 日頗 — 旭令（煥興 — 春黨／春講／春看）／旭闖（煥合）／旭春／旭耳（煥扁）
  - 日笏（明仲公承孫）— 旭深（煥攬／煥詔）／旭摘（旭摘／煥爐／煥燒／煥沛／煥娥 出承旭涵）／旭廳
- 德三
  - 日顯 — 旭瞰（日拼之子入承）
  - 日拼 — 旭瞰（出承日顯）
  - 日的 — 旭鉄
- 德唐 — 日鎮
- 德良 — 日督

【右栏】9世　10世　11世　12世　13世

- 德賜 — 日旺
  - 旭配 — 煥灘（春芋）／煥鑽（春札）
  - 旭彤 — 煥鑽（春西）／煥銀（春托）
  - 旭田（出承日层）— 煥盐（春托）
  - 旭班 — 煥早（春柳）／煥篷（出承煥盐）／煥盐（出承旭彤）／煥焙
  - 旭哲 — 煥籃
  - 旭石 — 煥魚／煥鮭／煥獺
- 德營
  - 日鍰 — 旭石（出承日板）
  - 日却 — 旭舍
  - 日板 — 旭石
- 德凑 — 日管 — 旭取
- 德此
  - 日簡
  - 日竹 — 旭偶
- 德泡 — 日桃
- 德鵬
  - 日岸 — 旭滿
  - 日洗 — 旭莉
- 德鼎
  - 日永
  - 日晉（出承德孙）
  - 日揹
- 德孫 — 日晉 — 旭味 — 煥錦／煥來
- 德若
  - 日八 — 旭燒
  - 日執
  - 日妐 — 旭燒（出承日八）
- 德讓
  - 日治 — 旭付
  - 日笑
  - 日掌 — 旭付（出承日治）
- 德長 — 日求 — 旭昭
- 德順
  - 日琳 — 旭七（煥顧）／旭孔／旭庆／旭邀（煥顧 出承旭七）
  - 日試 — 旭溜（煥夥）／旭前（煥打）
  - 日英 — 旭前
- 德怡 — 日解
- 德曉
  - 日喜 — 旭鍾 — 煥螺
  - 日歡 — 旭鍾（出承日喜）／旭碟
  - 日配 — 旭峰（煥溪 出承旭岩；煥交／煥猜／煥冰／煥杉）／旭岩（煥溪 — 春城）／旭糖（煥河）／旭得（煥河 出承旭糖）／旭糕（煥甲）／旭粿
- 德義 — 日啟 — 旭湖 — 煥位（春颥）
- 德益 — 日春 — 旭紅 — 煥坪／煥朝（春颥）／煥呈（出承煥位）
- 德盼
  - 日科
  - 日超 — 旭行蘭 — 煥進
- 德送
  - 日苧 — 旭束蘭 — 煥諒
  - 日磚 — 旭怎 — 煥從
- 德欣 — 日娘 — 旭蘇
- 德汀 — 日駕
- 德柳
  - 日題 — 旭掩（煥緣／煥寬 出承旭釵／煥鉦）／旭釵（煥寬）
  - 日掛 — 旭別（煥鈿／煥梗）／旭奪（煥梗）／旭熙（出承日貞）（煥漁）

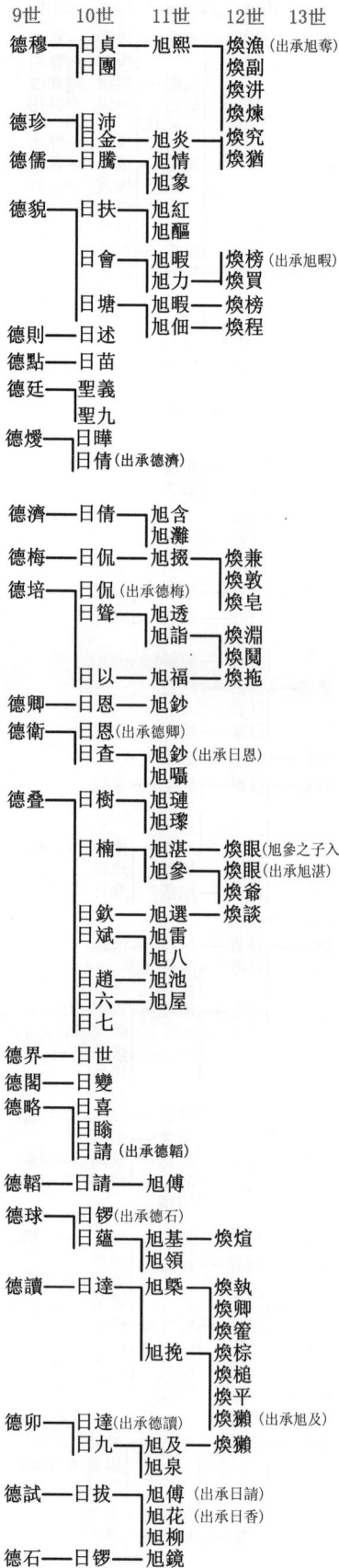

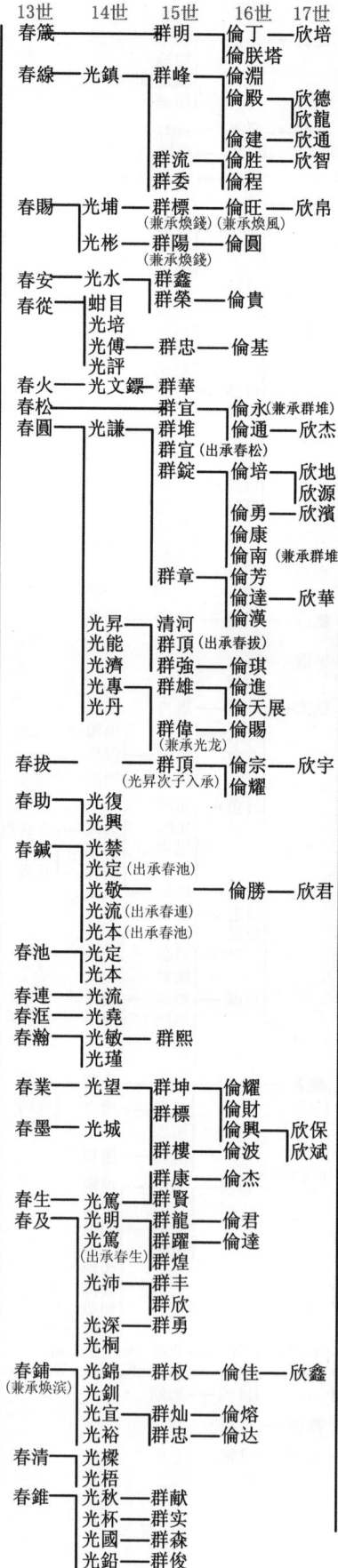

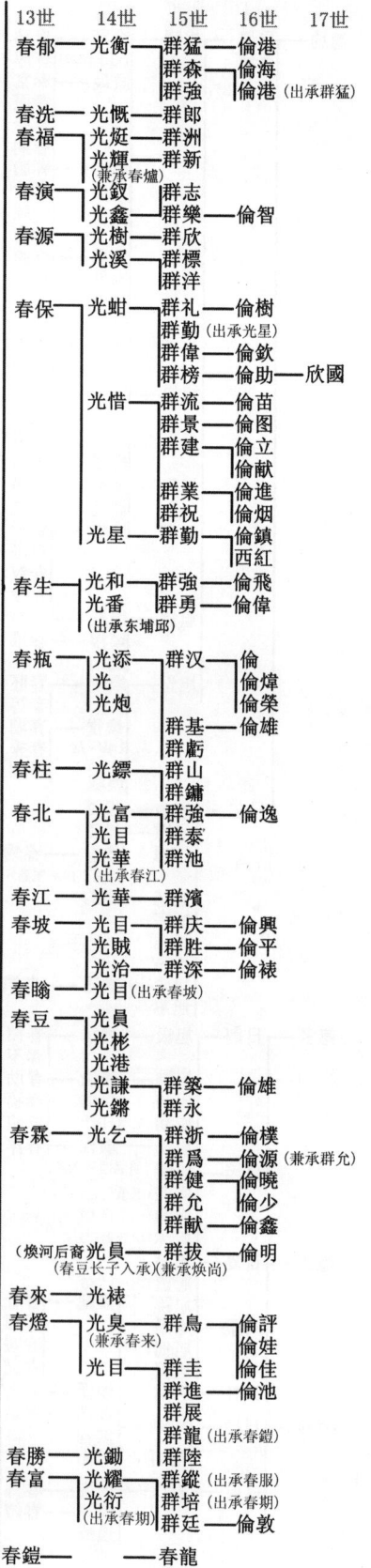

9世	10世	11世	12世	13世
德穆	日貞	旭熙	煥漁(出承旭奪)	
	日團		煥副	
			煥洴	
			煥煉	
德珍	日沛	旭炎	煥究	
	日金	旭情	煥猶	
德儒	日騰	旭象		
德貌	日扶	旭紅		
		旭醯		
	日會	旭暇	煥榜(出承旭暇)	
		旭力	煥買	
	日塘	旭暇	煥榜	
		旭佃	煥程	
德則	日述			
德點	日苗			
德廷	聖義			
	聖九			
德爔	日曄			
	日倩(出承德濟)			
德濟	日倩	旭含		
		旭灘		
德梅	日侃	旭掇	煥兼	
德培	日侃(出承德梅)		煥敦	
	日簪	旭透	煥皂	
		旭詣	煥淵	
			煥閣	
	日以	旭福	煥拖	
德卿	日恩	旭鈔		
德衡	日恩(出承德卿)			
	日查	旭鈔(出承日恩)		
		旭嘔		
德叠	日樹	旭璉		
		旭璪		
	日楠	旭湛	煥眼(旭參之子入承)	
		旭參	煥眼(出承旭湛)	
			煥爺	
			煥談	
	日欽	旭選		
	日斌	旭雷		
		旭八		
	日趙	旭池		
	日六	旭屋		
	日七			
德界	日世			
德闊	日變			
德略	日喜			
	日瞵			
	日請(出承德韜)			
德韜	日請	旭傅		
德球	日鑼(出承德石)			
	日蘊	旭基	煥煊	
		旭領		
德讀	日達	旭槧	煥執	
			煥卿	
			煥箠	
		旭挽	煥棕	
			煥槌	
			煥平	
德卯	日達(出承德讀)		煥獺(出承旭及)	
	日九	旭及	煥獺	
		旭泉		
德試	日拔	旭傅(出承日請)		
		旭花(出承日香)		
		旭柳		
德石	日鑼	旭鏡		

13世	14世	15世	16世	17世
春簑		群明	倫丁	欣培
			倫朕塔	
春線	光鎮	群峰	倫淵	
			倫殿	欣德
				欣龍
			倫建	欣通
		群流	倫胜	欣智
		群委	倫程	
春賜	光埔	群標	倫旺	欣帛
	(兼承煥錢)	(兼承煥風)		
	光彬	群陽	倫圓	
	(兼承煥錢)			
春安	光水	群鑫		
春從	蚶目	群榮	倫貴	
	光培			
	光傅	群忠	倫基	
	光評			
春火	光文鏢	群華		
春松		群宜	倫永(兼承群堆)	
春圓	光謙	群堆	倫通	欣杰
		群宜(出承春松)		
		群錠	倫培	欣地
				欣源
			倫勇	欣濱
			倫康	
		群章	倫南(兼承群堆)	
			倫芳	
			倫達	欣華
			倫漢	
	光昇	清河		
	光能	群頂(出承春拔)		
	光濟	群強	倫琪	
	光專	群雄	倫進	
	光丹		倫天展	
		群偉	倫賜	
		(兼承光龙)		
春拔		群頂	倫宗	欣宇
	(光昇次子入承)		倫耀	
春助	光復			
	光興			
春鍼	光禁			
	光定(出承春池)			
	光敬		倫勝	欣君
	光流(出承春連)			
	光本(出承春池)			
春池	光定			
	光本			
春連	光流			
春洭	光堯			
春瀚	光敏	群熙		
	光瑾			
春業	光望	群坤	倫耀	
春墨	光城	群標	倫財	
		群興	欣保	
		群樓	倫波	欣斌
		群康	倫杰	
春生	光篤	群賢		
春及	光明	群龍	倫君	
	光篤	群躍	倫達	
	(出承春生)	群煌		
	光沛	群丰		
		群欣		
	光深	群勇		
	光桐			
春鋪	光錦	群權	倫佳	欣鑫
	(兼承煥濱)光釧			
	光宜	群灿	倫熔	
	光裕	群忠	倫达	
春清	光樑			
	光梧			
春錐	光秋	群獻		
	光杯	群实		
	光國	群森		
	光鉛	群俊		

13世	14世	15世	16世	17世
春郁	光衡	群猛	倫港	
		群森	倫海	
		群強	倫港(出承群猛)	
春洗	光慨	群郎		
春福	光梃	群洲		
	光輝	群新		
	(兼承春爐)			
春演	光釵	群志		
	光鑫	群樂	倫智	
春源	光樹	群欣		
	光溪	群標		
		群洋		
春保	光蚶	群礼	倫樹	
		群勤(出承光星)		
		群偉	倫欽	
		群榜	倫助	欣國
	光惜	群流	倫苗	
		群景	倫圖	
		群建	倫立	
			倫獻	
		群業	倫進	
		群祝	倫烟	
	光星	群勤	倫鎮	
			西红	
春生	光和	群強	倫飛	
	光番	群勇	倫偉	
	(出承东埔邱)			
春瓶	光添	群汉	倫	
	光		倫燁	
	光炮		倫榮	
		群基	倫雄	
		群蘄		
		群山		
春柱	光鏢	群鏞		
春北	光富	群強	倫逸	
	光目	群泰		
	光華	群池		
	(出承春江)			
春江	光華	群濱		
春坡	光目	群庆	倫興	
	光贼	群胜	倫平	
	光治	群深	倫褙	
春暘	光目(出承春坡)			
春豆	光員			
	光彬			
	光港			
	光谦	群築	倫雄	
	光鏞	群永		
春霖	光乞	群浙	倫樸	
		群爲	倫源(兼承群允)	
		群健	倫曉	
		群允	倫少	
		群獻	倫鑫	
(煥河后裔	光員	群拔	倫明	
春豆长子入承)	(兼承煥尚)			
春來	光褙			
春燈	光臭	群鳥	倫評	
	(兼承春來)		倫娃	
	光目		倫佳	
		群圭	倫佳	
		群进	倫池	
		群展(出承春鎧)		
		群龍		
		群陸		
春勝	光鋤			
春富	光耀	群縱(出承春服)		
	光衍	群培(出承春期)		
	(出承春期)	群廷	倫敦	
春鎧		春龍		

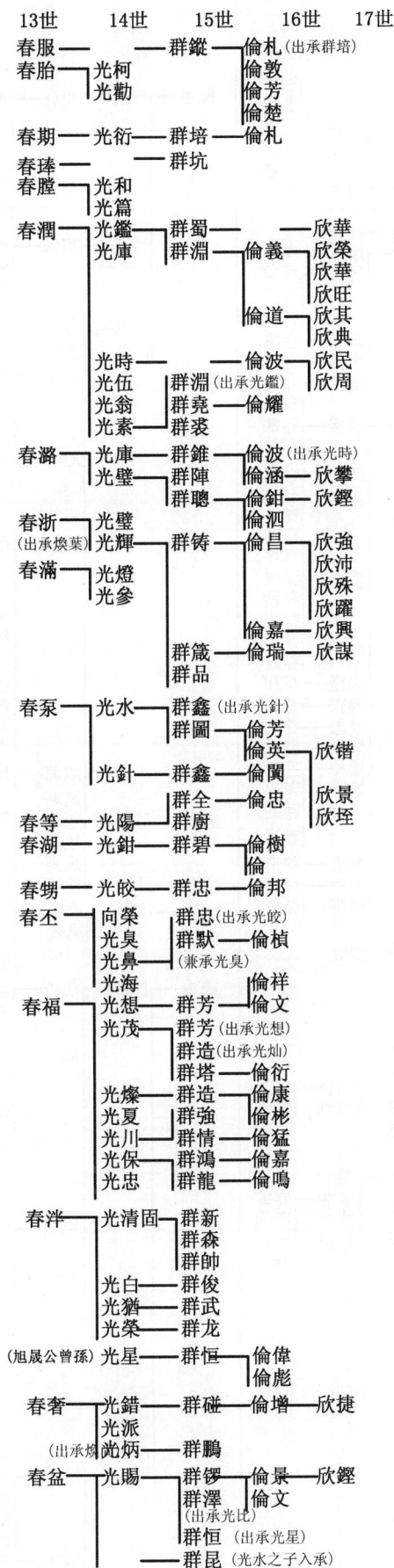

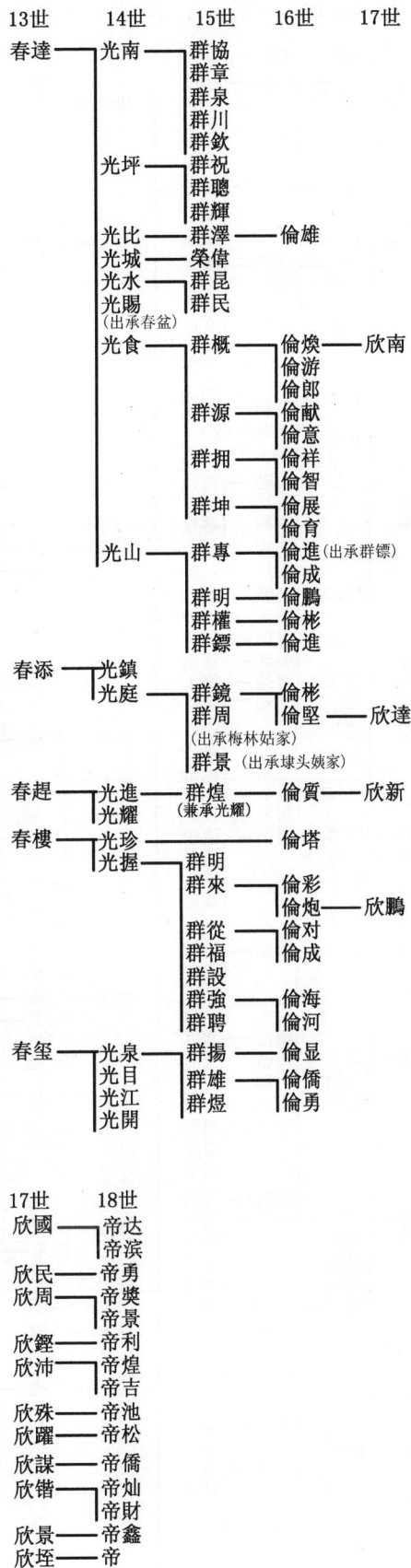

13世	14世	15世	16世	17世
春服		群縱	倫札(出承群培)	
			倫敦	
			倫芳	
			倫楚	
春胎	光柯			
	光勸			
春期	光衍	群培	倫札	
春瑋		群坑		
春腟	光和			
	光篇			
春潤	光鑑	群蜀		欣華
	光庫	群淵	倫義	欣榮
				欣華
				欣旺
			倫道	欣其
				欣典
	光時		倫波	欣民
	光伍	群淵(出承光鑑)		欣周
	光翁	群堯	倫耀	
	光素	群裘		
春潞	光庫	群錐	倫波(出承光時)	
	光璧	群陣	倫涵	欣攀
		群聰	倫鉗	欣鏗
			倫泗	
春浙 (出承煥葉)	光璧 光輝	群铸	倫昌	欣強
				欣沛
春滿	光燈			欣殊
	光參			欣躍
			倫嘉	欣興
		群箴	倫瑞	欣謀
		群品		
春泵	光水	群鑫(出承光針)		
		群圖	倫芳	
			倫英	
	光針	群鑫	倫闐	欣錯
		群全	倫忠	欣景
		群廚		欣垤
春等	光陽			
春湖	光鉗	群碧	倫樹	
			倫	
春蚺	光皎	群忠	倫邦	
春丕	向榮	群忠(出承光皎)		
	光臬	群默	倫楨	
	光鼻(兼承光臬)			
	光海		倫祥	
春福	光想	群芳	倫文	
	光茂	群芳(出承光想)		
		群造(出承光灿)		
		群塔	倫衍	
	光燦	群造	倫康	
	光夏	群強	倫彬	
	光川	群情	倫猛	
	光保	群鴻	倫嘉	
	光忠	群龍	倫鳴	
春泮	光清固	群新		
		群森		
		群帥		
	光白	群俊		
	光猶	群武		
	光榮	群龙		
(旭晟公曾孙)	光星	群恒	倫偉	
			倫彪	
春奢	光錯	群碰	倫增	欣捷
	光派			
(出承煥)	光炳	群鵬		
春盆	光賜	群鑼	倫景	欣鏗
		群澤	倫文	
		(出承光比)		
		群恒 (出承光星)		
		— 群昆 (光水之子入承)		

13世	14世	15世	16世	17世
春達	光南	群協		
		群章		
		群泉		
		群川		
		群欽		
	光坪	群祝		
		群聰		
		群輝		
	光比	群澤	倫雄	
	光城	榮偉		
	光水	群昆		
	光賜 (出承春盆)	群民		
	光食	群概	倫煥	欣南
			倫游	
			倫郎	
		群源	倫獻	
			倫意	
		群拥	倫祥	
			倫智	
		群坤	倫展	
			倫育	
	光山	群專	倫進(出承群镖)	
			倫成	
		群明	倫鵬	
		群權	倫彬	
		群鏢	倫進	
春添	光鎮			
	光庭	群鏡	倫彬	
		群周 (出承梅林姑家)	倫堅	欣達
		群景 (出承埭头姨家)		
春趄	光進	群煌 (兼承光耀)	倫質	欣新
	光耀			
春樓	光珍		倫塔	
	光握	群明		
		群來	倫彩	
			倫炮	欣鵬
		群從	倫对	
		群福	倫成	
		群設		
		群強	倫海	
		群聘	倫河	
春墅	光泉	群揚	倫顯	
	光目	群雄	倫僑	
	光江	群煜	倫勇	
	光開			

17世	18世
欣國	帝達
	帝濱
欣民	帝勇
欣周	帝獎
	帝景
欣鏗	帝利
欣沛	帝煌
	帝吉
欣殊	帝池
欣躍	帝松
欣謀	帝僑
欣錯	帝灿
	帝財
欣景	帝鑫
欣垤	帝

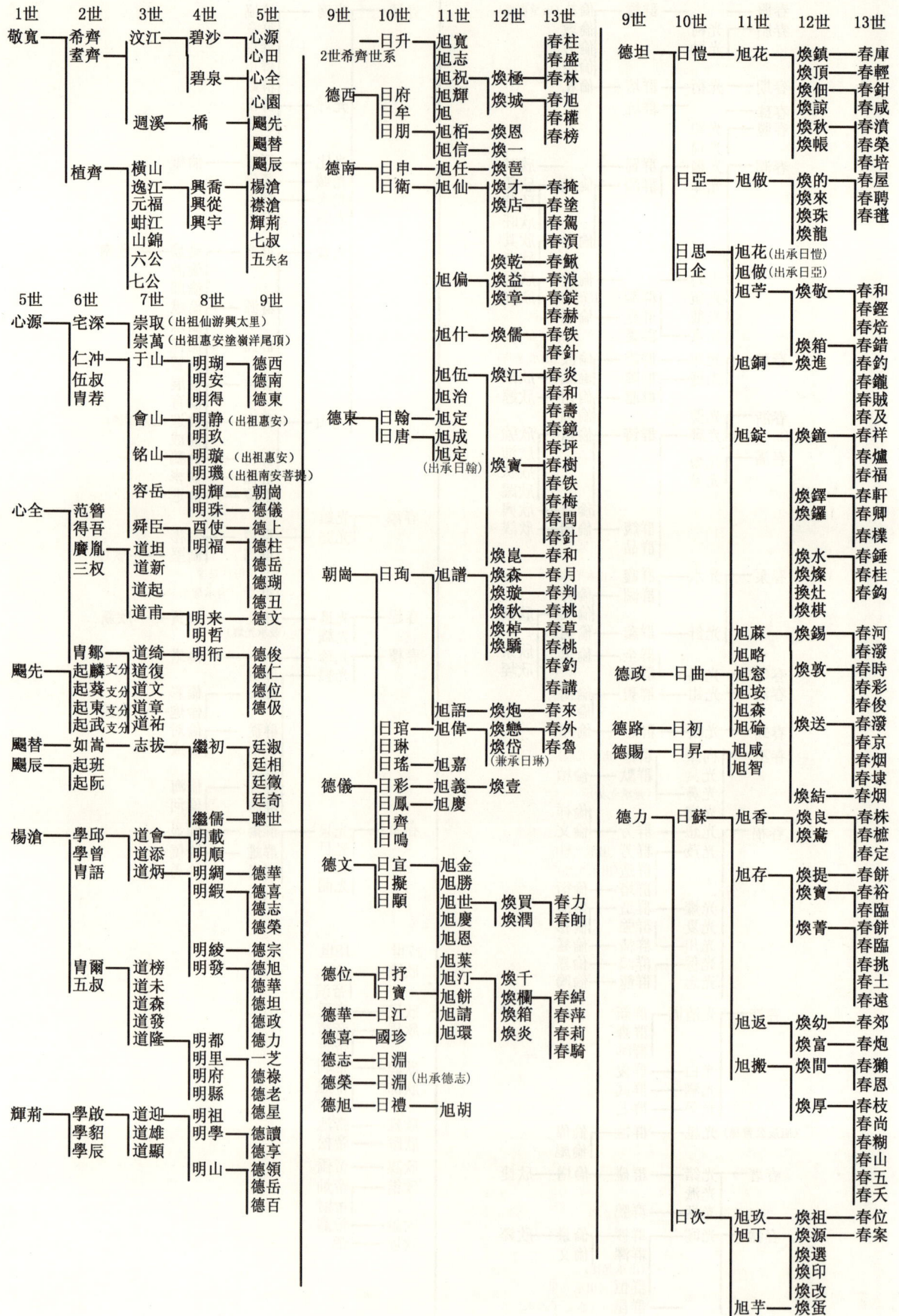

(3)祥芝房世系

1世—5世

1世	2世	3世	4世	5世
敬寬	希齊	汶江	碧沙	心源
	荃齊			心田
			碧泉	心全
				心園
			週溪—橋	颺先
				颺替
				颺辰
		植齊	橫山	興喬—楊滄
			逸江	興從—襝滄
			元福	興宇—輝荊
			蚶江	七叔
			山錦	五失名
			六公	
			七公	

5世—9世

5世	6世	7世	8世	9世
心源	宅深	崇取（出祖仙游興太里）		
		崇萬（出祖惠安塗嶺洋尾頂）		
	仁冲	于山	明瑚	德西
	伍叔		明安	德南
	冑荐		明得	德東
		會山	明靜（出祖惠安）	
			明玖	
		銘山	明璇（出祖惠安）	
			明瑛（出祖南安菩提）	
		容岳	明輝	朝崗
			明珠	德儀
		舜臣	西使	德上
			明福	德柱
		道坦		德岳
		道新		德瑚
		道起		德丑
		道甫	明來	德文
			明哲	
心全	范簪	道绮	明衍	德俊
	得吾	道復		德仁
	廣胤	道文		德位
	三权	道章		德伮
		道祐		
颺先	起麟支分			
	起葵支分			
	起東支分			
	起武支分			
颺替	如嵩	志拔	繼初	廷淑
颺辰	起班			廷相
	起阮			廷徽
				廷奇
			繼儒	聰世
楊滄	學邱	道會	明載	
	學曾	道添	明順	
	冑語	道炳	明綱	德華
			明緞	德喜
				德志
				德榮
			明綾	德宗
			明發	德旭
				德華坦
				德餅
				德政
				德力祿
	冑爾	道榜	明都	一芝
	五叔	道未	明里	德老
		道森	明府	德星
		道發	明縣	
輝荊	學啟	道隆	明祖	德讀
	學貂	道迎	明學	德享
	學辰	道雄	明山	德領
		道顯		德岳
				德百

9世—13世（2世希齊世系）

9世	10世	11世	12世	13世
	日升	旭寬		春柱
		旭志		春盛
德西	日府	旭祝	煥極	春林
	日牟	旭輝	煥城	旭權
	日朋	旭		春榜
		旭栢	煥恩	
		旭信	煥一	
德南	日申	旭任	煥琶	
	日衛	旭仙	煥才	春掩
			煥店	春塗
				春駕
				春濱
		旭偏	煥乾	春鰍
			煥益	春浪
			煥章	春錠
				春赫
				春铁
				春针
		旭什	煥儒	
德東	日翰	旭伍	煥江	春炎
	日唐	旭治		春和
		旭定		春壽
		旭成		春鏡
		旭定（出承日翰）	煥寶	春坪
				春樹
				春铁
				春梅
				春閩
				春針
朝崗	日珣	旭譜	煥崑	春和
			煥森	春月
			煥璇	春判
			煥秋	春桃
			煥棹	春草
			煥驕	春桃
				春釣
				春講
	日琯	旭語	煥炮	春來
	日琳	旭偉	煥戀	春外
	日瑤	旭嘉	煥岱（兼承日琳）	春魯
德儀	日彩	旭義	煥壹	
	日鳳	旭慶		
	日齊			
	日鳴			
德文	日宜	旭金		
	日擬	旭勝		
	日顯	旭世	煥買	春力
		旭慶	煥潤	春帥
		旭恩		
德位	日抒	旭葉	煥千	
	日寶	旭汀	煥欄	春綽
		旭請	煥箱	春萍
		旭環	煥炎	春莉
德華—日江				春騎
德喜—國珍				
德志—日淵				
德榮—日淵（出承德志）				
德旭—日禮	旭胡			

9世—13世

9世	10世	11世	12世	13世
德坦	日愷	旭花	煥鎮	春庫
			煥頂	春輕
			煥佃	春鉗
			煥諒	春咸
			煥秋	春濆
			煥帳	春榮
	日亞	旭做	煥的	春培
			煥來	春屋
			煥珠	春聘
			煥龍	春耗
	日思	旭花（出承日愷）		
	日企	旭做（出承日亞）		
		旭芋	煥敬	春和
				春鏗
				春焙
			煥箱	春錯
			煥進	春釣
		旭銅		春籠
				春賊
				春及
		旭錠	煥鐘	春祥
				春爐
			煥鐸	春福
			煥鑼	春軒
				春卿
				春樑
			煥水	春錘
			煥燦	春桂
			煥灶	春鈎
			煥棋	
		旭蘇	煥錫	春河
		旭略		春瀲
		旭窓	煥敦	春時
德政	日曲	旭坂		春彩
		旭森		春俊
		旭碏	煥送	春瀲
德路—日初				春京
德賜—日昇	旭咸			春烟
		旭智		春埭
		煥結		春烟
德力	日蘇	旭香	煥良	春株
			煥鶿	春㯕
				春定
		旭存	煥提	春餅
			煥寶	春裕
			煥菁	春臨
				春餅
				春臨
				春挑
				春土
				春遠
		旭返	煥幼	春郊
			煥富	春炮
		旭搬	煥間	春獵
				春恩
			煥厚	春枝
				春尚
				春糊
				春山
				春五
				春天
				春
	日次	旭玖	煥祖	春位
		旭丁	煥源	春案
			煥選	
			煥印	
			煥改	
		旭芋	煥蛋	

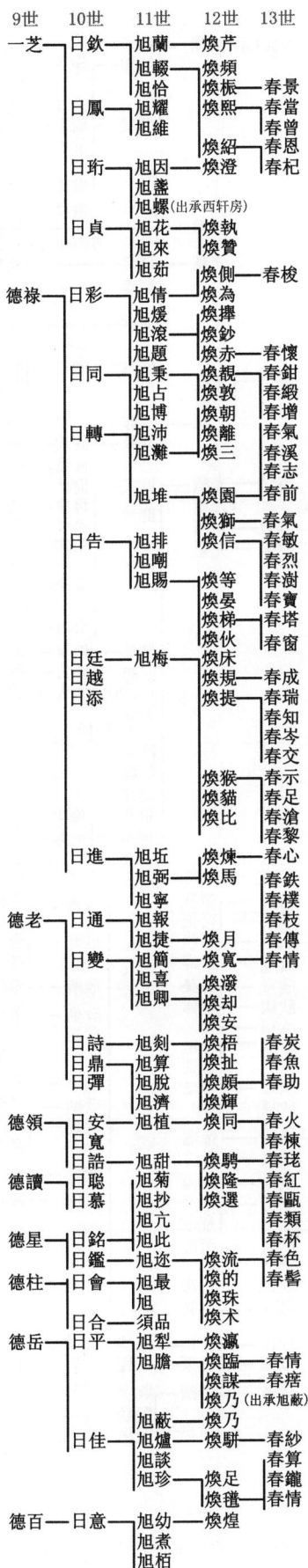

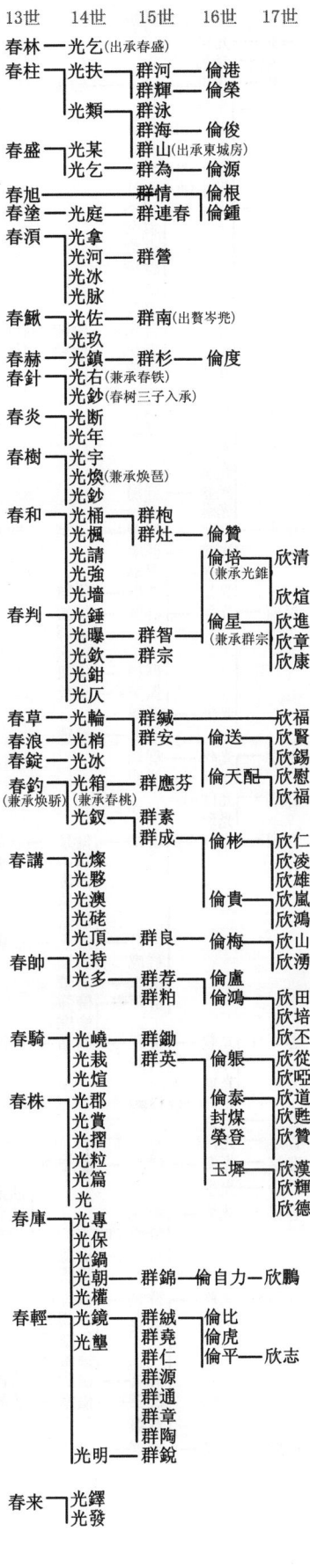

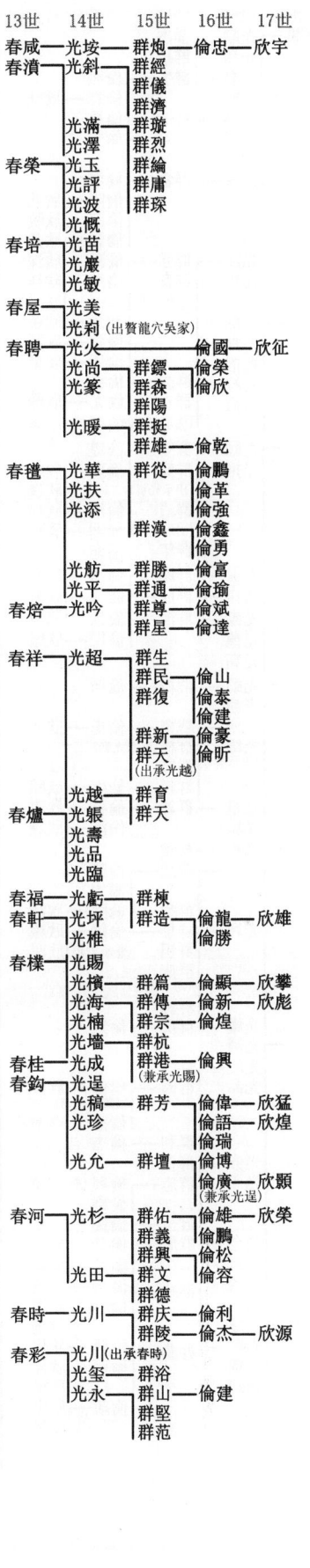

9世	10世	11世	12世	13世

一芝—日欽—旭蘭—煥芹
　　　　　　旭輟—煥頻
　　　　　　旭恰　煥栕———春景
　　　　日鳳—旭耀　煥熙———春當
　　　　　　旭維　　　　　　春曾
　　　　　　　　　煥紹———春恩
　　　　日珩—旭因—煥澄———春杞
　　　　　　旭盍
　　　　　　旭螺(出承西軒房)
　　　　日貞—旭花—煥執
　　　　　　旭來—煥贊
　　　　　　旭茹
德祿—日彩—旭情—煥側———春梭
　　　　　　旭煖　煥為
　　　　　　旭滾　煥撢
　　　　　　旭題　煥鈔
　　　　日同—旭秉　煥赤———春懷
　　　　　　旭占　煥親———春鉗
　　　　　　旭博　煥敦———春緞
　　　　日轉—旭沛　煥朝———春增
　　　　　　旭灘　煥離———春氣
　　　　　　　　　煥三———春溪
　　　　　　旭堆　　　　　　春志
　　　　　　　　　煥園———春前
　　　　　　　　　煥獅———春氣
　　　　日告—旭排　煥信———春敏
　　　　　　旭嘲　煥等———春烈
　　　　　　旭賜　煥晏———春澍
　　　　　　　　　煥梯———春寶
　　　　　　　　　煥伙———春塔
　　　　　　　　　　　　　　春窗
　　　　日廷—旭梅　煥床———春成
　　　　日越　旭規　煥規———春瑞
　　　　日添　旭提　煥提———春知
　　　　　　　　　　　　　　春岑
　　　　　　　　　　　　　　春交
　　　　　　　　　煥猴———春示
　　　　　　　　　煥貓———春足
　　　　　　　　　煥比———春滄
　　　　　　　　　　　　　　春黎
　　　　日進—旭坵　煥煉———春心
　　　　　　旭弼　煥馬———春鉄
　　　　　　旭寧　　　　　　春枝
德老—日通—旭報　煥月———春傳
　　　　　　旭捷　煥寬———春情
　　　　日變—旭簡　煥澄
　　　　　　旭喜　煥卻
　　　　　　旭卿　煥安
　　　　日詩—旭剡　煥梧———春炭
　　　　日鼎—旭算　煥扯———春魚
　　　　日彈—旭脫　煥顏———春助
　　　　　　旭濟　煥輝
德領—日安—旭植—煥同———春火
　　　日寬　　　　　　　　春棟
　　　日誥—旭甜　煥聘———春珑
德讀—日聰—旭菊　煥甌———春紅
　　　日抄—旭抄　煥隆———春類
　　　日慕　旭亢　煥選———春杯
德星—日銘—旭此　　　　　　春色
　　　日鑑　旭迤　煥流———春髻
德柱—日會—旭最　煥的
　　　　　　旭　　煥珠
　　　日合　須品　煥术
德岳—日平—旭犁　煥瀛
　　　　　　旭膽　煥臨———春情
　　　　　　　　　煥謀———春癌
　　　　　　　　　煥乃(出承旭蔽)
　　　　　　旭蔽　煥乃
　　　日佳—旭爐　煥駢———春紗
　　　　　　旭談　煥足———春算
　　　　　　旭珍　煥齫———春情
德百—日意—旭幼—煥煌
　　　　　　旭煮
　　　　　　旭栢

13世	14世	15世	16世	17世

春林—光乞(出承春盛)
春柱—光扶—群河———倫港
　　　　　　群輝———倫榮
　　　光類　群泳
　　　　　　群海———倫俊
春盛—光某　群山(出承東城房)
　　　光乞　群為———倫源
春旭　　　　群情———倫根
春塗—光庭—群連春———倫鍾
春溃—光拿
　　　光河　群營
　　　光冰
　　　光脉
春鰍—光佐—群南(出賢岑兆)
　　　光玖
春赫—光鎮　群杉———倫度
春針—光右(兼承春铁)
　　　光鈔(春樹三子入承)
春炎—光斷
　　　光年
春樹—光宇
　　　光煥(兼承煥琶)
　　　光鈔
春和—光桶—群枹
　　　光楓　群灶———倫贊
　　　光請　　　　　　　倫培
　　　光強　　　　　　(兼承光錐)———欣清
　　　光墙　　　　　　　　　　　　　欣煊
春判—光錘　　　　　　　倫星———欣進
　　　光曝—群智　　　(兼承群宗)—欣章
　　　光欽　群宗　　　　　　　　　欣康
　　　光鉗
　　　光仄
春草—光輪　群緘———倫送———欣福
春浪—光梢　群安　　　　　　　欣賢
春錠—光冰　　　　　倫錫———欣賢
春釣　　　　　　　　倫慰———欣錫
(兼承煥骄)—光箱—群應芬———倫天配—欣福
　　　光釵　群素　　　　　　倫彬———欣仁
　　　　　　群成　　　　　　　　　　欣凌
春講—光燦　　　　　　　　　　　　欣雄
　　　光夥　　　　　　　倫貴———欣嵐
　　　光澳　　　　　　　　　　　　欣鴻
　　　光砣　　　　　　　　　　　　欣山
　　　光頂　群良———倫梅———欣湧
春帥—光持
　　　光多—群荐———倫盧———欣田
　　　　　　群粕———倫鴻———欣培
春騎—光嶢　群鋤　　　　　　　　欣丕
　　　光栽　群英———倫銀———欣從
　　　光煊　　　　　　　　　　　欣啞
春株—光郡　　　　　　　倫泰———欣道
　　　光賞　　　　　　　封煤———欣甦
　　　光摺　　　　　　　榮登———欣贊
　　　光粒
　　　光篇　　　　　　　玉堆———欣漢
　　　光　　　　　　　　　　　　欣輝
春庫—光專　　　　　　　　　　　欣德
　　　光保
　　　光鍋
　　　光朝———群錦———倫自力—欣鵬
　　　光權
春輕—光鏡　群緘　　　　倫比
　　　光璽　群堯　　　　倫虎
　　　　　　群仁　　　　倫平———欣志
　　　　　　群源
　　　　　　群通
　　　　　　群陶
　　　光明　群銳
春來—光鐸
　　　光發

13世	14世	15世	16世	17世

春咸—光坡　群炮———倫忠———欣宇
春溃—光斜　群經
　　　　　　群儀
　　　　　　群濟
　　　光滿　群璇
　　　光澤　群烈
春榮—光玉評　群綸
　　　光評　群庸
　　　光波　群琛
　　　光慨
春培—光苗
　　　光巖
　　　光敏
春屋—光美
　　　光莉(出賢龍穴吳家)
春聘—光火　　　　　　倫國———欣征
　　　光尚　群鏢———倫榮
　　　光篆　群森———倫欣
　　　　　　群陽
　　　光暖　群挺
　　　　　　群雄———倫乾
春譜—光華　群從———倫鵬
　　　光扶　　　　　　倫革
　　　光添　　　　　　倫強
　　　　　　群漢———倫鑫
　　　　　　　　　　　倫勇
　　　光舫　群勝———倫富
　　　光平　群通———倫瑜
春焙—光吟　群尊———倫斌
　　　　　　群星———倫達
春祥—光超　群生
　　　　　　群民———倫山
　　　　　　群復———倫泰
　　　　　　　　　　　倫建
　　　　　　群新———倫豪
　　　　　　群天———倫昕
　　　　　　(出承光越)
春爐—光越　群育
　　　光賑　群天
　　　光壽
　　　光品
　　　光臨
春福—光虧　群棟
春軒—光坪　群造———倫龍———欣雄
　　　光椎　　　　　　倫勝
春樣—光賜
　　　光檳　群篇———倫顯———欣攀
　　　光海　群傅———倫新———欣彪
　　　光楠　群宗———倫煌
　　　光墙　群杭
春桂—光成　群港———倫興
春鈞　光逞　(兼承光賜)
　　　光稿　群芳———倫偉———欣猛
　　　光珍　　　　　　倫語———欣煌
　　　　　　　　　　　倫瑞
　　　光允　群壇———倫博
　　　　　　　　　　　倫廣———欣顯
　　　　　　　　　　　(兼承光逞)
春河—光杉　群佑———倫雄———欣榮
　　　　　　群義———倫鵬
　　　　　　群興———倫松
　　　光田　群文———倫容
　　　　　　群德
春時—光川—群庆———倫利
　　　　　　群陵———倫杰———欣源
春彩—光川(出承春時)
　　　光璽　群浴
　　　光永　群山———倫建
　　　　　　群堅
　　　　　　群范

13世	14世	15世	16世	17世

春餅 — 光順／光和／光盤 — 群杰／群頂／群生 — 倫發
光櫼
春裕 — 光磚(出承西轩房)／光石 — 群章／光稿 — 倫智—欣旺／倫勇／倫安
春郊 — 光智 — 群食 — 倫準／倫陽—欣艺／倫庭—欣曉／倫顯—欣鑫
春株 — 光江／光坊／光再／光郡／光賞／光摺／光粒／光篇／光
　光郡 — 群强／群食(出承光智) — 倫義—欣深／倫灿—欣祥／欣宇／倫景—欣苗／倫建—欣獎／倫康—欣集
　光粒 — 群碧／群永(出承盾上) — 倫從／倫榮—欣新／倫尤—欣澤
春炮 — 光顧／光抱 — 群守—倫堤／群龍(出承光祺)—倫意／群清(出承光砌)—倫川—欣唐／欣逢／倫洲—欣松／欣鼎／群年—倫和
　光保 — 群添 — 倫昌—欣文
　光祺 — 群龍 — 倫加—欣响
　光砌 — 群清 — 倫欽—欣俗／倫民—欣慰
　光德／光高
春獺 — 光釗 — 群概 — 倫新
春恩 — 光釗／光樹 — 群標 — 倫勇—欣鵬
　光錦(出承春案) — 群概(出承光釗)／群琴／群釵 — 倫慰—欣銘
　光泉 — 群鏢 — 倫稽—欣謀／倫港—欣達
　光城
春枝 — 光榜 — 群歪
春尚 — 光柿 — 群造 — 倫凱／倫力
　群摺 — 倫胜—欣澤
　群堆 — 倫鐘—欣曦
　光坪 — 群坦(兼承群坦)—倫泓／群庆／群源
　群庆 — 倫宏
春五 — 光濟／光皎 — 群歪／光品 — 群國 — 倫偉(兼承光榜)—欣典／倫杰(出承群利)
　群利 — 倫杰
　光赤／光碩 — 群侃／群忠 — 倫興(兼承群侃)／倫群
　光全 — 群呈 — 倫鑫／光奇 — 群盾 — 倫華—欣裕／倫楚—欣錐／倫培—欣達／倫行—欣復／欣定
　光儀／光 — 群約 — 倫興—欣煒／倫權—欣祥／欣德
春案 — 光珤／光歡 — 群業 — 倫興／倫鎮—欣忠／欣新
　光錦／光蟬

13世	14世	15世	16世	17世

春景 — 光錠
春杞 — 光乞
春梭 — 光定 — 倫撻
春緞 — 光墙／光二(出承盾上)／光灶(出承大埔)／光大(出承西畬)／光小(出承揚盾)
春氣 — 光杭 — 群杰／群芳／群霖／群坪／群昌 — 倫民／群胜
　光泰 — 群宗／群拱 — 倫顯／倫輝—欣翔／欣崑／群忠
　光坤
春溪 — 光坡／光垭 — 群洲／群毓／光璋／光庆／光基 — 群湧／光修／光森
春志 — 光泉 — 群華 — 倫輝—欣龙
　光鏡 — 群庚／光源 — 群瑜／光煊 — 群概 — 倫賅
春前 — 光照 — 群圃 — 倫胜／倫輝／倫宏
　群禮 — 倫概／倫德／振美 — 倫德
　光偉 — 群雄 — 倫捷／群艺
春渤 — 光棉 — 群炳／光河 — 群明
春塔 — 光助／光珍
春窗 — 光欣 — 群柏 — 倫泉—欣澤／倫山—欣運／倫俊／倫約／倫奇
　群汀 — 倫火—欣軒／倫烟／群虎／群標 — 倫營／群麒麟 — 倫強／倫虎
春岑 — 光登／光枝 — 群江／群碧 — 倫潮—欣津
　光爐／光海(出承春黎)
春示 — 光喜
春足 — 光頂
春黎 — 光海 — 江水 — 倫志
春心 — 光祝
春樸 — 光安 — 群跳／群註(出承西岑)／群清 — 倫意／倫國 — 欣炳／欣建(兼承沙堤)／欣忠
春炭 — 光聘 — 群楚 — 倫志雄／倫國强／倫新雄／倫維雄／群灵／群坑 — 倫評—欣俊／群獻 — 倫漢—欣峰／群瀛
春髻 — 光盆 — 群團 — 倫川／光木

13世	14世	15世	16世	17世

(前世失详) 光螺 — 群添／群熊 — 倫芳—欣忠／欣富／倫釵—欣隆／倫宗—嘉欣／倫固—欣育／欣漓／倫挺—欣河
　群鏊 — 倫葵
光祖 — 欣霖 (西房磨丙倫土长子兼承)
光慈 — 群量 — 欣想／群霖 — 欣明(永寧水关外甥入承)／群砍 — 欣輝(永寧水关外甥入承)／群天 — 倫龍 — 欣築／欣艺／欣想(出承群量)
春串 — 光度／光敦／光回 — 群岈 — 倫煥—欣亮／倫溜—欣波／倫椿
春情 — 光順 — 群尖／群琴 — 倫偉—欣仁／倫胜—欣君／倫賜—欣聰／欣利／倫燦—欣平／欣良／倫志—欣泉
　光塘
春算 — 光杉
春鑪 — 光惡 — 群勤 — 倫樞—欣澤／倫仿—欣猛
　群馨(出承梅林村) — 倫庆—欣力
　群森(出承梅林李)／群柴／群篇／群希／群隻 — 倫生／群東 — 倫强—欣源

17世	18世	19世	17世	18世

欣清(兼承光鉗) — 帝秋／帝挺
欣煊 — 帝棋
欣進 — 帝洋
欣章 — 帝榮
欣康 — 帝偉
欣福 — 帝
欣錫 — 帝道／帝閏
欣慰 — 帝雄
欣福(出承群誠)
欣仁 — 帝瑜
欣嵐 — 帝瑋
欣培 — 帝溢
欣丕 — 帝澤／帝范／帝祖／帝胜
欣贊(兼承封煤)
欣德 — 帝彦
欣深 — 帝梵
欣田 — 帝庆 — 既榕
欣道 — 帝東 — 既程
欣波 — 帝清 — 既全／既勁／帝棋 — 既彬

欣唐 — 帝瑜／帝仁
欣峰 — 帝棋／帝
欣响 — 帝河
欣炳 — 帝榮
欣建 — 帝澤／帝展
欣忠 — 帝曉
欣炳 — 帝榮
欣建 — 帝澤／帝展
欣隆 — 帝翔
欣亮 — 帝霖

（4）中璜房世系

1世　2世　3世　4世　5世

肇宰 —— 嗣元 ——┌ 隱齊 ——┌ 烏銃 ——┌ 心築
（中璜房世系）　　　　　　　　　　　　├ 次築
　　　　　　　　　　　├ 聚沙 ——┬ 瑞竹
　　　　　　　　　　　├ 逸沙 ——┤ 田築
　　　　　　　　　　　　　　　　├ 振築
　　　　　　　└ 逸齊 ——┬ 賓齊 ——├ 鳴鷥
　　　　　　　　　　　　　　　　├ 肖築（出承日柳）
　　　　　　　　　　　├ 次公 ——├ 次全
　　　　　　　　　　　├ 三公 ——├ 三叔
　　　　　　　　　　　├ 四公 ——├ 名希
　　　　　　　　　　　└ 瑞軒 ——└ 希必

5世　6世　7世　8世　9世

心築 ——┬ 見庭 ——┬ 道辰 ——┬ 明三 ——┬ 德侯
　　　　├ 學二　　　　　　　├ 明擬 —— 德元
　　　　└ 學詩　　　　　　　├ 明尾 —— 德權
　　　　　　　　　├ 道福 ——┬ 明賓 —— 德協
　　　　　　　　　　　　　　├ 明燕 ——┬ 德使 德忠
　　　　　　　　　　　　　　　　　　　├ 德孝 德扶
　　　　　　　　　　　　　　├ 明山 ——├ 德孝
　　　　　　　　　├ 道祿 ——┤ 明才 ——└ 德滿
　　　　　　　　　　　　　　├ 明添
南田 ——┬ 學漢　　　　　　　└ 明棟
　　　　└ 學陽　　├ 道計 —— 明才
振築 ——┬ 學欽　　├ 道渥 ——┬ 明德
　　　　└ 學爵　　├ 道猛 ——├ 明弼
鳴鷥 ——┬ 學傳　　├ 道持 ——├ 明誠
　　　　└ 學香　　├ 道仰 ——└ 明轉
肖築 ——┬ 首吾　　├ 道御
　　　　└ 益三　　├ 道偃
　　　　　　　　　└ 道禎
次全 ——┬ 學漸　　├ 道賓 ——┬ 明驥
　　　　└ 學古　　└ 道捷 ——└ 明沛
三叔 —— 耀堤　　├ 道孟
　　　　　　　　　├ 道偶
　　　　　　　　　├ 道謨 —— 明傳 —— 德送
　　　　　　　　　├ 道列 ——┬ 明順
　　　　　　　　　　　　　　└ 明賜 —— 德富
希聚 —— 學瑗　　├ 道貞 ——┬ 明欽 —— 德乞
希必 ——┬ 學崇　　　　　　　├ 明枯 —— 德宋奇
　　　　├ 學釀　　　　　　　├ 明敏 —— 德憲
　　　　└ 學參　　　　　　　├ 明才 —— 德房
　　　　　　　　　├ 道性 ——┬ 明益 —— 德正
　　　　　　　　　　　　　　　　　　　　德君
　　　　　　　　　　　　　　　　　　　　德孕
　　　　　　　　　　　　　　　　　　　　德玉
　　　　　　　　　　　　　　　　　　　　德璧
　　　　　　　　　├ 道考 —— 明翠 ——┬ 德愿
　　　　　　　　　　　　　　　　　　　├ 德賞
　　　　　　　　　　　　　　　　　　　└ 德任
　　　　　　　　　└ 道總 ——┬ 明武 ——┬ 德漢
　　　　　　　　　　　　　　　　　　　├ 德高
　　　　　　　　　　　　　　├ 明景　　└ 德允
　　　　　　　　　　　　　　└ 明賜

9世　10世　11世　12世　13世

前世待考　　　　　　┌ 旭岱 —— 煥鋜 ——┬ 春槑
德正 ——┬ 日廣 ——┤ 旭和　　　　　　├ 春橋
　　　　　　　　　　├ 旭潭 —— 煥捷　　├ 春鑼
　　　　　　　　　　├ 旭架（出承日柳）　├ 春扶
　　　　　　├ 日招 ——┬ 旭堆 —— 煥鏡　├ 春鵬
　　　　　　├ 日綿 ——├ 旭埔　　　　　├ 春發
　　　　　　　　　　　├ 旭氣 —— 煥岑 ├ 春參
　　　　　　　　　　　└ 旭千　　　　　├ 春纏 鐸
　　　　　　├ 日柳 ——┬ 旭氣　　　　　└ 春篇
　　　　　　　　　　　└ 旭架
　　　　　　├ 日等 ——┬ 旭看 —— 煥權 —— 春買
　　　　　　　　　　　├ 旭溪 —— 煥鉗
　　　　　　　　　　　├ 旭來
　　　　　　　　　　　├ 旭添
　　　　　　　　　　　├ 旭炮
　　　　　　├ 日迎 ——┬ 旭挫
　　　　　　　　　　　├ 旭水
　　　　　　　　　　　└ 旭李
德君 ——┬ 日班 —— 旭業 —— 煥泉 —— 春枝
　　　　├ 日梅 —— 旭錬 ——┬ 煥埭
　　　　　　　　　　　　　├ 煥泉（出承旭業）
　　　　├ 日燦 ——┬ 旭錬　├ 煥彩
　　　　　　　　　├ 旭祥 ——├ 煥桶
　　　　　　　　　├ 旭智 ├ 煥智 —— 春盆
德玉 ——┬ 日秀 ——├ 旭圈　└ 煥樓 —— 春韜
　　　　├ 日雄 —— 旭賓
　　　　└ 日福 —— 旭馬
德璧 ——┬ 日聯
　　　　├ 日宜 —— 旭投 ——┬ 煥北
德高 —— 日拍 —— 旭盤 ——├ 煥糊
　　　　　　　　　　　　　├ 煥鏗 ——┬ 春山
　　　　　　　　　　　　　　　　　　├ 春彬
　　　　　　　　　　　　　├ 煥炎 ——├ 春遠
　　　　　　　　　　　　　　　　　　├ 春尾
　　　　　　　　　　　　　└ 煥銇 ——└ 春扶

13世　14世　15世　16世　17世

春參 —— 光水 —— 群鵬
春纏 —— 光墙 ——┬ 群瓊 ——┬ 倫賜 —— 欣煒
　　　　　　　　├ 群棟 ——├ 倫賜（出承群瓊）
　　　　　　　　　　　　　├ 倫增 —— 欣毅
　　　　　　　　　　　　　├ 倫萍　　　欣殷
　　　　　　　　　　　　　　（出承春鵬）
　　　　　　　　　　　　　├ 倫清 —— 欣海
　　　　　　　　　　　　　└ 倫耀
春篇 ——┬ 光乞 ——┬ 群建 —— 倫賜
　　　　├ 光彬　　├ 群鵠
　　　　　（出承春買）├ 群育 —— 倫獎
　　　　├ 光錦　　└ 群欣
　　　　└ 光啟　　　 群坪
春買 ——┬ 光戀
　　　　├ 光土
　　　　└ 光彬 ——┬ 群和
春盆 —— 光永 ——├ 群鵬（出承春參）
　　　　　　　　└ 群利 —— 倫航
春枝 ——┬ 群節 —— 倫樸
春韜 —— 光敏 ——┬ 群武 —— 倫嘉
　　　　　　　　└ 群海
　　　├ 光道 ——┬ 群漢 —— 倫攀
　　　　　　　　├ 群龍 ——┬ 倫鈞
　　　　　　　　　　　　　└ 倫利
　　　　　　　　└ 群胜 —— 倫景
春彬 ——┬ 光生 ——┬ 群權
　　　　　　　　　└ 群瑞（出承光杰）
　　　　├ 光福 ——┬ 群竹
　　　　　　　　　└ 群鋼
　　　　├ 光連 —— 群忠
　　　　└ 光頂 —— 群楠
春遠 ——┬ 光珍 —— 群榮
　　　　├ 光灿
　　　　└ 光頂 —— 群成
春尾 —— 光泗 ——┬ 群願 —— 倫星
　　　　　　　　├ 群朝 —— 倫長
　　　　　　　　└ 群民
春山 —— 光杰 —— 群瑞 —— 倫溢

17世　18世　19世　20世

欣蚶 ——┬ 帝櫥 —— 觋忠
　　　　└ 帝陽
欣雁 —— 帝力 —— 觋俊
欣炎 —— 帝斌

13世　14世　15世　16世　17世

春槑 —— 光通 —— 群保 ——┬ 倫釵 —— 欣炎
　　　　　　　　　　　　├ 倫籠
　　　　　　　　　　　　├ 倫稽 —— 欣澤
　　　　　　　　　　　　├ 倫達
　　　　　　　　　　　　├ 倫強
　　　　　　　　　　　　└ 倫雄 ——┬ 欣河
　　　　　　　　　　　　　　　　　├ 欣标
　　　　　　　　　　　　　　　　　└ 欣丁
　　　　　　　　　　 群江 —— 倫龍 —— 欣榮
春扶 —— 光順 ——┬ 群泰 —— 倫輝
　　　　　　　　├ 群燦 ——┬ 倫永
　　　　　　　　　　　　　└ 倫墩 —— 欣豪
　　　　　　　　├ 群祥 —— 倫航
　　　　　　　　├ 群明 —— 倫加
　　　　　　　　├ 群桔（出承光沐）
　　　　　　　　└ 群源
前世待考　　 光沐 ——┬ 群閃
　　　　　　　　　　　└ 群桔 ——┬ 倫
　　　　　　　　　　　　　　　　│ 倫恩 ——┬ 欣蚶
　　　　　　　　　　　　　　　　　　　　　├ 欣榮長
　　　　　　　　　　　　　　　　　　　　　├ 欣雁
　　　　　　　　　　　　　　　　　　　　　├ 欣鈞
　　　　　　　　　　　　　　　　　　　　　├ 欣清
　　　　　　　　　　　　　　　　　　　　　└ 欣波
春鵬 ——　　　　　　　 倫萍 —— 欣潤
　　　　　　　　　 （群棟三子入承）

（5）西轩房世系

1世	2世	3世	4世	5世
敦齐	奎齐	育齐（沙堤支）		
（西轩房世系）		成齐	某公	肖吾
			鹏沙	肖鹏
		次鳌	濱鳌	振鹏
			尚鳌	振鳌（沙堤支）
			素吾	奇彩（沙堤支）
			思國	耀西
				進省（沙堤支）

5世	6世	7世	8世	9世
肖吾	胄登	崇谨	明普	德悦
		崇欲		德绰
		崇發	明景	
		崇順	明全	
	企曾	逸侯	明添	德挺
			明琦	德廓
			明璘（出承崇操）	德隆
				德偕
		崇操	明璘	德然
			明韜	德恩
肖鹏	胄彦	崇俞	明陞	德泰
	胄藻			德郁
	维策			德儼
	胄亮	崇兩	明才	德晉
		崇時	明發	
振鹏	玉振		明穎	
	綱如			
	金如			
耀西	胄亨	道喜	明嘉	德恩
		道概	明聰	德鎮
				德天
		道業	明寵	德揆
			明炎	德降
			明部	德昂
				德遍
			明曇	德笑
			明誇	德儲
	胄容	道高	明納	德開
				德生
				德祖
			明博	德案
				德歷
			明恭	德親
				德和
			明操	德璉
				德略
			明吾	德研
	道雲	明占	德靖	
	道知	明椿	德朗	
			德穆	
		明進	德晃	
			德使	
			德蹇	
			德尾	
		明抛	德石	
			德有	

9世	10世	11世	12世	13世
德悦	日嵩	旭鉉	煥伯	春笞
				春算
				春策
			煥儲	春明
				春算
	日崑	旭欽	煥佐	春湧
				春治
		旭鑄	煥儒	春海
			煥任	春洽
			煥伾	春沐
				春清
				春泄
			煥仍	春佔
			煥僕	春洗
				春雪
				春佔
			煥傑	春佔
		旭鐵	煥倡	春淵
				春汀
			煥佑	春洪
				春親
				春泰
			煥偉	春汀
			煥俊	春滔
				春整
				春飭
			煥俏	春湀
				春隆
				春潤
			煥璨	春扁
				春浪
				春婆
				春樹
				春瓜
				春妙
				春擊
		旭鑰	煥僑	春澎
			煥倜	春啒
			煥但	春添
				春潞
	日嵓	旭鎬	煥僑	春澤
		旭鍼	煥償	
		旭鑲	煥儆	
		旭鏗		
		旭犡	煥岱	春安
				春瀛
			煥山	春漁
				春桃
				春威
	日崧	旭鑑	煥伍	
		旭鏢		

9世	10世	11世	12世	13世
德晉	日勝	旭灰		
		旭炭		
	日繼	旭應	煥出	
			煥水	春智
			煥指	春散
				春切
				春智
				春益
			煥鎮	春楓
				春賞
		旭燕	煥班	春達
				春拈
				春沛
			煥格	春盤
				春衛
			煥賞	春忍
				春頤
				春希
				春黨
		旭楊	煥塌	春魁
				春碩
			煥池	春永
			煥雙	春概
				春水
				春滿
			煥熙	春箱
				春碖
			煥鳳	春桔
				春棟
			煥極	春順
				春記
				春犢
				春法
				春綿
				春博
		旭日	煥滔	春湯
				春令
				春路
		旭慈	煥總	春淵
				春龍
				春標
				春威
		旭儒	煥彬	春紀
			煥然	春秀
			煥抛	春恩
	日誥	旭老	煥謙	春蝦
		旭緒	煥棚	春柏入賢
			煥清	春聰
				春和
			煥什	春當
			煥牌	春窗
			煥代	春暖
				春忠

9世	10世	11世	12世
春笞	光滾		
春算	光滾（出承春笞）		
	光長		
春湧	光寶（春泰之子兼承）		
春治	光寶（春泰之子兼承）		
春海	光潭	群林	
	光進（出承春沐）	群獅	
	光屈		
春治	光來	群瑞	
春沐	光進	群術	
	光場	群嗹	
	光宣（出承春清）		

9世	10世
德降	日鄒
德偕	日京
	日為
	日寶
	日翠

9世	10世	11世	12世
德綽	日崔		
	日賜	旭縷	煥供
			煥便
德郁	日泮		
	日魏		
	日等		
德儼	日冬		
	日治		
	日羅	崇升	旭銳	煥仅
			旭銓	

前代不明

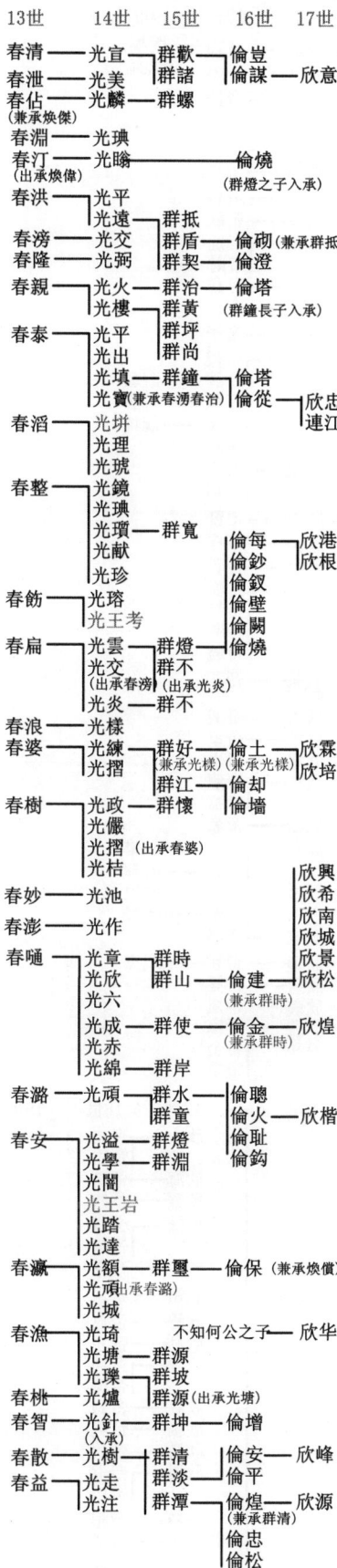

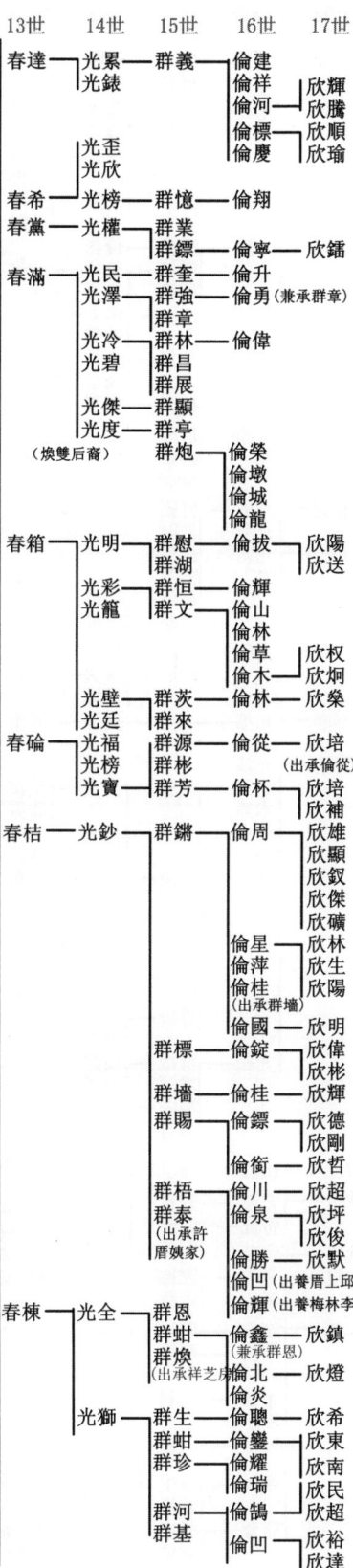

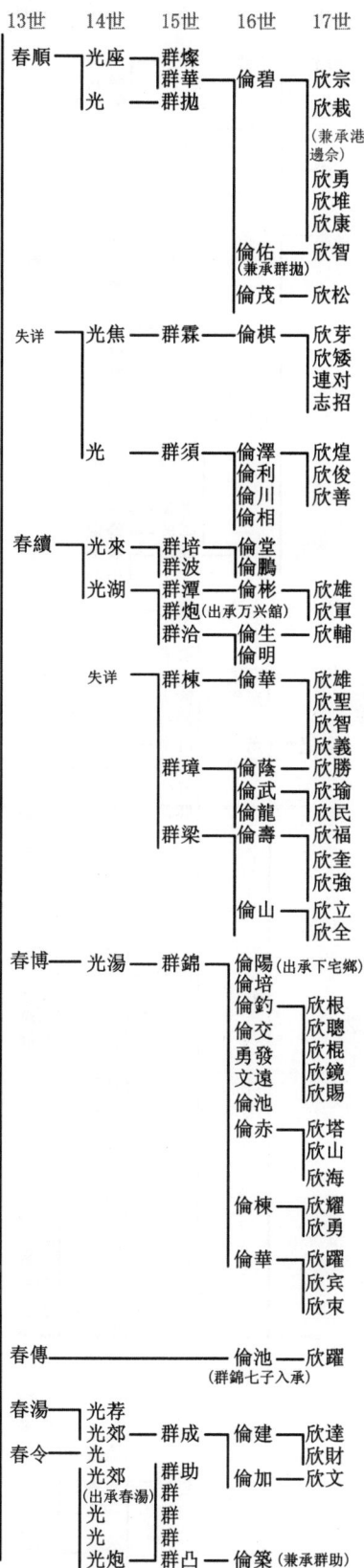

13世 14世 15世 16世 17世

春清—光宣—群歡—倫豈
群諸 倫謀—欣意
春泄—光美
春佔—光麟—群螺
(兼承焕傑)
春淵—光瑛
春汀—光晻—倫燒
(出承焕偉) (群燈之子入承)
春洪—光平
光遠—群抵
春滂—光交 群盾—倫砌(兼承群抵)
春隆—光弼 群契—倫澄
春親—光火—群治—倫塔
光樓—群黄 (群鐘長子入承)
春泰—光平 群坪
光出 群尚
光填—群鐘—倫塔
光寶(兼承春滂春治) 倫從—欣忠
連江
春滔—光塀
光理
光琥
春整—光鏡
光瑛
光瓚—群寬
光献
光珍
倫每—欣港
倫鈔 欣根
倫釵
倫壁
倫闕
倫燒
春飭—光瑢
光王考
春扁—光雲—群燈
光交 群不
(出承春滂) (出承光炎)
光炎—群不
春浪—光樑
春婆—光練—群好—倫土—欣霖
光摺 (兼承光樑)(兼承光樑) 欣培
群江—倫却
春樹—光政—群懷 倫墻
光儼
光摺 (出承春婆)
光桔
欣興
春妙—光池 欣希
欣南
春澎—光作 欣城
欣景
春嗵—光章—群時
光欣 群山—倫建—欣松
光六 (兼承群時)
光成—群使—倫金—欣煌
光赤 (兼承群時)
光綿—群岸
春潞—光頑—群水—倫聰
群童 倫火—欣楷
春安—光溢—群燈 倫耻
光學—群淵 倫鈎
光闈
光王岩
光踏
光達
春瀛—光額—群璽—倫保(兼承焕償)
光頑(出承春潞)
光城
春漁—光琦 不知何公之子—欣华
光塘—群源
光瓅—群坡
春桃—光爐 群源(出承光塘)
春智—光針—群坤—倫增
(入承)
春散—光樹—群清 倫安—欣峰
春益—光走 群淡—倫平
光注 群潭—倫煌—欣源
(兼承群清)
倫忠
倫松

13世 14世 15世 16世 17世

春達—光累—群義—倫建
光錶 倫祥 欣輝
倫河—欣騰
倫標—欣順
倫慶 欣瑜
光歪
光欣
春希—光榜—群憶—倫翔
春黨—光權—群業
群鏢—倫寧—欣鏞
春滿—光民—群奎—倫升
光澤—群強—倫勇(兼承群章)
群章
光冷—群林—倫偉
光碧 群昌
群展
光傑—群顯
光度—群亭
(焕雙后裔) 群炮—倫桀
倫墩
倫城
倫龍
春箱—光明—群慰—倫拔—欣陽
群湖 欣送
光彩—群恒—倫輝
光寵 群文—倫山
倫林
倫草 欣权
倫木—欣炯
光壁—群茨—倫林—欣燊
光廷 群來
春碖—光福 群源—倫從—欣培
光榜 群彬 (出承倫從)
光寶—群芳—倫杯—欣培
欣補
春桔—光鈔—群鏘—倫周—欣雄
欣顯
欣釵
欣傑
欣礦
倫星—欣林
倫萍 欣生
倫桂 欣陽
(出承群墻)
倫國—欣明
群標—倫錠—欣偉
欣彬
群墻—倫桂—欣輝
群賜—倫鏢—欣德
欣剛
倫銜—欣哲
群梧—倫川—欣超
群泰—倫泉—欣坪
(出承許厝姨家) 欣俊
倫勝—欣默
倫凹(出養厝上邱)
倫輝(出養梅林李)
春棟—光全—群恩
群蚶—倫鑫—欣鎮
群焕 (兼承群恩)
(出承祥芝房) 倫北—欣燈
倫炎
光獅—群生—倫聰—欣希
群蚶—倫鑾—欣東
群珍—倫耀 欣南
倫瑞 欣民
群河—倫鵠—欣超
群基
倫凹—欣裕
欣達

13世 14世 15世 16世 17世

春順—光座—群燦
群華—倫碧—欣宗
光—群拋 欣栽
(兼承港邊佘)
欣勇
欣堆
欣康
倫佑—欣智
(兼承群拋)
倫茂—欣松
失详—光焦—群霖—倫棋—欣芽
欣矮
連対
志招
光—群須—倫澤—欣煌
倫利 欣俊
倫川 欣善
倫相
春續—光來—群培—倫堂
群波 倫鵬
光湖—群潭—倫彬—欣雄
群炮(出承万兴舘) 欣軍
群洽—倫生—欣輔
倫明
失详—群楝—倫華—欣雄
欣聖
欣智
欣義
群璋—倫蔭—欣勝
倫武—欣瑜
倫龍 欣民
群梁—倫壽—欣福
欣奎
欣強
倫山—欣立
欣全
春博—光湯—群錦—倫陽(出承下宅鄉)
倫培
倫鈞—欣根
倫交 欣聰
勇發 欣棍
文遠 欣鏡
倫池 欣賜
倫赤—欣塔
欣山
欣海
倫棟—欣耀
欣勇
倫華—欣躍
欣宾
欣束
春傳—倫池—欣躍
(群錦七子入承)
春湯—光荐
光郊—群成—倫建—欣達
春令—光 欣財
光郊 群助 倫加—欣文
(出承春湯) 群
光 群
光 群
光炮 群凸—倫築(兼承群助)

13世	14世	15世	16世	17世		13世	14世	15世	16世	17世		17世	18世	19世

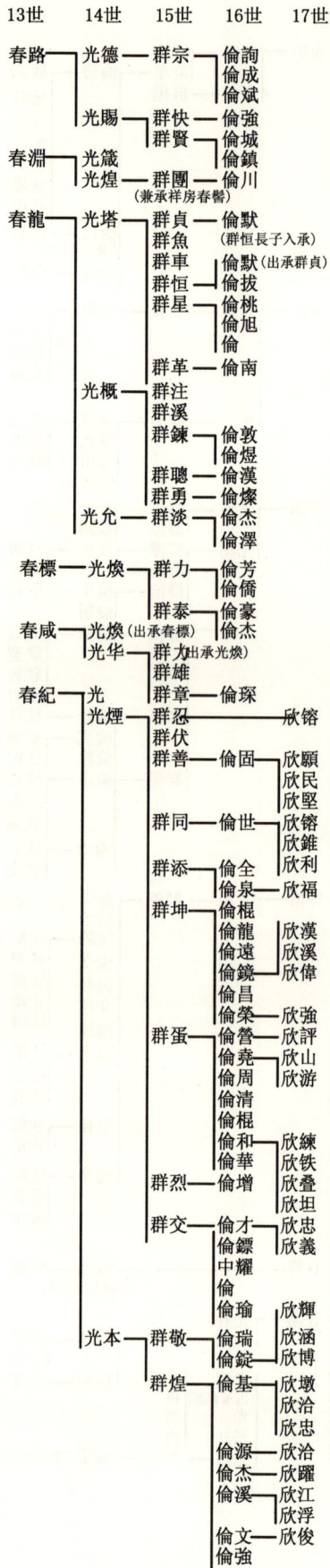
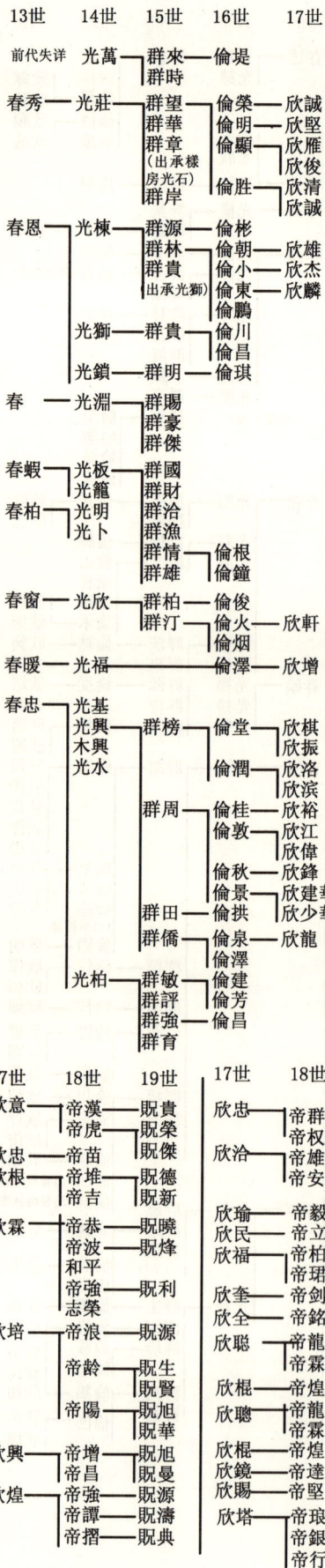
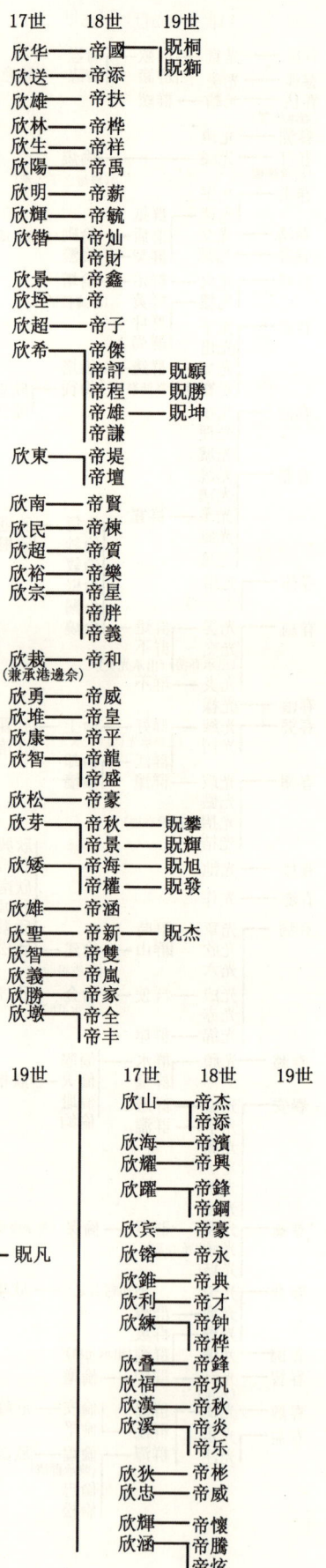
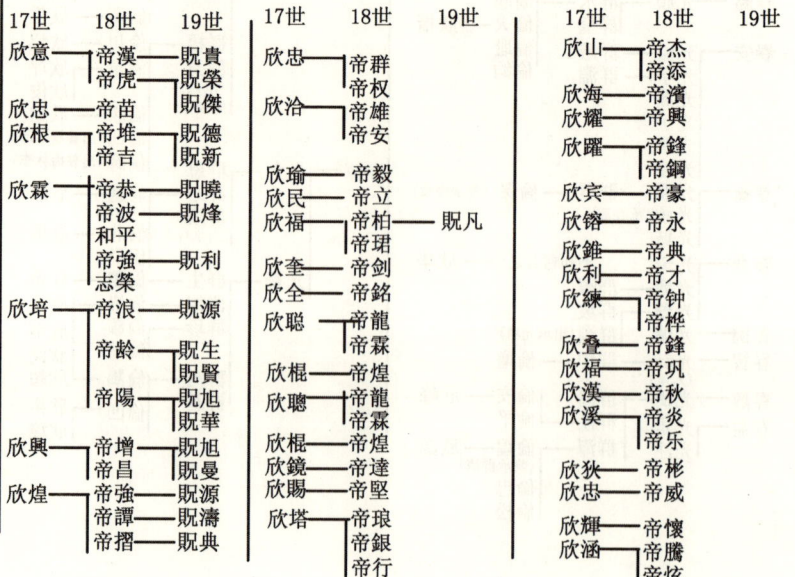

4. 福鼎大白鹭董氏

明朝世居泉州永宁沙堤的铺顶公和尊顶公从泉州晋江之永宁二十都沙堤乡迁福鼎大白鹭,迄今已二百多载,丁口蕃昌,孙曾乐业,无不各臻有成。董氏人口主要分布在沙埕镇大白鹭村、川石村、黄岐村、水旮村、跳尾头。

大白鹭村是福鼎沙埕镇沿海村落,居民大多以海为生。在这里,福建传统的妈祖文化发扬得淋漓尽致,几乎家家户户都供有妈祖神像。农历十一月十五为每年大白鹭村组织的传统民俗文化节之一普度节,每年举办祭祀活动,村民们用这样的形式祈求渔民出海平安,来年风调雨顺!

沙埕是明时福建沿海军事重镇,港外有南关山横峙,港中的莲花屿浮在海面如莲花出水。沙埕港水深波平,海轮巨舰停泊其间,安若堂奥。金屿门兀立中流,两山夹江如门,极易控守。两岸峰峦绵延,形势险要。

(1)铺顶房

辰房日愷居永宁,星房第十二世旭艺公,从泉州晋江之永宁二十都沙堤乡迁福鼎大白鹭,在福鼎经商。

1代	2代	3代	4代	5代	6代	7代	8代	9代	10代
隱居(铺顶)	邦辅	敏業	啟泉	汝道	希尚	胄泰	崇慎	明祖	德顺
	邦瑛	敏非	确斋	汝南	應尾	惟攀	道亨(天房)	明志 明继 明顺	
							道吉(地房)	明凯	
							道果(玄房)	明宣 明承 明啟 明後	
						惟平	道佐	明来 明皇 明宪	

10代	11代	12代	13代	14代
德顺	日甲(日房)	旭石 旭仕 旭瑚		
	日郡(月房)	旭则	焕美	春炮
	日郤(星房)	旭艺	焕严	春燕(居永宁)
			焕鹏	春波(鲍房)
				春深(土房)
				春潭(革房)
				春潘(木房)
				春坚(石房)
				春海(金房)
				春溪(絲房)
				春洽(竹房)
			焕赖	春檀
		旭苑	焕延 焕题	
	日愷(辰房)	旭亚	焕璨	

第一世系表

1世	2世	3世	4世	5世	6世	7世	8世	9世
鋪頂	邦輔	敏業 敏隱	啟泉	汝道 見沙 (無傳)	希尚	胃泰	崇著 崇會 崇慎 子洽	明寅
	邦瑛	敏非	忍齊 確齊 直齊	汝南				明祖

9世	10世	11世	12世	13世	14世
明祖	德福 德順	日甲	旭石 旭仕 旭瑚		
		日郡	旭則 旭我	焕羡 焕儲 焕功	
			旭炳	焕奏	
		日郤	旭藝	焕嚴 焕鵬 焕賴 焕題 (叔紹)	春波 春深 春潭 春潘 春煙 春海 春溪 春洽
			旭苑	焕廷 焕題	
			旭荔	焕蒲 焕	
		日愷	旭共 旭亞	焕瓚 焕環	

乾星房派居大白鷺

13世	14世	15世	16世	17世	18世
焕美	春炮	光揚	群裕	倫滿 (嗣兼)	
焕嚴	春燕 春回	光捷 光珪 光軒	群裕	倫滿	
焕賴	春檀				
	春有	光燎 光追 光嗅 光尾	群鐘		
	春旺	光續	群鈄 (承兼)	倫典 (隨父兼紹)	欣橋 (承兼)
		光成	群鈄	倫典	
		光拾	群峨 (承兼)	倫貨 (隨父入紹)	欣標
		光欲	群峨 (承兼)	倫道	欣例 欣溫
		光泮	群峨	倫貨 (隨父出紹)	
		光尾 (伯紹)		倫道 (隨父出紹)	
				倫旭	欣橋 欣標 (出紹倫貨嗣)

土房派居大白鷺

14世	15世	16世	17世	18世
春深	光蘊 光輝 (出紹五叔嗣)	群恭 (承兼)	倫淵	欣菊 欣對 (房過) 欣葳 (嗣兼)
			倫玉	欣極 欣葳 (房過) 欣藍
			倫抄	欣對
		群昆	倫格	欣葳
	光澤	群煌	倫鑪	欣琴 (承兼)
	光城	群銘 群煌 (叔紹)	倫鋼 倫紫	欣其 (承兼) 欣其 (嗣兼)
			倫磚	欣其
			倫磚 (叔紹)	
	光梁	群釵	倫磚	
	光袋	群煌	倫墜	欣琴
			倫鑪 (隨父出紹光澤公為嗣孫)	
			倫柳	欣琴 (嗣兼)
			倫春	(繼出)
春潘	光華	群鑒	倫沙	欣萊 欣仲 (隨父專承群鬥公)
	(乾星房木派居大白鷺)			
	光坤	群鐵 (嗣兼)	倫好	欣榮
	光滔	群鬥	倫沙 (嗣兼)	(隨父專承群營公)
	光耀	群應	倫好	欣炡
	光察	群鐵 (叔紹)		
		群營	倫沙 (嗣兼)	欣式
		群英 (叔紹)		欣卿 欣愧
	光榜	群英	倫洞 (嗣兼)	
		群獅 群應 (伯紹)	倫洞 倫涌 倫法 倫會	欣炡

革房派 (乾房革派居大白鷺)

14世	15世	16世	17世	18世
春潭	光鑽	群潮	倫馥 (叔紹) 倫瓜	欣絨 欣善 欣絨 (叔紹)
		群錫	倫馥	欣運
	光遲	群湯	倫慶 倫差 倫迋 (叔紹)	欣未 欣字
			倫蔥	欣善 (出紹倫瓜嗣) 欣鼎
			倫菜	欣葉 欣泰
		群測	倫迋	欣叫 欣香 (房過)
			倫琶	欣浩 欣昌
		群珊	倫算	欣香
春洽	光步	群種 群生 (承兼) 群集	倫取 倫取 倫取 (承兼)	欣歪
春煙	光輝	群麟	倫濟 (承兼)	欣貫
			倫胤 倫鎦	欣貫 欣雙 欣鍬
			倫敬	欣貫

(乾星房石派居大白鷺)

坤地房派居大白鹭

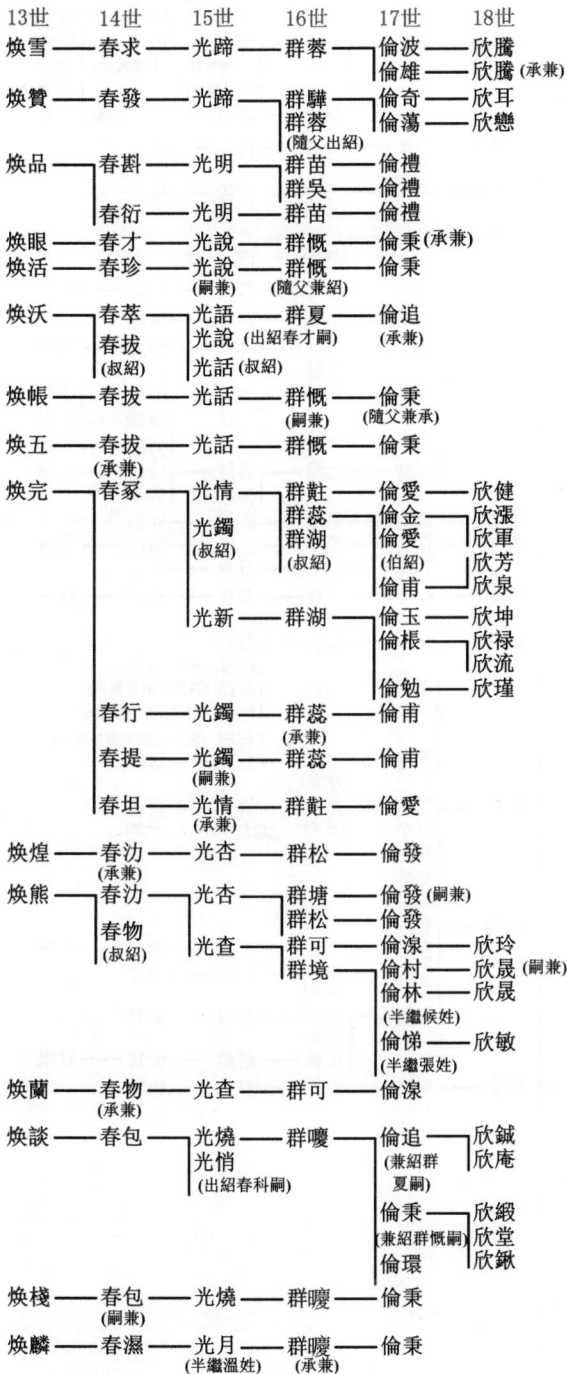

13世	14世	15世	16世	17世	18世
焕雪	春求	光蹄	群蓉	伦波	欣腾
				伦雄	欣腾 (承兼)
焕贊	春發	光蹄	群骅	伦奇	欣耳
			群蓉 (随父出绍)	伦蕩	欣戀
焕品	春斟	光明	群苗	伦禮	
			群吳	伦禮	
	春衍	光明	群苗	伦禮	
焕眼	春才	光說	群慨	伦秉 (承兼)	
焕活	春珍	光說 (嗣兼)	群慨 (随父兼绍)	伦秉	
焕沃	春萃	光語	群夏	伦追 (承兼)	
	春拔 (叔绍)	光說 (出绍春才嗣)			
		光話 (叔绍)			
焕帳	春拔	光話 (嗣兼)	群慨	伦秉 (随父兼承)	
焕五	春拔 (承兼)	光話	群慨	伦秉	
焕完	春冢	光情	群黇	伦愛	欣健
			群蕊	伦金	欣漲
		光鐲 (叔绍)	群湖	伦愛 (伯绍)	欣軍
			(叔绍)	伦芳	欣芳
				伦甫	欣泉
		光新	群湖	伦玉	欣坤
				伦根	欣禄
					欣流
				伦勉	欣瑾
	春行	光鐲	群蕊 (承兼)	伦甫	
	春提	光鐲 (嗣兼)	群蕊	伦甫	
	春坦	光情 (承兼)	群黇	伦愛	
焕煌	春汋 (承兼)	光杏	群松	伦發	
焕熊	春汋	光杏	群塘	伦發 (嗣兼)	
	春物 (叔绍)		群松	伦發	
		光查	群可	伦潦	欣玲
			群境	伦村	欣晟 (嗣兼)
				伦林	欣晟
				(半繼候姓)	
				伦悌	欣敏
				(半繼張姓)	
焕蘭	春物 (承兼)	光查	群可	伦潦	
焕談	春包	光燒	群嚘	伦追	欣鍼
		光悄		(兼绍群夏嗣)	欣庵
		(出绍春科嗣)		伦秉	欣緞
				(兼绍群慨嗣)	欣堂
				伦環	欣鍬
焕棧	春包 (嗣兼)	光燒	群嚘	伦秉	
焕麟	春濕	光月 (半繼溫姓)	群嚘 (承兼)	伦秉	

坤天房派居大白鹭

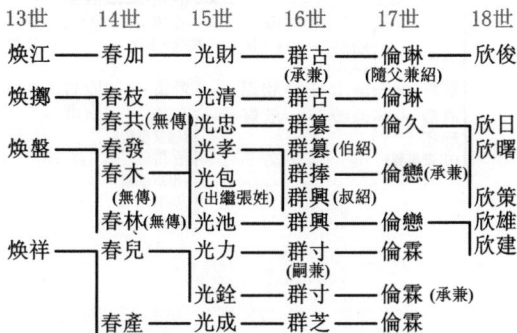

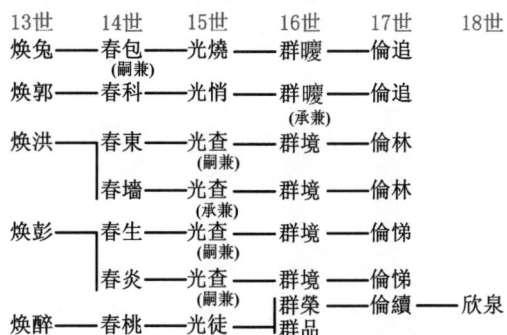

13世	14世	15世	16世	17世	18世
焕江	春加	光財	群古 (承兼)	伦琳 (随父兼绍)	欣俊
焕攊	春枝	光清	群古	伦琳	
	春共 (無傳)	光忠	群篡	伦久	欣日
焕盤	春發	光孝	群篡 (伯绍)		欣曙
	春木 (無傳)	光包 (出繼張姓)	群捧	伦戀 (承兼)	
	春林 (無傳)	光池	群興 (叔绍)	伦戀	欣策
			群興		欣雄
焕祥	春兒	光力	群寸 (嗣兼)	伦霖	欣建
		光銓	群寸	伦霖 (承兼)	
	春產	光成	群芝	伦霖	

金房派 (乾星房金派居大白鹭)

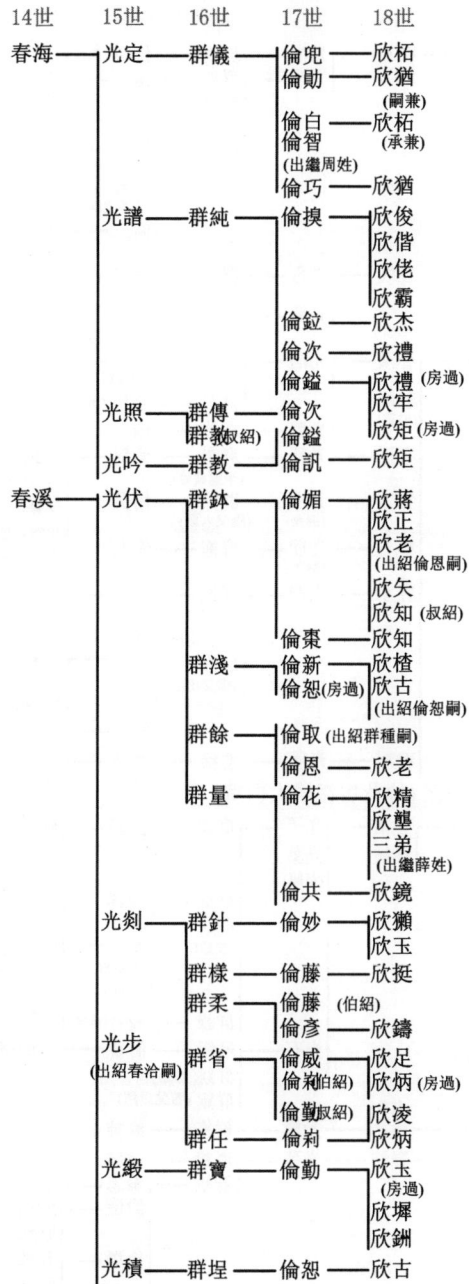

14世	15世	16世	17世	18世
春海	光定	群儀	伦兜	欣柘
			伦勛	欣猶 (嗣兼)
			伦白	欣柘
			伦智 (出繼周姓)	欣柘 (承兼)
			伦巧	欣猶
	光譜	群純	伦换	欣俊
				欣偕
				欣佬
				欣霸
			伦�	欣杰
			伦次	欣禮
			伦鎰	欣禮 (房過)
	光照	群傳	伦次	欣牢
		群教 (叔绍)	伦鎰	欣矩 (房過)
	光吟	群教	伦訊	欣矩
春溪	光伏	群鉢	伦媚	欣蔣
				欣正
				欣老 (出绍伦恩嗣)
				欣矢
				欣知 (叔绍)
			伦棗	欣知
		群淺	伦新	欣楂
			伦恕 (房過)	欣古 (出绍伦恕嗣)
		群餘	伦取 (出绍群種嗣)	
			伦恩	欣老
		群量	伦花	欣精
				欣壅
				三弟 (出繼薛姓)
			伦共	欣鏡
	光剡	群針	伦妙	欣獺
				欣玉
		群樣	伦藤	欣挺
		群柔	伦藤 (伯绍)	
			伦彦	欣鑄
	光步	群省	伦威	欣足
	(出绍春洽嗣)		伦剃 (伯绍)	欣炳 (房過)
			伦勤 (叔绍)	欣凌
		群任	伦剃	欣炳
	光緞	群寶	伦勤	欣玉 (房過)
				欣堚
				欣鋤
	光積	群埕	伦恕	欣古

坤天房派居大白鹭

13世	14世	15世	16世	17世	18世
焕兔	春包 (嗣兼)	光燒	群嚘	伦追	
焕郭	春科	光悄	群嚘 (承兼)	伦追	
焕洪	春東	光查 (嗣兼)	群境	伦林	
	春墻	光查 (承兼)	群境	伦林	
焕彭	春生	光查 (嗣兼)	群境	伦悌	
	春炎	光查 (嗣兼)	群境	伦悌	
焕醉	春桃	光徒	群榮	伦續	欣泉
			群品		

221

黃房派 (坤黃房派居大白鷺)

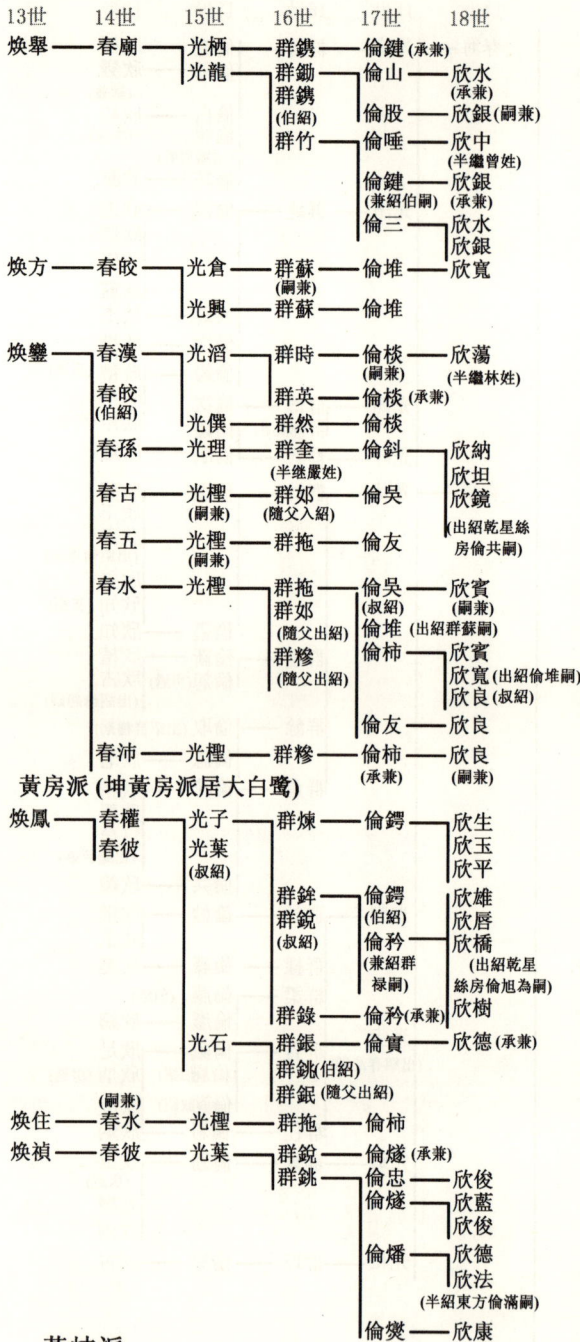

黃房派 (坤黃房派居大白鷺)

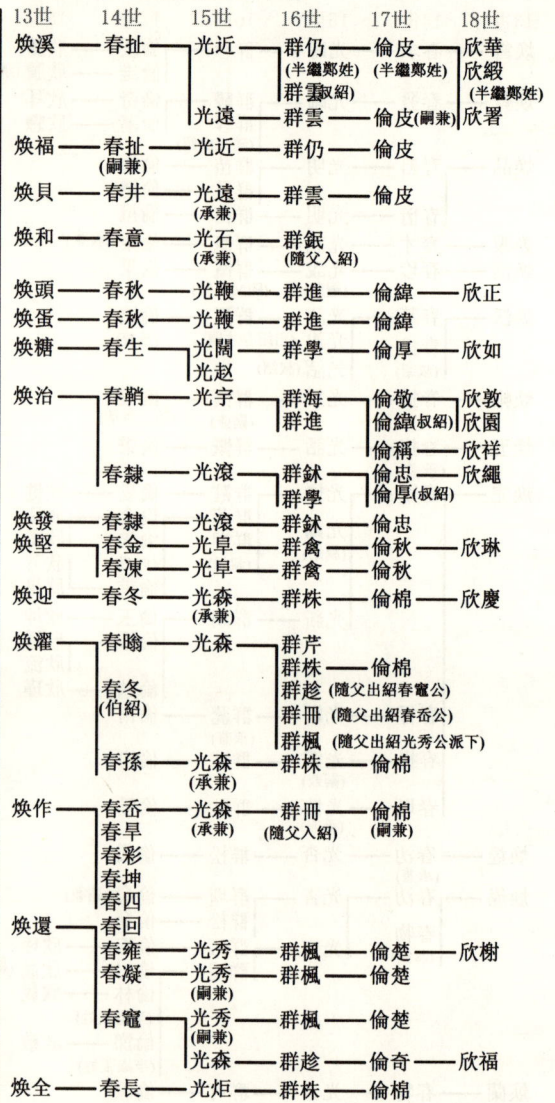

黃岐派

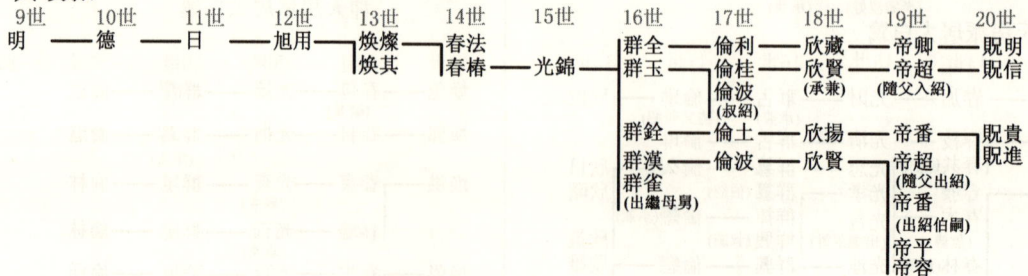

18世	19世	20世	21世
欣絨	帝箱	晛鵬	孫遜
		晛權	孫鑲
欣善	帝貝	晛權	
	帝箱 (伯紹)	晛鵬	
欣運	帝箱 (嗣兼)	晛元	孫舤
欣未	帝修	晛暄	
欣字	帝專	晛清	孫官
	帝修 (伯紹)	晛平 (出繼李姓)	
	帝琨 (出繼林姓)	晛安	孫哲
	帝有	晛暄	
	帝蔭	晛超	
欣鼎	帝揚	晛喜	孫衍
	帝綿 (出紹絲房欣挺爲)	晛熙	孫瑤
欣焜	帝場	晛堅	
欣福	帝勇		
欣禮	帝慨	晛准	
欣牢	帝實	晛旋	
欣矩	帝三	晛泉	
	帝儀	晛輝	
	帝慨		
欣蔣	帝喜 (嗣兼)	晛望	
欣正	帝喜	晛望	
欣知	帝元	晛進	
	帝炳	晛龍 (半繼方姓)	孫鋈
欣老	帝元	晛進	孫錕
欣精	帝全	晛風	
欣壟	帝鑾	晛枝	
	帝紜	晛梨	
		晛山	
	帝春	晛惕	
欣鏡	帝聰	晛慧	
	帝海	晛雨 (出紹陳姓)	
	帝桥長	晛成	
	帝新	晛懋 (隨父承嗣)	
欣獺	帝新	晛懋	
欣挺	帝綿	晛轂 (隨父出紹)	
		晛鑨	孫林
欣鑄	帝綿	晛轂	孫浩
欣足	帝順	晛杵	
	帝春	晛瑜	
欣凌	帝春	晛瑜 (隨父兼紹)	
欣墀	帝頤	晛愛	
	帝晃	晛澤	
	帝我		
欣釧	帝晃		
欣古	帝鍔		
欣生	帝龍		
欣玉	帝龍 (房過)		
	帝星		
	帝良		
欣平	帝遠		
欣雄	帝濱		
欣唇	帝真		
欣樹	帝健		
欣藍	帝鵬		
欣日	帝明		
欣曙	帝遼		
	帝忠		
欣繩	帝斌		
欣策	帝忠		
欣雄	帝穎		

(居大白鷺)

18世	19世	20世	21世
欣騰	帝棟		
欣戀	帝凡		
欣漲	帝珏		
欣鋮	帝吉		
欣庵	帝龍		
	帝銘		
欣緞	帝曦		
欣堂	帝顯		
欣鍬	~~帝軒~~		
欣歪	帝金	晛幹	孫杰
	帝銀	晛鑠	
	帝錢	(嗣兼)	
	帝起	晛鑠 (承兼)	
	帝鉎	晛鑠	
	帝鐮	晛琴	
	帝鍔 (出紹欣古嗣)		
欣貫	帝登	晛德	孫寶 (承兼)
欣貫	帝登	晛堦	孫寶
	帝巽 (出紹欣雙嗣)	晛德	孫寶
	帝炳 (隨父出紹倫敬公後)		
欣雙	帝巽	晛德 (出紹帝登嗣)	
		晛籌	孫挺
		晛釗	
欣鍬	帝巽 (嗣兼)	晛籌 (隨父承嗣)	
欣貫	帝炳 (隨父入紹)	晛釗	
欣水	帝瑜		
欣中	帝志 (隨父半繼)		
欣水	帝瑜		
欣寬	帝萍		
	帝文		
欣蕩	帝發		
欣納	帝蕓 (嗣兼)	晛川	
欣坦	帝蕓	晛川 (隨父出紹)	
欣賓	帝景	晛記	
欣良	帝義		
欣華	帝進		
欣緞	帝強		
欣署	帝瑋		
欣敦	帝杰		
欣園	帝杰 (承兼)		
欣慶	帝霖	晛幸	
	帝葉		
欣菊	帝伍	晛清	孫興
欣歲	帝廉	晛清 (承兼)	孫興
欣極	帝伍	晛清	孫興
		晛川 (出繼謝姓)	孫旺
		晛凌 (出繼謝姓)	
欣藍	帝伍 (嗣兼)	晛清	孫旺
欣對	帝治	晛梅 (半繼葉姓)	
欣歲	帝廉	晛清 (嗣兼)	孫旺
欣琴	帝宇	晛斌	
欣琴	帝紋	晛斌 (嗣兼)	
	帝璞	晛斌 (承兼)	
	帝武	晛斌 (承兼)	
	帝宇 (隨父出紹)		
欣琴	帝宇	晛斌	
欣標	帝省		
欣例	帝鳴 (承兼)		

18世	19世	20世	21世	
欣葉	帝鄧	晛明	孫岳	
	帝雅	晛靖	孫斌	
		晛發 (出繼曾姓)		
	帝稚	晛央	孫䄅	
		晛建		
欣泰	帝奶	晛進		
欣叫	帝崧	晛淑	孫政	
		晛涌 (叔紹)		
		晛水	孫煉	
		晛向	孫榮	
		晛龍	孫懿	
	帝受	晛平	孫然	
		晛昉 (房過)		
		晛忠		
		晛西		
	帝音	晛涌	孫煦	
欣浩	帝安 (嗣兼)	晛寶		
欣香	帝亭	晛明	孫楓	
	帝振	晛明	孫楓	
欣萊	帝熙	晛暢	孫勇	曹正
			孫鵬	
欣昌	帝安			
欣仲	帝首	晛思	孫斌	
	帝熙 (出紹欣萊嗣)	晛暢 (叔紹)		
		晛東 (叔紹)		
	帝米 (出繼高姓)	晛潑 (出繼張姓)		
		晛長	孫爵	
	帝爲 (出紹欣愛嗣)	晛雄	孫林	
欣榮	帝首 (承兼)	晛東	孫至	
			孫曹	
欣焜	帝秧	晛妙		
欣忒	帝旺	晛丹	孫意	
	帝習	晛丹 (隨父半入紹生庚在前)	孫意	
欣卿	帝裕	晛印		
欣悅	帝雀	晛秋	孫鴻	
	帝場	晛友 (隨父出紹倫法嗣)		
	帝秧 (隨父出紹倫好嗣)			
	帝裕	晛印		
	帝坤 (出繼王姓)			
欣柘	帝湝	晛娟		
	帝慈	晛初	孙锦	
		晛杉	孙軒 (承兼)	
		晛绍	孙軒	
		晛娩 (出紹帝孔嗣)		
欣俊	帝慈	晛衍	孫和	
欣偕	帝素	晛震	孫貴	曹鉝
		晛易	孫斌	
		晛兑	孫璇	
欣佬	帝孔	晛娩	孫清	
欣霸	帝堂	晛繼 (承兼)		
	帝錫	晛銳	孫博	
		晛繼 (隨父半入紹)		
	帝強	晛璐		
欣杰	帝約	晛昇	孫貴	曹榮
		晛暉		
		晛文	孫權	
	帝考	晛檜	孫贈	
	帝華	晛檜 (伯紹)		
		晛永		
		晛固		
	帝萬	晛晰	孫揚	
		晛鑫		
欣溫	帝鳴			
	帝忠 (半繼王姓)			
	帝雄 (半繼王姓)			
欣橋	帝亮			
欣標	帝寵			

黃房派 (坤黃房派居大白鷺)

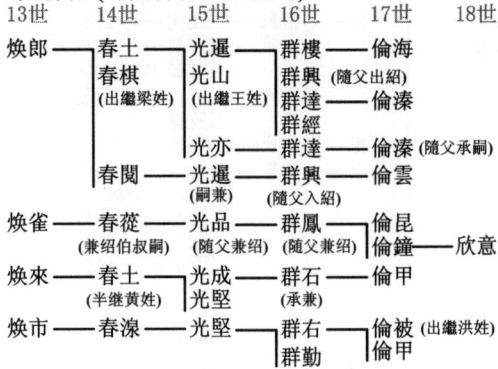

13世	14世	15世	16世	17世	18世
煥郎	春土	光遷	群樓	倫海	
	春棋 (出繼梁姓)	光山 (出繼王姓)	群興 (隨父出紹)		
			群達	倫溙	
			群經		
		光亦	群達	倫溙 (隨父承嗣)	
	春閬	光遷 (嗣兼)	群興 (隨父入紹)	倫雲	
煥雀	春莛 (兼紹伯叔嗣)	光品 (隨父兼紹)	群鳳 (隨父兼紹)	倫昆 倫鐘	欣意
煥來	春土 (半継黃姓)	光成 光堅	群石 (承兼)	倫甲	
煥市	春淥	光堅	群右 群勤	倫被 (出繼洪姓) 倫甲	

西房明拋公派 居大白鷺

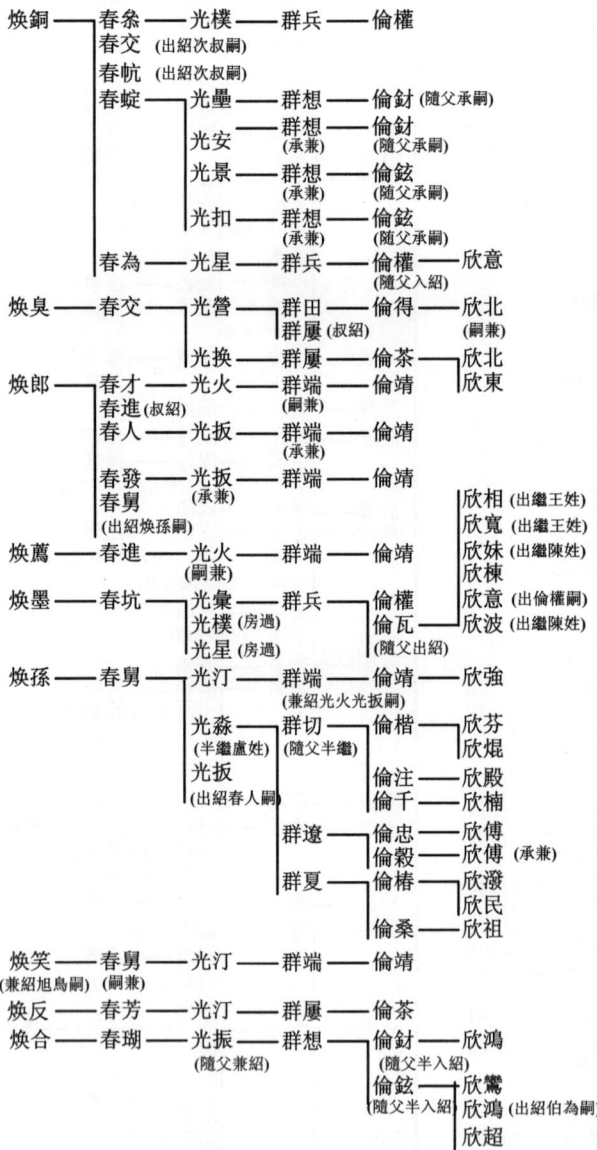

13世	14世	15世	16世	17世	18世
煥銅	春糸	光樸	群兵	倫權	
	春交 (出紹次叔嗣)				
	春杭 (出紹次叔嗣)				
	春蜓	光壂	群想	倫釘 (隨父承嗣)	
		光安	群想 (承兼)	倫釘 (隨父承嗣)	
		光景	群想 (承兼)	倫鉉 (隨父承嗣)	
		光扣	群想 (承兼)	倫鉉 (隨父承嗣)	
	春為	光星	群兵	倫權 (隨父入紹)	欣意
煥臭	春交	光營	群田 群屢 (叔紹)	倫得	欣北 (嗣兼)
		光換	群屢	倫茶	欣北 欣東
煥郎	春才 春進 (叔紹)	光火	群端 (嗣兼)	倫靖	
	春人	光扳	群端 (承兼)	倫靖	
	春發 春舅 (出紹煥孫嗣)	光扳 (承兼)	群端	倫靖	欣相 (出繼王姓) 欣寬 (出繼王姓) 欣妹 (出繼陳姓) 欣棟
煥薦	春進 (嗣兼)	光火 (嗣兼)	群端	倫靖	欣意 (出倫權嗣)
煥墨	春坑	光彙 光樸 (房過) 光星 (房過)	群兵	倫權 倫瓦 (隨父出紹)	欣波 (出繼陳姓)
煥孫	春舅	光汀	群端 (兼紹光火光扳嗣)	倫靖	欣強
		光淼 (半継廬姓) 光扳 (出紹春人嗣)	群切 (隨父半継)	倫楷	欣芬 欣焜
				倫注 倫千	欣殿 欣楠
			群遼	倫忠 倫穀	欣傅 欣傅 (承兼)
			群夏	倫椿 倫桑	欣瀅 欣民 欣祖
煥笑 (兼紹旭鳥嗣)	春舅 (嗣兼)	光汀	群端	倫靖	
煥反	春芳	光汀	群屢	倫茶	
煥合	春瑚	光振 (隨父兼紹)	群想	倫釘 (隨父半入紹)	欣鴻
				倫鉉 (隨父半入紹)	欣鸞 欣鴻 (出紹伯為嗣) 欣超

乾星房旭苑公派下居川石 (乾星房派居川石)

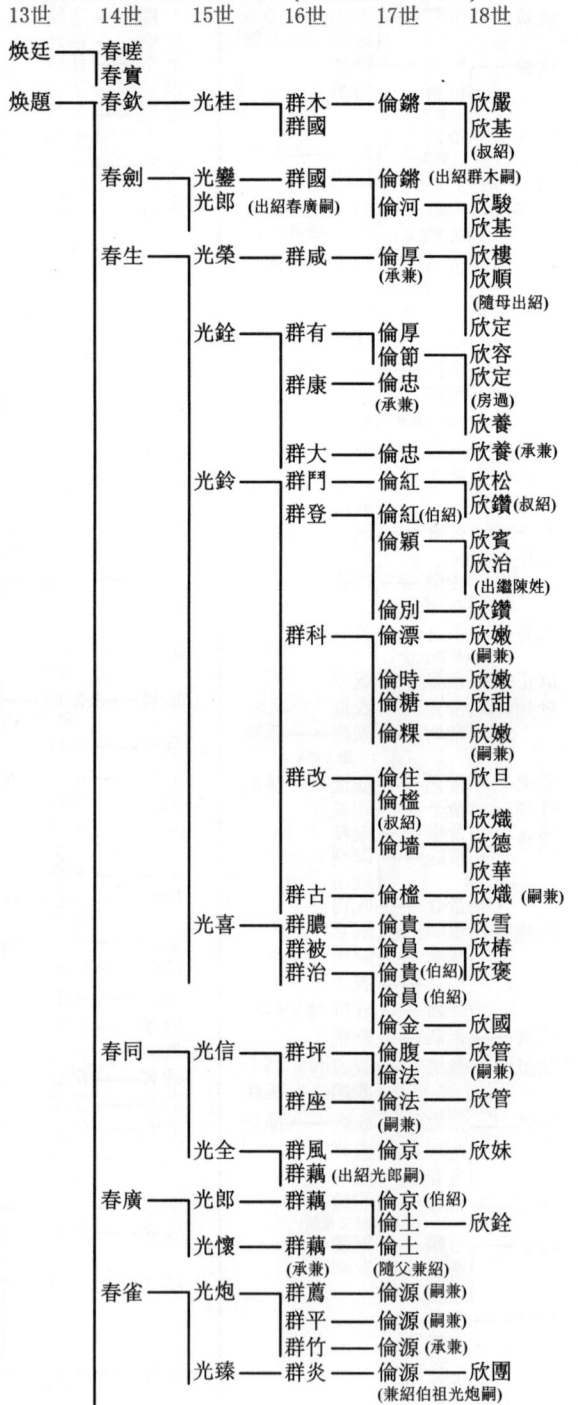

13世	14世	15世	16世	17世	18世
煥廷	春嗟 春實				
煥題	春欽	光桂	群木 群國	倫鱗	欣嚴 欣基 (叔紹)
	春劍	光鑾 光郎 (出紹春廣嗣)	群國	倫鱗 (出紹群木嗣) 倫河	欣駿 欣基
	春生	光榮	群咸	倫厚 (承兼)	欣樓 欣順 (隨母出紹)
		光銓	群有	倫厚 倫節	欣定 欣容
			群康	倫忠 (承兼)	欣定 (房過) 欣養
			群大	倫忠	欣養 (承兼)
		光鈴	群鬥	倫紅	欣松 欣鑽 (叔紹)
			群登	倫紅 (伯紹) 倫穎	欣實 欣治 (出繼陳姓)
			群科	倫別 倫漂	欣鑽 欣嫩 (嗣兼)
				倫時 倫糖 倫粿	欣嫩 欣甜 欣嫩 (嗣兼)
			群改	倫住 倫檻 (叔紹) 倫墻	欣旦 欣熾 欣德 欣華
			群古	倫檻	欣熾 (嗣兼)
		光喜	群臕 群被 群治	倫貴 倫員 倫貴 (伯紹) 倫員 (伯紹) 倫金	欣雪 欣椿 欣褒 欣國
	春同	光信	群坪	倫腹 倫法	欣管 (嗣兼)
			群座	倫法 (嗣兼)	欣管
		光全	群風 群藕 (出紹光郎嗣)	倫京	欣妹
	春廣	光郎	群藕	倫京 (伯紹) 倫土	欣銓
		光懷	群藕 (承兼)	倫土 (隨父兼紹)	
	春雀	光炮	群薦 群平 群竹	倫源 (嗣兼) 倫源 (嗣兼) 倫源 (承兼)	
		光臻	群炎	倫源	欣團 (兼紹伯祖光炮嗣)

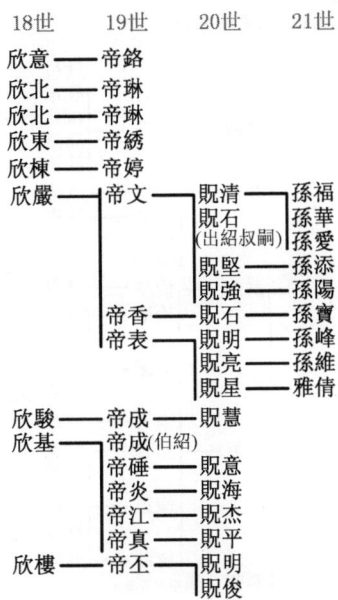

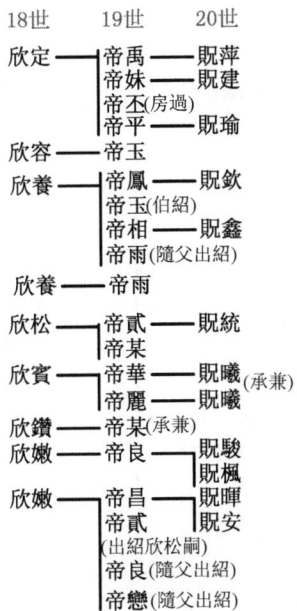

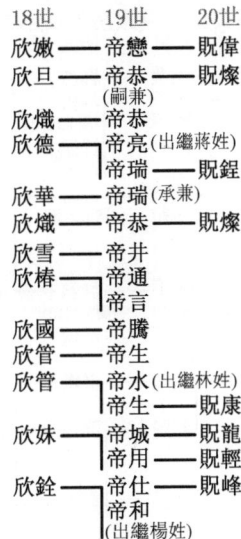

坤天房派居跳尾頭

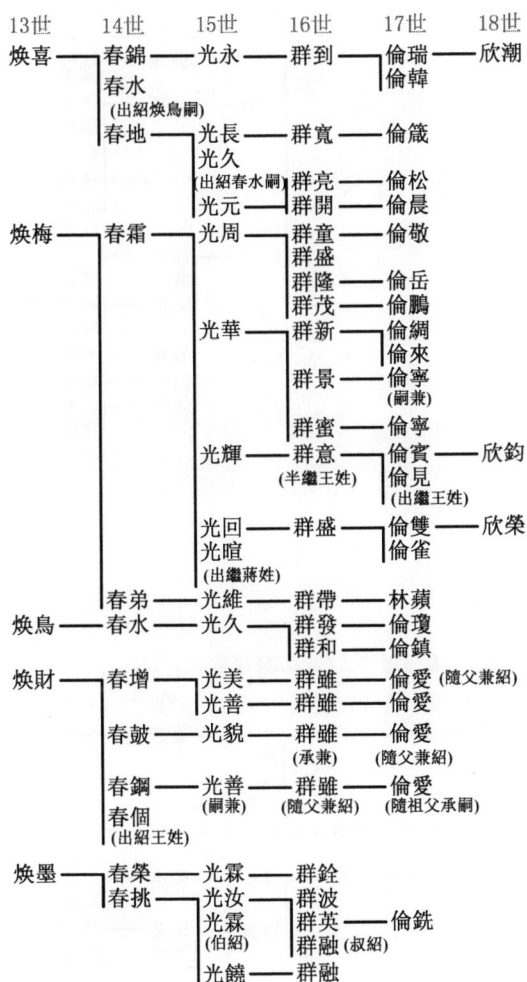

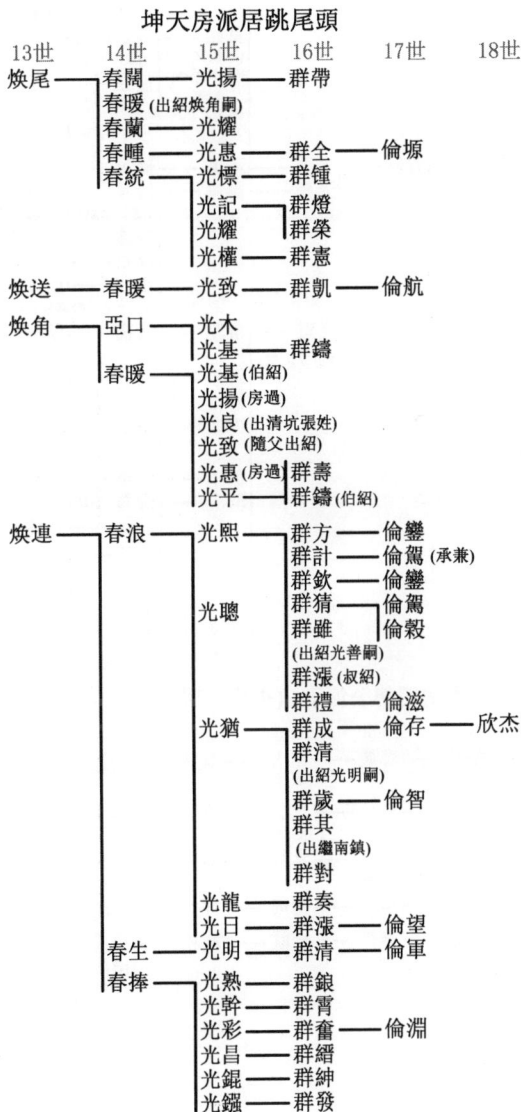

東房明傳公派下 (東房派居水岙)

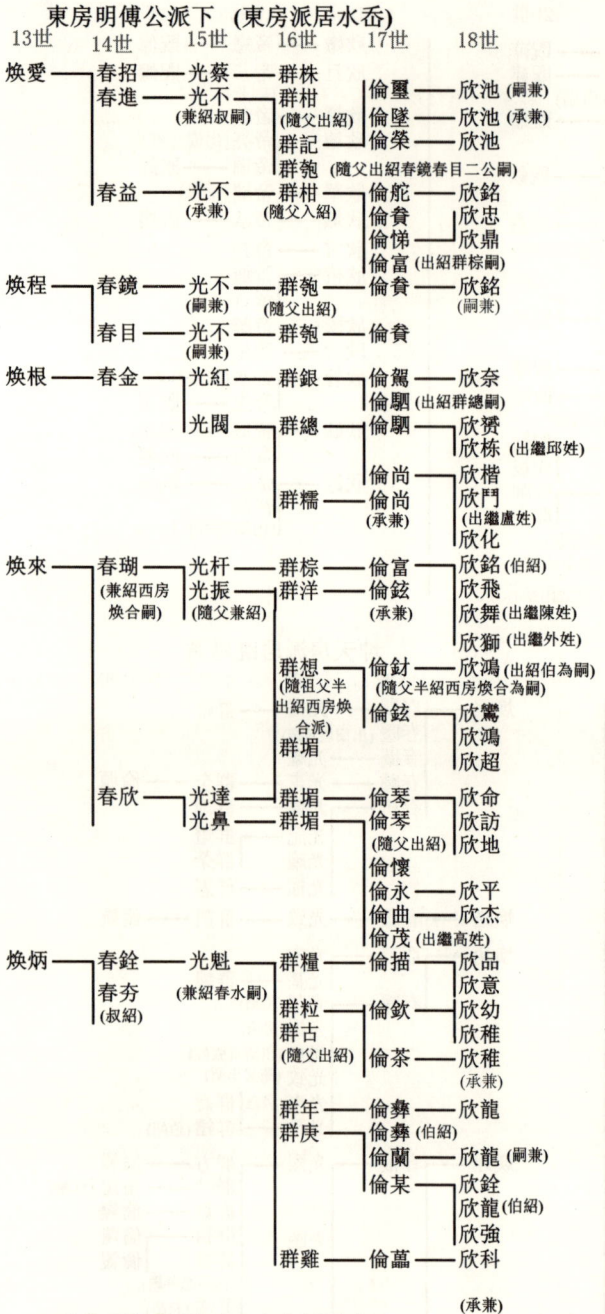

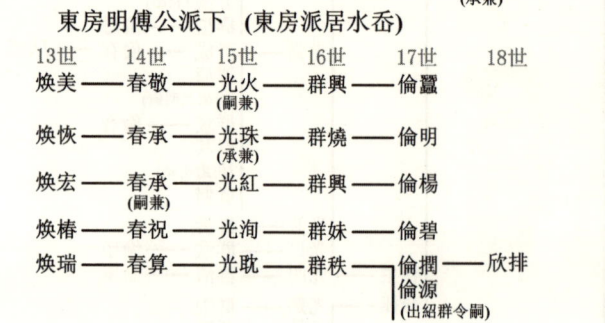

東房明傳公派下 (東房派居水岙)

革房派 (乾房革派居水岙)

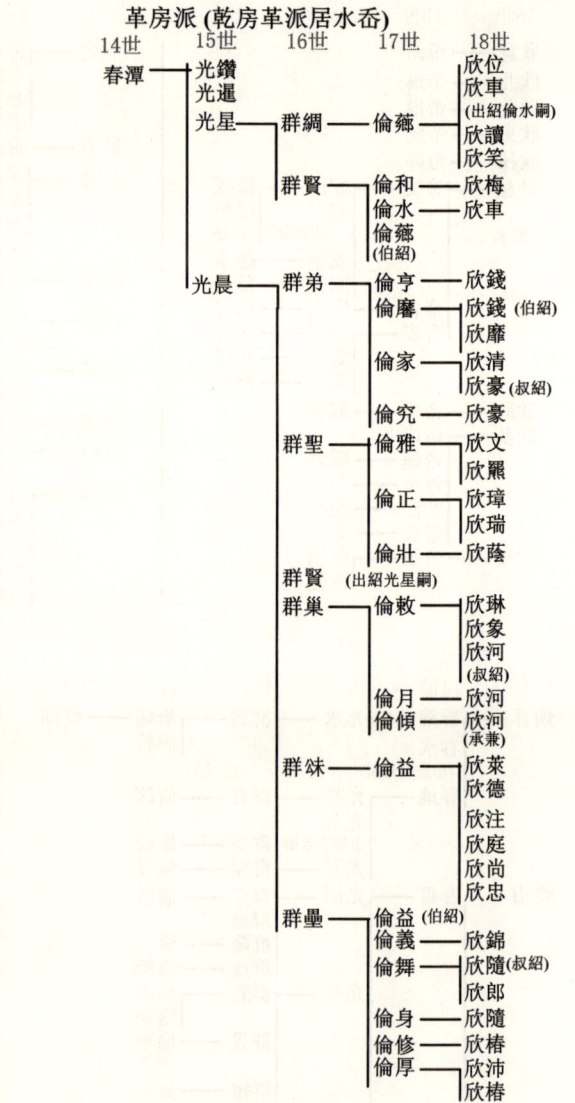

東房明傳公派下 (東房派居水岙)

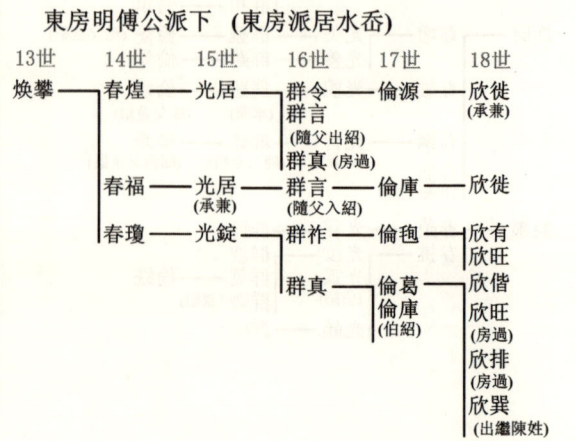

東房明傳公派下　(東房派居水峇)

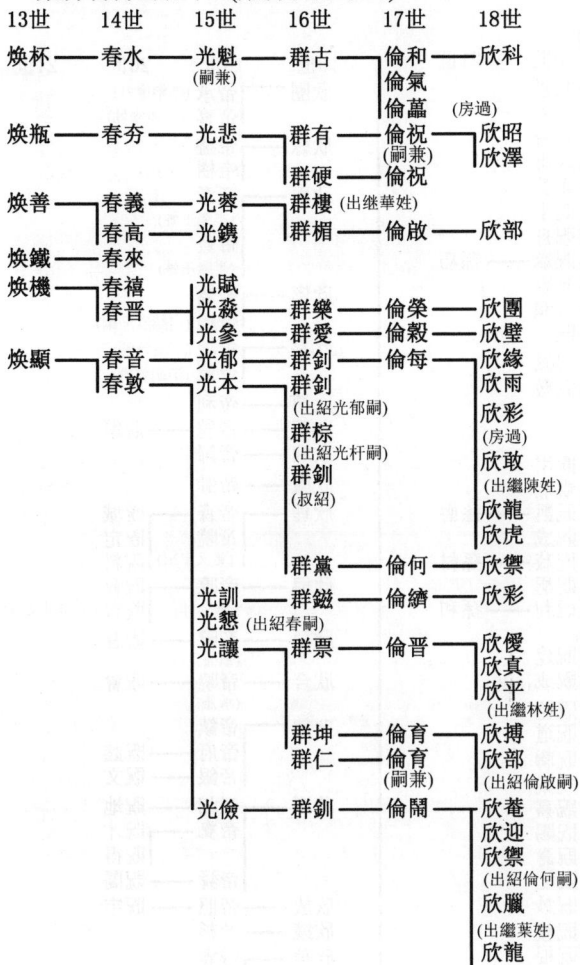

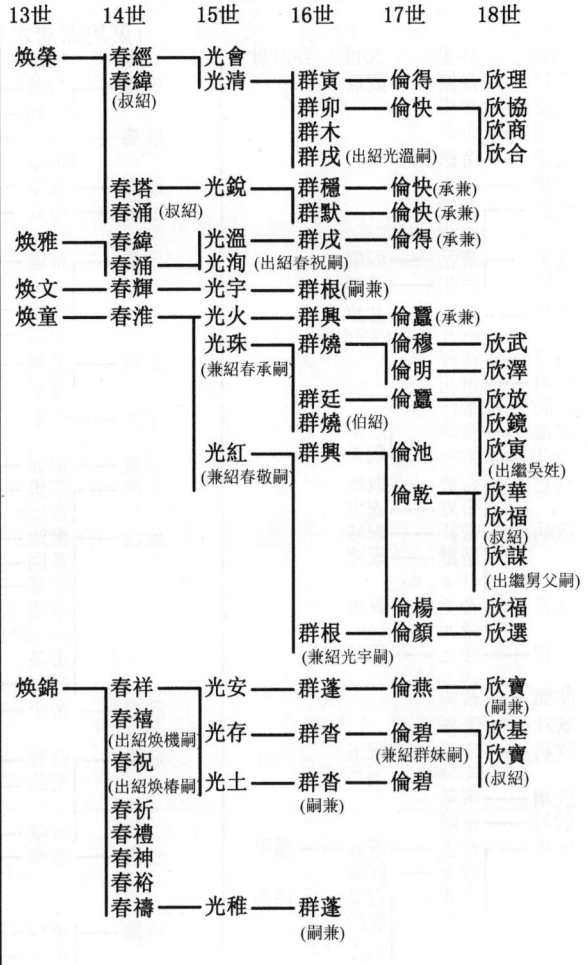

13世	14世	15世	16世	17世	18世

左側：

```
煥杯 ── 春水 ── 光魁(嗣兼) ── 群古 ── 倫和
                                      倫氣
                                      倫薀(房過) ── 欣科
煥瓶 ── 春夯 ── 光悲 ── 群有 ── 倫祝(嗣兼) ── 欣昭
                                              欣澤
                        群硬 ── 倫祝
煥善 ── 春義 ── 光蓉 ── 群樓(出繼華姓)
        春高 ── 光鑴 ── 群楣 ── 倫啟 ── 欣部
煥鐵 ── 春來
煥機 ── 春禧 ── 光賦
        春晉 ── 光淼 ── 群樂 ── 倫榮 ── 欣團
                光參 ── 群愛 ── 倫穀 ── 欣璧
煥顯 ── 春音 ── 光郁 ── 群劍 ── 倫每 ── 欣緣
        春敦 ── 光本         欣雨
                群劍(出紹光郁嗣)
                群棕(出紹光杆嗣)
                群釗(叔紹) ── 欣彩(房過)
                              欣敢(出繼陳姓)
                              欣龍
                              欣虎
                群黨 ── 倫何 ── 欣禦
        光訓 ── 群鏹 ── 倫繡 ── 欣彩
        光懇(出紹春嗣)
        光讓 ── 群票 ── 倫晉 ── 欣偃
                              欣真
                              欣平(出繼林姓)
                群坤 ── 倫育 ── 欣搏
                群仁 ── 倫育(嗣兼) ── 欣部(出紹倫啟嗣)
        光儉 ── 群釗 ── 倫闊 ── 欣菴
                              欣迎
                              欣禦(出紹倫何嗣)
                              欣臘(出繼葉姓)
                              欣龍
```

右側：

13世	14世	15世	16世	17世	18世

```
煥榮 ── 春經 ── 光會
        春緯(叔紹) ── 光清 ── 群寅 ── 倫得 ── 欣理
                                            欣協
                                            欣商
                                            欣合
                            群卯 ── 倫快
                            群木
                            群戊(出紹光溫嗣)
        春塔(叔紹) ── 光銳 ── 群穩 ── 倫快(承兼)
                            群馱 ── 倫快(承兼)
煥雅 ── 春緯
        春涌 ── 光溫 ── 群戊 ── 倫得(承兼)
                光洵(出紹春祝嗣)
煥文 ── 春輝 ── 光宇 ── 群根(嗣兼)
煥童 ── 春淮 ── 光火 ── 群興 ── 倫薀(承兼)
                光珠(兼紹春承嗣) ── 群燒 ── 倫穆 ── 欣武
                                              倫明 ── 欣澤
                                  群廷 ── 倫薀 ── 欣放
                                  群燒(伯紹)          欣鏡
                                                    欣寅(出繼吳姓)
                光紅(兼紹春敬嗣) ── 群興 ── 倫池
                                        倫乾 ── 欣華
                                                欣福(叔紹)
                                                欣謀(出繼男父嗣)
                                        倫楊 ── 欣福
                群根 ── 倫顏 ── 欣選
                (兼紹光宇嗣)
煥錦 ── 春祥 ── 光安 ── 群蓬 ── 倫燕 ── 欣寶
        春禧(出紹煥機嗣)
        春祝(出紹煥椿嗣) ── 光存 ── 群沓 ── 倫碧(兼紹群妹嗣) ── 欣基
        春祈              光土 ── 群沓(嗣兼) ── 倫碧 ── 欣寶(叔紹)
        春禮
        春神
        春裕
        春禱 ── 光稚 ── 群蓬(嗣兼)
```

(東房派居水呑)

18世	19世	20世	21世
欣銘	帝銀	覬瑜	
欣忠	帝彬		
欣鼎	帝鑫		
欣奈	帝購（隨父入紹）		
欣贇	帝旻		
欣栋	帝鐕		
	帝購（隨父出紹）		
欣楷	帝岳	覬康	
欣鬥	帝生	慧婷	
欣化	帝生	慧婷	
（嗣兼）		（隨父承嗣）	
欣飛	帝鋒		
欣命	帝川		
欣訪	帝波		
欣地	帝燁	覬岳	
		覬愛	
欣品	帝財		
欣意	帝經	覬輝	
	帝海	覬生	
欣幼	帝釧	覬城	
	帝獻	覬鴻	
（半繼丁姓）			
欣稚	帝正	覬祖	
	帝元（隨父出紹）		
欣稚	帝元	覬萌	
（隨父入紹）			
欣龍	帝燁		
欣銓	帝冬		
欣科	帝鐵	覬玉	
（隨父兼紹）		（隨祖父兼紹）	
欣讀	帝華		
欣笑	帝財		
欣梅	帝雲	覬計	孫曉
	帝守	覬蜜	
	帝森	覬概	孫強
		覬計（出紹大伯嗣）	
		覬蜜（出紹次伯嗣）	
欣車	帝寮	覬記	
	帝宰	覬康	
欣錢	帝足	覬力	
	帝岩	覬罕	孫友
	帝坪	覬力（房過）	
		覬懷	
欣麃	帝明	覬紹	孫杰
	帝古	覬鋐	孫淩
		覬紹（伯紹）	孫乾
欣清	帝方	覬杉	
欣豪	帝房	覬欽	孫鑪
		覬妙	
欣文	帝梁	覬耀	孫貴
		覬造	孫珍
	帝棟	覬滿	
		覬則	孫賚
欣麗	帝書	覬堯	
	帝好	覬樹（承兼）	
	帝輝	覬樹	

18世	19世	20世	21世
欣璋	帝華	覬景	
	帝銘	覬南	
欣瑞	帝元	覬霽	
	帝榮	覬靁	
欣蔭	帝泉	覬葉	
欣琳	帝共	覬生	
		覬舟	
欣象	帝堅	覬斌	孫巧
		覬容	
	帝意	覬瓏	
	帝志	覬杰	
欣河	帝期	覬佩	
	帝孝	覬敬	
欣河	帝孝		
欣萊	帝晏	覬用	
欣德	帝勇	覬杰	
	帝仁	覬凱	孫爵
欣注	帝龍	覬菽	孫材
	帝回	覬菽	
	帝盛	覬醒	
	帝泉	覬莉	孫和
（出紹欣蔭嗣）			
	帝晏	覬建	
	帝興	覬成（房過）	
欣庭	帝平	覬艷	
		覬道	
欣尚	帝智	覬聯	
	帝綽	覬樂	
		覬嘉	
	帝賦	覬賜	
欣忠	帝庫	覬壽	
		覬記	
		覬鈔	
欣錦	帝禧	覬毅	
	帝貴	覬棍	
	帝蘭	覬敢	
		覬毅（伯紹）	
	帝志	覬豪	
欣郎	帝慶	覬賢	
		覬長	
欣隨	帝吉	覬暢	
	帝慶（伯紹）	覬飲	
	帝法		
	帝漢		
欣椿	帝子		
欣沛	帝鵬		
	帝璽		
欣科	帝祥	覬禮（嗣兼）	
	帝鐵	覬鈺（半繼雷姓）	
欣昭	帝豪	覬禮（半繼雷姓）	
欣寶	帝貝		
欣基	帝城（半繼王姓舅父為嗣）		
	帝耀（隨兄半繼）		
	帝明		

18世	19世	20世	21世
欣團	帝承（半繼廖姓）		
	帝喜（半繼廖姓）		
欣緣	帝盛		
	帝樹		
欣雨	帝章（半繼王姓）		
	帝豐（半繼王姓）		
欣禦	帝璐		
	帝歸（出紹欣迎嗣）		
欣彩	帝坤（半繼曾姓）		
	帝竈（半繼曾姓）		
欣搏	帝利		
欣菴	帝貌	覬鎧	
欣迎	帝歸		
欣臟	帝帥		
欣理	帝森	覬城	
	帝曉（隨父出紹）	覬定	
		覬料	
欣協	帝曉（半繼陳姓）	覬會	
		覬曹（出繼舅父嗣）	
欣商	帝曉（承兼）	覬會	
欣合	帝曉（承兼）	覬會	
欣武	帝鎮		
	帝府	覬鑫	
	帝銀	覬文	
欣澤	帝相	覬地	
	帝獅	覬才	
		覬得	
	帝舜	覬閣	
		覬宇	
欣放	帝照	覬宇	
欣鏡	帝杉		
欣華	帝雲		
	帝偉		
欣福	帝獻		
欣選	帝金		
欣徙	帝語（隨父兼紹）		
（承兼）			
欣徙	帝培	覬宇	
	帝語	覬航	
	帝忠	覬鵬	
	帝福		
欣有	帝鳴（承兼）	覬慶	孫杰
欣旺	帝鳴	覬慶	孫杰
		覬銀	孫譽
欣偕	帝輝	覬志	
	帝勇	覬珍	
	帝團（出繼王姓）	覬賢	
	帝瞻	覬晴	
	帝丕	覬聖	
欣排	帝雄	覬新	
	帝偉	覬閣	
		覬潤	

（2）尊顶房

第十一世日姜公于乾隆间，由泉州晋江沙堤来迁福鼎大白鹭。日爽公居永宁。

1代	2代	3代	4代	5代	6代	7代	8代	9代	10代
尊顶	邦号	敏捷	启开	汝追	应是	耀堤	道德	明传	德送
							道烈	明赐	德富
									德贵

左支：

- 10代 德送 — 11代 日姜
  - 12代 旭舆 — 13代 焕爱、焕程
  - 12代 旭构 — 13代 焕根
  - 12代 旭注 — 13代 焕来
  - 12代 旭官 — 13代 焕炳、焕杯、焕瓶
- 10代 德富 — 11代 日哲
  - 12代 旭成 — 13代 焕攀、焕瑞、焕荫、焕镇
- 11代 日德
  - 12代 旭柳 — 13代 焕森、焕四、焕溪
  - 12代 旭仟 — 13代 焕池
  - 12代 旭添 — 13代 焕秋、焕佛

右支：

- 10代 德富 — 11代 日韬
  - 12代 旭寶 — 13代 焕善
  - 12代 旭孔 — 13代 焕鐵
- 11代 日朗
  - 12代 旭助 — 13代 焕锦、焕機
  - 12代 旭月 — 13代 焕顯
  - 12代 旭畝 — 13代 焕荣、焕雅
- 11代 日的
  - 12代 旭啓 — 13代 焕文、焕童、焕美、焕恢、焕宏
- 11代 日智
  - 12代 旭玄 — 13代 焕椿

（3）寻顶房

第九世明抛公于雍正间，自晋江县二十都永宁沙堤乡来迁福鼎大白鹭。

1代	2代	3代	4代	5代	6代	7代
寻顶	邦霸	敏矗	启西	汝州	应光	惟来

7代	8代	9代	10代	11代	12代	13代
惟来	道起	明抛	德石	日山	旭正	焕铜、焕臭、焕郎、焕薦、焕墨
				日幼	旭招	焕孙
					旭跳	焕笑
					旭干	焕反
				日阙	旭添	焕合

(4)历代英贤

姓名	出生年月	文化程度	曾任职务
董帝强	1956 年 8 月	高中	光泽县公安局副局长
董帝鋆	1963 年 11 月	南京理工大学	福建省政协委员
董觊永	1979 年 11 月	郑州工业大学	福鼎太姥山管委会副书记
董伦山	1970 年 01 月	福建经济学院	福鼎市信用社联社主任

5. 产贤董氏

(1)历史迁徙

十五世希万公系善顺公六子,历传至丕惠公及伯义公。

约于明洪武十三年(1380 年),董思安十六世孙董伯义自晋江乌屿开派安溪,肇基来苏里产贤(湖头镇产贤村),为产贤董氏一世祖。繁衍生息,先后分支湖头山都村寨边,白濑乡下镇村墘美、坪中,寨坂村中堀,凤城镇上西门等地。湖头、白濑董氏族人又先后迁往永春、永安、德化、江西、台湾等地。

五代后周显德二年(955),小溪场监詹敦仁(安溪首任县令)向清源军节度使留从效申请建县获准,以境内溪水清澈,命名清溪县,属清源军。

宋太平兴国三年(978),清溪县属泉州。除官桥、湖上、剑斗、白濑等少数畲族居民外,其余均为汉族,通闽南方言。

宋宣和三年(1121),厌其名与浙江睦州青溪(今浙江淳安方腊起义地)同音,取溪水安流才能太平之意,改清溪为安溪,仍属泉州。元至正十八年(1358),安溪县属泉州路。1986 年 1 月,泉州市升格为地级市,安溪县隶属泉州市。

产贤村隶属于福建省泉州安溪县湖头镇,明清属来苏里;民国时期为都贤保。1961 年隶属登贤小公社;1982 年 4 月都贤析为产墘、东埔、桥头、许前 4 个独立村。1998 年 9 月 22 日,产墘村更名为产贤村。村委会设在下产墘自然村,辖 5 个自然村。村民主要为董姓。

据 2004 年 12 月安溪县人口资料统计,安溪董氏共 2950 人,在当今按人口排序的安溪姓氏中居第 44 位。以湖头镇最多,白濑乡居二。主要分布见下表:

乡镇	人数	主要聚居地及其人数
湖头镇	2431	产贤村 2367 人,宗成庙巷 6 人,船巷、四角井居 4 人,湖二村 16 人,湖四村 3 人,半岭村 21 人,山都村 14 人
白濑乡	500	下镇村 489 人,寨坂村 11 人,凤城镇 15,上西居、朝阳居 5 人,南街居 6 人,祥云居 3 人,凤山居 1 人
凤城镇	15 人	上西居、朝阳居 5 人,南街居 6 人,祥云居 3 人,凤山居 1 人,
虎邱镇	4 人	双格村 4 人

(2)简明世系

产贤董氏开基世系图

(左上世系)

1世	2世	3世	4世
伯义	玄荣	德明	端良　端拱
	玄斌	德容	余杰　余载　余集　余贤
		德宽	兴元　兴振　兴礼
	玄刚	巨川　巨明　祖发	兴添

(左中世系)

4世	5世	6世	7世	8世	9世
端良	启麟	建昂	甫才	大积　七叔	俊初　俊霄　俊陟　伍子
			甫勇	大衷　大远　大泛	祥子
	启发	建淑	甫克　甫坤	大显　大举　大兴	俊孝　俊头　伍子川子国子政子
		建瑚	甫乾	锦我	俊玄　俊照　俊谦　俊书
端拱	启祥	建唐		大和　大素　大晃	
	启登	建德	甫超　甫拔　甫登		
	启立	建远			
余载	启明	建波	甫尊	大璧　大玖　大藩　大烈　大挺	俊慎　戌英　卯英　崇政　尾仔　良应　良祥
余贤	启英	建清	甫用	大乔　大余　大范　大恩　大炳　大森	从公　六英　七英　俊韬　扬新扬藩扬贵扬观　俊食　四英
			甫守　甫锡	进子　大义　大穆	神佑神助神保神护神迪
			甫仪　甫润	大誉　大承　大化　大秀	俊案　隐英　仲英和英　怀叔尾叔
		建津　建泽	甫崇	一相　廷臣　廷枢廷栋廷榜	否英　德赞　俊泰德定　俊万

二房长上垅派
【二房东洋派】
【二房长炉内派】

(右上世系)

4世	5世	6世	7世	8世	9世
兴元	启雄	建吉	甫口	大发	应居应第应富
		建受	甫口	大盛	屎英
			甫统	大彩	香子桂子
			甫旺	大备	应祚应科应举应儒应仕
		建玉	甫睿	大茂　大星	酉应吼英四英
				大德	七英吼英
			甫安	大郁	俊允六子七子
				大伦	三英
				大福　大理	

(右中世系)

兴振	启惠	辅溪	甫策	寅子乌子　大铭双英	玄英丙英
			甫卿	大昭	俊凤俊齐首
			甫耀	大光	俊明解娘俊篇
		次溪	宾楼	大茂	尾进端进
			甫荣	大能	俊朗俊章
			甫占	大典　丑子法子世子	俊伟俊淡俊芳
		活溪	甫口	大度	辰子庚娘
			甫荐	大文　大士　大武	俊二俊移能俊梓
			甫廑	大士	俊好俊务日俊净俊桂
		贤溪	甫倬　甫度	大辅	文顺俊财
				大复　兴良　旺良志兰志政	文加文位裕文章珍文锐宣俊楼
				大九　大绵	俊清俊记文泉文会文挺
				大德	俊时述俊清

尧阳派

兴添	启光	建中	重合	一治　大节　大本	从炎从可　君赐　俊起

9世	10世	11世	12世	13世	14世	15世
俊初	为住	克嘉	良田	宗面	蕴度	
		士管	良习		蕴荐	光品
			良乾		蕴断(出)	光梓
			良越	宗本	蕴荐	
	为朝	士信	良能			
		克升	良案			
		士宋				
		克清	公纳	宗禧		
		士鹏	良廉	宗尊	蕴旺	
俊胥	为扬	克卿				
		士金		宗承	蕴章	
		克耀	公刁	宗鳌	蕴草	
俊陟	意思	云章	公誉	宗世	蕴旭	
伍子	裕子			宗答	蕴我	光叩
				宗湛(出)		
				宗缓		
			公栗	宗寻		
				宗贯	蕴千	光育
				宗时		
				宗乃		
			公彦	宗湛		
			公肇	宗芳		
				宗卿	蕴灶	光顶
				宗椽		光育
				宗母		
		云贵	公执	宗创		
				宗垂	蕴蜂	
				宗博		
				宗什		
			公致	宗业	蕴善	
				宗暹	蕴专	光益
					蕴全(出)	
				宗程	蕴全	光徙
				宗就	蕴隐	光益
					蕴善(出)	
			公绘	宗统	蕴慈	东来
					蕴续	光醉
				宗经	蕴系	光变
					蕴浮	光考
俊孝	为想	云钦	公樊	宗衍		
俊头	进菁	士善	公彼	宗朴		
			公押			
			公东	宗朴(出)		
			公灵			
俊玄	进祖	士举	良运			
		士仁	功首	宗母		
		士榜				光菊
	为午	士最				光吟
		克经	良满	宗转(承半)	蕴胖	光根(承半)
					蕴萃	光蟳
		克世	公接	宗长	蕴草(出)	光蚶
	进日	士义	良科	宗转(出半)		光根
			公俭			
俊照	为成	克班	公网	宗椿	春暖	
俊谦	为艮	克叶	良宽	宗樟	春搜	
		克邑			春衍	
	为可	克慎	良虑			
	为兹	士禄				
	进德	士严	良驹			
俊书	为及	克守	良随			
		克辉	公绰	宗尊(出半)		
			公弹	宗送		
				宗旦(外出)		

15世	16世	17世	18世	19世	20世
光希	春来	伦松	欣团(承半)		
		伦用	欣团	清茶	江滨
				清火	
				清池	
			欣煌	海波	
			欣荣	剑毓	
				超毓(祀伦松为孙)	
			欣灿	文垚	
				文海	
				文杰(祀伦松为孙)	
			欣进	维达	
			欣水	志旋	
				志军	
光梓	群云	伦狗	福得(双承)	锦杰	
光叩	群趣(承半)				
光育	群趣(承半)	共成	世龙		
	群职(承半)	如竹	世虎		
		如松			
	群铁	伦诸			
光顶	群职(承半)	如竹			
		如松			
光益	群职(承兼)	如竹			
		如松(出半)			
光徙	群沙	伦前			
光菊	群平	坤元			
	群江				
光吟	群匣	汉水			
光根		坤元(出)			
光蟳	群加	金水			
光蚶	群应				
光根(出半)					

二房长上垅派

9世	10世	11世	12世	13世	14世
俊韬	进建	士部	良郭	宗敦	春基
	进标				春梯
	进连				春篮
	进猛				春茶
	进将				春炮(出半)
				宗站	春煨
				宗外	春煨(出)
					春瓜
					春样
				宗立	春豹
					春送
			良圣	宗昭	春嚣
					春缮
		士院	良锡	宗执	春遣
俊食	进科	益勇	正位		春札
	进选	益瑞	良铨	宗头	春渐
		益勇			春旦
		益宁			春厌
神保	进文	士梓	良应	宗叫	春维
		士宝	良助	宗潘	春乌
		士齐	良枢	宗印	春蒋
				宗秽	春劣
				宗潘(出)	
		士蒲	良牒		
			良芸	宗力	春獭
			良凤		
			良川	宗枫	
	进智	士变	良接		
	进意	士渐			
		士杼	良欣		
	进甜	士变			

世代：9世　10世　11世　12世　13世　14世　　14世　15世　16世　17世　18世　19世

（左半，9世～14世）

- 俊慎 — 为莪 — 益善 — 良辰 — 宗煜 — 天护／春江／春由／承祖
- 从公 — 进孙
  - 宗炳 — 春淑／春送
  - 宗炜／宗诣
  - 良咏 — 宗阅 — 春萃／春裁／春车／春拔／春内
  - 宗杰 — 春实
  - 宗唱 — 春听
  - 宗科 — 春者
  - 宗会 — 春照
  - 良咸 — 宗党 — 春彭／春彦／春概／春树
  - 宗阙 — 春捷／春笑
  - 宗亥 — 春得／春贺
  - 益使 — 良尧 — 宗占／宗炽 — 春田
  - 良舜 — 宗坚
  - 益亦 — 良初 — 宗佳 — 薛仁／春运
  - 益雅 — 良君 — 宗梦 — 春景
  - 良王 — 宗敬 — 春尊
  - 益全 — 良庆 — 宗贤 — 春滔／春吉
  - 宗珍 — 春珠／春金／春镨
  - 宗宝
  - 宗载 — 春法／春炭／春裡／春千悟／春乖

二房长上垅派

- 良雍 — 宗望
- 良贵 — 宗研
- 良祥 — 宗赞
- 良庚 — 宗口（外出）
- 良魁 — 宗泰（往台）

- 进京／进寅 — 益礼 — 良混（俱往台）
- 益怆 — 良锐 — 宗炎
- 良球 — 宗深

- 扬新／扬藩／忠英／良英／弘英 — 日转 — 士章 — 良用 — 宗田／宗切 — 春裡
  - 良会 — 宗特
  - 士南 — 良化 — 宗品
  - 良右 — 宗热
  - 士雷 — 良来 — 宗科 — 春场
  - 宗沛 — 春宅
  - 宗哒（出）
  - 良世 — 宗哒

- 扬贵 — 日奉 — 士闹
- 扬观 — 进晴／进芳／进谦／进田 — 士斗／士汉／士武（往台）／士监／士老（往台）
  - 良与

（右半，14世～19世）

- 天护 — 光挑 — 群裕
  - 光管／光运
  - 光慈 — 群夏／国恩
- 春江 — 光圭／光锥
  - 光介（出）
- 承祖 — 光介
- 春车 — 茉莉
- 春实 — 光罴
- 春彭 — 光隐／光这
- 春笑 — 光知
- 春贺 — 光这
- 春景 — 光口
- 春尊 — 光悦
- 春珠 — 光善 — 群优
  - 光悦（出）
- 春金 — 光皮／光黎
- 春梯 — 光胤
- 春篮 — 光永
- 春茶 — 光炽 — 群党 — 伦飚（出半）
  - 光恙（出）（兼承） — 伦塔（出半）
- 春炮（出半） — 光梅
  - 光婿（出半） — 群种 — 伦禹 — 欣镂 — 帝豹
    - 欣翼 — 帝吉（承半）／典良（出半）
- 春瓜 — 光助
- 春样 — 光耦
- 春送 — 光梅
- 伦梧 — 舌舌 — 帝豹／帝吉
  - 欣简／欣强／欣市 — 牡丹（双承）
- 春嚣 — 光一 — 群奢 — 伦蕙（出半）
  - 光三 — 群村 — 伦缨
    - 群奢（兼承） — 伦蕙（承半）
- 春绻 — 光彻 — 群老 — 珠李
  - 群土 — 伦鳅
  - 光妒 — 群春 — 珠李
  - 光星 — 群什 — 伦夷
    - 伦俊（出半）
- 春宅 — 光传 — 土治（出半） — 珠李／伦鳅
  - 光进／光乌 — 群麻 — 伦俊（承半）
  - 光水
- 春札 — 光淡 — 群遂
- 春渐 — 光不 — 群萍
  - 光猫 — 群池 — 江水（俱出半）
    - 群吟（出） — 伦纯 — 欣钳／欣致（兼承） — 德胜（兼承）
    - 群河
    - 伦年（兼承） — 丙丁 — 火电（兼承）
  - 群井 — 江水（俱承半）／伦纯／伦年
  - 光婶 — 群庚
- 春旦 — 光凉 — 群标 — 定来
  - 群寨 — 恬禧
  - 光琴 — 群吟 — 伦美（出半） — 振发
  - 群成
- 春乌 — 光用 — 重兴 — 伦泉（出半）
  - 群端 — 伦木 — 欣浮
  - 光远 — 群吉 — 伦炎
  - 群法／群乞
- 春蒋 — 光元 — 重兴（承半） — 伦泉
- 春厌 — 光远（承半）
- 春维 — 光用（承半）

【二房东洋派】

9世	10世	11世	12世	13世	14世	15世
神迪	进礼	士宠	良郡	宗令	春奈	
			良盛	宗睡	春入	光花
				宗觉	春货	光若
				宗宛	春齐	光乞
					春兴(兼承)	光律
			良端	宗体	春稟	
					春永	
					春偷	
					春稟	
				宗龙	春于	光燕
					春试	光回
					春治	光志
					春侃	光分
				宗平	春笑	光君
					春诸	
			良廣	宗前	春乾	光越
				宗掌	春苗	光以
				宗皓		光离
			良通	宗快	春严	
			良考	宗拔	春文	
			良七	宗肇	春村	
		士瑜	良昂	宗聪	春田	
				宗睦	春油	
					耳	
		士鞠	良夸	宗承	春点	
			良轩	宗迈	春兴	
				宗就	春炭	
				宗讶		
			良丕	宗泽	春建	
				宗贯	春语	
				宗讶		
			良输			
		士惠	良菩	宗阁	春任	光专
					春弄	光坂
				宗旧	春尚	光务
					春利	光濯
					春苟	光菜(承半)
					春杼	
					春足	光濯
				宗字	春近	光如
					春趾	
					春戴	
			良耀	宗动	春和	
				宗举	春唇	
				宗贞	春座	
			良慎	宗袍		
				宗贞		
	进福	士雄	良伯	宗揖	春汝	
			良侯	宗时	春蓄	光连
			良培			
			良亢(出)			
		士敏	良哲	宗叟	春应	光赞
		士恭	良大	宗摄		
			良斐	登山	春应(出)	
			良御	登赛	春冬	
					春叶(出)	
					春樟	
		士胤	良亢	宗诰	春叶	光员
		士阶	良二			
		士协	良伋			
			良拱	宗断		
		士然	良丽	(往台)		
			良送	宗宾		
			良鸾			
			良凤			
		士仰	良马禹			
			良驾	(俱往台)		
	进仪 →					
	进珽 → 接右边					

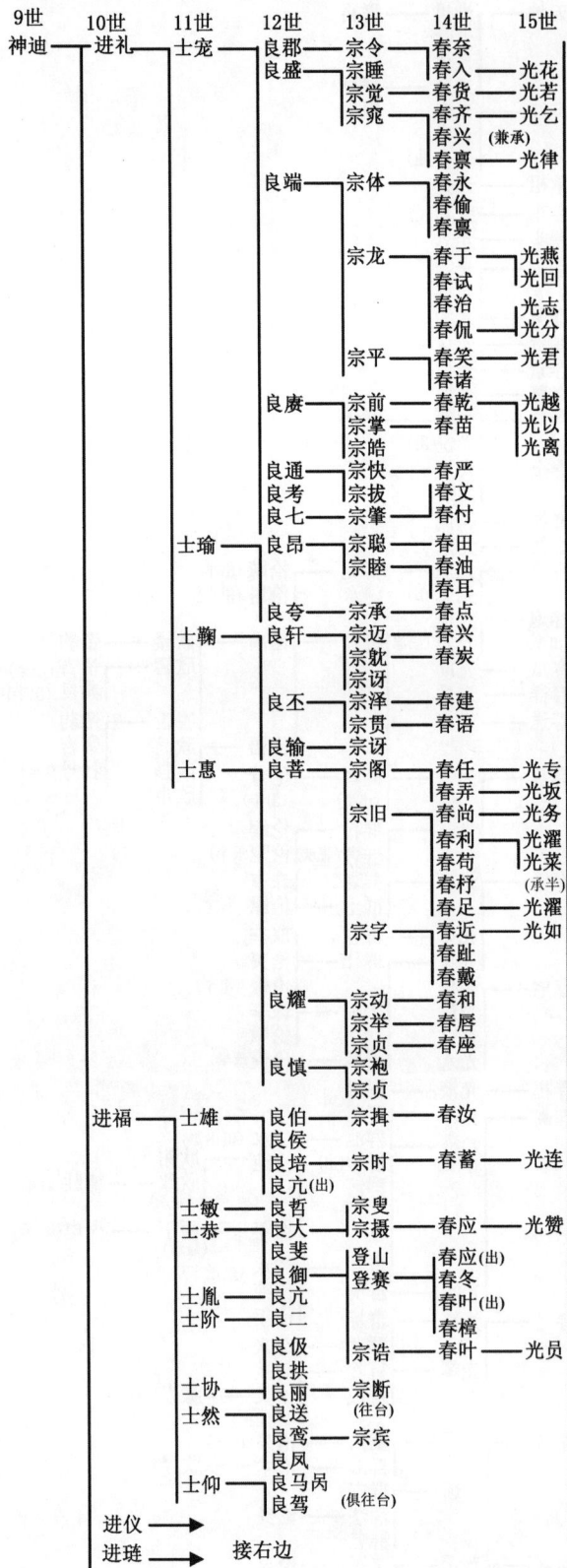

【东洋四房二支】

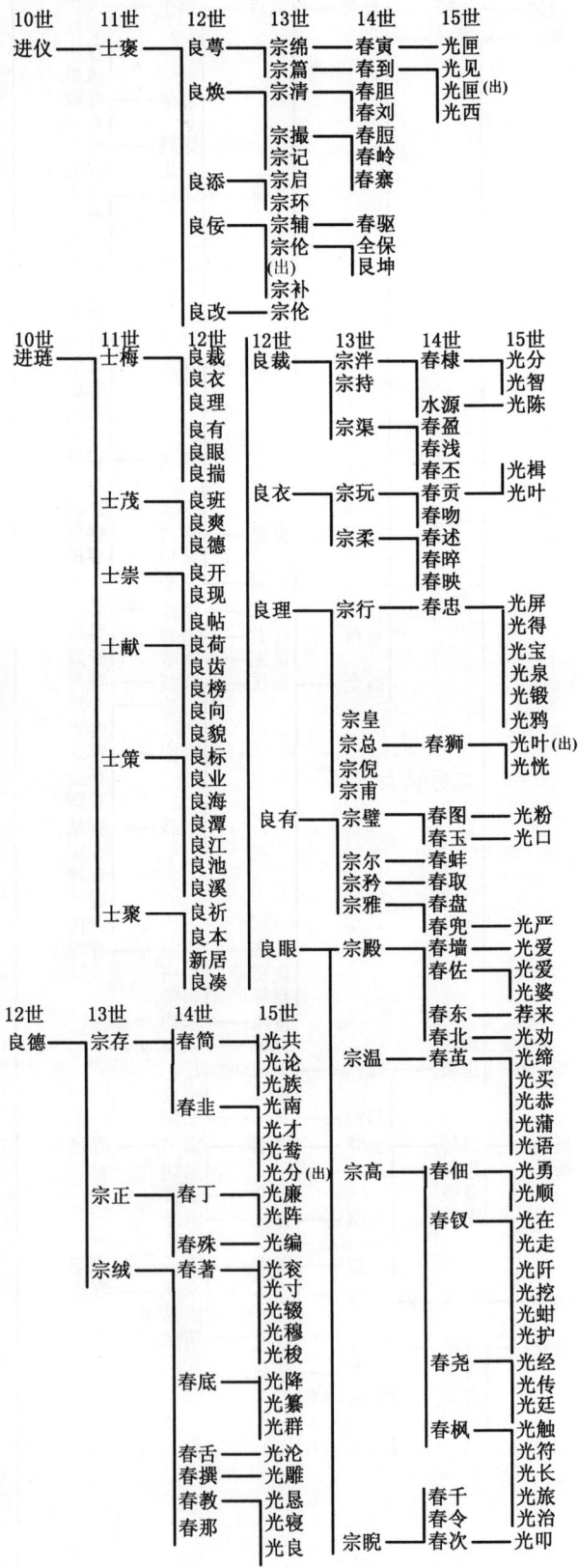

10世	11世	12世	13世	14世	15世
进仪	士褒	良尊	宗绵	春寅	光匣
			宗篙	春到	光见
		良焕	宗清	春胆	光匣(出)
				春刘	光西
			宗撮	春胫	
			宗记	春岭	
		良添	宗启	春寨	
			宗环辅		
		良佞	宗伦(出)	春驱	全保
			宗补		艮坤
		良改	宗伦		

10世	11世	12世		13世	14世	15世
进珽	士梅	良裁	良裁	宗洋	春棣	光分
		良衣		宗持		光智
		良理			水源	光陈
		良有	良衣	宗渠	春盈	
		良眼			春浅	
		良揣			春丕	光楫
	士茂	良班		宗玩	春贡	光叶
		良爽	良理	宗柔	春吻	
		良德			春述	
	士崇	良开		宗行	春晬	
		良现			春映	
	士献	良帖			春忠	光屏
		良荷				光得
		良齿				光宝
		良榜				光泉
		良向				光锻
	士策	良标	良有	宗皇	春狮	光鸦
		良业		宗总		光叶(出)
		良海		宗倪		光恍
		良潭		宗甫		
		良池		宗璧	春图	光粉
		良溪			春玉	光口
	士聚	良祈		宗尔	春蚌	
		良本		宗矜	春取	
		新居		宗雅	春盘	
		良凑	良眼	宗殿	春兜	光严
					春墙	光爱
					春佐	光爱
						光婆
					春东	荐来
					春北	光劝
				宗温	春苗	光缔
						光买
						光恭
						光蒲
						光语

12世	13世	14世	15世
良德	宗存	春简	光共
			光论
			光族
			光南
			光才
		春韭	光鸶
			光分(出)
	宗正	春丁	光廉
			光阵
		春殊	光编
	宗绒	春著	光衮
			光寸
			光辍
			光穆
			光梭
		春底	光降
			光纂
			光群
		春舌	光沧
		春撰	光雕
		春教	光恳
		春那	光寝
			光良

	13世	14世	15世
	宗高	春佃	光勇
			光顺
		春钗	光在
			光走
			光阡
			光挖
			光蚶
			光护
		春尧	光经
			光传
		春枫	光廷
			光触
			光符
			光长
		春千	光旅
		春令	光治
	宗睨	春次	光叩

234

12世	13世	14世	15世
良班	宗流	春牙	光投
		春扬	光兑(出) 光轶 光富 光料 光兑
		春安	
	宗硕	春栋	丙愿 光愿 光请 光连
	宗谐	春畲	
良爽	宗昌	春寿	光走
		春衢 春忸	光走(出半)
	宗沃 宗佐 宗箱	春仁 春锭	
良揣	宗读	春追 春髻 春蟳(出) 春颜(出)	
	宗誉	春髻	
	宗三 宗咘(外出) 宗能	春蟳 春颜	
良开	宗艾 宗瓦	春巇 金章 石泉	光吕 步蟾 梦嵩 佩兰 绍元 绍元
		春诗 春礼	
	宗创	天赐 姜维 春省	光典 光魁 光冰
良德	宗存	春简	光共 光论 光族
		春韭	光南 光才 光莺 光分(出)
	宗正	春丁	光廉 光阵
		春殊	光编
	宗绒	春著	光衮 光寸 光辍 光穆 光梭
		春底	光降 光纂 光群
		春舌 春撰	光沦 光雕
		春教 春那	光恩 光寝 光良
良池	宗照 骄纳	春莲(出) 春缄 春杏	光柱(出半) 光碥 光为 光集 光交 光来 光赤 光柱
	宗淼	春莲	

12世	13世	14世	15世
良现	宗学 宗巧	春饮 春尝 春景	光先
	宗笔	春出 春惕	光农 旺进 马士

【东洋四房六支三】（下三派）

12世	13世	14世	15世
良帖	宗包	春富	光灿 光言 光曹 光启
		春宗	光选 光跻 添来
		春禄	光艺 光纯
	宗两	春楚	光此

【东洋四房六支三】（顶三派）

13世	14世	15世
宗岁	春邦 春邦(出半) 春孚 环生	光烈 光照 光雷 光昆 光云 光骚 光灶
宗卷	春奏 春阶 春作	光剡 光松 光悫
	春真 春炳	光准 光瞻
宗胙	春璞	光江 光潘
	春作	光我 光敬 光稠

【东洋四房六支四】

12世	13世	14世	15世
良荷	宗契	春济	光醒 光鹬(出半) 光占
		春音	光鹬(承半)
		春雌	光鹬(承半)
		春兴	光占
	宗达	奇峰	光口
		春燮	光位(承半)
		春蒲	光位 光点(俱出半) 光窗
		春肯	光默(承半)
	宗秋	春满 春章	光平(承半)
	宗万	春璅 春铄 春卦	光择 光平(出半)
良齿	宗明	春耸 春帛 春泼	光材
	宗旺 宗敄	春省	重案
良榜	宗概		推敲
	宗赫	春玺	光为
良向	宗美	春捷 春伟 春余	光剑 光鲍 光返
	天助	春焕	

12世	13世	14世	15世
良貌	宗乐	春朗	光书 光轩
		春夺	光归 光平 光庭
		春塔	光於 光临 光润 天迁 天冰
		春潜	光湖
		春棍(出半)	光萍 光琉 天迁(承半)
		春格	光水 光科
	宗嗟 宗廷 宗霸	春剖	光晒 尚唱 光雍 光溪
		春砂(出半) 春瑾	光谅 光梭
	宗衷	春辉	光边 光佞 光洪 光讴 光系 光梦 光博
	宗意	春瑾	光彼 光环 光璠 光梭
	宗考	春棍	光萍 光琉 天迁

【东洋六支五】

12世	13世	14世	15世
良标	宗箴 宗沙	春颜 春堂	光九 光庼 光雄(出)
		春旦	光宜 光惠 光九(出)
		春冈	光雄
	宗铺 宗邹	春甲	光俗 光添
		春魏	光欣 光提 光严
良业	宗笃	春愁(出) 天生	光雪 光加
	宗众	春片 春成 春三 春件	光象 光赤
	宗果 宗仁	春坛 春透	光銮
良海	宗镇 宗秘 骄纳(出)	春鲞 春饯 春窑	光祝 光探 光世(出)
良潭	宗插	春恼 春糊 春践	光世 光瑛 光守
良溪	宗秦 宗井	春愁	

左栏 12世　13世　14世　15世

- 良祈 — 宗榔 — 春黎／春炼／春丁 — 光畏／光汉／光婿(双承)
  - 春芳 — 光密
  - 宗康 — 春燎
    - 春节 — 光贤
    - 春义 — 光活
    - 春敏 — 光默
  - 宗乔／宗重 — 春采 — 光畅／光鹗
    - 春蕊 — 光熙
    - 春炎 — 光醮
    - 春增 — 光翰／光函／光气
    - 春琼 — 光运／光绍／光汪
  - 宗挺 — 春眉 — 光曜／光状(出半)
    - 春绥 — 光鸾／望月／光春／光状／光孙
    - 春辂
    - 春通
  - 宗成 — 春念／春萃
- 良本 — 宗吟 — 春遄 — 光便
  - 心求 — 春秀
  - 宗璇 — 春畯
- 新居 — 宗赵 — 春虾 — 光铿／光任
    - 春仍
  - 宗攀 — 衍庆
  - 宗聘 — 春忸 — 光质
  - 宗备 — 春裁(出)
  - 宗爻 — 春蒲
  - 宗吉 — 春裁 — 光质
  - 宗叠 — 束英
- 良凑 — 宗曲 — 春滨／春相
  - 宗复 — 春悻
  - 宗浪 — 春呈 — 光麻

右栏 15世　16世　17世　18世　19世　20世　21世　22世

- 光燕 — 群团／群合 — 伦国／伦土 — 欣西／欣却 — 铿锵／朝宗(承半) — 金标／金梯(出) — 继红／继侯(出半) — 清海／灵棍
  - 伦俊 — 欣通 — 月英 — 联才(出半) — 荣新／荣木／荣足(出半) — 炳峰／炳福
    - 欣进／欣绣／欣兰(出)
    - 月淋 — 联才(承半) — 荣足(承半)
    - 月良 — 金平(承半)
    - 朝宗 — 金星 — 贵福／贵治
    - 朝松(出) — 金川 — 国兴／国泰(出半)
    - 金平(出半) — 贵龙
    - 金体 — 贵元
  - 伦丘 — 欣出 — 水树(双承林家) — 继承／荣枞／荣灿 — 练钦
  - 群缵 — 伦土 — 欣沙 — 帝顺／连城／振森
    - 欣添 — 牡丹(出半)／金川(承半) — 国泰(承半)
    - 欣法 — 建成
- 光分 — 群徙
  - 群寻／群嫖(出半) — 伦静／伦赐 — 欣福(出半)／欣耙
- 光专 — 群秋
- 光务 — 群嫖(承半) — 伦静／伦赐 — 欣裣(双承)／欣狗(双承)
- 光濯 — 群蜡 — 伦典
  - 群枞 — 伦典
  - 群物 — 伦典
- 光员 — 群尝 — 万耳 — 山牛 — 永忠
    - 田土
    - 有义
  - 伦等 — 贵族 — 珠连／竞赛(出兼)
  - 伦炮 — 荣木 — 东灶
    - 电古 — 剑锋
    - 天来
  - 群坑 — 田福 — 金吉
    - 伦岸 — 海滨
    - 口口 — 竞赛(兼承)
    - 发生 — 剑聪
- 光屏 — 群行 — 清浚(双承)／明聪(出半)
  - 坤基 — 良昌 — 贵水／贵山 — 清龙／清辉
  - 群腆 — 贵贤(出)
  - 群仁(出) — 口口 — 口口 — 日荣
  - 群租 — 贵兴 — 金河
    - 贵洲 — 清熙
- 光得 — 群歆 — 伦雪(承半) — 山河／清河(出)
    - 开基 — 金抄 — 东升／东来(兼出) — 永桂
    - 水湖
  - 群学(出) — 伦雪(出半)／伦金(双承) — 清河(承) — 水填 — 小杰
    - 欣敬 — 水土 — 东建／建辉
    - 木乾 — 小平
  - 群邪 — 伦树／伦王
    - 安吉(出) — 霞根 — 金灿 — 庆琳
      - 金南
  - 群炉 — 安发／安发(出)／壬癸 — 霞根(承半) — 口口／金抄(兼承)／金灿 — 庆琳
    - 金南
    - 伦峇 — 欣口
    - 伦金(出半)
    - 三德

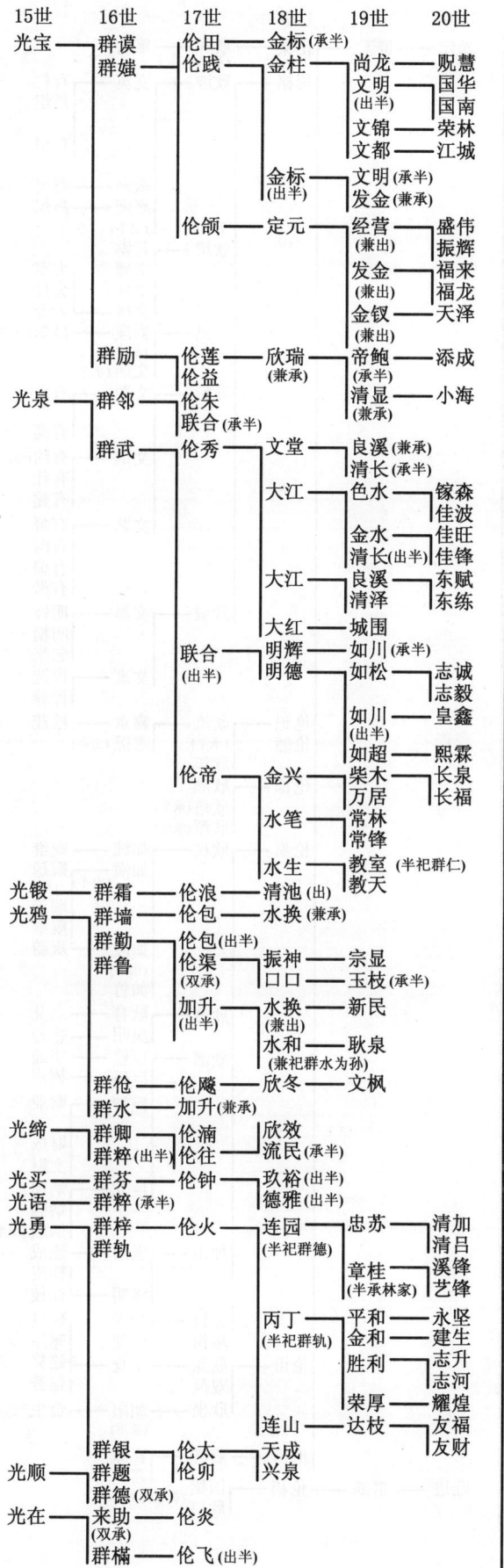

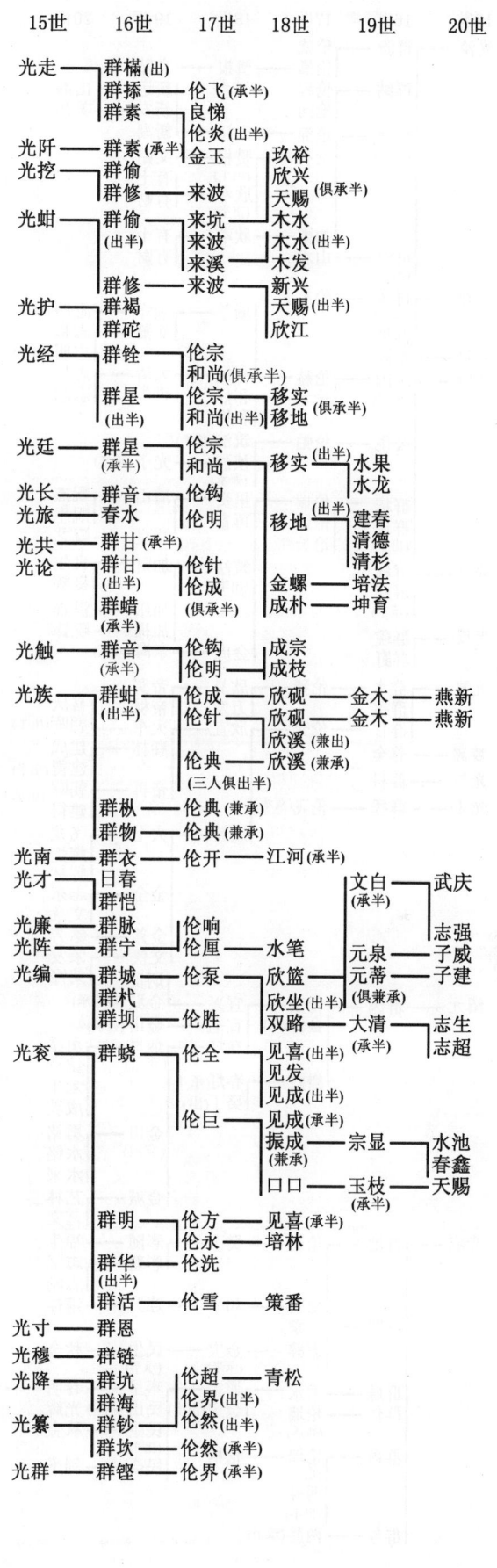

左半

15世	16世	17世	18世	19世	20世
光宝	群谟	伦田	金标(承半)		
	群姬	伦践	金柱	尚龙	觊慧
				文明(出半)	国华
					国南
				文锦	荣林
				文都	江城
			金标(出半)	文明(承半)	
				发金(兼承)	
		伦颌	定元	经营(兼出)	盛伟
					振辉
				发金(兼出)	福来
					福龙
				金钗(兼承)	天泽
	群励	伦莲	欣瑞(兼承)	帝鲍(承半)	添成
		伦益			
光泉	群邻	伦朱		清显(兼承)	小海
		联合(承半)			
	群武	伦秀	文堂	良溪(兼承)	
				清长(承半)	
			大江	色水	镓森
					佳波
			金水	佳旺	
			清长(出半)	佳锋	
			大江	良溪	东赋
				清泽	东练
			大红	城围	
		联合(出半)	明辉	如川(承半)	
			明德	如松	志诚
					志毅
				如川(出半)	皇鑫
				如超	熙霖
		伦帝	金兴	柴木	长泉
				万居	长福
			水笔	常林	
				常锋	
			水生	教室(半祀群仁)	
				教天	
光锻	群霜	伦浪	清池(出)		
光鸦	群墙	伦包	水换(兼承)		
	群勤	伦包(出半)			
	群鲁	伦渠(双承)	振神	宗显	
		口口	玉枝(承半)		
		加升(出半)	水换(兼承)	新民	
			水和	耿泉(兼祀群水为孙)	
	群伧	伦飚	欣冬	文枫	
	群水	加升(兼承)			
光缔	群卿	伦湳	欣效		
	群粹(出半)	伦往	流民(承半)		
光买	群芬	伦钟	玖裕(出半)		
光语	群粹(承半)		德雅(出半)		
光勇	群梓	伦火	连园(半祀群德)	忠苏	清加
	群轨				清吕
					溪锋
					艺锋
			章桂(半承林家)		
			丙丁(半祀群轨)	平和	永坚
				金和	建生
				胜利	志升
					志河
				荣厚	耀煌
			连山	达枝	友福
					友财
	群银	伦太	天成		
光顺	群颙	伦卯	兴泉		
	群德(双承)				
光在	来助(双承)	伦炎			
	群楠	伦飞(出半)			

右半

15世	16世	17世	18世	19世	20世
光走	群橘(出)				
	群揣	伦飞(承半)			
	群素	良悌			
		伦炎(出半)			
光阡	群素(承半)	金玉	玖裕		
光挖	群偷		欣兴		
	群修	来波	天赐(俱承半)		
光蚶	群偷(出半)	来坑	木水		
		来波	木水(出半)		
		来溪	木发		
	群修	来波	新兴		
光护	群褐		天赐(出半)		
	群砒		欣江		
光经	群铨	伦宗			
		和尚(俱承半)			
	群星(出半)	伦宗	移实(俱承半)		
		和尚(出半)	移地		
光廷	群星(承半)	伦宗	移实(出半)	水果
		和尚		水龙
光长	群音	伦钩		建春
光旅	春水	伦明	移地	清德
光共	群甘(承半)			清杉
光论	群甘(出半)	伦针	金螺	培法
	群蜡(承半)	伦成(俱承半)	成朴	坤育
光触	群音(承半)	伦钩	成宗	
		伦明	成枝	
光族	群蚶(出半)	伦成	欣砚	金木	燕新
		伦针	欣砚	金木	燕新
			欣溪(兼出)		
		伦典	欣溪(兼承)		
		(三人俱出半)			
	群枞	伦典(兼承)			
	群物	伦典(兼承)			
光南	群衣	伦开	江河(承半)		
光才	日春		文白(承半)	武庆	
	群恺				
光廉	群脉	伦响			志强
光阵	群宁	伦厘	水笔	元泉	子威
光编	群城	伦泵	欣篮	元蒂(俱兼承)	子建
	群杙		欣坐(出半)		
	群坝	伦胜	双路	大清(承半)	志生
光衮	群蛲	伦全	见喜(出半)		志超
			见发		
			见成(出半)		
		伦巨	见成(承半)		
			振成(兼承)	宗显	水池
					春鑫
			口口	玉枝(承半)	天赐
	群明	伦方	见喜(承半)		
		伦永	培林		
	群华(出半)	伦洗			
	群活	伦雪	策番		
光寸	群恩				
光穆	群链				
光降	群坑	伦超	青松		
	群海	伦界(出半)			
光纂	群钞	伦然(出半)			
	群坎	伦然(承半)			
光群	群铿	伦界(承半)			

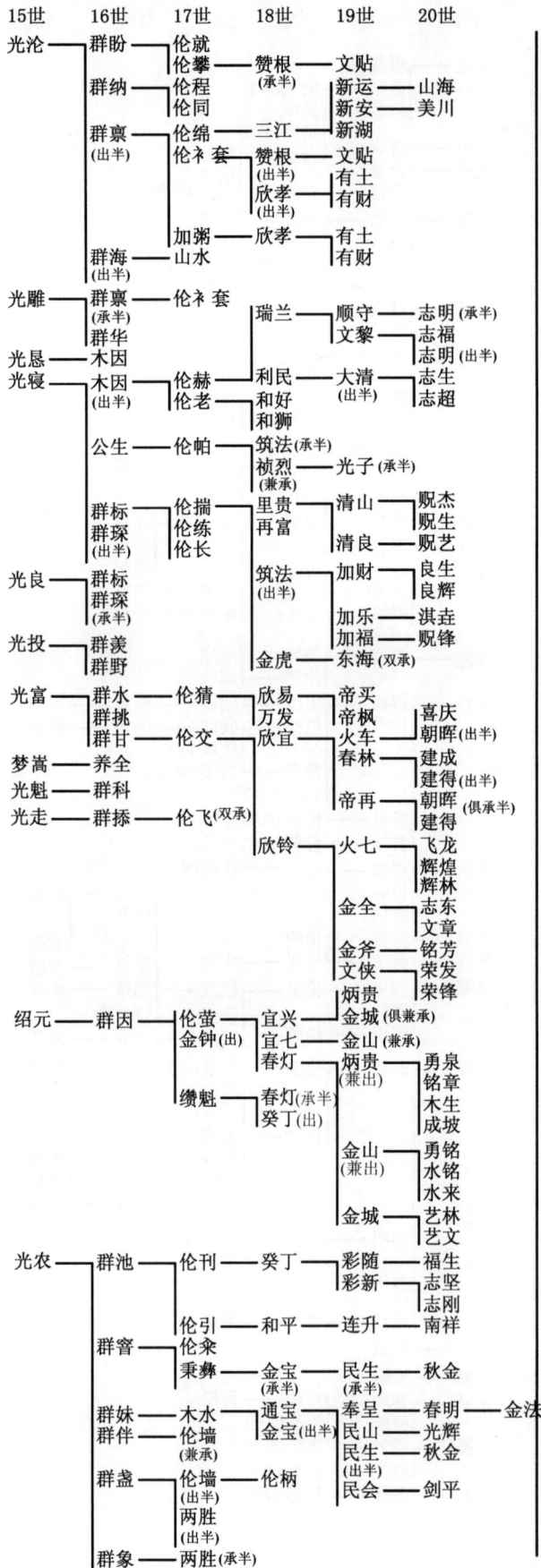

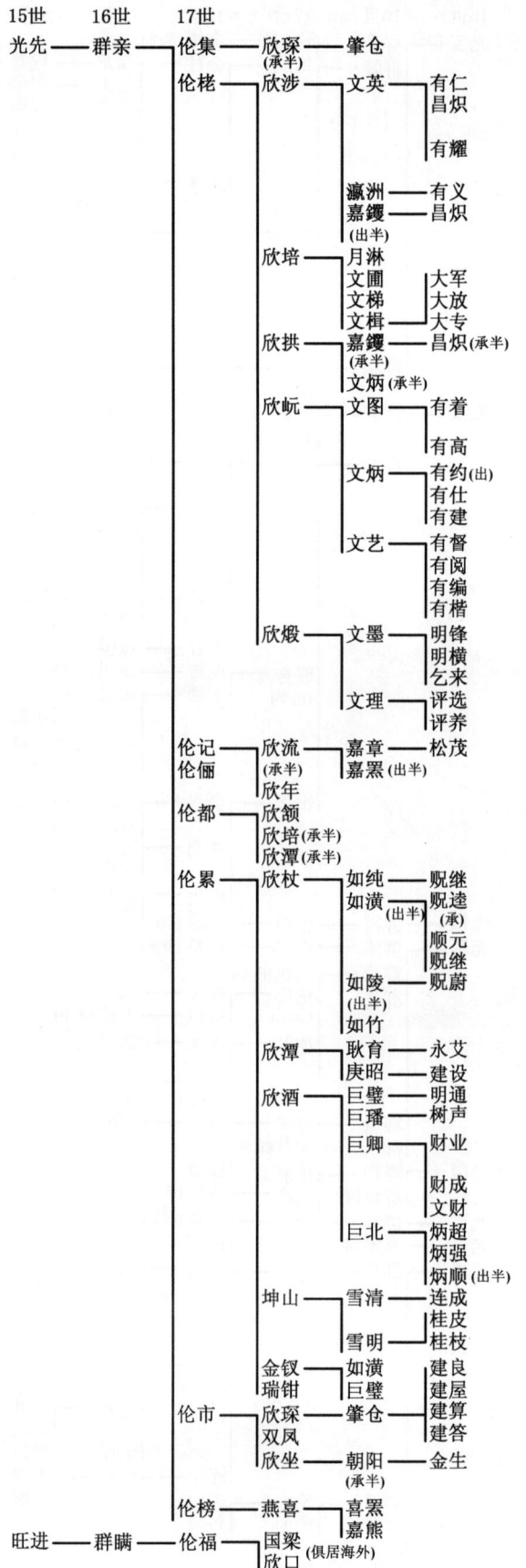

左半部

15世	16世	17世	18世	19世	20世
光沦	群盼	伦就			
		伦攀	赞根(承半)	文贴	
	群纳	伦程		新运	山海
		伦同		新安	美川
	群禀(出半)	伦绵	三江	新湖	
		伦礻套	赞根(出半)	文贴	
			欣孝(出半)	有土	
				有财	
		加粥	欣孝	有土	
	群海(出半)	山水		有财	
光雕	群禀(承半)	伦礻套	瑞兰	顺守	志明(承半)
	群华			文黎	志福
光恳	木因				志明(出半)
光寝	木因(出半)	伦赫	利民	大清(出半)	志生
		伦老	和好		志超
			和狮		
	公生	伦帕	筑法(承半)		
			祯烈(兼承)	光子(承半)	
	群标	伦揣	里贵	清山	觊杰
	群琛(出半)	伦练	再富		觊生
		伦长		清良	觊艺
光良	群标		筑法(出半)	加财	良生
	群琛(承半)				良辉
光投	群羡			加乐	淇垚
	群野		金虎	加福	觊锋
光富	群水	伦猜	欣易	东海(双承)	
	群挑		万发	帝买	
	群甘	伦交	欣宜	帝枫	喜庆
梦嵩	养全			火车	朝晖(出半)
光魁	群科			春林	建成
光走	群捃	伦飞(双承)		帝再	建得(出半)
					朝晖(俱承半)
			欣铃	火七	建得
					飞龙
					辉煌
				金全	辉林
					志东
				金斧	文章
				文侠	铭芳
				炳贵	荣发
绍元	群因	伦萤	宜兴	金城(俱兼承)	荣锋
	金钟(出)		宜七	金山(兼承)	
		缵魁	春灯	炳贵(兼出)	勇泉
			春灯(承半)		铭章
			癸丁(出)		木生
				金山(兼出)	成坡
					勇铭
					水铭
				金城	水来
					艺林
光农	群池	伦刊	癸丁	彩随	艺文
				彩新	福生
					志坚
		伦引	和平	连升	志刚
	群窨	伦籴			南祥
		秉彝	金宝(承半)	民生	秋金
	群妹	木水	通宝	奉呈	春明—金法
	群伴	伦墙(兼承)	金宝(出半)	民山	光辉
				民生(出半)	秋金
	群盏	伦墙(出半)	伦柄	民会	剑平
		两胜(出半)			
	群象	两胜(承半)			

右半部

15世	16世	17世			
光先	群亲	伦集	欣琛	肇仓	
		伦桄	欣涉	文英	有仁
					昌炽
					有耀
				瀛洲	有义
				嘉钁(出半)	昌炽
			欣培	月淋	
				文圃	大军
				文梯	大放
		欣拱	文楫	大专	
			嘉钁(承半)	昌炽(承半)	
			文炳(承半)		
		欣岿	文图	有着	
				有高	
			文炳	有约(出)	
				有仕	
				有建	
			文艺	有督	
				有阅	
				有编	
				有楷	
		欣煅	文墨	明锋	
				明横	
				乞来	
			文理	评选	
				评养	
	伦记	欣流(承半)	嘉章	松茂	
	伦俪		嘉罴(出半)		
		欣年			
	伦都	欣额			
		欣培(承半)			
		欣潭(承半)			
	伦累	欣杖	如纯	觊继	
			如潢(出半)	觊遽(承)	
				顺元	
				觊继	
			如陵(出半)	觊蔚	
			如竹		
		欣潭	耿育	永艾	
			庚昭	建设	
		欣酒	巨璧	明通	
			巨璠	树声	
			巨卿	财业	
				财成	
				文财	
			巨北	炳超	
				炳强	
				炳顺(出半)	
		坤山	雪清	连成	
				桂皮	
			雪明	桂枝	
		金钗	如潢	建良	
		瑞钳	巨璧	建屋	
	伦市	欣琛	肇仓	建算	
		双凤		建答	
		欣坐	朝阳(承半)	金生	
	伦榜	燕喜	喜罴		
			嘉熊		
旺进	群瞒	伦福	国梁(俱居海外)		
			欣口		

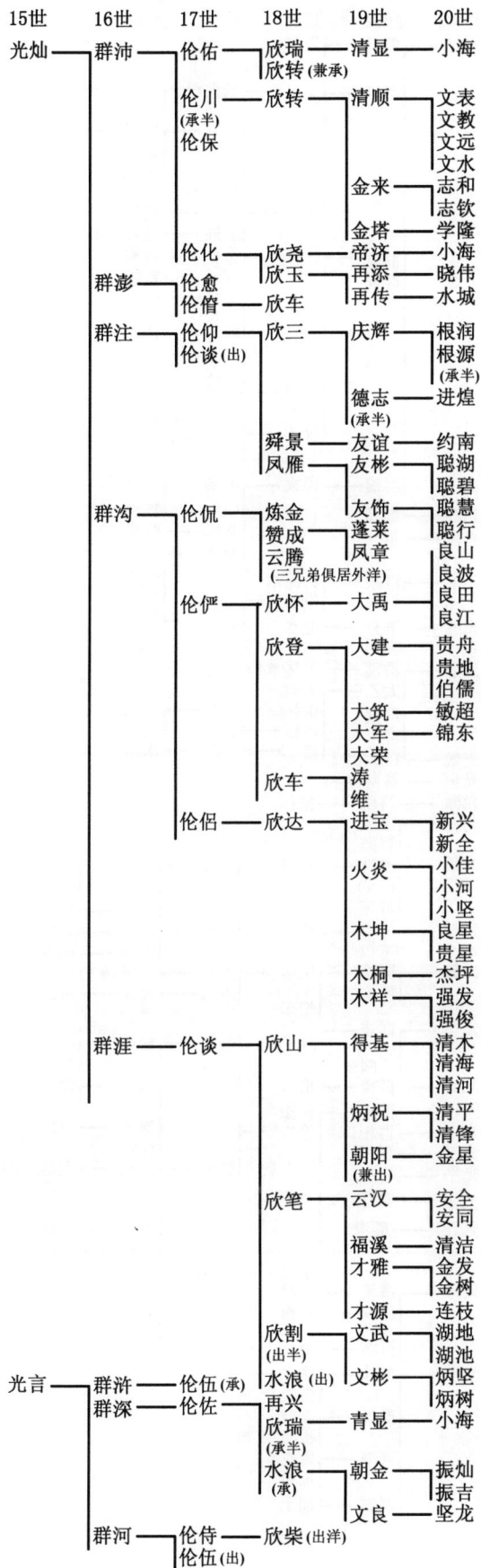

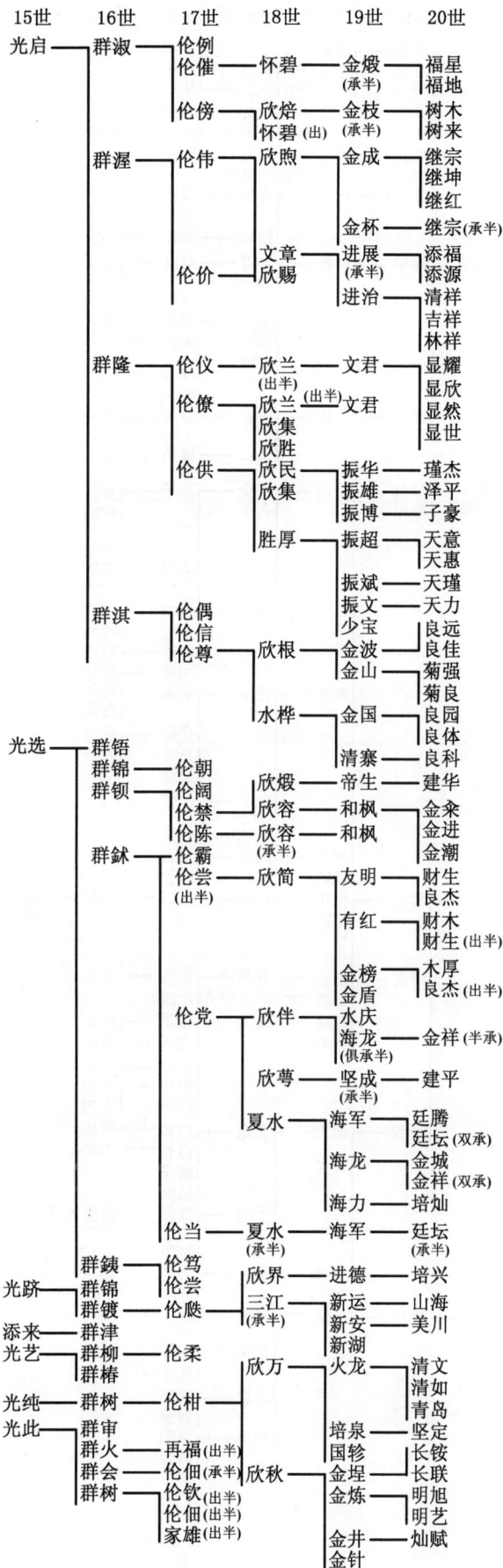

左半部

15世	16世	17世	18世	19世	20世
光灿	群沛	伦佑	欣瑞　欣转(兼承)	清显	小海
		伦川(承半)　伦保	欣转	清顺	文表　文教　文远　文水　志和　志钦
				金来	学隆
			金塔		
		伦化	欣尧	帝济	小海
			欣玉	再添	晓伟
	群澎	伦愈　伦偕	欣车	再传	水城
	群注	伦仰　伦谈(出)	欣三	庆辉	根润　根源(承半)
				德志(承半)	进煌
	群沟	伦侃	舜景　凤雁	友谊	约南
				友彬	聪湖　聪碧　聪慧　聪行
			炼金　赞成　云腾(三兄弟俱居外洋)	友饰　蓬莱　凤章	良山　良波　良田　良江
		伦俨	欣怀	大禹	
			欣登	大建	贵舟　贵地　伯儒
				大筑	敏超
				大军　大荣	锦东
			欣车	涛　维	
		伦侣	欣达	进宝	新兴　新全
				火炎	小佳　小河　小坚
				木坤	良星　贵星坪
				木桐	杰发
				木祥	强发　强俊
	群涯	伦谈	欣山	得基	清木　清海　清河
				炳祝	清平　清锋
				朝阳(兼出)	金星
			欣笔	云汉	安全　安同
				福溪　才雅	清洁　金发　金树
				才源	连枝
			欣割(出半)	文武	湖地　湖池
			水浪(出)	文彬	炳坚　炳树
光言	群浒	伦伍(承)			
	群深	伦佐	再兴　欣瑞(承半)	青显	小海
			水浪(承)	朝金	振灿　振吉
				文良	坚龙
	群河	伦侍	欣柴(出洋)		
		伦伍(出)			

右半部

15世	16世	17世	18世	19世	20世
光启	群淑	伦例　伦催	怀碧	金煅	福星　福地
		伦傍	欣焙　怀碧(出)	金枝(承半)	树木　树来
	群渥	伦伟	欣煦	金成	继宗　继坤　继红
				金杯	继宗(承半)
		伦价	文章　欣赐	进展(承半)	添福　添源
				进治	清祥　吉祥　林祥
	群隆	伦仪(出半)	欣兰	文君	显耀　显欣
		伦僚	欣兰(出半)　欣集　欣胜	文君	显然　显世
		伦供	欣民　欣集	振华	瑾杰　泽平
				振雄	子豪
				振博	
			胜厚	振超	天意　天惠
				振斌	天瑾
				振文	天力
	群淇	伦偶　伦信　伦尊	少宝		
			欣根	金波	良远　良佳
				金山	菊强　菊良　良园　良体
			水桦	金国	良科
				清寨	
光选	群锴				
	群锦	伦朝	欣煅	帝生	建华
	群钡	伦阔　伦禁	欣容	和枫	金枭　金进　金潮
	群鈇	伦陈	欣容(承半)	和枫	
		伦霸　伦尝(出半)	欣简	友明	财生　良杰
				有红	财木　财生(出半)
				金榜　金盾	木厚　良杰(出半)
		伦党	欣伴	水庆	
				海龙(俱承半)	金祥(半承)
			欣萼	坚成(承半)	建平
			夏水	海军	廷腾　廷坛(双承)
				海龙	金城　金祥(双承)
				海力	培灿
		伦当	夏水(承半)	海军	廷坛(承半)
光跻	群鍈	伦笃			
	群锦	伦尝			
	群镀	伦欻(承半)	欣界	进德	培兴
			三江(承半)	新运　新安　新湖	山海　美川
添来	群津				
光艺	群柳	伦柔			
	群椿				
光纯	群树	伦柑	欣万	火龙	清文　清如　青岛
光此	群审				
	群火	再福(出半)			
	群会	伦佃(承半)			
	群树	伦钦　伦佃(出半)　家雄(出半)	欣秋	培泉　国轸	坚定　长铵　长联
				金埕	明旭　明艺
				金炼	灿赋
				金井　金针	

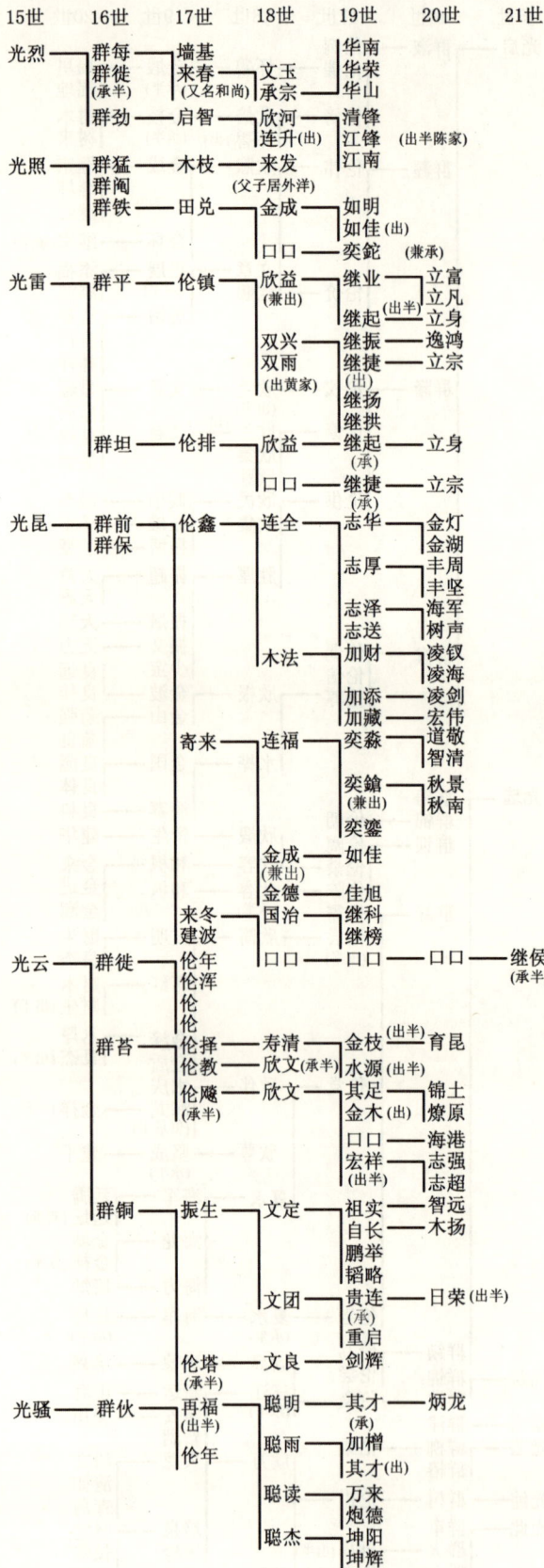

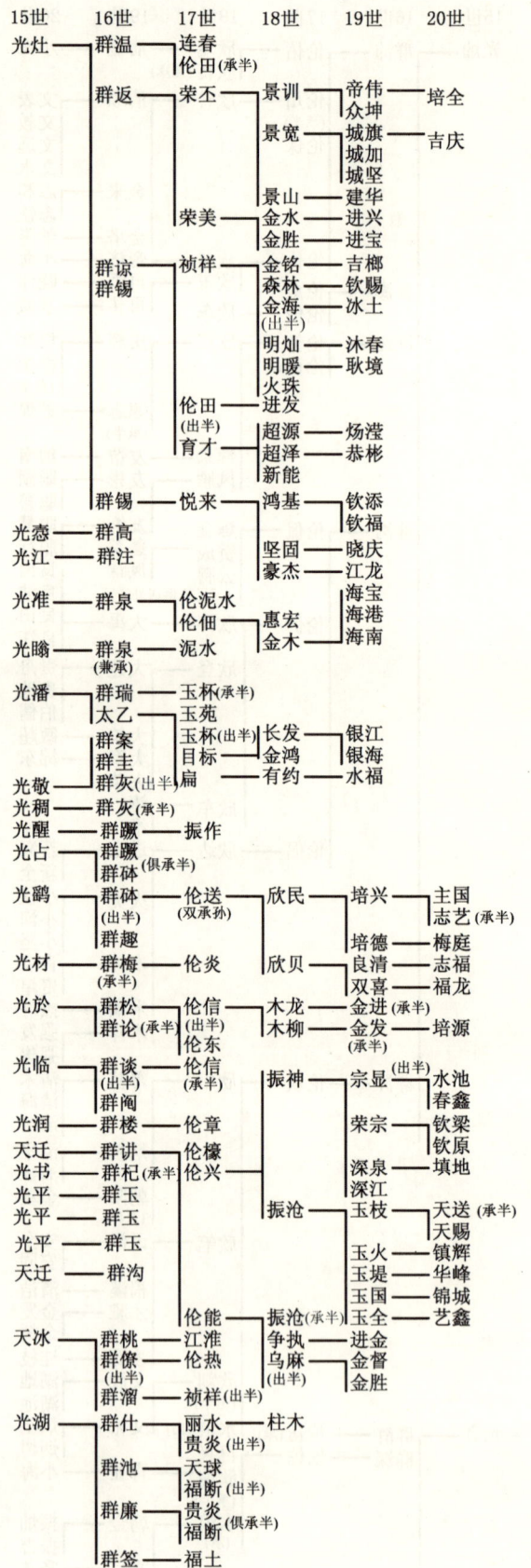

左半部分

15世	16世	17世	18世	19世	20世	21世

光烈 — 群每／群徙(承半) — 墙基／来春(又名和尚) — 文玉／承宗 — 华南／华荣／华山

群劲 — 启智 — 欣河／连升(出) — 清锋／江锋(出半陈家)／江南

光照 — 群猛／群阄 — 木枝 — 来发(父子居外洋)

群铁 — 田兑 — 金成 — 如明／如佳(出)

口口 — 奕鈀(兼承)

光雷 — 群平 — 伦镇 — 欣益(兼出) — 继业 — 立富／立凡(出半)
继起 — 立身
双兴／双雨(出黄家) — 继振／继捷(出) — 逸鸿／立宗
继扬／继拱

群坦 — 伦排 — 欣益(承) — 继起 — 立身
口口 — 继捷(承) — 立宗

光昆 — 群前／群保 — 伦鑫 — 连全 — 志华 — 金灯／金湖
志厚 — 丰周／丰坚
志泽／志送 — 海军／树声
木法 — 加财 — 凌钗／凌海
加添／加藏 — 凌剑／宏伟
寄来 — 连福 — 奕淼 — 道敬／智清
奕鑰(兼出) — 秋景／秋南
奕鎏
金成(兼出) — 如佳
金德 — 佳旭
来冬／建波 — 国治 — 继科／继榜
口口 — 口口 — 口口 — 继侯(承半)

光云 — 群徙 — 伦年／伦浑／伦／伦
群苔 — 伦择／伦教(承半) — 寿清／欣文(承半) — 金枝(出半) — 育昆
水源(出半)
伦魕(承半) — 欣文 — 其足／金木 — 锦土／燎原
口口 — 海港／宏祥(出半) — 志强／志超
群铜 — 振生 — 文定 — 祖实／自长／鹏举／韬略 — 智远／木扬
文团 — 贵连(承)／重启 — 日荣(出半)
文良 — 剑辉
伦塔(承半)

光骚 — 群伙 — 再福(出半)／伦年 — 聪明 — 其才(承) — 炳龙
聪雨 — 加榴／其才(出)
聪读 — 万来／炮德
聪杰 — 坤阳／坤辉

右半部分

15世	16世	17世	18世	19世	20世

光灶 — 群温 — 连春／伦田(承半)
群返 — 荣丕 — 景训 — 帝伟／众坤 — 培全
景宽 — 城旗／城加／城坚 — 吉庆
景山 — 建华
荣美 — 金水 — 进兴
金胜 — 进宝
群谅／群锡 — 祯祥 — 金铭 — 吉榔
森林 — 钦赐
金海(出半) — 冰土
明灿 — 沐春
明暖 — 耿境
火珠 — 进发
伦田(出半)／育才 — 超源 — 炀澄
超泽 — 恭彬
新能
群锡 — 悦来 — 鸿基 — 钦添／钦福
坚固 — 晓庆
豪杰 — 江龙

光壶 — 群高
光江 — 群注
光准 — 群泉 — 伦泥水／伦佃 — 惠宏 — 海宝／海港／海南
光曈 — 群泉(兼承) — 泥水 — 金木

光潘 — 群瑞／太乙 — 玉杯(承半)／玉苑
玉杯(出半)／目标／扁 — 长发 — 银江／银海
金鸿 — 水福
群案／群圭／群灰(出半) — 有约
光敬
光稠 — 群灰(承半)
光醒 — 群蹶 — 振作
光占 — 群蹶／群砗(俱承半)

光鹏 — 群砗(出半)／群趣 — 伦送(双承孙) — 欣民 — 培兴／志艺(承半) — 主国
培德 — 梅庭
光材 — 群梅(承半) — 伦炎 — 欣贝 — 良清 — 志福
双喜 — 福龙
光於 — 群松／群论(承半) — 伦信(出半)／伦东 — 木龙／木柳(承半) — 金进／金发 — 培源
光临 — 群谈／群阎 — 伦信(承半) — 振神 — 宗显(出半) — 水池／春鑫
光润 — 群楼 — 伦章 — 荣宗 — 钦梁／钦原
天迁 — 群讲 — 伦檬 — 深泉／深江
光书 — 群杞(承半) — 伦兴 — 振沧 — 玉枝 — 天送(承半)／天赐／镇辉
光平 — 群玉
光平 — 群玉
光平 — 群玉 — 玉火／玉堤／玉国／玉全 — 华峰／锦城／艺鑫
天迁 — 群沟 — 伦能 — 振沧(承半) — 争执／乌麻(出半) — 进金／金督／金胜
天冰 — 群桃／群僚(出半) — 江淮／伦热
群溜 — 祯祥(出半)
光湖 — 群仕 — 丽水／贵炎(出半) — 柱木
群池 — 天球／福断(出半)
群廉 — 贵炎／福断(俱承半)
群签 — 福土

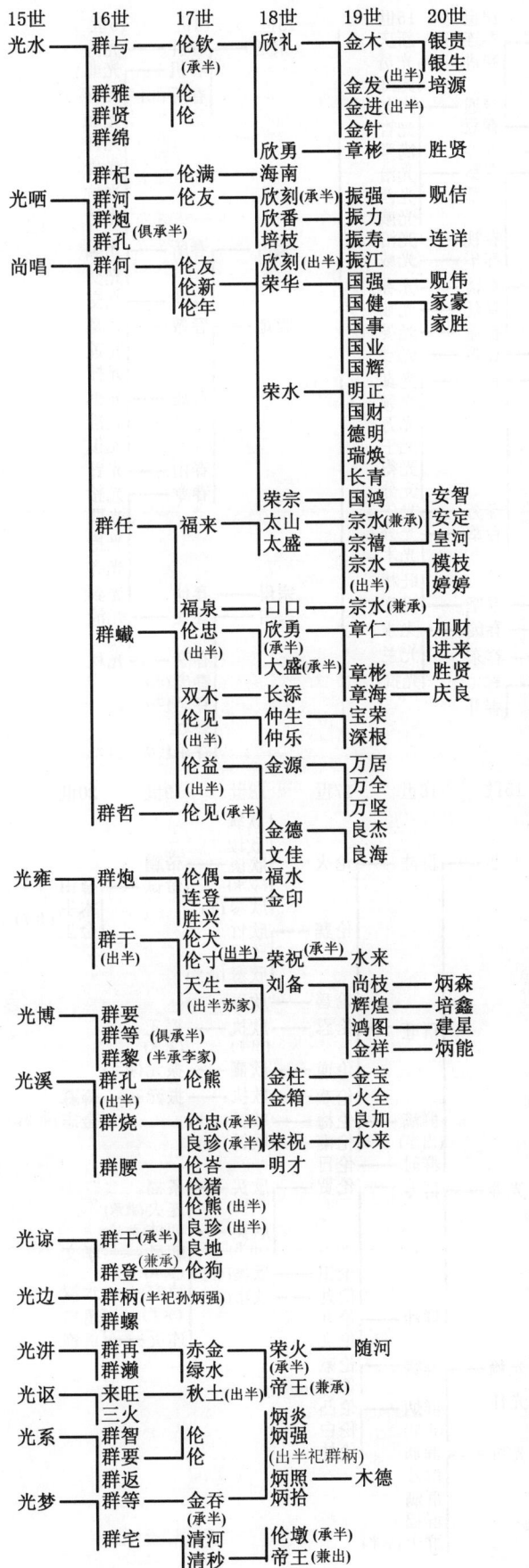

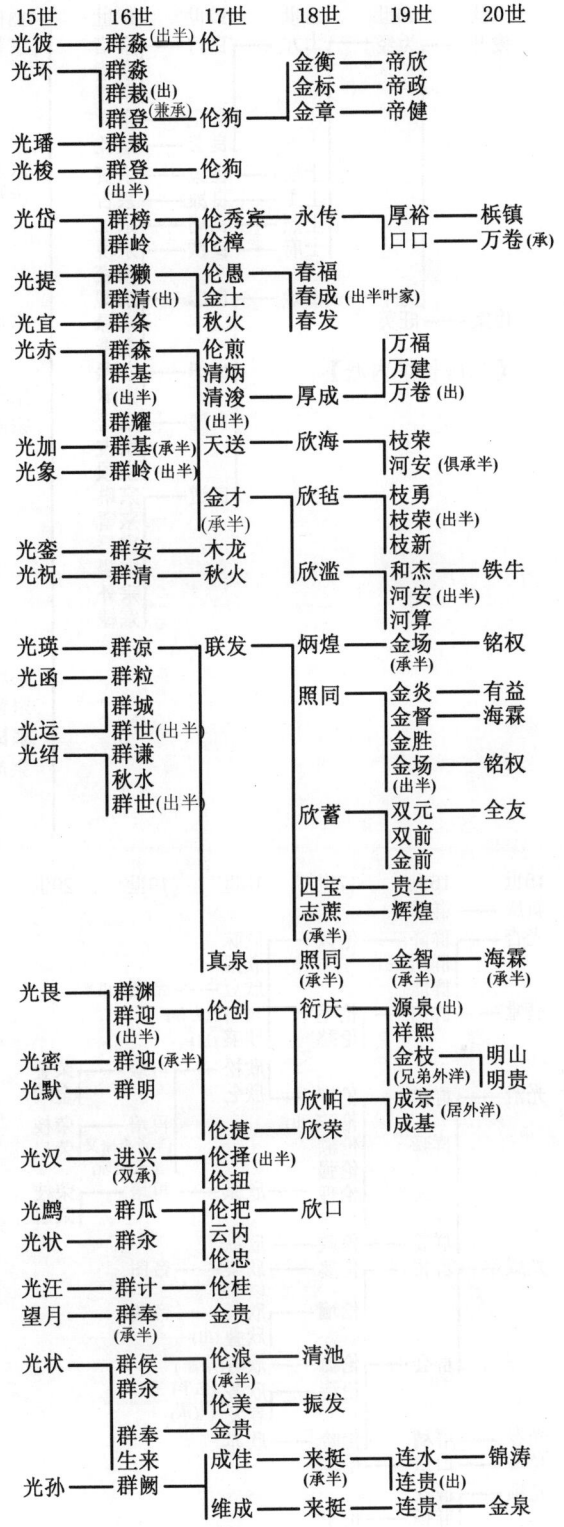

左半部分：

15世	16世	17世	18世	19世	20世
光水	群与	伦钦(承半)	欣礼	金木	银贵 银生 培源
	群雅 群贤 群绵	伦伦		金发(出半) 金进 金针	
	群杞	伦满	欣勇 海南	章彬	胜贤
光晒	群河 群炮 群孔(俱承半)	伦友	欣刻(承半) 欣番 培枝	振强 振力 振寿 振江	觎佶 连详
尚唱	群何	伦友 伦新 伦年	荣华	国强 国健 国事 国业 国辉	觎伟 家豪 家胜
			荣水	明正 国财 德明 瑞焕 长青	
	群任	福来	荣宗 太山 太盛	国鸿 宗水(兼承) 宗禧 宗水(出半)	安智 安定 皇河 模枝 婷婷
		福泉	口口	宗水(兼承)	
	群蟛	伦忠(出半)	欣勇(承半) 大盛(承半)	章仁 章彬	加财 进来 胜贤 庆良
		双木 伦见(出半)	长添 仲生 仲乐	章海 宝荣 深根	
		伦益(出半)	金源	万居 万全 万坚	
	群哲	伦见(承半)	金德 文佳	良杰 良海	
光雍	群炮	伦偶 连登 胜兴	福水 金印		
	群干(出半)	伦犬 伦寸(出半)	荣祝(承半)	水来	
		天生(出半苏家)	刘备	尚枝 辉煌 鸿图 金祥	炳森 培鑫 建星 炳能
光博	群要 群等(俱承半) 群黎(半承李家)		金柱 金箱	金宝 火全 良加	
光溪	群孔(出半)	伦熊			
	群烧	伦忠(承半) 良珍(承半)	荣祝 明才	水来	
	群腰	伦峇 伦猪 伦熊(出半) 良珍(出半)	良地 伦狗		
光谅	群干(承半) 群登(兼承)				
光边	群柄(半祀孙炳强) 群螺				
光洪	群再 群瀬	赤金 绿水	荣火(承半) 帝王(兼承)	随河	
光讴	来旺	秋土(出半) 三火			
光系	群智 群要	伦 伦	炳炎 炳强(出半祀群柄)		
光梦	群返 群等(承半)	金吞	炳照 炳拾	木德	
	群宅	清河 清秒	伦墩(承半) 帝王(兼出)		

右半部分：

15世	16世	17世	18世	19世	20世
光彼	群淼(出半)	伦			
光环	群淼 群栽(出) 群登(兼承)	伦狗	金衡 金标 金章	帝欣 帝政 帝健	
光璠	群栽				
光梭	群登(出半)	伦狗			
光岱	群榜 群岭	伦秀宾 伦樟	永传	厚裕 口口	枞镇 万卷(承)
光提	群獭 群清(出)	伦愚 金土 秋火	春福 春成(出半叶家) 春发		
光宜	群条				
光赤	群森 群基(出半) 群耀	伦煎 清炳 清浚(出半)	厚成	万福 万建 万卷(出)	
光加 光象	群基(承半) 群岭(出半)	天送 金才(承半)	欣海 欣毡	枝荣 河安(俱承半) 枝勇 枝荣(承半) 枝新	
光銮 光祝	群安 群清	木龙 秋火	欣滥	和杰 河安(出半) 河算	铁牛
光瑛 光函	群凉 群粒	联发	炳煌	金场(承半)	铭权
光运 光绍	群城 群世(出半) 群谦 秋水 群世(出半)	照同	金炎 金督 金胜 金场(出半)	有益 海霖 铭权	
			欣蓄	双元 双前 金前	全友
			四宝 志蔗(承半)	贵生 辉煌	
		真泉	照同(承半)	金智(承半)	海霖(承半)
光畏	群渊 群迎(出半)	伦创	衍庆	源泉(出) 祥熙 金枝(兄弟外洋)	明山 明贵
光密 光默	群迎(承半) 群明		欣帕	成宗(居外洋) 成基	
		伦捷	欣荣		
光汉	进兴(双承)	伦择(出半) 伦扭			
光鹚	群瓜	伦把	欣口		
光状	群佘	云内 伦忠			
光汪	群计	伦桂			
望月	群奉	金贵			
光状	群侯 群佘	伦浪(承半) 伦美	清池 振发		
	群奉 生来	金贵 成佳	来挺(承半)	连水 连贵(出)	锦涛
光孙	群阙	维成	来挺	连贵	金泉

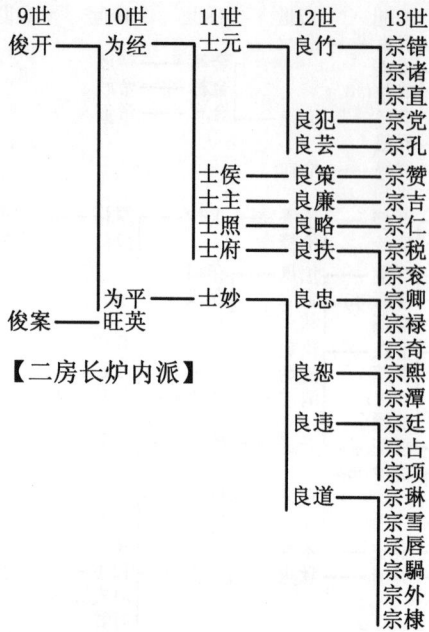

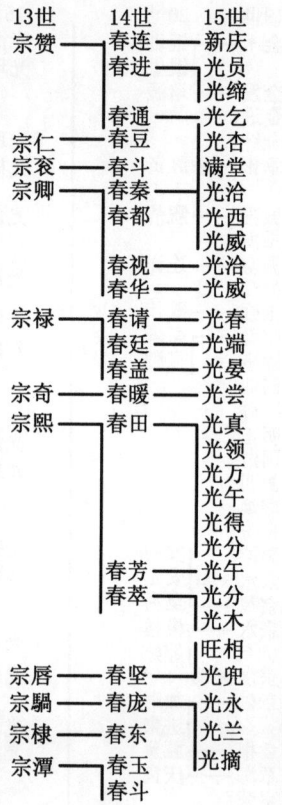

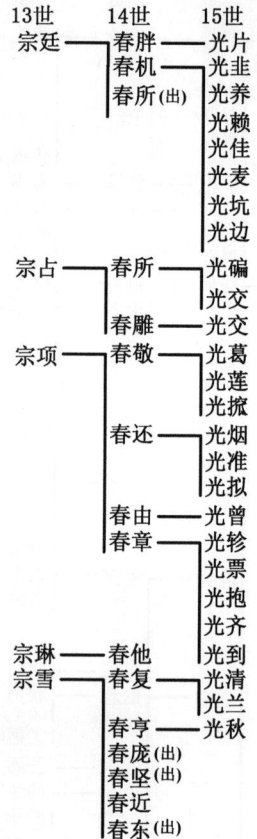

【二房长炉内派】

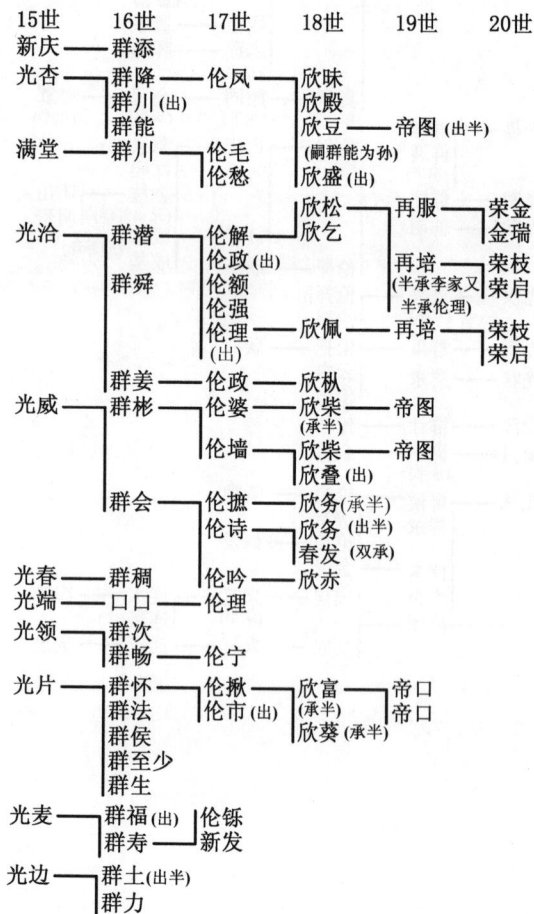

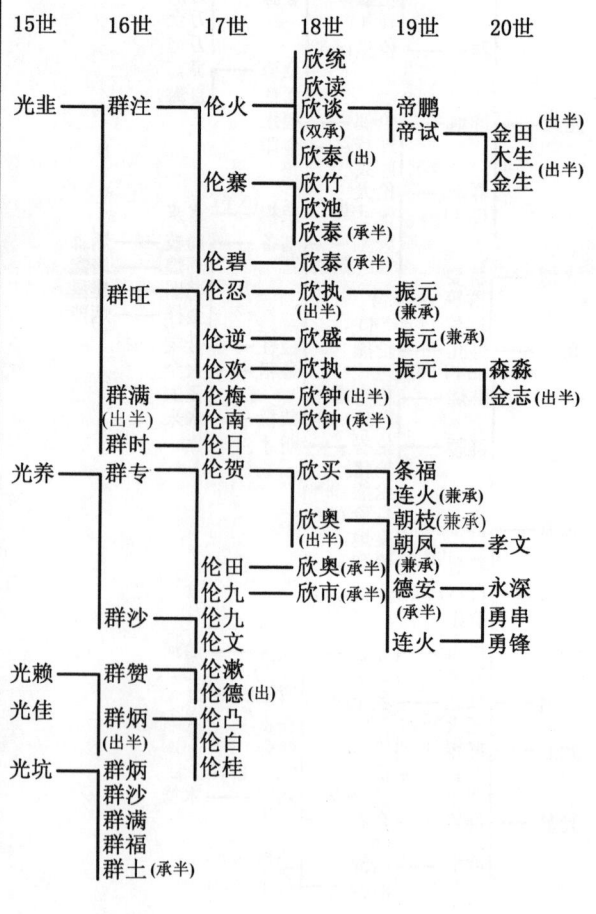

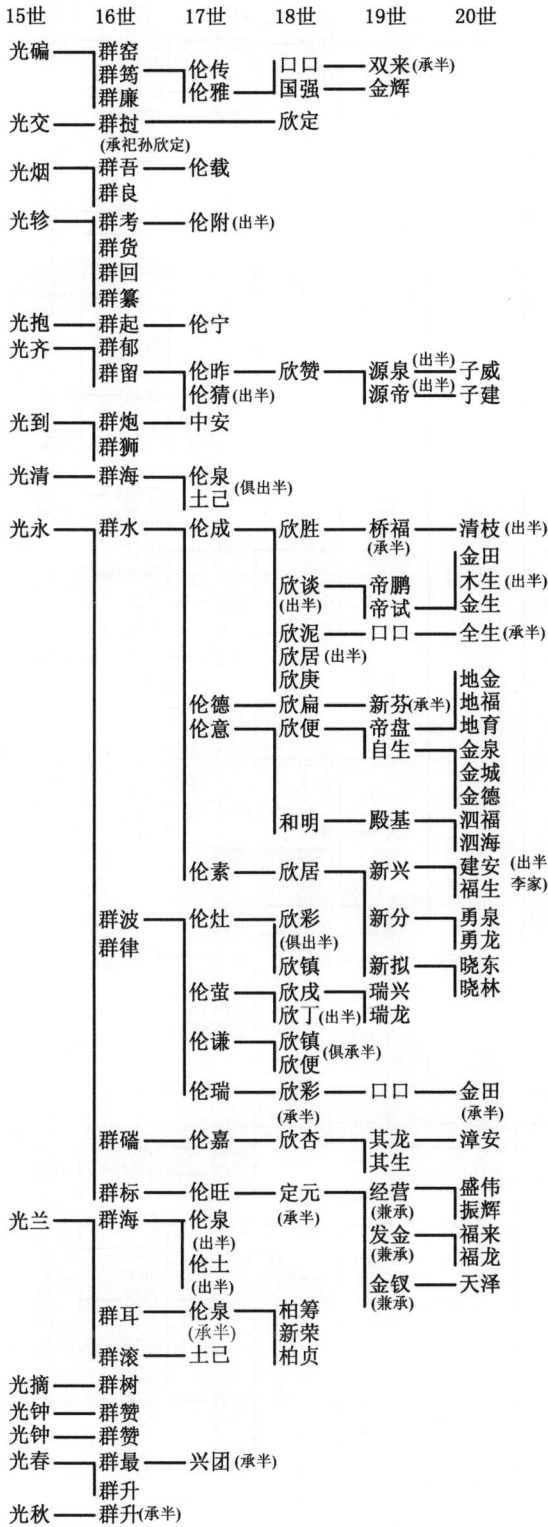

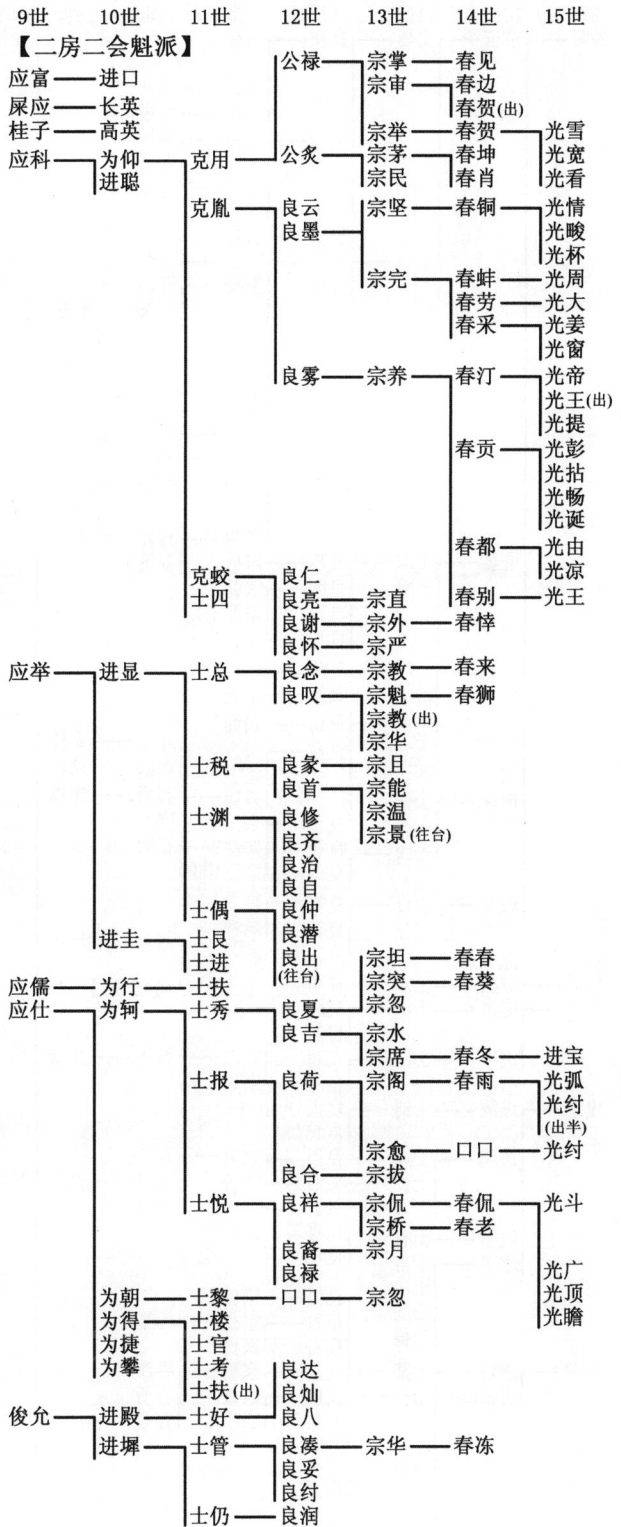

15世	16世	17世	18世	19世	20世

光碥 — 群窑／群筠／群廉
　群廉 — 伦传
　　伦雅 — 口口 — 双来(承半)
　　　　　国强 — 金辉
光交 — 群挝(承祀孙欣定) — 欣定
光烟 — 群吾 — 伦载
　　　群良
光轸 — 群考 — 伦附(出半)
　　　群货／群回／群篡
光抱 — 群起 — 伦宁
光齐 — 群郁
　　　群留 — 伦昨 — 欣赞 — 源泉(出半) 子威
　　　　　　伦猜(出半) — 源帝(出半) 子建
光到 — 群炮 — 中安
　　　群狮
光清 — 群海 — 伦泉(俱出半)
　　　　　　土己
光永 — 群水 — 伦成 — 欣胜 — 桥福(承半) — 清枝(出半)
　　　　　　　　　　　　　　金田
　　　　　　　　　　　　　　木生(出半)
　　　　　　　　　　　　　　金生
　　　　　　　　欣谈(出半) — 帝鹏
　　　　　　　　　　　　　　帝试
　　　　　　　　欣泥 — 口口 — 全生(承半)
　　　　　　　　欣居(出半)
　　　　　　　　欣庚
　　　　　伦德 — 欣扁 — 新芬(承半) — 地金
　　　　　伦意 — 欣便 — 帝盘 — 地福
　　　　　　　　　　　　自生 — 地育／金泉／金城／金德
　　　　　　　　和明 — 殿基 — 泗福／泗海
　　　　　伦素 — 欣居 — 新兴 — 建安
　　　　　　　　　　　　　　　福生(出半 李家)
　　　群波 — 伦灶 — 欣彩(俱出半) — 新分 — 勇泉／勇龙
　　　群律　　　　　　欣镇 — 新拟 — 晓东／晓林
　　　　　伦茧 — 欣戍 — 瑞兴
　　　　　　　　欣丁(出半) — 瑞龙
　　　　　伦谦 — 欣镇 (俱承半)
　　　　　　　　欣便
　　　　　伦瑞 — 欣彩(承半) — 口口 — 金田(承半)
　　　群磇 — 伦嘉 — 欣杏 — 其龙
　　　　　　　　　　　　　其生 — 漳安
　　　群标 — 伦旺 — 定元(承半) — 经营(兼承) — 盛伟／振辉
光兰 — 群海 — 伦泉(出半)　　　　　 发金(兼承) — 福来／福龙
　　　　　　伦土(出半)　　　　　　 金钗(兼承) — 天泽
　　　群耳 — 伦泉(承半) — 柏筹／新荣
　　　群滚 — 土己 — 柏贞
光摘 — 群树
光钟 — 群赞
光钟 — 群赞
光春 — 群最 — 兴团(承半)
　　　群升
光秋 — 群升(承半)

【二房二会魁派】

9世	10世	11世	12世	13世	14世	15世

应富 — 进口
屎应 — 长英
桂子 — 高英
应科 — 为仰
　　　进聪
　　　克用 — 公禄 — 宗掌 — 春见
　　　　　　　　　宗审 — 春边(出)
　　　　　　公炙 — 宗举 — 春贺 — 光雪／光宽／光看
　　　　　　　　　　　　　春坤
　　　　　　　　　宗茅
　　　　　　　　　宗民 — 春肖
　　　克胤 — 良云 — 宗坚 — 春铜 — 光情／光畯／光杯
　　　　　　良墨
　　　　　　　　　宗完 — 春蚌 — 光周
　　　　　　　　　　　　春劳 — 光大
　　　　　　　　　　　　春采 — 光姜／光窗
　　　　　　良雾 — 宗养 — 春汀 — 光帝／光王(出)／光提
　　　　　　　　　　　　春贡 — 光彭／光拮／光畅／光诞
　　　　　　　　　　　　春都 — 光由／光凉
　　　克蛟 — 良仁　　　　　　　春别 — 光王
　　　士四 — 良亮 — 宗直
　　　　　　良谢 — 宗外 — 春悖
　　　　　　良怀 — 宗严
应举 — 进显 — 士总 — 良念 — 宗教 — 春来
　　　　　　　　　良叹 — 宗魁 — 春狮
　　　　　　　　　　　　宗教(出)
　　　　　　　　　　　　宗华
　　　　　　士税 — 良象 — 宗且
　　　　　　　　　良首 — 宗能
　　　　　　士渊 — 良修 — 宗温
　　　　　　　　　良齐 — 宗景(往台)
　　　　　　　　　良治
　　　　　　　　　良自
　　　　　　士偶 — 良仲
　　　　　　　　　良潜
　　　进圭 — 士艮 — 良出(往台)
　　　　　　士进
应儒 — 为行 — 士扶
应仕 — 为轲 — 士秀 — 良夏 — 宗坦 — 春春
　　　　　　　　　　　　宗突 — 春葵
　　　　　　　　　　　　宗忽
　　　　　　　　　良吉 — 宗水
　　　　　　　　　　　　宗席
　　　　　　士报 — 良荷 — 宗阁 — 春冬 — 进宝
　　　　　　　　　　　　　　　春雨 — 光弧／光纣(出半)
　　　　　　　　　　　　宗愈 — 口口 — 光纣
　　　　　　　　　　　　宗拔
　　　　　　　　　良合
　　　　　　士悦 — 良祥 — 宗侃 — 春侃 — 光斗
　　　　　　　　　　　　宗桥 — 春老
　　　　　　　　　　　　宗月
　　　　　　　　　良裔　　　　　　　　光广
　　　　　　　　　良禄　　　　　　　　光顶／光瞻
　　　为朝 — 士黎 — 口口 — 宗忽
　　　为得 — 士楼
　　　为捷 — 士官
　　　为攀 — 士考
　　　　　　士扶(出)
俊允 — 进殿 — 士好 — 良达／良灿／良八
　　　进埕 — 士管 — 良凑 — 宗华 — 春冻
　　　　　　　　　良妥
　　　　　　　　　良纣
　　　　　　士仍 — 良润

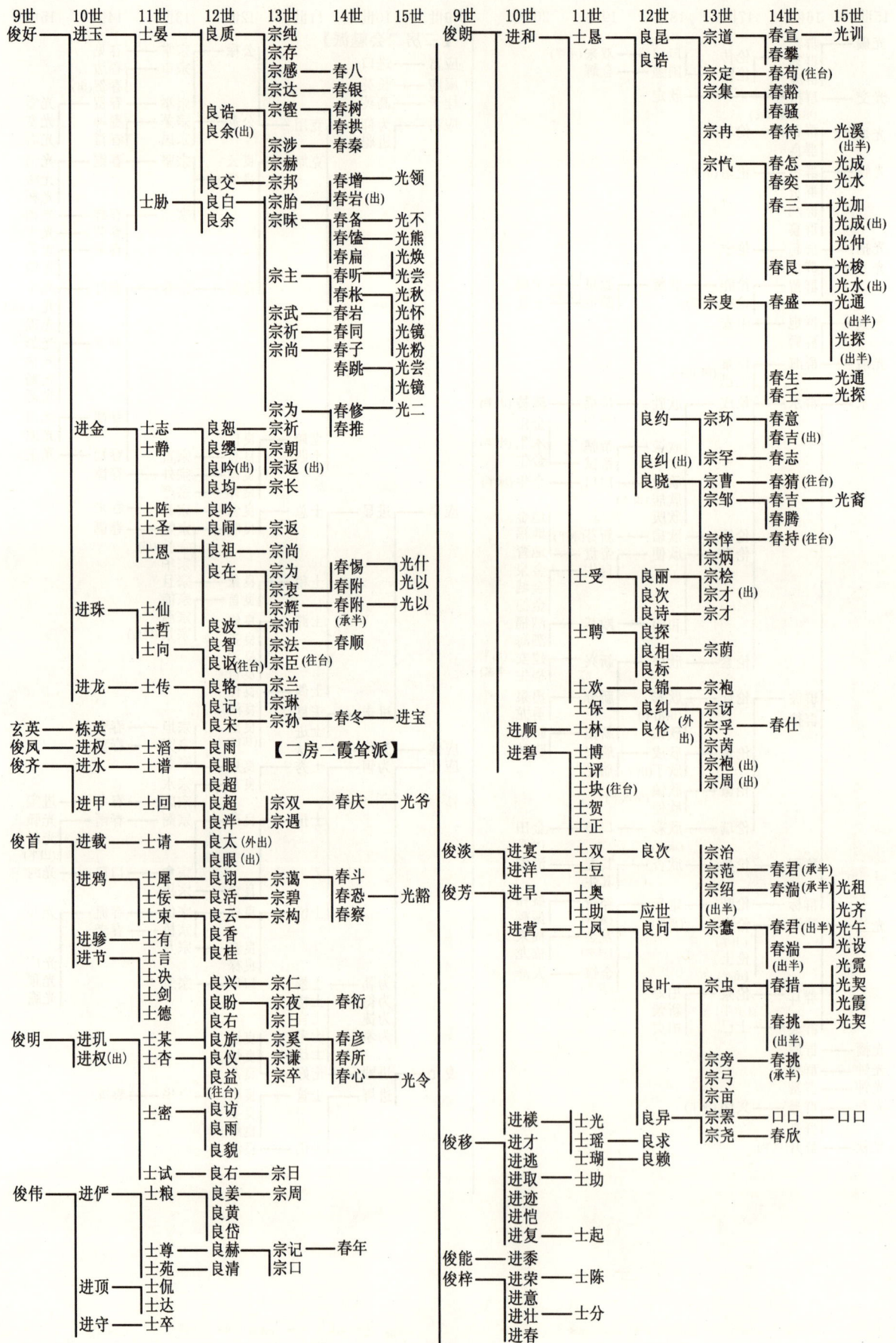

左半

9世	10世	11世	12世	13世	14世	15世
俊好	进玉	士晏	良质	宗纯		
				宗存		
				宗感	春八	
				宗达	春银	
			良诰	宗铿	春树	
			良余(出)		春拱	
				宗涉	春秦	
				宗赫		
		士胁	良交	宗邦	春增	光领
			良白	宗胎	春岩(出)	
			良余	宗昧	春备	光不
					春馅	光熊
					春扁	光焕
				宗主	春听	光尝
					春枨	光秋
						光怀
				宗武	春岩	光镜
				宗祈	春同	光粉
				宗尚	春子	光尝
					春跳	光镜
				宗为	春修	光二
					春推	
	进金	士志	良恕	宗祈		
		士静	良缨	宗朝		
			良吟(出)	宗返(出)		
			良均	宗长		
		士阵	良吟			
		士圣	良闹	宗返		
		士恩	良祖	宗尚		
			良在	宗为	春惕	光什
				宗衷	春附	光以
				宗辉	春附(承半)	光以
	进珠	士仙	良波	宗沛		
		士哲	良智	宗法	春顺	
		士向	良讴(往台)	宗臣(往台)		
	进龙	士传	良辂	宗兰		
			良记	宗琳		
			良宋	宗孙	春冬	进宝
玄英	栋英			【二房二霞耸派】		
俊凤	进权	士滔	良雨			
俊齐	进水	士谱	良眼			
			良超			
	进甲	士回	良超	宗双	春庆	光爷
			良泮	宗遇		
俊首	进载	士请	良太(外出)			
			良眼(出)			
	进鸦	士犀	良诩	宗蔼	春斗	
		士佞	良活	宗碧	春恐	光豁
		士束	良云	宗构	春察	
	进骖	士有	良香			
	进节	士言	良桂			
		士决	良兴	宗仁		
		士剑	良盼	宗夜	春衍	
		士德	良右	宗日		
俊明	进玑	士某	良旅	宗奚	春彦	
	进权(出)	士杏	良仪	宗谦	春所	
			良益(往台)	宗卒	春心	光令
		士密	良访			
			良雨			
			良貌			
		士试	良右	宗日		
俊伟	进偃	士粮	良姜	宗周		
			良黄			
			良俗			
		士尊	良赫	宗记	春年	
		士苑	良清	宗口		
	进顶	士侃				
		士达				
	进守	士卒				

右半

9世	10世	11世	12世	13世	14世	15世
俊朗	进和	士恳	良昆	宗道	春宣	光训
			良诰		春攀	
				宗定	春苟(往台)	
				宗集	春豁	
					春骚	
				宗冉	春待	光溪(出半)
				宗忾	春怎	光成
					春奕	光水
					春三	光加
						光成(出)
						光仲
					春艮	光梭
						光水(出)
				宗叟	春盛	光通(出半)
						光探(出半)
					春生	光通
					春壬	光探
			良约	宗环	春意	
					春吉(出)	
			良纠(出)	宗罕	春志	
			良晓	宗曹	春猜(往台)	
				宗邹	春吉	光裔
					春腾	
				宗悖	春持(往台)	
				宗炳		
		士受	良丽	宗桧		
			良次	宗才(出)		
			良诗	宗才		
		士聘	良探	宗荫		
			良相			
			良标			
		士欢	良锦	宗袍		
		士保	良纠	宗讶		
进顺	士林	良伦(外出)	宗孚	春仕		
进碧	士博		宗芮			
	士评		宗袍(出)			
	士块(往台)		宗周(出)			
	士贺					
	士正					
俊淡	进宴	士双	良次	宗治		
	进洋	士豆		宗范	春君(承半)	
俊芳	进早	士奥		宗绍	春淄(承半)	光租
	进营	士助	应世	(出半)		光齐
		士凤	良问	宗蠡	春君(出半)	光午
					春淄(出半)	光设
						光霓
			良叶	宗虫	春措	光契
						光霞
					春挑(出半)	光契
				宗旁	春挑(承半)	
				宗弓		
				宗亩		
俊移	进横	士光	良异	宗罴	口口	口口
	进才	士瑶	良求	宗尧	春欣	
	进逃	士瑚	良赖			
	进取	士助				
	进迹					
	进恺					
	进复	士起				
俊能	进黍					
俊梓	进荣	士陈				
	进意					
	进壮	士分				
	进春					

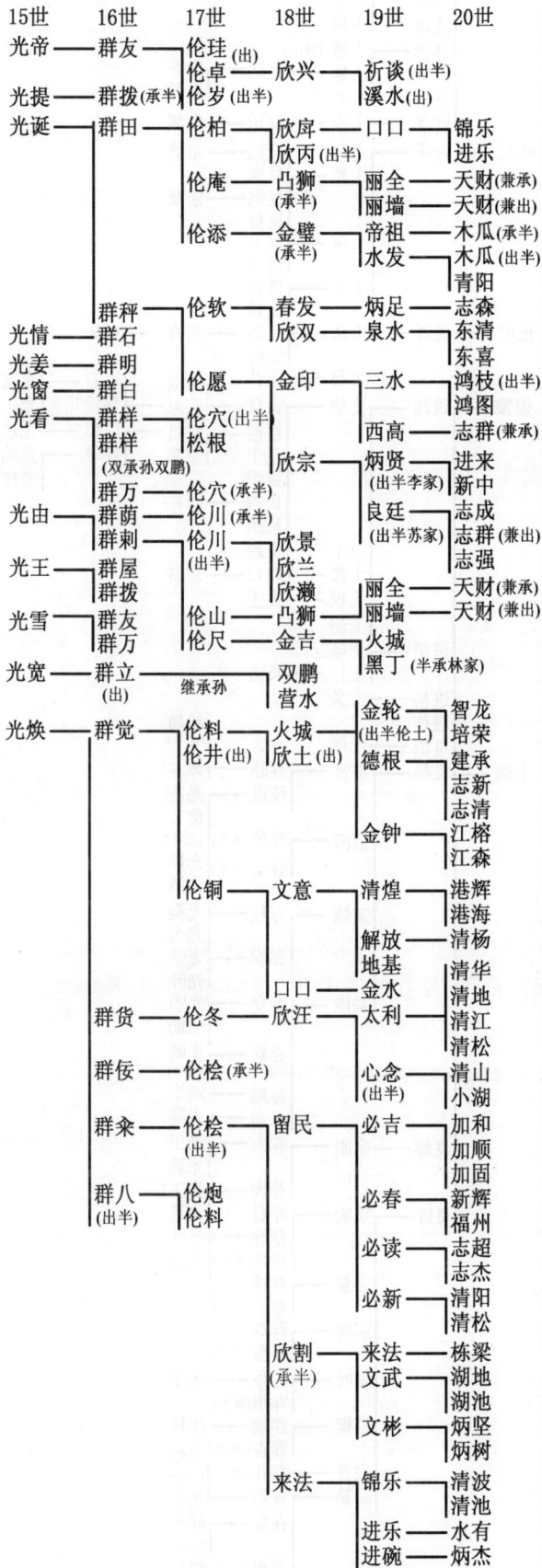

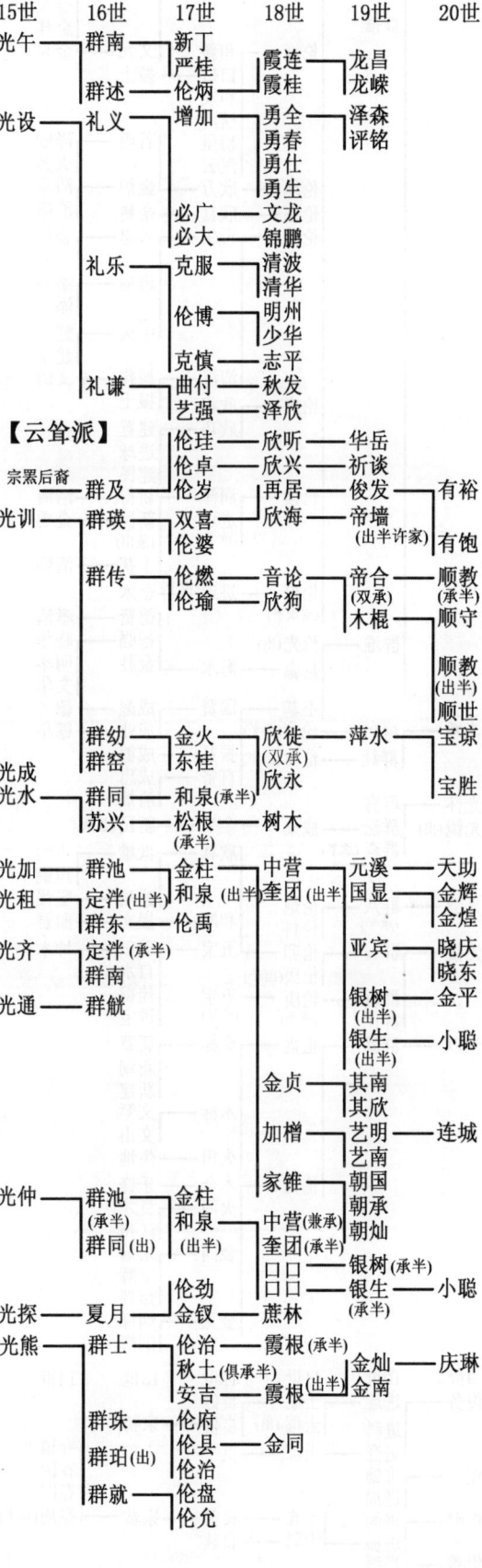

【洋柏园丁派】

15世	16世	17世	18世	19世	20世
光帝——群友		伦珪(出)			
		伦卓——欣兴		祈谈(出半)	
光提——群拨(承半)		伦岁(出)		溪水(出)	
光诞——群田		伦柏——欣庠		口口	锦乐
			欣丙(出半)		进乐
		伦庵——凸狮(承半)		丽全	天财(兼承)
				丽墙	天财(兼出)
		伦添——金璧(承半)		帝祖	木瓜(承半)
				水发	木瓜(出半)
					青阳
	群秤——伦软——春发			炳足	志森
光情——群石			欣双	泉水	东清
光姜——群明		伦愿——金印		三水	东喜
光窗——群白					鸿枝(出半)
光看——群样		伦穴(出半)			鸿图
	群样(双承孙双鹏)	松根——欣宗		西高	志群(兼承)
				炳贤(出半李家)	进来
					新中
光由——群万——伦穴(承半)			良廷(出半苏家)	志成	
	群荫——伦川(承半)				志群(兼出)
	群剌——伦川(出半)	欣景			志强
光王——群屋		欣兰		丽全	天财(兼承)
	群拨	欣瀬		丽墙	天财(兼出)
光雪——群友		伦山——凸狮		火城	
	群万	伦尺——金吉		黑丁(半承林家)	
光宽——群立(出)	继承孙		双鹏		
			营水		
光焕——群觉		伦料	火城	金轮(出半伦土)	智龙
		伦井(出)	欣土(出)		培荣
				德根	建承
					志新
					志清
				金钟	江榕
					江森
		伦铜——文意——清煌			港辉
					港海
				解放	清杨
				地基	清华
			口口——金水		清地
	群货——伦冬——欣汪——太利				清江
					清松
	群佞——伦桧(承半)		心念(出半)		清山
					小湖
	群籴——伦桧(出半)	留民		必吉	加和
					加顺
					加固
	群八(出半)——伦炮			必春	新辉
	伦料				福州
				必读	志超
					志杰
				必新	清阳
					清松
		欣割(承半)	来法		栋梁
			文武		湖地
					湖池
			文彬		炳坚
					炳树
			来法	锦乐	清波
					清池
				进乐	水有
				进碗	炳杰

15世	16世	17世	18世	19世	20世
光午——群南		新丁			
		严桂		霞连	龙昌
	群述——伦炳			霞桂	龙嵘
光设——礼义——增加				勇全	泽森
				勇春	评铭
				勇仕	
		必广		勇生	
		必大		文龙	
	礼乐——克服			锦鹏	
				清波	
		伦博		清华	
				明州	
	礼谦——克慎			少华	
		曲付		志平	
		艺强		秋发	
				泽欣	

【云峯派】

15世	16世	17世	18世	19世	20世
宗罴后裔		伦珪——欣听——华岳			
		伦卓——欣兴——祈谈			
光训——群瑛		伦岁——再居——俊发			有裕
		双喜——欣海——帝墙(出半许家)			有饱
		伦婆			
	群传——伦燃——音论——帝合(双承)				顺教(承半)
		伦瑜——欣狗			顺守
			木棍		顺教(出半)
					顺世
	群幼——金火——欣徙(双承)——萍水				宝琼
光成	群窑——东桂	欣永			宝胜
光水——群同——和泉(承半)					
	苏兴——松根——树木				
光加——群池——金柱——中营——元溪——天助					
光租——定泮(出半)——和泉(出半)——奎团(出半)——国显	金辉				
	群东——伦禹				金煌
光齐——定泮(承半)				亚宾	晓庆
	群南				晓东
光通——群鲑				银树(出半)	金平
				银生(出半)	小聪
			金贞	其南	
				其欣	
			加增	艺明	连城
				艺南	
			家锥	朝国	
光仲——群池(承半)——金柱				朝承	
	和泉(出半)——中营(兼承)			朝灿	
	群同(出)——奎团(承半)			银树(承半)	
	口口——银生(承半)				小聪
		伦劲			
光探——夏月——金钗——蔗林					
光熊——群士——伦治(承半)			霞根(承半)		
		秋土(俱承半)		金灿——庆琳	
		安吉(出半)——霞根		金南	
	群珠——伦府				
	群珀(出)——伦县——金同				
		伦治			
	群就——伦盘				
		伦允			

Left section (15世–20世):

15世	16世	17世	18世	19世	20世
光秋	群取	伦报	欣志	丁文	金火
	群惟				金泉(出)
					金祥
		伦标	和新	文元	金泉
			口口	振土	
			和发		
			榜清		
			呈榜		
			汉云		
		伦坤	欣万	若雨	泽欣
					火芳
				金炉	清泉
		伦杰	欣良	帝赞	清德
		伦慈	再生	兴忠	金榜
					金盾
				忠福	添泉
					添才
				中火	建文
					建宁
		伦爽	清溪	振作	文清
			欣相	振土	
			欣巧	建置	
				进球	
				建民	
		伦读	润泽	新得	清海
			进近(承半)	新民(兼出)	金勇
				土茯	清辉
		伦份(双承子)	进近(出半)	金木	
				德贤	孝清
				德强	晓华
		伦先(出)	海水	金胜	明华
		伦森			文华
	群堆	丕基	国贤	成彪	德才
光粉	群乞	伦盒(承半)	振贤	成业	德华
	群鉎	伦盒(出半)	育贤	成德	
				成忠	
				清灿	
光怀	群喜		全兴	新民(兼承)	
光镜(出)	群沄	成来	欣林	世雄	声明
	群森(承半)				声铜
				建筑	坚强
光尝	群八(承半)	伦炮	和顺	援文	丽君
		伦料	五宝	瑞田	坤木
光镜	群寅	伦卯		自水	
		伦庚(出半)		佳得	
群森		伦庚(承半)	五宝(承半)	进宝	
群伴					
光以	群就	伦盘	金标	新章	
				新湖	
				新建	
			木标	文笔	
				文山	
			火田	生地	
		伦允	木全	乐锋	
				良才	
				江州	
			金同	培瑜	
				培辉	
				炬辉	
			金龙	炳锋	
				炳辉	

Right section (9世–15世):

9世	10世	11世	12世	13世	14世	15世
俊宣	进劝	士纪				
	进诚	士伦				
	进讲	士敏(外出)				
		士象	良送	宗香		
	进勉	士豹		宗菁		
	进盏	士步	良送	宗渊		
俊记	进瑞	士车	良陆	宗赞		
		士乾	良课			
			良剖	宗难		
			良员			
		士执	良单			
			良卫			
		士孝	良谷			
			良舜			
俊时	进浑	士从	良裕	宗梅	春陈	
			良南			
俊镂	进汪	士与	良书			
		士信	良猛	宗曲	春石	光坎
				宗恩	春进(出半)	光生
			良佃	宗吸	口口	光坎
			良圭	宗茅	春进	光湳
			良添			姜怀
			良僭	宗瓦		
			良腆			
		(出)	良赖			
		士接	口口	宗恭		
		士权	良圭			
		士滔				
	进甲	士接				
		士仁	良方			
	进格	士义				
	进作					
	进旧	士两				
士滔	良福	宗贤	春陈	和尚(承半)		
			传世	慈云		
				光占		
		宗清	春伙(承半)	慈云(出半)		
			春交(承半)	光炒		
				光酒		
		宗鲍	春伙	光狗		
				光帝		
			春煌	光景		
				光旺		
		宗能	春交	光喷		
				成助		
			春欢	光喷(承半)		
			春赐	鸣炮		
			春河	光骞		
	良螺	宗眼	春来	光王		
				光选		
			春周	光王		
				光选		
	良连	宗炭	春登	光续		
			春规(承半)	光众		
			春恐(承半)			
		宗泵	春排			
			春湿(承半)			
		宗海	春炼			
			春湿(兼承)			
		宗叶	春条	光平		
			春担(承半)			
		宗獭	春规	桂枝		
			春森(兼承)	丙树		
		宗井	春孔(兼承)	丙金		
		宗德	春恐	镇华		
			春湿	静地		
				丙树		
			春担	静地		

Bottom left section (9世–14世):

9世	10世	11世	12世	13世	14世
俊务	进连	士立	良妙		
		士郡(出)	良侪	宗初	
	进科				春镇
	进登	士郡	良平		春因
俊净	进德				春门
	进周				春周(承半)
俊财	进阙	士六	良笑	宗恭	
	进振	士聪	良认		
俊善	进缓				

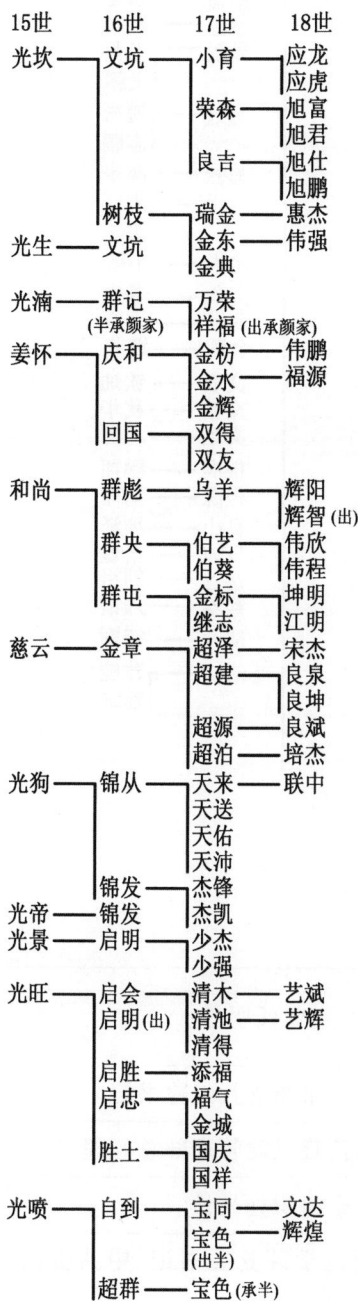

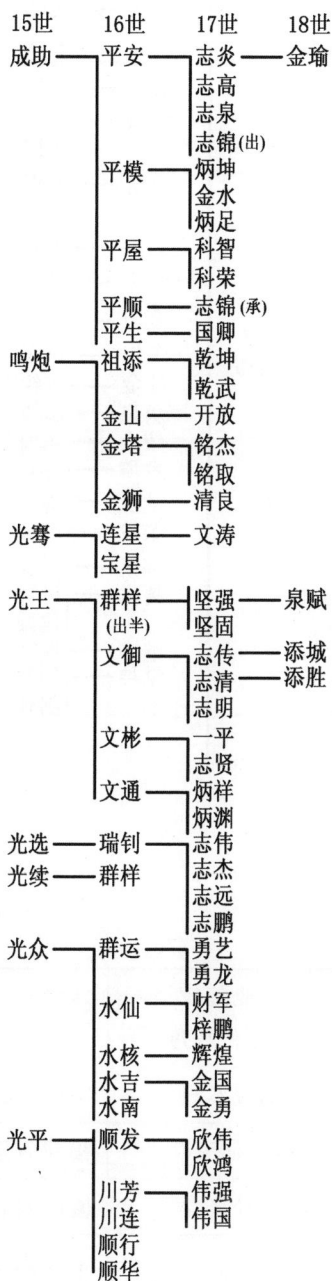

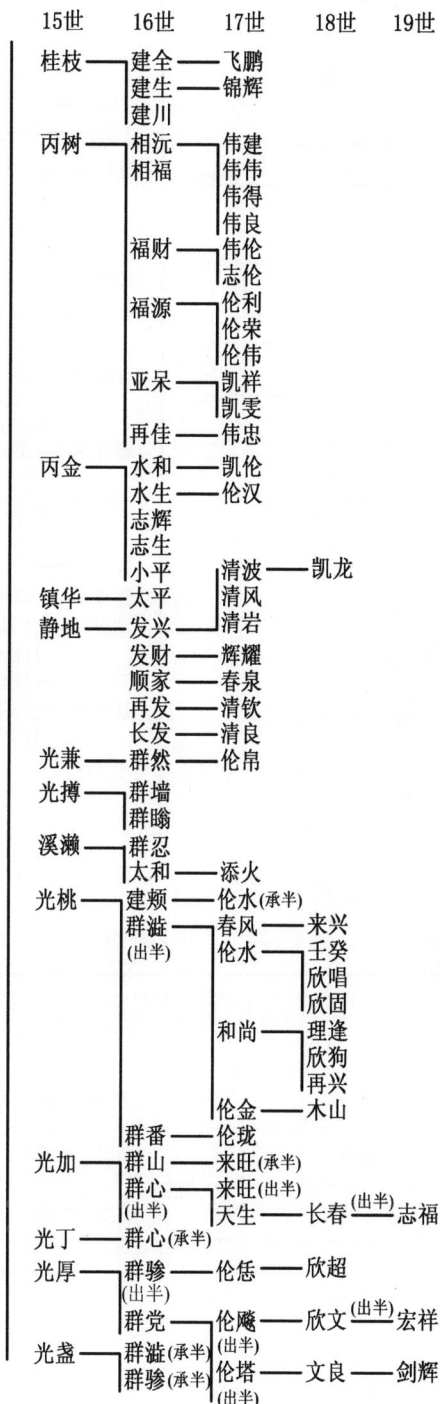

```
20世      21世    22世        20世      21世    22世        20世      21世    22世        20世      21世       22世
武庆 ┬ 龙艺                   永艾 ┬ 志海                   宝琼 ┬ 星福                   继红 ── 建郁
     └ 龙杰                        └ 志权                        └ 星皇                   继宗(承半) ── 海滨
志强 ── 惺赟                  明通 ┬ 火雷                   宝胜 ── 金荣                  添福 ── 志建
建成 ── 继伟                       └ 火电                   金火 ┬ 志伟                   添源 ── 志团
飞龙 ── 溪森                  财业 ┬ 金行 (承半)               └ 志江                   显耀 ┬ 飞龙
勇泉 ── 鑫榕                       └ 金统                   金祥 ── 森锋                       └ 飞鹏
木生 ── 鑫强                  财成 ── 木坚                   金泉 ── 孟法                   显欣 ┬ 鸿彬
有仁 ── 水源 ── 宗敬           文财 ── 坤奖                   泽欣 ┬ 江城                        └ 志鹏
昌炽 ┬ 庆元                   连成 ┬ 志坚                        └ 江祥                   显然 ── 海泉
     └ 仕元                        └ 志郡                   金榜 ┬ 木森                   显世 ┬ 志恒
有耀 ┬ 柏森 ── 炳衔           桂枝 ── 建评                       └ 木良                        └ 志宇
     └ 垂喆    崇智            建良 ── 桂坡                   森森 ── 亚军                  建华 ── 小敏
有义 ┬ 水腾    崇金            建屋 ── 桂坡(兼串)             锦土 ── 济深                  金粜 ── 清艺
昌炽 ┬ 必捷    炜臻            有裕 ┬ 昆龙 ┬ 拥军            金田 ── 小平                  金进 ── 伯煌
     └ 必懂    伟茂                 └ 昆寒 ├ 拥平            金生 ── 小东                  金潮 ── 娜燕
             锋锐            有饱 ┬ 志强    └ 培炜            地金 ── 永钦                  文表 ── 钦灿
大军 ── 三贵                       ├ 志钦                   勇泉 ── 志超                  文教 ── 秋华
大放 ── 志泉                       └ 志坚                   荣金 ── 添财                  文远 ── 坤源
大专 ── 金锋                  顺守 ┬ 龙乾                   金瑞 ── 全福                  根润 ── 鹏翔
有着 ┬ 振东                        └ 龙现                   荣枝 ── 应龙                  根源 ── 鸿翔
     └ 财乐                   顺教 ┬ 发权                   荣枝 ── 应龙                  良山 ── 坤泽
有高 ── 孔贤                       └ 发建                   福星 ── 贵发                  良波 ── 培煜
有仕 ── 水平                  智龙 ── 坤杰                   树木 ┬ 星营                   新兴 ── 钊祖
有督 ── 华堃                  建承 ── 锦平                       └ 建城                   新全 ── 炜锴
有阅 ── 佳伟                  清华 ┬ 伟彬                   继宗 ── 振烽                  清木 ── 毓颖
有编 ── 坤宾                       └ 伟杰                   继坤 ┬ 剑明                   清洁 ┬ 建能
评选 ── 加演                  清山 ── 振佳                       └ 剑辉                        └ 前进
觊继 ── 少威                  加和 ┬ 鑫艺
觊遂 ── 柏村                       └ 志添
觊继 ── 少威
觊蔚 ┬ 奕帅
     └ 奕得
```

（3）历代英贤

A. 曾任副县（处）级以上职务名表

姓　　名	生　年	原　籍	毕业院校（或文化程度）	曾任职务
董建华	1954	湖头产贤	函授本科	中国人民银行泉州支行纪检书记
董振华	1954	湖头产贤	厦大研究生	福建省建行信贷风险管理部总经理
董振强	1960	湖头产贤	南京经济学院	厦门农行资金组织处处长
董振力	1962	湖头产贤	集美师院	集美大学师范学院党委书记、中共厦门市翔安区委常委
董振雄	1963	湖头产贤	中央党校	中国光大银行福州支行副总经理、省招商银行行长
董金吉	1969	湖头产贤	中国警官大学	厦门交警支队文管处处长
董根润	1963	湖头产贤	福建省冶金工业学校	福建潘洛铁矿有限公司副总经理、高级工程师
董清海	1973	湖头产贤	福建师范大学	泉州师范学院科技学院党总支副书记

B. 高级专业技术职称名录

董　奢　董胜厚　董心念　董清木　董双兴　董振华

C. 博士名表

姓　名	生　年	原　籍	授博单位	曾任职务
董振超	1964.1	产贤	中国科学院福建物构所	日本科技厅金属材料技术研究所主任研究员、博士生导师
董继扬	1974.1	产贤	厦门大学(授博士) 西安电子科大(博士后)	厦门大学信息技术副教授

(4)文物遗辉

A.《湖头产贤董氏族谱》

历史上八次修纂。清康熙十九年(1680年)首修,乾隆五十三年(1788年)二修,由董肇翁、董寿翁主持作序。嘉庆二十二年(1817年)三修,由董宗艾、董宗义主持。道光二十八年(1848年)四修,由董宗岁主持。光绪四年(1878年)五修,由董光缔主持。光绪三十四年(1908年)六修,由董伦佑主持。民国28年(1939年)七修,由董植本、董昭蔾主持并作序。2000年八修,由董昭衍主持并作序。

B. 产贤董氏祖祠

位于湖头镇产贤村中部,明初由董氏一世祖董伯义始建。几度修葺,最近一次重修于1998年。坐西朝东(坐庚申兼酉卯),土木结构,一进三间式,置阳庭、围墙、门亭,占地面积约300平方米。楹联:"伯仲亲恭昭祖德,义仁正道秉宗功"、"百家姓氏排前列,历代谋臣有我宗"。厅内悬挂有褒奖十一世董荣高"德行可钦"匾额一方。

C. 董伯义墓

位于金谷镇大演村过溪龟子山(湖剑公路对面),坐向巽乾兼己亥,葬于明。董伯义,产贤董氏一世祖。其妻陈氏墓,位于产贤村公梯林岭脚,坐向壬丙兼子午,葬于明。

(二)金门古坑善应支世系

金门,旧名浯洲,又名仙洲,是台湾与大陆文化、贸易、移民的中继站。位于福建省东南海上,屹立台湾海峡中,东距基隆198海里,东南距澎湖82海里,距高雄160海里,西距厦门约18海里,与大陆最近处为白马山至角屿,仅2310米。金门以秀丽的风光美景获得"海上公园"的美誉,岛上古有珠江夜月、丰莲积翠、啸卧云楼和仙阴瀑布等八景。今有太武雄峰、玉柱擎天、汉影云根和金汤剑气、榕园绿阴、龙山瑞霭等二十四景。而登临太武山巅,或伫立于马山之顶,又可远眺对岸的厦门。

金门历史悠久,古称"仙洲"或"浯洲",自古有"海上仙洲"、"桃源胜景"之美称。远自五胡乱华时就有人到岛上开垦,唐以后更有人在此牧马、晒盐。宋朝的一代大儒家朱熹曾在此讲学,有些文风鼎盛的村庄,被称为"人丁不满百、京官三十六"。很多唐山过台湾的祖先们,都是以金门为中途的转接站。这当然也包括了以金门为根据地,赶走荷兰人的郑成功。

金门面积150平方公里,主要分为大金门和小金门,形状像一只蝴蝶。相当于二分之一的台北市大,现在人口4万8千人。通行闽南语,近于同安腔,也是一种漳、泉混合口音(偏泉

腔）。还保有汉晋时的古韵和唐宋时的古语。《金门县志》载,金门现有居民的组成,概分为五种,一是乱世遗民,二是泉州的世家大族,三是邻近都邑的商贾渔民,四是历代戍守金门的军人,五是赘婿谪配而来到金门的。金门现住居民的社会形态,大都是聚落形式,是举族前来垦拓的单一姓氏聚落。家族观念浓厚。

金门古岗湖位于旧金城东南方,是一座半人工、半天然的湖泊。周侧群山环抱,湖畔杨柳低垂。于此泛轻舟,览山色,映照波光粼粼,别具闲情逸趣。湖畔古岗楼,建于 1964 年,重檐回廊、碧瓦红墙,显得古色古香,每每吸引游客留连徘徊。湖光山色之外,附近有多处明监国鲁王朱以海遗迹,其中御题镌刻"汉影云根"碣石。今仅存"汉影云"三字,列为三级古迹。

1. 历史迁徙

元至元十一年(1274)农历七月十四,董思安第十四世孙善顺因避元兵骚扰,从晋江青阳迁居永宁沙堤乡,善顺之弟善应则避居于金门古坑乡。据《董氏大成宗谱》载:善应公开基金门古坑,传开六房:希贤、希圣、希文、希武、希元、希万。派下子孙分居于金门、同安、厦门、漳州等地。金门古坑谱牒记载:善应号扬崑,于明宣德年间(1426—1435 年),迁居浯洲浒兴(金门古坑)。

2. 昭穆世行

宗谱以字序排名,有承先启后,光宗耀祖之意义,饮水思源之美意。为了表示本宗家族之兴盛,联络宗谊,将同宗诸伯叔与堂兄弟之名字联系在一起,遵照祖先传下昭穆排行,能快速分辨其长幼次序之辈分。

以顺序排行命名,早在春秋时代就有以伯、仲、叔、季代其排行,伯为老大、仲为老二、叔为老三、季为老四。

各宗族谱以昭穆排行取名,有讳、字、号、谥。由名字之第一字,显其辈分,长幼次序分明。但各家族有不同之昭穆,也有自创风格的,不胜枚举。

不论以族谱,或有各族不同之昭穆排成辈分,都意味着兼容其蓄,尊祖敬宗,敦亲睦族之博大精神。除了耐人寻味的思古幽愔,别有一颗饮水思源、感恩祖宗德荫之心。

金门县古岗董氏昭穆:

恭惟道明德　日旭焕春光　群伦欣帝觌

垂裕泽芳长　孙曹敦孝友　奕世振家风

3. 简明世系

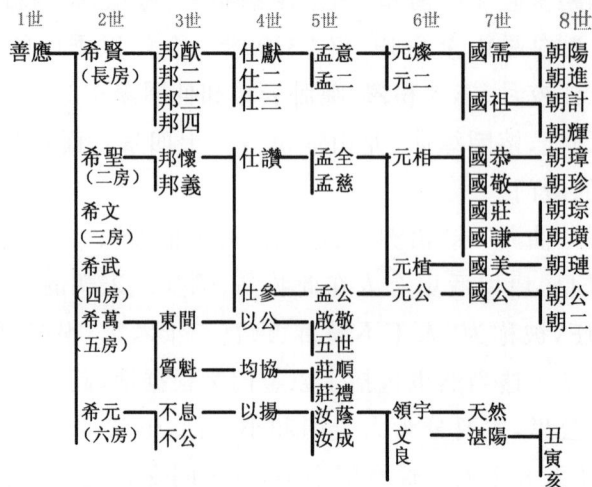

【左上块】8世　9世　10世　11世

- 朝陽 — 冀良 — 道推（往河南）／道乞／道振／道默 — 明機／明助；道寅 — 日益／明叟
  - 冀純／冀美／冀四
  - 11世：明盆／明儒／明明／明強
- 朝輝 — 吉卿 — 志勇；吉尹 — 志雄 — 用和／用成／用親／用治／用尼
- 朝璋 — 尚豪 — 正吉；尚傑 — 坦（避亂無歸）
- 朝琮 — 尚湖 — 光異 — 字起；尚震 — 光望（避亂未歸）；尚遷 — 明品／明禧／明鴻；尚憲 — 光勇
- 朝璉 — 尚略（相傳仕官川陝不歸）；尚晚 — 道求 — 明永／明湖／明月／明祥
- 朝公 — 尚顯 — 起榮 — 晉珠／明老；起真／起眾／起文
- 朝二 — 尚高 — 起初 — 晉奇；尚度 — 起彬 — 明魁／明星／明連／明卯；起創；尚藩 — 起偉 — 明文／明興
- 朝計 — 武候 — 乾賜／乾庇

【左中下块】11世　12世　13世　14世

- 明盆 — 德朝 — 允奇 — 成功／悅；允經 — 旭福／旭照；允義 — 旭春／旭遊；允烈；允對 — 旭佛
  - 德鳳 — 日秩 — 旭養；日桃 — 旭仰／旭伍／旭聰；日王 — 旭涼／旭求／旭報／旭永；日服；日尾 — 旭蔭／旭就
  - 德雁 — 日儲
- 明機 — 德君 — 日泰；榮華 — 旭智／旭好；日訪 — 旭達；日勤；日濃 — 元吉
  - 德懷 — 日暫／日端／日紫／日住
- 明明 — 德暢 — 日雅 — 旭善／旭唐／旭活／旭晏；日素／日拱／日美
  - 德專 — 日珪 — 漣／旭受／喬春；日桂；日咸 — 霞元；日敦

【中块】11世　12世　13世　14世

- 用治 — 德壽 — 日和 — 旭學／旭凜／旭聯／旭近
  - 德朝 — 日掌 — 旭穆／旭周；日炎 — 旭償／旭抱
  - 德富 — 日偶 — 旭武／旭水／旭北；日相／日坦／日汀 — 旭所／旭贊／旭秋／旭廷／旭宋／旭興／旭貞；日傍
  - 德送 — 日汀 — 為老
  - 德寬 — 日挺 — 為祖
  - 德裕 — 日宗／四福 — 旭正／旭運／旭留／媽生
- 用尼 — 日怨 — 旭尚／旭賞／旭題／信春／旭涼
- 用親 — 德寧／德德／德顯／德博
  - 德愿 — 日乞 — 旭領／旭豹／旭時／旭八；日冬；日夏 — 旭厚／旭抱／旭興
  - 德蔭 — 日鍋 — 旭助；日沛 — 旭鄉／旭禹／旭全／旭緣／旭五／旭傑／旭完

（長房草埔柱）
- 日苗 — 旭傑／旭理／保章／志善
- 日由 — 十哲／禎祥／旭水／旭面／旭茂／文學／豆治／江水
- 日露
- 奪魁 — 旭愛／光志／旭城／雙才
- 明助 — 天祥 — 玉麟／玉山／玉書／良驥
- 有希 — 德興／德送 — 居台／居台
- 明叟 — 德振
- 明儒 — 德章 — 日雍／日正／日固／日辰

【右上块】11世　12世　13世　14世　15世

- 明文 — 德孕（長房東樹腳柱） — 日長 — 旭陽 — 嗣思信；旭才 — 承日卿
  - 日現 — 旭泮 — 煥萃；旭瘲／旭懷
  - 日知 — 旭明／旭場／旭位
  - 日卿 — 旭才（嗣子）
- 明興 — 德成／遷台／德助 — 日紫 — 旭添；日宗 — 旭希；日篆 — 旭銓；日妹 — 旭燦 — 煥褒；日茫 — 旭壽／旭春

（長房道乞公柱）
- 明強 — 德家 — 日慶 — 旭珍／旭蒲／旭運；日淵 — 旭賜／旭岱／旭奇；日衷
  - 德齊 — 日意 — 旭兩／旭三／旭杭／旭轚／旭權；日應
  - 德國／德治／德天 — 日在 — 旭媽；日尊 — 旭力／旭年；日堯 — 旭宣／旭福
  - 德平／德吉 — 日舜 — 旭喜／旭蘭／旭日／旭金
  - 日祝 — 旭浯；日章 — 旭九；日宗 — 旭坤

【右下块】15世　16世　17世　18世　19世　20世

- 煥萃 — 春候／春成／春鈔／春外 — 光陰／光生 — 文通／文朝 — 永涼 — 志堅／志鴻／志裕／志彬／志浩
- 煥褒 — 春內 — 媽得
  - 文篇／水佳 — 承春向公／國生 — 明宗／濟仁；國南
  - 天蒲／實仔 — 國慶／國
  - 心富 — 水和／文忠 — 國森／國智；文發 — 國俊／國樹
  - 文要 — 國銘／國志 — 志達／志展／志楷
  - 春向 — 嗣文篇 — 國偉
  - 春捏 — 文郁 — 國忠
  - 文舉 — 國造 — 明傑／明智／明輝／明雄／德興；國軍 — 明雄／德興／克勤；國防／國財

世系表（14世—20世）

第一段

14世	15世	16世	17世
豆治	煥行	春滕	光他 光翠 光答 水裕 文他 文川
		春基	
		春柯	
	煥曲	春明	宗漁 加作 宗別 宗流 加泉 宗壆
		春查	宗流 加泉 光乾
		春謙（出嗣竹腳）	
		春比（光炳繼承）	
		春姆	加進 光舜
		春蚱（出嗣）	
		春會	光寬 光乾 光舜
旭愛	煥芬	春鈴	光連 光彩
		進星	光鎮 光就 清凱
光志	煥祿	春煲	光到
	煥灶		
旭城	煥坪	春蒼	光彩
	煥改		
	煥良		
雙才	煥代	春樹	
	煥天		
旭學	煥友		
旭凜	煥合		
	煥銓	春迫	光塊 光條
旭聯	煥蓋		
	煥絨	春錐	
旭近	煥首	春雀	
旭穆	祈老	春瓦	
旭周	煥魚	春錂	光尚
旭儹	文德		
	文慶		
旭抱	煥出		
	煥明		
	煥三		
旭武	煥寄	春再	光洿
旭水	煥貼	春映	光塒
旭北	煥善	文強	
旭所	天瓊	春拽	光看
	煥盾	春莊	光憑
	煥塊	春山	
旭秋	煥欽	春憲	
	煥雨	春溦	
旭宋	高生	春噠	永成
	後來	怡昆	永竹
	煥槌	怡藏	永植
旭正	煥旭	怡苗	永栽
旭運	煥閭	春獅	康太
旭留	煥柱	春象	光昂
旭尚	煥灘	春蚵	
	煥納	春林	堅壯
	煥長		

第二段

17世	18世	19世	20世
光溪	豬屎		
	關嘴		
	頂發	遷南洋無可考	
光餘	清波	漢忠	欣樂 欣水 欣財 欣課 欣發 家均
		才能	
	群知	水金	榮雄 榮財
		水銀	欣志 欣彥 森堡
		水應	仁德
		水沥	維祥
		振良	維軒
	王獅	將	
	明元	振金 振銀 振宙	
	明齊	能才 能同 能通 能揚	
群猙	越水	欣然 志廉 志道	威佑 國翔 千智
	火炎	振良 振芳 振右	
	炳丁		
	文牆	俊煌 俊欽 俊萍	
	文讀	祥義	
	水應	志勇 志堯 志慶	
光標	永楚	淵海 祥瑞 志善 佳豪	
	永吉		
光陵	文篤		
光碧	文達	炯靈 炤靈	
光實	後詩	金福 金茂 金城	
	小頃	志堅 志強	
	群英		
関水石	群蓬	倫家 倫鐘 倫慶	
	清榮		
	水池		
	根旺		
光公等	嗣水貢	金慶 金記 金展	
光要	烏石	添丁 煌爐 水古 瑞生 天降 水賜	帝松 柏林
	長水	克成 克垣 克華 克東	
	長壽		

第三段

17世	18世	19世	20世
光渠	群呼	水潮 怡車	及芳 芳遠 及雄 及昌
	群有	怡車	
		怡水 怡先	欣耀 欣建 欣銘
	群吉	水潮	欽臣 欣壽 欣勇 欣正 欣陸
		水冊	欣嘉
	群貴	水發	
		怡水（出嗣）	
		水發（出嗣）	
光追	國興	炳祥	豐城 豐源 豐明 豐正 豐本 豐仁 豐富 豐裕 豐堅 豐強 豐民
		炳發 炳磋 炳盛 炳敏	
	國扇	炳源	
	國銓	文磋	
	國禎		
光朝	水院	文齊	傑倫 欣明 欣杰
		文讀	浩倫 浩雲
		文磋（出嗣）	
	水浸	成蛟	
	群裁	海勤	烘祺
	水景	海根	志暉 志忠
	清香	海菱	天
火成	兩徐	欣敏 欣嶺 欣貝 欣金	
光德	水硯	天倫	光強 光偉 倫流 麒麟
	心富	志城 志和 志平 志蒻	
光約	海滄	加敦 加添 炎土 加協	
	綿布		
	水萍	加福 加欽 加義	
	成通		
	成南	加錦 加亭 加和 加壽	
	成龍		
光盤	有英	加贊	
光清	高才	啟祥 啟源 慶平	
	水根		
	永林	志忠	
	永利	啟宏	
	永華		

第四段

17世	18世	19世	20世
光堤	永安	家麒	
	永和	倫宏	
光翠	群仁	兩徐	欣敏 欣嶺 欣貝 欣金 志清 志豪 志傑 玫宏 建良 建銘 建興
		兩榮	
		兩助	
宗漁繼承群海			
加作	群權	倫評 倫章 倫仕	欣誌
宗別	群送	倫跎 倫聲	
宗流	四強	倫壽如 倫山 倫成 倫相	
	群海 遷赴南洋		
加泉 遷赴南洋			
宗壆	媽祚	一舉 明島 三源 遷台（天就 天祥 天色）	
光寬	群省	倫傑	
	群耀 群參		
光乾	群義 良明 良全 良造		
光舜	群益 群端 群樹	至恆 至中	
光連	大順生四子遷南洋		
光就 遷南洋			

東榕腳柱谱

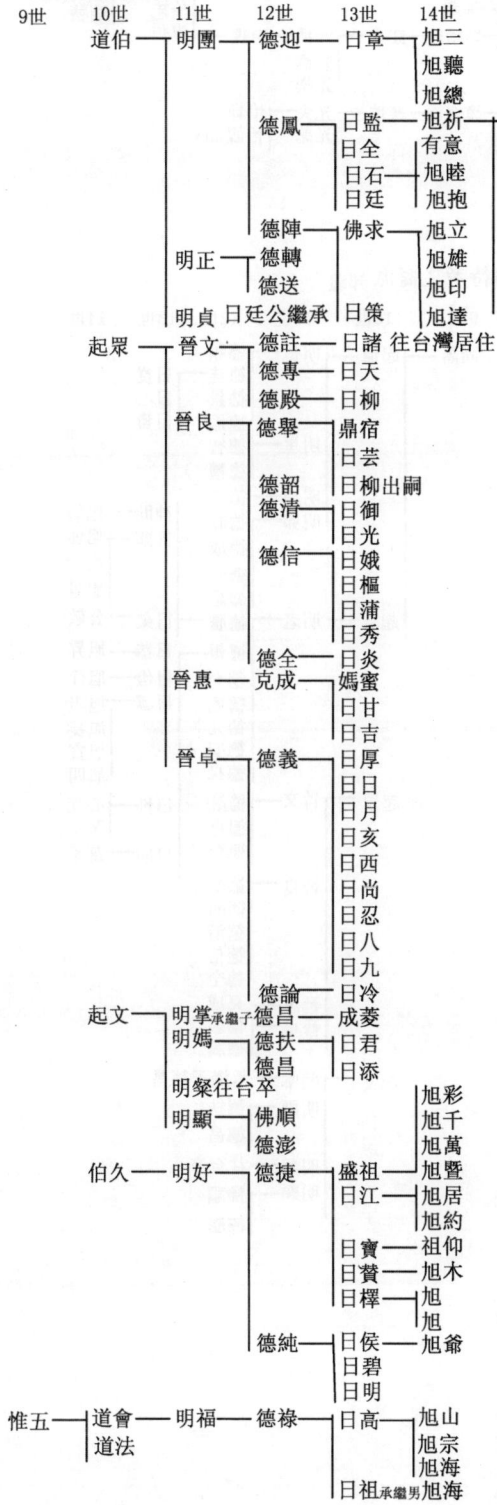

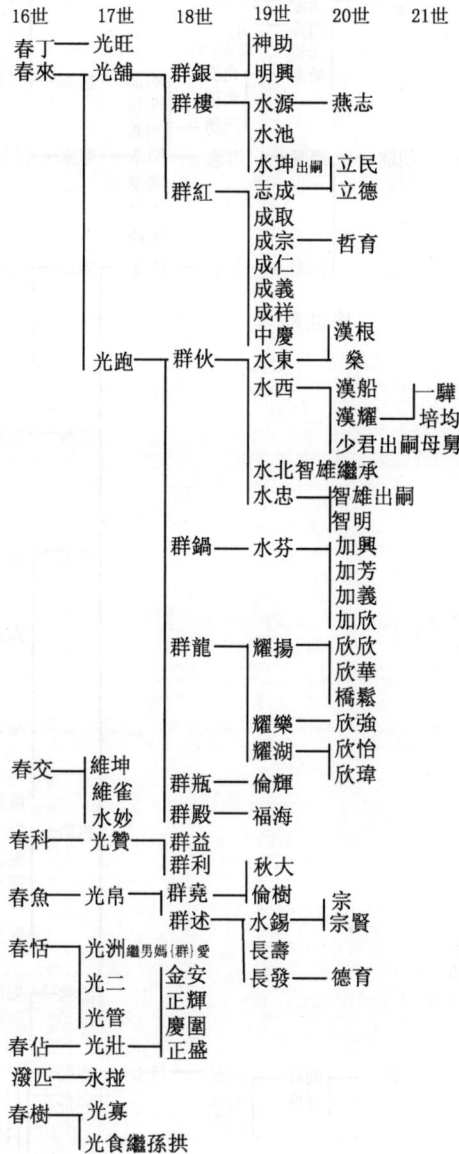

8世	9世	10世	11世	12世	13世	14世
朝璋	尚豪 尚傑					
朝珍	尚俊					
朝琮	尚湖 尚震 尚遷 尚憲	正吉 坦（避亂無婦） 光異 光墅 光勇	明品 明禧 明鴻	德真	日廣 日健 日麗 日雍	開生 旭文 旭恪 秋香 雨水 旭江
朝璉	尚晚	道求	明永 明湖 明月 明祥	德來	日仕	旭富 旭總 旭定 旭居 旭讚
	尚顯	起榮	晉珠	德山	振漢 振德天 振喜 振慶	旭灌 旭尊 旭欵 旭佳 旭助
				德海	振恩	旭偏 旭沃 旭波 旭溪 旭潘
				德度	振榜 振惠	旭謙 旭謀 旭久 旭亨 旭奇 旭才 旭服
					振乞	旭奢 旭習 旭富
				德霜	振猛 振明 振誠 振聖	旭奇 旭讀 旭坎卒 旭愛 旭贊
					振教	福生 喻華
				德雪	振賜 振賴	旭秋 旭鎮 旭捌 旭法

二房世系

14世	15世	16世	17世	18世	19世	20世	21世
旭讚	煥綏				倫元 倫國 倫篤 倫忠 忠仁	瑞金 瑞發 瑞德	
旭讀	天生						
旭文	佛賜						
旭秋	煥鑽	江水	光活 光經 光嘆	怡謀			
旭鎮	煥合	源壤	光突 光愍	怡輝 怡謀出嗣			

二房待考之裔派 邦義

8世	9世	10世	11世	12世	13世	14世
尚藩	起偉	明魁	德順 德佳 德景 德孟	日從 日心 日貴		
		明星	德智 德禮			
		明連 明卯	德立 德旺 德成 德研 德意	神助 日闊	旭娘 旭僅 旭行 旭景
	起真	明老	德騰 德報 德允 德乾 德元 德安 德祿	日榮 日恭 日儉 日讓	公敬 旭昇 旭仕 旭圭 旭長 旭宣 旭四
	起眾	晉文	德註 德專 德殿	日惟 日明	心光 文孝 萬幸
		晉良	德翠 德韶 德清 德信 德全		
		晉惠 晉卓	克成 德義 德論		
	起文	明掌 明媽 明槃 明顯	承繼子德昌 德扶 德昌 往台卒 佛順 德澎		

3世	4世	5世		15世	16世	17世	18世	19世
東間	以公	啟敬 五世	前代失详	煥補	春祥 春贊 春聲			
質魁	均協	莊順 莊禮	前代失详 前代失详			光淡 三點	群木 成國	倫化 倫澤 倫彦 倫
						永		國村 國勝 志謀 志宗 志達
						永和		志懷

金門古崗董氏五房世系

	前代失详		國中	群驥
	前代失详		朝來	
	前代失详		土葛	
	前代失详			怡山
	前代失详			文堅

254

4. 历代英贤

董龙泉,董文滔之子,担任台湾"国防部"陆军花东防卫司令部参谋长。

5. 文物遗辉

(1)谱牒

长房家谱有道乞公柱谱、草埔柱谱(德荫公)、潭墘柱谱(德愿公)、东树脚柱谱(朝计公)、下井脚柱谱(道默公)、东榕脚柱谱(道伯公)和竹脚柱谱(用治公)。

长房希贤志雄公之次子用治公始有竹脚私柱谱,有十六世裔孙怡昆修谱。

(2)祠堂记

宗祠之兴废,前明莫知矣! 其在国朝,自明洪武十七年岁次甲子,海氛告靖,复邦族者,先后返乡,仅二十余家耳! 先时每当冬祭列牲,羞于故祠址艾蒿。而宣德七年祭岁壬子,族始有兴祠之议。于时董其事者,族伯武鸠族金二百有奇。费未足,凑以湖头、郡城、泗湖金,又不足,乃令族之入主祔享者出金共成之。阅癸丑,祠堂始成。一时草创轮奂之美,先灵其克妥也。然尚恨有族者祠宇维兴,谱牒旷如。入庙展之,长幼无序,前之人应有莫谊其责者。

岁次己亥冬日　十二世孙钟洛记

岁次己卯阳月　十七世孙朝嘉录

(3)家庙重建落成志

天地之有宗,犹木之有本,水之有源。宗祠之所立,似根固而后叶茂,源深而后流远。物本乎天,人本于祖,根本追远,饮水思源,古今无殊也。是以昔日各族皆立有家庙,以尽后裔孝思,以宏宗功祖德。上则以妥先世,下则以教族谊,斯系民之所同而厥义至深矣!

溯吾董氏,自开闽十三世祖善应公,字扬昆,于明初肇基浯江古坑,人丁有几千之众。不意明代中叶,倭寇骚扰,古坑首当共冲,耗损惨甚! 属族星散避难,或近邻傍泗湖,或远处内陆之银同、湖头、郡域、连江。遂甲子盗乱始靖,返乡族亲未及四十。每于冬祭列祖之际,羞亲父于残壁,乃兴修建之念。然资源短,幸而星散于泗湖、连江、湖头之宗亲共襄盛举,择于癸丑竣事耳! 草创后,栋宇焕新,壮观华美。由是先灵克妥,嗣续蕃衍,瓜瓞绵绵。惟昔修建概以杉木,历时晚久,百年庙宇,难抵白蚁蛀蚀,以是尘泥渗洒,雨泽下注,维护诚难矣! 迨至1982年,宗老不忍目睹其日毁,遂嘱拟重建。经邀各房长老斟酌协议,以丁认及咙募为基金,兹筹组建委员会,以执行事宜。爰于甲戌梅月,筹建材,按原方位坐艮朝坤兼寅申,更建为□进。而前进有东西庑之造形,以钢筋混凝土构筑。

时仰庙貌,气象维新。堂中瓷龙,藻绘辉煌。美轮美奂,辉煌堂构。嗣后先人,灵爽式凭,昆裔昌炽兴隆。钟灵毓秀,世泽锦长。统光于前,复裕于后。谨志。

董氏宗祠重建委员会敬志

裔孙　耀扬敬撰

(4)董氏银青柱族记

董仙公,讳希祖,字百华,晋江人。原温陵派也。素行甚孝,然乐善好施,瓢逸仙态,能遗分世俗。以气节自高,维郡东郭巡按与公交最,以情笃甚密。忽一夜天灾瘟疫入郡,维郭友遍买柚柑,不许其数。次日付价与郭友曰:"若带至新桥候之,目中有人从桥之中起者,若收此传

付与首者。"郭友听之,乃于新桥候之。至日中之时,果然七人双瞽相牵,虽收信付首者。其人瞽疾,尾一人先高问曰:"董大爷寄传来乎!"首一人应曰:"然也。"郭友大惊,不敢多言,随走自家试问仙祖是何?公笑之不答。越数日,瘟气流行,众俱来求东柑。柑尽求,计所求食之,即愈。救四方,万人感恩。又择风水,一曰凤啄珠、一曰田螺吐珠,俱是郭姓所为。今者郭姓累代一房富,一房贵,丁出各房。又以六郎天官,雷电风雨日月,六幅神像。昔时六幅不用带仔悬素钉挂于壁上,每至端午日午时,自能坠下,至已未时,自能卷上。送于郭友,今为传家之宝。公传道术于云靖,遂去,谈征辄应。授石一块呼雷石,儿童与一文,为函雷掌中,拳而伸之,其气霹雳,日即钱自给,以具余施之贫人。至升飞时,雷石送郭友,今此石刻四字曰"紫择同天"。人即其真身塑像祀等,祷雨辄应,公以勤俭二字匾其宅,亦赠所善郭友。六幅神像及雷石并宅匾,于今尚存,载《泉州府志》,第六十五卷,《方外》四十四帙。

清道光廿六年岁次戊申秋菊月中院　裔孙腾
民国第六年岁次丁巳春二月　浯江房裔孙抄

6. 外迁情况

长房希贤九世惟五公,字行四。初西移,往台湾承天府,后迁往鲫仔潭,再移居南路琅娇。道寅公长子明助公官名方,康熙辛丑年领右先锋,平台湾。有公官住澎湖协镇,告休。孙玉书住台湾安平。

山东省城武县汶上镇董口行政村二房希圣公之后裔,现已繁衍发展到一万余人。分居在曹县、单县、成武、定陶、巨野等地,各地分支已遍布全国。依先祖希圣公为始祖(一世),已相传二十余世。这支希圣公之后裔是否和金门董氏世系关联,有待考证。

邦义房德佳生三子,长曰从生,子旭开、次曰心、三曰贵,兄弟三人俱住厦门后崎尾。

八、其他支世系

(一)祥芝房世系(马脚埔)

马脚埔肇居祖之疑:

(一)晋江董氏祥芝房家谱宗支图证实,祥芝房长房董希斋,其后裔长房长董秀紫,孙陟瞻(号忠孝郎)传居在泉郡北美嘉埔。因此始祖是董端亮。

(二)三房祖厅有墓残志一角,经专家杨清江先生鉴定,疑董端龄是铭主之始祖。

(三)马脚埔董氏有五支脉,即一房、二房、三房、七祧、乌屿梅房。陟瞻在何支脉?况且四支脉均各有祖厅。

(四)如果尚有历史可以证实马脚埔三房来自晋邑沙堤祥芝房,则三房先祖可从第十二世推至第十九世如下:十二世董重耳、十三世董端亮、十四世董善顺、十五世董尊顶、十六世董敬宽、十七世董希斋、十八世董秀紫、十九世董陟瞻。

说明:1. 第二十八世先祖仅知董春江一位,其他均失考。

2. 闽省无后裔名录且名失考者,暂不列入本家谱。

3. 群字辈大部分出生年月失考,故兄弟先后难以排序。本家谱群字辈排列先后次序,按 2004 年各家族提供资料之先后排列,非长幼之别。

4. 徙居金、台及名讳未详后裔失考者未列入本谱。

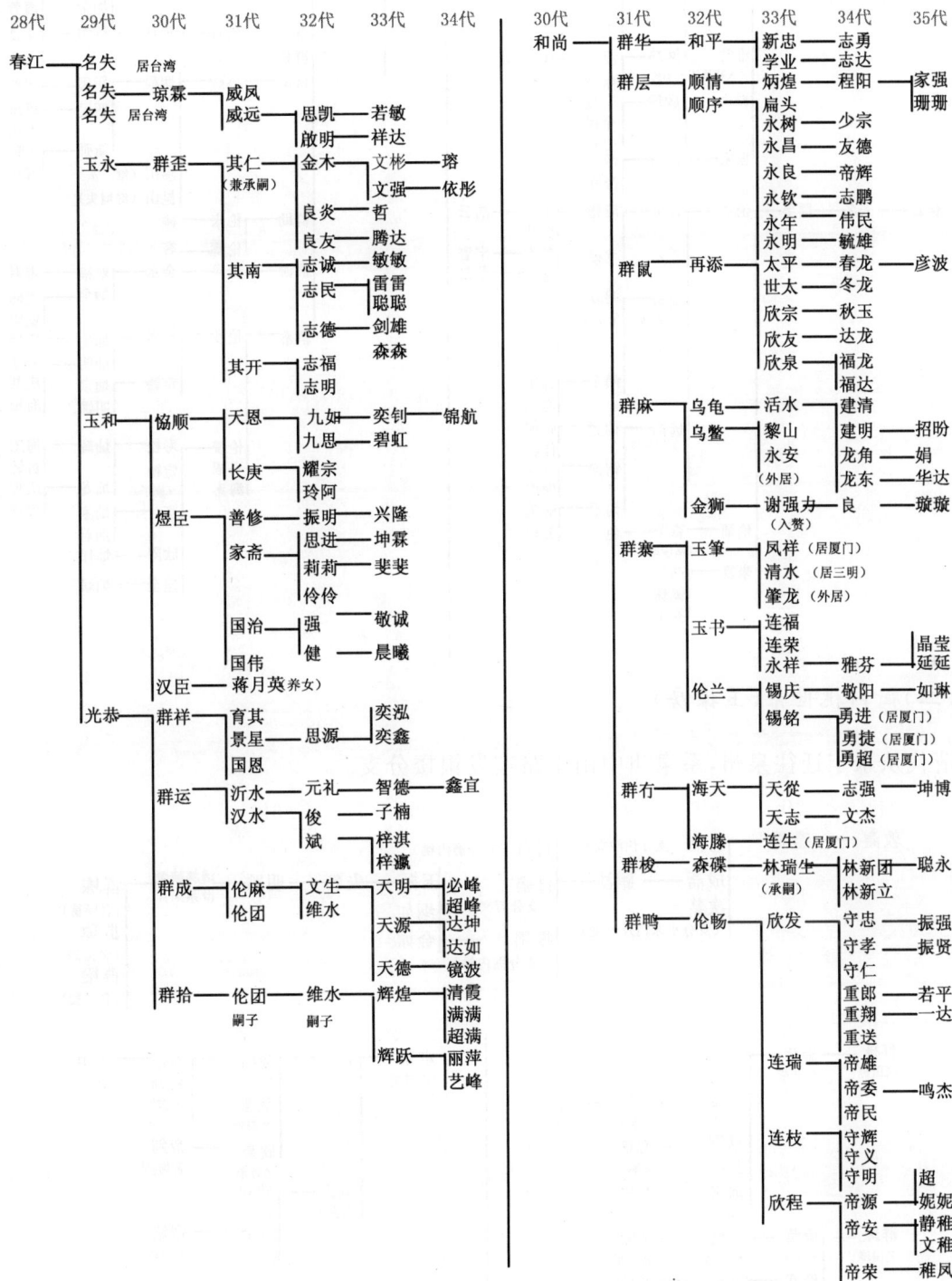

左表:

28代	29代	30代	31代	32代	33代	34代
春江	名失 居台湾					
	名失	琼霖	威凤			
	名失 居台湾		威远	思凯	若敏	
				启明	祥达	
	玉永	群歪	其仁(兼承嗣)	金木	文彬	瑢
					文强	依彤
				良炎	哲	
				良友	腾达	
			其南	志诚	敏敏	
				志民	雷雷 聪聪	
				志德	剑雄 森森	
			其开	志福		
				志明		
	玉和	恊顺	天恩	九如	奕钊	锦航
				九思	碧虹	
			长庚	耀宗		
				玲阿		
		煜臣	善修	振明	兴隆	
			家斋	思进	坤霖	
				莉莉	斐斐	
				伶伶		
			国治	强	敬诚	
			国伟	健	晨曦	
		汉臣	蒋月英(养女)			
	光恭	群祥	育其		奕泓	
			景星	思源	奕鑫	
			国恩			
		群运	沂水	元礼	智德	鑫宜
			汉水	俊	子楠	
				斌	梓淇	
					梓瀛	
		群成	伦麻	文生	天明	必峰 超峰
			伦团	维水	天源	达坤 达如
					天德	镜波
		群拾	伦团 嗣子	维水 嗣子	辉煌	清霞 满满 超满
					辉跃	丽萍 艺峰

右表:

30代	31代	32代	33代	34代	35代
和尚	群华	和平	新忠	志勇	
			学业	志达	
	群层	顺情	炳煌	程阳	家强
		顺序	扁头		珊珊
			永树	少宗	
			永昌	友德	
			永良	帝辉	
			永钦	志鹏	
			永年	伟民	
			永明	毓雄	
	群鼠	再添	太平	春龙	彦波
			世太	冬龙	
			欣宗	秋玉	
			欣友	达龙	
			欣泉	福龙 福达	
	群麻	乌龟	活水	建清	
		乌鳖	黎山	建明	招盼
			永安(外居)	龙角	娟
				龙东	华达
		金狮	谢强力(入赘)	良	璇璇
	群寨	玉筝	凤祥(居厦门)		
			清水(居三明)		
			肇龙(外居)		
		玉书	连福		
			连荣		
			永祥	雅芬	晶莹 延延
		伦兰	锡庆	敬阳	如琳
			锡铭	勇进(居厦门)	
				勇捷(居厦门)	
				勇超(居厦门)	
	群右	海天	天从	志强	坤博
			天志	文杰	
		海縢	连生(居厦门)		
	群梭	森碟	林瑞生(承嗣)	林新团	聪永
				林新立	
	群鸭	伦畅	欣发	守忠	振强
				守孝	振贤
				守仁	
				重郎	若平
				重翔	一达
				重送	
			连瑞	帝雄	
				帝委	鸣杰
				帝民	
			连枝	守辉	
				守义	
				守明	超
			欣程	帝源	妮妮 静稚 文稚
				帝安	
				帝荣	稚凤

第一部分（28代—35代）

28代	29代	30代	31代	32代	33代	34代	35代
春啸	光迪	群芋	伦寿（嗣子）	天生	南山	勇明	
		群渔	伦寿			永忠	
			伦还	苍生	建华	小荣	
		群锅	伦锡	合源	建国	金兰	
			添丁	凤池		文雄	
		群鈖	妍	金池	苍渊	颖	
		群铿	金钟	谢霞			
			细钟	匡仪	瑜	夏滢	
	光德（祠孙细钟承业）				璐	庆泉	
	光森（祠曾孙苍生承业）				珲	甜	
					玮	昊	
			维常（入赘晋江古福村）	安然	毅	庆兴（嗣子）	
				春玲		吴凡	
			振声	欣埕	帝良		
			振宗	欣灿	帝民、爱玲、帝利、帝胜		
春云	失名	群孚	伦柿	碧生	清彬	少良、少共	浩云
				书侯	吴杰、玄杰	宇寰、董易	
				国珍（居台湾）	鸿隆	育铨	
					宏洋	滢滢、品乔、睿杰	
					鸿宗	容伊、容玮	
				远铭（旅居台湾）	钧尧	席如、佳昕	
					钧松	宜佳、俐广	
					均平	丽美、美玲	
			伦补	森荣（居印尼）	兔		
			来复	凸、佩珠、秀玉			

28代	29代	30代	31代	32代	33代	34代
春瑾	光○	群○	伦煦	欣润	家雄、建德、建明（居香港）、秀奄、秀玲	
				欣返	建设	文达、文婷
			伦蠼	俊川	建宁	文楚、文义
					进枝	
					江水	传雄
				俊青	培钦	
					加明	惜萍、雨萱
					加荣	
	光奎	群○	伦只	鸳鸯	辉山	文良、文新
		群延				
		群风	伦顺	炳福	新忠	智毅
					新民	稚琳、杰炤
					新强	美玲、智伟
				黎山（继二房）		
				昆山（继埔头）		
		群助	伦来	碰		
			伦辉	客		
		群源	伦泉	金水	双福	志君
					炳全	梁峰、梁阳、庆峰
		群泰	伦沙	倚火	灿生	庆峰
					灿明	宏艺、庆共
				定德	灿宗	海梅
					明娜	
			伦现、乌福、海态	寿松	灿辉	海宏、黄婷
				定德（嗣子）	灿龙	庆煌、棉棉
				富	灿家、灿君	
				欣阳	灿伟	
				建全	灿斌	

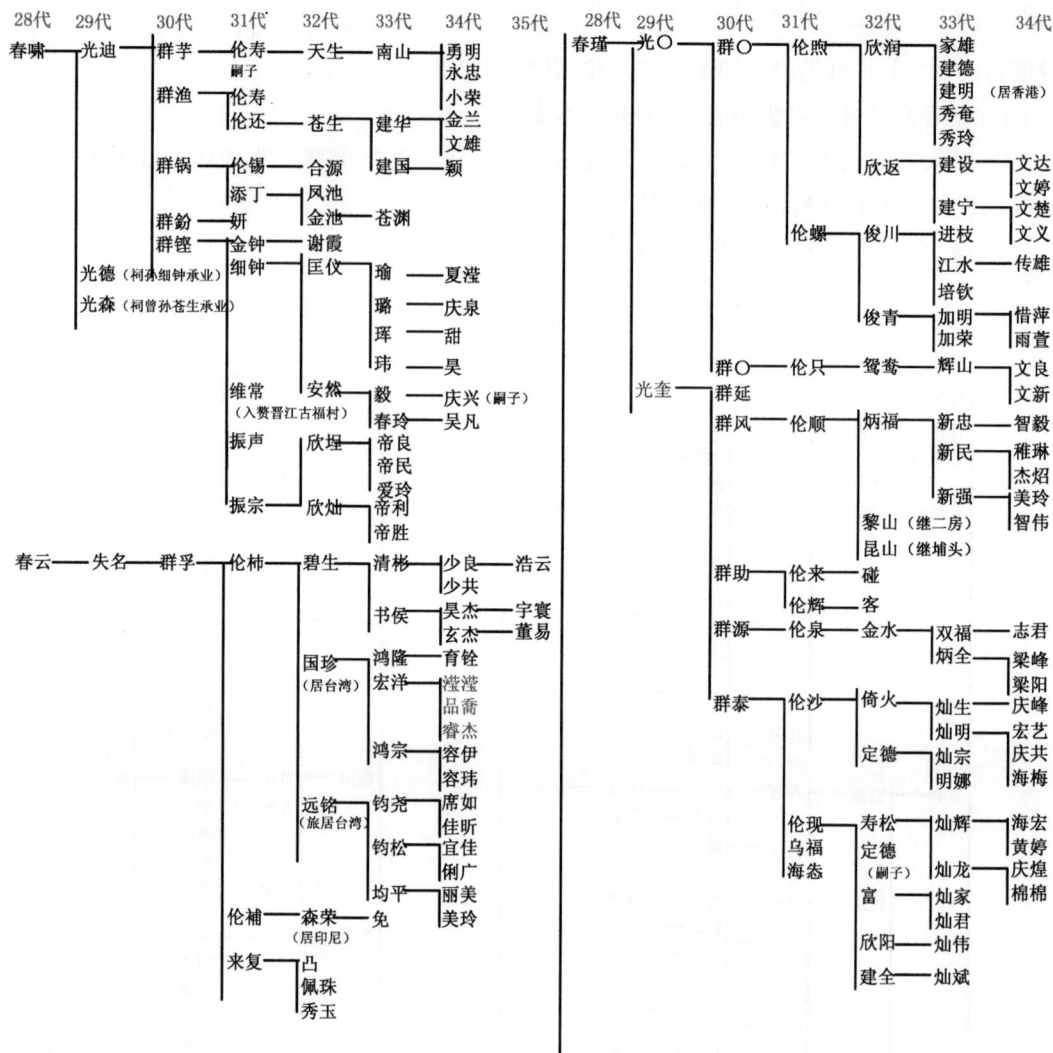

（二）衔内桃世系（玉振房）

清代从永宁迁往泉州，系泉州中山中路宝发银楼分支。

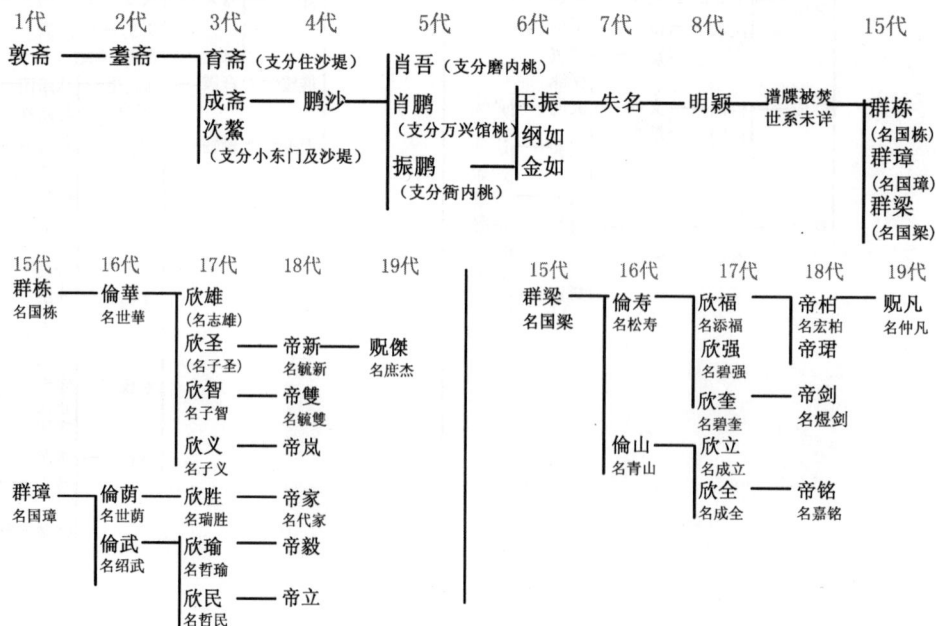

1代	2代	3代	4代	5代	6代	7代	8代	15代
敦斋	耋斋	育斋（支分住沙堤）	肖吾（支分磨内桃）					
		成斋	鹏沙	肖鹏（支分万兴馆桃）	玉振、纲如	失名	明颖（谱牒被焚世系未详）	群栋（名国栋）、群璋（名国璋）、群梁（名国梁）
		次鳌（支分小东门及沙堤）		振鹏（支分衔内桃）	金如			

15代	16代	17代	18代	19代
群栋（名国栋）	伦華（名世華）	欣雄（名志雄）		
		欣圣（名子圣）	帝新（名毓新）	觃傑（名庶杰）
		欣智（名子智）	帝雙（名毓雙）	
		欣义（名子义）	帝嵐	
群璋（名国璋）	伦荫（名世荫）	欣胜（名瑞胜）	帝家（名代家）	
	伦武（名绍武）	欣瑜（名哲瑜）	帝毅	
		欣民（名哲民）	帝立	

15代	16代	17代	18代	19代
群梁（名国梁）	伦寿（名松寿）	欣福（名添福）	帝柏（名宏柏）	觃凡（名仲凡）
		欣强（名碧强）	帝珺	
		欣奎（名碧奎）	帝剑（名煜剑）	
	伦山（名青山）	欣立（名成立）		
		欣全（名成全）	帝铭（名嘉铭）	

258

(三)黄塘镇董氏

黄塘镇,位于泉州市郊、洛阳江上游,是进入惠安的西大门。相传因早时村庄东南有一大塘,以塘水黄浑得名。黄塘辖地自宋太平兴国六年置县以来,就成为惠安的一部分。宋时分别属同信里、礼兴里、民安里管辖,元时改为信文乡管辖。

黄塘镇吟村许厝和接待村庵兜组两村集居有董姓人家。省吟村许厝董氏,始祖董东山公。现有人口130人。接待村庵兜组有三房,大房和二房各有11户,三房有2户。据传其始祖由泉州乌屿迁来。

其简明世系分别如下。

1. 吟村许厝东山公世系

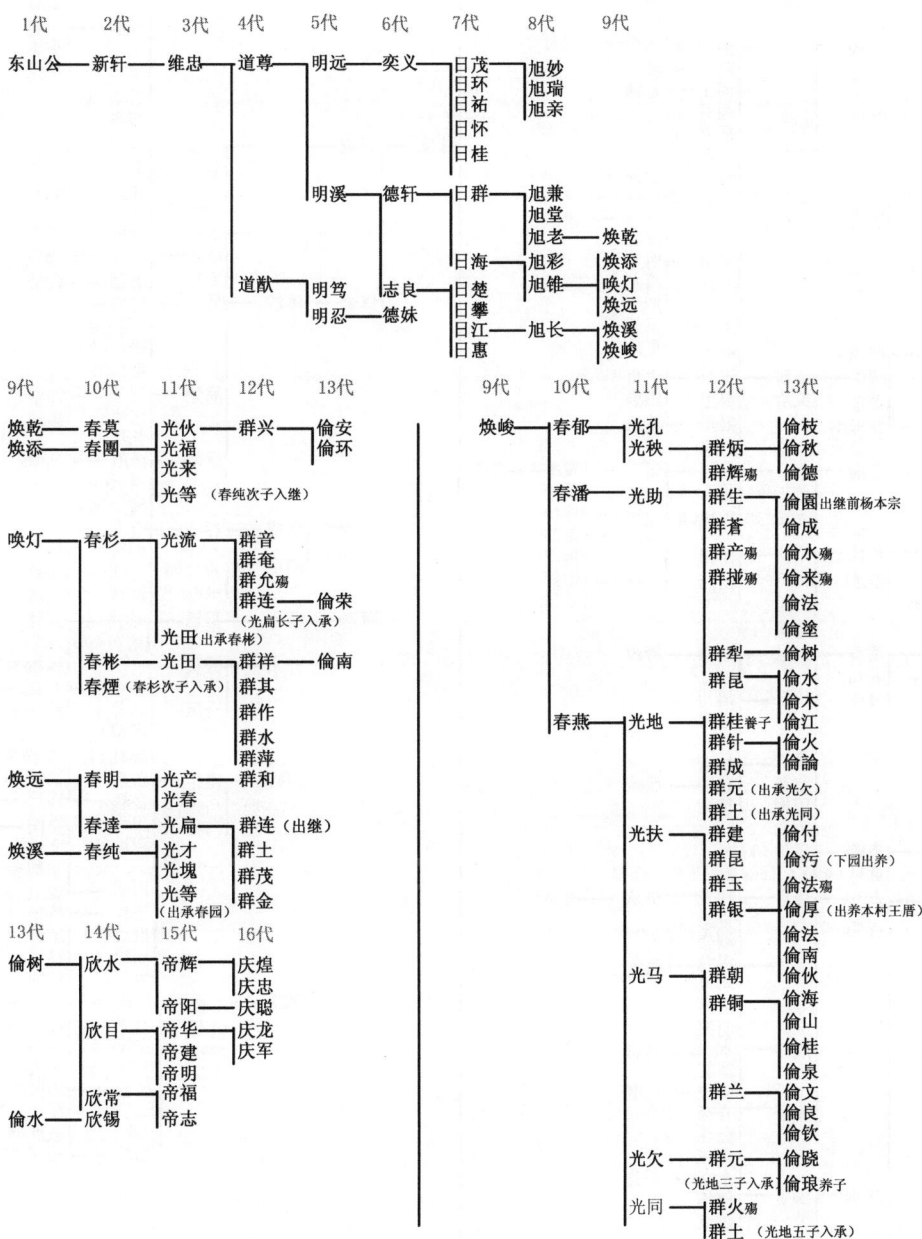

1代～9代

- 东山公 — 新轩 — 维忠
  - 道尊
    - 明远 — 奕义 — 日茂／日环／日祐／日怀／日桂 ；旭妙／旭瑞／旭亲
    - 明溪 — 德轩
      - 日群 — 旭兼／旭堂／旭老 —〔焕乾／焕添／唤灯〕
      - 日海 — 旭彩／旭锥 —〔焕远〕
  - 道猷
    - 明笃 — 志良
    - 明忍 — 德妹
      - 日楚／日攀／日江／日惠 — 旭长 —〔焕溪／焕峻〕

9代～13代(左)

- 焕乾 — 春莫
- 焕添 — 春圈
  - 光伏／光福／光来／光等(春纯次子入继)
    - 群兴 — 伦安／伦环
- 唤灯 — 春杉
  - 光流 — 群音／群奄／群允殇／群连 — 伦荣(光扁长子入承)
  - 光田(出承春彬)
- 春彬 — 光田 (春煙, 春杉次子入承)
  - 群祥 — 伦南
  - 群其／群作／群水／群萍
- 焕远 — 春明 — 光产／光春 — 群和
  - 春達 — 光扁 — 群连(出继)
- 焕溪 — 春纯 — 光才／光塊／光等(出承春园) — 群土／群茂／群金

13代～16代

- 伦树
  - 欣水
    - 帝辉 — 庆煌／庆忠
    - 帝阳 — 庆聪
  - 欣目
    - 帝华 — 庆龙／庆军
    - 帝建／帝明／帝福／帝志
- 伦水
  - 欣常
  - 欣锡

9代～13代(右)

- 焕峻 — 春郁
  - 光孔
  - 光秋 — 群炳／群辉殇 — 伦枝／伦秋／伦德
- 春潘 — 光助
  - 群生(出继前杨本宗)／群苍／群产殇／群捱殇 — 伦成／伦水殇／伦来殇／伦法／伦塗
  - 群犁 — 伦树
  - 群昆 — 伦水／伦木
- 春燕
  - 光地
    - 群桂(養子) — 伦江
    - 群针 — 伦火
    - 群成 — 伦諭
    - 群元(出承光欠)
    - 群土(出承光同)
  - 光扶
    - 群建 — 伦付
    - 群昆 — 伦污(下园出养)
    - 群玉 — 伦法殇
    - 群银 — 伦厚(出养本村王厝)／伦法／伦南／伦伏
  - 光马 — 群朝／群铜 — 伦海／伦山／伦桂／伦泉
    - 群兰 — 伦文／伦良／伦钦
  - 光欠 — 群元 — 伦跷／伦琅养子 (光地三子入承)
  - 光同 — 群火殇／群土(光地五子入承)

2. 接待村庵兜组董氏世系

（左页）世系栏：群　伦　欣　帝　覍　孙　曹　敦

- 服生（大房）— 树生 — 秀妹(女) / 本辉
  - 海清 — 伟涛
  - 海东 — 淑媛(女)
- 近水（大房）董扣 金土 — 水景
  - 桂聪 — 永峰 — 立卿 / 惠芬(女) / 惠榕(女) — 董杰
  - 培聪 — 董平 — 渝铃 / 凤华 — 陶然 / 秋龙
  - 明珍(女)
  - 文聪 — 剑锋 — 泽霖 / 莹红(女) / 台峰
- 董坝（大房）土生 — 炳奎
  - 董招 — 培煌 — 智兰(女) / 智英(女) / 细梅(女) / 杰斌 / 杰勇
  - 琼花 / 琼华 / 雪琼 / 培青
- （大房）火水 — 董炎 — 回来 — 明珠(女) / 明玉(女)
- 坦水（大房）水兴 — 文辉
  - 丽明 / 明忠 / 明山 — 庆福 — 志贤 / 董航 / 希鹏
  - 丽芬
  - 辉良 — 丽君(女) / 美华(女) / 丽红(女)
- 董友（大房）水法 董桃(女)
  - 金成 乌恋(女) — 文森 — 伟军 / 建强 — 少杰 / 伟强 — 语琪 / 建红(女)（晗妤）
  - 文忠 — 明堂
  - 文良 — 清友 / 斯煌 — 意涵
  - 文泉 — 思玲 / 董玲
  - 淑英(女)
- 董妙（大房）四福 福生 董宝(女) 董柿(女)
  - 志海 — 银泉 — 贞贞 / 银忠 — 灏灏 / 银川 — 董斌 / 燕明
  - 美珍(女)
- （大房）董阔 — 炳生 董稻(女) 秀珍(女)
  - 乌醒 — 云平 — 俊杰 / 俊峰 / 俊坤 — 君瑶
  - 碧玉 — 雪英(女)
  - 秀桃(女) — 建平 / 国平 — 楚婷 / 楚莹 / 怡婷 / 欣怡
  - 秋平
- 石吓 欠吓 — 马上 董甘(女) 董娘(女) 留水
  - 伙桂 董述(女) — 招安 — 榕彬 / 榕燕
  - 梅玉(女) — 玉美(女) / 淑美(女)
- 玉水（大房）金九 秀珍 — 董香
  - 祖法 — 旭阳 — 衿汐 / 丽红 / 旭川 / 旭忠 / 婷婷
  - 伙法 — 旭清 / 建清 — 晨曦 / 琼阳
  - 泉法 宝英 国彬 宝兰
- 细九（大房）来成 董早(女) — 泉法（承嗣）（女儿出嫁崇安）
- （待考）（二房）水金 董爱(女)
  - 成枝 — 伟龙 — 晓斌 — 勇昆 / 宝恋(女) / 淑恋(女)
  - 成才 — 福龙 — 强青 / 明凤(女) / 明莲(女) / 明婉(女)
  - 成立 — 永宏 — 思思 / 琼红(女) / 辉煌 — 江南
  - 成宗 — 秀花(女) / 金花(女) / 银花(女) / 永富 — 芷萱
  - 水元 — 添丁 — 伟华 / 美英(女) — 董查 / 进财

（右页）世系栏：光　群　伦　欣　帝　覍　孙　曹

- 董以（二房）— 董银 — 满盈 董笋(女) 董忆(女)
  - 董信 杜艺 乌钱(女) 乌物(女)
    - 木金 — 平辉 — 佳杰 / 芯皇 / 杰丰 / 澄灏 / 芷函 / 炜杰 / 春辉 / 平忠
    - 宝珠 / 淑华(女) / 玉妹(女)
    - 志辉 / 妹妹(女)
    - 木春 玉桃(女) — 建辉(女) / 丽娥(女) / 丽薄(女) / 雪娥(女) / 细查(女)
    - 木桂 — 旭平 — 妍希 / 丽榕
  - 芬良 — 水聪 — 惠彬 / 惠红(女) / 惠英(女)
    - 建聪 — 萍容 — 梓晨 / 小惠
    - 水忠 — 冬龙
    - 玉琴(女) / 碧琴(女)
- 董柒（二房）— 董坑 — 文钦
  - 亚贵(女) / 欣仁 — 佳锦 — 董研 / 春梅 — 钟贤 / 玉英(女) — 佳兴 — 烨霖 / 欣旺 — 江水 / 欣木 — 春霞 — 董莹 / 志良 — 晓玲 / 木耳(女) / 志强 — 仙仙
  - 定嘉 三福 — 水样(女)
  - 钗金 溪沙 — 欣彬 — 建明 — 子佳 / 惠容(女) / 婷婷(女) / 淑宝(女)
    - 欣铨 — 艺佳 — 诗贤 / 艺华(女) — 惠玲 / 艺红(女)
    - 欣恋 — 泽峰 — 泳豪 / 丽云(女) / 丽霞(女)
- 田水（二房）继成（入赘）— 春法 — 金珠 — 佳斌 / 董莲 / 董芳 / 董芊
  - 泗水 秀金(女) 金叶(女) — 碧辉 — 建川 / 宝珠 — 幼英(女) — 董瑞... / 淑珠 — 川水
- 董雨（二房）董东 — 祖恩 培英 — 焕民 — 东强 / 琼珍(女) — 湘玲(女) / 惠珍(女) — 林杰
- 开宗（二房）秀英
  - 庆法 秀凤 — 锦章 — 亚良 — 如权 / 乌芽 — 秋红(女) / 惠琼 / 惠红 — 雪华(女)
- 马特（二房）— 晚生 乌美(女) 乌稻(女)
  - 乌丛 — 锡峰 — 亦轩 / 锡严 — 董琳
  - 金辉 — 文阳 — 董瑞 / 文定 / 文钊 — 云婷
  - 碧珍 — 琼兰 / 婉玲 / 宝玲 / 迷迷 / 亚池
  - 淑珍(女)
  - 忠明 / 玉珍 / 世民 / 丽珍(女) / 世仁
- 烟生（二房）董蒜 董招 注来
  - 木成 — 加法 — 福平 — 昕莹 / 莲花(女) / 连华(女)
  - 金宝 / 宝珍(女) / 美琼 — 礼贵 — 梓焯 / 国宝 — 国强 — 霖丰 / 国川 — 伊翔 / 淑红(女)
  - 加安
  - 加坤 — 福居 — 美琪

伦　　欣　　帝　　觇　　孙　　曹

猪伯┐木生　　秀洁(女)　乌芽──宝文
（三房）水生　　秀花(女)　月妹(女)
　　　　晚木┐苗山　　月琼(女)
　　　　董签(女)　　　芽凤(女)
　　　　董麵(女)┌金山──海彬──煜铭
　　　　　　　　秀春(女)　文彬
　　　　　　　　国南　　　淑芬(女)

待考┐春水　　添成──文奎──俊龙
（三房）木枝　　乌嫌(女)　福奎　崇玲
　　　乌豆(女)　爱珠(女)　丽琼(女)晓琪
　　　　　　　　　　　　　福琼

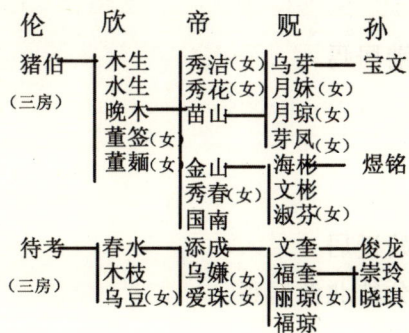

九、《董氏大成宗谱》之研究

（一）董氏统宗分迁派志（《董氏大成宗谱》）

河涧派　自董仲舒公迁居

临川派　自董晋公扩源始迁居

湖溪派　自董仲三金公始迁居

董坊派　自董亮公裔孙徙居

临湘派　自董旭一公始徙居

官溪派　自董益和公廖坊始徙居

安仁派　自董温其公始徙居

泉州派　自董兴公始徙居

云南派　自董旭二公始徙居

汀州派　自董居谊公裔孙分徙居

广昌派　自董谋公始徙居

光泽派　自董荀公分横南始徙居

漳州派　自董兴公裔孙分徙等处居

福建派　自董振公始裔今广东是也分迁

宁化派　自董旭三公始徙居

浙江派　自董思敬公富阳始徙居

贵溪派　自董温其公裔孙分徙等到处居焉

万年派　自董明公盤田始迁移　金公后裔

恩乐派　自董旭四公始徙居

上饶派　自董泽三公董源始迁居

广东派　自董吉公始徙居

杭州派　自董旭九公始徙居

建宁派　自董仲三公裔孙分居

城都派　自董旭八公始徙居

南康派　自董振公裔孙係广东分庆公徙居

光泽派	自董道会公始徙居
乐平派	自董清一公始徙南港居焉
江夏派	自董招公始徙居
嘉应派	自董文公始徙居
黄梅派	自董万一公始徙居
德兴派	自董仲一全公海口始迁居
宜黄派	自董仲二含公裔孙分徙北源居焉
婺源派	自董伯公城北始迁居
浮梁派	自董知义公始徙茶潭居焉
婺源派	自董兴公通公寺前始徙桂潭是也
乐安派	自董仲五合公流坑始迁居焉
南雄派	自董玮公始迁居松溪等处
瑞昌派	自董子京公牛田徙黄沙始迁居焉
崇安派	自董仲达公曹墩始徙居
亳州派	自董传公始徙居
瑞金派	自董林高公及再上少云公迁居焉
石城派	自董文肇公裔孙元明公始徙居
麻城派	自董正一郎商寓光州,奉母归至麻城阻因居焉,遂以科甲著显
监利派	自董克渊公及万遂公徙雷家墩之流沙里,其文偃又有分于安乡、石首、渭川、华容、确山、应山、信阳、桐柏等处皆徙居焉
德兴派	自董申公海口始徙居焉
婺源派	自董万洪公始迁凤游山居焉
乐平派	自董云三公乌头始徙居焉
婺源派	自董全托公裔孙分董村梅田居焉
乐平派	自董云五公董坂始徙居焉
婺源派	自董成祖公城东始徙居焉
绩溪派	自董岫公之裔志华公始徙居焉
旌德派	自董嗣江公始徙居焉
泾县派	自董廿五公中村始徙居焉
乐平派	自董伯仁公始徙居焉
泾县派	即是泾县,自泾县鄱阳海口分序徙居焉
广昌派	自董龙波公水镇始迁居焉
雩都派	自董崇湖公始迁居焉
湖广派	自董玮公七世孙惠谦、正中、直中居焉
雷州派	自董玮公裔马通、马金始徙居焉
景镇派	自董知礼公始徙居焉
武宁派	自董熹公全溪始迁居焉
宁州派	自董熹公裔分徙梁口等处居焉

德安派　自董琦公黄田始徙居焉

南丰派　自董贵显公董家田始徙居焉

上饶派　自董汝高公尤村始徙居焉

宜黄派　自董满二公黄陂始徙居焉

兴国派　自董熹公裔孙分徙等处居焉

太平派　自董源保公鼓岭始徙各处居焉

(二)董氏统宗分迁派志(武夷山—光绪乙未年新修《董氏族谱》)

临川航溪派　　自董奇观董君晰迁居焉

临川航溪派　　自董奇观迁居焉

　　　　　　　解元滋派分徙迁居焉

董坊派　自董槐之后裔孙徙居焉

临湘派　自董旭一仍居焉

官溪派　自董益和徙居焉

余干派　自董之才迁居焉

云南派　自董旭二迁居焉

王坊派　自董居谊之後裔迁居焉

福建派　自董振迁广东徙居焉

建宁派　自董仲三之后裔也分迁居焉

PS化派　　自董旭三迁居焉

崇安派　自董仲达公曹墩始徙居

恩乐派　自董旭四徙居焉

惠州派　自董言徙居焉

德兴海口派　　吏部侍郎　　自董申徙居焉

浙江派　自董源富阳迁迁居焉

贵溪派　自董温其之后裔孙分迁居焉

万年派　自董明盘田徙居焉

广东派　自董接徙居焉

杭州派　自董旭九公迁居焉

城都派　自董旭八迁居焉

南康派　自董庆公徙居焉

南安派　　自德美公子董清辉迁居焉

乐平南港派　　自董清一迁居焉

江夏派　自董招公迁居焉

嘉应派　自董文仍居焉

嘉应州派　　自董步云迁居焉

　　　　　　举人渊派分徙迁居

解元梦周徙新淦可道居王澗迁居焉

休宁派　　自董亨仍居焉

黄梅派　　自董万一徙居焉

德兴派　　自董全海口迁居焉

宜黄派　　自董仁一迁居焉

浮梁茶潭派　　自知义迁居焉

乐安流坑派　　户部司徒　　自董合迁居焉

南雄松溪派　　自董韦参军府居焉

瑞昌派　　自董子京牛田游乐陵县学教谕因事谪戍,卒葬于彼。遗二子,遂家徙黄沙居焉

九江派　　自董璠徙居焉

安仁派　　自董温其迁居焉

亳州派　　自董俦迁居焉

吉州寮前派　　自董哲仲徙居焉

瑞金派　　自董林高公及上再少云公迁居焉

瑞金派　　自董赐立公子董汝文董敬三郎迁居焉

石城派　　自董元明徙居焉

麻城派　　自董正一郎迁居焉

麻城派　　老谱自董正一郎商寓光州奉母归至麻城阻因店焉遂以科甲著显焉

监利派　　自董宗殷宗舜徙居焉

监利派　　自董克渊公及万遂公徙雷家墩之流沙里徙居矣,其文佺又有分于安乡、石首、渭川、华容、确山、应山、信阳、桐柏等处皆者焉

德兴派　　自董昌其徙居焉

乐平派　　自董伯仁迁居焉

婺源派　　自董全托之裔梅田董村迁居焉

婺源派　　自董成祖城东徙居焉

婺源派　　自董伯分寺前迁居焉

婺源派　　自董伯徙城北焉

婺源派　　自董万洪风游山徙居焉

泾县派　　自董廿五徙居焉

乐平派　　自董伯熊迁居焉

乐平派　　自董云三乌头始迁居焉

泾县派　　自泾县皆鄱阳海口分序徙居焉

鄱阳派　　自董巡仁迁居焉

雩都派　　自董崇湖迁居焉

湖广派　　自良輗次子董期立迁居焉

湖广派　　自董仲彰仲宁分徙居焉

湖广派　　自瑋公七世孙惠谦正中直中徙居焉

湖广派　　自元后公子董仲彰仲宁迁居焉

湖广桐北派　　自集淇四子董得贵集渊公子

董庠迁居焉

湖广新化派　自郁明六子董大典迁居焉

湖广徐州派　自钦仁公子董元善迁居焉

湖广徐州派　自董鼎游鼎让鼎万公子仲显
　　　　　　仲怀仲荣仲华皆迁居焉

徐州信阳派　自鼎智公子董仲宽迁居焉

雷州派　自董马通马金迁居焉

景镇派　自董知礼迁居焉

宁州派　自董熹公之后裔也分徙居焉

德安派　自董琦徙黄田居焉

信丰派　自董谟公子董言迁居焉

许方派　自董乌迁居焉

阮方派　自董奇冕迁居焉

云梦派　自董为伦长子董谟三郎迁居焉

黄家滩派　自为伦次子董达谟迁居焉

安乡派　自董洪四郎旋祖迁居焉光禄大夫
　　　　淇派迁居焉

宿松派　自董象三分迁居焉

兴宁派　自董旭六仍居焉

崇仁派　自董子仪徙居焉

崇仁派　自董希广董小狗迁居焉

崇仁派　自元旦五子董毛迁居焉

都昌派　自董本一本二老谱桐山县分迁居焉

舒城派　自仲达三子董荣昌迁居焉

宝庆派　自董赐旭迁居焉

吉水派　自董中行迁居焉

峡川派　自赐器公子董旋大郎迁居焉

华容派　自仲雅次子董秉绍迁居焉

南丰派　自文焕公子董元清迁居焉

弋阳派　自董维茂董集武迁居焉

弋阳派　自董晋八晋九郎徙居焉

抚城派　自董孚迁居焉

汉田派　自吉贤公子董孟雅孟举公子董维逊显端显文公子董思谟思廉皆徙居焉
　　　　解元淳派分徙迁居

应山广水派　自董鼎成迁居焉

湖广应山派　自鼎昌公子董明五郎迁居焉

安陆州派　自鼎悦公子董仲温迁居焉

广东翁元派　自春魁公子董成迁居焉

汉川松湖派　自鼎敘迁居焉

河南西军派　自魁昂次子董处美迁居焉

山东兖州派　自伯真公子董美循迁居焉

山东派　自董文炼迁居焉

豫州派　自徙敬公子董养洪迁居焉

　　　　察推洙公分徙迁居

湖广安乡派　自董元亨谋鼎徙居焉

安化派　自董仁徵迁居焉

乌石江派　自董寿琼迁居焉

永丰派　自董倍生迁居焉

知县汀派　分徙迁居

新淦派　自董当达迁居焉

华容派　自董循智迁居焉

安化派　自董洪元老孙迁居焉

广东派　自董明义盛溫三郎分徙焉

善和派　自董敏迁居焉

应山派　自董循高循道循让徙居焉

湖广安乡派　自董俊盛贵铭董贵九郎十郎徙居焉

武宁全溪派　文中公自董熹后裔分迁等处焉

兴国派　自董信六仍居焉

兴国派　自董熹之后裔处居焉

(三)《董氏大成宗谱》世系迁徙待考证

董懋台公　徙居福州北门夹道街居焉

董曰电公　分徙永春大水路居焉

董曰进公　分徙永春大水路居焉

董　富公　徙居德化道坂后乡

董　禄公　徙居德化道坂后乡

董靖甫公　徙居同安海澄青浦县焉

董飚先公(孙昆)徙居青浦港尾居

董丕惠公　迁居银同湖头乡

董文衡公　徙居银同

董敬保公　徙居南安

董国土公　徙居南安

董肖滨公　徙居南安绵亭

董　龙公　徙居南安三十七都新瑶

董国祚公　徙居台湾承天府

董德龙公　徙居台湾

董德柳公	徙居台湾
董天裕公	徙居台湾
董天育公	徙居台湾
董天长公	徙居福宁府董岭头
董天赐公	徙居福宁府董岭头
董天君公	徙居福宁府董岭头
董　珍公	徙居福宁州住
董　养公	徙居福宁州住
董　佳公	徙居福宁州住
董　瑞公	徙居福宁州住
董　琪公	徙居福宁州住
董　夏公	徙居宁州再移居温州府住
董　法公	徙居浙江玉环州永嘉县坎门湾
董元相公	徙居延平
董潜之公	徙居兴化
董大哥公	沙堤分徙洛阳街
董近泉公	徙居惠安崇武
董世谨公	徙居惠安县内
董世贵公	徙居涂山岭洋尾顶
董　美公	籍居梅石芳美
董重华公	徙居厦门
董奕居公	徙居厦门草仔垵舍人宫边
董鸿禧公	徙居泉城公界
董朝晖公	徙居泉城内
董朴斋公	住居杏内乡
董省斋公	住居尚洋乡

附：《漳台族谱对网》记载龙海董氏：沙沄村后丰（又名后荒）社董姓开基祖董端甫，于明代从泉州（具体地点及源流世系不详）迁徙今港尾镇沙沄村后丰社开基。传子留鱼、留文。传衍港尾镇的沙沄村后丰社、下尾内社、后宅社。还有散居于颜厝、榜山、紫泥、海澄、白水、东园、浮宫等乡镇和双第华侨农场。

（四）探讨《董氏大成宗谱》的世系

通谱的别称有全谱、会谱、会通谱、统会宗谱、会宗统谱、统谱、统宗谱、统宗世谱、统宗谱略、统宗簿、开族统汇图谱、联宗统谱、大同谱、大同宗谱，等等。那么《董氏大成宗谱》属于通谱，反映了两个或两个以上的同姓宗族之间、同一宗族的不同支派之间关于姓氏的渊源关系和从某一代开始出现的世系会通关系。

"谱系"之所以要"通"或可"通"，基本上与是否拥有五世以内的共同世系（至少是旁系）无

关,主要在于拥有共同的姓号,此即所谓同姓不同宗。这是通谱这一行为之能够发生,并从上而下发展为广泛的社会运动的根据之所在。

1. 家谱的断裂、残缺后,人凭借想象力补上的

一些史学专家认为,中国历史上的王朝更替、社会动荡导致了家谱的断裂、残缺。而这些部分有很多都是后人凭借想象力补上的。早在唐朝灭亡以后,经历了五代十国时期的连年战乱和社会动荡,传世的家谱几乎丧失殆尽,以至宋代时就已很少能见到旧谱,许多家族的世系也因此断了线、失了传。流传至今的古代家谱,大多是明、清两代纂修的。

在我国明清时期,还出现了专门替人伪造家谱世系的"谱匠",利用事先准备、不具姓氏的通用家谱作为"道具"。每当有人请修谱,填上姓氏即大功告成,这类家谱自然不可信。

《董氏大成宗谱》载:"吾宗世谱一失于元至正二公絜家下水之时,再失于明嘉靖间倭乱,三失于海上黄凯林顺之纵掠。沧桑迭变,文献尽湮,由是统绪散失,而世系杳杳难明矣。"

2. 家谱中攀附名人的现象

"事实上,在家谱中攀附名人的现象自古有之,即使真的是老祖宗流传下来的家谱也并不可靠"。复旦大学历史地理研究所葛剑雄教授指出:"家谱作为一个家族的自我记录,就像日记、自传、回忆录一样,具有强烈的自我意识,也必定存在很大的主观局限。一般的族谱总要为本家族扬善隐恶,夸大甚至编造本族的显赫历史和优良传统,按照儒家礼教重新塑造祖先的形象,规范先人的言行,而将真相掩盖起来。"

由于攀龙附凤等虚荣心理做祟,再加上谱匠不负责任,乱摘、乱造,不同族系虽为同宗,同一人代数、上辈、下代记载均明显不同。况有些根本是冒充同宗,就造成了越古世系越不准确的状况。

《董氏大成宗谱》载:"故上自思安公、兴公,以迄于今,不能直绳一引。"

3.《董氏大成宗谱》中有关董思安与董兴父子关系

(1)《陇西董氏》载:"董氏入闽情形,福建之有董氏,始于唐末董章随王氏(王审知父)入闽。其先光州固始人。至子思安公,官居闽国(景宗帝王曦)大将军,始落籍晋江登贤里(见泉州府志忠义篇),后任南唐南州(今漳州)刺史,因被副史留从愿(留从效从弟)鸩死(见十国春秋)。"而泉、漳等地始祖应推宋宝庆年间封银青光禄大夫上柱国太尉兴公,开闽董氏族谱引用泉州府志《思安公子兴》实有疑误之处。

(2)董飏先《董氏重修族谱序》载:"董氏之先,远不可考矣。其入闽也,自思安公。始公随王氏入闽,及王延政灭,公退隐泉州,实为吾泉州之始祖。而太尉兴公以军功加上柱国、太尉,勋昭一时。"

(3)董登荣《泉州董氏族谱序》载:"而闽之有董姓也,自我太尉公昉也。公讳兴,河南光州固始县人。"

(4)《永宁董氏重修宗谱序》(1984年岁次甲子秋菊月之吉旦,沧江宗侄杨嵩岳)载:"永宁董氏肇自唐僖宗己丑年间,由思安公偕王审知入闽。后立籍于泉郡之登贤里,传世十四世,倚鹿公迁居沙堤开基。"

(5)毒酒杀死董思安。

《资治通鉴》卷二百八十八载:"(丁酉)是岁,唐泉州刺史留从效兄南州副使从愿,鸩刺史董思安而代之。"即南唐保大七年(949年),留从效之弟南州副使留从愿,用毒酒杀害董思安

而代之。

董思安被毒死后,其妻子和儿子董全武,在泉州开元寺建栖隐禅寺,为死者祈祷冥福。《泉州府志·版籍志》和《开元寺·上卷》可证:"南唐保大间(943—957),漳州刺史董思安妻率子全武,在泉州开元寺建栖隐禅寺,以荐冥福。"说明董思安儿子是董全武,并非董兴。

4.《董氏大成宗谱》中两个或两个以上的同姓宗族之间的渊源关系

(1)同姓联结的动机

《论通谱》:"同姓联结不仅需要具备客观基础,还需要有外在动力。换言之,对同姓加以联结者,须因此而获利,方具足够的动机。'同姓'之所以值得'重',对于社会地位不高的同姓成员来说,可以通过这一途径来争取获得超出某一宗族现有世系和居住范围的利益;对于国家统治者来说,则是可以通过'重同姓'来维持和扩大某些姓氏既得的政治、经济权力,在中央政府和基层社会之间培育起一个中层组织。"

(2)董飏先长女董酉姑是郑成功的正室

华大教授李天赐关于董酉姑是董飏先之女的研究结论已被史学界认可。

据刘献廷《广阳杂记》卷二《杨于两为余言台湾赐姓公之贤》条称:"赐姓之妻董氏,其父讳飏先,号沙筑,晋江人也。"

崇祯十五年(1642年),董飏先将长女董酉姑许配给郑成功。隆武二年(1646年),郑成功举义旗抗清。董夫人贤惠治家,使得郑成功能专心致志于征战四方。因郑成功号称"国姓爷",董夫人也被尊称为"国姓夫人",享有很高的威望。郑成功去世后,董夫人率众东渡台湾,以"国太"身份过问政务。时常告诫郑经"抚恤黎民,厚待百姓",深得民望。

因此,董飏先长女董酉姑是郑成功的正室。

(3)董飏先辅佐郑成功

①"风高五柳"是其志

据《金门古岗董氏族谱·历代科甲题名》记载:"桥公之子进士董飏先,崇祯丁丑科,(任)广东雷廉道、不仕退隐,随鲁王到金门,赠匾曰风高五柳。"

可见,董飏先系随鲁王入浯。后仍关心国事与家事。据《东南纪事》卷二《鲁王以海》记载,顺治八年(永历五年,1651年),郑成功迎鲁王至厦门。寻请鲁王移驻金门。时乡绅王忠孝、张正声、郭贞一、辜朝荐、唐显悦、蔡国光等一并抵达厦门,均受到郑成功礼遇。则董飏先在此时跟随鲁王避居金门。

②举荐人才

董飏先虽隐居不仕,却并非不问世事,也曾举荐人才辅佐郑成功。据刘献廷《广阳杂记》卷二《杨于两为余言台湾赐姓公之贤》条称:"赐姓之妻董氏,其父讳飏先,号沙筑,晋江人也。先朝进士,(杨)于两之表叔。于两与赐姓幼同笔研,赐姓既据厦门,沙筑住金门。后于两以贫困往干沙筑,赐姓知之,召至厦门,遂留之。表奏永明,授以兵部车驾司郎中。以其未曾蓄发,遣之往来京师。"

③粮饷派征

金门作为郑成功抗清基地,粮饷派征,累年不息。由于董飏先的关系,古坑董氏得到额外的照顾。《银同浯兴董氏谱·癸卯之变》有记载。

(4)联宗联谱

①祖上曾与董四公裔孙合为一族

据《温陵沙堤董氏分派宗谱》和《金门古岗董氏族谱》记载,董思安派下一支于宋末元初避难迁居晋江沙堤,始祖号称"倚鹿公"(名讳、生卒均失载)。元代至正甲午年(1394年),沙堤董二发动起义。兵败后,子孙避居闽粤沿海及漳泉山区,只有董四公一支留居沙堤。

据清代《沙堤董氏东城房永宁霞营柱家谱》记载,当年即有沙堤董氏避居金门。该谱称:"二公,其天姿豪迈人也……至正甲午间(1354年),元运将倾,八延鼎沸,公心喜之……散家财,集壮士,远近美少年闻而附者且千人……而元兵至。公仓促不及备,率其众,携家下海而去。同之浯岛、潮之揭石,福、兴、漳、潮以及安(溪)、永(春)山陬之间,皆当日所散处也。"

明初,董思安派下第十三世孙端亮公之子善顺公、善应公从泉州迁入沙堤,与董四公裔孙合为一族。

②董飏先支持其女,组织同姓联结

明末清初,董飏先提出闽省董氏大昭穆:"恭惟道明德,日旭焕春光。群伦欣帝觊,孙曹敦孝友。垂裕泽丰长,奕世振家声。"同时,进行《董氏统宗分迁派志》等一系列联宗事宜。

《东南早报》(2010年11月19日)中《元配董酉姑族谱记载郑成功逸闻发妻谏言助成功》一文载:"王先生携带这本《董氏大成宗谱》来到市博物馆,市博物馆馆长陈建中、副馆长林德民,市文物保护研究中心主任陈鹏鹏、省博物院研究员梅华全等专家一道对该族谱进行了鉴定。专家们认为,根据族谱记载,该谱系明末清初编修,由董飏先主持并撰写谱序,于民国癸酉年(1933年)翻印,印刷地为同安(当时属于泉州管辖)。"

十、历代英贤

泉州董氏历代英贤辈出,业绩昭彰,功德彪炳,无数名贤文儒载入史册。

董　兴,生于北宋太宗至道乙未年(995年),卒于神宗熙宁戊申年(1069年),享年七十四岁。历武魁、三班殿直、辅太祖,封银青光禄大夫、上柱国。

董　道,宋宝元间,因战功奏补三班殿直、奉职成郎,转迁武翊郎、封平凉郡开国伯,食邑千户。

董宗嗣,宋天圣戊寅年,补三班,奉职忠翊郎,转备库武翊郎、擢武经大夫,袭封平凉郡开国伯,食邑千户,世掌三班殿直。

董宗传,仕三班殿直,转迁内殿承制,擢右清道府副使。

董　常,袭封平凉郡开国伯,掌三班殿直。

董　偃,宋徽宗朝为大观进士,官至工部尚书。

董观民,袭封平凉郡开国伯,掌三班殿直。

董康民,宋宁宗庆元五年进士,仕迪功郎,迁潮州府知,授中宪大夫。

董　璃,袭封平凉郡开国伯,掌三班殿直。

董　瑜,宋嘉定元年戊进士,漳州司理。

董　琛,宋进士,任濮州知府。

董　洪,宋宁宗嘉定十三年进士,为太学正,迁博士,通判南钊知州事,累官光禄大夫。

董　振,宋理宗绍定五年进士。

董　权，绍兴年间武举，字仕宗，官指挥使。

董　熙，淳熙五年进士。

董　琼，嘉定元年进士。

董　枸，嘉定十年进士。

董　鎏，赐进士，莆田籍。

董烨登，绍定壬辰进士。

董璜登，淳佑庚戌进士。

董巨川，咸淳四年进士。

董　璿，宣德三年泉州府学岁贡，任庆德府开建学教谕。

董文宗，弘治三年府学岁贡。

董　升，刑部郎中。

董　灌，弘治壬戌进士。

董　信，正统间岁贡仕龙泉县。

董　俊，隆庆间岁贡惠安县学。

董任卿，万历间岁贡同安县学。

董中卿，万历间岁贡同安县学。

董子芳，万历间岁贡德化县学。

董　保，万历间岁贡。

董文街，万历戊午乡荐。

董国需，万历丁酉武举。

董颺先，太尉公十九世孙，崇祯丁丑科进士，官雷廉道。

董惟哲，崇祯丙子武举。

董惟卿，隆武丙戌武进士。

董赵轰，字声仕，康熙庚申补戊午科武举。公名总伯。

董晋轰，名仁叔，字虎仕。康熙庚午科举人，庚辰科二人同登武进士。

董齐轰，经历职。

董　义，兖州府参将。

董　方，澎湖副将。

董愈世，水师功加。

董德辅，功加乍浦千总。

董廷铭，岁贡。

董　衡，康熙庚子举人，雍正庚戌进士。任山东建德县并定陶县。

董廷相，字保夫，雍正王子科举人。

董尚真（Jimmy T. tang，1935—　），男，1935 年 10 月 8 日生于菲律宾马尼拉华裔家庭，祖籍福建石狮。菲律宾华人企业家、社团领袖。其父董群康创办有亚美士戈集团有限公司。董尚真早年就读于马尼拉波亚工程学院，毕业后全力投入父亲创办的亚美士戈集团有限公司作经营管理。20 世纪 70 年代起，逐步替其父任公司董事长。他引进国际先进技术和设备，扩大生产规模和经营项目，拓宽与北美、欧洲、亚洲等许多国家的业务联系，使公司成为菲律

宾最有实力和影响的综合经营性大型跨国公司。并兼任金融银行董事。董先生几十年如一日,热心公益,服务侨社,在维护侨社的合法权益作出贡献。先后担任的社团主要职位有:菲律宾华商联总会名誉理事长、商总第 20、21 届理事长,菲律宾雇主联合会督导、马尼拉扶轮会会员、菲律宾董杨宗亲总会理事长。现任常务理事、菲律宾各宗亲会联合会常务理事。

董帝世,男,1965 年 5 出生,中山大学 2006 年工商管理学硕士,福建省政协委员,南平政协常委,信义集团总经理,深圳市荣誉市民。

董帝波,男,1962 年 8 出生,南平政协委员,信义集团副总经理。

董帝渤,男,1986 年出生,2011 年哈尔滨工业大学机械自动化在读博士。

董秋绵,女,1985 年 3 月出生,2008 年加拿大工商管理硕士,香港信义集团。

董觊崖,男,1987 年 2 月出生,2010 年清华大学经济与金融学硕士。

董胜利,男,1966 年出生,浙江省兰溪市政协委员,胜利框业有限公司董事长。

董扬扬,男,1974 年出生,本科学历,泉州第一医院肿瘤外科主任医师。

董金木,男,1936 年出生,原福州军区空军江西民航管理局离退休处处长。

董群基,男,1933 年出生,原石狮人大常委,永宁中学校长。

董伦川,男,1943 年出生,南京航天航空大学毕业,成都飞机工业基础公司高级工程师。

董天增,男,1945 年出生,山东海洋学院毕业,高级经济师。原龙岩地区劳动保险公司经理,党组书记。

董振超,中国科学院化学博士。原受聘美国,现受聘于日本,任日本科学技术厅全属材料技术研究所主任研究官,博士导师。

董德山官,任厦门华南集团有限公司经理。

董大筑,程师,任安溪水利水电勘测设计室主任,水利水电技术服务站站长。

董大荣,服役于东海舰队,中尉,助理工程师。

董建华,部队提干,转业地方后,任泉州市人民银行纪检书记。

董王亚君,历任中共安溪县常委、县委副书记,现任泉州市鲤城区人民政府区长。

董清木,供职于厦门商品检验局中心化验室,高级工程师。

董清海,供职于泉州师院继续教育处,任团委书记。

在现代,各类人才层出不穷,具有高级工程师、高级经济师、高级农艺、主任医师、教授、博士等专家学者是,以及中级职称和大学学历的不胜其数。他们为中华民族文化事业繁荣与发展,做出了积极的贡献。

十一、文物遗辉

千年来,泉州董氏历代先贤在中国大地上留下了无数的历史遗迹,成为了流徽千古的文化景观,也是中华民族珍贵的文化遗产。

(一)沙堤董氏宗祠

沙堤董氏宗祠,位于石狮市永宁镇沙堤村。此地临海,风光秀丽,人称:"迷茫回顾青千顷,翡翠盈时碧一湾。"董氏宗祠始建于明代,清嘉庆十年(1805 年)扩建。民国 19 年(1930

年)重修,较完整地保留了清代建筑艺术风格。宗祠占地面积 360 平方米,为硬山顶二进三间张结构。董氏宗祠最令人神往的是祠堂天井中耸立一天然石笋,露出地面 3.5 米,最大圆径 1.5 米,形同春笋。无斧凿之痕迹,乃天然而生成。乡人传闻此石笋,摄日月之精华,沐雨露之膏泽,汲地泉以沾濡,禀土气以熏蒸,不与草木同枯,而与时序共荣,有"活笋"之称。故沙堤董氏以"玉笋传芳"为荣。明人佚名诗吟:"沙堤毓秀挺奇英,玉笋森严耸地生。为有章明通奏殿,干霄直欲上三清。"

(二)金门古岗董氏家廟

金门董氏的家乡位于金门本岛西南隅的古岗地区,聚落中保有众多古朴的闽南传统建筑。由于改建极少,聚落完整性极佳。在各传统建筑中,又以华丽庄严的"董氏家庙"建筑,最引人注目。金门的董氏家族开基于明代洪武年间,始祖杨昆因牧羊酿祸而远避金门古岗。董氏后代曾出过一位进士董扬先,其女还成为延平郡王的夫人。

(三)福州闽王祠内的董太后享殿

闽王祠内的董太后享殿所祀的是闽王王审知的母亲董太后,原为闽王祠内的重要建筑,一度年久失修。董太后享堂位于闽王祠西侧,坐北朝南。现基本上恢复了原殿,面阔三间,进深五柱(二间)。穿斗式木构架,梅花式斗拱,双坡顶。堂前垂柱(悬钟)饰莲花纹,雀替饰灵芝纹。享堂的后部为神龛,前部为祭拜场所。

享堂为供奉王审知母亲董氏木主之所。据载,885 年王审知兄弟三人从河南光州固始,奉母董氏,并带领十八姓将领、五十姓义军,挥师南下,拜剑开疆,一统八闽。途中,因军中缺粮,原统军首领王绪下令部队不准携带老人和小孩,违令者斩。但以忠孝著称的王氏三兄弟为了卫护母亲,并反对王绪在全军滥杀无辜,便发动兵变,奋起反击。这一正义行动,不仅保护了他们的母亲,也维护了全军将士的团结和全体家属的生命安全。为了弘扬王审知三兄弟的孝道精神,明代重建闽王祠时,便加建了董太后享堂。今天,在全国正掀起一股普及国学的热潮中,我们重修董太后享堂,以弘扬民族文化,光大儒家优秀传统,便有着及其重大的意义。

(四)董云阁烈士故居

董云阁烈士故居位于永宁镇后山,故居东侧有一座始建于清代的闽南古大厝,烈士家族曾居住于此。1926 年 10 月,董云阁受党组织委派,随北伐军入泉州,参与党、团组织的组建。曾以故居作为据点,组织农民协会,宣传革命思想,直到 1927 年 8 月返回厦门工作。

1929 年,董云阁的父亲董春气从菲律宾携带家眷回国。1930 年,董春气、春魁委托其弟董春前、春志在古厝西侧兴建"董家洋楼"。洋楼系水泥框架结构,高两层,一、二楼大门与拱门富有南洋建筑风格,尤其是拱门及半月形门窗,细部装饰带有明显的西洋建筑特征。而门楼最高处树立一横匾,上书"沙堤传芳",以表明后山董氏家族渊源来自于永宁沙堤。而洋楼内部结构及布局却充满闽南传统文化气息,使整幢楼房呈现出中西建筑文化互相交融的特色。

同年,董云阁奉母亲之命,再次返回故乡,与高秀真女士完婚,随后返厦门。至今,故居内还保留着烈士当年结婚使用过的古式木床。"公而忘私"的董云阁不幸于 1932 年 5 月在厦门

被捕，不久被秘密杀害，再也没有机会回家乡与亲人团聚。

家遭变故，烈士的父亲董春气一病不起，并于1933年6月在永宁去世。解放后，烈士故居一直得到妥善保护。烈士遗像悬挂在二楼厅堂中，供后人瞻仰。记载烈士身世的家谱也长年被家族珍藏，视为传家宝。后来，永宁重建"董氏宗祠"，在祠堂内树碑纪念董云阁烈士的光辉一生，以垂范后人。

值得一提的还有，1942年侵华日军登陆永宁，制造骇人听闻的"七·一六惨案"。董家洋楼也被日军炮火击

董云阁故居

中。后虽修复，炮击痕迹仍然依稀可辨，成为一处见证日军罪行的历史遗迹，董家洋楼也因此增添了几分悲壮的文化气息。

1998年12月，石狮市人民政府以"董云阁烈士故居"的名义，将它公布为第二批市级文物保护单位，使之成为石狮市又一处爱国主义教育基地。

（五）北宋古墓——太尉董兴公墓

闽南董姓始祖太尉兴公墓，修建于北宋神宗皇帝熙宁年间，至今已有九百多年的历史，是神宗皇帝对功臣御赐敕祭墓茔。古墓位于泉州南门外晋江三十二都茂厝乡，墓穴坐癸丁子午，墓前原状是石兽齐备。

太尉兴公，姓董名兴，字正横，谥贞，忠武子，系武魁出身，世居河南，卜迁泉南，是闽南泉州一带、金门、台湾等地宗亲的老祖宗，是开基闽南一世祖。他生于北宋太宗至道乙未年（995年），卒于神宗熙宁戊申年（1069年），享年七十四岁。生前为大宋王朝立下战功，封镇于闽。仁宗庆历元年间，晋封银青光禄大夫上柱国，后赠封太尉。因此后代子孙均称呼为太尉兴公。夫人林氏，赠封长寿郡君，一品夫人。

古墓经历北宋、南宋、元、明、清、民国等朝代，由于战乱，损坏严重，热心子孙，多次修理，有据可查的就有三次。

明朝孝宗弘治壬戌年，由赐进士户部郎中十七世孙灌公主持。重修墓道，恢复原状，墓的前后购置田产，名曰董坑。

清朝嘉庆八年，由沙堤、永宁诸宗亲再次重修。

又经历一百多年，20世纪90年代初，由沙堤、永宁诸宗亲发起，金门、台湾、菲律宾等海内外董杨宗亲大力支持，董伦助等宗亲经办，再次修复。

（六）金门古岗董氏开基浒兴始祖

金门古岗董氏开基浒兴始祖善应公，字杨崑。杨崑公葬在本乡东面厝后，坐寅申兼艮坤，

始祖妣陈氏葬在本乡前面山小麦石,坐寅申兼艮坤。

（七）郑成功原配董酉姑的传奇故事

郑成功元配夫人董友（永宁民间称之为董酉姑），祖籍沙堤（石狮市永宁镇沙堤村）。董酉姑的一生十分传奇,其贤德聪慧之名远播海外。其父董飏先,号沙筑,明代崇祯丁丑科（1637年）进士,任泰州知府。崇祯十五年（1642年）,董飏先将长女董友许配给郑成功。隆武二年（1646年）,郑成功举义旗抗清。董夫人贤惠治家,使得郑成功能专心致志于征战四方。为应付军需,董夫人"日率姬妾、婢妇为纺织及制甲胄之物劳军"。因郑成功号称"国姓爷",董夫人也被尊称为"国姓夫人",享有很高的威望。郑成功去世后,董夫人率众东渡台湾,以"国太"身份过问政务。时常告诫郑经"抚恤黎民,厚待百姓",深得民望。康熙二十六年（1687年）六月,董夫人病逝于台湾安平城。至今仍与郑成功一起受到闽台人民的崇敬。

在永宁坊间,关于这名国姓夫人的故事传说更是不少。清顺治三年（1646年）,郑成功奉明隆武帝之命镇守仙霞关,酉姑随侍军中。为应付军需之急,每日亲自领姬妾婢妇纺织布匹、缝纫军服,制作甲胄,支援前线将士。战事紧急时,为稳定军心,她主动捐出金银首饰,以补充军饷。一日,郑成功入卧室,见酉姑身穿布裙头戴竹钗,深为夫人识大体、顾大局的举动所感动。

不仅如此,董氏还是大勇之人,有史料记载:"又辛丑之变,跟跄逃难,人竟怀珍宝,董氏独包裹姑之神主以出。成功大加敬服,亦足证家训也。"这故事讲的是清总兵马得功乘虚攻打厦门,郑芝莞胆小怕死,未见清兵的影子,已乘船逃至海上。岛中无主,百姓跟跄逃难,人人都怀揣珍宝,只有董夫人包裹祖宗牌位和郑成功的机密文书,步行出走。此举也令郑成功对董氏更加敬佩和信任。

（来源:《石狮日报》）

（八）董飏先在金门的史迹

1. 董飏先致仕隐居金门石室

董飏先何时隐居于金门呢？"风高五柳"是其志。据《金门古岗董氏族谱·历代科甲题名》记载:"桥公之子进士董飏先,崇祯丁丑科,（任）广东雷廉道。不仕退隐,随鲁王到金门,赠匾曰风高五柳。"

可见,董飏先系随鲁王入浯。后仍关心国事与家事。据《东南纪事》卷二《鲁王以海》记载,顺治八年（永历五年,1651年）,郑成功迎鲁王至厦门,寻请鲁王移驻金门。时乡绅王忠孝、张正声、郭贞一、辜朝荐、唐显悦、蔡国光等一并抵达厦门,均受到郑成功礼遇。则董飏先可能在此时跟随鲁王避居金门。

据清《金门志》卷十二《流寓》记载:"董飏先,号沙河,晋江人,崇祯十年进士。官至广东雷廉道。避难浯洲古坑村,凿石为屋,垂钓驷湖,置身山光水色中。"但该书又采用清代许朝英的说法,称董飏先隐居古坑时,"或迫使出,佯狂发疾,朝夕村柳下拜,自笑自歌。当道以其颠而止。"按,董飏先隐居期间,金门系郑成功辖地,董飏先又是郑成功的岳父,何来"或迫使出"、"当道以其颠而止"之事？

董飏先虽系流寓之身,但是他和郑成功有特殊关系,应无流离失所之困顿感。且古坑董

氏与沙堤董氏一脉同宗,避居于此,也可得到生活上的照顾和精神上的慰藉。

《金门古岗董氏族谱》即记载董飏先隐居时与古坑董氏颇有互动,如与古坑董氏族人谈论关于开基沙堤始祖的轶闻。董飏先还利用隐居之余编纂《私志手书世系》,为后人留下有关其家族世系的重要史料。

金门作为郑成功抗清基地,粮饷派征,累年不息。由于董飏先的关系,古坑董氏得到额外的照顾。《银同浯兴董氏谱·癸卯之变》记载:"先时,海上群盗劫掠乡邻,沿海居民皆受其害。吾家以飏先公侄女酉姑故,颇得免。"这种情形同样也出现在沙堤董氏身上,据《沙堤董氏东城房永宁霞营柱家谱》记载,沙堤董惟禄曾跟随郑成功起兵,"累有功绩,故特蒙宠任焉。藩赋苛刻,公独宽容。由是宗中之得舒科敛,以全其生者,公实庇之"。

董飏先虽隐居不仕,却并非不问世事,也曾举荐人才辅佐郑成功。据刘献廷《广阳杂记》卷二"杨于两为余言台湾赐姓公之贤"条称:"赐姓之妻董氏,其父讳飏先,号沙筑,晋江人也。先朝进士,(杨)于两之表叔。于两与赐姓幼同笔研,赐姓既据厦门,沙筑住金门。后于两以贫困往干沙筑,赐姓知之,召至厦门,遂留之。表奏永明,授以兵部车驾司郎中。以其未曾蓄发,遣之往来京师。"

董飏先隐居石室位于金门县古岗献台山麓,与著名的"汉影云根"碑碣相邻。据清《金门志》卷二《山川》记载:"献台山,左揖鸡笼,右抱南磐,在太文山南,旁即鼓岗湖。明进士董飏先隐处,凿石为室,自题'正冠'二字。上有诗。"

董飏先石室旁有一摩崖,镌刻永历甲午年(即顺治十一年,1654年)诸葛倬、吴兆炜、郑缵祖、郑缵绪四人瞻诵"汉影云根"石刻诗。据清《金门志》卷二《山川》记载:"诸葛倬、吴兆炜、郑缵祖、郑缵绪各有诗镌石室旁。"可见,诸葛倬等人题诗之时(1654年),董飏先石室即已存在矣。

2009年8月,笔者前往原址实地考察。董飏先石室原本悬空之巨石早已坠落翻转在地,石室原貌已遭破坏。"正冠"题刻也早已缺失,只留下巨石上一首草书诗作。但是巨石翻转坠地,辨别艰难。大约能解读的诗句是:

鲸箸宾虹擎浪开,石方如砚自天来。

一丝涉道分南北,湖月星云满钓台。

1964年,金门兵工在石室之后建"古岗亭",飞檐画栋,翼然高踞。亭后仍保存摩崖石刻"辟沌"二字,蕴含"混沌初辟"之意,下款署名"飏先"。

2."董子直钓"非"垂钓"的人文遗迹

董飏先在献台山石室隐居,闲适之余,常在古岗湖漂布石前垂钓,并镌刻"董子直钓"四字于石上,故称"董子直钓处"。部分文献资料,甚至连清《金门志》、新编《金门县志》也误作"董子垂钓"。这就说明做地方文史研究,不能人云亦云,不能只参考历史文献,更应注重实地调查和考证,避免以讹传讹。

倒是《金门古岗董氏族谱》的记载是准确的。据该族谱附录清代董德专《山川钟奇记》称:"东聚一湖,圆若明镜,名曰镜湖。而古坑湖(即古岗湖)为吾家田地之灌溉,乃浯州五湖之魁首也。湖边有漂布石,上镌'董子直钓'四大字。东有仙人迹,又有石泉诗。意者,飏先公之所钓游矣。"

古岗湖毗邻献台山,1964年新建"古岗楼",三层,高十六米。上有王轶猛联句:"听午夜书声,卷帘明月邀将至。述六朝胜迹,开口青山跳出来。"后又修建环湖公路,遍植观赏花木,

风光如画,游人还可泛舟游湖,甚是惬意。而"董子直钓"更成为古岗湖重要的人文遗迹,如清代金门诗人林树梅有《游古岗湖》五律。

> 为觅前朝迹,殷勤访废阡。
> 兴亡同一感,山水自前年。
> 客指城边路,牛耕墓上田。
> 不堪仰云汉,剔藓读遗镌。

3. 献台山遗留董飏先题刻

2009 年 8 月,余因受金门县宗族文化研究协会黄奕展理事长之邀,前来金门县金城镇联合举办福建石狮市、金门县族谱联展。期间,黄理事长与叶钧培干事长拨冗陪同前往献台山考察董飏先遗迹。黄、叶两位前辈讲述金门乡土,如数家珍,令人受益匪浅。经过一天的跋涉,终于在献台山相继发现董飏先遗留下的五处题刻。遗憾的是匆忙之间未及测量题刻字径,现只能根据拍摄的影像资料给予简单描述。

"石洞天":楷书、竖刻,无落款,清《金门志·山川》记录,镌于献台山朝向古岗湖一悬崖上。

"高一层":楷书、横刻,无落款,与"石洞天"相邻。

"观止":楷体榜书、竖刻,无落款。笔力刚健,布局端庄,翘首仰望,浮云一抹。其旁苍松翠绿,风景幽静,确实令人油然而生"观止"之感。

"慈云庵":楷书、横刻,无落款。下方镌刻一罗汉像,盘腿打坐,神态安详。

石刻诗:行草,竖刻,镌有"飏先"图章。石质风化严重,且表面未作打磨,行草笔法与石头纹路重叠,仅靠图片难以辨析。

董飏先保留在献台山的题刻不止上述五处,据明卢若腾《岛噫诗》称,"鼓岗湖旁诸石为董沙河(飏先)镌刻殆尽。"由于时间仓促,无法一一寻访。他日有缘重访,当仔细查找,以彰先贤遗迹。

当年,董飏先在献台山及古岗湖畔留下的题刻太多,卢若腾曾假借"石头"自述,撰写《石言》五言长律一首以调侃之。

> 我家南溟滨,湖山忍荒僻。日月几升沉,云烟相叠积。
> 何来沙河翁,侨寓事开辟。欲以文字立,易我混沌席。
> 卧者削其腹,立者雕其额。伏者琢其背,者镌其趾。
> 湖光照山容,伤痕纷如刺。我顽亦何如,闻之展游客。
> 不夸笔墨奇,但叹湖山厄。盛事未足传,我骨碎何益。
> 顾言风雅人,高文补其隙。

4. 董飏先墓葬镌刻与祭文均表"皇皇始祖,开闽元勋"

关于董飏先墓葬地有多种描述,如《永宁乡土资料汇编》称,董飏先"葬于同安县十九都许坑乡湖南"。《金门县古岗董氏族谱》称,"(飏先公)葬金门狮山头"。新编《金门县志》卷二《土地志》称:"明进士董飏先墓,在古坑东红山麓。石镌'明沙河于归真'六字小篆,旁有草书两行,模糊难辨。"

因为董飏先墓葬地在古坑东红山麓,位于古岗湖南侧,属于献台山支脉,又称梁山、红山。《金门县古岗董氏族谱》称:"红山,名曰狮山。因其形做狮,故名其山。其北即飏先公之归真

处也。其墓埕及石壁诗赋甚多。"所以"许坑乡湖南"、"金门狮山头"与"古坑东红山麓"提法不同,其实所指却是同一地点。

值得一提的是,为了勘察董飏先墓葬地,金门董杨宗亲会理事长董国兴、金门县董氏宗亲会会长董群水及诸位乡贤在古坑董氏宗祠为考察组举行隆重的欢迎仪式。而且提前一天将上山的道路清理一番,使我们顺利地在东红山麓发现董飏先墓葬地。浓情厚意,令人感慨。

董飏先墓葬依山面湖,林木苍郁。墓室为糖水灰、砖砌结构,石构墓桌,挡堵石雕刻吉祥图案。墓葬背后一天然巨石,镌刻"沙堤玉笋"四字,下款署"飏先"二字并阴刻署名图章。"沙堤玉笋"题刻既明白无误地显示墓葬主人的身份,也表明沙堤董氏与金门董氏的渊源关系。

(九)莆田门额题匾:陇西世家

董姓楹联:

一代儒宗留古训

千秋良史著廉风

联上句说西汉哲学家、今文经学大师董仲舒的故事。董仲舒专心研究《春秋公羊传》,担任过博士、江都相和胶西王相。汉武帝举贤良文学之士,他提出"天人三策"的建议,各种不在六艺、不属孔子学术的学说,都应该取缔摒弃,不能与正宗的儒学同存在。这个建议被武帝所采纳,开创了以此以后两年多年封建社会以儒学为正统国学的先声。这种学说以儒家宗法思想为中心,杂以阴阳五行说,把神权、君权、父权、夫权贯串在一起,形成了封建神学体系,中心就是所谓"天人感应"说。在教育上,他又主张以教化为堤防,设立太学,设庠序。他的著作有《春秋繁露》、《董子文集》。联下句说明末清初莆田董氏先贤董国栋的故事。董国栋,字隆吉,明崇祯十五年(1642),乡试考取举人。其时国势已倾,战火不息,董国栋尚能自持,以读书研史为务。俟至清顺治十二年(1655),再开科取士,董国栋擢史大成榜进士第。官任武宣县主簿。任上勤勉奋进,劝农桑,修城垣,建学校,延名师,百姓信服,在史书上留下珍贵足迹。

博技咸称卧虎

操行堪占世鳌

联上句说董姓先贤董宣的故事。联下句说宋代莆田名儒董公偃的故事。董公偃,字安义,古兴化县来苏里人。博物洽闻,操行纯正。宋大观中,转运使陈觉民表奏其品行属天下第一,大司成考核无差。乡大夫林迪、陈易等乡绅名士都十分敬仰他的为人学术。

良吏箕裘千秋裕

大儒风范万世昌

联意讲唐末五代时仙游名臣董思安的故事。五代乱世,朱文进杀闽主王曦篡权。董思安身长九尺,勇冠一时,他与留从效、王忠顺合谋恢复王氏政权,杀绍颇,立王延政从子王继勋为刺史。南唐大军攻建州,城陷,董思安领兵退居泉州。

第二节　罗源潮格董氏

罗源县起步镇地处福州市罗源县北部平原,东邻松山镇,西接洪洋乡,北与宁德飞鸾镇接

壤,南距罗源县城关仅1公里,具有融近郊与生态为一体的优势,素有"罗源好起步"之称。罗源县起步镇潮格村,相邻蒋店村、桂林村、黄家湾村、下长治村,民风淳朴,依山傍水,气候宜人,四季分明。潮格董氏祖辈就生活在这一沃土之上。

一、历史迁徙

据潮格董氏家谱记载,在唐昭宗年间,原祖广川随王审知入闽,始祖河南开封府左参坊右司边祖公立肇基业。祖公长曰方福,次曰方禄,三曰方祯。福公在河南祀祖,禄公开枝罗源潮溪,祯公开枝兴化府莆田县,是枝派流传。后裔祖公董锡公任宋朝丞相,钦奉带兵四十万征浙江温州等处。战后,回罗源祖居地潮溪。祖公斌公始祖河南开封府除授福州府太守,子董忠公孺学生员,充为吏员。除授罗源县典史之子思惠公,所有陈谏承乃是三世公子单生一女,招思惠公入赘,居潮溪流传后裔。载元祖丞相奉旨带兵浙江征剿,贼寇宁静回旋罗源,兵屯教场,日久,天时炎热发瘴亡。葬于四明山下,流传万古而不易也。其愧于祖宗乎,切思苦叹贫愚谁? 然积德后必余庆,天地循环,默佑儿孙富贵荣昌,家和贤孝,声名留芳。为人良善积德,鸿恩天长地久,万物生焉。

自始祖方禄公开枝罗源潮溪至今支派藩衍二十三世,千余人之众。其中:

房名	户数	人数
大三房	16 户	69 人
皇新公	23	92
皇道公	42	174
皇能公	47	209
计	228	544
南山下	16	58
二房	25	86
长房	56	206
四房	35	139
共计	235	1033

二、世行昭穆

明、如、开、皇、登、尚、新、大、向、启、志、智、圣、贤(以上由董志诚征求几位年长宗长获取并提供)。

三、简明世系

始祖　2世　3世　4、5、6世　7世　8世

—— 忠公 —— 思惠公 —— 顯祖公 —— 安　公 —— 世林公

南山下支系

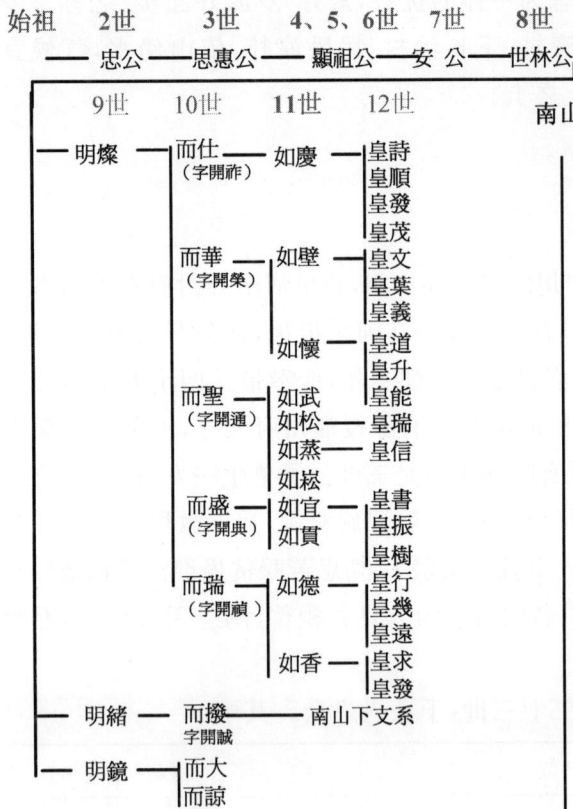

9世　10世　11世　12世

—— 明燦 ── 而仕（字開祚） ── 如慶 ── 皇詩　皇順　皇發　皇茂

而華（字開榮） ── 如壁 ── 皇文　皇葉　皇義

如懷 ── 皇道　皇升　皇能

而聖（字開通） ── 如武　如松　如蒸　如崧 ── 皇瑞　皇信

而盛（字開典） ── 如宜　如貫 ── 皇書　皇振　皇樹

而瑞（字開禎） ── 如德 ── 皇行　皇幾　皇遠

如香 ── 皇求　皇發

—— 明緒 ── 而撥（字開臧） ── 南山下支系

—— 明鏡 ── 而大　而諒

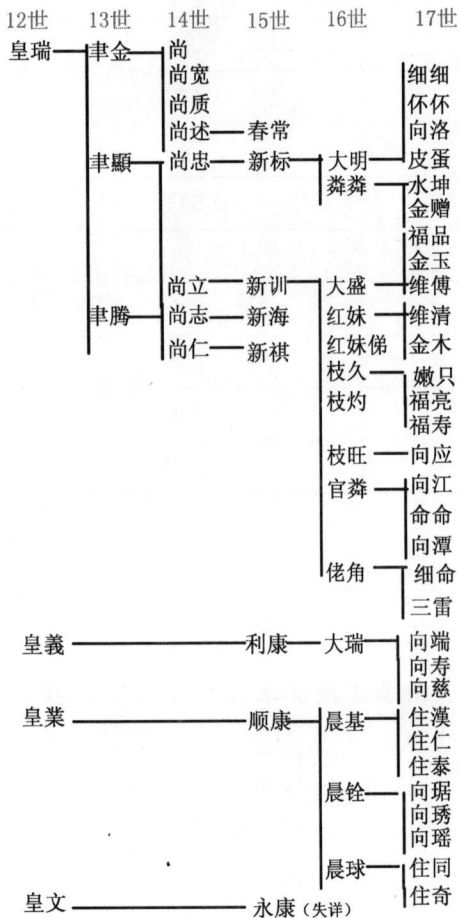

12世　13世　14世　15世　16世　17世

皇瑞 ── 聿金 ── 尚　尚寬　尚質　尚述 ── 春常

聿顯 ── 尚忠 ── 新標 ── 大明　粦粦 ── 細細　怀怀　向洛　皮蛋　水坤　金贈　福品　金玉　維傅

尚立 ── 新訓 ── 大盛　紅妹　紅妹俤　枝久　枝灼 ── 維清　金木　嫩只　福亮　福寿

聿騰 ── 尚志 ── 新海

尚仁 ── 新祺 ── 枝旺　官粦 ── 向應　向江　命命　向潭

佬角 ── 細命　三雷

皇義 ── 利康 ── 大瑞 ── 向端　向寿　向慈

皇業 ── 順康 ── 晨基 ── 住漢　住仁　住泰

晨銓 ── 向琚　向琇　向瑤

晨球 ── 住同　住奇

皇文 ── 永康（失详）

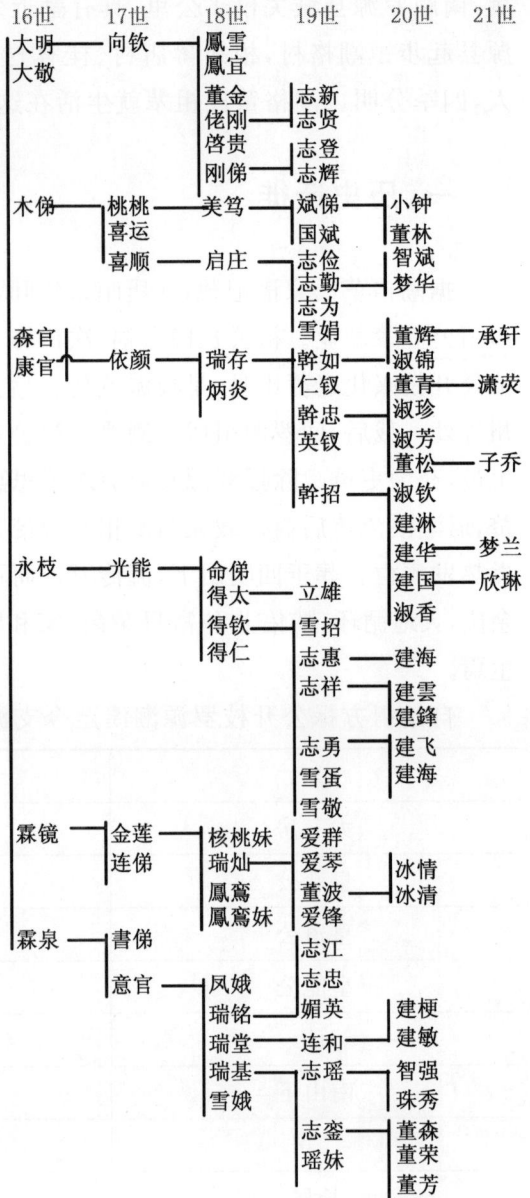

16世　17世　18世　19世　20世　21世

大明　大敬 ── 向钦 ── 鳳雪　鳳宜

董金　佬剛　啓貴　剛俤 ── 志新　志贤　志登　志辉

木俤 ── 桃桃　喜运　喜顺 ── 美笃 ── 斌俤　国斌 ── 小钟　董林　智斌　梦华

启庄 ── 志俭　志勤　志为　雪娟

森官　康官 ── 依颜 ── 瑞存　炳炎 ── 幹如　仁钗　幹忠　英钗 ── 董辉　淑锦　董青　淑珍　淑芳　董松

幹招 ── 淑钦　建淋　建华　建国　淑香

永枝 ── 光能 ── 命俤　得太 ── 立雄

得钦　得仁 ── 雪招　志惠　志祥　志勇　雪蛋　雪敬 ── 建海　建雲　建鋒　建飞　建海

承轩　潇荧　子乔　梦兰　欣琳

霖镜 ── 金莲　连俤 ── 核桃妹　瑞灿　鳳鴽　鳳鴽妹 ── 爱群　爱琴　董波　爱锋 ── 冰情　冰清

霖泉 ── 书俤　意官 ── 凤娥　瑞铭　瑞堂　瑞基　雪娥 ── 志江　志忠　媚英　连和　志瑶 ── 建梗　建敏　智强　珠秀　董森　董荣　董芳

志窑　瑶妹

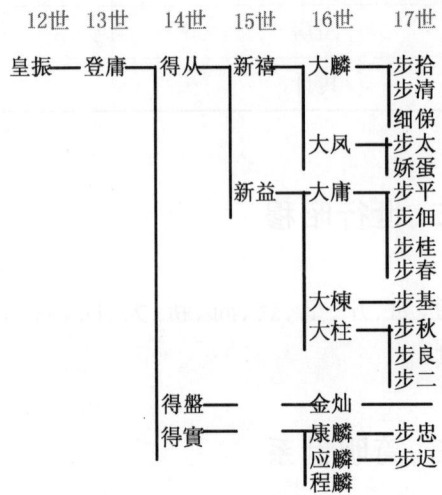

12世　13世　14世　15世　16世　17世

皇振 ── 登庸 ── 得从 ── 新禧 ── 大麟 ── 步拾　步清　细俤

大凤 ── 步太　娇蛋

新益 ── 大庸 ── 步平　步佃　步桂　步春

大棟 ── 步基

大柱 ── 步秋　步良　步二

得盘 ── 金灿

得實 ── 康麟　应麟　程麟 ── 步忠　步迟

17世	18世	19世	20世	21世	17世	18世	19世	20世	21世	17世	18世	19世	20世	21世
细细	凤全	志宏	文凌		嫩只	玉梅	书明	志锋	罗兰良	步村	和香	丽智	董术	
	兰俤	志旺	文晨			向富		雪清	锦		志论	董艳		
怀怀	妹命		智化		福亮	啓清	小霞	雪珍			丽新	艳姗		
	书平		智素				小國	雪娟			志雄	少鹏		
	命妹	志玉	智理				小强				丽珠			
向洛	灼蛋	志玉	文颖		向江	书號	小红			步基	和斌	董华	俊涛	
	书财	雪维	文艳			书義	志兴	锦忠			斌妹	董强	俊杰	
		志玉	文汀			凤钱	志斌	锦新			和柩	董平		
		志城	智硕			贱妹	志潮	锦铭			庄莺	董江		
		雪平	智梗					锦真				丽堤		
水坤	启忠	雪香					志寿	锦秀		步二	尧尧	宏文	董镇	
	明秀	志先	智锋	小敏				锦华			尧俤	伙明	董辉	
			智健	圣杰			雪爱	锦丽			尧妹	伙金		
		雪英						锦平		(金灿)	蝉俤	宏钦	董海	
		雪桃	丽群				志响	锦德		步忠	和俤	董相	董锋	
		雪庄	智果	海珍			雪枝	锦芳			惠珍			
		志栋	智飞		向潭	书开	友旺			步迟	科题	银英		
		志钦	丽平			鳳娇	友兴	鹏翔				银清		
向应	啓先		建权			鳳娇妹	嫩妹	鹏程				国楝	董煜	
		雪钗	丽娟	晶晶	细命	福海	美好	鹏进				银鹭		
		志长	建蒿	董灯		孝先	嫩俤					银燕		
		志尧	建珊			雪雪				向端	灿国	惠东		
		雪金	建粦		三雷	书炎	友国	智伙平				惠霞		
	啓浩	志尧	建钟			娇俤		智伙俤			灿城	惠勇		
			智冰			贵俤					玉婵	惠斌		
皮蛋	阔弟	雪霞	文星		步清	和武					玉枝	惠捷		
(向须)		有榕	文珍			佬杯	友勇				玉莺	小彬		
		雪锦	智涛			和健	玉兰				玉平	小婷		
			文芳							向寿	振友	小强		
		志國	文娟			和勇					振香	惠燕		
			董耀		细俤	佬杯妹					振金	惠芳		
		雪銮	文惠			和任	友智				振莺	惠云		
		志明	董涛			和信	友华				振容	惠钦		
		志学	智標			和淋	子欣				振英	惠勋	董征	
	妹堂	伙明	宝玉抱养		步太	剑锋	子怡				振奋	小玲		
			益平			珍英	子豪	智标				小文		
	阔阔	志庆	文琴			剑飞		枝枝				小丽		
			文杰	诗淇		飞妹		智忆	国强	向慈	灿爲	友锐	丽喜	
			文玲					智汤				惠银	建文	
	志松	文波		步平	和兴	乃贵	柳芳				惠娟		
福品	凤浦	志忠	建强			和周	入继	智韩				惠月		
	凤团	雪媚	远欢曾			和佺	雪玉	柳钦				惠品	董杰	
	凤容	雪燕	远曾			和先	志权	董光		住仁	灿水	宝勇	董辉	
	书其	志顺	珠惠				志国	柳琛			灿奎	春炎	恩妹	董军
			智建				水妹					春金	智恩	碧霞
			珠华									月容		
金玉	书迟	志姆	智挺	希尧			志冰	佳丽			灿兴	春炎	董斌	
	志命	智先	芳炜				佳羽			灿友	董楠		
		智宝	守芳				佳兰		向珤	灿福	董情		
		宝妹	文锋				董芳			灿顺	惠钦		
			守鸿		步佴	和灿	志团	董杰			宝淋	佳伟	
维傅	书启	志清	智华				团妹	柳银		玉莺			
	书芳	海宁	智蒿	文耀			雪娇	董辉		向琇	玉娥	惠玉	烟霞
	书魁	小妹	智锋	文群			志财	董汀			玉金	惠新	智航
	书德	海洋				嫩娟				启富	宝清	智杨
	书强	志美	董超			细命				玉钗	宝鑫	礼艳
	幼新	志本	丽艳			雪雪					宝栋	璐玮
	幼霞		智艳			志拥					宝湘	智华
金木	启坤	志用	智雍	延虹	步桂	和春	雪桃				淑琴	璐琳
	书佳		智良	延辉			志勇				淑珍		
		志钢	文君				吓妙		住同	灿银	翠千		
		用妹	明君								翠凤		
		本妹									翠凤	董鑫	
											志庚	董凯	
										灿坤	志芳	文清
											志琛	文海
											钦妹	文华

第一区块

12世	13世	14世	15世	16世	17世
皇道	聿祥	尚友	新钦 新铭	大宇	向康 宜蛋
				大杰	培宜 向泰 向通
				大全	向辉
			新铨		銮宜
			新铎	大经	向阳 崇宜
				大方 大邦	向庚
			新鉎	大奇	枝宜 保宜 挺宜 向贡 安宜 向松 向科 向柯
		尚朋	新铿 新钜	庆华	翠莺 翠灼 翠珠 灿章 灿其 灿灿
	聿吉	尚伦	新端	庆	向前
			新魁	庆油	钜官
			新墀		
		尚熊	新裕		
		尚哲	新焕 新永 新椿	福官	
			新杰		
	聿从		新桐	永龙	茂全
		尚旺		金官	
			瑞亨 新材 新柱		
		尚洪	新材	水官	
		尚枫	新锦		

第二区块

12世	13世	14世	15世	16世	17世
皇行	登立	高节	四妹	光增 光住 光基 光灶	维秋 村妹 维村 维钟 先秋 维城
皇发	登祥	高琳	新耀(出继)		
	登远	高玉	新奏	光盛	绍基 绍唐 绍程 维雄
				光发	向豪 向杰 向英 向雄
			赞辉	光荣	绍英 绍珍 绍彦 绍丞 绍莊 绍统
				光应	
			赞宸	拱墀	维禧 维新 维庆 维贺 灼香 香论
(失详)	登钦	高朗	新耀	祖忠	维金

第三区块

17世	18世	19世	20世	21世
向柯	裕钦 玉金 玉容 玉燕	志雄 雪珍 志镇 雪球 雪华 志香	董提 映平 锦辉 映玲 映兰 映珊 希国 希明 国爱	
灿章	宗理	捻妹		
灿其	宗兴	志健 志俤		
灿灿	维雄			
向松	裕康 裕新 裕普	志众 志群 志汉 志衍	建泰 丽玲 宵文 锦文 渺文 亚辉	
维秋	振米 莊凤 振谷 莊稀	董锋 董铃 董伙 晓霞 晓芳 董谊	孝强	
	振良	晓婷 晓梅	朝俊 陈杰 董皓	
维钟	启国	平俤		
维先	启金	董奕 晶晶		
	启春	志坚 志强(出继)	董剑 董停	
	启后			
	启培	丽珍 丽捐 丽端 丽平		
	启香	协山 丽月	建辉	
绍唐	启村	志斌	董浩	
绍程	启灿 掠枠 学理	志忠 桃桃 志孝 丽英 丽金 丽红 丽华	小征 小惠 董健 董康	
向豪	莺莺 启钦	志炎 志粦(出继) 志国 金銮 金雪 志利	敏超 文辉 彬惠	
维新	莊钦 莊莺 振国 莊姜	爱爱 幼幼 志仲 丹丹	董妍 董昀	
维庆	振平 振耀 振建	志隆 志晶 志 董文 多多		
维贺	振杰 振强 振扬 莊宜			
绍统	月英 雪银 启东 梅妹	华华	佳男 佳莉	

第四区块

17世	18世	19世	20世	21世	22世
崇宜	启能	志泉	智斌	美新	
向庚	启岐	志泉	智斌(出继)		
			智勇 灼珍		
			智义 智雲 灼容	常峰 常强 守英 守东 佳玲	
向贵	裕迟(入赘)	志忠 银枝 明坚			
	裕意	志厦 银凤 志汤 银珠 志禹	建伟 建杏 董林 丽琴 董捷		
安宜	裕亮	志举	丽平 建仁 建明 建连 万新 建东	勇杰 艳芳 勇涛 勇浩 露鑫 勇里	
	裕迟(出嗣)	金金 金蛋			
		志祖	董斌 丽汀		
向科	裕贵	玉妹	建芳 建湘 建利 建楚		
钜官	芘铨 芘炎	雪妹 志贵 雪娇 雪梅	水平 水珍	晨姗 勇强 惠英	
	芘昌	志为	水论	勇斌	栩言
				董霞	
水官	命弟	志平 志安 志务 雪莺 雪霞 雪妹 雪惠	水仙 灼钗 水铭	勇丹 勇国 勇兴 勇泰	
维金	启仁	建国	晨鑫		

第五区块

17世	18世	19世	20世	21世
向康	宗镇 宗尧	志文 志文	荣纲 荣强	铖熠 丹蕾 丹敏
宜蛋	宗舜	志文	荣健	铖懷
向泰	宗祥 宗永	银招 银莺 银娥		晴新
向通	宗增 宗基 宗佃 宗潘	银光 建雪 建斌 建栋 文玻 文玲 文寒	子子	
		志源 志松 志幹		
向辉	宗良	志桃 志贺 志钗	小华 丽华 仁华 国华	
	宗潘	银莊 银新 志设 志建 志英	董宁 董芪	
銮宜	裕启	董宁		
向阳	启岐(出继) 启峨	友先 建英 建明 灼银 灼金 灼莊		

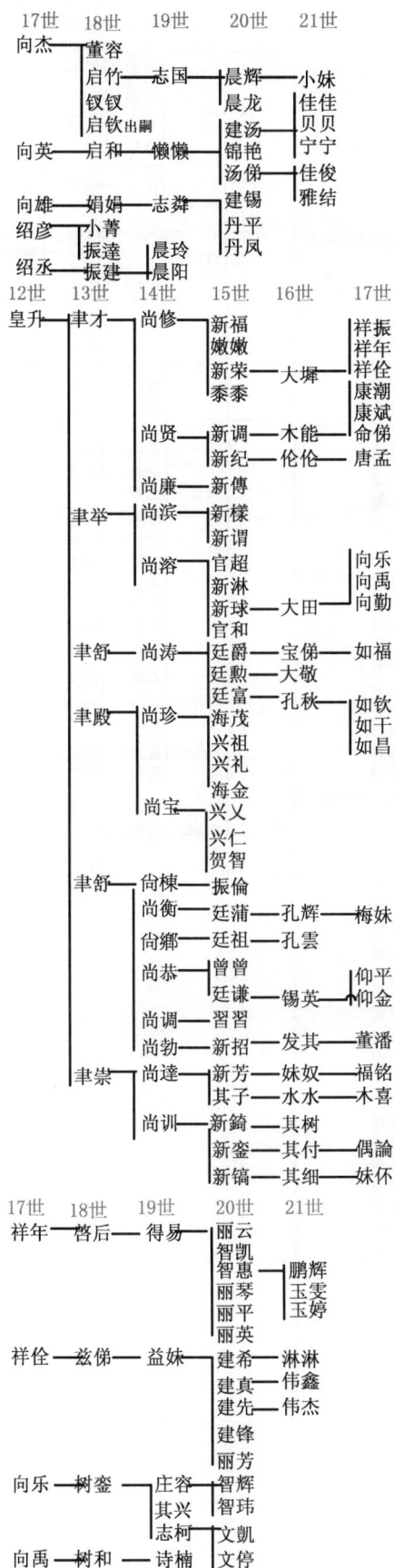

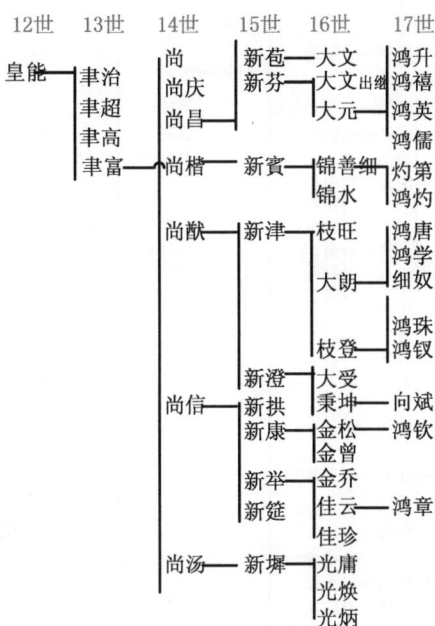

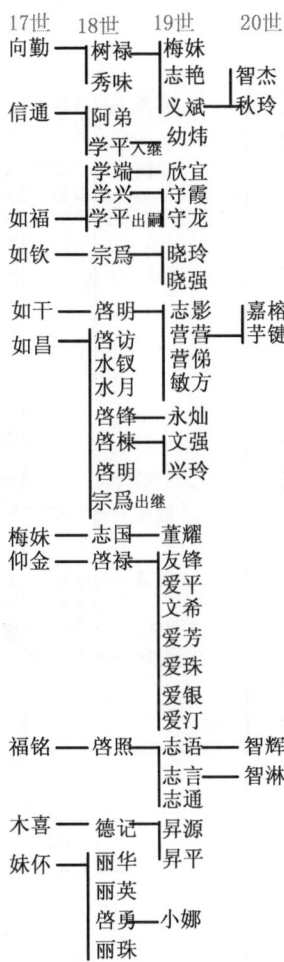

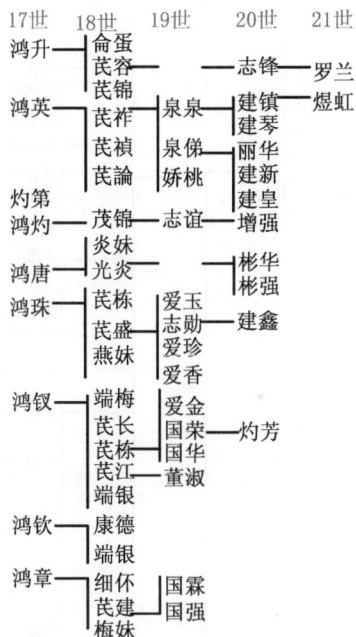

12世	13世	14世	15世	16世	17世
皇能	聿治	尚庄	新渠 新運(出继)	应朗 应鐘	财寿
			新晴	应炳 应怀 应鸿	财昌(出继) 财盛
		联奎	新運(入继)	应果 大化	财鑪 财惠 财妹 财義 财豐 财生
			新仕	应流 应午	财铨 财皮
		尚韶	新繹 新恒 新仕 新藩	应梅 祥儀	财养
		尚鑪	新寿 新元 新增	偶奴 偶送	作法
		尚敏	新鍋 迁元	细佾	
		尚聪 尚和	陈益 新定 陈潤 廷洁	维成 维成 雲翔	作宽 五细 尽嫩 作文 作奎 作桂 嫩细
		尚易	新鑪	细佾 文香 武香	吓命 命命
			新恭	文太	作同
	聿超 聿高 聿富	尚谟	新维	鳳敬 鳳晴 鳳唔	康枝
			新禧 新通	大振 鳳池 鳳絿絿	
			新迎	鳳山	春仁
		尚智	新章	大年 银蛋	作霖
			新政	大山 大亨	福春 向宸 福堺 细细 福景
			新	大宗	寿堤
			新榜	大宜 大鸿 大发	顯仔
		尚惠	新和 其芳 新芹	大绸 其章	水梅 水连 水程
		尚策	新蔺	文金 鸟妹 文滨 文彩	耀木 耀子 耀得
			新程	乙藜 大常 大豐	耀庚

12世	13世	14世	15世	16世	17世
皇能	聿治 聿超 聿高 聿富	尚 尚庆 尚昌	新苞 新芬	大文 大文(出继) 大元	鸿升 鸿禧 鸿英 鸿儒
		尚楷	新寅	锦善细 锦水	灼第 灼
		尚猷	新津	枝旺 大朗 枝登	鸿唐 鸿学 细奴 鸿珠 鸿钗
		尚信	新澄 新拱 新康	大受 秉坤 金松 金曾	向斌 鸿钦
			新举 新筵	金乔 佳云 佳珍	鸿章
		尚汤	新堁	光庸 光焕 光炳	

17世	18世	19世	20世	21世
财寿	灼凤 华禄 灼平	志富	建鼎 建柯 晓红 建汀	钰铃 营秋 董鑫 董炜
财盛	启镇 金金	志平 志勇	东东 文君 董捷 炳杉	
财鑪	华水 灼燕 华美 华仁 细妹	志龍 志佃 雪凤 雪钗 雪珠 志德	建坤 建鏗 建锵 淑芳 建灿 灿妹	楚楚
	华顺	志宋 志发 志宝 志进	建清 丽靖 文滨 翠霞 文丹 文涛 文鐐	
财妹	华金 华银	钗佾 伙钗 钗佾 志仰 嫩妹	国兴 国燕 董浩	
财義	荆妹 佬其 佬秋			
财生	华姜	新油	锦建 秀美	
财铨	华美	雪钦 志福 志春 志连	锦源 丽玉 丽新 文江 丽新妹	
	福佾	雪莲	丽燕 丽国 锦杰 锦强	
	钗妹 光裕	月钗	志恩 恩弟	嘉敏 锦灯
作法				

17世	18世	19世	20世	21世
尽嫩 作奎	细妹 村华 仙香 凤蒲	汉嵩 金銮 英佾 嫩佾 金招 锦英	如凌 如 金銮 伟强 宝玉 艳丹	如云
作桂	村松 村松妹			
命命	孝先 孝基			
向宸	启江 启源	友彦 友颜 爵明	玲清 尧佾 芬芬 董恩 董燕 碧霞	董杰 董辉 嘉铭
水梅	启潮 木凤 潮坚 潮灿 坤蛋	友忠 凤銮 志锦 志良 希佾 志希 志爱 秀玲	建振 智玻 守英 映雲 映惠	董焕 董鹏 董萍 董养
水连	翠金 潮康	志仁 志华 志球 仁妹 志伙 志芪 志凱	锦忠 锦艳 锦南 守玲 守芳 锦凤 锦丹	
水程	潮康 潮銮 潮汤 潮周	志球 志铸 清钗 志强 志强(出继)	丽梅 晨希 丽斌 锦锋 绵锋(出继) 锦先 锦旺 幼琴	
耀庚				

四、文物遗辉

自始祖方禄公开枝罗源潮溪,至今数干年,支派藩衍。董氏宗祠原址创建于嘉庆年间,毁

于1958年,董氏原家谱于大清康熙六年三月十八日午时焚灰。欣逢太平盛世,华厦振兴,吾祖兴旺发达,前程锦绣为缅怀先祖,于1999年集资筹备兴建董氏宗祠。因历史上诸种因素,族谱多已散失,尚有部分侨居海外,寻宗觅祖,倍增困惑。若上不知其先祖,下不识其裔孙,岂不羞我族人?为弘扬祖德,耀豢龙之门第,赞董氏之昌盛进而敦亲睦族,克绍其裘,黾勉互勉,承先启后,汇编家谱是本族梦寐以求的夙愿,在经费拮据,人手局限下,于2006年11月16日开始搜集汇撰,至2007年3月纂修。在汇编中仍有错漏,待后裔订正。该谱为后裔知祖宗,明脉流,识本渊,启迪后人,幸至。

宗祠栋柱联诗:

祠坐三层堂名三策房系二三宗支愿应三三居九世,

礼原百寿诗咏百男书云八百祖德积由百百享千秋。

看柱联诗:

忠孝仁爱,礼义廉耻。

潮格董氏宗祠大门柱联:

河南荣迁春秋纪念

潮格簪缨世代光辉

横批:承先启后

五、历代英贤

姓名	性别	职称、职务
董志炎	男	中信银行福州分行行长
董奕	男	福建省政协办公室主任
董志幹	男	福建省罗源县副县长

第三章 历代由河北入闽董氏世系

第一节 范阳琅岐董氏

南宋绍兴初年,五代后汉随州刺史、宋太祖钦赐朝奉大夫董宗本(涿州范阳人)的九世孙董纯永,又称万十一公,迁至闽海琅山,即福建省福州市琅岐经济区琅岐镇。迄今已传四十一世,其后裔有七千余人。

琅岐是个海岛,位于福州闽江口。三面临江,一面靠海,方圆 92 平方公里,人口 8 万余人,于 1952 年和 1995 年二度设镇。现属福州市管辖的县级区,为福建省第三大岛。全岛划分 9 个行政管理区,39 个行政村,1 个居委会。

董氏宗亲分布于全岛 9 个自然村,共有 2000 户,人口约 8000 余人,占全岛的十分之一。董氏是琅岐岛四大姓之一,且历史悠久,人口众多,聚集居住,主要分布于下岐的争丰、劳丰、劳光、乐村四个行政村以及院前村,以前也曾经在凤窝、海屿居住过。目前董氏宗亲的足迹遍及岛上的每个角落。

一、历史迁徙

福州市琅岐董氏的肇始祖为五代后汉随州刺史、宋太祖赐朝奉大夫董宗本,其籍系涿州范阳(今河北涿州市)人。二世祖董遵海,五代后周世宗赐授骁勇指挥使,宋太祖时官迁通远军节度使。三世祖董嗣宗、董嗣荣钦赐录为殿直。其后,随之历史演进,时代变迁,靖康南渡,宋室南迁。至南宋绍兴初年,九世祖董纯永迁至闽海琅山(福建省福州市琅岐)。迄今已有千载,世泽绵延,子孙蕃衍达四十一世。

二、世行昭穆

琅岐董氏行第世序纪要
前二十世(第十九世至三十八世)
冠　名
文宗伯仲叔,德人世宜昌,道以君子有,学乃哲夫长。
学　名
高火土金水,朝正国日孔,文章兆一家,承须行是敬。
续二十世(第三十九世至五十八世)

冠 名

仁孝知礼义,用举声名扬,位列群英会,泽如周夏坊。

学 名

业真应常勤,守必进于为,廷策资贤士,前光尚迪余。

现在世最大行第为三十世"子",最小行第为四十一世"知",已具"十代同堂"之美誉。

琅岐董氏世代支派蕃衍有琅琦派和海屿派,而琅琦派又有琅山支、嵩山支,海屿派有海屿支和晋江支(待考证)。迄今已繁衍为"福寿康宁"四大房。现有 2000 余户,其中居祖地 1500户,往昔迁居闽侯(埔前)、马尾(上岐)、连江、福宁(三沙、西洋)等地近 500 余户。而侨居海外,主要在美国及港澳台近 800 人,总共有 6000 余人。

三、简明世系

《琅琦董氏族谱》,系于民国年间据古族谱修订而成,其中保留有丰富的历史资料,并有宋太祖赵匡胤彩色画像和二世祖董遵海画像,以及多位先祖遗像,有较高的历史价值。该族谱被福建省图书馆复印留藏。

自 20 世纪 80 至 90 年代,琅琦董氏后裔对《琅琦董氏族谱》重行修订,现已编成《琅琦董氏总谱》,分为《谱序联辉》、《前贤遗事》、《文藻流芳》、《志铭荟萃》等五集,以及福寿康宁四大房与各支等谱谍,共有十余部,计数十万字。汇集了琅琦董氏历代族谱资料和人物传记等各类史料,内容丰富,材料翔实,具有较高的历史价值。

(一)前代世系

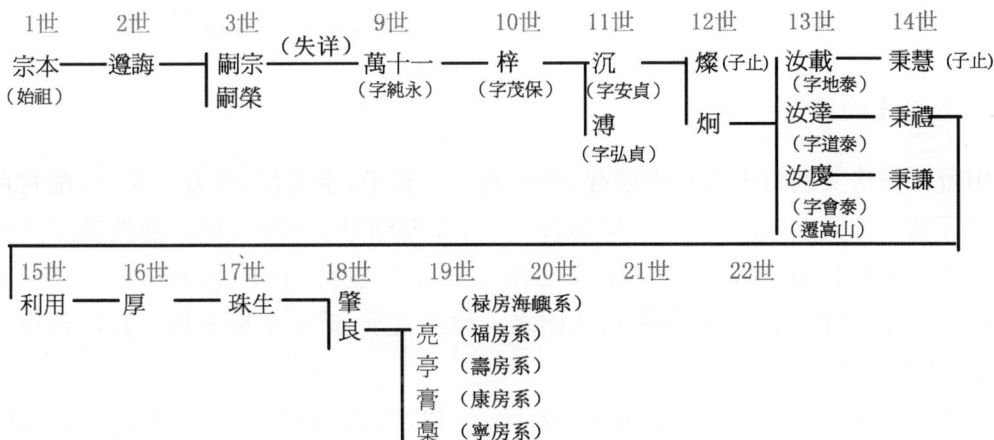

其世系列于下:

始　祖　董宗本

二世祖　董遵海

三世祖　董嗣宗　董嗣荣

四世至八世祖　因世乱失其考

九世祖　董纯永

十世祖　董梓　董桢

十一世祖　董沉　董溥　董汇

十二世祖　董　灿　董　炯　董　烨

十三世祖　董汝载　董汝达　董汝庆　董　潢

十四世祖　董秉慧　董秉礼　董秉宁　董　谦

十五世祖　董利用　董利宜　董　谅　董华重

十六世祖　董　厚　董仁甫　董　泾　董　渭　董　昌　董　洛

十七世祖　董珠生　董敬德　董原茂

十八世祖　董　良　董　和　董　秀　董　肇

十九世祖　董　亮　董　亭　董　膏　董　槀　董　遂　董　迪　董　迟　董　达
　　　　　董宗道　董宗通　董宗成　董　果

（二）嵩山支世系

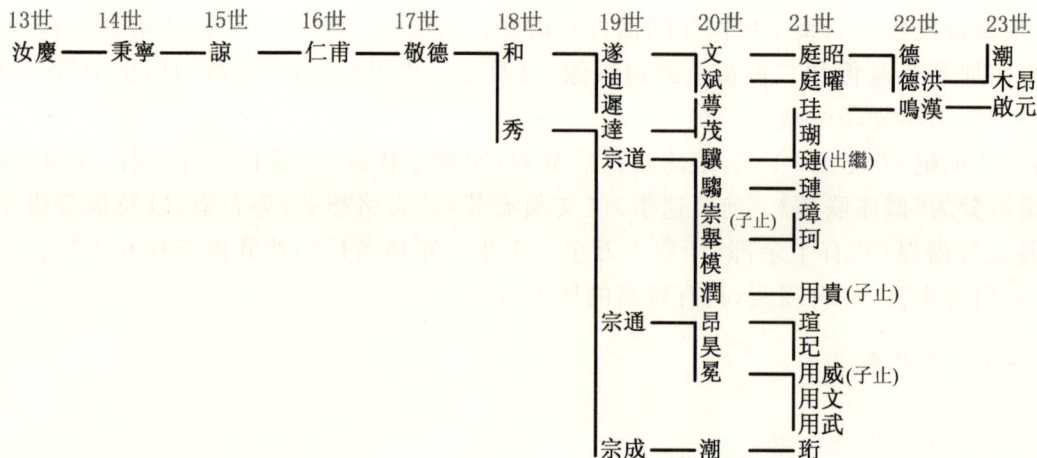

13世	14世	15世	16世	17世	18世	19世	20世	21世	22世	23世

汝慶——秉寧——諒——仁甫——敬德——和——遂、迪、遲、達——文斌——庭昭——德——潮
　　　　　　　　　　　　　　　　　秀——宗道——尊茂——庭曜——德洪——木昂
　　　　　　　　　　　　　　　　　　　　　　　驥——珪——鳴漠——啟元
　　　　　　　　　　　　　　　　　　　　　　　驑——瑚
　　　　　　　　　　　　　　　　　　　　　　　崇——璉(出繼)
　　　　　　　　　　　　　　　　　　　　　　　翠——璉——璋
　　　　　　　　　　　　　　　　　　　　　　　模——珂
　　　　　　　　　　　　　　　　　　　　　　　潤——用貴(子止)
　　　　　　　　　　　　　　宗通——昂、昊、冕——瑄、珤、用威(子止)、用文、用武
　　　　　　　　　　　　　　宗成——潮——珩

（三）福房支世系

琅山董氏福房支系由十九世亮公起,亮公乃良公长子,字文信,行万三十一,配村前朱氏。葬本山糧坪顶向乾巽兼戌辰,长子宗明公合葬,1992 年重修。子焯、炳。公性敦厚周谨,口不言人过。至以非礼相加,则奋而与之角,不少让。居恒览堪舆、卜筮、医术诸书。常示其子,杨边山麓,可以卜居,特吾老不及迁,尔后其图之。故及其子,筑室于斯家焉。益以蕃衍,基业甲里中,则公相土之功也。

亮公传至二十四世时,有朝仕、朝俸、朝偕、朝伸、朝俅、朝杰、朝俊、朝佐、朝仰、朝侍、朝伟、朝仪、朝价、朝任、朝棣、朝楫、朝枫共十七支,其中朝仕和朝俸两支子止。

二十四世德兴公、字朝杰支系的三十二世君达公,长子一尚公、名月月,和子法公迁霞浦西洋,垦田建舍,创立家园,繁衍子孙,代代相传,成琅山董氏福房支系的霞浦西洋分支。

其三十二世的子弼公支世,迁台湾桃园中坜市和台北区内湖区。至今已繁衍至三十八世。

二十九世文驹公,昌洁公长子、字罗峰迁云龙村,繁衍至今已至三十八世。

除此之外有德兴支派、子弼公支派、德兴支派、德辅公支派、德高公支派、德御支派、德象支派最高,至今已繁衍至三十九世。

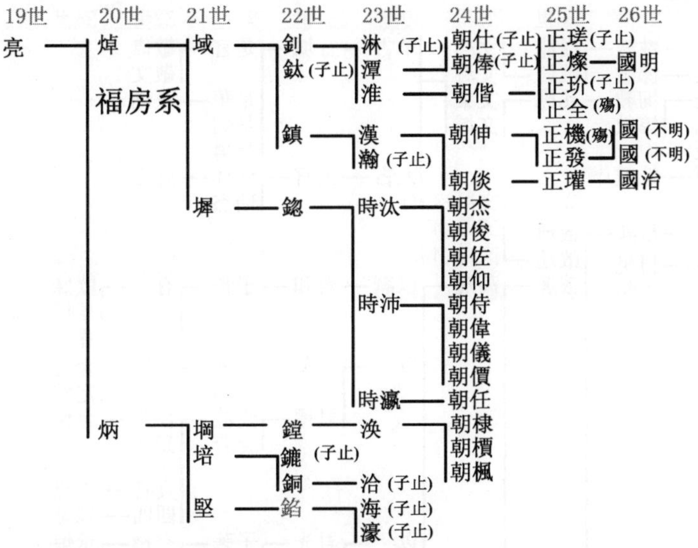

第一图

19世　20世　21世　22世　23世　24世　25世　26世

19世：亮
20世：焯
21世：域

福房系

22世：釧／鈦(子止)
23世：淋／潭／淮
24世：朝仕(子止)／朝倖(子止)／朝偕
25世：正瑳(子止)／正燦／正玠(子止)／正全(殤)
26世：國明

22世：鎮
23世：漢／瀚(子止)
24世：朝伸／朝俠
25世：正機(殤)／正發／正瓘
26世：國(不明)／國(不明)／國治

21世：埠
22世：鎰
23世：時汰／時沛／時瀛
24世：朝杰、朝俊、朝佐、朝仰／朝侍、朝偉、朝儀、朝價／朝任

20世：炳
21世：堈／培／堅
22世：鎧／鑵(子止)／銅／銘
23世：渙／洽(子止)／海(子止)／濛(子止)
24世：朝棣／朝櫃／朝楓

第二图

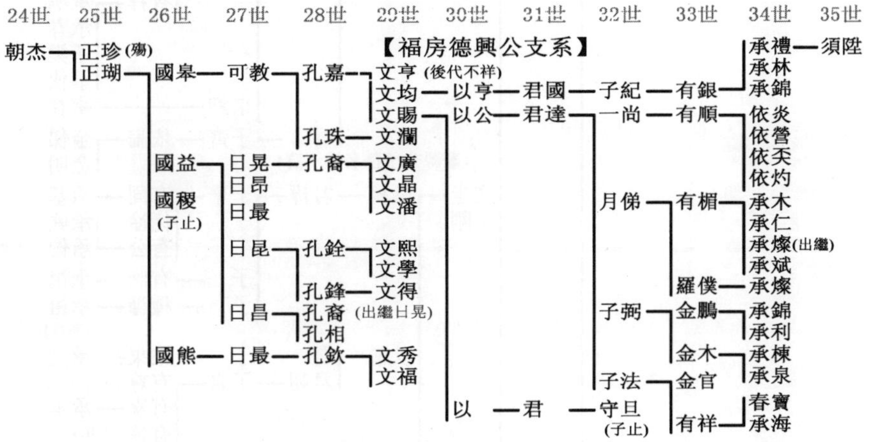

24世　25世　26世　27世　28世　29世　30世　31世　32世　33世　34世　35世

【福房德興公支系】

24世：朝杰
25世：正珍(殤)／正瑜
26世：國皋／國益／國稷(子止)／國熊
27世：可教／日晃、日昂、日最／日昆／日昌／日最
28世：孔嘉、孔珠／孔裔／孔銓、孔鋒／孔裔、孔相／孔欽
29世：文亨(後代不祥)、文均、文賜／文瀾／文廣、文晶、文潘／文熙、文學／文得(出繼日晃見)／文秀、文福
30世：以亨／以公／以
31世：君國／君達／君
32世：子紀／一尚／月俤／羅僕／子弼／子法／守旦(子止)
33世：有銀／有順／有楣／金鵬／金木／金官／有祥
34世：承禮、承林、承錦／依炎、依營、依乇、依灼／承木、承仁、承燦(出繼)、承斌／承燦／承錦、承利／承棟、承泉／春寶、承海
35世：須陞

第三图

24世　25世　26世　27世　28世　29世　30世　31世　32世　33世　34世

24世：朝俊
25世：正琦／正環

德賢支系

26世：國矛／國麟／國鷥／國琨
27世：日章／日新／日耀(繼國琨為嗣)／日華／日耀
28世：志公、孔滕／孔魯、孔衛、孔雍／日旦：孔周、孔蔡／孔高、孔智、孔理、孔慶／孔、孔秦、孔齊、孔盛、孔春／孔公、孔福、孔賜
29世：登範、登歐、登魯、登蘇、登朱、登孟、登柳／登韓、登石／文德／文興／文進、文興、文雅／賀、文、文全、文蟬、文親、文／文厚、文壺、文週
30世：以輔
31世：君聰
32世：子光／子明／子雲／子貴
33世：有義／有亮／有樞／有亮(出繼子明為嗣)／有禮／有典／有恒／有珍
34世：承旺／學基、學、學梅／學高、學養、學錦、學湘、學／學蓮、學英、承貴、學泉／學

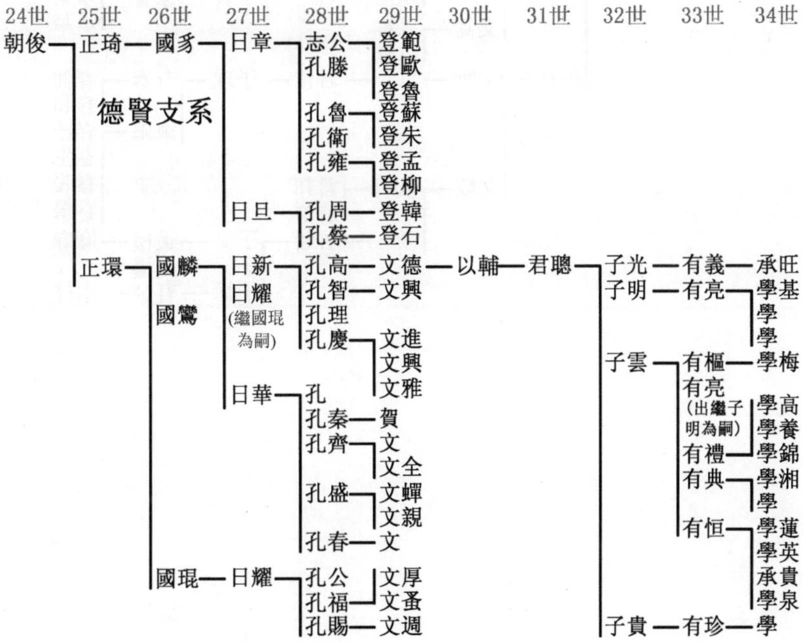

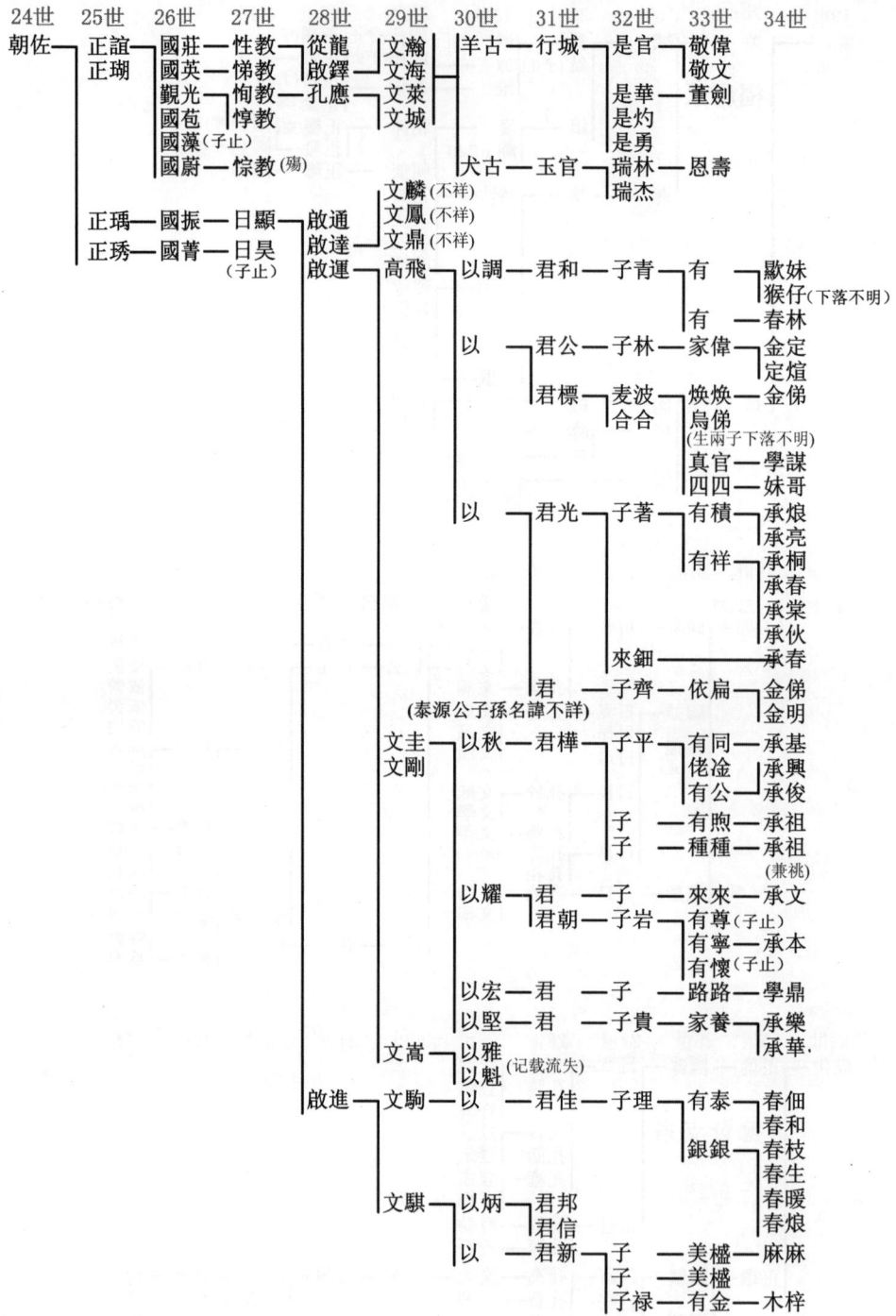

24世	25世	26世	27世	28世	29世	30世	31世	32世	33世	34世

朝佐

正誼
正瑚

正瑀—國振—日顯
正琇—國菁—日昊
　　　　（子止）

國莊—性教—從龍—文瀚—羊古—行城—是官—敬偉
國英—悌教—啟鐸—文海　　　　　　　　　　敬文
觀光—恂教—孔應—文萊　　　　是華—董劍
國苞—惇教　　　　文城　　　　是灼
國藻（子止）　　　　　　　　　是勇
國蔚—悰教（殤）　　　犬古—玉官—瑞林—恩壽
　　　　　　　　　　　　　　　　瑞杰

啟通—文麟（不祥）
啟達—文鳳（不祥）
啟運—文鼎（不祥）
　　　高飛—以調—君和—子青—有—歇妹
　　　　　　　　　　　　　　　　猴仔（下落不明）
　　　　　　　　　　　　　　有—春林
　　　　　以—君公—子林—家偉—金定
　　　　　　　　　　　　　　　　定煊
　　　　　　君標—麥波—煥煥—金俤
　　　　　　　　　合合—烏俤
　　　　　　　　　　　　（生兩子下落不明）
　　　　　　　　　　　真官—學謀
　　　　　　　　　　　四四—妹哥
　　　　　以—君光—子著—有積—承烺
　　　　　　　　　　　　　　　　承亮
　　　　　　　　　　　　　　有祥—承桐
　　　　　　　　　　　　　　　　承春
　　　　　　　　　　　　　　　　承棠
　　　　　　　　　　　　　　　　承伙
　　　　　　　　　　　來鈿—　　承春
　　　　　　君—子齊—依扁—金俤
　　　（泰源公子孫名諱不詳）　　　　金明
　　　文圭—以秋—君樺—子平—有同—承基
　　　文剛　　　　　　　　佬淦—承興
　　　　　　　　　　　　　有公—承俊
　　　　　　　　　　子—有煦—承祖
　　　　　　　　　　子—種種—承祖
　　　　　　　　　　　　　　　（兼挑）
　　　　　以耀—君—子—來來—承文
　　　　　　　　君朝—子岩—有尊（子止）
　　　　　　　　　　　　　有寧—承本
　　　　　　　　　　　　　有懷（子止）
　　　　　以宏—君—子—路路—學鼎
　　　　　以堅—君—子貴—家養—承樂
　　　　　　　　　　　　　　　　承華
　　　文嵩—以雅
　　　　　以魁（記載流失）
啟進—文駒—以—君佳—子理—有泰—春佃
　　　　　　　　　　　　　　　　春和
　　　　　　　　　　　　　　銀銀—春枝
　　　　　　　　　　　　　　　　春生
　　　　　　　　　　　　　　　　春暖
　　　　文騏—以炳—君邦　　　　　春烺
　　　　　　　　君信
　　　　　以—君新—子—美樾—麻麻
　　　　　　　　　　子—美樾
　　　　　　　　　　子禄—有金—木梓

左上表

24世	25世	26世	27世
朝仰	正瑝	國祚	日睿
	正珣		日聰
	(子止)		日育
			日燠
			日喬
	正琮	世開	日擢
		國洪(失传)	日搏
			日和

左下表

27世	28世	29世	30世	31世	32世	33世	34世
日聰	孔旨	文龍			子元	和尚	承福
	孔音					有勉	承標
日育	孔臨	文基					承柱
		文業				海海	法法
		文積				林林	承旺
		文星				永永	
日燠	孔遇	文維	以修	君樂		六六	
	孔遵	文彬			子典	腫腫	學茂
		文絢				有喜	學茂
	孔達	文燦					承夏
	孔遠	文聰					依嬌
日喬	孔名	恭				仁仁	承財
日和	昌冢	文華	以	君苞	子祥	有旺	學公
		文國					
		文祥	不祥	不祥	不祥	亞頭	學公
		文美					
		文魁	以銓	君天	一禄	有	
			兆驕			有運	承森
			兆鑑				承臺
							學耕
				子實	家		
					家太		承海
昌宦	文衡	以平	君滿	大犬	家美	賽金俤	
	文權					承快	
	文量			子源	家美(出繼大犬公)		
昌家	文樂				番仔	承春	
					烏柿	承春	

右表

27世	28世	29世	30世	31世	32世	33世	34世
日睿	孔易	文佑(不祥)		君賦	一連	有春	承棟
		文禮	以遠			五五(不祥)	學柱
		文酌(殤)		君		六六(不祥)	學彩
				君			學玉
							學鏗
							學興
						有燦	梓俤
						有魁	承德
						有慶	承土
							玉
					一堯	春春	承發(過繼春春)
						順順	承通
						有熊	承發
							承好
							承開
							承祥
							承本
						有良	承通
			君成	一經	有德	承榕
				一綸	細細俤	承桃(兼桃細細俤公)
				一紀		
	孔揚	文富					
		文貴	以忠	君玉	子金	有梅	長順(不祥)
							長慶(不祥)
					子攀	有本	承平
						有就	承淮
						有煊	承端
							學桓
							承焰
							承濱
							承增
							承吉
					子	有芬	河清
					子保	有棟	學根
						有邦	學檜
					子厚	有宜	歇歇
							學敏
						有	承榮
					子樹	有	濟馬
				君聘	子衡	有聯	學耕
							桃桃
			以廣	以廣	子	有	學公
				君祥	子	有	麻俤
							承珪
							第三
							依海
							五五
					碑碑		痀痀
							烺烺
				君彩	子獻	家仁	英仔
						家	依富
							承元
					家	全全	
				子蘭	家禄	學準	
						承杰	
						烺烺	
			以發	君瑚	子舉	有時	學鉞
							學鑄
							承鎰
							學鑪
						有森	學鏡
							學錡
					子惠	有	學楚
				君瑜	子能	家秋	佬細
					子雄(子止)	家雙	承順
						家添	佬細
					子		學積
	孔錫	文統					
	孔賜	文滔	以慶	君球	子安	家仁	承順
		文經					承俊

德御支系

24世	25世	26世	27世	28世
朝侍	正魁	國永		
	正瑄	國墊		
	正壁	國鼎	日輝	
		國墊	日	
		(出繼正瑄)		
	正璺	國禄		孔
	正瓏	國佑	日明	孔球
			日洗	孔球 (出繼)
			日弘	孔輝
				孔璋
		國祉	日聖	孔標
				孔械
				孔杞
				孔槙
			日登	孔
朝偉	正瑛	國崇	日賢	孔良
	正璜 (子止)		日獻	孔樟 (接下一页)
	正瑜	國卿	華	

28世	29世	30世	31世	32世	33世	34世
孔標	文聰	章乾	兆通	一濱	家清	承棍
				一渠 (出繼兆鏡)		承桓
			兆俊	一銑		承梧
			兆珠	一銑		承登
				一良 (出繼兆俊)		承灼
						承禮
						承烺
			兆鏡	一渠	家清	承璋 (出繼一濱)
			兆金		家喜	承桓
	文燿	章乾 (出繼文聰)		富		
		章博 (出繼文煥)		一造		
	文煥	章博	兆開	一連		
			兆海	喜		
孔杞	文䠛	章裕	兆禎	一漢	家品	承太 (出繼喜雪)
					家田	承團
					家成	承和
				一珠	家牛	承
				一苞	家壽	
				(出繼五公)		
			兆祥	喜琛		
				喜雪	家田	
		章梓	兆元	一奮		
			加和	一貴		
			加樂	一笑		
				五一		
				才		
			加善	一道	家楊	
				一禄	家楊 (出繼一道)	
	文修	章謀	兆封	孟正	家淮	
			兆柏	孟祥	家命	承
			兆			
		章茂	兆理	玉振		
			君懷	玉林		
				玉樹		
			君璋	玉芝		
			君閏			承登
		章為	兆鐸	一寶	家儀	承
			兆銳		家美	承
	文捷	章燿	五	一苞	家登	承珊
						承瑚
						承璉
					家禄	承琦
孔球	文盈	章瑛	兆東			
	文弼	章瑛 (出繼文盈)	嫩嫩		家海	承伏
		章書	兆芹	細佮	家居	承伏 (出繼)
						承柱
	文融	章槐	君坦	院		承全
			君知	加鈿		
			三三	老鼠	家奎	(出繼一公)
			四四	細拇	家善	(出繼一春)
	文昭	章峰	兆	一	家奎	承耀
		章書	兆			
		章殷	兆衡	獅獅	家財	
			進吉	一春	家登	
					家善	承惠

28世	29世	30世	31世	32世	33世	34世
孔械	文超	章龍	兆水	枝		
		章	兆泉			
			兆源	一木盛		承淦
				一照		承振
	文康	章灼	兆清	一獅	家如	承齊
	文述			一喜	家尚	承波
				一招	家俊	承林
			兆科	一廣	家魁	承杰
						承炳
					家捷	承鴻
						承湄
						承濱
				一善	家富	承鏗
				一釗	家財	承淮
					家梓	承淮
					家木	承漢
					開支	承消
			兆仕	一宏	家	(不知上祖誰)
					家進	承森
				一宇	家濱	承森
					家龍	承金
					家林	承水
					家如	承伏
				一耀	家鋒	承水
				一安		承木
		章岡	兆厚	一瑤	家普	
				一	家金	
				一為		
				一雨		
			兆業	一千		
孔輝	文育	章森	兆順			
	章善	兆芳	子貴	家暖	承伏
孔樟	文發	章琢	兆奎			炎泉
	文蒲		兆志	元亮		
			兆來			
			兆大			
			兆六			
			兆七			
孔良	文桂	章封	兆占	一賢	家琇	承熙
		章陞	兆財	一林	家埕	承珍
		(出繼文槐)		一捷		承熙 (出繼家琇)
					家增	承鏞 (殤)
			兆明	一立	家燦	
		章華	兆仁	一董	家桐	承泉
	文柄	章天	加快	一基	家挺	(出繼一鴛)
		章上		(出繼兆杰)		
			兆永	一鴛		承銀
				一塊	家整	承春
			兆安		家漢	(出繼一乾)
				一乾	家漢	承俊
			兆傑	一基	家用	承傑
			兆		家源	承豪
		章禄	兆輝	一長 (殤)	家煥 (殤)	
		章標		一紀	家仁	承廉 (殤)
				基	家義	承梓
				一禎	家義	
					家禮	承戒 (殤)
					家勇	承祖
				一梓	家亨	承福
						承禄
				一彬	家亨	承壽
					(出繼一梓)	
					家利	承禄 (出繼家利)
				一良	家智 (殤)	
					家信	承氣
					家樂 (殤)	天佮
					家炳	
文槐	章陞	兆理	一盛	家喜	承琮 (殤)
		兆廷				
		加地 (殤)		家芹	承國	
	君鶴	一尚	家財	承國 (出繼家芹)
					國佮

左表（28世—34世）

28世	29世	30世	31世	32世	33世	34世
孔楨	文卿	章漢	兆魁	一駒	家培	承立 承土 承禮 承福
					家長	承熙 承勳 承公
					家緯	承香
					家綏(出繼一雷)	承全 承銀
					家經	
			兆天	瑞公 / 一雷	家太 家利	承淦 承釗
					家綏	承淦(出繼家太)
		章元	兆光	一正	家謀	承材 承均 承銑 承渠
			兆貫	一城	家渭	承茅
			兆銓	一應	家渭(出繼一城)	
					家湖	承裘 承旺 承春
					家澄 家洩	承珵 承珪 承璋 承珗 承琛
			兆瑢	一松	家濤	承楷 承箕(出繼家湄) 承連(出繼家滢) 承鎗(出繼家湘)
					家潮	承柱 承濟 承桐
					家瀾	承極
					家滢	承連
					家湘	承鎗
			一興	家湄	承箕	
			一穎			
			兆煜	一茂	家徵 家浩	
			兆鉉	一棟	家淇 家滋(出繼一棟) 家油	承美 承桔 承棉
				一榛	家滋	
				一祥	家汰 家璋 家杰	承鏗 承華 承菫
文登 文品 文豐 文健		章錦	兆高	一榮 / 一義(出繼兆琛)		
			兆琛 兆成	一義	家順	承摩
			兆惠	一旺	家和	承鈺 承祖 承貴
					家通 家烺	承坤
			兆紀	樂	家	
		章鵬	兆應	一淳	家慶	承材 家漢
			兆棋	一淳(出繼兆應)		
				一芳	家坤 家寧 家香(出繼一滿)	
				一泉	家寧	
				一滿	家香	

右上表（28世—34世）

28世	29世	30世	31世	32世	33世	34世
孔楨	文卿 文登 文品	章棟	兆珠	一豐 / 一福(出繼章棟)	家珍	承源
		章輔	兆珠 漢金 漢全 漢文	一福	家珍(出繼一豐)	
					家珝	承源(出繼家珍) 承通 承發(出繼細俤) 承利(出繼寧寧)
		章椐 章柏(出繼文健)	細嫩 兆理 兆蛟	一宏	細俤	承發
					寧寧	承利
					家根	承歡 承焱 承桂
	文豐	章珩	兆祥 兆源	一香	家振	承月
		章楊	兆拱		家殷	承月(出繼家振) 承樂
			兆大 兆江 兆驦	一魁 一諸 一英		
	文健	章柏	兆芳	一桂 一漂 一狀 一彩 一和 一竉		
			連魁	一漂		
			連興	一調	家品	承細

在本里文賜支系

34世	35世	36世	37世
承木	須長	行雲 行武	
承仁	須長(出繼) 須細	行展 行羼	
	須清	行明 行春	
	須福	行端	
	須官	小丹	
	須志	志雲	
承斌	須錦 須秀	曉艷	
承燦	須棟 須林	行鋒	
承利(遷臺灣桃園)	金貴	宇函	
	寶華	宇文 宇杰 宇浩	
	寶民 寶福		
承棟(臺灣臺北)	須貴 須國 須明(出繼)	行健	
承眾	須明		

霞浦縣西洋分支

34世	35世	36世	37世
承禮	須陛		信念 信樂
依炎	木清	祥德	
依營	三俤	書華	
依天	伙妹	行勝	
	伙清	董輝	
	伙官	心櫃	
	伙利	萝容	
依灼	木利	行寶	雅平
		行良	晶銘
		行杰	
	錦雲	行樂	
承海(有祥公次子)	清利		
	須利	董建	
	須秋	春汉	
	須太	春彬 春星	

德賢(朝俊)支派子明支系

34世	35世	36世	37世	38世	39世	40世	41世
學基	乃登	應應	夫華	敬飛	安安	董瑜	贊賢
			誠誠(繼病啞为嗣)	光彩(出繼光彩)	仁兆	董意	若涵
			是福(出繼)	敬信(出繼是福)	仁忠	琳濱(出繼敬海)	
				敬海	仁忠	董津 董強	
		病啞	誠誠	光彩	仁兆		
		歇痴	是福	敬信	國輝	董英	
		細細俤		麗欽	志榕	凱飛	
學	點算 俊俊	存桔	坦官	敬興	董燕		
				敬國 敬柱	董雨		
			是平	福彬 榮高			

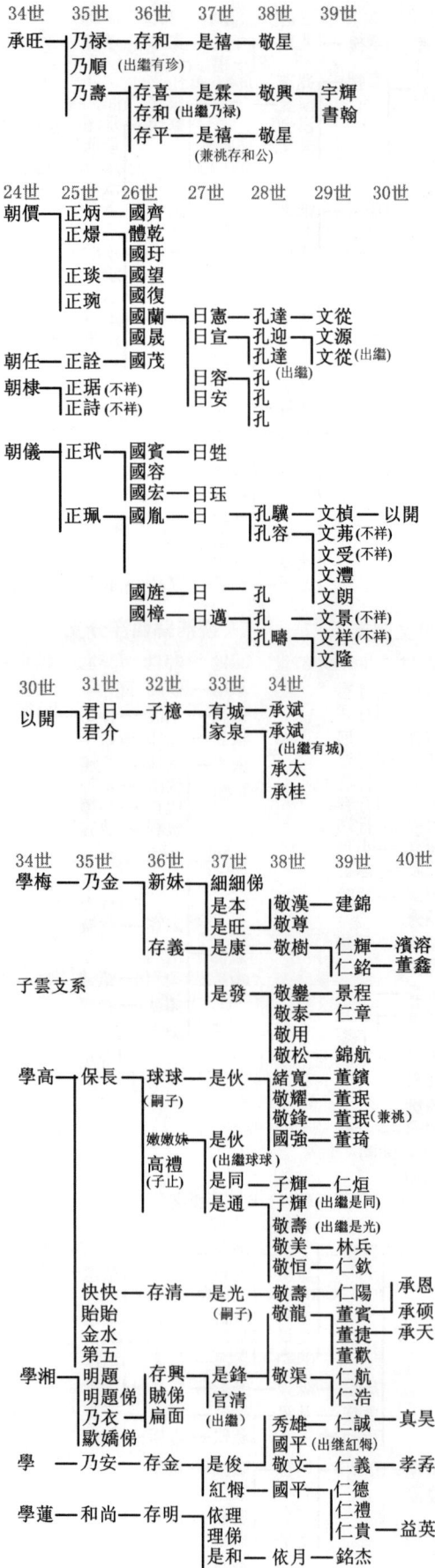

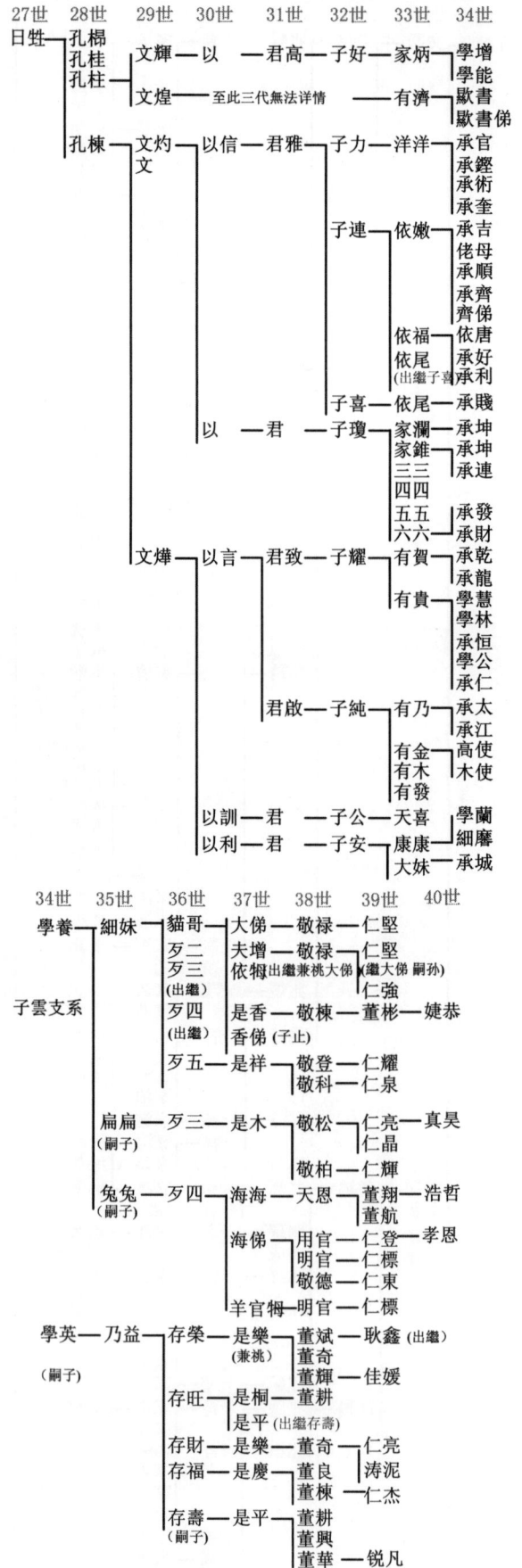

左上

34世	35世	36世	37世	38世	39世
承旺	乃禄	存和	是禧	敬星	
	乃順 (出繼有珍)				
	乃壽	存喜	是霖	敬興	宇輝
		存和 (出繼乃禄)			書翰
		存平	是禧	敬星	
		(兼桃存和公)			

左二

24世	25世	26世	27世	28世	29世	30世
朝價	正炳	國齊				
	正燦	體乾				
		國玕				
	正琰	國望				
	正琬	國復				
		國蘭	日憲	孔達	文從	
		國晟	日宣	孔迎	文源	
朝任	正詮	國茂		孔達	文從(出繼)	
朝棣	正琚(不祥)		日容	孔		
	正詩(不祥)		日安	孔		
朝儀	正玳	國賓	日甡			
		國容				
		國宏	日珏			
	正珮	國胤	日	孔驥	文楨	以開
				孔容	文茀(不祥)	
					文受(不祥)	
					文澧	
		國㫰	日	孔	文朗	
		國樟	日邁	孔	文景(不祥)	
				孔疇	文祥(不祥)	
					文隆	

左三

30世	31世	32世	33世	34世
以開	君日	子櫶	有城	承斌
	君介		家泉	承斌(出繼有城)
				承太
				承桂

左下

34世	35世	36世	37世	38世	39世	40世
學梅	乃金	新妹	細細俤			
			是本	敬漢	建錦	
			是旺	敬尊		
		存義	是康	敬樹	仁輝	濱溶
					仁銘	董鑫
子雲支系			是發	敬鑾	景程	
				敬泰	仁章	
				敬用		
				敬松	錦航	
學高	保長	球球 (嗣子)	是伙	緒寬	董鑌	
				敬耀	董珉	
				敬鋒	董珉(兼桃)	
		嫩嫩妹	是伙 (出繼球球)	國強	董琦	
		高禮 (子止)	是同	子輝	仁烜	
			是通	子輝 (出繼是同)		
				敬壽 (出繼是光)		
				敬美	林兵	
				敬恒	仁欽	
	快快	存清	是光 (嗣子)	敬壽	仁陽	承恩
	貽貽			敬龍	董賓	承碩
	金水				董捷	承天
	第五				董歡	
學湘	明題	存興	是鋒	敬渠	仁航	
	明題俤	賊俤	官清 (出繼)		仁浩	
	乃衣	扁面		秀雄	仁誠	真昊
學	乃安	存金	是俊	敬文	仁義	孝喬
			紅俤	國平	仁德	
學蓮	和尚	存明	依理	國平	仁禮	
			理俤		仁貴	益英
			是和	依月	銘杰	

右上

27世	28世	29世	30世	31世	32世	33世	34世
日甡	孔梠						
	孔桂						
	孔柱	文輝	以	君高	子好	家炳	學增
							學能
		文煌	至此三代無法詳情			有濟	歇書
							歇書俤
	孔棟	文灼 文	以信	君雅	子力	洋洋	承官
							承鏗
							承衒
							承奎
					子連	依嫩	承吉
							佬母
							承順
							承齊
							齊俤
						依福	依唐
						依尾 (出繼子喜)	依好
							承利
					子喜	依尾	承賤
			以	君	子瓊	家瀾	承坤
						家鏞	承坤
						三三	承連
						四四	
						五五	承發
						六六	承財
		文燁	以言	君致	子耀	有賀	承乾
							承龍
						有貴	學慧
							學林
							承恒
							學公
							承仁
				君啟	子純	有乃	承太
							承江
						有金	高使
						有木	木使
						有發	
			以訓	君	子公	天喜	學蘭
							細靡
			以利	君	子安	康康	大妹
							承城

右下

34世	35世	36世	37世	38世	39世	40世
學養	細妹	貓哥	大俤	敬禄	仁堅	
			歹二	夫增	敬禄	仁堅
			歹三 (出繼)	依牳 (出繼兼桃大俤)	(繼大俤 嗣孫)	
					仁強	
子雲支系			歹四 (出繼)	是香	敬棟	董彬 — 婕恭
				香俤(子止)		
			歹五	是祥	敬登	仁耀
					敬科	仁泉
		扁扁 (嗣子)	歹三	是木	敬松	仁亮 — 真昊
						仁晶
					敬柏	仁輝
		兔兔 (嗣子)	歹四	海海	天恩	董翔 — 浩哲
						董航
				海俤	用官	仁登 — 孝恩
					明官	仁標
					敬德	仁東
				羊官牳	明官	仁標
學英	乃益 (嗣子)	存榮	是樂 (兼桃)	董斌	耿鑫(出繼)	
				董奇		
				董輝	佳媛	
		存旺	是桐	董耕		
			是平 (出繼存壽)			
		存財	是樂	董奇	仁亮	
		存福	是慶	董良	涛泥	
				董棟	仁杰	
		存壽	是平 (嗣子)	董耕		
				董興		
				董華	鋭凡	

左图

34世	35世	36世	37世	38世	39世	40世

學錦 — 乃豐 — 存滿
子雲支系

存滿
- 是鏗
- 是清（繼存梨為嗣子）
  - 岳生 — 紅焱
  - 雲生 — 董睿
  - 閩南 — 董佳
  - 偉生 — 董娜
  - 文生 — 董杰
- 是良
  - 敬林 — 董勇 — 沛喆／沛軒
  - 敬銓 — 曉輝
  - 敬俤 — 董城
  - 敬平 — 彬劍
  - 敬善 — 董興
  - 敬新 — 瑤琪／源智
- 是齊
  - 敬欽 — 董永
  - 敬順 — 英英

存梨 — 是清
- 敬建 — 仁坦 — 孝擇／渊擇
- 　　　仁聚 — 杰培
- 敬厚 — 仁瑞／仁端
- 敬增 — 仁華／仁貴
- 敬炎 — 仁海
- 恩新 — 敏建

乃桐 — 存發
- 光應
- 應俤
- 老三
- 是忠 — 恩新 — 敏建
- 老五 — 恩新
- 德光（兼桃光應是忠為嗣子）
- 　　　恩典
- 是瑞 — 敬照
- 是開 — 敬清

乃埠 — 存凱
- 是文 — 敬志 — 婷婷
- 　　　敬奇 — 偉炬

存華
- 是明 — 董偉 — 仁心
- 是銓 — 董帆

承貴 — 乃挺 — 連官 — 是敬 — 長欽 — 仁斌
　　　　　　　　　　　　　　長潮 — 仁輝
　　　　　　依坤
　　　　　　坤俤
- 存蘭 — 是順 — 長燈／長東
- 　　　是利 — 長東
- 　　　是發 — 長斌
- 存水 — 是華 — 長勇
- 　　　是凱 — 長勇（出繼）／長雄
- 　　　是平 — 長旭
- 　　　是建 — 長偉／長鋒
- 　　　是國 — 長恒／長純
- 　　　是興 — 長營
- 　　　是和 — 長友

學泉 — 乃益（出繼）
濃俤 — 存銓
- 是枝 — 長金／依櫃 — 仁華／仁清（出繼依灼） — 董涼／董浩
- 依灼 — 依櫃 — 仁鐘
磨俤 — 是桐（不祥）
（出繼濃俤）老二（不祥）
濃妹 — 磨俤 — 老三（不祥）（迁台）

右图

34世	35世	36世	37世	38世	39世

學 — 乃順 — 存榕
子貴支系

存榕
- 是寶 — 春務 — 仁弟／仁授
- 是弟
- 元清（繼存鏗為嗣子）
- 德土（繼存杰為嗣子）
- 是燦 — 董明
存鏗 — 元清 — 靜波
存杰 — 德土 — 董瑞 — 仁吉
（嗣子）　　　董光
　　　　　　董明

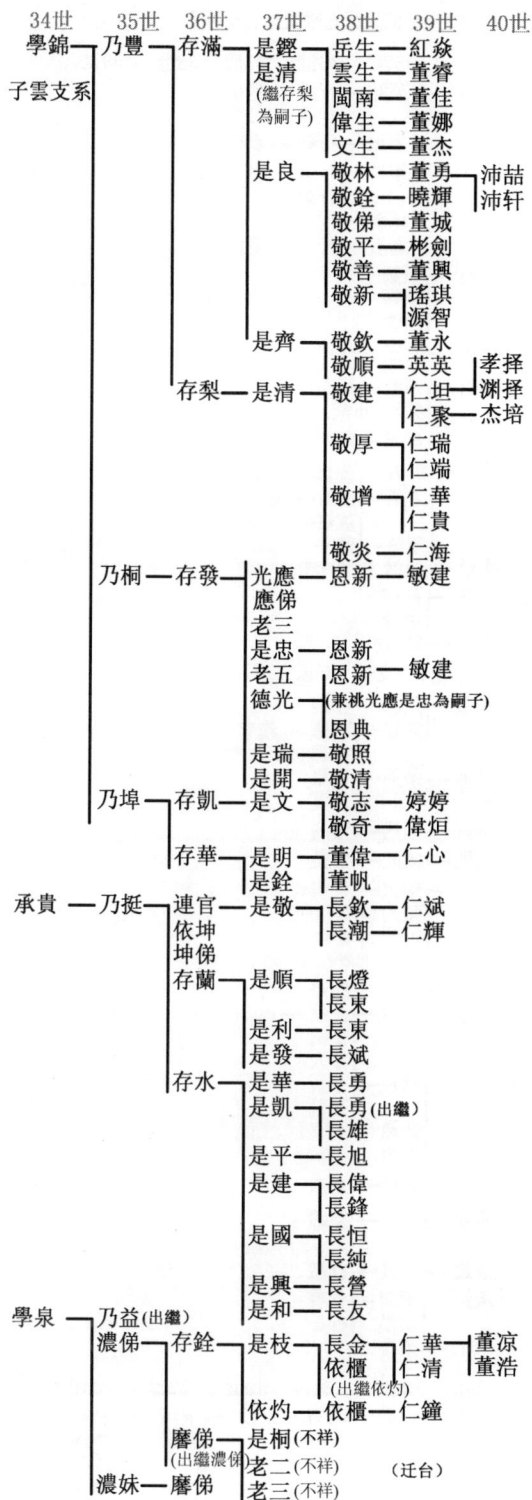

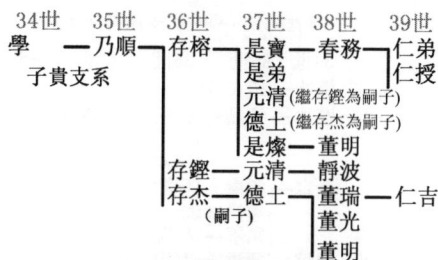

德輔公（朝佐）支派文駒公支系

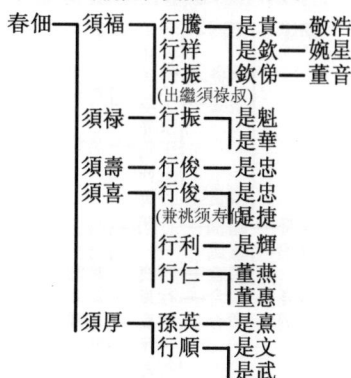

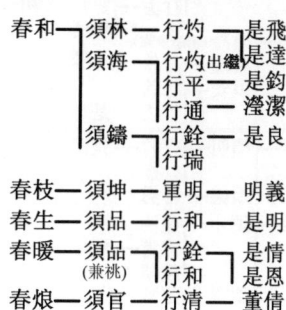

春佃
- 須福 — 行騰 — 是貴 — 敬浩
- 　　　行祥 — 是欽 — 婉星
- 　　　行振 — 欽俤 — 董音
- 　　　（出繼須祿叔）
- 須祿 — 行振 — 是魁／是華
- 須壽 — 行俊 — 是忠
- 須喜 — 行俊 — 是忠／是捷
- 　　　（兼桃須壽）
- 　　　行利 — 是輝
- 　　　行仁 — 董燕／董惠
- 須厚 — 孫英 — 是熹
- 　　　行順 — 是文／是武

德輔公（朝佐）支派文駒公支系

春和
- 須林 — 行灼 — 是飛
- 須海 — 行灼（出繼） — 是達
- 　　　行平 — 是鈞
- 　　　行通 — 瀅潔
- 須鑄 — 行銓 — 是良
- 　　　行瑞
春枝 — 須坤 — 軍明 — 明義
春生 — 須品 — 行和 — 是明
春暖 — 須品 — 行銓 — 是情
　　　（兼桃）行和 — 是恩
春烺 — 須官 — 行清 — 董倩

【德輔公（朝佐）支派高飛支系】

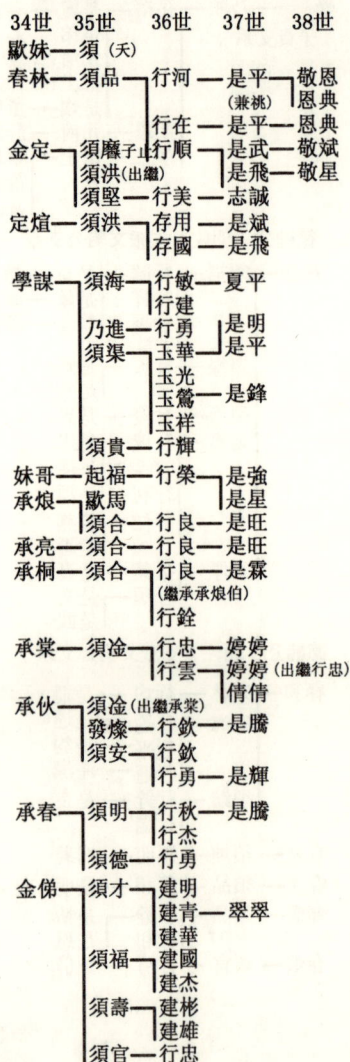

34世　35世　36世　37世　38世

```
歇妹—須(天)
春林—須品—行河—是平—敬恩
                      恩典
                 行在—是平—恩典
                 （兼桃）
金定—須廳子—行順—是武—敬斌
     須洪        是飛—敬星
     （出繼）
     須堅—行美—志誠
定煊—須洪—存用—是斌
          存國—是飛
學謀—須海—行敏—夏平
          行建
     乃進—行勇—是明
     須渠—玉華—是平
          玉光—是鋒
          玉鶯
          玉祥
     須貴—行輝
妹哥—起福—行榮—是強
                是星
承烺—歇馬
     須合—行良—是旺
承亮—須合—行良—是旺
承桐—須合—行良—是霖
     （繼承承烺伯）
     行銓
承棠—須淦—行忠—婷婷
          行雲—婷婷（出繼行忠）
               倩倩
承伙—須淦（出繼承棠）
     發燦—行欽—是騰
     須安—行欽
          行勇—是輝
承春—須明—行秋—是騰
          行杰
     須德—行勇
金俤—須才—建明
          建青—翠翠
          建華
     須福—建國
          建杰
     須壽—建彬
          建雄
     須官—行忠
```

【德輔公（朝佐）支派文嵩公支系】

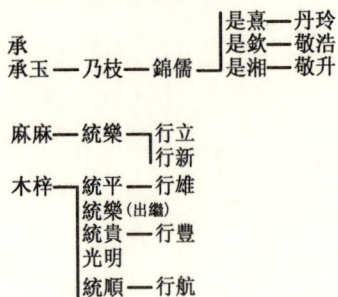

```
                是熹—丹玲
承玉—乃枝—錦儒—是欽—敬浩
                是湘—敬升

麻麻—統樂—行立
          行新
木梓—統平—行雄
     統樂（出繼）
     統貴—行豐
     光明
     統順—行航
```

【德輔公（朝佐）支派文圭公支系】

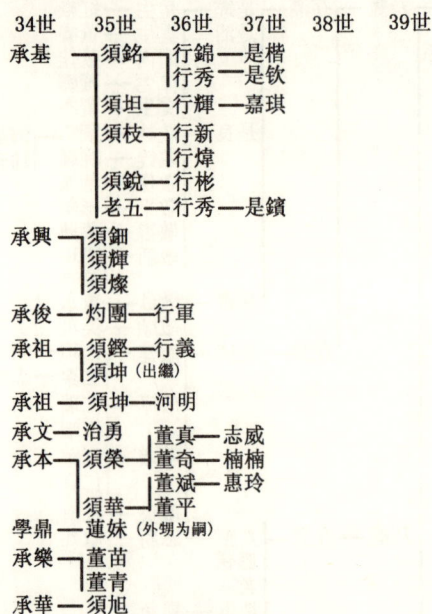

34世　35世　36世　37世　38世　39世

```
承基—須銘—行錦—是楷
          行秀—是欽
     須坦—行輝—嘉琪
     須枝—行新
          行煒—是彬
     須銳—行彬
     老五—行秀—是鑄
承興—須鈿
     須輝
     須燦
承俊—灼團—行軍
承祖—須鏗—行義
     須坤（出繼）
承祖—須坤—河明
承文—治勇—董真—志威
承本—須榮—董奇—楠楠
          董斌—惠玲
     須華—董平
學鼎—蓮妹（外甥为嗣）
承樂—董苗
     董青
承華—須旭
```

【德高公（朝仰）支派一堯派支系】

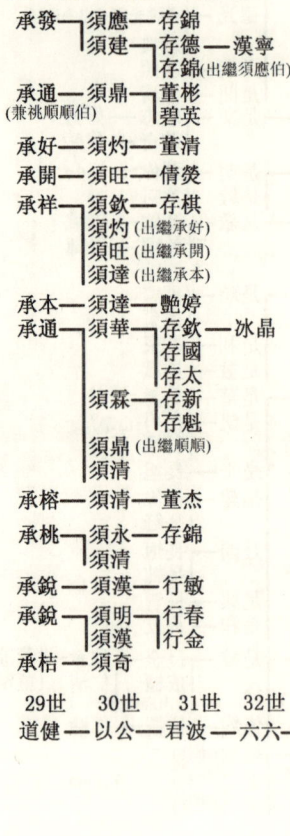

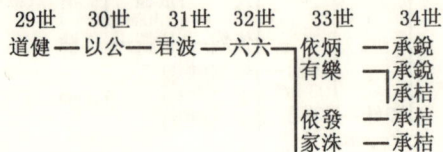

```
承發—須應—存錦
     須建—存德—漢寧
          存錦（出繼須應伯）
承通—須鼎—董彬
（兼桃順順伯）  碧英
承好—須灼—董清
承開—須旺—倩焱
承祥—須欽—存棋
     須灼（出繼承好）
     須旺（出繼承開）
     須達（出繼承本）
承本—須達—艷婷
承通—須華—存欽—冰晶
          存國
          存太
     須霖—存新
          存魁
     須鼎（出繼順順）
     須清
承榕—須清—董杰
承桃—須永—存錦
     須清
承銳—須漢—行敏
承銳—須明—行春
     須漢—行金
承桔—須奇
```

29世　30世　31世　32世　33世　34世

```
道健—以公—君波—六六—依炳—承銳
                    有樂—承銳
                         承桔
                    依發—承桔
                    家洙—承桔
```

34世 35世 36世 37世 38世 39世 40世

【德高公（朝仰）支派一連派支系】

承棟—須潤—存松—是忠—桂如
是國—敬樹
是豐—董泓
是富—董鈴
存竹—是平—凌霄
是惠—邵敏
存枝—是健—文錦
存艷—是錦—敬椿
是群—敬榕
存盛—是凱
學柱—須煊—存茂—是輝—敬挺(兼祧)
是耀—敬挺
是俊—敬浩
存蘭—建森—董靜
建衡—敬鐘
建新(出繼存芳)
存桂—伯生—敬和
明生—董倩
建惠—敬泉
存芳—建新—敬櫟
須通—存志—建雄
建榮
存明—建文
存銓—是團
董祥
須熀—存端—建武
建葉
存欽—建挺
須理—存餘—建龍
建麟
存成—建捷
存忠—建銘
存勝—建麟
學彩—須積—存福—是鴻—建錦
存禄—董興
存壽—董斌
董錦
存喜—董航
董興(出繼)
須德—存良—是榮—敬松
是煒—董凡
存慶—是飛
存浙—是敬—董情
存堅—是煌
存勇—是彬
是強

【德高公（朝仰）支派以廣公-君宴公派支系】

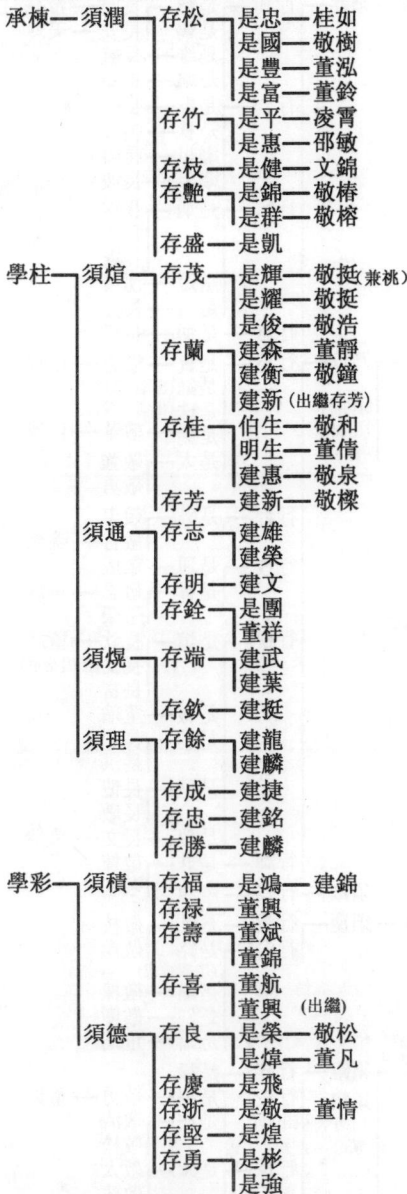

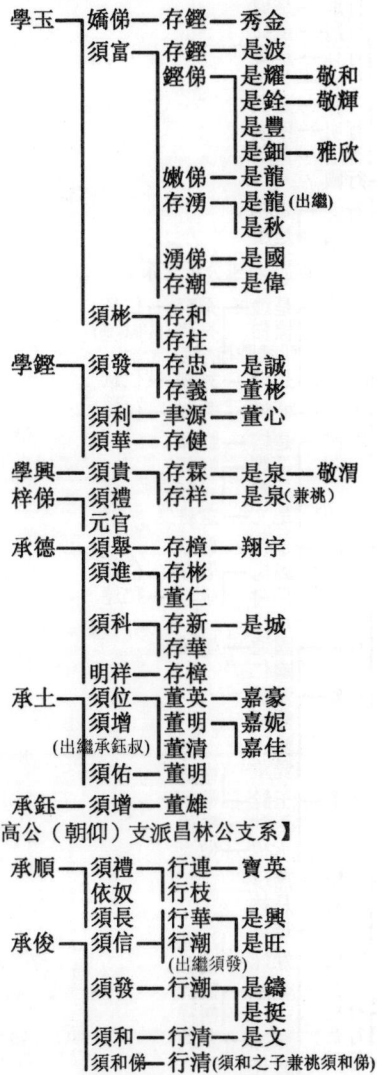

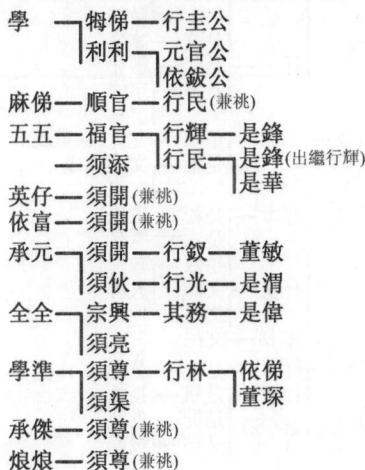

學—牳俤—行圭公
利利—元官公
依鉞公
麻俤—順官—行民(兼祧)
五五—福官—行輝—是鋒
—須添 行民—是鋒(出繼行輝)
是華
英仔—須開(兼祧)
依富—須開(兼祧)
承元—須開—行釵—董敏
須伙—行光—是渭
全全—宗興—其務—是偉
須亮
學準—須尊—行林—依俤
須渠 董琛
承傑—須尊(兼祧)
烺烺—須尊(兼祧)

34世 35世 36世 37世 38世 39世 40世

【德高公（朝仰）支派一連派支系】

學玉—嬌俤—存鏗—秀金
須富—存鏗—是波
鏗俤—是耀—敬和
是銓—敬輝
是豐
是鈿—雅欣
嫩俤—是龍
存湧—是龍(出繼)
是秋
湧俤—是國
存潮—是偉
須彬—存和
存杜
學鏗—須發—存忠—是誠
存義—董彬
須利—聿源—董心
須華—存健
學興—須貴—存霖—是泉—敬渭
梓俤—須禮 存祥—是泉(兼祧)
元官
承德—須舉—存樟—翔宇
須進—存彬
董仁
須科—存新—是城
存華
明祥—存樟
承土—須位—董英—嘉豪
須增 董明—嘉妮
(出繼承鈺叔) 董清 嘉佳
須佑—董明
承鈺—須增—董雄

【德高公（朝仰）支派昌林公支系】

承順—須禮—行連—寶英
依奴 行枝
須長 行華—是興
承俊—須信—行潮 是旺
(出繼須發)
須發—行潮—是鑄
是挺
須和—行清—是文
須和俤—行清(須和之子兼祧須和俤)

【德高公（朝仰）支派子元派支系】

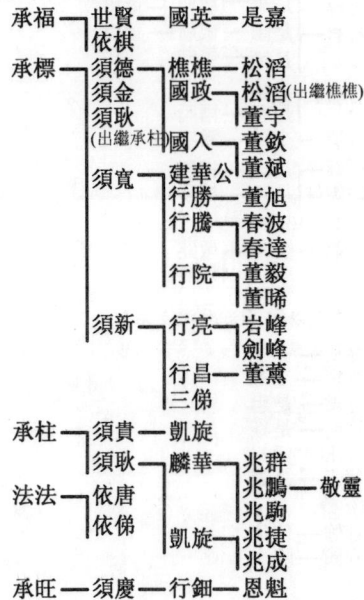

承福—世賢—國英—是嘉
依棋
承標—須德—樵樵—松滔
須金 國政—松滔(出繼樵樵)
須耿 董宇
(出繼承柱) 國入—董欽
董斌
須寬—建華公
行勝—董旭
行騰—春波
春達
行院—董毅
董晞
須新—行亮—岩峰
劍峰
行昌—董薰
三俤
承柱—須貴—凱旋
須耿—麟華—兆群
法法—依唐 兆鵬—敬靈
依俤 兆駒
凱旋—兆捷
兆成
承旺—須慶—行鈿—恩魁

【德高公（朝仰）支派子典公派支系】

34世 35世 36世 37世 38世 39世 40世

- 學茂
  - 須欽—行進—是偉
  - 須南—行熙—董如
  - 須官—行輝—是煌
  - 行誠—是敏
- 承夏
  - 德勝
    - 行光—是興
    - 行明—申勛
    - 行瑜—董琦
  - 德旺—行國
- 依嬌—須南
  - 行文—是棋
  - 行武—是康

【德高公（朝仰）支派以忠 君玉公派支系】

- 學桓—乃輝
  - 行淦
    - 是鐘—秀育—仁豪
    - 標俤—秀清 (出繼標俤)
    - (出繼贈圭)—秀潮
    - 是朗—秀潮—仁章
  - 贈圭
    - 標俤—秀清—仁鋒
  - 贈桐
    - 是榕—虹輝
    - 是潤—虹輝
    - 是霖—元輝
    - 是文—董耕
- 學根—為為
  - 贈祿
    - 是恭—敬欽
    - 錫梅—敬春—仁斌
    - 是書—敬忠—仁達
  - 須崇—行金
    - 是禮
  - 行奇—國通—敬斌
    - 國仁
  - 行順
    - 愛鵬
    - 愛國
    - 愛民
    - 愛董
- 學檜—須通—行孝
  - 玉銓—敬鋒
  - 敬新
  - 玉利—敬偉
  - 玉福—敬東
- 須桃
  - 行樂—燕珍
  - 行新—是林
  - 行亮—是斌
- 歇歇—須榕—行仁
  - 好妹—洪鑫
  - 洪強
  - 金妹—鶴齡
  - 鶴祥
- 須禮
- 學敏—須樂—行柱—珠妹—董莉
  - 行章—蘇林
  - 須鑾—行平—蘇彬
- 承榮—須孟—行祥—敬新 (出繼)
  - 行淳—是華—敬明—董旭
  - 須贈—行貴—是國—敬新—董偉
  - 須榛—是增—敬強
  - 行城—是秋
  - 是春—雨晴
- 濟馬—須知—行明—少飛—霖宇
- 學耕—須灼—行鈺—是亮—榕勝
  - 須鑾—嫩嫩妹—是忠—榕勝(兼桃)
  - 行龍 (出繼須品)
- 桃桃—須品—行龍—少華—敬銘
  - 敬賽

【德高公（朝仰）支派以發 君瑜公派支系】

- 佬細—須棟
  - 存秋—是勇
  - 存官—董馨
- 承順—須金
  - 行增—是忠
  - 行明—是焱
  - 行玉(出繼須銀)
  - 須銀—行玉—是靈
- 學積
  - 須棟(出繼佬細)
  - 須彬—存強—倩倩
  - 存國—曉琪

【德高公（朝仰）支派以廣公-君宴公派支系】

34世 35世 36世 37世 38世 39世 40世

- 學鉞—須銘—行和
  - 是慈—長明—希亮
  - 是鵬—長安—美玲
  - 是維—長航
  - 是綸—長穎
- 行合
  - 是春—長藩(兼桃)
  - 是秋—長波(兼桃)
  - 繼祖—長藩
  - 繼志—長波
- 行順
  - 是炳—長震
  - 長晨
  - 長霆
  - 是燈—湧倩
- 行意
  - 是昌—長亮
  - 是炳—長晨
- 學鐯—乃淳
  - 行盛
    - 是寶—敬忠—仁煌
    - 是鈺(出繼行鏗)
    - 是珠(出繼行輝)
    - 是艷—敬華—仁璋
    - 是太—敬強
    - 敬勇
  - 須鈿(出繼承鎰公)
  - 行鏗—是鈺—敬忠
    - 敬官—曉微
  - 行枝—是通—敬成
    - 是林—敬恩—董靜
    - 敬榮
  - 行松
    - 是煊—長欽—董斌
    - 長文(出繼是慶)
    - 長富
    - 是城—董瑜
    - 是利—長明
    - 長洪
    - 是堅—長愷
    - 長敏
    - 是慶—長文—董倩
  - 行輝—是珠—敬棟
    - 敬利
- 承鎰—須鈿—行良—華龍
- 學鏽—須慶—行貴—是銘—敬枝
  - 行淵—是銘—敬樑
    - (出繼行貴)
  - 是鐂—敬棟
  - 是釗—敬樹
  - 是鑄—董瑤
- 學鏡—須錕
  - 行桂—是祿
  - 行俊—是福—敬勇—董鈴
    - 是樹—敬清
    - 敬松
  - 行珠—是燦—敬太
    - 敬建
    - 是潮—敬忠
    - 敬鋒
    - 是文—冰影
  - 行平—是光—敬彬
    - 是壽—宇峰
    - 宇林
  - 須鎬(出繼學鏽公)
  - 須登—行俊—董斌—文秀—董梅
    - 是鼎—文秀(出繼)
    - 文泉
  - 朧妹
  - 須錢—行本—是松—敬周
    - 是永—敬銘
    - 是釵—敬飛
    - 行德—文輝—天林
    - 文星(兼桃細俤伯)
    - 細俤—文星
- 學鏑—須鎬—行善—是享—董鋒
  - 行清—是棋—長泳
  - 是開—長津
- 學楚—發枝 (下落不明)
  - 是瑞—長潤

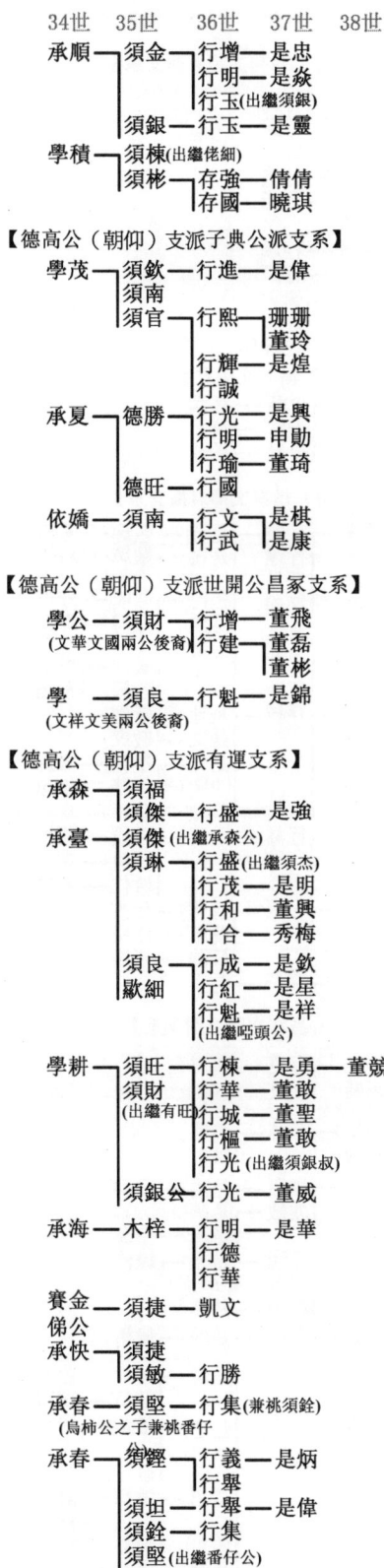

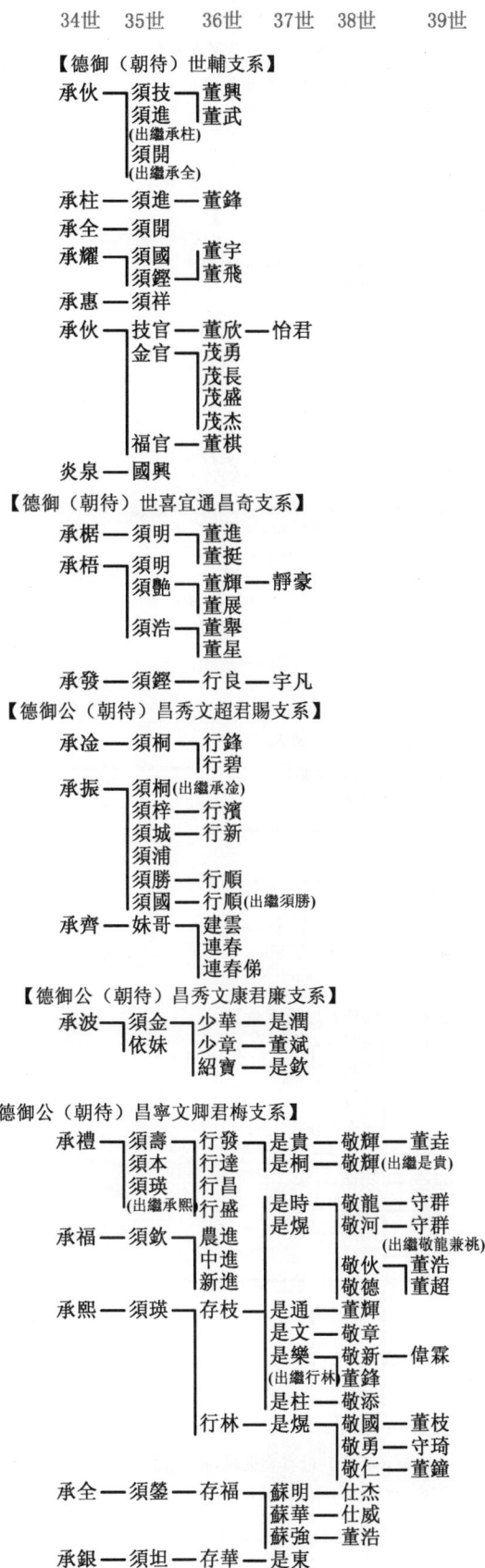

34世　35世　36世　37世　38世

承順—須金—行增—是忠
　　　　　　行明—是焱
　　　　　　行玉(出繼須銀)
　　　須銀—行玉—是靈
學積—須棟(出繼佬細)
　　　須彬—存強—倩倩
　　　　　　存國—曉琪

【德高公（朝仰）支派子典公派支系】
學茂—須欽—行進—是偉
　　　須南
　　　須官—行熙—珊珊
　　　　　　　　董玲
　　　　　　行輝—是煌
　　　　　　行誠
承夏—德勝—行光—是興
　　　　　　行明—申勛
　　　　　　行瑜—董琦
　　　德旺—行國
依嬌—須南—行文—是棋
　　　　　　行武—是康

【德高公（朝仰）支派世開公昌冢支系】
學公—須財—行增—董飛
(文華文國兩公後裔)　行建—董磊
　　　　　　　　　　　　　董彬
學—須良—行魁—是錦
(文祥文美兩公後裔)

【德高公（朝仰）支派有運支系】
承森—須福
　　　須傑—行盛—是強
承臺—須傑(出繼承森公)
　　　須琳—行盛(出繼須杰)
　　　　　　行茂—是明
　　　　　　行和—董興
　　　　　　行合—秀梅
　　　須良—行成—是欽
　　　歐細—行紅—是星
　　　　　　行魁—是祥
　　　　　　　　　(出繼啞頭公)
學耕—須旺—行棟—是勇—董競
　　　須財—行華—董敢
(出繼有旺)　行城—董聖
　　　　　　行樞—董敢
　　　　　　行光(出繼須銀叔)
　　　須銀公—行光—董威
承海—木梓—行明—是華
　　　　　　行德
　　　　　　行華
賽金—須捷—凱文
俤公
承快—須捷
　　　須敏—行勝
承春—須堅—行集(兼桃須銓)
(烏柿公之子兼桃番仔)
承春—須鏗—行義—是炳
　　　　　　行犖
　　　須坦—行犖—是偉
　　　須銓—行集
　　　須堅(出繼番仔公)

34世　35世　36世　37世　38世　39世

【德御（朝待）世輔支系】
承伙—須技—董興
　　　須進—董武
(出繼承柱)
　　　須開
(出繼承全)
承柱—須進—董鋒
承全—須開
承耀—須國—董宇
　　　須鏗—董飛
承惠—須祥
承伙—技官—董欣—怡君
　　　金官—茂勇
　　　　　　茂長
　　　　　　茂盛
　　　　　　茂杰
　　　福官—董棋
炎泉—國興

【德御（朝待）世喜宜通昌奇支系】
承椐—須明—董進
承梧—須明—董挺
　　　須艷—董輝—靜豪
　　　　　　董展
　　　須浩—董翠
　　　　　　董星
承發—須鏗—行良—宇凡

【德御公（朝待）昌秀文超君賜支系】
承淦—須桐—行鋒
　　　　　　行碧
承振—須桐(出繼承淦)
　　　須梓—行濱
　　　須城—行新
　　　須浦
　　　須勝—行順
　　　須國—行順(出繼須勝)
承齊—妹哥—建雲
　　　　　　連春
　　　　　　連春俤

【德御公（朝待）昌秀文康君廉支系】
承波—須金—少華—是潤
　　　依妹—少章—董斌
　　　　　　紹寶—是欽

【德御公（朝待）昌寧文卿君梅支系】
承禮—須壽—行發—是貴—敬輝—董垚
　　　須本—行達—是桐—敬輝(出繼是貴)
　　　須瑛—行昌
(出繼承熙)　行盛—是時—敬龍—守群
　　　　　　　　　是焜—敬河—守群
　　　　　　　　　　　　　　(出繼敬龍兼桃)
承福—須欽—農進　　　　　敬伙—董浩
　　　　　　中進　　　　　敬德—董超
　　　　　　新進
承熙—須瑛—存枝—是通—董輝
　　　　　　　　是文—敬章
　　　　　　　　是樂—敬新—偉霖
　　　　　　　　　　(出繼行林)
　　　　　　　　是柱—敬添
　　　　　　行林—是焜—敬國—董枝
　　　　　　　　　　　敬勇—守琦
　　　　　　　　　　　敬仁—董鐘
承全—須鋆—存福—蘇明—仕杰
　　　　　　　　蘇華—仕威
　　　　　　　　蘇強—董浩
承銀—須坦—存華—是東

34世　35世　36世　37世　38世　　　　34世　35世　36世　37世　38世　39世

【德高公（朝仰）支派世開公昌冢支系】

學公 — 須財 ┬ 行增 — 董飛
（文華文國兩公後裔） └ 行建 ┬ 董磊
　　　　　　　　　　　　　└ 董彬

學 — 須良 — 行魁 — 是錦
（文祥文美兩公後裔）

【德高公（朝仰）支派有運支系】

承森 ┬ 須福
　　　└ 須傑 — 行盛 — 是強
承臺 ┬ 須傑（出繼承森公）
　　　├ 須琳 ┬ 行盛（出繼須杰）
　　　│　　　├ 行茂 — 是明
　　　│　　　├ 行和 — 董興
　　　│　　　└ 行合 — 秀梅
　　　├ 須良 ┬ 行成 — 是欽
　　　│ 歐細 ├ 行紅 — 是星
　　　│　　　└ 行魁 — 是祥
　　　│　　　　　（出繼啞頭公）
學耕 ┬ 須旺 ┬ 行棟 — 是勇 — 董競
　　　├ 須財 ├ 行華 — 董敢
　　　（出繼有旺）├ 行城 — 董聖
　　　│　　　├ 行樞 — 董敢
　　　│　　　└ 行光（出繼須銀叔）
　　　└ 須銀公 — 行光 — 董威
承海 — 木梓 ┬ 行明 — 是華
　　　　　　├ 行德
　　　　　　└ 行華
賽金俤 — 須捷 — 凱文

承快 ┬ 須捷（出繼）
　　　└ 須敏 — 行勝
承春 — 須堅 — 行集（兼桃須銓）
（烏柿公之子兼桃番仔公）
承春 ┬ 須鏗 ┬ 行義 — 是炳
　　　│　　　└ 行舉
　　　├ 須坦 — 行舉 — 是偉
　　　├ 須銓 — 行集
　　　└ 須堅（出繼番仔公）

【德御（朝待）世輔支系】

承伙 ┬ 須技 — 董興
　　　├ 須進 — 董武
　　　（出繼承柱）
　　　├ 須開
　　　（出繼承全）
承柱 — 須進 — 董鋒
承全 — 須開
承耀 ┬ 須國 ┬ 董宇
　　　└ 須鏗 └ 董飛
承惠 — 須祥
承伙 ┬ 技官 — 董欣 — 怡君
　　　├ 金官 ┬ 茂勇
　　　│　　　├ 茂長
　　　│　　　├ 茂盛
　　　│　　　└ 茂杰
　　　└ 福官 — 董棋
炎泉 — 國興

【德御（朝待）世喜宜通昌奇支系】

承椐 ┬ 須明 ┬ 董進
承梧 │　　　└ 董挺
　　　├ 須明
　　　├ 須艷 ┬ 董輝 — 靜豪
　　　│　　　└ 董展
　　　└ 須浩 ┬ 董舉
　　　　　　　└ 董星
承發 — 須鏗 — 行良 — 宇凡

【德御公（朝待）昌秀文超君賜支系】

承淦 — 須桐 ┬ 行鋒
　　　　　　└ 行碧
承振 ┬ 須桐（出繼承淦）
　　　├ 須梓 — 行濱
　　　├ 須城 — 行新
　　　├ 須浦
　　　├ 須勝 — 行順
　　　└ 須國 — 行順（出繼須勝）
承齊 — 妹哥 ┬ 建雲
　　　　　　├ 連春
　　　　　　└ 連春俤

【德御公（朝待）昌秀文康君廉支系】

承波 ┬ 須金 ┬ 少華 — 是潤
　　　依妹 ├ 少章 — 董斌
　　　　　　└ 少寶 — 是欽

【德御公（朝待）昌寧文卿君梅支系】

承禮 ┬ 須壽 ┬ 行發 — 是貴 — 敬輝 — 董垚
　　　├ 須本 ├ 行達 — 是桐 — 敬輝（出繼是貴）
　　　├ 須瑛 ├ 行昌
　　　（出繼承熙）└ 行盛 ┬ 是時 — 敬龍 — 守群
　　　　　　　　　　　　└ 是煋 — 敬河 — 守群
　　　　　　　　　　　　　（出繼）（出繼敬龍兼桃）
承福 — 須欽 ┬ 農進 ┬ 敬伙 — 董浩
　　　　　　├ 中進 └ 敬德 — 董超
　　　　　　└ 新進
承熙 — 須瑛 — 存枝 ┬ 是通 — 董輝
　　　　　　　　　　├ 是文 — 敬章
　　　　　　　　　　├ 是樂 ┬ 敬新 — 偉霖
　　　　　　　　　　（出繼行林）└ 董鋒 — 偉翔
　　　　　　　　　　└ 是柱 — 敬添
　　　　　　　　行林 — 是煋 ┬ 敬國 — 董枝
　　　　　　　　　　　　　　├ 敬勇 — 守琦
　　　　　　　　　　　　　　└ 敬仁 — 董鐘
承全 — 須鑒 — 存福 ┬ 蘇明 — 仕杰
　　　　　　　　　　├ 蘇華 — 仕威
　　　　　　　　　　└ 蘇強 — 董浩
承銀 — 須坦 — 存華 — 是東

【德御公（朝待）昌寧文卿君開支系】

承淦 ┬ 須桂 ┬ 存良 — 鴻海
　　　├ 須鑒 └ 存林（出繼須狀）
　　　├ 須狀 — 存林 ┬ 鴻聲
　　　└ 須坳 　　　　└ 洪根
承劍 ┬ 須池 ┬ 達惠 — 是鴻 — 平濤
　　　│　　　└ 達敏 ┬ 是鴻（出繼達惠）
　　　│　　　　　　　└ 是騰 — 宇鑫
　　　├ 須炳 ┬ 存漢 — 是杰 — 毓泠
　　　│　　　├ 存華（出繼須坦）
　　　│　　　└ 存用 — 是銘
　　　├ 須施 — 存信 — 是坤 — 佩姍
　　　├ 須木 ┬ 是群 ┬ 敬重 — 董隽
　　　├ 須土 │　　　├ 敬業 — 璞臻
　　　├ 須欽 │　　　├ 敬恭 ┬ 守穎
　　　└ 須坦 │　　　│　　　└ 守宇
　　　（出繼承福）│　　　└ 敬尊 — 董沂
　　　（出繼承銀）│
承材 ┬ 須鍠 — 存禧 ┬ 是運 ┬ 敬尊 — 董沂
　　　├ 須銛 │　　　├ 是昭 ┬ 樂輝 — 雨獲
　　　│　　　│　　　│　　　├ 樂煌 — 董沛
　　　│　　　│　　　│　　　└ 敬立 — 婕妤
　　　│　　　│　　　└ 是嚴 — 明霞 — 斯涵
　　　├ 須鍴 — 存煊 — 是著 — 敬知 — 翼珊
　　　│　　　　　　　　文彬
　　　├ 須鈦 — 存禧（出繼須鍠）
　　　└ 須鑠 — 存煊（出繼須煊）

34世　35世　36世　37世　38世　39世

【德御公（朝侍）昌秀文康君登支系】

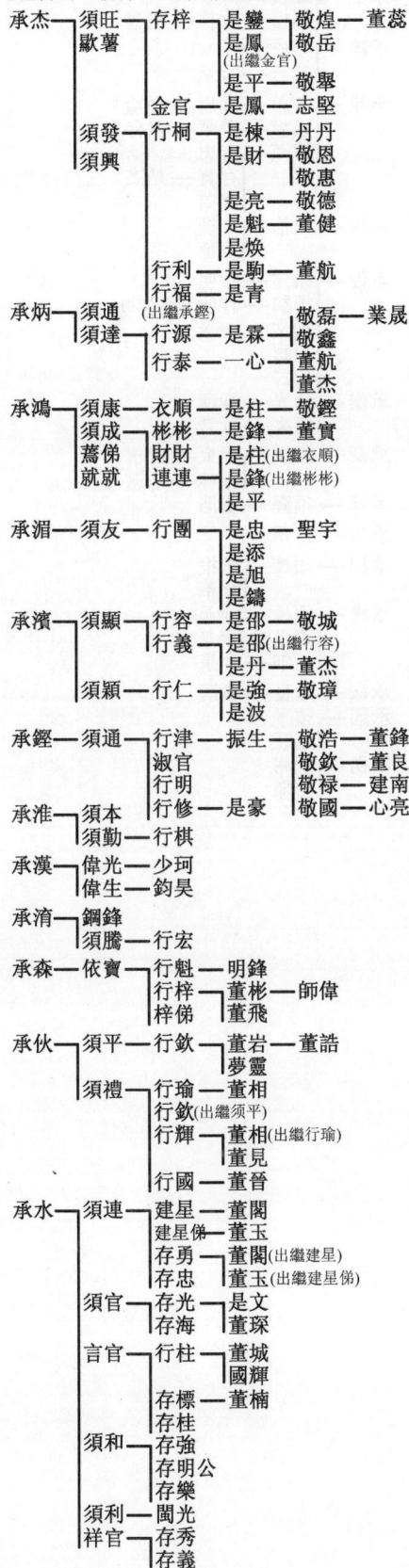

承杰—須旺—存梓—是鑾—敬煌—董蕊
　　　歇薯　　　　　是鳳　敬岳
　　　　　　　　　　(出繼金官)
　　　　　　　　　　是平—敬舉
　　　　　　金官—是鳳—志堅
　　　須發—行桐—是棟—丹丹
　　　須興　　　　是財—敬恩
　　　　　　　　　　　　敬惠
　　　　　　　　　是亮—敬德
　　　　　　　　　是魁—董健
　　　　　　　　　是焕
　　　　　　行利—是駒—董航
　　　　　　行福—是青
承炳—須通　(出繼承鏗)　敬磊—業晟
　　　須達—行源—是霖—敬鑫
　　　　　　行泰—一心—董航
　　　　　　　　　　　　董杰
承鴻—須康—衣順—是柱—敬鏗
　　　須成—彬彬—是鋒—董實
　　　蔫俤　財財　是柱(出繼衣順)
　　　就就　連連—是鋒(出繼彬彬)
　　　　　　　　　是平
承涓—須友—行團—是忠—聖宇
　　　　　　　　　是添
　　　　　　　　　是旭
　　　　　　　　　是鑄
承濱—須顯—行容—是卲—敬城
　　　　　　行義—是卲(出繼行容)
　　　　　　　　　是丹—董杰
　　　須穎—行仁—是強—敬璋
　　　　　　　　　是波
承鏗—須通—行津—振生—敬浩—董鋒
　　　　　　淑官　　　　敬欽—董良
　　　　　　行明　　　　敬禄—建南
　　　　　　行修—是豪　敬國—心亮
承淮—須本
　　　須勤—行棋
承漢—偉光—少珂
　　　偉生—鈞昊
承涓—鋼鋒
　　　須騰—行宏
承森—依寶—行魁—明鋒
　　　　　　行梓—董彬—師偉
　　　　　　梓俤　董飛
承伙—須平—行欽—董岩—董誥
　　　　　　　　　夢靈
　　　須禮—行瑜—董相
　　　　　　行欽(出繼須平)
　　　　　　行輝—董相(出繼行瑜)
　　　　　　　　　董見
　　　　　　行國—董晉
承水—須連—建星—董閬
　　　　　　建星俤—董玉
　　　　　　存勇—董閬(出繼建星)
　　　　　　存忠—董玉(出繼建星俤)
　　　須官—存光—是文
　　　　　　存海—董琛
　　　言官—行柱—董城
　　　　　　　　　國輝
　　　　　　存標—董楠
　　　　　　存桂
　　　須和—存強
　　　　　　存明公
　　　　　　存樂
　　　須利—閩光
　　　祥官—存秀
　　　　　　存義

34世　35世　36世　37世　38世　39世　40世

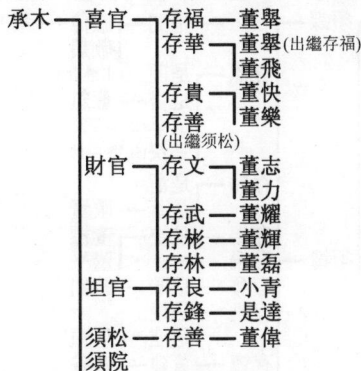

承木—喜官—存福—董舉
　　　　　　存華—董舉(出繼存福)
　　　　　　　　　董飛
　　　　　　存貴—董快
　　　　　　存善　董樂
　　　　　　(出繼须松)
　　　財官—存文—董志
　　　　　　　　　董力
　　　　　　存武—董耀
　　　　　　存彬—董輝
　　　　　　存林—董磊
　　　坦官—存良—小青
　　　　　　存鋒—是達
　　　須松—存善—董偉
　　　須院

【德御公（朝侍）世喜宜通昌崇支系】

承璉—須蘭—存彬—是欣
　　　　　　存雲
　　　　　　存忠
　　　　　　存明
　　　　　　存秀

【德御公（朝侍）昌寧文卿文豐、文登、文品、文健支系】

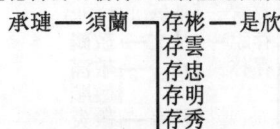

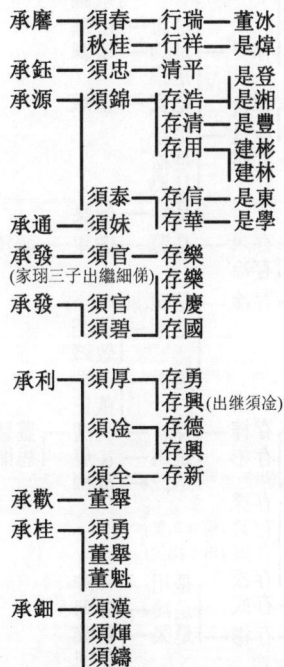

承麐—須春—行瑞—董冰
　　　秋桂—行祥—是焯
承鈺—須忠—清平
承源—須錦—存浩—是登
　　　　　　　　　是湘
　　　　　　存清—是豐
　　　　　　存用—建彬
　　　　　　　　　建林
　　　須泰—存信—是東
承通—須妹　存華—是學
承發—須官—存樂
(家珝三子出繼細俤)　存樂
承發—須官　存慶
　　　須碧　存國
承利—須厚—存勇
　　　　　　存興(出継須淦)
　　　須淦—存德
　　　　　　存興
　　　須全—存新
承歡—董舉
承桂—須勇
　　　董舉
　　　董魁
承鈿—須漢
　　　須燁
　　　須鑄

【德象公（朝儀）昌寧文卿君會、君衡、君瑛、君環支系】

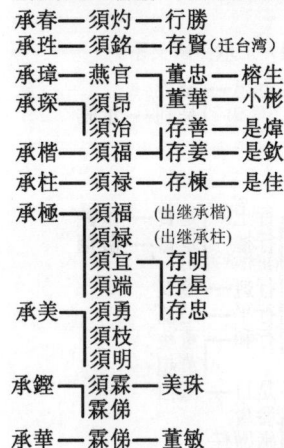

承春—須灼—行勝
承珄—須銘—存賢(迁台湾)
承璋—燕官—董忠—榕生
承琛—須昂　董華—小彬
　　　須治—存善—是焯
承楷—須福—存姜—是欽
承柱—須禄—存棟—是佳
承極—須福　(出継承楷)
　　　須禄　(出継承柱)
　　　須宜—存明
　　　須端　存星
承美—須勇　存忠
　　　須枝
　　　須明
承鏗—須霖—美珠
　　　霖俤
承華—霖俤—董敏

34世　35世　36世　37世　38世　39世

承均—須鏷—存蒸—是開┬敬偉—董興
　　　　　　　　　　└敬農
　　　　　　存照—是開（出继存蒸）
　　　　　　　　　是書—董魁
　　　　　　　　　是草（出继存熊）
　　　　　　　　　是快（出继存扬）
　　　　　　存熊—是渭
　　　　　　　　　是草—敬賢
　　　　　　存揚—是快┬董標
　　　　　　　　　　　└董平
　　　須鐙　存樂
　　　　　　存發—是貽—敬劍
　　　　　　存錐—是達
　　　　　　　　　是遠—董穎
　　　　　　存竈—董建—敬谷

承銑—須鏗—存薦—是枝—敬彬
　　　　　　存富—是鈴（出继存世）
　　　　　　存銳—是文—敬鶴
　　　　　　存林—是武┬敬滿
　　　　　　　　　　　└敬順
　　　　　　　　　是海┬敬炎
　　　　　　　　　　　└敬鈿
　　　　　　　　　是湘┬敬鋒
　　　　　　　　　　　└敬錦
　　　　　　　　　是忠—敬臻
　　　　　　存聲—是灼—敬森
　　　　　　　　　是崇
　　　須鑼—存貴—是安—董斌
　　　　　　存世—是春
　　　須鐐—存棋—是松
　　　須鎮　　　 是典
　　　　　　　　 是鈴—敬良

承渠—須鉄—存泉—是源—敬東—鴻濱
　　　　　　存淦
　　　須鎗—存淦—是源（出继存全）
　　　　　　　　 是潮┬董滔
　　　　　　　　　　 └敬鋒
　　　　　　　　 是勇┬董端
　　　　　　　　　　 └董正
　　　須鑠—存梓—春官—長慶—靈穎
　　　　　　存彬　　 是銀—長晨—思貽
　　　　　（出继须钿）是捷—董標
　　　須鈺—存採
　　　　　　存禁（出继须鏇）
　　　　　　存奴（出继须鋪）
　　　　　　存松—是用—一萍
　　　須鑪—存奴—是淦—敬傳
　　　須鈿—存彬—是榮┬董鑫
　　　　　　　　　　 └董凱
　　　須鏇—存禁—是勤—敬鋬

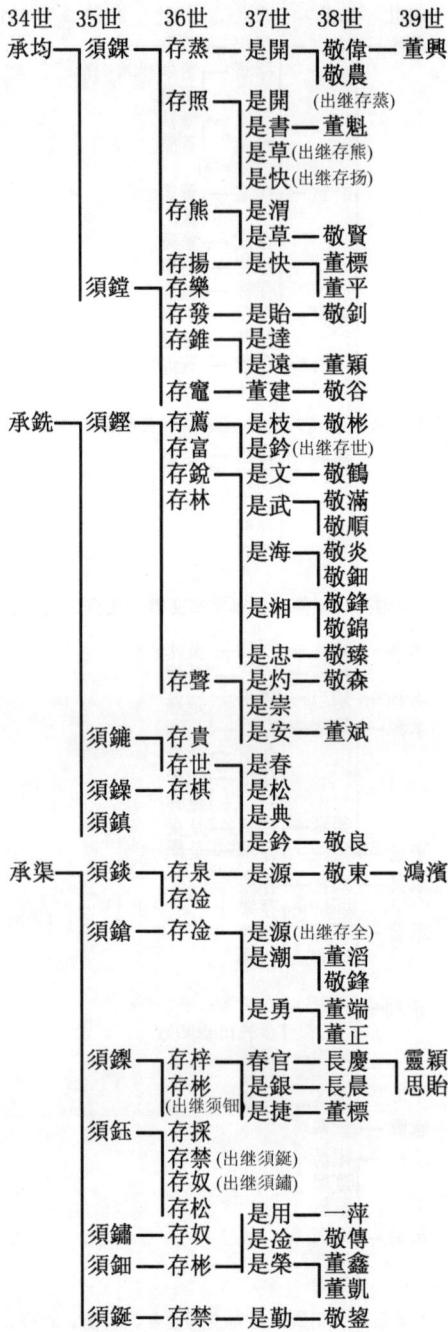

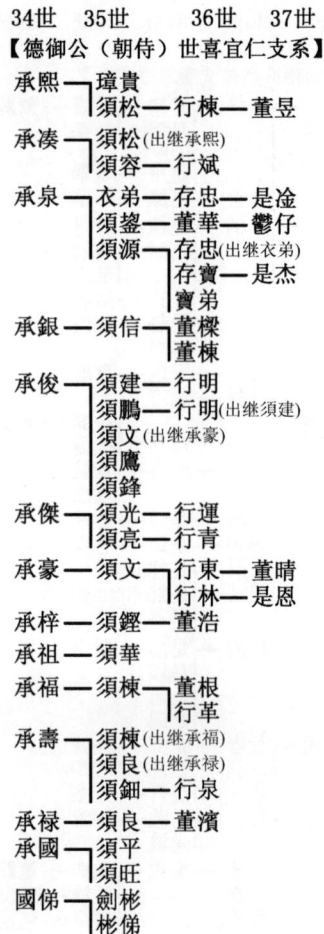

【德象公（朝儀）正玳昌國支系】
學增—乃光—行忠—是銓
學能—乃光（出继學增）是利—董皓
　　　炳啞
　　　依務
　　　依鄉
歇書—玉官—行土—是寶—董艷
　　　　　 行樞—是富—敬翔
　　　　（出继歇書佾）
　　　　　 行魁—董友
　　　　　 行平—是磊
　　　　　 行和┬董凌
　　　　　　　 └董超
歇書佾—行樞—是日—董恒
　　　　須水┬發貴
　　　　　　└嫩嫩仔

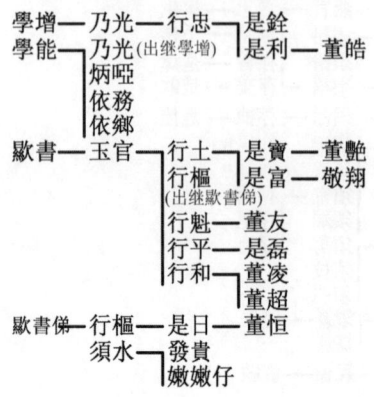

34世　35世　　36世　37世
【德御公（朝侍）世喜宜仁支系】
承熙—璋貴
　　　須松—行棟—董昱
承湊—須松（出继承熙）
　　　須容—行斌
承泉—衣弟—存忠—是淦
　　　須鋆—董華—鬱仔
　　　須源—存忠（出继衣弟）
　　　　　 存寶—是杰
　　　　　 寶弟
承銀—須信┬董櫟
　　　　　└董棟
承俊—須建—行明
　　　須鵬—行明（出继須建）
　　　須文（出继承豪）
　　　須鷹
　　　須鋒
承傑—須光—行運
　　　須亮—行青
承豪—須文┬行東—董晴
　　　　　└行林—是恩
承梓—須鏗—董浩
承祖—須華
承福—須棟┬董根
　　　　　└行革
承壽—須棟（出继承福）
　　　須良（出继承禄）
　　　須鈿—行泉
承禄—須良—董濱
承國┬須平
　　 └須旺
國佾┬劍彬
　　 └彬佾

34世　　35世　　36世　　37世　　38世
【德御公（朝侍）昌宇文灼子孫】

承官————————燕官—董涌
承鏗————行淦—是枝
承術—須旺┬燕官(出継承官)
　　　　　├行淦(出継承鏗)
　　　　　├行國—董瑜
　　　　　├行勇—董斌
　　　　　├行用(出継承奎)
　　　　　└行鋒
承奎————————行用
佬母—全官
承順┬須明┬行秋
　　　└須霞└行東
承好—須海┬行建┬是晶
　　　　　　└行興└是翔
　　　　　　(出継承利)
承利————行興┬是鐘
　　　　　　　└是輝
承賤—須智—金佀—雁冰
承坤—須洪┬行明—董增
　　　　　└行勇
承連┬須美┬行基—是鑫
　　　　　└行城
　　├美佀┬行鑄—是平(兼桃出継行芳)
　　　　　　　　　(兼桃出継缺哥)
　　　　　└行芳—是平
　　├缺哥—行鑄(兼桃)
　　└須永
承發—須英┬海明
　　　　　├海山
　　　　　└志宏
承財┬須雄—董笠
　　└須杰
承乾┬須木—福官
　　└須財┬行城—董鋒
　　　　　├行通┬董萍
　　　　　└行書└董涓
承龍┬須木
　　├口美細
　　├須生—行坦┬董勇—嘉豪
　　　　　　　　└董飛
　　├須越
　　├須金—行用—董強
　　│(出継天喜)
　　├六子
　　├須財┬行挺—董彩
　　│(出継承乾)├行旭
　　└財佀—旭佀

34世　　35世　　36世　　37世　　38世　　39世
學慧—須枝┬行煊┬是樑—敬鈺
　　　　　│　　├是棟—董廣
　　　　　│　　├是濤—語薇
　　　　　│　　├是琛—敬基
　　　　　│　　└是恩—珠霞
　　　　　├行清┬國鋒┬敬泉
　　　　　│　　│　　└敬杰
　　　　　│　　├是柱—敬松
　　　　　│　　└是棋—敬銘
　　　　　└行瑞┬是雄—心怡
　　　　　　　　└是春
學林—須俊┬依櫃—是躬
　　　　　├依櫃佀—是躬
　　　　　└行鈿┬是錦—跨紀
　　　　　　　　└是躬
　　　　　　(出継依櫃、依櫃佀兼桃)
　　　├須團┬行秋—是勇
　　　　　　└行明(出継須塘)
　　　└須塘—行明—媛媛
承恒┬須梓┬行灼—是文
　　　　　│　　　　是欽
　　　　　└依寶—是欽
　　├須潮┬行群┬董影
　　　　　│　　└董星
　　　　　└行本(出継須斌)
　　└須斌公—行本┬樂霖
　　　　　　　　　└董友
承仁—須開┬行新
　　　　　└行華—浩雲
承太————————行文
承江┬須文—行文
　　└須公—鬱青
高使┬須福┬行文—是杰
　　　　　├行武—董賢
　　　　　└行章—是勇
　　├須祿公—行有
　　├福佀—行忠—是輝
　　├福財—行有(出継須祿)
　　└福財佀—行南
木使┬長子
　　├端端
　　└端佀—行帥
天喜無子嗣孫—須金┬行進┬是棋
　　　　　　　　　│　　└是淦
　　　　　　　　　└行光—董演
學蘭┬須璉┬行如┬是壽
　　└須良│　　├是清
　(出継細麾)│　├是坤
　　　　　└行利—金美
細麾—須良┬行勳—是明
　　　　　└魯建
承城┬妹佀—行明—是劍
　　└須連┬行星—是楷
　　　　　├行明(出継妹佀)
　　　　　└行興(出継舅父)

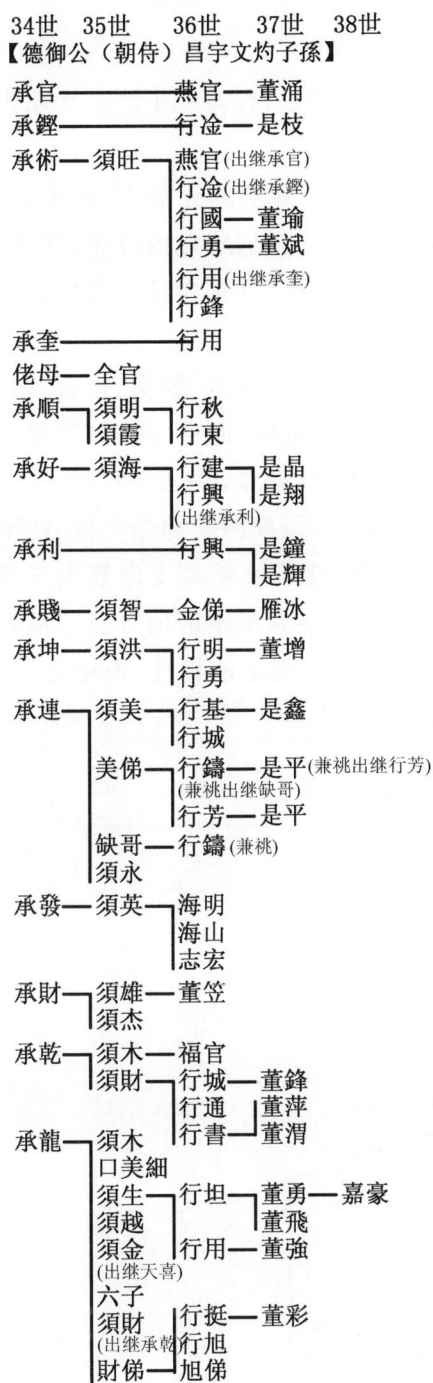

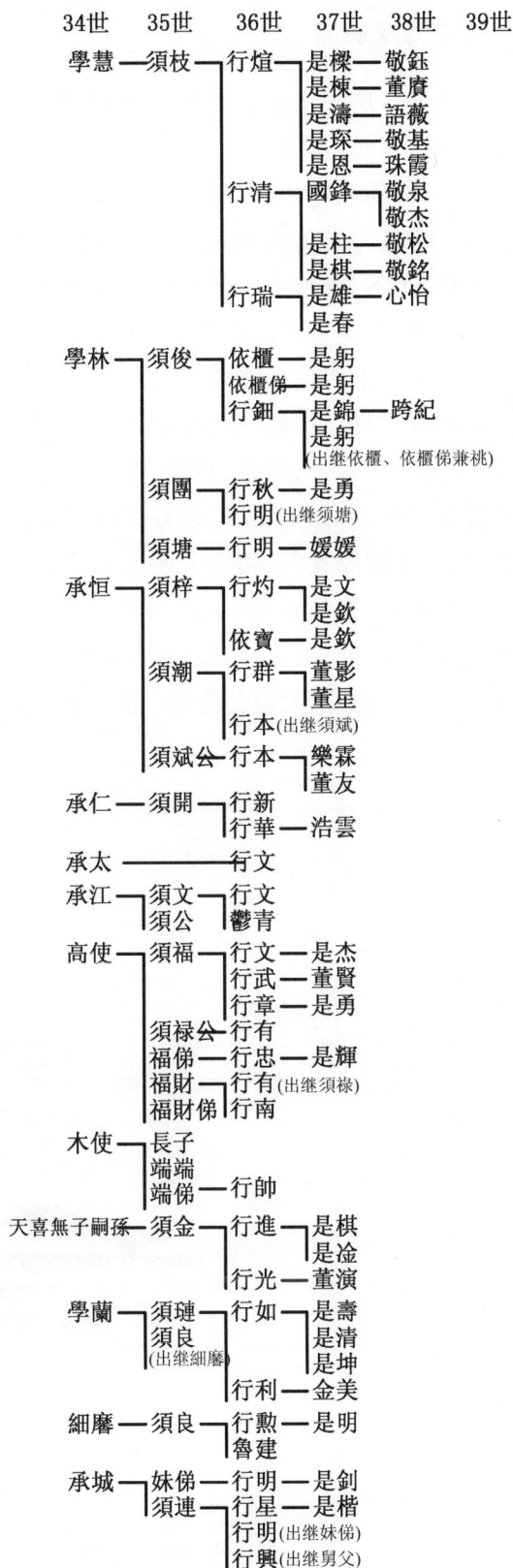

【德象公（朝儀）正珮支系】

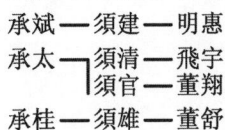

承斌—須建—明惠
承太┬須清—飛宇
　　└須官—董翔
承桂—須雄—董舒

（四）寿房支世系

琅山董氏寿房支系由十九世亭公起，亭公乃良公次子，字文祉，行万三十二。生明洪武辛巳，配欧阳氏，子暖、焕、煜。继娶庙边陈氏，子焌、焕、煜、煌、爆。

性孝谨，自幼知礼让，崖然负丈夫气。早失所怙，内奉孀母，外从其兄治生，积资累业，每有天幸，未十年，与兄弟成中人产。族有已鬻田宅，不靳增价复之。遇挚友内外亲，曲敦情好，即缓急丐贷，无不立应，卒不问其偿。有丈夫子四，莫不席公之德，以有今日。噫！公之所留巨矣。葬糗坪顶，坐辛向乙兼西卯。

亭公传至二十四世有朝槐、朝桂、朝果、朝枝、朝榆、朝概、朝柱、朝芳、朝楫、恒吉、朝棻、驹梅、朝樾、朝霖、朝桓、朝榜、朝榻、朝相、朝森、朝榘、朝标、朝桢、朝科、道亨、鼎吉、道荐、道元、宪吉、欢吉、谦吉、宣吉、震吉、师吉、豫吉、贾吉、朝枢、朝礼、朝聚、朝樘，共三十六支。

主要有朝枝，字德干支派、朝芳字德仁支派、朝榘字德兴支派、朝梅字德鼎支派、朝榘字德芳支派、朝桢字德周支派、朝标字德表支派、鼎吉字德兆支派、谦吉字德某支派繁衍支系。而二十四世朝槐公，德馨支派下的二十九世天明、天馨公，由闽邑嘉崇里琅琦地方迁于福省西门外关源区浦前地方而居（今闽侯县荆溪镇关源浦前村）。以上远祖不能详述，俱略之，不敢妄为记载。今以天明公、天馨公为第一世，现已繁衍至第四十一世。

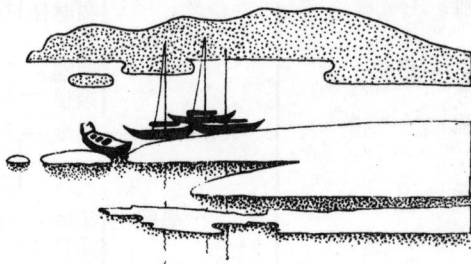

【寿房世系】

19世	20世	21世	22世	23世	24世	25世

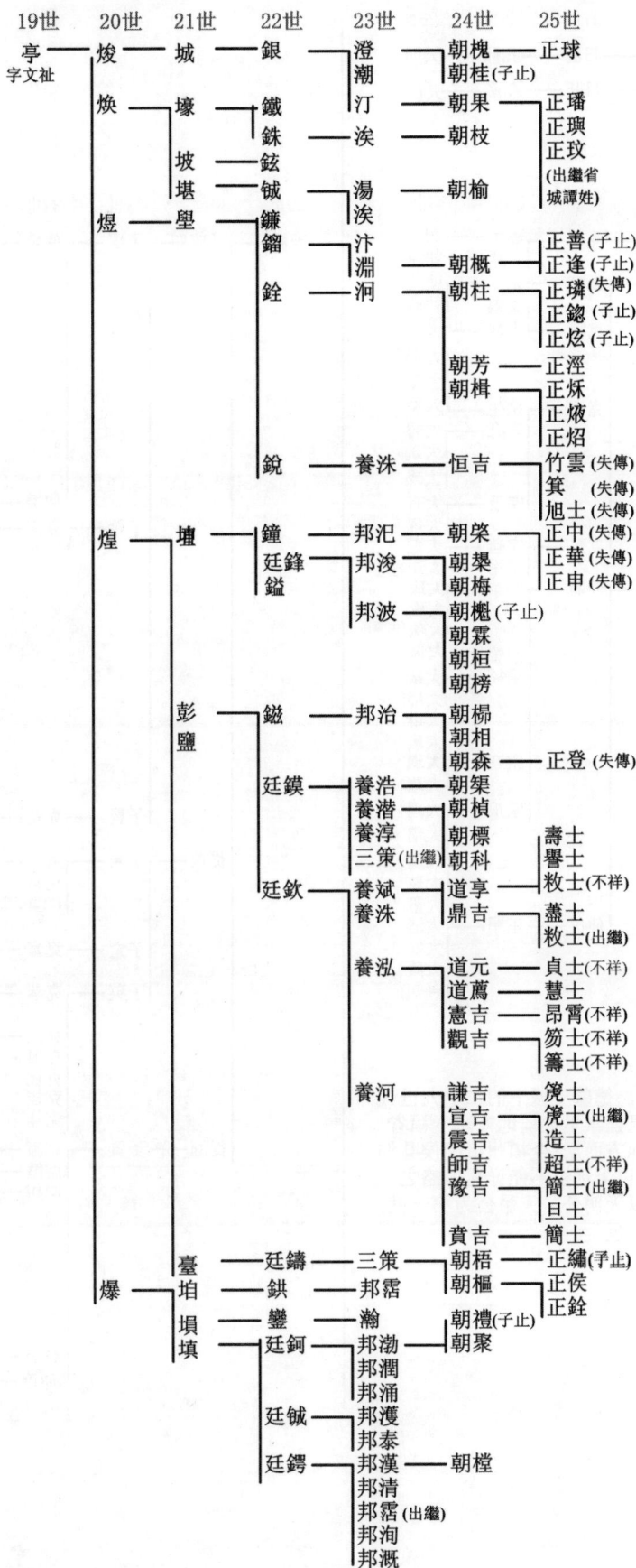

亭（字文祉）
- 焌
  - 城
    - 銀
      - 澄
      - 潮 — 朝槐 — 正球
      - 汀 — 朝桂(子止)
- 焕
  - 壕
    - 鐵
    - 銤 — 涘 — 朝果 — 朝枝
    - 坡 — 鉉
    - 堪 — 鋮 — 湯 — 朝榆
  - 煜
    - 塈 — 鐮 — 汴 — 正璠 / 正璵 / 正玖 (出繼省城譚姓)
      - 鎦 — 淵
      - 銓 — 泂 — 朝概 — 正善(子止) / 正逢(子止)
        - 朝柱 — 正璘(失傳) / 正鎠(子止) / 正炫(子止)
        - 朝芳 — 正溼
        - 朝楫 — 正烁 / 正焌 / 正炤
    - 銳 — 養洙 — 恒吉 — 竹雲(失傳) / 箕(失傳) / 旭士(失傳)
- 煌
  - 壇
    - 鐘 — 邦汜 — 朝榮 — 正中(失傳)
    - 廷鋒 — 邦浚 — 朝槊 / 朝梅 — 正華(失傳) / 正申(失傳)
      鎰 — 邦波 — 朝樾(子止) / 朝霖 / 朝桓 / 朝榜
  - 彭鹽
    - 鎡 — 邦治 — 朝樾 / 朝相 / 朝森 — 正登(失傳)
    - 廷鏌 — 養浩 / 養潛 / 養淳 / 三策(出繼) — 朝榘 / 朝楨 / 朝標 / 朝科
    - 廷欽 — 養斌 — 道享 — 壽士 / 譽士 / 敉士(不祥)
      養洙 — 鼎吉 — 蓋士 / 敉士(出繼)
      養泓 — 道元 / 道蔫 / 憲吉 / 觀吉 — 貞士(不祥) / 慧士 / 昂霄(不祥) / 笏士(不祥) / 籌士(不祥)
      養河 — 謙吉 / 宣吉 / 震吉 / 師吉 / 豫吉 — 筬士 / 筬士(出繼) / 造士 / 超士(不祥) / 簡士(出繼) / 旦士
        貢吉 — 簡士
- 爆
  - 臺坩
    - 廷鑄 — 三策 — 朝梧 — 正繡(孑止)
    - 鈬 — 邦霝 — 朝樞 — 正侯 / 正銓
    - 鑾 — 瀚 — 朝禮(子止)
  - 塤填
    - 廷鈳 — 邦渤 — 朝聚 / 邦潤 / 邦涌
    - 廷鋮 — 邦濩 / 邦泰
    - 廷鍔 — 邦漢 — 朝橙 / 邦清 / 邦霝(出繼) / 邦洵 / 邦溉

24世	25世	26世	27世	28世	29世
朝槐 (子止)	正球	國升	日騰	孔鼐	天明
朝果	正璠 正璵 正玟 (出繼省城譚姓)	國均	日旺	孔矗	天爵

29世	30世	31世	32世	33世	34世
天明	振宇	子	仲見	宗玉 宗略	朝 朝遠
		子潮	克聰	宗 宗翠	朝夏 朝商
			克駿	宗祥	大文 大琚 大瓊
			克智	宗生 宗亮	大珩 大碧 大珖 大璪
				宗及	大有 大瑾
			克慧	宗苞 宗用	大琚 大瓊
		子周	仲卿	宗華	大瑜 大珍 大珠(出繼)
				宗管 宗銘	大珠 大璔 大璋 大琳 大玻
				宗旺	大璣 大瑤
				宗烺	大理 大瑙 大琪 大玹 大璽
			仲伍	正順	大浦 大妹 大興 有知

29世	30世	31世	32世	33世	34世
天爵	元明即	子燦	仲發	正鑾	大梓 大權 大桂(出繼) 木杉 大木楫 大楫
				正鑒	大枝 大桐 大柯
				正鏊	大梅 大槐 大相
			仲增	正理	大桂
		子希	克滋	正鎧	大柱 大楸 大楷 大楣
				正揚	大柜 大槭 大榕 銃(寄养板尾)
				正欄 正鈿	大柖 大捷 大嚴 明禄 (寄养里店) 大杭
		子賢	克友	正郎	細 (天) 大楫
	從瑞	子喚	克 克富 (出繼子定)	正求 正珪 正端 正齊	大美 大科 大貴(出繼)
		子定	克富	正運 正哲	大貴
		子英	克恭	正棋 正銳	大豐
			克振 克梅 克述 克桂 克佳	正越 正錢 正紀 正綱 正龍	
	從師	子質	克蕭 克禮 仲和	正禄 正鏞 正鉉	大挺 大用 大吉 大鶴 大鸛 大鵬 大鷗 大雁 大鴇 大鴻 大玉 大雅
			仲宜 仲達	正欽 宗金	大德 大俊 大修 大觀

　　二十四世朝槐公，德馨支派下的二十九世天明、天爵公，由闽邑嘉崇里琅琦地方迁于福省西门外关源区浦前地方而居(今福州市闽侯县荆溪镇关源浦前村)。以上远祖不能详述俱略之，不敢忘为记载。今以天明公、天爵公为第一世，现已繁衍至第四十一世。

24世	25世	26世	27世	28世	29世	30世	31世	32世	33世	34世

24世～25世

- 朝柱 ── 正璘(子止)／正鎰(失傳)／正炫(子止)
- 朝芳 ── 正涇 ── (26世)世猶
- 朝楫 ── 正烁／正炆(天)／正炤
- 恒吉 ── 竹雲(失傳)／箕(失傳)／旭士(失傳)
- 朝榮 ── 正中(失傳)／正華(失傳)／正申(失傳)

27世以下（世猶支）

27世 宜貢 ── 28世 昌一／昌二(不詳)／昌三(不詳)

昌一 支：

- 29世 道長
  - 以再 ── 君時 ── 子本 ── 有鈞 ── 承官／承鐘／承發(出繼)／承顯／木泉
    - 子魁(失傳)
  - 以公 ── 君筍 ── 子一 ── 家書 ── 承座
    - 家連 ── 承座(出繼)
    - 細細俤(天) ── 良春
    - 承官
- 29世 道鑾
  - 以聘 ── 君仙
    - 子順 ── 家良 ── 承官
    - 子和 ── 家良／家鑄(不詳)／家清 ── 鏗英(須平嗣孫)
    - 子珠 ── 家鏡 ── 承樂／家漢(出繼) 樂弟／家銘(出繼) 承齊
    - 子全 ── 家漢 ── 承恩
    - 子溪 ── 家銘 ── 承旭／承騰／承廣 (居台灣)
- 道 ── 以 ── 君
  - 子某(子止) 大妹 承英
  - 子振 ── 家梨 承英(出繼)
- 道 ── 以 ── 君 ── 子 ── 章章 承秋(系止) 承書

宜和 支

27世 宜和 ── 28世 昌禄 ── 29世：

- 道治(子止)
- 道谷(子止)
- 道爵
  - 以� ── 君 ── 驢驢 ── 有捷 ── 承魁／承綏(出繼)／承慶／承陞
    - 紅生(天)／山犬(天)
  - 以治 ── 君棟
    - 子鈴 ── 有捷(出繼)／有鈺 ── 承綏
    - 子咸 ── 家奎 ── 承明／承雄(出繼)／志誠
      - 家章 ── 承雄
      - 家慶 ── 董鎔
  - 以會 ── 君助
    - 子旺 ── 劉伯(子止)
      - 旺旺 ── 爐帝(子止)／犬仔(天)／犬妹(天)／承太／栂俤(出繼)
      - 黃腫 ── 栂俤
    - 子鳳 ── 有能 ── 學華／學嚴／學品
      - 有杰 ── 承樺／承彩／承銓
- 道儼
  - 以禎 ── 君／君／君
    - 君江 ── 子察 ── 有瓊 ── 承開／承慈
      - 有標 ── 承樞／承連／承朝
      - 子鋸 ── 家興 ── 承林／承餘／承柱
      - 子斌 ── 家茂 ── 承法
        - 家銀 ── 承坤／承好
        - 家鈿 ── 承球
        - 家銳 ── 承玩／承賤(天)／承灼
  - 以秀 ── 君 ── 繼承 ── 家壽 ── 承德
    - 閑立(子止) 承財

24世　25世　26世　27世　28世　29世　30世　31世　32世　33世　34世

```
朝棨—正爌—世覽—宜表—昌——道——以——君——海佃—劉瘌——承才
                                      一朝        承梓
                                           痾妹——承俊

                     昌——道——以——君一—河慶—家旺——承球
                     昌傅—道鼎—以世                  承亨(出繼)
                          道旺—以賜              家暖——承亨
                               以推       君二—良山—家禄——承就
                          道治—以綬       君三—子文—有國——承幹
                               以二             有順(子止)—承發
                               以三             細俤(子止)
                               以四
                               以五
```

30世　31世　32世　33世　34世

```
以推—君千—子權—有仁—依貨
     君恭—子權(出繼)
          子顯—有仁(出繼)
               有燦—承釵(兼桃)
               有碧—承才
                    承焕
               家齊—承釵
               家霖—承焕(兼桃)
               家崇—承坤
                    承建
     君創—秋超—成母仔(天)
          灼灼—家彬—承銓(子止)
               細細(天)—承香
                       承霖
          密密—家暢—承官
               家順—承快
                    承鈺
               家濤—承朝
     君頌—大告—家田—承良
          子快—家田(出繼)—承翠
                        嫩嫩
               家城—承禧
                    承運
                    承華
                    承國
                    承芳
               家堯
               家海—承欽
                    承良(出繼)
                    承棟
     君甲—子梓—家述—承富
                    承業
                    承雲
          子良—家述(出繼)—承付
               家俊—承華
                    承達
                    承通
                    承欽
               家銀—承光
                    承雲
```

30世　31世　32世　33世　34世

```
以世—君海—子伸—家泉—承鈺
               家壽—承鏗
               家雙—承章
                    承木
                    承梓
               家快—承增
以賜—君——子——家春—承霖(兼嗣)
                  (子止)
以綬—君萬—子雍—家元—承連
                    承順
                    承為(出繼)
               矮俤—細妹(子止)
                    承芳
以二—君務—子規(子止)
以三—君(子止)—子油—吉官—承珠
              子滴—家和—承金
                        承容
                   家欽—承禄
                        承德
以四—君——子旺—家鴻—承為
以五—君——子——有富—承發
```

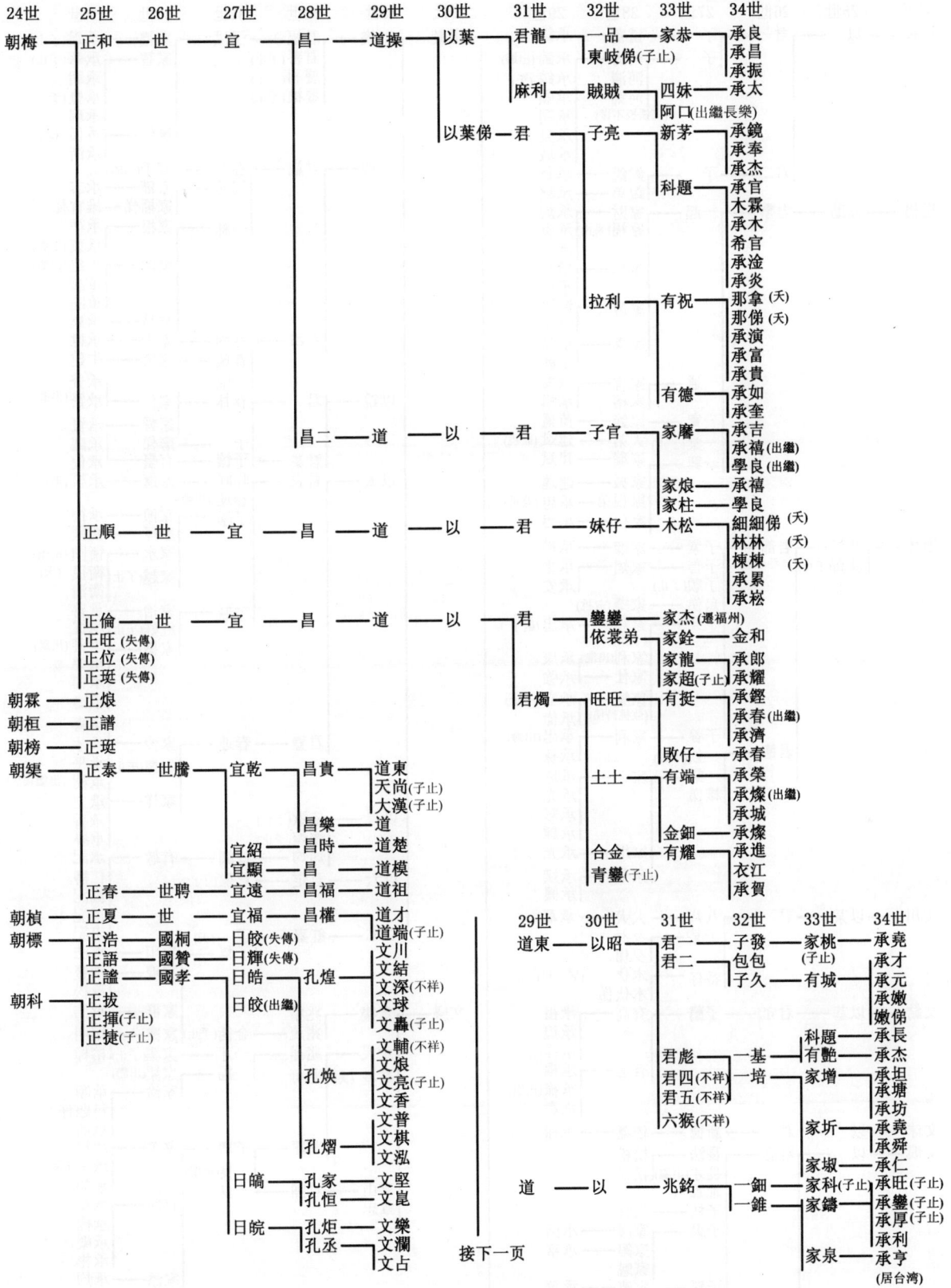

24世	25世	26世	27世	28世	29世	30世	31世	32世	33世	34世
朝梅	正和	世	宜	昌一	道操	以葉	君龍	一品	家恭	承良 承昌 承振
								東岐俤(子止)		
							麻利	賊賊	四妹	承太
									阿口(出繼長樂)	
						以葉俤	君	子亮	新茅	承鏡 承奉 承杰
									科題	承官 木霖 承木 希官 承淦 承炎
								拉利	有祝	那拿(天) 那俤(天) 承演 承富 承貴
									有德	承如 承奎 承吉
				昌二	道	以	君	子官	家磨	承禧(出繼) 學良(出繼)
									家烺	承禧
									家柱	學良
	正順	世	宜	昌	道	以	君	妹仔	木松	細細俤(天) 林林(天) 棟棟(天) 承累 承柗
	正倫	世	宜	昌	道	以	君	鑾鑾	家杰(遷福州)	
	正旺(失傳)							依裳弟	家銓	金和
	正位(失傳)								家龍	承郎
	正琗(失傳)								家超(子止)	承耀
							君燭	旺旺	有挺	承鏗 承春(出繼) 承濟
									敗仔	承春
朝霖	正烺							土土	有端	承榮 承燦(出繼) 承城
朝桓	正譜								金鈿	承燦
朝榜	正珽							合金	有耀	承進 衣江 承賀
朝槃	正泰	世騰	宜乾	昌貴	道東 天尚(子止) 大漢(子止)			青鑾(子止)		
				昌樂	道					
			宜紹	昌時	道楚					
			宜顯	昌	道模					
	正春	世聘	宜遠	昌福	道祖					
朝槙	正夏	世	宜福	昌權	道才 道端(子止)					
朝標	正浩	國桐	日皎(失傳)		文川					
	正語	國贊	日輝(失傳)		文結					
	正謐	國孝	日皓	孔煌	文深(不祥) 文球 文轟(子止)					
朝科	正拔			孔焕	文輔(不祥) 文烺 文亮(子止) 文香 文普 文棋 文泓					
	正撑(子止)			孔熠						
	正捷(子止)		日皎(出繼)							
			日皗	孔家	文堅					
				孔恒	文崑					
			日皖	孔炬	文樂 文瀾 文占					
				孔丞						

接下一页

29世	30世	31世	32世	33世	34世
道東	以昭	君一	子發	家桃	承堯 承才
		君二	包包(子止)		
			子久	有城	承元 承嫩 嫩俤
		君彪	一基	科題 有艷	承長 承杰
		君四(不祥)	一培	家增	承坦 承塘 承坊
		君五(不祥)		家圻	承堯 承舜
		六猴(不祥)		家埰	承仁
道	以	兆銘	一細	家科(子止)	承旺(子止)
			一錐	家鑄	承鑾(子止) 承厚(子止) 承利
				家泉	承亨(居台湾)

左半

24世	25世	26世	27世	28世	29世

道模 — 以 — 君一 — 子 — 雷富 — 承錦
　　　　　　　　　子 — 河秀 — 承錦(出繼)
　　　　　　　　　　　　河清 — 承鐸(天)
　　　　　　　　　　　　河錦 — 承順
　　　　　　　　　　　　(居铁板不详) — 承利
　　　　　　　　　　　　　　　　承泉
　　　　　　　　　　　　　　　　承城
　　　　　　君二 — 子 — 銳銳 — 承貨
　　　　　　　　　　　　銳弟 — 承秋

道祖 — 以助 — 君寧 — 一起 — 家財 — 承灼
　　　　　　　　　　　　家福(系止) — 承炎 / 承永
　　　　　　　　　　　　家禄 — 增城 / 承好
　　　　　　　　　　　　家壽 — 溫恩 / 溫華
　　　　　　　　　　　　家喜 — 承品 / 承熙
　　　　　　　　　一通 — 家官 — 承安
　　　　　　　　　　　　家榕 — 承棋
　　　　　　　　　一寶 — 家鋅 — 董盛
　　　　　　　　　一棠(子止) — 大弟 — 建斌(兼桃)
　　　　　　　　　一興 — 家瑞 — 建斌
　　　　　　　　　　　　家振 — 建達
　　　　　　　　　　　　家振弟 — 承忠(兼桃)
　　　　　　　　　　　　家仁 — 承忠

道才 — 以卓 — 君部 — 子紫 — 家燦 — 承禮
　　　 以高(子止) 　　　子善 — 家熠 — 承平 / 承安
　　　　　　　　　子順(子止)
　　　　　　　　　烏俤 — 家樂(兼桃)
　　　　　　　　　子榮 — 家和 — 承忠(嗣子) (子止)
　　　　　　　　　　　　家利(出繼) — 承康
　　　　　　　　　　　　家仕 — 承強
　　　　　　　　　　　　家樂(兼桃烏俤) — 承立(子止) / 承偉
　　　　　　君德 — 子養 — 家利 — 承忠(出繼) / 承棟
　　　　　　　　　一欽(子止)
　　　　　　　　　一棠 — 家太 — 承瑞 / 承光 / 承彩 / 承輝
　　　　　　　　　雄俤 — 家用 — 承光
　　　　　　　　　　　　家華 — 承斌 / 承興

文川 — 以某 — 君 — 八八 — 犬犬 — 承章
　　　　　　　　　子某 — 歹歹 / 歹俤
　　　　　　　　　番仔 — 木伙 (居马祖) / 木伙俤

文結 — 以基 — 君守 — 子麟 — 有高 — 承祖 / 承煌 / 承祥
　　　　　　　　　　　　有憲 — 承福 / 承祿(出繼) / 承壽

文球 — 以 — 君 — 新德 — 依蘆 — 承祿

文炲 — 以 — 君清 — 長法 — 松松
　　　　　　　　　長才(出繼) — 松俤
　　　　　　　　　乖乖
　　　　　　　　　子枝 — 生官
　　　　　　　　　子渠 — 家康 — 承浩
　　　　　　　　　　　　家銀 — 承富
　　　　　　　　　　　　家魁
　　　　　　　　　子慶 — 家清 — 承華
　　　　　　　　　　　　家慶 — 承忠
　　　　　　君清俤 — 長才 — 闊嘴 — 承華(出繼)
　　　　　　　　　　　　家壽 — 世平 / 世興 / 世忠

右半

29世	30世	31世	32世	33世	34世

道楚 — 以樂 — 君福 — 子洪 — 家禮 — 承崇(子止)
　　　　　　　　　　　　家智 — 承華(子止) / 承朝 / 承豐(子止) / 承瑞
　　　　　　　　　　　　家信 — 香俤(天) / 承浙
　　　　　　君善(子止)
　　　　　　慶利(子止)
　　　　　　慶禎(子止)

　　　 以端 — 君歲 — 春明 — 家千(出繼)
　　　　　　　　　細妹 — 家權 — 承志
　　　　　　　　　　　　家權俤 — 雄官俤 — 承準
　　　　　　　　　一林 — 家根 — 承東(出繼)
　　　　　　　　　　　　家湘 — 生建(出繼) / 董誠 / 董團
　　　　　　　　　　　　梨品 — 承東
　　　　　　君治 — 春灼 — 家千 — 承世
　　　　　　　　　春興 — 家習 — 生建
　　　　　　　　　春啟 — 承登

　　　 以銳 — 君 — 春林 — 家仁 — 承賢(出繼)
　　　　　　　子 — 家舜 — 承賢
　　　　　　　　　摩俤 — 承羅
　　　　　　君業 — 子懷 — 有臺 — 承俊

　　　 以太 — 君表 — 咩咩 — 家摩 — 承棋(不祥)
　　　　　　　　　春連(出繼)
　　　　　　　　　子學 — 家節 — 承德
　　　　　　　　　　　　家厚 — 衛國
　　　　　　　　　　　　家永 — 衛國(出繼)
　　　　　　　　　　　　家越(子止) — 衛民(天) / 衛清
　　　　　　　　　子耿 — 家治 — 承善
　　　　　　　　　　　　紅妹(子止) — 承從
　　　　　　　　　　　　家盛 — 承善(出繼) / 承樂 / 承福 / 承壽
　　　　　　君鑾 — 春連 — 家俊 — 承喜 / 承才
　　　　　　　　　　　　家鏗(子止) — 承平
　　　　　　　　　　　　家祥 — 承樹(出繼福房) / 承立 / 承香 / 承春

　　　 以善 — 依歐(子止)
　　　　　　　燦燦(子止)
　　　　　　　灼灼 — 依細 — 有敬 — 承記
　　　 以六 — 君定 — 秋俤(子止)
　　　　　　　　　　　　　仁壽 / 協記 / 正記 / 忠記
　　　 以七 — 紅嘉 — 子(天)
　　　　　　　子梨 — 家用 — 承法
　　　　　　　　　　家慶 — 承豐 / 承松
　　　　　　　　　　家群 — 承浩
　　　　　　　　　　家興 — 榕明 / 榕樟
　　　　　　　　　　一才 — 家槧(子止)
　　　　　　　　　　一揚 — 家槧(出繼)
　　　　　　　　　　　　　家淦 — 承順 / 科題仔 / 承高

文樂 — 章榘 — 兆精
　　　 章炅 — 兆茂 — 金衡(子止)
　　　 章推(天) — 兆祥
　　　　　　　　兆可
　　　　　　　　兆龍 — 子增 — 家美 — 承福 / 承華(天) / 承如 / 承章 / 承標 / 承樂 / 承彬
　　　　　　　　　　　一良(出繼)
　　　 章山 — 君團 — 一良
　　　 章忠 — 家添 — 承灼

文蘭 — 章桃 — 君齊 — 一皮 — 家松(子止)
　　　 章花
　　　 章彩
　　　 章俊
　　　 章伏

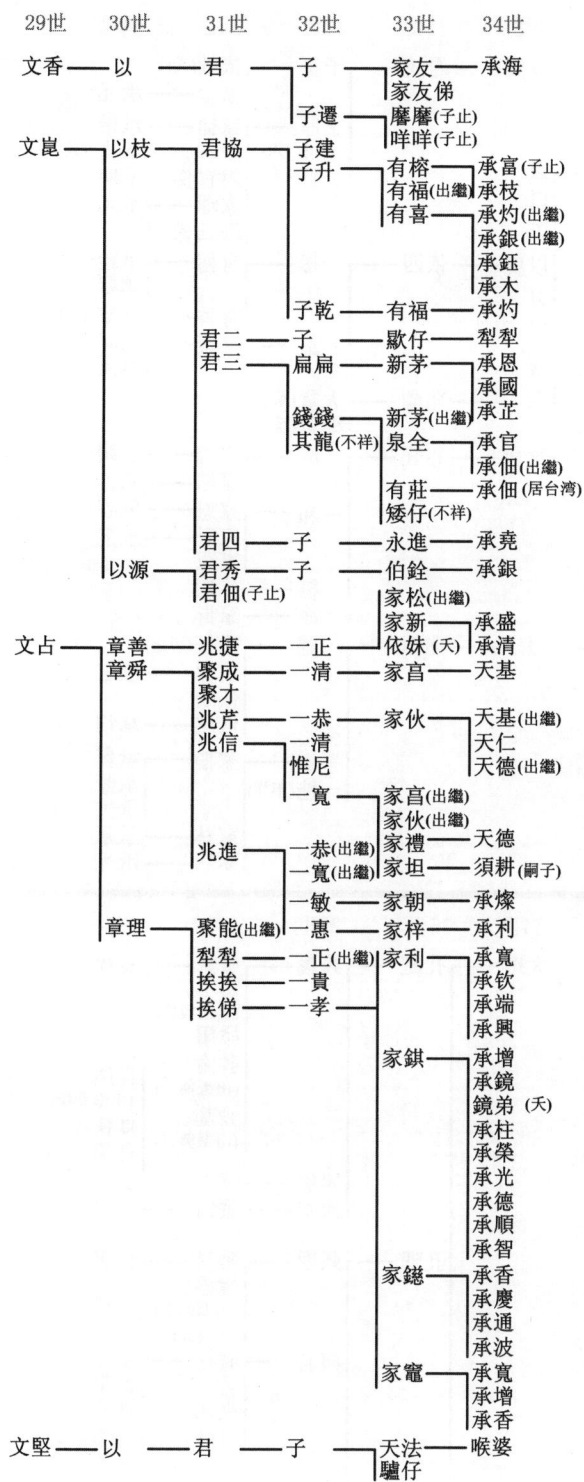

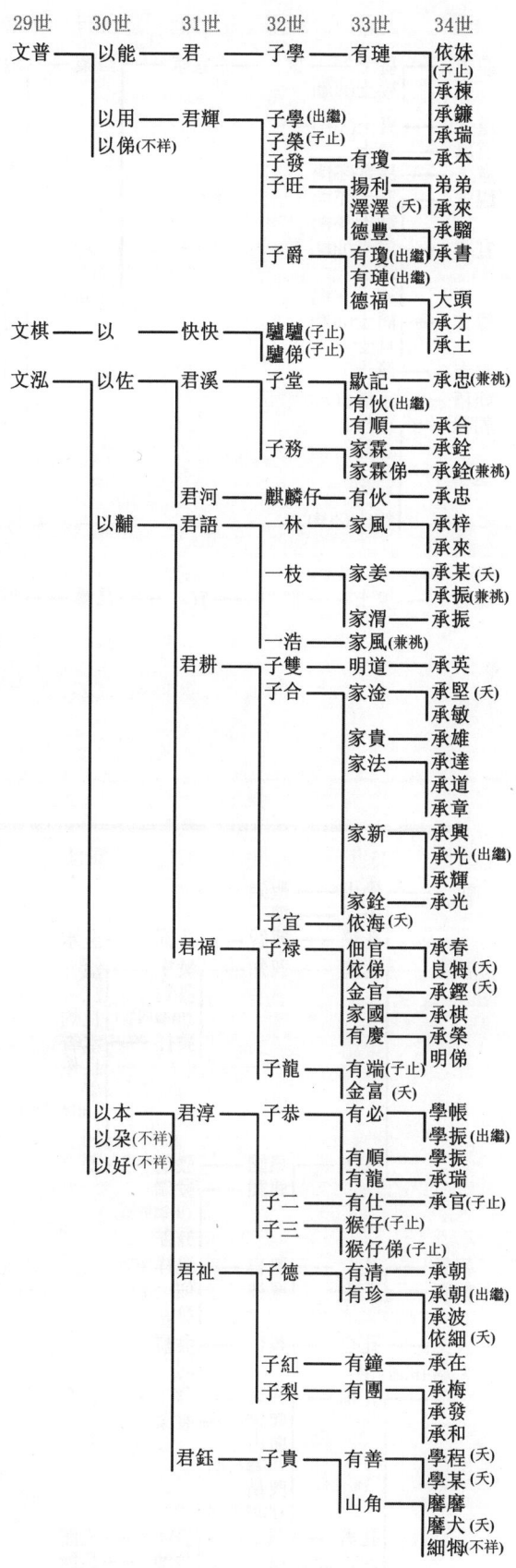

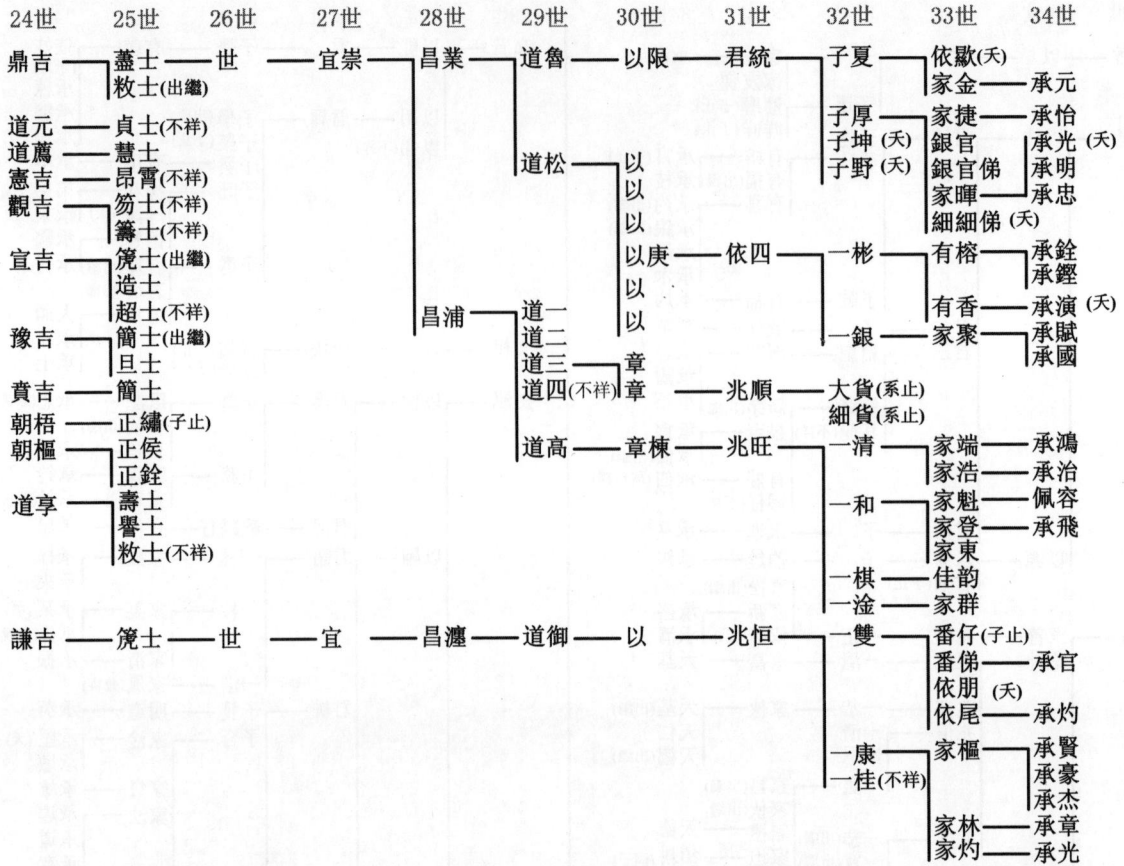

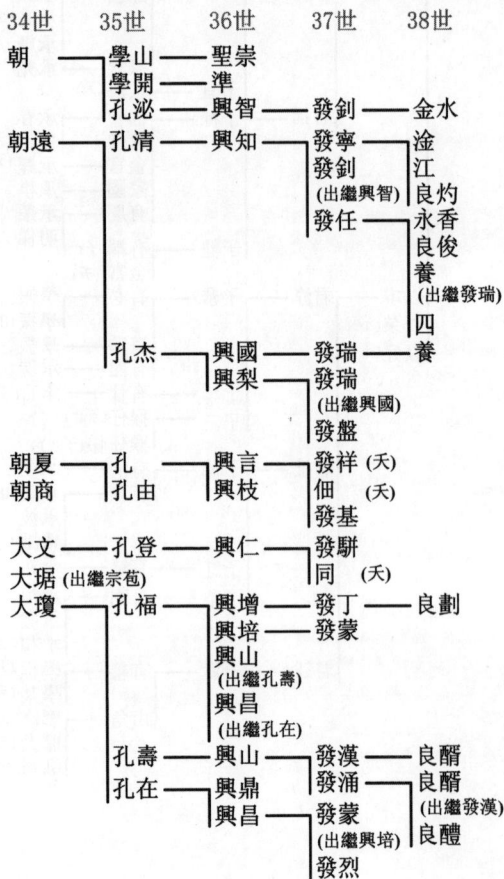

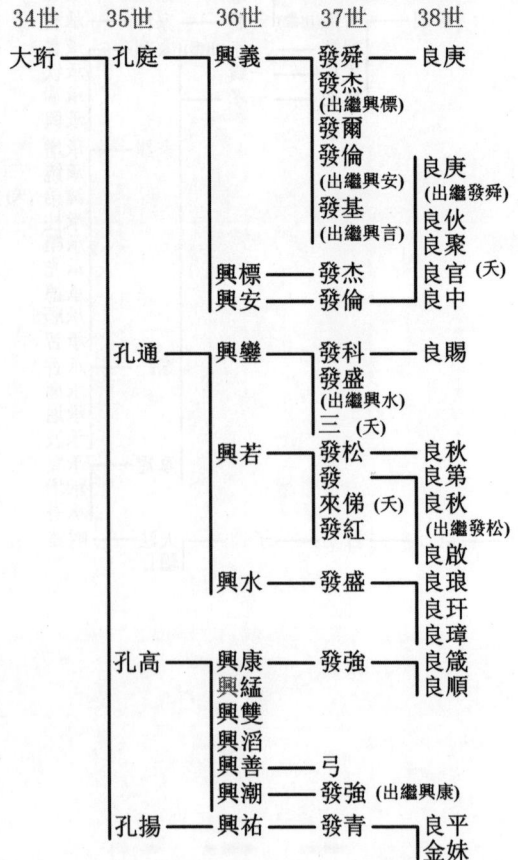

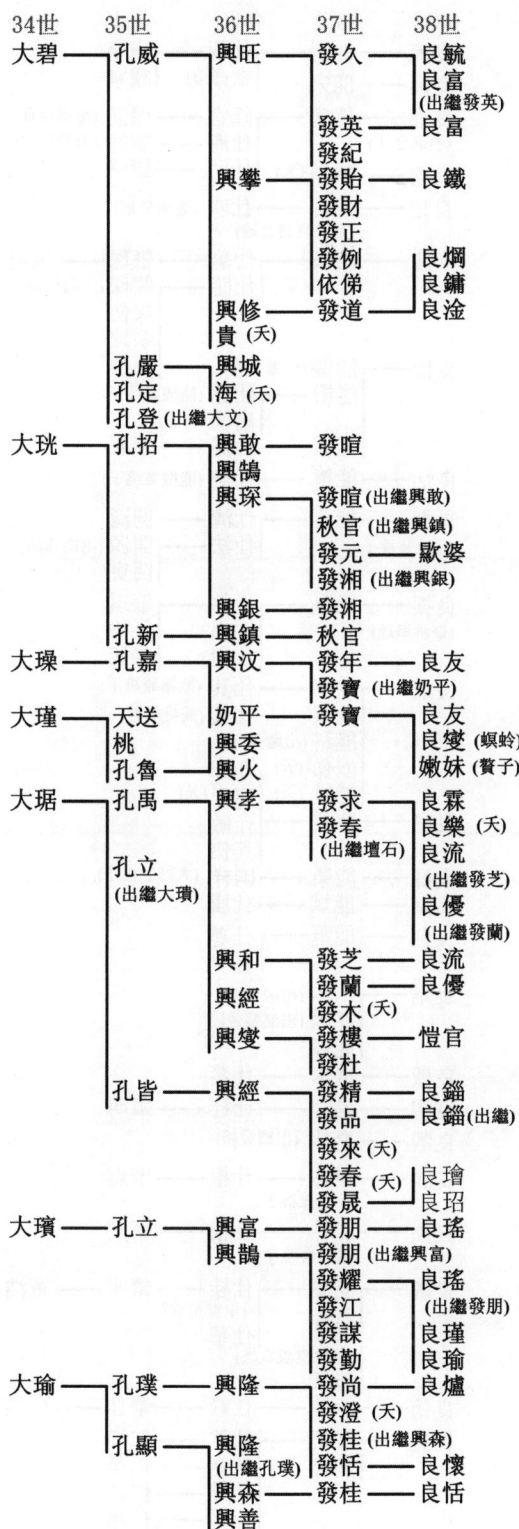

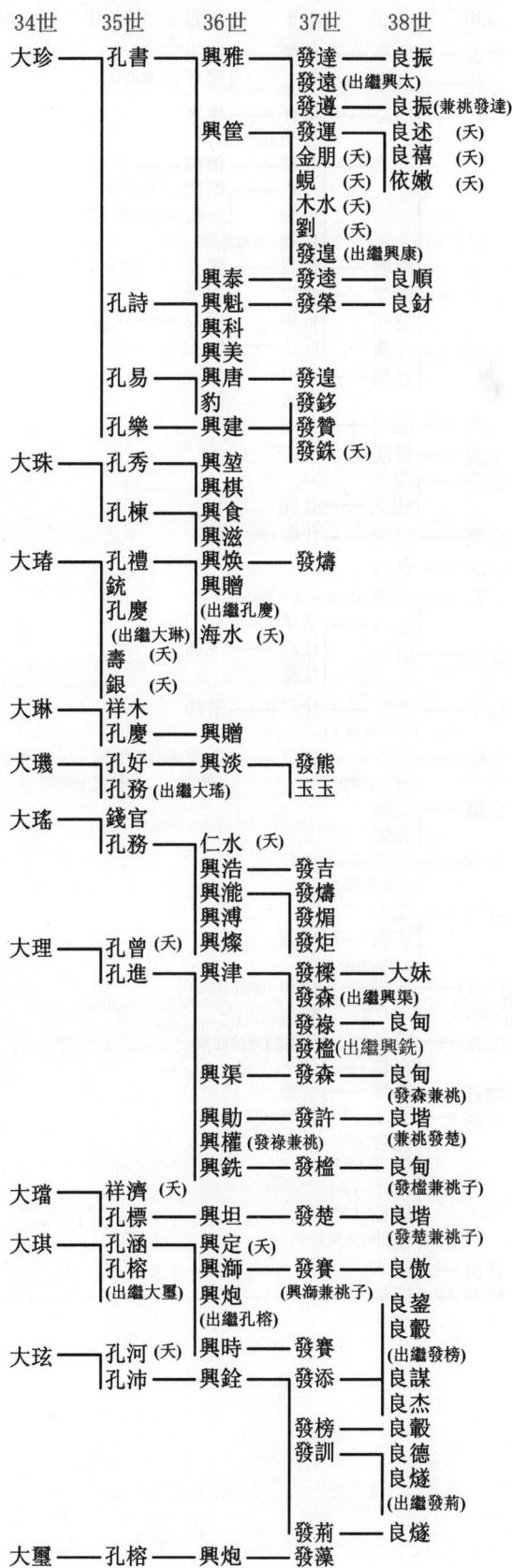

左

34世	35世	36世	37世	38世

- 大碧 — 孔威
  - 興旺
    - 發久 — 良毓、良富(出繼發英)
    - 發英 — 良富
  - 興攀
    - 發紀
    - 發貽 — 良鐵
    - 發財
    - 發正
    - 發例
    - 依俤
    - 發道 — 良烟、良鏽、良淦
  - 興修
  - 貴(天)
- 孔嚴
  - 興城
  - 海(天)
- 孔定
- 孔登(出繼大文)
- 大珧 — 孔招
  - 興敢 — 發暄
  - 興鵠
  - 興琛
    - 發暄(出繼興敢)
    - 秋官(出繼興鎮)
    - 發元 — 歇婆
    - 發湘(出繼興銀)
  - 興銀 — 發湘
- 孔新 — 興鎮 — 秋官
- 大璪 — 孔嘉 — 興汶
  - 發年
  - 發寶(出繼奶平) — 良友
- 大瑾
  - 天送
  - 桃 — 奶平 — 發寶 — 良友、良燮(蜈蛉)、嫩妹(贅子)
  - 孔魯
    - 興委
    - 興火
- 大琚 — 孔禹
  - 興孝
    - 發求
    - 發春(出繼壇石) — 良霖、良樂(天)、良流(出繼發芝)、良優(出繼發蘭)
  - 孔立(出繼大瑣)
    - 興和
      - 發芝 — 良流
      - 發蘭 — 良優
      - 發木(天)
    - 興經
    - 興變
      - 發樓 — 愷官
      - 發杜
  - 孔皆 — 興經
    - 發精 — 良錩
    - 發品 — 良錩(出繼)
    - 發來(天)
    - 發春(天) — 良瑢、良珺
    - 發晟
- 大瓊 — 孔立
  - 興富 — 發朋 — 良瑤
  - 興鵠
    - 發朋(出繼興富)
    - 發耀 — 良瑤(出繼發朋)
    - 發江 — 良瑾
    - 發謀 — 良瑜
    - 發勤 — 良爐
    - 發尚
    - 發澄(天)
    - 發桂(出繼興森)
- 大瑜
  - 孔璞 — 興隆 — 發恬 — 良懷
  - 孔顯
    - 興隆(出繼孔璞)
    - 興森 — 發桂 — 良恬
    - 興善

右

34世	35世	36世	37世	38世

- 大珍 — 孔書
  - 興雅
    - 發達 — 良振
    - 發遠(出繼興太)
    - 發遘 — 良振(兼桃發達)
  - 興筐
    - 發運 — 良述(天)、良禧(天)、依嫩(天)
    - 金朋(天)
    - 蜆(天)
    - 木水(天)
    - 劉(天)
    - 發湟(出繼興康)
- 孔詩
  - 興泰 — 發遠 — 良順
  - 興魁 — 發榮 — 良釙
  - 興科
  - 興美
- 孔易
  - 興唐 — 發湟
  - 豹 — 發鈔
- 孔樂 — 興建
  - 發贊
  - 發銖(天)
- 大珠
  - 孔秀
    - 興塈
    - 興棋
  - 孔棟
    - 興食
    - 興滋
- 大瑎 — 孔禮
  - 興焕 — 發燺
  - 興贈(出繼孔慶)
  - 銃
  - 孔慶(出繼大琳)
  - 壽(天) — 海水(天)
  - 銀(天)
- 大琳
  - 祥木
  - 孔慶 — 興贈
- 大璣
  - 孔好 — 興淡 — 發熊、玉玉
  - 孔務(出繼大瑤)
- 大瑤
  - 錢官
  - 孔務
    - 仁水(天)
    - 興浩 — 發吉
    - 興瀧 — 發燺
    - 興溥 — 發煟
    - 興燦 — 發炬
- 大理
  - 孔曾(天)
  - 孔進
    - 興津
      - 發櫟 — 大妹
      - 發森(出繼興渠)
      - 發祿 — 良旬
      - 發檻(出繼興銑)
    - 興渠 — 發森 — 良旬(發森兼桃)
    - 興勛 — 發許 — 良塔(兼桃發楚)
    - 興權(發祿兼桃)
    - 興銑 — 發檻 — 良旬(發檻兼桃子)
- 大璠
  - 祥濟(天)
  - 孔標 — 興坦 — 發楚 — 良塔(發楚兼桃子)
- 大琪
  - 孔涵 — 興定(天)
  - 孔榕(出繼大璽)
    - 興漷 — 發賽 — 良傲(興漷兼桃子)
    - 興炮(出繼孔榕)
- 大玹
  - 孔河(天) — 興時 — 發賽
  - 孔沛 — 興銓
    - 發添 — 良鎏、良戮(出繼發榜)、良謀、良杰
    - 發榜 — 良德
    - 發訓 — 良燧(出繼發荊)
    - 發荊 — 良燧
- 大璽 — 孔榕 — 興炮 — 發藻

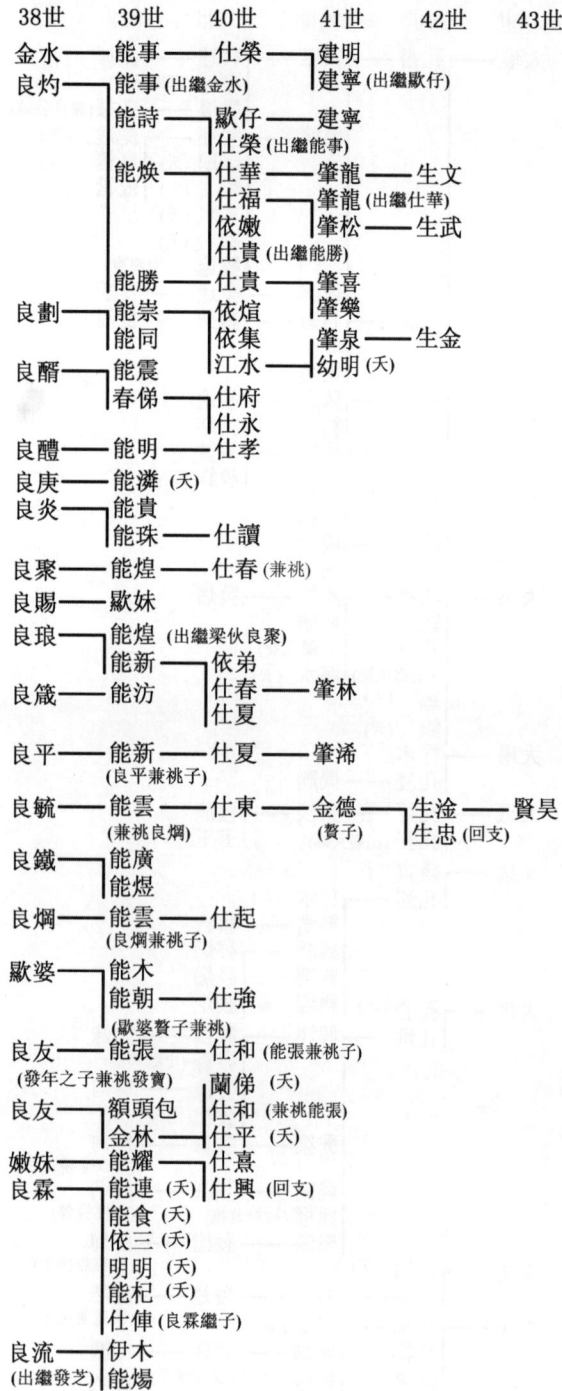

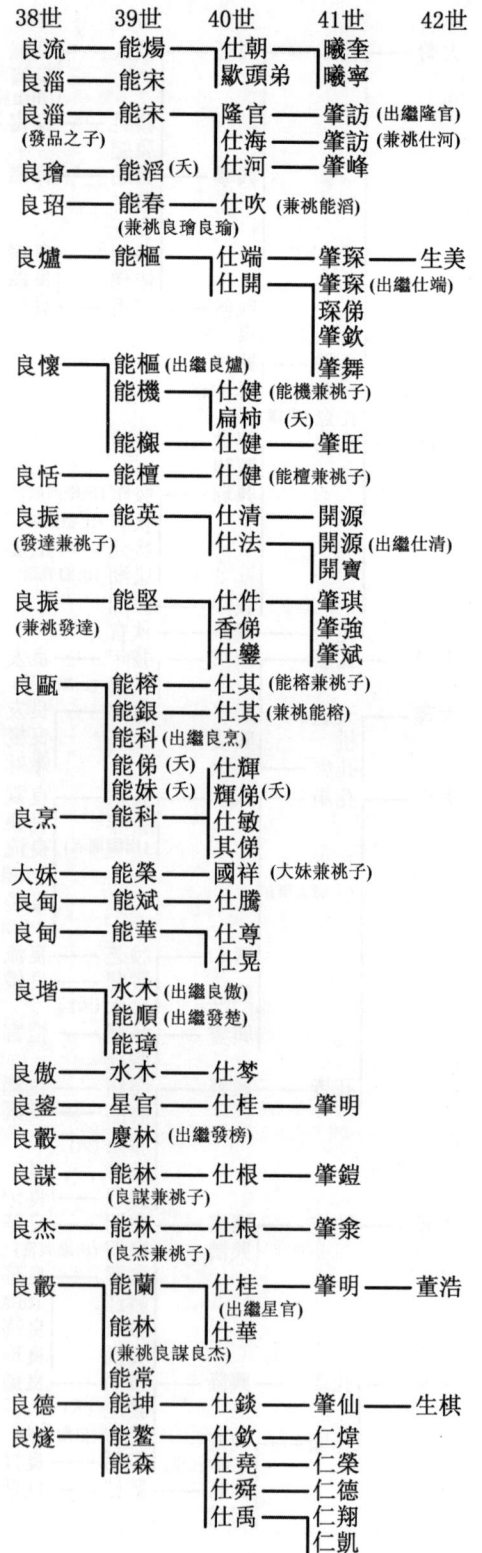

【朝槐子德馨支派天爵公支系】

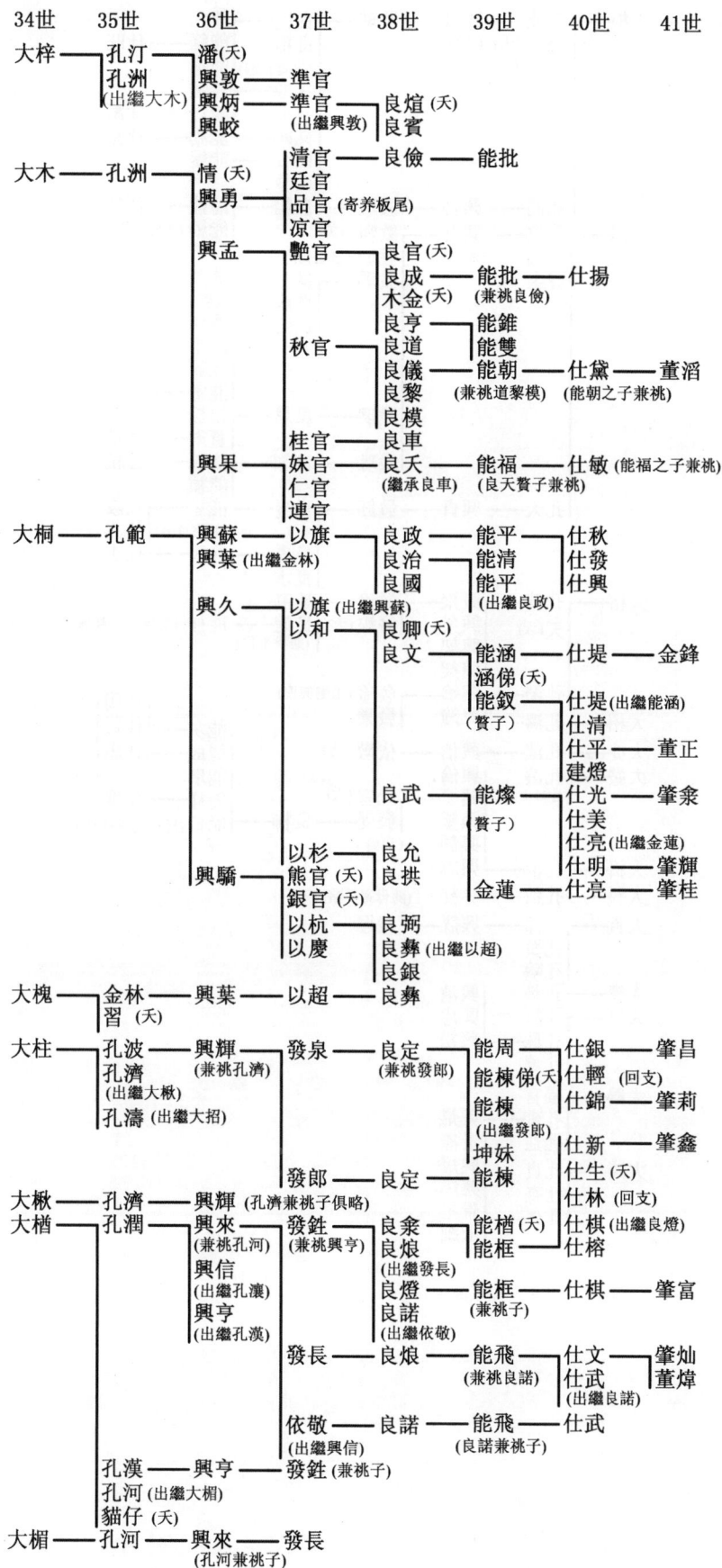

| 34世 | 35世 | 36世 | 37世 | 38世 | 39世 | 40世 | 41世 |

```
大梓 ── 孔汀 ── 潘(天)
        孔洲      興敦 ── 準官
        (出繼大木)  興炳 ── 準官
                   興蛟    (出繼興敦) ── 良煊(天)
                                        良賓

大木 ── 孔洲 ── 情(天)
               興勇 ── 清官 ── 良儉 ── 能批
                      廷官
                      品官(寄养板尾)
                      凉官
               興孟 ── 艷官 ── 良官(天)
                             良成 ── 能批 ── 仕揚
                             木金(天) (兼桃良儉)
                      秋官 ── 良亨 ── 能錐
                             良道    能雙
                             良儀 ── 能朝 ── 仕黛 ── 董滔
                             良黎  (兼桃道黎模)(能朝之子兼桃)
                             良模
                      桂官 ── 良車
               興果 ── 妹官 ── 良天 ── 能福 ── 仕敏(能福之子兼桃)
                      仁官   (繼承良車)(良天贅子兼桃)
                      連官

大桐 ── 孔範 ── 興蘇 ── 以旗 ── 良政 ── 能平 ── 仕秋
               興葉(出繼金林)   良治    能清    仕發
                             良國    能平    仕興
                                    (出繼良政)
               興久 ── 以旗(出繼興蘇)
                      以和 ── 良卿(天)
                             良文 ── 能涵 ── 仕堤 ── 金鋒
                                    涵俤(天)
                                    能釵 ── 仕堤(出繼能涵)
                                    (贅子)  仕清
                                            仕平 ── 董正
                                            建燈
                             良武 ── 能燦 ── 仕光 ── 肇粂
                                    (贅子)  仕美
                                            仕亮(出繼金蓮)
                                            仕明 ── 肇輝
                                    金蓮 ── 仕亮 ── 肇桂
               興驕 ── 以杉 ── 良允
                      熊官(天) 良拱
                      銀官(天)
                      以杭 ── 良弼
                      以慶    良彝(出繼以超)
                             良銀

大槐 ── 金林 ── 興葉 ── 以超 ── 良彝
        習(天)

大柱 ── 孔波 ── 興輝 ── 發泉 ── 良定 ── 能周 ── 仕銀 ── 肇昌
        孔濟  (兼桃孔濟)       (兼桃發郎) 能棟俤(天) 仕輕(回支)
        (出繼大楸)                      能棟 ── 仕錦 ── 肇莉
        孔濤(出繼大招)                   (出繼發郎)
                                     坤妹     仕新 ── 肇鑫
                      發郎 ── 良定 ── 能棟     仕生(天)
                                            仕林(回支)
大楸 ── 孔濟 ── 興輝 (孔濟兼桃子俱略)          仕棋(出繼良燈)
大楷 ── 孔潤 ── 興來 ── 發鉎 ── 良粂 ── 能楷(天) 仕榕
               (兼桃孔河)(兼桃興亨) 良烺    能框
               興信            (出繼發長)
               (出繼孔濂)              能框 ── 仕棋 ── 肇富
               興亨      良燈          (兼桃子)
               (出繼孔漢) 良諾
                        (出繼依敬)
                      發長 ── 良烺 ── 能飛 ── 仕文 ── 肇灿
                                    (兼桃良諾) 仕武    董煒
                                            (出繼良諾)
                      依敬 ── 良諾 ── 能飛 ── 仕武
                      (出繼興信)       (良諾兼桃子)

        孔漢 ── 興亨 ── 發鉎(兼桃子)
        孔河(出繼大楣)
        貓仔(天)

大楣 ── 孔河 ── 興來 ── 發長
               (孔河兼桃子)
```

34世	35世	36世	37世	38世	39世	40世

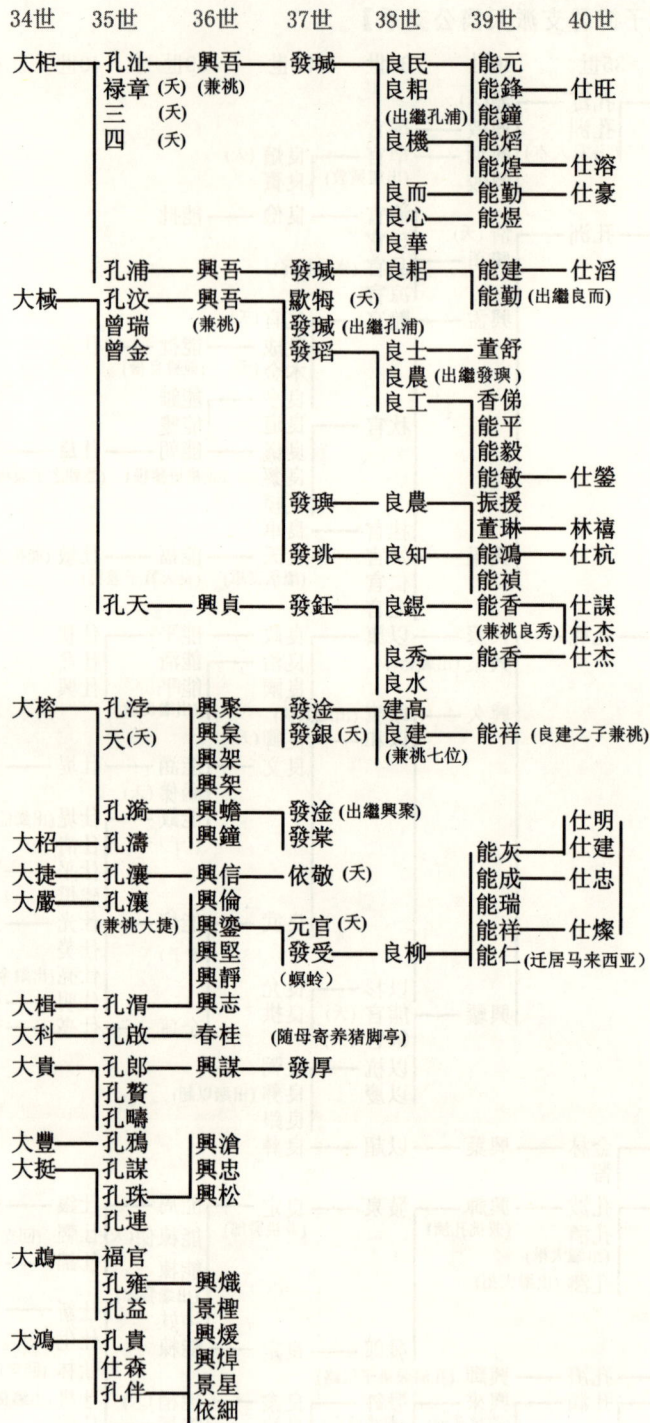

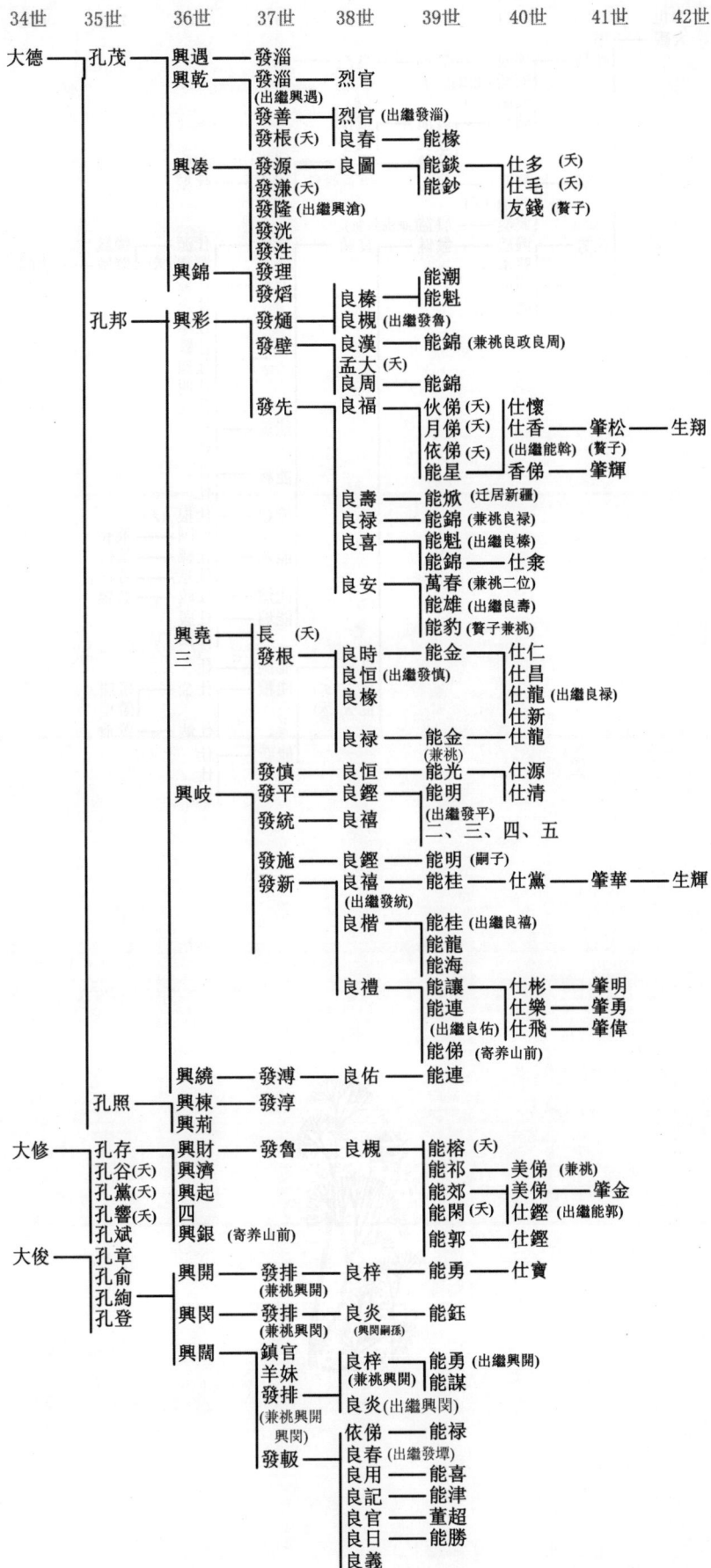

34世	35世	36世	37世	38世	39世	40世	41世	42世

大德 —— 孔茂 —— 興遇 —— 發淄
　　　　　　　　興乾 —— 發淄 —— 烈官
　　　　　　　　(出繼興遇)
　　　　　　　　　　　　發善 —— 烈官 (出繼發淄)
　　　　　　　　　　　　發根 (夭) 良春 —— 能椽
　　　　　　　　興湊 —— 發源 —— 良圖 —— 能鏃 —— 仕多 (夭)
　　　　　　　　　　　　發濂 (夭)　　　　　能鈔 —— 仕毛 (夭)
　　　　　　　　　　　　發隆 (出繼興滄)　　　　　友錢 (贅子)
　　　　　　　　　　　　發洸
　　　　　　　　　　　　發洰
　　　　　　　　興錦 —— 發理 —— 良榛 —— 能潮
　　　　　　　　　　　　發焰　　　　　　能魁
　　　孔邦 —— 興彩 —— 發燻 —— 良槻 (出繼發魯)
　　　　　　　　　　　　發壁 —— 良漢 —— 能錦 (兼桃良政良周)
　　　　　　　　　　　　　　　　孟大 (夭)
　　　　　　　　　　　　　　　　良周 —— 能錦
　　　　　　　　　　　　發先 —— 良福 —— 伙俤 (夭) 仕懷
　　　　　　　　　　　　　　　　　　　　月俤 (夭) 仕香 —— 肇松 —— 生翔
　　　　　　　　　　　　　　　　　　　　依俤 (夭) (出繼能幹) (贅子)
　　　　　　　　　　　　　　　　　　　　能星　　　　香俤 —— 肇輝
　　　　　　　　　　　　　　　　良壽 —— 能姚 (迁居新疆)
　　　　　　　　　　　　　　　　良禄 —— 能錦 (兼桃良禄)
　　　　　　　　　　　　　　　　良喜 —— 能魁 (出繼良榛)
　　　　　　　　　　　　　　　　　　　　能錦 —— 仕衆
　　　　　　　　　　　　　　　　良安 —— 萬春 (兼桃二位)
　　　　　　　　　　　　　　　　　　　　能雄 (出繼良壽)
　　　　　　　　　　　　　　　　　　　　能豹 (贅子兼桃)
　　　　　　　　興堯 —— 長 (夭)
　　　　　　　　三　　　發根 —— 良時 —— 能金 —— 仕仁
　　　　　　　　　　　　　　　　良恒 (出繼發慎)　　　　仕昌
　　　　　　　　　　　　　　　　良椽　　　　　　　　仕龍 (出繼良禄)
　　　　　　　　　　　　　　　　　　　　　　　　　仕新
　　　　　　　　　　　　　　　　良禄 —— 能金 —— 仕龍
　　　　　　　　　　　　　　　　(兼桃)
　　　　　　　　興岐 —— 發慎 —— 良恒 —— 能光 —— 仕源
　　　　　　　　　　　　發平 —— 良鏗 —— 能明 —— 仕清
　　　　　　　　　　　　發統 —— 良禧
　　　　　　　　　　　　　　　　(出繼發平)
　　　　　　　　　　　　　　　　二、三、四、五
　　　　　　　　　　　　發施 —— 良鏗 —— 能明 (嗣子)
　　　　　　　　　　　　發新 —— 良禧 —— 能桂 —— 仕黨 —— 肇華 —— 生輝
　　　　　　　　　　　　　　　　(出繼發統)
　　　　　　　　　　　　　　　　良楷 —— 能桂 (出繼良禧)
　　　　　　　　　　　　　　　　　　　　能龍
　　　　　　　　　　　　　　　　　　　　能海
　　　　　　　　　　　　　　　　良禮 —— 能讓 —— 仕彬 —— 肇明
　　　　　　　　　　　　　　　　　　　　能連 —— 仕樂 —— 肇勇
　　　　　　　　　　　　　　　　　　　　(出繼良佑) 仕飛 —— 肇偉
　　　　　　　　　　　　　　　　　　　　能俤 (寄养山前)
　　　　　　　　興繞 —— 發溥 —— 良佑 —— 能連
　　　孔照 —— 興棟 —— 發淳
　　　　　　　　興荊

大修 —— 孔存 —— 興財 —— 發魯 —— 良槻 —— 能榕 (夭)
　　　　孔谷(夭) 興濟　　　　　　　能祁 —— 美俤 (兼桃)
　　　　孔黨(夭) 興起　　　　　　　能郊 —— 美俤 —— 肇金
　　　　孔響(夭) 四　　　　　　　　能閑 (夭) 仕鏗 (出繼能郭)
　　　　孔斌　　興銀 (寄养山前)　　能郭 —— 仕鏗
大俊 —— 孔章 —— 興開 —— 發排 —— 良梓 —— 能勇 —— 仕賓
　　　　孔俞　　　　　　(兼桃興開)
　　　　孔絢　　興閌 —— 發排 —— 良炎 —— 能鉦
　　　　孔登　　　　　　(兼桃興閌) (興閌嗣孫)
　　　　　　　　興闊 —— 鎮官 —— 良梓 —— 能勇 (出繼興開)
　　　　　　　　　　　　羊妹　　(兼桃興開) 能謀
　　　　　　　　　　　　發排　　　　　　良炎 (出繼興閌)
　　　　　　　　　　　　(兼桃興開
　　　　　　　　　　　　　興閌)
　　　　　　　　　　　　發敏 —— 依俤 —— 能禄
　　　　　　　　　　　　　　　　良春 (出繼發壁)
　　　　　　　　　　　　　　　　良用 —— 能喜
　　　　　　　　　　　　　　　　良記 —— 能津
　　　　　　　　　　　　　　　　良官 —— 董超
　　　　　　　　　　　　　　　　良日 —— 能勝
　　　　　　　　　　　　　　　　良義

34世	35世	36世	37世	38世	39世	40世	41世	42世

大觀 —— 添
　　　　　孔長 —— 興泉 —— 發利 —— 良浩 —— 能針
　　　　　　　　　興奕(出繼孔滿)　　(兼桃子)
　　　　　　　　　興紹(夭)
　　　　　　　　　興旦 —— 發演 —— 依孫
　　　　　　　　　　　　　發文(夭)　良牛
　　　　　　　　　　　　　發軫 —— 良浩 —— 能針(出繼發利)
　　　　　孔滿 —— 興明 —— 發益　　(兼桃發利)　能水 —— 仕城
　　　　　　　　　興炳(夭)
　　　　　　　　　興奕 —— 發益(兼桃興明)
　　　　　孔芳 —— 興敬 —— 發健 —— 良將 —— 能清 —— 仕源 —— 肇鳳
　　　　　　　　　興本　　　　　　　　　　　　　源俤(夭)　肇敏 —— 生陽
　　　　　孔冶 —— 興昂　　　　　　　　　　能安 —— 仕豪
　　　　　榜　　　興坤　　　　　　　　　　　　　　仕杰
　　　　　　　　　　　　　　　　　　　　　　　　　仕華
　　　　　　　　　　　　　　　　　　　　　　　　　仕麟
　　　　　　　　　　　　　　　　　　　　　　　　　仕興
　　　　　　　　　　　　　　　　　　　　　　　　　明
　　　　　　　　　　　　　　　　　　　　　　　　　仕文
　　　　　　　　　　　　　　　　　　　　能德 —— 仕
　　　　　　　　　　　　　　　　　　　　　　　　仕
　　　　　　　　　　　　　　　　　　　　能林 —— 仕
　　　　　　　　　　　　　　　　　　　　　　　　仕
　　　　　　　　　　　　　　　　　　　　能鎮 —— 仕根(夭)
　　　　　　　　　　　　　　　　　　　　　　　　仕團 —— 肇亮
　　　　　　　　　　　　　　　　　　　　能基 —— 仕標 —— 肇偉
　　　　　　　　　　　　　　　　　　　　　　　　仕亨 —— 肇祥
　　　　　　　　　　　　　　　　　　　　能煊 —— 仕政 —— 弘鑒
　　　　　　　　　　　　　　　　　　　　能瑞 —— 仕殷
　　　　　　　　　　　　　　　　　　　　　　　　仕勤
　　　　　　　　　　　　　　　良臺 —— 能洞 —— 仕
　　　　　　　　　　　　　　　良友(夭)　能積 —— 仕金 —— 肇庸
　　　　　　　　　　　　　　　良火(夭)　　　　　　　　　肇慶
　　　　　　　　　　　　　　　　　　　　　　　　仕炳 —— 肇飛
　　　　　　　　　　　　　　　　　　　　能新 —— 仕
　　　　　　　　　　　　　　　　　　　　　　　　仕
　　　　　　　　　　　　　　　　　　　　　　　　仕

【朝枝字德干支派】

34世	35世	36世	37世	38世
承發公	須才	行棋		
		行祥		
	須喜	行標		
		行添		
	須挺	行欽		

【朝芳字德仁支派】

34世	35世	36世	37世	38世
承官	須寬	行炳		
		行賢		
承鐘	須坤	行舉		
		行浩		
	須太	行群		
		行秋		
	須寶	行偉		
	須端	董艷(女)		
承顯	須明	行捷		
	須光			
	須福			
木泉(出繼)	須光	行捷(出繼)		
		行林		
承官	須明(出繼)			
	須清	志霖		
承座	須明	維(女)		
承春	軍明	水霖		
		水貴		
	軍政	行欽		
鏗英	須平			
承樂	須煊(兼桃)			
樂弟				
承齊	須顯	行鴻		

34世	35世	36世	37世	38世
承恩	須賢			
承旭	須誠			
承英	須華(天)			
	須瑞			
承秋	須銓			
承書	須林			
承魁	須光	凌志		
承慶	須安			
	須清			
	須林			(兼桃)
承陞	須鋒			
承綏	須健	行錦		
		行賽	(子止)	
	須平	行仲		
承明	鈞翔			
志雄	耿廷			
承太	須法	行文		(女)
	須孔	行武		
	(出繼遷居壺江)			
梅倈	須孔	董彬	(天)	
學華	須義	依懷(天)	是曦	
		國欽	是曦(兼桃)	
		國良	少清	
		國鑾	文鑫	
	須梓	行挺	是瑜	
	須智(天)		是錦	
		行宇	董永	
學嚴	須禮	行仁	是湧	劍斌
			是連	董銘
				董劍
			是國	敬登
				董彬
		行孝	是文	
			是光	
	須林	行滔	是勤	浩翔
			是葉	
		行端	是實	
			是典	
		行釗	是鋒	
			是璨	
	須才	行輝	是善	杰鑫
			是章	
		行平	是育	
		行忠	董敏	
		行建	志文	
			志東	
學品	須法	聿元	董沁	
	須旺	行通	是述	
		行達	是鍼	
		行瑞	董彬	
		行錦(天)	董飛	
		行遠	董磊	
	須進	行朝	董強	均一
			董勇	
		行新	董偉	
	須順	行輝(天)	董雄	
		行敬	是銓	
	須興(贅壺江)	依華	是登	
		行敬(出繼)		
		行亨		
	須明	行尊		
	須惠	董霖		
承樺	須春	行枝	董舉	
承彩	須仁	行樞	是健	
	須信	行枝(出繼)		
		行華	是鏗(兼嗣行金)	
		行金	是鏗	
	須燦	行林	是鏞	

34世	35世	36世	37世	38世
承銓	須春	敬香(回支子)		
	須太	行松	是隆	
		行清		
		行文		
	須明	行敏	董銷	
承開	須忠	施宇	夢岑	
		董寧		
	須剛	行善	董煒(女)	
		行曦	小妹(女)	
	須鋒	董瞭	董宏	
		董陽		
	須清	董萌(女)		
承慈	須強	驍	驍	
		暉	董翀	
承樞	須榮	行光		
	須華(出繼胞弟承朝)	行亮	是棟	
		行通(天)		
		行達	是海	
		行姜	是闊	
承連	須錦	行鐘	是松	
		行瑞(天)	是鋒(出繼)	
		行祥	是鋒	
	須秀	建德(天)		
		建平	是勇	
		建安	是智	
		建定		
	須麗	志祥		
	須昌	志盛		
	須明(出繼金砂)	建榮		
		明華		
	須統			
承朝	須華			
承霖	須當(天)			
承餘	須福	行淦	董雲	
承法	須燦	國興	端生	
	須良	行暖	是渭	
	須善(出繼尤溪羅姓)			
承坤	須鏗	耀鴻		
		耀樫		
	須勇	行耀	是武	
承好	須樂	行建	董松	
承球	須景	行進	是豐	
		行標	董偉	
承玩	須渭	董曦		
	須銀			
	須端	董章		
承賤公	須銀			
承灼	潭生	振東		
	松生	振魁		
	炳生	存枝		
		振興		
承德	須浩	行俠	天使	
		行興	旭亮	
		行群	湯米	
承財	須浩(出繼)			
	二二公	聖鵬		
	須國	聖鵬(兼桃二二公)		

34世	35世	36世	37世

【朝槃字德興支派】

承才 —— 須知 —— 董鑫
承梓 —— 須知 (出繼)
　　　　須巧 —— 董鵬
承俊 —— 建國 —— 岬嵘
承鈺 —— 須豐
承鏗 —— 國良 —— 慶華
　　　　國欽 —— 桂萍 (女)
承章 —— 須德 —— 行景 —— 董逸凡
　　　　德俤
承木 —— 須漢 —— 行鵬
　　　　　　　　行翔
承梓 —— 須信 —— 行清
　　　　　　　　行欽
　　　　須法 —— 行超
　　　　須灼 —— 行鑫
　　　　須用 —— 行霖
　　　　須燦 —— 董煜
承增 —— 須品 —— 行文
　　　　　　　　行武
　　　　　　　　行福
承才 —— 須堅 —— 行欽 —— 董杭
承煥 —— 須堅 (出繼)
　　　　須和 —— 行燦
　　　　　　　　行明
　　　　須慶 —— 行彬
　　　　須海 —— 行新
　　　　須良 —— 行潤
承梓 —— 須義 —— 董威
　　　　　　　　董振
　　　　須善 —— 鴻生
　　　　　　　　鴻奇
承坤 —— 須霖 —— 董煌
　　　　須光 —— 董輝
　　　　須華 —— 董精
　　　　須恩 —— 董彬
　　　　　　　　董強
　　　　須惠 —— 董武
　　　　須忠 —— 董泉
承建 —— 雁明 —— 董响
　　　　　　　　董亮
　　　　雁洲 —— 董華
　　　　雁雲 —— 雨晨
承霖 —— 須勛 —— 行霜
承官 —— 須瑞 —— 董升 —— 奕昉 (女)
　　　　　　　　董旭 —— 思婷 (女)
　　　　須慶 —— 行琛
承快 —— 須源 —— 行慈
　　　　須浩 —— 行超
　　　　須治
承鈺 —— 須乾 —— 行群
　　　　須涵 —— 行劍
　　　　須澄 —— 董拓
承朝 —— 須煌 —— 家合
(居台灣)
　　　　秦豐 —— 孝澤
承良 —— 董彬
承舉 —— 須璧 —— 董軍
　　　　須敏 (出繼)
　　　　須儀

34世	35世	36世	37世

嫩嫩 —— 須敏 —— 杰明
承禧 —— 董磊
承運 —— 淑姍 (女)
承華 —— 清雷
承國 —— 董娜 (女)
承芳 —— 董超
承欽 —— 須明
　　　　明俤 (天)
承棟 —— 須光
承業 —— 須利
　　　　須明
承雲 —— 須軍
承付 —— 須林
　　　　須杰
承華 —— 須賢
承達 —— 須賢
　　　　須友 (天)
承通 —— 須敏 (天)
承欽 —— 董捷
承光 —— 董墨
承連 —— 須平 (兼桃) —— 行禹 —— 是達
　　　　　　　　　　　行秦 —— 是津
承順 —— 須平 —— 行朗 —— 是恒
細妹 —— 須秋 (兼桃) —— 行強 —— 瑤俤
承芳 —— 須秋 —— 行協
　　　　須明 —— 行文
　　　　須品 —— 董瑞
承珠 —— 乃妹 —— 行忠 —— 是偉
承金 —— 須進 —— 行意 (出繼朱氏)
　　　　歐犬 (天) —— 行造 —— 是錦
　　　　　　　　　　　　　　是桂
　　　　　　　　　　行標 —— 是祥
承容 —— 須寶 —— 行奮 —— 是環
　　　　須興 —— 行明 —— 是環 (兼桃)
　　　　　　　　行奮 (出繼)
　　　　　　　　行勇 (天)
　　　　　　　　行貴
　　　　須雄 —— 行飛 (天) —— 是偉 (兼桃)
　　　　　　　　行忠 (出繼)
　　　　　　　　行華 —— 是根
　　　　須棟 —— 行鋒 —— 是騰
承禄 —— 須蘭 —— 行豐
　　　　須德
承發 —— 須金 —— 行雍
　　　　須潤 —— 行鑫
　　　　須銀 —— 行偉
　　　　須銘 —— 行煊
承球 —— 須述 (天)
　　　　須德 —— 行洲 —— 是頡
　　　　須某 (天)
承亨 —— 須良 —— 行雄
　　　　須棟 (出繼) —— 行偉 (天)
　　　　須堅 —— 行燈
　　　　　　　　行慶 —— 董鑫
承就 —— 須棟 —— 行仕 —— 是誠
　　　　　　　　行洋
承幹 —— 須棋 —— 行敏
承發 —— 須棋 (出繼)
　　　　須意 —— 董津
　　　　建青

第一栏　34世　35世　36世　37世　38世

【朝梅字德鼎支派】
承太——須東
承鏡——增波——桂祥——董夷
承杰——炳煌——志偉
　　　　　　　志豪
　　　炳賢——志彬
　　　炳男
　　　炳華
承木——董霞
希官——董平
承淦——揚帆
承炎——聶榕
　　　澤煒
承演——須銓——行通
　　　須釵(出繼)行慶
　　　須福——行強
承富——須雄——董偉
　　　　　　　揚銳
承貴——須釵——行通——是楠
承如——須闊
　　　須魁——行標——董昌(兼桃)
　　　　　　行良——董昌
　　　　　　行松——朝輝
　　　須舒——行俤——是鋒
　　　　　　行用——是鋒
　　　　　　　　　　是桂
　　　　　　行枝——是平
　　　　　　　　　　是杰
　　　須春——行瑞——是強
　　　　　　　　　　是恩
　　　　　　行勇——是秦
　　　　　　行新——少威
承奎——須位——行恩
　　　須本——偉豪
　　　須榮——行瑤
　　　榮俤——董斌
承吉——須文——行波——是林——敬樊
　　　　　　行彬——是順
　　　　　　(出繼)
承禧——須品——行好——是鈿
　　　須朝——行好(出繼)是耀
　　　　　　行明——是勇
學良——乃旺——行灼——是雄
　　　　　　行明——是峰
　　　　　　行華——董金
　　　　　　行仁
　　　乃武——行林(天)
　　　　　　董真
細細俤——須芽
林林——須城
棟棟——須城(兼桃)
承累——須芽(出繼)
　　　芝生
承崧——須城(出繼)
　　　須輝
金和——須雄
承郎——須明
承德——須安(出繼)
承鏗——須安——行旨
　　　　　　行廣
　　　須寶——建生
　　　　　　明生
　　　須忠——董錦
　　　須秀——行溫
承濟——須鏞
承春——須枝——行旭
　　　須坤——行良
　　　須彬——行棟
　　　　　　行龍

第二栏　34世　35世　36世　37世

承榮——須壽——行勇
　　　須平——迎松
承燦——須灼——行挺——浩亮
　　　　　　董飛
　　　須興——董偉
　　　須清——功勛
　　　金官——少雄
承進——須用——行敏——是德(兼桃)
　　　　　　董咏——是德
　　　須增——行星
承賀——董清——行賦

【朝榘字德芳支派】
承堯——須炳——行錦
(兼桃家桃公)
承才——須欽——行永
　　　　　　行明
承元——須和——行群
　　　　　　行舒
　　　須木——明生
　　　須平
　　　須文(天)
承嫩——須欽——董彬
　　　須位(出繼)
　　　須旺(出繼)
嫩俤——須旺——錦濤
承長——須才——行利——是猶
　　　　　　行偉——是歡
　　　　　　行浩
　　　　　　行星
　　　須喜——行兵
　　　　　　行文(出繼)
承杰——須天——行文
承坦——須積——行忠
　　　　　　行武
　　　須鼎——行倍(兼桃)
　　　須嵐——行煜
　　　須朝——行清
承塘——須錢——福官
　　　　　　行才
　　　　　　行魁
　　　須金——行文
　　　　　　行勇(出繼)
　　　須章——存官
　　　須城——行品
　　　須連——行勇
　　　須坤——登鋒
　　　　　　登輝
承坊——須銘——玉鋒
　　　　　　恩強
承堯——須煜——行輝
　　　須炳(出繼)
　　　須燦(出繼)
　　　須煌——行輝
　　　須旺——行
承舜——須燦——行秀
　　　　　　行麗(天)
承仁——須德——行銷
　　　須林(天)
　　　須勝——行松
　　　須輝(天)
承利——須欽
　　　須勇——捷靈
承華——須勇(兼桃)
承朝——須鏗——行松
承豐——須東
承瑞——須勇
　　　須東(出繼)

第三栏

承浙——須玉——董杰
承志——須淦——行松
　　　　　　(出繼)
雄官弟——須棋
承準——須賢
　　　須育
　　　須鑄(天)
董誠——須欽
董團——董偉
承東——須輝
承世——須東
　　　須勇
生建——須增
承羅——須清——行瑞——董枝
　　　須雅(出繼)行祥
　　　須通
承俊——須雅——行超
　　　　　　行杰
承德——須鍵——董民
衛國——董鐘
承從——須凱——行乾
　　　須鋒——賢明
　　　　　　行俤
承善——須松
　　　須在
承樂——董斌
承壽——須涵
承喜——須斌
　　　須文
承才——華明
承香——建榮
　　　建德
承春——建樑
承記——明強——曉燦
　　　明忠
仁壽——董霖
協記——董強
正記——董鈺
忠記——董斌
承順——須華——行耀
承泉——明霞
　　　明福
承城——須滔——行耀(出繼)
　　　　　　行仙
　　　須枝——文財
　　　須松——董浩
承灼——董明
承炎——董偉
　　　董航
承永——冬冬
增城——福生
　　　福星
承好——小輝
承品——鏐鑫
　　　董侃
承熙——建輝

第一栏

| 34世 | 35世 | 36世 | 37世 | 38世 |

- 承登
- 須機(子止)
- 須貴 — 行金 — 是強 — 智霖
- 　　　行進 — 是文
- 　　　行魁 — 是勇
- 　　　行東(夭) — 是興
- 　　　行建 — 是武
- 　　　行燦(夭) — 是旺
- 　　　行偉
- 須俊 — 行基

【德芳支系】

- 承羅 — 須清 — 行瑞 — 董枝
- 　　　須雅(出繼) — 行祥
- 　　　須通
- 承錦 — 須柱 — 行㭇 — 董禧
- 　　　　　　行平 — 董龍
- 　　　　　　行響 — 董斌
- 　　　　　　行強
- 　　　　　　行福 — 澤祥
- 承貨 — 須新 — 行華(出繼)
- 　　　　　　行貴
- 　　　　　　行濱 — 錦杰
- 承秋 — 須新 — 行華 — 錦燈

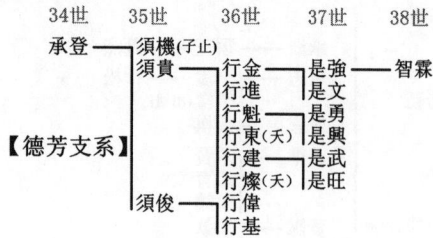

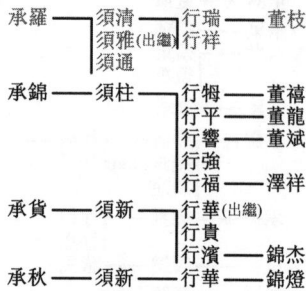

【朝楨字德周支派】

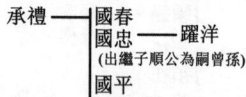

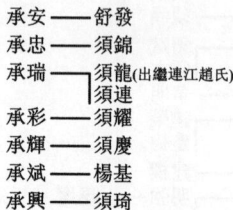

- 承禮 — 國春
- 　　　國忠 — 躍洋 (出繼子順公為嗣曾孫)
- 　　　國平
- 承安 — 舒發
- 承忠 — 須錦
- 承瑞 — 須龍(出繼連江趙氏)
- 　　　須連
- 承彩 — 須耀
- 承輝 — 須慶
- 承斌 — 楊基
- 承興 — 須琦

【朝標字德表支派】

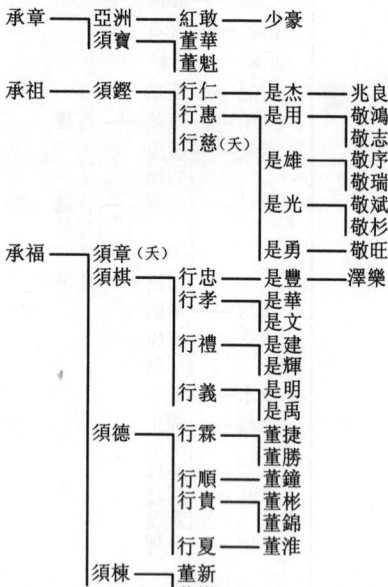

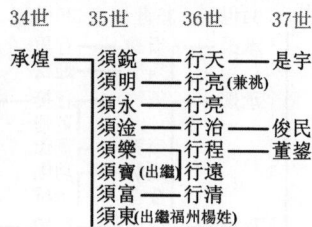

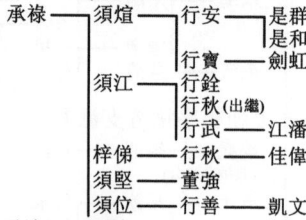

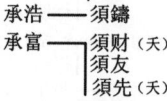

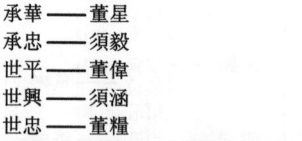

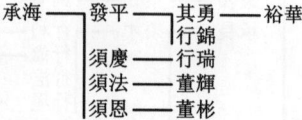

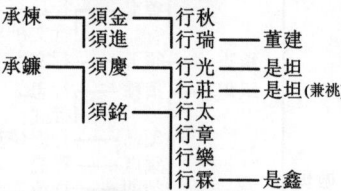

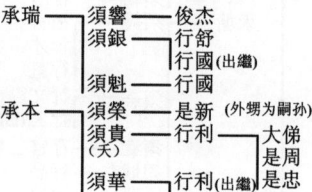

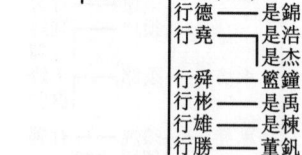

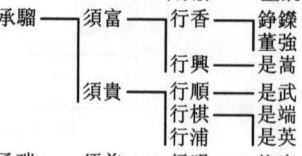

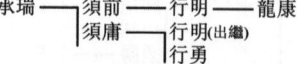

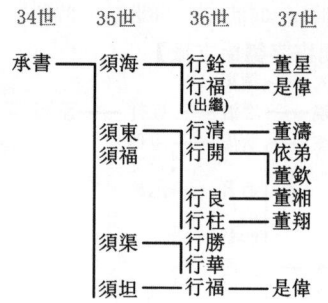

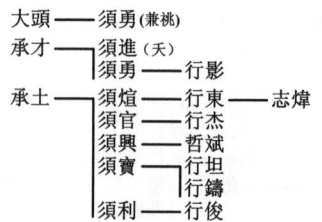

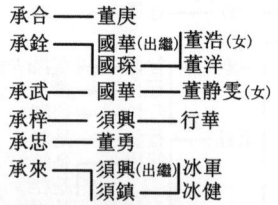

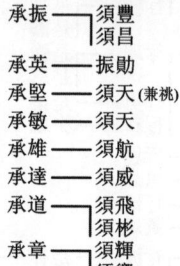

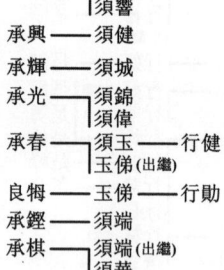

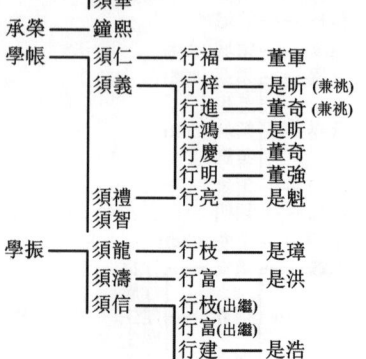

- 承章 — 亞洲 — 紅敢 — 少豪
- 　　　須寶 — 董華
- 　　　　　　董魁
- 承祖 — 須鏗 — 行仁 — 是杰 — 兆良
- 　　　　　　行惠 — 是用 — 敬鴻
- 　　　　　　行慈(夭)　　　　敬志
- 　　　　　　是雄　　　　　　敬序
- 　　　　　　　　　　　　　　敬瑞
- 　　　　　　是光　　　　　　敬斌
- 　　　　　　　　　　　　　　敬杉
- 　　　　　　是勇 — 敬旺
- 承福 — 須章(夭)
- 　　　須棋 — 行忠 — 是豐 — 澤樂
- 　　　　　　行孝 — 是華
- 　　　　　　　　　是文
- 　　　　　　行禮 — 是建
- 　　　　　　　　　是輝
- 　　　　　　行義 — 是明
- 　　　　　　　　　是禹
- 　　　須德 — 行霖 — 董捷
- 　　　　　　　　　董勝
- 　　　　　　行順 — 董鐘
- 　　　　　　行貴 — 董彬
- 　　　　　　　　　董錦
- 　　　　　　行夏 — 董淮
- 　　　須棟 — 董新
- 　　　　　　董嶸

第二栏

| 34世 | 35世 | 36世 | 37世 |

- 承煌 — 須銳 — 行天 — 是宇
- 　　　須明 — 行亮(兼祧)
- 　　　須永 — 行亮
- 　　　須淦 — 行治 — 俊民
- 　　　須樂 — 行程 — 董鋆
- 　　　須寶(出繼) — 行遠
- 　　　須富 — 行清
- 　　　須東(出繼福州楊姓)
- 承祿 — 須煊 — 行安 — 是群
- 　　　　　　　　　是和
- 　　　　　　行寶 — 劍虹
- 　　　須江 — 行銓
- 　　　　　　行秋(出繼)
- 　　　　　　行武 — 江潘
- 　　　梓俤 — 行秋 — 佳偉
- 　　　須堅 — 董強
- 　　　須位 — 行善 — 凱文
- 承浩 — 須鑄
- 承富 — 須財(夭)
- 　　　須友
- 　　　須先(夭)
- 承華 — 董星
- 承忠 — 須毅
- 世平 — 董偉
- 世興 — 須涵
- 世忠 — 董糧
- 承海 — 發平 — 其勇 — 裕華
- 　　　　　　　　　行錦
- 　　　須慶 — 行瑞
- 　　　須法 — 董輝
- 　　　須恩 — 董彬
- 承棟 — 須金 — 行秋
- 　　　須進 — 行瑞 — 董建
- 承鐮 — 須慶 — 行光 — 是坦
- 　　　　　　行莊 — 是坦(兼祧)
- 　　　須銘 — 行太
- 　　　　　　行章
- 　　　　　　行樂
- 　　　　　　行霖 — 是鑫
- 承瑞 — 須響 — 俊杰
- 　　　須銀 — 行舒
- 　　　　　　行國(出繼)
- 　　　　　　行國
- 　　　須魁 — 行國
- 承本 — 須榮 — 是新 (外甥為嗣孫)
- 　　　須貴(夭) — 行利 — 大俤
- 　　　　　　　　　　　是周
- 　　　　　　　　　　　是忠
- 　　　須華 — 行利(出繼)
- 　　　　　　行德 — 是錦
- 　　　　　　行堯 — 是浩
- 　　　　　　　　　是杰
- 　　　　　　行舜 — 籃鐘
- 　　　　　　行彬 — 是禹
- 　　　　　　行雄 — 是棟
- 　　　　　　行勝 — 是釩
- 承驅 — 須富 — 行香 — 錚鑠
- 　　　　　　　　　董強
- 　　　　　　行興 — 董嵩
- 　　　須貴 — 行順 — 是武
- 　　　　　　行棋 — 是端
- 　　　　　　行浦 — 是英
- 承瑞 — 須前 — 行明 — 龍康
- 　　　須庸 — 行明(出繼)
- 　　　　　　行勇

第三栏

| 34世 | 35世 | 36世 | 37世 |

- 承書 — 須海 — 行銓 — 董星
- 　　　　　　行福(出繼) — 是偉
- 　　　須東
- 　　　須福 — 行清 — 董濤
- 　　　　　　行開 — 依弟
- 　　　　　　　　　董欽
- 　　　　　　行良 — 董湘
- 　　　　　　行柱 — 董翔
- 　　　須渠 — 行勝
- 　　　　　　行華
- 　　　須坦 — 行福 — 是偉
- 大頭 — 須勇(兼祧)
- 承才 — 須進(夭)
- 　　　須勇 — 行影
- 承土 — 須煊 — 行東 — 志煌
- 　　　須官 — 行杰
- 　　　須興 — 哲斌
- 　　　須寶 — 行坦
- 　　　　　　行鑄
- 　　　須利 — 行俊
- 承合 — 董庚
- 承銓 — 國華(出繼) — 董浩(女)
- 　　　國琛 — 董洋
- 承武 — 國華 — 董静雯(女)
- 承梓 — 須興 — 行華
- 承忠 — 董勇
- 承來 — 須興(出繼) — 冰軍
- 　　　須鎮 — 冰健
- 承振 — 須豐
- 　　　須昌
- 承英 — 振勛
- 承堅 — 須天(兼祧)
- 承敏 — 須天
- 承雄 — 須航
- 承達 — 須威
- 承道 — 須飛
- 　　　須彬
- 承章 — 須輝
- 　　　須響
- 承興 — 須健
- 承輝 — 須城
- 承光 — 須錦
- 　　　須偉
- 承春 — 須玉 — 行健
- 　　　玉俤(出繼)
- 良㭇 — 玉俤 — 行勛
- 承鏗 — 須端
- 承棋 — 須端(出繼)
- 　　　須華
- 承榮 — 鐘熙
- 學帳 — 須仁 — 行福 — 董軍
- 　　　須義 — 行梓 — 是昕(兼祧)
- 　　　　　　行進 — 董奇(兼祧)
- 　　　　　　行鴻 — 是昕
- 　　　　　　行慶 — 董奇
- 　　　　　　行明 — 董強
- 　　　須禮 — 行亮 — 是魁
- 　　　須智
- 學振 — 須龍 — 行枝 — 是瑋
- 　　　須濤 — 行富 — 是洪
- 　　　須信 — 行枝(出繼)
- 　　　　　　行富(出繼)
- 　　　　　　行建 — 是浩

34世　35世　36世　37世　38世

- 承朝
  - 須恩——行亮
  - 須惠
- 承波
  - 須賢
    - 行宜
    - 行新
  - 須敏——行樂
- 承在——須鍇
- 承梅——須國
  - 董樞
  - 董源
- 承發——須傳
  - 存明——賓瀅
  - 存勇——灝文
- 承和
  - 須國(出繼)
  - 須彪(出繼黃姓)
  - 須添——行智
- 麿麿——須旺(外甥为嗣)——啟詢——曉彬——董沁
- 承枝
  - 須耀
    - 行忠
      - 是偉
      - 是欽
    - 行輝
      - 董鑄
      - 董日
    - 行坦
      - 董杭
      - 董晹
    - 行興——升宇
  - 須梓(夭)
  - 須木(夭)
- 承灼
  - 依犬——行金——是利
  - 須銓
    - 行金(出繼)
    - 行松
      - 是強
      - 是鋒
  - 須太
    - 行菊
    - 行書
  - 須海——行仙
  - 須釵
- 承銀
  - 須文——行程
  - 須惠——行標
  - 須招
  - 須舉
    - 行標
    - 行彬——是榮
  - 須敏——行泓
- 承鈺
  - 須官
    - 行清
    - 行利——董欽
  - 須叔——行義
  - 須慶——行泉
- 承木
  - 須標(夭)——朝暉(兼祧)
  - 須標弟——朝興
  - 須良——朝暉——鵬浩
  - 須朗
    - 朝興(出繼)
    - 朝偉
- 犁犁——須煦
  - 行平(子止)——董偉(兼祧)
  - 行敏——董偉
  - 行通
- 承恩——須英
  - 行準(子止)——是升(兼祧)
  - 行亮——是升
- 承國
  - 須鏗
    - 行建——董坤
    - 行波
  - 須位——行灼
  - 須淦
    - 行棋
    - 行志
  - 須用——董星
  - 須章(夭)
- 承芷
  - 須德——董輝
  - 須俊——登欽
  - 須明——董強
  - 須光——董鋒
  - 光亮(夭)
  - 須勇——董錦

34世　35世　36世　37世

- 承官——須彬——行木
- 承錮(居台湾)
- 承堯(居福州)
  - 須明
  - 須明俤
- 承高
  - 須進
  - 須利
- 承福
  - 須和——行新
  - 須用——行鼎
  - 須錮(出繼)——董勇
  - 須祥——曉涵
- 承華(夭)——須錮——董勇
- 承如
  - 須秋
    - 行文
    - 行武
  - 須端——行凡
- 承章——須揚
  - 行志
  - 行德(出繼)
- 承標
  - 須星——行德
  - 須揚(出繼)
  - 須國——建煒
- 承樂
  - 董威——智庚
  - 須鋒(夭)——智庚(兼祧)
- 承彬——須端
- 承灼——木蓮
- 承盛
  - 須偉
  - 須杭
- 承清——須寶
- 天基(夭)——須霖
- 天仁
  - 須鴻
  - 須霖(出繼)
- 天德
  - 須權
  - 須耕(出繼)
- 承燦——須東
- 承利——須龍
- 承寬——曉輝
- 承欽——須強——董鎧
- 承端——永鋒
- 承興
  - 須鴻
  - 須晶
- 承增
  - 須平——董曦
  - 須斌(出繼)
- 承鏡——須秋
- 鏡俤——須彬
- 承柱——素新
- 承榮——須蕾
- 承光——董宇
- 承德——炳生
- 承順——須鋒
- 承智——董權
- 承香
  - 須楝(夭)
  - 須惠
- 承慶——須錦
- 承通——須魁
- 承波——須聲

34世　35世　36世　37世

【鼎吉字德兆支派】

- 承元
  - 須錦
  - 須雲
- 承怡
  - 須烺——明燈
  - 須棋——曉東
- 承明——須偉
- 承銓
  - 須通——董錦
  - 須進——董恒
  - 須焜——錦鋒
- 承鏗
  - 須賽——晏怡
  - 須智
- 承賦——須偉
- 承國——須壯

【谦吉字德某支派】

- 承灼——須華
- 承賢——須武
- 承豪——須輝
- 承章——須恩
- 承杰
  - 須榕
  - 須敏
- 承光
  - 須星
  - 須智

(五)宁房世系

1. 宁房世系

棠公字文燧,宁房一世,乃敬初公四男,生明永乐六年戊子,卒宣德六年辛亥十月初六日,寿二十四岁。葬西村湾糇坪顶,坐辛向乙兼酉卯。行万卅四,配陈氏。燧公二十三岁生焆,父子不能相继。次年失怙,赖伯膏公抚养焆公十八年余。焆公完婚后,膏公寿满也。焆公生增、垫两公,增公字伯嘉,生韶、铿、刚、肃四男;垫公字伯伦,生铭、铎、镐、鍉四男。其后支分派别蕃衍日多,有仲韶公支系。宜良公支系、宜为公支系,传至四十世,传续二十一世。其中于清朝时,有第二十五世祖大宝、大行两公,和清代二十七世祖宜绣公先后入迁君竹。后移居上岐,垦田建舍,创立家园,繁衍子孙。分派宁房马尾上岐分支。

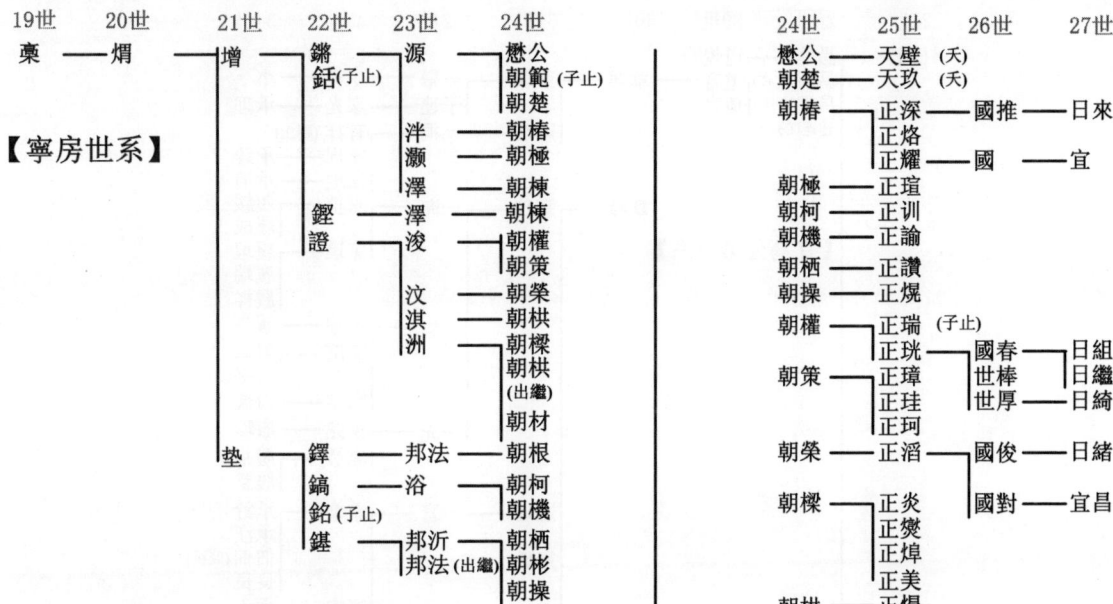

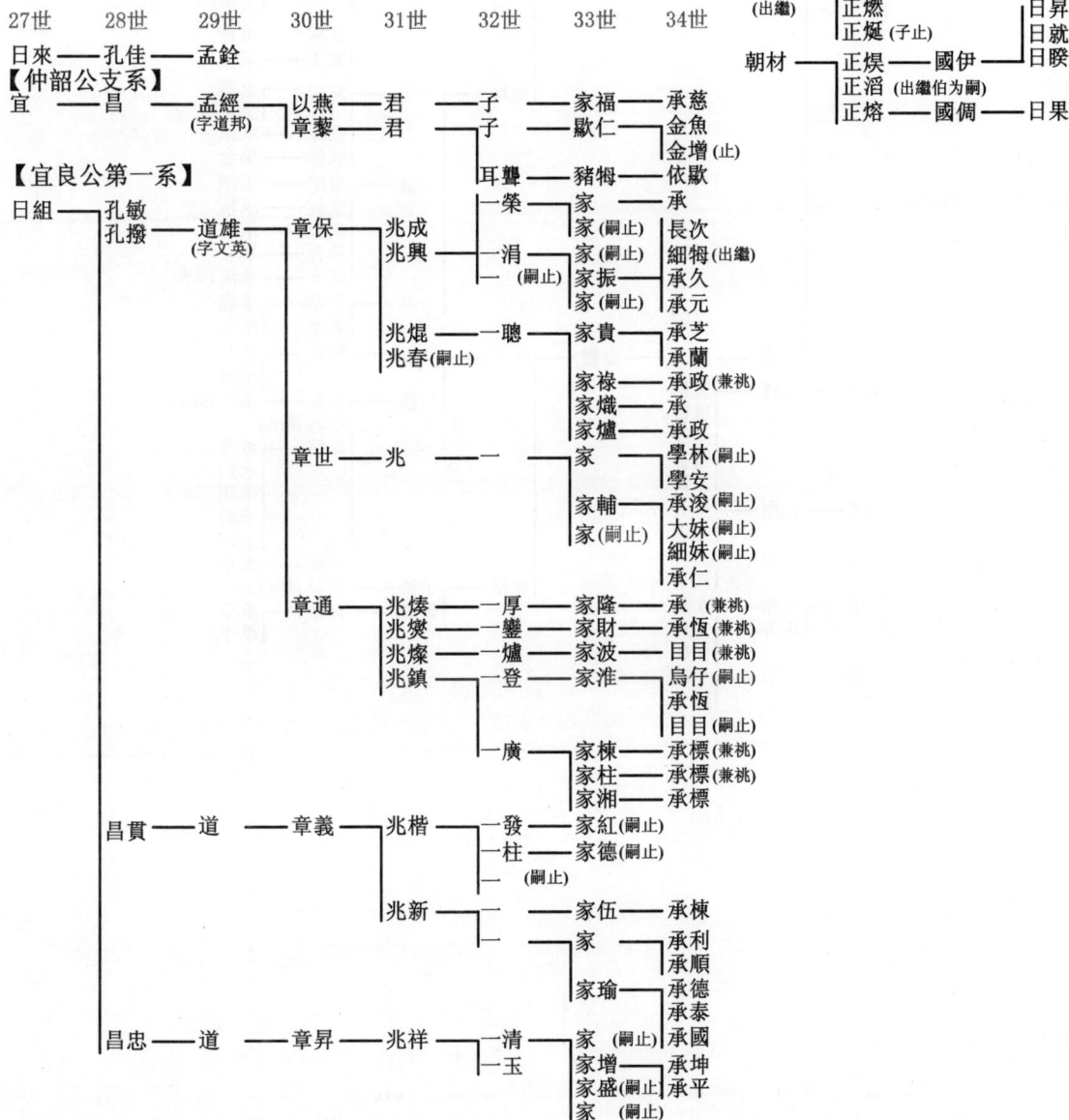

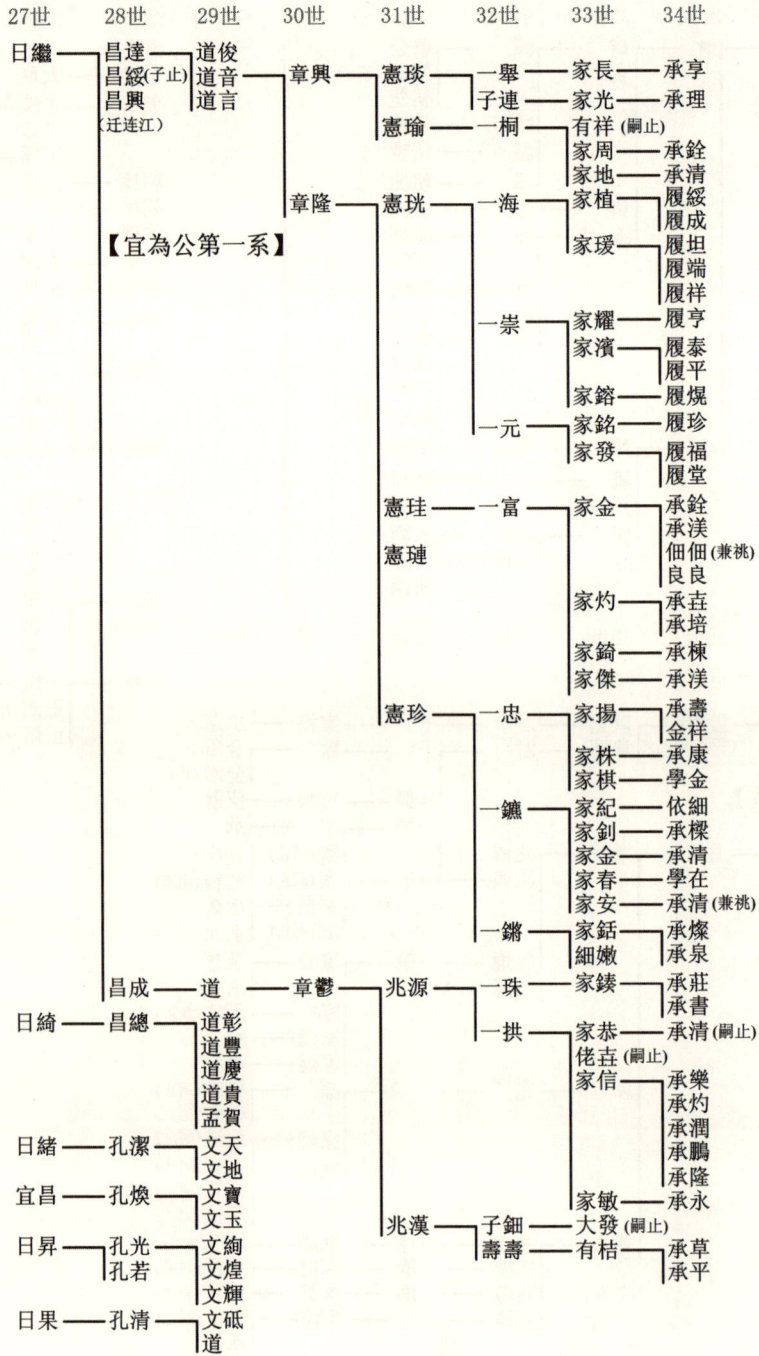

【宜為公第一系】

27世	28世	29世	30世	31世	32世	33世	34世

日繼 — 昌達 — 道俊
　　　昌綏(子止) 道音
　　　昌興 道言
　　　（迁连江）

章興 — 憲琰 — 一舉 — 家長 — 承享
　　　　　　　　子連 — 家光 — 承理
　　　　憲瑜 — 一桐 — 有祥(嗣止)
　　　　　　　　　　 家周 — 承銓
　　　　　　　　　　 家地 — 承清

章隆 — 憲珖 — 一海 — 家植 — 履綏
　　　　　　　　　　　　　 履成
　　　　　　　　　　 家瑗 — 履坦
　　　　　　　　　　　　　 履端
　　　　　　　　　　　　　 履祥
　　　　　　　 一崇 — 家耀 — 履亨
　　　　　　　　　　 家濱 — 履泰
　　　　　　　　　　　　　 履平
　　　　　　　　　　 家鎔 — 履煥
　　　　　　　 一元 — 家銘 — 履珍
　　　　　　　　　　 家發 — 履福
　　　　　　　　　　　　　 履堂

憲珪 — 一富 — 家金 — 承銓
憲璉　　　　　　　　承渼
　　　　　　　　　　佃佃(兼桃)
　　　　　　　　　　良良
　　　　　　　 家灼 — 承㘴
　　　　　　　　　　 承培
　　　　　　　 家錡 — 承棟
　　　　　　　 家傑 — 承渼

憲珍 — 一忠 — 家揚 — 承壽
　　　　　　　　　　 金祥
　　　　　　　 家株 — 承康
　　　　　　　 家棋 — 學金
　　　 一鑪 — 家紀 — 依細
　　　　　　　 家釗 — 承樑
　　　　　　　 家金 — 承清
　　　　　　　 家春 — 學在
　　　　　　　 家安 — 承清(兼桃)
　　　 一鐍 — 家鋯 — 承燦
　　　　　　　 細嫩 — 承泉

昌成 — 道 — 章鬱 — 兆源 — 一珠 — 家鏤 — 承莊
　　　　　　　　　　　　　　　　　　　　 承書
日綺 — 昌總 — 道彰　　　 一拱 — 家恭 — 承清(嗣止)
　　　　　　 道豐　　　　　　　 佬㘴(嗣止)
　　　　　　 道慶　　　　　　　 家信 — 承樂
　　　　　　 道貴　　　　　　　　　　 承灼
　　　　　　 孟賀　　　　　　　　　　 承潤
日緒 — 孔潔 — 文天　　　　　　　　　 承鵬
　　　　　　 文地　　　　　　　　　　 承隆
宜昌 — 孔煥 — 文寶　　　 家敏 — 承永
　　　　　　 文玉
日昇 — 孔光 — 文絢　　兆漢 — 子鈿 — 大發(嗣止)
　　　孔若 — 文煌　　　　　 壽壽 — 有桔 — 承草
　　　　　　 文輝　　　　　　　　　　　　 承平
日果 — 孔清 — 文砥
　　　　　　 道

34世　35世　36世　37世　38世　39世　　　　34世　35世　36世　37世　38世　39世　40世

【仲韶公支系】
承慈—須錦—行通／行武
須旺—行浩
須木—行能
金魚—須端

【宜良公第二系】
承—須文—行李
須俊—行寶—是忠—敬亮／是志／是紅／是仁／是桐／是佛
承久—須滿—行瑜—是虎
須煥—行浩—是隆—敬飛
承芝—須壽—侄行鏗—是忠—敬天
承蘭—須財—侄行鏗—敬真（承是良為嗣）
須源—行鏗—是良／是清—敬真（兼祧）／敬鑫
須廣—行霖—行道—是欽—敬周
承—須
承政—須金—行棋（兼祧）
須旺—行棋—是華—敬穎／是林
行仁—是輝／是明
行德—是城
承—須福—行美—是鋒
行明—是琳
行團—是捷
承仁—須明—行新
須泉—行新—是誠／行金
須華—行濤
須德—美珍
承—侄須順
承恆—須伙—侄行雙
須梓—侄行雙
須順—行雙—是津
承—侄須順　行泉（出繼）
承標—侄須順
承棟—須興—行廷
須旺—行章／行杰
須華—行強
須登—行暉
承利—須清—行建
須堅—行惠／行穎
須平—行樵
須光—行勇
承順—須英—行凱
須明—行杰
承德—須萍—行
承泰—須貴／須光
承國—少錦
承坤—須霖—行祥—曉暉
行燦—董微
行春
須富—行燦
須喜—行清—是嘯
承平—須財—行連—是奇
須—行強

【宜為公以德二系】
承享—須慶—行彬／行昌（出繼）—是郎—敬國—業友／敬乾—業／敬亮—業理
是福—敬光—業勤
是壽—敬枝／敬文—業／敬瑞
行泰—是平—敬隆
是樂—敬澄
振興—敬斌
是榕—敬重
是波—敬閩
是華—敬浩／敬禮
是興—董蘇
是富—敬俊
行鈺—是貴—敬興—文穎／敬林—董彬
是和—敬忠／敬閩
是鶴—敬偉／敬熙
行柱—是杰—敬連
通通—敬清
是堅—敬森（承通通為嗣）
是開—敬玲
承理—須—行昌—是鑾—敬秋—董輝／敬勇
承銓—須財—是本—敬勳
承清—科黎妹（嗣止）—是證—敬天
須華—行潮（嗣止）—是桐—敬勝
水歐（嗣止）—是泉—敬雨—業忠／敬雲—業強

【宜為公以運二系】
履綏—須旭／犬佛—行衡／廳佛—是香—敬財—業群／敬貴—業明
是桔—敬秋—業浩
履成—須傳／須本—行餘—是舒—敬明／敬華
履坦—須炳—行乾—是振
是合—敬敏—水澄
是在—敬捷
是菜—敬華／敬欣
是華—敬豪
是棟
須堅—行鏡—是治—敬翠／敬偉
是光—董純—業春／業偉
履端—須榮—行鋒—是銳—敬清
行注／行浦—是貫—敬壽—業洪／敬銑—業威
（承行浦為嗣）
是淦—學鑄—廣宇／廣精
學春—業涌
學平—劍鋒
（過林姓為嗣）
行金—是驕—敬耕—仁貴／敬信—仁凱
是驅—敬生—董鵬／敬團
是驤—恩勇／恩華
是驥—敬義
是驤—敬春
（承行柱為嗣）—敬鈿
履祥—須森—行鼎／行林—是鈿—敬鑫
是榮—敬煊—維凌
通華（嗣男坤庭）
是城—坤庭（承通華為嗣）
是雄—文彬

【子高公支系】

左：34世　35世　36世　37世　38世　39世　40世

- 履享 — 須堯 — 行球
  - 是俊 — 敬賢 — 業祥 — 真裙
  - 是標 — 敬誠 — 業東／業鑄／業興／業先
  - 敬良
- 履泰 — 須堯(出繼)
  - 弟弟 — 行櫟
  - 須桔(承弟弟为嗣) — 行櫟
    - 是欽 — 敬光 — 業聰／敬明 — 柳青
    - 是坦 — 敬隆 — 業鎮／敬耀／敬平
  - 行根
    - 是雄 — 董良
    - 是平 — 敬藩
    - 是永 — 董峰
    - 是鏗 — 敬德
    - 是旺 — 敬曉
    - 是敏 — 敬斌
    - 是善 — 敬濤
  - 行和
    - 是禮 — 敬強 — 董晟／敬遠
    - 是義 — 敬銳／敬亮
    - 是溓 — 敬偉(兼祧)
    - 是文 — 敬偉(兼祧)
    - 是武 — 敬展
    - 是意 — 董瀟
  - 行煌 — 是煬 — 敬凱 — 業昇
- 履平 — 須文
  - 行坴
    - 是煦 — 敬玉(出繼) — 業彬／敬勤 — 業凡
    - 是魁 — 敬雄 — 業樺／敬勇 — 業涵／敬忠 — 業鋒／敬星
  - 行煜 — 是潮 — 敬平
  - 行森 — 世華 — 敬飛／世清 — 守清／世仁 — 敬誠
  - 須柱 — 行梔
    - 是烺 — 建錦 — 業棋／業專／建國 — 業捷
    - 是泰
    - 是富 — 敬欽
    - 是忠 — 敬波
  - 須渭 — 行棋
    - 是快 — 敬和
    - 是端 — 敬順(出繼行昌为嗣)
  - 行志
    - 依枝
    - 是德 — 敬飛(兼祧)
    - 是連 — 敬飛(兼祧)
    - 是春(出繼)
  - 行件 — 是義 — 敬鵬
  - 行昌 — 是端 — 敬坦 — 董輝
  - 行仁 — 是春 — 敬平 — 業翔
- 履煜 — 須莊
  - 行團 — 是豪 — 敬旭
  - 行槳 — 是槐
  - 行壁 — 是豪(出繼)／是杰 — 真真
  - 須椿
    - 行啟 — 是勇 — 敬春
    - 行輝 — 是健

右：34世　35世　36世　37世　38世　39世　40世

- 履珍 — 須恭
  - 行城 — 金官／是泳 — 敬瑞 — 業堯／捷官 — 敬明
  - 行銀 — 捷官 — 震英 — 業棋
  - 須寬 — 行銓 — 是實
    - 和平 — 旭暉
    - 和官 — 旭暉(兼祧) — 浩榮
    - 國強 — 惠婷
    - 國英 — 歡歡
    - 是務 — 國雄
  - 行杰 — 是仁 — 敬恩 — 業曉
  - 行雄 — 是享 — 敬恩(出繼)／敬典
  - 須信 — 行灼 — 是儀 — 敬星 — 偉杰／是修 — 敬寶
  - 行熙 — 是興 — 敬松／是悌 — 敬秋
  - 須敏 — 行進 — 是虞 — 敬健(兼祧)／是秀 — 敬健(兼祧)／是安 — 敬健(出繼)／敬燮
  - 須惠
  - 行福
    - 是入 — 敬榕(出繼) — 業津／敬城 — 業鈺
    - 是煥 — 敬城 — 業威／是良 — 敬樵 — 業宇／敬術 — 晨樂／敬璋 — 業強
    - 是煜 — 敬耀／開耀
- 履福 — 青蛙精
  - 須春 — 行坤 — 是松 — 敬鏗
  - 須旺 — 行居 — 土地 — 敬鋒
  - 須相 — 行國(出繼) — 是浩 — 敬堅 — 福溫／敬飛
  - 須榕 — 妹哥
    - 劉覽
    - 行雉 — 是智 — 敬善
    - 行仁 — 是漢 — 敬敏
    - 行貴 — 是煜 — 敬枝／是興 — 藝偉／是彬
    - 行永 — 是盛 — 敬芳／是澄 — 敬忠
    - 行慶 — 是厚 — 敬鋒／是新 — 若晨
- 履堂 — 犬犬 — 行國 — 是德 — 鍼杰／文靈
  - 豬豬 — 行國
  - 貓圭 — 行國 — 是春 — 董航
  - 海模 — 行國 — 是郎 — 敬煊／是強
- 承銓 — 須淦
  - 行順 — 是鏡 — 敬輝 — 業寅
  - 行銓 — 是壯 — 敬輝(出繼)／是快 — 敬明／是燦 — 敬章
- 承坴 — 須桐
  - 行叨 — 是渭 — 敬銓 — 業潤／敬華
  - 行祿 — 是釵 — 敬建 — 業彬／敬輝
- 承培 — 須安
  - 行孝
  - 行鈺 — 是慶 — 敬犖／是文 — 敬鑫／是松／是進
  - 行林 — 是建 — 敬彪／是利 — 敬偉／是寶
- 承棟 — 須春 — 大明 — 是營 — 敬輝
  - 春俤(嗣止) — 依水(嗣止) — 是仁 — 敬彬

左表（34世—39世）：

34世	35世	36世	37世	38世	39世
承渼	須麟	行善	是濟	敬武	業泰
			是河	敬壽	業清
		行樵	是連	敬標	業成
					業柱
				敬端	業德
				敬舜	衣真
				敬鑾	業信
				敬森	
				敬惠	
承壽	須燈				
	須木	行烺	是平	木源	
			是登	楊帆	
承康	須藩	行南	是華	敬翔	
		行烺(出繼)	是忠		
		行應	是建	敬波	
			是利		
	須鑠	行盛	是飛	敬樂	
		行興	是勝		
	須瑞	行品	國鋒		
			國欽		
		行誠	國鴻		
		行昭	國湘		
金祥	須新	行鈴	國信 (兼桃)		
		行鐸	國信 (兼桃)		
依細	須衍	行華	是枝	敬強	
			是團	敬偉	
				敬立	
學財	須銘	行華(出繼)			
		行美	是鋒	敬楊	
			是來		
承清	須渠	行燦	是彬		
		行鈿	是俤		
承燦	須藻	行夏	是熾	敬重	
			國棟	敬威	
			國樑	敬捷	
				敬丹	
			國樹	敬松	
				敬寶	
			是勇	敬鐯	
承潦	須濤	行光	是熾	敬重	
		行夏(出繼)			
		行法(出繼)			
		行通	建清	玲英	
		行明	建清 (出繼行通为嗣)		
			是仁		
			是華		
	須蘭	行法	國海	敬榕	
			依俤	敬柱	
			國隆	敬友	
			國天	文敏	
承莊	須熙	行育 (兼桃)			
	須照	行建 (兼桃)			
	須雄	行育 (兼桃)			
	須伙	行育	是犖		
	須貴	行建	是煊		
	須耿	行建 (兼桃)			
承書	須團	行通	舒暢		
	須國	行坦			
	須棟	行旭			
承樂	須備				
承潤	燊君				
承鵬	須帥				
承隆	須東				
承永	須琦				
	須瑜				
承藻	須榮	行瑛			
		行璪			
依平	須榮 (兼桃)				

右表（22世—27世）：

22世	23世	24世	25世	26世	27世
證公	浚公 (叔宏)	朝權	正瑞		
			正琥	國春	日組
		朝策	正璋	世棒	日繼
			正珏	世厚	日綺
			正珂	國俊	日緒
	汶公 (叔光)	朝榮	正滔	國對	宜昌
			正炎		
	淇公 (叔斐)	朝棋	正燹		
			正焯		
	洲公 (叔登)	朝樑	正美		
		朝棋 (出繼)	正煨		
			正燃		日昇
			正娗 (子止)		日就
					日睽
		朝材	正煨	國伊	
			正滔 (出繼伯为嗣)		
			正熔	國偁	日果

右下表（27世—30世）：

27世	28世	29世	30世
日緒	孔潔	文天	
		文地	
宜昌	孔煥	文寶	
		文玉	
日昇	孔光	文絢	
	孔若	文煌	
		文輝	
日果	孔清	文砥	
		道	

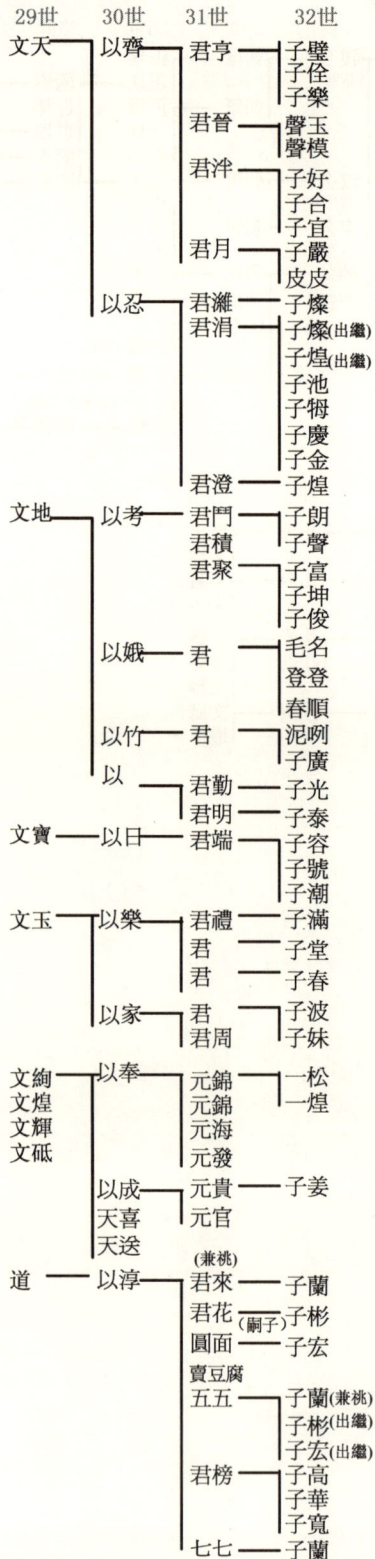

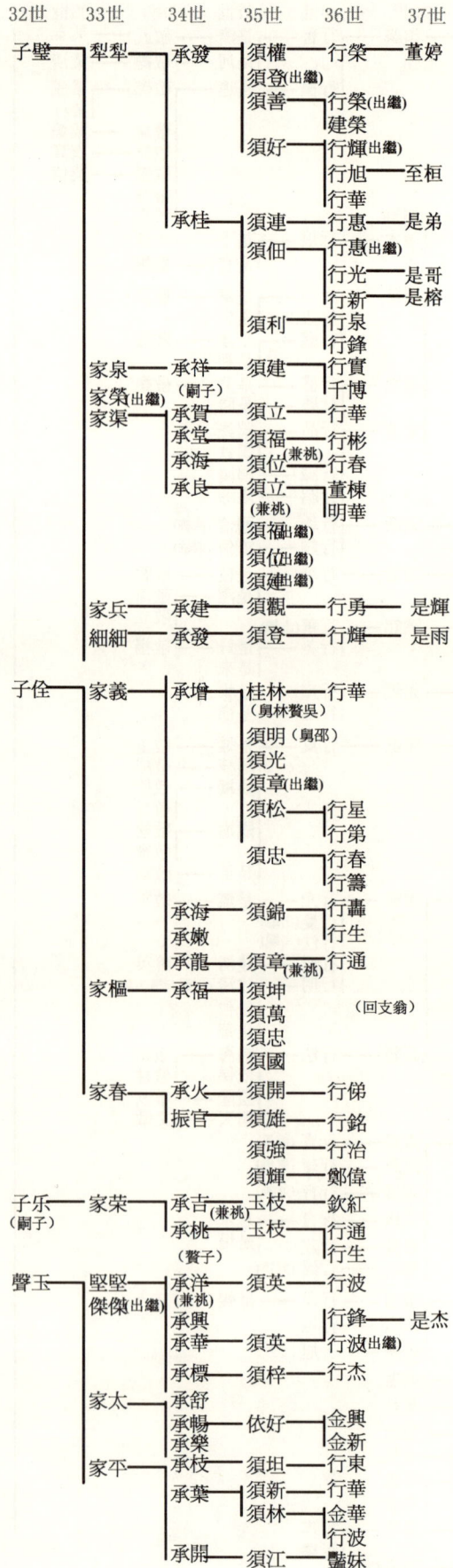

29世	30世	31世	32世

文天 ── 以齊 ── 君亨 ── 子璧 / 子佺 / 子樂
君晉 ── 聲玉 / 聲模
君沖 ── 子好 / 子合 / 子宜
君月 ── 子嚴 / 皮皮
以忍 ── 君瀟 ── 子燦
君涓 ── 子燦(出繼) / 子煌(出繼) / 子池 / 子栂 / 子慶 / 子金
君澄 ── 子煌

文地 ── 以考 ── 君鬥 ── 子朗
君積 ── 子聲
君聚 ── 子富 / 子坤 / 子俊
以娥 ── 君 ── 毛名 / 登登 / 春順
以竹 ── 君 ── 泥咧 / 子廣
以 ── 君勤 ── 子光
君明 ── 子泰

文寶 ── 以日 ── 君端 ── 子容 / 子號 / 子潮

文玉 ── 以樂 ── 君禮 ── 子滿
君 ── 子堂
君 ── 子春
以家 ── 君 ── 子波
君周 ── 子妹

文絢 / 文煌 / 文輝 / 文砥 ── 以奉 ── 元錦 ── 一松
元錦 ── 一煌
元海
元發
以成 ── 元貴 ── 子姜
元官
天喜
天送
(兼桃)
道 ── 以淳 ── 君來 ── 子蘭
君花 (嗣子) ── 子彬 / 子宏
圓面
賣豆腐
五五 ── 子蘭(兼桃) / 子彬(出繼) / 子宏(出繼)
君榜 ── 子高 / 子華 / 子寬
七七 ── 子蘭

32世	33世	34世	35世	36世	37世

子璧 ── 犁犁 ── 承發 ── 須權 ── 行榮 ── 董婷
須登(出繼)
須善 ── 行榮(出繼) / 建榮
須好 ── 行輝(出繼) / 行旭 ── 至桓 / 行華
承桂 ── 須連 ── 行惠 ── 是弟
須佃 ── 行惠(出繼) / 行光 ── 是哥 / 行新 ── 是榕
須利 ── 行泉 / 行鋒
家泉 ── 承祥 ── 須建 ── 行實 / 千博
家榮(出繼) (嗣子)
家渠 ── 承賀 ── 須立 ── 行華
承堂 ── 須福(兼桃) ── 行彬
承海 ── 須位(兼桃) ── 行春
承良 ── 須立 ── 董棟 / 明華
(兼桃)
須福(出繼)
須位(出繼)
須建(出繼)
家兵 ── 承建 ── 須觀 ── 行勇 ── 是輝
細細 ── 承發 ── 須登 ── 行輝 ── 是雨

子佺 ── 家義 ── 承增 ── 桂林 ── 行華
(舅林贅吳)
須明(舅邵)
須光
須章(出繼)
須松 ── 行星 / 行第
須忠 ── 行春 / 行簽
承海 ── 須錦 ── 行轟 / 行生
承嫩
承龍 ── 須章(兼桃) ── 行通
家榧 ── 承福 ── 須坤 / 須萬 / 須忠 / 須國
(回支翁)
家春 ── 承火 ── 須開 ── 行俤
振官 ── 須雄 ── 行銘
須強 ── 行治
須輝 ── 鄭偉

子乐 ── 家荣 ── 承吉 ── 玉枝 ── 欽紅
(嗣子) (兼桃)
承桃 ── 玉枝 ── 行通 / 行生
(贅子)

聲玉 ── 堅堅 ── 承洋 ── 須英 ── 行波
傑傑(出繼) (兼桃)
承興 ── 行鋒 ── 是杰
承華 ── 須英 ── 行波(出繼)
承標 ── 須梓 ── 行杰
家太 ── 承舒
承暢 ── 依好 ── 金興 / 金新
承榮
家平 ── 承枝 ── 須坦 ── 行東
承葉 ── 須新 ── 行華
須林 ── 金華 / 行波
承開 ── 須江 ── 豔妹

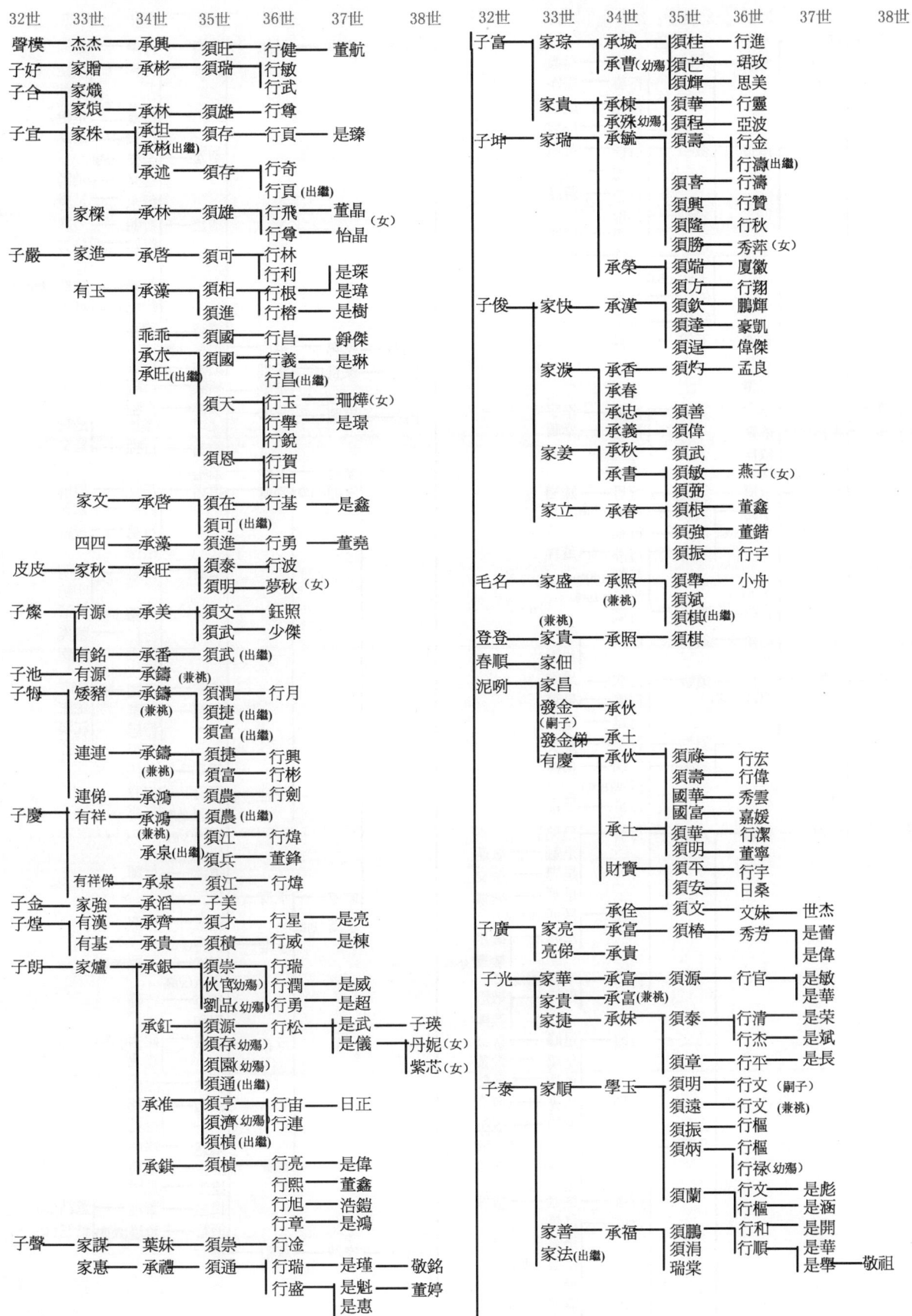

左半部分

32世	33世	34世	35世	36世	37世	38世
聲模	杰杰	承興	須旺	行健	董航	
子妤	家贈	承彬	須瑞	行敏		
				行武		
子合	家熾					
	家烺	承林	須雄	行尊		
子宜	家株	承坦	須存	行頁	是璪	
		承彬(出繼)				
		承述	須存	行奇		
				行頁(出繼)		
	家樑	承林	須雄	行飛	董晶(女)	
				行尊	怡晶	
子嚴	家進	承啓	須可	行林		
	有玉	承藻	須相	行利	是琛 是瑋	
			須進	行榕	是樹	
		乖乖	須國	行昌	錚傑	
		承水	須國	行義	是琳	
		承旺(出繼)		行昌(出繼)		
			須天	行玉	珊燁(女)	
				行舉	是璟	
				行銳		
			須恩	行賀		
				行甲		
	家文	承啓	須在	行基	是鑫	
			須可(出繼)			
	四四	承藻	須進	行勇	董堯	
皮皮	家秋	承旺	須泰	行波		
			須明	夢秋(女)		
子燦	有源	承美	須文	鈺照		
			須武	少傑		
	有銘	承番	須武(出繼)			
子池	有源	承鑄(兼桃)				
子栩	矮豬	承鑄(兼桃)	須潤	行月		
			須捷(出繼)			
			須富(出繼)			
	連連	承鑄(兼桃)	須捷	行興		
			須富	行彬		
	連俤	承鴻	須農	行劍		
子慶	有祥	承鴻(兼桃)	須農(出繼)			
		承泉(出繼)	須江	行煒		
			須兵	董鋒		
	有祥俤	承泉	須江	行煒		
子金	家強	承滔	子美			
子煌	有漢	承齊	須才	行星	是亮	
	有基	承貴	須積	行威	是棟	
子朗	家爐	承銀	須崇	行瑞		
			伙寶(幼殤)	行潤	是威	
			劉品(幼殤)	行勇	是超	
		承釭	須源	行松	是武	子瑛
			須存(幼殤)		是儀	丹妮(女)
			須圜(幼殤)			紫芯(女)
			須通(出繼)			
		承准	須亨	行宙	日正	
			須濟(幼殤)	行連		
			須槙(出繼)			
		承鎮	須槙	行亮	是偉	
				行熙	董鑫	
				行旭	浩鎧	
				行章	是鴻	
子聲	家謀	葉妹	須崇	行淦		
	家惠	承禮	須通	行瑞	是瑾	敬銘
				行盛	是魁	董婷
					是惠	

右半部分

32世	33世	34世	35世	36世	37世	38世
子富	家琮	承城	須桂	行進		
		承曹(幼殤)	須芒	珺玫		
			須輝	思美		
	家貴	承棟	須華	行靈		
		承殊(幼殤)	須程	亞波		
子坤	家瑞	承毓	須壽	行金		
				行濤(出繼)		
			須喜	行濤		
			須興	行贊		
			須隆	行秋		
			須勝	秀萍(女)		
		承榮	須端	廈徽		
			須方	行翔		
子俊	家快	承漢	須欽	鵬輝		
			須達	豪凱		
			須逞	偉傑		
	家淏	承香	須灼	孟良		
		承春				
		承忠	須善			
		承義	須偉			
	家姜	承秋	須武			
		承書	須敏	燕子(女)		
			須弼			
	家立	承春	須根	董鑫		
			須強	董鐯		
			須振	行宇		
毛名	家盛(兼桃)	承照(兼桃)	須舉	小舟		
			須斌			
			須棋(出繼)			
登登	家貴	承照	須棋			
春順	家佃					
泥咧	家昌					
	發金(嗣子)	承伏				
	發金俤	承土				
	有慶	承伏	須祿	行宏		
			須壽	行偉		
			國華	秀雲		
			國富	嘉媛		
		承土	須華	行潔		
			須明	董寧		
		財寶	須平	行宇		
			須安	日桑		
		承佺	須文	文妹	世杰	
子廣	家亮	承富	須椿	秀芳		
	亮俤	承貴		是蕾		
				是偉		
子光	家華	承富	須源	行官	是敏	
	家貴	承富(兼桃)			是華	
	家捷	承妹	須泰	行清	是荣	
				行杰	是斌	
			須章	行平	是長	
子泰	家順	學玉	須明	行文(嗣子)		
			須遠	行文(兼桃)		
			須振	行樞		
			須炳	行樞		
				行禄(幼殤)		
		須蘭	行文	是彪		
			行樞	是涵		
	家善	承福	須鵬	行和	是開	
	家法(出繼)		須涓	行順	是華	
			瑞棠		是舉	敬祖

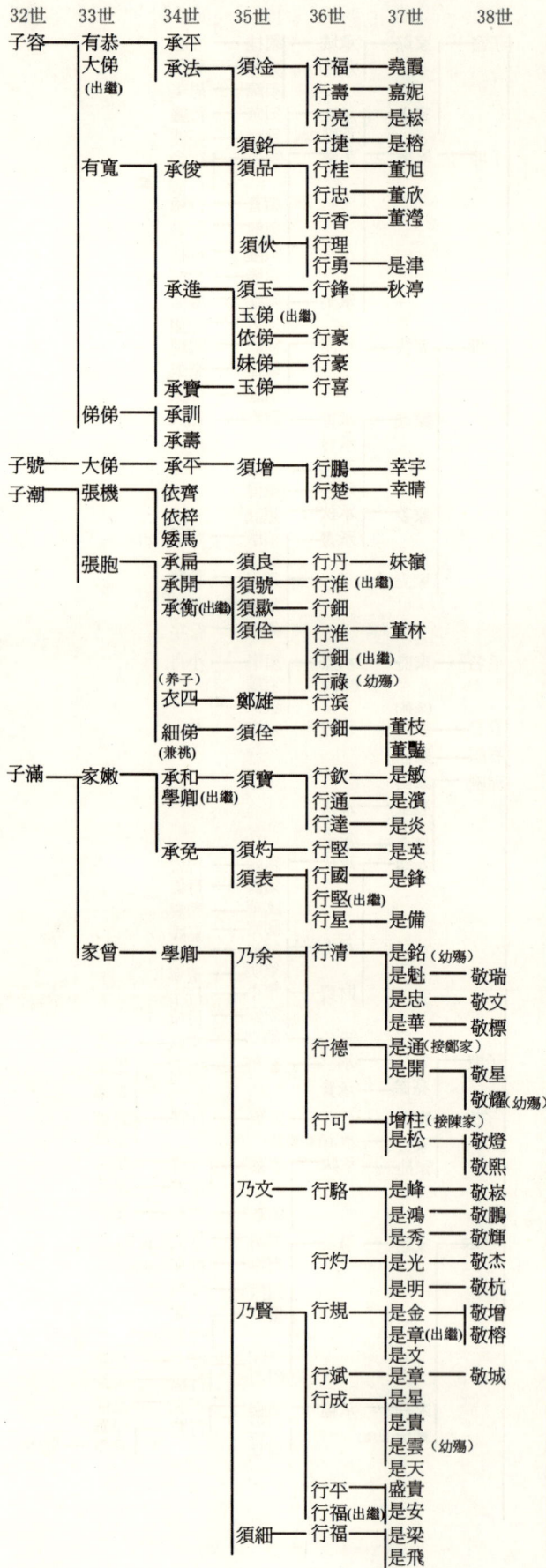

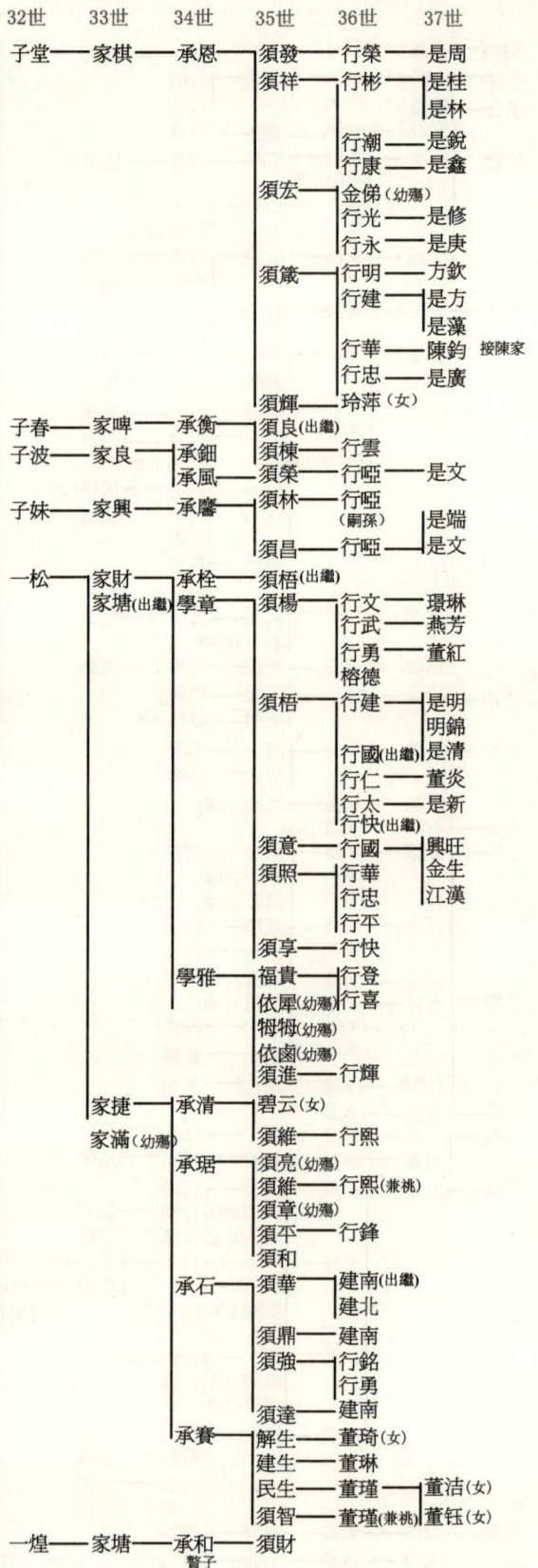

左半

| 32世 | 33世 | 34世 | 35世 | 36世 | 37世 | 38世 |

子容 —
　有恭 — 承平
　大俤(出繼) — 承法 — 須淦 — 行福 — 堯霞
　　　　　　　　　　　　　行壽 — 嘉妮
　　　　　　　　　　　　　行亮 — 是崧
　　　　　　　　　須銘 — 行捷 — 是榕
　有寬 — 承俊 — 須品 — 行桂 — 董旭
　　　　　　　　　　　　行忠 — 董欣
　　　　　　　　　　　　行香 — 董澄
　　　　　　　須伏 — 行理
　　　　　　　　　　行勇 — 是津
　　　　承進 — 須玉 — 行鋒 — 秋淳
　　　　　　　玉俤(出繼)
　　　　　　　依俤 — 行豪
　　　　　　　妹俤 — 行豪
　　　　承寶 — 玉俤 — 行喜
　俤俤 — 承訓
　　　　承壽

子號 — 大俤 — 承平 — 須增 — 行鵬 — 幸宇
　　　　　　　　　　　　　行楚 — 幸晴
子潮 — 張機 — 依齊
　　　　　　　依梓
　　　　　　　矮馬
　　　　張胞 — 承扁 — 須良 — 行丹 — 妹嶺
　　　　　　　承開 — 須號 — 行淮(出繼)
　　　　　　　承衡(出繼) — 須歇 — 行細
　　　　　　　　　　　　　須伶 — 行淮 — 董林
　　　　　　　　　　　　　　　　行鈿(出繼)
　　　　　　　　　　　　　　　　行祿(幼殤)
　　　　　(養子) 衣四 — 鄭雄 — 行濱
　　　　　細俤(兼桃) — 須伶 — 行鈿 — 董枝
　　　　　　　　　　　　　　　　　　董豔

子滿 — 家嫩 — 承和 — 須寶 — 行欽 — 是敏
　　　　　　　學卿(出繼)　　　行通 — 是濱
　　　　　　　　　　　　　　行達 — 是炎
　　　　　　承免 — 須灼 — 行堅 — 是英
　　　　　　　　　須表 — 行國 — 是鋒
　　　　　　　　　　　　行堅(出繼)
　　　　　　　　　　　　行星 — 是備
　　　　家曾 — 學卿 — 乃余 — 行清 — 是銘(幼殤)
　　　　　　　　　　　　　　是魁 — 敬瑞
　　　　　　　　　　　　　　是忠 — 敬文
　　　　　　　　　　　　　　是華 — 敬標
　　　　　　　　　　　　行德 — 是通(接鄭家)
　　　　　　　　　　　　　　是開 — 敬星
　　　　　　　　　　　　　　　　敬耀(幼殤)
　　　　　　　　　　　　行可 — 增柱(接陳家)
　　　　　　　　　　　　　　是松 — 敬燈
　　　　　　　　　　　　　　　　敬熙
　　　　　　　　　乃文 — 行駱 — 是峰 — 敬崧
　　　　　　　　　　　　　　是鴻 — 敬鵬
　　　　　　　　　　　　　　是秀 — 敬輝
　　　　　　　　　　　　行灼 — 是光 — 敬杰
　　　　　　　　　　　　　　是明 — 敬杭
　　　　　　　　　乃賢 — 行規 — 是金 — 敬增
　　　　　　　　　　　　　　是章(出繼) — 敬榕
　　　　　　　　　　　　　　是文
　　　　　　　　　　　　行斌 — 是章 — 敬城
　　　　　　　　　　　　行成 — 是星
　　　　　　　　　　　　　　是貴
　　　　　　　　　　　　　　是雲(幼殤)
　　　　　　　　　　　　　　是天
　　　　　　　　　　　　行平 — 盛貴
　　　　　　　　　　　　行福(出繼) — 是安
　　　　　　　　　須細 — 行福 — 是梁
　　　　　　　　　　　　　　是飛

右半

| 32世 | 33世 | 34世 | 35世 | 36世 | 37世 |

子堂 — 家棋 — 承恩 — 須發 — 行榮 — 是周
　　　　　　　　　須祥 — 行彬 — 是桂
　　　　　　　　　　　　　　　是林
　　　　　　　　　　　　行潮 — 是銳
　　　　　　　　　　　　行康 — 是鑫
　　　　　　　　　須宏 — 金俤(幼殤)
　　　　　　　　　　　　行光 — 是修
　　　　　　　　　　　　行永 — 是庚
　　　　　　　　　須箴 — 行明 — 方欽
　　　　　　　　　　　　行建 — 是方
　　　　　　　　　　　　　　是藻
　　　　　　　　　　　　行華 — 陳鈞　接陳家
　　　　　　　　　　　　行忠 — 是廣
　　　　　　　　　須輝 — 玲萍(女)
子春 — 家啤 — 承衡 — 須良(出繼)
子波 — 家良 — 承鈿 — 須棟 — 行雲
　　　　　　承風 — 須棻 — 行啞 — 是文
子妹 — 家興 — 承麞 — 須林 — 行啞
　　　　　　　　　(嗣孫)　　是端
　　　　　　　　　須昌 — 行啞 — 是文

一松 — 家財 — 承栓 — 須梧(出繼)
　　　　家塘(出繼) — 學章 — 須楊 — 行文 — 璟琳
　　　　　　　　　　　　　　行武 — 燕芳
　　　　　　　　　　　　　　行勇 — 董紅
　　　　　　　　　　　　　　榕德
　　　　　　　　　　　須梧 — 行建 — 是明
　　　　　　　　　　　　　　　　明錦
　　　　　　　　　　　　　行國(出繼) — 是清
　　　　　　　　　　　　　行仁 — 董炎
　　　　　　　　　　　　　行太 — 是新
　　　　　　　　　　　　　行快(出繼)
　　　　　　　　　　　須意 — 行國 — 興旺
　　　　　　　　　　　須照 — 行華 — 金生
　　　　　　　　　　　　　　行忠　　江漢
　　　　　　　　　　　　　　行平
　　　　　　　　　　　須享 — 行快
　　　　　　　　學雅 — 福貴 — 行登
　　　　　　　　　　　依犀(幼殤) — 行喜
　　　　　　　　　　　犅犅(幼殤)
　　　　　　　　　　　依函(幼殤)
　　　　　　　　　　　須進 — 行輝
　　　　家捷 — 承清 — 碧云(女)
　　　　家滿(幼殤)　　須維 — 行熙
　　　　　　承琚 — 須亮(幼殤)
　　　　　　　　　須維 — 行熙(兼桃)
　　　　　　　　　須章(幼殤)
　　　　　　　　　須平 — 行鋒
　　　　　　　　　須和
　　　　　　承石 — 須華 — 建南(出繼)
　　　　　　　　　　　　建北
　　　　　　　　　須鼎 — 建南
　　　　　　　　　須強 — 行銘
　　　　　　　　　　　　行勇
　　　　　　　　　須達 — 建南
　　　　　　承賽 — 解生 — 董埼(女)
　　　　　　　　　建生 — 董琳
　　　　　　　　　民生 — 董瑾 — 董洁(女)
　　　　　　　　　須智 — 董瑾(兼桃) — 董鈺(女)
一煌 — 家塘 — 承和 — 須財
　　　　　　　　贅子

```
32世    33世    34世       35世       36世          32世      33世      34世       35世       36世

子姜 ── 家綿 ── 承灏                               子蘭 ──── 家宝(出繼)
        家統 ── 承濂 ──── 須佺 ──── 永盛          (兼桃)    家佺 ──── 承柱 ──── 須奇
                          須佃 ──── 永盛(出繼)    (兼桃)                       須德
                承鴻 ──── 須洲 ──── 永光          子彬(出繼)         承方(出繼)
        家緒 ── 承渚 ──── 須平 ──── 行錦          子宏(出繼)         承意(出繼)
                          須國 ──── 行輝          子高 ──── 家榮 ──── 承寶 ──── 須前
                          須明(出繼)─ 行煌        子華 ──── 家榮(出繼)
                          須棋 ──── 董穎                   家水 ──── 承天
                承汰 ──── 須明 ──── 行朋                   家振(幼殤)─ 承地
        家繼 ── 承淞 ──── 須正                             病啞俤 ─── 承山
                          須誠                             (幼殤)    承寶(出繼)
                          須宏                                       承旺 ──── 露煬
                承漢 ──── 須騰(幼殤)             子寬 ──── 海官 ──── 承飛 ──── 墀杯
                承榕 ──── 須堅                             家海 ──── 承飛 ──── 須鋒
                          須強                             歇俤 ──── 承樂 ──── 董賀
                          麗華                             家佺 ──── 承意
                承溁 ──── 須海
                承澍幼殤 ─ 須華

子蘭 ── 家宝 ── 承元
子彬 ── 家誼
        家舒 ── 承嫩 ──── 須新
子宏 ── 家佺 ── 承才 ──── 須鹽
                          須伙

29世  30世    31世      32世      33世      34世      36世      36世
道 ── 以 ──── 君諫
              君命 ──── 一祥 ──── 家有 ──── 鋸華
      以河 ── 精精 ──── 金金
                        細俤
      以海 ── 毛好面
              二二 ──── 堂堂 ──── 依犬 ──── 承義 ──── 光明 ──── 行華
              君歲 ──── 子滿 ──── 家財 ──── 承幹 ──── 須乾
```

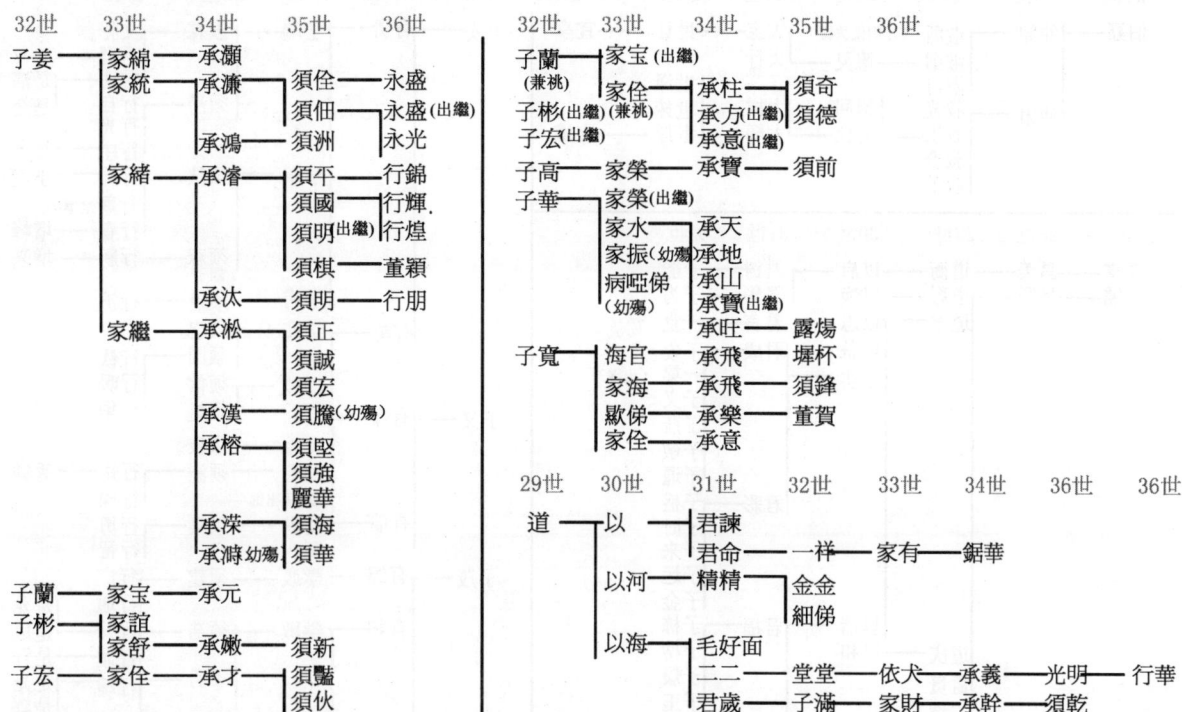

2. 马尾上岐支系

上岐董姓本系源于琅山宁房,迁居君岐,近三百余载。

迁琅得土、定居发支传代者,是明朝十七世祖珠甡公。珠甡传十八世祖敬初公,敬初公传十九世祖文信、文祉、文泽、文燧四公(即福、寿、康、宁四房)。上岐属宁房(即院前房),并为二十一世祖伯嘉公派下。

清朝二十五世祖大宝、大行两公,清代二十七世祖宜绣公先后入迁君竹,后移居上岐,垦田建舍,创立家园,繁衍子孙,代代相传。

先祖入迁君岐,时历清朝、中华民国、中华人民共和国,近有三百余载。自二十五世的"大"至三十八世的"长"、至现在传续十四世代,计一百三十四户,五百四十人。

上岐董姓同于祖籍琅山,族人代代遵循祖训,不遗宗德,继承并发扬祖先敬老尊贤,互助友爱,团结和睦,勤劳节俭,奋发图强的优良传统。

他们攀登时代高峰,推动历史车轮滚滚向前,为国、为民、为家为族作出莫大贡献。为我董氏门庭增添光彩,树立楷模,实乃可赞。但愿族人永远发达,永远兴旺。

现今在上岐村本地居住95户人口约280人。移居美国、澳大利亚的有73户230人,迁香港6户20人,迁居台湾20户63人,移居上海等外地计10户36人。

上岐董氏人才辈出,新中国成立后,曾有多名处级干部和高级技术人才。其中董承耕曾任师级干部福建省社科院副院长、研究员(正厅级);董须强曾任中国农业科学院院长,副厅级(已故);董须棋曾任福建省林业设计院副院长(处级);董行昌总工程师(处级);董可英副主任医生,县政协副主任(副处级);董志宇硕士、总工程师;董须瑜曾任大连国家海洋局海洋环境保护研究所所长(处级);董须钦,1982年被评为福建省劳模。

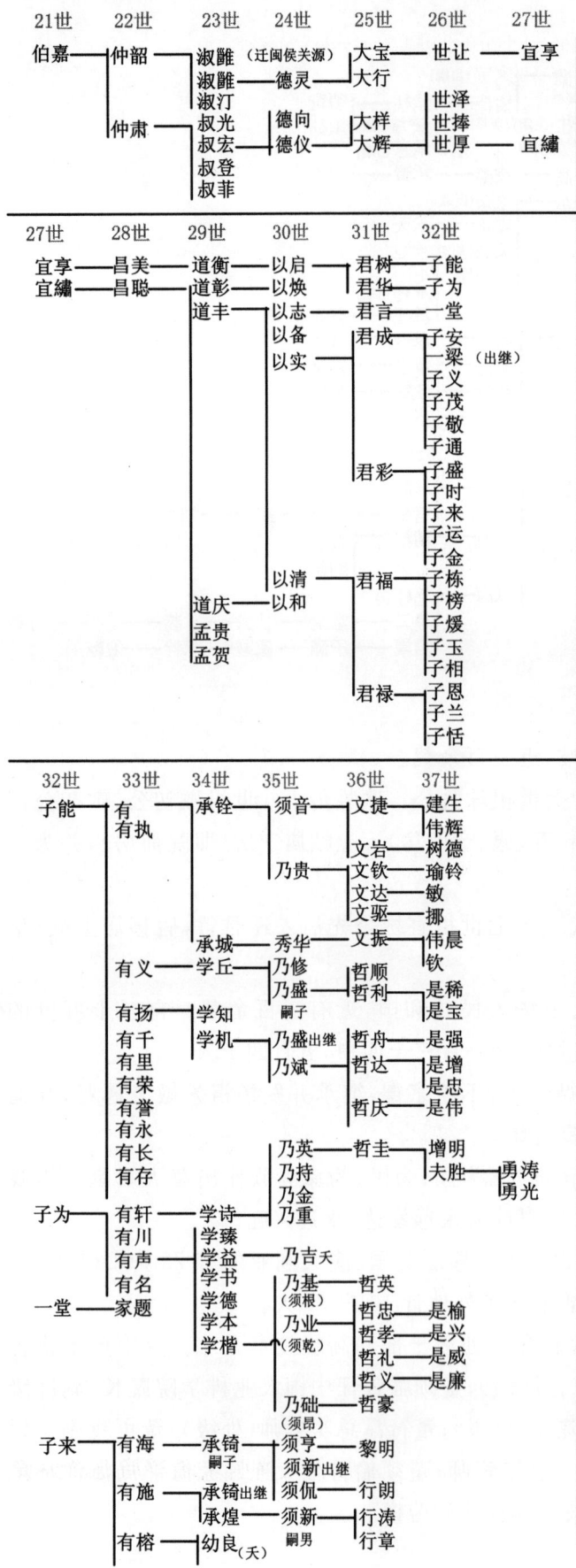

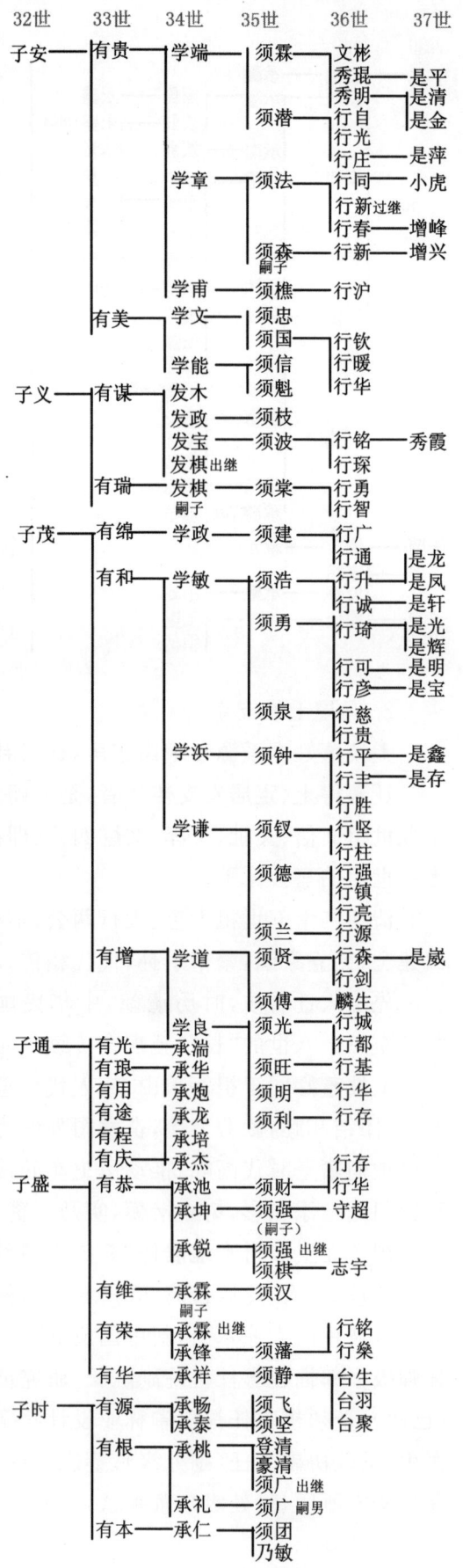

第一表（21世—27世）

21世	22世	23世	24世	25世	26世	27世
伯嘉	仲韶	淑雕（迁闽侯关源）				
		淑雕	德灵	大宝	世让	宜享
		淑汀		大行		
	仲肃	叔光	德向	大样	世泽	
		叔宏	德仪	大辉	世捧	
		叔登			世厚	宜繡
		叔菲				

第二表（27世—32世）

27世	28世	29世	30世	31世	32世
宜享	昌美	道衡	以启	君树	子能
宜繡	昌聪	道彰	以焕	君华	子为
		道丰	以志	君言	一堂
			以备	君成	子安（出继）
			以实		子梁
					子义
					子茂
					子敬
				君彩	子通
					子盛
					子时来
					子运
					子金
		道庆	以清	君福	子栋
		孟贵	以和		子榜
		孟贺			子爰
					子玉
					子相
				君禄	子恩
					子兰
					子恬

第三表（32世—37世）

32世	33世	34世	35世	36世	37世
子能	有	承铨	须音	文捷	建生
	有执				伟辉
			乃贵	文岩	树德
				文钦	瑜铃
				文达	敏
				文驱	挪
		承城	秀华	文振	伟晨
	有义	学丘	乃修		钦
			乃盛	哲顺	是稀
			（嗣子）	哲利	是宝
		学知	乃盛出继		
		学机	乃斌	哲舟	是强
				哲达	是增
					是忠
				哲庆	是伟
			乃英	哲圭	增明
			乃持	夫胜	勇涛
			乃金		勇光
			乃重		
	有扬	学知			
	有千				
	有里				
	有荣				
	有誉				
	有永				
	有长				
	有存				
子为	有轩	学诗			
	有川	学臻			
	有声	学益	乃吉（天）		
	有名	学书			
一堂	家题	学德	乃基（须根）	哲英	
		学本	乃业（须乾）	哲忠	是榆
		学楷		哲孝	是兴
				哲礼	是威
				哲义	是廉
			乃础（须昂）	哲豪	
子来	有海	承锜（嗣子）	须亨	黎明	
			须新出继		
	有施	承锜出继	须侃	行朗	
		承煌	须新（嗣男）	行涛	
	有榕	幼良（天）		行章	

第四表（32世—37世）

32世	33世	34世	35世	36世	37世
子安	有贵	学端	须霖	文彬	
				秀琨	是平
				秀明	是清
			须潜	行自	是金
				行光	
				行庄	是萍
		学章	须法	行同	小虎
				行新过继	
				行春	增峰
			须森（嗣子）	行新	增兴
		学甫	须樵	行沪	
	有美	学文	须忠		
			须国	行钦	
		学能	须信	行暖	
			须魁	行华	
子义	有谋	发木	须枝		
		发政	须波	行铭	秀霞
		发宝		行琛	
		发棋出继			
	有瑞	发棋（嗣子）	须棠	行勇	
				行智	
子茂	有绵	学政	须建	行广	
				行通	是龙
	有和	学敏	须浩	行升	是凤
				行诚	是轩
			须勇	行琦	是光
				行可	是辉
				行彦	是明
					是宝
			须泉	行慈	
				行贵	
		学浜	须钟	行平	是鑫
				行丰	是存
				行胜	
		学谦	须钗	行坚	
				行柱	
			须德	行强	
				行镇	
				行亮	
			须兰	行源	
	有增	学道	须贤	行森	是崴
				行剑	
			须傅	麟生	
		学良	须光	行城	
				行都	
子通	有光	承耑	须旺	行基	
	有琅	承华	须明	行华	
	有用	承炮	须利	行存	
	有途	承龙			
	有程	承培			
	有庆	承杰			
子盛	有恭	承池	须财	行存	
				行华	
		承坤	须强	守超	
			（嗣子）		
		承锐	须强出继		
			须棋	志宇	
	有维	承霖	须汉		
		（嗣子）			
	有荣	承霖出继		行铭	
		承锋	须藩	行燊	
	有华	承祥	须静	台生	
子时	有源	承畅	须飞	台羽	
		承泰	须坚	台聚	
	有根	承桃	登清		
			豪清		
			须广出继		
		承礼	须广（嗣男）		
	有本	承仁	须团		
			乃敏		

334

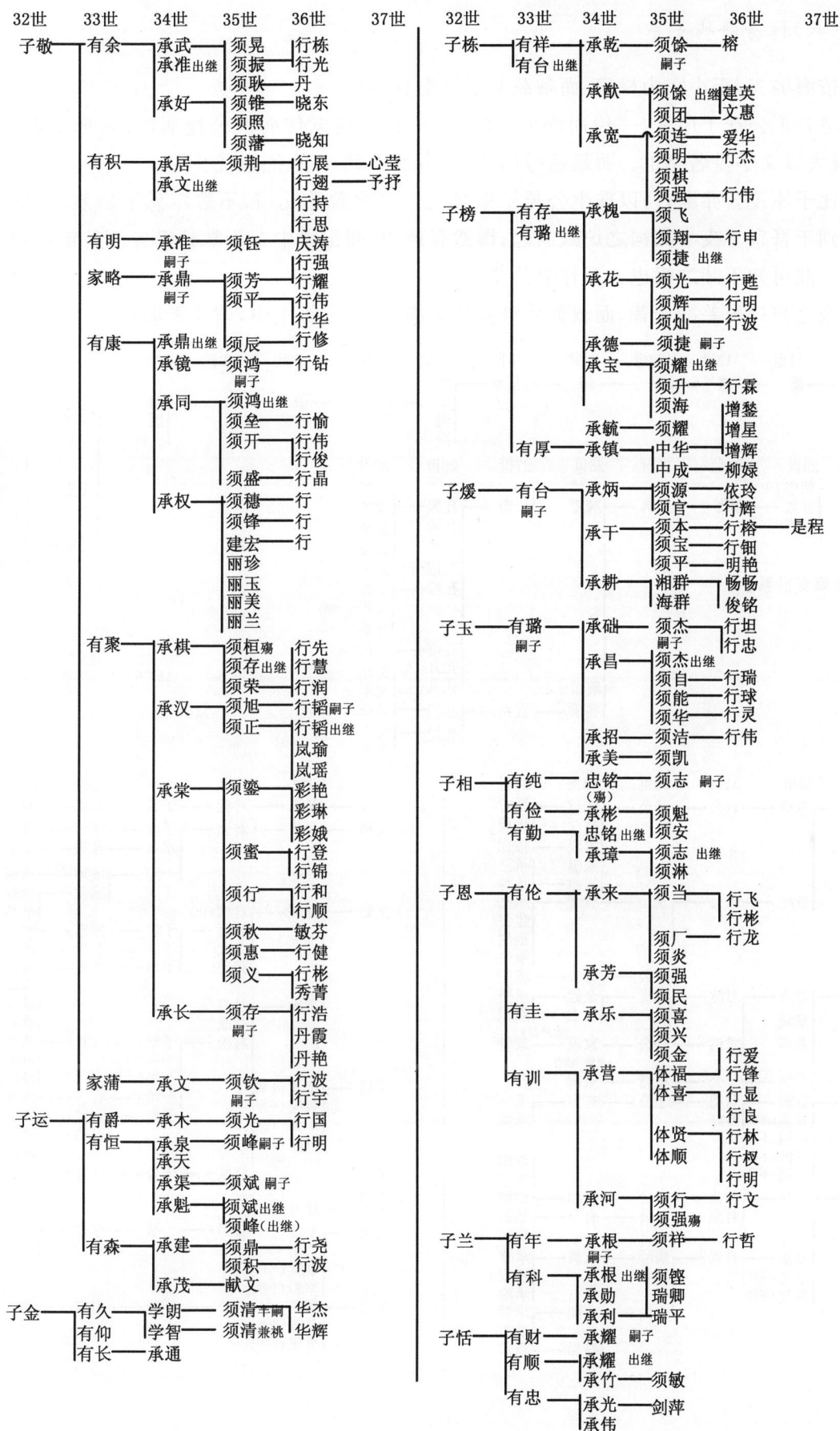

左表

32世	33世	34世	35世	36世	37世
子敬	有余	承武	须晃	行栋	
		承准 出继	须振	行光	
			须耿	丹	
		承好	须锥	晓东	
			须照		
			须藩	晓知	
	有积	承居	须荆	行展	心莹
		承文 出继		行翅	予抒
				行持	
				行思	
	有明	承准	须钰	庆涛	
	家略 嗣子	承鼎 嗣子	须芳	行强	
			须平	行耀	
				行伟	
				行华	
	有康	承鼎 出继	须辰	行修	
		承镜 嗣子	须鸿	行钻	
		承同	须鸿 出继		
			须垒	行愉	
			须开	行伟	
				行俊	
			须盛	行晶	
		承权	须穗	行	
			须锋	行	
			建宏	行	
			丽珍		
			丽玉		
			丽美		
			丽兰		
	有聚	承棋	须桓 殇	行先	
			须存 出继	行慧	
			须荣	行润	
		承汉	须旭 嗣子	行韬 嗣子	
			须正	行韬 出继	
			岚瑜		
			岚瑶		
		承棠	须鎏	彩艳	
				彩琳	
				彩娥	
			须蜜	行登	
				行锦	
			须行	行和	
				行顺	
			须秋	敏芬	
			须惠	行健	
			须义	行彬	
			秀菁		
		承长	须存 嗣子	行浩	
			丹霞		
			丹艳		
	家蒲	承文	须钦 嗣子	行波	
			宇		
子运	有爵	承木	须光	行国	
	有恒	承泉 嗣子	须峰 嗣子	行明	
		承天			
		承渠	须斌 嗣子		
		承魁	须斌 出继		
			须峰（出继）		
	有森	承建	须鼎	行尧	
			须积	行波	
		承茂	献文		
子金	有久	学朗	须清 半嗣	华杰	
	有仰	学智	须清 兼祧	华辉	
	有长	承通			

右表

32世	33世	34世	35世	36世	37世
子栋	有祥	承乾	须馀	榕	
	有台 出继		嗣子		
		承猷	须馀 出继	建英	
			须团	文惠	
		承宽	须连	爱华	
			须明	行杰	
			须棋		
			须强	行伟	
子榜	有存	承槐	须飞		
	有璐 出继		须翔	行申	
			须捷 出继		
		承花	须光	行甦	
			须辉	行明	
			须灿	行波	
		承德	须捷 嗣子		
		承宝	须耀 出继		
			须升	行霖	
			须海		
	有厚	承毓	须耀	增鏊	
				增星	
				增辉	
				柳嫘	
		承镇	中华		
			中成		
子媛	有台 嗣子	承炳	须源	依玲	
			须官	行辉	
		承干	须本	行榕	是程
			须宝	行钿	
			须平	明艳	
		承耕	湘群	畅畅	
			海群	俊铭	
子玉	有璐 嗣子	承础	须杰 嗣子	行坦	
				行忠	
		承昌	须杰 出继	行瑞	
			须自	行球	
			须能	行灵	
			须华		
		承招	须洁	行伟	
		承美	须凯		
子相	有纯	忠铭（殇）	须志 嗣子		
	有俭	承彬	须魁		
	有勤	忠铭 出继	须安		
		承璋	须志 出继		
			须淋		
子恩	有伦	承来	须当	行飞	
			须厂	行彬	
				行龙	
		承芳	须炎		
			须强		
			须民		
	有圭	承乐	须喜		
			须兴		
			须金		
	有训	承营	体福	行爱	
			体喜	行锋	
				行显	
				行良	
			体贤	行林	
			体顺	行权	
				行明	
		承河	须行	行文	
			须强 殇		
子兰	有年	承根	须祥	行哲	
		嗣子			
	有科	承根 出继	须铿		
		承勋	瑞卿		
		承利	瑞平		
子恬	有财	承耀 嗣子			
	有顺	承耀 出继			
		承竹	须敏		
	有忠	承光	剑萍		
		承伟			

335

(六)禄房海屿支系

按海屿支,于小宗为禄房,而备载其字行配息者也。

考自汇公迁于凤窝,一传而烨公,父子成进士。越五传而渭公徙居海屿,毋论素封甲里中,且大以文学显名当世。明廷悬弓帛征之,再征不就,亦人杰也哉!

比子原茂公弗嗣,乃以珠生公长子肇续之。肇之曾孙元堦,不数年惑于妇翁,另更谱牒,欲自别于吾宗。夜半其祠之炉欻灰起;爆然有声,且闻祖帐中有抚掌长叹者。是年,堦与四子俱殂。此可知不睦之祸也。至仲节公复合而为一。

今之户口虽差减于昔,而叔贤公整顿其廛圃,尤足称雄里中,谓非天耶!

【海嶼支世系】

世系图一(10世～22世)

10世	11世	12世	13世	14世	15世	16世	17世	18世	19世	20世	21世	22世
槙	匯	烨	璜	謙	華重	涇/渭/湄/洛	原茂	肇	果	炯/煥/火忽	元堦	天禄(天)/天壽(天)/天慶(天)/天佑(天)
											元圭	文鈞(子止)/文銘(子止)/文鐸(天)
											元堂	文鉞/文鑑(天)

世系图二(22世～29世)

- 文鉞 — 朝望(天)/良望/奇望 — 朝輝 — 正典 —
  - 鳴雷/興雷 — 森(天)/日瓊 —
    - 孔興 — 文濟/文平/文源/文達/文藻
    - 孔時(子止)
    - 孔冠
    - 孔禄 — 文極/文楷(出繼)/文範
    - 孔位 — 文楷(出繼)
    - 孔升(天)/孔良(天) — 文旺/文順/文成
  - 震雷(天)/發雷 — 宜高 —
    - 孔門/孔開 — 文來/文賢

(天X天) (子止)

世系图三(29世～34世)左支

29世	30世	31世	32世	33世	34世
文濟	章臺	君公	子公	家培	妹官/承慶
				佬仔(天)	
				家漢	依俤
				家滿(子止)家法(天)	
				家桃	承坤
	章綺	君公	子公	有後/建生/福生/承生	承杰
			子公	有公	濟明
文平	章吉	君泳	麻良	金銓/七七	承樂/承銀
	章鎬				
	章厚	君清	子公	家漢(收外孫)章管(章管為嗣)	
	章炳	子公	家爐	依俤	
文源	章師	君揚	子公	有多	承
	章惠(出繼)/君好				
	章福(不祥)				承燦
	章銓(不祥)				
	章嫩(不祥)			承標/承泉/細細/細俤/成衍	
文達	章和	君鼎	子公	有和	
		君梨	子公	有公	
	章歲	君尚	病啞/春仕(天)	家清	承平/承安/承淦/承熾/承煌(出繼)
	章光(不祥)				
	章箕(不祥)		大妹	有熙	承煌
				妹俤	

世系图三(29世～34世)右支

29世	30世	31世	32世	33世	34世
文藻	章惠	君龍	子公	歇歇	承仁(出繼)
文極	章嵩	君公	子籤	家好	齊嘴
			卓鼻	家發	承渭
			一海(嗣子)	依坤/家堂	承銳(出繼)/承秋
文範	章經	君柳(止)			
		君管	子煊	家富	承匯
		犬犬(子止)連連	連連	家貴	承釵
		豬豬(子止)子增	子增	家列	承鈺(出繼)/承長/承和
	章綸	君白			
		君耿			
		君松	子奴	有林	承城/承根/承富/承俟
			一利(不詳)		
			一平(不詳)	有公	
			一始		
文楷	章嵩(出繼)	子齊	有寬(出繼)		
	章輔(不詳)		有銑	承積/承城(出繼)	
	章蘭(不詳)				
	章馨(不詳)	紅妹	子公	有寬	學意/承煊/三泰(天)
文旺					
文順					
文成	廷及(子止)				
文來	章端	君楷	一枝	家禄	家梓/承海
	章圭(天)				
	章捷(不詳)				
	章彩(不詳)				
文賢	章乾	君公	子公	家官	承(遷亭江)
	章耀(不詳)				
	章模(不詳)				

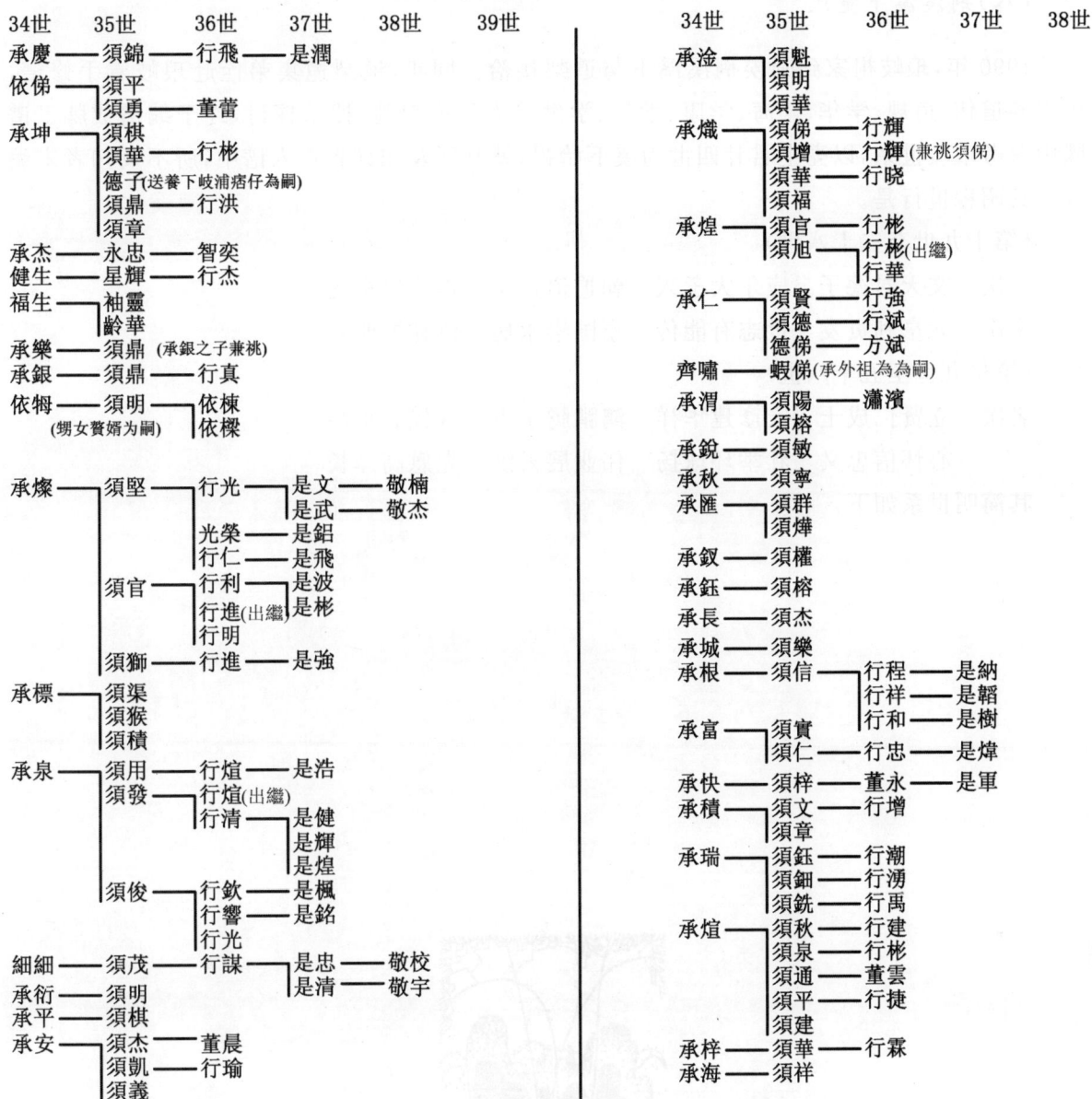

Left chart

34世	35世	36世	37世	38世	39世
承慶	須錦	行飛	是潤		
依俤	須平				
	須勇	董蕾			
承坤	須棋				
	須華	行彬			
	德子(送養下岐浦痀仔為嗣)				
	須鼎	行洪			
	須章				
承杰	永忠	智奕			
健生	星輝	行杰			
福生	袖靈				
	齡華				
承樂	須鼎(承銀之子兼桃)				
承銀	須鼎	行真			
依栂	須明	依棟			
(甥女贅婿為嗣)		依樑			
承燦	須堅	行光	是文	敬楠	
			是武	敬杰	
		光榮			
		行仁	是飛		
	須官	行利	是波		
		行進(出繼)	是彬		
		行明			
	須獅	行進	是強		
承標	須渠				
	須猴				
	須積				
承泉	須用	行煊	是浩		
	須發	行煊(出繼)			
		行清	是健		
			是輝		
			是煌		
	須俊	行欽	是楓		
		行響	是銘		
		行光			
細細	須茂	行謀	是忠	敬校	
			是清	敬宇	
承衍	須明				
承平	須棋				
承安	須杰	董晨			
	須凱	行瑜			
	須義				

Right chart

34世	35世	36世	37世	38世
承淦	須魁			
	須明			
	須華			
承熾	須俤	行輝		
	須增	行輝(兼桃須俤)		
	須華	行曉		
	須福			
承煌	須官	行彬		
	須旭	行彬(出繼)		
		行華		
承仁	須賢	行強		
	須德	行斌		
	德俤	方斌		
齊嘯	蝦俤(承外祖為為嗣)			
承渭	須陽	瀟濱		
	須榕			
承銳	須敏			
承秋	須寧			
承匯	須群			
	須燁			
承釵	須權			
承鈺	須榕			
承長	須杰			
承城	須樂			
承根	須信	行程	是納	
		行祥	是韜	
		行和	是樹	
承富	須實			
	須仁	行忠	是煒	
承快	須梓	董永	是軍	
承積	須文	行增		
	須章			
承瑞	須鈺	行潮		
	須細	行湧		
	須銑	行禹		
承煊	須秋	行建		
	須泉	行彬		
	須通	董雲		
	須平	行捷		
	須建			
承梓	須華	行霖		
承海	須祥			

（七）康房支系

膏公乃良公三子，字文泽，行万三十三，康房一世。生子熄，熄生元塘元吉，元塘生锦与鑵俱子止。元吉生铁、钥，钥生沧，迁连江亭岩乡；铁生湍与汇，迁合北里翁岐乡。

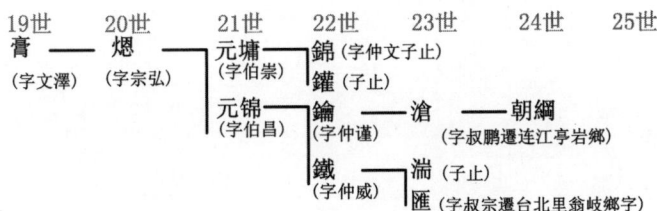

19世	20世	21世	22世	23世	24世	25世
膏(字文澤)	熄(字宗弘)	元塘(字伯崇)	錦(字仲文子止)			
			鑵(子止)			
		元錦(字伯昌)	鑰(字仲謹)	滄(字叔鵬遷連江亭岩鄉)	朝綱	
			鐵(字仲威)	湍(子止)		
				匯(字叔宗遷台北里翁岐鄉字)		

337

（八）荆溪溪下董氏

1990年，琅岐祖家到闽侯荆溪溪下与道梨接洽。同年，道梨邀集弟侄赴琅岐着手修谱，由本族道伟、道规、学华、学海、学康、学年、学健等人昼夜奔驰、搜求探讨，终于编谱成牒。谱牒中参考琅岐世系，以亮生君廿四世为溪下始祖，就其所及知详者汇入谱中，所不及知者末编入。其昭穆世行是。

（第十九世至三十八世）

名次　文天君德子　应尔大孝兴　朝迫道道学　作述启祖光

字次　元享利贞发　世志有能传　家国崇永居　诗礼振明宗

（第卅九世至五十八世）

名次　立贤仁成士　宏彦建华祥　鸿鹏腾宇宙　继代必承昌

　　　心怀信忠义　壮举环球扬　伟业展云汉　先恩高泽长

其简明世系如下：

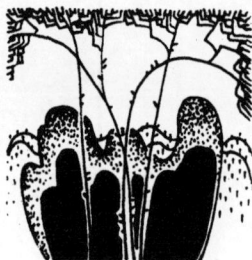

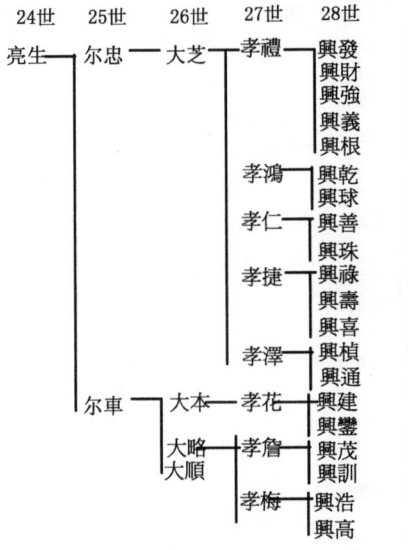

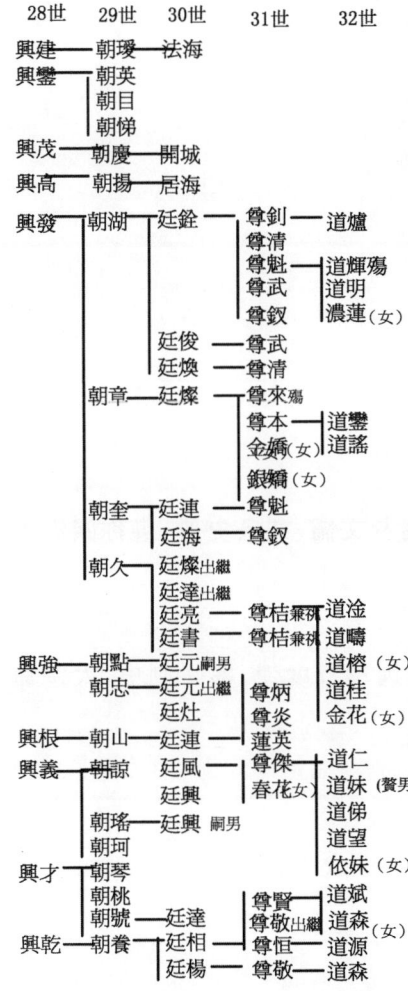

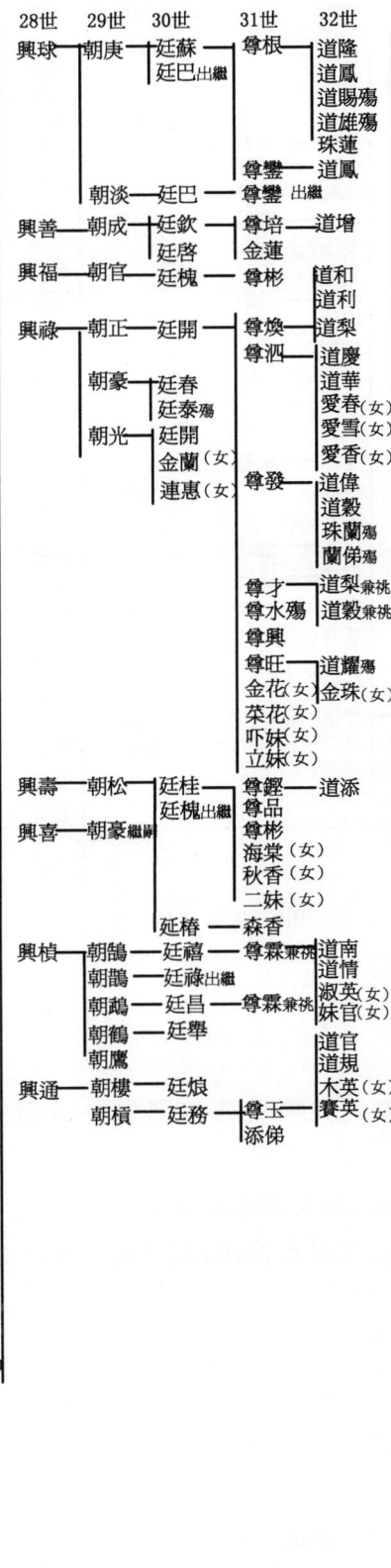

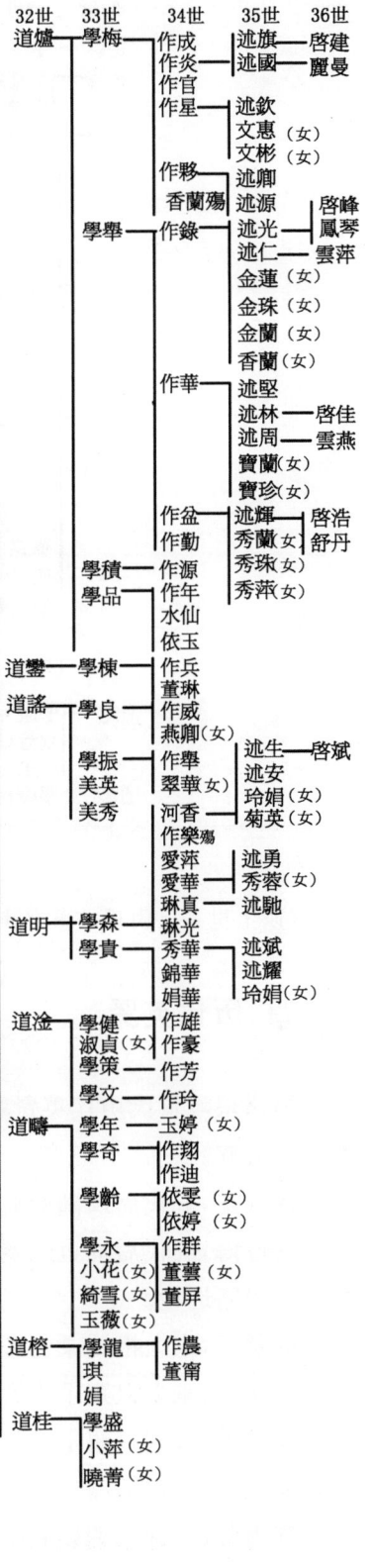

32世	33世	34世	35世
道妹	學舉	作斌	
道隆	學庸殤	麗敏（女）	
	爲俤	麗琴（女）	
道鳳	學芳	作松	遊榆
		作秋	遊聽
		作桐	秀清
		作然	董姸
		愛玉（女）	
		愛金（女）	
	學才	作安	遊楚
		作榕	遊立
		作樑	
		珠英（女）	
		水英（女）	
	學海	作忠	
		作炳	宇靜
		作森	
		美珍（女）	
	學霖	作燕	婧娟
	學仁	作建	遊逢
	學正殤	作武	
		燕芬（女）	
	學淦	錦萍（女）	
		錦霞（女）	
道和	學康	作權	
		立峰	
	秋芳（女）	燕菁（女）	
	秋玉（女）		
道添	學康兼祧		

32世	33世	34世	35世
道利	學明	作堅	
	學書	作強	
	學波	作瀟	
	學珠		
	淑英（女）	作清	雅雲（女）
	淑卿（女）	作敏	
		作端	
道梨	學成	董萍（女）	
	學彬	作平殤	
	桂英（女）	愛敏殤	
	麗蓉（女）	曉燕	
道慶	學淵	作丹	
	學漢	燕華（女）	
	麗娟（女）		
	施楣（女）		
	月楣（女）		
	光楣（女）		
道偉	學宏	作毅	
	學滔		
	學桓		
	誠惠		
	惠玲（女）		
道毅	學秋		
	學金		
	紫華（女）		
	紫英（女）		
金珠	學東		
道官	學星		
	學棋		
	碧英		
道規	學勇		
	張敏		

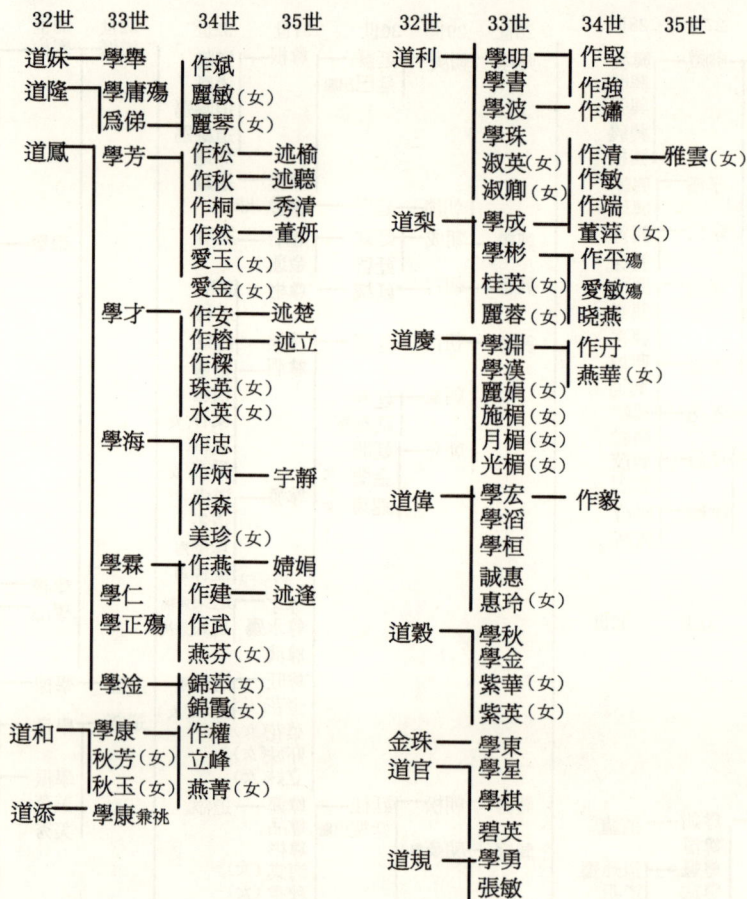

（以上世系已由琅岐董存良与董一和组织宗亲校正）

四、历代英贤

福州琅岐董氏历代英贤辈出，业绩昭彰，功德彪炳，无数名贤文儒，载入史册，堪称闽海世家名门大族。

董宗本，五代后汉随州刺史，宋太祖赐朝奉大夫。

董遵海，五代后周世宗赐授骁勇指挥使，宋太祖时官迁通远军节度使、罗州刺史，太宗命兼领灵州路巡检。

董嗣宗，宋太祖赐录为殿直。

董嗣荣，宋太祖赐录为殿直。

董　烨，宋理宗绍定五年进士，官至湖南观察判官。

董　璜，宋理宗淳佑三年进士，授中散大夫。

董汝庆，宋理宗朝以武阶授忠训郎。

董　和，明永乐进士，历任户部主事、员外郎。官至贵州布政使司左布政使，中大夫。

董廷钦，明，南雍国子监博士。官至钦州知州，靖州王长史。

董养斌，明，官至光禄寺署丞。

董养洙，明，官至三宿州知。

董养泓,明,官至南雍直隶宿州同知。

董养河,明崇祯特赐进士,历官工部员外郎兼兵科给事中、监督九门、监芜湖钞关。

董谦吉,明崇祯授文华殿中书,唐王兵部职方司主事。

董扬先,明崇祯特赐进士,历官广东按察司副使、礼部郎中。

董师吉,清,官授广东惠州府清源知县。

董昌涯,清,授中书,候选知州。

董文驹,清乾隆进士,官至四会县正堂,赠文林郎。

据不完全统计,琅琦董氏家族从五代至清出仕授爵的达三十余位,其中封授各类官职的有授大夫禄爵四人、任刺史二人、节度使一人、副使二人、布政使一人、员外郎三人、知州四人、知县五人;登进士七人,授国子监博士二人、教授二人、教谕四人、训导二人,及其它职位等,不胜枚举。现代在国家机关单位中,担任厅处县团和高级职称职务的有个 30 余人,其中厅级干部五人、县级干部十五人、军队大校正师级军官二人、中校团级军官一人,高级技术职称职务十三人,博士一人,而具有中级职称和大学学历的不少数。

在中华民族悠久的历史长河中,董氏名人辈出,风姿独立,在悠久的中华文化史册上,谱写了无数彪炳千秋的卓越篇章。

琅琦董氏先祖文风极盛,涌现许多享有盛名的人物,被誉为"世进士"、"文学世家",冠有"国子博士"、"文魁"、政治家、思想家、文学家,盛誉者不乏其人。他们宛若璀璨的群星,纷呈异彩。

（一）世进士

董氏第十二世祖董烨,于宋理宗绍定五年登壬辰科进士,授知县,官至湖南观察判官。其子董璜,于宋理宗淳祐三年登癸卯科进士,授中散大夫。父子同登理宗年间进士,擢显官,被传为佳话,称"父子世进士"。

（二）明经举人

十八世祖董秀,明正统十年举人,荐授古田训导,补宁德导训,升云梦教谕,被誉为"明经举人"。

（三）同榜双孝廉

十九世祖董宗道,为明宪宗成化七年举人。荐为训导,迁朝阳县、镇江府教谕,授广东潮阳知县。与其弟董宗成为同科举人,被誉为"同榜双孝廉"。

（四）文学世家

自二十二世祖董廷钦之父奇阳公而下,四世之间能诗工文之士十余人。董廷钦为国子监博士,其季子董养河系特赐进士,为古文学家。其孙董谦吉为进士,迁国子博士。群丛森森,擅阶庭兰玉之秀,世称"闽中文学世家"。又有"祖孙五经博士,父子两广大夫"的"三代中大夫"之美称。

(五)五经博士

二十二世祖董廷钦,为明神宗万历七年举人,擢南京国子监博士。其孙董谦吉于崇祯四年登进士,迁国子博士。其子孙文章德业彪炳国史,有"祖孙五经博士"之美称。

(六)古文学家

二十三世祖董养河,于崇祯十五年钦特赐进士。历官工部员外郎,兼兵科给事中。以黄道周劾杨嗣昌之事被累,与永泰黄文焕、长乐马思理等同系狱中,时称"闽中七君子"。在狱中,与黄道周等唱和,各作《西曹秋思》诗三十首,才名震京师。诗存于《黄漳浦全集》。生平著作宏富,有《罗溪阁韵语》和《西曹秋思》二书,编入清乾隆《四库全书》。在《中国文学家辞典》中,列为"古文学家"。

在现代,各类人才层出不穷,具有高级工程师、高级经济师、高级农艺师、主任医师、教授、博士等专家学者,以及中级职称和大学学历的为数不少。历代董氏后裔中,人才荟萃,出类超众。他们为中华民族文化事业繁荣与发展,做出了积极的贡献。具体情况列表如下。

姓　名	性别	出生年月	原　籍	毕业院校 (或文化程度)	曾　任　职　务
董承耕	男	1937.3	马尾上岐	上海复旦大学	福建省社会科学院副院长(厅级)、研究员
董行同	男		马尾上岐		山东省枣庄市民主党派主委、教授
董须瑜	男		马尾上岐		大连市科技研究所、高级工程师
董是栋	男		琅岐下岐		解放军空军石家庄医院院长
董承建	男		琅岐		罗源县副县长
董承宽	男		琅岐	厦门大学经济系	山东省烟台市政协副主席,烟台市开发区主任、副厅级
董须强	男		琅岐	北京农业机械化工学院	中国农业工程设计院院长
董须光	男		琅岐		漳浦县委组织部部长
董须瑜	男		琅岐		国家海洋环境监测中心党委会书记(司局级)
董须棋	男		琅岐	中国人民解放车测绘学院	福建省林业勘察设计院院长
董须贵	男		琅岐		福州市人民检察院反贪污贿赂局副局长
董美华	女		琅岐	中国公安大学	三明市公安局治安处处长
董存灶	男		琅岐	同济大学	福州市建设委员会副主任(正处级)
董可英	女		琅岐		将乐县医院主任医师

续表

姓　名	性别	出生年月	原　籍	毕业院校 （或文化程度）	曾　任　职　务
董须恩	男		琅岐	福州大学	福建医科大学物理教研室主任、副教授
董解生	男	1950.11	琅岐	北京航空学院	解放军空军无人机指挥站站长（高级工程师）
董建南	男	1981.3	琅岐	美国普渡大学	美国德克萨斯州大学博士后
董琳	男	1982.9	琅岐	厦门大学	福建省海洋渔业厅、博士
董琦	女	1982.4	琅岐	中国人民大学	福建省高级人民法院、硕士

五、文物遗辉

千年来，琅琦董氏先贤在中国大地上，留下了无数的历史遗迹，成为流徽千古的文化景观，也是中华民族珍贵的文化遗产。

（一）琅琦董氏宗祠

琅琦董氏宗祠肇建于明嘉靖初叶，前座于民国十年（1921）冬重修。全祠于1997年4月开始重建，至1999年10月竣工。1995年4月列为福州市郊区的县级文物保护单位。

董氏宗祠与朱氏宗祠毗邻，是琅岐岛规模最大、装饰最美的祠堂。宗祠始建明嘉靖初年（约1522年），祠面宽14.5米，纵深43米，建筑面积600平方米。整个祠堂气势恢宏，雄伟壮观，雕梁画栋，流金溢彩，建筑技术精湛。董氏宗祠大门口为"帝世紊龙氏，江都旋马家"柱联。宗祠27幅楹联多为古代官宦名人所撰，如明代武英殿大学士、兵部尚书黄道周撰写的"衣冠清节传三世，词赋声名著两都"引人注目。宗祠正厅悬挂的牌匾，有明崇祯皇帝赐给进士董养河的"帝座纶音"的牌匾；有明代名宦叶向高、翁正春、余孟麟、董应举、黄周星、黄文焕、林鸿、陈亮等诗词歌赋。正厅为明代古宗祠规制，古朴典雅，由22根木柱、木扇组成，穿斗式抬梁，大厅前上方以13.5米长、尾径60厘米的红杉木作横跨大梁。厅内悬挂13副覆竹楹联，青漆镏金，其中有清代乾隆军机大臣、东阁大学士董诰书题的手迹楹联："庆澈云霄咸瞻圣泽，民安屏翰共仰恩光。"有出自明代东阁大学士叶向高，户部尚书黄周星、翁正春，探花祭酒刘应秋、探花翰林院学士余孟麟，户部侍郎董应举等达官显贵的名联。大厅上悬挂有明崇祯皇帝钦赐给董养河的"帝座纶音"巨匾。上下两厅还悬挂有"朝奉大夫"、"都虞侯"、"殿直"、"布政史"、"进士"、"文魁"、"武魁"、"优贡"、"博士"等29块名贤牌匾，以及六十副柱联，镏金溢彩，更显得琅琦董氏宗祠文化璀璨绚丽，文物瑰宝的壮观。

董氏古代出仕为官的很多，宗祠下厅回廊排列有"衔头牌"，是古代董氏任官的名片，显示董家的荣耀，很有研究古代官职的价值。宗祠旁边有"董公井"，饮水思源，表示对先祖的怀念与敬仰。

(二)董廷钦墓

董廷钦墓,位于琅岐吴庄王厝前文殊山将军勒马岗。建于明万历三十二年(1604 年)。墓为土石结构,坐西北向东南,三层墓埕,面宽 7 米,纵深 16 米。墓碑阴刻楷书:"乡举人,奉议大夫、广东韶州府同知,前南京国子监博士海门董公墓。"墓前有石望柱一对。现经修复,墓碑用花岗石镌刻:"皇明,乡进士奉议大夫、韶州府同知,前南京国子监博士海门董公墓。明万历乙未岁腊月吉旦造。"墓为三圹,系董廷钦与生母朱氏宜人及夫人董母程宜人合葬。朱宜人墓志铭乃明太常寺正卿陈联芳手书,"董母程宜人墓志铭"为明按察司副使杨瞿崃手书,于 1999 年出土,深受市文物管理部门评价,具有很高的文物价值。董廷钦墓于 1995 年 4 月 12 日由福州市郊区人民政府公布为第三批文物保护单位。

(三)明清董氏古墓群

明清琅琦董氏先祖古墓群,共有 13 座,其位于琅琦院里山树坪顶九座,白云山南木麓二座,文殊山一座,台峰山一座。其墓至今基本上保留完好,是典型的明代古墓葬群,也是福州市乃至福建省不可多得的古墓群文物古迹。

琅岐镇罗钟山石竺寺石阶道两旁,半公里内数座明墓,分别建于明洪武至嘉靖间。至今保存完好或基本完好。其中路左董氏十九世董文祉墓,始建于洪武年间(1368—1398 年),已重修,尚保留古墓碑、墓面。路右文祉继妻陈孺人墓,修于宣德年间(1426—1435 年),明代形制,保存较好。二十世董宗哲墓,明朝形制,基本完好。花岗石墓碑直书:"董宗哲公寿域。"上款:"时大明弘治庚戌(1490 年)。"下款:"冬至阳月吉日造。"廿一世董伯建墓,明代形制,基本完好。花岗石墓碑,额书"宁福百世",直行"伯建董公之墓",前款只见"弘治"二字,后款模糊。保存最好的是伯建之弟伯章之墓,典型明代形制,条石封土,半圆形护墙,弧形青石墓碑,中间双行直下:"奉直大夫广东钦州奇阳董公佳城。"上款:"嘉靖庚戌立(1550 年)。"下款:"崇祯戊辰修(1628 年)。"据谱载,墓内存有叶向高撰的墓志铭。

(四)其他

琅琦董氏门第楹联

  帝世豢龍氏 西漢賢良裔

  江都旋馬家 南閩甲第家

门亭楼石柱楹联

  仕宦歷三朝輝煌史冊 全裝玉琢萬家樂

  詩文光四壁景仰宗風 物換星移幾度秋

  昔者起風雲前賢已矣 雲影霞光相掩映

  今之揚盛美後輩思乎 藝林翰苑任遨游

正面门墙旁柱联(旧祠联)

  晉國大書昭直史

  漢廷對策表醇儒

插屏门楹联(旧祠联)

衣冠清節傳三世
詞賦聲名著兩都

后学黄道周拜赠，赵玉林补书

虎頭北聳雄風起
牛嶼南藩佳氣多

臺峰居上陳智洪拜撰，徐自明书

前门厅楹联

門號風爐巨舶三江來貫販　　祠外青山高樵唱暾蜂成往事
洋稱竹浦良田萬畝育兒孫　　溪邊勝迹古書聲羅閣說前朝

董存福书

三更燈火伴書聲莫負弦歌故里　　祖廟峙村中父老閒来消白晝
千載蒸尝隆祀典共揚孝友遺風　　梨園開嶺上笙歌驟起鬧黃昏

董是著撰
延平董長盛书

前天井回廊楹联

揚我宗風登斯堂能無愧否　　守望相扶世世同居交誼重

董行合撰并书

繩吾祖武履此地可勿思乎　　晨昏存問家家邻里友情深

董国华书

得人之和棟宇凌雲光祖考　　農士工商合族孜孜勤本業
逢世至盛賢才濟美勖兒孫　　父兄子弟一堂濟濟叙天倫

董是銀书

中厅石柱楹联

父子孫三代賢良蘭玉階前挺秀
宋明清累朝科甲簪纓堂上生輝

三十四世孙承铨敬撰，北京伴星阁主人刘泽书

萬里封侯西夏仰恩威名揚邊塞
一朝名將南閩隆緒續族重海疆

三十四世孙承荣撰，翁景机书

鳳嶼揚波父子聯科世進士
嵩山衍派弟兄同榜雙孝廉

行渊撰，延平董长盛书

四會茸鬢宮共攔賢令遷官去
兩粤珍墨寶不惜重金求字來

　　　　　　　　　　董行渊撰,邹海岳书

范陽肇瑞四十代雲仍家聲無替
琅海開基八百年功業宗史有光

　　　　　　　　　　董是霖撰,延平董长盛书

院前擇地良水秀山明娛晚景
馬尾分支遠蘭馨桂馥紹先芬

　　　　　　　　　　郑述信书

連飲三杯好客董公夸妙句　　瀛海感飄蓬葉落歸根故鄉最好
長懸一榻愛才葉相重詩人　　宗祠欣煥彩裘成集腋游子堪夸

　　　　　　　　　　陈智洪撰,董长盛书

中天井回廊楹联

家學淵源備志艺林一册　　福地繞祥光雕梁書棟
官勋炳烺猶留碑碣千秋　　房櫳多瑞氣鏤玉泥金

旧祠联

允武允文詒孫有穀
以似以續率祖攸行　　　　　　　旧祠联

院内餘香似郑蘭謝草
前庭長物仿晉字唐詩

　　　　　　　　　　董行合书

父子大夫百粤政聲光譜牒
祖孫博士五經世業紹箕裘　　　　旧祠联

仕學兼優不愧江都世裔
英賢輩出宜恢琅海家聲　　　　　旧祠联

嶺嶠握符政躋馴雉
琅山聚族系本豢龍　　　　　　　旧祠联

孝友傳家開祖德
詩書繼世振家聲

　　　　　　　　　　旧祠联,北京李松书

346

正大厅漆木挂联

　　廉勤饬範

　　愷悌綏珉　　　　　　　　　　　　　　　　　　　　旧祠联连江姚奋国书

　　卧寐啟生初木本水源浩浩乎支分派別

　　旦明追舊德春霜秋露洋洋矣愾見俊聞

　　　　　　　　　　　　　　　　　　　　　　　　　　旧祠联，石家庄肖良平书

　　東臨滄海西控大江巨澤烟波藩此里

　　南聳籌峰北盤龍嶺名山秀氣萃吾宗

　　　　　　　　　　　　　　　　　　　　　　　　　陈智洪撰，赵玉林书

　　春祀秋嘗遵聖賢禮樂

　　左昭右穆序世代源流

　　　　　　　　　　　　　　　　　　　　　　　　　　　　　旧祠联

　　漢代重鴻儒三策保邦業煥江都榮黼黻

　　明時崇碩彥五經魁士家傳閩海起風雲

　　　　　　　　　　　　　　　　　　　　　　　　旧祠联，福州郑述信书

　　綦龍傳帝世溯范陽發族嵩山琅海喜聯輝缵承先緒

　　旋馬起家聲自宋代登科名宦才人欣輩出丕振宗風

　　　　　　　　　　　　　　　　　　　　　　　　陈智洪敬撰，赵玉林书

　　東粵樹棠陰歌召父咏杜母五嶺口碑垂奕禩

　　西曹標鯁節出震亨救石齋百章手奏著千秋

　　　　　　　　　　　　　　　　　　　　　　　　旧祠联，福州徐自明书

　　青眼識英豪一念撫孤塵里扶持天子

　　白雲留翰藻兩征辭聘山中吟眺梅花

　　　　　　　　　　　　　　　　　　　　　　三十四世孙承铨敬撰，刘宏煜书

　　對策上書炳炳文章標馬史

　　直書不改煌煌筆法燦麟經

　　　　　　　　　　　　　　　　　　　　　　　　旧祠联，朱大明书

　　慶釚雲霄咸瞻聖澤

民安屏翰共仰恩光

清乾隆传胪谥文恭董浩撰并书

正厅后门柱楹联

喬木發千枝豈非一本
長江分萬脈總是同源

東閣冬梅西窗夏竹
南華秋水北苑春山

后天井回廊楹联

高山仰止疑無路
曲徑通幽別有天

祖德振千秋偉業
宗功啟百代文明

身範克端繩祖武
家規垂訓翼孫謀

知祖德永光柱國
冀人文躋美琅山

旧祠联

妥遗堂楹联

妥先靈香火喜同歡亦已祀矣　身世嘆渺茫譜牒傳中無記載
遺世系萍踪悵莫覓可無憾乎　雲仍欣昌熾牛山嶺下盛兒孫

陈智洪撰

百代書香光俎豆　酬功報德培植百年仁義

千秋祀典肅冠裳　法祖尊親佑啟萬代興隆

旧祠联

嚴若思教孫有慶　天地蘊丹青毓秀鐘靈閩水回環綿道脈
祭如在明德惟馨　淵源接西隴育才造士群山聳峙炳文光

三十四世孙承铨敬撰

懷賢閣仰芬亭石柱聯

　　文運天開奎壁聯輝昭盛世
　　昌明聖教蘭馨桂馥振家聲

　　　　　　　　　　　　　　　　　　三十四世孫承銓敬撰

　　東大門以及懷賢樓石柱聯

　　江都榮黼黻
　　閩海起風雲

　　　　　　　　　　　　　　　　　　旧祠联

　　祖孫五經博士
　　父子兩廣大夫

　　　　　　　　　　　　　　　　　　旧祠联

　　明月清風深有味
　　左圖右史艾相暉

　　世間清品至蘭極
　　賢者虛懷與竹同

　　友如作畫須求淡
　　文似看山不喜平

　　吸古鎔今傳筆陣
　　揚芬啟秀耀書林
　　岁次 2000 年庚辰之秋,三十四世裔孫承铨整理。

第二节　连城董氏

　　连城县,别名莲城。连城本唐长汀县地,尝置莲城堡,历史上多隶属汀州。1929—1934年先后在新泉、莲峰建立县苏维埃政府。解放后,历属龙岩专区(地区)、龙岩市。连城冠豸山旧称"东田山"、"莲峰山"。以其天生丽质,于 1986 年荣膺"福建十佳风景区"。1994 年,国务院公布其为国家重点风景名胜区。"平地兀立,不连岗自高,不托势自远",与武夷同属丹霞地貌,被誉为:"北夷南豸,丹霞双绝。"堪称中国客家人庄园的宣和乡培田古村落,规模宏大,工艺精湛,历史悠久,是继永定土楼、梅州围拢屋之后,发现的又一世界建筑奇葩,承载着客家文化的深厚底蕴。2005 年荣获中国历史文化名村称号,2006 年荣获"中国十大最美村镇"称号。

客家大宅门——万人古村芷溪,位于连城南部,自明清以来先后修建74座古宗祠和139幢古民居,形成国内罕见、规模庞大的古宗祠、古民居建筑群。还有四堡是我国明清两代著名的四大雕版印刷基地之一,出版过《康熙字典》、《金瓶梅》等一千余种书籍,在中国印刷史上占有重要地位,被福建省人民政府列为首批"省级历史文化名乡"。著名的"闽西八大干"之一连城红心地瓜干、连城白鹜鸭、四堡漾豆腐、芋子饺等都久负盛名。

一、历史迁徙

连城董氏郡望为陇西郡,堂号为德延永堂。南宋五十郎公为河北省河间任丘籍,其孙德源以闽博士,在建阳考亭任教。后因元乱,以沈得卫于冠豸山灵芝峰西侧,建造樵唱山房。当时的樵唱山房隶属于建阳考亭,而迁至连城的董屋山。尊五十郎公为连城董氏开山祖。连城董氏主要分布在莲峰镇、隔川乡、北团镇、揭乐乡等地,现在已发展至二十三代,人口370多人。

二、世行昭穆

连城董氏派语(字辈或昭穆),元代自三世起为德永祖荣、尚元崇文、木大其水。明代自十五世起为国家世盛、肇启书兴。注:十四世字辈"水"与"玉"同用,十九世字辈"肇"、"兆"与"有"同用,二十二世字辈"兴"、"声"与"馨"同用。建国后,自二十三世起为志诚昭宪、业绩颖昌、瑞宁聪健、毓圣登强。

三、简明世系

1世	2世	3世	4世	5世	6世	7世
五十郎	值	德源	永贞	祖俨	忠啊	尚伦
			永清	祖俊	荣	尚德
			永诚			尚玉
				祖杰	华	尚忠
				祖仪	茂	尚理
					用	尚政
						尚满

12世	13世	14世	15世	16世
大学	其兰			
大元	其标	曹暑	国仕	
		耆	国佛	
	其联	明	国音	
			国广	
		日月	国树	
		升	国华	
			国新	
			国伟	家喜
			国兴	家松
			国皇	
			国盐	
			国尾	
	其瑷	滔	国亮	
	其恒	昕	国光	
		旭	国玉	
		县	国正	
		晓	国武	
			国帝	
	其举	洗	国衡	
		澡	国葵	
	其秀	淮	国进	
		溢	国起	

7世	8世	9世	10世	11世	12世
尚伦	元胡	方	文坤	宁	大学
					大贞
					大元
					大万
		万	文振	高	大宗
					大宜
					大乡
尚德	元珍	厚	文光	楠	大焜
		亮		椿	大燃
	元瑞	宣宽		楷	大炒
		宗			大煊
					大煜
					大煌
					大爆
					大炜
					大照
			模		大鼎
					大炫
					大�
			文辉	栋	大炳
					大燧
					大燻
			文耀	松	大经
					大纶
				柏	大缙
				策	大绅
					大纲
					大维
尚玉	元琥	宪	文应	森	大煜
	元瑞	宠	文保		大煌
				檀	大烨
尚忠	元岳	俊	文昌	植	大煊
		英	文昊	柱	
				桢	大烜
				楚	大焐
尚理	元玠	乡	文化	镇	大琦
尚政	元琪	相	文伉	榔	
尚满	元珵		文魁	桃	
	元鸾		文俭	锡	
		宰	文运	铉	
		尧	文命	镪	
				镜	
				钧	
				镒	
				铸	
		舜	文仕	铨	大权

16世	17世	18世	19世	20世
家喜	世金	保	永洲	恒明
	世恕		永昌	恒成
	世秀		永龙	
	世惟		永贵	恒辉
	世吉		永福	恒良
	世其		永节	
	世漆			

20世	21世	22世	23世
恒明	全古	水生 (出继全才)	
		金水	
		长莲	
		长兰	
	全才	水生	志斌
	美云		丽萍
恒辉	修钦	昌泰	镇鸿
		辉泰	晓燕
	樟树	先旺	晓峰
			丹丹
		先福	春辉
		先昌	云慧
		先华	
	日全	元旺	小健
		水旺	
		火旺	
		春梅	
		冬梅	
恒良	广东	沛霖	
		小莉	
		小爱	
		娟娟	
	广西	水平	
	招贵	雪华	
		雪珍	

左半部

12世	13世	14世	15世	16世	17世

- 大焜
  - 其修
    - 瀛
      - 国宗
      - 国传
      - 国赐
    - 国鼎
    - 国玺
  - 其功
    - 洪
    - 汪
    - 法
    - 湄
    - 潘
    - 瀚
    - 浩
      - 国梁
      - 国雄
        - 家槐
        - 家宣
        - 家实 — 世坤／世坍
  - 其成
    - 波
    - 涛
    - 汯 — 国义
    - 滨
    - 浪
  - 其堂
    - 潮
      - 国迪
      - 国德
        - 家秀 — 世明
        - 家贤 — 世通／世洪
      - 国性
      - 国道
        - 家书
        - 家辉 — 世芳
    - 淳 — 国教
  - 其庭
    - 淑
      - 国恭
      - 国诗
    - 洵
      - 国爵
        - 家帝
        - 家涌
    - 淲
      - 国闱 — 家进 — 世遗
      - 国贵 — 家儒 — 世元
    - 泆 — 国敬 — 家兰 — 世喜／世珍
- 大㷼
  - 其坑 — 渍 — 国绿 — 家仕 — 世喜（家仕公入继）
- 大煃
  - 其增 — 泽 — 国科
    - 家仲
    - 家仁
    - 家仕（出继国绿公）
  - 其智
  - 其信 — 浙 — 国统
  - 其义
  - 其德 — 招桂 — 国检 — 家润
  - 其仁 — 国修 — 家享
    - 国立
- 大煌
  - 其恭
    - 湛
    - 湖
      - 国宝 — 家声
      - 国忠
        - 家礼
        - 家智
- 大炜
  - 其进 — 澅
    - 国扬 — 家文
    - 国攀 — 家珍
- 大宗
  - 其招
  - 其瑞
  - 其瑛
- 大乡
  - 其祯 — 盛
  - 其荃 — 映
  - 其享 — 曜
    - 国质 — 家武 — 世容
    - 国品
      - 家伦 — 世鸿
      - 家璋 — 世明
      - 家吉 — 世法
  - 其汴
  - 其昆

右半部

17世	18世	19世	20世	21世	22世	23世

- 世坤 — 盛昌 — 兆洪／兆宗 — 启滨／启椿
  - 书标 — 声辉 — 美云／美华／美榕
        - 声榕 — 美凤／美英／美鸿
  - 书香 — 声良／声亨／声洪 — 美椿／忠龙／忠娇／美媛／美玲／美健／美琴
- 世坍 — 金保／水保／生保／土癸
  - 老丕／桃方 — 光胡
  - 万顺／万申 — 启基／启春
- 世珍
  - 盛雁
  - 盛务
  - 盛旺（出继世喜公）
- 世喜（家仕公入继）
  - 盛旺（世珍公入继）— 德蒿／德容
- 世容
  - 门福
  - 盛镗（双挑）
    - 肇奎 — 启南
      - 书铭 — 腾／霏／雲
      - 书良 — 帆
      - 书鑫 — 兴霖
      - 书文 — 丽梅
      - 书贵 — 莹
      - 子云
      - 子菊
      - 子华
    - 启和（双挑）
      - 书荣 — 兴庐／兴峰
      - 书勋 — 泉秀／玉荃
    - 肇焕
      - 启宁（双挑）
        - 书钧 — 轩武
        - 书忠 — 洋
        - 子娥
        - 子凤
        - 子桂
        - 子蓉
    - 肇桂
    - 启昌（双挑）
      - 书智 — 兴明
      - 书勇 — 烨琛／烨铮
      - 书谋 — 燕
      - 书平 — 兴棋
      - 爱玲
    - 启和
    - 肇兰（出继盛和公）
    - 肇松
- 世鸿 — 日东／日生
  - 肇新（文辉公房盛远入继）
    - 桃芳
    - 胡南
    - 大妹
    - 细妹
- 世法 — 盛和
  - 肇仁
  - 肇成
  - 鸿章（盛镗入继）— 启和（肇奎入继）
    - 书荣 — 兴庐／兴煌
    - 书勋 — 泉秀／玉荃
    - 书钧 — 轩武
    - 书忠 — 洋
    - 子娥
    - 子凤
    - 子桂
    - 子蓉

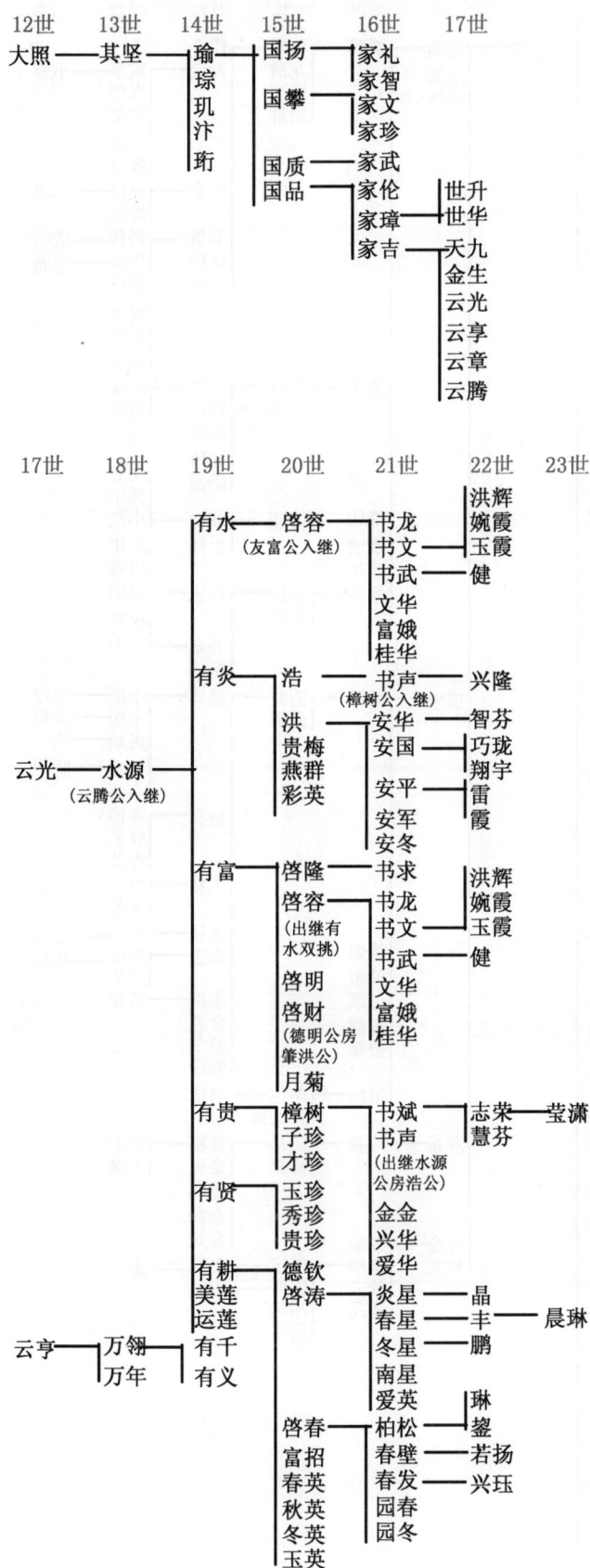

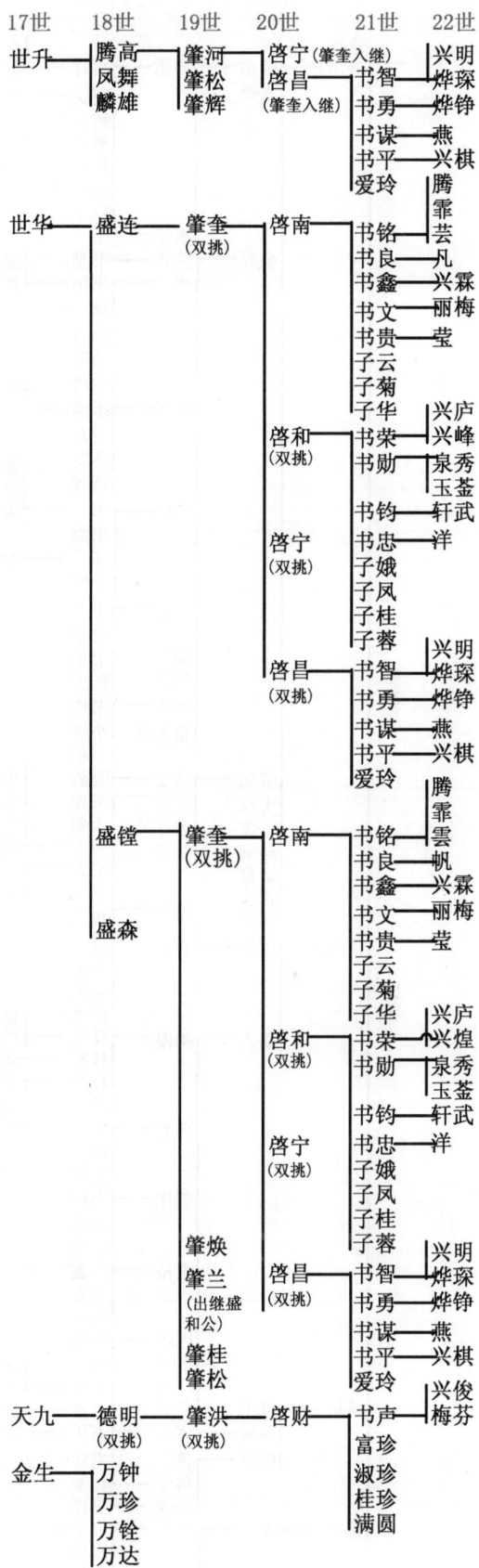

上左

12世	13世	14世	15世	16世	17世
大照	其坚	瑜琮玑汴珩	国扬 国攀	家礼 家智 家文 家珍	
			国质 国品	家武 家伦 家璋 家吉	世升 世华 / 天九 金生 云光 云享 云章 云腾

上右

17世	18世	19世	20世	21世	22世
世升	腾高 凤舞 麟雄	肇河 肇松 肇辉	启宁(肇奎入继) 启昌(肇奎入继)	书智 书勇 书谋 书平 爱玲	兴明 烨琛 烨铮 燕 兴棋
世华	盛连	肇奎(双挑)	启南	书铭 书良 书鑫 书文 书贵 子云 子菊 子华	腾霏 芸 凡 兴霖 丽梅 莹
			启和(双挑)	书荣 书勋 书钧 书忠 子娥 子凤 子桂 子蓉	兴庐 兴峰 泉秀 玉荃 轩武 洋
			启宁(双挑)		
			启昌(双挑)	书智 书勇 书谋 书平 爱玲	兴明 烨琛 烨铮 燕 兴棋
	盛铿 盛森	肇奎(双挑)	启南	书铭 书良 书鑫 书文 书贵 子云 子菊 子华	腾霏 雲帆 兴霖 丽梅 莹
			启和(双挑)	书荣 书勋 书钧 书忠 子娥 子凤 子桂 子蓉	兴庐 兴煌 泉秀 玉荃 轩武 洋
			启宁(双挑)		
		肇焕 肇兰(出继盛和公) 肇桂 肇松	启昌(双挑)	书智 书勇 书谋 书平 爱玲	兴明 烨琛 烨铮 燕 兴棋
天九	德明(双挑)	肇洪(双挑)	启财	书声 富珍 淑珍 桂珍 满圆	兴俊 梅芬
金生	万钟 万珍 万铨 万达				

下左

17世	18世	19世	20世	21世	22世	23世
		有水	启容(友富公入继)	书龙 书文 书武 文华 富娥 桂华	洪辉 婉霞 玉霞 健	
		有炎	浩	书声(樟树公入继)	兴隆	
			洪 贵梅 燕群 彩英	安华 安国 安平 安军 安冬	智芬 巧珑 翔宇 雷 霞	
云光	水源(云腾公入继)	有富	启隆 启容(出继有水双挑) 启明 启财(德明公房肇洪公) 月菊	书求 书龙 书文 书武 文华 富娥 桂华	洪辉 婉霞 玉霞 健	
		有贵	樟树 子珍 才珍	书斌 书声(出继水源公房浩公)	志荣 慧芬	莹潇
		有贤	玉珍 秀珍 贵珍	金金 兴华 爱华		
		有耕 美莲 运莲 有千 有义	德钦 启涛	炎星 春星 冬星 南星 爱英	晶 丰 鹏	晨琳
			启春 富招 春英 秋英 冬英 玉英	柏松 春壁 春发 园春 园冬	琳 鋆 若扬 兴珏	
云亭	万翎 万年					

353

左表

17世	18世	19世	20世	21世	22世
云章	盛喜 盛华	肇信 火德	细佬	树祥 树文 树神 树胜 树良 春华 满华 生	兴才 兴洪 兴龙 兴富 兴平 兴雪 团
			水佬 启辉 启旺	书慧 书恒 移民 金群 洁群 和群	馨皇 慧娟 小蓉 巧
			启福	永清 雪花 香花 碧莲	馨志 馨梅
			启园	书仁 书海 书广 小妹	馨业 婷敏 妍
			启泉 如兰 梅兰	书元 书耀 书增 红玉	
			启生 童美群	书庆 小燕 书松	
		肇满 大妹 玉莲 桂菊 富群 招孜 顺顺	启富 才生 吴金兰 雪娇	晓清 书建 玉莉 书忠 平忠 书云 福 爱 玉 彩 满	礼添 礼恩 冬华 爱娥 炬 琪 云 云 云 云 云
			启明 碧珍		
	盛茂	肇地	启根	桂生 桂军 桂忠 桂平 伟	华文 兴娟 晓娟 雪 云容
		肇古	启兴	韬 青华	
			启化	书伟 书洪 小英	
			道裕	书鑫 书春 晓红	
			启团 寿兰 江富兰 苏英	书林 书武 书棋 书跃 书进	馨鑫 冬梅 馨霖 馨锦
	盛椿	肇丕 肇树 肇发	启东 启钟 启銮 启锋	书年 桂秋 书彬	
	盛松	友亮	启亨	书雄 水华 春华 满华	兴辉
			雨霖	书福 惠玲	

右表

17世	18世	19世	20世	21世	22世	23世
云腾	德明 水源 (出继云光公)	肇攀	启荣 龙清 凤清 招群	广全 寿全	兴东 兴辉 华荣 兴君 依妹	小蓉
				书富	峻松 烨红	沉琳
				书贵 凤珍 龙珍	兴新 兴亮 华娥 兴琴 兴媛 丽萍	清羽 钰颖
		肇洪	启财 (友富公入继)	书声 富珍 淑珍 桂珍 满圆	兴俊 梅芬	
		肇达 肇增 西斗 肇美 肇兰	启顺	金标 子标	文海 秀华 小红	
			启运 子群	长生	兴彬 兴峰 丽娟	
				书东 新华	权隆 兴鸿	
	盛宝	肇恒	锦旺 先群	祯祥	小朋 小明 兴雄 兴强 小英	忠璇 志锋 洁 晓煜
				炳文	春艳 艺 春英	
				生林	铨 燕芳	
		肇炬 肇桓 玉凤 彩群 碧娥		永德	隽	志彬 思铭
				永杰	兴模 兴华	
				永济	金兰 爱兰 爱珍	智超
		肇垣	启生 林云妹	书成		
	海泉	肇基	顺星 福群	长福 金英 金凤 金村 金妹	信宏 天来	
	海金 攀龙	肇荣 肇华 紫云 紫莲	启宝 启明 招云 新生	剑锋 志武	旎	

左上世系表

12世	13世	14世	15世	16世	17世
大炳	其沆／其澄				
大燧	其登	连浇	国盛	家统	
大爟	其官／其治	涪汴	国丰	家缋	
			国任	家绪	世远
大经	其転	澍澧潢漳泅	国富	家红	
			国安	家圣	世宗
				家肇	
				家賏	
	其辅		国痒	家招	
			国麟		
			国黉	家彪	
			国举	家彩	
			国湖	家兴	
				家志	
	其轩	泷演泮瀄	国志	家坤	
			国才	家铺	
			国扬		
大纶	其轸	乡	国鉴		
			国锦		
	其轺	邦郡都郁邺成郊祁江淮汉濂潽汀沅滦泓	国泰	家震	
			国忠	家谦	
	其轼		国琭		
			国政		
	其辙		国桂		
			国镜	家佔	
大缙	其魁		国禄	家锦	
			国礼	家宝	
			国祜	家贡	
			国裕	家赏	
			国祝	家贵	世瑞
			国裎	家寰	世麟
	其英		国补		
			国禧		
	其芳	海泗	国祺		
			国表		
			国裖		
			国曾		
			国祖		
			国柱		
		洙梁	国祚		
			国缝		
			国带		
			国灵		
			国文		
		泌汤游	国福		
			国成		
			国峰（入继）	家贵	
				家炎	
			国建		
			国彩		
			国宁		
			国峰（出继）		
			国荣	家覆	

左下世系表

12世	13世	14世	15世	16世	17世
大纲	其质	灏澜澳渚	国德		
			国喜	家乾	
			国彬		
			国闾		
大绅	其明	淦洋瀚	国梭		
	其祥				
	其和	浑潜			
	其彦	溥津			
	其全				

右上世系表

12世	13世	14世	15世	16世	17世
大维	其轲	潇渊沈汝			
大琦	其熊	峯麟乔裕瑞	国鳖		
大权	其兰		国泰		
			国柱（出继）		
大煜	其璇	河海	国榔		
			国权（出继）		
			国从		
			国品		
			国隆		
		云	国承	家业	
	其瑶	沛	国清	家振	世柱
	其浚	溶	国勋	家禄	世华
			国权（入继）	家洪	世光
				家将	
大烨	其周	湘	国梁	家敬	世荣
					兴有
					世华
				家效	兴德
				家谨（出继国栋公）	
			国栋	家谨	世海

右下世系表

17世	18世	19世	20世	21世	22世	23世
世华	盛贞	肇辉	启忠	书荣		
		运桃	爱金	书辉		
		运财	爱银	青梅		
		富珍	爱英	雪梅		
			荣华	秋梅		
世荣	盛远	德通	启木	书春	楚源	伟
	盛章（出继世华）			书军	哲	志明
				桂琴		满华
			启水	书颖	东生	文斌
				晨颖	春生	红艳
			启火	毅岑	应生	莉蓉
世华	盛能		爱群	川淇		莉红
	盛琪		爱华			莉彬
	盛章（世荣入继）	金亮	水龙	泉才	春旺	莉萍
		金旺	长生	求生		莉君
			石生		旺先	倩萍
世海	盛雅	肇华	启树	书友	兴辉	辰煜
		肇富（出继盛维）			金华	
		德正			先华	
					雪华	
				书霖	兴溶	
					兴炜	
					小英	
				书源	兴涛	
				招群		健
				福群	兴悟	心瑜
	盛雄	肇荣	启仁	书明		晨航
		肇贵	银群	书标（出继启财）	兴峰	
		肇君			兴平	
					秋兰	
				书畴	兴彬	
				书文	桂芳	
			启财	书标（启仁入继）	兴泉	
			启功		兴荣	
					春香	
	盛维	肇富（盛雅入继）	启旺	书安	馨祺	
	盛虽			爱珍	燕梅	
	满生			秋珍	燕清	
	铺生			美珍	燕华	
				书金	丽瑶	

四、历代英贤

连城董氏裔孙,在开祖以来涌现了有一定影响的人物。

五十郎公第八代元琥,字文山。嘉靖年奉旨恩赐进士,在户部任职。

五十郎公第十九代成南,又名友炎,字弼臣。福建政法学校毕业,红四军第二、四纵队任书记官。1930年4月任连城县苏维埃政府主席。

五十郎公第廿一代炳文,北京林学院毕业,牡丹江市园林处总工程师、高级工程师。

五十郎公第廿一代炳林之妻曲淑芹,牡丹江市东安区人大副主任。

五十郎公第廿一代书贵,厦门大学毕业,闽西电视台书记。于2002年12月获高级工程师职称。

五十郎公第廿一代子蓉,福建师范大学毕业,闽西职业技术学院成教学院副院长。于2007年8月29日获副教授。

五十郎公第廿一代焱星,厦门大学毕业,连城县国家税务局副分局长。于1996年12月5日获注册经济师职称。

五十郎公第廿一代书钓,福建医科大学毕业,连城县医院副院长。于2009年获副主任医师职称。

五十郎公第廿一代春璧,中央党校函授学院福建分院,连城县莲峰镇党委副书记。

五十郎公第廿一代桂娥,福州大学毕业,连城一中。于2007年8月29日获高级教师职称。

五、文物遗辉

(一)谱牒

在文革期间,谱牒基本被毁,现留只有各房的分谱三册,其中一册为民国期间董鸿章抄写,主要记载连城城内一系,反映各个时期出生者的生平、墓葬和建宗祠的捐款、土地情况等。页数163页,约两万字。一册为民国期间抄写,主要记载连城城外外坊墩一系,反映各个时期的出生者的生平、墓葬等。页数83页,约一万五千字。一册为民国期间抄写,主要记载姑田一系,反映各个时期的出生者的生平、墓葬等。页数52页,约一万两千字。

2003年,董炎星、董永济主编《福建连城董氏族谱》。

(二)城南董氏宗祠

《记》曰:"《易》之《萃》言假有庙。"夫人已亡,远则其光灵涣于太清黄垆,贵其子若孙有以萃之。故礼自九七之制。下逮寝室,萃之义大矣哉!董氏昉汉大儒仲舒,系既远矣。有宋五十郎者,原河间任丘籍,实为今始祖。三传德源公,以闽博士教于文公阙里,著节行。元乱,用迁连城,家邑之东偏。四传永清公,令安东,有政绩。嗣是族日蕃,乃迁居城南,以旧宅奉祠始祖以下。嘉靖末,燔于寇,至是后裔仰山率子姓,以乃翁南山、叔祖文山所遗文川桥前地。鸠

材而聿新之，或助资，或纳币。乃简其才者综木石，计丹漆。既卜之龟，既逢之吉，阅泰昌改元，迄天启改元之腊而祠成。中区岿然，妥先灵也；左栖附食，推爱亲也；右俨后土，答地脉也。登拜有等，序昭穆也；饮福有次，介用逸也。垣墉既勤，严藩卫也；门墙面阳，肃瞻封也。美轮美奂，宁独织乌兔而饮蛟鼋？其以敦仁，其以讲让，其以刑兄弟而御家邦，将见族日昌，化日远。出不愧簪缨，入不愧宗祐，其萃今日之子若孙者，非自祖宗之萃始哉？是役也，总理则仰山文辉玉台楠等，分理则舜文褒暨序班三策青衿楷大焜。皆孝而趋义，和而咸勤，即以追蓝田之约，景浦江之烈，何多逊焉。不佞辱在世讲，而乐观其成也。于是乎书。

进士曾汝召
（摘自康熙《连城县志》卷八《艺文》）

六、外迁情况

五十郎的后裔除留居城关南门头、四角井、大桥下、高墩上外。四世永贞，迁居北团慈坊。七世尚玉，迁居外坊墩（莲峰镇大坪村）。十一世森，迁居揭乐乡揭乐村。十五世国梁，迁居鄱洋（现隔川乡松洋村）。二十世肇达，迁居隔川乡竹叶山村。

五十郎二十世水佬，迁居长汀；二十一世树胜、树良，迁居长汀；二十世、二十一世还有裔孙迁居台湾省、黑龙江省等地。

第三节　台江董氏

台江之称，始于唐王审知入闽。在福州筑"夹城"，登南城翘望，有台临江。台江、南台由此得名。民国间，隶属闽侯和福州市。1956 年，由台江区、小桥区合并为台江区。

台江，素有"黄金宝地"之美誉。早在 2000 多年前的西周晚期，闽中的原始氏族人就活动于吉祥山一带，揭开漫漫荒野的帷幔。战国后期至西汉初，越族人入闽，在大庙山筑越王台、钓龙台。两晋间，中原板荡，中原汉人历经长途跋涉，大批入闽，其中少部分滞留台江地区繁衍生息，他们带来先进的生产技术和文化。台江码头是台江港内所有客运、货运码头的统称。楞严洲（今中亭街）和上、下杭以及保留至今的攀龙道、尚书道、沙埕道（在今义洲闽江段），成为闽江上、中游货船停泊场所。攀龙道江面上最多时停泊船只千艘以上，成为繁盛的商贸城，新型工业区。

一、历史迁徙

台江董氏家谱收集于福建省图书馆，该家谱于清朝同治壬申仲夏，由榕南景州派六世孙董有纪董继昌等纂修。其世系和族人的迁徙可从其二世祖龙公的自述了解清楚。二世祖龙公自述如下：

"董氏本贯系直隶保定府雄县人也，世业酒库兼设水泉。明制例禁，非官裔不得擅开酒库私设水泉。董氏以先代有历官尚书者可也。吾祖兄弟四人，吾父荣科公，其上本支失考。公

承三房中宪大夫崇卿公嗣,自幼生长宦家,未阅艰难。嗣祖欲令外出,历览风土人情以长识见。适有同寅朱姓者,明崇祯年间钦差广东开珠池,遂托朱携公偕行。于是由浙而闽抵省会,赁舍馆暂栖焉。维时海滨有邹鲁之风,山水其意,不之强抵,自行赴粤趋。公葳事后,复道经闽地。正趣装同归故里,不料甲申事变,京室荡然,忧心如煎。公虑道梗,不前也,朱亦听其自便。由是即家于闽之会城。此董氏迁闽之所由昉也。公故未聘。入本朝顺治年,娶妣倪氏,举丈夫子四,长即龙也,次名□□□,三名庚;四名凑,幼殇。群季和处,毫无间言,独三弟名庚者,弱冠未娶。眷念旧邦,意决莫能阻矣。临岐握别,泣涕如雨,所叮嘱者归乡之日,所觅得原籍亲房伯叔兄弟,即达函,以免悬望。此后即便于邮寄往来耳。山川迢隔,云树苍茫,望眼成穿,时盼雁书之系,关心难已。幸来鱼信之通,何期赍函者邻近。正深查探,而铺保等漫说并亡是公,其人轻信而返。至吾闻觉,已追之无及矣。自是鸿征永断,雁序分飞。嗟嗟!闽南燕北两地暌,伯埙种篪一庭寡。和兴言及此,抱憾奚穷?吾也弱年失怙,无由尽述德功,而寸楮纪言,借以毋忘水木。惟愿承承继继,长发其祥。凡我子孙,有以审本源之所自云尔。"

二、世行昭穆

本族自四世起名派
国家有道　朝仕必良　学宗孔孟　志绍伊周
文章上达　诗礼长贻　发祥逢吉　百世蕃滋
本族自四世起字派
成利子孙　永钦祖德　忠孝垂芳　英贤济美
福自天申　善为人宝　立品克端　光大以启

三、简明世系

台江董氏榕南景州派简明世系如图:

台江董氏世系图

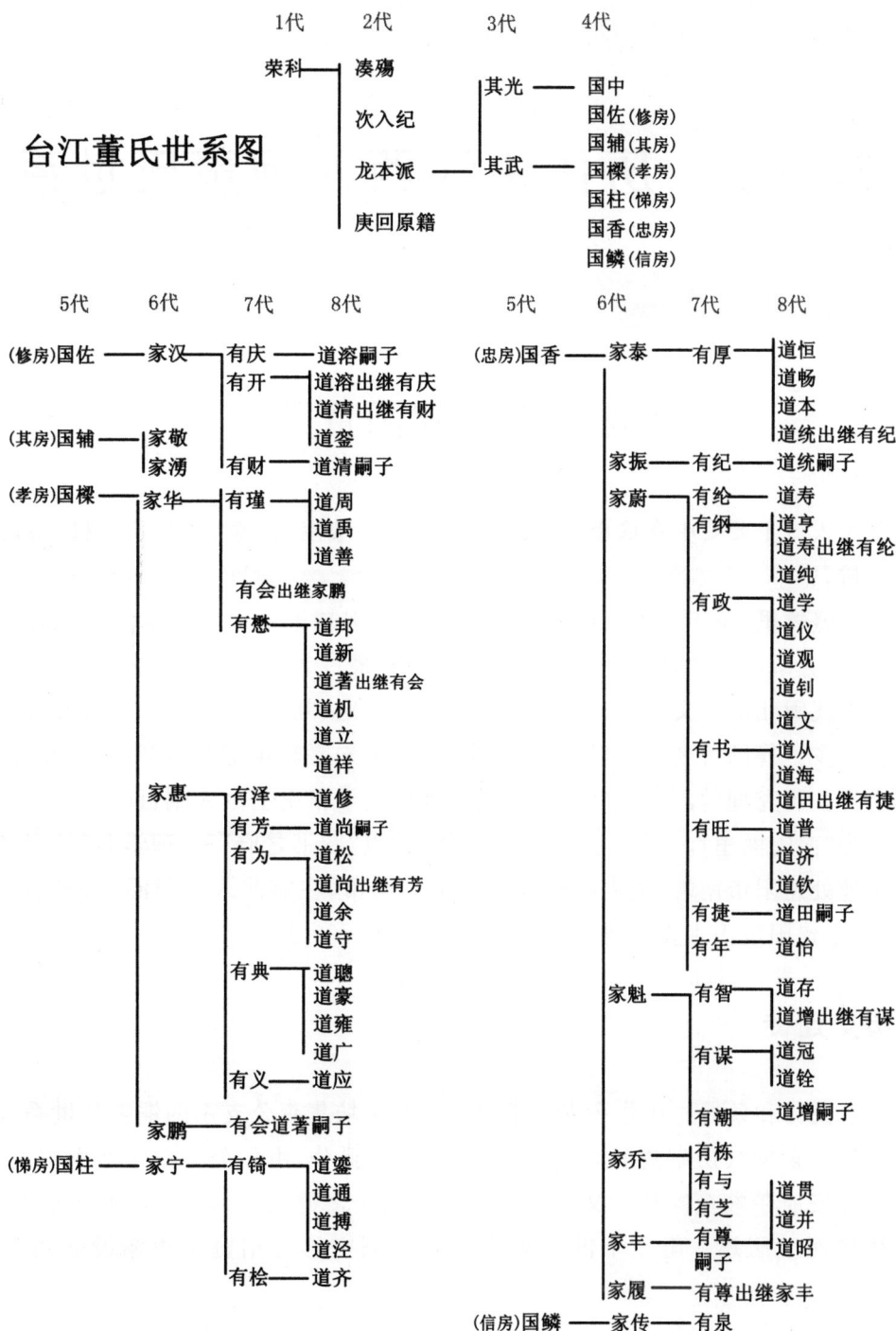

1代　2代　3代　4代

荣科 ┬ 凑殇
　　　├ 次入纪
　　　├ 龙本派 ┬ 其光 ── 国中
　　　│　　　　│　　　　　国佐(修房)
　　　│　　　　│　　　　　国辅(其房)
　　　│　　　　└ 其武 ── 国樑(孝房)
　　　│　　　　　　　　　　国柱(悌房)
　　　│　　　　　　　　　　国香(忠房)
　　　└ 庚回原籍　　　　　国鳞(信房)

5代　6代　7代　8代　　　　　5代　6代　7代　8代

(修房)国佐 ─ 家汉 ┬ 有庆 ── 道溶嗣子
　　　　　　　　　└ 有开 ┬ 道溶出继有庆
　　　　　　　　　　　　　├ 道清出继有财
　　　　　　　　　　　　　└ 道銮
(其房)国辅 ┬ 家敬
　　　　　　└ 家湧 ── 有财 ── 道清嗣子
(孝房)国樑 ┬ 家华 ┬ 有瑾 ┬ 道周
　　　　　　│　　　│　　　├ 道禹
　　　　　　│　　　│　　　└ 道善
　　　　　　│　　　├ 有会出继家鹏
　　　　　　│　　　└ 有懋 ┬ 道邦
　　　　　　│　　　　　　　├ 道新
　　　　　　│　　　　　　　├ 道著出继有会
　　　　　　│　　　　　　　├ 道机
　　　　　　│　　　　　　　├ 道立
　　　　　　│　　　　　　　└ 道祥
　　　　　　├ 家惠 ┬ 有泽 ── 道修
　　　　　　│　　　├ 有芳 ── 道尚嗣子
　　　　　　│　　　├ 有为 ┬ 道松
　　　　　　│　　　│　　　├ 道尚出继有芳
　　　　　　│　　　│　　　├ 道余
　　　　　　│　　　│　　　└ 道守
　　　　　　│　　　├ 有典 ┬ 道聪
　　　　　　│　　　│　　　├ 道豪
　　　　　　│　　　│　　　├ 道雍
　　　　　　│　　　│　　　└ 道广
　　　　　　│　　　└ 有义 ── 道应
　　　　　　└ 家鹏 ── 有会道著嗣子
(悌房)国柱 ── 家宁 ┬ 有锜 ┬ 道銮
　　　　　　　　　　│　　　├ 道通
　　　　　　　　　　│　　　├ 道搏
　　　　　　　　　　│　　　└ 道泾
　　　　　　　　　　└ 有桧 ── 道齐

(忠房)国香 ┬ 家泰 ── 有厚 ┬ 道恒
　　　　　　│　　　　　　　├ 道畅
　　　　　　│　　　　　　　├ 道本
　　　　　　│　　　　　　　└ 道统出继有纪
　　　　　　├ 家振 ── 有纪 ── 道统嗣子
　　　　　　├ 家蔚 ┬ 有纶 ── 道寿
　　　　　　│　　　├ 有纲 ┬ 道亨
　　　　　　│　　　│　　　├ 道寿出继有纶
　　　　　　│　　　│　　　└ 道纯
　　　　　　│　　　├ 有政 ┬ 道学
　　　　　　│　　　│　　　├ 道仪
　　　　　　│　　　│　　　├ 道观
　　　　　　│　　　│　　　├ 道钊
　　　　　　│　　　│　　　└ 道文
　　　　　　│　　　├ 有书 ┬ 道从
　　　　　　│　　　│　　　├ 道海
　　　　　　│　　　│　　　└ 道田出继有捷
　　　　　　│　　　├ 有旺 ┬ 道普
　　　　　　│　　　│　　　├ 道济
　　　　　　│　　　│　　　└ 道钦
　　　　　　│　　　├ 有捷 ── 道田嗣子
　　　　　　│　　　└ 有年 ── 道怡
　　　　　　├ 家魁 ┬ 有智 ┬ 道存
　　　　　　│　　　│　　　└ 道增出继有谋
　　　　　　│　　　├ 有谋 ┬ 道冠
　　　　　　│　　　│　　　└ 道铨
　　　　　　│　　　└ 有潮 ── 道增嗣子
　　　　　　├ 家乔 ┬ 有栋
　　　　　　│　　　├ 有与
　　　　　　│　　　└ 有芝 ┬ 道贯
　　　　　　├ 家丰 ── 有尊嗣子 ├ 道并
　　　　　　│　　　　　　　　 └ 道昭
　　　　　　└ 家履 ── 有尊出继家丰
(信房)国鳞 ── 家传 ── 有泉

因资料有限,其后裔未能联系上。

第四章 历代由江西入闽董氏世系

第一节 建阳董氏

建阳董氏人口主要集中在徐市镇大阐村、大田村、盖溪村、壕墩村、条岭村、溪尾村、徐市村等几个乡村。

建阳是朱熹故里,位于武夷山南麓。汉武帝时期闽越王余善筑大潭城,又称潭城。境内满目青山,层林叠翠,素有"林海竹乡"美称,是福建省最古老的五个县邑之一。

建阳是古代闽北历史文明的摇篮,史称朱熹、蔡元定、刘爚、黄□、熊禾、游九言、叶味道等"七贤过化"之乡。我国著名的思想家、哲学家、教育家朱熹晚年定居考亭讲学,四方学子不远千里前来求学。研究理学,著书立说,与蔡元定等创建学术史上令人瞩目的"考亭学派",考亭也因此被誉为"南闽阙里"。历史上,特别是宋代,曾以"图书之府"和"理学名邦"闻名于世。

徐市镇地处建阳市南端,境内两条溪流交汇于徐市,在宸前入崇阳溪,为典型的"八山一水一分田"。是建阳董氏主要集居地,董氏在册户口有 700 多人。

一、历史迁徙

徐市镇盖溪村和条岭村居住一支潭南翠岭堡群玉坊集森公支系的铜宝公世系,其先祖发源陇西太原府。董父公历虞夏殷周千七百余年,传至狐公,由狐公至二十八世中彦公之子尝公迁居江留吉安府苧岐董家湾。又由尝公至十世昶公之德元公,避乱入询,始居邵武府建宁排前堡仁德坊而世居焉。至二十世集森公第六子铜宝移迁招贤中里翠岭居焉,派遂蕃衍日盛。

二、世行昭穆

铜宝公后第十世起按行命名:
大才洪起　国家日新　修其天爵　祥集福成

三、简明世系

潭南翠嶺堡群玉坊集森公支系世録

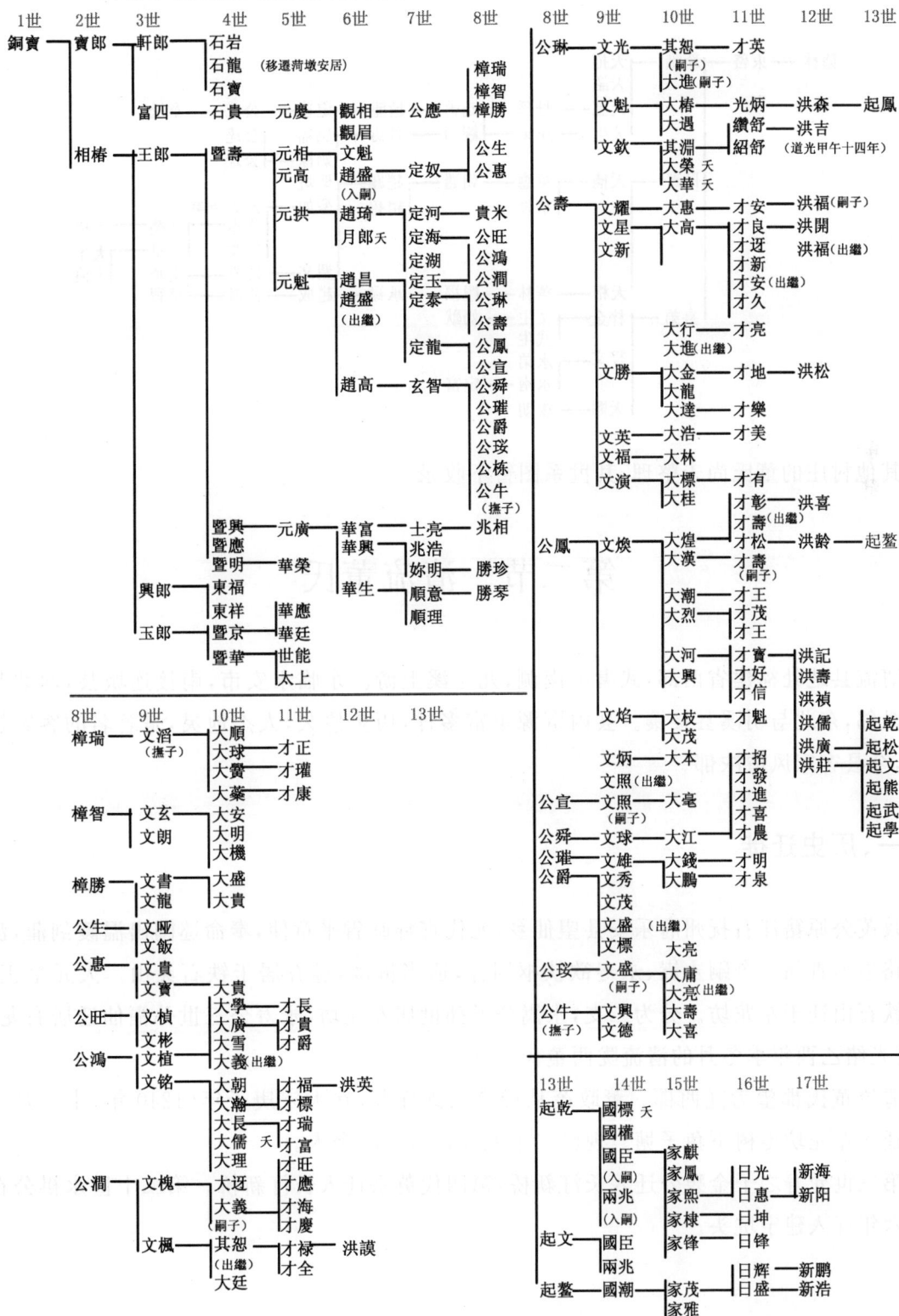

上段（1世～13世）

1世	2世	3世	4世	5世	6世	7世	8世
銅寶	寶郎	軒郎	石岩				
			石龍	（移遷荷墩安居）			
			石寶				
		富四	石貴	元慶	觀相	公應	樟瑞
					觀眉		樟智
							樟勝
	相椿	王郎	曁壽	元相	文魁	公生	
				元高	趙盛（入嗣）	定奴	公惠
				元拱	趙琦	定河	貴米
					月郎夭	定海	公旺
						定湖	公鴻
				元魁	趙昌	定玉	公澗
					趙盛（出繼）	定泰	公琳
							公壽
						定龍	公鳳
							公宣
					趙高	玄智	公舜
							公璀
							公爵
							公琰
							公栋
							公牛（撫子）
			曁興	元廣	華富	士亮	兆相
			曁應		華興	兆浩	
			曁明	華榮	妳明	順意	勝珍
		興郎	東福		華生	順理	勝琴
			東祥	華應			
		玉郎	曁京	華廷			
			曁華	世能			
				太上			

右上段（8世～13世）

8世	9世	10世	11世	12世	13世
公琳	文光	其恕（嗣子）	才英		
		大進（嗣子）			
	文魁	大椿	光炳	洪森	起鳳
		大遇	纘舒	洪吉	
	文欽	其淵	紹舒	（道光甲午十四年）	
		大榮夭			
		大華夭			
公壽	文耀	大惠	才安	洪福（嗣子）	
	文星	大高	才良	洪開	
	文新		才逆	洪福（出繼）	
			才新		
			才安		
			才久		
		大行	才亮		
		大進（出繼）			
	文勝	大金	才地	洪松	
		大龍			
		大達	才樂		
	文英	大浩	才美		
	文福	大林			
	文演	大標	才有		
		大桂	才彭	洪喜	
			才壽（出繼）		
公鳳	文煥	大煌	才松	洪齡	起鳌
		大漢	才壽（嗣子）		
		大潮	才王		
		大烈	才茂		
			才王		
		大河	才寶	洪記	
		大興	才好	洪壽	
			才信	洪禎	
	文焰	大枝	才魁	洪儒	起乾
		大茂		洪廣	起松
				洪莊	起文
	文炳	大本	才招		起熊
	文照（出繼）		才發		起武
			才進		起學
公宣	文照（嗣子）	大毫	才喜		
公舜	文球	大江	才農		
公璀	文雄	大錢	才明		
公爵	文秀	大鵬	才泉		
	文茂				
	文盛（出繼）				
	文標	大亮			
公琰	文盛（嗣子）	大庸			
		大亮（出繼）			
公牛（撫子）	文興	其壽			
	文德	大喜			

中段（8世～13世）

8世	9世	10世	11世	12世	13世
樟瑞	文滔（撫子）	大順	才正		
		大球			
		大賛	才瓘		
		大藥	才康		
樟智	文玄	大安			
	文朗	大明			
		大機			
樟勝	文書	大盛			
	文龍	大貴			
公生	文哑				
	文飯				
公惠	文貴				
	文寶	大貴			
公旺	文楨	大學	才長		
	文彬	大廣	才貴		
		大雪	才爵		
公鴻	文植	大義（出繼）			
	文銘	大朝	才福	洪英	
		大瀚	才標		
		大長	才瑞		
		大儒夭	才富旺		
		大理	才旺應		
公澗	文槐	大逆	才海		
		大義（嗣子）	才慶		
	文楓	其恕（出繼）	才禄	洪謨	
			才全		
		大廷			

下段（13世～17世）

13世	14世	15世	16世	17世
起乾	國標夭			
	國權			
	國臣（入嗣）	家麒		
		家鳳	日光	新海
	兩兆（入嗣）	家熙	日惠	新阳
		家棣	日坤	
起文	國臣	家鋒	日鋒	
	兩兆			
起鳌	國潮	家茂	日輝	新鵬
		家雅	日盛	新浩

道光十九年岁次己亥季冬月下浣,由铜宝公派下九世孙文玄文实整理德林公世系。

传闻集森公应与德林公同行实系我本族,至今昭穆序次,伯叔兄弟关系相称秩然不紊,且历代先祖坟林相与共葬者数处。则两派同出一源无疑。德林公与铜宝公二公以前原为一本,然独不知所本,则另树支世系如下。

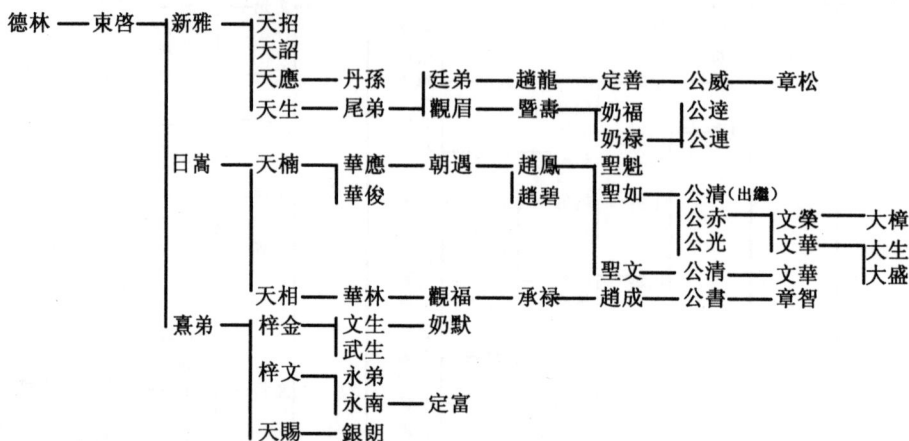

```
德林——束啓——新雅——天招
                    天詔
                    天應——丹孫——廷弟——趙龍——定善——公威——章松
                    天生——尾弟——觀眉——暨壽——奶福——公達
                                              奶禄——公連
              日嵩——天楠——華應——朝遇——趙鳳——聖魁
                    華俊          趙碧——聖如——公清(出繼)
                                              公赤——文榮——大樟
                                              公光——文華——大生
                                        聖文——公清——文華——大盛
              熹弟——天相——華林——觀福——承禄——趙成——公書——章智
                    梓金——文生——奶默
                          武生
                    梓文——永弟
                          永南——定富
                    天賜——銀朗
```

其他村庄的董氏尚未整理,其世系图暂不收录。

第二节　清流董氏

清流县地处福建省西部,武夷山南侧,九龙溪上游。东临永安市,南接连城县,西北与宁化县毗邻,东北与明溪县接壤。县内资源丰富多样,历史悠久,人杰地灵,是著名的客家祖地之一,全县客家风情浓郁。

一、历史迁徙

政茂公原籍江右抚州府乐安县望仙乡,元代官拜闽省平章使,奉命巡闽出温陵剑蒲,没于南口路地名青州。令嗣永嵩、永寿欲扶枢回梓,适当世乱,遂乔居于铁石灵山。大元至正间,又由铁石山迁于左龙坊。分为二支,永嵩公子孙世居左龙坊,永寿公三世孙福仙迁居右龙坊。(摘自光绪乙酉年季冬月的清流陇西董氏族谱)

清流董氏郡望为陇西郡。董政茂从豫章入闽任职,在大宋庚子年(1240年)十一月二十八日迁入左龙坊枣树下鱼子塘。现已二十九代,人口50余人。

第三世允寿之子金碧公迁入长汀新桥,第四代英宗迁入长汀新桥。第二十世永祺公在康熙十六年迁入建宁坑头。

二、世行昭穆

从十五代起字辈：志朝应积　永盛兴隆
荣华振耀　毓秀俊元
文明显学　钦道康宁
士德福宗　祥瑞欣逢
尚宏崇先　贤慧啟新

三、简明世系

其前代简明世系图如下：

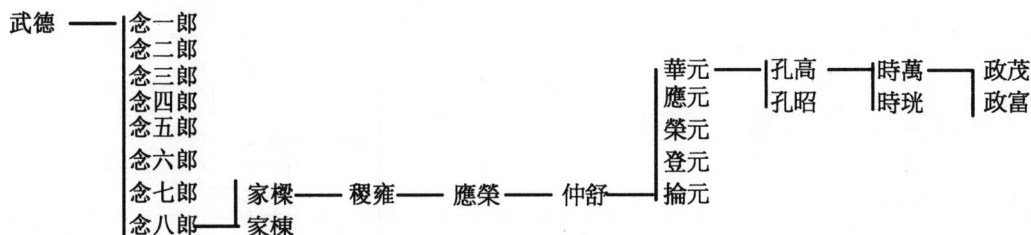

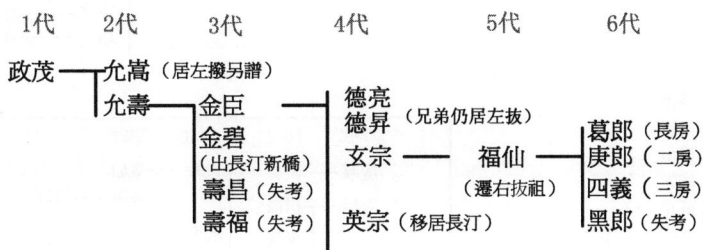

```
武德 ─┬─ 念一郎
      │  念二郎
      │  念三郎
      │  念四郎                                    ┌─ 華元 ─┬─ 孔高 ── 時萬 ── 政茂
      │  念五郎                                    │         孔昭    時珧     政富
      │  念六郎                                    │  應元
      │  念七郎 ─┬─ 家楳 ── 稷雍 ── 應榮 ── 仲舒 ─┤  榮元
      └─ 念八郎 ─┴─ 家棟                          │  登元
                                                   └─ 掄元
```

```
       1代    2代      3代          4代              5代          6代

政茂 ─┬─ 允嵩（居左撥另譜）
      └─ 允壽 ─┬─ 金臣 ─┬─ 德亮
               │         德昇（兄弟仍居左拔）
               │  金碧      玄宗 ──── 福仙 ─┬─ 葛郎（長房）
               │（出長汀新橋）                │  庚郎（二房）
               │  壽昌（失考）    （遷右拔祖）  │  四義（三房）
               └─ 壽福（失考） ── 英宗（移居長汀） └─ 黑郎（失考）
```

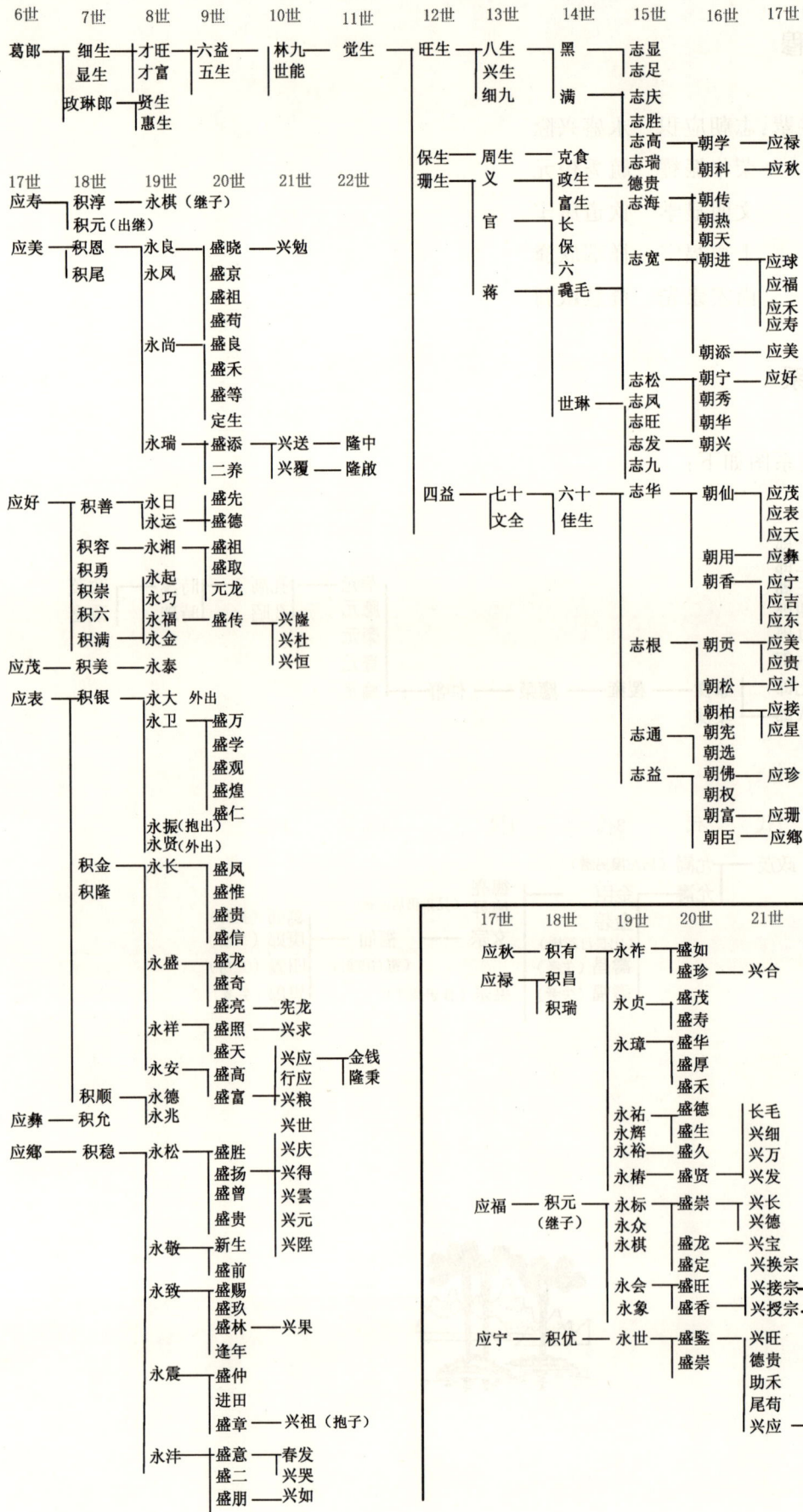

上段（6世—17世）

6世	7世	8世	9世	10世	11世	12世	13世	14世	15世	16世	17世
葛郎	细生 显生	才旺 才富	六益 五生	林九 世能	觉生	旺生	八生 兴生 细九	黑 满	志显 志足 志庆 志胜 志高 志瑞 德贵 志海		
	玫琳郎	贤生 惠生				保生 珊生	周生 义 官 蒋	克食 政生 富生 长 保 六 麂毛	志宽	朝学 朝科	应禄 应秋
										朝传 朝热 朝天	
										朝进	应球 应福 应禾 应寿
										朝添	应美
							世琳		志松 志凤 志旺 志发 志九	朝宁 朝秀 朝华 朝兴	应好
						四益	七十 文全	六十 佳生	志华	朝仙	应茂 应表 应天
										朝用 朝香	应彝 应宁 应吉 应东
									志根	朝贡	应美 应贵
										朝松	应斗
									志通	朝柏 朝宪 朝选	应接 应星
									志益	朝佛 朝权	应珍
										朝富	应珊
										朝臣	应乡

中左段（17世—22世）

17世	18世	19世	20世	21世	22世
应寿	积淳	永棋（继子）			
	积元（出继）				
应美	积恩	永良	盛晓	兴勉	
	积尾	永凤	盛京 盛祖 盛荀 盛良 盛禾 盛等 定生		
		永尚			
		永瑞	盛添	兴送	隆中
			二养	兴覆	隆啟
应好	积善	永日	盛先		
		永运	盛德		
	积容	永湘	盛祖		
	积勇	永起	盛取		
	积崇	永巧	元龙		
	积六	永福	盛传	兴隆 兴杜 兴恒	
	积满	永金			
应茂	积美	永泰			
应表	积银	永大（外出）			
		永卫	盛万 盛学 盛观 盛煌 盛仁		
		永振（抱出）			
		永贤（外出）			
	积金	永长	盛凤 盛惟 盛贵 盛信		
	积隆	永盛	盛龙 盛奇 盛亮	宪龙	
		永祥	盛照	兴求	
		永安	盛天	兴应 行应	金钱 隆秉
			盛高 盛富	兴粮 兴世 兴庆	
	积顺	永德 永兆			
应彝	积允				
应乡	积稳	永松	盛胜 盛扬 盛曾 盛贵 新生	兴得 兴雲 兴元 兴陞	
		永敬	盛前		
		永致	盛赐 盛玖 盛林 逢年	兴果	
		永震	盛仲 进田 盛章	兴祖（抱子）	
		永沣	盛意 盛二 盛朋	春发 兴哭 兴如	

右下段（17世—23世）

17世	18世	19世	20世	21世	22世	23世
应秋	积有	永祚	盛如 盛珍	兴合		
应禄	积昌					
	积瑞	永贞	盛茂 盛寿			
		永璋	盛华 盛厚 盛禾			
		永祐	盛德			
		永辉	盛生	长毛		
		永裕	盛久	兴细		
		永椿	盛贤	兴万 兴发		
应福	积元（继子）	永标	盛崇	兴长 兴德		
		永众	盛龙	兴宝		
		永棋	盛定	兴换宗		
		永会	盛旺	兴接宗	隆火	荣任
		永象	盛香	兴授宗	隆炉	荣泉
					隆侯	
					隆远	荣金水
应宁	积优	永世	盛鉴 盛崇	兴旺 德贵 助禾 尾荀 兴应	金钱 隆秉	

左

17世　18世　19世　20世　21世　22世　23世

长房世系

- 应寿 — 积美 — 永忠 — 盛荣 — 兴良 — 继子／隆兆 — 荣瑞
  - 兴添 — 隆瑞 — 荣宝／荣魁
  - 隆养 — 荣生／荣土／荣贵／荣福
  - 隆高 — 荣月
  - 隆兆 — 荣源／荣祥／荣风
  - 兴贵／兴通／兴元／兴六／兴凤
    - 隆福 — 荣发
    - 隆勇 — 荣祥
    - 隆光 — 荣才
    - 隆稳 — 荣桂
  - 盛松 — 兴祥
    - 隆观 — 荣发
    - 隆扬 — 荣茂
    - 兴禄 — 隆新 — 荣生／荣发／荣标
    - 兴耀／兴尾
    - 兴陆 — 隆清 — 荣木
    - 隆仲 — 荣顺
    - 兴安 — 隆发 — 荣镜
  - 永光 — 盛尚
    - 盛兆 — 兴水／兴坤／兴助
    - 盛珍 — 兴厅／兴华／兴周／兴满／兴细／兴毛 — 隆秋
    - 盛佛 — 兴寿／兴崇／兴银 — 隆顺
  - 永辉 — 盛林 — 兴宗 — 隆茂
    - 兴永 — 隆水 — 荣富
    - 兴瑝 — 隆顺
    - 兴文 — 隆安 — 荣松／隆和
    - 盛观／盛太／盛祖／盛望 — 兴有／兴福／兴大／兴细／兴恩／兴长／兴和／兴应／兴宋／兴德／兴林／兴进

- 应赤 — 积九 — 永亮 — 盛发
- 应伟 — 积臭 — 永祖 — 盛朝
  - 积尾 — 永芹／永玖
  - 积老 — 永亮
  - 盛茂 — 兴生／兴养／兴天／兴胜／兴椒／兴耐
  - 盛富

- 应京 — 积好 — 永连 — 盛长／盛发／盛满／盛崇 — 兴福／兴龙 — 隆辉 — 荣长／荣万
  - 永宗／永常 — 盛寿
  - 积兴 — 金保
- 应台 — 积保
- 应官 — 积义 — 永检／永华／永汉 — 盛东
- 乌毛 — 义生

右

17世　18世　19世　20世　21世　22世　23世　24世

- 应斗 — 积宝 — 永棋 — 盛发／盛兴／盛禾
  - 永林 — 盛保 — 天富／兴贵／兴粮
    - 盛应 — 兴起／兴富
  - 永狮 — 盛富／盛福
  - 永祖 — 盛灶／盛春／盛继／盛畅／盛保
  - 永聚 — 盛祖／盛珩
  - 永耀 — 盛琮 — 进粮／得应
- 应接 — 积禾 — 永连／永和／永辅
- 应星 — 积儒 — 永富 — 保福（继子）
  - 积任／积全／积财 — 永受／永富（抱出）

- 应珍 — 积贤 — 永吉 — 盛绪 — 兴龙 — 金生／珍生
  - 兴虎 — 辛华／煌生／兴保／兴胜 — 隆鳌 — 荣申
  - 盛缙 — 兴扬 — 隆茂／隆样
    - 兴桂／兴棕／先应／兴细 — 隆星 — 荣魁／荣标
  - 盛红 — 兴岐 — 隆瑚 — 荣观 — 华清
    - 兴佑 — 隆炳光
  - 盛绣 — 贵生
    - 兴禄 — 隆胜／新进／华生
    - 兴发 — 隆容 — 荣海
      - 隆祖 — 荣厚发
    - 兴稳 — 隆丰 — 荣中
      - 隆传／从生／先求
    - 兴亮 — 隆球 — 荣开
      - 隆顺 — 荣顺
      - 隆文 — 抱子／荣祯 — 华佛／华林／华月
      - 隆光 — 荣胜
      - 隆福 — 荣腾
  - 盛绍 — 兴福／兴瑞 — 隆禄／隆庆
    - 兴额 — 隆扬 — 荣显

- 应善 — 积龙 — 永定 — 盛凤 — 兴惠／满生／华生／兴陈
  - 积应 — 永池
  - 积起 — 永凤 — 盛天／继保 — 兴吉 — 隆元 — 合荣／合辉
    - 永细 — 兴龙 — 隆发
  - 积恩 — 永明 — 盛贵／盛藩 — 兴保／兴观／兴万／兴伏 — 隆富／隆凤／隆寿

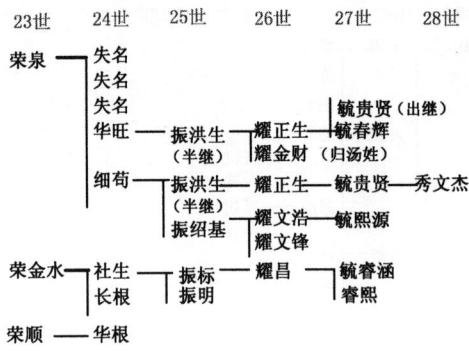

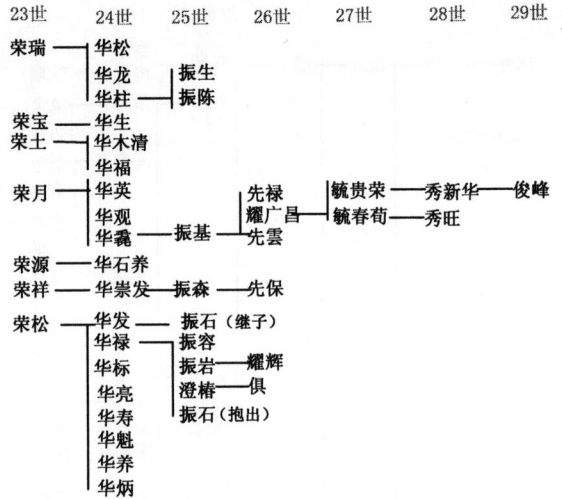

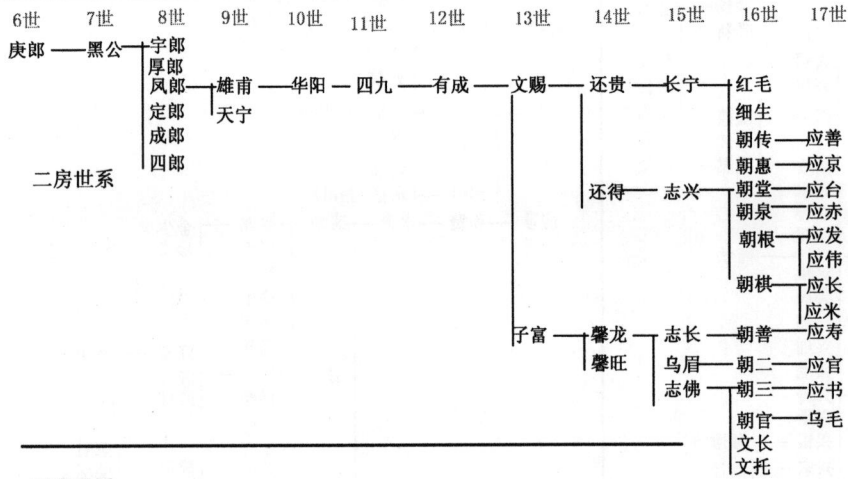

三房世系

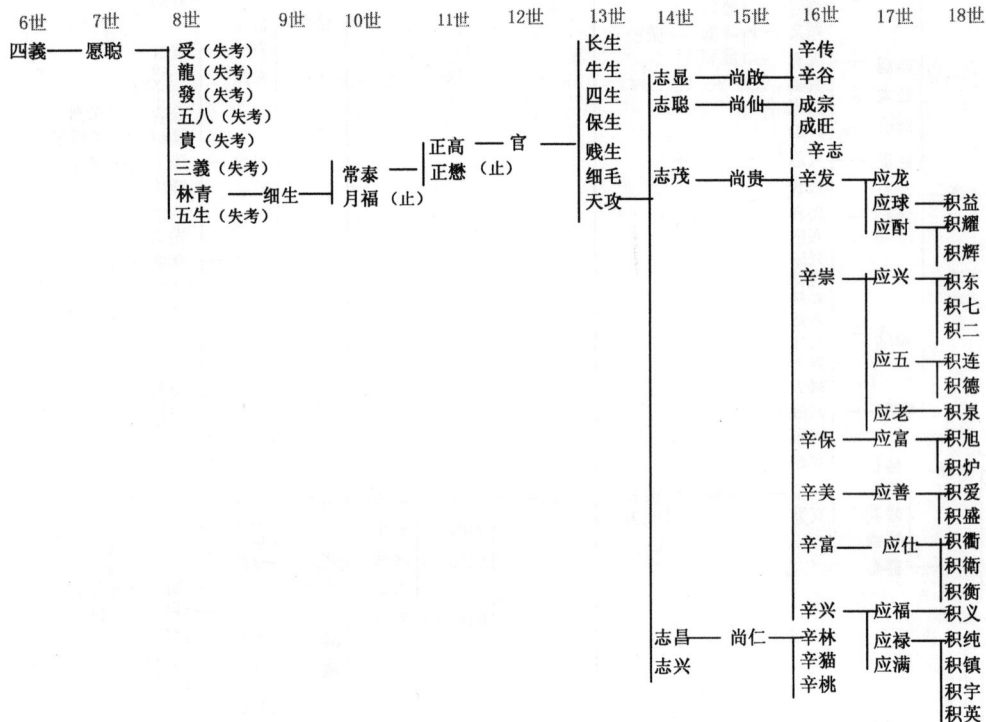

	18世	19世	20世	21世	22世

第一组

- 积衡 — 永亮 — 盛继 — 兴选 — 隆贵 / 隆胜 / 隆祖 / 隆天 / 隆惠
  - 兴道 — 兴伏
- 永武 — 盛金
- 永香 — 盛嵩
- 永盛 — 盛金 / 盛福
- 永啟 — 盛钟 — 兴穗 — 隆周 / 兴茂 / 兴崇
- 盛德 / 细德 — 兴佛
- 永细 — 盛廷 / 盛土 / 盛兴 / 盛通
- 永扬 — 盛望 — 兴水助 / 兴元 / 盛坤 / 盛尾 / 盛贵
- 积义 — 永优 — 盛新 — 兴贵
  - 永保
- 积纯 — 永亨 — 盛福
  - 永只
  - 永孔 — 盛群 — 兴案
  - 永鲁 — 盛举 — 兴球 / 盛进 — 兴胜
- 积镇 — 永祖 / 永招 / 永华 / 永禾 / 永添
- 积英 — 永宣
  - 永官 — 盛水 / 盛俗 / 盛副 — 兴秀 / 兴天 / 兴新 / 兴华 / 兴旺
  - 永寿 / 永辛 / 永尾 / 永茂 — 盛送 — 兴金
- 积炉 — 永慢 — 盛细 / 盛兆 / 盛发 / 盛满 — 远生 / 发禾 / 兴远 / 兴成 / 尾龙 — 隆保 / 隆义 / 隆贱
  - 永标 / 永跳 — 兴进 / 兴保 / 兴养 / 兴稳 / 兴周 / 兴松 / 兴伏 / 兴尾 / 兴雨 — 隆长 / 隆从 / 隆棗 / 隆春 / 隆先
- 积耀 — 永章
- 积爱 — 永苟 / 永毛
- 积连 — 永寄
- 积旭 — 永长 / 永官
- 积盛 — 永意
  - 永春
  - 永承 — 盛福 / 盛朝 / 盛新 / 盛龙 / 盛德 / 盛寿 / 盛良 / 盛全
  - 永聘 / 永闰
- 积英 — 永宣
  - 永官 — 盛水 / 盛俗 / 盛副 — 兴秀 / 兴天 / 兴新 / 兴华 / 兴旺
  - 永寿 / 永辛 / 永尾 / 永茂 — 盛送 — 兴金

第二组

- 积衡 — 永瑚 — 盛宝 / 盛㭭 — 兴雲 / 兴何 / 兴起 — 隆珍 / 隆伏 / 隆元 / 隆尾 / 隆赐
  - 兴助 / 兴银 — 隆有 / 隆月 / 隆至 / 隆三 / 隆凤 / 隆四 / 隆茂 / 隆后 / 隆福 / 隆发 / 隆丙
  - 盛台 — 兴连 / 兴天 / 兴贵 / 兴佛 / 兴龙
- 永璇 — 盛宾 — 兴林 / 兴观 / 兴应 / 兴福 / 兴曾 / 兴盛
  - 盛贸 / 盛细 / 盛福
- 永珊 — 盛宁 / 盛彩 — 兴龙 / 天瑞 / 陆鳞 / 兴参
  - 盛尚 / 盛荣 / 招生 / 太养 — 兴领 / 兴水 / 兴取 — 隆保 / 隆福 / 隆何
- 永瑛 — 盛鹏 / 盛鹈 — 兴里 / 兴開 / 兴闻 / 兴书 / 兴旺 — 隆先 / 隆祯
  - 盛鹍 / 盛鹤 — 兴松 — 隆祖 / 隆福 / 隆金 / 隆助 / 隆土 / 隆松 / 隆毛 / 隆刘
- 永宪 — 盛福 — 兴玖
  - 兴美 / 享生 / 珍生 — 隆荣 / 隆贵 / 隆华
- 积宇 — 永逢 — 盛龙 / 盛高 / 盛尾 — 兴荣 / 兴贵
  - 永廷 — 盛海 / 盛应 / 盛寿 — 兴啟 / 兴尚 / 兴荣 — 隆火 / 隆养
  - 永达 — 盛亨 / 盛先
  - 永富 — 盛华 / 盛兴
  - 永贵 — 盛汉 / 盛赐 — 兴理 / 兴魁 / 兴召 — 隆万 / 隆标 / 隆宽
    - 盛稳 — 兴松 / 兴亮 / 兴发
- 积镇 — 永祖 / 永招 / 永华 / 永禾 / 永添
- 积纯 — 永亨 — 盛福
  - 永只
  - 永孔 — 盛群 — 兴案
  - 永鲁 — 盛举 — 兴球 / 盛进 — 兴胜
- 积义 — 永优 — 盛新 — 兴贵
  - 永保

第三组

- 积衡 — 永权 — 盛端 / 霓苟 / 迟生 / 盛秋 — 兴德
  - 盛东 / 盛兴 — 兴龙 — 隆木 / 隆松
  - 兴华 — 福生
- 永柱 — 盛明 / 祖佑 / 添木 — 寿生 / 兴进 — 隆安发 / 兴应
- 永相 — 盛胜 / 盛灏 / 盛喜 / 盛宽 — 兴毛 / 兴球 / 兴德
- 永棋 — 盛青 / 盛章 / 盛青 — 兴进 / 兴维 / 兴福
- 永檀 — 盛广 / 盛能 / 盛浪 / 盛某 / 盛尾 — 兴先 / 兴富 / 兴尾 / 石子
- 永棕 — 盛瀍 / 盛添 — 兴杭 / 兴东 / 兴富 — 隆秀 / 隆李
  - 盛洪 — 兴院 / 兴义 — 隆兴 / 隆旺 / 隆进 / 隆胜 / 隆三 / 隆贵
- 永柑 — 盛祖 / 盛棕 / 盛容 / 盛章 / 水养 / 盛祥 — 兴起
  - 兴合 — 隆魁
  - 盛辉 — 兴滔

367

左图

世代：22世　23世　24世　25世　26世　27世　29世

- 隆木 — 荣春 — 华瑞 — 振铭／振炉 — 耀添根（半继） — 家富／毓天保
- 荣贵
- 荣禄
- 隆标 — 荣根 — 华栋 — 振财 — 耀勤 — 毓荟／毓涵
- 隆宽 — 荣苟子／大毛／细毛／根雲
  - 细毛 — 华庭生 — 振金清 — 耀春荣
  - 根雲 — 华彪 — 振勋 — 耀华 — 毓鑫
- 隆保 — 荣水
- 隆从 — 荣林发（继子） — 华分
- 隆棨 — 荣林发（抱出）／荣章
  - 荣章 — 华添／华高／华贤辉／水翠
  - 振炎 — 耀荣 — 毓立辉
  - 告化
  - 振权 — 耀建荣 — 毓文鹏
  - 振卿 — 耀春生 — 毓雄
  - 振勋 — 耀华 — 毓鑫／耀明 — 毓森
- 隆凤 — 荣祖 — 华发／华昇 — 金鐘
- 荣文生 — 华水旺
- 隆发 — 荣招
- 隆保 — 荣发／荣魁／荣富／荣取／荣春
  - 华洋 — 振标
  - 振纲 — 耀清 — 毓春生 — 秀长富／毓胜 — 秀清华
  - 振添 — 耀仲民 — 毓荣宗 — 秀平／秀铭
    - 毓荣茂 — 秀建辉
    - 毓荣富 — 秀炜
    - 毓荣根 — 秀涛
- 隆何 — 荣春
- 隆福 — 荣程
  - 振梅／康生／振会／振祥／四方／振托
    - 长盛／绍基
    - 耀文 — 毓水根 — 秀化桃／毓良 — 清仙
    - 耀明 — 毓贵东 — 秀辉
  - 华根 — 振梅 — 耀文

右图

世代：22世　23世　24世　25世　26世　27世　29世　30世

- 隆惠 — 荣亮 — 华高
- 隆四 — 荣太／荣寿／荣昌／荣发松
  - 荣发松 — 华羆 — 振根 — 耀洪 — 毓桃芳 — 秀根发 — 俊文杰
- 隆松 — 荣发／发进 — 细克／振圻／立生／细毛子
- 隆刘 — 荣召／荣坤
- 隆贵 — 荣富亮
  - 华炉 — 振鳌／土根
  - 振瑚 — 耀远根 — 毓天养 — 秀仔贤
- 隆尾 — 荣茂
  - 华洋（抱出）
  - 华角 — 振周 — 耀生 — 毓仙寿／毓正华
- 隆珍 — 荣安／荣定
  - 华林 — 振瑚
  - 华松 — 尾苟 — 耀桂荣 — 毓春生
- 隆伏 — 荣富 — 华木／华炳／华名／华富
- 隆伏 — 荣富 — 华木（抱出）／华炳／华名／华富（抱出）
- 隆元 — 荣水／荣标
  - 继子 — 华富／华良／华松／华正发
  - 华富 — 大炉才／细炉才
- 隆先 — 荣神助 — 华春 — 振秋根 — 耀伏平
- 隆祖 — 荣凤／荣根／荣铭
  - 荣铭 — 福源 — 振立生 — 耀春水 — 毓有福 — 秀哲宏
- 隆惠 — 荣亮 — 华高
- 隆保 — 荣水

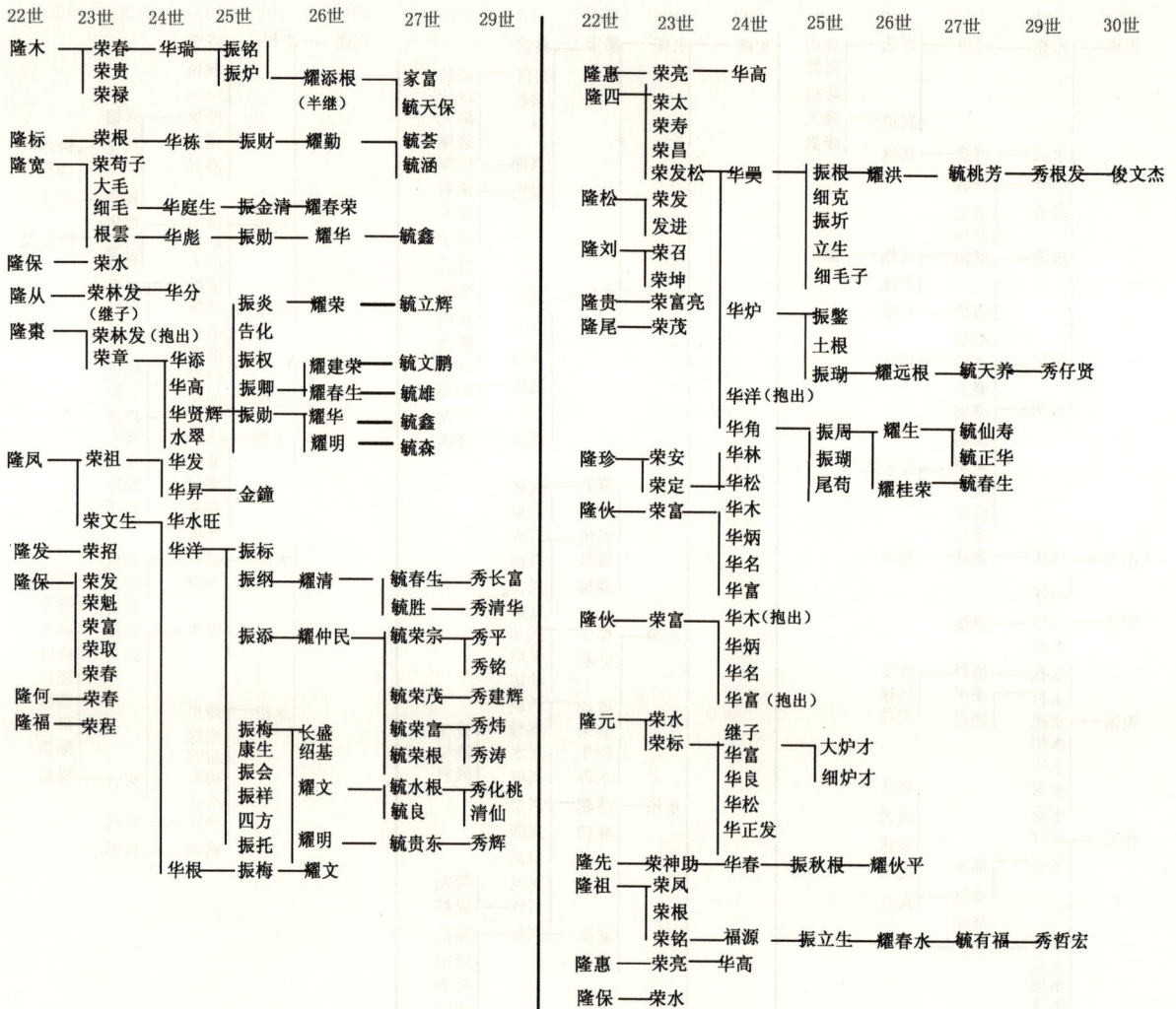

第三节　长汀董氏

　　长汀县是福建省现有董姓人口较多的县市之一，全县董姓人口主要分布在新桥镇的叶屋村、石人村、新桥村和大同镇的印黄村，总计有3300多人。开基始祖念一郎由江西流坑迁入长汀，已繁衍24代，历经数百年，人文鼎盛，成为汀东望族。

　　长汀县是闽、粤、赣三省的边陲要冲，是福建的边远山区。长汀历史悠久，是福建新石器文化发祥地之一，古闽族人在此繁衍生息。汉代置县，唐开元二十四年（736年）建汀州。自盛唐到清末，长汀均为州、郡、路、府的治所。是八闽客家首府，客家文化的发源地，是海峡西岸经济区的重要组成部分，是著名的革命老区和国家历史文化名城，与湖南凤凰一起被世人誉为"中国最美丽的山城之一"，融人文景观与自然景观于一体。长汀董氏在这方人杰地灵的热土，练就了许多英雄、儒士、商贾大亨和社会名流。长汀董氏先后来二支，后人因所建宗祠位置在河流之上下，称为"上董"、"下董"。

一、长汀下董

(一)历史迁徙

南宋理宗年间,九成公原籍在江西抚州府乐安县刘坑第十世,长男大郎公迁居福建汀州府长汀县左厢归阳里二图十甲,小地名叶屋坊开基。后裔叫叶屋下董人。传至二十四代,有人口 900 多人。

(二)世行昭穆

字辈,从第六世起:

仁、仲、文、尚、廷、惟、一、茂、汝、其、文、玉、必、学、元、长、兆。

(三)简明世系

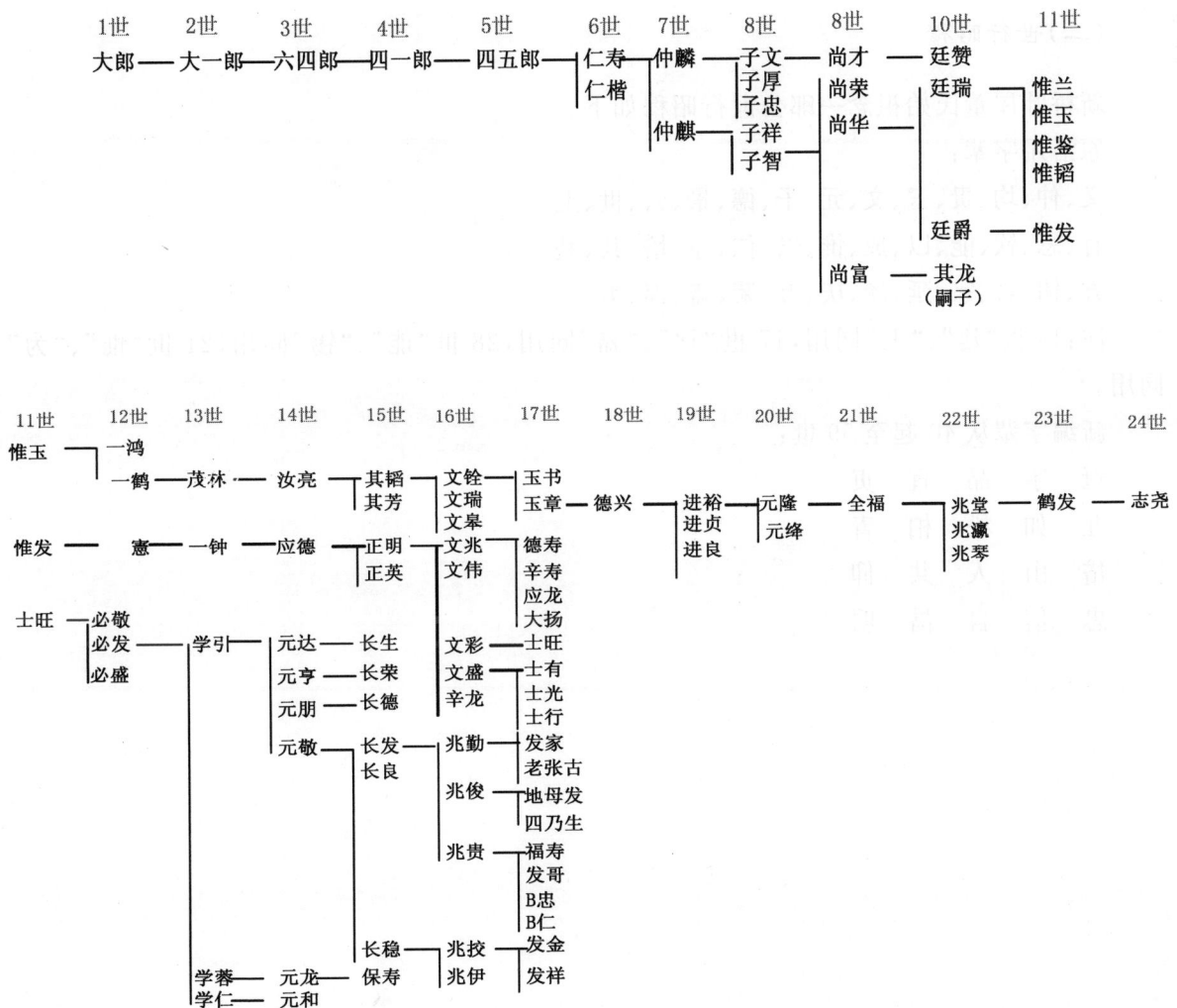

（四）外迁情况

第八世子文公移居梁家庄（现为大同镇新庄村）开基。

第十一世惟蘭公移居李领口（现为大同镇计昇村）开基。

第十五世其韬公移居汀城开基。

第十五世其芳公移居汀城开基。

二、长汀上董

（一）历史迁徙

新桥叶屋董氏始祖念一郎公，乃流坑合公十四世孙，属文晃公房淇派裔孙癸一郎公之子。元至正十六年，流坑惨遭夏普武装洗劫，谱称"丙申之难"。念一郎公于兵荒马乱中颠沛流离，一路漂泊至福建长汀新桥叶屋坊，与先期从流坑徙叶屋的董氏宗亲不期而遇。于是披荆斩棘定居于斯。

（二）世行昭穆

新桥叶屋董氏始祖念一郎公世行昭穆如下。

原沿用字辈：

义、仲、均、贵、玉、文、元、子、德、景、云、世、上

有、思、钦、能、以、成、惟、崇、仁、厚、培、其、基

方、伟、吾、宗、延、泽、庆、万、荣、盛、锦、美

注：14世"廷"、"上"同用，17世"钦"、"嘉"同用，28世"能"、"锡"同用，21世"惟"、"为"同用。

新编字辈从40起至59世：

冠 宇 品 宜 贞

九 如 松 柏 青

岱 山 人 共 仰

忠 信 自 昌 明

（三）简明世系

1世	2世	3世	4世	5世	6世	7世	8世	9世	10世	11世	12世

念一郎 —— 山义 —— 六生 仲信 真生 甲生

均德 —— 贵华 —— 珪 —— 文淮 —— 元利 —— 宗颐 宗顺 —— 德明 德永 —— 景荣 —— 云华 云玉(失考) 云祥(失考) 云先(失考)

景茂 (12—7世失考)
景元 —— 云选

文深 —— 元茂 —— 子化 —— 德祯 —— 景文 —— 云腾
子清 —— 德敬 —— 景科(失考) 景宗 —— 云长(失传) 云玖 云广
景瑛 —— 云鸾 云会 云梯
景位 —— 云阶 景佩(失传) 云卓(失传)
德铭 —— 景麟 —— 云彦 景禄(失传) 云天

子贤 —— 德稣 —— 景学 —— 云瑞
德政(失传)
德钰 —— 景琪 —— 云发 云耐(失传)
景衢 —— 云毅 云智 云攀
景惟 —— 云含 云宪

文渊 —— 元扬 —— 宗仁 —— 德仲 —— 景云 —— 云茂
元朗 —— 宗美 —— 德华 —— 景贵 —— 文学

璋 —— 文清 —— 元响 —— 宗秦 —— 德信 —— 景立 —— 云忠 云蛮(失考) 云彩(失考)
德光(失考)
德魁 —— 景明 —— 云翰 云章
宗春(10—15世失考) 10—13世失考 ——— 上成(14世)
文潮(失传) 宗奉(迁建宁、待考)
文海(失传) 元保 —— 宗哥(失考)
文滨(迁江西待考)
文淋(8—12世失考)

瑛 —— 文汉 —— 元侃 —— 子贞 —— 德鸿 —— 景珩(12、13、14世失考)
子选 —— 失考 —— 景瑛 —— 云任
其祥 —— 景兹 —— 云爵 士圣
元儒(9—12世失考，13世 世华)
元仕 —— 失考 —— 失考 —— 景聚 —— 云道

均福 —— 贵玉 —— 琼 叔祖瑚 —— 文涧 —— 元和 —— 子睦 —— 德茂 —— 景通 —— 云显
云岫

均美 —— 贵荣 —— 瑢 —— 文昌 —— 元爵 —— 宗伦 —— 德禄 —— 景崇 —— 云朋

八闽**董氏**汇谱

文淮公分支

12世　13世　14世　15世　16世　17世

```
云华 — 世魁 ┬ 上林 ┬ 常赞 ┬ 思珍
            │      │      ├ 思辉
            │      │      └ 思彩
            │      ├ 常运 ┬ 思碧 — 钦进
            │      │      ├ 思友 — 钦波
            │      │      │        钦利
            │      │      ├ 思敬
            │      │      └ 思龙
            │      ├ 常英 ┬ 思禹 ┬ 钦忠
            │      │      │      ├ 钦成
            │      │      │      ├ 钦陶
            │      │      │      ├ 钦信(失传)
            │      │      │      ├ 钦岭(失传)
            │      │      │      ├ 钦和(失传)
            │      │      │      └ 钦田(失传)
            │      │      └ 思凤 ┬ 钦扬
            │      │             └ 钦福
            │      ├ 常明 ┬ 思玉 — 钦礼
            │      │      └ 思美 — 钦雄
            │      └ 常郎 — 思注 ┬ 钦朋(失考)
            │                    ├ 钦全(失考)
            │                    └ 钦翔
            │ 上依 — 常焕 ┬ 思春 ┬ 钦雨
            │             │      ├ 钦雪
            │             │      └ 钦秀
            │             └ 思才 — 钦如
            ├ 世扬 — 上任 — 常远 — 思贵 — 钦远
            └ 世远 ┬ 上柱(失考)
                   ├ 上星(失传)
                   ├ 上立 ┬ 有虔(失传) 思援
                   │      ├ 有典(失传) 思芳 — 钦敏
                   │      └ 有锡     思蒿 — 钦雅
                   └ 上德 ┬ 有鹏(失传) 思洪 — 钦炘
                          └ 有福     思旺(失考) — 钦海
```

17世　18世　19世　20世　21世　22世　23世

```
钦波 — 能可 — 以桂 ┬ 成章 ┬ 维读 ┬ 崇先 ┬ 仁华
                   │      │      │      ├ 仁寿
                   │      │      │      └ 仁炜
                   │      │      ├ 崇高
                   │      │      └ 崇权 — 金福
                   │      ├ 维本 — 崇正 ┬ 仁松
                   │      │             ├ 仁柏
                   │      │             └ 仁勇
                   │      │      崇华
                   │      │      崇锦 ┬ 凤英
                   │      │           ├ 彩云
                   │      │           ├ 晓燕
                   │      │           └ 锋
                   │      └ 维柱 ┬ 崇礼
                   │             ├ 崇生 ┬ 金宝
                   │             │      └ 金明
                   │             ├ 崇富
                   │             └ 崇升 — 秋楼
                   └ 成伟 ┬ 维耕 ┬ 崇贵 — 仁福
                          │      ├ 崇禄 — 仁财
                          │      └ 崇玉 ┬ 仁生
                          │             └ 生辉
                          └ 维茂 ┬ 崇寿 ┬ 仁辉
                                 │      └ 仁森
                                 └ 喜生 — 涛海
                                          仁椿
                                          仁雄
                                          惠华
     能康 — 以杰 — 成盛 ┬ 义生 ┬ 富贵
            以节(失传)  │      └ 德芳
                        └ 马寿 — 崇文
     能永 — 以顺 — 大和(入赘) — 为祥 ┬ 水娣
                                     └ 秀秀
            成玉 — 看牛妹 ┬ 温长 ┬ 金水妹
                          │      └ 水兰
                          ├ 崇富 — 伟伟
                          ├ 崇木(崇林)
                          └ 桂木

钦成 — 能贵 — 以芹 — 师 ┬ 老潘 ┬ 崇平
                        │      └ 金水
                        ├ 维星
                        ├ 维常 ┬ 林荣
                        │      ├ 四金
                        │      └ 林春
                        └ 秀秀 ┬ 天荣
                               └ 玉兰
            以椿 — 木发生 ┬ 维良 — 金火
            以芬(失传)    ├ 维贵 — 小生
                          └ 维玉 — 海明
                          辉 ┬ 泉福
                             ├ 隆隆
                             └ 明霞
            成瑛 ┬ 维活 — 大朋
                 ├ 庆发 — 金生
                 └ 庆福 ┬ 桂芳
                        └ 桂花

钦陶 — 能瑞 — 以利 — 成美 — 长生 ┬ 崇泽
                                 └ 丽萍
            以炘 — 成科 — 维国／维炳 ┬ 崇福
                                     └ 崇喜
            以苗(失传)
            以芳(过继以忠为子) 小金／小英 — 素清
            以森(失传)
            以仙 — 成锦 — 亮 — 彩虹

钦扬 — 能发 — 以仁 — 成亮 ┬ 维海
       (继子)            ├ 维祥 — 美金
                          浩 ┬ 维球 — 崇明
                             ├ 求贵 — 崇斌
                             ├ 求通 — 崇洋
                             ├ 维伦 — 火平
                             └ 求金 — 崇勇
            以文 — 老温 — 维福 — 金水
                   成生(失传)

钦翔 — 能富 ┬ 以炳(失传)
            ├ 以贵 — 成涛 ┬ 为昌 ┬ 崇湖
            │             │      └ 崇彬
            │             └ 为兴 — 秀荣
            ├ 以标(失传)
            └ 以良 — 成招 ┬ 为升 — 海荣
                          └ 石荣 — 从火
```

17世　18世　19世　20世　21世　22世

```
钦进 — 能仙 — 以礼 — 成高 ┬ 维勇 — 崇林
                          ├ 维进 — 炳荣
                          ├ 维利 — 长福
                          │       海林
                          │       崇椿
     能福 — 以武 — 成有 ┬ 维汉 — 崇旭
                        │       惠福
                        ├ 维辉 — 小滨
                        └ 维炯
            成煌 ┬ 维林 — 火辉
                 ├ 维志 — 凯强
                 ├ 维坤 — 文滨
                 │       金林
                 └ 维桃 — 炜峰
     以信 — 成金 — 秋生 — 玉木
     以水 — 成发 — 维敬 — 海明
     以礼(过继能仙)      维松
     以申 — 成丁(赘石人)

钦忠 — 能文 ┬ 以达 — 成祥 — 金木 — 付彬
            ├ 以远 — 成秋 — 福寿 — 伟华
            └ 以迈 — 成建 ┬ 维禄
                          └ 维寿
            成升 ┬ 桂生
                 └ 桂荣
            成忠 ┬ 文生
                 ├ 丽秀
                 └ 三秀

钦利 — 能振 ┬ 以财 — 成提 — 为义 — 崇情
            ├ 以旭 — 成伙 ┬ 火连 — 火辉
            │             └ 火生 — 清清
            └ 以辉 — 成榕 — 海海 — 松花(女)
                                    (列入璋公房)
                     文和 — 秋萍(列入璋公房)
                     文福(失传) 珍莲(列入璋公房)
```

上半部 左栏（17世—23世）

17世	18世	19世	20世	21世	22世	23世

- 钦福 — 能发(过继扬房)
- 能泰 — 以高 — 成昊 / 成晃 — 维标 / 维旺 / 维龙
- 能清 — 以威 — 成桂 — 为芹 — 建汀 / 海强 / 素谱
  - 为桥 — 露露 / 彬 / 辉
  - 为葵
  - 成波 — 木火 / 水莲
  - 成荣 — 慧玉 / 美金
  - 以恭 — 成志 — 维锡 — 里里
  - 以恩 — 成佶 — 为宪 — 慧林 / 清莲
- 能和 — 老马 — 成华 — 为雨 — 洋洋 / 火林
  - 为华 — 建明
  - 维贵
  - 成长 — 梁付 — 金连 / 梁贵 — 方方 / 梁荣
- 能恒 — 以达 — 成评 — 明生 / 贵玉 — 小林
  - 成松 — 光荣(赘入) — 英英 / 许发
  - 成林 — 炳祥 / 火秀 / 贵姊
- 钦礼 — 能付 — 以通(失传)
  - 以淌(双桃) — 成裕 — 维顺 — 崇木
    - 维从 — 建平 / 小辉
    - 维荣 — 双水 / 崇辉
    - 维庆 — 火林
  - 付泉 — 竹鸡 — 成福 — 维仟 — 洋水 / 维斌 — 崇明

上半部 右栏（17世—23世）

17世	18世	19世	20世	21世	22世	23世

- 钦雄 — 能球 / 能宽 — 以忠 — 成芳 — 维高 — 崇仁 — 小伟
  - 维明 — 崇珍 — 仁火 / 仁福
  - 成长 — 维清 — 天林 / 金木 — 长莲
  - 以田 — 成金 — 维文(过贤公房)
    - 维根 — 崇智 / 寿荣
    - 合民(失传) — 寿华
    - 维泉 — 天火
    - 维标(过下董)
- 钦如 — 能观 — 以富 — 成俭 — 为军 — 崇明 — 晓明
  - 为本 — 崇勇 / 崇权 — 仁亮
  - 以佑 — 纲 — 为炳 / 炳桂 — 土火 / 汉发 / 汉东
- 钦远 — 能良 — 以敬 — 成金 — 为春 — 金平 — 海超 / 金林 — 志鑫
  - 以礼(失考)
  - 能发 — 长寿 — 子良 — 维贤 — 崇仁 — 仁祺 / 崇德 — 仁鸿 / 崇明 — 仁志
  - 能进(失考)
  - 能高(失考)
- 钦敏 — 能鋈 — 以秀 — 成前 — 为玉 — 崇标(继子) — 灶星 / 玉芳
  - 以福 — 成孟 — 金水生 — 崇华 / 崇根
    - 成康(失考)
    - 成贤 — 二琴 / 小琴
    - 成轩 — 为鑫
    - 为亮 — 清明 / 秋香
- 钦雅 — 能治 — 以兴(失传)
  - 以逊(失考)
  - 以弱 — 金金 — 从杵 — 灵林 / 从生 — 仙平 — 博涵
  - 以梦(失传) — 仁祥 — 惟新 — 崇岩 / 崇辉 — 荣华 / 荣平
- 钦炘 — 能奎(失传)
- 钦海 — 能判 — 以贤 — 成木(失传) — 为清 / 为招 / 为飞 — 崇贞 / 崇宝
  - 成唐 — 为鑑(过璋公房)

下半部（12世—23世）

12世	13世	14世	15世	16世	17世	18世	19世	20世	21世	22世	23世

- 云选 — 世远(双桃) — 上明(失传)
  - 上珀 — 有行(失传)
  - 有伦 — 思雅(失传) / 思聚(失考) / 思孔 — 钦本
- (上代失考) 廷试 — 有文 — 望焰 — 钦禹, 望辉 — 钦尧 / 钦武
  - 常纯 — 思旗 — 钦明, 思贤 — 钦福, 思进 — 钦禄, 思仁 — 钦尧, 思义 — 钦寿

  廷试公墓碑同祀 / 廷试公墓碑同祀 / 廷试公墓碑同祀 / 常纯公墓碑同祀 / 常纯公墓碑同祀 / 常纯公墓碑同祀 / 常纯公墓碑同祀

- 钦本 — 能元 — 维汗 — 成芹(继子失传)
  - 维浚 — 成辉 — 为贤 — 崇林 — 海辉 / 崇桂 / 崇荣
  - 维清 — 成华 — 为波 — 崇斌 — 鸿松 / 崇仪 — 露崙 / 崇武
    - 扬兴 — 扬明 — 杨永鑫 / 扬绍锋 / 荣文
    - 杨忠 — 扬斌, 杨辉 — 兴荣 / 兴华
    - 成芹(出继) — 为荣 — 小斌 — 建锋 / 小荣 — 文松
    - 为苗 — 崇秀 / 春秀
  - 能珠 — 维洲 — 成荣 — 为训 — 崇龙 / 为腾 — 金泉 / 金有
  - 能宗(失传)
- 思淮 — 钦亮 — 能言 — 以专 — 成雄(继瑛公房) / 春明 — 为桃
- 景茂后裔(上代失考) 能裕 — 以珍 — 成贤 — 为德 — 崇文 / 崇庆 — 凌峰
  - 玉长 — 为文 — 秀梅 / 秀花 / 秀英
  - 成英(红军烈士)
- 景茂后裔(上代失考) 能亮 — 以才 — 成清 / 仁祥 — 长发妹(赘夫老罗) / 付生 — 木荣 / 秀红 / 金长(失传)
- (上代失考) 董曾氏 — 钦富 / 钦贵 — 能波 — 以凤 — 成宗 — 为道 / 为俭 — 崇福 — 春辉
  - 成章(失传)
  - 成立 — 老丘子 (与维城联婚生四子,见均福公房系)
- (上代失考) 思远 — 钦发 — 恒信(失考), 钦明 — 恒书(失考), 钦丰 — 恒进(失考), 恒贤(失考)
  - 钦德
- 上代失考 — 为禧周氏(失传)

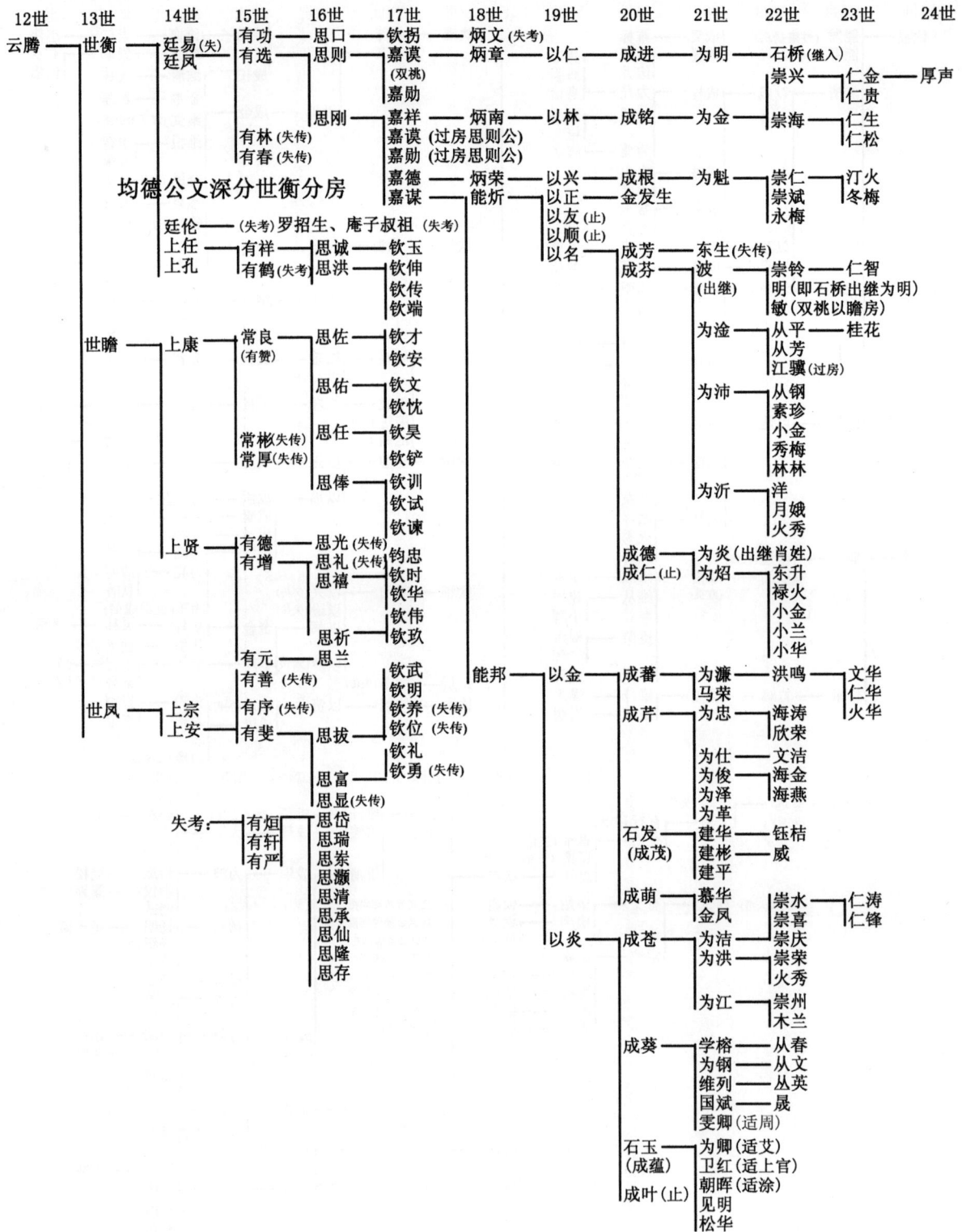

| 12世 | 13世 | 14世 | 15世 | 16世 | 17世 | 18世 | 19世 | 20世 | 21世 | 22世 | 23世 | 24世 |

云腾 —— 世衡 —— 廷易(失) 廷凤

均德公文深分世衡分房

- 有功 —— 思口 —— 钦拐 —— 炳文(失考)
- 有选 —— 思则 —— 嘉谟(双桃) —— 炳章 —— 以仁 —— 成进 —— 为明 —— 石桥(继入)
  - 嘉勋
  - 崇兴 —— 仁金 仁贵 —— 厚声
- 思刚 —— 嘉祥 —— 炳南 —— 以林 —— 成铭 —— 为金 —— 崇海 —— 仁生 仁松
  - 嘉谟(过房思则公)
  - 嘉勋(过房思则公)
  - 嘉德 —— 炳荣 —— 以兴 —— 成根 —— 为魁 —— 崇仁 崇斌 永梅 —— 汀火 冬梅
  - 嘉谋 —— 能炘 —— 以正 —— 金发生
    - 以友(止)
    - 以顺(止)
- 有林(失传)
- 有春(失传)

- 廷伦 —— (失考)罗招生、庵子叔祖(失考)
- 上任 —— 有祥 —— 思诚 —— 钦玉
- 上孔 —— 有鹤(失考) —— 思洪 —— 钦伸 钦传 钦端
  - 以名 —— 成芳 —— 东生(失传)
  - 成芬 —— 波(出继) —— 崇铃 —— 仁智 明(即石桥出继为明) 敏(双桃以瞻房)

世瞻 —— 上康 —— 常良(有赞) —— 思佐 —— 钦才 钦安
  - 为淦 —— 从平 从芳 江骥(过房) —— 桂花
  - 思佑 —— 钦文 钦忱
  - 为沛 —— 从钢 素珍 小金 秀梅 林林
  - 常彬(失传) 常厚(失传) —— 思任 —— 钦昊 钦铲
  - 思俸 —— 钦训 钦试 钦谏
  - 为沂 —— 洋 月娥 火秀

- 上贤 —— 有德 —— 思光(失传)
  - 有增 —— 思礼(失传)
  - 思禧 —— 钧忠 钦时 钦华 钦伟 钦玖
    - 成德 —— 为炎(出继肖姓)
    - 成仁(止) —— 为炤 —— 东升 禄火 小金 小兰 小华
  - 思祈
  - 有元 —— 思兰

世凤 —— 上宗 —— 有善(失传) 有序(失传)
- 上安 —— 有斐 —— 思拔 —— 钦武 钦明 钦养(失传) 钦位(失传) 钦礼 钦勇(失传)
  - 能邦 —— 以金 —— 成蕃 —— 为濂 马荣 —— 洪鸣 —— 文华 仁华 火华
  - 成芹 —— 为忠 —— 海涛 欣荣
    - 为仕 —— 文洁
    - 为俊 —— 海金
    - 为泽 —— 海燕
    - 为革
  - 思富
  - 思显(失传)

失考：有烜 有轩 有严 —— 思岱 思瑞 思崇 思灏 思清 思承 思仙 思隆 思存

- 石发(成茂) —— 建华 —— 钰桔 建彬 —— 威 建平
- 成萌 —— 慕华 金凤 —— 崇水 崇喜 崇庆 —— 仁涛 仁锋
- 以炎 —— 成苍 —— 为洁 为洪 —— 崇荣 火秀
  - 为江 —— 崇州 木兰
- 成葵 —— 学榕 —— 从春
  - 为钢 —— 从文
  - 维列 —— 丛英
  - 国斌 —— 晟
  - 雯卿(适周)
- 石玉(成蕴) —— 为卿(适艾) 卫红(适上官) 朝晖(适涂) 见明 松华
- 成叶(止)

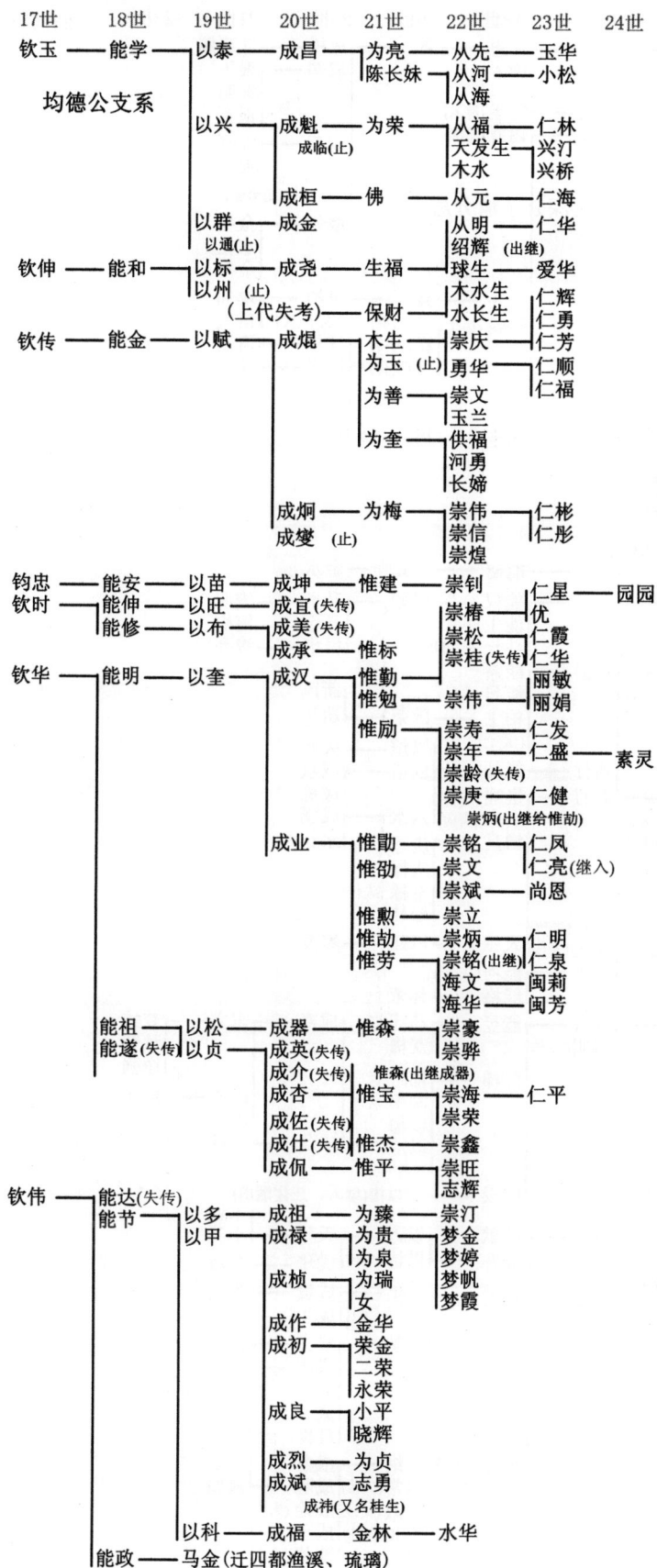

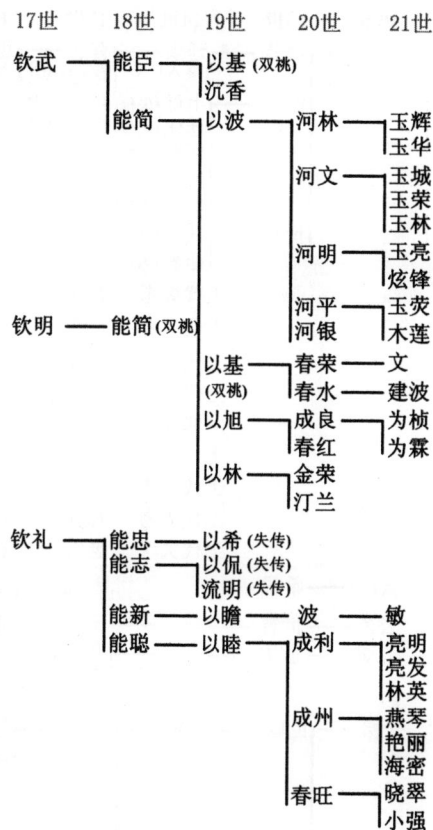

均德公支系

12世	13世	14世	15世	16世	17世	18世	19世	20世	21世	22世	23世

云玖 — 世芳 — 廷焕(继入) — 有勉 / 有超(失传) / 有近(失传) / 有绪(失传) — 思行 / 道南(失考) / 年庆(失传) — 嘉仁 — 锡恩(继入) — 青 — 成松 / 成鹤 — 汀连嫲 / 银生 / 银明 / 银富

嘉义 — 锡圭(继入)
嘉礼 — 锡恩(出继)

成万 — 银亮 / 银华
(由为聪房续)
成年 — 金福 / 水花 / 金梅

均德公文深公子清分房

锡光 / 锡麟(失传) — 鑫福(出继) / 霖(失传) / 森(失传) — 海柏 / 荣汀(失传) / 锦华 / 锦平 / 炜明 / 炜阳 — 琳仙 / 琪玉 / 琦松 / 桂梅

锡圭 — 福(继入失传)

世立 — 上彦 — 廷化(失传) / 廷焕(出继) / 廷纯(失传) / 廷越(失传)
世直 — 廷龙(失传) / 廷表(失传)

上代失考 — 有堂 (失传)
上代失考 — 有连 (失传)
上代失考 — 有苏 (失传)
上代失考 — 有週 (失传)
上代失考 — 有芳 (失传)
上代失考 — 有选 (失传)
上代失考 — 有贤 (失传)
上代失考 — 有腾 (失传)
上代失考 — 老六 (失传)

云广 — 希我(失传)
云鸾 — 世智 — 辛龙 — 有癸 / 田生(失传) — 思汉(失传) / 思善 — 钦金 — 能儒 — 老龚哩 — 金水
云瑞 — 世拔 — 上坪 — 有钰 / 有彬 — 思定 / 思新(失传) — 钦景 — 能权 / 能生(失传) / 斗长生(继出) — 以彪 — 升炎 / 升淦 / 振华 — 浚明 / 梅梅 / 浚亮

云梯 — 世聪 — 上兴 — 常禄 — 思运 / 启用(失传) — 钦崇 — 能鼎 / 能甬(失传) / 柏生(赘子) — 国荣 — 新风 / 新华

常基 — 思通 / 思东(失传) / 思高(失传) — 钦行 / 老石(满姑) — 能品 / 贵哩(失传) / 炳应(失传) / 增昌 — 以煊 / 以信 — 火明 / 成双 / 成栋 / 成鹏 — 永长
六水
庆连 / 庆禄 / 寿禄(失传) / 松桂
天兰生 — 以建 — 家爱

世宗 — 上章 / 廷芳 — 有文(失传) / 有学(失传) / 常荣 — 思宏 — 钦东(失传) / 钦晃(失传) / 钦正 — 能柯(失传) / 能格 — 林荣
廷增 — 有发(失传)
思惠 — 钦取 / 启明(失传) — 能昱 — 马连生 / 友梅 — 成寿 — 志文 — 梦蛟 / 秋莹 / 净强
志林 / 志明 — 兢杰
能梯 — 郁进老 / 湖南老 / 以梅 / 以淦(友梅) — 成茂 — 志腾
能俊 — 以梅(继入，迁住濯田)

上代失考 — 钦志

云会 — 世振 — 上彦 — 有松 — 思福 / 思泰(失传) / 思安(失传) — 钦光 — 能献 / 能升 — 以万 — 天华 — 小燕 / 小雲
以访(失传) — 成华 — 为波

钦星 — 能群 — 以伦 — 成贵 / 成生 — 为浩
以勋 — 成文 — 为佳
成明 — 为毅
成政 / 成杰 / 汀梅

能龙 / 能虎(失传) — 以纲 / 以常(失传) / 以双(失传) / 寿长(失传) / 富长(失传) / 以忠 / 以祥 — 成鋆 / 成曜 / 成铨(失传) / 成玉 / 馥秋 / 桃桃 / 成勇 / 兰香 — 冠宏 / 冠麟

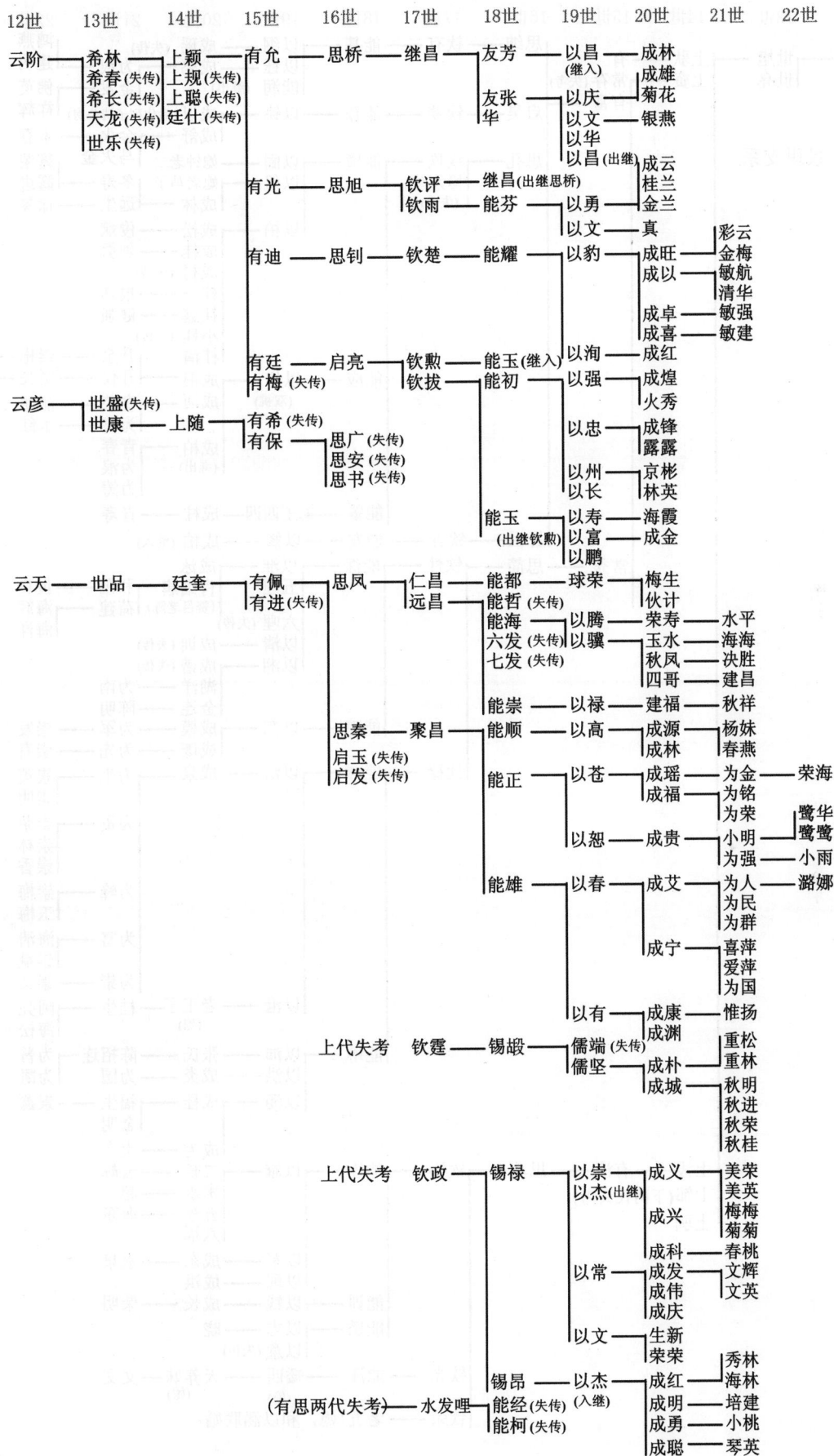

12世	13世	14世	15世	16世	17世	18世	19世	20世	21世	22世
云阶	希林	上颖	有允	思桥	继昌	友芳	以昌(继入)	成林		
	希春(失传)	上规(失传)						成雄		
	希长(失传)	上聪(失传)				友张	以庆	菊花		
	天龙(失传)	廷仕(失传)				华	以文	银燕		
	世乐(失传)						以华			
			有光	思旭	钦评	继昌(出继思桥)	以昌(出继)	成云		
					钦雨	能芬	以勇	桂兰		
							以文	金兰		
								真		
			有迪	思钊	钦楚	能耀	以豹	成旺	彩云	
									金梅	
								成以	敏航	
									清华	
								成卓	敏强	
								成喜	敏建	
			有廷	启亮	钦勋	能玉(继入)	以洵	成红		
			有梅(失传)		钦拔	能初	以强	成煌		
								火秀		
云彦	世盛(失传)						以忠	成锋		
	世康	上随	有希(失传)					露露		
			有保	思广(失传)			以州	京彬		
				思安(失传)			以长	林英		
				思书(失传)		能玉(出继钦勋)	以寿	海霞		
							以富	成金		
							以鹏			
云天	世品	廷奎	有佩	思凤	仁昌	能都	球荣	梅生		
			有进(失传)		远昌			伙计		
						能哲(失传)				
						能海	以腾	荣寿	水平	
						六发(失传)	以骥	玉水	海海	
						七发(失传)		秋凤	决胜	
								四哥	建昌	
						能崇	以禄	建福	秋祥	
				思秦	聚昌	能顺	以高	成源	杨妹	
				启玉(失传)				成林	春燕	
				启发(失传)		能正	以苍	成瑶	为金	荣海
								成福	为铭	
									为荣	
							以恕	成贵	小明	鹭华
										鹭鹭
									为强	小雨
						能雄	以春	成艾	为人	潞娜
									为民	
									为群	
								成宁	喜萍	
									爱萍	
									为国	
							以有	成康	惟扬	
								成渊		
		上代失考		钦霆	锡毂	儒端(失传)		成朴	重松	
						儒坚			重林	
								成城	秋明	
									秋进	
									秋荣	
									秋桂	
		上代失考		钦政	锡禄		以崇	成义	美荣	
							以杰(出继)		美英	
								成兴	梅梅	
									菊菊	
								成科	春桃	
							以常	成发	文辉	
								成伟	文英	
								成庆		
							以文	生新		
								荣荣		
						锡昂	以杰	成红	秀林	
		(有思两代失考)		水发哩	能经(失传)		(入继)		海林	
					能柯(失传)			成明	培建	
								成勇	小桃	
								成聪	琴英	

均德公景琪支系

12世	13世	14世	15世	16世	17世	18世	19世	20世	21世	22世	23世
云发	世旭	上驮	有	思绅	钦有	能基	以纲	成瑶(失传)			
	世亮	上资	常存(失考)				以钰	成鸠	为银	鸿燕 / 建明	
			有富				能润(继出)		金发	佛英 / 祥辉	
				启昊	钦斐	能登	以铫	成以(后代列子清公房)			
								成舒	金火	素春	
				思孔	钦玖	能璋	以阄	媳钟老二	马火金	露荣	
					樟水生(失考)		以侃	媳老马子	冬寿	露进	
								成林	远生	徐琴	
							以柏	成松	俊斌		
								成桂	剑勇		
								成村(失传)			
								桂三	根炜		
								桂鑫	健强		
								小桂(失传)			
								桂清			
						能应	以修(双桃)	成银	升余	崇彬	金香 / 金菊
									升仪	贤亮	火芳
								成河	春荣	丽丽	
									为善	水红	
								成柏(继出)	青春 / 为浪 / 为涛		
						能肇	媳王四四	成柱	青寿		
		常秀		思祖	钦谷	能友	以修	成柏(继入)			
				思简	钦性	能深	以淮	成泳			
								肖细唐(赘吕老陈)	和阳	世良	
									荷建	海辉 / 海洋	
							五哩				
							六哩(失传)				
							以清	成训(失传)			
							以湘	成谱(失传)			
								湖洋	为南		
								金连	陈明		
						能琼	以泗	成模	为军	崇发	
								成谦	为先	崇有	
					钦禄	能球	以法	成泉	为生	崇英 / 崇明	
									为贵	崇荣 / 崇林 / 崇香	
									为峰	崇梅 / 玉梅	
									为富	海清 / 崇斌 / 崇文	
									为崇		
							以沧	老王子(媳)	桂生	阿亮 / 海松	
						能琳	以沛	张氏	陈招连	为晋	
							以洪	成炎	为国	为凯	
							以涵	成桂	福生 / 金明	崇鑫	
		上拔	有清	思功	钦泌	能连	以旗	成为	土金		
		上邹(下两代失考)						二长	云辉		
		上驯						木水	超		
								五福	海东		
								六福			
							以军	成东	水泉		
							以珉	成洪			
						能训	以钱	成长	荣明		
						能诱	以志	晓			
							以意(失传)				
					钦光	能汗	矮四(媳)	天养妹	文文(媳)		
					钦荣	老五(媳，和以涵联婚)					

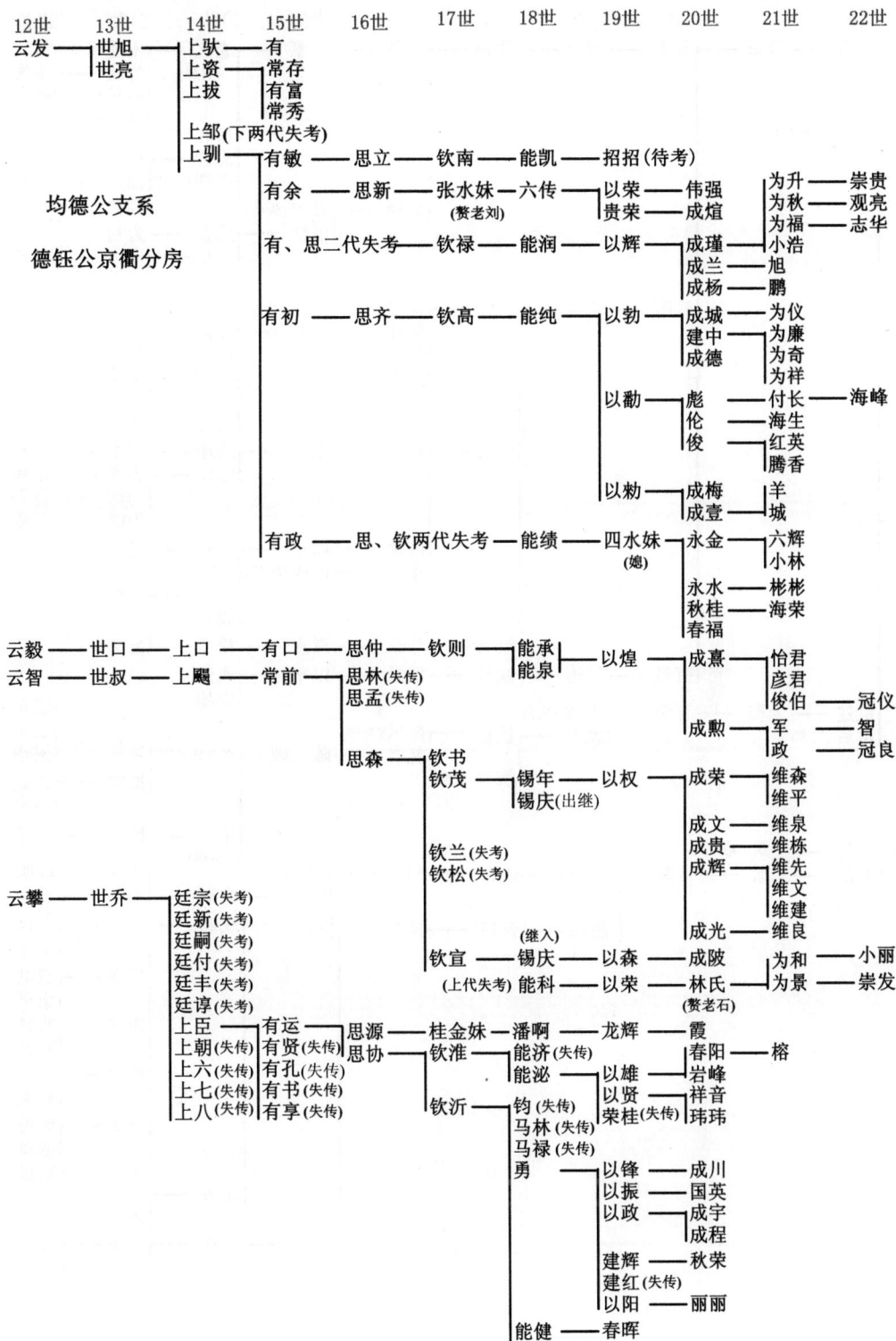

均德公支系

德钰公京衢分房

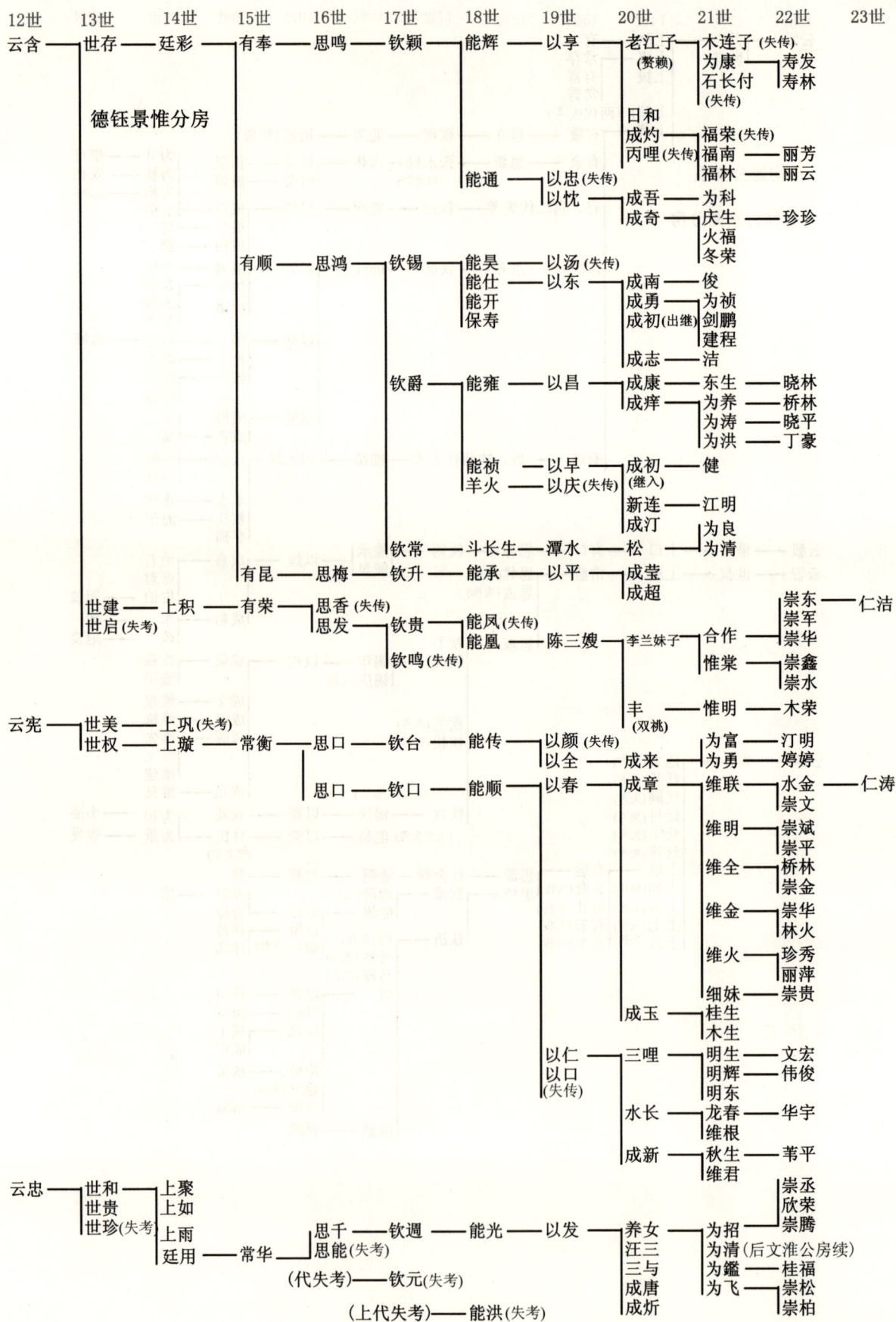

12世	13世	14世	15世	16世	17世	18世	19世	20世	21世	22世	23世

云含 ── 世存 ── 廷彩 ── 有奉 ── 思鸣 ── 钦颖 ── 能辉 ── 以享 ── 老江子(赘赖) ── 木连子(失传)

为康 ── 寿发 / 寿林

石长付(失传)

德钰景惟分房

日和 / 成灼 / 丙哩(失传) ── 福荣(失传) / 福南 ── 丽芳 / 福林 ── 丽云

能通 ── 以忠(失传)

以忱 ── 成吾 ── 为科 / 成奇 ── 庆生 / 火福 ── 珍珍 / 冬荣

有顺 ── 思鸿 ── 钦锡 ── 能昊 ── 以汤(失传)

能仕 / 能开 / 保寿 ── 以东 ── 成南 ── 俊 / 成勇 ── 为祯 / 成初(出继) ── 剑鹏 / 建程 / 成志 ── 洁

钦爵 ── 能雍 ── 以昌 ── 成康 ── 东生 ── 晓林 / 成痒 ── 为养 ── 桥林 / 为涛 ── 晓平 / 为洪 ── 丁豪

能祯 ── 以早 ── 成初(继入) ── 健

羊火 ── 以庆(失传) ── 新连 ── 江明 / 成汀 ── 为良 / 为清

钦常 ── 斗长生 ── 潭水 ── 松

有昆 ── 思梅 ── 钦升 ── 能承 ── 以平 ── 成莹 / 成超

世建 ── 上积 ── 有荣 ── 思香(失传)

思发 ── 钦贵 ── 能凤(失传)

钦鸣 ── 能凰 ── 陈三嫂 ── 李兰妹子 ── 合作 ── 崇东 ── 仁洁 / 崇军 / 崇华

惟棠 ── 崇鑫 / 崇水

世启(失考)

丰(双桃) ── 惟明 ── 木荣

云宪 ── 世美 ── 上巩(失考)

世权 ── 上璇 ── 常衡 ── 思口 ── 钦台 ── 能传 ── 以颜(失传)

以全 ── 成来 ── 为富 ── 汀明 / 为勇 ── 婷婷

思口 ── 钦口 ── 能顺 ── 以春 ── 成章 ── 维联 ── 水金 ── 仁涛 / 崇文

维明 ── 崇斌 / 崇平

维全 ── 桥林 / 崇金

维金 ── 崇华 / 林火

维火 ── 珍秀 / 丽萍

细妹 ── 崇贵

成玉 ── 桂生 / 木生

以仁 / 以口(失传) ── 三哩 ── 明生 ── 文宏 / 明辉 ── 伟俊 / 明东

水长 ── 龙春 ── 华宇 / 维根

成新 ── 秋生 ── 苇平 / 维君

云忠 ── 世和 ── 上聚 / 上如 / 上雨 / 廷用 ── 常华

世贵

世珍(失考)

思千 ── 钦週 ── 能光 ── 以发 ── 养女 / 汪三 / 三与 / 成唐 / 成炘 ── 为招 ── 崇丞 / 欣荣 / 崇腾

为清(后文淮公房续)

为鑑 ── 桂福

为飞 ── 崇松 / 崇柏

思能(失考)

(代失考) ── 钦元(失考)

(上代失考) ── 能洪(失考)

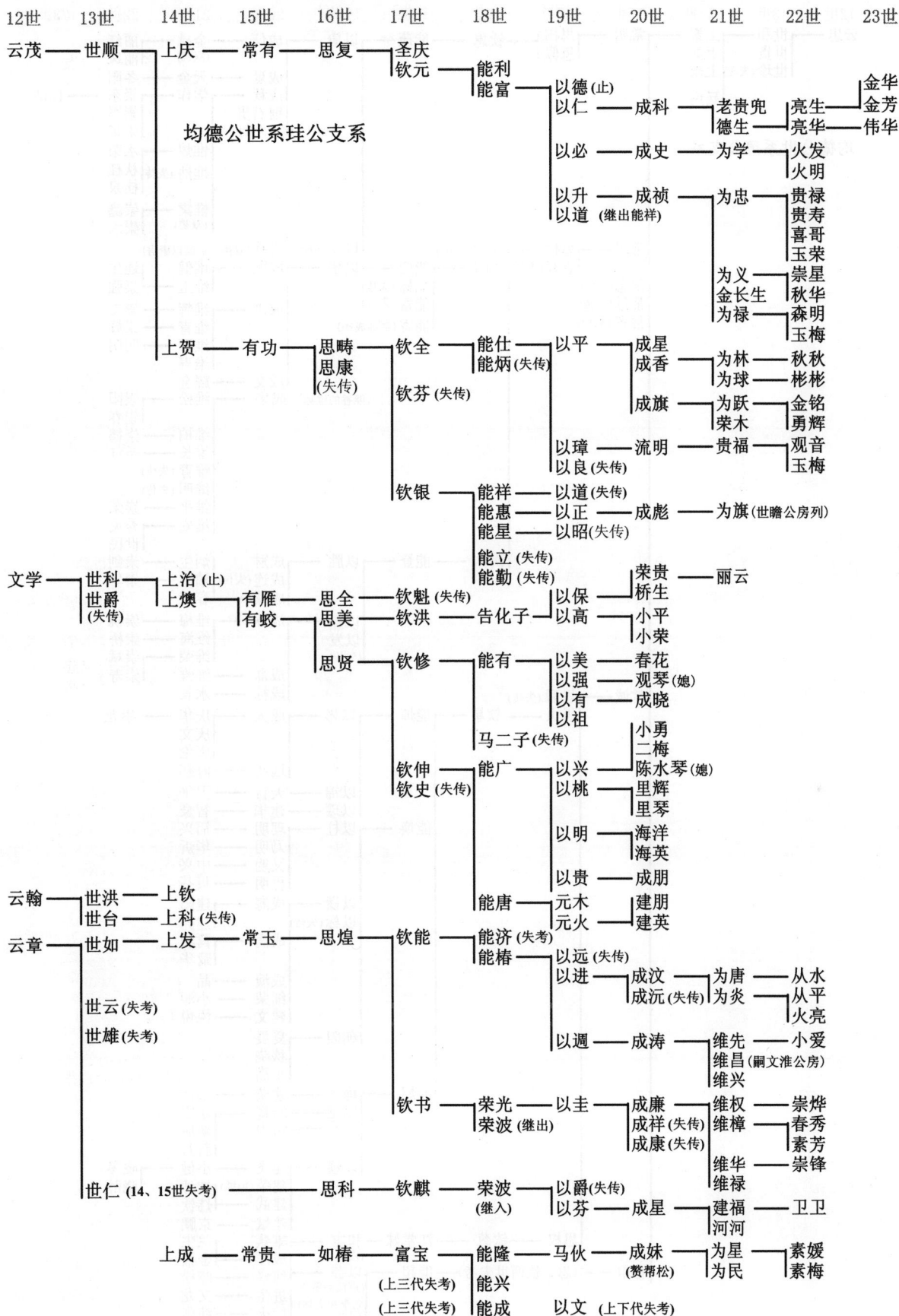

12世	13世	14世	15世	16世	17世	18世	19世	20世	21世	22世	23世

云茂——世顺——上庆——常有——思复——圣庆 钦元——能利 能富

均德公世系珪公支系

能富——以德(止)

以仁——成科——老贵兜 德生——亮生 亮华——金华 金芳 伟华

以必——成史——为学——火发 火明

以升——成祯——为忠——贵禄 贵寿 喜哥 玉荣

以道(继出能祥)

为义 金长生——崇星 秋华

为禄——森明 玉梅

上贺——有功——思畴 思康(失传)——钦全——能仕 能炳(失传)——以平——成星 成香——为林——秋秋 为球——彬彬

成旗——为跃 荣木——金铭 勇辉

钦芬(失传)

以璋——流明——贵福——观音 玉梅

以良(失传)

钦银——能祥——以道(失传)

能惠——以正——成彪——为旗(世瞻公房列)

能星——以昭(失传)

能立(失传)

能勤(失传)

文学——世科 世爵(失传)——上治(止) 上燠——有雁——思全——钦魁(失传)

以保——荣贵 桥生——丽云

有蛟——思美——钦洪——告化子——以高——小平 小荣

思贤——钦修——能有——以美——春花

以强——观琴(媳)

以有——成晓

以祖

马二子(失传)——小勇 二梅

钦伸——能广——以兴——陈水琴(媳)

钦史(失传)

以桃——里辉 里琴

以明——海洋 海英

以贵——成朋

能唐——元木 元火——建朋 建英

云翰——世洪——上钦 世台——上科(失传)

云章——世如——上发——常玉——思煌——钦能——能济(失考) 能椿——以远(失传)

以进——成汉 成沉(失传)——为唐 为炎——从水 从平 火亮

以週——成涛——维先 维昌(嗣文淮公房) 维兴——小爱

钦书——荣光 荣波(继出)——以圭——成廉 成祥(失传) 成康(失传)——维权 维樟——崇烨 春秀 素芳 崇锋

维华 维禄

世云(失考) 世雄(失考)

世仁(14、15世失考)——思科——钦麒——荣波(继入)——以爵(失传)

以芬——成星——建福 河河——卫卫

素媛 素梅

上成——常贵——如椿——富宝——能隆——马伙——成妹——为星 为民

(赘帮松)

(上三代失考)能兴

(上三代失考)能成——以文 (上下代失考)

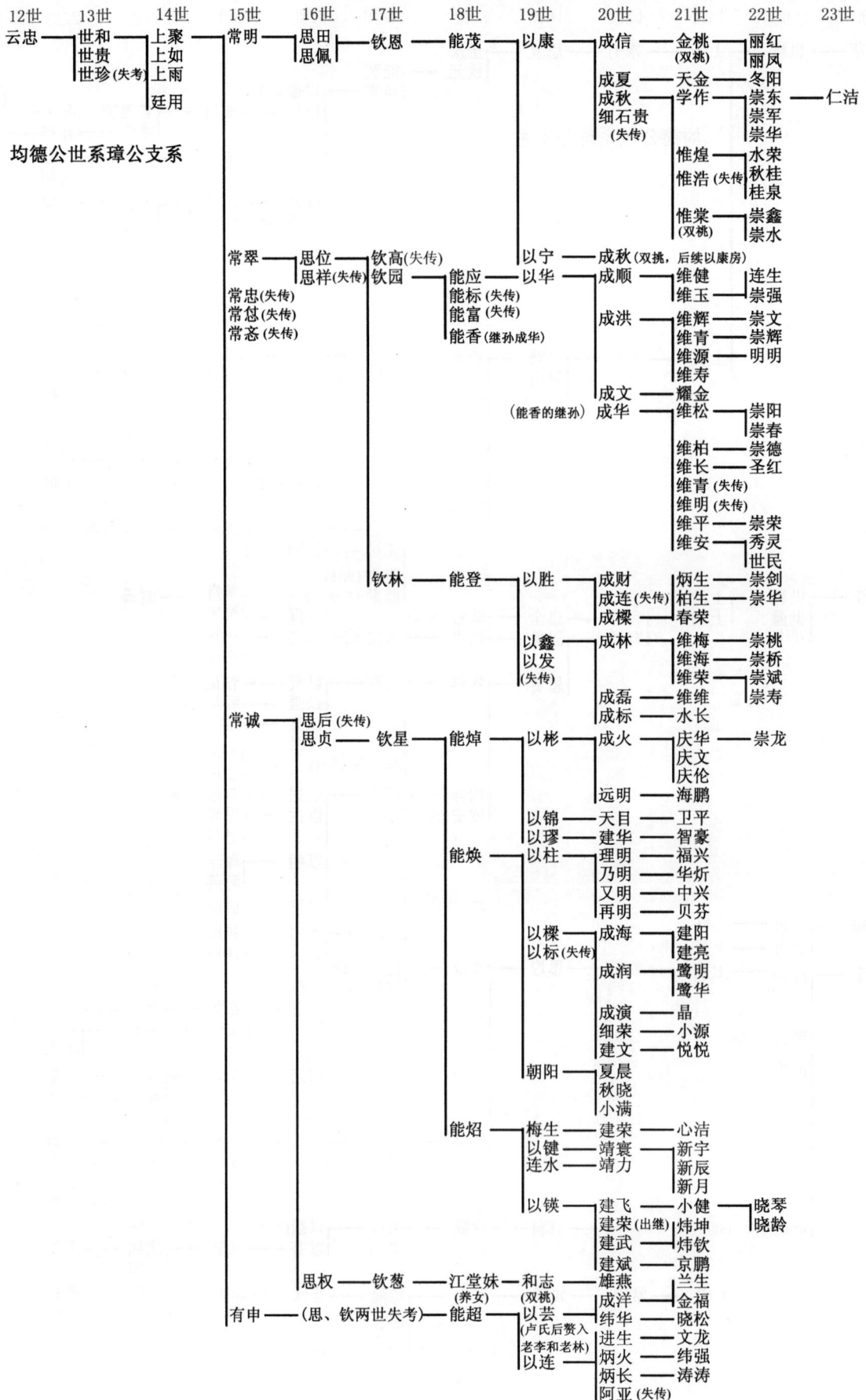

12世	13世	14世	15世	16世	17世	18世	19世	20世	21世	22世	23世

云忠 —— 世和 / 世贵 / 世珍(失考) —— 上聚 / 上如 / 上雨 / 廷用

均德公世系璋公支系

常明 —— 思田 / 思佩 —— 钦恩 —— 能茂 —— 以康 —— 成信 —— 金桃(双桃) —— 丽红 / 丽凤

成夏 —— 天金 —— 冬阳
成秋 —— 学作 —— 崇东 / 崇军 / 崇华 —— 仁洁
细石贵(失传)

惟煌 —— 水荣 / 秋桂 / 桂泉
惟浩(失传)

惟棠(双桃) —— 崇鑫 / 崇水

常翠 —— 思位 / 思祥(失传) —— 钦高(失传)

钦园 —— 以宁 —— 成秋(双挑，后续以康房)

能应 —— 以华 —— 成顺 —— 维健 / 维玉 —— 连生 / 崇强
能标(失传)
能富(失传)
能香(继孙成华)

成洪 —— 维辉 / 维青 / 维源 / 维寿 —— 崇文 / 崇辉 / 明明

成文 —— 耀金

(能香的继孙) 成华 —— 维松 —— 崇阳 / 崇春 / 崇德 / 圣红
维柏 / 维长
维青(失传)
维明(失传)
维平 —— 崇荣 / 秀灵 / 世民
维安 —— 崇剑 / 崇华

钦林 —— 能登 —— 以胜 —— 成财 —— 炳生
成连(失传) —— 柏生
成樑 —— 春荣

以鑫 —— 成林 —— 维梅 / 维海 / 维荣 —— 崇桃 / 崇桥 / 崇斌 / 崇寿
以发(失传)

成磊 —— 维维
成标 —— 水长

常诚 —— 思后(失传)

思贞 —— 钦星 —— 能焯 —— 以彬 —— 成火 —— 庆华 / 庆文 / 庆伦 —— 崇龙

远明 —— 海鹏

以锦 —— 天目 —— 卫平
以璂 —— 建华 —— 智豪

能焕 —— 以柱 —— 理明 —— 福兴
乃明 —— 华炘
又明 —— 中兴
再明 —— 贝芬

以樑 —— 成海 —— 建阳 / 建亮
以标(失传)

成润 —— 鹭明 / 鹭华

成演 —— 晶
细荣 —— 小源
建文 —— 悦悦

朝阳 —— 夏晨 / 秋晓 / 小满

能炤 —— 梅生 —— 建荣 —— 心洁
以键 —— 靖寰 —— 新宇
连水 —— 靖力 —— 新辰 / 新月

以锁 —— 建飞 —— 小健 —— 晓琴 / 晓龄
建荣(出继) —— 炜坤
建武 —— 炜钦
建斌 —— 京鹏

思权 —— 钦葱 —— 江堂妹(养女) —— 和志(双桃) —— 雄燕 —— 兰生
成洋 —— 金福

有申 ——(思、钦两世失考)—— 能超 —— 以芸(卢氏后赘入老李和老林) —— 纬华 —— 晓松
进生 —— 文龙
炳火 —— 纬强
炳长 —— 涛涛
以连
阿亚(失传)

382

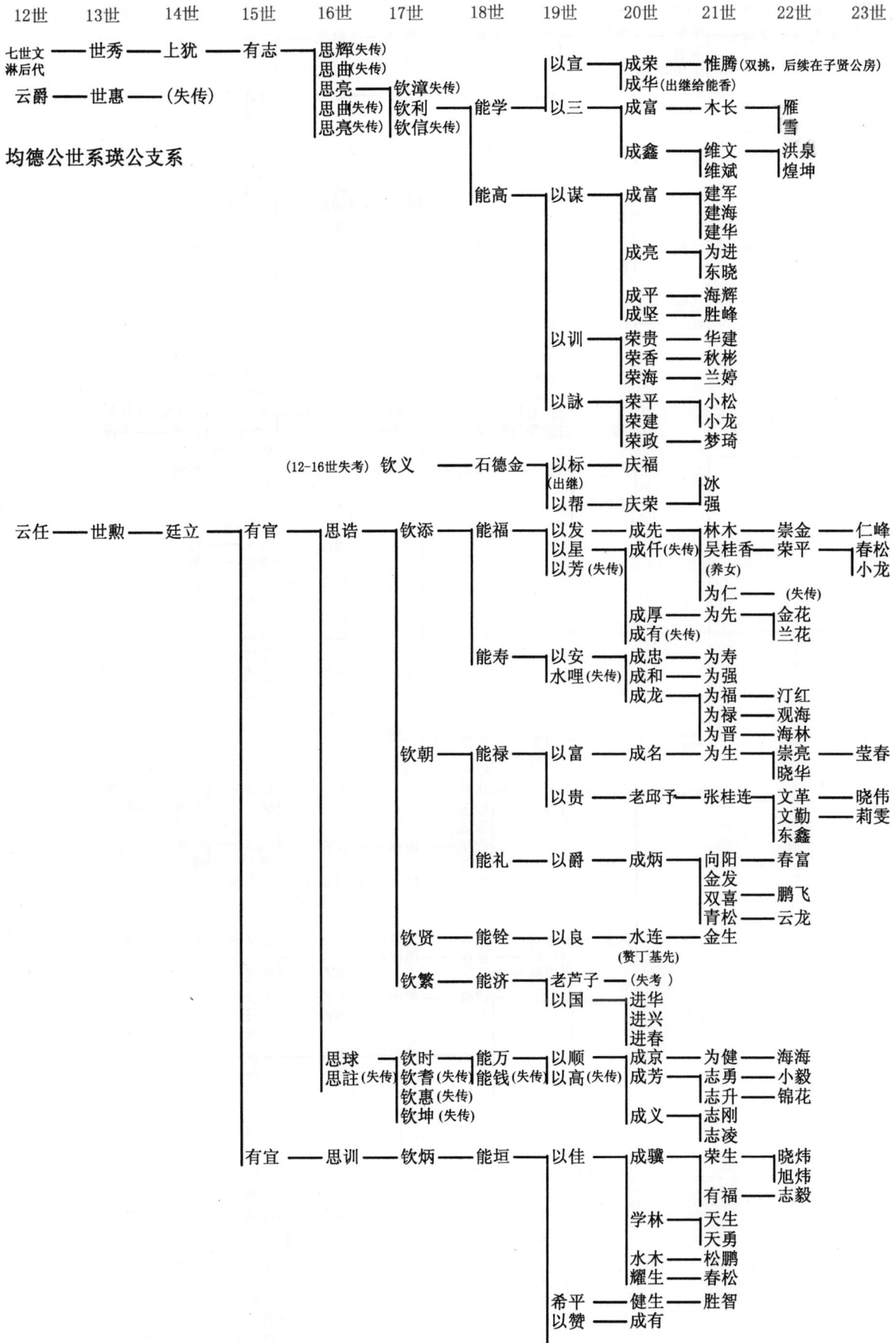

12世	13世	14世	15世	16世	17世	18世	19世	20世	21世	22世	23世

七世文淋后代 —— 世秀 —— 上犹 —— 有志 ——
- 思辉(失传)
- 思曲(失传)
- 思亮 —— 钦漳(失传)
- 思曲(失传) —— 钦利 —— 能学
- 思亮(失传) —— 钦信(失传)

云爵 —— 世惠 —— (失传)

均德公世系瑛公支系

能学 ——
- 以宣 —— 成荣 —— 惟腾(双挑，后续在子贤公房)
- 成华(出继给能香)
- 以三 —— 成富 —— 木长 —— 雁、雪
- 成鑫 —— 维文 —— 洪泉；维斌 —— 煌坤

能高 ——
- 以谋 —— 成富 —— 建军、建海、建华
- 成亮 —— 为进、东晓
- 成平 —— 海辉；成坚 —— 胜峰
- 以训 —— 荣贵 —— 华建；荣香 —— 秋彬；荣海 —— 兰婷
- 以詠 —— 荣平 —— 小松；荣建 —— 小龙；荣政 —— 梦琦

(12-16世失考) 钦义 —— 石德金 ——
- 以标(出继) —— 庆福 —— 冰、强
- 以帮 —— 庆荣

云任 —— 世勋 —— 廷立 —— 有官 —— 思诰 ——

钦添 —— 能福 ——
- 以发 —— 成先 —— 林木 —— 崇金 —— 仁峰
- 以星 —— 成仟(失传) —— 吴桂香(养女) —— 荣平 —— 春松
- 以芳(失传) —— 为仁 —— (失传) 小龙
- 成厚 —— 为先 —— 金花、兰花
- 成有(失传)

能寿 ——
- 以安 —— 成忠 —— 为寿
- 水哩(失传) —— 成和 —— 为强
- 成龙 —— 为福 —— 汀红；为禄 —— 观海；为晋 —— 海林

钦朝 —— 能禄 ——
- 以富 —— 成名 —— 为生；崇亮 —— 莹春；晓华
- 以贵 —— 老邱予 —— 张桂连 —— 文革 —— 晓伟；文勤 —— 莉雯；东鑫

能礼 —— 以爵 —— 成炳 —— 向阳 —— 春富；金发、双喜 —— 鹏飞；青松 —— 云龙

钦贤 —— 能铨 —— 以良 —— 水连 —— 金生 (赘丁基先)

钦繁 —— 能济 ——
- 老芦子 —— (失考)
- 以国 —— 进华、进兴、进春

思球
思註(失传) —— 钦时 —— 能万 —— 以顺 —— 成京 —— 为健 —— 海海
钦耆(失传) —— 能钱(失传) —— 以高(失传) —— 成芳 —— 志勇 —— 小毅；志升 —— 锦花
钦惠(失传) —— 成义 —— 志刚、志凌
钦坤(失传)

有宜 —— 思训 —— 钦炳 —— 能垣 ——
- 以佳 —— 成骥 —— 荣生 —— 晓炜、旭炜；有福 —— 志毅
- 学林 —— 天生、天勇
- 水木 —— 松鹏；耀生 —— 春松
- 希平 —— 健生 —— 胜智
- 以赞 —— 成有

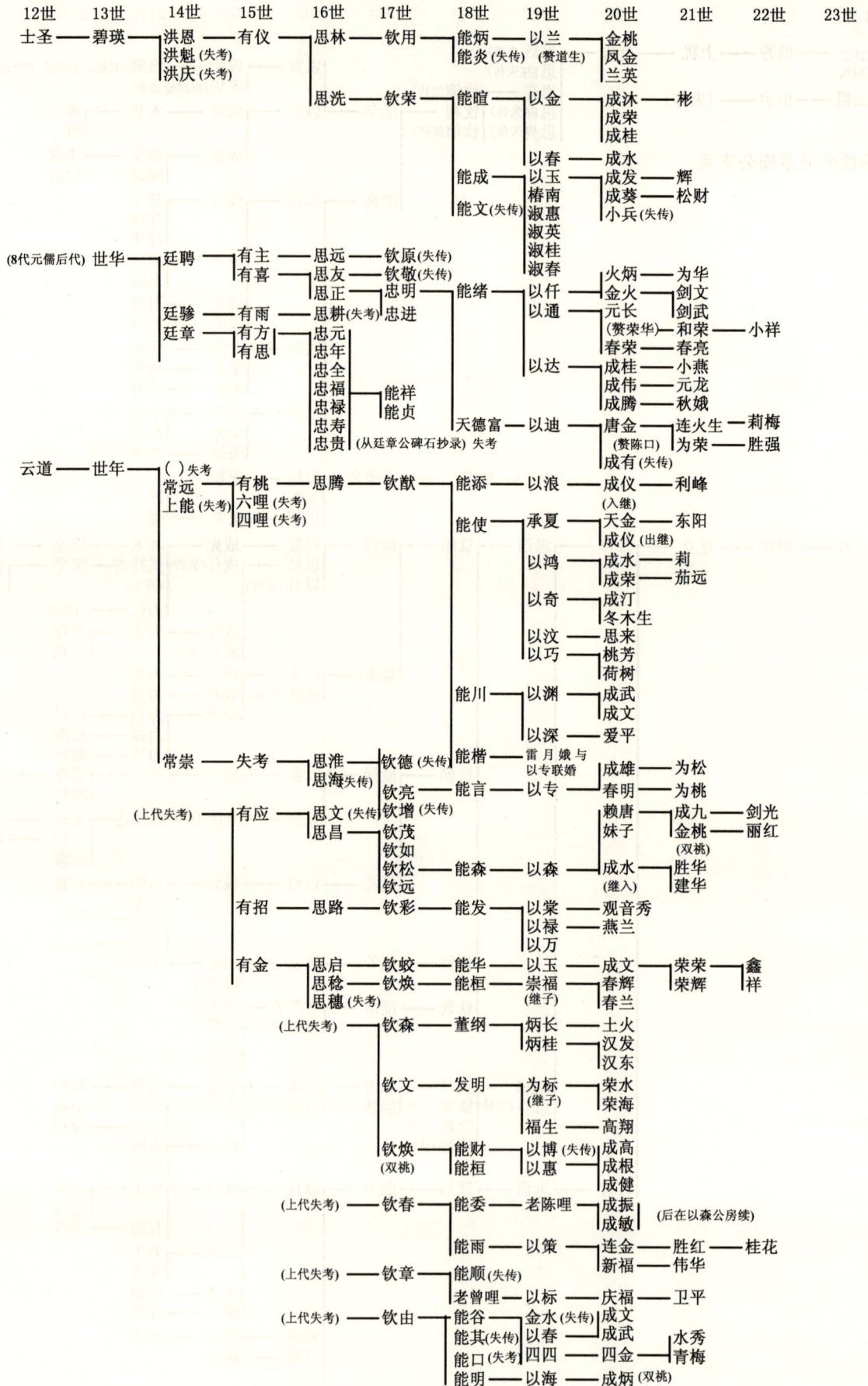

12世	13世	14世	15世	16世	17世	18世	19世	20世	21世	22世	23世

士圣 —— 碧瑛 —— 洪恩
　　　　　　　洪魁(失考)
　　　　　　　洪庆(失考)

洪恩 —— 有仪 —— 思林 —— 钦用 —— 能炳
　　　　　　　　　　　　　　　能炎(失传)

能炳 —— 以兰(赘道生) —— 金桃 / 凤金 / 兰英

思洗 —— 钦荣 —— 能暄 —— 以金 —— 成沐 —— 彬 / 成荣 / 成桂

能成 —— 以春 —— 成水
　　　　以玉 —— 成发 —— 辉 / 成葵 —— 松财 / 小兵(失传)
椿南 / 淑惠 / 淑英 / 淑桂 / 淑春

能文(失传)

(8代元儒后代) 世华 —— 廷聘 —— 有主 —— 思远 —— 钦原(失传)
　　　　　　　　　　有喜 —— 思友 —— 钦敬(失传)
　　　　　　　　　　　　　　思正 —— 忠明
廷骖 —— 有雨 —— 思耕(失考) —— 忠进
廷章 —— 有方
　　　　有思 —— 忠元 / 忠年 / 忠全 / 忠福 / 忠禄 / 忠寿 / 忠贵
(从廷章公碑石抄录) 失考

能祥 / 能贞

能绪 —— 以仟 —— 火炳 —— 为华
　　　　　　　　金火 —— 剑文
　　　　以通 —— 元长 —— 剑武
　　　　　　　(赘荣华) 和荣 —— 小祥
　　　　　　　春荣 —— 春亮
　　　　以达 —— 成桂 —— 小燕
　　　　　　　成伟 —— 元龙
　　　　　　　成腾 —— 秋娥

天德富 —— 以迪 —— 唐金 —— 连火生 —— 莉梅
　　　　　　　　(赘陈口) 为荣 —— 胜强
　　　　　　　成有(失传)

云道 —— 世年 —— 常远(失考)
　　　　　　　上能(失考) —— 有桃 —— 思腾 —— 钦猷 —— 能添 —— 以浪 —— 成仪 —— 利峰
　　　　　　　六哩(失考)　　　　　　　　　　　　　　　　　　　　(入继)
　　　　　　　四哩(失考)

能使 —— 承夏 —— 天金 —— 东阳
　　　　　　　成仪(出继)
以鸿 —— 成水 —— 莉
　　　　成荣 —— 茄远
以奇 —— 成汀 / 冬木生
以汶 —— 思来
以巧 —— 桃芳 / 荷树

能川 —— 以渊 —— 成武 / 成文
以深 —— 爱平

常崇 —— 失考 —— 思淮 —— 钦德(失传) —— 能楷 —— 雷月娥 与 以专联婚 —— 成雄 —— 为松
　　　　　　　思海(失传)　钦亮 —— 能言 —— 以专 —— 春明 —— 为桃
　　　　　　　　　　　　　　　　　　　　　　　　　　　　赖唐 —— 成九 —— 剑光
　　　　　　　　　　　　　　　　　　　　　　　　　　　　妹子 —— 金桃 —— 丽红
　　　　　　　　　　　　　　　　　　　　　　　　　　　　　　　(双桃)

(上代失考) 有应 —— 思文(失传) —— 钦增(失传)
　　　　　　思昌 —— 钦茂 / 钦如 / 钦松 —— 能森 —— 以森 —— 成水 / 胜华 / 建华
　　　　　　　　　　钦远　　　　　　　　　　　　　　(继入)

有招 —— 思路 —— 钦彩 —— 能发 —— 以棠 —— 观音秀
　　　　　　　　　　　　　　以禄 —— 燕兰
　　　　　　　　　　　　　　以万

有金 —— 思启 —— 钦蛟 —— 能华 —— 以玉 —— 成文 —— 荣荣 —— 鑫
　　　　思稔 —— 钦焕 —— 能桓 —— 崇福 —— 春辉 —— 荣辉 —— 祥
　　　　思穗(失考)　　　　　　　　(继子) 春兰

(上代失考) 钦森 —— 董纲 —— 炳长 —— 土火
　　　　　　　　　　　　炳桂 —— 汉发 / 汉东

钦文 —— 发明 —— 为标 —— 荣水 / 荣海
　　　　　　　(继子)
　　　　　　福生 —— 高翔

钦焕 —— 能财 —— 以博(失传) —— 成高 / 成根 / 成健
(双桃) 能桓 —— 以惠

(上代失考) 钦春 —— 能委 —— 老陈哩 —— 成振 / 成敏
　　　　　　　　　　　　　　(后在以森公房续)

能雨 —— 以策 —— 连金 —— 胜红 —— 桂花
　　　　　　　新福 —— 伟华

(上代失考) 钦章 —— 能顺(失传)
　　　　　　老曾哩 —— 以标 —— 庆福 —— 卫平

(上代失考) 钦由 —— 能谷 —— 金水(失传) —— 成文
　　　　　　能其(失传) —— 以春 —— 成武
　　　　　　能口(失考) —— 四四 —— 四金 —— 水秀 / 青梅
　　　　　　能明 —— 以海 —— 成炳(双桃)

384

12世　13世　14世　15世　16世　17世

云显——世旺　上汉 (以下四代失考)
　　　　　　　上祥——常孚 (失传)
　　　　　　　　　　　常爱——思同 (失传)
均福公支系　　　　　常取——思兴——钦云 (失传)
　　　　　　　上才 (以下四代失考)　　　　钦翘
　　　　　　　上私——常美 (失传)——思山——钦进
　　　　　　　　　　　　　　　　思成 (失传)——钦赞 (失传)
　　　　　　　上进——常春——思策——钦佩
　　　　　　　　　　　　　　　思舜——钦英
　　　　　　　　　　　　　　　思作 (失考)
　　　　　　　　　　　　　　　思官——钦日 (失考)
　　　　　　　　　　　　　　　　　　钦月
　　　　　　　　　　　　　　　思彩——钦万 (失考)
　　　　　　　上伍——常洪——思福——钦必
　　　　　　　　　　　　　　　　　　钦仁

17世　18世　19世　20世　21世　22世　23世

钦英——能善——以亮——石金
　　　　　　　　　　　石玉——文球——州洪
　　　　　　　　　　　　　　　　　　彩云
　　　　　　　　　　　　　　　　　　三英
　　　　　　　　　　　　　　　　　　彩霞
　　　　　　　　　　　为田——平云
　　　　　　　　　　　　　　　科勇
　　　　　　　以田——成寿——文伦——越文
　　　　　　　　　　　(以寿)　　清平
　　　　　　　　　　　成佳——冬福——金鹏
钦月——能昌——以宽——成耕 (失传)
　　　　　　　　　　　成丰——木金生——天发
　　　　　　　　　　　　　　　　　　小花
　　　　　　　　　　　　　　　　　　双金
　　　　　　　以洪 (失传)——二生——双兰
　　　　　　　以顺 (失考)——石火——伟松
钦仁——能斌——以魁——成财——惟城——崇桂——红伦
　　　　　　　　　　　成恩 (出继)　　　　　红仁
　　　　　　　　　　　　　　　　　　　　　桃兰
　　　　　　　　　　　　　　　　　崇栏——红斌——炜祥
　　　　　　　　　　　　　　　　　　　　　红铭
　　　　　　　　　　　　　　　　　　　　　惠荣
　　　　　　　　　　　　　　　　　崇标——红锋
　　　　　　　　　　　　　　　　　　　　　先平
　　　　　　　　　　　　　　　　　　　　　秋林
　　　　　　　　　　　　　　　　　崇扬——彩荣
　　　　　　　　　　　　　　　　　　　　　彩红
　　　　　　　　　　　以登——成玉——为行——崇源——火林
　　　　　　　　　　　　　　　　　　　　　木秀
　　　　　　　　　　　　　　　　　　　　　水花
　　　　　　　　　　　　　　　　　　荣火——斌斌
　　　　　　　　　　　　　　　　　　　　　水英
　　　　　　　　　　　　　　　　　　　　　金花
　　　　　　　　　　　　　　　　为东——崇亮——斌娟
　　　　　　　　　　　　　　　　　　　　　长莲
　　　　　　　　　　　　　成玖——老肖子——火佬——汀连
　　　　　　　　　　　　　　　　(与青联婚)　　旭生 (在青房后续)
　　　　　　　　　　　　　　　　　　秋球——银亮
　　　　　　　　　　　　　　　　　　　　　银华
　　　　　　　　　　　　　　　　　　　　　佛林
　　　　　　　　　　　　　　　　　　长生 (在青房后续)
　　　　　　　　　　　　　　　　为彬——崇发——荣政
　　　　　　　　　　　　　　　　　　　　　长金
　　　　　　　　　　　　　　　　　　崇水——国荣
　　　　　　　　　　　　　　　　　　　　　国英
　　　　　　　　　　　　　　　　为美——金火——一女
　　　　　　　　　　　成禹——惟伦——志鹏——乃娴
　　　　　　　　　　　　　　　　　　荣卫——文斌
　　　　　　　　　　　　　　　　　　志锋
　　　　　　　　　　　　　　　　　　志晖

17世　18世　19世　20世　21世　22世　23世

钦翘——能顺——以功——成恩　惟基——崇文——仁宇
　　　　能贵 (失传)　　　　(继入)　　　　　　仁华
　　　　能容　　　　　　　　　　　　　　　　德生
　　　　　　　　　　　　　惟森——春辉——盛富
　　　　　　　　　　　　　　　　　春松
　　　　　　　　　　　　　惟雄——生福
　　　　　　　　　　　　　　　　　长生
　　　　　　　　　　　　　　　　　荣火
　　　　　　　　　　　　　　　　　荣华
　　　　　　　　　　　　　惟辉——爱福——仁斌
　　　　　　　　　　　　　　　　　　　　琴红
　　　能容——以信——成富——惟俭媳张秀英 (佃唐)——健明
　　　能发——以财——成策　　　　　　　　　　　芬芬
　　　　　　　　　　　　　惟模——崇金
　　　　　　　　　　　　　惟祥——崇陶——水娣
　　　　　　　　　　　　　　　　　　　　水兰
　　　　　　　　　　　　　　　　　水长——华生
　　　　　　　　　　　　　　　　　　　　梅梅
　　　　　　　　　　　　　惟泰——崇森——水梅
　　　　　　　　　　　　　惟延——崇桂——秀兰
　　　　　　　　　　　　　　　　　　　　元林
　　　　　　　　　　　　　　　　　崇梅——金海
　　　　　　　　　　　　　　　　　　　　桃林
　　　　　　　　　　　　　　　　　　　　文花
　　　　　　　　　　　　　　　　　崇松——美琴
　　　　　　　　　　　　　　　　　　　　桃辉
　　　　　　　　　　　　　惟延——文星——海彬
　　　　　　　　　　　　　　　　　建华——英群
　　　　　　　　　　　　　　　　　建成
　　　以林——成谋——惟碧——荣琴
　　　以孚 (失传)　　石连——惟汉——锋兰
　　　　　　　　　　　　　　　　　荣花
　　　　　　　　　　　　　　　　　志鹏
　　　以源——成材——和志——雄燕
　　　　　　　　　　　(双桃)　　红燕
　　　　　　　　　　　　　　　　　金秀
　　　以悠——成禹——为伦 (成禹房后续)
(以上四代失考)——以恒——老魏子——发金 (在兆拔房续)——凉琴
　　　　　　　　　　　(兆拔)　　　　　　　　　海海
　　　　　　　　　　　　　　　　　辉——荣华　海海
　　　　　　以权 (失传)　成章——六金——洪森——洋琳
　　　　　　　　　　　　　　　(发清)　　　　木荣
　　　　　　　　　　　　　　　　　洪春——明明
　　　　　　　　　　　　　　　　　　　　金芳
　　　　　　　　　　　　　　　　　洪杰——雪芳
　　　　　　　　　　　　　　　　　　　　海金
钦佩——能清——以彦——成发——为熙——崇水——海计
　　　　　　　　　成碧 (过以茂)　　(井水)　　洲凯
　　　　　　　　　成连 (失传)　　　　　　　　惠琴
　　　　　　　以茂——成碧——为招 (失考)　　　惠英
　　　　　　　　　　　　　　　为森——(泉水)

能智——以文——成奎——石长——仁海
　　　　　　　　　长天发古——翠英
　　　　　　　　　　　　　　　翠连
能标——以学——成规——为佳——福福
　　　　　　　　　　　　　为香——崇萍
　　　　　　　　　　　　　　　　春林
　　　　以联——成绳——衡——洪平
　　　　　　　　　　　翔——海燕
　　　　以书——成则——为作——金福
　　　　　　　　　(继子)　　　金木
　　　　　　　　　为进——春花
　　　　以森——肖五哩——肖生金——雪花
　　　　　　　成敏——进荣　　　雪英
　　　　　　　　　　　进福　　　鹏辉
　　　　　　　　　　　进锋
　　　　　　　成振——丁铭——晃求
　　　　　　　　　　　(胜鸣)
　　　　　　　　　　　丁华——春芸
　　　　　　　　　　　(胜麟)
　　　　　　　　　　　丁滇——芳宇
　　　　　　　　　　　(胜雷)

385

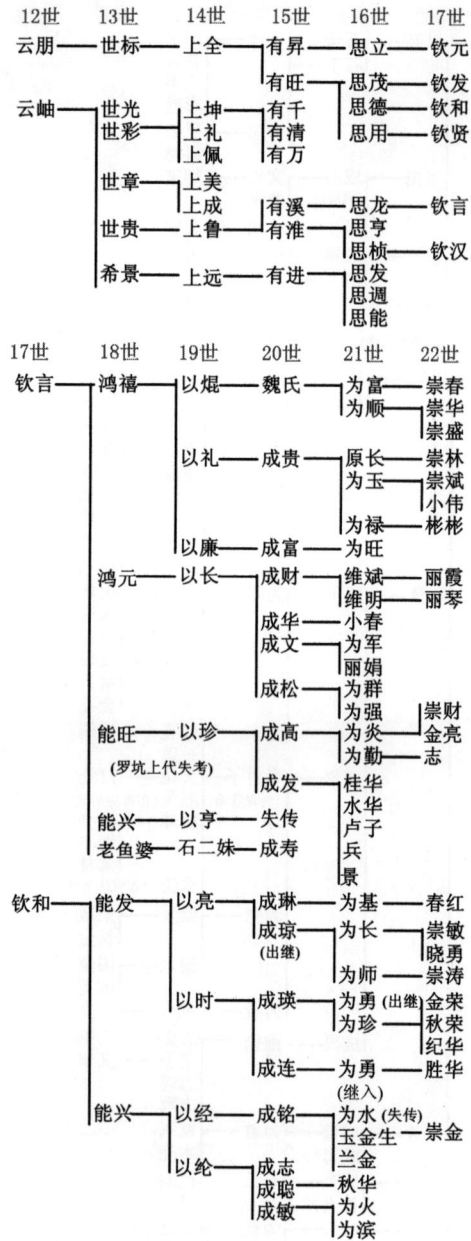

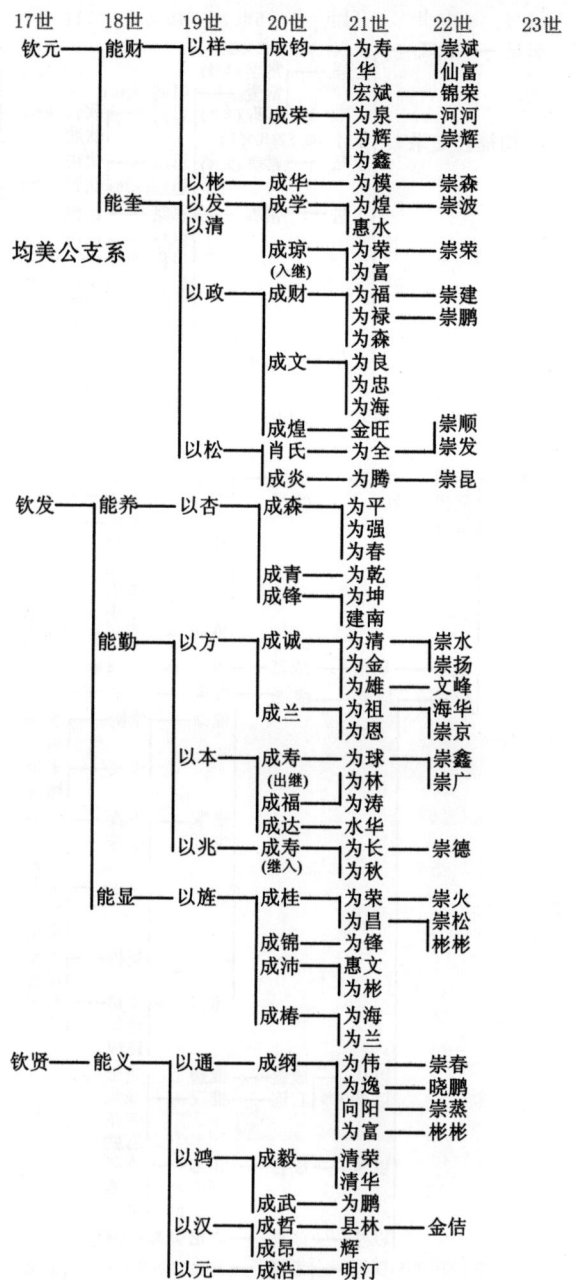

左上表

12世	13世	14世	15世	16世	17世
云朋	世标	上全	有昇	思立	钦元
			有旺	思茂	钦发
云岫	世光	上坤	有千	思德	钦和
	世彩	上礼	有清	思用	钦贤
		上佩	有万		
	世章	上美			
		上成			
	世贵	上鲁	有溪	思龙	钦言
		上远	有淮	思亨	
	希景		有进	思桢	钦汉
				思发	
				思週	
				思能	

左中表

17世	18世	19世	20世	21世	22世
钦言	鸿禧	以焜	魏氏	为富	崇春
				为顺	崇华
					崇盛
		以礼	成贵	原长	崇林
				为玉	崇斌
					小伟
				为禄	彬彬
		以廉	成富	为旺	
	鸿元	以长	成财	维斌	丽霞
				维明	丽琴
			成华	小春	
			成文	为军	
				丽娟	
			成松	为群	
				为强	崇财
	能旺	以珍	成高	为炎	金亮
	(罗坑上代失考)				志
			成发	桂华	
				水华	
				卢子	
				兵	
				景	
	能兴	以亨	失传		
	老鱼婆	石二妹	成寿		
钦和	能发	以亮	成琳	为基	春红
			成琼	为长	崇敏
			(出继)		晓勇
				为师	崇涛
		以时	成瑛	为勇(出继)	金荣
				为珍	秋荣
					纪华
			成连	为勇	胜华
				(继入)	
	能兴	以经	成铭	为水(失传)	
				玉金生	崇金
				兰金	
		以纶	成志		
			成聪	秋华	
			成敏	为火	
				为滨	

右表

17世	18世	19世	20世	21世	22世	23世
钦元	能财	以祥	成钧	为寿	崇斌	
				华	仙富	
				宏斌	锦荣	
			成荣	为泉	河河	
				为辉	崇辉	
				为鑫		
		以彬	成华	为模	崇森	
	能奎	以发	成学	为煌	崇波	
		以清		惠水		
			成琼	为荣	崇荣	
			(入继)			
		以政	成财	为富		
				为福	崇建	
				为禄	崇鹏	
				为森		
			成文	为良		
				为忠		
				为海		
		以松	成煌	金旺		
			肖氏	为全	崇顺	
					崇发	
			成炎	为腾	崇昆	

均美公支系

17世	18世	19世	20世	21世	22世	23世
钦发	能养	以杏	成森	为平		
				为强		
				为春		
			成青	为乾		
			成锋	为坤		
				建南		
	能勤	以方	成诚	为清	崇水	
				为金	崇扬	
				为雄	文峰	
			成兰	为祖	海华	
				为恩	崇京	
		以本	成寿	为球	崇鑫	
			(出继)		崇广	
			成福	为林		
			成达	水华		
		以兆	成寿	为长	崇德	
			(继入)	为秋		
	能显	以旌	成桂	为荣	崇火	
				为昌	崇松	
			成锦	为锋	彬彬	
			成沛	惠文		
				为彬		
			成椿	为海		
				为兰		
钦贤	能义	以通	成纲	为伟	崇春	
				为逸	晓鹏	
				向阳	崇蒸	
				为富	彬彬	
		以鸿	成毅	清荣		
				清华		
			成武	为鹏		
		以汉	成哲	县林	金佶	
			成昂	辉		
		以元	成浩	明汀		

(四)历代英贤

1. 土地革命烈士

能鼎 以忠 以花 成瑶 成根 能台 以生 马子发 成美 成太 能经 以宁 天富生 日旺 为平 能柯 以芹 东哩 成敏 为俭 以瞻 以时 成忠 成华 为业

2. 五老人员(失散老红军、老游击队)

以东,男,1917年生。

以彬,男,1918年生。

成规,男,1914年生。

成芬,男,1912年生。

石玉,男,1920年生。

3. 历代名贤

世衡,1736—1795,清乾隆骑都尉,台湾中营中军府。

恩倖,清道光癸亥举人,广西南宁同知。

能敬,1850年生,清宣统庚戌恩贡,茂材小学创办人。

能标,1862—1930,邑庠生。

能元,邑庠生。

成汉,1884—1951,北大毕业,宁化县知县。

成器,毕业于中政大经济系,农民银行会计处主任。

以勃,1909年生,毕业于杭州航校民国空军上校。

继昌,台湾陆军一级少将。

惟智,1919—1972,毕业于中央军校三分校,龙岩适中乡乡长,明溪自卫队队长、上尉。

成炘,台湾上校情报官。

谆,1921年生,大学毕业,台湾新竹税务科科长。

惟劭,1920年生,国安会专门委员,台湾一级少将。

成侃,1921年生,曾任台湾建设局局长,台湾省林务局督查。

以纲,1925年生,台湾高雄上校警督。

以春,1919—1991,男,长汀县政协常委。

成禹,1913—1993,男,曾任公社党委书记。

以柱,1919— ,男,汀州医院主任医生。

以有,1926— ,男,长汀旅台同乡理事,台北文教基金会董事、美国亚洲公司董事长。

以键,1935— ,男,教授,安徽省立医院主任医生,享受国务院专家补贴待遇。

以文,1956— ,男,沙县公安局局长。

香妹,1953— ,女,曾任宁化县副县长。

以贤,1953— ,男,工程师,龙岩公路局纪检书记。

连水,1957— ,男,广西民族音像出版社社长(正处)。

朝阳,1944— ,男,长汀中医院主任医生。

成熹,1921— ,男,台湾省立家女中教务主任。

成葵,1928— ,男,中学高级教师,长汀一中化学教研组组长、福建省人大代表。

成振,1931— ,男,律师,曾任长汀、龙岩县法院院长、县委委员。

成南,1952— ,男,历任漳平、武平县法院院长。现任龙岩市中级法院审判委员专职委员(正处)。

成义,1940— ,男,高级工程师,南昌洪都机械厂。

成萌,1941— ,男,中学高级教师,长汀二中退休。

成绳,1938—1996,男,高级工程师,常州兰翔机械总厂。

成文,1940— ,男,高级教师,县实验小学教务主任。

成荣,1945— ,男,农艺师,县农科委退休。

成火,1948—　　　,男,县公安局副局长,党委副书记。

成演,1954—　　　,男,县公安局交通管理大队副主任科员。

建文,1968—　　　,男,教授、博导,省农林大学园林学院院长。

锦华,1957—　　　,男,农艺师,县农业局。

成政,1968—　　　,男,博士,日本早稻田大学国际法学专业毕业。

成渊,1966—　　　,男,美国哈佛大学博士、麻省理工学院博士。台湾大学任教、发明双光子显微镜萤光术、博士生导师。

成康,1969—　　　,男,硕士研究生、机构投资最佳分析师,麻省理工学院毕业、工商管理、机电工程硕士。历任台湾德意志银行副总经理、瑞士银行台湾董事总经理、UBC台股研究部主官。

靖寰,1963—　　　,男,博士,留美。

惟桐,1929—　　　,男,县委宣传部副部长、县教育局长。

为训,1940—　　　,男 高级农牧师,清流县畜牧水产局退休。

文伦,1968—　　　,男,县纪委副书记、监察局局长。

为伙,1952—　　　,男,省煤田地质局纪委副书记。

惟誉,1935—2009,男,教授,省立医院主任医生、中华医学会核医学分会主任委员。

维林,1956—　　　,男,庵杰乡乡长、县社会劳动保障局副局长。

惠文,1977—　　　,男,律师,硕士研究生。

乃明,1952—　　　,男,县保密局局长。

朝晖,1969—　　　,女,中学高级教师,长汀二中副校长。

俊伯,1964—　　　,男,台南市立医院急诊科主任、心脏内科主治医生。

怡君,1961—　　　,女,维也纳音乐学院作曲系硕士,台湾高雄师范教师。

青松,1976—　　　,男,硕士研究生,福建师大党委组织部长。

崇金,1948—　　　,男,高级讲师,长汀师范退休。

崇文,1955—　　　,女,政大编审,台湾"中央"大学毕业。

晶,1981—　　　,男,厦门市政府办公室秘书(副科)。

以鸿,1942—　　　,男,长汀第一建筑总公司副经理。

成宁,1955—　　　,男,深圳、香港大众邮币社经理,从事金银币、龙银邮票收藏业务。对宗族公益事业有突出贡献。

炳生,1966—　　　,男,闽赣商业城胜辉陶瓷行经理。

荣荣,1968—　　　,男,长汀鑫荣服饰有限公司总经理。

胜雷,1971—　　　,男,厦门嘉和泰瑞投资有限公司总经理。

志锋,1971—　　　,男,上海依琳娜化妆品浙江义乌分公司经理。

维寿,1977—　　　,男,广州天河中触电子公司总理。

（五）其他

1."长厅厦"的传说

董氏宗祠,在叶屋坊有两座,均是坐北朝南。上片壬山丙向,是董念一郎公祠。下片是董大一郎公祠。后人为便于区分,念一郎公后裔叫上董屋人,大一郎公后裔叫下董屋人。经查

流坑谱牒：大一郎公之父九成公是流坑第十代孙，念一郎公是流坑第十四代孙。下董屋从流坑徙叶屋，比上董屋早百年左右。

上董祠堂俗称"长厅厦"。经念一郎公后裔数次修缮，仍保存完好。祠堂分上、下厅、后厅、天井，还有东厅、西厅。上厅与后厅，仅用活动木板隔开。丧事，灵柩从后门抬入后厅。祭奠、出殡时把活动木板开启，从大门抬出。婚事迎娶，则花轿抬至祠堂大门，进入大厅谒祖拜堂后，伴娘背新娘从厅后小门送入洞房。这项婚、丧、红、白事延续至今，这种礼制大大方便了族人。也是汀州数县唯一的利用祠堂办婚、丧事的习俗。

祠堂内禁赌，这一族规延续至今。前几年曾有族人想租赁祠堂办桌球场，也遭到族众非议而作罢。

（成芬口述，石玉整理）

2. 鸭嫲地的传说

璋公看（牧）养鸭嫲，寄居于鸳鸯铺之山上。不意在斯地各鸭每夜生双卵，心知吉地。求山主相逊，竟允诺。当时唯以一鸭易之，书有契记，其山界：上至狗头岕，下至地坟砂崀，右至官坑，左至崀。因为祖妣寿坟后三夕，璋公遇古窨得金，至今称唤鸭嫲地。雍正五年重修。乾隆年间，狗头岕外崀下山一嶂。向本族上翠买来，窝内杉树茂盛……并在契内。狗头岕崀内向张贡千买，契中载有四至。岕下张景福屋基年纳租米三升正，赁贴及二契，均附存。

注：四世祖妣赖满娘安葬鸭嫲地，后代附葬，有五世祖、六世祖考妣，八世祖元茂公等。

摘自锡光老师家谱手抄本，转引自董义平《索源考》

3. 楹联

长汀董氏宗祠门联：

理学新世第　　　良史旧家风

千秋良史　　　　百代儒臣

下帷苦读真儒范　执简争朝良史风

第四节　建宁董氏

建宁是福建省的母亲河闽江的发源地，是著名的中国建莲之乡、黄花梨之乡和亚洲最大的薄型纸生产基地。

地处海峡西岸经济区，闽西北武夷山麓中段，古为绥安县。唐乾元二年建镇，南唐中兴元年（958 年）置县，迄今有 1051 年的历史。建宁是台湾首尊肉身菩萨慈航法师的故里，慈航法师生于建宁县溪口镇艾阳村，18 岁出家，1946 年赴台，为台湾佛教文化作出历史性的贡献。在建宁千年古刹报国寺建有慈航菩萨纪念馆。境内世界地质公园金铙山主峰白石顶为福建第二高峰（海拔 1858 米），具有典型的花岗岩石蛋地貌。登金铙山可观雌雄飞瀑，乘皮筏艇可探漂流之险，走千年古道可品空谷幽然，游修竹荷苑可赏莲之神韵，是夏季避暑和生态旅游的绝佳之地。

第二次国内革命战争时期，为全国重点中央苏区县之一。是红军长征的发起地之一，在

红军五次反围剿过程中,又是红军重要的筹粮筹款地,被誉为"苏区乌克兰",也是红军第二次反"围剿"最后大捷的决胜地,我军炮兵和通信兵建制诞生地。这块红土地的先辈们以生命为代价,为中国的解放事业做出过巨大贡献,先后有 7000 多建宁儿女为中国革命的胜利血洒战场。毛泽东、周恩来、朱德、叶剑英、杨尚昆等老一辈无产阶级革命家曾在这里度过了艰苦卓绝的峥嵘岁月。十大开国元帅中,除贺龙、徐向前外的八位元帅均在建宁指挥过中央红军作战,170 位师(地)以上党政军干部在这里从事过革命实践。建宁红色旅游资源丰富,红军"三总部"、红军医院、红军银行、红军兵工厂等许多革命历史遗址遗迹保存较完好,其中红一方面军领导机关旧址是全国重点文物保护单位、全国爱国主义教育示范基地、国家级博物馆,已建成中央苏区反"围剿"纪念园,被列入全国 100 个红色旅游经典景区和福建省重点推介的五条红色旅游精品线路之一。

一、建宁(陇西郡)董氏

(一)历史迁徙

郡望为陇西郡。南宋德祐年间,董关甫迁徙建宁。据《董氏统宗分迁派志》载:"建宁派,自董仲三之后裔也分迁居焉。"从江西入闽。现后裔居溪口镇、濉溪镇、里心镇、黄埠乡和宁化县安远乡等。传至二十七代,有人口 486 人。

始祖董关甫墓坐落艾阳西湖山上。

(二)世行昭穆

字辈:从第十七代起,依次为:福寿雨忠信,先德必兴隆。荣华光耀祖,绍胜金玉传。

(三)简明世系

1. 前代世系

1世	2世	3世	4世	5世	6世	7世	8世	9世	10世	11世	12世	13世
关甫	三七郎	福瑄	福郎	三福郎	添福 伯祥	思诚 万口 万口 万口 万口	生福 文铭 文安	仁通 仁斌 仁禄 仁贵	本唐 本俊 本有 启旦	胜兴 时兴 时富 时松 时永 时华	国元 国弼 国定 炎贵	政演 政辅

13世	14世	15世	16世	17世	18世	19世	20世	21世
政演 政辅	子雲	加茂 加伕 加倚	增永 增珫 增琨 增琳 增瑛 增琇	福欽 福銘 福銓 福鎬 福錄 福鐇 福錦 福銀 福鏡	寿芳	雨宗 雨旦 雨鰲	忠璠 忠璸 忠珂 忠瑃 忠珺 忠琇 忠璋 忠琰 忠瑤	信溫 信恭 信宜 信棟

2. 艾阳董氏

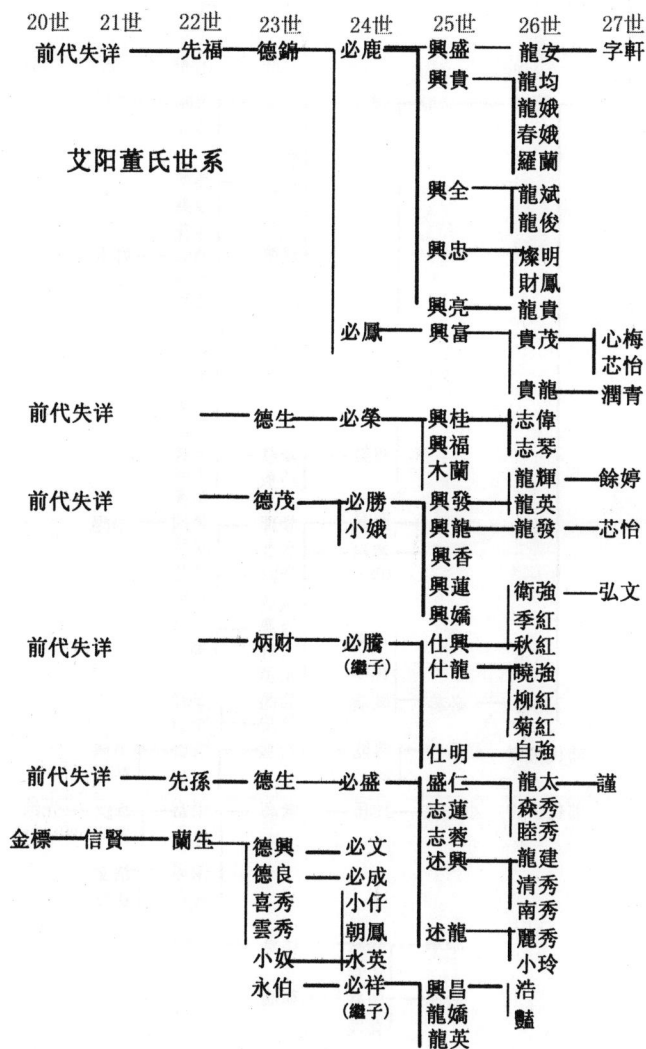

艾阳董氏世系

20世	21世	22世	23世	24世	25世	26世	27世
前代失详	先福	德錦	必鹿	興盛	龍安	字軒	
				興貴	龍均		
					龍娥		
					春娥		
					羅蘭		
				興全	龍斌		
					龍俊		
				興忠	燦明		
					財鳳		
				興亮	龍貴		
			必鳳	興富	貴茂	心梅	
						芯怡	
					貴龍	潤青	
前代失详			德生	必榮	興桂	志偉	
					興福	志琴	
					木蘭		
前代失详			德茂	必勝	興發	龍輝	餘婷
				小娥	興龍	龍英	
						龍發	芯怡
					興香		
					興蓮	衛強	弘文
					興嬌	季紅	
前代失详			炳財	必騰	仕興	秋紅	
				(繼子)	仕龍	曉強	
						柳紅	
						菊紅	
					仕明	自強	
前代失详	先孫	德生	必盛	盛仁	龍太	謹
				志蓮	森秀	
				志蓉	睦秀	
				述興	龍建	
金標	信賢	蘭生	德興	必文	清秀	
			德良	必成	南秀	
			喜秀	小仔	麗秀	
			雲秀	朝鳳	小玲	
			小奴	水英		
			永伯	必祥	興昌	浩
				(繼子)	龍嬌	豔
					龍英	

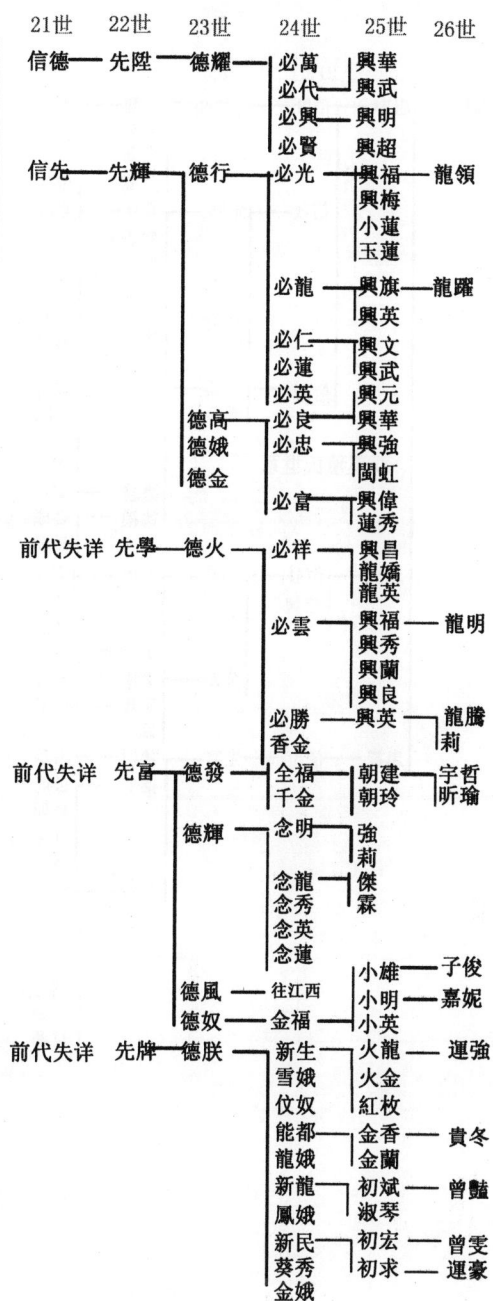

21世	22世	23世	24世	25世	26世
信德	先陞	德耀	必萬	興華	
			必代	興武	
			必興	興明	
			必賢	興超	
信先	先輝	德行	必光	興福	龍領
				興梅	
				小蓮	
				玉蓮	
			必龍	興旗	龍躍
				興英	
			必仁	興文	
			必蓮	興武	
			必英	興元	
		德高	必良	興華	
		德娥	必忠	興強	
		德金		閩虹	
			必富	興偉	
				蓮秀	
前代失详	先學	德火	必祥	興昌	
				龍嬌	
				龍英	
			必雲	興福	龍明
				興秀	
				興蘭	
				興良	
			必勝	興英	龍騰
			香金		莉
前代失详	先富	德發	全福	朝建	字哲
			千金	朝玲	昕瑜
		德輝	念明	強	
				莉	
			念龍	傑	
			念秀	霖	
			念蓮		
		德風	往江西	小雄	子俊
		德奴	金福	小明	嘉妮
				小英	
前代失详	先牌	德朕	新生	火龍	運強
			雪娥	火金	
			仗奴	紅枚	
			能都	金香	貴冬
			龍娥	金蘭	
			新龍	初斌	曾豔
			鳳娥	淑琴	
			新民	初宏	曾雯
			葵秀	初求	運豪
			金娥		

3. 双溪董氏

左图

19世	20世	21世	22世	23世	24世
禹仟	忠献	信旺	鄢花朝(养女)	大龙	李伟
				菊兰	
				青兰	
		信茂	先兴	美兰	俊杰
				德斌	必旺
				德龙	心怡
				群英	
			先兆	德明	鑫
			容娇	德权	文轩
			容娥	德强	雨亭
				谭叔英(养女)	
		信义	先荣	德仁	鹏辉
			云金		文陶
					凤莲
					文仙
				德义	文华
				德礼	必成
					必胜
	忠清	信发	先贵	芳德	必文
		信兴			必武
				德恒	必煌
				叶碧凤(养女)	
			先进	文彬	宁超
				文俊	佳玲
				丽珍	
	忠禄	信可	先富	德财	添华
				德胜	必龙
					必辉
					月娥
					尾女
				德煌	必祥
					必光
					美贞
					月娇
					润莲
					金兰
					美金
					月兰

双溪董氏世系

右图

22世	23世	24世	25世	26世	27世	28世	29世
先成	德兴	必旺	兴茂	隆贵	荣刚	华祥	
				秀英	荣桂		
				龙娇			
			兴太	隆波	荣传		
					金燕		
					金花		
				隆德	荣清	妤函	
					荣赦		
					荣福		
					荣传		
					荣太金		
					雪英		
					雪娇		
					雪		
			兴魁	隆华	荣德娥		
				玲伲	荣娥		
					荣秀		
	德明	必圣	兴昌	隆辉	荣国	华阳	
		必文	兴昌(继子)	水香	露玲		
				隆财	荣建		
				凤英	春梅		
				隆庆	荣俊		
					燕珍		
	德生	必恭	巧秀	水群			
			花娇	水英			
	德寿	必恭	兴涛	隆胜	荣祥		
				隆庆	韵捷		
前代失详		必秀生	兴能	隆发	荣贵	华兴	
			兴芳		木英	春莲	
前代失详		小仔伇	兴旺	隆高	荣富	华铭	光浩
					凤金	青萍	
					荣义	华文	
					凤珍	华丽	
		添华	兴隆	建宁	荣顺		
			逢春		研		
		必龙	兴林	龙腾			
			春莲				
		必辉	兴陆				
		必祥	兴福				
			兴莲				
		必光	燕惠				
			兴良				

4. 银珠坪黄阜及安远增坑董氏

左表

21世	22世	23世	24世	25世	26世
信達	先顯	德亨	必發	興桂 興祥 興蓮 興鳳	隆柱 燕玲
			必昌	興財(繼子) 興蘭 興嬌 根華	龍敏
			必高	興財 興進 春華	龍敏 盈穎
			必魁 必美 必英 玉英	興祥(繼子) 興華 小英	
		德祿	道權 歸劉姓	小華	
			必武	興鵬	
			道輝 歸劉姓		
			必文 秀英 秀香	興寶	
		德年	必美(繼子) 玉蘭 銀秀	水勝 春蓮	
		德邦	銀英 必長 必義 蓮香	茂蘭 興芳 鑫	
	先新	德欽	必升 必強 必安 火秀 玉秀 必香 五妹 喜秀 蓉秀	興禮 興義 蘭英 興基	
		德錦 波秀 德蘭	必富 榮嬌		
	先福	德禮	必周 菊英	興福 萍	
		德義	必亮 蘭英 水蘭	興根 雨鑫	
米禾	金生 金香	德潮	必雄 煙秀	斌 婷	
		德明 紡秀	平 雄英 雄娥		
		德新 出繼朱痕馮兆魁			
	先明	德珍 水秀 才香	必賢(繼子) 必蓮	興錢 美蘭	婧 傑
		德江	必文 必秀 享秀	興鵬 興旺	
	細茂孫	□□	必文 必秀 享秀	興鵬 興旺	

右表

17世	18世	19世	20世	21世	22世
福儀	壽江	雨龍	忠魁	信□	
				信順	先雲 先賢 清金 □□ 清秀 蘭秀
				信金	先銀 先財 先喜
		雨貴 雨榮	忠鄉	□□	太生
				信明	先富 水尾姑
	壽全	雨□	忠□	信茂	先芳 先標

22世	23世	24世	25世	26世	27世
先雲	德勝 德□				
	德財	必朝	建斌 美嬌		
		必祥 必蘭 必桂	文濤 愛華		
	德發	必勝 美英 美蓮	興文 玉萍		
先銀	德良 德香 仗種	必生 雲秀 雲蘭	金龍 豔		
	德華	必漢 菊香	興哲		
先喜	德壽 水香 小仗	必嬌 必娟	蘇子傑		
太生	樣蘭 樣秀				
先富	德□ 德權	必良 梓崇 丁福 必祿 菊香	炳光 喜強 麗萍		
先芳	德安(繼子)				
先標	德安 德祥	石生 必才	松森 婧 美香 美秀	隆輝 隆耀	榮健
		必賢 必英	興錢 美蘭	傑 妍	
	德江	必文 必秀 享秀	興鵬 興旺		

二、建宁（广川郡）董氏

（一）历史迁徙

郡望为广川郡。元末避北兵之乱，流寓南丰，即蓝田始祖董仕高，其子居安由江西南丰三十四都龙湖，迁入福建邵武府建宁县北乡蓝田堡排前。现居溪口镇溪枫村，传至二十三代，有人口 125 人。

（二）世行昭穆

从第八代起字辈：

文邦国明，世大永昌，廷献天人，家传理学。

恢先以德，通道之原。孝友升闻，贤良上举。

著书绍圣，秉义正君。缵绪方长，乘时英发。

（三）简明世系

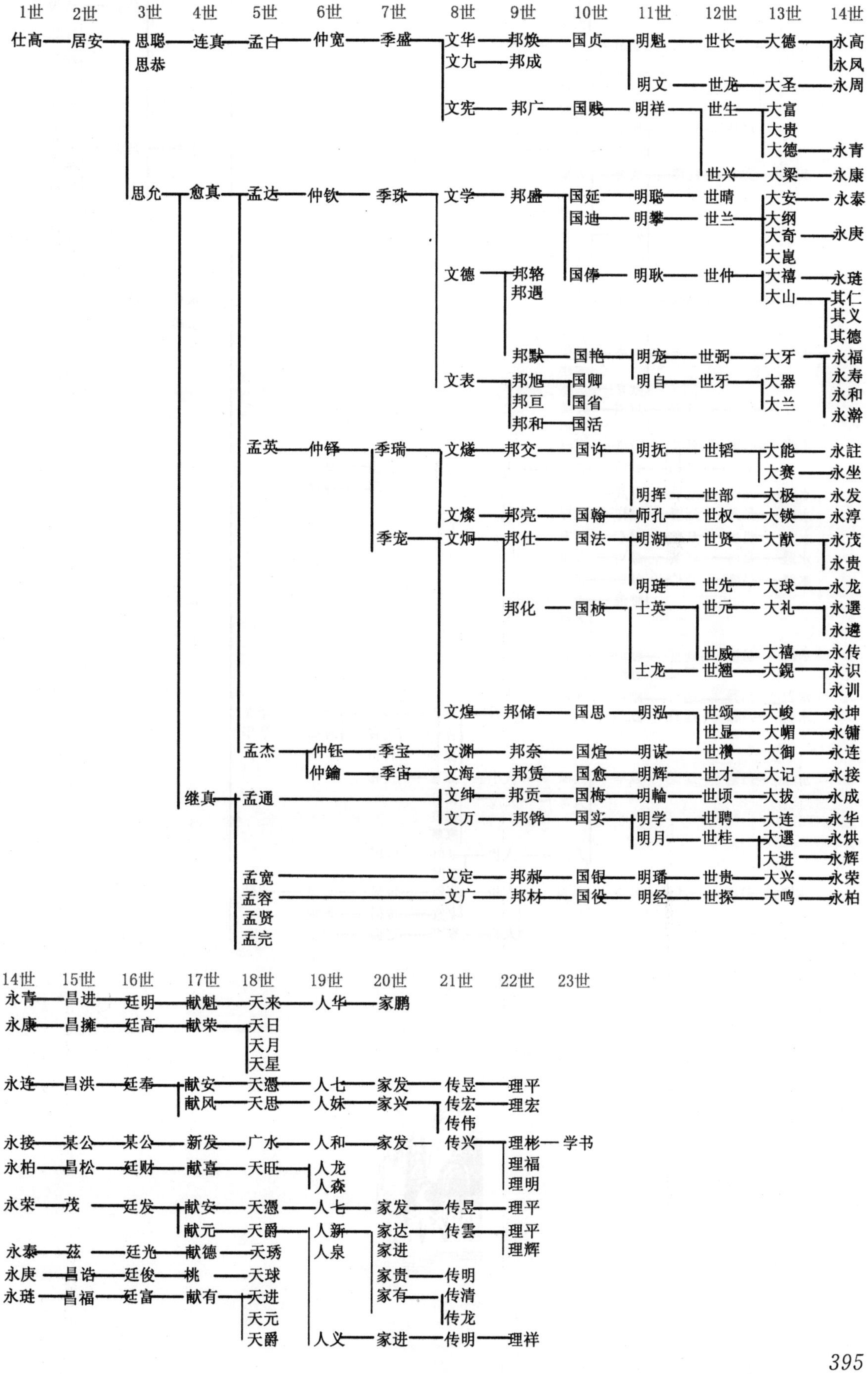
1世 2世 3世 4世 5世 6世 7世 8世 9世 10世 11世 12世 13世 14世
仕高 居安 思聪 连真 孟白 仲宽 季盛 文华 邦焕 国贞 明魁 世长 大德 永高
思恭
永凤
文九 邦成
明文 世龙 大圣 永周
文宪 邦广 国贱 明祥 世生 大富
大贵
大德 永青
世兴 大梁 永康
思允 愈真 孟达 仲钦 季珠 文学 邦盛 国延 明聪 世晴 大安 永泰
国迪 明攀 世兰 大纲
大奇 永庚
大崑
文德 邦辂 国俸 明耿 世仲 大禧 永琏
邦遇
大山 其仁
其义
其德
邦默 国艳 明宠 世弼 大牙 永福
文表 邦旭 国卿 明自 世牙 大器 永寿
邦亘 国省 大兰 永和
邦和 国活 永辫
孟英 仲铎 季瑞 文燧 邦交 国许 明抚 世韬 大能 永註
大赛 永坐
明挥 世部 大极 永发
文燦 邦亮 国翰 师孔 世权 大镁 永淳
季宠 文炯 邦仕 国法 明湖 世贤 大猷 永茂
永贵
明琏 世先 大球 永龙
邦化 国桢 士英 世元 大礼 永選
永遴
世威 大禧 永传
士龙 世翘 大鋧 永识
永训
文煌 邦储 国思 明泓 世颂 大峻 永坤
世显 大嵋 永镛
孟杰 仲钰 季宝 文渊 邦奈 国煊 明谋 世攒 大御 永连
仲鑰 季宙 文海 邦赁 国愈 明辉 世才 大记 永接
继真 孟通 文绅 邦贡 国梅 明輪 世顷 大拔 永成
文万 邦铧 国实 明学 世聘 大连 永华
明月 世桂 大選 永烘
大进 永辉
孟宽 文定 邦郝 国银 明璠 世贵 大兴 永荣
孟容 文广 邦材 国役 明经 世探 大鸣 永柏
孟贤
孟完
14世 15世 16世 17世 18世 19世 20世 21世 22世 23世
永青 昌进 廷明 献魁 天来 人华 家鹏
永康 昌擁 廷高 献荣 天日
天月
天星
永连 昌洪 廷奉 献安 天憑 人七 家发 传昱 理平
献风 天思 人妹 家兴 传宏 理宏
传伟
永接 某公 某公 新发 广水 人和 家发 传兴 理彬 学书
理福
永柏 昌松 廷财 献喜 天旺 人龙 理明
人森
永荣 茂 廷发 献安 天憑 人七 家发 传昱 理平
献元 天爵 人新 家达 传雲 理平
人泉 家进 理辉
永泰 茲 廷光 献德 天琇
永庚 昌诰 廷俊 桃 天球 家贵 传明
永琏 昌福 廷富 献有 天进 家有 传清
天元 传龙
天爵 人义 家进 传明 理祥

14世	15世	16世	17世	18世	19世	20世	21世	22世	23世
永周	昌喜	廷隆	献元	天仁／天礼／天义					
其仁	才安	延凤	献光	天华	人泉	家林／家平			
其义	昌谋	延芳	献财	天喜／天材／天顺					
	昌拜	延高	献琇	天富					
			献琜	天盛	人章				
其德	文安	延璋	献庚	天福／天禄					
				天星	人俊				
			献祖	天寿	人财				
			献宗	天旺	人盛				
永註	昌贵	廷槐	献禄	天熙／天照／天熏					
永坐	昌远	廷能	献福	天荣／天华					
			献喜	天路					
永发	昌佑	廷取	献福	天祺／天瑛					
永淳	昌增	廷礼	献禄	天财					
	昌壎	廷祁	献珍	天术	人龙	家铭	传鑫／传理	理杰／理斌	
永茂	昌骅	廷選	献武	天喜					
永贵	昌元	廷贤	献祥	天禄					
永龙	昌贵	廷莲	献章	天寿					
永遇	昌明	廷策	献兴	天锡					
永遯	昌盛	廷信	献琇	天益					
			献琨	天良／天震／天丰					
永传	昌捷	廷富	献河	天元					
		廷发	献海	天纲					
永识	昌秀	廷渭	献祥	天佑					
永训	昌徐	廷照	献兰	天栋	人庆	家根／家仁／家寿	传仁／传良／传贵	理福／理禄	学荣／学华
永坤	昌铭	廷谋	献福	天禄	人小	家敬	传彬		
				天寿	人茂	家柱／家良／家辉			
				天友	人德	家财／家发	传辉		
永铺	昌江	廷桂	献焱	天和	人和	家魁／家宜	传福／传福	理盛／理煌	学勤
					人昭	家寿	定福	理平	

14世	15世	16世
永福	昌德	廷汉
	昌景	廷陶／廷旺／廷胜／廷美／廷焕
	昌星	廷标
永寿	昌庆	廷荣／廷洋／廷珍
	昌元	廷旺／廷馨
	昌亨	廷发
	昌贞	廷相
永和	昌耀	廷寿
永潎	昌贵	廷德

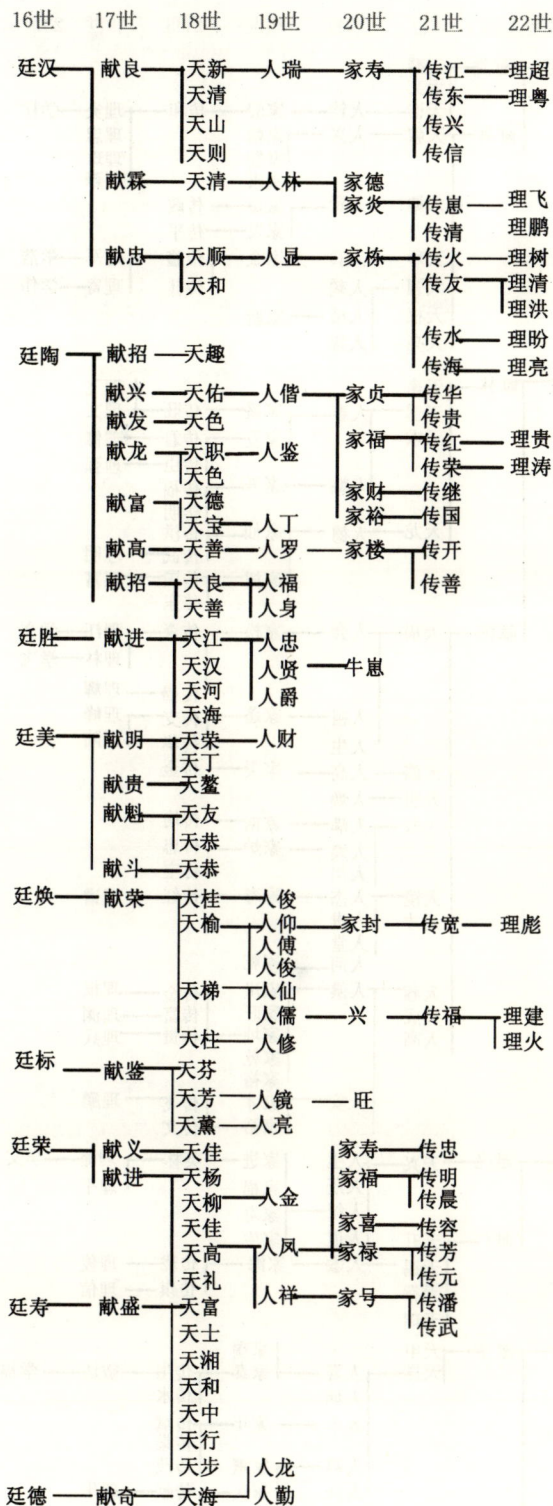

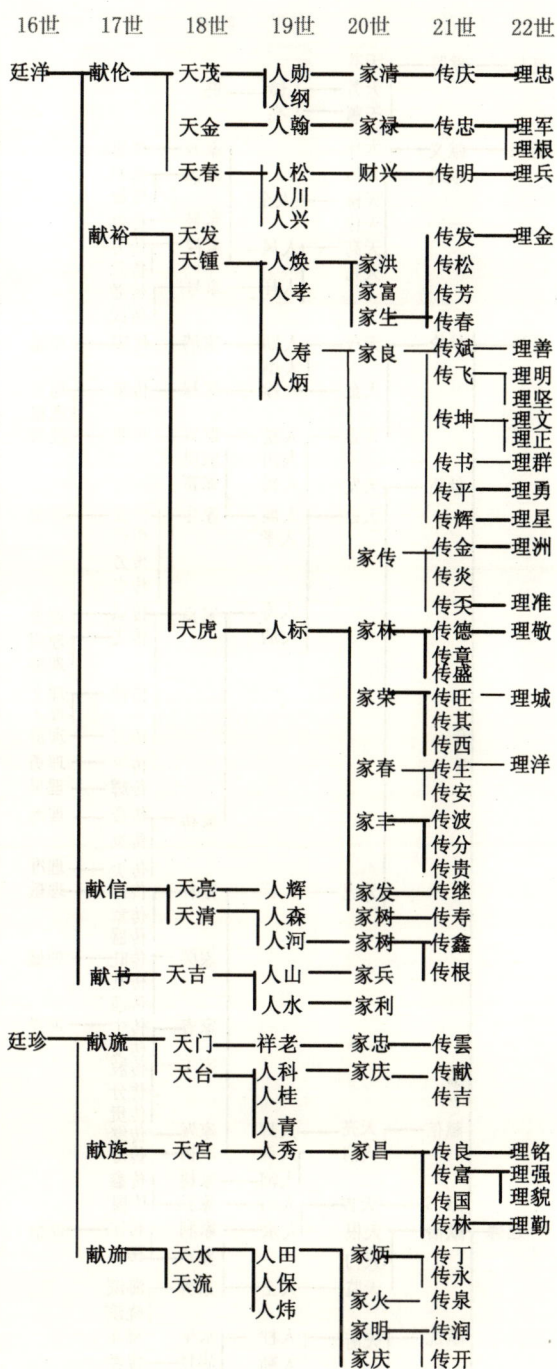

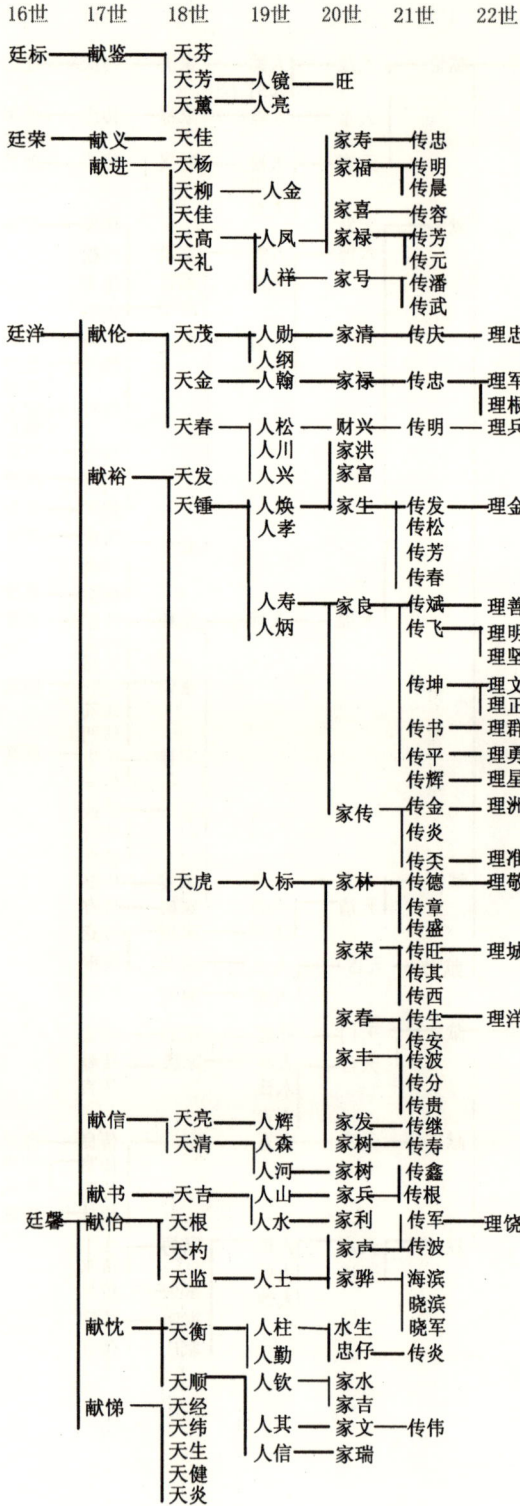

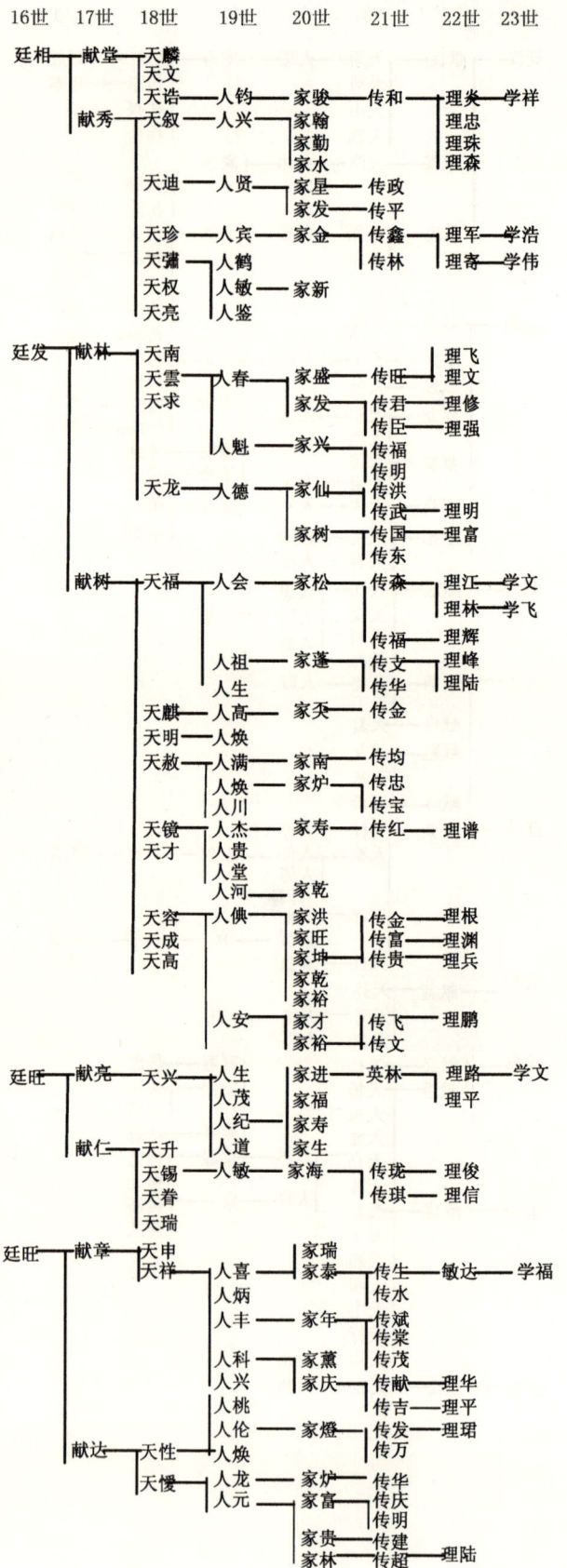

（四）外迁情况：

1.迁居江西省各房：

文炫公房世吉公支下居宁都州流白泉又居赣州石城县屏山。

孟白公房文九公支下居宁都州廿七都丁田排塔下。

仲钓公房世仪公支下居宁都州廿七都小浦游家寨。

仲鎗公房邦赁公支下居赣州永丰县四十一都洪家山。

孟通公房国宝公支下居赣州兴国县高兴乡枫木坳组大路坳下。

文燧公房昌长昌贵公支下居袁州分宜县都桑林外环车岗。

文炯公房昌文公支下居新余市分宜县都桑林镇桑林外港背。

又世贤支下居新余市分宜县都桑林外環车岗。

又永怀支下居新余市分宜县都桑林外木笼冲。

仲珏公房世襻公支下居新余市分宜县都桑林镇桑林外环车坪坡。

文爆公房廷皋公支下居新余市分宜县都桑林镇桑林外都环车岗。

文爝公房支下居上高县石黄桥举子团窑下。

文燦公房大凤支下居万载县大桥白茅冲。

又永兴支下居万载县大桥白茅冲。

又永昇公子昌明昌来昌禄父子寄居新余市分宜县桂村。

文德公房国艳支下居上饶县清水乡左溪陈茅坞及东茅寰。

孟宽公房大兴大寄支下居江西省上饶市横峰二十都蒋林。

孟容公房大鸣支下居江西省上饶县都毛坂及尖山。

孟白公房支下居江西省上饶县石人殿。

文学公房国俸支下居兴安县都瓦子塘。

文爝公房世骚支下居横峰港边乡余塘村董家。

孟贤公房文活支下居南城县四十都麻糍礁端圳。

孟白公房文華支下大聖居玉山县廿一都临江湖大洋阪。

文煥公房廷樹支下遷居江西省浮梁县鲁田湾长上都。

2.迁居浙江省各房：

孟白公房文憲支下大梁大德居开化县都花埠苏坞。

又文憲支下居开化县廿九都双源。

又文华公房支下大圣居浙江衢州西安县五十二庄钱王地名塘头饭甑山下。

文燧公房大宰支下居寿昌县杭头。

孟通公房大千支下居遂昌县湖山西山下。

又大千支下居遂昌县北二东风大村。

国宣公房大兴支下居玉山县枫林街。

文煌公房迁居浙江温州府东门嚴搭。

文灼公房支下迁居浙江温州府兴安永嘉县。

孟通公房永光支下迁居浙江温州府永嘉县四十七都枫林孤山。

孟達公房文德支下先居江西省上饶县陈毛坞。由天高公再迁居浙江省建德市上马乡小溪源村。

3. 孟通公房明凑支下居湖南浏阳市焦溪乡上云村。

4. 文灿公房开容支下居福建福宁府福鼎县城外。

第五节 武夷山曹墩董氏

福建武夷山是座历史悠久的文化名山,早在新石器时期,古越人就已在此繁衍生息。如今悬崖绝壁上遗留的"架壑船"和"虹桥板",就是古越人特有的葬俗。西汉时,汉武帝曾遣使者到武夷山用干鱼祭祀武夷君。唐代,唐玄宗大封天下名山大川,武夷山也受到封表,并刻石记载,还明令保护山林,不准砍伐。唐末五代初,杜光庭在《洞天福地记》里,把武夷山列为天下三十六洞天之一,称为"第十六升真元化洞天"。宋绍圣二年(1095 年),祷雨获应,又封武夷君为显道真人。自秦汉以来,武夷山就成为羽流禅家栖息之地,留下了不少宫观、道院和庵堂故址。武夷山还曾是儒家学者倡道讲学之地,陈朝的顾野王首创武夷讲学之风,宋代学者杨时、胡安国和朱熹等都先后在此聚徒讲学。清康熙二十六年(1687 年),康熙帝御书"学达性天"颁赐宋儒朱熹。匾额悬挂于朱熹亲手创建的武夷精舍。故后人称武夷山为"三朝理学驻足之薮"。至今山间还保存着宋代全国六大名观之一的武夷宫、武夷精舍、遇林亭古窑址、元代皇家御茶园、明末清初农民起义军山寨以及 400 多处历代名人摩崖石刻等文物古迹,为研究武夷山古代文化提供了珍贵的资料。

武夷山是典型的丹霞地貌,亿万年大自然的鬼斧神工,形成了奇峰峭拔、秀水潆洄、碧水丹峰、风光绝胜的美景。1999 年 12 月被列入《世界遗产名录》。

武夷山风景区还有双竿竹、方竹、建兰等罕见的竹木、奇异的花卉、稀有的鸟兽和名贵的药材,特别是这里盛产的香浓、味醇的武夷岩茶,以其"药饮兼具"的功效,名扬四海。

一、历史迁徙

元季,江西抚州乐安流坑十七代祖董懋模,字仲达,迁入闽建宁府崇安平川俗名曹墩。传至二十二代,现武夷山市有 426 人,分布在星村镇曹墩村、红星村、朝阳村、黄村村和兴田镇双西村。

《流坑迁居与发展记录》:元季十七世祖仲达公,与清江杜清碧游学闽中。入武夷,梦神人语曰:"逢曹便住。"明日过曹墩,曰:"殆神授耶?"从詹假馆。有詹景仁者,尝为抚州路总管府节推,知公名家子,遂以族女赘公。居无何,詹女娠矣。公复去曹墩,客游荆舒间。詹女已而诞子炜,累世遂易詹为望族。

二、世行昭穆

从第十五代起字辈:

司文宗正纪　诗礼衍家修

怀忠承祖训　循直绍春秋

辅佐明庭盛　恩光远宇周

传芳启哲嗣　世泽万年留

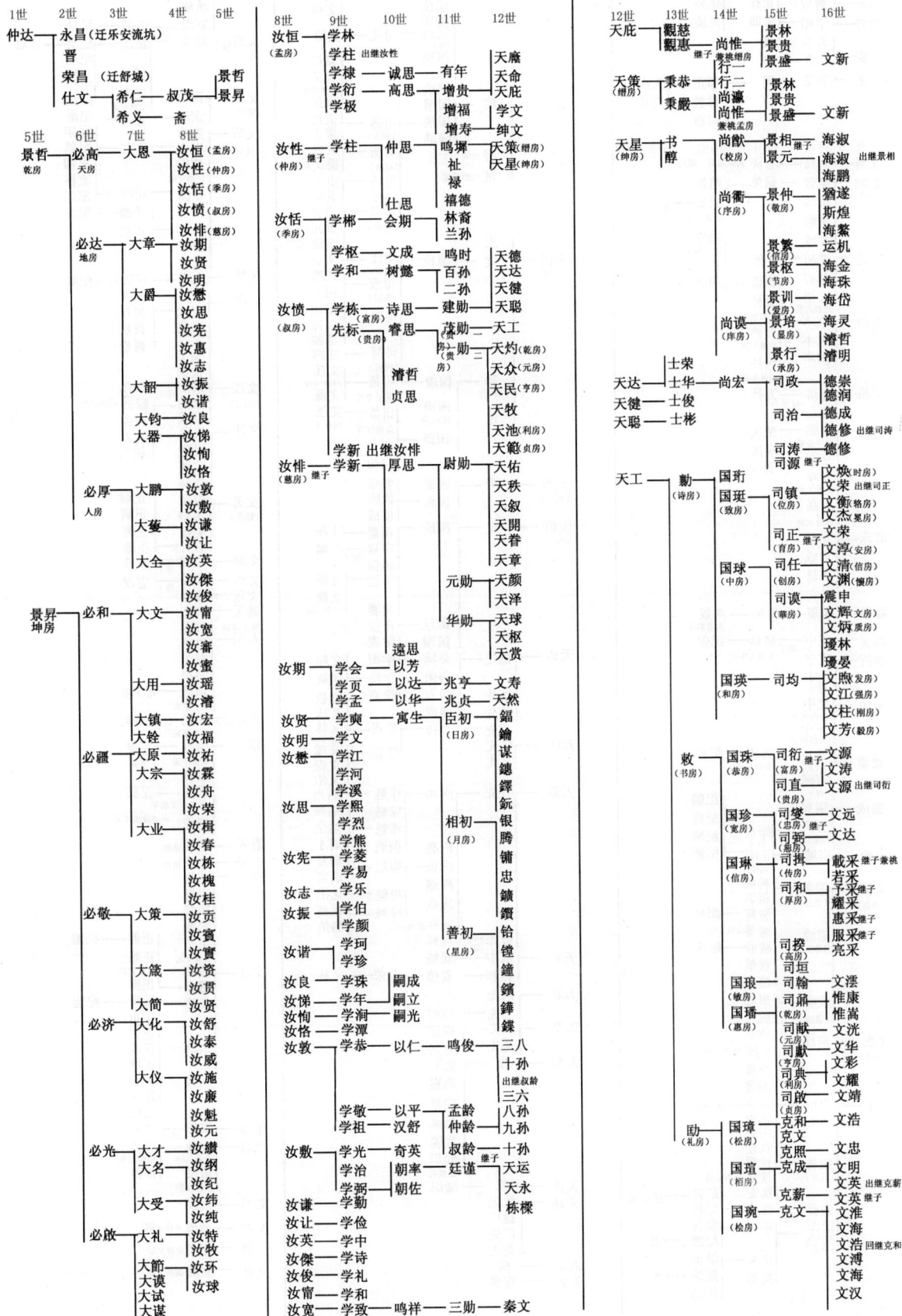

三、简明世系

1世	2世	3世	4世	5世
仲达	永昌（迁乐安流坑）			
	晋			
	荣昌（迁舒城）			景哲
	仕文	希仁	叔茂	景昇
		希义	斋	

5世	6世	7世	8世
景哲 乾房	必高 天房	大恩	汝恒（孟房）
			汝性（仲房）
			汝恬（季房）
			汝愤（叔房）
	必达 地房	大章	汝徘（慈房）汝期 汝贤 汝明
		大爵	汝懋 汝思 汝宪 汝惠 汝志
		大韶	汝振 汝谐
		大钧	汝良
		大器	汝悌 汝恂 汝恪
	必厚 人房	大鹏	汝敦 汝敷
		大蓂	汝谦 汝让
		大全	汝英 汝傑 汝俊
		大文	汝甯 汝宽 汝审 汝蜜
景昇 坤房	必和	大用	汝瑶 汝潘
		大镇 大铨	汝宏 汝福
	必疆	大原	汝祐
		大宗	汝霖 汝舟 汝荣
		大业	汝楫 汝春 汝栋 汝槐 汝桂
	必敬	大策	汝贡 汝寳 汝寔
		大筴	汝资 汝贯
		大简	汝贤
	必济	大化	汝舒 汝秦 汝威
		大仪	汝施 汝廉 汝魁 汝元
	必光	大才	汝繊 汝纲 汝纪
		大名	
		大受	汝纬 汝纯
	必啟	大礼	汝特 汝牧 汝环 汝球
		大節 大谟 大试 大谋	

8世	9世	10世	11世	12世
汝恒（孟房）	学林			
	学柱 出继汝性			
	学棣	诚思	有年	天麃 天命 天庇
	学衍	高思	增贵	学文 绅文 兼桃孟房
	学极		增福 增寿	
汝性（仲房）继子	学柱	仲思	鸣埴	天策 绍房 天星 绅房
			祉 禄 禧德 林裔 兰孙	
	仕思			
汝恬（季房）	学郴	会期		
	学枢	文成	鸣时 百孙 二孙	天德 天达 天健 天聪
	学和	树懿		
汝愤（叔房）	学栋 富房	诗思	建勋	天工
	先标 贵房	睿思	茂勋 勋	天众 元房 天民 亨房 天牧 利房 天龝 贞房
		潜哲 贞思		
	学新 出继汝徘			
汝徘（慈房）继子	学新	厚思	尉勋	天佑 天秩 天叙 天開 天眷 天章
			元勋	天颜 天泽
		远思	华勋	天球 天枢 天赏
汝期	学会	以芳		
	学页	以达	兆亨	文寿
	学孟	以华	兆贞	天然
汝贤	学奭	寓生	臣初 日房	錞 鑰 谋 鏸 鐸 � 银 腾 铺 忠 镳 鑽
汝明	学文			
汝懋	学江		相初 月房	
	学河			
	学溪			
汝思	学熙		善初 星房	铅 镗 钟 鑛 鏵 鐷
	学烈			
	学熊			
汝宪	学菱			
	学易			
汝志	学乐			
汝振	学伯			
	学颜			
汝谐	学珂			
	学珍			
汝良	学珠	嗣成		
汝悌	学年	嗣立		
汝恂	学澗	嗣光		
汝恪	学潭			
汝敦	学恭	以仁	鸣俊	三八 十孙 出继叔龄
	学敬	以平	孟龄	三六 八孙 九孙
	学祖	汉舒	仲龄	
汝敷	学光	奇英	叔龄 继子	十孙
	学治	朝率	廷谨	天运 天永 栋樑
	学弼	朝佐		
汝谦	学勤			
汝让	学俭			
汝英	学中			
汝傑	学诗			
汝俊	学礼			
汝甯	学和			
汝宽	学致	鸣祥	三勋	秦文

12世	13世	14世	15世	16世
天庇	觏慈 觏惠 继付	尚惟 兼桃绅房 行一二 尚瀛 尚惟	景林 景贵 景盛	文新
天策 绍房	秉恭 秉巌		景林 景贵 景盛	文新
天星 绅房	书 醇	尚歆 校房	景相 继子 景元	海淑 海淑 出继景相
		尚衢 序房	景仲 敬房	海鹏 猶遂 斯煌 海繁
		尚蘅 信房	景繁 景枢 节房	运机 海金 海珠
		尚谟 库房	景训 爱房 景培 显房	海岱 海灵 潘哲 潘明
			景行 承房	
天达 天健 天聪	士荣 士华 士俊 士彬	尚宏	司政 司治	德崇 德润 德成 德修 出继司涛
			司涛 司源 继子	德修
天工 诗房	勲	国珩 国瑄	司镇 位房	文煥 时房 文荣 出继司正 文衡 络房 文杰 冤房
			司正 育房 继子	文荣 文淳 安房
		国球 中房	司任 创房	文清 信房 文渊 懷房
			司谟 華房	震申 文辉 文房 文炜 厦房 瑷林 瑷晏
		国瑛 和房	司均	文熙 发房 文江 强房 文柱 刚房 文芳 毅房
	敕 书房	国珠 恭房	司衍 富房 继子 司直 贵房	文源 文涛 文源 出继司衍
		国珍 宽房	司燮 忠房 继子 司弼 惠房	文远 文达
		国琳 信房	司揖 传房 司和 厚房	载采 继子兼桃 若采 予采 继子 耀采 惠采 继子
			司挼 高房 司垣	服采 继子 亮采
		国琅 敏房	司翰	文漂 惟康
		国璠 惠房	司鼎 元房 司献 利房 司献 亨房 司典 利房 司啟 貞房	惟嵩 文洗 文华 文彩 文耀 文靖 文浩
	勛 礼房	国璋 松房	克和 克文	文忠
		国瑄 柏房	克照 克成	文明 文英 出继克薪 文英 继子
		国琬 松房	克薪 克文	文海 文浩 回继克和 文溥 文海 文汉

第一栏（8世—12世）

8世	9世	10世	11世	12世
汝潘	德光	正初	元斌	天锦
	君谦	正祚	元英	见武
汝资	曹奴	玉即	兆高	
汝舒	学楣	衰	元盛	
	芳杏	明		
汝威	元杏	珂	邦正	天山
汝施	学楚		邦教	天斗
			邦稟	

第二栏（16世—20世）

16世	17世	18世	19世	20世
文新（继子）	立高	善庆 兼桃孟房、缙房		
海鹏	凤翔	嗣荣（继子）	鸿奴	
	凤池	福安 兼桃禹谟	接下页	
	凤彩	福安 兼桃嗣荣		
	大珍	福龙		
		福富		
猶逩	復初	闰孙		
	春初	禹谟 出继宗周		
	熙望 出继嵩岳	金孙 出继允济		
斯煌	立本	万孙 出继允济		
	大本	闰孙 出继復初		
	治本			
运机	允济（继子）	万孙		
	允直			
海金	立熙 继子兼桃	荣庆		
	立谦	荣庆		
	立亨 出继文澜	善庆		
	立高 出继文新			
海珠	立元			
	立成			
	立贤			
	立文			
海岱	熙望	寿孙	鸿奴	
海灵	正中	树林 兼桃大中	纪俊	
潘哲	建中			
	允中（继子）			
潘明	允中 出继潘哲			
	正中 出继海灵			
德崇	大中	树林 兼桃正中	纪俊	
	宗起			
	有兴（继子）			
德成	锡兴		纪麟	
	有兴 出继德崇		纪鹿	
文焕（时房）	翊恭（继子）		纪鸠	
	正刚 復继		纪鹏	
文衡（格房）	宗藩（美房）	神赐		
		祖训		
		骏辉	纪裕	
	宗逑 出继文杰	骏誉 出继宗绪		
		骏业	纪莺	
		骏猷		
		骏烈		
	宗绪（昔房）	祖述		
		骏誉（继子）		
文杰（昂房）	宗逑（继子）	锡晋		
		正刚 復继宗城		
		翊恭 出继宗城		
		翊运		
文荣	宗屏（女房）	嵩申	纪松	
		甫申	纪灵	
		庚阳		
		钦俊		
		钦明 出继宗彝		
	宗翰（行房）	钦文		
		钦安	纪区 接下页	
	宗彝（忠房 继子）	钦文	纪机	
	宗信（信房）	华邦	金保	
			纪濂（继子）接下页	
		正庚	纪贤	
		振邦	纪濂 出继华邦	
			纪洛	

第三栏（12世—16世）

12世	13世	14世	15世	16世
天灼（乾房）	宪	国瑞（成房）	司礼 继子兼桃	文翰
		国政		文谋
		国珂（明房）	司礼	文穆
		国瑞 兼桃司礼 国瑞	司礼	文翰
		国珪	秉仁	
		国瑛	秉义 出继司衡	
天众（元房）	浩	国琇（福房）	司藩	秉铭
		国璞	司衡（禄房）	秉钧
				秉正
	澄 出继天池		司衡	秉义
	窝 出继天範	司功（寿房）	秉义（继子）	
			秉吉	
		司书（喜房）	秉躬	
			秉和	
			秉元（忠房）	
			秉璜（信房）	
天民（亨房）	宏	国瑛（继子）	司江（夏房）	文显
	案		司河（殷房）	文光 用美
			司汉	用明 用漳 德源
			司河（周房）	文鸿
				文茂
	昂（月房）	国璨	司策 回继国珗	文藻
	定	国瑛 出继崇	司策 继子兼桃	文茂 回继子
		国珗	司简 司稼	
天池（利房）	澄	国璐	督成	
		国璟	裁成	
天範（贞房）	窝	国玠	望成	
			司爵	文澜
			司禄	文麟（继子）
			司保	文波
			司达	文麟 出继司禄
		国珪	司藩	
		国璜	司仪	
天佑	德先	必逵	学唐	
		必荣	学周	文郁
		必为	学舜	坎奴
	惠先	必成	学尧	宗庆
	敬先		学贵	文钦
	威先	士功	学荣 出继学荣	文林
天秩	信先		学富	文成
	义先			文保
天叙	任先	应元	桂魁	文佑 炳光
			棕魁	炳亮
			栋魁	炳全
		应亮	桐魁	炳才
		应贞	梅魁	炳发
		应瑞	橙魁	炳富
		应成	樟魁	化囹
		应祥 出继舒先		炳高
天开	舒先	应祥（继子）		炳佑
	致中	观魁		
	致和	观德	学荣	文林
天眷	雨先			
天章	杰先	应时		
	八先	应运		
	秀先	应兴		
天颜	枚	尚彤		
		尚槑		
		尚崑		
		尚焕		
		尚谟		
		尚炽 出继		
		尚炽		
天泽	机			
天球	敏先	捷广		
		广先		
		龙先（继子）		
天枢	楫			
天赏	观麟			

第四栏（16世—20世）

16世	17世	18世	19世	20世
文淳（安房）	承恩			
	承昌			
	承康			
	宗汉	正书（继子）	纪星	诗旭
文清（信房 继子）	建庚	正图	纪雲	
		鸿贻	纪祥	
文渊（懷房）	锡田	正书	纪瑞	
	宗汉	正书	纪星	
文辉（文房）	震申		纪年	
	嶽申	正仁	纪恩	
	建庚 出继文清		家樑	
	梦龄	正经	家栋	
		正緗	家焜	
	梦奎	正直	纪汤	
	安敬			
	思敬			
文炳（承房）	宗亦	正克	纪孙	
文煦（发房）	宗煌	树棠		
	宗槐	树梓		
	宗政	树桢		
	宗书	树松		
	宗弼			
文江（强房）	宗熙	棕秀		
	宗瀚	棕秀 回继宗熙		
	宗成	树樑		
文柱（刚房）	宗颖	树勋		
	宗渊	树明		
	宗统			
	宗纯			
文芳（毅房）	锡端	正騄		
	宗舒	正騏		
	天保	正騑		
	宗元（继子）	正驪		
文源	宗周（继子）	金孙		
文涛	宗龄	雲汉		
文远	致春	宗诰		
载采（继子兼桃）	宗诰	占春		
若采	锡清			
	章雲			
	宗福			
	宗诰（继子兼桃）	接下页		
予采（继子）	宗炳（继子）	宗谋		
耀采	宗炳 兼桃	正谋		
	宗训			
	宗让 出继耀采予采	正犹		
	宗诰 出继载采予采			
惠采	宗让 兼桃			
服采	宗让 兼桃			
亮采	宗晋			
	宗舒			
	宗修			
	宗憲			
	宗贤	正熊	纪焜	
	宗远 出继宗龄	正修		
文澋	政齊	正羆		
	鐘秀	正安	纪忠	
	宗唐	正吉		
		正乾		
	宗虞	正坤		
		朝汉		
	宗策	廷汉		
		光汉		
惟康	宗鄢（继子）	正楻		
文洸	宗興 兼桃宗靖	正楻 出继宗鄢		
	宗发 出继文华	正椿		
文华	宗发			
文彩	宗璧 兼桃文耀			
文耀	宗璧 兼桃文彩			
文靖	宗興 兼桃文洸			

16世	17世	18世	19世
文忠	朝桢（继子）		
文明	宗承	兼桃文英	
文英	宗承	兼桃文明	
文溥	朝纲	正崑 / 正崙	
文谋	宗海		出继书典
文翰	松青 / 松长	世麟 哲 / 世辉清 / 正平 / 正康	
秉仁	书纪 / 书德 / 书策 / 书富 / 书德（出继秉仁）/ 书策（又继秉仁）/ 书笏（继子）/ 书熙 / 书箴 / 书升	正勳 / 正勳	
秉义	书典	保隆 / 保康 / 延年 / 正彬 / 正谟（继子）/ 正谕（出继书模）	纪官 纪龙 纪繁 纪鹰 纪凤
秉躬	书绩	正谟 / 正谕	
秉元	书爵 / 书模 / 书田	正望 / 正瑜 / 正常	
秉璜	禄孙 / 书谠 / 书训 / 书功 / 书烈	正燦 / 正春 / 正兴 / 正安 / 正元	
文显	玉书 / 玉瓒 / 玉堂 / 玉树 / 玉檏	正谋 / 正本 / 正明 / 正成 / 正隆	
文光	调燮 / 喜奴 / 喜孙 / 陈宝 / 书智（继子）		
文鸿	书仁 / 书义 / 书礼 / 书智（出继文光）/ 书信	正焱 / 正箕	
文藻	书因 / 书洋 / 书涛（出继文茂）	正京	
文茂	书涛		
文澜	宗裕		
文保	宗源		
炳光	旺孙（继子 兼桃炳亮）/ 继保	佛保	
炳亮	旺孙 / 应孙 / 贤孙（兼桃炳光）		
炳高	宗衍 / 玉孙 / 宗源（出继文保）		
文林	化易 / 富子		

12世	13世	14世	15世	16世
天然	子清（经房）	国瑶（智房过子）→ 司常		文正（继子）
		国琨（仁房）→ 司勋		文中 / 文整（出继司燿）/ 文正 / 文祺（出继司常）
		国瑞（出继子成）		
		国瑹（勇房）→ 司烜		居妻 文爃 文敏 文贞 文萧
		国珥		
	子成（綸房）继子	国瑞 → 司勋（出继国琨）/ 司常（出继国瑶）/ 司燿（继子）		文整

- 鋿 — 其鸿 — 朝俊 / 朝杰 / 朝仁
- — 其俸 — 朝仪 / 朝五 — 景枢
- — 其合 — 朝良
- — 其燦
- 鍮 — 其智 — 朝角 — 景樟 — 文和
- — 朝亢 / 朝璧 / 朝文
- — 其旭
- — 其麟
- 鈗 — 其章
- 鍚 — 其高
- 铺 — 其率 / 其仕
- 镳 — 观延 / 观茂
- 鑹 — 观有 / 观福
- 镗 — 乃春 / 乃惠
- 鐘 — 其洲
- — 其滨 — 崑山 / 玉山
- — 其海 / 其治 / 其湘 / 其浩 / 其涣
- 镇 — 其俊 — 朝臣
- — 其滋（继子）
- 鐺 — 其洲 — 朝佐
- — 其瀛 — 朝臣（出继其俊）
- 鐷 — 其德 — 朝亢 — 景魁
- 八孙 — 椿奴
- 天运 — 梦明（继子）/ 梦熊 / 梦明（出继八孙）/ 梦赐（出继御房）
- 天锦 — 世域 / 世垣 — 尚谦 — 嘉朋 / 尚德 — 嘉友 / 尚盛 — 嘉策
- 天山 — 秉廉 / 秉瑜 / 秉赐 — 尚金 / 尚达 — 嘉善
- 天斗 — 秉綸

16世	17世	18世	19世
文中	宗泰		
文㷍	宗蕃 / 宗蕧 / 宗蘆 / 宗菱 / 宗茪 / 宗荷 / 宗蕴		
文敏	宗葰 / 宗蔚 / 宗萱 / 宗茂 / 宗告 / 宗蘭 / 宗华	正光 / 正宜 / 正起	

右栏上

19世	20世	21世	22世	23世	24世
纪濂	涵春 / 涵荦 / 寿松 / 寿蒼	吾蔭 / 禮修	細（女）/ 碩	夏青	
			鈺 / 釧		
		杏宜（女）/ 杏青（女）/ 杏春	榮英（女）/ 榮華（女）/ 榮妹（女）		
福安	文生	禮仁 / 禮英（女）	雲霞（女）/ 雲芳（女）/ 劍	江華	
		禮義	路謠		
		秀英（女）/ 秀蘭（女）			
纪区	詩其	禮達	衍壽 / 衍清 / 衍貴 / 衍財 / 尾始	家富 / 家旺 / 家亮 / 智 / 家華	建平
		順達	仁富 / 仁友	旺威	
?	詩貴 / 詩財	輝			
菇仔	松良 / 松興 / 福明	禮平 / 曉玲 / 曉琴 / 紅英 / 紅梅	絲露 / 思琦		
?	榮生 / 老仔 / 詩良	禮輝	衍軒		
	詩胎	明友 / 禮文 / 禮珍	旭志		

右栏下

16世	17世	18世	19世	20世	21世	22世
宗浩	正鴻	德文	榮梅 / 詩華	秀姬 / 禮和 / 秀麗 / 禮龍	衍昊 / 沁儀	
			詩仁	禮全	家惠 / 小微	
			詩義	紅霞 / 禮建 / 紅梅 / 禮康	心彤	
			詩禮 / 順英 / 榮玉	琴 / 禮瑞		
文浩	杏孫 / 棟朝 / 朝梁 / 朝楨 / 朝幹	正度 / 正儀	亮生	德求 / 德華	香雲 / 香煙 / 禮超 / 禮敏	
文貞	宗菁 / 宗萌					
文整	宗貽 / 宗謀					

四、历代英贤

董仕文,讳炜明,永乐十二年岁贡入南京国学,升上舍。

董必达,字培以,以廪生奉例准府典膳。

董睿思,字濬铉,举孝廉义,赠惠安司训。

董大恩,字子推,号弁山,明嘉靖岁贡,任廣东三水县训导,升广宁县教谕。寻署邑篆,升湖广桂东县,致仕归。

董茂勋,字尧如,号伟庵。由廪贡任惠安县司训,诰赠奉政大夫。

董天工,字材六,号典齐。由拨贡任宁德县训导,调台湾漳化教谕。俸满升观城县知县,补选香河县知县,陞奉政大夫,江南池州分府。

董天灼,字善良。由监生,考授州同。奉带领引见,染病未赴。

董天民,字太六,候选州同。

董尚猷,字康山,由廪生任海澄县训导,调归化训导寻。升闽县训导。

董书,字晋笔,貤赠修职郎。

董浩,字左之,候选千总。

董司镇,字吉兵,由文库,加捐道库厅。

董司任,字莘聘,捐按察司检校。

董司均,字乐三,由文库加捐检讨。

董文炳,字玉衡,军功六品衔。

董宗彝,字锡光。守城御敌阵亡,奉旨优恤,世袭云骑尉。

董书典,字观进,军功五品衔。

董正仁,号扬魁,军功八品衔。

董钦文,号濬卿,世袭雲骑尉。

董正彬,号文卿,由例贡,加捐布政司理问。

董国球,号序东,由举人考授知县,特任九江府经历,兼署广饶九南道库务。

董司烜,号映廊,由副榜中式举人,举孝廉方正。历任福宁、龙岩、邵武教谕。

董习和,字申值,登仕佐郎。

董文彩,字辉德,登仕佐郎。

董文敏,号颖滨,登仕佐郎。

董文爌,号吉溪,登仕佐郎。

董文贞,字子固,登仕佐郎。

董宗策,字政成,登仕佐郎。

董步云,乾隆丁酉科举人。

董司烜,咸丰壬子副科举人,咸丰己未科举人。

五、文物遗辉

董天工(1703—1771),字材六,号典斋,福建崇安(今武夷山市)曹墩人。为曹墩董氏十二世祖,清雍正元年拔贡生。董天工自幼生长在武夷山中,性爱山水,工于诗文。拔贡后便涉足

官场,曾先后在福建、河北、安徽等地任职。董天工清廉勤政,业绩可嘉。晚年曾跨海东渡到台湾彰化县创办学校,广收学生,自任教谕。如今,彰化县许多地方还留有董天工祠。董天工还根据自己在台湾的眼见耳闻,"睹山川之秀美,水土之饶沃,风俗之华丽,物产之丰隆。有见有闻,退而识之,稽成文献,编册成书",出版《台湾见闻录》。

董天工为编纂《武夷山志》吃尽苦头,为了避开尘世喧嚣,潜心研读史料,他选择了武夷山36峰中的最险一峰——接笋峰的留云书屋遗址隐居下来。接笋峰是武夷山云窝景区一绝,千仞绝壁临水,三面绝壁连接山峰。接笋峰北面高耸着两列奇峰,即仙掌峰、天游峰;南倚隐屏峰。峰峰对峙的峰脚下是著名的"茶洞",历代都有名羽雅士在洞内卜筑隐居,如宋代刘衡建"中隐居",明代李钟鼎建"煮霞居"。康熙五十三年,董天工的父亲董茂勋别出心裁,沿溪探索,终于看中云窝的接笋峰。他悬梯为路,搬运砖块,打造石条,在半山腰处构筑书屋。此处悬崖突显,书屋匿于峭壁脚下,石条为基,砖墙为壁,雨不可袭。因接笋峰常年云雾缭绕于峥嵘山石间不去,所以董茂勋命名为"留云书屋"。清《武夷山志》载,康熙五十四年冬,文渊阁大学士李光地曾至此造访。与主人纵论义理,切磋学问,并为撰《留云书屋记》,还题了"留云书屋"匾。董茂勋年迈,无法攀登接笋峰,留云书屋寂然于悬崖峭壁上。

他的儿子董天工早有承继父亲编纂《武夷山志》遗愿的志向,可是身在官场的他,公务缠身,久未如愿。就在董天工因治蝗有功被朝廷提升时,不幸其母去世。董天工正好找到了脱身官场安心著书的机会。他弃官返回武夷山守孝,足穿芒鞋,身背书囊,头戴竹笠,跋山涉水,来到几乎与外界隔绝的接笋峰悬崖上,来到父亲构筑的留云书屋内,清除荒疏遗址的,又用俸余修了一处望仙楼。由于是在悬崖峭壁间生活,他很少出山。一年四季食物匮乏,就以流泉野菇补之。寂寞时仰望星斗流云。蛰身岩洞中的书屋,静心披阅史籍,勤勉考据山水方位,实地踏勘古代人文遗存。两个寒暑过去,董天工终于完成了《武夷山志》这部鸿篇巨著。

董天工68岁时,因病卒于武夷山,墓葬于幔亭峰下今"大王阁"后山。董天工墓长约5米,宽约1.5米,现保存完好。墓前竖石碑一方,高1.4米,宽0.54米。碑文为:"嘉庆十三年岁在戊辰大吕月吉旦,皇清品授奉政大夫董公典斋一府墓。子敕、勤、劻,孙国求、斑、珠、□、珍、瑛、琅、瑄、璠、璋、琬同顿首百拜。曾玄孙繁衍不及备载。"1992年12月,经武夷山市人民政府公布,为第四批市级文物保护单位。

第六节　杭川董氏

光泽县位于福建省西北部,武夷山西南麓,富屯溪上游,西北分别与江西省黎川、资溪、贵溪、铅山七县市相邻。春秋时期,光泽县境属越国地,战国时期属东越地。至宋朝太平兴国四年(979年),邵武县升为军,财演镇升为县,为光泽建县之始。因财演镇辖鸾凤、光泽二乡,取光泽乡名为县名,故称光泽县,县城在杭川镇。现属南平市。

当今光泽董氏人口有近400多人,主要分布在止马镇亲睦村董家、亲上、亲下、水口村董家、止马村上街、李坊乡长源村、石城村彭家边、石城村水利、水尾、增排村竹湾,华桥乡石壁窟村,司前乡司前村司、西口村、岱坪村岱下,寨里镇茶富村车头、小寺州村小寺,鸾凤乡油溪村、中坊村,杭川镇坪山、王家际农场等地。

一、历史迁徙

如今收集到的有《杭川八都董氏宗谱》（1997年重修）和《杭川横南董氏宗谱》（2000年重修）两部族谱，其中的《杭川八都董氏宗谱》的"合修谱序"称"嘉庆十五年，大学士讳诰公汇修族谱于江西省，惟会公之由晋江迁光泽北乡岱坪为元兴公之裔，与荀公之由婺源迁光邑西乡之横南为元贞公之裔，实皆系出德和公"，可见八都的"芳公"和横南的"荀公"系两支。根据横南董氏宗谱记载，荀公在明洪武己未年间盱水琴城（今抚州南丰县）徙闽光泽杭西之五都，后迁居四都之横南。八都的芳公第四代孙孟胜和孟程公贾于闽，游杭川之八都，见斯地四山环抱，平坦周密，遂有迁胜之意。於明之隆庆壬申，由抚州扩源迁居福建光邑八都董家源。至此，杭川董氏世代繁衍生息，源远流长。

二、世行昭穆

杭川董氏字派相同，从荀祖以下五世未定派，即太、文、孟、佛、恩。至七世仁字而定派如下，仁义礼智信，熙惠长元吉，绍先承祖荫。

三、简明世系

（一）杭川八都董氏

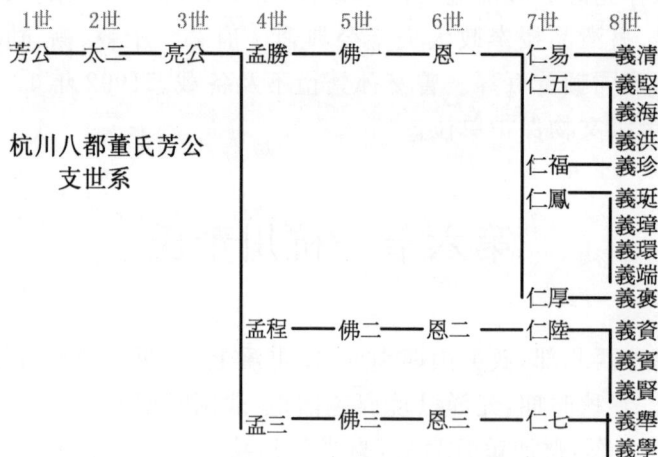

1世	2世	3世	4世	5世	6世	7世	8世
芳公	太二	亮公	孟胜	佛一	恩一	仁易	义清
						仁五	义坚
							义海
							义洪
						仁福	义珍
						仁凤	义珽
							义璋
							义環
							义端
						仁厚	义襄
			孟程	佛二	恩二	仁陆	义资
							义宾
							义贤
			孟三	佛三	恩三	仁七	义攀
							义学

杭川八都董氏芳公支世系

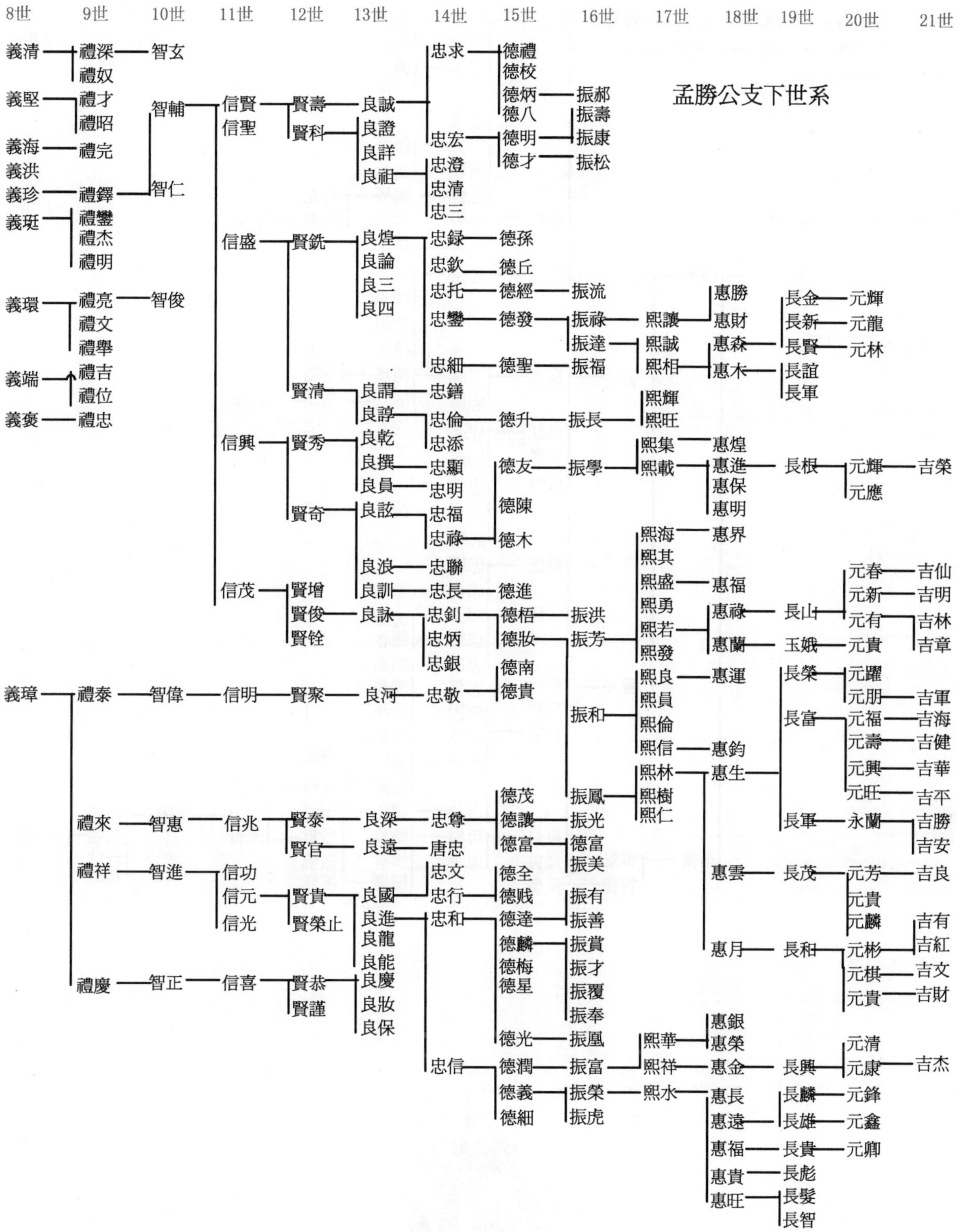

8世　9世　10世　11世　12世　13世　14世　15世　16世　17世　18世　19世　20世　21世

孟勝公支下世系

義清——禮深——智玄
　　　　禮奴
義堅——禮才　　智輔——信賢——賢壽——良誠——忠求——德禮
　　　　禮昭　　　　　信聖——賢科　　良證　　　　　德校
義海——禮完　　　　　　　　　　　　　良詳　　忠宏——德炳——振郴
義洪　　　　　　　　　　　　　　　　　良祖　　　　　德八　　振壽
義珍——禮鐸——智仁　　　　　　　　　　　　忠澄　　德明——振康
義珽——禮鑾　　　　　　　　　　　　　　　忠清　　德才——振松
　　　　禮杰　　　　　　　　　　　　　　　忠三
　　　　禮明

信盛——賢銑——良煌——忠錄——德孫
　　　　　　　良論　　忠欽——德丘
　　　　　　　良三　　忠托——德經——振流
義環——禮亮——智俊　　良四　　忠鑾——德發——振祿——熙讓　　惠勝　　長金——元輝
　　　　禮文　　　　　　　　　　　　　　　振達——熙誠　　惠財　　長新——元龍
　　　　禮犖　　　　　　　　　忠細——德聖——振福——熙相　　惠森　　長賢——元林
義端——禮吉　　　　　　　　　　　　　　　　　　　　　　　惠木　　長誼
　　　　禮位　　　賢清——良謂——忠� 　　　　　　熙輝　　　　　長軍
義褎——禮忠　　　　　　良諄——忠倫——德升——振長——熙旺

信興——賢秀——良乾——忠添　　　　　　　　熙集——惠煌
　　　　　　　良撰——忠顯——德友——振學——熙載——惠進——長根——元輝——吉榮
　　　　　　　良員——忠明　　　　　　　　　　　　惠保　　　　　元應
　　　　賢奇——良詨——忠福——德陳　　　　　　　　惠明
　　　　　　　　　　　忠祿——德木

信茂——賢增——良浪——忠聯　　　　　　　　熙海——惠界
　　　　　　　良訓——忠長——德進　　　　　熙其
　　　　賢俊——良詠——忠釗——德梧——振洪　熙盛——惠福　　　　　元春——吉仙
　　　　賢銓　　　　　忠炳——德妝——振芳　熙勇　　　　　　　　元新——吉明
　　　　　　　　　　　忠銀　　　　　　　　熙若——惠祿——長山——元有——吉林
　　　　　　　　　　　　　　德南　　　　　熙發　　惠蘭　　玉娥　元貴——吉章
義璋——禮泰——智偉——信明——賢聚——良河——忠敬——德貴
　　　　　　　　　　　　　　　　　　　　　　熙良——惠運　　　　　元躍
　　　　　　　　　　　　　　　　　　　　　　熙員　　　　長榮　　元朋——吉軍
　　　　　　　　　　　　　　　　　振和　　　熙倫　　　　　　　　元福——吉海
　　　　　　　　　　　　　　　　　　　　　　熙信——惠鈞　　長富　元壽——吉健
　　　　　　　　　　　　　　　　　　　　　　熙林——惠生　　　　　元興——吉華
　　　　　　　　　　　　　　　　　　　　　　熙樹　　　　　　　　元旺——吉平
　　　　　　　　　　　　　　　　　振鳳　　　熙仁　　　　　長軍——永蘭——吉勝
　　　　　　　　　　　　　　德茂　　振光　　　　　　　　　　　　　　　吉安
禮來——智惠——信兆——賢泰——良深——忠尊——德讓　　　　　　惠雲——長茂——元芳——吉良
　　　　　　　　賢官——良遠——唐忠——德富——德富　　　　　　　　　　　　元貴
禮祥——智進——信功　　　　　忠文——德全——振美　　　　　　　　　　　　　元麟
　　　　　　　信元——賢貴——良國——忠行——德賤——振有　　　　惠月——長和——元彬——吉有
　　　　　　　信光——賢榮止　　　　忠和——德達——振善　　　　　　　　　　　　吉紅
　　　　　　　　　　　　　　良進　　　　德麟——振賞　　　　　　　　　　元棋——吉文
　　　　　　　　　　　　　　良龍　　　　德梅——振才　　　　　　　　　　元貴——吉財
禮慶——智正——信喜——賢恭——良慶　　　德星——振覆
　　　　　　　　賢謹——良妝　　　　　　　　　振奉
　　　　　　　　　　　良保
　　　　　　　　　　　　　　　　德光——振凰　　　　　　惠銀
　　　　　　　　　　　　　　　　　　　　　　　　　　　惠榮
　　　　　　　　　　　　　　忠信——德潤——振富——熙華——惠金　　長興　　元清
　　　　　　　　　　　　　　　　　　　　　　　　熙祥　　　　　　　　　元康——吉杰
　　　　　　　　　　　　　　　　德義——振榮——熙水——惠長——長麟——元鋒
　　　　　　　　　　　　　　　　德細——振虎　　　　　惠遠——長雄——元鑫
　　　　　　　　　　　　　　　　　　　　　　　　　　　惠福——長貴——元卿
　　　　　　　　　　　　　　　　　　　　　　　　　　　惠貴——長彪
　　　　　　　　　　　　　　　　　　　　　　　　　　　惠旺——長髮
　　　　　　　　　　　　　　　　　　　　　　　　　　　　　　長智

8世	9世	10世	11世	12世	13世	14世	15世	16世	17世	18世	19世	20世

義賓 ── 禮楷 ── 智雷 ── 信升 ── 賢長 ── 良忠 ── 忠榮 ── 德傳
                                                忠梁 ── 德新

禮琳 ── 智憲 ── 信善 ── 賢易   忠壽 ── 德杏

義舉 ── 禮柏 ── 智洪   良恕 ── 忠高 ── 德荀
              智顯   忠寬
                                      忠丹 ── 德宗
                                      新添 ── 劉添
                                      忠會 ── 德興 ── 振光

義賓 ── 禮松 ── 智舉   良和 ── 忠彰 ── 德九 ── 振通 ── 熙隆
              智亨   忠鹿 ── 德十
              智享 ── 信德 ── 賢才 ── 良仁 ── 忠全 ── 德金
                                          德滿

孟程公支下世系   德祖
                                         德伍 ── 振十

                               賢元 ── 良惠 ── 忠儒 ── 德萬 ── 振啞
                                         忠偉 ── 德六 ── 振明 ── 熙榮

                                   良怒 ── 忠禮
                                   良懇 ── 忠成
                                   良野 ── 忠會
                                         忠希 ── 德言 ── 振進
                                         忠軺
                                   良戀 ── 忠驢
                                         忠貞 ── 德佛
                                   良怨 ── 忠安 ── 德壽
                                         忠愁 ── 德春
                                         忠厚 ── 德高
                           賢廣 ── 良忩 ── 忠售 ── 德連
                                   良恩 ── 忠尉 ── 德茂
                                   良殷 ── 忠崔 ── 德英
                                         忠鈕 ── 德陵 ── 振梅
                                                 德應 ── 振發 ── 熙有
                                         忠林 ── 德居 ── 振財   熙緯 ── 惠顯 ── 長平
                             良忍 ── 忠崇 ── 德臭 ── 振貴 ── 熙普   長遠 ── 元建
         信衢 ── 賢魁 ── 良書 ── 忠華 ── 德修 ── 振桃   長伙
              賢捷 ── 良發   德經 ── 振鈺   長輝

（二）杭川横南董氏

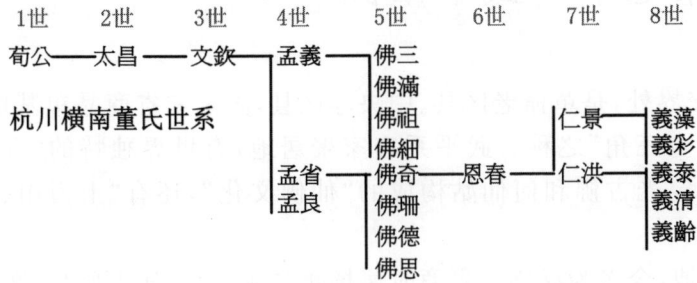

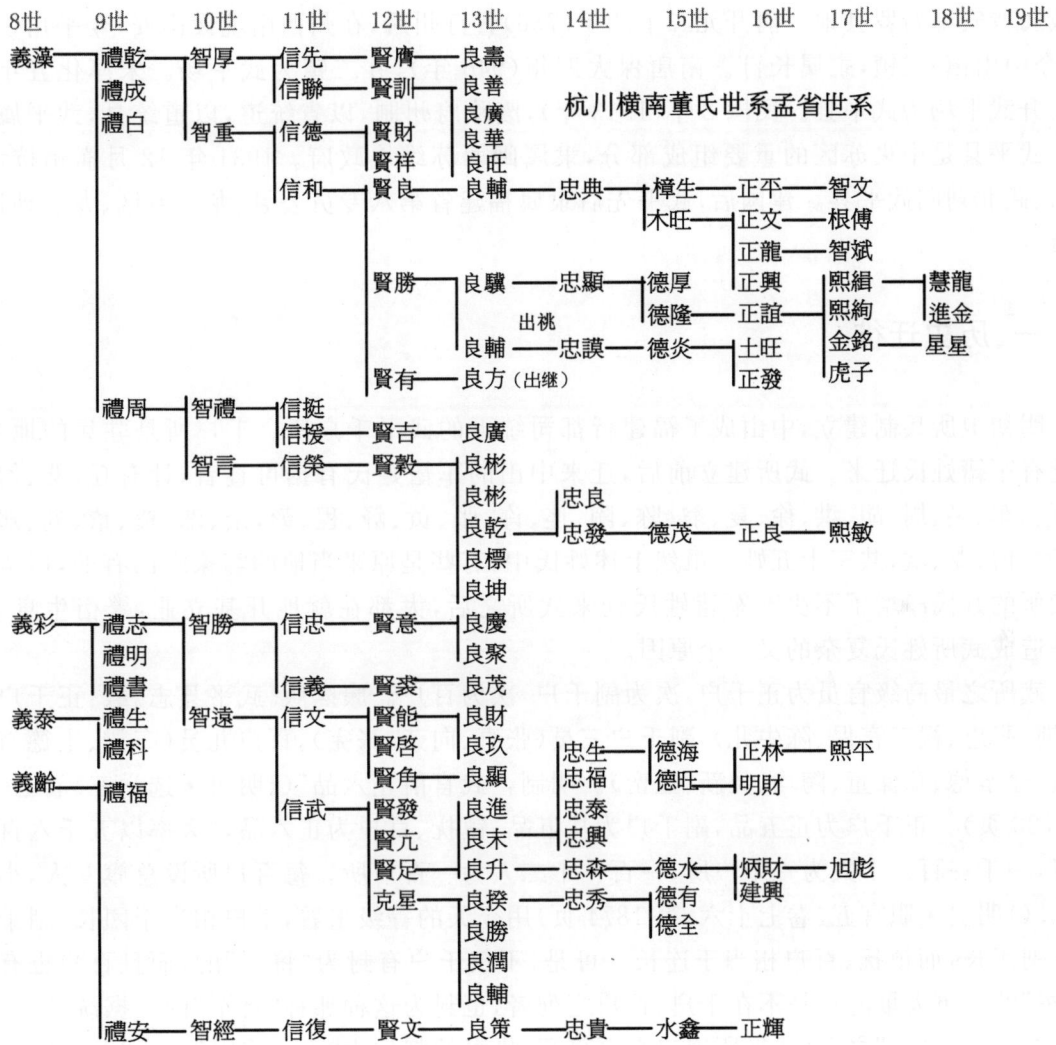

1世	2世	3世	4世	5世	6世	7世	8世

杭川横南董氏世系

荀公—太昌—文鈒—孟義—佛三／佛滿／佛祖／佛細

孟省／孟良—佛奇／佛珊／佛德／佛思

恩春—仁景—義藻／義彩

仁洪—義泰／義清／義齡

8世	9世	10世	11世	12世	13世	14世	15世	16世	17世	18世	19世

杭川横南董氏世系孟省世系

義藻—禮乾／禮成／禮白

禮乾—智厚—信先—賢膚—良壽

　　　　　信聯—賢訓—良善／良廣／良華／良旺

　　　智重—信德—賢財／賢祥

　　　　　信和—賢良—良輔—忠典—樟生—正平—智文

　　　　　　　　　　　　　　　木旺—正文—根傳

　　　　　　　　　　　　　　　　　正龍—智斌

　　　　　　　　　　　　　　　　　正興—熙緝—慧龍／進金

　　　　　　　　　賢勝—良驥—忠顯—德厚—正誼—熙絢

　　　　　　　　　　　　　　　　　德隆　　　金銘—星星

　　　　　（出桃）　　　　　　　　　　　　　　虎子

　　　　　　　　　　　良輔—忠謨—德炎—土旺

　　　　　　　　　賢有—良方（出继）　　　　正發

禮周—智禮—信挺

　　　　　信援—賢吉—良廣

　　　智言—信榮—賢穀—良彬

　　　　　　　　　　　良彬—忠良

　　　　　　　　　　　良乾—忠發—德茂—正良—熙敏

　　　　　　　　　　　良標

　　　　　　　　　　　良坤

義彩—禮志／禮明／禮書

義泰—禮生／禮科

義齡—禮福

禮志—智勝—信忠—賢意—良慶／良聚

　　　　　信義—賢衮—良茂

　　　智遠—信文—賢能—良財

　　　　　　　　賢啓—良玖

　　　　　　　　賢角—良顯—忠生—德海—正林—熙平

　　　　　　　　　　　　　　忠福—德旺　　明財

　　　　　信武—賢發—良進—忠泰

　　　　　　　　賢亢—良末—忠興

　　　　　　　　賢足—良升—忠森—德水—炳財—旭彪

　　　　　　　　克星—良揆—忠秀—德有　　建興

　　　　　　　　　　　良勝　　　　　德全

　　　　　　　　　　　良潤

　　　　　　　　　　　良輔

禮安—智經—信復—賢文—良策—忠貴—水鑫—正輝

第七节　武平董氏

　　武平县,位于闽、粤、赣三省交界处,是革命老区县、中央苏区县,国家和省商品粮基地县,"全国生态旅游大县",素有闽西"金三角"之称。武平系客家聚居地,有世界独特的"百家姓镇"姓氏文化,有客家人的保护神定光古佛和何仙姑构成的"仙佛文化",还有"上刀山、下火海、捞油锅"等神奇民俗绝技。

　　历史上武平县原是畲族聚居地,今多为汉族。夏商时属扬州之域,西周属七闽地,东周称越国地,秦属闽中郡,汉时为南海王织封地,吴时改属建安郡。晋太康三年(282年),今武平境域属晋安郡新罗县地。唐开元二十四年(736)置汀州后,在州西南境设南安(今平川镇)、武平(今中山镇)二镇,隶属长汀。南唐保大四年(946年),并二镇为武平场。宋淳化五年(994年),升武平场为武平县。民国2年(1913年),废除府州制,以省统道,以道统县,武平属汀漳道。武平县是中央苏区的重要组成部分,隶属闽西苏维埃政府。1931年12月撤销杭武县,武东、武北划归武平县。建国后,武平先后隶属福建省第八专员公署、龙岩专区、龙岩地区、龙岩市。

一、历史迁徙

　　明初卫所兵制建立,中山成了福建行都司统下的武平千户所。千户所是驻兵的地方,于是遂有军籍姓氏迁来。武所建立前后,迁来中山的军籍姓氏有据可查者,计有丘、艾、何、王、李、危、车、吴、周、胡、洪、徐、夏、翁、陈、陶、连、许、张、黄、舒、程、彭、余、邬、贾、董、刘、郑、古、祝、侯、傅、龙、欧,共三十五姓。虽然上述姓氏中,有些是原来当地的客家就已有的,但毕竟使得武所的姓氏净增了不少。军籍姓氏迁来武所之后,大都在就地开基立业,繁衍生息下来。这是造成武所姓氏复杂的又一个原因。

　　武所之最高级官员为正千户,次为副千户,次为百户。康熙版《武平县志》载:正千户四员(贾辅、张忠、祝三官保、陈牛儿),副千户三员(张真、向荣、张宪),百户九员(车梁、王德、黄真、王兴、徐辛德、郑保童、陶均、吴新、丘峦)。明制,"武官爵止六品"(《明史·选举三》卷七十一,第1726页)。正千户为正五品,副千户为从五品,镇抚、百户为正六品,"大率以五千六百人为一卫,一千一百二十人为一千户所,一百一十二人为一百户所。每百户所设总旗二人,小旗十人"。(《明史·职官五》卷七十六,第1874页)用今天的等级来看,千户相当于团长,副千户相当于副团长,而镇抚、百户相当于连长。可是,不仅千户有封为"将军"的,而且百户也有封为"将军"的。更大量的竟是不在千户、百户之列者,也封为这种那种"将军"的。据统计,武所军籍竟有"十七将军"之多(武平所曾建有军籍祠,供奉的牌位为"十八将军"。今祠堂已废,又未找到族谱做根据,故还有一名"将军"不知属何姓氏)。他们是:丘氏、危氏、艾氏、何氏、李氏、余氏、周氏、翁氏、许氏、舒氏、程氏、彭氏、邬氏、贾氏、董氏、刘氏、洪氏,最多者为"世袭将军"(《明史·职官五》云:"自卫指挥以下,其官多世袭,其军士亦父子相继,为一代定制。"),达十个。此外,还有所谓"武略将军"、"明威将军"、"武威将军"、"武德将军"等等。这些"将军",最大者相当于今天的团长。为什么一个小小所城,"将军"衔头竟如此之多?《明史·兵志二》曾有这样的解释:"正德以来,军职冒滥,为世所轻。内之部科,外之监军、督抚,叠相弹压,五军

府如赘疣,弁帅如走卒。"(《明史》卷九十,第 2195 页)由此可知,"将军"之谓,上下如此,武所亦然。不过,武所的情况说明,"军职冒滥"的现象不特从正德始,而是洪武间就产生了的。

武所还有一种很特殊的现象,即除客家话外,还有一种军家话,兼相使用,并行不悖。所谓军家话,即军籍官兵所说方言,它是从外地传进来的。军籍的来源也颇复杂,有湖州健德县(今属浙江);有徽州涂县、婺源县,凤阳定远县,寿县(今属安徽);有兖州金乡县(今属山东);有潮州揭阳县(今属广东),有潼州射洪县(今属四川),等等。但最多的是从江西来的,前述军籍二十八姓氏源流,其中有十六姓就是从江西来的。这十六姓中,有十二姓又是从抚州金溪县来的。加上临川的二县,从江西抚州来的竟达十四姓之众(王、丘、艾、李、余、车、周、许、舒、程、邬、董、刘、洪)。所谓军家话,必定是以赣方言为主,吸收了其他地方的方言特别是客家方言的许多营养,逐渐地形成起来的。乃一弹丸之地,处在客家话的包围之中,军家话作为一个独立的方言岛。这种奇特的现象,历五六百年而不衰。

武平董氏族人主要居住在民主乡高横村董家寨和中赤,其郡望为陇西郡。始祖董荣,抚州金溪县人,明初奉调驻所。以功封武略将军,是为军籍。现传今十八代,人口 93 人。文革期间谱牒被毁。第五世其美之子丞器前往地处武平县西南部的中赤乡,后往广东潮州开基。

二、世行昭穆

字辈:其、丞、九、林、玉、开、有、世、文、善、福、荣、华。

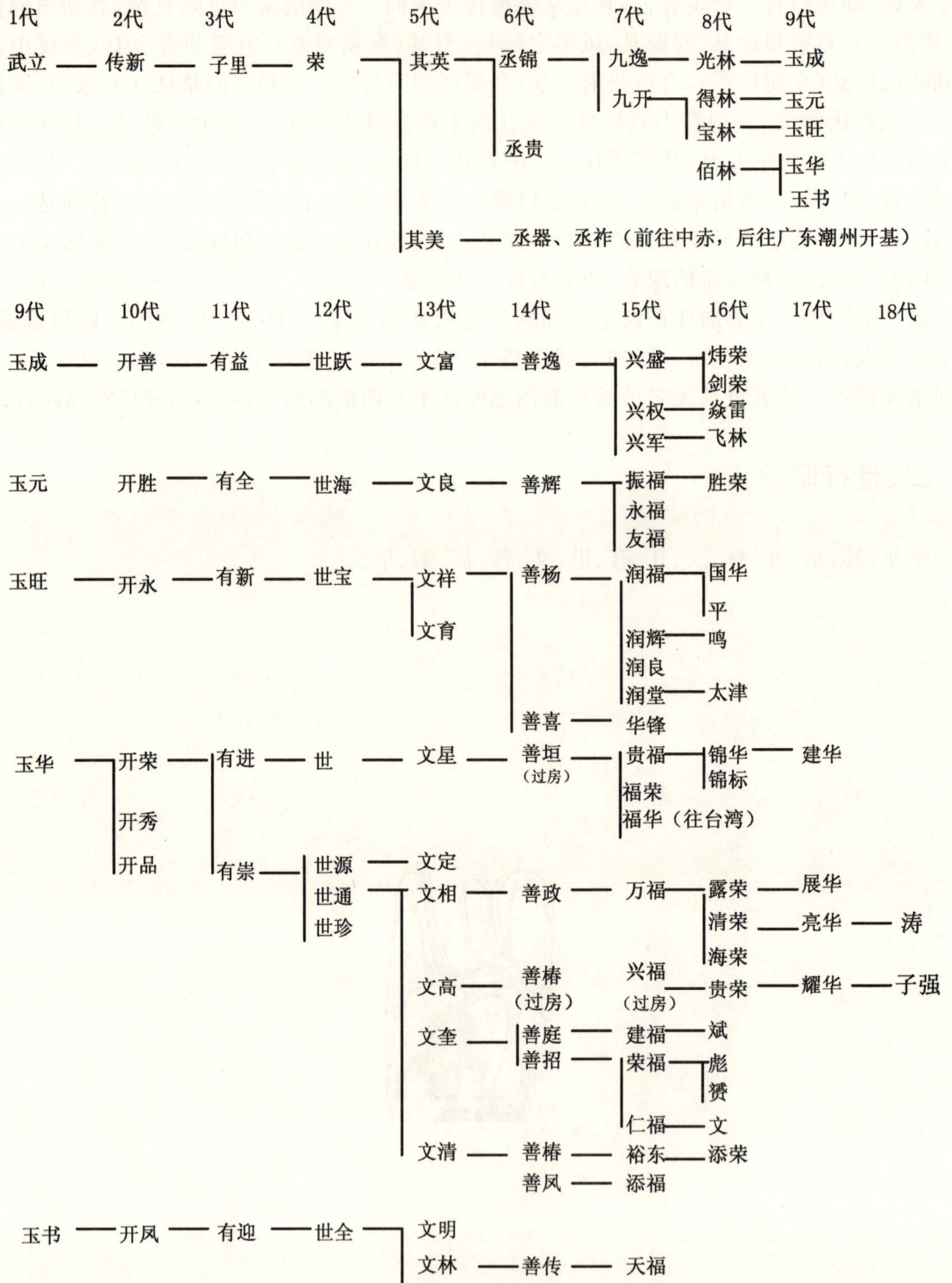

三、简明世系

```
1代      2代      3代      4代      5代      6代      7代      8代      9代
武立 —— 传新 —— 子里 —— 荣 ┬ 其英 ┬ 丞锦 ┬ 九逸 ┬ 光林 —— 玉成
                             │      │      └ 九开 ┬ 得林 —— 玉元
                             │      │             ├ 宝林 —— 玉旺
                             │      │             └ 佰林 ┬ 玉华
                             │      └ 丞贵            └ 玉书
                             └ 其美 —— 丞器、丞祚（前往中赤，后往广东潮州开基）
```

```
9代      10代     11代     12代     13代     14代     15代      16代     17代     18代
玉成 —— 开普 —— 有益 —— 世跃 —— 文富 —— 善逸 ┬ 兴盛 ┬ 炜荣
                                              │      └ 剑荣
                                              ├ 兴权 —— 燚雷
                                              └ 兴军 —— 飞林

玉元 —— 开胜 —— 有全 —— 世海 —— 文良 —— 善辉 ┬ 振福 —— 胜荣
                                              ├ 永福
                                              └ 友福

玉旺 —— 开永 —— 有新 —— 世宝 ┬ 文祥 ┬ 善杨 ┬ 润福 ┬ 国华
                             └ 文育 │      │      └ 平
                                    │      │  润辉 —— 鸣
                                    │      │  润良
                                    │      └ 润堂 —— 太津
                                    └ 善喜 —— 华锋

玉华 ┬ 开荣 —— 有进 —— 世 —— 文星 —— 善垣 ┬ 贵福 ┬ 锦华 —— 建华
     ├ 开秀                      （过房）  │      └ 锦标
     └ 开品                                ├ 福荣
                                           └ 福华（往台湾）

        开品 —— 有崇 ┬ 世源 —— 文定
                     ├ 世通 —— 文相 —— 善政 —— 万福 ┬ 露荣 —— 展华
                     └ 世珍                          ├ 清荣 —— 亮华 —— 涛
                                                      └ 海荣

                                 文高 —— 善椿 —— 兴福 —— 贵荣 —— 耀华 —— 子强
                                      （过房）（过房）

                                 文奎 ┬ 善庭 —— 建福 —— 斌
                                      └ 善招 ┬ 荣福 ┬ 彪
                                             │      └ 赟
                                             └ 仁福 —— 文

                                 文清 ┬ 善椿 —— 裕东 —— 添荣
                                      └ 善凤 —— 添福

玉书 —— 开凤 —— 有迎 —— 世全 ┬ 文明
                             └ 文林 —— 善传 —— 天福
```

第八节 沙县董氏

沙县是一个具有悠久历史的县份,从东晋义熙年间(405年)设县,有着1600年的发展历程。

沙县山川秀丽,人文景观丰富,自然景观多彩,名胜古迹众多。有淘金山长达38米的华夏第一岩雕卧佛,省级名胜风景区七仙洞,省级楠木林自然保护区罗卜岩以及"十里平流"、"七峰叠翠"、"洞天瀑布"、"二十八曲"等自然景观。此外,还有东南沿海现存最大的城隍庙等古迹。

(一)历史迁徙

沙县郡望为陇西郡。根据《三明姓氏考略》第五十七章,南宋末,江西一支董氏迁居沙县的高砂渔珠村。明洪武三十年(1397年),董杨发从江西牛栏角迁居沙县的后底村。传至二十七代,人口311人。

(二)世行昭穆

一是沙县虬江街道后底村。从第十七代起派语(字辈或昭穆):昌盛振兴、观光尚国、鸿书济世、永治余邦。现有人口171人左右。

一是沙县高沙镇冲厚村。派语(字辈或昭穆):德、盛、鸿、基、声、维、祖、光、华、广、运、邦、国、家、文、明、启、泰。现有人口29人左右。

一是沙县高沙镇渔珠村。派语(字辈或昭穆):正、朝、绍、家、传、基、昌、永、盛。现有人口100人左右。

(三)简明世系

他们的家谱在"文化大革命"被烧毁,现根据当地董氏长者回忆和记载,记录如下。
高沙镇冲厚村房:

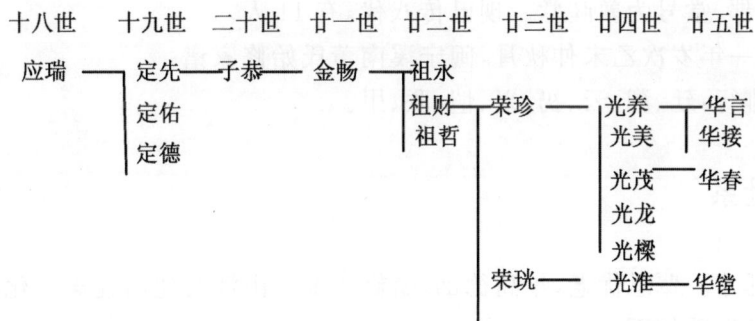

十八世	十九世	二十世	廿一世	廿二世	廿三世	廿四世	廿五世
应瑞	定先 定佑 定德	子恭	金畅	祖永 祖财 祖哲	荣珍 荣珑	光养 光美 光茂 光龙 光檫 光准	华言 华接 华春 华镗

(四)历代英贤

董年维,山西榆社人。1949年随军南下开辟新区,任福建沙县二区区委书记。1951年任县委第二书记,1961年任县委第一书记兼武装部第一政委,1966年调北京中央文化部办公室工作。同年调中央办公厅工作,后调中央组织部一处三科任科长,负责高级干部档案工作。

1972年任中共南平、建阳地委委员,当年当选为中共福建省代表大会代表。

董秋顺,山西壶关人,政工师,福建沙县工商银行工会副主席。

第九节　宁化立新董氏

宁化地处福建省西部,武夷山东麓,为闽赣两省交界县之一。宁化古称黄连峒,唐乾封二年(667年)设镇,唐开元十三年(725年)升为县,唐天宝元年(742年)改黄连县为宁化县。1950年3月成立宁化县人民政府。1959年2月宁化、清流合并为清宁县,1961年又分为清流、宁化两县,1968年11月成立宁化县革命委员会,至1980年12月恢复宁化县人民政府,现属三明市管辖。

宁化紧邻江西石城、广昌县,这里是三江(闽江、赣江、汀江)源头之一。境内溪河纵横分注四方,流入闽、赣、韩三江。主要河道东溪、西溪会合于县城东郊,称翠江。县城所在地称翠江镇。于唐开元十三年置县,至今已有1280年历史。宁化是传统农业大县。宁化县是第二次国内革命战争时期21个原中央苏区重点县,是中央红军长征4个起点县之一,被誉为"苏区乌克兰",且享受西部地区政策待遇。宁化县石壁是举世瞩目的客家祖地。每年一度的世界客属祭祖大典,吸引了大批海内外客家后裔前来晋谒。2011年底被联合国地名专家组中国分部认定为"中国地名文化遗产——千年古县"。

一、历史迁徙

远清公,字廷才,原籍江西省建昌府,后徙居闽省宁化县禾口乡老街开基创业(宁化县石碧镇立新村),建造香火堂店房,构置田园而聚居焉。自清朝乾隆壬申间以来,屈指一百多余载。公虽秉气轩昂,而肫肫之心感物而发,常张药肆以拯疾苦,或艰于财者,即不索其资,且代为医治。其术称国手,而屋漏之地尤为时懔,以故终其身无天灾,无物累,无人非,无鬼责,则公之为人其大较矣。呜呼!自公阅历八十余载,上下往复,感世路之崎岖,卒能舍旧谋新,佑启尔后,为一族发祥之祖。

郡望为陇西郡,堂号为敦睦堂。现已传八代,有11人。

清光绪二十一年岁次乙未仲秋月,闽宁溪南董氏始修家谱。

世行昭穆,排行:廷、溯、云、礽、兴、恺、联、甲。

二、简明世系

董远清,字廷才。覃恩优老,年高德劭,赠修职郎。由江右建昌迁居宁化溪南乡。以廷才公为发祥之祖,其世系如下。

```
远清 ─── 溯崇 ─┬─ 云龙 ─┬─ 礽善 ─── 兴胡      恺相
            │  云珠  │  礽生 ─── 兴堂      恺荣 ─── 元熙 养子
            │       │  礽寿 ─── 兴煌      恺佑 ─── 联元 ─── 甲平
            │       └  礽义 ─── 兴炳      恺堂 ─── 联第 ─── 甲明
            │  云显 ─── 礽火 ─── 兴 养子
            │  云耀
            └─ 溯卿 ─┬─ 云瑛 ─── 礽祯 ─┬─ 兴财
                    │  云珍 ─── 礽隆 ─┼─ 兴玉
                    └  云宠 ─┬─ 礽明 └─ 兴发
                            └  礽合
```

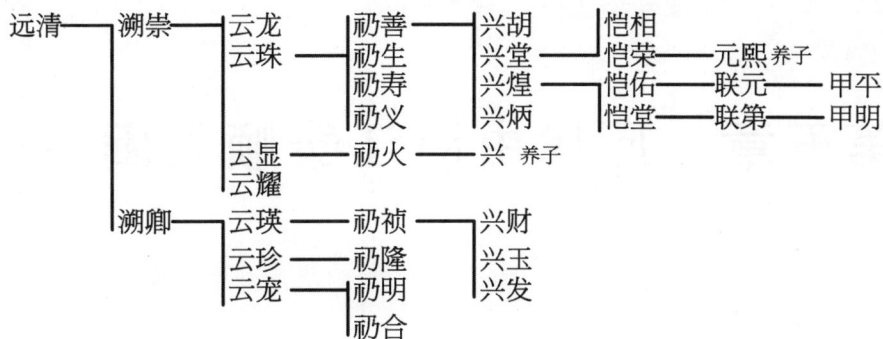

　　于公元 1992 年壬申岁,江西省石城县大由乡水南村罗汉排文肇公位下纂五修族谱。于闽省宁化县禾口乡印刷之际,远清公位下裔孙联元、联第兄弟协议参加联修。远清公本系乐安流坑派同宗共祖,故义认廿五世祖大良公为祖父,廿六世祖有松公为继父,进引编纂草稿,按原始修家谱内容全部续印。世祖排列,则统按五修族谱世祖顺序续增编排,即远清公按五修族谱世祖顺序为 27 世。

第五章　历代由浙江泰顺入闽董氏

第一节　浙江泰顺董氏概述

　　泰顺于明景泰三年（1452年）建县。据考古发现，境内在新石器中晚期就有人类居住。唐末时，县内有十八姓徙入，董姓属之。至1990年底，境内董氏约1万人，按全县人口数量排序，董姓居第十一位。泰顺董氏出自陇西郡，系豢龙衍派。据谱牒记载，第一世先祖董轩，字志昂，官太保，于周威烈王时（前425—402年）肇基陇西。大致经历陇、晋、苏、粤、赣、豫、鄂、浙等省的辗转后，其中一支于唐代迁入泰顺。关于董氏进泰顺前的世系和迁徙情况，因年代久远，加上文革期间大部分旧谱被毁，而无法详考。

　　1990年，值浙南、闽东董氏联合修谱之际，仕阳镇董源村的董朝干先生集浙闽两地40多村房谱，综合整理成手抄32开本《董氏宗谱》，简略记载了从第一世祖董轩公至八十一世的世系及迁徙概况。洲岭乡瑞岭村修于清同治四年（1865年）的《董氏谱谍》也在，"源流序"中作了相应记载。尽管两谱有些内容前后存在矛盾，但对后人寻根问祖和联宗起到了重要作用。据载，董轩公迁基陇西后，至西汉绥和二年（前7年）其第十三世孙董可，迁到山西太原府文水县西境村；十七世董昌登（行和十五，字景心，讳德席），于东汉和帝三年（即永元三年，91年）携子董会（字克仁）迁广东信州府青远县崇村；传到二十四世董掌敬（行四八），于东汉建康元年（144年）同子董通景（行富四），徙广东惠州府龙川县河京村；三十一世董则梁（字均见）同子董国（字广成，官兵部侍郎）于魏甘露三年（258年）十月，迁居江西广信府贵溪县流平村；三十八世董政豪（讳五，官布政使司），于晋成帝咸康三年（337年）冬，迁浙江嘉兴府海盐县部境村。其子董坚显（行原一，又名宁，讳晃），时任金华同知，因爱兰溪（属浙江省）山水明秀，遂徙兰溪定居。董坚显的长子董均普（字文祥），迁河南彰德府（现河南信阳），他的长子董信光，又从彰德迁河中虞乡（现山西永济市虞乡镇）万岁里，唐至德间任宰相的董晋就是董信光的儿子，其后裔的一支现居住在江西省乐安县牛田镇被誉为"千古第一村"的流坑村。董坚显的次子董均远（字文宝，为校书郎，系第四十世）有五个儿子，其五子董尧机（行俊十一）官授礼部尚书，居黄州府黄坡县（现湖北省黄坡县）。尧机公也有五子，他的次子董舜抱（讳荣，字德显），于唐天宝元年（742年）在温州（时称永嘉郡）任太守。二年（743年）十月，他的三子董景（又名瑛广，为四十三世）开基温州新河巷。传至四十六世，董宣和兄董安迁平阳麻园径口董家燠。约在唐末，五十二世董良委（讳得成）与兄董良英（讳得委），从平阳麻园径口迁泰顺宋溪（现泰顺东溪乡秀溪村）。到了梁开平四年（910年），五十八世（宋溪第七世）董则元同胞弟则利（董小舜长子、三子），嫡堂弟董则恭、董则敏（董小光长子、三子）及父董小舜、叔董小光迁居吴屿（今泰顺县洲岭乡前垟村）。在吴屿时，则敏公第五世孙董禄，共有三个儿子，长子董隆、次子

董全、三子董旺。其中，三子董旺（六十三世），又于宋真宗至仁宗年间（998—1063年）迁罗阳交蜱口燠底。其余子孙当时仍居吴屿和洲岭的苏蜱（两村相距近一公里）。到了南宋绍兴年间（1131年—1162年），吴屿的董氏已发展至"玺、仁亮、绮、宏、余、瑶、宁、珞"八房，成为境内董姓主要的聚居地。董氏定居吴屿期间，不仅人口数量有了较快增长，而且在宋代还出了多位科宦畅达，功成名就之人。如淳化二年（991年）科第，官闽长乐、赣萍乡知县的董禄，被赐封为光禄大夫的董兴；神宗二年（1069年）科第，官封临安府知府的董隆；宋末廷试授陕西西安府华州同知的董万彤等。因此可以说，吴屿是董氏入泰后古代最为兴盛的一个时期。族人曾用"峥嵘豪屋出群英，董姓原来在此兴"的诗句赞誉吴屿先祖。后来，董氏相继离开吴屿分迁各地。当今，生活在泰顺境内的所有董氏以及播居于浙南、闽东南部的多数董姓和丽水遂昌县部分董氏，均为吴屿第五世董禄公后裔。现概述如下。

长子董隆，有五子。长子董灏后裔至七十一世孙董万彤于元大德三年（1299年）从陕西省西安府华州辞官，肇基闽福鼎安仁村，为缙阳支开基始祖；次子董潓旧谱载迁董家山（该支未详）；三子董潮后裔七十五世孙董文骤（隆公第十二世孙）于元武宗至大三年（1310年）自吴屿徙瑞岭（今属泰顺县洲岭乡），为瑞岭支始祖。另董潮后裔八十五世孙董世宦，董世伦、董世表兄弟于康熙十九年（1680年）由苏烊（今洲岭乡）迁居处州府（今浙江丽水）遂昌县葛坪村立业；四子董汉后裔七十一—七世孙董继兴于元至正十八年（1358年）迁居董源（原章坑乡，今属泰顺县仕阳镇），为该支始祖；五子董满生一子居福建福宁马营，传至七十二世孙董达仁徙居芦洋后相承六世，至七十七世孙董孔昭肇基福建省霞浦县溪南镇下砚村，为该支始祖。

次子董全据老谱载居泰顺烊望（明隆庆三年（1569年）重修吴屿三房祖墓碑，碑有吴屿分派，罗阳、蜱望、石邦裔孙重立等字迹。该支世系已失考。可考的蜱望支祖为董旺以下十八世孙董天道，由罗阳霞阳分迁。

三子董旺，有子三。于北宋真宗、仁宗年间（998—1063年）从吴屿迁居罗阳交蜱口埃底。其后裔分徙概况：六十七世孙董敬有五子，其四子董积之曾孙董丹九（曾任北京河涧府静海县知县）迁溪里（现泰顺县罗阳镇）。其余世孙散居各地。董起道居三魁布袋丘（今属泰顺县三魁镇）；董起策居彭坑烊（今属泰顺县烊溪乡），董起春、董起岳居泰顺雅阳，董乐国徙闽福鼎岩前，董育国、董云国迁福建霞浦柏洋坑口溪边，董起节居戬洲（今属泰顺县三魁镇），董饶国居泰顺县龟湖西山，董一捷于明天启年闻（1621—1627年）迁居苹峰烊面（今属仕阳镇），董起锡居江渡（今属罗阳镇）；董环曾孙董荣八于宋宁宗庆元六年（1200年）迁龟峰下树（今龟湖镇龟林村），其后裔董先枝迁上宅烊（今属角，湖镇）；董显回有四子，三子董世昌为坪溪（现罗阳镇南外）支始祖；七十七世孙董佳，有四子，分元、亨、利、贞四房。元房孙董仪孚居赤坑仔（今属罗阳镇）、董绍榜居泰顺县彭溪富烊、董全孚居寮下（今属罗阻镇）、董臣孚居三魁彭家堡、董严孚居泰顺雅阳埠下、董如世于明崇祯十四年（1641年）迁居白琳（今属闽福鼎），董绍使居玉窑冈（今属闽福鼎），为该支始祖。亨房居城南和可溪（今属烊溪乡），利房董应恒于康熙年间（1662—1722年）迁居严山（今属仕阳镇），为严山董氏肇基始祖。董绍义居梨坪（今属滑岭乡），董格孚、董如孚居武蜱（今属三魁镇），董一命居上庄（今属洲岭乡），董一眷居坪溪（现罗阳南外）；贞房居城南，董一师居外华（今属洲岭乡上舟烊村），董一重同子董宗玉启刘宅（今属三魁镇），四子董民则为霞阳（今罗阳镇）始祖，支分平阳、苍南等地。八十三世孙董子富、董子声兄弟于明天启年间（1621—1627年）由闽南安迁浙江平阳薛镇，其孙董应壬分迁北港镇猪肝岭明山洋及赤溪白垮各支。董荣和居平阳四十二都明山前和浙江青田（隶属丽水市）西天坑及浙江瑞安五十都下寮，董望里居浙江苍南望里镇二十五都江南六板桥，董明如居平阳五

十三都张家山并二十都西村,董明世居平阳蒲门荷包田,董君伯居闽福鼎溪底及大坪七斗冈,董瓒卿居福鼎歧腰,董明所居福鼎梅溪及平阳二十五都洋心,董明进居平阳五十一都青街,董近泉居平阳四十二都马山埧,董振所居平阳十八都后蟠龙,董应所居福鼎梅溪旋徙瑞安梅头,董质所和兄董振所居平阳二十三都将军南洋,董碧山居小岭头(今属地未考)。董子煌居闽泉州安溪,其长子董思泉之子董弼楚由闽安溪迁苍南观美乡风鹤村,次子董友泉、三子董晓泉兄弟从闽安溪迁平阳双溪,董代起居平阳山仔头,为该支祖。

董德星、董国铃、董国余居泰顺联云黄山背等地和莒江斜坑(今属泰顺县百丈镇),董如英居泰顺筱村西岙徐岙,董崇骏居平阳二十都新洋,董天泽居福建霞浦县柏洋董墩,为该支祖。董天道居烊望(今属仕阳镇),董日焰同子董永泓居龟烊(今属仕阳镇)。

（摘自泰顺董正东编《董氏家族》）

第二节　缙阳董氏

缙阳董氏主要分布在管阳镇的缙阳、七蒲、西阳、广化等村。已传承了二十八世,现今在册户口有近千人之多。

管阳,位于福鼎市西南部,地处闽浙边界三市(福鼎、柘荣、泰顺)交汇点。清初属福宁州劝儒乡遥香里二十三都。福鼎置县后为福鼎县十六都。民国初为管阳区,民国 38 年(1949年)6 月属点头区,1950 年 6 月设管阳区,1958 年 8 月成立管阳公社,1961 年 6 月复为管阳区,1968 年 8 月恢复管阳公社,1983 年复为管阳区,1987 年改为管阳乡,1993 年 2 月撤乡改镇。

管阳境内处在高山地带,有大小山峰 144 座,其中千米山峰有王府山、梨头峤、东山、牛舍尖等四座,以王府山最高,海拔 1113.6 米,大部分行政村处在海拔 600 米左右。全镇下辖 27个行政村 211 个自然村,总人口 46000 人。管阳南山山系的凤凰山和鹳鸟山,怪石磷峋、神奇美丽。广化宁代陈桷墓、西昆孔家庙、西阳老人桥、徐陈象山寺,古朴典雅、历史悠久;溪头柘潭瀑布,白坑龙进溪,飞瀑壮观,风光旖旎。

一、历史迁徙

据明万历四十五年岁次丁巳十三世孙孝谦仁五谨志的《福鼎缙阳董氏宗谱》中的“董氏源流志”描述,缙阳董氏“高祖以其熟识兵机授为团练使,加南安军司法参军。浩畅生久,久生达,达生狼,狼生应超。公少颖悟,经书过目成诵,大宋至和间授为五经博士。应超公生可大,可大生英显。公攻妖人张怀素之乱,杀其逆党十余人,屡立奇功。大观朝为大总管,迁骠骑将军。英显生定邦,定邦生宜正、宜立二公。宜立公派下迁居于闽之绛岱江。宜正生必发、必盛、必兴三公,发与盛二公守祖父基业以乐家风。吾祖必兴公性厌繁华,怡情山水,游到武林,玩南屏六桥之佳景,见夫吴山秀丽葛水清扬,登玉甑之峰而陟白云之岭,优游雷分之泉,吟咏墨池春草。历温州昆阳之罗阳,观其人兴礼让,俗尚朴纯,遂卜筑于罗惕阳之南安居焉。兴公生璧、玉、琨、瑅四公,为元亨利贞四房。元亨利三房之孙皆在罗阳梓里,吾祖贞房瑅公生维模、维椿二公。椿公传至载丰公派下子孙迁居闽省南台。台维模生佑千、佩千、鼎千三公,佩、鼎二公亦系罗阳。佑千生载明,载明生万彤,号赤阳,姓周安人。赤阳公以俊秀之才选入国子

监,太学生考拔廷试,果称上意,授陕西西安府华州同知。时逢宋末元初,天下扰攘,群盗并起,遂脱簪解组而归。托迹山林岩泉适志,日逐名胜,游秦川太姥佳山,登绝顶之山,仰恋闽山锦绣,俯观浙水波澜,因起移闽之想。往还道经西洋天竺,见其山环水绕,遂于元大德三年岁在己亥创迁安仁村。传至曾孙兰二、兰四二公,于元至正二年岁次壬午复迁缙阳架屋兴居……

二、世行昭穆

千载万年桂兰培植　方圆惠钦僗章仁温　礼可元文周振大邦
肇启廷俊学延崇正　道明广新瑞锡嘉应　尚存远绍浩博登庆

三、简明世系

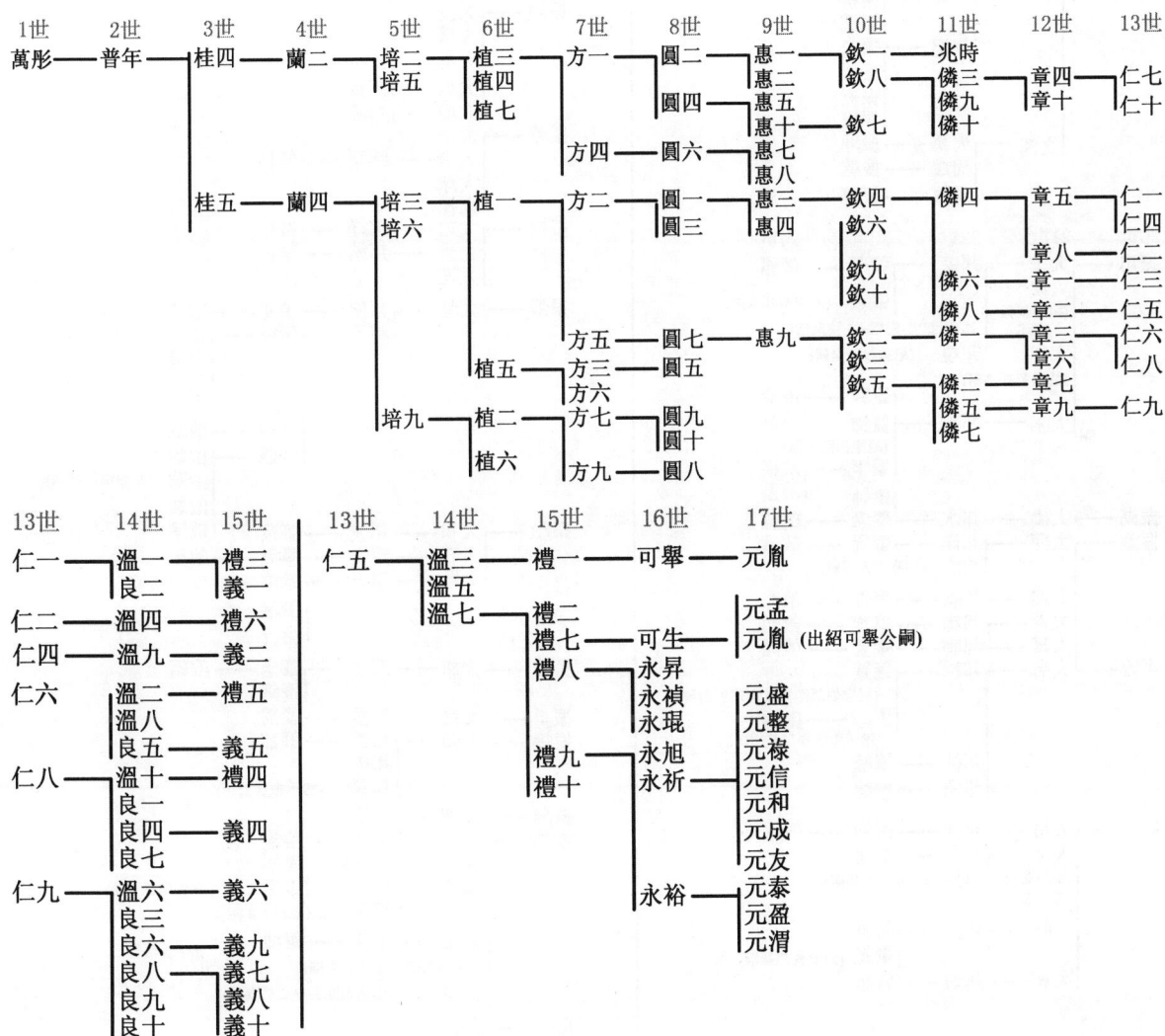

17世　18世　19世　20世

```
元胤 ┬ 文熹 ┬ 周南 ┬ 振宣
     │      │      └ 振漢
     │      ├ 周箕
     │      ├ 周全
     │      ├ 周鴻 ─ 振舘
     │      ├ 周鶴 ─ 振鏡
     │      ├ 周鸞 ─ 振鈞
     │      └ 周鵲 ┬ 振元
     │             └ 振銀
     ├ 文勲 ┬ 周鳳 ┬ 振忠
     │      │      ├ 振本
     │      │      └ 振湖
     │      ├ 周鷟 ┬ 振楚
     │      │      └ 振善
     │      ├ 周儒 ┬ 振住
     │      │      ├ 振殻
     │      │      └ 振彤
     │      ├ 周恩 ─ 振本
     │      ├ 周火 ┬ 振勇
     │      │      ├ 振提
     │      │      ├ 振剛
     │      │      ├ 振強
     │      │      ├ 振桂
     │      │      └ 振施
     │      └ 周溫 ┬ 振為
     │             ├ 振料
     │             ├ 振炎
     │             └ 振田
     └ 文清 ┬ 周鵬 ─ 振坤
            ├ 周鵝 ─ 振乾
            └ 周鷳 ─ 振齊
```

20世　21世　22世　23世　24世

```
振忠 ┬ 大垂 ┬ 邦委 ┬ 肇棗 ─ 啟帽
     │      │      └ 肇老 (紹胞叔邦水嗣)
     │      └ 邦水
     ├ 大湊 (紹胞叔振湖嗣)
     ├ 大恕 (紹堂叔振本嗣)
     └ 大坐 ─ 邦槻 ┬ 肇觀 ─ 啟徐
                   ├ 肇鉾 ─ 啟徊 (紹胞伯邦水嗣)
                   ├ 肇年 ─ 啟根
                   └ 肇鉾 ─ 啟盂
振湖 ─ 大湊 ─ 邦水 ─ 肇老 ─ 啟帽
振楚 ┬ 大蒲 ┬ 邦洋 ─ 肇置 ─ 啟澅
     │      └ 邦詢 (紹胞叔大迎嗣)
     ├ 大迎 ─ 邦詢 ─ 肇置 ─ 啟澅
     ├ 大莘 ─ 邦詢 ─ 肇置 ─ 啟澅
     └ 大羃 ─ 邦詢 ─ 肇置 ─ 啟澅
振善 ─ 大御 ┬ 邦種 ┬ 肇置 (紹堂伯邦洋堂叔邦詢兼桃為嗣)
            │      └ 肇輻 ─ 啟澅 (兼桃胞叔邦祉邦緝嗣)
            ├ 邦祉 ─ 肇輻
            └ 邦綢 ─ 肇輻
振住 ┬ 大岳 ─ 邦妙 ─ 肇鈞 ─ 啟尾
     ├ 大琴 ┬ 邦自 ─ 肇爾
     │ (出紹胞叔 └ 邦呈 (紹堂叔大招嗣)
     │  振殻嗣)
     ├ 大瑟 ─ 邦捐 ┬ 肇班
     │             └ 肇起 (紹堂叔邦佃嗣)
     └ 大寬 ─ 邦佃 ─ 肇起
```

20世　21世　22世　23世　24世　25世

```
振宣 ┬ 大璉 ─ 邦璇 ─ 肇品 ─ 啟斂
     └ 大環 ┬ 邦謝 ┬ 肇麥 ─ 啟授
    (出紹房叔 (紹堂叔 └ 肇梅
     振元公嗣) 大環嗣)
            └ 邦洙
振漢 ┬ 大珠 ─ 邦昉 ─ 肇桔 ┬ 啟愛 ┬ 廷沐
     ├ 大玲 ─ 邦昉          └ 啟豐 ├ 廷磊
     │ (紹胞伯大珠嗣)               ├ 廷匡
     │      ┌ 邦墀 ─ 肇鑑 ─ 啟廠 ┬ 廷簪
     │      └ 邦裁 ─ 兆瀧 ─ 啟廠 └ 廷簪
     │                   肇湃 ─ 啟捷 (紹胞伯啟廠嗣)
     │                                廷箭
     ├ 大鈺 ─ 邦碟 ─ 肇酲 ─ 啟牡
     └ 大琯 ─ 邦枇 ┬ 肇酲
       (出紹堂叔    │ (紹胞伯邦碟嗣)
        振舘嗣)     └ 肇封
振舘 ┬ 大琯 ─ 邦露 ─ 肇蓮 ─ 啟崇
     └ 大菊 ┬ 肇蓮 ─ 啟崇
     (紹胞伯邦露嗣)
            └ 肇廷 ─ 啟笑
振元 ─ 大環 ─ 邦謝 ─ 兆麥

振坤 ┬ 大瑩
     ├ 大璺
     ├ 大甌
     ├ 大珹 ─ 邦鷥
     └ 大瑜 ─ 邦璐
振乾 ┬ 大瑲
     ├ 大玢 ─ 邦葛 ─ 肇杉
     ├ 大球
     └ 大托
振齊 ┬ 大珀 ─ 邦紓 ─ 肇仕
     ├ 大壐 ─ 邦納 ─ 肇杉
     └ 大理
振殻 ─ 大琴 ┬ 邦便 ─ 肇是 ─ 啟拾
            └ 邦至 ┬ 肇好 ┬ 啟滿
                   │      ├ 啟潼
                   │      ├ 啟沙
                   │      └ 啟洪
                   ├ 肇壩 ─ 啟駒
                   └ 肇聽 ┬ 啟駝
                          ├ 啟駒 (紹胞伯肇壩嗣)
                          ├ 啟駽
                          └ 啟駧
振彤 ┬ 大和 ─ 邦夫 ─ 肇汝
     ├ 大石 ─ 邦夫 ─ 肇湫 ─ 啟紀
     └ 大器 ─ 邦夫 ┬ 肇汝 (繼大和公為后)
                   ├ 肇湫 (繼大石公為后)
                   └ 肇汀
振本 ─ 大恕 ─ 邦水 ┬ 肇老 ─ 啟帽
                   └ 肇鉾
振勇 ─ 大柳 ─ 邦幔 ─ 肇需
振提 ─ 大卯 ─ 邦雷 ─ 肇郁
              邦壽
              邦養 (繼承振桂公後)
振剛 ─ 大評 ─ 邦笏
振強 ┬ 大柳 ─ 邦幔 ┬ 肇親
     │ (兼紹胞伯 (兼桃振 ├ 肇樹
     │  振勇嗣)  勇公嗣) └ 肇需 (隨父繼振勇公為後)
     │      邦笏 (紹胞叔大言甲嗣)
     ├ 大卯 ─ 邦養 ─ 肇攄
     │ (出紹振提振桂二公為嗣)
     └ 大評 (出紹振剛振施二公為嗣)
振桂 ─ 大卯
振施 ─ 大評 ─ 邦笏 ─ 肇禹 ─ 啟純
振為 ─ 大招 ─ 邦呈 ─ 肇樣 ─ 啟
振料 ─ 大王命
```

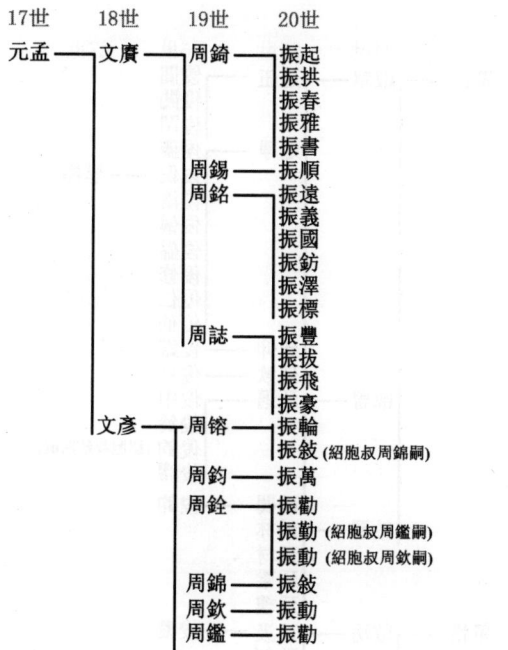

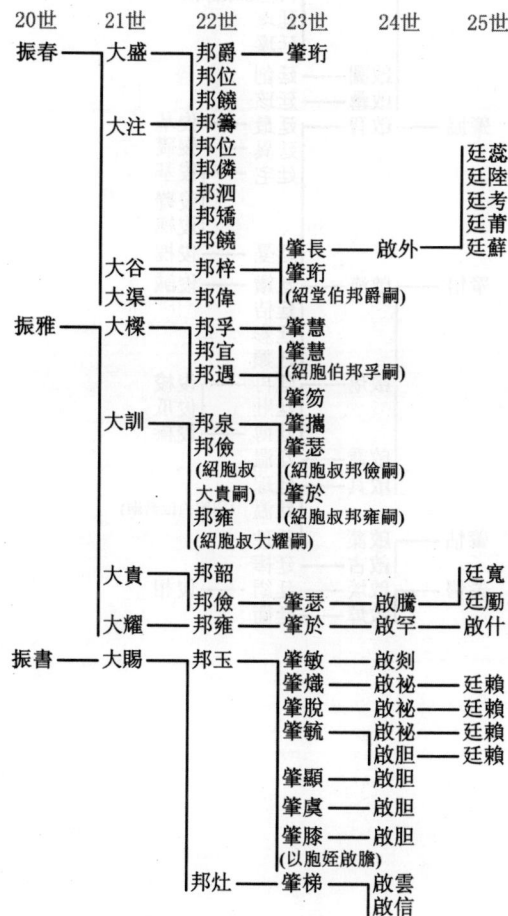

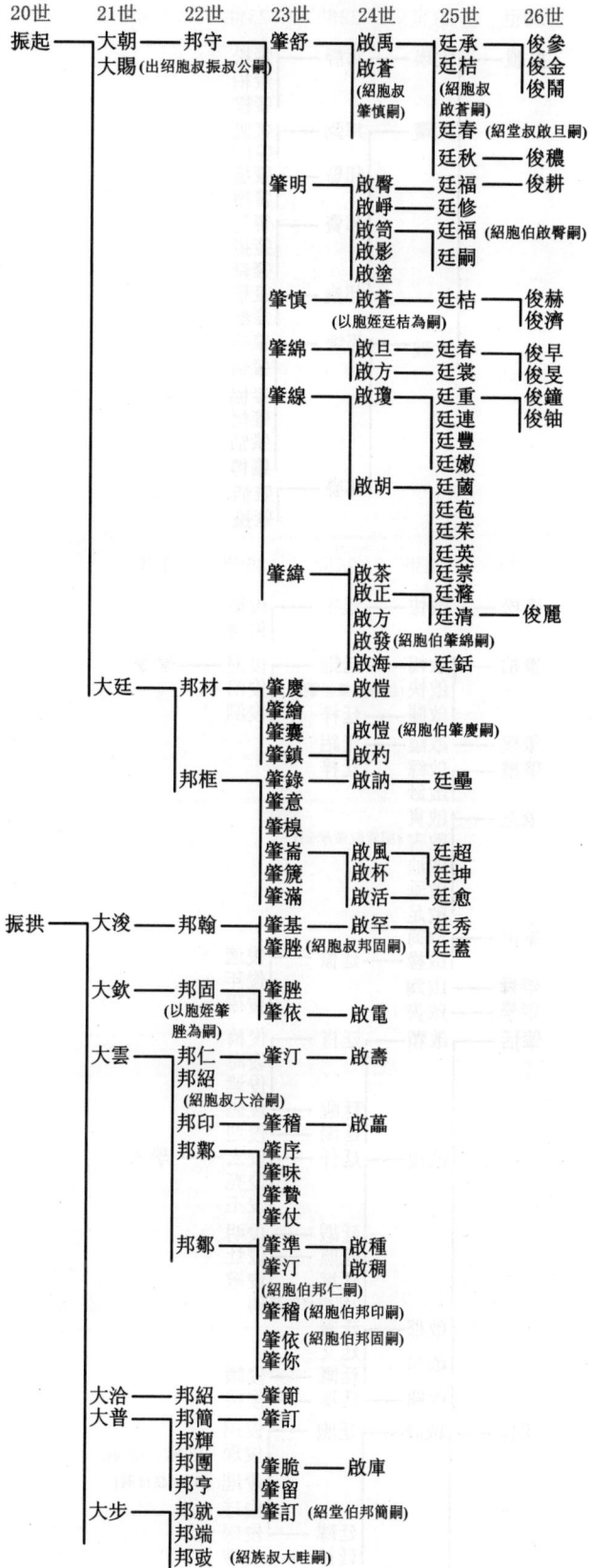

20世　21世　22世　23世

振順　大瑛——邦靜　肇松
　　　　　　　　　肇柏
　　　　　　　　　肇樸
　　　　大瓊——邦弼　肇圖
　　　　　　　　　肇囷
　　　　　　　邦賢　肇檀
　　　　　　　　　肇橫
　　　　　　　邦資　肇芝
　　　　　　　　　肇挺
　　　　　　　　　肇舜
　　　　　　　邦巍　肇學
　　　　　　　　　肇察
　　　　大玻——邦煉　肇恰
　　　　　　　　　肇恪
　　　　　　　　　肇協
　　　　　　　　　肇悟
　　　　　　　　　肇怗
　　　　　　　　　肇愕
　　　　　　　邦睿　肇恬
　　　　　　　　　肇操

23世　24世　25世　26世　27世

肇松——啟快——廷字　俊璿
　　　　　　　　　俊璉
肇柏——啟暢——廷則　俊㳂——學令
　　　啟快(紹胞伯肇松嗣)
　　　　　　　俊治
　　　啟闌——廷梓　俊泗
肇樸——啟蘊——廷鋁
肇檀——啟鐸——廷梓
　　　啟鈔
肇芝——啟貫
　　　啟書(紹堂叔肇學嗣)
　　　啟迪
　　　啟垂
　　　啟足
肇挺——啟簡
　　　啟椽——廷僚　俊適
　　　　　　　　　俊年
肇舜——啟鈎　　　　俊硯
肇學——啟書
肇恬——啟顯——廷肖　俊椅
　　　　　　　　　俊海
　　　　　　　　　俊遮
　　　　　　　廷醒　俊懇
　　　　　　　廷湯　俊迎
　　　啟復——廷仟　俊宏——學人
　　　　　　　　　俊亮
　　　　　　　　　俊丕
　　　　　　　廷暇　俊明
　　　　　　　廷照　俊灶
　　　　　　　廷斌　俊敏
　　　　　　(紹胞叔啟闌嗣)
　　　啟郡——廷廳
　　　啟昂　廷艾
　　　　　　廷慨　俊讀
　　　啟闌——廷斌　俊根
肇操——啟皎——廷煦　俊琯
　　　　　　　　　俊琛(紹胞叔廷隊嗣)
　　　　　　　　　俊璀(紹胞叔祉嗣)
　　　　　　　　　俊珪
　　　　　　　廷隊　俊琛
　　　　　　　廷祉　俊璀
　　　啟喃——廷般　俊懇
　　　　　　廷芽　(兼桃堂伯廷醒為嗣)
　　　　　　廷旹
　　　　　　廷夢
　　　　　　廷庫

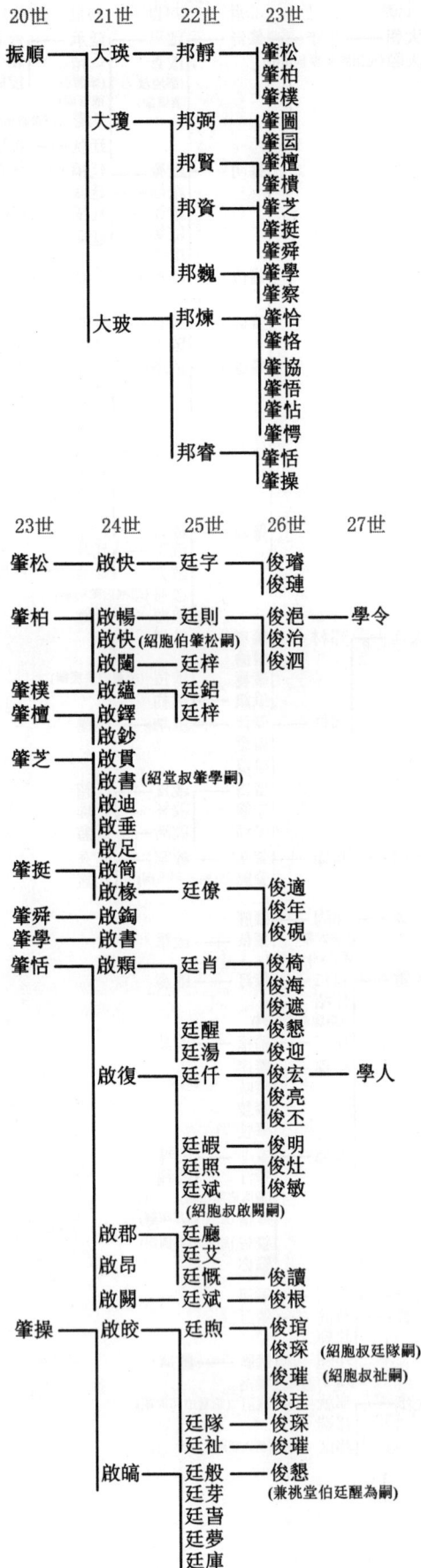

23世　24世　25世　26世　27世

肇恰——啟罩——廷伍　俊閭
　　　　　　　　　俊闊
　　　　　　　　　俊閿
　　　　　　　廷淨　俊儢
　　　　　　　　　俊倪——學梯
　　　　　　　　　俊濤
　　　　　　　　　俊儀
　　　　　　　　　俊儲
　　　　　　　　　俊修
　　　　　　　　　俊仁
　　　　　　　　　俊仙
　　　　　　　廷仰　俊鐶
　　　　　　　廷歁　俊奚
　　　啟曾——廷邁　俊中
　　　　　　　　　俊鈴
　　　　　　　　　俊鈞(紹胞叔廷閥嗣)
　　　　　　　　　俊鏐
　　　啟罷　廷閥　俊鈞
　　　　　　廷林
　　　　　　廷材
　　　　　　廷梁
　　　　　　廷樓
肇恪——啟房——廷汲　俊濃
　　　　　　廷創
　　　　　　(紹胞叔啟圖嗣)
　　　　　　廷玹
　　　　　　(紹胞叔啟疊嗣)
　　　　　　廷璪
　　　　　　廷璨
　　　啟圖　廷創
　　　啟疊　廷玹
肇協——啟智——廷最　俊基
　　　　　　廷異　俊礎
　　　　　　廷宅　俊基
　　　　　　　　　俊礎
　　　　　　　　　俊槐
　　　　　　廷戞　俊槐
肇悟——啟淹——廷鑽　俊誠
　　　　　　廷佶
　　　　　　廷彩
　　　　　　廷類
　　　啟堪——廷冉　俊梭
　　　　　　廷壯　俊瓜
　　　　　　廷博　俊榛
　　　啟喬——廷溫
　　　啟具——廷琮
　　　　　　廷溫
　　　　　　(紹胞伯啟喬嗣)
肇怗——啟藻——廷珪
　　　啟古　廷樺
肇愕——啟坎——廷絹　俊相
　　　啟焯——廷衛

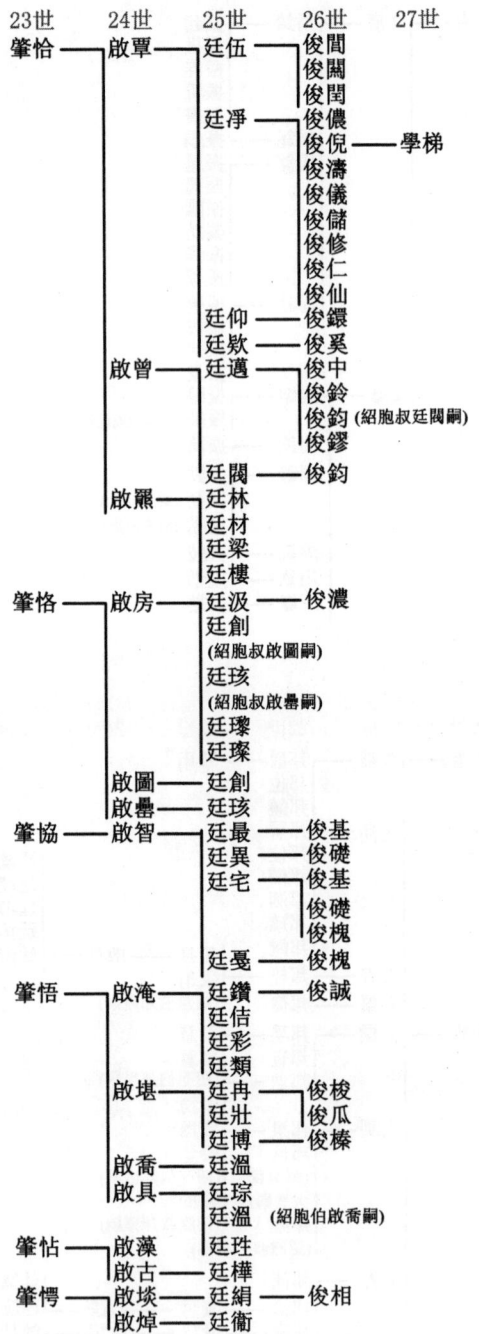

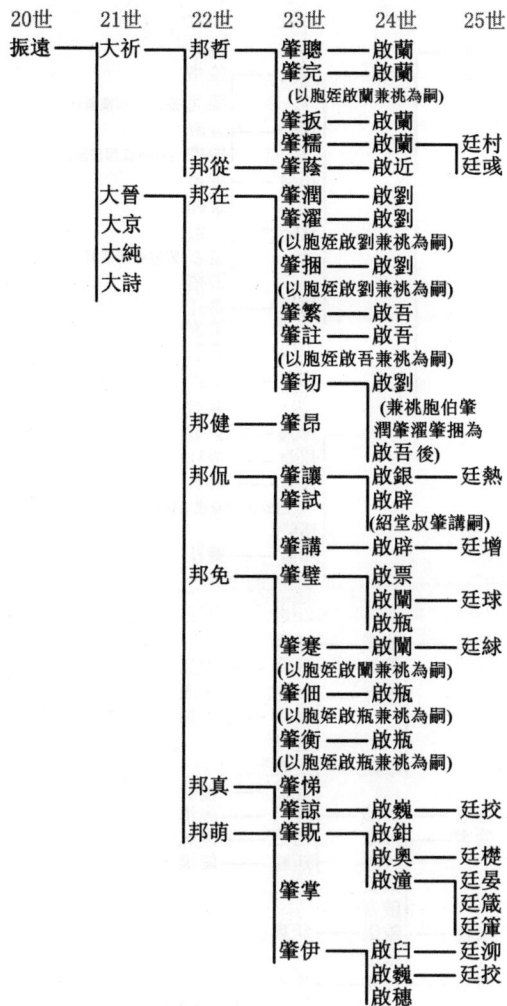

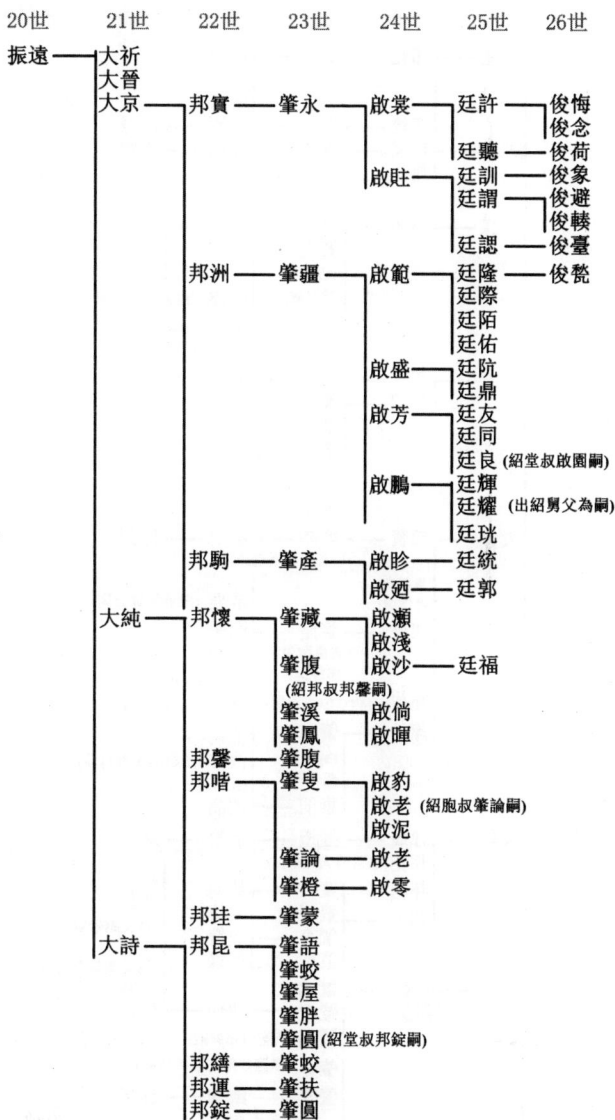

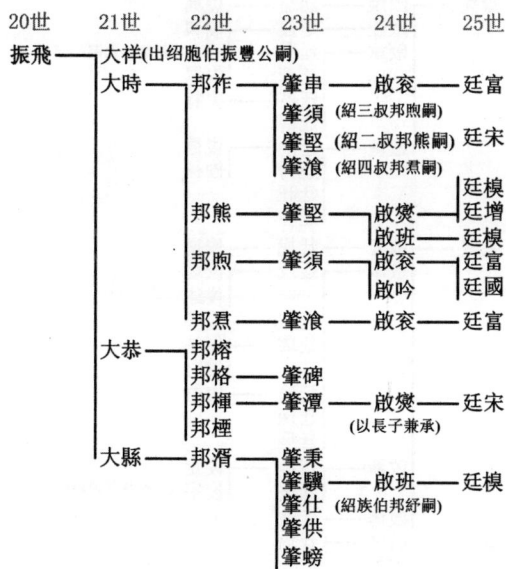

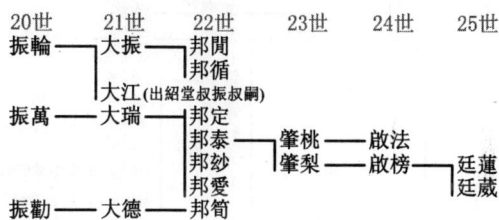

左侧上部：

20世	21世	22世	23世	24世	25世	26世	27世

振義 — 大捷 — 邦化 — 肇耍 — 啟鐸 / 啟助 / 啟熾

大謙 — 邦焕 — 肇判 — 啟漂 — 廷城
邦備 — 肇我 — 啟稻 — 廷梅 / 廷櫻 / 廷橄
邦化(紹胞伯大捷嗣)

大謀 — 邦趙 — 肇瀠 — 啟頻 — 廷榭 / 廷榕 / 廷杯
肇判(紹胞叔邦焕嗣)
啟漂(紹胞叔肇判嗣)
啟稻(紹堂叔肇我嗣)
肇我(紹堂叔邦備嗣)

大殷 — 邦作 — 肇寶 — 啟餘
邦招 — 肇體 / 肇族 / 肇耍(紹堂伯邦化嗣) / 肇幼 / 肇尾

大會 — 邦贊 — 肇請 — 啟要 — 廷釗
(以胞姪肇請兼桃為嗣) (以長子啟要繼承)
啟要 (繼承邦贊公嗣)
邦僚 — 肇請 — 啟斛
(兼桃胞伯邦贊嗣) 啟朔
邦作(紹堂伯大殷嗣) 啟鉞 — 廷汞
邦袖 — 肇寶 — 啟景 — 廷濘
(紹胞伯邦作嗣) 啟為 — 廷泔
肇淇 啟柞(出紹溪頭母男嗣)
啟鄉
啟品

大紀 — 邦廣 — 肇遭 — 啟墊 — 廷成
邦招(紹堂伯大殷嗣)
邦柯 — 肇井 — 啟明 — 廷壽
邦土 — 肇崑 — 啟雄 — 廷鈺
肇令 — 啟銑 (隨父繼肇宸公嗣)
肇坦 — 啟鐰 — 廷芳
(隨父繼肇繁公嗣)

振國 — 大用 — 邦解 — 肇觸 — 廷回
邦號 — 肇翠 — 啟灼 — 廷法
肇觸(紹胞伯邦解嗣)
肇宸(以胞姪啟灼兼桃為嗣)
肇繁 — 啟灼 — 廷芳
(以胞姪啟灼兼)

邦郊 — 肇爆 — 啟絵
大超 — 邦淑 — 肇墨 — 啟鍵 — 廷倩
(以胞姪啟鍵兼桃為嗣)
肇利 — 啟鍵 — 廷倩
肇倚 (兼桃胞伯 (隨父繼肇墨公嗣)
(紹堂叔 肇墨肇墨 廷鄸 — 俊棉
邦院嗣) 公嗣) (紹堂叔肇熙嗣)
啟播(紹堂伯肇倚嗣)
啟瑟(紹胞叔肇絪肇苞嗣)

肇絪 — 啟瑟 — 廷熙 — 俊樑
(以胞姪啟瑟兼桃為嗣)
肇苞 — 啟瑟 — 廷熙
俊戬 / 俊种 / 俊逸 / 俊洙

大模 — 邦院 — 肇倚 — 啟播 — 廷遭 / 廷獅 / 廷耆

大珍 — 邦鉉 — 肇利 — 啟鍵 — 廷鄭 — 俊櫨 / 俊櫃

大述 — 邦稟 — 肇挑 — 啟鍵
肇綽(紹胞叔邦紫嗣)
肇虜(紹胞叔邦傅嗣)

邦紫 — 肇綽 — 啟常
邦傅 — 啟虜

大漪 — 邦嚴 — 肇福
邦逅 — 肇福(紹胞伯邦嚴嗣)
肇程 — 啟丙
邦執 — 肇客 / 肇彌

右側上部：

20世	21世	22世	23世	24世	25世

振澤 — 大璋 — 邦袋 — 肇果
大椿 — 邦對 — 肇岱 / 肇凭(紹胞叔邦樓嗣)
邦合 — 肇醒 / 肇樊(紹胞叔邦樓嗣)
邦赭 — 肇書 / 肇桂
邦璈 — 肇冠 / 肇絮(紹胞叔邦樓嗣) / 肇禧
邦樓 — 肇凭 / 肇樊 / 肇絮

大富 — 邦宰 — 肇果(兼桃堂叔邦袋) / 肇墩
大雙 — 邦踐 — 肇契
邦爽 — 肇杜
邦重 — 肇契
(以胞姪肇契兼桃為嗣)
邦袋
邦齒 — 肇杜
(紹胞伯大璋嗣)

右側下部：

23世	24世	25世	26世

肇果 — 啟廠 — 廷善
肇岱 — 啟� — 廷堯 — 俊泳 / 俊綏
啟鐸 — 廷蕃 / 廷慈 / 廷昌 — 俊炳
啟建 — 廷峻
廷崙 — 俊艮

肇醒 — 啟箴 — 廷門 — 俊道
肇書 — 啟森 — 廷倍 — 俊欽
啟勝 — 廷臚 — 俊道
啟貴
啟富

肇桂 — 啟銀 — 廷惠
啟金

肇冠 — 啟鑾 — 廷玉
啟鈴 — 廷玉(紹胞伯啟鑾嗣)
廷境

肇禧 — 啟梁 — 廷儀
啟鴻 — 廷儀(紹胞伯啟梁嗣)
廷仗

肇凭 — 啟燦 — 廷益 — 俊興
啟陸 — 廷益 — 俊興
(隨父繼啟燦公為嗣)
啟斌 — 廷菊
廷蓉 — 俊厚
廷荃 — 俊眷
廷薛
啟恒 — 廷劭 — 俊德
廷秀 — 俊倈
廷旺
廷住

肇樊 — 啟智 — 廷挽 — 俊通
啟華 — 廷茂 — 俊通 / 俊述
廷班 — 俊順
廷瑞 — 俊祐 / 俊財
廷瑜 — 俊財
廷琛
廷珊

啟新 — 廷達 — 俊定
廷波 — 俊宇 (紹胞叔啟鑑嗣)

肇絮 — 啟鑑 — 廷波
啟鋒 — 廷均
啟型
啟鏡 — 廷均

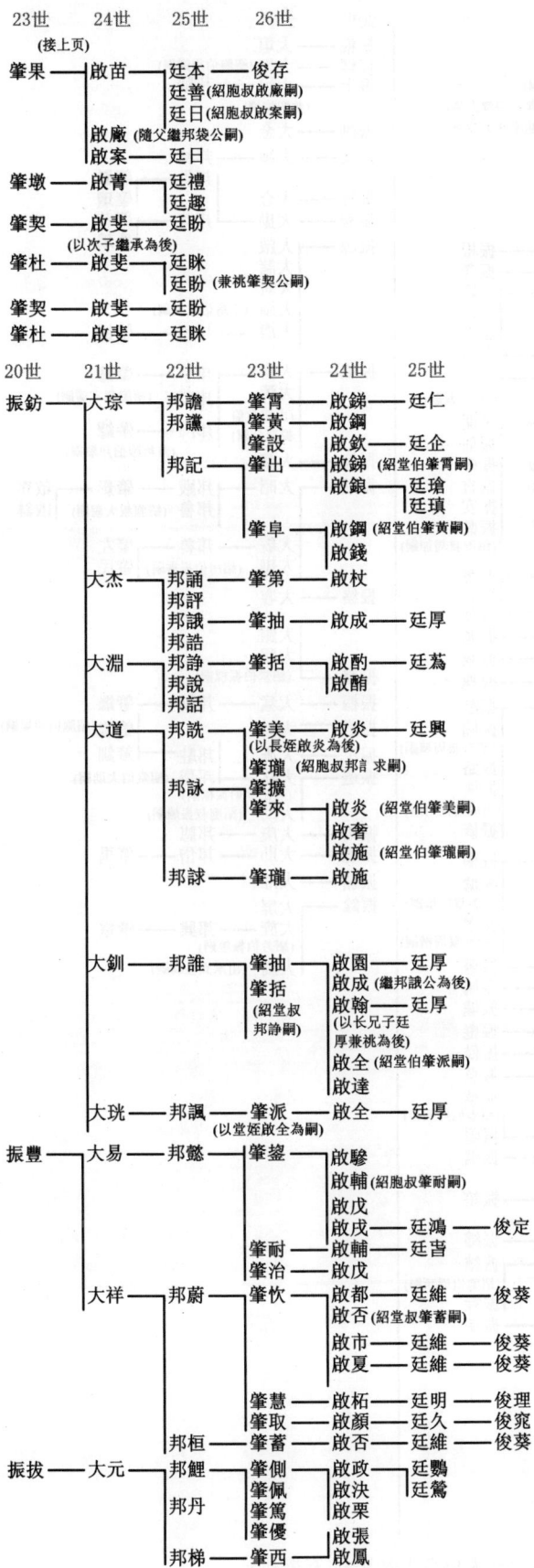

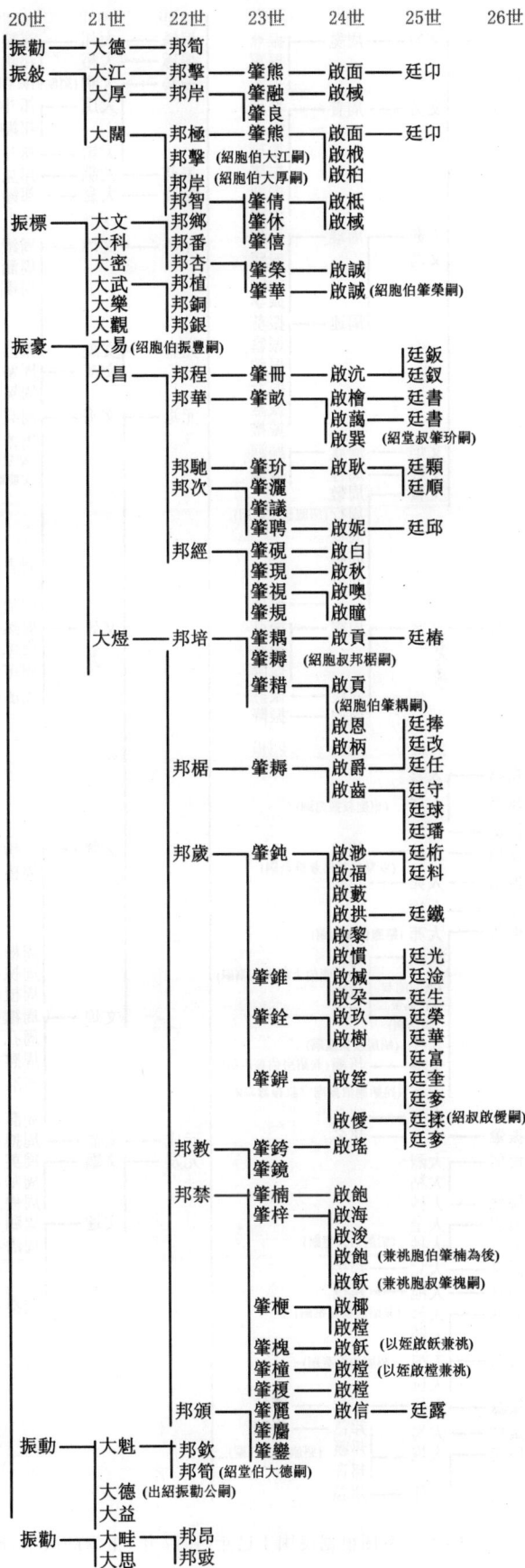

左上（23世—26世）（接上页）

```
23世      24世      25世        26世
肇果 ── 啟苗 ── 廷本 ── 俊存
                 廷善 (紹胞叔啟廒嗣)
                 廷日 (紹胞叔啟案嗣)
          啟廒 (隨父繼邦袋公嗣)
          啟案 ── 廷日
肇墩 ── 啟菁 ── 廷禮
                 廷趣
肇契 ── 啟斐 ── 廷盼
(以次子繼承為後)
肇杜 ── 啟斐 ── 廷眯
                 廷盼 (兼桃肇契公嗣)
肇契 ── 啟斐 ── 廷盼
肇杜 ── 啟斐 ── 廷眯
```

右上（20世—26世）

```
20世    21世    22世    23世    24世    25世    26世
振勤 ── 大德 ── 邦筍
振紋 ── 大江 ── 邦擊 ── 肇熊 ── 啟面 ── 廷印
        大厚 ── 邦岸 ── 肇融 ── 啟椷
                        肇良
        大闊 ── 邦極 ── 肇熊 ── 啟面 ── 廷印
                邦擊 (紹胞伯大江嗣) ── 啟栱
                邦岸 (紹胞伯大厚嗣) ── 啟柏
                邦智 ── 肇倩 ── 啟柢
振標 ── 大文 ── 邦鄉 ── 肇休 ── 啟椷
        大科 ── 邦番 ── 肇僖
        大密 ── 邦杏 ── 肇榮 ── 啟誠
        大武 ── 邦植 ── 肇華 ── 啟誠 (紹胞伯肇榮嗣)
        大樂 ── 邦銅
        大觀 ── 邦銀
振豪 ── 大易 (紹胞伯振豐嗣)
        大昌 ── 邦程 ── 肇冊 ── 啟沅 ── 廷飯
                                        廷釵
                邦華 ── 肇畝 ── 啟檜 ── 廷書
                                啟藕 ── 廷書
                                啟巽 (紹堂叔肇玠嗣)
                邦馳 ── 肇玠 ── 啟耿 ── 廷顥
                邦次 ── 肇灑                廷順
                        肇議
                        肇聘 ── 啟妮 ── 廷邱
                邦經 ── 肇硯 ── 啟白
                        肇現 ── 啟秋
                        肇視 ── 啟噢
                        肇規 ── 啟瞳
        大煜 ── 邦培 ── 肇耦 ── 啟貢 ── 廷椿
                        肇耨 (紹胞叔邦椐嗣)
                        肇耤 ── 啟貢
                               (紹胞伯肇耦嗣)
                邦椐 ── 肇耨 ── 啟恩 ── 廷捧
                                啟柄 ── 廷改
                                啟爵 ── 廷任
                                啟齒 ── 廷守
                                        廷球
                                        廷璠
                邦歲 ── 肇鈍 ── 啟渺 ── 廷桁
                                啟福 ── 廷料
                                啟藪
                                啟拱 ── 廷鐵
                                啟黎
                        肇錐 ── 啟慣 ── 廷光
                                啟械 ── 廷淦
                                啟朶 ── 廷生
                        肇銓 ── 啟玖 ── 廷榮
                                啟樹    廷華
                                        廷富
                        肇鏘 ── 啟筵 ── 廷奎
                                        廷爹
                                啟傻 ── 廷揉 (紹叔啟傻嗣)
                                        廷爹
                邦教 ── 肇鈞 ── 啟瑤
                        肇鏡
                邦禁 ── 肇楠 ── 啟飽
                        肇梓 ── 啟海
                                啟浚
                                啟飽 (兼桃胞伯肇楠為後)
                                啟飫 (兼桃胞叔肇槐嗣)
                        肇梗 ── 啟椰
                                啟楦
                        肇槐 ── 啟飫 (以姪啟飫兼桃)
                        肇橦 ── 啟橦 (以姪啟橦兼桃)
                        肇榎 ── 啟橦
                邦頌 ── 肇麗 ── 啟信 ── 廷露
                        肇廬 ── 啟鑾
振動 ── 大魁 ── 邦欽
                邦筍 (紹堂伯大德嗣)
        大德 (出紹振勤公嗣)
        大益
振勸 ── 大畦 ── 邦昂
        大思    邦戝
```

左下（20世—25世）

```
20世    21世    22世    23世    24世    25世
振鈁 ── 大琮 ── 邦譫 ── 肇霄 ── 啟銻 ── 廷仁
                邦譏 ── 肇黄 ── 啟鋼
                        肇設 ── 啟欽 ── 廷企
                邦記 ── 肇出 ── 啟銻 (紹堂伯肇霄嗣)
                                啟銀 ── 廷瑝
                                        廷瑱
                        肇阜 ── 啟鋼 (紹堂伯肇黄嗣)
                                啟錢
        大杰 ── 邦誦 ── 肇第 ── 啟杖
                邦評
                邦誠 ── 肇抽 ── 啟成 ── 廷厚
                邦誥
        大淵 ── 邦靜 ── 肇括 ── 啟酌 ── 廷蔿
                邦說                    啟酳
                邦話
        大道 ── 邦詵 ── 肇美 ── 啟炎 ── 廷興
                (以長姪啟炎為後)
                        肇瓏 (紹胞叔邦言 求嗣)
                邦詠 ── 肇擴
                        肇來 ── 啟炎 (紹堂伯肇美嗣)
                                啟奢
                                啟施 (紹堂伯肇瓏嗣)
                邦誄 ── 肇瓏 ── 啟施
        大釗 ── 邦誰 ── 肇抽 ── 啟圍 ── 廷厚
                        肇括    啟成 (繼邦誠公為後)
                        (紹堂叔  啟翰 ── 廷厚
                         邦靜嗣) (以長兄子廷
                                厚兼桃為後)
                                啟全 (紹堂伯肇派嗣)
                                啟達
        大玳 ── 邦諷 ── 肇派 ── 啟全 ── 廷厚
                        (以堂姪啟全為嗣)
振豐 ── 大易 ── 邦懿 ── 肇鋆 ── 啟駿
                                啟輔 (紹胞叔肇耐嗣)
                                啟戊
                                啟成 ── 廷鴻 ── 俊定
                        肇耐 ── 啟輔 ── 廷旹
                        肇治 ── 啟戊
        大祥 ── 邦蔚 ── 肇忱 ── 啟都 ── 廷維 ── 俊葵
                                啟否 (紹堂叔肇蓄嗣)
                                啟市 ── 廷維 ── 俊葵
                                啟夏 ── 廷維 ── 俊葵
                        肇慧 ── 啟柘 ── 廷明 ── 俊理
                        肇取 ── 啟顏 ── 廷久 ── 俊窕
                邦桓 ── 肇蓄 ── 啟否 ── 廷維 ── 俊葵
振拔 ── 大元 ── 邦鯉 ── 肇側 ── 啟政 ── 廷鸚
                邦丹    肇佩 ── 啟決 ── 廷鷥
                        肇篤 ── 啟栗
                        肇優 ── 啟張
                邦梯 ── 肇西 ── 啟鳳
```

425

第一部分（左上）

17世	18世	19世	20世
元信	文發	周冕	振燕
			振蕙
			振駕
	文芳	周養	振填
			振山
			振瑚
			振諧
			振鹿
			振翬
	文茹	周遜	振郁
	文萬		振建
			振賜
			振享
		周連	振葵
			振富
			振約
			振存
			振瀛
			振推
	文焰	周欣	振河
	文輝	周行	振鱗
	文貴	周敬	
		周行 (紹胞叔文輝嗣)	
		周良	
		周惠	
		周遜	
		周翟	振琢
元渭	文案	周需	振莊
			振秦
			振降
		周履	振莊
		周增	振降

第一部分（左下）

20世	21世	22世	23世
振燕	大喜		
振蕙	大居		
振駕	大居 (紹胞叔振駕嗣)		
振填	大榕	邦祐	
振山	大莆	(以堂姪邦祐兼桃為嗣)	
振瑚	大裕	邦祐	
振諧	大莆 (紹胞伯振山嗣)		
	大洗	邦祐	
	(兼紹胞叔振鹿振翬二公為嗣)	邦禑	
		邦福	
	大桂 (紹房叔振瀛嗣)		
	大金	邦禑 (兼紹房伯振洪嗣)	
	大裕 (建紹胞伯振瑚堂叔振琢為嗣)		
振鹿	大洗	邦名	
振翬	大洗	邦名	
振郁	大烈		
	大粘		
振建	大杪		
振賜	大全		
	大杪 (紹胞伯振建嗣)		
振享	大兌	邦接	
振葵	大池	邦棧	
振富	大畧 (兼紹胞叔振推嗣)		
	大聽		
振約	大池 (紹胞伯振葵嗣)		
	大杭		
振瀛	大桂	邦炳	肇棟
振推	大畧	邦苎	肇琬
振河	大炮	邦義 (紹胞叔大任嗣)	
		邦音	
	大任	邦義	

第二部分（中上）

20世	21世	22世	23世
振鱗	大邦	邦曉	
振琢	大裕	邦眺	
振秦	大澗 (紹胞伯振莊嗣)		
	大戌	邦斗 (兼桃胞叔大第)	
		邦鏗 (紹堂叔大翕嗣)	
	大第	邦斗	
振莊	大澗	邦見	
振降	大翕	邦鏗	

第二部分（中）

17世	18世	19世	20世
元盛	文煒	周鑽	振根
		周涵	振鳧
		周樸	振鐸
			振根
			振上
元整	文陳	振浦	大垣
	文萬	周蘭	振洪
		周冕	(紹堂叔文发嗣)
元祿	文梅	周亮	振開
		周博	振佃
		(紹堂叔文龍嗣)	振樫
			振貢
			振安
			振鼎
			(紹堂叔周加嗣)
		周吉	振聲
			振秀
		周加	振鼎
	文質	周然	振源
		周垣	振威
		周可	振槐
		周獣	振獣
		周濟	振鳩
			(紹堂叔周棟嗣)
			振絡
			振衛
			(出成異性為嗣)
			振修
	文馨	周榜	振樞
		周模	振爐
			(紹胞叔周楨嗣)
			振選
			(紹胞叔周楷嗣)
		周楷	振選
		周棟	振鳩
		周楨	振爐
	文煌	周禮	振彪
		周孔	振侯
		周熙	振慈
		周淮	振慈
			(紹胞叔周熙嗣)
		周薛	振隱
元成	文龍	周搏	振滔
元友	文顯	周英	
		周華	振笙
		周俊	
	文達	周頤	振繡
		周潘	振繡
			(紹胞伯周頤嗣)
			振銓
		周桑	振瑞

第三部分（右）

20世	21世	22世	23世	24世
振根	大垣			
振鐸	大垣 (紹胞伯周鑽嗣)			
振上	大垣	邦駿		
	(兼紹振鐸)			
振洪	大金			
振安	大縝	邦柿		
		邦供	肇鳳	
			肇瑨	
振聲	大金		肇苛	
振秀	大拋	邦芬	肇瑨	
振源	大啟			
	大諸			
	大統			
	大縝 (紹房伯振安嗣)			
	大濤	邦順	肇鏷	
振威	大益	邦午	肇鏷	
	大濤	邦順		
	(出紹堂伯振源公嗣)	(紹胞叔大濤嗣)		
		邦門	肇鏷	
		(兼桃胞伯邦順嗣)		
振槐	大膠			
振獣	大昭	邦殿	肇影	啟筍
		邦魯		啟鉢
		(紹胞叔大貌嗣)		
	大貌	邦魯	肇左	
	大拋		肇民	
	(紹房伯振秀嗣)			
振絡	大容			
	大鉗			
	大膠			
振修	(紹堂伯振槐嗣)			
振樞	大猛	邦場	肇鑑	
振滔	大渺		肇鑑 (紹胞伯邦場嗣)	
振笙	大旌	邦駐	肇釗	
振選	大猛	邦岱 (紹堂伯大助嗣)		
	(兼紹堂伯振樞嗣)			
	大助 (紹胞叔周爐嗣)			
振鳩	大庚	邦愨		
振爐	大助	邦岱	肇禹	
振繡	大湘			
振銓	大屏			
	大旌	邦興	肇電	
	(紹芳伯振笙嗣)			
	大扃 (出承異性為嗣)			

注：本世系图根据民国丁巳年（1917年）重修的版本，现代族人信息未收其中，有待补充。

第三节　福鼎玉瑶董氏

　　点头镇,位于福鼎市中部,距市中心 15 公里,是国家建设部小城镇建设试点镇,福建省综合改革试点镇。古时因有屼山屹立其间,故别称唐山。原属福宁州劝儒乡遥香里二十都,福鼎置县后为福鼎县十五都。民国初期为点头区,民国 29 年(1940 年)设点头镇。几经更名,于 1987 年又恢复点头镇。全镇总面积 109 平方公里,辖 18 个行政村、3 个居委会。玉瑶是点头镇大坪村的一个自然村。

一、历史迁徙

　　元代董纯五九公从浙江温州罗阳郡马基,迁入闽泉州府。其曾孙董真公于明洪武永乐年间迁清溪(现安溪)。董真之孙董德有公(号奕俊)为清溪县来苏里郭板始祖,第七世董绍使公(字峻品,号良观),清康熙年间迁居福宁州廿一二都大坪玉瑶冈(鼎邑十四都大坪玉瑶冈)。第十世董维山公、维传公移居鼎邑十五都点头街头顶。现有人口近 400 人。

二、世行昭穆

名行:(从第六代起)

| 士绍懋光 | 正道宏敷 | 直传晋笔 | 学宗汉儒 | 世守圣德 | 名振天都 |

字行:

| 大峻为克 | 积必成孔 | 少治春秋 | 孝景博仕 | 贤良三策 | 嘉谟可钦 |

行行:

| 家声兆振 | 常立孝敬 | 缵成祖泽 | 长裕后贤 | 贻谋燕翼 | 千载延绵 |

三、简明世系

　　根据公元 2002 年玉瑶董氏宗谱编制如下。

(一)前代世系

浙江省泰顺县罗阳平溪董氏贞房宗谱

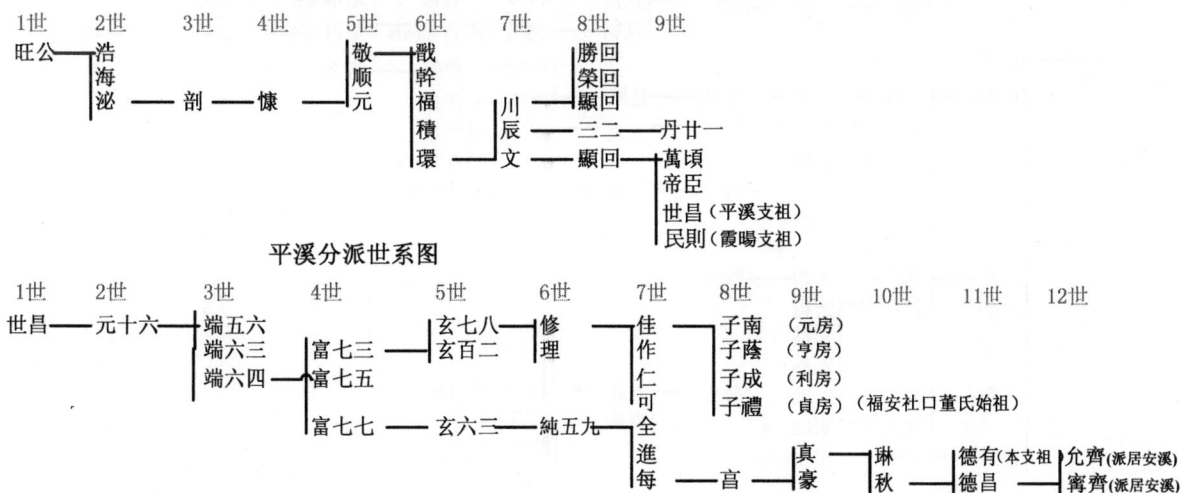

平溪分派世系图

(二)玉瑶世系

福鼎大坪玉瑶董世系

1世	2世	3世	4世	5世
德有	一清 (遷清溪始祖)	惟基	應寬	進惠
			天美	進澤
		惟瓛	應敏	進成 / 進諒
			應沅	庭華 / 庭富 / 庭朗 / 庭彩 / 庭宦
			應翰	進昌 / 進木
			應琬	庭樂 / 庭魁 / 庭邅 / 孚完

5世	6世	7世	8世	9世
庭彩	士烏	紹藩		
	士二	紹德		
	士三	紹和		
	士君	紹順		
	士尾	紹載		
庭宦	士夢	紹卯(殤)		
	士陞	紹寨	戀孟	光潜(仁房) / 光祖
		紹五	戀寶	光遠(義房)
		紹使 (遷玉瑶始祖)	戀偉	光瑞(禮房) / 光順(智房)
			戀拨	光亮(信房) / 光標 / 光瑛
		紹满	戀均 / 戀圭	
	士資	紹恭 / 紹安 / 紹盛 / 紹忍		
進昌	士祖			

5世	6世	7世	8世	9世
進惠	大祥	紹香		
		紹鳳	戀忠	
		紹勇		
進澤	大明	紹娘	戀均	
		紹速	戀綏	
進成	大區	紹聖		
	士趾	紹添		
進諒	士舉			
庭華	士科	紹申		
庭富	士麒	紹蔭(殤)	恭英	
	士萬	紹質	禮英(出繼)	
		紹引		
		紹静		
	士祚	紹安	禮英	

5世	6世	7世
庭樂	士珠	紹史 / 紹軒
	士珍	紹蘭 / 紹元
庭魁	士欽	紹嶼
	士堯	紹寅
	士巢	紹西 / 紹福
庭邅	士贊	紹齊
	大奮	紹伯
	士蓋	紹麒
	士疇	紹飛
孚完	士榜	紹貴 / 紹忠

9世	10世	11世	12世	13世	14世	15世	16世	17世	18世
光潜 (仁房光潜公派)	正瑔	道榮	宏齊	敷焰	直松				
	道華		宏欽(出繼)		直治	傳統	晋盛	笔群(兼桃)	學慧
							晋淵		
						傳流	晋淵(兼桃)	笔辉(兼桃)	
						傳鑑	晋国(兼嗣)		
						傳倉	晋國	笔群(兼桃)	
		道富	宏欽	敷城	直燦	傳籌	晋淵	笔群(兼桃)	
					直輅	傳籌(兼桃)	晋淵(兼桃)	笔群(兼桃)	
光端 (禮房光端公派)	正瑔								
	正福	道鑾	宏淮	敷訓	直殿	傳建(兼桃)	晋銀	笔文	
						傳德	晋黨		
		道千	宏坐	敷翊	直良	傳球	晋果		
		道歲	宏淮				晋黨(出繼)		
			宏式	敷蛟	直枚	傳建	晋銀	笔文(兼桃)	
		道快	宏淮(兼桃)						
		道朗	宏式(兼桃)						
	正桂 (亨房)	道吉	宏得	敷玘					
		道甘	宏得						
			宏池						
			宏杓						
	正靈	道丙	宏池	敷墨	直祺	傳平	晋賢		
		道久	宏池(兼桃)		直明	傳懷	晋升		
	正秀	道潭	宏坐(兼桃)			傳福	晋杰		

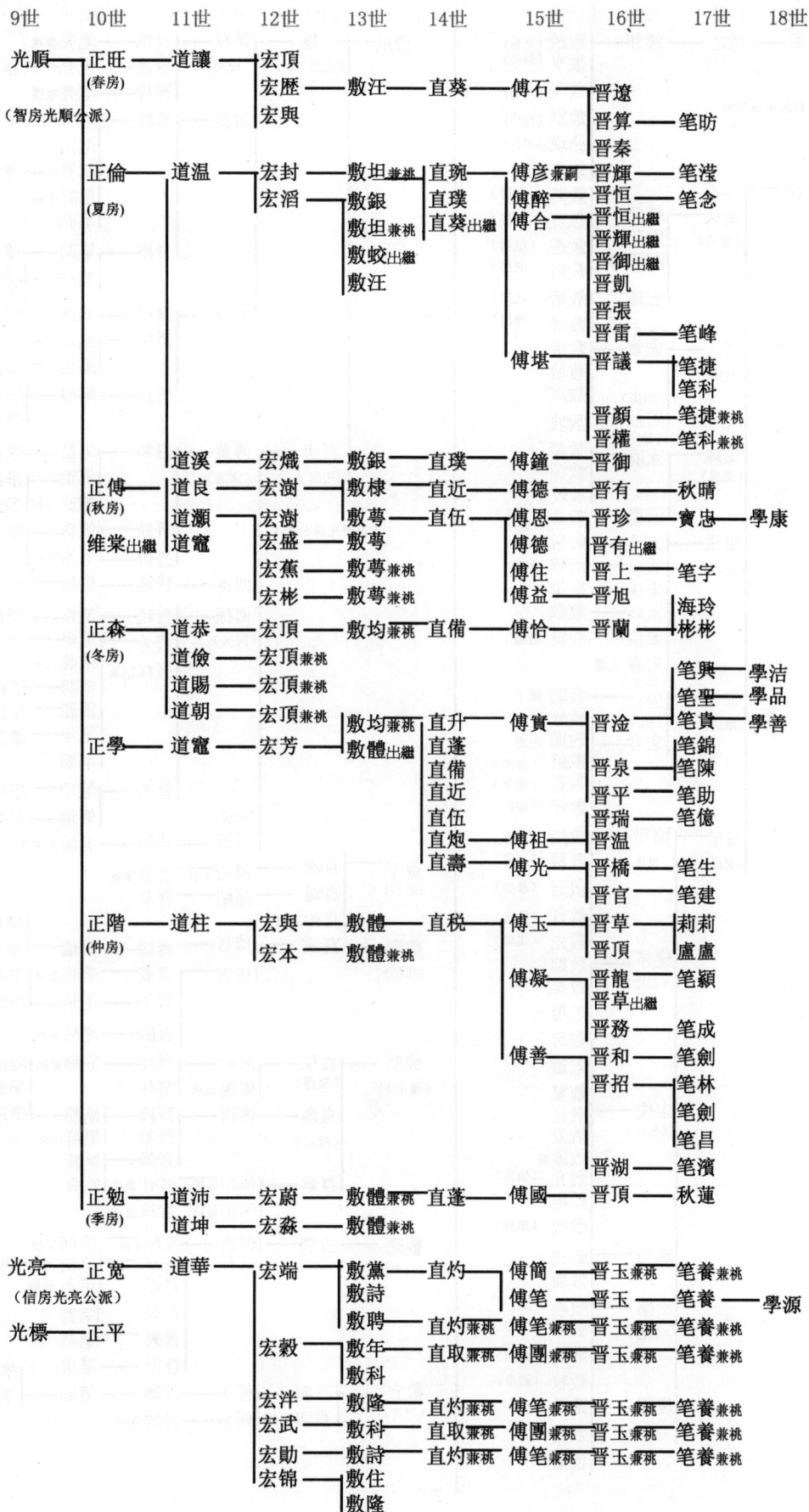

9世	10世	11世	12世	13世	14世	15世	16世	17世	18世

（智房光顺公派）

- 光順
  - 正旺（春房） — 道讓
    - 宏頂
    - 宏歷 — 敷汪 — 直葵 — 傅石
      - 晋遼
      - 晋算 — 笔昉
      - 晋秦
    - 宏興
  - 正倫（夏房） — 道溫
    - 宏封
    - 宏滔
      - 敷坦兼桃 — 直琬 — 傅彥嗣 — 晋輝 — 笔澄
      - 敷銀 — 直璞 — 傅醉 — 晋恒 — 笔念
      - 敷坦兼桃 — 直葵出繼 — 傅合
        - 晋恒出繼
        - 晋輝出繼
        - 晋御出繼
        - 晋凱
        - 晋張
        - 晋雷 — 笔峰
      - 敷蛟出繼 — 傅堪
        - 晋議 — 笔捷／笔科
        - 晋顏 — 笔捷兼桃
        - 晋權 — 笔科兼桃
      - 敷汪
  - 正傅（秋房）維棠出繼
    - 道溪 — 宏熾 — 敷銀 — 直璞 — 傅鐘 — 晋御
    - 道良 — 宏澍 — 敷棣 — 直近 — 傅德 — 晋有 — 秋晴
    - 道灝 — 宏澍 — 敷尊 — 直伍 — 傅恩 — 晋珍 — 寶忠 — 學康
    - 道寵
      - 宏盛 — 敷尊 — 傅德 — 晋有出繼
      - 宏蕉 — 敷尊兼桃 — 傅住 — 晋上 — 笔字
      - 宏彬 — 敷尊兼桃 — 傅益 — 晋旭
      - 傅恰 — 晋蘭 — 海玲／彬彬
  - 正森（冬房）
    - 道恭 — 宏頂 — 敷均兼桃 — 直備
    - 道俊 — 宏頂兼桃
    - 道賜 — 宏頂兼桃
    - 道朝 — 宏頂兼桃
  - 正學 — 道寵 — 宏芳
    - 敷均兼桃
      - 直升 — 傅實
        - 晋淦 — 笔興 — 學洁／笔聖 — 學品／笔貴 — 學善
        - 晋泉 — 笔錦／笔陳
        - 晋平 — 笔助
        - 晋瑞 — 笔億
      - 直蓬
      - 直備
      - 直近
      - 直伍
      - 直炮 — 傅祖 — 晋溫
      - 直壽 — 傅光
        - 晋橋 — 笔生
        - 晋官 — 笔建
    - 敷體出繼
  - 正階（仲房） — 道柱
    - 宏興 — 敷體 — 直税 — 傅玉
      - 晋草 — 莉莉
      - 晋頂 — 盧盧
    - 宏本 — 敷體兼桃
      - 傅凝 — 晋龍 — 笔穎／晋草出繼／晋務 — 笔成
      - 傅善
        - 晋和 — 笔劍
        - 晋招 — 笔林／笔劍／笔昌
        - 晋湖 — 笔濱
  - 正勉（季房）
    - 道沛 — 宏蔚 — 敷體兼桃 — 直蓬 — 傅國 — 晋頂 — 秋蓮
    - 道坤 — 宏淼 — 敷體兼桃

（信房光亮公派）

- 光亮 — 正寬 — 道華
  - 宏端
    - 敷薰 — 直灼 — 傅簡 — 晋玉兼桃 — 笔養兼桃
    - 敷詩 — 傅笔 — 晋玉 — 笔養 — 學源
    - 敷聘 — 直灼兼桃 — 傅笔兼桃 — 晋玉兼桃 — 笔養兼桃
  - 宏毅
    - 敷年 — 直取兼桃 — 傅團兼桃 — 晋玉兼桃 — 笔養兼桃
    - 敷科
  - 宏泮 — 敷隆 — 直灼兼桃 — 傅笔兼桃 — 晋玉兼桃 — 笔養兼桃
  - 宏武 — 敷科 — 直取兼桃 — 傅團兼桃 — 晋玉兼桃 — 笔養兼桃
  - 宏勖 — 敷詩 — 直灼兼桃 — 傅笔兼桃 — 晋玉兼桃 — 笔養兼桃
  - 宏錦
    - 敷住
    - 敷隆
- 光標 — 正平

429

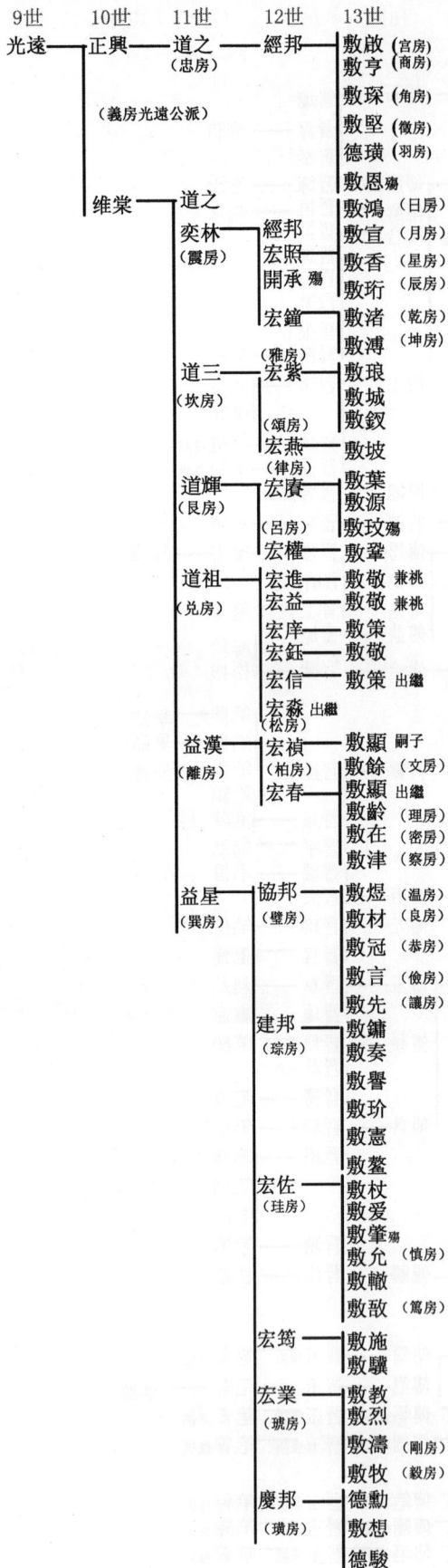

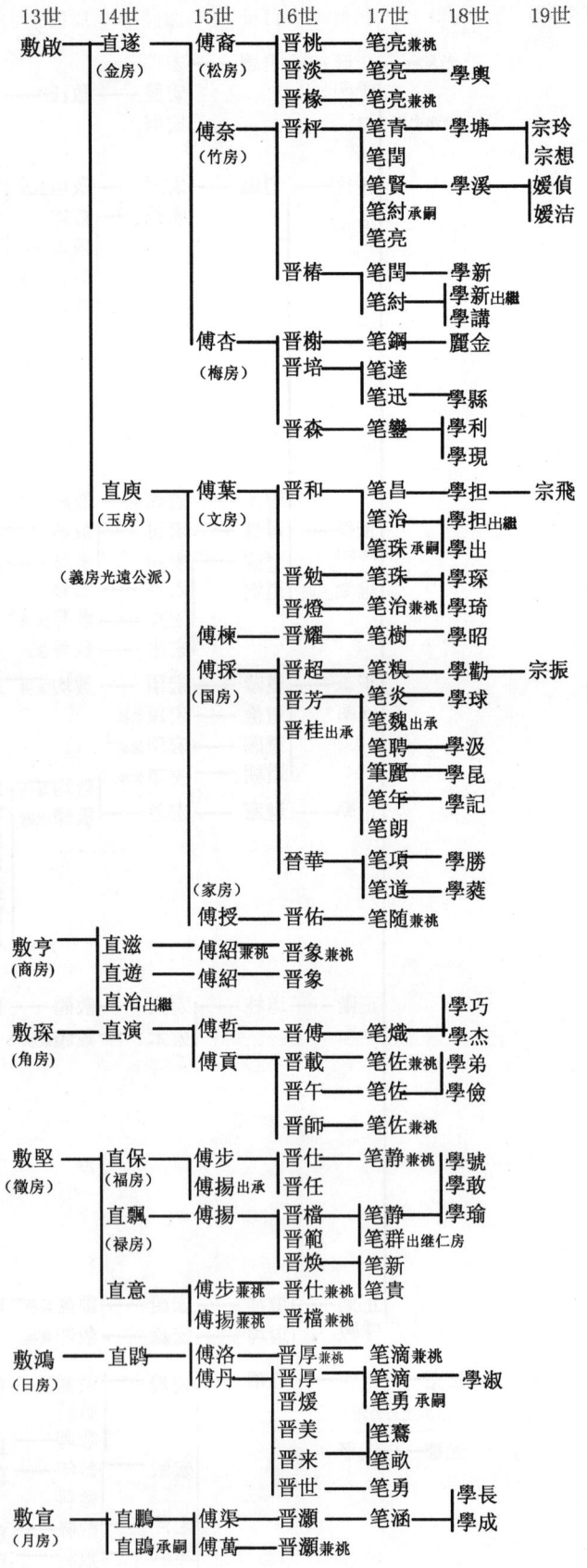

左半

9世	10世	11世	12世	13世

光遠 ── 正興（忠房）（義房光遠公派）── 維棠

道之（忠房）── 經邦 ── 敷啟（宮房）／敷亨（商房）／敷琛（角房）／敷堅（徵房）／德璜（羽房）／敷恩 殤

奕林（震房）── 道之 ／ 經邦 宏照 開承 殤 ── 敷鴻（日房）／敷宣（月房）／敷香（星房）／敷珩（辰房）
宏鐘（雅房）── 敷渚（乾房）／敷溥（坤房）

道三（坎房）── 宏紫 ── 敷琅／敷城／敷釵
宏燕（律房）── 敷坡

道輝（艮房）── 宏賡（呂房）── 敷葉／敷源／敷玫 殤
宏權 ── 敷翠

道祖（兌房）── 宏進 ── 敷敬 兼祧
宏益 ── 敷敬 兼祧
宏庠 ── 敷策
宏鈺 ── 敷敬
宏信 ── 敷策 出繼
宏淼 出繼（松房）

益漢（離房）── 宏禎（柏房）── 敷顯 嗣子／敷餘（文房）
宏春 ── 敷顯 出繼／敷齡（理房）／敷在（密房）／敷津（察房）

益星（巽房）── 協邦（壁房）── 敷煜（溫房）／敷材（良房）／敷冠（恭房）／敷言（儉房）／敷先（讓房）
建邦（琮房）── 敷鏞／敷奏／敷馨／敷玠／敷憲／敷鰲
宏佐（珪房）── 敷杖／敷爱／敷肇 殤／敷允（慎房）／敷轍／敷敬（篤房）
宏笃 ── 敷施／敷驥
宏業（琥房）── 敷教／敷烈／敷濤（剛房）／敷牧（毅房）
慶邦（璜房）── 德勳／敷想／德駿

右半

13世	14世	15世	16世	17世	18世	19世

敷啟 ── 直遂（金房）

傅裔（松房）── 晉桃 ── 筆亮兼祧
晉淡 ── 筆亮 ── 學輿
晉椽 ── 筆亮兼祧

傅奈（竹房）── 晉枰 ── 筆青 ── 學塘 ── 宗玲／宗想
筆閏
筆賢 ── 學溪 ── 媛偵／媛洁
筆紉 承嗣
筆亮
晉椿 ── 筆閏 ── 學新
筆紉 ── 學新 出繼／學講

傅杏（梅房）── 晉槲 ── 筆鋼 ── 麗金
晉培 ── 筆達／筆迅 ── 學縣
晉森 ── 筆鑾 ── 學利／學現

直庚（玉房）（義房光遠公派）

傅葉（文房）── 晉和 ── 筆昌 ── 學担 ── 宗飛
筆治 ── 學担 出繼
筆珠 承嗣 ── 學出
晉勉 ── 筆珠 ── 學琛
晉燈 ── 筆治兼祧 ── 學琦

傅棟 ── 晉耀 ── 筆樹 ── 學昭

傅採（國房）── 晉超 ── 筆糇 ── 學勘 ── 宗振
晉芳／晉桂 出承 ── 筆炎 ── 學球
筆魏 出承
筆聘 ── 學汲
筆麗 ── 學昆
筆年 ── 學記
筆朗

晉華 ── 筆項 ── 學勝
筆道 ── 學蕤

（家房）
傅授 ── 晉佑 ── 筆随兼祧

敷亨（商房）── 直滋 ── 傅紹兼祧 ── 晉象兼祧
直遊 ── 傅紹 ── 晉象
直治 出繼

敷琛（角房）── 直演 ── 傅哲 ── 晉傅 ── 筆熾 ── 學巧／學杰
傅貢 ── 晉載 ── 筆佐兼祧 ── 學弟
晉午 ── 筆佐 ── 學儉
晉師 ── 筆佐兼祧

敷堅（徵房）── 直保（福房）── 傅步 ── 晉仕 ── 筆静兼祧 ── 學號／學敬
傅揚 出承 ── 晉任 ── 學瑜
直飄（祿房）── 傅揚 ── 晉檔 ── 筆静
晉範 ── 筆群 出繼仁房
晉焕 ── 筆新
直意 ── 傅步兼祧 ── 晉仕兼祧 ── 筆貫
傅揚兼祧 ── 晉檔兼祧

敷鴻（日房）── 直鷗 ── 傅洛 ── 晉厚兼祧 ── 筆滴兼祧
傅丹 ── 晉厚 ── 筆滴 ── 學淑
晉煖 ── 筆勇 承嗣
晉美 ── 筆蹇
晉来 ── 筆歃
晉世 ── 筆勇 ── 學長／學成

敷宣（月房）── 直鵬 ── 傅渠 ── 晉灝 ── 筆涵
直鷗承嗣 ── 傅萬 ── 晉灝兼祧

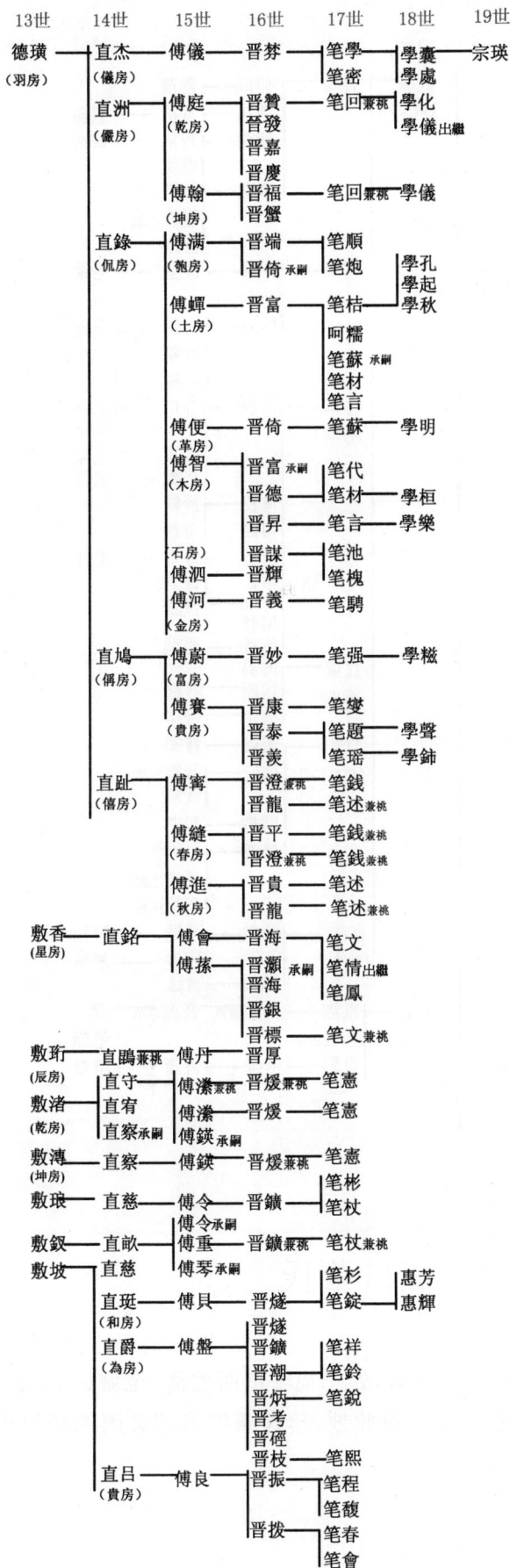

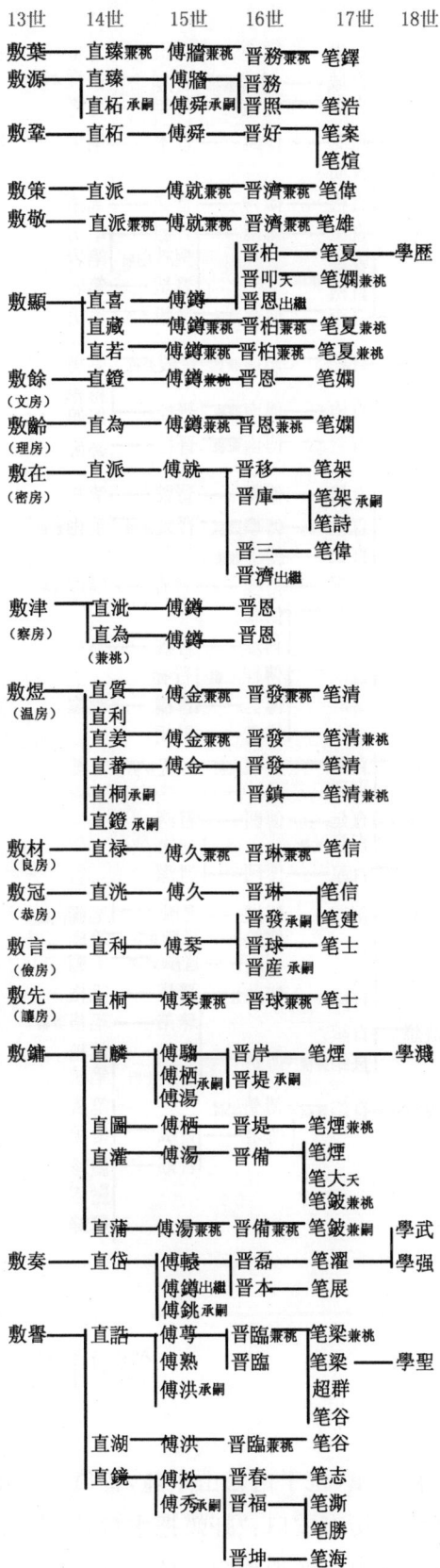

13世	14世	15世	16世	17世	18世	19世

德璜（羽房）
- 直杰（儀房）— 傅儀 — 晋芬 — 笔學／笔密 — 學囊／學處 — 宗瑛
- 直洲（儷房）
  - 傅庭（乾房）— 晋贊／晋發／晋嘉／晋慶 — 笔回兼祧 — 學化／學儀出繼
  - 傅翰（坤房）— 晋福／晋蟹 — 笔回兼祧 — 學儀
- 直錄（伬房）
  - 傅满（甄房）— 晋端／晋倚承嗣 — 笔順／笔炮
  - 傅蟬（土房）— 晋富 — 笔桔 — 學孔／學起／學秋
    - 呵糯／笔蘇承嗣／笔材／笔言
  - 傅便（革房）— 晋倚 — 笔蘇 — 學明
  - 傅智（木房）— 晋富承嗣 — 笔代
    - 晋德 — 笔材 — 學桓
    - 晋昇 — 笔言 — 學樂
  - （石房）— 晋謀 — 笔池
  - 傅泗 — 晋輝 — 笔槐
  - 傅河（金房）— 晋義 — 笔騁
- 直鳩（偶房）
  - 傅蔚（富房）— 晋妙 — 笔强 — 學糍
  - 傅賽（貴房）— 晋康 — 笔燮
    - 晋泰 — 笔題 — 學聲
    - 晋羡 — 笔瑶 — 學飾
- 直趾（僧房）
  - 傅寯 — 晋澄兼祧 — 笔錢兼祧
    - 晋龍 — 笔述兼祧
  - 傅縫（春房）— 晋平 — 笔錢兼祧
    - 晋澄兼祧 — 笔錢兼祧
  - 傅進（秋房）— 晋貴 — 笔述
    - 晋龍 — 笔述兼祧

敷香（星房） — 直銘
- 傅會 — 晋海 — 笔文
- 傅蓀 — 晋灝承嗣／晋海／晋銀／晋標 — 笔情出繼／笔鳳／笔文兼祧

敷珩（辰房） — 直鷗兼祧 — 傅丹 — 晋厚
敷渚（乾房）
- 直守 — 傅瀁兼祧 — 晋煖兼祧 — 笔憲
- 直宥 — 傅瀁 — 晋煖 — 笔憲
- 直察承嗣 — 傅鍱承嗣

敷溥（坤房） — 直察 — 傅鍱 — 晋煖兼祧 — 笔憲
敷琅 — 直慈 — 傅令 — 晋鑛 — 笔彬／笔杖
敷釼 — 直歆 — 傅令承嗣／傅重 — 晋鑛兼祧 — 笔杖兼祧
敷坡
- 直慈 — 傅琴承嗣 — 笔杉／笔錠 — 惠芳／惠輝
- 直班（和房）— 傅貝 — 晋燧
- 直爵（為房）— 傅盤 — 晋燧／晋鑛／晋潮／晋炳／晋考／晋磴／晋枝 — 笔祥／笔鈴／笔銳／笔熙
- 直吕（貴房）— 傅良 — 晋振 — 笔程／笔馥
  - 晋拨 — 笔春／笔會

13世	14世	15世	16世	17世	18世

敷葉 — 直臻兼祧 — 傅牆兼祧 — 晋務兼祧 — 笔鐸
敷源
- 直臻 — 傅牆 — 晋務
- 直柘承嗣 — 傅舜承嗣 — 晋照 — 笔浩

敷犖 — 直柘 — 傅舜 — 晋好 — 笔案／笔煊
敷策 — 直派 — 傅就兼祧 — 晋濟兼祧 — 笔偉
敷敬 — 直派兼祧 — 傅就兼祧 — 晋濟兼祧 — 笔雄
- 晋柏 — 笔夏 — 學歷
- 晋叩天 — 笔嫻兼祧
- 晋恩出繼

敷顯
- 直喜 — 傅鐙
- 直藏 — 傅鐙兼祧 — 晋柏兼祧 — 笔夏兼祧
- 直若 — 傅鐙兼祧 — 晋柏兼祧 — 笔夏兼祧

敷餘（文房） — 直鐙 — 傅鐙兼祧 — 晋恩 — 笔嫻
敷齡（理房） — 直為 — 傅鐙兼祧 — 晋恩兼祧 — 笔嫻
敷在（密房） — 直派 — 傅就
- 晋移 — 笔架
- 晋庫 — 笔架承嗣／笔詩
- 晋三 — 笔偉
- 晋濟出繼

敷津（察房）
- 直洮 — 傅鐙 — 晋恩
- 直為兼祧 — 傅鐙 — 晋恩

敷煜（溫房）
- 直質 — 傅金兼祧 — 晋發兼祧 — 笔清
- 直利
- 直姜 — 傅金兼祧 — 晋發 — 笔清兼祧
- 直蕃 — 傅金 — 晋發 — 笔清
- 直桐承嗣 — 晋鎮 — 笔清兼祧
- 直鐙承嗣

敷材（良房） — 直禄 — 傅久兼祧 — 晋琳兼祧 — 笔信
敷冠（恭房） — 直洮 — 傅久 — 晋琳 — 笔信
- 晋發承嗣 — 笔建

敷言（俊房） — 直利 — 傅琴 — 晋球 — 笔士
- 晋産承嗣

敷先（讓房） — 直桐 — 傅琴兼祧 — 晋球兼祧 — 笔士
敷鏞
- 直麟 — 傅驪 — 晋岸 — 笔煙 — 學溅
  - 傅栖承嗣／傅湯 — 晋堤承嗣
- 直圖 — 傅栖 — 晋堤 — 笔煙兼祧
- 直灌 — 傅湯 — 晋備 — 笔煙／笔大天／笔鈹兼祧
- 直蒲 — 傅湯兼祧 — 晋備兼祧 — 笔鈹兼祧 — 學武／學强

敷奏 — 直份
- 傅轅 — 晋磊 — 笔濯
- 傅鐙出繼／傅銚承嗣 — 晋本 — 笔展

敷響
- 直誥 — 傅尊 — 晋臨兼祧 — 笔梁兼祧
  - 傅熟 — 晋臨 — 笔梁 — 學聖
  - 傅洪承嗣 — 超群／笔谷
- 直湖 — 傅洪 — 晋臨兼祧 — 笔谷
- 直鏡 — 傅松 — 晋春 — 笔志
  - 傅秀承嗣 — 晋福 — 笔浙／笔勝
    - 晋坤 — 笔海

左表：

13世	14世	15世	16世	17世	18世
敷玠	直域	傅珪兼祧	晋年	書澄兼祧	
	直振	傅珪	晋年	書澄	
敷憲	直誌	傅銚	晋本	笔展	學瓊
敷鏊	直明				
敷杖	直棉	傅秀	晋榮	笔洧	
	直奎	傅南	晋榖	笔勇	
			聖桂出繼	笔岩	
	直楣 承嗣		晋聖	笔岩	
	直檢				
敷爰	直李	傅南兼祧	晋榖兼祧	笔勇	
敷允(慎房)	直楣	傅南兼祧	晋榖兼祧	笔勇	
敷轍	直檢	傅南兼祧	晋桂	彬彬 婷婷	
敷敬(篤房)	直雪	傅南兼祧	晋桂	婷婷	
敷施	直檜	傅攀	晋魏	笔相	
	直楸	傅攀兼祧	晋魏兼祧	笔彬兼祧	
	直黎	傅雲兼祧			
	直讀	傅桂	晋春	笔燦兼祧	
	直虔	傅攀			
		傅珍	晋魏	笔相	
	直汶	傅桂出繼	晋春		
		傅雲	晋橋	笔燦	
		傅青	雪娟		
敷烈	直璽	傅碟兼祧	晋產兼祧	笔雙	
	直環				
敷濤(剛房)	直延	傅開	晋漪		
	直泉出繼		晋遷		
敷牧(毅房)	直泉	傅珂	晋潔		
德勳	劍亞	傅燦	晋颜	笔艇 / 笔艦出繼	
		傅銓	晋颜兼祧	笔艦	
		傅梅	晋颜兼祧	笔艦	
	直鑄	傅墊兼祧	晋煐	笔格	
敷想	直鎮		珠弟	笔格兼祧	
	直銷兼祧	傅墊	晋聲	笔植	
			晋煐出繼	笔杭	
德駿	直銷兼祧	傅墊出繼		笔賡	
		傅增	晋訓	笔穗	
			晋鈺	麗珍 麗零 麗蜂	

右表：

13世	14世	15世	16世	17世	18世
敷驥(綸房)	直樓	傅成	晋茂		
		傅嵐	晋樣	笔淼	
		傅俤	晋嵩 / 晋寬	筆濤	
		傅鐵	晋樣出繼 / 晋嵩出繼 / 晋潭		
	直昂(友房)	傅澤	晋堅	笔助	
		傅南 承嗣			
		傅古	晋錦 / 晋順 / 晋梭	笔權 / 娟娟 / 丹丹	
	直鈿(媚房)	傅練	晋苗	笔為 / 笔豪出繼	
			晋寶 / 晋寶	笔豪 / 笔淳	
		傅扮	晋欽		
		傅錐	金龍		
		傅俤	晋煌	笔江	
		傅伍	晋欽出繼		
		傅湘	晋騰		
		傅營			
		傅稀	晋綢		
	直端(睦房)	傅溫	晋豔		
		傅聯	晋崖		
		傅田			
	直釦(任房)	傅爐	晋獅		
		傅旺	晋獅出繼 / 晋鈴		
		傅柳	晋孝		
		傅碧	晋歌 / 晋孝出繼 / 晋尾出繼		
	直梓(卻房)	傅效	晋港 / 晋俊	笔栩 / 笔楷	
		傅督	晋泳		
敷教(發房)	直淑	傅碟兼祧	晋產兼祧	笔	
	直瑕出承			笔煦	
	直對	傅碟	晋產	笔雙	

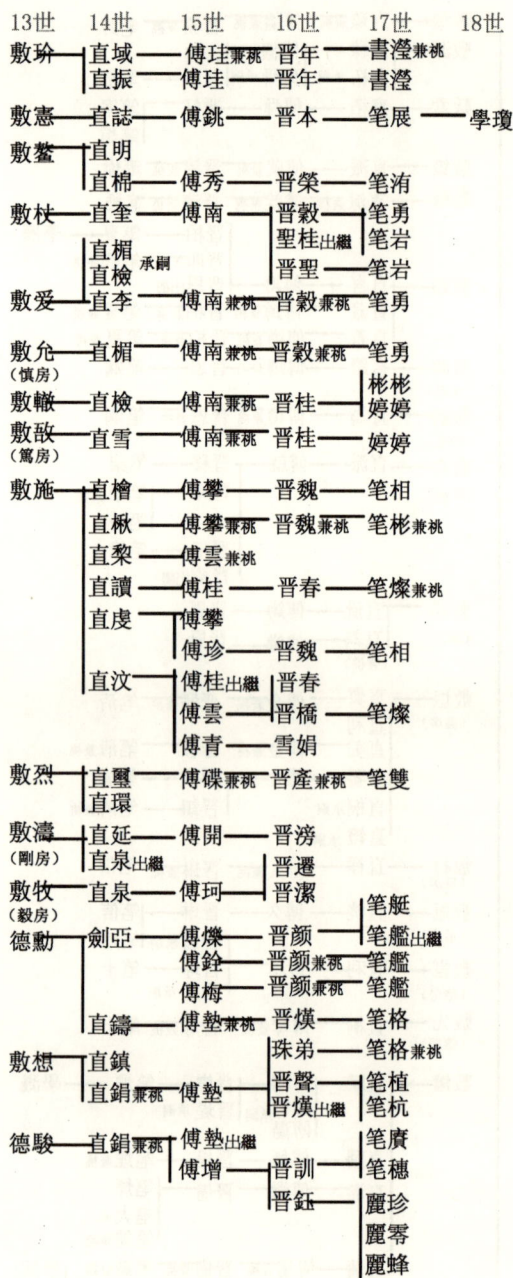

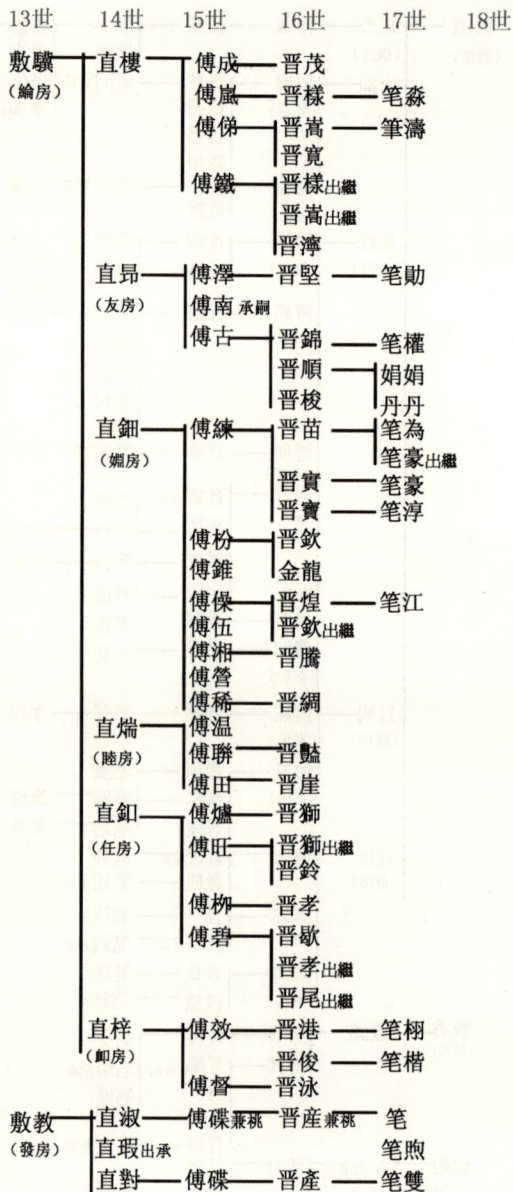

第四节 福安社口董氏

社口镇,位于白云山东麓,背倚梨兰山,面对长溪水,处于福安市西北部,至城区22公里。其名称来历有歌曰:"虾蟆把水口,双龙落湖头。谁人得此地,珍珠满嘴流。"又因原后门山寺多,称"寺口",音近称"社口"。

一、历史迁徙

福安社口董氏系泰顺平溪董氏贞房分支,其肇基始祖是泰顺平溪董氏第十二世良轼公长子一萃之子惟衡,娶包氏生子二。始顺治、康熙年间,由泰邑城南平溪始迁福安东山,次迁東坑墘上繁衍,遂成一族。惟衡公当为水南肇基始祖。现今董氏人口主要分布在福安的社口镇龟龄村、溪尾镇溪尾村、下白石镇章沃村、秦坎村。

二、世行昭穆

子以存良　一帷应孚　士绍懋廷　正道宏敷
直傅书法　学宗汉儒　世守盛德　名振京師

三、简明世系

(一)前代世系

浙江省泰顺县罗阳平溪董氏贞房宗谱

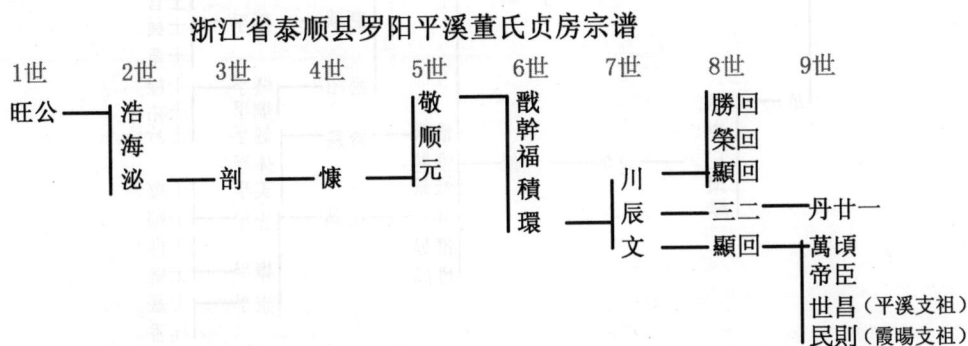

(二)社口世系

平溪分派世系

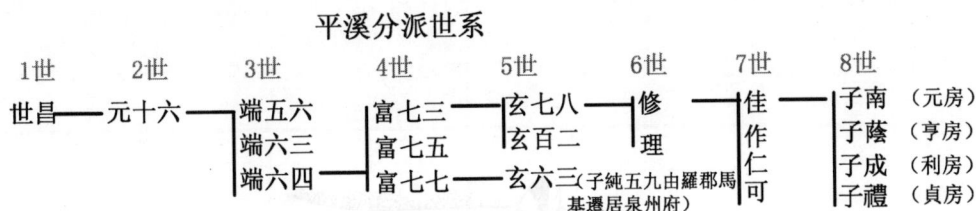

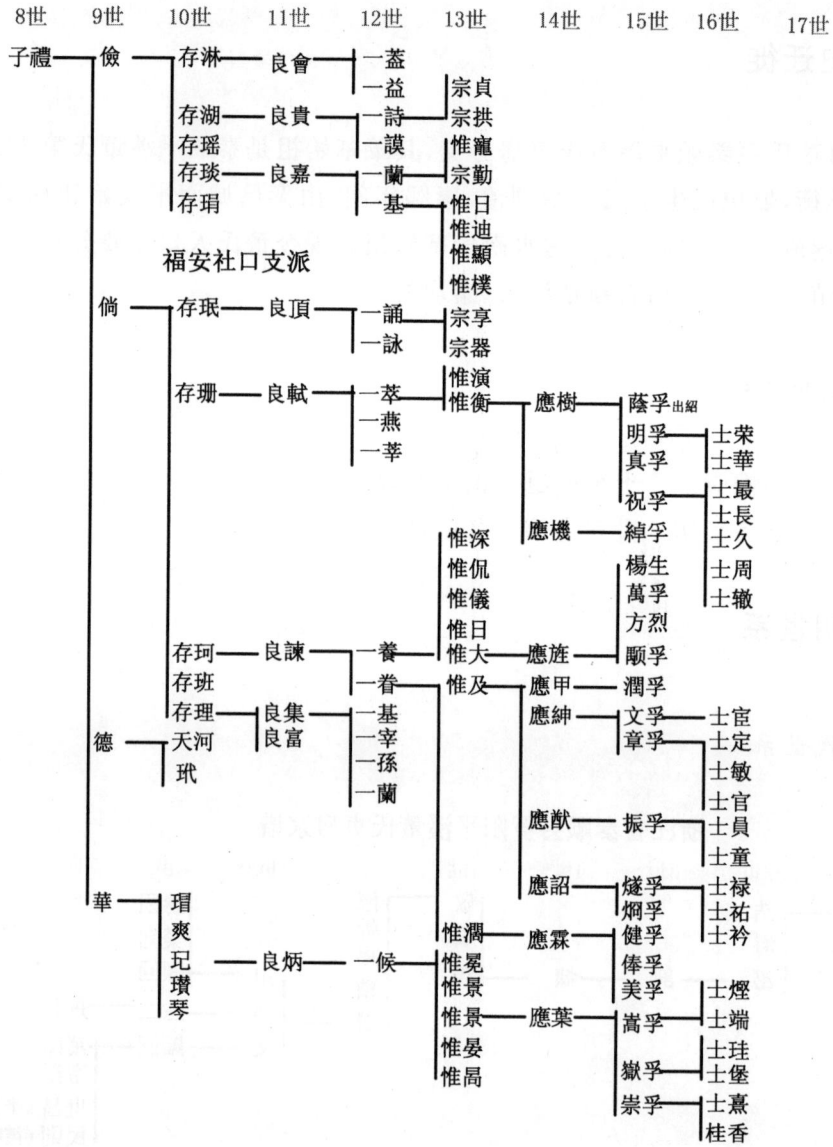

| 8世 | 9世 | 10世 | 11世 | 12世 | 13世 | 14世 | 15世 | 16世 | 17世 |

子禮 —— 儉 —— 存淋 —— 良會 —— 一蓋 / 一益 —— 宗貞

存湖 —— 良貴 —— 一詩 宗拱 / 一謨 惟寵

存瑤
存琰 —— 良嘉 —— 一蘭 宗勤
存珝 —— —— 一基 —— 惟日 / 惟迪 / 惟顯 / 惟樸

福安社口支派

倘 —— 存珉 —— 良頂 —— 一誦 宗享 / 一詠 宗器

存珊 —— 良軾 —— 一萃 —— 惟演
—— 一燕 惟衡 —— 應樹 —— 蔭孚 出紹
—— 一莘 明孚 —— 士荣 / 士華
真孚
祝孚 —— 士最 / 士長
應機 —— 綽孚 —— 士久 / 士周 / 士轍
楊生
萬孚

惟深 方烈
惟侃
惟儀
存珂 —— 良諫 —— 一養 惟日 —— 應旌 —— 顒孚
存班 惟大
存理 —— 良集 —— 一基 惟及 —— 應甲 —— 潤孚
良富 —— 一宰 應紳 —— 文孚 —— 士宦
—— 一孫 章孚 —— 士定
—— 一蘭 士敏 / 士官

德 —— 天河 應猷 —— 振孚 —— 士員 / 士童
玳
應詔 —— 燧孚 —— 士禄 / 士祐
烱孚 —— 士衿

華 —— 瑁 惟潤 —— 應霖 —— 健孚
爽 俸孚 —— 美孚 —— 士煜
扤 良炳 —— 一候 惟冕
瓚 惟景 美孚 —— 士端
琴 惟景 —— 應葉 —— 嵩孚
惟晏 —— 士珏 / 士堡
惟局 嶽孚

崇孚 —— 士熹 / 桂香

祝孚公派居平溪十六世中提世系

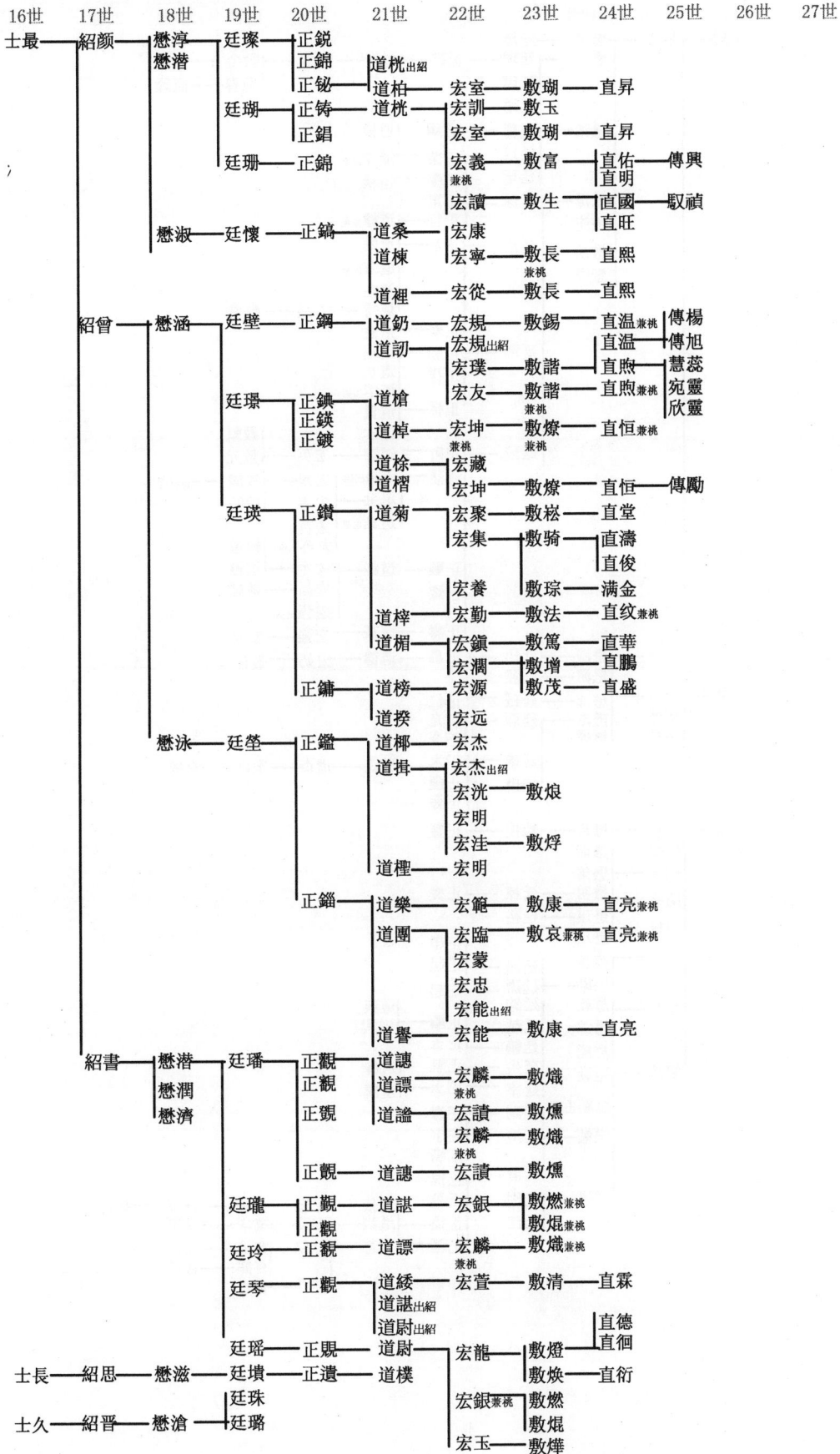

16世	17世	18世	19世	20世	21世	22世	23世	24世	25世	26世	27世

士最——紹顏——懋淳　廷璨——正銳
　　　　　　懋潛　　　　正錦——道桃 出紹
　　　　　　　　　　　　正鈊——道柏——宏室——敷瑚——直昇
　　　　　　　　　廷瑚——正鑄——道桃——宏訓——敷玉
　　　　　　　　　　　　正鋗　　　　宏室——敷瑚——直昇
　　　　　　　　　廷珊——正錦　　　　宏義——敷富——直佑——傳興
　　　　　　　　　　　　　　　　　　　兼桃　　　直明
　　　　　　　　　　　　　　　　　　宏讀——敷生——直國——馭禎
　　　　　　　　　　　　　　　　　　　　　　　　　直旺
　　　　　　懋淑　廷懷——正鎬——道桑——宏康
　　　　　　　　　　　　　　　道棟——宏寧——敷長——直熙
　　　　　　　　　　　　　　　　　　　　　兼桃
　　　　　　　　　　　　　　　道裡——宏從——敷長——直熙

　　　紹曾——懋涵　廷壁——正鋼——道釖——宏規——敷錫——直溫 兼桃——傳楊
　　　　　　　　　　　　　　　道訒——宏規 出紹　　　　直溫——傳旭
　　　　　　　　　　　　　　　　　　宏璞——敷諧——直煦——慧蕊
　　　　　　　　　　　　　　　　　　宏友——敷諧——直煦 兼桃——宛靈
　　　　　　　　　　　　　　　　　　　　　兼桃　　　　　　欣靈
　　　　　　　　　廷璟——正鍊——道槍
　　　　　　　　　　　　正鍈——道棹——宏坤——敷燎——直恒 兼桃
　　　　　　　　　　　　正鍍　　　　兼桃
　　　　　　　　　　　　　　　道栥——宏藏
　　　　　　　　　　　　　　　道榴——宏坤——敷燎——直恒——傳勵
　　　　　　　　　廷瑛——正鑽——道菊——宏聚——敷崧——直堂
　　　　　　　　　　　　　　　　　　宏集——敷騎——直濤
　　　　　　　　　　　　　　　　　　　　　　　　　直俊
　　　　　　　　　　　　　　　　　　宏養——敷琮——滿金
　　　　　　　　　　　　　　　道梓——宏勤——敷法——直紋 兼桃
　　　　　　　　　　　　　　　道楣——宏鎮——敷篤——直華
　　　　　　　　　　　　　　　　　　宏潤——敷增——直鵬
　　　　　　　　　　　　正鏽——道榜——宏源——敷茂——直盛
　　　　　　　　　　　　　　　道摸——宏遠
　　　　　　懋泳　廷堃——正鑑——道椰——宏杰
　　　　　　　　　　　　　　　道揖——宏杰 出紹
　　　　　　　　　　　　　　　　　　宏洸——敷焜
　　　　　　　　　　　　　　　　　　宏明
　　　　　　　　　　　　　　　　　　宏洼——敷焠
　　　　　　　　　　　　　　　道檉——宏明
　　　　　　　　　　　　正鍂——道樂——宏籠——敷康——直亮 兼桃
　　　　　　　　　　　　　　　道團——宏臨——敷哀 兼桃——直亮 兼桃
　　　　　　　　　　　　　　　　　　宏蒙
　　　　　　　　　　　　　　　　　　宏忠
　　　　　　　　　　　　　　　　　　宏能 出紹
　　　　　　　　　　　　　　　道罄——宏能——敷康——直亮

　　　紹書——懋潛　廷璠——正觀——道讜
　　　　　　懋潤　　　　正觀——道諑——宏麟——敷熾
　　　　　　懋濟　　　　　　　　　兼桃
　　　　　　　　　　　　正覬——道諡——宏讀——敷燑
　　　　　　　　　　　　　　　　　　宏麟——敷熾
　　　　　　　　　　　　　　　　　　兼桃
　　　　　　　　　　　　正覯——道讜——宏讀——敷燑
　　　　　　　　　廷瓏——正觀——道諶——宏銀——敷燃 兼桃
　　　　　　　　　　　　正觀　　　　　　　敷焜 兼桃
　　　　　　　　　廷玲——正觀——道諑——宏麟——敷熾 兼桃
　　　　　　　　　廷琴——正觀——道綏——宏萱——敷清——直霖
　　　　　　　　　　　　　　　道諶 出紹
　　　　　　　　　　　　　　　道尉 出紹　　　　　　　直德
　　　　　　　　　　　　　　　　　　　　　　　　　直徊
　　　　　　　　　廷瑤——正覬——道尉——宏龍——敷燈
　　　　　　　　　　　　　　　　　　　　　敷煥——直衍
士長——紹思——懋滋　廷壋——正遣——道樸
　　　　　　　　　廷珠　　　　　　宏銀 兼桃——敷燃
士久——紹晉——懋滄——廷璐　　　　　　　　　　敷焜
　　　　　　　　　　　　　　　　　　宏玉——敷燁

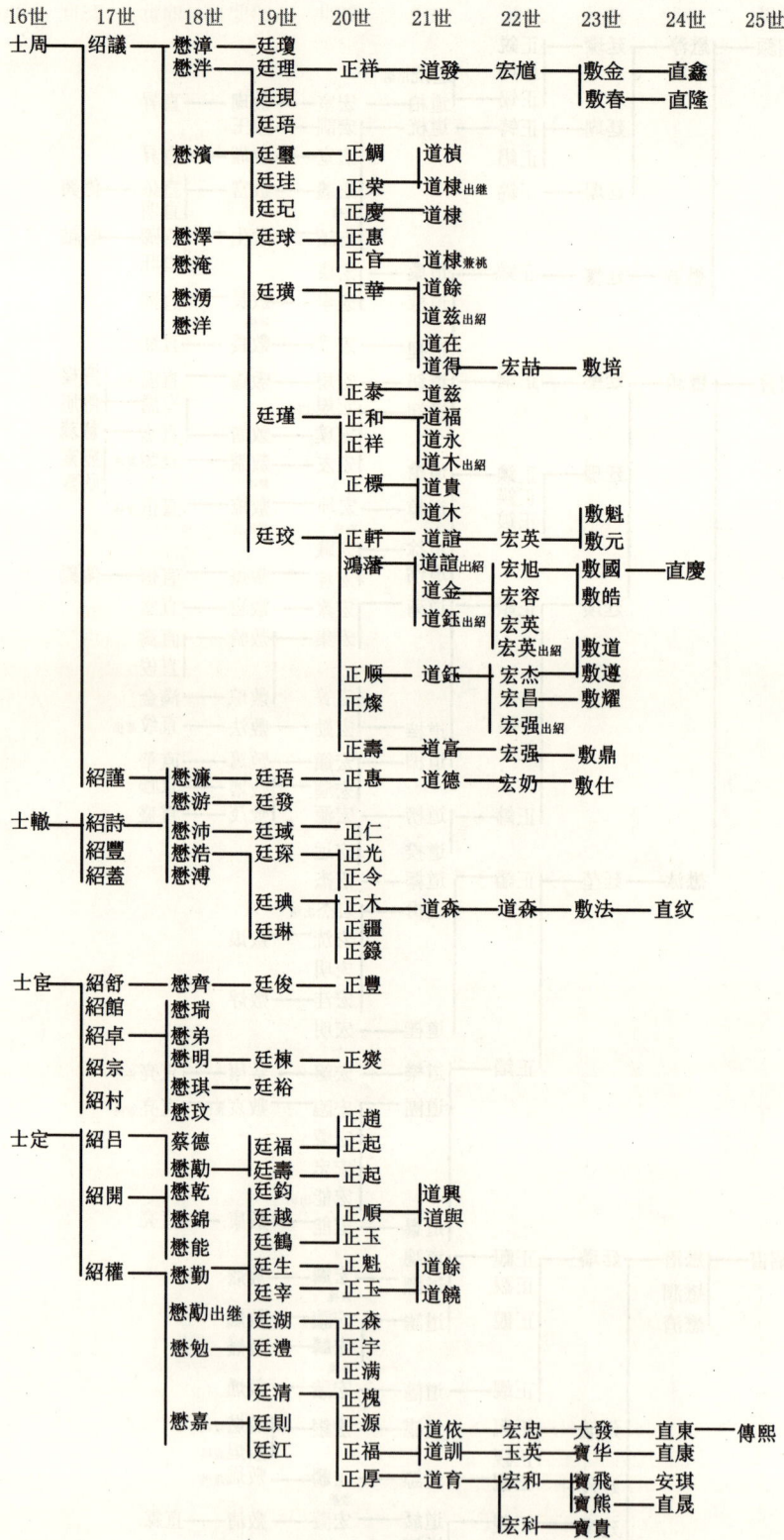

龟龄董氏中提世系支图

16世	17世	18世	19世	20世	21世	22世	23世	24世	25世
士周	绍议	懋漳	廷琼						
		懋洋	廷理	正祥	道發	宏馗	敷金	直鑫	
			廷現				敷春	直隆	
			廷珸						
		懋濱	廷璽	正鯛	道楨				
			廷珪	正荣	道棣出继				
			廷玘	正慶	道棣				
		懋澤	廷球	正惠					
		懋淹		正官	道棣兼桃				
		懋湧	廷璜	正華	道餘				
		懋洋			道兹出绍				
					道在				
					道得	宏喆	敷培		
				正泰	道兹				
			廷瑾	正和	道福				
				正祥	道永				
					道木出绍				
				正標	道貴				
					道木				
			廷玫	正軒	道誼	宏英	敷魁		
							敷元		
				鴻藩	道誼出绍	宏旭	敷國	直慶	
					道金	宏容	敷皓		
					道鈺出绍	宏英			
						宏英出绍	敷道		
				正順	道鈺	宏杰	敷遵		
				正燦		宏昌	敷耀		
						宏强出绍			
				正壽	道富	宏强	敷鼎		
	绍謹	懋濂	廷珸	正惠	道德	宏奶	敷仕		
		懋游	廷發						
士辙	绍詩	懋沛	廷球	正仁					
	绍豐	懋浩	廷琛	正光					
	绍蓋	懋溥		正令					
			廷瑛	正木	道森	道森	敷法	直纹	
			廷琳	正疆					
				正籙					
士宦	绍舒	懋齊	廷俊	正豐					
	绍館	懋瑞							
	绍卓	懋弟							
	绍宗	懋明	廷棟	正燊					
	绍村	懋琪	廷裕						
		懋玟							
士定	绍日	蔡德	廷福	正趙					
		懋勘	廷壽	正起					
	绍開	懋乾	廷鈞	正起					
		懋錦	廷越	正順	道興				
		懋能	廷鶴	正玉	道與				
	绍權	懋勤	廷生	正魁	道餘				
			廷宰	正玉	道饒				
		懋勘出继	廷湖	正森					
		懋勉	廷澧	正宇					
				正满					
			廷清	正槐					
		懋嘉	廷則	正源	道依	宏忠	大發	直東	傳熙
			廷江	正福	道訓	玉英	寶华	直康	
				正厚	道育	宏和	寶飛	安琪	
							寶熊	直晟	
						宏科	寶貴		

16世	17世	18世	19世	20世	21世	22世	23世	24世	25世	26世

士官 — 紹珠 — 戀鉉 戀鎬 戀銳 戀鐸 — 廷傳 — 正志 — 道椷 — 宏澄 — 敷娟 — 直松 — 傳林／傳旺

直弟 — 彥鹽 — 書欣
樂樂 — 書涵
建荣 — 傳鋒 — 書菡

道槐 — 宏冶／宏澄 — 敷荷 — 直剛 — 傳欣 — 書偉
直仁
直達 — 傳仁 — 曉强
直進 — 傳松

正思 — 道彬 — 宏濟 — 寶銘 寶昆
寶東 — 直文 — 傳金 — 薇薇
寶華 — 直侯 — 傳蘇 — 浙閩
寶全 — 傳三 — 奕馨

宏海 — 寶鏒 寶鏽 — 直民 — 傳根 — 海華
傳策 — 董蕊

宏清 — 寶鏑 — 直時 — 傳雄 — 書煜
直美 — 傳驊 — 書博
本忠

宏濲 — 寶錫 — 直準 — 傳鑫
念慈 — 直偉 — 傳開

宏淑 — 寶鍔 — 直俊 — 傳潤
寶鎮 — 直勛

正恩 — 道本 — 宏浩 — 敷鈔 — 直壽 — 傳備
敷鏮
直堯 — 傳生 — 書琪

宏冶 — 敷鎮 — 直舜 — 傳華 — 林禕
宏澤 — 敷鑷 — 直軍 — 傳勝
宏涵 — 敷友 — 巧玲 — 遂昌

廷偉 — 正忠 — 道楨 — 宏說 — 直言
道樹 — 宏詩 — 直壽 — 傳峰 — 書睿

正愈 — 道樞 — 宏譜 — 敷純 — 直武 — 傳春 — 書辰
廷備 — 正惠 — 道楊 — 敷蘊 — 直諳 — 傳友 — 書丹
正整 — 道機 — 宏訓 — 敷啟 — 傳成 — 書霖
道梓 — 宏念 — 敷衆 — 傳剛 — 書杰
道權 — 宏謙 — 敷潔
道梧 — 敷銘 — 直飛
培厚 — 敷森 — 直飛
敷賢 — 直忠

士珏 — 紹燧 — 戀揆 — 廷久 — 正詠 — 道煦 — — 直春 — 傳帮
紹欽 — 戀堵 — 廷遂 — 正窩 — 道照 — 宏復 — 敷家 — 細陽 — 廷挺
廷衡 — 正宦 — 道壬 — 敷和 — 直鄭 — 傳標
正寰 — 道玉 — 傳維
傳樂

直秋 — 傳平
宏德 — 敷傳 — 直選 — 雨諾
戀旦 — 廷適 — 正鈞 — 道瑜 — 宏旺 — 敷發 — 直才 — 江燕
道璋 — 春福
道瑛 — 宏富 — 壽來 — 有良 — 傳餘
道琨 — 宏（壽長出紹）— 有誠 — 傳鐸
道珂 — 宏順
道珺 — 宏富 — 壽長 — 直海

正鑾 — 其瑞

廷週 — 正鏞 — 福書 — 宏輝
道藏
道同
玉根
玉森

廷遷 — 正銷 — 道源 — 宏權
道渚 — 宏信 — 敷瑄 — 直勝 — 傳俊
戀坦 — 道冶 — 宏訓 — 敷德 — 直鍊 — 文茜
廷逢
廷運
廷述 — 正鑣 — 道秦 — 宏珊
廷逭 — 正芳 — 敷明 — 直鋒 — 傳隊
紹振 — 戀生 — 廷錕 — 正芬 — 直昰 — 怡帆
紹揚 — 戀壎 — 廷鎔 — 正基 — 直輝 — 鄭怡
廷鍴
廷錦
廷鍔 — 正潘

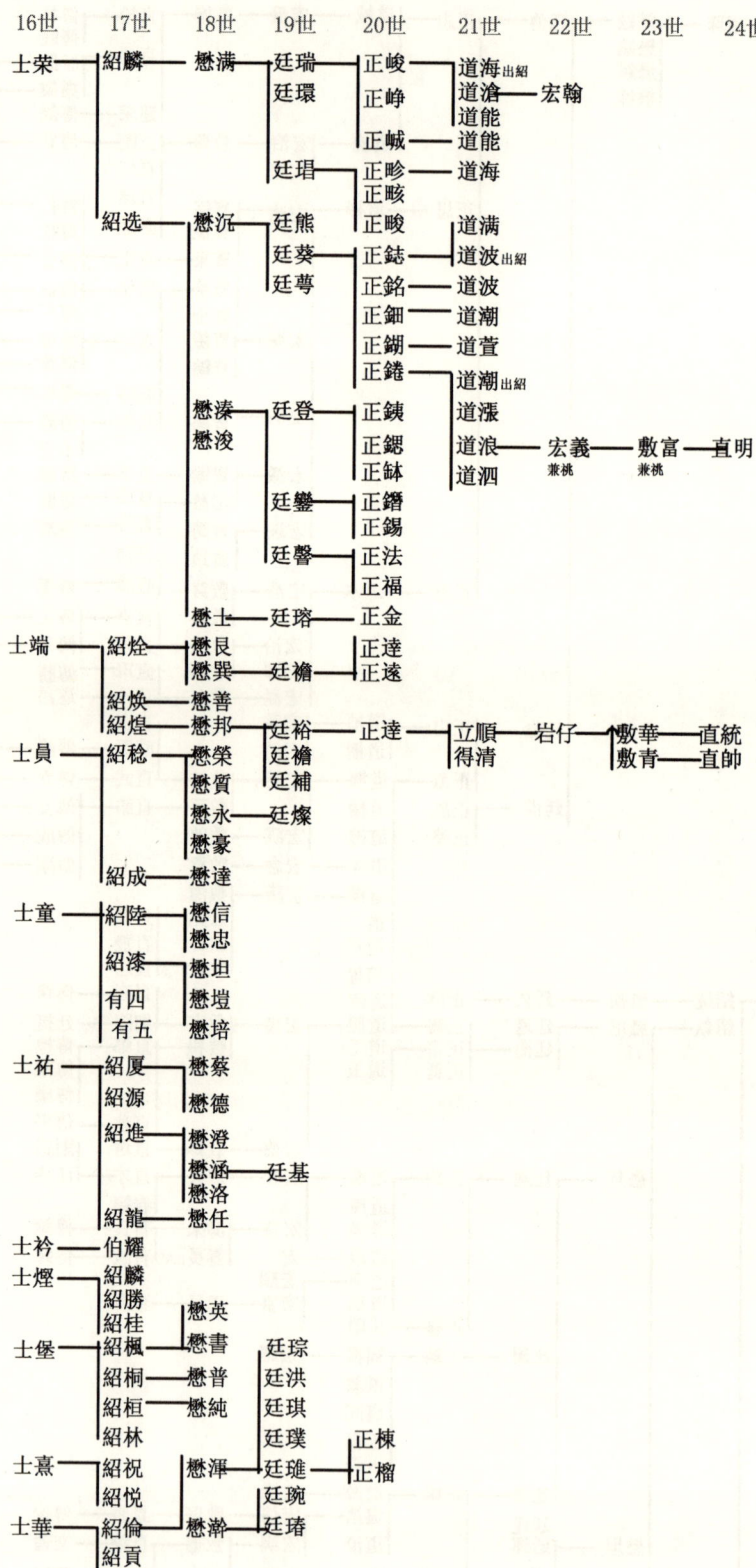

16世	17世	18世	19世	20世	21世	22世	23世	24世
士荣	紹麟	戀満	廷瑞	正峻	道海 出紹			
			廷環	正崝	道滄 — 宏翰			
					道能			
				正峨	道能			
			廷珺	正畛 — 道海				
				正畭				
	紹选	戀沅	廷熊	正畯 — 道満				
			廷葵	正鋕 — 道波 出紹				
			廷尊	正銘 — 道波				
				正鈿 — 道潮				
				正鎺 — 道萱				
				正鋰	道潮 出紹			
	戀溙		廷登	正鉷	道漲			
	戀浚			正鍶 — 道浪 — 宏義 — 敷富 — 直明				
				正缽	道泗	兼桃	兼桃	
			廷鑾	正鐑				
				正錫				
			廷馨	正法				
				正福				
		戀士	廷瑢	正金				
士端	紹烆	戀艮		正達				
		戀巽	廷襉	正遠				
	紹焕	戀善						
	紹煌	戀邦	廷裕	正達	立順	岩仔	敷華 — 直統	
士員	紹稔	戀榮	廷襘		得清		敷青 — 直帥	
		戀質	廷補					
		戀永	廷燦					
		戀豪						
	紹成	戀達						
士童	紹陸	戀信						
		戀忠						
	紹漆	戀坦						
	有四	戀塏						
	有五	戀培						
士祐	紹厦	戀蔡						
	紹源	戀德						
	紹進	戀澄						
		戀涵	廷基					
		戀洛						
	紹龍	戀任						
士衿	伯耀							
士煜	紹麟							
	紹勝	戀英						
	紹桂	戀書	廷琮					
士堡	紹楓		廷洪					
	紹桐	戀普	廷琪					
	紹桓	戀純	廷璞	正棟				
	紹林		廷璀	正榴				
士熹	紹祝	戀渾	廷琬					
	紹悦							
士華	紹倫	戀瀚	廷璿					
	紹貢							

第五节 柏洋雅阳董氏

一、历史迁徙

陇西董氏者乃豢龙氏之裔,传至二十世孙官为校书郎、名均远公,聚章氏,生七子。迁卫辉府(今河南省)居数载,第五子尧机公官至礼部尚书,转迁黄州府黄陂县守阳村,娶高氏,生五子,次子名舜抱公,为潮州通判,娶吴氏郑氏,生子就居揭阳县高安村。公第五子瑛广公迁居嘉兴府崇德县新仓街,娶魏氏,生三子,才居二世有公名巡光,为显谟阁直学士,配项氏、赵氏,生九子,迁居镇江丹阳县。至孙名绍应公,娶凌、陆二氏,生七子,迁金华兰溪竹安村居之。历三世,迁长溪赤岸者兴海公也,娶田氏,生五子。又越三世有公名良委者,娶杨氏,生三子,迁居台州仙居县。后为温州太守,以温州土田肥美、俗尚淳良,年老解组,遂不复归故土,而就居平阳。次子善辉公,娶柳氏,生七子,徙居麻园径口。至八世孙禄公为萍乡知县,娶金氏生三子,旺公居三,迁罗阳交洋口。居九世有公行丹九者,官为静海知县,偕娶金氏万一安人移居溪里。尔时溪里之地山环水抱,林木森森,实泰邑之名区,而董氏之祖基也。厥后十一世孙杰四名暹公者,娶叶氏、陈氏,生三子,长昶公派居布袋丘,次昊公派居雅阳彭坑洋龙头三门洋,三桂公派居江渡。各皆服先畴而食旧德,继继承承不大见董氏之流芳于今弗替也哉。

(摘自《雅阳董氏道光二十七年岁次丁未仲冬月谷旦谱》)

二、世行昭穆

名讳行第(20 世起)
元希世起　玉德中国　常生圣人　正子应时　茂宗修予　家思凝道
表字行弟(24 世起)
亦景克君　允兆义弟　助登青云　诗书继美　文武元勋

三、简明世系

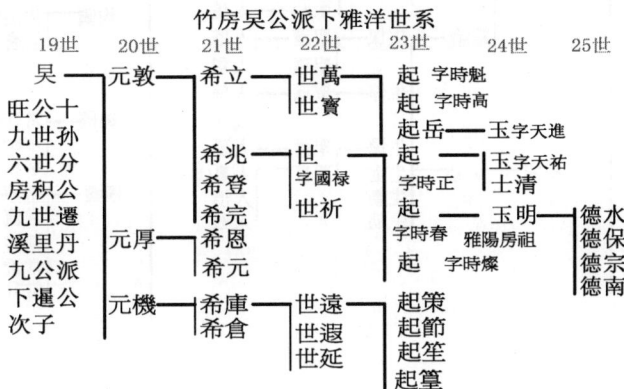

竹房昊公派下雅洋世系

439

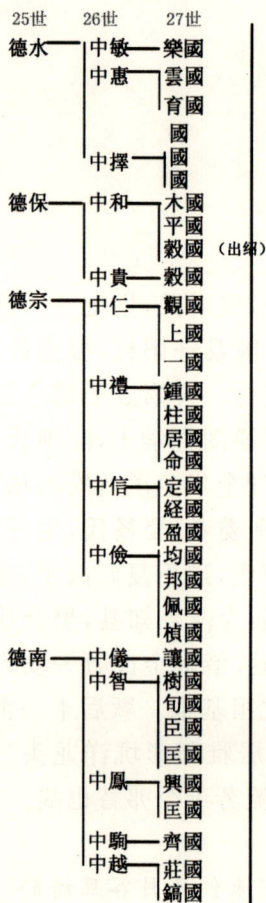

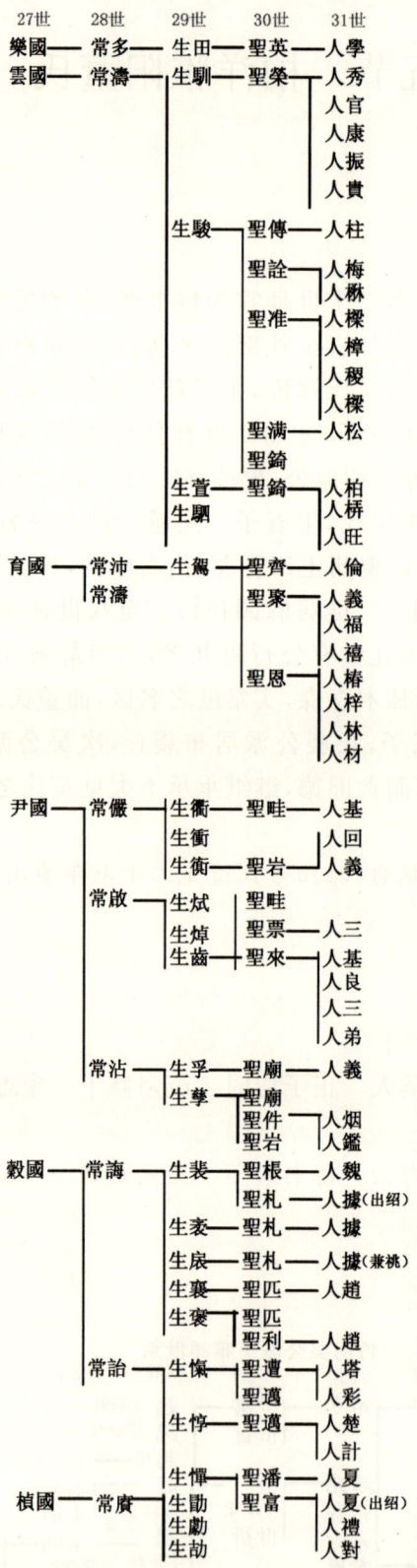

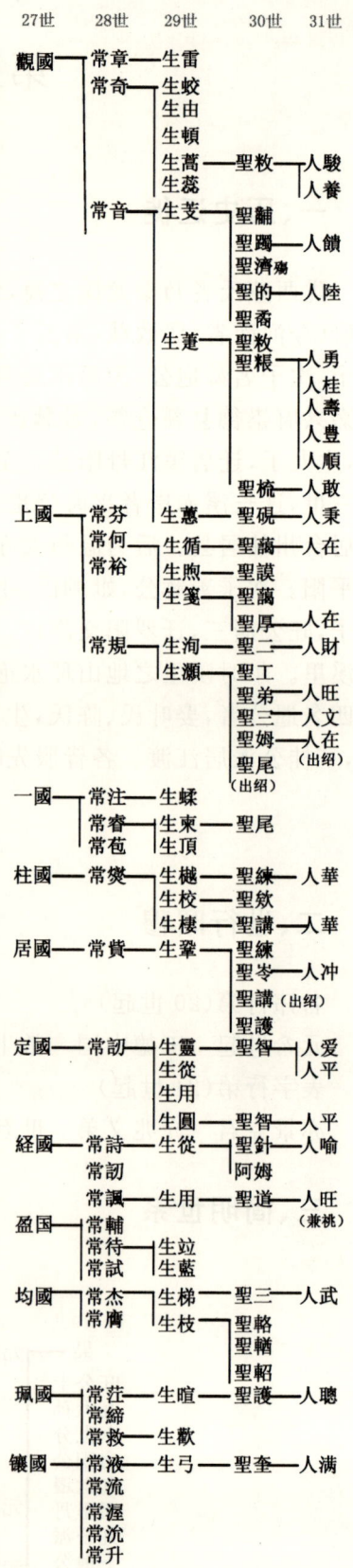

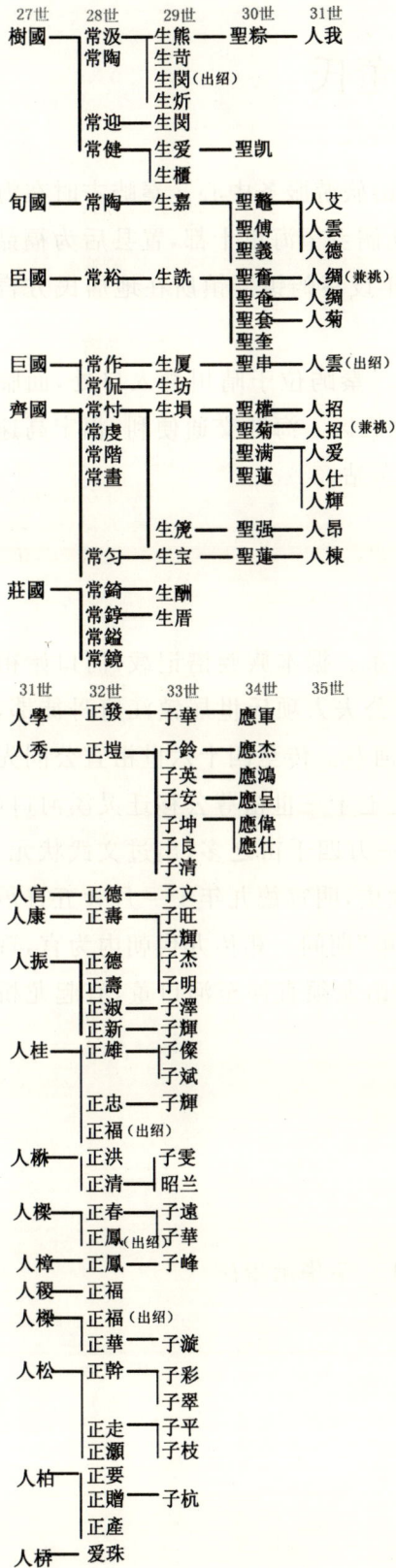

27世 | 28世 | 29世 | 30世 | 31世

樹國 — 常汲 — 生熊 — 聖粽 — 人我
　　　　常陶 — 生苟
　　　　　　　 生閔（出绍）
　　　　　　　 生炘
　　　　常迎 — 生閔
　　　　常健 — 生爱 — 聖凱
　　　　　　　 生櫃

旬國 — 常陶 — 生嘉 — 聖鼇 — 人艾
　　　　　　　　　　 聖傅 — 人雲
　　　　　　　　　　 聖義 — 人德

臣國 — 常裕 — 生詵 — 聖番 — 人綢（兼桃）
　　　　　　　　　　 聖奋 — 人綢
　　　　　　　　　　 聖套 — 人菊
　　　　　　　　　　 聖奎

巨國 — 常作 — 生厦 — 聖串 — 人雲（出绍）
　　　　常侃 — 生坊

齊國 — 常忖 — 生垻 — 聖權 — 人招
　　　　常虔 　　　　 聖菊 — 人招（兼桃）
　　　　常階 　　　　 聖满 — 人爱
　　　　常畫 　　　　 聖蓮 — 人仕
　　　　　　　　　　　　　　人輝
　　　　　　　 生筅 — 聖强 — 人昂
　　　　常勺 — 生宝 — 聖蓮 — 人棟

莊國 — 常鈴 — 生酬
　　　　常錚 — 生盾
　　　　常鑑
　　　　常鏡

31世 | 32世 | 33世 | 34世 | 35世

人學 — 正發 — 子華 — 應軍
人秀 — 正垻 — 子鈴 — 應杰
　　　　　　　 子英 — 應鴻
　　　　　　　 子安 — 應呈
　　　　　　　 子坤 — 應偉
　　　　　　　 子良 — 應仕
　　　　　　　 子清
人官 — 正德 — 子文
人康 — 正壽 — 子旺 — 應輝
人振 — 正德 — 子杰
　　　　正壽 — 子明
　　　　正淑 — 子澤 — 應輝
　　　　正新
人桂 — 正雄 — 子傑
　　　　　　　 子斌
　　　　正忠 — 子輝
　　　　正福（出绍）
人橤 — 正洪 — 子雯
　　　　正清 — 昭兰
人樑 — 正春 — 子遠
　　　　正鳳（出绍） — 子華
人樟 — 正鳳 — 子峰
人稷 — 正福
人樑 — 正福（出绍）
　　　　正華 — 子漩
人松 — 正幹 — 子彩
　　　　　　　 子翠
　　　　正走 — 子平
　　　　正灝 — 子枝
人柏 — 正要
　　　　正贈 — 子杭
　　　　正產
人桥 — 爱珠

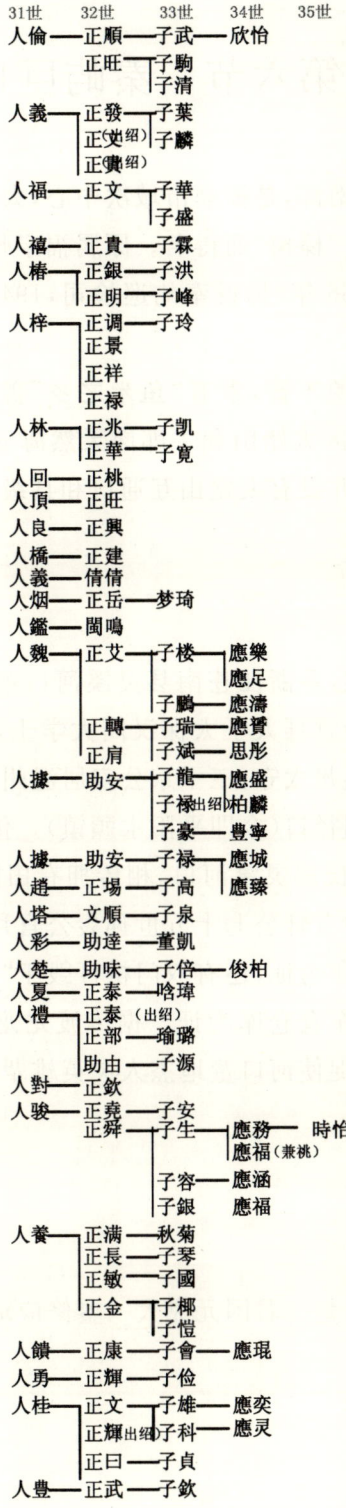

31世 | 32世 | 33世 | 34世 | 35世

人倫 — 正順 — 子武 — 欣怡
　　　　正旺 — 子駒
　　　　　　　 子清
人義 — 正發 — 子葉
　　　　正攲（兼绍） — 子麟
　　　　正貴（兼绍）
人福 — 正文 — 子華
　　　　　　　 子盛
人禧 — 正貴 — 子霖
人椿 — 正銀 — 子洪
　　　　正明 — 子峰
人梓 — 正调 — 子玲
　　　　正景
　　　　正祥
　　　　正禄
人林 — 正兆 — 子凱
　　　　正華 — 子寛
人回 — 正桃
人頂 — 正旺
人良 — 正興
人橋 — 正建
人義 — 情情
人烟 — 正岳 — 梦琦
人鑑 — 闽鳴
人魏 — 正艾 — 子楼 — 應樂
　　　　　　　　　　 應足
　　　　　　　 子鵬 — 應濤
　　　　正轉 — 子瑞 — 應贇
　　　　正肩 — 子斌 — 思彤
人據 — 助安 — 子龍 — 應盛
　　　　　　　 子禄（出绍） — 柏麟
　　　　　　　 子豪 — 豐寧
人據 — 助安 — 子禄 — 應城
人趙 — 正場 — 子高 — 應瑧
人塔 — 文順 — 子泉
人彩 — 助達 — 董凱
人楚 — 助味 — 子倍 — 俊柏
人夏 — 正泰 — 晗瑋
人禮 — 正泰（出绍）
　　　　正部 — 瑜璐
　　　　助由 — 子源
人對 — 正欽
人駿 — 正堯 — 子安
　　　　正舜 — 子生 — 應務 — 時怡
　　　　　　　　　　 應福（兼桃）
　　　　　　　 子容 — 應涵
　　　　　　　 子銀 — 應福
人養 — 正满 — 秋菊
　　　　正長 — 子琴
　　　　正敏 — 子國
　　　　正金 — 子椰
　　　　　　　 子愷
人鎮 — 正康 — 子會 — 應琨
人勇 — 正輝 — 子儉
人桂 — 正文 — 子雄 — 應奕
　　　　正輝（出绍） 子科 — 應灵
　　　　正曰 — 子貞
人豐 — 正武 — 子欽

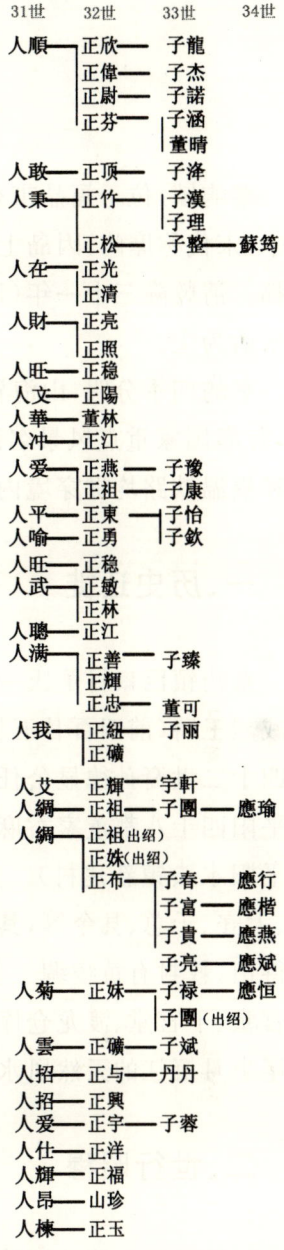

31世 | 32世 | 33世 | 34世

人順 — 正欣 — 子龍
　　　　正偉 — 子杰
　　　　正尉 — 子諸
　　　　正芬 — 子涵
　　　　　　　 董晴
人敢 — 正頂 — 子洤
人秉 — 正竹 — 子漢
　　　　　　　 子理
　　　　正松 — 子整 — 蘇筠
人在 — 正光
　　　　正清
人財 — 正亮
　　　　正照
人旺 — 正稳
人文 — 正陽
人華 — 董林
人冲 — 正江
人爱 — 正燕 — 子豫
　　　　正祖 — 子康
人平 — 正東 — 子怡
人喻 — 正勇 — 子欽
人旺 — 正稳
人武 — 正敏
　　　　正林
人聰 — 正江
人满 — 正善 — 子瑧
　　　　正輝
　　　　正忠 — 董可
人我 — 正紐 — 子丽
　　　　正礦
人艾 — 正輝 — 宇軒
人綢 — 正祖 — 子團 — 應瑜
人綢 — 正祖（出绍）
　　　　正姝（出绍）
　　　　正布 — 子春 — 應行
　　　　　　　 子富 — 應楷
　　　　　　　 子貴 — 應燕
　　　　　　　 子亮 — 應斌
人菊 — 正姝 — 子禄 — 應恒
　　　　　　　 子團（出绍）
人雲 — 正礦 — 子斌
人招 — 正与 — 丹丹
人招 — 正興
人爱 — 正宇 — 子蓉
人仕 — 正洋
人輝 — 正福
人昂 — 山珍
人棟 — 正玉

第六节　秦屿巨口董氏

秦屿镇,位于福鼎市东南部,是福鼎市域次中心,太姥山旅游服务中心。秦屿古时在海域之中,宋代称縻屿,因岛上有"榛树"而得名。原属福宁州劝儒乡望海里十都,置县后为福鼎县七都。清乾隆三十一年(1766年)始设秦屿巡检司,1940年设秦屿镇。镇所在地居民方言以福州话为主。

秦屿四季分明,山海资源丰富,素有"鱼米之乡"美称。秦屿位于晴川湾入口处,面临东海,背靠国家重点风景名胜区太姥山和牛郎岗天然海滨度假区。海陆交通便利,福宁高速公路和福温铁路均贯穿境内,并设有太姥山互通口和县级火车站。

一、历史迁徙

秦屿镇巨口村董氏一族,系浙江苍南县灵溪河口董支系。据本族族谱记载,河口始祖在周威烈王时(前四百廿五年)官拜太子太保汉阁大学士,轩公夫人项氏世居镇江府丹徒郡,轩公四十二世裔孙德显公任温州太守,三子京公安居温州新河巷。传至四十六世祖宜公同先移迁平阳四十八都董家呇麻园径口(今即平阳水头镇)。传至七十三世祖尊公移迁灵溪河口(今即平阳水头镇新建村)。董氏居灵溪河口,相传拥有田园一万四千亩之多,出过文武状元、太史、太守、千总、县令等,其中有轩公七十五世孙羹公官拜太史,明宣德九年十一月廿五日承天门待诏,敕封有黄绫绸玉玺印为证,还有双门棋杆毁于"文革"期间。相传九代朝内为官,现有上官堂、下官堂、渡龙仓库、东仓仓库为证。据传渡龙龙珠山龙须直伸至河口董,有起龙桥鲤鱼尾半月沉江的天然风水,促使河口董地杰人灵英雄辈出。

二、世行昭穆

巨口董氏一族的行第
三代尊敬孝　甲仰启文魁　君国元克大　鉴修应瑞开　荣华承崇庆

三、简明世系

1世	2世	3世	4世	5世	6世
尊公	敬公	孝公	甲盛 甲盈	仰喬 仰州 仰川	啓洞 啓潭 啓溪 啓海
		忠公	甲盘	仰屋	

秦屿镇巨口村董氏世系

6世	7世	8世	9世	10世	11世	12世	13世	14世	15世	16世	17世
啓潭	文河 文波 文澜	魁武 魁英	君简 君榮 过房	國秀	元錦	學禮 學書	大糧	鑑紅	修木 修樹	應勤 應注	瑞篆 瑞孫
								鑑花	修孫	應初	端篆
								鑑禄 出继	修婚	應初 伯绍	
								鑑黎	修婚 兼承	應密	瑞篆
							大田 大產	鑑鷹	修慶	應鐺	瑞卿 瑞上 出继
								鑑兜	修慶 兼承	應鋼	瑞玉 瑞銅
						元豪	學堯 學伊	大曹	鑑尾	修滚	應零	瑞上
								大才	鑑第	修滚 兼承	應零	
					元高	學書	大喜	鑑録	修李	應綱 應勤 出继 應橋	瑞莊 瑞篆 瑞古 瑞機
									修桃	應猜	瑞孫
								鑑礪	修梅	應注 过房 應石 應卿	端京 端飲 出绍 端飲 嗣子
									修鐵	應面 應長	瑞珠 端蟹 端猴
										應向	瑞蒼 瑞森
									修殿	應妹 應賢	瑞凤 瑞凤 兼承
									修猴	應照 應挑	瑞京 承兼 瑞京 承兼
					元清	克調 克順 克雨	大光	鑑有	修治	應祝	瑞影
							大朱	鑑奇	修子 修竺		
							大用	鑑奇 伯绍	修梯		
								鑑冬	修竺	應祝 兼嗣	瑞影
								鑑細	修成	應波	端强
								鑑玖 鑑磨	修金 修成 修清 修来	應波 叔绍 應祝 應順	瑞影 瑞强 瑞中 瑞霞
					元和	學朗	大費	鑑茶	修培	應朋	瑞增 瑞竃 瑞寶 瑞票 瑞美 瑞林
								鑑有	修治	應節	瑞源 瑞賜
								鑑榮	修筆 嗣子 修坤 修治	應節 兼承 應雪	瑞鈺
				國安 國兆	元凱 元善						
				國光	元堂 元紀 元載 元起	克年	大楊	鑑改 兼承	修清	應安	瑞湖
							大燥	鑑玖 兼承	修清	應安	
	魁鼎	君發 君久 君惠 君治	國鳳 國晰 國賢 國相 國品 國弟	元陶 元寅 元印 元福 元喜 元禄	葉松 葉琴 克千 克齡 克山 克佐 克蓝 兼承	大掌 大掌 伯绍 大郎 大泛 大芬		鑑	修有 嗣子	應潘 嗣子	
								鑑德	修乃	應兹 兼嗣	瑞榮

6世	7世	8世	9世	10世	11世	12世	13世	14世	15世	16世	17世	18世	19世

啓潭 — 文河
文波
文瀾 — 魁仁 — 君榮

國有
國賓 — 元謨 — 克葬 — 大林
克雨
克配 — 大芬
國望 — 元詰 — 克崇 — 大倉 — 鑑戌 — 修聰 — 應兹 — 瑞榮
修慶
克紀（出紹）大滿
大庫
大森 — 鑑添 — 修翼 — 應桔 — 瑞快
瑞弟
廷樨 — 鑑匯 — 修道 — 應世 — 瑞快
鑑興
鑑九
克樞 — 大臺 — 鑑興 — 修道（兼承）
國器 — 元訓 — 克葵 — 大林 — 鑑廉 — 修成
元永 大定 — 鑑廉（兼嗣）
元智 — 克餘 — 大庫（嗣子）鑑戌
元宗 鑑通 — 修慶（兼承）
元耀 鑑雷 — 修慶（嗣子）— 應錫
元拱 — 克紀 — 大滿（嗣子）鑑德
鑑廉
元照 — 克閏 — 大鷄 — 鑑祥 — 修坤（兼嗣）
大京 — 鑑祥 — 修坤（兼嗣）— 應財

啓海 — 文潮 — 魁鑾 — 君秀
國德 — 元陳
國仁 — 元顯
國杰（出繼）
克法 — 大戒 — 鑑濔 — 修乾 — 應財 — 瑞鏡
鑑祥 — 修坤 — 應惠 — 瑞棉
克劉 — 大艇 — 鑑浪 — 修坤 — 應惠 — 瑞棉
大煥
國經 — 元行 — 克隆
克修 鑑陣 — 修孟（兼承）— 應墙 — 瑞成
元注 — 克泉 — 大玉（嗣子）鑑獅 — 修孟（嗣子）— 應墙 — 瑞成
瑞振
克恭 — 大玉（伯紹）
大曾 — 鑑濔 — 修石（兼嗣）— 應埕 — 瑞成
鑑乘 — 修石（嗣子）— 應埕（兼承）— 瑞成
大操 — 鑑申 — 修鉅 — 應埕 — 瑞標
修石 瑞恭
克珍 — 大興 — 鑑宏 — 修允 — 應繼 — 瑞桃
克富 應閏 — 瑞恭（兼承）
應橡 — 瑞恭（兼承）

17世	18世	19世	20世

瑞箎 — 開春 — 榮銅
榮鎦
瑞卿 — 開計 — 榮豪 — 華城
榮國
榮輝
端莊 — 開明（嗣子）榮峰
瑞古 — 開樂 — 榮榜 — 華松
榮端
開忠 — 榮金
榮銓
開聯 — 榮慶
瑞機 — 開榮 — 榮熙
開明（過房）
開旭 — 榮鑫
瑞孫 — 開朗 — 榮光 — 華立
榮錠
瑞京 — 開實 — 榮富 — 榮富
榮作 — 華平
華亮
開容 榮居 — 華信
開包 榮安 — 華龍
瑞飲 — 開容（嗣子）榮章 — 華健
榮近
榮輝 — 華茜
瑞珠 — 開發（兼承）榮青 — 華權
瑞蟹 — 開興 — 榮進 — 華奕（孪生）
開運 華鑫
開發
瑞猻 — 開發（嗣子）榮學 — 華東
榮青（出紹）
瑞蒼 — 開包（嗣子）榮杰

17世	18世	19世	20世

瑞鳳 — 開進 — 榮濱
榮義
開德 — 榮鐘
瑞強 — 紫瑩
瑞影 — 開樓
開敬
瑞中 — 開仕
瑞增 — 開猛 — 榮立
開進 — 榮成
開勇 — 榮業
瑞竈 — 開枝 — 榮鑫
開葉
瑞票 — 開超
瑞美 — 開文
開杰
瑞林 — 開勇（兼承）
瑞源 — 開贊
開鏊 — 榮超 — 華銳
瑞榮 — 開斌 — 榮鈤 — 華等
開山 — 榮祺
榮凱
開悖 — 榮杰
開出 — 榮燎

17世	18世	19世	20世	21世

瑞快 — 開泳 — 榮濊
開渺 — 榮波
開營 — 榮盛
瑞第 — 開江 — 榮渠
開芳
開通
瑞棉 — 開玲 — 榮周
瑞成 — 開鏷 — 榮遠
瑞振 — 開然 — 榮瑜 — 華進
開鏷 — 榮鞘
開清
開晃
開龍
開微
瑞標 — 開濊（兼承）
瑞恭 — 開濊
開濊（嗣子）
瑞菊 — 開普
開懇
瑞月 — 開樓 — 榮星
瑞表 — 開樓 — 榮星
榮眾
榮團
開水 — 榮慧
（赘子）

444

第七节 柘荣董氏

柘荣县位于福建省东北部,是宁德市下辖的一个县,县名似以柘洋得名。《读史方舆纪要》载:"柘洋东山,东望海外数百里。"宋为长溪县灵霍乡柘洋里,元为福宁州柘洋上里,明正统六年间(1441 年)设柘洋巡检司,清乾隆四年(1739 年)改置芦门巡检司。民国初为霞浦县上西柘洋区,1934 年建立霞浦县上面柘洋区苏维埃政府,成立霞鼎泰县苏维埃政府。1945 年设柘荣县。1949 年 6 月 15 日解放,属福安专区。1956 年撤,并入福安县。1961 年复置柘荣县。

柘荣董氏居住在柘荣县城郊乡仙山村仙源里,该村有"柘荣银杏第一树",树龄有 500 多岁。虽地处偏僻,总有不少人前去参拜。就在银杏树的右侧,有一条十几米长的青石板路,通向一口古井。井名也和村名一样富有诗意,叫仙源井,有一柘荣民间最信仰的女神马仙的美丽传说。

一、历史迁徙

仙源董氏先祖原居浙泰罗阳交洋口安基乐业,时当元之初,世犹纷纷,及顺帝时,帝运衰微,至明太祖洪武始治之日,肇基祖辅公入闽省长溪之仙源。及增公,尝谓弟曰:与汝身虽出乡,而心舍不得罗阳之祖先,即纠资些,往回家修编家谱,一则先人之遗风,二则庶免后裔无从可考。时当大明永乐十二年七月同回交洋口,向阳叔公订议修谱。自辅公于明洪武年间由罗阳肇迁仙源起,至今已六百余载。

二、世行昭穆

柘荣仙源董氏已六百余载,1981 年春,族人推廿四孙启凤等向缙阳董氏同宗协商合谱编造。经双方同意,本族世次按上祖年代与缙阳世次相差三世。因缙阳迁居早本族,今以现有人世次核对本族十八世国字行等于缙阳廿一世大字行。今后即缙阳世次排列以明论序加强族谊。

原排行:

世行:	1	2	3	4	5	6	7	8	9	10	11	12	13	14	15	16	17	18
																有		
讳:	逸	开	士	逸	则	仲	日	维	逸	孟	逸	希	朝	茂	官	职	晁	国
字:	良	右	玉	德	成	次	爵	一	逸	显	逸	友	志	必	孔	即	仲	仕
行:	丹	元	恭	章	义	嘉	盛	富	逸	朱	梁	宽	整	信	爵	仁	琇	杞
			敬								秦					慈	璱	宋

	19	20	21	22	23	24	25	26	27	28	29	30
讳:	常	永	玉	枝	万	世	长	荣	华	乃	光	宗庆
字:	守	尚	思	其	步	履	生	百	禄	尔	绥	盛
行:	铺	桐	江									

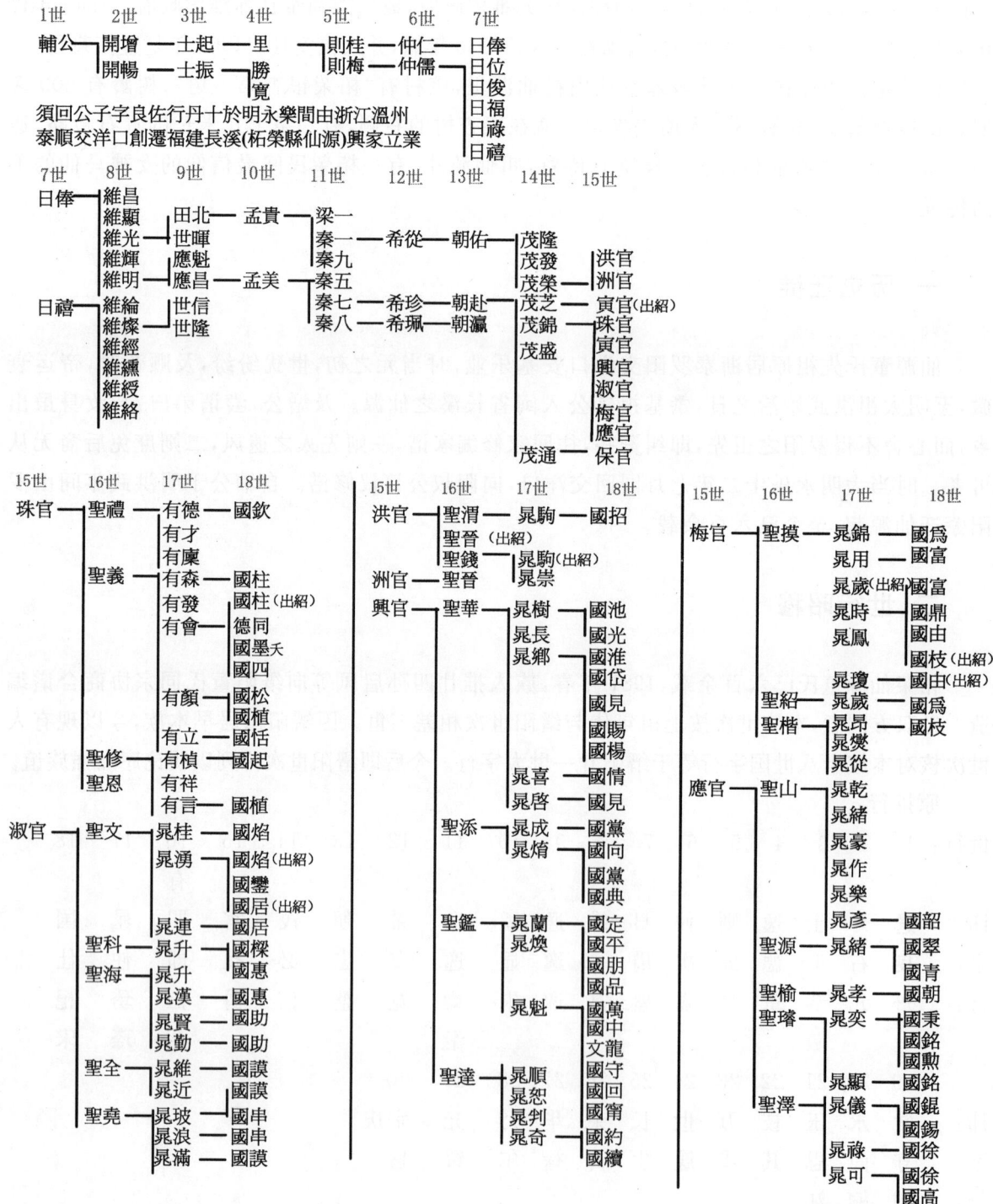

新编世次

世行：21　22　23　24　25　26　27　28　29　30
名行：大　邦　锋　啓　廷　俊　学　延　崇　正
字行：光　克　志　世　策　秀　衍　致　隆　端

三、简明世系

```
1世     2世     3世     4世     5世     6世     7世
輔公 ── 開增 ── 士起 ── 里   ── 則桂 ── 仲仁 ── 日俸
        開暢 ── 士振 ── 勝      則梅 ── 仲儒 ── 日位
                        寬                      日俊
                                               日福
                                               日祿
                                               日禧
```

須回公子字良佐行丹十於明永樂間由浙江溫州
泰順交洋口創遷福建長溪(柘榮縣仙源)興家立業

```
7世     8世     9世     10世    11世    12世    13世    14世    15世
日俸 ── 維昌
        維顯 ── 田北 ── 孟貴 ── 梁一 ── 希從 ── 朝佑 ── 茂隆
        維光 ── 世暉            秦一                    茂發 ── 洪官
        維輝 ── 應魁            秦九                    茂榮 ── 洲官
        維明 ── 應昌 ── 孟美 ── 秦五                    茂芝 ── 寅官(出紹)
日禧 ── 維綸 ── 世信            秦七 ── 希珍 ── 朝赴     茂錦 ── 珠官
        維燦 ── 世隆            秦八 ── 希珮 ── 朝瀛     茂盛    寅官
        維經                                                   興官
        維繼                                                   淑官
        維綏                                                   梅官
        維絡                                                   應官
                                                        茂通 ── 保官
```

```
15世    16世    17世    18世
珠官 ── 聖禮 ── 有德 ── 國欽
                有才
                有廪
        聖義 ── 有森 ── 國柱
                有發 ── 國柱(出紹)
                有會 ── 德同
                        國墨天
                        國四
                有顏 ── 國松
                        國植
                有立 ── 國恬
        聖修 ── 有楨 ── 國起
        聖恩 ── 有祥
                有言 ── 國植
淑官 ── 聖文 ── 晃桂 ── 國焰
                晃湧 ── 國焰(出紹)
                        國鑾
                        國居(出紹)
                晃連 ── 國居
        聖科 ── 晃升 ── 國樑
        聖海 ── 晃升 ── 國惠
                晃漢 ── 國惠
                晃賢 ── 國助
                晃勤 ── 國助
        聖全 ── 晃維 ── 國讚
                晃近 ── 國讚
        聖堯 ── 晃玻 ── 國串
                晃浪 ── 國串
                晃滿 ── 國讚
```

```
15世    16世    17世    18世
洪官 ── 聖渭 ── 晃駒 ── 國招
        聖晉(出紹)
        聖錢 ── 晃駒(出紹)
洲官 ── 聖晉 ── 晃崇
興官 ── 聖華 ── 晃樹 ── 國池
                晃長 ── 國光
                晃鄉 ── 國淮
                        國岱
                        國見
                        國賜
                        國楊
                晃喜 ── 國情
                晃啓 ── 國見
        聖添 ── 晃成 ── 國黨
                晃焅 ── 國向
                        國黨
                        國典
        聖鑑 ── 晃蘭 ── 國定
                晃煥 ── 國平
                        國朋
                        國品
                晃魁 ── 國萬
                        國中
                        國龍
                        國文
                        國守
                        國回
                        國甯
        聖達 ── 晃順 ── 國約
                晃恕
                晃判
                晃奇 ── 國續
```

```
15世    16世    17世    18世
梅官 ── 聖摸 ── 晃錦 ── 國為
                晃用 ── 國富
                晃歲(出紹) 國富
                晃時 ── 國鼎
                晃鳳 ── 國由
                        國枝(出紹)
                晃瓊 ── 國由(出紹)
        聖紹 ── 晃歲 ── 國為
        聖楷 ── 晃昂 ── 國枝
                晃燦
                晃從
應官 ── 聖山 ── 晃乾
                晃緒
                晃豪
                晃作
                晃樂
                晃彥 ── 國韶
        聖源 ── 晃緒 ── 國翠
                        國青
        聖楡 ── 晃孝 ── 國朝
        聖璿 ── 晃奕 ── 國秉
                        國銘
                        國勳
                晃顯 ── 國銘
        聖澤 ── 晃儀 ── 國鋸
                        國錫
                晃祿 ── 國徐
                晃可 ── 國徐
                        國高
```

新排行 21世　22世　23世　24世　25世　26世
18世　19世　20世　21世　22世　23世

國招—常欣
國欽—常就—永鳳—玉環（兼祧）
國柱—常敬—永鳳—玉環
　　　常挺—永年
德同—常城—永雲—玉鳴
　　　　　（兼祧）
國四—常城—永雲
　　（兼祧）
國松、國植—常景—永鳳—玉環（兼祧）
　　　常靜　永鳳—玉環（兼祧）
　　　常跡
　　　常安
國恬—常喚
　　　常跡—永麟
國植—常安（兼祧）
國池—常周—永銅—玉春
　　　　　（兼祧）
國光—常周—永鋼—玉春—枝聰
　　　　　（兼祧）　　　枝星
國岱—常田—永鋼（出紹）
國黨—常登—永權—玉照—枝聲—萬展
　　　　　　　　玉鳳—枝清
　　　　　　　　玉琳　枝順
　　　　　　　　玉陳（出紹）
　　　　　　　　玉金（出紹）
　　　　　　　　玉春（出紹）
國向—常登—永權—玉鳳—枝洪
　　　　　　　　　　　枝福
　　　　　　　　　　　枝升
國典—常登—永權—玉金—枝旺
國定—常佑—永答—玉宜—枝華（兼祧）
國萬—常資—永秀—玉煦—枝通
國中—常統—永秀—玉照—枝良
文龍—常資
　　　常統—永秀—玉煦—枝印—萬生
　　　常登　永權　　　　枝通—萬松
　　　常周　　　　　　　枝銓　萬隆
　　　　　　　　　　　　枝良—萬隆
　　　　　　　　　　　　枝銜（兼祧）
國宋—常琴—永箕—玉宜—枝彬—萬福
　　　　　　　　　　　　枝華
國回—常資—永秀—玉煦—枝銜
國甯—常鐘—永箕
　　　常琴—永答—玉宜—枝華
　　（兼祧）

21世　22世　23世　24世　25世　26世
18世　19世　20世　21世　22世　23世

國居—常貢—永和—玉珍—枝知
國樑—常鏡—永壘—玉超—枝識
國惠—常銀—永嵩—玉章
國助—常銀—永嵩—玉章
　　　　　　永嶽
　　　　　　永鳳
國助—常鏡—永壘—玉超
國謨—常球—永賀
　　　　　　永梅—玉品
　　　　　　永豊出紹　玉華
國串—常球—永豊—玉宇
（兼祧）常琳—永任—玉榮
國謨—常琳—永任—玉榮—枝繁
國爲—常清—永鏞—玉發—枝忠—萬堯
　　　　　　永潔—玉發—枝忠—萬堯
　　　　　　永洞—玉財（兼祧）
　　　　　　永溉
國富—常金—永社—玉樹—枝財
　　　常興　永沛　　　　枝強—萬賓
　　　　　　　　　　　　枝木
國鼎—常興—永社—玉樹—枝鑑—萬民
　　　　　　永奠
　　　　　　永沛
　　　　　　永視
國由—常興—永視
　　　　　　永沛
國爲—常清—永洞—玉發—枝忠
國枝—常金—永沛—玉樹—枝木
國韶—常盈—永和—玉州—枝瑋
國翠—常苗
　　　常五—永昌—玉文
國青—常王—永昌—玉文
國朝—常盈—永和—玉州
國錕—常勇—永和—玉州
國錫—常勇—永和—玉州
國徐—常苗
　　　常王—永昌—玉文
國高—常王—永昌—玉文
國續—常鐘—永喬—玉宜—枝華（兼祧）
國焔—常寬—永和—玉勛—枝靖
　　　　　　　　　　　枝綱
　　　　　　　　玉信（出紹）
　　　　　　　　玉州
　　　　　　　　玉辰
　　　　　　　　玉珍（出紹）
國鑾—常寬
　　　常廣—永和—玉辰
　　　常貢

第六章　历代由浙江其他地区入闽董氏

第一节　连江龙塘董氏

元末明初入迁福建闽县（今福州市连江县），其先祖为唐太宗贞观二年（628年）任浙江金华府同知的董宁后裔。其先祖为董念三公，四十公再派福州府，后至闽县龙塘堡（今福建省连江县琯头镇塘头村）。

连江县地处福建省东南沿海，闽江口北岸，东与台湾、马祖列岛一衣带水，西傍省会福州，南扼闽江入海口。连江历史悠久，早在5000年前古闽越先民即在此拓土生息，于西晋太康三年（282年）建县，距今有1720多年历史，为福建最早设置的5个县份之一，始称"温麻县"。隋朝大业三年（607年）一度并入闽县，唐朝武德六年（623年）重置温麻县，当年改名连江县并沿用至今。历史上均隶属福州府。因县域形似展翅凤凰，得名"凤城"，雅称"闽都金凤"，寓意吉祥。连江县四季温和，物产丰饶，素有"鱼米之乡"的美称。

如今，连江全县总面积4280平方公里，其中海域面积3112平方公里，陆域面积1168平方公里（包括待统一的马祖列岛）。境内有"三湾（罗源湾、黄岐湾、定海湾）、三口（可门口、闽江口、敖江口）、五条通道（沈海高速公路、104国道、温福铁路、福州绕城高速公路和201省道）"，发展条件十分优越。

连江全县辖22个乡镇270个村居，人口约62万。其中，凤城镇、浦口镇、东岱镇、琯头镇、官坂镇、筱埕镇、黄岐镇、苔菉镇，居住我董氏各系后裔。

一、历史迁徙

唐贞观二年（628年），陇西董宁迁浙江兰溪。传至五世董念三、董四十，由兰溪迁福州府。约在元末，董悦中由福州府迁闽县塘头堡（今琯头镇塘头村），悦中生三子：董喜（天房）、董嘉（地房）、董熹（人房）。明万历年间（1573—1619年），龙塘十一世孙董时用，字良桐，由琯头塘头村迁琅岐董安村。时用生文泰，文泰生四子：振纶、振纪、振綷、振级，衍分四房。今传15世，居村有30多户，120多人。其后裔外迁香港、台湾及侨居美国、西欧等地的有1500多人。清代，董章由塘头移迁川石。今传12世，居村有120多户，650多人。董章裔孙移迁筱埕官坞，今传10世，居村有30多户，150多人。现居秦川村董姓有56户，280多人，居琯头街董姓有20多户，120多人；居壶江村有20多户，130多人；居苔菉镇后湾村有100多户，510多人。

二、世行昭穆

龙城董氏原谱纪字行次

悦士彦文

惟汝克崇德　乘时展大章　行思绍祖志　亦用圣贤书

续修谱牒行次

尧舜敦本原　武周善继述　隆朝开景远　家道启其昌

新修谱牒行次

官高嘉品位　历代显中立　万世传基业　宗支裕泽长

迄今已有五百余载,其 26 世子孙共有 1206 户,约 3000 余人。

三、简明世系

（一）前代世系

1世	2世	3世	4世	5世	6世
悦中	喜（天房）	建（礼房）	禮	璿玉璣瓊環瑰琼琇	崧嶠岦㟅
		神	福裸		
		道（御房）	尪環	儀俊	稠和秩文舉泰學
			瑞瑤琇	伸信傑位	文文文覺
	嘉（地房）	懷（乐房）	初	瓚琳瑄	闊海源澤淵洲溶汝
		悍（数房）	裙		
		情（书房）	文	惟	
	熹（人房）	崇（射房）	裕祎禩	珩	宗明宗昹宗昭宗曜宗昕宗晦宗暉宗晞宗旺
			珪璋		

6世	7世	8世	9世
海	欄	崇侯	厚德垣坦培堝堪
		春	
	橫材	秋燔炯煉	
汝	克濟茹德	應舉	福鳴瑋（入嗣）鳴瑋（出嗣）
		應讚	鳴瑋（出嗣）
宗昹宗昭	茂庭茂應茂孚茂莊	孔岫孔岐孔昌孔昌	紹瑛紹欽紹琛
宗暉	茂文茂齊茂寬茂元茂馨	孔密孔剛孔崖孔岩孔幽孔峆	紹珠紹璩紹珍紹璡紹球紹琚紹琳
宗晞	茂雍茂華茂馨	孔崑孔峴	紹琦紹瑢紹琇

（禮房董安世糸）

9世	10世	11世	12世	13世
天成	一源一涇一濚	良桐良根良材	文泰	振綸振紀振綷振組

（御房世糸）

化龍	尚功			
	尚賢	維寶時作	子發	
	尚絧	維瀚		
	尚默	時時富	子宜	瀛匯渤
化鯨	尚忠	維藻	子述	沛溶
	尚敬	維孟維魯	子枝子枝（出嗣）子楝	大蘇濱潔
	尚宏	維昌維則	子珪	溥澄瀬
		曉春		大最漢潮澎濯淇演
		子森		善長大慥嘉會
	尚毅	維寧	子晃	
		維褰	子旭子晃	

6世	7世	8世	9世
嶠	砥矴	沂湯恩	天養天成
稠	元祚（入嗣）		化龍化鯨化鯉化合化民
秩	神祚（出嗣）祈	登	
文舉	元祿元祥元裕	崇勳崇靈崇逸	純德贊德化俗時
文泰	永弼永福	崇霖崇雲	坤德坎德
文學	元祜	崇茂煬	化國化順
	元祐	崇節炤炻	化中化日化工化宗
	元祝	烈烇	化行化仁化醇化元
闊澤淵洲溶	发祥待考发祥待考发祥待考发祥待考发祥待考		

9世	10世	11世	12世	13世
化鯉	尚賓	維烈	子璟	大芹大觀大泉大鎬大頌大有
			子鈺	大晞大雍大環大通大紫大仙
	尚謙尚政	維崇	子昇	
化合純德贊德	尚貞尚興尚智	時文時建	子愛子喜展義展德	五三大佐大聘大修大嶹大頤能亮

（御房次支世糸）

化時	尚文尚武			
	尚禮	時諏	展興展發（出嗣）	大奮萱大彥
		時謀	展寧展康展繁展佩	大傅（入嗣）大傅（出嗣）大高大善大敏大為大臺
		時有	展繁	大捐大覘大格
		時經時奕	展發展慶	大叨大長大思
	尚嚴	時安	展登	大獲能祿
坤德	乘馨	時泰	展盛	大天大光大本大信大國祈尊大洪
			展思	
			展易	大影大明
			展獻	大侯
坎德化中化日	乘敬乘九乘衡乘燦	時瓊時笱		德大德仕德雲
化宗	乘駿	維清時泗	展枚展光展勳展協展開	大正大自能成大龍（入嗣）大龍（出嗣）能新大連大美大艺大海
	乘兆	維沸	展枚展亮	能立能和能健
化仁	乘江乘式	維淮（出嗣）維澤	展尊展咨子芳子輝	大淵（入嗣）能智大淵（出嗣）大泓大會大猷

9世	10世	11世	12世	13世

左半

- 化工 — 乘章 / 乘五 — 時為 — 展乾 — 大炳 大儀 大德 大崇 大儀(出嗣)
  - 展石
- 化醇 — 乘豫 — 時瞻 — 展輔 — 大謀 大敬 能全 能端 能慧
  - 展度 — 翼
  - 時由 — 展藻 — 大志 能安 大芳
  - 展召 — 大知 大聽 大視
  - 展祖 — 能寔 能順 能照
  - 展位
  - 展朱 — 大準
- 乘雄 — 時殷 — 展守 子強 子龍 子輝(出嗣) — 大納 大統 大達
  - 時鳳 — 展眷
- 厚德 — 乘韓 — 時得 — 可興 可與 可輿 可典 — 至健 至衍 至從 至衡 至順 至術 至衢
- 坦 — 學禧
- 培 — 學禮 / 學福
- 塤 — 學祿 / 學程

7世克濟至10世失详

- 德 — 乘 — 時通 — 展有 — 大釵
- 紹璉 — 興第 — 時拱 — 展英 — 大祖
  - 昌宜 — 展義
  - 昌安(出嗣)
  - 昌容 — 芳紀 — 官官 大鼎(入嗣)
    - 芳绍 — 大錦 大鼎(出嗣) 大眾 思
    - 芳绳 — 大銓 大照 大福
    - 芳經 — 大揚 大鳳
- 興甲 — 昌安(入嗣) — 芳茗 — 大珪 大重 大寶

右半

9世	10世	11世	12世	13世

- 紹球 — 興周 — 昌盛 — 芳城 — 理 琅 秘 揆
  - 興祚 — 昌明 昌熙 昌盛(出嗣) — 芳來 — 瑞
    - 芳春 — 琨 瑠(出嗣)
  - 興胤 — 昌隆 昌陽(出嗣) — 芳夏 — 瑗 琰 瑜
    - 芳秋
    - 芳冬 — 琯(入嗣)
  - 興庠 — 昌陽 — 芳達 — 璋 環 璣 環(入嗣)
- 紹琚 — 興書 — 昌宗 — 芳遠(入嗣) — 瓊 义 道 智
  - 昌會 — 芳運 — 瑶
  - 昌發 — 芳通 — 玺 芳遠(出嗣)
  - 興禮 興樂 — 昌世 — 芳芷 芳茗(出嗣) — 大贯 大伟
  - 興射 興御 — 昌華 — 芳苞 芳蘭 — 大贵 大泽 大理 大济 琳 琚
- 紹琳 — 興政 — 昌慧 — 芳棟 芳柱 — 大燦 大體 大由 大嘉 大勇
  - 興教 — 昌忠 — 芳極 芳桂 — 渭 淋 泰 淑 湘 溶 關 遟 漢
    - 芳梅
    - 芳檜
  - 興敏 — 昌意 — 芳柏
- 紹珍(射房) — 興祖 — 昌文 — 芳岱(入嗣) — 鈜 錫
  - 興邦 — 昌 — 芳岳 — 鎬(入嗣)
  - 興國 — 昌朝 — 芳岩(入嗣) — 釗
  - 興佐 — 昌時 — 芳巒 芳岱(出嗣) 芳岳(出嗣)(出嗣) 芳岩(出嗣) — 銳 鎬

（二）礼房董安世系

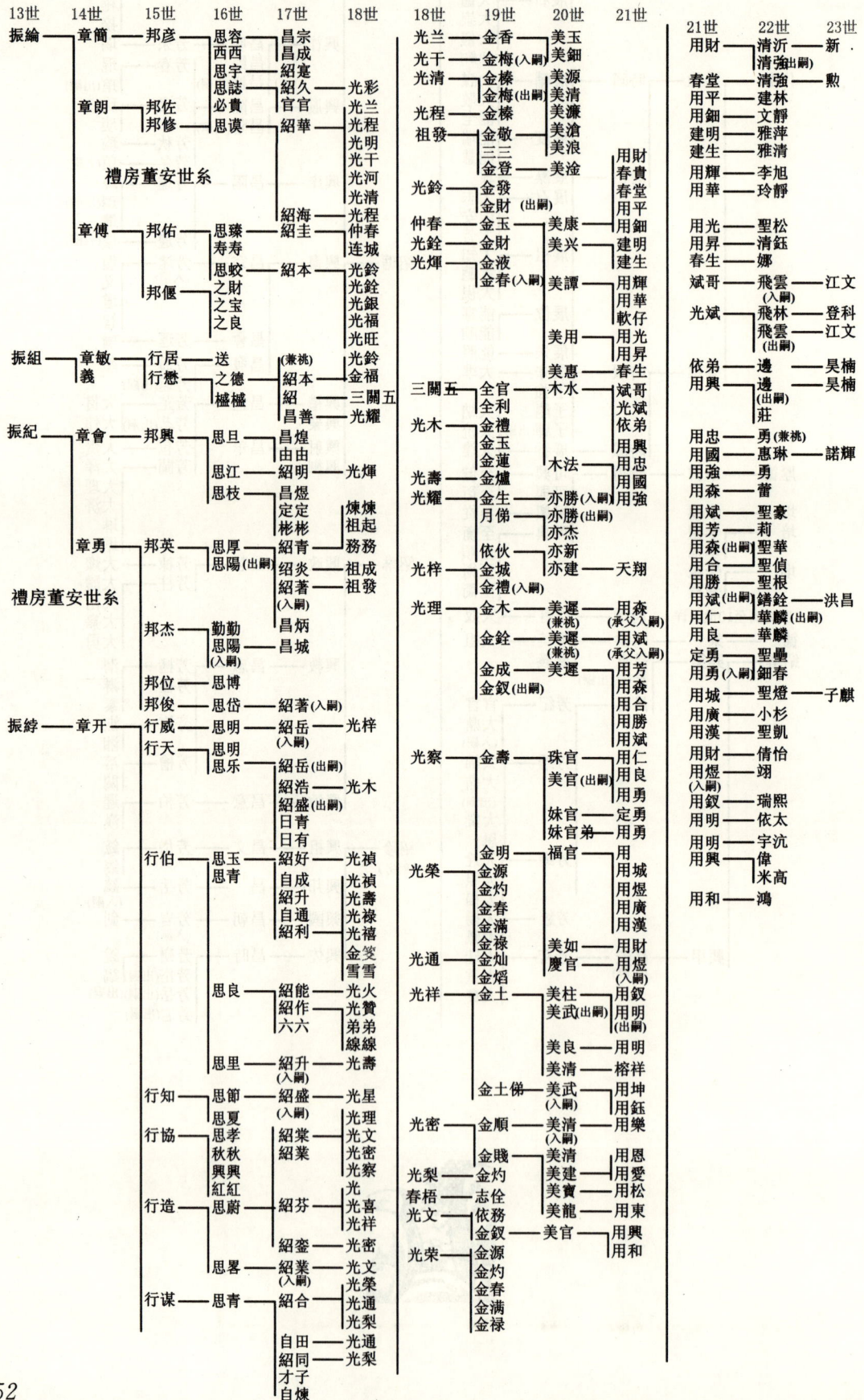

礼房董安世系

礼房董安世系

13世	14世	15世	16世	17世	18世	18世	19世	20世	21世	21世	22世	23世
振綸	章簡	邦彦	思容 西西 思宇 思誌 必貴	昌宗 昌成 紹寰 紹久 官官 紹華		光兰	金香	美玉	用財	用財	清沂	新
	章朗	邦佐 邦修	思謨			光干	金梅（入嗣）	美鈿	春堂	春堂	清強（出嗣）	
				光彩 光兰 光程 光明 光干 光河 光清 光程 仲春 连城		光清	金榛 金梅（出嗣）	美源 美清 美濂 美渣 美浪	用平 用鈿 建明 建生	用平 用鈿 建明 建生	清強 建林 文靜 雅萍 雅清	勲
	章傳	邦佑	思璨 寿寿	紹海 紹圭 紹本		光程	金敬			用輝 用華	李旭 玲靜	
		邦偃	思蛟 之財 之宝 之良			祖發	三三 金登	美淦	用財 春貴			
振組	章敏 義	行居 行懋	行居 之德 檻檻	送 之德 紹本 紹 昌善	（兼桃）	光鈴	金發 金財（出嗣）		春堂 用平 用鈿 建生	用光 用昇 春生	聖松 清鈺 娜	
振紀	章會	邦興	思旦	昌煌 由由		仲春	金玉	美康	用輝	斌哥	飛雲（入嗣）	江文
			思江	紹明	光煇	光銓	金財	美興	用華	光斌	飛林 飛雲（出嗣）	登科 江文
			思枝	昌煜 定定 彬彬 紹青 紹炎 紹著（入嗣）	煉煉 祖起 務務 祖成 祖發	光輝	金液 金春（入嗣）	美譚	軟仔	依弟 用興	邊 邊（出嗣） 莊	昊楠 昊楠
	章勇	邦英	思厚 思陽（出嗣）					美用	用光 用昇 春生			
		邦杰	勤勤 思陽（入嗣）	昌炳 昌城		三關五	全官 全利 金禮 金玉 金蓮 金爐	美惠 木水 木法	斌哥 光斌 依弟 用興 用忠 用國 用強	用忠 用國 用強 用森	勇（兼桃） 惠琳 勇 蕾	諾輝
		邦位	思博			光木						
		邦俊	思佋	紹著（入嗣）		光壽	金生	亦勝（入嗣）		用斌 用芳 用森（出嗣） 用合 用勝	聖豪 莉 聖華 聖偵 聖根	
振綵	章开	行威	思明	紹岳（入嗣）	光梓	光耀	月佋	亦勝（出嗣） 亦杰 亦新 亦建	天翔	用斌（出嗣） 用仁 用良	錯銓 華麟 華麟	洪昌
		行天	思明 思乐	紹岳（出嗣） 紹浩 紹盛（出嗣） 日青 日有	光木	光理	金木 金銓 金成 金釵（出嗣）	美運（兼桃） 美運（兼桃） 美運	用森（承父入嗣） 用斌（承父入嗣） 用芳 用森 用合 用勝 用斌	定勇 用勇（入嗣） 用城 用廣 用漢	聖壘 鈿春 聖燈 小杉 聖凱	子麒
		行伯	思玉 思青	紹好 自成 紹升 自通 紹利	光禎 光禎 光壽 光祿 光禧 金笑 雪雪	光察	金壽 金明	珠官 美官（出嗣） 妹官 妹官弟 福官	用仁 用良 用勇 定勇 用勇 用城 用煜 用廣 用漢	用財 用煜 用釵 用明	倩怡 翊 瑞熙 依太	
	行知	思節		思良	紹能 紹作 六六	光火 光寶 弟弟 線線	光榮	金源 金灼 金春 金滿 金祿	美如 慶官	用財 用煜（入嗣）	用明 用明	宇沆 偉 米高	
		思里	紹升（入嗣）	光壽		光通	金源 金燏	美柱 美武（出嗣）	用釵 用明（出嗣）	用興 用和	鴻	
	行協	思節 思夏	紹盛（入嗣）	光星		光祥	金土	美良 美清	用明 榕祥			
		思孝 秋秋 興興 紅紅	紹棠 紹業	光理 光文 光密 光察			金土佋	美武（入嗣）	用坤鈺 用樂			
	行造	思蔚	紹芬	光 光喜 光祥		光密	金順	美清（入嗣）	用恩			
			紹蜜	光密		光梨	金賤 金灼	美清 美建 美寶 美龍	用愛 用松 用東			
		思畧	紹業（入嗣）	光文	春梧	志佺		用寶				
	行謀	思青	紹合	光榮 光通 光梨	光文	依務 金釵	美官	用興 用和			
			自田 紹同 才子 自煉	光通 光梨	光荣	金源 金灼 金春 金滿 金禄					

(三)御房长支世系

左上表（13世—18世）

13世	14世	15世	16世	17世	18世
瀛	章均	行歲	元輝	四四	
			元鐇	占羆(入嗣)	
		行貴	元凱	占熊	春森
				占羆(出嗣)	
			元鐸	占箕	春森
				戀戀	春梧
	章加	行漢	元亮	亨通	春棃
				亨達(出嗣)	春梭
			元桔	亨寶	
			元彩		
		行善	元朋	亨進(入嗣)	
			元信		
		行文	元璧	亨達(入嗣)	
			元星		
			元十		
	章表	行樂	元彩(入嗣)	亨遂	
		行來		亨球	
		行相		亨進(出嗣)	
				亨逞	
				亨連	春標

13世	14世	15世	16世	17世	18世
沛	友樞	正位	世隆	業跡	長盛(入嗣)
			世美(出嗣)		
		正仁	世美(入嗣)	業通	長昌
			佬大		長盛
		正傅(出嗣)	一一		
	友桓	正傅	世全		長福
	友相	正珠	世興(出嗣)		
溶	友樑	正健	世發(出嗣)		
			世彩		
	友亮	得崎(出嗣)	世興(入嗣)	業遙	
	友栩	崎(入嗣)	世發(入嗣)		

左下表（18世—23世）

18世	19世	20世	21世	22世	23世
長盛(入嗣)	在相				
	在棋				
長昌	在祥	孝增	用來	聖雲	
		增俙	用炳	雲清	良彬
			來俙	雄棋	
長福	在朝	孝滉	用煥(入嗣)	聖凱	
	在能			聖澤	
	在勝		用金	聖漢	
	在安	亦慈	用斌	聖添	
	在康	亦暢	用杰	聖釗	
	在好	亦蘇(出嗣)	大俙	偉濃(入嗣)	
		亦賜	用標	偉濃(出嗣)	
				偉銘	
			用財	偉鋒	
		亦陽	凌鳴		
			凌飛		
		亦場	用洲	聖威	
			用燈	聖武	
			用浩		
			用煊		
	在官	亦文	用成	聖昊	
			用煥		
	在洛	亦蘇	用波	聖恒	
(業遙)在能		壽勇(入嗣)	用森(入嗣)	聖華	
		亦鏗	用森(出嗣)		
			用貴	聖杰	
			用春(出嗣)		
		孝泉	用春	聖航	

右上表（13世—18世）御房长支世系

13世	14世	15世	16世	17世	18世
大蘇	友機	行羽	思通	蟹蟹	利發
			思厚	強強	
			鐸鐸		
			思益		
		行聲	思金		
			思明		
	友椿	行志	思豪		
			嫩嫩		
		行福	思容	全枝	
		行日	思輔	水水	利壽
		行文	衡衡	鎮鎮	利灼(入嗣)
	友材	行招	元吉		
			元流		利發
		行揚	興發		利淑
		行廷	元洪	亨富	利光
	友榆	行奕	立立	亨祥(入嗣)	利長
		行成	元劍	亨由	利壽
					利成
			元銓	亨祿(入嗣)	利科
			元茂		利禎
			元盛	亨祥(出嗣)	
				亨由(出嗣)	
				亨祿(出嗣)	
				亨福	利榮
濱	友檜	行株	元理	紹	土土
		行傑		紹諾	細俙
		行智	元通	紹謀	烏孫
				紹謀(出嗣)	利登
					細俙
					俙俙
					利金
			元連	亨癸	利浚
				亨發(出嗣)	
			元進	紹謀(入嗣)	利金
			元道	依發	
			元河	胼胼	增旺
			江江	亨燦(入嗣)	
				亨桂	
				亨遲	
			元蓮	亨燦(出嗣)	利萱
					萱俙
					利棟
				亨本	利棟
				亨梓	利進(入嗣)
	友杏	邦中		亨晃	利進
		邦燃	元禮	紹許(出嗣)	利道
			未未	紹計(入嗣)	利通
			元義		
		邦炯	元微	亨椿	利增
			元術	亨枝	
			元御	亨椿	
				亨昌	玉標
				亨永	標俙
				亨隆	利開
					利魁
				亨盛	森清
	友桔	行傑	元明	亨仕	利昌(入嗣)
			嫩嫩		
			郎郎	亨鎧	利盛(入嗣)
			元英	亨金	利昌
					利盛
					利貴
				亨銀	利貴(兼挑)

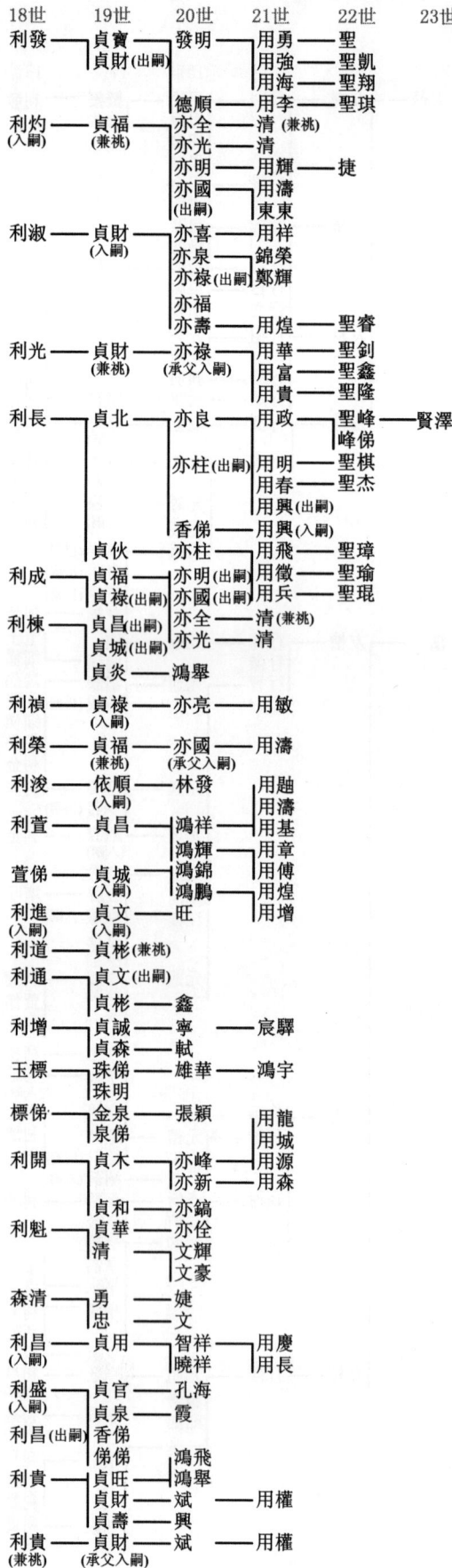

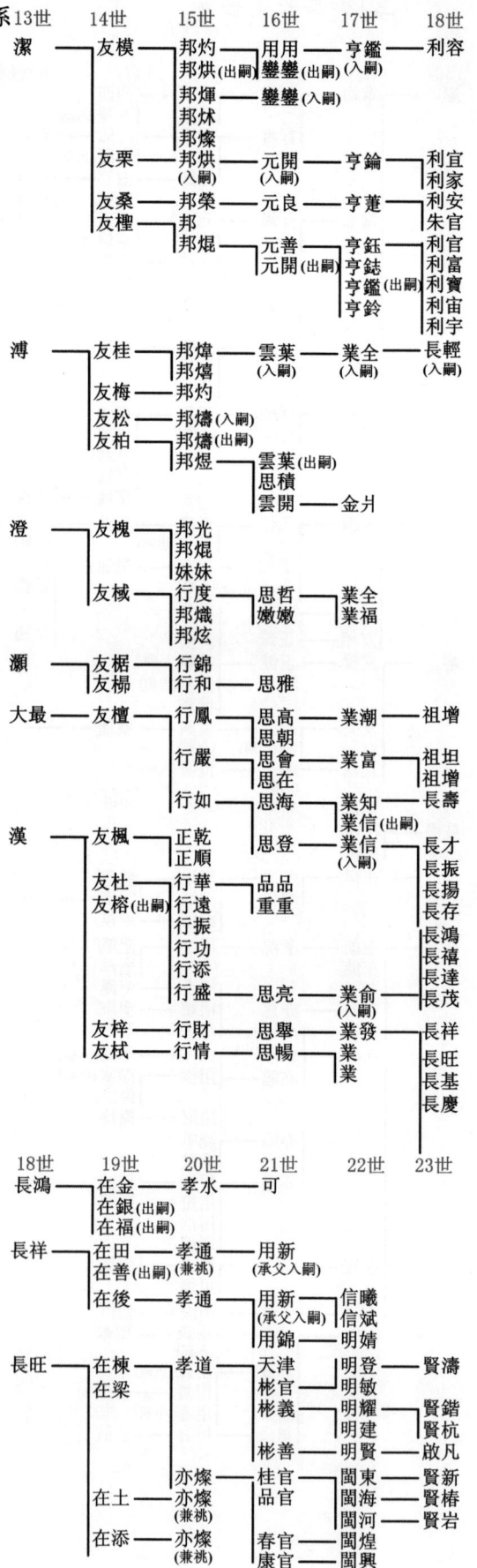

左表 18世　19世　20世　21世　22世

- 利發 — 貞寶 — 發明 — 用勇 — 聖
　　　　　　　　　　　　用強 — 聖凱
　　　　　　　　　　　　用海 — 聖翔
　　　　　貞財(出嗣)
　　　　　　　　　　德順 — 用李 — 聖琪
- 利灼(入嗣) — 貞福(兼桃) — 亦全 — 清(兼桃)
　　　　　　　　　　　　　亦光 — 清
　　　　　　　　　　　　　亦明 — 用輝 — 捷
　　　　　　　　　　　　　亦國(出嗣) — 用濤
- 利淑 — 貞財(入嗣) — 亦喜 — 東東
　　　　　　　　　　亦泉 — 用祥
　　　　　　　　　　亦祿(出嗣) — 錦榮
　　　　　　　　　　亦福 — 鄭輝
　　　　　　　　　　亦壽 — 用煌 — 聖睿
- 利光 — 貞財(兼桃) — 亦祿(承父入嗣) — 用華 — 聖釗
　　　　　　　　　　　　　　　　　用富 — 聖鑫
　　　　　　　　　　　　　　　　　用貴 — 聖隆
- 利長 — 貞北 — 亦良 — 用政 — 聖峰 — 賢澤
　　　　　　　　　　　　　　峰俤
　　　　　　　　亦柱(出嗣) — 用明 — 聖棋
　　　　　　　　　　　　　用春 — 聖杰
　　　　　　　　　　　　　用興(出嗣)
　　　　　　　　香俤 — 用興(入嗣)
　　　　　貞伙 — 亦柱 — 用飛 — 聖璋
- 利成 — 貞福 — 亦明(出嗣) — 用徵 — 聖瑜
　　　　貞祿(出嗣) — 亦國(出嗣) — 用兵 — 聖琨
- 利棟 — 貞昌(出嗣) — 亦全 — 清(兼桃)
　　　　貞城(出嗣) — 亦光 — 清
　　　　　　　　　貞炎 — 鴻舉
- 利禎 — 貞祿(入嗣) — 亦亮 — 用敏
- 利榮 — 貞福(兼桃) — 亦國(承父入嗣) — 用濤
- 利浚 — 依順 — 林發 — 用魁 / 用濤 / 用基
- 利萱 — 貞昌 — 鴻祥 — 用章
　　　　　　　鴻輝 — 用傅
- 萱俤 — 貞城(入嗣) — 鴻錦 — 用煌
　　　　　　　　　　鴻鵬 — 用增
- 利進(入嗣) — 貞文(入嗣) — 旺
- 利道(兼桃) — 貞彬(兼桃)
- 利通 — 貞文(出嗣)
　　　　貞彬 — 鑫
- 利增 — 貞誠 — 寧 — 宸驛
　　　　貞森 — 軾
- 玉標 — 珠俤 — 雄華 — 鴻宇
　　　　珠明
- 標俤 — 金泉 — 張穎
　　　　泉俤
- 利開 — 貞木 — 亦峰 — 用龍 / 用城
　　　　　　　亦新 — 用源 / 用森
　　　　貞和 — 亦鎬
- 利魁 — 貞華 — 亦佺
　　　　清 — 文輝 / 文豪
- 森清 — 勇 — 婕
　　　　忠 — 文
- 利昌(入嗣) — 貞用 — 智祥 — 用慶
　　　　　　　　　曉祥 — 用長
- 利盛(入嗣) — 貞官 — 孔海
　　　　　　貞泉 — 霞
- 利昌(出嗣) — 香俤
　　　　　　俤俤 — 鴻飛 / 鴻翠
- 利貴 — 貞旺
　　　　貞財 — 斌 — 用權
　　　　貞壽 — 興
- 利貴(兼桃) — 貞財(承父入嗣) — 斌 — 用權

23世 御房长支世系 13世　14世　15世　16世　17世　18世

- 潔 — 友模 — 邦灼 — 用用 — 亨鑑(入嗣) — 利容
　　　　　　邦烘(出嗣) — 鑾鑾(出嗣)
　　　　　　邦輝 — 鑾鑾(入嗣)
　　　　　　邦狀
　　　　　　邦燦
　　　友栗 — 邦烘(入嗣) — 元開(入嗣) — 亨鏽 — 利宜 / 利家
　　　友桑 — 邦榮 — 元良 — 亨蓮 — 利安 / 朱官
　　　友檉 — 邦
　　　　　　邦焜 — 元善 — 亨鈺 — 利官
　　　　　　　　　元開(出嗣) — 亨鉽 — 利富
　　　　　　　　　　　　　亨鑑(出嗣) — 利寶
　　　　　　　　　　　　　亨鈴 — 利宙 / 利宇
- 溥 — 友桂 — 邦煒 — 雲葉(出嗣) — 業全(入嗣) — 長輕(入嗣)
　　　　　　邦燽
　　　友梅 — 邦灼
　　　友松 — 邦燽(入嗣)
　　　友柏 — 邦燽(出嗣)
　　　　　　邦煜 — 雲葉(出嗣)
　　　　　　　　　思積
　　　　　　　　　雲開 — 金爿
- 澄 — 友槐 — 邦光 / 邦焜 / 妹妹
　　　友械 — 行度 — 思哲 — 業全
　　　　　　邦熾 — 嫩嫩 — 業福
　　　　　　邦炫
- 灝 — 友椐 — 行錦
　　　友梯 — 行和 — 思雅
- 大最 — 友檀 — 行鳳 — 思高 — 業潮 — 祖增
　　　　　　　　　　思朝
　　　　　　行嚴 — 思會 — 業富 — 祖坦 / 祖增
　　　　　　　　　思在
　　　　　　行如 — 思海 — 業知 — 長壽
　　　　　　　　　　　　業信(出嗣)
- 漢 — 友楓 — 正乾 — 思登 — 業信(入嗣) — 長才
　　　　　　正順　　　　　　　　　　　長振
　　　友杜 — 行華 — 品品　　　　　　　長揚
　　　友榕(出嗣) — 行遠 — 重重　　　　長存
　　　　　　行振　　　　　　　　　　長鴻
　　　　　　行功　　　　　　　　　　長禧
　　　　　　行添　　　　　　　　　　長達
　　　　　　行盛 — 思亮 — 業俞(入嗣) — 長茂
　　　友梓 — 行財 — 思舉 — 業發 — 長祥
　　　友栻 — 行情 — 思暢 — 業 — 長旺 / 長基 / 長慶

右下表 18世　19世　20世　21世　22世　23世

- 長鴻 — 在金 — 孝水 — 可
　　　　在銀(出嗣)
　　　　在福(出嗣)
- 長祥 — 在田 — 孝通 — 用新(承父入嗣)
　　　　在善(出嗣)(兼桃)
　　　　在後 — 孝通(承父入嗣) — 用新 — 信曦 / 信斌
　　　　　　　　　　　用錦 — 明婧
- 長旺 — 在棟 — 孝道 — 天津 — 明登 — 賢濤
　　　　在梁　　　　彬官　明敏
　　　　　　　　　彬義　明耀 — 賢鐇
　　　　　　　　　　　　明建　賢杭
　　　　　　　　　彬善 — 明賢 — 啟凡
　　　　在土 — 亦燦 — 桂官 — 閩東 — 賢新
　　　　　　　亦燦(兼桃) — 品官 — 閩海 — 賢椿
　　　　　　　　　　　　　　　閩河 — 賢岩
　　　　在添 — 亦燦(兼桃) — 春官 — 閩煌
　　　　　　　　　　　　　康官 — 閩興

御房长支世系

左（18世—22世）

18世	19世	20世	21世	22世
利容	贞寿	亦登(入嗣)		
	贞贵			
	太强			
	贞祥	亦登(出嗣)		
		亦光		
利官	贞灼	自萍	林建	
	灼俤		林国	
利富	贞轩	水兴(入嗣)	年财	
	廮俤	水兴(出嗣)		
		兴达		
		兴俤	连强	
		亦清	晨霖	
利宝	贞顺	强	用崑	
利宙	贞佺		江郎	
	贞秋	钱	用蕎	
利宇	金妹	亦勇	斌	
长轻(入嗣)	在顺	亦雄	增	
	在意	亦旺	清	
祖坦	在登			
长才	在仁	孝振(兼桃)	辉(承父入嗣)	
	在友(入嗣)	孝振	辉(承父出嗣)	
			敏	
长振(入嗣)	在宜	孝新(出嗣)		
		孝寿	用威	
		孝祥		
		依明(出嗣)		
长扬	少爷	孝新(入嗣)	晨杰	
	在宜(出嗣)			
	在友(出嗣)			
长存	在旺	依明	晨弘	
长禧	在标	孝樑(兼桃)	栩(承父兼桃)	
	在旺	孝贺	用涛	
	在光	孝樑	栩	
		孝贺(出嗣)		
长达	在铨	建华	凯文	
	在衛	新		
	在文	新		
		辉		
		驹		
	在武	琳	用斌	
长茂	在银	孝强	用荣	
		兴	用清	
长基	在快	孝利(入嗣)	用清	信财
	在淦		用明(出嗣)	信平
	在林		用棋(出嗣)	
			用喜	信诚
			用禄	信威
				信杰
	在朋	孝木	用佺	恩
				儀
			用盛	勛
		孝法	用宝	鸿
			用贵	鸿
		孝清	用潮	煦
			用光	杰
			用锦	辉
		孝金	用锦(入嗣)	威
	在梓	孝利(出嗣)		
	在东	孝登	用棋(入嗣)	信栩
长庆	在义	孝福	用明(入嗣)	信燦
	在恭	孝康	用建(入嗣)	聖達
	在敬	康俤		希
			用建(出嗣)	章
			用群	聖增
		孝龙	用森	
长绥	在善	孝成	用淦	聖城
		孝仁		

右（13世—18世）

13世	14世	15世	16世	17世	18世
潮	友榕(入嗣)	行孚	世开		
			世隴	業發	
				業貴	長明
					長朗
				業好	長朗(入嗣)
				業昌	長儀
					長順
					長燦
				業守	長順
		行獻	世陪	業才	長蘭
			世陌		長桂
			世隱		長合
			世陽	業金(入嗣)	長得(入嗣)
		行通	世陽	業丁	長開
		桃桃	世濕	業金(出嗣)	長得(出嗣)
					長太(出嗣)
					長唐
澎	友桐	行安	日日	業智	長太
		行裕(出嗣)	如如(出嗣)	業來	
		喬	思存	業銓	長輪
		簡	思才(出嗣)		長軻
	友楠	聚	思才		長軔
溜	友極	行熙	思敏	業盛	長輪
		行孔(出嗣)	千千	業豐(出嗣)	長輕
				細俤	長輕
				疾耳	長魁
	友櫨	行閣	世裕(入嗣)	業合(入嗣)	長成
		行榕(出嗣)			
	友棋	行孔(入嗣)	千千(入嗣)	業豐(入嗣)	長輕
淇	友植	行裕	如如(入嗣)		
演	友楷	行榕(入嗣)	世裕(出嗣)		
	友		世本	業合	
善長	友蘭			業令	
	友蓮			業僉	
	友蕙		推推	業俞	仅仔
	友苞		世加	業俞(出嗣)	長科
				業仝	長第
大愷	章葉	行美	思進	業遠	長金
			菜頭		長珠
					增立
			思讓	業吉	長
				業慶	木昌
				業平	林旺
					立雄
					木財
				業安	長湯
					長沁
				業增	萬春
				業順	伙俤
					三俤
					伙英
		行積	開發	業長(入嗣)	興才
			開標	業長(出嗣)	
				業隆	長發
嘉會	友旺	行蘇	思忠	立晃	祖梓
	友茗	行振(入嗣)	思福	立綱	祖俤
			思芳(出嗣)		
大芹	友棣	邦齊	元貞		
		邦檢	元高	亨財(入嗣)	
大觀	友楹	行茂	阿頭	煥煥(入嗣)	春好
	友榛	行波	二二		
		行秀	思釵	煥煥(出嗣)	
大頌	章結	行細		鏡鏡(出嗣)	

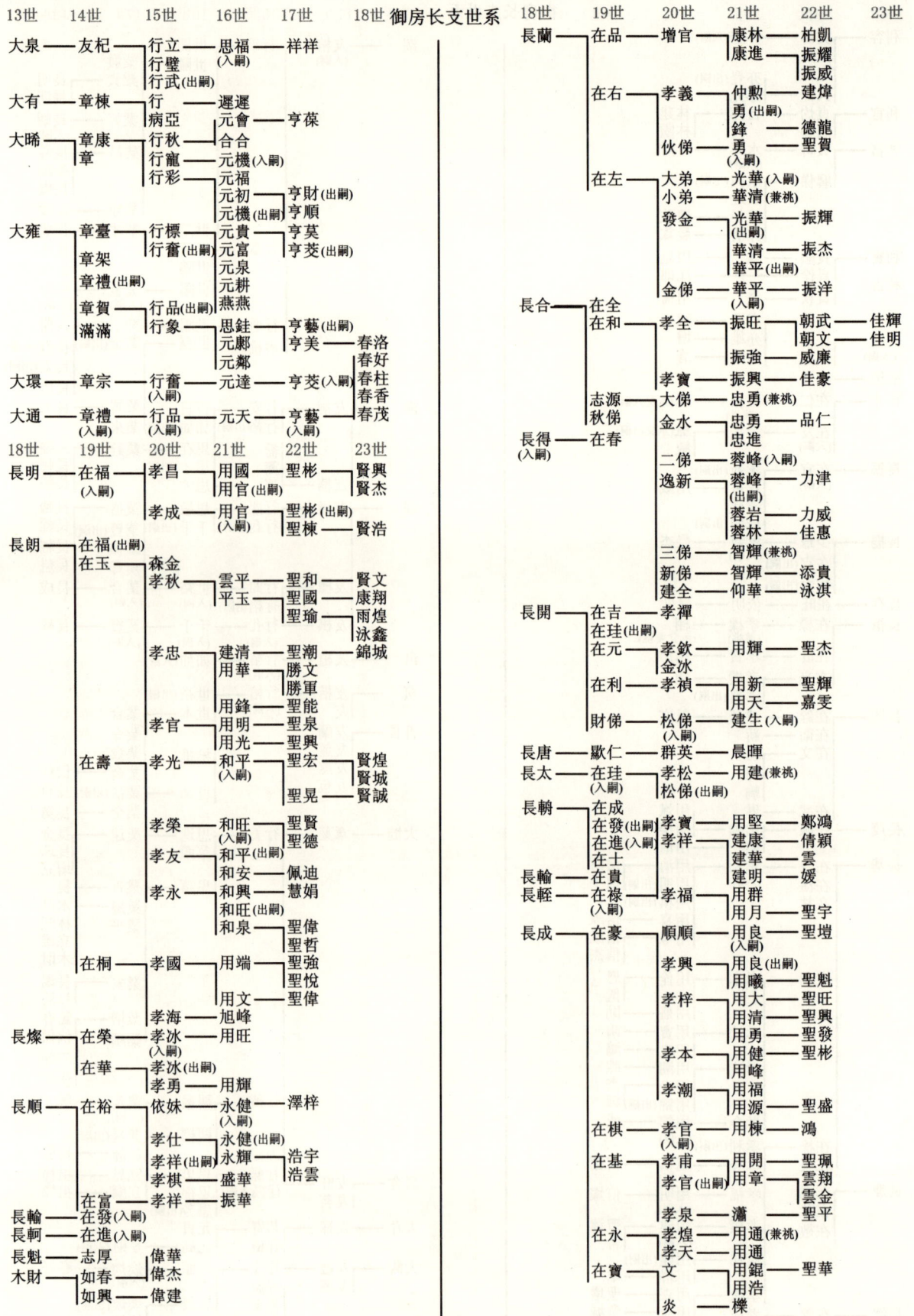

御房长支世系

左上 13世—18世

13世	14世	15世	16世	17世	18世

大泉—友杞
　行立
　　思福(入嗣)—祥祥
　行璧
　行武(出嗣)

大有—章棟—行病亞—遲遲
大晞—章康—行秋　元會
　　章　行寵　合合
　　　行彩　元機(入嗣)
　　　　元福
　　　　元初—亨財(出嗣)
　　　　元機(出嗣)—亨順

大雍—章臺—行標　元貴—亨莫
　　章架　行奮(出嗣)　元富—亨茭(出嗣)
　　章禮(出嗣)　元泉
　　章賀　元耕
　　滿滿　行品(出嗣)　燕燕
　　　行象　思鉎—亨藝(出嗣)
　　　　元鄘—亨美　春洛
　　　　元鄩　春好
　　　　　春柱
大環—章宗—行奮(入嗣)—元達　春香
大通—章禮(入嗣)—行品(入嗣)—元天—亨藝(入嗣)　春茂

左下 18世—23世

18世	19世	20世	21世	22世	23世

長明—在福(入嗣)—孝昌　用國—聖彬—賢興
　　　　用官(出嗣)　　賢杰
　　　孝成　用官(入嗣)—聖彬(出嗣)
　　　　　聖棟—賢浩

長朗—在福(出嗣)
　　在玉—森金
　　　孝秋　雲平—聖和—賢文
　　　　平玉—聖國—康翔
　　　　　聖瑜—雨煌
　　　　　　泳鑫
　　　孝忠　建清—聖潮—錦城
　　　　用華—勝文
　　　　　勝軍
　　　　用鋒—聖能
　　　孝官　用明—聖泉
　　　　用光—聖興
　　在壽—孝光　和平(入嗣)—聖宏—賢煌
　　　　　　聖城
　　　　　　賢誠
　　　　　聖晃
　　　孝榮　和旺(入嗣)—聖賢
　　　　　聖德
　　　孝友　和平(出嗣)
　　　　和安—佩迪
　　　孝永　和興—慧娟
　　　　和旺
　　　　和泉—聖偉
　　　　　聖哲
　　在桐—孝國　用端—聖強
　　　　　聖悅
　　　　用文—聖偉
　　　孝海—旭峰
長燦—在榮—孝冰(入嗣)—用旺
　　在華—孝冰(出嗣)
　　　孝勇—用輝
長順—在裕—依妹—永健—澤梓
　　　孝仕　永健(出嗣)
　　　孝祥(出嗣)—永輝—浩宇
　　　孝棋—盛華　　浩雲
　　在富—孝祥—振華
長輪—在發(入嗣)
長軻—在進(入嗣)
長魁—志厚—偉華
木財—如春—偉杰
　　如興—偉建

右 18世—23世

18世	19世	20世	21世	22世	23世

長蘭—在品—增官　康林—柏凱
　　　　康進—振耀
　　　　　振威
　　在右—孝義　仲勳—建煒
　　　　勇(出嗣)
　　　　鋒—德龍
　　　伙俤　勇—聖賀
　　在左—大弟—光華(入嗣)
　　　小弟—華清(兼祧)
　　　發金　光華(出嗣)—振輝
　　　　華清—振杰
　　　　　華平
　　　金俤　華平(入嗣)—振洋

長合—在全
　　在和—孝全　振旺—朝武—佳輝
　　　　　朝文—佳明
　　　　振強—威廉
　　　孝寶—振興—佳豪
　　志源　大俤—忠勇(兼祧)
長得(入嗣)　秋俤　金水—忠勇—品仁
　　在春　　忠進
　　　二俤—蓉峰(入嗣)
　　　逸新　蓉峰(出嗣)—力津
　　　　蓉岩—力威
　　　　蓉林—佳惠
　　　三俤—智輝(兼祧)
　　　新俤—智輝—添貴
　　　建全—仰華—泳淇

長開—在吉—孝禪
　　在珪(出嗣)
　　在元—孝欽—用輝—聖杰
　　　　金冰
　　在利—孝禎—用新—聖輝
　　　　用天—嘉雯
　　財俤—松俤(入嗣)—建生(入嗣)

長唐—歇仁—群英—晨暉
長太—在珪(入嗣)—孝松—用建(兼祧)
　　　松俤(出嗣)
長軻—在成
　　在發(出嗣)—孝寶—用堅—鄭鴻
　　在進(入嗣)—孝祥—建康—倩穎
　　在士　建華—雲
長輪—在貴　建明—媛
長輕—在祿(入嗣)—孝福—用群
　　　　用月—聖宇
長成—在豪—順順—用良(入嗣)—聖壋
　　　孝興—用良(出嗣)
　　　　用曦—聖魁
　　　孝梓　用大—聖旺
　　　　用清—聖興
　　　　用勇—聖發
　　　孝本—用健—聖彬
　　　孝潮—用福
　　　　用源—聖盛
　　在棋—孝官(入嗣)—用棟—鴻
　　在基—孝甫—用開—聖珮
　　　孝官(出嗣)—用章—雲翔
　　　　　雲金
　　　　　聖平
　　　孝泉—瀟
　　在永—孝煌—用通(兼祧)
　　　孝天—用通
　　在寶　文　用鋸—聖華
　　　　用浩
　　　炎—櫟

御房长支世系

左上表

18世	19世	20世	21世	22世	23世
長輕(入嗣)	在貴(入嗣)	孝慶	弟弟		
祖梓	志功		依源		
	志劬		依國	敏文	賢
	志勤		依平	文	
祖俤	志傅	孝吉	用輝	安	賢梁
	志冕		用忠	曉飛	
			斌	曉寶	
		孝通	水金	林波	
長科	在福	岩峰	湯瑪斯		
長金	賴賴	大妹	天賜	明	
	長珠		天財	明	
	依歹(入嗣)		天球	紫怡	
長珠	依俤	振祥	新惠	明輝	
	依歹		用心		
			用俤		
			用波		
		依法	新惠(兼桃)		
	志枝	金全	俊承	華宇	
春香	新仅仔		彬彬		
春洛	祈順	依彬	龍開	貴倫	
長沁	志梅	亦泓	龍波	聖輝	
		文鑾	龍潮	梓涵	
	志勇	翰			
	志霖	比尼			
萬春	幼石	寶安	敏淦		
		寶清	閩亮		
	幼欽	寶			
	員川	寶			
三俤	幼明	奕辛			

左下表

13世	14世	15世	16世	17世	18世
大紫	友棠	行敬	兆科	亨莘(入嗣)	春桂
		正尊		亨蒲	春梅
		正志			春柳
		行			春掬
		行			春棋
					春棟
	友林	行寶	思漢	榮方	挺灼
			思觀(出嗣)	榮泰	挺乾
					挺坤
				榮恢	挺坤(入嗣)
				榮國	挺秀
				紹貴	
		正振	思觀(入嗣)	榮茂	挺城
				榮成	
		正祿	之輝	榮義	挺煥
			之梅	榮瑞(出嗣)	挺曜
			之本(出嗣)		
		正遠	兆順	亨華(入嗣)	春樹
			兆科(出嗣)		
			兆魁	亨華(出嗣)	春楷
				亨莘(出嗣)	春槐
				亨芍	春枝
			兆翼	亨茹	春杭
				亨蘭(入嗣)	春柯
					春棣
					春桔
				亨萱	春柯
				亨芹	春棣
			之忠	亨英	
			之懷		
		正業	之良	榮和	挺運
大仙	友權	行卓	之海	榮渭	春柳(入嗣)
		行己			
		行淑			
		行仕	之潮		
		行輔	棟棟		
	友桂	正儀	之道	榮瑞(入嗣)	廷曜(入嗣)
		正常			
	友廣	老鼠	之本(入嗣)	亨蘭(入嗣)	春材
					春杞
					春松
					春林

右表

18世	19世	20世	21世	22世	23世	24世
春桂	祈逢	孝長	濟炳	晨光	賢堡	
		孝明(出嗣)		晨鐘(承父出嗣)		
		孝同(出嗣)				
	祈蓮	孝同(承父兼桃)	濟炳(兼桃)	晨光(承父兼桃)	錚錚(承父兼桃)	
	祈萊	孝凱	用信	聖旗		
			用利(出嗣)			
			用相	聖琳		
	凱弟	用利(入嗣)	聖李			
	祈送	孝明(入嗣)	濟炳(兼桃)	晨鐘		
春梅	祈遊	孝佺	振漢	智敏		
			振光	東偉		
			振國	煜		
			振平	初芽	賢仕	
	祈運	孝	用寶	聖旭	賢文	
	祈遜(出嗣)	大貨	振文	培濤(兼桃)		
	祈逸	大官	振金	培濤		
		孝灼	用寶(出嗣)			
春掬	祈述	孝歇				
		孝俊				
		孝平	煒	朱		
		平俤				
	祈昌	孝進	用任			
		孝仕	用任(兼桃)			
春棋	祈	孝松(入嗣)		美琪		
	祈遵	孝銳	用貴	德楓		
		孝松(出嗣)	用順	海汕		
		春堂	用安			
		孝清				
	祈光	孝秀	文詩			
春松	祈貴	孝清	用雲	聖源	賢星	
		孝順	用雲(出嗣)	聖若		
		孝和(出嗣)	用明	聖罡		
		孝淦(出嗣)	用興	聖泉		
				聖敏		
				聖杰		
			用團	聖釩		
	祈祥	孝泉	用伙	聖仁		
祖鄰	志務	孝達	用樟	聖義		
	志協	孝康	用浩			
			用峰			
挺灼	昌斌	孝乾				
	昌基					
	昌同					
	昌福					
	昌祿					
	昌					
	昌壽					
挺乾	昌金					
	昌銀(出嗣)					
挺坤	昌銀(入嗣)					
挺城	昌基			平	洛偉	
挺煥	昌德	亦秋	用和	聖華	洛舟	
挺運	昌堯		和俤	聖光	賢輔	
	昌舜	孝朝	用銓	聖恩	揚武	鵬
	昌增	孝邦(出嗣)	用寶	天龍	賢德	書燊
		孝坤		天喜	賢忠	
				天華	賢秋(入嗣)	
				天助	賢秋(出嗣)	
					賢波	
			用光	天雄	賢松	
				天勇	賢強	
			天祥		賢斌	
	昌仁	孝國	用生		賢鋒	
	昌孝	孝邦(入嗣)	用法	天貴	賢智	
					賢濤	
				天文	賢順	
				天武		
			用泉	天坤	賢新	
				天平	曉玲	

（四）御房次支世系

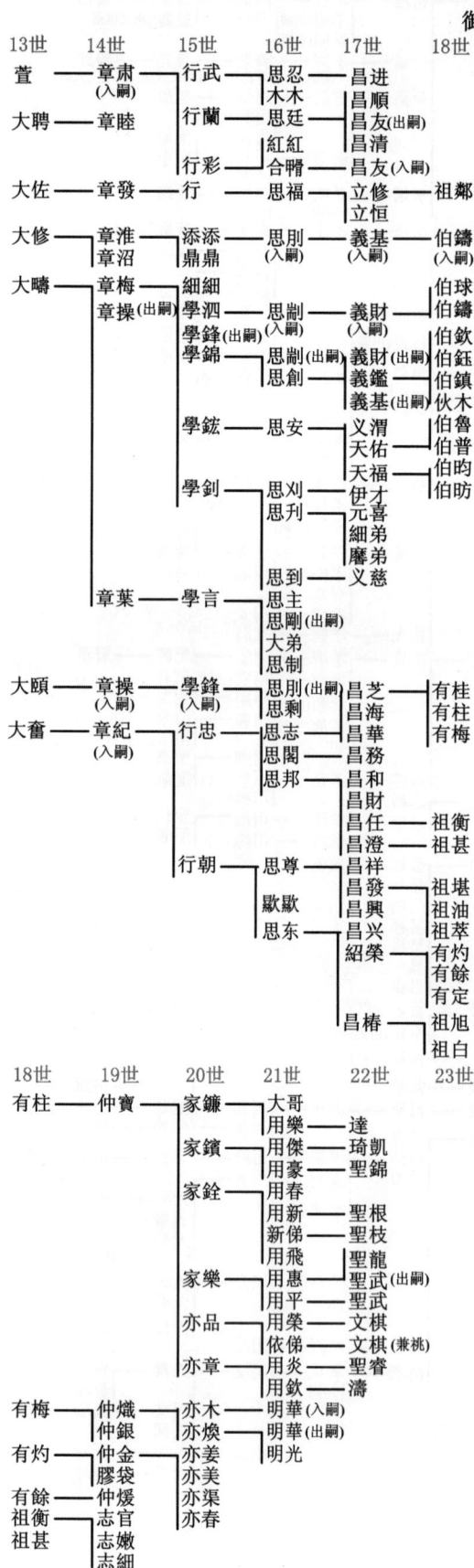

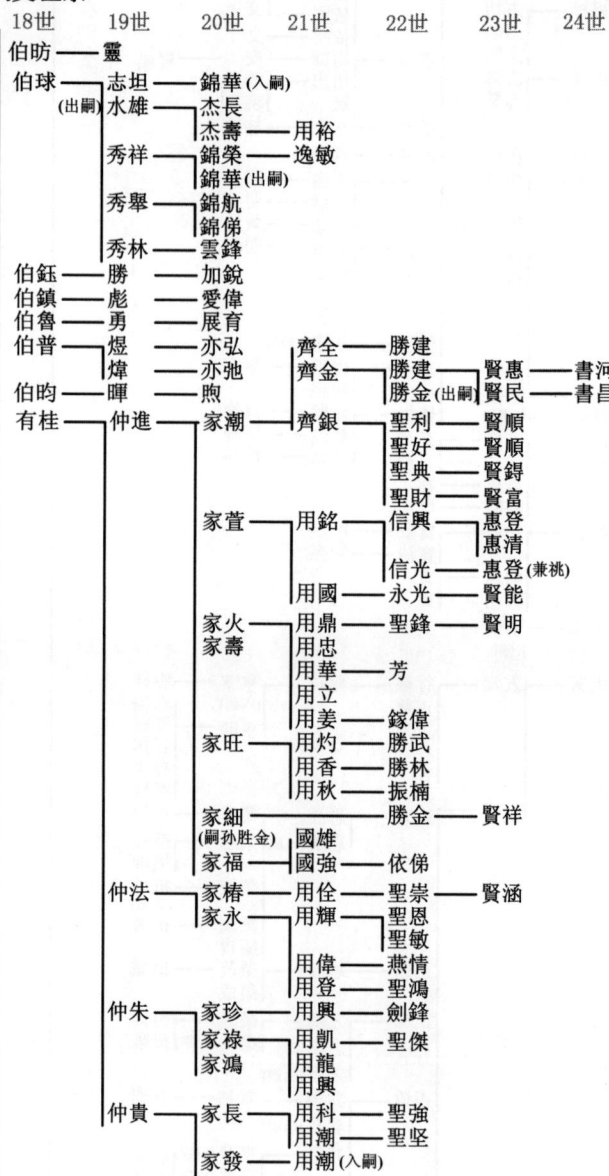

御房次支世系

左表

13世	14世	15世	16世	17世	18世
萱	章肃(入嗣)	行武	思忍 木木	昌进	
大聘	章睦	行蘭	思廷	昌顺 昌友(出嗣) 昌清	
		行彩	紅紅 合嘴	昌友(入嗣)	
大佐	章發	行	思福	立修 立恒	祖鄰
大修	章淮 章沼	添添 鼎鼎	思刖(入嗣)	義基(入嗣)	伯鑄(入嗣)
大疇	章梅 章操(出嗣)	細細 學泗 學鋒(出嗣) 學錦	思削(入嗣) 思削(出嗣) 思創	義財(入嗣) 義財(出嗣) 義鑑 義基(出嗣)	伯球 伯鑄 伯欽 伯鈺 伯鎮 伙木
		學鉉	思安	义渭 天佑 天福	伯魯 伯普 伯昀 伯昉
		學剑	思刘 思刋	伊才 元喜 細弟 廃弟	
	章葉	學言	思到 思主 思剛(出嗣) 大弟 思制	义慈	
大頤	章操(入嗣)	學鋒(入嗣)	思刖(出嗣) 思剩	昌芝 昌海 昌華 昌務	有桂 有柱 有梅
大奮	章紀(入嗣)	行忠	思志 思閣 思邦	昌和 昌財 昌任 昌澄	祖衡 祖甚
		行朝	思尊 歇歇 思东	昌祥 昌發 昌興 昌兴 紹榮	祖堪 祖油 祖莘 有灼 有餘 有定
				昌椿	祖旭 祖白

右表

18世	19世	20世	21世	22世	23世	24世
伯昉	靈					
伯球(出嗣)	志坦 水雄 秀祥 秀翠 秀林	錦華(入嗣) 杰長 杰壽 錦榮 錦華(出嗣) 錦航 錦俤 雲鋒	用裕 逸敏			
伯鈺 伯鎮 伯魯 伯普 伯昀	勝 彪 勇 煜 煒 暉	加銳 愛偉 展育 亦弘 亦弛 煦				
有桂	仲進	家潮	齊全 齊金 齊銀	勝建 勝建 勝金(出嗣) 聖利 聖好 聖典 聖財	賢惠 賢民 賢順 賢順 賢鋅 賢富	書河 書昌
		家萱	用銘	信興 信光	惠登 惠清 惠登(兼祧)	
			用國	永光	賢能	
		家火 家壽	用鼎 用忠 用華 用立	聖鋒 芳	賢明	
		家旺	用姜 用灼 用香 用秋	鎵偉 勝武 勝林 振楠		
		家細(嗣孙胜金) 家福	國雄 國強	勝金 依俤	賢祥	
	仲法	家椿 家永	用仑 用輝 用偉 用登	聖崇 聖恩 聖敏 燕情 聖鴻	賢涵	
	仲朱	家珍 家祿 家鴻	用興 用凱 用龍 用興	劍鋒 聖傑		
	仲貴	家長 家發	用科 用潮 用潮(入嗣)	聖強 聖堅		

下左表

18世	19世	20世	21世	22世	23世
有柱	仲寶	家鐮 家鎮 家銓 家樂 亦品 亦章	大哥 用樂 用傑 用豪 用春 用新 新俤 用飛 用惠 用平 用榮 依俤 用炎 用欽	達 琦凱 聖錦 聖根 聖枝 聖龍(出嗣) 聖武 文棋 文棋(兼祧) 聖睿 濤	聖武
有梅	仲熾 仲銀	亦木 亦燦	明華(入嗣) 明華(出嗣)		
有灼	仲金 膠袋	亦姜 亦美	明光		
有餘	仲煖	亦渠 亦春			
祖衡	志官				
祖甚	志嫩 志細				

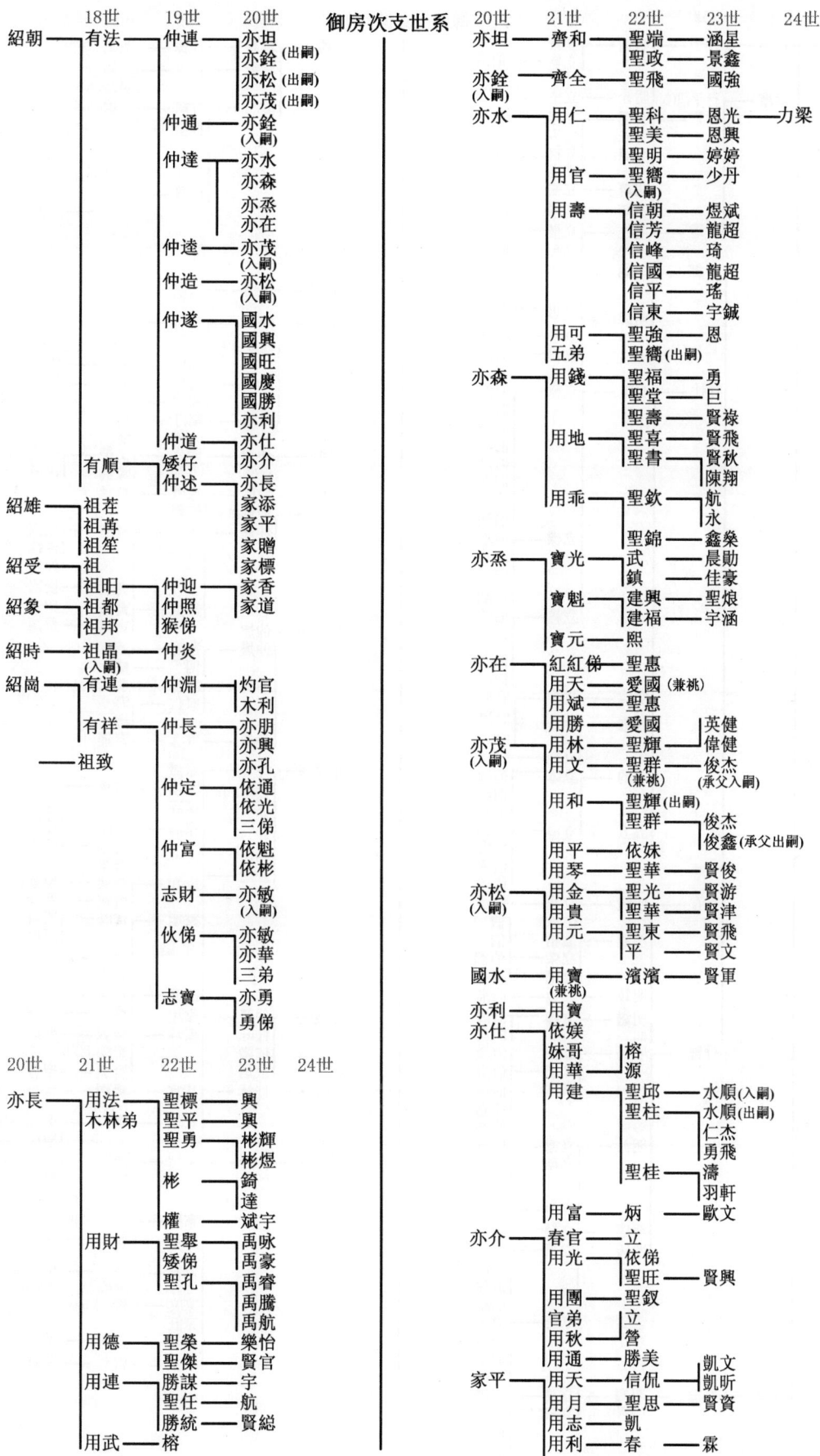

御房次支世系

（左上部）

18世	19世	20世
紹朝	有法	仲連 — 亦坦、亦銓(出嗣)、亦松(出嗣)、亦茂(出嗣)
		仲通 — 亦銓(入嗣)
		仲達 — 亦水、亦森、亦烝、亦在
		仲逮 — 亦茂(入嗣)
		仲造 — 亦松(入嗣)
		仲遂 — 國水、國興、國旺、國慶、國勝、亦利
		仲道 — 亦仕
	有順	矮仔 — 亦介
		仲述 — 亦長
		家添、家平、家贈、家標
紹雄	祖苁、祖苒、祖笙	
紹受	祖	
	祖昍 — 仲迎 — 家香、家道
紹象	祖都、祖邦	仲照、猴俤
紹時	祖晶(入嗣) — 仲炎	
紹崗	有連 — 仲淵 — 灼官、木利	
	有祥 — 仲長 — 亦朋、亦興、亦孔	
		仲定 — 依通、依光、三俤
		仲富 — 依魁、依彬
		志財 — 亦敏(入嗣)
	祖致	伙俤 — 亦敏、亦華、三弟
		志寶 — 亦勇、勇俤

（左下部）

20世	21世	22世	23世	24世
亦長	用法	聖標	興	
	木林弟	聖平	興	
		聖勇	彬輝、彬煜	
		彬	錡、達	
		權	斌宇	
	用財	聖舉	禹咏	
		矮俤	禹豪	
		聖孔	禹睿、禹騰、禹航	
	用德	聖榮	樂怡	
		聖傑	賢官	
	用連	勝謀	宇	
		聖任	航	
		勝統	賢總	
	用武	榕		

（右部）

20世	21世	22世	23世	24世
亦坦	齊和	聖端	涵星	
		聖政	景鑫	
亦銓(入嗣)	齊全	聖飛	國強	
亦水	用仁	聖科	恩光	力梁
		聖美	恩興	
		聖明	婷婷	
	用官	聖繡(入嗣)	少丹	
	用壽	信朝	煜斌	
		信芳	龍超	
		信峰	琦	
		信國	龍超	
		信平	瑤	
		信東	宇鍼	
	用可	聖強	恩	
	五弟	聖繡(出嗣)		
亦森	用錢	聖福	勇	
		聖堂	巨	
		聖壽	賢祿	
	用地	聖喜	賢飛	
		聖書	賢秋、陳翔	
	用乖	聖欽	航、永	
		聖錦	鑫燊	
亦烝	寶光	武	晨勛	
		鎮	佳豪	
	寶魁	建興	聖焜	
		建福	宇涵	
	寶元	熙		
亦在	紅紅俤	聖惠		
	用天	愛國(兼桃)		
	用斌	聖惠		
亦茂(入嗣)	用勝	愛國		
	用林	聖輝	英健、偉健	
	用文	聖群(兼桃)	俊杰(承父入嗣)	
	用和	聖輝(出嗣)		
		聖群	俊杰、俊鑫(承父出嗣)	
	用平	依妹		
	用琴	聖華	賢俊	
亦松(入嗣)	用金	聖光	賢游	
	用貫	聖華	賢津	
	用元	聖東	賢飛	
		平	賢文	
國水	用寶(兼桃)	濱濱	賢軍	
亦利	用寶			
亦仕	依媄			
	妹哥	榕源		
	用華			
	用建	聖邱	水順(入嗣)	
		聖柱	水順(出嗣)、仁杰、勇飛	
		聖桂	濤、羽軒	
	用富	炳	歐文	
亦介	春官	立		
	用光	依俤		
		聖旺	賢興	
	用團	聖釵		
	官弟	立		
	用秋	營		
	用通	勝美		
家平	用天	信侃	凱文、凱昕	
	用月	聖思	賢資	
	用志	凱		
	用利	春	霖	

459

御房次支世系

Left chart — 13世 14世 15世 16世 17世 18世

13世	14世	15世	16世	17世	18世
大高	章儀	行平	明釗	立桑 / 立榛	伯清(入嗣)
	章濱	行平(出嗣) / 行察	明銓 / 明鋸 / 明銑(出嗣) / 明鏵(出嗣) / 明錞 / 明鈁	立椿(入嗣) / 立榛(出嗣) / 立椿(出嗣) / 立材 / 立楊 / 立榆 / 立楊(入嗣)	伯浸
		行瓊	明銑(入嗣)	立楷 / 立杞	伯坦 / 伯堅
	章弨	行輝	明錦 / 明鐸(出嗣)	立標 / 立懋	伯惰 / 伯澍 / 伯澍(入嗣)
		行仕	明鎰	立杜 / 立樵 / 立祿 / 立棟 / 立樑 / 立檉	伯泾 / 伯沐 / 伯淦 / 伯汾 / 伯治 / 伯泷 / 伯洽 / 伯淋 / 伯流 / 伯泗 / 伯洛 / 依八 / 伯溪 / 伯潮 / 伯法 / 依三 / 伯添 / 伯宿
			明銳(入嗣) / 明鈿	立根 / 立根(出嗣) / 立桂	伯漳 / 伯源 / 伯游 / 伯溪
			明釣 / 五五	立本 / 立樂	伯漤 / 伯洳 / 伯洫 / 伯洳 / 伯渥 / 伯溗 / 伯咨
		行存	明鏡 / 明鏫 / 明鋑 / 明鎡 / 明	立梧(入嗣) / 立梧(出嗣) / 立榮 / 立權 / 立金 / 立權(入嗣)	伯渼 / 伯 / 伯 / 伯渑 / 伯富 / 伯淮(入嗣) / 伯浪 / 伯貴
		行梅	明鈲 / 明釪 / 明鎺 / 明鑄	立栩 / 立槙 / 富富 / 立槲 / 立楮 / 立樽 / 立樋 / 立檳 / 立桷	伯漢 / 伯淯 / 伯淳 / 仲湖 / 伯湘 / 伯潤 / 伯洋 / 伯漮 / 伯漤 / 伯洋 / 伯漆(入嗣) / 伯漆 / 伯津 / 伯津 / 伯蘭 / 伯泲 / 伯渭 / 伯涑 / 伯汸
	章衆	行海	明鐸(入嗣)	立槐 / 立植	伯濟 / 伯渚 / 伯 / 伯箕

Right chart — 13世 14世 15世 16世 17世 18世

13世	14世	15世	16世	17世	18世
大傅	章籌 / 章載 / 章照	行棟 / 行全 / 行鎮 / 行全(出嗣) / 行普	明鑽(入嗣) / 明鈞 / 明錄(入嗣) / 明鑽(出嗣) / 明釠 / 明鉰 / 明錄(出嗣) / 明銀 / 明鈐 / 明鉻	立楠 / 立桓 / 立榶(入嗣)	伯潘 / 伯渠

Right chart — 18世 19世 20世 21世 22世 23世

18世	19世	20世	21世	22世	23世
伯潘	仲燧(入嗣)	家泉			
伯清	仲興	家新	齊慶		
伯浸	仲端(入嗣)	家榮			
	仲樂	家添 / 家汀 / 家法	用軒 / 用山 / 煒	聖傑 / 聖年 / 聖翔	
	仲楠	家汀(入嗣)	航 / 聲		
伯坦	仲端(入嗣)	財平(兼桃)	文榮 / 陳雲	浩天 / 琪楓	
伯惰	仲熊	家欽	齊斌		
伯澍	仲熊(出嗣)	家釸			
	仲羆	平 / 家武	齊濤 / 齊文 / 齊波 / 齊耕	俊鑫 / 俊鋒 / 俊杭 / 俊宏 / 聖光 / 聖源	
伯沐	仲煥 / 仲煥 / 仲爐 / 仲营	家春 / 明 / 家棟 / 家仁 / 家雲	威 / 威(兼桃) / 明星 / 海 / 輝 / 齊瑾		
伯淦	仲煌 / 仲烌(出嗣) / 仲 / 仲 / 仲燈 / 仲煋	家城 / 家增 / 家陞 / 家清 / 家和	齊崧 / 齊勝 / 齊瑞 / 齊強 / 齊興 / 齊斌	聖昊 / 建龍 / 建進 / 詩琪 / 聖豪(兼桃) / 聖豪 / 聖奮 / 聖達	
		家明	齊峰 / 齊立	聖瑜	
			峰俤		
伯汾	仲榮 / 仲旺 / 依嫩 / 依焰	家亮 / 家埈 / 家坤	齊榕 / 齊杰 / 齊誠 / 齊調(出嗣)	聖威 / 聖羽 / 聖輝 / 聖健	
伯治	仲烌(入嗣)	其官 / 家墉	齊調(入嗣) / 齊淳	聖華 / 聖洪 / 聖航	賢鑄 / 煒 / 海峰
伯泷	仲燈(入嗣)	家坦 / 家堅 / 家善 / 家富 / 家文 / 家旺 / 家基 / 家玉	齊團 / 齊土 / 齊仁(出嗣) / 齊仁(兼桃) / 齊團(兼桃) / 齊土(兼桃) / 齊土(兼桃) / 齊勇 / 齊仁(入嗣)	聖春 / 聖光(出嗣) / 賢宇 / 聖光(兼桃) / 聖寶 / 聖鋒	賢濤 / 賢宇 / 賢杰 / 賢翔 / 賢康

460

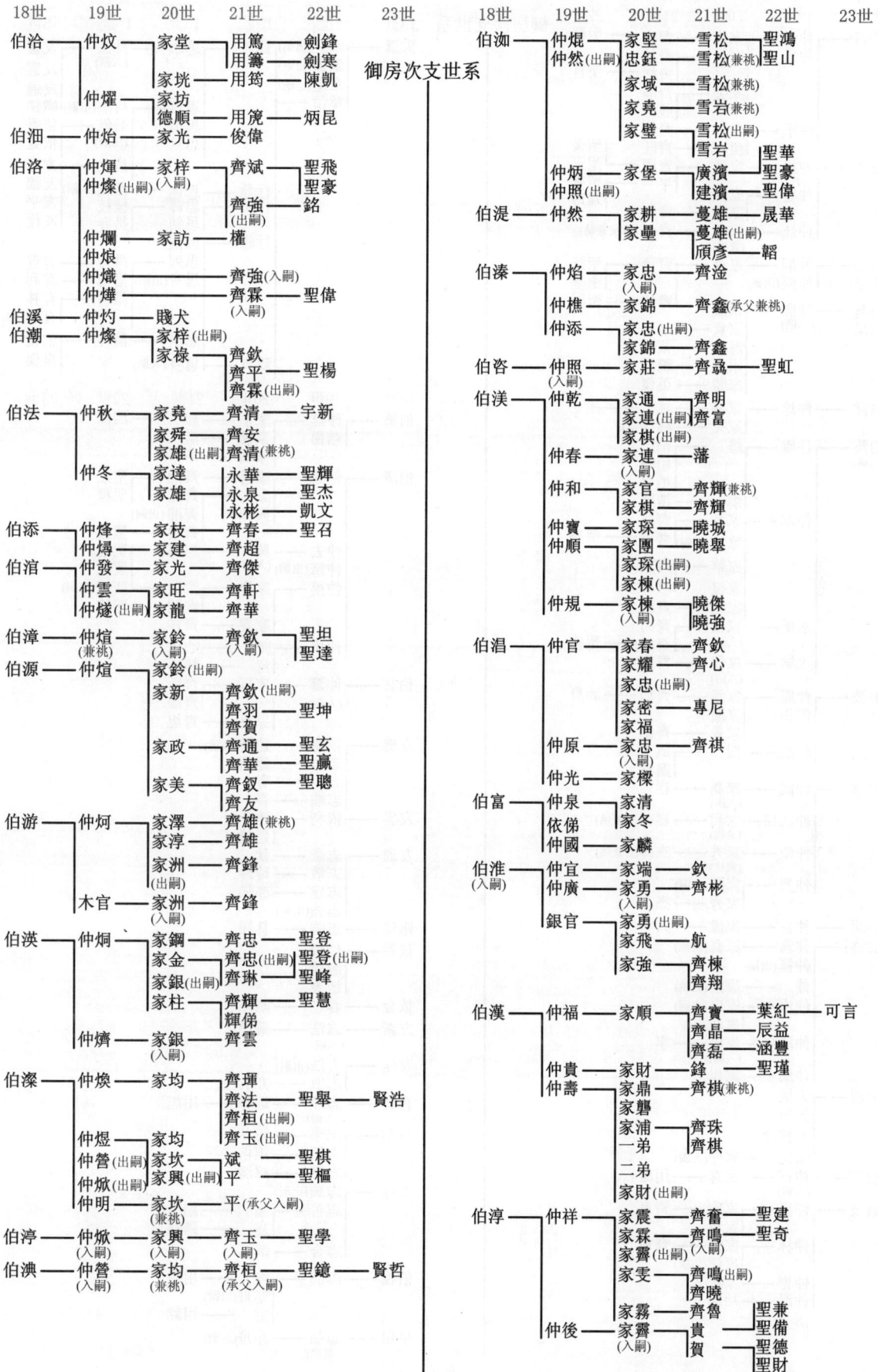

18世	19世	20世	21世	22世	23世

左半

```
伯洽 ── 仲炆 ── 家堂 ── 用篤 ── 劍鋒
                      用籌 ── 劍寒
               家垅 ── 用筠 ── 陳凱
               家坊
        仲燿 ── 德順 ── 用筧 ── 炳昆
伯洰 ── 仲焰 ── 家光 ── 俊偉
伯洛 ── 仲煇 ── 家梓 ── 齊斌 ── 聖飛
        仲燦(出嗣) (入嗣)        聖豪
                      齊強 ── 銘
                      (出嗣)
        仲爛 ── 家訪 ── 權
        仲焜
        仲熾 ──────── 齊強(入嗣)
        仲燁 ──────── 齊霖 ── 聖偉
                      (入嗣)
伯溪 ── 仲灼 ── 賤犬
伯潮 ── 仲燦 ── 家梓(出嗣)
               家祿 ── 齊欽
                      齊平 ── 聖楊
                      齊霖(出嗣)
伯法 ── 仲秋 ── 家堯 ── 齊清 ── 宇新
               家舜 ── 齊安
               家雄(出嗣) 齊清(兼桃)
        仲冬 ── 家達 ── 永華 ── 聖輝
               家雄 ── 永泉 ── 聖杰
                      永彬 ── 凱文
伯添 ── 仲烽 ── 家枝 ── 齊春 ── 聖召
        仲焯 ── 家建 ── 齊超
伯涫 ── 仲發 ── 家光 ── 齊傑
        仲雲 ── 家旺 ── 齊軒
        仲燧(出嗣) 家龍 ── 齊華
伯漳 ── 仲煊 ── 家鈴 ── 齊欽 ── 聖坦
        (兼桃)  (入嗣)  (入嗣)   聖達
伯源 ── 仲煊 ── 家鈴(出嗣)
               家新 ── 齊欽(出嗣)
                      齊羽 ── 聖坤
                      齊賀
               家政 ── 齊通 ── 聖玄
                      齊華 ── 聖贏
               家美 ── 齊釵 ── 聖聰
                      齊友
伯游 ── 仲炯 ── 家澤 ── 齊雄(兼桃)
               家淳 ── 齊雄
               家洲 ── 齊鋒
               (出嗣)
        木官 ── 家洲 ── 齊鋒
               (入嗣)
伯漢 ── 仲烔 ── 家鋼 ── 齊忠 ── 聖登
               家金 ── 齊忠(出嗣) 聖登(入嗣)
               家銀(出嗣) 齊琳 ── 聖峰
               家柱 ── 齊輝 ── 聖慧
                      輝俤
        仲㷽 ── 家銀 ── 齊雲
               (入嗣)
伯溁 ── 仲煥 ── 家均 ── 齊珥
                      齊法 ── 聖舉 ── 賢浩
                      齊桓(出嗣)
                      齊玉(出嗣)
        仲煜 ── 家均
        仲營(出嗣) 家坎 ── 斌 ── 聖棋
        仲燉(出嗣) 家興(出嗣) 平 ── 聖櫃
        仲明 ── 家坎 ── 平(承父入嗣)
               (兼桃)
伯渟 ── 仲燉 ── 家興 ── 齊玉 ── 聖學
        (入嗣)  (入嗣)  (入嗣)
伯洇 ── 仲營 ── 家均 ── 齊桓 ── 聖鑑 ── 賢哲
        (入嗣)  (兼桃)  (承父入嗣)
```

御房次支世系

18世	19世	20世	21世	22世	23世

```
伯洳 ── 仲焜 ── 家堅 ── 雪松 ── 聖鴻
        仲然(出嗣) 忠鈺 ── 雪松(兼桃) 聖山
               家域 ── 雪松(兼桃)
               家堯 ── 雪岩(兼桃)
               家璧 ── 雪松(兼桃)
                      雪岩
        仲炳 ── 家堡 ── 廣濱 ── 聖華
        仲照(出嗣)      建濱 ── 聖豪
                              聖偉
伯湜 ── 仲然 ── 家耕 ── 蔓雄 ── 晟華
               家壨 ── 蔓雄(出嗣)
                      順彥 ── 韜
伯溙 ── 仲焰 ── 家忠 ── 齊淦
        (入嗣)
        仲樵 ── 家錦 ── 齊鑫(承父兼桃)
        仲添 ── 家忠(出嗣)
               家錦 ── 齊鑫
伯咨 ── 仲照 ── 家莊 ── 齊晁 ── 聖虹
        (入嗣)
伯渼 ── 仲乾 ── 家通 ── 齊明
               家連(出嗣) 齊富
               家棋(出嗣)
        仲春 ── 家連 ── 藩
               (入嗣)
        仲和 ── 家官 ── 齊輝(兼桃)
               家棋 ── 齊輝
        仲寶 ── 家琛 ── 曉城
        仲順 ── 家團 ── 曉翠
               家琛(出嗣)
               家棟(出嗣)
        仲規 ── 家棟 ── 曉傑
                      曉強
伯淐 ── 仲官 ── 家春 ── 齊欽
               家耀 ── 齊心
               家忠(出嗣)
               家密 ── 專尼
               家福
        仲原 ── 家忠 ── 齊祺
               (入嗣)
        仲光 ── 家樑
伯富 ── 仲泉 ── 家清
        依俤 ── 家冬
        仲國 ── 家麟
伯淮 ── 仲宜 ── 家端 ── 欽
(入嗣)  仲廣 ── 家勇 ── 齊彬
               (入嗣)
        銀官 ── 家勇(出嗣)
               家飛 ── 航
               家強 ── 齊棟
                      齊翔
伯漢 ── 仲福 ── 家順 ── 齊寶 ── 葉紅 ── 可言
                      齊晶 ── 辰益
                      齊磊 ── 涵豐
        仲貴 ── 家財 ── 鋒 ── 聖瑾
        仲壽 ── 家鼎 ── 齊棋(兼桃)
               家豔
               家浦 ── 齊珠
               一弟    齊棋
               二弟
               家財(出嗣)
伯淳 ── 仲祥 ── 家震 ── 齊奮 ── 聖建
               家霖 ── 齊鳴 ── 聖奇
               家壽(出嗣) (入嗣)
               家雯 ── 齊鳴(出嗣)
                      齊曉
                      齊魯 ── 聖兼
        仲後 ── 家霧          聖備
        (入嗣)  家醽 ── 貴 ── 聖德
                      賀 ── 聖財
```

御房次支世系

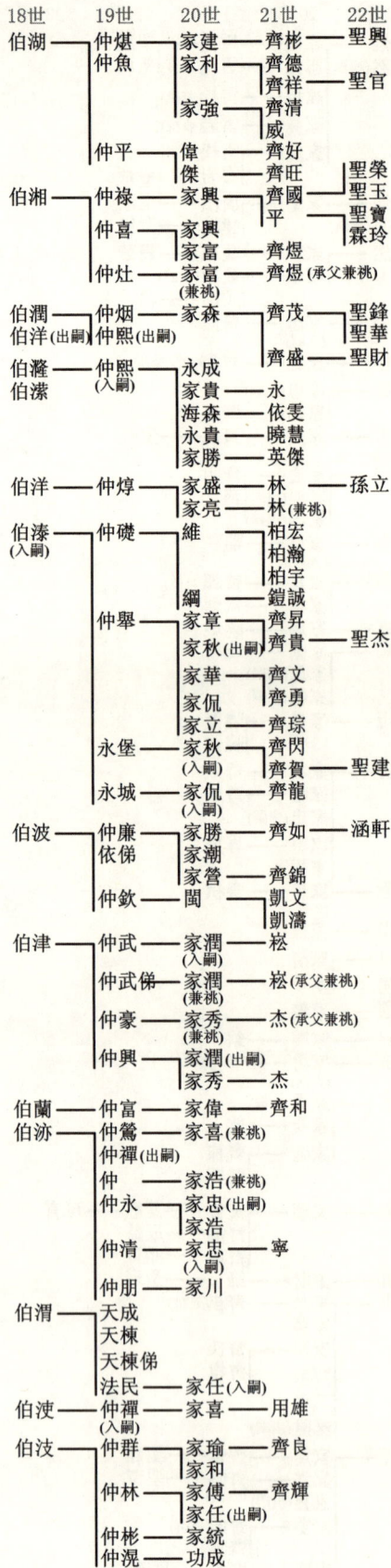

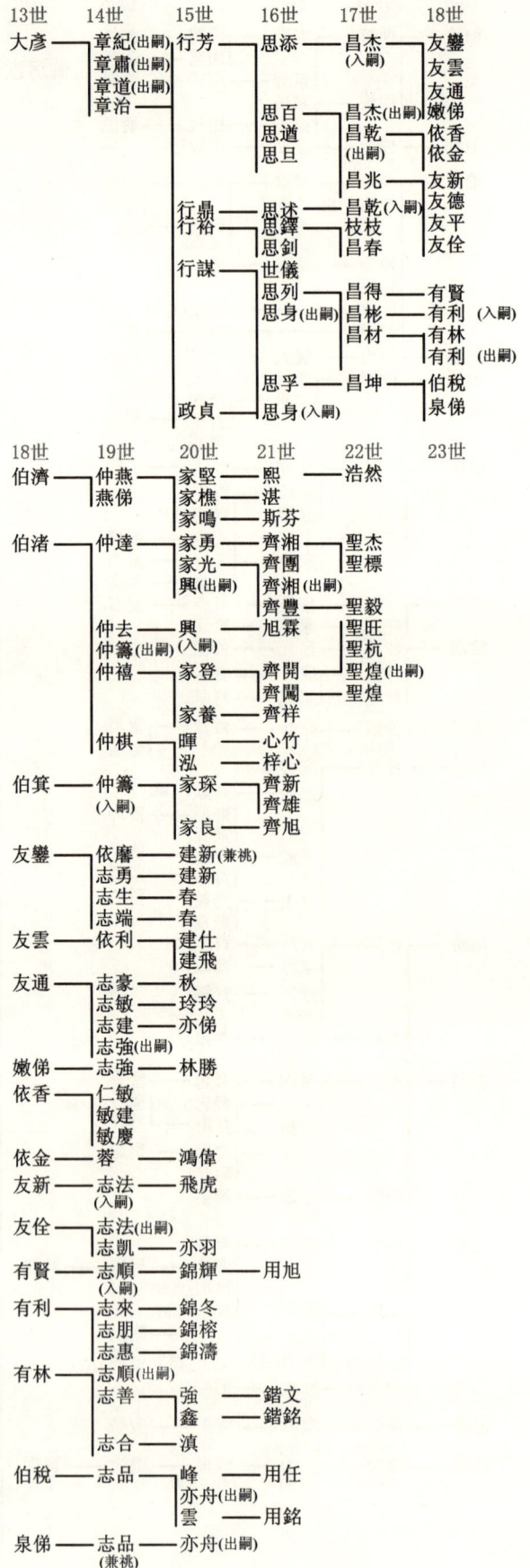

左表

18世	19世	20世	21世	22世
伯湖	仲煁	家建	齊彬	聖興
	仲魚	家利	齊德	
			齊祥	聖官
		家強	齊清	
			威	
	仲平	偉	齊好	
		傑	齊旺	
伯湘	仲祿	家興	齊國	聖榮
			平	聖玉
				聖寶
				霖玲
	仲喜	家興		
		家富	齊煜	
	仲灶	家富(兼桃)	齊煜(承父兼桃)	
伯潤(出嗣)	仲烟	家森	齊茂	聖鋒
伯洋	仲熙(出嗣)			聖華
伯濚	仲熙(入嗣)		齊盛	聖財
伯漾		永成		
		家貴	永	
		海森	依雯	
		永貴	曉慧	
		家勝	英傑	
伯洋	仲焯	家盛	林	
		家亮	林(兼桃)	孫立
伯漆(入嗣)	仲磴	維	柏宏	
			柏瀚	
			柏宇	
		綱	鎧誠	
	仲翠	家章	齊昇	
		家秋(出嗣)	齊貴	聖杰
		家華	齊文	
		家侃	齊勇	
		家立	齊琮	
	永堡	家秋(入嗣)	齊閃	
			齊賀	聖建
	永城	家侃(入嗣)	齊龍	
伯波	仲廉	家勝	齊如	涵軒
	依俤	家潮		
		家營	齊錦	
	仲欽	閏	凱文	
			凱濤	
伯津	仲武	家潤(入嗣)	崧	
	仲武俤	家潤(兼桃)	崧(承父兼桃)	
	仲豪	家秀(兼桃)	杰(承父兼桃)	
	仲興	家潤(出嗣)		
		家秀	杰	
伯蘭	仲富	家偉	齊和	
伯沴	仲鴌	家喜(兼桃)		
	仲禪(出嗣)			
	仲	家浩(兼桃)		
	仲永	家忠(出嗣)		
		家浩		
	仲清	家忠(入嗣)	寧	
	仲朋	家川		
伯渭	天成			
	天棟			
	天棟俤			
	法民	家任(入嗣)		
伯浹	仲禪(入嗣)	家喜	用雄	
伯沷	仲群	家瑜	齊良	
		家和		
	仲林	家傳	齊輝	
		家任(出嗣)		
	仲彬	家統		
	仲滉	功成		

右表（上）

13世	14世	15世	16世	17世	18世
大彥	章紀(出嗣)				
	章蕭(出嗣)				
	章道(出嗣)				
	章治	行芳	思添	昌杰(入嗣)	友鑾
					友雲
					友通
					嫩俤
			思百	昌杰(出嗣)	
			思道	昌乾(出嗣)	依香
			思旦		依金
				昌兆	友新
				昌乾(入嗣)	友德
		行鼎	思述		友平
		行裕	思鐸	枝枝	友佺
			思劍	昌春	
		行謀	世儀		
			思列	昌得	有賢
			思身(出嗣)	昌彬	有利 (入嗣)
				昌材	有林
					有利 (出嗣)
		政貞	思孚	昌坤	伯稅
			思身(入嗣)		泉俤

右表（下）

18世	19世	20世	21世	22世	23世
伯濟	仲燕	家堅	熙	浩然	
	燕俤	家樵	湛		
		家鳴	斯芬		
伯渚	仲達	家勇	齊湘	聖杰	
		家光	齊團	聖標	
		興(出嗣)	齊湘		
			齊豐	聖毅	
	仲去	興(入嗣)	旭霖	聖旺	
	仲籌(出嗣)			聖杭	
	仲禧	家登	齊開	聖煌(出嗣)	
			齊闔	聖煌	
		家養	齊祥		
	仲棋	暉	心竹		
		泓	梓心		
伯箕	仲籌(入嗣)	家琛	齊新		
			齊雄		
		家良	齊旭		
友鑾	依麼	建新(兼桃)			
	志勇	建新			
	志生	春			
	志端	春			
友雲	依利	建仕			
		建飛			
友通	志豪	秋			
	志敏	玲玲			
	志建	亦俤			
	志強(出嗣)				
嫩俤	志強	林勝			
依香	仁敏				
	敏建				
	敏慶				
依金	蓉	鴻偉			
友新	志法(入嗣)	飛虎			
友佺	志法(出嗣)				
	志凱	亦羽			
有賢	志順(入嗣)	錦輝	用旭		
有利	志來	錦冬			
	志朋	錦榕			
	志惠	錦濤			
有林	志順(出嗣)				
	志善	強	錯文		
		鑫	錯銘		
	志合	滇			
伯稅	志品	峰	用任		
		亦舟(出嗣)			
		雲	用銘		
泉俤	志品(兼桃)	亦舟(出嗣)			

御房次支世系

世代栏：13世　14世　15世　16世　17世　18世

```
大善 —— 章千 ┬ 行俊 —— 益益
            │ 行好
            │ 五五
            └ 行在 —— 明鋗(入嗣)

大敏 ┬ 章揚 —— 行谷 ┬ 明鋕 ┬ 立桐 —— 伯澄(入嗣)
     │              │       ├ 立株 ─┬ 伯澄
     │              │       ├ 立寿 │ 伯泗
     │              │       ├ 立桔(出嗣) ├ 伯泙
     │              │       └ 立全 ├ 伯沛
     │              │              ├ 伯沚
     │              │              ├ 伯慶
     │              │              └ 伯華
     │              └ 明釵(出嗣)
     │
     ├ 章知(出嗣)
     │
     ├ 章旺 ┬ 行宙 ┬ 明錔 ── 立桔(入嗣) ── 伯泙(入嗣)
     │      │      │ 明鑑(出嗣)
     │      │      ├ 明錡 ┬ 立枝
     │      │      ├ 明錔 ├ 立梅
     │      │      ├ 明鈇 ├ 立松
     │      │      └ 明鎧 ├ 立欄
     │      │             ├ 立槲
     │      │             └ 立榴
     │      └ 行爾(出嗣)
     │
     └ 章誘 ┬ 行汀 ┬ 明鉦 ┬ 立栲 ── 伯通
            │      │      ├ 立桃 ── 伯汸
            │      │      └ 立細 ── 伯沁
            │      │                 伯共
            │      └ 明鎍 ┬ 立葉
            │             ├ 立桐 ┬ 伯賽
            │             │      ├ 伯威
            │             │      └ 和昌
            │             ├ 立柲 ── 伯沁(入嗣)
            │             └ 立柿 ── 伯奮
            └ 才

大亶 ┬ 章勤 —— 光潤
     └ 犬精 —— 光淋 —— 明釵(入嗣) —— 立柱 ┬ 伯火
                                           └ 伯淶

大揖 ┬ 章智 —— 光發 —— 明鋒 ┬ 弟弟
     │                       ├ 立樞 ┬ 伯滿
     │                       │      ├ 伯溥
     │                       │      ├ 伯滔
     │                       │      ├ 伯汶
     │                       │      └ 伯汀
     │                       ├ 立元(出嗣)
     │                       └ 立開 —— 伯潯
     └ 章養 ┬ 光裔
            ├ 光福
            ├ 光禄
            ├ 四四
            ├ 光寶
            └ 六六

大既 ┬ 章都 ┬ 行濟
     │      └ 君子
     ├ 章音 —— 行拱(入嗣)
     ├ 章速
     └ 章快

大格 ┬ 章衢 ┬ 海海 —— 明鍘(入嗣) —— 立元(入嗣) ┬ 伯泩
     │      │                                   ├ 伯泫
     │      │                                   └ 伯汀
     │      ├ 行建 —— 明鍘(出嗣)
     │      │        明銖
     │      └ 行奎(出嗣)
     └ 章宦 —— 行奎(入嗣) ┬ 抨免
                          ├ 推推
                          └ 明銀
```

世代栏：18世　19世　20世　21世　22世

```
伯澄(入嗣) ┬ 仲利 ┬ 慶娥
          │      ├ 傅斌 —— 鍇漢
          │      ├ 傅壽(出嗣)
          │      └ 壽俤
          └ 仲合

伯泗 —— 仲利 —— 傅壽(随父入嗣) —— 小傑

伯泙 —— 仲輝 —— 明熖 —— 傅

伯汸 —— 仲慶 ┬ 家明 ┬ 齊添
            │      └ 靈
            ├ 家豐
            └ 家航(出嗣)

伯共 —— 仲慶(兼桃) —— 家航(入嗣) ┬ 齊凡
                                └ 齊健

伯賽 ┬ 志忠 ┬ 家文 —— 浩航
     │      ├ 家武 —— 齊恒
     │      └ 家強(出嗣)
     ├ 志光(出嗣)
     └ 志順 —— 家強(入嗣) —— 齊銘

伯威 —— 志光(入嗣) —— 家偉

伯沁 —— 仲國 —— 家棟

伯火 —— 仲春 ┬ 劍暉 —— 齊豪
            └ 劍習(出嗣)

伯淶 ┬ 仲春(出嗣)
     └ 依俤 —— 劍習

伯滿 ┬ 仲炳 —— 必天(兼桃) —— 建鋒(承父兼桃)
     └ 仲貴 —— 必天 —— 建鋒

伯溥 —— 仲註 ┬ 德祥 —— 用富
            ├ 德法 —— 詩琦
            └ 德勇 —— 詩婷

伯滔 —— 仲衢 ┬ 亦慶 —— 用東 ┬ 聖騰
            │              └ 聖清
            ├ 亦振 ┬ 用東(出嗣)
            │      └ 用榮 —— 聖鵬
            ├ 亦琛 —— 用楨
            └ 亦助 —— 鶯

伯汶 —— 仲烈 —— 必天(兼桃) —— 建鋒
伯汀

伯潯 ┬ 仲爵 —— 諸建(入嗣) —— 曉潤
     └ 仲瞻 —— 諸建(出嗣)

伯泩 —— 仲培 ┬ 依坤 —— 用文
            └ 依思 —— 浩

伯泫 ┬ 仲和 ┬ 家寶
     │      ├ 寶貴 —— 勇
     │      ├ 家勝 ┬ 敏君
     │      │      └ 敏杰
     │      └ 家龍 —— 京
     ├ 嫩仔 —— 明忠(入嗣) —— 霖
     ├ 仲圍 —— 明忠(出嗣)
     └ 仲貴 ┬ 曉明 —— 靜平
            └ 釗 —— 錦城

伯汀 —— 仲書 ┬ 德如 —— 強 —— 聖智
            ├ 愛國 ┬ 東錦
            │      └ 東偉
            └ 愛明 ┬ 用錦
                   └ 成杭
```

御房次支世系

13世	14世	15世	16世	17世	18世

左支

- 大為 — 章知 — 行約 — 明鈷 — 立模 — 伯河
  - 立杞 — 伯江(出嗣)
  - 立梓 — 伯海(出嗣)
  - 立柯 — 伯江(入嗣) / 仲焅
  - 明錠(入嗣) — 立梓 — 伯潤
- 行耀 — 明鍾 — 立棣(入嗣) — 伯灘
  - 明鋪 — 立棣 — 伯滉 / 伯汜
    - 立杴 — 伯武
    - 立槭 — 伯溢 / 伯淑
    - 立橡 — 伯泳 / 伯銓 / 伯信
    - 立栭 — 伯浦 / 伯达 / 伯茂 / 伯舉 / 伯涵 / 伯儀
    - 立棋 — 伯湛 / 伯鴻 / 伯沌
  - 明鑰 — 立橳 — 伯汜
  - 明鍬 — 立校
  - 明鋯(出嗣) — 立栄 — 伯淑
- 行朋 — 明鎮 — 立棋 — 伯洼
  - 明鍠
- 行業 — 明鐠 — 立梛 — 伯浡
  - 明鉾 — 立森 — 伯浡(出嗣)
    - 立榮(出嗣) — 伯湧
    - 立德 — 伯潜
  - 明鋸 — 立榮(入嗣)

- 大叨 — 章通 — 行可 — 思隽 — 紹家 — 有柏 / 有株
  - 紹宅(出嗣) — 有根 / 有基 / 有林
  - 紹宇 — 有江 / 有海 / 有火 / 有歇
  - 思業 — 紹岸 — 有玉 / 有珠 / 有珍
    - 紹源 — 有福 / 有官
    - 紹第 — 有褈
    - 紹桐 — 有時
    - 紹庚 — 有泰
    - 紹蛟 — 有木
  - 世模 — 紹隆 — 有正 / 有壽 / 有同 / 有天
  - 思準 — 紹丙 — 有瑞 / 有才 / 有金
  - 思巨 — 紹宅(入嗣) — 有後 / 有恭 / 有敬
- 大思 — 章寶 / 廷春 / 嫩

- 大長 — 香 — 行爾(入嗣) — 明鑑(入嗣)
- 大獲 — 章信 — 光朗 — 教(出嗣) — 紹田(入嗣)
  - 明明(出嗣) / 教 / 光禎 / 四四

18世	19世	20世	21世	22世

右支

- 伯达 — 仲富 — 家宇 — 鎧濛 / 鎧樂
  - 家航 — 杰倫
- 伯茂 — 仲寶 — 家傑 — 齊暉
  - 仲容(出嗣)
  - 仲建 — 家陽 / 家勤
- 伯舉 — 董弟 — 家焥(兼祧)
  - 仲文 — 家焥
  - 仲欽 — 家安 / 家泉
  - 衛東 — 家煌
- 伯涵 — 仲衛 — 家惠 — 齊旺
  - 仲振 — 家煊 — 齊鑫
    - 家艷 — 齊瀚
  - 仲榮 — 家波 — 齊浩
  - 仲義 — 家韶 — 齊燿
- 伯儀 — 仲容 — 家賽 — 齊如 / 齊銘
- 伯湛 — 榮仲
  - 仲堅 — 婷杰
  - 仲華 — 家源
  - 仲德 — 家潤
- 伯鴻 — 仲斌 — 承志 / 承杰
  - 仲濤 — 承乾
- 伯河 — 仲炌(入嗣) — 家興 — 齊欽 — 聖斌 — 賢盛
  - 家賽(出嗣) — 齊平 — 聖瑜 — 賢鑫
- 伯江 — 仲炌(出嗣) — 齊和 — 聖城
- 伯沌 — 鳳英 — 齊彪 — 美奇
  - 家利 — 齊斌
- 仲焅 — 家寶(入嗣) — 齊榮 — 聖富
- 伯潤 — 仲信 — 家城 — 斌
  - 家玉 — 勛 — 明輝
  - 家凱 — 禹
  - 凱俤 — 齊金 — 盛輝
  - 家宜 — 強
- 伯灘 — 仲鈿 — 家強 — 星
  - 弟弟 — 家強(兼祧) — 星(承父兼祧)
- 伯汜 — 仲琛 — 家敏 — 齊友
  - 仲玉 — 家勇 — 齊權
    - 家富 — 齊樂
    - 家榮 — 齊達
    - 家貴 — 齊棋 / 齊祥
  - 仲瑤 — 家昇(入嗣) — 齊威
  - 仲增 — 家靈 — 潔
    - 家昇(出嗣)
  - 仲倫 — 家永 — 齊興
    - 家英 — 齊旺
- 伯淑 — 仲柃 — 家文(兼祧)
  - 仲友 — 家文 — 齊昌
  - 仲孝 — 家和
  - 仲嬌 — 竹 — 國輝
  - 仲炬 — 川清
- 伯洼 — 仲桂 — 家田 — 齊興(兼祧)
  - 家庚
  - 家國 — 齊興 — 聖軍
  - 家團
- 伯潜 — 珠英 — 林松(兼祧) — 林燕
- 伯滉 — 仲琇 — 家銀(入嗣) — 瑋銘 / 齊國城
- 伯汜(出嗣) — 仲光 — 家清 — 晶城
  - 仲鏗 — 家劍 / 家印
    - 家銀(出嗣)
    - 家清 — 齊明
    - 家棋 — 齊星

御房次支世系

左表（18世—23世）

18世	19世	20世	21世	22世	23世
伯武	建華	偉			
	建成	庚			
	平俤	庚			
伯溢	仲炯	家學	文鵬	聖雄	
		家城	文鵬(兼桃)		
	仲禮	勇	亨行		
	仲銳	新	文德		
		家躍(出嗣)			
	仲銑	家躍(入嗣)	文涵		
伯泳	仲設	家偉			
	仲伙				
	仲清				
	仲昆				
伯銓	建生	春暖(入嗣)	稷昀		
	仲錦	春暖(出嗣)			
	仲豪	春松			
	仲標	榆			
	仲健	家佑			
		家偉			
伯信	仲豪	家錚	齊麟		
		家洛			
伯浦	仲財	家豪	齊林		
	仲富(出嗣)	家飛			
有柏	志雨(入嗣)	家興(入嗣)	用波	聖釵	俊杰
			水興(承父出嗣)		林杰
有株	志雨(出嗣)				
	志木	家興(出嗣)			
	三三	家竹	用波(兼桃)	水興(承父入嗣)	賢杰
	志賢(出嗣)				
有根	志賢(入嗣)	亦榮			
有基	志長	亦佃	用雄		
			策武(入嗣)		
有林	志長(兼桃)	亦平	用飛	聖豪	
			用華	聖清	
		亦春	策武	聖捷	
有江	志任	亦助	紅波	聖文	
有海	依鈿	亦光			
有玉	志佑(入嗣)	亦仁(入嗣)	麗明	聖隆	
			明俤(出嗣)		
有珠	志佑(出嗣)				
	志銀	亦仁(出嗣)			
		仁俤	明俤(入嗣)		
	志在(出嗣)	亦唐	陽華		
	志灼				
有珍	志在(入嗣)	亦慶			
		亦月	明俤(兼桃)		
有時	仲協	依釵	用文	聖格	
			錦生	聖亮	
	仲烆	易飛	用雄		
			用航		
		易斌	建華		
	志健	春平	毅		
		平俤			
		春福	宇暉		
有木	仲堅	易忠	三妹	鑫載	
有正	仲槐(兼桃)	明官(承父入嗣)		小如	
		明芳		梁超	
		明官(出嗣)		必寶	
有天	仲槐	明德			
有瑞	仲根	亦國	恩明	月蘭	
			恩雲(出嗣)	亞三	
	志梅				
	志柞				
	志松	亦國(兼桃)	恩枝(入嗣)	聖輝	

右上表（18世—23世）

18世	19世	20世	21世	22世	23世
有才	仲桔	法鎮	文魁	聖祺	
		興明	鍾	聖濤	
		法枝(入嗣)	輝	聖裕	
		法成	輝(出嗣)		
			超		
		法清	用璋		
有金	仲桃	勝昌	梅芳		
	仲李	蓬弟	用秋(入嗣)		
		順興	用秋(出嗣)		
	三弟	順興(兼桃)	用忠		
有後	仲逞	家乾	用官	信東	煒鋒
			用禮	聖	
				聖彬	賢潮
				聖文	
				聖	
			用堅	聖秋	
				聖	
			用程	信南	
			用貴	信威	
				信力	
			用富	佳佳	

右下表（13世—18世）

13世	14世	15世	16世	17世	18世
能祿	明明(入嗣)	教教(入嗣)	思璧(入嗣)	紹田(出嗣)	伯筐
					伯溁
大光	章寶			紹園	伯鴻
大信	章家	天細			伯永
大國	章義	行寬	思佃(入嗣)	紹拱	運瑞
	章社	行事	思佃(出嗣)	紹照(出嗣)	運瑞
	章朝(出嗣)		思合	紹照(入嗣)	
	祥元		思禮	景昌(入嗣)	運春
祈尊	章朝(入嗣)		思尚		
			思黨	景昌(出嗣)	
				景昱	運春
大洪	祥玉			景時	運順
大影	章得	行辛	思善		
	章緒		思牧		
			思切		
			思牝		
		行坐	思舉	景福	運標
		行印			運
大明	章衛	行艸	思日		大妹
		行多			大禮
		行一	思利	景登(入嗣)	運祐
			思興	景登(出嗣)	運祿
					運壽
				景	
				景隆	運祐
				景潮(出嗣)	
				景河	
				景清	運喜
				景煌	
			思順	景高	運將(出嗣)
			思八		運標(出嗣)
					運泉(出嗣)
				景城	運泉(入嗣)
	章待	行套	思名		
			思置	景城(入嗣)	
		行奠	思武		
	章繡	行奮	思風		
			思政		
			思年	景潮(入嗣)	運羥
			開		運派
		行耆	思直		運祥
			毛手		

左半部

18世	19世	20世	21世	22世
伯筐	仲善(兼祧)	家庚(承父入嗣)	齊楚 / 齊洲	
伯溁	仲善	家庚(承父出嗣) / 明	念一 / 念二	
	仲養	家農	潔瑩	
	仲羔(出嗣)	家團 / 家慶	仕傑 / 齊杭	
伯鴻	仲義	家惠(兼祧)	齊樑(承父兼祧)	
	仲羔(入嗣)	家惠	齊樑	
伯永	仲美	家開	齊英 / 齊良	聖進 / 聖奇 / 聖明
		家武(出嗣)		
		家利	齊明 / 偉	
		家祿	齊祿	
		家鋒	錦	
		家福		
	仲姜	家武(入嗣)	大弟 / 齊雄 / 齊新	
運瑞	仁福	春福(兼祧)	永雄(入嗣)	繼源
	仁厚			
	仁盛	春福	永雄(出嗣) / 永生 / 永清(出嗣)	繼民
	仁城	春福(兼祧)	永清	繼文
運瑞(出嗣)				
運瑞	仁官	建華	禮濤(兼祧)	
	玉官	建華	禮濤	聖軍
運春	仲閣	家明	冰輝	
		家清	敏強	
		家俊(出嗣)		
		家祥	敏海	
		家旺	奇偉	
	法姆	家俊(入嗣)	彬榮	
	金通	家樂	浩彬 / 杰(出嗣)	
		家宇	杰(入嗣)	
		家建		
運順	金淦	家耀	齊光 / 齊明	
		家新	齊發	
運標(入嗣)	伙團	家庚	齊豪	
		家文	齊燁	
		家武	齊傑	
		家金	齊湧 / 齊傑(出嗣)	
	志和	家鋒	齊勤	
運壽	仲愛			
運浩(入嗣)	仲惠	家典	理	聖緯
	運桴	仁康		
	運標(出嗣)	仁寧		
運喜	運泉	仁永		
運泉	紅妹	仁年		
	仲存	家敏	晨 / 旭	恒發 / 艾倫 / 柏葉 / 柏偉 / 俊杰
	依俤			
運拵	仁康	家魁	勇	
	会宁	家平	善政 / 恒政 / 星政	
	会永			
	会年			
運派	仲鴨	周文 / 周武 / 周光 / 周鈿	人清(兼祧) / 人清 / 人輝	
運祥				

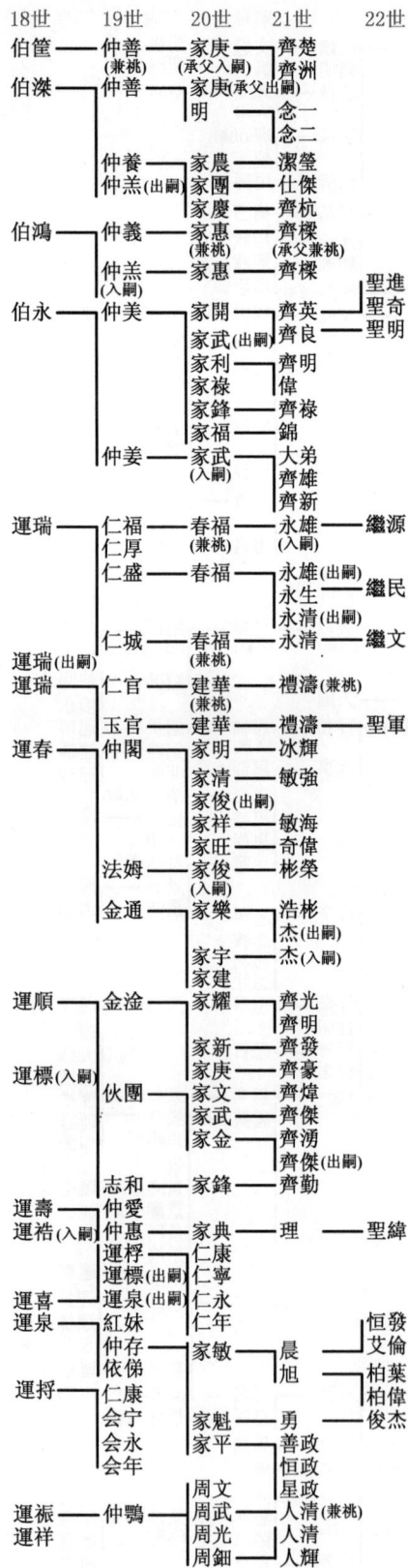

御房次支世系

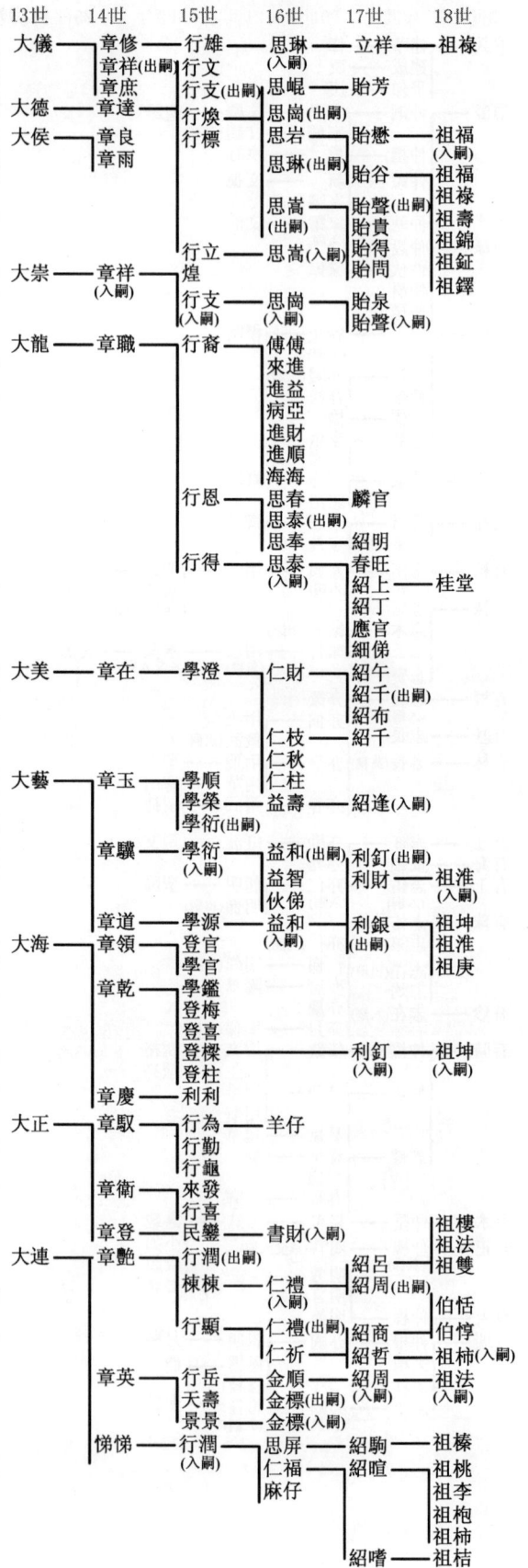

13世	14世	15世	16世	17世	18世
大儀	章修	行雄	思琳(入嗣)	立祥	祖祿
	章祥(出嗣)	行文			
	章庶	行支(出嗣)	思崐	貽芳	
大德	章達	行煥	思崗(出嗣)		
大侯	章良	行標	思岩	貽戀	祖福
	章雨		思琳(出嗣)	貽谷	祖福 / 祖祿 / 祖壽 / 祖錦 / 祖鉦 / 祖鐸
			思嵩(出嗣)	貽聲 / 貽貴 / 貽得 / 貽問	
大崇	章祥(入嗣)	行立煌	思嵩(入嗣)		
		行支(入嗣)	思崗(入嗣)	貽泉 / 貽聲(入嗣)	
大龍	章職	行裔	傅傳 / 來進 / 進益 / 病亞 / 進財 / 進順 / 海海		
		行恩	思春 / 思泰(出嗣)	麟官	
		行得	思奉	紹明	
			思泰(入嗣)	春旺 / 紹上 / 紹丁 / 應官 / 細俤	桂堂
大美	章在	學澄	仁財	紹午(出嗣) / 紹千 / 紹布	
			仁枝	紹千	
			仁秋		
			仁柱		
大藝	章玉	學順 / 學榮	益壽	紹逢(入嗣)	
		學衍(出嗣)			
	章驥	學衍(入嗣)	益和(出嗣)	利釘(出嗣)	
			益智	利財	祖淮(入嗣)
			伙俤		
	章道	學源	益和(入嗣)	利銀(出嗣)	祖坤 / 祖淮 / 祖庚
大海	章領	登官 / 學官			
	章乾	學鑑 / 登梅 / 登喜 / 登樑 / 登柱		利釘(入嗣)	祖坤(入嗣)
	章慶	利利			
大正	章取	行為	羊仔		
		行勤			
		行颭			
	章衛	來發 / 行喜			
	章登	民鸞	書財(入嗣)		
大連	章艷	行潤(出嗣)			祖樓 / 祖法 / 祖雙
		棟棟	仁禮(入嗣)	紹呂 / 紹周(出嗣)	伯恬 / 伯惇
		行顯	仁禮(出嗣)	紹商	
			仁祈	紹哲	祖柿(入嗣)
	章英	行岳	金順	紹周(入嗣)	祖法 / 祖法(入嗣)
		天壽	金標(出嗣)		
		景景	金標(入嗣)		
	俤俤	行潤(入嗣)	思屏	紹駒	祖榛
			仁福	紹暄	祖桃 / 祖李 / 祖枹 / 祖柿 / 祖桔
			麻仔		
				紹嗜	祖桔

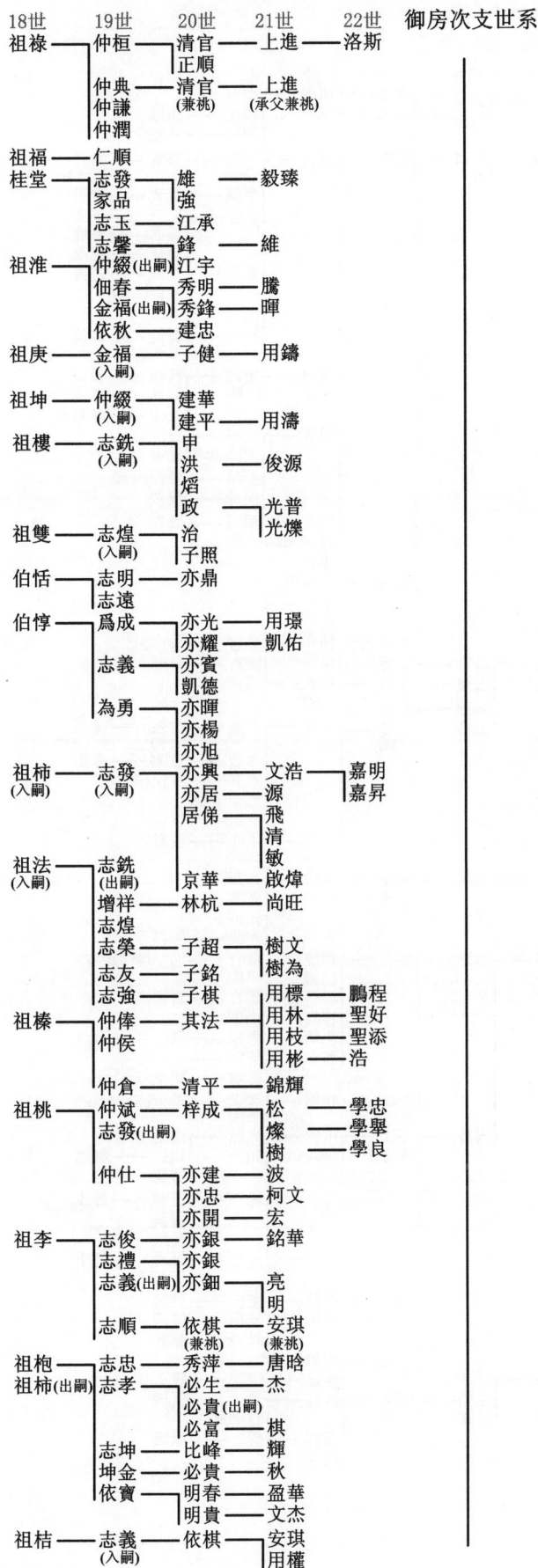

御房次支世系

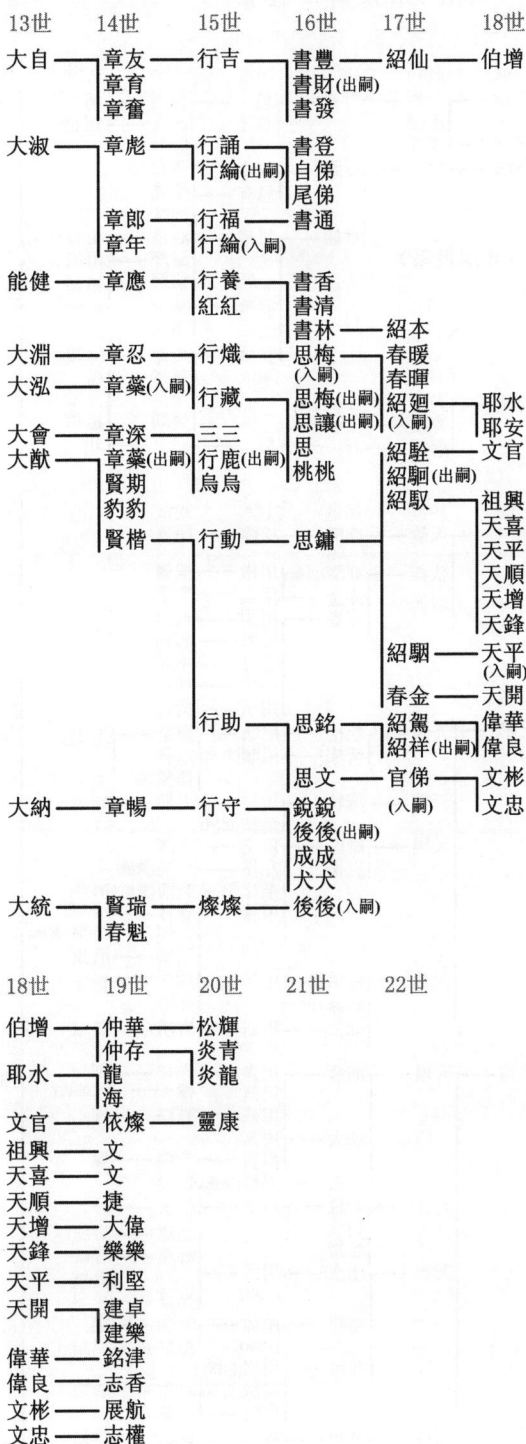

467

（五）乐房后湾世系

13世	14世	15世	16世	17世	18世
至健	鼎授 萧授	行嘉	思 思才	绍遵 绍美	祖 祖楠
至從	國授				
至衡	章光	行卿	奴才 思有 細妹	榮春 榮泰 榮鳳	
（乐房世系）		行極	思理	绍華 绍慶 绍康	祖長(入嗣) 祖清 祖長 祖廣
			兆隣	榮得 榮全	
			兆俊	榮梅 榮耀 榮華 榮潤	挺根 祖 光聿傳 祖傳 祖
至衢	天授 睿授 躬授	发祥待考 发祥待考 行	思	绍	

18世	19世	20世	21世	22世	23世	24世	25世
祖	志歐 志灼	金水 亦棟	用禮 依明	聖昇 聖生 聖祥	游榕 秀紅		
祖楠	志富 志	亦樂	用昌	聖陽(兼桃) 聖誠 聖銘(出嗣)	賢寶 賢寶 賢武 賢任	書善(承父入嗣) 書善(承父出嗣) 書杰 書遠 書述 書籌	堯初
				聖俤	賢登 賢挺(出嗣)		
				聖釗 剑俤	賢苗 賢挺(出嗣)	書策	
			昌弟	聖銘(入嗣)	賢松 賢林 賢伶	書恒 書鋒 書強	
			用賽	聖彬 聖國(出嗣) 聖華 聖飛	賢文 賢金 賢俊(兼桃) 賢俊		
			用平 義明(出嗣) 鏗仁	聖國(入嗣)	賢春		
	亦全	真龍犃 盤數 依干					
	金木	俤俤 依歹	登官 國官 國俤	浩 賢群			
祖長(入嗣)	志竹 志豐 志樋 志榜	世德 亦鑾 金財 亦枝(入嗣)	和欽 和良	木龍(兼桃) 木金 木春 木光 木星	發強 發強(兼桃) 賢伶(入嗣) 賢伶	書衡(承父兼桃) 書衡	
			和林	木光	賢君		
祖清	志鴻	亦海(入嗣)	用鈴	光榮 光興 光揚 光騰	賢傑		
祖廣	志鐘	亦炎	和鑠(兼桃) 和梅 和瑩(出嗣) 和欽 和炳 和泰	登官 國官(兼桃) 彬福 雲官 雲斌	浩 (承父兼桃) 賢群(承父兼桃) 興 丹 賢東	書通	
		亦斌	和桐	雲斌	賢東(承父兼桃)		
	志椿	亦江 亦海	用剑 用鈴(出嗣)	光照 光福	道瑞 道仁 道揚	書理 書	
			光平	賢華 賢新 賢斌	書成		
			光灶	賢通 賢俤	書榮		
		亦洺	用�(入嗣)	光棋 光輝 光耀	賢鵬 賢鴻 賢鶯		
		亦汉	用鈴(出嗣) 用鋒	信振	賢玉		
挺根	猴仔 昌順 昌森	亦寶	銀官 碧官 用欽	風 雲(出嗣) 雲	賢榕 斌斌		

18世	19世	20世	21世	22世	23世
祖	天歐	亦清(入嗣)	松國	閩嘉	
	依桂 財務	亦清(出嗣) 亦金 亦春	用彬 用棋 用國 用興 用貴 用華 用明	聖德 聖康 風神 志鵬 小輝 仲秋 聖光	
光聿	天燦	朝松 朝棟	用賤 用賤(兼桃)	聖金 俤俤	大大二二三三 浩男
	天茂	麻妹	用仁 用新(出嗣)	岩朋	
	天樂	唐唐 唐俤	依左 左俤 奎母俤 用棟 二俤 三俤	光清 光清(兼桃) 光清(兼桃) 清華 春林 清東 清東(兼桃) 清東	
	天炎	麻俤俤 麻妹(出嗣) 麻俤	用新 用新(入嗣)	光亮 光清 岩明	賢平 賢斌
祖傳	天增	朝發	用壽 用璞 用修	光祥(兼桃) 光祥	輝(承父兼桃) 輝
		朝太	用高 用開 用修(兼桃)	光瑞 仁太	煌
	天文	細家 朝稅	用進	仁伙	婷
	天吉	朝桃 朝嫩 朝水	用河(入嗣)	光輝 海濱 光華	登雄 登峰 登坡 登科
		潮峰	用源(入嗣)	愷強 愷華	鋸 涵語
		朝順	用河(出嗣) 用源(入嗣) 用財	永生 永春	敏杰
	天枝	朝利	依土	忠欽	秀桓
祖	天福	大嫩	用桃(入嗣) 依發 依薪 用桃(出嗣)	光振 光新(出嗣) 光新(入嗣) 光新(兼桃)	鋒
	天同	我明			
	天德	朝晃(入嗣)	依發		
	天財	朝晃(兼桃)	依薪		
	天金	朝珠 朝玉	用瑞 用全 用快		

乐房后湾世系

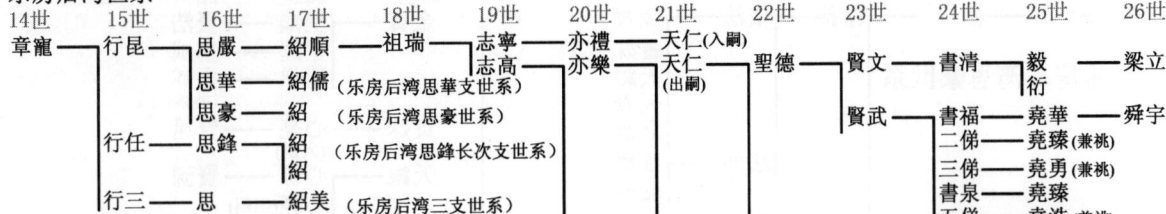

14世　15世　16世　17世　18世　19世　20世　21世　22世　23世　24世　25世　26世

- 章寵
  - 行昆
    - 思嚴 — 紹順 — 祖瑞
      - 志寧 — 亦禮 — 天仁(入嗣)
      - 志高 — 亦樂 — 天仁(出嗣) — 聖德
        - 賢文 — 書清 — 毅 衍 — 梁立
        - 賢武 — 書福 — 堯華 — 舜宇
          - 二俤 — 堯臻(兼桃)
          - 三俤 — 堯勇(兼桃)
          - 書泉 — 堯臻
          - 五俤 — 堯浩(兼桃)
          - 書庚 — 堯勇
          - 書賓 — 堯浩
    - 思華 — 紹儒　（乐房后湾思华支世系）
    - 思豪 — 紹　　（乐房后湾思豪世系）
  - 行任
    - 思鋒 — 紹　　（乐房后湾思锋长次支世系）
      - 紹
  - 行三
    - 思 — 紹美　（乐房后湾三支世系）

聖財 — 吉成 — 書容 — 超
- 書旺(出嗣)
- 書通 — 明鼎
- 書銑 — 堯達
- 吉春 — 書旺(入嗣) — 堯發
- 吉霖 — 書鋒 — 堯好
  - 書俤

聖喜 — 增福 — 書秋 — 坦垣 — 舜鑫
- 書珍(出嗣)
- 書善 — 堯濤
- 福俤 — 書珍(入嗣) — 馨裔
- 大大 — 書偉 — 秉俠
- 賢安 — 書惠 — 秉杭
  - 書偉(出嗣)
- 賢龍 — 書炳 — 場
- 賢水 — 書登 — 堯讓

天順 — 木水 — 賢在 — 書官(入嗣) — 堯勇 — 舜源
- 吉安 — 堯銑 — 舜和
- 書官(出嗣)
- 書明 — 堯亮
- 心知 — 吉炎 — 書江

天貴 — 木枝 — 吉香 — 書壽 — 堯琳
- 大哥 — 秀(入嗣)
- 書希 — 堯軍
- 書平 — 堯宇
- 木尚 — 吉哥 — 信(兼桃)
  - 吉俤 — 信(兼桃)
  - 吉水 — 信

亦泰 — 天森(入嗣) — 木齊 — 吉大 — 書琴(入嗣)
- 元益 — 書明 — 功勛 — 鴻逸
  - 書琴(出嗣) — 功星
- 木炎 — 大哥 — 書騰 — 功寧
  - 賢光 — 勁哥
    - 書勁

亦發 — 天森(出嗣)
- 天壽 — 聖金 — 寶奇 — 周燦 — 堯坤
  - 堯杉
  - 堯松
  - 周泉 — 武
  - 周福 — 彬
  - 周明 — 航
  - 奇俤 — 書濱(兼桃) — 泓靚(承父兼桃)
  - 賢太 — 書濱 — 泓靚
    - 書樂
  - 聖平 — 賢恒 — 書亮 — 堯弘
    - 書灝
    - 書揮 — 健
  - 聖安 — 賢欽 — 書通 — 堯星
    - 書忠(出嗣)
    - 書勤 — 堯陽
    - 書韵 — 堯淞
    - 吉慎 — 書忠(入嗣) — 堯嘉
    - 賢恒(出嗣)
    - 賢祥 — 書暕

（乐房后湾思华支世系）

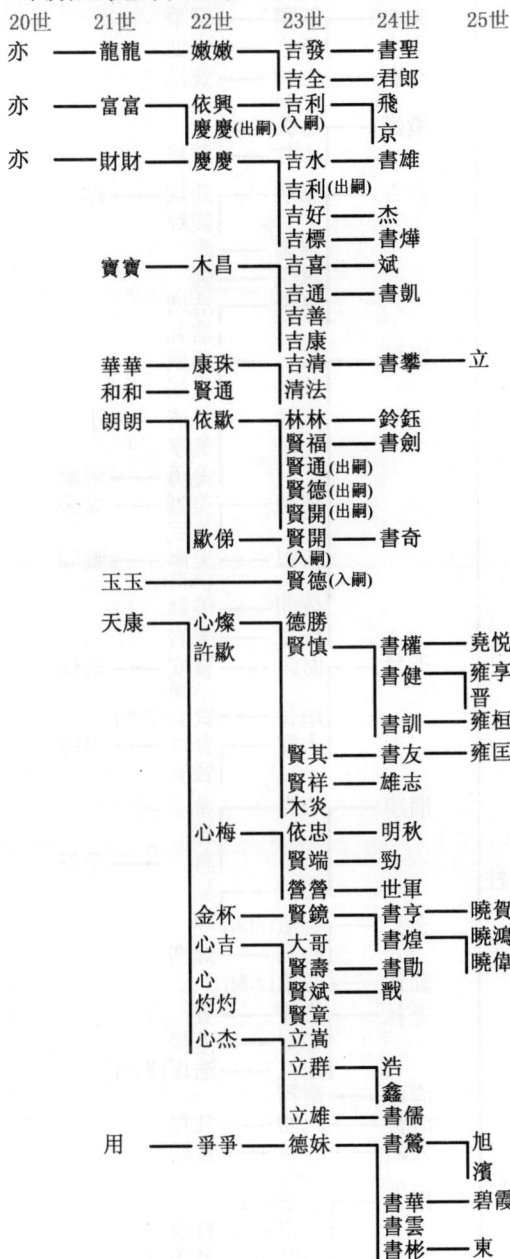

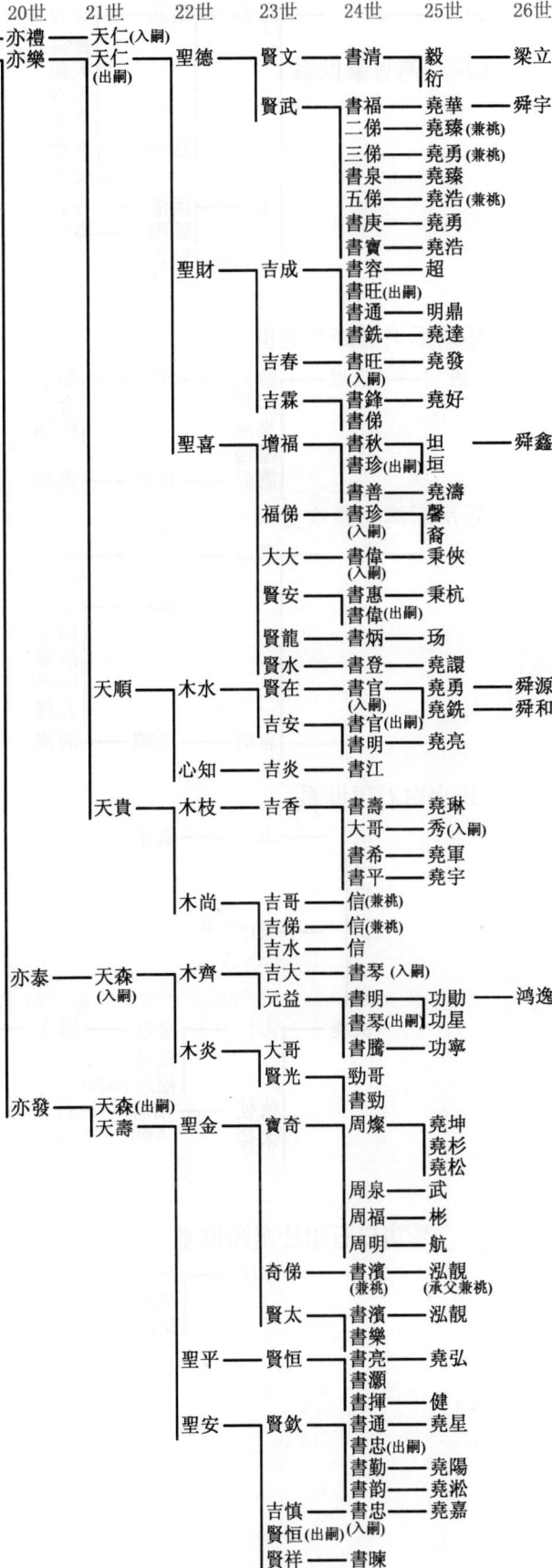

20世　21世　22世　23世　24世　25世

- 亦 — 龍龍 — 嫩嫩 — 吉發 — 書聖
  - 吉全 — 君郎
- 亦 — 富富 — 依興 — 吉利(入嗣) — 飛
  - 慶慶 — 京
- 亦 — 財財 — 慶慶 — 吉水 — 書雄
  - 吉利(出嗣)
  - 吉好 — 杰
  - 吉標 — 書燁
- 寶寶 — 木昌 — 吉喜 — 斌
  - 吉通 — 書凱
  - 吉善
  - 吉康
- 華華 — 康珠 — 吉清 — 書攀 — 立
- 和和 — 賢通 — 清法
- 朗朗 — 依歆 — 林林 — 鈴鈺
  - 賢福 — 書劍
  - 賢通(出嗣)
  - 賢德(出嗣)
  - 賢開(出嗣)
  - 歆俤 — 賢開(入嗣) — 書奇
- 玉玉 — 賢德(入嗣)

- 天康 — 心燦 — 德勝
  - 許歆 — 賢慎 — 書權 — 堯悦
    - 書健 — 雍享 / 晉
    - 書訓 — 雍桓
    - 賢其 — 書友 — 雍匡
    - 賢祥 — 雄志
    - 木炎
  - 心梅 — 依忠 — 明秋
    - 賢端 — 勁
    - 營營 — 世軍
  - 金杯 — 賢鏡 — 書亨 — 曉賀
    - 心吉 — 大哥 — 書煌 — 曉鴻
    - 心 — 賢壽 — 書勛 — 曉偉
    - 灼灼 — 賢斌 — 戰
    - 賢章
  - 心杰 — 立嵩
    - 立群 — 浩 / 鑫
    - 立雄 — 書儒
- 用 — 爭爭 — 德妹 — 書鶯 — 旭 / 濱
  - 書華 — 碧霞
  - 書雲
  - 書彬 — 東

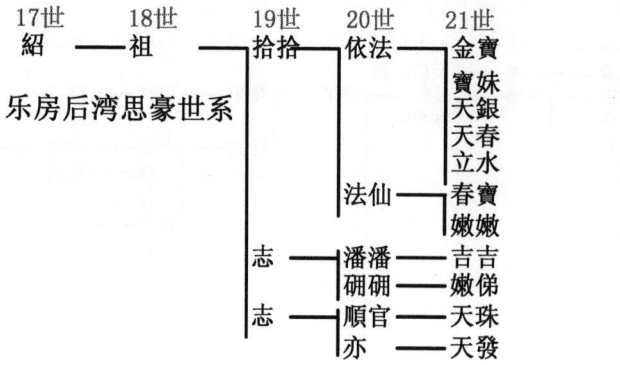

17世　18世　19世　20世　21世
　紹　——　祖　——┌拾拾——┌依法——┌金寶
　　　　　　　　　　　　　　　　│　　　│寶妹
乐房后湾思豪世系　　　　　│　　　│天銀
　　　　　　　　　　　　　　　　│　　　│天春
　　　　　　　　　　　　　　　　│　　　│立水
　　　　　　　　　　　　　　　　│　　　│水
　　　　　　　　　　　　　　　　│└法仙——┌春寶
　　　　　　　　　　　　　　　　│　　　　└嫩嫩
　　　　　　　　　　　├志——┌潘潘——吉吉
　　　　　　　　　　　│　　└硼硼——嫩俤
　　　　　　　　　　　└志——┌順官——天珠
　　　　　　　　　　　　　　└亦——天發

乐房后湾思鋒长支世系

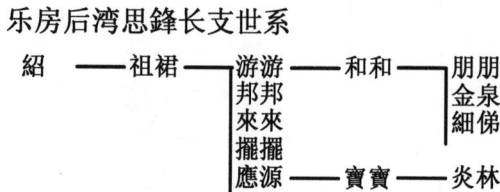

　紹　——　祖裙——┌游游——┌和和——┌朋朋
　　　　　　　　　│邦邦　　│　　　│金泉
　　　　　　　　　│來來　　│　　　└細俤
　　　　　　　　　│擺擺　　│
　　　　　　　　　└應源——└寶寶——炎林

乐房后湾思鋒次支世系

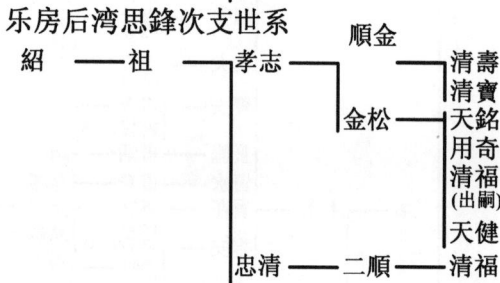

　　　　　　　　　　　　順金
　紹　——　祖——┌孝志——┌──┌清壽
　　　　　　　　│　　　│　　└清寶
　　　　　　　　│　　　└金松——┌天銘
　　　　　　　　│　　　　　　　│用奇
　　　　　　　　│　　　　　　　│清福
　　　　　　　　│　　　　　　　│(出嗣)
　　　　　　　　│　　　　　　　└天健
　　　　　　　　└忠清——二順——清福

乐房白石顶世系

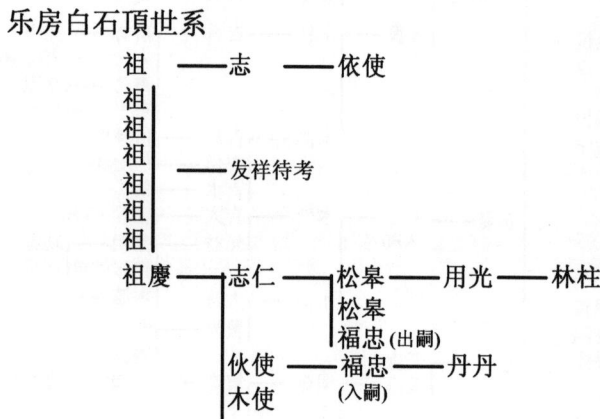

　祖　——　志——依使
　祖┐
　祖│
　祖├——发祥待考
　祖│
　祖│
　祖┘
　祖慶——┌志仁——┌松皋——用光——林柱
　　　　│　　　│松皋
　　　　│　　　└福忠(出嗣)
　　　　├伙使——福忠——丹丹
　　　　│　　　(入嗣)
　　　　└木使

乐房白石顶迁东湖世系

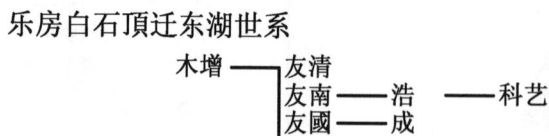

　木增——┌友清
　　　　│友南——浩——科艺
　　　　└友國——成

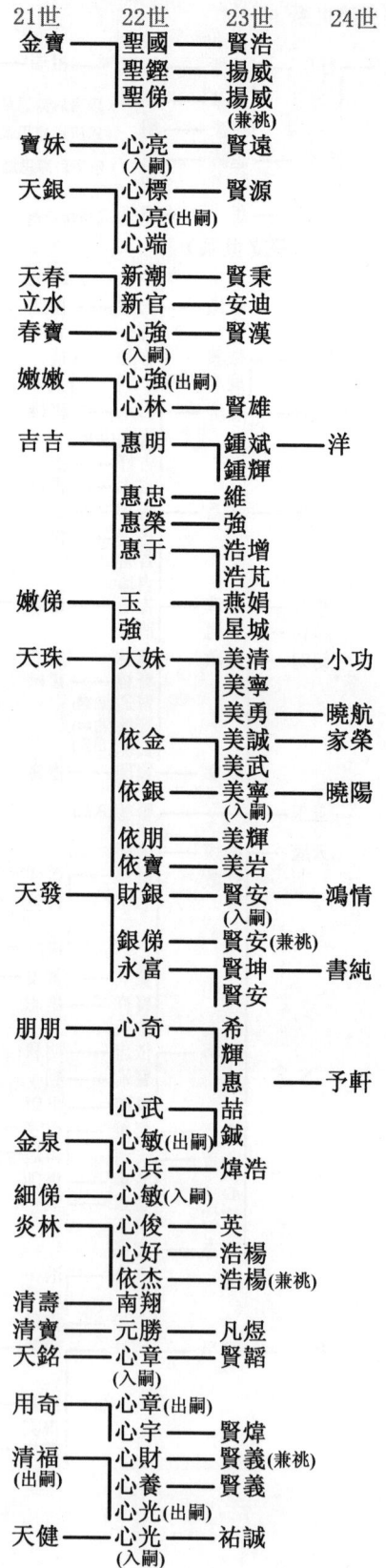

21世　　22世　　23世　　24世
金寶——┌聖國——賢浩
　　　│聖鏗——揚威
　　　└聖俤——揚威
　　　　　　　(兼桃)
寶妹——心亮——賢遠
　　　(入嗣)
天銀——┌心標——賢源
　　　│心亮(出嗣)
　　　└心端
天春——新潮——賢秉
立水——新官——安迪
春寶——心強——賢漢
　　　(入嗣)
嫩嫩——┌心強(出嗣)
　　　└心林——賢雄
吉吉——┌惠明——┌鍾斌——洋
　　　│　　　└鍾輝
　　　│惠忠——維
　　　│惠榮——強
　　　└惠于——┌浩增
　　　　　　　└浩芃
嫩俤——┌玉——┌燕娟
　　　└強　　└星城
天珠——┌大妹——┌美清——小功
　　　│　　　│美寧
　　　│　　　└美勇——曉航
　　　│依金——┌美誠——家榮
　　　│　　　└美武
　　　│依銀——美寧——曉陽
　　　│　　　(入嗣)
　　　│依朋——美輝
　　　└依寶——美岩
天發——┌財銀——賢安——鴻情
　　　│　　　(入嗣)
　　　│銀俤——賢安(兼桃)
　　　└永富——┌賢坤——書純
　　　　　　　└賢安
朋朋——┌心奇——┌希輝
　　　│　　　└惠——予軒
　　　└心武——┌喆
金泉——┌心敏(出嗣)└鋮
　　　└心兵——煒浩
細俤——心敏(入嗣)
炎林——┌心俊——英
　　　│心好——浩楊
　　　└依杰——浩楊(兼桃)
清壽——南翔
清寶——元勝——凡煜
天銘——心章——賢韜
　　　(入嗣)
用奇——┌心章(出嗣)
　　　└心宇——賢煒
清福——┌心財——賢義(兼桃)
(出嗣)│心養——賢義
　　　└心光(出嗣)
天健——心光——祐誠
　　　(入嗣)

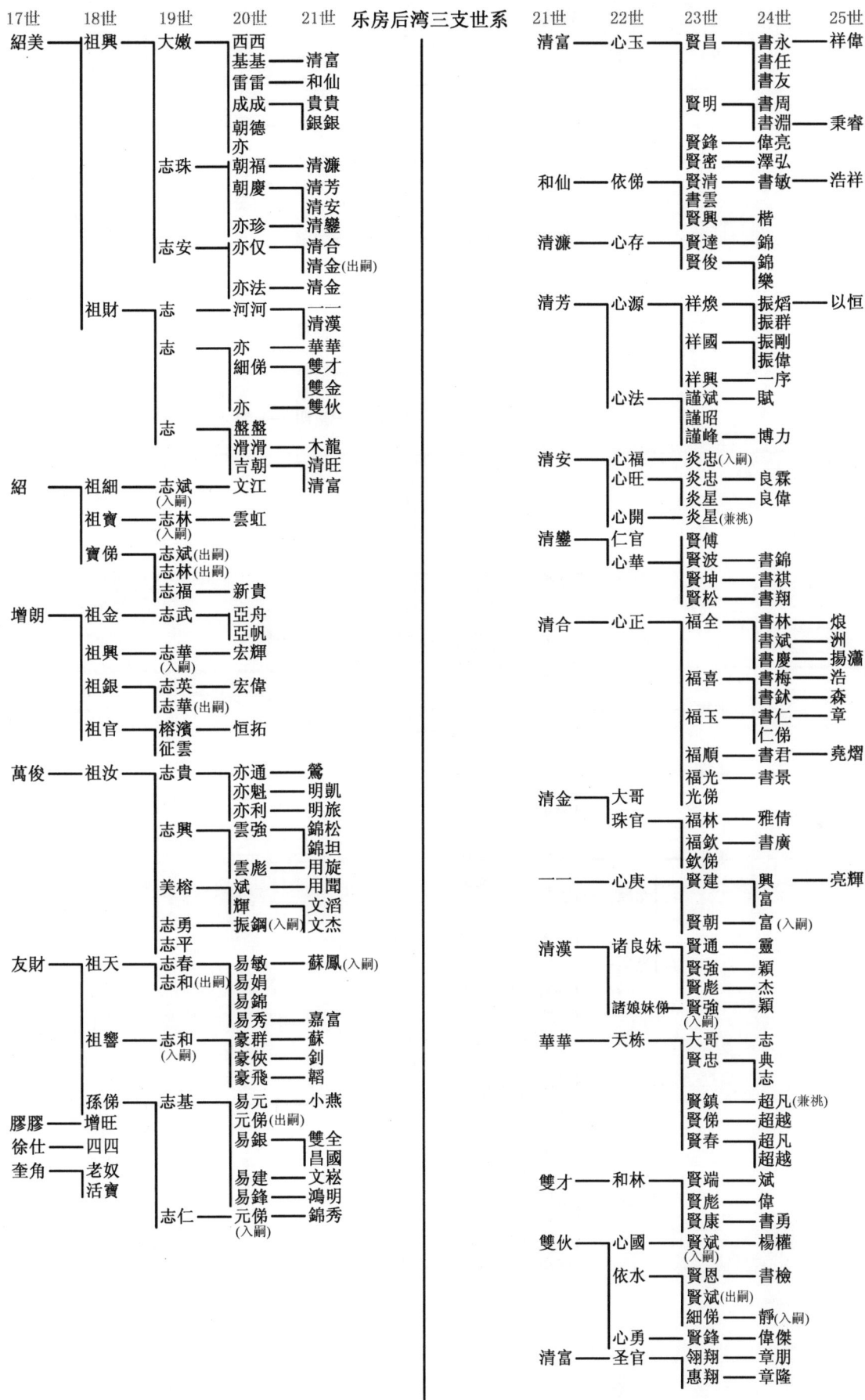

乐房后湾三支世系

左半（17世—21世）

- 17世 紹美
  - 18世 祖興
    - 19世 大嫩
      - 20世 西西基基 — 21世 清富
      - 20世 雷雷 — 21世 和仙
      - 20世 成成 — 21世 貴貴銀銀
      - 20世 朝德
      - 20世 亦
    - 19世 志珠
      - 20世 朝福 — 21世 清濂
      - 20世 朝慶 — 21世 清芳 清安
      - 20世 亦珍 — 21世 清鑾
    - 19世 志安
      - 20世 亦仅 — 21世 清合、清金(出嗣)
      - 20世 亦法 — 21世 清金
  - 18世 祖財
    - 19世 志 — 20世 河河 — 21世 一一 清漢
    - 19世 志 — 20世 亦 — 21世 華華
      - 20世 細俤 — 21世 雙才 雙金
      - 20世 亦 — 21世 雙伙
    - 19世 志 — 20世 盤盤 滑滑 吉朝 — 21世 木龍 清旺 清富
- 17世 紹
  - 18世 祖細 — 19世 志斌(入嗣) — 20世 文江
  - 18世 祖寶 — 19世 志林(入嗣) — 20世 雲虹
  - 18世 寶俤 — 19世 志斌(出嗣) 志林(出嗣) 志福 — 20世 新貴
- 17世 增朗
  - 18世 祖金 — 19世 志武 — 20世 亞舟 亞帆
  - 18世 祖興 — 19世 志華(入嗣) — 20世 宏輝
  - 18世 祖銀 — 19世 志英 志華(出嗣) — 20世 宏偉
  - 18世 祖官 — 19世 榕濱 征雲 — 20世 恒拓
- 17世 萬俊
  - 18世 祖汝
    - 19世 志貴 — 20世 亦通 — 21世 鶯
      - 20世 亦魁 — 21世 明凱
      - 20世 亦利 — 21世 明旅
    - 19世 志興 — 20世 雲強 — 21世 錦松 錦坦
      - 20世 雲彪 — 21世 用旋
    - 19世 美榕 — 20世 斌 — 21世 用聞
      - 20世 輝 — 21世 文滔
    - 19世 志勇 — 20世 振鋼(入嗣) — 21世 文杰
    - 19世 志平
- 17世 友財
  - 18世 祖天 — 19世 志春、志和(出嗣)
    - 20世 易敏 — 21世 蘇鳳(入嗣)
    - 20世 易娟 易錦
    - 20世 易秀 — 21世 嘉富
  - 18世 祖響 — 19世 志和(入嗣)
    - 20世 豪群 — 21世 蘇
    - 20世 豪俠 — 21世 釗
    - 20世 豪飛 — 21世 韜
  - 18世 孫俤 — 19世 志基
    - 20世 易元 — 21世 小燕
    - 20世 元俤(出嗣)
    - 20世 易銀 — 21世 雙全 昌國
- 17世 膠膠 — 18世 增旺
- 17世 徐仕 — 18世 四四
- 17世 奎角 — 18世 老奴 活寶
  - 19世 易建 — 20世 文崧
  - 19世 易鋒 — 20世 鴻明
  - 19世 志仁 — 20世 元俤(入嗣) — 21世 錦秀

右半（21世—25世）

- 21世 清富 — 22世 心玉
  - 23世 賢昌 — 24世 書永 書任 書友 — 25世 祥偉
  - 23世 賢明 — 24世 書周、書淵 — 25世 秉睿
  - 23世 賢鋒 — 24世 偉亮
  - 23世 賢密 — 24世 澤弘
- 21世 和仙 — 22世 依俤
  - 23世 賢清 — 24世 書敏 — 25世 浩祥
  - 23世 書雲
  - 23世 賢興 — 24世 楷
- 21世 清濂 — 22世 心存
  - 23世 賢達 — 24世 錦
  - 23世 賢俊 — 24世 錦樂
- 21世 清芳 — 22世 心源
  - 23世 祥煥 — 24世 振熠 振群
  - 23世 祥國 — 24世 振剛 振偉
  - 23世 祥興 — 24世 一序
  - 22世 心法
    - 23世 謹斌 — 24世 賦
    - 23世 謹昭
    - 23世 謹峰 — 24世 博力
- 21世 清安 — 22世 心福 — 23世 炎忠(入嗣)
  - 22世 心旺 — 23世 炎忠 — 24世 良霖
    - 23世 炎星 — 24世 良偉
  - 22世 心開 — 23世 炎星(兼祧)
- 21世 清鑾 — 22世 仁官 — 23世 賢傅
  - 22世 心華 — 23世 賢波 — 24世 書錦
    - 23世 賢坤 — 24世 書祺
    - 23世 賢松 — 24世 書翔
- 21世 清合 — 22世 心正
  - 23世 福全 — 24世 書林 — 25世 烺、洲
    - 24世 書斌
    - 24世 書慶 — 25世 揚瀟
  - 23世 福喜 — 24世 書梅 — 25世 浩
    - 24世 書鈇 — 25世 森
  - 23世 福玉 — 24世 書仁 — 25世 章
    - 24世 仁俤
  - 23世 福順 — 24世 書君 — 25世 堯燼
  - 23世 福光 — 24世 書景
- 21世 清金 — 22世 大哥 — 23世 光俤
  - 22世 珠官 — 23世 福林 — 24世 雅倩
    - 23世 福欽 — 24世 書廣
    - 23世 欽俤
- 21世 一一 — 22世 心庚
  - 23世 賢建 — 24世 興、富 — 25世 亮輝
  - 23世 賢朝 — 24世 富(入嗣)
- 21世 清漢 — 22世 諸良妹
  - 23世 賢通 — 24世 靈
  - 23世 賢強 — 24世 穎
  - 23世 賢彪 — 24世 杰
  - 22世 諸娘妹俤 — 23世 賢強(入嗣) — 24世 穎
- 21世 華華 — 22世 天栋
  - 23世 大哥 — 24世 志
  - 23世 賢忠 — 24世 典、志
  - 23世 賢鎮 — 24世 超凡(兼祧)
  - 23世 賢俤 — 24世 超越
  - 23世 賢春 — 24世 超凡 超越
- 21世 雙才 — 22世 和林
  - 23世 賢端 — 24世 斌
  - 23世 賢彪 — 24世 偉
  - 23世 賢康 — 24世 書勇
- 21世 雙伙 — 22世 心國 — 23世 賢斌(入嗣) — 24世 楊權
  - 22世 依水 — 23世 賢恩 — 24世 書檢
    - 23世 賢斌(出嗣)
    - 23世 細俤 — 24世 靜(入嗣)
  - 22世 心勇 — 23世 賢鋒 — 24世 偉傑
- 21世 清富 — 22世 圣官
  - 23世 翎翔 — 24世 章朋
  - 23世 惠翔 — 24世 章隆

471

乐房后湾三支世系

17世	18世	19世	20世	21世	22世	23世	24世

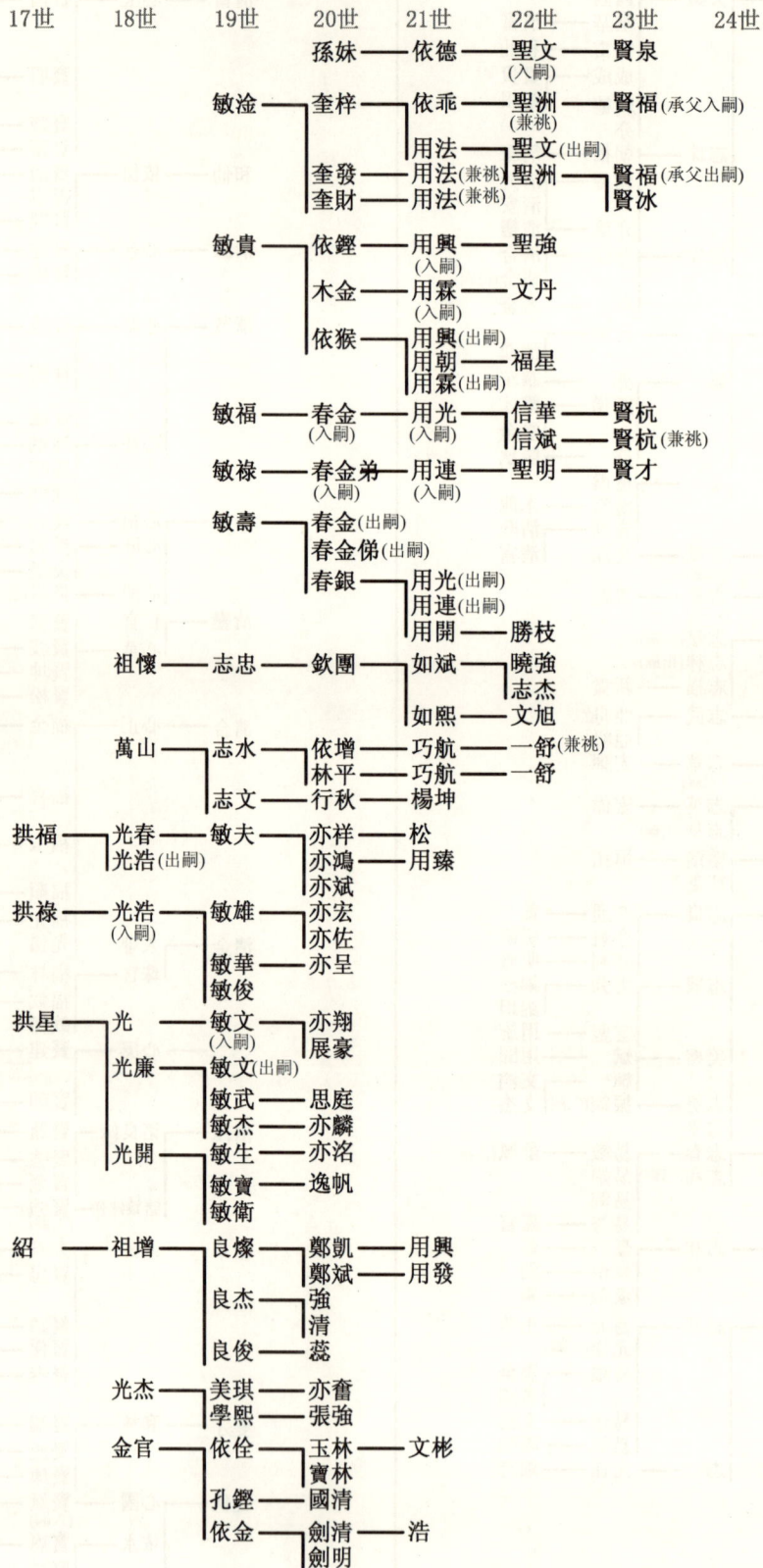

世系图文字：

- 孫妹 ── 依德 ── 聖文(入嗣) ── 賢泉
- 敏淦
  - 奎梓
    - 依乖 ── 聖洲(兼桃) ── 賢福(承父入嗣)
    - 用法 ── 聖文(出嗣)
  - 奎發 ── 用法(兼桃) ── 聖洲 ── 賢福(承父出嗣) / 賢冰
  - 奎財 ── 用法(兼桃)
- 敏貴
  - 依鏗 ── 用興(入嗣) ── 聖強
  - 木金 ── 用霖(入嗣) ── 文丹
  - 依猴
    - 用興(出嗣)
    - 用朝 ── 福星
    - 用霖(出嗣)
- 敏福 ── 春金(入嗣) ── 用光(入嗣)
  - 信華 ── 賢杭
  - 信斌 ── 賢杭(兼桃)
- 敏祿 ── 春金弟(入嗣) ── 用連(入嗣) ── 聖明 ── 賢才
- 敏壽
  - 春金(出嗣)
  - 春金俤(出嗣)
  - 春銀
    - 用光(出嗣)
    - 用連(出嗣)
    - 用開 ── 勝枝
- 祖懷 ── 志忠 ── 欽團
  - 如斌 ── 曉強 / 志杰
  - 如熙 ── 文旭
- 萬山
  - 志水
    - 依增 ── 巧航 ── 一舒(兼桃)
    - 林平 ── 巧航 ── 一舒
  - 志文 ── 行秋 ── 楊坤
- 拱福
  - 光春 ── 敏夫
    - 亦祥 ── 松
    - 亦鴻 ── 用臻
    - 亦斌
  - 光浩(出嗣)
- 拱祿 ── 光浩(入嗣)
  - 敏雄 ── 亦宏 / 亦佐
  - 敏華 ── 亦呈
  - 敏俊
- 拱星
  - 光 ── 敏文(入嗣) ── 亦翔 / 展豪
  - 光廉 ── 敏文(出嗣)
    - 敏武 ── 思庭
    - 敏杰 ── 亦麟
  - 光開
    - 敏生 ── 亦洺
    - 敏寶 ── 逸帆
    - 敏衛
- 紹
  - 祖增
    - 良燦 ── 鄭凱 ── 用興 / 鄭斌 ── 用發
    - 良杰 ── 強 / 清
    - 良俊 ── 蕊
  - 光杰
    - 美琪 ── 亦奮
    - 學熙 ── 張強
  - 金官
    - 依佺 ── 玉林 ── 文彬 / 寶林
    - 孔鏗 ── 國清
    - 依金 ── 劍清 ── 浩 / 劍明

（六）书房世系

(書房世系)

左段　17世　18世　19世　20世　21世

- 祥書 — 興祖
  - 瑞源 — 茂桃；茂枝(出嗣) — 和福
  - 瑞浩 — 茂枝(入嗣) — 和順、和安
  - 瑞淑 — 茂松 — 和欽、和祥、和平
    - 茂桐 — 和增、和國、和秀、和仕、和利
  - 瑞泉 — 茂生 — 和容(入嗣)
    - 茂梓 — 和容、和海、和光、和祿
    - 茂琛
  - 興 — 仁烔 — 春官 — 和成(兼桃)
    - 茂本 — 和成
- 祥 — 興㭎 — 瑞 — 茂 — 烏妹、和賤(入嗣)
  - 亦燦 — 承忠
  - 茂桂 — 和賤、賤俤、和鎮、金伙、金伙俤、六俤
- 春春 — 興忠、興相 — 瑞玉(兼桃) — 茂成(承父入嗣) — 和林、和文
  - 興益 — 瑞玉 — 茂通 — 和興
    - 茂旺 — 和勇
    - 茂成(承父出嗣) — 和林、和文
    - 茂忠 — 和飛、和棋
    - 茂木 — 和金
    - 茂仕 — 和恩
- 波波 — 興財、興水、興枝 — 瑞槃(入嗣) — 茂春 — 和佺、和清
  - 瑞華 — 茂春(出嗣) — 和勇
  - 瑞富(出嗣) — 茂順 — 和鈿、和星
- 祥貴 — 依亨 — 瑞富(入嗣) — 依俤 — 和磊(兼桃)
  - 茂惠 — 和磊
  - 茂增 — 和杰
  - 茂平 — 和暖、和錦
  - 茂良 — 和鷹、和斌
  - 依吉、依鶴
  - 興燦 — 依梅 — 木珠 — 和熠
- 昌連 — 興交 — 瑞灼 — 茂桂 — 春彬
  - 瑞木(出嗣)
  - 瑞明(出嗣)
  - 興汀 — 瑞木 — 茂城
    - 茂彬 — 豪、湘
    - 茂華 — 佳、曇
  - 興貴 — 瑞明(入嗣) — 茂建 — 和哥、和樂
    - 茂立(出嗣)
  - 瑞俊 — 茂立(入嗣) — 濤

中段　17世　18世　19世　20世　21世

- 昌達 — 興富 — 瑞團 — 子雄 — 和政、和羽
  - 嫩嫩妹
  - 興鈺(出嗣)
  - 瑞松 — 茂潤、茂開 — 和建、和明
    - 茂浩 — 河瀚、柏霖
    - 茂清
  - 瑞汀 — 茂欽 — 和湘
    - 茂艷 — 和經、和緯
  - 瑞康 — 茂飛 — 和超
    - 茂楊
  - 興洲 — 瑞瑜 — 茂淦
    - 瑞璋 — 茂杕 — 龍鏢
      - 茂永、茂發
  - 興金 — 瑞松(入嗣) — 茂輝 — 和春
  - 興鈿 — 繼雄 — 永庭 — 欏
    - 兆雄 — 彬、春
- 昌述(思燦公三子) — 興科 — 金官 — 茂雄(入嗣) — 用泉
  - 銀官 — 茂雄(出嗣)
    - 茂俊 — 凱翔
    - 茂樂
  - 龍官 — 茂政
  - 水妹 — 亦建
  - 興漢
- 昌柴(思燦公四子) — 興鈺 — 瑞福 — 茂濟 — 杰、輝
  - 瑞祿 — 茂勇(入嗣)
  - 瑞壽 — 茂文 — 和斌
    - 茂鋒 — 和星
    - 茂勇(出嗣)
  - 瑞祥 — 茂鼎 — 和順
  - 瑞梓 — 茂貴 — 偉
  - 瑞金 — 茂錦 — 浩雲
- 昌桂 — 木水、木林 — 瑞彬 — 茂偉 — 和榮
  - 木泉 — 瑞雲 — 茂坦

右段　21世　22世　23世　24世

- 和福 — 金宝 — 賢建(入嗣) — 書皓
  - 賢建(出嗣)
  - 天賜 — 建俤、賢貴
  - 天武 — 賢明 — 書琨
  - 寶華 — 在瑜
- 和順 — 聖泉(兼桃) — 賢敏(承父兼桃)
- 和安 — 聖泉 — 賢敏
- 和欽 — 春利(入嗣) — 賢政、賢榮 — 書洋、書洋(兼桃)
- 和祥 — 春利(出嗣)
  - 春財 — 賢偉 — 俊翔
  - 春寶 — 威廉
- 和平 — 大弟 — 美雪(入嗣)
  - 聖興 — 賢運
- 和增 — 聖清 — 賢涵、賢錦、賢城、賢鐘
  - 聖文
- 和國 — 聖昇 — 賢航
  - 聖欽 — 賢艇
- 和秀 — 聖枝
- 和仕 — 聖輝 — 賢棋
- 和利 — 聖羽、羽俤
- 和容(入嗣) — 信淦 — 賢春
  - 信泰 — 賢輝、凱文
- 和容(出嗣)
- 和海 — 信春 — 澤庭
  - 信斌 — 賢璋
- 和光 — 信強 — 賢楓
  - 信華 — 賢斌
  - 信富 — 賢進
- 和祿 — 信希 — 賢賀
- 和成(兼桃) — 增官(承父入嗣) — 賢欽 — 書瑾
- 和成 — 灼官 — 建財、建平、賢清 — 書旺
  - 增官(承父出嗣)
  - 灼光 — 賢欽(兼桃)
  - 增福 — 偉峰
  - 增壽 — 文森
- 烏妹 — 金俤 — 惠彬 — 瑤瑤
- 和賤(入嗣) — 俤姆(入嗣) — 建斌
- 承忠 — 松茂、松釗
- 和鎮 — 俤姆(出嗣)
  - 㭎俤 — 賢鍵(入嗣)
  - 細俤 — 賢鍵(出嗣)、賢松
- 和興 — 聖康
- 和勇 — 鏡睿
- 和佺 — 信烽
- 和清 — 信超
- 和勇 — 惠嫣
- 和鈿 — 鴻镕
- 和星 — 信濱
- 和磊 — 聖浩
- 和杰 — 聖祥
- 和暖 — 聖彥
- 和政 — 震

（七）书房官坞世系

書房官坞世系

左表

17世	18世	19世	20世	21世	22世
白俤	枝發	志嫩	潮發	用烽(入嗣)	聖棟
			潮光	用烽(出嗣)／用登／用記	聖楷
	枝燦	志平	潮崗	松／鵬(出嗣)	聖鉑／聖鑫
			潮祥	鵬(入嗣)	聖碩
紹祿	俤俤	志旺(入嗣)	海星	用鏗	
	祖實	志旺(出嗣)／志明	海星(出嗣)／成務		

（思鈿公继子）

17世	18世	19世	20世	21世	22世
紹	祖	光增／光雲／光應	金枝	發土／發明／發通／發財(入嗣)	華／依太(出嗣)
			大頭	發財(入嗣)	健
		光竹	金獅／黑嫩／依蕊	發興／發財(出嗣)	光華
			金發	發通	伙平

杰本／賢杰／賢達

（思鈿公五子）

17世	18世	19世	20世	21世
紹旺	枝城	志宜／志標	潮彬(兼桃)／潮彬	
紹喜	枝永(入嗣)	志興(入嗣)	潮和／潮欽(承父出嗣)	用盛
紹務	枝美(兼桃)	志彬(承父入嗣)	潮述	
紹全	枝永(兼桃)	志興(兼桃)	潮欽(承父入嗣)	
紹發	枝美(兼桃)	志收(承父兼桃)	潮暉(承父兼桃)	
紹長	枝永(出嗣)／枝旺	志收(入嗣)		
	枝美	志興(出嗣)／志彬(出嗣)／志收(兼桃)	潮暉	

右表

（思鈿公长子）

17世	18世	19世	20世	21世
紹福	枝大	志貴(入嗣)	潮殿／潮鏗	元入／漢漢
	枝桔	志忠(入嗣)	潮元	
	枝祥	志池／志貴(出嗣)／志忠(出嗣)	潮淦	用宇

（思鈿公次子）

17世	18世	19世	20世	21世
紹增	枝木	志應／志安(出嗣)	潮樑(兼桃)	裕崧(承父兼桃)
		志寶	潮梁／潮標(出嗣)	裕崧
	枝成	志安(入嗣)	潮標(入嗣)	賀強

（思鈿公三子）

17世	18世	19世	20世	21世
紹禮	枝代	志通(入嗣)	潮杰	大弟／曉暉／曉煒
			潮棋／潮欽	裕享
			潮陽	銘榮
	枝國	志通(出嗣)／志龍(出嗣)	潮惠／潮盛	嘉禧／嘉裕
		志堅	潮優／潮秀	
	枝和	志容(兼桃)	潮鈴(承父入嗣)	裕海
	枝金	志容	潮清／潮鈴(承父出嗣)	裕鑫
		志達(出嗣)		
		志禎／志強	潮英／潮雄(出嗣)／潮仁／潮義	
	枝伙	志喜	潮俊	善彬
	枝德	志達(入嗣)	潮雄(入嗣)	裕銘

（思鈿公四子）

17世	18世	19世	20世	21世
紹振	枝桃	志龍	潮恩／潮鋒(承父出嗣)	用建
	枝順	志龍(兼桃)	潮鋒(承父入嗣)	用達

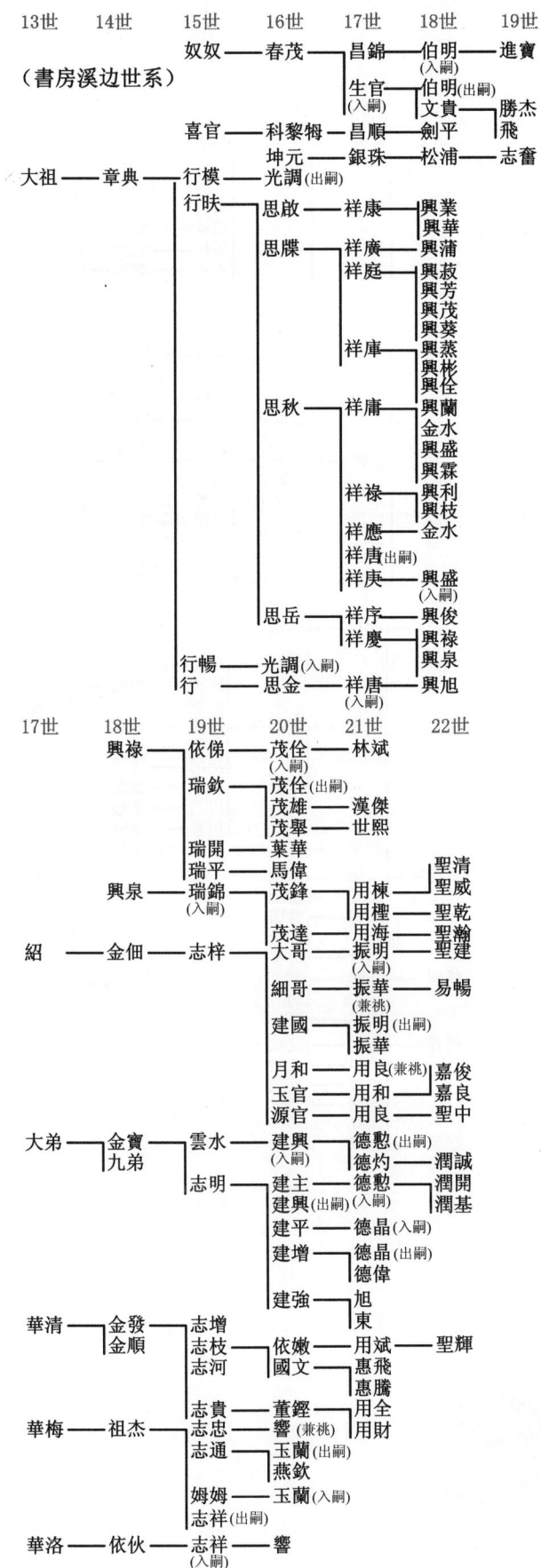

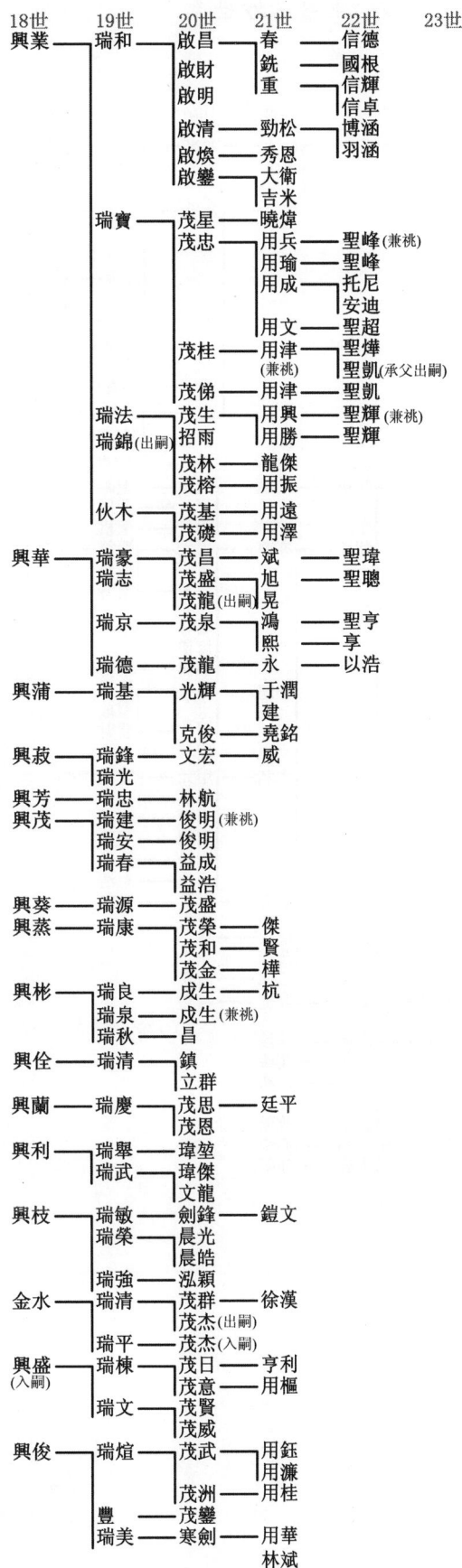

13世　14世　15世　16世　17世　18世　19世

（書房溪边世系）

奴奴——春茂——昌錦——伯明（入嗣）——進寶
生官（入嗣）——伯明（出嗣）——文貴——勝杰
喜官——科黎栂——昌順——劍平——飛
坤元——銀珠——松浦——志奮

大祖——章典——行模——光調（出嗣）
　　　　　　行昳——思啟——祥康——興業／興華
　　　　　　　　　　思喋——祥廣——興蒲
　　　　　　　　　　　　　　祥庭——興菽／興芳／興茂／興葵／興蒸／興彬／興佺
　　　　　　　　　　　　　　祥庫
　　　　　　　　　　思秋——祥庸——興蘭／金水／興盛／興霖
　　　　　　　　　　　　　　祥祿——興利／興枝／金水
　　　　　　　　　　　　　　祥應
　　　　　　　　　　　　　　祥唐（出嗣）
　　　　　　　　　　　　　　祥庚——興盛（入嗣）
　　　　　　　　　　思岳——祥序——興俊
　　　　　　　　　　　　　　祥慶——興祿／興泉
　　　　　　行暢——光調（入嗣）
　　　　　　行——思金——祥唐（入嗣）——興旭

18世　19世　20世　21世　22世　　23世

興業——瑞和——啟昌——春——信德
　　　　　　　啟財——銑——國根
　　　　　　　啟明——重——信輝／信卓
　　　　　　　啟清——勁松——博涵／羽涵
　　　　　　　啟煥——秀恩
　　　　　　　啟鑾——大衛／吉米
　　　　瑞寶——茂星——曉燁
　　　　　　　茂忠——用兵——聖峰（兼桃）
　　　　　　　　　　用瑜——聖峰
　　　　　　　　　　用成——托尼／安迪
　　　　　　　　　　用文——聖超
　　　　　　　茂桂——用津（兼桃）——聖燁／聖凱（承父出嗣）
　　　　瑞法——茂俤——用津——聖凱
　　　　瑞錦（出嗣）——茂生——用興——聖輝（兼桃）
　　　　　　　　　　招雨——用勝——聖輝
　　　　　　　茂林——龍傑
　　　　　　　茂榕——用振
　　　　伙木——茂基——用遠
　　　　　　　茂礎——用澤

興華——瑞豪——茂昌——斌——聖瑋
　　　　瑞志——茂盛——旭——聖聰
　　　　　　　茂龍（出嗣）——晃
　　　　瑞京——茂泉——鴻——聖亨／享
　　　　　　　　　　熙——以浩
　　　　瑞德——茂龍——永

17世　18世　19世　20世　21世　22世

興祿——依俤——茂佺（入嗣）——林斌
　　　　瑞欽——茂佺（出嗣）
　　　　　　　茂雄——漢傑
　　　　　　　茂犖——世熙
　　　　瑞開——葉華
　　　　瑞平——馬偉

興泉——瑞錦（入嗣）——茂鋒——用棟——聖清／聖威
　　　　　　　　　　　　　用樫——聖乾
　　　　　　　　　茂達——用海——聖瀚
　　　　　　　　　大哥——振明（入嗣）——聖建
　　　　　　　　　細哥——振華（兼桃）——易暢
　　　　　　　　　建國——振明（出嗣）／振華
　　　　　　　　　月和——用良（兼桃）——嘉俊
　　　　　　　　　玉官——用和——嘉良
　　　　　　　　　源官——用良——聖中

興蒲——瑞基——光輝——于潤／建
　　　　　　　克俊——堯銘

興菽——瑞鋒——文宏——威
　　　　瑞光
興芳——瑞忠——林航
興茂——瑞建——俊明（兼桃）
　　　　瑞安——俊明
　　　　瑞春——益成／益浩
興葵——瑞源——茂盛
興蒸——瑞康——茂榮——傑
　　　　　　　茂和——賢
　　　　　　　茂金——樺
興彬——瑞良——戍生——杭
　　　　瑞泉——戍生（兼桃）
　　　　瑞秋——昌
興佺——瑞清——鎮／立群
興蘭——瑞慶——茂思——廷平
　　　　　　　茂恩
興利——瑞犖——瑋堃
　　　　瑞武——瑋傑／文龍
興枝——瑞敏——劍鋒——鎧文
　　　　瑞榮——晨光／晨皓
　　　　瑞強——泓穎
金水——瑞清——茂群——徐漢
　　　　　　　茂杰（出嗣）
　　　　瑞平——茂杰（入嗣）
興盛（入嗣）——瑞棟——茂日——亨利
　　　　　　　　茂意——用楓
　　　　瑞文——茂賢／茂威
興俊——瑞煊——茂武——用鈺／用濂／用桂
　　　　　　　茂洲
　　　　豐
　　　　瑞美——寒劍——用華／林斌

绍——金佃——志梓

大弟／九弟——金寶——雲水——建興（入嗣）——德勳（出嗣）
　　　　　　　　　志明——建主——德勳（入嗣）——潤誠／潤開／潤基
　　　　　　　　　　　　建興（出嗣）
　　　　　　　　　　　建平——德晶（入嗣）
　　　　　　　　　　　建增——德晶（出嗣）／德偉
　　　　　　　　　　　建強——旭／東

華清——金發／金順——志增
　　　　　　　　志枝——依嫩——用斌——聖輝
　　　　　　　　志河——國文——惠飛／惠騰
　　　　　　　　志貴——董鏗——用全
華梅——祖杰——志忠——響（兼桃）——用財
　　　　　　　　志通——玉蘭（出嗣）／燕欽
　　　　　　　　姆姆——玉蘭（入嗣）
　　　　　　　　志祥（出嗣）
華洛——依伙——志祥（入嗣）——響

475

（八）书房三沙世系

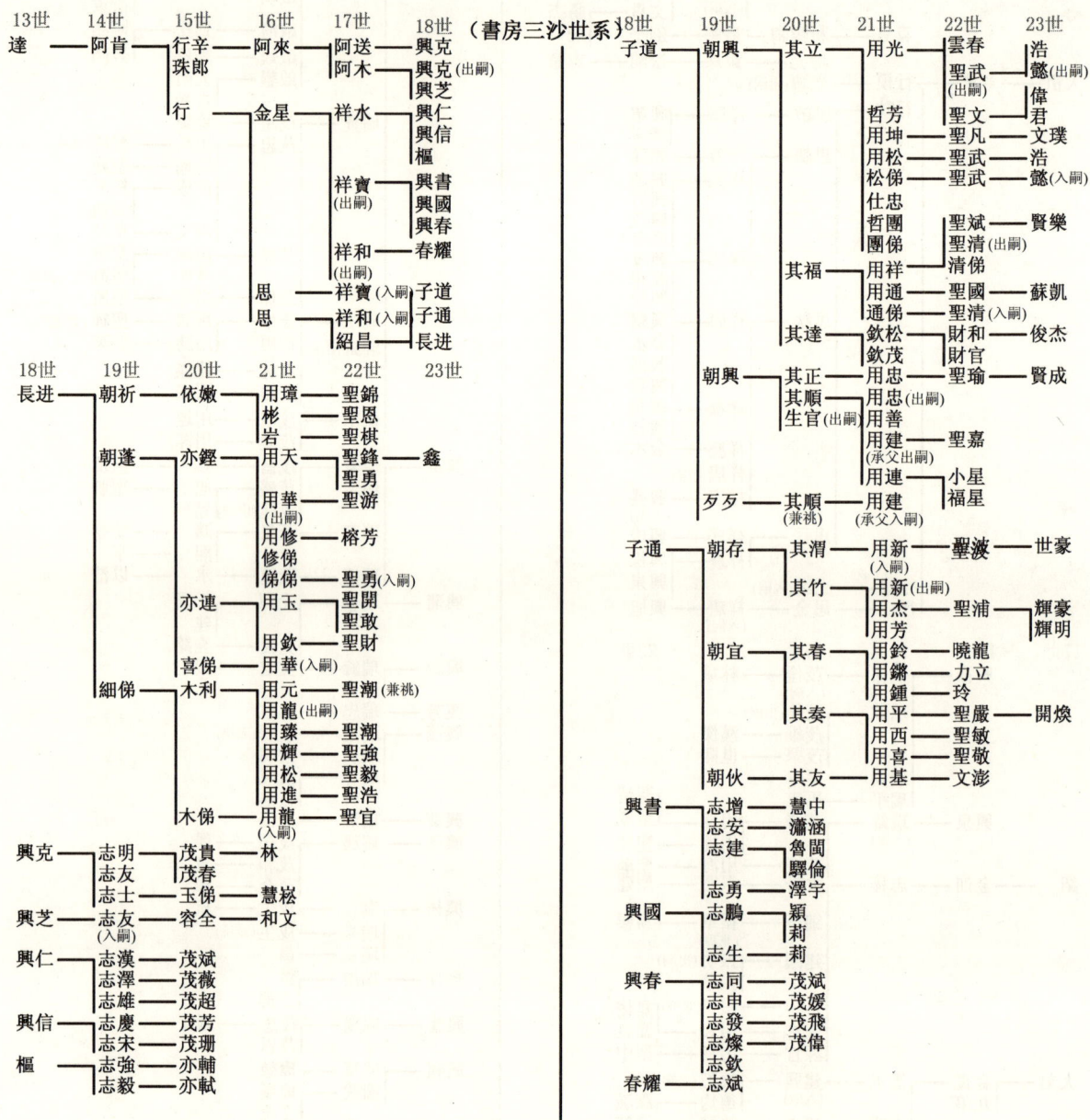

世代：13世　14世　15世　16世　17世　18世

- 達（13世）— 阿肯（14世）
  - 行辛珠郎（15世）
    - 阿來（16世）
      - 阿送（17世）— 興克（18世）
      - 阿木（17世）— 興克(出嗣)、興芝（18世）
  - 行（15世）
    - 金星（16世）
      - 祥水（17世）— 興仁、興信、樞（18世）
      - 祥寶(出嗣)（17世）— 興書、興國、興春（18世）
      - 祥和(出嗣)（17世）— 春耀（18世）
    - 思（16世）— 祥寶(入嗣)（17世）— 子道（18世）
    - 思（16世）— 祥和(入嗣)（17世）— 子通（18世）
    - 紹昌（17世）— 長進（18世）

（書房三沙世系）

世代：18世　19世　20世　21世　22世　23世

- 長進（18世）
  - 朝祈（19世）— 依嫩（20世）
    - 用璋（21世）— 聖錦（22世）
    - 彬（20世）— 聖恩
    - 岩（20世）— 聖棋
  - 朝蓬（19世）
    - 亦鏗（20世）
      - 用天（21世）— 聖鋒（22世）— 鑫（23世）；聖勇、聖游
      - 用華(出嗣)（21世）
      - 用修（21世）— 榕芳（22世）
      - 修俤（21世）
      - 俤俤（21世）— 聖勇(入嗣)（22世）
    - 亦連（20世）
      - 用玉（21世）— 聖開、聖敢、聖財（22世）
      - 用欽（21世）
    - 喜俤（20世）— 用華(入嗣)（21世）
  - 細俤（19世）
    - 木利（20世）
      - 用元（21世）— 聖潮(兼桃)（22世）
      - 用龍(出嗣)（21世）
      - 用臻（21世）— 聖潮（22世）
      - 用輝（21世）— 聖強（22世）
      - 用松（21世）— 聖毅（22世）
      - 用進（21世）— 聖浩（22世）
    - 木俤（20世）— 用龍(入嗣)（21世）— 聖宜（22世）

- 興克（18世）
  - 志明、志友（19世）— 茂貴、茂春（20世）— 林（21世）
  - 志士（19世）— 玉俤（20世）— 慧崧（21世）
- 興芝（18世）— 志友(入嗣)（19世）— 容全（20世）— 和文（21世）
- 興仁（18世）— 志漢、志澤、志雄（19世）— 茂斌、茂薇、茂超（20世）
- 興信（18世）— 志慶、志宋（19世）— 茂芳、茂珊（20世）
- 樞（18世）— 志強、志毅（19世）— 亦輔、亦軾（20世）

- 子道（18世）
  - 朝興（19世）
    - 其立（20世）— 用光（21世）— 雲春（22世）— 浩（23世）、懿(出嗣)
    - 哲芳（21世）— 聖武(出嗣)（22世）— 偉君（23世）
    - 用坤（21世）— 聖文（22世）— 文璞（23世）
    - 用松（21世）— 聖凡（22世）— 浩（23世）
    - 松俤（21世）— 聖武（22世）— 懿(入嗣)（23世）
    - 仕忠（21世）
    - 其福（20世）
      - 哲團（21世）— 聖斌（22世）— 賢樂（23世）
      - 團俤（21世）— 聖清(出嗣)（22世）
      - 用祥（21世）— 清俤（22世）
      - 用通（21世）— 聖國（22世）— 蘇凱（23世）
      - 通俤（21世）— 聖清(入嗣)（22世）
    - 其達（20世）
      - 欽松（21世）— 財和、財官（22世）— 俊杰（23世）
      - 欽茂（21世）
  - 朝興（19世）
    - 其正（20世）— 用忠（21世）— 聖瑜（22世）— 賢成（23世）
    - 其順（20世）— 用忠(出嗣)（21世）
    - 生官(出嗣)（20世）— 用善（21世）
      - 用建(承父出嗣)（21世）— 聖嘉（22世）
      - 用連（21世）— 小星（22世）
  - 歹歹（19世）— 其順(兼桃)（20世）— 用建(承父入嗣)（21世）— 福星（22世）

- 子通（18世）
  - 朝存（19世）
    - 其渭（20世）— 用新(入嗣)（21世）— 墊泼（22世）— 世豪（23世）
    - 其竹（20世）— 用新(出嗣)（21世）
    - 用杰（21世）— 聖浦（22世）— 輝豪、輝明（23世）
    - 用芳（21世）
  - 朝宜（19世）
    - 其春（20世）
      - 用鈴（21世）— 曉龍（22世）
      - 用鏽（21世）— 力立（22世）
      - 用鍾（21世）— 玲（22世）
    - 其奏（20世）
      - 用平（21世）— 聖嚴（22世）— 開煥（23世）
      - 用西（21世）— 聖敏（22世）
      - 用喜（21世）— 聖敬（22世）
  - 朝伙（19世）— 其友（20世）— 用基（21世）— 文澎（22世）

- 興書（18世）
  - 志增（19世）— 慧中（20世）
  - 志安（19世）— 瀟涵（20世）
  - 志建（19世）— 魯閩、驛倫、澤宇（20世）
- 興國（18世）
  - 志勇（19世）
  - 志鵬（19世）— 穎、莉、莉（20世）
  - 志生（19世）
- 興春（18世）
  - 志同（19世）— 茂斌（20世）
  - 志申（19世）— 茂媛（20世）
  - 志發（19世）— 茂飛（20世）
  - 志燦（19世）— 茂偉（20世）
  - 志欽（19世）
- 春耀（18世）— 志斌（19世）

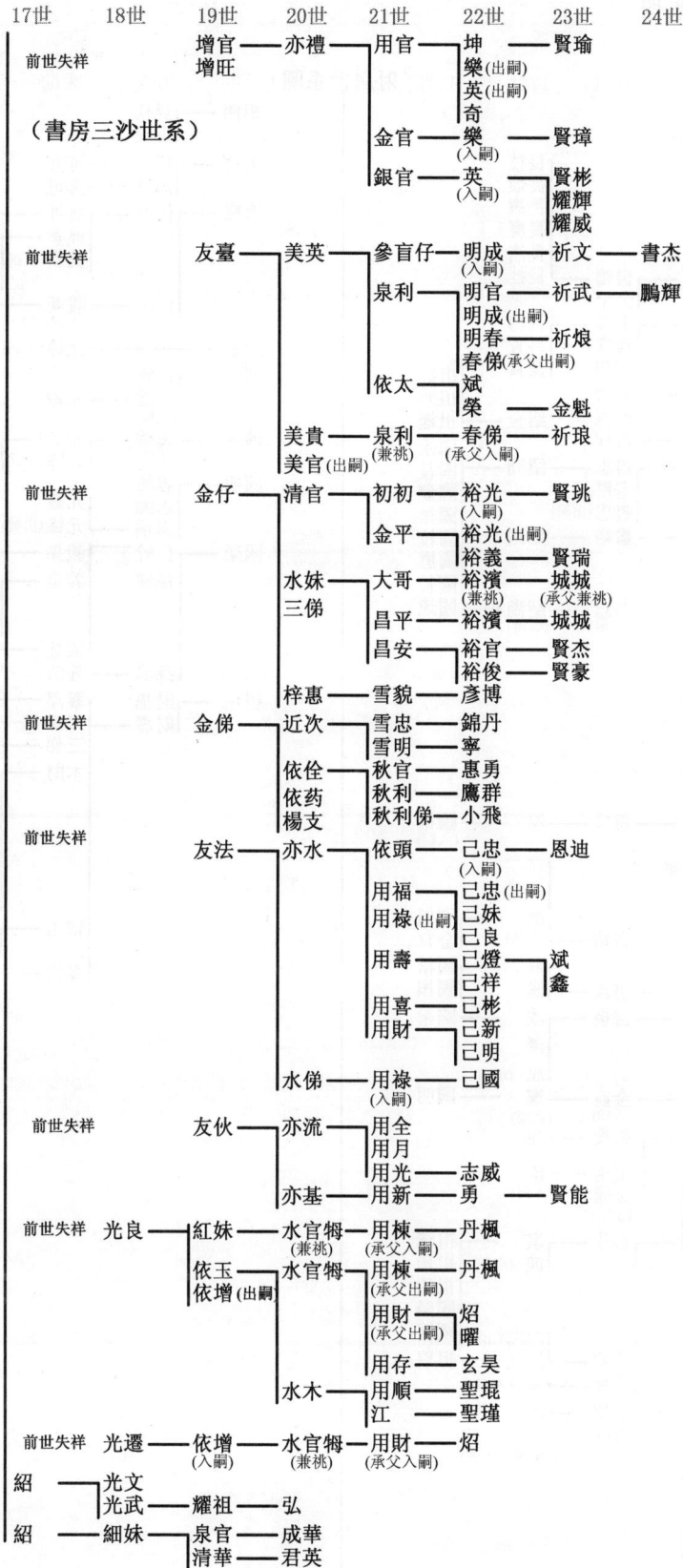

17世	18世	19世	20世	21世	22世	23世	24世

（書房三沙世系）

- 前世失祥
  - 增官／增旺 — 亦禮
    - 用官 — 坤 — 賢瑜
    - 樂(出嗣)
    - 英(出嗣)
    - 奇
    - 金官 — 樂(入嗣) — 賢璋
    - 銀官 — 英(入嗣) — 賢彬／耀輝／耀威

- 前世失祥
  - 友臺 — 美英
    - 參盲仔 — 明成(入嗣) — 祈文 — 書杰
    - 泉利 — 明官 — 祈武 — 鵬輝
      - 明成(出嗣)
      - 明春 — 祈焜
      - 春俤(承父出嗣)
    - 依太 — 斌
      - 榮 — 金魁
  - 美貴 — 泉利(兼桃) — 春俤(承父入嗣) — 祈琅
  - 美官(出嗣)

- 前世失祥
  - 金仔 — 清官
    - 初初 — 裕光(入嗣) — 賢珧
    - 金平 — 裕光(出嗣)
      - 裕義 — 賢瑞
  - 水妹／三俤
    - 大哥 — 裕濱(兼桃) — 城城(承父兼桃)
    - 昌平 — 裕濱 — 城城
    - 昌安 — 裕官 — 賢杰
      - 裕俊 — 賢豪
    - 梓惠 — 雪貌 — 彥博

- 前世失祥
  - 金俤 — 近次
    - 雪忠 — 錦丹
    - 雪明 — 寧
  - 依佺 — 秋官 — 惠勇
  - 依药 — 秋利 — 鷹群
  - 楊支 — 秋利俤 — 小飛

- 前世失祥
  - 友法 — 亦水
    - 依頭 — 己忠(入嗣) — 恩迪
    - 用福 — 己忠(出嗣)
    - 用祿(出嗣) — 己妹／己良
    - 用壽 — 己燈 — 斌／鑫
      - 己祥
    - 用喜 — 己彬
    - 用財 — 己新／己明
  - 水俤 — 用祿(入嗣) — 己國

- 前世失祥
  - 友伙 — 亦流
    - 用全
    - 用月
    - 用光 — 志威
  - 亦基 — 用新 — 勇 — 賢能

- 前世失祥
  - 光良 — 紅妹 — 水官牳(兼桃) — 用棟(承父入嗣) — 丹楓
  - 依玉 — 水官牳(承父出嗣) — 用棟(承父出嗣) — 丹楓
  - 依增(出嗣)
    - 用財(承父出嗣) — 焰／曤
    - 用存 — 玄昊
  - 水木 — 用順 — 聖琨／聖瑾
    - 江

- 前世失祥
  - 光遷 — 依增(入嗣) — 水官牳(兼桃) — 用財(承父入嗣) — 焰
- 紹 — 光文
  - 光武 — 耀祖 — 弘
- 紹 — 細妹 — 泉官 — 成華
  - 清華 — 君英

（九）射房世系图

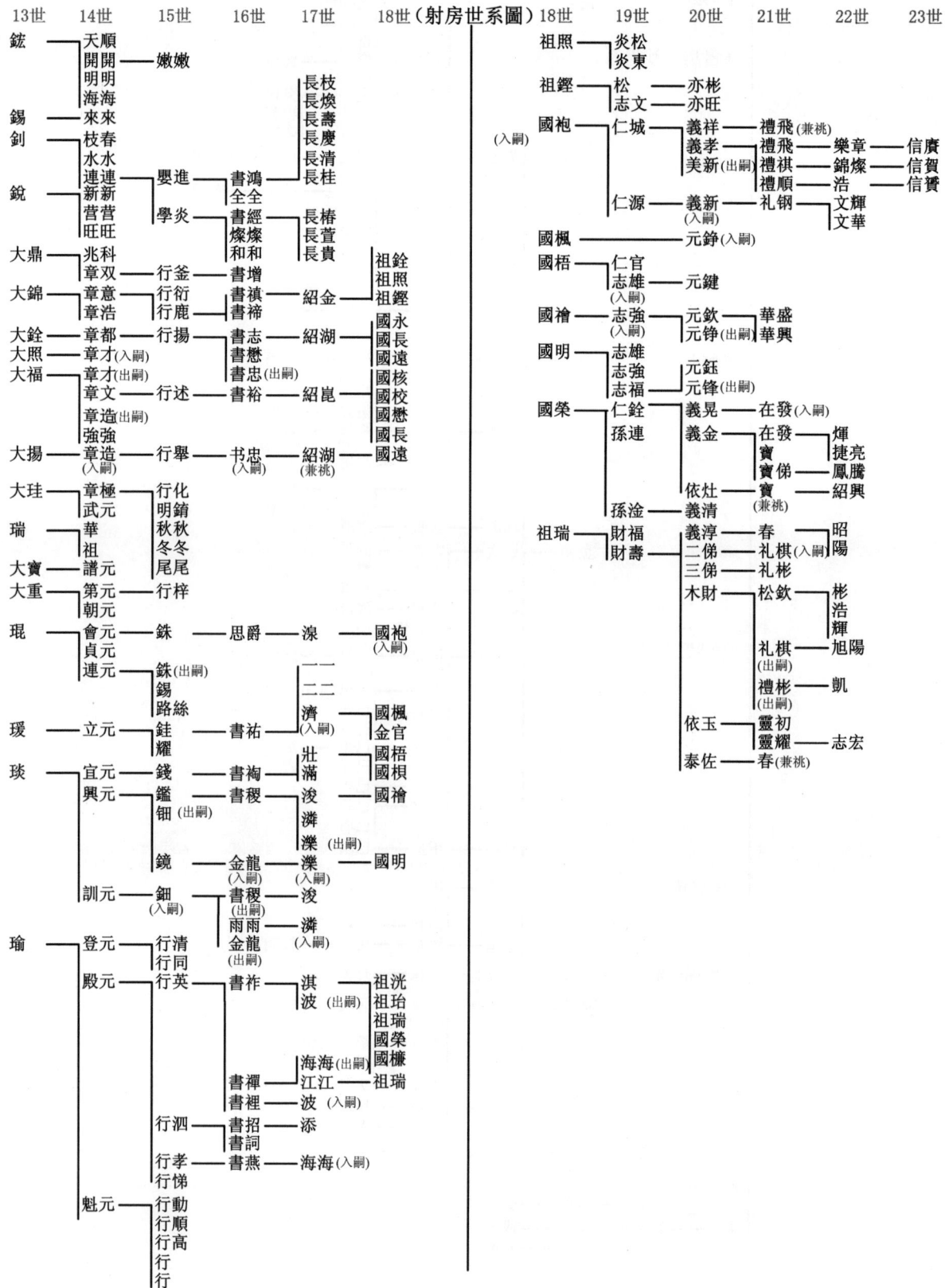

13世	14世	15世	16世	17世	18世（**射房世系圖**）	18世	19世	20世	21世	22世	23世

鉉 —— 天順
開開 —— 嫩嫩
明明
海海

錫 —— 來來

釗 —— 枝春
水水
連連 —— 嬰進 —— 書鴻 —— 長枝
新新 —— 學炎 全全 長煥
銳 —— 營營 長慶
旺旺 長清
長桂

書經 —— 長椿
燦燦 長萱
和和 長貴

大鼎 —— 兆科
章双 —— 行釜 —— 書增 祖銓
大錦 —— 章意 —— 行衍 —— 書祺 —— 紹金 祖照
章浩 —— 行鹿 書禘 祖鏗

大銓 —— 章都 —— 行揚 —— 書志 —— 紹湖 國永
大照 —— 章才（入嗣） 書戀 國長
大福 —— 章才（出嗣） 書忠（出嗣） 國遠
章文 —— 行述 —— 書裕 —— 紹崑 國核
章造（出嗣） 國校
強強 國戀
大揚 —— 章造（入嗣）—— 行舉 —— 书忠（入嗣）—— 紹湖（兼桃） 國長
國遠

大珪 —— 章極 —— 行化
武元 明銷
瑞 —— 華 秋秋
祖 冬冬
大寶 —— 譜元 尾尾

大重 —— 第元 —— 行梓
朝元

琨 —— 會元 —— 銖 —— 思爵 —— 淲 —— 國袍（入嗣）
貞元
連元 —— 銖（出嗣）
錫
路絲

瑗 —— 立元 —— 銈 —— 書祐 —— 一一 —— 國楓
耀 二二 金官
濟（入嗣）

琰 —— 宜元 —— 錢 —— 書裪 —— 壯 —— 國梧
滿 國根
興元 —— 鑑 —— 書稷 —— 浚 —— 國檜
鈿（出嗣） 潾
濼（出嗣）

鏡 —— 金龍 —— 濼 —— 國明
（入嗣）（入嗣）

訓元 —— 鈿 —— 書稷 —— 浚
（入嗣）（出嗣）
雨雨 —— 潾
金龍 （入嗣）
（出嗣）

瑜 —— 登元 —— 行清
行同
殿元 —— 行英 —— 書祚 —— 淇 —— 祖洗
波（出嗣） 祖珆
祖瑞
國榮
國檏

書禪 —— 海海（出嗣）
書裡 江江 —— 祖瑞
波（入嗣）

行泗 —— 書招 —— 添
書詞

行孝 —— 書燕 —— 海海（入嗣）
行悌

魁元 —— 行動
行順
行高
行
行

						18世	19世	20世	21世	22世	23世

祖照 —— 炎松
炎東

祖鏗 —— 松 —— 亦彬
志文 —— 亦旺

（入嗣）國袍 —— 仁城 —— 義祥 —— 禮飛（兼桃）
義孝 —— 禮飛 —— 樂章 —— 信廣
美新（出嗣）禮祺 —— 錦燦 —— 信賀
禮順 —— 浩 —— 信寶
仁源 —— 義新 —— 礼钢 —— 文輝
（入嗣） 文華

國楓 —— 元錚（入嗣）

國梧 —— 仁官
志雄 —— 元鍵

國檜 —— 志強 —— 元欽 —— 華盛
（入嗣）元錚（出嗣）華興

國明 —— 志雄 —— 元鈺
志強 元鋒（出嗣）
志福

國榮 —— 仁銓 —— 義晃 —— 在發（入嗣）
孫連 —— 義金 —— 在發 —— 輝
寶 —— 捷亮
寶俤 —— 鳳騰
依灶 —— 寶 —— 紹興
（兼桃）
孫淦 —— 義清

祖瑞 —— 財福 —— 義淳 —— 春 —— 昭
財壽 二俤 —— 礼棋（入嗣）陽
三俤 —— 礼彬

木財 —— 松欽 —— 彬
浩
輝
礼棋 —— 旭陽
（出嗣）
禮彬 —— 凱
（出嗣）

依玉 —— 靈初
靈耀 —— 志宏

泰佐 —— 春（兼桃）

（射房世系圖）

列：13世　14世　15世　16世　17世 ‖ 17世　18世　19世　20世　21世　22世　23世

左半（13世—17世）

- 13世 珀
  - 14世 文元
    - 15世 鐸
      - 16世 書福 — 17世 潮／溶／渭
      - 16世 書祿 — 17世 泗／淳／洲
    - 15世 録
      - 16世 書禮 — 17世 錐／滌(出嗣)／濱
      - 16世 書視 — 17世 浩／潯
      - 16世 桂桂
      - 16世 書袖 — 17世 渌(入嗣)
      - 16世 書祝 — 17世 滷／泗
      - 16世 書棱 — 17世 溏／法／潽／溙／溚
      - 16世 書沕 — 17世 滔
      - 16世 書漢(出嗣)
  - 14世 鼎元
    - 15世 鑰 — 16世 書祥 — 17世 淦
    - 15世 釗
      - 16世 書祉 — 17世 源／歐洋／淑(出嗣)
      - 16世 書祐 — 17世 治
      - 16世 書禍 — 17世 潤／才才／熊熊／湊湊／淶／濟(出嗣)／細俤／湆
      - 16世 五五星星
      - 16世 書禪 — 17世 淑(入嗣)
  - 14世 欽元
    - 15世 鑑
      - 16世 書禎 — 17世 洸／江／漢／福／汧
      - 16世 書喜
    - 15世 鎰 — 16世 書祺 — 17世 清／海／游／溙／洋
  - 14世 舉元
    - 15世 新品 正品
    - 15世 錦 — 16世 書祉(兼桃)
    - 15世 鐘
      - 16世 書源
      - 16世 書祊 — 17世 漳(兼桃)
      - 16世 書祉 — 17世 津(兼桃)
      - 16世 書禩 — 17世 漳
      - 16世 書振 — 17世 津
  - 14世 凱元
    - 15世 鋞
      - 16世 書祖 — 17世 烏烏／紅紅
      - 16世 書裸(入嗣) — 17世 滋(出嗣)／洪／濚(出嗣)
    - 15世 鎌 — 16世 書謀(入嗣) — 17世 滋(入嗣)
    - 15世 鋪
      - 16世 書祐
      - 16世 書禟(入嗣) — 17世 濚(入嗣)
    - 15世 銘 — 16世 書衿(入嗣) — 17世 潽(出嗣)
    - 15世 鎮
      - 16世 書謀(出嗣)
      - 16世 書裸(出嗣)
      - 16世 書初
      - 16世 書禠(出嗣)
      - 16世 書衿(出嗣) — 17世 潽(出嗣)／二二／潘
      - 16世 書襘
      - 16世 書禪 — 17世 藩
      - 16世 書禓
      - 16世 書裀

右半（17世—23世）

- 17世 潮 — 18世 國椰
  - 19世 仁坤
    - 20世 良燦 — 21世 禮香 — 22世 智用 — 23世 煜炎
    - 20世 良玉 — 21世 禮華(入嗣)
    - 20世 義官 — 21世 禮欽 — 22世 智用 — 23世 煜
      - 21世 禮香(出嗣) — 22世 智雄(承父入嗣)
      - 21世 禮華 — 22世 智茂 — 23世 克文 希
      - 21世 禮成 — 22世 聖鈿／聖坦
  - 19世 仁塘
    - 20世 亦栂 — 21世 禮香
    - 20世 義全 — 21世 禮強(出嗣)
      - 21世 禮國 — 22世 聖財
      - 21世 依哥 — 22世 聖財(兼桃)
      - 21世 依弟 — 22世 聖財(兼桃)

- 17世 渭
  - 18世 國桔
  - 18世 國枹(出嗣)
  - 18世 國梨
    - 19世 仁堪(兼桃) — 20世 義鈴 — 21世 宏建(入嗣) — 22世 晶晶
    - 19世 仁旦 — 20世 義鈴(兼桃)
  - 18世 國桃
    - 19世 仁桂 — 20世 義鈴 — 21世 宏建(出嗣) — 22世 智斌／智希
    - 19世 仁光 — 20世 義鈴(兼桃) — 21世 宏立
  - 18世 國李
    - 19世 仁樹(入嗣)
      - 20世 銀官 — 21世 礼星 — 22世 聖煒
      - 20世 義述 — 21世 礼星(出嗣) — 22世 聖燿
        - 21世 禮和 — 22世 聖清
        - 21世 礼意
        - 21世 礼胜 — 22世 智琼
  - 18世 國枢
    - 19世 仁樹(出嗣) — 20世 義天 — 21世 禮友 — 22世 智旺
    - 19世 仁发 — 20世 義壽 — 21世 禮哥 — 22世 智炜(兼桃)
      - 21世 禮安 — 22世 智炜
      - 20世 義福 — 21世 禮武 — 22世 圣锴
  - 18世 國有
    - 19世 仁灼 — 20世 義勛(兼桃) — 21世 礼宇(承父兼桃) — 22世 智泽
    - 19世 仁琛 — 20世 義勛(兼桃) — 21世 禮宇
    - 19世 仁璧 — 20世 義兴 — 21世 洪淦(承父兼桃)
    - 19世 仁琚(出嗣)

- 17世 泗 — 18世 國棋(入嗣)
- 17世 淳 — 18世 國梓(入嗣) — 19世 仁琚(入嗣) — 20世 义兴 — 21世 洪淦
- 17世 洲
  - 18世 國棋(出嗣)
  - 18世 國梓(出嗣)
  - 18世 國珠
- 17世 錐 — 18世 國根(入嗣) — 19世 依春(入嗣) — 20世 宝順(入嗣) — 21世 银昭／錦輝
- 17世 浩
  - 18世 國柳
  - 18世 國金
    - 19世 依春(出嗣)
    - 19世 仁景 — 20世 寶銀 — 21世 禮新
      - 20世 寶順(出嗣)
- 17世 渌
  - 18世 國成
    - 19世 仁昱 — 20世 保興 — 21世 輝
      - 20世 保忠 — 21世 博
  - 18世 國根(出嗣)
  - 18世 國德
    - 19世 仁官 — 20世 寶明 — 21世 心濤(兼桃)
      - 20世 寶貴 — 21世 心濤
      - 20世 寶豐 — 21世 翔
  - 18世 細俤
- 17世 滷
  - 18世 荊荊
  - 18世 國株 — 19世 仁廉
    - 20世 義英 — 21世 綱 — 22世 智慧
    - 20世 義雄 — 21世 允
    - 20世 義豪 — 21世 劍鋒(入嗣)
    - 20世 義傑 — 21世 煜(入嗣)
    - 20世 義宏 — 21世 韜
    - 20世 義寬(出嗣) — 21世 劍鋒(出嗣)
    - 20世 義安 — 21世 亮／煜(出嗣)
- 17世 溏／法／潽／溙／溚
  - 18世 國桪(入嗣)
  - 18世 國榴
  - 18世 國棍(入嗣)
  - 18世 國蘆
  - 18世 國桪(出嗣)
  - 18世 國榴(出嗣)
  - 18世 國棍(出嗣)
- 17世 滔
  - 18世 國
  - 18世 國機
    - 19世 仁遂 — 20世 伙木 — 21世 禮潤(兼桃)
    - 19世 仁通(出嗣)
      - 20世 義同 — 21世 禮潤 — 22世 智登
      - 20世 義高 — 21世 禮光 — 22世 智成
        - 21世 禮傑
      - 20世 義清 — 21世 禮端 — 22世 偉取
        - 21世 禮正
      - 20世 義長 — 21世 潮 — 22世 智傑
  - 18世 國棠
    - 19世 仁通(入嗣)
      - 20世 義漢 — 21世 禮敏 — 22世 智煜
      - 20世 義忠 — 21世 禮超 — 22世 智祥
        - 21世 禮燦
  - 18世 國榴
    - 19世 仁達 — 20世 銘鋒 — 21世 文宇 — 22世 斌
      - 21世 文涛 — 22世 坤
      - 21世 文平 — 22世 斌
      - 21世 文捷 — 22世 坤

（射房世系圖）

左：

17世	18世	19世	20世	21世	22世	23世
淦	國榛	仁坦(入嗣)	義貴	建光	春華(入嗣)	
				礼輝	春榮	
					春華(出嗣)	
熊熊	國榆(入嗣)	仁豐		禮昭	尊凱	
		仁登				
		仁厚(出嗣)	義存	禮昭(兼桃)		
			亦杰	禮昭		
源	國榛	仁坚(入嗣)	義發	明忠	智杭	賢揚
治	國梅			明华	永興	賢浩
	國禁(入嗣)	仁培(入嗣)	義和	禮星(出嗣)	永翠	賢宇
						賢燁
				礼达	勇昇	
溁	國禁			禮容	夢皇	
	國榆(出嗣)		義寶	禮星(入嗣)	程	賢旺
					艷	賢強
淑	國樂	仁厚(入嗣)	義盛	禮鋒	曉昕	
	國桂	仁坦(出嗣)		禮錦	鉅曦	
		仁坪	義茂	輝		
		仁坪(出嗣)	義成	禮文	浩然	
		仁福	義城	璋	正邦	
				平	正華	
	國杞	柏香	寶官(出嗣)	世文	卓文	
		香佾	伙官	明偉	嘉興	
			學良	杰		
		香財	寶官(入嗣)	明鍾		
				貴拱		
江	國枝					
洸	國模	仁增	为信	貴照	陳煜	
	國松	仁				
漢	國楊	仁在	義俊	禮泉	曙光	
					曙亮	
			義旺(出嗣)	禮玉	智文(入嗣)	信緯
			義潮(出嗣)	禮木	智穎	信鋒
						信鈺
				禮春	智華	信福
					智文	
					智武	
				禮國	智慧	信哲
					智志	
				禮登	智峰	
					智高	
	國林	仁昌	義富(出嗣)		智聰	
			義興	健康(入嗣)		
			義明(出嗣)	健康(出嗣)		
	國森	仁在(兼桃)	義旺(承父入嗣)	健峰	奇	信傑
			義金	禮興	智興	信彬
				禮平	智香	信涛
				禮勇	智銘	
	國枆	仁在(兼桃)	義潮(承父入嗣)	禮興	智斌	信錦
				禮進	智強	信秋
				禮源	智強	
	國㮾	仁昌(兼桃)	義富(兼桃)	健峰		
汗	國彬(入嗣)	仁基(入嗣)	義祿(入嗣)	礼宣	智興(兼桃)	浩(入嗣)
	國操	仁基(出嗣)		礼傅	智興	浩(出嗣)
	國樹	仁場	義祿(出嗣)	禮尊	智偉	燁
			義財	禮秋	智敏	信漾
					智文	信誠
				禮欽	智華	
滋	國栗			禮強	智鴻	
	國櫃(出嗣)				智勇	
灘	國樑	國梠	義康	禮彬(承父入嗣)		
清	國槐(出嗣)	(兼桃)	(兼桃)			
	國樹			禮城		
海	國榕	仁垛	義德	紅弟		
	國桐		(入嗣)	禮鼎		
潜	國棣	仁均	義杰	明一		
	國枞(出嗣)	(兼桃)	(承父入嗣)	明二		
	國桦					
	國梯					

右：

17世	18世	19世	20世	21世	22世	23世
游	國杰	仁鏗	亦永	震威	智圻	
		仁鏊(出嗣)	亦殿	震興(入嗣)	智凌	
			義慶	震興(兼桃)		
		仁剑	義康	禮祺	智燁	
				禮彬	智光	
				禮坚	智輝	
				禮松(出嗣)	智煌	
			義庸	禮松	智燁	
		仁奎	義德	礼城	光鋒	
					紅俤	
				禮鼎	智槓	
			義正	禮枝	智權	
					智煜	
			義忠	禮銀	智豪	
				禮枝(出嗣)	智端	
			義品	礼栎	智鑫	
				禮軍		
		仁尧	義釵	礼旺	智勇	
		仁祥	義釵(出嗣)			
			義雙	震威(出嗣)		
				震鋒	昕	
				震興(入嗣)		
			義樵	誠	超	
			義利	誠(兼桃)		
	國槙	仁鏊(入嗣)	義群	禮明	智炎	澤耀
			義豐	禮明(出嗣)		
				禮雲	智美	
				禮飛		
			義登	禮祺	蘇闽	
			義彬	禮璋	智臻	
					智源	
				禮雄	杰卓	
					志剛	
				禮文(出嗣)	智晟	
			亦林	禮寶	玄燁	
				禮景		
			義淳	禮文(入嗣)		
漆	國材	仁墻(入嗣)	義訓	雲清	億	
			義記	雲彬(出嗣)	欽	
			增仁(出嗣)	禮佺	智杰	
	國相	仁墻(入嗣)	義記	禮發	杰	
	國楠	仁埼				
		仁美	增仁(入嗣)	雲彬	江寧	
津	國保	仁華	義順	禮霖	智深	
	國柱			禮震		
	國標(出嗣)		義貽	興	比爾	
	國櫻			周	智燁	
	水官			周(入嗣)	靖	
	細弟		義花			
洪	國櫃		義香	礼震	智豪	
潘	國枞		義域	禮敏	智辰	
洋	國本(入嗣)	仁均(入嗣)	義振	明星	峰	
				明雲	岩希	
				光輝		
			義杰	明一		
				明二		
漳	國佺		義信	明雲(入嗣)		
津	國標	仁坐	義鏗	文		
			(承父入嗣)	武		
漳	國佺(承父出嗣)					
	國樋	仁坐	義斌	禮穎	智偉	
	國根	仁均(出嗣)				
	國	仁垳(出嗣)	義鏗	文	博	
	國本			武	帥	
	國楷					
	國政					

（射房世系圖）

左半部：

13世	14世	15世	16世	17世	18世
璋	章文	行釗	增增		
	仕仕		三三		
	傅尊	來喜			
		來興			
		來順			
		來法	眉尼		
		來寶	林林	泫(入嗣)	國武
璣	陞元	家梓	書襧(入嗣)	潤	國启
	印元				國欽
					國海
		家壽	書襧(出嗣)		國榮
			書禎	淳	國鵬
				泩(出嗣)	國轄
				泫(出嗣)	國鵾
		家才	書勇		國武(出嗣)
			書烈	泩(入嗣)	國鵑
環	章錫(入嗣)	行判	書鈴		
			書鎔	興法	國清
瓊	章榜(入嗣)	行搏	書浩	如林	振登
		行夏(出嗣)	書禭(出嗣)	如松(出嗣)	振有
		行藻(出嗣)	書裎(出嗣)		振和
					振發
					振泰
義	章榜	行修	書祀(兼挑)	如杰(入嗣)	振營
	章題				振成
	章柳(出嗣)				振茂
					振魁
		行務	書祀	如杰(出嗣)	佬佬
			如燦		振盛
			如田		振意
					振梅
			如篝		振海
道	章柳	行藻(入嗣)	書禭(入嗣)	如材	振光
				如桂	
智	章器	行夏(入嗣)	書裎(入嗣)	如本	振永
	章進			如根	
				如槙	
				如桔	

左下半部：

18世	19世	20世	21世	22世	23世
振泰	邦桂	家良	必成	宇豪	
	邦忠(入嗣)	家良(出嗣)			
		家富	周雄(兼挑)		
		家炳	周雄	睿昊	
		家樂	周東		
		家國	周清	圣輝	
振魁	邦灼	雄生	周耀		
振盛	邦煌	家松	周強	聖濤	
	邦旺(出嗣)		周武	聖泓	
	邦清	家旗(入嗣)	周珲		
振海	邦旺(入嗣)	家棋(出嗣)			
		家偉	凱聞		
振光	邦燦	家明	周志		
	燦俤				
	邦朝	家暉	周正		

右半部：

18世	19世	20世	21世	22世	23世
國武	李				
	季	涵			
國启	仁群	宁	俊阳		
	仁普		鑫毅		
	仁修	津			
	仁耕	諾			
國欽	仁楚	敏(入嗣)	芷妍		
	仁杰	勇	禮鋒		
			禮森		
		敢	禮祺		
	仁輝	義盛			
	仁瑋	瑞			
	增明	權			
	鄭鋒				
國海	仁銑	雁			
		兵	子儀		
	仁樞	偉文	曾雄		
	仁濤	深			
	仁聲	露莎			
	仁科	靜			
國榮	仁波	斌	用廣		
		祁	用賀		
		武	用資		
	仁釗	熙			
國鵬	仁钟	義冀	礼庚		
	仁鼎(出嗣)	義洪	礼康		
	仁亮(出嗣)	義禹			
	仁高	義輝			
	仁春	義飛			
國轄	仁鼎(入嗣)	義成			
		義勝			
國鵾	仁亮(入嗣)				
國鵑	錦安	義發			
振登	邦桃	家祥	周同	聖華	賢彬
	邦榮(出嗣)		周俤		賢增
	邦忠(出嗣)		周豐	聖欽	
		家瑞	周豐(入嗣)		
		家彬(出嗣)			
	邦康	家灼	鼎		
			成		
			政		
振有	邦春	家習(入嗣)	周文(入嗣)	輝	
	邦秋	家習(出嗣)		錦	
		家國(入嗣)	周文(出嗣)		
			周榕		
振和	邦榮(入嗣)	家桥	周清(入嗣)		
		家彬	周清	鴻強(入嗣)	賢棟
			周明	鴻強(出嗣)	賢棟
			周玉	鴻程	
			周信	兆鈞	
			周錦	兆鋒	

（射房世系圖）

13世	14世	15世	16世	17世	18世

智 — 章器 — 行夏(入嗣) — 書裎(入嗣) — 如本 — 振永
　　　　　　　　　　　　　　　　　如根
　　　　　　　　　　　　　　　　　如楨
　　　　　　　　　　　　　　　　　如桔
　　章進

琋 — 章靜 — 紅紅(入嗣) — 思潮(入嗣) — 如璋 — 善慶
　　章燕　　　　　　　　　　　　　　　　　　善信
璽 — 章能 — 行懷 — 熠熠 — 如璧(入嗣) — 善泉
　　章燕　　　　　紅紅(出嗣)　思潮(出嗣)　　善衡
　　　　　　　　　　　　　　　思滿(出嗣)　　善賢
　　　　　　　　　　　　　　　　　　　　　　善忠
　　　　　　祿祿 — 思滿(入嗣) — 子保 — 善良
　　　　　　　　　　　　　　　　如珪
　　　　　　　　　　　　　　　　如璧(出嗣) — 善衡
　　　　　　　　　　　　　　　　如璋(出嗣)
　　章時 — 行振 — 起起 — 如金(入嗣) — 振豐
　　章遠　　行慶　　　　　　　　　　　振調
　　　　　　朝朝　　　　　　　　　　　振德
　　　　　　　　　　　　　　　　　　　振鉎
　　章聚 — 行誇(兼桃) — 阿狗 — 如盛 — 善欽
　　　　　　金金　　　　　　　　　　　善宏
　　　　　　行宴 — 阿狗 — 如盛 — 善寶
　　章科 — 行是 — 書衿(入嗣) — 如金 — 振順
　　　　　　　　　　　　　　　　如玉 — 振雄
　　　　　　　　　　　　　　　　如鈿 — 振福
　　　　　　　　　　　　　　　　　　　振祿
　　　　　　　　　　　　　　　　　　　振壽
　　　　　　　　　　　　　　　　如珠 — 振官
　　　　　　　　　　　　　　　　　　　振意
　　　　　　　　　　　　　　　　如寶 — 振昌

大貫 — 榜元
　　　章衢 — 行維 — 書桃 — 如根 — 振通
　　　章察(出嗣)　猴猴　　　　　紹琪(入嗣)
　　　　　　　　　鉦 — 書衿
　　　章縈 — 爐爐
大偉 — 章察(入嗣) — 雲開
大貴 — 章歲 — 行作 — 思灼 — 紹琮(入嗣) — 振達
　　　章日　　　　　良良
　　　章喜
大澤 — 章多 — 行倉(入嗣) — 金城(兼桃) — 科黎(入嗣) — 振彬
　　　章祖 — 行倉(出嗣)　金城　　　　　科黎(出嗣)　振彬(出嗣)
　　　　　　　行愛　　　　　　　　　　　如標 —　振旺
遲 — 章程 — 行發(兼桃) — 金科 — 紹琬
　　章尊 — 行發　　　　　金甲　　紹琪(出嗣)
漢 — 章象 — 紅紅　　　　　　　　紹琮(出嗣)
大理 — 章輔 — 行合(入嗣) — 春發 — 如俊(入嗣)
　　　章晃(出嗣)　亨　　　　　　紹瑁 — 振連
大濟 — 章晃 — 清元 — 春發(出嗣)
大燦 — 章連 — 清雲 — 春龍 — 如俊
　　　章捷 — 行倫　　　　　　如好(出嗣)
大燦 — 進
　　　章祂 — 河河
大由 — 章祂 — 行禮 — 和尚
　　　章部　　　　　　犬犬
　　　　　　　　　　　歟歟
　　　章高 — 行豐 — 添添 — 昌清(入嗣) — 國木
大嘉 — 建元　　　　　　　　　　　　　　國恩
　　　章回 — 行佑 — 書祥 — 昌場(兼桃) — 國風(承父入嗣)
　　　章藩　　朧朧　　好花
　　　　　　　雪雪　　添添(出嗣)
　　　　　　　麻麻　　金金 — 昌場(出嗣)
　　　　　　　　　　　木木　　昌清(出嗣) — 國鳳(承父出嗣)
渭 — 章衣　　　　　　美美 — 水鴨　　　　　國龍
　　　　　　　行瑤 — 歟妹 — 混
　　　章蘭 — 行電
淑 — 章模 — 鋼
湘 — 章裕 — 銑

18世	19世	20世	21世	22世	23世

振永 — 木法 — 舒
善信 — 志舒 — 家新 — 文翔
　　　志鴻　　　　　　文強
　　　志顯
　　　志豪
　　　志英
善泉 — 志麟
善良 — 志文
　　　志武
振豐 — 邦棟 — 家佺 — 周春
　　　邦梁(出嗣)　　　周琴
　　　邦杰 — 家燕(入嗣) — 秀虹
　　　邦太 — 家佃 — 周文 — 聖興
　　　　　　家平 — 周恩
　　　　　　　　　　周金
　　　　　　家燕(出嗣) — 秀虹
振調 — 邦桐 — 金金 — 榮 — 松
　　　狗命 — 木錦 — 榮(出嗣)
　　　邦枝(出嗣)　　　　平
振德 — 邦樑 — 亦哥
善欽 — 志明 — 烏仔
　　　志星 — 家美 — 周建
　　　志雲 — 家興 — 周華
善宏 — 志豐
振雄 — 邦柱 — 家慶 — 營 — 凱文
　　　　　　家清
　　　　　　家旺 — 宇
振福 — 邦枝(入嗣) — 依寶 — 真
　　　　　　　　　　　　　武
振官 — 邦機(兼桃) — 家響(承父入嗣) — 周興
振意 — 邦機 — 家霖 — 周華
　　　　　　家響
　　　　　　家魁 — 周源
振昌 — 邦興 — 旭東 — 星妍
　　　　　　朝暉(出嗣)
　　　邦森 — 朝暉(入嗣) — 嘉敏
　　　邦水 — 家銀 — 周燾
　　　邦院 — 枝 — 周俤
　　　邦游 — 虹 — 用全
　　　邦鼎 — 枝(兼桃)
振通 — 依利 — 鄭星(入嗣)
　　　依文 — 鄭星
　　　　　　鄭明 — 旺旺
　　　　　　鄭全 — 遲
　　　依海 — 鋒仁 — 周禧
　　　　　　鄭莊 — 嘉興
振彬 — 邦哥 — 仁(兼桃) — 瀟楓(承父入嗣)
　　　邦英 — 仁 — 瀟楓(承父出嗣)
　　　　　　　　　瀟翔
　　　　　　　　　明俊
　　　邦國 — 家賀(入嗣) — 立
　　　邦美(出嗣)
　　　邦雄(出嗣)
　　　哥弟 — 家賀(兼桃) — 立
振旺 — 邦美(入嗣) — 家勇(兼桃) — 麟
　　　邦雄(入嗣) — 家勇 — 麟
　　　　　　　　　家賀(出嗣)
振連 — 依海(入嗣) — 鋒仁(承父入嗣) — 用禧
　　　　　　　　　鄭莊(承父入嗣) — 嘉興

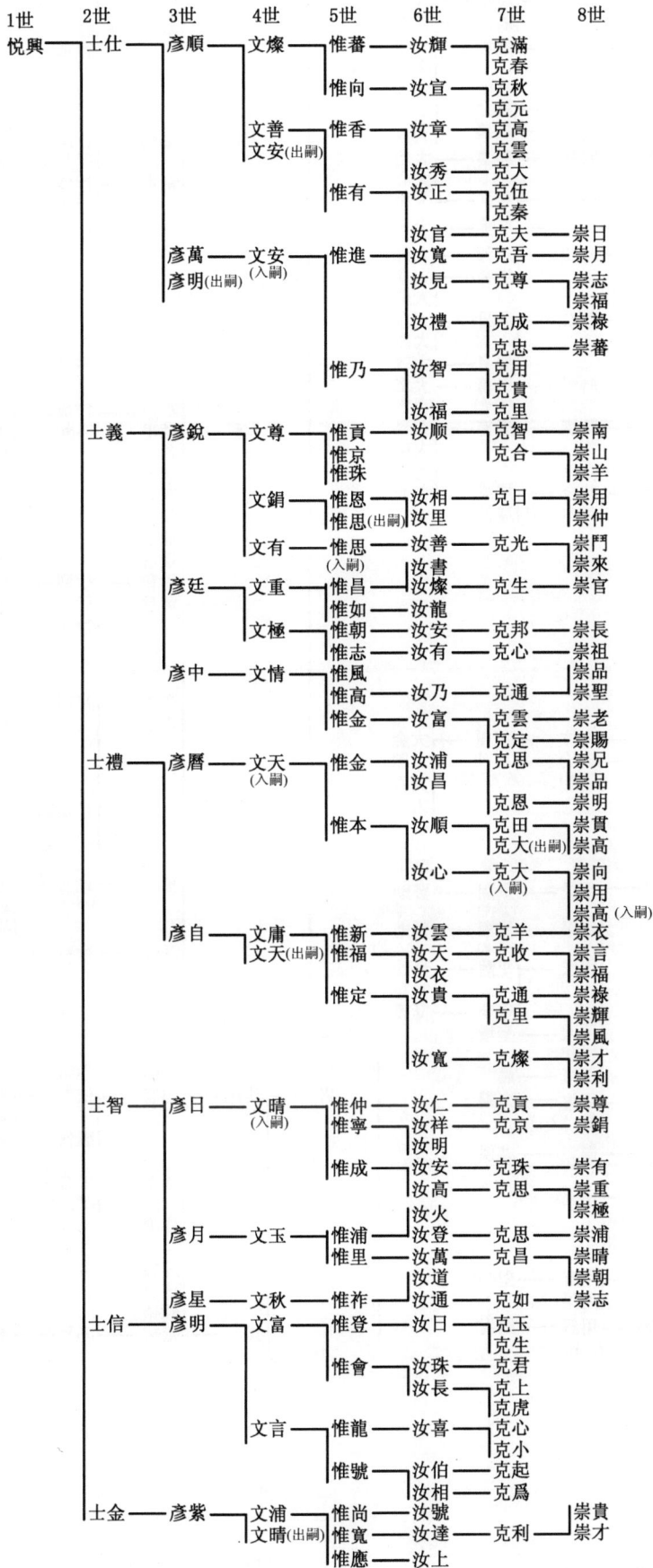

（十）悦兴公世系

（悦興公世系）

1世　2世　3世　4世　5世　6世　7世　8世

- 1世 悦興
  - 2世 士仕
    - 3世 彦順
      - 4世 文燦
        - 5世 惟蕃 — 6世 汝輝 — 7世 克滿 / 克春
        - 5世 惟向 — 6世 汝宣 — 7世 克秋 / 克元
      - 4世 文善 / 文安(出嗣)
        - 5世 惟香 — 6世 汝章 — 7世 克高 / 克雲
        - 6世 汝秀 — 7世 克大
        - 5世 惟有 — 6世 汝正 — 7世 克伍 / 克秦
    - 3世 彦萬 / 彦明(出嗣)
      - 4世 文安(入嗣)
        - 5世 惟進
          - 6世 汝官 — 7世 克夫 — 8世 崇日 / 崇月
          - 6世 汝寬 — 7世 克吾 — 8世 崇志
          - 6世 汝見 — 7世 克尊 — 8世 崇福 / 崇祿
          - 6世 汝禮 — 7世 克成 / 克忠 — 8世 崇蕃
        - 5世 惟乃
          - 6世 汝智 — 7世 克用 / 克貴
          - 6世 汝福 — 7世 克里
  - 2世 士義
    - 3世 彦銳
      - 4世 文尊
        - 5世 惟貢 — 6世 汝順 — 7世 克智 — 8世 崇南 / 崇山
        - 7世 克合 — 8世 崇羊
        - 5世 惟京
        - 5世 惟珠
      - 4世 文銷
        - 5世 惟恩 — 6世 汝相 — 7世 克日 — 8世 崇用 / 崇仲
        - 5世 惟思(出嗣) — 6世 汝里
      - 4世 文有
        - 5世 惟思(入嗣) — 6世 汝善 — 7世 克光 — 8世 崇門 / 崇來
        - 6世 汝書
    - 3世 彦廷
      - 4世 文重
        - 5世 惟昌 — 6世 汝燦 — 7世 克生 — 8世 崇官
        - 5世 惟如 — 6世 汝龍
      - 4世 文極
        - 5世 惟朝 — 6世 汝安 — 7世 克邦 — 8世 崇長
        - 5世 惟志 — 6世 汝有 — 7世 克心 — 8世 崇祖
    - 3世 彦中
      - 4世 文情
        - 5世 惟風 — 8世 崇品 / 崇聖
        - 5世 惟高 — 6世 汝乃 — 7世 克通
        - 5世 惟金 — 6世 汝富 — 7世 克雲 / 克定 — 8世 崇老 / 崇賜
  - 2世 士禮
    - 3世 彦曆
      - 4世 文天(入嗣)
        - 5世 惟金
          - 6世 汝浦 — 7世 克思 — 8世 崇兄 / 崇品 / 崇明
          - 6世 汝昌 — 7世 克恩
        - 5世 惟本
          - 6世 汝順 — 7世 克田 — 8世 崇貫 / 崇高
          - 7世 克大(出嗣)
          - 6世 汝心 — 7世 克大(入嗣) — 8世 崇向 / 崇用 / 崇高(入嗣)
    - 3世 彦自
      - 4世 文庸 / 文天(出嗣)
        - 5世 惟新 — 6世 汝雲 — 7世 克羊 — 8世 崇衣
        - 5世 惟福 — 6世 汝天 — 7世 克收 — 8世 崇言 / 崇福
        - 6世 汝衣
        - 5世 惟定
          - 6世 汝貴 — 7世 克通 — 8世 崇祿 / 崇輝
          - 7世 克里 — 8世 崇風
          - 6世 汝寬 — 7世 克燦 — 8世 崇才 / 崇利
  - 2世 士智
    - 3世 彦日
      - 4世 文晴(入嗣)
        - 5世 惟仲 — 6世 汝仁 — 7世 克貢 — 8世 崇尊
        - 5世 惟寧 — 6世 汝祥 — 7世 克京 — 8世 崇銷
        - 6世 汝明
        - 5世 惟成 — 6世 汝安 — 7世 克珠 — 8世 崇有
        - 6世 汝高 — 7世 克思 — 8世 崇重 / 崇極
        - 6世 汝火
    - 3世 彦月
      - 4世 文玉
        - 5世 惟浦 — 6世 汝登 — 7世 克思 — 8世 崇浦 / 崇晴
        - 5世 惟里 — 6世 汝萬 — 7世 克昌 — 8世 崇晴 / 崇朝
        - 6世 汝道
    - 3世 彦星
      - 4世 文秋 — 5世 惟祚 — 6世 汝通 — 7世 克如 — 8世 崇志
  - 2世 士信
    - 3世 彦明
      - 4世 文富
        - 5世 惟登 — 6世 汝日 — 7世 克玉 / 克生
        - 5世 惟會 — 6世 汝珠 — 7世 克君
        - 6世 汝長 — 7世 克上 / 克虎
      - 4世 文言
        - 5世 惟龍 — 6世 汝喜 — 7世 克心 / 克小
        - 5世 惟號 — 6世 汝伯 — 7世 克起
        - 6世 汝相 — 7世 克爲
  - 2世 士金
    - 3世 彦紫
      - 4世 文浦 / 文晴(出嗣)
        - 5世 惟尚 — 6世 汝號
        - 5世 惟寬 — 6世 汝達 — 7世 克利 — 8世 崇貴 / 崇才
        - 5世 惟應 — 6世 汝上

上段左（悦興公世系）

8世	9世	10世	11世	12世	13世（悦興公世系）
崇日	德祚	乘銳	時基	展萬	大秀／大舉(入嗣)
崇月	德祥	乘廷	時帝	展學／展思	大謀／大光
	德禧	乘貢	時述	展福	大禎／大舉(出嗣)
崇志	德傅	乘昌	時扳／時必	展乃／展禧	大達／大雅／大見
	德元	乘應	時亨	展壽	大用／大心
崇福	德極	乘思	時武	展武	大相
崇祿	德重	乘長	時文	展美	大允
崇蕃	德昌	乘乃	時相	展邦／展長	大丹／大樂／大耀
	德如	乘士	時右	展日／展月	大在／大能／大敦
崇官	德寧	乘曆	時春	展萬(兼桃)	大舉(兼桃)
崇貫	德合	乘天	時燦	展禮	大科／大珇／大立／大油
崇高(入嗣)	德富	乘衣	時合／時本(出嗣)	展成／展仲(承父出嗣)	
崇尊	德銳／德廷／德紫				
崇銷	德尚				
崇有	德寬				
崇重	德楓				
崇極	德相／德高				
崇浦	德邦／德祥	乘喜／乘善	時本／時合(兼桃)	展重／展仲(承父入嗣)	大金／大順／大香／大齊
崇晴	德禧				
崇朝	德祚				
崇志	德福／德祿				

上段右

13世	14世	15世	16世	17世	18世
大舉	章哲	行極／行全／行興			
	章普	行富禎／行登／行生／行泰			
大禎	章順	行用	思經／思光	如意／德官	
	章本	行品	思玉		
		行紫	旺		
		行潭	燕		
		行禮	桂		
		行善	樂		
		行衣			
		行言	思雲	麻／達	
大雅	章敏	行河	長發	壽慶／壽門／壽謀	
	章才	行遠(出嗣)			
	章麗	滿廷	長珠	壽富／壽官／壽容	
大科	章志	行遠(入嗣)	思清／思洋／思濱	順子	
	章里／章祿／章輝				
大珇	章太／章成／章國		思龍	紹燦／興興	
大金	章富		思章		
	章和	行迎	紅紅		
大達	章貴	行金	思彩	紹聯	鳳雛／天喜
		行元(出嗣)	思盛	發登／發標／發加／發	
	章寬	行明	思樂	祖田／發進	
			思璧	赤官／發捷	基登
			思庇		
		行端	思義	唐／高／祖	
		行齊(出嗣)	長漢／長萱		
	章政	行元(入嗣)	思智／思遊／思道	木／夏／坤	其昌／其海／其旺／其金／其樂
	章燦	行齊(入嗣)	長菁／長祥	發強	

下段左

18世	19世	20世	21世	22世	23世
其昌	祥榮	亦忠	用成(兼桃)	聖潮(承父兼桃)	賢助
			用平	聖潮(兼桃)	賢助(承父入嗣)
			用安	聖潮(承父出嗣)／聖全	賢助(承父出嗣)／賢豐／賢豐(兼桃)
			用太／用和	聖增	
			用漢	晨	
			用俊	文鵬	
			闓(承父出嗣)		
其海	祥榮(出嗣)／祥芝／祥利(出嗣)	亦魁	用俊		煒然
其旺	祥利(入嗣)	亦魁(兼桃)	闓(承父入嗣)	鑫傑	
其金	祥茂(入嗣)	亦峰／亦建(出嗣)／亦殿(出嗣)	用呆(入嗣)		
其樂	祥茂(出嗣)／依嫩	亦建(入嗣)	用群／用呆(出嗣)	聖邦	
	祥蘭	亦殿	用釸(入嗣)	聖嵩	

下段右

17世	18世	19世	20世	21世	22世	23世
紹	其祿	由官	依凱	家鳳／家汀(出嗣)	信旺／信輝	
			凱俤	家汀(入嗣)	新樂／新德	
		草堂	依金／學鎮	嘉華／嘉龍	聖日／聖月	
		祥增	德高／芳泉	敏鴻／敏鴻(兼桃)		
		儸儸		黃論		
		依容				
		磾德古				
	其	依桃	亦元	楊曦	楊肖	

四、历代英贤

董应举,字崇相,号见龙,福建闽县(今属连江县)龙塘乡人。明嘉靖三十六年(1557年)生。年青时,性情爽直,与连江陈第交深,常因议论不合而争吵,人称"骂友"。家中田地曾被势力豪绅陈姓强买,董应举愤而将所得银两投入闽江,从此励志勤读。万历二十六年(1598年)考中进上,出任广州府学教授。当时,税监李风要霸占学宫旁空地,被董应举当面申斥;李凤的侍从过孔庙门前不下马,董应举立即扣留马匹。因此以不畏权贵闻名。

后迁南京国子博士,吏部主事;又应召入朝,任北京文选司主事。考功郎中等职。旋辞职回乡。不久,起用为南京大理寺丞。万历四十六年(1618年)闰四月,日中黑子相斗。五月初一日,黑晕遮日。董应举借异常天象上书神宗,请勤内政,修武备,以弭祸变,并条陈具体安排措施。但未被采纳。

天启元年(1621年),董应举任太常少卿,监督四夷馆。是时,明军在关外与努尔哈赤的金兵作战屡败。天启二年(1622年)春,努尔哈赤又挥师南下,广宁告急,北京震动。有些朝臣将眷属搬离京师,董应举上书,请诛这些人,以张法纪。接着又上疏道:"兵败民离,疆土日削,乃由于不执行国法所致。"朝廷知董应举忠心忧国,命其专任较射演武事。董应举奏陈要保卫京师,应在各险要之处设防,实行屯田制。朝廷升董应举为太仆卿兼河南道御史,专任屯田事。深感责任重大,在上《新命陈愚疏》中,陈述屯田之"十难"与"十利",今屯田而安插辽民,是欲借辽民屯田而作为京师左臂。以屯政寓军令,不另费财召募,比起古时将帅屯田有兵可用者,其难十倍。但如获成功,利亦十倍。董应举还考虑到,数十万辽民一闻安置,必大拥集,经营费用自多。而且巳设屯田御史,又命自己管理屯田,一权两操,奉行势有困难。因此,要求朝廷"多发钱粮",以安辽民。假以事权,使得于岁终会同屯田御史考核官吏,并可随时荐举人才。奏上,朝廷听从其言,特命各省予以支持。于是在董应举主持下,安置流入关内的1.3万户辽民于顺天、永平、河间、保定一带,动用公帑买民田12万亩,连同闲田共18万亩。广泛招募承耕的农产,给予土地、农具、牛种等,教他们浚渠筑堤,耕种稻麦,增添的住屋、仓库、场圃、运输工具等一应设备,只费银2.6万两,收到谷、麦5.5万余石。朝廷旌奖董应举的功绩,升为右都御史,仍管屯田。天津葛沽旧有水、陆兵丁2000人,董应举命他们屯田,以收入充当军饷,由是屯务愈见兴盛。

天启五年(1625年)六月,朝廷见屯务已成,改任董应举为工部右侍郎,主持铸钱事务。董应举于荆州开局兴铸,并将两淮盐税收入作为铸钱资金。又调任产部侍郎,兼理盐政。董应举到扬州,奏陈整顿盐务,建议商人补办积引,所增输金额可减为正引的半数,以利盐斤运销。这项建议部议未获通过。董应举正欲再行陈奏,巡盐御史陆世科认为,董应举的建议是以利归盐商,上疏弹劾。权监魏忠贤指使党羽徐扬先再劾,董应举遂被免职。

董应举罢官回里后,在乡建筑附城堡垒,疏浚水利,设置社仓、义田,救恤孤寡,兴办不少社会善举。又平生爱慕名胜,曾大力芟除芜秽,开辟琯头百洞山,改善景观。募款重建青芝寺,使之成为一方名胜。董应举曾一度寓居武夷八曲的涵翠洞,与生徒讲学其中,终日不倦。

崇祯七年(1634年),追复原官。崇祯十二年(1639年)卒。

董应举著有《崇相集》传世。

(摘自《福建省志·人物志》)

五、文物遗辉

（一）龙塘董氏宗祠

祠堂之肇,见于上古金鼎之铭文。东汉史学家许慎《说文解字》释祠为："春祭曰祠,品物少,多文辞也。"又仲春之月,祠不用牺牲用奎璧及皮币也。清经史学家段玉裁复注:上言祠,司命,故次以祠。并引《周礼》"以祠春享先王"。《公羊传》春曰祠,并注祠犹食也,犹继嗣也。春物生,孝子思亲,继嗣而食之。故曰祠。由是观之,春祭祖先之仪,始于《周诗·小雅·天保》中。《周礼·春官·小宗伯》载大灾及执事,祷祠于上下神示,故祠乃祭祀先人之形式礼仪也。

万物本乎天,人本乎祖,天神之崇拜,与祖先之崇拜远古民俗相延也。古时祭祀祖先之地及相议氏族人事所在地曰祖庙。庙原指王宫之前殿朝堂,而庙堂为太庙之明堂。乃古帝王祭祀议事之地《楚辞》中王逸注曰:言人君为政举事,必告之于宗庙,议之于明堂。而太庙即为帝王之祖庙,《论语》八佾载"子入太庙每事问"。乃见祖庙为举国供奉之神祠,帝王宗庙被视为神圣王朝之象征,社稷则是政权国家神稷,即宗庙社稷也。《周礼记·王制》载:祖庙制度,天子为七庙,诸侯五庙,大夫三庙,士一庙,庶人祭于寝。是以帝王之祖庙最具威权,而百姓庶民只能室内设祭。迄秦代尊君卑臣,于是天子之外无敢营宗庙者。汉世公卿贵人多建祠堂于墓所在都邑,由鲜焉。直至东汉祖庙方始兴盛,尚唐未五代祖庙之制。又见式微,乃因常年兵革相向,遂至礼乐毁坏。故公卿大夫之家,岁时祀食皆因便俗,不能少近古制,于是庶民便四时祭于室内。及至宋代,营建祖庙复兴。司马光《文潞公家庙碑》载:"先王之制,自天子至于官师皆有庙。惟需由朝廷赐建,庙为数少矣。"至宋哲宗时,王存倡导:谓尝悼近世学士,贵为公卿,而祭祀其先但循庶人之制。及归老筑居首营家庙,于是民间私营宗庙,由此始盛焉。上时祭祖之制,经司马光程颐等予以修订倡导,采用设影堂,即于家庙中悬挂祖先遗像。后有世家大族,皆营祠堂。朱熹《朱子家礼》亦予规划和阐述,祠制乃定并日趋盛行。于是族权和祖先神得以一统。庶民聚族而居者,族必有祠,祠必有产,乃由本支祭祖,渐衍为本宗本族祭祖之宗法制度。至于今之宗祠,营建形制始于明初,莆田人氏于修祠时认为祠之制卑狭,不足以交神明,而即故宅之基,建屋三楹,间数以外间,率先使祠堂成为独立之祭所。明中叶之后兴盛之家族,皆效其营建,独立之祠堂,乃之祠模式之雏形遂成焉。

吾董姓为陇西之甲第,广川之旺族,自帝舜赐姓,上祖隆替,簪缨垂统。先世勤劳,一肇龙城,开疆启宇,聚斯和睦,蕃衍生息,如瓜瓞之绵绵,若棣萼之韩。祚胤相传六百余载,成望族派系也。惟溯源报本,崇祀典祭,古者之所同。明世系、别昭穆、妥先灵、睦亲族,今裔所瞻依也。值兹盛世,政通人和,民安物阜伏念尊祖敬宗,垂裕裔胄,实固有伦理之道德。倘崇祀仪典而无蒸尝之所,安能慰列祖列宗于九地,又何以展桂子兰孙之孝思。吾董氏宗祠,始建于明洪武年间。沿嘉靖间世道公曾予扩修,至应举公仕朝显名,予以修建,并改祠门为龙虎门,迄今复有四百余载矣。然历史沧桑,朝代迭变,文献厥夫,仪物散失殆尽,乃至祠宇陈旧。际兹1998年吉月,族中耆宿复议新之。居乡贤达竟献良策,海外乡亲闻风响应,慷慨囊巨,情谊殊深,爰举盛事,按明清风格仿古而建,呈古色古香。越三年竣成志典,阖族欢洽,一堂称庆,连

枝崇祯,从此重兴祀典,再荐馨香。庇荫世代,亿万斯年矣。

　　董氏宗祠坐乙向辛,雄踞芝山鹤峦。云光灿烂,恢宏壮观。夫揽怀九龙百洞灵气,拥萃聿昌祠寺,规模远胜于畴昔。是举也,谓非祖宗之灵爽,何应若百年再建之兆乎?此昭穆有序,蒸尝不替,绵歆俎豆,子子孙孙,介福疆也哉!

(摘自《龙塘董氏族谱》)

　　龙塘董氏宗祠,坐落在连江县104国道管头段塘头村。宗祠堂号"三策堂",占地面积800平方米。建筑面积680平方米,砖木结构,周环紫红火墙,飞檐翘角,上盖琉璃碧瓦。画栋雕梁。前后厅堂三进,门头石匾大书"董氏宗祠"四字。厅堂林立56株红漆木柱,配上20副黑底镂金覆竹对联,尤显得古香古色,联语有:

　　三友岩存记陪二相历侍郎芝巘长留胜迹,
　　千秋祠立生惠群黎慑权宦扮御共挹高风。
　　溯陇原分闽峤长流致远望族发祥孝弟遗风绳祖武,
　　枕莲岳襟管江巨浸扬清名峦耸翠贤能得气蔚人文。
　　陇原受姓承宗泽,
　　闽峤分支荫国恩。
　　龙降于庭勤饲晨昏尊始祖,
　　舜赐之姓远蕃胤胄发华宗。

　　正厅上高悬董公应举进士匾,神龛前一对漆金盘龙柱拱卫着列祖列宗神主,旁书一联:
　　过海漂洋裔分旅美翳台远共思源馨德泽,
　　沸江撼岳役溯平倭抗法纷曾赴难萃英灵。

　　香案上红烛高烧,炉烟缭绕,气氛肃穆而庄严。从祠堂楹联及大厅中"吏部侍郎"等七块执事牌,可知连江源自陇西一支董氏的发祥史。

龙塘董氏宗祠的明清建筑风格富有中华传统文化内涵,祠壁上镶嵌十幅高 1.8 米、宽 1.4 米的青石影雕。图文并茂,由始祖董父"西州劳绩豢龙封董氏"、董仲舒"上三策尊儒安天下"到董应举"弭寇患侍郎勤献策"……详述十位董氏英杰历史功绩。

前院青石浮雕九龙照壁,高 1.5 米、宽 12 米,背面精刻廿四孝立体图并附文字说明。照壁后小花园中有半月形龙池,池内蛰伏着一条栩栩如生的石雕潜龙,寓意始祖受姓典故。据董氏谱载:"始祖出自炎帝之后,父公始性好龙,善畜之。舜帝嘉焉,号豢龙氏。赐姓董,封于陇西……"按音韵类书,董、龙同韵,董氏为豢龙氏之说当有所据。中国人为龙之子孙,塘头村古称龙塘堡,今号龙城,凡此种种对龙之图腾的崇拜,正见董氏子孙赤子之心。元末明初入迁福建闽县(今福州市连江县),其先祖为唐太宗贞观二年(628 年),任浙江金华府同知董宁后裔。其先祖为董念三公,四十公再派福州府,至明洪武间即建龙塘堡董氏宗祠。嘉靖间董世道曾经扩修宗祠。此后历明清多次修建,遂成今日规模。建国后宗祠活动暂时式微,董氏宗祠一度被借作小学。文革期间,原有匾牌楹联散失殆尽。改革开放后,族人慷慨捐资二百余万仿古制重建。幸梁柱椽幅多明时故物,才保持了原来风格。本支董氏历代进士登科者众,曾出过侍郎、参将等良吏,今则厅长、将军、博士、企业家人才济济。现在旅居港台欧美者 1600 余人,本乡 1200 余人,可谓人丁兴旺,事业发达。

(二)三地同祀董应举

董应举,字崇相,号见龙,1557 年出生在连江琯头镇塘头村。明万历二十六年(1598 年)中进士,累官广州府学教授、工部侍郎兼户部侍郎。他的三座祠分别建在连江青芝山,曰"董公祠";武夷山八曲涵翠洞,曰"见龙祠";福州榕城朱紫坊,曰"董见龙祠"。

武夷山人祭祀他,是因他开课讲学,授业解惑,传播知识,弘扬民族传统文化。

连江家乡百姓建祠供奉他的主要原因是,董应举在家乡大力兴修水利置义田,建寨筑堡防外患,大力兴办公益事业,以及开发青芝山,给后代留下一座名胜古迹和旅游胜地。为铭记董公功绩,追慕董公风华,1995 年连江县琯头镇塘头村董氏家族海内外后裔热心集资,经福建省建设委员会批准,建造了这座纪念祠,重塑全身塑像,陈列生平事迹,让人参观瞻仰。

董公祠位于青芝山莲花峰下湖坪上,是一座沿袭明清风格对称式的仿古建筑,占地十五亩,祠宽 27 米,深 36 米。主体建筑是由砖石和钢筋混凝土结合而成。主柱拔地而起,雄伟有力。柱根础石盘踞,坚实稳固。梁枋檩椽穿插,浑然一体。梁架之间斗拱、雀替、鱼龙、垂花雕镂,彩绘装饰,大方而庄严。大门褐漆,青石横额"董公祠",角门左额人杰,右额地灵。屏墙为双层翘角,气势磅礴。墙头白象坐骑,安祥自在。正堂风火墙飞檐高翘,仿佛凌空飘举。墙头灰雕小狮及各种图案,形象生动。硬山式屋脊上"双龙吐水"和"二螭啣脊",惟妙惟肖,生趣盎然。

董公祠环境优美,内涵丰富。祠前停车场旁依旅游古道,入口处有一对石狮,高大威武。拾级而上来,到祠前广场,深三十一米,中间一条石道,直抵大门。祠背靠莲花峰,站在观莲石上,昂首仰视,可见一朵莲花含苞欲放。站在大门前远眺,能看到两座山峰,形似对视双狮。广场两侧三组天然岩石,千姿百态。左边岩石形似鱼尾,尤为奇观。近处又有七块石头,想象为卵,叫做"鲤鱼产卵"。门前一对迎客石狮,笑容可掬。进入大门,屏门石柱上,镌刻林焕章书写的董公生前集语楹联:"三岛十洲安知吾里非是,洞天福地得之海角益奇。"转入屏门是门

厅,内壁镶嵌碑刻,天井排竖两块石头,上有福建省民政厅原厅长董启清题刻"双印",意为董公一身两侍郎,执掌两颗印信。正中石阶宽五点九米,寓董公五十九岁始开辟青芝山之意。台阶上青石雕制"丹墀"。踏阶而上正堂,当中供奉董公塑像,像龛额书:"名宦乡贤"。廊前石柱有福建省常委会原副主任张明俊书写的楹联:"百洞玲珑看闽海生辉青芝献瑞,双狮对峙望八仙入胜菡萏钟灵。"另有一对青石雕制的龙凤石柱,龙飞凤舞,栩栩如生。门柱一副楹联:"盐铁兼司难得冰心同皓月,林泉归老依然风骨似梅花。"是对董公品格的写照。上方悬挂"进士"匾额,中柱楹联:"气足以夺奸佞识足以洞艰危堪称名臣一代,进能不愧匡扶退能不忘康济端宜崇祀千秋。"刻划出董公的高大形象。全祠计立柱八十二根,中桁标高八点三米,寓意董公享寿八十三岁。楹联佳句共有三十三副,集书法名家的行、楷、草、隶、篆书法艺术之大成。

祠四周为园林小筑,祠前数棵老榕根深叶茂,祠后数株苍松古朴苍劲,左边梅苑寒梅傲雪,右边桂园桂子飘香,后坡果树硕果累累。山上林竹古木参天,鸟语花香,令人心旷神怡。更有一处悬岩幽壑,前国民政府主席林森留有题刻"勺泉",泉水清澈,长年不竭。山高水长,海天气象,董公祠坐落其中,愈显得肃穆清幽。这正是祠因景而增美,景借祠而扬名,游客到此,每每赞叹青芝山美景之时,同发怀古幽情。祠左右筑有两道围墙,全长二百一十米。林间通道铺砌石径,漫步其间,别有一番心境。石椅石桌,供人小憩,谈天说地,自得怡然。园内小筑,一为"八仙居",是董公当年开山辟洞在八仙岩筑一小屋,作为休憩之所;一为"太虚堂",是董公曾在福州乌石山北建的别业,因废久,今易地重建于此,以为纪念。太虚堂右上方有一摩崖题刻"乌石",意为福州乌石山于此再现。

溯古追今,董公祠选址定向、建筑构思、楹联撰句、名家书法、石雕工艺以及自然景观等方面都有独特之处,为江山增色,与胜景共存。特别是董公立身行事、高风亮节,更值得后人敬仰和师承。

摘自《良宦乡贤董应举》

福州人建祠纪念他,一是为他的美文,二是为他的治水之道。他曾以满腔热情,秀丽文字,宣扬古城之四通八达的内河网道。他的《省城山川议》一文中有这样的文字:"省城水法,龙腰东北诸山之水汇于溪,送入汤水关;龙腰西北诸山之水汇于湖,送入北水关。此二龙送水也。最妙洪、台二江之水,挟潮绕入西水关,环注而东。而海潮又自水部门直入,环注城中,与送龙水会,进以钟其美,退以流其恶,最为吉利。从来有水关而无闸限亦不闭塞者,以潮汐往来,非若他处有出无入之水,虞其泄漏也。"更为重要的是,他为美化福州付诸行动。在《全闽明诗传》中说道:"曹学佺与董应举议塞龙腰……浚福州护城河,开浚西湖。"福州《西湖志》中也证实了董应举的这番作为,说:"崇祯八年,郡绅孙昌裔呈请重浚西湖。在籍董应举、广西副使曹学佺相与开浚。"无论宣传福州,还是疏浚内河,开浚西湖,都使当时百姓,乃至今日榕城公民都深感董公远见卓识,造福后人。

董祠保存较完整,该祠一进一厅,祠厅两侧为厢房。厅朝南,前有天井,有回廊围护。而祠门是侧向朝西而开,门上的石匾额正书"董见龙先生祠"。其上为一竖立的石匾,上书"奉旨重修"。

董见龙先生祠在朱紫坊内"隐藏"颇深,它位于朱紫坊花园弄的府学里。这是一条没有路牌的狭窄弄堂,就在著名的芙蓉园附近。府学里有两个急转弯,董见龙先生祠在弄堂尽头,弄堂的南端紧挨着协和医院新建的外科病房。这座祠堂坐北朝南,前有天井和回廊。祠堂主座

面阔三间,进深七柱,穿斗式木构架,双坡顶,马鞍式山墙。

第二节　松溪董氏

松溪县位于闽浙交界处,武夷东南山麓。松溪县是福建省北部山区一个颇具特色的小县,古时沿河两岸多乔松,有"百里松荫碧长溪"之称,松溪因此而得名。松溪县辖 3 个镇、6个乡。

松溪县气候宜人,山清水秀,历史悠久,地灵人杰。相传春秋时期,著名铸剑大师欧冶子受越王之命,于湛卢山铸成名扬天下的"湛卢宝剑"。其剑列中国古代五大名剑之首。城西的九龙窑是宋代烧制贡瓷的遗址。松溪历代文风昌盛,人才辈出。宋代大理学家朱熹及元代学者杨缨等人曾先后在湛卢山建造"吟室"讲学授徒。历代共有 28 人考取进士,涌现了众多仁人志士,宋代有刚正廉明的名臣吴执中,南宋有抗金护驾名臣陈戬,明代有政绩卓著的真宪时,抗倭献身的义士张德、陈椿,有著述十一部被誉为"百粤文宗"的魏濬,其中研究《易》学巨著《易义古象通》,被收入《四库全书》。北宋神宗宰相王安石的父亲王益和南宋高宗宰相李纲的父亲李夔均在松溪任县尉。特别是现今相继复原生产的湛卢宝剑、九龙窑瓷品和民间版画被誉为"松溪三绝"。

南宋绍兴壬午年,建州刺史董彦瑜、号仁斋始居浙江温州府平阳县,迁入闽松溪。松源董氏在这山清水秀、地灵人杰的一片沃土上繁衍生息,建设美丽的家园。

一、历史迁徙

南宋绍兴年间,进士董彦瑜讳仁斋公,浙江平阳人,任建州刺史。缘世纷纭,不仕隐居,明珠投暗,避静清居,迁闽松邑,卜邻乐居。松源董氏分东西两族,仁斋公生二子,长海望公,讳仲珠分东族,居县治;次子海文,讳仲璣,徙居董坑分西族。至今在松溪董氏族人已繁衍 1500多人。主要居住在旧县乡旧县村、游墩村,渭田镇东边村、董坑村、渭田村、竹贤村,溪东乡溪东村,祖墩乡岭完村、溪畔村。董氏宗祠坐落柯田村内董溪仔边上。

二、世行昭穆

排行者所以辨尊卑也,先代名讳,本宜敬避。今世俗呼名,颇多雷同,犯先讳者。爰班定行次,刻诸乘,俾知为尊者讳,取名派行。

义烈钟嘉瑞　于斯毓哲启

靖芳如玉树　庭宇永生春

盛世明君正　定国佐良臣

摘自民国八年(1919 年)有修谱旧序考,董坑之谱乃自仁斋公为一族始祖也。妣杨氏生二子,长曰仲珠,次日仲璣。二公之派分于东西两族,乃西族仲璣公发祥。公始祖由芝城而卜于董坑内村居焉,迄至十一世孙文车公派居外村胶堂之裔也,唯有启三公原居内村。迄今之

派散居木丘祖墩坑者,一迁再迁。居虽异地,莫非皆出木丘祖墩坑,同宗共祖一脉之亲也。

三、简明世系

松溪县现在能收集到的有民国八年版和民国廿八年版两种"松源董氏族谱",世系内容有所不同。由于目前掌握的是民国廿八年版较完整,所以简明世系图就以民国廿八年版《松源西族董氏世系》整理。由于未提供更新的世系信息,现今的松溪董氏族人在如下的世系图示未能体现,有待松溪董氏族人加紧收集。

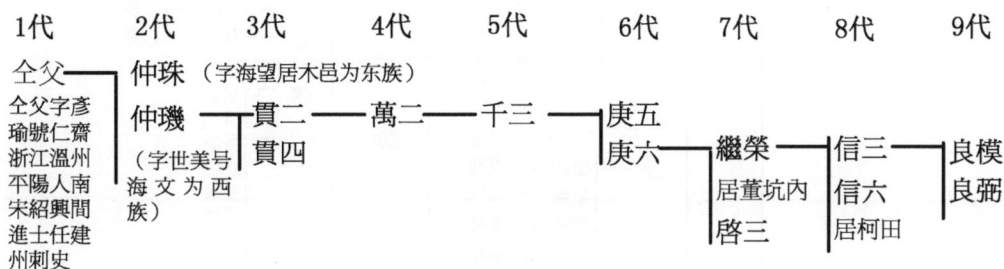

1代	2代	3代	4代	5代	6代	7代	8代	9代

仝父——仲珠（字海望居木邑为东族）

仝父字彦瑜號仁齋浙江溫州平陽人南宋紹興間進士任建州刺史

仲璣（字世美号海文为西族）——貫二 貫四——萬二——千三——庚五 庚六——繼榮 啓三 居董坑內——信三 信六 居柯田——良模 良弼

9代 10代 11代 12代 13代 14代 15代

```
良模 ┬ 伯清 ─ 文討 ┬ 宗富 ─ 惠堅 ─ 仕洪 ─ 同都
     │             └ 宗回 ─ 惠興 ─ 文長 ─ 坦元
     └ 伯福 ┬ 文安 ─ 宗保 ─ 德廣 ┬ 福瑑 ─ 暹韜
           └ 文輝              ├ 福美 ─ 暹韋
                              └ 福潮 ─ 暹珠

良弼 ┬ 伯敬 ┬ 文車 ┬ 政宗 ┬ 金賢 ┬ 榮旺 ┬ 暹鑒
     ├ 伯寧 ├ 文象 │      │      │      ├ 暹丑
     └ 伯恭 └ 文士 │      │      │      └ 暹花
                  │      │      ├ 榮章 ─ 暹芳
                  │      │      └ 榮甫 ┬ 暹理
                  │      │             └ 暹五
                  │      ├ 金富 ┬ 榮镇 ─ 暹進
                  │      │      ├ 榮騰 ─ 暹環
                  │      │      └ 榮先 ┬ 暹松
                  │      │             ├ 暹軒
                  │      │             └ 暹浩
                  │      ├ 金洪 ┬ 榮浩 ─ 暹崴
                  │      │      ├ 榮默 ─ 暹誼
                  │      │      ├ 榮勝 ─ 暹晏
                  │      │      └ 榮祉 ─ 暹鳳
                  │      └ 金秀 ┬ 榮壽 ┬ 暹白
                  │             │      ├ 暹多
                  │             │      ├ 暹嘉
                  │             │      └ 暹吉
                  │             └ 榮寶 ┬ 暹四
                  │                    ├ 暹闊
                  │                    └ 暹洪
                  ├ 政海 ─ 金貴 ┬ 榮儒 ─ 暹保
                  │             └ 榮成
                  └ 政達 ┬ 金崇 ─ 榮華 ─ 暹坤
                         ├ 金春 ┬ 榮政 ┬ 暹託
                         │      │      ├ 暹朵
                         │      │      └ 暹楠
                         │      ├ 榮珠 ─ 暹好
                         │      └ 榮慶 ─ 暹惠
                         └ 金會 ┬ 榮玘 ┬ 暨祿
                                │      └ 暨清
                                └ 榮益 ─ 暹敖
```

15代 16代 17代 18代

```
暹鑒 ─ 子鍾 ─ 晏女 ─ 仁樸
暹丑 ┬ 子任 ─ 景賜 ─ 仁寶
     ├ 子四 ┬ 景祿
     │      └ 景本
     ├ 子忠 ┬ 景球
     │      └ 景赤
     └ 子约 ┬ 景洪 ─ 仁根
            ├ 景橫 ─ 仁潮
            └ 景金 ┬ 仁敖止
                   └ 仁惠止
暹理 ─ 子秀 ─ 景滿 ─ 仁樣止
暹五 ┬ 子文 ─ 景祈 ─ 仁男止
     ├ 子英 ─ 景南 ─ 仁長止
     └ 子瑞 ─ 景京 ─ 仁覺止
暹進 ┬ 子田 ─ 景蘭
     └ 子壽 ┬ 景寶
            └ 景宗
暹環 ┬ 子三 ┬ 景增
     │      ├ 景坦
     │      ├ 景域
     │      └ 景坎
     └ 子五 ┬ 景三
            └ 景四
暹松 ┬ 子明 ┬ 景烈 ─ 仁孫
     │      └ 景群止
     └ 子詩 ┬ 景傳 ─ 仁妹止
            └ 景正止 ─ 仁植
暹軒 ─ 子月 ─ 景長 ─ 仁佳
暹浩 ┬ 子沐 ┬ 景廣 ─ 仁祖止
     │      ├ 景用 ─ 仁元
     │      └ 景慶、景鳴、景長、景芷止
     ├ 子讀 ─ 景軒 ─ 仁禎
     └ 子書 ─ 景明 ─ 仁禄
暹崴 ┬ 子時 ─ 景奴 ─ 仁光
     └ 子亨
暹誼 ─ 子行 ─ 景榆 ─ 仁沐
暹白 ─ 子三 ┬ 景例 ┬ 仁庚
            │      └ 仁顯
            ├ 景政 ─ 仁乌
            └ 景四 ─ 仁託
```

18代 19代 20代 21代 22代

```
仁禄 ┬ 義麟 ┬ 禮升 ─ 鐘龍 ─ 嘉有
     │      └ 禮爵 ┬ 鐘忠 ┬ 嘉祿
     │             │      └ 嘉弟
     │             └ 鐘蒲 ┬ 嘉德
     └ 義星               └ 嘉順
仁光 ┬ 義卿 ─ 禮恭
     └ 義餘
仁沐 ─ 義赤止
仁庚 ─ 義才 ┬ 禮繩 ─ 鐘茂 ┬ 嘉富
            └ 禮士          ├ 嘉財
                           └ 嘉明
```

18代 19代 20代 21代 22代

```
仁寶 ─ 義勝 ─ 禮夏
仁根 ─ 義標 ─ 禮序
仁潮 ─ 義生
仁孫 ─ 義興 ─ 禮賢
仁植 ┬ 義全 ─ 禮豚 ─ 智鰲
     ├ 義年 ─ 禮祝 ─ 智蛟
     └ 義元
仁佳 ┬ 義正
     └ 義昌止 ─ 禮壽、禮龍、禮廣止
仁禎 ─ 義方 ─ 禮榮
```

上左部分

15代	16代	17代	18代	19代	20代
暹嘉	子益	景德	仁梁	義招	
暹吉	子意	景枝			
		景護	仁現		
暹四	子華	景帶	仁春		
			仁年		
			仁奴		
		景龍	仁待	義詳	禮慶
		景袁	仁檀		
		景友	仁寶		
	子敬	景居	仁榜	義松	禮先 / 禮元
暹闊	子緝	景泰	仁時	義舜	禮登
			仁志	義中	禮長
暹洪	子章	景東	仁鳳	義師	禮升 / 烈孫 / 烈田 / 烈白 / 烈勇 / 烈齊 / 烈盈 / 烈漢 / 烈朝
				義華	烈初 / 烈飛
				義旭	烈友 / 烈富
暹保	子順	景八	仁鸞	義鎮	禮賜
				義仲	禮勝
				義城	禮智
暹託	子梁	緊熙	仁洛	義長	禮升
	子棟	景逵			禮行
		景迎			
		景迅	仁憲	義文	禮吉
		景述		義功	禮駕
暹采	子堂	景迢	仁會	義方	
				義先	禮廣
暹楠	子護	景選	仁孔	義得	禮謙
		景迪	仁生	義存	禮玉
				義昌	禮鳳
				義大	禮景
暹好	子福	景延	仁俊	義順	
				義瑞	
		景造	仁棋	義有	
			仁棣	義積	
				義廉	禮枝
	子祝	景遇	仁梓	義鳳	
		景會	仁魁	義騰	禮安
暹敖	子茂	景聚	仁標	義榮	禮寶 / 禮松

右部分

20代	21代	22代	23代	24代	25代	26代	27代
禮先	鐘達	嘉試	瑞東	于森	斯壽	毓寶	
		嘉珍	瑞高	于貴			
				于尾	斯鳳	毓擊	
禮升	鐘君	嘉應	瑞坡	于忠	斯龍		
		嘉豐	瑞坡	于賢	斯鳳	毓沐	
	鐘哲	嘉勝					
烈孫	鐘漍	嘉椿	瑞先	于昌	斯富	毓興	
烈田	鐘祥	嘉選	瑞鳳	于炳	斯桂	毓友	
				于壽	斯蒲	毓森	
				于喜			
烈白	鐘燦	嘉盛	瑞忠	于祖			
	鐘豐	嘉福	瑞進	于寶			
			瑞宣	于財			
			瑞興	于福			
烈勇	鐘高	嘉樂	瑞妹				
烈齊	鐘茂		瑞發				
	鐘玉		瑞海	于富	斯福	毓禎	
	鐘裕	嘉謙	瑞米	于林			
			瑞尾	于昭	斯長		
		嘉益	瑞枝	于新			
		嘉濟	瑞調	于光	斯鵬	毓有	哲祥 / 哲禎
		嘉齊	瑞箭	于甫			
烈盈	鐘遠	嘉臨		于省	斯貴	毓清 / 毓隆	哲原 / 哲臣
		嘉妹	瑞東	于府			
烈漢	鐘厚	嘉魁	瑞西	于道	斯熙	毓慶	
		嘉俊	瑞鳳		斯金	毓茂	
		嘉信	瑞寶			毓盛	
烈朝	鐘龍	嘉壽			斯火		
		嘉定			斯章	毓生	
烈初	鐘金	嘉德	瑞有	于明	斯生	毓郁	
	鐘鳳	嘉升	瑞棟	于坤	斯水	毓豪 / 毓超	哲溶 / 哲桂
				于德		毓志	
烈飛	鐘雲	嘉壽	瑞機	于長	斯仁		
烈友	鐘碧	嘉朝	瑞發	于會	斯仁	毓傳	
				于增	斯京	毓林	
					斯有		
	鐘海	嘉進		于達	斯楓	毓煥	
		嘉傳	瑞輪	于朝	斯椿	毓芝	
			瑞暲	于宗	斯旺	毓蘭	
					斯進	毓榮	
					斯明	毓富	
			瑞暘	于頂	斯良	毓權	
			瑞盱	于順	斯珍		
			瑞輝	于金			
			瑞映	于青	斯亨		
烈富	鐘培	嘉庭					
	鐘堅	嘉翰	遇弟				
		嘉儒	瑞華				
		嘉揆					
禮升	鐘寶	嘉榮	瑞升				
禮行	鐘全	嘉孔					
	鐘芬		瑞高				
禮吉	鐘佳	嘉詩	瑞蒲				
	鐘煥	嘉梓	瑞細				
	鐘機	嘉任	瑞興				
禮駕	鐘典	嘉珩	瑞球（兼桃）	于生	斯財	毓定	
				于興			
		嘉璧	瑞球	于生	斯寶	毓政	
			瑞招	于高	斯義		
		嘉邦	瑞嵗		斯信		
	鐘謨	嘉瑚	瑞富	于榮	斯忠		
				于兵	斯正		
				于山			
				于有			

下左部分

20代	21代	22代	23代	24代	25代
禮賜	鐘春	嘉灝	瑞臨	于興	斯覓
				于奴	
		嘉蒲	瑞玉	于細	
禮勝	鐘相	嘉象	瑞恭	于南	
	鐘富	嘉遇	瑞德		
	鐘倉	嘉諒	瑞麟		
禮智	鐘來	嘉喜	瑞梅		
禮寶	鐘莊	嘉奇	瑞林		
禮松	鐘興		瑞詩		
禮玉	鐘燦	嘉尾	瑞鳳	于清	
禮景	鐘剛	嘉增	瑞明	于壽	
		嘉爵	瑞巖	于武	

四、历代英贤

始祖董仁斋,字彦瑜,宋代浙江温州平阳人进士,嘉兴年间任建州刺史。

董然青(1924—1980年),男,松溪县渭田乡董坑村人,毕业于师范学校。积极参加建国工作,破获潜伏特务。1949年4月参加第一期闽北干部学校学习,1949年9月派任松溪县城关镇第一任镇长,后任第一区区长。1958年2月下放农村,1981年4月,拨乱反正平反冤假错案恢复干部声誉。1980年病逝。是仁斋公第二十六代孙。他注重文化教育,提倡实事求是,人尽其才、物尽其用和人与自然及环境关系,重视实践教育。他的三个儿子,因文革的影响未能走入大学殿堂,但在社会实践中却创造出了一定的成绩。而他的六个孙子(女)中分别在福州大学、厦门大学、广州中医药大学、福建师范大学、福建农林大学、西安科技大学的学府中获得硕士、学士学位,创下其家族中子女入学率最高记录。

董昌芳,男,1959年8月生,2009年5月任福建省国税局调研员。

董晓斌,女,仁斋公第二十八代孙女,建阳市人。2007年毕业于广州中医药大学针灸推拿系硕士学位,现在广东省第二中医院康复科工作。

董清芳,仁斋公第二十九代孙,任松溪县县委副书记。松溪县渭田乡东边村人。

董乐斌,男,松溪县人,闽北游击队长陈桂芳的副手。解放前在浦城被捕,后在松溪遭杀害。遗骸安放在松溪烈士陵园,属仁斋公第二十六代孙。

第三节　尤溪董氏

明成化元年,世居浙江金华府金华县的董琼一家遇故出避入闽,迁居尤溪。至今已传二十世。主要分布在尤溪西滨镇的下墩、三连村、联合村及南平的樟湖坂。

尤溪县地处闽中,素有"闽中明珠"之称。尤溪历史比较悠久,文化积淀深厚。始建县于唐开元二十九年(741年),是南宋著名理学家、教育家朱熹的诞生地,素有崇文尚学的传统。著名艺术大师刘海粟曾题词:"尤溪风月无今古,学海扬帆有后人。"

西滨镇地扼尤溪河与闽江交汇处,历史以来即为交通重镇,是国家重点工程水口水电站库区的重点乡镇之一。县人民政府驻地城关镇,距省会福州市国道198公里,高速公路173公里,水路232公里;距三明市省道117公里,高速公路128公里。

一、历史迁徙

三明市尤溪县西滨、联合董氏宗族,据《董氏族谱》记载,始祖贵基公、讳待时、号普十一,兄弟十一人,全家数十余口。世居浙江金华府金华县,明朝第九帝成化元年,贵基公父、高祖名琼,在朝职为摄相议政。被奸臣所害,全家出避,各奔而去,迁居外郡未详。唯董母钱福娘同子六人,遁入江西广洲府广信县孔家庄居住。数年后,恐前事被发觉,由普一公同母独居原址。其余兄弟四人迁至福建福州府长乐县后,普九公在长乐县居住,普八公迁居建宁府,普十公迁居南平樟湖阪。

始祖普十一公迁居尤溪县十四都官台村,后来由六世祖克祯、克公迁居下墩村。由于国家需要建设水口水电站,原址为水库淹没区,于1991年迁居新村。繁衍至今已传二十世,现有16户,人口100人,联合村9户50人。

六世祖克耀、克广、克允公三兄弟迁居三连村,因原址国家重点工程,水口水电站库区淹没线以下,于1990年迁居新村。繁衍至今已传二十世,现有217户,人口中1133人。其中:

克耀公支(天井垅)已传19世45户237人;克广公支(八房)已传20世169户876人;长房禹钦公立房13户82人;二房禹丰公修房1户9人;三房禹銮公齐房1户8人;四房禹全公志房46户222人;五房禹珍公存房1户4人;六房禹贤公忠房12户61人;七房禹万公孝房39户189人;八房禹潘公心房66户351人;克允公支(下厝)已传18世6户33人。

西滨下墩、三连联合村美董氏宗族繁衍至今,现有总户数249户,总人数1346人。

二、世行昭穆

高祖名琼,始祖讳待时,号普十一。三世祖名永,四世祖再兴公,五世祖长子讳复舒、字念峦,别号钟石,次子讳复升、字念夏,六世祖克祯、克殷、仰堂、克耀、克廣、克允。

承我高祖董瓊公起五代取行派和字。

取:克、子、元、仲、禹、家、国、永、昌、隆十代。

后由过溪张腮公再取八代:诗、书、继、美、文、韵、长、章,

别名取:祖、宗、维、训、宇、有、其、新。

公元一九六三年岁癸卯、正月吉日由十五世裔孙诗晃、号祖辉,别字明如,书名文光。

再取八代:财、源、茂、盛、世、代、光、荣,

别字取:仁、义、礼、智、敬、守、安、康。其中联合村美支:仰、台、世、圣、振五代自取行派和字,至家字起與下墩、三连支同行派和字别。

三、简明世系

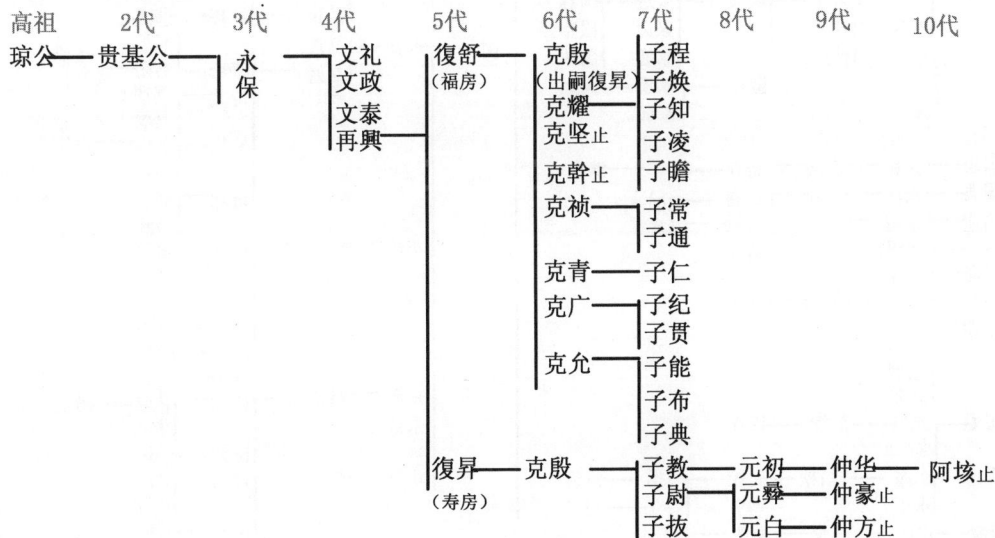

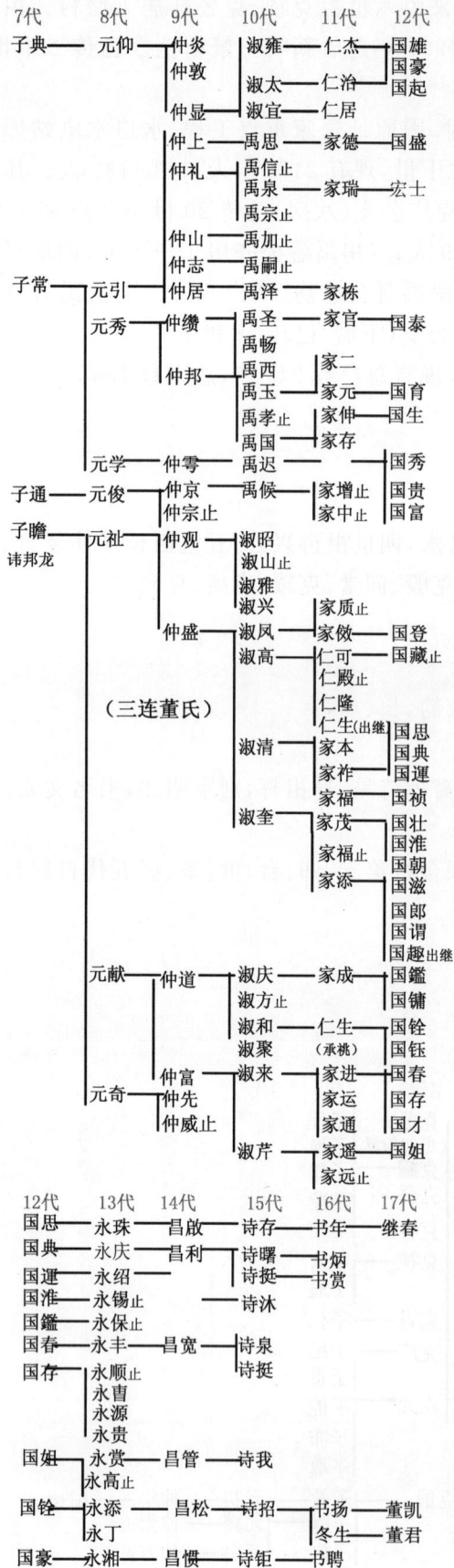

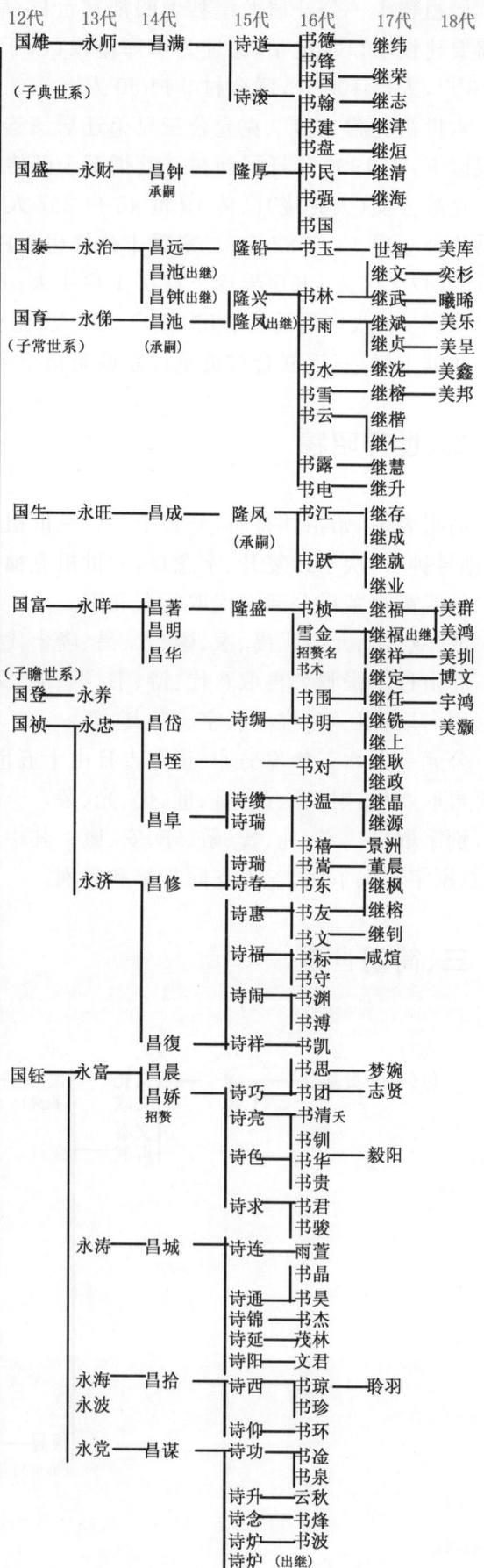

左表

7代	8代	9代	10代	11代	12代
子典	元仰	仲炎	淑雍	仁杰	国雄／国豪／国起
		仲敦	淑太	仁治	
		仲显	淑宜	仁居	
		仲上	禹思	家德	国盛
		仲礼	禹信止		
			禹泉	家瑞	宏士
			禹宗止		
		仲山	禹加止		
		仲志	禹嗣止		
子常	元引	仲居	禹泽	家栋	
	元秀	仲缵	禹圣	家官	国泰
			禹畅		
		仲邦	禹西	家二	
			禹玉	家元	国育
			禹孝止	家仲	国生
			禹国	家存	
	元学	仲雯	禹迟		国秀
子通	元俊	仲京	禹候	家增止	国贵
		仲宗止		家中止	国富
子瞻 讳邦龙	元祖	仲观	淑昭		
			淑山止		
			淑雅		
			淑兴	家质止	
		仲盛	淑凤	家俶	国登
			淑高	仁可	国藏止
				仁殿止	
				仁隆	
				仁生(出继)	
			淑清	家本	国思
				家祚	国典／国运
				家福	国祯
			淑奎	家茂	国壮／国淮
				家福止	国朝
				家添	国滋／国郎／国谓／国趣出继

（三连董氏）

7代	8代	9代	10代	11代	12代
	元献	仲道	淑庆	家成	国鑑／国镛
			淑方止		
			淑和	仁生 (承桃)	国铨／国钰
			淑聚		
	元奇	仲富	淑来	家进	国春
		仲先		家运	国存
		仲威止		家通	国才
			淑芹	家遥	国姐
				家远止	

左下表

12代	13代	14代	15代	16代	17代
国思	永珠	昌启	诗存	书年	继春
国典	永庆	昌利	诗曙	书炳	
国运	永绍		诗挺	书赏	
国淮	永锡止				
国鑑	永保止		诗沐		
国春	永丰	昌宽	诗泉		
			诗挺		
国存	永顺止				
	永曹				
	永源				
	永贵				
国姐	永赏	昌管	诗我		
	永高止				
国铨	永添	昌松	诗招	书扬	董凯
	永丁			冬生	董君
国豪	永湘	昌慎	诗钜	书聘	

右表

12代	13代	14代	15代	16代	17代	18代
国雄	永师	昌满	诗道	书德	继纬	
(子典世系)				书锋	继荣	
				书国	继志	
			诗滚	书翰	继津	
				书建	继烜	
国盛	永财	昌钟 承嗣	隆厚	书民	继清	
				书强	继海	
				书国		
国泰	永治	昌远	隆铅	书玉	世智	美库
		昌池(出继)			继文	奕杉
		昌钟(出继)	隆兴	书林	继武	曦晞
国育	永俤	昌池	隆凤(出继)	书雨	继斌	美乐
(子常世系)		(承嗣)			继贞	美呈
				书水	继沈	美鑫
				书雪	继榕	美邦
				书云	继楷／继仁	
				书露	继慧	
				书电	继升	
国生	永旺	昌成	隆凤 (承嗣)	书江	继存／继成	
				书跃	继就／继业	
国富	永咩	昌著	隆盛	书桢	继福	美群
		昌明		雪金 招赘名 书木	继福出继	美鸿
		昌华			继祥	美圳
(子瞻世系)					继定	博文
					继任	宇鸿
				书围	继铣	美灏
国登	永养					
国祯	永忠	昌岱	诗绸	书明	继上	
		昌埕		书对	继耿／继政	
		昌阜	诗缵	书温	继晶／继源	
			诗瑞	书禧	景洲	
	永济	昌修	诗瑞	书嵩	董晨	
			诗春	书东	继枫	
			诗惠	书友	继榕	
				书文	继钊	
			诗福	书标	咸煌	
				书守		
			诗闻	书渊		
				书溥		
		昌復	诗祥	书凯		
国钰	永富	昌晨		书思	梦婉	
		昌娇 招赘	诗巧	书团	志贤	
			诗亮	书清天		
				书钏		
			诗色	书华	毅阳	
				书贵		
			诗求	书君		
				书骏		
	永涛	昌城	诗连	雨萱		
				书晶		
			诗通	书昊		
			诗锦	书杰		
			诗延	茂林		
			诗阳	文君		
	永海	昌拾	诗西	书琼	聆羽	
	永波		诗仰	书珍		
				书环		
	永党	昌谋	诗功	书淦		
				书泉		
			诗升	云秋		
			诗念	书烽		
			诗炉	书波		
			诗炉 (出继)			

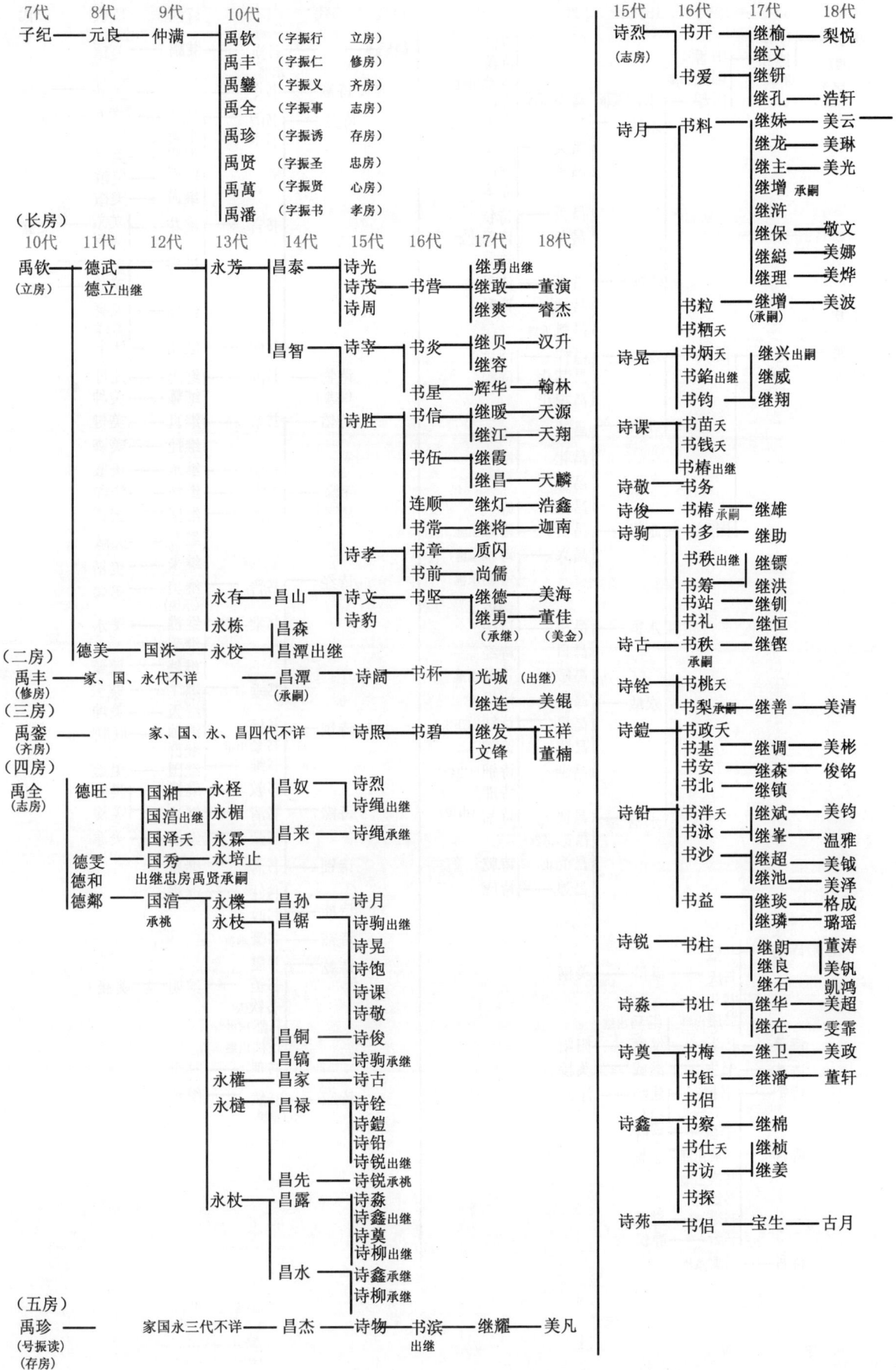

7代　8代　9代　10代

子纪——元良——仲满——禹钦（字振行　立房）
　　　　　　　　　　禹丰（字振仁　修房）
　　　　　　　　　　禹鑾（字振义　齐房）
　　　　　　　　　　禹全（字振事　志房）
　　　　　　　　　　禹珍（字振诱　存房）
　　　　　　　　　　禹贤（字振圣　忠房）
　　　　　　　　　　禹萬（字振贤　心房）
　　　　　　　　　　禹潘（字振书　孝房）

（长房）

10代　11代　12代　13代　14代　15代　16代　17代　18代

禹钦（立房）——德武——永芳——昌泰——诗光————继勇 出继
　　　　　德立 出继　　　　　　诗茂——书营——继敢——董演
　　　　　　　　　　　　　　　诗周————继爽——睿杰
　　　　　　　　　　昌智——诗宰——书炎——继贝——汉升
　　　　　　　　　　　　　　　　　　　继容
　　　　　　　　　　　　　　书星——辉华——翰林
　　　　　　　　　　　　诗胜——书信——继暖——天源
　　　　　　　　　　　　　　　　　　继江——天翔
　　　　　　　　　　　　　　书伍——继霞
　　　　　　　　　　　　　　　　　继昌——天麟
　　　　　　　　　　　　　　连顺——继灯——浩鑫
　　　　　　　　　　　　　　书常——继将——迦南
　　　　　　　　　　　　诗孝——书章——质闪
　　　　　　　　　　　　　　　书前——尚儒
　　　　　　　永存——昌山——诗文——书坚——继德——美海
　　　　　　　永栋　　　　　诗豹　　　　　继勇——董佳
　　　　　　　　　　昌森　　　　　　　　（承继）（美金）
德美——国沭——永校——昌潭 出继

（二房）

禹丰（修房）——家、国、永代不详——昌潭（承嗣）——诗阔——书杯——光城（出继）
　　　　　　　　　　　　　　　　　　　　　　　继连——美锟

（三房）

禹鑾（齐房）——家、国、永、昌四代不详——诗照——书碧——继发——玉祥
　　　　　　　　　　　　　　　　　　　文锋——董楠

（四房）

禹全（志房）——德旺——国湘——永桎——昌奴——诗烈
　　　　　　　　　　　　　　　　　　诗绳 出继
　　　　　　　国滔 出继　永楣
　　　　　　　国泽 天　永霖——昌来——诗绳 承继
　　　　　　德雯——国秀——永培 止
　　　　　　德和 出继忠房禹贤承嗣
　　　　　　德鄰——国滔 承桃——永櫟——昌孙——诗月
　　　　　　　　　　　　　　永枝——昌锯——诗驹 出继
　　　　　　　　　　　　　　　　　　　诗晃
　　　　　　　　　　　　　　　　　　　诗饱
　　　　　　　　　　　　　　　　　　　诗课
　　　　　　　　　　　　　　　　　　　诗敬
　　　　　　　　　　　　　　　　　昌铜——诗俊
　　　　　　　　　　　　　　　　　昌镐——诗驹 承继
　　　　　　　　　　　　　　永權——昌家——诗古
　　　　　　　　　　　　　　永槿——昌禄——诗铨
　　　　　　　　　　　　　　　　　　　诗鎧
　　　　　　　　　　　　　　　　　　　诗铅
　　　　　　　　　　　　　　　　　　　诗锐 出继
　　　　　　　　　　　　　　　　　昌先——诗锐 承桃
　　　　　　　　　　　　　　永杖——昌露——诗淼
　　　　　　　　　　　　　　　　　　　诗鑫 出继
　　　　　　　　　　　　　　　　　　　诗奠
　　　　　　　　　　　　　　　　　　　诗柳 出继
　　　　　　　　　　　　　　　　　昌水——诗鑫 承继
　　　　　　　　　　　　　　　　　　　诗柳 承继

（五房）

禹珍（号振读）（存房）——家国永三代不详——昌杰——诗物——书滨 出继——继耀——美凡

15代　16代　17代　18代

诗烈（志房）——书开——继榆——梨悦
　　　　　　　　　继文
　　　　　书爱——继钘
　　　　　　　　　继孔——浩轩
诗月——书料——继妹——美云
　　　　　　　继龙——美琳
　　　　　　　继主——美光
　　　　　　　继增 承嗣
　　　　　　　继浒
　　　　　　　继保——敬文
　　　　　　　继總——美娜
　　　　　　　继理——美烨
　　　书粒——继增——美波
　　　书牺 天
诗晁——书炳 天——继兴 出嗣
　　　书鉻 出继——继威
　　　书钧——继翔
诗课——书苗 天
　　　书钱 天
　　　书椿 出继
诗敬——书务
诗俊——书椿 承嗣——继雄
诗驹——书多——继助
　　　书秩 出继——继镖
　　　书筹——继洪
　　　书站——继钏
　　　书礼——继恒
诗古——书秩 承嗣——继铿
诗铨——书桃 天
　　　书梨 承嗣——继善——美清
诗鎧——书政 天
　　　书基——继调——美彬
　　　书安——继森——俊铭
　　　书北——继镇
诗铅——书泮 天——继斌——美钧
　　　书泳——继峯——温雅
　　　书沙——继超——美钺
　　　　　　继池——美泽
　　　书益——继琰——格成
　　　　　　继璘——璐瑶
诗锐——书柱——继朗——董涛
　　　　　　继良——美钒
　　　　　　继石——凯鸿
诗淼——书壮——继华——美超
　　　　　　继在——雯霏
诗奠——书梅——继卫——美政
　　　书钰——继潘——董轩
　　　书侣
诗鑫——书察——继棉
　　　书仕 天——继桢
　　　书访——继姜
　　　书探
诗荞——书侣——宝生——古月

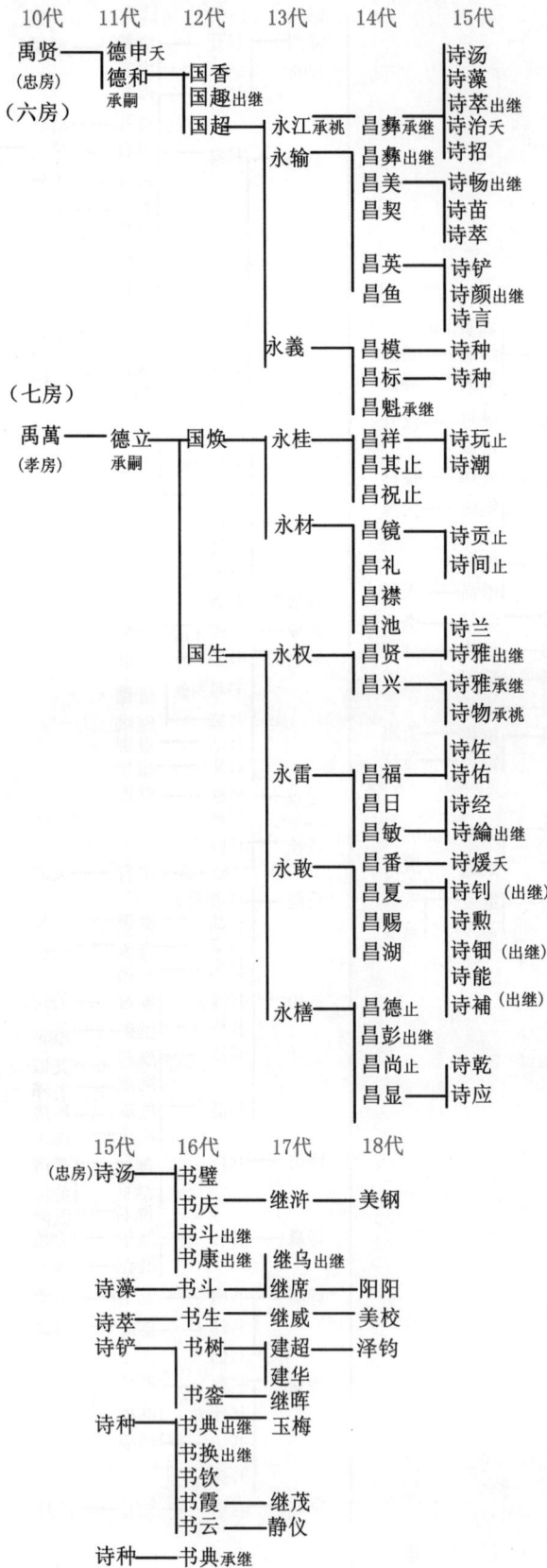

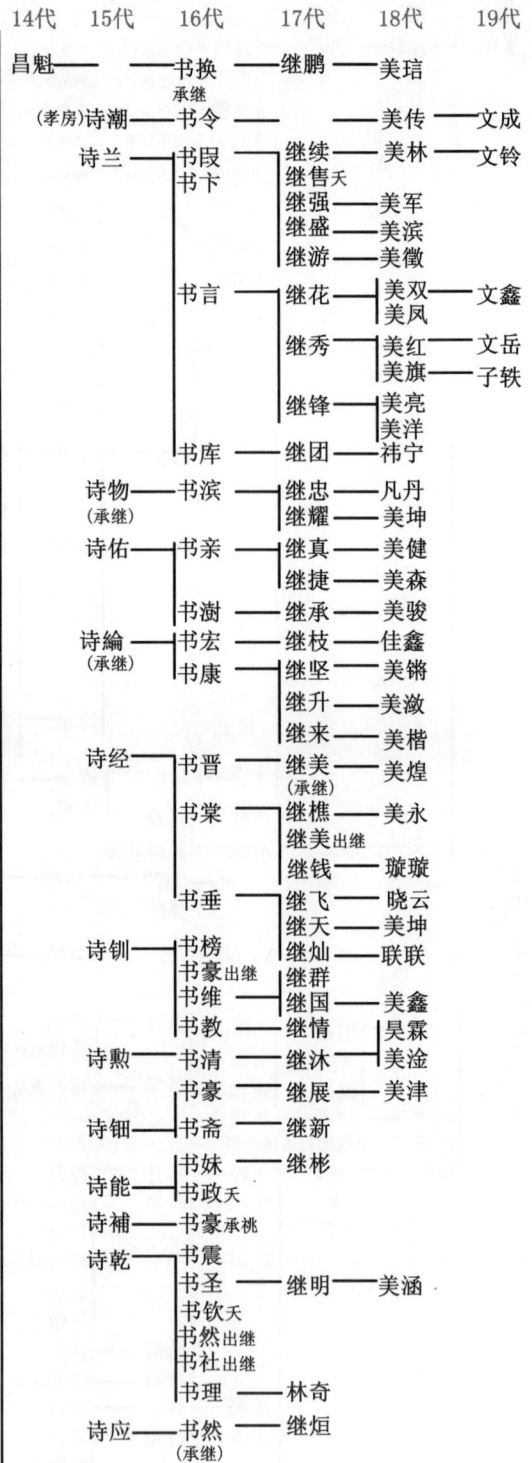

10代　11代　12代　13代　14代　15代

- 禹潘（心房）（八房） — 德丽
  - 国洋／国浦出继
    - 永知
      - 昌汉：诗彩、诗鸾天、诗坤出继
      - 昌和：诗齐、诗玻、诗煜
    - 永田
      - 昌宇：诗选
      - 昌牧：诗长
      - 昌年出继：诗振
    - 永年
      - 昌寿：诗御天
    - 永烔
      - 昌凤、昌凰：诗坤（承继）
    - 永旺
      - 昌儒：诗晨天（承继）
  - 国洲
    - 永庚
      - 昌叶：诗谐出继
      - 昌品：诗瑶
      - 昌奎：诗拔
  - 国滩止
  - 国埠止
    - 永爵
      - 昌勇
      - 昌儒出继
    - 永开
      - 昌须：诗耀止、诗谐（招赘）
  - 德器 — 国浦承继
    - 永硕
      - 昌肃：隆围出继、隆元、隆团
      - 昌洪：隆图、隆围、隆围承继
    - 永毅
      - 昌意：隆圆
      - 昌居
      - 昌武
      - 昌吉
    - 永岁
      - 昌喜
      - 昌裕
      - 昌珍：隆钾、隆钝
    - 永苞
      - 昌仓
      - 昌安：隆土、隆银
      - 昌辉止
  - 德恩 — 国堂 — 永树 — 昌久

15代　16代　17代　18代　19代

- 诗齐
  - 书端 — 继铎 — 美恒
  - 书恩 — 继翔
  - 书藏 — 继炜
  - 书慕 — 继成 — 旭东
- 诗玻
  - 书铄 — 继周 — 美驰
  - 书香 — 继颖 — 美锴
    - 继尧 — 美果
    - 继舜 — 美潮 — 文凡
- 诗煜
  - 书妙 — 智颖
  - 书奇 — 继博
- 诗选 — 书旗 — 继容 — 美煌
- 诗长 — 书仪 — 继明 — 雨晴
  - 继云 — 雨菲
- 诗坤（承继）
  - 书燕 — 继慈 — 旺承
    - 继蕊 — 美樟
  - 书房 — 继涛
- 诗瑶
  - 书桂 — 继柚 — 美旭
  - 书梨 — 继鸿
  - 书榛出继
- 诗拔（承桃） — 书榛 — 继桦
- 诗谐（招赘） — 书院 — 继礼 — 美好
- 隆园（承继）
  - 书训 — 继世
    - 继霖承桃 — 美仕 — 文奇
  - 书订 — 继钟 — 美相 — 文熠
    - 继广 — 韦维 — 文熙
    - 继治 — 美淮 — 文楷
      - 美桥
    - 继程 — 美律 — 文峰
    - 继萬 — 美禹
  - 书试 — 继岱 — 美晖
    - 继竹 — 美成
    - 继活 — 美添
- 隆元
  - 书谦 — 继垣 — 美杰
    - 继英 — 美浩
  - 书识 — 继辉 — 倩兰
- 隆团
  - 书记 — 继官 — 美仙 — 文彬
    - 美柏 — 文翔
  - 书诸 — 继邦 — 美蛟 — 文隆
    - 美桃 — 文章
    - 继叙 — 美洲 — 文赫
      - 美赐
- 隆围 — 书度 — 继秋 — 骏霄
- 隆围 — 书谈 — 继厚 — 美海 — 思恬
- 隆围 — 书话 — 继竞 — 美清
  - 继才 — 美施
  - 继敏 — 美南
- 隆圆
  - 书候 — 继平 — 乐水
  - 书俭 — 继荣出继
    - 继苗 — 美懋
  - 书仁 — 继顺 — 美伦
    - 继水 — 美夬
      - 美江 — 文凯
    - 少华 — 衍昊
    - 青松 — 美竹

15代　16代　17代　18代　19代

- 隆钾 — 书钗 — 继淋 — 美晨
- 隆钝 — 书腾 — 继义 — 耿鑫
  - 继海
  - 书芳 — 继东
  - 书旺 — 继楠
- 隆土 — 书榴 — 继炉 — 董钦
  - 继沛 — 美贵
- 隆银 — 书财 — 继建 止
  - 书通 — 继炳
  - 书财（招赘） — 维国 — 董伟
- 诗彩
  - 书志 — 继梓 — 美文 — 文强
    - 美武 — 心妍
  - 书腮 — 继莺 — 美钦
    - 继芝 — 美登 — 文玲
    - 继议 — 美德
    - 继孟 — 美治
      - 美洁

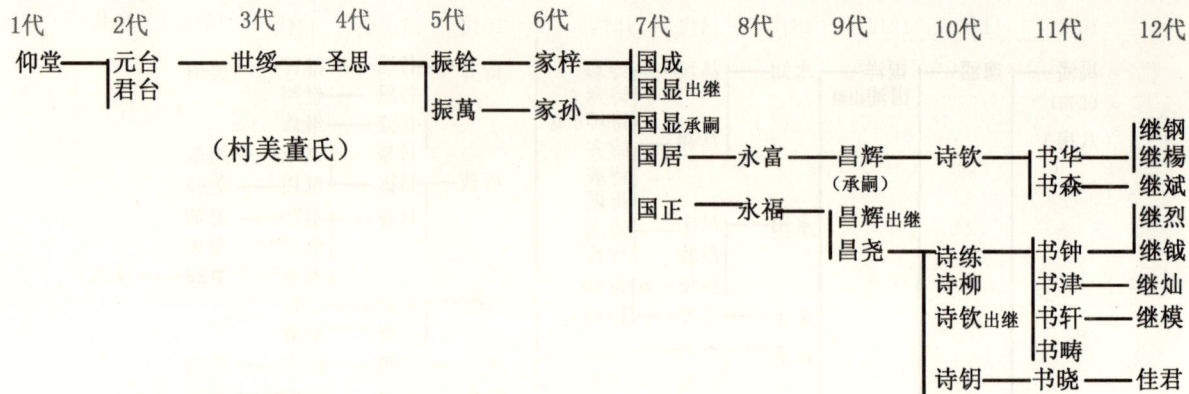

```
 1代      2代        3代      4代      5代      6代        7代        8代      9代        10代       11代      12代

仰堂 ┬ 元台 ── 世绥 ── 圣思 ┬ 振铨 ── 家梓 ┬ 国成                                               ┌ 继钢
     └ 君台              │                 │ 国显 出继                          ┌ 书华 ┤ 继杨
                         │                 │ 国显 承嗣                          │       └ 继斌
            （村美董氏）  └ 振萬 ── 家孙 ┤ 国居 ── 永富 ── 昌辉 ── 诗钦 ┤ 书森 ── 继斌
                                         │              （承嗣）              └
                                         └ 国正 ── 永福 ┌ 昌辉 出继                          ┌ 继烈
                                                        └ 昌尧 ┬ 诗练 ── 书钟 ┤ 继钺
                                                               │       书津 ── 继灿
                                                               │ 诗柳   书轩 ── 继模
                                                               │ 诗钦 出继  书畴
                                                               └ 诗钥 ── 书晓 ── 佳君
```

四、历代英贤

宋至清职官表

姓名	乡贯	最高职务	任职时间
董琼	浙江金华	摄相议政	明成化元年
董贵基	尤溪	知府	明弘治
董再兴	尤溪	布政司	明正德
董念峦	尤溪	礼部待郎	明隆武
董念夏	尤溪	统兵大元帅提督	明隆武
董克翰	尤溪	总兵	明隆武
董邦光	尤溪	清流知县	清道光

当代博士、硕士、教授、副教授、研究员表

姓名	性别	生年	籍贯	专业	年份	获职称或毕业院校名称	曾任职务/学位
董书章	男	1962.2	尤溪	心理学	2007	法国根第大学	博士后
董智颖	女	1980.10	尤溪	中文	2008	华东师大	博士
董继定	男	1966.8	尤溪	工程学	2006	福州大学生	硕士
董昔芳	女	1979.9	尤溪	经济	2006	厦门大学	硕士
董继炳	男	1984.9	尤溪	软件	2010	北京航天航空	硕士
刘莉	女	1971.3	尤溪	外语	2000	华东师大	硕士
董晨玲	女	1968.12	尤溪	农业推广学	2007	中国林科院	硕士
董斌斌	女	1987.2	尤溪	外语	2009	武汉华中科技	硕士

当代高级技术职称人员表

姓名	性别	出生年月	籍贯	毕业学校	工作单位	曾任职务	曾获奖项
董诗连	男	1956.11	尤溪	福建农学院	尤溪农资办	高级家艺师	农业部三等奖
董诗钜	男	1957.8	尤溪	广州中山医学院	福州第七医院	正主任医师	省超声医学学会委员
董继定		1966.8		福州大学	三明轧钢厂厂长	高级工程师	
董书德		1966.11		郑州大学	三明化工厂	高级工程师	
董书前		1966.12		南京航空学院	深圳东普软件公司总监	高级工程师	
董晨玲		1968.12		中国林科院	永安林业局	高级工程师	

省级劳动模范、先进工作者人名表

姓名	性别	出生年月	工作单位	荣誉称号	授予单位	授予时间
董继承	男	1952.2	城关采购站	劳动模范	省人民政府	1997.4
董诗连	男	1956.11	尤溪农资办	先进工作者	农业部、省政府	1990.12,2000.01
董书霖	男	4.9	西滨镇下墩村	司法先进工作者	省政府	1979.2,1992.10

第七章　历代入闽其他世系

第一节　砚江董氏

砚江，即今天的下砚，位于福建省霞浦县溪南镇。而溪南镇位于福建省霞浦县西南方，三面临海，东有“蓝色宝库”东吾洋，南濒我国著名的大黄鱼天然产卵场“官井洋”，与宁德市蕉城区三都镇相对，西临盐田港与福安市相望。溪南，古称蓝溪，亦称“小南区”。冬暖夏凉，气候宜人，物产丰富，素有“鱼米之乡”之称。也是宁德市的水产养殖大镇。

宋代，境域分属安东乡新南、连海里。元至清光绪年间，境域分属四十六七都、四十八都、四十九五十都、五十一都。清宣统元年至民国中期，境域分属中南(洪江)区和小南(盐田)区。民国25年(1936年)，成立溪南、台江、砚江、青山联保，隶属第三区。民国29年，溪南、青山联保并为溪南镇，台江、砚江联保并为台江乡。1949年10月，废溪南镇建制，境域属第三区。1966年10月，溪南区再改为溪南公社。1984年，恢复溪南镇建制。

霞浦与台湾一水相隔，三沙港与台湾基隆港相距只有126海里。明清时期，霞浦人被朝廷派到台湾任文武官职或兵丁，去台人数估计近万人，直接增进了海峡两岸文化交流。

一、历史迁徙

下砚村民以董姓为主，为陇西堂。据砚江董氏族谱载:(始祖追溯到)董期公偕携兄弟准公于唐末随王审知入闽，入长溪界卜居州西北。因山水稠密，村落狭隘，乃舍之。再寻至魁洋，四围广大，地坦溪回，遂于溪边结屋居住。时五代梁乾化辛未年(911年)。居两年，移居董墩之地(今霞浦县柏洋乡董墩自然村)。董期公传至淳勉公，厥世丕显生机冥公。机冥公生子昆，淳祐三年甲辰徙居芦洋。四传而至孔昭公，于南宋淳祐甲辰年(1244年)，率家人至砚石村(即今下砚村)开村拓土。至今已有760多年。孔昭公有子五人，分家后各家繁衍后代，形成五房支脉。目前在村董姓家族人口1000多人。

二、世行昭穆

世	10	11	12	13	14	15	16	17	18	19	20	21	22	23	24	25
行	仁	国家	新	羡伯	茂	永	进	囿长	德登	步	孟学	建	庆	兆	明祥	盛云
字	汉	思舜	埒	存福	司	景	如品	肇佳	奕	宜	其	文	友	子	增	益

世	26	27	28	29	30	31	32	33	34	35	36	37	38	39	40
行	温	良	恭	俭	以	诗	华鸿	经	典	共	举	允	升	积	惠善
字	荣	芳	传	雄家	贺	昭	穆	宏	达	升万	系	道永	昌	崇瑞	元

三、前代世系

砚江董氏世系

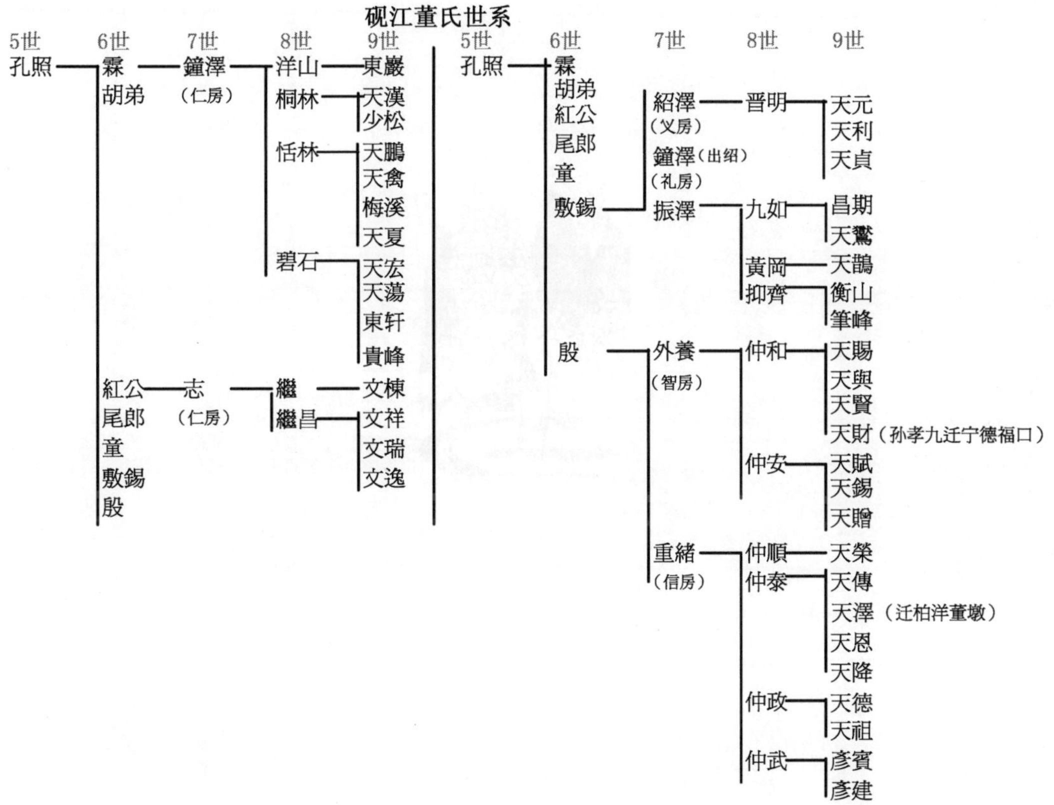

左图（5世—9世）：

- 5世 孔照 — 6世 霖 胡弟 — 7世 鐘澤（仁房） — 8世 洋山 — 9世 東巖
  - 8世 桐林 — 9世 天漢／少松
  - 8世 恬林 — 9世 天鵬／天禽／梅溪／天夏
  - 8世 碧石 — 9世 天宏／天蕩／東軒／貴峰
- 6世 紅公尾郎童敷錫殷 — 7世 志（仁房） — 8世 繼／繼昌 — 9世 文棟／文祥／文瑞／文逸

右图（5世—9世）：

- 5世 孔照 — 6世 霖 胡弟 紅公尾郎童 敷錫
  - 7世 紹澤（義房） — 8世 晋明 — 9世 天元／天利／天貞
  - 7世 鐘澤（出紹）（礼房）
  - 7世 振澤 — 8世 九如 — 9世 昌期／天鷟
    - 8世 黃岡抑齊 — 9世 天鵑／衡山／筆峰
- 6世 殷 — 7世 外養（智房） — 8世 仲和 — 9世 天賜／天與／天賢／天財（孫孝九遷寧德福口）
  - 8世 仲安 — 9世 天賦／天錫／天贈
  - 7世 重緒（信房） — 8世 仲順 — 9世 天榮
    - 8世 仲泰 — 9世 天傳／天澤（遷柏洋董墩）／天恩／天降
    - 8世 仲政 — 9世 天德／天祖
    - 8世 仲武 — 9世 彥賓／彥建

四、简明世系

（一）下砚董氏

其地有一礁石，形状如砚而得名。据《福宁府志》载：五代时期，朝廷就在此置"沿海都巡检"，许光大陈兵寓居该村。从董氏始祖孔昭公至今也有 760 多年，该村历史悠久，民风淳厚，地方原生态文化保存良好。村中比较完好保存有守台名将董长藩故居、三道圣旨、董氏宗祠及大门前的彪炳董氏三杰的旗杆石柱、大富豪董石生大厝等。下砚村民以董姓为主，为陇西堂。下砚村旧称"砚江村"、"砚石村"，民国时期始更名为"下砚村"。因村前为海，村庄后倚章峰山，面临官井洋。下砚村人口约 1500 人。

其简明世系如下：

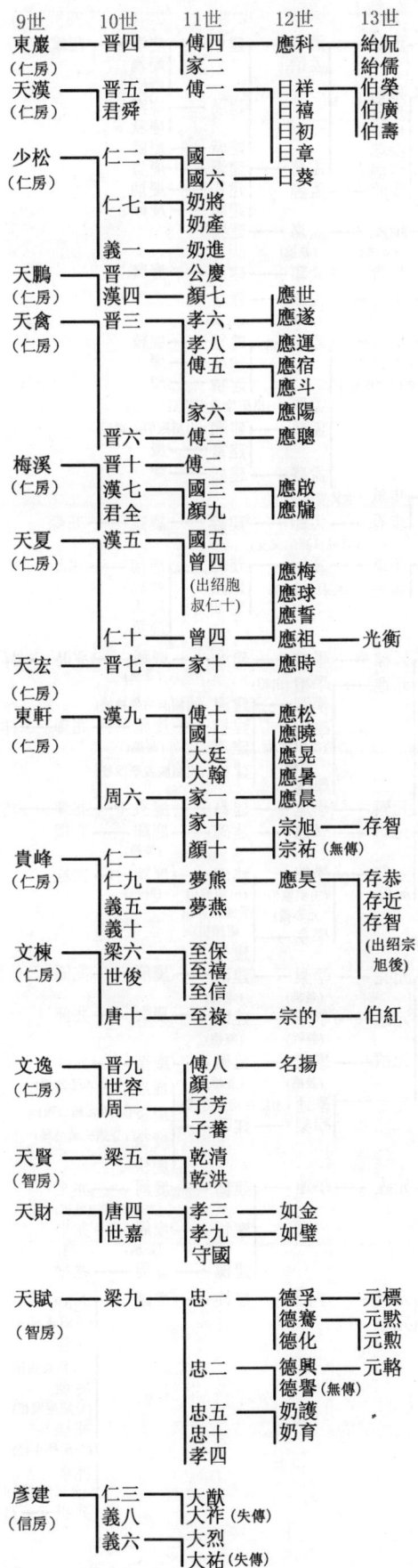

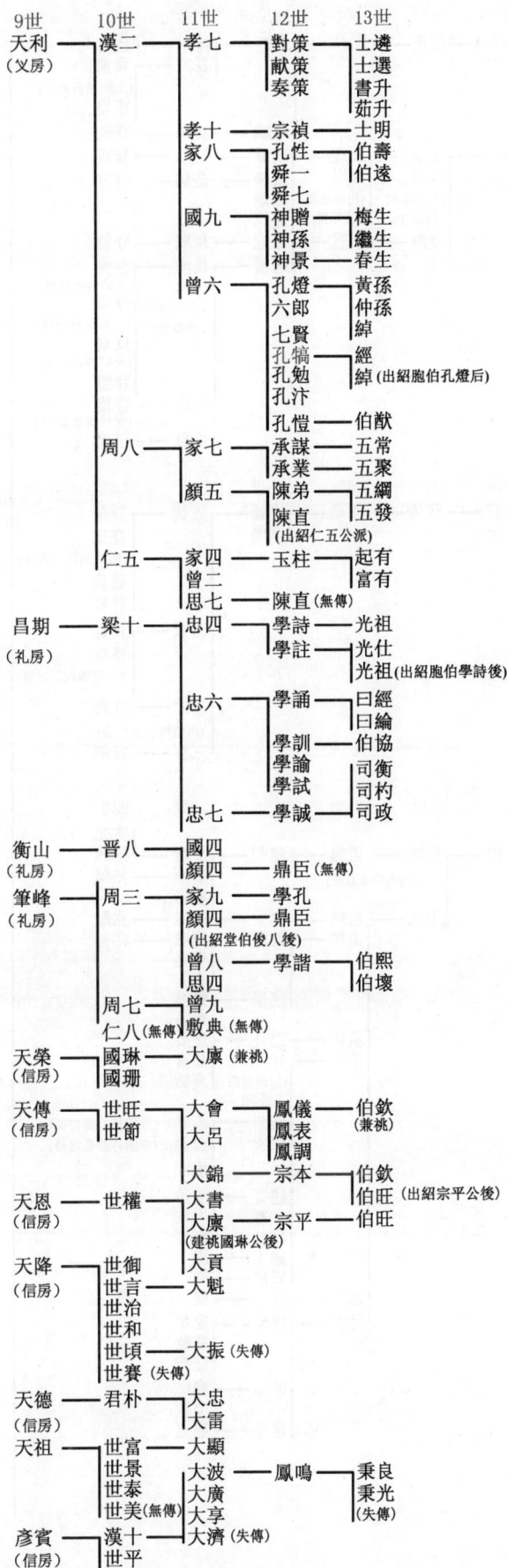

9世	10世	11世	12世	13世
東巖（仁房）	晋四	傅四／家二／傅一	應科	紿侃／紿儒／伯榮／伯廣／伯壽
天漢（仁房）	晋五／君舜	傅一	日祥／日禧／日初／日章／日葵	
少松（仁房）	仁二／仁七／義一	國一／國六／奶將／奶產／奶進		
天鵬（仁房）	晋一／漢四	公慶／顏七		
天禽（仁房）	晋三／晋六	孝六／孝八／傅五／家六／傅三	應世／應遂／應運／應宿／應斗／應陽／應聰	
梅溪（仁房）	晋十／漢七／君全	傅二／國三／顏九	應啟／應牖	
天夏（仁房）	漢五／仁十	國五／曾四（出紹胞叔仁十）／曾四	應梅／應球／應誓／應祖	光衡
天宏（仁房）	晋七	家十	應時	
東軒（仁房）	漢九／周六	傅十／國十／大廷／大翰／家一／家十／顏十	應松／應曉／應晃／應暑／應晨／宗旭／宗祐（無傳）	存智
貴峰（仁房）	仁一／仁九／義五／義十	夢熊／夢燕	應昊	存恭／存近／存智（出紹宗旭後）
文棟（仁房）	梁六／世俊／唐十	至保／至禧／至信／至祿	宗的	伯紅
文逸（仁房）	晋九／世容／周一	傅八／顏一／子芳／子蕃	名揚	
天賢（智房）	梁五	乾清／乾洪		
天財	唐四／世嘉	孝三／孝九／守國	如金／如璧	
天賦（智房）	梁九	忠一／忠二／忠五／忠十／孝四	德孚／德騫／德化／德興／德譽（無傳）／奶護／奶育	元標／元黙／元勳／元輅
彥建（信房）	仁三／義八／義六	大猷／大祚（失傳）／大烈／大祐（失傳）		

9世	10世	11世	12世	13世
天利（义房）	漢二	孝七	對策／獻策／奏策	士遴／士選／書升／茹升
		孝十	宗禎	士明
		家八	孔性／舜一／舜七	伯壽／伯遠
		國九	神贈／神孫／神景	梅生／繼生／春生
		曾六	孔燈／六郎／七賢／孔犢／孔勉／孔汴／孔愷	黃孫／仲孫／綽／經／綽（出紹胞伯孔燈后）／伯猷
	周八	家七／顏五	承謀／承業／陳弟／陳直（出紹仁五公派）	五常／五聚／五綱／五發
	仁五	家四／曾二／思七	玉柱／陳直（無傳）	起有／富有
昌期（礼房）	梁十	忠四	學詩／學註	光祖／光仕／光祖（出紹胞伯學詩後）
		忠六	學誦／學訓／學論／學試	曰經／曰編／伯協／司衡／司杓／司政
		忠七	學誠	
衡山（礼房）	晋八	國四／顏四	鼎臣（無傳）	
肇峰（礼房）	周三	家九／顏四（出紹堂伯俊八後）／曾八／思四	學孔／鼎臣／學諧	伯熙／伯壞
	周七／仁八（無傳）	曾九（無傳）	敷典（無傳）	
天榮（信房）	國琳／國珊	大廉（兼祧）		
天傳（信房）	世旺／世節	大會／大呂／大錦	鳳儀／鳳表／鳳調／宗本	伯欽（兼祧）／伯欽（出紹宗平公後）／伯旺
天恩（信房）	世權	大書／大廉（建祧國琳公後）	宗平	伯旺
天降（信房）	世御／世言／世治／世和／世頃／世賽（失傳）	大貢／大魁／大振（失傳）		
天德（信房）	君朴	大忠／大雷		
天祖	世富／世景／世泰／世美（無傳）	大顯／大波／大廣／大享	鳳鳴	秉良／秉光（失傳）
彥賓（信房）	漢十／世平	大濟（失傳）		

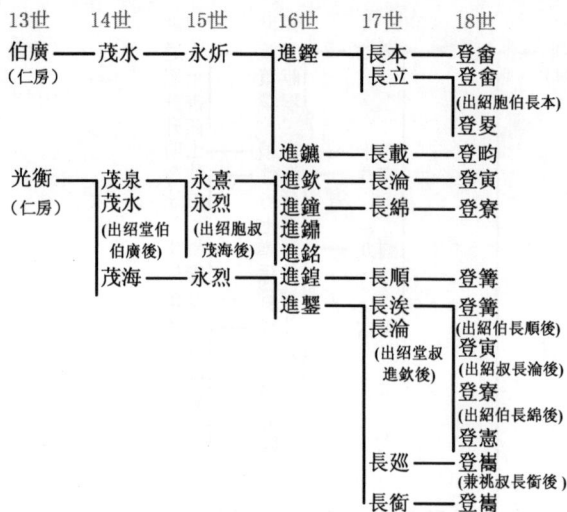

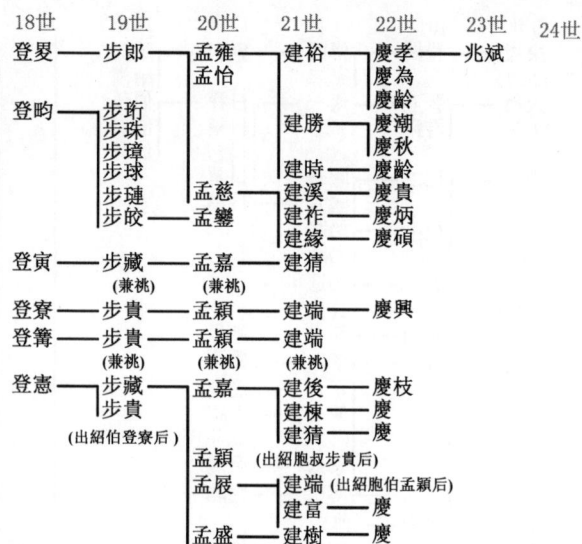

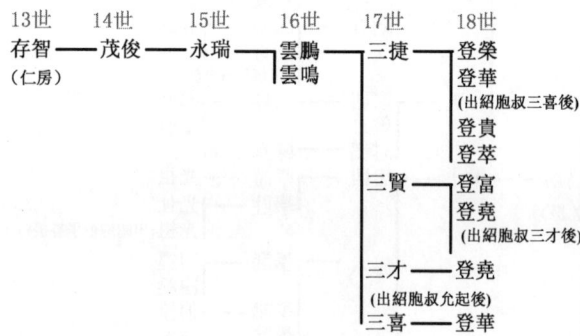

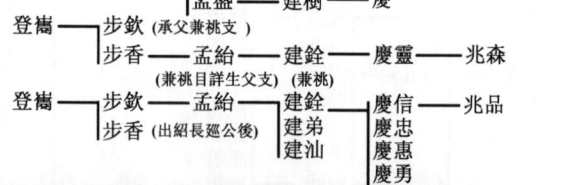

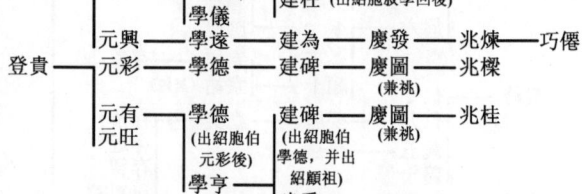

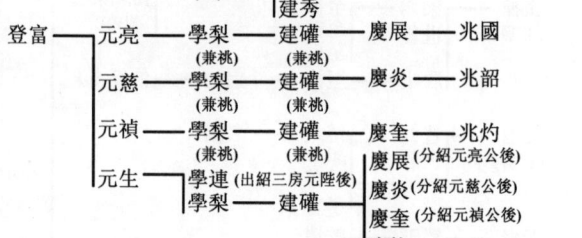

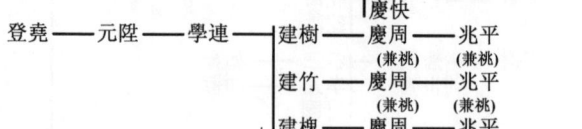

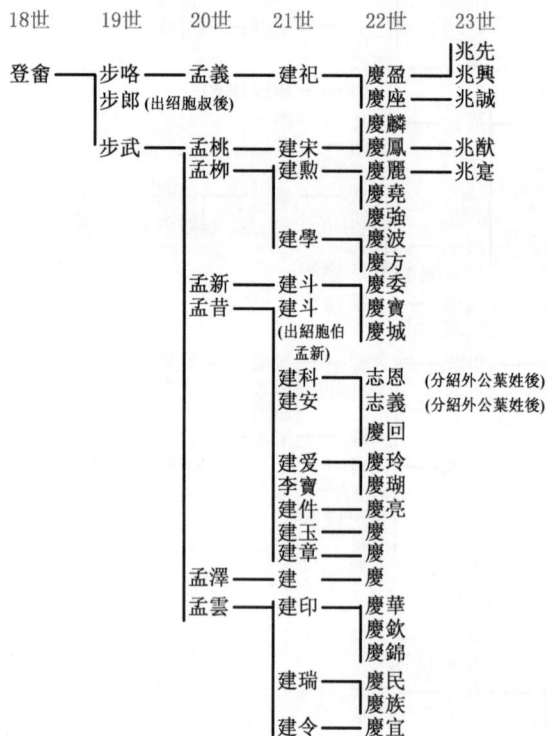

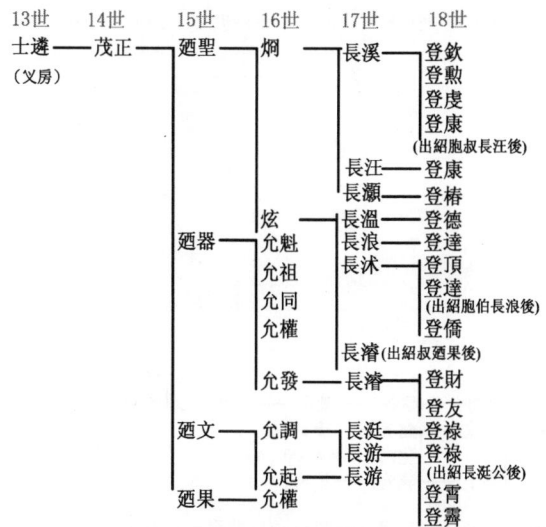

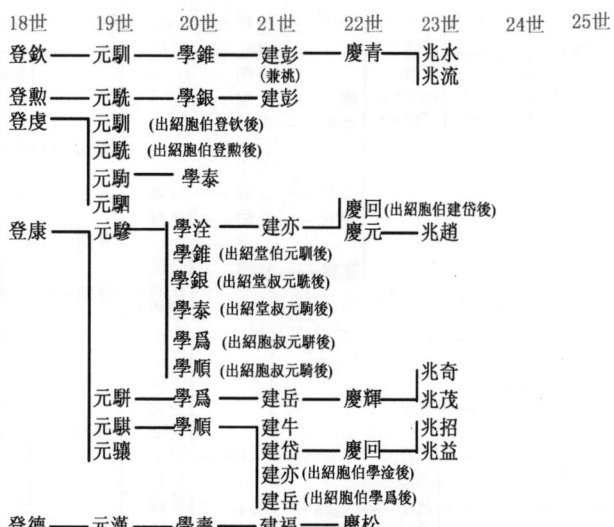

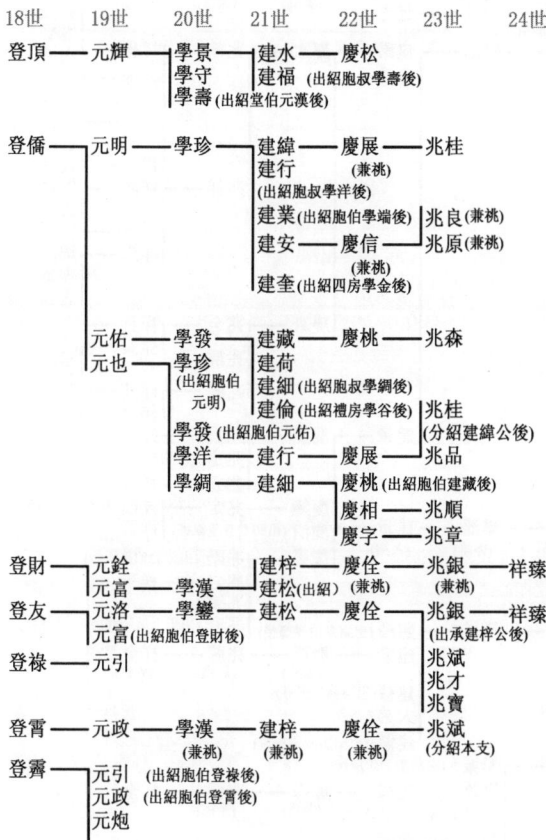

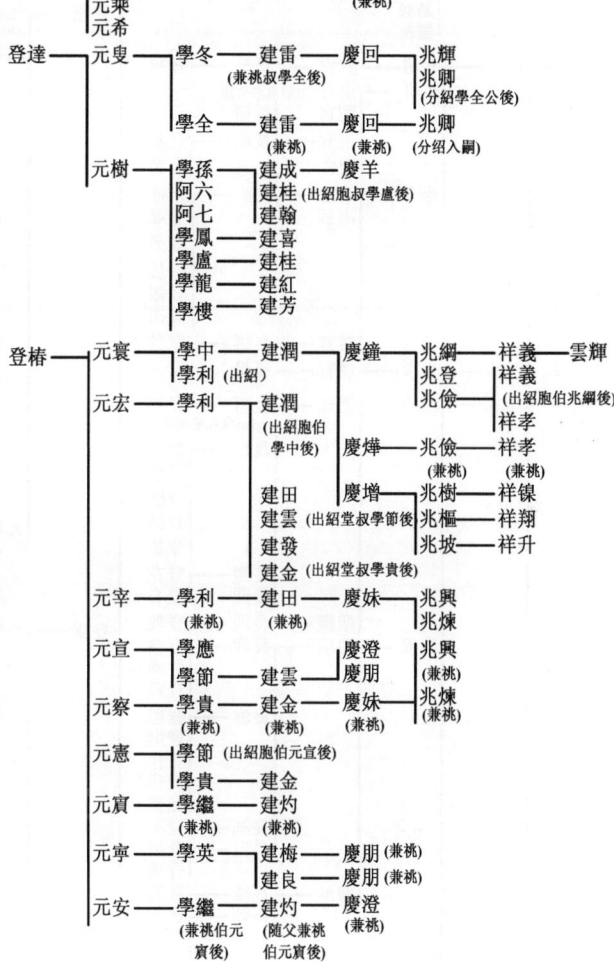

13世	14世	15世	16世	17世	18世	18世	19世	20世	21世	22世	23世	24世	25世

士選 ── 茂義 / 茂禮 (出紹胞叔書升後) ── 迺武 / 迺健 (出紹胞叔茂禮後) ── 炳 ── 長江 / 長濟
　燿 ── 長瀚 ── 登傳 / 登元
　鼎官 ── 長泮 / 長瀚 / 長宏
　豪官 ── 長源 ── 烏弟
　榮官 ── 長清 ── 登壽
　龍官 ── 長淇 ── 登壽 / 登鶯 / 登新 / 登瀛 / 登雲 / 登蔚 / 登弼 / 登瑞 / 登飅 / 登貢 / 登龍 / 登廉

登傳 ── 元朱 / 元興 / 元田 / 元厚
登元 ── 步鼎 / 布甬 ── 學賢
登壽 ── 元合 / 元細
登鶯 ── 元向 / 元實
登新 ── 元親 / 元己 / 元錦 / 元才 / 元前 / 元成 ── 學海 ── 建銀 ── 慶清 ── 兆贈 ── 祥斌 ── 雲健 / 祥平 ── 雲斡
登飅 ── 元森 ── 學汶 ── 建美 ── 慶良 / 建海 (出紹胞叔學平後)
　元帛 (出紹堂叔登瑞後) / 學平 ── 建海 ── 慶良 (兼桃)
登貢 ── 元通 ── 學銓 ── 建祿 ── 慶森 ── 兆蘭 ── 祥全 (分紹)
登龍 ── 元通 (出紹胞伯登貢後) ── 學銓 ── 建祿
　元焱 ── 學滔 ── 建昂 / 建量 ── 慶水 ── 兆鼎 ── 祥坐 ── 雲波 / 雲平 / 雲清
　祥連 ── 雲樹 / 雲輝
　祥嘉 ── 雲銀 / 雲基
　祥芳 ── 雲隆
　兆祥 ── 祥明 ── 雲霖 / 雲霏 / 雲城
　祥勇 ── 錦品 / 雲華
　祥忠 ── 雲強
　慶森 ── 兆金 ── 祥長 ── 雲先 / 雲智 / 雲交
　祥發
　兆群
　兆蘭 ── 祥其 ── 雲泰 / 祥全 (分紹建祿公後)
　建量 ── 慶標 ── 兆貴 ── 祥溪 / 兆定 (出紹胞叔慶鏡後) / 兆立 ── 祥寶 (出紹胞伯兆貴後)
　慶鏡 ── 兆定 ── 祥溪
元簡 ── 學滔 (兼桃) ── 建量 (入紹) ── 慶清 (出紹堂叔建銀後) ── 祥群 / 慶晏 ── 兆贈 (出紹胞伯慶清後) / 兆岩 ── 祥玉 / 兆宗 / 兆庭 (出承七星阮姓后)

書升 / 綽 ── 茂禮 / 時吟 / 時嗲 ── 迺健 ── 順官 / 富官 ── 長溥
　茂盛 ── 迺祿
　茂珠
　茂金 ── 迺祿 (出紹胞伯茂一後) / 迺銓 ── 長河
梅生 (义房) ── 茂尉 ── 迺桂 ── 聖超 ── 長喜 / 聖超 (出紹胞伯迺桂後) ── 長喜
　迺梓 / 迺榆 / 迺桐

茹升 (义房) ── 茂信 ── 永璿 ── 興官 ── 長進 ── 登科
　永康 / 洪官 (出紹永求公後)
　酌官 ── 長楷
　星官 ── 長明 ── 登藏 / 登苗
　帳官
　永士 ── 章官 ── 長進 / 長新 ── 登科 / 登連 / 登芳 / 登威 / 登銀 / 登杰
　沛官
　波官 ── 長振 ── 登芳
茂華 ── 永求 ── 洪官 ── 長楷

士明 (义房) ── 茂成 ── 臨祐 ── 聖珠 ── 長喜 ── 登錦 (出紹堂叔聖超後)
　長酌 ── 登錦 / 登順 / 登繡 / 登興 / 登拔
　長壽
　長四 ── 登左 / 登右
　聖瑗 ── 長四 ── 登興
　聖瑛 ── 長洵 ── 登臺 / 登埔 / 登軒
　長漳 ── 登垣 / 登堵 / 登祚 / 光裕 / 光苗
　長涯 ── 登埔
　長氾 ── 登垣 / 登田 / 登樹
　聖淮 ── 長凌 ── 登生 / 進聰 / 進梁
　長圖
臨祝
臨祥 ── 聖琼 ── 長兆 ── 登㦲 / 登衢 / 登微 / 登徹
茂尉 (出紹堂叔梅生後)

登廉 ── 步庚 ── 學城 ── 建緇 (出紹堂伯學騫後) / 建素 ── 慶森 (兼桃) ── 兆蘭 (兼桃) ── 祥全 (兼桃) / 建營 (出與興化阿五) 大弟 / 建薰 (出紹胞叔學楝後)
步廣 ── 學城 (出紹胞伯步庚後) / 學銓 ── 建祿 ── 慶森 (兼桃) ── 兆蘭 (兼桃) ── 祥全 / 學斌 (出紹胞叔步廊後) / 學楝 ── 建薰 / 學鐘
步廊 ── 學斌 ── 建營 ── 慶森 (兼桃) ── 兆蘭 (兼桃) ── 祥全 (兼桃)
登瀛 ── 元大 ── 學騫 ── 建緇 ── 慶穀 (兼桃) ── 兆欽 (兼桃) ── 祥琴 (兼桃)
登雲 ── 元宗 ── 學鏡 ── 建瑛 ── 慶祿 ── 兆洲 (入紹并兼慶佑叔) / 慶佑 ── 兆洲 (兼桃)

伯壽 (义房) ── 茂舒 ── 天保 / 天福

508

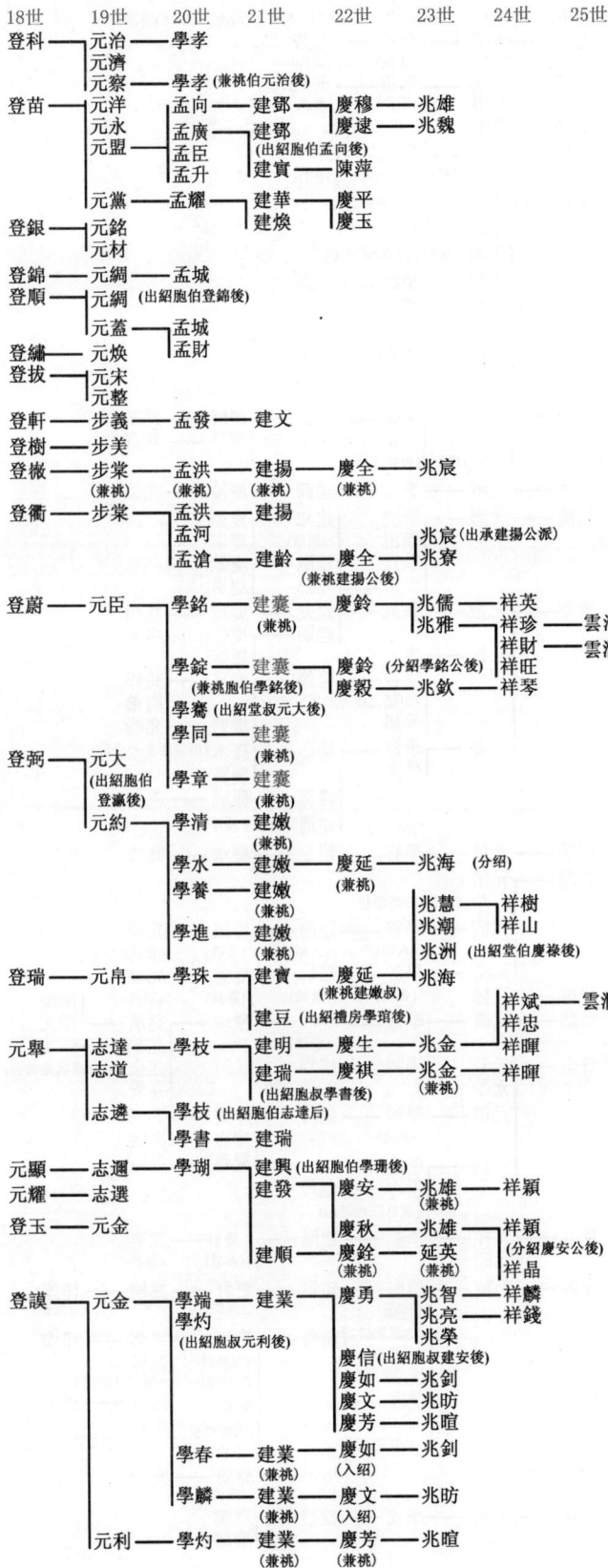

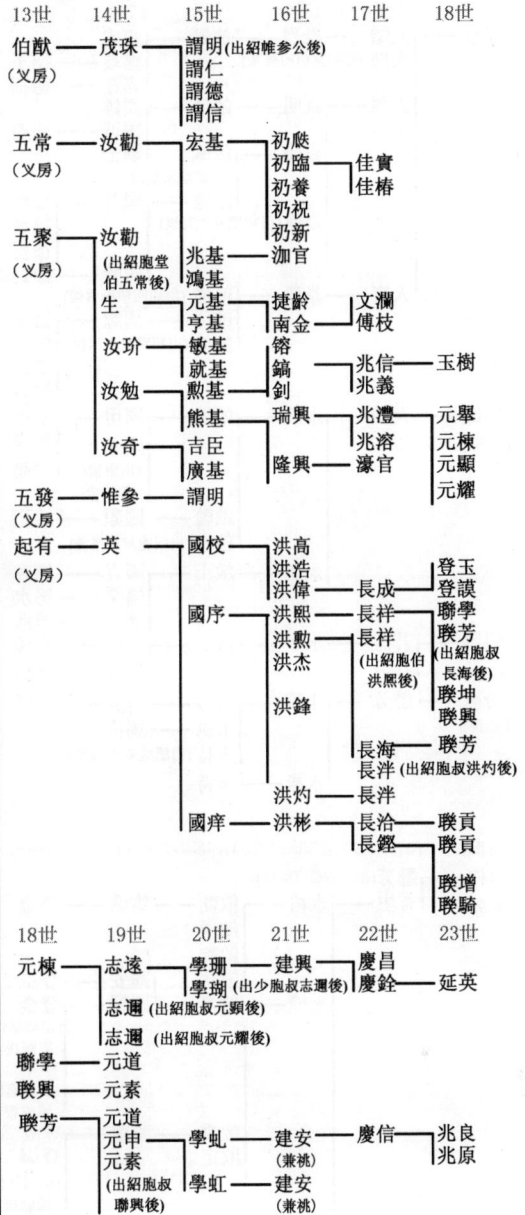

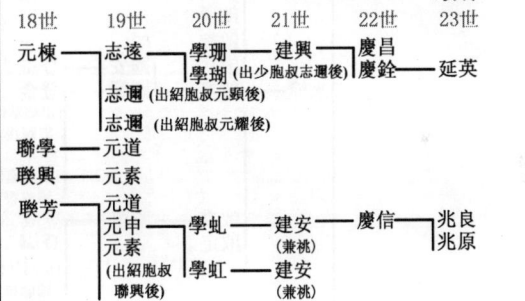

上左区（13世–18世）

13世	14世	15世	16世	17世	18世
光仕（礼房）	天贈				
	天助	焱烈（出紹堂伯曰經後）	啟佩	國廣	
				國端	德子
				國在	德福
	天興	焱明	啟備	國錦	
				國連	德明
		焱鵲	啟佩（出紹堂叔焱烈後）		
			啟儺（出紹胞叔天富後）	國基	德輝
		焱鳳			德鈴
					德賢
				國幹	德鈴
	天富	焱鳳	啟備（出紹胞伯焱明後）		
			啟位	國源	德華
			啟傅（出紹堂叔永福後）		德明
					德寶
					德君
曰經（礼房）	天助	永菉	啟經	國用	德申
				國順（出紹胞叔啟輪後）	德壽
					德龍
			啟輪	國順	德聖
			啟士（出紹胞叔永傑後）		
		永傑	啟士	國宣	德春
				國圍	德水
				國善	德潘
伯協（礼房）	若壽／若夷	永祚	啟翩	聖居	登瓊
				聖喜	登球
司衡（礼房）	戀芳	永麒	玉振	日昇	登鑑
			玉拱	馬福	
			玉持（出紹胞叔永祿後）		
		永祿	玉持		

下左区（13世–18世）

13世	14世	15世	16世	17世	18世
司杓（礼房）	戀芳（出紹胞伯司衡後）				
	秀生	永祐	啟乾	雲蘭	登金
			啟通		
			啟旋		
			啟岳		
		永神	啟書	國安	登玉
				國耀	登金（出紹堂伯雲蘭後）
					登玉（出紹胞伯國安後）
			啟攀	國蔚	登成
			啟定		登調（出紹堂伯國聰後）
					登喜
		永祝	啟賢	國聰	登調
伯熙（礼房）	韶官	永福	啟傅	國祺	德寶
		永傳	啟淑		
		永滙	啟沐（出紹胞叔永源後）		
			啟炎	國煜	
		永源	啟沐		
伯懷（礼房）	韶官（出紹胞伯伯熙後）				
	琦官	永贈			
	琚官	金戽			
	瓊官	永詩	啟榮	國士	德君
		永文（出紹胞叔瑞官後）			
	瑞官	永文	啟興		
			啟盛		

右区（18世–24世）

18世	19世	20世	21世	22世	23世	24世
德子	步商	學禮（兼桃）	玉茶（兼桃）			
德福	步商（兼桃）	學禮（兼桃）	玉茶（兼桃）			
德明	步鄧					
德輝	步泰	學義（兼桃步揚公後）	建奎			
			建春			
德賢	步泰（出紹胞伯德輝後）					
	步揚（出紹胞伯德鈴後）					
	步商（出紹胞伯德福子後）					
	步錦	學禮	玉茶			
德鈴	步揚	學義	建春			
德華	步隆	（兼桃）	（入紹）			
	步鄧（出紹胞叔德明後）					
	步琇（出紹德寶公後）					
德申	元萬	學榮	建溫	慶峰	兆穎	
		學富（出紹胞叔元畝后）		慶平	兆蘊	
	元畝（出紹胞叔德壽後）					
德壽	元畝	學富	建硼	慶波	兆強	
德龍	元海	學濟	建知（出紹）	慶州		
		學田		慶玉		
		學貴	建鳳	慶欽		
		學弟	建福	慶勇		
德聖	元金	學池	建友	慶理	兆州	
			建朋	慶仁	兆玉	
				慶妹		
	元行	學木				
		學谷（出紹元慶元清後）	建倫	慶盛	兆岬	
					招弟	
		學滿		慶慈	兆嵾	
	元養	學倉	建在	慶木（出紹西安外公祠）		
		學文		慶青		
			建黨	慶錦	兆倜	
			建通（出承桂垤後）			
德潘	元華	學官	建豆	慶法	兆寶	
登瓊	元榮					
	元華（出紹堂叔德潘後）					
	元清（入紹）	學谷（入紹）	建倫（入紹）	慶盛（兼桃）	兆岬（兼桃）	
	元慶	學谷	建倫	慶慈（兼桃）	兆嵾（兼桃）	
登球	元絲					
登鑑	元濂	學懷	建烈（兼桃）	慶瑞	兆清	祥銀
						祥文
					兆祿	祥才
登金	元着				兆全（隨父兼桃建筍公）	
	元學	學陵	建烈		兆愛	
	元道	學坤（兼桃）	建玲	慶霄	兆昕	
				慶霈	兆曉	
				慶霽	兆暉	
	元回	學寵				
		學坤（兼桃伯元道后）	建玲			
登喜	元祥	學顏	建祿	慶軒（兼桃）	兆喜（兼桃）	
	元謝					
登調	元禎	學梅	建鶯	慶軒（兼桃）	兆桃（兼桃）	祥燦（兼桃）
		學顏（出紹堂叔元祥後）				
		學絲	建珠	慶軒（兼桃建祿公後）	兆喜	祥燦
		學官（出紹堂叔元華後）			兆桃（隨父分紹建鴬）	
				慶瑞（出紹堂叔建烈後）	兆成	祥潘
					兆寶（出紹堂叔慶法後）	
			建筍	慶瑞（兼桃）	兆全	
德寶	步琇	學安	建豐	慶鍵		
				慶鋼		

左上（13世—18世）

13世	14世	15世	16世	17世	18世

元勳（智房）— 茂學 — 洪 — 蘭官 — 長樹 — 登纘
　　　　　　　　　　　　　　　長椿 — 登第
　　　　　　　　　　　　　　　長梅 — 登程
　　　　　　　　　　　　　　　　　　 登深
　　　　　　　　　　　　　　　　　　 登夷
　　　　　　　　　　　　　 長檜 — 登端（出紹堂伯長桂後）
　　　　　　　　　　　　　　　　　 登賢
　　　　　　　　　　　　　　　　　 登呂
　　　　　　　　　　 陞官 — 長桂 — 登端
　　　　　　　 鳳　 甡官 — 長煥 — 準
　　　　　　　 源　 甡官 — 長煥 — 臧（出紹胞伯鳳公後）／ 馨
　　　　　　　　　　聖官 — 長椿 — 登鴻
　　　　　　　　　　　　　　　　 登鶚
　　　　　　　　　　　　　　　　 登鵠

右上（18世—25世）

18世	19世	20世	21世	22世	23世	24世	25世

登賢 — 步祋 — 孟寨 — 建橋 — 慶泰 — 兆昌
　　　　　　　　　　　　　　　　　　 兆弘
　　　　　　　　　　　　　 慶歖 — 兆富 ／ 馨蔚
　　　　　　　　　　　　　 慶團 — 兆室
　　　　　　　　　　　　　 慶潘 — 兆家
　　　 步神 — 孟宋 — 建燦 — 慶祿 — 兆棟
　　　　　　 孟完　 建流（出紹叔孟後）兆楹
　　　　　　（出紹堂叔步祒後）建芝 — 慶彬（兼桃）— 兆壬（兼桃）
　　　　　　　　　　　　　 建枚 — 慶祿（兼桃伯建燦公）— 兆楹
　　　　　　　　　　　　　 慶全
　　　　　　 孟寧（出紹堂叔步喜後）　慶回（出紹義房堂伯建雷後）
　　　　　　 孟寨（出紹堂伯步陵後）　慶英（出紹）
　　　　　　　　　　　　　　　　　 慶彬 — 兆壬

登呂 — 步喜 — 孟寧 — 建蒲 — 慶魁 — 兆福
　　　　　　　　　　　　　　　　　　 兆明
　　　　　　　　　　　　　 慶儉 — 兆華
　　　　　　　　　　　　　　　　　　 兆州
　　　　　　　　　　　　　　　　　　 兆祖 — 祥宙
　　　　　　　　　　　　　　　　　　 兆雙
　　　　　　　　　　　　　 慶蘭 — 兆楢
　　　　　　　　　　　　　 慶同 — 兆技 — 祥禎
　　　　　　　　　　　　　 慶財 — 兆鑫
　　　　　　　　　　　　　 慶玲 — 兆湊

登端 — 步祒 — 孟完 — 建流 — 慶祿（入紹爲後）

準 — 步善 — 孟忠 — 建穀 — 慶康 — 兆筍 — 祥國（兼桃）— 雲旺（入紹）
　　　　 孟和
　　　　 孟孝（出紹叔步密後）
　　　　 孟順　　　　　 兆綸 — 祥國 — 雲旺
　　　　 孟訓　 建波（出紹胞伯孟孝後）祥勇 — 雲興（出紹胞叔兆純後）
　　　　 孟壽　 建穀（出紹胞叔孟忠後）
　　　　　　　 建視 — 慶先 — 兆純 — 祥勇 — 雲滋（隨父入紹乳靈勇）
　　　　　　　 建祗 — 慶先（兼桃）— 兆純（入紹）— 祥勇（入紹）— 雲滋
　 步陞 — 孟喜 — 建榮 — 慶連 — 兆登 — 祥麟
　　　　　　　 建淑 — 慶發 — 兆宜 — 祥麟（出紹胞伯兆登後）
　　　　　　　 建鼎 — 慶雪
　　　　　　（出紹堂伯孟春後）慶連（出紹胞伯建榮後）祥敏
　　　　　　　 建專 — 慶度 — 兆鑾 — 祥炎（出紹沙灣阮姓後）
　　　　　　（出紹堂伯孟信後）慶餘 — 兆頃（出紹叔慶餘後）祥賣
　　　　　　（出紹堂伯建波後）　　　　　　　 祥嵩
　 步密 — 孟孝 — 建波 — 慶餘 — 兆頃

臧 — 步金 — 孟春 — 建鼎 — 慶雲 — 兆羆 — 祥茂 — 雲飛
　　　　　　　　　　　　　　　　　　 祥福 — 雲海 ／ 雲城
　　　　　　　　　　　　　　　　　　 祥州 — 雲標
　　　　 孟信 — 建專 — 慶權 — 兆尚 — 祥榕
　　　　　　　　　　 慶椿 — 兆尚（出紹胞伯慶權後）
　　　　　　　　　　　　　 兆基 — 祥源

登鴻 — 步察 — 孟田 — 建崧 — 慶佃
　　　 步容　　　 建本 — 慶佃（兼桃）（隨父承步寬後）
　　　　　　　　 建黨
　　　 步寬 — 孟田 — 建本（兼桃）

左中（18世—25世）

18世	19世	20世	21世	22世	23世	24世	25世

登纘 — 步禎 — 孟發 — 建生
登第 — 步禎（出紹胞伯登纘後）建吉
　　　 步祝 — 孟吉 — 建玉（出紹堂叔孟發後）
　　　 步祥

登程 — 步芳 — 孟德 — 建盧 — 慶相（兼桃）— 兆釗（兼桃） 祥清 — 雲斌
　　　　　　　　　 建山　　　　　　　　　　 祥楚 — 雲龍
　　　　　　 孟圭 — 建唐 — 慶熹 — 兆焘　 祥金 — 雲江
　　　　　　　　　 建鐘 — 慶祥 — 兆祚　 祥贈 — 雲任
　　　　　　　　（出紹胞叔建麟後）　　　 祥錦 — 雲泰
　　　　　　　　　　　　　 兆胤 — 祥永 — 雲昇
　　　　　　　　　　　　　　　　 祥囍 — 雲實
　　　　　　　　　　　　　　　　 祥牲
　　　　　　　　　 兆源（出紹信房叔慶坤後）
　　　　　　 建麟 — 慶祥 — 兆光 — 祥其 — 雲樹
　　　　　（出紹大鼻頭阮桂伶後）　 祥根 — 雲根（入紹）
　　　　　　　　　　　　　 兆和
　　　　　　　　　　　　　 兆瑞 — 祥存 — 雲枝
　　　　　　　　　　　　　 慶瓊
　　　　　　　　　　　　　 兆理（出紹大鼻頭阮桂伶後）
　　　　　　 建鳳 — 慶相 — 兆釗 — 祥洺
　　　 孟濟 — 建泗 — 慶相（兼桃）— 兆釗（兼桃）
　　　　　　 建胞 — 慶相（兼桃）— 兆釗（兼桃）
　　　 孟參 — 建雩 — 慶昊 ／ 慶順 — 兆發 — 祥豐
　　　　　　 建梁 — 慶順（兼桃）— 兆發（兼桃）
　　　　　　 建讀 — 慶順（兼桃）— 兆發（兼桃）
　　　 孟有 — 建讀
　　　　　　 建諲

登深 — 步禮 — 孟吉（出紹堂伯步祝後）慶秀 — 兆安
　　　 步社殤 孟意 — 建豪 — 慶桂 — 兆京 ／ 兆羌
　　　　　　　　　　　　　 慶贛 — 兆婼
　　　　　　　　　　　　　 慶存 — 兆昕
　　　　　　 孟海 — 建坤 — 慶贛 — 兆婼（入紹）
　　　　　　 孟富 — 建才 — 慶英
　　　 步清 — 孟慶 — 建豪（出紹堂伯孟意後）
　　　　　　 孟倫（出紹胞叔步裸後）
　　　　　　 孟油 — 建養 — 慶存 — 兆昕
　　　　　　（出紹胞叔孟後）　（入紹）
　　　 步裸 — 孟倫 — 建養（兼桃）
登夷 — 步裕 — 孟業 — 建池 — 慶梅 — 兆國
　　　　　　 孟朱 — 建池
　　　　　　 孟貴（出紹胞伯孟葉後）慶梅（出紹伯建池後）
　　　　　　 孟征　　　　　 慶就 — 兆弟（兼桃）
　　　　　　　　　 建錦 — 慶祝 — 兆國（兼桃）
　　　 步祖 — 孟金 — 建筠 — 慶美 — 兆國（出紹胞伯慶梅後）
　　　　　　 孟奎 — 建筠（兼桃）　　　 兆弟

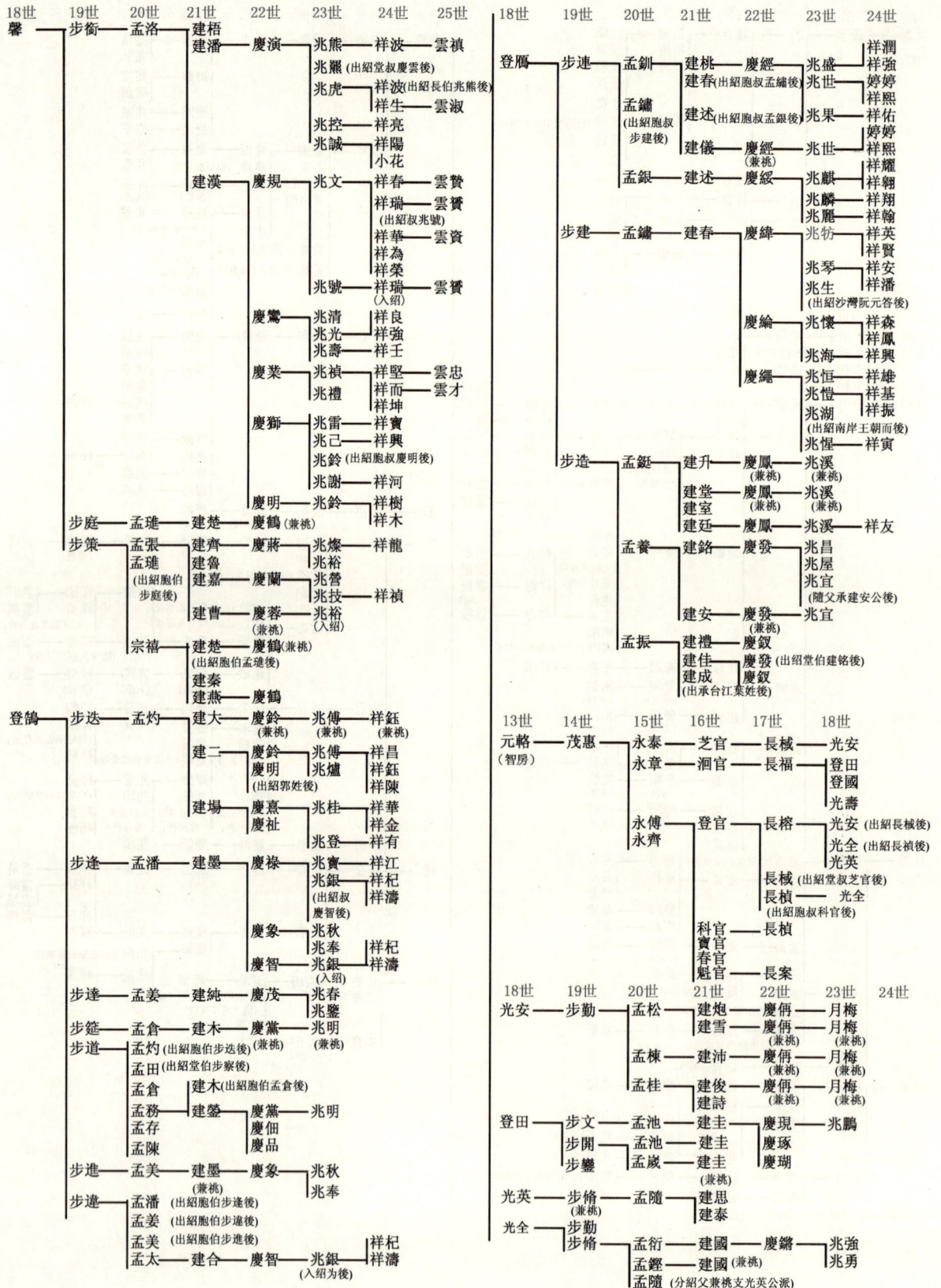

左上支（18世—25世）

| 18世 | 19世 | 20世 | 21世 | 22世 | 23世 | 24世 | 25世 |

- 馨 — 步衍 — 孟洛
  - 建梧
  - 建潘 — 慶演
    - 兆熊 — 祥波 — 雲禎
    - 兆羆(出紹堂叔慶雲後)
    - 兆虎 — 祥波(出紹長伯兆熊後) / 祥生 — 雲淑
    - 兆控 — 祥亮
    - 兆誠 — 祥陽 / 小花
  - 建漢
    - 慶規 — 兆文
      - 祥春 — 雲贅
      - 祥瑞 — 雲寶(出紹叔兆號)
      - 祥華 — 雲資
      - 祥為 / 祥榮
    - 兆號 — 祥瑞 — 雲寶(入紹)
    - 慶鸞 — 兆清 / 兆光 / 兆壽
      - 祥良 / 祥強 / 祥壬
    - 慶業 — 兆禎 / 兆禮
      - 祥堅 — 雲忠 / 祥而 — 雲才 / 祥坤
    - 慶獅 — 兆雷 / 兆己 / 兆鈴(出紹胞叔慶明後) / 兆謝
      - 祥寶 / 祥興 / 祥河
    - 慶明 — 兆鈴 — 祥樹 / 祥木

- 步庭 — 孟雄 — 建楚 — 慶鶴(兼祧)
- 步策 — 孟張 / 孟瑞(出紹胞伯步庭後)
  - 建齊 — 慶蔣 — 祥燦 — 祥龍
  - 建魯 — 兆裕
  - 建嘉 — 慶蘭 — 兆營 / 兆技 — 祥禎
  - 建曹 — 慶蓉(兼祧) — 兆裕(入紹)
- 宗禧
  - 建楚 — 慶鶴(兼祧)(出紹胞伯孟璉後)
  - 建秦
  - 建燕 — 慶鶴

左下支（18世—25世）

- 登鶴 — 步迭 — 孟灼
  - 建大 — 慶鈴(兼祧) — 兆傅(兼祧) — 祥鈺(兼祧)
  - 建二 — 慶鈴 — 兆傅 — 祥昌 / 慶明(出紹郭姓後) — 兆爐 — 祥鈺 / 祥陳
  - 建場 — 慶熹 / 慶祉 — 兆桂 — 祥華 / 祥金 / 兆登 — 祥有
- 步逸 — 孟潘 — 建墨
  - 慶祿 — 兆寶 — 祥江 / 兆銀(出紹叔慶智後) — 祥杞 / 祥濤
  - 慶象 — 兆秋 / 兆奉
  - 慶智 — 兆銀(入紹) — 祥杞 / 祥濤
- 步達 — 孟姜 — 建純 — 慶茂 — 兆春 / 兆鑒
- 步筵 — 孟倉 — 建木 — 慶黨(兼祧) — 兆明(兼祧)
- 步道 — 孟灼(出紹胞伯步迭後) / 孟田(出紹堂叔步察後)
  - 孟倉 — 建木(出紹胞伯孟倉後)
  - 孟務 — 建鑾 — 慶黨 — 兆明 / 慶佃 / 慶品
  - 孟存 / 孟陳
- 步進 — 孟美 — 建墨 — 慶象 — 兆秋 / 兆奉
- 步違 — 孟潘(出紹胞伯步進後) / 孟姜(出紹胞伯步違後) / 孟美(出紹胞伯步進後)
  - 孟太 — 建合 — 慶智 — 兆銀(入紹為後) — 祥杞 / 祥濤

右上支（18世—24世）

| 18世 | 19世 | 20世 | 21世 | 22世 | 23世 | 24世 |

- 登鵬 — 步連 — 孟釗
  - 建桃 — 慶經 — 兆盛 — 祥潤 / 祥強 / 婷婷
  - 建春(出紹胞叔孟繡後) — 兆世 — 祥熙
  - 孟繡(出紹胞叔步建後) — 建述(出紹胞叔孟銀後) — 兆果 — 祥佑 / 婷婷
  - 建儀 — 慶經(兼祧) — 兆世 — 祥熙
  - 孟銀 — 建述 — 慶綬 — 兆麒 — 祥耀 / 祥翔 / 兆麟 — 祥翔 / 祥翰 / 兆麗
- 步建 — 孟繡 — 建春
  - 慶緯 — 兆竹 — 祥英 / 祥賢 / 兆琴 — 祥安 / 祥潘 / 兆生(出紹沙灣阮元答後)
  - 慶綸 — 兆懷 — 祥森 / 祥鳳 / 兆海 — 祥興
  - 慶繩 — 兆恒 — 祥雄 / 兆愷 — 祥基 / 祥振 / 兆湖(出紹南岸王朝而後) / 兆惺 — 祥寅
- 步造 — 孟鋌
  - 建升 — 慶鳳(兼祧) — 兆溪(兼祧)
  - 建堂 — 慶鳳 — 兆溪
  - 建室
  - 建廷 — 慶鳳 — 兆溪 — 祥友
  - 孟養 — 建銘 — 慶發 — 兆昌 / 兆屋 / 兆宜(隨父承建安公後)
  - 建安 — 慶發(兼祧) — 兆宜
  - 孟振 — 建禮 — 慶叙
  - 建佳 — 慶發(出紹堂伯建銘後)
  - 建成 — 慶叙
  - (出承台江葉姓後)

右下支（13世—18世）

| 13世 | 14世 | 15世 | 16世 | 17世 | 18世 |

- 元輅(智房) — 茂惠
  - 永泰 — 芝官 — 長械 — 光安
  - 永章 — 泅官 — 長福 — 登田 / 登國 / 光壽
  - 永傳 / 永齊 — 登官 — 長榕 — 光安(出紹長械後) / 光全(出紹長禎後) / 光英
  - 長械(出紹堂叔芝官後)
  - 長禎 — 光全(出紹胞叔科官後)
  - 科官 — 長禎
  - 寶官 / 春官 / 魁官 — 長案

右下支（18世—24世）

| 18世 | 19世 | 20世 | 21世 | 22世 | 23世 | 24世 |

- 光安 — 步勤 — 孟松
  - 建炮 — 慶偁 — 月梅 / 建雪 — 慶偁(兼祧) — 月梅(兼祧)
  - 孟棟 — 建沛 — 慶偁(兼祧) — 月梅(兼祧)
  - 孟桂 — 建俊 — 慶偁(兼祧) — 月梅(兼祧) / 建詩
- 登田 — 步文 — 孟池 — 建圭 — 慶現 — 兆鵬
  - 步開 — 孟池 — 建圭 — 慶琢 / 慶瑚
  - 步鑾 — 孟崴 — 建圭(兼祧)
- 光英 — 步脩(兼祧) — 孟隨 — 建思 / 建泰
- 光全 — 步勤 / 步脩 — 孟衍 — 建國(兼祧) — 慶鏘 — 兆強 / 兆勇
  - 孟鏗 — 建國(兼祧)
  - 孟隨(分紹父兼祧支光英公派)

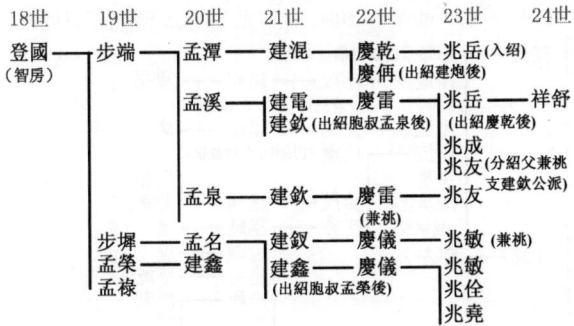

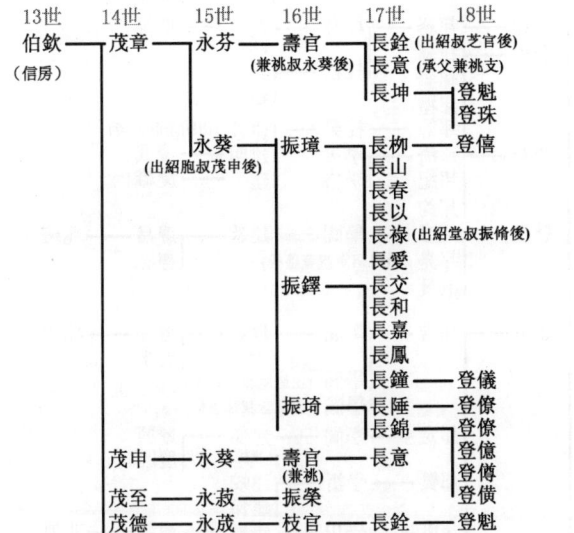

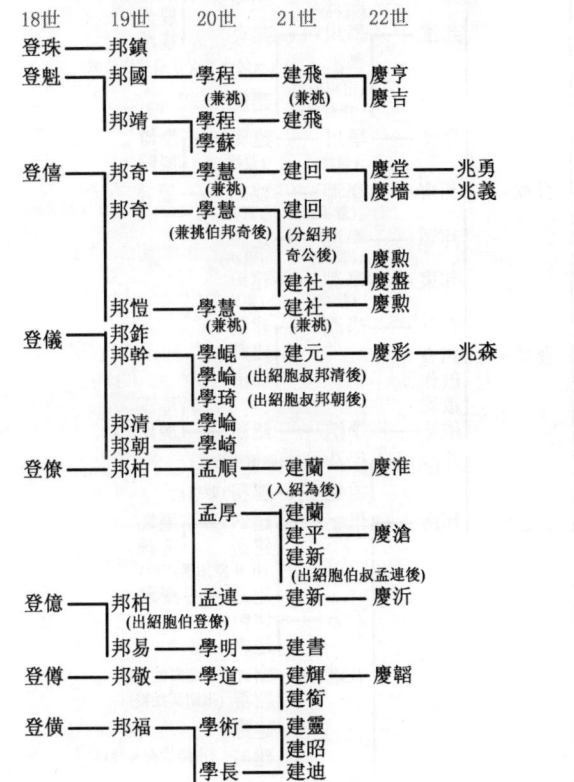

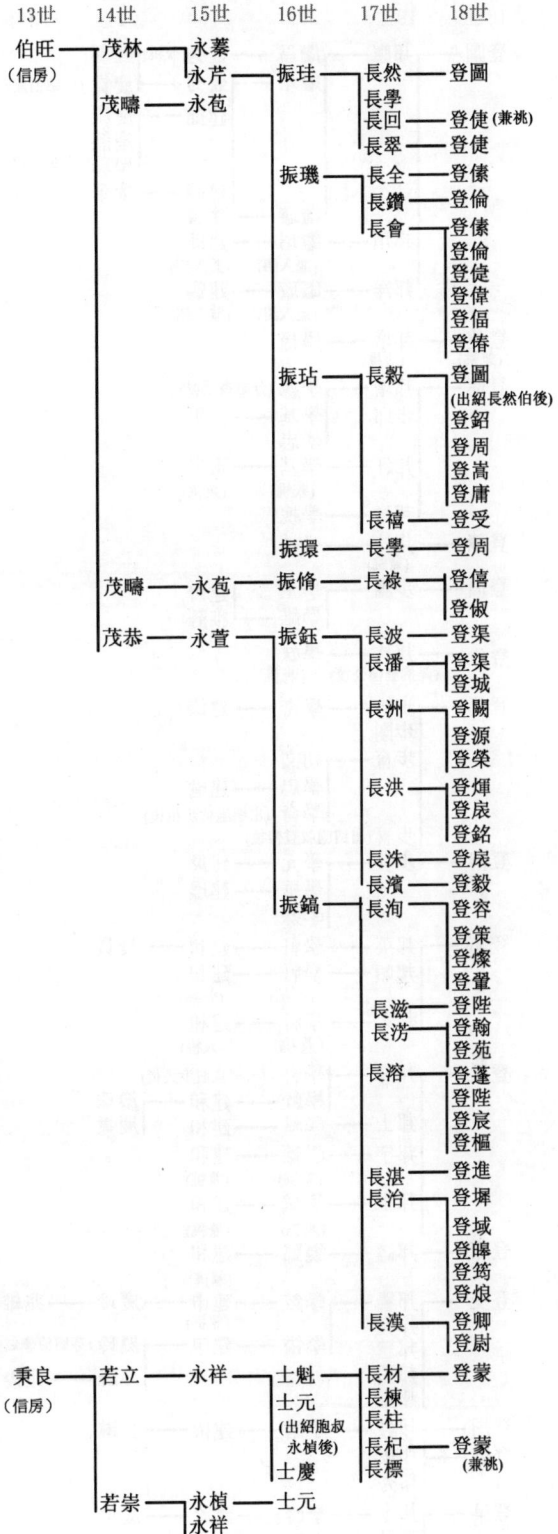

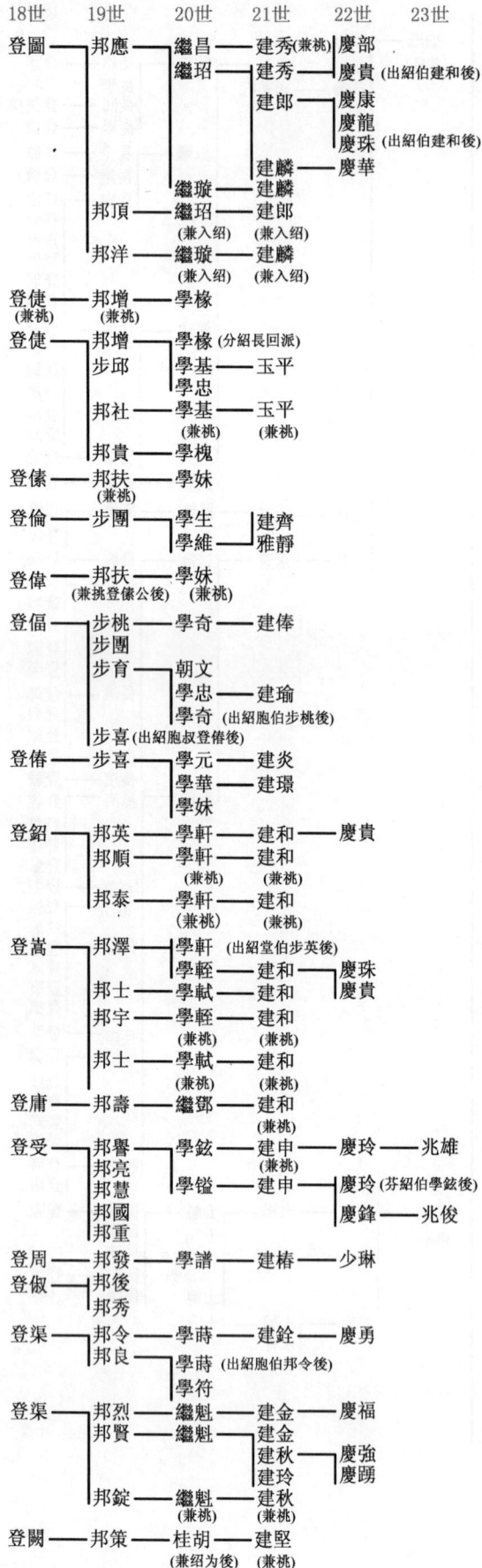

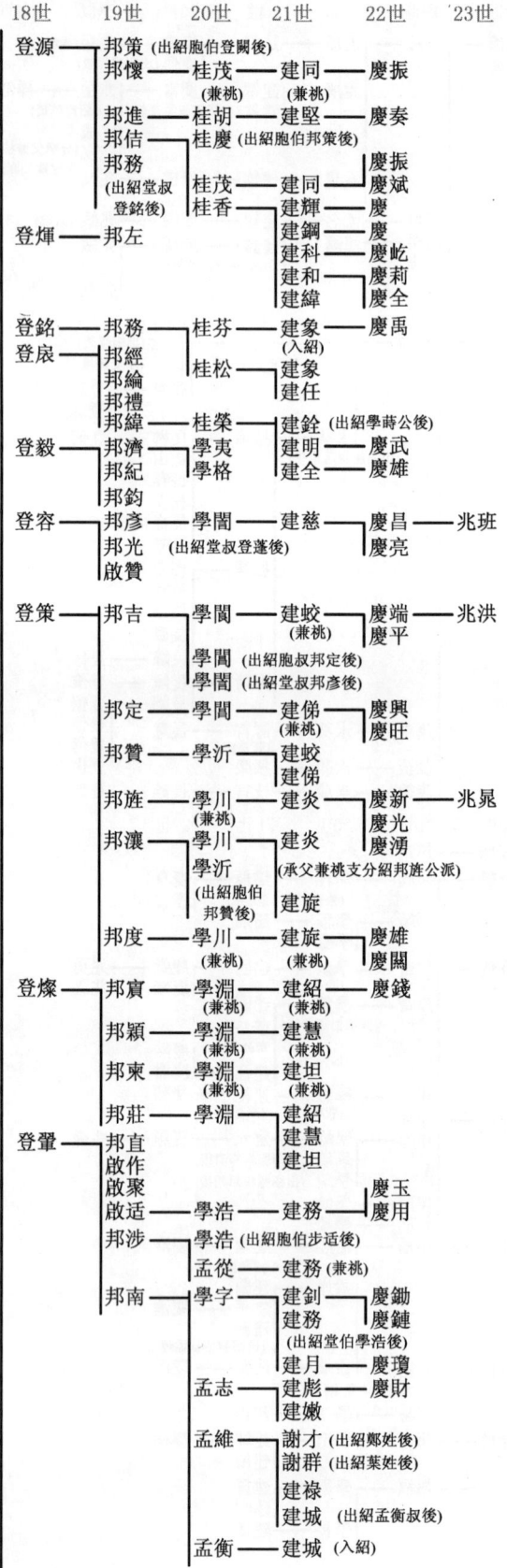

八闽**董**氏汇谱

左半

18世	19世	20世	21世	22世	23世

登圖 — 邦應 — 繼昌 — 建秀(兼桃) — 慶部
　　　　　　 繼珣 — 建秀 — 慶貴(出紹伯建和後)
　　　　　　　　　 建郎 — 慶康
　　　　　　　　　　　　 慶龍
　　　　　　　　　　　　 慶珠(出紹伯建和後)
　　　　　　　　　 建麟 — 慶華
　　　　　　 繼璇　建麟
　　　 邦頂 — 繼珣 — 建郎
　　　 (兼入紹)(兼入紹)
　　　 邦洋 — 繼璇 — 建麟
　　　 (兼入紹)(兼入紹)

登健 — 邦增 — 學橡
(兼桃)(兼桃)
登健 — 邦增 — 學橡(分紹長回派)
　　　 步邱 — 學基 — 玉平
　　　　　　 學忠
　　　 邦社 — 學基 — 玉平
　　　 (兼桃)(兼桃)
　　　 邦貴 — 學槐
登傣 — 邦扶 — 學妹
　　　 (兼桃)
登倫 — 步團 — 學生 — 建齊
　　　　　　 學維　 雅靜
登偉 — 邦扶 — 學妹
(兼挑登傣公後)(兼桃)
登偪 — 步桃 — 學奇 — 建俸
　　　 步團
　　　 步育 — 朝文
　　　　　　 學忠 — 建瑜
　　　　　　 學奇(出紹胞伯步桃後)
　　　 步喜(出紹胞叔登偪後)
登偆 — 步喜 — 學元 — 建炎
　　　　　　 學華 — 建璟
　　　　　　 學妹
登韶 — 邦英 — 學軒 — 建和 — 慶貴
　　　 邦順 — 學軒 — 建和
　　　 (兼桃)(兼桃)
　　　 邦泰 — 學軒 — 建和
　　　 (兼桃)(兼桃)
登嵩 — 邦澤 — 學軒 (出紹堂伯步英後)
　　　　　　 學輊 — 建和 — 慶珠
　　　 邦士 — 學軾 — 建和　 慶貴
　　　 邦宇 — 學輊 — 建和
　　　 (兼桃)(兼桃)
　　　 邦士 — 學軾 — 建和
　　　 (兼桃)(兼桃)
登庸 — 邦壽 — 繼鄧 — 建和
　　　　　　　　　 (兼桃)
登受 — 邦譽 — 學鉉 — 建申 — 慶玲 — 兆雄
　　　 邦亮　　　　(兼桃)
　　　 邦慧 — 學鎰 — 建申 — 慶玲(芬紹伯學鉉後)
　　　 邦國　　　　　　　 慶鋒 — 兆俊
　　　 邦重
登周 — 邦發 — 學譜 — 建椿 — 少琳
登俶 — 邦俊
　　　 邦秀
登渠 — 邦令 — 學蒔 — 建銓 — 慶勇
　　　 邦良 — 學蒔(出紹胞伯邦令後)
　　　　　　 學符
登渠 — 邦烈 — 繼魁 — 建金 — 慶福
　　　 邦賢 — 繼魁 — 建金
　　　　　　　　　 建秋　 慶強
　　　　　　　　　 建玲　 慶蹋
　　　 邦錠 — 繼魁 — 建秋
　　　 (兼桃)(兼桃)
登闌 — 邦策 — 桂胡 — 建堅
　　　 (兼紹為後)(兼桃)

右半

18世	19世	20世	21世	22世	23世

登源 — 邦策(出紹胞伯登闌後)
　　　 邦懷 — 桂茂 — 建同 — 慶振
　　　　　　 (兼桃)(兼桃)
　　　 邦進 — 桂胡 — 建堅 — 慶奏
　　　 邦佶 — 桂慶(出紹胞伯邦策後)
　　　 邦務
　　　 (出紹堂叔　　 桂茂 — 建同　 慶振
　　　 登銘後)　　　　　　　　　 慶斌
　　　　　　 桂香 — 建輝　 慶
登煇 — 邦左　　　　 建鋼　 慶
　　　　　　 建科 — 慶屹
　　　　　　 建和　 慶莉
　　　　　　 建緯　 慶全
登銘 — 邦務 — 桂芬 — 建象 — 慶禹
登宸 — 邦經　　　　(入紹)
　　　 邦綸 — 桂松 — 建象
　　　 邦禮　　　　 建任
　　　 邦緯 — 桂榮 — 建銓(出紹學蒔公後)
登毅 — 邦濟 — 學夷 — 建明 — 慶武
　　　 邦紀 — 學格 — 建全 — 慶雄
　　　 邦鈞
登容 — 邦彥 — 學闇 — 建慈 — 慶昌 — 兆班
　　　 邦光(出紹堂叔登蓬後)　　 慶亮
　　　 啟贊
登策 — 邦吉 — 學闇 — 建蛟 — 慶端 — 兆洪
　　　　　　 (兼桃)　　　　 慶平
　　　　　　 學闇(出紹胞叔邦定後)
　　　　　　 學闇(出紹堂叔邦彥後)
　　　 邦定 — 學闇 — 建俤 — 慶興
　　　 (兼桃)　　　　　　 慶旺
　　　 邦贊 — 學沂 — 建蛟
　　　　　　　　　 建俤
　　　 邦旌 — 學川 — 建炎 — 慶新 — 兆晁
　　　 (兼桃)　　　　　　 慶光
　　　 邦瀷 — 學川 — 建炎　 慶湧
　　　　　　 學沂(承父兼桃支分紹邦旌公派)
　　　　　　 (出紹胞伯　　 建旋
　　　　　　 邦贊後)
　　　 邦度 — 學川 — 建旋 — 慶雄
　　　 (兼桃)(兼桃)　　　 慶闊
登燦 — 邦賓 — 學淵 — 建紹 — 慶錢
　　　 (兼桃)(兼桃)
　　　 邦穎 — 學淵 — 建慧
　　　 (兼桃)(兼桃)
　　　 邦柬 — 學淵 — 建坦
　　　 (兼桃)(兼桃)
　　　 邦莊 — 學淵 — 建紹
　　　　　　　　　 建慧
登鞏 — 邦直　　　 建坦
　　　 啟作
　　　 啟聚　　　　　　　 慶玉
　　　 啟适 — 學浩 — 建務 — 慶用
　　　 邦涉 — 學浩(出紹胞伯步适後)
　　　 孟從 — 建務(兼桃)
　　　 邦南 — 學字 — 建釗 — 慶鋤
　　　　　　　　　 建務 — 慶鏈
　　　　　　　　　 (出紹堂伯學浩後)
　　　　　　　　　 建月 — 慶瓊
　　　 孟志 — 建彪 — 慶財
　　　　　　 建嫩
　　　 孟維 — 謝才(出紹鄭姓後)
　　　　　　 謝群(出紹葉姓後)
　　　　　　 建祿
　　　　　　 建城　(出紹孟衡叔後)
　　　 孟衡 — 建城　(入紹)

18世	19世	20世	21世	22世	23世
登陛	邦城	學傑			
登翰	邦琮	學敏	建祥(兼紹)	慶鑒 慶樹	
登苑	邦琮(出紹胞伯登翰後)	學敦	建居	慶鑒(入紹)	
	紹祖		建祥	慶鑒 慶樹	
			建新 建德 建庚		
			建洲	慶筠 慶樹	
	邦琨(入紹并兼桃邦琿後)	學敦	建庚(兼桃)		
	邦琿	學敦(兼桃)	建庚(兼桃)		
登墀	邦榦	學煌	建炳	慶滁 慶潮 慶凈 慶淮	兆奇
	汝生(出紹胞叔登焜後)				
	汝義(出紹胞叔登卿後)				
登域	汝福	學煌(出紹堂伯邦榦後)	建炳(出紹胞伯學煌後)		
	邦繼		建灑	慶淪	
			建僉	珍宏	
			建禹	慶水 慶熙	
		學粢	建環	慶鴻	
	邦麗	學福	建滿	慶惠	
登嶀	邦仕	學玲			
		學藏	建旌	慶波	兆宦
			建禮	慶潮	
			建蔚	慶釵	
			建耿	慶州	
			建光	慶富 麗莉	
			建盛	慶道 慶通	
		學堯	建永	慶飛	
			建旺		
			建權	慶翔	
			建嵩	慶翱	
			建賢 建勇		
	邦信	學勤	建斿	慶壽(兼桃)	
			建勇	慶壽	
		學書	建欽	慶耀 慶浪	兆睿
				慶業	兆徵
			建忠	慶泓 麗溪	
		學錐	建相	慶英 慶洲 慶亮	
		學密(出紹堂伯汝生後)			
	邦脩	學崇	建雄	慶嘉 慶喬	兆禧
	汝光	學儉			
		學厚(出紹胞叔邦儒後)	建群	慶琮	
			建儒	慶琛	
			建秋	慶瑰	
	邦儒	學厚	建施	慶瑑	
			建英		

18世	19世	20世	21世	22世	23世	24世
登篤	邦安	學溫	建興	慶元 慶仁		
			建彪 建前	慶明		
		學信(出紹堂叔汝義後)				
登焜	汝生	學密	建斌 建景	慶超 慶越		
登卿	汝義	學信	建軍 建洪	慶良 慶星		
			建生 建葉	慶照 慶煦		
			建惠			
登蒙	步嶽 步壇 步瑞(承父兼桃支) 步章(承父兼桃支)	孟言	建贈	慶坤	兆源 兆錦(出紹胞伯兆源後)	祥演 祥演 祥桂 祥奎
					兆華	
				慶灝	兆華(入紹為後)	
			建賵(承父兼桃支)	慶璇 慶嚴	兆賢	
			建賦 建賙(承父兼桃支)			
登蒙(兼桃)	步瑞 步章(兼桃)	孟言(兼桃)	建賵 建賙			

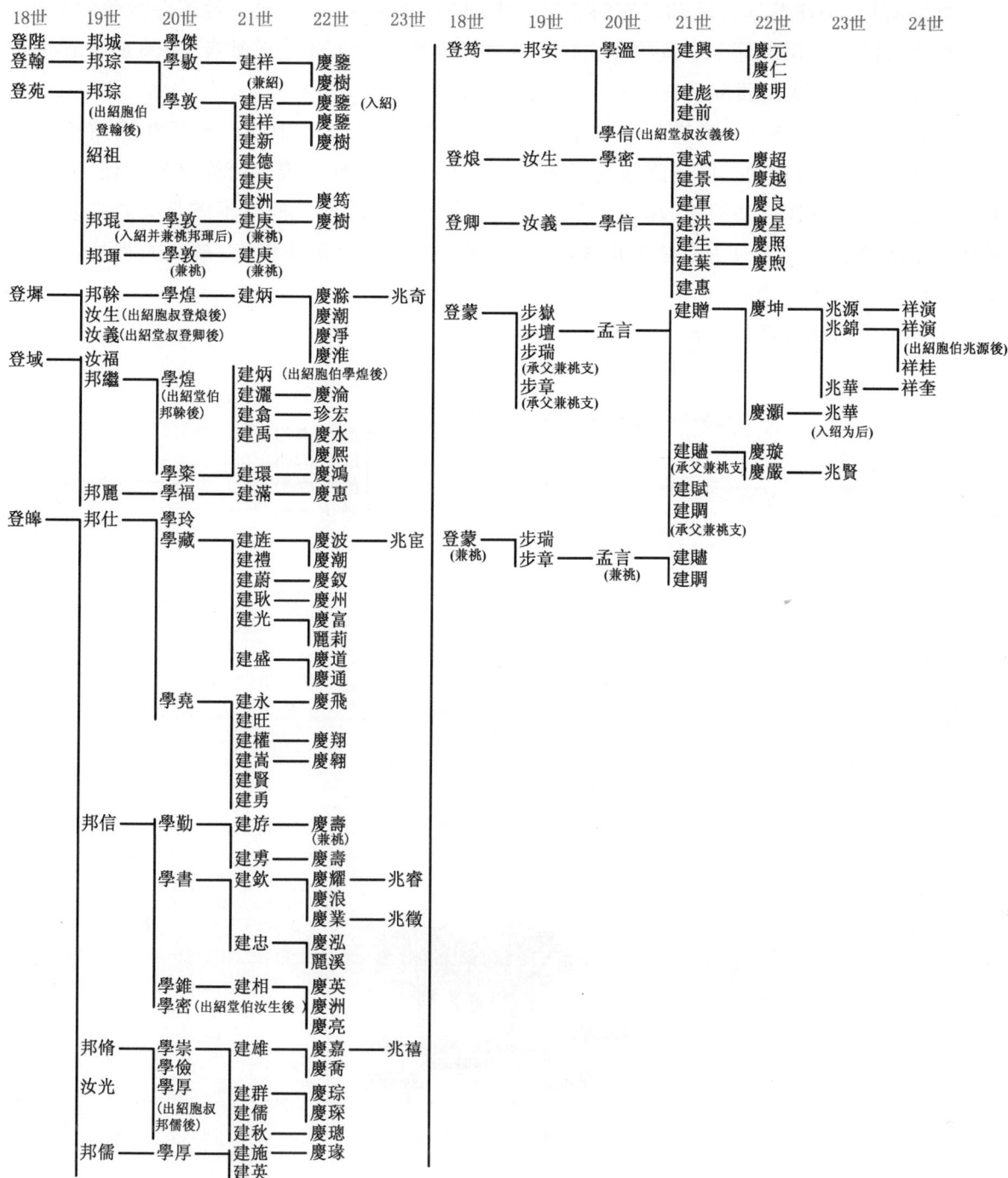

（二）柏洋董墩世系

董期公偕携兄弟准公于唐末随王审知入闽,入长溪界卜居州西北,再寻至魁洋。董期公传至淳勉公,厥世丕显,生机冥公。机冥公生子昆,淳祐三年甲辰徙居芦洋。四传而至孔昭公于南宋淳祐甲辰年(1244年),率家人至砚石村(即今下砚村)开村拓土。传九世,由天泽公、字民升号滋园移居柏洋董墩。传承乾、元、宁、利、贞五房,十四世。

柏洋乡地处霞浦西北山区,与福安、福鼎、柘荣三县毗邻,是闽东老区重点乡之一。土地革命时期,柏洋曾是霞鼎县中共党政机关所在地,也是中共闽东特委霞鼎办事处驻地。三年

游击战争时期,柏洋苏区人民和红军游击队一起进行、游击战争,在漫长的革命战争岁月中,有董长铃、许旺、刘招道等116位柏洋人民的优秀儿女为革命事业英勇献身,为闽东和霞浦取得革命胜利作出巨大的贡献。

董长铃(1882—1936),霞浦县柏洋董墩村人。1932年春加入中共。此后在霞鼎地区组织红带队,举行武装暴动。历任霞鼎县互济会负责人,霞鼎县苏维埃政府筹备处主任,霞鼎县苏维埃政府主席等职。1934年10月,国民党军向苏区发动围剿。他率领霞鼎县游击队坚持开展游击战争。1936年4月,在洋里、杯溪等处秘密活动。因叛徒出卖,被敌人捉捕。受尽酷刑,坚贞不屈,壮烈牺牲,时年44岁。

柏洋董墩简明世系如下:

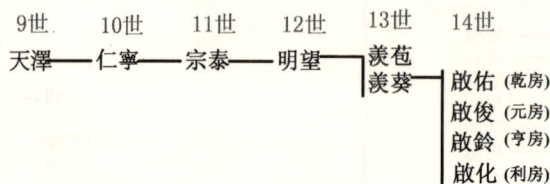

9世	10世	11世	12世	13世	14世
天澤 ——	仁寧 ——	宗泰 ——	明望 ——	羡苞 羡葵	啟佑 (乾房) 啟俊 (元房) 啟鈴 (亨房) 啟化 (利房)

上段左（14世—17世）

14世	15世	16世	17世
啟佑(乾房)	永銓／永鎮	萬生	作貢
啟俊(元房)	永陽	萬柱	作行／作威／作張／作璜
		萬模	作璋／作光／作璧／作珊
啟鈴(亨房)	永山	萬在	作甡／作竝
啟化(利房)	永欽	萬濠	作標／作彬
		萬冲	作東／作樂
		菴巽	作棟
		菴順	作楷
	登軒	萬猷	作樂
	孝在	萬澤	作業／香國／作檀／作槙／作楣／作摭／作桐／作柏／作渠／作材／作馥
啟誠(貞房)	永鏌／永錄	萬瀛／萬策／萬玻／萬淋／萬濟	

上段中（17世—21世）

17世	18世	19世	20世	21世
作業	世勳	步愷	孟誠	建呈／建贈／建珠
			孟彩	建星
香國	世炎	步欽	孟咚	建衍
	世烻	步遜	孟旺	建租
			孟皓	建徽
			孟咚	建恭／建儀
作檀	世炬	步堃	孟旺	建徽
	世燧	步枝	孟徵	建星兼桃
	世佐	步廞／步佑	孟壽	建滿
	世承	步佑兼桃	孟寿兼桃	
	世頒	步晃	孟楊	建綱
作槙	世熺	步顯	孟崇	建呈／建珠
作楣	世熊	步理	孟巖	建儀
作摭	世燈	步鈴		建央
作桐	世燈兼桃	步祿	孟和	建住
		步樹	孟科	建臻
			孟申兼桃	
			孟庫出紹	
			孟岳	
			孟嶺	建臻兼桃
作材	世奏	步波	孟成	建忠
作馥	世述	步森	孟增	建松
		步林	孟驊	建仲
		步木	孟欽	建恩／建光

上段右（21世—24世）

21世	22世	23世	24世
建并	慶鈺	晨杭	
建回	慶花		
建右	慶鳳		
建明	慶禹／慶雲		
建清	慶廉	兆兵	
建贈	慶聲	兆玉	
	慶良	兆村	
建集	慶珍	兆明／兆龍(出紹)	
建嘉	慶輔	兆森	明寶
		兆春	
建全	慶壽	兆俊	
建攀	慶祿	兆寶	明祺
	慶壽(出紹)	兆斌	
	慶輔	兆森承紹／兆春	
建妙	慶祿	兆利	
建興	慶祿兼桃		
建慈	慶珍(出紹)		
建集兼桃	慶留	兆龍	
建吉承紹	慶彥	兆琴	
建慈兼桃	慶珍	兆平	
	慶留	兆龍	
建呈	慶宪	兆木	明繽
	慶聲出紹	兆章	
	慶澤	兆金	
	慶泰		
建珠	慶俊	兆賦	
	慶良(出紹)		
	慶義	兆稔	
	慶盛	兆秀	
建星	慶椿	兆賢	明敏
		兆貴	明敦
建衍	慶積	兆杰	明潤
	慶養出紹	兆華出紹	
	慶裕	兆華	
	慶厚	兆潮	
	慶常	兆湖	
建租	慶養	兆鴻／兆桂	
建徽	慶富	兆虁	
	慶貴	兆基	
建恭	慶琿	兆良	
	慶璧		明松／明機
	慶華	兆寶	明舒
	慶福	兆發	
建徽	慶和	兆財	明甡
	慶順	兆姜	
	慶明	兆財	
建滿	慶法兼桃	兆順	
建綱	慶法	兆順	

下段左（17世—21世）

17世	18世	19世	20世	21世
作貢	世惠	步量	孟正	建并
作行	世伯	步宗	孟漢	建回／建右
	世穀	步宋	孟紹	建明／建回／建靖
			孟亮	建右出紹／建清／建考
作甡	世鳳	步境	孟庫	建贈
作標	世烆	步慶	孟華	建集
		步發	孟琳	建嘉／建全／建攀／建并／建妙／建興
			孟茂	建慈
			孟華	建集兼桃
		步琪		
作彬	世姚	步聲	孟潘	建吉承紹／建慈出紹
		步壽	孟潘兼桃	建吉兼桃
作東	世煌	步新	孟增	建嘉
作棟	世熙	步遠	孟茂	建慈兼桃
	世烈	步瑞	孟茂兼桃	建慈兼桃
作楷	世焗	步先	孟崇	建攀兼桃
作樂	世煦	步發	孟琳	建全兼桃

下段中（21世—24世）

21世	22世	23世	24世
建儀	慶富	兆虁	
	慶貴	兆基	
	慶樺	兆魁兼桃	
建央	慶亮	兆魁	
建住	慶亮兼桃		
建臻	慶濱	兆祐	
建忠	慶經	兆華	
	慶緯	兆中	
	慶綸	兆政	
建松	慶璋	兆珉	
	慶琳	兆旺	
	慶璸	兆熙	
	慶清	兆耀	
	慶春		
	兆麟		
建恩	銘华		
建光	慶震／慶盛		

（三）宁德八都福口董氏

福口董氏居住在蕉城八都霍童溪沿岸，两岸风光秀丽，然而一溪之隔，给居住在对岸福口、上坂洋、洋头、铜镜坂等村的 6800 多人出行带来许多不便。如今建成的福口大桥让对岸的福口、洋头等 4 个村的村民告别摆渡过溪的历史，给福口董氏带来方便。

据砚江董氏族谱载：（始祖追溯到）董期公传至淳勉公，厥世丕显，生机冥公，机冥公生子昷，淳祐三年甲辰徙居芦洋。四传而至孔昭公，于南宋淳祐甲辰年（1244 年），率家人至砚石村（即今下砚村）开村拓土。至今已有 760 多年。孔昭公有子五人，分家后各家繁衍后代，形成五房支脉。再历数传至十一世孝九公，移居宁德八都福口，为福宁下砚肇基福口之宗祖。自公至兹已逾三百余载。其简明世系记录如下。

左上图（11世—15世）

11世	12世	13世	14世	15世
孝九	道文 道鑽 道獻	子章（長房）	起麟	士楚 士漢 士拱 士侃
			起象	士學 士英
		子國（二房）	起鳳	士寶 士奇 士祝
			起餘	士高
		子益（三房）	起昌	睿庵
			起騰	士聯 士標 士欽 士
		子翰	乾雲	士卿 士貢 士相 士御

右上图（15世—21世）

15世	16世	17世	18世	19世	20世	21世
士漢	奶佑	世沛	常福	芳荷	家風	
				芳莽	家雅	持答
					家頌	
			常禄	芳苞	家鼎	
					家祚	
				芳苐 芳芒	家塊 匏木	
			常壽	芳芑	家頌兼桃	
				芳艾 芳芸		
士拱	正泰	世城 世熙	常周	芳范		
			常信	芳芽		
			常實	芳茗	家塊兼桃	
			常在	財雲殀		
			常求			
			常居	芳飲	家馨	持役 持徂
					家撙	持侹
	正廣	世梅	常依	芳荔	家衿	
				芳苣	家政	
			常因	芳葵		
				芳蔍	家给	
				芳蕐	家子	持待
			常互 常交	芳帆		
				芳萊	家宇	
				瑞大 瑞國		
		世植	春成殀			
			常悝	芳蓉	太順殀	
				芳蕉	家蕭	
				雨順殀		
			常液	芳蒸	家篇 家墨	
					家鄒	持後
				芳莧	家韶	持徐 持侔
			常久	芳葷	家孺	桂水 持燦
				芳葆	家孝	
				開岫殀	家字出紹 承集殀	
				芳輝	家孔	持得
				芳蕆	家敦	持燭 持燚
			常貴	芳荷	德順殀 家育 家官 家乾	
					家回	持倚
				芳棘	家回兼桃	
		世椿	常禩	芳茶		
				芳丹	家訓兼桃	
				志仁		
			常聴 常言 常勱 常兼	芳莘	家訓兼桃	
				志大	家表 家粒 家碧	
		世槐	常肅 常義 常哲 常謀 常徵	芳城	家粒兼桃	
				芳苜	家粒兼桃	

左下图（15世—21世）

15世	16世	17世	18世	19世	20世	21世
士楚	正旺	世禎	常聚 常縈 常管 常作 常迪 常集	芳爽	承宗	持笏 持箴 持箭 持笛
				芳龔	家隅	
				燦池		
				芳尤	家規	持篆
				芳茸	家隅出紹	
					家篡	持箭承紹
				雲住		
				芳芊	家牲	持笏出紹
					家教出紹	持昔
				芳芯	家規出紹	持答出紹
					家祐	持笔
					家言	持箒
		廷景	常祉	芳芹	家言兼桃	
			常履	芳藻	清	
			常祐	芳蘋		
				芳苹		持算
				芳蒿		持筍出紹
				芳莪		持筥出紹
	正直	世衍 世沛出紹	常逢 奇孫	芳荃	家教承紹	持策
				芳菏	家嶽	持筍
					家淵	持筍兼桃
士侃	正康	世強 世暢 世琪	成孫	芳葩	家和	持弦承紹
				芳蒼	家和兼桃 家傅兼桃	
	正添	世熙承紹	常善	芳璇	家浩	持馳
				芳勇出紹	家根	持弛出紹
					家目	持弦
					家联	持弼
				芳蒼	家法 家嗣	
			常服 常泉	芳芷	家傳 家儜	

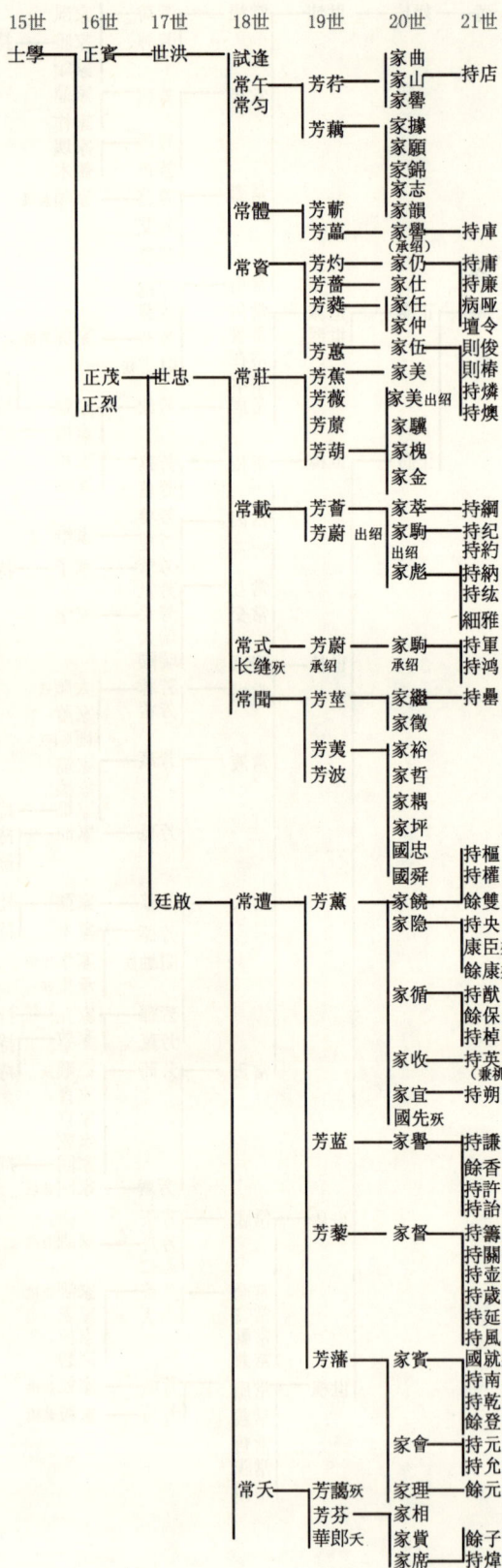
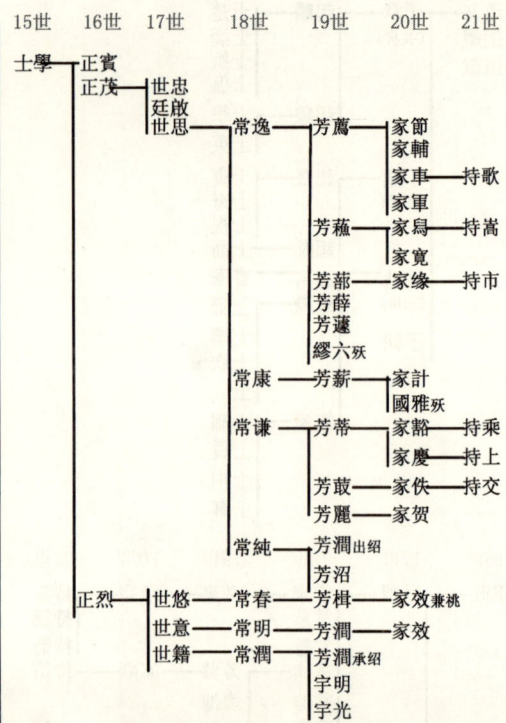
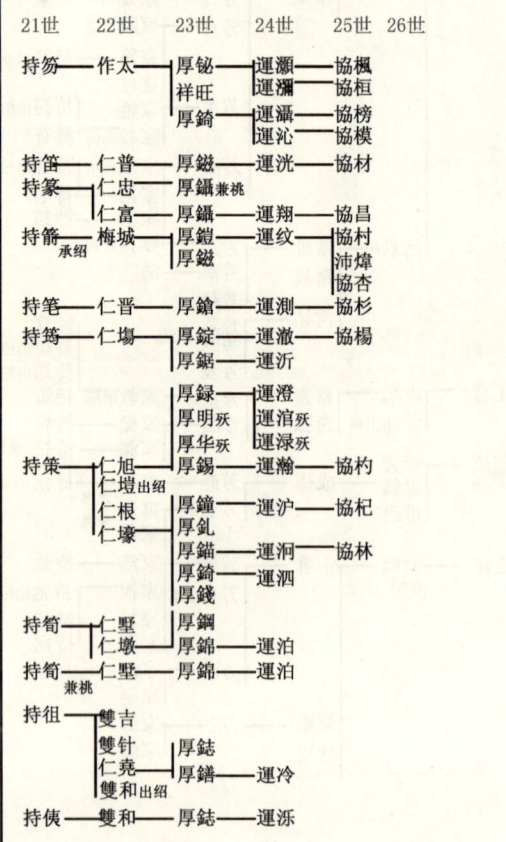

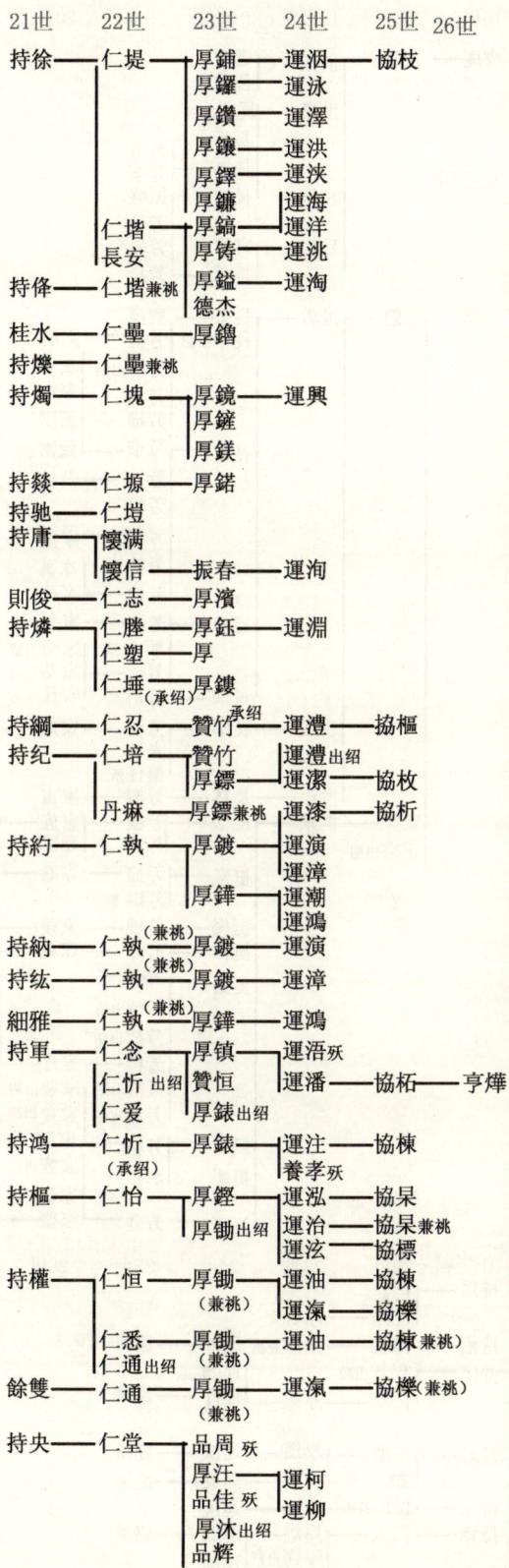

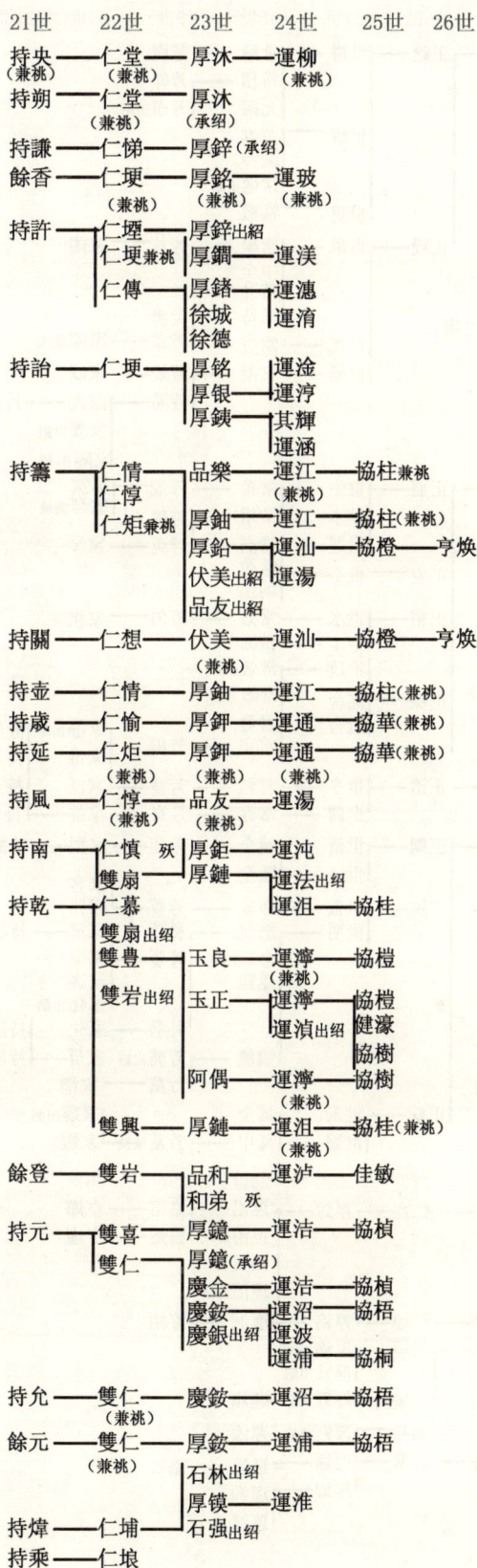

21世	22世	23世	24世	25世	26世

```
持徐 ── 仁堤 ┬ 厚鋪 ── 運泗 ── 協枝
              ├ 厚鑼 ── 運泳
              ├ 厚鑽 ── 運澤
              ├ 厚鑲 ── 運洪
              ├ 厚鐸 ── 運淶
              ├ 厚鐮 ── 運海
仁堦         ┬ 厚鎬 ── 運洋
長安          ├ 厚铸 ── 運洮
              ├ 厚鎰 ── 運淘
              └ 德杰
持佟 ── 仁堦兼桃
桂水 ── 仁壘 ── 厚鐏
持燦 ── 仁壘兼桃
持燭 ── 仁塊 ┬ 厚鏡 ── 運興
              ├ 厚鏵
              └ 厚鎂
持燚 ── 仁塿 ── 厚鐒
持馳 ── 仁塏
持庸 ── 懷滿
        懷信 ── 振春 ── 運洵
則俊 ── 仁志 ── 厚濱
持燐 ── 仁塍 ── 厚鈺 ── 運淵
        仁塑 ── 厚
        仁埵(承绍) ── 厚鏤
持綱 ── 仁忍 ── 贊竹(承绍) ── 運澧 ── 協樞
持紀 ── 仁培 ┬ 贊竹 ── 運澧出绍
              └ 厚鏢 ── 運潔 ── 協枚
丹麻 ── 厚鏢兼桃 ── 運漆 ── 協析
持約 ── 仁執 ┬ 厚鍍 ┬ 運演
                    └ 運漳
              └ 厚鏵 ┬ 運潮
                      └ 運鴻
持納 ── 仁執(兼桃) ── 厚鍍 ── 運演
持紘 ── 仁執(兼桃) ── 厚鍍 ── 運漳
細雅 ── 仁執(兼桃) ── 厚鏵 ── 運鴻
持軍 ── 仁念 ── 厚鎮 ── 運浯殀
        仁忻出绍 ── 贊恒 ── 運潘 ── 協柘 ── 亨燁
        仁爱 ── 厚錶出绍
持鴻 ── 仁忻(承绍) ── 厚錶 ┬ 運注 ── 協棟
                            └ 養孝殀
持樞 ── 仁怡 ┬ 厚鏗 ── 運泓 ── 協杲
              └ 厚鋤出绍 ┬ 運治 ── 協杲兼桃
                          └ 運泫 ── 協標
持權 ── 仁恒 ── 厚鋤 ┬ 運油 ── 協棟
              (兼桃)  └ 運�274 ── 協樑
        仁悉 ── 厚鋤(兼桃) ── 運油 ── 協棟兼桃
        仁通出绍
餘雙 ── 仁通 ── 厚鋤(兼桃) ── 運�274 ── 協樑(兼桃)
持央 ── 仁堂 ┬ 品周殀
              ├ 厚汪 ── 運柯
              ├ 品佳殀 ── 運柳
              ├ 厚沐出绍
              └ 品辉
```

21世	22世	23世	24世	25世	26世

```
持央     ── 仁堂     ── 厚沐 ── 運柳
(兼桃)      (兼桃)             (兼桃)
持朔 ── 仁堂(兼桃) ── 厚沐(承绍)
持謙 ── 仁悌 ── 厚鋅(承绍)
餘香 ── 仁埂     ── 厚銘     ── 運玻
        (兼桃)      (兼桃)      (兼桃)
持許 ── 仁塒 ┬ 厚鋅出绍
        仁埂兼桃 ├ 厚鑭 ── 運渼
        仁傳 ── 厚鍺 ┬ 運瀘
                     └ 運淯
              徐城
              徐德
持詒 ── 仁埤 ┬ 厚铭 ── 運淦
              ├ 厚银 ── 運淳
              └ 厚鎄 ┬ 其輝
                      └ 運涵
持籌 ── 仁情 ── 品樂 ── 運江 ── 協柱兼桃
        仁惇
        仁矩兼桃 ┬ 厚鈾 ── 運江 ── 拹柱(兼桃)
                  ├ 厚鉛 ── 運汕 ── 協橙 ── 亨煥
                  ├ 伏美出绍 ── 運湯
                  └ 品友出绍
持關 ── 仁想 ── 伏美(兼桃) ── 運汕 ── 協橙 ── 亨煥
持壺 ── 仁情 ── 厚鈾 ── 運江 ── 拹柱(兼桃)
持歲 ── 仁愉 ── 厚鉀 ── 運通 ── 拹華(兼桃)
持延     ── 仁炬     ── 厚鉀     ── 運通 ── 拹華(兼桃)
        (兼桃)      (兼桃)      (兼桃)
持風 ── 仁惇(兼桃) ── 品友(兼桃) ── 運湯
持南 ── 仁慎殀 ┬ 厚鉅 ── 運沌
        雙扇 ── 厚鏈 ── 運法出绍
持乾 ── 仁慕 ── 運沮 ── 協桂
        雙扇出绍
        雙豐 ── 玉良 ── 運潯(兼桃) ── 協橙
        雙岩出绍 ── 玉正 ┬ 運潯 ── 協橙
                          └ 運滇出绍 ┬ 健濠
                                      └ 協樹
                  阿偶 ── 運潯 ── 協樹
                        (兼桃)
        雙興 ── 厚鏈 ── 運沮 ── 拹桂(兼桃)
        (兼桃)
餘登 ── 雙岩 ── 品和 ┬ 運瀘 ── 佳敏
                     └ 和弟殀
持元 ── 雙喜 ┬ 厚鑷 ── 運洁 ── 協楨
        雙仁 ├ 厚鑷(承绍)
              ├ 慶金 ── 運洁 ── 協楨
              ├ 慶鈸 ── 運沼 ── 協梧
              ├ 慶銀出绍 ── 運波
              └ 運浦 ── 協桐
持允 ── 雙仁(兼桃) ── 慶鈸 ── 運沼 ── 協梧
餘元 ── 雙仁     ┬ 厚鈸 ── 運浦 ── 協梧
        (兼桃)    ├ 石林出绍
                  └ 厚鎮 ── 運淮
持煒 ── 仁埔 ── 石強出绍
持乘 ── 仁埌
```

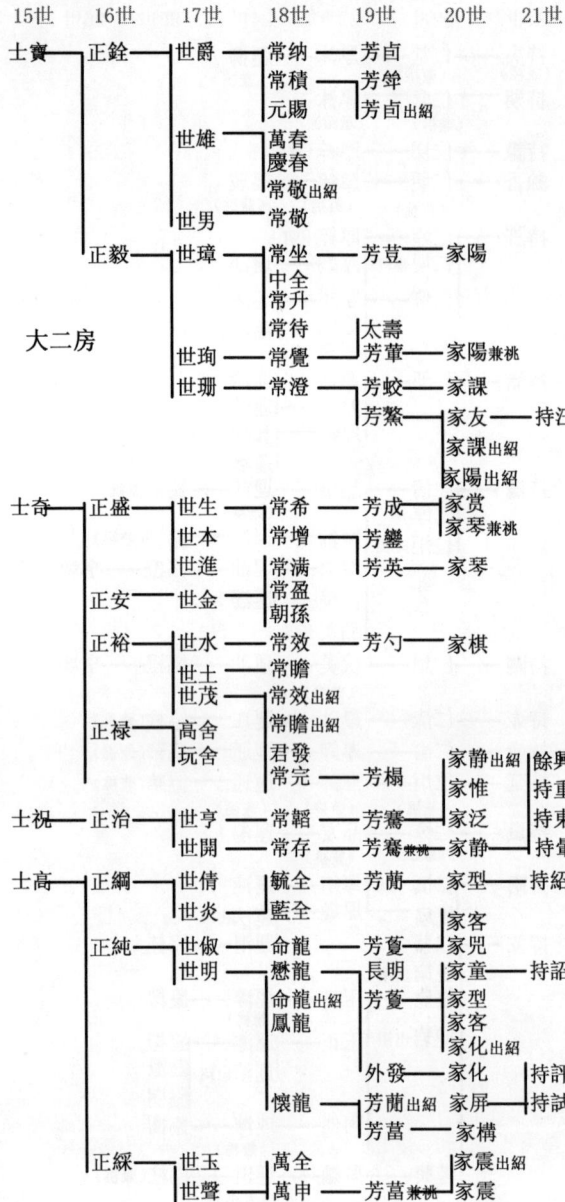

大二房

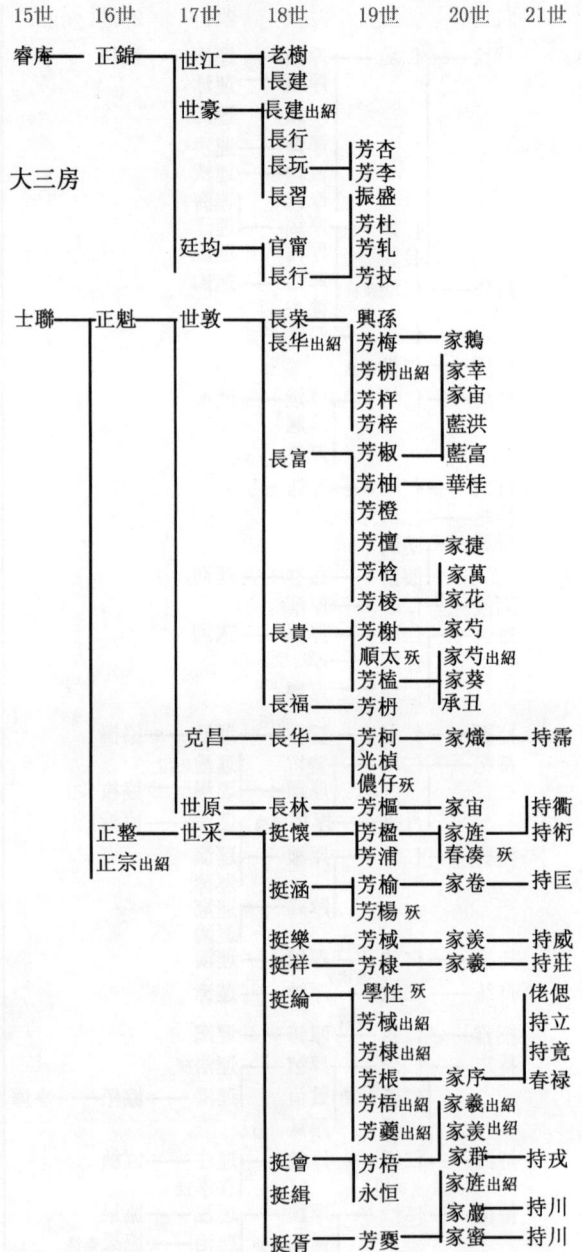

大三房

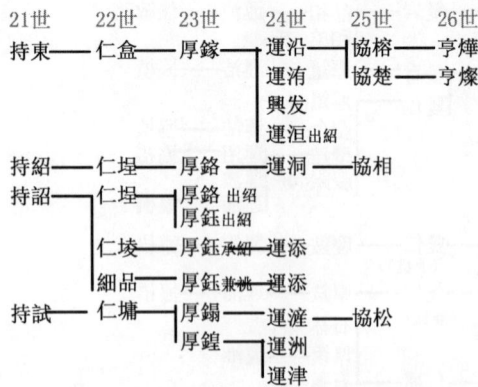

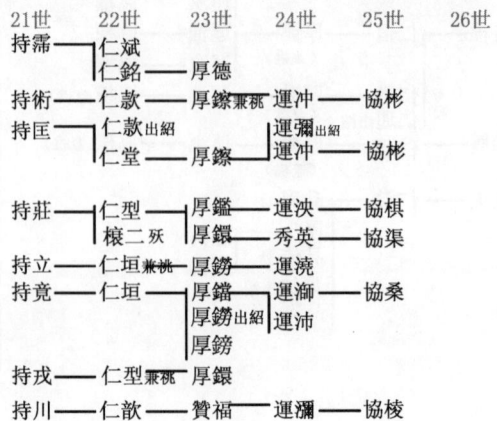

15世	16世	17世	18世	19世	20世	21世
士標	正成	世珍	長恭	碁望 邦望	家科	持舡 持諄 持敬
					家紘	持優 持銘 持鏐
					家徵	持晋
					家昂	持殷 持奇 持注
				顯望	家膏	持潛 持樸 持夔 持誠
					家通	持公
					家檑	持膺 持共
					家獲	持招 持省 持攜
			長錫	祖望	家柱	持矜
					家波出紹 家堂 家超	
					家情	持旨
					家餐出紹	
				高望	家委 家榜 家粟 家井	持需
				宗望	家亨 家熊 家田	持耕
				昌望	家波	觀胡 持年
				盛望	家餐	
			長鎬	邦望	家豪	持鈴 持負 觀泗
					家豐 華閏	持兵 持基

大三房

21世	22世	23世	24世	25世	26世
持舡	仁宅 仁宇 仁完出紹	贊生			
持諄	仁完兼祧				
持敬	仁完兼祧				
持優	仁守	厚鋃兼祧	運忠		
持奇	仁宰 仁宛	厚鋃出紹 厚鍅	運忠 運濠		
	懷雙 懷耕 懷登	厚鐯	運汴		
持注	懷亨	厚鋃兼祧	運忠		

21世	22世	23世	24世	25世	26世
持潛	仁室 仁宮	厚鑠兼祧 厚金 厚銀	運滇 運滇出紹 運洩	協棋 協樟 協栃	
持公	仁審 仁察 仁垤出紹 懷賀出紹	厚鑠	運洄 運沇	協檜 協梅 協梲	
		厚錕	運洲 運絡 運津	協桔 協根 協梭 協楮 協梁	亨煌 亨炳 亨熺 亨炻
	贊衡	厚鍼	運濤 運洒	協椋 協集	
持膺	仁宮兼祧	厚金兼祧	運濤出紹		
持共	懷賀	贊衡	運涇	協棠	
持招	仁垤	厚鋰 厚鑒	運浴	協棣	
持省	仁帙	厚鉦 厚鈿	運涓 運浚 運洌 運濘	協椰 協楝	
		厚鈴	運渚	協植	
持矜	佛太	厚鋅	運淅	協棉	
持需	持耕出紹 仁亳 懷根 懷騰	厚勇 厚釧 厚鈇	運淇 運淋 運淞 運淅出紹	協棕 協棓 協楗	
持耕	仁亨	厚鏃	長晋 運添	協格兼祧 協格 協柿 協楊	亨照 亨煦 亨煜
	仁京	厚鉉 厚鉉出紹	運淌 運湖 運淪 運淙	協桂 協榛 協梓	亨耀
持鈴	仁德 仁徹	厚�兼祧 厚鈇兼祧	運漁 運淑 運淑	協椿 協椹 協椰	
持負	仁宣 仁宸	厚鏡 厚鈇出紹 厚鏡出紹	運汨 運潑 運澎 運滿	協楨 協楠 協榮 協欖	
		厚鉝 厚鋐	運涝 運溉 運森	協楷 協楦 協榆	
持兵 持基	仁彤 仁升 大翠 細翠	厚銓 厚鋶	運溉兼祧 珠華 運漇	協榆	

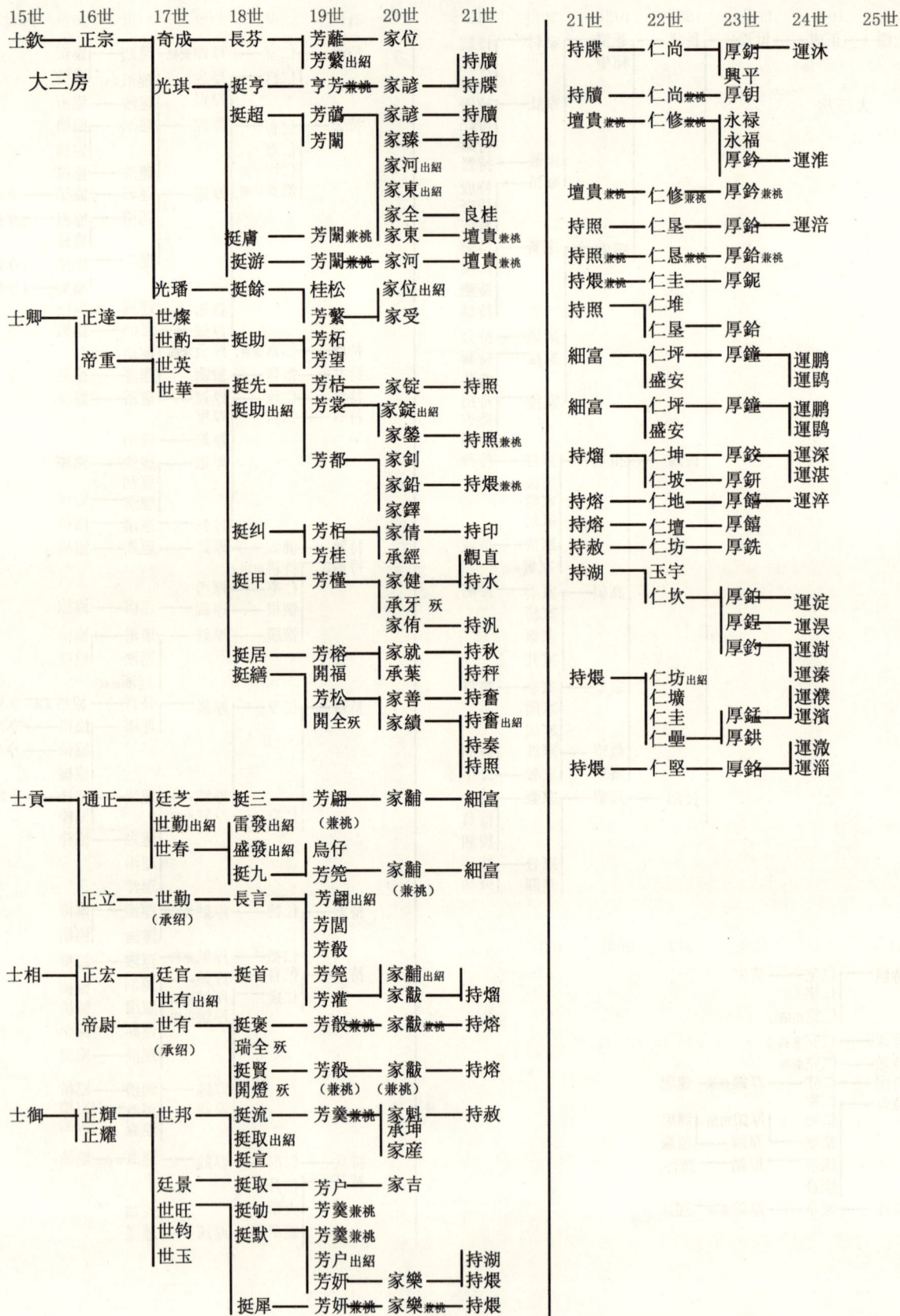

| 15世 | 16世 | 17世 | 18世 | 19世 | 20世 | 21世 |

大三房

士欽 — 正宗 — 奇成 — 長芬 — 芳蘿 — 家位
　　　　　　　　　　　　芳蘩出紹

　　　　　　光琪 — 挺亨 — 亨芳兼桃 — 家謗 — 持牒
　　　　　　　　　挺超 — 芳藕 — 家謗 — 持牘
　　　　　　　　　　　　芳闌 — 家臻 — 持劻
　　　　　　　　　　　　　　　家河出紹
　　　　　　　　　　　　　　　家東出紹
　　　　　　　　　　　　　　　家全 — 良桂
　　　　　　　　　挺膚 — 芳闌兼桃 — 家東 — 壇貴兼桃
　　　　　　　　　挺游 — 芳闌兼桃 — 家河 — 壇貴兼桃
　　　　　　光瑤 — 挺餘 — 桂松 — 家位出紹
　　　　　　　　　　　　芳蘩 — 家受

士卿 — 正達 — 世燦
　　　　帝重 — 世酌 — 挺助 — 芳柘
　　　　　　　世英　　　　　芳望
　　　　　　　世華 — 挺先 — 芳桔 — 家錠 — 持照
　　　　　　　　　　挺助出紹 — 芳裘 — 家錠出紹
　　　　　　　　　　　　　　　　　　家鑒 — 持照兼桃
　　　　　　　　　　　　芳都 — 家劍
　　　　　　　　　　　　　　　家鉛 — 持煨兼桃
　　　　　　　　　　　　　　　家鐸
　　　　　　　　　　挺糾 — 芳栢 — 家倩 — 持印
　　　　　　　　　　　　芳桂 — 承經 — 觀直
　　　　　　　　　　挺甲 — 芳槿 — 家健 — 持水
　　　　　　　　　　　　　　　承牙殀
　　　　　　　　　　　　　　　家侑 — 持汛
　　　　　　　　　　挺居 — 芳榕 — 家就 — 持秋
　　　　　　　　　　挺繥 — 開福 — 承葉 — 持秤
　　　　　　　　　　　　芳松 — 家善 — 持奮
　　　　　　　　　　　　開全殀 — 家績 — 持奮出紹
　　　　　　　　　　　　　　　　　　　　持奏
　　　　　　　　　　　　　　　　　　　　持照

士貢 — 通正 — 廷芝 — 挺三 — 芳翩(兼桃) — 家鰡 — 細富
　　　　世勤出紹　雷發出紹
　　　　世春　　　盛發出紹 — 烏仔
　　　　　　　　　挺九 — 芳筅 — 家鰡(兼桃) — 細富
　　　　正立 — 世勤(承紹) — 長言 — 芳翩出紹
　　　　　　　　　　　　　　　　　芳閭
　　　　　　　　　　　　　　　　　芳骰

士相 — 正宏 — 廷官 — 挺首 — 芳筅 — 家鰡出紹
　　　　世有出紹　　　　　芳灌 — 家骰 — 持熠
　　　　帝尉 — 世有(承紹) — 挺褒 — 芳骰兼桃 — 家骰兼桃 — 持熔
　　　　　　　　　　　　瑞全殀
　　　　　　　　　　　　挺賢 — 芳骰(兼桃) — 家骰(兼桃) — 持熔
　　　　　　　　　　　　開燈殀

士御 — 正輝 — 世邦 — 挺流 — 芳羹兼桃 — 家魁 — 持赦
　　　　正耀　　　　　　　　　承坤
　　　　　　　　　　　　　　　家產
　　　　　　　廷景 — 挺取 — 芳户 — 家吉
　　　　　　　世旺 — 挺勌 — 芳羹兼桃
　　　　　　　世鈞 — 挺猷 — 芳羹兼桃
　　　　　　　世玉　　　　　芳户出紹
　　　　　　　　　　　　芳妍 — 家樂 — 持湖
　　　　　　　　　　　　　　　　　　持煨
　　　　　　　　　　挺犀 — 芳妍兼桃 — 家樂兼桃 — 持煨

| 21世 | 22世 | 23世 | 24世 | 25世 |

持牒 — 仁尚 — 厚鈞
　　　　　　　興平
持牘 — 仁尚兼桃 — 厚鈅
壇貴兼桃 — 仁修兼桃 — 永禄
　　　　　　　　　　　永福
　　　　　　　　　　　厚鈴 — 運淮
壇貴兼桃 — 仁修兼桃 — 厚鈴兼桃
持照 — 仁垦 — 厚鉿 — 運涪
持照兼桃 — 仁恳兼桃 — 厚鉿兼桃
持煨兼桃 — 仁圭 — 厚鈮
持照 — 仁堆
　　　　仁垦 — 厚鉿
細富 — 仁坪 — 厚鐘 — 運鵬
　　　　盛安　　　　　運鷗
細富 — 仁坪 — 厚鐘 — 運鵬
　　　　盛安　　　　　運鷗
持熠 — 仁坤 — 厚鉸 — 運深
　　　　仁坡 — 厚鈃　運湛
持熔 — 仁地 — 厚鑄 — 運淬
持熔 — 仁壇 — 厚鐺
持赦 — 仁坊 — 厚銑
持湖 — 玉宇
　　　　仁坎 — 厚鉑 — 運淀
　　　　　　　厚鋥 — 運淏
　　　　　　　厚鈞 — 運澍
　　　　　　　　　　運溱
　　　　　　　　　　運濮
　　　　　　　　　　運濱
持煨 — 仁坊出紹
　　　　仁壙
　　　　仁圭 — 厚錳 — 運溦
　　　　仁壘 — 厚鈇
持煨 — 仁堅 — 厚銘 — 運淄

五、文物遗辉

(一)百年风水林

下砚村庄后山坡有郁郁葱葱的大片森林,有许多大枫树、大樟树等,高十几米,大的两人合抱不下,其中一棵樟树、榕樟共生,树主干是樟树的,上端西边枝干是榕树的,东边枝干是樟树的,实为罕见、珍奇的榕樟共生现象。村民认为这是一种吉利。环绕村庄的还有数十棵大榕树。最为珍贵的是两棵银杏树,属国家一级保护树种。据村里老人说,村后那棵古银杏为祖先所植,有数百年之久,树干大须两人合抱,村中那棵银杏也不下百年。这些林木皆为先祖所植和保护下来的,有数百年历史,村民称为"风水林木",人人自觉保护。

(二)董氏宗祠

董氏宗祠有数百年历史,为砖木结构,经过数次重修,占地面积近 1000 平方米。内有古式戏台,二层走廊环绕,雕梁画栋,相当古典。宗祠大门前有一对旗杆,为道光年间官方所赐立,以表扬董氏三杰功业。

(三)董长藩三兄弟及其故居

董长藩故居,在当地名望甚高。清道光年间,这里出了三个将军,下砚村董氏 12 世信房董振钰有子六,次子长潘、三子长洲、四子长洪在清道光年间先后中取举人。董长潘,道光壬辰科(1832 年)中式武举第一名解元,曾任福建中营参将中军守备。后调任台湾噶吗兰(今宜兰县)署堂守备,人称"统带大佬",为福建优秀战将之一。董长洲,道光甲午科中式武举第四十二名,为督标右营守备,后升都司。董长洪,己酉科中式武举第五十七名。

《霞浦县志》之《选举制》武举中有记载其三兄弟。

董氏宗谱记载:董长潘,字肇岳,号文江,二名子辉。生嘉庆壬申年(1812 年)。道光壬辰(1832 年)科中举第一名,即解元。奉旨大挑三等,即补同安营把总。赴任三年,调台湾南路营把总,升噶吗兰千总委署堂守备。道光二十九年,蒙挂印总镇吕公恒安调,署领围副府,随蒙兼护噶吗兰都府。咸丰癸丑(咸丰三年),台湾梅州逆匪吴磋聚党倡乱,杀噶吗兰通判董正官。台镇曾公讳王明,饬公率兵往剿得胜有功,奏准以都游僡先升用,奉部制补南路营守备。赴任四月,旋

调兰营都府,奉旨即升兴化右营都府。未赴任,卒兰营官廨。时咸丰庚申年(咸丰十年,1860年),四十九岁。

(四)四道圣旨

溪南镇下砚村董家藏有清道光、咸丰皇帝褒扬曾任台湾噶吗兰(现宜兰县)千总委署堂守备董长潘和提标中营守备董长潘之父董振玉母王氏和叔父董振镐、叔母叶氏的四道圣旨,圣旨放在精雕小巧玲珑木匣内。匣盖为高浮雕双龙抢珠。这些圣旨,历经董家六代人的传承,保存至今。

董家共藏圣旨四道,一道为白色、三道为五彩圣旨,然而其中一道五彩圣旨已经毁于20多年前。说来可惜,这道五彩圣旨躲过了"文革"浩劫、躲过了岁月侵蚀,却毁在了酒坛之上,所以实际存世的只有三道。白色圣旨为白绸黑字,写于道光三十年(1850年)正月二十六日。五彩圣旨为大红、白、明黄、朱红、钴蓝五色蚕丝绫锦为底,墨黑、赭蓝、朱红、明黄、蓝绿五色书写,一道写于道光三十年(1850年)正月二十六日,二道写于咸丰五年(1855年)十月二十日。书写衔接处写有时间及授予人姓名、官衔。两枚刻有"奉天诰命"制诰的篆书,朱红大印钤于中缝,12厘米见方。

圣旨均为绢所制,长200厘米、宽34厘米,道光年的为咖啡黄、浅黄两种颜色构成;咸丰年圣旨则为黄、灰、紫、绿四种颜色构成。织有五色刺绣线条的蝶状云纹。文曰:"奉天承运"、"奉天诰命"八字竖行,系织绘而成。两边文绣有黄龙,作腾飞状。圣旨内容用两种文字书写,左为汉文,右为蒙文,馆阁体。所盖皇帝玉玺为朱色,大十二厘米见方。

(五)许光大与砚江村

据《福宁府志》载,五代时期,朝廷就在砚江村(今下砚村)设置"沿海都巡检"。许光大任都巡检使,负责海防和海上治安。

有一次海寇侵犯,声势浩大,许光大不畏强敌,率水兵迎战。出战时对村里人说:"胜则江水清,败则江水赤。"此战十分惨烈,许光大战死,"江水如血者三日"。许光大尸体随潮水漂流到砚江村前,村民感念他的英勇和恩德,厚葬并立庙祀之,称为"许大夫庙"。《霞浦县志·祠祀志》记载:"许大夫庙,在四十九都砚石村。里人建,神名光大。"

第二节　兴泰董氏

仙游唐时属闽泉州、南唐清源军,宋代历属清源军、平海军、兴化军和兴安州。1277年10月后,仙游隶属兴化路。明、清时期隶属兴化府,民国时期历属福建南路、兴泉省和第四行政督察区。共和国成立后属晋江地区,1970年划归莆田地区,1983年更名为莆田市。

钟山镇地处于仙游县东北部延寿溪上游山区盆地,东与莆田市城厢区常太镇相邻,西与象溪乡毗连,南依榜头镇,北靠游洋、石苍乡镇。总面积128.37平方公里,辖16个行政村,209个村民小组。镇政府驻钟山村夜掘弄,距县城33公里。

钟山,因三角埕后面一座山形状似铜钟而得名。唐至宋初,属仙游来苏里。宋太平兴国

四年(979年)至明正统十二年(1447年),属兴化县来苏里。明正统十三年(1448年)至清,属仙游县兴泰里。民国时期属四区、鲤湖乡。中华人民共和国成立后,属九区、钟山区、麦斜公社、钟山公社。1984年12月改为钟山乡,1992年11月改称钟山镇。

钟山的风景名胜在全县各乡镇首屈一指,著名的九鲤湖、麦斜岩,均在境内。曾吸引历代达官贵人、骚人墨客留下了宝贵的诗文,也为九鲤湖、麦斜岩增添了风采。

一、历史迁徙

魏晋时期,陕西董氏一支因避战火,相继南迁。安保公奇材英伟,胆识过人,率族远徙,跨山涉水,经千辛而不顾,历百险而无悔,终至今仙游钟山朗桥一带。朗桥枕山临水,物产丰饶,兴泰董氏先祖遂定居于此,生息至今。云居高山,门头长溪,朗桥之地,天造地设。兴泰董氏先人,披荆斩棘,开荒拓野。依水而居,靠山而建,僻壤之地,渐成村成镇。

安保公系赐食五百户麟登赐儿公之子,原籍湖广襄阳县柳桥第十一都,居住至元末至正丙午年。元末义军陈友谅敕授安保公总管之职。友谅被擒,安保随明太祖朱元璋部队入闽。明洪武五年(1372)八月,蒙豫章侯收集,充文原护卫。八年十月改设都卫,二十一年改设福州中卫所,转承君命,调拨兴化府仙游县同安乡兴泰里龙屺院开发废寺荒田,屯名董文香。永乐二年(1404),勒授怀远将军,调拨兴泰里葫芦山,御赐耕牛一只,开辟田地,屯名董麟登。

二、世行昭穆

安保公入闽后,追溯其父为入闽始祖,子孙后裔尊麟登赐儿公为兴泰董氏第一代。堂号为"江都流芳"。

辈字顺序号,第六代开始为:曰仲应启殿,晋自仪于友。但部分村庄"于"字辈没有排,"仪"后即排"友"。从十五代始一致为:永行仁义遵宗祖,多读诗书绍甲科。2000年,重建董氏祠堂时,经族人共商,第二十九代始,续为:文章道德传家宝,真理和平处世纲。

三、简明世系

安保公屯垦葫芦山,至今已越六百年。兴泰董氏已繁衍二十四代,开发拓展二十个村庄,族人越五千之多,人才辈出。在兴泰大地,昔日传颂着宝峰"双凤齐飞"的佳话,今朝涌现许多"兄弟齐荣、姑嫂同秀、父子俱昌、叔侄共进"的新风尚,铸就出"群龙共舞"的霞园村庄。安保公年迈回湖北老家,祖妣毛氏卒后安葬在东芹山(今新厝村后山)。妈墓于1997年重修,供族人瞻仰,祭祀。

安保公生三子,孟威公、孟权公、孟杰公。

孟威公,原居住仙游钟山朗桥亭门里,开科今钟山镇朗桥村的好垅、新厝、铁狮隔等自然村。

孟权公,开科钟山镇朗桥村的葫芦山、东坑、鸣和村九狮、东溪村的坑里厝仔等自然村,又

开科大济镇乌石村的安边自然村,西苑乡仙西董厝,永泰县梧桐镇西林铁炉下村、小溪村。

孟杰公,开科钟山镇朗桥村上尾下厝(即上美)、上尾(上董、宝峰)、林头,鸣和上下尾、龙溪官等自然村,又开科永泰县富泉乡瑞应村、清坑、芭蕉、寨尾等自然村。

兴泰董氏族人户数人员及外迁统计表

自然村名称	总户数	其中		总人口	现有人口	其中包括		
		现有	外迁			男	女	外迁
朗桥东坑	103	93	10	533	436	214	222	137
朗桥林头	82	52	30	440	294	118	176	146
朗桥好垅	48	38	10	333	235	105	130	98
朗桥铁狮隔	12	11	1	55	47	26	21	8
鸣和九狮	20	20	0	132	127	58	69	5
朗桥上董	34	30	4	237	175	80	95	60
朗桥上美	53	42	11	373	281	137	144	92
朗桥宝峰	52	41	11	342	230	91	139	112
朗桥新厝	67	42	25	325	211	112	99	114
朗桥塔兜店	25	18	7	151	86	45	41	65
梧桐西林	19	13	6	126	110	58	52	16
梧桐铁炉下	49	47	2	257	236	119	117	21
东溪坑厝仔	12	9	3	59	45	22	23	14
芭蕉消坑	16	7	9	143	82	42	40	61
富泉瑞应	84	77	7	512	396	218	178	116
鸣和龙溪宫	15	10	5	80	43	24	19	37
鸣和下上尾	80	64	16	600	450	230	220	150
朗桥葫芦山	16	10	6	90	69	33	36	21
西苑仙山	8	8	0	51	38	17	21	13
大济安边	14	6	8	74	32	17	15	42
合计	809	638	171	4951	3623	1766	1857	1328

说明:1. 统计数字截至 2011 年 5 月 25 日

2. 本表由董玉铁收集整理

（一）前代世系

```
        2世          3世
        安保公————   孟威公————  好垅
        原居住仙游              新厝
        钟山朗桥住              铁狮隔
        亭门里                 葫芦山

                    孟权公————  东坑
                               鸣和村九狮  东溪村的坑里厝仔
                               大济镇乌石村的安边村
                               西苑乡仙西董厝
                               永泰县梧桐镇西林————  铁炉下
                                                    小溪

                    孟杰公————  上尾下厝(即上美)
                               上尾(上董、宝峰)
                               林头
                               鸣和上下尾              消坑
                               龙溪宫                 芭蕉
                               永泰县富泉乡瑞应村————  寨尾
```

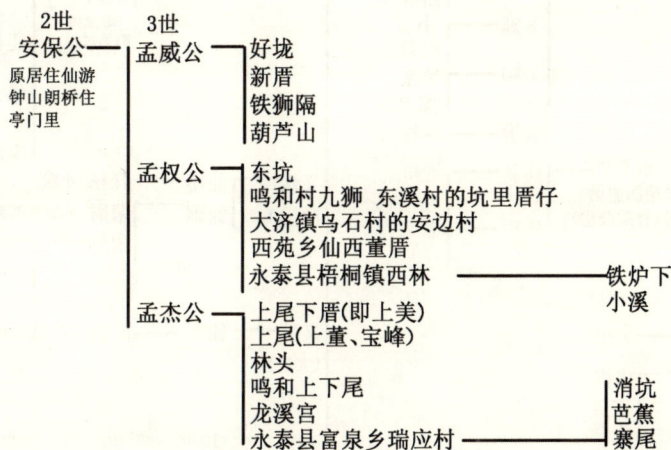

（二）孟威公世系

1. 钟山镇朗桥村好垅开科概况

　　好垅董氏是孟威公的子孙后裔，原居住亭门里，第十二代董起坤盖好垅大厝，十三代董元英，十四代起开科伯、仲、叔、季四房。

　　仲房由第十四代董于飞，又开科大、次、三、四房。

　　大房有十八代董义焕、董义瑞和十九代董正铨三支。还有一支17世董占，从新厝自然村迁居好垅繁衍生息。

18世 19世 20世 21世 22世 23世

董义维(伯房)— 董钦 — 董泰 — 董金坤
- 玉坚 — 晨燕(女)、仙桃(女)
- 玉强 — 小宝、莉莉
- 玉鹏 — 学家、家文
- 玉敏 — 樵樵(女)

……董金铁 给义维的胞弟过房(孙继公房)
- 建新 — 进杭、丽贞(女)
- 建华 — 进义、进发

18世 19世 20世 21世 22世 23世

(大房)正铨 — 金仁、金铁(给金维胞弟过房)
- 建锋 — 再兴 — 杰颖、心怡(女);再旺 — 宇婷(女)
- 建福 — 颖果、颖杰
- 建仙 — 颖群、颖男
- 建富(入赘莆田)

义焕(大房)— 仙椿 — 开禧(承嗣)
仙耀 — 荣财(入赘林刘荣栋)、荣栋 — 金尧 — 婷婷(女)、艳艳(女);素花(招赘余斌)— 佳伟

义瑞(大房)— 仙寿 — 阿九(在邵武开科)

15世 16世 17世 18世

永同(次房)— 行宝(三房)— 教仁 — 义祖
注仁 — 庆棋、庆宣、庆舜
董洪 — 庆勋
董滔 — 庆兰、庆波
(四房)— 庆珍、庆春、庆德
叔房 — 继吓 — 永河;绍林 — 永昌;绍龙 — 玉秀缺嗣
季房 — 义属、义绵
董占 — 元绪、元木

18世 19世 20世 21世 22世

庆波 — 振华 — 志斌 — 董悦(女);志权 — 剑清 — 董越
庆珍 — 董水(缺嗣)、董玉(缺嗣)、董武(过继)— 国雄 — 剑锋、剑梅
庆春 — 董文(缺嗣)、董武 — 明同 — 剑军、剑怀;明通 — 剑喜、剑云(女)
杨棋 — 明珊 — 赛凤、赛静(女)
庆德 — 元泉(入赘朱寨)、元韵(承柯顶埔嗣)、元琳 — 金树 — 建党 — 家亮、家佳
金枝 — 建洪、建清
金森 — 建治、建梅
金炎(招赘)

永河 — 建珍 — 培阳 — 琳炎、碧娥(女)、呈碧
永昌 — 金枝(继回顾祖)
义属 — 仙灿 — 玉涛 — 希良、振宇 — 晨虹(女);玉理 — 雁龙 — 志毅
义绵 — 开禧(过房)— 文星 — 景凤;文水 — 董斌;文宝
元绪 — 枝国(给过房)— 励华 — 董帆;卫华 — 雨晴(女)
元木 — 技国(过房元绪)
国普 — 远进、远平
国新 — 光华 — 董益、闰妹(女);光明 — 董杰
国安 — 明海 — 福冰、董莹(女)
国佑 — 董威

18世 19世 20世 21世 22世

义祖 — 仙威(缺嗣)、仙治 — 玉声 — 建平、建芬 — 明辉、建业(回石牌谢家顾祖)、剑武 — 明炜
玉章 — 建斌 — 心雨(女)
仙钰 — 玉成 — 存生、存泉;玉华 — 志高
仙溪(入赘莆田)
庆舜 — 玉渊 — 莹莹(女)、建东 — 董鑫、建伟、建军、建国
玉欣 — 朝阳 — 惠娴(女)、惠雯(女)、泽宇
玉地 — 晨望 — 承凯
庆勋 — 玉政 — 文勇 — 丽清(招赘建新)
玉丕(承庆波嗣)
玉尾 — 向阳、向荣(继玉五嗣)
玉四 — 惠敏(招赘金炎)— 安顺、安康
玉五 — 向荣 — 玉芹(抱养)

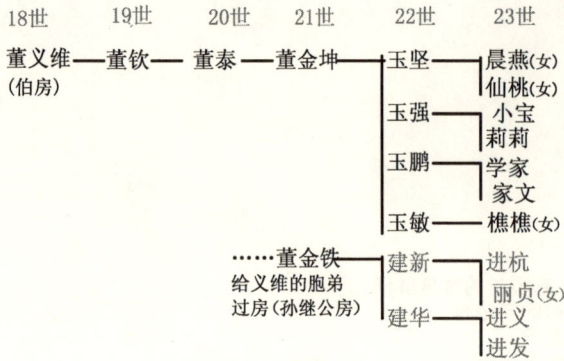

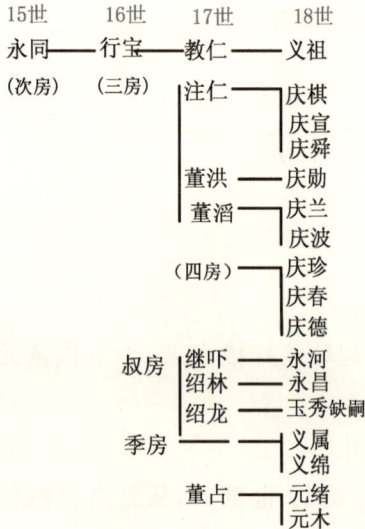

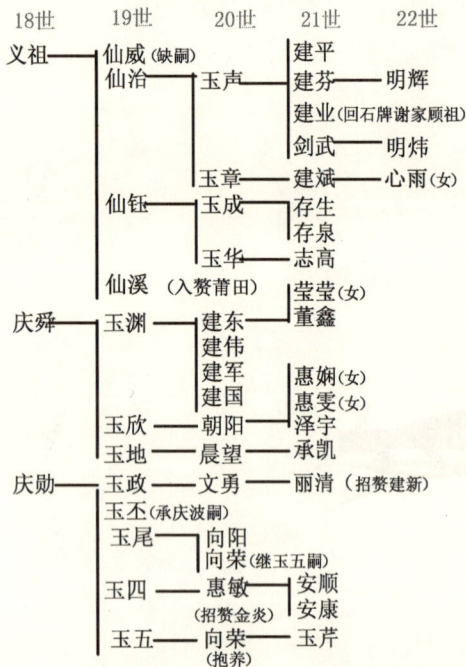

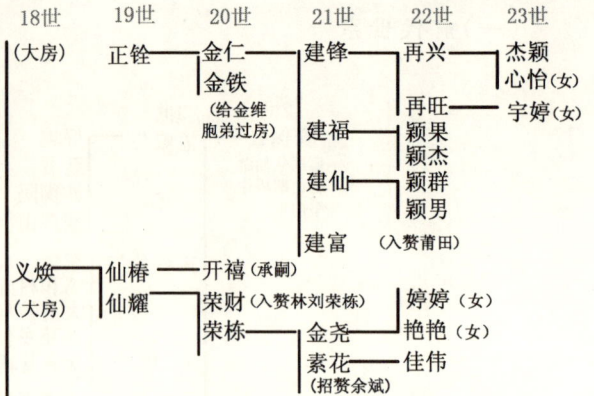

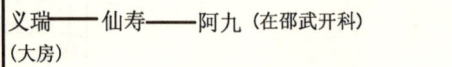

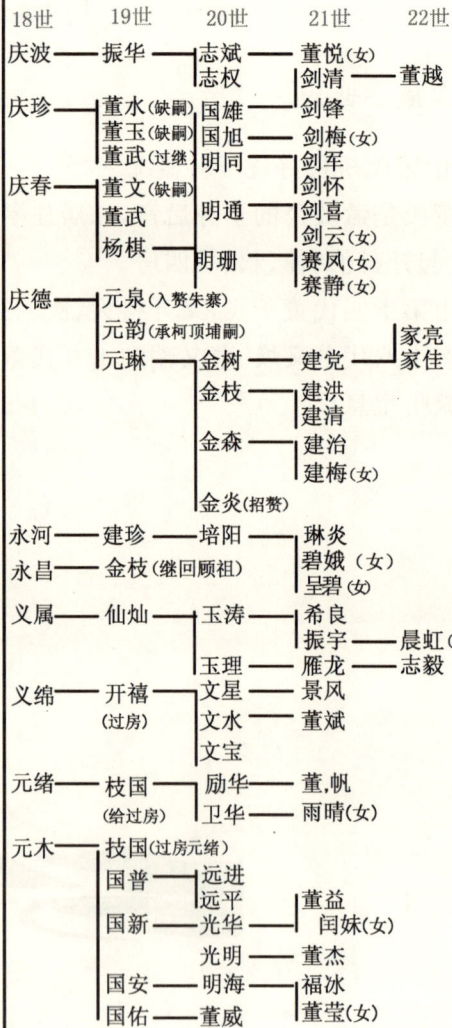

2. 钟山镇朗桥村新厝开科概况

新厝古时亦称对门,居民是孟威的后裔。原居亭门里,第十二代董起如盖新厝、大厝,十三代魁山、香山。

起如公世系概况如下图所示：

（上部左图 12世—19世）

12世	13世	14世	15世	16世	17世	18世	19世
起如	魁山	长房	—	—		庆余	金尖／金锥
		次房				金安	永沂／永柱
			孙山	阿姜		金娘	泉景／泉添／泉花
						金荣	玉清／玉定
		从诺 三房				合山	庆同／加山
						金连	金灿／阿四
		四房				金治	元盘／元木／元福
						阿波	元坤
		子道 五房	梓林	髋仁	义秀	宗潘	加祥／金星
						宗龙	万历
					义文	阿銮	
						阿标	奋程（过继）
					义章	阿銮	奋程／加硕
	（二）						国财
	（三）					庆明	啟仓／啟林
	（四）					庆斌	福星／福原
	香山			董芳	玉润	荣椿	志鹏／志鸿／志敏／志功

（下部左图 19世—23世）

19世	20世	21世	22世	23世
金尖	元桃	献章	良贤	
	元钟（过房）		良智	弈乐
金锥	元钟	建兵／卫权／卫国		
永沂	建兴	董兵		
	建德	董威		
	建希	董治／董伟／董军／秋英（女）		
	建盛	延延（女）／延琳（女）		
永柱	建加			
泉景	剑华／剑同／剑忠			
泉添	益胜	俊伟		
	益发	嘉成／仁芝（女）		
玉定	金达	玉娥（女）		
	金坴	剑伟／剑苹（女）		

（右图 19世—23世）

19世	20世	21世	22世	23世
庆同	永凤（回塔尾顾祖）／永水／永楼	炳兰／炳强／炳武／炳喜	琳琳（女）／雨莺（女）／政雄	
加山 金灿	董献	玉棋	李苍／李华	超杰／超丞
	国宝	玉成／玉金	淑娇（招赘）／淑霞（招赘）	
	金涨／金佑	玉星		
阿四	金星 金荣（过继）	敬栋	振武	
		敬旺	振东／董梅芳（女）	
		敬良	振焰	
元盘	金水	建政／琳瑶（女）		
	金树	福云／福友	智星	
	金仁（招赘）	茂林		
元木	庆荣	建平／黎明（女）		
	庆文	建来／秋生（女）		
元坤	金国	明智／诗施（女）		
加祥	文禹	玉哥	建雄（招赘）／建阳	子携
		玉娥	伟强／董黄晨	
万历	立国	元新	安炫／安根	
	立寿	元镇／元清		
奋程	文忠	季良		
	文义	季平	宇成	
	文黎	庆添	正茂／慧娟（女）	
		庆丁	正富／董妍（女）	
	文明	季宾／仪平（女）／燕青（女）		
加硕	瑞林	天贵／天彪	正阳／子涵	
国财	金阶	柏开	建华	
	金庭	柏杞		
啟仓	玉书	德生／德金	斌涵／智涵	
	玉铸	德力		
啟林	金锁	董非／董伟		
	金荣（在大济开科）			
	金泉（在大济开科）			
福星	耀华	董政		
福原	跃贵	虎源		
	跃宇	若杰		
	跃军	素文		
志鸿	丽娥／佳明			
志鹏	雄伟／莉莉			
志功	益涵／碧云			
志敏	美仙／剑锋			

3. 钟山镇朗桥村铁狮隔开科概况

铁狮隔的先祖从新厝迁来,现大多数移居朗桥新村。十八代起开科三房,其世系:

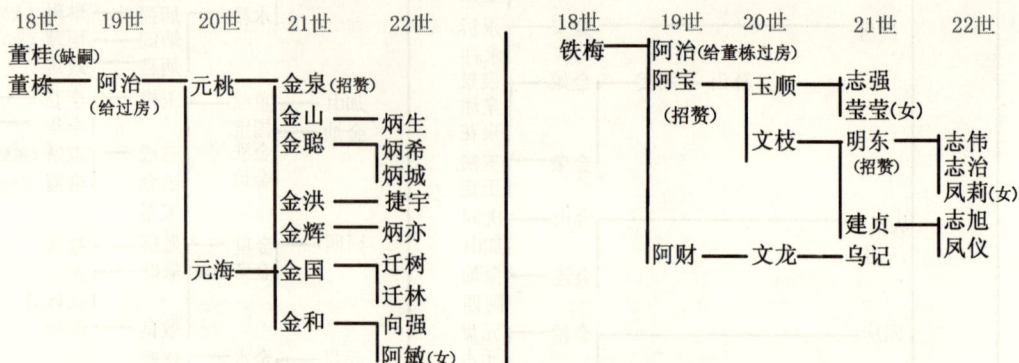

```
18世        19世        20世      21世        22世

董桂(缺嗣)
董栋 —— 阿治 —— 元桃 —— 金泉(招赘)
        (给过房)         金山 —— 炳生
                        金聪 —— 炳希
                                炳城
                        金洪 —— 捷宇
                        金辉 —— 炳亦
                元海 —— 金国 —— 迁树
                                迁林
                        金和 —— 向强
                                阿敏(女)
```

```
18世        19世          20世      21世        22世

铁梅 —— 阿治(给董栋过房)
        阿宝 —— 玉顺 —— 志强
        (招赘)            莹莹(女)
                文枝 —— 明东 —— 志伟
                        (招赘)    志治
                                 凤莉(女)
                        建贞 —— 志旭
                                凤仪
        阿财 —— 文龙 —— 乌记
```

(三)孟权公世系

1. 钟山镇朗桥村葫芦山开科概况

葫芦山是兴泰董氏的发祥地。随着子孙后裔的迁徙,现在葫芦山自然村由二支董氏子孙组成。一支是孟权公在葫芦山的后裔,第十六代董行宣,淑配邱氏,续配李氏南埔妈延续世系。另一支是孟杰公从下上尾新厝迁居葫芦山的后裔,由十六代董同,淑配厦门妈。十七代董古,从游洋先山招赘,及十六代董烈公的后裔。

行宣公世系如下图所示:

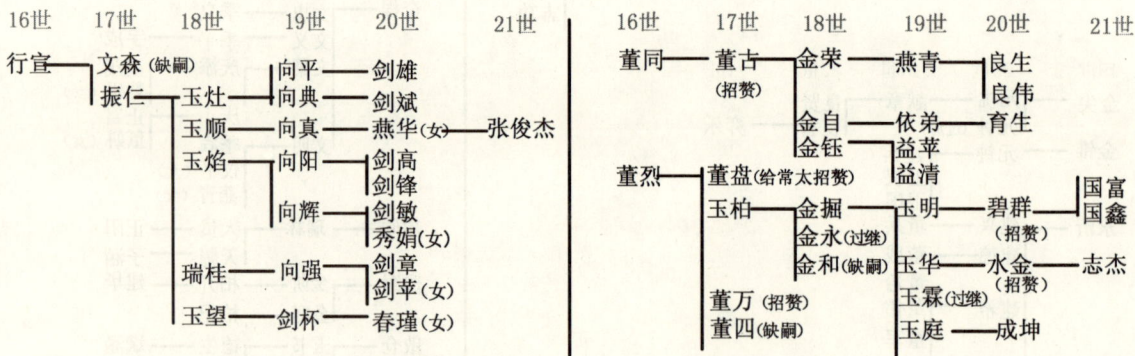

```
16世     17世        18世      19世      20世        21世

行宣 —— 文森(缺嗣)
        振仁 —— 玉灶 —— 向平 —— 剑雄
                        向典 —— 剑斌
                玉顺 —— 向真 —— 燕华(女) —— 张俊杰
                玉焰 —— 向阳 —— 剑高
                                剑锋
                        向辉 —— 剑敏
                                秀娟(女)
                瑞桂 —— 向强 —— 剑章
                                剑苹(女)
                玉望 —— 剑杯 —— 春瑾(女)
```

```
16世     17世        18世      19世      20世        21世

董同 —— 董古 —— 金荣 —— 燕青 —— 良生
        (招赘)                  良伟
                金自 —— 依弟 —— 育生
                金钰 —— 益苹
                        益清
董烈 —— 董盘(给常太招赘)
        玉柏 —— 金掘 —— 玉明 —— 碧群 —— 国富
                               (招赘)   国鑫
                金永(过继)
                金和(缺嗣) —— 玉华 —— 水金 —— 志杰
                                      (招赘)
        董万(招赘)        玉霖(过继)
        董四(缺嗣)        玉庭 —— 成坤
```

2. 钟山镇朗桥村东坑开科概况

东坑董氏是孟权公的后裔。原居葫芦山古厝,干排哥去少林寺学法后,移居东坑。第三代孟权……第八代五顶→石船头钦宇→子景→十二代开科三房,为豪山、聪山、凤山。

3世	8世	9世	10世	11世	12世
孟权	五顶	石船头	钦宇	子景	豪山
					聪山
					凤山

钟山镇朗桥村东坑开科概况

豪山公支系

15世	16世	17世	18世
永述	行照	珠仁	义郊
	行彩	循仁	阿者
	行桧		金鹏
	行善		金木
		董芳	新鸿
		董红	元分
			董泉 字义操
			义沐
		红毛初(缺)	
		红毛华(缺)	
		董如	赞古 字义悦

18世	19世	20世	21世
义郊	金栋	俊泽	董稻
		俊越	桂霖(女)
		俊梅(女)	
	玉良	文孝	永权
	玉钦(过继)		培雯(女)
阿者	玉章	颖雪	
		颖燕	
	玉程	颖辉	
		颖清(女)	
		颖容(女)	
	玉望	金游	
		颖货	
		颖莉(女)	
	玉成(过继)		
	玉欣	颖萍(女)	
		颖颖(女)	
金鹏	金瑞(招赘)	向阳	
		夏琳(女)	
	金榜	桂林	
		桂斌	
	金水	冰霖	
		海仙(女)	
	金伙	加煌	
		加敏	
	金明	阿勇	
		董新(女)	
金木	兆其	慧君(女)	
	柏宁	仲伟	

18世	19世	20世	21世	22世
新鸿	国珍	文峰		
		文华		
	国辉	文宝		
		琳琳(女)		
	国金	文雄		
		文伟		
	国成	文杰		
元分	鸿恩	金淡	秀青	
			秀兰	
	鸿钦	华榕	秀萍	
董泉 字义操	金灿	其新	元德	晓惠
				惠柔(女)
			元环	毅恒
		其华	竞雯	
		其勇	青叶(女)	
			铭洲	
		其欣	仙武	
			晓娟(女)	
		其斌	董晋	
			晓燕	
义沐	新梓	金森	建林	
			宝宝	
			丽萍	
		金树	建枝	
			梅霞(女)	
		金锁	建进	
			建泽	
		金福	建力	
		金莲(女)	建朝	
		金哥(女)		
赞古 字义悦	文塔	金石	建清	福鑫
玉钦	景碧	滔杰		
		铭彪		
	景钊	灵芝(女)		
		正康		
	景耀	鑫航		
		诚欣(女)		

聪山公支系

16世	17世	18世
行知	加仁	文双
		文招
诛叔	阿九	金模
	董革	文财(字存仁)
	高仁	金佑
	对仁	元然
	在仁	玉会
	书公	玉添

18世	19世	20世	21世	22世
文财	国雄	锡莲(招赘)		
		元燕	峥迪(女)	
	秋梅	金其	书飞	
			生娜	
金佑	兆正	金全	玉大	永志
			玉明	明珠
			玉不(招赘)	
		金屇	彩屏(招赘)	清城
				清燕
	兆敏	汉波	永达	建华
				璐霞(女)
		汉英	爱春(招赘)	清华
				燕琳(女)
		汉尾	理清	
			理华	
	兆三	玉莲	丽芳(招赘)	海英(女)
	兆香(缺嗣)(招赘)			伟鹏
			永军	海燕(女)
				伟威

18世	19世	20世	21世
文双(缺嗣)	金贵	梅芳	董昕
		梅青	
金模	凤林	丽萍(招赘)	富荣
			字凡
	凤练	尖兵	
		剑武	
元然	金秋	金富	林伟
			林芳(女)
			林海(女)
		金亮	雪颖
			逸清
		金盛	琳香(女)
	金炎	金治	宁静
			仁德
玉会	金安	文强	莉莉(女)
	金寿(过继)		婷婷(女)
			雄伟
		文森	雄武
玉添	金寿	国华	明剑

凤山公支系

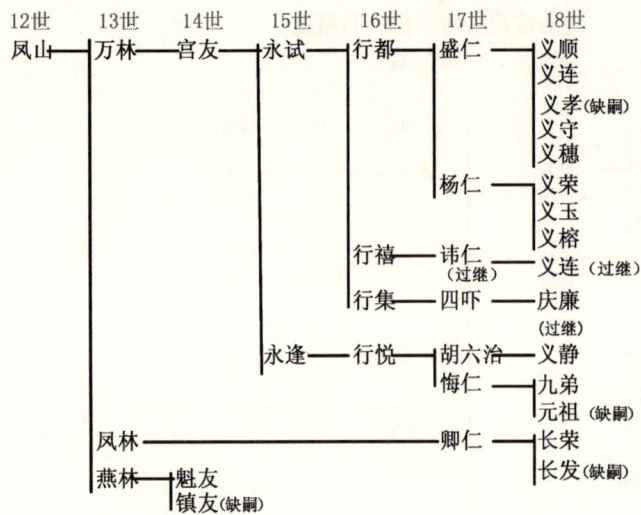

12世　13世　14世　15世　16世　17世　18世

凤山 — 万林 — 宫友 — 永试 — 行都 — 盛仁 — 义顺／义连／义孝(缺嗣)／义守／义穗
　　　　　　　　　　　　　　　　杨仁 — 义荣／义玉／义榕
　　　　　　　　　　　　行禧 — 讳仁(过继) — 义连(过继)
　　　　　　　　　　　　行集 — 四吓 — 庆廉(过继)
　　　　　　　　　永逢 — 行悦 — 胡六治 — 义静
　　　　　　　　　　　　　　　　悔仁 — 九弟／元祖(缺嗣)
　　　　　　　凤林 — 卿仁 — 长荣／长发(缺嗣)
　　　　　　　燕林 — 魁友／镇友(缺嗣)

18世　19世　20世　21世　22世　22世

义顺 — 元加(缺嗣)／元祥／元同
长荣 — 炳南／建忠／炳金
　　　国珍(缺嗣)
　　　玉添 — 勇峰 — 路易
　　　　　　勇将 — 听芸(女)
　　　　　　雪美
　　　国长 — 君英(女)／伟强
　　　金玉 — 云双(女)／云斌(女)
庆廉(过继) — 金龙 — 建辉 — 前进
　　　　　　　　　建伟 — 启航
义静 — 九妹 — 炎兴／炎化
　　　九弟 — 阿治 — 彩凤／进东
　　　　　　玉成 — 进忠／进娜

18世　19世　20世　21世　22世　22世

义连 — 文福 — 庆成 — 金凤 — 玉明(女)／丽仙(女)
　　　　　　　　　　金武 — 建汀
　　　　　　　　　　金文 — 建财／丽清(女)
　　　　　　　庆仁 — 春景
　　　　　　　　　　　　董泽
　　　　　　　　　　春华 — 丽凡(女)／泽銮
　　　　　　　　　　春尧 — 志建
　　　　　　　庆六 — 盛喜 — 赛钗
　　　　　文贞 — 庆炳 — 玉新 — 福日／福昌
　　　　　　　　　　玉亮 — 泽豪
　　　　　　　金山 — 飘祥／飘雨／丽珠(招赘)
　　　　　　　庆二 — 永宗 — 曼妮／曼露(女)
　　　　　文献 — 明达

义守 — 元金 — 金洪 — 永成 — 董卿(女)
　　　　　　　　　　　　美连(女)
　　　　　　　玉佩 — 美双(女)
　　　元琰 — 阿元 — 永旺
　　　元本 — 阿元 — 亦兵
　　　元凯 — 建新 — 永栋 — 家伟／家玉
　　　　　　　　　　永辉 — 楚哲／玉娥(女)
　　　　　　　金秀 — 永华(招赘)
　　　　　　　建国 — 永峰／永椿／美素(女)
　　　　　　　建仙 — 炳清／伟平
义穗 — 庆兰
　　　庆新 — 文强 — 董威
　　　庆旺 — 建华 — 阿超
　　　　　　建平

18世　19世　20世　21世　22世　22世

义荣 — 梧桐 — 福连 — 俊杰 — 思勇／思宇
　　　　　　　　　　俊兵／俊奇
　　　　　　　福阳 — 世飞／世权／秀红(女)
　　　　　　　加润 — 秀明／秀娟
　　　　　玉芹 — 兆明 — 德新 — 家宝／家豪／家顺
　　　　　　　　　兆义 — 德雄 — 家瑞
　　　　　　　　　　　　丽梅(招赘) — 志高／志强
　　　　　　　　　兆阳 — 梅芬(女)／梅香(女)
　　　　　　　　　兆行 — 梅花(女)／梅志／德武
　　　　　玉柏 — 超英 — 阿华
　　　　　　　　　加林 — 腾飞
　　　　　玉藩 — 建忠 — 剑锋／剑平
　　　　　庆云 — 超凡 — 益凡(女)／平凡(女)
义玉 — 元让 — 福知 — 国培 — 进新／雪琴(女)／雪燕(女)
　　　　　　　　　　国苍 — 雪芳／进强
　　　元炉 — 永汉 — 志敏／海梅
　　　　　　永通 — 志鹏／志友
　　　　　　永坤 — 志岗／珊珊(女)
义榕 — 庆荣 — 瑞林 — 志怀 — 丽君(女)／金威
　　　　　　　瑞松 — 拥华 — 董珊珊(女)／怡萍(女)
　　　　　　　　　　拥忠
　　　　　　　瑞峰 — 志坚／燕平

3. 钟山镇鸣和村九狮开科概况

孟权的子孙,从葫芦山到九狮开科,曾经相当兴旺,发展到坑厝仔耕种谋生。后来衰落,有的子孙迁徙到本县大济镇乌石安边,有的到永泰县梧桐西林村、小溪村。现住九狮有大房、二房。

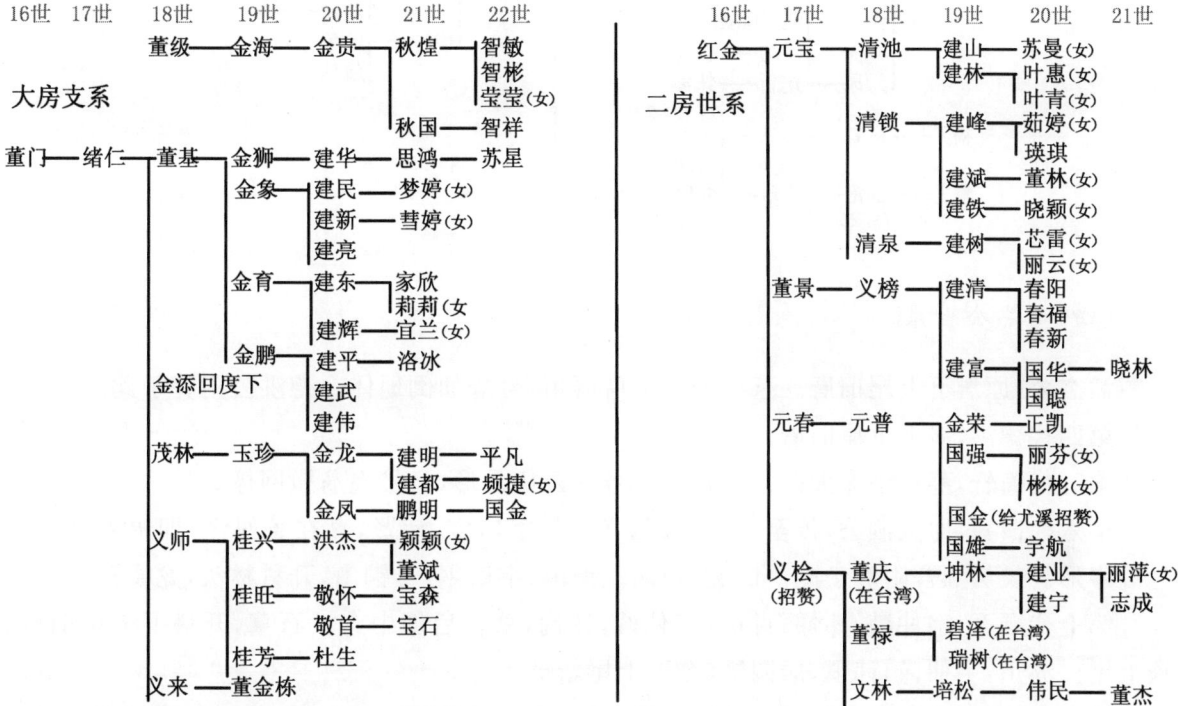

大房支系

16世	17世	18世	19世	20世	21世	22世
		董级	金海	金贵	秋煌	智敏 智彬 莹莹(女)
					秋国	智祥
董门	绪仁	董基	金狮	建华	思鸿	苏星
			金象	建民	梦婷(女)	
				建新	彗婷(女)	
				建亮		
			金育	建东	家欣 莉莉(女)	
				建辉	宜兰(女)	
			金鹏	建平	洛冰	
		金添回度下		建武 建伟		
		茂林	玉珍	金龙	建明	平凡
				金凤	建都	频捷(女)
					鹏明	国金
		义师	桂兴	洪杰	颖颖(女)	
					董斌	
			桂旺	敬怀	宝森	
				敬首	宝石	
			桂芳	杜生		
		义来	董金栋			

二房世系

16世	17世	18世	19世	20世	21世
红金	元宝	清池	建山	苏曼(女)	
			建林	叶惠(女) 叶青(女)	
		清锁	建峰	茹婷(女) 瑛琪	
			建斌	董林(女)	
			建铁	晓颖(女)	
		清泉	建树	芯雷(女) 丽云(女)	
	董景	义榜	建清	春阳 春福 春新	
			建富	国华 国聪	晓林
	元春	元普	金荣	正凯	
			国强	丽芬(女) 彬彬(女)	
			国金(给尤溪招赘)		
			国雄	宇航	
	义桧(招赘)	董庆(在台湾)	坤林	建业	丽萍(女)
				建宁	志成
		董禄	碧泽(在台湾) 瑞树(在台湾)		
		文林	培松	伟民	董杰

4. 钟山镇东溪村坑里厝仔

坑里厝仔由朗桥葫芦山开科,十五代董永熙,淑配陈氏。其永熙公世系图为:

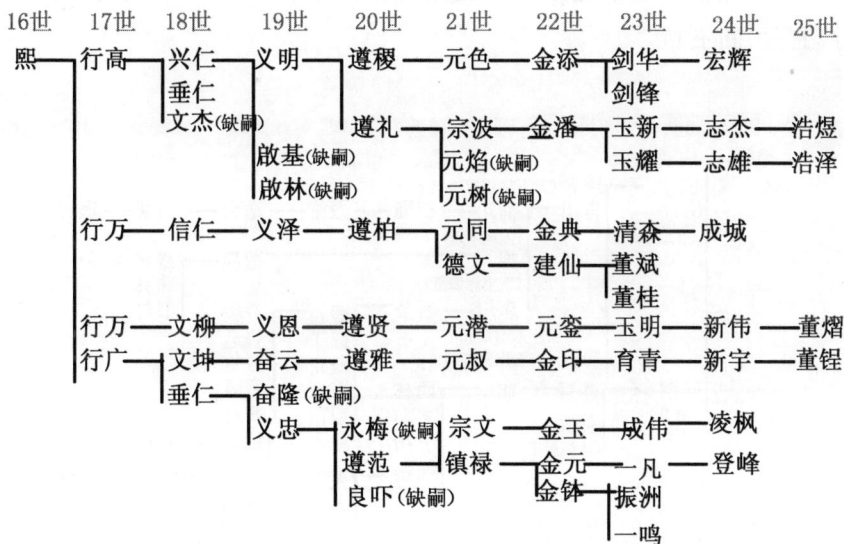

16世	17世	18世	19世	20世	21世	22世	23世	24世	25世
熙	行高	兴仁	义明	遵稷	元色	金添	剑华	宏辉	
		垂仁					剑锋		
		文杰(缺嗣)		遵礼	宗波	金潘	玉新	志杰	浩煜
			启基(缺嗣)		元焰(缺嗣)		玉耀	志雄	浩泽
			启林(缺嗣)		元树(缺嗣)				
	行万	信仁	义泽	遵柏	元同	金典	清森	成城	
					德文	建仙	董斌 董桂		
	行万	文柳	义恩	遵贤	元潜	元銮	玉明	新伟	董熠
	行广	文坤	奋云	遵雅	元叔	金印	育青	新宇	董锃
		垂仁	奋隆(缺嗣)						
			义忠	永梅(缺嗣)	宗文	金玉	成伟	凌枫	
				遵范	镇禄	金元	一凡	登峰	
						金钵	振洲		
				良吓(缺嗣)			一鸣		

5. 大济镇乌石安边开科概况

安边董氏系孟权公的后裔,辈分顺序号为"元兴世德公,侯伯子男湖"。"元"字辈相当兴泰董氏通用的"永"字辈,即兴泰董氏第十五代辈分。其世系概况图如下:

第一个世系图（19世—23世，18世—21世）：

19世	20世	21世	22世	23世
清泉	元洪	建满	伟棋	
			丽玲(女)	
		建芳	伟伟	
	元良	建清	董巍	
		建华(招赘)		
		建豹	慧男(女)	
	元凤	建新	伟涵	
			雪芳(女)	
福元	栋霖	美杰	董勇	
		(招赘)	董婷(女)	
攀龙	锦澄	福珍	丽容(女)	
	(招赘)		世强	

18世	19世	20世	21世
金声	玉治	泉如	益娥(女)
			益涵(女)
			益静(女)
		松光	董琳(女)
		松棋	董伟
	俊球	启荣	
		启林	

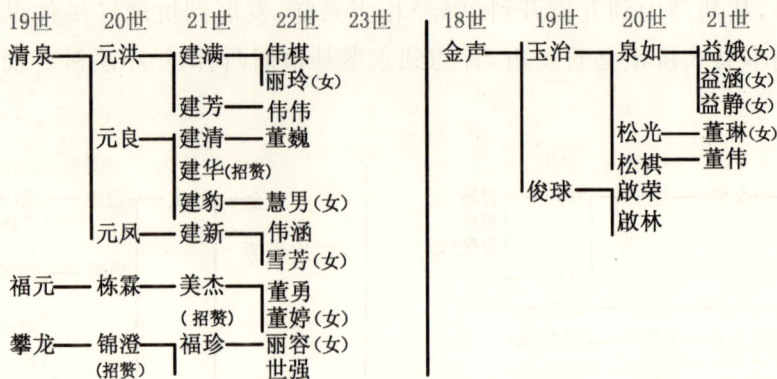

（四）孟杰公世系

孟杰公，原居下上尾旧厝。墓在上尾下厝厝角，号醉仙倒地体。德洪公附葬于此。

第四代德洪，居下上尾旧厝。

第五代简轩，墓在塔兜大路顶大石墓。号片云捧月形，又号渔翁撒网体。

第六代曰宾，即太泗公，传至六代缺嗣。惟川，字曰宝，讳贤，墓在黄妈洋，即福善亭后山号卧牛形。长男顺吾附葬于此。曰逊，缺嗣。铜山，字曰纲，号铜山，开科林头，龙溪宫。

第七代顺吾，字仲谦，讳悌；肖川，字仲诚，讳恂，墓在后塘中仑大石墓，开科下上尾旧厝、顶上尾。亦川，字仲谨，讳慎，居园尾（今下上尾新厝）。

第八代仰川，字应耀，讳文焰，开科上尾下厝；振川，字应莹，讳文润，居下上尾旧厝；念川，字应瑕，讳文璣，肇居宝峰山下，别构云梯洞半山亭，为子孙读书之处。广置田园，多买山地。墓在芹山，即今后面厝后，号老猴抱瓜形。此地是九鲤湖仙梦云穴，在杨梅树尾。开科今中央厝、后门、学门、上董、新厝坑。

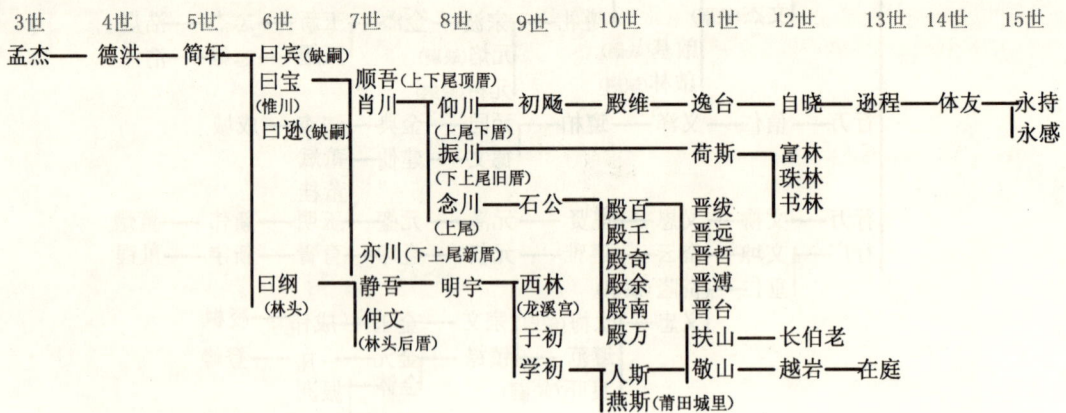

第二个世系图（3世—15世）：

3世	4世	5世	6世	7世	8世	9世	10世	11世	12世	13世	14世	15世
孟杰	德洪	简轩	曰宾(缺嗣)									
			曰宝(惟川)	顺吾(上下尾顶厝)								
				肖川	仰川(上尾下厝)	初颺	殿维	逸台	自晓	逊程	体友	永持
												永感
					振川(下上尾旧厝)		荷斯	富林				
								珠林				
								书林				
					念川(上尾)	石公	殿百	晋级				
			曰逊(缺嗣)	亦川(下上尾新厝)			殿千	晋远				
							殿奇	晋哲				
			曰纲(林头)	静吾	明宇	西林(龙溪宫)	殿余	晋溥				
				仲文(林头后厝)			殿南	晋台				
					于初		殿万	扶山	长伯老			
					学初	人斯		敬山	越岩	在庭		
						燕斯(莆田城里)						

1. 钟山朗桥上尾下厝开科概况

上尾下厝村的董氏有支孟杰公的第八代的后裔，从仰川—飐初—殿维—逸台—自晓—逊程—体友，到第十五代的永持、永感两支。

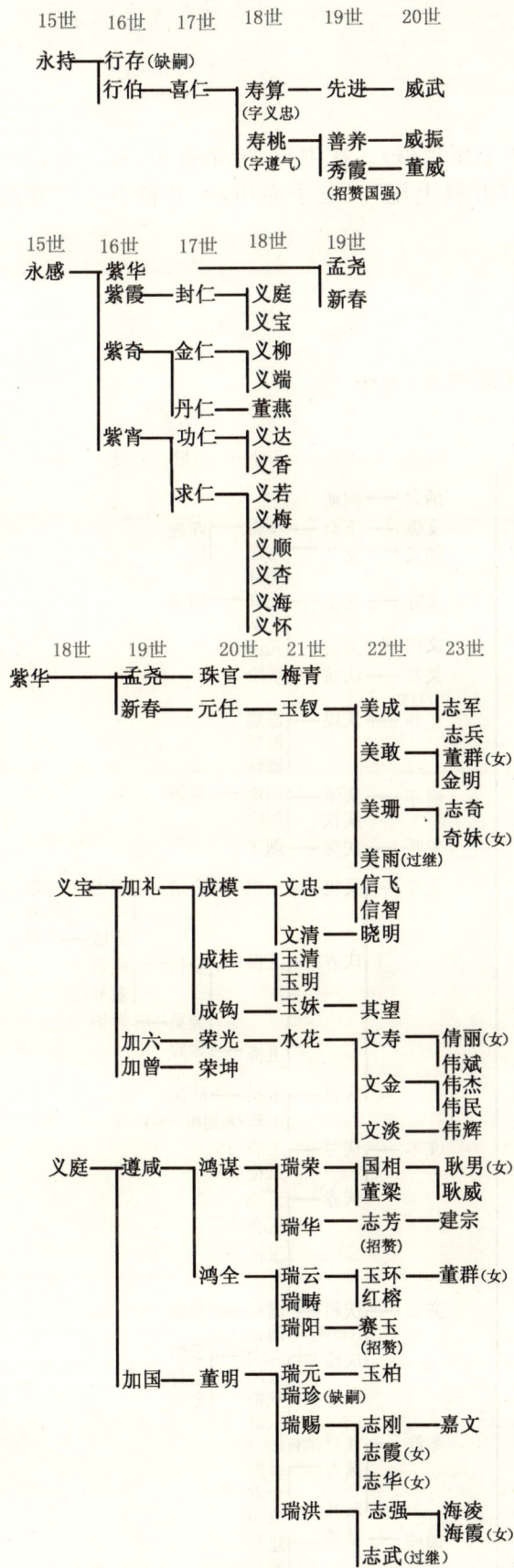

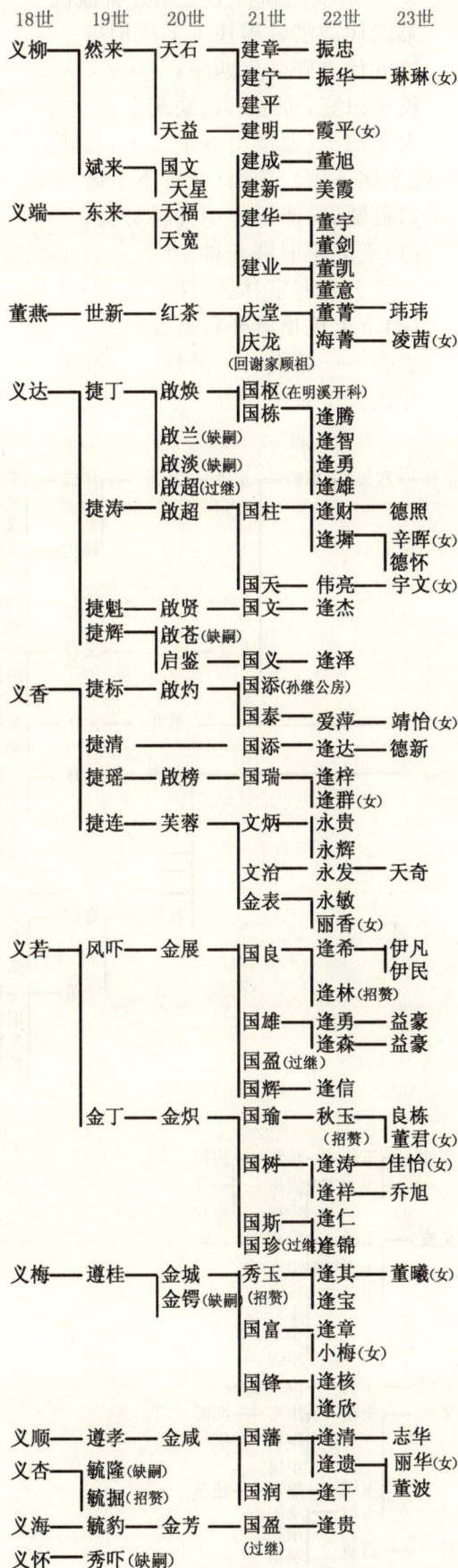

左上表（15世—20世）

15世	16世	17世	18世	19世	20世
永持	行存(缺嗣)				
	行伯	喜仁	寿算(字义忠)	先进	威武
			寿桃(字遵气)	善养	威振
				秀霞	董威(招赘国强)

左中表（15世—19世）

15世	16世	17世	18世	19世
永感	紫华			孟尧
	紫霞	封仁	义庭	新春
			义宝	
	紫奇	金仁	义柳	
			义端	
		丹仁	董燕	
	紫宵	功仁	义达	
			义香	
		求仁	义若	
			义梅	
			义顺	
			义杏	
			义海	
			义怀	

左下表（18世—23世）

18世	19世	20世	21世	22世	23世
紫华	孟尧	珠官	梅青		
	新春	元任	玉钗	美成	志军
					志兵
					董群(女)
				美敢	金明
				美珊	志奇
					奇妹(女)
				美雨(过继)	
义宝	加礼	成模	文忠	信飞	
				信智	
			文清	晓明	
		成桂	玉清		
			玉明		
		成钩	玉妹	其望	
	加六	荣光	水花	文寿	倩丽(女)
	加曾	荣坤			伟斌
				文金	伟杰
					伟民
				文淡	伟辉
义庭	遵咸	鸿谋	瑞荣	国相	耿男(女)
				董梁	耿威
			瑞华	志芳(招赘)	建宗
		鸿全	瑞云	玉环	董群(女)
			瑞畴	红榕	
			瑞阳	赛玉(招赘)	
	加国	董明	瑞元	玉柏	
			瑞珍(缺嗣)		
			瑞赐	志刚	嘉文
				志霞(女)	
				志华(女)	
			瑞洪	志强	海凌
					海霞(女)
				志武(过继)	

右表（18世—23世）

18世	19世	20世	21世	22世	23世
义柳	然来	天石	建章	振忠	
			建宁	振华	琳琳(女)
			建平		
		天益	建明	霞平(女)	
	斌来	国文	建成	董旭	
义端	东来	天星	建新	美霞	
		天福	建华	董宇	
		天宽		董剑	
			建业	董凯	
				董意	
董燕	世新	红茶	庆堂	董菁	玮玮
			庆龙(回谢家顾祖)	海菁	凌茜(女)
义达	捷丁	启焕	国枢(在明溪开科)		
			国栋	逢腾	
		启兰(缺嗣)		逢智	
		启淡(缺嗣)		逢勇	
		启超(过继)		逢雄	
	捷涛	启超	国柱	逢财	德照
				逢墀	辛晖(女)
					德怀
			国天	伟亮	宇文
	捷魁	启贤	国文	逢杰	
	捷辉	启苍(缺嗣)			
		启鉴	国义	逢泽	
义香	捷标	启灼	国添(孙继公房)		
			国泰	爱萍	靖怡(女)
	捷清		国添	逢达	德新
	捷瑶	启榜	国瑞	逢梓	
				逢群(女)	
	捷连	芙蓉	文炳	永贵	
				永辉	
			文治	永发	天奇
			金表	永敏	
				丽香(女)	
义若	风吓	金展	国良	逢希	伊凡
					伊民
				逢林(招赘)	
			国雄	逢勇	益豪
				逢森	益豪
			国盈(过继)		
			国辉	逢信	
	金丁	金炽	国瑜	秋玉(招赘)	良栋
					董君
			国树	逢涛	佳怡(女)
				逢祥	乔旭
			国斯	逢仁	
			国珍(过继)	逢锦	
义梅	遵桂	金城	秀玉	逢其	董曦(女)
		金锷(缺嗣)		逢宝(招赘)	
			国富	逢章	
				小梅(女)	
			国锋	逢核	
				逢欣	
义顺	遵孝	金咸	国藩	逢清	志华
义杏	毓隆(缺嗣)		国润	逢遗	丽华(女)
	毓掘(招赘)			逢干	董波
义海	毓豹	金芳	国盈(过继)	逢贵	
义怀	秀吓(缺嗣)				

537

2. 钟山镇鸣和村下上尾开科概况

第四代德洪公居住下上尾旧厝。

第五代简轩公生四子：

长子曰宾，传至六代缺嗣。

次子曰宝（即惟川），生三子：长顺吾（开科下上尾顶厝）。次惟川，传至肖川，生三子，仰川（开科上尾下厝）、振川（开科下上尾旧厝）、念川（开科上尾）。三子亦川，一开科下上尾新厝，三子曰逊缺嗣，四子曰纲开科林头。

（1）下上尾旧厝开科

荷斯公生有富林公、珠林公、书林公。

（2）下上尾顶厝开科概况

孟杰——德洪——简轩——惟川——仲谦（即顺吾）……

仲谦公世系图

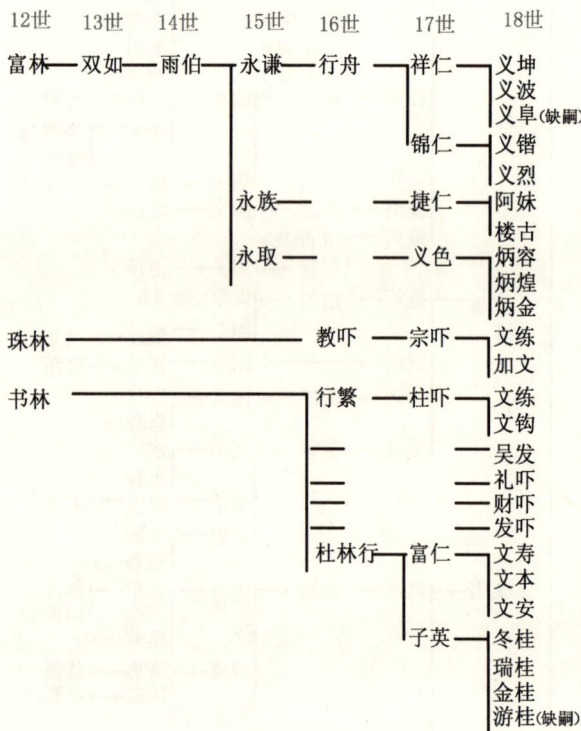

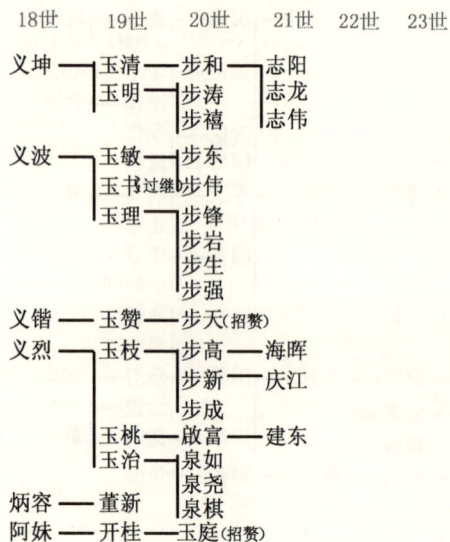

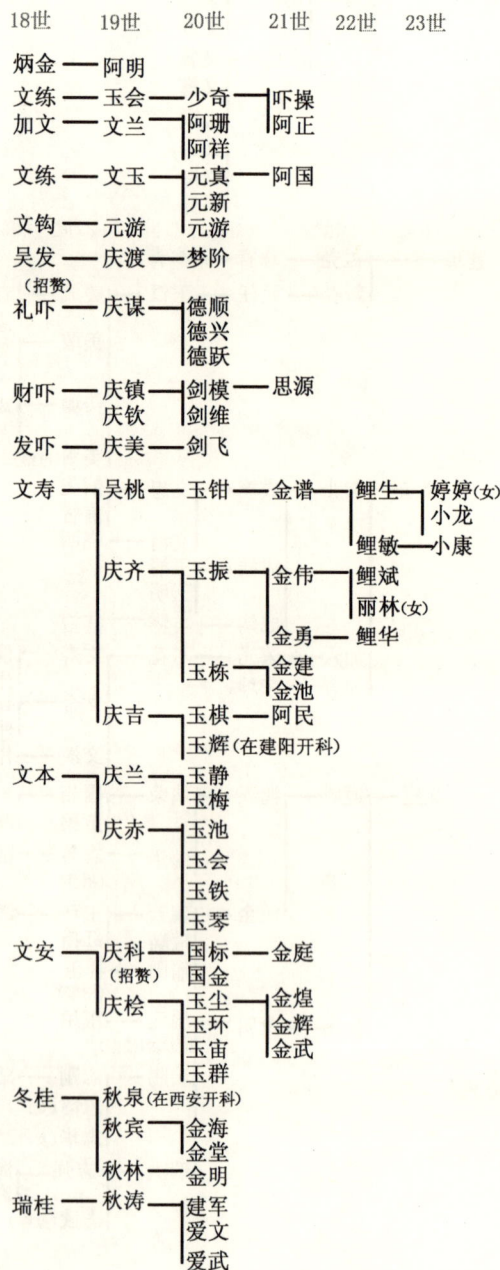

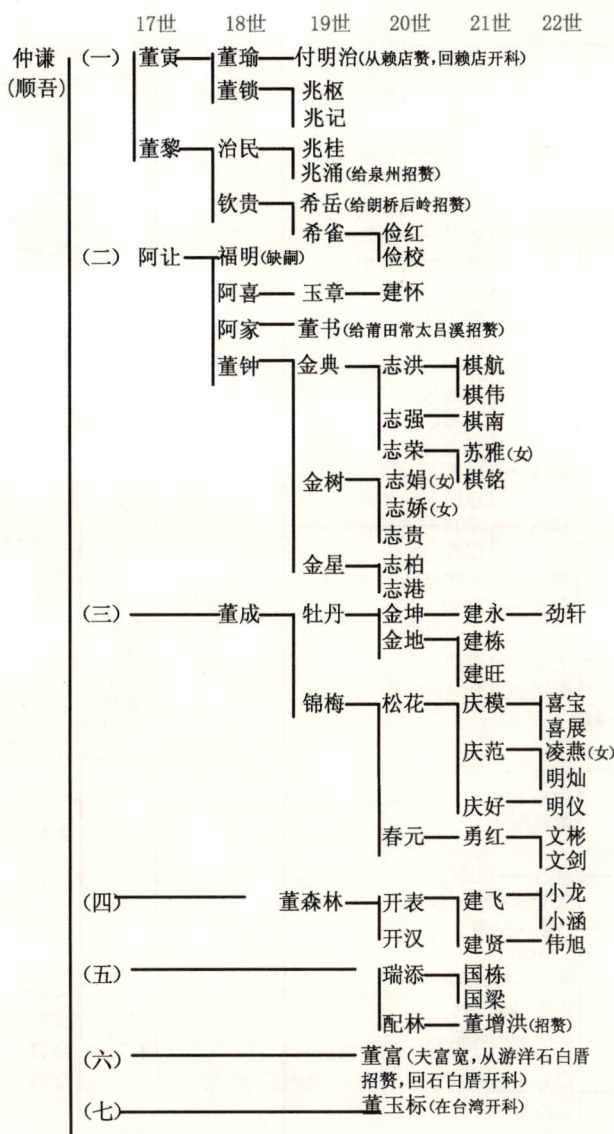

（3）下上尾新厝开科概况

孟杰——德洪——简轩——惟川——亦川。亦川公开科下上尾新厝，开科三大房。但兄弟顺序无人知晓，为表述方便，本谱中暂编一房、二房、亦三房。亦川公世系图如下。

亦川公世系图

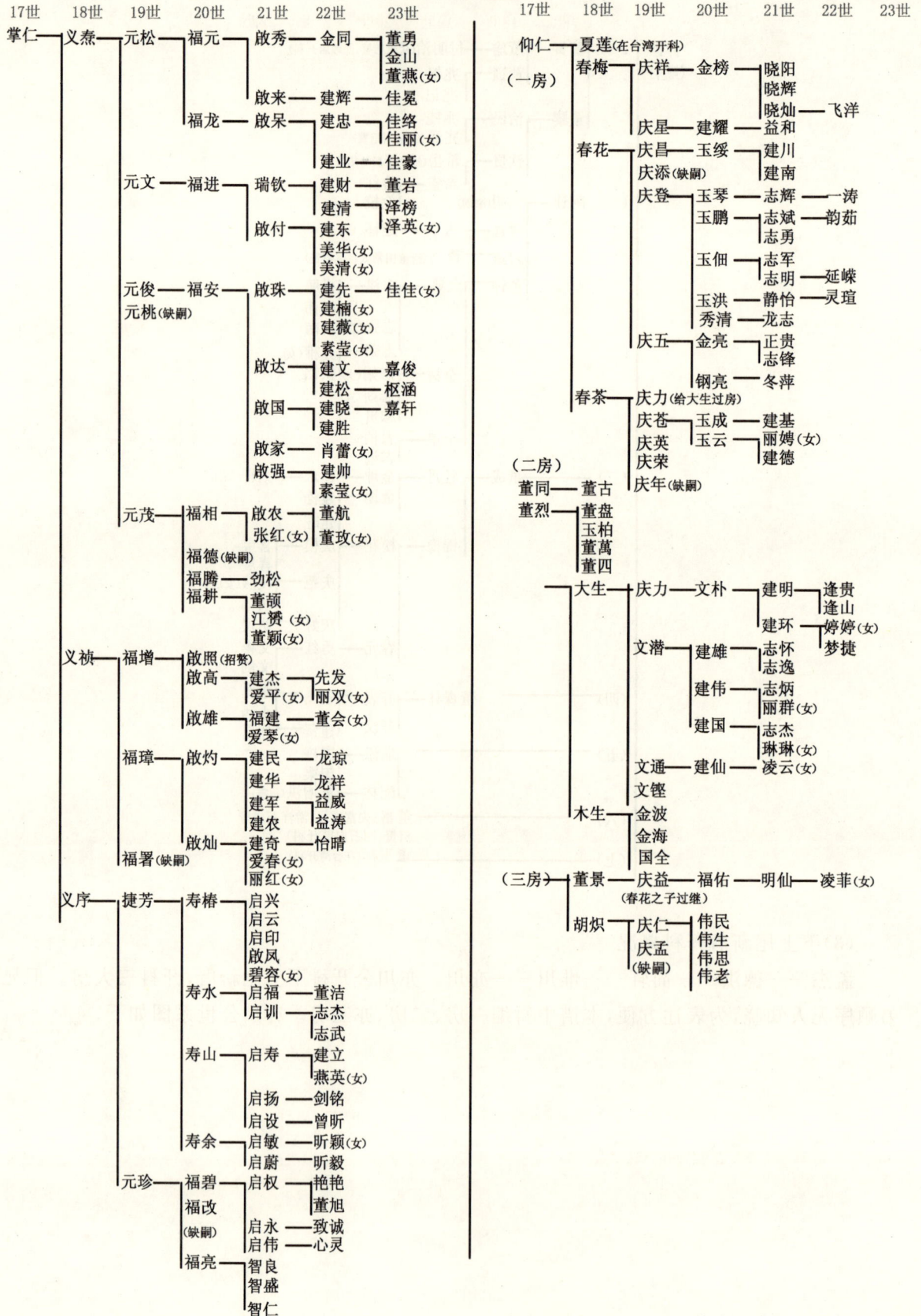

左图（17世—23世）

17世	18世	19世	20世	21世	22世	23世

掌仁 — 义焘 — 元松 — 福元 — 启秀 — 金同 — 董勇 / 金山 / 董燕(女)

启来 — 建辉 — 佳冕

福龙 — 启呆 — 建忠 — 佳绺 / 佳丽(女)

建业 — 佳豪

元文 — 福进 — 瑞钦 — 建财 — 董岩

建清 — 泽榜 / 泽英(女)

启付 — 建东 / 美华(女) / 美清(女)

元俊 — 福安 — 启珠 — 建先 — 佳佳(女) / 建楠 / 建薇 / 素莹

元桃(缺嗣)

启达 — 建文 — 嘉俊 / 建松 — 枢涵

启国 — 建晓 — 嘉轩 / 建胜

启家 — 肖蕾(女)

启强 — 建帅 / 素莹

元茂 — 福相 — 启农 — 董航 / 张红(女) — 董玫(女)

福德(缺嗣)

福腾 — 劲松

福耕 — 董颜 / 江赟(女) / 董颖(女)

义祯 — 福增 — 启照(招赘)

启高 — 建杰 / 爱平(女) — 先发 / 丽双(女)

启雄 — 福建 / 爱琴(女) — 董会(女)

福璋 — 启灼 — 建民 — 龙琼 / 建华 — 龙祥 / 建军 — 益威 / 建农 — 益涛

启灿 — 建奇 — 怡晴 / 爱春(女) / 丽红(女)

福署(缺嗣)

义序 — 捷芳 — 寿椿 — 启兴 / 启云 / 启印 / 启凤 / 碧容(女)

寿水 — 启福 — 董洁 / 启训 — 志杰 / 志武

寿山 — 启寿 — 建立 / 燕英(女)

启扬 — 剑铭 / 启设 — 曾昕

寿余 — 启敏 — 昕颖(女) / 启蔚 — 昕毅

元珍 — 福碧 — 启权 — 艳艳 / 董旭

福改(缺嗣)

启永 — 致诚 / 启伟 — 心灵

福亮 — 智良 / 智盛 / 智仁

右图（17世—23世）

17世	18世	19世	20世	21世	22世	23世

仰仁 — 夏莲(在台湾开科)

（一房）春梅 — 庆祥 — 金榜 — 晓阳 / 晓辉 / 晓灿 — 飞洋 / 益和

春花 — 庆星 — 建耀

庆昌 — 玉绥 — 建川 / 建南

庆添(缺嗣)

庆登 — 玉琴 — 志辉 — 一涛 / 玉鹏 — 志斌 — 韵茹 / 志勇

玉佃 — 志军 / 志明 — 延嵘 / 玉洪 — 静怡 — 灵瑄 / 秀清 — 龙志

庆五 — 金亮 — 正贵 / 志锋 / 钢亮 — 冬萍

春茶 — 庆力(给大生过房)

庆苍 — 玉成 — 建基 / 丽娉(女) / 玉云 — 建德

庆英 / 庆荣 / 庆年(缺嗣)

（二房）董同 — 董古

董烈 — 董盘 / 玉柏 / 董萬 / 董四

大生 — 庆力 — 文朴 — 建明 — 逢贵 / 逢山 / 建环 — 婷婷(女) / 梦捷

文潜 — 建雄 — 志怀 / 志逸 / 建伟 — 志炳 / 丽群(女) / 建国 — 志杰 / 琳琳(女)

文通 — 建仙 — 凌云(女)

文铿

木生 — 金波 / 金海 / 国全

（三房）董景 — 庆益 — 福佑 — 明仙 — 凌菲(女) （春花之子过继）

胡炽 — 庆仁 — 伟民 / 伟生 / 伟思 / 伟老

庆孟(缺嗣)

3. 钟山镇朗桥村上尾开科概况

石公世系概况图

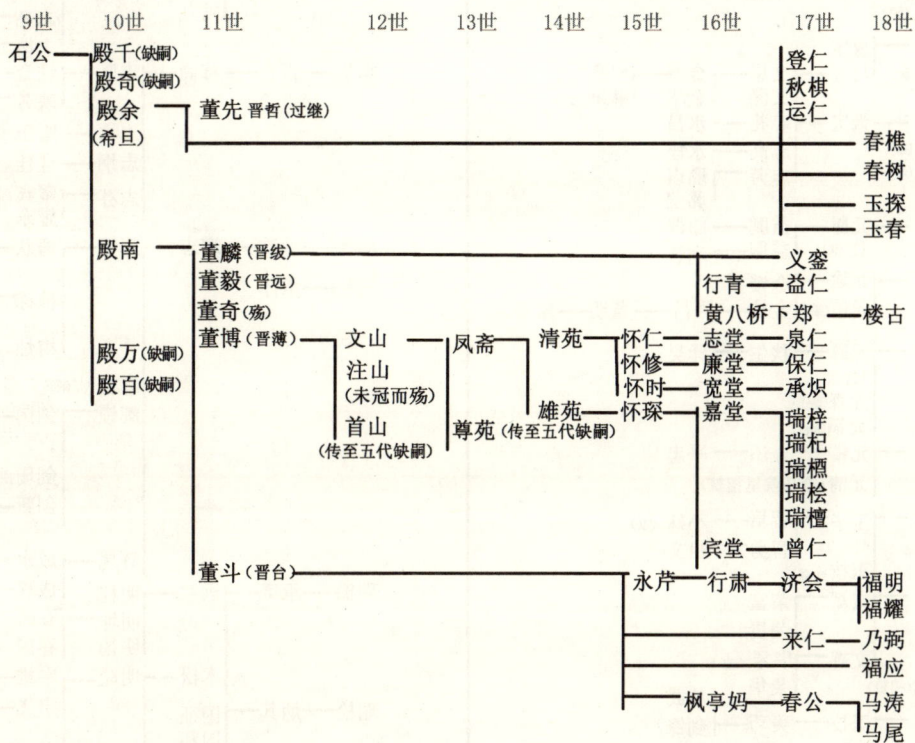

9世	10世	11世	12世	13世	14世	15世	16世	17世	18世

石公

- 殿千(缺嗣)
- 殿奇(缺嗣)
- 殿余(希旦) — 董先 晋哲(过继)
  - 登仁
  - 秋棋
  - 运仁
  - 春樵
  - 春树
  - 玉探
  - 玉春
- 殿南 — 董麟(晋级) — 义銮
  - 董毅(晋远) — 行青 — 益仁
  - 董奇(殇) — 黄八桥下郑 — 楼古
  - 董博(晋薄) — 文山 — 凤斋 — 清苑
    - 怀仁 — 志堂 — 泉仁
    - 怀修 — 廉堂 — 保仁
    - 怀时 — 宽堂 — 承炽
    - 雄苑(传至五代缺嗣) — 怀琛 — 嘉堂
      - 瑞梓
      - 瑞杞
      - 瑞欐
      - 瑞桧
      - 瑞檀
    - 宾堂 — 曾仁
  - 注山(未冠而殇)
  - 首山(传至五代缺嗣) — 尊苑(传至五代缺嗣)
- 殿万(缺嗣)
- 殿百(缺嗣)
- 董斗(晋台) — 永芹
  - 行肃 — 济会
    - 福明
    - 福耀
  - 来仁 — 乃弼
    - 福应
  - 枫亭妈 — 春公
    - 马涛
    - 马尾

541

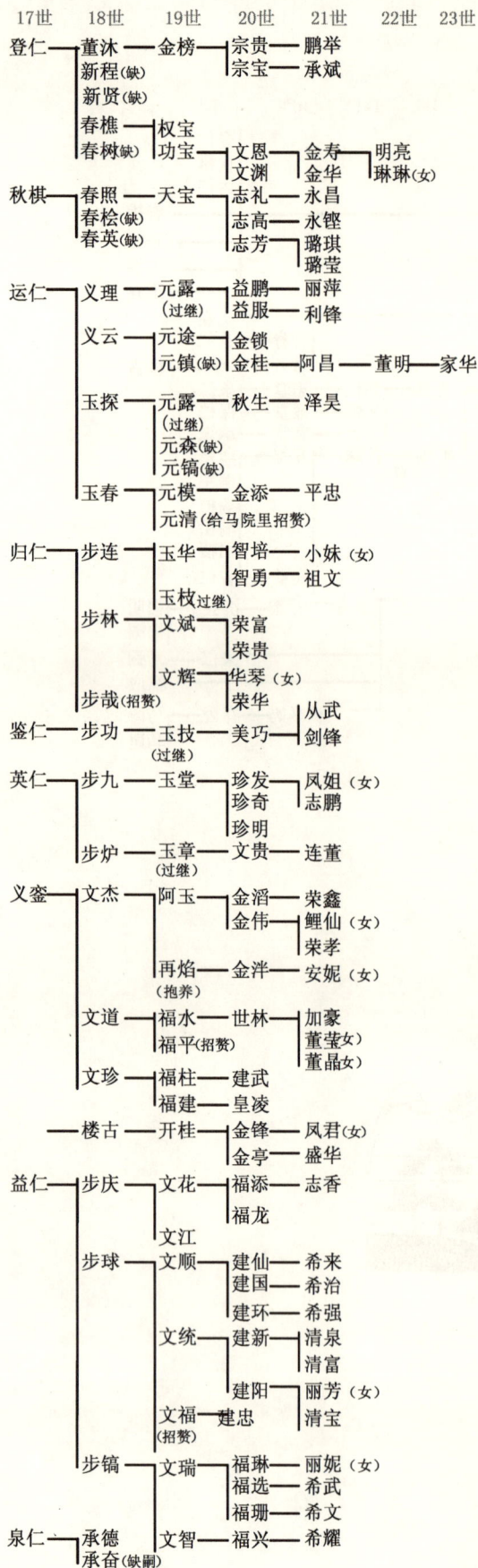

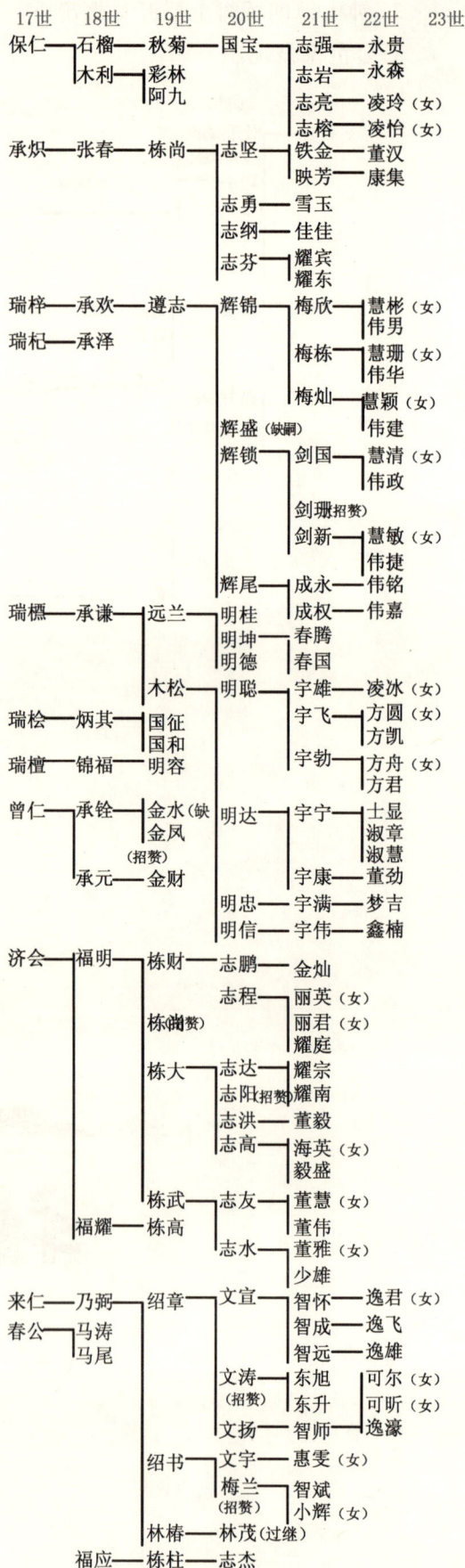

左半部分：

17世	18世	19世	20世	21世	22世	23世

登仁—董沐—金榜—宗贵—鹏举
　　　　　　　宗宝—承斌
新程（缺）
新贤（缺）

春樵—权宝
春树（缺）—功宝—文恩—金寿—明亮
　　　　　　　　　文渊—金华—琳琳（女）
秋棋—春照—天宝—志礼—永昌
春桧（缺）　　志高—永铿
春英（缺）　　志芳—璐琪
　　　　　　　　　　　璐莹

运仁—义理—元露（过继）—益鹏—丽萍
　　　　　　　　　　　　　益服—利锋
　　　义云—元途—金锁
　　　　　　　元镇（缺）—金桂—阿昌—董明—家华
　　　玉探—元露（过继）—秋生—泽昊
　　　　　　　元森（缺）
　　　　　　　元镐（缺）
　　　玉春—元模—金添—平忠
　　　　　　　元清（给马院里招赘）

归仁—步连—玉华—智培—小妹（女）
　　　　　　　　　智勇—祖文
　　　　　　玉枚（过继）
　　　步林—文斌—荣富
　　　　　　　　　荣贵
　　　　　　文辉—华琴（女）
　　　步哉（招赘）　荣华

鉴仁—步功—玉技—美巧—从武
　　　（过继）　　　　剑锋
英仁—步九—玉堂—珍发—凤姐（女）
　　　　　　　　　珍奇—志鹏
　　　　　　　　　珍明
　　　步炉—玉章—文贵—连董
　　　（过继）

义銮—文杰—阿玉—金滔—荣鑫
　　　　　　　　　金伟—鲤仙（女）
　　　　　　　　　　　　荣孝
　　　　　　再焰—金泮—安妮（女）
　　　　　　（抱养）
　　　文道—福水—世林—加豪
　　　　　　福平（招赘）　董莹女）
　　　　　　　　　　　　董晶女）
　　　文珍—福柱—建武
　　　　　　福建—皇凌
　　　楼古—开桂—金锋—凤君（女）
　　　　　　　　　金亭—盛华

益仁—步庆—文花—福添—志香
　　　　　　　　　福龙
　　　　　　文江
　　　步球—文顺—建仙—希来
　　　　　　　　　建国—希治
　　　　　　　　　建环—希强
　　　　　　文统—建新—清泉
　　　　　　　　　　　清富
　　　　　　　　　建阳—丽芳（女）
　　　　　　文福—建忠—清宝
　　　　　　（招赘）
　　　步镐—文瑞—福琳—丽妮（女）
　　　　　　　　　福选—希武
　　　　　　　　　福珊—希文
泉仁—承德—文智—福兴—希耀
　　　承奋（缺嗣）

右半部分：

17世	18世	19世	20世	21世	22世	23世

保仁—石榴—秋菊—国宝—志强—永贵
　　　木利—彩林　　　志岩—永森
　　　　　　阿九　　　志亮—凌玲（女）
　　　　　　　　　　　志榕—凌怡（女）
承炽—张春—栋尚—志坚—铁金—董汉
　　　　　　　　　　　映芳—康集
　　　　　　　志勇—雪玉
　　　　　　　志纲—佳佳
　　　　　　　志芬—耀宾
　　　　　　　　　　耀东
瑞梓—承欢—遵志—辉锦—梅欣—慧彬（女）
瑞杞—承泽　　　　　　　　　伟男
　　　　　　　　　　梅栋—慧珊（女）
　　　　　　　　　　　　伟华
　　　　　　　　　　梅灿—慧颖（女）
　　　　　　辉盛（缺嗣）　　　伟建
　　　　　　辉锁—剑国—慧清
　　　　　　　　　　　　伟政
　　　　　　　　　剑珊招赘
　　　　　　　　　剑新—慧敏（女）
　　　　　　　　　　　　伟捷
　　　　　　辉尾—成永—伟铭
瑞樆—承谦—远兰—明桂　　成权—伟嘉
　　　　　　　　明坤—春腾
　　　　　　　　明德—春国
　　　　　　木松—明聪—宇雄—凌冰（女）
瑞检—炳其—国征　　宇飞—方圆
瑞檀—锦福—国和　　　　　方凯
　　　　　　明容　　宇勃—方舟
　　　　　　　　　　　　方君
曾仁—承铨—金水（缺）明达—宇宁—士显
　　　　　　金凤　　　　　　淑章
　　　　　　（招赘）　　　　淑慧
　　　承元—金财　　　宇康—董劲
　　　　　　　　明忠—宇满—梦吉
　　　　　　　　明信—宇伟—鑫楠

济会—福明—栋财—志鹏—金灿
　　　　　　　志程—丽英（女）
　　　　　　栋尚（招赘）　丽君（女）
　　　　　　　　　　　耀庭
　　　　　　栋大—志达—耀宗
　　　　　　　　志阳招赘—耀南
　　　　　　　　志洪—董毅
　　　　　　　　志高—海英（女）
　　　　　　　　　　　毅盛
　　　　　　栋武—志友—董慧（女）
　　　福耀—栋高　　　董伟
　　　　　　　志水—董雅（女）
　　　　　　　　　少雄

来仁—乃弼—绍章—文宣—智怀—逸君（女）
春公—马涛　　　　　智成—逸飞
　　　马尾　　　　　智远—逸雄
　　　　　　文涛—东旭—可尔（女）
　　　　　　（招赘）东升—可昕（女）
　　　　　　文扬—智师—逸濠
　　　绍书—文宇—惠雯（女）
　　　　　　梅兰—智斌
　　　　　　（招赘）小辉（女）
　　　林椿—林茂（过继）
福应—栋柱—志杰

4. 钟山镇朗桥村、林头钟山镇鸣和村龙溪宫开科概况

安保——孟杰——德洪——简轩——日纲（林头开科始祖）。

兴泰董氏第六代铜山公,开科朗桥林头。第七代静吾公,盖林头大厝。第八代明宇公。第九代开科三房,大房西林公到鸣和龙溪宫开科。

铜山——静吾——明宇——西林——松峰……第十五代开科三房,董永礼、董永朝、董永福。

6世	7世	8世	9世	10世	11世	12世	13世	14世	15世
日纲	仲文 (林头后厝)								
	静吾	明宇	西林	松峰	……				永礼 永朝 永福
			于初	……				舒训	永吾 永徵
			学初	人斯	扶山	长伯老			
				敬山	越岩	在庭	采友(传至绪吓后缺嗣)		
				燕斯 (开科莆田城里)				桂友 建友 簪友	

14世　15世　16世　17世　18世　19世　20世　21世　22世

```
舒训──永吾─────────义茂───金玉───炳洋───剑勇───绍华
                          金定(缺嗣)      剑飞───菲菲(女)
                                          剑铸───艳艳(女)
                          金凯(从城关抱养回城关开科)
        永微───行威───润吓───启钟───美英───伟高───佳瑜
                    林仁───义书───秋鸿───金海
                    瑞吓───义斌(缺嗣)
                          义读───香妹───宇宁───仕贤
                              (夫明达二顾)      淑章(女)
                          野吓───金瑟(移民明溪)  淑惠(女)
                                金容(移民明溪)
                                金渔(移民明溪)
                          董昌(给园庄做子)
                          董鸯(缺嗣)
扶山──长伯老────────宗理面───下西妹───金盖(在三明开科)
                    董锷───张春───元成───鲤荣
                              元椿───鲤仙
                                    鲤晓
                          玉春───金章(在明溪开科)
功训──永生───行榜───希仁───开让───炳笛───永家───董丹
                    向仁───开盘───炳灶───清发、箐箐
                    活仁───开株───炳桔、炳椎、炳良、炳华、炳添
              行立───足仁───开模
                    罗泽
                    谢菊───泰妹───雁敏───董哲
                                雁怀───董威
                                      佳琳
        永名───孙桂───土兴───谓吓───文清
        永绍───春公───汉仁───标仁───文奇
              行配───沐和───开骄
              行群───沐敏───开纣
                    沐信───开瑜
                    沐宽───开钰
                    沐溢───开财
                    沐惠───阿五(女)
        永霸───行祥───沐恭───开参
              行禄───捷仁───天妹
```

15世　16世　17世　18世　19世　20世　21世　22世　23世

```
永礼───行智
      行茂───瑞仁───开吓───练吓───金地───福榕───惠娟
                                    福庆───国雄───野丝(女)
                    明吓───金灿───玉镇(给水坑做子)
                                玉炳───启金───志敏───国伟───董杰
                                            志力
                                      启灼───伟斌
                                            伟生
                                      启水───伟明
                                            丽珠(女)
                    神吓───邓克明───金镖───志煌───立斌
                          (招赘)            孜姮(女)
                    阿德───玉兰            志辉───董雳
                                                益雪(女)
                                          志聪───婷婷(女)
            章仁───董云───玉波(在邵武开科)
                        玉珠───明祖───建泉───苍威
            梅车───董柱───玉枝───明桂───金辉───董玲(女)
                              明兴───智煌
                                    智钦(女)
永朝───行玉───坤仁───董富───阿连───玉林
                              玉坤
                  董枫───玉英───建钗───国强
                  董仙───启佑───      国程
                        董钦───建华───丽金
            董网───炎吓───董荣───瑞庭───开正───丽萍(女)
                  董铿(缺嗣)        (招赘)
                  董藻───粗婆───美金───素英───鹏飞
                        (招赘)              (招赘)
                  董林(在新加坡开科)        素贞(女)
```

14世　15世　16世　17世　18世　19世　20世　21世　22世

```
缵训───永教───行锁───望仁───庆纯───金财───国星───董克
                    绍表───玉道      国面───董尧
              行通───静吓            金贵───永泉───董优
      永高───行居───绍树───从灼───金明      永成───伟汉
                    开传───从瑞───金水      贵金───董伟
                          意仁───义珍───玉途      金贤───天恩
                                      玉雅───国政
                                从辉───玉谱───秋明───董晶
                                从灿───玉智───秋生───平平
                                      玉铁───国威───艳铃
                                            国富───董韬
                                                  嘉钰
                                                  嘉玥
                                            国伟───纪洲
                                            国杰───天心
                                                  天兰
                                      玉锁───煌晶───嘉裕
                                                  莉莉
                                            煌飞───中平
                                                  益铭
                                                  桢溱
                                                  显辉
            行利───布仁───从泰───先桃───玉平───皇燕
                                      玉腾───丽芹
                                            丽娜
                                      玉兴───飞鸿
                          从来───金范            倩倩
                                金读───常飞───董莹
                                            晨妹
                                      常青───董容
                                            董凯
                          从波───金妹───青尧───榕华
                                金柱───晓明
                                      晓政
            奉仁───从炼───天赐───智军───意民
                    从灼───天祥
                    从焰───天福───丽娟
                    从黎───      丽玉
                          天喜───丽容
      永容───行炽───发仁───义野
                    董卢───金会───文同───董南
                    董焕───金相───文芹───建忠───雄能
                                      建武───雄晶
                                      建金───雄伟
                                      建珊───晓斌
                          董廖───金运───文渊───志昌───天明
                          义双───正督───文求───建辉───馨雅
            行统───满仁───义东───秋炎            建鹏
                    攀仁───      梦祁───文枝───建涵
                    秦仁───开竹───梦郊───文雄───雄伟
      永举───行玳───占仁───朝桧───文兑
            永举───行玳───武仁───开镰───金杏───玉振───隆基
            永容───行炽───明仁───开则───金朴───玉环───隆庆
                  行玳            开笔───文强───玉声
                  行统            开孝───金朴
      永高───行居                  开舜
            行利
      永教───行锁
            行通
桂友───永豹───行龙───章仁───吴畴
建友───永生───行立
            行榜
      永名───孙佳
      永绍───行群
            春公
            行配
      永霸───行禄
```

（五）永泰兴泰董氏

永泰县有两面三支兴泰董氏后裔,一支是孟杰公的子孙后裔,世居永泰县中部富泉乡、芭蕉、瑞应、寨尾。另一支是孟权公后裔子孙,世居永泰梧桐镇西林村铁炉下。

1. 永泰富泉乡董氏支系

富泉乡位于永泰县中部,县城西南7公里处。面积53.97平方公里,人口7360多人。富泉原名界竹口、爱竹口,富字带有未来和文雅之意,且乡所在地有一口温泉,故名之。境内有古迹瑞应寺。

现辖有力华、力星、芭蕉、瑞应、德洋、协星、蜚英、蜚安、下院9个行政村,77个自然村,是个半沿溪半高山乡。

富泉乡董氏系孟杰公的子孙后裔。

富泉董氏辈字顺序与兴泰董氏辈字顺序对照如表:

兴泰董氏世代	12	13	14	15	16	17	18	19	20	21	22	23
兴泰董氏辈字	仪	于	友	水	行	仁	义	遵	宗	祖	多	读
富泉董氏辈字	圣	新	成	兀	允	贤	恭	敬	世	代	忠	良

永泰县富泉乡董氏始祖圣祥公,其先考(名字不祥)的骸骨,由仙游钟山朗桥上尾迁入富泉上洋村,得石枇杷瓮安葬,墓场为蝙蝠穴。后代尊称公为枇杷公。妣安葬在芭蕉村侔坡地方。入樟始祖道俊公,号圣祥,系兴泰董氏第十二代(仪字辈)传人,墓在瑞应村石庄顶垅头地方,妣张氏,墓与公同穴。道俊公字圣祥,开科伯房、仲房、叔房、季房、四房。

（1）瑞应董氏开宗

第十二代圣祥公,十三代开科四房:伯房、仲房、叔房(名字不详)、季房文新公。

伯房的后代十六代董允旺、董允腾。董元柱,墓在崙头岑下。生五子,董允庆、董允顺、董允同、董允春、董允灯。

叔房(董元汉)的后代十五代董元汉,墓在本村猴拉屎地方。十六代董阿八,从大洋棋杆院里抱养,墓在上段茶花林湾。

```
      15世    16世    17世    18世        19世              19世    20世      21世        22世      23世   24世

伯房 ─ 允旺 ─ 天水 ─ 开义 ─── 官应          官应 ─ 春桃(过继)
       允腾 ─ 仁銮 ─ 阿孵 ─── 菊花                世兰 ─ 木其 ─── 正文 ──── 董坦 ─ 泽佑
                    恭佃 ─┬─ 吓池                                            董清
                         └─ 顺妹                             振华 ──── 董漳
                    吓全(过继)                  世清 ─ 代钦 ─┬─ 忠勇 ──── 学增
                    万坤(过继)                               └─ 忠焰 ──── 学本
                                               菊花 ─ 世林 ─┬─ 代新 ──── 辰曦
仲房 ─ 允庆 ─ 仁贵 ─ 恭惠 ─── 春桃                           ├─ 代峰 ──── 镇钊
                    恭原 ─┬─ 敬孟(招赘)                     └─ 代彬
                         ├─ 敬木                    世灿 ─┬─ 代铭
                         ├─ 功禺                         └─ 代勇
                         └─ 国良(缺嗣)                 世容(缺嗣)
                    恭潮 ─┬─ 敬东(过继)      春桃 ─ 代华 ─┬─ 祖木 ──── 可欣(女)
                         └─ 敬西                          └─ 祖锋 ──── 董杰
                    恭佳(缺嗣)                 敬木 ─ 庆华 ──── 瀚丰
                    恭怡 ─── 敬栋              功禺 ─ 建清 ──── 欣镭
                    恭机 ─── 敬良(缺嗣)        敬东 ─ 宗锋 ──── 国彬
              仁章 ─ 恭机(给过房,缺嗣)        (过继)
       允顺 ─ 阿林 ─ 金水(缺嗣)               敬西 ─┬─ 代赣 ──── 梅英(女)
              阿五                                  └─ 春梅(女) ┬─ 菊英(女)
              仁兴 ─ 金山 ─── 敬明                              └─ 芝英(女)
              (过继)  七七(缺嗣)              敬栋 ─┬─ 世榕 ──── 代沐
                     八八 ─── 弟仔(给做子)          ├─ 世尧
                     九九(给协星村倒水地做子)       └─ 雪玲(女)
       允同 ─ 仁清 ─ 恭海 ─┬─ 敬兰             敬明 ─ 世銮 ─┬─ 学瑜(招赘)
                         └─ 敬权                          └─ 祖庚
       允灯 ─ 仁兴 ─ 冬水 ─┬─ 敬云             敬兰 ─┬─ 世钟 ──── 学秀(女)
                         └─ 启传(给寨尾做子)         └─ 秀坊(女)
                    买嘴 ─── 八宝(缺嗣)        敬权 ─┬─ 灵妨(女)
                    恭财 ─┬─ 敬昌                    └─ 宗宝
                         ├─ 敬忠              敬云 ─ 广炎 ─┬─ 水林(女)
                         ├─ 能能                          ├─ 华钦(女)
                         └─ 弟仔                          └─ 代燊
                    坡仁(缺嗣)                 敬昌 ─ 世铿 ─┬─ 代亮 ──── 巧云(女)
                                                           └─ 玉仙 ─┬─ 巧林(女)
叔房 ─ 元汉 ─ 阿八 ─ 夏莲(抱养)(缺嗣)                                └─ 忠源
              南二 ─ 恭林 ─── 敬桂             敬忠 ─ 世光 ─── 代福 ──── 晓丽(女)
              南山 ─ 恭金 ─── 敬盛             能能 ─ 世伙 ─── 金英 ──── 忠舜
                    恭天 ─── 敬标             弟仔 ─┬─ 世坤 ──── 代滨
                    麻面(缺嗣)                     ├─ 世香 ──── 祖玲
                    阿六(送给红星坑门做子)          ├─ 世珠
                                                   ├─ 香兰(女)
                                                   └─ 香晶(女)
                                               敬盛 ─┬─ 广增 ──── 祖楠
                                                    └─ 宗广 ──── 婷婷(女)
                                               敬标 ─ 宗平 ─┬─ 家鑫
                                                           └─ 灵颖(女)
```

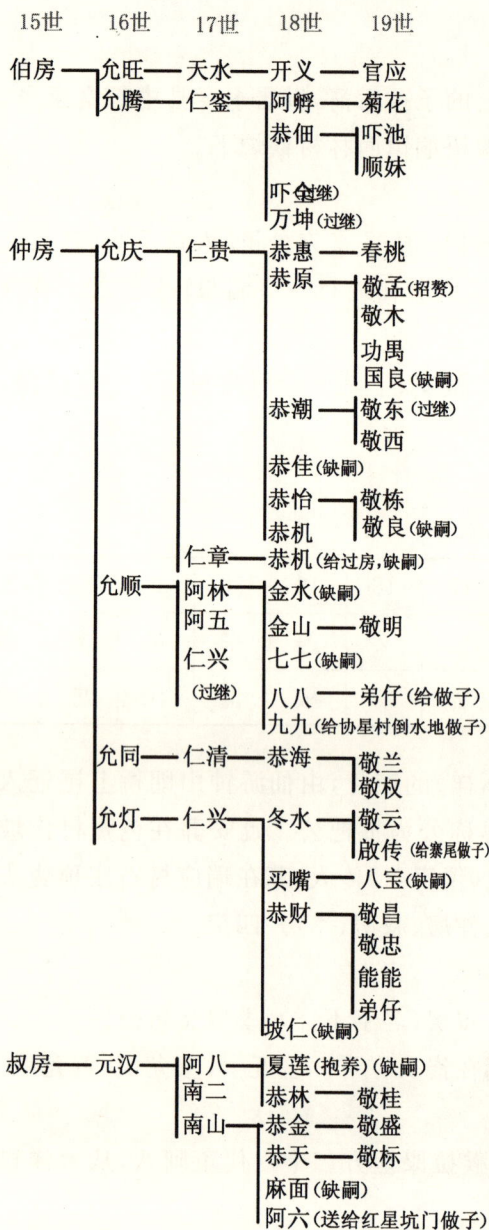

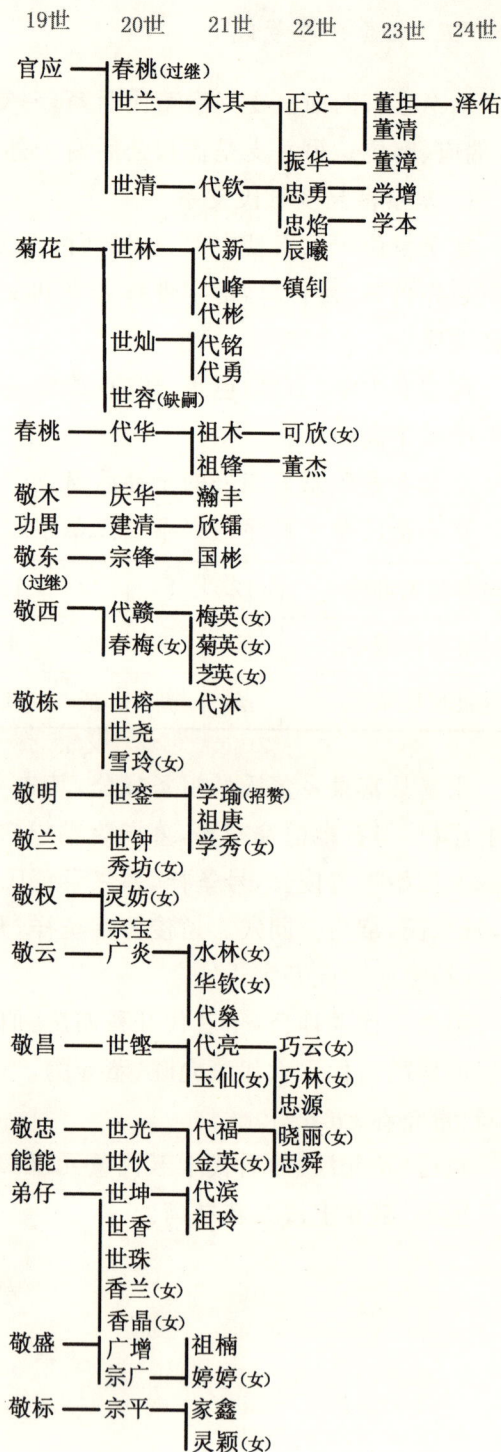

(2)寨尾董氏开宗

成享公,墓在石庄顶,妣陈氏,与公同穴。1882年立碑,碑文"可须求福地"。十五代开科三房,元精、元振、元润。

15世 16世 17世 18世

- 元精 长房
  - 允禄 大房 (缺嗣)
  - 九九 二房
    - 其笃 — 恭坤
  - 五妹 三房
    - 阿莲 — 敬连、炳莲(缺嗣)、牛八(缺嗣)
    - 日暖 — 恭旺、恭桐、阿水
    - 传捷 — 冬莲(缺嗣)
  - 七庚 四房
    - 坤官 — 阿木
    - 长水(缺嗣)
    - 文魁(缺嗣)
- 元振 次房
  - 恒武
    - 章成 — 溪尾山、阿四(缺嗣)、阿七、恭勉
    - 贰拾 — 阿五
    - 贤盛 — 阿明、增弟
  - 恒招
    - 矮四 — 秋金、秋焰(缺嗣)
  - 恒修
    - 成鹏 — 恭敬、八弟(缺嗣)
    - 永永 — 吓全(给过房)
- 元润 三房
  - 行吉
    - 贤登 — 恭鉴
    - 贤金 — 恭碧、恭钦、恭沂、恭怀、恭旺、恭章(夭殇)
  - 行昌
    - 贤清 — 恭容
    - 贤明 — 恭腾、恭凤
  - 行桂
    - 金全(缺嗣)
    - 贤梅 — 恭风、恭兰(招赘)、伍弟(缺嗣)
    - 贤顺 — 恭辉(缺嗣)、四弟(下落不明)
  - 行春
    - 贤新 — 恭焕
    - 贤潘(缺嗣)
    - 贤智(缺嗣)

18世 19世 20世 21世 22世

- 恭坤 — 世潘 — 祖斌 — 盛锦、祖徐
- 敬连
  - 世明 — 代强 — 忠良、水花(女)
    - 代新、代善、代吉
  - 宗金
  - 宗文
- 恭桐
  - 敬友 — 宗钗 — 祖茂
    - 钗弟 — 祖林
    - 宗锦 — 祖轩
  - 阿善(缺
  - 敬岳
  - 敬贞(缺嗣)
- 溪尾山 — 敬斌
- 阿七
  - 敬淼 — 世灿
  - 敬莲 — 火金、水仙(女)
  - 世谋(过继) — 优仙(
    - 世鑫
  - 敬珠 — 董倩
  - 敬培(过继)

18世 19世 20世 21世 22世

- 恭勉
  - 阿知 — 世灵
  - 敬新 — 宗滨、宗金、玉英(女)
- 阿五 — 大妹
  - 世春 — 奇伟、珊珊(女)
  - 世文 — 奇斌、燕青(女)
- 阿明 — 敬荣、敬光、敬庆、敬新、敬辉
  - 世莲 — 祖明
  - 世华 — 祖锦、荣荣
- 秋金 — 敬知、阿贵
  - 世英(送给下拔人做子)
  - 世玉 — 祖壬、祖争
- 恭敬 — 啟传 — 世太(送给福清宏路做子)
- 恭鉴
  - 敬秀
    - 世能 — 代容 — 忠焱、忠伟、美金(女)
    - 世佣
      - 董建 — 霖萍(女)、霖英(女)、多彬
      - 祖清 — 艳芳(女)、艳丽(女)、盛华
    - 世振
      - 祖寿 — 凯杰、凯丽(女)
      - 祖淼 — 董凯
    - 广春 — 祖梅 — 忠涪
    - 世河 — 雷广生、祖隧 — 敏凤(女)、城朋
    - 世科 — 祖育(回董家顾祖)
    - 世太 — 祖周、周弟、晓林(女)
  - 敬禄
    - 宗旺 — 尚武 — 丘熠(女)
    - 宗木 — 祖全、祖财
    - 宗进
    - 宗珍 — 尚文
    - 宗明
  - 敬谋 — 世英、世龙
    - 祖亮 — 炳淼
    - 祖根 — 忠涛
    - 祖礼 — 佳怡(女)
  - 敬连
    - 世明
      - 代强、代新 — 丽梅(女)、忠诚
      - 代善 — 董坤
      - 代吉 — 冠呈
    - 宗金 — 奉林 — 子健、敏敏(女)
    - 宗文 — 滨滨、丽丽(女) — 乙颖(女)
  - 敬来(给恭章过房)
  - 敬宏
    - 宗富
      - 祖义 — 忠林
      - 祖祥 — 英英(女)、忠揪
    - 宗贵 — 祖和、秀珠(女)
    - 宗财 — 祖银、雪梅(女)
    - 宗燕 — 董顺、惠娟(女)
    - 宗飞 — 董箭(女)、董萍(女)、董煌(女)
  - 敬如
    - 宗荣 — 祖岩 — 英杰
    - 宗辉 — 祖彪 — 丽彬(女)

18世 19世 20世 21世 22世

- 恭碧 — 敬顺
  - 世昌(缺嗣)
  - 世金(招赘)
  - 世财 — 代全、秋金(女)
- 恭钦
  - 敬泉
    - 世元
      - 代华 — 忠济、燕珍(女)
      - 代平 — 忠河、燕玲(女)
      - 代明 — 忠鑫、燕梅(女)
      - 代兴 — 忠炜、燕萍(女)
    - 世清
      - 代金 — 忠宝
      - 代勇
    - 世和 — 代灿、玲颖(女)
  - 敬舒 — 董斌 — 代凌、钰婷(女)
- 恭沂
  - 敬唐
    - 宗周 — 代辉
    - 宗银 — 代国
    - 宗标 — 代章、雪云(女)
    - 宗坚 — 代忠、雪仙(女)
  - 敬华 — 大立 — 蕾宇、心蕾(女)
  - 敬文(招赘) — 贵平(回家顾祖)
  - 敬标(送给瑞应做子)
- 恭怀
  - 敬和
    - 世崇 — 代佑
      - 代杰 — 欣颖(女)
    - 世木 — 代祯、柳燕
    - 世斌 — 代梅、代火
  - 敬平
    - 立容(招赘) — 代清、宇星(女)
    - 宗斌 — 佳莹(女)、诗莹(女)
- 恭旺 — 敬荣 — 世草 — 代林、宝缓(女)、宝林(女)
- 恭章 — 敬来(过继) — 宗木(过继)
- 恭容 — 敬庭
  - 世梅(过继给夏妹)
  - 世潘(过继给恭坤)
  - 世平 — 祖渠、祖象
  - 世美 — 祖大、宇云
  - 宗海 — 祖炀
  - 宗湖 — 祖汉
- 恭腾 — 敬楷(过继给世兰)
- 恭凤 — 敬德 — 宗尧、宗鉴
- 恭风
  - 敬能(给莆田渠桥招赘)
  - 敬龙 — 宗雄
- 恭焕
  - 玉莲 — 宗乐
  - 敬潮 — 宗禄、宗兴(给寨尾阿贵过继)

14世 15世 16世 17世

- 成财 — 元? — 行? — 贤香
  - 桂金山 — 锉哥
- 成良 — 元魁 — 金院
  - 金发 — 木水
  - 金旺 — 木朋（缺嗣）
  - 金顺 — 木炎
- 成起 — 元忠 — 行院（过继）
  - 元力 — 行院 — 长旺

17世 18世 19世 20世 21世

- 贤香
  - 冬培（缺嗣）
  - 冬金（缺嗣）
  - 恭开 — 敬烁 — 宗松 — 董揩
    - 灵燕（女）
    - 敬财（缺嗣） — 宗明 — 欣怡（女）
  - 恭枝（缺嗣）
  - 阿五（给上洋村做子）
  - 阿六（给上洋村做子）
  - 恭光（给闽侯徐家村招赘）
  - 阿九（缺嗣）
  - 锉哥 — 兰花（女）
- 元忠支系
  - 敬妹 — 代创
    - 代际
  - 世谋 — 代仙（回原宗）
- 长旺 — 义春 — 广銮 — 代梁
  - 宇桦（女）
  - 敬灼 — 宗华 — 祖乐
    - 碧霞（女）
  - 天棋（过嗣给牛坪六）
  - 炎目（送何岑下做子）

17世 18世 19世 20世 21世

- 木水 — 恭如
- 木炎 — 恭朗 — 敬进 — 丽英（女）
  - 宗燊
  - 敬登 — 宗铃
    - 宗焰
    - 宗发
    - 桂香（女）
  - 敬锋 — 佳惠（女）
    - 佳敏（女）
    - 宗杨
  - 夏妹 — 世梅 — 祖潮 — 敏洁（女）
    - 代林 — 多金
    - 代河 — 晨鑫（女）
  - 陈来荣（送给霞拔乡半山陈家做子）

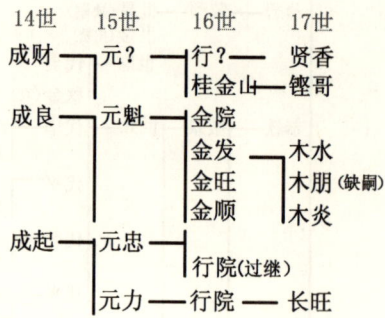

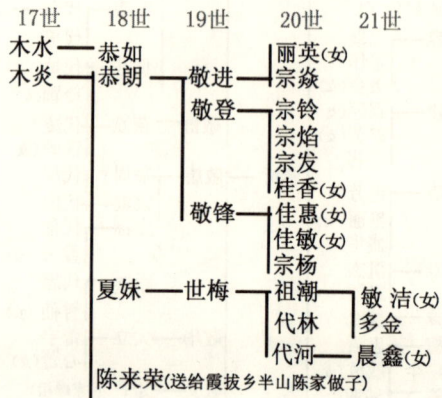

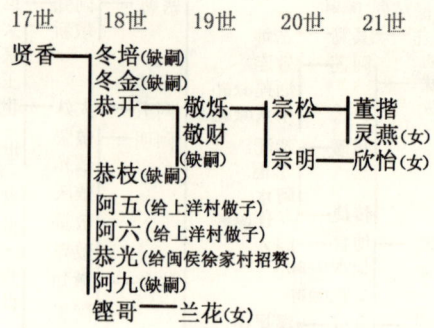

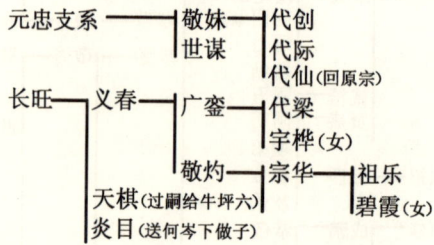

2. 永泰梧桐镇西林村铁炉下开科概况

梧桐镇是座山城古镇,历史悠久,宋代为和平乡龙津里、感应里、义仁里;元代为二十六、二十七、二十八都;民国初为中区。建国初期属二区,1959 年为梧桐人民公社,1984 年改为梧桐乡,1985 年撤乡建镇。

梧桐镇位于永泰县西南部,距城关 33 公里。镇所在地海拔 100 米,203 省道纵贯全境。东邻赤锡乡,西连嵩口镇,南与莆田市、仙游县交界,北接同安镇,东北与富泉乡接壤。西林村是永泰县梧桐镇的一个行政村,毗连埔埕村、汤埕村。水光山色,交通便利,物华天宝,山明水秀。

永泰梧桐镇西林村铁炉下开科概况如下:兴泰董氏第十二代仪肃公,从仙游县钟山镇鸣和九狮迁徙到永泰梧桐西林小溪旧厝居住开科铁炉下。

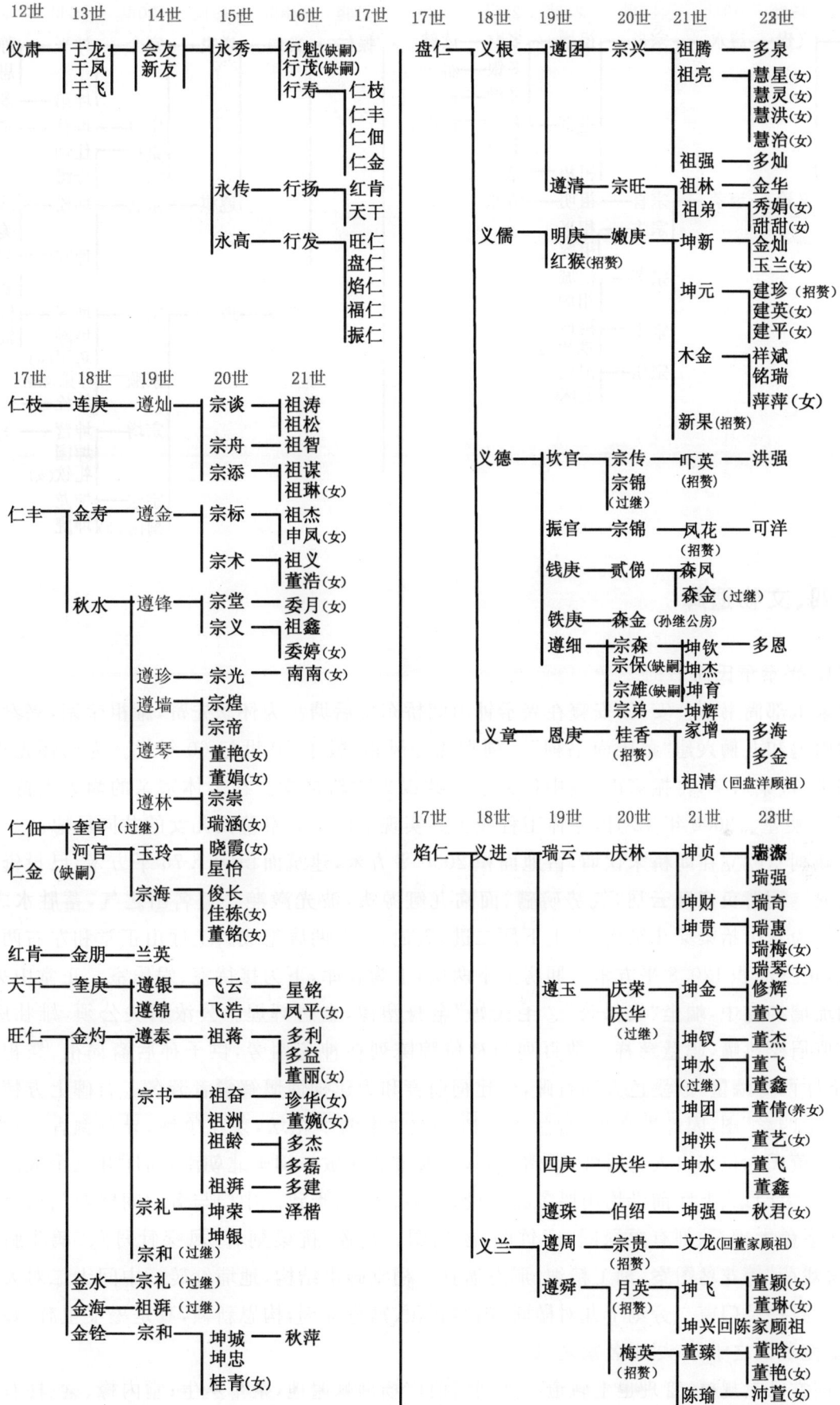

12世—17世

12世　13世　14世　15世　16世　17世

- 仪肃
  - 于龙
  - 于凤
  - 于飞
    - 会友
    - 新友
      - 永秀
        - 行魁(缺嗣)
        - 行茂(缺嗣)
        - 行寿
          - 仁枝
          - 仁丰
          - 仁佃
          - 仁金
      - 永传
        - 行扬
          - 红肯
          - 天干
      - 永高
        - 行发
          - 旺仁
          - 盘仁
          - 焰仁
          - 福仁
          - 振仁

17世—22世（盘仁系）

17世　18世　19世　20世　21世　22世

- 盘仁
  - 义根
    - 遵团
      - 宗兴
        - 祖腾 — 多泉
        - 祖亮 — 慧星(女)、慧灵(女)、慧洪(女)、慧治(女)
        - 祖强 — 多灿
    - 遵清
      - 宗旺
        - 祖林 — 金华
        - 祖弟 — 秀娟(女)、甜甜(女)
  - 义儒
    - 明庚
      - 嫩庚
      - 红猴(招赘)
        - 坤新 — 金灿、玉兰(女)
        - 坤元 — 建珍(招赘)、建英(女)、建平(女)
        - 木金 — 祥斌、铭瑞、萍萍(女)
        - 新果(招赘)
  - 义德
    - 坎官
      - 宗传
      - 宗锦(过继) — 吓英(招赘) — 洪强
    - 振官
      - 宗锦 — 凤花(招赘) — 可洋
    - 钱庚
      - 贰俤 — 森凤、森金(过继)
    - 铁庚
      - 森金(孙继公房)
    - 遵细
      - 宗森 — 坤钦 — 多恩、坤杰
      - 宗保(缺嗣) — 坤育
      - 宗雄(缺嗣) — 坤辉
      - 宗弟
  - 义章
    - 恩庚
      - 桂香(招赘) — 家增 — 多海、多金
      - 祖清(回盘洋顾祖)

17世—21世（仁枝系）

17世　18世　19世　20世　21世

- 仁枝
  - 连庚
    - 遵灿
      - 宗谈 — 祖涛、祖松
      - 宗舟 — 祖智
      - 宗添 — 祖谋、祖琳(女)
- 仁丰
  - 金寿
    - 遵金
      - 宗标 — 祖杰、申凤(女)
      - 宗术 — 祖义、董浩(女)
  - 秋水
    - 遵锋
      - 宗堂 — 委月(女)
      - 宗义 — 祖鑫、委婷(女)
    - 遵珍
      - 宗光 — 南南(女)
    - 遵墙
      - 宗煌、宗帝
    - 遵琴
      - 董艳(女)、董娟(女)
    - 遵林
      - 宗崇、瑞涵(女)
- 仁佃
  - 奎官(过继)
  - 河官 — 玉玲 — 晓霞(女)、星怡
- 仁金(缺嗣)
      - 宗海 — 俊长、佳栋(女)、董铭(女)
- 红肯 — 金朋 — 兰英
- 天干
  - 奎庚
    - 遵银 — 飞云 — 星铭
    - 遵锦 — 飞浩 — 凤平(女)
- 旺仁
  - 金灼
    - 遵泰 — 祖蒋 — 多利、多益、董丽(女)
    - 宗书
      - 祖奋 — 珍华(女)
      - 祖洲 — 董婉(女)
      - 祖龄 — 多杰、多磊
      - 祖湃 — 多建
    - 宗礼 — 坤荣 — 泽楷
              坤银
    - 宗和(过继)
  - 金水 — 宗礼(过继)
  - 金海 — 祖湃(过继)
  - 金铨 — 宗和 — 坤城 — 秋萍
                    坤忠
                    桂青(女)

17世—22世（焰仁系）

17世　18世　19世　20世　21世　22世

- 焰仁
  - 义进
    - 瑞云
      - 庆林
        - 坤贞 — 瑞溙、瑞强
        - 坤财 — 瑞奇
        - 坤贯 — 瑞惠、瑞梅(女)、瑞琴(女)
    - 遵玉
      - 庆荣
      - 庆华(过继)
        - 坤金 — 修辉、董文
        - 坤钗 — 董杰
        - 坤水(过继) — 董飞、董鑫
        - 坤团 — 董倩(养女)
        - 坤洪 — 董艺(女)
    - 四庚
      - 庆华 — 坤水 — 董飞、董鑫
    - 遵珠
      - 伯绍 — 坤强 — 秋君(女)
  - 义兰
    - 遵周
      - 宗贵(招赘) — 文龙(回董家顾祖)
    - 遵舜
      - 月英(招赘) — 坤飞 — 董颖(女)、董琳(女)
                    坤兴回陈家顾祖
      - 梅英(招赘) — 董臻 — 董晗(女)、董艳(女)
      - 陈瑜 — 沛萱(女)

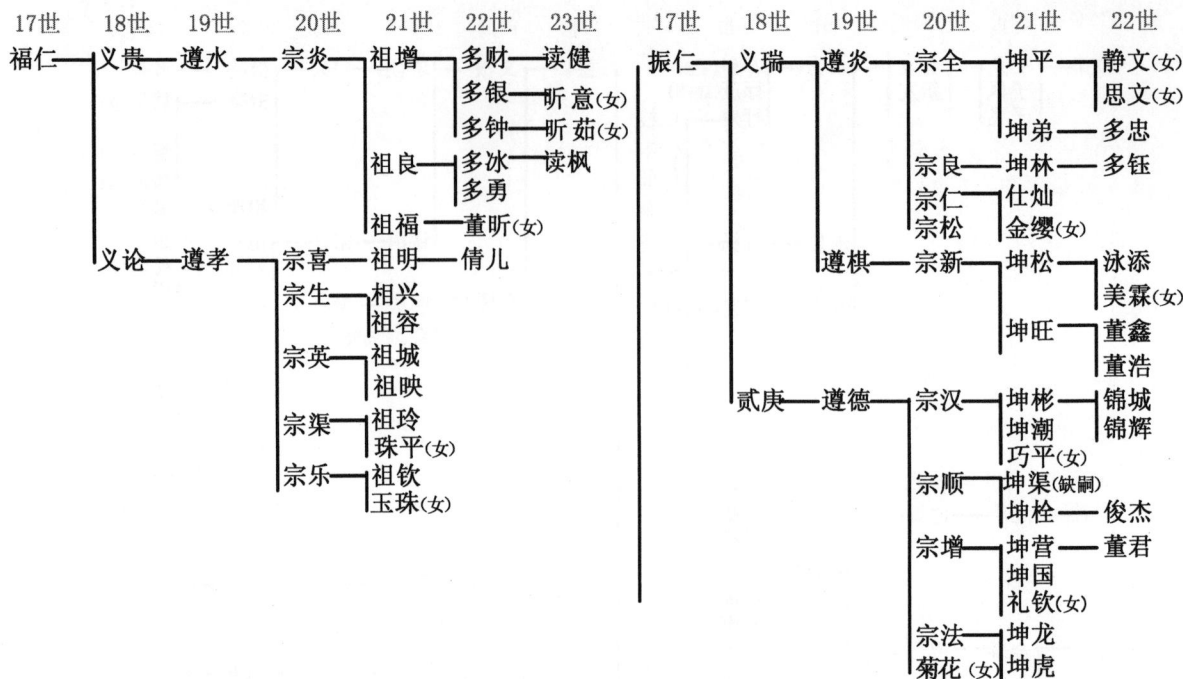

17世	18世	19世	20世	21世	22世	23世
福仁	义贵	遵水	宗炎	祖增	多财	读健
					多银	昕意(女)
					多钟	昕茹(女)
				祖良	多冰	读枫
					多勇	
				祖福	董昕(女)	
	义论	遵孝	宗喜	祖明	倩儿	
			宗生	相兴		
				祖容		
			宗英	祖城		
				祖映		
			宗渠	祖玲		
				珠平(女)		
			宗乐	祖钦		
				玉珠(女)		

17世	18世	19世	20世	21世	22世
振仁	义瑞	遵炎	宗全	坤平	静文(女)
					思文(女)
				坤弟	多忠
			宗良	坤林	多钰
			宗仁	仕灿	
			宗松	金缨(女)	
		遵棋	宗新	坤松	泳添
					美霖(女)
				坤旺	董鑫
					董浩
	贰庚	遵德	宗汉	坤彬	锦城
				坤潮	锦辉
				巧平(缺嗣)	
			宗顺	坤渠(缺嗣)	
				坤栓	俊杰
			宗增	坤营	董君
				坤国	
				礼钦(女)	
			宗法	坤龙	
			菊花(女)	坤虎	

四、文物遗辉

1. 兴泰董氏尚书祠

宋工部尚书董公安义,安寝在兴泰钟山朗桥东坑后塘。为怀念先贤,耀祖荣宗,兴泰董氏在钟山鸣和九狮兴建"董氏尚书祠"。祠堂几经风霜,毁于20世纪60年代。为缅怀先祖,凝聚宗亲,鞭策后学,再振家声,族中仁人志士共谋兴建新祠堂。在全体宗亲的鼎力支持下,于1997年奠基。2000年12月,主体工程竣工。实现了四千兴泰董氏儿女的共同夙愿。

新祠堂屹立在朗桥宋钦埔,占地面积2000平方米,建筑面积487.76平方米,已投资四十多万元。祠背负巍巍云居,气势磅礴、面临九鲤源头,波光潋滟。蕴名山之气,蓄胜水之华。祠建筑为悬山抬梁穿斗结构,由上下厅二进、天池、左右两廊组成。上厅由正堂和左右两厢房组成,正堂面积120.8平方米。厢房上下两层,上为仓库,下为接待室、娱乐室。正堂中央,晶莹的琉璃神龛中,端坐"安保公"、"毛氏妈"金身塑像,金碧辉煌。公浓眉关公须,雄壮威严;"妈"柳眉樱桃嘴,聪慧慈祥。数百列祖神位牌陈列在神龛两旁,供子孙后裔谒祖、祭祀。长廊、下厅两旁墙壁,嵌墨色大理石碑,刻建祠前言和为建祠慷慨解囊者芳名。石碑上方精心绘画"二十四孝"图,闪烁着文采、智慧和深情。天池中两个花坛,茶花争艳,异草飘香。堂中悬挂当代董氏六位杰出人物匾牌,熠熠生辉,令人肃然起敬。祠坐北朝南,前厅开三个大门。天池周沿、大门坛、上厅前沿均用厚条石埔设,平整、坚固、雅致。中门与旁门间壁及门坛左右两壁,嵌墨色大理石,刻有福禄图、鹿竹图、松鹤图。垂莲、挑梁刻有"凤穿牡丹"、"鹊斗腊梅"、"鸳鸯戏荷"等花鸟图案,刻工精细,形态逼真。祠堂砖木结构,地埔红砖。中间十二对大石柱支撑。石柱及门窗二旁刻十九对楹联,内容新颖,寓意深刻,构思新颖,真是墨宝生辉,妙联集翠,不愧董氏之子孙,尽现名家之风范。

祠堂已具规模,管理也上轨道。然则门前广场荆棘遍地,杂草丛生;堂内椽、梁、柱有待油

漆、装修,设施需要完善。理事会呼吁有识之士、事业有成者及全体宗亲,克裔孙之孝道,尽自身之力,同心合力,把董氏祠堂建成千古不朽、独具特色,集瞻仰、祭祀、游览于一身,高品位、多功能的建筑。(己丑年金秋董玉锁敬录)

2. 重建祠堂立碑前言

董氏宗祠,原名"尚书祠",建于九狮村。现迁址于朗桥宋钦埔,面积2000平方米,2000年竣工。祠背负云居,气势磅礴;面临九鲤,波光潋滟。蕴名山之气概,蓄胜水之精华。"卧虎家声大,陇西世泽长",董氏始祖安保公系湖广(今湖北省)人氏,随其父赐儿公于襄阳县柳桥村十一都定居。元末,安保公随明太祖朱元璋入闽。承君命,调拨兴化府仙游县同安乡兴泰里龙屺院。永乐二年,敕授怀远将军,归朗桥葫芦山立业。祖妣毛氏,葬于东芹山(今新厝村后山),相传妈墓是也。膝下三男,长子孟威原居住亭门里,传今好垅、新厝、铁狮后人氏,次子孟权,其后代分布东坑、葫芦山、坑厝仔,又分居仙游县大济镇乌石安边村,永泰县梧桐镇西林村;三子孟杰,后代林头、顶上尾下上尾、龙溪宫人氏。又分居永泰富泉乡瑞应村、消坑村是也。开宗五百余载,迄今子孙近四千人。人杰地灵,子孙昌盛,人才如星河银汉灿烂。先贤董策、董希旦兄弟双双中举,御赐"双凤齐飞",传为美谈。现全族拥有高、中级技术职称的一百五十多人,成为全族后学之楷模。各行各业,人才辈出。缅怀先祖,再振家声,鞭策后学,乃重修宗祠之目的所在,也为全体宗亲之夙愿。历经四年之久之,宗祠已告竣工。其间得到全族上下鼎力支持,为彰建祠慷慨解囊之宗亲,特立此碑,以作永久之纪念。

仙游县董氏宗祠理理会
2002年4月

3. 祠堂楹联集锦

楹联是文学和书法相结合的一种综合艺术。楹联也是一种抒怀言志、颂扬盛世、描述祖国大好河山的工具。阅读一副好的楹联,不仅会从中得到艺术享受,丰富精神生活,而且通过欣赏,可以得到启迪、激励和鞭策。董氏尚书祠的楹联,无论是书法艺术还是楹联的内容,寓意、构思,甚值鉴赏和品味,特予抄录。

叙述辈分　长幼有序
永行仁义遵宗祖,多读经书绍甲科。
文章道德传家宝,真理和平处世纲。
描述氏族　源远流长
襄扬族衍遵先祖,董父脉传仰哲身。
仲舒伯起炎帝裔,上董下杨血脉联。
概述建祠　义不寻常
董族祠堂重曜日,江都世泽大兴时。
祖庙宗祠欣读史,国邦家族庆长春。
重建祠堂　遴选宝地
宋钦埔秀财丁旺,樵谷山高科甲兴。
云居殿后才人出,朗溪绕前富贵长。
显示人才群星灿烂
仲舒思想千秋耀,必武精神万世扬。

双凤齐飞荣古屋,群龙共舞誉霞园。

卧虎家声千载盛,江都世弟万年香。

董氏子孙遍四海,书香门弟扬五洲。

巧取一字妙括繁衍

东林好狮上新塔,西坑瑞龙下山安。

寄托厚望　展现盛世

忠孝有声天地老,古今无数子孙贤。

族亲互爱如手足,邻里相敬似兄弟。

时逢盛世千家福,天赐吉祥合族康。

林兴叶旺千家福,武伟文兴万代传。

尊贤敬老万年福,爱幼亲临百代春。

万众一心兴祖国,满怀素志建家邦

4.八闽兴泰董氏祠堂祭文

2011年4月5日,农历辛卯年三月初三清明节。八闽兴泰董氏族长率各房房长、裔孙代表,备办果品、三牲、金银纸钱、香烛、礼炮等,祭祀始祖安保公、毛氏妈、工部尚书安义公、一品夫人林氏妈,各房历代祖公妈及塔兜部分公妈,以表裔孙之虔诚与孝心!叩拜,再拜,三拜!

湖北襄阳柳桥十一都麟登赐儿公之子安保公,在明永乐二年(1404年)敕授怀远将军,屯垦兴泰。公披荆斩棘,辛勤创业,为国屡立奇功,为家耀祖荣宗。公生三子,繁衍发展三大房。伯房孟威公,驻扎兴泰要寨亭门里,开科今好垅、新厝、铁狮隔等自然村。仲房孟权公,镇守屯垦葫芦山,开科今葫芦山、东坑、九狮、坑厝仔、仙游大济镇乌石安边村、西苑乡仙山董厝、永泰县梧桐镇西林铁炉下、小溪等自然村。叔房孟杰公,居住下上尾旧厝,拓展霞园平川,开科今下上尾、上美、上董、宝峰、林头、龙溪宫、永泰县富泉乡瑞应、芭蕉肖坑等村。兴泰董氏地灵人杰,开科至今六百余年,人人为国立功,个个为族争光,年年捷报频传,岁岁科甲联芳。已繁衍发展二十个村庄,八百来户人家,五千宗亲,已有大中专以上文凭、中级以上职称、科局长(营级)以上干部、著名企业家等各种人才三百多人。真是群星灿烂,人才辈出,财丁贵并进,福禄寿俱全。

饮水思源,尊宗敬祖,是中华民族的传统美德,举族宗亲应克守法律、尽忠报国,严履族规,遵循家训,宏扬祖德,光大宗功。祖德宗功诚奉祀,子孙后裔绍箕裘。今日聚集祠堂,凭吊先祖英灵,缅怀先祖德丰功,祈求先祖庇佑。兴泰董氏人人奋发有为,敢为人先;家家平安幸福,五世其昌;村村兴旺发达,锦上添花!祝兴泰董氏人才犹如春笋脱颖而出,愿董氏祠堂香火天长地久,越燃越旺!

叩拜,再拜,三拜!

兴泰董氏宗族全体裔孙敬颂
2011年4月5日

5.八闽兴泰董氏家训

先祖安保,征战八闽,功成身退,归隐陇亩。开宗六百余载,地灵人杰,枝繁叶茂,"老吾老以及人之老,幼吾幼以及人之幼"。万事和为贵,居家宜邻里团结,兄弟友爱,夫唱妇随,婆媳和睦,父严子孝,母慈幼贤。仁义乃处世良方,外出勿饮盗泉之水,勿贪意外之财,勿恋风花雪

月。待友宜诚信为本,视为手足,知恩图报。读书为成才之路,纵观族内俊彦,皆倡诗书以至闻达。"读书可以医愚",径唯苦为舟。十年寒窗,终有一跃龙门之时,"卧虎家声大,陇西世泽长"。谨为此训,以勉后人。

"双凤齐飞",更期后学发扬传承。诚如是,则千秋万代,永永匆替。

五、历代英贤

"卧虎家声大,陇西世泽长",自开宗以来,董氏书香不断,人才辈出。董应龙荣登武状元之座,董公安又任明代工部尚书;董策、董希旦兄弟武试双双中举,御赐"双凤齐飞"金匾。现在,全族拥有高级职称的 24 人,中级职称的 100 多人。较有影响的有留美兄妹董建仙、董建薇;大学教授董秋泉、董文忠、董金栋,援外高级工程师董福腾等。

1. 古代名人

董殿余,号愧兼,讳希旦;董殿南,号愧山,讳策。仙游钟山朗桥上尾人。康熙五丙午年(1667 年),兄弟同榜武举人,御赐"双凤齐飞"金匾。

董兆焕,仙游钟山朗桥上尾人,清咸丰五年(1856 年)中举人。

董先,字晋哲,号圩州,仙游钟山朗桥上尾人。清康熙五十二年中举人,已酉年考中江西廉官。

董在庭,俗名典吓,后代尊称东坪公。仙游钟山朗桥林头人,诏赐脯帛。兴泰董氏第十三代传人,传四子十六孙。他个头小,志气大,至今本村老人常给孩子们讲述他的传奇故事,以他的"发愤图强,艰苦奋斗"的精神教育自己的子孙。

2. 劳模及特殊贡献者

董启珠,生于 1932 年 6 月 15 日,仙游钟山鸣和下上尾人,大专毕业,工程师。1950 年考入华东军大福建分校学习,参加土改、五反工作。1952 年调空军第五干校学习,后到空军第八师学习雷达技术,荣获空军创造发明二等奖。1958 年,在东南沿海备战中荣立二等功。1959 年到苏联空军学院学习,1960 年调空军 36 师工作,参加"两弹"试验。在第一次氢弹试验中荣立个人"二等功"、集体"一等功",多次被空军评为技术能手,获证书和奖章。1979 年转业到省广电厅 104 台任台长,1982 年在厅研究所任秘书。

董枝国,生于 1933 年 9 月,仙游县钟山朗桥好垅人。1951 年 3 月入伍,参加抗美援朝,历任志愿军师政治部供给员、连队文书、营部书记、师干部部工作员等职。1953 年参加"金城夏季反击战"。1956 年 6 月入党,并提为师财务科少尉助理员。1960 年晋升中尉,调西藏军区后勤司令部任财务助理员,参加平叛战斗。1962 年 10 月参加中印边界自卫反击战,1963 年晋升上尉军衔,1970 年转业到仙游邮电局。历任局行政办、计财办主任、局企管会委员等职。1993 年 10 月退休。退休后积极参加写作活动,成绩卓著。在建党八十周年征文活动中,撰写"加大反腐败力度,促进电信事业健康发展"获邮电部三等奖,编入《光辉的历程》一书。在纪念抗战胜利 60 周年征文活动中,撰写"扬威篇",被编入《人民的胜利、正义的胜利》一书。在建党 85 周年征文活动中,撰写"扬国威",被收入《永保共产党人先进本色》诗词集。在北京奥运会征文活动中,撰写"青藏铁路赞",收入《时代的强者,为中国加油》红色诗选一书。在《决策者、军旅人物专刊部》征文活动中,撰写"上平康前线"记叙文,获一等奖。在中国文化管

理学会编辑、华夏文艺出版社出版的《中华姓氏名人谱》中,他被收入"董氏当代名人卷"(《中华当代名人谱·董氏当代名人卷》,第84页)。

黄福英,女,生于1954年2月7日,仙游钟山朗桥新厝人,董元钟爱人。1962——1984年先后在仙游县妇联、县计生办、城东乡政府等单位工作,1984年至1991年(退休)在县福利院任院长。在福利院工作期间,民政部曾授予"劳动模范"光荣称号。

董玉钗,女,生于仙游钟山鸣和下上尾,书香门第。1946年仙游师范简师班毕业,1949年仙游师范普师班毕业,解放初期就读于华东军政大学。1949年参加闽中游击队,解放后参加土改、剿匪。后在教育、文化等部门工作,1982年12月离休,享受正科级离休干部待遇。

3. 党、政、军界人士

董庆禄,仙游钟山朗桥林头人,国民党某部少将师长。现在台湾,曾两次回大陆探亲。

董玉洪,1955年12月出生于仙游县钟山镇鸣和村下上尾。1973年毕业于仙游县钟山中学,1982年毕业于厦门大学中文系,获文学学士学位。1997年毕业于厦门大学台湾研究所,获历史硕士学位。现为福建省台湾研究会副秘书长、研究员。

自20世纪80年代中期开始从事台湾研究工作,多次承担全国社会科学"八五"、"九五"规划重点课题及国务院台湾事务办公室、全国台湾研究会重点课题研究任务。著有《回眸台湾十五年》、《透视台湾军队》、《透视台军黑幕》、《民进党执政八年透视》,与人合著有《蒋经国去世后的台湾》、《台湾政治转型》等著作。在海内外学术刊物上发表过近百篇论文,多次参加在香港、澳门、台湾、美国、日本等地召开的台湾问题学术会议,分别被国台办海峡两岸关系研究中心、全国台湾研究会、福建省社会科学院、厦门大学台湾研究院聘请为特约研究员。

张红(随母姓张),女,生于1952年5月25日,仙游钟山鸣和下上尾人,书香门第,研究生,高级记者。1975年毕业于厦门师范学校,毕业后在同安新圩中学任教。1982年毕业于厦门大学,1982年至今任福建日报编辑记者、副处长、处长、常务副总编、报业集团党组成员、社委会委员、中国记协理事、福建省新闻学会常务理事、省妇联执行委员等职,二级教授,荣获国务院特殊津贴专家,全国百佳新闻工作者、省三八红旗手等荣誉称号。

董金栋,仙游钟山朗桥村东坑人。1948年进福州军事大学,毕业后任泉州永宁侦察股长,1959年调任0478部队侦察股长,转业后任漳浦县粮食局局长。

董文楼,仙游钟山朗桥林头村人。大学,研究员,在国家七机部工作。在钱学森直接领导下从事两弹一星研究。1984年晋升为团级干部。转业后任福州市科委主任。

董福相,字扶向。1918年11月18日生,大学,仙游钟山鸣和下上尾人。1932年参加少共,1949年5月从台湾回大陆参加闽中游击队,参加解放厦门。解放后任厦门市中山图书馆负责人,1979年离休,厅级待遇。2005年9月20日去世。

董志亮,生于1969年,仙游钟山朗桥上尾人,中国人民解放军空军某部团政委。现任某部空军副旅长。

董文智,仙游钟山朗桥上尾人,革命烈士。1949年3月参加革命,小学校长。1950年9月30日被匪徒枪杀。

董福星,男,生于1934年5月8日,仙游钟山朗桥新厝村人。1950年参加工作,文化程度大专,经济师。1962年省直机关业余大学毕业,历任省交通学校副校长,省交通厅安监处长、省监理所副主任、省公路局副局长(正处级)等职。1990—1992年被省委省政府评为建设福

厦文明路先进工作者。

董建财,仙游钟山鸣和下上尾人,集美大学毕业。现任厦门市集美区委组织部长、安监局局长等职,处级。

董励华,1959 年 3 月 3 日出生,仙游钟山朗桥好垅人。1989 年毕业于省委党校,毕业后在仙游县委宣传部工作。1991 年调莆田市委组织部工作,2001 年 3 月调涵江区任区委常委、组织部部长。2010 年 3 月始任莆田市委组织部副部长。

董文同,仙游钟山朗桥林头人。在西宁医院工作到退休,处级干部。

董金锁,仙游钟山朗桥上尾人,南京某医院院长。

董启荣,又名陈长荣,仙游大济镇乌石安边人,莆田市粮食局局长。

董文献,别名董武庭,生于 1910 年 3 月初 4,卒于 1952 年 9 月 17 日。仙游县钟山镇朗桥村东坑人。曾参加国民党戴荣祥部队收复被日本侵占的福建平潭岛。后在永春、龙岩、同安等县任国民党自卫队中队长、大队长、团长和仙游县鲤湖乡乡长等职。

董玉鑽,别名董玉章。生于 1915 年卒于 1952 年,仙游县钟山镇鸣和村下上尾人。曾参加国民党军队,任过东南训练班海上保安大队中校大队长。

4. 科技、教育界人士

董文忠,生于 1936 年 3 月 8 日,仙游钟山朗桥新厝村人。1956—1960 年在华东纺织工学院机械工程系学习,毕业后分配到郑州纺织工学院(现为中原工学院)从事教学及研究工作。是河南省纺织厅纺织系统教师职务系列职称评审委员会委员,河南省高教系统第三届自然科学论文、论著评审委员会委员,河南省高等学校教师高级职务评审委员会委员。1973—1981 年担任纺织工业部自动络筒设计及 HGI 型自动穿经机研制工作,获轻工部科技成果二等奖、国家发明奖四等奖。1992 年获国务院“政府特殊津贴”。1982—1987 年任教务处处长、系主任,1997 年至今任校教学质量评估、监督专家组组长。1993 年获河南省教委师资培训先进工作者和院优秀共产党员。

董福腾,生于 1930 年 11 月 17 日,仙游钟山鸣和下上尾人。1949 年 6 月参加闽中游击队,是县第一届人民代表。1956 年毕业于浙江大学土木工程系,毕业后在冶金部北京有色冶金设计总院工作。1984 年调国家计委中国国际工程咨询公司,任副处长、高级工程师。1988—1990 派驻美国任总工程师。1994—2003 年任外资房地产公司总经理,被厦门、福州一些设计院聘为副院长、副总工程师,被监理公司聘为总经理。一生中为国内和国际大型、中型工业与民用建筑作数十项工程设计。

谢真真,女,1938 年 11 月工 7 日出生,厦门人,董福腾的爱人。中专,在冶金部北京有色冶金设计总院工作,高级工程师。

董庆堂,生于 1937 年 8 月 15 日,仙游钟山朗桥上尾下厝人。中共党员,高级工程师(应聘为研究员)。1960 年在厦门大学生物系海洋生物专业就读,1962 年 8 月在中国科学院华东分院海洋研究所工作。1964 年 9 月始在国家海洋局第三海洋研究所工作至退休,任研究室副主任(处级)及特种水产品养殖总工程师。1982 年始,曾兼任日本、台湾(在大陆创办的鳗鱼养殖公司)及菲律宾国际水产养殖中心(出国应聘)和国内几十个大型鳗鱼、甲鱼、高档鱼虾养殖场(公司)高级技术顾问,为养殖场创了较高的经济效益。

经过 20 多年的研究与实践,编著由厦门大学出版社出版的国内首册《实用养鳗技术》一

书,填补了国内养鳗书刊的空白;编著由北京海洋出版社出版的有《特种淡水鱼类养殖》及《浮游生态研究法》(日译中)是,共三册专著。申请专利有欧洲鳗"狂游停",日本鳗"鳃肾炎"和鳗呆"僵鳗促长素"三项专利技术。在有关刊物上发表文章10多篇,部分论文分别被编入《中国实用科技成果大辞典》、《中国专家辞典》、《世界名人辞典》、《世界专利技术精选》等。

不懈的追求和探索,赢得了荣誉,被评为省水利系统先进工作者和研究所(地市级)先进工作者、积极分子等称号,并荣立三等功。2009年10月,应邀参加国庆六十周年大典观礼活动。

董耀富,生于1964年6月25日,仙游钟山朗桥新厝人。研究生,高级工程师,福州市"五一"奖章获得者,全国保温容器委员会先进个人。历任福州保温新厂厂长,福州万顺达保温容器有限公司董事长、总经理,福州轻工房地产开发公司总经理、福州市节能中心主任。福州市企业与企业家联合会总工程师协会硅酸盐协会理事、福州市节能协会秘书长等职。

董秋泉,生于1934年10月,仙游钟山鸣和下上尾人。1958年毕业于西北工业大学,任西北大学副教授。

董兆驹,生于1936年,仙游钟山鸣和下上尾人。福州财经干部学院教授。

董金荣,生于1957年,仙游钟山鸣和九狮人,大学,福建省设计院研究员。

董金栋,仙游钟山鸣和九狮人,上海交通大学教授。

董晓阳,仙游钟山鸣和下上尾人,毕业于上海复旦大学。后考入上海同济大学获硕士研究生,现留学美国兼任北京网络公司经理。

董静怡,女,仙游钟山鸣和下上尾人。毕业于厦门大学,硕士研究生,国家公务员,在福州工商联工作。

董建基,仙游钟山下上尾人,福州大学毕业,硕士研究生。在福州港务局工作。

董启国,仙游钟山鸣和下上尾人。福州大学无线电专业毕业,高级工程师。

董建先,仙游钟山鸣和下上尾人,厦门大学物理系毕业,留美硕士,高级电脑工程师。

董建薇,女,仙游钟山鸣和下上尾人。苏州城乡规划院毕业,硕士,留美,高级电脑工程师。

董建松,仙游钟山鸣和下上尾人,福州大学路桥专业毕业,高级工程师。

董建晓,仙游钟山鸣和下上尾人,福州大学电气专业毕业,高级工程师。

董建楠,女,仙游钟山鸣和下上尾人,福州大学建筑系毕业,高级建筑工程师及高级监理工程师,福州市规划主任工程师,教授级高级工程师。

董寿富,生于1953年11月13日,仙游钟山朗桥上尾人,中师毕业,中学高级教师。1992年6月以来,被评为"莆田市中小学优秀教师"、"省中小学实验室工作先进工作者"、"省第三届科技教育工作优秀辅导员"、"省青少年科技教育突出贡献者"、"省优秀农村教师"。他指导学生作品《粉笔擦粉尘净化器》获省发明创造比赛三等奖,制作教具《液(气)压刹车原理说明器》获省一等奖,全国教具制作三等奖,获教育部表彰。论文《农村中小学开展科技教育活动的思路和做法》,获省一等奖、全国二等奖。

董燕青,女,生于1983年9月25日,永泰富泉乡瑞应村人,福大毕业,硕士研究生。

董伟高,生于1964年7月5日,仙游钟山朗桥林头人,大学,中学高级教师,福州市第三十九中学总务处主任。

董丽仙,女,生于 1965 年 4 月 18 日,仙游钟山朗桥林头人,大学,中学高级教师,福州市第三十四中学教研组长。

董庆云,生于 1930 年 10 月 12 日,仙游钟山朗桥东坑人,中学高级教师。在莆田渠桥中学任教至退休。

董志军,仙游钟山鸣和下上尾人,毕业于福师大,硕士研究生。

董志勇,仙游钟山鸣和下上尾人,毕业于广西医科大学,硕士研究生。

董宗宝,生于 1961 年 11 月 9 日,仙游钟山朗桥上尾人,大学,中学高级教师,中共党员,校工会主席。曾获莆田市"工会优秀干部"和仙游县"优秀教师"称号。

董宇康,生于 1968 年 5 月 1 日,仙游钟山朗桥上尾人,大学,高级中学教师。

董智成,生于 1965 年,仙游钟山朗桥上尾人,毕业于福建师大化学系,中学高级教师。

董玉鹏,仙游钟山鸣和下上尾人,毕业于健康报振兴中医刊授学院,福建中医院临床医学证书班。被世界中医药科技学院授予科学院博士,香港国际皇家社会科学院院士;被全国著名特色医疗专家鉴定委员会授予全国著名特色医疗专家,被教育部欧美同学基金会授予"国际医药大师",中国医师组委会审核为中国特色内科医师。

董元茂,字遵文,生于 1892 年 8 月 16 日,卒于 1963 年 10 月 10 日,仙游钟山鸣和下上尾人。中医师,医术高明,医德高尚,在家乡享有盛名,特别对中医眼科有深入的研究和建树。

董劲松,生于 1967 年 10 月 30 日,仙游钟山鸣和下上尾人,1992 年毕业于北京大学国际经济专业。后又在中国对外经济贸易大学学习国际贸易硕士研究生,原在北京中国华人集团兴隆公司工作,现在深圳长城证券公司任投资银行实业部副总经理。

潭建光,女,生于 1955 年 4 月 20 日,钟山鸣和下上尾董启农之妻。厦门大学化学系实验师,2004 年获福建省科技二等奖,国家教育部科技二等奖。

董志岩,生于 1965 年,仙游钟山朗桥宝峰人。1987 年毕业于福建农学院,研究员。现在福建农科院任职。

董坤勤,生于 1952 年 1 月,永泰梧桐西林村人,1981 年 7 月毕业于福建卫生学校。毕业后再就读中国医科大学,中央党校。先后在永泰乡镇及县卫生局工作,1994 年 6 月任永泰县组织部办公室主任。2001 年 11 月至今,任永泰县食品、药品监督局党组书记、局长。

5. 经济界人士

董启农,生于 1948 年 6 月 12 日,仙游钟山鸣和下上尾人。大学,厦门华农食品有限公司董事长兼总经理。著名蜗牛专家,创立中国蜗牛养殖加工事业。主持制定蜗牛食品加工生产,国家标准和检验方法。《新华社》、《人民日报》,中央电视台多次报道。曾受万里、李鹏、田纪云、习近平等党和国家领导人接见。田纪云副总理为其题词"蜗牛之歌"。

董国富,生于 1965 年,仙游钟山朗桥林头人,硕士研究生,董事长。1987 年毕业于福建师范大学外文系,获文学学士学位。1990 年毕业于复旦大学法律系,获第二个学士学位。后任大型国有企业(中国商业外贸总公司)及美国跨国公司(西苑证券)的高级管理职务。

董炳扬,仙游钟山朗桥林头人。多年来,苦心经营食品蛋糕。他做的十二生肖蛋糕,形象逼真,精美,在上海、江苏等地享有盛誉,深受消费者欢迎。经济效益甚好,规模越做越大。

董敬舒,生于 1934 年,永泰富泉乡芭蕉铁坑人。曾任福州市水泵厂党委书记、厂长等职。

董代平,生于 1970 年 2 月 4 日,永泰县富泉乡芭蕉村肖坑人。土建高级工程师,工程造价师、工程建造师。1988 年之前从事细木家装工作。1989 年至今就职于福建省永富建筑公司,任副总经理。

2006 年投资入股江西宝源纺织厂。2009 年成立山东超然房地产有限公司,任副董事长。1995 年开始在福州、长乐、南京军区承包大量重要工程。他工作严肃认真,一丝不苟、吃苦耐劳,富有责任心和正义感,讲究信用,深受客户信赖,是福州永泰著名企业家。

董宗全,永泰梧桐镇西林村铁炉下人,创办《永泰三联服装厂》、《永泰城兴服装厂》,已成为永泰县出名的企业家。

董志辉,仙游钟山鸣和下上尾人,毕业于福建工学院。现任福州海皇建筑装饰工程有限公司经理。

董季良,生于 1968 年 3 月 2 日,仙游钟山朗桥新厝人,硕士研究生,工程师,总经理。

1986—1990 年在西安科技工程学院学习,1993 年北京服装学院硕士研究生毕业。毕业后在国家技术监督局北京纤维检验局任工程师。现任北京《宠物世界》杂志社总经理兼总发行人。

董玉锁,生于 1943 年 7 月 3 日,仙游钟山朗桥林头人,中专、政工师。1962 年 6 月仙游一中高中毕业,同年 6 月始在部队服兵役,1968 年 9 月复员后在县革委会"三零办"工作。1970 年始在福州军区生产建设兵团二师任排长、师管理科书记、师"一打三反"办干事等职。1973 年 1 月调福建省度峰糖厂工作至退休。历任厂政工科组织干事、办公室副主任、厂团委书记、厂工会副主席、主席等职。

在度峰糖厂工作期间,先后参加莆田地委党校选青干部培训班、省轻工系统厦门杏林企业管理干部培训班、省轻工系统首届政工干部培训班结业、省总干校《工会建议》中专班毕业。参加省第七届、莆田市首届、第二届、仙游县第九至十三届工代会、县总工会第九、十届委员、经审委员,多次被省、市、县评为"先进工会工作者"。

吴晓燕,女,1968 年 12 月出生,钟山朗桥上尾董智成之妻。1989 年毕业于省青工技校,2004 年省委党校毕业,现任省青山纸业股份有限公司碱回收厂工会主席。

董玉佩,女,生于仙游钟山鸣和下上尾,书香门第。1960 年毕业于厦门集美轻工业学校,工程师。曾获漳州市科技进步奖,市先进工作者、市劳动模范等荣誉称号,市妇代会代表、市人大代表。1982 年任漳州市漂染厂副厂长,致 1994 年退休。

6. 艺术界人士

董天石,生于 1931 年,仙游钟山朗桥上尾下厝人。先后任仙游县榜头镇、鲤城镇武装部长、党委副书记等职。自幼酷爱毛笔书法,退休后更是悉心钻研各种书法,成果卓著。自1997 年始,其作品多次参加国内外精品大展赛,获金奖四次、一等奖一次。作品被编入《世界书画家全名录》、《海内外书画家精品集》和《纪念毛泽东诞辰 110 周年名家书画作品集》。现是香港世界著名艺术家联合会国际委员、中原书法研究院高级书画师。经全国书画家职称和资格认定委员会综合评选和认证为"国家一级美术书法师"。

董瑞桂,生于 1935 年 10 月,仙游县钟山朗桥葫芦山人。在仙游糖厂工作至退休。国家一级美术师,中国国际书画家协会会员、北京东方书画家协会会员、中原画院高级院士,作品

在国内外大展赛中获"金奖二次""特别金奖一次",并荣获"优秀老年书画家""跨世纪艺术老人"等荣誉称号,作品编入《中国牡丹书画集》、《世界书画家铭录》、《全国民间工艺美术书法集》等多部辞书。2008年被国际汉学研究会授予"文艺大师",2009年5月被中国艺术家交流协会推选为终身名誉主席。

本族系历代董氏进士名录

朝代	科　榜	姓名	字号	乡籍	附　注
清	大康熙五丙午年(1667)	董殿余	愧兼	仙游钟山朗桥	诸科兄弟同榜武举人,
清	大康熙五丙午年(1667)	董殿南	愧山	仙游钟山朗桥	御赐"双凤齐飞"金匾
清	康熙五十二年中举人	董先		仙游钟山朗桥	

国民政府将领名表

姓名	籍贯	军衔
董庆禄	仙游钟山朗桥林头	国民党某部少将师长

中华人民共和国成立后曾任副县(处)级以上职务名表

姓名	出生年月	原籍	毕业院校(或文化程度)	任职时间	曾任职务
董建财		仙游钟山鸣和	大学		厦门市集美区委组织部长、安监局局长等职,处级。
董励华	1959年3月3日	仙游钟山朗桥好垅		2010.3	莆田市委组织部副部长
董福腾	1930年11月17日	仙游钟山鸣和		1984	国家计委中国国际工程咨询公司,任副处长、高级工程师
董福星	1934年5月8日	仙游钟山朗桥新厝			省公路局副局长

硕士名表

姓名	性别	籍贯	工作单位	授予单位
董国富	男	仙游钟山朗桥	中国矿业外贸公司	复旦大学
董晓阳		仙游钟山鸣和	北京网络公司经理	同济大学
董建基	女	仙游钟山鸣和	福州港务局	福州大学
董静怡	女	仙游钟山鸣和	福州工商联	厦门大学
董燕青	女	永泰富泉瑞应		福州大学

教授、副教授、高级讲师、研究员、副研究员表

姓名	性别	出生年月	籍贯	最后毕业学校	工作单位	职称	职务
董玉洪		1955年12月	仙游县钟山镇	厦门大学	福建省台湾研究会副秘书长	研究员	副秘书长
董庆堂		1937年8月5日	仙游钟山朗桥			高级工程师	
董秋泉		1936年10月	仙游钟山鸣和	西北工业大学	西北工业大学	副教授	
董兆驹		1936年	钟山鸣和		福州财经干部学院	教授	
董金栋			钟山鸣和		上海交通大学	教授	
董啟国			钟山鸣和		福州大学	高级工程师硕士	
董建先			钟山鸣和		厦门大学	高级工程师硕士	
董建薇	女				苏州城乡规划院	高级工程师硕士	
董建松					福州大学	高级工程师	
董建晓					福州大学		
董建楠	女				福州大学	高级工程师（教授级）	
董寿富		1953年11月13日	钟山朗桥			高级教师	
董丽仙	女		钟山朗桥林头			高级教师	
董庆云			钟山东坑			高级教师	
董宇康			钟山朗桥上尾			高级教师	
董智成		1965年	钟山朗桥上尾			高级教师	
董玉鹏			钟山鸣和			国际医药大师	

第三节　龙岩（新罗区）玉宝董氏

　　距龙岩市区城东2公里的翠屏山麓，有一处喀斯特溶洞。此洞因岩纹似龙而得名"龙岩洞"，龙岩市名由此而来。是全国唯一一个以"龙"字命名的地级市。晋太康三年（282年）置新罗县，属晋安郡。唐开元二十四年（736年）置汀州，领原新罗地区分置的长汀、黄连、什罗3县。天宝元年（742年）汀州改为临汀郡，什罗（新罗）县改名龙岩县。现今的龙岩市由古龙岩州和建国后来属的部分古汀州辖地组成，是一块历史悠久、文化厚重的土地。它是福建省最重要的三条大江——闽江、九龙江、汀江的发源地。这里曾经是远古时代"古闽人"的天堂，是

"闽越人"的祖籍地和"南海国"的国都所在地及其中心区域,是河洛人的祖居地之一,也是享誉海内外的客家聚居地。河洛文化、客家文化和土著文化在这里相互融合,竞放异彩,深深地吸引了张九龄、李纲、朱熹、王阳明、宋慈、文天祥、徐霞客、纪晓岚等著名历史文化名人,孕育了"岭南画派"的鼻祖上官周、"扬州八怪"的黄慎、华喦等一批名震海内外的闽西籍文化艺术的一代宗师。他们登台临风的吟咏,泼墨挥洒的流云,忧国忧民的慨叹,使得闽西历史文化的浩卷更加璀璨辉煌。

一、历史迁徙

董氏人岩者,据《龙岩县志》记载,始于元末至明初,董万一郎公开基于龙岩董邦村。历史上,汉人第三次入闽并迁居龙岩,高潮是在南宋高宗南渡(1161年)前后,大批汉人入岩。南宋末年,文天祥自剑州(今南平)入岩组织抗元,以郭铉、郭炼为左右先锋,并垒石为城,号曰铜城(今江山铜钵)。经元兵蹂躏残杀,元朝初,龙岩人口大减、田园荒芜。到元至正年间,汉人第四次大批迁岩落居,才得以恢复。

据同治五年玉宝董氏族谱记载:董万一郎公起自延平府沙县石鼻头宁家营,移居漳州府龙岩县董邦。营建宅宇、坟墓犹存。因透大路,兵寇蜂起,人民遭伤,白屋冷落,古路生茅。此时此境无时休息,不得又迁入易婆村而居焉。

祖德垂佑,分处异地,拆籍开图,散居横坑、坑源、谢家邦、漳平、宁洋、安溪、南靖梅林、永安小淘、大田、建宁,复居延平沙县。其诸府诸县,俱有所居。

二、世行昭穆

因族众散居各处,以致字辈无定。今自十七世后,预取五行相生字派,十世载明谱内。各宜历代相传,吩咐子孙昭字取名,字辈如下:

圻 钦 清 朴 焕 基 钜 永 相 辉

此谱定三年或五年,兄弟叔侄务宜齐集易婆村始祖处。

三、简明世系

(一)前代世系

开基祖董万一郎公娶妻张氏,生有三子,长子万二郎、次子万三郎、三子万四郎。后又续娶曾氏,生有一子万五郎。公、母俱葬在董邦围墙内,坟墓三穴呈品字形穴位。其后代万二郎娶妻林氏,生有三子,长子四三郎、次子四四郎、三子四五郎(迁居待考)。万三郎公娶妻邓氏,生有二子,长子七三郎、次子七四郎(迁居待考)。万四郎公娶妻王氏,生有四子,长子九一郎、次子九二郎、三子九三郎、四子九四郎,都迁移回延平府(今南平市延平区及沙县一带)居住。董万五郎公居住董邦村,高祖董万五郎公是万一郎公之四子,娶妻饶氏,生有三子,长子胜辉,移居浙江(温州、台洲地区);次子胜荣移居龙岩岩山乡玉宝村;三子胜宗,移居江苏南京。玉

宝一世开基祖董胜荣(呈泉机公),乃万五郎公之次子,明朝初年迁居玉宝村,生有二子:长子成德、次子成惠(迁居南靖梅林镇寨头村)。二世祖董成德公(字俊甫),乃胜荣公之长子,娶正房尤李氏,生有六子:长子祖聪(迁居雁石云坪)、次子祖和(居玉宝)、三子祖善(迁居岩山芹园)、四子祖禄(迁居浙江杭州苦竹)、五子祖达(居玉宝)、六子祖寿(迁居铁山谢家邦)。明朝中期,次子祖和同父成德公(俊甫)解银去福州海南山,未回龙岩。

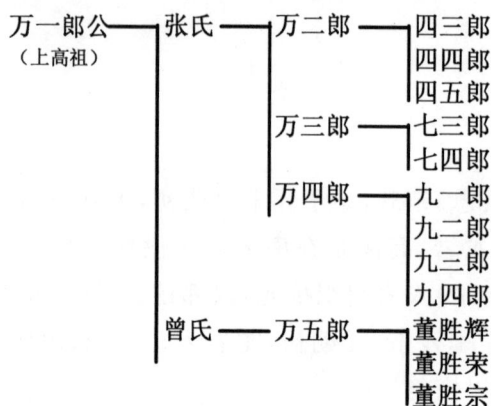

```
万一郎公 ── 张氏 ── 万二郎 ── 四三郎
(上高祖)                      四四郎
                              四五郎
                   万三郎 ── 七三郎
                              七四郎
                   万四郎 ── 九一郎
                              九二郎
                              九三郎
                              九四郎
            曾氏 ── 万五郎 ── 董胜辉
                              董胜荣
                              董胜宗
```

(二)龙岩新罗区岩山乡玉宝董氏

龙岩新罗区岩山乡玉宝村位于红尖山山间,距城区 38 公里,平均海拔 960 米,全村 143户人家。山多林密,终年云遮雾罩,玉宝村如一位天生丽质的村姑,静静地伫立在红尖山的密林间。近年来,玉宝村引进了波尔山羊、台湾高山茶、水蜜桃、玉宝鸡四大生态农业产业,对村庄进行粉刷整修。村庄灰瓦白墙,房前屋后遍种山茶花,一条小河从村边淌过,形成了一副"三月桃花竞相开、四月杜鹃别样红、六月杨梅煞诱人"的"世外桃源"景象。

【世系图一（1世—12世）】

1世	2世	3世	4世	5世	6世	7世

- 董胜荣 — 董成德、董成惠
  - 3世 祖聪（一房迁雁石横坑）
    - 保存、陈保 — 宗仔 — 宗长 — 崇庆、崇广、崇玉、崇亨
    - 4世 祖和（二房居玉宝）
      - 宗敬 — 永直 — 本宏 — 廷安
      - 宗宁 — 永积 — 本尊 — 廷芳
        - 本憐 — 廷俊
        - 本郁 — 道全、道志、天真、王信
        - 四仔
      - 本富 — 广文、XX、朝居、常志
      - 六仔 — 常志
  - 祖善（三房迁岩山芹元）— 汝敬 — 廷凤 — 永辉
  - 祖禄（四房）
  - 祖达（五房居玉宝）（迁居南靖梅林镇磜头村）
    - 国安、国清
      - 惟享 — 廷钦、廷海
      - 惟修 — 常兴、常宝 — 显良、显让、万荣
      - 惟兴（迁居永安小淘）— 常旭 — 廷春、廷深
      - 常用 — 秀林
  - 祖寿（六房迁铁山谢家邦）— 宗伯 — 永芳 — 本源 — 秀林

【世系图二（7世—12世，右上）】

7世	8世	9世	10世	11世	12世

- 崇庆 — 惟恭、惟敬、惟厚、惟俊、六苟
  - 广忠、广忑、广弦 — 元科、元会、元魁、元华、元富、元贵 — 应明、应时、应辉、应耀 — 在恭、在敬、在仁
- 崇亨 — 惟兴（迁居永安小淘湖口）
- 廷安 — 广宁、广通、广轩
  - 西江 — 王重
  - 西洋 — 王贵、王显
    - 尚华、乾佑 — 而友、而佳、而志、而庆
    - 文英 — 而海
- 廷芳 — 朝仁、朝逸
  - 道彪、道祥、道显、道贵 — 王深、王宽
    - 秀山 — 逸吴、逸堂、逸田、逸容
    - 秀林 — 吴养 — 应鸾、应凤、英瑞、应隆
    - 荣富 — 应任、应传、应阳
- 廷俊 — 显志、广玉、朝玄、朝富、朝宜
  - 道明、仕兴 — 王球、六二、六三、三仔、王举
    - 荣贵 — 应敏、逸云、瑞云、珍云
    - 秀吴、秀乾 — 淑月、君明、玉彬
    - 奇兴
- 广文 — 道隐 — 王泰、王椿、七三、王富、王模、四八
  - 松生、松春 — 源仔、福泉、福有
  - 道相 — 承显
- 常志 — 文罕、文岳
  - 道仁 — 王拓、君安、XX、XX
  - 道华 — 伍仔、六仔 — 继洋、怀洋、赞洋、新洋、盈武
- 秀林 — 儒珍 — 法养 — 六仔 — XX、XX
- 秀林 — 儒珍 — 法养 — 近田 — XX、XX — 盈华

（六世本尊公后裔）

12世	13世	14世	15世	16世	17世	18世

- 而友 — 岩仔、振音、依水
  - 梅姑、柳姑（过继汉裔）
    - 元湛 — 荣端 — 朝柏、朝癸（继承与元暖一半）
    - 元暖 — 荣端（承接一半）— 朝富
    - 元香 — 荣瑞 — 朝柏、朝金、朝纯 — 书团、书碧、书英、书富
  - 汉裔 — 柳姑（承接）
    - 元添、元顺、元坟、元栋
      - 廷桃 — 朝北 — 书长
      - 廷佑、廷村

（六世本憐公后裔）

- 逸堂 — 允赞 — 殿美 — 佑官 — 承孙
- 逸田 — 呵兴 — 殿升 — 添官 — 灏姬
- 逸容 — 仁华 — 应仪、应龙、应起 — 绍芳 — 使、玩使 — 世永、世远
  - 仁韬 — 应官、天铸、元姑、庚官

18世	19世	20世	21世	22世

- 书碧 — 水清 — 福荣 — 杰文
- 书长 — 水发 — 林庭、林星、林雁、林凤、林汉、林富、林柏 — 雪松、锦洪、锦熠
  - 水海 — 榕容

17世	18世	19世	20世	21世

- 天光、天福 — 烈金 — 举千
  - 孟煌 — 永东、永才、宗桂、永木、永松
  - 孟昌 — 永焦、长盛、鸿炎

【世系图三（21世—25世，右下）】

21世	22世	23世	24世	25世

- 永东 — 惠新、惠华 — 佳兴、炎宾、锦城 — 笑汝、笑萍
- 永才 — 景中 — 瑞红、瑞艳 — 祎桓
  - 景林 — 瑞琴、瑞芬 — 董邱铮
- 永焦 — 景之、景杉 — 天河、天国 — 文彬
  - 天龙（入赘铁山外洋）— 新
  - 天芳 — 月
- 长盛 — 永炎 — 海渊 — 淑芳、淑莹、雪峰、雪仁、广泗、玉泗
- 鸿炎 — 福川、福东 — 海金
  - 海明 — 庭光、奕林
  - 海荣 — 意新

12世	13世	14世	15世	16世	17世	18世
应鸾	辉登	良官	荣孙 皇孙 扬孙 开孙	(过次房)		
		次官	皇孙	(承接)		
应凤	白九	良佐	长官 祠官	频达 世旺	世春 世明 X X	
		芳淑	荣田	光祖 茂宗	金华	仕志 仕铭 仕泽 仕达
			荣雄	光族		
君甫 再生 君千 碧厦		进禄	桃使	岳昕	圻梧 圻梁 圻住 圻拱 圻果 圻盛 圻咸 圻催 圻象 圻梅 圻苞 圻松 圻伏 圻荣 圻钫	礼仁 礼村 瑞基
		进候	添使 引使 麟使 戊使 仁使 深使	肇铠 肇椿 肇珠 肇梧 礼登 振辉 品上 朝辉		
应瑞	尔伯 文玉 君伟 日清	仲木 进号	启孙	元礼 元仪 元智	永林 永容 永椿 永清 永淮 永习 永武 永信	庭乔 庭海 庭克 庭勇 庭俊
			镜孙	元惠 元增 元燨		

18世	19世	20世	21世	22世	23世	24世
仕铭	文燕 文山	长发	荣寿	元木	炳林 金水 金洪	
礼仁	文书 文贤	佳堂	金灶	元杉	建明 建富 建强 建华	瑞庭 欢欢 锟燮 文铨 董颖 董梅 婷 嫚
			宗芳	元欣 (配金枝，早亡)	建国 建祥 建成 建标 (金枝配陈友刚)	
礼村	文峰 文彬	庆尧 孝泗 瑞	文溪 文宗	福淡 元辉	剑雷 剑峰	
				元金 元柏	海滨 星鑫	
瑞基	大登	烈标	金星	昌富 苏贵 苏珠 苏芝	清勇	
庭海	大福	清良	丁陵 秋金 (过继一半) 登长	玮 坤 朋 磊 姗 新林 新木		
	大建 大	清恭	丁算 (过继一半)	满贞	玉才 玉成	煊隆 晋红
	大洪	清云	丁明	学东 振彪	斌 瑞	

18世 (应瑞世系)	19世	20世	21世	22世	23世	24世
庭俊	斐章	清中	丁茂	木桂 水森	建周 建金 建平 建龙	新炎 新峰 新华 新国 芳颖 芳雪
		清辉	丁奎	火炎 如清	阳敏 新坤	
		清林	丁村	学荣 学金	建河 建文 建林 建生	晨(女) 杨涛
		清光	丁洪 丁明	学全	艺贞 艺斌 晓明	昊 籽言
				学宗 学银	天金 晓兰 常亮 青兰	佳敏 心怡
				学斌 学文	芳远	芳莉 芳娜
	兴章	清廉 清士	丁才	连潮	建海	龙潘
祖辉	仁寅	烈山 光灶 光义	裕德	景如	燕平 燕玲 秀琴 秀芹 笑凉	思雅 榕隆
				景东	培林 丽红	榕辉
				景南	咪咪 明烨	
清传	裕建 裕海	文湘	元顺 元木	东明 嫦娥 永兴	怡涵 斌 强 京 燕	杰 清 钦涛
				永旺	辉攀	浩然
			元贵 元茂 大姑 二姑	永发 永明 珊景	柏 农 雪梅	欣

12世	13世	14世	15世	16世	17世	18世
应隆 珍云 淑月 君明	惟默 宣德 书直 必禄	进林 进淡 进福	傅孙 添孙 润孙	敬修 敬丰	招东 招西 招南 招时 招榜	祖辉
		进明	浩孙 浩孙 浩孙 (过房承接)	希仁 列金	招琴 招鹁 招鹏 招武	清传
				思晦	招站 招立 招操	

19世	20世	21世	22世	23世	24世
清海	永林	文溪	福淡	千明 (生一女) 千国 (生一女)	
宗玉	学清	永木	锦旺 锦勇	桂铭 艳芳	
		永金	锦才 锦龙		
	学元	永尧	陈升 益丽	睿茜	
		永焕	陈亮 益兰		

上部左表

12世	13世	14世	15世	16世	17世	18世
瑞云	远六 兴其	元士	燕孙	时炳 时熠	佳鋑 佳钦 佳忠 佳吉	经松 经柳 经璋 文鈖
			翼孙	时焕	吉深 吉洙	世雷 世候 世乡 世通
			鸾孙	时灼 时洲 时泫	吉琇 吉珂 吉瑛	观麟 观英 观审 观桅 观焕
					吉瑱	观鏻 观武 观菊 观师 观宪 观廉
				时泗	祈使	文辉 文庭
					使	文泠 文蜜
					香使	文柏（承接）
					芹使	文权 文柏
					保使	文球
					福使	文棕 文彰
				时瀚	科使	文棠 文雀（过房）
					使	文启 文芳
					秩使	文雀
					倍使	文凤
				时滨	杏使 俊使	文金

上部左表（下）

13世	14世	15世	16世	17世
予丈 受禄	乃哲 良德 赞生 贵生 三仔 美士 伍仔	绍川 福仔 禄仔 南仔	作麟 作鹤	世旺 世俊

上部右表

18世	19世	20世	21世	22世	23世	24世
观武	黄生	土根	宗义	庆华 庆金 庆欣	昌龙	
	癸生	国贞	宗旗	英尉	双木	昌宝 昌生
观菊	苍（承接） 青监（承接） 福极（过继）					
观师	青监 青梯 青桓	X　X	文福	翠花	建文 建生	
观宪	苍（过承） 苍桉 苍溥 苍瑞 苍棣	士林	宗传	景元 德欣 月娥	银清 万江 万金 宝清 华清	敏民 敏弘
		士伴	宗仁			
		士城 庆基	宗芳	景华	喜洋 喜川 喜兵	志航
				景和	冰琴 冰梅	陈烨
观廉	福极	犁士	月波	德润	玉美 玉明 玉振 玉泉	彭炜
文辉	活仔 明仔 滔仔 彩仔			德海 德星 德基	玉欣 玉萍 玉庭 玉星	
文庭	天禄 天寿			德祥 德辉	玉樊 玉山	
文泠	天魁 天莹					
文球	天元 天淑 天易					
文棠	肇统 肇国					
文柏	天发 天井 天榴 天锦 天游	昆岗	鸿炎 永壮 启渊 福灶	福川 生扬 生禄 壮根	福东 龙斌 福东	
昆华	大振（与弟一子） 大娇（与兄一子） 大钢 天元 大濯	曰和 曰和				
昆华 （上接大五房祖达公族下）	瑞瑞	曰灶 桂铭	友良 火旺	炎欣 玉林	杰明 金女 秋女	志超

下部左表

18世	19世	20世	21世	22世	23世	24世
经柳	大纪					
世雷	道昌 道盛					
世候	道绵 道傅 道模 道权	佳状	登舒	文学	光敏	金发 金标 金魁
世乡	道昌 道志 道镐				连丁	丽萍 杰峰 玉河
世通	道盛 道益 道贯 道进				连潮	建海 笑玲 笑青
					连周	彬彬 凤峰 泽耀
观麟	荣瞻	大微	宗添	金才	连平	
观英	庆杰 庆翰 庆状 庆梧 应钜				连科 连武	斌端 彩斌
观审	应汤					
观桅	福顺 福地				松清 松渊 松河 松华	晓珍 晓翠 添金 琳
观焕	庆梧					
观鏻	南星 壬星	天峰 彩环	丁地 锦海（配陈笑笑）	必发 建雄 建龙（配陈丽萍）		

下部中右表

15世	16世	17世
云淑	盛光	圻参 圻 圻葵 圻朗 圻木 圻爽
	国器	圻梧 圻桂 圻欣 圻坤
	志柏 美华	圻 圻乐 圻绿 圻泰 圻禧
	逊江	

下部右表

24世	25世	26世
金发	剑芬 剑辉	鸿泉
金标	煜钰	
金魁	铭伟 晓红	
建海	龙潘	

（三）雁石镇云坪董氏大一房支世系

雁石镇位于龙岩市新罗区东北部,明代为铁石乡节惠里雁石社的下恼、鸡鸣、渡头、新炉、大吉、苏邦、半坑、北河、黄田边、神前、梅岩、上恼等村落及九龙乡万安里苏坂社的坂尾。清代至民国初为雁石社、外山前社全境和内江山社、内山前、苏坂社部分区域。民国18年6月至民国20年1月和民国21年4月10日至10月27日,成立外山前区苏维埃政府,辖厦老、陈坑、黄田、上前、云坪乡苏维埃政府。民国18年8月至翌年1月,成立雁石区苏维埃政府,辖河南、河北、长仑等乡。

1949年11月为雁厦区,辖9个村。1953年改称雁石区,1965年后二公社又合并入雁石公社。1984年7月改设雁石镇,镇政府驻地雁石圩,距市区28公里。1997年,辖雁江、赤村等33个村委会,镇政府驻雁江。

雁石镇西北部崇山峻岭,平均海拔810米;雁石溪沿岸地势平坦,平均海拔380米。地理条件优越,镇内矿产资源极其丰富,尤以煤炭、石灰石居多。旅游资源主要有天宫山、龙空洞、莲台山、溪洲板、雁山寺、玉佛殿等处最负盛名,是吸引众多游客的游览胜地。

入岩董氏先祖万一郎公娶妣张氏,生三子,长万二郎、次万三郎、三万四郎。继妣曾氏,生一子,名万五郎。公自延平府沙县石鼻头宁家营移居龙岩县南门外离城十里,地名董邦村居住,建立屋宇一所。上世高祖万五郎公乃万一郎公之四子,娶饶氏,生三子,长胜辉、次胜荣、三胜宗。一世祖考胜荣公字泉机,乃万五郎公之次子,娶妣林氏,生二子,长成德、次成惠。公自龙岩县迁入易婆村居住,创立屋基一所,坐甲向庚辛卯辛酉分金。后人立主奉祀,名其堂曰翼燕堂,即今我族大宗祠。二世祖成德公字俊甫,乃泉机公之长子,娶妣尤氏,生三子,长祖聪、次祖和、三祖善。继妣李氏,生三子,祖禄、祖达、祖寿。三世祖考祖聪公字,乃俊甫公之长子,即横坑(云坪)开基始祖,娶妣蔡氏,生二子,长保存、次陈保。公自易婆村迁迁至于横杭,建置屋基一所,址横坑内后坪,名挂树蛇形,坐寅向申。又建创屋基一所,址横坑内禄存土穴,坐丑向未兼艮坤分金。后人即以此立为大宗祠,名其堂曰树德堂。

本支系的七世祖崇庆公字八郎,乃碧峰公之长子,娶妣范氏,生四子,长惟恭、次惟敬、三惟厚、四惟俊。继妣黄氏,生二子,其中惟兴迁往永安小陶湖口。

1. 云坪大一房宜祖聪支世系

云坪董氏

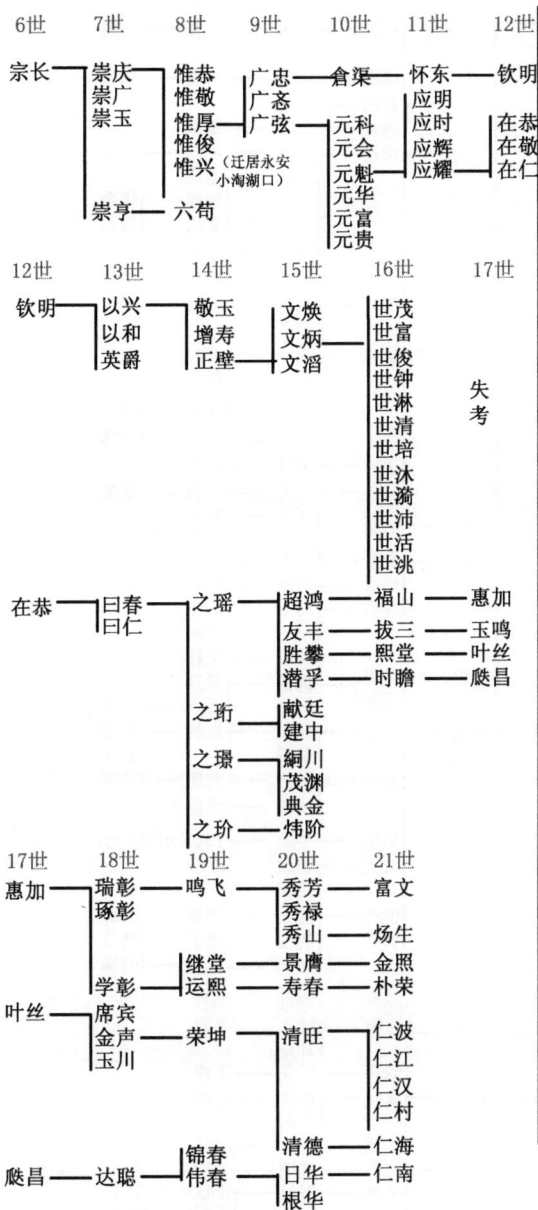

(连夏公之二房行玉公族下)

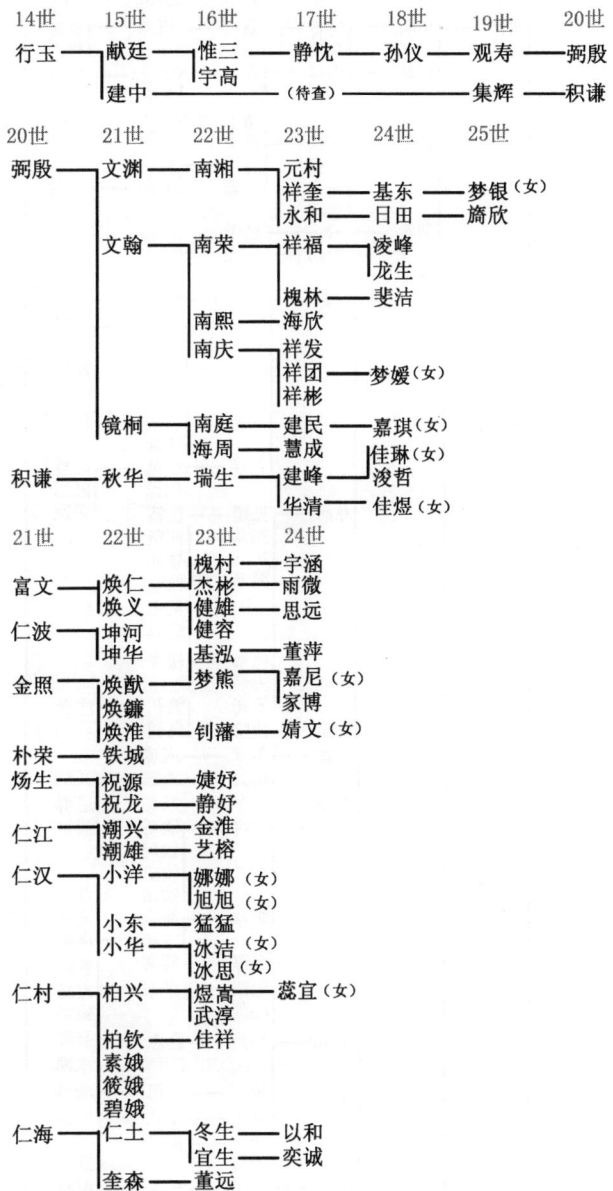

左侧表

6世	7世	8世	9世	10世	11世	12世
宗长	崇庆 崇广 崇玉	惟恭 惟敬 惟厚 惟俊 惟兴	广忠 广恣 广弦	仓渠 （迁居永安 小淘湖口） 元科 元会 元魁 元华 元富 元贵	怀东 应明 应时 应辉 应耀	钦明 在恭 在敬 在仁
	崇亨	六苟				

12世	13世	14世	15世	16世	17世
钦明	以兴 以和 英爵	敬玉 增寿 正壁	文焕 文炳 文滔	世茂 世富 世俊 世钟 世淋 世清 世培 世沐 世漪 世沛 世活 世洮	失考

12世	13世	14世	15世	16世	17世
在恭	曰春 曰仁	之瑶	超鸿 友丰 胜攀 潜孚	福山 拔三 熙堂 时瞻	惠加 玉鸣 叶丝 飚昌
		之珩	献廷 建中		
		之�missing	絧川 茂渊 典金		
		之玠	炜阶		

17世	18世	19世	20世	21世
惠加	瑞彰 琢彰	鸣飞	秀芳 秀禄 秀山	富文 炀生
	学彰	继堂 运照	景膺 寿春	金照 朴荣
叶丝	席宾 金声 玉川	荣坤	清旺	仁波 仁江 仁汉 仁村
			清德	仁海
飚昌	达聪	锦春 伟春	日华 根华	仁南

右侧表

14世	15世	16世	17世	18世	19世	20世
行玉	献廷 宇高	惟三	静忱	孙仪	观寿	弼殷
	建中		（待查）		集辉	积谦

20世	21世	22世	23世	24世	25世
弼殷	文渊	南湘	元村 祥奎 永和	基东 日田	梦银（女） 旖欣
	文翰	南荣	祥福	凌峰 龙生	
			槐林	斐洁	
		南熙	海欣		
		南庆	祥发 祥团 祥彬	梦媛（女）	
	镜桐	南庭	建民	嘉琪（女）	
		海周	慧成	佳琳（女）	
积谦	秋华	瑞生	建峰 华清	浚哲 佳煜（女）	

21世	22世	23世	24世
富文	焕仁 焕义	槐村 杰彬 健雄 健容	宇涵 雨微 思远
仁波		坤河 坤华	基泓 董萍
金照	焕猷 焕鐮 焕淮	梦熊 钊藩	嘉尼（女） 家博 婧文（女）
朴荣	铁城		
炀生	祝源 祝龙	婕妤 静妤	金淮 艺榕
仁江	潮兴 潮雄		
仁汉	小洋	娜娜（女） 旭旭（女）	
	小东 小华	猛猛 冰洁（女） 冰思（女）	
仁村	柏兴	煜嵩 武淳	蕊宜（女）
	柏钦 素娥 筱娥 碧娥	佳祥	
仁海	仁土	冬生 宜生	以和 奕诚
	奎森	董远	

连夏公之三房［秀瞒（文）之大房］

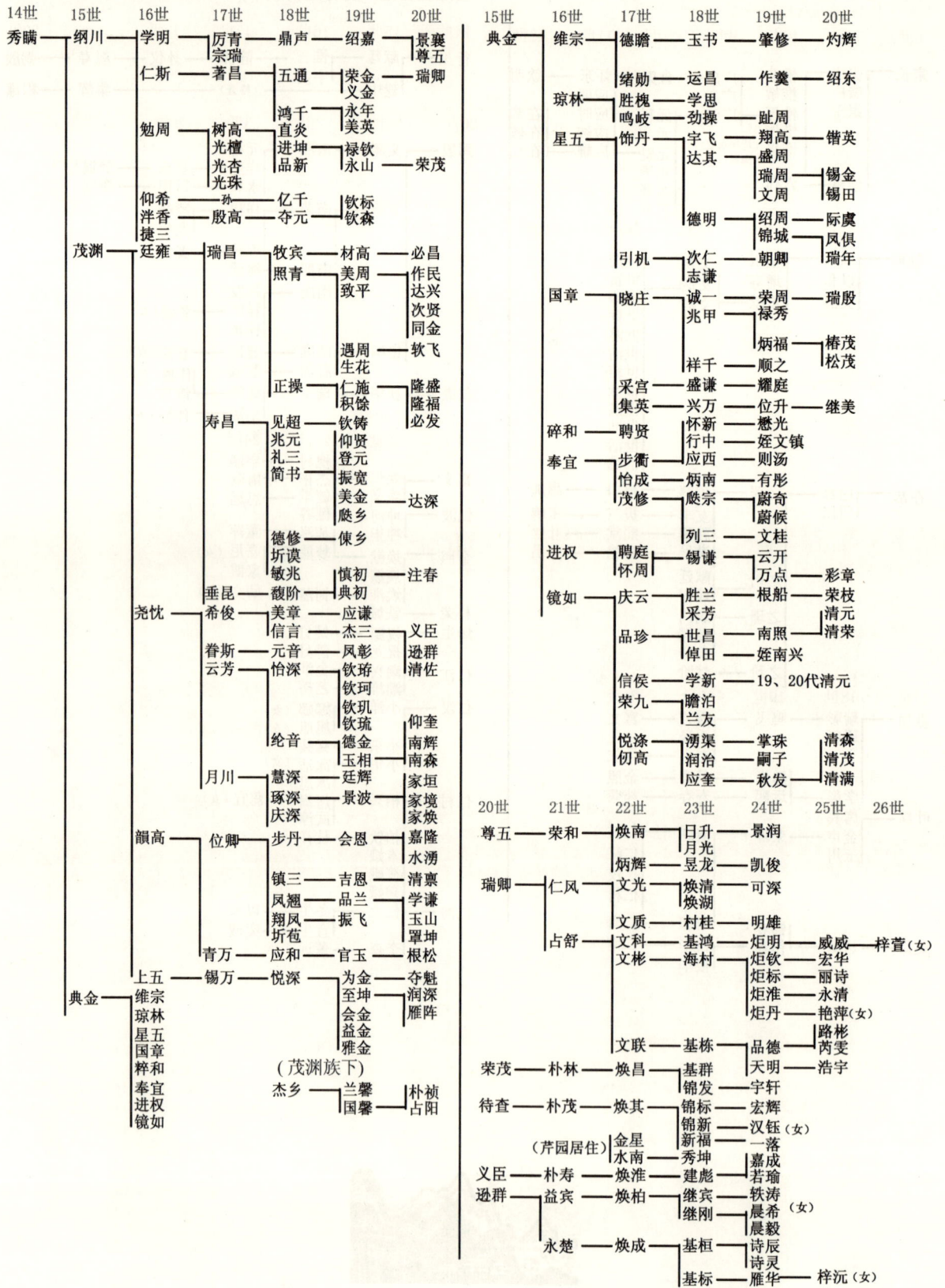

左上表（14世—20世）

14世	15世	16世	17世	18世	19世	20世
秀瞒	纲川	学明	厉青宗瑞	鼎声	绍嘉	景襄尊五
		仁斯	著昌	五通	荣金义金	瑞卿
		勉周	树高光檀光杏光珠	鸿千直炎进坤品新	永年美英禄钦永山	荣茂
		仰希洋香捷三（孙）	亿千殷高	夺元	钦标钦森	
	茂渊	廷雍	瑞昌	牧宾照青	材高美周致平遇周生花	必昌 作民达兴次贤同金 软飞
			正操	仁施积馀	隆盛隆福必发	
			寿昌	见超兆元礼三简书	钦铸仰贤登元振宽美金脮乡 俙乡	达深
				德修圻谟敏兆		
		尧忧	垂昆	馥阶	慎初典初	注春
			希俊	美章信言	应谦杰三	义臣逊群清佐
			眷斯	元音	凤彭	
			云芳	怡深	钦珤钦珂钦玑钦琉	
				纶音	德金玉相	仰奎南辉南森
			月川	慧深琢深庆深	廷辉景波	家垣家境家焕
		韵高	位卿	步丹	会恩	嘉隆水湧
			镇三凤翘翔凤圻苞	吉恩品兰振飞	清禀学谦玉山罦坤	
			青万	应和	官玉	
	典金	上五维宗琼林星五国章粹和奉宜进权镜如	锡万	悦深	为金至坤会金益金雅金	夺魁润深雁阵

（茂渊族下）
杰乡 — 兰馨国馨 — 朴祯占阳

右上表（15世—20世）

15世	16世	17世	18世	19世	20世
典金	维宗	德瞻	玉书	肇修	灼辉
		绪勋	运昌	作羹	绍东
	琼林	胜槐	学思		
		鸣岐	劲操	趾周	
	星五	饰丹	宇飞达其	翔高盛周瑞周文周	错英锡金锡田
		德明	绍周锦城	际虞凤俱	瑞年
		引机	次仁志谦	朝卿	
	国章	晓庄	诚一兆甲	荣周禄秀炳福	瑞殷椿茂松茂
			祥千	顺之	
		采宫	盛谦	耀庭	
		集英	兴万	位升	继美
	粹和	聘贤	怀新行中应西	懋光姪文镇则汤	
	奉宜	步衢	怡成	有彤	
		茂修	炳南脮宗	蔚奇蔚候	
			列三	文桂	
	进权	聘庭怀周	锡谦	云开万点	彩章
	镜如	庆云	胜兰采芳	根船	荣枝清元清荣
		品珍	世昌倬田	南照姪南兴	
		信侯	学新	19、20代清元	
		荣九	瞻泊兰友		
		悦涤仞高应奎	湧渠润治	掌珠嗣子秋发	清森清茂清满

右下表（20世—26世）

20世	21世	22世	23世	24世	25世	26世
尊五	荣和	焕南	日升月光	景润		
		炳辉	昱龙	凯俊		
瑞卿	仁风	文光	焕清焕湖	可深		
		文质	村桂	明雄		
	占舒	文科	基鸿	炬明	威威	梓萱（女）
		文彬	海村	炬钦	宏华	
				炬标	丽诗	
				炬淮	永清	
				炬丹	艳萍（女）	
		文联	基栋	品德	路彬芮雯	
荣茂	朴林	焕昌	基群锦发	天明宇轩	浩宇	
待查	朴茂	焕其	锦标锦新新福	宏辉汉钰（女）一落		
	（芹园居住）	金星水南	秀坤	嘉成若瑜		
义臣	朴寿	焕淮	建彪			
逊群	益宾	焕柏	继宾继刚	轶涛晨希（女）晨毅		
	永楚	焕成	基桓	诗辰诗灵		
			基标	雁华	梓沅（女）	

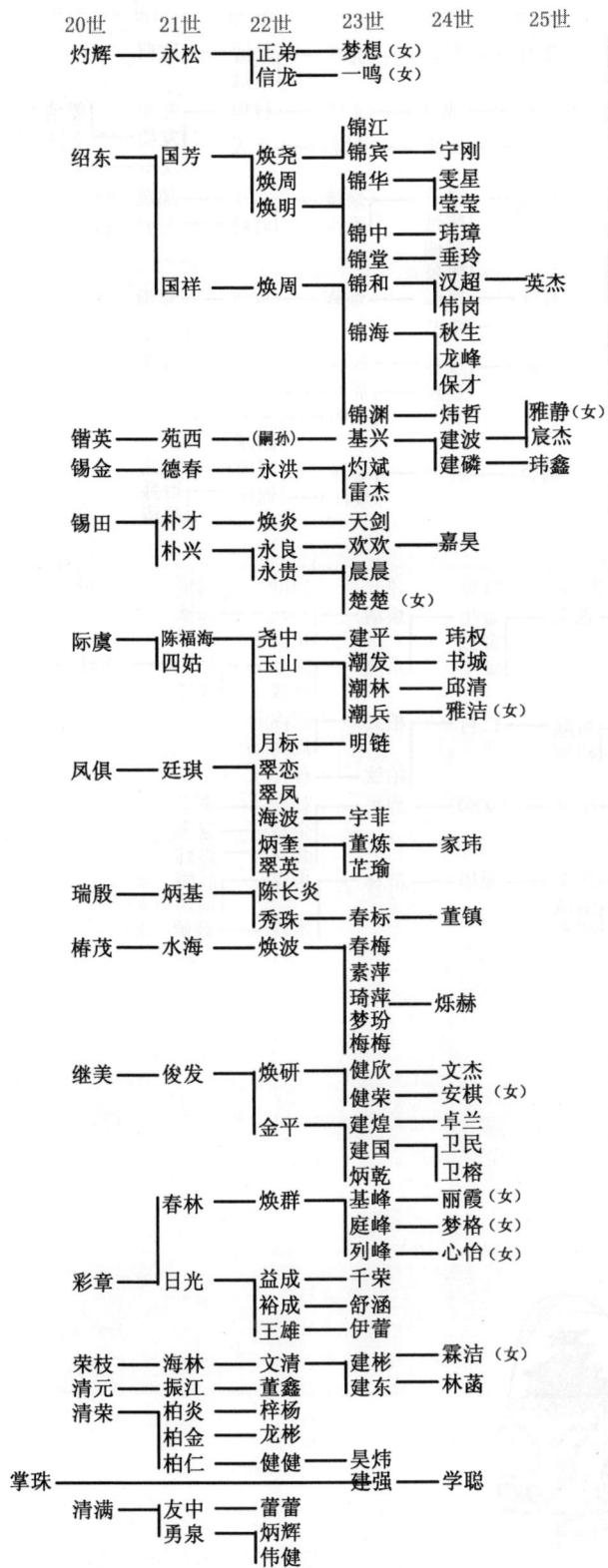

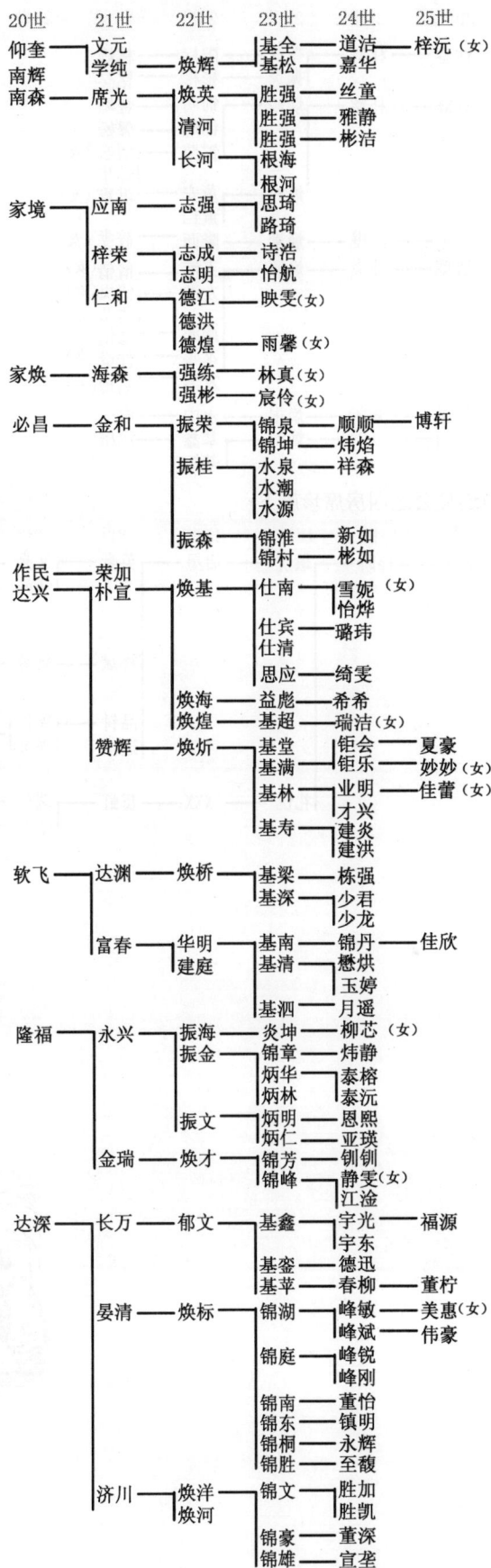

20世	21世	22世	23世	24世	25世
灼辉	永松	正弟	梦想（女）		
		信龙	一鸣（女）		
绍东	国芳	焕尧	锦江		
			锦宾	宁刚	
		焕周			
		焕明	锦华	雯星	
				莹莹	
			锦中	玮璋	
			锦堂	垂玲	
	国祥	焕周	锦和	汉超	英杰
				伟岗	
			锦海	秋生	
				龙峰	
				保才	
			锦渊	炜哲	
锴英	苑西	（嗣孙）	基兴	建波	雅静（女）
					宸杰
				建磷	玮鑫
锡金	德春	永洪	灼斌		
			雷杰		
锡田	朴才	焕炎	天剑		
	朴兴	永良	欢欢	嘉昊	
		永贵	晨晨		
			楚楚（女）		
际虞	陈福海	尧中	建平	玮权	
		玉山	潮发	书城	
			潮林	邱清	
			潮兵	雅洁（女）	
		月标	明链		
	四姑				
凤俱	廷琪	翠恋			
		翠凤			
		海波	宇菲		
		炳奎	董炼	家玮	
			芷瑜		
		翠英			
瑞殷	炳基	陈长炎			
		秀珠	春标	董镇	
椿茂	水海	焕波	春梅		
			素萍		
			琦萍	烁赫	
			梦玢		
			梅梅		
继美	俊发	焕研	健欣	文杰	
			健荣	安棋（女）	
		金平	建煌	卓兰	
			建国	卫民	
				卫榕	
			炳乾		
彩章	春林	焕群	基峰	丽霞（女）	
			庭峰	梦格（女）	
			列峰	心怡（女）	
	日光	益成	千荣		
		裕成	舒涵		
		王雄	伊蕾		
荣枝	海林	文清	建彬	霖洁（女）	
			建东	林菡	
清元	振江	董鑫			
清荣	柏炎	梓杨			
	柏金	龙彬			
	柏仁	健健	昊炜		
掌珠			建强	学聪	
清满	友中	蕾蕾			
	勇泉	炳辉			
		伟健			

20世	21世	22世	23世	24世	25世
仰奎	文元				
	学纯	焕辉	基全	道洁	梓沅（女）
			基松	嘉华	
南辉					
南森	席光	焕英	胜强	丝童	
			胜强	雅静	
			胜强	彬洁	
		清河			
		长河	根海		
			根河		
家境	应南	志强	思琦		
			路琦		
	梓荣	志成	诗浩		
		志明	怡航		
	仁和	德江	映雯（女）		
		德洪			
		德煌	雨馨（女）		
家焕	海森	强练	林真（女）		
		强彬	宸伶（女）		
必昌	金和	振荣	锦泉	顺顺	博轩
			锦坤	炜焰	
		振桂	水泉	祥森	
			水潮		
			水源		
		振森	锦淮	新如	
			锦村	彬如	
作民	荣加				
达兴	朴宣	焕基	仕南	雪妮（女）	
				怡烨	
			仕宾	璐玮	
			仕清		
			恩应	绮雯	
		焕海	益彪	希希	
		焕煌	基超	瑞洁（女）	
	赞辉	焕炘	基堂		
			基满	钜会	夏豪
				钜乐	妙妙（女）
			基林	业明	佳蕾（女）
				才兴	
			基寿	建炎	
				建洪	
软飞	达渊	焕桥	基梁	栋强	
			基深	少君	
				少龙	
	富春	华明	基南	锦丹	佳欣
			基清	懋烘	
				玉婷	
			基泗	月遥	
		建庭			
隆福	永兴	振海	炎坤	柳芯（女）	
		振金	锦章	炜静	
			炳华	泰榕	
				泰沅	
			炳林		
		振文	炳明	恩熙	
			炳仁	亚瑛	
	金瑞	焕才	锦芳	钏钏	
			锦峰	静雯（女）	
				江淦	
达深	长万	郁文	基鑫	宇光	福源
				宇东	
			基銮	德迅	
			基莘	春柳	董柠
	晏清	焕标	锦湖	峰敏	美惠（女）
				峰斌	伟豪
			锦庭	峰锐	
				峰刚	
			锦南	董怡	
			锦东	镇明	
			锦桐	永辉	
			锦胜	至馥	
	济川	焕洋	锦文	胜加	
				胜凯	
			锦豪	董深	
			锦雄	宣垄	
		焕河			

20世	21世	22世	23世	24世	25世
注春	朴翰	振钦	阳标	林峰	
		振炎	彬彬	铭昊	
嘉隆	朴铭	焕铰	锦明	金峰	
			锦辉	馨嫒	
			锦荣	丽嫒(女)	
				炜华	
		焕村	董安	淇雅(女)	
			董仁		
水湧	国壁	焕潮	隆西	筱雯(女)	
清禀	朴炎	焕彩	支淮	倩倩(女)	
			友淮	倩岚(女)	
				倩莹(女)	
			渊源	彦均	
			友忠	佳豪(女)	
			友清	婧玲(女)	
学谦	(嗣孙)	焕根	永中	晨弘	
玉山	进熙	焕鸿	基鑫	洪槟	
			基煌		

20世	21世	22世	23世	24世	25世
罩坤	进研	锦旺	泉波	欣桐	
			杰斌		
根松	成章	文质	村华	友和	雯倩(女)
夺魁	云照	村和	元发	友德	文烨(女)
				友瑞	梦男
润深	树榕	焕镰	基华	璐璐(女)	
	树苞	焕淮	晓峰	芳妤(女)	
	树楠				
	树泉				
雁阵	树仁	焕森	基强	董潼	
朴祯	焕彬		庆新	露文(女)	
占阳	茂春	基成	庆国	增盛	
	焕熙	基坤	春玲		
		基明	董啸		
			露露		
同金	朴中	焕祥	锦成	伟龙	
		焕江	锦彬	诒淼	
				政涛	

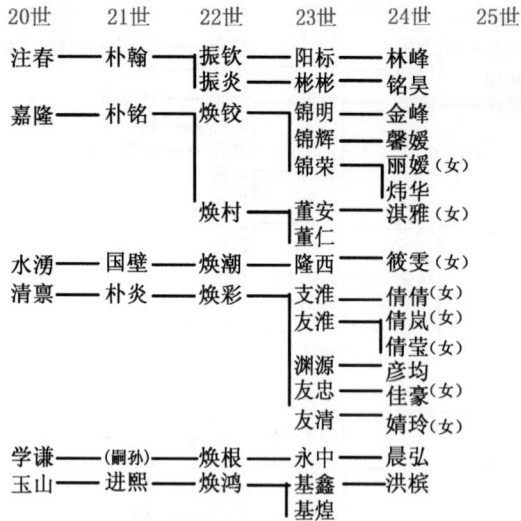

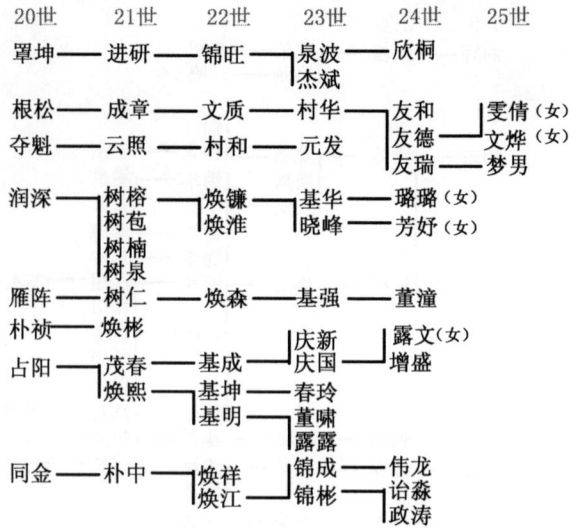

(连夏公之四房席珍族下)

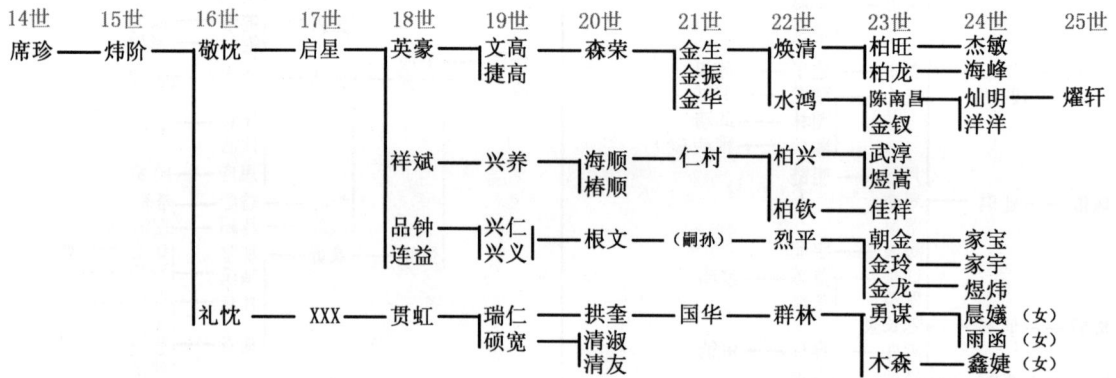

14世	15世	16世	17世	18世	19世	20世	21世	22世	23世	24世	25世
席珍	炜阶	敬忱	启星	英豪	文高	森荣	金生	焕清	柏旺	杰敏	
					捷高		金振		柏龙	海峰	
							金华	水鸿	陈南昌	灿明	燿轩
									金钗	洋洋	
				祥斌	兴养	海顺	仁村	柏兴	武淳		
						椿顺			煜嵩		
				品钟	兴仁	根文	(嗣孙)	柏钦	佳祥		
				连益	兴义		烈平	朝金	家宝		
								金玲	家宇		
								金龙	煜炜		
		礼忱	XXX	贯虹	瑞仁	拱奎	国华	群林	勇谋	晨蟻(女)	
				硕宽	清淑					雨函(女)	
					清友				木森	鑫婕(女)	

(八世惟厚公族下楼洋新厝)

13世	14世	15世	16世	17世	18世	19世	20世	21世	22世	23世	24世	25世
顺轩	宜谦	X X X X		祝庸	占春	X X	振皋 炎火	朴星	淮春	炳村	海东 雨城 城峰	水彬 洛庭 苗苗 芬芬

18世	19世	20世	21世	22世	23世	24世
待查	金莲 金海	清淋 炳荣	朴坚 水顺 培坤 玉明 培木 培海 镜辉	钊成 钊鸿 槐森 伟材 旭东 湧泉	福荣 福村	

(其他世系：益坤—松昂—德光—锦明(入赘)—永潮
文柏 文周
朴源—仁添—荣标 荣辉—镜华
朴章—镜湖—荣木 川术—董刚 研伶(女) 瀚元
朴华—荣村—基深
寿峰—怀民 国荣—基金—董聪 董浩
亚辉—裕裕
寿荣—志庭 志坚—忠宝 贵忠
寿福—数谊
陈泗谊(入赘)—润忠)

湧波—秋峰
湧宾
湧团
湧淇—森村—威峰
朴尧—光炎
朴舜—振城—志雄 志扬
振林—志标—欣桐
志彬
时雨—志杰
炳寿—仁富—振义—文慧(女) 文鸳(女) 文颖(女)
振强—健聪
振平—健涛
俊成—招龙
阿君—董越
三川
全富—振雄
柏茂—荣泰—伟欣—一霖—子渲
治辰
伟联—昱伶(女)
伟东—鑫榕
伟仙—静成
新南—振良
洪金—昂扬
玉煌—锦秋—健健
振金—源源—佳锜(女)
仁山—董明—鑫凯
山东—铁生—晴萱(女)
文联—基栋—品德—芮雯
天明—浩宇

荣茂—朴林—焕昌—基群
锦发—宇轩
待查—朴茂—焕其—锦标—宏辉
锦新—汉钰
金星 新福—一落
(芹园居住) 水南—秀坤

仁镜—秋发—金钱—泽楷
攀攀
仁亮—朴文—益波
朴贵—炼强
仁辉—荣富—福彪—文浩
柏河—富磷
添河—棋勇
仁光 振新—秋旺—焕坤 金潮—锦华—浜滨 萍萍
锦龙—淑江(女)
锦兴—巍巍 樱樱(女)—哲轩
锦山—龙鑫
锦波—灼炫—俊杰
锦洪
锦海—济铧
锦明—艺华
焕真—峰明
峰标—董林彬
峰周—涛 钏
湧材—锦鸿 锦玲
列平—朝金 金玲

（四）谢家邦董氏大六房支世系

铁山镇历史悠久，相传从铁石和内山两乡各取一字而得名，建置迄今有五百多年的历史。1959 年成立铁山公社，1961 年归城郊公社管辖，1984 年改称铁山乡，1989 年撤乡建镇。铁山镇境内有漳龙铁路、省道福三线纵贯，是龙岩铁路货运编组站所在地，交通便利。

岩山乡玉宝村董氏的三世六房显祖祖寿公至传人法养公迁谢家邦开基，祖代发展。经考证，补漏了四至八世的祖先名号，整理了部分原接不清的宗源。其后裔有迁丁公圳、下村坂、

白岩前、龙岩城溪南、社兴、中城、西陂、铁山、兴龙新村、福州马尾,海外加拿大等,谱中失记迁地等。

在中华人民共和国成立前夕,谢家邦祖居及族谱全数被烧毁,于1952年人民政府拨款及宗人同力合修祖屋。后所修族谱因文革期间保管欠佳,损坏不全,部分后裔名号失记,无从考证,出现世接不清、遗漏等。造成重修未能如愿,深感遗憾。

树有根、水有源,理清祖宗开基传代情况,修谱以慰先祖在天之灵,为后裔积德善事,使有宗可寻。还望董氏后裔继好延谱。

（玉宝迁谢家邦开基立业）

12世	13世	14世	15世	16世	17世	18世	19世	20世	21世	22世	23世
继洋 怀洋 赞洋 新洋 盈武 盈华	珍廷 美廷 X X 爱廷 桂廷 崇上 玉廷 桥宁 荣端 贤伟	兴佳 辉俊 元德 明俊 振吉 逊有 佐兵 甯列 遍惠 逊成 集仁 景卿 列成	X X X X 素安 应轩 隐敏 峰遍 禹秀 行瑞 草 X X	兴业 仁聪 拨高 尧瞻 友钦 际福 清	榜初 盛华 秀华 郪高 X建 庚西 茂桂 坤	X X X X 为章 秋木 观昌 旭盛	X X 焱照 荣照	椿梅 梅椿 太椿 椿海	炳炎 炳科 仁美	钦杰 斌杰 文杰 雪芝 雪微 龙杰 志杰 鹏杰	可心 蕾 夏怡 银河 静静

（谢家邦董氏）

15世	16世	17世	18世	19世	20世
隐文	显荣	锦春	瑞昌	来仪	坤荣 水顺
				茂生	勇清 水金 振辉 瑜彬 胜清 沧海
	济川 连三	仰乾 肇欣 冠肇 修英 守修 笔观 鸿 位高	添福 庆南 钦禄 顺宽 正步 兆	德辉 禄旺 山景 荣保 保常 兴正 腾全 炳照 照旺 根椿 椿荣	宇波 川作 全仁 林福 景坤 显 柏生
	怀周 品微 月偕	轩伍 偑玉	庆丰	德升 生富 金发	鸿仁 景欣
			注江	振金	
			怀磷	炳村 炳才 炳荣	
			志南	金竹	美英 钦发 振宝 玉 成金
				成金	

20世	21世	22世	23世	24世	25世
水金	村桂	锦全	平和 华平 雪英 雪香	烨	
	柏河	添水 荣美 添泉 添桂	荣斌 林斌 艳 哩呐 灿晨 丹丹		
振辉	景富	宜海	梁飞 林文 新红瑛	理政 晓政 呈龙	策天
				婷 雅凌 高凌 账	
		水清 春美	海辉 笑琴 菊英	雨珊	
	景太	金贵	永生 永和 永南 水仙 水香	益龙 敏	
显坤	金照	文彬 娥玲 娥媚 娥萍	槟霏 连彬 妮妮 志尧		
	柏春	仁河 荣平 荣兰			
柏生	春发	明河 明龙	槟霏		
鸿仁	秋柏	文添 小英 小红 小芹 小晶	婉玲 嘉玲		
	友顺 天阳	晶河 晶荣 晶华	辰浩 辰琳 佳铭		
景欣	柏庭 素珍 金泉 柏潮 柏荣 秀荣	文焕 文勇 丽红 荣华 宝华			
炳村	振荣 振溪 振河 月娥 振海	鸿祥 鸿光 闽疆 丽疆 育超 育千			
炳荣	水海 中明 海欣 美花 月花 仁花				

20世	21世	22世	23世	24世	25世
坤荣	春兰	德山 香美 香锦 香花	东南 淑仁 初仁 伟东 伟建 伟志	樱洁	
	景俊	德仁 香兰			
勇清	景荣	金松（玉香、玉花）	丽华 小华		
水金	村桂	锦全	平和	烨	
宝玉	林添河	卫强	秘	颖	
成金	仁水	鸿彬			

（五）南靖县梅林镇董氏

碛头村系漳州市南靖县梅林镇第三大行政村，位于南靖县西部，与龙岩市永定县古竹乡毗邻，相距6公里。南北是大山，东接双溪村（5公里），距梅林镇镇政府驻地8.5公里。碛头村从始祖至今已有550多年的繁衍历史，共有5个姓氏、马、苏、董、刘、王。其中董姓家族最大，占总人口的三分之二，董姓是500年前从龙岩玉宝村迁来。碛头村现有四方楼、圆楼（本地称"圆寨"）民居房20多座，有叫"巴卵楼"的。

"南宁楼"因为整座楼的内外墙均用白石灰粉刷，已有250多年历史，所以这座白色的四方楼从被称"白楼仔"。在碛头这片肥沃的土地上，孕育着一代又一代的碛头人民，比较有名气的董姓宗祠有"湖洋祠"和"怀恩堂"。"怀恩堂"是由旅台同胞董振迎先生捐建，同时还建一座"云海学校"供背头坪小组学生就地上学。董振迎先生还独资建了一座石拱桥叫"彩英桥"，该桥是以董振迎先生夫人的名字命名的。

其简明世系图如下：

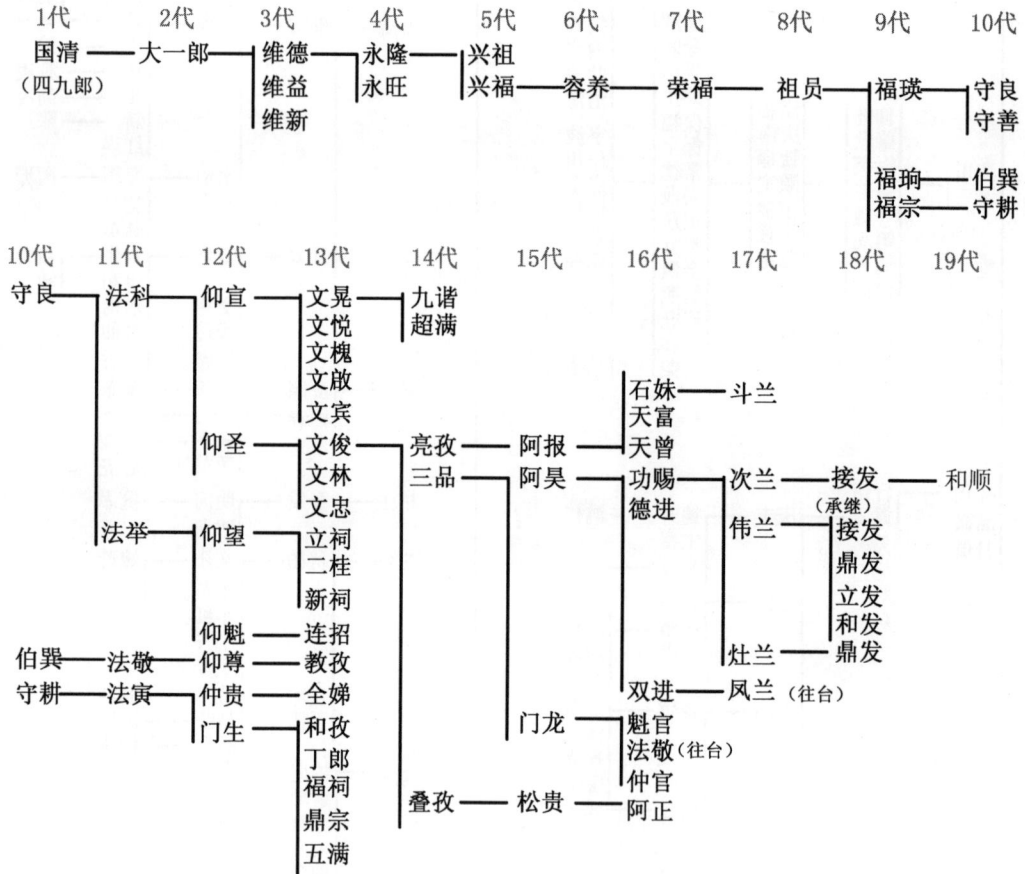

1代	2代	3代	4代	5代	6代	7代	8代	9代	10代
国清 （四九郎）	大一郎	维德 维益 维新	永隆 永旺	兴祖 兴福	容养	荣福	祖员	福瑛 福珣 福宗	守良 守善 伯巽 守耕

10代	11代	12代	13代	14代	15代	16代	17代	18代	19代
守良	法科	仰宣	文晃 文悦 文槐 文啟 文宾	九谐 超满					
		仰圣	文俊 文林 文忠	亮孜 三品	阿报 阿昊	石妹 天富 天曾 功赐 德进	斗兰 次兰	接发 （承继）	和顺
	法举	仰望	立祠 二桂 新祠				伟兰	接发 鼎发 立发 和发	
		仰魁	连招				灶兰	鼎发	
伯巽	法敬	仰尊	教孜			双进	凤兰（往台）		
守耕	法寅	仲贵	全娣		门龙	魁官 法敬（往台） 仲官 阿正			
		门生	和孜 丁郎 福祠 鼎宗 五满	叠孜	松贵				

左上表

3代	4代	5代	6代	7代	8代	9代	10代
维德	永旺	友缘	祖松	宗璘	仁贵	朋	一美 一羡 一周 一熙
		友贞 友斌 友贵					
		友富	士旺（移居高州府）		仁富	昆 岳	伯泽 伯华
		友乾	显荣 永全（移居） 士勉 董造		仁通	兴	一窦 一芳 一成
						殷	一定 一蕙
						英	一宫 一室 一宇

3代	4代	5代	6代	7代	8代	9代	10代
维益	永寿	益孙	崇春	太宗	子成	仕惠 仕求	廷泰 朝相 朝德 朝举
				祖六	宗和	仕泰 仕永 仕怀	廷彩 旭田
		文清	法生	发和	汝真	友仲	世玉 俊玉
	永善	祖门	寿儒	友吾	辉宇	友善	辉壁 辉珍 芳远
	永仲 永敬 永祯 永政	祖钟	寿玉	友志 友节	甲孜 保孜		
		接右边				友恭	际亨 乙奇 方锡 贤宗 贤科

左下表

10代	11代	12代	13代	14代	15代	16代
一成	日耀	长生、保远（移居广东大埔）				
	日宝	冬生 天赐	选光 乾合	肖妹	孟开	法顺
					孟润 孟日 孟辉 孟和 孟惟	清南 日灿
				巧进	孟志（移居邵武府）	
				三满	接群	应礼（嗣男） 清福
	日昇	三奇	阿君	招庆 阿远	宽秀、连秀（去台） 和秀、攀秀（去台）	
	日胜	皇孜 从龙 门养	丙寿（去台）	起妹	春秀（台故）	
一蕙	石龙 苏光			贵秀	美成 美全 美族	
一宫	日伟 三赞（往台）	鼎宗		癸振 起鲁（去台）	替秀	美全 美鼎
一室	联玉 联科			兰鲁	东秀、来秀	
一定	思信 思仁 思义 思礼 思智	羊安 满娘	逊常	阿纳 礼保	群养 群昌	
一宇	步雲	辛远	福廷（往台）			

右上表

4代	5代	6代	7代	8代	9代	10代
永仲	宗长	仕贵	崇生	孙华		
			崇元	世相	润 应珍 应玉	见 显荣 显华 显富 显贵
				世粧	惠	一湖
				世松 世兴	龙 应信 六孜	
		崇广	仕府 仕禄 仕福	贵 世珊 世任		彩京 约伦 依仕 智意 礼勤 起施 惠有
				世仰		
				世作		
				世位	万山 万善 万元	
永敬	宗显	福铨	祖政	仕达		
			祖富	仕明	四孜 又孜	
			祖权	世祐	仲廷 胜瑞	公华 公爵 公荣 公禄
				世成 世文	二 承宇	
			祖贤	石林	公谅 公详 公达 公振	

右下表

4代	5代	6代	7代	8代	9代	10代
		福鉴	万俊	世春、世锦（移居广阳官下）		元勋 元会 元标 元福
			万聪	世稳	公保	
			万仲	世仰	仲化	元列 元礼 元志 元祯
					仲保	
					仲侃 仲俊	元让 元鄉
				世羡	仲杰 仲珍	奇华
				世隆	仲英 仲任	亚寿 元美
					仲伟 仲和	元杰 元容
永祯	权玉	祖周	积禧 积裕	慎	承宇	廷林 正气
			积祐与积禧移居广东浦城		志宇	再生
永政	宗贵		积富			

10代 11代 12代 13代 14代 15代 16代

一美——德弘——殷思——石林
魁
联奇——喜（去台）

一羡——董照（联祚）——天水——石保
辛养
清水 俊贤
殷历（去台）
董诰（联标）——殷惠
殷熙——良德（移福州）
一周——联湖 休孜 良生——立远——日华
联汉 殷忠 （嗣子）
联週 正养——望观——广盈
联张（移居福州） 玉观 广细

一熙——善、磬、佳、如（移去）
一窽——联惠——天养
联攀——举、丁郎、振龙、福龙、（去台）

一芳——蒿（联基）——文元——文彩——阿养（去台）
福元 文林——石禄——阿朗
官（联偕） 三元 文举——三台（去台）阿槛
长福 斗福
鼎（联京）——对蒲——福贵——元志——輪廷（入继）
元法——轮长——世亮
元礼（去台）輪廷（出继）
权（衙贞）城孜、天亨、天忠、天舒、天僯

朝相——永固——秋——床保——接应
永福 佑保 （嗣男）
省仃、六盛、仁仁 成英
永佑——春生——辛妹 祖宁 成贵
七叔、超吉 祖喜 成月
朝德——心愈——朋——壬妹——荫——祖扬——成章
心白——寿养（往台） 送 成荣
心赐——观保——石旺 妹 祖旺
五满 三连（往台） 生 祖发
而伯——兰孜、幼生、信 桂喜
朝举——衍林 梅喜
廷彩——心贤 瑞喜
心延——贞——长荫 接喜
心达 观进——应妹——南喜

辉珍——文忠——昌友——产荆
翠荆——立养（嗣男）——送英——宗廷
贡荆——立彩——送月 崇廷
芳远——文典——进友——癸荆——星华——送麟——双朗
世玉——阿荫 攀友 送亮
三品 贞友（移居福州山） 送福
俊友 送春

显荣——永——石孜——周合——月华
宇合 日华（往台）
彩——丙娘 斗华
伦——永弘 天章 生华
永康 福荫 立养
约——梦磷——永田 秀合——光华——立承 嗣男
永元 门华——和安
永德 坤合 坵华——楼中、楼盛
梦魁——永辉 逆五 主周、彩周
梦般——亚蒲 在华——和馈、和中
梦圣——永太 和章
永盛 秋华——监周、清周
梦玉——永仁 振华——和庆、立承
永宗 湖周、四周
永杰
亚蒲

10代 11代 12代 13代 14代 15代 16代 17代

旭田——永初——经礼——石富——立纲（出继） 来姑
耀荣 阿乙——祖秀——接姑——旺宏
阿日——已玉——功来
炳来——旺朋
元春——旺来
见——陈佑 闰来
依——一贞 福蒲——立纲（嗣男）——天赐——连进——德风（入继）
仕——一隆 连玉——德春
智——一对——三万 天麟——同喜——德风（出继）
福佑 庚喜
王兰 寅妹（往台）
一元——进孜 天群——连喜——德庆
一昆——登元 元妹——德聪
意——一能 壬生 天仓——长妹——德兰
礼——生 三蓬 德龙
勤——梦贵——永隆 德应
梦标——永芳 门保——接盛
梦权 德清
起施——六一——周保 来姑——德瑚
显天——陈佑 德全
显明 良喜——接辉
显文 观抱
惠有——长孜 仁喜——德科
彩——惠三——永华 德骞
京——显风 永谅 天桂——元喜——德和
显仁 雍喜——德盛
显耀——亚寿 雍合——门喜——德星
元鄉——亚霞 彩昭——德辉
元美——公林 禄昭 德全
廷林——亚寿 石秀 德三
荫昭

3代 4代 5代 6代 7代 8代 9代

维新——永达——路养——宗生——承——法鉴——业
路荫（移居溪口） 奥
福亮（移居）
佛荫——宗正——福珊——必盛——福先
福广 福寿
敏渊
福贵
福宁——廷宗 敏信
廷和 敏俊
敏寿
敏杰
应招
廷椿——秉仲
福廉——汝乾——得椿
得华
石林
福志——文条——宁一
移居 海丰 敏春
枫养——宗兴——钦璘——积贵——敏亮
宗厚 敏兴
钦华——廷 应达
（移居）
钦泰——廷全——应林
钦铭——顺辅——敏宽
钦隆——顺道——敏化
敏佐
敏佑
敏侃

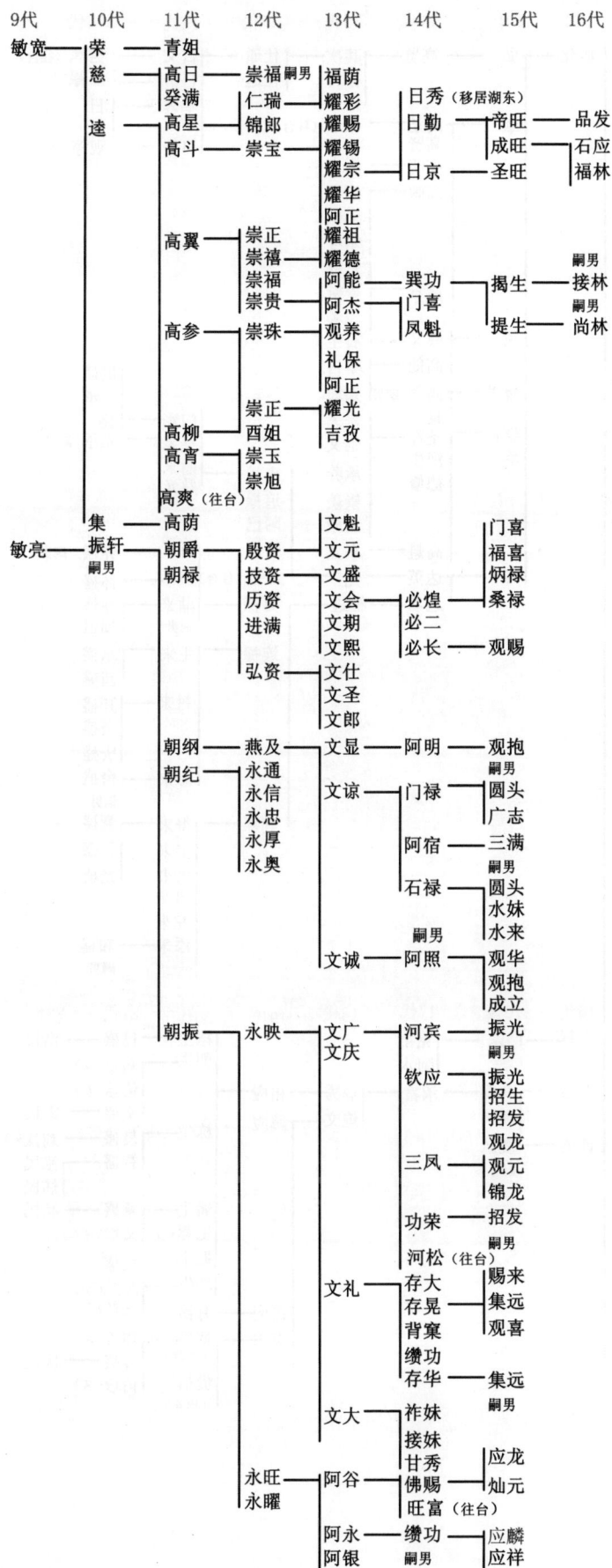

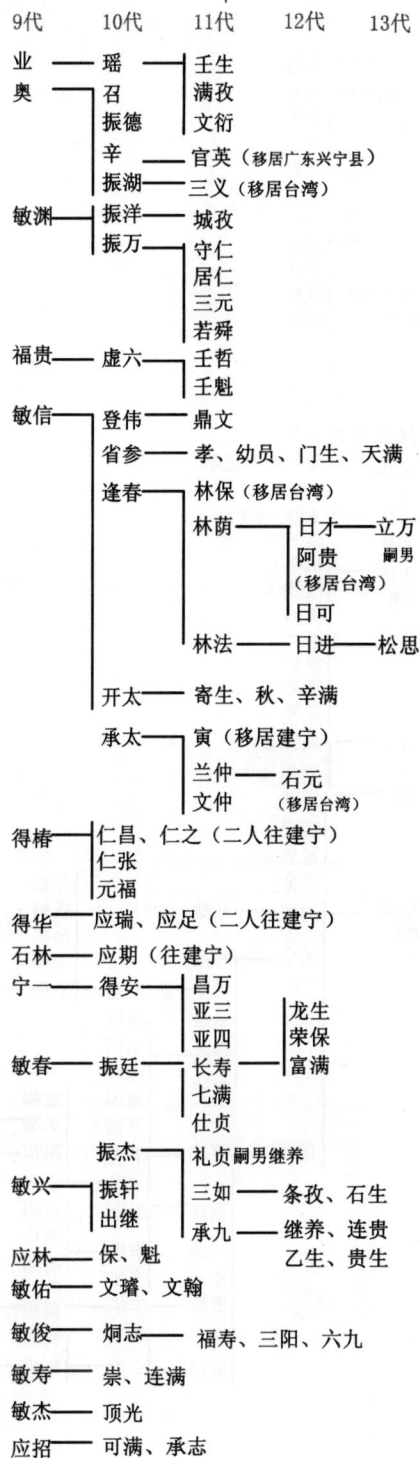

15代	16代	17代	18代	19代	20代

福喜 — 镜德
观赐 — 凑来
圆头 — 开彩／开基
广志 嗣男 — 开泰 嗣男
三满 — 开彩
观华 — 保林／克林
振光 嗣男 — 诚修／佛修／丞修／连修
招生 — 佛修
观龙 — 连修
观元 — 全修 — 盛赠 嗣男
招发 嗣男 — 玉修 嗣男
集远 嗣男 — 福燕／昌燕／佛恩
桂孙 — 富元／富晃／富亮／富坤
槐孙 — 富元 嗣男／富明 嗣男
松兰 — 富顺／富明／富泉／富全
彩定 嗣男 — 闰拔 — 基球 嗣男
闰全 — 容球／廷球 — 丰光
朵球／灿球／云球 — 奎园／华园／咏园／爱园／良园
闰照 — 培球 — 丰烈／丰洋
兹球 — 丰义
基球／焕球／明球 — 丰运／丰显
德球 — 丰华 — 振福 — 文信
崇球 — 丰毛／丰生 — 贵福／朝生 — 全胜

春福／胜福／孙福／来福／冬福
宏福／水福 — 超燕
赐福／添福 — 超凡／超新
永福／增福／清福

9代	10代	11代	12代	13代	14代	15代

敏化 — 弘 — 高览 — 其次／标吉／崇岸 — 仕通／仕达 — 日文／日衍／华容／日梧 — 秀凤（往台）／石禄／日／月／观停（往台）
崇启（往台）
萃 — 高圣／高贤
高明 — 崇文
高映 — 崇典／崇琪／崇璋／崇球
咸亨 — 崇赋／崇善
鸾 — 高文 — 石生
高朗 — 崇日
继养 — 高朗良 嗣男 — 崇通／崇美
继昌珍 — 圣祚 — 崇义／崇羡／五湖
观生／德修 — 承养
高魁 — 东龙
璋 — 达英 — 瓦 — 元秀（往台）
达孝 — 福进 — 万禄

门彩／来彩 — 炃盛／立承／盛／立承 嗣男
鼎来／鼎光
贵福／追禄／阿已／阿回
群来 — 养盛 嗣男
信来 — 怀盛／养盛／灿盛
鼎来 嗣男
连禄 — 生来 — 东盛／西盛
衬来 — 开盛／余盛／庆盛
彩来 — 余盛 嗣男
利禄 — 得来 — 豪盛／和盛／光盛
宁来／兴来／再来／龙来
添来 — 和盛 嗣男

15代	16代	17代	18代	19代	20代	21代	22代

石禄 — 门宗 — 克裕／阿水
东盛 — 观春 — 承富 — 煌秀 — 相应 — 榕生 — 日盛 — 浩民
朝生 — 和珍（女）／佑珍（女）
观凤
西盛 — 观凤 嗣男
煌文 — 鸿应 — 栋生 — 义盛 — 凯民
昌盛 — 莉岚（女）
智盛 — 泓民／炜民
潘生 — 章盛 — 涵民
生蓉（女）／文珍（女）
振生 — 杭盛
坤生 — 海兰（女）／永兰（女）
锦应 — 海铭
丰生 — 朝生（兼桃）— 和珍（女）／传盛 — 庆民
贵福（抱养）— 佑珍（女）

9代　10代　11代　12代　13代　14代　15代

敏佐　法春　高炳　安生　璠章　灶养
　　　法让　仕参　瑷瑶　琪章　双帝（往台）
　　　　　　　　　瑷琚　球章　球章（往台）
　　　　　仕赞（往东都）　郎章　梁振——德招
　　　法馨　仕科　拔萃——　　　连振
　　　法菲　应乂　　　　奉章　鼎春（嗣男）
　　　　　天行　　　　焕章　广圣
　　　　　　　　　　　　　鼎春
　　　　　　　　　　　　　彩春
　　　　　　　　兰章　灶保　成美
　　　　　　　　　　　贵彩　阿细　成业
　　　　　　　　　　　观亮　　　成盛
　　　出萃（移居四川成都府西门外居家）　成全
　　　持萃（移居四川成都府汉州城内居家）
　　　挺萃——璠章——广河、广禄
　　　　　　　　　　广海、广日、广月
　　　钟萃——裹舍　辰彩　立元（嗣男）
　　　　　　　　　　　　汉元
　　　　　　　中彩　荣元
　　　　　　　　　　联元
　　　　　　　　　　锦元
　　　　　　　容彩　登元
　　　　　　　　　　攀元
　　　　　　　　　　振元
　　　　　　　云彩　接元
　　　　　　　　　　朝元
　　　　　　　　　　立元
　　　　　　　　　　周元
　　　　　　　荣彩　麟元
　　　　　　　　　　魁元
　　　　　　　　　　云元
　　　　　　　　　　坤元

15代　16代　17代　18代　19代　20代　21代

登元　翠韩　进旺　　　　　榕兴　国光　福忠
　　　翠聪　接旺　　　　　　　国庆　添忠
　　　翠鸿　赐旺　　　榕春　国波　振忠
攀元　翠伦　观旺　标榜　　　国九　荣忠
　　　翠兰　　　标棋　　　国林　杰兰
　　　翠漳　　　　　榕富　海波
　　　　　　　　　　　　国宾
　　　　　　　　翠纯孙　　国锋
振元　翠纯　　　标棋　榕增　如明　维忠
接元　翠圣　集富　信保　　（嗣男）庚忠
　　　翠中　集福　　　榕城　国威（嗣男）
朝元　翠强　集定
　　　翠坒　集致
　　　翠舜
周元　翠强　集福
　　（嗣男）集权
麟元　翠竹　定政
　　　翠松　接茂
　　　翠梅

9代　10代　11代　12代　13代　14代　15代

敏佑　文璿　鲸　荣瑞　通　富　福喜
　　　　　鲲　崇仪　观寿　坛　庚喜
　　　　　　（往台）撰熙　机　荣喜
　　　　　　　　　　　　　龙喜
　　　　　　　　　　　　　鸾喜
　　　　　　　　　　　　　宁喜
　　　　　　　　　　　　　观喜
　　　　　　　　　　　　　宏喜
　　　　　　　　　　　　　崇喜
　　　文翰　蕴余　崇仲　智　兰　兆晟
　　　　　　　（嗣男）　　茈　鹏晟
　　　　　　　　　信　阳　崇晟
　　　　　　　　　　　肖　魁晟
　　　　　　　　　　　铨　攀晟
　　　　　　　　　　　哲　元晟
　　　　　　　　　　　　　标晟
　　　　　　　　　　　　　桂晟
　　　　　　　　　　　　　四满
　　　　　　　　　碧　铨　五满
　　　　　　　　　　（嗣男）六满
　　　　　　　　　　　　桂晟（嗣男）
　　　　　　　　　快　哲　映晟
　　　　　　　　　　（嗣男）监晟
　　　　　　　　　　　　观晟

15代　16代　17代　18代　19代　20代　21代　22代

成业　福能　　　　　永春
　　　福龙　　　　　李春
　　　福祥　恭俭　顺竹（嗣男）保春
成盛　福清　恭俭　榕树　保全
　　　　　逊俭　榕周　文全
　　　　　　　　　　清春
　　　　　　　　　　海春
立元（嗣男）阁昌　炳生　聽锡　滚春
　　　　　　　　　　　（嗣男）
　　　　　　　　聽洲　带春
　　　　　　　　聽才　庚春
　　　　　　　　　　（嗣男）
　　　　　炳瑞　　　探春
　　　　　炳照　聽沧　双全
　　　爵昌　炳书　　　　（嗣男）　　庆星
　　　　　炳贞　聽洪　荣春　　　　河文
　　赣昌　炳书　聽仁　廷春　　　　庆隆
　　静昌　（嗣男）聽业　　钦隆　石亮
荣元　晋昌　　　　　　　万隆　石松
联元　贵昌　　　　　　　行隆　石辉
　　　　　　　　　　　　　　（嗣男）
　　　　　　　　　　　　德武　石添
　　　　　　　　　　　　　　石桂
　　　　　　　　　　　　　　石辉
　　　　　　　　　　　　　　石永

15代　16代　17代　18代　19代　20代　21代　22代

崇喜　立春　彩群　顺源　禧传　容洲　铭昌　流远
　　　开春　　　咸源　科传　钦洲　　　清流
　　　　　彩和　泰源　　　　　　　全流
龙喜　怀春　招群　启源　　　　　跃辉　昆远
　　　桂春　贰芹　鼎标——石振——永头　跃前
　　　　　　　　　　　　　　　　跃贵

锦元——牌顺——万拔　珍兰　基本　裕泰　河仙——石昌
　　　　　　　　　（嗣男）亚南　海仙　宝森
　　　　　　　　　　　　　　　宝钟
　　　　　　　　　　　　　水仙——胜辉

胜友
胜强
胜良
胜根
胜纬
胜聪

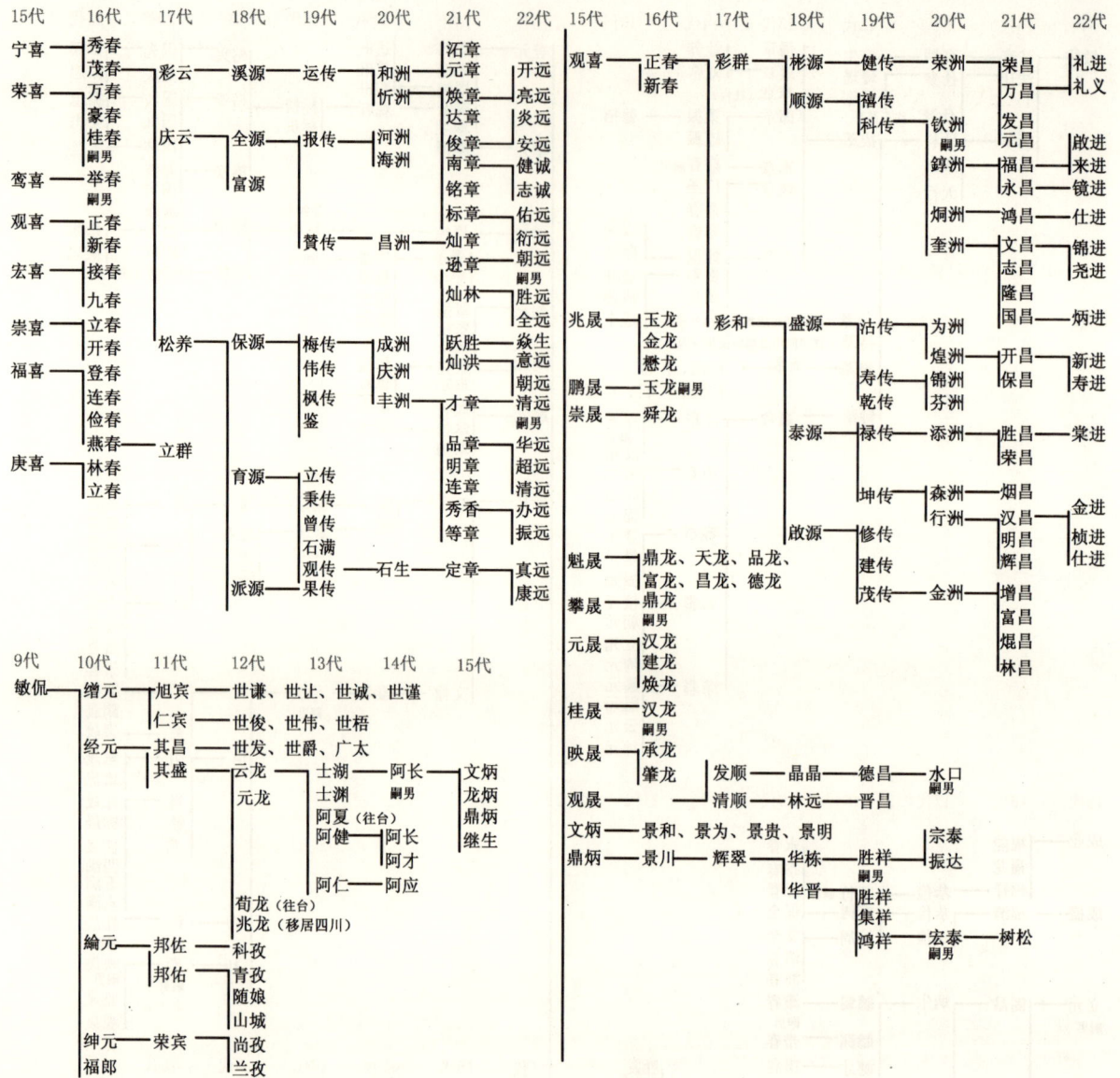

（六）永安小淘董氏

小淘镇位于永安市西南部，距市区 45 公里，毗邻龙岩新罗区、连城县及漳平市，205 国道穿境而过，是三明市通往闽西、赣南、粤东北的门户。全镇总面积 413.8 平方公里，辖 34 个行政村和 1 个居委会，总人口约 3 万人。

八世惟兴从云坪迁往永安小淘洪上湖口村居住，至今二十五代，人口约 101 人。其简明世系（永安小淘提供民国三十年辛巳《陇西董氏族谱》）如下：

小陶洪上湖口、砂口中坂董氏世系

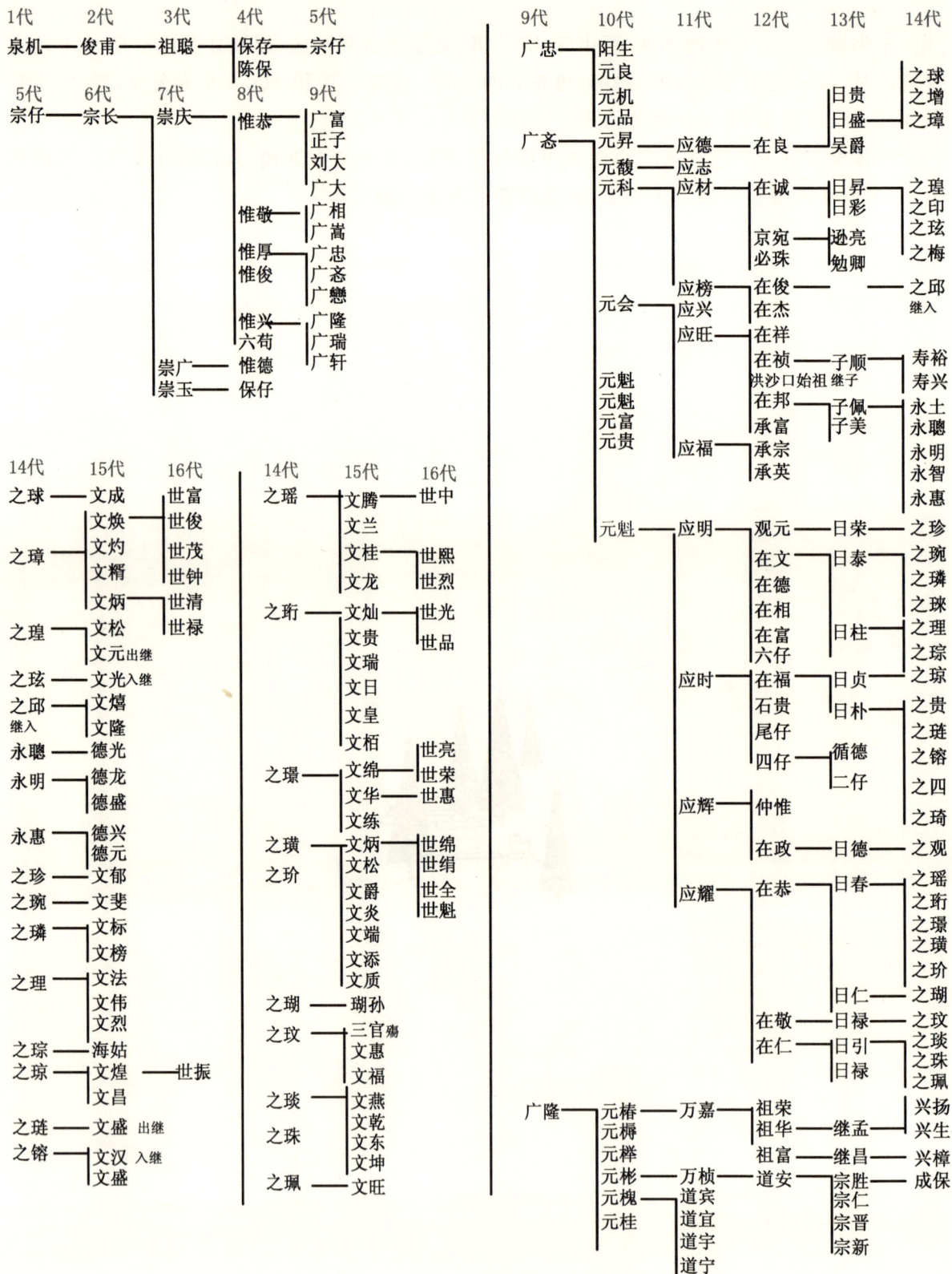

1代	2代	3代	4代	5代
泉机	俊甫	祖聪	保存 陈保	宗仔

5代	6代	7代	8代	9代
宗仔	宗长	崇庆	惟恭	广富 正子 刘大
			惟敬	广大 广相 广嵩
			惟厚 惟俊	广忠 广忞 广戀
			惟兴 六苟	广隆 广瑞 广轩
		崇广 崇玉	惟德 保仔	

9代	10代	11代	12代	13代	14代
广忠	阳生 元良 元机 元品			日贵 日盛 吴爵	之球 之增 之璋
广忞	元昇 元馥 元科	应德 应志 应材	在良 在诚 京宛 必珠	日昇 日彩 逊亮 勉卿	之瑝 之玹 之梅 之邱 继入
	元会	应榜 应兴 应旺 应福	在俊 在杰 在祥 在祯 在邦 承富 承宗 承英	 子顺 继子 子佩 子美	 寿裕 寿兴 永土 永聪 永明 永智 永惠
	元魁 元魁 元富 元贵				
	元魁	应明 应时 应辉 应耀 	观元 在文 在德 在相 在富 六仔 在福 石贵 尾仔 四仔 仲惟 在政 在恭 在敬 在仁	日荣 日泰 日柱 日贞 日朴 循德 二仔 日德 日春 日仁 日禄 日引 日禄	之珍 之琬 之璘 之琛 之理 之琮 之琼 之贵 之璡 之镕 之四 之琦 之观 之瑶 之珩 之璟 之璜 之玠 之瑚 之玟 之琰 之珠 之珮
广隆	元椿 元橪 元櫸 元彬 元槐 元桂	万嘉 万桢 道宾 道宜 道宇 道宁	祖荣 祖华 祖富 道安	继孟 继昌 宗胜 宗仁 宗晋 宗新	兴扬 兴生 兴樟 成保

（洪沙口始祖：在祯）

14代	15代	16代
之球	文成 文焕	世富 世俊
之璋	文灼 文糈 文炳	世茂 世钟 世清
之瑝	文松 文元 出继	世禄
之玹	文光 入继	
之邱 继入	文熺 文隆	
永聪	德光	
永明	德龙 德盛	
永惠	德兴 德元	
之珍	文郁	
之琬	文斐	
之璘	文标 文榜	
之理	文法 文伟 文烈	
之琮	海姑	
之琼	文煌	世振
	文昌	
之璡	文盛 出继	
之镕	文汉 入继 文盛	

14代	15代	16代
之瑶	文腾 文兰 文桂 文龙	世中 世熙 世烈
之珩	文灿 文贵 文瑞 文日 文皇 文栢	世光 世品
	文绵 文华	世亮 世荣
之璟	文练	世惠
之璜 之玠	文炳 文松 文爵 文炎 文端 文添 文质	世绵 世绢 世全 世魁
之瑚	瑚孙	
之玟	三官 殇 文惠 文福	
之琰 之珠	文燕 文乾 文东 文坤	
之珮	文旺	

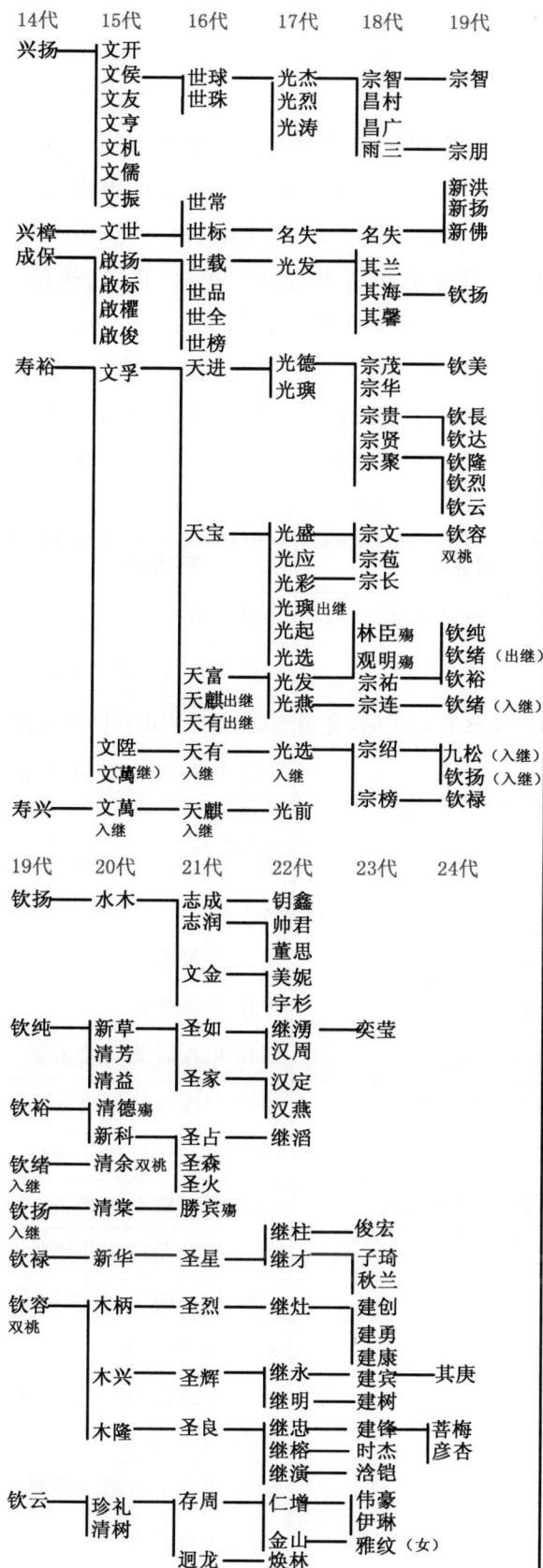

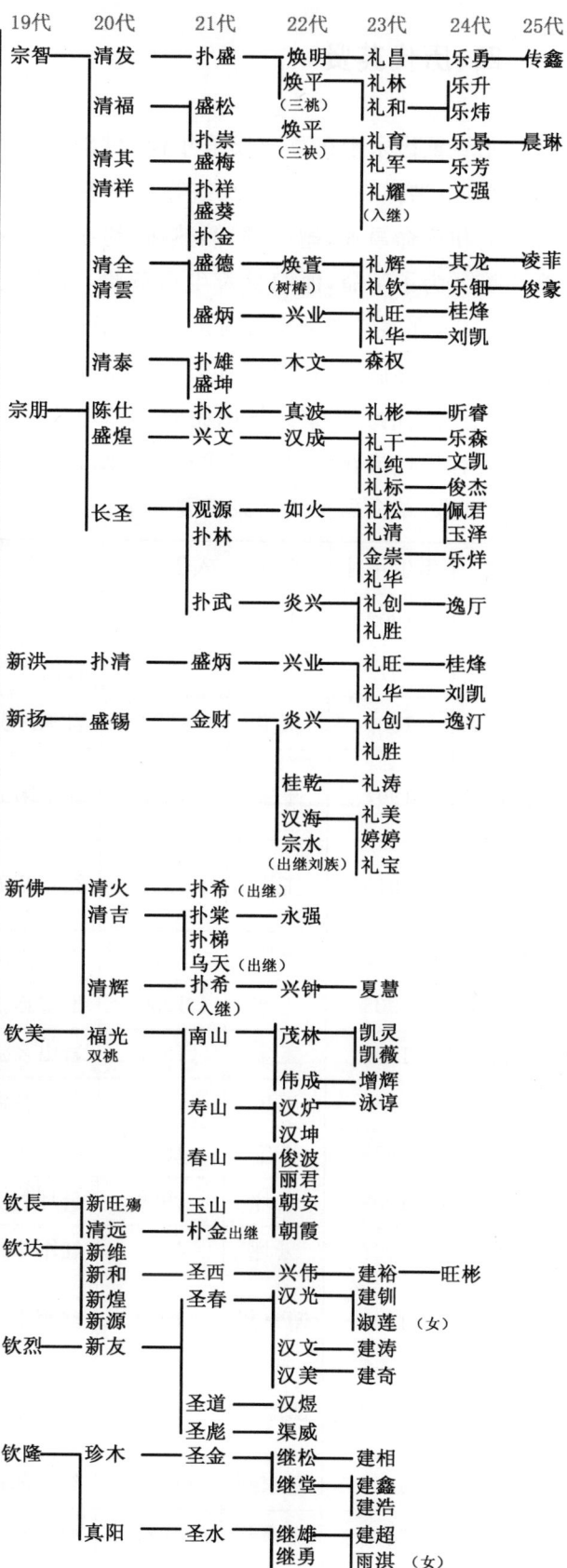

上左表（14代～19代）

14代	15代	16代	17代	18代	19代
兴扬	文开				
	文侯	世球	光杰	宗智	宗智
	文友	世珠	光烈	昌村	
	文亨		光涛	昌广	
	文机			雨三	宗朋
	文儒				
	文振	世常			新洪
兴樟	文世	世标	名失	名失	新扬
成保	啟扬	世载	光发	其兰	新佛
	啟标	世品		其海	
	啟櫂	世全		其馨	钦扬
	啟俊	世榜			
寿裕	文孚	天进	光德	宗茂	钦美
			光瑛	宗华	
				宗贵	钦长
				宗贤	钦达
				宗聚	钦隆
					钦烈
					钦云
		天宝	光盛	宗文	钦容（双桃）
			光应	宗苞	
			光彩	宗长	
			光瑛 出继		
			光起	林臣 殇	钦纯
			光选	观明 殇	钦绪（出继）
		天富	光发	宗祐	钦裕
		天麒 出继	光燕	宗连	钦绪（入继）
		天有 出继			
	文陞	天有 入继	光选 入继	宗绍	九松（入继）
	文萬 继				钦扬（入继）
寿兴	文萬 入继	天麒 入继	光前	宗榜	钦禄

上右表（19代～25代）

19代	20代	21代	22代	23代	24代	25代
宗智	清发	扑盛	焕明	礼昌	乐勇	传鑫
	清福	盛松	焕平（三桃）	礼林	乐升	
				礼和	乐炜	
	清其	扑崇	焕平（三袂）	礼育	乐景	晨琳
	清祥	盛梅		礼军	乐芳	
		扑祥		礼耀（入继）	文强	
		盛葵				
		扑金				
	清全	盛德	焕萱（树椿）	礼辉	其龙	凌菲
	清雲			礼钦	乐钿	俊豪
		盛炳	兴业	礼旺	桂烽	
				礼华	刘凯	
	清泰	扑雄	木文	森权		
		盛坤				
宗朋	陈仕	扑水	真波	礼彬	昕睿	
	盛煌	兴文	汉成	礼干	乐森	
				礼纯	文凯	
				礼标	俊杰	
	长圣	观源	如火	礼松	佩君	
		扑林		礼清	玉泽	
				金崇	乐烊	
				礼华		
		扑武	炎兴	礼创	逸厅	
				礼胜		
新洪	扑清	盛炳	兴业	礼旺	桂烽	
				礼华	刘凯	
新扬	盛锡	金财	炎兴	礼创	逸汀	
				礼胜		
			桂乾	礼涛		
			汉海	礼美		
			宗水	婷婷		
			（出继刘族）	礼宝		
新佛	清火	扑希（出继）				
	清吉	扑棠	永强			
		扑梯				
		乌天（出继）				
	清辉	扑希	兴钟	夏慧		
		（入继）				
钦美	福光	南山	茂林	凯灵		
	双桃			凯薇		
			伟成	增辉		
		寿山	汉炉	泳谆		
			汉坤			
		春山	俊波			
			丽君			
钦长	新旺 殇	玉山	朝安			
	清远	朴金 出继	朝霞			
钦达	新维					
	新和	圣西	兴伟	建裕	旺彬	
	新煌	圣春	汉光	建钏		
	新源			淑莲（女）		
钦烈	新友		汉文	建涛		
			汉美	建奇		
		圣道	汉煜			
		圣彪	渠威			
钦隆	珍木	圣金	继松	建相		
			继堂	建鑫		
				建浩		
	真阳	圣水	继雄	建超		
			继勇	雨淇（女）		

下左表（19代～24代）

19代	20代	21代	22代	23代	24代
钦扬	水木	志成	钥鑫		
		志润	帅君		
			董思		
		文金	美妮		
			宇杉		
钦纯	新草	圣如	继湧	奕莹	
	清芳		汉周		
	清益	圣家	汉定		
			汉燕		
钦裕	清德 殇				
	新科	圣占	继滔		
钦绪	清余 双桃	圣森			
入继		圣火			
钦扬	清棠	胜宾 殇			
入继			继柱	俊宏	
钦禄	新华	圣星	继才	子琦	
				秋兰	
钦容	木柄	圣烈	继灶	建创	
双桃				建勇	
				建康	
	木兴	圣辉	继永	建宾	其庚
			继明	建树	
	木隆	圣良	继忠	建锋	菩梅
			继榕	时杰	彦杏
			继演	洽铠	
钦云	珍礼	存周	仁增	伟豪	
	清树			伊琳	
		迥龙	金山		
			焕林	雅纹（女）	

四、历代英贤

　　龙岩董氏宗亲在革命战争年代，付出了巨大代价，作出了巨大牺牲。1928—1935年，在魏金水、伍洪祥、邱金声、林映雪等革命老前辈的领导下，战斗在玉宝、谢家邦一带的董氏宗亲为了党和革命事业，抛头颅、洒热血，纷纷参加共产党领导下的红军、游击队、地下党、革命接头户等。为了革命，他们冒着生命危险，为山上的红军游击队送米、送饭、送盐、送菜、送信。为了革命，许多宗亲全家人被杀害，房子被烧光；为了革命，许多董氏儿女在参加红军游击队，在战斗中前仆后继、壮烈牺牲。许多宗亲在敌人面前坚贞不屈，被杀害的达数百人；为了革命，整个村庄的董氏宗亲被国民党（白军）移民并村、离乡背井；为了革命，许多革命烈士解放后已没有后代或在外地参加战斗中失踪，至今杳无音讯。为缅怀英烈、垂示后代宗亲，现根据《龙岩市志》革命烈士英名录摘要如下：

姓名	出生年月	祖地	入伍时间	职务	牺牲时间
董昌柏	1902	玉宝	1929	岩永区苏维埃政府主席	1931年在玉宝被杀害
董金海	1912	玉宝	1929	岩山乡赤卫队队长党员	1932年在岩山芹园被杀害
董光义	1900	玉宝	1929	岩永区苏维埃政府副主席、党员	1932年在岩山芹园被杀害
董永钟	1907	玉宝	1930	红军第五军团战士	1932年在江西宜黄县战斗牺牲
董孟来	1910	玉宝	1931	红军第五军团战士	1932年在广东南雄战斗后无音讯
董永祥	1912	玉宝	1932	玉宝赤卫队队员	1932年被杀害
董荣溪	1905	玉宝	1930	玉宝赤卫队队员	1932年被杀害
董孟禄	1906	玉宝	1931	岩山乡赤卫队队员	1933年在后北门被杀害
董烈山	1888	玉宝	1929	龙岩县游击队侦察员	1933年在城区被杀害
董永树	1909	玉宝	1930	红军十二军战士	1934年在长汀战斗牺牲
董奕彬	1902	云坪	1929	云坪村苏维埃政府主席	1929年在雁石被杀害
董朴辉	1907	云坪	1929	红军十二军战士	1932年在龙门战斗牺牲
董仁森	1907	谢家邦	1929	红军十二军战士	1931年被误为"社会民主党"在小池遇害
董启全	1902	谢家邦	1929	红军十二军战士党员	1931年被误为"社会民主党"在小池遇害
董科龙	1908	谢家邦	1929	红八团战士	1933年在上杭战斗牺牲
董景福	1903	谢家邦	1929	岭家乡地下工作人员	1931年被杀害
董二姑	1986	陈罗	1939	革命接头户	1945年在岩城后北门被活埋

今雁石镇云山村董氏：

董海波,1950年出生,廿二代裔孙。曾任空八军后勤部处长,转业后任龙岩市中级法院政治部主任。

董槐林,1957年出生,廿三代裔孙。任厦门大学软件学院副院长,教授、博导。

董峰明,1962年出生,荣获博士后学位。

董振平,1966年8月出生,廿二代裔孙,硕士,国际会计师。现任中国平安保险公司总监,亚洲银行副行长。

董雨城,1962年8月生,任龙岩学院副院长助理,副教授。

董铁生,1981年12月出生,研究生,省社科院办公室副主任。

董祝源,1963年11月出生,高级技师,龙岩技师学院副院长。

五、龙岩董氏典故传说

(一)天葬地的传说

万五郎公是龙岩董邦开基祖万一郎公之四子,相传万五郎公葬于龙岩岩山坑源(今芹园村)田螺形天葬地,坐乾向巽。妻饶氏,葬于玉宝村罗畲饭盂岭石枋,名美女抛梭形地。传万五郎公安葬之日,灵枢既驾,扶梓至芹园村,地名仰天螺,忽然狂风大作、暴雨骤来。扶灵枢者舍枢而去避雨,不旋踵间,风雨停歇。人往视其枢,则被泥土封堆,不假人力,居然一坟穴矣。后代人称为"天葬地"。

(二)翼燕堂的传说

玉宝一世开基祖——董胜荣(号泉机公),乃万五郎公之次子,于明朝初年从董邦迁移到易婆村(今玉宝村)以养鸭谋生。传说有一地理先生装扮成乞丐,路经易婆村(传说全村原姓易),村中无人肯供饭和暂居,无奈的地理先生与泉机公共同食宿在鸭棚。泉机公热情款待,地理先生受感动,便教其重新围建鸭棚。果然,此后每只鸭每晚皆下双只蛋。鸭棚逐年扩大,泉机公并在棚中央建屋宅一所,名"翼燕堂"。易姓后来慢慢衰败迁移,全村均为董姓。因此,董胜荣(号泉机公)为龙岩玉宝一世开基祖。泉机公娶妻林氏,生有二子,长子成德(住本处)、次子成惠(迁移漳州南靖县梅林镇寨头村)。至今人口约1350人,人丁较为兴旺。后泉机公葬于罗厝山,地名琴形,坐丑向未,用己丑分金。

六、历代往外迁移开基情况

(一)明初从董邦迁移

根据清同治五年族谱记述。

万二郎——生三子(四三郎、四四郎、四五郎),均不知迁居何处。

万三郎——生二子(七三郎、七四郎),均不知迁居何处。

万四郎——生四子(九一郎、九二郎、九三郎、九四郎),均迁回延平府居住(今南平市延平

区和三明沙县一带)。

万五郎——生三子(胜辉、胜荣、胜宗),胜辉移居浙江(温州、台州等地),至今有 15 世。胜荣移居玉宝、胜宗移居江苏南京,至今未去调查,人口不详。

(二)明清从玉宝迁移

二世成惠——迁出何处未考。

三世一房祖聪——迁居雁石云坪,至今有 15855 人。

三房祖善迁——居岩山芹园,至今人口约 50 多人。

四房祖禄——迁居浙江杭州苦竹,未去调查,人口不详。

二房祖和、五房祖达——居玉宝,至今人 15465 人。又迁后盂、五彩巷 1550 多人。

四世国清——迁居南靖县梅林镇寨头,至今有 15 世约 1350 人。

六房祖寿——迁居铁山谢家邦,至今有 15 世约 110 人。

二房祖和——同父解银去福州海南山未回,未去调查,至今不详。

祖和六世本富次子,迁居厦门同安县,未去调查,人口不详。

祖和七世显良、显让——迁居三明市大田、尤溪,人口不详。

七世崇乐——迁居泉州市永春县、安溪。

七世廷武、廷海——往外迁居,不知何处。

八世惟兴——从云坪迁往永安小陶湖口居住,至今约 95 人。

七世道全、道志、天真、王信——均往外迁居,不知何处。

九世道仁之三子——清初迁往宜繇县居住。

十世源仔——清朝初迁往四川重庆市德清县居住。

十二世逸田之三子——清迁往三明市由溪县居住,名阿兴。

祖和八世显志、广玉、朝玄均往外迁居,不知何处。

八世常志——迁去郭畲居住。

十二世应阳——清初迁往江西瑞金居住,未去调查。

十二世淑月——清初迁往三明市建宁府桐油县居住。

十六世金华——清朝迁往永定县古竹乡水坑居住。

(三)民国后从玉宝、云坪、谢家邦迁移

(玉宝)六世本郁公二十世曰祥,迁居马来西亚吉打州。

　　　　六世本郁公二十世曰光,迁居新加坡居住。

(云坪)二十世清旺、清德,迁居台湾花莲等地。

第四节　将乐董氏

将乐董氏,郡望为陇西郡。董姓人口主要分布在将乐县的大源乡崇善村和余坊乡周厝村,现有董姓人口 300 多人。

将乐县位于福建省山区中部,隶属于三明市。地处金溪中游,境内多山,森林资源丰富。

将乐是全国 26 个原中央苏区县之一。三国吴景帝永安三年(260 年)置县,因"邑在将溪之阳,土沃民乐"、"东越王乐野宫在是",得名"将乐",是福建省最早建县的七个古县之一。风景区有天阶山下的玉华洞等景点。

一、历史迁徙

万宗公原籍福省洪塘人,经商上游,于明之永乐年间与昆季三人分散居处,一在将乐城北,一在建宁,惟万宗公入赘张坑以张扬安公之女为室,后卜居崇善,至今为崇善始祖。迄今已有二十五代,人口 350 余人。1933 年瘟疫,将乐县城关一支中有一人到余坊乡周厝村上张源收租得以幸存,现在已有人口 30 余人。

二、世行昭穆

将乐大源乡崇善村董氏曾四次修谱,分别是嘉庆戊辰年孟冬月、咸丰十年庚申仲秋月、光绪二十六年庚子孟冬月、1996 年(丙子)。其世行昭穆是:

字派:(从第十三代开始)名其宗绍　奕世纲常　永承祖训　克守朝章　行仁致富　修善发祥　传家忠厚　天祚贤良

三、简明世系

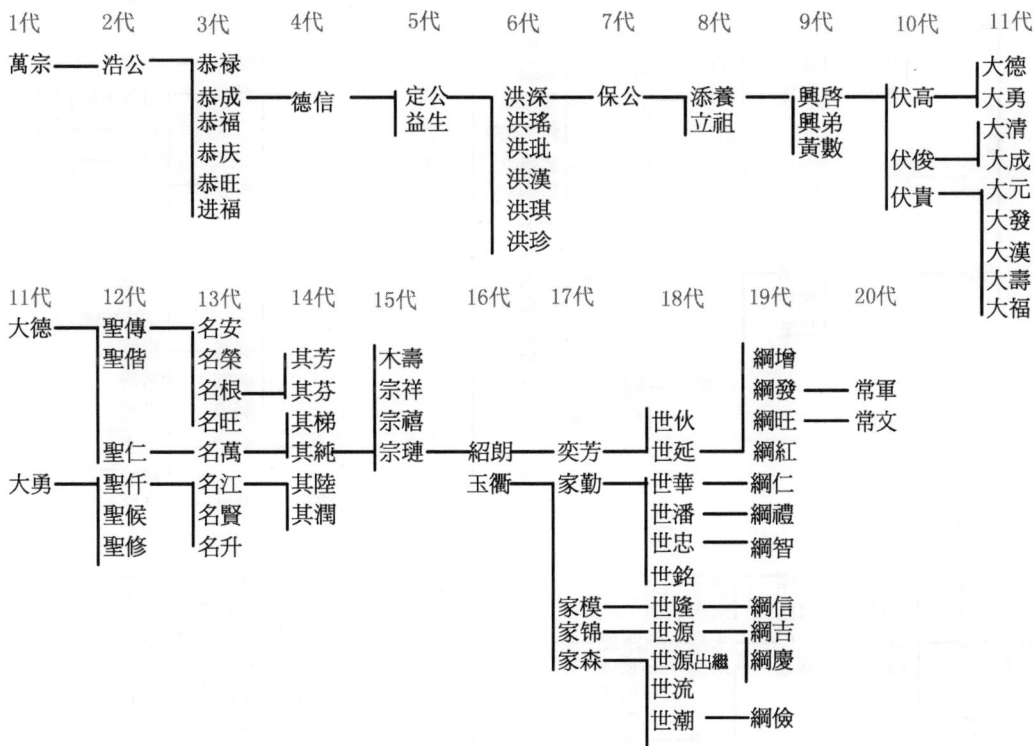

始迁祖萬宗公支下世系图

11代	12代	13代	14代	15代	16代	17代
大清	聖祖	名遜	其崇	宗寶	紹程	富有
						富興
						富亮
						奕欽
						有根
						貴根
					紹朱	奕春
					紹詩	奕晋
						奕秀
				宗玉	紹魁	奕松
					紹元	奕鵬
						奕鵬
						奕鵬
						奕鴇
					紹蘭	奕雁
						奕唐 出繼
					紹芳	奕唐
			其嵩	宗華	紹騰	
					紹賢	奕周
				宗貴	紹堯	奕雄
					紹賢 出繼	奕雍
					紹舜	
			其岳	宗榮	紹文	龍門
					紹武	奕鴻
				宗耀	紹清	
					紹池	奕光
			其岱	宗茂	紹延	奕文
			其崢			奕明
						奕芹
	聖宗	名遂				
		名達	其典	宗聯	紹鳳	奕旺
		名富	其忠			奕長
			其豪			奕茂
大成	聖舜	名標	其星	宗長		
		名高	其恭	宗玖	紹林	奕忠
		名智	其捷	宗遠	紹基	奕禎
					紹雍	奕禧
						奕章 出繼
					紹仁	奕濤
						奕高
						奕求
					紹新	奕章
	聖滋	名德	其斌	宗鰲	紹宣	奕嵩
			其尊			奕侖
			其豪			奕峰
						亮余
				宗謙	紹義	奕侖
					紹宣 出繼	

17代	18代	19代	20代	21代	22代
奕鵬	世臣	綱松	常紀	永芳	承華
奕鴇	世熙	綱桂	常伍	永清	
	世伯		常輝	永安	
			常華	永泰	
			常榮		
			常鋒		
奕鵬	世杰	綱振	常寧		
		綱提	常財		
	世勳	綱接	常惠	永志	
			常財 出繼		
奕周	世卿	綱韶	有順		
			荀仔		
		綱歆	廷富		
		綱韙			
		綱馘			
奕鴻	世標	綱注	常慶	心安	
				永旺	承勤
				永祿	
			常進	永水	承建
奕光	世南	綱崇	常近	永興	
奕文	世忠			永財	
奕明	世隆		常遠	永富	
奕芹	世良		常連		
奕旺	林生		常遺		
	世本	綱林	常祿	永和	承安
	世经	綱茹	常禮	永合	
		綱勝	清水	立華	承勇
奕長	世明	綱儀			
		綱禹	常綸		
	世新	綱華	常美		
			常多		
		綱榮	常寶		
			常忠		
			常杰		
		綱輝	常濠		
	世俭	綱棋	常箕 出繼	永賢	
			常裘	永亮	
			常和	永平	
		綱芬	常繼	永樺	
			常欽	永貴	
			常緒		
			常瀟		
			常鴻 出繼		
		綱祥	常輝		
		綱細	常鵬		
		綱禹	常勇		
奕忠	世亮	綱明	常康		
			常侩	永斌	
奕禧	世松	綱維	常明		
奕濤	世土	綱美	常生		
	世嘉	綱長	常乙		
		綱清	常丙		
		綱豐	常丁		
		綱鳳			
奕高	世和	綱義	常寶		
		綱善			
奕章	世禮	綱才	常松		
		綱良	常豐		

17代	18代	19代	20代	21代	22代	23代
奕欽	世端					
	世旺	綱興				
	世華	綱宿				
奕春	世高	綱進	常開	永生		
		綱選	常助	永春		
奕鵬	世廉	綱槐	常仁	永昌	承恩	祖浩
	世揚	綱梅	常義	永遠	承聰	
	世長				承文	
	世葉				承武 出繼	
				永達	承宗	
		綱桃	常如	永隆	承武	
		綱樹	常林			

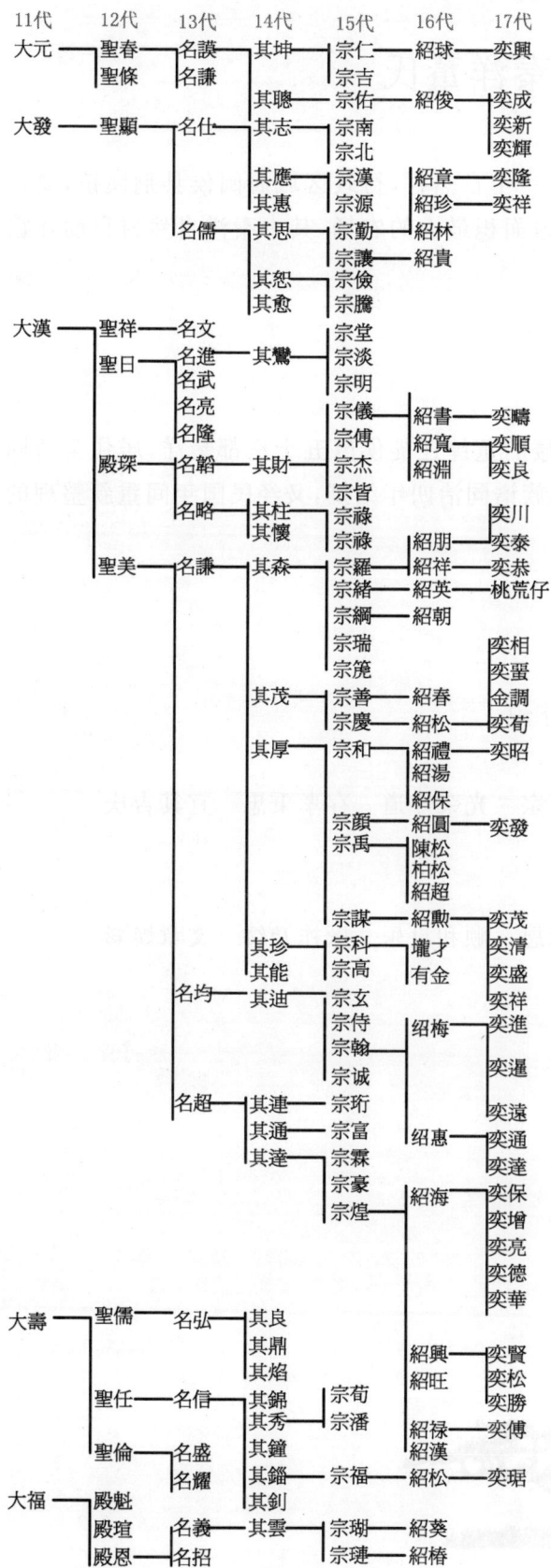

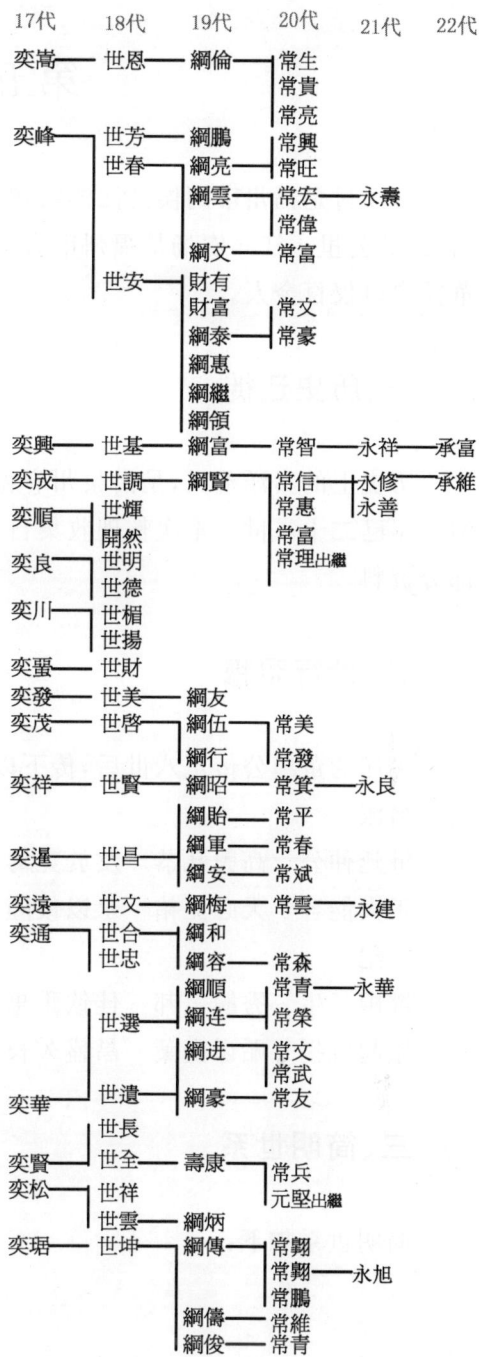

第五节　秦洋董氏

秦洋村是福州市闽侯县江洋农场彭湖村的一个自然村,行政区域属闽侯县荆溪镇,离福州市 45 公里。江洋农场是福州市农垦系统耕地面积最大的农场,其中秦洋自然村目前在籍董氏户口仅百余人。

一、历史迁徙

历史上的秦洋董氏,是由泉州府德化县土楼的董绰迁徙侯邑五十三都秦洋,居住至清同治四年已二十二世。本次整理收集自秦洋董氏族谱同治四年编撰,又经民国年间重新整理的部分资料。

二、世行昭穆

秦洋的董绰公传至八世后,传下以下名派字纪:

名派

世廷仲公	高舆孔恭	友於克笃	肇发开宗	光荣守道	存孝秉忠	宜其吉庆
正大能容	天必见祐	永以攸隆			

字纪

继国子生	秀毓孟邦	佳钦雅惠	超萃承恩	顺和自乐	厥祚乃绥	文章焕彩
振起宣扬	贻谋奕葉	昌盛久长			

三、简明世系

简明世系如下:

世系图（1代—13代）：

- **1代**：绰公
- **2代**：舆郎、三郎
- **3代**：天保
- **4代**：叔元、叔享、叔利、叔贞
- **5代**：华；富、满、寿、住、贵、佛；浩、荣、玉、堂、全、福、宁
- **6代**：凤公；清公、戊公；添公、永公；元公、辉公；明公；定公；鑑公；晏公、容公、德公；潮公、泰公
- **7代**：文煜、文耿；文宣；文宝、文焕；文凌、文耀、文灼、文娃；文寿；文汉；文泮；文泽、文政、天赐；文好、文恩；文荣、文赟、文益、文柏
- **8代**：世坚（随母迁出）；世升；世旻；世显、世昆；世兼、世陞、世垒；世垦；世轩、世景；世隆、世槛、世楬、世标；天珠、天成；世应、世志；世遇、世进、世达
- **9代**：廷玥、廷玹、廷廣；天养；天琚、天璋、天琛、天琪；廷铭、廷铎、廷锦、廷镜、廷钱；廷元、廷立；廷禄、廷与、廷举、廷学；廷瑞、廷环、廷珪、廷璋、廷琦；廷京、廷景
- **10代**：仲安、仲贵；仲明；仲绍；仲盛、仲贵、仲富；仲英、增公、明公
- **11代**：公蔿；公芝、公华、公茂、公著、公普；公选、公授；公望；公祐、公明；公麟；公钦；公聘
- **12代**：岫高、岐高、巍高、万高；嵊高；振高、翼高；峻高、屿高；崇高；嶂高、岩高、岨高、峤高；文高、武高；长高；拨高
- **13代**：与诚、与崇、与端 ①；与信、与恩；正元、与光、与馨、与维、与登；与静；与祈、与振、与期；与容、与统、与钢

世系图（13代—17代）：

- **13代**：① 与崇
- **14代**：孔侣；孔立
- **15代**：恭谟、春官；恭诗、恭议、恭乐
- **16代**：友龙、友进
- **17代**：於受、於祈、於善

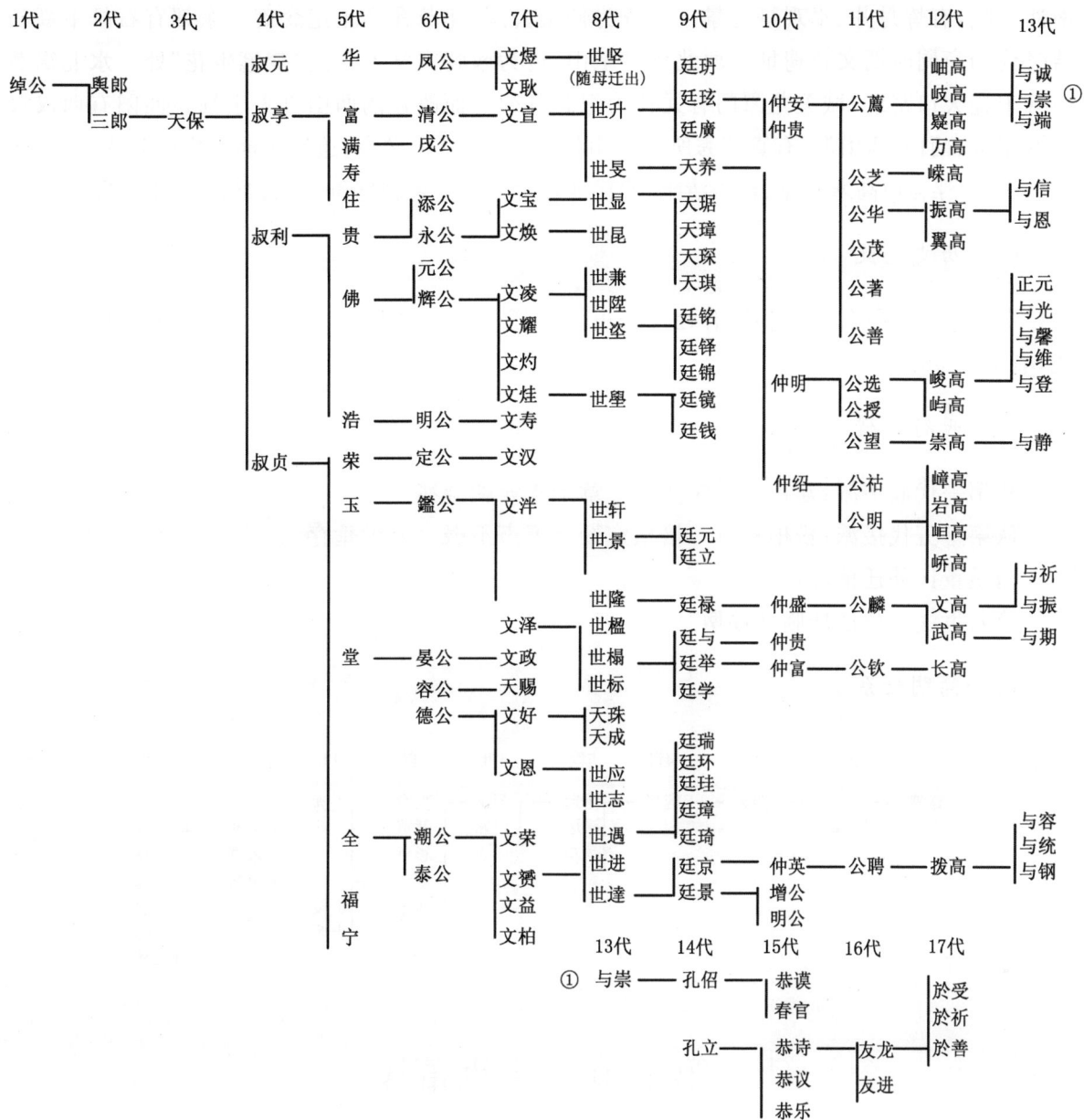

第六节　浦城董氏

　　浦城县，地处闽浙赣三省七县（市）结合部。是福建的北大门，也是福建省仅有的两个地处三省结合部的县之一。

　　秦属闽中郡，汉始元年间设冶县。东汉建武年间改冶县为侯官，东汉建安年间置汉兴县。三国永安年间改吴兴。隋开皇年间吴兴并入建安县。唐武德年间置唐兴县，天授年间改名武宁，神龙年间复名唐兴，天宝年间定名浦城。

　　浦城为国家商品粮基地（素称"闽北粮仓"），福建边境贸易重点县，省林业重点县，李、柰、莲子、绿茶生产基地之一。浦城还是全国四大香料基地之一。

　　浦城城区东隅有仙楼山（越王山），闽越王余善曾筑烽火台于山巅，设行宫于山麓，清代设

南浦书院,有炼丹井、卓观亭等景。今辟为仙楼公园,建革命烈士纪念碑。东郊有石排下新石器时代和商周时期文化遗址。西北郊梦笔山,传为南朝文学家江淹"梦笔生花"处。水北街黄碧有宋瓷大口窑址,城关龙潭门有元代为纪念真德秀而改建的西山真夫子祠。仙阳有西汉汉阳城遗址,西山(西山源)有真德秀所建西山精舍及睦亭(衍义亭)遗址。渔梁山曾列入"天下十大名山"。浮盖山高寒仙雅、奇秀清幽,明代地理学家徐霞客曾盛赞仙坛、龙洞、大池之胜。

(一)历史迁徙

郡望:为太原郡。清初时,有廷槐公由汀州迁徙浦邑之西乡永平村。浦城董氏传至十六代,有人口56人。

(二)世行昭穆

从第一代起字派:廷正登科应法日　章士永元朝金兆
从第十五代接派:松柏长青　培植宜勤　家声丕振　万世垂存
浦城董氏外迁情况:
第六世法达公迁居临江徐墩

(三)简明世系

1世	2世	3世	4世	5世	6世	7世	8世	9世	10世
廷槐	正宜 四宜	四公	应琪	法远 法达 法元	日亮 日新	宪章 斐章 彩章 罗章 荣章	士秀 士俊 士明	永富 永贵 永亮 永芳 永泰	元志 元章 文有 文春 文清 文銮 文林

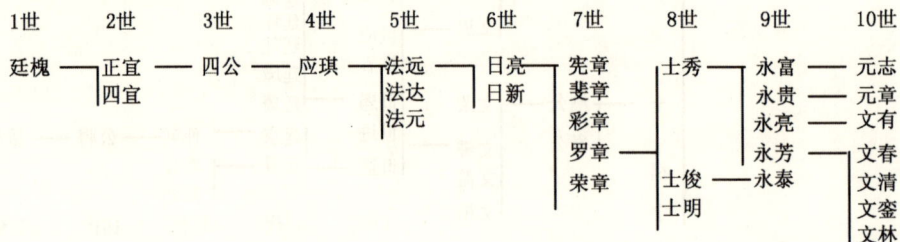

第七节　建瓯董氏

建瓯市位于福建省中部偏北,建溪上游,简称芝城,是福建省陆地面积最大、闽北人口最多的省辖县级市。随着交通格局的改变,建瓯南与福州市成为省城经济三小时经济圈的辐射城镇;北与上海、浙江等长江三角洲经济区的经济交流空间一起,成为福建沿海与长江三角洲经济区陆地交通的连结点。建瓯市辖玉山、小桥、南雅、东峰、东游、小松、吉阳、房道、徐墩、迪口等10个镇,川石、龙村、水源、顺阳4个乡;芝山、建安、通济、瓯宁4个街道。地处闽西北中低山丘陵,属武夷山东延余脉。土地肥沃,物产丰富,素有"金瓯宝地"、"绿色金库"、"竹海粮仓"、"酒城笋都"之称。

建瓯历史悠久,素称八闽首府,殷国首都、闽国古都。是一座有着1800多年建县历史的省级历史文化名城。"福建"之名即由福州、建州各取首字而来。有3000多年文字记载的历史,宋绍兴三十二年(1162年)改建州为建宁府,是福建历史上最早设置的府。1913年撤府,并建安、瓯宁两县为建瓯县。有福建历史上年代最久、规模最大,被誉为"南有开元、北有光

孝"的光孝禅寺。历史上出过1154名进士、6名状元、10名宰辅大臣,是中国历史上出千名进士的十八县之一。李刚、陆游、辛弃疾以及世界著名旅行家马可·波罗等曾驻足建瓯,并留下赞誉。

董氏人口在建瓯市是小姓,如今建瓯董氏人口有500多人。主要分布在玉山、川石、芝山、徐墩、迪口、南雅、小松、东游等地。

建瓯董氏主要有玉山、芝山、川石、徐墩不同支系,其中玉山支系人口最多。据传芝山董氏主要是由长汀迁来,族谱在文革期间被烧毁;川石乡董氏主要来自松溪或武夷山。

建瓯市玉山镇岭后村峡头自然村董氏人口最多,其中南雅、小桥董氏主要是由玉山迁出的。玉山董姓族人原住建瓯市玉山镇岭后村峡头自然村,该村位于建瓯、古田、屏南三县市交界处,常住有董、吴两姓,共有百余人口。

根据族人历代口头相传,说我始祖有兄弟三人,在明朝年间为避难逃至福建建阳一带,但还是不断遭到仇人追杀。为保活命,免遭灭门之祸,兄弟三人在某年的正月初五将讨来的粳米果切片煮汤共餐后,议定三兄弟今后改名换姓,各奔东西。祖堂为"陇西堂"不变,老大保留原姓董,老二改姓李,老三姓彭,并且代代相传正月初五必须吃果汤以示纪念,切勿忘记。今后李、彭两姓有同样祖训便是同宗。老大董姓当时逃至小桥大丘,后又转到玉山峡头,至今已有四百余年。现时我辈在建瓯区域内有遇到李、彭两姓有正月初五煮果汤之传说,且同为"陇西堂"者,表明四百年前是一家,感到非常亲热。

据父辈说,约在1930年前后,由于峡头地处三县交界的深山老林三不管地带,土匪活动猖獗,常常洗劫村庄,房子、族堂遭劫被烧,无法居住。故在1930—1934年间,村民大量背井离乡外逃谋生。我祖第十七代长凌公携妻带女逃到玉山镇东山村,董长治公逃至玉山镇玉山村,董长瑞公逃至小桥富井村,董长相公逃至小桥西培村。发展至现在,峡头现有董姓10户63人,玉山9户31人,东山7户42人,小桥富井4户19人,上屯4户17人,甘元村3户11人。原籍是峡头的共有183人。

根据近几年的专访,结合清明节扫墓时考查墓碑,四百余年来在峡头的董族排辈如下。

前十代排辈

1世	2世	3世	4世	5世	6世	7世	8世	9世	10世
		(奶)	(德)	(知)	(孙)	(招)	(文)	(乃)	(诸)

中十代排辈

1世	2世	3世	4世	5世	6世	7世	8世	9世	10世
(圣)	(锡)	(海)	(上)	(大)	(仁)	(长)	(发)	(其)	(祥)

我本人为中十代的第八代"发"字辈,以我为例,如下:

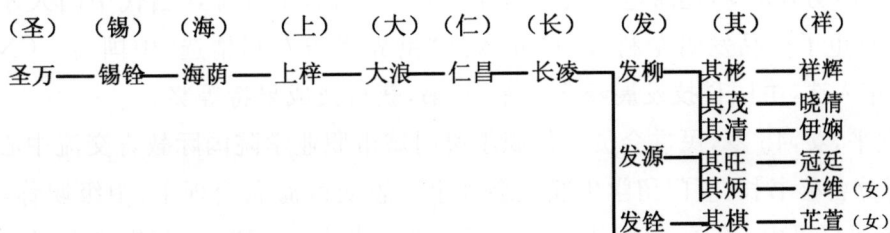

（圣）　（锡）　（海）　（上）　（大）　（仁）　（长）　（发）　（其）　（祥）

```
圣万——锡铨——海荫——上梓——大浪——仁昌——长凌┬发柳——其彬——祥辉
                                              │        其茂——晓倩
                                              │        其清——伊娴
                                              ├发源——其旺——冠廷
                                              │        其炳——方维（女）
                                              └发铨——其棋——芷萱（女）
```

下十代排辈

1世	2世	3世	4世	5世	6世	7世	8世	9世	10世
（家）	（德）	（沐）	（世）	（泽）	（信）	（行）	（忠）	（诚）	（孝）

（此十代为现在发字辈兄弟共同选择告示本宗族执行）

（玉山镇岭后村峡头自然村董氏简介于2013.6.3由董发源提供）

徐墩镇徐墩村、横丘自然村、佘厝自然村的董氏的始祖是其瑞公原居建阳城外董家岭岭下村,生四子,长暨保、次暨护、三暨庇、四暨佑。明永乐末年瑞公与赖氏相继而亡,护、庇、佑兄弟移瓯邑,至今已延发20多代。其世系图如下:

建欧董氏世系圖

1世	2世	3世	4世	5世	6世	7世	8世	9世	10世	11世	12世
其瑞	暨保 暨護 暨庇 暨佑	沉香 檀香 （原居建陽）	榮貴 榮富 榮華	和麟	明嵩	大財 大壽止	惠泰	奶賢 奶仲 奶勝	光望 光宗 光智	正陽 （入繼）	顯灼 顯懋

12世	13世	14世	15世	16世	17世	18世	19世	20世	21世	22世	23世
顯灼	子鈴	汝梅 汝楸	林樟								
	子鉦	汝楫 汝霖	林旭	家長 家榮	道松						
顯懋	子釗	汝槙 汝松 汝芳 汝圓	林丹 林翹	家信	道旺						
			林芎 林火	家根	道輪						
	子欽	汝鎧 汝沛	林鐘 林桂 林棵	家聲 家森	道森						
	子鏐	汝芳	林煜 林壽								

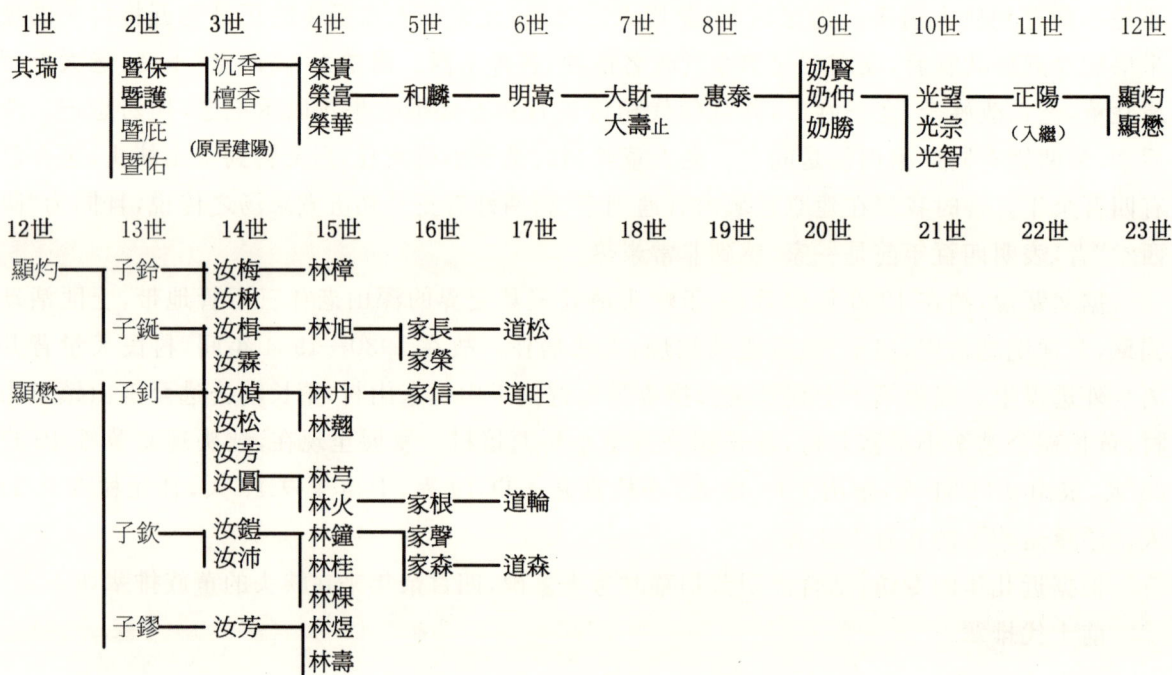

目前建瓯籍董氏族人有612人,153户。其中事业有成的有:

1. 董德明,男,建瓯电力公司经理,电力部优秀企业家,全国劳模,高级工程师,党员,（79岁）。为电力事业做出特殊贡献,多次获得省地市级奖励。

2. 董钿,男,56岁,福建省电力研究院院长,高级工程师。毕业于清华大学水电工程系,党员。为电力事业做出重要贡献,多次获得国家级先进奖励。

3. 董永沛,男,59岁,建瓯电力公司电子电器厂厂长,工程师,《当代中国人才库》名誉主编。荣获多项电子产品发明专利,1996年入选"世界优秀专利精选"中国卷。CN级论文30多篇,2003年入选《中国科技发展经典文库》一书,获科技成果特等奖。

4. 董立平,女,45岁,民进会员。任职于厦门城市职业学院国际教育交流中心,省留学生同学会特区分会秘书长,厦门留学生联谊会理事。思明区海联会理事,中级职称,CN级论文15篇。有英语口语中、笔译,组织能力等特长。多次担任厦门"9·8"投洽会,厦门电视台英语翻译。2011年获十五届投洽组委会发"优秀翻译志愿者"奖（优秀率5％）。

5. 董立和,男,47岁,工程师。任职于建瓯建行,建瓯市劳模。1998年起多次获省地市先进工作者称号。2006年9月作为劳模代表的特邀嘉宾,参加"中国中外名人文化研究会"在北京人民大会堂举办的《知荣明耻——共和国建设先锋人物国庆座谈会暨国庆庆典》。

6. 董立安,男,49岁,党员,中级职称(一级评茶师)。任职于建阳市漳墩镇镇政府。长期从事白茶的种植,生产研发销售工作,为建阳白茶事业做出特殊贡献,多次获得省地市级科技产品优秀奖。

7. 董黎晖,男,48岁,医师,党员,建瓯订丁皮肤病医院副院长兼党委书记。长期从事皮肤病的临床医治研究工作,CN级论文11篇,为皮肤病人的康复工作做出贡献,多次获得省地市级的先进奖励。

建瓯董氏人口分布

总计	东峰	东游	顺阳	川石	小桥	玉山	迪口	南雅	徐墩	吉阳	小松	建安	通济	芝山
455	2	20	2	72	31	125	23	21	39	15	11	23	11	58
524	6	21	69	46	118	30	11	40	24	18	2	5	7	

第八节　福清董氏

福清,简称融。唐初境内为长乐县地。唐圣历二年(699年),析长乐东南太平、感德、崇福、山亭、孝义、万安、长东、永乐八乡置万安县,隶于泉州(今福州)。天宝元年(742年),福州改称长乐郡,万安县改名福唐县,隶长乐郡。乾元元年(758年),长乐郡复称福州,福唐县隶福州。元和三年(808年),长乐县并入福唐县。元和五年(810年),复析出置长乐县。五代后梁开平二年(908年),福唐县改名永昌县,隶福州。后唐同光元年(923年),复名福唐县。长兴四年(闽龙启元年,933年),以"山自永福里来,水自清源里来,会于治所",乃改名福清县,隶长乐府,延用至今。1990年,拆县改市改为福清市。

福清有许多名胜古迹,城东南郊有烈士陵园和明建瑞云塔,宋建、明修的龙山祝圣宝塔(水南塔)。城内官驿巷豆区园为叶向高花园兼书院,有花岗石屏"闲云石",利桥街"黄阁重纶"坊,浮雕精妙传神。海口宋建龙江桥为我省现存结构最完整的古代梁式石桥。"雅胜石鼓"的石竹山景区,山、水、林、石、洞、寺兼胜。海口瑞岩山下元造弥勒石像形神兼备,为福建最大的佛教造像。东张灵石寺历史悠久,规模宏大,结构严谨。

福清市现居住有董氏族人1530多,主要分布音西镇西楼村、林中村、渔溪镇苏田村荔枝兰、后兜厝。经过多次与董氏宗亲的联系调研,取得以下基本信息。

福清音西镇洋埔西楼村有董氏人口300多人,根据西楼董氏宗亲反映,原先长辈都会说闽南话。但源于何处无从考证,只有留下董氏世次排行。乾隆壬丙本祖厝亥己兼壬丙,续立表字:

光侯蛮世考友承宗　绪经传清文義忠信耀

新摆表字

汉代贤良永昭祖训　明朝理学克裕孙谋

（渔溪镇苏田村荔枝兰、后兜厝尚未获取详细信息。）

与洋埔西楼村分处在福清清荣大道两旁的是音西镇林中村，林中村董氏先祖由垅西冉桥（祖地待查）南迁长乐郡海口（龙江）东埔村，称龙江董。明嘉靖二十四年（1545年）十一月中旬，冬至前夜，倭寇入侵福清海口地区，百姓四处逃难，董氏家族由天字辈世祖连夜随带家人逃往福清县西门外西南墩村（由于墩上松林茂密，后来改为西林中），投亲母舅林氏大厝底逃难，居住至今。

现福清市音西林中村有董氏206户1054人。董氏家族，从海口迁入福清西门外林中村，至今已繁衍15世，现诚字辈为最大辈分，可字辈为最小的辈分，已是六世同堂。

林中董氏世系排行字辈：

乳名：天宗风庆　时启祯祥　明诚至性　维德可长

　　　仁能行道　乃业焕章　娜尹夫仕　丕绍书香

表字：人学子昌　振起贤良　敬恭礼让　忠孝协全

　　　修齐佐理　纪大纲强　孟仲叔季　赞承永扬

清道光辛己至庚戌年间（1821—1850），风字辈兄弟建造董氏宗祠，已有200多年。民国五年曾修理一次。

抗日战争和解放战争时期，董氏祠堂成为福清西区地下革命老区游击队联络点和活动会址。在抗日战争时期就有闽中司令部黄国璋、沈祖澄、沈祖霞、戴教温等到林中祠堂宣传、发动群众，号召有志青年参加抗日游击队。在他们发动下，林中村董诚兵、董诚和、董至基等同志加入闽中游击队，为抗日战争做了大量工作。

解放战争时期，后为首任闽侯专署专员陈亨源和福清县委书记沈祖澄、沈祖厦等经常到林中自然村，在董氏祠堂召开会议，开展减租减息和反霸斗争的宣传发动工作，并组织群众参加地下革命活动，使闽中游击队得到壮大，革命斗争蓬勃发展。

1949年3月，中共福清县委书记沈祖澄以及戴教温派遣董至基回乡成立西林中地下游击分队。33位有志青年加入游击队伍，董爱恩为队长，林友添为副队长。同年4月成立地下党支部，任命董至基为支部书记，董爱恩为组织委员，董诚兵为宣传委员，林友添、翁进财为军事委员。

1949年8月，音西游击队分队积极配合中国人民解放军解放福清的军事行动，并派董诚流等二位为解放军带路。

解放后，董氏祠堂成为音西乡人民政府办公地址。人民公社化时，董氏祠堂又成为音西公社敬老院院址。2000年，董氏祠堂被房地产商征用拆除。2013年自行重建。

林中董氏在清道光年代出拔贡一人，清末出董午父子两秀才，民国期间有董诚全任古田县代县长。解放后，有董至铭、董至郁、董至祥、董性俊、董晓航等族人，曾任福清市政府、乡镇政府科长、主任、科员等职务。有大学生10多人、大中专生30多人，研究生一人。

林中董氏原族谱已于文革期间遗失，以上是董至述宗长根据族中老人回忆及原记林中董家宗祠对联整理。

第八章　八闽董氏外徙支系

第一节　闽粤董氏源流支系

一、董姓最早入潮开基地董坑董氏

(一)历史迁徙

两晋年间,随着中原士民的逐渐迁徙,中原文化逐渐向东南沿海地区传播,古称"蛮荒"的闽粤地区得以逐渐开发。汉文化和越文化逐渐同化、融合,得到新的发展。南迁的中原董姓,带来先进的生产工具和技术,为开发南方作出贡献。

后晋入潮,随着闽江流域经济的繁荣和闽南晋江流域的初步开发,闽中、闽南、粤东的联系日渐密切。东晋后期,始有迁居闽中、闽南的董姓士民进入粤东,选址、定居于澄海南峙山北麓一带。依山傍海,创祖开基,逐渐形成村落。遂以姓名村,称"董坑"。

唐贞观(627—650)年间,社会安定,经济繁荣。至唐代中期,南方沿海出现了很多商贸兴旺的集市。

商贾云集,地处大南山北麓的峡山,商业日趋繁盛。各种南方特产,由陆路、水路货运至潮汕乃至国内各地。时有世居海隅的澄海董姓,颇具商业意识,不愿老死蓬蒿,始迁至峡山、和平一带。开基创祖,蔚成大族。

一千多年来,潮阳董姓柯枝蔓延,桐叶繁茂。据统计,潮阳现有董姓约10000人,分布于棉城、峡山、贵屿、司马浦、和平、西胪、仙城、谷饶等地。汕头市区约1500人,揭阳、揭东约3000人。蕃衍内地约5000人,旅居港澳台地区及海外的约5000人。

人文荟萃,明世宗嘉靖四十二年(1563年),诏谕澄海设县治,嘉靖帝曾题赐"澄海初开"。当时,董姓人家已先后从南峙山麓迁居至平原地带,散居各乡、村、镇。随着澄海社会经济、文化的发展,董姓或从工,或从商,或从农,或入仕途,舟车船楫,繁衍众多,蔚成族系。

荣获"全国文化先进市"称号的澄海,自古人文荟萃,文化、艺术事业昌盛,文化人才辈出,成果累累。潮汕董姓的发源地——南峙山麓,更是潮汕文化渊源较早的地域之一。至今,澄海有董姓约10000人,分布25个镇(街道),百余个管理区(居委会)。其中,尤以城区、莲上、莲下、上华及东里、樟林等处人数为众。

作为潮汕早期入潮之一的董姓,得中原文化、潮汕文化之神韵,出现了颇多活跃在民间的

艺人、人才及传人、世家。

（二）历代英贤

1957 年，澄海籍的著名潮汕大锣鼓演奏家董峻，随中国代表团出访苏联首都莫斯科，参加第六届世界青年联欢节。董峻演奏了《抛网捕鱼》、《画眉跳架》等著名潮汕锣鼓曲目，把古老的潮汕文化艺术推向世界。褒赞如潮，蕴含着丰富的历史、文化内涵的潮汕文化获得了殊荣。

二、仙都董氏

董氏入潮始祖之一董致政，约在宋元之间，携子董西山从福建诏安县城移居潮州陇上西山（桑浦山后）安家。至明初，住地被朝廷官员指定为墓葬坟地，乡人遭迫迁。加之此地盗贼啸聚，打家劫舍，无法耕种和安居。董西山兄弟四人各自分散逃生，一人流落到澄海创业，一人转徙至饶平安家，一人移居潮安仙都乡创村立寨。仙都董氏裔孙先后分衍潮州市古美、潮安古巷胶塘、庵埠葫芦市、汕头和国内各地及海外谋求发展。

三、官湖村董氏

澄海上华镇官湖村董氏开基祖董大薰，唐末从河南固始县入闽定居。明崇祯十三年庚申（约 1640 年）因避战乱从莆田县迁居官湖，其孙董恂益的裔孙再分衍东里、北湾、龙田、澄城等处立业和开枝发叶。

潮汕董姓人口，据不完全资料统计约 2 万多人。主要集中在潮阳、澄海、揭阳、揭西、汕头等地。以外，潮州湘桥区、潮安金石仙都、古巷胶塘、庵埠葫芦市以及饶平等地也有董姓集居。

四、广东兴宁董氏

始祖董振，原籍福建汀州府宁化县，于宋理宗淳祐年间（大约 1241—1252）以子廷坚封赠大中大夫（从四品），自闽入粤。姚苏氏，生子一廷坚。公生殁失考，同葬兴宁北厢河岭。二世祖董廷坚，字特轩，宋朝明经进士，官任户部侍郎（三品），入乡贤祠。释政后干戈战乱，道路不通，身际时限，无法背父母骨骸返闽。因无归志，遂有贻后之谋，择窑溪湖而居焉（今广东兴宁市宁中镇鹅湖村望江狮渡头）。姚张大君生子一文兴。三世祖董文兴，字豪夫，生于元延祐六年（1319 年）元朝举人，任嘉应州判官（正七品），姚李八娘，生子三，仁禄、仁达、仁福。文兴公为人端伟，家业鼎新，时原居屋常遭水泽，于元至正二十二年（1362 年）辗转至城东乡竹丝湖铁屎岭落居（今宁中镇丝光村）。据传："祖屋对面社子岭脚下乃宁江河支流，水深河宽，过往船只甚多。河岸建有数十家各行业店铺，为了方便装卸，有多处停船码头，水陆交通方便，遂成贾商闹市。尤以打铁铸造业为旺，岭上遗弃堆放废铁渣料（铁屎）甚多，因而取名铁屎岭。公择此闹市建房卜居，阖家易居于此。行商坐贾，谋取蝇利，家雄于资，田连村陌。由此拓展，兴宁且有铁屎岭董屋之盛名矣。"振公入粤落基兴宁，距今已有 700 余年。生齿渐衍，人丁兴

旺,人才辈出。现已传至二十八世,总人口已逾七万人之多,为地方一大望族。因各种原因,振公后裔纷纷向外发展,徙迁各地,迁往广东省内的有梅县、五华、大埔、平远、焦岭、惠阳、惠东、龙川、广州、韶关、南雄等县市。迁往外省的有江西南康、遂川,四川、广西恭城以及香港、台湾甚至南非及东南亚诸国。南康裔孙最为昌盛,其次是惠阳陈江、平潭也发展较快。兴宁董氏已在 1998 年二次修谱,昭显祖德,光照后人。近几十年来,外迁宗亲也经常返乡探亲祭祖,并于 2008 年 3 月 10 日聚各地振公后裔嗣孙成立广东兴宁董氏宗亲联谊会,并在江西南康、广西恭城、广东惠阳、惠州、龙川、五华、兴宁等地成立了七个董氏宗亲联谊分会。加强宗族联系,凝聚宗亲情谊。

五、兴宁东厢董氏

董振第四世裔孙董仁达后裔,居住在宁中镇丝新村铁屎岭,原建只有一厅和数间横屋,仁达公时向上移建,增加数十间房屋及厅堂,形成三进二横屋三天井后坝半圆形增添房屋的大型围屋式建筑群。后来河流改道,逐年淤塞,变成塘湖田地,如今成静谧的秀丽田庄。上董屋是六世祖董永宁后裔居住,下董屋是六世祖董永和后裔居住。东厢董氏现在此居住有 1500 多人,堂号"陇西堂",众厅门联:"陇西世德,冀北家声。"六世祖董永宁、字子常,少志儒业,于明永乐十二年游泮。正统三年岁贡,正统四年授江西南昌府训导,廉正贤明,于 1430 年在广东五华县(古称长乐)齐乐董源村内出资建造一座石拱桥,名为董宁桥。长 15 米,宽 4 米,桥面榫筑石栏杆,获得往来行人及附近各姓邻里称赞,当地乡民受益匪浅。此善举流芳千古,善心可贵,积德有功。七世祖董正生于明永乐二十年(1422 年),三岁丧父,遗母抚养。家贫而聪慧,志坚而心恒,传闻有"法力",号称法千一郎。后官为副断事,升授百户武官(六品)。

东厢董氏后裔,枝繁叶荣,瓜瓞绵延,子孙播迁江西南康、遂川、广西恭城,四川及广东南雄、龙川、惠州,台湾、香港,东南亚诸国。

(一)铁屎岭上董屋

1. 世行昭穆

字辈排列:振坚兴仁武,永暄万琼元。其维昌宇子,朝廷悦兰芳。绍世伟基求,纪盛显文良。诗书传家宝,富裕贵荣华。智勇光祖训,道善孝成名。

2. 简明世系

世系排列:董振——廷坚——文兴——仁达——董武——永宁——董暄——万英——董琼——元定——其谊——维新——元昌——宇成——子英——朝选——廷彬——奕传——清兰——芳林——金福——佛湘——庆昌——燕辉——俊杰……

(二)铁屎岭下董屋

1. 世行昭穆

字辈排列:振坚兴仁武,永正孟璋三,叔应,茂宇子学时,道德开来世。大显家声日,允维克承志。祖训迪传芳,英贤长蔚启。华国树宏猷,鸿名延万祀。

2. 简明世系

世系排列：董振——廷坚——文兴——仁达——董武——永和——董正——孟德——董璋——三谟——董叔——应中——建昌——良呈——子通——学珠——时祯——道才——德星——开辉——丙坤——亮华——海中——选阳……

六、西厢新陂董氏

董振第四世裔孙董仁福，为文兴公三子，字安荣，生卒年失记。姚黄氏，生一子善宗，于明朝年间(1372)携子孙迁往新陂新金(河背永安围)居住。五世善宗，生卒年失记。公葬于凉溪步狗窟，于1988年迁新陂新金永恭围屋背寨顶脑安葬，公姚同墓与六世永恭同碑。姚李氏，生一子永恭。六世永恭，迁西厢下马石堡鲤子圹侧开基，董、刘、李(六世)结拜兄弟，故三姓开基相连。董屋在刘屋左边，犁砂象形，三栋一围龙、左边外横二字，清光绪四年(1879年)重修。生五子：珍、晨、明、常、昂。因人口逐日增多，故永恭长子董珍搬迁至对面永恭围居住，生五子：瑛、琼、珠、璘、璋。永恭次子董晨仍住原地，即现在河背永安围居住，生二子廷儒、廷雍。

（一）世行昭穆

西厢新陂董屋字辈排列：振坚兴仁善，永珍瑛仲文。祥龙习可仕，清达秀南耀。德志昌佑君，豪杰显俊雄。诗书传家宝，富裕贵荣华。智勇光祖训，道善孝成名。

（二）简明世系

世系排列：董振——廷坚——文兴——仁福——善宗——永恭——董珍——董瑛——仲能——文浩——董祥——化龙——习坤——可振——仕元——光前——俊秀——南苑——耀高——清和——龙文——添洪——佑新——焕忠——永强……

（三）历代英贤

永恭后裔十九世南苑、南传、南绵、焕旭官任仕佐郎。

二十二世裔泮文，前任中校副团长，军管会参谋长。

二十三世弥高，黄埔军校毕业。历任团长、副司令。弥廉，军事学校毕业。历任连长、团长、师长、军区司令。

（四）文物遗辉

1. 祠厅，随着人口繁衍，兴建各支房住地祠厅有。

(1)永安围。河背董陇西堂曾二次重修，称为老屋。厅内设有历代先祖神位，族众在此拜祭。

(2)永恭围。岭背董陇西堂曾三次重修，俗称为老屋。厅内设有历代先祖神位，每年永恭围后裔都在此祭拜，大门对联："陇西世德，良史家声。"

(3)笃庆弟。因人口逐年增添，十七世裔孙达芳、达裕在永恭围厅右侧兴建了老新屋，名叫笃庆弟。对联："笃生学士，庆赏丰年。"

(4)司马弟。十八世俊秀后裔南苑兴建一栋三进三横的新屋，下厅横批："高棠升荣。"(四

兄弟)中厅横批:"继志堂。"

两边柱联:继先业而乐未异域廿载经商营生谋愿望,志前模之必绍近屋卜筑间年颇僻庆余堂。

大门对联:"司马护国,马剑镇邦。"

2. 谱牒。始修房谱于清康熙二十七年戊辰岁(1688年),总理董士琼二修族谱于1998年,主编董清梅。

(五)外迁情况

由于家族衍展并逐渐向外迁,其分布为:1. 江西潭口等地;2. 惠州陈江下岗角多祝平潭等地;3. 龙川;4. 叶圹龙坪;5. 新陂红溪桥;6. 广州、佛山、乐昌、河源、五华、南雄、香港等地。新陂董氏现在西厢居住的约有1500人。

七、河源龙川董氏

(一)历史迁徙

1. 董振第七世裔孙董完,有子二,董伦、董仕。于明嘉靖七年(1528年),由东厢铁屎岭徙迁龙川。

2. 董振八世裔孙董能。董能子五,尚明、尚政、尚文、尚质、尚彬。兄弟由东厢铁屎岭徙迁龙川黄石头立业。

3. 董振九世裔孙尚琛。尚琛子二,仕文,仕礼。由东厢铁屎岭徙迁龙川立业。

4. 董振第十世裔孙董法仁,于明嘉靖二十一年(1542年)由铁屎岭上董屋徙迁龙川县车田赤木黄三坳落居。后又迁到车田镇嶂石细螺坑村立业。该地位于龙川县贝岭区五顶乡细螺坑村,有一山形酷似田螺,被称"石螺山"。石螺寨旁斑鸠云集(又名鸠博嶂),山清水秀,鸟语花香,景色宜人。至今已有466年,繁衍至25世共16代人。由于人丁渐盛,族人曾多次徙迁外地(江西、湖南、四川、南洋、广西及广东诸地县),现细螺坑居住人口有100多人。

5. 董振十世裔孙法玉。法玉六子,从礼由东厢铁屎岭上董屋移居龙川。其后裔奉三世祖仁禄后裔伦公为始祖。

6. 董振十三世裔孙茂兰。茂兰子四,宇松、宇柏、宇晋、宇林。由东厢铁屎岭上董屋移居龙川东田。

(二)世行昭穆

龙川董氏字辈排列:从十一世起,心仕朝文廷,书达盛德世。大振家声日,永维克承志。

(三)简明世系

世系排列:董振——廷坚——文兴——仁达——董武——永宁——董曜——兆麟——仲伦——法仁——心德——仕旺——朝琳——文标——廷相——书鹏——达琼——盛鸿——德宗——世沅——悦盐——继安——家烦——文艺——美雅……

（四）历代英贤

龙川董氏自强自信，聪颖好学，仁义善良，勤劳俭朴，人才辈出，代有能人。十八世纪中期，地方传言：车田茅屋年年十八担书笼出龙川，课读业儒，科举仕官使龙川董氏声望大增，如董廷相、董廷富、董启贤、董书鹏、董达远、董达瑄为清朝秀才，董文标、董潮琳、董潮瑄、董文昭为清朝侍郎，

（五）文物遗辉

十七世纪中期，在细螺坑风水宝地牛形山前建有占地面积 700 平方米的董氏宗祠。龙踞牛卧，前面东江支流溪水自东流西，山清水秀，人杰地灵。宗祠上方书"董氏宗祠"，对联："仁义人间，博爱天下。"祠堂上厅"陇西堂"，对联："祖德优良千秋盛，宗枝繁茂万代兴。"厅墙挂有六块"翰林院"等牌匾。

八、惠东铁冲董氏

董振公第十三世裔孙董茂兰，于清康熙年间由铁屎岭下董屋迁往江西南康潭口落居。后因寻食艰难，又回迁兴宁新陂镇蛇子垄居住。还有一支再迁惠东栖居，咸丰年间因清军与太平天国军队交战于惠东董氏所处村庄。清军攻入村后，炸毁房屋，烧杀抢夺，杀人无数。有些人被捉后杳无音讯，全村数百口人丁残遭杀害，险遭灭族，只留下幼小的兄弟俩人，被邻村义母救护收留，幸免于难。义母死后，兄弟俩分别逃至惠东县平海镇和惠东县铁冲镇小屯村落居。尔后兄再携子孙转迁到铁冲小屯村卜居。其兄后裔现在有 40 多人，弟后代有 400 多人，现已传至二十七世。其世系排列：董振——廷坚——文兴——仁达——董武——永和——董正——孟德——董璋——三策——董儒——应君——茂兰……

九、惠州市陈江董氏

董振公十三世裔孙董习瓒，生于明崇祯戊辰年（1628 年）卒于清康熙丙戌年（1706 年），享寿 78 岁。公于清康熙年间带着俩个儿子（良萼、良蕙）由西厢新陂永恭围移迁归善县甲子步保岗围董屋卜居，即现惠州市陈江镇月明村。月明村离惠州市 25 公里，属陈江街道办事处辖区。距镇中心 10 公里，毗邻潼湖镇。当时董姓少，落户迟，扎根困难。该处山和湖泊早被人占领，只有二个小山屋为我祖所有，一间为阳宅、一间为阴宅。尔后逐步发展肇兴，由于当时争抢土地，弱肉强食。为防范外侵，董氏家族在村前围起荆棘、围墙，屋门前挖一个水塘，前水后村半月形包围着村庄。村头村尾筑起土炮楼，形成易守难攻的地势。先人推行以忍为贵，与邻为善，勤俭自强的观念，曾同邻近的童姓、张姓、苏姓结为友好世交。当时我族姓小人单，村落大姓企图侵占我族土地，我族只有内部团结，齐心协力，并得友好邻邦世交的支持，才得以留下现在 1 平方公里土地 600 多人口的客家围董屋。习瓒公在这艰难之时，独具慧眼，认定董氏的兴旺一要靠业儒、科举仕宦，二要靠自强，习武强体。于是在村内办起了学堂、武馆，聘请名师，利用农闲督促子嗣学文习武。十五世董日南，生于清康熙申申年（1704 年），"少时

天性聪慧,勤学嗜读,师长皆目为大器矣"。至清康熙年间中进士,仕官京城,给家族带来极高的地位和声望。其后裔在清乾隆年间特建祠堂纪念。陈江董氏在村内建有三座祠,因年代久远,破旧不堪。2008年春,聚全族子孙商议,筹资、捐献50多万元,修造翻新,便于众族亲清冬祭拜。

（一）世行昭穆

惠州陈江董氏字辈排列:振坚兴仁善,永珍瑛仲文。祥龙习可,南君辉上泰。元肇基达明,英贤传祖训。智勇孝为先。

（二）简明世系

世系排列:董振——廷坚——文兴——仁福——善宗——永恭——董珍——董瑛——仲廉——文滔——董经——科龙——习赞——良萼——日南——君连——秀辉——上龙——熙泰——勋元——致祥——亚沛——后发——木英——玉彪……

十、惠州平潭董氏

董振第十二世裔孙董义龙,生殁失记,于清康熙初年(1665年左右)由兴宁西厢新陂永恭围徙迁惠州归善房坑立业。义龙公为人忠诚,深谋远虑,志量宏伟。当携妻罗氏及二子思尧、思舜,从兴宁掌赶鸭群行至房坑时,见该地背倚狮子岭,面临白洋滩,一脉平川,开阔平荡,沼泽地及溪河边很适应发展鸭群。遂于董屋排卜居,即现在的惠州市惠阳区平潭镇房坑村。姚罗氏,生子二,思尧,思舜。长子思尧后裔移居平潭长江沥,现有嗣孙1500多人。十八世董友南,字刚厚,聪慧敏锐,才思过人,精明谋略,贾商创业,善于盘算,家逾万贯。其后裔于清嘉庆年间在本村白屋仔建刚厚董公祠一座,三进栋、三中堂、三十三间房屋连成一片,是厅、堂、井、廊、院、屋相连,四合式的大型围屋建筑群。在附近方圆数十里内均为最大建筑物。次子思舜后裔仍居平潭房坑,现有嗣孙1500多人,

平潭董氏,地处广东省惠州著名侨乡,义龙公后裔多徙英、美、马来西亚,新加坡及台湾、香港、澳门发展,估计有2000多人移居海外。近年来,海外子孙纷纷回乡省亲,祭拜先祖,加强交流,也慷慨解囊,支持家乡建设和经济发展。

（一）世行昭穆

惠州平潭董氏字辈排列:振坚兴仁善,永珍瑛仲文。钦龙思积朝,馨维亮荣祥。建光昌佑君,豪杰显俊雄。诗书传家宝,富裕贵贤华。智勇光祖训,道德孝成名。

（二）简明世系

世系排列:董振——廷坚——文兴——仁福——善宗——永恭——董珍——董瑛——仲廉——文滔——董维——义龙——思舜——积仁——朝樑——万馨——维宣——亮缙——荣彬——国祥——建伦——尧光——庚荫——清源——庚胜——惠安——斌斌……

（三）历代英贤

十九世董荣彬，清国学生，例赠修职郎。廿世董云祥，九品职员，例赠登仕郎。清时武进士一人，二十一世董其彪人伟高大，习武强体，清同治年间率县乡民众抵抗匪寇，累立奇功，擢升任河源县县官。还有清邑庠生，监生，国学生数十人。

国民革命军团长一人，二十四世董仁添，八一体工大队全国蛙泳亚军。

近代博士生二人，董振生、董振帮。

（四）文物遗辉

历经近三百五十载，建有宗祠二栋，众厅及围屋七栋，堂号为"陇西堂"、"纯嘏堂"，门联："儒宗世泽，良史家风。"

平潭董氏于 2010 年 8 月修纂房谱，倡修：为董炳洪、董根生，主编：为董志良、董贺潜。

十一、博罗小金镇董氏

董振第十四世裔孙董运玉由新陂永恭围涉迁河源柳城居住。1958 年，因筑新丰江水库，后裔迁往博罗小金居住，小金居住的只是一小部分。现有人口 70 多人，还有其他裔孙移居多个地方（迁址不祥）。

十二、惠东多祝董氏

董振第十三世裔孙董爵生子董运通，由新陂永恭围徙迁惠东多祝立业。姓李氏，生子四。孙五、曾孙 12。现有人口 100 多人。

（一）简明世系

世系排列：董振——廷坚——文兴——仁福——善宗——永恭——董珍——董琼——仲仁——文爵——董易——应虬——董爵——运通——启盛——肇横——达才——复万——玉瓒——清亮——奕礼——锦昌——德安——玉麟——宜钦——鉴光——志敏——尚洋……

（二）历代英贤

二十四世董博文，历任长江水利委员会设计局机电处主任，高级工程师。曾获葛洲坝工程国家科技进步特等奖，丹江口升船机全国科学大会奖，河北省科技进步特等奖，惠州市名人录榜上有名。

（广东兴宁董振公派下二十二世裔孙董世恩、董世策敬撰）

第二节　闽赣董氏源流支系

一、宁都董氏

宁都县同乡楂源村《董氏重修族谱》载：董氏于明天启间从福建邵武迁此建村。

二、江西南康衍庆堂董氏

（一）历史迁徙

董振第十三世裔孙董茂彩，字庆昌，生于清顺治丙申年（1656年）十一月十三日巳时，殁于乾隆戊午年（1738年）正月二十九日巳时，享年八十有三。公于康熙甲子年（1684年）带着家小偕继母高氏，及岳父李世科一家、弟茂兴一家等离开居住12世的广东兴宁祖居地，东厢铁屎岭下董屋，一边弹棉养家，一边择地落基，过着游艺的生活。后卜居江西南康鹿鸣乡得俊里长坑孜（今南康市平田乡），到江西时年仅29岁。据其《墓志铭》中记载："公秉性耿介，古道照人，壮岁侧闻岭北与粤接壤，其地民风淳茂，田畴丰腴，可耕可读者。孰如兹壤，为爱偕厥配孺人李氏，卜筑于梅郡康邑之塘江因而家焉。辟荆斩棘，起家治第，操作勤苦。数十年间，阡陌广连，园池杂植，坡塘之利，莫不毕兴，一时富庶之象甲于闾里。诗所谓过洞塞渊者，公殆有焉噫！公亦人杰也。"庆公以弹棉为生，兼勤劳耕作，很快富甲乡里。姻李氏，生子七：宇荣、宇华、宇富、宇文、宇云、宇龙、宇凤；28个孙子，108个曾孙，三百多个玄孙。可谓人丁兴旺，家业勃兴。家业甫定后，公计展拓，则"复敦儒学，延师课读。启沃儿孙，学优而仕"。董衍庆堂宗祠边的"九井十八厅"内石柱上镌刻的一幅楹联："万卷课儿孙，青云有路舒鹏翮；寸心存孝弟，玉树满庭起凤毛。"就体现了这一理念。正如公墓志铭中载："玄孙后裔，今多辈出，书香绎络，绝绝未艾，猗兴盛矣。"由于家庭衍展，生齿日繁，从清乾隆十年前后，各支房派开始由长坑孜扩展到以石孜岭为中心的诸多居住点，并逐渐向外徙迁。较为集中的居住点（至少10户以上）在江西、广东、广西三省。

江西境内则分居在10个城市，仅南康就有32个居住点。现南康董氏"衍庆堂"属下约有2万余人。其分布为：

1. 宇荣公房：上、下雷打坡、洋山下、塘泥窝……

2. 宇华公房：湖草坪、长坑子、下湾、花麦坑、内潮……

3. 宇富公房：牛轭塘、长塘、上寨背、赣州杨梅渡、唐江、凤岗……

4. 宇文公房：下寨背、江霸……

5. 宇云公房：石孜岭拦龙、洋坑孜、窑灶孜、石角、黄竹兜下、狗足眠、喇叭形、麻双东排、凤岗、唐江、朱坊、赣州、宁都、脑高坪、十八塘、江霸、赖屋洞、广东马坝、黄坑……

6. 宇龙公房：石孜岭上屋、大塘口、土墙围、谷屋坑、虾公形、麻双西排、凤岗、赣州、广东

富川、恭城……

7. 宇凤公房：石孜岭马头下、老屋、樟下、板石、凤岗、唐江、江霸、广东马霸、始兴……随着人口的不断增加，民国以来又有不少族人涉迁到江西的信丰、全南、大余、崇义、上犹、赣县、宁都、南昌、新余、广昌及四川、重庆、上海、香港、台湾，还有美国等地居住。

（二）世行昭穆

南康董氏字辈排列：振廷兴仁武，永正孟璋三。习应，茂宇子学时，道德开来世。大显家声日，允维克承志。祖训迪传芳，英贤长蔚起。华国树宏献，鸿名延万祀。

（三）简明世系

世系排列：董振——廷坚——文兴——仁达——董武——永和——董正——孟德——董璋——三才——习甫——应捷——庆昌（茂彩）——宇富——子沧——学成——时宗——道亿——德心——开运——来儒——世立——大彭——显仪——家慧——声亮……

（四）历代英贤

据《董衍庆堂房谱》和《南康县志》记载：董茂彩五子宇云，例赠卫千总；六子宇龙，清国学生。孙子治（董观），温恭克让，秉性嗜学，为清岁贡生。董氏家族开科由公始，此后不断登科。如孙子渭（董勖）1747 年武举人，1752 年武进士。孙了浩（董襄）1738 年武举人；曾孙光（董建斌）1760 年武举人，曾孙学昆（董建华）1774 年武举人，第七代嗣昆德 1902 年文举人。乾隆壬申科进士及第二十余人，乾隆戊午科乡试中式三十余人，科甲连绵，贤才辈出，28 个孙子中，清邑庠生以上的 10 人。十四世到二十四世嗣孙中有 31 人获七品以上官衔，登仕郎、邑庠生、国学生有 200 余人。民国时期二十世董福开，清邑庠生，辛亥革命元老，中国革命同盟会会员，孙中山大元帅府参议，北伐军总司令部高参，中华革命军江西省司令长官、赣军总指挥、江西省保安司令部少将参议，解放后一直在广州政协工作。二十一世董来江，清拔贡，北京法律学堂毕业，光绪殿前小京官（七品），晋中宪大夫（四品），国民政府南康县县长，著名书法家。二十一世董来云，黄埔军校第六期毕业，国民政府中央军某部军官。二十世董来泰，曾任国民政府贵州省第十行政督察专员公署主任，江西社会调查局少将衔负责人，广州市人民政府参事室参事。二十二世董世理，历任第三战区上饶地区某部团长、师长，少将副司令，国民军闽南纵队（集团军）中将司令等。新中国后更是人才济济，仕官代出。

（五）文物遗辉

宗祠族谱是氏族组织的精神纽带，规范族人的行为、排序昭穆的依据，更是宗族社会的主体。

1. 宗祠

建祠筑业：随着人口繁衍，官宦累世，商绅代出，家业殷实。大约在清雍正末年（1735 年）至嘉庆十五年（1810 年）间，南康董氏兴建大宗祠及各支房居住地一大批厅堂建筑群。其中较为典型的有：

（1）茂彩众厅：于雍正末年（1735 年）前后建在石孜岭，是南康董氏最早的一栋众庭。庆

公(茂彩)曾居于此。经三次重修,改名为"三兴堂"。后称之为老屋,厅内设有历代董氏先祖考妣神位。神龛两侧对联:"祖德源流远,宗支庆泽长。"门前塘边高竖四对下马石,雕刻"文官下轿,武官下马",在宗祠修建前,族众多在此厅祭拜。

(2)大塘口董"衍庆堂"宗祠,于清乾隆四十二年(1777年)在众嗣孙的倡议下,集全族之力,兴建规模宏伟的董"衍庆堂"宗祠。祠内檐柱、石柱均刻有楹联,其中正中门联为:"祖德浩荡惯揽桂月映紫府,江都重望班步蟾宫有青云。"还有乾隆癸酉科解元王元题的:"珥直笔于晋廷良史风规高百代,著鸿文于汉策醇儒品德播千秋。"以及"望族重江都三策贯天人之奥,良图建南墅一门联奎壁之光"等。每年清明举祀,族众毕至,跪拜分胙,隆重肃穆。

(3)子瓒众厅:九井十八厅,于清嘉庆五年至十五年间(1800—1810)建在大塘口宗祠旁边。是当地最大的厅、廊、屋组合式民宅建筑群。长39.7米,宽44.59米,面积1770.23平方米。以南北向的中轴四进正厅。各进之间为横竖式天井,起采光通风之用。两边对称又是四门三井七厅。总的为九门(即正面三门,左右侧各三门)、九井十八厅三十八室,形成六个单元,分别为子瓒公六个儿子裔孙居住享用。子瓒——清郡庠生,六个儿子就有五个是清国学生、增贡生、邑庠生、登仕郎。次子学梓,清郡增贡生,例授县丞,敕授修职郎,实授湖北荆州公安县县丞。后敕赠子瓒为修职郎,名下多人仕官。为此家资殷实,方能造就如此气派的众厅。正中门楣石刻有"龙章宠锡",左侧中门为"江都垂裕",右侧中门为"晋乘留芳"。厅内石柱均刻有楹联(有数十幅);如"直笔著三河德宗他年追良史,鸿文超二汉渊源此日继醇儒";又如"直气亘千秋念厥先史开班马,儒声跨独步裕乃后策对天人"等。

(4)学崇、学岚众厅:于嘉庆十五年(1810)左右在大洋坑孜。此众厅为兄弟共有,因而规模较大,结构复杂。房厅为砖木结构,一色青砖灰色,高峻的封火墙更显得昂扬气派,古朴大方,华丽典雅,别有特色。众厅门口空坪上建有戏台,供节日演戏、活跃生活。戏台外面砌有围墙,与众厅连成一体。雄伟壮观的大门门楣书"江都遗范"。为防侵扰、保平安,沿众厅后面小山顶、厅两边至大门前,围起了几华里远的坚固围墙,体现家族在当时的地位和威望。

此外还有七大支房在各居住点的众厅,如子池、学瑶叔侄的土墙围众厅,学梅、学辑兄弟的谷屋坑众厅,学崇公的狗足眠众厅等,都是建成于乾隆四十五年至嘉庆十五年间,在当地形成一大群宏伟壮观的董氏民居宅院。在此不一一累叙。由此可见,南康董氏家族当时的发达程度。

2.谱牒

编修房谱:始修房谱的时间为清嘉庆二十四年(1819),主编是十六世嗣孙署广信府铅山县训道——董学本。

二修房谱:清光绪七年(1881),主编是十七世嗣孙,廪膳生。由军功保奏,上谕即选教谕,以知县升用——董时谌。

三修房谱:中华民国元年(1912),主编十九世嗣孙、清举人——董昆德。

四修房谱:中华民国三十三年(1944年)倡修,二十一世嗣孙清度支部主事,历任南城、金溪等县知事、南康县县长——董来江。修谱总理,二十世嗣孙、中华革命军江西省司令长官、赣军总指挥、贵州第十区行政督察专员兼保安司令——董福开。

五修房谱:1997年倡修,主编二十一世嗣孙、江西赣南师范学院副教授——董源来。编修主任,二十三世嗣孙董大珖。

三、南康（三庆堂）董氏

（一）董振第十三世裔孙董茂新、董茂才兄弟，于清康熙甲子年（1684年）随堂兄董茂彩（庆昌）同迁江右之南墅里卜居（今南康市凤岗、三江口、唐江镇、潭口镇）。董茂新生于清康熙壬子年（1672年），到江西时年仅12岁，妣曾氏，生子二，宇秀、宇积。董茂村生于清康熙乙卯年（1675年），到江西时年仅9岁，妣袁氏，生子三，宇洪、宇淮、宇海。现"嘉德堂"后裔约1500人，徙居在南康唐江、凤岗、三江、潭口等乡镇及赣州市一带。茂材与其兄茂新分家后，随田庄自大塘口迁至凤岗镇蔗山村程塘坑立居，并创建了前、后二进祖厅，直至现在。

1. 世行昭穆

江西南康三庆堂董氏字辈排列：（从十三世起）茂宇子学时，道德开来世。大显家声日，允维克承志。祖训迪传芳，英贤长蔚起。华国树宏献，鸿名延万祀。

2. 简明世系

茂新支房世系排列：董振——廷坚——文兴——仁达——董武——永和——董正——孟德——董璋——三才——习甫——应佑——茂新——宇积——子洧——学万——时珠——道和——德福——开仪——来模——世光——大正——凯琦……

茂材支房世系排列：董振——廷坚——文兴——仁达——董武——永和——董正——孟德——董璋——三才——习甫——应佑——茂材——宇洪——子昇——学珠——时遴——道志——德复——开梁——来结——世亨——大阳——显明……

3. 文物遗辉

茂新、茂材同建"嘉德堂"。

茂新后裔于清光绪辛卯（1891年）年间在唐江圩兴建"道和众厅"，并创立"协和堂"。"道和众厅"是厅、屋、廊，院连成四合式的大型建筑群，其楹联为："道崎路漫荣昌业宗德励后人，和迁善友勤俭家贤才效前辈。"

（二）董振第十三世裔孙董茂盛，生于明万历丙午年（1606年），妣黄氏、杨氏，续妣吴氏，公生子二，宇登、宇发。董宇登生于明崇祯丁卯年八月初七，妣何氏，生子二，子忠、子惠。宇登和子忠、子惠父子在清康熙年间同迁于江右之南墅里（今南康潭口镇土堆背一带），并创立"安荣堂"。子忠（国学生），妣陈氏，生子五，学文、学凤、学彩、学星、学传。文、凤、彩、星、传五公自潭口土堆背迁至茶元村鸦鹊薮落居，并建有祖厅。学彩又从鸦鹊薮迁到潭口松岭上落居，子惠（国学生），妣萧氏生子三，学荣、学华、学熙。子惠由土堆背而卜居三圳口，并创建祖屋。其三子学熙，原名重、字肇熙，生于雍正丁末（1727年）年二月初六，"熙公笃实好学，通晓经诗。赋性刚毅，抱质魁梧，且负有异志"，建业国子监贡元，特授直隶州佐棠荣封三代。释政后，置膏腴之田数千石，并建三进堂。盛公后裔约900人。

1. 世行昭穆

江西南康三庆堂董氏字辈排列：（从十三世起）茂宇子学时，道德开来世。大显家声日，允维克承志。祖训迪传芳，英贤长蔚起。华国树宏献，鸿名延万祀。

2. 简明世系

世系排列：董振——廷坚——文兴——仁福——善宗——永恭——董珍——董瑛——仲

贤——文美——董信——兴龙——茂盛——宇登——子忠——学彩——时有——道垂——
德顺——开远——来洪——世才——大扶——显明——家利——声健……

3. 历代英贤

学熙,原名重,字肇熙,生于雍正丁未(1727)年二月初六,"熙公笃实好学,通晓经诗。赋性刚毅,抱质魁梧,且负有异志",建业国子监贡元,特授直隶州佐棠荣封三代,

4. 文物遗辉

三进堂、六天井、九厅数十间房屋的众厅,各厅堂巷道墙体相连,六排烽火墙昂首相望,古典壮观。庭院门道全用红砂在石板砌嵌,正门门楣为"江都世家"书墨。

(三)董振第十三世裔孙董茂瑞,生殁失考,妣邱氏,生子三,可捷、可杨(宇进)、可荣。清康熙年间,董茂瑞之子董宇进,由广东兴宁县竹藏窝迁至江右之南墅里(今南康市潭口宋塘一带)卜居。其后裔约有150人左右。

1. 世行昭穆

江西南康三庆堂董氏字辈排列:(从十三世起)茂宇子学时,道德开来世。大显家声日,允维克承志。祖训迪传芳,英贤长蔚起。华国树宏献,鸿名延万祀。

2. 简明世系

世系排列:董振——廷坚——文兴——仁达——董武——永和——董正——孟德——董璋——三策——董儒——应君——茂瑞——宇进——子才——学粹——时兴——道城——德祥——开位——来志——世彬——大杨——显贵……

(广东兴宁董振公派下二十二世裔孙董世恩、董世策敬撰)

四、江西遂川大汾董氏

董振第十三世裔孙董文光,龙川法仁公五世裔孙。生于清顺治六年己丑岁(1649年),公与兄长文凤、文荣于清康熙初年(大约1668年左右)由龙川嶂石细螺坑徙迁江西遂川淋洋圩背落居。淋洋地处罗霄山脉,井冈山傍,海拔1400多米,大山深处,山高路险,人烟稀少。兄长文凤,文荣俩人见该地发展有限,遂迁往广西。文光则留守淋洋,后靠承租当地竹山里财主九担谷田发家,开基建宅,娶妻生子。传至十六世又有万通、万达迁往广西,只剩万连留守。十八世从星公英睿仁厚,孝友聪敏,机灵有才,广有人脉,见淋洋竹山里地势险要,人财不旺,久存迁至山外之意。经通晓堪舆的友人指点,于清光绪十年(1884年)左右举家迁至大汾仓下栖居(现遂川县大汾镇双嵊村仓下组)。下山后连添五丁,从星公偕妻陈氏勤劳俭朴,治家有方,先承租田地耕作,并辟荆垦荒,买田置土,植谷种茶。依赖这一方水土,精心经营,繁衍生息,艰辛操劳数十年间,渐家业兴旺,人丁大增。随后家族不断壮大拓展,已有良田300余担,从而殷实富有,誉望乡里。文光公徙迁遂川至今340余年,已传至二十二世。

(一)世行昭穆

遂川大汾董氏字辈排列,依广东龙川从十一世起:心仕道文元,万清从椿树。长永久光前,裕兴隆承志。

（二）简明世系

世系排列：董振——廷坚——文兴——仁达——董武——永宁——董曜——兆麟——仲伦——法仁——心德——仕禹——道二——文光——元康——万连——清远——从星——椿腾——树材——长祥——永明……

第三节　闽浙董氏源流支系

一、望里六板桥董姓

始迁祖董会泉，系福建泉州兴公二十世孙，子富公第四子。原籍福建泉州府沙堤，约于清时入迁平阳县腾蛟明山前。配蔡氏，生子六，长子荣和原居故里，次子明玉徙居江南塘西，后迁居望里六板桥；三子明如居平阳县麻步西村，为西村、赤溪园林岭后之始祖；四子明世徙居渔寮荷包田；五子君伯分居福鼎溪底与七斗岗；六子赞卿分居福鼎岐腰及瑞安高楼及半垟小岭头、山仔头。繁衍成族，后裔分居各地。

二、赤溪小岭头董姓

始迁祖董日华、董日贵兄弟，原籍福建泉州府安溪县二十七都，入迁浙江平阳县亲仁乡二十五都望里金家庄山仔头（今望里镇金家庄山仔头）。二公约于清乾隆年间转迁五十二都小岭头（今属苍南县赤溪镇小岭头村）定居。繁衍成族，后裔分居本县灵溪街路、望里六板桥（近年入迁）、钱库、江山寿山垟心蔡、中墩、赤溪街路、尖礁和上海、福建石狮等地。

三、望里乌石岭董姓

始迁祖董敦荣，系西汉董仲舒六十一世孙，福建汀州董七郎第四世孙、董青峰次子。约于明嘉靖元年（1522年）壬午避倭寇之乱，率经丰、经坡二子由福建泉州府南安县入迁大渔大岙心。不数载，移居苏湖云岭下（今望里镇乌石岭村）定居。繁衍成族，后裔分居本县藻溪繁枝、宜山黄头图、金乡城内、灵溪街、芦浦林家院、龙港街路、新安西社、括山河西、石砰内湖、珠梅岭、安峰、龙沙、金乡底店和金华东乡东藕塘、温州市区、平阳昆阳、杭州泗安粗糠岗、甫山、瑞安飞云、上海南京路、厦门禾山吴村、浦城观音岭、青田白沙、宁波、临海长街丹屿背、象山马岙秦家墩、福鼎四斗、扁潭、盐塘、古岭小岙、玉环县城、坎门、东岙底等地和香港、澳门、台湾以及法国等。

四、繁枝董姓

始迁祖董明宇、董明高兄弟,系董敦荣之孙、董经丰之子。董经丰随父与弟(董经坡)入迁大渔大呑心,其二子由大呑心转徙繁枝定居。繁衍成族,后裔分居各地。

五、括山南垟董姓

始迁祖董质所,与兄董振所、董应所,系福建泉州府同安县二十七都大尖埔尖石董胜回裔孙。公于明末因战乱入迁平阳县十八都后蟠龙,后由后蟠龙移居二十三都将军南垟(今括山乡南垟村)定居。繁衍成族,后裔分居各地。

六、观美凤鹤董姓

始迁祖董肇基,约于明万历年间由福建泉州府安溪县入迁平阳县观美伏鹰(今属苍南县观美镇凤鹤村)定居。配叶氏,生子一,名弼楚。繁衍成族,后裔分居本县观美街、县城灵溪和温州市区、杭州市区、福鼎桐山等地。

七、定海董浩云世系

(一)历史迁徙

2005 年 3 月 22 日外滩画报《人物风流:董建华父亲船王董浩云留在上海的印记》载:"董氏家族源于古代晋国所在的山西,其后北上南下,董浩云一脉到了福建。清末,董浩云曾祖母带着三名幼儿,逃难到了浙江舟山定海。长子、次子相继夭亡,只剩下董浩云祖父一根独苗落地生根。

由于定海是边陲小镇,居民贫困,生意不景气,董浩云的祖父全家迁居上海闸北。其子瑞昌为董浩云的父亲,娶妻陶氏,育有三子两女。董浩云排行老二,原名兆荣。董瑞昌夫妇在上海南市大东门开设了源森玻璃五金号。"

人民网—《环球时报·船王董浩云——父子联手缔造航运王国》载:"董浩云和顾丽真婚后共育有二子三女,他们分别是长子董建华、次子董建成、长女董建平、次女董小平、三女董亦平。"

(二)世行昭穆

董浩云还立下家规,规定由董建华起,子孙名字须由"建、立、中、华"4 个字辈排列下去。

(三)简明世系

瑞昌——浩云(兆荣)——建华——立筠(女)、立均、立新

（四）历代英贤

1. 董浩云，董氏航运集团创始人，世界七大船王之一，被誉为"现代郑和"。董氏航运集团最兴旺的时候，旗下的船只有近 150 艘，载重量超过 1200 万吨，航线遍及全球。

2. 董建华，英国利物浦大学毕业，大学学历。曾任香港特别行政区行政长官，现任十二届全国政协副主席。

第五篇

礼训篇

第一章　家　训

第一节　八闽董氏家训(汇谱新编)

　　早晨起床,洗脸刷牙,打扫厅房。天天运动,身体健康。内外清洁,整齐大方。时间宝贵,工作紧张,休息睡觉,反省思量。尊敬宗祖,春秋祭祀,尽物尽诚。祖茔祖庙,尽力经营。睦我族人,敬老尊贤,有恩无怨。吉凶庆吊,礼意缱绻。孝顺父母,视膳问安必恭敬止,愉色婉容慎终如始。友爱兄弟,孔怀之情,如手与足,劳则同分,财不私蓄。表正子孙,朴耕秀读,诲尔谆谆。斗殴赌博,玷祖辱宗。

　　父母教子女,兄长告弟妹,勿贪钱财勿说谎,戒烟戒赌莫游荡。生活要艰苦,婚丧莫铺张。处处要节约,无事当做有事防。时时要储蓄,有钱应作无钱想。待人要诚恳,做事要有常;态度宜从容,举止要端方。友爱兄弟,孝敬爷娘。妯娌和睦,一家安详。不听闲话,自己有主张;不管闲事,埋头干一场。祸从口出,休要说短论长;病从口入,卫生不可不讲。做过善事,不记心上;受人恩惠,永久不忘。凡事当留余地,得意不宜再往。人有喜庆,不可生妒忌心。人有祸患,不可生喜幸心。善欲人见,不是真善。恶恐人知,便是大恶。见色而起淫心,报在妻女;匿怨而用暗箭,祸延子孙。

　　家门和顺,守分安命,顺时听天,自得至乐。遇困难,不彷徨;处顺境、不夸张。做好事,莫宣扬;做坏事,莫隐藏。人家急难相援助,人家成功要赞扬。口角诉讼,两败俱伤;大家规劝,互相帮忙。不论农工商学兵,都做堂堂好儿郎。谦虚谨慎,立志进步。诚实友善,立志修德。胸怀大局,立志报国。八闽董氏,正谊明道。敦亲睦族,时刻勿忘。

第二节　八闽各地分宗家训族规

一、震龙董氏祖训

　　一训孝顺父母。人之百行,莫大于孝。家庭中有善事父母,克供子职者,理合褒嘉,呈请给匾以旌孝行。

　　二训敬老尊贤。高年硕望,模范具焉,国家且有优待之典,族姓可无推崇之文?今与子姓约,尚敬礼之,毋或敢忽。

三训和睦亲族。子姓蕃衍皆祖宗一脉分支之亲,忍漠外视乎?凡我族人尚笃亲亲之谊,方不愧为望族。

四训勤读诗书。报国荣亲,诗书之泽甚大。凡我子姓有志诵读者,品行文章着力砥励,或列黉序或掇巍科,非特宗祖有光,亦副族人之望。

五训诚实正业。工农商贾各有专业,敦本务实乃克有成。凡我子姓宜执其业,实其职者方为董家令嗣。

六训早完钱粮。钱粮为惟正之供,输纳实臣民之份。凡我族人宜各早完,毋累亲族。

七训疏财仗义。凡我子姓救危助弱,资助贫困族亲脱贫致富者,均应嘉其名,表其彰。

二、琅岐董氏祖德颂

维我皇祖	肇始黄帝
飂君董父	帝顼后裔
豢龙帝舜	赐姓董氏
枝繁叶茂	千秋万世
祖宗功德	代代相嗣
董狐直笔	孔称良史
厥惟纲纪	春秋大义
郁郁名儒	汉唐启迪
德化善扬	诚感天地
宪矩董宣	扼煞宫隶
三国将相	兄弟三奇
晋槐二相	名声剑气
葳蔚香萃	书画文笔
硕望圣贤	德载史籍
琅水源出	范阳派系
宗本功拜	随州刺史
骁将遵海	悦服西夷
宋皇恩赐	世袭殿直
济济后昆	志在英奇
徙植南闽	根生北姬
琅山春长	祖德广披
宝岛建业	庄强不息

(摘自《福州琅琦董氏总谱》)

三、东岱董氏祖训

孝顺父母　敬老尊贤

和睦亲族　勤读诗书

诚实正业　早完钱粮

疏财仗义　节约持家

奋发图强　励精图治

与时俱进　任重道远

忠义仁厚　为人根本

明理是非　立事之本

执中行事　儒家思想

扬善积德　因果所得

（摘自《连江县东岱董氏谱志》）

四、连城城南董氏族规十条

教家之道，千条万绪，非言语文字能罄述。然以身教者从，以言教者讼。为父兄者不可不知，欲求好子孙，未有不自贤父兄培植而来者也。教子之方，要于读书。必能读书乃能明理，能明理始能成器，始能保家，至进取成名。登科、发甲，固视乎命运。然所识科甲中人，其家三世读书而始发达者，十居八九；若先世目不识丁，而其身崛起田间，至登甲、乙榜者，百中仅一二焉。俗语所以有"书读三世发"之言也。兹所定族规十条，皆众立之。故纂而存之，刊之于此，愿与族之子弟，世世共遵守之。或有遗漏及应添立规条，异日重刻时，固可增入。

奉祖先

水源木本，理不可忘。但思身所自来，则由吾父而吾祖，一一追溯，虽十世、百世固不得以为远也。奉先思孝，古训昭垂，帝王且然，况大夫、士庶哉！吾家自远祖以来所立家规：凡先世考妣生日、忌辰，家中必当设祭之礼。岁首、岁除、端午、中秋亦如之。新岁暨清明，必相率扫墓，古人所谓上冢也。各家无论老幼，必当亲诣墓前，行三叩首礼。虽大风雨雪，不得惮劳。此乡族所同，子孙宜永永循守，庶几因时感慕，不至忘春露、秋霜之恩乎。万物本乎天，人本乎祖，但有心知，亦可共明此理也。

孝父母

属毛离里，怀抱恩深；择傅延师，劬劳念切。苟或不孝，禽兽何别。但不孝匪一端，如《孟子》言，世俗所谓不孝者五，大略该之。而好货财、防私妻子，尤为乡俗通弊，不可不以为切戒。至于违犯教令，律有明条。凡子孙于其父母，骂者罪即绞决；殴则斩决，杀者凌迟处死。例禁森严，虽下愚亦当知畏。苟念生我、鞠我、抚我、育我之德，则服劳、致敬、就养无方。天性所流，自有不能已者，何至尚有忤逆哉！倘有不孝之子，合族须预为教戒，俾知悛改。庶免酿成枭獍，贻累族人。

和兄弟

长枕大被，天子且然；让枣推梨，昔人称美。但人家兄弟，当幼小时无不十分友爱。其后

617

之不睦者，大抵因妻子、争财产而已。抑或此贫彼富，有求莫应，若秦、越人之相视。同气参商，半皆由此。夫一父之子，即非同胎共乳，有前后嫡庶之别，亦属一气所生。骨肉至亲，尚成嫌隙，子孙尤而效之，有不破家者乎？堂从兄弟，尚宜和睦，况在同气乎？族中宜互相教戒，共笃友于，则出入怡怡，家风不陨，亦同宗之光矣。

睦宗族

贵贵贤贤，义无偏诎；亲亲长长，分有常伸。凡子姓之分支，皆祖宗之一脉。尊卑之分，秩然不淆。长幼之情，蔼然相浃。喜则相庆，忧则相吊。贫弱之家，富实者宜时周恤之；愚鲁之徒，贤智者时教导之。总以相扶、相助为念。至于尊长，尤不得与卑幼戏谑，致为有识者所笑。此吾族之陋俗，不可不切戒矣。

和乡邻

岁时款洽，谊笃比邻；患难扶持，世称会里。先世以忠厚传家，凡属子孙，务必谦虚乐易，与人无争。不得恃血气以凌人，逞奸诈以滋事，徒害邻里，终累身家。若有不肖子弟，恃强恃诈，或倚仗族人之势，欺侮乡党者，长辈亟戒责尤。宜念睦邻任恤之风，实为古道，待人务从乎厚，处世毋涉乎骄。至于修桥、补路、拯溺、救饥、恤寡孤、劝善教不能诸事，凡有益于桑梓者，量力行之。生长聚族之邦，其亦共有所赖也夫。

教子弟

子弟以读书明理为上，为父兄者必延聘名师，慎择益友，俾得朝夕渐摩，学问有所成就。遇则掇科取第，不遇亦不不失为通人。光前裕后之图，计莫逾此。其有资质不能读，及力不能读者，则为农、为工、为商，即佣雇营生，亦属正业。总当责以勤俭，教以安分，令其学为好人，切不可任令游手好闲，习致败坏家声。至于富贵之家子弟，性质即有琰刘，亦当以师为约束，切勿骄养溺爱，终受必家之富。所谓子孙虽愚，经书不可不读也。

戒习染

习俗之坏人子弟，事不一端。其显者则嫖也、赌也、酒也、烟也，而近年尤有入会、结盟等恶习也。江湖无赖随处煽诱，年轻子弟每为所牵。轻则有玷行为，重则显干法纪，其祸不可胜言。即轻薄之行，狷利之语，戏谑、骂詈、欺诞、狂佻，市井恶少情形，为大雅所深鄙，亦当引为切戒。至于干预词讼，习以为能，亦非立身之道，曷若不人公门之为愈乎。

奖名节

忠臣孝子，代有表章；潜德幽光，岂容湮没？族中如有孝子、悌弟、义夫、节妇，确有实迹未经旌奖者，应由族人备录行状，会众核实，联名举报。或请匾额，或请旌表。斯亦一族与有荣焉之事，不可不知。

慎婚嫁

玉洁冰清，固称佳偶；荆钗布裙，不失良姻。凡族姓为男配，为女择婚，必须清白之家，门

户相当者,方许联姻。不得贪图财物,轻信冰人,不辨熏莸,苟且作合。万一误结朱陈,使日后儿女竟不齿于乡曲,深为可惜。嗣后如有不分良贱,不论可否,与奴隶娼优等为姻者,合族公屏之,不复与齿。

急赋税

践土食毛,自应输赋;急公好义,岂许逋粮。况国家惟正之供,按季征收,如额而止,先后不免。何苦延挨观望,伺候公庭,自取鞭朴耶?凡吾族于本户地丁漕粮各项,须依期投纳。即近年筹饷捐输,亦朝廷万不得已之举,亦不可逾延拖欠。庶催科不扰,门户晏如,岂非乐事?至佃田耕种,亦宜早纳年租。荒歉求减,必须情理相商。族中宜交相劝导,谕以急公。此所谓国课早完,自得至于乐者也。

五、连城城南董氏族禁六条

族禁以下六条,仅就其大者言之,皆断断不可有之事。又如族中妇女,不幸夫故孀居,自宜以守节为贵。然此非可强自他人,惟既经改醮,即非本族之妇,古人所谓"出则与庙绝者"也。虽有子孙,谱中必削其名氏。续修之日,概不许刊入。其余亦概以族禁为准。至于乱宗一事,关系尤重,有载"无子者,许令同宗昭穆相当之侄承继。先尽同父周亲,次及大功、小功、缌麻。如俱无,许择立远房为嗣。".又有"长子无子,次子不得有子"必"于昭穆相当亲族内,择贤择爱,听从其便"之例,是立嗣,总以同宗为准。其乞养异姓义子,以乱宗族者,有"杖六十、其子归宗"之律。吾族四百余年以来,尚未闻有此弊端,自当永远为法。如有螟蛉乞养、出自异姓者,虽不能绝其往来,而其名及所后子孙,则概不入谱。嗣后修谱时,务当严守勿易。倘徇情迁就,即属不肖子孙,必遭祖宗阴殛。慎之,志之。

禁当差

皂、快、壮各班,门子、禁、卒、捕投、仵作,皆统名之曰"隶",例不准考,本族子孙不得充当。违者,屏勿齿,谱削其名。

禁为匪

盗必于诛,窃亦罹罪,诱拐等事,均犯科条,辱宗甚大。族中子孙,不得有犯。违者,预行逐出,屏勿齿,谱削其名。

禁入会

哥老、添弟等名,及江湖放飘、结盟、拈香,皆匪徒所为,显干法纪。族中子孙,不得听其引诱,致罹重咎。违者,屏勿齿,谱削其名。

禁从教

白莲、闻香、灯花等名目,屡奉严禁,皆系妖言,近年尤实繁有徒。或传自远方,或起自内地,总之不可学习、信从。族中子孙,惟宜守孔孟之规,勿为邪说所诱。违者,屏勿齿,谱削

其名。

禁出家

释老之宗，流传虽久，而为僧、为道，则己弃父母，何论祖宗。族中子孙，不得甘于削发易服。违者，屏勿齿，谱削其名。

禁自贱

优伶等诸乐户、生、旦、净、丑、末，均系下流，而娼妓更无论矣。族中子孙，宜世保清白，不得自甘下贱。违者，屏勿齿，谱削其名。

六、龙岩董族十条家规

今将祖祠设立家规十条开列于下：
一曰天伦父母务宜孝顺，不宜干犯。
二曰兄弟叔侄务宜和协，不宜忤逆。
三曰钱粮国课务宜早完，不宜拖欠。
四曰和睦乡邻尊敬长上，不可简慢。
五曰远近坟墓务宜照顾，不可侵夺。
六曰子侄务宜勤耕勤读，不可骄奢赌博。
七曰若有事务，宜投公理取，不可打架。
八曰为人务宜光明正大，不宜诡谲。
九曰弱房务宜相辅，不可以强欺弱。
十曰若无子，务要本宗过继，不许混淆。

七、八闽兴泰董氏家训

先祖安保，征战八闽，功成身退，归隐陇亩。开宗600余载，地灵人杰，枝繁叶茂。历览先贤，或耕或读，或居庙堂，唯其诗书怡情，品高行端，是为不朽。因为此训，诚勉后人。处世立身，修德为先。居庙堂之高，勿恃宠妄为；怀万贯家财，戒骄纵淫逸。时运不济，不堕青云之志。须知"富贵不能淫，贫贱不能移，威武不能屈"，乃先贤之训。一言一行，当每日三省。兼听则明，忠言逆耳，利于修身；乖僻自是，悔误必多，祸及自身。持家须俭约，一粥一饭，常思来之不易；半丝寸缕，恒念物力维艰，所谓"静以修身，俭以养德"。忠孝系立身之本，勿论官盛位卑，常怀报国之心，济世之志。"老吾老以及人之老，幼吾幼以及人之幼"。万事和为贵，居家宜邻里团结，兄弟友爱，夫唱妇随，婆媳和睦，父严子孝，母慈幼贤。仁义乃处世良方，外出勿饮盗泉之水，勿贪意外之财，勿恋风花雪月。待友宜诚信为本，视为手足，知恩图报。读书为成才之路，纵观族内俊彦，皆倡诗书以至闻达。"读书可以医愚"、"知识改变命运"系至理名言，后学须志存高远，敬重师长，珍惜光阴，潜心攻读科技知识。书山学海，唯勤为径，唯苦为舟。十年寒窗，终有一跃龙门之时，"双凤齐飞"，更期后学发扬传承。诚如是，则千秋万代。

"卧虎家声大，陇西世泽长"。谨为此训，以勉后人。

董智怀

己丑年九月

八、杭川横南董氏家规（光泽）

孝亲敬长之规

孝顺父母，尊敬长上。百行之首，万善之原。人能得此道，天地鬼神相之，亲戚邻里重之。凡有父母兄弟在前者，不可不及时勉旃。

隆师亲友之规

凡家素清约，自奉薄然，待师友则不可薄也。不可因己无成而不教子也，不可以家事匮乏而不从师，务要益加勉励。则所闻者尧舜周孔之道，所见者忠信敬让之行，渐摩既以身，日进于仁义而不自知也。若为利所使，违弃师友，则与不善人处，所闻所见无非欺诬诈伪，奸盗邪淫之事，身日蹈于刑戮而亦不自知也。言之痛心，各宜自省。

待人接物之规

凡与宾客及尊长、卑幼、君子小人相接，仪节固有不同，咸不外乎敬而己矣。若待尊长必须言温而貌恭，情规而意洽，尊长或我爱，益加敬谨可也。待卑幼又在自敬其身，苟能尊严正大肃矩整规，则为卑幼者修饰畏惧之不暇，孰得而上犯之耶？一或琐碎亵狎，便无忌惮。

鞠育教养之规

古有胎教，凡妇人妊子，寝不侧，坐不偏，立不跸，不食邪味，割不正不食，席不正不坐，目不视邪色，耳不听淫声。此道也，今之妇人乌得知之夫？予与之言。

节义勤俭之规

节义之人，凡天地正气所钟，光祖宗荣亲族莫大乎是。后世但有男子伏义而穷，妇人守节而苦不能自存者，岂可不为之虑而使之失所耶？合族俱当义处资级，以成所大美，不得轻慢靳啬。勤俭成家之本，男妇各有司，男子要以治生为急，于农商工贾之间务执一业，精其器具，薄其利心。为长久之计，日用所需，当量入为出，慎勿侈靡骄奢，博弈饮酒，自就荒淫而废正务矣。妇女夙与寝黾同心，执麻枲治彩织纴组纫，以供衣服，不事浮华，惟甘雅洁。凡有重务，兄弟姒娣分任其劳，主妇日至厨房料理简点。如此，则衣食常盈而先业不坠矣。

出处进退之规

人生天地之间，闻智愚不肖固有不齐，或出或处，或进或退，要当以古人为鉴，斯无咎矣！

保守身家之规

　　保守身家之道无他焉,第一不可奸骗人家妻女,第二不可赌博宿娼,第三不可拖欠包揽谋侵欺钱粮,第四不可炼药烧丹攘窃诓骗,第五不可强横健讼、斗狠逞凶及杠帮教唆,生事害人;第六不可交接无籍之徒,花哄游荡,不务本等生理及纵容尼姑卖婆于内室往来;第七不可傲人慢物、好胜夸能、逆理乱伦骄奢淫佚;第八不可为贪心所使,专行峻险之途。吾人能依得此诚,每日战战兢兢,循规蹈矩而行,则上不玷祖宗辱父母,下不虐妻子害亲邻朋友。日无人非,幽无鬼责,一家安乐,为何如哉!

第二章　祭　文

第一节　董仲舒诞辰 2200 年公祭祭文

2009 年 11 月 8 日,岁在己丑,节届初冬,董公仲舒诞辰二千二百周年,景县人民、海内外宾朋、各界代表、董子后裔,怀崇敬之心情,以鲜花、清酒,致祭于汉江都相、胶西相,明广川伯二圣先师墓前。其辞曰:

> 董公仲舒,世居广川。少治春秋,三不窥园。
> 下帷讲学,桃李满天。三策应诏,大论精湛。
> 罢黜百家,儒术独占。革新更化,一统江山。
> 天人合一,刑德相兼。薄赋重教,民利为先。
> 泱泱神州,六十华诞。改革开放,科学发展。
> 巨龙腾起,地覆天翻。湖城衡水,三年巨变。
> 古条景州,崛起率先。故里广川,百舸扬帆。
> 仰我先贤,秀木高岸。圣人懿德,华夏恒念。
> 学术研讨,真知灼见。传承文明,长河巨澜。
> 聚力凝心,和谐构建。同兴伟业,宏图大展。
> 为祈为祷,伏惟尚飨!

第二节　福建省首届董氏祭祖恳亲大会祭祖大典祭文

2007 年 11 月 17 日,岁在丁亥,孟冬十月,于福建省首届董氏祭祖恳亲大会召开之时,华夏董氏后裔聚汇东海之滨福州琅岐岛,高奏和乐,鸣钟击鼓,礼炮齐放,谨奉花篮、馐肴清酒,敬献恭祭我董氏先祖之灵曰:

维我皇祖,肇始黄帝。飂君父公,帝顼后裔。豢龙事舜,帝赐董氏。永开千派,子孙繁衍,千秋百世。历代播迁,九州大地。宗功祖德,代代传继。悠悠英才,层层迭起。狐公直笔,文赞正气。孔称良史,无惧权势。厥惟纲纪,春秋大义。郁郁醇儒,明道正谊。汉起宋兴,圣学启迪。天人感应,华夏统一。宪矩宣公,扼煞宫隶。三国将相,兄弟三奇。晋槐二公,名相剑气。骁将诲公,悦服夏夷。元政二公,威震倭敌。葳葳荟萃,昌公画笔。硕望至贤,德载史籍。

欣逢盛世,巨龙腾起。承传家风,泽被大地。神州创业,庄强不息。共建和谐,大同广被。

振兴华夏,鸿鹄明志。

伏维尚飨,为祷为祈!

第三节 八闽各地董氏分宗祭文

一、太尉公墓十九日完竣永宁诸叔侄会同致祭

将此祝文开列于左,以垂诸后世:

(一)祭太尉公祝文

维嘉庆八年岁次癸亥年腊月朔越十九日,裔孙谨以庶馐致祭于太尉公之神曰:惟我始祖,贤里兆基,忠义传芳,世世相贻。银青柱国,佑启孙支。受封伯爵,益耀门楣。郡马尚书,累代踵起。郎中主事,由父及儿。恩赐祭葬,茂山不移。历来元明,沿及清时。集诸孙曹,用是修治。穴仍旧迹,形焕新奇。从兹昌炽,簪缨是期。时值嘉平,敬荐菲仪。先祖有灵,鉴此私惟。尚飨!

(二)祭后土神祝文

维嘉庆八年岁次癸亥腊月朔越十有九日

主祭弟子,谨以果酒牲帛之仪,致祭于后土之神,曰:相彼茂山兮,层峦耸峙,司土有神兮,永绥无既。福而有德兮,惟期默庇。佑我先灵兮,无时或离。土功更新兮,庶几昌炽。神灵益显兮,自堪企配。报靡涯兮,聊申微意。自兹永远兮,护持无异。

尚飨

二、连城董氏族谱告竣祭祖文

维 2004 年,岁次甲申新正月庚子朔日吉时,主祭董启明率众裔孙代表:董炎星、董永济、董启宝、董书声等。

谨以香帛牲醴庶品之仪,恭祭于文川桥老屋厅,陇西郡连城董氏一脉之神祇位前。

恭惟我祖	自豢龙始	舜帝赐姓	人才辈出
晋史董狐	千秋良史	大儒仲舒	汉代孔子
蠡斯衍庆	郡望陇西	五十郎公	连城始祖
源于河间	其孙德源	元史之乱	建阳考亭
用迁连城	基创业持	七百余载	传廿三世
克绳祖武	贻厥孙谋	子孙繁衍	今逢盛世
为稽古今	重行修正	追本溯源	今已告竣
兹诹吉旦	谨具牲醴	庶馐之仪	敬伸祭告

伏礼

祖灵昭格　默佑后裔　泽被万世　瓜瓞绵绵

繁荣昌盛　人文蔚起　敦睦致祥　礼义仁智

兰馨桂馥　杰才辈出　文经武纬　青云展翅

富贵灼灼　中外名驰　长发其祥　永荣吾氏

谨告尚飨！

三、八闽兴泰董氏祠堂祭文

2011 年 4 月 5 日，农历辛卯年三月初三清明节，八闽兴泰董氏族长率各房房长、裔孙代表，备办果品、三牲、金银纸钱、香烛、礼炮等，祭祀始祖安保公、毛氏妈、工部尚书安义公、一品夫人林氏妈、各房历代祖公妈及塔兜部分公妈，以表裔孙之虔诚与孝心！叩拜，再拜，三拜！

湖北襄阳柳桥十一都麟登赐儿公之子安保公，在明永乐二年(1404 年)敕授怀远将军屯垦兴泰。公披荆斩棘，辛勤创业，为国屡立奇功，为家耀祖荣宗。公三生三子，繁衍发展三大房：伯房孟威公，驻扎兴泰要寨亭门里，开科今好垅、新厝、铁狮隔等自然村。仲房孟权公，镇守屯垦葫芦山，开科今葫芦山、东坑、九狮、坑厝仔、仙游大济镇乌石安边村、西苑乡仙山董厝、永泰县梧桐镇西林铁炉下、小溪等自然村。叔房孟杰公，居住下上尾旧厝，拓展霞园平川，开科今下上尾、上美、上董、宝峰、林头、龙溪宫、永泰县富泉乡瑞应，芭蕉肖坑等村。兴泰董氏地灵人杰，开科至今六百余年，人人为国立功，个个为族争光，年年捷报频传，岁岁科甲联芳。已繁衍发展二十个村庄，八百来户人家，五千宗亲，已有中专以上文凭、中级以上职称、科局长(营级)以上干部、著名企业家等各种人才三百多人。真是群星灿烂，人才辈出，财丁贵并进，福禄寿俱全。

饮水思源，尊宗敬祖，是中华民族的传统美德。举族宗亲应恪守法律、尽忠报国，严履族规，遵循家训，宏扬祖德，光大宗功。祖德宗功诚奉祀，子孙后裔绍箕裘。今日聚集祠堂，凭吊先祖英灵，缅怀先祖功德，祈求先祖庇佑。兴泰董氏人人奋发有为，敢为人先；家家平安幸福，五世其昌。村村兴旺发达，锦上添花！祝兴泰董氏人才犹如春笋脱颖而出，愿董氏祠堂香火天长地久，越燃越旺！

叩拜，再拜，三拜！

兴泰董氏宗族全体裔孙敬颂

2011 年 4 月 5 日

第三章　八闽各地分宗历代恩荣录

第一节　封董应举之妻为恭人的圣旨

　　董应举(1557—1639),字崇相,号见龙,连江县琯头镇塘头村人。生逢乱世,历经明朝万历、泰昌、天启、崇祯四朝,面对明王朝日趋衰落,虽未能挽狂澜于既倒,扶大厦于将倾,但在从政期间,尽职尽责,克己奉公,不畏权贵,忧国忧民之心,历历可见。

　　天启元年(1621年),应举奉召为太常寺少卿,兼督四夷馆(外事机构)。次年春,清军围攻广宁,广宁危急,京城一片混乱,人心惶惶。应举力请皇上申明法纪,对擅离职守者,一律处斩,以树主威。还上奏:"兵耗民离,领土日削,乃由不执行国法所造成。"帝览奏,认为应举知兵,遂令专任教射演武。广宁陷落后,应举又建议破格提拔有勇有谋者为将,戍守芦台、丰台,以保天津粮道,加强京师防卫,以绝内患,并加强京师门户——通州的防卫力量。

　　天启二年(1622年),应举上屯田议,认为欲保神京,须在各关隘设险营屯,安置流民。于是被擢为太仆寺卿兼河南道监察御史,管理直隶、天津至山海关等处屯田和安插辽宁流民事务。应举计安置辽宁流民1.3万户于顺天、永平、河间、保定间,只动用公款6000两买得民田12万亩,连同闲田共计18万亩。招募耕者,供应农具、种子、农舍、交通工具等,仅费公款2.6万两。当年就收获粮食5.5万余石,得到皇帝的嘉许。天启二年至四年(1622—1624),应举在顺天、永平、河间、保定、天津等处办理屯田,成绩显著,被擢升都察院右副都御史。

　　天启五年(1625年),应举改任工部右侍郎,专领钱务,在荆州设铸币局铸造铜钱。经过应举的大力整顿,荆州铸造日渐兴盛。是年,加封户部侍郎,到扬州整理盐务。为杜绝盐务大臣营私舞弊,奸商囤积居奇,从中渔利,应举四次会见巡盐御史陆世科,申以利害。由于应举的诸多措施侵犯了部分商人和官吏的利益,因而遭到他们的反对。当时,恶监魏忠贤已揽大权,忌应举的才能,视为"东林党"。由于魏忠贤、徐扬先弹劾加害,卸职返乡。崇祯初应举复官,以老,辞不复出。

　　应举生平好学,能诗文,知兵机,著有《崇相集》四部传世。晚年居乡仍关心国计民生,在乡建筑附城堡垒,兴修水利,置社仓义田,救济贫穷,兴建学舍。曾居武夷山八曲之涵翠洞讲学,培养后秀。崇祯十二年(1639年)病终,享年82岁,谥忠介,葬福州郊区东岐沙帽坛上方。

　　现将天启皇帝诰封生公夫人为恭人圣旨录下:

　　制曰:太常卿,清秩也,非其人则弗称。其人而非其匹,亦弗称也。矧夫人生而清人者邪,而岂易为匹乎? 尔翰林院提督四夷馆太常寺少卿董应举妻封安人陈氏,宗妇匪荣,君子是配,不闻与启事之鉴,实能敦举案之风。樛木垂仁,漪兰衍庆。尔夫之心如冰,在宰士犹然,况太

常乎！惟尔相之，故足褒也。是用封尔为恭人，懋尔德音，以承休显。

第二节 封董氏"三将军"圣旨

在溪南镇下砚村董学尧，董桂松家中珍藏有清道光、咸丰皇帝褒扬曾任台湾噶吗兰（现宜兰县）千总委署堂守备董长藩和提标中营守备董长藩之父董振玉、母王氏和叔父董振镐、叔母叶氏的四道圣旨，均放在精雕小巧玲珑木匣内。匣盖为高浮雕双龙抢珠，长期安放在中堂左沉池神龛之上。同时还发现"札"文一通，为兵部发给，系安民告示。在董家墙上，还发现清道光年间林则徐题写的"福"字。落款林则徐，下盖印章两枚。眉额浮塑"万象回春"四字，是卷书形，书法遒劲，沉雄典雅。经初步考查，林则徐于清道光年间写"福"字，是赠与福建中营参将中军守备，后调任台湾噶吗兰署堂守备董长藩的。

现将下砚董氏提供资料整理如下：

溪南镇下砚村董家藏有清道光、咸丰皇帝褒扬曾任台湾噶吗兰（现宜兰县）千总委署堂守备董长藩和提标中营守备董长藩之父董振玉、母王氏和叔父董振镐、叔母叶氏的四道圣旨，圣旨放在精雕小巧玲珑木匣内。匣盖为高浮雕双龙抢珠。这些圣旨，历经董家六代人的传承，保存至今。

清道光二十二年（1842年），下砚村出了三个将军，分别为董长藩、董长洲、董长洪三兄弟。董长藩道光壬辰科中式武举第一名解元，曾任福建中营参将中军守备，后调任台湾噶吗兰（今宜兰县）署堂守备，人称"统带大佬"。董长洲道光甲午科中式武举第四十二名，为督标右营守备，后升都司。董长洪己酉科中式武举第五十七名（任职不详）。三人中尤以大哥董长藩为最，获得道光甲辰年全省武举第一名，官居福建省右营都督。"灭土匪、剿长毛"屡建奇功，为福建优秀战将之一。

圣旨中提到的董长藩、董长洲均为下砚村人，系堂兄弟，先后中过武举人。历任把总、千总、守备、都司等职，立有军功。董长藩曾任台湾噶吗兰（现宜兰县）千总委署堂守备，任职台湾八年，后殁于噶吗兰；董长洲赴台后，不久奉命调回。

董家共藏圣旨四道，一道为白色、三道为五彩圣旨，其中一道五彩圣旨已经毁于20多年前。说来可惜，这道五彩圣旨躲过了"文革"浩劫、躲过了岁月侵蚀，却毁在了酒坛之上，所以实际存世的只有三道。白色圣旨为白绸黑字，写于道光三十年（1850年）正月二十六日；五彩圣旨为大红、白、明黄、朱红、钴蓝五色蚕丝绫锦为底，墨黑、赭蓝、朱红、明黄、蓝绿五色书写。一道写于道光三十年（1850年）正月二十六日、二道写于咸丰五年（1855年）十月二十日。书写衔接处写有时间及授予人姓名、官衔。两枚刻有"奉天诰命"的篆书，朱红大印钤于中缝，12厘米见方。

圣旨均为绢所制，长200厘米、宽34厘米。道光年的为咖啡黄、浅黄两种颜色构成，咸丰年圣旨则为黄、灰、紫、绿四种颜色构成。织有五色刺绣线条的蝶状云纹。文曰"奉天承运"、"奉天诰命"八字竖行，系织绘而成。两边文绣有黄龙，作腾飞状。圣旨内容用两种文字书写，左为汉文，右为蒙文，馆阁体。所盖皇帝玉玺为朱色，大十二厘米见方。

现将圣旨摘录如下：

其一：

奉天承运

皇帝制曰：谊笃靖共，入官必资与敬；功归诲迪，犹子亦教以忠。爰沛国恩，用扬家训。而董振镐，乃福建台湾噶吗兰千总董长潘之叔父，躬修士行，代启儒风。抱璞自珍，克发珪璋之秀；储材足用，韦彰杞梓之良。兹以覃恩，封而为武略骑尉，锡之敕命。与战！昭令问于经篆，画贴刻鹄；佩微章于策府，宠贲回鸾。茂典丕承，荣名益劭。

封叶安人诰

制曰：家有孝慈之范，美以相济而成。国崇褒锡之文，恩以并推而厚。尔叶氏，乃福建台湾噶吗兰千总董长潘之叔母，德可相夫，教能启后。一堂环佩和音，克著其慈祥；五夜机丝内治，聿昭其柔顺。兹以覃恩，封尔为安人。於戏！普一体之荣施，鸾章焕采；表同心于训迪，象服分光。

其二：（白色）

奉天承运　奉天敕命

皇帝制曰：宠绥国爵，式嘉阀阅之劳；蔚起门风，用表庭闱之训。尔董振钰，乃福建台湾噶吗兰千总董长藩之父，义方启后，穀似光前。积善在躬，树良型于弓冶；克家有子，拓令绪于韬钤。兹以覃恩，封尔为武略骑尉，锡之敕命。於戏！锡策府之徽章，浡承恩泽；荷天家之麻命，增耀门闾。

封王安人诰

制曰：怙恃同恩，人子勤思于将奔。赴桓著绩，王朝锡类以荣亲。尔王氏，乃福建台湾噶吗兰千总董长藩之母，七诫娴明，三迁勤笃。令仪不忒，早流珩瑀之声；慈教有成，果见班干城之器。兹以覃恩，赠尔为安人。於戏！锡龙纶而焕采，用答劬劳；被象眼以承麻，允光泉壤。

福建台湾噶吗兰

道光叁拾年正月贰拾陆日千总董长藩之父母恩命录

君恩所赉，涓埃不忘，矧唯谟蹟著鹰扬。忠移于孝，树立纲常。天威咫尺，为家乘光，列恩命。

清宣宗成皇帝驰赠武德尉董树庵公诰

其三：（五彩）

奉天承运

皇帝制曰：策勋疆圉，昭大父之恩勤；锡赉经纶，表皇朝之霈泽。尔董树庵，廼福建督标右营守备、今调陆路提标中营守备董长洲之祖父，敬以持躬，忠能启后。威宣阃外，家传韬略之书；泽沛天边，国有旂常之典。兹以覃恩，驰赠尔为武德骑尉，锡之诰命。於戏！我武维扬，特起孙枝之秀；赏延于世，聿昭祖德之垂。

又赠林宜人诰

制曰：树丰功于行阵，业著闻孙；锡介福于庭帏，恩推大母。尔林氏，乃福建督标右营守备、今调陆路提标中营守备董长洲之祖母，壸仪是式，令问攸昭。表剑佩之家声，辉流奕世；沛丝纶之国典，庆衍再传。兹以覃恩，赠尔为宜人。於戏！翟茀用光，沐宏麻于天阁；龙章载焕，被大惠于重泉。

福建督标右营守备

咸丰五年拾月贰拾日

今调陆路提标中营守备董长洲之祖父母

圣旨二（五彩）：

皇帝制曰：宠绥国爵，式嘉阀阅之劳；蔚起门风，用表庭闱之训。尔等董振钰，乃福建督标右营守备、今调陆路提标中营守备董长洲之本生父，义方启后，縠似光前。积善在躬，树良型于弓冶；克家有子，拓令绪于韬钤。兹以覃恩，赠尔为武德骑尉，锡之诰命。於戏！锡策府之徽章，涾承恩泽；荷天家之麻命，允贲泉壤。

制曰：怙恃同恩，人子勤思于将奔；赴桓著绩，王朝锡类以荣亲。尔王氏，乃福建督标右营守备、今调陆路提标中营守备董长洲之本生母。七诫娴明，三迁勤笃。令仪不忒，早流珩瑀之声；兹教有成，果见班干城之器。兹以覃恩，赠尔为宜人。於戏！锡龙纶而焕采，用答劬劳；被象服以承麻，允光泉壤。

福建督标右营守备

咸丰五年十月二十日

今调陆路提标中营守备董长洲之父母

据霞浦县博物馆介绍，一般明清圣旨的开头是"奉天承运、皇帝诏曰"和"奉天承运，皇帝制曰"，二者的区别在于"诏曰"是由翰林院撰拟，内阁大学士奏定后，由皇帝钦定的庶吉士书法大家来书写，最后钤皇帝玉玺。而"制曰"则是由皇帝对于他所器重的受旨人或重要事件而亲手书写。开头称"制曰"，必定是圣旨中的珍品。这三道圣旨都是"皇帝制曰"。董长藩只是作为千总、守备这样品级的军官，道光皇帝和咸丰皇帝何以如此器重？原因有三，一是董长藩镇守台湾八年，肩负守台重任；二是董长藩屡立战功，其中就有平定叛乱之功；三是朝廷要重用他，后来董长藩军职不断提升就说明这一点。

霞浦与台湾一水相隔，三沙港与台湾基隆港相距只有126海里。明清时期，霞浦人被朝廷派到台湾任文武官职或兵丁，人数估计近万人，直接增进了海峡两岸文化交流。

　　现附录董氏谱载：长藩，字肇岳，号文江，二名子辉，生嘉庆壬申年。年十九，蒙陈文宗用光取进县武庠生第八名。道光壬辰科巡抚部院魏公元烺，奇公状貌雄伟，武勇绝伦，中式第一名解元。奉旨大挑三等，即补同安营把总。赴任三年，调台湾南路营把总，升噶玛兰千总，委署堂守备。道光二十九年，蒙挂印总镇吕公恒安调署领围副府，随蒙兼护噶玛兰都府。咸丰癸丑，台湾梅州逆匪吴磋聚党倡乱，杀噶玛兰分府董讳。正官台镇曾公讳王明，饬公率兵往剿得胜，有功奏准，以都游傦先升用奉部制补南路营守备。赴任四月，旋调兰营都府。奉旨即升兴化右营都府，未赴任，卒兰营官廨。时咸丰庚申，时年四十九岁。

第四章 宗祠记

第一节 金门古岗董氏

一、祠堂记

宗祠之兴废，前明莫知矣！其在国朝，自明洪武十七年岁次甲子，海氛告靖，复邦族者，先后返乡，仅二十馀家耳！先时每当冬祭列牲，羞于故祠址艾蒿。而宣德七年祭，岁壬子，族始有兴祠之议。于时董其事者，族伯武鸠族金二百有奇。费未足，凑以湖头、郡城、泗湖。金又不足，乃令族之入主祔享者出金共成之。阅癸丑，祠堂始成，一时草创，轮奂之美，先灵其克妥也。然尚恨有族者，祠宇维兴，谱牒旷如，入庙展之，长幼无序，前之人应有莫诿其责者。

岁次己亥冬日　十二世孙钟洛记
岁次己卯阳月　十七世孙朝嘉录

二、家庙重建落成志

天地之有宗，犹木之有本，水之有源。宗祠之所立，似根固而后叶茂，源泉而后流远。物本乎天，人本于祖，根本追远，饮水思源，古今无殊也。是以昔日各族皆立有家庙，以尽后裔孝思，以宏宗功祖德，上则以妥先世，下则以敦族谊。斯系民之所同，而厥义至深矣！

溯吾董氏，自开闽十三世祖善应公，字扬昆，于明初肇基浯江古坑，人丁有几千之众。不意明代中叶，倭寇骚扰，古坑首当其冲，耗损惨甚！属族星散避难，或近邻傍泗湖，或远处内陆之银同、湖头、郡域、连江。遂甲子盗乱始靖，返乡族亲未及四十。每于冬祭列祖之际，羞亲父于残壁，乃兴修建之念。然资源短缺，幸星散于泗湖、连江、湖头之宗亲共襄盛举，择于癸丑竣事耳！草创后，栋宇焕新，壮观华美，由是先灵克妥，嗣续蕃衍，瓜瓞绵绵。惟昔修建，概以杉木，历时晚久，百年庙宇，难抵白蚁蛀蚀，以是尘泥渗洒，雨泽下注，维护诚难矣！迨至1992年，宗老不忍目睹其日毁，遂嘱拟重建。经邀各房长老斟酌协议，以丁认及招募为基金。兹筹组建委员会以执行事宜，爰于甲戌梅月，筹措建材。原方位坐艮朝坤兼寅申，更建为二进，而前进有东西庑之造形，以钢筋混凝土构筑，涉时主议旁认。

时仰庙貌，气象维新。堂中瓷龙，藻绘辉煌。美轮美奂，辉煌堂构。嗣后先人，灵爽式凭，

631

昆裔昌炽兴隆。钟灵毓秀,世泽锦长。统光于前,复裕于后。谨志。

董氏宗祠重建委员敬志

裔孙　耀扬敬撰

三、董氏银青柱族记

董仙公,讳希祖,字百华,晋江人。原瘟陵派也。素行甚孝,乐善好施,瓢逸仙态,能遗分世俗。以气节自高,维郡东郭巡按与公交最,以情笃甚密。忽一夜,天灾瘟疫入郡,维郭友遍买柚柑,不计其数。次日付价与郭友曰:"若带至新桥候之,日中专人从桥之中起者,若收此,传付与首者。"郭友听之,于新桥候之。至日中之时,果然七人双誓相□。虽收信付首者,其人瞽疾,尾壹人先高问曰:"董大爷寄传来乎?"首一人应曰:"然也。"郭友大惊,不敢多言,随走自家试问仙祖是何?公笑之不答。越数日,瘟气流行,众俱来求东柑,柑尽。计所求食之即愈,救四方,万人感恩。又择风水,一曰凤啄珠,一曰田螺吐珠,俱是郭姓所为。今者郭姓累代一房富,一房贵,丁出各房。又以六郎天官,雷电风雨日月六幅神像,送于郭友。昔时六幅不用带仔,悬素钉挂于壁上,每至端午日午时,自能坠下,至己未时,自能卷上。素时不用带仔系之。今为传家之宝。公传道术于云靖,遂去,谈征辄应。授石一块,曰呼雷石。儿童与钱一文,为函雷掌中,拳而伸之,其气霹雳,日以钱自给,以其馀施之贫人。至升飞时,雷石送郭友。今此石刻四字,曰紫择同天。人以其真身塑像祀,龙雨辄应。公以勤俭二字匾其宅,亦赠所善郭友。六幅神像及雷石并宅匾,于今尚存。载《泉州府志》第六十五卷《方外》四十四帙。

清道光廿六年岁次戊申秋菊月中浣　裔孙腾

民国第六年岁次丁巳春二月　浯江房裔孙抄

第二节　东岱陇西董氏宗祠碑志

东岱陇西董氏系出黄帝裔孙高阳氏颛顼之后。风氏叔有子善豢龙,舜帝赐姓董,号董父。董父成为董氏受姓之祖。春秋时晋国史官董狐子孙迁居陇西,渐成望族,董氏遂以陇西为郡望。唐末董姓一百一十五公从王入闽,以军功授官,散居八闽各地。其中长乐南北乡支系发展较快。越数世,北乡后董境董佺官授南宋秘书郎,为避元患,涓连江县永贵里东岱境而隐居,于今已传廿八世,历七百二十余年,人丁兴旺,董佺公被尊为迁居东岱之陇西董氏一世祖。

东岱山川秀丽,形胜要塞,地控敖江,紧接东海,堡守县门,雄扼一方。明季筑堡设铳城,清初立巡检司。筑堡之际,董氏十世祖文秀公认定住居地前朝云居仙境,后对笔架神峰,左倚旗山,右襟敖江,聚胜地风光之秀,得海天鹰扬之气,有发达之象,兴盛可期。于是首倡建祠于堡南。明崇祯间,祠遭回禄,文物尽失。嗣后,十二世慎思公发起重修,祠谱又毁于清顺治丙申堡难。清康熙己末年(1679年),十三世承易公等尊宗敬祖,不畏艰辛,劫后重构,堡南复立董祠。雍正间,十五世菁斋公、族长承标公等领导重修扩建。民国己巳年,族长祖应公带领训桂、可福、可咸等再度扩建后座,宗祠初具规模,形成格局。董氏亦成东岱之望族。

中华人民共和国成立后,东岱董氏宗祠曾作镇公署办公场所、电影院、卫生院、粮仓等使

632

用。1984年宗祠回归之际，祠宇面目全非，族人不忍祖业闪失，纷纷解囊。台湾宗亲亦鼎力资助财物。在宗祠首届理事委员会及第二届、第三届理事委员会和顾问委员会全体成员带动、倡议、领导下，至1997年底共集资二十多万元，完成修谱缮祠工作，宗祠逐渐恢复原貌，祖业得以存延。

鉴于族裔繁衍，族谱文化与祠堂文化研究逐步深入，海内外宗亲联谊活动频增，为进一步扩大宗祠规模，提高祠堂品位，振兴祖业，福佑族人，第四届理事委员会和顾问委员会诚恳、热情地向宗亲再发扩修倡议。事业有成人士和各界有识之士慷慨献款捐资、相互带动，族人踊跃响应，捐资总额达二百余万元。历时四年，认真仿古修改建，已于2007丁亥年仲秋顺利竣工。

今之宗祠，依然坐北朝南，三进三厅三天井两迴廊，既有明清建筑风格，又有新时期新工艺韵味。其中修缮第一厅266.45平方米，重建第二厅215.48平方米，扩建第三厅183.82平方米。三厅主体建筑共665.75平方米。祠前两个半月形豢龙池，蕴含董氏赐姓封地之辉煌史实，大门口双狮守护，威慑诸邪。旗杆碣系为宋秘书郎升任礼部侍郎董佺公而立，门墙花鸟人物浮雕栩栩如生，重檐式门楼眉上镶"董氏宗祠"青石匾，大门联书曰"陇西家声远，岱江世泽长"。进门为屏风、迴廊、天井、前厅、后厅、钟鼓楼。厅中悬匾书曰：三策堂。后座地势升高，辟为祀祖神龛，额曰：敬爱堂，中供董氏列祖列宗神主，尊严肃穆、雄伟壮观。祠中殿堂雕梁画柱、金碧辉煌。三合龙柱，百幅彩绘，美轮美奂。侍郎匾、贡生匾、文魁匾、武魁匾、经魁匾、千总匾、硕士匾、学士匾和石刻红漆、金字覆竹楹联，展示东岱董氏光辉历史。

盛世修祠，弘扬尊宗敬祖美德，合族团结创造和谐小康生活。值此宗祠修扩建圆满竣工之际，立碑纪盛，勉励贤裔发扬爱国爱乡精神，重振家声、与时俱进，以期岱江董氏千秋伟业日新日隆，祝福族人幸福安康。爰例将理事会诸君与捐资者芳名铭于碑左，以垂永久。

岱江董氏宗祠理事会立

2007年岁次丁亥仲秋吉旦

第六篇

名贤篇

第一章　华夏董氏历史贤士名人

第一节　古代董氏名人简介

一、"良史直笔"董狐

董狐，春秋晋国太史，亦称史狐。周大史辛有的后裔，因董督典籍，故姓董氏。据说今翼城县东 25 公里有良狐村，即其故里。

董狐秉笔直书的事迹，实开我国史学直笔传统的先河。

《左传》宣公二年记载，晋灵公夷皋聚敛民财，残害臣民，举国上下为之不安。作为正卿的执政大臣赵盾，多次苦心劝谏，灵公非但不改，反而肆意残害。他先派人刺杀未遂，又于宴会上伏甲兵袭杀，未果。赵盾被逼无奈，只好出逃。当逃到晋国边境时，听说灵公已被其族弟赵穿杀死，于是返回晋都，继续执政。

董狐以"赵盾弑其君"记载此事，并宣示于朝臣，以示笔伐。赵盾辩解，说是赵穿所杀，不是他的罪。董狐说："子为正卿，亡不越境，反不讨贼，非子而谁？"意思是他做为执政大臣，在逃亡未过国境时，原有的君臣之义就没有断绝。回到朝中，就应当组织人马讨伐乱臣，不讨伐就未尽到职责。因此，"弑君"之名应由他承当，这是写史之"书法"决定的。

当时的史官与后世不同，他们既典史策，又充秘书，即协助君臣贯彻执行治国的法令条文。传宣王命，记功司过是他们的具体职责，兼有治史和治政的双重任务，实际就是具有褒贬臧否大权的文职大臣。当时记事的"书法"依礼制定，礼的核心在于维护君臣大义。赵盾不讨伐弑君乱臣，失了君臣大义，故董狐定以弑君之罪。对此，孔子大加赞扬，称董狐为"书法不隐"的"古之良史"，后世据以称之为"良狐"。

这是因为在礼崩乐坏的春秋时期，权臣掌握国命，有着生杀予夺的大权，以礼义为违合的书法原则，早已失去了它的威严。坚持这一原则，并非都能受到赞扬，而往往会招来杀身之祸。齐国太史就因写了权臣崔抒的"弑君"之罪，弟兄二人接连被杀。董狐之直笔，自然也是冒着风险的。因此，孔子赞扬他，后人褒美他，正是表彰其坚持原则的刚直精神。这种精神已为后代正直史官继承下来，成为我国史德传统中最为高尚的道德情操。

当然，随着时代的发展，直笔的含义逐渐摆脱了以礼义违合为内容的书法局限，从司马迁开始，赋予了它"不虚美、不隐恶"的实录精神，具备了唯物史现的实质。这一传统为后代进步史学家弘扬发展，编著出许多堪称信史的著作，是我国史著中的精华。其开启之功，实源于晋

太史董狐不畏强权,坚持原则的直书精神。

二、晋阳城的创建者董安于

董安于(? —前496年),又称董阏于,生年不详,春秋末晋国人,是晋卿赵鞅之心腹家臣,古晋阳城的始创者。

安于出身于史官之家,本姓辛。先祖辛有是西周王室之大史(史官),次子子承父业在晋国任"董史"之职。所谓董史,乃诸侯国之史官,专门从事晋国典籍和史册的撰写及管理。由于世袭晋国董史之职,遂以其职董为氏传后。饮誉史册的"秉笔直书"者董狐,乃安于之祖辈,他不畏权臣赵盾,对晋灵公被杀之事,直笔"赵盾弑其君",名垂青史,获"董狐笔"之誉,被孔子褒扬为"良史"。这样的家世传统,使安于从小得到熏陶。逮于长大成人,他忠心追随晋卿赵氏,尽心竭力为赵鞅效命。史载,安于青年时为赵氏"进秉笔,赞为名命,称于前世,立义于诸侯"。成年时成为赵氏心腹家臣,"耆其股肱以从司马,苟匿不产"。壮年时"端委韦毕带以随宰人,民无二心",协助赵鞅治理军政"察阴奸,搏谋贼",使敌间和邪佞之徒,闻而丧胆,不敢作乱。

赵鞅信任和青睐安于,安于也殚心竭虑为赵氏尽忠。他谙韬略兵旅之事,洞悉晋国六卿尔虞我诈、互为邻壑的险恶形势。当时六卿中,赵氏尚处势寡力单的一方。尤其是(晋定公十二年前500年)赵鞅兵临卫国都城之下,迫使卫灵公献上"卫贡五百家",却因没有合适的城邑,暂置邯郸一事,使他深感六卿角逐,赵氏尚无可以屯兵固守的根据地。遂居安思危,深谋远虑,选择远离其他五卿势力集中的太原盆地北缘,在背依龙山,面临汾河,南凭晋水,北系盂邑,控带山河,千畴沃野的汾河西畔,为赵鞅肇建了军事地理位置非常优越的晋阳城。

建晋阳城的具体时间,史无明载,最早见诸《春秋·定公十三年》所云:"秋,晋赵鞅入于晋阳以叛。"赵鞅为什么要在前497年秋入晋阳以叛呢?为了讨回三年前,即前500年,暂留邯郸的"卫贡五百家"。这一点《左传》和《史记》记载清晰:"归我卫贡五百家,吾舍诸晋阳。"但是邯郸赵午先应诺,后变卦,于是赵鞅杀了赵午,引来邯郸赵氏与范氏、中行氏三家的合力围攻。赵鞅孤掌难撑,退保晋阳。为什么赵鞅要在前497年,而不在前498年、前499年,讨要卫贡500家呢?因为前两年晋阳城还没有建成,直到前497年董安于建晋阳城告竣,急需人口、兵员充实,才向邯郸赵氏讨要"卫贡"以充实新建的晋阳城。

董安于建晋阳城,采用殷商之相傅说所创"版筑"之法,圈筑城墙。而对城中宫室、官署等建筑,则以铜为柱础,以获蒿楛楚等坚韧的灌木主干为墙骨。这些建筑材料都可在战争中取出制造兵器,确属一项创举。就是这座晋阳城成为日后赵氏与其他五卿抗衡角逐的可靠后方和军事堡垒。赵鞅、赵毋恤两代人,正是凭借董安于精心创建的这座晋阳城,先后挫败范氏、中行氏和知氏、韩氏、魏氏的两次发难,转败为胜,转危为安,避免了杀身灭族之祸,奠定了与韩、魏"三分晋室"的基础,创建了后来的赵国。

董安于之死,颇具悲剧色彩。晋定公十五年(前497),因赵鞅向邯郸赵午讨要"卫贡五百家",赵午背诺被杀于晋阳。赵午之子赵稷遂据邯郸叛,与范氏、中行氏合兵攻赵鞅。赵鞅时为晋国正卿,执晋政。依据当时晋国"始祸者死"的成法,晋定公委秦籍率兵,伐罪邯郸。然而赵稷在范吉射、中行寅的支持下,不仅抗拒定公"伐罪邯郸"之成命,反而与范、中行合兵一处,

击败秦籍所率的讨伐之师,兵困赵鞅于晋阳城。当是之时,赵鞅进退维谷。若出兵迎战三家联军,无晋公之命,必与范吉射、中行寅、赵稷同罪。反之,则坐以待毙,死无葬身之地。董安于见其主赵鞅举棋不定,一筹莫展,唯恐坐失战机,遂挺身而出慷慨直言:"与其坐待范氏、中行氏作乱害民,倒不如由我率兵与他们决一死战。如若将来晋公追究责任,就说是我董安于发难的。"随后便冒着"始祸者死"的罪名,率兵奋战。在范吉射、中行寅和赵稷全力攻打晋阳之时,奇兵突袭敌后重镇下邑,使敌无心恋战而溃退,化解了晋阳之围,解救了赵鞅,为赵氏立下了卓著功勋。

第二年,晋卿知跞借口在范吉射、中行寅、赵稷和赵鞅的争斗中,始祸者范吉射、中行寅都已伏罪,只有赵鞅的家臣董安于还没有受到追究,要挟赵鞅治罪于董安于。赵鞅明知这是知跞设的圈套,董安于完全是为了自己而获罪,踌躇不决十分为难。董安于见状,坦然无畏地说:"只要我死了,赵氏可以安定,晋国得以安宁,活着又有何用?"(见《史记·赵世家》)遂自缢而死。

董安于死后,赵鞅迫于无奈,将其尸体陈弃于市,并告知知跞,知跞才与赵鞅盟誓和好。对于安于之死,赵鞅内疚不已,为怀念死者,安抚众臣,昭彰后世,遂立安于神位于赵氏宗庙,以志不忘。一个赤胆忠心,足智多谋的古代名士,就这样做了晋国诸卿角逐争权的牺牲品,而他所建的晋阳城则成了赵氏立国的早期都城。

(来源:《太原日报》,王继祖)

三、古代著名的思想家、哲学家董越

董越(前227—?),我国古代著名的思想家、哲学家,河北临漳人。

曾提出著名的"九九法则",他总结生活与自然法则,得出以"九"为尊的思想。虽然仍属于封建思想,但是对于中国封建制度几千年有深远影响。

据后梁宁应育的《日月记》记载,董越的九九法则全篇共一十九章,各章以上古神仙为名。全文用字考究,据统计,每篇均为99个字组成毫无例外,就连一十九章的章名总字数也是99个字。南北朝时期北齐史学家范汀的《卫风载浪传》也对"尤九法则"略有记载。

有趣的是,这本记录了圣九思想的书籍全书只有1个九字,包括九九法则这四个字都是后人对此书的俗称。

董越的著作在秦始皇焚书坑儒时遗失。书中内容被董越家族的后人口头留传,有一后人将"九九法则"刻于铁棒,并代代相传。但此铁棒在安史之乱时已无处可寻。至今,已完全失传。

四、秦翟王董翳

董翳(?—前204年),秦朝都尉,春秋晋国太史董狐后裔。陈胜起兵后,辅佐章邯作战。而后投降楚军,项羽封其为翟王,都高奴(今陕西延安北)。后来在成皋被汉军击败,死于汜水之畔。

秦二世二年冬,陈胜部将周文(又名周章)等人率兵十万人逼近秦都咸阳。章邯建议二世

赦免骊山刑徒,把他们编成军队以对抗陈胜军。二世便任命章邯为将,长史司马欣、都尉董翳辅佐章邯作战。

秦二世三年(前207),章邯率兵渡过黄河攻赵,把赵王赵歇围困于巨鹿。楚将项羽率兵救赵,在巨鹿之战中大败章邯。章邯派司马欣向咸阳请求援兵,赵高不允,并派人追杀司马欣。董翳于是劝说章邯投降,章邯也担心被赵高迫害,遂率兵向项羽投降。二十余万秦国降兵不久便被项羽下令坑杀。

秦朝灭亡之后,项羽封刘邦为汉王,统治秦岭以南的汉中。而另封原秦朝三位降将为王,统治关中地区,以遏制刘邦。其中封章邯为雍王,管辖关中西部。封司马欣为塞王,管辖关中东部,封董翳为翟王,管辖关中北部。《史记》、《汉书》等书将此三位秦将称为三秦王。

汉王四年成皋之战中,守城大司马曹咎中了刘邦的激将法而出战,在其半渡汜水时遭到汉军袭击而大败。董翳、曹咎与司马欣皆死于汜水之畔。

五、旷世大儒董仲舒

董仲舒(前179—前104),广川人(今河北景县),西汉一位与时俱进的思想家,西汉时期著名的唯心主义哲学家和今文经学大师。景帝时任博士,讲授《公羊春秋》。汉武帝元光元年(前134),董仲舒在著名的《举贤良对策》中,提出其哲学体系的基本要点,建议"罢黜百家,独尊儒术",为汉武帝所采纳。从那以后,儒家思想逐渐与统治阶级结合而成为中国几千年的正统思想。其后,任江都易王刘非的国相十年;元朔四年(前125),任胶西王刘端的国相,4年后辞职回家。此后,居家著书,朝廷每有大议,令使者及廷尉就其家而问之,仍受武帝尊重。董仲舒以《公羊春秋》为依据,将周代以来的宗教天道观和阴阳、五行学说结合起来,吸收法家、道家、阴阳家思想,建立了一个新的思想体系,成为汉代的官方统治哲学,对当时社会的一系列哲学、政治、社会、历史问题,给予了较为系统的回答。

六、汉宫双飞燕之一——董倩盼

董倩盼,西汉董仲舒女,名董倩盼,或曰董箐盼,被武帝誉为"天下第一才女"。董倩盼是当时女文学家卓文君得意门徒,与汉武帝公主乌梨雅并称"汉宫双飞燕"。巧笑倩兮,美目盼兮,不愧为前朝第一才女卓文君之徒,当朝第一才女。

乌梨雅,乃是武帝淑妃乌孙国公主乌丽雅的胞妹。当年汉朝同乌孙联姻之时,乌丽雅年方十八,那时梨雅还不到十岁,一起陪嫁了过来。及至后来长大成人,冰雪聪明,卫皇后宠爱万分,便认她做了义女。武帝册之为梨花郡主,疼爱有加。后来又下旨令前朝第一才女卓文君收她为晚年弟子,教授中原文化,与当朝第一才女一代鸿儒董仲舒之女董倩盼并称为汉宫双飞燕。

七、倾世男宠董贤

董贤(前22年—前1年),字圣卿,云阳人。董贤是汉哀帝的男宠,因此扶摇直上,官至大

司马。哀帝死后，董贤随即失势，自杀死去。

董贤是西汉御史董恭之子，是一个美男子。董贤初任太子舍人，汉哀帝即位后改任他职。二年后，哀帝有一天在宫中望见董贤，被他的仪貌吸引，拜为黄门郎。自此汉哀帝和董贤有同性恋关系。

哀帝宠爱董贤，升他为大司马，并纳他的妹妹做昭仪，让董贤与其妻一同入宫侍奉。汉哀帝与董贤同起同坐，同睡在龙榻上。据说有一次，哀帝睡觉醒时董贤尚未醒，哀帝乃命人割裂衣袖起身，以免惊醒董贤。这就是成语——"断袖之癖"的由来。汉哀帝赏赐了董贤很多财物，又升他的父亲为少府，赐爵关内侯，董贤妻子的家人也获任官职，甚至董贤家的僮仆亦受到哀帝赏赐。哀帝欲封董贤为侯，丞相王嘉反对，认为"往古以来，贵臣未尝有此、流闻四方，皆同怨之"。董贤应该"千人所指，无病而死"，王嘉其后获罪，在狱中绝食二十余日，呕血而死。元寿二年（前1年），匈奴单于来朝，出席宴会，看见群臣中的董贤年轻，觉得奇怪，便询问传译。哀帝令传译回报："大司马年少，以大贤居位。"单于信以为真，恭贺朝廷得贤臣。哀帝后来在一次宴会中笑望董贤，曰："吾欲法尧禅舜，何如？"中常侍王闳劝谏哀帝不宜有此想法，哀帝默然不语。从此冷落王闳，但以后也没有再公开提及此事。

西汉在汉哀帝和一个没有能力的董贤的统治下，国势更加衰弱。哀帝死后，董贤失去了靠山。汉平帝元始元年（1年），外戚王莽以太后名义把董贤赶出皇宫，罢去他的大司马官职。当日，董贤与妻自尽，年仅22岁。董贤死后，朝廷没收董家财产，家人被徙往远处。

八、东汉经学家、教育家董钧

董钧，字文伯（前12—63），资阳市雁江区人，资阳三贤之一，汉朝经学家。

董钧研习庆普的《庆氏礼》，在大鸿胪王临之下任职。汉平帝元始五年（5年），被推举为明经。后来升任廪牺令，因病而辞职。汉光武帝建武年间，被推举为孝廉，受司徒府辟。

董钧学识博通古今，在朝廷上常常对于政事发言。汉明帝永平初年，被任命为博士。当时皇帝想要草创五郊祭祀，复兴宗庙礼乐与威仪章服等仪式，找董钧讨论。对于董钧的意见常常采用，当时被大家称为"通儒"。他曾担任过城门校尉，升为五官中郎将，门下的学生有一百多人。后任左转骑都尉，大约70多岁时去世于家中。

董钧研究的礼学是庆普的《庆氏礼》，属于今文经学的《仪礼》。《仪礼》与《周礼》和《礼记》并称为"三礼"。

董钧平生以授徒讲学为乐，常教授门生百余人，"当世称为通儒"（《后汉书·董钧传》）。对于传播儒家思想，尤其是传播和发展庆氏礼学，发挥了一定的作用。对后世产生了一定的影响。

九、古代流传行孝典范董永

董永，东汉人。据历代县志及《大清一统志》所记，均载为今广饶县人。其里居当系县城南5公里的董家村。

董永早年丧母，与父亲董还如相依为命，以种田为生。灵帝中平年间（184—189），山东青

州黄巾起义,渤海骚乱。董永随父亲避乱迁徙至汝南(今河南省汝南一带),后又流寓安陆(今湖北省孝感市)。董永的父亲病亡,无力埋葬,向人借钱 1 万,言定日后做钱主的奴仆,以身抵债。董永扶亡父灵柩回乡,葬于城北。在返回偿债途中,路遇一女子,愿做董永的妻子。二人同至钱主家,女子一月之内为主家织绢 300 匹,偿还了欠债。三国时诗人曹植的《灵芝篇》单咏此事:"董永遭家贫,父老财无遗。举假以供养,庸作致甘肥。债家填门至,不知何用归。天灵感至德,神女为秉机。"对于董永妻的所为,民国廿四年《续修广饶县志》说:"抑古侠女者流之行径。"

明嘉靖三年(1524 年),乡贤祠内即供有董永的牌位。后又在太和村建董永祠,董氏后裔岁时致祭。董永后裔分三支,长支在太和村,存有董永影像。有一支迁居博兴县垄注河村,故董永墓在垄注河。

十、强项令董宣

董宣(? —220),字少平,陈留圉(今河南杞县南)人。东汉初任北海相、江夏太守、洛阳令等职。

董宣是东汉一个执法严格的官员,被刘秀称为"强项令"。意思是脖子刚强,不肯低头的县令。京师豪族贵戚莫不畏之,号为"卧虎"。

董宣在做洛阳县令时,公主的仆人杀人,犯了法,躲在公主家里不出来,抓捕他的人不敢进去。董宣听说公主的车要出来,就拦住了,当面杀了那个犯了死罪的仆人。公主认为董宣在她面前杀她的仆人,是在欺负她。于是向皇帝,也就是自己的哥哥刘秀告状。刘秀很生气,把董宣叫来,要打死他。董宣也生气地说:"皇上您很圣明,复兴了汉朝。但现在却放纵杀人,这怎么能治理国家呢,我不用你打,我自己先死吧!"说着就用头撞柱子,撞得血流如注。

刘秀知道了事情真相,也就不杀他了,但让他给公主磕头,赔礼道歉。董宣就是不听,刘秀让人按他的头,董宣双手撑地,挺着脖子。刘秀最后奖励了他,还给他加了个"强项令"的称号。

董宣死后,刘秀派人去他家里,见到董宣家里贫穷,竟至于没有钱买棺材埋葬,原来董宣如此清廉。刘秀知道了,非常难过。

十一、孝仁皇后董兰

董太后,原名董兰,东汉末河间人,为解犊亭侯刘苌之妻,即历史上有名的孝仁皇后,汉灵帝之母。建宁元年,汉灵帝即位,追尊苌为孝仁皇,陵曰慎陵,以后称为慎园贵人。及窦氏诛,帝使中常侍迎贵人,并征贵人兄(董宠)到京师。上尊号曰孝仁皇后,居南宫嘉德殿,宫称永乐。拜(董宠)执金吾。皇后疾病暴崩,在位二十二年。丧还河间,合葬慎陵。

董宠,董太后胞兄,皇宫承担要职,拜金吾。

董重,董宠侄,卫尉、条侯。

董跻,董宠叔兄弟。官至羽林中郎将,假司马(摄事官),掌宫廷重兵。

附《后汉书·皇后纪·孝仁董皇后》：

孝仁董皇后讳某，河间人。为解犊亭侯苌夫人，生灵帝。建宁元年，帝即位，追尊苌为孝仁皇，陵曰慎陵，以后为慎园贵人。及窦氏诛，明年，帝使中常侍迎贵人，并征贵人兄（董）宠到京师。上尊号曰孝仁皇后，居南宫嘉德殿，宫称永乐。拜宠执金吾，后坐矫称永乐后属请，下狱死。

及窦太后崩，始与朝政，使帝卖官求货，自纳金钱，盈满堂室。中平五年，以后兄子卫尉脩侯重为骠骑将军，领兵千余人。初，后自养皇子协，数劝帝立为太子，而何皇后恨之。议未及定而帝崩。何太后临朝，重与太后兄大将军进权势相害。后每欲参干政事，太后辄相禁塞。后忿恚詈言曰："汝今辀张，怙汝兄耶？当敕票骑断何进头来。"何太后闻，以告进。进与三公及弟车骑将军苗等奏："孝仁皇后使故中常侍夏恽、永乐太仆封谞等交通州郡，辜较在所珍宝货赂，悉入西省。蕃后故事不得留京师，舆服有章，膳羞有品。请永乐后迁宫本国。"奏可。何进遂举兵围骠骑府，收重，重免官自杀。后忧怖，疾病暴崩，在位二十二年。民间归咎何氏。丧还河间，合葬慎陵。

十二、大将军董卓

董卓（132—192），字仲颖，陕西临洮（今甘肃省临洮县）人。官至太师、郿侯。卓父君雅，由微官为颖川纶氏尉。有三子：长子擢，字孟高，早卒；次即卓；三旻，字叔颖。早年为汉将，在西方平定少数民族叛乱。后来又参加讨伐黄巾起义，数次兵败，却依然升为前将军，掌管重兵。董卓拥兵自重，驻兵于河东，不肯放弃兵权而接受朝廷的征召。正逢京都大乱，何进被杀，董卓趁机进京，控制了中央政权。之后，董卓废汉少帝，立汉献帝，关东诸侯联盟讨伐，董卓放弃洛阳，移都长安。

董卓生性残虐，当权后横征暴敛，激起了民愤，最后被王允和吕布谋杀。董卓性粗猛而有谋断，从驻守边塞的地方官吏升迁为羽林郎，累迁西域戊己校尉、并州刺史、河东太守。中平元年（184）黄巾起义爆发后，奉命镇压响应起义的北地先零羌、湟中义从胡和金城人边章、韩遂，屡屡败北。灵帝病危时，他驻屯河东，拥兵自重，坐待事变。灵帝死后，大将军何进和司隶校尉袁绍合谋诛杀诸宦官，不顾朝臣反对，私召董卓入京。董卓引兵驰抵京城，势力大盛，废黜少帝，立陈留王为献帝。卓迁太尉领前将军事，进位相国。董卓放纵士兵在洛阳城中大肆剽房财物，淫掠妇女，称之为"搜牢"。又虐刑滥罚，以致人心恐慌，内外官僚朝不保夕。与此同时，他又为党人恢复名誉，起用士大夫，企图笼络人心。

初平元年（190年）冀州刺史孙馥与袁绍、孙坚等人兴兵声讨董卓。黄巾余部也陆续起兵关东。董卓挟持献帝西都长安，并焚烧洛阳宫庙、官府和居家，强迫居民数百万口随迁，致使洛阳周围100公里内荒芜凋敝，无复人烟。初平三年四月，董卓入朝时为吕布所杀。消息传开后，百姓歌舞于道，置酒肉互相庆贺。董卓被陈尸街衢，其家族被夷灭。

十三、三国魏董遇撰《周易董氏章句》

董遇,字季直,弘农人。建安初举孝廉,稍迁黄门侍郎,后转冗散。黄初中出为郡守,帝时历侍中大司农。有《周易注》十卷,《春秋左氏传章句》三十卷,《老子训注》二卷。

董遇为人朴实敦厚,从小喜欢学习。汉献帝兴平年间,关中李傕等人作乱,董遇和他哥哥便投朋友段煨处。董遇和哥哥入山打柴,背回来卖几个钱维持生活。每次去打柴,董遇总是带着书本,一有空闲,就拿出来诵读。他哥哥讥笑他,但他还是照样读书。

董遇对《老子》很有研究,替它作了注释;对《春秋左氏传》也下过很深的工夫,根据研究心得,写成《朱墨别异》。附近的读书人请他讲学,他不肯,对人家说:"读书百遍,其义自见。"请教的人说:"(您说的有道理)只是苦于没有时间。"董遇说:"应当用'三余'时间。"有人问"三余"是什么?董遇说:"三余就是三种空闲时间。冬天,没有多少农活,这是一年里的空闲时间;夜间,不便下地劳动,这是一天里的空闲时间;雨天,不好出门干活,也是一种空闲时间。"

十四、才策谋略,世之奇士董昭

董昭(156—236),字公仁,济阴定陶(今山东定陶)人。原仕袁绍,多有功劳。因受谗言而离开,成为张杨的谋士。后随张杨迎接汉献帝,被拜为议郎。董昭建议曹操将汉献帝迁往许昌,从此成为曹操的谋士,深受曹操信赖。后来,在董昭的建议下,曹操加九锡,成为魏公、魏王。曹丕、曹叡执政期间,董昭也多有谋划,官至司徒。

陈寿评曰:"董昭才策谋略,世之奇士。虽清治德业,殊于荀攸,而筹画所料,是其伦也。"

董昭最初为袁绍效力,在袁绍与公孙瓒对峙的时候做檄文,安定了巨鹿。后因袁绍听信谗言,董昭被迫投奔张杨。在曹操准备西迎天子的时候,说通张杨为曹操牵线搭桥。之后又促使张杨奉表荐曹操为镇东将军,奠定了曹操奉天子以令不臣的基础。后来建议曹操劝天子迁都许昌。在曹操派刘备攻袁术的时候提醒曹操注意提防,在曹操远征乌丸时建议凿运河以便补给。于曹操晚年劝曹操进爵魏公、魏王。关羽围困樊城时候,又献计使徐晃射孙权书信到樊城以及关羽军中以激励魏军并削弱关羽军的士气,遂逼退关羽……

董昭这个人很有先见之明,多次献计,每每成功,又很有政治眼光,帮助曹操确立政治优势。虽然不如荀、贾、郭等人那么有名,受重视的程度不如那几位核心谋士,不过他确实是不可多得的优秀人才。

十五、蔡文姬的夫君董祀

陈留人董祀的妻子,是名士蔡邕的女儿,名叫琰,字文姬。蔡文姬博学有才,精通音律。嫁给河东人卫仲道,后来丈夫死了,又没有儿女,就又回到娘家。兴平年间,天下动乱,文姬被胡人的骑兵俘获,沦落到南匈奴左贤王手中。在匈奴生活了十二年,生了两个儿子。曹操向来和蔡邕交情好,痛心他没有后人,就派使者用金银宝玉把她赎回来,重新嫁给董祀。

董祀做屯田都尉,犯法被判死罪,文姬到曹操那儿去为这事求情。当时公卿、名士以及远

方的使者宾客坐满了一屋子,曹操对宾客们说:"蔡伯喈的女儿在外头,今天让各位见见她。"等到文姬进来,蓬头赤脚,叩头请罪,声音清亮,很会说话。感情辛酸悲哀,大家都因此而变了脸色。曹操说:"我确实同情你(和董祀),但是判决的文书已经送出去了,怎么办?"文姬说:"您马厩里有上万匹骏马,还有数不清的猛士,为什么舍不得让人骑一匹快马(追回文书),救助一个将死之人呢?"曹操为她的话所感动,就追回判决的文书,赦免董祀的罪过。当时天气还很寒冷,又赐给她头巾和鞋袜。曹操又问道:"听说夫人家里原来有很多的古典书籍,还能记得起来吗?"文姬曰:"从前我过世的父亲留下的书籍四千余卷,因我远离家乡处境艰难,没有能保存下来的。现在能记得背诵出来的,才只有四百多篇罢了。"曹操说:"现在我应该派十个书吏到你那里去抄写。"文姬说:"我听说男女有别,按照礼制男女之间不能亲口传授。请给我纸笔(自己抄写),是用楷书还是草书全听您的命令。"于是就(凭记忆)抄写,送给曹操,文章没有遗漏和错误。她感伤自己悲愤的遭遇,曾写了两首《悲愤诗》。

十六、志节慷慨、武毅英烈的董袭

董袭(?—215),字元代,会稽余姚(今浙江余姚)人,东汉末年江东孙氏部将。身长八尺,面方口阔,武力过人。官职为偏将军。

孙策入郡,袭迎策于高迁亭,任贼曹,随策。山阴有宿贼黄龙罗、周勃等,策自出讨,袭身斩罗、勃首,迁扬武都尉。从策攻皖,讨刘勋,伐黄祖。策薨,袭讨鄱阳贼彭虎等众数万人,旬日尽平,拜威越校尉,迁偏将军。建安十三年,袭随权讨黄祖。袭身以刀断两绁,使祖蒙冲横流,大兵遂进。斩祖。濡须战,袭督五楼船住濡须口。夜卒暴风,船覆,袭死。

历史评价:

谢承:袭志节慷慨,武毅英烈。

陈寿:凡此诸将,皆江表虎臣,孙氏之所厚待也。

十七、蜀辅国将军董厥

董厥,字龚袭。籍贯义阳。官职相国参军、散骑常侍,爵位南乡侯。

董厥者,丞相亮时为府令史,亮称之曰:"董令史,良士也。吾每与之言,思慎宜适。"徙为主簿。亮卒后,稍迁至尚书仆射,代陈祇为尚书令,迁大将军平台事,而义阳樊建代焉。延熙(二)十四年,以校尉使吴。值孙权病笃,不自见建。权问诸葛恪曰:"樊建何如宗预也?"恪对曰:"才识不及预,而雅性过之。"后为侍中,守尚书令。自瞻、厥、建统事,姜维常征伐在外,宦人黄皓窃弄机柄,咸共将护,无能匡矫(孙盛《异同记》曰:瞻、厥等以维好战无功,国内疲弊,宜表后主。召还为益州刺史,夺其兵权。蜀长老犹有瞻表以阎宇代维故事。晋永和三年,蜀史常璩说蜀长老云:"陈寿尝为瞻吏,为瞻所辱,故因此事归恶黄皓,而云瞻不能匡矫也。")然建特不与皓和好往来。蜀破之明年春,厥、建俱诣京都,同为相国参军。其秋并兼散骑常侍,使蜀慰劳。《汉晋春秋》曰:樊建为给事中,晋武帝问诸葛亮之治国,建对曰:"闻恶必改,而不矜过。赏罚之信,足感神明。"帝曰:"善哉!使我得此人以自辅,岂有今日之劳乎!"建稽首曰:"臣窃闻天下之论,皆谓邓艾见枉。陛下知而不理,此岂冯唐之所谓'虽得颇、牧而不能用'者

乎!"帝笑曰:"吾方欲明之,卿言起我意。"于是发诏治艾焉。

十八、蜀掌军中郎将董和

董和,字幼宰,荆州南郡枝江(今湖北枝江)人,蜀掌军中郎将。

董和祖先原本是巴郡江州人氏,汉朝末年,董和率领宗族西迁,被益州牧刘璋任命为牛鞞。历任江原长、成都令。蜀中富庶,民风奢侈,但是董和勤俭节约,衣食朴素。有豪强畏忌董和执法严厉,说服刘璋改任董和为巴东属国都尉。董和动身前往新任地前,下属和几千百姓恳求他留下来,刘璋得知后,留董和在原地继续任职两年,并升为益州太守。董和结好南方外族,外族都很信任、爱戴他。

刘备入蜀后,任命董和为掌军中郎将,与军师将军诸葛亮并署左将军大司马府事。自此董和又为官二十余年,外联少数民族,内干机衡。他病故之后,家中所留财物极少。

历史评价:

诸葛亮:"夫参署者,集众思广忠益也。若远小嫌,难相违覆,旷阙损矣。违覆而得中,犹弃弊跷而获珠玉。然人心苦不能尽,惟徐元直处兹不惑。又董幼宰参署七年,事有不至,至于十反,来相启告。苟能慕元直之十一,幼宰之殷勤,有忠于国,则亮可少过矣。"诸葛亮:"昔初交州平(崔州平),屡闻得失。后交元直(徐庶),勤见启诲,前参事于幼宰,每言则尽;后从事于伟度,数有谏止。虽姿性鄙暗,不能悉纳,然与此四子终始好合,亦足以明其不疑于直言也。"

陈寿:"董和蹈羔羊之素,蜀臣之良矣。"

十九、中郎将董和之子董允

董允(? —246),字休昭,南郡枝江(今湖北枝江)人,中郎将董和之子。初为太子舍人。刘禅嗣位,迁黄门侍郎。诸葛亮第一次出祁山北伐前,虑后主年轻,不分黑白,以允秉心公亮,上表请以允、费祎、郭攸之任宫省事。不久,迁允侍中,领虎贲中郎将,统宿卫亲兵。时后主宠宦官黄皓,允正色匡主,数责皓。皓畏允,允在世时不敢为非作歹。延熙七年(244年)以侍中守尚书令,为大将军费祎的副手。九年,卒。

自刘备立太子后,董允一直侍奉刘禅。诸葛亮北伐前,在《出师表》中推荐董允,董对上匡正刘禅,对下斥责黄皓,使两人不敢胡作非为。董允多次推辞了他应得到的爵位、封土和高官。又为了接见董恢而放弃了重要的游宴,都体现了董允为人正道、礼贤下士、不求高官厚禄的优秀品质。在蜀汉士民眼中,董允与诸葛亮、蒋琬、费祎并列为"四英"。董允死后,陈祇与黄皓逐渐把持朝政,迷惑刘禅,终于导致蜀汉灭亡。蜀汉人民都因此而追思董允。在整部《三国志》中,董允是极少数能够立传"子不系父,可别载姓"的人物之一,足见其人之优越。

历史评价:

诸葛亮:"侍郎董允等,先帝简拔以遗陛下。至于斟酌规益,进尽忠言,则其任也。愚以为宫中之事,事无大小,悉以咨之,必能裨补阙漏,有所广益。若无兴德之言,则戮允等以彰其慢。"

蒋琬:"允内侍历年,翼赞王室。"

陈寿："允匡主,义形于色,秉心公亮。"

裴松之："以允名位优重,事迹逾父。"

杨戏："掌军清节,亢然恒常。说言惟司,民思其纲。"

二十、盛唐著名琴师董庭兰

董庭兰(约 695—765),盛唐开元、天宝时期的著名琴师,陇西人。

董庭兰早年曾从凤州(今陕西境内)参军陈怀古学得当时流行的"沈家声、祝家声",并把其擅长的《胡笳》整理为琴谱,董庭兰后来的声望已超过了沈祝两家。百年后,元稹在诗中仍赞道:"哀笳慢指董家本。"今存的《大胡笳》、《小胡笳》两曲,相传就是他的作品。另在《神奇秘谱》中收有他作的《颐真》一曲,据说此曲是他隐居山林,过着"寡欲养心,静息养真"的道家生活反映。

董庭兰在唐代享有很高的声誉,高适的《别董大》写道:"莫愁前路无知己,天下谁人不识君。"当时众多诗人都与他交往,并在诗中描写了他的琴艺,最为著名的就是李颀的《听董大弹胡笳声》,诗中对他的出色琴技进行详尽生动的描述。董庭兰编写的谱集,当时的赞善大夫李翱为之作序。

董庭兰一生清贫,高适曾在诗中说他:"丈夫贫贱应未足,今日相逢无酒钱。"薛易简也说:"庭兰不事王侯,散发林壑者六十载。"在他六十岁以前,几乎都是在其家乡陇西山村中渡过的。天宝末年,应宰相房琯之请,在其门下当过清客,为此曾遭到世人的诽议。

董庭兰的学生中,郑宥听觉敏锐,调弦"至切",尤善沈声、祝声。另一弟子杜山人,也被戎昱称为"沈家、祝家皆绝倒"。

二十一、唐朝诗人——董思恭

董思恭,(生卒年不详)唐代诗人,苏州人。高宗时任中书舍人。又曾为崇贤馆学士,与许敬宗、孟利贞等撰《瑶山玉彩》五百卷,于龙朔二年(662 年)奏上,高宗称善。后任右史,主持考功选拔事,因泄漏考题获罪,流放岭表而死。工诗,《全唐诗》录存其诗十九首,《全唐诗补编》存其诗一首,多为咏物写景之作,如《咏日》、《咏月》、《咏风》、《咏李》、《咏桃》、《咏雪》等,辞藻富丽,对仗工整,甚为时人所重。今传《董思恭集》。

董思恭的诗有:

《昭君怨二首》

新年犹尚小,那堪远聘秦。裾衫沾马汗,眉黛染胡尘。

举眼无相识,路逢皆异人。唯有梅将李,犹带故乡春。

琵琶马上弹,行路曲中难。汉月正南远,燕山直北寒。

髻鬟风拂乱,眉黛雪沾残。斟酌红颜改,徒劳握镜看。

《咏云》

帝乡白云起，飞盖上天衢。带月绮罗映，从风枝叶敷。

参差过层阁，倏忽下苍梧。因风望既远，安得久踟蹰。

《咏月》

北堂未安寝，西园聊骋望。玉户照罗帏，珠轩明绮障。

别客长安道，思妇高楼上。所愿君莫违，清风时可访。

《咏雪》

天山飞雪度，言是浇花朝。惜哉不我与，萧索从风飘。

鲜洁凌纨素，纷糅下枝条。良时竟何在，坐见容华销。

《咏星》

历历东井舍，昭昭右掖垣。云际龙文出，池中鸟色翻。

流辉下月路，坠影入河源。方知颍川集，别有太丘门。

《咏雾》

苍山寂已暮，翠观黯将沉。终南晨豹隐，巫峡夜猿吟。

天寒气不歇，景晦色方深。待访公超市，将予赴华阴。

《咏桃》

禁苑春光丽，花蹊几树装。缀条深浅色，点露参差光。

向日分千笑，迎风共一香。如何仙岭侧，独秀隐遥芳。

《咏日》

沧海十枝晖，悬圃重轮庆。萍华发晨楹，菱彩翻朝镜。

忽遇惊风飘，自有浮云映。更也人皆仰，无待挥戈正。

《咏露》

夜色凝仙掌，晨甘下帝庭。不觉九秋至，远向三危零。

芦渚花初白，葵园叶尚清。晞阳一洒惠，方愿益沧溟。

《咏李》

盘根植瀛渚，交干横倚天。

舒华光四海，卷叶荫山川。

《咏虹》

春暮萍生早,日落雨飞馀。横彩分长汉,倒色媚清渠。
梁前朝影出,桥上晚光舒。愿逐旌旗转,飘飘侍直庐。

《咏风》

萧萧度闾阖,习习下庭闱。花蝶自飘舞,兰蕙生光辉。
相乌正举翼,退鹢已惊飞。方从列子御,更逐浮云归。

《相和歌辞·三妇艳诗》

大妇裁纨素,中妇弄明珰。
小妇多姿态,登楼红粉妆。
丈人且安坐,初日渐流光。

《相和歌辞·王昭君》

琵琶马上弹,行路曲中难。汉月正南远,燕山直北寒。
髻鬟风拂散,眉黛雪沾残。斟酌红颜尽,何劳镜里看。

《感怀》

野郊怆新别,河桥非旧饯。惨日映峰沉,愁云随盖转。
哀笳时断续,悲旌乍舒卷。望望情何极,浪浪泪空泫。
无复昔时人,芳春共谁遣?

《守岁二首》

暮景斜芳殿,年华丽绮宫。寒辞去冬雪,暖带入春风。
阶馥舒梅素,盘花卷烛红。共欢新故岁,迎送一宵中。
岁阴穷暮纪,献节启新芳。冬尽今宵促,年开明日长。
冰销出镜水,梅散入风香。对此欢终宴,倾壶待曙光。

《咏琵琶》

半月无双影,金花有四时。
摧藏千里态,掩抑几重悲。
促节萦红袖,清音满翠帷。
驶弹风响急,缓曲钏声迟。
空馀关陇恨,因此代相思。

《咏弓》

上弦明月半,激箭流星远。
落雁带书惊,啼猿映枝转。

二十二、唐代名臣——董晋

董晋,字混成,唐河中虞乡(今山西永济)人,生于开元十一年(723 年),卒于贞元十五年(799 年)。仕唐,官至宰相。

董晋在唐玄宗后期中明经,唐肃宗即位后,被任命为秘书省校书郎,供职翰林。之后,任过汾州司马、淮南节度使崔圆的判官,及主客员外郎等职。唐代宗大历年间(766—779),董晋随同李涵护送崇徽公主嫁回纥,不辱使命。回朝后,拜司勋郎中。后迁转秘书少监、左金吾将军等职。

唐德宗即位后,董晋先任太府卿、御史中丞,后外任华州刺史。这时,唐中部地区发生了四镇之乱,前往平乱的泾原镇兵路经长安时哗变,唐德宗逃往奉天(今陕西乾县)。泾原乱兵在长安拥立朱泚为主。朱泚派兵攻华州,董晋弃城赴奉天跟从唐德宗,被封为国子祭酒。不久,董晋出使抚慰恒州,回经河中时,节度使李怀光也起兵反叛朝廷,与朱泚相呼应。董晋在河中对李怀光晓以君臣大义,劝他不要助朱泚为乱。李怀光听从董晋的劝说,虽不满于朝廷,但不再与朱泚相勾结。这对当时的政局产生了积极的影响。

四镇之乱后,唐德宗返回京师,董晋迁任左金吾卫大将军、尚书左丞。当时韩滉执政,威权显赫,韩滉仗势陷害右丞元琇,朝臣虽都认为元琇冤枉,但慑于韩滉权势,敢怒而不敢言。董晋挺身为元琇极力辩解,颇为朝臣所称道。

贞元五年(789 年),董晋为门下侍郎,同中书门下平章事(即宰相)。另一宰相窦参得宠于唐德宗,大权独揽,董晋但奉职而已。窦参专政,引起了唐德宗的猜忌。唐德宗向董晋询问窦参的过失,董晋如实作了回答,唐德宗罢免窦参。董晋心感惶恐,上疏辞职。贞元九年(793 年),董晋被起用为礼部尚书,兼兵部尚书、东都留守。

不久,宣武(今河南开封)节度使李万荣死,唐德宗以董晋为尚书左仆射、同中书门下平章事、兼宣武节度副大使。李万荣临死前已让同乡亲信邓惟恭接任,邓惟恭对董晋的来任非常不满,以至发展到谋图反叛。董晋得知后,捕杀其党羽,囚送邓惟恭到京师。唐德宗将邓惟恭流放汀州,但又怕董晋柔弱不能制御宣武的骄兵悍将,调汝州刺史陆长源为其司马管理军务。陆长源执法严苛,多追究镇兵的往日恶行。董晋开始支持他,后来见这样不利于与镇兵的关系,就制止他的作为。董晋又用孟叔度管理财赋,而孟叔度为人轻佻,不尊重镇兵,为镇兵所反感。虽然如此,因董晋谦虚谨填,俭约循旧,使镇兵大体安定。

董晋在宣武任职 5 年死去,终年 76 岁。死后赠太傅,谥曰恭惠。董晋死后不到 10 天,宣武兵乱,杀陆长源和孟叔度。纵观董晋一生,其才能表现是多方面的,他出使回纥不辱使命;在韩滉权盛时,挺身而出为元琇辩解;在四镇之乱时游说李怀光不叛朝廷;在宣武时,平息邓惟恭之乱,并抚御其骄兵悍将。其中后两点最有利于当时社会的安定。

二十三、隋朝左备身将军董纯

董纯,字德厚,陇西成纪人也。祖和,魏太子左卫率。父升,周柱国。纯少有膂力,便弓马。在周,仕历司御上士、典驭下大夫,封固始县男,邑二百户。从武帝平齐,以功拜仪同,进

爵大兴县侯,增邑通前八百户。高祖受禅,进爵汉曲县公,累迁骠骑将军。后以军功进位上开府。开皇末,以劳旧擢拜左卫将军。寻改封顺政县公。汉王谅作乱并州,以纯为行军总管、河北道安抚副使,从杨素击平之。以功拜柱国,进爵为郡公,增邑二千户。转左备身将军,赐女妓十人,缣彩五千匹。数年,转左骁卫将军、彭城留守。齐王暕之得罪也,纯坐与交通,帝庭谴之曰:"汝阶缘宿卫,以至大官,何乃附傍吾儿,欲相离间也?"纯曰:"臣本微贱下才,过蒙奖擢。先帝察臣小心,宠逾涯分,陛下重加收采,位至将军。欲竭余年,报国恩耳。比数诣齐王者,徒以先帝、先后往在仁寿宫,置元德太子及齐王于膝上,谓臣曰:'汝好看此二儿,勿忘吾言也。'臣奉诏之后,每于休暇出入,未尝不诣王所。臣诚不敢忘先帝之言,于时陛下亦侍先帝之侧。"

帝改容曰:"诚有斯旨。"于是舍之。后数日,出为汶山太守。岁余,突厥寇边,朝廷以纯宿将,转为榆林太守。虏有至境,纯辄击却之。会彭城贼帅张大彪、宗世模等众至数万,保悬薄山,寇掠徐、兖。帝令纯讨之,纯初闭营不与战。贼屡挑之不出,以纯为怯,不设备,纵兵大掠。纯选精锐击之,合战于昌虑,大破之,斩首万余级,筑为京观。贼魏骐驎众万馀人,据单父,纯进击,又破之。及帝重征辽东,复以纯为彭城留守。东海贼彭孝才众数千,掠怀仁县,转入沂水,保五不及山。纯以精兵击之,擒孝才于阵,车裂之,余党各散。时百姓思乱,盗贼日益,纯虽频战克捷,所在蜂起。有人谮纯怯懦,不能平贼,帝大怒,遣使锁纯诣东都。有司见帝怒甚,遂希旨致纯死罪,竟伏诛。

二十四、唐代文苑常德名士董侹

董侹(?—812),一作董挺,或董頲,字庶中,武陵人。出生于官宦人家,其祖父思简,官至汝南太守;父亲承祖,卒时为太子舍人。董侹自幼嗜诗,至老不倦。刘禹锡形容他"心源为炉,笔端为炭。锻炼之本,雕砻群形。纠纷舛错,逐意奔走。因故沿浊,协为新声。"

与董侹唱和的都是当时的"青云之士",有杜甫、卢象、包佶、李纾等人,大诗人杜甫就写有《别董頲》[②]的五言古诗:

> 穷冬急风水,逆浪开帆难。
>
> 士子甘旨阙,不知道里寒。
>
> 有求彼乐土,南适小长安。
>
> 别我舟楫去,觉君衣裳单。
>
> 素闻赵公节,兼尽宾主欢。
>
> 已结门闾望,无令霜雪残。
>
> 老夫缆亦解,脱粟朝未餐。
>
> 飘荡兵甲际,几时怀抱宽。
>
> 汉阳颇宁静,岘首试考槃。
>
> 当念著皂帽,采薇青云端。

杜甫此诗于大历三年(768年)作于湖北襄阳,一说作于公安。董侹从武陵出发,赴邓州求州守赵公给予经济援助。正准备解缆南游潭州的杜甫,与之小聚后相互话别,杜甫不仅同情老友"甘旨阙"的处境,关心他"道里寒"、"衣裳单"的现状,还嘱咐老友早日返程,别让家里

人担心,特别是年迈父母要人照顾。

董侹中年信奉佛教,钻研佛理,崇尚清正贤明。后入仕,始为弘文馆校书郎,迁大理评事。贞元中为荆南节度推官。晚年崇尚道家,称疾辞归武陵。董侹曾自置扁舟,浮江、沱,泛洞庭,四处游览。四川成都的关将军祠堂,有董侹于贞元十八年(802年)撰写的记文。当为此次游历时所为。

谪居朗州的刘禹锡是董侹的好朋友。收入刘禹锡文集中的相关文章有《董氏武陵集纪》和《故荆南节度推官董府君墓志》两篇,诗有《和董庶中古散调词赠尹果毅》、《览董评事思归之什因以诗赠》和《闻董评事疾因以书赠》三篇。董侹著《武陵集》,刘禹锡为之作记,评价其诗说:"片言可以明百意,坐驰可以役历景,工于诗者能之。风雅体变而兴同,古今调殊而理冥,达于诗者能之。工坐于才,达生于明,二者还相为用,而后诗道备矣。余尝执斯评为公是,且衡而度之。诚悬乎心,默揣群才,钧铢寻尺,随限而尽,如是所闻者百态。一旦得董生之词,杳如搏翠屏,浮层澜,视听所遇,非风尘间物。亦犹明金绰羽,得于遐裔,虽欲勿宝,可乎③?"

刘禹锡有与董侹唱和的诗,可是董侹原诗及《武陵集》均已失传,《新唐书·艺文志》载:"董侹《武陵集》,卷亡。"幸《全唐书》收录有董侹的三篇文章,即《荆南节度使江陵尹裴公重修玉泉观庙记》、《修阳山庙碑》和《阎贞范先生碑》。《阎贞范先生碑》为后人记载下一位弃官修道的道士。碑主阎贞范,天水人。历官申州、澧州和吉州刺史,"不乐进取机密,求出为武陵相",奏请朝廷允许到桃花源的桃源观修炼。董侹称赞说:"圣唐敷道德之教,垂二百年,能以进退处消息无累者,惟稽山贺君、桃源阎君两人而已。"《修阳山庙碑》是在董侹去世前三年即元和四年(809年)写的。为碑篆额的刘申锡是刘禹锡的亲兄弟。此碑立于是年的十月,碑存,全录于下:

古武陵封壤所至,湘岳辰澧皆附庸之部,《楚辞》载溆阳罗江,即其证也。今俗豪家多嗜书知敬,殆黔中遗风不绝者欤!东汉光武二十五年(49年),驸马都尉梁君松平五溪名郡,廨置汉寿城,即荆州刺史所治地。

有阳山神祠,直上千仞,横衺三峰,红崖青壁,艳若彩缋。日月回薄,仙驭往来;沉沉洞宫,孰详突奥。昔王郎新志谓云梦之神,夏首献鱼,讫于秋分鱼潮之初,群汇各异,网罢虽没,无能护者。至今洞庭余艎,若遭迅风,靡不印首求请,多获利济。顶上有池,下潈山麓,即书沱潜之源,验在兹矣。故此邦之人,是依是凭,用介景福。余尝以楚山为天下绝,若阳山者,又此无伦。亭亭孤标,迥出天外。彰善瘅恶,犹影响焉!

永贞元年(805年),沅水泛滥,坏及庐舍,几盈千室。生水禽畜,随流逝止。明年,云汉为厉,稼穑之土,敛为负租。三年弥深,郡牧遍走无诉,俗不可以终否。故良牧宇文公得以肆力焉!公名宿,字元明。始至之日,巷鲜居人,有兽奔禽骇之势。公感愤激衷,誓拯楚溺,请于廉使,条白上闻。诏使臣赐以廪粟。公申布圣泽,遍问里间,逮斑白稚齿,延颈仰给,皆联联鼓舞,喜得生活。公乃询于众曰:"山泽之神,利及物者安在?合祷祈之,矧岩岩阳山,此地之望,某虽寡德,敢不先谒焉?"乃沐浴致斋,敛衽荐诚。再拜而后祝曰:"惟人神之本,今人若坠冰谷,时欤事欤?曷不可欤?今雕丧殆尽,而神不恤,使清凌全州,鞠为茂草,岂独予之辜,抑神之耻!宿谬当朝廷分忧之寄,尝惧丹恳不达,以速官谤。惟神降鉴,明听予言,余或不虔不恪。余将励精

砺志,勤以劝人,敢徼肸蠁之福,音动左右,礼无愧词。

自时厥后,一晴一雨,皆符郡人小大之望。财若天雨,流庸半还,食菽饮水,室家相保。穜稑所产,集为有年。乃聚族暮曰:良牧之仁,通于神州,无有穷已!噫,《诗》不云乎"恺悌君子,人之父母",仁远乎哉?且又神祇昭答如此,而不思有以极乎?乃相与缮修祠屋,整顿睟容,想像如在,共旌阴骘之感,庶展虘县之敬。愿公寿考,褆福穰穰,庶渤海颍川,异时并驾齐驱云。

元和七年(812年)四月,董侹以疾终于故府私第。刘禹锡在为其所撰的《墓志》中称他"道愈富而室愈贫,志甚修介知甚寡",不仅透露出董侹晚景凄凉,也表明作者对他的道德学问的赞赏。这在铭文中有更充分的表现:"学待问而文藻身,艺不试兮名孰闻?大道甚夷兮非我辰,何生不茂兮非我春?修门之达兮连冈膴膴,蔓草如茵兮坟若斧。吁嗟,董生兮焉终古!

(作者:应国斌)

二十五、唐末义胜军节度使董昌

董昌(?—896),临安人。唐乾符二年(875年),浙西狼山守将王郢叛乱,攻掠浙东、浙西诸州,董昌组织地方武装抵御叛军。因功升任石境镇将,手中开始掌握了一支武装。中和三年(883年),朝廷任命路审中为杭州刺史。董昌不高兴了,率兵先行入据杭州,自称都押司。朝廷只好任命董昌为杭州刺史。后来升任威胜军节度使,成为手握重兵的地方大员。刚开始的时候,董昌还比较廉洁,为老百姓做了一些好事,比如免征盐税以减轻百姓负担,建立地方武装以保卫乡里安全,老百姓也很感激他。可是后来,他残暴的本性就暴露出来了,尤其是刑法严酷,草菅人命。

当时,藩镇割据,天下贡输不入唐室,惟独董昌经常向朝廷大量进赋外献。因此朝廷经常升他的官,最后晋爵为陇西郡王。但是董昌的野心不小,他想做皇帝。由于朝廷没有封董昌为越王,董昌深为不满,始有异心。

大约就在董昌想做皇帝的时候,各地阿谀奉承者纷纷起哄,为董昌建祠。据说生祠中塑了一些土马,如果有谁来报告哪一匹马嘶鸣发汗,就给予重赏。这就是董昌建庙的缘起。这下好了,一些巫婆、神汉有了用武之地,闹得越州地方乌烟瘴气。董昌的部下也不甘落后,一个部将画了一只怪鸟,三条腿,形如"昌"字,说这只鸟叫"罗平鸟",主宰越人祸福,董昌名应神鸟,做皇帝更是没得说了。董昌大喜,重赏部将。(现在"鸬鸟"的得名,据说就是这只怪鸟而来。另有一说为罗姚山之谐音而来)。

唐昭宗乾宁二年(895年),董昌一不做,二不休,自己当起了皇帝,国号"大越罗平",自称"大越罗平国皇帝"。这就是罗平王的缘起。董昌改元顺天,足足过了一把皇帝瘾。朝廷虽然懦弱,但也不会听之任之。唐昭宗命镇海军节度使钱某(曾是董昌的部下)发兵征讨,最后将董昌围困于越州。钱某派部将入城见董昌,诡称"奉诏迎公居临安",董昌竟相信了,被钱某押解还杭州。至西小江,董昌自觉无颜见人,投江自杀(一说被杀)。

董昌一死,各地罗平王庙皆烟消云散,惟独鸬鸟平王庙代代香火不绝,可能也是当地百姓感念董昌有恩于地方的原因吧。虽然后来知道董昌的人越来越少,但祭祀平王的传统却传下

来了。

平王庙在"文革"期间被拆建为小学,近年乡人又重建,只是规模已小了许多。

(摘自《桃园董氏》)

二十六、五代南唐画家——董源

董源(?—约962年),字号叔达,中国五代南唐画家。一作董元,字叔达,江西钟陵(今江西南昌市进贤县)人,自称"江南人"。生卒年不详,主要活动在南唐中主(934—960)时期。事南唐主李璟,任北苑副使,故又称"董北苑"。南唐亡后入宋,被看作是南派山水画的开山大师。画史上把董源、范宽、李成,称为北宋初年的三大家。

董源不仅以山水画见长,也能画牛、虎、龙及人物。作为山水画家,董源也是不专一体的。宋人称许其大设色山水景物富丽,宛有李思训风格。但其最有独创性而且成就最高的是水墨山水。他运用披麻皴和点苔法来表现江南一带的自然面貌,神妙地传写出峰峦晦明、洲渚掩映、林麓烟霏的江南景色。他用笔甚草草,近视几不类物象,远观则景物粲然,在技巧上富有创造性。他的名作《夏景山口待渡图》和《潇湘图》,将夏天江南的丘陵,江湖间草木畅茂、云气溢郁的特定景色表现得淋漓尽致。其笔墨技法是与他所表现的特定景色充分适应的。

宋代沈括称他"多写江南真山,不为奇峭之笔"。所画山形,多是长江中下游一带的丘陵,大都为坡陀起伏,土山戴石,很少作陡峭崭绝之状。这与较早于他的荆浩所表现的气势雄伟的北方山形正好成为鲜明的对比。董源重视对山水画中点景人物的刻画,每每带有风俗画的情节性,有时实为全画的题旨所系。虽形体细小,简而实精,人物皆设青、红、白等重色,与水墨皴点相衬托,别饶一种浓古之趣。其传世作品还有《龙宿郊民图》等。

董源所创造的水墨山水画新格法,当时得到巨然和尚的追随,后世遂以董巨并称。在宋代,除了米芾、沈括十分欣赏董巨画派之外,一般论者对董巨的评价并不高。到了元代,取法董巨的风气渐开。汤垕认为:"唐画山水至宋始备,如(董)元又在诸公之上。"对董源有了新的认识。元末四家和明代的吴门派,更奉董源为典范,明末"南北宗"论者虽然在理论上尊王维为"南宗画祖",但实际上却是在祖述董源。元代黄公望说:"作山水者必以董为师法,如吟诗之学杜也。"清代王鉴说"画之有董巨,如书之有钟王,舍此则为外道。"董源在后世能够产生如此深远的影响,在中国山水画史上是罕见的。

据画史记载,董氏善山水人物、云龙、牛虎,无所不能,尤以山水画最为著名,开创南派山水。其山水多以江南真山入画,而不为奇峭之笔,记载说他山水多画江南景色"平淡天真,唐无此品"。米芾曾盛赞其山水曰:"峰峦出没,云雾显晦,不装巧趣,皆得天真。"五代的《画鉴》里记载:"董源山水有二种,一样水墨,疏林远树,平远幽深,山石作披麻皴;一样着色,皴文甚少,用色浓古,人物多用红青衣,人面亦有粉素者。二种皆佳作也。"北宋沈括在《梦溪笔谈》中提到:"董源善画,龙工秋岚远景,多写江南真山,不为奇峭之笔。"又称"其用笔甚草草,近视之几不类物象,远观则景物粲然……"。擅画水墨及淡着色山水,喜用状如麻皮的皴笔表现山峦,上多矾头(山顶石块)苔点,多画丛树繁密,丘陵起伏,云雾显晦和溪桥渔浦、汀渚掩映的江南景色。后人称其所作平淡天真,为唐代所无。也有设色浓重之作,山石皴纹甚少,景物富丽,近于李思训格调,而较放纵活泼。兼工龙、牛、虎和人物。

传世作品有:

《潇湘图》卷,明末经由河南人袁枢(袁可立子)随身收藏得以躲过兵燹,现藏故宫博物院。

《夏山图》卷,藏上海博物馆。

《夏景山口待渡图》卷,藏辽宁省博物馆。

《龙宿郊民图》及《洞天山堂》二轴,均图录于《故宫名画三百种》。

五代至北宋初年,是中国山水画的成熟阶段,形成了不同风格。后人概括为"北派"与"南派"两支。董源的《潇湘图》被画史视为"南派"山水的开山之作。董源现存世作品有《夏景山口待渡》、《潇湘》、《夏山》、《龙宿郊民》等图。《潇湘图》卷,五代,纵 50 厘米,横 141 厘米,现藏北京故宫博物院。

(摘自维基百科)

二十七、董德妃(后周太祖)

董氏(915—953),后周太祖郭威的妃子(第四任妻)。

董氏是镇州灵寿人,祖父董文广在唐末当过州录事参军,其父董光嗣当过赵州昭庆县尉,均为小官。董氏自幼聪慧,有音乐天分。七岁时镇州兵乱,董氏走失,被潞州牙将所获,收为养女,十分疼爱。十三岁时,她的长兄董瑀四处寻访妹妹下落,终遇见其养父,养父母欣然将她归还。董瑀让她嫁给了同乡刘进超。刘进超在后晋做了小吏。

后晋灭亡,刘进超死于契丹兵乱,董氏寡居于洛阳。郭威率兵路经洛阳时,娶为己妻,即位后封为德妃。

二十八、五代南唐画家董羽

董羽,毗陵(今常州)人,字仲翔,五代南唐画家。一说口吃语不能出,故有哑子之目。善画龙鱼,尤长于海水,不为汀泞沮洳之陋,濡沫涸辙之游。喜作禹门砥柱,惊雷怒涛。初仕南唐李煜(937—975 年)为待诏,写香花阁帏幕屏,并积水图,大见称誉。建康有隋大司空陈仁杲庙,堂后水一壁,至宋犹存。李煜归宋(976 年),入图画院为翰林艺学。于学士院壁为戏水龙,于开宝寺东经藏院壁,为弄珠龙,皆为精笔。尝奉诏作端拱楼四壁龙水,极其精思。凡半年而毕。一日,太宗与嫔御登楼,皇子尚幼,遥见画笔,惊畏呼哭,乃令圬墁之,卒不获赏。又画水于玉堂北壁,汹涌澜翻,望之若临烟江绝岛间,咫尺汗漫,莫知其涯矣。宋白击节称赏,赋诗谓:"回眸陡觉三山近,满目潜惊六月寒。"

二说原为画院待诏,后入宋图画院为艺学。善画鱼龙海水,并喜在禹门、砥柱上画乘风破浪,惊波怒涛里逆游的鱼龙,能尽鱼龙涤忽万变的形状。他在金陵清凉寺画的《海水图》上有李煜八分书题字,萧远草书题名,人称"三绝"。曾画水于玉堂(学士院)北壁。波澜汹涌,远看似临烟江绝岛之地。时有"笔法神化,精工第一"之称。其作品有《腾云出波龙图》、《踊雾戏水龙图》、《战沙龙图》、《穿山龙图》、《当叟吹箫图》等。著有《画龙辑议》。

二十九、北宋将领董遵诲

董遵诲(926—981),涿州范阳人(今河北涿县)。父宗本,善骑射,隶契丹帅赵延寿麾下。尝以事说延寿,不能用。及延寿被执,举族南奔。汉祖得之,擢拜随州刺史,署遵诲随州牙校。周显德初,世宗北征,大将高怀德,遵诲之舅也,表遵诲从行。师次高平,与晋人遇。将接战,晋兵未成列,怀德命遵诲先出奇兵击之。晋人溃,大军继进,遂败之。二年,讨秦、凤,大将韩通又表遵诲自随。与贼战于唐仓,先登陷阵,擒蜀招讨使王鸾以献,克秦、凤二州。师还,录其前后功,补东西班押班,又迁骁武指挥使。四年,从世宗征淮南,攻合肥,下之。六年,从韩通平雄、霸二州。

太祖微时,客游至汉东,依宗本,而遵诲凭借父势,太祖每避之。遵诲尝谓太祖曰:"每见城上紫云如盖,又梦登高台,遇黑蛇约长百尺余,俄化龙飞腾东北去,雷电随之,是何祥也?"太祖皆不对。他日论兵战事,遵诲理多屈,拂衣而起。太祖乃辞宗本去,自是紫云渐散。及即位,一日,便殿召见,遵诲伏地请死。帝令左右扶起,因谕之曰:"卿尚记往日紫云及龙化之梦乎?"遵诲再拜呼万岁。俄而部下有军卒击登闻鼓,诉其不法十余事,太祖释不问。遵诲益惶愧待罪,太祖召而谕之曰:"朕方赦过赏功,岂念旧恶耶?汝可勿复忧,吾将录用汝。"遵诲再拜感泣。又问遵诲:"母安在?"遵诲奏曰:"母氏在幽州,经患难睽隔。"太祖因令人赂边民,窃迎其母,送与遵诲。遵诲遣外弟刘综贡马以谢,太祖解其所服真珠盘龙衣,命赍赐之。综曰:"遵诲人臣,岂敢当此。"太祖曰:"吾方委以方面,不此嫌也。"

会李筠叛泽、潞,令遵诲从慕容延钊讨之,迁马军都军头,因留之镇守。三年,召归,再迁为散员都虞侯。乾德六年,以西夏近边,授通远军使。遵诲既至,召诸族酋长,谕以朝廷威德,刲羊酾酒,宴犒甚至,众皆悦服。后数月,复来扰边,遵诲率兵深入其境,击走之,俘斩甚众,获羊马数万,夷落以定。太祖嘉其功,就拜罗州刺史,使如故。太宗即位,兼领灵州路巡检。

遵诲不知书,豁达无崖岸,多方略,能挽强命中,武艺皆绝人。在通远军凡十四年,安抚一面,夏人悦服。尝有剽略灵武进奉使鞍马、兵器者,遵诲部署帐下欲讨之。夏人惧,尽归所略,拜伏请罪,遵诲即慰抚令去。自是各谨封略,秋毫不敢犯。历太祖、太宗朝,委遇始终不替,许以便宜制军事。太平兴国六年卒,年五十六。帝轸悼久之,遣中使护葬,赗赙加等,录其子嗣宗、嗣荣为殿直。

(《宋史·董遵诲传》)

三十、流坑第一位爵隆位显者——董敦逸

董敦逸(1031—1101),字梦授,宋吉州永丰(今乐安流坑,原属吉安府永丰县云盖乡,1149年始划归乐安县管辖至今,故《宋史》作吉州永丰)人,仁宗嘉祐八年(1063年)进士,历知穰县、弋阳县,官至监察御史。

少年时代在父亲严格管教下,刻苦学习,立有大志。宋嘉祐八年(1063年),与其兄董乾粹同中进士。初任监隆兴(今南昌)盐仓、临江军(今樟树)都务、象州(今属广西)司法参军、连州(今广西连县)司理参军,调穰县(今河南邓县)知县。时值提举征调民夫修堤筑坝,董敦逸

经调查,发现这是一项劳民伤财、得不偿失的工程,遂向上报告,解除了十六万民工劳役之苦,使三千六百顷农田免遭淹没,百姓感激不尽。不久,调知弋阳县,遣返宝丰铜矿数百民工回家,免遭铜蚀侵体致死。接着调任舒州(今安徽潜山)通判、梓州路(今四川三合县)转运判官、淮安(今属江苏)安抚使、南海宽恤殿院,入朝为史馆集英殿修撰、中书舍人、工部侍郎权翰林学士兼侍讲,未几,出使广西漕务。

元祐六年(1091年),被提升为监察御史。时值"党争"甚烈,因弹劾苏轼而被贬为湖北运判,改知临江军。绍圣元年(1094年),苏轼、苏辙遭贬,董敦逸调任原职,改工部员外郎,迁殿中侍御史、左司谏、侍御史。绍圣三年,哲宗命其审理一宗皇宫内部争权案件。他了解到哲宗不喜孟后,所宠爱妃刘婕好,有意诬陷孟后。董敦逸出于正义,冒着遭贬丢官的风险,毅然上书恳切陈言,实事求是为孟后申述其冤。哲宗震怒,加上蔡卞、蔡京等从旁诽谤,欲将董敦逸治以重罪。幸得章淳、曾布等为之申辩,得以从轻发落。绍圣四年,借他事,将其出知兴国军(今湖北阳新)。孟后因董敦逸秉公剖冤而从轻,废贬于瑶华宫,史称"瑶华秘狱"。

元符三年(1100年),徽宗立,复召孟后为元祐皇后,尊为隆裕太后。董敦逸加直龙图阁,知荆南(今湖北江陵)。不久召为左谏议大夫,奉命出使辽国,贺辽主生辰。辽主要其行下臣之礼,董敦逸执礼不屈,辽主恼怒将其幽禁,并令其无灯夜读"皇陵碑"。他借助萤光诵熟,第二天背诵如流,辽主以为有神灵相助,不敢加害,反赐貂裘送他回国。归国后,他极力揭发蔡卞、蔡京等奸党罪行,却被诬以忤旨,降职贬为江州(今九江)知州。后徽宗忆起这位"白须御史",调回京为户部侍郎,加御史大夫,封长清开国男,食邑三百户。不久,他以年老病弱乞归而终。建炎三年(1129),隆裕太后被金兵追至永丰文江,偶询及此水来源,侍臣答以从董御史门前来。孟后取金盅盛河水饮之,说:"董御史是我大恩人,饮此水以报之。"从此永丰文江改称"恩江"。

董敦逸是流坑第一位爵隆位显者,有耿直凛然之气,少年时的一首明志诗"鱼虾钓得亦零星,徒费扁舟尽日横。正如卷纶垂大饵,只令沧海有长鲸",一直激励着流坑莘莘学子。

(摘自百度百科)

三十一、北宋医家董汲

董汲,字及之,北宋山东省东平县人,是著名儿科专家钱乙的同乡晚辈。幼年学儒,少时考进士落第,急于养亲,放弃科举而从事于医。他视别人的疾苦如己疾,频繁往来于病人家,不分严寒大暑。对贫穷患者多方周济。崇宁、大观间(1102—1110),旅居京师开封,与刘演等以医术闻名于当时。他指出小儿脏腑嫩弱,其斑疹证候与伤风相类。他们又讲不清痛痒只知啼哭;要是医生不够慎重细致,就会诊断错误,往往造成夭折。于是采集有效秘方,详细讲明证候,编写成《斑疹备急方论》一卷(《直斋书录解题》作《小儿斑疹论》,钱氏《述古堂书目》作《小儿斑疹备急方论》)。元祐八年癸酉(1093年),钱乙为它作序,此为痘科专书鼻祖。董汲又著有《脚气治法总要》一卷(《四库全书》和《三三医书》均作二卷)、《旅舍备要方》一卷(俱见《宋史·艺文志》)。

晁补之的《鸡肋集》第三十三卷中,有《董汲秀才真赞》说:"鹊实非脉,假脉而言,太子可起。和实以脉,遗脉而知,良臣将死。故鹊不能死生,而和不能生死。既有制之者矣!亦有知

之者矣！术兼于道,是谓医理,谁其知之,惟汝阳董子。"又"汲之《斑疹方论》,同邑太医丞钱仲阳为之作序,深嘉其少年艺业之精。则其医术之造诣,亦可想见矣!"(见晁补之《鸡肋集》)。

(摘自百度医药网)

三十二、北宋藏书家、鉴赏家董逌

董逌,字彦远,东平(今山东省东平县)人。政和(1111—1118)年间官徽猷阁待制,以精于鑑赏考据擅名。

《广川画跋》全书 6 卷,共收题跋 134 篇,包括宫廷及私人收藏,其中以历史故事及风俗人物占多数。画跋偏重于考证评议,对作品之题材内容及物象制度多方论证,引经据典,与其他侧重艺术风格技巧之评鑑著作不同,对作品辨识也时出独特见地。如根据画中人物衣冠服饰及殿廷环境辨《萧翼赚兰亭图》为《陆羽点茶图》;根据图中细节辨《汉武帝会西王母图》为《唐武宗仙乐图》,称《醉僧图》,所画僧人沈酣实为魏晋时僧人不守戒律聚饮歌舞之写照;又指出《击壤图》中击壤不应画为击缶。其他如对《兵车图》兵车形制进行考证,跋《舞马图》论及舞马之戏的源流等,皆可见作者学识之广博。董逌尚有《广川书跋》传世。

(摘自互动百科)

三十三、北宋著名文人董储

董储,一作董如,密州安丘(今山东安丘)人。官郎中。能诗,有名于宝元、庆历(1038—1048)间。《东坡集》认为其书尤工,胜李西台。

苏洵及其子苏轼、苏辙都是北宋著名文学家,家居眉州眉山。董储是北宋著名文人,家居密州安丘,其诗文备受苏洵推崇。董储由郎中知眉州时,与苏洵最为友善,二人经常在一起谈诗论文,苏洵还不时在其二子面前谈及董储,赞扬其诗文。使二子从内心里敬佩董储。北宋熙宁九年,苏轼就任密州太守。期间,不断到州属诸县调查研究。一次到安丘县东乡查访盖公遗迹、寻访盖公后代时,得知董储已过世,便骑马赶到董储墓前董储拜祭,并题诗一首赠予其子董希甫,诗云:"白鬓郎官旧使君,至今人道最能文。只鸡敢忘乔公语,下马来寻董相坟。冬日采薪那得免,邻人吹笛不堪闻。死生契阔君休问,洒泪西南向白云。"

三十四、南宋恩榜状元——董德元

董德元(1107—1174),字体仁,宋时吉州永丰(今属乐安流坑)人,恩榜状元。官至副相。

他出生于书香门第,从小饱读诗书,以学问得重于乡。靖康元年(1126 年)夺乡试魁首,后赴京考试,屡试不第,以至"贫甚无以自养,乃从富人家书馆",对怀才不遇,功名无望感到非常懊恨。绍兴十五年(1145 年),以特奏名补文学,任道州宁远主簿。绍兴十八年(1148 年)中进士,时年五十三(《绍兴十八年同年小录》)。在殿试策论答题中,迎合宋高宗和太师秦桧"柔道"御天下的主张及对金主和不战的路线,秦欲点为第一,以有官之故,改为进士第二名,赐"恩例与大魁等",时称"恩榜状元"。

登科之后，初任左承事郎金书镇南军节度判官。秦桧有意选拔"世无名誉，柔佞易制者"为党羽。董德元功名来之不易，视官禄如泰山，故谨慎从职之余，有意依附秦桧。在秦桧的推举下，升迁甚速。先为秘书省正字、校书郎，吴王府、益王府教授，太常博士、礼部员外郎。绍兴二十四年，调任监察御史。仅数月，又提升为殿中侍御史。不久兼任崇政殿说书。董德元为取媚秦桧，与魏师逊、汤思退、郑仲熊等秦桧亲信考官共同作弊，欲以秦桧之孙秦埙为该科状元，只因高宗不满秦埙策论，才降为第二。当魏师逊"少忤桧意"时，身为御史的董德元即上章弹劾其"怀奸嗜利，不恤国事"，使魏落职。

绍兴二十五年（1155年）二月，董德元兼侍讲。四月转侍御史、中书舍人，六月为吏部侍郎，旋升尚书。先后劾罢参知政事旋矩和郑仲熊、左朝散大夫赵令衿。八月，升为参知政事，掌左仆射（副相）职权，充大礼使，代表天子祭南郊，封为庐陵开国子爵，食邑五百户。十月，秦桧病危，董德元、曹泳等欲举秦桧之子秦熺为相，为高宗所抑止。秦桧死前，召董和汤思退至病榻前，嘱以后事，各赠黄金千两。董受其千金，而汤思退不敢受。秦桧死后，臣僚多有论其奸佞，高宗也厌恶秦氏弄权，于是秦桧党羽多被清除。董德元为"桧之门人"、"人多切齿"。是年十二月，殿中御史汤鹏举等论董德元依附秦桧，遂被罢去要职，给予资政学士衔，距其参与执政仅四个月。隆兴二年（1164年）正月，才许以左中大夫、提举太平兴国宫复端明殿学士致仕。二月，赠左正奉大夫。

董德元被罢归后，无颜回归故里，卜居吉州城中。他在自建的休荣亭上手书一联曰："闲谈休论荣枯，静坐常思得失。"并年年都在永丰县城的放生池取飞鸟潜鱼纵之，直到终老。

董德元虽为"恩榜状元"，曾为左仆射，但因系秦桧党羽，故《宋史》、《江西通志》未有其传，也不列入乡贤祠。但对流坑董氏家族影响较大，登科当年，永丰县令吴南老为其建状元楼于县学左侧，同年进士朱熹题写"状元楼"三字匾。流坑董氏仿永丰楼，在村口重建了一座状元楼，至今尚存，成了流坑的一个旅游景点。他潦倒数十年，终于发迹，成为流坑族子皓首穷经的榜样。

（摘自百度百科）

三十五、宋理宗朝宦官董宋臣

董宋臣（？—1260），宋理宗朝宦官，是理宗的贴身内侍。善逢迎，得理宗的欢心。淳祐中，以睿思殿祗候特转横行官。宝祐三年，兼干办佑圣观。侍御史洪天锡弹劾他，不报，天锡被降职为大理少卿。开庆初，元兵驻江上，京师大震。董宋臣建议理宗迁都宁海军，签判文天祥上疏乞诛宋臣，又不报。理宗去禁苑赏荷花，苦于没有凉亭遮日，董宋臣揣摩上意，一天之内就修建了一座凉亭，理宗十分高兴。冬天，理宗去赏梅，董宋臣已事先在梅园建造一座亭子，理宗责备他劳民伤财，董宋臣说不过是把荷亭移到这里，并未费财。理宗大赞他办事得体。理宗晚年好女色，三宫六院已满足不了他的私欲，董宋臣引临安名妓唐安安入宫淫乐。起居郎牟子才上书劝诫理宗："此举坏了陛下三十年自修之操！"理宗却让人转告牟子才不得告知他人，以免有损皇帝的形象。姚勉以唐玄宗、杨贵妃、高力士为例劝诫理宗，理宗竟然恬不知耻地回答："朕虽不德，未如明皇之甚也。"董宋臣在理宗的宠信下，勾结宰相丁大全，恃宠弄权，不可一世，人们称他为"董阎罗"。宋人记载当时宦官专权的情况，说："一时声焰，真足

动摇山岳,回天而驻日也。"

景定四年,自保康军承宣使除内侍省押班。寻兼主管太庙、往来国信所,同提点内军器库、翰林院、编修敕令所、都大提举诸司,提点显应观,主管景献太子府事。适逢文天祥以著作佐郎兼景献府教授,义不与董宋臣联事,上书求去,文天祥出知瑞州。六月,命董宋臣主管御前马院及酒库。董宋臣死后,宋理宗还特转他为节度使,足见董宋臣之受宠爱。

(摘自互动百科)

三十六、爱国爱民的许国公董槐

董槐(? —1262),字廷植,宋濠州定远(今安徽定远)人。体魁梧,宽额丰腮,有美须。少时喜习兵事,爱读孙武、曹操书,有抱负,常与人说:"我若得用,将泛扫中土,以还天子。"他还要做个像诸葛亮、周瑜样的人。父董永,课子严,厌其狂,训诫道:"你不努力读书,喜欢讲大话,狂妄自高,我不愿意你成为这样的人。"董槐惭愧,专心求学。始就学于叶雍门下,继又师从于儒学大师朱熹的学生辅广。董槐聪颖过人,学业长进很快,嘉定六年(1213 年)考中进士。历任广德军录事参军、镇江观察推官、镇江府通判、常州知州、提点湖北刑狱、常德知府、江州知州兼都督府参谋、谭州知州、沿江制置使、江西安抚司公事主管、户部侍郎、江东安抚使兼建康知府、广西运判兼提点刑狱、工部侍郎兼转运使、兵部侍郎兼给事中、宝章阁直学士、福州知州及福建安抚使、端明殿学士、参知政事,直到拜右丞相兼枢密使等三十多个官职。爵位由子、男,到侯、公。董槐为官,勤政清正,政绩卓著,朝野闻名。

嘉定十四年,董槐任广德军录事参军时,有人告富人李桷私铸兵器,暗结豪杰,心图不轨。郡守不问是否事实,将李桷逮捕入狱,准备斩首。董槐通过查访,得知情系诬告,便同郡守说明。郡守不听,反说:"李桷谋反,你反为他说情,当诛族。"槐据理抗辩:"执法官吏明知李桷乃是冤案,却硬把他往死处推,难道法律规定被告人不论冤枉不冤枉,都要杀头吗?"不久,郡守因办理父丧去官,董槐负责处理郡事,迅即上书为李桷辩明案情,李得释放。

嘉熙元年(1237 年),董槐提点湖北刑狱时,常德军中发生骚乱,守尉马彦直被围,董槐得知,亲率数骑赶到现场,斥问乱者为什么这样? 乱者说:"将军马彦直掠夺我们岁请。"董槐呼出马彦直,问清情实,立斩于马前。第二天,又捕斩首乱者以戒。

嘉熙三年,董槐知江州时,秋天有十几万灾民渡江而来。他召集官吏商量用储备军粮赈灾,吏员都说不能把储备军粮发给灾民吃,他说:"人民是我们的人民,用我们的粮食救济他们有何不可?"于是灾民得粮,重返家园。

淳祐六年(1246 年),董槐为广西运判兼提点刑狱时,邕州地区经常发生少数民族扰边事件,槐上奏守御七策,对他们谕之以理,待之以诚,约定互不侵犯。并订立五项条约:"一无犯边,二归还侵地,三归还虏掠生口,四奉正朔,五通贸易。"从而协和西南少数民族,改善了与边境少数民族的关系,与交趾建立友好贸易关系,安定了边陲。

宝祐三年(公元 1255 年),董槐任右丞相兼枢密使时,以整顿纲记为急务,为改革旧制,报效国家,知无不言,言无不尽,因而得罪了许多大臣,嫉之者甚众。为了利国安邦,任人唯贤是举,他向皇帝说,臣认为现在对朝政有害者有三点:一是对皇亲国戚不能执行法律;二是执法大吏久居其官,作威作福;三是京城里的官吏,不约束部下,任其胡作非为。皇上不听,嫉之者

更甚,加上奸邪屡谗,董槐耿耿忠言、赤诚心胆却落得个被罢免丞相的结果。次年罢相后,为佞臣丁大全派兵迫逐,避居湖州南浔。旋以观文殿大学士提举临安洞霄宫,隐居富阳北郊阳波湖董家弄。其子董丽,为宋驸马,在宋元战乱中尽节。今其后裔大多定居浙江富阳北部山区,部分定居江苏丹阳。

景定三年(公元1262年)五月,大雨滂沱,年迈的董槐彻夜难眠,坐立不安,国难民灾,系于一心,终于在叹息中默默忧逝。逝后,赠太子少傅,谥号文清。董槐葬于定远古城西北角(今为建设小学境内)。其墓大约三十米方圆,呈圆墩形;原有石碑,文曰:"宋许国公董槐之墓"。

(摘自百度百科)

三十七、金戏曲作家董解元

董解元,金戏曲作家,其生卒年、月、字、号、籍贯均不详。约为金章宗(完颜璟)时人。"解元"两字,疑为是当时读书人之通称。他根据唐元稹的《莺莺传》创作长篇讲唱文学《西厢记诸宫调》,为元杂剧《西厢记》所本,世称董西厢。

三十八、元画家董笔潭

董笔潭,逸其名,奉化(今浙江奉化)人。少牧牛,或云夜梦笔浮潭上。且往视之,果得,遂以笔潭名。凡画鹰隼、惊涛、古木、花卉、翎毛、白鹅以及水墨,皆绝伦。其署名皆曰笔潭。

(摘自《奉化县志》)

三十九、元大将董俊

董俊(1186—1233),字用章,金真定藁城(今属河北)人,元朝大将。

董俊少年时种田,成年后浏览书史,擅长骑射。蒙古代金后,河北大乱,藁城令立靶募兵,董俊挽强弓一发中的,受募领兵。1215年,木华黎帅兵南下,他率军投降,后成为一位著名的世侯。1219年,董俊升任中山府(治今河北定县)事,佩金虎符。他与金真定守将武仙对峙,在曲阳大败武仙。1220年八月,武仙穷蹙而降。木华黎授董俊龙虎上将军、行元帅府事,驻藁城。不久升左副元帅,其部众号为匡国军。他曾对木华黎进言:"武仙黠不可测,请加以防备。"1225年二月,武仙果然杀史天倪反叛蒙古,再投金朝。一时间,藁城近旁州县大多改变旗帜,董俊"险夷一节",孤军坚守。后更拥护史天泽为主帅,攻克真定,帮助史天泽稳定了河北局势。1232年,他参与围攻汴京之役。1233年,金帝逃奔归德,他又追击围攻,死于战阵。

董俊临阵作战,总是身先士卒,勇气慑众。且器度弘远,善战而不妄杀,南下伐金时,将收归为奴者都纵放为民。作为汉人世侯,他不是势大权重者,但以忠孝著称。攻克汴京时,将儒士侍其轴延归藁城,教授诸子。他曾说:"射,百日事耳;诗、书,非积学不通。"(《元史·董俊传》)有子九人:文炳、文蔚、文用、文直、文毅、文振、文进、文忠、文义。文炳、文用与文忠,事功亦显。

四十、元朝将领董抟霄

董抟霄（？—1359），元朝将领，字孟起，磁州（今河北磁县）人。初在陕西、四川、辽东、江西、浙东等地任地方官，累官至监察御史。历官所至，理冤狱，革弊政。至正十一年（1351年），以济宁路总管陷安丰（今安徽寿县）、攻濠州，镇压北方红巾军。十二年，又攻杭州，围剿农民起义军。升江浙行省参知政事。十三年，再平徽州。次年，升枢密院判官。从脱脱征高邮高士诚，攻占江淮许多城镇。十七年，进攻山东毛贵，升淮南行省枢密院副使兼山东宣慰使都元帅，驻济南。十八年，任河南行省右丞，驻兵南皮（今河北南皮）魏家庄，为毛贵所杀。追封魏国公，谥忠定。《元史》称其"会天下大乱，乃复以武功自奋。其才略有大过人者，而当时用之不能尽其才，君子惜之"。

（摘自百度百科）

四十一、明乐安县流坑董琰

董琰（1353—1420），字子庄，明乐安县流坑人。官至王府右长史。

少时聪颖勤奋，5岁诵诗，13岁能文。洪武四年（1371年）乡试中举，次年会试未中。以后未再赴试，到四川成都、嘉定（今乐山）府等地游历四年。后又出游荆湘。此后，以经学教授于乡十余年。

洪武二十五年（1392年），应聘入京，出为云南训导。他向学子讲学说史七年，使"人鲜知教"的荒僻之区教化大行。调任广东交州府茂名知县，任职五年，以廉肃为务、勤政爱民、细心治化，为士民所敬佩。

永乐二年（1404年），董琰为大学士杨士奇所荐，入翰林院任编修，参与《永乐大典》纂修。他识见高明，学问渊博，为同僚所推服。五年书成，被荐为南京国子监司业。时崇仁吴溥任京师（北京）国子监司业，故有"两京司业属临川（府）"之美誉。在司业四年，他正学规、明纪律，亲自课业，赏罚分明。因事得罪上司，被罢。后成祖察知，启为赵王府右长史，与左长史赵享道一起辅导赵简王朱高燧，朝夕进讲修齐治平之大经大法，随时匡正高燧的不当之处，使王多有所悟，"王爱之重之，他人莫及"。十八年春，回家而卒。

他为人耿直，名扬文场，著有《周易订疑》、《周易义原本》、《幼诵诗集》、《随寓集》和《司业子庄集》等行世。

（摘自百度百科）

四十二、董豫、董复双俊联芳

董豫，行仁六，讳豫，字德和，号剡溪，明成化四年戊戌进士。授奉政大夫、福建提刑按察使司佥事。董豫生于正统六年辛酉四月十九日，卒于正德九年正月二十七日，寿七十四。葬郑家岙哺谷湖山坐丁向癸。

董豫于成化四年戊子登乡榜，越十年，在成化十四年戊戌举进士，第二年己亥出知扬州江

都县。成化二十年甲辰迁刑部陕西清吏司主事。后调寿州同知,弘治九年丙辰转茶陵州正,弘治十五年壬戌升福建提刑按察司佥事,授奉政大夫,晋阶朝列大夫。董豫居官清廉,不畏强权,抚按有失,即直言忤之,终阻于职,不致显擢。董族甲第,先朝官场不乏刚正之人,而明时定鼎以来,实发轫于董豫两兄弟。董豫容貌端庄,不怒自威,子侄辈惮之。乡党族人也交相敬重。董豫迁福建提刑按察司佥事后,不久即致仕归隐。董豫隐居家乡渔家渡后,积极筹建祠堂,修七世祖的坟墓,续董族的家谱。继先人之志,垂后世之统,对渔家渡董族做出了巨大的贡献。董豫是渔家渡有史以来,第一个官居要职、位朝列大夫的人,为董氏后辈竖起了做人的标杆。

董复,浙江上虞渔家渡人,董豫的胞弟。董复行七,讳复,字德初,号颐庵。为明成化乙未(1475)进士,中宪大夫、云南府知府。是前任贵州道监察御史,诰封通议大夫、詹事府詹事兼翰林院学士董敬的第五个儿子,为宋淑人所生。

成化乙未(147)年董复登进士。授徽州黟县知县,廉洁自处,爱民如子,执法不避权要,直声大起,口碑载道。黟县民众咸奉董复为神明,至今黟县建祠立石。任满擢贵州道监察御史,直言忤旨,出知云南府知府。出守云南府后,赋役蠹弊,董复首为厘革,民甚便之。诸司俸例给,董复议三司月俸十减其七,众不悦,勿愿也。

董复自幼沉静有大志,不屑于人较量细务,博学好问。为人豁达大度,时人莫测其量。尝负笈从师,同学皆以董复老实沉默,语多亵慢,师告诫道:"汝等以董生老实可欺乎,他日名著玉堂,尔等止堪奔走鞭策耳。方负赧不暇,何敢嘲笑为也。"诸生独以师言为诚。董复年二十尚未入泮宫,乙酉文宪巡行绍郡,以儒士允其应试,即中乡榜。当时越中坊间流传着:"刘家一队不如董家一对。"指的就是董复与兄董豫联芳媲美也。

四十三、明代进士董燧

董燧(1503—1586),字兆时,号蓉山,为流坑董氏第二十二世,文肇淳派胤昂房人,明代进士、监察御史董时望之孙。

董燧幼时诚实恭顺,相貌英伟。5岁入本村私塾读书,就与众不同。课间休息,别的孩子外出嬉游,而他"独扫一室,据席作字,如在师侧"。人见之,甚觉惊异。明正德十二年(1517年),董燧15岁就读于县城的鳌溪书院。嘉靖六年(1527年),与其弟董焕同进廪膳生。次年,兄弟俩皆从永丰县聂豹和刘霖(燧的姑夫)讲学。时人议论:"两个好秀才,不读书,只去讲学,可惜跌下水也。"然而人言未能阻挠其行。

董燧是明代枝江的知县,江西乐安县举人。

董燧于嘉靖三十年(1522年)到枝江上任,虽然他已50多岁,但积极修军执法,奖励耕织。他为官清廉,身体力行,处处关心人民疾苦。任职四年期间,枝江面貌发生了很大的变化。

据清代乾隆五年《枝江县志》记载:"旧志称其智,识蚁穴,胆折蛟螣,爱士民……去任已过周甲,感德犹同在时。"这说明董燧聪明能干,具有洞察事物的能力。他有胆略,敢于惩治邪恶,伸张正义,是一位深受枝江人民爱戴的父母官。

去世后,被后人举荐入祀名宦祠。

董燧写过一篇《过三洲》的诗：

三洲昔是鸱枭窟，一变今为鸾凤窝。

物性未应分善恶，人心原自具中和。

林间雨过花常润，江上春回鸟自歌。

稍喜丹阳更化地，不妨骑马贳烟萝。

三洲曾是枝江一大景观，洲上亭台楼阁，花红柳绿，交相辉映。史书记载："关、郭、利三洲络绎，灯火相望。当风平浪定，波光迷离缥缈，殆不啻十洲三岛云。"

董燧挺立船头，于大江中迎风破浪，望三洲生机勃勃，一派兴旺，自然是心旷神怡，喜上眉梢，便用"三洲昔是鸱枭窟，一变今为鸾凤窝"开篇，歌唱治理后的变化。

四十四、明代进士、诗人董嗣成

董嗣成（1560—1595年），号伯念、清芝、采芝仙子，乌程（浙江湖州）人，万历八年（1580年）进士。工吟咏，善行、楷，绘事，超然有简远之趣。卒年三十六。

关于董嗣成诗作风格，谢在杭云："伯念，古选宪章陶谢，近体沐浴岑王，如藐姑射仙人，餐风饮瀣。"（朱彝尊编《明诗综》卷五八）

现选五首如下：

《湖中夜泊效谢体》

落日沉远树，寒烟出孤城。

湖中鸧鹒起，沙际蟋蟀鸣。

社鼓发初响，渔灯漾微明。

遥岑渐以没，但见苍烟平。

空水饶雨色，云林散秋声。

未深宋玉悲，良怀远公盟。

独步纵遐瞩，旷焉寄微情。

《发青阳驿》

条风启征涂，于迈自旭旦。

览古舒远怀，解绂谢微绊。

广衢残雪开，遥甸芳荑散。

远扬既载敷，谷禽亦时哢。

尚游達者心，点狂圣所赞。

唐风咏山枢。感物有馀叹。

《严道澈过访不值寄怀》

河汉光皎皎，照我弹鸣琴。

寂寂感物候，白露沾我襟。

弦绝不复调,良夜空沉沉。

抱此孤桐还,藉以寄知音。

（以上均出自《御选明诗》卷三十《五言古诗十五》）

《渡江》

摇落长干道,凄凉枫叶丹。

残霞连海尽,细雨入江寒。

楚树帆前没,吴山梦里看。

乡关怅回首,长路正漫漫。

（《御选明诗》卷六一《五言律诗十二》）

《咏怀》

高台多悲风,深坻多秋草。

男子志不伸,咄咄萦怀抱。

盛年不可留,谁能常寿考。

尚平游名山,婚嫁苦不早。

我思采紫芝,逍遥以终老。

（朱彝尊编《明诗综》卷五八）

四十五、抗倭将领董邦政

董邦政,明抗倭将领,山东阳信人,字克平。以贡生授六合知县。善骑射,嘉靖三十二年（1553年）率兵讨倭寇,任按察司佥事,领海防道,驻上海县。次年,通倭头目萧显导倭进犯县城。他以弱兵固守,迫倭败退。所练士兵,识地势,知敌情,屡立战功。三十四年,率兵直捣倭巢。又会兵击倭于苏州。后受赵文华抑制,降调苏州府同知。不久引疾辞官。

四十六、明嘉靖礼部尚书董份

董份（1510—1595）,字用均,号浔阳山人,又号泌园,浙江乌程县（今湖州）人。明嘉靖十六年（1537年）举乡荐,二十年（1541年）进士,改庶吉士,授翰林院编修,参与纂修会典。转右春坊右中允,管国子司业事。世宗斋居西宫时,亲点为翰林学士,得乘骑出入宫廷之中,斋醮仪上"天神"表文多出其手。不久,加太常少卿,赐一品服。又晋礼部右侍郎,赐飞鱼服,领从二品俸。转任吏部左侍郎兼翰林学士,掌詹事府事。修《奉天大志》时,任副总裁。四十一年得赐蟒服。嘉靖二十三年（1544年）及三十二年,董份曾两次任会试同考官。三十五年典武会试,三十七年主试北闱,三十八年充会试同考,总裁南宫,赐有"东观总裁"印章,加工部尚书,仍管吏部左侍郎。升礼部尚书,兼翰林学士。份所为诗文,有《泌园集》三十卷,《四库总目》载为其孙嗣茂所编。

665

四十七、明将领董汉儒

董汉儒(1562—1628年),开州(今濮阳)人,明将领,万历十七年(1589年)进士。由河南推官入户部主事。建议减织造、裁冒滥,切中时弊。历湖广左右布政使、右副都御史,巡抚湖广。光宗即位,拜兵部右侍郎,总督宣府、大同、山西军务。天启二年(1622年),升兵部尚书。明军在辽东累败,将士或降或逃,他建议逮治降将刘世勋等二十九人家属,捕获诛杀逃兵。旋以母丧归里。后魏忠贤秉政,不起用,卒于家。赠少保,谥肃敏。史称开州"八都"之一。

（摘自百度百科）

四十八、"三言"、"二拍"作者之友——董斯张

董斯张(1587—1628),原名嗣章,字然明,号遐周,又号借庵,明末浙江湖州诗人。

明末监生,耽溺书海,手抄书达百部。与周永年、茅维有诗唱作。因体弱多病,自称"瘦居士"。有《静啸斋词》一卷。董斯张与通俗小说因缘甚深,章回小说《西游补》作者董说为其子,白话短篇小说"三言""二拍"的编撰者冯梦龙、凌濛初均为其友。这在中国小说史上,是见于文献记载的并不多见的例子。

注:三言二拍是指明代五本著名传奇短篇小说集及拟话本集的合称,"三言"即《喻世明言》、《警世通言》、《醒世恒言》的合称,作者为明代冯梦龙。"二拍"则是中国拟话本小说集《初刻拍案惊奇》和《二刻拍案惊奇》的合称,作者凌濛初。

（摘自百度百科）

四十九、明朝名将董一元

董一元,生卒年不详,明代宣府前卫(今张家口宣化)人。《明史》有传。

董一元是将门之后,其父董旸在嘉靖年间为宣府游击将军,蒙古部族首领俺答进犯滴水崖,董旸力战至死,朝廷对其追赠嘉勉。其兄董一奎,曾任都督佥事,先后镇守山西、延绥、宁夏三省边防,以勇猛著称。

嘉靖年间,董一元任蓟镇游击将军。土蛮、黑石炭等部1万余骑兵进犯,总兵官胡镇率兵抵抗,董一元功劳最高,升任石门寨参将。隆庆初年,他在棒槌崖大破敌军,又是军功最高,升任副总兵,驻防古北口。万历十一年(1583年),董一元以都督佥事衔任昌平总兵官。不久移驻宣府。万历十五年(1587年)后,又移驻蓟州、宁夏、延绥等地,朝廷封他为都督同知,兼中府佥事。

万历二十二年(1594年),董一元任辽东总兵官。当时,蒙古部泰宁速把亥被官军杀死,他的次子把兔儿时常想为父复仇,而且势力日益强大。西部的卜言台周有部众十余万人,也与把兔儿东西呼应,屡次侵犯边境。其他部纷纷响应,进犯广宁。把兔儿以炒花、花大、暖兔、伯言儿的部队驻守旧辽阳,自己亲率大军入侵镇武、锦、义等地。董一元与巡抚李化龙商议:"卜言虽然人数众多,但是与我们距离远,我特别忧患的是把兔儿及炒花他们。现在把兔儿部

众不过 1 万余人,打败了他,卜言就会不战而逃。"于是就派遣副将孙守廉急赴右屯抵御西部卜言,而自己亲率大军埋伏在镇武之外,设空营来等待把兔儿的部队。敌人骑兵冲入大营,见是空营,以为明军胆怯,纷纷大笑,放心深入。明军忽然从中奋起,冲锋陷阵,自午时战到酉时,敌军慌忙逃窜。此战,明军俘斩敌军 540 余人,获得马驼 2000 余匹。伯言儿中箭而死,把兔儿也受了伤,残余部众终夜慌忙逃窜。捷报传到朝廷,万历皇帝大喜,祭告郊庙,宣捷行赏,进封董一元为左都督,加封太子太保衔,赐世袭本卫指挥使。

伯言儿部最剽悍,诸部族倚仗他作乱。伯言儿被歼灭,其他部族士气大伤,有的部族开始向明朝称臣纳贡。把兔儿、炒花及卜言台周、瓜兔儿、歹青却暗暗积聚力量,企图重新进攻辽、沈地区。董一元率领精兵踏冰渡河,直奔敌军老巢,过墨山时,天降大雪,将士士气益发高涨。急行四百里,三昼夜之后到达,斩首 120 级,全师而还。把兔儿由于在镇武受到重创,郁郁而死,其部众分散瓦解,诸部族纷纷向西远逃。

董一元以军功进封世袭二品官秩。后来因疾病回朝。董一元先后镇守边关要冲,军功卓著,与当时的麻贵、张臣、杜桐、达云并称边关虎将。

五十、明画家董孝初

董孝初,字仁堂,华亭(今上海市松江)人,诸生。久不得志,遂弃去,放浪山水间。中年作画具元人法,笔墨简远,为时所称。作品有《山居图》。

(摘自百度百科)

五十一、清天地门教创始人董计升

顺治七年(1650 年),历经苦难的山东商河县(今山东省惠民县)人董计升(字四海,1610—1690)受民间宗教的启发,自创了一支专事"劝人为善行好"的名叫天地门教(又称一炷香)的民间宗教教派。

董计升创立天地门教后,回到老家办道。他按照"九宫八卦"形式,自任九宫教主,并收了 8 个徒弟,即后来的"林传八支"。在上岩井修炼时,又收了 8 个徒弟,号称"山传八支"。此外,董计升还收一比丘尼为徒。该尼是天地门分支如意门的开山祖,至今仍在天津市郊县流传。

董计升卒于清康熙二十九年(1690 年)四月初四日。"百代流芳"墓碑称董计升为四世祖,兄弟排行第四。据《董氏家谱》记载,一世董随、二世董天亮、三世董进增、四世董计升。所居村落原名常王庄,属清代山东省武定府商河县。因董计升创教成名,改称董家林(今属山东省惠民县),董氏家族世代在此居住。

五十二、清代文学家董俞

董俞(1631—1688),清代文学家,字苍水,号樗亭,一号莼乡钓客,江南金山(今上海市金山区)人,董含之弟。生卒年均不详,约清世祖顺治末在世。童时,喜读古诗,与兄含并以才名

显,时称"二董"。顺治十七年(1660年)举人。后应"博学鸿儒"罢归。居都时,与王士禛相唱和。江南起逋赋之狱,绅士同日除名者万余人,俞亦在内。因弃举业,究诗文极于风雅。晚卜筑南村,灌园锄菜,啸歌自得。俞工诗文,尤善赋学。尝为镜赋、燕赋、采桑赋,清婉流丽,人比之吴绮。所著有《樗亭》、《浮湘》、《度岭》等集,《清史列传》又与田茂遇同编《高言集》,并行于世。

董俞诗词选三首如下:

赠西陵吴兴公

江城腊月雪花白,层冰峨峨照大泽。

北风夜卷鸿雁号,念子犹为倦游客。

君家正对天目山,江涛日夜鸣潺湲。

翩然仗剑游淮泗,中都旧是兴王地。

百战关河骨已枯,英雄割据何代无。

昔人事业随流水,高歌击筑浮云徂。

吴子生平重然诺,百年意气真堪托。

肘后常悬数石弓,腰间屡吼千金锷。

酒酣耳热兴飞扬,新诗往往凌寥廓。

目下坎坷何足悲,人生富贵安可知。

乌啼哑哑鼓声曙,明朝匹马下邳去。

泽畔

泽畔行吟者,幽思托杳冥。

孤帆收夕照,渔火乱春星。

细雨寒潮白,疏烟晚岫青。

殷勤怀远客,裘马日飘零。

满江红·西湖旧感

绣甸春浓,酒帘外、青山无数。还记得、桃花满院,刘郎前度。红烛画桡临别酒,碧箫残雨相思路。看韶光、零落断桥边,斜阳暮。

无限景,烟中树。无限意,风前絮。对澄湖如镜,玉人何处。艳影尚疑花欲笑,丽情只有莺能诉。叹西陵、松柏自年年,风流误。

五十三、明末小说家董说

董说(1620—1686),明末小说家,字若雨,号西庵,又号鹧鸪生、漏霜。明亡后,隐居丰草庵,改姓林,名蹇,字远游,号南村,又名林胡子,并自称槁木林。时已有六子。中年出家苏州灵岩寺为僧,法名南潜,字月涵,一作月岩。乌程(今浙江吴兴)人。世代显贵,至其父时已趋衰落。董说5岁能读《圆觉经》,始学四书五经。10岁能作文,16岁补廪,20余岁善观天象,

精通天文学,而无意功名。幼年曾受业于复社领袖张溥之门,后加入复社。又与具有民族意识的南□和尚意气契合,南□去世后,董说即继任主持灵岩寺。好记梦,曾成立梦社,并作《梦社约》,还有专写梦的《昭阳梦史》、《梦乡志》等书,在奇异的梦幻世界中透露出现实的内容,寄寓他对黑暗时势的不满。他创作小说《西游补》与此有关。母亡后寓居夕香庵。出家 30 年,足不至城市,惟跟黄道周深谈经学。每次出游,随身携书五十担,虽遇僻谷、洪涛也不肯暂离片刻。

其著作除《董若雨诗文集》、《南潜日记》等少数几种刊行外,余皆不传。行世而影响较大的是他创作的小说《西游补》。《西游补》16 回,约作于崇祯十三年(1640 年)前后,是一部具有现实意义的神话小说。内容写唐僧师徒四众过火焰山之后,孙悟空化饭,为鲭鱼气所迷,进入梦幻世界,经历种种奇遇,最后被虚空尊者唤醒。小说借《西游记》三借芭蕉扇后情节引入故事,而另辟蹊径,肆力铺陈,着重通过孙悟空的奇幻经历,刻画种种社会世相,以委婉而尖锐的笔调揭露和讽刺现实。小说贬斥了醉生梦死、奢侈享乐的风流天子生活;描绘了热衷功名富贵的封建士子的种种丑态,概括了科举制度下失意知识分子的悲惨命运;对庸碌无能、自我吹嘘的"英雄"、"名士"投以嘲讽;还表现了对秦桧一类乱臣贼子的切齿痛恨和对岳飞那样的忠贞之士的无限仰慕。但小说也表现出"虚空作主人,物我皆为客"的佛教虚无主义思想。小说想象丰富,造境新奇,语言生动,讽刺辛辣,并具有幽默俳谐的特色。但若干情节过于虚无缥缈,迷离恍惚,使人难于捉摸其意义何在。《西游补》有明崇祯间刊本,空青室刊大字本。1955 年文学古籍刊印社影印本,即以明崇祯间刊本为底本,据空青室刊本抄补。

五十四、秦淮八艳董小宛

董小宛,生卒年待考,名白,一字青莲,别号青莲女史,著名才女,秦淮河"八大名妓"之一。名隶南京教坊司乐籍,1639 年结识复社名士冒辟疆。明亡后,小宛随冒家逃难,此后与冒辟疆同甘共苦直至去世。另有认为董小宛与顺治皇帝的宠妃董鄂妃实为一人,并导致了顺治出家。不过,此系误传,顺治皇帝生于 1638 年,董小宛长他 14 岁。董小宛去世,时顺治皇帝仅 13 岁,况且董小宛从未去过北方。

董小宛容貌俏丽,善书画,通诗史。

她的名与字,均因仰慕李白而起。出身于苏州一户以经营刺绣为生的商家,在其十三岁那年,不幸父亲暴病身亡。又过两年,已至明末,天下动乱。乱象迫近苏州,其母白氏打算收拾家什逃难,却发现并无银两可随,气急攻心,病倒在床,生活重担一下落到了年方十五的董白身上。这种感受,如同从云端跌入冰窖。

已养成孤高自傲性格的她,不肯低头向人借贷。情急之下,于南京秦淮河畔画舫中卖艺为生,改名小宛,以此维持生计,同时支付母亲的医药费。

在其从艺过程当,因其性格孤傲,又极富才气,很快在秦淮河畔出了名。却也因此得到了文人雅客赏时的同时,遭到世俗小人的歧视。一度负气离开南京,终因生活所迫又在半塘妓院重操旧业,但始终只卖艺不卖身。后结识乡试一度名落孙山、当时称"四公子"之一的冒辟疆,二人相识一段时日后,董小宛仰慕其品性谈吐,遂以身相许。因冒辟疆已有正室,故只作小妾。但董小宛并未因地位而悲凉,而是比丫环更周到地侍候着长辈。在以知书达理、精通

琴棋书画而闻名于乡里的同时,对丈夫,小宛更是关照得无微不至。她烧得一手好菜,其名并居"历代十大名厨"之列。现今扬州名点"灌香董糖"、"卷酥董糖",即为她所作。

但是"自古红颜多薄命",在过了数年安乐日子后,战乱再起。李自成攻占北京,清兵南下,各地战火烽起,举家辗转逃难后,家产也尽数流失。战乱过后,日子十分艰难。俗话说得好,祸不单行,此时的冒辟疆却病倒了。小宛时刻不离,无微不至地照顾大病中的丈夫。冒辟疆病逾后,小宛却已骨瘦如柴,仿佛也曾大病了一场。就是在这种饥贫交加,食不果腹的生活环境下,小宛体质已极度亏虚。清顺治八年农历一月,在冒家做了九年贤妾良妇的董小宛终于闭上了疲惫的眼睛,在冒家的一片哀哭声中,她走得是那样安详。

九年的相知相惜,她与冒辟疆铸就了患难与共的真情。大概也正因为此,才有人说出冒辟疆因清顺治皇帝从他手中夺走董小宛而悲痛欲绝。并写下了一阕《金人捧露盘词》,寄托悲思。诗中说道:"梦幻尘缘,伤心情动。莺莺远去,盼盼楼空。倩女离魂,萍踪莫问。扬钩海畔,谁证前盟。把臂林边,难忘往事。金莲舞后,玉树歌余。桃对无踪,柳枝何处?嗟嗟,萍随水,水随风,萍枯水尽;幻即空,空即色,幻灭全灵。能所双忘,色空并遣。长歌寄意,缺月难圆。"末了,附上吴梅村《题冒辟疆名姬董白小像八绝》:"珍珠无价玉无瑕,小字贪看问姜家。寻到白堤呼出见,月明残雪映梅花。念家山破定风波,郎按新词妾按歌。恨杀南朝阮司马,累侬夫婿病愁多。乱梳雲髻下妆楼,尽室苍黄过渡头。钿盒金钗浑抛却?高家兵马在扬州。江城细寸碧桃春,寒食东风杜宇魂。欲吊薛涛怜梦断,墓门深更阻侯门。"

全诗表现清雅绮丽,其它句子可以不看,唯独最后一句"墓门深更阻侯门",极让人思索回味。如果董小宛确是死于当时所居之影梅庵,那"侯门"一说不让人思索万千?

五十五、清朝官吏董讷

董讷,字兹重,号默庵,平原人。生卒年均不详,约清圣祖康熙二十一年(1682年)前后在世。康熙六年(1667年)一甲三名进士,授编修。累官左都御史。寻总督两江,改督漕运,设易知小单。剔弊厘奸,漕政肃清。讷著有《柳村诗集》十二卷,《督漕疏草》二十二卷,入《四库总目》传于世。

五十六、清朝大臣、著名画家董邦达

董邦达(1699—1769),字孚存,一字非闻,号东山,富阳县人,清朝著名大臣、画家。雍正元年(1723年)拔贡。七年乡试中式,经刑部尚书励廷仪保举,以七品小京官在户部行走。十一年成进士,改庶吉士。乾隆二年(1737)散馆,授为编修。次年典试陕西。六年,充顺天乡试同考官,时方修《石渠宝笈》、《秘殿珠林》、《西清古鉴》诸书,命入内廷襄事。旋授中允,充日讲起居注官,晋侍讲,再晋侍读学士,直南书房。十二年,授予内阁学士兼礼部侍郎衔,遭母丧回籍。服未及阕,诏以素服入直内廷。嗣充会试副总裁,实授礼部侍郎。十八年,主江西乡试。此后,多次扈从巡幸,充殿试读卷、经筵讲授,予武会试总裁等官,补授予都察院左都御史,署翰林院掌院学士,迁工部尚书,转礼部,复转工部,赐紫禁城骑马。三十四年,以老乞休。是年七月,以疾卒。赐祭葬如例,谥曰文恪。墓在富阳新桐乡新店村,现为县级文物保护单位。

因政绩卓著,累官至工部尚书、礼部尚书。又是著名画家,以善画山水而著称,画凤苍逸古厚,其绘画艺术誉满京华,乾隆帝命他主持皇家画院,人称清抄画中十哲之一,是继五代董源、明朝董其昌之后又一董氏大画家,合称为三董。

邦达工书,尤善画。篆隶古朴,山水宗法元人,多用枯笔,而气势磅礴,生面别开。乾隆帝为之题志者甚多。乾隆二十三年腊月二十四日,邦达与《红楼梦》作者曹雪芹在宗室敦诚家聚会,一见如故。曾为曹氏所著《南鹞北鸢考工志》题签并撰序言,传为佳话。终年七十四岁。

五十七、清朝大臣董诰

董诰,(1740—1818年),董邦达之子,著名清朝大臣。

清乾隆二十八年中探花,乾隆帝将其改为二甲第一,作金殿传胪,形降实升。累官至军机大臣、东阁大学士,擢文华殿大学士(宰相)。他通晓军事,台湾、廓尔喀的平定也列名功臣。在和珅当权的时代,他与王杰独不与其苟合。嘉庆皇帝铲除和珅时,他也发挥了较重要作用。

他与其父一样都是当时有名画家,精书法,善绘画。

他五次归还故里,生活简扑,平易近人,从不倨傲,深为邻里称道。清嘉庆二十三年致仕归家,农历十月去世,终年七十九岁。他们父子历事三朝,身居显要,两袖清风。嘉庆皇帝在哀诗中赞扬他:“只有文章传子侄,绝无货币置田庄。”

五十八、八卦掌拳术的创始人和主要传播者董海川

董海川(1797—1882年),生于清清嘉庆三年,原名董明魁,河北省文安县朱家坞村人。一般认为是八卦掌拳术的创始人和主要传播者。年轻时求功名未成,立志博学众家之长。清道光五年(1824年),时年26岁,远游吴越巴蜀,以武访友,历险搜奇,一去十三载。于道光十八年,年近四十回归故乡。已改青年时之刚猛,朝夕习练揣摩,传授族人。时常外出数日,家人不知何为,问言访友。

董海川身材魁梧,臂长手大,膂力过人,擅长技击。少时家贫,自幼嗜武,年轻时因误伤人命,奔走他乡。相传在安徽九华山得遇“云盘老祖”传授其技,创立了八卦掌。

清咸丰年间,董海川流落京师,有传为隐姓埋名成为太监到王府当差。至于为何当太监,历来说法颇多。一说是为了躲避命案,阉割而成太监;一说是捻军或太平天国所派来当卧底等说法不一

董海川在王府当差时,因为一个偶然的机会始为人所知,一日,太极拳名师杨露蝉奉召在肃王府与府中拳师比武,连战连胜,最后竟将一拳师掷于圆网之上。是时董海川手托菜盘由此经过,飞身上网救起拳师。董海川遂与杨露蝉相斗,双雄对峙,胜负难分。从此太极拳与八卦掌各立门户,桃李盈门,流传后世。董海川寿享高龄,监殁昏愦,仰卧床上,两手仍作换掌式,直至气绝。八卦掌流传国内外,迄今不衰。董氏传人层出不穷。

董海川于清光绪八年(1882年)冬季逝世,原葬于北京东直门外小牛房村旁,1980年迁葬京西万安公墓。有碑铭数幢环墓前后,后世编有多种崇尚董海川武功的传奇故事,其中以话事小说《雍正剑侠图》,影响最广。该书中以童林(字海川)影射董海川,给董海川生平和八卦

掌渊源染上了一层神奇色彩。

董海川(明魁)祖父董博轩为董家十三代迁居河北文安朱家坞村,有二子:董守兴,董守业。其父董守业有三子:长子德魁,次子明魁,三子武魁。董海川幼时与堂兄董宪关系甚密,董宪喜文善武,必尽其术。受其影响,董海川嗜武成癖,与董宪形影不离,常往来雄县与文安以武会友。早年便在河朔地区享有威名。听长者讲,明魁幼时聪明过人,嗜武成癖,终日研文武二途,家传武艺一点即通。且秉性刚直,嫉恶如仇,时为贫弱者打抱不平。青年时追求真谛,行走江湖,云游四方。为不给家乡族人招惹麻烦,改名"海川",有江海容纳百川之意。

五十九、清福建监察御史董之铭

董之铭,江苏吴江平望人,乾隆二十五年庚辰科(1760 年)第三甲进士。善画松鼠。清朝被史家称为"克断疑狱,境无冤民。生者安生,死者安息"的四品廉吏苗漪,在任时与民"胼胝而眠,同盘而食",他斩恶霸,兴盐道,百姓受益。告老还乡时,当地老百姓自发焚香摆案相送,并制"万民伞"、"万民衣"馈赠。福建监察御史董之铭闻之,以诗一首颂之:"滇南名士宰中州,七载蠡城自风流。鞅掌勤劳声百里,擎杯踊跃祝千秋。"

六十、常州府骈文二董——董基诚、董祐诚

董基诚(1830 年),字子侁,号玉椒,江苏阳湖人。生卒年均不详,约清宣宗道光十年前后在世。嘉庆二十二年(公元 1817 年)进士。官至河南开封府知府,有政声。基诚工骈体文,与弟祐诚齐名。

常州府是有清一代江南骈文重镇,而董基诚、董祐诚就是其中两位成就斐然的名家。由董基诚刊刻于道光十四年的《合刻栘华馆骈体文》四卷,是"二董"骈文创作成就的集中体现。"二董"骈文写景清隽,抒情沉郁,议论精卓,在骈文领域取得了很高的艺术成就。在风格上,远承汉魏六朝,近习洪亮吉、刘嗣绾等常州骈体名家,而且承中有创,自成一种"儁不害宛,缛而有则",或说"绮隽"之风格。就文学史地位而言,"二董"在当时可与方履籛颉颃并驾,而上可追洪亮吉、孙星衍、刘嗣绾,称得上是常州骈文名家。在清代骈文史上,是不可多得的骈林双子星。所著有《玉椒词》八卷,又与祐诚文合刊为《栘华馆骈体文》四卷,均入《清史列传》并传于世。

董祐诚,(1791—1823 年)字方立,江苏阳湖人,董基诚之弟。生于清高宗乾隆五十六年,卒于宣宗道光三年,享年三十三岁。五岁时,晓九九数。始工为汉、魏、六朝文,游陕西,成《西岳华山神庙赋》,名动西安。继复肆力于历数、舆地、名物之学,精慧倍常人。祐诚博涉群书,撰述丰富,有《文甲集》二卷、《文乙集》二卷、《兰石词》一卷,及《水经注图说残稿》、《割圜连比例术图解》、《椭圆求周术》、《堆垛求积术》等,均入《清史列传》传世。去世后,其兄董基诚汇其遗稿,以《董方立遗书》之名刊刻出版。

六十一、清代董氏画家六人

董耀(1800—1883),六人清代画家,年表作 1800—1884 年,《艺林年鉴》作 1800—1885 年,今从清代碑传文通检。董耀,字继华,一字小农,号枯匏,秀水(今浙江嘉兴)人,棨子,诸生。画传家学,法倪、黄,平远山水,枯淡有神。工小楷,尝于贝多叶上写经十余种,细如蚁脚。光绪十六年(1890)重游泮水。尝刻小印曰"唐诗欧字倪黄画",又印曰"枯匏不朽"。卒年八十四。著《养素居诗稿》。

董必炎,字一岩,吴(今江苏苏州)人,为江西按察使司知事。画兰得古法。年八旬外,精神矍铄,犹挥洒不倦。(见《耕砚田斋笔记》)

董炳文,字耿光,号霞山,乌程(今浙江吴兴)例贡生。性慷慨,求无不应。绕屋种梅花,啸咏其下。擅八分书,画工花鸟。(见《湖州府志·浔溪诗徵》)

董采,字载臣,号力民,石门(今浙江崇德)人。好游览。工书、画,有《远游草》。(见《清画家诗史》)

董守正,字澹子,自号不拙老人,一作百拙道人、百不老道。工花木。己卯年八十六,画莲一轴,风韵高洁,似陈道复。年九十,执笔不衰。(见《鄞县志、画传编韵》)

董念荣(1832—1899),秀水(今浙江嘉兴)人,董耀之子。字味青,号小匏。书、画皆承家学,书宗汉、魏碑。画学陈淳,而尤喜写梅,疏影横斜,暗香浮动,不减陈撰。山水不多作。亦能诗。晚年鬻书画以养母,母至百岁有五,以所积润资建坊。卒年六十八。

第二节　华夏董氏近代名人

一、陕西靖国军名将董振五烈士

董振五,名威,字振五。辛亥西安起义后,参加曹印侯组织的敢死队。曾临危率众击溃清军,以骁勇善战闻名。1912 年后,在华山读书,参加刘蔼如、胡景翼等人反对袁世凯北洋军阀的聚义。曾率众攻占栎阳镇兵营,缴获枪械,组成反袁武装转战渭北。在陕西驱逐北洋军阀陆建章战争中,相继攻克礼泉、咸阳等地,建立功勋,被誉为猛将。后入胡景翼部,任连长。1918 年 1 月 24 日,与张义安、邓宝珊发动三原起义,消灭依附皖系军阀的陈树藩主力旅,开辟陕西靖国军斗争的新局面。后任陕西靖国军第四路第二支队司令,多次参加攻打西安城战斗,屡败陈树藩军。同年底,任陕西靖国军第四路军总指挥,率部与北洋军激战。1919 年

1月27日,在大王村战斗中阵亡。后被广东护法军政府追赠为陆军少将。

摘自《互动百科》

二、中华人民共和国代主席董必武

董必武(1886—1975),革命家,法学家,中国共产党的创建人之一,中华人民共和国重要领导人之一。

名贤琮,号璧伍,又名用威,1886年3月5日生于湖北黄安县城一个清贫的乡塾教师家庭。青年时代留学日本,1911年加入中国同盟会,参加辛亥革命。1914年和1917年两次东渡日本攻读法律,从事律师工作。1920年,与陈潭秋等在武汉组建共产主义小组。1921年7月,出席中国共产党第一次全国代表大会。后任中共武汉区委委员、武汉地委书记、湖北省委委员。

第一次国内革命战争时期,筹建国民党湖北省党部,曾任国民党中央执行委员会候补委员。1927年后赴苏联莫斯科中山大学、列宁学院学习。1931年回国后,在江西中央革命根据地任中共中央党校校长、中共中央党务委员会书记、中华苏维埃共和国临时中央政府执行委员、最高法院院长、工农检察委员会副主任等职。1934年参加长征。到陕北后,任中共中央党校校长、陕甘宁边区政府代理主席。

抗日战争时期和抗战胜利后,是中国共产党与国民党谈判的代表之一。1945年代表解放区参加旧金山联合国制宪会议。曾任中共中央南方局副书记、中共重庆工委书记、中共中央财政部长、华北局书记、华北人民政府主席。中华人民共和国建立后,历任中央财经委员会主任、中央人民政府政务院副总理、政务院法制委员会主任,最高人民法院院长,政协第二届全国委员会副主席,中共中央监察委员会书记,中华人民共和国副主席、代主席,全国人民代表大会常务委员会副委员长等职。曾当选为中共六届中央委员,七、八、九届中央政治局委员,十届政治局常委。1975年4月2日病逝于北京。主要著作编为《董必武选集》。

三、爱国侨领和社会活动家董寅初

董寅初,著名的爱国侨领和社会活动家,中国致公党的卓越领导人,中国共产党的亲密朋友,中国人民政治协商会议第八届全国委员会副主席,中国致公党第九、十届中央委员会主席,第十一届中央委员会名誉主席。

董寅初,1915年9月20日出生于安徽省合肥市的一个书香门第,从小生活在苏州。先后就读于苏州东吴大学附中和上海光华大学附中。1934年考取上海交通大学,1938年毕业后在上海《大美晚报》任翻译,后到香港邮政汇金局任职,并兼任香港《申报》的翻译和编辑。1939年8月赴印度尼西亚雅加达任《天声日报》编辑。1940年创办《朝报》,任经理兼总编辑。1942年12月被日本侵略军逮捕入狱,1945年9月因日本投降重获自由。后任印尼中华侨团总会总干事兼华侨治安总会主任。1947年回上海定居,

担任印尼建源公司上海分公司总经理、上海中国酒精厂厂长。1949年后,历任上海市国际贸易联营公司副总经理,上海溶剂厂经理,上海轻工业品进出口公司经理,上海市对外贸易促进会副主任,上海华建公司董事长兼总经理等职。1951年起,多次当选为上海市人民代表、上海市政协委员。1956年起,先后担任上海市归国华侨联合会委员、副主席。1976年后,历任上海市人大常委会委员,上海市政协常委、副主席,上海市归国华侨联合会副主席、主席、名誉主席,中华全国归国华侨联合会常委、顾问,致公党中央常委、副主席、常务副主席、代主席、主席、名誉主席,上海市海外联谊会名誉顾问,上海市工商业联合会顾问,中国和平统一促进会顾问等职。

董寅初是第七届全国人大常委会委员,政协第五届全国委员会委员、第六届全国委员会常委、第八届全国委员会副主席、全国政协台港澳侨联络委员会主任。

1931年"九·一八"事变爆发,董寅初与同学们一道积极投身抗日救亡运动,拦火车赴南京请愿,坚决要求国民政府抗日,遭到当局的无理关押。当时的中国内忧外患,他立志走实业救国的道路。在上海交通大学实业管理专业学习期间,他联合进步学生发起成立了交大救国会,并被推选为该救国会执行主席。他积极联系上海各大学学生会,共同向市政府请愿呼吁,力主开展抗日救亡活动。1940年,他利用《朝报》撰写了大量抗日救亡的文章,在华侨中间开展抗日救国的宣传工作,起到了唤醒海外华侨的积极作用。太平洋战争爆发后,日军侵占印尼,他因从事抗日救亡活动被日军逮捕入狱。1947年,他返回祖国。1949年上海解放,他毅然选择留下来参与建设新中国。1956年,他积极响应政府号召,带领上海市部分从事进出口的企业第一批进入了公私合营的行列。他多次捐出巨资,支持社会公益事业和社会主义建设事业。他始终与中国共产党同心同德、风雨同舟、肝胆相照、荣辱与共,即使在"文化大革命"期间遭遇到不公正的对待,仍抱有坚定的信念,始终坚信只有中国共产党的领导才能实现祖国的统一,只有沿着社会主义道路前进才能实现中华民族的伟大复兴。在长期的革命和建设事业中,他与中共中央领导同志结下了深厚的友谊。

1956年后,董寅初先后在上海市归国华侨联合会和中华全国归国华侨联合会任职。

1980年,董寅初加入致公党,先后担任致公党上海市支部委员会主任委员、第一届致公党上海市委员会主任委员,为致公党上海地方组织的建设做了大量基础性的工作。1983年11月,当选致公党中央副主席。1988年12月、1992年12月,连续当选致公党中央主席。

2009年6月23日,董寅初在上海逝世,享年95岁。

（摘自新华网）

四、抗日壮士英气冲天——董天知

八路军优秀指挥员、山西牺盟会和新军的重要领导人董天知牺牲后,牺盟总会在悼词中称他"是最优秀的牺盟领导者,是最优秀的青年模范,是最优秀的青年军事干部"。时任中共中央北方局书记的杨尚昆题写挽联:"英气横贯比干岭,壮士常存鸭绿江。"

董天知,1911年生,河南荥阳县人。早年参加进步学生运动,并直接受党的著名农民运动领导人彭湃的影响,参加革命活动。1930年加入中国共产主义青年团。曾任共青团北平

市委组织干事兼儿童局书记,从事反帝反封建斗争。1931年被捕入"北平军人反省分院"(即草岚子监狱),敌人施尽了种种酷刑。在政治诱降和死刑威胁面前,他始终大义凛然,忠贞不屈。狱中党支部根据他的表现,于1932年批准他转入中国共产党。1934年冬,狱中政治犯50余人,为要求下镣、看报,举行绝食斗争。组织上考虑到董天知长期卧病不起,身体虚弱,决定不让他参加。他坚定表示:"个人生命事小,政治影响事大。"毅然参加绝食斗争。到斗争取得胜利时,董天知已是奄奄一息了。

1936年8月,董天知经党组织营救出狱。同年10月,被中共中央北方局派往山西开展抗日民族统一战线工作,参与领导山西牺牲救国同盟会和建立山西新军的工作。1937年9月,在牺盟会第一届代表大会上当选为执行委员和抗日救亡先锋总队总队长。曾率山西各界慰问团到华北前线慰问抗日的第29军将士。同年11月起,先后任山西抗敌决死第三总队政治主任、第三纵队政治部主任和纵队军政委员会书记(后任政治委员)、山西第五行政区保安司令部政治部主任。参与领导粉碎了反动军官李冠军策动的军事叛乱,指挥部队在晋南、晋东南配合八路军主力开展抗日游击战争。同时,为把新军建设成一支真正的人民军队,做了大量艰苦细致的工作。1940年8月率部参加百团大战。20日,在山西潞城王家庄战斗中,为掩护部队突围,亲率警卫排奋勇作战。因寡不敌众,28名官兵全部壮烈殉国。董天知牺牲时年仅29岁。

五、红军高级指挥员董振堂

董振堂(1895—1937年),字绍仲,新河县人。早年毕业于保定陆军军官学校,后与赵博生一起在宁都率部起义,参加工农红军。

1934年参加红军长征,1937年在甘肃高台与国民党军作战中英勇牺牲。

董振堂于1895年出生于新河县一个贫苦的农民家庭,自幼立志要改造不平等的旧社会。董振堂13岁时进入曹庄初级小学,19岁高小毕业考入冀县中学,毕业时获得优秀模范学生的称号。1917年他投笔从戎,考入清河陆军预备学校。1920秋入保定陆军军官学校。1922年春,毕业于该校第九期炮科。抱着救国救民的目的在冯玉祥的陆军十一师当见习军官。他曾随冯玉祥参加了推翻贿选总统曹锟的北京政变,驱逐清朝末代皇帝溥仪出宫的斗争和欢迎孙中山先生北上等活动。1926年9月17日,冯玉祥国民军在绥远五原誓师向甘肃、陕西进军,同北伐军南北呼应。共产党人刘伯坚任国民联军总政治部副部长,聘请原苏联红军团长乌斯曼诺夫为政治军事顾问,并派党政人员分赴各军成立政治处,担任全军党务宣传和训练工作。从此董振堂受到了共产党的政治影响,在北伐战争中率部作战,会同友军一举击溃了吴佩孚的豫鄂联军。战功显著,深得冯玉祥的赞赏,短短几年便由一个见习排长提升为师长。

1927年,蒋介石叛变革命,破坏了国共合作,将人民推向内战的深渊。中原大战后,冯玉祥下野,冯部黄河以南的残余部队被蒋介石收编,调往山东济宁地区。董振堂任改编后的国民革命军第26路军第25师73旅旅长。1931年春,蒋介石下令调26路军南下江西进攻红

军,企图让这支杂牌军和红军相互拼杀两败俱伤。广大官兵洞悉蒋介石的阴谋,都不愿南下,73旅军人甚至把铁路掀翻,拒绝南行,使部队滞留数日才走。第三次围剿失败后,26路军移到被红色区域包围的宁都县城,部队伤亡惨重,加上水土不服,疾病流行,不少人相继患病死亡。"九·一八"事变后,东北沦陷,26路军广大官兵纷纷要求北上抗日,保卫家乡。高级将领也联名通电蒋介石,要求北上抗日,但遭到蒋介石的斥责和重兵阻拦。董振堂在困守宁都的几个月中,面对红军的宣传和革命活动,他看到了中国希望之光。针对这种情况,我党在该军中的秘密组织,因势利导,努力促使26军广大官兵向革命方向转化。党派赵博生与董振党联系,董振党立即积极响应,起义计划确定后,1931年12月12日,董振堂召集自己的部下开会,部署起义事宜。14日,26路军在赵博生、董振堂的指挥下,于江西宁都举行起义,15日清晨,宁都城里的战斗全部结束。宁都起义,打乱了蒋介石反共内战的反革命计划,壮大了革命武装,在中国革命史上写下了光辉的一页。1932年4月,上级党组织批准董振堂加入中国共产党。

1934年10月,由于王明"左"倾机会主义的统治,第五次反围剿的失败,红一方面军不得不实行战略转移,开始长征。红五军团担任全军的后卫。1936年6月,在四川懋功与红四方面军胜利会师,红五军团也因此得名"铁流后卫"的光荣称号。1935年8月,党中央毛儿盖会议后决定,一、四方面军混合编成左右两路军共同北上。1936年1月上旬,红五军团奉命同四方面军的33军合编为红五军,董振堂任军长。同年6月,红二方面军到达甘孜,与红四方面军会师。由于朱德、刘伯承、任弼时、贺龙等人的坚决斗争,张国焘被迫同意与红二方面军共同北上。

1936年10下旬,红军2万余人,奉中共中央军委指示西渡黄河,进军甘肃河西走廊地区执行宁夏战役计划。1937年1月,董振堂红五军一举攻占了甘肃高台县城。正当高台人民欢庆胜利之时,敌军马步芳等部约2万余人包围了高台。经过7天激战,由于敌多我少,被迫入城坚守。在敌人强大的炮火攻击下,至20日高台终于失陷,董振堂等红军将士全部壮烈牺牲。

同年,党中央为董振堂举行追悼大会,毛泽东赞誉董振堂是"坚决革命的同志"。

六、"一二·九"运动总指挥董毓华

董毓华,字质存,化名王春裕、王仲华等。出生于一个穷秀才家庭。幼年读私塾,能明理,有正义感,痛恨恶人,深信中国"未必永远是恶人的世界"。1924年8月考入武昌启黄中学,在董必武等教育和培养下,参加并领导武汉学生反对直系军阀的卖国独裁统治。"五卅"惨案后,发起组织"沪案后援会",举行抗议游行。1926年3月,经董必武介绍,加入中国共产党。北伐军挺进武汉,他回到家乡狮子口地区发动农民运动,建立党组织,成立农民协会、妇女协会、学生联合会,斗倒土豪劣绅吴伯循,推动了这一地区农民运动蓬勃地向前发展。1929年2月考入武昌湖北省立师范学校。毕业后,在汉阳十五小学教书。1933年秋,考入北平中国大学政治经济系,与班上进步同学组成以"政治经济学研究会"为名的马列主义学习小组。1935年春,北平党组织恢复,他接上关系后积极开展活动。同年11月,"中国大学学生救国会"成立,担任第一任主席。后任"北平学生抗日救国联合会"负责人、"平津学生南下宣传团"总指

挥,是北京"一二·九"爱国运动领导人之一。为此,遭国民党军警的通缉。在同学的帮助掩护下,化妆奔赴中共中央北方区的驻地天津。

1936年3月,赴上海筹组"全国学生救国联合会"、"全国各界救国联合会"。5月中旬"全国学生救国联合会"在上海成立,他担任组织部长。不久,"全国各界救国联合会"也在上海成立,他负责组织和联络工作。1936年7月,调回天津做统战工作,发展救亡组织,担任"平津各界救国联合会"主席、"华北各界救国联合会"组织部长,是天津党、政、军办事处的负责人之一。七七事变后,联络上层人士,联系和组织天津周围农村和冀东的农民,武装抗日。创办小型油印日报,恢复在冀东沦陷后失去联系的地下关系。去大后方了解战略形势,并把华北各界救国联合会改为"华北人民抗日武装自卫委员会"。1937年11月辗转到武汉,开展抗日活动。

1938年初,遵照中共中央和北方局关于组织发动冀东抗日暴动的指示,深入冀东。历任"冀东人民抗日联军"政治部主任、司令员兼政治委员等职,领导"冀东人民抗日联军"配合华北及全国各抗日战场,沉重地打击了日本侵略者。1939年1月,任中共冀热察区委会秘书长。同年3月,任"华北人民抗日联军"司令员,并作为冀热察区代表,赴延安出席会议。1939年6月,因积劳成疾,身患重病,不幸在涞水县蓬头村军区医院逝世。解放后,经人民政府追认为革命烈士。1988年1月,中共中央政治局常委姚依林题词称:"青年运动杰出领袖,抗日战争民族英雄。"

(摘自互动百科)

七、董朗烈士

董朗,原名嘉智,号仲明。少年时期就学于私塾,后考入成都官学。成年后先在雅安任教,随后到成都当家庭教师。五四运动后,为寻求救国真理,征得妻子同意,变卖祖业薄田作路费,准备去法国勤工俭学。途经上海,被工人阶级的火热斗争所感动,毅然放弃了出国念头,进入上海大中华纱厂当工人。1924年初,赴广州考入黄埔军校第一期。在校期间,勤奋学习,曾先后参加"火星社"、"青年军人联合会"等进步组织。并加入中国共产党。毕业后,任军校教导团排长。1925年2月,随教导团开赴东江,参加东征军阀陈炯明的作战。6月初,随军回师广州,参加平定军阀杨希闵和刘震寰叛乱作战。同时,参加了省港大罢工,负责组训工人武装纠察队。由于工作出色,被选为出席省港罢工工人代表大会代表,并荣获奖章。

1925年冬,国民革命军第四军独立团(后通称叶挺独立团)组成,调任参谋。独立团设立党支部,任组织干事。1926年春,广州国民革命政府决定出师北伐。独立团奉命作为北伐先遣队,开赴湖南前线,打响了北伐战争的第一仗。并在汀泗桥,贺胜桥等战斗中立下了战功。为协助叶挺指挥部队作战做出了贡献。1927年初,独立团扩编,新组建第二十四师,叶挺任师长,他任该师七十团团长。该师参加第二次北伐,向河南进军。率领七十团与其他两个团一起,英勇杀敌,取得了上蔡、东西洪桥、临颍等主要战役的胜利。同年7月,二十四师开到南昌。8月1日,率部参加了南昌武装起义,出色地完成了主攻天主堂、贡院、新营房等重要目标的战斗。8月底,起义军南下途中围攻会昌,他指挥七十团担任主攻。在二十五师和其他部队配合下,以少胜多,一举攻下会昌城,然后挥师转战至普宁流沙。前委在流沙召集会议,

决定武装人员撤向海陆丰,将领导干部送出香港。部队在流沙乌石突遭敌军截击,为掩护前委机关冲出包围圈,他迅速指挥部队展开,依靠部队中的党员骨干,寻找当地党组织,突破敌军尾追截堵,带领部队1000多人冲出重围,为保存南昌起义的火种立下大功。在中共东江特委领导下,这支部队改编为工农革命军第二师(即红二师)第四团,他任团长。参加了收复海陆丰两县的第三次起义,指挥部队再次夺取了两县政权。陆丰和海丰先后召开了工农兵代表大会,宣告中国第一个苏维埃政权诞生。在海丰县工农兵代表大会开幕典礼上,他以红二师四团团长的身份发表演说,号召工农兵联合起来,彻底实行土地革命。红二师四团英勇善战,不怕牺牲的精神,受到省委书记张太雷的赞扬。省委指示将四团扩编为红二师时,他任师长。

1928年1月,红四师在师长叶镛率领下到达海陆丰,与红二师胜利会师,壮大了东江红色武装力量。1929年初,省委指示其离开东江,经香港到达中央所在地上海。同年6月,以军委特派员身份历经3个月到达贺龙领导的湘鄂西苏区。9月,为加强苏区党的领导,担任前委委员,负责军政训练工作。1930年11月,湘鄂西特委为加强对敌斗争的统一指挥,将谷县赤色警卫队、赤色教导军等群众武装,合编为江左军和江右军,设立江左军和江右军两个指挥部,他负责江左指挥部。不久,奉命赴湘鄂边苏区工作,随贺龙领导的红二军团转战湘鄂边各地。1931年3月,他任湘鄂边红军独立团参谋长。继续留在湘鄂边苏区坚持斗争。5月初,湘鄂边特委成立,他任特委委员。领导湘鄂边区军民分配土地,发展游击战争。敌人调集九个团和各县反动民团,妄图摧毁湘鄂边苏区,消灭红军独立团。他协助团长王炳南挫败敌人的进攻,掩护了特委等机关安全转移,取得了反"围剿"的胜利。1932年,在王明"左"倾机会主义制造的"肃反"冤案中被错杀。1954年5月,被追认为革命烈士。广东省海丰县红宫展览室里陈列着他的革命斗争事迹,紫金县还为其建立了纪念墓碑。

(摘自互动百科)

八、董亦湘烈士

董亦湘,原名椿寿。出身于农民家庭。读了七八年私塾,19岁时,在本地任塾师。他的青少年时期,正值军阀混战,列强对我虎视眈眈之际,他关心国家命运和民族前途,胸怀大志,在笔筒上刻了"大丈夫以身许国,好男儿志在四方"的誓言放置案头。为寻求救国救民的道路和学业上的不断长进,毅然离开家庭,于1918年秋,任上海商务印书馆编译所字典部编辑。业余自学英语、俄语,阅读马列著作,研究社会主义学说。此时常与陈独秀、邓中夏、俞秀松、沈雁冰等早期共产党人相往还。

1922年初加入中国共产党,先后任中共上海商务印书馆党小组长及第一任党支部书记、中共上海地方兼区执委会国民运动委员等职。在上海、无锡等地陆续发展恽雨棠、张闻天、孙冶方等一批人入党。1924年,创建无锡第一个党支部。第一次国共合作时期,以个人名义加入国民党。先后任国民党上海执行部教育运动委员会委员、国民党江苏省党部执行委员等职,频繁往来于上海、无锡、苏州、吴江、丹阳、镇江等地作演讲、写文章,传播进步思想,宣传革命道理,广泛开展国民运动。他参与共产党领导的"五卅"运动,日夜奔走,做组织发动工作,并参与领导商务印书馆的罢工斗争。1925年10月,党组织派他去苏联学习,化名奥林斯基

·列夫·米哈依洛维奇。他先后在莫斯科中山大学、列宁学院学习和任教。对党的事业忠心耿耿,学习刻苦勤奋,工作积极认真,待人诚恳热情,深得学校信赖和中国留学生的爱戴。在此期间,王明一伙搞宗派活动,他和俞秀松等与之开展激烈的斗争,受到诬陷和打击。

1931年1月,在党的六届四中全会上,王明夺取了党中央的领导权,推行一条脱离中国革命实际的左倾机会主义路线,董亦湘、俞秀松等坚决加以抵制。王明一伙便以"反对中央领导"的罪名,对董亦湘等人再次诬陷打击。

1933年初,联共调董亦湘到苏联远东哈巴罗夫斯克(伯力)工作,任远东苏联内务部政治保卫局全权军事代表。1937年,联共当局听信诬告,将他逮捕入狱。1938年,王明的同伙康生,在中共中央机关刊物《解放》上,公然诬蔑董亦湘等人是"在苏联的托洛茨基匪徒"。1939年5月29日被迫害含冤而死。1959年1月,经过复查核实,苏联中央军事检察院和远东军事法院分别发出通知和证明,对董亦湘作出"以无罪结案"、"恢复声誉"的结论。党的十一届三中全会后,对董亦湘的历史旧案进行了复查。1984年6月,中共中央组织部发出通知,为董亦湘平反昭雪,恢复名誉。1987年3月,经国家民政部批准为革命烈士。4月,中共武进县委和潘家乡党委在董亦湘家乡建立了纪念碑,陈云为纪念碑题写了碑名。

(摘自互动百科)

九、董维键烈士

董维键,字润田,笔名之学,出生于山村农家。曾就读于常德中学、湖南省立高等工业学校。后考上留美公费生,于1912年夏赴美留学7年,获美国哥伦比亚大学经济学博士学位。学成回国之初,在五四运动的影响下,曾在湘与何叔衡、徐特立、方维夏、朱剑凡等,从事改造旧教育,培养新人才的工作。1924年,国共第一次合作期间,加入中国国民党,先后担任国民党长沙县党部执行委员、国民党湖南省党部执行委员兼宣传部长、湖南军资委员会委员、湖南省教育厅厅长、湖南省交涉署署长、湖南省外交特派员、湖南省清理逆产委员会委员等职。曾参与制定《湖南省银行大纲》,还被聘为湖南省农民协会顾问。1927年1月,同谢觉哉、柳直荀等组成收回中华邮政管理权委员会,掀起声势浩大的收回邮政主权的运动,结束了由外国人统治湖南邮政管理权数十年的历史。同年5月"马日事变"后,愤然脱离国民党,在武汉经郭亮介绍,加入中国共产党。对此周恩来曾作高度评价。

1928年初,由武汉到上海,被分配在党中央机关做国际宣传和情报工作。1930年,奉命组织工农通讯社,负责中央交通局新开辟的上海、香港、汕头进入苏区的秘密交通线工作,先后组织护送周恩来、刘少奇、叶剑英、瞿秋白、董必武、谢觉哉、林伯渠等领导同志到达苏区,并将大批重要军需物资,源源运往中央苏区。与此同时,还利用学者身份和社会声望,团结上海的文化界人士,与国民党反动派开展公开的合法斗争。先后撰写了《纪念国难中抗日民众的血诚》、《中华民族的出路》等十多篇文章,揭露日本帝国主义妄图吞并中国的阴谋。另外还出了近十部著作和译著。在所得稿费中,除每月交两百元党费外,大部分用来抚养革命烈士后裔和接济困难的同志。

1935年2月,当获知上海中央执行局机关突遭破坏而去通知同志转移时不幸被捕。不久,作为重大政治犯被押往南京监狱,受尽残酷的折磨。1937年七七事变后,经中共中央与

国民党交涉,获释出狱,被安排在国民政府军委会政治部第三厅负责国际宣传和情报工作。在此期间,主要研究日本情况和对日宣传。1938年7月下旬,日军大举进犯武汉,随第三厅人员辗转来到重庆。不久,为抗议国民政府对第三厅的迫害而辞职。随后,由党组织安排,受聘为国民政府"战地党政委员会设计委员"。1940年,抱病到湘北检查工作,途中遭一次翻车、八次抢劫,病情加重。为了照顾其身体,党组织安排他到香港边治疗、边主持党组织创办的《中国通讯》英文刊物的编辑工作,直至1943年3月13日病逝。中华人民共和国成立后,被追认为革命烈士。

十、甲骨学家、古史学家、"甲骨四堂"之一董作宾

董作宾(1895—1963年),原名作仁,号平庐,字彦堂,又作雁堂,1895年3月20日出生于南阳市宛城区长春街(现解放路)一个小店主家庭,1963年11月23日卒于台湾省台北市。少年时便博览四书五经及诸子百家学说。幼时的董作宾在课余时常到旁边刻字店里玩,并细心地观察各种雕刻技法,琢磨刻字的章法与要领。后来他又得到店主的热情指导,对古文字和篆刻艺术产生了很大的兴趣。宣统二年(1910年),他入元宗高小,后辍学。

1915年春,董作宾在张嘉谋先生(著名教育家)的催促下,考取县办师范学校。毕业后以优异的成绩留校任教。1917年春,董作宾跟随张嘉谋去开封,经张嘉谋先生的指导和引荐考入开封育才馆读书,初步接触到甲骨文,开始研究中国考古学。1922年,他应张嘉谋先生之约,只身来到北京求学。张介绍他入北京大学旁听语言学,空余时间对罗振玉的《殷墟书契前编》进行摹印、研究。1923年入北京大学研究所国学门,习甲骨文。

1925年,董作宾从北京大学研究所毕业后获史学硕士学位,他先后任教于福州协和大学和河南中州大学。1927年赴广州中山大学任教,同文学院代院长傅斯年结为知交。之后,入傅斯年创办的历史语言研究所工作。1928年,回宛在南阳中学任教。同年暑假,他去安阳考察,发现当地村民在殷墟挖掘并出卖甲骨,即向傅斯年建议,由中央研究院主持进行系统发掘。10月,董作宾首次发掘获得甲骨残片784件。此后又先后15次参加安阳小屯村殷墟发掘。他又参加山东城子崖发掘,发现了龙山文化。曾任教于中州大学、中山大学等。1928年后到中央研究院历史语言研究所,曾任研究员、美国芝加哥大学客座教授。1928—1934年间,曾八次主持或参加殷墟的发掘。随后专门从事甲骨文字的研究。由他主编的《殷虚文字甲编》和《殷虚文字乙编》二书,共选录抗日战争以前1~15次殷墟发掘出土的有字甲骨13047片。1931年,他在《大龟四版考释》一文中,首先提出由"贞人"可以推断甲骨文的时代。1949年后到台湾,曾任台湾大学文学院教授、历史语言所所长,香港大学东方文化研究院研究员等。他对甲骨学的贡献在于他曾于1928—1934年间八次主持,或参与了安阳殷墟的甲骨的发掘,用现代考古学的方法和出土的甲骨文及文献记载进行综合研究,他第一个发现了殷墟甲骨卜辞中记"贞人"之名的现象(他把"卜问的人"称为贞人)。

1932年,他升任历史语言研究所研究员。3月,他发表了《甲骨文时代研究例》,确定了识

别甲骨片上殷代文字分期的 10 个标准。并为此付出了巨大心血。他也由此开始对甲骨文进行全面系统的研究,发表有《一首歌谣整理研究的尝试》(1924)、《卜辞中所见之殷历》(1931)、《甲骨文断代研究例》(1933)、《殷墟文字甲编》(1937)、《殷历谱》(1943 年)、《西周年历谱》和《殷墟文字乙编》(1951)、《中国年历总谱》(1956,中英文对照)、《中国上古史年代》(1957)一系列重要论文和专著。

1948 年,任中央研究院历史语言所研究员,并在同年当选为中华民国中央研究院第一届院士。1955 年 8 月,他应香港大学之请,赴香港大学东方文化研究所任研究员,从事中国年历编写工作,并任香港大学历史系名誉教授和崇基、新亚、珠海三书院的教授。此间,他完成了中英文对照的《中国年历总谱》。

董作宾书法及篆刻作品今存《平庐印存》一册,他的学术论文共计约 200 篇,多存在《董作宾学术论著》(1962)及《平庐文存》(1963)。1978 年艺文印书馆出版有《董作宾先生全集》,分甲、乙编,凡 12 册。

十一、世界船王董浩云

董浩云(1912 年 9 月 28 日—1982 年 4 月 15 日),又名董兆荣,出生于中国宁波定海县(今舟山定海区)。年幼时移居上海读书和创业,后至香港发展。董浩云是航海业巨擘和东方海外货柜航运公司(OOCL)的创始人。父亲董瑞昌亦为商人,其长子董建华是香港特别行政区首任行政长官。

董浩云在中国是一个传奇人物,他白手起家建立了他的航运帝国。在船业的鼎盛时期,他拥有一支超过 150 艘货轮、总载重量超过 1000 万吨的船队。他是世界七大船王之一,被称为东方的"奥纳西斯"。

董浩云非常重视教育。1970 年 9 月,他购买了著名的"伊丽莎白女王号"(RMS Queen Elizabeth),将其改装为一所飘浮的大学并称为"海上学府号"(S. S. Seawise University)。1972 年 1 月 9 日,粉刷中的船着火,随后沉入香港维多利亚港。这艘船的遭遇在詹姆斯·邦德系列电影《铁金刚大战金枪客》里也有所描述。但是他并没有放弃,他又购买了一艘稍小的"大西洋号"来继续完成这个计划。他跟多所大学(例如匹兹堡大学)联合来完成这个海上学术计划。

政治上,董浩云与中华民国关系密切,公司标志中的梅花就是中华民国的国花,以及旗下船队是插上中华民国国旗,直至 20 世纪 80 年代中,而四女董小平之夫婿、现中国航运董事长彭荫刚之父,是国府迁台后军中实力人物、人称"高雄屠夫"的彭孟缉上将。实际上,董浩云与美国关系更为良好,朝鲜战争与越南战争时,其船队大量运送美军后勤补给物资。董浩云那时虽然被台湾方面侦查,仍依靠美方势力接获台湾方面许多货运业务以利回头船航运。美国第四十一任布什总统曾在他过世后说道:他是一个仁厚君子,又是一个商界的强人和一位声誉卓著的人物。他来美国的时候,美国的顶尖企业精英一致向他致敬喝彩。

在他逝世以后,东方海外陷入了财政困难。中华人民共和国政府透过霍英东出手帮助,使公司走出了困境,也间接令董氏家族改变政治立场,最终卷入两伊战争的袭船战中,造成其旗下原在墨西哥湾与加勒比海一带运输原油的世界第一超级油轮"海上巨人"号(诺克·耐维

斯号），无端在霍尔木兹海峡遭伊拉克击沉（而当时中国大陆是唯一从伊朗进口石油的国家）。董浩云之子董建华在1997年成为香港特别行政区行政长官。

十二、中国现代油画家董希文

　　董希文，1914年6月27日生于浙江绍兴，1973年1月8日卒于北京。1933年考入苏州美术专科学校，翌年转入杭州艺术专科学校二年级。1936年考入该校本科。1937年后，杭州失陷，董希文到福建鼓浪屿画风景。1938年春回到上海，借读于上海美术专科学校。在抗日呼声的召唤下，他辗转内迁到湖南沅陵的国立艺术专科学校，继续学习，并随校到贵阳、昆明。1939年夏毕业，经校方推荐到河内美术专科学校继续学习。由于他对帝国主义的不满，公费又少，难以维持生活。不到半年，弃学回国，深入到贵州苗族地区，创作了《最后的家当》、《佃户密议》等暴露旧社会黑暗的木刻作品。1942年到重庆，创作了油画《苗女赶场》。1943年7月，去敦煌石窟临摹古代壁画，并创作了《云南驮夫的生活》《祁连放牧》等作品。抗战胜利后，在兰州、苏州公开展出所临摹的敦煌壁画。1946年8月，经吴作人、李宗津推荐到北平艺术专科学校任教。其间创作了《瀚海》、《窗前静物》、《戈壁驼影》、《哈萨克牧羊女》等，受到了徐悲鸿的鼓励与好评。中华人民共和国建立后，创作了《北平入城式》、油画《解放区的生产自救》、《开国大典》、中国画《祁连山的早晨》、油画《春到西藏》。1955年，跟随八一电影制片厂沿长征路线写生，作画250余幅。翌年创作油画《红军过草地》，1960年创作油画《百万雄师过大江》。他前后3次入西藏，创作了《喜马拉雅山颂》、《雅鲁藏布江之歌》、《千年土地翻了身》等优秀作品。他的革命历史画《开国大典》是深受人民喜爱的作品之一。他的油画技巧精湛，造型准确并吸取中国传统绘画的因素，在探求油画民族风格上，取得突出成就。

　　董希文曾任全国政协委员、中国美术家协会创作委员会委员和绘画组副组长、中央美术学院油画系研究室主任教授。曾任中央美术学院教授。他的油画在写实的基础上，吸取借鉴民族绘画及民间艺术的某些手法，注重油画的民族性。作品以人物为主，大都反映现实生活，有强烈的时代感。

　　代表作有《苗女赶场》、《祁连放牧》、《哈萨克牧羊女》、《开国大典》、《春到西藏》及《千年土地翻了身》等。出版有《长征路线写生集》、《董希文画辑》、《董希文作品选集》等。

十三、全国政协副主席董建华

　　董建华是香港已故航业巨头董浩云（董兆荣）的长子。1937年7月7日生于上海，12岁时随父来到香港。1960年毕业于英国利物浦大学船坞工程系，获得机械工程学理学学士。其后在美国生活十年，曾于美国通用电气任职。1965年又到家族企业在纽约的分公司开拓了香港至欧美的航线。1981年董浩云逝世，其家族公司，世界七大轮船航运公司之一的东方海外交予董建华打理。1985年，东方海外濒临破产。在此之前，董浩云家族成员均高调公开

其亲台及中国国民党之政治倾向（至今董建华之妹董小平仍定居台北），但在 1986 年，中华人民共和国政府透过霍英东注资使其渡过难关，同时也使董建华倾向北京。董建华于东方海外工作，直至担任香港行政长官。

任第八届全国政协委员，十届全国政协三次会议增选为全国政协副主席，十一届、十二届全国政协副主席。

第二章　八闽历代董氏人物

第一节　八闽历代董氏名人

一、"杏林春暖"神医董奉

董奉(220—280),字君异,侯官(今福建长乐)人。少治医学,医术高明,医德高尚,对所治愈病人,只要求在其住宅周围种植杏树,以示报答。日久郁然成林,董氏每于杏熟时于树下作一草仓,如欲得杏者,可用谷易之。以所得之谷赈济贫穷,后世以"杏林春暖"、"誉满杏林"称誉医术高尚的医学家。据载,今江西九江董氏原行医处仍有杏林。

董奉也出行在南方一带行医。他在所到地方除了治病赈济以外,还遍访名山大川,采集野生植物,制成丹药给人治病。有一次到交州(今广东、广西、越南北部一带),恰遇交州太守杜燮(一说交州刺史吴士燮)病危,垂死已三日。董奉把三粒药丸放入病人口中,用水灌下。稍后,病人手足能动,肤色逐渐转活。半日后即能坐起,4日后能说话,不久愈。董奉住燮府中,后燮阴谋反叛朝廷,担心董奉泄漏其密谋,欲害之。董奉利用气功装死,骗过燮后逃走。

董奉晚年到豫章(今江西)庐山下隐居,继续行医。《浔阳志·董奉太乙观》记载:"董奉居庐山大中祥符观。"《真仙通鉴》记载:"奉在人间百年,其颜色常如三十许人。"张景诗云:"桃花漫说武陵源,误杀刘郎不得仙。争似莲花峰下客,栽成红杏上青天。"说的是董奉在庐山成仙的故事。

也有人说,董奉年青时就离开福建前往江西庐山学道,并为民除害。当时由于江西江河溪涧里出现巨蟒,常危害人畜,董奉设法杀之。据《庐山志》卷七记载:"浔阳城东门通大桥,常有蛟,为百姓害。董奉治之,少日见一蛟死浮出。"

《庐山志》还记载董奉在江西行医期间,有一县官女儿得了怪病,医疗无效,请董奉医治即愈。于是县令便把女儿嫁给董奉为妻。因董奉长年累月要外出为人治病,怕妻子孤单,便收养一女为她侍候。

董奉医术的高明和不求名利、乐善好施的高尚医德被人们传为佳话,千秋流传。人们把他同当时谯郡的华佗、南阳的张仲景并称为"建安三神医"。董奉死后,人们在庐山上建有董奉馆,在长乐有一座山被称为董奉山,在福州的茶亭街河上村有一座明代的救生堂(现在迁移到福州白马河畔),均为纪念董奉。《真仙通鉴》载:"奉在人间百年,其颜色常如三十许人。"可见董奉有一套养生之道。

现在古槐镇龙田村境内有董奉山,就是后人为纪念董奉改名的。董奉山原名福山,唐李吉甫《元和郡县志》说福州是"因州西北有福山,故名"。清乾隆《福州府志》按语说:"福山,今名董峰山,属长乐县。"董峰可能是董奉的谐音。有的说,福州得名的福山,就是董奉山。

现在在董奉的老家,古槐镇龙田村与雁堂村交界处,建起了颇具规模的董奉草堂。草堂占地 20 亩,仿后汉三国时代风格而建。四周遍植杏树,使我们能感受"杏林春暖"千古佳话的意韵。

董奉草堂中的景观有中国长乐中医馆、"杏林望重"大屏风、清代名医陈修园专馆南雅堂、"百草园"以及各种石刻等景点。正厅内立董奉"悬壶济世"半身塑像。

二、福州防御使董玠

唐朝时期,因中原战乱,汉董和十四世孙董玠奉旨由河南光州固始县带兵渡江南下。董玠官授福州防御使,率领三军将士,征战于江西、广东、福建等地。经过数年浴血奋战,收复了大片失地。董玠奉命留守福州后,加强福建沿海各县的军事布防,严明法纪,勤政爱民、深得全闽百姓的爱戴。

董玠,因巡察沿海军事,按兵新宁县,《即今十二都古县》。察知新宁县地势低洼,不利于统兵防御,将县址迁入山川巍峨,气势雄伟的吴航城,改新宁县为长乐县。长乐县名由此而来。

董玠上马管兵,下马管民,德布八方,惠抚全闽。爱民如子,民感其恩。公正廉明,名垂青史。战功显赫,帝嘉其功。奉旨进京,加封官爵。全闽百姓感公恩惠,请留勿归。公感皇恩浩荡,皇命难违,乃留次子元礼留守福州福唐城,以慰全闽百姓之心。董玠裔孙董禹,于乾符年间官居左补阙(即谏议大夫)。因善于进谏,有功朝廷,帝嘉其忠,赐金帛表彰。后人皆为其歌功颂德。

三、南州刺史董思安

董思安,(五代)莆田人。身长九尺,勇冠一时。与王忠顺友善。

朱文进既杀(闽国)景宗(王延羲,后改名王曦,王审知第二十八子),署其党黄绍颇为泉州刺史。思安因与忠顺及泉州军将留从效合谋复王氏,遂杀绍颇,迎天德帝(王延政,王延羲弟)从子继勋主军府事。

(参见《泉州历史网》www.qzhnet.com《泉州人名录·留从效、王继勋》)

会南唐兵攻建州急,思安与忠顺将兵赴难。战数不利,或说二人当以去就计,思安曰:'吾辈世为王氏臣,今危而叛去,天下其谁容我?'麾下感其言,无有叛者。城陷,忠顺力战死,思安

全军归泉州。

后南唐以为漳州刺史,思安辞以父名章,当避讳,元宗因改漳州曰南州。时留从效弟留从愿为副使,竟酖杀思安,自领州事。

（见：清·吴任臣:《十国春秋》卷 96《闽七·列传·董思安》）

四、南剑州通判董洪

董洪(1190—1250 年),字颖实,南宋泉州晋江董埔人。

董洪早年励志于学,博采众长。嘉定十三年(1220 年)刘渭榜及第,榜眼进士,授太学正,迁博士。学业精勤,重气节,为士论所称。后乞外放通判南剑,就知州事。严身奉法,勤抚凋弊,蠲役钱、苗米万计。创峡阳、济籴二仓,以备年岁歉收,赈济流民。迁延平书院于邃坞以教士,设剑浦弓兵营以居军。理宗淳祐十年(1250 年)十一月卒,年六十一。

五、南剑州通判董居安

董居安,淳熙间通判南剑州,多惠政。先是,州有物力钱,州县两处差科。吏肆其奸,民不堪命,逋负者逃亡居半。其积蔽盖百余年矣。居安摄郡事,尽为释去。郡民感悦,相与绘像于梅福院祠之。

董居安,字子安,松溪人。乾道间知顺昌县,清俭如寒士,遇事明敏不倦。时县之蹉法更变,帑藏空虚。吏请如旧令,计民产赁钱,谓之纲本。居安以为赋外之敛,不听。优游措划,不烦而办。凡追所逮,传符下里,未尝一遣公皂至民家。先是,令以每日晨兴收讼谍。居安无昏昕,至则进之,冤枉易达。讼者多饰词,凡所连逮,吏规以为利。居安惟摘一二切要,余无所问。民为立生祠祀之。

六、中书左丞董文炳

董文炳,字彦明,真定藁城人。宋既亡,文炳以中书左丞奉诏讨未下郡县。师既逾岭,闽人欢迎载道。漳、泉、建、邵皆送款,文炳悉慰抚之,不妄杀一人。惟兴化、汀未下,文炳欲招之。或曰:"遣一偏师,如泰山压卵耳,何以招为?"文炳曰:"执迷不服,独陈参政耳,民何辜,宁不能为数万众忍须臾哉?"未几,吴浚等以汀来归,兴化又不至,乃发兵讨之。闽人室家相保,井里如故,业市不移,民德之最深,造生祠祀焉。

七、闽清县尹董祯

董祯德高望重,为政和易,清廉简朴,恩威并济。在任六年,政通人和,流亡者纷纷回归故里,重建家园,县境到处出现新垦农田,学宫面貌焕然一新,久乱后的闽清一度呈现升平景象。人民因感其德政和恩惠,在他逝世后,于城西八正庵建一祠庙(称西庙),与明初知县沈源同作

为名宦敬奉。后因祠毁,于明万历十二年(1584年)移祀于县城钟南山昭显庙内。

(见《闽侯县志》)

八、沙堤董二

元至正十四年(1354年),石狮沙堤人董二聚众500余人,自称"元帅",起兵反元。朝廷派军镇压,董二猝不及备,率其众,挈家下海而去。

沙堤董二,天资豪迈,有古侠士风。聚众千余人,自称元帅,将起兵反元。不料谋泄,元兵围剿,董二率族远避"福、兴、漳、潮以及安、永深山之间"。

九、兴化府通判董彬

董彬,字文质,广平人,洪武中通判。为人刚直,遇事处之以公,而行之以勤。尝修筑木兰陂,民不劳而获其利。

十、冠带总旗董应炀

董应炀,直隶溧阳人。洪武末,祖董智以功升福州中卫右所百户。永乐初,以西洋功,升本所副千户。嘉靖中,董桂袭,降冠带总旗。万历间,应炀袭。

十一、仙人董伯华

董伯华,明初晋江乌屿人,《晋江县志》《泉州府志》《福建通志》俱有传,内容大同小异。

现本道光《晋江县志》·卷60《人物志·仙释·董伯华》,《泉州历史网》站长分段按注如下。

董伯华,性至孝,母嗜膏豚,因习屠。

道光《晋江县志》卷六九《寺观志》载:元妙观"在县前。……明初有纪道士寓其中,后白日飞升,董伯华其徒也。"

后得道术于吴云靖,遂弃去。谈征应辄验。

《福建通志》载,晋江人董伯华,服气炼形,谈征应辄验。成化间(1465—1487)常来往漳、泉。

儿童与一钱,为画雷掌中,拳而伸之,其声霹雳。日得钱自给,以其余施贫人。

《福建通志》载:董伯华"能呼风雨立至。又常画雷符,一张卖钱一文,然必童子乃卖之。藏符于掌,旋傍耳开之,应声而震,人称为雷师"。

后尸解北山紫极宫,人即其真身塑像祀焉。祈雨辄应。

明何乔远《闽书》:清源山"紫泽宫,去纯阳洞半里许,是名下洞。菁深静杳,别为一区,唐·蔡尊师(蔡如金)、谭紫霄(谭峭)修道于此。今祀董伯华也。"

道光《晋江县志》·卷4《山川志·清源山》载:"蜕岩下、大石前为下洞。………稍右有仙

人董伯华藏骸瓦棺，露存座上。僧称，旧有宫一座三间，即其瓦棺。塑仙人像。………唐蔡如金、谭紫霄、明董伯华俱修炼于此者，当在是。而与紫泽宫混为一处则非，盖紫泽宫又在前面山麓也。"

伯华尝书"勤俭"二字匾其宅。赠所善郭姓风、雷、云、雨诸画像，及雷石一块，磨水可以愈疾，今皆存。

《泉州府志》载："董伯华，福建晋江人。性至孝，母嗜豪豚，因习屠。后得道术于吴云靖，遂弃去。能书、画，尝书'勤俭'二字匾其宅，赠所善郭姓者风、雷、云、雨诸画像。"

"风、雷、云、雨"四神画像，被称为"四顾眼"，即无论从哪一个角度看，画中诸神的两只眼睛，都与欣赏者的两只眼睛相对，堪称明代泉州地方图画之绝技。

20世纪50年代初，厦门大学人类学教授林惠祥来泉州考古。据传泉州东街郭氏后裔仍然保存着祖传道教雷公石和"云、风、雷、雨"神图，立即拜访郭家。其后裔表示雷公石可赠与厦门大学，但"四顾眼"图画则不知去向。

20世纪50年代末，厦门海关发现"四顾眼"图画，送还泉州。如今，这四幅画完好保存于泉州市文物管理委员会。

泉州的雷公石，其实是新石器时代的石锛，呈长方形而扁平，长14.3厘米，最阔处6.3厘米，最厚处2.2厘米。刃口一面斜削，另一端原应是平的，但已被磨水治病，磨成浑圆了。雷公石今保存于厦门大学人类学博物馆。

我国民间早有雷公的传说，以为雷公一手拿斧，会从天上打下来。汉代山东武氏祠石室的石刻，便有雷神像。宋沈括《梦溪笔谈》云："世人有得雷斧、雷楔者，云雷神所坠，多于震雷之下得之。"这就是说，远古人类的石器埋于地下，雷雨后因流水冲刷，露出地面，被人发现。不知为何物，大惊小怪，于是便产生迷信，甚至要用雷公的威力来辟邪治病。明李时珍《本草纲目》也把雷公石列为药物之一，并注明其功能是"主大惊失心，恍惚不识人"，用法是"并石淋，磨汁服，亦煮服"。

十二、福建副使董其昌

董其昌，字玄宰，号思白、香光，华亭（今上海闵行区马桥镇）人。"华亭派"的主要代表。明万历十六年（1588年）进士。明万历三十七年（1609年），董其昌55岁，补福建副使。后官至礼部尚书，卒谥文敏。

董其昌精于书画鉴赏，收藏很多名家作品，在书画理论方面论著颇多，其"南北宗"的画论对晚明以后的画坛影响深远。工书法，自谓于率易中得之，对后世书法影响很大。其书画创作讲求追摹古人，但并不泥古不化。在笔墨的运用上追求先熟后生的效果，拙中带秀，体现出文人创作中平淡天真的个性。加之他当时显赫的政治地位，其书画风格名重当世，并成为明代艺坛的主流。著有《画禅室随笔》、《容台集》、《画旨》等

文集。

董其昌生于明世宗嘉靖三十四(1555)年正月十九日(2月10日),卒于明毅宗崇祯九(1636)年九月二十八日(10月27日)。家世贫寒,但在仕途上春风得意。1589年,(万历十七年)三十四岁的董其昌举进士。与睢州(今睢县)袁可立同科,后来两人成为挚友。当过编修、讲官,官至南京礼部尚书、太子太保等职。他对政治异常敏感,一有风波,就坚决辞官归乡,几次反复起用。

董其昌通禅理、精鉴藏、工诗文、擅书画及理论。他是海内文宗,执艺坛牛耳数十年,是晚明最杰出、影响最大的书画家。董其昌的绘画长于山水,注重师从传统技法,追求平淡天真的格调,讲究笔致墨韵,墨色层次分明,拙中带秀,清隽雅逸。《画史绘要》评价道:"董其昌山水树石,烟云流润,神气俱足,而出于儒雅之笔,风流蕴藉,为本朝第一。"董的绘画对明末清初的画坛影响很大,波及近代画坛。其作品向来都是海内外大收藏家寻觅的目标。

《赠稼轩山水图》,明董其昌绘

十三、良宦乡贤董应举

董应举(1557—1639),字崇相,号见龙,闽县龙塘乡(今属连江县)人。明万历二十六年(1598年)进士,任广州府学教授。税监李凤要强占学宫旁空地,被他当面驳斥。李凤属下在学宫门前驰马,应举扣留其马匹,于是名声顿起。

迁南京国子监博士,再迁南京吏部主事,召北京文选司主事、吏部考功郎中。天启元年(1621年),升任太常少卿,监督四夷馆。时明军与后金在山海关外作战屡败,朝臣纷纷将家属撤离京都。应举上疏请斩这些朝臣,并提出招募忠勇,出救广宁;选拔良将,出镇各口。加强京师巡防、禁卫等主张。

熹宗以应举公忠体国且知兵,令专任校射演武事。广宁陷落,应举又奏请保卫京师,加强各险要处防务,实行屯田制。

翌年,朝廷升应举为太仆寺卿兼河南道御史,经理天津至山海关屯田事务。应举以一年时间安置东北流民1.3万户于顺天、永平、河间、保定一带。动用公款买民田12万余亩,连同闲地共18万亩,广招流民耕种,并开水渠、修堤防,连同住舍、仓库、坊圃、运输工具等设备,仅费款2.6万缗,年收麦谷达5.5万余石。

朝廷授应举为都察院右副都御史,仍管屯田。天启五年(1625年)六月,任工部右侍郎。专领铸钱事务,开局荆州。兼户部侍郎,并理盐政,应举奏请整顿盐务规章,鼓励运销积盐。因而得罪魏忠贤党羽,被劾罢官,居武夷八曲之涵翠洞讲学。应举回里后,致力乡间公益,兴修水利,置社仓义田,救济贫民,并开发琯头百洞山,募建青芝寺。崇祯七年(1634年),复职

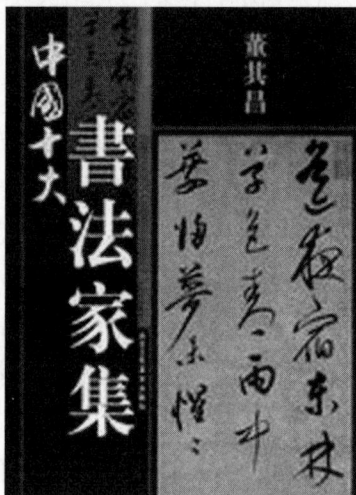

休致。卒后省城建祠纪念。

十四、韶州同知董廷钦

董廷钦,字仲恭,号海门,闽县琅岐乡(今福州郊区琅岐镇上岐村)人。明万历七年(1579年)举人,授江西省金溪(今抚州县)教谕,代理金溪、乐安、东乡诸县事。后升任南京国子博士,极力为太学生姜某辨冤。因此得罪勋臣,调为钦州(今广西钦县)知州。建平南浮桥,繁荣商业;招集流亡,发展生产;创办社学,初一、十五日亲自到社学讲课,使当地学风为之一变。

钦州与交趾国(越南)交界,地势险要。廷钦备战舰,募壮丁,厉兵增垒,守住要冲,外敌不敢来犯。大盗林茂党人在海上横行,进迫钦州,见钦州有备,慑于廷钦声名,只得退去,不敢妄为。渐澶土官赵良臣,为一件小事举旗反叛。廷钦诚加招抚,并呈请恢复他的官职,让他有署理四峒长官的权力,化干戈为玉帛。以后赵良臣为保卫钦州立了许多功劳。

廷钦在钦州政绩卓著,升韶州(今广东曲江县)同知。钦州百姓在分茅岭建祠纪念。

廷钦到韶州,认真整肃治安,令每乡成立一个堡,每堡驻一千人兵,巡逻守望,使盗贼无存身之地。此外,韶州设"厂"(宦官专权的特务机构),向商人收税,且高于国家税收的 10 倍。廷钦呈请取消,减轻商人的负担。不久,廷钦调肇庆府(今广东高要县)理事。肇庆有大盗在海上横行,官军往捕,屡不能获。廷钦招募善泅兵勇,伏水中,持大凿凿沉盗船,杀其首领,俘获 200 余人,于是肇庆安定。廷钦升肇庆知府,后补为思明府(今福建厦门市)同知。又历任浔州府(今广西桂闽县)和岳州(今湖南岳阳县)通判,再升靖江王长史。后告老返乡,月余病逝。

十五、员外郎董养河

董养河(? —1643),字叔会,闽县琅岐镇下岐村人。董廷钦第四子。少负殊质,带粮入鼓山,闭户攻读经史。明崇祯十五年(1642 年),以岁贡特赐进士,授工部司务。后因兵部尚书黄道周"纠杨嗣昌夺情忤旨勘问",株连养河。欲置极刑,养河处之泰然,日与道周唱和,作《西曹秋思集》。(详见本书《艺文篇·八闽历代董氏著名艺文》)同年,道周起用,养河亦官复原职,进户部主事。翌年,迁员外郎兼兵科给事中。钦命监督九门、芜湖钞关,命下而卒。

十六、三一教三传弟子董史

董史,字直庵,莆田江口镇前会村人。秀才出身,中年放弃举子业,拜陈衷瑜为师。清顺治十二年(1655 年)承师遗嘱,主持三一教门,在福建各地传教,时称"三一教三传弟子"。董史在仙游县城传教时,"城内闻风而来,固彬彬多士矣;城以外闻风而来,亦彬彬多士矣"(引自《东山集草》卷一),足见时人对其传教的尊崇。其著有《林子门贤实录》、《东山集草》,他还参与卢文辉、陈衷瑜编写《林子本行实录》一书。晚年以尚阳祠为基地,传授门徒,使当时的尚阳祠成为福莆仙三县三一教门人共同崇奉的圣地。

十七、风高五柳董飏先

董飏先(1591—1656),或作扬先、容先,号沙筑,又号沙河子,福建晋江县永宁乡沙堤(今属石狮市)人。后移居今石狮市永宁镇永宁居委会后山。系郑成功的元配董酉姑之父。

早年家境贫困,崇祯六年(1633 年)乡试四十二名,崇祯十年(1637 年)会试二百二十一名,殿试二甲二十名。初选江南泰州知州,忤权贵,再调通州。丁艰服阕,补广东化州,升刑部员外,转礼部郎中。又外调广东按察司副使,分守雷廉海北道。明末避难隐居浯州古坑(金门许坑),鲁王赠以"风高五柳"匾。

十八、国姓夫人董酉姑

董酉姑(1623—1681),一作董友,或作董酉,故又称董夫人,国姓夫人,是郑经之母,郑经立国东宁(台湾),又称董国太。郑成功元配夫人。明天启三年(1623 年)九月廿四日生。晋江永宁沙堤村(今属石狮市永宁镇)人。父飏先,进士出身,曾任广东雷廉道。

酉姑出身书香门第,从小知书达礼。崇祯十五年(1642 年)春,与郑成功结为夫妻,相敬如宾。郑氏是一个大家族,酉姑治家有方,孝顺翁姑,友待叔侄,任劳任怨,贤淑贞惠,为郑成功的贤内助。崇祯十六年(1643 年),生子郑经。

初时,郑成功认为董友不知礼法,颇有微词。清顺治三年(1646 年),郑成功奉明隆武帝之命镇守仙霞关,酉姑随侍军中。为应付军需之急,每日亲自领姬妾婢妇纺织布匹,缝纫军服,制作甲胄,支持前线将士。战事紧急时,为稳定军心,主动捐出金银首饰,以应军饷。一日,郑成功入卧室,见酉姑布裙竹钗,深为夫人识大体、顾大局的举动所感动。

顺治七年(1650 年)十月,郑成功奉明永历帝之命南下经略粤东,酉姑与世子郑经监守中左所(今厦门),郑成功叔郑芝莞管理地方事务。翌年春,清将马得功乘虚偷袭中左所,守将阮引、何德不敌败退。郑芝莞临危载珍宝遁逃。酉姑尽弃辎重,只奉姑翁氏(田川氏)神主牌出逃,步行海滨。郑芝莞以战船不便居止为由,劝请酉姑另移他船。酉姑知芝莞船满载珍宝,贪财怯敌。后来郑成功处置郑芝莞,对董酉深表嘉许,让她参与军国大计。

顺治十四年(1657 年)元月,酉姑在府第设宴招待出征及留守各文武将领之父母、夫人、子女,并颁赐金钱布帛;对阵亡将士遗孀、遗孤尤加礼待,亲自敬酒,加赐重金,体恤安抚。顺治十五年(1658 年),郑军北伐,酉姑与各将领眷属全部随征。羊山遇风,家属损失不少,酉姑日夜奔波,安抚体恤。北伐失利,退守厦门。翌年,清将达素进犯厦门,酉姑率文武官员眷属迁移金门,半年后东渡台湾。

康熙元年(1662 年),郑成功去世,郑经赴台湾继位,董酉随之入台。酉姑由"国母"升为"国太"。藩府内外事务,她都过问,并经常告诫郑经等人要"抚恤百姓,厚待百姓"。晚年,台湾郑氏政治逐渐衰落,郑经西征无功,酉姑十分气愤,当面斥责郑经:"七府速败,两岛亦丧,该你无权略果断,不能任人,致左右各树其党耳!"

康熙十三年(1674 年),郑经乘三藩之乱,攻入福建。但亲信陈绳武、冯锡范皆为庸才,军事、政治皆无大略,以致失败,于康熙十六年(1677 年)又败退台湾。董友责备郑经庸碌无为,

致遭败绩。后郑经将军国大权交与长子克臧监管，于康熙二十年（1681 年）去世。郑经去世后，弟郑聪、大臣冯锡范等人不满克臧严明的政策，借口克臧身世不明，逼董酉下令将克臧监国大印收回，大将冯锡范（郑克塽岳父）、刘国轩杀监国郑经长子郑克臧，立郑经才 12 岁的次子克塽为延平郡王。董见郑氏政权大势已去，追悔莫及。这时大权旁落，力不能及，无可奈何，涕泪沾襟。愤懑交加，一病不起，于是年六月十六日在台湾安平古城里去世，时年 59 岁。

　　注：董友（1623—1681），在国语和闽南话中，"友"、"酉"发音相同，同音讹用，也称董酉。民间尊称董酉娘，族谱有昵称董酉姑者。祖籍晋江县永宁乡沙堤（今石狮市永宁镇沙堤村）。

（参见泉州历史网 qzhnet.126.com《泉州人名录·郑成功、郑经》）

十九、福建巡抚董国兴

　　董国兴，奉天人，清朝官员。由河南巡抚调任，于康熙二十一年至二十二年（1682—1683）担任福建巡抚，主要从事福建军政事务，品级约为二品。

二十、《武夷山志》编纂者董天工

　　董天工（1703—1771），字材六，号典斋，福建崇安（今武夷山市）曹墩人。为曹墩董氏十二世祖。清雍正元年（1723 年）拔贡生，官至池州同知（州的副长官）。董天工自幼生长在武夷山中，性爱山水，工于诗文。拔贡后涉足官场，曾先后在福建、河北、安徽等地任职。董天工清廉勤政，业绩可嘉。晚年曾跨海东渡到台湾彰化县创办学校，广收学生，自任教谕。如今，彰化县许多地方还留有董天工祠。董天工还根据自己在台湾的眼见耳闻，"睹山川之秀美，水土之饶沃，风俗之华丽，物产之丰隆。有见有闻，退而识之，稽成文献，编册成书"，即《台湾见闻录》。

　　董天工 68 岁因病卒于武夷山，葬于幔亭峰下今"大王阁"后山。其墓长约 5 米，宽约 1.5 米。现保存完好。墓前竖石碑一方，高 1.4 米，宽 0.54 米。碑文为："嘉庆十三年岁在戊辰大吕月吉旦皇清品授奉政大夫董公典斋一府墓。子敉、勤、劻，孙国求、斑、珠、□（空缺）、珍、瑛、琅、瑄、璠、璋、琬同顿首百拜。曾玄孙繁衍不及备载。"1992 年 12 月，经武夷山市人民政府公布为第四批市级文物保护单位。然而让董天工永世长存的，是他生前用心血与智慧垒建的另一座丰碑——《武夷山志》。

　　董天工为编纂《武夷山志》吃尽苦头。为了避开尘世喧嚣，潜心研读史料，他选择武夷山三十六峰中的最险一峰——接笋峰的留云书屋遗址隐居下来。接笋峰是武夷山云窝景区一绝，千仞绝壁临水，三面绝壁连接山峰。接笋峰北面高耸着两列奇峰即仙掌峰、天游峰，南倚隐屏峰。峰峰对峙的峰脚下是著名的"茶洞"。历代都有名羽雅士在洞内卜筑隐居，如宋代刘衡建"中隐居"，明代李钟鼎建"煮霞居"。康熙五十三年，董天工的父亲董茂勋别出心裁，沿溪探索，终于看中云窝的接笋峰。他悬梯为路，搬运砖块，打造石条，在半山腰处构筑书屋。此处悬崖突兀，书屋匿于峭壁脚下。石条为基，砖墙为壁，雨不可袭。因接笋峰常年云雾缭绕于峥嵘山石间不去，所以董茂勋命名为"留云书屋"。清《武夷山志》载，康熙五十四年冬，文渊阁大学士李光地曾至此造访，与主人纵论义理，切磋学问，并为撰《留云书屋记》，还题了"留云书

屋"匾。后董茂勋年迈,无法攀登接笋峰,留云书屋寂然于悬崖峭壁上。

董天工早有承继父亲编纂《武夷山志》遗愿的志向,可是身在官场的他,公务缠身,久未如愿。就在董天工因治蝗有功被朝廷提升时,不幸其母去世。董天工正好找到了脱身官场安心著书的机会。他弃官返回武夷山守孝,足穿芒鞋,身背书囊,头戴竹笠,跋山涉水,来到几乎与外界隔绝的接笋峰悬崖上,来到父亲构筑的留云书屋内,清除遗址荒芜,又用俸余修了一处望仙楼。由于是在悬崖峭壁间生活,他很少出山。一年四季食物匮乏,就以流泉野菇补充。寂寞时仰望星斗流云。蛰身岩洞中的书屋,静心披阅史籍,勤勉考据山水方位,实地踏勘古代人文遗存。两个寒暑过去,董天工终于完成了《武夷山志》这部鸿篇巨制。因为多种武夷旧志都残缺不全,他不遗余力,重加修撰。乾隆十六年(1751年)编成了二十四卷《武夷山志》,该志为历代武夷山志之集大成者。凡当时山中可见的名胜古迹,名贤诗词一一载入,使人一目了然。

曹墩村是董天工的故乡。董天工在这里还创作了大量赞美武夷山的诗篇,其中一首是写故里曹墩村的:

幽屐烟村二度停,板桥茅店影零星。

云山四绕双溪绿,楼阁千家一角青。

白塔峰高尖似笔,金狮山瘦削如屏。

披图游迹分明在,留得清名后世听。

这是董天工为家乡写的一首风景诗,诗中也抒发了他编写《武夷山志》的感慨。这首诗展示了曹墩村的独特的村落风光意象。全村396户,1610人,面积0.6平方公里。南宋著名理学家朱熹在《九曲棹歌》中,就有关于曹墩的描写:

九曲将穷眼豁然,桑麻雨露见平川。

渔郎更觅桃源路,除是人间别有天。

诗句中写到的"平川",即平川府,就是现在的曹墩村。九曲溪回环流至该处时,溪水由激荡放缓,回旋冲刷出坦荡洲渚,沃野千里。邑人四季耕作,使之成为良田万顷。先民曹氏于此筑土墩垒神台,以祀社稷。墩,就成了早期的村落标志。后平川之名渐被曹墩取代。董天工为乡人所撰的《曹墩村志》及民国年间编印的《崇安县新志》,对此都有记载。

如今董公故里已辟为乡村旅游景点,向游人开放。董公故居的花园"影翠轩",历经沧桑后,唯留一棵长势旺盛的铁树,在诉说着昔日的历史。曹墩地处九曲溪上游大峡谷入口处,多云雾且雨量充沛,处处幽兰丛生,曹墩人家家户户都有养兰花的习惯。一种独特的兰花,被村里人称为"董公兰"。

武夷山成了中华名山,世界名山。荟萃武夷名山历史的,是董天工。他在著作里所描绘的图文,为今天万千游客提供了武夷山"导游线路"和"解说词"。可以说,董天工活在《武夷山志》的字里行间……

二十一、台湾水师协副将董方

董方为清朝武官官员,本籍福建金门。行伍出身的董方于乾隆四年(1739年),奉旨接替高得志,于台湾地区担任台湾水师协副将,而隶属台湾镇之下的此官职是清治时期,全台湾的

海防军事层级最高武将,共统帅三营兵力,约数千名水师兵勇。

二十二、《兼山吟草》作者董艮

董艮,字敦仁,号兼山,建宁蓝田排前(今溪口乡溪枫村)人。家清贫,小时在村里私塾上学。读书刻苦,未冠便入泮。后来受业于李绌斋,工诗与古文。清光绪八年(1882 年)中举人。二十四年(1898)以大挑二等任教职,掌教建宁濉川书院达 21 年之久。常行善事,家境稍好后,常救济孤寡。族中有人因贫穷无法娶妻者,便尽力相助。卒年 51 岁。著有《兼山吟草》二卷。

二十三、诗人董润

董润:清朝建宁人。字经之,号藕船,光绪贡生。少贫笃学,工词赋,尤酷嗜为诗,有《藕船诗文集》《藕船赋钞》《女宗金鉴》。

二十四、三坊七巷文化的传承者董执谊

董执谊(1863—1942),字藻翔,号藕根居士,祖籍长乐,清光绪丁酉年(1897 年)举人。董先生一生留意乡事,继前辈王应山、陈寿祺、郭柏苍之后,为传承三坊七巷文化乃至福建文化作出贡献。是福建省近代文化名人。

董执谊故居位于南后街衣锦坊口,是一处传统风火墙式民居,主副两座(门牌 161 号、158号)毗连一体,设有四门相通。主副座均为四柱三开间一进结构,坐西朝东。董执谊故居以建构典型,整体保存完好,具有一定的历史意义而成为福州市 34 个具有重要保护价值的建筑之一。

关于故居的来历,后花厅里有一柱联:

> 廿载美私居,苟有苟完,居处敢忘先圣训;
>
> 三楹成小筑,肯堂肯构,贻留尤望后人贤。

上联的"苟有苟完"典故出自《论语》,说的是董氏中举 20 多年后接近晚年时才逐步完建此宅。"苟有苟完"体现了他的生活态度,人生易老,世事难长,生活应别有追求,非徒华美居室而已。

下联的"肯堂肯构"则出自另一典故。《书经·大诰》:"若考作室,既底法。厥子乃弗肯堂,矧肯构?"原意是儿子连房屋的地基都不肯做,哪里还谈得上盖房子。后人反其意而用之,比喻儿子能继承父亲的事业。

董氏故居又名"贞吉居",木匾是乡贤陈宝琛在 1898 年题赠的。"贞吉"典出《易经》"谓人能守正道,而不自乱则吉"。因"董"字兼有"正"与"守正"的意思,而"贞"也兼有"正"的意思。

当年林纾、陈衍、何振岱、陈培锟、于君彦等人,常在董氏故居庭院雅集,焚香品茗,吟诗作赋。解放后,潘主兰、杨湘衍、谢义耕、郑偈等人也常来这里,参加董执谊长孙董岳如组织的聚会。十邑诗人也远道赶来,盛况空前。

先生最为人称道的功绩，就是对《闽都别记》的加工整理并印行传世。

《闽都别记》原来是说书人口传笔录的话本小说，大约成书于清代乾隆、嘉庆年间，以福州方言土语叙述闽中故事，为人们展现了上自唐末黄巢起义军入闽、下至清初福州地区朝代兴衰、社会变迁的风情画卷。其中故事两百年来在闽台及南洋闽籍侨胞中流传，长盛不衰，诸如郑唐烧火炮、陈靖姑除妖、柳七娘造罗星塔，等等，至今为人称道。

遗憾的是，此书成书百年，直至清末都没有印本行世，只有几种不同时期抄录的详略各异的抄本，分别藏于福州的望族世家。先生从螺洲陈家、宫巷林家、光禄坊刘家借得珍藏抄本，当然还对照参考家藏善本及地方正史、别史，对此书全面精心整理、点校、勘误、补充，润饰部分字句，最后请人抄正作为定本。此书是福建乡土文学的瑰宝，是福建有史以来影响最深远的一部大型民间文学总集，它在乡土文献中的重要地位是无可替代的。

清宣统辛亥年（1911年），先生初刊油印《闽都别记》问世，全套40本，每本10回。当时只印25套。1927年，先生又将此书委托南台建业石印社石印，每部20卷，共印600部。此书印成售出，"不十日而空。盖乡之士女，遍喜读之"。关于此书作者，先生推断，不只一人。但究竟如何署名妥当，却斟酌多时。后来先生初刊本书时，确定署"里人何求纂"。以"里人"扣合"闽都"，以"何求"暗指编著者"何可求"、"何用求"，十分贴切。此种署名方式沿用百年，出版界和文献学者都无异议。此书初版和再版均有先生短序，介绍刊印缘起。短序字斟句酌，评叙精当，是研究《闽都别记》最有价值的资料。

相比于《闽都别记》，先生收藏《闽都记》的时间还要略微早些。《闽都记》是明代福州学者王应山纂辑的地方志。共33卷，记述闽中郡县沿革、湖山胜迹、乡里遗闻。脱稿25年后，始得刊行。先生不惜重金，辗转购得此书道光年间雕版，全面勘订补版珍藏。再版时仅在扉页右下方以小字署"藕根斋藏版"，以示区别。

1956年，先生长孙董家鄂、三孙董珊等，继承先生遗志，合力将这本颇有价值的地方善本重新修整付印。先生次孙董家遵在序言结语称："整修付印以供考古问俗之助，亦藉以副国家维护地方文物及先人保存乡贤遗著之意云尔。"

清末以降，社会动乱，古迹多有损毁，如不及时保护将造成难以弥补的损失。有鉴于此，民国十九年（1930年），福州地方文人陈衍、董藻翔（执谊）、于君彦、施景琛、欧阳英、刘通等人发起闽侯县名胜古迹保存会，重修古迹，从泉山（冶山）入手，历时两年修复自汉迄清的古迹。先生曾赋《泉山名胜清复喜题》："闽都山水夙都游，咫尺泉山胜未搜。垂老忽看名迹复，一回登陟一勾留。"欢娱之情跃然纸上。于山戚公祠为祭祀戚继光英灵之所，祠内还有纪念南宋主张抗金的、1192年任福州知府兼安抚使辛弃疾的"万象亭"，成为古迹保存会修复的首重之地。此外，先生在保护古迹方面还多有贡献，比如主持重修福州文庙，协修城隍庙；查证"宋明诸志"，恢复旧观；修复明代名臣董应举祠（在乌山太虚亭遗迹），等等。有关诸事的亲笔文启书函至今犹存，可资研究。

保护古迹之余，先生不忘著述地方文献。他在协助陈衍、何振岱编纂《福建通志》、《福州西湖志》之余，著有《榕城名胜古今考略》、《闽故别录》、《藕根斋撷拾》等。先生深知重要文献"藏于家不如公诸世"，生前即将宋版《三山志》等文献捐赠给省图书馆。先生手辑《近人荣哀文件汇订》也一并献出。"汇订"内容丰富，分订12册，是研究清末民初福建省世家宗族难得的原始资料。

中国文人崇尚气节,素有爱国传统,董先生也不例外。他一生最崇拜岳飞、陆游。先生为1907年出生的长孙取名董家鄂,一名岳如,寄望孙儿如鄂王岳飞那样精忠报国。

1932年,一·二八抗战爆发。5月5日,中日签订《淞沪停战协定》。5月9日,董先生同陈衍等爱国绅士同集戚公祠,声讨蒋介石不抵抗政策,并题名录刻于厅前。次年11月,十九路军在此策划联共、倒蒋、抗日的"福建事变",并重建平远台。将领丘国珍在董先生等人题刻旁又刻"国魂"二字,连同前后题刻的"醉石"、"誓雪国耻"和郁达夫的《满江红》等,成为800年来抗金、抗倭、抗日光辉历史的缩影。

1937年"七七事变",此时的先生已74岁,最常吟诵的就是陆游的"何方可化身千亿,一树梅花一放翁"诗句。先生唯一一张个人照片也摄于故居花厅梅花树前。那一年,先生的第五曾孙出世,正值花厅梅花盛开,先生特为之取名董梅,一名达图(达到还我河山的宏图),耿耿心结仍是"王师北定中原日,家祭无忘告乃翁"。

1941年,是先生逝世前一年。4月21日,日军侵入福州,先生已78岁高龄,拒绝家人随省府迁永安之请,坚持留住福州。8月4日,长乐抗日游击队在琅尾港击毙日寇官兵42人,击毁汽艇1艘。捷报传来,卧病在床的先生为之振奋。董先生曾赋《咏宋高宗》诗句:"如何终不图恢复,荧听偏安误贼臣",托古讽今,抨击当局。妹夫殉难,董氏撰挽联:"横海早枕戈,志蓄捐躯,苦我无由慰弱妹;还乡悲裹革,魂仍杀敌,哭君更益怆吾亲。"先生又曾赋赠省教育厅厅长郑贞文(南宋郑思肖后裔)《笠剑图题》诗:"爽飒英姿写逼真,急装笠剑足精神。井中心史传家在,一例歼仇志待伸。"先生垂垂老矣,仍高歌"魂仍杀敌"、"一例歼仇",恨不能化身沙场宿将,可谓苍凉悲壮。

二十五、霞鼎县苏维埃政府主席董长铃

董长铃(1892—1936),福建省霞浦县人。出生于贫农家庭。1932年参加革命,同年加入中国共产党。

1933年指挥闽东工农武装红带队,举行武装暴动。1934年4月中共霞鼎县委成立后,深入陈墩、暗井、里外西坑等地组织贫农团,建立苏维埃政权,发动贫苦农民开展"五抗"(不缴捐、不纳税、不还续、不完粮、不交租)斗争和土地革命。同年6月,任霞鼎县苏维埃政府筹备处主任。同年8月,任霞鼎县苏维埃政府主席。同年10月起,国民党军队"围剿"霞鼎苏区,革命被迫从公开转入秘密后,率领游击小分队辗转于洰河、上泥、桃坑、暗井、谷山、土步头一带开展游击战争,恢复和建立秘密交通站,接通霞鼎与福霞、安福、霞鼎泰各县委之间的交通线路,联系原来隐藏在各地的革命同志,恢复部分苏区,开辟了新区。

1936年4月,在洋里村杯溪隐蔽活动时,被叛徒出卖,遭敌逮捕。受尽酷刑,忠贞不屈,壮烈牺牲,时年44岁。

二十六、连城县苏维埃政府主席董成南

董成南,又名董友炎,字弼臣。福建省连城县南门大桥下人,生于清光绪二十四年(1898年)。兄弟六人,成南排行第二,大哥和三弟因家贫生病无力医治,均不幸夭亡。父亲水源为

了养活全家十口,在城里四角井租店铺一间开设豆腐酒店,终年靠自己起早摸黑蒸酒、磨豆腐和养母猪辛勤劳累维持一家生活。

董成南自幼勤劳聪敏,看到父亲不敢吃好穿好,累死累活经营一个小豆腐酒店,受尽官府豪绅的敲诈勒索,天天苛捐杂税交不完,白拿白吃断不了。这给小成南深深播下了仇恨的种子。董水源自己不识字,为了让孩子能争气,将来好支撑家门,不受欺负,拼命省吃俭用送成南去念书识字。小成南理解父亲的苦心,入学后,不但学习刻苦勤奋,学业成绩优异,并且还每天半夜就起来帮助父亲磨豆腐。小学毕业后,父母亲咬紧牙,让他继续升入连城县旧制中学。并且把四弟友贵拉到店里帮助做豆腐,五弟友贤送去学做木屐,六弟友根送到姑田当徒弟。父母亲对成南说:"我们家千担粪就落在你一丛禾上了。"他没有辜负父母的期望,1922年在旧制中学毕业,品学兼优,受到老师同学的称赞。在同学亲友的鼓励,父母的支持下,成南筹了一些盘缠,到福州考福建法政学校。在福州求学时,他忍受生活艰苦,如饥似渴地阅读进步书籍,寻求新思想,探索新事物。经常与本县同学李云贵等一帮进步青年讨论民族兴亡,民间疾苦,赞扬国民革命,抨击时弊,对当时军阀统治尤其不满。毕业回县后,曾被旧制中学聘为教员,任教期间,他经常向学生宣传进步思想,宣扬国民革命,抨击北洋军阀统治的黑暗时局,对学生与社会影响很大。校长怕担风险,很快就把他解聘了。他虽壮志满怀,学业优异,也只好回家帮助老父亲做豆腐糊口。家里人口渐多,豆腐酒店生意难做,家境也就更贫困了。

连城虽然僻处往西山区,交通阻塞,但是割据军阀并没有把它舍弃不顾。北洋军阀李凤翔之第三师派部队坐驻连城要钱要饷。伪县长为了上交军阀军饷和饱其私囊,在新泉增设厘金局,向群众增征捐税。成南迫于生活,谋到新泉厘金局帮助开收据之职。他亲自看到军阀政府横征暴敛鱼肉桑梓,劳苦大众挣扎于水深火热之中,增加了对黑暗社会的憎恨,对贫苦人民的同情,故常常把传到厘金局欠税的贫苦农民放走。当时连城除了有北洋军阀部队驻扎,本地的恶霸土匪也争占地盘,扩大势力,互相杀伐,蹂躏乡里。文亨土匪罗藻抢劫了新泉厘金局的税金,伪县政府硬说董成南是城里人,是他勾结罗藻抢走税款,把他关押在新泉。在新泉贫苦农民的帮助下,他逃出新泉。但伪县政府不肯罢休,抓走了他的五弟友贤,还要他家交出董成南。老父亲只好向亲友告借来一笔钱,并将豆腐酒店的老本也卖掉,才把友贤保赎回来,家里因之破产。

民国14(1925)年夏,董成南强压胸中熊熊燃烧的仇恨烈火,对他刚生下第二个孩子的爱人谢秀龙说:"我不能在家再住下去了,这种人吃人、人欺人的社会一定要砸碎!"并嘱咐她把两个孩子好好带好,他一定会回来。就在一个风雨交加伸手不见五指的深夜,他告别亲人,离开了家,走在黑沉沉的大地去寻找光明。

董成南秘密返回到新泉后,与长汀求学的张瑞明、张育文和在集美求学的俞炳荣等进步青年取得联系,秘密开展革命活动。民国十六(1927年)年他的同学李云贵受党的派遣回到连城,任连城县国民党党务委员会宣传委员,介绍董成南与上杭蛟洋付柏翠接上关系,翌年(1928年)六月,在那里参加组织了蛟洋农民武装暴动后,直奔江西找到毛泽东、朱德率领的红四军,正式参加了革命队伍,转战于五百里井冈山红色根据地。

民国18年(1929年)五月,红旗跃过汀江,直下龙岩上杭。董成南怀着激动的心情跟随红四军的滚滚铁流下井冈山,挥戈回到灾难深重的往西故乡。五月二十一日,队伍来到新泉,

当他见到阔别的战友打起红旗,发动群众,打了新泉北村的土豪,把粮食、财物分给广大贫苦农民时,激动得心潮翻滚,热泪盈眶。这是他多少年梦寐以求的心愿得以实现啊!进入往西后,他在毛泽东、朱德领导下,转战于龙岩、永定、上杭、连城等地。短短一个月中,三打龙岩,连克永定、白沙、旧县、新泉,纵横驰骋于汀江以东的广大地区。他作战勇敢,冲锋在前,吃苦耐劳,为创建往西革命根据地作出贡献。

红四军三占龙岩,消灭了军阀陈国辉部,建立起往西红色根据地后,前委决定将四个纵队分兵到各地发动群众,第二纵队奉命到连城活动。成南随二纵队于七月中旬进驻连城。他一进县城,便日夜奔忙召开群众大会,宣传红军宗旨,收缴民团武器,发动群众打土豪、烧田契、毁债约,分财产和粮食,帮助店员工人沈邦翰组织劳苦工会,建立工人武装。并培养沈邦翰、李七养、巫显达、钱伯南、董友根等五人为秘密接头户,教他们使用联络信号、密码等。

一九二九年十二月,毛泽东、朱德率领红四军四个纵队来到新泉整训时,成南调任第四纵队书记官。古田会议后,成南随朱德进驻连城,于1930年一月五日抵达,并立即与沈邦翰商议让朱德与红四军司令部住在西门吴家老当店。第二天,在大桥下李屋祠堂门口大草坪上召开群众大会,成南用当地方言发表演说,动员大家团结起来,打倒帝国主义,打倒国民党反动派和封建地主阶级,建立工农自已的政权,实行土地革命。第三天,朱德亲自在西门庙(也叫金山祖庙)召开群众大会,董成南当翻译。会后把打土豪抄来的衣服、桌凳、橱柜、锡器等分给贫苦农民。

朱德率领红军撤离连城后,地方反动武装童友亮的"救乡团"回到县城,向革命干部群众疯狂反扑。董成南家被洗劫一空,并贴上"共匪家属"四字封条,其妻只好带着小儿子董仲宽(即董洪)逃奔外地。五弟友贤被抓到"救乡团",令交出成南,否则要置他于死地。"救乡团"副团长,深怕董成南带领红军再回连城,劝童友亮不要杀害友贤,为自已留条后路,友贤才得免于难。1930年四月,连南区革命委员会召开第一届工农兵代表大会,在新泉正式成立连城县苏维埃政府。董成南受命担任县苏主席。当时,县苏管辖芷溪、儒畲、良福、池溪四个区和新泉市。县苏成立后,成南帮助文坊、上莒溪、金文、张家营、天马、墩联、莒溪、壁州、坪坑、厦庄等地成立乡、村苏维埃政府和游击大队。是月,成南率领连南往西游击总队攻打连城,打得民团落荒而逃,第二天撤回新泉休整。五月,接往西特委指示,将连南往西游击总队改编为赤卫独立第四团。六月下旬,连城县苏召开扩大会议,传达"南阳会议"精神。会后,董成南和大批干部深入各乡,认真贯彻落实毛泽东提出的"抽多补少,抽肥补瘦"的土地调整分配政策。帮助各乡将"耕田队"提高为"互助组",并组织消费合作社、生产合作社和信用合作社。同年十月,往西特委决定长汀与连城合并,成立汀连县,下设新泉、儒畲、南阳、涂坊、河田、水口、濯田、四都、古城九个区。成南被委任为新泉区工委书记,他与张瑞明等苏区干部经常深入各乡群众中问寒问暖,听取各种反映。1931年一月,中共六届四中全会召开后,王明路线控制了临时中央领导权。当时窃踞往西肃反委员会副主席的林一株,以抓"社会民主党分子"为名,到处乱捕、关押、审讯、杀害革命班干部和群众。1931年四月汀连县苏维埃政府在长汀涂坊召开区委书记会议。会上,县苏主席段奋夫奉林一株之命,宣布董成南为"社会民主党分子",当场扣押。同月二十二日,成南和二十多位革命干部被押往长汀南阳,杀害在南阳茶树下,时年仅三十三岁。

二十七、左联作家董秋芳

董秋芳(1898—1977),笔名冬芬、冬奋、秋航、秋、奋、航,绍兴青坛人。民国 2 年(1913年),考入绍兴浙江第五师范,与陶元庆、许钦文等同学。8 年,积极参加"五四"运动,担任绍兴"国耻图雪会"副会长,主持会务。并与何赤华创办《浙江学生联合会周刊》。同年,师范毕业,在宋家店小学任教员。次年夏,考入北京大学预科,二年后转入英语系。与许钦文等组织"春光社",邀请鲁迅、郁达夫、周作人等作指导,开始翻译外国文学作品。15 年 3 月 18 日,在《京报》副刊上发表《一致反日》一文。"三一八"惨案后,在《京报》副刊、《语丝》上连续发表《大屠杀后》、《大屠杀以后》、《吊刘、杨二女烈士记》、《可怕与可杀》、《响应打狗》等杂文,抨击段祺瑞执政府。遭到追捕,不得不暂时弃学南归,在杭州一中任总务主任。"四·一二"反革命政变后,因谴责国民党,再遭通缉,避往上海。同年初,在鲁迅指导下,将翻译作品《争自由的波浪》等集成一书,由北新书局出版。同年,在关于"革命文学"的论争中,以"冬芬"为笔名,给鲁迅写了《文艺与革命》的长信,鲁迅公开复信给以肯定与指导。

18 年 3 月回北京继续学业。大学毕业后,去山东省立济南高级中学任教,教授国文,国学大师季羡林当时是其学生,其间结识胡也频与丁玲。21 年,去天津扶轮中学任教。24 年秋,回到杭州,任教于市立中学。26 年,"七七"事变前夕,应郁达夫之邀,去福建省政府公报室任编译员,积极从事抗日救亡运动,曾任福州市文化界救亡协会秘书长兼组织组长。次年,随省政府一起迁往永安,兼任省政府图书馆馆长。32 年,任《民主报》副刊《新语》主编。34 年6 月,杨潮(羊枣)等进步文化人士被逮捕,董写了《"沉默之美"》一文,予以抨击。三日后也被逮捕。出狱后,任《改进》杂志编辑。

民国 35 年(1946)8 月,离闽回浙,任绍兴稽山中学国文及英文教员,37 年秋,又在绍兴简易师范兼课,后"简师"改名为绍兴师范学校,任校长。1949 年 10 月,去杭州高级中学任教。1951 年,调任宁波市立中学校长。1953 年,到浙江师范学院任教。8 月,调人民教育出版社工作,任中央人民政府教育部中学语文教材编辑组现代文学研究室主任,兼中学语文课本编辑委员会高级编辑。

1971 年退休,回绍兴定居。1973 年,被任命为绍兴县文物管理委员会副主任。1977 年 2月 11 日病卒。生平作品,已搜集到的有散文、诗歌、杂文、政论文、译文共 270 余篇,约 150 万字。有散文集《我和笔杆》。

二十八、艾阳乡工农赤卫队队长董海标

董海标(1899—1934),福建省建宁县溪口乡艾阳村董家自然村人。1899 年 3 月出生于贫苦农民家庭。1931 年 6 月参加革命,曾任艾阳乡工农赤卫队队长,参加闽赣边区革命根据地的土地革命斗争和中央苏区的反"围剿"游击战争。1934 年 5 月给红军带路,此后失去音讯。1957 年 7 月 16 日,人民政府追认董海标为革命烈士。

二十九、戏曲改革者董义芳

董义芳(1902—1965),原名董添木,泉州南门米埔人,清光绪二十八年(1902年)生。民国4年(1915年),董义芳进南安县岑兜村福庆兴高甲科班学戏,拜著名师傅陈坪为师。

董义芳学戏之初连龙套脚色也难承担,被称为"放尿角"。董义芳决意发奋,每日凌晨到野外练唱腔,夜晚在月下练台步;饰演杂脚站棚角时,细心观察别人表演,对镜自练。两年后,福庆兴班在印尼大觅眼演出。某晚,《凤仪亭》正待开锣,饰演董卓的著名大花洪大钦突患急症,董义芳毛遂自荐,顶戏救场,岂料一鸣惊人。老板、班友从此刮目相看。不久班内老生演员林言病逝,董义芳顶班饰演老生行。经过的舞台实践和刻苦磨砺,又经精通京剧的高甲戏著名老生郑文语的指导,董义芳的表演技艺日臻成熟。

民国10年,董义芳随福庆兴班回到泉州,献演3天,盛况空前。他主演的《玉骨鸳鸯宝扇》,髯功绝技,令观众赞叹。后来福庆兴散班,董义芳先后又在金成兴、双溪兴、福和兴等班搭演。凡是他挂片的班社,人们争相高价聘演。不久,应华侨邀请,往菲律宾演出年余,华侨赠他艺名"董义芳"。回国前夕,还赠送大镜一面,镜上精工磨制"艺独称绝"四个大字。

民国26年,董义芳应菲丝竹尚义社的邀请,再次漂洋过海,同名旦宝兰芬合作演出。适逢日本南侵,菲律宾沦陷,董义芳和宝兰芬被捕。后经华侨出资保释。董义芳落泊异邦达8年之久,至抗日战争胜利,赖华侨资助方归故里。

董义芳回泉州后,先在新连陞搭班。不久,创办福泉音班,提倡用泉州语音为高甲戏标准音,解决高甲戏语音杂乱不纯的毛病。

董义芳有好多拿手剧目,如《单刀会》(饰关羽)、《取长沙》(饰黄忠)、《斩黄袍》(饰赵匡胤)等。他的表演吸收京剧、木偶等剧种的优点,扮演的人物极富神采。他嗓音宏亮,海外侨胞称之为"铜钟声"。每当两戏对台时,只要听见他的唱腔,观众便潮涌而来。他的唱腔被灌制成唱片的有《凤仪亭》、《林文生告御状》、《拾棉花》等。他的髯功、扇功也称绝技,往往使观众眼花缭乱,惊叹不绝。

解放后,董义芳积极参加戏曲改革,自泉州大众剧社成立到易名泉州高甲戏剧团都担任团长。他是中国戏剧家协会福建分会第一届副主席,被推选为福建省第一届人民代表大会代表,泉州市一至五届人民代表大会代表。

1965年春,董义芳病逝,享年64岁。

三十、闽北独立团政治委员董思远

董思远(1906—1932),又名董会先,江西省余江县人。1927年1月加入中国共产党。

大革命失败后,在余江县南部开展革命活动,发展中共党的组织。1928年6月,成立中共余江区委员会。1930年1月,任中共余江县委书记。同年底,调闽北根据地工作,任闽北独立团政治委员。1932年9月,率闽北红军协同红十军攻克福建浦城,回师大安。10月,因肃反扩大化,在闽北大安被错杀,时年26岁。

三十一、中共厦门中心市委组织部长董云阁

董云阁(1908—1932),又名董光泰,福建省晋江县人。出身于华侨家庭。青年时代接受革命思想的启蒙和熏陶,积极投身于革命活动。1925年,与进步同学在厦门地区发起成立闽南文化促进会和平民夜校。1926年加入共产主义青年团,同年转为中国共产党党员。

大革命时期,1926年10月回家乡永宁一带,宣传马列主义和反帝反封建的思想,发动农民群众,组织农民协会。

土地革命战争时期,1927年8月,按党组织的安排,到厦门积极从事厦门市党、团组织的恢复和发展工作。1928年底,任共青团福建省委委员,积极开展青年运动。1929年7月,任共青团福建省委组织部长。1930年7月,任代理团省委书记,参加中共福建省委常委会议。1930年11月,任共青团福建省委书记。同年底被中共福建省委派到漳州重建中共闽南特别委员会,任副书记,一面恢复党组织,一面积极发展武装力量,开展武装斗争。1931年,继续任团省委书记,还参加中共厦门中心市委的领导,负责厦门、泉州、漳州以及莆田等地区的工作。1932年,任中共厦门中心市委组织部长。中共厦门中心市委地下印刷发行机关遭受破坏,不幸被捕入狱,经受了敌人的严刑拷打,坚贞不屈。

1932年10月23日,被敌人杀害于福建省厦门禾山海军司令部,时年24岁。

三十二、中共松溪县委书记董生有

董生有,原名哲荣,外号老兵,松溪县郑墩乡黄沙村人。民国8年(1919年)出生在贫苦农家,读过三年私塾。父母早丧,寄居姐姐董清娘家务农。民国23年8月,中国工农红军七军团二十一师五十八团团长黄立贵率部挺进建(瓯)、松(溪)、政(和)地区,在松溪县的梅口、锦田、新铺、青山、路下桥一带开仓分粮,救济贫困,发动群众进行土地革命(后因局势变化而中断)。董生有主动协助红军买油、盐,送情报。次年2月,参加工农红军。不久,加入中国共产党。先后担任工农红军班长、分队长、中队长、大队长等职。民国25年,董生有受命带领六人,到仙槎配合松东区委书记伊远金共同组建仙槎游击队。民国26年,董生有接任中共建松政中心县委松东区委书记。奉命在松溪的仙槎、木丘、山镇等地开展抗租、抗粮、抗丁活动,成立农会和中共党组织,先后吸收积极分子97人参加中国共产党。

民国27年2月3日,建松政工农红军整编北上抗日,董生有奉命留在建松政地区,负责发展中共组织、宣传抗日。工农红军北上抗日后,国民政府继续推行"消极抗日,积极反共"政策。同年10月,县保安队袭击花桥乡中共建松政特委机关,制造"塘边事件",破坏建松政地区的国共合作抗日谈判协议,董生有奉命率领保卫特委机关的武装力量转入隐蔽斗争。

民国28年5月,董生有出席建松政首次中共党员代表会议。会后,受命深入各村及闽浙边区发展抗日游击队组织,并担任浙江省庆元县周朝顺游击队的党代表。民国29年9月16日(中秋节),董生有带领游击队一举攻下竹贤乡公所。

民国 30 年 2 月,国民政府军旅长赖金标率部进攻建松政地区。中共建松政特委作出"埋枪、分散、隐蔽"的错误决定,游击队大部分被解散。董生有、马细妹、罗天喜等人则坚持斗争,带领游击队转移到松溪县北部、浦城南部一带筹粮筹款,并恢复了湛卢山游击队组织。同年11 月,董生有接任中共松溪县委书记职务,奉命执行"镇压反革命,扩大武装,恢复地下党组织"的决策,向郑墩乡公所队兵进行策反。次年 2 月 14 日(农历除夕),配合建松政特委书记陈贵芳率领的游击队,里应外合,攻下郑墩乡公所,逮捕乡长陈方有,缴获步枪 13 支,瓦解了郑墩乡公所的武装力量。与此同时,董生有吸收国民政府军哗变士兵黎元仔等四人加入游击队。

民国 32 年 2 月,董生有率领游击队攻打浦城县桑园村,没收奸商囤积的棉布 120 多匹,分发给当地贫苦农民。民国 32 年 4 月,国民党第三战区绥靖指挥部派部队对建松政地区进行第三次围攻,实行"抢光、杀光、烧光"政策,松溪、政和两县游击队活动地区受到严重摧残。董生有带领游击队干部、战士,灵活机动地牵制和打击国民党顽固派军队。国民党军队抓不到董生有,便抓董生有的姐姐为人质,董生有毫不动摇,顽强地坚持斗争。次年 12 月 26 日深夜,由于内奸出卖,董生有和战士们在花桥乡路下桥的西溪村后门山,被国民党保安队包围。因寡不敌众,董生有受伤被捕。在狱中,他忠贞不屈,严守秘密。国民党顽固派对他施加酷刑逼供,毫无所获。随后又用铁线穿过董生有的锁骨,秘密押送到浦城的第六督剿区司令部。民国 34 年 1 月,董生有在浦城县城关小西门外英勇就义,年仅 27 岁。

三十三、福州英华"民主墙"发起人董必骧

董必骧(1928—1954 年),又名必湘。民国 17 年(1928 年)生于台江上杭路小商人之家。民国 25 年至民国 30 年在福州南郡小学读书,民国 31 年至民国 37 年就读福州英华中学。他勤奋好学,各科成绩优异,并广泛阅读课外各种进步书刊。民国 35 年 6 月,必骧参加校内中共地下党举办的读书会。通过读书会,他较系统地学习马克思主义著作,进一步坚定为共产主义奋斗终生的信念。同年 9 月,必骧加入中国共产党。

民国 36 年 9 月和 11 月,他先后发展陈贞扬、林盛斌入党,并成立党小组,积极开展革命活动。同年 12 月,英华中学学生在爱国民主运动热潮影响下,酝酿成立英华"民主墙",以唤醒同学,反抗当局迫害。必骧遵照上级指示带领党小组党员,串联、发动周围同学为"民主墙"诞生呐喊、助威,与阻挠者展开针锋相对斗争。12 月 2 日,广大同学冲破阻力隆重举行"民主墙"成立典礼,轰动整个榕城。民国 37 年春,必骧发动党员和进步同学参加反对美帝扶植日本军国主义的集会,参加"反饥饿、反内战、反迫害"的示威游行,并响应中共闽浙赣省委号召,筹集革命活动经费。必骧将其兄给他治胃病的钱全部献给党组织,又为支持游击斗争,发起募捐,自己带头捐款。同年 6 月,必骧修毕高中课程,离开英华中学。

1949 年 9 月,福州解放后,他到福州青年会学校会计班学习。1951 年到龙岩地区长汀贸易公司工作。后因患肺结核,回家养病。1954 年逝世,时年仅 26 岁。

三十四、中国当代音乐界名人董凤林

董凤林,男,1928年11月生,福建省建阳市人。1954年毕业于福建师范学院音专,中国音乐家协会福建分会会员,中学高级音乐教师。曾任南平地区音乐教育研究会副理事长,光泽县音乐教育研究会副理事长,光泽县音乐教育主编,光泽一中体艺教研组长等职。他一生勤勤恳恳,献身教育事业,曾获全国、省、地、县表彰及优秀共产党员的光荣称号。他的业绩于1993年收入《中国专家人名辞典》和1997年收入《中国当代音乐界名人》辞典。1989年11月和1998年11月先后在区内举办个人作品音乐会,并编写《我的岁月》和《中、小学视唱教程》一书,为改革教学,提高音乐素质,实现《全国学校艺术教育总体规划》关于提高中,小学生艺术能力要求精神,首创扫除音盲功效做出贡献。代表作论文《课堂教学的艺术》和《中小学音乐教学应重视能力培养》等。创作歌曲《苗海情深》、《中学生之歌》、《回归曲》等先后分别被选入《中国当代著名作曲家和作家精选》和《中国当代优秀群众歌曲大全》、《中国当代抒情歌曲选》。

三十五、电影"金鸡奖"最佳男主角奖董行佶

董行佶(1929—1983),原名邢佶,号家钵,闽侯县(今福州市区)人,生于北平。民国36年(1947年),高中毕业后,先后参加天津新世纪剧艺社、天津实验剧团、天津大陆剧团、北京民艺剧团等职业剧团演出。先后在话剧《雷雨》、《日出》、《北京人》、《悭吝人》等剧中创造了多种类型的艺术形像,是一名优秀的话剧演员。

1951年,到北京人民艺术剧院任演员。1956年,获全国第一届话剧观摩演出大会演员三等奖。1961年,受聘为中央戏剧学院台词教师。1963年,兼任北京艺术学校台词教师。在《蔡文姬》、《胆剑篇》、《武则天》等剧中塑造曹丕、伯嚭、唐高宗艺术形象,获得好评。1965年,担任导演,兼任北京广播学院台词教师,还在中央人民广播电台、北京人民广播电台播放广播剧、长篇小说。1981年深秋,因工作上遇到无法摆脱的困境,患精神忧郁症。在安定医院治疗后出院,同年六月,与妻同往扬州为中央电视台拍摄系列片《西游记》"乌鸡国"一集。瘦西湖边他推掉《血总是热的》角色,出演《廖仲恺》。1982年9月—1983年2月,董行佶在剧组抱病认真拍摄影片,他深入研究剧本,对人物每一台词,行动仔细推敲。影片中许多细节,都是董行佶通过对人物性格心理的仔细研究后设计出来的。1983年,在电影《廖仲恺》中饰廖仲恺,获全国第四届电影"金鸡奖"最佳男主角奖。历任北京"人艺"艺术委员会委员、全国戏剧家协会会员、北京剧协理事。

这位刻苦、勤奋、有追求、有才华的艺术家在拍摄过程中还完成了"日记摘抄"形式的《菇蒲犹复争秋热》一书。书中总结了具有实用价值的理论,记录了话剧演员拍电影正反两方面角色的经验,涉及面颇广,可以使读者领略到这位演员一丝不苟的生活。

1983年6月,董行佶不幸因病逝世。

三十六、高级农艺师董心澄

董心澄,男,汉族,1937 年 9 月出生,福建福州人,高级农艺师,中共党员。毕业于北京农业大学,曾任内蒙古五原县农研所副所长、农业局副局长,区划办主任,农技推广中心主任,农委总农艺师、县政协副主席/县人大常委会副主任等职。现任内蒙古自治区五原县老龄委员会常务副主任。

他从事农业科研和推广工作 40 多年,获自治区、盟县农业科研和推广成果奖 30 多项。主要研究"春小麦套种覆膜玉米高产栽培技术"|和"玉米地膜覆盖高产栽培技术"课题,分获自治区科技进步一、二等奖,成为河套灌区实现亩产吨粮的主要栽培模式。主持有成早熟、抗性强、耐瘠、稳产高产的春小麦新品种"内麦 11 号",获盟科技进步一等奖。曾成为河套灌区东部旗县的主栽品种,并推广区内外种植。主持完成的"五原县综合农业区划"和"五原县中低产田调查及改造利用规划报告",分别获巴盟和自治区区划成果二等奖。

他在国家级和省级学术刊物上发表多篇学术论文,主要有《春小麦套种玉米地膜覆盖栽培对根系及植株生长的影响》、《地膜覆盖对玉米生育期及产量的影响》、《土壤耕层积温对玉米根系及植株生长的影响》、《春小麦叶龄模式》、《长效碳锣肥效试验总结》等,参编专著《玉米地膜覆盖栽培》一书。为盟、县主编《农业基础知识》、《植物及植物生理》、《土壤肥料》、《"两高一优"农业实用技术手册》等农业技术科普教材 10 余册,100 多万字。

1980、1986 年两次被授予自治区劳动模范称号,1983 年获自治区和全国少数民族地区先进科技工作者称号,1987 年获自治区农委推广 16 项适用增产技术一等奖,1988 年获自治区工、农、牧业生产第一线做出突出贡献的科技人员一等奖。个人传略入录《中华劳模大典》、《中华人民共和国英模大辞典》。享受国务院颁发的政府特殊津贴。

三十七、破冰之旅开路人董尚真

董尚真(Jimmy T. tang,1935—　),男,1935 年 10 月 8 日生于菲律宾马尼拉,祖籍福建省石狮市永宁镇沙堤村。菲律宾华人企业家、社团领袖。生于菲律宾一华裔家庭。其父董群康创办有亚美士戈集团有限公司。董尚真早年毕业于马尼拉波亚工程学院,毕业后全力投入父亲创办的亚美士戈集团有限公司从事经营管理。70 年代起,逐步代其父任公司董事长。他引进国际先进技术和设备,扩大生产规模和经营项目,拓宽与北美、欧洲、亚洲等许多国家的业务联系。使公司成为菲律宾拥有相当实力和影响,综合经营的大型跨国公司。并兼任金融银行董事。董先生几十年如一日,热心公益,服务侨社,为维护侨社的合法权益作了贡献。先后担任的社团主要职位有:菲律宾华商联总会名誉理事长,商总第 20、21 届理事长,菲律宾雇主联合会督导,马尼拉扶轮会会员,菲律宾董杨宗亲总会理事长,现任常务理事、菲律宾各宗亲会联合会常务理事。

北京 2008 奥运会,世界瞩目,中国沸腾。曾经担任第 20 届和第 21 届菲华商联总会理事长的董尚真,受中国国务院特别邀请,作为华人华侨代表参加气势恢宏的开幕式。

历史常常会有某一个时刻需要有人做出重大决策。这一个时刻就成为历史性的时刻,而那个做出重大决策的人也将成为历史性的人物。成立于 1954 年的菲华商联总会,在长达四十年的时间里,迫于台湾当局经济、外交等多方面的压力,加上缺乏对中国大陆的全面了解,只与台湾方面往来,拒绝与中国大陆交往。

1993 年 3 月,董尚真担任了菲华商联总会第 20 届理事长,他审时度势,提出"门户开放、在商言商"的政策,主张超越政治藩篱,正视市场前景广阔的中国大陆,到中国大陆寻找商机。

1994 年 3 月 26 日,初春的北京,春寒料峭。董尚真率领由菲华工商巨子和各方精英组成的菲华商联总会东南亚考察团,首次访问北京。改写菲华商联总会 40 年不与中国大陆交往的历史,开启中菲经贸往来的大门。增进了中菲友谊和在菲华侨之间的和谐团结。那个时候就是"破冰之旅"。江泽民为此特别接见了董尚真一行。

两年一任的菲华商联总会理事长就要到期了。菲华商联总会中,一些倾向于台湾国民党的理事按照当时台湾方面的意思,想趁着这个机会把董尚真名正言顺的换下来。然而,菲律宾总统拉莫斯、菲律宾政府非常关注菲华商联总会的理事长,为此董尚真获得连任。董尚真继担任了 20 届菲华商联总会理事长之后,再次挑起了 21 届菲华商联总会理事长的重担。也因为有了董尚真的连任,菲华商联总会彻底摆脱了台湾当局的控制,转向中国大陆。

董尚真祖籍福建省石狮市永宁镇沙堤村,作为一个很成功的企业家,他多次率领菲华的企业家来访问中国,为中菲经贸起到了桥梁作用,也推动了石狮改革开放以来的迅猛发展,也对家乡公益事业的贡献也是有口皆碑的。

几十年来,董尚真通过自己对菲律宾社会的无私奉献,塑造着华人华侨积极融入菲律宾主流社会的新形象。

石狮市永宁镇沙堤村曾经有一座火力发电厂,是 1972 年董尚真的父亲捐资在家乡修造的。发电厂解决了全村 300 多户村民的生活及生产用电。通电的那一天,村民们欢呼雀跃、奔走相告,十里八村的乡亲们都投来羡慕的眼光。

与父亲一样,事业成功的董尚真没有忘记回馈家乡。1988 年以来,董尚真先后捐资 200 多万元用于家乡兴建小学、幼儿园、修建通村公路,为村老人会设立福利基金,造福乡里、惠及民众。

1989 年董尚真先生捐资重修沙堤董氏宗祠,并注重维持古建筑风貌,修葺工程取得良好效果。董氏宗祠在落日余晖的掩照下,显得更加迷人,更加引人遐想……

第二节　八闽董氏历代进士名录表及唐至清职官表

一、历代进士名录

朝代	科　榜	姓　名	乡籍	最高职务	附　注
宋	天圣八年（1030 年）	董孝扬	晋江		
宋	嘉祐四年（1059 年）	董威	延平		
宋	元丰五年（1082 年）	董吕	延平		
宋	元丰八年（1085 年）	董渐	延平		
宋	崇宁五年（1106 年）	董管	延平		
宋	大观三年（1109 年）贾安宅榜	董公偃	故兴化县	太医学上舍及第	诸科
宋	大观三年	董梦麟	古县	卫尉寺丞	
宋	宣和六年（1124 年）沈晦榜	董念□	故兴化县	贺州录事	沈晦榜
宋	隆兴元年（1163）木待问榜	董居安	松溪		《福建通志》
宋	淳熙五年（1178 年）戊戌科姚颖榜	董钧	晋江		
宋	淳熙十一年（1184 年）	董善	闽县		
宋	庆元五年（1199 年）己未科曾从龙榜	董康民	晋江		
宋	嘉泰二年（1202 年）	董铨	连江		通志、《八闽》作黄铨
宋	嘉泰二年（1202 年）	董士岳	长乐		
宋	嘉定元年（1208 年）戊辰科	董瑮	晋江		
宋	嘉定十年（1217 年）丁丑科	董祸	晋江	南剑州通判	
宋	嘉定十三年（1220 年）庚辰科刘渭榜	董洪	晋江	南剑州通判	一甲第二名,榜眼
宋	嘉定十六年（1223 年）	董柄	闽县一作永福籍		
宋	绍定五年（1232 年）壬辰科徐元杰榜	董振	晋江		

续表

朝代	科　榜	姓　名	乡籍	最高职务	附　注
宋	淳祐十年(1250年)	董璜	琅岐海屿		
宋	咸淳四年(1268年)戊辰科	董巨川	安溪		特奏名进士
明	洪武二十一年(1388年)	董幼颖	漳州		
明	永乐十六年(1418年)	董和	琅岐下岐	贵州布政使	
明	明宪宗成化五年(1469年)	董安	漳州芗城		
明	弘治十五年(1502年)壬戌科康海榜	董灌	晋江	户部员外郎	
明	隆庆丁卯科(1567)	董志学	厦门		
明	万历二十六年(1598年)	董应举	闽县(现属连江县)	工部右侍郎	塘头人。《福建通志》作闽县人
明	万历四十六年戊午解元戴国章榜(1618年)	董文衡	厦门古坑		
明	崇祯四年(1631年)	董谦吉	琅岐下岐	字德受,户部主事	
明	崇祯十年(1637年)丁丑科刘同升榜	董飏先	惠安	泰州知府金事	
明	崇祯十五年(1642年)	董养河	琅岐下岐		以岁贡特赐
清	顺治十二年(1655)	董国栋	莆田		
清	康熙三十九年(1700年)庚辰科	董晋轰	晋江	御前侍卫	武进士
清	雍正八年(1730年)庚戌科周树榜	董行(董衡)	晋江	建德、定陶知县	
清	雍正壬子科(1732年)	董廷相	厦门下港		
清	乾隆三十一年(1766年)	董文驹	琅岐下岐		
清	嘉庆十四年(1809)年	董正芳	闽县		
清	道光十三年(1833)年	董平章	闽县		
清	光绪六年(1880)年	董敬安	侯官		
清	宣统庚戌贡生(1910年)	董能敬	长汀		恩进士

二、唐至清八闽董氏职官表

姓名	乡贯	最高职务	任职时间	附注
董玠		福州刺史兼都防御使	唐肃宗(758—760)乾元元年	
董俨		北宋泉州知州	淳化四年(993年)四月任,五月赴阙。	
董渊		长乐县知县	宋庆历间	
董汶		福州府节度使推官	宋嘉祐间任	
董威	建安	汀州府知州	宋元祐五年任	元祐五年,以朝请郎知。七年,转朝奉郎。
董迪		武平县知县	宋绍兴十二年	黄雷宣教郎。绍兴十二年满替。
董革		汀州府知州	宋绍兴二十三年任	绍兴二十三年十二月二十四日,以右朝请大夫知。二十六年正月六日满替。
董天民		汀州府军事推官	宋绍兴间任	迪功郎。绍兴九年十月十三日到任,绍兴十二年十一月三日满替。
董典几		莲城县知县	宋绍兴三年至绍定五年间	董典几(董兴几),从事郎
董璘		莲城县主簿	宋绍兴三年至绍定五年间	
董居安	松溪	顺昌县尹	宋隆兴年间	隆兴元年(1163年)进士
董鸿道	建州	古田县知县兼兵马监押	宋乾道间任	曾任永福县知县
董槐	定远	以宝章阁直学士知,兼安抚使。	宋景定二年(1261年)	绍圣中任福州府知州
董文昌		武平县知县	宋淳祐七年任	文林郎。淳熙七年七月到任,十年八月满替。
董鉴		汀州府军事判官	宋嘉定间任	儒林郎。嘉定五年正月十七日到任,七年五月十一日放罢。

续表

姓名	乡贯	最高职务	任职时间	附注
董 钺		福州府判官	宋熙宁间任	
董 烨	琅岐下岐	知县、湖南观察判官		
董文炳	槀城	福建左丞	元至元十三年(1276年)	见《福州名宦祠录》
董 彧		泉州知事	元至元间任	
董 政		连江县县尹	元至元末任	
董君选	鲤城	潮州县尹	元代	
董 祯		同知	元大德间任	元至顺到至元初(约1330—1335)任闽清县尹
董德谦		同知	至大间任	
董彦哲	槀城	福州府知府	明洪武年间	
董彦明		古田县典史	明洪武间任	
董梦鲤	长乐	清流县训导	明洪武间任	
董良敬	松溪	侍御史	明洪武年间	洪武廿九年贡生
董仲贤		右参议	明永乐间任	
董 淳		鲤城知县	明永乐年间	
董 庸		连江县知县	明永乐间任	
董 岱	长乐	澧州同知。	明永乐间任	
董 和	琅岐下岐	贵州布政使	明永乐年间	永乐十六年(1418年)进士
董 仪	滁州	泉州同知	明宣德间任	祀名宦
董 瑢	永宁沙堤	肇庆同知	明宣德年间	宣德三年岁贡
董 信	永宁沙堤	龙泉主簿	明景泰年间	岁贡
董 秀	闽县	古田县训导	明景泰间任	
董 英	建宁	兴宁知县	明景泰年间	
董 敏	松溪	江南滁州州判	明成化年间	成化十八年贡生
董 复	绍兴	巡按	明成化间任	
董 良		福建都指挥使同知金事	明成化间任	
董 敬	常州	泉州推官	明正统间任。	进士
董应轸	麻城	福州府金事	明正统间任。	
董 许	平阳	罗源县训导	明景泰间任	
董用宾	连江	德平县丞	明景泰间任	

续表

姓名	乡贯	最高职务	任职时间	附注
董豫	会稽	福州府金事	明弘治年间	
董灌	石狮	户部员外郎	明弘治年间	弘治十五年(1502年)进士,史称其"诗文清古,字逼晋唐"
董永	直隶巨鹿	永定县太平司巡检	明弘治十六年任	
董益南	直隶	福州府训导	明弘治间任	
董琼	乌程	怀安县训导	明正德间任	
董王棘	连江	电白知县	明正德间任	字汝器
董昱	湖广黄冈	永定县教谕	明嘉靖二十年任	岁贡
董朝章	松溪	江浦县知县	明嘉靖年间	嘉靖年间贡生
董金	泰和	福州府同知	明嘉靖间任	
董文林	南海	连江县典史	明嘉靖间任	
董爵		罗源县教谕	明嘉靖间任	
董廷相	长乐	上高教谕	明嘉靖间任	
董其昌	华亭	福州府副使	明万历间任	
董季舒	建宁	丰城知县	明万历年间	
董子行	嵊县	侯官县知县	明万历间任	
董国正	宁国	福清县主簿	明万历间任	
董应举	闽县	授广州教授,南京国子博士,吏部主事、员外郎,工部、户部侍郎	明万历年间	董应举字崇相,明万历二十六年(1598年)进士
董廷钦	琅岐下岐	韶州知府、岳州通判	明万历年间	字仲恭,韶州府同知,有能声
董象恒	华亭	右参议	明天启七年任	
董自讲	山阳	福清县训导	明崇祯年间	
董谦吉	闽县	户部主事	明崇祯四年任	字德受
董飏先	晋江	广东按察副使	明崇祯年间	崇祯十年(1637年)进士,明鲁王赠以"风高五柳"匾

续表

姓名	乡贯	最高职务	任职时间	附注
董养河	琅岐下岐	户部员外郎	明崇祯年间	崇祯十五年（1642 年）以岁贡特赐
董镛	乐安	长汀县教谕	明代	
董缙		福州府指挥,四品	明代	
董瑄		福州府年久未袭指挥、千百户、镇抚	明代	
董宗道		闽学秀之子,镇江教授	明代	礼记
董宗成		宗道之弟,儒士中式	明代	礼记
董密	连江	葛阳训导	明代	字则几,易
董胄飞	永宁	藩前将军	明永历年间	武职。郑成功部将、从征复台
董凤舞		上杭县知县	清顺治六年任	
董惟		漳州知县	清顺治十三年	
董显忠	辽东中后所	右布政使	清顺治十六年任	
董应魁	辽东	按察使	清顺治、康熙间	
董振秀	山东	驿盐道　粮驿道	清顺治、康熙间	
董得胜		永定县驻防将官	清顺治、康熙间	
董廷宪	福州府	武陵知县	清顺治、康熙间	贡生,有惠声
董胄英	永宁	延平总兵	清康熙年间	武职
董晋羴	石狮	御前侍卫	清康熙年间	康熙庚辰科（1700 年）武进士
董宏		泉州通判	清康熙四年任	广宁笔帖式
董子英	辽阳	泉州守备	清康熙十五年任	
董印	汀州	上杭千总	清康熙十六年	出身营拔,浚河溉田
董允绎	鄞县	古田县知县	清康熙年间	举人
董治国	辽东	永福县知县	清康熙年间	
董国兴	奉天	巡抚	清康熙二十一年任	
董世琦		驿盐道　粮驿道	清康熙二十四年任	
董贞祚	辽阳	永福县知县	清康熙二十九年任	

续表

姓名	乡贯	最高职务	任职时间	附注
董延祚	辽阳正白旗	布政使	清康熙三十二年任	任按察使,后升布政使
董之弼	辽东正白旗	闽清县知县	清康熙三十二年任	监生
董鸿勋	大兴	福宁知州	清康熙三十九年(1700年)	监生
董永芰	正黄旗	按察使	清康熙五十年任	
董象纬	奉天镶黄旗	镇守福州等处将军	清康熙五十八年任	
董应龙	长乐金峰	浙江黄岩镇总兵	清康熙六十年(1722年)	董应龙字则康
董 方	同安	抚标右营游击	清康熙年间	
董文宗	临海	泉州城守营参将	清乾隆三年任	
董启祚		福宁知府	清乾隆十年(1745年)	监生,汉军正白旗人
董天柱	宝坻	福州府经历	清乾隆十三年任	吏员
董士馥	长泰	古田县教谕	清乾隆十八年任	举人
董 书		汉中府沔县知县	清乾隆年间	
董世衡	长汀	骑都尉	清乾隆年间	台湾中营中军府
董文驹	琅岐下岐	四会县知县	清乾隆年间	乾隆三十一年(1766年)进士
董世宁	汉军	兴泉永道	清乾隆四十一年	监生、署理
董得兴		泉州右营千总	清乾隆五十四年	由行伍
董圣琳	富平	汀州府经历	清雍正间任	
董正学	顺天大兴县	永定县太平司巡检	清雍正元年任	
董朝衡	奉天正蓝旗人	右翼副都统	清雍正七年任	
董庆申	华亭	永定县三层岭巡检	清道光三年兼署	
董 霈	会稽	永定县太平司巡检	清道光七年兼署	道光二年永定县典史
董思俸	长汀	南宁同知	清道光间	道光己亥科文举
董平章	闽县	秦州同知	清道光间	
董长潘	霞浦砚江	兴化右营都司	清道光间	
董长洲	霞浦砚江	督标右营守备、都司	清道光间	
董显忠		分守福宁道	清代	
董正官		霞浦知县	清代	

续表

姓名	乡贯	最高职务	任职时间	附注
董基升		霞浦知县	清代	
董贞祚		邵武知县	清代	
董文成		邵武知县	清代	
董启延		邵武知县	清代	
董仕岳	惠安	清流县教谕	清代	举人
董邦光	龙溪	清流县训导	清代	岁贡
董应学		清流县玉华驿驿丞	清代	
董圣林	富平	上杭县丞	清代	
董德峻	慈溪	上杭县典史	清代	
董 瑄	保宁府	汀州府检校	清代	
董大功	辽阳	汀州府城守副将	清代	
董刘钦	宁远	汀州府中营游击	清代	武举
董志愈				以孙衡贵,貤赠文林郎、建德县知县
董明保				以子衡贵,赠文林郎、建德县知县
董子芳		官训导		由德化学
董仕卿		官训导		由德化学

第三节　八闽董氏近现代名人

一、民国时期国民政府副县(处)级以上职务董氏人员

1. 国民政府副县(处)级以上职务八闽董氏人员名表

姓 名	曾用名	性别	生卒年月	原 籍	任职时间	曾任职务
董之亮		男			民国1年至民国2年	西路观察使
董作桂		男		鼓山镇远西	民国	国民革命军公英舰舰长
董荣光		男		河北宛平	民国4年7月至民国5年10月	鲤城县长

续表

姓　名	曾用名	性别	生卒年月	原　籍	任职时间	曾任职务
董书田		男		汀州	民国十二年任,仅任三天	上杭知事
董成汉	董乃耕	男	1884 年	长汀		宁化县知事
董成器		男		长汀		台湾中国农民银行会计处主任
董成侃		男		长汀		台湾省林务局督察、局长

2. 国民政府将领及高级军官中八闽董氏人员名表

姓名	曾用名	籍贯	军衔	授衔时间
董　芳		福州	少将	1946 年 7 月 31 日
董继昌	董绍光	长汀新桥叶屋	陆军一级少将	
董以勃	董蓬琳	长汀新桥叶屋	空军上校	
董以煌		长汀新桥叶屋	空军营长	
董以纲	董建山	长汀新桥叶屋	高雄上校警督	
董成炘	董　洋	长汀新桥叶屋	高雄上校	
董惟劭		长汀新桥叶屋	台湾一级少将	
董龙泉		金门古岗	国防部陆军花东防卫司令部参谋长	

二、土地革命时期县苏维埃政府主席以上人员名表

姓　名	籍　贯	职　务	任职年月	附　注
董成南	连城城关	连城县苏维埃政府主席	1930 年 4 月—1931 年 4 月	1931 年 4 月 22 日牺牲（有传）
董云阁	永宁后山	中共厦门中心市委常委、组织部长	1932 年 2 月	1932 年 10 月牺牲（有传）
董长铃	霞浦柏洋	霞鼎县苏政府主席	1934 月 6 日—10 月	牺牲（有传）
董生有	松溪县	中共地下党松溪县委书记（解放前,中共地方组织）	1941 年 2 月任	牺牲（有传）

三、中华人民共和国成立后曾任副县(处)级以上职务人员名表

姓　名	性别	生卒年月	原　籍	毕业院校(或文化程度)	任职时间	曾任职务	附注
董落重	男		亭江亭头			中共山东省淄博市科委党委书记	
董承耕	男	1937年10月—	马尾上岐	上海复旦大学	1990年10月	福建省社会科学院副院长(厅级)	
董承宽	男		琅岐下岐			山东省烟台市开发区主任	
董是栋	男		琅岐下岐			解放军空军石家庄医院院长	
董承建	男					罗源县副县长	
董承宽	男		琅琦	厦门大学经济系		山东省烟台市政协副主席,副厅级	
董须强	男		琅琦	北京农业机械化工学院		中国农业工程设计院院长	
董须光	男		琅琦			漳浦县委组织部部长	
董须瑜	男		琅琦			国家海洋环境监测中心党委会书记(司局级)	
董须棋	男		琅琦	中国人民解放车测绘学院		福建省林业勘察设计院院长	
董须贵	男		琅琦			福州市人民检察院反贪污贿赂局副局长	
董美华	女		琅琦	中国公安大学		三明市公安局治安处处长	
董存灶	男		琅琦	同济大学		福州市建设委员会副主任(正处级)	
董奥林	男				1950年7月—1952年6月	宁德地区常委	
董德兴	男	1917年—1983年	福鼎县点头大坪七斗冈		1957年10月	福鼎县人民委员会县长	

续表

姓　名	性别	生卒年月	原　籍	毕业院校(或文化程度)	任职时间	曾任职务	附注
董楚阳	男				1953年(已离休)	云霄县政协副主席	
董国儒	男				1976年10月—1978年3月	中共漳州市委书记	
董其南	男		鲤城北峰		1976年10月—1977年12月	鲤城区(县、市)长	
董依水	男	1931年—1989年	琯头塘头			厦门市工程机械厂党委副书记	
董仕雄	男	1936年2月—	松城俊星		1986年12月—	中共宁德地委党校副校长	
董文灿	男	1940年	城东镇金屿村			上海市虹口区教育学院副院长	中学高级教师
董启清	男	1943年—	琯头塘头			福建省民政厅厅长	
董高斌	男	1943年9月	长乐金峰			广东省煤炭工业总公司副总经理	
董东堡	男	1942年—1994年	长乐县文岭乡前董村		1991年1月	福鼎县人大常委会主任	
董秋英	女	1943年12月—	琯头塘头	湖南长沙民政学院		福建省工商银行信贷处处长	高级经济师
董志煌	男	1949年2月—	琯头秦川			中福驻香港副总经理	高级经济师
董可健	男		连江东岱			省农村银行企业处处长	
董可铿	男		连江东岱	中国人民大学			
董帝伟	男	1953年	北峰镇拒洪村			福建省农业厅信息中心主任	中国水仙花雕刻艺术师
董志民	男	1954年	北峰镇拒洪村			武警三明市支队后勤处处长	

续表

姓名	性别	生卒年月	原籍	毕业院校（或文化程度）	任职时间	曾任职务	附注
董建华	男	1954年	安溪湖头产贤	函授本科		中国人民银行泉州支行纪检书记	
董振华	男	1954年	安溪湖头产贤	厦大研究生		中国人民建设银行福建炼油厂专业支行副行长	
董建益	男	1959年11月—	溪南下砚		1993年11月—	海军湛江基地财务处副处长	
董振强	男	1960年	安溪湖头产贤	南京经济学院		厦门农行资金组织处处长	
董振力	男	1962年	安溪湖头产贤	集美师院		集美大学师范学院党委书记、中共厦门市翔安区委常委	
董振雄	男	1963年	安溪湖头产贤	中央党校		中国光大银行福州支行副总经理、省招商银行行长	
董金吉	男	1969年	安溪湖头产贤	中国警官大学		厦门交警支队文管处处长	
董美斌	男	1957年2月5日	福州鼓山镇远西村	福州大学硕士	2005年	顺昌县人民政府副县长、德化陶瓷职业技术学院副院长（正处）	
董国生	男		福州鼓山镇远西村			南昌武警部队中校	
董煜	男	1973年9月	福州鼓山镇远西村	福州大学硕士	2010年12月—	福建省公安厅信息科技通讯处副处长	公安部第一位美国CCIE论证通过者
董良仕	男		荆溪镇浦前			省统战部对外联络处处长	
董仕府	男					省经贸委副处级	
董年维	男		山西榆社			中共南平、建阳地委委员	
董殿亭	男				2002年	永安市人大常委会副主任	
董建洲	男				2002年—2010年	中共福建省纪律检查委员会委员	

续表

姓　名	性别	生卒年月	原　籍	毕业院校(或文化程度)	任职时间	曾任职务	附注
董清芳	男		松溪		2002年—2011年	松溪县人民政府副县长、中共松溪县委员会副书记、	
董建光	男	1952年12月—	溪南下砚		1991年—	福建省纺织品公司总经理	
董志炎	男		罗源潮格		2003年—2010年	中信实业银行福州分行行长	
董志宏	男				2003年	省邮政公司副总经理	
董乐夫	男				2005年	永安市人大常委会主任	
董文伦	男					长汀县纪委副书记	
董志干	男				2004年	罗源县人民政府副县长	
董敬用	男					晋安区政协副主席	
董建文	男				2004年—2006年	寿宁县人民政府副县长	
董香妹	女	1953年	长汀		2003年—2008年	宁化县政协副主席	
董成南	男		长汀			武平、漳平人民法院院长	
董以文	男		长汀			沙县县委常务委员兼公安局长	
董福星	男	1934年5月8日	仙游钟山朗桥新厝	省直机关业余大学		省公路局副局长(正处级)	
董庆堂	男	1937年8月15日	仙游钟山朗桥上尾下厝	厦门大学生物系		中国科学院华东分院福建海洋研究所工作(处长)	
董天石	男	1931年	仙游钟山朗桥上尾下厝		2006年9月	国家一级美术书法师	
董瑞桂	男	1935年10月				国家一级美术师	
董国太	男					省民间管理局投标处处长	

四、八闽董氏烈士英名表

姓 名	性别	生卒年月	籍 贯	入伍时间	职 务	牺牲时间、地点
董沾焕	男	1898 年	南靖梅林磜头	1933 年	马并声领导的游击队队员	1935 年,因叛徒出卖,被国民党军队捕到永定南溪杀害
董锦生	男	1912 年 10 月	建宁县溪口公社枫源大队中枫源	1933 年 3 月	红军战士	1934 年 5 月,随红军出发后失踪。1982 年 6 月,追认烈士
董海标	男	1899 年 3 月	建宁县溪口公社艾阳大队董家村	1931 年 6 月	赤卫队队长	1934 年 5 月,给红军带路,后失踪。1957 年 7 月 16 日,追认为烈士
董云阁	男	1908 年 5 月	永宁后山		共青团福建省委书记,中共厦门中心市委常委和组织部长	1932 年 5 月 23 日,在厦门被捕。10 月 23 日,被杀害于厦门禾山海军司令部(有传)
董乌三			松溪县			明代嘉靖四十一年(1562)抗倭牺牲
董哲松	男	1910 年	松溪县郑墩乡洋墩村	1938 年	游击队地下工作人员	1944 年 11 月,浦城县监狱
董生有	男	1915 年	郑墩乡黄沙村	1937 年	中共松溪县委书记	1945 年,浦城县
董惠林	男	1918 年	松溪县渭田乡木丘村	1937 年	红军战士	
董理寿	男	1926 年	郑墩乡凤屯村	1942 年 3 月	游击队战士	1943 年 12 月,松溪县监狱
董友信	男	1919 年	浦城		中国人民解放军战士	1946 年,中原战役
董文智	男		钟山镇朗桥村	1949 年 3 月	小学校长	1950 年 3 月 3 日,被匪徒枪杀
董家仝	男		琅岐红旗	1952 年	9179 部队十四支队班长	1954 年牺牲
董申琪	男	1961 年—1973 年 8 月	琅岐红旗		陕西铁道	施工牺牲

续表

姓　名	性别	生卒年月	籍　贯	入伍时间	职　务	牺牲时间、地点
董利秋	男	1939 年 5 月	金　峰		6670 部队榴炮营汽车驾驶员	1963 年 7 月
董茂灿	男	1947 年 12 月	沙县郑湖	1964 年	省军区独立一师三团警卫员	1967 年 9 月，在诏安县城关因公牺牲
董彬俤	男		连江县东岱关头		红军连江独立营班长	1934 年 10 月，在马鼻作战牺牲
董潮嫩	男		连江县筱埕官坞		官坞乡肃反队队员	1933 年 9 月，在定海作战牺牲
董阿标	男					甲申中法马江海战殉难烈士
董连升	男					甲申中法马江海战殉难烈士
董右福	男				第五十八师三四八团六连二等兵	在江西高安阵亡
董阿献	男		福鼎市秦屿镇			
董群禄	男		福鼎市沙埕镇			
董廷矢	男		福鼎市管阳镇			
董邦雷	男		福鼎市管阳镇			
董兆老	男		福鼎市管阳镇			
董启夜	男		福鼎市管阳镇			
董启石	男		福鼎市管阳镇			
董常寅	男		福鼎市贯岭镇			
董常说	男		福鼎市贯岭镇			
董阿进	男		柘荣县双城镇			
董三			福鼎市前岐镇			
董义珍			福鼎市前岐镇			
董光区	男		福鼎市			
董右福	男		霞浦县			

续表

姓　名	性别	生卒年月	籍　贯	入伍时间	职　务	牺牲时间、地点
董阿古		1881年—1934年	泰顺洲岭乡瑞岭村	1932年2月	中国工农红军闽东独立师	1934年4月,牺牲于宁德福同村
董潘各	男	—1934年	泰顺洲岭乡瑞岭村	1932年11月	中国工农红军闽东独立师二团十六连班长	1934年4月,牺牲于福安白路洋
董阿孙	男	1913年—1935年	泰顺洲岭乡瑞岭村	1932年11月	中国工农红军闽东独立师	1935年4月,牺牲于宁德天凤殿村
董玉尾	男	1903年—1936年	泰顺龟湖镇叶岭村	1935年7月	泰南区肃反队	1936年9月,牺牲于柘荣
董树建	男	1918年—1936年	仕阳镇董源村	1934年7月	中共霞鼎泰中心区委交通员	1936年10月,牺牲于霞浦
董宏询	男	1911年—1937年	罗阳镇袁家地村	1934年	闽东游击队	1937年3月,牺牲于霞浦
董文禄	男		漳州市籍			
董文凯	男		桐山镇			
董方林	男		宁化县			
董观音寿	男		宁化县			
董荣生	男		宁化县			
董元熹	男		宁化县			
董茂灿	男		沙县			
董海标	男		建宁县溪口乡艾阳村	1931年6月	工农赤卫队队长	1934年5月牺牲,1957年7月16日人民政府追认烈士
董锦生	男		建宁县溪口乡艾阳村	1933年3月	工农红军第一军团	1934年5月牺牲,1982年6月16日人民政府追认烈士
董发有	男		大同乡新庄村			
董发章	男		大同乡新庄村			
董以时	男		新桥乡石人村			
董成忠	男		新桥乡叶屋村			

续表

姓 名	性别	生卒年月	籍 贯	入伍时间	职 务	牺牲时间、地点
董能各			新桥乡叶屋村			
董以生			新桥乡叶屋村			
董兆级			新桥乡叶屋村			
董成美			新桥乡叶屋村			
董能鼎			新桥乡叶屋村			
董以忠			新桥乡叶屋村			
董成瑶			新桥乡叶屋村			
董为俭			新桥乡叶屋村			
董以宁			新桥乡叶屋村			
董成敏			新桥乡鸳鸯村			
董成华			新桥乡鸳鸯村			
董以芹			新桥乡鸳鸯村			
董日旺			新桥乡鸳鸯村			
董成根			新桥乡鸳鸯村			
董成太			新桥乡鸳鸯村			
董以花			新桥乡新桥村			
董为平			新桥乡新桥村			
董冬哩			馆前镇汀东村			
董天飞			童坊乡大埔村			
董相钦			武夷山岚谷乡			
董昌柏		1902 年	玉宝	1929 年	岩永区苏维埃政府主席	1931 年被杀害
董金海		1912 年	玉宝	1929 年	岩山乡赤卫队队长党员	1932 年，在岩山芹园被杀害
董光义		1900 年	玉宝	1929 年	岩永区苏维埃政府副主席	1932 年，在岩山芹园被杀害
董永钟		1907 年	玉宝	1930 年	红军第五军团战士	1932 年，在江西宜黄县战斗牺牲

续表

姓　名	性别	生卒年月	籍　贯	入伍时间	职　务	牺牲时间、地点
董盂来		1910 年	玉宝	1931 年	红军第五军团战士	1932 年，在广东南雄战斗后无音讯
董永祥		1912 年	玉宝	1932 年	玉宝赤卫队队员	1932 年被杀害
董荣溪		1905 年	玉宝	1930 年	玉宝赤卫队队员	1932 年被杀害
董盂禄		1906 年	玉宝	1931 年	岩山乡赤卫队队员	1933 年，在后北门被杀害
董烈山		1888 年	玉宝	1929 年	龙岩县游击队侦察员	1933 年，在城区被杀害
董永树		1909 年	玉宝	1930 年	红军十二军战士	1934 年，在长汀战斗牺牲
董奕彬		1902 年	云坪	1929 年	云坪村苏维埃政府主席	1929 年，在雁石被杀害
董朴辉		1907 年	云坪	1929 年	红军十二军战士	1932 年，在龙门战斗牺牲
董仁森		1907 年	谢家邦	1929 年	红军十二军战士	1931 年，被误为"社会民主党"，在小池遇害
董启全		1902 年	谢家邦	1929 年	红军十二军战士党员	1931 年，被误为"社会民主党"，在小池遇害
董科龙		1908 年	谢家邦	1929 年	红八团战士	1933 年，在上杭战斗牺牲
董景福		1903 年	谢家邦	1929 年	岭家乡地下工作人员	1931 年被杀害
董二姑		1986 年	陈罗	1939 年	革命接头户	1945 年，在岩城后北门被活埋

注:以上各表中的人物均为各支系宗亲提供。

五、其他

姓名	性别	出生年月	籍贯(住地)	国　别	专　业	年份	获博士大学院校名称	曾任职务
董丰	男		城厢	美国	医学	1987 年	美国纽约爱因斯坦医学院	
董振超	男	1964 年 1 月	湖头镇产塅村	1992 年赴美国依阿华州立大学攻读博士后		1984 年毕业于成都科技大学,1986 年获厦门大学化学硕士学位,1990 年获中国科学院化学博士学位	中国科学院福建物构所	日本科技厅金属材料技术研究所主任研究员、博士生导师
董勇	男	1965 年 12 月 25 日	长乐后董				美国南卡州州立大学博士学位	
董守斌	女	1967 年 7 月	霞浦松城俊星		无线电电子学	1994 年 11 月	中国科学技术大学无线电电子学	广州华南理工大学
董成政	男	1968 年 3 月	长汀			2000 年,日本东京早稻田大学法学博士		华东政法大学
董继扬	男	1974 年 1 月	产贤				厦门大学(授博士),西安电子科大(博士后)	厦门大学信息技术,副教授
董玉鹏	男		仙游钟山鸣和下上尾				世界中医药科技学院授于科学院博士	

续表

姓名	性别	出生年月	籍贯（住地）	国 别	专 业	年份	获博士大学院校名称	曾任职务
董书章	男	1962年2月	尤溪					
董智颖	男	1980年10月	尤溪				华东师大	
董姜蕴	女	1975年	福州古山镇远洋村		外国教育史		福建师范大学	

八闽硕士名表

姓名	性别	出生年月	籍贯	工作单位	学位授予单位	学位授予时间
董 宇	男	1959年11月14日	长乐后董	淮南矿院	安徽矿院	
董守玲	女	1962年5月—	松城俊星	省科技进修学院	中国科技大学	1988年
董益彪	男	1980年8月3日	龙岩市雁石镇云坪村	浙江省商业集团	浙江省大学国际金融专业	2008年
董铁生	男	1981年12月	龙岩市雁石镇云坪村	福建省农科院植保所	福建农林大学	2007年7月
董舒展	男		连江东岱	留学德英硕士		
董学翔	男		连江东岱	澳卧龙岗大学商学院硕士		
董 煜	男	1973年9月26日	福州鼓山镇远西村	福建省公安厅科技通讯处	福州大学	2008年7月
董美斌	男	1957年2月5日	福州鼓山镇远西村	德化陶瓷职业技术学院	福州大学	1988年7月
董 榕	男		福州鼓山镇远西村	福州大学	福州大学	
董玉洪	男	1955年12月	仙游县钟山鸣和村下土尾	厦门大学台湾研究所	厦门大学	
董继定	男	1966年8月	尤溪		福州大学	
董昔芳	女	1979年9月	尤溪		厦门大学	

续表

姓名	性别	出生年月	籍贯	工作单位	学位授予单位	学位授予时间
董继炳	男	1984年9月	尤溪		北京航天航空	
刘丽	女	1971年3月	尤溪		华东师大	
董晨玲	女	1968年12月	尤溪		中国林科院	
董斌斌	女	1987年2月	尤溪		武汉华中科技	

八闽教授、副教授及高级职称名表

姓名	性别	出生年月	籍贯	最后毕业学校	工作单位	职称	备注
董可英	女		琅琦		将乐县医院	主任医师	
董须恩	男		琅琦	福州大学	福建医科大学物理教研室主任	副教授	
董承耕	男	1937年3月	马尾上岐	上海复旦大学	福建省社会科学院	研究员	
董行同	男		马尾上岐		山东省枣庄市民主党派主委	教授	
董须瑜	男		马尾上岐		大连市科技研究所	高级工程师	
董光	男	1921年	福清市		东北工学院	教授	
董义允	男	1928年12月	罗源凤山镇		洛阳市铜加工厂	高级会计师	
董玉惠	女	1938年10月	罗源凤山镇		武汉测绘科技大学	副教授	
董发开	男	1943年1月	福州鼓山镇远西村	北京地质学院	福州大学	教授	
董美斌	男		福州鼓山镇远西村	福州大学	福州大学	副教授	
董正雄	男	1946年4月	福州鼓山镇远西村	厦门大学	福州大学	副教授	

续表

姓名	性别	出生年月	籍 贯	最后毕业学校	工作单位	职 称	备 注
董 煜	男	1973年9月	福州鼓山镇远西村	福州大学	福建省公安厅科技通讯处	高级工程师	公安部第一位通过美国网络专家(CCTE)论证
董 梅	女	1957年	福州仓山区后坂杨村			教授（博导）	
董敬知	男		福州		福建省马尾造船厂	高级工程师	
董行通	男		台江区		福州日用化工厂	高级工程师	
董颖凯	男	1936年4月	福州	福建师院数学系	闽侯一中	中学高级教师	
董箕龙			连江东岱	江西医学院	九四医院主任军医	主任军医	
董箕平	男		连江东岱		南京大学地质系	教授	
董可瑞	男	1939年—	连江东岱		无锡无线电变压器厂	高级工程师	
董邦兴	男	1937年12月—	连江琯头塘头		陕西省地矿局	高级工程师	
董伯昀	男	1937年4月—	连江琯头塘头		江苏省陶瓷研究所	高级工程师	
董家垒	男	1945年—	连江琯头塘头		建阳一中教导主任	高级教师	
董克安	男				省商业干部学校	高级讲师	
董遵书	男	1933年11月—	连江		连江县皮防院	副主任医师	
董月容	女	1929年	长乐后董	福建农学院	福建农学院	副教授	
董其清	男	1930年11月	长乐后董	福建农学院	福建农学院教授	教授	
董 宇	男	1959年11月14日	长乐后董	安徽矿院	淮南矿院	副教授	

续表

姓名	性别	出生年月	籍　贯	最后毕业学校	工作单位	职　称	备　注
董玉惠	女		长乐		武汉测绘科技大学	教授	
董孔藩	男	1944年4月	长乐金峰		南平市第一技工学校	高级讲师	
董松林	男	1936年	莆田	福建农学院牧医系	莆田市教师进修学院	中学高级教师	
董文珍	女	1937年	莆田	福建中医学院	福建省妇幼卫生学校	高级讲师	
董秋泉	男	1934年10月	仙游	1959年西北工业大学	西安西北工业大学	副教授	
董文忠	男	1935年	仙游钟山		郑州纺织工学院	教授	
董兆驹	男	1936年	仙游钟山		福州财经干部学校	教授	
董金荣	男	1957年	仙游钟山		福建设计院	研究员	
董金栋	男		仙游		上海师范学院	副教授	
董黎明	男	1938年	北峰拒洪村		上海体育学院	副教授	
董佩玉	女		涵江区白塘镇		辽宁省葫芦岛南票矿务局职工总医院	副主任医师	
董淑兰	女		涵江区涵西街道延宁居委会		福州市教育委员会	中学高级教师	
董兴仁	男	1941年5月—	长汀	上海复旦大学生物系	中国科学院古脊椎动物与古人类研究所	副研究员	
董成政	男	1963年3月1日	长汀	日本东京早稻田大学	华东政法大学	教授	
董建文	男	1968年	长汀	福建农林大学	福建农林大学	副教授	
董崇全	男	1948年	长汀	龙岩师专	长汀师范	高级讲师	
董暾	男	1960年	长汀	福建农大	龙岩农校教务处主任	高级讲师	
董以键	男	1935年	长汀	安徽医科大学	安徽省立医院	教授	
董惟誉	男	1935年	长汀	福建医科大学	福建省立医院	教授	

续表

姓名	性别	出生年月	籍　贯	最后毕业学校	工作单位	职　称	备　注
董成葵	男	1928年12月—	长汀		长汀一中化学教研组长、工会副主席、省化学研究会第三届理事	中学高级教师	参加地区、县化学科教材编写，在省内有关杂志上发表过学术文章
董惟誉	男	1935年11月—	长汀		福建核医学会副主任、福建医学院核医学教研组副主任	主任医师	科研成果多次获部、省奖。发表论文80余篇，出版专著五部
董以键	男	1936年11月—	长汀		安徽省立医院CT室主任、安徽省立体定向神经外科研究所副所长	副主任医师	科研成果获全国奖、省奖各一项，合著专业书籍三部
董风林	男	1930年	福建建阳		光泽一中	中学高级教师	
董步云	男	1931年2月—	永定县高陂	福建师范学院	高陂中学	中学高级教师	
董群基	男	1933年1月	永宁沙堤		石狮二中	中学高级教师	
董群冶	男	1935年	永宁后山		福州大学电工研究所	高级工程师	
董光炳	男	1935年5月	永宁下营		上海铁路局福州勘测设计院	高级工程师	
董伦彬	男	1938年	永宁后山		湖南农学院	高级工程师	

续表

姓名	性别	出生年月	籍　贯	最后毕业学校	工作单位	职　称	备　注
董文谦	男	1934 年	鲤中清正街		冶金部第二地质局地质矿产研究所	高级工程师	
董亦明	男	1939 年 7 月			厦门市中医医院	主任医师	
董淑奎	女	1938 年 1 月	松溪	福建林学院林业专业	县林业科技中心负责人	高级工程师	
董胜厚	男	1941 年	湖头产墘	福建师范学院	慈山学校校长	中学高级教师	
董奢	男	1934 年	湖头产墘	厦门大学	厦门大学数学系	副教授	
董点才	男	1951 年 8 月			建宁一中	中学高级教师	
董炳文	男		连城	北京林学院	牡丹江市园林处总工程师	高级工程师	
董子蓉	女		连城	福建师范大学	闽西职业技术学院成教学院副院长	副教授	
董书贵	男		连城	厦门大学	闽西电视台书记	高级工程师	
董炎星	男	1963 年 12 月	连城	厦门大学	连城县国家税务局	注册税务师	
董书钧	男		连城	福建医科大学	连城县医院副院长	副主任医师	
董桂娥	女		连城	福州大学	连城一中	中学高级教师	
董承恭	男		东山县		东山二中	中学高级教师	
董庆星	男		南靖县		南靖三中	中学高级教师	
董玉明	男	1943 年 7 月	融城		福建省司法厅法制报	主任记者	
董德华	男	1936 年 9 月	河南洛阳白马寺镇栏沟村		福清医院	副主任技师	

省级以上劳动模范、先进工作者人名表

姓名	性别	籍贯	生卒年月	工作单位	荣誉称号	授予单位	时间
董清良	男	漳州		云霄县一中	福建省先进工作者	福建省委、省人委	1960年
董木汉	男	南平		松政县第一中学教员	福建省教育、文化、卫生、体育、新闻方面先进生产者		1960年
董仲煜	男	琯头塘头		琯头塘头大队	省先进生产者	福建省委、省人委	1963年
董高斌	男	长乐后董		后董大队大队长	省先进生产者	福建省委、省人委	1963年
董肇基	男			福州市中级人民法院档案员	全国司法系统先进工作者称号		1959年
董福群	女	连城	1941年8月—	连城县供销社营业员	省劳动模范	省人民政府	1982年10月
董来发	男	邵武		邵武市电厂	全国工会工作积极分子	全国工会	1983年
董东堡	男	长乐		福鼎县县长	省计划生育先进工作者	省人民政府	1986年
董伯普	男	连江	1936年10月—	连江县农机局农机股股长	全国农机推广先进工作者	农业部	1990年
董春宝	男	长乐	1945年—	文岭茶厂厂长	省劳动模范	省人民政府	1991年
董赛红	女	福鼎		福鼎殡仪馆工人	全国"五一"劳动奖章 省劳动模范	全国总工会 省人民政府	1993年 1993年

华人和"三胞"知名人士名表

姓名	性别	生卒年月	籍贯	现任(曾任)职务
董其仁	男	1937年—	东岱	阿根廷福建同乡会会长
董天福	男		城东镇金屿村	基隆渔业公会董事长
董尚真	男		沙堤	菲律宾华侨商联总会副理事长
董家兴	男	1936年11月—	琯头塘头	美国琯头联谊会主席

各界知名人士表

姓名	性别	籍贯	出生年份	简介
董小狐	男	连江县琯头塘头	1926年7月	国家二级导演,闽剧名旦,曾任福州闽剧院红旗剧团艺术委员会主任,市剧协会副主席,省剧协会理事。参加市第十三届戏曲会演,获剧本奖、导演奖及艺术门类奖。

第七篇

艺文篇

第一章 董仲舒的《春秋繁露》

第一节 《春秋繁露》简介

西汉中期,战乱频仍的诸侯王国割据局面基本结束,生产得到恢复与发展,中央集权不断巩固与加强,出现了经济繁荣和政治大一统的局面。为了适应统一的中央集权的需要,董仲舒的神学唯心哲学思想应运而生。他的哲学思想主要反映在所著的《春秋繁露》中。

《春秋繁露》17卷,82篇。由于书中篇名和《汉书·艺文志》及本传所载不尽相同,后人疑其不尽出自董仲舒一人之手。《春秋繁露》当系后人辑录董仲舒遗文而成书,书名为辑录者所加,隋唐以后才有此书名出现。我国现存最早的《春秋繁露》版本,是南宋嘉定四年(1211年)江右计台刻本,现藏北京图书馆。注本很多,最详尽的是苏舆的《春秋繁露义证》。

董仲舒潜心钻研《公羊春秋》,学识渊博,时人称其为"汉代孔子"。《春秋繁露》也是一部推崇公羊学的著作。

《春秋繁露》宣扬"天人合一"、"天人感应"的神学目的论,认为天是有意志的,是宇宙万物的主宰,是至高无上的神。《繁露》把自然现象和社会现象进行神秘化的比附,认为天按照自己的形体制造了人,人是天的副本,人类的一切都是天的复制品。这就是"天人合一"的思想。天通过阴阳、五行之气的变化而体现其意志,主宰社会与自然。草木随着季节变化而生长凋零,都是天的仁德、刑杀的表现;社会中的尊卑贵贱制度,都是天"阳贵而阴贱"意志的体现。君、父、夫为阳,臣、子、妇为阴,所以君臣、父子、夫妇的关系就是主从关系。"天子"是代替天在人间实行统治的,君主之权是天授予的,并按天的意志来统治人民。这就是"君权神授"思想。《繁露》还用五行相生相胜的关系来附会社会人事,如将木生火,火生土,土生金,金生水,水生木比为父子;木居左,金居右,火居前,水居后,土居中央,比为父子之序,等等。这样就把古代朴素唯物主义的概念——阴阳和五行变成了体现天的意志和目的,神化封建制度的工具。

《繁露》还大力宣扬"天人感应"说,认为"天"不但为人世安排了正常秩序,还密切注视人间的活动,监督正常秩序的实现。如果人间违背了封建道德即天的意志,君主有了过失而不省悟,天便会降下灾异警告,这就是所谓"谴告"说。

反之,如果君主治理天下太平,天就会出现符瑞。可见,封建统治者与天是相通、相感应的。如果能按照天的意志行事,维持正常的统治秩序,就可长治久安。

根据天人感应的神学目的论,《繁露》提出了先验主义的人性论、性三品说。董仲舒把人性分为三个品级,圣人之性,中民之性,斗筲之性。圣人之性为纯粹的仁和善,圣人不用教化,是可以教化万民的。斗筲之性是只有贪和恶的广大劳动人民,这些人即使经过圣人的教化,

也不会成为性善者,对他们只能严加防范。中民之性具有善的素质,经过君主的教化,便可以达到善。这三个品级的人性,都是天所赋予的。

这一套性三品的人性论,是孔子"惟上智与下愚不移"(《论语·阳货》)人性论的发展。

《繁露》全面论证了"天不变道亦不变"的形而上学思想。

所谓"道",是根据天意建立起来的统治制度和方法。《繁露》用形而上学的观点加以分析判断,认为这个道是永恒的、绝对的。它说:"凡物必有合,合必有上,必有下;必有左,必有右;必有前,必有后;必有表,必有里;有美必有恶……此皆其合也。阴者阳之合,妻者夫之合,子者父之合,臣者君之合。物莫无合,而合各有阴阳。"(《基义》)

这里,它承认对立面的普遍存在,具有一些辩证法的因素。但它认为这些对立面之间的关系,主要是协调服从的关系,否定矛盾双方的斗争。虽然它承认矛盾的两个方面的性质、地位不同,但阳和阴双方,一主一从,一尊一卑的地位是永不可改变的,更不能转化。这是"天之常道"。然而历史的发展并非一成不变的,王朝更替时有发生,为了解释这一现象,董仲舒提出了"三统"、"三正"的历史发展观。我国农历的十一月、十二月、正月可以作为正月(岁首),每月初一日为朔日,朔日有从平旦(天刚亮的时刻)、鸡鸣、夜半为开头的三种算法。

每一个新王朝上台后,都要改变前一个王朝的正、朔时间,这叫改正朔。如果新王朝选择农历正月为岁首,则尚黑色;如选择十二月为岁首,则尚白;如选择十一月为岁首,则尚赤色。这就是所谓"正三统"。每个正朝都应按照自己的选择改换新的服色,这叫"易服色"。不管如何循环变化,维护封建统治的道和天一样,是永远不变的。"王者有改制之名,无改道之实"(《楚庄王》)。所以"三统"、"三正"也是董仲舒借天意之名宣扬"天不变道亦不变"的理论武器,目的是长期维护封建统治。

《春秋繁露》所反映的董仲舒的认识论,是建立在神学唯心主义哲学体系上的,是为天人感应的神学目的论服务的。人类、宇宙万物及其变化都是天意的安排,所以人的认识也就是对天意的认识,只要认真考察自然现象,或通过内心自省,就不难体会到天意。董仲舒认为"名"反映的不是事物,而是天意,它是由圣人发现的,并赋予事物以名,"事各顺于名,名各顺于天"(《深察名号》),即天的意志决定人的认识,人的认识决定万事万物,完全颠倒了名与实、主观与客观的关系,是一条唯心主义的认识路线。

《春秋繁露》大力宣扬"三纲"、"五常"的封建道德观,为封建等级制度和伦常关系的合法性制造舆论。早在春秋时期,孔子便提出了"君君、臣臣、父父、子子"(《论语·颜渊》)的思想,韩非发展了这一思想,并为"三纲"划出了一个明晰的轮廓:"臣事君,子事父,妻事夫,三者顺则天下治,三者逆则天下乱。此天下之常道也。"(《韩非子·忠孝》)董仲舒对此加以继承和神化,第一次提出:"王道之三纲,可求于天。"(《基义》)他说:"天为君而覆露之,地为臣而持载之,阳为夫而生之,阴为妇而助之,春为父而生之,夏为子而养之。"(《基义》)虽然尚未提出"君为臣纲,父为子纲,夫为妻纲"的正式条文,但其意思已很明确了。待西汉末成书的《礼纬》就把"三纲"的条文具体化了。三纲以君为臣纲为主,父为子纲、夫为妻纲是从属于君为臣纲的,最根本的是要维护君权统治。

董仲舒在答汉武帝的策问时曾提出"仁义礼智信"五常之道,在《春秋繁露》中又加以详尽论证,"仁者,爱人之名也。"(《仁义法》)"立义以明尊卑之分。"(《盟会要》)"礼者……序尊卑贵贱大小之位,而差内外、远近、新旧之级者也。"(《奉本》)"不智而辨慧狷给,则迷而乘良马也。"

（《必仁且智》）"竭愚写情，不饰其过，所以为信也。"（《天地之行》）

三纲五常的伦理观是汉王朝封建大一统政治的需要，也是中央专制集权制的反映，它在当时维护国家统一和封建制度方面，起过积极的作用。但随着整个地主阶级的历史地位日益向保守、反动转化，它便成了反对革命，麻痹和奴役劳动人民的精神枷锁。由于它高度集中地反映了整个地主阶级的根本利益，所以成了延续几千年的封建社会的道德伦理规范，在我国影响深远，危害极大。

《春秋繁露》以哲学上的神学蒙昧主义，政治上的封建专制主义为基础，提出了一套较为完备的思想体系。尽管以后各个王朝的哲学形态有所改变，但这一思想一直在我国封建社会中占统治地位。书中将自然现象与社会问题进行无类比附，得出自己需要的结论，具有很大的欺骗性，影响恶劣。

当然，学术界也有不同观点，这一观点认为，正是董仲舒的"神学蒙昧主义"在制约着皇权，在皇权具有绝对权威、社会又还没有出现可以与皇权抗衡的时代，恰恰是董仲舒的系统的天人感应论在制约着皇权，使皇上不敢为所欲为。正是这一思想文化的因素在维系和制衡着社会力量，这对家天下时代有效防止天子滥用权力起到了巨大的作用。董仲舒说，屈民而申君，屈君而申天（《玉杯》）。所以不能用现在的眼光来笑话古人的愚昧，其实在那个时代，他们看得比我们要深刻和长远得多。

第二节　《春秋繁露》节选

卷第十二

阴阳终始第四十八

天之道，终而复始，故北方者，天之所终始也，阴阳之所合别也。冬至之后，阴俛而西入，阳仰而东出，出入之处，常相反也；多少调和之适，常相顺也。有多而无溢，有少而无绝。春夏，阳多而阴少；秋冬，阳少而阴多。多少无常，未尝不分而相散也。以出入相损益，以多少相溉济也，多胜少者倍入，入者损一，而出者益二。天所起，一动而再倍，常乘反衡再登之势，以就同类，与之相报。故其气相侠，而以变化相输也。春秋之中，阴阳之气俱相并也，中春以生，中秋以杀。由此见之，天之所起，其气积；天之所废，其气随。故至春，少阳东出就木，与之俱生；至夏，太阳南出就火，与之俱煖。此非各就其类，而与之相起与！少阳就木，太阳就火，火木相称，各就其正。此非正其伦与！至于秋时，少阴兴，而不得以秋从金。从金而伤火功，虽不得以从金，亦以秋出于东方。俛其处而适其事，以成岁功。此非权与！阴之行，固常居虚，而不得居实。至于冬，而止空虚，太阳乃得北就其类，而与水起寒。是故天之道，有伦、有经、有权。

阴阳义第四十九

天地之常,一阴一阳,阳者,天之德也;阴者,天之刑也。跡阴阳终岁之行,以观天之所亲而任。成天之功,犹谓之空,空者之实也。故清溧之于岁也,若酸咸之于味也,仅有而已矣。圣人之治,亦从而然。天之少阴用于功,太阴用于空,人之少阴用于严,而太阴用于丧,丧亦空,空亦丧也。是故天之道以三时成生,以一时丧死,死之者,谓百物枯落也;丧之者,谓阴气悲哀也。天亦有喜怒之气、哀乐之心,与人相副,以类合之,天人一也。春,喜气也,故生;秋,怒气也,故杀;夏,乐气也,故养;冬,哀气也,故藏。四者,天人同有之,有其理而一用之,与天同者大治,与天异者大乱。故为人主之道,莫明于在身之与天同者而用之,使喜怒必当义而出,如寒暑之必当其时乃发也,使德之厚于刑也;如阳之多于阴也。是故天之行阴气也,少取以成秋,其馀以归之冬;圣人之行阴气也,少取以立严,其馀以归之丧。丧亦人之冬气。故人之太阴不用于刑而用于丧,天之太阴不用于物而用于空。空亦为丧,丧亦为空,其实一也,皆丧死亡之心也。

阴阳出入上下第五十

天道大数,相反之物也,不得俱出,阴阳是也。春出阳而入阴,秋出阴而入阳,夏右阳而左阴,冬右阴而左阳。阴出则阳入,阳出则阴入,阴右则阳左,阴左则阳右。是故春俱南,秋俱北,而不同道。夏交于前,冬交于后,而不同理,并行而不相乱,浇滑而各持分。此之谓天之意。而何以从事?天之道,初薄大冬,阴阳各从一方来,而移于后,阴由东方来西,阳由西方来东。至于中冬之月,相遇北方,合而为一,谓之曰至。别而相去,阴适右,阳适左。适左者,其道顺;适右者,其道逆。逆气左上,顺气右下,故下暖而上寒。以此见天之冬右阴而左阳也,上所右而下所左也。各月尽,而阴阳俱南还,阳南还,出于寅;阴南还,入于戌。此阴阳所始出地入地之见处也。至于中春之月,阳在正东,阴在正西,谓之春分。春分者,阴阳相半也,故昼夜均而寒暑平。阴日损而随阳,阳日益而槛,故为暖热,初得大夏之月,相遇南方,合而为一,谓之曰至。别而相去,阳适右,阴适左,适左由下,适右由上,上暑而下寒。以此见天之夏右阳而左阴也,上其所右,下其所左。夏月尽,而阴阳俱北还,阳北还而入于申,阴北还而出于辰。此阴阳所始出地入地之见处也。至于中秋之月,阳在正西,阴在正东,谓之秋分。秋分者,阴阳相半也,故昼夜均而寒暑平。阳日损而随阴,阴日益而槛,故至于季秋而始霜。至于孟冬而始寒,小雪而物咸成,大寒而物毕藏,天地之功终矣。

天道无二第五十一

天之常道,相反之物也,不得两起,故谓之一。一而不二者,天之行也。阴与阳,相反之物也,故或出或入,或右或左,春俱南,秋俱北,夏交于前,冬交于后,并行而不同路,交会而各代理,此其文与!天之道,有一出一入,一休一伏,其度一也,然而不同意。阳之出,常县于前,而任岁事;阴之出,常县于后,而守空虚。阳之休也,功已成于上,而伏于下;阴之伏也,不得近义,而远其处也。天之任阳不任阴,好德不好刑如是。故阳出而前,阴出而后,尊德而卑刑之心见矣。阳出而积于夏,任德以岁事也;阴出而积于冬,错刑于空处也;必以此察之。天无常于物,而一于时,时之所宜,而一为之。故开一、塞一、起一、废一,至毕时而止,终有复始于一。

一者,一也。是于天凡在阴位者,皆恶乱善。不得主名,天之道也。故常一而不灭,天之道。事无大小,物无难易,反天之道无成者。是以目不能二视,耳不能二听,手不能二事。一手画方,一手画圆,莫能成。人为小易之物,而终不能成,反天之不可行如是。是故古之人,物而书文,心止于一中者,谓之忠;持二中者,谓之患。患,人之中不一者也。不一者,故患之所由生也。是故君子贱二而贵一。人庸无善,善不一,故不足以立身;治庸无常,常不一,故不足以致功。《诗》云:"上帝临汝,无二尔心。"知天道者之言也!

暖燠常多第五十二

天之道,出阳为暖以生之,出阴为清以成之。是故非薰也,不能有育;非溧也,不能有熟。岁之精也。知心而不省薰与溧庸多者,用之必与天戾。与天戾,虽劳不成。是自正月至于十月,而天之功毕,计其间,阴与阳各居几何?薰与溧其日庸多?距物之初生,至其毕成,露与霜其下庸倍?故从中春至于秋,气温柔和调。及季秋九月,阴乃始多于阳,天于是时出溧下霜。出溧下霜,而天降物,固已皆成矣。故九月者,天之功大究于是月也。十月而悉毕,故案其跡,数其实,清溧之日少少耳!功已毕成之后,阴乃大出。天之成功也,少阴与而太阴不与,少阴在内,而太阴在外故霜加于物,而雪加于空。空者,宣地而已,不逮物也。功已毕成之后,物未复生之前,太阴之所当出也。虽曰阴,亦以太阳资化其位,而不知所受之。故圣王在上位,天覆地载,风令雨施。雨施者,布德均也;风令者,言令直也。《诗》云:"不识不知,顺帝之则。"言弗能知识,而效天之所为云尔。禹水汤旱,非常经也,适遭世气之变而阴阳失平。尧视民如子,民视尧如父母,《尚书》曰:"二十有八载,放勋乃殂落。百姓如丧考妣,四海之内阕密八音三年。"三年阳气厌于阴,阴气大兴,此禹所以有水名也。桀,天下之残贼也;汤,天下之盛德也。天下除残贼而得盛德大善者,再是重阳也。故汤有旱之名,皆适遭之变,非禹汤之过。毋以适遭之变,疑平生之常,则所守不失,则正道益明。

基义第五十三

凡物必有合,合必有上、必有下、必有左、必有右、必有前、必有后、必有表、必有里、有美必有恶,有顺必有逆,有喜必有怒,有寒必有暑,有昼必有夜,此皆其合也。阴者,阳之合;妻者,夫之合;子者,父之合;臣者,君之合。物莫无合,而合各相阴阳。阳兼于阴,阴兼于阳;夫兼于妻,妻兼于夫;父兼于子,子兼于父;君兼于臣,臣兼于君。君臣、父子、夫妇之义,皆取诸阴阳之道。君为阳,臣为阴;父为阳,子为阴;夫为阳,妻为阴;阴阳无所独行,其始也不得专起,其终也不得分功,有所兼之义。是故臣兼功于君,子兼功于父,妻兼功于夫,阴兼功于阳,地兼功于天。举而上者,抑而下也,有屏而左也,有引而右也,有亲而任也,有疏而远也,有欲日益也,有欲日损也。益其用而损其妨,有时损少而益多,有时损多而益少,少而不至绝,多而不至溢。阴阳二物,终岁各壹出。壹其出,远近同度而不同意,阳之出也,常县于前而任事;阴之出也,常县于后而守空处。此见天之亲阳而疏阴,任德而不任刑也。是故仁义制度之数,尽取之天。天为君而覆露之,地为臣而持载之,阳为夫而生之,阴为妇而助之,春为父而生之,夏为子而养之,秋为死而棺之,冬为痛而丧之。王道之三纲,可求于天。天出阳为暖以生之,地出阴为清以成之,不暖不生,不清不成。然而计其多少之分,则暖暑居百而清寒居一,德教之与刑罚犹此也。故圣人多其爱而少其严,厚其德而简其刑,以此配天。天之大数,必有十旬。旬天地之

数,十而毕反;旬生长之功,十而毕成;天之气徐,占寒占暑,故寒不冻,暑不暍,以其有馀徐来,不暴卒也。《易》曰:"履霜坚冰,盖言逊也。"然则上坚不踰等,果是天之所为弗作而成也。人之所为亦当弗作而极也,凡有兴者,稍稍上之,以逊顺往,使人心说而安之,无使人心恐,故曰:"君子以人治人,惟能愿。"此之谓也。圣人之道,同诸天地,荡诸四海,变易习俗。

第二章　八闽历代董氏著名艺文

第一节　八闽古代董氏著名艺文

一、《崇相集》

诗文集,明代董应举撰,共十八卷。

董应举,明代诗文作家,字崇相,闽县(今福建福州)人,生卒年不详。万历二十六年(1598年)进士,授广州府教授,升南京国子博士。历吏部郎中、南京大理寺丞、太常少卿、太仆卿等职,官终工部右侍郎。罢归家居,八十余岁卒。董应举为人正气浩然,慷慨任事。在初做广州府学教授之时,就敢于与朝廷钦差税监李凤争,保住府学旁边的土地。李凤的舍人在文庙前跑马,他把那舍人的马扣下。传说连鬼神都畏惧他,他在壮年之时,有一次去参加宴会,宴会上有一个客人会奇术,能使酒杯走到每位客人的面前,撞击他的酒杯。但是酒杯走到应举面前时,却突然停下,不敢撞击他的酒杯。那个会奇术的客人再三斥责,那酒杯反而退到其它酒案上不动了。这种正气体现在其诗文中"所为诸疏奏条议,以及叙赠酬答,一语之不本乎经济,公弗妄脱诸口也"。

董应举爱谈论边塞防务,曾向朝廷抗疏极论,但是仅报闻而已。辽阳陷没后,他邀朋友饮酒谈论此事,目张齿击,仿佛朔风猎猎射窗纸。这种情绪在他的诗作中有所反映。如《丙寅闻边报》:"出山已分沙场死,今日生还亦主恩。忽报辽阳飞骑近,白头垂泣向江门。"诗中忧国之情非常浓厚。他的诗还讽制官场丑态,如《杂作》:"小官事大官,曲意逢其喜。事亲能若此,岂不成孝子!"对于官场宦途中的阿谀奉承之辈做了辛辣无情的鞭挞。此外,他的诗多为友朋赠答之作,如《秋日寻孔雀庵通上人》:"林深不辨径,积叶翳寒泉。屋角留残日,秋阶重独眠。问师何所去,遥指隔江涧。夕磬无人发,林中闻暮蝉。"统览他的诗作,熔炼不足,艺术性较差。

《崇相集》除诗一卷以外,其余为疏议、表启序书、传记、碑铭及杂文。董应举身处于明末多事之秋,由于他热心国事,关心政治,他的较多诗文都与当时朝廷的内忧外患联系在一起。万历四十六年五月发生日食,这时清兵在努尔哈赤的率领下占领了辽东抚顺,并伺机问明王朝发起进攻。董应举便借日食上疏神宗皇帝,向朝廷提出目前威胁明朝江山社稷的祸患,要求朝廷及早准备,疏中说道:"目前至切之事,莫如夷房。建夷之祸,蓄谋已久,人皆知而不言。彼此相挨,惟以甘结勒碑了事,养成豺虎,使之搏噬。及至今日事变仓皇……无饷、无银、无兵,又无成算,熟视拱手斗口,以待时日,听胡夷之合交为婴城之危。"非常明确地指出日食是

强敌吞并中国的征兆,应该做好反入侵的准备,而不应当再对建州女真掉以轻心,以致贻养成患。

天启二年正月,西平之战,明军再次大败,兵民死伤极为惨重,将士们狼狈地逃回关内,董应举怀着感时悲世的沉重心情写下了《悲辽西》一诗:"破坏乾坤缮一隅,一隅今已沮皇图。只言关外长城在,独使西平战骨枯。炬火连驱泽雁惊,贼兵三日进城乌。"诗中对于明朝姑息夷祸以求安好,以至于酿成大祸表示了不满,指责了明廷倚仗长城关口之险,使士兵们在关外战死沙场,而自己却在关内苟且偷生。同时向明朝统治者指出,形势已极端危急,建夷已势如破竹,向我大明江山逼近。在写下这首诗的同时,董应举向朝廷上了《危急效计》一疏,详细分析指出,奴贼攻陷西平之后,必然进军广宁右屯。如果广宁一旦守不住,山海关就岌岌可危了。山海关一旦失陷,必然危及京城。而京城一旦失陷,天下就不堪设想了。救广宁就是守卫山海关,保守京城,就是保卫天下。

他在疏中还向明朝统治者提出八条建议:一、对于那些闻风丧胆,怯懦无能不顾国家危亡,托故迁移家庭,保全自己一家老小的官员,要严厉制裁,以儆效尤。二、号召文武百官及四方英雄豪杰出救广宁,镇守各处的关口要塞。那些罢官在家赋闲而有治兵率军之才能的人,朝廷也应破格起用。务必守住广宁。三、蓟东八十里的芦台是通往天津的咽喉要地,要令天津、蓟、辽速派一支军队来镇守此处,绝不能失去这个通向京城的关口。四、京城是天下的根本,五方走集,奸民所聚,人多混杂,责令五城察院兵马司严加盘查来京的行人,以绝奸弊,防止敌人混入京城做内应,并修缮城内营堡及各种防御器械,积极做好抗敌御侮的一切准备。五、打破向来以论策取武举的常规,选拔真正精通武艺的人才,以备不测之用。六、把外地仓库的粮食运到国家仓库,以防敌攻打京城时无粮。七、在这多难之际,皇上要以卧薪尝胆的精神,励精勤政。八、命令各级官员举贤荐能,推举守边的人才,以备提拔使用。召吕纯如、徐光启等人进京,充分发挥他们的才能。

此疏写成不久,努尔哈赤率军攻打明朝边境重镇广宁,首先攻克广宁前哨阵地西平堡。明军三万人迎战,被努尔哈赤军队击败,全军覆没。努尔哈赤率大军进入广宁,攻占明朝城堡四十个。广宁失守后,董应举又上了《保卫神京疏》,在疏中他指出:广宁既失,出海关就已经岌岌可危了。而京城的门户是通州,敌军必然会争夺通州,以此切断我们的咽喉要地。要守住京师,就要使通州之势与京师联络起来。因此,必须在通州沿河成对地建筑对敌台,对敌台上装备火器,选精兵强将在那里固守。如果敌兵到了,就用铳炮袭击;如果敌兵退了,就种田习武,开掘沟堑,种植榆柳,布下地网,使敌人的骑兵不能驰骋自如。在这前后,董应举还多次上疏朝廷,献计献策,如《请较演处所疏》、《乞招辽兵知会疏》、《报安插辽人支给成数疏》、《进辽册疏》,等等。收到在《崇相集》里的这类奏疏,不下数十,非常之多。董应举心系朝朝社稷存亡,谈及御敌之事的其它文章和诗作,在《崇相集》里也不少,如《赠俞克迈治兵蓟门序》、《沈将军歌》等。这类作品虽然艺术性不强,但由于其中蕴含了董应举对于国家社稷的关切之情,仍然很有价值。

在《崇相集》里,这类以议论抗击清军,保卫明王朝为主要内容的文章,在当时可能会对清人夺取明朝政权产生一定的阻力。但是在一百多年后的乾隆时代,已经没有什么作用。然而这些文章凡是提及清军之处,多用"虏"、"夷"、"夷虏"、"奴贼"、"建酋"、"胡夷"之类的蔑称,清朝统治者对此是绝不能容忍的。由于满洲人以少数民族入主中原,他们自然会禁用"夷"、

"虏"之类的鄙称,甚至"明"、"金"等字也在忌讳之列,用"明"字,怕唤起对于故国的情思;而用"金"字,又以为是暗指满州人先祖努尔哈赤所创造的后金政权。《崇相集》中这种有文字违碍的文章非常多,所以在乾隆年间才会被断然禁毁。另外,由于董应举作为明朝臣子,关心国事,他对于明清之战的态度,完全站在明朝一边。作者在论评中、在诗歌里,对明朝的战败,难免不无感慨唏嘘之语,从惋惜到悲悯。其忧国之情,至今犹跃然纸上,此必招来祸事,无怪乎军机处把《崇相集》列入禁毁书目。

现摘录《崇相集》部分内容如下:

重建青芝寺疏

按青芝寺,故在八仙岩北,因芝纪瑞,借寺标奇。烟云变幻,久成荒草之区。山岳还灵,再现旃檀之相。扫除幽谷,卜徙新林。石壁天门,绕出琅霄之上;瑶台洞府,移来法座之前。控复道以行空,划圆壶而腾景。龙拏虎蹲,岩礐踊而争雄;阴谿阳收,日月留而不去。自非天作,决无此奇;必仗德心,乃成厥胜。但使人随愿力,荷畚锸以如云;神膌天衷,相经营于不日。则十洲鳌极,戴仙圣以犹惭;三岛龙宫,托巨灵而永奠。行歌樵唱,无非证果之音;游屐书声,俱是登真之路。斯为妙境,岂曰福田。

东岱铳城记

连江通海之水一,东岱堡其咽喉也。进而幕浦,又进而邑城,必此焉入。往岁刘香内窥,邑人震恐欲溃。赖于公奋义出奇,开门挟矢迎敌。贼咋舌走退,而攻幕浦入之。遂捣东岱,弗克。忽而出,忽而入,凡三捣,竟弗克。于公曰:壮哉!此地若创铳城,扼其口,贼能飞渡耶?且可以固内地。遂上其议于两台,皆报可,并助之金。崇祯五年某月某日,肇基水中。选石压之,层累而上,高广坚厚,上下铳洞具列。费颇巨,半出于公办。公月一再视工,后属丞某坐督。乙亥某月某日告竣。邑人聚观赞叹,微公不能扼此险,微沈抚台、路按台悉侯保障苦心,不成此功。请予为记。予惟《易》之《坎》曰:"设险守固,险莫如水。"善守者守于贼所从入之地,则险厄而敌不能窥。海氛虽恶,岂能越以乘我乎?有险不设,而与敌争于堂奥之间,必无幸矣。尝与观察曹公持此议,安得人人如于公,如抚、按二公,尽行其说哉!故记之,使来者知功德之所始。

谢洞记

凡洞以石胜,处势高者尤奇,然未有斫云肤、刳石腹、横绝天际、侧窥日月如谢洞之奇者。

谢洞在武夷八曲三仰峰之南,阻深幽复,绝地千尺,峙齐云,翼天壶、鼓子诸峰。窍穴高下,倾侧穿受,猿猱所宫。一种茶者迹之,以告山人谢智,智曰:"是可施吾巧。"乃躐虚穷境,召工开凿。高下因势,构为洞三。而最上一圆洞,其规如月,牖明吐阴,景光吞射,广寒清虚,不在天上。予从八曲溪中望而异之,疑鬼物所为,殆壑船、机岩类耶!不然,何能凭空建立。或曰,此为谢山人洞。遂从舆夫纤折盘上,腾峻凌险,行于木杪,极西而抵其址。缘絙下视,鸟坠云委,惊顾诧跃,谓是仙游。于是宿其最上洞者四日,留而不能去,命曰"月窟",名其下曰"云巢"。

予谓谢智:"道以自然为宗,子之琢削乃及于岩谷!"智笑而应曰:"修道以仁。"予韪其言,

故记之。智年十二而孤,长斋至长,尝学元于叶道者,学医于黄生,学致良知于王龙溪、钱绪山,学禅于万云阳,最后学止修于李见罗。见罗名其洞为涵翠洞。吾家叔会曾修业于此,故知谢智为详。智号活水,人呼为活水洞。

上罗谷天竺寺

罗谷深深别有天,万株松里一灯悬。
不辞烟雨携筇入,且傍诸天半榻眠。

王晡山

何处来槎觅海雷,张崎岩畔两丸开。
不因海若驱潮至,那得骊珠弄水回。

上白云山般若庵

海天尽处云藏寺,般若东头日上天。
说有扶桑知远近,欲从夜半取虞渊。

游雪峰停舟大目溪

总因乡国别,更作雪峰游。
叠岭疑天尽,平林觉地幽。
龙池分凸水,象骨下南州。
却悔出山早,还为信宿留。

荷亭送客

每从送客得真游,镜里看山湖上楼。
雉堞影涵烟树动,水晶宫带岭云浮。
桑麻鸡犬村春午,车马旌旗驿路秋。
客去雨来人独啸,微微风色荡轻鸥。

董侍郎应举八首

西山来青轩对月

地白钟声寂,山秋夜色多。
倚栏成雪界,按户即天河。
野气沉平楚,池光转碧萝。
忽闻清籁发,凄绝独如何。

憩栖霞僧房

昔人卧亦游,吾今游亦卧。

适来眼底山，知从梦中过。

秋日寻孔雀庵辄上人

林深不辨径，积叶翳寒泉。

屋角留残日，秋阶童独眠。

问师何所去，遥指隔江烟。

夕磬无人发，林中闻暮蝉。

金山作

南条一线自峨岷，拆楚分吴划到天。

独有妙高台上月，不为南北隔风烟。

六十四初度作二首

五岁脱荒乱，中年荷治平。

何图六十四，天下遍征兵。

老不任干戈，厌说起胡尘。

为问宗汝霖，当时六十几？

送王户部督饷延绥（延绥，旧在绥德，控制河套为易。今在榆林，失险矣）

米珠桂草骆驼城，一线鱼河百万兵。

不信受降终隔虏，可能绥德更移旌。

黄沙漠漠笳声壮，朔气凄凄铁骑鸣。

谁继旧时崔少保，直将输挽作长缨。

丙寅闻边报

出山已办沙场骨，今日生还亦主恩。

忽报辽阳飞骑近，白头垂泣向江门。

良乡夜宿

古驿一灯深，萧萧车马临。

薄寒添暝色，入夜动乡心。

戒寝预愁梦，喜晴翻量阴。

首涂才此夕，忽漫话家林。

海游记①

侵晨穿松径,曲折行,观所谓承露盘者。水从两山间飞下,承以石如砥,流为之曼。湛彻沦涟,日光荡影布玻璃中,若贮而泻如盘。盘下峭峭巉岩,沦为深潭。叔会(董养河)导余行左右,缘滑崖下,佐以手,飞沫溅人如雪。两山墙立,草木蓊蔚。若缀以嗽玉之阁,砍山草,布灵牙,此地可仙矣!

出山游武夷三首

俯视云鸟低,仰见日月侧。石磬下青冥,千山飞翠色。

四日岩际眠,半生梦中境。却美深山人,不识深山静。

此山已三游,初如不相识。不是境难穷,匆匆无所得。

二、西曹秋思

《西曹秋思》为明末黄道周、叶廷秀、董养河三人唱和诗集,诗皆七律,分上平下韵三部分。每部分各三十首,共计九十首。该书初版于董养河逝世五年以后,约为清顺治四年左右,即为南明永历初年。

濮州叶廷秀　润山

镇海黄道周　石斋　同著

晋安董养河　汉桥

一东

润山：　　　　宁甘袖手不书空,流水深山静者同。
渐拓疏怀秋色里,微敲新句月明中。
傍檐片榻频惊雨,隔院双吹晚散风。
世事滔滔何处砥,请君百折看川东。

汉桥：　　　　浮云吹尽雁横空,影落长江笑我同。
再阅燠凉双阙下,骤惊宠辱一年中。
苍葭秋远承清露,仄柏峰孤试劲风。
惆怅无方辞缴弋,未须悔别旧墙东。

---

① 写琅岐天竺寺,留有碑刻保存至今。

石斋：　　　　虎谷蛟潭人影空，棕团攜得与谁同。

破车已顿荒山下，短棹仍投虐浪中。

出袖琪花齐化石，开帷蜡火各经风。

茅蓴握卜千金数，何处安流沧海东。

二冬

润山：　　　　远树夕阳阳抹浓，天南极目见云封。

忆蓴闷阻连朝雨，索米愁催落月钟。

乡国何年消战鼓，客途到处老秋容。

余生膝有归欤意，欲买荒山听古松。

汉桥：　　　　虽然云壑趣偏浓，踏马何关试蚁封。

漫絷南冠悲夜柝，还惊北阙误晨钟。

蛟龙浪阔魂频度，兕虎风凄道自容。

莫为陆沈相对泣，荒园犹有未凋松。

石斋：　　　　最不宜看云树浓，况当陈照又云封。

青天偶屑星榆泪，白日仍催子夜钟。

半壁寒灰围客梦，一壶漏屋稳身容。

惊心户外伦儿语，多少黄鹂失乱松。

三江

润山：　　　　更于离乱念家邦，客去林空鹤影双。

岂畏风霜催鬓落，已观寒暑定心降。

寻尝日半分邻火，遮莫帘垂对草窗。

挂壁苍苔闲不厌，暮凉犹倒酒三缸。

汉桥：　　　　曾筑黄金动帝邦，报燕书读泪痕双。

眼中骥足囚空老，天上旄头扫未降。

剥啄敲棋怜藓榻，错综诠易类芸窗。

清宵韵侣无赊酒，坐看秋花蘸碧缸。

石斋：　　　　雁集兔归各此邦，投罗乌屦肯双双。

未驯龙性知无赖，已坠文城可递降。

判作候人辞赤芾，悔从雕管谢蓬窗。

巢由屈贾同销处，一勺灯花倒暮缸。

四支

润山：　　　　闭户从知懒性宜，倦蝉唫老坠秋枝。

何人重幕尊开好，有客单襟睡起迟。

语默初难学古象，衣冠今已累明时。

新来作计惟寒俭，皎月撩窗动素思。

汉桥：

绋鹿冠猿两不宜，此身于世总骈枝。

偷闲本恃消名蛋，蒙难空怜学道迟。

竖鬼数经辞药后，崩澜少记得壶时。

于今履虎平平尔，鼻鼾如雷何所思。

石斋：

促刺话头儿女宜，瘖蝉今已断枯枝。

不辞碧藕通身脆，莫说蟠桃结果迟。

乌鸽掌中犹觅食，貓狐眼里未移时。

甫田历历生骄荞，空对笠人诉所思。

五微

润山：

几载烟霞坐钓矶，风尘回首失荷衣。

渡横野水潮初落，芜尽田园客未归。

只有闲心翻梦趣，不因诠易漏天机。

眼前何处迷途尽，入夜愁看萤火飞。

汉桥：

抛卻鱼竿砺女矶，秋风谁为捣寒衣。

嗟予无死三年望，问客何来他日归。

松桂故山空扫迹，龙蛇大陆未藏机。

累臣膡有忧天泪，六月严霜已昼飞。

石斋：

半砖堕甄亦渔矶，何处沙滩不箬衣。

猿槛难衔银索去，燕窠犹贴破帆归。

百钱穆卜饶生计，两字明符淡杀机。

闻道西山六月雪，孤臣未敢问霜飞。

六鱼

润山：

岂因交绝往来疏，思逐归鸿落照馀。

何处扁舟横获月，有人欹枕梦鲈鱼。

天涯尚见石堪语，乡国仍怜竹报书。

阅到三时秋又老，素怀歷落意踟蹰。

汉桥：

凋桐如髮影疏疏，菫楚声残午睡馀。

惊矢固宜同尊雁，脱渊蛋是愧潜鱼。

乐为晨夕相怜伴，忘在风涛未见书。

久学养生经险尽，善刀藏岂待踟蹰。

石斋：

榆阴隔岁再疏疏，鹍鸠声残芳草馀。

化国久赊双梦蝶，仙方空禁一衣鱼。

千春石鹬愚知我，四壁风霆倘护书。

闭眼支床生已老，为谁搔首更踟蹰。

七虞

润山：　倦眼何须别智愚，冷心幸已淡荣枯。

敢期明月还珠浦，独觅寒虹贮玉壶。

观世总成真逆旅，爱才尚有旧奚奴。

故乡剩得蓬门在，为倩邻人镤住无。

汉桥：　蜗争龙战一何愚，貂玉晨披骨夕枯。

达士信天分齿角，野夫满腹在爪壶。

伏书女授吾期子，箕范王咨旧是奴。

每忆古来忧患地，婆娑生意不能无。

石斋：　买车还马岂云愚，却为龟灵龟自枯。

刺棹何须频结佩，中流不合自捐壶。

便从馆库烹鸭犬，莫向昆仑问宝奴。

世道关天人事淡，锦场簇草几时无。

八齐

润山：　眼底往来途不迷，半窗亦似一枝棲。

穷岩久见蛛封网，尘榻尝疑鹭坠泥。

隔壁有人喷白苣，故园无路杖青藜。

不堪薄暮蝇蚊乱，静里思深风月蹊。

汉桥：　鳞羽离披夕雾迷，棘围何必异桐棲。

忠难动主水投石，学不如人马陷泥。

无罪宴怀非白璧，放归予杖是枯藜。

倦云此去深深闭，或许随僧过虎蹊。

石斋：　空泽今知老马迷，只因结足坐难栖。

人将道眼安金屑，天与铅刀切玉泥。

高士每逢新爇火，星寮错怪旧燃藜。

遗乡小吏黄华绶，未用深深桃李蹊。

九佳

润山：　昔人撒手百层崖，看到寻常事偶谐。

道在实难随世诺，途穷幸不丧吾怀。

凉风初试寒松节，野火仍留枯草荄。

抽卷寻诗防累静，水云空阔自高斋。

汉桥：　绝物无能学断崖，放情时复托齐谐。

身樱罗网才思过，人在蒹葭岂易怀。

论世寸心留雅颂，识花双眼定根荄。

懒将生事防生趣，九食三旬半是斋。

石斋：伐檀人去久乖崖，梳草薙云汝未谐。
鸳鸭栏中容绝足，骊龙穴底失开怀。
已看日脚侵枯岸，不趁雷车问旧荄。
石马铜驼能自在，小舠湾处即高斋。

十灰

润山：隙光孤影勉裴徊，秋雨贪缘长碧苔。
尽弃身名抛恨去，如常色笑引诗来。
邻家莫弄落梅曲，盛世原宽咏桧才。
传语门前鸥鹭伴，知闻未断漫相猜。

汉桥：梧窗无语月低徊，挂壁龙吟生绣苔。
与世违多皈梵果，为书误不恨秦灰。
麟楦自诧寻常眼，凤臆终矜急难才。
黄独紫芝还我去，蛣丸鸱鼠莫须猜。

石斋：随他燕雀雅裴徊，已见朱阑惹绿苔。
束楚何当支大厦，奔流端不顾微灰。
鸥夷自媵江湖愿，枹鼓难明堂阜才。
只此山深朋好绝，虎嗥狒啸莫相猜。

十一真

润山：许多世事莫开唇，戴笠相逢各饮醇。
丘壑欲容高枕士，儿童犹识濯缨人。
唫深庾亮楼中月，思入庄周梦里身。
一线江湖缘未断，渔翁何事滞垂纶。

汉桥：酒为销忧强入唇，醉乡怜我果清醇。
看呼五白赊豪客，听抚孤桐见古人。
半市半朝杂处地，亦僧亦梵苦唫身。
若无铃柝频惊梦，何异秋江隐钓纶。

石斋：莫贪鲤尾与猩唇，桂蠹蓼虫久自醇。
不向盐梅尝异味，翻从毒草见真身。
牢骚鬼射沙中影，割截天全线下人。
自是触肤通世法，髑髅在处感青纶。

十二文

润山：淡漠天光闲自分，愁心一半送斜曛。
秋蛩泣露惊颓壁，倦鸟寻枝避断云。
欲向沧溟窥道岸，未教剑气触星文。
乱离满地劳瞻顾，何处家移野草薰。

汉桥：　　　秋光无赖又平分，骑马红尘较易曛。
　　　　　　羁客杯铛空皓月，美人环佩隔高云。
　　　　　　墙蛩韵切猗兰操，江雁声回织锦文。
　　　　　　归梦欲成还坐起，贝龛添取百合薰。

石斋：　　　残基历乱已难分，复泻空杯祷落曛。
　　　　　　白首系官如祝髮，长天送老属孤云。
　　　　　　人经多难思偏远，赋为销愁语不文。
　　　　　　最忆垩庐员石下，松脂枫乳共和薰。

十三元

润山：　　　莫羡明时鸑鷟尊，应秋萤火煽黄昏。
　　　　　　论心幸倚人如玉，席地偏宜月到罇。
　　　　　　白璧馀晶仍射斗，青铜合老未惊魂。
　　　　　　不堪重忆昨年事，潦倒犹怜谏草存。

汉桥：　　　沧州吾道亦何尊，赤米白盐朝复昏。
　　　　　　鸥侣绝无峰对面，瓦衣何有雨倾盆。
　　　　　　开笼放鹤怜垂翅，薙圃分华欲醉魂。
　　　　　　底事衰年轻一掷，到家羞说舌犹存。

石斋：　　　率野仍知虎儿尊，蛰虫径不悟朝昏。
　　　　　　紫苔任蚀腰中剑，白浪频翻马上盆。
　　　　　　百战坠肌犹有骨，片言折胁但销魂。
　　　　　　宫绦允矣吾夫子，莫说香柔舌自存。

十四寒

润山：　　　同异可将人面看，无妨对酒静波澜。
　　　　　　风凉自解秋香好，日暮方知远道难。
　　　　　　半夜青藜燃太乙，多年清梦醒邯郸。
　　　　　　目前道气追随是，何处尘埃更正冠。

汉桥：　　　海月遥怜女儿看，鱼龙何夜不生澜。
　　　　　　言愁我自经愁惯，破笑方知强笑难。
　　　　　　万国烟霾呼战鬼，中原豺虎断征鞍。
　　　　　　便归未卜归何日，徒歎梅真蚤挂冠。

石斋：　　　明月人当渔火看，一行藘渫也翻澜。
　　　　　　观生已识有生累，阅物方知望物难。
　　　　　　是处未应题绝笔，此翁何苦据征鞍。
　　　　　　秋冬射猎真无艺，乞得鹿皮制小冠。

十五删

润山：　独有秋思不可删，三时珍重一身闲。
静中稽古堪心醉，愁里逢人易鬓斑。
大海遗珠悬北斗，孤云带雨下西山。
屋梁落月情如许，未免夷犹去住间。

汉桥：　蕙合滋荣艾合删，主恩何敢怨投闲。
名题虎观新开典，官蹑鸠曹独领斑。
腰骨伸来仍傲菊，头皮留得未惭山。
只为宵旰分乡梦，时绕红云玉仗间。

石斋：　十七部书一夜删，离身萧斧即高闲。
艰贞不敢闻箕子，明哲随它笑史班。
吴市故家犹辨姓，草堂神物别移山。
铁围尽处无开诺，万岁君恩出此间。

一先

润山：　披离亦侣饮狂泉，乍听秋声意惘然。
无那思君如满月，不堪顾影在壶天。
野情仍昔怜孟雅，生计凭今逊睡贤。
欲辨西阳乌尽处，山川满目蔚风烟。

汉桥：　负他白石与青泉，顾影樊笼一哑然。
衰凤片鸰终瑞世，愁胡双眼自横天。
榆收难学平津媚，籍落深思王蠋贤。
字作蝇头书未蠹，草玄高阁也凌烟。

石斋：　杖头跑地得云泉，帝与篮魂又栩然。
皓首不须谈物命，枯苗安敢负穹天。
橐牛自识羊皮贱，宝鼎宁知柳下贤。
兽炭狼烟争岁暮，此身轻带介山烟。

二萧

润山：　但看木落怅先凋，却望千门月色遥。
此处投珠无按剑，几人炼汞胜吹箫。
平沙集雁云初懒，凉雨寒蝉秋渐骄。
遂有壮心成泮涣，还山我欲混渔樵。

汉桥：　回首明湖枫渐凋，六桥尊酒故人遥。
同心月冷松间带，乞食风凄江上箫。
北雁飘来多避缴，南鳞徙去不通潮。
侨家城曲吾孙在，何日携书傍老樵。

石斋：　雪尽松寒喜未凋，故园万里讵云遥。

中原习斗依清啸，南国松梅碎玉箫。

胡马夜阑齐饮水，鲸鱼月出各窥潮。

风烟岭表晴无恙，不使明时缺老樵。

四豪

润山：　一书一剑半生劳，采得湘兰佩影高。

霄汉原无留芥蒂，江湖多是闭蓬蒿。

何须同异争三耳，只见居诸唤二毛。

布被蒙头惟稳卧，不知门外有风涛。

汉桥：　嘻牛嘻马亦何劳，厌听凄鸿入汉高。

阅尽千秋空竹简，问来七尺只丘蒿。

仓鹰在臂争锋距，翡翠楼茗矜羽毛。

抱病自怜还自笑，更深烧茗战秋涛。

石斋：　折辕炊火见薪劳，却想晨门身事高。

阿客到头轻鹭鸶，小山终古耐蓬蒿。

五噫改字蛇添足，一臼移家燕落毛。

何处饮牛更洗耳，手提竹枕听秋涛。

五歌

润山：　家山无计谢烟波，馀课闲唫贫也歌。

老近自知心省好，朝来其奈事生何。

兵荒驿路棠阴少，将相池台蔓草多。

摇落客情难对酒，三秋一半梦中过。

汉桥：　频年浪迹在江波，风景撩人足啸歌。

三夕洞庭皆月伴，一帆庐阜奈云何。

仙人鹤去遗丹少，骚客风流洒墨多。

非为缁尘涤逸翮，秋山虽胜不堪过。

石斋：　渔龙白日撼名波，纵有嘼言不敢歌。

画局半枰生已老，石头双柱意如何。

裁将皂帽辽东近，乞得丹砂勾漏多。

莫谓刺舟渔父傲，洞庭深处少人过。

六麻

润山：　十亩荒残不用嗟，孤萍一缕系天涯。

那更多事唅为苦，赖有能闲餐渐加。

客路空闻求塞马，世情应蚤辨弓蛇。

可怜历乱风烟里，秋色先人已到家。

汉桥：	楚水扁舟更可嗟，巫云三载断天涯。
	烟迷鹦鹉春衫湿，雨听潇湘雪鬓加。
	汉女有魂皆药草，渔人无梦不桃花。
	悲愁欲拟离骚怨，阁笔东傧宋玉家。
石斋：	敏手谁能辨呫嗟，容头身过即生涯。
	八行封去青云寂，一部书成白发加。
	沧海舟能浮贝叶，武林溪莫禁桃花。
	马头亭馆多无碍，喜得墙东未有家。

七阳

润山：	明镜难窥鬓上霜，贞心幸不委凄凉。
	风雷乍动闻天笑，松菊犹存佩月香。
	独向孤滩怜逝水，只宜半亩问芳塘。
	四休居士逢人懒，消得清尊又夕阳。
汉桥：	絺时不彀备严霜，短褐何辞耐夜凉。
	肉断膑根生暖气，卉残菊蕊动微香。
	寄儿好护藏书架，戒仆休枯养鸭塘。
	更喜老兄林下健，归陪诗酒趁春阳。
石斋：	江南枫柏好经霜，从此红云试晚凉。
	不信冰车轻蹴岸，自耘佛瓜动奇香。
	风平挂席看疏岛，日午收盐过小塘。
	泛泛卜居谁得侣，殷雷多半载山阳。

八庚

润山：	静里秋容晚更清，愁心暗与暮云平。
	凉天方歇蜩螳语，征路重看栎杜荣。
	尚有黄花酬晚节，可无白日送归旌。
	还山应触檀槽泪，仍似风簷雨夜声。
汉桥：	在山泉浊出山清，今古英雄亦不平。
	但有画龙难作雨，可令嘉穗失敷荣。
	人无按剑怜才命，天试倾辀识性情。
	东舍看花西舍酒，何知凄恻是秋声。
石斋：	万斛阿胶河水清，千群精卫海当平。
	欲教玉气如泥软，不忍兰根学艾荣。
	血出铜人犹有命，毛黏石蛤遂无情。
	开颐错说前生事，已作六花花外声。

九青

润山：　羞将枯颖乞诗灵，每到秋来爱淡宁。
　　　　因道利名便割席，且酬日月正翻经。
　　　　天高不碍飞鸿鹄，原上谩劳歕鹈鸰。
　　　　思入烟霞深一往，潇潇月露下空庭。

汉桥：　勒移不待北山灵，皂帽今真愧管宁。
　　　　腰下已无堪痤剑，胸中空有未传经。
　　　　西园秋草伤蚨蝶，远路凉风忆鹈鸰。
　　　　恋主愿闻频送喜，捷书近报欲犁庭。

石斋：　败鼓当场已不灵，何须钟磬数丁宁。
　　　　人看乌鸟无多识，天假书生守一经。
　　　　尽处波涛摧土埂，偶然风雨混原鸰。
　　　　家家少嬬排香火，幸勿缨冠过北庭。

十蒸

润山：　怪得寒来翻聚朋，庭衔月照散群灯。
　　　　但怜臣罪何难见，欲悔昨非今未能。
　　　　听雨时过垂翼鸟，入山偏爱臥云僧。
　　　　不知此意人知否，一片寒心万窦冰。

汉桥：　彀中不中几人曾，网凤罝虯亦未能。
　　　　假我白头无作吏，何山苍梧不藏僧。
　　　　刀磓变相寻真筏，风雨枯燐暗破灯。
　　　　但得主恩容纵壑，孤峰岂碍月为朋。

石斋：　曾到青蒲泣未曾，解衣攀鼎亦何能。
　　　　雪中守奏雁门吏，缸底摇头匡阜僧。
　　　　已纵风烟侵曲突，不贪膏火护残灯。
　　　　穷奇渐噉青阳尽，屈指当年几道朋。

十一尤

润山：　遥天高雁逐云流，千里书来烟树秋。
　　　　半夜拥襟听画角，谁家呼酒踞高楼。
　　　　不嗔簷鹊搅乡梦，却恐路人分客愁。
　　　　莫向风前思往事，已将身世付轻沤。

汉桥：　六朝几度问风流，凄断秦淮树树秋。
　　　　与客绮裘霜上月，看人珠箔渡边楼。
　　　　缠沉智井苔还绿，屐冷东山花合愁。
　　　　笑我观空如止水，未忘情复动清沤。

石斋： 苍茫听苇自中流，恰有危帆共饱秋。
百鸟难排千目网，孤身合住几层楼。
世能无事吾何事，人共言愁我始愁。
辨得干坤成骨血，此生安敢道如沤。

十二侵

润山： 记得淋漓效釜鬵，雞鸣风紧气萧森。
泥坌犹喜世□浅，暇日方知天意深。
隔岁重虚黄菊意，故园一繫白云心。
市朝幻相今参破，危坐寒灯竟似瘖。

汉桥： 三复风人歌溉鬵，壮怀天外髪森森。
楼来粉署马同廋，老尽青山树未深。
峰壑著人皆侧足，须眉何事可扪心。
因怜物负几先智，蟋蟀秋唫蝉自瘖。

石斋： 泰否关头各釜鬵，一身当火自萧森。
合分毒痛身难免，欲叫狂泉睡已深。
猿鸟见人先引路，龙蛇过岁未安心。
帝功霸业无消处，莫怪夷吾老自瘖。

十三覃

润山： 罗吏囊文亦类贪，干坤何处著奇男。
一闲止味三为乐，百懒宁惟七不堪。
常对孤云谐独往，暗攜秋月卧清酣。
涸鳞破网无奢望，欲傍高台结半庵。

汉桥： 惟有溪山不厌贫，罗溪招友复攜男。
晉蛟涧底鳞鳞动，石语峰头片片堪。
银瀑洗毫穿海怒，绿蕉裁槀入霜酣。
廿年复听连床雨，愁说云深似旧庵。

石斋： 不捐薇蕨已成贪，况有私交过鲁男。
长天照影丝丝入，名主诛心事事堪。
便御狐狼风不竞，可逢魍魉战还酣。
分襟回去四千里，南北东西结小庵。

十四盐

润山： 局踏低垂风雨帘，细尝茶蓴亦能甜。
独行不必邻同病，今事何须用古占。
波静五湖人似镜，天悬三岛日依崦。
梦馀只可唫流水，归计萧萧马首瞻。

汉桥：	晏师岩阁卷筠帘，泉喝无声乳自甜。
	蝌蚪壁题金简字，天山象落紫阳占。
	龙听法乘云连海，衲绕经台月照崦。
	坐卧半生迷小草，岇峰秋色与谁瞻。
石斋：	斜风斜雨卷疏帘，橄榄仍能得到甜。
	岂有列名呼火树，更无奎宿语星占。
	三生天外投丹叶，百行经中礼玉签。
	屠钓它年随画像，千春未必少观瞻。

十五咸

润山：	十载云山久树衔，不堪烟雾镶松杉。
	淡人耳目分醒醉，高我须眉任誉谗。
	万里秋岩催葛屦，三关寒沁裂征衫。
	家园尚有渔竿在，为嘱西风蚤挂帆。
汉桥：	慢亭别后半云衔，负却层梯几换衫。
	虹板曾孙难度俗，蛾眉秦女不忧谗。
	种茶世改停龙饼，接筍人归脱绿衫。
	雁过好传仙侣道，惊波今喜得收帆。
石斋：	落筇道人别署衔，萧然衣袖乱松杉。
	焚香洗足能通座，揽镜刊眉少避谗。
	倦去调禽还引几，老来叠葛护单衫。
	蛮烟未必无真气，便写真文挂布帆。

　　这部《西曹秋思》卷首有董养河子董师吉撰写的一篇刻书前记。据董师吉讲，其父董养河病逝于崇祯十六年秋，他刊刻此书时，"作令赴粤，怆然数载之中，岸谷陞沈，而先大夫又弃予五年所矣"。由崇祯十六年下推五年左右，为清顺治三、四年间，即南明永历并绍武元年前后。董师吉"作令赴粤"的具体地点，据其前记所署，为广东惠州。

三、琅岐董氏艺文

客中见新雁

明镇江府教授　董宗道

西风初别塞垣秋，迢递分飞楚水头。
独客惊心岁月晚，故乡兄弟更关愁。

送人之咸阳

赠奉直大夫钦州知州　董泊章

劳歌唱渭城,行子赴西京。
关月闻鹈落,秦云带雁横。
花香樊曲梦,柳色灞桥情。
莫令归期晚,秋风白发生。

送客

湖上初惊木叶飞,天涯远道怅多违。
已怜芳草迷征路,况复秋风土客衣。
渺渺江天鸿影断,依依洲渚荻花微。
知君到处堪乘兴,叹我浮生未息机。

钓台怀古

明韶州府同知　董廷钦

君不见赤帝投竿洛阳涘,二十八龙垂钓起。芳饵争吞茅土封,南阳一穴同鱼水。
泽中男子着羊裘,丝纶放浪垂千秋。富春山前钓台下,一丝不挂东乡侯。梦中误踏赤龙
腹,京洛风尘污双足。归来濯向台下流,又恐前溪妨饮犊。饮犊傲巢父,钓台之名名千古。

京西长亭送仲恭兄出守钦州

明状元、礼部尚书　翁正春

蓟北秋风五马驰,量移应识主恩私。
望中云影连三楚,梦里猿声隔九嶷。
冠盖逢迎多鞅鞯,笙匏歌舞半兜离。
知君有策如繁露,岂滞江都似汉时。

送仲恭年兄之官粤西

明东阁大学士　叶向高

蓟门风雨正深秋,开尽黄花赋远游。
雁去长空虚骋望,云连故国迥生愁。
一官犹捧蛮方檄,万里初乘潞水舟。
莫向清时嗟宦迹,伏波铜柱至今留。

遥寄董钦州

明探花、翰林学士　佘孟磷

紫书遥捧大廉来，百越新推六学才。

旗影海边悬汉日，梅花岭外眺秦台。

星分长短为潮候，蜃变晴阴向阁开。

见说白狼篇已就，明堂召对待君回。

录自《琅山董氏族谱》

送董仲恭之官岳阳

程　镒

巴陵物候新，五马逐征尘。

远道愁分竹，明时叹积薪。

雁回衡岳晓，猿啸洞庭春。

莫向江潭上，行歌作楚臣。

作者传略：程镒，字则谦，号思竹，闽县合北里沧湾人。嘉靖中布衣，廷钦岳父。隐德不耀，著书立言，尝曰作凤仪图以拟太极，寿九十岁。

同王粹夫白云观日歌寄曹能始廷尉

明光禄丞　董叔允

君不见天姥奇峰峭如壁，青莲梦中看海日。又不见灵隐高楼古寺东，争看沧海腾瞳朦。二诗所说奇如此，未及身经恐漫语。

我家海上白云山，东溟万顷皆狂澜。朝曦半夜已出海，相与襆被来同看。天鸡喔喔波光赭，飞焊焕液扶桑下。东方半壁天欲燃，欲出不出波喧阗。须臾银涛变成雪，复有如朱赤浅相牵缘。波中闪烁朱轮走，鲲鹏入烧鲸鲵吼。烂如羽客破鼎流神丹，又若火珠烨烨吐出赤龙之焰口，朱霞灭没隐见互神怪。更疑羿射未落波中之乌尚有九，惟有夸父能逐之。

若问谪仙徒想象，岂若我辈今日目击其神奇？闻君去岁走泰岱，日观中宵起相待。何时过我白云山，试与东岳峰头斗光怪。

注解：

王粹夫，闽县人，应山子，万历间布衣，有《浪游稿》。对其父所著《闽都记》稍加润饰，太守喻政为之就梓，谢肇淛为之序。

郡志云：老于布衣，里巷中称长者。人有急难不平，不问识与不识，身为奔救。游金陵士友人林古度家，其乡有贵人，招之。弗肯往，竟去吟诗。诗成不喜示人，故传者绝少。

曹学佺，字能始，侯官洪塘人。生于万历二年，二十三年登进士。授户部主事，南京户部郎中，四川右参政，按察使。为魏忠贤党羽所陷，削籍。唐王立于闽中，授礼部尚书。明亡，自缢死，年七十三。国朝赐谥忠节，有《石仓全集》。

为人宽和，惜秀怜才，诸儒慕之。父曾在洪塘卖饼，年十三，受业长乐先生，于书无所不通。先生度不能教，适龚用卿状元择婿，遂荐之。次年入泮，十七举于乡。

其所居在洪塘东岐岭下，后出卖，手书屋契曰："天下江山当与天下人共之，能始。"仅十三字。

重阳后一日芳园送别叔允南归

叶向高

黄花客路叹淹留，又向名园载酒游。
岩壑萦纡疑洞府，亭台曲折似迷楼。
也知送远情难尽，况复登高兴未休。
明发挂帆江上去，回看烟树满扬州。

（录自《琅山董氏族谱》）

山　居

明工部员外郎　董叔会

小渠分瀑夜潺潺，片月窥窗不可关。
烟水自来宜我辈，勋名终是属痴顽。
新松直上梢频剪，丛菊孤寒蕊半删。
却笑谢公徒捉鼻、区区江左负东山。

夏日游雪峰　四首

董养河

雪峰高不极，贪奇冒炎景。
入径菀林绿，渐觉薜衣冷。
列岫豁平畴，龙池浸空影。
皈依梵相前，兀兀诸缘屏。
古殿郁苔堯，四壁生寒雪。
感彼塔下人，谁为不生灭。
水磨日喧豗，象骨空炭業。
独此一瓣香，拈向石中爇。
拂拂里上风，泠泠石间瀑。
入夜星纬低，凄然立寒谷。
不见弄洸人，但见龙藏木。
念此不能忘，月照禅床宿。
峰头望远海，有泉应潮汐。
呼吸信元气，高深复幻迹。
俛仰沧桑间，幻躯良足惜。
卷叶聊酌之，庶以沃大宅。

无字碑

何来一片石,剥落苍烟中。

欲读已无字,野烧吹天风。

枯木庵

存公若何棲,枯木雪峰趾。

空中不盈丈,法轮转于此。

台殿有颓兴,依然众山峙。

莫窥天地根,枯荣安足据。

（以上录自《雪峰寺志》）

游琅琦海门

海上诸山太姥尊,双提日月转昆仑。

天教福地连三岛,水极南溟定几盆。

疑有波神来鼓瑟,遥招王母此开樽。

群真喧笑熊熊处,并作瑶先焰海门。

（录自《琅山董氏族谱》）

白云观日出

清四会县知县　董文驹

白云古寺白云巅,东望微茫水接天。

红日扶桑翻浪出,雷轰赤水火轮悬。

四、东岱董氏艺文

吟石郭山

明邑庠生　东岱董氏六世祖董珑

晓卷帘栊见此山,石为山郭隔人寰。

逶迤古道千松拱,错杂佳城百石栏。

风动竹苞如凤舞,云移山麓作龙盘。

九原渺渺人何在,孙子追思泪未干。

注:东岱对面山古称石郭山,俗呼棺材碑。墓葬多,邑庠生董珑公见景而吟之。此诗录自董氏族谱。董珑,字则明,生于1370年,卒于1440年,享寿71。谱赞公性敏慧,髫年入泮。试居前列,但志不在功名。每教子孙,诸事必亲为之,虽旁午亦身任不辞。至中年家业颇殷给,拓产业、构居第、立袍田。至今子孙咸沐其麻。

五、霞浦下砚董氏艺文

砚石八景诗

山拥青岚

江上一峰高接天
气蒸幽谷起云烟
腾腾拥积千秋翠
不让潇湘景色妍

翻海碧浪

渺渺沧波万里遥
时翻风雨欲惊潮
云霞彩映海天里
一带长江连碧霄

鼎浮古屿

俨然天地一厨庖
古屿傅来作鼎潮
若得人间烟火爨
待余也试调羹殽

砚铸长江

古砚千年铸北皋
临江把笔染霜毫
抹来翰墨书文字
挥洒云煙冲汉高

沙湾绿草

山回水绕拥青波
六六沙堤芳草多
荒野平临满地绿
王孙游玩兴如何

石湧清泉

古寺潇潇一迳斜
巉岩怪石傍仙家

山腰湧出清如何
拾叶烹茶数落花

风来高阁

天空海阔一江乡
金镜楼中纳晚凉
静坐恰闻清意味
风飘花草满庭芳

月映疏林

一轮月皎正三更
影入深林淡淡明
疎竹数竿添逸趣
留人倚昐睡难成
十五世答围公稿

山拥青岚

名山浑是洞中天
溪谷深幽晴亦烟
遥望林辔清欲滴
峰头古柏永鲜妍

翻海碧浪

临江一望恁迢遥
摇曳東风扇远潮
泙湃涛声腾碧落
龙鱼乘此跃青霄

鼎浮古屿

乾坤草屿一寒庖
灶内生蛙未许嘲
唯有盐梅供鼎鼐
敢将玉手烹珍殽

砚铸长江

谁将文宝置江皋
留与吾人纵挥毫
想是当年书董字

至今海国著名高

沙湾绿草

沙洲一曲带轻波
绿草丛中景色多
为借东君赊笔兴
吟成几句乐如何

石涌清泉

点点苔封古径斜
清清泉涌旧仙家
扁舟一叶依桃岸
洞口流来几片花

风来高阁

楼台结近水云乡
潇洒却无炎与凉
恰喜清风频入槛
庭阶兰畹逼人香

月映疏林

山深待月到三更
才得林筛皓魄明
坐久却忘尘外事
狂诗聊向醉中成

时雍正六年春，坐今镜楼
壹兰愧山愈英和草

山拥青岚

列嶂回环小洞天
卜居雅美占风烟
剧怜清翠浮空出
林壑春来盼斗妍

翻海碧浪

负山面海寄逍遥
天际洪涛驾远潮
恍惚禹门三级起

坐观碧浪接青霄

鼎浮古屿

不随玉食供天庖

涛卧毋贻覆铼潮

神器自当符应运

郊丘终待荐珍肴

砚铸长江

潮回墨渖饱江皋

笔立文峰醮彩毫

万古不刊遗片石

题成雁字傍云高

沙湾绿草

平沙春色染湘波

细草铺茵入望多

但觉眼前生意满

芳菲十里乐如何

石涌清泉

列嶝嵯峨一径斜

传闻清景属僧家

我来何处寻兰若

依旧流泉喷石花

风来高阁

楼阁今成广莫乡

一庭青草傍秋凉

临风安得开来者

翰墨图书振古香

月映疏林

风霜剥蚀树频更

皓魄当空夜倍明

沧海桑田无限感

新诗对月恰吟成

（摘自《福宁霞浦下砚董氏族谱》）

六、武夷山董氏艺文

棹 歌

董天工

武夷仙迹护山灵，凤管鸾笙彻太清。
我欲赓歌无觅处，渔舟载酒听溪声。
一曲停桡甫上船，回看万壑拥晴川。
大王亘立千峰揖，锁尽前山暮紫烟。
二曲轻盈碧玉峰，镜台斜照现娇容。
娉婷不似巫山媚，秀色贞姿翠几重。
三曲长悬不系船，停桡遮莫是尧年。
云封烟绕晴光照，古色陆离真可怜。
四曲楮天峭壁岩，岩泉滴滴雨毵毵。
鹤鸣嘹亮金鸡舞，影落空山声满潭。
五曲层峦毓秀深，紫阳书院树云林。
茫茫千古谁绍统，全寄先生一寸心。
六曲峰回溪水湾，荡舟似度玉门关。
渔郎欲觅胡麻饭，扫净尘缘心自闲。
七曲溪高浪激滩，雪花滚滚溯流看。
尤怜飞瀑天壶泻，点入波心春水寒。
八曲莲峰摩汉开，水光反照影濚洄。
桃源有路登仙境，引得游人次第来。
九曲幽穷更渺然，白云深处见平川。
秦人鸡犬今仙去，千古长留一洞天。

冲佑观，溪北大王峰左，前临溪岸。初，汉武帝设坛以干鱼祀武夷君。唐天宝中，始创屋于洲渚，曰天宝殿。伪闽王审知增饰之，称武夷观。南唐保大二年，元宗李璟为其弟良佐辞荣入道，在观修持，册封演道冲和先生，敕有司移建今址，名会仙观。宋真宗咸平二年，御书赐额"冲佑"。大中祥符二年，诏宏广观基，增修屋宇至三百余间，赐田百斛。自乾兴迄熙宁末，遣使降香，投送金龙玉简者凡二十。绍圣二年十月望，有群鹤集于庭。越三日，有旨降，大建宫殿，改名冲佑观，复其税役。先是京师旱，迎仙蜕祈雨有应，故有是旨。元符元年，赐钱八十万，又赐建阳田十顷。自唐宋以来，皆有赐田，通计一万一千余亩。绍定二年，道录江师隆重加修建，增广殿宇，堂厨廊庑一新。元泰定五年，改观为宫，称万年宫。明兴，仍称观，改冲元观。正统四年正月火，后又遭兵燹。天顺、成化间，虽屡有修葺，未复其初。弘治末，道会詹文皓募众修理。嘉靖四年冬又火。明年，本观提点詹本初创复。所费浩繁，阅两岁始成。冠冕宏敞，允称名山巨构云。

宿冲佑观有感

董天工

家住平川九曲终，顺流溯邸万年宫。
秦封月满坛壝冷，汉祀云深蝶梦空。
石榻高眠听玉笛，瑶台长啸度金风。
当年朱户今何在，蔓草荒烟对碧穹。

观妙堂，在冲佑观。壁间有李忠肃诗。朱文公尝宿于此，有李侍郎诗、跋。今废。

李侍郎观妙堂诗

董茂勋

玉藻经年虑损残，摹神镌石灿楣端。
谁知风雨飘零尽，赖有遗编可检刊。

王文成公祠：向在大王峰下，即金山寺废址也。嘉靖三十七年，建宁司马董公燧，白之郡守刘公佃，详请监司所建。并置田五十石，以供祀事。倾废已久。康熙四十八年，后裔王复礼白之督学杨公笃生，及延建邵道陈公廷统捐俸为倡，命崇安令王公梓重建焉。以旧址荒僻，乃移建于冲佑观前，复礼结庐于岩后。因流寓既远，不能时归扫墓，又白之督学杨公，奉批：王文成勋隆前代，泽遍南天，崇祀报功专祠，闽地犹存数处。草堂乃其后裔，奉聘来此，著书武夷一曲，重修雅志，表彰先德，遗祠肯构，家庙同观，应以其祖父祔食两旁可也。

是祠之基，旧有三教祠，祀隆、万历间莆田林兆恩，以艮背之法疗病，称为龙江先生。今祠圮无存，以祀前哲，宜矣。

建文成公祠

董 燧

武夷东下一溪长，溪上何人更辟荒。
故地荆榛刊奕叶，新溪桃李荫春芳。
别开精舍昭遗训，重启斯文仰太阳。
山斗声名千古在，泮芹坛杏转生香。

大王峰

董天工

巍然一片石，雄镇万山纲。月照青鸾舞，风吹白蜕香。
危梯空碧落，鸟道接扶桑。六六群峰拱，应推仙壑王。

张仙岩，又名张仙洞。大王峰南壁，汉张垓坐化处也。垓蜕现存洞中。明万历初，直指杨四知谓其裸体近亵，塑而饰之，临崖护以铁栏。今废。

岩内又有徐熙春蜕,妆塑与张同。自耳窥之,骨白如雪,其齿亦宛然可见。初在峰之东壁,万历己丑岁旱,迎下祷雨,建楼祀之。楼圮,移诸此。又一木函中藏白骨,亦云仙蜕。内片板书:嘉靖十三年,建阳崇泰里民,自金鸡洞请下祷雨。后置鸣鹤峰石洞中,康熙十九年移措于此。

仙蜕岩

董茂勋

摸崖沿壁探仙踪,十丈危梯倚翠峰。
传说仙成尚有骨,磁缸长见白云封。

仙鹤岩,大王峰西壁。有鹤形,皓翎元颈,昂首而立,宛然如绘。

仙鹤岩

董茂勋

霜衣皓皓立岩西,不坐高轩不染泥。
借问中宵秋露滴,可能飞舞夜惊啼。

幔亭峰,大王峰左。其麓相连,高稍亚之,顶极平旷。相传武夷君设幔亭宴乡人处,峰之得名由此。

路径,一由升真洞下,右旋至峰之半腰,复左折。一由换骨岩右直上。俱可登顶,径皆极小。

幔亭峰

董茂勋

祖龙好访仙,何不夷山游。
应识幔亭宴,避秦翠石巅。

幔亭峰二截

董天工

幔亭彩屋宴曾孙,金管玉笙透古村。
奏罢宾云仙饮曲,虹桥飞插绝攀援。
溪流寒玉胜吹竽,沉醉曾孙果有无。
芳草萋萋猿鹤怨,犹传仙幄宴欢娱。

玉女峰,鹄立溪畔,峭拔为诸峰第一。高数十仞,无径可跻。上稍侈,其顶花卉参簇若鬓髻。旧志云:袅袅婷婷,有姝丽之态,良然。两石附于后,如侍女随行之状。

玉女峰

董天工

不道姑仙立水中,亭亭秀色态融融。
湘江解佩翻成梦,巫峡行云化作虹。
新月难描新宇翠,晚霞敢拟晚花红。
贞心铁石尘缘断,独对寒潭凌太空。

虎啸岩

董天工

怪石巉岩叠翠峰,天然禅院白云封。
沿崖瀑泻飞红日,绕屋泉流间晓钟。
奋屐高台星拱壁,置身丈室霞为墉。
昔人跨虎啸山顶,夜半声哀跃卧龙。

架壑船六言二首

董天工

只道仙人控鹤,谁知鼓棹泛波。
月临红石黯黯,双艇横搁岩阿。
停棹经几岁月,风摇雨濯不朽。
我欲破浪乘风,借尔仙槎问斗。

金鸡洞

董天工

峭壁藏天鸡,喈喈夜半啼。声哀惊客梦,羽彩夺云霓。
月满丹山晓,潭空碧水犀。只今何处去,景仰日迟西。

卧龙潭

董天工

俯瞰寒流日午阴,神龙蟠屈九渊深。
藏头束角一团玉,摇尾梳鳞万点金。
秋水盈盈浮绿鸭,岩泉滴滴鼓瑶琴。
炎天望汝施甘泽,果尔飞腾喷澍霖。

　　机岩,又名仙机洞,鸣鹤峰之西壁。砑然石洞,望之有木一横两竖,形如"廿"字。土人谓之仙机。

　　路径,一从宴仙岩入石门,右旋为大藏之顶,左旋为鸣鹤峰凝真洞;一从御茶园侧登石级,左旋为大藏,右旋为鸣鹤;一从仙馆岩顶,有径相通三峰之间,境颇宽旷。

仙机岩

董天工

玉梭停几年,机杼锁云烟。

莫问天孙锦,为霞晚对妍。

御茶园旧贡茶有感

董天工

武夷粟粒芽,采制献天家。火分一二候,春别次初嘉。

壑源难比拟,北苑敢矜夸。贡自高兴始,端明千古污。

董司空祠御茶园通仙井左,祀明董司空应举,今废。

过家司空祠故址有感祠基今为茶屋

董天工

家轩何日到夷山,卜室尊崇四曲湾。

世远人湮云漠漠,风摧宇圮水潺潺。

即今新制龙团处,谁识旧时豹隐间。

遡溯支分原一本,徘徊道左泪难删。

仙钓台

又名钓鱼台,近三曲仙游岩,峭绝孤立,逼临溪畔。右壁石穴,俗称真武洞。内有船,盛仙蜕数函,及瓷瓮、炉鼎之属。仙游既尽,为金谷、玉华。是台居其前,划然不相属也。

小九曲晚过

董天工

四曲寻真别有幽,小蹊曲曲九相俦。

岩逢峡潦架虹板,路到穷崖乘扁舟。

得句敢轻题石壁,行歌却喜逐沙鸥。

夜来偶听疏钟醒,不似吴江古渡头。

金谷岩,在希真之右,洞在两崖之间。一峡深邃,修篁古柏,前后掩映,幽境也。相传文公精舍未成时,往来多寓此。产茶最佳。岩前有滩,名古锥滩。

金谷洞

董天工

金谷石崇著,园林花木深。

芳名洞壑占,古柏修篁森。

宋淳熙十年,朱文公卜筑于此。堂、寮、亭、馆详见诗序。后公之季子侍郎在、冢孙郎中鉴茸其旧而广之,号紫阳书院。部使者潘友文、彭方拨公田以赡学者。

淳祐四年,邑令陈樵子益大其规模。景定二年,邑令林天瑞增建古心堂,设山长,教生徒。咸淳四年,命有司大为营建。元初,改山长为教授,邑士詹光祖预其选,修建一新。至元二十七年,建宁郡判册逢辰又增修之。厥后,教授游鉴、江应、詹天祥,学录詹天麟皆相继修理。至正二十五年毁于兵。明正统十三年,公八世孙洵、澍重建。奉公神主崇祀,以黄文肃公榦、蔡文节公元定、刘文简公爚、真文忠公德秀配享。正德十三年,巡按御史周鹏清、军御史周震及金事萧乾元协力区画,檄县令王和重茸。辟地百余丈,绕以周垣,前树坊扁曰"武夷书院"。稍进为楼五,楹曰"高明楼"。中为堂五楹,两庑各六楹。堂斋悉揭文公旧额,规制宏丽,视昔有加,置田百亩为祀事及修治费。旁又为屋数间,择朱氏裔孙一人世居,仍编门役一名。

万历间,陈少司马省结庐云窝时,书院颇颓。有士人题诗壁云:"紫阳书院对清波,破壁残碑半女萝。颇爱隔邻亭榭胜,画栏朱栱是云窝。"省见而笑曰:"是其启我乎!"即解橐鸠匠,轮奂一新。崇祯末年,陈黄门履贞复捐资重茸。国朝顺治十六年,邑令韩士望又修饰之。次年春,大风拔木,祠尽圮,仅存二门。康熙二十六年,御赐"学达性天"额,因复创修,未能宏敞。四十五年,督学沈侍读涵允崇令王梓请,令文公后裔元炜为祠主,居书院以奉祭祀。五十六年,闽浙总督满公保捐俸倡修,轮奂一新云。

步《精舍杂咏》韵十二首

董天工

精 舍

结茅倚笋峰,景仰平林客。独步过云桥,高歌彻紫石。

(晚对峰,旧名紫石屏)

仁智堂

智仁涵一心,肆乐寄山水。坐看苍石云,肤寸弥千里。

隐求室

一室静修求,铎振千山响。久矣先生风,无惭一日长。

止宿寮

负笈远从游,栖迟托峻宇。本为访道来,志岂在鸡黍。

石门坞

遁迹苍屏隈,衡门静闭深。辟地开花坞,谁识晦翁心。

观善斋

攻错藉他山,古今同一席。虚堂遗典型,鞭策无余力。

寒栖馆

翩翩羽客来,向道心何力。静夜披素书,寒光照鲁壁。

晚对亭

紫屏矗九霄,亘亘与谁对。一自紫阳识,只今生晚翠。

铁笛亭

玉笛横吹处,登临心目开。寒流漱石响,恍如兼道来。

钓 矶

绿水映青山,持竿垂钓碧。偶然适性情,此意孔颜识。

茶 灶

试茗寻仙灶,赋诗夜未央。紫茸翻雪浪,舌本有余香。

鱼 艇

一棹聊自乐,片篷泛水轻。浩然发长叹,空谷有传声。

题朱文公书院

董天策

曲水谁留翰墨香,紫阳开创讲经堂。

平林著述绍千古,大隐传薪聚一方。

甫庆崇儒隆祀典,旋瞻重道锡龙章。

先生乘鹤飘然去,大业渊深碧水长。

步文公《行视武夷精舍》韵

董天工

溯流谒先生,讲堂曲水半。

虬松蔽阴阴,平波荡涣涣。

结庐隐屏前,仰窥天游观。

奇岩倚碧落,秀石冲霄汉。

千绪坠茫茫,谁汇百川灌。

洪惟我先生,道蕴阐一旦。

贤知得其趣,诞先登于岸。

颛蒙未入室,勤求示考按。

迄今缅徽风,精舍时辉奂。

团垣绕古树,苍翠堪珍玩。

我来值花朝,百花正熳烂。

时闻好鸟啼,声声如相唤。

乐极已忘归,尘缘岂能绊。

尚愿山中客,朝夕不厌伴。

隐屏峰,在紫阳书院后,高峰峭拔,夷上直下,方正如屏,玉华、接笋倚于左右。接笋称小隐屏,是峰称大隐屏。径自接笋峰上。

大隐屏

董天工

擎天峭拔郁崔嵬,晚对峰前云锦开。

接笋平临石笋峙,玉华俯瞰玉屏回。

溪光倒照青山碧，树影轻移紫岸枚。

中有隐求谈道客，行歌赠答坐莓苔。

　　接笋峰倚大隐屏之右，高稍逊之。峭削无比，峰右贴壁一石，尖锐直上，形类立笋，横裂三痕，断而仍续，故名接笋，亦名接笋岩，又名仙接峰。连树三梯（在茶洞），约一二十丈。梯尽，凿石径于峰腰陡壁。壁势凸出，谓之"鸡胸"，径缠其际，极窄。壁阁横以铁缆，扪缆面壁侧足而行，数十步绕出壁右。径断处架木为栈，至一小亭曰"定心亭"。过亭稍进，两崖洞裂，孤岭中悬。诘曲百盘而上，曰"龙脊"。缘石磴数百级，乃达其巅，是为小隐屏。由此可登大隐屏。故称"隐屏真境"云。

登接笋峰

董天工

为爱白云深，结庐在五曲。

曲水数潆洄，回环几道绿。

仰看仙掌泉，跳跃雪花瀑。

巍巍接笋峰，亘亘千寻矗。

凭槛思旧游，历历惊心目。

绝壁摩铁索，盘旋鸟道复。

龙脊石千层，鸡胸路称足。

直上小隐屏，履险如平陆。

寒蝉咽凄风，山鸟鸣古木。

倦游复下梯，快觅离骚读。

是时天雨渥，涧水响林谷。

　　幼溪草庐，万历十一年，长乐陈幼溪省合上、下云窝构屋以居，极精丽。有宾云堂、栖云阁、巢云楼、研易台（有记）、生云台、嘘云洞、聚乐洞、栖真阁、迟云亭、寒绿亭、红叶亭、碧漪亭、竹坞、问樵台、青莲石沼、停云亭（有记）。今皆废，惟岩间勒字尚存。

陈司马云窝故居

董天锡

当年司马卜居来，刻楠丹榴亦壮哉。

蔓草离离迷旧路，寒云漠漠锁荒台。

烟霞却为先生癖，猿鹤终非故国哀。

千古名山兴废事，登临谁不动徘徊。

游云窝有感陈司马二首

董天工

孤臣遁迹寄他乡，卜筑云窝一草堂。

五曲寻真仙掌近,地邻精舍溯流芳。

谁道遗徽今变迁,幼溪书屋叔圭传。

英雄一去豪华尽,物是人非真可怜。

按,云窝肇自丹枢羽士,厥后幼溪先生扩而大之。其中为堂一,为阁二,为楼一,为台三,为亭五,为洞二,为坞一,为沼一。之真五曲胜境也。惜乎世守不谨,为李筑室其间。今更易而江,幼溪草庐换为叔圭精舍,且其故址三坏其二,桑田海水,可胜慨哉!

留云书屋,接笋梯左。康熙甲午年,董司铎茂勋建。乙未,李相国光地假归,游武夷,谒朱文公书院,登接笋,造其屋。有记。

留云书屋初成,李相国游驻。锡以记文,赋此志感

董茂勋

新筑茅庐倚笋峰,晴云深锁气溶溶。

左临仙掌挹荣露,背耸玉华听晓钟。

碧水盈盈环白屋,丹山磊磊映青松。

何当相国高轩驻,物色清斋景象浓。

留云书屋漫吟

董天工

接笋峰高迥物华,谁将玉叶锁山家。

朝曦影射浑如雪,夕照烟飞散作霞。

屋筑深岩环绿竹,轩留闲地种仙芽。

却怜徽国讲堂近,景仰芳踪心意奢。

三清殿,天游观正殿也。殿后曰宣经楼,其右又有竹波楼,可俯瞰胡麻涧。观多名人题匾,附记于此,天游(耿定力)、凭虚御风(沈儆炌)、天游阁(葛寅亮)、一览台(韩士望)、最胜、升云驻鹤之巅(二匾俱张瑞图)。

路径,一从天游岭登仙掌峰背,降岭经崎岖丘,渡胡麻涧石桥,循涧及观。一从止止庵后逾铁板嶂,经升日峰下,由金井涧陟岭达天游垄,随胡麻涧而入。一从赤石鸡林至玉柱峰下,入清凉峡,经山当过立壁峰石峡,亦出天游垄至观。

天游观

董天工

绝壁巉屼冲汉开,山僧礼斗近三台。

铁龙喷洒岚阴黑,白鹤翻飞紫气皑。

午夜声稀敲玉磬,清晨气爽步仙台。

世人欲学长生诀,曾到天游游几回。

登一览台

董天工

奇峰突兀起高台，远望平畴叠翠堆。
一水潆环流曲曲，诸山拱揖景枚枚。
月临万壑浮虚白，露暗千林锁绿苔。
倚槛不知尘世界，置身恍若在蓬莱。

　　三仰峰，三层峰左。三峰叠起，状如石磴，首皆东顾。俗呼第一峰为大仰，第二峰为中仰，第三峰为小仰。又以第三峰为一仰，中为二仰，上为三仰。陟其顶，四虚无际，远眺可数百里。武夷诸峰离奇万状，皆如指掌、如盘。即天游亦在俯视。但是峰见山而不见溪，较天游所居稍偏耳。

　　路径，一从铸钱岩陟小岭右旋，复左折至碧霄洞，一从三隐台后逾小岭陟其巅；一从章堂，一从棠岭。皆就峰之背以登。

三仰峰

董天工

曾到天游路百盘，三峰叠起势巉岏。
琳宫咫尺乾坤小，贝阙攀跻日月寒。
仰视沧溟红错落，俯瞻丹壁翠凝团。
巡檐不尽古今意，炼石何人遗灶丹。

　　碧霄洞，在小仰半壁。深四五丈，高广半之。壁间勒字曰"武夷最高处"。洞旁有井，传为白玉蟾丹井。又有丹灶，在中仰，国朝会稽周士芳结茅修炼于此。有传，详《隐逸》。

碧霄洞

董天工

武夷何处高，碧霄近河汉。星辰手可摘，北斗曜璀璨。
洞壑三五寻，高广适相半。传昔有仙人，栖此静修锻。
九转仙丹成，青砂红熳烂。只今世代殊，尚遗古井干。
青松郁郁苍，月照金光灿。绿竹萧萧翠，风吹玉叶漫。
山鸟窗前飞，王孙户外玩。兴游来此地，心眼豁一旦。

天壶峰

董　勷

绝磴诸峰拱，玲珑碧玉环。阶前日月转，洞里乾坤闲。
古殿虚生白，悬崖雨滴斑。长房如到此，错认壶公攀。

琅玕岩，天壶峰右，俗呼郎官岩。径极陡险，崖畔翼以栏杆，又呼栏杆岩。实以竹多而名。

琅玕岩

董 敕

谁把渭川千户移，名岩生色绿漪漪。

浮筠昔绕子猷宅，解箨今依玉版师。

最爱空山疏雨滴，尤宜古洞晚风披。

可能结实如鸡子，引入青鸾舞翠枝。

钟模石，琅玕岩前，圆笋数丈，类钟形。

旧志云：在鼓子峰后，谬矣。傅木虚诗"石如钟鼓两岩开"句，竟分鼓子之一峰当之。盖为旧说所误，兹从李志正之。

题钟模石

董天工

谁是发深省，清晨听晓钟。

肖形倚壑立，水击声琤琮。

涵翠岩，活水洞在鼓楼岩右。半崖三石洞。万历间，山人谢智辟而居之，董少司空应举有《谢洞记》勒石，李中丞材为题"涵翠岩"三字勒壁。智号活水，人因称其洞曰活水洞。后为董司空别业。明末，支刺史永昌亦栖遁于此。

路径，溯桃花洞逾小岭右旋，至岩之半腰，及洞。

第二节　八闽近代董氏著名艺文

一、董拔萃艺文

董拔萃，1955年生，福建省石狮市人。1993年侨居菲律宾马尼拉。笔名修竹、石永生、石昶，中华诗词学会会员。菲律宾中国和平统一促进会文宣委员，菲律宾中国洪门致公党总部副秘书长，华盛顿中国和平统一促进会高级顾问。

理直气壮支持和促进中国和平统一
董拔萃

在即将辞别2008年这特殊年份，迎接2009年新年第一缕曙光来临之际，海内外炎黄子孙回顾过去，展望未来，无不充满感慨和憧憬。

2008年曾被视为台海发生战争的高危险期。因为，台独势力经八年的高度膨胀而至极

度猖狂,又由极度猖狂而导致濒临快速崩溃,以陈水扁为代表的民进党台独集团,为挽回即将丧失的政权,作狗急跳墙的垂死挣扎,造成两岸关系可能恶化,甚至因"台独"发生台海战争的严重隐患。与此同时,"藏独"势力乘机发难,遥相呼应。三月十四日,达赖集团勾结国际反华势力制造一场蓄谋已久的血腥暴乱,继之策划以暴力阻挠圣火传递,企图破坏北京奥运成功举办。西方某些国家政客和媒体竟公然为虎作伥,中华民族面临一场严峻的考验。

　　宝岛何幸! 华夏何幸! 在海内外炎黄子孙和国际舆论的强烈谴责声浪中,三月二十二日,台湾民众用手中的选票唾弃台独政权,同时否决了不利两岸关系和平发展,损及中华民族根本利益的所谓"入联"、"返联"公投。台湾海峡阴霾"独"雾散尽,坚持一中,反对台独的国民党重新当政,两岸关系发生了积极变化。在一个中国原则下,两岸共创双赢的历史机遇应运而临。四月,萧万长以两岸共同市场基金会董事长身份参加亚洲论坛,并于博鳌"胡萧会"。其时,萧万长已是台湾地区刚选出的副领导人。五月十二日,汶川八级特大地震,面对惨重的自然灾害,岛内抢险重建。两岸同胞在患难中经历一次同是中国人深层意识的交融,血浓于水的手足之情充分展现。五月二十日,马英九先生在演讲中表述,希望在"九二共识"的基础上,尽快恢复海基海协会谈。五月二十八日,胡锦涛总书记在北京与国民党主席吴伯雄会谈,提出建立互信、搁置争议、求同存异,共创双赢,促进两岸关系和平发展的方针,得到马英九先生的高度认同和积极响应。六月十一日至十四日,海基会董事长江炳坤率团到北京与海协会进行会谈,签署"二项协议"。十一月三日至七日,海协会陈云林会长率团到台湾同海基会签署"四项协议",马英九在台北宾馆会见陈云林会长。今年,两会达成的成果均已付诸实施,两岸同胞冀盼的"大三通"终于实现。十一月二十二日,连战先生出席亚太经合会议,并在秘鲁首都利马"胡连会"。在金融海啸将引发全球经济可能恶化的严峻时期,国共第四届两岸经贸文化论坛二十日至二十一日在上海举办,达成九项"共同建议",中台办主任王毅同时宣布大陆有关部门的十项惠台政策以扩大深化两岸经济交流合作,共同抵御经济危机。

　　笔者认为,从两岸领导人和有关部门频繁的会面、协商、互动场合,从国共交流平台达成的"共识"、"建议",从海协海基签署的协议,从大陆有关部门的惠台政策,或是台湾方面加快加速扩大开放交流的政策。字里行间,点点滴滴,都体现出既能维护一个中国原则,又能灵活处理目前尚未能解决的一些敏感的政治符号和称谓问题所体现出的政治智慧。"国家以最大的诚意,尽最大的努力,实现和平"得到台湾方面的善意响应。从两岸关系发展史来看,2008年是不平凡的一年,是光辉的一年。成果得益海内外炎子孙坚持一中原则,维护和平正义、反对台独、反对分裂,来自国共两党选择走对的路,果断做对的事,真正为两岸同胞谋福利,并以超越的政治智慧和务实的作风履行建立互信,搁置争议、求同存异,共创双赢。我们高兴的看到,随着阻碍两岸人民自由往来的人为政治藩篱的撤除,三通实现,宣告李登辉"两国论"及其"戒急用忍",陈水扁"一边一国"及其"积极管理"的阻挠两岸关系和平发展的分裂中国的谬论与"独台"、"台独"政策走入历史,两岸进入和解、和平"大交流、大合作、大融合、大发展的崭新局面"。八月份北京奥运的成功举办,也宣告达赖"藏独"集团企图以破坏京奥而达到干扰中国和平崛起、分裂中国的罪恶图谋彻底破产。

　　笔者认为,虽然两岸关系发生重大变化,但也产生了一些新的问题,正确理解"九二共识"的真谛在于一个中国。两岸关系不是国与国的关系,和平发展的最终目的在于实现两岸和平统一。如果错误解读"九二共识"或"一中各表",造成"两个中国"、"一中一台"沉渣泛起,危害

两岸关系,或因意识形态,或因某种目的,搞小动作挑起争议,制造议题混淆视听,都不利于两岸关系和平发展,都是不得人心的。得之不易的两岸关系和平发展前景应倍加珍惜,努力营造有利两岸关系和平统一的外部大环境至关重要,也是海外华人华侨对祖国和平统一的实质贡献。

笔者认为,"台独"、"藏独"集团虽然在 2008 年受到重创走向式微,但反分裂的斗争仍然艰巨,甚至更为复杂,更需要智慧与策略。我们应高度警惕李登辉"中华民国在台湾"、陈水扁"中华民国是台湾"等不同于公然叫嚣建立"台湾共和国",谋求法理台独的另类分裂活动;警惕达赖披着宗教领袖外衣,以所谓不谋求"西藏独立",要求"大藏区自治"的实质"藏独"活动,对中国和平发展和海峡两岸和平统一的干扰和破坏。在新的一年,让我们继续坚定地反对任何形式的分裂活动,理直气壮地为祖国和平统一鼓与呼。

二、董桥艺文

董桥,1942 年生,福建晋江人。1964 年毕业于台湾成功大学外国语言文学系。曾在伦敦英国广播电台中文部从事新闻广播及时事评论工作。历任香港《明报月刊》总编辑、香港中文大学出版组主任、《读者文摘》中文版总编辑、《明报》总编辑、香港公开大学中国语文顾问、香港《苹果日报》副社长等职。撰写文化思想评论及文学散文多年,在港台两地出版之文集计有《双城杂笔》、《另外一种心情》、《这一代的事》、《跟中国的梦赛跑》、《辩证法的黄昏》、《英华沉浮录》(十卷本)等,并翻译书籍多种。近年来,在北京、浙江、广东、四川、辽宁等地出版《董桥文录》等文选多种。曾获第七届香港中文文学双年奖(散文组)。

静观的固执

耀基兄说德国社会学家马克斯·韦伯(Max Weber)生活在两个世界里,一个是热性的政治世界,一个是冷性的学术世界。又说韦伯有两个声音,一个是对学术之真诚与承诺,一个是站在政治边缘上的绝望的呼吁。我很同意这样的观察。1977 年年底一连好几个冬夜,我在伦敦寓所炉边静心读了一些韦伯和关于韦伯的书,心中荡起不少涟漪,想到知识分子徘徊在文化良知与现实政治之间的那份错杂心情,久久不能自释。按编《明报月刊》的这六年里,我看到中国大陆痛定思痛,埋头修补人类尊严的一块块青花碎片;我看到台湾经济拖拉机机件失灵,大家忙着清理大观园内物质文明的污水;我看到香港的维多利亚陈年被巾给拿掉,政治着凉的一个喷嚏喷醒了多少高帽燕尾的春梦。就在这个时候,我也看到朝秦暮楚的个人信仰随随便便篡改价值观念;各种政治宣传向商业广告看齐,利用现代传媒科技的视听器和印刷品,日夜不停骚扰中西文化中静观冥想的传统。于是我和我主编的《明月》也都生活在两个世界里,一个是热性的政治世界,一个是冷性的文化世界。我和我主编的《明月》也有两个声音,一个是对文化之真诚与承诺,一个是站在政治边缘上的关怀的呼吁。

说"文化"而不说"学术",那是因为我不希望毫无远见的学术账单垄断整个知识市场。说"关怀"而不说"绝望",那是因为我对海峡两岸和香港的前途依然抱着不少希望,我的希望与其说是寄托在政治制度之上,毋宁说是摆放在文化理念之上。政治是一种"行动的人生",文化却是"静观的人生",在朝的政治行动可以颠倒乾坤,在野的文化静观始终是一股制衡势力,逼人思其所行。我常觉得人生"行动"的余地和机缘毕竟不是太大太多,客观环境往往只容许

人生退而静观其变,而知识的唯一好处,大概就是教人怎么创造转圜的余地,不是教人怎么开拓冲刺的空间。这样说,"静观"似乎更有其真诚的性格和刚毅的精神了。

当然,文化的功能不太容易用统计数据去分析和总结。在"行动"表面上战胜"静观"的这个时代里,一本以文化、学术、思想为主的刊物能够给"行动的人生"调剂出多少静观的智慧,则更是无法计较了。

1985 年 12 月

萝卜白菜的意识

我不懂画艺,却爱看画。少年得环境熏陶,多看国画。稍后受西方人文思潮感染,一度醉心西画。于今中年,情怀十分秋,仿佛悟出了疏影横窗的玄机,竟又耽悦浮现传统风骨的国画。既有这份偏爱,照说应该学点画理,看画才可看出真乾坤。但我毕竟疏懒,总觉得心之所爱,何须讲理? 于是我说的传统、风骨,指的也就不是画的技巧,而是画的意识了。张大千画过一幅萝卜白菜,题了石涛一首七绝:"冷澹生涯本业儒,家贫休厌食无鱼。菜根切莫多油煮,留点青灯教子书!"绿缨红头的萝卜、鲜嫩青翠的白菜,此处已成寒士操守的象征。配上那首诗,风骨自是愈发峥嵘了。

再说,山水画中的一山一水大半萦绕故园梦影,难免纠缠几丝有爱有恨的政治联想。这时候,家国之感的传统,绝俗超尘的风骨,只好又向丹青之中去细辨了。黄宾虹 1924 年为陈柱画过一幅山水,陈柱因有绝诗二首作答,其一是:"万壑千峰欲插云,依稀莫辨故山村。斜阳远映红于血,知是江山是血痕?"第二首更说到一神州破碎难回首,只向先生画里看! 陈柱虽然晚节不全,在汪伪政权下当过南京伪中央大学的校长,他到底深明中国艺术的意识和中国画家的气节,诗中不致辜负黄宾虹画里的寄托。至于李可染画《万山红遍》、画《井冈山》,用意当然也在于描绘"改变中国命运"的山水景致,笔底的政治意识再清楚不过了。到了打成"黑画家",饱受迫害,他关在画室里坚持原则写出来的作品,想来又把故国山水纷纷化成胸中丘壑。这些墨痕,一定更见出古典中的今情了。

李可染论山水画有"可贵者胆,所要者魂"八字,不仅涵盖了画艺的经验,兼且流露画人的怀抱。我每次听画家论画,想到的往往不是画,是人。前几天,关山月趁来港之便,带了几张近作的菲林给我发表。关老写梅,不知颠倒多少人。我读过他的一幅墨梅,大字题了王冕的"不要人夸好颜色,只留清气满乾坤",铁干虬枝,孤标粲粲,真是神品! 那么和他谈起时下画人不知进出传统、终致不能在传统基础上创新的问题,关老说有东莞人卖席,顾客嫌席子太短不合身长,席贩说:"是给活人睡还是给死人睡?"客答曰:"当然是给活人睡!"席贩说:"既是活人,难道不会蜷着身子睡吗?"客哑然。席子如此,传统如此,写画如此,看画亦复如此。万山的一遍红,可以是斜阳,也可以是血痕。中国画可贵者意,所要者识,意与识会,萝卜白菜当然不再是萝卜白菜了。

"小心轻放"

案头摆着一件清代同治年间的五彩茶叶瓷罐,四方形,四面各绘上不同形状的浮凸花瓶,瓶中各插一枝水红牡丹,配上秋葵绿色地,淡黄花边。虽然不是什么名贵古董,到底是中国瓷器,看了甚为欢喜。"欢喜"是很笼统的形容词,深含太多抓得住和抓不住的念头。陶瓷的生

779

产和农业经济发展分不开,陶瓷也象征中国灿烂的文化艺术。既有经济因素,又有文化因素,陶瓷跟政治因此也大有因缘。有了这三大因由,一件瓷器不论是官窑或是民窑烧造出来,一定都有"价值",惹人喜欢。

有价值的东西往往易碎,要人人宝爱才行。中国大陆硅酸盐学会编的《中国陶瓷史》谈到明代后期瓷器经海路陆路输出的情形,引了万历年间刊刻的《野获编》里一段话,记载当时远道运输瓷器的绝妙办法:"鞑靼、女真诸部及天方诸国贡夷归装所载,他物不论,即以瓷器一项,多至数十车。余初怪其轻脆,何以陆行万里。即细叩之,则初买时,每一器物纳沙土及豆麦少许,选数十个辄牢缚成一片,置之湿地,频洒以水。久之,则豆麦生芽,缠绕胶固。试投之牢确之地,不损破者,始以登车。既装车时,又从车上扔下数番,坚韧如故者,始载以往,其价比常加十倍。"

年前,一位在英国牛津念理科的朋友说,现代科学技术的高尚理想是改进人类的日常生活,给人类带来更多欢乐,其中包括协助人类维护生活里的各种价值。看了《野获编》里这段资料,不能不觉得古人在瓷器里种豆、麦解决瓷器运输问题的手法,跟现代完善的运输设备所追求的最终目的一样,一样希望维护人类要维护的"价值"。古人的方法还算符合科技精神。"科技"当然要紧,更要紧是先有一份一宝爱的心意。科学技术给世界带来的考验不能说少,今日,中外有点远见的人谈论精神文明,不外想在人类像瓷器一样轻脆的"意志"上种植豆麦,使之"缠绕胶固",万一科技之神把他从物质文明的"车"上"扔下数番",他还可以"坚韧如故",保持价值!

衡量文化价值不必巧立太多大言的名目,文化是活的,可以输出,也可以输入,是政治经济活动的环节。政治开明,经济活跃,文化一定可以免于僵化。中共驻英大使柯华离英前在伦敦接受香港报社记者访问,谈到他对伦敦"完全没有腻的感觉。伦敦的政治、经济活动繁忙,文化生活非常丰富",正是这层意思。香港的政治、经济活动也很有活力,香港文化的价值在于有输出也有输入,境界未必十分崇高,但是处处蕴藏新机。门户开放,自由交流是好的。柯华谈到中英双方在政治、经济、贸易、科技、文化、教育各领域的关系发展很快,两国代表团互访非常频密,说是他经常要接送客人,"连到希斯鲁机场一路有多少石头我都知道了"。其实,不光是人要行万里路,政治、经济也要行万里路,文化更要行万里路。行万里路才可以把路走通,"通"则不迁,也就是"达"。清代刘子芬《竹园陶说》里提到"广彩"瓷器说:"海通之初,西商之来中国者,先至澳门,后则径广州。清代中叶,海舶云集,商务繁盛。欧土重华瓷,我国商人投其所好,乃于景德镇烧造白器。运至粤垣,另雇工匠,仿照西洋画法,加以彩绘,于珠江南岸之河南,开炉烘染,制成彩瓷,然后售之西商。"

今日,北京政府在沿海各地设立特区的构想,跟当年我国商人处理广彩外销的手法有点像,算是灵活的措施。中、英、港三方商谈香港前途,手法可以灵活也可以不灵活。刘子芬这段记录,多少会引出点灵感来。政治上、经济上、文化上,中国之与香港,犹如景德镇的白器之与广彩,应该彼此搭配,开拓新机。白器要烧造得好是先决条件,否则彩绘绘得再出色,彩瓷两下就碎了,此其一。其次是景德镇的窑匠和这边的彩绘工匠乃至"重华瓷"的西商,都应该宝爱"广彩"的价值,经济交易之外,不忘文化交往,甚至政治意识的交流。

香港正像案头摆的这件五彩茶叶瓷罐,别致得很。但是毕竟是瓷器,又轻又脆,激动起来还得提醒一句:"小心轻放!"

附 录

附录一　中国历代纪元表

五帝（约前 26 世纪初—约前 22 世纪末至约前 21 世纪初）						
黄帝				尧		
颛顼				舜		
帝喾						

夏（约前 22 世纪末至约前 21 世纪初—约前 17 世纪初）						
禹				泄		
启				不降		
太康				扃		
仲康				廑		
相				孔甲		
少康				皋		
予				发		
槐				桀（癸）		
芒						

商（约前 17 世纪初—约前 11 世纪）						
汤				祖丁		
外丙				南庚		
仲壬				阳甲		
太甲				盘庚		
沃丁				小辛		
太庚				小乙		
小甲				武丁	前 1250—前 1192	
雍己				祖庚		
太戊				祖甲		
仲丁				廪辛		
外壬				康丁		

续表

河亶甲				武乙	前1147—前1113		
祖乙				太丁（文丁）			
祖辛				帝乙			
沃甲				帝辛（纣）			

周（约前11世纪—前256）

西周（约前11世纪—前771）

武王（姬发）				孝王（姬辟方）			
成王（姬诵）				夷王（姬燮）			
康王（姬钊）				厉王（姬胡）			
昭王（姬瑕）				共和	（14）	庚申	前841
穆王（姬满）				宣王（姬静）	（46）	甲戌	前827
共王（姬繄扈）				幽王（姬宫湦）	（11）	庚申	前781
懿王（姬囏）							

东周（前770—前256）

平王（姬宜臼）	（51）	辛未	前770	悼王（姬猛）	（1）	辛巳	前520
桓王（姬林）	（23）	壬戌	前719	敬王（姬匄）	（44）	壬午	前519
庄王（姬佗）	（15）	乙酉	前696	元王（姬仁）	（7）	丙寅	前475
釐王（姬胡齐）	（5）	庚子	前681	贞定王（姬介）	（28）	癸酉	前468
惠王（姬阆）	（25）	乙巳	前676	哀王（姬去疾）	（1）	庚子	前441
襄王（姬郑）	（33）	庚午	前651	思王（姬叔）	（1）	庚子	前441
顷王（姬壬臣）	（6）	癸卯	前618	考王（姬嵬）	（15）	辛丑	前440
匡王（姬班）	（6）	己酉	前612	威烈王（姬午）	（24）	丙辰	前425
定王（姬瑜）	（21）	乙卯	前606	安王（姬骄）	（26）	庚辰	前401
简王（姬夷）	（14）	丙子	前585	烈王（姬喜）	（7）	丙午	前375
灵王（姬泄心）	（27）	庚寅	前571	显王（姬扁）	（48）	癸丑	前368
景王（姬贵）	（25）	丁巳	前544	慎靓王（姬定）	（6）	辛丑	前320
				赧王（姬延）	（59）	丁未	前314

秦（前221—前206）

周赧王五十九年乙巳（前256），秦灭周。自次年（秦昭襄王五十二年丙午，前255）起至秦王政二十五年乙卯（前222），史家以秦王纪年。秦王政二十六年庚辰（前221）完成统一，称始皇帝。

续表

昭襄王（嬴则，又名稷）	(56)	乙卯	前306	始皇帝（嬴政）	(37)	乙卯	前246
孝文王（嬴柱）	(1)	辛亥	前250	二世皇帝（嬴胡亥）	(3)	壬辰	前209
庄襄王（嬴子楚）	(3)	壬子	前249				

汉（前206—220）

西汉（前206—25）

包括王莽（9—23）和更始帝（23—25）

高帝（刘邦）	(12)	乙未	前206		神爵(4)	庚申	前61
惠帝（刘盈）	(7)	丁未	前194		五凤(4)	甲子	前57
高后（吕雉）	(8)	甲寅	前187		甘露(4)	戊辰	前53
文帝（刘恒）	(16)	壬戌	前179		黄龙(1)	壬申	前49
	(后元)(7)	戊寅	前163		初元(5)	癸酉	前48
景帝（刘启）	(7)	乙酉	前156	元帝（刘奭）	永光(5)	戊寅	前43
	(中元)(6)	壬辰	前149		建昭(5)	癸未	前38
	(后元)(3)	戊戌	前143		竟宁(1)	戊子	前33
武帝（刘彻）	建元(6)	辛丑	前140		建始(4)	己丑	前32
	元光(6)	丁未	前134		河平(4)	癸巳	前28
	元朔(6)	癸丑	前128		阳朔(4)	丁酉	前24
	元狩(6)	己未	前122	成帝（刘骜）	鸿嘉(4)	辛丑	前20
	元鼎(6)	乙丑	前116		永始(4)	乙巳	前16
	元封(6)	辛未	前110		元延(4)	己酉	前12
	太初(4)	丁丑	前104		绥和(2)	癸丑	前8
	天汉(4)	辛巳	前100	哀帝（刘欣）	建平(4)	乙卯	前6
	太始(4)	乙酉	前96		元寿(2)	己未	前2
	征和(4)	己丑	前92	平帝（刘衎）	元始(5)	辛酉	公元1
	后元(2)	癸巳	前88	孺子婴（王莽摄政）	居摄(3)	丙寅	6
昭帝（刘弗陵）	始元(7)	乙未	前86		初始(1)	戊辰	8
	元凤(6)	辛丑	前80	［新］王莽	始建国(5)	己巳	9
	元平(1)	丁未	前74		天凤(6)	甲戌	14
宣帝（刘询）	本始(4)	戊申	前73		地皇(4)	庚辰	20
	地节(4)	壬子	前69	更始帝（刘玄）	更始(3)	癸未	23
	元康(5)	丙辰	前65				

续表

东汉（25—220）

光武帝（刘秀）	建武（23）	乙酉	26	冲帝（刘炳）	永憙（嘉）（1）	乙酉	145
	建武中元（2）	丙辰	56	质帝（刘缵）	本初（1）	丙戌	146
明帝（刘庄）	永平（18）	戊午	58	桓帝（刘志）	建和（3）	丁亥	147
章帝（刘炟）	建初（9）	丙子	76		和平（1）	庚寅	150
	元和（4）	甲申	84		元嘉（3）	辛卯	151
	章和（2）	丁亥	87		永兴（2）	癸巳	153
和帝（刘肇）	永元（17）	己丑	89		永寿（4）	乙未	155
	元兴（1）	乙巳	105		延熹（10）	戊戌	158
殇帝（刘隆）	延平（1）	丙午	106		永康（1）	丁未	167
安帝（刘祐）	永初（7）	丁未	107	灵帝（刘宏）	建宁（5）	戊申	168
	元初（7）	甲寅	114		憙平（7）	壬子	172
	永宁（2）	庚申	120		光和（7）	戊午	178
	建光（2）	辛酉	121		中平（6）	甲子	184
	延光（4）	壬戌	122	献帝（刘协）	初平（4）	庚午	190
顺帝（刘保）	永建（7）	丙寅	126		兴平（2）	甲戌	194
	阳嘉（4）	壬申	132		建安（25）	丙子	196
	永和（6）	丙子	136		延康（1）	庚子	220
	汉安（3）	壬午	142				
	建康（1）	甲申	144				

三国（220—280）

魏（220—265）

文帝（曹丕）	黄初（7）	庚子	220	高贵乡公（曹髦）	嘉平（6）	己巳	249
明帝（曹叡）	太和（7）	丁未	227		正元（3）	甲戌	254
	青龙（5）	癸丑	233		甘露（5）	丙子	256
	景初（3）	丁巳	237	元帝（曹奂）（陈留王）	景元（5）	庚辰	260
齐王（曹芳）	正始（10）	庚申	240		咸熙（2）	甲申	264

蜀汉（221—263）

昭烈帝（刘备）	章武（3）	辛丑	221	后主（刘禅）	景耀（6）	戊寅	258
后主（刘禅）	建兴（15）	癸卯	223		炎兴（1）	癸未	263
	延熙（20）	戊午	238				

续表

吴(222—280)

大帝(孙权)	黄武(8)	壬寅	222	景帝(孙休)	永安(7)	戊寅	258
	黄龙(3)	己酉	229	乌程侯(孙皓)	元兴(2)	甲申	264
	嘉禾(7)	壬子	232		甘露(2)	乙酉	265
	赤乌(14)	戊午	238		宝鼎(4)	丙戌	266
	太元(2)	辛未	251		建衡(3)	己丑	269
	神凤(1)	壬申	252		凤凰(3)	壬辰	272
	建兴(2)	壬申	252		天册(2)	乙未	275
会稽王(孙亮)	五凤(3)	甲戌	254		天玺(1)	丙申	276
	太平(3)	丙子	256		天纪(4)	丁酉	277

晋(265—420)

西晋(265—317)

武帝(司马炎)	泰始(10)	乙酉	265	惠帝(司马衷)	太安(2)	壬戌	302
	咸宁(6)	乙未	275		永安(1)	甲子	304
	太康(10)	庚子	280		建武(1)	甲子	304
	太熙(1)	庚戌	290		永安(1)	甲子	304
惠帝(司马衷)	永熙(1)	庚戌	290		永兴(3)	甲子	304
	永平(1)	辛亥	291		光熙(1)	丙寅	306
	元康(9)	辛亥	291	怀帝(司马炽)	永嘉(7)	丁卯	307
	永康(2)	庚申	300	愍帝(司马邺)	建兴(5)	癸酉	313
	永宁(2)	辛酉	301				

东晋(317—420)

元帝(司马睿)	建武(2)	丁丑	317	哀帝(司马丕)	隆和(2)	壬戌	362
	大兴(4)	戊寅	318		兴宁(3)	癸亥	363
	永昌(2)	壬午	322	海西公(废帝司马奕)	太和(6)	丙寅	366
明帝(司马绍)	永昌	壬午	322	简文帝(司马昱)	咸安(2)	辛未	371
	太宁(4)	癸未	323	孝武帝(司马曜)	宁康(3)	癸酉	373
成帝(司马衍)	太宁	乙酉	325		太元(21)	丙子	376
	咸和(9)	丙戌	326	安帝(司马德宗)	隆安(5)	丁酉	397
	咸康(8)	乙未	335		元兴(3)	壬寅	402
康帝(司马岳)	建元(2)	癸卯	343		义熙(14)	乙巳	405

续表

| 穆帝（司马聃） | 永和(12) | 乙巳 | 345 | 恭帝（司马德文） | 元熙(2) | 己未 | 419 |
| | 升平(5) | 丁巳 | 357 | | | | |

南北朝(420—589)
宋(420—479)

武帝（刘裕）	永初(3)	庚申	420		景和(1)	乙巳	465
少帝（刘义符）	景平(2)	癸亥	423	明帝（刘彧）	泰始(7)	乙巳	465
文帝（刘义隆）	元嘉(30)	甲子	424		泰豫(1)	壬子	472
孝武帝（刘骏）	孝建(3)	甲午	454	后废帝（刘昱）（苍梧王）	元徽(5)	癸丑	473
	大明(8)	丁酉	457	顺帝（刘準）	昇明(3)	丁巳	477
前废帝（刘子业）	永光(1)	乙巳	465				

齐(479—502)

高帝（萧道成）	建元(4)	己未	479	明帝（萧鸾）	建武(5)	甲戌	494
武帝（萧赜）	永明(11)	癸亥	483		永泰(1)	戊寅	498
鬱帝（萧昭业）	隆昌(1)	甲戌	494	东昏侯（萧宝卷）	永元(3)	己卯	499
海陵王（萧昭文）	延兴(1)	甲戌	494	和帝（萧宝融）	中兴(2)	辛巳	501

梁(502—557)

武帝（萧衍）	天监(18)	壬午	502	豫章王（萧栋）	天正	辛未	551
	普通(8)	庚子	520	武陵王（萧纪）	天正	壬申	552
	大通(3)	丁未	527		承圣(2)	壬申	552
	中大通(6)	己酉	529	元帝（萧绎）	天正	癸酉	553
	大同(12)	乙卯	535		承圣	甲戌	554
	中大同(2)	丙寅	546	贞阳侯（萧渊明）	天成	乙亥	555
	太清(3)	丁卯	547	敬帝（萧方智）	绍泰(2)	乙亥	555
简文帝（萧纲）	大宝(2)	庚午	550		太平(2)	丙子	556

陈(557—589)

武帝（陈霸先）	永定(3)	丁丑	557	宣帝（陈顼）	太建(14)	乙丑	569
文帝（陈蒨）	天嘉(7)	庚辰	560	后主（陈叔宝）	至德(4)	癸卯	583
	天康(1)	丙戌	566		祯明(3)	丁未	587
废帝（陈伯宗）（临海王）	光大(2)	丁亥	567				

续表

北朝北魏(拓跋氏,后改元氏)(386—534)
北魏建国于丙戌(386年)正月,初称代国,至同年四月始改国号为魏,439年灭北凉,统一北方。

道武帝(拓跋珪)	登国(11)	丙戌	386	孝文帝(元宏)	延兴(6)	辛亥	471
	皇始(3)	丙申	396		承明(1)	丙辰	476
	天兴(7)	戊戌	398		太和(23)	丁巳	477
	天赐(6)	甲辰	404	宣武帝(元恪)	景明(4)	庚辰	500
明元帝(拓跋嗣)	永兴(5)	己酉	409		正始(5)	甲申	504
	神瑞(3)	甲寅	414		永平(5)	戊子	508
	泰常(8)	丙辰	416		延昌(4)	壬辰	512
太武帝(拓跋焘)	始光(5)	甲子	424	孝明帝(元诩)	熙平(3)	丙申	516
	神䴥(4)	戊辰	428		神龟(3)	戊戌	518
	延和(3)	壬申	432		正光(6)	庚子	520
	太延(6)	乙亥	435		孝昌(3)	乙巳	525
	太平真君(12)	庚辰	440		武泰(1)	戊申	528
南安王(拓跋余)	正平(2)	辛卯	451	孝庄帝(元子攸)	建义(1)	戊申	528
	永(承)平(1)	壬辰	452		永安(3)	戊申	528
文成帝(拓跋濬)	兴安(3)	壬辰	452	长广王(元晔)	建明(2)	庚戌	530
	兴光(2)	甲午	454	节闵帝(元恭)	普泰(2)	辛亥	531
	太安(5)	乙未	455	安定王(元朗)	中兴(2)	辛亥	531
	和平(6)	庚子	460	孝武帝(元脩)	太昌(1)	壬子	532
献文帝(拓跋弘)	天安(2)	丙午	466		永兴(1)	壬子	532
	皇兴(5)	丁未	467		永熙(3)	壬子	532

东魏(534—550)

| 孝静帝(元善见) | 天平(4) | 甲寅 | 534 | | 兴和(4) | 己未 | 539 |
| | 元象(2) | 戊午 | 538 | | 武定(8) | 癸亥 | 543 |

北齐(550—577)

文宣帝(高洋)	天保(10)	庚午	550		天统(5)	乙酉	565
废帝(高殷)	乾明(1)	庚辰	560	后主(高纬)	武平(7)	庚寅	570
孝昭帝(高演)	皇建(2)	庚辰	560		隆化(1)	丙申	576
武成帝(高湛)	太宁(2)	辛巳	561	幼主(高恒)	承光(1)	丁酉	577
	河清(4)	壬午	562				

789

续表

西魏（535—556）

文帝（元宝炬）	大统(17)	乙卯	535	恭帝（元廓）	—(3)	甲戌	554
废帝（元钦）	—(3)	壬申	552				

北周（557—581）

孝闵帝（宇文觉）	—(1)	丁丑	557		建德(7)	壬辰	572
明帝（宇文毓）	—(3)	丁丑	557		宣政(1)	戊戌	578
	武成(2)	己卯	559	宣帝（宇文赟）	大成(1)	己亥	579
武帝（宇文邕）	保定(5)	辛巳	561	静帝（宇文阐）	大象(3)	己亥	579
	天和(7)	丙戌	566		大定(1)	辛丑	581

隋（581—618）

文帝（杨坚）	开皇(20)	辛丑	581	炀帝（杨广）	大业(14)	乙丑	605
	仁寿(4)	辛酉	601	恭帝（杨侑）	义宁	丁丑	617

唐（618—907）

高祖（李渊）	武德(9)	戊寅	618		先天(2)	壬子	712
太宗（李世民）	贞观(23)	丁亥	627	玄宗（李隆基）	开元(29)	癸丑	713
高宗（李治）	永徽(6)	庚戌	650		天宝(15)	壬午	742
	显庆(6)	丙辰	656		至德(3)	丙申	756
	龙朔(3)	辛酉	661	肃宗（李亨）	乾元(3)	戊戌	758
	麟德(2)	甲子	664		上元(2)	庚子	760
	乾封(3)	丙寅	666		—(1)	辛丑	761
	总章(3)	戊辰	668		宝应(2)	壬寅	762
	咸亨(5)	庚午	670	代宗（李豫）	广德(2)	癸卯	763
	上元(3)	甲戌	674		永泰(2)	乙巳	765
	仪凤(4)	丙子	676		大历(14)	丙午	766
	调露(2)	己卯	679		建中(4)	庚申	780
	永隆(2)	庚辰	680	德宗（李适）	兴元(1)	甲子	784
	开耀(2)	辛巳	681		贞元(21)	乙丑	785
	永淳(2)	壬午	682	顺宗（李诵）	永贞(1)	乙酉	805
	弘道(1)	癸未	683	宪宗（李纯）	元和(15)	丙戌	806
中宗（李显又名哲）	嗣圣(1)	甲申	684	穆宗（李恒）	长庆(4)	辛丑	821

续表

睿宗(李旦)	文明(1)	甲申	684	敬宗(李湛)	宝历(3)	乙巳	825
武后(武曌)	光宅(1)	甲申	684	文宗(李昂)	宝历	丙午	826
	垂拱(4)	乙酉	685		大(太)和(9)	丁未	827
	永昌(1)	己丑	689		开成(5)	丙辰	836
	载初(1)	庚寅	690	武宗(李炎)	会昌(6)	辛酉	841
武后称帝,改国号为周	天授(3)	庚寅	690	宣宗(李忱)	大中(14)	丁卯	847
	如意(1)	壬辰	692	懿宗(李漼)	大中	己卯	859
	长寿(3)	壬辰	692		咸通(15)	庚辰	860
	延载(1)	甲午	694	僖宗(李儇)	咸通	癸巳	873
	证圣(1)	乙未	695		乾符(6)	甲午	874
	天册万岁(2)	乙未	695		广明(2)	庚子	880
	万岁登封(1)	丙申	696		中和(5)	辛丑	881
	万岁通天(2)	丙申	696		光启(4)	乙巳	885
	神功(1)	丁酉	697	昭宗(李晔)	文德(1)	戊申	888
	圣历(3)	戊戌	698		龙纪(1)	己酉	889
	久视(1)	庚子	700		大顺(2)	庚戌	890
	大足(1)	辛丑	701		景福(2)	壬子	892
中宗(李显又名哲)复唐国号	长安(4)	辛丑	701		乾宁(5)	甲寅	894
	神龙(3)	乙巳	705		光化(4)	戊午	898
	景龙(4)	丁未	707		天复(4)	辛酉	901
睿宗(李旦)	景云(2)	庚戌	710		天祐(4)	甲子	904
	太极(1)	壬子	712	哀帝(李柷)	天祐	甲子	904
	延和(1)	壬子	712				

* 辛酉三月申朔改元,一作辛酉二月乙未晦改元。

* * 始用周正,改永昌元年十一月为载初元年正月,以十二月为腊月,夏正月为一月。久视元年十月复用夏正,以正月为十一月,腊月为十二月,一月为正月。本表在这段期间内干支后面所注的改元月份都是周历,各年号的使用年数也是按照周历的计算方法。

* * * 此年九月以后去年号,但称元年。

* * * * 哀帝即位未改元。

五代(907—960)

后梁(907—923)

续表

太祖(朱晃，又名温、全忠)	开平(5)	丁卯	907	末帝(朱瑱)	乾化	癸酉	913
	乾化(5)	辛未	911		贞明(7)	乙亥	915
朱友珪	凤历(1)	癸酉	913		龙德(3)	辛巳	921

后唐(921—936)

庄宗(李存勖)	同光(4)	癸未	923	闵帝(李从厚)	应顺(1)	甲午	934
明宗(李嗣源)	天成(5)	丙戌	926	末帝(李从珂)	清泰(3)	甲午	934
	长兴(4)	庚寅	930				

后晋(936—947)

高祖(石敬瑭)	天福(9)	丙申	936	出帝(石重贵)	天福*	壬寅	942
					开运(4)	甲辰	944

* 出帝即位未改元。

后汉(947—950)

高祖(刘暠，本名知远)	天福*	丁未	947	隐帝(刘承祐)	乾祐	戊申	948
	乾祐(3)	戊申	948				

* 后汉高祖即位，仍用后晋高祖年号，称天福十二年。

** 隐帝即位未改元。

后周(951—960)

太祖(郭威)	广顺(3)	辛亥	951	世宗(柴荣)	显德*	甲寅	954
	显德(7)	甲寅	954	恭帝(柴宗训)	显德	己未	959

* 世宗、恭帝都未改元。

宋(960—1279)

北宋(960—1127)

太祖(赵匡胤)	建隆(4)	庚申	960	仁宗(赵祯)	庆历(8)	辛巳	1041
	乾德(6)	癸亥	963		皇祐(6)	己丑	1049
	开宝(9)	戊辰	968		至和(3)	甲午	1054
太宗(赵炅，本名匡义，又名光义)	太平兴国(9)	丙子	976		嘉祐(8)	丙申	1056
	雍熙(4)	甲申	984	英宗(赵曙)	治平(4)	甲辰	1064
	端拱(2)	戊子	988	神宗(赵顼)	熙宁(10)	戊申	1068
	淳化(5)	庚寅	990		元丰(8)	戊午	1078
真宗(赵恒)	至道(3)	乙未	995	哲宗(赵煦)	元祐(9)	丙寅	1086
	咸平(6)	戊戌	998		绍圣(5)	甲戌	1094
	景德(4)	甲辰	1004		元符(3)	戊寅	1098
	大中祥符(9)	戊申	1008	徽宗(赵佶)	建中靖国(1)	辛巳	1101
	天禧(5)	丁巳	1017		崇宁(5)	壬午	1102
	乾兴(1)	壬戌	1022		大观(4)	丁亥	1107
仁宗(赵祯)	天圣(10)	癸亥	1023		政和(8)	辛卯	1111
	明道(2)	壬申	1032		重和(2)	戊戌	1118
	景祐(5)	甲戌	1034		宣和(7)	己亥	1119
	宝元(3)	戊寅	1038	钦宗(赵桓)	靖康(2)	丙午	1126
	康定(2)	庚辰	1040				

续表

南宋(1127—1279)

高宗(赵构)	建炎(4)	丁未	1127	理宗(赵昀)	宝庆(3)	乙酉	1225
	绍兴(32)	辛亥	1131		绍定(6)	戊子	1228
孝宗(赵昚)	隆兴(2)	癸未	1163		端平(3)	甲午	1234
	乾道(9)	乙酉	1165		嘉熙(4)	丁酉	1237
	淳熙(16)	甲午	1174		淳祐(12)	辛丑	1241
光宗(赵惇)	绍熙(5)	庚戌	1190		宝祐(6)	癸丑	1253
宁宗(赵扩)	庆元(6)	乙卯	1195		开庆(1)	己未	1259
	嘉泰(4)	辛酉	1201		景定(5)	庚申	1260
	开禧(3)	乙丑	1205	度宗(赵禥)	咸淳(10)	乙丑	1265
	嘉定(17)	戊辰	1208	恭帝(赵㬎)	德祐(2)	乙亥	1275
				端宗(赵昰)	景炎(3)	丙子	1276
				帝昺(赵昺)	祥兴(2)	戊寅	1278

辽(耶律氏)(907—1125)

辽建国于907年,国号契丹。916年始建年号,938年(一说947年)改国号为辽。983年复称契丹,1066年仍称辽。

太祖(耶律阿保机)	—(10)	丁卯	907	兴宗(耶律宗真)	开泰(10)	壬子	1012
	神册(7)	丙子	916		太平(11)	辛酉	1021
	天赞(5)	壬午	922		景福(2)	辛未	1031
	天显(13)	丙戌	926		重熙(24)	壬申	1032
太宗(耶律德光)	天显*	丁亥	927	道宗(耶律洪基)	清宁(10)	乙未	1055
	会同(10)	戊戌	938		咸雍(10)	乙巳	1065
	大同(1)	丁未	947		大(太)康(10)	乙卯	1075
世宗(耶律阮)	天禄(5)	丁未	947		大安(10)	乙丑	1085
穆宗(耶律璟)	应历(19)	辛亥	951		寿昌(隆)(7)	乙亥	1095
景宗(耶律贤)	保宁(11)	己巳	969	天祚帝(耶律延禧)	乾统(10)	辛巳	1101
	乾亨(5)	己卯	979		天庆(10)	辛卯	1111
圣宗(耶律隆绪)	乾亨	壬午	982		保大(5)	辛丑	1121
	统和(30)	癸未	983				

金(完颜氏)(1115—1234)

续表

太祖(完颜旻, 本名阿骨打)	收国(2)	乙未	1115	章宗(完颜璟)	承安(5)	丙辰	1196
	天辅(7)	丁酉	1117		泰和(8)	辛酉	1201
太宗(完颜晟)	天会(15)	癸卯	1123	卫绍王(完颜永济)	大安(3)	己巳	1209
	天会*	乙卯	1135		崇庆(2)	壬申	1212
熙宗(完颜亶)	天眷(3)	戊午	1138		至宁(1)	癸酉	1213
	皇统(9)	辛酉	1141	宣宗(完颜珣)	贞祐(5)	癸酉	1213
海陵王(完颜亮)	天德(5)	己巳	1149		兴定(6)	丁丑	1217
	贞元(4)	癸酉	1153		元光(2)	壬午	1222
	正隆(6)	丙子	1156	哀宗(完颜守绪)	正大(9)	甲申	1224
世宗(完颜雍)	大定(29)	辛巳	1161		开兴(1)	壬辰	1232
章宗(完颜璟)	明昌(7)	庚戌	1190		天兴(3)	壬辰	1232

* 熙宗即位未改元。

元(孛儿只斤氏)(1206—1368)

蒙古孛儿只斤铁木真于1206年建国。1271年,忽必烈定国号为元。1279年灭南宋。

太祖(一铁木真) (成吉思汗)	—(22)	丙寅	1206	英宗(一硕德八剌)	至治(3)	辛酉	1321
拖雷(监国)	—(1)	戊子	1228	泰定帝(一也孙铁木耳)	泰定(5)	甲子	1324
太宗(一窝阔台)	—(13)	己丑	1229		致和(1)	戊辰	1328
乃马真后(称制)	—(5)	壬寅	1242	天顺帝(一阿速吉八)	天顺(1)	戊辰	1328
定宗(一贵由)	—(3)	丙午	1246	文宗(一图帖睦耳)	天历(3)	戊辰	1328
海迷失后(称制)	—(3)	己酉	1249	明宗(一和世瓎)*		己巳	1329
宪宗(一蒙哥)	—(9)	辛亥	1251		至顺(4)	庚午	1330
世祖(忽必烈)	中统(5)	庚申	1260	宁宗(一懿璘质班)	至顺	壬申	1332
	至元(31)	甲子	1264		至顺	癸酉	1333
成宗(一铁穆耳)	元贞(3)	乙未	1295	顺帝(一妥懽帖睦尔)	元统(3)	癸酉	1333
	大德(11)	丁酉	1297		(后)至元(6)	乙亥	1335
武宗(一海山)	至大(4)	戊申	1308		至正(28)	辛巳	1341
仁宗(一爱力育黎拔力八达)	皇庆(2)	壬子	1312				
	延祐(7)	甲寅	1314				

* 明宗于己巳(1329)正月即位,以文宗为皇太子。八月,明宗暴死,文宗复位。

续表

明（1368—1644）

太祖（朱元璋）	洪武（31）	戊申	1368	孝宗（朱祐樘）	弘治（18）	戊申	1488
惠帝（朱允炆）	建文（4）*	己卯	1399	武宗（朱厚照）	正德（16）	丙寅	1506
成祖（朱棣）	永乐（22）	癸未	1403	世宗（朱厚熜）	嘉靖（45）	壬午	1522
仁宗（朱高炽）	洪熙（1）	乙巳	1425	穆宗（朱载垕）	隆庆（6）	丁卯	1567
宣宗（朱瞻基）	宣德（10）	丙午	1426	神宗（朱翊钧）	万历（48）	癸酉	1573
英宗（朱祁镇）	正统（14）	丙辰	1436	光宗（朱常洛）	泰昌（1）	庚申	1620
代宗（朱祁钰）（景帝）	景泰（8）	庚午	1450	熹宗（朱由校）	天启（7）	辛酉	1621
英宗（朱祁镇）	天顺（8）	丁丑	1457	思宗（朱由检）	崇祯（17）	戊辰	1628
宪宗（朱见深）	成化（23）	乙酉	1465				

* 建文四年时成祖废除建文年号，改为洪武三十五年。

清（爱新觉罗氏）（1616—1911）

清建国于1616年，初称后金，1636年始改国号为清，1644年入关。

太祖（—努尔哈赤）	天命（11）	丙辰	1916	仁宗（—颙琰）	嘉庆（25）	丙辰	1796
太宗（—皇太极）	天聪（10）	丁卯	1627	宣宗（—旻宁）	道光（30）	辛巳	1821
	崇德（8）	丙子	1636	文宗（—奕詝）	咸丰（11）	辛亥	1851
世祖（—福临）	顺治（18）	甲申	1644	穆宗（—载淳）	同治（13）	壬戌	1862
圣祖（—玄烨）	康熙（61）	壬寅	1662	德宗（—载湉）	光绪（34）	乙亥	1875
世祖（—胤禛）	雍正（13）	癸卯	1723	—溥仪	宣统（3）	己酉	1909
高宗（—弘历）	乾隆（60）	丙辰	1736				

中华民国（1912—1949年）

中华民国（38）	壬子	1912

中华人民共和国1949年10月1日成立

附录二　中国各朝代名称的来历

　　我国历史悠久,朝代更替纷繁,每朝的创建者首办的第一件事就是确立国号(朝代名称)。国号就是一个国家的称号,《史记·五帝本纪》:"自黄帝至舜禹,皆同姓而异其国号,以章明德。"

　　朝代的名称是由什么决定呢?大致有五个来由:由部族、部落联盟的名称而来。来自创建者原有封号、爵位,源于创建者原始所或政权统治的区域,源于宗族关系,寓意吉祥。

　　具体说:

　　夏:据传禹曾受封于夏伯,因用以称其政权为"夏"。另据历史学家范文澜先生说,禹的儿子启西迁大夏(山西南部汾浍一带)后,才称"夏"。

　　商:相传商(今河南商丘南)的始祖契曾帮助禹治水有功而受封于商,以后就以"商"来称其部落(或部族)。汤灭夏后,就以"商"作为国名。后盘庚迁殷(今河南安阳西北)后,又以"殷"或"殷商"并称。

　　周:周部落到古公亶父时,迁居于周原(今陕西岐山)。武王灭殷以后,就以"周"为朝代名。周前期建都于镐(今陕西西安西南),后来平王东迁洛邑(今河南洛阳)。因在镐的东方,就有"西周"和"东周"的称号。

　　秦:据《史记》记载,本为古部落,其首领非子为周孝王养马有成绩,被周孝王赐姓为"嬴",并赐给了一小块土地(今甘肃天水县,另说是陇西谷名)。后来襄又救周有功被封为诸侯。秦始皇统一六国,始建秦国。

　　汉:项羽封刘邦为汉王,以后刘邦击败项羽,统一中国,国号称"汉"。汉朝前期都长安,后期都洛阳,故从都城上有"西汉"和"东汉",从时间上有"前汉"和"后汉"之分。

　　魏:汉献帝曾封曹操为"魏公"、"魏王"爵位,曹丕代汉后便称"魏"。以皇室姓曹,历史上又称"曹魏"。

　　蜀:刘备以四川为活动地区,蜀指四川,其政权称"蜀"。历史上也称"蜀汉"。汉指东汉的继续。

　　吴:孙权活动于长江下游一带,历史上曾建吴国,曹魏曾封孙权为"吴王",故史称"孙吴"。又以驻地在东,也称"东吴"。

　　晋:司马昭逼魏帝封他为"晋公",灭蜀后进爵为晋王。后来他的儿子司马炎继承他的爵位,逼令魏帝退位,自立为皇帝,国号"晋"。

　　隋:隋文帝杨坚之父杨忠,曾被北周封为"随国公"。杨坚登基后袭用此封卦爵,称为"随朝"。因为随有"走"的意思,恐不祥,改为"隋"。

　　唐:唐高祖李渊的祖父李虎,佐周有功,被追封为"唐国公",爵位传至李渊。太原起兵后,李渊称"唐王",后废杨侑建唐朝。

辽：辽原称"契丹"，改"辽"是因其居于辽河上游之故。

宋：后周恭帝继位后，命赵匡胤为归德节度使。归德军驻宋州（今河南商丘），赵匡胤为宋州节度使。陈桥兵变后，因发迹在宋州，国号曰"宋"。

西夏：拓拔思恭占据夏州（今山西横山县），建国时以夏州得名，称"大夏"。因其在西方，宋人称"西夏"。

金：金都城上京会宁（今黑龙江阿城南），位于按出虎水（今阿什河畔）。相传其水产金，女真语"金"为"按出虎"。

元：据《元史》记载："元"的命名，是元世祖忽必烈定的。是取《易经》上"大哉乾元"句中的"元"，有大、首等意思。但也有人认为与蒙古人的风俗与图腾有关，有的认为与佛教有关。

明：朱元璋是元末起义军首领之一，是继承郭子兴而发展起来的。郭子兴属于白莲教组织。白莲教宣称"黑暗即将过去，光明将要到来"，鼓舞人民反对黑暗的元朝统治，所以又称"光明教"。白莲教的首领韩山童称"明王"（他的儿子韩林儿称"小明王"），都体现其教义宗旨。朱元璋曾经信仰白莲教，承认自己是白莲教起义军的一支（他曾为小明王左副元帅）。朱元璋取得政权后，国号称"明"。

清：满族是女真族的一支。女真族在北宋时建立金国，明末女真势力复强，重建金国（后金）。后金为了向外扩展，割断了同明朝的臣属关系，清太宗皇太极把"女真"改为"满洲"，把"金"改为"清"。在宋时，女真人受制于契丹人，他针对"辽"字在契丹语中是"铁"的意思，因此命名"金"，表示比铁更坚强有力，可以压倒"辽"。"金"改"清"的原因，史学家有不同意见，有人认为是皇太极要避免引起尖锐的矛盾而为之。

附录三 中国历代职官和官级制度

所谓职官,是指在国家机构中担任一定职务的官吏。这里面有职官的名称、职权范围和品级地位等方面的内容。我国国家的产生,开始于夏代,而职官的设置是随着国家的产生才出现的。所以讲职官,也只能从夏代开始。我国古代的职官,历代建置不同,其间因袭变革、增加减少,情况十分复杂。

我国古代职官的发展,大致可分为三个时期:

第一个时期为夏、商两代,前后大约一千年。(商)国君称"后"称"王",手下主要官员称"史"、"巫"。商后期王族长老称"父师"、"少师",对王负有辅佐之责,如箕子、比干。管理家务的臣仆称"臣"、"宰"、"尹"等。

第二个时期从西周到春秋,大约六七百年。国君称"天子"、"天王",王位继承人称"太子"、"东宫",王妻称"后"。《诗·小雅·北山》曰:"溥(pǔ普)天之下,莫非王土。率土之滨,莫非王臣。"诸侯的封地叫国,大夫的封地叫邑,王室是中央政府,而国和邑是地方政府。中央政府中除王以外,三公(太师、太傅、太保)职务最高,王年幼或缺位时,他们可以代王行事。以卿士为首的政务部门管理军事、行政、司法、外事等职,以太史为首的教育文化部门管理神事、教育、秘书、历法等职,金文并称之为"卿士寮"、"太史寮"。卿士之下有司徒、司马、司空三大夫,司徒掌管土地和役徒,司马掌管军赋和车马,司空掌管筑城修路等重大工程。太史之下有内史、御史、太卜、宗伯、乐师等职,内史掌管策命卿大夫之事,御史掌管档案,太卜掌管占卜,宗伯掌管祭祀礼仪,乐师掌管音乐与教育。临时设置的辅导君主礼仪的称"相",总管王家事务的称"宰"或"太宰"、"冢宰",负责王宫警卫并教习武艺的称"师氏"或"师",王宫卫士称"虎贲(bēn)",王的近臣称"小臣"。地方政府设置大约与中央政府相同,不过,执政的卿由周天子任命,并世代相袭,只能称"卿"或"政卿"、"正卿",不能称"卿士"。

第三个时期从战国开始,一直延续到清末,时间长达两千三百多年。此时期的特点是:君主的地位极大地提高了,权力高度集中;在国家机构中,巫史和宗室贵族不占重要地位,而君主的臣仆和侍从上升到主要地位;统治的地区越来越辽阔,机构也越来越庞大,职务上的分工也越来越细,变化复杂。

历史上有许多职官等级,如国君、宰相、中央各部门长官、地方长官、武官、监官与谏官、君主的秘书与文学待从、学官、宫廷事务官、佐官、属官与胥吏、试官、加官与赠官,还有爵、勋、品、阶职官等级。

爵:即爵位、爵号,是古代皇帝对贵戚功臣的封赐。旧说周代有公、侯、伯、子、男五种爵位,后代爵称和爵位制度往往因时而异。如汉初刘邦既封皇子为王,又封了七位功臣为王,彭越为梁王,英布为淮南王等;魏曹植曾被封为陈王,唐郭子仪被封为汾阳郡王;清太祖努尔哈赤封其子阿济格为英亲王,多铎为豫亲王,豪格为肃亲王。再如宋代寇准封莱国公,王安石封

荆国公,司马光为温国公;明代李善长封韩国公,李文忠封曹国公,刘基封诚意伯,王阳明封新建伯;清代曾国藩封一等毅勇侯,左宗棠封二等恪靖侯,李鸿章封一等肃毅伯。

丞相:是封建官僚机构中的最高官职,是秉承君主旨意综理全国政务的人。有时称相国,常与宰相通称,简称"相"。如《陈涉世家》:"王侯将相宁有种乎。"《廉颇蔺相如列传》:"且庸人尚羞之,况于将相乎!"《蜀相》:"丞相祠堂何处寻,锦官城外柏森森。"《〈指南录〉后序》:"予除右丞相兼枢密使,都督诸路军马。"

太师:指两种官职,其一,古代称太师、太傅、太保为"三公",后多为大官加衔,表示恩宠而无实职,如宋代赵普、文彦博等曾被加太师衔。其二,古代又称太子太师、太子太傅、太子太保为"东宫三师",都是太子的老师。太师是太子太师的简称,后来也逐渐成为虚衔。如《梅花岭记》"颜太师以兵解",颜真卿曾被加太子太师衔,故称。再如明代张居正曾有八个虚衔,最后加太子太师衔;清代洪承畴也被加封太子太师衔,其实并未给太子讲过课。

太傅:参见"太师"条。古代"三公"之一。又指"东宫三师"之一,如贾谊曾先后任皇子长沙王、梁怀王的老师,故封为太傅。后逐渐成为虚衔,如曾国藩、曾国荃、左宗棠、李鸿章死后都被迫赠太傅。

少保:指两种官职,其一,古代称少师、少傅、少保为"三孤",后逐渐成为虚衔,如《梅花岭记》"文少保亦以悟大光明法蝉",文天祥曾任少保官职,故称。其二,古代称太子少师、太子少傅、太子少保为"东宫三少",后也逐渐成为虚衔。

尚书:最初是掌管文书奏章的官员。隋代始没六部,唐代确定六部为吏、户、礼、兵、刑、工,各部以尚书、侍郎为正副长官。如《张衡传》:"上书乞骸骨,征拜尚书。"再如大书法家颜真卿曾任吏部尚书,诗人白居易曾任刑部尚书,史可法曾任兵部尚书。

学士:魏晋时是掌管典礼、编撰诸事的官职。唐以后指翰林学士,成为皇帝的秘书、顾问,参与机要,因而有"内相"之称。明清时承旨、侍读、侍讲、编修、庶吉士等虽也为翰林学士,但与唐宋时翰林学士的地位和职掌都不同。如《〈指南录〉后序》"以资政殿学士行",这是文天祥辞掉丞相后授予的官职;《谭嗣同》"君以学士徐公致靖荐",徐致靖当时任翰林院侍读学士,这是专给帝王讲学的官职。白居易、欧阳修、苏轼、司马光、沈括、宋濂等都曾是翰林学士。

上卿:周代官制,天子及诸侯皆有卿,分上中下三等,最尊贵者谓"上卿"。如《廉颇蔺相如列传》:"廉颇为赵将……拜为上卿。"

大将军:先秦、西汉时是将军的最高称号。如汉高祖以韩信为大将军,汉武帝以卫青为大将军。魏晋以后渐成虚衔而无实职。明清两代于战争时才设大将军官职,战后即废除。《张衡传》"大将军邓骘奇其才",邓骘当时为汉和帝的大将军。

参知政事:又简称"参政"。是唐宋时期最高政务长官之一,与同平章事、枢密使、框密副使合称"宰执"。宋代范仲淹、欧阳修、王安石都曾任此职。《训俭示康》"参政鲁公为谏官":"鲁公"指宋真宗时的鲁宗道。《谭嗣同》"参预新政者,犹唐宋之参知政事,实宰相之职"。

军机大臣:军机处是清代辅佐皇帝的政务机构。任职者无定员,一般由亲王、大学士、尚书、侍郎或京堂兼任,称为军机大臣。军机大臣少则三、四人,多则六、七人,被称为"枢臣"。清末汉人只有左宗棠、张之洞、袁世凯等短时间地任过军机大臣。《谭嗣同》"时军机大臣刚毅监斩"。

军机章京:参见"军机大臣"条。是军机处的办事人员,军机大臣的属官,被称为"小军

机"。《谭嗣同》:"皇上超擢四晶卿衔军机章京,与杨锐、林旭、刘光第同参预新政。"

御史:本为史官,如《廉颇蔺相如列传》"秦御史前书曰","相如顾召赵御史书曰"。秦以后置御史大夫,职位仅次子丞相,主管弹劾、纠察官员过失诸事。韩愈曾任监察御史,明代海瑞曾任南京右佥都御史。再如《记王忠肃公翱事》"公为都御史,与太监某守辽宁",王翱当时任都察院长官。

枢密使:枢密院的长官。唐时由宦官担任,宋以后改由大臣担任。枢密院是管理军国要政的最高国务机构之一,枢密使的权力与宰相相当,清代军机大臣往往被尊称为"枢密"。宋欧阳修曾任枢密副使。《〈指南录〉后序》:"予除右丞相兼枢密使,都督诸路军马。"文天祥当时掌管军事要务。

左徒:战国时楚国的官名,与后世左右拾遗相当。主要职责是规谏皇帝、举荐人才。《屈原列传》:"屈原者,名平,楚之同姓也。为楚怀王左徒。"

太尉:元代以前的官职名称。是辅佐皇帝的最高武官,汉代称大司马,宋代定为最高一级武官。《林教头风雪山神庙》:"我因恶了高太尉,生事陷害,受了一场官司。"高太尉指高俅。

上大夫:先秦官名,比卿低一等。《廉颇蔺相如列传》:"拜相如为上大夫。"当时蔺相如比上卿廉颇官位要低。

大夫:各个朝代所指的内容不尽相同,有时可指中央机关的要职,如御史大夫、谏议大夫等。《屈原列传》:"上官大夫与之同列,争宠而心害其能。""上官大夫",一般认为是指上官靳尚。"子非三闾大夫欤?"屈原担任的是掌管王族昭、屈、景三姓事务的长官。《〈指南录〉后序》:"缙绅、大夫、士萃于左丞相府。"指的便是御史大夫、谏议大夫等。

士大夫:旧时指官吏或较有声望、地位的知识分子。《师说》:"士大夫之族,曰师曰弟子者,则群聚而笑之。"《石钟山记》:"士大夫终不肯以小舟夜泊绝壁之下,故莫能知。"《训俭示康》:"当时士大夫家皆然。"《五人墓碑记》:"郡之贤士大夫请于当道。"

太史:西周、春秋时为地位很高的朝廷大臣,掌管起草文书、策命诸侯卿大夫、记载史事,兼管典籍、历法、祭祀等事。秦汉以后设太史令,其职掌范围渐小,其地位渐低。司马迁做过太史令。《张衡传》:"顺帝初,再转,复为太史令。"《五人墓碑记》:"贤士大夫者,问卿因之吴公,太史文起文公,孟长姚公也。"文起为翰林院修撰,史官,故称太史。

长史:秦时为丞相属官,如李斯曾任长史,相当于丞相的秘书长。两汉以后成为将军属官,是幕僚之长。《出师表》:"侍中、尚书、长史、参军,此悉贞良死节之臣。""长史"指张裔。《赤壁之战》:"子瑜者,亮兄瑾也,避乱江东,为孙权长史。"

侍郎:初为宫廷近侍。东汉以后成为尚书的属官,唐代始以侍郎为三省(中书、门下、尚书)各部长官(尚书)的副职(详见"三省六部"条)。韩愈曾先后任过刑部、兵部、吏部的侍郎。《出师表》"侍中、侍郎郭攸之、费祎、董允等",其中董允是侍郎。《谭嗣同》:"八月初一一日,上召见袁世凯,特赏侍郎。"袁世凯为兵部侍郎。

侍中:原为正规官职外的加官之一。因侍从皇帝左右,地位渐高,等级超过侍郎。魏晋以后,往往成为事实上的宰相。《出师表》提到的郭攸之、费祎即是侍中。

郎中:战国时为宫廷侍卫。自唐至清成为尚书、侍郎以下的高级官员,分掌各司事务。如《荆轲刺秦王》:"诸郎中执兵,皆陈殿下。"此指宫廷侍卫。《张衡传》"公车特征拜郎中","郎中"是管理车骑门户的官名。

参军:"参谋军务"的简称,最初是丞相的军事参谋,如《出师表》所说的参军蒋琬。晋以后地位渐低,成为诸王、将军的幕僚,如陶渊明曾任镇军参军,《后汉书》著者范晔曾任刘裕第四子刘义康的参军。隋唐以后逐渐成为地方官员,如杜甫曾任右卫率府胄曹参军、华州司功曹参军,白居易曾任京兆府户曹参军。

令尹:战国时楚国执掌军政大权的长官,相当于丞相,如《屈原列传》:"令尹子兰闻之大怒。"明清时指县长,如《促织》:"天将以酬长厚者,遂使抚臣、令尹并受促织恩荫。"

尹:参见"令尹"条。战国时楚国令尹的助手有左尹、右尹,如《鸿门宴》"楚左尹项伯者",左尹地位略高于右尹。又为古代官的通称,如京兆尹、河南尹、州尹、县尹等。

都尉:职位次于将军的武官。《陈涉世家》:"陈涉自立为将军,吴广为都尉。"《鸿门宴》:"沛公已出,项王使都尉陈平召沛公。"

罔卿:太仆寺卿的别称,掌管皇帝车马、牲畜之事。《五人墓碑记》:"贤士大夫者,罔卿因之吴公""因之"是吴默的字。

司马:各个朝代所指官位不尽相同。战国时为掌管军政、军赋的副官,如《鸿门宴》:"沛公左司马曹无伤言之。"隋唐时是州郡太守(刺史)的属官,如《琵琶行》:"元和十年,予左迁九江郡司马。"白居易当时被贬至九江,位在州郡别驾、长史之下。

节度使:唐代总揽数州军政事务的总管,原只设在边境诸州,后内地也遍设,造成割据局面,因此世称"藩镇"。《红楼梦》第四回:"雨村便疾忙修书二封与贾政并京营节度使王子腾。"

经略使:也简称"经略"。唐宋时期为边防军事长官,与都督并置。如范仲淹曾任陕西经略副使。明清两代有重要军事任务时特设经略,官位高于总督。如《梅花岭记》"经略洪承畴与之有旧",洪承畴降清后曾任七省经略,驻扎江宁。

刺史:原为巡察官名,东汉以后成为州郡最高军政长官,有时称为太守。唐白居易曾任杭州、苏州刺史,柳宗元曾任柳州刺史。

太守:参见"刺史"条。又称"郡守",州郡最高行政长官。范晔曾任宣城太守。《桃花源记》:"及郡下,诣太守,说如此。"《孔雀东南飞》:"直说太守家,有此令郎君。"《赤壁之战》:"与苍梧太守吴巨有旧,欲往投之。"

都督:参见"经略使"条。军事长官或领兵将帅的官名,有的朝代地方最高长官也称"都督",相当于节度使或州郡刺史。如《梅花岭记》:"任太守民育及诸将刘都督肇基等皆死。"刘肇基是驻地方卫所的军事长官。

巡抚:明初指京官巡察地方。清代正式成为省级地方长官,地位略次于总督,别称"抚院"、"抚台"、"抚军"。如《五人墓碑记》:"是时以大中丞抚吴者为魏之私人。"抚吴,即担任吴地的巡抚。

抚军:参见"巡抚"条。《促织》:"乃赏成,献诸抚军。""抚军大悦,以金笼进上。"又称作"抚臣",如"诏赐抚臣名马衣缎"。

校尉:两汉时期次于将军的官职。如《赤壁之战》:"以鲁肃为赞军校尉。"鲁肃当时担任协助主帅周瑜规划军事的副将。唐以后地位渐低。

教头:宋代军中教练武艺的军官,《水浒传》中的林冲就是京城八十万禁军的枪棒教头。

提辖:宋代州郡武官的官名,主管训练军队、督捕盗贼等事务。如《水浒传》中的鲁提辖鲁智深。

从事：中央或地方长官自己任用的僚属，又称"从事员"。《赤壁之战》："品其名位，犹不失下曹从事。"

知府：即"太守"，又称"知州"。《登泰山记》："是月丁未，与知府朱孝纯子颍由南麓登。"

县令：一县的行政长官，又称"知县"。《孔雀东南飞》："还家十余日，县令遣媒来。"

里正：古代的乡官，即一里之长。如《促织》："令以责之里正。"

里胥：管理乡里事务的公差。《促织》："里胥狡黠，假此科敛丁口。"

三省六部：三省为中书省、门下省、尚书省。隋唐时，三省同为最高政务机构，一般中书省管决策，门下省管审议，尚书省管执行，三省的长官都是宰相。中书省长官称中书令，下有中书侍郎、中书舍人等官职；门下省长官称侍中，下有门下侍郎、给事中等官职；尚书省长官为尚书令，下有左右仆射等官职。尚书省下辖六部：吏部（管官吏的任免与考核等，相当于现在的组织部）、户部（管土地户口、赋税财政等）、礼部（管典礼、科举、学校等）、兵部（管军事，相当于现在的国防部）、刑部（管司法刑狱，相当于现在的司法部）、工部（管工程营造、屯田水利等）。各部长官称尚书，副职称侍郎，下有郎中、员外郎、主事等官职。六部制从隋唐开始实行，一直延续到清末。

官职的任免升降："三省六部"制出现以后，官员的升迁任免由吏部掌管。官职的任免升降常用以下词语：

（1）拜，用一定的礼仪授予某种官职或名位。如《指南录（后序）》中的"于是辞相印不拜"，就是没有接受丞相的印信，不去就职。

（2）除，拜官授职，如"予除右丞相兼枢密使"《指南录〈后序〉》一句中的"除"，就是授予官职的意思。

（3）擢，提升官职，如《战国策·燕策》："先王过举，擢之乎宾客之中，而立之乎群臣之上。"

（4）迁，调动官职，包括升级、降级、平级转调三种情况。为易于区分，人们常在"迁"字的前面或后面加一个字，升级叫迁升、迁授、迁叙，降级叫迁削、迁谪、左迁，平级转调叫转迁、迁官、迁调，离职后调复原职叫迁复。

（5）谪，降职贬官或调往边远地区。《岳阳楼记》"滕子京谪守巴陵郡"中的"谪"就是贬官。

（6）黜，"黜"与"罢、免、夺"都是免去官职。如《国语》："公将黜太子申生而立奚齐。"

（7）去，解除职务，其中有辞职、调离和免职三种情况。辞职和调离属于一般情况和调整官职，而免职则是削职为民。

（8）乞骸骨，年老了请求辞职退休，如《张衡传》："视事三年，上书乞骸骨，征拜尚书。"

千总：明清两代正六品武官。

大理寺卿：全国三大司法长官之一，正三品。掌握全国刑狱的最高长官。

大学士、内阁大学士："学士"是唐代掌客文学著作的官，如果由宰相兼管"学士"，则宰相就称为"大学士"。宋代，"学士"中资望特别高的人，称为"大学士"。明代，设大学士若干人，替皇帝批答奏章，商承政务，官阶五品。如果兼任尚书、侍郎，则可以加官到一品，成为事实上的宰相，俗称"阁老"。清代的大学士是内阁的主官，阶为正一品，一般称为"中堂"。

工部尚书：掌管全国水土工和的大臣，明代正二品，清代从一品。

工部侍郎：工部副长官，明代从二品，清代正二品。

广威将军：元明两代正四品武官。

中奉大夫：宋代正四品文官，元明两代为从二品。

中散大夫：元明两代正四品文官。

中宪大夫：元明清三代正四品文官。

中议大夫：元明两代正四品文官。

中顺大夫：元明两代正四品文官。

中书令：唐代中书省的"中书令"、尚书省的"尚书令"与门下省的"侍中"，同称三省长官，共同掌管中央的机要。中书省是决策机构，中书令实际上就是宰相。宋代由中书省与枢密院分管政务、军事。元代废除三省制，中书令是唯一的最高国务长官。明清两代废除中书令的官名。

中书省左右丞相：元代和明初，设中书省左右丞相（或称国相），是丞相的副职。明洪武十二年以后不再有"丞相"、"平章"、和"参政"等官名。

太守：汉代掌管郡务的最高长官。三国以及隋炀帝、唐玄宗时期和五代，改州刺史为建郡太守。此后太守已不是正式官名，习惯上仅用作"刺史"或"知府"的别称。明清时期专用以称"知府"，从四品官。

太尉：秦汉时期，太尉是全国最高军事长官。后来历代也多沿用这个官衔，但逐渐变成加官的官衔，没有实权。到了宋徽宗时期，把太尉定为武官的最高一级官阶，其本身并不代表任何职务，一般用作武官的尊称，而不问其职务的大小。元代以后废除了这个名称。

太子太师、太子太傅、太子太保、太子少傅、太子少保：简称"三师"、"三少"，是天子或太子左右最亲近的人。"师"是传授其知识的，"傅"是监督其行动的，"保"是照管其身体的，即分别是负责君主智育、德育、体育的人。隋唐以后，太子的师傅均以别的官衔任命，"三师"、"三少"仅为加官赠官的官衔，没有职事。宋代"三师"是宰相、亲王的加官官衔，"三师"是正一品，"三少"是从一品。明清两代，"三师"为从一品，"三少"是正二品。

太宰：古代"太宰"为百官之长。宋徽宗时期，改尚书左仆射为太宰，右仆射为少宰。一般通称吏部尚书为太宰。明代为正二品，清代为从一品。

太常寺卿：掌管宗庙祭祀之事的长官，正三品。

太常寺少卿：太常寺副长官，正四品。

太常博士：太常寺掌管祭祀之事的官员，正七品。

太中大夫：掌管议论的文官。唐宋两代为从四品，元明清三代为从三品。

太仆寺卿：太仆寺长官，主管传达王命、侍从皇帝出入、车马等职事，正三品。

太仆寺少卿：太仆寺副长官，正四品。

公、侯、伯、子、男：这是皇帝授封的爵号。"公"是"王"以下最高爵号。唐宋两代有国公、郡公、开国县公等级，所食之邑从4000户至3000户不等。明代仅封侯、伯。

户部尚书：户部的最高长官，主管全国的财政监督、民政事务。明代为正二品官，清代为从一品官。

户部侍郎：户部的副长官，明代为从二品，清代为正二品。

文林郎：从九品文官，元明清三代为正七品。

仆射："仆射"是主任或领班的意思。唐宋两代"仆射"实际上就是宰相。

左右参政、左右参议：明代、清初布政使的下属官员。布政使掌管一省的政务，参政、参议

分守各道,并分管粮储、屯田、军务、驿传、水利、抚名等事。一般是正四品。

龙虎将军:明代正二品武官。

主簿:主簿是主管文书的意思。中央卿寺中的主簿是正规的军事官,唐代列为从七品,其他官署的主簿为八、九品,县主簿为九品。清代把主簿看做是做杂职,并将它裁减。

礼部尚书:主管朝廷中的礼仪、祭祀、宴饗、贡举的大臣,清代为从一品。

礼部侍郎:礼部副长官,明代从二品,清代为正二品。

节度使:唐宋两代总管军民两政的地方长官,官阶二至五品不等。元代之后废除这个名称。

布政使:明清两代一省最高民政机构为布政司。布政使为政司的主官,从二品,仅次于巡抚一级,为防止专权,明代与清初设左右布政使二人,清康熙以后不再分左右。

正奉大夫:元明两代从二品文官。

正议大夫:唐代正四品文官。

刑部尚书:掌管全国司法和刑狱的大臣,明代为正二品,清代为从一品。

刑部侍郎:刑部副长官,明代从二品,清代为正二品。

光禄大夫:汉代掌管宫廷宿卫及侍从的长官。魏晋以后有其名而无其职,唐宋以后成为阶官的称号,从二品官。元明为从一品,清为正一品,成为文臣最高的阶官。

同知:府的副职称为同知,如一府的主官称为知府,而府的佐官称为同知。明清时期,各府同知为正五品。

同平章事:"同平章事"是"同中书门下平章事"的简称。"平章"是商量处理国事的意思。位高时,"同平章事"相当于宰相的官衔;位低时,官衔也在五品以上。宋中叶以后废除同平章事的名称,元代时用时不用,官位较低。

吏部尚书:掌管全国官吏的任免考选,是吏部的最高长官。唐宋是正三品,明代是正二品,清代为从一品。通常称为天官、冢宰、太宰。

守备:明清两代正五品武官,明代从二品,清代正二品。

安抚使:朝廷派往边疆重要地区统辖军民的官员。元代各路安抚使是各路的行政长官。明、清两代仅在少数民族地区设此官,官阶一般是正三品。如原来官衔在二品以上,派出时则称安抚大使。

州牧:唐宋京畿的地方长官称州牧,正六品官。清代知州已降为与县略相等的地方长官,但文字上仍尊称为州牧,与知县并称牧令,正七品。

巡按:明代派遣监察御史分赴各省区巡视,考核吏治,称为巡按,一般仅有六品官。官阶虽不高,但可以与省区行政领导分庭抗礼,知府以下要服从他的指挥。事毕回京。

巡检:巡检的官名始于宋代,是边疆要地州县的武职指挥官。元明清三代,巡检仅为九品官。

巡抚:明代凡是文职官员奉命出朝,统称"巡抚"。这官职是临时性的。清代巡抚与总督同为封疆大臣,巡抚品级稍次于总督,为一省的行政长官。巡抚的职责随时随事随人而施。清代巡抚为从二品。

观察使:唐代朝廷派遣分赴各道访察州县官吏功过及民间疾苦的官员,官阶由原官职而定,从御史中丞至六部尚书不等,大多为二、三品官。到了宋代,观察使与节度使均为荣誉称

号而非实职。

把总:清代正七品武官。

兵部尚书:统管全国军事行政长官,明代正二品,清代从一品。

怀远将军:元代称大将军,明代从三品武官。

员外郎:"员外"是定额以外添派的人,唐代为六品,明清为五品。

刺史:刺史与都督在名分上分别掌管州府的民政和军政。元代废除刺史的名称,清代刺史往往作为知州的文字称呼。

奉直大夫:元明清三代正五品文官。

奉政大夫:元明清三代正五品文官。

奉训大夫:元明两代从五品文官。

定国将军:明代从二品武官。

定远将军:明代从三品武官。

明威将军:明代正四品武官。

武功将军:清代从三品武官。

武略将军:元明两代从五品武官。

武略骑尉:清代正三品武官。

武义将军:元明两代从五品官员。

武义都尉:清代正三品武官。

武节将军:元明两代正五品武官。

武德将军:元明两代正五品初授武官。

武德骑尉:清代正五品武官。

武翼都尉:清代从三品武官。

武显将军:清代正三品武官。

知州:州的长官,一般是六品或五品。

知府:宋代知府职略高于知州,清代知府为从四品。

知县:宋代县的最高长官,元代称县尹。明清两代知县为正七品。

金紫光禄大夫:唐宋两代正三品文官,元代为从一品,明清两代不设此官衔。

国公:唐宋两代正三品文官,元代为从一品,明清两代不设此官衔。

国子监祭酒:古代公卿、大夫的子弟称作"国子","国子监祭酒"即国子太学的主官,从四品。

国子监丞:唐代之后,国子监丞为国子监内部事务官。明清时期,监丞职能是学监的性质,正七品官。

国子监博士:唐代之后,在国子监中分管教学的官员称作|

驸马:"驸"就是"副"的意思。驸马都尉与奉车都尉都是奉陪皇|　　　　　　　　|魏晋以后皇帝的女婿常授以驸马都尉。因此,驸马成为皇帝女婿的专门称号,而不是官职。明代沿用这个名称,清没有这个称呼。

经略安抚使:唐代边疆地区设"经略使者"。"观察使者"还兼经略使。宋代沿边大将都兼"经略"。此后大多经略安抚使统管军民。明代只称"经略"而不称"经略使",官阶比总督略

高。清代经略大臣在封疆将帅中居第一位,官阶一般为正二品或从一品。

枢密使:"枢密"即中枢机密的意思。从唐代开始以宦官掌管枢密,宦官多以枢密使的名义干预朝政。唐昭宗之后改为士人任枢密使。宋代以枢密使为枢密院长官,与中书省的同平章事共同负责军国要政,并逐步由同平章事兼任枢密使。清代军机大臣也往往尊称为枢密,一般为一品官。

县令:唐宋两代县级主官,官阶自从六品至从七品均有。宋代曾同时存在知县和县令的官衔,当时县令稍强于知县。

参将:明代总兵之下设参将分守各地。清代参将是正三品武官,仅次于副将一级。

参领:清代正三品官,副参领为正四品官。

参知政事:简称参政,宋元两代是宰相的副职。

钦差大臣:明代由皇帝亲自派遣,出外办理重大事件的官员称为钦差。清代由皇帝特命并颁授关防的,称为钦差大臣。

总兵:明代总兵官阶无定制。清代正二品武官。

总督:明清两代具有节制地方文武官员权力的朝廷命官。明代还有管辖专门事务的总督,如漕运总督等,官阶自正二品至从一品不等。清代以总督为地方最高长官,管辖一省或数省。

显武将军:元明两代从四品武官。

荣禄大夫:元明清三代从一品文官。

转运使:唐代经理江淮米粮、钱币、物资运输的官员,宋代称漕司,明清两代称漕运总督,一般是二品官。

信武将军:元明两代从四品武官。

宣奉郎:宋代七品文官。

宣德郎:唐宋两代正七品文官,明清两代从六品、正七品文官。

宣抚使:宋元明清四代镇抚一方的军政长官,官阶由原官衔而定,一般是二、三品。

宣议郎:唐宋两代从七品文官,明代正七品。

宣慰使:元明清三代,在西南少数民族地区世袭的"士司"中,宣慰使是最高的官职。从三品官。

宣武将军:元明两代从四品武官。

宣武都尉:清代从四品武官。

宣威将军:明清两代从一品武官。

建威将军:明清两代从一品武官。

按察使:宋清两代掌管一省刑名按劾的长官,正三品。

给事中:朝廷中经手章奏,稽察六部百司的官,正五品。

昭信校尉:元明两代正六品武官。

昭武将军:元代称为大将军,明代正五品武官。

昭武都尉:清代正四品武官。

昭勇将军:元代称大将军,明代正三品武官。

昭毅将军:元代称大将军,明代正三品武官。

洗马：洗马即前马，也是先驱的意思，是太子的侍从。一般为三品。

振威将军：清代从一品将军。

秘书郎：唐代掌管四部书（经、史、子、集）的文官，从六品。

郎中：在六部中仅次于侍郎的官，是部内各司的主官，正五品。

郡王：隋唐以后，郡王为次于亲王一等的爵名。清代郡王并不取郡名，而是取美名冠之，如顺承郡王等。

监察御史：监察御史掌管监察百官、巡视郡县、纠正刑狱、整肃朝肃等事务。唐宋两代仅为八品官，明代为正七品，清代为从五品。

宰相、丞相："宰"是主持的意思，"相"是辅佐的意思。我国历史上有"太宰"和"丞相"的名称，而并无"宰相"的官名。但人们习惯上把对君主负责总揽政务的人称为宰相。

附录四 科 举

一、古代科举制度

科举是中国古代读书人参加的人才选拔考试，它是历代封建王朝通过考试选拔官吏的一种制度。由于采用分科取士的办法，所以叫做科举。科举制从隋代开始实行，到清光绪二十七年举行最后一科进士考试为止，经历了一千三百多年。

（一）隋朝——中国古代科举制度的起源

中国古代科举制度最早起源于隋代。隋朝统一全国后，为了适应封建经济和政治关系的发展变化，扩大封建统治阶级参与政权的要求，加强中央集权，于是把选拔官吏的权力收归中央，用科举制代替九品中正制。隋炀帝大业三年开设进士科，用考试办法来选取进士。进士一词初见于《礼记·王制》篇，其本义为可以进受爵禄之义。当时主要考时务策，就是有关当时国家政治生活方面的政治论文，叫试策。这种分科取士，以试策取士的办法，在当时是草创，并未形成制度。但把读书、应考和作官三者紧密结合起来，揭开中国选举史上新的一页。唐玄宗时礼部尚书沈既济对这个历史性的变化有过中肯的评价："前代选用，皆州郡察举……至于齐隋，不胜其弊……是以置州府之权而归于吏部。自隋罢外选，招天下之人，聚于京师，春还秋往，乌聚云合。"

（二）唐朝——中国古代科举制度的完备

推翻隋朝的统治后，唐王朝承袭了隋朝传下来的人才选拔制度，并加以完善。由此，科举制度逐渐完备起来。在唐代，考试的科目分常科和制科两类。每年分期举行的称常科，由皇帝下诏临时举行的称制科。

常科的科目有秀才、明经、进士、俊士、明法、明字、明算等五十多种。其中明法、明算、明字等科，不为人重视。俊士等科不经常举行，秀才一科，在唐初要求很高，后来渐废。所以明经、进士两科便成为唐代常科的主要科目。唐高宗以后，进士科尤为时人所重。唐朝宰相大多是进士出身。常科的考生有两个来源，一个是生徒，一个是乡贡。由京师及州县学馆出身，而送往尚书省受试者叫生徒；不由学馆而先经州县考试，及第后再送尚书省应试者叫乡贡。由乡贡入京应试者通称举人。州县考试称为解试，尚书省的考试通称省试，或礼部试。礼部试都在春季举行，故又称春闱。闱也就是考场的意思。

明经、进士两科，最初都只是试策，考试的内容为经义或时务。后来两种考试的科目虽有变化，但基本精神是进士重诗赋，明经重帖经、墨义。所谓帖经，就是将经书任揭一页，将左右

两边蒙上,中间只开一行,再用纸帖盖三字,令试者填充。墨义是对经文的字句作简单的笔试。帖经与墨义,只要熟读经传和注释就可中试,诗赋则需要具有文学才能。进士科得第很难,所以当时流传有"三十老明经,五十少进士"的说法。

常科考试最初由吏部考功员外郎主持,后改由礼部侍郎主持,称"权知贡举"。进士及第称"登龙门",第一名曰状元或状头。同榜人要凑钱举行庆贺活动,以同榜少年二人在名园探采名花,称探花使。后集体到杏园参加宴会,叫探花宴。宴会以后,同到慈恩寺的雁塔下题名以显其荣耀,所以又把中进士称为"雁塔题名"。唐孟郊曾作《登科后》诗:"春风得意马蹄疾,一朝看遍长安花。"所以春风得意又成为进士及第的代称。常科登第后,还要经吏部考试,叫选试。合格者,才能授予官职。唐代柳宗元进士及第后,以博学宏词,被即刻授予"集贤殿正字"。如果吏部考试落选,只能到节度使那儿去当幕僚,再争取得到国家正式委任的官职。韩愈在考中进士后,三次选试都未通过,不得不去担任节度使的幕僚,才踏进官场。

唐代取士,不仅看考试成绩,还要有知名人士的推荐。因此,考生纷纷奔走于公卿门下,向他们投献自己的代表作,叫投卷。向礼部投的叫公卷,向达官贵人投的叫行卷。投卷确实使有才能的人显露头角,如诗人白居易向顾况投诗《赋得原上草》受到老诗人的极力称赞。但是弄虚作假,欺世盗名的也不乏其人。

武则天载初元年二月,女皇亲自"策问贡人于洛成殿"。这是我国科举制度中殿试的开始,但在唐代并没有形成制度。

在唐代还产生了武举。武举开始于武则天长安二年,即702年。应武举的考生来源于乡贡,由兵部主考。考试科目有马射、步射、平射、马枪、负重等。"高第者授以官,其次以类升"。

（三）宋朝——中国古代科举制度的改革时期

宋代的科举,大体同唐代一样,有常科、制科和武举。相比之下,宋代常科的科目比唐代大为减少,其中进士科仍然最受重视,进士一等多数可官至宰相,所以宋人以进士科为宰相科。宋吕祖谦说:"进士之科,往往皆为将相,皆极通显。"当时有焚香礼进士之语。进士科之外,其他科目总称诸科。宋代科举,在形式和内容上都进行了重大的改革。

首先,宋代的科举放宽录取和使用的范围。宋代进士分为三等:一等称进士及等,二等称进士出身,三等赐同进士出身。由于扩大录取范围,名额也成倍增加。唐代录取进士,每次不过二三十人,少则几人、十几人。宋代每次录取多达二三百人,甚至五六百人。对于屡考不第的考生,允许他们在遇到皇帝策试时,报名参加附试,叫特奏名。也可奏请皇帝开恩,赏赐出身资格,委派官吏,开后世恩科的先例。

宋代确立了三年一次的三级考试制度。宋初科举,仅有两级考试制度。一级是由各州举行的取解试,一级是礼部举行的省试。宋太祖为了选拔真正忠实于封建统治而又有才干的人担任官职,为之服务,于开宝六年实行殿试。自此以后,殿试成为科举制度的最高一级的考试,并正式确立了州试、省试和殿试的三级科举考试制度。殿试以后,不须再经吏部考试,直接授官。宋太祖还下令,考试及第后,不准对考官称师门,或自称门生。这样,所有及第的人都成了天子门生。殿试后分三甲放榜。南宋以后,还要举行皇帝宣布登科进士名次的典礼,并赐宴于琼苑,故称琼林宴。以后各代仿效,遂成定制。宋代科举,最初是每年举行一次,有时一、二年不定。宋英宗治平三年,才正式定为三年一次。每年秋天,各州进行考试,第二年

春天,由礼部进行考试。省试当年进行殿试。

从宋代开始,科举开始实行糊名和誊录,并建立防止徇私的新制度。从隋唐开科取士之后,徇私舞弊现象越来越严重。对此,宋代统治者采取了一些措施,主要是糊名和誊录制度的建立。糊名,就是把考生考卷上的姓名、籍贯等密封起来,又称"弥封"或"封弥"。宋太宗时,根据陈靖的建议,对殿试实行糊名制。后来,宋仁宗下诏省试、州试均实行糊名制。但是,糊名之后,还可以认识字画。根据袁州人李夷宾建议,将考生的试卷另行誊录。考官评阅试卷时,不仅知道考生的姓名,连考生的字迹也无从辨认。这种制度,对于防止主考官徇情取舍的确发生了很大的效力。但是,到了北宋末年,由于政治日趋腐败,此项制度也就流于形式了。宋代在考试形式上的改革,不但没有革除科举的痼疾,反而使它进一步恶化。

宋代科举在考试内容上也作了较大的改革。宋代科举基本上沿袭唐制,进士科考帖经、墨义和诗赋,弊病很大。进士以声韵为务,多昧古今;明经只强记博诵,而其义理,学而无用。王安石任参知政事后,对科举考试的内容着手进行改革,取消诗赋、帖经、墨义,专以经义、论、策取士。所谓经义,与论相似,是篇短文,只限于用经书中的语句作题目,并用经书中的意思去发挥。王安石对考试内容的改革,在于通经致用。熙宁八年,神宗下令废除诗赋、帖经、墨义取士,颁发王安石的《三经新义》和论、策取士。

二、科举名目释义

科举制度是封建社会的产物,是封建统治者选官拔吏的主要手段。其制度前后经历1318 年。

汉代,我国已有考试取士之法,但系临时措施,并未形成定制。隋开皇七年(587 年),隋文帝废除世族垄断的九品中正制,设志行修谨、清平干济二科,又有一吏、三史、开元礼、童子、道举等科。唐朝,武则天亲行殿试,并增设武举。其中由皇帝特诏举行者称制科。诸科之中,唯进士科为常设,最为重要。宋时各朝科举制仅有进士科。唐宋进士科主要考试诗赋。宋神宗熙宁时,王安石改为经义。元、明、清均用其法。明、清两朝的经义以四书五经的文句为题,规定文章格式为八股文。解释须依朱熹《四书集注》等书。清光绪二十四年(1898 年),一度改变科举办法,废止八股。变法失败后复旧。光绪三十一年(1905 年)推行学校教育,科举制度废止。

实行科举制度时,教育机构一般设有府、州、县学和国子监。国子监简称"国学"或称"太学",为最高学府。凡要进入府、州、县学、国学读书和取得科名的,必须通过各种考试。

(一)童生试

童生试,简称"童试",亦称"小考"、"小试"。为明、清两朝取得生员(秀才)资格的入学考试。应考者无论年龄大小,均称童生,或称儒童、文童。童生试包括县试、府(或直隶州、厅)试和院试三个阶段。三年内举行两次,丑、未、辰、戌年为岁考,寅、申、巳、亥年为科考。

唐宋时特设"童子科"科目考试,亦称"童子举"。唐制,10 岁以下能通经者;宋制,15 岁以下能通经作赋者。应试后给出身并授官。

县试:清代由各县县官主持的考试。试期都在二月。取得出身的童生,需向本县礼房报

名,填写姓名、籍贯、年龄,三代履历,并取得本县廪生保结,方得参加考试。约考五场,各场分别试八股文、帖诗、经论、律赋等。事实上,第一场录取后即有参加上一级府试的资格。

府试:清代由各府府官主持的考试。经县试录取的童生得参加管辖该县的府(或直隶州、厅)试。试期都在四月,报名,履历、保结、场期等与县试略同。

院试:清代由各省学政主持的考试,已经府试录取的童生可参加院试。以学政称提督学院,故名院试,又以旧制称提学道,故亦沿称道试。报名等手续与府、县试略同。学政于驻在地考试就近的府、县;其余各府,则以次分期案临考试。正场一场,复场一场,揭晓名为出案。录取者为生员,送入府、县学宫,称入学,受教官的月课与考校。

(二)科考

科考,亦称科试。清代每届乡试前,各省学政巡回对所属的生员举行考试。科考合格者才能应本省乡试。

岁考:亦称"岁试"。清代各省学政巡回所属举行的考试。凡府、州、县的生员、增生、廪生皆须应岁考。清初定为六等黜陟法,一二等与三等前者有赏,四等以下有罚或黜革。道光后稍宽,仅列一二三等,列四等者甚少。

生员:唐代国学及州、县学规定学生员额,因此称生员,正如职官有一定员额而称官员。唐国学、太学、四门学、郡县学,分别置生若干员,此为生员之名所始。明清两代,凡经过本省各级考试取入府、州、县学的,通名生员,即习惯上所谓秀才,文章上常称为诸生。经常须受本地方教官(即教授、学正、教谕、训导等)及学政(明代为学道)的监督考核。

庠生:在府、州、县学读书生员的别称。

廪生:明代府、州、县学的生员最初每月都给廪膳,补助其生活。清代则需经岁考两试一等前列的,方能取得廪生名义,成为资历较深的生员。廪生的主要职务是具结保证应考的童生无身家不清及冒名顶替等弊。习惯上称此种手续为"补廪"。

增生:明代生员皆有月米,额内者为廪膳生员,增额者为增广生员。清代则生员于岁考两试在一等前列者,方能补为增生或廪生,而名额皆有一定。廪生有廪米有职责,而增生无之,故增生地位次于廪生。

(三)乡试

明清两朝每三年一次在各省省城(包括京城)举行的考试。凡本省生员与监生、荫生、官生、贡生,经科考、录科、录遗考试合格者,均可应考。逢子、午、卯、酉年为正科,遇庆典加科为恩科。考期在八月,分三场,考中的称为举人,亦叫孝廉。第一名称解元。

录科:清代科举考试制度。凡科考一二等,及三等的小省前五名、大省前十名准送乡试外,其余之考三等者,或因故未考者,以及在籍之监生、荫生、官生、贡生名不列于学宫,不经科考者,均须由学政考试,名为录科。经过录科录取者即可参加乡试。

录遗:清代科举考试制度。凡生员参加科考、录科未取,或未参加科考、录科者,在乡试前再行补考一次,名为录遗。经过录遗录取者亦可参加乡试。

监生:明清时代在国子监肄业的,统称监生。初由学政考取,或由皇帝特许。乾隆以前,并加以严格的考课。监生有举监、贡监、生监、恩监、荫监、优监等名目。后则仅存虚名,不被

重视。至于一般所称监生,指由捐纳而取得的。如未入府、州、县学而欲应乡试,或未得科名的而欲入仕的,都必先捐监生,作为出身。但不一定在监读书。

荫生:封建时代凭借上代余荫取得的监生资格,由汉代的"任子"制度继承而来。明代,凡按品级取得的称为官生,不按品级而由皇帝特给的称为恩生。清代,凡现任大官或遇庆典给予的称为恩荫,由于先代殉职而给予的称为难荫。通称荫生。名义上是入监读书,事实上只须经过一次考试即可给予一定官职。

贡生:生员(秀才)一般是隶属于本府、州、县学的,若经考选升入京师国子监读书的,则不再是本府、州、县学的生员,而称为贡生。意思是以人才贡献给皇帝。明清两朝贡生有不同的名目,明代有岁贡、选贡、恩贡和纳贡,清代有恩贡、拔贡、副贡、岁贡、优贡,简称为"五贡",都算正途出身的资格。还有例贡,是由捐纳取得的贡生。

贡监:明清时代以贡生资格入国子监读书者,称为贡监。

恩贡:明清定制。凡遇皇室庆典,根据府、州、县学岁贡常额,本年加贡一次作为恩贡。清代特许"先贤"后裔入监者,也称恩贡。

拔贡:贡入国子监的生员之一种。清制,初定 6 年一次,乾隆中改为 12 年一次,每府学 2名,州、县学各 1 名。由各省学政从生员中考选,保送入京,作为拔贡。经朝考合格,可充任京官、知县或教职。

选贡:贡入国子监的生员之一种。明制于岁贡之外考选学行兼优者充贡,因有此名。清代定拔贡、优贡之制,也由此而来。

岁贡:贡入国子监的生员之一种。明清两朝,一般每年或二三年从府、州、县学中选送廪生升入国子监读书,因称岁贡。大都挨次升贡,因此有"挨贡"的俗语。

副贡:贡入国子监的生员之一种。清制,在乡试录取名额之外列入备取的,可直接入国子监读书,称为副贡。

乡贡:唐代由州、县选出来应科举的士子,称为乡贡。

副车:清代称乡试的副榜贡生为副车。

举人:唐制为各地乡贡入京应试之通称,意即应举之人。明清则为乡试考中者之专称,作为一种出身资格。

举监:明清时以举人资格入国子监读书者,称为举监。

解元:唐制,举进士者皆由地方解送入试,故称乡试第一名为解元。

(四)会试

明、清两朝每三年一次在京城举行的考试,各省的举人皆可应考。因是聚集各省举人到京会考,故称会试。逢辰、戌、丑、未年为正科,若乡试有恩科,则次年亦举行会试,称会试恩科。考期初在二月,乾隆时改在三月,分三场。考中者称贡士。第一名称会元。

贡士:清制,会试考中者为贡士,殿试赐出身为进士。但习惯上,每于会试考中后即称为进士。

会元:会试是聚集各省举人到京会考,故称会试第一名者为会元。

（五）殿试

科举制度中皇帝对会试录取的贡士在殿廷上亲发策问的考试,也叫廷试。其制始于唐武则天时。殿试后将进士分为五甲之制,始于宋太平兴国八年(983 年)。分为三甲及一甲只限三人始于元顺帝时,明清因之。明清殿试时间在会试后一个月,本在三月,乾隆时改在四月。中式者一甲三名赐进士及第,第一名称状元,别称殿元。第二名称榜眼,第三名称探花。二甲三名均赐进士出身,第一名称传胪。三甲三名均赐同进士出身。

进士:意即贡举的人才。唐代科目中以进士科为最重要。参加礼部考试之人,都可叫做进士。试毕合格者,赐进士及第。其后又有"赐进士出身","赐同进士出身"的名义。明清均以举人经会试考中者为贡士,由贡士经殿试赐出身者为进士,进士始专指殿试合格之人。

状元:科举考试以名列第一者为元,乡试第一称解元,会试第一称会元,殿试第一称状元。唐制,举人赴京应礼部试者皆须投状,因称居首者为状头,故有状元之称。中状元者号为"大魁天下",为科名中最高荣誉。

榜眼:殿试一甲第二名称榜眼。宋时一甲第二、三名均称榜眼,意指榜中之双眼,后专属第二。

探花:唐时进士在杏园举行"探花宴",以少年俊秀者二三人为探花使,也称探花郎。遍游名园,折取名花。南宋以后,专指殿试一甲第三名。

传胪:在殿试后由皇帝宣布登第进士名次的典礼。古代以上传语告下为胪,即唱名之意。进士二甲之第一名,称为传胪。

三、科举制度下的相关名词

察举:汉代选拔官吏制度的一种形式。察举有考察、推举的意思,又叫荐举,由侯国、州郡的地方长官在辖区内随时考察、选取人才,推荐给上级或中央,经过试用考核,再任命官职。察举的主要科目有孝廉、贤良文学、茂才等。《张衡传》:"永元中,举孝廉不行。"《陈情表》:"前太守臣逵,察臣孝廉;后刺史臣荣,举臣秀才。"(汉代避刘秀讳,称秀才为茂才)

征辟:也是汉代选拔官吏制度的一种形式。征,是皇帝征聘社会知名人士到朝廷充任要职。辟,是中央官署的高级官僚或地方政府的官吏任用属吏,再向朝廷推荐。《张衡传》:"连辟公府,不就。""安帝雅闻衡善术学,公车特征拜郎中。"

孝廉:汉代察举制的科目之一。孝廉是孝顺父母、办事廉正的意思。实际上察举多为世族大家垄断,互相吹捧,弄虚作假,当时有童谣讽刺:"举秀才,不知书;举孝廉,父别居。"

科举:指历代封建王朝通过考试选拔官吏的一种制度。由于采用分科取士的办法,所以叫科举。从隋代至明清,科举制实行了一千三百多年。《诗话二则·推敲》"岛(指贾岛)初赴举京师",意思是说贾岛当初前去长安参加科举考试。到明朝,科举考试形成了完备的制度,共分四级:院试(即童生试)、乡试、会试和殿试,考试内容基本是儒家经义,以"四书"文句为题,规定文章格式为八股文,解释必须以朱熹《四书集注》为准。

童生试:也叫"童试"。明代由提学官主持、清代由各省学政主持的地方科举考试,包括县试、府试和院试三个阶段。院试合格后取得生员(秀才)资格,方能进入府、州、县学学习,所以

又叫入学考试。应试者不分年龄大小都称童生。《左忠毅公逸事》"及试,吏呼名至史公",这里就是指童生试。在这次考试中,左光斗录取史可法为生员(秀才),当时史可法二十岁。《促织》"邑有成名者,操童子业","操童子业"是说正在准备参加童生试。

乡试:明清两代每三年在各省省城(包括京城)举行的一次考试,因在秋八月举行,故又称秋闱(闱,考场)。主考官由皇帝委派。考后发布正、副榜,正榜所取的叫举人,第一名叫解(jie)元。

会试:明清两代每三年在京城举行的一次考试,因在春季举行,故又称春闱。考试由礼部主持,皇帝任命正、副总裁,各省的举人及国子监监生皆可应考。录取三百名为贡士,第一名叫会元。

殿试:是科举制最高级别的考试,皇帝在殿廷上,对会试录取的贡士亲自策问,以定甲第。实际上,皇帝有时委派大臣主管殿试,并不亲自策问。录取分为三甲:一甲三名,赐"进士及第"的称号,第一名称状元(鼎元),第二名称榜眼,第三名称探花;二甲若干名,赐"进士出身"的称号;三甲若干名,赐"同进士出身"的称号。二、三甲第一名皆称传胪,一、二、三甲统称进士。

及第:指科举考试应试中选,应试未中的叫落第、下第。《祭妹文》:"逾三年,予披宫锦还家。"古时考中进士要披宫袍,这里"披宫锦"即指中进士。《祭妹文》:"大概说长安登科,函使报信迟早云尔。""登科"是及第的别称,也就是考中进士。

进士:参见"殿试"条。是科举考试的最高功名。《儒林外史》第十七回:"读书毕竟中进士是个了局。"贡士参加殿试录为三甲都叫进士。据统计,在我国一千三百多年的科举制度史上,考中进士的总数至少是98749人。古代许多著名作家诗人都是进士出身,如唐代的贺知章、王勃、宋之问、王昌龄、王维、岑参、韩愈、刘禹锡、白居易、柳宗元、杜牧等,宋代的范仲淹、欧阳修、司马光、王安石、苏轼等。考中进士,一甲即授官职,其余二甲参加翰林院考试,学习三年再授官职。

状元:参见"殿试"条。科举制度殿试第一名,又称殿元、鼎元,为科名中最高荣誉。历史上获状元称号的有一千多人,但真正参加殿试被录取的大约七百五十名左右。唐代著名诗人贺知章、王维,宋代文天祥都是经殿试而被赐状元称号的。

会元:参见"会试"条。举人参加会试,第一名称会元,其余考中的称贡士。

解元:参见"乡试"条。生员(秀才)参加乡试,第一名称解元,其余考中的称举人。

连中三元:科举考试以名列第一者为元,凡在乡、会、殿三试中连续获得第一名,被称为"连中三元"。据统计,历史上连中三元的至少有十六人。欧阳修《卖油翁》中提到的"陈康肃公尧咨",陈尧咨与其兄陈尧叟都曾考中状元,而陈尧叟则是连中三元。

鼎甲:指殿试一甲三名:状元、榜眼、探花,如一鼎之三足,故称鼎甲。状元居鼎甲之首,因而别称鼎元。

贡士:参见"会试"条。参加会试而被录取的称贡士。

举人:参见"乡试"条。参加乡试而被录取的称举人。举人可授知县官职。《儒林外史》第三回写范进中举后,张乡绅立即送贺仪银和房屋,范的丈人胡屠户也立时变了嘴脸吹捧女婿"是天上的星宿",而范得了消息,高兴得发了疯。说明古代中举后便可升官发财。

生员:即秀才,参见"童生试"条。通过院试(童试)的可称为生员或秀才。如王安石《伤仲

永》"传一乡秀才观之"。东汉时避光武帝刘秀讳，而称秀才为茂才，《阿Q正传》中称赵少爷"茂才公"，表示讽刺。

八股文：明清科举考试制度所规定的一种文体，也叫时文、制义、制艺、时艺、四书文、八比文。这种文体有一套固定的格式，规定由破题、承题、起讲、入手、起股、中股、后股、束股八个部分组成，每一部分的句数、句型也都有严格的限定。"破题"规定两句，说破题目意义；"承题"三句或四句，承接"破题"加以说明；"起讲"概括全文，是议论的开始；"入手"引入文章主体。从"起股"到"束股"是八股文的主要部分，尤以"中股"为重心。在正式议论的这四个段落中，每段都有两股相互排比对偶的文字，共为八股，八股文由此得名。八股文的题目，出自四书五经。八股文的内容，不许超出四书五经范围，要模拟圣贤的口气，传达圣贤的思想，考生不得自由发挥。无论是内容还是形式，八股文起到了束缚思想、摧残人才的作用。

金榜：古代科举制度殿试后录取进士，揭晓名次的布告，因用黄纸书写，故而称黄甲、金榜。多由皇帝点定，俗称皇榜。考中进士就称金榜题名。

同年：科举时代同榜录取的人互称同年。《训俭示康》："同年曰：'君赐不可违也。'"

校：夏代学校的名称，举行祭祀礼仪和教习射御、传授书数的场所。

庠(xiang)：殷商时代学校的名称。《孟子·齐桓晋文之事》："谨庠序之教，申之以孝悌之义。"

序：周代学校的名称。《孟子·滕文公》："设为庠序学校以教之。"古人常以庠序称地方学校，或泛指学校或教育事业。

国学：先秦学校分为两大类：国学和乡学。国学为天子或诸侯所设，包括大学和小学两种。太学、小学教学内容都是"六艺"（礼、乐、射、御、书、数）为主，小学尤以书、数为主。

乡学：与国学相对而言，泛指地方所设的学校。

稷下学宫：战国时期齐国的高等学府，因设于都城临淄稷下而得名。当时的儒、法、墨、道、阴阳等各学派都汇集于此，他们兴学论战、评论时政和传授生徒，孟子和荀子等大师都曾来此讲学，是战国时期"百家争鸣"的重要园地。

太学：中国封建时代的教育行政机构和最高学府。魏晋至明清或设太学，或设国子学（监），或两者同时设立，名称不一，制度也有变化。但都是教授王公贵族子弟的最高学府，就学的生员皆称太学生、国子生。《张衡传》："因入京师，观太学。"《送东阳马生序》："东阳马生君则在太学已二年。"

国子监(jian)：参见"太学"条。汉魏设太学，西晋改称国子学，隋又称国子监。从此国子监与太学互称，都是最高学府兼有教育行政机构的职能。如明代设"国子监"，而《送东阳马生序》中则称之为"太学"。

书院：唐宋至明清出现的一种独立的教育机构，是私人或官府所设的聚徒讲授、研究学问的场所。宋代著名的四大书院是：江西庐山的白鹿洞书院、湖南善化的岳麓书院、湖南衡阳的石鼓书院和河南商丘的应天府书院。明代无锡有"东林书院"，曾培养了杨涟、左光斗这样一批不畏阉党权势、正直刚硬廉洁的进步人士，他们被称为"东林党"。

学官：古代主管学务的官员和官学教师的统称。如祭酒、博士、助教、提学、学政、教授和教习、教谕等。

祭酒：古代主管国子监或太学的教育行政长官。战国时荀子曾三任稷下学宫的祭酒，相

当于现在的大学校长。唐代的韩愈、明代的崔铣(《记王忠肃公翱事》的作者)都曾任过国子监祭酒。

博士:古为官名,现为学位名称。秦汉时是掌管书籍文典、通晓史事的官职,后成为学术上专通一经或精通一艺、从事教授生徒的官职。《三国志·吕蒙传》:"孤岂欲卿治经为博士邪!"《送东阳马生序》:"有司业、博士为之师。"

司业:学官名。为国子监或太学副长官,相当于现在的副校长,协助祭酒主管教务训导之职。

学政:学官名,"提督学政"的简称,是由朝廷委派到各省主持院试,并督察各地学官的官员。学政一般由翰林院或进士出身的京官担任。《促织》:"又嘱学使,俾入邑庠。"学使即学政的别称。《左忠毅公逸事》:"乡先辈左忠毅公视学京畿。"指左光斗任京城地区的学政。

教授:原指传授知识、讲课授业,后成为学官名。汉唐以后各级学校均设教授,主管学校课试具体事务。

助教:学官名。是国子监或太学的学官,协助国子祭酒和国子博士教授生徒,又称国子助教。

监生:国子监的学生。或由学政考取,或地方保送,或皇帝特许。后来成为虚名,捐钱就能取得监生资格。《祝福》中的"四叔"就是"一个讲理学的老监生",《儒林外史》中的严监生则是一个吝啬鬼的典型。

诸生:明清时期经考试录取而进入府、州、县各级学校学习的生员。生员有增生、附生、廪生、例生等,统称诸生。《送东阳马生序》"今诸生学于太学",则是指在国子监学习的各类监生。

附录五　古代称呼常识

称呼是一种文化现象，从一个时代的称呼中，我们可以窥见一个时代的风貌。称呼也是一面镜子。称呼的变化是文化的变化，同时也被视为历史文化的折射。

中国人的称呼，实质上就是一部中国文化的发展史，其中蕴含着中华民族悠久的文化历史的沉淀与变迁。中国人的称呼是宗法、习俗、等级、地位、声望等的反映，尊长、后辈、上级、下属各有各的一套称呼，谁也不能逾越。从称呼中我们可以看到国人对宗法礼制、尊卑长幼等礼法习俗的重视，对官职、科举的表示方式。古往今来，中国人的称呼既反映出了人们对于成功的观念，又透射着一种"自卑下之道"的"谦恭精神"。这种人生精神，必定要在人们的语言、称呼中体现出来。

一、宗族称谓

祖上：最早的祖先称为始祖。后世的皇帝一般以他们可知的祖宗作为始祖，如宋朝以僖祖作为始祖。后世的人在修家谱、作家传时，也往往喜欢攀附古代的名人为自己的始祖。如曹操、曹植、曹睿祖孙三代就分别把曹振铎、姬姓、虞舜称作曹氏家族的始祖。

太祖：始封之君也就是王朝的建立者为太祖。如三国魏以曹操为太祖，唐以李渊为太祖，宋以赵匡胤为太祖，明以朱元璋为太祖，清以努尔哈赤为太祖。太祖是一朝的开国之君，所以他的太庙百世不迁。

祖宗：是对始祖及先世中有功德者的尊称。从我国汉代开始，凡是创业的国君死后，他们的庙号一律为祖，如汉称刘邦为高祖，唐称李渊为高祖，等等。凡是有功德的帝王死后，他们的庙号一律称为宗，如汉称文帝刘恒为太宗，唐称李世民为太宗等。

子嗣、大宗、小宗：古代宗法制度规定，同一始祖的嫡系长房继承系统为大宗，余子为小宗。

宗子：大宗的嫡长子叫宗子。对大宗来讲，他是家长；对于小宗来讲，他是族长。宗子继承始祖的爵位，主持始祖庙的祭祀。

世子：世子也就是太子，古代的"世"与"太"字意义相通。

支子：古代把嫡长子以外的其他儿子称为支子。

嫡子：古代把正妻所生的儿子称作嫡，同时也指正妻所生的长子。嫡子有继承父亲地位的权力，在社会地位上远远高于庶子。

别子：古代把诸侯嫡长子以外的儿子都叫别子。

庶子：古代把妾所生的儿子称作庶子。庶子的地位比嫡子低，不能承奉祖庙的祭礼和承袭父祖的地位。

嗣子:无子而以他人之子作为儿子,即为嗣子。嗣子一经礼法认可,地位与亲子等同。古代礼法对嗣子问题,有明确的规定,一、必须是同姓。二、必须是同宗的支子。三、辈分必须相当。

公子:诸侯王(公)嫡长子以外的其他儿子称为公子。另外诸侯的女儿也可以称作公子。

考妣:父母又称为考妣。后多指已死的父母,即亡父、亡母。

继父:生父死后,母亲再嫁之夫称为继父。

八母:八种身份不同的母亲,即指嫡母、继母、养母、慈母、嫁母、出母、庶母和乳母。

嫡母:妾的子女称父之正妻为嫡母。对于嫡母,服制是斩衰三年。

继母:父亲的后妻称为继母。对于继母,服制是齐衰三年。

养母:过继儿子称收养他的母亲为养母。对养母服制是斩衰三年。

慈母:妾所生之子。其母死后,其父令别的妾抚育,此别妾就是此子的慈母。

嫁母:亲母因父亲死后再嫁,称作嫁母。为嫁母服齐衰杖期。

出母:被父亲休弃的生母称作出母。为出母服齐衰杖期。

庶母:父亲的妾称为庶母。士为庶母服缌麻。

乳母:父妾之中曾乳育己者称她为乳母。为乳母服缌麻。

九族:九族所指,说法不一。一说上自高祖,下至玄孙,即玄孙、曾孙、孙、子、己身、身父、祖父、曾祖父、高祖父;一说父族四、母族三、妻族二。父族四即姑之子(姑姑的子女)、姊妹之子(外甥)、女儿之子(外孙)、己之同族(父母、兄弟、姊妹、儿子);母族三,即母之父(外祖父)、母之母(外祖母)、从母子(娘舅);妻族二,是岳父、岳母。

二、亲属称谓

古代将凡血缘相近的同姓本族和异性外族都称作亲属。具体称谓如下:

高祖父(母):曾祖之父(母)。

曾祖父(母):祖之父(母)。

祖父(母):父之父(母)。

父母:父、母。

己身:自己本代。

子:子。

孙:子之子。

曾孙:孙之子。

玄孙:曾孙之子。

来孙:玄孙之子。(下五世指从本位起,下主立孙)

世父(伯父):父之兄。

叔父:父之弟。

世母(伯母):世父之妻。

叔母(婶):叔父之妻。

姑(姑母):父之姊妹。

姑父：姑之夫。

从祖祖父（伯祖父、叔祖父）：父之伯叔。

从祖祖母（伯祖母、叔祖母）：父之伯母、叔母。

从祖父（堂伯、堂叔）：父之从兄弟。

从祖母（堂伯母、堂叔母）：从祖父之妻。

族曾祖父（族曾王父）：祖父的伯叔。

族曾王母：祖父的伯叔叔妻子。

族祖父（族祖王父）：族曾祖父之子。

族父：族祖父之子。

族兄弟：族父之子。

嫂：兄之妻。

弟妇：弟之妇。

从子（侄）：兄弟之子。

从女（侄女）：兄弟之女。

从孙：兄弟之孙。

甥（外甥出）：姊妹之子。

私：姊妹之夫。

女婿（子婿、婿）：女之夫。

中表（姑表）：父之姊妹之子女。

外祖父（外王父）：母之父。

外祖母（外王母）：母之母。

外曾王父：外祖父之父。

外曾王母：外祖父之母。

舅（舅父）：母之兄弟。

舅母（妗子）：舅之妻。

从母（姨母、姨）：母之姊妹。

姨父：姨母之夫。

中表（姨表）：姨之子女。

从舅：母之从兄弟。

从母兄弟、从母姊妹（姑表兄弟姊妹、姨表兄弟姊妹）：母之兄弟姊妹子女。

外舅（岳父、岳丈、丈人、泰山、岳翁）：妻之父。

外姑（岳母、丈母、泰水）：妻之母。

姨（姨子）：妻之姊妹。

妻侄：妻之兄弟之子。

舅（嫜、公）：夫之父。

姑（婆）：夫之母。

姑嫜、舅姑：夫之父母（俗称公婆）。

伯叔（大伯、大叔子）：夫之兄弟。

小姑子：夫之妹。

娣妇：夫之弟妇。

姒姆：夫之嫂。

娣姒、妯娌：古之弟妇与嫂的简称。

亲家：妻之父母与夫之父母之间的婚姻。具体地说，夫之父为姻，妻之父为婚。

娅、连襟（襟兄、襟弟）：两乔两婿互称。

三、古今亲属称谓杂谈

如何称呼自己的亲属，在称呼自家的亲属时，我们常会听到或见到"家、舍、亡、先、犬、小"这几个字。

家：是用来称比自己辈分高或年长的活着的亲人，含有谦恭平常之意。如称己父为家父、家严，称母为家母、家慈，称丈人为家岳，祖父为家祖，以及家兄、家嫂，等等。

舍：是用来谦称比自己卑幼的亲属，如舍弟、舍妹、舍侄、舍亲，但不说舍儿、舍女。

先：含有怀念、哀痛之情，是对已死长者的尊称，如对已离世的父亲称先父、先人、先严、先考，对母尊称先母、先妣、先慈，对祖父称先祖，等等。

亡：用于对已死卑幼者的称呼，如亡妹、亡儿。对已故的丈夫、妻子、挚友，也可称亡夫、亡妻、亡友。

犬：旧时谦称自己年幼涉及不深的子女，如犬子、犬女等。

小：对人常用来称己一方的谦词，如自称自己儿女为小儿、小女等。

六亲：六亲即六种亲属。对六亲的说法，历来众说纷纭，大致有以下几种，一说指父子、兄弟、姊妹、甥舅、婚媾、姻亚，二说指父子、兄弟、夫妇，三说指父母、兄弟、妻子，四说指父母、兄弟、从父兄弟、从祖兄弟、从曾祖兄弟、同族兄弟，五说指外祖父母、父母、姊妹、妻兄弟之子、从父母的子女之子。隶巍，指父、母、兄、弟、妻、子，是现代比较通行的说法，现代汉语中六类也泛指亲属。

古代兄弟排行称谓：古代以伯、仲、叔、季来表示兄弟间的排行顺序，伯为老大，仲为老二，叔为老三，季排行最小。父之兄称"伯父"，父之次弟称为"仲父"，仲父之弟称为"叔父"，最小的叔叔称"季父"，后来父之弟统称为"叔父"。

古今妻子称谓：我们现在称男人的配偶为妻子。而从古至今，对妻子的称呼竟有近四十种之多。

小君、细君：最早是称诸侯的妻子，后来作为妻子的通称。

皇后：皇帝的妻子。

梓童：皇帝对皇后的称呼。

夫人：古代诸侯的妻子称夫人，明清时一二品官的妻子封夫人，近代用来尊称一般人的妻子，现在多用于外交场合。

荆妻：旧时对人谦称自己的妻子，又谦称荆人、荆室、荆妇、拙荆、山荆、贱荆，有表示贫寒之意。

娘子：古人对自己妻子的通称。

糟糠：形容贫穷时共患难的妻子。

内人：过去对他人称自己的妻子。书面语也称内人、内助。尊称别人妻称贤内助。

内掌柜的：旧时称生意人的妻子为"内掌柜"，也有称"内当家"的。

太太：旧社会一般称官吏的妻子，或有权有势的富人对人称自己的妻子为"太太"。今有尊敬的意思，如"你太太来了"。

妻子：早期有"妻子"、"妻室"，也有单称妻。有的人为了表示亲爱，在书信中常称贤妻、爱妻。

老伴儿：指年老夫妻的一方，一般指女方。

娘儿们、婆娘、婆姨：有些地方称妻子为娘儿们，或婆娘，或婆姨。

堂客：江南一些地方俗称妻子为堂客。

媳妇儿：在河南农村普遍叫妻子作媳妇儿。

老婆：北方城乡的俗称，多用于口头语言。

老爱：因称老婆太俗语，称爱人拗口，所以取折衷的方法叫老爱。

继室、续弦：妻殁再娶的。

家里、屋里人、做饭的：都是方言对妻子的称谓。

女人：一些农村称妻子为女人，或孩子他娘。

贱内、贱媳：古人对妻子的谦称，

爱人：男女互称。

老马子、后头人：河南农村对妻子的称呼。

右客：湖北鄂西山区对妻子的一种称呼。

伙计、搭档：现代都市流行的对妻子的俗称。

参谋长、内务部长：现代人对能干持家贤惠妻子的尊称。

旧时对妾的称呼有"侧侄"、"偏房"、"小星"、"如夫人"、"妇君"等。

古今对丈夫的称谓我们对女子的配偶称作丈夫。此外对丈夫的称谓还有丈人、君、外子、官人、老公、爱人、当家的、前面人、掌柜的、外面人、郎君、老伴、老头子、那口子、男人、老爱、那位老板等。

古今对父母的称谓：父母又称高堂、椿萱、双亲、膝下、考妣等。

古今对夫妻的称谓：夫妻在古今有结发、鸳鸯、伉俪、配偶、伴侣、连理、秦晋、百年之好等。

"鸳鸯"：我国古代曾把鸳鸯比作兄弟。鸳鸯本为同命鸟，双栖双宿，所以古人用它来比喻兄弟和睦友好。后用鸳鸯来比夫妇，始于唐人卢照邻。

"丈夫"小考：丈夫在古代并非指女子的配偶。古代男子二十岁时，举行冠礼，称为丈夫，这是一种古时礼仪。另外，古代把人长八尺的魁梧男子称作丈夫。在春秋战国之交，"丈夫"的词义扩大了，不仅指成年的男子，而且还指男性的小孩甚至男婴。

"娘子"小谈：娘子是丈夫对妻子的一种爱称，在元代以前，称妻子为"娘子"是不对的。宋代之前，"娘子"专指未婚的少女，意同今天的姑娘。

到了唐代，唐玄宗后期好声色，宠杨贵妃，杨贵妃在后宫中的地位无与伦比，宫中号称为"娘子"。这里的娘子，显然已不是指少女了，但也不能理解为是对妻子的称呼。

到了元代，社会上已普遍称呼已婚妇女为"娘子"。到了明代，一般习惯称少妇为"娘子"，

而且带有娇爱的味道。

随着称妻为"娘子"的流行,一般妇女也就称为某娘了,如称接生婆为"老娘"。称巫婆为"师娘",称妓女为"花娘",称男女关系不清的女人为"夫娘",以及鄙称妇女为"婆娘",等等,通称她们为"娘们"。

什么叫"丈人","丈人"现在通常指称岳父。但在古代"丈人",就不仅指岳父了,还可以是对老者和前辈的尊称;女子对丈夫的称呼;指代家长或主人。

"结发"的含义:我国古代,年少之时结为夫妻,称为结发。后因以"结发"为结婚,指原配夫妇。

"连襟"趣话:在我国民间,通称姐妹们的丈夫为"连襟"。"连襟"的来历与我国著名的诗人杜甫、洪迈有关。

较早在笔下出现这个词语的是杜甫。他晚年寓居川东,结识了当地一位姓李的老头子,叙论起来,两家还是拐弯抹角的亲戚。两人很合得来,三天两头书信往来或一起聊天喝酒,后来杜甫要出峡东下湖湘,写了首《送李十五丈别》的诗,回忆叙述结交经过,有一句是"人生意气合,相与襟袂连"。这只是形容彼此关系密切,它还没有后来的那种关系。

北宋末年,洪迈有个堂兄是石泉州的幕宾,不很得意,妻子的姐夫在江淮一带做节度使,写书推荐去京城供职。洪迈这位堂兄很感激,托洪迈替写了一份谢启,里面便有"襟袂相连"一句。而比洪迈还早一些的马永卿,在所著《懒真子》里提及,江北人呼友婿为"连袂",也呼"连襟",和洪迈写的谢启相对照。可见宋朝时,"连襟"这个称谓就已通行,并具有与现在相同的内容了。

岳父、岳母称呼的由来:古代帝王常临名山绝顶,设坛祭天地山川,晋封公侯百官,史称"封禅"。唐玄宗李隆基一次"封禅"泰山,中书令张项做"封禅"使。张把女婿郑镒由九品一下提成五品。后来玄宗问起郑镒的升迁事,郑镒支支吾吾,无言以对。在旁边的黄幡绰讥笑他:"此乃泰山之力也。"玄宗才知张项徇私,很不高兴,不久把郑镒降回原九品。后来,人们知道此事,把妻父自然称"泰山"。因泰山乃五岳之首,又称"岳父",妻母自然称为"岳母"。

"东床"的缘来:东床指女婿。东晋时郗鉴让门人到王导家去物色女婿,门人回来说:"王家少年都不错,但听得消息时,一个个都装出矜持的样子,只有一个年轻人,祖腹东床,只顾吃东西,好像没听到我们说话一样。"郗鉴一听忙说:"这个人正是我要物色的好女婿!"这个年轻人就是后来的大书法家王羲之。以后,人们就称女婿为"东床"。

四、礼俗称谓

(一)因职业和社会地位而产生的称谓

君:周代称诸侯为君。君在天子之下,大夫之上,指的是诸侯。秦统一天下后,称皇帝为君。君还是战国、秦汉时期贵族、功臣的封号,如齐国田文号孟尝君,魏公子无忌号信陵君,汉郦食其号广野君,刘敬号奉春君,君后来又引申为对男子的尊称,故父和夫也可称君。

臣:上古指男性奴隶。后来"君"与"臣"对举,臣包括国君外的任何人。后"臣"又引申为对己的谦称。

士:商、西周、春秋时统治者的最低层及其成员。周天子有天下,诸侯有国,卿大夫有家。家是卿大夫的统治区域,担任家的官职的通常是士,称为家臣。士大夫受过教育,有知识、有才能。因此,后来逐渐成为知识分子的通称,在军事上、政治上、外交上形成不可忽视的力量。战国时代的士大体分为四类,一类为学士,如庄子、荀子等。一类为策士,如苏秦、张仪,即所谓纵横家。一类为方士或术士。最下的一类为食客,这类人有士之名,无士之实,多是贵族的鹰犬。

民:上古时把奴隶称作民,或称黎民、群黎、苗民、众人、庶人、庶民,通称庶民。臣与民在上古代都是奴隶,但有区别:臣是柔顺驯服的奴隶,民是暴戾难以驾驭的奴隶。

奴隶:为奴隶主劳动没有人身自由的人,常被奴隶主任意买卖甚至杀死。"工"、"奴"、"奚"、"臣"、"妾"等都是奴隶,小臣、仆侍、妾婢、阍人(看门人)、寺人(宦)等是从事家务劳动的奴隶,金工、车工等是从事工业生产的奴隶,大量的则是从事农业生产的奴隶。

君子:古代对贵族男子的通称。又泛指有道德的人,君子常常和小人或野人对比。此外,妻称夫也叫君子。

百姓:古代对贵族的总称。商代的奴隶主是贵族,总称为"百姓"(因为当时只有贵族才有姓)。商王是贵族的最高代表,自称为"予一人",周代仍有这种称号。战国以后,"百姓"为平民的通称,与"民"为同义词。

黎民:平民也称黎民,也即"众民"的意思。因"黎"通"骊",黑色,"黎民"因黑发而名。

黔首:黔首是战国时秦国及秦代对平民的称呼。黔,黑色。"黔首",犹如黑头。据说秦商黑色,平时平民都用黑布包头,帮称"黔首"。

布衣:即"平民",古代人富人穿丝,平民穿麻布,所以称"布衣"。

庶人:又叫"庶民",西周以后对农业生产者的称谓。西周时,庶人可作为被封赐的对象,其身份比奴隶高。春秋时,庶人的地位在士以下,工商奴隶之上。秦汉以后,泛指没有官的一般平民。

(二)对自己的谦称类

鄙人:"鄙人"本意指发居于郊野之人。后古人用来谦称自己,表示地位不高,见识浅陋。

臣:古人对自己的谦称。"臣"表示自谦,多有君臣关系在内。后采也完全表示谦称。

仆:旧时男子自称谦词。仆即奴仆,下对上,幼对长自称奴仆,借以表示对对方的敬重。

小可:宋元间人自称谦词。

小生:旧时晚辈对尊长称自己的谦词。

小子:旧时子弟晚辈对父兄尊长自称的谦词。

晚生:旧时文人对前辈自称的谦词。

不肖:旧时男子自谦词。不肖原指子不似其父那样贤能,故男子在其父母死后多借以自称,表示谦恭。

不才:旧时男子自谦词。不才即没有才能,故借以自称,以示谦恭。

不佞:旧时文子对自己的谦称。不佞意为无才能的意思。

不敏:古人称自己不聪明,不敏捷,故自谦"不敏"。

后学、晚侍:年轻人在年长者面前的谦称。

在下：自称的谦词。古时坐席，尊长在上座，所以自称在下。

妾：旧时妇女自称的谦词。妾是旧时正妻之外的小妻、侧室、偏房，在家庭中地位极低，故妇女借以自称，表示对对方的敬重。

奴、奴家：旧时妇女自称的谦词。奴即表示不自由，受人役使的仆役，故借以自称，表示对对方的敬重。有时男子也以之为谦称。

未亡人：寡妇的自称。

（三）尊称类

父：古代对男子的尊称。"父"本义不是父亲，而是父系氏族社会中司火的长者，后成为对男子的尊称。大约至周代，"父"才成为父亲的别称。

公：古代对男子的尊称。甚至父亲对儿子说话，有时也以"公"相称，用来表示郑重或爱重。

子：古代尊称，男女皆可称之。学生对老师也称"子"。夫妻之间又互称"内子"和"外子"。

长者：古代尊称。指有德行受尊敬的人。

卿：古代尊称，古时使用较广，君称臣为"卿"，夫妻之间称"卿"或"卿卿"。

先生：古代尊称，多称师长、老人或有德行的人。

阁下：是旧时对一般人的尊称。常用于书信之中。原意也是由于亲属同辈间互相见面不便直呼其名，常常先呼其阁下的侍从转告，而将侍从称"阁下"，后来逐渐演变为对至友亲朋间尊称的敬辞。

足下：在古代称谓上，同辈相称，都用"足下"。足下意为"您"。

麾下：是对将帅的尊称。

陛下："陛下"的"陛"指帝王宫殿的台阶。"陛下"原来指的是站在台阶下的侍者。臣子向天子进言时，不敢直口乎天子，必须先呼台下的侍者而告之。后来"陛下"就成为对帝王的敬辞。

殿下：和"陛下"是一个意思，原来也是对天子的尊称。汉代以后演变为对太子、帝王的尊称，唐代以后只有皇子、皇后、皇太后可以称为"殿下"。

令尊：旧时称对方父亲的敬词。令有善、美之意，故用为敬词。

尊公：也称"尊大人"、"尊大君"，旧时称对方父亲的敬词。尊与卑相对，指地位或辈分高，故用敬词，如"尊翁"、"尊驾"。

令堂：旧时称对方母亲的敬词。

令郎：旧时称对方儿子的敬词。原称"令郎君"。

令嗣：旧时称对方儿子的敬词，同"令郎"。

令子：旧时称对方儿子的敬词。

令爱：并作"令嫒"。旧时称对方女儿的敬词。

令正：旧时称对方嫡妻的敬词。

令兄：旧时称对方之兄的敬词。

令弟：旧时称对方之弟的敬词。

令坦：旧时称对方大婿的敬词。

仁兄:旧时对同辈友人的敬称。常用于书信。

贤兄:旧时对同辈友人的敬称,贤指德才之众,故用为敬词。

仁弟:旧时对同辈中青年者的敬称。师长对学生,年长者对幼子也常以之为称,表示爱重。

贤弟:贤弟意同"仁弟",贤有德行好、才能出众之意,故习以为敬词。

（四）古代交友的称谓

布衣之交:普通老百姓相交的朋友。

刎颈之交:哪怕砍头也不变心的朋友,又称为"生死之交"。

莫逆之交:意谓彼此心志相通,情投意合。

杵臼之交:指交友不嫌贫贱,也称为"杵臼交"。

车笠之交:不以贵贱而异,友谊深厚。

忘年之交:年岁差别大,行辈不同而交情深厚的朋友。

总角之交:幼年就相认的朋友。

竹马之交:形容小儿时天真无邪,亲昵嬉戏之状。

（五）古代对媒人的称呼

媒人:撮合男女成婚的人,多为老年妇女充当。

月老:媒人之代称。

红娘:媒人之代称。取于元代杂剧《西厢记》中莺莺的婢女。

三姑六婆:指从事九种职业的女人。"三姑"即从事宗数活动的三种职业女人:尼姑、道姑、卦姑。"六婆"中"牙婆"指贩卖人口的贩子,"媒婆"指专门撮合婚姻的,"师婆"即巫婆,"虔婆"指妓院的鸨母,"稳婆"指接生婆,"药婆"职业不详。

（六）古代对老师的称呼

师父、师傅:对老师的尊称。"师傅"原为春秋时国君的老师。

夫子:古代对老师的一种尊称,尤其流行于旧时私塾。

师长:教师的尊称。

外傅:古代对教师的特称。

博士:经学教师称"博士"。至唐朝时期,各专业学校更有"律学"、"算学"、"书学"博士之分。

教授:原为学官称谓,自宋始于经学、律学、医学、武学等科均设"教授",以传授学业。后世相沿。

讲师:讲授武事或讲解经籍的教师谓"讲师"。

助教:古代学官名,教师。西晋武帝咸宁四年设置,协助国子、博士教授生徒。南北朝、隋代相沿设置。唐代国子学、太学、广文馆、四门学等都设有助教。明、清两代,仅仅有国子监助教。为国子学(即后来的"国子监")教师。

教谕:宋代京师所设小学和武学中的教称谓,到元、明、清的县学照样设置。

教习：明朝人选翰林院的进士之师称教习。到清末，学堂兴起后，教师仍用其名。

经师：汉代以后历代在"校"或"学"中传授经学的教师称"经师"。

训导：明清时府设教授，州设学正，县设教渝，掌教育生员。其副职皆称"训导"。

先生：古时对"门馆"、"私塾"老师年长者的尊称。

老师：原为宋元时期"小学"教师的称谓。

服务员的古代称呼：古代服务员被称为店小二，这是因为自宋以来直到民初，老百姓是没有名字的，只有上学才有学名。一旦做官，就有官名。代服务员为平常百姓，所以被称为店小二，而店老板自然是店老大了。

（七）皇族称谓

皇帝：中国在公元前221年，秦王嬴政统一六国后，自认为"德兼三皇，功高五帝"，称"始皇帝"。从此历代封建君主都称皇帝。

万岁：皇帝的代名词，一种说法认为在朝贺时对君主经常使用，久而久之，便成了皇帝的尊称，另一种说法认为是从西汉元封元年（前110年）汉武帝登华山后，由他开始用"万岁"自称，而相沿下来的。

天子：古代君王的尊称。夏、商、周代，天子的正号是王，如周武王即可称天子；在秦汉至清代，天子则指皇帝。所谓"天子"，意指君主君临天下，犹天之子。

皇后：皇帝的正妻称皇后。秦汉以后历代沿称。

太上皇：帝王尊其父为太上皇。历代皇帝传位于太子，自称太上皇；天子之父参与国政，称太上皇帝。

皇太后：皇帝的母亲称皇太后，秦汉以后历代沿称。

皇太子：皇帝所指定的继承人，一般为皇帝的嫡长子，但常有例外，由皇帝选定册立。清代自雍正以后不立皇太子。一般称预定继承君位的长子为"太子"。

贵嫔：妃嫔的称号。汉元帝时始置，原为妃嫔中之第一级。自魏晋至明均设置，但地位已经下降。

昭仪：妃嫔的称号，三国魏文帝时始置，仅次于皇后。晋及南北朝多沿置。

才人：妃嫔的称号。始设于晋武帝，自南北朝至明多曾沿置。唐制，才人初为宫中之正五品，后升正四品。

贵妃：妃嫔的称号。南朝宋武帝时始置，位次于皇后。自隋至清多沿置。

七子：女官名，位在美人、良人下，在长使、少使上。

良人：西汉妃嫔的称号。

美人：妃嫔的称号。

贵人：妃嫔的称号。东汉位次于皇后，清代贵人已降在妃嫔之下。

世子：帝王及诸侯的正妻所生的长子，也称太子。清代则封亲王的嫡长子为世子。

孺子：太子妃嫔名，太子有妃、良娣、孺子，共三等，又古代贵族的妾也称孺子。

太孙：皇帝的长孙称太孙。历代王朝往往于太子殁后册立太孙为预定之皇位继承人。

公主：帝王之女的称号。始于战国。汉制规定，皇帝之女称公主，帝之妹称长公主，帝姑称大长公主。后历代大致沿用。

翁主:汉代制度,诸王之女称翁主,即后世的郡主。

驸马:皇帝的女婿称驸马,非实官。清代称"额驸"。

帝姬:古代对皇帝女公主、姊妹、姑母等的称呼。

我国素有礼仪之邦的称号,这礼仪往往表现在日常交往的口头言语与书信用语方面。与人交往,中国人注重虚已以待人,即使自己是个有身份的人,也得降低自己的身份;对待他人要恭敬,即使对方在某方面有不足,也应以礼相待。下面列举一些常见的词语。

五、谦词类说

1. 用"鄙"字:在与别人说话时,说自己或与自己相关的事物,往往在某些词前加上一个"鄙",以表达说话人的谦虚。如鄙人(称自己)、鄙意(称自己的意见)、鄙见(称自己的见解)。

2. 用"敝"字:在与别人说话时,称自己或与自己相关的事物,有时在某些词前加上一个"敝"字,以示谦虚。如敝人(在别人面前称自己)、敝姓(称自己的姓)、敝校(称自己的学校)、敝处(称自己所处的地方或自己的家)。

3. 用"薄"字:与人交往时,谦称自己相关的事物,有时可以在某些词加一"薄"字。如薄酒(称自己待客的酒)、薄技(称自己的技艺)、薄礼(称自己送的礼物)、薄面(为人求情时,称自己的情面)。

4. 用"敢"字:在向他人有所请求时,在某些行为动词前加上一个"敢"字,表示自己是冒昧地。如敢问(冒昧地询问)、敢请(冒昧地请求)、敢烦(冒昧地麻烦你)。

5. 用"贱"字:同别人说话时,谦称自己的事物,有时在某些表事物的词前加上"贱"字。如:贱姓(说自己的姓)、贱内("内"是指内人,即自己的妻子。在早期的白话中,有人在别人面前是这样谦称自己的妻子)、贱事(古人称自己的私事)。

6. 用"忝"字:与同行或他人说话时,在某些动词前加"忝"字,表示自己的行为可能是辱没了他人,自己觉得有愧。如忝列(自己有愧被列入或处在其中)、忝在(有愧处在其中)、忝任(有愧地担任)。

7. 用"小"字:与他人说话时,有时称自己或与自己有关的人事,常用一些带有"小"字的词。如小弟(男姓在朋友面前谦称自己)、小儿(称自己的儿子)、小女(称自己的女儿)、小可(过去白话中常用于称自己)、小人(称自己)、小生(青年读书人称自己)、小店(对别人称自己的店子)、小照(说自己的照片)。

8. 用"拙"字:有时说自己的书或文章等,在某一名词前加上这个"拙"字,以示说话的谦虚。如拙著(称自己的著作)、拙作(称自己的作品)、拙笔(称自己的文章或书画)、拙见(称自己的见解)、拙荆(古人称自己的妻子)。

9. 用"愚"字:这个字常于说自己,表示在别人前说话的谦虚。如愚兄(在比自己小的人前谦称自己)、愚见(谦称自己的见解),愚以为(谦说自己认为)。

10. 用"家"字:在他人面前谦称自己家中辈分高的或年纪比较大的亲人。如家父、家君、家严、家尊(称自己的父亲),家母、家慈(称自己的母亲),家兄(称自己的哥哥),家姐(称自己的姐姐)。

11. 用"舍"字:在他人面前谦称自己家中辈分低的或年纪小的亲人。如舍弟(称自己的

弟弟)、舍妹(称自己的妹妹)、舍侄(称自己的侄子)

12. 用"老"字:用于谦称自己或与自己相关的东西。如老粗(谦称自己没文化)、老朽(老年人谦称自己)、老脸(年纪大的人在别人面前说自己的面子)、老身(老年妇女称自己)。

六、敬词类说

1. 用"拜"字:用于自己的动作,表示对对方的敬重。如拜读(阅读结方的文章)、拜访(访问对方)、拜见(求见对方)、拜识(结识对方)、拜托(托对方办事)、拜会(会见对方)、拜谢(感谢对方)、拜望(探望对方)、拜辞(告辞对方)、拜贺(祝贺对方)、拜服(佩服对方)。

2. 用"垂"字:用于别人(多是长辈或上级)对自己的行动,表示对对方的敬重。如垂爱(在书信中说对方对自己的爱护)、垂青(说别人对自己的重视)、垂问(说别人对自己的询问,又说"垂询")、垂念(说别人对自己的思念)。

3. 用"大"字:称对方或与对方有关的事物。如大伯(敬称年长的男人)、大哥(敬称年纪与自己相仿的男人)、大姐(敬称女姓朋友或熟人)、大妈(尊称年长的妇女)、大爷(尊称年长的男子)、大人(在书信中称长辈)、大驾(敬称对方)、大名(称对方的名字)、大庆(称老年人的寿辰)、大作(称对方的作品)、大札(称对方的的书信)。

4. 用"芳"字:用于对方或对方有关的事物。如芳龄(称对方的年龄,对方应是年轻女子)、芳邻(称对方的邻居)、芳名(称对方的名字,对方应是年轻的女子)。

5. 用"奉"字:用于自己的动作涉及对方。如奉达(告诉、表达)、奉复(回复)、奉告(告诉)奉还(归还)、奉陪(陪伴)、奉劝(劝告)、奉送、奉赠(赠送)、奉迎(迎接)、奉托(托对方办事)

6. 用"俯"字:在公文书信中用来称对方对自己的行动。如俯察(称对方或上级对自己的理解)、俯就(用于请对方同意担任某职务)、俯念(称对方或上级的体念)、俯允(称对方或上级的允许)。

7. 用"高"字:称对方相关的事物。如高见(称对方的见解)、高就(称对方离开原来的职位就任较高的职位)、高龄(称老人的年龄)、高寿(多用于问老人的年龄)、高足(称别人的学生)、高论(称别人的议论)。

8. 用"光"字:用于说对方的来临。如光顾(多是商家说顾客的来到)、光临(称客人的到来)。

9. 用"贵"字:称对方有关的事物。如贵干(问对方要做什么)、贵庚(问对方的年龄)、贵姓(问对方的姓氏)、贵恙(称对方的病)、贵子(称对方的儿子)、贵国(称对方的国家)、贵校(称对方的学校)。

10. 用"恭"字:表示恭敬地对待对方。如恭贺(祝贺)、恭候(等候)、恭请(邀请)、恭迎(迎接)、恭喜(祝贺对方的喜事)。

11. 用"华"字:称对方有关的事物。如华诞(称对方的生日)、华堂(称对方的房屋)、华翰(称对方的书信)。

12. 用"敬"字:用于自己的行动涉及别人。如敬告(告诉)、敬贺(祝贺)、敬候(等候)敬请(请)、敬佩(佩服)、敬谢不敏(表示推辞做某件事)。

13. 用"惠"字:用于对方对待自己的行为动作。如惠存(多用于送人相片、书籍等纪念品

时所题的上款,意思是请保存)、惠临(说对方到自己这里来)、惠顾(多用于商店对顾客,说顾客的到来)、惠允(指对方允许自己人做某事)、惠赠(指对方赠与财物)。

14. 用"贤"字:用于称平辈或晚辈。如贤弟(称自己的弟弟或比自己年龄小的男子)、贤侄(称侄子)。

15. 用"屈"字:用于说对方的行动。如屈驾(用于邀请人,意思是委屈大驾)、屈就(用于请人担任职务,意思是委屈迁就)、屈居(委屈地处于)、屈尊(降低身份俯就)。

16. 用"雅"字:用于说对方的情意或行动。如雅意(称对方的情意或意见)、雅正(指出批评,把自己人的诗文书画等送给对方时,请对方指教)。

17. 用"玉"字:用于说对方的身体或行动。如玉体(说对方的身体)、玉音(在书信中,称对方的书信或言辞)、玉照(说对方的照片)、玉成(感谢对方的成全)。

此外,还有一些带谦敬色彩的词语,如:久仰、赐教、指正、止步、留步、笑纳、包涵、斧正、璧还、鼎力等。

附录六　天文历法

　　【星宿】宿（xiu），古代把星座称作星宿。《范进中举》："如今却做了老爷，就是天上的星宿。""天上的星宿是打不得的。"古人认为人间有功名的人是天上星宿降生的，这是迷信说法。

　　【二十八宿】又叫二十八舍或二十八星，是古人为观测日、月、五星运行而划分的二十八个星区，用来说明日、月、五星运行所到的位置。每宿包含若干颗恒星。二十八宿的名称，自西向东排列为：东方苍龙七宿（角、亢 kang、氐 di、房、心、尾、箕），北方玄武七宿（斗、牛、女、虚、危、室、壁），西方白虎七宿（奎、娄、胃、昴 mao、毕、觜 zT、参 shen），南方朱雀七宿（井、鬼、柳、星、张、翼、轸 zhen）。唐代温庭筠的《太液池歌》："夜深银汉通柏梁，二十八宿朝玉堂。"夸饰地描写星光灿烂、照耀宫阙殿堂的景象。王勃《滕王阁序》："物华天宝，龙光射斗牛之墟。"是说物产华美有天然的珍宝，龙泉剑光直射斗宿、牛宿的星区。刘禹锡诗："鼛鼓夜闻惊朔雁，旌旗晓动拂参星。"形容雄兵出师惊天动地的场面，参星即参宿。

　　【四象】参见"二十八宿"条。古人把东、北、西、南四方每一方的七宿想象为四种动物形象，叫作四象。东方七宿如同飞舞在春天夏初夜空的巨龙，故而称为东官苍龙；北方七宿似蛇、龟出现在夏天秋初的夜空，故而称为北官玄武；西方七宿犹猛虎跃出深秋初冬的夜空，故而称为西官白虎；南方七宿像一展翅飞翔的朱雀，出现在寒冬早春的夜空，故而称为南官朱雀。

　　【分野】古代占星家为了用天象变化来占卜人间的吉凶祸福，将天上星空区域与地上的国州互相对应，称作分野。具体说就是把某星宿当作某封国的分野，某星宿当作某州的分野，或反过来把某国当作某星宿的分野，某州当作某星宿的分野。如王勃《滕王阁序》："豫章故郡，洪都新府。星分翼轸，地接衡庐。"是说江西南昌地处翼宿、轸宿分野之内。李白《蜀道难》："扪参历井仰胁息，以手抚膺坐长叹。"参宿是益州（今四川）的分野，井宿是雍州（今陕西、甘肃大部）的分野，蜀道跨益、雍二州。扪参历井是说入蜀之路在益、雍两州极高的山上，人们要仰着头摸着天上的星宿才能过去。

　　二十八宿与国分野如下：

星宿	角亢氐	房心	尾箕	斗牛	女	虚危	室壁	奎娄	胃昴毕	觜参	井鬼	柳星张	翼轸
国	郑	宋	燕	越	吴	齐	卫	鲁	魏	赵	秦	周	楚
星宿	角亢氐	房心	尾箕	斗牛	女	虚危	室壁	奎娄	胃昴毕	觜参	井鬼	柳星张	翼轸
州	兖州	豫州	幽州	江湖	扬州	青州	并州	徐州	冀州	益州	雍州	三河	荆州

　　【昴宿】西方白虎七宿的第四宿，由七颗星组成，又称旄头（旗头的意思）。唐代李贺诗"秋静见旄头"，旄头指昴宿。唐代卫象诗"辽东老将鬓有雪，犹向旄头夜夜看"，旄头也指昴宿。

诗句表现了一位老将高度警惕、细心防守的情景。

【参商】参指西官白虎七宿中的参宿,商指东官苍龙七宿中的心宿,是心宿的别称。参宿在西,心宿在东,二者在星空中此出彼没,因此常用来喻人分离不得相见。如曹植"面有逸景之速,别有参商之阔",杜甫诗"人生不相见,动如参与商"。

【壁宿】指北官玄武七宿中的第七宿,由两颗星组成。因其在室宿的东边,很像室宿的墙壁,又称东壁。唐代张说诗"东壁图书府,西园翰墨林",形容壁宿是天上的图书库。

【流火】流,下行;火,指大火星,即东官苍龙七宿中的心宿。《诗经·七月》:"七月流火,九月授衣。"七月相当于公历的八月,流火是说大火星的位置已由中天逐渐西降,表明暑气已退。

【北斗】又称"北斗七星",指在北方天空排列成斗形(或杓形)的七颗亮星。七颗星的名称是:天枢、天璇、天玑、天权、玉衡、开阳、摇光。排列如斗杓,故称"北斗"。根据北斗星便能找到北极星,故又称"指极星"。屈原《九歌》:"操余弧兮反沦降,援北斗兮酌桂浆。"《古诗十九首》:"玉衡指孟冬,众星何历历。"玉衡是北斗星中的第五星。《小石潭记》中用"斗折蛇行",形容像北斗星的曲线一样弯弯曲曲。

【北极星】星座名,是北方天空的标志。古代天文学家对北极星非常尊崇,认为它固定不动,众星都绕着它转。其实,由于岁差的原因,北极星也在变更。三千年前周代以帝星为北极星,隋唐宋元明以天枢为北极星。一万二千年以后,织女星将会成为北极星。

【彗星袭月】彗星俗称扫帚星,彗星袭月即彗星的光芒扫过月亮,按迷信的说法是重大灾难的征兆。如《唐雎不辱使命》:"夫专诸之刺王僚也,彗星袭月。"

【白虹贯日】"虹"实际上是"晕",大气中的光学现象。这种现象的出现,往往是天气将要变化的预兆,可是古人却把这种自然现象视作人间将要发生异常事情的预兆。如《唐雎不辱使命》:"聂政之刺韩傀也,白虹贯日。"汉代邹阳《狱中上梁王书》:"昔荆轲慕燕丹之义,白虹贯日,太子畏之。"燕太子丹厚养荆轲,让其刺秦王,行前已有天象显现,太子丹却畏其不去。

【运交华盖】华盖,星座名,共十六星,在五帝座上,今属仙后座。旧时迷信,以为人的命运中犯了华盖星,运气就不好。鲁迅《自嘲》诗:"运交华盖欲何求,未敢翻身已碰头。"

【月亮的别称】月亮是古诗文提到的自然物中最突出的被描写的对象。它的别称可分为:

(1)因初月如钩,故称银钩、玉钩。

(2)因弦月如弓,故称玉弓、弓月。

(3)因满月如轮如盘如镜,故称金轮、玉轮、银盘、玉盘、金镜、玉镜。

(4)因传说月中有兔和蟾蜍,故称银兔、玉兔、金蟾、银蟾、蟾宫。

(5)因传说月中有桂树,故称桂月、桂轮、桂宫、桂魄。

(6)因传说月中有广寒、清虚两座宫殿,故称广寒、清虚。

(7)因传说为月亮驾车之神名望舒,故称月亮为望舒。

(8)因传说嫦娥住在月中,故称月亮为嫦娥。

(9)因人们常把美女比作月亮,故称月亮为婵娟。

【东曦】古代神话说太阳神的名字叫曦和,驾着六条无角的龙拉的车子在天空驰骋。东曦,指初升的太阳。《促织》:"东曦既驾,僵卧长愁。""东曦既驾",指东方的太阳已经出来了。

【天狼星】为全天空最明亮的恒星。苏轼《江城子》词:"会挽雕弓如满月,西北望,射天狼。"其中用典皆出自星宿,雕弓指弧矢星,天狼即天狼星。屈原《九歌》中也有"举长矢兮射天

狼"，长矢即弧矢星。

【老人星】为全天空第二颗最明亮的星，也是南极星座最亮的星。民间把它称作寿星。北方的人若能见到它，便是吉祥太平的事。杜甫诗云："今宵南极外，甘作老人星。"

【牵牛织女】"牵牛"即牵牛星，又叫牛郎星，是夏秋夜空中最亮的星，在银河东。"织女"即织女星，在银河西，与牵牛星相对。《古诗十九首》："迢迢牵牛星，皎皎河汉女。"唐代诗人曹唐《织女怀牵牛》："北斗佳人双泪流，眼穿肠断为牵牛。"

【银河】又名银汉、天河、天汉、星汉、云汉，是横跨星空的一条乳白色亮带，由一千亿颗以上的恒星组成。曹操《观沧海》："星汉灿烂，若出其里。"陈子昂《春夜别友人》："明月隐高树，长河没晓天。"苏轼《阳关曲》："暮云收尽溢清寒，银汉无声转玉盘。"秦观《鹊桥仙》词："纤云弄巧，飞星传恨，银汉迢迢暗度。"

【文曲星】星宿名之一。旧时迷信说法，文曲星是主管文运的星宿，文章写得好而被朝廷录用为大官的人是文曲星下凡。如吴敬梓《范进中举》："这些中老爷的都是天上的文曲星。"

【天罡（gang）】古星名，指北斗七星的柄。道教认为北斗丛星中有三十六个天罡星、七十二个地煞星。小说《水浒》受这种迷信说法的影响，将梁山泊一百零八名大小起义头领附会成天罡星、地煞星降生。

【云气】古代迷信说法，龙起生云，虎啸生风，即所谓"云龙风虎"。又说真龙天子所产生的地方，天空有异样云气，占卜测望的人能够看出。如《鸿门宴》："吾令人望其气，皆为龙虎，成五采，此天子气也。"

【农历】我国长期采用的一种传统历法，它以朔望的周期来定月，用置闰的办法使年平均长度接近太阳回归年。因这种历法安排了二十四节气以指导农业生产活动，故称农历，又叫中历、夏历，俗称阴历。古人写文章，凡用序数纪月的，大多以农历为据。如《游褒禅山记》"至和元年七月某日"，《石钟山记》"元丰七年六月丁丑"，农历的六月、七月相当于公历的七月、八月。

【二十四节气】是我国古代历法的重要组成部分。古人根据太阳一年内的位置变化以及所引起的地面气候的演变次序，把一年三百六十五又四分之一的天数分成二十四段，分列在十二个月中，以反映四季、气温、物候等情况，这就是二十四节气。每月分为两段，月首叫"节气"，月中叫"中气"。二十四节气的名称和顺序为：

正月	立春、雨水	二月	惊蛰、春分	三月	清明、谷雨
四月	立夏、小满	五月	芒种、夏至	六月	小暑、大暑
七月	立秋、处暑	八月	白露、秋分	九月	寒露、霜降
十月	立冬、小雪	十一月	大雪、冬至	十二月	小寒、大寒

为了便于记忆，人们编出了歌谣："春雨惊春清谷天，夏满芒夏暑相连，秋处露秋寒霜降，冬雪雪冬小大寒。"古诗文中常用二十四节气来纪日，如《扬州慢》："淳熙丙申至日，予过维扬。"夏至白天最长，冬至白天最短，因而古人称夏至、冬至为至日，这里指冬至。

【初阳】约在农历十一月，冬至以后、立春以前的一段时间。此时阳气初动，故称"初阳"。《孔雀东南飞》："往昔初阳岁，谢家来贵门。"

【四时】指春夏秋冬四季。农历以正月、二、三月为春季，分别称作孟春、仲春、季春；以四月、五月、六月为夏季，分别称作孟夏、仲夏、季夏。秋季、冬季以此类推。欧阳修《醉翁亭记》：

"风霜高洁,水落而石出者,山间之四时也。"

【社日】古代农民祭祀土地神的节日,在春分前后。《永遇乐》:"可堪回首,佛狸祠下,一片神鸦社鼓。"社鼓,指社日祭祀土地神的鼓声。

【初七】农历七月初七,民间有七夕乞巧的风俗。传说为牛郎织女聚会之夜。《孔雀东南飞》:"初七及下九,嬉戏莫相忘。"

【下九】农历每月十九日,是妇女欢聚的日子。

【干支】天干、地支的合称。天干:甲、乙、丙、丁、戊、己、庚、辛、壬、癸。地支:子、丑、寅、卯、辰、巳、午、未、申、酉、戌、亥。十干和十二支依次相配,组成六十个基本单位,古人以此作为年、月、日、时的序号,叫"干支纪法"。如《冯婉贞》:"咸丰庚申,英法联军自海入侵。"咸丰,皇帝年号;庚申,干支纪年。"六十甲子"依次是:

甲子	乙丑	丙寅	丁卯	戊辰	己巳	庚午	辛未	壬申	癸酉
甲戌	乙亥	丙子	丁丑	戊寅	己卯	庚辰	辛巳	壬午	癸未
甲申	乙酉	丙戌	丁亥	戊子	己丑	庚寅	辛卯	壬辰	癸巳
甲午	乙未	丙申	丁酉	戊戌	己亥	庚子	辛丑	壬寅	癸卯
甲辰	乙巳	丙午	丁未	戊申	己酉	庚戌	辛亥	壬子	癸丑
甲寅	乙卯	丙辰	丁巳	戊午	己未	庚申	辛酉	壬戌	癸亥

【纪年法】我国古代纪年法主要有四种:

(1)王公即位年次纪年法。以王公在位年数来纪年。如《左传·殽之战》:"三十三年春,秦师过周北门。"指鲁僖公三十三年。《廉颇蔺相如列传》:"赵惠文王十六年,廉颇为赵将。"

(2)年号纪年法。汉武帝起开始有年号。此后每个皇帝即位都要改元,并以年号纪年。如《岳阳楼记》"庆历四年春"、《琵琶行》"元和十年"、《游褒禅山记》"至和元年七月某日"、《石钟山记》"元丰七年"、《梅花岭记》"顺治二年"、《〈指南录〉后序》"德祐二年"、《雁荡山》"祥符中"("祥符"是"大中祥符"的简称,宋真宗年号)等。

(3)干支纪年法。如《五人墓碑记》:"予犹记周公之被逮,在丁卯三月之望。""丁卯"指公元1627年;《〈黄花岗七十二烈士事略〉序》:"死事之惨,以辛亥三月二十九日围攻两广督署之役为最。""辛亥"指公元1911年;《与妻书》"辛未三月念六夜四鼓","辛未"应为辛亥。近世还常用干支纪年来表示重大历史事件,如"甲午战争"、"戊戌变法"、"庚子赔款"、"辛丑条约"、"辛亥革命"。

(4)年号干支兼用法。纪年时皇帝年号置前,干支列后。如《扬州慢》"淳熙丙申","淳熙"为南宋孝宗赵昚(shèn)年号,"丙申"是干支纪年;《核舟记》"天启壬戌秋日","天启"是明熹宗朱由校年号,"壬戌"是干支纪年;《祭妹文》"乾隆丁亥冬","乾隆"是清高宗爱新觉罗·弘历年号,"丁亥"是干支纪年;《梅花岭记》"顺治二年乙酉四月","顺治"是清世祖爱新觉罗·福临年号,"乙酉"是干支纪年。

【纪月法】我国古代纪月法主要有三种:

(1)序数纪月法。如《采草药》:"如平地三月花者,深山中则四月花。"《〈指南录〉后序》"德祐二年二月","是年夏五","五"就是五月。《谭嗣同》"今年四月,定国是之诏既下"、"八月初

一日,上召见袁世凯"、"以八月十三日斩于市"。

(2)地支纪月法。古人常以十二地支配称十二个月,每个地支前要加上特定的"建"字。如杜甫《草堂即事》诗:"荒村建子月,独树老夫家。""建子月",按周朝纪月法指农历十一月。庾信《哀江南赋》:"以戊辰之年,建亥之月,金陵瓦解。""建亥",即农历十月。

(3)时节纪月法。如《古诗十九首》:"孟冬寒气至,北风何惨栗。""孟冬"代农历十月;陶渊明《拟古诗九首》"仲春遭时雨","仲春"代农历二月。

【纪日法】我国古代纪日法主要有四种:

(1)序数纪日法。如《梅花岭记》:"二十五日,城陷,忠烈拔刀自裁。"《项脊轩志》:"三五之夜,明月半墙。""三五"指农历十五日。《〈黄花冈七—十二烈士事略〉序》:"死事之惨,以辛亥三月二十九日围攻两广督署之役为最。"

(2)干支纪日法。如《殽之战》:"夏四月辛巳,败秦军于殽。""四月辛巳"指农历四月十三日;《石钟山记》"元丰七年六月丁丑",即农历六月九日;《登泰山记》"是月丁未",指这个月的十八日。古人还单用天干或地支来表示特定的日子。如《礼记·檀弓》"子卯不乐","子卯",代指恶日或忌日。

(3)月相纪日法。指用"朔、胐(fei)、望、既望、晦"等表示月相的特称来纪日。每月第一天叫朔,每月初三叫胐,月中叫望(小月十五日,大月十六日),望后这一天叫既望,每月最后一天叫晦。如《祭妹文》"此七月望日事也",《五人墓碑记》"在丁卯三月之望";《赤壁赋》"壬戌之秋,七月既望";《与妻书》"初婚三四个月,适冬之望日前后"。

(4)干支月相兼用法。干支置前,月相列后。如《登泰山记》:"戊申晦,五鼓,与子颍坐日观亭。"

【纪时法】我国古代纪时法主要有两种:

(1)天色纪时法。古人最初是根据天色的变化将一昼夜划分为十二个时辰,它们的名称是:夜半、鸡鸣、平旦、日出、食时、隅(yu)中、日中、日昳(die)、晡(bu)时、日入、黄昏、人定。

(2)地支纪时法。以十二地支来表示一昼夜十二时辰的变化。古天色纪时、地支纪时与今序数纪时对应关系见附表。

天色纪时	夜半	鸡鸣	平旦	日出	食时	隅中	日中	日昳	晡时	日入	黄昏	人定
地支纪时	子	丑	寅	卯	辰	巳	午	未	申	酉	戌	亥
时辰	23—1点	1—3点	3—5点	5—7点	7—9点	9—11点	11—13点	13—15点	15—17点	17—19点	19—21点	21—23点

天色法与地支法是古代诗文中常见的两种纪时方法。如《孔雀东南飞》:"鸡鸣入机织,夜夜不得息。""奄奄黄昏后,寂寂人定初。"《李愬雪夜入蔡州》:"夜半雪愈急……愬至城下……鸡鸣,雪止……晡时,门坏。"《芙蓉楼送辛渐》:"寒雨连江夜入吴,平明送客楚山孤。"平明是平旦的别称。再如《失街亭》:"魏兵自辰时困至戌时。"《景阳冈》:"可教往来客人于巳、午、未三个时辰过冈。"《祭妹文》:"果予以未时还家,而汝以辰时气绝。"《群英会蒋干中计》:"从巳时直杀到未时。"

【五更】我国古代把夜晚分成五个时段,用鼓打更报时,所以叫作五更、五鼓,或称五夜。

如《孔雀东南飞》："仰头相向鸣,夜夜达五更。"《群英会蒋干中计》:"伏枕听时,军中鼓打二更。"《李愬雪夜入蔡州》:"四鼓,愬至城下,无一人知者。"《登泰山记》:"戊申晦,五鼓,与子颖坐日观亭。"《与妻书》:"辛未三月念六夜四鼓,意洞手书。"

夜间时辰	五更	五鼓	五夜	现代时间
黄昏	一更	一鼓	甲夜	19～21点
人定	二更	二鼓	乙夜	21～23点
夜半	三更	三鼓	丙夜	23～1点
鸡鸣	四更	四鼓	丁夜	1～3点
平旦	五更	五鼓	戊夜	3～5点

农历中的月序别称

一月　　正月、端月、初月、嘉月、新正、开岁、陬月、首春、上春、寅月、孟春

二月　　丽月、杏月、花月、仲月、仲阳、酣春、如月、仲春

三月　　桃月、蚕月、莺时、晚春、暮春、小清明、樱笋时、季春

四月　　阴月、麦月、梅月、纯阳、清和、初夏、余月、乏月、荒月、首夏、孟夏

五月　　蒲月、榴月、郁蒸、鸣蜩、天中、皋月、恶月、毒月、午月、忙月、仲夏

六月　　荷月、焦月、暑月、精阳、溽夏、溽暑、且月、季夏

七月　　瓜月、巧月、兰月、兰秋、肇秋、新秋、首秋、相月、孟秋

八月　　桂月、仲商、竹春、正秋、壮月、仲秋

九月　　菊月、暮商、霜序、朽月、青女月、三孟秋、玄月、授衣月、季秋

十月　　良月、露月、飞阳月、冬、初冬、开冬、阳月、小阳春、孟冬

十一月　　畅月、葭月、龙潜月、幸月、仲冬

十二月　　冰月、腊月、严月、除月、残冬、末冬、嘉平、穷节、星回节、季冬

"十二时辰"之划分

子时　23：00—1：00,又称午夜、子夜、夜半、宵分、未旦、未央等

丑时　1：00—3：00,又称鸡鸣、昧旦等。

寅时　3：00—5：00,又称骑旦、平明等。

卯时　5：00—7：00,又称日出等。为古代官署开始办公的时间。

辰时　7：00—9：00,又称食时等。

巳时　9：00—11：00,又称隅中等。

午时　11：00—13：00,又称日中等。正午12：00时,又称平午、平昼、亭午等。

未时　13：00—15：00,又称日侧、日映等。

申时　15：00—17：00,又称晡时、日晡等。

酉时　17：00—19：00,又称日入等。

戌时　19：00—21：00,又称黄昏等。

亥时　21：00—23：00,又称人定、夤夜等。

附录七　文史典籍

　　【四书】《大学》、《中庸》、《论语》、《孟子》的合称。宋人抽出《礼记》中的《大学》、《中庸》两篇，与《论语》、《孟子》配合，至南宋淳熙间，朱熹撰《四书章句集注》，"四书"之名由此而定。此后，"四书"始终是我国封建社会正统教育的必读书和科举取士的初级标准书。

　　【五经】《诗》、《书》、《礼》、《易》、《春秋》五部儒家经典的简称，始称于汉武帝时。其中存有中国古代丰富的历史资料，是封建时代教育的必读教科书，并被统治阶级作为宣传宗法封建思想的理论依据。

　　【六经】指的是六部儒家经典，即在"五经"外，另加《乐经》。也有称"六经"为"六艺"的，韩愈《师说》中的"六艺经传皆通习之"中的"六艺"即"六经"。

　　【十三经】十三部儒家经典。汉代开始，把《诗》、《书》、《礼》、《易》、《春秋》称为"五经"。唐代把"三礼"（《周礼》、《仪礼》、《礼记》）、"三传"（《公羊传》、《穀梁传》、《左传》），连同《易》、《书》、《诗》称为"九经"。至唐文宗刻石经，将《孝经》、《论语》、《尔雅》列入经部，则为"十二经"。宋代又将《孟子》提升为经，故有"十三经"之称。

　　【三字经】旧时广泛使用的蒙学课本。相传为宋代王应麟撰，明清学者陆续增补，至清初的本子为一千一百四十字。内容从阐述教育的重要性开始，进而依次讲述名物常识、经书子书、历史知识及古人勤学的故事等。全部用三言韵语，便于儿童诵读。句法灵活丰富，语言通俗易懂。自编成后广为流传，一直使用至清末民初。

　　【千字文】旧时广泛使用的蒙学课本。南朝梁代周兴嗣编，梁武帝大同年间编成。全书将一千个字，编为四字一句的韵语，介绍有关自然、社会、历史、伦理、教育等方面的知识，基本上无重复的字。自隋代开始流行，至清末一直被广泛用作儿童识字课本。宋代以后，有种种续编和改编本，但都没有旧本流传得广泛、长久。

　　【千家诗】旧时蒙学读物。有《新镌五言千家诗》、《重订千家诗》两种，前者题王相选注，后者题谢枋得选、王相注，所选均七言诗。两种选本都分绝句、律诗两部分，大都为唐、五代、宋作品，宋诗尤多。因入选之诗浅近易解，所以流传较广。

　　【唐诗三百首】诗歌总集。清代乾隆年间蘅塘退士孙洙编，实选唐诗三百十首，分五古、七古、五律、七律、五绝、七绝及乐府诸体排列。选编的原意，本作为家塾课本。所选诗作大都艺术性较高，便于吟诵，是流传最广的唐诗选本。

　　【文选】现存最早的诗文总集，南朝梁萧统（昭明太子）编选，世称《昭明文选》。选录自先秦至梁的诗文辞赋，共一百二十九家，七百余篇，分三十八类。选者注意到文学与其他类型著作的区分，故不选经子，史书也仅取论赞，入选作品大多为骈文。该书是研究梁以前文学的重要参考资料。

　　【古文观止】清代康熙年间吴楚材、吴调侯叔侄二人编选的一部历代文章总集，共十二卷。

全书收录自东周至明末的文章二百二十二篇,以朝代为序排列。选文多慷慨悲愤之作,语言琅琅上口。每篇的简要评注,颇有见解。是清代以后流传最广、影响较大的古文选本。

【古文辞类纂】清代姚鼐编的各类文章总集。全书七十五卷,选录战国至清代的古文,依文体分为论辨、序跋、奏议、书说、赠序、诏令、传状、碑志、杂记、箴铭、颂赞、辞赋、哀祭等十三类。所选作品主要是《战国策》、《史记》、两汉散文家、唐宋八大家及明代归有光、清代方苞、刘大櫆等的古文。书首有序目,略述各类文体的特点、源流及其义例。

【二十四史】从《史记》到《明史》的二十四部纪传体史书,被称为"正史",清代乾隆年间编定。全书总计三千二百二十九卷,记载了从黄帝到明末共四千余年的史事,是史学研究的重要资料,也常以之代称中国历史。其中《史记》是通史,其余的都是断代史。

【史记】我国第一部纪传体通史。原名《太史公书》,东汉以后始称《史记》,西汉司马迁撰。全书一百三十篇,计十二本纪、十表、八书、三十世家、七十列传,记载自黄帝至汉武帝时期共约三千年的历史。该书取材颇富,作者曾广泛查阅并实地调查了大量史料和史事。文笔优美生动,结构严谨,被奉为封建时代历史著作的典范,在我国史学史和文学史上都有极重要的地位。作者所创的纪传体例为历代著正史者所遵循取法。

【资治通鉴】北宋司马光撰,全书二百九十四卷。宋神宗以其"鉴于往事,有资于治道",命名为《资治通鉴》。该书取材广泛,除历朝正史外,尚有野史、实录、谱牒、行状、文集等三百余种。剪裁精审,严谨清晰,功力极深,是一部对后代产生很深影响的编年体通史。

【太平广记】著名类书,由北宋李昉等奉敕编辑。因成书于宋太宗太平兴国年间,故名。全书五百卷,另目录十卷,按题材性质分九十二大类,一百五十余小类,收录上迄先秦两汉,下及北宋初年的作品约七千则。采录汉代至宋初的小说、笔记、稗史等五百余种,保存了今已亡佚的大量古小说资料。

【诗文集的命名方式】古人为诗文集命名的方式,主要的有:

(1)以作者姓名命名。如《孟浩然集》、《李清照集》、《陶渊明集》。

(2)以官爵命名。如《王右丞集》(王维)、《杜工部集》(杜甫)。

(3)以谥号命名。如《范文正公集》(范仲淹)、《欧阳文忠公集》(欧阳修)。

(4)以书斋命名。如《七录斋集》(张溥)、《饮冰室合集》(梁启超)、《惜抱轩文集》(姚鼐)。

(5)以作者字、号命名。如《李太白全集》、《文山先生全集》、《王子安集》(王勃)、《苏东坡全集》、《稼轩长短句》(辛弃疾)、《徐霞客游记》(徐宏祖)。

(6)以居官地或居住地命名。如《樊川文集》(杜牧)、《贾长沙集》(贾谊)、《长江集》(贾岛)、《梦溪笔谈》(沈括)。

(7)以出生地命名。如《临川先生文集》(王安石)、《柳河东集》(柳宗元)。

(8)以帝王年号命名。如《白氏长庆集》(白居易)、《嘉祐集》(苏洵)。

【史书编写方式】分纪传体、编年体、纪事本末体三种。

(1)纪传体是以人物为中心线索来编写的史书体裁,由司马迁首创。《二十四史》全是纪传体。

(2)编年体是按年月日先后顺序来记述史实的史书体裁,如《左传》、《资治通鉴》。

(3)纪事本末体是以历史事件为中心线索来编写的史书体裁。这种体裁在南宋时才出现,如《通鉴纪事本末》、《宋史纪事本末》。

编后语

今逢盛世,国泰民安,家族团结,上下一心,编纂福建省《八闽董氏汇谱》(简称《汇谱》)是族人共盼,人心所趋。

《汇谱》是以原有族谱为素材整理而成的。始于 2009 年下半年,四年多来,不断搜集有关董氏先祖和世系记载的材料,结合采访以及上网获取的资料,通过印证取舍,琢磨推敲,《汇谱》终于出版。

编纂《汇谱》是庞大的系统工程,任务繁重。从 2009 年 3 月开始酝酿,面临"三无一缺",即无资金、无族谱材料、无修谱经验,缺编写人才的困境。2009 年 5 月,借泉州董氏宗亲联谊会成立之机,开始动员宣传修谱。紧接着经历建立组织,完善机构;深入基层,收集资料,编制提纲。撰写修改三个阶段。第一阶段整整用了 8 个多月才初步扭转"三无一缺"的被动局面,工作逐步走上正轨。

《汇谱》出版是一部集体创作,凝聚着八闽董氏宗亲的心血,是集体智慧的结晶。在编委会主任董承耕的领导下,大家团结一心,周密规划,指导有力。董承耕主任既当指挥员又当战斗员,从深入宣传、组织队伍、制定规划到筹集资金,可谓竭尽心力。编委会副主任董承铨、董文瑞、董群默和董作钜等积极配合,发挥重大的正能量作用。

编辑部正、副主任敬业奉献精神更令人钦佩。董正雄主任退休后,仍然身兼教学和管理全省高校计算机等级考试工作;董炎星主任属于在职,任务繁重。他们充分利用节假日和工作间隙,带领人员对八闽董氏进行史无前例的全面调研。几年来,他们不畏寒暑,跋山乡、下海岛,走街串寨,跑遍八闽九个地区中的 20 多个区县,走进 150 个董氏集居地对董氏宗亲访谈和采集,搜集到 150 多份族谱及几百万字的相关资料。他们不但没有报酬,还经常自垫旅费,动用私款和私车从事编谱工作。这种不怕劳苦、勤勤恳恳、默默奉献的精神值得族人永远铭记。不愧为董氏的孝子贤孙。

《汇谱》的编纂,一刻离不开广大董氏宗亲的大力支持。尤其是琅岐、金峰、前董、后董、永宁、沙堤、塘头和东岱等八个编谱发起单位的鼎力相助,其赤诚之心令人难忘。

《汇谱》的完成,也得到了上级领导和许多专家学者的支持。全国政协港澳台侨委原副主任、福建省委原副书记林开钦、福建省政府原副省长、人大副主任王一士,在百忙之中为《汇谱》题词和作序。省文史专家林贻瑞、董建辉、陈奋隼等参加审稿,董仲舒杨震学术研究也在资金和人力方面助一臂之力。总之,倘若没有他们的付出,《汇谱》问世只能是一句空话。

饮水思源,在《汇谱》告竣之际,我们以万分感恩之情,永远牢记董正雄、董炎星为《汇谱》所作努力,永远牢记八闽董氏宗亲的大力支持,永远牢记曾大力帮助过《汇谱》工作的各级领导、顾问、专家学者、省外宗亲、海外侨领侨胞,等等……千言万语,集中起来凝成一句话:向他们致以崇高的敬意和衷心的感谢!

世界上任何事物都具有两面性,我们在感受成功喜悦的同时,也深知其中存在着许多不足。因编纂人手少,汇谱内容多,族人居住分散于山区、海边的村落,联络不便。又因世远年湮,兵燹流离,留下的资料只是残篇断简,更甚者十年浩劫,许多珍贵族谱化为灰烬。诸多因素造成一些地方尚不能尽人意,如长乐董氏的董和与董玠、石狮董思安与泉州董兴的世系衔接、龙岩玉宝董氏与沙县董氏的联系、福清西楼与林中、建宁艾阳董氏来源,长汀董氏与江西流坑董氏的关系等问题,虽已尽最大努力,但尚未完全理清,只好留待以后解决。同时,由于编纂的人员水平和能力所限,漏错在所难免,还望族人和读者批评指正。

编纂《汇谱》,宣扬家风,正谊明道,不仅是董氏族人智慧、力量与精神的传承和延续,更是董氏一脉家风、家魂的升华。它定能起到追思先人,启迪后辈,激励子孙,树君子之风,行仁义之举,开万世基业之功效。修谱既是尊宗敬祖的体现,也是凝聚人心的重要途径。我们深信通过修谱定能使八闽董氏宗亲更加团结,使董氏文化更加繁荣。让我们共筑中国梦,为祖国和平发展作出更大贡献。

福建省《八闽董氏汇谱》编委会

2013 年 10 月